Henry A. Kissinger
Jahre der Erneuerung

Henry A. Kissinger

JAHRE DER ERNEUERUNG

Erinnerungen

Aus dem amerikanischen Englisch
von Frank Wolf

C. Bertelsmann

Die Originalausgabe ist 1999 unter dem Titel
»Years of Renewal« bei Simon & Schuster, New York, erschienen.

1. Auflage
© 1999 bei Henry A. Kissinger
© der Karten 1999 by Paul J. Pugliese
© der deutschsprachigen Ausgabe 1999
by C. Bertelsmann Verlag, München
in der Verlagsgruppe Bertelsmann GmbH
Umschlaggestaltung: Design Team München
Satz: Uhl + Massopust, Aalen
Druck und Bindung: Graphischer Großbetrieb Pößneck
Printed in Germany
ISBN 3-570-00291-8

Dem Andenken
an meine Mutter
Paula Stern Kissinger

Vorwort

Fünfeinhalb bewegte Jahre lang hatte ich die Ehre, unter Präsident Richard M. Nixon zunächst als Nationaler Sicherheitsberater und danach als Außenminister zu arbeiten. Sein Nachfolger, Präsident Gerald R. Ford, forderte mich auf, im Amt zu bleiben.

Dieser Band berichtet von der Zeit, in der Gerald Ford unserer Nation Heilung brachte und sie auf einen Kurs führte, der unter den nachfolgenden Administrationen seinen Höhepunkt, den Sieg im Kalten Krieg, erreichte; dadurch fiel Amerika die führende Rolle bei der Gestaltung der künftigen Welt zu. In den nur dreißig Amtsmonaten, die ihm vergönnt waren, steuerte Präsident Ford die Vereinigten Staaten durch eine Zeit spektakulärer Ereignisse. Dazu gehören die ethnischen Konflikte in Zypern und im Libanon, ein Meilenstein auf dem Weg zum Frieden im Nahen Osten, ein Grundsatzabkommen über die Kontrolle der strategischen Rüstung, das Ende von Amerikas Alptraum in Indochina, eine weltweite Energiekrise, die Unterzeichnung der Schlußakte von Helsinki auf der ersten Europäischen Sicherheitskonferenz, die heute weithin als Wendepunkt im Kalten Krieg anerkannt ist, die Vorstöße der Sowjetunion und Kubas in Afrika, der Übergang zur Mehrheitsherrschaft im Süden dieses Kontinents, eine neue, dauerhafte Lösung für den Panamakanal und schließlich der erste Wirtschaftsgipfel der G7, der großen demokratischen Industriestaaten. Deshalb wird Fords Präsidentschaft als Beginn einer Zeit der Erneuerung im Gedächtnis bleiben.

Nachdem ich meine zwei Memoirenbände über die Nixon-Jahre abgeschlossen hatte, wartete ich über zehn Jahre ab, bevor ich diesen Bericht über Fords Präsidentschaft in Angriff nahm. Der Grund dafür war, daß ich den gesamten Zeitraum meiner Tätigkeit in der Regierung weniger aus taktischer, als vielmehr aus philosophischer Sicht bewerten wollte. Denn die Debatten damals kreisten im Grunde genommen um unsere nationalen Ziele, was die sensationslüsternen Medien und die Enthüllungen durch den Kongreß nur dürftig verbargen.

Als ich das Quellenmaterial sichtete, erschien mir die Präsidentschaft Fords weniger als der Abschluß einer bestimmten Periode, sondern eher als der Auftakt zu dem, was wir heute als »neue Weltordnung« bezeichnen. Lokale ethnische Konflikte nahmen internationale Dimensionen an und breiten sich seit dem Ende des Kalten Krieges immer weiter aus. Die Debatte über die Rolle der Menschenrechte in der Außenpolitik wurde damals zum ersten Mal ernsthaft geführt und ist seitdem nicht mehr verstummt. Als das Breschnew-Regime im Inneren stagnierte, zeichnete sich der Sieg im Kalten Krieg bereits ab, wenn das damals auch kaum jemand wahrhaben wollte. Die heutige Nahostdiplomatie könnte nach einem Drehbuch aus der Amtszeit Fords gestaltet sein, man brauchte nur die Namen einiger Hauptakteure zu ändern. Was das Verhältnis der Kurden zum Irak betrifft, so sind auch die Namen dieselben geblieben. Bereits damals war zu erkennen, daß eine langfristige Chinapolitik zu Verwicklungen führen würde. Das Verhältnis von

Kongreß und Exekutive in der Außenpolitik ist bis heute nicht geklärt. Die Geschichte ist nicht stehengeblieben, und der Zerfall der Sowjetunion hat neue Dimensionen eröffnet, von denen man Mitte der siebziger Jahre noch nicht zu träumen wagte.

Wie ich im Vorwort zum ersten Band meiner Memoiren geschrieben habe, läuft man als an großen Ereignissen Beteiligter stets Gefahr, zugleich verteidigen und erklären zu wollen. Ich habe mich nach Kräften bemüht, vor allem letzteres zu tun. Dabei möchte ich nicht nur erklären, wie wir vorgingen, sondern auch, welche Gründe wir für unser Vorgehen hatten. Das soll nicht bedeuten, daß unsere Entschlüsse immer klug waren. Aber es kann dem Leser helfen zu erkennen, wie die Umstände und die Überzeugungen der Staatsmänner in ihrer Wechselwirkung die Ereignisse formen.

Als Materialgrundlage habe ich vor allem meine Kopien der offiziellen Akten benutzt, die seit 1977 in der Kongreßbibliothek lagern. Die Originale befinden sich entweder im Archiv des Außenministeriums, im Nationalarchiv (für die Nixon-Zeit) oder in der Gerald-Ford-Bibliothek. Ich möchte Samuel R. Berger, dem Mitarbeiter Präsident Clintons für Nationale Sicherheit, und dessen Stellvertreter, Generalmajor Donald L. Kerrick, dafür danken, daß sie alle Auszüge durchgesehen und der Geheimhaltung unterliegendes Material daraus entfernt haben. Die Streichungen, die sie verlangten, sind vorgenommen worden.

Ohne die unschätzbare Hilfe meiner treuen Mitarbeiter hätte ich dieses Buch nicht schreiben können. Unter ihnen möchte ich vor allem Peter W. Rodman und Rosemary Neaher Niehuss hervorheben. Peter, seit Jahrzehnten mein enger Mitarbeiter, Vertrauter und Freund, nahm unverzichtbare Recherchen vor, insbesondere was Indochina, Europa, China und das südliche Afrika betrifft. Außerdem hat er das gesamte Manuskript auf Inhalt, Fakten und Stil überprüft.

Rosemary Niehuss, meine bewährte Mitarbeiterin seit meiner Tätigkeit in der Regierung, recherchierte grundsätzliche Fragen zum Nahen Osten und zum Libanon. Außerdem beaufsichtigte sie die gesamten Recherchearbeiten, hielt die Verbindung zur Kongreßbibliothek und koordinierte die Herstellung mit dem Verlag.

Gina Goldhammer ging das ganze Manuskript mehrmals unermüdlich und mit scharfem Blick durch. Ihr verdanke ich viele wertvolle Verbesserungen.

Frederica Friedman las die ersten Kapitel und gab nützliche Hinweise.

Das Engagement von Jody Iobst Williams und Theresa Cimino Amantea ist mit Worten kaum zu würdigen. Jody schrieb das ganze Manuskript nach meiner fast unleserlichen Handschrift unzählige Male ab und gab äußerst hilfreiche Anregungen für die Formulierung. Theresa koordinierte höchst effektiv und mit durch nichts zu trübender Fröhlichkeit Recherche, Faktenkontrolle sowie die Zeitpläne des Verlages und des Verfassers. Mein Dank gilt auch Suzanne McFarlane, die zusätzliche Aufgaben in meinem Büro übernehmen mußte, während ihre Kolleginnen an diesem Buch arbeiteten.

Andere Mitarbeiter, die gemeinsam mit mir in der Regierung tätig waren, und Freunde, die mit einzelnen Themen bestens vertraut sind, habe ich gebeten, meinen Bericht mit ihren Erinnerungen zu vergleichen und bei der Recherche zu helfen.

William Hyland hat den größten Teil des Materials zu den Ost-West-Beziehungen sowie zur Rüstungskontrolle geordnet und wertvolle Hinweise zu den Kapiteln über diese Themen gegeben. Mary E. Brownell nahm die meisten Recherchen zu Zypern und Lateinamerika vor. Sie prüfte die Kapitel über Lateinamerika auch auf ihre Richtigkeit.

Samuel Halpern half bei den Recherchen zum Thema Nachrichtendienste. Politimi Kelekis, Mollie Megan Smith und Cathy Snider Buchanan recherchierten in nicht geheimen Quellen.

Teile des Manuskripts gelesen haben meine Freunde und Kollegen Brent Scowcroft, Lawrence Eagleburger und L. Paul Bremer III. (insbesondere zum Nixonschen Erbe und zur »Mayaguez«-Affäre); William D. Rogers (zu Lateinamerika); Harold Saunders, Hermann Eils und Alfred Atherton jr. (zum Nahen Osten); Richard Helms und Samuel Halpern (zu den Nachrichtendiensten); Stephen Bosworth und Robert Hormats (zu den Energiefragen); Frank Wisner, Walter Cutler, Peggy Dulany und Faye Wattleton (zu Afrika); Peter Flanigan, William F. Buckley, Norman Podhoretz und der verstorbene Eric Breindel (die Kapitel über Nixon und die Debatte mit den Neokonservativen). Ihre Hinweise waren außerordentlich konstruktiv, hilfreich und höchst willkommen.

Richard Valeriani, der im Pressekorps mit mir reiste, rief mir zahlreiche Begebenheiten der diplomatischen Missionen im südlichen Afrika ins Gedächtnis zurück.

Meine Frau Nancy, die mich, wie in allem, auch bei diesem Band unterstützte, las den größten Teil des Manuskripts und machte viele treffende Bemerkungen.

Ich möchte an dieser Stelle Dr. James H. Billington, dem Leiter der Kongreßbibliothek, James H. Hutson, dem Leiter der Abteilung Manuskripte, die meine offiziellen Papiere beherbergt, seinem Stellvertreter David Wigdor sowie ihren Mitarbeitern für die effiziente und freundliche Zusammenarbeit danken.

Gypsy da Silva beaufsichtigte das Lektorat, Index, Fotos und Karten mit enormer Geduld und großem Können. John Cox und Fred Chase erledigten ohne Fehl und Tadel Manuskriptvorbereitung und Lektorat. Jim Stoller und Andrew Jakabovics waren aufmerksame Korrekturleser.

Es versteht sich von selbst, daß alle Mängel dieses Bandes von mir zu verantworten sind.

Ich habe dieses Buch meiner Mutter Paula Stern Kissinger gewidmet. Wie bei allen wichtigen Ereignissen in meinem Leben hat sie auch während meiner Arbeit an diesem Buch mit mir gefühlt und sich mit dem ihr eigenen Optimismus darauf gefreut, es veröffentlicht zu sehen. Im Alter von siebenundneunzig Jahren verschied sie, als dieser Band gerade in Satz ging.

I. »Ein Ford, kein Lincoln«

Wachablösung

Gerald Rudolph Ford war ein unkomplizierter Mann, den das Schicksal für einige der kompliziertesten Aufgaben in der Geschichte unseres Staates auserkoren hatte. Als erster nichtgewählter Präsident sollte er die Wunden der Nation am Ende eines Jahrzehnts heilen, in dem der Vietnamkrieg und Watergate die tiefsten Gräben seit dem Bürgerkrieg aufgerissen hatten. In keiner Hinsicht eine jener dynamischen Persönlichkeiten, die sich selbst in höchste Ämter katapultieren, gab Gerald Ford einer Nation, die der Katastrophen müde war, Ruhe und Selbstvertrauen zurück, bewältigte eine Reihe internationaler Krisen und führte die amerikanische Gesellschaft in eine Phase der Erneuerung.

Ein Jahr vor seinem Amtsantritt wäre es Ford nicht in den Sinn gekommen, daß er die Präsidentschaft übernehmen müßte. Das höchste Amt, das er je angestrebt hatte, war das des Sprechers des Repräsentantenhauses, das allerdings außer Reichweite zu sein schien, denn die Demokratische Partei besaß offensichtlich im Kongreß eine unangreifbare Mehrheit. Für sich hatte Ford bereits entschieden, sich nach den nächsten Wahlen im November 1974 aus der Politik zurückzuziehen. Unerwartet ernannte ihn jedoch Richard Nixon im Oktober 1973 nach Spiro Agnews Rücktritt zum Vizepräsidenten. »Ich bin ein Ford, kein Lincoln«. erklärte er bescheiden, als er diese Verantwortung am 6. Dezember 1973 übernahm.

Ford, dem das Hangen und Bangen »normaler« Präsidentschaftskandidaten erspart geblieben war, lebte in Frieden mit sich selbst. Einer Welt, die sich noch mitten im Kalten Krieg befand und mit Sorge sah, daß Amerikas innere Probleme seine unverzichtbare Führungsrolle beeinträchtigen könnten, vermittelte er das Gefühl einer wiedergefundenen Orientierung. Für sein eigenes Volk waren Fords Ruhe und Gelassenheit ein Gottesgeschenk, das die folgenden Generationen gnädig in Unwissenheit darüber ließ, wie nahe ihr Land in diesem Jahrzehnt innerer Zerrissenheit am Rande des Abgrunds gestanden hatte.

Das atemberaubende Tempo der Geschichte droht jede Erinnerung auszulöschen. Selbst diejenigen unter uns, die den Zerfall der Nixon-Administration hautnah erlebten, haben heute Mühe, sich des Gefühls der Verzweiflung zu erinnern, das sich angesichts des Niedergangs der Präsidentschaft breitmachte, der Verzagtheit angesichts der nicht enden wollenden Enthüllungen, der erbitterten Feindseligkeit der Medien, des offenen Krieges zwischen Exekutive und Legislative.

In meiner Doppelrolle als Nationaler Sicherheitsberater und Außenminister war ich, als Watergate eskalierte, ständig von dem Alptraum verfolgt, früher oder später könnte ein äußerer Feind versucht sein zu testen, was von Nixons Autorität noch übrig war, und herausfinden, daß der Kaiser längst ohne Kleider dastand. Es gehört vielleicht zu den größten Verdiensten der Nixon-Administration in jenen merkwürdigen, turbulenten letzten Monaten, jede offene Herausforderung dieser Art verhindert zu haben. Denn selbst im Angesicht des Zerfalls zeigte sie sich noch in der Lage, den Nahostkrieg von 1973 unter Kontrolle zu halten, die Position der Sowjetunion im Nahen Osten durch zwei Truppenentflechtungsabkommen zu schwächen und im Dreieck mit Moskau und Peking erfolgreich diplomatisch zu agieren.

Der Zerfall der Exekutive der demokratischen Supermacht führte nicht zu einem Zusammenbruch unserer internationalen Positionen, wie es jedes Lehrbuch der Weltpolitik vorausgesagt hätte. Das lag teilweise daran, daß eine derartige Auflösung der Präsidialmacht für Freund und Feind gleichermaßen unvorstellbar war. Zusammen mit dem Ansehen, das Nixon sich in fünf Jahren erfolgreicher Außenpolitik erworben hatte, ermöglichte uns dies einen politischen Kurs, der einem Bluff nahekam. Am Ende des Nahostkrieges im Oktober 1973 waren wir sogar gezwungen, unsere Streitkräfte mit ihrem gesamten Atomwaffenarsenal in Alarmbereitschaft zu versetzen. Mit jedem Monat, der verging, wurde es allerdings schwieriger, mit Taschenspielertricks zu arbeiten. Die Zeit lief uns davon.

Mit dem Fortschreiten des Amtsenthebungsverfahrens wirkte sich Nixons politischer Abstieg immer mehr auch auf sein persönliches Verhalten aus. Bisher hatte er alle außenpolitischen Prozesse aufmerksam verfolgt und stets die wichtigsten Entscheidungen persönlich getroffen. Aber mit der Zeit zehrte Watergate mehr und mehr an seiner geistigen und emotionalen Substanz. Als die Zeichen für das nahende Verhängnis sich mehrten, schlich sich immer häufiger ein abwesender Blick in unsere Gespräche, denn das Alltagsgeschäft konnte Nixon angesichts der immer deutlicheren Unausweichlichkeit seines Sturzes nur noch trivial erscheinen. Zwar waren wir charakterlich sehr verschieden, doch empfand ich großes Mitgefühl für diesen geplagten Mann, der noch schwerer litt, weil ihm bewußt war, daß er sich diese Tragödie weitgehend selbst zuzuschreiben hatte. Anfang Juli 1974 war ich wie die anderen wenigen »Überlebenden« aus Nixons Umgebung so erschöpft von dieser Achterbahnfahrt der Gefühle, daß ich nur noch hoffen konnte, sie möge bald ein gnädiges Ende finden.

Dieser brutale Zermürbungsprozeß schien aber kein Ende nehmen zu wollen. Selbst als das Oberste Gericht am 24. Juli anordnete, die Tonbänder des Weißen Hauses dem Sonderstaatsanwalt zu übergeben, war ich inzwischen von den täglichen Krisen so abgestumpft, daß ich zweifelte, daraus könnte sich etwas Entscheidendes ergeben. Am 25. Juli begleitete ich den deutschen Außenminister Hans-Dietrich Genscher zu einer Begegnung mit dem Präsidenten in dessen Sommerresidenz in San Clemente. Nach einer Stunde mit einem am Boden zerstörten Richard Nixon stellte mir Genscher am nächsten Tag die Frage, die auch mich quälte: »Wie lange kann das so weitergehen?«

Am 31. Juli bat mich Al Haig, damals Nixons Stabschef, um ein dringendes Gespräch, in dem er mir mitteilte, bei einem der Tonbänder, das auf Anweisung des Obersten Gerichts an den Sonderstaatsanwalt zu übergeben sei, handle es sich in der Tat um die lange gesuchte »rauchende Waffe«: der endgültige Beweis dafür, daß Nixon an der Vertuschung der Watergate-Affäre mitgewirkt hatte. Was auf dem Band aufgezeichnet war, wollte Haig allerdings nicht preisgeben.

Noch am Rande des Abgrunds hatte Watergate etwas Unwirkliches. Am 5. August entschied sich das Weiße Haus, das Band auszuhändigen, um ihm seine eigene Interpretation geben zu können. Tags zuvor war die mir freundschaftlich verbundene Diane Sawyer damals Mitarbeiterin von Nixons Pressesprecher Ron Ziegler, heute ein bekannter Fernsehstar, in meinem Büro, um die Berichterstattung über irgendeine außenpolitische Angelegenheit abzusprechen. Sie habe das Band nicht gehört, berichtete sie, glaube aber allmählich, es werde zu keiner Entscheidung kommen und wir seien wohl dazu verdammt, langsam zu verbluten. »Ganz sicher«, meinte sie, »werden die Nebengeräusche alles auf dem Band übertönen.«

Die kluge und schöne Diane hatte jedoch unrecht. Auf dem Band war deutlich zu hören, wie Nixon Haldeman anwies, eine Untersuchung des Einbruchs im Watergate-Hotel durch das FBI mit Hilfe der CIA zu hintertreiben. Dieser Beweis für den Vertuschungsversuch brachte die Klärung der Watergate-Affäre. Ich habe anderenorts bereits ausführlich beschrieben, was auf diese Enthüllung folgte: den Aufruhr im Kabinett, die Entscheidung prominenter Republikaner, den Präsidenten fallenzulassen, und meine Gespräche mit Nixon, darunter die traurige Begegnung im Lincolnzimmer an seinem vorletzten Abend im Weißen Haus. Alle diese Ereignisse gipfelten achtundvierzig Stunden später in Nixons Entschluß, am Mittag des 9. August 1974 zurückzutreten.[1] An dieser Stelle will ich mich auf mein Zusammenwirken mit dem nachfolgenden Präsidenten Gerald Ford beschränken.

Am Morgen des Tages, an dem das Tonband freigegeben wurde, äußerte Nixon per Telefon eine merkwürdige Bitte: Ich solle den Vizepräsidenten anrufen und ihn bitten, wichtige Kongreßmitglieder aus den Südstaaten zu einem Informationsgespräch mit mir über außenpolitische Fragen einzuladen. Nixon erklärte nicht, was er damit bezweckte, aber offenbar meinte er, das könnte diese Abgeordneten dazu bewegen, gegen seine Amtsenthebung zu stimmen.

Gerald Ford war ich zum ersten Mal zehn Jahre zuvor begegnet, als ich ihn in meiner Eigenschaft als Professor in Harvard einlud, auf einem Seminar über Verteidigungspolitik zu sprechen, das ich unter der gemeinsamen Schirmherrschaft der Harvard Law School und der Graduate School of Public Administration (heute: John F. Kennedy School of Government) durchführte. Ford sprach dort über die Kontrolle des Verteidigungshaushalts durch den Kongreß, ein Thema, das er aus seiner Tätigkeit als wichtigster Vertreter der Republikaner im Unterausschuß Verteidigung des Haushaltsausschusses des Kongresses gut kannte. Obwohl (oder gerade weil) er seine Argumente sehr einfach formulierte, was sich deutlich von dem geschraubten Jargon der akademischen Kreise unterschied, machte er einen sehr positiven Eindruck auf die Studenten, die im allgemeinen Klima der beginnenden Proteste gegen den Vietnamkrieg gegenüber Verfechtern einer starken Verteidigung alles andere als wohlwollend gestimmt waren.

Zu meiner Zeit als Nixons Nationaler Sicherheitsberater war Ford als Minderheitsführer im Repräsentantenhaus gelegentlich bei meinen Briefings im Weißen Haus zugegen. Seine Äußerungen waren sachlich, hilfreich und wohlwollend. In den acht Monaten als Vizepräsident bewies Ford gegenüber dem Präsidenten Würde und zeigte keine Ambitionen auf das höchste Amt. In der Regel informierte ich ihn einmal monatlich über wichtige außenpolitische Entwicklungen. Mein damaliger Stellvertreter, General Brent Scowcroft, sah ihn öfter. Ford fragte nur nach, wenn er etwas näher erläutert haben wollte – ein angemessenes Verhalten für einen Vizepräsidenten, dem kein fest umrissener Verantwortungsbereich obliegt und der deshalb Vorschläge nicht an untergeordnete Beamte, sondern direkt an den Präsidenten zu richten hat.

Ich habe Ford nie danach gefragt, was ihm durch den Kopf ging, als ich an jenem verhängnisvollen Morgen des 5. August bei ihm anrief und Nixons Bitte übermittelte, er möge die Abgeordneten aus den Südstaaten zu einem außenpolitischen Informationsgespräch bitten. Auch hat er von sich aus nie darüber gesprochen. Wie wir heute wissen, war damals bereits eine kleine Gruppe gebildet worden, die ihn beim unvermeidlichen Übergang ins Präsidentenamt beraten sollte. Glaubte er vielleicht, ich wollte auf mich aufmerksam machen? Meinte er, Nixon beabsichtigte, ihn in Verlegenheit zu bringen? Was immer er auch gedacht haben mag, Ford blieb bei seiner direkten Art. Er werde tun, was der Präsident verlange, meinte er, aber er fügte – zum Zeichen, daß er Nixons Absicht durchschaute – hinzu, das werde die Abstimmung über die Amtsenthebung (die ich nicht erwähnt hatte) wohl kaum beeinflussen. Es war zu spät: Außenpolitische Fragen hatten auf die Entscheidung des Repräsentantenhauses keine Auswirkung mehr.

Als das Tonband publik war, distanzierte sich Ford auf der Kabinettssitzung vom 6. August in einem beispiellosen Schritt vom Präsidenten. Er werde die Haltung des Präsidenten zu Watergate nicht länger verteidigen, erklärte er, und er hätte es auch in der Vergangenheit nicht getan, wäre ihm der Wortlaut des Bandes bekannt gewesen. In der Öffentlichkeit wolle er allerdings zu der Sache schweigen, weil er »interessierte Partei« sei. Das war ein klarer Hinweis darauf, daß er sich als erster Anwärter auf Nixons Amt sah. Ford betonte allerdings, auch wenn er sich vom Präsidenten distanziere, werde er Nixons Politik weiter unterstützen:

> Jeder hier sieht die schwierige Lage, in der ich mich befinde. Niemand bedauert dieses ganze tragische Ereignis mehr als ich. Ich empfinde tiefe persönliche Sympathie für Sie, Herr Präsident, und für Ihre gute Familie. Aber ich möchte hier auch hervorheben: Hätte ich gewußt, was in den letzten vierundzwanzig Stunden über Watergate bekannt geworden ist, dann hätte ich einige Erklärungen als Minderheitsführer oder als Vizepräsident nicht abgegeben. Ich habe gestern einen Entschluß gefaßt, und sicher kennen Sie meine Mitteilung an die Presse, daß ich mich wegen meiner Verpflichtungen gegenüber dem Kongreß und der Öffentlichkeit zu dieser Sache nicht mehr äußern werde, weil ich interessierte Partei bin. Ich bin sicher, im Abgeordnetenhaus wird es zur Amtsenthebung kommen. Wie die Sache im Senat ausgeht, kann ich nicht sagen. Dazu will ich mich nicht äußern. Sie haben uns die beste Außenpolitik gegeben, die dieses Land je hatte. Sie haben Ihre Aufgabe her-

vorragend erfüllt, und das Volk weiß das zu schätzen. Lassen Sie mich Ihnen versichern, daß ich die Außenpolitik der Administration und den Kampf gegen die Inflation weiter unterstützen werde.[2] Ich hatte weder auf dieser Sitzung ein Gespräch mit Ford noch bis zu Nixons Rücktrittsentschluß. Als dieser fiel, stand fest, daß Ford der nächste Präsident sein würde. In jener turbulenten Woche, als Nixon zurücktrat, hatte ich keine Zeit, mich Spekulationen darüber hinzugeben, was dies für meine eigene Position bedeutete. Bevor ich mich damit eingehender befassen konnte, rief Ford mich am Morgen des 8. August an, nachdem Nixon ihm seinen Rücktrittsentschluß mitgeteilt hatte, und nahm mir die Entscheidung aus der Hand. Er bat mich zu sich, überließ es aber in seiner bescheidenen Art mir, den Zeitpunkt zu bestimmen; im Verlauf des Telefongesprächs bat er mich, auf meinem Posten zu bleiben. Er drückte dies auf eine Art aus, daß ich das Gefühl haben sollte, ich täte ihm damit einen Gefallen. Das Gespräch verlief folgendermaßen:

Ford: Guten Morgen.

Kissinger: Herr Vizepräsident.

Ford: Wie geht es Ihnen, Henry?

Kissinger: Gut.

Ford: Ich habe gerade mit dem Präsidenten gesprochen. Er hat mir seinen Entschluß mitgeteilt. Wir haben etwa eine Stunde und zwanzig Minuten beisammengesessen. Im Gespräch deutete er an, Sie seien der einzige im Kabinett, der von seiner Entscheidung wußte.

Kissinger: Das ist richtig.

Ford: Ich hoffe, wir können heute nachmittag zusammenkommen, wenn es Ihnen paßt. Ich habe nichts anderes vor, als alle Vorbereitungen zu treffen.

Kissinger: Wäre Ihnen 15.00 Uhr recht, Herr Vizepräsident?

Ford: Das wäre gut, Henry. Mir liegt viel daran. Wie immer Ihr Tagesplan aussieht, meiner ist absolut flexibel.

Kissinger: Nachdem der Präsident gestern mit mir gesprochen hatte, habe ich einige erste Vorschläge vorbereitet, die ich Ihnen vorlegen möchte. Soll ich sie mitbringen?

Ford: Unbedingt.

Kissinger: Es gibt einiges, was in den nächsten zwei Tagen erledigt werden muß.

Ford: Ich freue mich, Sie zu sehen, Henry. Bringen Sie alles mit, was Sie wollen.

Kissinger: Gut. Noch eine technische Frage: Können wir der Presse sagen, daß ich zu Ihnen kommen werde, oder wollen Sie es lieber selbst bekanntgeben? Es ist nicht unbedingt nötig. Wir können es auch lassen.

Ford: Ich sehe keinen Grund, warum Sie der Presse nicht sagen sollten, daß Sie zu mir kommen. Ich habe damit kein Problem.

Kissinger: Bei dieser Mitteilung sollten wir es bewenden lassen.

Ford: Ich glaube, es ist wichtig, daß es bekanntgegeben wird, also tun Sie es, Henry.

Kissinger: Ich denke, in außenpolitischer Hinsicht könnte die Nachricht beruhigend wirken.

Ford: Erklären Sie es, oder geben Sie es auf andere Weise bekannt, wie

Sie es für zweckmäßig halten. Schmücken Sie die Nachricht ruhig etwas aus.

Kissinger: Ich denke, wenn es Ihnen recht ist, wird es das beste sein zu sagen, Sie hätten mich angerufen und zu sich gebeten, und ich werde um 15.00 Uhr bei Ihnen sein.

Ford: Sehr gut, Henry.

Kissinger: Ich bete für Sie. Sie wissen, Herr Vizepräsident, daß jetzt die ganze Welt auf Ihren Schultern ruht.

Ford: Das weiß ich, Henry, und darüber möchte ich ausführlicher mit Ihnen reden. Wie ich bereits in früheren Gesprächen angedeutet habe, wünsche ich, daß Sie bleiben und diese schwere Zeit mit mir zusammen durchstehen.

Kissinger: Sie können auf mich zählen, Herr Vizepräsident. Wir werden Gelegenheit haben, das zu erörtern.

Ford: Das wollte ich loswerden, damit gar nicht erst Zweifel aufkommen.

Kissinger: Ich weiß es sehr, sehr zu schätzen, daß Sie daran gedacht haben.

Ford: Dann also bis 15.00 Uhr.

Dramatischen Ereignissen gehen nicht immer dramatische Dialoge voraus. Als ich dieses Gespräch nach zwanzig Jahren wieder las, war ich überrascht von der Sachlichkeit in Ton und Inhalt. Damals beeindruckte mich das Understatement, mit dem Ford von Nixons Entschluß sprach, der ihn zum Präsidenten machte. Keinerlei Floskeln, kein Hinweis darauf, was er selbst dabei empfand. Und ich war berührt von seinem Taktgefühl, mit dem er jeder persönlichen Unsicherheit, die ich empfinden konnte, so rasch ein Ende setzte.

Die Atmosphäre dieses Telefongesprächs hielt bei unserer Begegnung am Nachmittag an. Sie fand in dem großen Büro des Vizepräsidenten im Old Executive Office Building statt, das bis zum Zweiten Weltkrieg der Sitz des Marineministers gewesen war. Dieses Gebäude ist vom Weißen Haus durch einen schmalen Durchgang namens »West Executive Avenue« getrennt. Als Regel gilt, daß diejenigen, die die Politik bestimmen, ihre Büros im Weißen Haus haben; die Hilfsdienste dagegen sind im Old Executive Office Building untergebracht. In dieser Hinsicht ist der Sitz des Vizepräsidenten durchaus ein adäquater Ausdruck seiner realen Macht.

Bis 1947, als es noch weniger bürokratisch zuging, residierten im Old Executive Office Building das Außenministerium sowie das Armee- und das Marineministerium. Inzwischen hätte bereits eine einzige derartige Institution diese hochherrschaftlichen Korridore weit überfordert. In keinem Washingtoner Gebäude sind die Büros allerdings besser geeignet, zum Nachdenken anzuregen: hohe Decken und weite Räume – nach heutigen Maßstäben. Die größeren Büros haben Balkone, viele mit Ausblick auf den Rasen des Weißen Hauses.

Bei meiner Begegnung mit Ford am Nachmittag des 8. August nahm ich auf einem Sofa nahe dem Balkon Platz, der diese schöne Aussicht hat. Ford saß auf einem Stuhl mit dem Rücken zum Fenster. Er wirkte ruhig und entspannt, gab sich weder anmaßend noch betont bescheiden. Er begann das Gespräch mit den Worten, er wolle bereits vor seinem Amtseid – den er dann noch am selben Abend leisten sollte – bekanntgeben, daß ich auf meinem Posten bleiben werde. Ford meinte, er sei von mir angetan gewesen, seit wir uns zum ersten Mal in Harvard begegneten. Ohne Umschweife fügte er hinzu, er sei sicher, wir würden »miteinander auskommen«. Ich erwiderte, es sei an mir, mit ihm auszukommen, nicht umgekehrt.

Damit wandten wir uns den praktischen Fragen des Amtswechsels zu. Um Irritationen im Ausland zu vermeiden, war es wichtig, Kontinuität in unserer Außenpolitik zu signalisieren, zumindest für die Zeit, bis der neue Präsident darüber entschieden hatte, welche Veränderungen er unter Umständen vorzunehmen gedachte. Zu diesem Zweck hatte ich einen Übergangsplan mitgebracht, der im wesentlichen beinhaltete, an alle Regierungen der Welt eine Botschaft des Präsidenten zu senden. Außerdem empfahl ich dem neuen Präsidenten, alle in Washington akkreditierten Botschafter zu empfangen, um sie in die Lage zu versetzen, ihrer Regierung einen persönlichen Eindruck zu vermitteln. Mit diesen beiden Schritten sollte von vornherein vermieden werden, daß man sich in den Hauptstädten der Welt nach Gerüchten und Spekulationen ein erstes Urteil bildete. Da es praktisch unmöglich war, mit jedem Botschafter einzeln zu sprechen, schlug ich vor, Ford solle sie nach Regionen in Gruppen empfangen und jeder etwa eine Stunde widmen. Die erste Gruppe sollten die Botschafter der NATO-Staaten bilden, gefolgt von denen aus Lateinamerika, dem Nahen Osten, Afrika und Südostasien. Da die Staaten Nordostasiens in keine Gruppe paßten, Japan jedoch ein unverzichtbarer Verbündeter war und China in unserer Dreiecksdiplomatie eine Schlüsselposition einnahm, empfahl ich dem Präsidenten, deren diplomatische Vertreter einzeln zu empfangen. (Der sowjetische Botschafter Anatoli Dobrynin war im Urlaub und sollte sofort nach seiner Rückkehr einen Gesprächstermin beim Präsidenten bekommen.[3]) Schließlich sollte es separate Audienzen für die Botschafter Südkoreas und Südvietnams geben – Länder, für die Amerika Blut vergossen hatte. Für sie war es wichtig, daß der neue Präsident ihren Gegnern signalisierte, er werde auch weiterhin für ihre Sicherheit einstehen.

Ford nahm sich Zeit, um verschiedene Dokumente durchzusehen. Er rief John O. (»Jack«) Marsh jr. zu sich, einen langjährigen Mitarbeiter, den er zu seinem Berater ernennen wollte. Nachdem wir über einige weniger wichtige Fragen gesprochen hatten, stimmte Ford den Briefentwürfen und den Treffen mit den Botschaftern zu. Er zögerte erst, als ich ihm ein weiteres Dokument mit wichtigen Vorhaben übergab, das einige sensible Vereinbarungen mit anderen Regierungen betraf. Eine davon war noch nicht umgesetzt und in der Tat etwas undurchsichtig. Ich sagte Ford, wenn ihm diese Sache momentan unangenehm sei, könnte ich sie hinauszögern. »Sie werden das mir vorhalten, nicht Ihnen«, sagte ich. Aber den Schwarzen Peter anderen zuzuschieben war nicht die Art dieses künftigen Präsidenten. »Nein, ich entscheide das«, sagte Ford.

Am tiefsten ist mir jedoch von diesem ersten Gespräch im Gedächtnis geblieben, was ich danach empfand. Zum ersten Mal, seit ich ins Weiße Haus eingezogen war, verließ ich den Präsidenten ohne weiteres Nachgrübeln, sicher, daß nichts unausgesprochen geblieben war. Nixon war einer der fähigsten amerikanischen Präsidenten, stets bereit und mit dem nötigen Mut, harte Entscheidungen zu treffen. Aber dafür mußte er allein sein. Von Angesicht zu Angesicht war Nixon kaum in der Lage, einem Gesprächspartner etwas abzuschlagen oder ihm auch nur zu widersprechen. Davon wird noch die Rede sein. Da niemand sicher sein konnte, daß Nixon nicht im nächsten Augenblick rückgängig machte, was er gerade entschieden hatte, war in seiner Umgebung Argwohn, der gelegentlich an Paranoia grenzte, sehr verbreitet.

Bei Ford wußte man, woran man war. Seit diesem ersten Gespräch habe ich bei ihm niemals Hintergedanken bemerkt. Er war selbstsicher genug, offen zu widersprechen. Raffinierte Manöver, um sein Ansehen zu mehren, waren ihm fremd. Da er so unerwartet in dieses Amt katapultiert worden war, trug er es mit Würde, glaubte aber nicht, dies werde von langer Dauer sein. Er sah keine Notwendigkeit, seine Umgebung zu manipulieren. Fords innere Ausgeglichenheit war genau das, was die Nation brauchte, um ihre Spaltung zu überwinden.

Der neue Präsident

Der Morgen des 9. August 1974 war einer der dramatischsten Augenblicke in der amerikanischen Geschichte. Um 9.30 Uhr nahm Präsident Nixon im Ostzimmer des Weißen Hauses Abschied von seinen Mitarbeitern. Damit wurde der tiefste Bruch des innenpolitischen Konsenses Amerikas seit dem Bürgerkrieg besiegelt.[4] Am selben Tag um 12.05 Uhr wurde Gerald R. Ford als 38. Präsident der Vereinigten Staaten vereidigt. Man hatte die Stühle so angeordnet, daß Ford bei seiner Rede in eine andere Richtung blickte als Nixon. Damit sollte ein Neuanfang symbolisiert werden.

Nixons Abschiedsrede war eine schmerzvolle Elegie. Er, der sonst so diszipliniert war, sprach ausschweifend und zuweilen ziemlich zusammenhanglos von den Träumen seiner Jugend, von seiner Mutter und seiner Familie, davon, wie wichtig es ihm stets gewesen sei, Theodore Roosevelts Grundsatz zu folgen und niemals politische Verantwortung zu scheuen. Sein ganzes Leben lang ein Muster an Selbstbeherrschung – nun schien Nixon unter dem Zwang zu stehen, alle Leidenschaften und Träume kundzutun, die er so lange in sich eingeschlossen hatte. Zum ersten Mal trug er in der Öffentlichkeit eine Brille. Für seinen Mitarbeiterstab, den der Niedergang dieser Präsidentschaft zermürbt hatte, war es fast unerträglich, Nixons letztem Akt als Präsident beizuwohnen, mit anzusehen, wie dieser einsame und gequälte Mann sein Innerstes nach außen kehrte und sich gegen die Einsicht wehrte, daß sein Lebenswerk in Trümmern lag.

Als Gerald Ford zweieinhalb Stunden später in demselben Raum seinen Amtseid leistete, erklärte er ruhig und bestimmt, »unser langer nationaler Alptraum« sei nun vorüber.[5] Und seine Zuhörer, erschöpft von fast eineinhalb Jahren Ankämpfen gegen die heraufziehende Katastrophe und dem emotionalen Druck der Abschiedsrede Nixons, setzten all ihre Hoffnung auf diesen unprätentiösen, einfachen Mann, in dessen Hände die Vorsehung in einer überraschenden Wendung Amerikas Schicksal gelegt hatte.

Es ergab sich, daß ich bei den zwei Rücktritten, die Fords Einzug in das Präsidentenamt möglich machten, eine augenfällige, wenn auch eher technische Rolle spielte. Um 11.35 Uhr übergab mir General Haig Nixons offizielle Rücktrittserklärung, die an mich als Außenminister gerichtet war, die ich aber im Büro des Nationalen Sicherheitsberaters im Weißen Haus entgegennahm. Alle Ernennungsakte des Präsidenten werden vom Außenminister gegengezeichnet. Genauso wird ihm auch der Rücktritt eines Präsidenten oder Vizepräsidenten zur Kenntnis gegeben. Das ist ein Überbleibsel aus der Zeit, da die Gründungsväter der Vereinigten Staaten diese Position mit wichtigen innenpolitischen Funktionen ausgestattet hatten, dem Ministerpräsidenten in der Fünften Französischen Republik vergleichbar. Seit ich die Schreiben über die Amtsniederlegung Spiro Agnews als Vizepräsident vom 10. Oktober 1973 und Richard Nixons als Präsident vom 9. August 1974 entgegennahm, habe ich den Ruf, der Empfänger hochrangiger Rücktrittserklärungen zu sein.

Als Agnew sein Amt niederlegte, war Nixons ursprüngliche Regierungsmannschaft bereits stark dezimiert. Der Rest nahm sich aus wie gestrandete Seeleute auf einer einsamen Insel. Unter diesen Umständen wurde ich in die Überlegungen des Präsidenten zu den politischen Entscheidungen eingeweiht, die er zu treffen hatte – Fragen, von denen ich bisher ausgeschlossen war. Für seine Wahl des neuen Vizepräsidenten stellte er drei Grundsätze auf: Wer der beste Präsident wäre, wen der Kongreß am ehesten bestätigte, ohne daß bei Watergate weitere Probleme entstünden, und wer, einmal Vizepräsident, den Verfechtern der Amtsenthebung den geringsten Anreiz böte, Nixon loszuwerden.

Von den potentiellen Kandidaten war nach Nixons Meinung John Connally am besten qualifiziert für das Präsidentenamt. Ihm folgte Nelson Rockefeller, der zwar fähig, aber für Nixon nicht allzu wünschenswert war. Connally, dessen zur Schau getragene Selbstsicherheit Nixon bewunderte, der einzige Mensch, über den ich nie eine abfällige Bemerkung von ihm hörte, wäre sicher seine erste Wahl gewesen, hätte es da nicht Ermittlungen gegeben, die schließlich auch zu einem Gerichtsverfahren führten. Nixon, der damals noch glaubte, er werde Watergate überstehen, wollte aber – ungeachtet Connallys offensichtlichen Handikaps – sichergehen, daß er diesem mit der Wahl zum Vorzugskandidaten für das Amt des Vizepräsidenten nicht die Aussichten verdarb, 1976 als Präsidentschaftskandidat der Republikaner nominiert zu werden, wenn, wie er glaubte, Connallys rechtliche Probleme längst hinter ihm lägen.

Nixons starke Sympathie für Connally hätte ausgereicht, um Rockefeller jede Chance zu nehmen, selbst wenn Nixon es über sich gebracht hätte, einen lebenslangen politischen Gegner zu nominieren. Rockefellers wirkliches Handikap – zumindest erklärte dies Nixon mir als dessen lebenslangem Freund – bestand darin, daß seine Nominierung die Republikanische Partei tief gespalten hätte. (Nixon sollte später sagen, er hätte auch Ronald Reagan in Betracht gezogen, jedoch wieder verworfen, weil er für ihn keine Bestätigung erhalten hätte. Das mag sein, mir gegenüber hat er das nie erwähnt.)

Als Nixons Liste immer kleiner wurde, fiel seine Wahl schließlich auf Gerald Ford: Er würde leicht die Zustimmung des Kongresses erhalten und wäre – so Nixon – ein »angemessener« Vizepräsident. Von seiner hohen Akzeptanz im Kongreß abgesehen, hatte Ford in Nixons Augen noch einen zweiten Vorzug: Da es ihm an Erfahrung in der Amtsführung fehlte, würde der Kongreß möglicherweise sein Vorhaben der Amtsenthebung überdenken. Bei mehreren Gelegenheiten äußerte der Präsident, der Kongreß werde nicht dafür verantwortlich sein wollen, ihn durch einen Mann ersetzt zu haben, der sich in internationalen Angelegenheiten so wenig auskannte.

Wie sich jedoch dann herausstellte, hatte die Wahl des Vizepräsidenten keinerlei Einfluß auf Nixons Amtsenthebung, denn Watergate hatte inzwischen eine eigene Dynamik entwickelt. Ford wurde am 13. Oktober 1973 zum Vizepräsidenten nominiert und ohne Einwände bestätigt. Sein Übergang ins Präsidentenamt wurde zehn Monate später mit allgemeiner Erleichterung aufgenommen.

Als Ford seinen Amtseid leistete, wußte niemand, nicht einmal der neue Präsident selbst, ob er die gewaltige Aufgabe, die ihm da zufiel, bewältigen können werde. Ohne jede Amtserfahrung übernahm er die Präsidentschaft in einer Situation, wie sie, von Kriegszeiten abgesehen, verzweifelter nicht sein konnte. Ohne das Mandat des Volkes wurde Ford die Verantwortung dafür aufgebürdet, sein Land, das noch unter dem Trauma von Vietnam und Watergate litt, zu erneuern. Und die Vorsehung hatte Mitleid mit Amerika, als sie ihm – scheinbar zufällig – einen Präsidenten bescherte, der die höchsten und einfachsten Werte unserer Nation verkörperte.

In keinem anderen Land gestalten sich persönliche Beziehungen so leicht und mühelos wie in Amerikas Kleinstadtmilieu; nirgendwo sonst findet man diese Offenherzigkeit, der jede Heimtücke fremd ist. Als reines Produkt dieser Umgebung erfüllte Gerald Ford seine Aufgabe, Amerikas Zerrissenheit zu überwinden und ihm seinen Glauben an sich selbst wiederzugeben, so undramatisch und ohne jede Theatralik, daß das, was er erreichte, bisher allzusehr für selbstverständlich genommen wird. Erst vor kurzer Zeit haben einige Journalisten, die sich damals so häufig über ihn lustig machten, mit einer Neubewertung seiner Amtszeit begonnen.[6]

Zu dieser Unterschätzung kam es vor allem deshalb, weil Ford so gar nicht in das Klischee eines Politikers des Fernsehzeitalters paßte. Den Medien und vielen seiner Kollegen fiel es schwer, ihn in das gewohnte Raster einzuordnen. Ein moderner Präsidentschaftskandidat ist dazu gezwungen, einen geradezu faustischen Pakt zu schließen: Eine volle landesweite Vorwahlkampagne kostet mindestens fünfzehn Millionen Dollar Fernseh- und Medienaufwand; aber das Geld muß nach den vom Gesetz festgelegten strengen Vorschriften beschafft werden. Um glaubwürdig zu bleiben, ist der Kandidat verpflichtet, drei Jahre lang seine ganze Kraft darauf zu verwenden, seinen Wahlfonds in zahllosen verstreuten und sehr unterschiedlichen Wahlkreisen zusammenzubringen. Dabei ist er angehalten, ja sogar gezwungen, jedem alles zu versprechen. Was als taktisches Manöver beginnt, gerät im Verlauf dieser mörderischen Kampagne leicht und unbemerkt zum bestimmenden Charakterzug. Nationale Anerkennung fordert so unweigerlich den Preis persönlicher Unsicherheit.

Das Computer- und Fernsehzeitalter hat diese Unsicherheit vervielfacht. Als das Bild das geschriebene Wort als wichtigstes Mittel zum Begreifen der Welt ersetzte, geriet der Lernprozeß von einem aktiven zu einem passiven Vorgang, von einem Akt der Beteiligung zur Aufnahme vorgekauter Daten. Aus Büchern lernt man durch eigene Vorstellungen, für die man anscheinend beziehungslose Ereignisse miteinander verknüpft, was analytische Anstrengung und Fertigkeit erfordert. Bilder dagegen beeinflussen passiv; sie erwecken Eindrücke, die dem Zuschauer keine Anstrengung abverlangen, betonen eine Augenblicksstimmung und lassen dem deduktiven Denken oder der Phantasie wenig Raum. Vorstellungen sind dauerhaft, Eindrücke dagegen flüchtig und teilweise zufällig.

Die neue Technologie hat die Sicht des modernen Bewerbers für ein politisches Amt auf seine Rolle grundlegend verändert. Die großen Staatsmänner der Vergangenheit sahen sich als Helden, die die Last auf sich nahmen, ihre Gesellschaft auf dem beschwerlichen Weg vom Bekannten ins Unbekannte zu geleiten. Der moderne Politiker ist weniger daran interessiert, ein Held, als vielmehr ein Superstar zu sein. Helden marschieren allein; Stars bedürfen der Zustimmung der Menge. Helden definieren sich über innere Werte, Stars über den Konsens. Wenn die Ansichten eines Kandidaten an Zielgruppen angepaßt und von Fernsehmoderatoren bestätigt werden müssen, dann sind Unsicherheit und Oberflächlichkeit programmiert. Radikalismus tritt an die Stelle von Liberalismus, und Populismus kommt als Konservativismus daher.

Der moderne Politiker ist eine merkwürdige Mischung von Sprödigkeit und strahlender Erscheinung. Aus der Sprödigkeit wird geradezu Servilität im Werben um die Zustimmung der Masse; das Strahlen gerät zur Panik, wenn die Stimmung des Publikums umschlägt. Viel mehr damit beschäftigt, was er sagen als was er denken soll, ist der politische Führer von heute häufig genug nicht in der Lage, die Rolle zu spielen, für die er am meisten gebraucht wird – einen emotionalen Halt zu bieten, wenn die Erfahrung durch immer rascheren Wandel in Frage gestellt wird. Die Unfähigkeit, dieses emotionale Bedürfnis zu befriedigen, erklärt das merkwürdige Paradox der heutigen Demokratie: Niemals haben sich politische Führer mehr dazu herabgelassen, die Vorlieben der Masse zu erkunden; niemals war aber auch in den meisten Demokratien die Achtung vor der politischen Klasse auf einem so tiefen Stand wie heute.

In den Vereinigten Staaten fällt die Scheidelinie zwischen dem alten und dem neuen Politikstil etwa in die Antrittszeit der Kennedy-Administration. Ein junger, unerprobter Senator eroberte das Präsidentenamt mit Eloquenz und der Fähigkeit, das noch neue Medium Fernsehen für sich zu nutzen. John F. Kennedys Präsidentschaft war zu kurz, als daß er sich hätte entscheiden müssen, ob er ein Held oder ein Star sein wollte. Vielleicht war ihm diese Wahl nicht einmal bewußt. Kennedy beherrschte beide Politikstile; dadurch belastete er ungewollt seine unmittelbaren Nachfolger, denn diese gaben sich der Illusion hin, es sei gar keine Wahl zu treffen.

Lyndon Johnson, im traditionellen Politikstil tief verhaftet, riß sich in Stücke, um dieselbe Resonanz zu finden, die Kennedy zuteil geworden war. Das aber ging weit über die Möglichkeiten eines Präsidenten der Generation Johnsons hinaus. Durch seinen frühen Tod unsterblich geworden, war Kennedy für seine Bewunderer die Verkörperung all ihrer Träume. In dem vergeblichen Versuch, die gleiche Rolle zu spielen, warb Johnson um Zustimmung bei denen, die ihn niemals akzeptieren sollten.

Der Fall Nixon war in dieser Hinsicht noch eindeutiger. Kein moderner Präsident war so einsam, so lernbeflissen, verbrachte so viel Zeit allein, lesend oder auf seinen allgegenwärtigen gelben Notizblöcken Beschlußoptionen skizzierend. Wenn ich je einen Bücherwurm kennengelernt habe, dann war es Richard M. Nixon. Er verstand mehr von Außenpolitik als nahezu jeder andere aktive Politiker seiner Zeit. Wenn aber die Mitschnitte seiner Gespräche und die Unmenge von Papieren, die seinem Büro entströmten, erst einmal öffentlich zugänglich sind, dann wird offenbar werden, daß er enorme Zeit für den hoffnungslosen Versuch aufwandte, die Bewunderung des Establishments der Ostküste zu erlangen, deren Superstar in seinen Augen Kennedy gewesen war.

Nixons Überzeugungen, die auf außenpolitischem Gebiet sorgfältig durchdacht waren, schienen ihm nicht tragfähig zu sein, wenn sie nicht den Beifall der Öffentlichkeit fanden, vor allem aber die Zustimmung der Klassen, die er im selben Atemzug bewunderte und verachtete. Nixons Taten waren eines Helden würdig, aber er verdarb sie durch seine hektischen Bemühungen, ein Star zu werden, oder durch seine überzogenen Vorstellungen von der Skrupellosigkeit seiner Gegner.

Gerald Ford war das genaue Gegenteil von dem, was man sich unter einem Politiker vorstellt. Er hatte es in den Reihen seiner Partei bis ins Repräsentantenhaus geschafft – eine Karriere, die auf dem täglichen persönlichen Kontakt mit seinesgleichen beruhte. Damit war er immun gegen das typische Verhalten moderner Politiker, die unter enormem emotionalen Druck chamäleongleich nach immer neuer Identität suchen, um allen und jedem zu gefallen. Viel zu bescheiden, um sich selbst als Helden zu sehen, wäre Ford in Verlegenheit geraten, hätte jemand behauptet, die Vorsehung halte diese Rolle für ihn bereit.

Fords zuweilen gebrochener Satzbau war ein gefundenes Fressen für die Satiriker. Sie vergaßen – wenn sie es je wußten –, daß klare Formulierungen nicht unbedingt auf analytische Fähigkeiten schließen lassen, die Ford im Überfluß besaß. Für den Führer einer Nation sind Mut und feste Grundsätze in jedem Fall die wichtigeren Eigenschaften.

Ford war sich durchaus bewußt, daß er wenig verbindlich wirkte, und hatte – anders als viele politische Größen unserer Zeit – keine Schwierigkeiten, dies zuzugeben. »Ich bin keiner von diesen begnadeten Rednern«, sagte er mir in einem Telefongespräch am 15. Januar 1975. »Es hat auch keinen Sinn, wenn ich versuche, einer zu werden. Ich muß einfach ich selbst sein.« Eine Woche später kam er nach einer Pressekonferenz, die er seiner Meinung nach hätte besser machen können (worin ich ihm nicht zustimmte), noch einmal auf dieses Thema zurück. Anders als die meisten Politiker des Fernsehzeitalters suchte Ford die Schuld bei sich selbst, nicht bei den Medien:

> Ich hatte im nachhinein den Eindruck, daß es wesentlich besser hätte sein können… Ich zeige es nicht, aber ich könnte verrückt werden, wenn mir etwas nicht so gelingt, wie ich es möchte… Wenn man nicht immer nach dem Besten strebt, wird man es auch nie erreichen.

Ford war stets er selbst und gab sein Bestes. Damit rettete er den Zusammenhalt und die Würde seines Landes.

Die innenpolitische Krise

Als wir uns mit Watergate herumschlugen, versuchte ich mir manchmal das Ende der Affäre vorzustellen, so wie ein verdurstender Wanderer in der Wüste von den Wonnen einer lockenden Oase träumt. Für mich war das eine

Zeit, da die internationalen Krisen ein Ende fanden oder sich zumindest entspannten, da die Auseinandersetzungen im Lande in einen neuen nationalen Konsens mündeten. Aber wie es dem Wanderer in der Wüste ergehen kann, erwies sich diese Vision als ein Trugbild.

Die Ironie der Präsidentschaft Fords lag darin, daß er all seine Kraft für die Erneuerung der Gesellschaft einsetzte, die Feindbilder, die sich über zehn Jahre lang aufgebaut hatten, aber nicht über Nacht zu beseitigen waren. Zuweilen konnte man den Eindruck haben, die Vereinigten Staaten seien süchtig nach Krisen und könnten ohne den ständig wiederkehrenden Kick einer Enthüllung oder Untersuchung nicht leben. Die Medien waren geradezu darauf erpicht, schwere Vergehen aufzudecken – wenigstens hier konnte man Ruhm ernten. Und der Kongreß verwandte mehr Mühe darauf, die Exekutive an jeder Geheimhaltung zu hindern, als eine überparteiliche nationale Sicherheitspolitik zu betreiben. Zuweilen setzte er das eine mit dem anderen gleich.

In dieser Atmosphäre gewährte man Ford nicht die Schonfrist, auf die jeder neue Präsident traditionell Anspruch hat. Vom ersten Tag an mußte er in mehrere Richtungen zugleich schauen. Internationale Krisen haben ihre eigene Dynamik, die von kurzfristigen, innenpolitischen Entwicklungen nur unwesentlich beeinflußt wird. Zwar ließ sich die Welt für einen Augenblick durch das Drama von Washington ablenken, kehrte jedoch bald zu ihrem »Normalzustand« zurück, was praktisch bedeutete, daß die internationalen Herausforderungen wieder an Gewicht zunahmen.

Der Waffenstillstand auf Zypern brach am vierten Tag der Präsidentschaft Fords zusammen; die Situation drohte jeden Augenblick zu einem militärischen Konflikt zwischen Griechenland und der Türkei, beides unverzichtbare NATO-Verbündete, zu eskalieren. In derselben Woche, in der Ford sein Amt antrat, sollten die Außenminister Ägyptens und Syriens nach Washington kommen, um die nächste Phase des Nahostfriedensprozesses vorzubereiten. Diese Besuche konnten nicht aufgeschoben werden, denn Nixon hatte ihre Kollegen aus Israel und Jordanien bereits in den Wochen vor dem Wechsel der Präsidentschaft empfangen, und jeder Aufschub hätte uns dem Verdacht ausgesetzt, Separatabkommen anzustreben oder eine Verschleppungstaktik zu betreiben.

Was andere Bereiche betraf, so brauchte die amerikanische Delegation, die mit den Sowjets über die Kontrolle der strategischen Waffen verhandelte, neue Instruktionen. Um das Handelsabkommen mit der Sowjetunion ratifizieren zu können, mußte die zwischen Exekutive und Kongreß strittige Frage gelöst werden, ob man die Meistbegünstigung für die Sowjetunion von einer Lockerung der Auswanderungsbestimmungen für sowjetische Juden abhängig machen sollte.

Weitere, wenn auch weniger dringende Probleme warteten auf die Entscheidung des neuen Präsidenten. Die vielleicht größte Herausforderung für die demokratischen Industriestaaten war die allgemeine Demoralisierung angesichts einer Vervierfachung der Energiepreise. Eine Panik auf den Finanzmärkten und eine Verschlechterung der politischen Lage in Westeuropa konnten nur durch ein gemeinsames Vorgehen aufgehalten werden. Es war an der Zeit, daß wir mit vereinten Kräften darangingen, für unsere gemeinsame Zukunft zu sorgen. Regierungsbeamte der demokratischen

Industriestaaten hatten sich bereits zusammengesetzt, um eine internationale Energiebehörde ins Leben zu rufen, die es ihren Ländern ermöglichen sollte, Energie zu sparen, einander bei Versorgungsengpässen zu helfen und ein finanzielles Sicherheitsnetz für den Fall zu knüpfen, daß die ölproduzierenden Länder versuchten, die erdölverbrauchenden mit ihren riesigen Überschüssen an Petrodollars unter Druck zu setzen.

Abgesehen von diesen taktischen Fragen, war die praktische Außenpolitik in Fords Präsidentschaftszeit auch wegen eines Erbes besonders kompliziert geworden, das Nixon eine »neue Friedensordnung« zu nennen pflegte. Der Kalte Krieg war noch in vollem Gange, und von der Sowjetunion ging die größte Gefahr aus. Sie bedrohte uns mit ihrem Atomwaffenpotential, hielt an einigen ihrer ideologischen Ambitionen fest und war stets in der Lage, die innere Zerrissenheit der gegnerischen Supermacht für sich auszunutzen.

Die Nixon-Administration hatte beharrlich versucht, die Konstellation des Kalten Krieges zu verändern. Das geschah nicht, weil wir gegenüber der sowjetischen Ideologie blind und taub geworden wären. Eher hatten wir den Eindruck, daß der ideologische Einfluß der Sowjetunion zurückging. In den zwei Generationen der Geschichte des Kommunismus hatte keine kommunistische Partei je eine freie Wahl gewonnen. Ihre einzigen Verbündeten hatte die Sowjetunion in Osteuropa. Sie wurden nur auf Kurs gehalten, weil sie im Grunde genommen unter sowjetischer militärischer Besatzung lebten. Wenn unsere Öffnung nach China gelang, dann sah sich die Sowjetunion einer Koalition aller Industriestaaten der Welt gegenüber, die eine stillschweigende Übereinkunft mit dem bevölkerungsreichsten Land der Erde getroffen hatte. Früher oder später mußte diese Gleichung zugunsten der Demokratien aufgehen, vorausgesetzt, sie waren imstande, die Sowjets von Abenteuern abzuhalten und ihnen eine Chance zu geben, die Konfrontation durch Möglichkeiten der Zusammenarbeit abzubauen.

Seit Harry S. Truman hatte kein neuer Präsident in seinen ersten Amtswochen eine solche Fülle an außenpolitischen Herausforderungen übernehmen müssen. Seit Lincoln mußte keiner in einem so ungünstigen innenpolitischen Klima agieren. Nahezu alle streitenden Gruppen in den Vereinigten Staaten hatten ihre Schwierigkeiten, sich von den Kämpfen des vergangenen Jahrzehnts zu lösen. Die Veteranen der Protestbewegung gegen den Vietnamkrieg träumten nostalgisch von den Aktionen vergangener Tage, die sie als ihr Schlüsselerlebnis empfanden. Sie waren gefangen in der Vorstellung, Außenpolitik sei ein Moralstück, in dem den Vereinigten Staaten der Part des Schurken zugewiesen wurde.

Keine andere Gesellschaft ist so von sich überzeugt, das Produkt einer einzigartigen moralischen Vision zu sein, wie die amerikanische. Durch ihre geographische Lage von der Notwendigkeit einer Geopolitik mit all ihren Versuchungen befreit, sind die Vereinigten Staaten von der Überzeugung durchdrungen, politische Fragen, besonders außenpolitische, liefen stets darauf hinaus, sich zwischen Gut und Böse zu entscheiden. Die Amerikaner haben ihre Gesellschaft stets als im Streben nach Vervollkommnung der irdischen Zustände begriffen: Sie erhielt ihren Lohn, wenn sie diese Mission erfüllte, und sie wurde bestraft, wenn sie ihr nicht gerecht wurde. Der Wilsonianismus leitete aus dieser Überzeugung die beispiellose Theorie ab,

Kriege seien nicht so sehr auf Machtkämpfe zurückzuführen; vielmehr spiegelten diese Kämpfe innere moralische Verfehlungen einer Gesellschaft wider, besonders den Abstand von einer idealen Demokratie. In einer Welt der Demokratie löse man Konflikte auf der Grundlage des Völkerrechts. Bündnisse beruhten auf dem Grundsatz kollektiver Sicherheit; Verteidigung werde weniger durch das Gleichgewicht der Kräfte garantiert, als vielmehr durch ein Bündnis der Gerechten gegen die Gesetzlosen. Alle diese Theorien versandeten in den zerklüfteten Bergen und den Reisfeldern Vietnams.

Von ihren historischen Traditionen und Werten her gesehen, marschierten die Vereinigten Staaten aus hochmoralischen Gründen in Indochina ein. Sie waren überzeugt, daß die Demokratie als allgemein anwendbares Prinzip erfolgreich in die Hälfte eines geteilten Landes, zwölftausend Kilometer von Amerika entfernt, verpflanzt werden könne, das in einen mörderischen Bürgerkrieg verwickelt war. Sie glaubten fest daran, daß die Prinzipien, die die Demokratie in Europa wiederhergestellt hatten, auch für die heranreifenden politischen Systeme Südostasiens nutzbar seien.[7] Als diese Hoffnungen sich als Illusion erwiesen, verfielen die führenden Kreise in Amerika in Selbstzerfleischung. Die Kritiker griffen nicht in erster Linie falsche Entscheidungen an, sondern stellten den Wert der amerikanischen Erfahrungen grundsätzlich in Frage. Sie führten die wachsende Frustration auf das Versagen des ganzen politischen Systems, auf ethische Defekte zurück, die mit Stumpf und Stiel ausgerottet werden müßten.

So kam es, daß das alte Establishment, Männer und Frauen, die über Generationen Richtung und Ton der amerikanischen Außenpolitik bestimmt hatten, nun mehrheitlich auf die Niederlage seines eigenen Landes hinarbeitete, um es zu reinigen. In den zwanziger Jahren hatte der Isolationismus den Blick der Vereinigten Staaten nach innen gekehrt, weil man weithin der Meinung war, das Land sei zu stark moralisch geprägt, um sich den Unvollkommenheiten der Welt auszusetzen. Während des Vietnamkrieges und in der Folgezeit äußerte sich der Isolationismus in der Auffassung, die Amerikaner hätten sich zu stark diskreditiert, um noch an der internationalen Politik teilnehmen zu können.

Während Liberale auf Positionen des Pazifismus, Radikalismus und Protestes abschwenkten, wandelten sich die Konservativen zu Kreuzrittern. Bisher hatten sie die Eindämmungspolitik aus traditionell amerikanischen Gründen unterstützt. Sie sahen sie als ein Mittel, das sowjetische System zur Demokratie zu bekehren. Da die Eindämmungspolitik in Südostasien gescheitert war, stachelte die nationale Demütigung einige Konservative zu Attacken an – aber nicht gegen die Protestbewegung, sondern gegen die Administration, die die Protestierenden angegriffen und handlungsunfähig gemacht hatten. Sie begriffen das sich abzeichnende Fiasko als ein Symbol für Amerikas ideologischen Rückzug und warfen dem außenpolitischen Establishment mangelnde moralische Wachsamkeit vor. Als der Krieg sicher überstanden war, drängten sie auf einen massiven Angriff (zumindest rhetorischer Art) gegen das Wesen des Kommunismus und auf eine Politik der bewußten Konfrontation mit der Sowjetunion.

Die traditionellen Konservativen erhielten Verstärkung von der gegnerischen Seite. Einige prominente Liberale, die die Radikalisierung der Protestbewegung ablehnten, schlossen sich ihren ehemaligen Gegnern im konservativen Lager an. Diese selbsternannten »Neokonservativen«, zumeist Intellektuelle, brachten ein Element ideologischen Eifers in die Debatte ein, den sie sich in früheren Sektenkämpfen in akademischen Zirkeln angeeignet hatten. Im Streit um den Vietnamkrieg hatten sie auf der anderen Seite gestanden und würdigten deshalb in keiner Weise Nixons Bemühungen, einen ehrenhaften Rückzug zu erreichen. Sie waren auch völlig unbedarft, was die Brüchigkeit unseres innenpolitischen Konsenses betraf, zu der sie selbst kräftig beigetragen hatten. Deshalb forderten sie auch viel ungehemmter neue Kreuzzüge als wir, die wir, gezeichnet von Vietnam und Watergate, zunächst unser Umfeld zu stabilisieren und wieder Vertrauen zu gewinnen suchten, bevor wir uns in neue Initiativen stürzten.

Im Malstrom dieser widersprüchlichen Tendenzen gefangen, sah sich die neue Ford-Administration der Kritik von allen Seiten ausgesetzt. Die Reaktionen auf Vietnam und Watergate hatten das Land polarisiert. Liberale forderten von den Vereinigten Staaten, sich aus der Welt zurückzuziehen und sich der eigenen Vervollkommnung zu widmen. Konservative riefen nach einem ideologischen Kreuzzug. In den Augen der Liberalen ging Amerikas internationales Engagement zu weit. Für die Konservativen trumpften die Vereinigten Staaten nicht genügend auf. Diese Debatte hielt während der gesamten Amtszeit der Ford-Administration an und bildete den Hintergrund für die meisten Auseinandersetzungen mit dem Kongreß. Sie wird in unterschiedlicher Form bis heute geführt.

Ford und der Kongreß

Ein Vizepräsident, der das Präsidentenamt übernimmt, kann normalerweise mit der Unterstützung seiner Partei rechnen. Als Ford jedoch seinen Amtseid leistete, war die Republikanische Partei zunächst über Vietnam uneins und danach von Watergate demoralisiert. Das traf in beträchtlichem Maße auch auf die Demokraten zu. Die Tatsache, daß Ford bereits zum Vizepräsidenten ernannt und nicht gewählt worden war, daß er sich siebenundzwanzig Monate nach seinem Amtsantritt einer Neuwahl stellen mußte, war eine Zwangslage, in der noch kein neuer Präsident gesteckt hatte. Daß viele Vertreter beider Parteien erwarteten, er werde diese Wahl nicht überstehen, war ein weiterer Schlag gegen seine Autorität als Präsident.

Der Druck wurde noch dadurch verstärkt, daß Ford zwar von seinen Erfahrungen im Kongreß geprägt war und ein enges Verhältnis zwischen Exekutive und Legislative anstrebte, jedoch sein Amt antrat, als dieses Verhältnis sich auf revolutionäre Weise wandelte. In diesem Sinne hatte die Ford-Administration am Ende den Preis für Watergate zu zahlen.

Nixon hatte im November 1972 mit dem zweitgrößten Vorsprung in der amerikanischen Geschichte eine landesweite Wahl gewonnen, die mehr als jede andere in diesem Jahrhundert um philosophische Grundsätze ausgefochten wurde. Weder George McGovern noch Nixon waren ausgeprägt charismatische Persönlichkeiten. Aber die inhaltlichen Gegensätze zwischen ihnen konnten größer nicht sein: Nixons entschiedene Außenpolitik zum Schutz der bestehenden Frontlinien im Kalten Krieg einerseits sowie McGoverns Neopazifismus und sein Mißtrauen gegen die Macht Amerikas andererseits; Nixons moderater Konservativismus, der an den traditionellen Werten Amerikas festhielt, gegen McGoverns stillschweigende Billigung des Lebensstils und des Ethos der radikalen Protestbewegung. Nixon gewann diese Wahl, die im Grunde ein Referendum war, mit einundsechzig Prozent der Stimmen.

In kaum einem Jahr hatte Watergate die Ergebnisse dieser Wahl jedoch hinweggefegt. Dies war auch deswegen ein so einschneidender Umschwung, weil er auf das Fehlverhalten des Präsidenten selbst zurückging. Drei Monate nach Fords Amtsantritt kehrte McGovern mit einer Mehrheit, die die Auffassungen vertrat, welche das amerikanische Volk zwei Jahre zuvor eindeutig abgelehnt hatte, in den Kongreß zurück. Der Grund war weniger eine Veränderung in der Grundeinstellung der Öffentlichkeit, als vielmehr ihre empörte Reaktion auf Watergate.

Dies brachte jedoch eine schwere Belastung für das Verhältnis zwischen Legislative und Exekutive mit sich. Bisher hatten die Ausschußvorsitzenden als ausgleichendes Element zwischen den beiden Säulen der Staatsgewalt fungiert. Der Umschwung, den McGovern auslöste, schwächte jedoch das hierarchische System und damit auch die Autorität der Ausschußvorsitzenden. Die Exekutive war nun gezwungen, mit einer Vielzahl einzelner Senatoren und Abgeordneter direkt zu verhandeln. In der Legislative gewannen die Mitarbeiterstäbe an Umfang und Einfluß. Während der Kongreß immer unverfrorener in die Außenpolitik eingriff, nahm die Fähigkeit des einzelnen Senators und, mehr noch, des einzelnen Kongreßabgeordneten, in diesen Fragen auf dem laufenden zu bleiben, immer weiter ab. Die Bedeutung der Berater wuchs, was spezielle Interessengruppen bald erkannten und für sich zu nutzen verstanden.

Ein beträchtlicher Teil der neuen Mitarbeiter kam aus der Exekutive, wo sie aus diesem oder jenem Grunde nicht das erreicht hatten, was ihnen vorschwebte. Vom sicheren Port des Kapitols aus überschütteten sie die Administration unablässig mit ihrer Kritik, frei von dem Zwang zu Kontinuität und zu einer langfristigen außenpolitischen Orientierung, die für politische Entscheidungen auf höchster Ebene unverzichtbar sind. Die Exekutive sah sich in endlose Verhandlungen in den eigenen Reihen und mit den Mitarbeiterstäben des Kongresses verstrickt, die bemüht waren, die Politik bis ins kleinste taktische Detail zu beeinflussen.

Es klingt paradox, aber der Kongreß zeigte viel weniger Hemmungen, Ford herauszufordern als Nixon. Watergate hatte hier eine Zeitlang mäßigend gewirkt, da einige Kritiker Nixons befürchteten, die Beute zu verlieren, weil man ihnen eine Schwächung der nationalen Sicherheit vorwerfen könnte. In der Schlußphase von Watergate legte sich der Kongreß schließlich aus echtem Patriotismus selbst Zügel an: Er zeigte Verantwortungsbewußtsein dafür, daß eine nationale Tragödie ausländische Gegner dazu verleiten konnte, eine größere Krise vom Zaun zu brechen.

Mit Nixons Rücktritt verstummten jedoch alle diese Bedenken. Eine kollektive Manie nach immer zügelloseren Untersuchungen ergriff den Kongreß. Die sensationellsten betrafen die Nachrichtendienste. Nahezu jede verdeckte Operation, die die Vereinigten Staaten in den vergangenen zwanzig Jahren durchgeführt hatten, wurde ans Licht gezerrt. Die höchsten Beamten der Ford-Administration mußten enorme Zeit darauf verwenden,

den Ausschüssen zuzuarbeiten und sich darüber einig zu werden, wie mit Geheimdokumenten umzugehen sei.

In dieser neuen Atmosphäre ging der Kongreß hemmungsloser denn je daran, Beschlüsse über spezifische politische Fragen zu fassen. Wie heftig der Widerstand des Kongresses gegen den Vietnamkrieg auch gewesen sein mag, so hatte er seine Kritik doch darauf beschränkt, Resolutionen mit »Meinungen des Kongresses« anzunehmen, die nicht bindend waren. In den neunundzwanzig Monaten der Ford-Administration jedoch beschloß der Kongreß ein Waffenembargo gegen die Türkei, sperrte alle Hilfen für Kambodscha, schränkte sie für Vietnam bis zur Bedeutungslosigkeit ein und verhängte ein Verbot für jegliche militärische Aktion in Angola. Die Einmischung in kleinste Einzelheiten ging so weit, daß der Kongreß Luftabwehrraketen für Jordanien nur unter der Voraussetzung bewilligte, daß sie in festen Stellungen stationiert wurden. (Die Verweigerung fahrbarer Untersätze war eher demütigend als von realer Bedeutung, denn wie König Hussein bemerkte, war es ein leichtes, diese auf den Märkten der arabischen Welt zu erwerben.)

Ford und die nationalen Interessen

Ford reagierte auf die schier endlose Zahl von Herausforderungen ohne Selbstmitleid oder Zweifel am guten Willen seiner politischen Gegner. Die liberalen Kritiker drängten ihn zur Konfrontation in der Frage der Menschenrechte. Die Neokonservativen feierten ihren kürzlichen Übertritt, indem sie von einem neuen, nicht gewählten Präsidenten forderten, sich auf eine ganze Reihe von Kraftproben mit der Sowjetunion einzulassen, und dies zu einer Zeit, da die sowjetische Politik relativ zurückhaltend war und der Kongreß den Verteidigungshaushalt zusammenstrich.

Ford sah sich in der Rolle des Arztes, der einen von einer kräftezehrenden Krankheit genesenden Patienten zu behandeln hat. Er verordnete ihm eine Diät, damit er sich kräftige und stabilisiere, und widersetzte sich allen Forderungen nach heroischen Posen. Der Patient hatte einen Marathonlauf zu bewältigen, und er erlaubte ihm nicht, sich in häufigen Sprints für die Zuschauer zu verausgaben. In dieser Haltung bestärkte ihn der Kongreß, der den Verteidigungshaushalt von 1974 gerade um fünf Prozent gekürzt hatte. Das führte dazu, daß das Verteidigungsministerium der Luftwaffe für das Finanzjahr 1974 das Geld für fünf Geschwader strich, daß die Einsatzbereitschaft der Kriegsmarine sich verschlechterte und die Armee von ihrer höchsten Mannschaftsstärke während des Vietnamkriegs fünf Divisionen verlor.

Ford hielt es für wichtig, dem amerikanischen Volk zu beweisen, daß Konfrontation nur das letzte Mittel der Außenpolitik und nicht ihr alltägliches Instrument war. Wir waren beide überzeugt, daß wir den Marathonlauf gewinnen konnten, für den wir uns rüsteten. Mit ihrer dahinsiechenden Wirtschaft war die Sowjetunion letzten Endes nicht in der Lage, der uns vorschwebenden Koalition aller demokratischen Industriestaaten in Zusammenarbeit mit China, dem bevölkerungsreichsten Land der Erde, standzuhalten. So kam es letzten Endes auch.

Mit dem Vorsatz, daß seine Präsidentschaft eine Zeit des Heilens sein sollte (wie er später auch seine Memoiren überschrieb),[8] demonstrierte Ford persönlichen guten Willen gegenüber Freund und Feind. Zuweilen hielt ich seinen zur Schau getragenen Gleichmut für übertrieben, besonders dann, wenn seine Abneigung gegen Sanktionen Widerstand gegen die Autorität des Präsidenten für Untergebene völlig risikofrei erscheinen ließ. Rückblickend erkenne ich den Wert der Selbstbeschränkung Fords, denn damit reinigte er das politische System Amerikas nach und nach von dem angesammelten Gift und schuf die Voraussetzungen dafür, daß die staatlichen Institutionen wieder Vertrauen gewinnen konnten. Letzten Endes bringen nicht die Siege einzelner Parteien, sondern ihre Versöhnung eine Gesellschaft voran.

Daß Ford Mut und Führungsqualitäten besaß, demonstrierte er mit einer Reihe von Handlungen in den ersten Monaten seiner Präsidentschaft. Am zweiten Tag im Amt suchten Verteidigungsminister James Schlesinger und ich ihn auf, um eine Entscheidung zu erwirken, die keinen Aufschub duldete. In einer fernen Gegend des Nordpazifik war vor einigen Jahren ein sowjetisches Atom-U-Boot gesunken und lag nun in zirka fünftausend Meter Tiefe. Im Rahmen einer Geheimdienstaktion hatte die CIA den Bau des »Glomar Explorer« in Auftrag gegeben. Dieser galt nach außen als Forschungsschiff, war aber mit einer besonderen Einrichtung bestückt, die in Richtung Meeresboden riesige stählerne Greifer ausfahren konnte. Damit wollte man das U-Boot heben und im Schiffsrumpf bergen. Der »Glomar Explorer« hatte seine Ausgangsposition erreicht. An dem Tag, an dem Ford seinen Amtseid leistete, sollte die Hebung des U-Bootes beginnen. Ein sowjetischer Trawler hielt sich jedoch in der Nähe auf, was mehrere Fragen aufwarf: Wollte der neue Präsident für eine Geheimdienstaktion die Beziehungen zur Sowjetunion aufs Spiel setzen? Bestand die Möglichkeit, daß der Trawler in die Operation eingriff und damit einen Konflikt auslöste, obwohl der »Glomar Explorer« unbewaffnet war? Ford fragte, wie lange der sowjetische Trawler sich dort schon aufhalte. Als er hörte, er befinde sich schon seit Wochen dort, ordnete er an, mit der Bergungsaktion zu beginnen, denn, so argumentierte er, auch eine Woche später seien die Bedingungen nicht günstiger. Leider brach bei der Hebung ein Greifer ab, und ein Teil des U-Bootes ging verloren.

Ford handelte nach seinen eigenen Vorstellungen und tanzte nicht nach der Pfeife seiner Experten. Das zeigte sich, als der sowjetische Botschafter Anatoli Dobrynin eiligst aus dem Urlaub zurückkehrte und fünf Tage nach dem Amtsantritt des Präsidenten im Oval Office erschien. Zur Überraschung der Experten des Außenministeriums und der Mitarbeiter des Nationalen Sicherheitsrates nutzte Ford die Gelegenheit und bat um die Freilassung eines sowjetischen Seemannes (aus der damaligen Sowjetrepublik Litauen). Dieser hatte vier Jahre zuvor auf einem Schiff des amerikanischen Küstenschutzes Zuflucht gesucht. Der Kommandeur ließ ihn aus unerfindlichen Gründen gewaltsam auf das sowjetische Schiff zurückbringen. Wegen dieser bürokratischen Panne saß der unglückliche Flüchtling nun in einem sowjetischen Gefängnis.

Fords Bitte kam völlig aus heiterem Himmel. Es gab nicht die geringste rechtliche Grundlage, um die Sowjetunion zu drängen, einen ihrer Bürger aus einem sowjetischen Gefängnis zu entlassen. Zum Glück für den Seemann und für die Sache der Menschenrechte traf sich Fords guter Wille mit dem Wunsch der sowjetischen Seite nach einem günstigen Start für das Verhältnis zum neuen Präsidenten. Der Bitte wurde stattgegeben und der Seemann wunderbarerweise aus einem sowjetischen Gefängnis in einen amerikanischen Hafen gebracht.

Von größerer, langfristiger Bedeutung war es, wie Ford mit Nixon umging. Die Anklage durch einen Sonderstaatsanwalt galt als ziemlich sicher – eine betrübliche Aussicht für die Vereinigten Staaten und den schuldig gewordenen Präsidenten. Ein solches Schauspiel hätte Amerikas Ansehen in der Welt sehr geschadet. Und wer Nixon kannte, wußte, daß er einen Prozeß oder auch nur eine Anklage kaum ohne ernste physische und psychische Schäden überstehen würde. Wenn man indessen das Risiko bedachte, das Ford mit einer Begnadigung einging, dann war es sehr prekär, dem neuen Präsidenten einen derartigen Vorschlag zu unterbreiten, insbesondere wenn er von mir, einem engen Mitarbeiter Nixons, kam. Als mich jedoch in der zweiten Woche der Präsidentschaft Fords Bryce Harlow aufsuchte, um mir seine schweren Bedenken mitzuteilen, überwand ich meine Zweifel.

Harlow war Präsident Eisenhowers Mitarbeiter für die Beziehungen zum Kongreß gewesen und hatte dieselbe Funktion kurzzeitig auch im Weißen Haus unter Nixon ausgeübt, bis er mit Bob Haldeman aneinandergeriet. Harlow wurde wegen seiner Bildung, seines Charmes und seiner Intelligenz von den festen Mitarbeitern des Weißen Hauses sehr geschätzt. Wenn es darum ging, die Washingtoner Klippen zu umschiffen, war er mir oft ein guter Ratgeber gewesen. Nun argumentierte Harlow, wenn man Nixon vor Gericht stelle, werde dies das Land noch tiefer spalten und möglicherweise den psychischen Zusammenbruch eines Präsidenten beschleunigen, der seinem Lande bei all seinen Fehlern hervorragende Dienste geleistet habe.

Das Gespräch mit Harlow war für mich ein willkommener Anlaß, das Problem bei Ford anzusprechen. Ich teilte ihm Harlows Bedenken mit und bekräftigte sie meinerseits. Als Ford einige Fragen nach den möglichen psychischen Auswirkungen eines Prozesses auf Nixon stellte, erklärte ich, gleichermaßen wichtig sei auch die Wirkung auf die Außenwelt, in der der Expräsident nach wie vor hohes Ansehen genieße. Ford erwähnte, einige seiner Berater hätten empfohlen abzuwarten, bis tatsächlich Anklage erhoben werde. Ich erwiderte, ich wolle nicht die innenpolitische Situation bewerten, aber jede Verzögerung werde die internationalen Auswirkungen und Nixons persönliches Befinden sicherlich nur verschlimmern.

Ford sagte nichts weiter dazu, und ich hörte zu diesem Thema erst wieder von ihm, als er am Nachmittag des 7. September 1974, einem Samstag, anrief und mir seinen Entschluß mitteilte, Nixon am nächsten Morgen zu begnadigen. Es sei an der Zeit, meinte er, die Vergangenheit ruhen zu lassen und es Nixon im Geiste christlicher Vergebung zu ermöglichen, den Rest seiner Tage in Würde zu verbringen. Ford verlangte keine Meinungsäußerung von mir. Obwohl diese Entscheidung ihn möglicherweise die Wahl zum Präsidenten gekostet hat, bin ich überzeugt, daß er einen mutigen und humanen Akt vollzog, der notwendig war, wenn die Nation sich jemals von den Traumata des vergangenen Jahrzehnts erholen sollte.

Diese Unerschrockenheit und dieser Sinn für das nationale Interesse versetzten Ford in die Lage, sein Land in den neunundzwanzig Monaten seiner Präsidentschaft durch eine Reihe von Krisen zu steuern, die für zwei volle Amtszeiten ausgereicht hätten. Er verhinderte. daß der ethnische Konflikt auf Zypern und ein ähnlicher im Libanon zu einem internationalen Krieg eskalierten. Er regelte unseren Rückzug aus Indochina mit Würde und Zurückhaltung, setzte aber zugleich unsere Militärmacht ein, um zu verhindern, daß die mörderischen Roten Khmer in Kambodscha das amerikanische Schiff »Mayaguez« in ihrer Gewalt behielten. Gemeinsam mit den Führern der Sowjetunion erreichte Ford 1974 in Wladiwostok einen entscheidenden Durchbruch bei der Begrenzung der strategischen Rüstung. 1975 bewegte er Israel und Ägypten dazu, ein vorläufiges Abkommen über den Sinai zu unterzeichnen, was einen wichtigen Schritt im Nahostfriedensprozeß bedeutete. Gegen heftigen Widerstand unterzeichnete er die KSZE-Schlußakte, die nach heutigem Ermessen zum Zerfall des sowjetischen Imperiums beitrug. Ford brachte die amerikanische Initiative für ein Mehrheitsregime in Südafrika auf den Weg und unterstützte eine Diplomatie, die dieses schließlich zum Erfolg führte. Auf ihn geht das Programm der Zusammenarbeit der demokratischen Industriestaaten in Energiefragen zurück, das bis heute Bestand hat und in den Wirtschaftsgipfeln institutionalisiert ist – ein Schlüsselelement der heutigen Weltordnung.

Der Ruhm, den Kalten Krieg gewonnen zu haben, ist anderen Präsidenten zugefallen. Aber ich bin sicher, die Zeit wird kommen, da man anerkennt, daß dieser Krieg niemals hätte gewonnen werden können, wäre da nicht Gerald Ford gewesen, der uns an einem tragischen Punkt der Geschichte Amerikas davor bewahrte, ihn zu verlieren.

ERSTER TEIL

Das Nixonsche Erbe

II. Der Mann und die Organisation

Am Rande von Größe

An einem von Nixons letzten trüben Abenden im Weißen Haus saßen wir im Lincolnsalon beieinander und dachten über seinen Platz in der Geschichte nach. »Die Geschichte«, sagte ich, »wird Sie nachsichtiger behandeln als Ihre Zeitgenossen.« Nixon war, wie immer, skeptisch: »Das hängt davon ab, wer die Geschichte schreibt.«

Es ist schwierig, über Richard Nixon zu schreiben, bei dem sich durchdringender Verstand, Patriotismus und Courage mit selbstzerstörerischen Fehlern mischten wie in einer griechischen Tragödie. Bei seinen politischen Gegnern löste er einen Haß aus, der selbst für die unruhige amerikanische Demokratie außergewöhnlich war. Fünfeinhalb Jahre lang arbeitete ich als sein wichtigster außenpolitischer Berater. Wenn wir beide in Washington weilten, sah ich ihn oft mehrmals am Tag. Trotzdem ist mir die Persönlichkeit dieses vielleicht facettenreichsten Präsidenten des 20. Jahrhunderts in gewisser Weise ein Rätsel geblieben.

Natürlich wird im nachhinein jeder fragen, weshalb Nixon so heftige Leidenschaften auslöste. Lag es daran, daß alles, was man über Richard Nixon sagen kann, zugleich zutreffend und auch wieder falsch ist? Einerseits ein scharfsinniger Politiker und hochintelligenter Mann, neigte er andererseits zu Aktionen, mit denen er sich selbst ruinierte. Er war ein exzellenter Analytiker und konnte sich doch von spontanen Impulsen hinreißen lassen. Tief patriotisch gestimmt, stellte er sich durch dubiose Praktiken immer wieder selbst in Frage. Beträchtliches Schuldbewußtsein paarte sich bei ihm mit einem unfehlbaren Instinkt für Handlungen, die Schuld verursachen mußten. Als ausgezeichneter Menschenkenner irrte er sich regelmäßig bei jenen, die seinen Interessen am meisten zu schaden vermochten. Erfolgreich im öffentlichen Beruf des Politikers, war er zugleich von introvertiertem, ja eigenbrötlerischem Charakter.

Wer regelmäßig mit Nixon zu tun hatte, zweifelte keinen Augenblick daran, daß er ein Mensch war, der den Dingen seinen Willen aufzuzwingen vermochte. Aber mit Meinungsverschiederheiten von Mann zu Mann konnte er nicht umgehen – er verlegte sich auf komplizierte Manöver, um seine Ziele auf indirektem Weg zu erreichen. Nixon strebte nach Größe und kam ihr nahe – zumindest in der Außenpolitik. Aber er ruinierte seine Präsidentschaft durch Aktionen, die so unnötig wie zwecklos waren.

Man müßte Dichter vom Format eines Shakespeare sein, wollte man der außergewöhnlichen und zugleich rasend machenden. der weitblickenden und zugleich schwächlichen Persönlichkeit Richard Nixons Gerechtigkeit widerfahren lassen. Er war nachdenklich und gerissen, leidenschaftlich und gefühllos zugleich, konnte hingebungsvolle Treue beweisen, aber auch langjährige Gefährten skrupellos am Wegrand stehenlassen. Nixons offensichtlicher ständiger Kampf mit sich selbst wirkte aber auch deshalb so beunruhigend, ja bedrohlich, weil man tief in seinem Inneren nie sicher sein konnte, daß das, was man an Nixon so störend fand, nicht auch der Widerschein eines unterdrückten Makels in einem selbst war.

Ich werde Richard Nixon immer dankbar dafür sein, daß er mir die Gelegenheit gab, dem Lande zu dienen, das meine Familie vor der Nazityrannei errettet hat. Er ernannte mich zu seinem Nationalen Sicherheitsberater, obwohl ich zuvor in der Politik ausschließlich Nelson A. Rockefeller, seinem Hauptrivalen in über zehn Jahren, gedient hatte. Selten hat ein amerikanischer Präsident der neueren Zeit sein Amt unter so ungünstigen Vorzeichen angetreten: Er war gefordert, einen Krieg zu beenden, in den seine Vorgänger unser Land gestürzt hatten, ohne eine Strategie für Sieg oder Rückzug zu haben. Nun, auf Sühne versessen, drängten zu viele, die Vereinigten Staaten sollten sich einfach aus dem Krieg verabschieden, ohne an jene zu denken, die unserem Wort geglaubt hatten.

Unser persönliches Verhältnis war natürlich von den Ambivalenzen geprägt, die Nixon auf seine Umgebung ausstrahlte. Da er alten Bekannten mit argwöhnischer Zurückhaltung begegnen konnte und selbst bei einigen Mitarbeitern Verrat witterte, war wenig Raum für eine emotionale Bindung. Sein verdeckter, indirekter Führungsstil und sein Hang, Konflikte unter seinen Mitarbeitern zu schüren, konnten nervenaufreibend sein. Zuweilen machte ich mir mit zornigen Worten Luft. Nixon neidete mir die öffentliche Aufmerksamkeit, die mir besonders nach dem Geheimbesuch in China zuteil wurde, zu dem er mich 1971 sandte. Präsidenten mögen keine Mitarbeiter, die mit ihnen um die Gunst des Publikums wetteifern. Das wurde deutlich, als einige von Nixons engsten Beratern behaupteten, ich wolle ihn absichtlich in den Schatten stellen. »Absichtlich« ist sicher nicht das richtige Wort, aber es trifft durchaus zu: Ich hatte nichts dagegen einzuwenden, daß mir die Medien gewogen waren.

Ungeachtet einer gewissen wechselseitigen Skepsis arbeiteten Nixon und ich hervorragend zusammen. Von Angesicht zu Angesicht behandelte er mich stets mit ausgesuchter Höflichkeit. Wenn wir uns gefühlsmäßig auch nicht sehr nahe waren, bewegten mich seine Verletzlichkeit und seine inneren Qualen, insbesondere in der letzten Zeit vor seinem Rücktritt, da ich Nixon vielleicht näherstand als jeder andere, seine engsten Familienangehörigen einmal ausgenommen. Gut erinnere ich mich an den letzten Abend seiner Chinareise, als er mir auf einer Veranda in Shanghai seine Hoffnung auf eine friedliche Welt anvertraute.[1]

Ich bin voll aufrichtiger Bewunderung für Nixons Beitrag zur amerikanischen Außenpolitik. Die endlosen Spekulationen darüber, wem von uns beiden welcher Aspekt zu verdanken ist, gehen am Wesen der Sache vorbei. Was immer ich ihm riet – es war Nixon, der die letzte Entscheidung traf. Er übernahm 1971 die Verantwortung dafür, daß ich in geheimer Mission nach China reiste. Er hätte seinen Kopf hinhalten müssen, wäre diese Mission fehlgeschlagen. Nixon ging 1972 das Risiko ein, Hanois Offensive mit einer

Blockade Nordvietnams, eines Verbündeten der Sowjetunion, zu beantworten – zwei Wochen vor einem geplanten Gipfel in Moskau und sechs Monate vor den Präsidentschaftswahlen.

Nixons Präsidentschaft wäre wesentlich unproblematischer verlaufen, hätte er unsere Verbündeten in Indochina einfach im Stich gelassen und die Schuld für das Debakel der Kennedy- und der Johnson-Administration zugeschrieben. Das war ein verlockender Gedanke, zumal die amerikanischen Urheber des Krieges ihn immer wieder dazu drängten, bedingungslos den einseitigen Abzug zu befehlen. Dabei schien sie überhaupt nicht zu beeindrucken, daß die amerikanischen Verluste unter ihrer Federführung bis zum letzten Tag ständig angestiegen waren. Nixon, für den ein solches Verhalten unehrenhaft und mit den nationalen Interessen unvereinbar war, nutzte die Möglichkeiten, die sich ihm boten, und ersann eine Lösung, die seine Kritiker für unerreichbar gehalten hatten. Diese scheiterte allerdings letzten Endes an der Unnachgiebigkeit der Nordvietnamesen und der Einstellung der Indochinahilfe durch den Kongreß, wovon noch die Rede sein wird. Während unseres Rückzugs aus Vietnam gelang es Nixon, eine neue Chinapolitik einzuleiten, die Verhandlungen über die Begrenzung der strategischen Rüstung fortzusetzen, die Beziehungen zu Europa zu verbessern und den Friedensprozeß im Nahen Osten voranzubringen. Obwohl häufig umstritten, wies diese Politik trotz allem die Marschrichtung für die Schlußetappe des Kalten Krieges und für die Zeit danach.

Nixons wichtigste Eigenschaft war seine Fähigkeit, kühne Entschlüsse zu fassen. Diese war um so bemerkenswerter, als er eigentlich nicht als tapferer Mann gelten konnte, der sich mit Begeisterung in den Kampf stürzte. Im Gegenteil: Wichtige Entscheidungen traf er mit einer Freudlosigkeit, die an Verzweiflung grenzte, als hätte ihn ein böses Geschick dazu verdammt, trotz allen Nachgrübelns und der vielen mit Optionen bekritzelten Notizblöcke eine derartige Tortur auf sich zu nehmen.

Paradoxerweise erweckt Präsident Nixon auf den veröffentlichten Tonbändern den Eindruck eines impulsiven, rücksichtslosen Mannes. Aber der Nixon, mit dem ich in der Außenpolitik zusammenarbeitete, traf seine Entscheidungen erst nach endlosem Nachsinnen, das einen zuweilen fast in den Wahnsinn trieb. Er konnte intuitiv handeln, aber niemals impulsiv. Jeder bedeutsamen außenpolitischen Entscheidung gingen Wochen einsamen Nachdenkens und sichtbarer Unentschlossenheit voraus. Dann zog er sich in sein Refugium im Old Executive Office Building zurück, ließ die Vorhänge herunter, nahm sich einen Block mit gelben Blättern und wälzte die Wahlmöglichkeiten hin und her, die meist ich ihm vorgelegt hatte. Da sich bei jeder wichtigen Entscheidung Pro und Kontra häufig die Waage halten und Einmütigkeit unter den Beratern selten ist, grübelte er endlos darüber nach, wie er widerspenstige Untergebene zum Einlenken bewegen konnte. Hatte er aber seine Katastrophenahnungen einmal überwunden und jemanden (gewöhnlich Bob Haldeman oder John Mitchell) gefunden, der den Mitarbeitern die schlechte Nachricht überbrachte, dann konnte von Nixon fast immer ein großer Wurf erwartet werden.

Danach verschwand der Präsident in der Regel für einige Tage in Camp David, um sich von der Strapaze zu erholen. Zugleich machte er es Gegnern seiner Entscheidung auf diese Weise außerordentlich schwer, ihn zu erreichen. Das war wohl kaum ein Verfahren der Entscheidungsfindung, wie es in Lehrbüchern der öffentlichen Verwaltung empfohlen wird. Und es war stets für alle Beteiligten ein emotional aufreibender Akt, besonders für Nixon selbst. Aber Präsidenten haben schon schlechtere Maximen gehabt als jene, die Nixon bei solchen Gelegenheiten zu zitieren pflegte: »Ob man etwas halb oder ganz tut – es kostet denselben Preis. Also kann man es auch ganz tun.«

Der Präsident und sein Berater

Der französische Soziologe und Publizist Raymond Aron sagte mir einmal, die Übertreibung meines Einflusses sei das Alibi der amerikanischen Intellektuellen und Medien für ihre Feindseligkeit gegen Nixon. Es kann durchaus sein, daß Nixons zahlreiche Feinde mir in einer Zeit großer Erfolge übermäßiges Lob zuteil werden ließen, um so dem verhaßten Präsidenten den Anspruch auf dauerhafte Verdienste zu verweigern. Aber in einer merkwürdigen Weise verstärkten auch manche traditionellen, rechtsgerichteten Anhänger Nixons diese Tendenz der Medien, indem sie mir vorwarfen, was sie als Nixons Verrat an seiner eigentlich konservativen Berufung ansahen. Gleichzeitig stellten einige Leute aus Nixons Umgebung, um ihren Chef zu erhöhen, und gelegentlich auch Nixon selbst mich zuweilen als reinen Erfüllungsgehilfen, als eine Art Marionette dar, die an Fäden hing, welche der große Strippenzieher im Hintergrund zog.

Beide Versionen – die vom dominanten Berater und die vom dominierenden Präsidenten – gehen an der Realität vorbei. Die entscheidenden Erfolge der Nixon-Administration waren der Tatsache geschuldet, daß wir beide, Nixon und ich, unsere Vorbehalte beiseite schoben und zu einer engen Zusammenarbeit auf der Grundlage gegenseitigen Respekts fanden. Der Sohn eines Quäkers aus Yorba Linda und der Sohn eines Gymnasiallehrers aus Bayern ergänzten einander auf besondere Weise. Nixon war von allen amerikanischen Politikern, die mir je begegnet sind, mit den führenden Persönlichkeiten der ganzen Welt persönlich am besten vertraut. Die Außenpolitik war sein Hobby, und er vertiefte seine Kenntnisse durch häufige Reisen. Ich dagegen kannte mich in der Geschichte und den Konzeptionen der Geopolitik besser aus. Nixon operierte mit Geistesblitzen, an denen er mit bemerkenswerter Hartnäckigkeit festhielt. Meine Stärke lag darin, aus allgemeinen Zielen langfristige Strategien zu entwickeln – eine Aufgabe, für die Nixon die notwendige Geduld fehlte.

Nixon besaß einen starken politischen Instinkt. Bei mehreren wichtigen Entscheidungen, deren Notwendigkeit ich in der Regel eher erkannte als er, ging Nixon, hatte er sich einmal durchgerungen, häufig über meine Empfehlungen hinaus. Als die in Kambodscha stehenden nordvietnamesischen Truppen 1970 aus den von ihnen beherrschten Gebieten ausbrachen und das ganze Land zu erobern drohten, suchten Nixon und ich nach Möglichkeiten, die nordvietnamesische Offensive aufzufangen und zu verhindern, daß ganz Kambodscha zu einer Aufmarschbasis gegen Südvietnam wurde. Ich empfahl einen Angriff gegen den Papageien-Schnabel, die kommunistische Basis, die Saigon am nächsten lag. Nixon zögerte über einen Monat lang, entschied sich dann aber dafür, alle Basen längs der gesamten vietnamesischkambodschanischen Grenze anzugreifen. Als wir 1972 erwogen, die Bombardierung des Gebietes um Hanoi und Haiphong wiederaufzunehmen, um einen Durchbruch bei den Vietnamfriedensgesprächen zu erreichen, empfahl ich, wie bisher Jagdflugzeuge zu verwenden. Nixon dagegen befahl, B-52-Bomber einzusetzen (wogegen ich nichts einzuwenden hatte, was mir aber einfach nicht in den Sinn gekommen war). Als ich 1973 versuchte, die zivile Luftflotte des Pentagon zu einer Hilfsaktion für Israel zu mobilisieren, setzte Nixon der Zögerlichkeit des Pentagons ein Ende, indem er eine Luftbrücke mit den riesigen C-5-Maschinen anordnete. In jedem dieser Fälle gab die Entwicklung Nixons Entscheidung recht.

In der Diplomatie handelte Nixon weniger energisch. An Strategie war er stark interessiert, aber das Geben und Nehmen, das mühselige Vorankommen, häufig nur in Nuancen, raubten ihm die Geduld. Nixon wog die verschiedenen Optionen sorgfältig gegeneinander ab, aber die detaillierten Berichte über laufende Verhandlungen las er nur flüchtig. Wertvolle Bemerkungen waren von ihm vor allem zu Memoranden zu erwarten, in denen die Strategie abgesteckt wurde. Die Version einiger Schreiberlinge von einem adleräugigen Präsidenten jedoch, der bei laufenden Verhandlungen jeden Flop voraussah, ist der reine Unsinn.

Letzten Endes funktionierte die Zusammenarbeit zwischen Präsident und Nationalem Sicherheitsberater nicht nur deswegen, weil sich unsere Stärken ergänzten (und sich vielleicht auch unsere Schwächen – Empfindlichkeit gegenüber Kritik beziehungsweise Hang zu überraschenden diplomatischen Coups – ausglichen), sondern vor allem auch, weil Nixon und ich eine nahezu identische Sicht der internationalen Beziehungen hatten. Beide waren wir der Meinung, daß wir deshalb in Vietnam in so großen Schwierigkeiten steckten, weil unsere Vorgänger die Vereinigten Staaten – aus durchaus achtbaren Gründen – in dieses Unternehmen in einer fernen Region gestürzt hatten, ohne die nationalen Interessen und die möglichen Folgen gründlich abzuwägen. In einer komplizierter gewordenen Welt, da China in die internationale Politik zurückkehrte, Europa im Wiederaufstieg begriffen war und die Sowjetunion sich flexibler zeigte, brauchten die Vereinigten Staaten eine langfristige Strategie, die ein neues Dilemma zwischen Überengagement und Rückzug, wie im Fall Vietnams, vermied. Zu Amerikas historischem Idealismus mußte eine reale Bewertung unserer nationalen Interessen hinzukommen. In den internationalen Beziehungen mußten wir von kurzfristigem Eingreifen zu einem strategischen Konzept gelangen, das die Erfordernisse des Gleichgewichts in Betracht zog. Das war damals und ist wahrscheinlich auch noch heute der Standpunkt einer Minderheit in einer Gesellschaft, die niemals eine nationale Tragödie erfahren mußte und deshalb das Streben nach Frieden mit der Vision gleichsetzt, die ihr eigenen Werte über die ganze Welt zu verbreiten.

Nixon und das Establishment

Nixons Feinde nähren die Legende, er sei ein besessener Antikommunist und Bannerträger eines rechten Konservativismus gewesen. Er selbst sah sich ganz anders. Privat betrachtete sich Nixon als treuen Vertreter des Establishments. In meiner engen Zusammenarbeit mit Richard Nixon und Nelson Rockefeller, letzterer ein Liebling der feinen Gesellschaft, konnte ich keinen bedeutenden Unterschied in ihrer Haltung zur Außenpolitik feststellen, höchstens in ihren Persönlichkeiten und in ihrer Haltung zum Establishment.

In einer seiner langen Diskussionen mit mir im Jahr 1970 vertrat Nixon den Standpunkt, für die amerikanische Außenpolitik gebe es nur drei mögliche Richtungen: die konservative, deren wichtigster Verfechter Ronald Reagan war, die liberale, die Hubert Humphrey am besten repräsentierte, und die moderate, als deren Verkörperung er sich selbst sah. Die konservative Politik, so argumentierte Nixon, gebärde sich militant, ohne effektiv zu sein. Da sie intellektuell als zu »dünn« erscheine, setze sie die Unterstützung der amerikanischen Öffentlichkeit und unserer Verbündeten aufs Spiel. Die liberale Position führe zu einem »Ausverkauf« und berge die Gefahr in sich, daß die frustrierte Rechte einen Krieg vom Zaun brechen könne, wenn die amerikanische Öffentlichkeit erkenne, daß die Vereinigten Staaten in der Welt an Boden verlieren. Das amerikanische Volk, so behauptete Nixon, könne nicht zu den »Verlierern« gehören und sei zu einer heftigen, auch gewaltsamen Reaktion auf militärische Niederlagen oder selbst auf diplomatische Rückschläge durchaus imstande. Die moderate Außenpolitik, für die er stehe, sei »das einzige Bollwerk internationaler Stabilität«. Rockefeller hätte sicher fast jeder dieser Ansichten zugestimmt. (Übrigens irrte Nixon in seiner Einschätzung Reagans, allerdings nicht in der vorherrschenden konservativen Tendenz. Als er diese Auffassung äußerte, gab es den intellektuellen Flügel der Neokonservativen noch nicht.)

Im Unterschied zu Rockefeller fühlte sich Nixon dem Establishment nicht zugehörig (und auch bei Rockefeller war dies eher eine Frage der Titulierung als einer emotionalen Bindung). Was Nixon betraf, so fühlte er sich bereits vor und dann während seiner Amtszeit von der Elite ignoriert, ja sogar ausgegrenzt. Diese Ablehnung führte er darauf zurück, daß er sich in den fünfziger Jahren so lautstark antikommunistisch engagiert und Alger Hiss, einen bedeutenden Aristokraten des Ostens, zu Fall gebracht hatte. Mit Bitterkeit und Empörung sprach Nixon immer wieder von der Heuchelei, Feindschaft und Unversöhnlichkeit der Gesellschaft der »Cocktailpartys von Georgetown« und des Council on Foreign Relations. Das Establishment war der »Feind«, und bei Feinden waren auch Schläge unter die Gürtellinie erlaubt.

Wollte man allerdings aus Nixons abfälligen, aggressiven und gelegentlich gehässigen Bemerkungen über das Establishment den Schluß ziehen, hier führe ein Präsident einen Kreuzzug, um das Establishment zu vernichten, täuschte man sich gewaltig. Nixon, der sich eher benahm wie ein abgewiesener Liebhaber denn ein eingeschworener Feind, lechzte danach, in den Klub aufgenommen zu werden, nicht, ihn zu zerstören. Seine zwiespältige Haltung zum Establishment zeigte sich, als Harvard-Studenten das Verwaltungszentrum University Hall besetzten. Nixon sagte mir, er freue sich, daß das in Harvard passiert sei. Zunächst glaubte ich, das sei Schadenfreude über das Mißgeschick seiner Feinde. Tatsächlich aber meinte er etwas ganz anderes: »Harvard ist die führende Universität im Lande. Es wird ein Beispiel dafür geben, wie man mit Studentenunruhen umgeht.« Nixon reagierte ungläubig, als ich ihm sagte, zwei Tage später werde sicher niemand mehr wissen, wer wem was angetan habe. Am Ende des ersten Bandes meiner Memoiren schrieb ich: »Was wäre geschehen, wenn das Establishment, das er so ablehnte, ihm einige Zuneigung entgegengebracht hätte? Hätte er sich noch tiefer in seine Ressentiments vergraben, oder wäre es ihm möglich gewesen, sich zu befreien?«[2]

Nixons unversöhnliche Feinde trifft schwere Schuld. Vor allem gestanden sie ihm nie auch nur den geringsten Zweifel zu. Kaum ein Jahr nachdem er seinen Amtseid geleistet hatte, organisierten oder duldeten Menschen, in denen er die Elite des Landes sah, Großdemonstrationen, die Washington lahmlegten. Dabei fanden sie kein einziges Wort des Verständnisses für einen Präsidenten, der sich immerhin bemühte, ein Dilemma zu bewältigen, das sie ihm hinterlassen hatten.

Andererseits ist der Präsident das Symbol der Einheit der Nation. Das erlegt ihm die Verpflichtung auf, sich über das Niveau der Gegner zu erheben, die Sonderinteressen verfolgen, und die täglichen Scharmützel dem höheren nationalen Ziel unterzuordnen. Nixon konnte sich während seiner ganzen Amtszeit nicht zu derartiger Großmut durchringen.

Als ein ehemaliger Flüchtling, der sich seines deutschen Akzents jahrzehntelang bewußt war, konnte ich Nixons Furcht vor Ablehnung in gewissem Maße verstehen. Wir unterschieden uns jedoch darin, wie wir mit diesem Problem umgingen. Nixon versuchte der Ablehnung zuvorzukommen, indem er von sich aus eine feindselige Haltung an den Tag legte. Ich dagegen sah das intellektuelle Establishment nicht als einen sonderbaren, unnahbaren Feind. Es war Teil einer Welt, die ich gut kannte und aus der ich zu Berühmtheit aufgestiegen war. Deshalb achtete ich auch während meiner Regierungslaufbahn stets darauf, den Kontakt zu akademischen Kreisen zu halten. Während der verschiedenen Protestmärsche in Washington versammelten sich Studenten der einzelnen Fakultäten in Parks und auf anderen öffentlichen Plätzen wie dem Lafayette Square, nördlich des Weißen Hauses gelegen, oder der Ellipse im Süden. Ich schickte Mitarbeiter zu ihnen und bat Studenten und Fakultätssprecher zum Gespräch in mein Büro. Es verging kaum eine Woche, insbesondere in meinen ersten beiden Amtsjahren, ohne daß ich solche Besucher empfing.

Ironischerweise bewirkte das Bedürfnis nach Dialog eher das Gegenteil von dem, was eigentlich meine Absicht war. Aus diesen Gesprächen ergaben sich ständig Mißverständnisse zwischen mir und den Intellektuellen, besonders denen, die Harvard repräsentierten. Zunächst interpretierten die akademischen Kreise meinen Drang nach Meinungsaustausch als ein Zeichen dafür, daß ich mit ihrem Standpunkt sympathisiere und lediglich von einem militanten, launischen Präsidenten unterdrückt werde. Als nach und nach klar wurde, daß ich grundsätzlich auf Nixons Seite stand, begannen mich viele liberale Intellektuelle als einen opportunistischen Verräter ihrer Sache zu behandeln.

So geschah es, daß der Präsident und ich uns am Ende seiner Amtszeit den Angriffen derer ausgesetzt sahen, die ursprünglich einmal unsere Anhänger waren. Die Liberalen warfen mir vor, ich hätte mich aus Machtstreben von ihnen losgesagt. Die Konservativen meinten, Nixon habe sich von der Aussicht auf Anerkennung durch das Establishment verführen lassen.

In diesem Klima gestaltete sich der Rückzug aus Vietnam zu einem wahrhaften Bürgerkrieg. Nixon hatte den Krieg in Südostasien als Erbe übernommen. Über fünfhundertvierzigtausend amerikanische Soldaten waren in einen Teil der Welt geschickt worden, der geographisch und kulturell den Vereinigten Staaten nicht ferner sein konnte. Als Nixon das Amt übernahm, stieg diese Zahl nach einem von der Johnson-Administration erstellten Fahrplan immer noch an. Wir fanden weder Pläne für einen Abzug noch eine vom Weißen Haus gebilligte Verhandlungsstrategie vor.

Trotz alledem waren wir bereit, die Verantwortung der Vereinigten Staaten für den Rückzug aus diesem Debakel zu übernehmen. Die Schuld für diese Misere lasteten wir niemals unseren Vorgängern an. Allerdings konnten wir ein Land, für das fast vierzigtausend Amerikaner ihr Leben gegeben hatten, nicht einfach verlassen und Dutzende Millionen Menschen, die unserem Wort geglaubt hatten, der Herrschaft der Kommunisten ausliefern. Dies aber war vier Jahre lang die Vorbedingung, die die Nordvietnamesen für eine Feuerpause stellten.

Kaum waren sie jedoch aus dem Amt geschieden, taten die Leute, die Nixon in dieses verhängnisvolle Dilemma hineinmanövriert hatten, entweder so, als wären sie daran völlig unbeteiligt, oder sie warfen der Nixon-Administration sogar vor, daß sie in vier Monaten nicht erreichte, was sie in vier Jahren nicht einmal versucht hatten. Hohe Beamte der Johnson-Administration beteiligten sich an den Protestdemonstrationen, als ob das Weiße Haus und nicht die Sturheit der Nordvietnamesen den Frieden verhinderte, die – wie ihnen bestens bekannt sein mußte – die eigentliche Ursache des Stillstandes war. Nach kaum einem Jahr forderten sie uns zu Zugeständnissen auf, an die sie zu ihrer Zeit nicht einmal im Traum gedacht hatten. Im Jahr 1968 spaltete sich der Parteikongreß der Demokraten wegen der sogenannten Friedensplattform und focht diesen Streit in den Straßen von Chicago aus. Im Herbst 1969 akzeptierte Nixon die entscheidenden Punkte dieser Plattform und bot sie bei den Verhandlungen an. Zugleich war dies die Zeit der gewaltigsten Antikriegsdemonstrationen.[3]

Die Ironie liegt darin, daß die selbstgerechten Demonstranten im Grunde genommen behaupteten, Frieden um jeden Preis sei das beste für die Vereinigten Staaten. Sie wollten ein Ende des persönlichen Leids und akzeptierten keine andere Politik als den bedingungslosen Abzug. Wir dagegen waren der Meinung, daß man damit das Leben der amerikanischen Soldaten riskierte, die zwischen siebenhunderttausend Mann kommunistischer Truppen und fast einer Million bewaffneter Südvietnamesen standen, von denen keine Nachsicht zu erwarten war, wenn sie sich im Stich gelassen fühlten. Nixon konnte einfach nicht verstehen, wie die Begünstigten unserer Gesellschaft so sorglos eine Niederlage hinnehmen oder so leidenschaftlich darauf drängen konnten, Millionen Menschen zu verraten, denen wir unser Wort gegeben hatten. Er zog einseitig einhundertfünfzigtausend Mann pro Jahr zurück. Zu Ende seiner ersten Amtszeit hatte er über fünfhunderttausend Mann abgezogen und die Verluste von vierzehntausendsechshundert Soldaten im Jahr 1968 auf dreihundert Soldaten im Jahr 1972 gesenkt, wobei Südvietnam immer noch unabhängig war. Und doch warf man dem Präsidenten vor, aus unerklärlicher Blutgier »Amerikaner ohne Notwendigkeit zu töten«.

Nixon deutete diese Angriffe als einen fortgesetzten Rachefeldzug des Establishments gegen ihn. Er (und ich) begriffen allerdings nicht, daß die radikale Protestbewegung nicht vom Establishment gesteuert war. Im Gegenteil: Die Radikalen sahen das traditionelle liberale Establishment als ihren erklärten Gegner an, wollten es beseitigen und schüchterten es mit ihrer Taktik so ein, daß es ihnen nach dem Munde redete. In seiner Not reagierte Nixon mit bombastischen Erklärungen gegen ein Establishment, das in Wirklichkeit nur feige war.

Es ist merkwürdig, daß Nixon, während er von Blutfehde sprach, zugleich in dem rührenden Glauben befangen war, die bürgerkriegsähnlichen Zustände gingen auf ein historisches Mißverständnis zurück, das ich, ein Harvard-Professor, Mitglied des Council on Foreign Relations und Freund Nelson Rockefellers, irgendwie aus der Welt schaffen könnte. Dieser Illusion entsprang eine Flut von Sendschreiben des Präsidenten, die sich über meinen Schreibtisch ergoß. Ich sollte die führenden Köpfe des Establishments informieren und zugleich Aufsässige bestrafen.

Letzteres lief darauf hinaus, bestimmte Journalisten nicht mehr zu empfangen, auch wenn ich sie zuvor – ebenfalls auf höchste Weisung – umworben hatte. Diese Aufträge erhielt ich nicht deswegen, weil man bei mir besondere Fähigkeiten im Umgang mit den Medien vermutete. Bevor ich Nationaler Sicherheitsberater wurde, hatte ich nie eine Pressekonferenz durchgeführt. Das alles war Ausdruck von Nixons Überzeugung, die Feindschaft der Elite gehe auf Klassenvorurteile zurück, denen ich mit meinen angenommenen Beziehungen zum Establishment abhelfen könnte.

Die Stunde der Wahrheit schlug für beide Seiten, als im Juni 1971 die Pentagon-Papiere ans Licht der Öffentlichkeit kamen. Dieser Vorgang ist inzwischen zu einem nahezu heiligen Akt verklärt worden, der bei vielen feierlichen Anlässen als klassischer Ausdruck eines heroischen Journalismus gegenüber einer repressiven Regierung dargestellt wird. Ich scheue mich, ein so tief verwurzeltes Zeremoniell zu erschüttern, aber für Nixons Part in dieser Affäre besteht Erklärungsbedarf.

Wenn siebentausend Seiten streng geheimer Dokumente in führenden Zeitungen erscheinen, kann es wohl nicht die wichtigste Pflicht des Präsidenten sein, sich um die Erste Abänderung (der amerikanischen Verfassung von 1791, die es dem Kongreß verbot, in die bürgerlichen Freiheiten einzugreifen; Anm. d. Übs.) zu sorgen und dabei andere Grundsätze Amerikas zu vergessen. Das galt besonders im Blick auf die Kriegszeit, da mehreren hunderttausend Amerikanern noch Lebensgefahr drohte. Nach Nixons (und meiner) Auffassung hatte der Präsident geradezu die Pflicht einzugreifen, denn die Veröffentlichung der Pentagon-Papiere fiel auf einen Zeitpunkt, da mein Geheimbesuch in China vorbereitet wurde und in Paris vertrauliche Gespräche im Gange waren, um den Vietnamkrieg zu beenden. Diese beiden höchst delikaten Unternehmungen konnten daran scheitern, daß ein Zerfall der amerikanischen Exekutive demonstriert wurde und Washingtons Fähigkeit in Zweifel geriet, vertrauliche Gespräche zu führen.

Daß es Nixon in erster Linie darum ging, die nationalen Interessen zu schützen, wie er sie begriff, beweist eine Tatsache, der man gemeinhin kaum Beachtung schenkt: Kein einziges Blatt der Pentagon-Papiere brachte Nixon oder seine Administration in Schwierigkeiten; vom ersten bis zum letzten stammten sie aus den Akten von Nixons Vorgängern, vor allem der Kennedy- und der Johnson-Administration.

Ich erfuhr von den Enthüllungen aus der Sonntagsausgabe der *New York Times* vom 13. Juni 1971, als ich mich gerade an der Westküste aufhielt. Da alle Dokumente aus den Akten des Verteidigungsministeriums stammten, nahm ich an, jemand aus dieser Institution habe die Indiskretion begangen, um unsere Vorgänger in Verlegenheit zu bringen. Ich rief meinen damaligen Stellvertreter Al Haig an und bat ihn, Laird davor zu warnen, daß seine Leute offizielle Dokumente für politische Ziele benutzten. Ein solches Vorgehen konnte die Kontinuität der Außenpolitik in Gefahr bringen. Haig fragte mich, um wie viele Dokumente es meiner Meinung nach gehe. Als ich die Zahl auf etwa zwanzig schätzte, erwiderte Haig: »Was meinen Sie dazu, wenn ich Ihnen sage, daß es mindestens siebentausend Seiten sind?« Bald darauf gaben sich die Initiatoren zu erkennen.

Ein zynischer Präsident hätte die Veröffentlichung vor den Augen der Nation beklagen, zugleich aber demonstrieren können, welch schlimmes Erbe er übernommen hatte. Wenn es aber um die nationale Sicherheit ging, war Nixon nicht zynisch. Bedauerlich ist nur, daß er nicht für das Prinzip kämpfte, sondern einen berechtigten Fall zu einem weiteren Scharmützel in seiner Auseinandersetzung mit den Medien mißraten ließ. Vor ein Zivilgericht zu ziehen, um eine Verfügung gegen die Veröffentlichung zu erreichen, war unklug und nutzlos, aber weder unmoralisch noch unehrenhaft. Allerdings gibt es keine Entschuldigung für die rechtswidrigen Methoden, die man gegen Daniel Ellsberg anwandte, der die Dokumente an die Öffentlichkeit gebracht hatte, insbesondere nicht für den Einbruch in die Praxis seines Psychiaters. Auch die Debatten über geplante Aktionen (wie sie die Tonbänder enthüllten), so zum Beispiel einen Einbruch in der Brookings Institution, wo man einen Teil der Dokumente vermutete, waren mit der Würde und Moral des Präsidentenamtes unvereinbar. Dabei ist unerheblich, daß die Aktionen niemals durchgeführt wurden.

Die Kluft wurde nie überbrückt, solange Nixon im Oval Office residierte. Erst zehn Jahre später konnte sich der geschlagene und entehrte Nixon dazu durchringen, sein Exil aufzugeben und San Clemente wieder zu verlassen, wodurch er am Ende seines Lebens eine Art Waffenstillstand mit seinen einstigen Gegnern erreichte. Das gelang ihm mit nachdenklichen öffentlichen Kommentaren und durch private Begegnungen mit Vertretern außenpolitischer Kreise in Washington. Konnte Nixon beinahe den Status eines Staatsmannes im Ruhestand zurückgewinnen, weil er geschlagen war und deshalb nicht länger eine Bedrohung darstellte? Oder waren es Nixons Avancen – er tat eindeutig den ersten Schritt –, die schließlich beide Seiten von ihrer Verbissenheit befreiten?

Wie auch immer – im Tode trug Nixon zu einer Versöhnung bei, die ihm während seiner ganzen umstrittenen Karriere nicht vergönnt war. Angesichts der Ungnade, in die er gefallen war, ist es erstaunlich, daß Nixons Begräbnis im April 1994 zu einem nationalen Ereignis geriet, zu dem alle noch lebenden Expräsidenten erschienen und der amtierende Präsident Bill Clinton, ehemaliger Vietnamkriegsgegner, eine bewegende Trauerrede hielt.

Nixon als Mensch

In der verzerrten Darstellung seiner Verleumder und auch in einigen Film-
porträts erscheint Richard Nixon als ein Mann, der große Auftritte liebte,
der eingeschüchterten Mitarbeitern seine Vorurteile ins Gesicht brüllte, der
sein Umfeld dominierte, indem er seine Ansichten mit großem, ja über-
mächtigem Druck aufzwang, und all das häufig unter dem Einfluß von
Alkohol. Nichts wird dem wirklichen Richard Nixon weniger gerecht, zumindest dem Richard Nixon, wie er mir begegnete.

So ist es zum Beispiel einfach absurd, Nixon als einen Mann darzustellen, der sich sinnlos betrank und stets eine Flasche in Reichweite hatte. Soweit ich mich erinnern kann, nahm Nixon während der Arbeitszeit oder im
Oval Office niemals Alkohol zu sich. Nur seine engsten Mitarbeiter erlebten, daß er zuweilen etwas trank. Das Problem war, daß Nixon auch nicht
die geringste Menge Alkohol vertrug. Zwei Glas Wein reichten aus, um ihn
redselig zu machen. Nach einem weiteren reagierte er aggressiv oder sentimental, und die Zunge wurde ihm schwer. Alkohol riß die Barrieren nieder,
die er so sorgfältig um sich errichtet hatte, um in einem Beruf Erfolg zu
haben, der eine für ihn unnatürliche Geselligkeit erforderte. Derartiges trug
sich nur selten zu, meist nachts und niemals, wenn es um wichtige Entscheidungen ging. Die wenigen von uns, die solche Auftritte erlebten, reagierten nicht auf das, was er dann sagte. Wir meinten, daß wir dem Präsidenten die Chance geben müßten, die Frage noch einmal zu überdenken.

Der Richard Nixon, mit dem ich fünfeinhalb Jahre lang täglich zusam-
menarbeitete, war in der Regel leise, in sich gekehrt, ja geradezu scheu.
Wenn er mit mir oder George Shultz sprach, verwendete er die drastischen
Ausdrücke, die in den Mitschriften seiner Gespräche mit der politischen
Seite des Weißen Hauses so schockierend wirken, gar nicht oder nur selten.
Nixon konnte ein Gespräch nur kontrollieren, wenn er einen Monolog hielt;
zu einem wirklichen Dialog war er gar nicht in der Lage. Auf erstarrte Bewunderer oder Menschen, die seinen Rat suchten, konnte Nixon übermächtig und selbstsicher wirken. Aber Meinungsverschiedenheiten jeglicher Art von Mann zu Mann auszutragen war ihm ein Greuel. In seinen
vielen Gesprächen mit mir stellte er viele kluge Fragen und flocht zahlreiche scharfsinnige Bemerkungen ein. Wenn er ein Gegenargument überdachte, konnte er seine Meinung durchaus ändern. Aber das war selten. Ich
kann mich nicht erinnern – und finde auch nichts darüber in meinen Aufzeichnungen –, daß wir jemals einen wirklichen Dialog geführt hätten, in
dem wir unterschiedliche Standpunkte ausfochten.

Meinungsverschiedenheiten zwischen uns wurden in der Regel dadurch
beigelegt, daß ich eine Bemerkung Nixons mehr oder weniger wortlos zur
Kenntnis nahm. Einige Zeit später kam ich auf den betreffenden Punkt
zurück, ohne auf Nixons Bemerkung Bezug zu nehmen, und legte meine gegenteilige Meinung dar. Es mußte wieder einige Zeit vergehen, bis Nixon
entweder seinen ursprünglichen Standpunkt bekräftigte oder ihn änderte,
ohne zuzugeben, daß wir darüber verschiedener Meinung gewesen waren.

Da man bei dieser Methode beträchtlichen Mißverständnissen ausgesetzt
war, führte ich den Austausch mit Nixon über wichtige politische Fragen fast
ausschließlich in schriftlicher Form. Auch Entscheidungsoptionen präsen-

tierte ich ihm in der Regel in einer Denkschrift. In Abwesenheit des Gesprächspartners hatte Nixon kein Problem, gegenteilige Meinungen zur Kenntnis zu nehmen. Er hatte auch keine Hemmungen, seine Antwort scharf zu formulieren und eindeutige Weisungen zu erteilen. Künftige Historiker, die sich über die Leidenschaften des Augenblicks erheben, werden das Studium der umfangreichen Denkschriften, die er verfaßte, viel nützlicher finden als das der Zwiegespräche auf den Tonbändern.

Der Grund für Nixons Unsicherheit im direkten Gespräch war das Gegenteil von Arroganz: Sie verriet seine ständige Furcht, zurückgewiesen zu werden. Andere, die mehr über Nixons Jugendjahre wissen, werden besser in der Lage sein, dieses Handikap – und das war es – bei einem Mann von so hoher Intelligenz zu erklären, der eine so außerordentliche Gabe besaß, andere zu überzeugen, oder den noch ungewöhnlicheren Zug zu enträtseln, daß Nixon die Aussicht, abgelehnt zu werden, mehr zu fürchten schien als die Ablehnung selbst. Wenn das Schlimmste eingetreten war und die gefürchtete (halb erwartete) Zurückweisung schließlich stattgefunden hatte, bewies Nixon außerordentliche Stärke, Willenskraft und Flexibilität. In seinem Buch *Six Crises,* einer Sammlung seiner privaten Gespräche, beschreibt er einige dieser bewältigten Niederlagen. Allerdings standen ihm noch viele weitere bevor.[4] Nachdem er 1960 gegen John F. Kennedy verloren hatte und ihn auch die Wähler von Kalifornien 1962 nicht als Gouverneur akzeptiert hatten, gewann Nixon schließlich 1968 die Präsidentschaftswahlen. Später, lange nach seinem Rücktritt als Präsident, tauchte er aus seinem Exil in San Clemente wieder auf und machte sich als seriöser Gesprächspartner in nationalen Fragen (im Gegensatz zu Spiro Agnew, der nach seinem Rücktritt völlig von der Bildfläche verschwand) einen Namen.

Um sich direkte Auseinandersetzungen soweit wie möglich zu ersparen, vermied Nixon Termine in seinem Büro, solange es ging, wenn es sich nicht um sorgfältig vorbereitete Inszenierungen handelte. Für uns, die wir in seiner Nähe tätig waren, gab es keine schwierigere Aufgabe, als Nixon davon zu überzeugen, eine Person zu empfangen, die er nicht kannte, oder jemanden zu treffen, der eine unangenehme Situation heraufbeschwören konnte, das heißt, von dessen Meinung Nixon vorher nichts Genaues wußte.

Die Kehrseite dieser Furcht vor Ablehnung, sozusagen ihr Ballast, war Nixons romantische Vorstellung von sich selbst als einem unerschrockenen Strippenzieher, der seinen eigenen Gesetzen folgte, den weder das Getümmel um ihn herum noch gegenteilige Ratschläge des Kabinetts und seiner Mitarbeiter aus dem Konzept bringen konnten. Zuweilen traf dies zwar zu, aber meist war Nixon durchaus nicht so allein, wie er es sich gerne vorstellte. Sein Streben, das Verdienst an allen Erfolgen seiner Administration nur für sich zu beanspruchen und diese durchweg als Akte einsamer Entscheidungen darzustellen, erklärt, weshalb Nixon kaum je ein lobendes Wort für seine Mitarbeiter fand, wie es in den *Haldeman Diaries* beschrieben ist.[5] Zumindest unbewußt suchte Nixon die eigene Größe zu steigern, indem er seine Untergebenen verkleinerte. Das aber machte ihn nur noch einsamer.

Ein anderer Aspekt dieses Selbstbildes des »harten Burschen« bestand darin, daß Nixon in Gesprächen mit seiner Umgebung zuweilen eine ganze Reihe überspitzter Positionen vertrat, mit deren Realisierung er selbst niemals rechnete. Einige der schockierenden Weisungen auf den Bändern, die bisher bekanntgeworden sind, haben ihren Ursprung in dieser Neigung. Möglicherweise trifft das sogar auf die ganze Watergate-Affäre zu. Nixon war davon überzeugt – und sagte das auch bei vielen Gelegenheiten –, daß sein Büro und sein Flugzeug im Präsidentschaftswahlkampf 1960 vom Kennedy-Lager abgehört worden seien. Ich vermute, er glaubte, sein fast sicherer Sieg im Jahr 1972 sei nicht vollkommen, solange er nicht bewies, daß auch er nach den Regeln zu spielen vermochte, die der bewunderte und gefürchtete Kennedy-Clan seiner Vorstellung nach benutzt hatte.[6]

In der Außenpolitik kamen derartige Weisungen viel seltener vor, und wenn, dann waren sie eher beunruhigend. (Nach einigen Monaten mit Nixon lernte ich zu unterscheiden, welche Anordnungen zur sofortigen Ausführung gedacht waren und bei welchen man ihm die Chance geben mußte, noch einmal nachzudenken.) So wurde zum Beispiel an einem Samstagabend im August 1969 eine TWA-Maschine mit Amerikanern an Bord nach Damaskus entführt. Ich meldete dies Nixon, der sich gerade mit seinen beiden Freunden Charles »Bebe« Rebozo und Robert Abplanalp in San Clemente aufhielt. Offenbar um die Runde zu beeindrucken, befahl Nixon kurz und knapp, den Flughafen von Damaskus zu bombardieren. Ich war sicher, dieser Befehl werde die Nacht über nicht Bestand haben, und rief Verteidigungsminister Mel Laird an, um ihn ins Bild zu setzen. Die zwei Flugzeugträger im Mittelmeer waren zu weit entfernt, und um ein Land zu bombardieren, braucht es mehr als einen solchen Befehl. Ziele mußten ausgewählt werden, ein diplomatisches Szenario mußte vorbereitet und die Presse instruiert werden. Laird und ich entschieden uns, die Weisung buchstabengetreu auszuführen, indem wir mit den ersten Schritten begannen und den Rest auf den nächsten Morgen verschoben. Laird ordnete an, daß die Flugzeugträger Kurs auf Zypern nahmen, ohne den Zweck zu nennen. So konnten wir auf die Nachfragen des Präsidenten, die stündlich eingingen, wahrheitsgetreu antworten, die Schiffe nähmen die vorgegebene Position ein. Laird sagte mir, er habe mir den Rücken freigehalten, indem er dem Präsidenten erklärte, man werde keine Zeit verlieren, aber die Witterungsbedingungen ließen Luftoperationen im Augenblick nicht zu.

Beim regelmäßigen Informationsgespräch am nächsten Morgen faßte ich die Entwicklung der vergangenen vierundzwanzig Stunden noch einmal für Nixon zusammen und erwähnte auch, daß die Flugzeugträger der Sechsten Flotte nun vor Zypern lägen. »Ist sonst noch was passiert?« fragte Nixon unschuldig. Als ich verneinte, meinte der Präsident, ohne mit der Wimper zu zucken: »Gut.« Von Bomben auf Damaskus war nie mehr die Rede.

Uns blieb nur, die Bewegung der Flugzeugträger zu Ende zu bringen, die ganz sicher vom sowjetischen Geheimdienst registriert worden war, ohne die Drohgebärde aufzugeben. Unterstaatssekretär U. Alexis Johnson, ein Superprofi, der von der Fahrt der Flugzeugträger wußte, die Weisung des Präsidenten aber nicht kannte, half uns, eine Sprachregelung für das Außen- und das Verteidigungsministerium auszuarbeiten. Sie lautete: »Teile der Sechsten Flotte setzten die für sie geplanten Bewegungen fort. Sie wurden allerdings davon informiert, daß wegen einer Flugzeugentführung die Spannungen gestiegen sind. Das wurde getan, um ihre Bereitschaft sicherzustellen.«

Nicht alle Dinge, die Nixon als Weisung ausgab, aber in der Praxis noch einmal zu überdenken gedachte, hatten so schwerwiegende Implikationen. So war Nixon zum Beispiel im November 1970 das erste Staatsoberhaupt, das seine Teilnahme an der Trauerfeier für Präsident de Gaulle in der Kathedrale von Notre-Dame bekanntgab. Da dieser Ankündigung sich unzählige weitere hochrangige Delegationen anschlossen, behandelten die französische Regierung und die Medien Nixon mit besonderer Wärme. Eine so breite Zustimmung kann jedem Politiker zu Kopf steigen; bei Nixon war diese Gefahr besonders groß. Während des Fluges hatte ich den Präsidenten davon überzeugt, nicht Haldemans Rat zu folgen, der Nixon empfahl, nach der Zeremonie sofort zurückzufliegen. Ich sagte, dem Empfang Präsident Pompidous für die Delegationsleiter fernzubleiben könnte als Affront aufgefaßt werden. Haldeman, der sich vielleicht darüber ärgerte, daß ich mich in seine protokollarischen Angelegenheiten eingemischt hatte, schlug vor, in der Zwischenzeit im »Maxim« zu essen. Nixon, bei der Ankunft in Paris in Hochstimmung, stimmte Haldemans Idee zu. Ich wandte ein, die Franzosen wären schockiert, wenn wir uns von Notre-Dame geradewegs ins »Maxim« begäben. Nixon, der sich nur selten bereit fand, bei Meinungsverschiedenheiten offen nachzugeben, sagte zu Botschafter Arthur Watson: »Lassen Sie einen Tisch reservieren, aber sagen Sie, daß wir keinen Wein wünschen. Und damit Schluß.«

Wenn Nixon das sagte, bedeutete dies, daß er sich selbst gar nicht sicher war. Haldeman und Watson gingen hinaus, um die Weisung auszuführen. Ich folgte ihnen. Ich betonte, ein Essen in einem Nobelrestaurant zu diesem Zeitpunkt werde alles zunichte machen, was der Präsident mit der frühen Ankündigung seiner Teilnahme erreicht hatte. Und die Weisung, keinen Wein zu servieren, werde den Widerspruch nur noch deutlicher machen. Haldeman meinte mit einem Lächeln: »Das ist nun ein außenpolitisches Problem«, womit er sagen wollte, daß er, der Nixon jeden Wunsch von den Augen ablas, mir zwar zustimme, es aber vorziehe, mich die Suppe auslöffeln zu lassen. Ich bat Watson, noch zu warten. Sollte es einen Skandal geben, war er das Opfer, beharrte aber Nixon auf seiner Absicht, wollte ich die Schuld für die Verzögerung auf mich nehmen. Außerdem war genügend Zeit, auch am nächsten Morgen noch zu reservieren.

Als ich Nixon den Tagesplan vortrug, fragte er, was nach der Trauerfeier vorgesehen sei. Ich schlug vor, er könnte vielleicht die Liste der Staats- und Regierungschefs durchgehen, denen er auf Präsident Pompidous Empfang im Elysee am Nachmittag begegnen werde. Mit einem Lächeln meinte Nixon: »In Ordnung.«

Wer häufig mit Nixon zu tun hatte, wußte in der Regel, wie Äußerungen des Präsidenten zu verstehen und einzuordnen waren. Neulingen dagegen fiel das schwer. Im Jahr 1971 überbrachte mir John Scali, ein ehemaliger Fernsehreporter, der gerade erst seinen Dienst im Weißen Haus als Medienberater des Präsidenten angetreten hatte, die – wie er meinte – Bitte des Präsidenten, ich solle Außenminister William Rogers die Weisung erteilen, Senator Edward Kennedy in den Medien anzugreifen. Allein die Tatsache, daß Scali mir die Weisung überbrachte, sagte mir, daß der Zweck wohl eher darin lag, den Überbringer zu beeindrucken, als auf der Ausführung zu bestehen. Nixon hätte Rogers nicht in eine solche Auseinandersetzung getrieben, und wäre die Weisung wirklich ernst gemeint gewesen, hätte er Haldeman, Mitchell oder John Ehrlichman (der für innere Angelegenheiten zuständig war) damit beauftragt. Nun aber entspann sich folgendes Gespräch:

Scali: Der Präsident will unbedingt, daß Rogers sich mit Teddy Kennedy anlegt.

Kissinger: Das wird Rogers nicht tun.

Scali: Ich will es Ihnen nur sagen. Ich habe zweimal mit Rogers gesprochen. Er meinte, er werde um 11.45 Uhr mit Ihnen und dem Präsidenten reden. Wie ich verstanden habe, wird er Sie noch aufsuchen.

Kissinger: Ich habe das schon tausend Mal mit ihm durch. Er wird es nicht tun.

Scali: Ich führe hier eine Weisung des Präsidenten aus.

Kissinger: Das sind schöne Worte. Aber er wird es nicht tun.

Scali: Nun, ich hoffe, Sie werden dem Außenminster den dringenden Wunsch des Präsidenten klarmachen, daß er es tun soll. Ich weiß, was der Präsident sagen wird.

Kissinger: Das wissen Sie nicht. Der Präsident wird es ihm nachsehen. Ich will gar nichts dagegen sagen, aber ich bin sicher: Wenn er es sich überlegt, wird er die Zuspitzung nicht wollen.

Scali: Ich weiß, wie entschlossen der Präsident in dieser Sache ist... Er will, daß es getan wird.

Kissinger: Wenn Sie erreichen, daß der Präsident selbst es anordnet, dann wird es auch getan werden.

Probleme gab es dann, wenn Mitarbeiter aus Nixons Umgebung mit weniger Zugang zum Präsidenten und deshalb auch weniger Erfahrung mit dessen überzogenen Äußerungen ins Oval Office gelangten. Als die Watergate-Affäre im April 1973 in ihrem vollen Umfang bekannt wurde, fragte ich unseren »großen alten Mann« Bryce Harlow, wie es dazu kommen konnte. Harlow bemerkte: »Irgendein verdammter Trottel, der ins Oval Office gelangt ist, hat getan, was man ihm gesagt hat.«

Die meisten Präsidenten treibt die Sorge um, wie sie in der Geschichte einmal dastehen werden. Nixon wurde ständig von dem Alptraum geplagt, daß alle seine Anstrengungen – die Selbstdisziplin, die beherzten Entscheidungen nach nagenden Selbstzweifeln – sich letzten Endes verflüchtigen könnten, zunichte gemacht von feindseligen Zeitgenossen und gleichgültigen Historikern. In regelmäßigen Abständen sandte er mir lange Denkschriften darüber, wie man die verschiedenen Taten, an denen er Anteil hatte, für die Nachwelt interpretieren sollte. Sie waren nicht zur sofortigen Veröffentlichung bestimmt – dafür waren sie viel zu umfangreich und kompliziert –, sondern sie sollten das Urteil der Geschichte beeinflussen, indem sie in die Akten eingingen.

Zwei solcher Papiere handeln von der Chinapolitik. Das erste, vom 9. März 1972, beschreibt die Ausarbeitung des Shanghaier Kommuniqués, das am Ende von Nixons Chinabesuch im Februar 1972 herausgegeben wurde. In diesem Dokument stellten beide Seiten zum ersten Mal in der modernen (nach meiner Kenntnis sogar in der gesamten) Geschichte der Diplomatie zunächst ihre gegensätzlichen Standpunkte zu vielen Fragen fest, bevor sie eine Reihe von Übereinstimmungen aufzählten. Nixon erläuterte nun in seinem Memorandum die Gründe, weshalb er diese Vorgehensweise gewählt hatte. Die Entscheidung, dem chinesischen Volk einen gemäßigten

Standpunkt darzulegen, so argumentierte Nixon, habe er aufgrund der Erfahrungen bei seinem Moskaubesuch als Vizepräsident im Jahr 1959 getroffen. Da er dort die Gelegenheit hatte, das sowjetische Volk direkt anzusprechen, entschied er sich für einen versöhnlichen Ton, um einen möglichst starken Kontrast zwischen der Darstellung der Vereinigten Staaten in der sowjetischen Propaganda und den Äußerungen des amerikanischen Vizepräsidenten zu schaffen. Nixon drängte mich, sein Buch *Six Crises* und seine Moskauer Rede zu lesen, damit ich begriffe, weshalb er für das Shanghaier Kommuniqué die gleiche Vorgehensweise gewählt habe:

> Nach jenem Erlebnis war mir klar, daß ich bei diesem Dokument, mit dem die chinesischen Führer, Funktionäre und in gewissem Maße selbst die chinesische Bevölkerung zum ersten Mal die amerikanische Position zur Kenntnis nehmen konnten, aufs höchste bemüht sein mußte, einen Ton anzuschlagen, der es für sie nicht völlig unglaubwürdig erscheinen ließ. Es wäre für sie aber nicht glaubhaft gewesen, wenn wir unseren Standpunkt in aggressiveren Worten dargelegt hätten. Denn zweiundzwanzig Jahre Propagierung des Gegenteils hätten dies für den Leser des Kommuniqués oder den Rundfunkhörer völlig unmöglich gemacht, wenn der Ton zu scharf gewesen wäre.

Die zweite Denkschrift vom 14. März 1972 ist in den Anmerkungen enthalten.[7] Zwar von Haldeman unterzeichnet, aber nach Stil und Inhalt eindeutig von Nixon diktiert, umreißt es die Qualitäten, die der Präsident in Peking entfaltete. Die Begegnungen mit den chinesischen Führern erscheinen hier als großangelegte Konfrontation. Ich wurde gebeten, Nixons sorgfältige Vorbereitung zu vervollständigen – im Blick auf Sachkenntnis, Humor, Verhandlungsgeschick, Härte, Selbstbeherrschung, Freimütigkeit und Beharrlichkeit.

Beide Memoranden sind deshalb so faszinierend, weil sie die Realität in das romantische Bild eines heroischen Präsidenten umwandeln, der alles um sich beherrschte. Eigentlich mußte er bedenken, daß ich es besser wußte. Aber ich bot nur die Gelegenheit der Kenntnisnahme; der wirkliche Empfänger war die Nachwelt. Dabei hatte Nixon mit der Ausarbeitung des Shanghaier Kommuniqués überhaupt nichts zu tun. Der Teil, auf den er sich bezog, entstand im Oktober 1971 bei meinem zweiten Besuch in China. Daß darin gegensätzliche Standpunkte aufgezählt wurden, war keine amerikanische Idee, sondern die des chinesischen Ministerpräsidenten Tschou En-lai. Damit wollten wir vermeiden, Platitüden über nicht existierende Übereinstimmungen zu verbreiten, und zugleich hervorheben, in welchen Punkten wir tatsächlich übereingekommen waren. Ich fand die Idee brillant und ließ mich darauf ein. Meine Mitarbeiter und ich hatten die amerikanische Position formuliert. Nixon billigte den Text bei meiner Rückkehr ohne größeren Kommentar.

Was Nixons Begegnungen mit Mao und Tschou während des Chinagipfels 1972 betrifft, so kann man auf keinen Fall von Konfrontation sprechen. Jede Seite legte im wesentlichen ihre konzeptionelle Sicht der geopolitischen Situation dar. So sollten der bevölkerungsreichste Staat und die fortgeschrittenste Industriegesellschaft der Welt in die Lage versetzt werden, ihre internationale Strategie aufeinander abzustimmen. Nixon führte auf der amerikanischen Seite den Dialog nachdenklich, analytisch und eloquent, ohne jegliche Unterlagen.

Nixons Leistung ist eigentlich größer, als er sie darstellte. Wer welche Teile des Kommuniqués formuliert hat, ist viel weniger bedeutsam als die Tatsache, daß Nixon der Präsident war, der das Tor nach China aufstieß, der es verstand, den geopolitischen Dialog zu führen, und der die amerikanische Weltsicht meisterhaft darlegte. (Ob er dabei Beharrlichkeit, Selbstbeherrschung und Humor bewies, wird sicherlich im Hintergrundrauschen der Geschichte untergehen.) Die Geschichte hat gezeigt, daß Nixon derartige Schönfärberei nicht nötig hatte. Sie hat ihn auch ohne diese bereits gewürdigt – als einen der einfallsreichsten amerikanischen Präsidenten im Bereich der Außenpolitik.

Was Nixons Platz in der Geschichte betrifft, so war sein Verhältnis zu mir nicht frei von Ironie. Um stets die Vorrangstellung des Weißen Hauses zu sichern und den Eindruck zu erwecken, alle Entscheidungen seien im Oval Office und nicht im Außenministerium gefallen, hatte Nixon mir über die Jahre außerordentliche Vollmachten übertragen. Da er sicher war, daß er den Einfluß eines Mitarbeiters auf die Öffentlichkeit steuern konnte, setzte er mich häufig als seinen Sprecher für Hintergrundinformationen zur außenpolitischen Strategie ein. Nach den damaligen Regeln bedeutete dies, daß diese Verlautbarungen einem Sprecher des Weißen Hauses zugeschrieben wurden. Zum Zeichen seines außerordentlichen persönlichen Vertrauens beauftragte er mich, alle wichtigen Verhandlungen zu führen – mit Nordvietnam, mit China, zur Vorbereitung des Moskauer Gipfels und mit den verschiedenen Seiten im Nahen Osten.

Nixon konnte sich nicht vorstellen, daß sein Mitarbeiter eigene Berühmtheit erlangen könnte, die zuweilen der seinen nahekam. Bis zu meinem Geheimbesuch in China im Juli 1971 durfte ich nicht im Fernsehen erscheinen. Bis zum Ende seiner ersten Amtszeit im Oktober 1972 bestand Nixon darauf, daß meine Stimme nicht öffentlich zu hören war, damit mein ausländischer Akzent »die guten Bürger von Peoria« (die Durchschnittsamerikaner; Anm. d. Übs.) nicht verstöre. Erst am Vorabend seiner Wiederwahl bat mich Nixon, öffentlich darauf zu reagieren, daß Hanoi das bevorstehende Vietnamabkommen publik gemacht hatte.

Plötzlich war ich nun ein Mann der Öffentlichkeit von eigenem Gewicht. Ich hatte das nicht geplant. Andere werden darüber urteilen müssen, in welchem Maße ich selbst schuld daran war. Aber es mußte schmerzlich für Nixon sein, das Titelbild der Ausgabe des Nachrichtenmagazins *Time* über den »Mann des Jahres« von 1972 mit mir zu teilen oder zu erleben, daß ich 1973 den Friedensnobelpreis erhielt, den er sich selbst sehnlichst wünschte. Im Vorfeld hatte ich den Chefredakteur von *Time*, Hedley Donovan, mehrfach aufgefordert, Nixon allein zum »Mann des Jahres« zu küren. Er brachte mich zum Schweigen, als er drohte, sollte ich noch einmal anrufen, werde er *mich* allein zum »Mann des Jahres« erklären.

Einige von Nixons Gefolgsleuten rächten sich, indem sie verbreiteten, ich sei emotional labil, hätte mich in Krisen unentschlossen gezeigt oder ohne Erlaubnis den Satz geäußert »Der Frieden ist zum Greifen nah«, um mir einen Teil der Verdienste an Nixons Wahlsieg zuzuschreiben. Mit diesen und ähnlichen abfälligen Bemerkungen wollte man andeuten, ich sei lediglich ein Werkzeug in der Hand des Meisters gewesen.[8] Nach seinem Ausscheiden aus dem Amt beteiligte sich Nixon zuweilen selbst daran, diese

Gerüchte zu verbreiten. Er tat dies auf die für ihn typische indirekte Weise – meist indem er in Interviews angebliche Vorwürfe gegen mich bestritt (auf die man ihn gar nicht angesprochen hatte).

Im Rückblick ist dies ärgerlich und verständlich zugleich. Wenn man aber alles zusammennimmt, waren es nur flüchtige Momente, die unsere enge tägliche Zusammenarbeit während der Amtszeit und unseren grundsätzlichen gegenseitigen Respekt in den Jahren danach nicht beeinträchtigen konnten. Wie andere, die Nixon nahestanden, konnten mich seine endlosen, undurchsichtigen Manöver zuweilen zur Verzweiflung treiben. Aber ich war auch gerührt, wenn er mir in entscheidenden Situationen persönliches Vertrauen schenkte. Am Ende einte uns das ernsthafte und tiefe Streben, die nationalen Interessen in einer Zeit der Krisen und der Spaltung zu bestimmen und zu gewährleisten.

Das Abhörsystem

Keine Entscheidung Nixons trug mehr zu seinem Sturz bei als die Installation eines Abhörsystems, das fast drei Jahre lang jedes Wort aufzeichnete, das im Oval Office, in Nixons Refugium im Old Executive Office Building und im Sitzungsraum des Kabinetts fiel. Im Unterschied zu einer ähnlichen Anlage unter Lyndon Johnson, die nur dann eingeschaltet wurde, wenn der Präsident einen Knopf an seinem Schreibtisch drückte, aktivierte sich Nixons System selbst. Damit verlor er aber die Kontrolle darüber, was da eigentlich aufgezeichnet wurde. Offenbar traute Haldeman Nixon die Fertigkeit nicht zu, unauffällig einen Knopf zu drücken.

Diese Entscheidung mutet noch merkwürdiger an, wenn man weiß, daß Johnson seinen Nachfolger beim Wechsel im Präsidentenamt auf die Anlage hinwies. Als Nixon das Oval Office übernahm, ließ er sie sofort entfernen, weil er das Mitschneiden als empörenden Eingriff in die Privatsphäre betrachtete. Zu Beginn seiner Amtszeit nannte er Johnsons Anlage zuweilen als ein Beispiel für Verfolgungswahn.

Was Nixon veranlaßte, seine Meinung zu ändern und ein wesentlich weitergehendes, noch weniger kontrollierbares System installieren zu lassen, hat bisher niemand erklären können. Da ich von seiner Existenz nichts wußte, bis Haig Nixons Stabschef wurde – das heißt bis etwa sechs Wochen vor der öffentlichen Enthüllung –, kann ich nur mutmaßen, von welchen Motiven sich Nixon und Haldeman leiten ließen. Zum Teil war es sicher die Belagerungsmentalität, die sich im Weißen Haus insbesondere nach Beginn der Kambodschakrise im Frühjahr 1970 breitmachte. Das Abhörsystem wurde gebraucht, um Nixon als den Meister darzustellen, der alles unter Kontrolle hatte, der seine Züge sorgfältig plante und die Ereignisse beherrschte – alles andere als ein militanter Hardliner, als den seine Kritiker ihn beschrieben. Ein beiläufiger Grund könnte auch gewesen sein, daß Nixon die Bänder beim Schreiben seiner Memoiren benutzen wollte.

Aber Live-Aufzeichnungen von Gesprächen sind am wenigsten geeignet, Klarheit und Konsequenz zu demonstrieren. Selbst bei einer weniger komplizierten Persönlichkeit als Richard Nixon mußte es nach Jahren schwerfallen, sarkastische Bemerkungen von ernstgemeinten Worten, Gedankensplitter von fertigen Ideen, flüchtige Überlegungen von sorgfältig formulierten Vorschlägen zu unterscheiden. Bei diesem Meister der Andeutung und des indirekten Sprechens war das ein besonderes Problem. Um zu überleben, waren wir, die wir täglich mit Nixon zusammenarbeiteten, Experten darin geworden, seine Methode der Billardkarambolagen zu durchschauen und die vorgebliche Richtung seiner Bemerkungen von der eigentlichen Absicht zu unterscheiden. Aber wie sollten Journalisten oder Forscher Jahre später in der Lage sein, solche feinen Unterschiede zu machen? Ob sie überhaupt merkten, daß dies notwendig war?

Für Nixons Umgebung gehörten grüblerische Gedanken oder gelegentliche unkontrollierte Weisungen einfach dazu – sie waren sozusagen das Hintergrundgeräusch. Man wertete sie nicht als Richtschnur des Handelns, sondern als Ausdruck einer Stimmung, als eine Möglichkeit für den Präsidenten, Dampf abzulassen. Ein Gespräch mit Haldeman vom Sommer 1972 ist ein Beispiel dafür, wie seine engsten Berater auf Instruktionen des Präsidenten reagierten. Der Anlaß war meine Bitte an Haldeman, den ein oder anderen Termin zu arrangieren:

Haldeman: Danach müssen Sie Alex (Butterfield) fragen. Mir ist es nicht gestattet, mich in so banale Dinge wie den Terminplan einzumischen.
Kissinger: Oh, tatsächlich?
Haldeman: Man hat mir gesagt, ich soll mich da raushalten.
Kissinger: Und was tun Sie jetzt?
Haldeman: Das weiß ich noch nicht genau. Ich versuche es zu begreifen. Es sieht so aus, als wäre niemand da, der die Dinge wirklich in die Hand nimmt. Ich habe also aufgehört, sie zu steuern, damit ich sie steuern kann.
Kissinger: (lacht)
Haldeman: Im Moment klingt das etwas abstrakt, und ich bin noch nicht ganz sicher, was am Ende dabei herauskommt.
Kissinger: Herauskommen wird, daß Sie wieder den Terminplan übernehmen.
Haldeman: Also, ich habe alles, was den Terminplan betrifft, Alex aufgepackt. Er hat sich hineingestürzt, ist die Punkte mit dem Präsidenten durchgegangen und hat es geschafft.
Kissinger: Das hält höchstens achtundvierzig Stunden.
Haldeman: Das glaube ich auch. Wenn überhaupt so lange.
Kissinger: Dann wird er Sie anbrüllen, weil Sie ihm Alex aufgedrängt haben.
Haldeman: Und ich werde sagen: »Aber, Herr Präsident...«
Kissinger: Er sagt: »Sie verstehen mich nicht. Schreiben Sie es auf.«
Haldeman: Er sagt: »Was ich auch immer gesagt habe, so habe ich es nicht gemeint.«

Für den nicht eingeweihten Forscher oder Journalisten erscheint dieses Treibgut auf dem Band Jahrzehnte später wie in Beton gegossene folgenschwere Verkündigungen des Staatsoberhauptes – der Schlüssel für die Taten unseres siebenunddreißigsten Präsidenten. Einige der bekanntgemachten Äußerungen klingen wie schockierende Aufforderungen zum Machtmißbrauch – und waren doch nie zur Ausführung gedacht. Aber es gibt keine Entschuldigung für viele von Nixons Äußerungen, noch weniger für seine verschiedenen Pläne, selbst wenn sie nicht realisiert wurden, was – so vermute ich – für die Mehrzahl zutrifft.

Die Bänder sind zumindest in dreierlei Hinsicht schwer zu bewerten: Erstens ist es nicht leicht, Nixons wirkliche Absichten zu erkennen. Wirft er sich in Pose? Versucht er seinen Gesprächspartner zu manipulieren? Verlangt er Action? Antwortet er imaginären Kritikern und läßt dabei nur Dampf ab? Was wurde außerdem bei anderen Gelegenheiten von wem gesagt? Was steht in den Akten?

Am besten war Nixon, wenn er selbst politische Denkschriften verfaßte oder Randbemerkungen auf die Schriftstücke anderer schrieb. Das alles aber wird von den Bändern in den Hintergrund gedrängt. Sie, zumindest die zur Veröffentlichung freigegebenen, zeigen Nixon im denkbar schlechtesten Licht – ein Strippenzieher, der die großen Worte liebt.

Zweitens lassen die Bänder auch Nixons Gesprächspartner äußerst ungünstig erscheinen, zum Teil sollten sie das sogar. Für Außenstehende ist es leicht zu fordern, man hätte heroisch abdanken müssen, wenn man Zeuge wurde, daß eherne Grundsätze verbal verletzt wurden. Aber in jedem Weißen Haus herrscht die bei Hofe übliche Atmosphäre, die von der in der heutigen Präsidentschaft konzentrierten schieren Macht nicht zu trennen ist. Wie mühselig ein Auftrag auch sein mochte – ein hochrangiger Mitarbeiter des Präsidenten wußte, daß es nichts Bedeutenderes gab, das mehr Befriedigung verschaffen konnte. Deshalb scheute er davor zurück, sich seine Chancen dadurch zu verderben, daß er sich über Punkte von geringer praktischer Bedeutung auf einen Streit mit dem Präsidenten einließ, vor allem mit einem wie Nixon, der auf eine offen vorgetragene abweichende Meinung unter Umständen allergisch reagierte.

Der Ausweg war, Weisungen zu umgehen, die man für unvereinbar mit den eigenen Grundsätzen hielt, aber dem willkürlich monologisierenden Nixon nicht zu widersprechen, solange es sich nicht um den eigenen Zuständigkeitsbereich handelte. Aber selbst in diesem Fall war es klüger, ein Memorandum zu schreiben, mit Haldeman oder Mitchell zu sprechen, statt sich mit Nixon selbst anzulegen. Im nachhinein kann dies als Unterwürfigkeit ausgelegt werden, und manchmal war es das vielleicht auch. Aber subjektiv galt es immer wieder abzuwägen, wie man den besten Beitrag zur nationalen Politik leisten konnte.

Drittens sind die Bänder aus dem Kontext gerissen. Bei folgenschweren Ereignissen wie Vietnam und Watergate, die sich allmählich entwickelten, sind viele Bemerkungen, die in einem frühen Stadium fielen (zum Beispiel zu Beginn der Watergate-Affäre, als das ganze Ausmaß noch nicht sichtbar war), später nicht mehr wiederholt worden. Über zwanzig Jahre danach, im Dezember 1997, mokierten sich zum Beispiel mehrere Zeitungen darüber, daß ich Nixon Anfang 1973 gesagt hatte, an seine Leistungen in der Außenpolitik werde man sich viel länger erinnern als an Watergate. Sie erwähnten aber nicht, daß dieser Satz fiel, bevor John Dean den Staatsanwalt aufsuchte, bevor Haldeman und Ehrlichman zurücktreten mußten und das ganze Ausmaß der Rechtsverletzungen bekannt wurde. Allerdings glaube ich auch heute noch, daß mein Urteil der Prüfung der Zeit standhalten wird. Ich habe diesen Satz übrigens Nixon noch einmal gesagt, lange nachdem er aus dem Amt geschieden war und nichts mehr für mich tun konnte.

Von allen diesen Einwänden einmal abgesehen, bringen die Bänder einen sehr realen und unglückseligen Aspekt von Nixons Präsidentschaft zum Vorschein: die Manipulation, die hinter dem Abhörsystem steckte. Da nur Nixon und Haldeman sowie einige Techniker von seiner Existenz wußten, glaubten sie, sie könnten Szenen arrangieren, um Nixons Platz in der Geschichte zu erhöhen, oder es so einrichten, daß anderen die Schuld zufiel, wenn etwas schiefging. Im nachhinein fallen mir mehrere Gespräche, an denen ich teilnahm, ein, die vor allem diesem Zweck gedient haben könnten. So veranstalteten Nixon und Haldeman zum Beispiel an dem Tag, an dem die Verminung der nordvietnamesischen Häfen vorgenommen werden sollte, eine Diskussion im Old Executive Office Building, die offenbar vor allem dem Zweck diente, mich als harten Verfechter einer Maßnahme auf Band zu haben, die bereits angelaufen war. Da es längst zu spät war, die Entscheidung noch zu beeinflussen, ging es offenbar darum, einen Fakt zu schaffen, um Versuchen der Medien entgegentreten zu können, mich als jemanden darzustellen, der den militanten Nixon bremste, oder, sollte die Sache scheitern, als die treibende Kraft, die die Schuld an dem Debakel trug.[9]

Aber in der täglichen Hektik dürfte eine erfolgreiche Manipulation die Ausnahme gewesen sein. Nachdem mich Haig im Mai 1973 über das Abhörsystem informiert und mich gebeten hatte, vorsichtig zu sein, konnte ich an mir selbst beobachten, wie schwierig das war. In den folgenden sechs Wochen, in denen das System noch arbeitete, konnte ich keine Veränderung an meinem Verhalten bei den täglichen Kontakten mit dem Präsidenten feststellen. Es war einfach zu anstrengend, sich selbst zu zensieren und sich darüber Gedanken zu machen, wie ein Gespräch nach Jahren aufgefaßt werden könnte.

So konnte es gar nicht ausbleiben, daß das Abhörsystem genau das Gegenteil von dem bewirkte, was es bezweckt hatte. Seine Erfinder mögen sich vorgestellt haben, die Bänder oder ihre Abschriften einmal zu veröffentlichen, wenn Nixon aus dem Amt geschieden war. Dabei übersahen sie einen wichtigen Umstand, auf den mich ein Psychiater aufmerksam machte, der es aufgegeben hatte, die Äußerungen seiner Patienten mitzuschneiden: Schließlich »dauert es eine Stunde, um eine Stunde abzuhören«. In Nixons Fall hätte man mehrere Jahre gebraucht, um alle Bänder abzuhören – eine ernüchternde Aussicht. Und selbst dann hätte die Rekonstruktion des Inhalts eine nahezu unüberwindbare Hürde dargestellt.

Man kann nur vermuten, was diese Bänder bewirkt hätten, wären sie, wie beabsichtigt, in Nixons Präsidentschaftsbibliothek abgelegt worden. Irgendwann wäre dort ein unbedarfter Professor oder Student auf diese Mischung von Bemerkungen geltungssüchtiger Höflinge, ernsthaften politischen Vorschlägen und verbalen Ausbrüchen des Präsidenten – von tiefsinnig bis empörend – gestoßen. Damit hätte dann Nixon die einzigartige Großtat vollbracht, sich noch nach seinem Tod selbst zu vernichten.

Das Abhörsystem beschädigte also insgesamt gesehen nicht nur erheblich Nixons persönlichen Ruf, sondern es erschwerte auch jede objektive Analyse seiner Präsidentschaft. Da die Bänder ein so unmittelbares, ja geradezu obszönes Interesse auslösen, lenken sie vom ernsthaften Nachdenken darüber ab, was für das Verständnis jener Zeit viel wichtiger ist – die große Zahl der Denkschriften, die den Entscheidungen tatsächlich zugrunde lagen, zumindest im Bereich der Außenpolitik. Die Bänder bieten einzelne Schlaglichter, liefern aber kaum Informationen über Hintergründe oder darüber, was zu anderer Zeit oder an anderem Ort sonst noch zum selben Thema gesagt wurde. Sie sind nicht einmal ohne weiteres mit offiziellen Erklärungen des jeweiligen Sprechers zum selben Thema zu vergleichen. So hat Nixon aus übertriebener Sorge um seinen Platz in der Geschichte paradoxerweise den Historikern beinahe die Möglichkeit genommen, seine Präsidentschaft objektiv zu bewerten.

Die Arbeit im Weißen Haus unter Nixon

Daß ein Mann mit einer so komplizierten Psyche dreißig Jahre lang auf eine Führungsrolle in der Politik hinarbeitete und schließlich ins höchste Amt gelangte, stellt eine Willensanstrengung dar, die ihresgleichen sucht. Nixon war nur imstande, dies zu erreichen, weil er Mittel und Wege fand, seine Hemmungen zu überwinden und sich für das Regieren zu rüsten.

Jede Mannschaft des Weißen Hauses ist in gewissem Maße ein Spiegelbild der Persönlichkeit des Präsidenten. Aber Nixons Charakter war so einzigartig, daß eine ganze Reihe beispielloser Maßnahmen notwendig war, um scheinbar oder tatsächlich unvereinbare Dinge in Einklang zu bringen. Nixon war entschlossen und couragiert, scheute aber beinahe krankhaft davor zurück, Meinungsunterschiede von Mann zu Mann auszutragen. Wer mit ihm täglich zu tun hatte, wußte genau, daß Nixon durchaus in der Lage war, etwas, was er einem Mitarbeiter oder Besucher gesagt hatte, gegenüber einem anderen Mitarbeiter oder Besucher wieder zurückzunehmen, wenn dieser attraktivere Vorschläge machte und sie überzeugender zu präsentieren verstand.

Nixon verabscheute lange Sitzungen, besonders solche, bei denen er in die Lage kommen konnte, sich zwischen streitenden Standpunkten entscheiden zu müssen, was wohl eine der Hauptaufgaben eines Präsidenten ist. Andererseits wollte er stets über die zur Entscheidung anstehenden Fragen umfassend informiert sein und bestand darauf, daß sie seinem Willen entsprechend geregelt wurden. Wie man Weisungen weitergeben sollte, die zu erlassen der Präsident sich weigerte, wurde so zu einer Übung, die in den Schulen der öffentlichen Verwaltung nicht gelehrt wird. Diese Arbeitsweise stellte das seelische Gleichgewicht seiner Mitarbeiter jeden Tag auf eine neue Probe.

Nixon löste diesen Widerspruch, zumindest auf seiner Seite, indem er ein System der Entscheidungsfindung einführte, das mehr mit Denkschriften als mit Sitzungen arbeitete. Den persönlichen Kontakt hielt er über drei Mitarbeiter: John Ehrlichman, den Berater des Präsidenten für Innenpolitik, mich als den Nationalen Sicherheitsberater und Bob Haldeman als Stabschef. Wenn möglich, vermied Nixon Treffen mit Kabinettsmitgliedern oder den Leitern verschiedener Institutionen, es sei denn, sie hatten lediglich Informationscharakter oder einer seiner Mitarbeiter, häufig Generalstaatsanwalt John Mitchell, hatte das Ergebnis mehr oder weniger vorbesprochen. Wenn ein Kabinettsmitglied sich weigerte, nach diesen Regeln zu spielen, dann wurde sein Zugang zum Präsidenten zunehmend eingeschränkt.

Deshalb war eine der genannten Personen (oder ihr Vertreter) bei Gesprächen des Präsidenten stets anwesend. Sie diente zum Teil als Puffer, wenn der vereinbarte Rahmen überschritten wurde, oder, was noch wichtiger war, als Gewähr dafür, daß die für die Umsetzung Verantwortlichen wußten, was besprochen worden war. Nixons emotionale Scheu, einen Bittsteller zu enttäuschen, war so groß, daß immer die Gefahr bestand, danach ein unerfüllbares Versprechen am Hals zu haben. (Und wenn Nixon das Gespräch allein führte, war es schon schwierig, eine genaue Information darüber zu erhalten.) Mit der Zustimmung zum Standpunkt eines Besuchers, die in der Regel so geschickt formuliert war, daß sie weniger bedeutete, als es schien, war es vorbei, sobald der Besucher die Tür hinter sich geschlossen hatte.

Nixon schürte erbitterte Rivalitäten unter seinen Beratern, wobei er nie erkennen ließ, was er selbst dachte. Für ihn stand fest, daß die Außenpolitik vom Oval Office ausgeführt wurde. Das aber sagte er niemals seinem Außenminister. Er sandte mich zu Geheimverhandlungen aus, ohne Bill Rogers zu informieren. Zugleich beklagte er sich bei Haldeman über den Streit zwischen Kissinger und Rogers, den er selbst ständig von neuem entfachte. So kam es, daß das Außenministerium häufig einen Kurs verfolgte, der direkt mit dem kollidierte, was ich im Auftrag des Präsidenten unternahm, wovon das Ministerium aber nichts wußte. Diejenigen, die sich ausmanövriert sahen, sprachen von bösartiger Einflußnahme, die mit der Zeit immer häufiger mir angelastet wurde.

Zweifellos war ich wesentlich daran beteiligt, Entscheidungen zunächst zu formulieren und dann den Medien zu erläutern. Aber letzten Endes konnte niemand Nixon in eine Richtung drängen, die seiner Auffassung zuwiderlief, oder auf Ziele ausrichten, die er nicht selbst auf den Blättern seiner gelben Schreibblöcke – sein Gesprächsersatz – sorgfältig abgewogen hatte. Bei meiner Arbeit beschlich mich oft das Gefühl, ich würde in einem Zug sitzen, der dem Zusammenprall mit einem anderen entgegenrast, während der Mann im Kontrollraum zusieht, kein Haltesignal setzt und darauf wartet, daß einer der Zugführer im letzten Augenblick die Notbremse zieht.

Diese Atmosphäre fand ihren Widerhall in einer Bemerkung, die ich Ende 1971 gegenüber John Osborne machte, in vieler Hinsicht damals der prominenteste Washingtoner Journalist. Auf seine Behauptung, ich sei der Regisseur des Stücks (der amerikanischen Außenpolitik), entgegnete ich: »Ich bin entweder Regisseur in diesem Stück oder Akteur in einem anderen, dessen Handlung man mir noch nicht mitgeteilt hat.«

Das Gefühl, mich ständig in einem unheimlichen Niemandsland zu bewegen, war so nervenaufreibend, daß ich beschloß, gegen Ende des ersten Jahres von Nixons zweiter Amtszeit zurückzutreten, wenn die Vietnamabkommen ausgehandelt waren. Anfang 1973 hatte ich erste Gespräche über ein Forschungsprojekt am All Souls College in Oxford aufgenommen.

Da Nixons Arbeitsmethode ständig Rivalitäten und Differenzen im Apparat provozierte, sah er sich verpflichtet, immer wieder Kontroversen zu schlichten. Zuweilen beauftragte er Haldeman, seltener auch John Mitchell, die Streitigkeiten zu regeln, die er selbst schürte und zugleich verabscheute. Zuweilen wandten sich die streitenden Parteien auch selbst an Haldeman als Nixons engsten Mitarbeiter. Aber der war weder besonders an der Außenpolitik interessiert, noch verstand er viel davon. Sein Metier war die Öffentlichkeitsarbeit, und Streitigkeiten unter Bürokraten betrachtete er als Ablenkung von seiner eigentlichen Aufgabe, wodurch er die Kampfhähne nur noch mehr gegeneinander aufbrachte.

Nixons Ruf, ein trickreicher Politiker zu sein, entstand aus der Notwendigkeit, seine Abneigung gegen die direkte Konfrontation und seinen zunehmenden Drang, seine außenpolitischen Vorstellungen zu verwirklichen, gegeneinander auszubalancieren. So grotesk dies auch klingen mag: Nixons anscheinende Raffinesse war die Art, mit der er seinen Grundsätzen treu blieb.

Die Erfordernisse eines Bürokratenapparates mit Nixons persönlichen Arbeitsgewohnheiten in Einklang zu bringen war stets eine anstrengende Aufgabe, deren Lösung niemals ganz gelang. Natürlich produziert die Bürokratie Dokumente, die Entscheidungen fordern. Aber viele dieser Entscheidungen, besonders zu rätselhaften, kaum verständlichen Einzelfragen der Rüstungskontrolle, ödeten Nixon an. Er zog es vor, sich auf die Kernfragen zu konzentrieren – die Hauptrichtungen der nationalen Politik, die sozialen Ursachen der Protestbewegung, die langfristigen Ziele gegenüber Europa, China, dem Nahen Osten und der Sowjetunion. So entstand eine der vielen Widersprüchlichkeiten, die Nixon anhafteten: Im Hinblick auf die Zeit, die er im Büro verbrachte, war er ein wahrer Workaholic; andererseits widmete er aber nur einen geringen Teil dieser Zeit wirklichen Regierungsproblemen. In der Arbeit war Nixon ein Kurzstreckenläufer; längere Anstrengungen, vor allem wenn es um Routineangelegenheiten ging, ermüdeten ihn physisch und machten ihn äußerst reizbar. Er hatte auch keine Hobbys für seine Mußestunden.

Nixon, der die Zeit, die eigentlich zu seiner persönlichen Verfügung gedacht war, größtenteils in seinem Refugium im Old Executive Office Building oder in Camp David verbrachte, saß dann in einem Sessel, die Füße auf einem Kissen, die Vorhänge zugezogen, und brütete über Denkschriften, die eher mit konzeptionellen Fragen als mit praktischen Schritten zu tun hatten. Dabei machte er sich Notizen auf seinen gelben Blöcken. Um seine innere Spannung zu lösen, rief er von Zeit zu Zeit einen seiner Berater herein, um mit diesem seine Notizen durchzugehen und/oder immer wieder über die Schlachten seiner früheren Jahre zu plaudern – vom Fall Alger Hiss bis zu den Wahlen in Kalifornien 1962. Diese Gespräche konnten sich über Stunden hinziehen, während der auserwählte Zuhörer, in dessen Büro sich die Arbeit häufte und die Telefone heißklingelten, geradezu eine Katastrophe herbeiwünschte, die den Präsidenten ablenken und es ihm erlauben würde, zu seiner normalen Beschäftigung zurückzukehren.

Ein Gespräch mit Haldeman zeigt das Dilemma, in dem Nixons Berater steckten, die sich mit der Zeit genau umgekehrt verhielten wie normale Mitarbeiter, die doch bestrebt sein müssen, soviel Zeit wie möglich mit dem Präsidenten zu verbringen. Nixons Mitarbeiter dagegen taten alles, um diese Zeit so kurz wie möglich zu halten. Mit der Zeit entdeckten sie dabei etwas wenig Rühmliches an sich selbst: wie sehr sie in der emotional zermürbenden Atmosphäre des Weißen Hauses bereits das Gefühl für die offensichtliche, vollständige Einsamkeit ihres Präsidenten verloren hatten, der sie ebenso brauchte, um die Leere seines Lebens zu füllen, wie um praktischen Rat zu erhalten.

Anfang Juni 1972 versuchte Haldeman, der bereits einige Tage mit Nixon in Camp David verbracht hatte, mich dorthin zu locken, um sich selbst eine Atempause zu verschaffen:

Haldeman: Kommen Sie ins wunderbare Camp David?

Kissinger: Ich fürchte – ich glaube, es wird sich nicht vermeiden lassen.

Haldeman: Wollen Sie es denn vermeiden?

Kissinger: Gut, wenn ich frühmorgens aufbrechen kann, geht es in Ordnung… Was will er von mir?

Haldeman: Ich denke, er will nur einfach reden.

Kissinger: Okay, ich komme.

Haldeman: Ich habe heute noch nicht mit ihm gesprochen. Ich wollte Sie erst fragen. Wenn es ein echtes Problem für Sie ist, dann will ich versuchen, es herunterzuspielen.

Kissinger: Aber Sie meinen, ich sollte besser kommen?

Haldeman: Wenn Sie können, ohne daß es Ihnen größere Umstände macht, dann ja…

Kissinger: Werde ich dann mit ihm zusammen essen oder mit Ihnen oder…

Haldeman: Ich denke, ja.

Kissinger: Wir alle drei?

Haldeman: Sie alle zwei.

Kissinger: Nein, Sie müssen mit dabeisein.

Haldeman: Nein, nein… Ich esse niemals mit den großen Jungs.

Zwar liebte Nixon den Regierungsalltag nicht und war Besuchern gegenüber in der Regel mißtrauisch; ausländische Gäste hingegen empfing er gern. Diese kommen selten zu Präsidenten, um zu verhandeln. Meist erwarten sie, daß er einen bestimmten Kurs grundsätzlich gutheißt. Das gab Nixon die Gelegenheit, unsere Gesamtstrategie oder seine Analyse einer bestimmten Situation darzulegen, worauf er sich meisterhaft verstand. Aber obwohl er sich auf diesem Gebiet zu Hause fühlte, empfing er niemals einen Gast ohne gründlichste Vorbereitung, um die Möglichkeit einer unerwünschten oder unerwarteten direkten Auseinandersetzung auf das Minimum zu reduzieren.

Meine Mitarbeiter bereiteten Denkschriften vor, in denen der Zweck des Besuches, die getroffenen Vereinbarungen, was der ausländische Gesprächspartner voraussichtlich vortragen werde, unsere Empfehlungen für die beste Antwort, das optimale Ergebnis und die zu umschiffenden Gefahren bis ins einzelne dargelegt waren. Nixon prägte sich das ganze Memorandum ein, zumindest aber den Teil, den er für nützlich hielt. Da er nicht zugeben wollte, daß er in der Außenpolitik Hilfe von Mitarbeitern brauchte – und er kannte sich auf diesem Gebiet außerordentlich gut aus –, hatte er das Papier bei der Begegnung niemals bei sich. Statt dessen tat er so, als spräche er frei, wobei er sich manchmal sehr nahe – näher, als ich es für klug hielt – an Themen heranwagte, bei denen unserem Memorandum zufolge das Eis sehr dünn war. Nixon lebte gern gefährlich und demonstrierte mit Vorliebe, wie gut er das konnte.

Einmal ging eine solche Inszenierung schief, und es war der vielgerühmte Apparat des Nationalen Sicherheitsrates, der versagte, nicht Nixon. Anläßlich einer UN-Festlichkeit hatte man den Premierminister von Mauritius nach Washington eingeladen. Mauritius ist eine subtropische Insel im Indischen Ozean vor der Küste Südafrikas. Es ist mit reichlich Niederschlägen und einer üppigen Landwirtschaft gesegnet. Seine Beziehungen zu den Vereinigten Staaten waren ausgezeichnet. Irgendwie war bei meinen Mitarbeitern angekommen, der Besucher stamme aus Mauretanien, einem trockenen Wüstenstaat in Westafrika, der im Jahr 1967 die diplomatischen Beziehungen zu den Vereinigten Staaten abgebrochen hatte, um sich nach dem Nahostkrieg mit seinen muslimischen Brüdern solidarisch zu zeigen.

Dieses Mißverständnis führte zu einem sehr merkwürdigen Dialog. Nixon kam sofort zur Sache und deutete an, es sei an der Zeit, die diplomatischen Beziehungen zwischen den Vereinigten Staaten und Mauritius wiederherzustellen. Das, so meinte er, werde Amerika ermöglichen, wieder Hilfe zu leisten, vor allem bei der Landwirtschaft in Trockengebieten – darin besäßen die Vereinigten Staaten, so Nixon, besondere Erfahrungen. Der verblüffte Gast, der mit seinem Besuch seinen guten Willen zeigen wollte und aus einem Land kam, das mit reichlich Niederschlägen gesegnet war, versuchte auf ein günstigeres Thema überzuwechseln. Er erkundigte sich, ob Nixon mit dem Funktionieren der Weltraumbeobachtungsstation zufrieden sei, die die Vereinigten Staaten auf seiner Insel unterhielten. Das brachte Nixon seinerseits aus der Fassung, und er begann heftig etwas auf seinen gelben Block zu kritzeln. Er riß das Blatt heraus und reichte es mir. Darauf stand: »Wieso unterhalten wir, verdammt noch mal, eine Weltraumbeobachtungsstation in einem Land, mit dem wir gar keine diplomatischen Beziehungen haben?«

Das System des Nationalen Sicherheitsrates

Wenn hier von Nixons charakterlichen Eigenheiten die Rede ist, dann muß man ihnen die Tatsache entgegensetzen, daß er im Bereich der Außenpolitik fast alles erreichte, was er sich vorgenommen hatte. Am Ende erreichte er nicht nur große Veränderungen im außenpolitischen Kurs, den er vorfand, als er sein Amt antrat, sondern es gelang ihm auch, diese Veränderungen zu institutionalisieren, so daß alle folgenden Administrationen, wie unterschiedlich sie dies auch darstellten, immer wieder auf die Hauptpunkte der Nixonschen Strategie und auf die ein oder andere Version seines Systems des Nationalen Sicherheitsrates zurückgriffen.

Das war durchaus kein so geheimnisvoller Einzelvorgang, wie es diejenigen hinstellen, die seinem Ruf Abbruch tun wollen.[10] Neben der etwas unwirklichen Atmosphäre, die unter Nixon im Weißen Haus herrschte, gab es einen außerordentlich systematischen und weitreichenden Arbeitsprozeß im Nationalen Sicherheitsrat. Keine Administration bereitete sich so sorgfältig auf Verhandlungen vor oder plante ihre langfristige Politik so systematisch wie die Richard Nixons, vor allem in seiner ersten Amtszeit. Wenn die Geschichtsforschung einmal ihre Aufmerksamkeit von der Suche nach geheimen Denkschriften oder Tonbändern auf die tatsächlich vorhandene Dokumentation wichtiger politischer Entscheidungen richten wird, dann wird sie erkennen, daß die Nixon-Administration unablässig über die langfristigen Interessen Amerikas nachdachte und dabei alle Institutionen einbezog. Verhandlungen, selbst die geheimsten, sind in der großen Mehrzahl der Fälle durch Wortprotokolle und umfangreiche analytische Arbeiten dokumentiert. Seit das Gesetz über die Informationsfreiheit in Kraft trat und sich ein Kult der grenzenlosen Indiskretion ausbreitete, hat es keine Administration je wieder gewagt, ihre internen Debatten und internationalen Verhandlungen so umfassend zu dokumentieren.

Mehr noch: Kaum eine andere Administration hat der amerikanischen Öffentlichkeit, der internationalen Gemeinschaft und dem Kongreß die Gründe für ihre Außenpolitik so umfassend erläutert. Vier Jahre lang verwendeten die Mitarbeiter des Nationalen Sicherheitsrates Wochen darauf, Zusammenfassungen der Konzepte und Strategien zu erstellen, die der amerikanischen Außenpolitik zugrunde lagen. Außerdem führte ich, wenn ich im Weißen Haus war, wöchentlich Hintergrundgespräche. Als Außenminister besuchte ich achtunddreißig Staaten, in denen ich jeweils eine Grundsatzrede zu einer Problemstellung hielt, außerdem natürlich Pressekonferenzen und Fernsehinterviews gab. Jeder, der die jährlichen Berichte und die wichtigsten Reden las, konnte sich ein genaues und detailliertes Bild vom Gang unserer Außenpolitik verschaffen. Als Außenminister habe ich vor zahllosen Kongreßausschüssen offiziell und inoffiziell Rede und Antwort gestanden.

Das Problem war, daß die amerikanischen Medien im Grunde genommen ein Embargo gegen unsere Jahresberichte verhängten und eigentlich nur die Teile über Vietnam verwandten. In etwas geringerem Maße traf das auch auf meine Grundsatzreden zu. Wer Nixon Geheimniskrämerei vorwarf, hatte, was die Taktik betraf, durchaus recht, ignorierte aber die großen Anstrengungen um mehr Öffentlichkeit im strategischen Bereich, die wegen der Abneigung der Medien gegen langfristige Pläne und ihrer Vorliebe für Krisen kaum zur Wirkung kamen.

Die verschiedensten Bittsteller rauben einem Präsidenten den größten Teil seiner Zeit: Minister tragen wichtige Anliegen vor, ausländische Politiker drängen auf eine bestimmte Politik oder suchen nach Orientierung, Vertreter der inländischen Anhängerschaft legen ihre besonderen Interessen oder die ihrer ethnischen Gruppe dar. Dabei handelt es sich zumeist um taktische Fragen oder besondere Situationen. Themen von längerfristiger Bedeutung bahnen sich den Weg in den Tagesplan des Präsidenten nur mit großen Schwierigkeiten und meist nur dann, wenn es darüber zwischen einzelnen Institutionen zum Streit kommt. Das Ergebnis ist häufig genug vor allem von dem Wunsch getragen, innerhalb der Bürokratie oder mit dem Kongreß Frieden zu halten. Entsprechend allgemein sind die Schlußfolgerungen, so daß jede Institution sie nach ihren ursprünglichen Wünschen interpretieren kann. Damit aber beginnt der Reigen von neuem.

Deshalb kommt es im Verlauf einer Präsidentschaft fast unweigerlich zu einer Erschöpfung des geistigen Kapitals. Paradoxerweise verschaffte Nixons Abneigung gegen Gespräche von Angesicht zu Angesicht seiner Administration die Möglichkeit, eine der wichtigsten Herausforderungen moderner Regierungstätigkeit zu bewältigen – mit der Zeit des Präsidenten, seinem kostbarsten Gut, sparsam umzugehen und ihm so Gelegenheit zum Nachdenken zu geben. Nixons Tagesplan war sorgfältig darauf abgestimmt, ihm genügend Zeit für die Problemstellungen zu lassen, die ihn interessierten und deren Lösung seine größte Stärke war. Diplomatische Winkelzüge, die Einzelheiten von Verhandlungen langweilten ihn. Aber strategische Grundsatzentscheidungen traf Nixon, wenn nicht sofort, so doch in einer angemessenen Zeit, weshalb er zu Recht auf seine Fähigkeit stolz war, den Dingen immer einen Schritt voraus zu sein.

In der Literatur ist zu lesen, daß das System des Nationalen Sicherheitsrates unter der Nixon-Administration in der Übergangszeit der Jahre 1968/69 im Gefolge eines »Coups« entstanden sei, mit dem Nixon, von mir unterstützt – oder gar manipuliert –, die Macht im Weißen Haus zentriert habe. Das Wort »Coup« ist hier ganz sicher unangebracht, denn im amerikanischen Regierungssystem ist die Macht stets im Weißen Haus gebündelt gewesen. Das bedeutet, daß bestimmte eingeführte Verfahren existieren, die ein Präsident vom anderen übernimmt. So sind wichtige außenpolitische Entscheidungen in jeder Administration fast ausnahmslos vom Präsidenten getroffen worden. Franklin Delano Roosevelt arbeitete zum Beispiel mindestens ebenso »zentriert« wie Nixon, nur wesentlich weniger systematisch.

Der Urheber der angesprochenen Veränderungen war General Andrew Goodpaster, den Nixon aus der Zeit kannte und schätzte, da dieser Berater Präsident Eisenhowers gewesen war.[11] Nixon bat ihn, eine neue Struktur des Nationalen Sicherheitsrates zu konzipieren, weil er bei seinem Amtsantritt feststellte, daß dieser Apparat kaum noch benutzt wurde. Johnson hatte seine Entscheidungen bei seinen Dienstagsessen getroffen, bei denen stets nur drei oder vier hohe Beamte anwesend waren und vom Apparat keinerlei Vor- oder Nacharbeit geleistet wurde. Goodpaster erhielt den Auftrag, das System des Nationalen Sicherheitsrates neu zu beleben, damit er dem Präsidenten ein breites Spektrum an Optionen vorlegen konnte. Goodpaster argumentierte, solange die interministeriellen Untergruppen vom Außenministerium geleitet würden, werde es nie eine wirkliche Zusammenarbeit mit dem Pentagon und anderen Dienststellen geben. Deshalb schlug er vor, von nun an sollte der Nationale Sicherheitsberater oder sein Stellvertreter diese Gremien leiten. Eisenhower unterstützte diesen Vorschlag nachdrücklich, als Goodpaster und ich ihn im Dezember 1968 im Walter Reed Army Hospital aufsuchten. Nixon akzeptierte Goodpasters (und Eisenhowers) Empfehlung zur großen Entrüstung der Beamten im Außenministerium, die mir die Schuld daran gaben, daß sie ein ziemlich bedeutungsloses Vorrecht verloren hatten (das sie auch unter keiner nachfolgenden Administration zurückgewannen). Der beste Beweis dafür, wie zweckmäßig das System des Nationalen Sicherheitsrates unter Nixon war, das sich streng auf die Persönlichkeit des amtierenden Präsidenten einstellte, ist darin zu sehen, daß alle nachfolgenden Administrationen es in ihren Grundzügen beibehalten haben.

Nixons Entscheidungsfindungsprozeß funktionierte auf zwei Ebenen: dem bereits beschriebenen, ganz auf ihn eingestellten Stab des Weißen Hauses und dem System des Nationalen Sicherheitsrates, das aus dem Rat selbst und einer ganzen Reihe zuarbeitender interministerieller Komitees bestand. Das Gerede von einem »Coup« stammt von jenen, die sehr engstirnige Interessen verteidigten – welchem Ministerium nämlich die verschiedenen Unterkomitees des Nationalen Sicherheitsrates unterstehen sollten. In der Zeit der Johnson-Administration fiel dem Außenministerium diese Aufgabe zu, wobei es, solange keine Sitzungen des Nationalen Sicherheitsrates stattfanden, eher um einen formalen Status als um die Sache ging. Nixon holte den Vorsitz ins Weiße Haus und zog sich damit den Zorn des Außenministeriums zu, was allerdings außerhalb der ehrwürdigen Mauern am Foggy Bottom kaum jemanden interessierte.

Nach dem Modell von Goodpaster entstand ein System des Nationalen Sicherheitsrates, das bei der Ausarbeitung von Wahlmöglichkeiten und der Entwicklung von Strategien zwar sehr gut funktionierte, bei der Durchsetzung aber im Schatten blieb. Die verschiedenen Ministerien schalteten sich in den Entstehungsprozeß von Wahlmöglichkeiten voll ein und leisteten wichtige Beiträge. Die letzte Entscheidung behielt sich jedoch Nixon selbst vor, und wenn notwendig, handelte er auch allein. Das offizielle interministerielle System behandelte er in vieler Hinsicht so wie manche Professoren ihre Forschungsassistenten. Er eignete sich ein Produkt an, ohne sich unbedingt mit den Auffassungen seiner Untergebenen zu identifizieren. In den Jahren von Nixons erster Amtszeit bis zu meinem Geheimbesuch in China war der Nationale Sicherheitsrat fast ausschließlich mit langfristigen strategischen Optionen befaßt.

Interministerielle Gruppen auf der Ebene der stellvertretenden Minister, die nach geographischen Gesichtspunkten gegliedert waren und ein ganzes Netzwerk bildeten, traten im Lagezimmer des Weißen Hauses unter meinem Vorsitz zusammen, um Optionspapiere für die verschiedenen Regionen auszuarbeiten. Diese gingen dann über eine Senior Review Group an den offiziellen Nationalen Sicherheitsrat, wo Nixon die Ansichten seiner wichtigsten Kabinettsmitglieder direkt entgegennahm. In Krisenzeiten trat täglich die Washington Special Actions Group (WSAG) zusammen – weshalb sie diesen Namen trägt, entzieht sich meiner Kenntnis –, die aus der Senior Review Group und zusätzlich einigen Militär- und Geheimdienstfachleuten bestand. Da Nixon Denkschriften dem persönlichen Kontakt vorzog, verwandte er viel Zeit darauf, an diesen Hintergrundpapieren zu arbeiten und sie mit zahlreichen Randbemerkungen zu versehen. Die Durchbrüche, die die Nixon-Administration gegenüber China, der Sowjetunion, in den Fragen der Rüstungskontrolle und im Nahen Osten erreichte, wären ohne die Optionen, die dieses Netzwerk erarbeitete, nicht möglich gewesen.

Wenn eine Kritik am Entscheidungsmechanismus der Nixon-Administration angebracht ist, dann an der Beschränkung des Kreises derer, die in die Umsetzung der Entscheidungen einbezogen wurden. Hier wirkten zwei Faktoren zusammen: zum einen der Widerstand der auf die konventionellen (liberalen) Werte eingeschworenen Bürokratie und Nixons Abneigung, sich mit ihr offen anzulegen, zum anderen sein Streben, das Verdienst an den außenpolitischen Erfolgen allein für sich zu beanspruchen.

Der Diplomatische Dienst hat die besten Mitarbeiter unter den staatlichen Institutionen Amerikas – engagiert, sehr gut informiert und, wenn straff geführt, auch hochdiszipliniert. Aber sie sind überzeugt, daß ihre gewählten oder ernannten Chefs wohl kaum die Prüfung des Diplomatischen Dienstes bestanden hätten – und damit beginnt das Problem: Sie halten es für ihre Pflicht, den Außenminister und den Präsidenten von ihrem Standpunkt zu überzeugen und, wenn dies nicht gelingt, mit bürokratischen Mitteln und mit Hilfe der Medien so zu manövrieren, daß sich ihr überlegenes

Wissen auf indirektem Weg durchsetzt. In der Regel sind sie Anhänger des konventionellen Wilsonianismus. Diplomatie und Macht sind für sie verschiedene Welten, und die Diplomatie ist ohnehin etwas anderes als die übrigen Bereiche der Politik. Nixon ging nicht fehl in der Annahme, daß dieser Apparat ihm und seiner Vorgehensweise auf der Grundlage der nationalen Interessen skeptisch gegenüberstand.

Wie arrogant sich einige Beamte des Außenministeriums gegenüber Nixon verhielten, zeigt die Reaktion des stellvertretenden Missionschefs in Tokio, als dieser mit dem Gerücht konfrontiert wurde, Nixon habe in einem Gespräch mit Ministerpräsident Sato Eisaku 1969 angedeutet, die Vereinigten Staaten hätten nichts dagegen, wenn Japan Atomwaffen erwerbe. In dieser Meldung steckte nicht ein Fünkchen Wahrheit. In keinem Dokument der Zeit ist eine solche Äußerung Nixons gegenüber den führenden Vertretern Japans oder seinen eigenen Mitarbeitern zu finden. Statt in Washington nachzufragen, ob diese Meldung zutreffe, und dann das Gerücht entweder nachdrücklich zu dementieren oder, falls es sich als zutreffend herausstellte, die Politik des Präsidenten zu unterstützen oder aber zurückzutreten, entschloß sich der Diplomat, auf eigene Faust zu handeln: »Wir haben die ganze Sache einfach in aller Stille sabotiert.«[12] Nur die Überzeugung, Nixon sei irgendwie ein illegitimer Präsident – was an die Haltung der Bourbonen gegenüber den Bonapartes erinnert –, kann ein so anmaßendes Gebaren erklären.

Der wichtigste Grund, warum diese latenten Spannungen sich nicht lösten, war die Ernennung von William P. Rogers zum Außenminister. Damit will ich weder Rogers hohe Moral und menschliche Qualitäten noch seinen praktischen Verstand abwerten. Er übte stets einen wohltuenden, besänftigenden Einfluß aus. Er handelte mit einer Würde, die jene beschämen mußte, die systematisch gegen ihn arbeiteten. Im nachhinein bin ich gar nicht stolz darauf, wie ich Nixon dabei unterstützte, einen Mann an den Rand des Geschehens zu drängen, den die meisten Beobachter für den besten Freund des Präsidenten hielten.

Trotzdem war es ein großer Fehler, mit diesem Posten einen persönlichen Freund zu betrauen, der aus Nixons Sicht nur ein hochgestellter Untergebener sein konnte. Da Nixon entschlossen war, die Richtlinien der Außenpolitik sowohl konzeptionell als auch gegenüber der Öffentlichkeit zu bestimmen, was er bereits im Wahlkampf angekündigt hatte, brauchte er einen Außenminister, der entweder als wichtigster Unterhändler für die im Weißen Haus entwickelte Politik agierte (wie zum Beispiel Warren Christopher für Clinton) oder als Sprecher für den Kongreß und die Medien (wie Mel Laird für das Verteidigungsministerium unter Nixon). Aber William Rogers war außenpolitisch nicht genügend versiert, um die erstgenannte Rolle auszufüllen, und eine zu prominente Figur, um sich mit der zweiten zufriedenzugeben. In der Tat unterwarf sich Rogers Nixon niemals in irgendeiner Weise. Ganz im Gegenteil: Rogers war die starke Persönlichkeit, an die sich Nixon stets wandte, wenn er in Nöten war, die ihm in vielen Krisen seines Lebens das Gleichgewicht wiederzufinden half und ihm Sicherheit bot.

Das aber beschwor in zweifacher Hinsicht ein Dilemma herauf: Rogers fiel es psychologisch schwer, die untergeordnete Rolle zu spielen, die Nixon ihm zugedacht hatte. Für diesen wiederum war es unmöglich, offen darauf zu bestehen. So benutzte Nixon eine ganze Reihe von Tricks, mit denen er auf Umwegen erreichte, was er Rogers nicht persönlich befehlen konnte. Dieser wiederum stellte sich auf den Standpunkt, er werde anstandslos jede direkte Weisung durchführen, und genau das konnte er bei seiner reichen Erfahrung mit Nixon nicht erwarten.

So manövrierten die beiden alten Freunde einander aus, ohne die Fragen, die sie wirklich trennten, je anzusprechen oder sich auch nur einzugestehen, daß sie gegeneinander arbeiteten. Das begann bereits in Nixons erster Amtswoche, als er Rogers vom Antrittsbesuch des sowjetischen Botschafters Anatoli Dobrynin weitgehend ausschloß. Das setzte sich bei allen Reisen des Präsidenten fort. Nixon bestand darauf, daß für den Außenminister ein eigenes Programm organisiert werde, so daß er allein mit dem Nationalen Sicherheitsberater die wichtigsten Gespräche mit seinem jeweiligen Partner führen konnte. Mit der Zeit zog Nixon immer mehr wichtige Verhandlungen direkt an sich ins Weiße Haus.

Auch wenn ich ihn bei diesen Schritten unterstützte, wären sie gegenüber einem alten Freund kaum möglich gewesen, hätte nicht der ausdrückliche Wunsch des Präsidenten dahintergestanden. Warum setzte Nixon dann Rogers überhaupt in ein solches Ministeramt ein, wo man ihm keinerlei Befugnisse zugestand und wofür er auch nicht wirklich geeignet war? Hatte er seinen alten Freund an diesen Platz gestellt, der dessen Temperament und Hintergrund so wenig entsprach, weil er endlich der dominierende Partner sein und Bill Rogers, zu dem er sich immer flüchtete, wenn er sich schwach fühlte, zeigen wollte, wie stark er in Wirklichkeit war? Dieses möglicherweise unterbewußte Motiv ist durchaus vorstellbar, denn Nixon erwähnte gelegentlich – ohne darüber ausführlicher zu sprechen –, als sie beide noch Rechtsanwälte gewesen seien, habe Rogers ihm einmal einen Mandanten ausgespannt.

Was immer der wirkliche Grund sein mochte – Nixon hatte einen Außenminister, der nicht in der Lage war, ein Ministerium für ihn zu leiten, das der Präsident für ideologisch feindselig und sozial anmaßend hielt. Rogers hatte eine Laufbahn als Jurist hinter sich, mit Außenpolitik hatte er sich nie systematisch befaßt. Seine generelle Sicht der Außenpolitik entfernte sich nicht sehr weit von der der Leitartikler der *New York Times,* die auch im Außenministerium vorherrschte. Deshalb tat er nichts, um seinem Ministerium Nixons Willen aufzuzwingen, fühlte sich aber in der Außenpolitik auch nicht sicher genug, um Nixon offen herauszufordern. Dieses seltsame Verhältnis zwischen Präsident und Außenminister brachte all die Tendenzen der Eigenmächtigkeit und der liberalen Zweideutigkeit im Außenministerium zum Tragen, die Nixon eigentlich zu zügeln oder zu beseitigen gedachte.

Den Außenminister an den Rand zu drängen war die schlechteste Methode, um Nixons zweifaches Ziel zu erreichen: die Vorrangstellung des Weißen Hauses durchzusetzen und zugleich die Unterstützung des Außenministeriums für ein neues Vorgehen in der Außenpolitik zu gewinnen. Der Diplomatische Dienst, der das Mißbehagen des Außenministers spürte und sich dessen Ausschluß von der Entscheidungsfindung nur so erklären konnte, daß jemand versuche, dessen Ansichten vom Präsidenten fernzuhalten, verlegte sich auf Indiskretionen größeren Stils oder Verzögerungstaktik, womit er Nixon eine zweite Chance geben wollte, den wahren Sachverhalt zu erkennen. Der Präsident seinerseits deutete diese Behinderungen als eine Form von Klassenkampf und ein weiteres Beispiel für die fortgesetzte Auseinandersetzung des Ostküsten-Establishments mit ihm.

Dieser latente Konflikt trug dazu bei, daß Sitzungen des Nationalen Sicherheitsrates unter Nixons Leitung stets irgendwie theoretisch, ja akademisch anmuteten. Der Präsident lavierte verbal zwischen den gegensätzlichen Positionen, ohne sich festzulegen, streute zuweilen eine sarkastische Bemerkung oder einen philosophischen Satz ein, die keinerlei praktische Bedeutung hatten. Fast niemals gab er auf Anhieb eine Orientierung, nicht einmal, wenn Einmütigkeit herrschte oder eine Entscheidung dringend nötig war. Wenn irgend möglich – und Nixon war äußerst erfinderisch, dies möglich zu machen –, teilte er seine Entschlüsse schriftlich aus dem Oval Office mit.

Wenn der Präsident sich durch Eigenmächtigkeiten des Ministeriums behindert fühlte oder Rogers nicht überstimmen wollte, griff er auf den geheimen Kanal zurück – direkte Verhandlungen über die Verbindungswege des Weißen Hauses unter Umgehung der normalen diplomatischen Kanäle und Gremien. Mit der Zeit erwies sich der Geheimkanal als so wirksam, daß das Verfahren, bürokratische Hürden zu umgehen, schließlich zur Normalität wurde. Zugleich gelangte das Ausgangsmaterial für die Verhandlungen, so geheim es auch sein mochte, unweigerlich über den Rahmen der interministeriellen Optionspapiere hinaus. Als ich das Amt des Außenministers übernahm, waren fast alle Schlüsselpositionen im Außenministerium von Beamten des Diplomatischen Dienstes besetzt, und mit dem Geheimkanal hatte es ein Ende.

Einige Beispiele für derartige Geheimverhandlungen sollen zeigen, daß das Motiv dafür nicht Nixons Abneigung war, sich mit Fachleuten zu beraten, sondern seine indirekte Art, Ministerien und Experten, die gegen seine Politik arbeiteten und deren Absichten er nur zu gut durchschaute, zum Einlenken zu zwingen.

Die Geheimgespräche mit dem Mitglied des Politbüros der Kommunistischen Partei Nordvietnams Le Duc Tho waren bereits während der Johnson-Administration von den offiziellen amerikanischen Unterhändlern in Paris, Averell Harriman und Cyrus Vance, angebahnt worden. Nixon setzte sie aus zwei Gründen fort. Er wollte sich nicht offiziell zwischen den verschiedenen Verhandlungsoptionen entscheiden müssen, die die Ministerien ihm vorlegten. Er war überzeugt – und dies sicher zu Recht –, daß die Verliererpartei ihre Position ganz sicher öffentlich machen werde, vor allem wenn es sich um die »moderatere« Option handelte. Das konnte Nixons ohnehin schwierige innenpolitische Lage nur verschlechtern. Aber auch das Außenministerium, gezeichnet von den jahrelangen inneren Auseinandersetzungen, war nicht geneigt, die Verantwortung für ein Ergebnis mitzutragen, das nur schmerzlich und umstritten sein konnte. Bei den regelmäßigen Besuchen Le Duc Thos in Paris legte das Außenministerium keinerlei Initiativen vor und schien recht zufrieden zu sein, daß das Weiße Haus die Bürde des Dialogs auf sich nahm.

Die Verhandlungen selbst waren alles andere als geheim. Das Außenmi nisterium, das vermuten mußte, daß etwas geschah, wenn Le Duc Tho in Paris weilte, fragte niemals nach – eine sehr untypische Haltung. Zusammenfassungen der Gespräche (die zuweilen allerdings sehr selektiv waren) gingen an David Bruce als Delegationsleiter in Paris und an Botschafter Ellsworth Bunker in Saigon. Das Verteidigungsministerium stellte die Präsidentenmaschine zur Verfügung, die mich zu den Wochenendverhandlungen nach Frankreich flog. Später behauptete Verteidigungsminister Melvin Laird einmal, er sei aus Geheimdienstquellen über den Inhalt der Verhandlungen informiert gewesen – eine Äußerung, die, wenn sie zutrifft, die peinliche Frage aufwirft, wieso diese Berichte niemals ins Weiße Haus gelangten und auch mir vorenthalten wurden.

Im Unterschied dazu betrieb Nixon die Öffnung gegenüber China, von Anfang an ein Hauptziel seiner Diplomatie, zunächst über die normalen diplomatischen Kanäle.[13] Peking und Washington waren bereits 1954 übereingekommen, daß der offizielle Kontaktpunkt Warschau sein sollte. Aber seit der Kulturrevolution, also über die Hälfte eines Jahrzehnts, hatte es keinen Kontakt mehr gegeben. 1969 wies Nixon unseren Botschafter in Warschau, den außerordentlich kompetenten Walter Stoessel, an, bei der ersten Gelegenheit die Initiative für ein Gespräch mit den Chinesen zu ergreifen, und sei es auf einem diplomatischen Empfang.

Nach einem ersten Fehlschlag – ein nicht vorbereiteter chinesischer Geschäftsträger lief vor Stoessel förmlich davon – erwärmte sich der Warschauer Kanal allmählich. Als die Chinesen bereits in einem frühen Stadium deutlich zu verstehen gaben, ein amerikanischer Abgesandter wäre in Peking willkommen, legte das Außenministerium eine lange Denkschrift vor, in der die technischen Probleme eines solchen Besuches – Transport, Kommunikation und diplomatischer Status des Emissärs – dargelegt wurden. Es bot auch einen Fragenkatalog für derartige Gespräche an, der Themen enthielt wie die UN-Mitgliedschaft Chinas, die Zukunft Taiwans, Handels- und Reisebeschränkungen sowie Rüstungskontrolle. Keine dieser Fragen wurde jedoch in einen geopolitischen Zusammenhang gestellt. Das Dokument schloß mit dem Vorschlag, die amerikanischen Botschaften in Tokio, Taipeh, Moskau, London, Paris, Ottawa, Rom, Canberra und Wellington sowie unser Generalkonsulat in Hongkong sollten die Vollmacht erhalten, die Regierungen ihrer Gastländer zu unterrichten.

Der Vorschlag des Außenministeriums, der das traditionelle Denken widerspiegelte, hätte unsere Politik zunichte gemacht, bevor ein amerikanischer Emissär überhaupt Peking erreichte, oder dieses Unternehmen mit so vielen Vorbedingungen und Hintergedanken belastet, daß es unweigerlich in eine Sackgasse geraten wäre. Nixon, der dramatische Enthüllungen und die Entrüstung der Öffentlichkeit bereits deutlich vor sich sah, konnte nur seufzen: »So bringen wir das Kind um, bevor es überhaupt geboren ist.« Deshalb war er regelrecht erleichtert, als Peking zum Zeichen des Protests gegen das amerikanische Eindringen in Kambodscha im Jahr 1970 den Kontakt über Warschau abbrach. Wir nutzten die Unterbrechung, um nach einem flexibleren Kanal Ausschau zu halten.

Als wir schließlich einen Weg über Pakistan fanden, konnte mich Nixon im Juli 1971 nach China senden – unbelastet von Vorbedingungen auf beiden Seiten. Ich hatte den Auftrag, einen Themenkatalog auszuhandeln, was schließlich zu einem Besuch des Präsidenten als Auftakt zur Lösung der fundamentalen Probleme zwischen unseren beiden Ländern führen sollte. Über die regulären Kanäle wäre es unmöglich gewesen, so entschlossen und auf so breiter Grundlage vorzugehen. Was Vietnam betrifft, so erinnere ich mich an keinen Vorschlag des Außenministeriums, den Warschauer Kanal zu reaktivieren – zu umstritten war offenbar dieses Thema in der aufgeheizten Atmosphäre jener Zeit.

Während die Geheimverhandlungen mit Vietnam und China von Nixons Sorge über die Indiskretionen und die Zaghaftigkeit der Ministerien herrührten, waren die mit der Sowjetunion über Rüstungskontrolle ein Versuch des Präsidenten, einen Knoten zu durchschlagen, der sich in den regulären Verhandlungen gebildet hatte. Als die Gespräche zur Begrenzung der strategischen Rüstung (SALT) im November 1969 begannen, versuchten die Sowjets die Diskussion zunächst auf die Raketenabwehrsysteme zu beschränken, die wir gerade bauten. Moskau lehnte es ab, über Begrenzungen für die sowjetischen Offensivwaffen zu verhandeln, die jährlich um etwa zweihundert Raketen anwuchsen. Dieser einseitige sowjetische Vorschlag hätte den Vereinigten Staaten bei denjenigen Waffen Schranken gesetzt, die gegen das wachsende Erpressungspotential der Sowjets wirkten und bei denen wir einen technologischen Vorsprung besaßen. Andererseits wäre eine zunehmende Überlegenheit der Sowjetunion bei den Offensivwaffen entstanden, da wir den weiteren Ausbau unseres Potentials auf diesem Gebiet gestoppt hatten. Nixon lehnte das sowjetische Ansinnen ab und bestand darauf, über die Beschränkung von Offensiv- und Defensivwaffen gleichzeitig zu verhandeln.

Obwohl die Vorschläge der Sowjets sehr einseitig waren, wuchs im Kongreß und in den Medien der Druck, uns ihrer Position anzunähern. In dem vergifteten Klima unserer innenpolitischen Debatten gerieten diplomatische Hemmnisse fast automatisch zum Beweis für den schlechten Willen der Nixon-Administration. Unsere offiziellen Unterhändler, die einen Durchbruch wollten, neigten zu dem »Kompromiß«, die Defensivwaffen zuerst zu begrenzen und über die Offensivwaffen in einer späteren Verhandlungsrunde zu sprechen. Überzeugt, daß wir durch ein solches Vorgehen Möglichkeiten vergaben, zugleich aber wie stets nicht gewillt, sich mit seinen Untergebenen offen auseinanderzusetzen, löste Nixon das Problem, indem er sie einfach überging. Im Oktober 1970 beauftragte mich der Präsident, über Dobrynin eine Verbalnote an den sowjetischen Ministerpräsidenten Alexei Kossygin zu senden, in der es hieß, das Weiße Haus werde keinerlei Vereinbarung akzeptieren, die die Offensivwaffen ausklammere, was immer man in den offiziellen Verhandlungen erkläre. Zugleich bot Nixon an, die Genfer Gespräche zu beschleunigen, wenn die Sowjets zustimmten, die Themen Offensivwaffen und Defensivwaffen miteinander zu koppeln. Nachdem die sowjetische Führung grundsätzlich zugestimmt hatte, arbeiteten Dobrynin und ich eine Vereinbarung aus, die am 20. Mai 1971 verkündet wurde – der erste Durchbruch bei den SALT-Gesprächen.[14]

Einige andere Stolpersteine, zum Beispiel ob die U-Boot-gestützten Raketen einbezogen werden sollten, wurden ebenfalls über den Geheimkanal aus dem Weg geräumt. Auch die Gespräche, die schließlich zu einem garantierten Zugang zum eingeschlossenen Westberlin führten, erhielten den entscheidenden Schub über den Geheimkanal des Weißen Hauses; allerdings handelte es sich hier um Viermächteverhandlungen, was das Verfahren noch komplizierter machte.

Die Gegnerschaft des Außenministeriums zeigte sich ganz deutlich während der Krise zwischen Indien und Pakistan 1971, als das Außenministerium, das an allen Gesprächen beteiligt war, im Grunde genommen Nixons Entscheidung sabotierte, gegenüber China zu demonstrieren, daß wir strategisch wichtige Partner in Krisenzeiten nicht im Stich ließen. Das war drei Monate nach meinem Pekingbesuch, den Pakistan arrangiert hatte. Indien, das Pakistan in Bangladesh demütigen wollte, hatte sich de facto mit der Sowjetunion verbündet und setzte nun Gewalt ein, um Bangladeshs Unabhängigkeit unverzüglich durchzusetzen, obwohl es genau wußte, daß wir dieser im Grundsatz bereits zugestimmt hatten.

Nixon ordnete diplomatische Unterstützung für Pakistan an, um zu verhindern, daß Westpakistan mit Gewalt zerschlagen wurde, und um China zu demonstrieren, daß wir uns einer militärischen Intervention widersetzten, die die Unterstützung der Sowjetunion hatte. Bei den täglichen Beratungen der interministeriellen Gruppe stritten die Vertreter des Außenministeriums leidenschaftlich für den Standpunkt, Indien sei wichtiger als Pakistan – eine Einschätzung, die wir durchaus teilten. Aber zu diesem Zeitpunkt lag uns an der noch in den Kinderschuhen steckenden Chinapolitik mehr als am guten Willen Indiens. Wir meinten, es wäre leichter, die Beziehungen mit Indien später wieder ins Lot zu bringen, als gegenüber einer Herausforderung passiv zu bleiben, die in Peking als versuchter Druck auf China gesehen werden konnte. Ich will hier den Inhalt des Streits nicht ausführlich wiedergeben; im Grunde ging es um Disziplin und einheitliches Handeln. Die zuständigen stellvertretenden Minister fühlten sich angegriffen und brachten das auch in vielen Gesprächskreisen zum Ausdruck. Aber sie klagten nicht darüber, daß man sie ignoriert oder übergangen habe, sondern daß sie überstimmt wurden. Nixon vertrat allerdings den Standpunkt (den ich teile), wenn der Präsident die Position des Außenministeriums einmal abgelehnt hatte, mußte die Debatte ein Ende haben. Statt dessen wurde sie durch Indiskretionen in die Medien und in den Kongreß getragen.

Ich habe hier so ausführlich dargestellt, wie in der Nixon-Administration Diplomatie betrieben wurde, weil damit Ursachen und Motive für unsere Verfahrensweise deutlich werden. Die Kombination einer gründlichen interministeriellen Zusammenarbeit mit lebhaften diplomatischen Aktivitäten über verschiedene Geheimkanäle brachte in den Jahren von Nixons erster Amtszeit eine neue Mischung von Außenpolitik hervor, die aufregend und effektiv zugleich war. Sonderbotschafter hatten andere Präsidenten auch schon ausgesandt, zuweilen in geheimer Mission. Woodrow Wilson und Colonel Edward House, Franklin Roosevelt und Harry Hopkins sind dafür gute Beispiele. Aber kein Präsident hatte bisher persönliche Diplomatie mit systematischer Hintergrundarbeit in dieser Weise verbunden. Die interministerielle Arbeit brachte Optionspapiere hervor, aus denen Nixon und ich das Vorgehen auswählen konnten, das wir für unsere allgemeine Strategie am günstigsten hielten, ohne die Verfasser unbedingt informieren zu müssen, bevor nicht ein diplomatischer Durchbruch erzielt war.

Diese Methode war allerdings auch die Quelle vieler späterer Kontroversen. Einige Jahre lang funktionierte das System gut. Da die Ministerien von den Geheimverhandlungen noch nichts wußten, brachten sie ehrlich ihre Auffassungen in den Arbeitsprozeß des Nationalen Sicherheitsrates ein. So fußte nahezu jeder Vorschlag, der über den Geheimkanal des Präsidenten umgesetzt wurde, auf diesem Prozedere. Keiner wurde jemals von Nixon oder mir in einem Vakuum geboren. So stammt zum Beispiel die Formel im Shanghaier Kommuniqué vom Februar 1972, die Unteilbarkeit Chinas »einzuräumen«, ohne Peking anzuerkennen, aus einem Positionspapier, das 1954 für Außenminister John Foster Dulles vorbereitet worden war und seitdem in den Akten schlummerte.

Im nachhinein zeigte sich, daß das Verfahren der Nixon-Administration am besten bei Verhandlungen über Einzelfragen funktionierte, bevor die Ministerien überhaupt begriffen, daß ihnen die Führung der Gespräche entglitten war. Wenn sie sich dessen bewußt wurden, zeigte sich, daß es nichts Schlimmeres auf der Welt gibt als einen übergangenen Unterhändler. Dieselben Personen, die uns zu größerer Flexibilität in den Verhandlungen gedrängt hatten, solange sie diese unter Kontrolle zu haben glaubten, stellten sich gegen jede Vereinbarung, die ohne ihre Beteiligung zustande gekommen war.

Wenn es im Arbeitsprozeß des Nationalen Sicherheitsrates zu Kontroversen zwischen den Ministerien kam, unterstützten Nixon und ich in der Regel die härtere Linie. Sobald aber die Verhandlungen in der Öffentlichkeit bekannt wurden, ging ein erstaunlicher und völlig unerwarteter Rollentausch vonstatten. Da kein Ministerium bei den Verhandlungen mehr etwas zu verlieren hatte, fühlten sich alle frei zu erklären, wie sehr sie das Ergebnis hätten verbessern können. Zugeständnisse, die wir erreicht hatten, wurden als selbstverständlich bezeichnet, während man Kompromisse, die nur mit großer Mühe zustande kamen, als nicht ausreichend hinstellte. Das Weiße Haus und ich als Chefunterhändler mußten sich nun von denselben Leuten übermäßige Flexibilität und sogar »Weichheit« vorwerfen lassen, die uns kaum ein Jahr zuvor als Hemmschuh für diplomatische Fortschritte gegeißelt hatten. Auf diese Weise verlor das Weiße Haus zunächst unter Nixon und danach auch unter Ford Schritt für Schritt sein traditionelles bürokratisches Sicherheitsnetz.

Erste Hinweise auf neue Konstellationen im Beamtenapparat gab es während Nixons Chinabesuch im Februar 1972, als wir das Dokument aushandelten, das später als Shanghaier Kommuniqué bekannt wurde. Nixon, der Indiskretionen befürchtete und darauf bedacht war, sich das Verdienst an einem Ergebnis allein zuzuschreiben, das er mit gutem Recht als Frucht seiner Initiative ansah, lehnte die Beteiligung von Beamten des Außenministeriums an den Verhandlungen zwischen Außenminister Tschiao Kuanhua und mir ab. (Ich dagegen hatte darauf gedrängt, den zuständigen stellvertretenden Unterstaatssekretär, den äußerst fähigen, disziplinierten und gut informierten Marshall Green, dazuzuladen, den wir brauchen sollten, um das Ergebnis durch die verschiedenen Stadien der Umsetzung zu bringen.)

So bekam das Außenministerium den Entwurf des Kommuniqués erst vierundzwanzig Stunden vor der Veröffentlichung zu Gesicht. Marshall Green hatte natürlich Einwände gegen einige Formulierungen, die er entweder abgeändert oder im Zuge des Gebens und Nehmens bei den Verhandlungen schließlich akzeptiert hätte. Da wir eine Kontroverse im Land oder negative Schlagzeilen über Mißstimmungen in Nixons Delegation vermeiden wollten, baten wir unsere chinesischen Partner um ein weiteres Gespräch um Mitternacht nach dem offiziellen Bankett, um noch einige von Greens Änderungsvorschlägen einbringen zu können. Nach einigen Stunden hitzigen Wortwechsels akzeptierten die chinesischen Unterhändler einige Korrekturen, die zwar inhaltlich wenig änderten, aber zur Präzisierung beitrugen und das Außenministerium besänftigten, weil es nun auch einen Anteil am Ergebnis hatte.

Was in China nur eine Verlegenheit war, wuchs sich nach dem Moskauer Gipfel vom Mai 1972 zu einer regelrechten bürokratischen Sackgasse aus. In den SALT-Verhandlungen, die der Geheimkanal so sehr erleichtert hatte, zeigten sich zugleich auch seine Grenzen. Denn SALT berührte zu viele angestammte Interessen des Verteidigungsministeriums und des Militärs, als daß diese Fragen über den Geheimkanal letztgültig hätten geregelt werden können. So liefen die offiziellen und die Geheimverhandlungen häufig nebeneinander her, was von den Mitarbeitern des Nationalen Sicherheitsrates eine nervenaufreibende Koordinierungstätigkeit erforderte. Als die Sowjets das durchschauten, versuchten sie zuweilen, die beiden Kanäle gegeneinander auszuspielen, indem sie Vorschläge, die Nixon bereits über den Geheimkanal abgelehnt hatte, in den offiziellen Gesprächen noch einmal vorbrachten.

Die Situation spitzte sich zu, als ich im April 1972 in geheimer Mission in Moskau weilte, um Nixons Besuch im Mai vorzubereiten. (Die Sowjets hatten auf einem Geheimbesuch bestanden – ein Beispiel für ihr zuweilen zwanghaftes Bestreben, Gleichheit mit China zu wahren.) Nun liefen drei Verhandlungen nebeneinander her: die offenen SALT-Gespräche in Helsinki, die Botschafter Gerard Smith leitete, die noch geheimen Verhandlungen zwischen dem Ersten Sekretär Leonid Breschnew und mir in Moskau zur Vorbereitung der Tagesordnung des Gipfels und schließlich Gespräche General Scowcrofts, der in Moskau die technische Seite von Nixons Besuch offiziell vorbereitete. Als ich gerade nach Moskau flog, brachten die Sowjets einen Vorschlag in die offenen Gespräche von Helsinki ein, den Nixon über den Geheimkanal bereits abgelehnt hatte. Der Präsident, der sich in Camp David aufhielt (unter anderem, um seinen Außenminister nicht über meine Mission informieren zu müssen), verlor den Überblick, wer zu wem was gesagt hatte. Das hatte einen gereizten Wortwechsel zwischen Haig und mir zur Folge, bis ich nach meiner Rückkehr das Mißverständnis aufklären konnte.[15]

Das eigentliche Problem blieb allerdings ungelöst. Als den Ministerien klar wurde, daß das Weiße Haus ausweglose Situationen überwinden konnte und wollte, ging ihnen der Anreiz verloren, weiter auf Flexibilität zu drängen. In seiner zweiten Amtszeit gerieten Nixons bürokratische Entscheidungen unter den Druck der Erfolge der ersten Jahre. Jede Sitzung des Nationalen Sicherheitsrates wurde nun zu einer Auseinandersetzung zwischen dem Präsidenten (oder mir als seinem Vertreter) und einer geschlossenen Front widerborstiger Ministerien. Als ich zusätzlich zum Nationalen Sicherheitsberater auch noch das Amt des Außenministers übernahm, erwies sich diese

Doppelfunktion als ein weiteres Handikap, denn sie beraubte mich der ganz entscheidenden Möglichkeit, zwischen den Ministerien zu vermitteln. Normalerweise tragen in einer Administration die Ministerien die Last der öffentlichen Verteidigung strittiger Entscheidungen, während der Präsident sich im Glanz der populären sonnt. Am Ende der Nixon-Administration war es genau umgekehrt: Die Verantwortung für die meisten umstrittenen Entscheidungen wurde entweder dem Präsidenten oder mir aufgebürdet.

Gerald Ford zahlte den Preis für Richard Nixons Versuch, die Politik einer der kompliziertesten und widersprüchlichsten Persönlichkeiten anzupassen, die das politische System Amerikas je hervorgebracht hat. Es war eine nicht enden wollende Kraftanstrengung, die pausenloses Jonglieren des Nationalen Sicherheitsberaters und einen perfekten Drahtseilakt des Präsidenten erforderte. Am Ende hinderte Nixons Beharren auf eigensinnigen Aktionen ihn daran, in der Politik die besondere zusätzliche Dimension zu erreichen, nach der er suchte. »Werde ich jemals nur für Kompetenz bekannt sein?« fragte mich Nixon einmal.

Die Antwort ist, daß Nixon zwar nach Größe strebte, aber ein Präsident diese niemals allein in einer persönlichen Anstrengung erreichen kann. Sie kommt wohl eher aus der nicht greifbaren Fähigkeit, die Gesellschaft und seine Umgebung so zu inspirieren, daß sie nach etwas streben, was sie selbst bisher für kaum erreichbar hielten. Dazu war Nixon nicht imstande. Mit seiner Vorstellung vom Staatsmann als einem romantischen Einzelgänger verkleinerte er die Bedeutung seiner Mitarbeiter. Seine fixe Idee, daß er in einer feindseligen Umgebung lebte – womit er nicht immer unrecht hatte –, verführte ihn dazu, mehr Zeit für die Abwehr von Gefahren zu verwenden als für den Versuch, sie zu bewältigen. Hätte Nixon daran gelegen, das zur Vollendung zu führen, was er in seiner ersten Amtszeit so einfallsreich und phantasievoll begonnen hatte, dann hätte er in seiner zweiten Amtszeit zu normaleren Regierungsmethoden zurückfinden müssen. Ich habe aber meine Zweifel, daß er es jemals fertiggebracht hätte, die Lenkung des Regierungsapparates direkt zu übernehmen – und genau deshalb konnte er seine Pläne nie ganz realisieren.

Epilog

Der Übergang zu Ford markierte das Ende meiner offiziellen Beziehung zu Nixon. Einige abschließende Sätze über unsere weiteren Kontakte halte ich jedoch für notwendig.

Nixon waren nach seinem Rücktritt als Präsident noch zwanzig Lebensjahre beschieden. Die erste Zeit im Exil war die Hölle für ihn. Außer seinen engsten Freunden rief ihn niemand mehr an, und in der öffentlichen Debatte tauchte sein Name nur noch auf, wenn es um die Sensationsgeschichten von seinem angeblichen Machtmißbrauch ging. In dieser Zeit telefonierten wir oft miteinander, und einmal besuchte ich ihn in San Clemente. Solange ich noch im Amt war, informierte ich ihn über wichtige Ereignisse. Wenn man mich angriff, was immer häufiger geschah, unterstützte er mich mit Hinweisen, die nach wie vor tiefen Einblick verrieten.[16]

Im Februar 1980 zog Nixon nach New York um und versuchte sich auf spektakuläre Weise als Elder Statesman einen Namen zu machen. Ich gab ein kleines Essen zu seiner Begrüßung. Zum ersten Mal suchte er wieder Kontakt zum Establishment. Er lud wichtige Vertreter der Medien und der Industrie zu Diskussionsabenden ein, die in der Regel zu Informationsveranstaltungen wurden. Er sandte gut durchdachte kurze Repliken an die Verfasser von Artikeln oder Büchern, die seine Aufmerksamkeit erregt hatten. Geduldig und beharrlich erarbeitete er sich allmählich eine Stellung als prominenter Kommentator, den zu Rate zu ziehen am Ende selbst die amtierenden Präsidenten, sei es nun Ronald Reagan, George Bush oder Bill Clinton, für nutzbringend hielten.

Nixon war nun auch mit öffentlichen Reden zu hören. Ich besuchte einige dieser Veranstaltungen und bewunderte ihn, wie er es verstand, seine Zuhörer zu gewinnen. Er schob das Pult demonstrativ beiseite und sprach eine Stunde lang eindringlich und völlig frei. Nur die wenigen im Publikum, die Nixon sehr gut kannten, wußten, wieviel Mühe ihn das gekostet haben mußte. Wenn es eine wichtige Gruppe war, schrieb er seine Rede vorher auf oder entwarf sie zumindest in wichtigen Punkten. Vielleicht probte er auch Teile vor dem Spiegel. Diese Reden waren eine außerordentliche Gedächtnisleistung und Selbstdisziplinierungsarbeit, keine spontane Entladung.

Im April 1987 schrieben Nixon und ich gemeinsam einen Artikel. Darin stellten wir Fragen zu dem Vorschlag, die atomaren Mittelstreckenwaffen aus Europa abzuziehen. Wir befürchteten, dies könnte zur einseitigen Entnuklearisierung Westeuropas führen und einen Keil in das Atlantische Bündnis treiben.[17] Wir trafen uns in dieser Zeit in der Regel einmal monatlich, um über die internationale Lage zu diskutieren. 1988 gab Nixon zu meinen Ehren ein Essen, zu dem er ehemalige Mitarbeiter des Nationalen Sicherheitsrates und einige weitere Personen einlud. Darüber hinaus hatten wir nur wenig gesellschaftlichen Kontakt.

Als Nixon neue Wurzeln schlug, bewies sich an ihm das Sprichwort, daß Menschen sich in einem gewissen Alter nicht mehr ändern. Er spielte auch dann noch mit verdeckten Karten, als die Dinge, über die wir sprachen, keine Bedeutung, zumindest keine entscheidende, mehr hatten. Ein gutes Beispiel ist unser Gespräch darüber, wo sich Nixon in New York niederlassen sollte. Ein guter Freund hatte mir gesagt, Nixon habe eine Genossenschaftswohnung in der Madison Avenue angezahlt. Als wir uns aber über seine geplante Übersiedlung nach New York unterhielten, fragte mich Nixon wegen einer passenden Wohngegend um Rat, als ob alles noch offen sei und ich immer noch an einem Optionspapier im Weißen Haus arbeitete. Um ihm nicht das Spiel zu verderben, ging ich die verschiedenen Straßen mit ihm durch und achtete darauf, daß die Madison Avenue weit ans Ende der Liste rückte. Die Fifth Avenue lehnte Nixon wegen der Touristen ab, den East River, weil »Pat Wasser nicht leiden kann«, was neu für mich war. Wir gingen das Für und Wider aller Straßen durch, bis wir im Ausschlußverfahren zur Madison Avenue gelangten, die Nixon an diesem Punkt des Gesprächs bereits von einer Möglichkeit zu einer Notwendigkeit erhoben hatte. Es war ein nostalgisches Erlebnis, das mich an wesentlich wichtigere Gelegenheiten erinnerte, bei denen ich hatte beobachten können, wie Nixon einen Gesprächspartner nach und nach zu seinem Komplizen machte. (Die Leitung der Genossenschaft lehnte dann unverständlicherweise Nixons Antrag ab.)

Nach wie vor litt Nixon darunter, daß ich seiner Ansicht nach übermäßige Anerkennung genoß. Das zeigte er mir auf die für ihn typische romantische Weise, indem er Heldengeschichten erfand, wie in entscheidenden Situationen er es gewesen war, der mir den Rücken gestärkt, mich gezügelt oder umgestimmt hatte. Im April 1990 brachte das Magazin *Time* ein Interview mit Nixon, in dem er andeutete, ich hätte im Januar 1972 die Friedenslösung mit Vietnam vorangetrieben, um ihm zum Wahlsieg zu verhelfen (und damit vielleicht einen Teil des Verdienstes daran für mich zu beanspruchen). Die Pressekonferenz, auf der ich verkündete,»Der Frieden ist zum Greifen nah«, sei unnötig gewesen; er hätte es vorgezogen, die Verhandlungen überhaupt nicht öffentlich zu machen, und überhaupt sei ich gegenüber den Nordvietnamesen vertrauensseliger gewesen als er.[18]

Diesmal beschloß ich, Nixon direkt mit einem Brief zu antworten, dessen voller Wortlaut in den Anmerkungen zu finden ist.[19] Ich begann damit, daß ich noch einmal betonte, wie wichtig unsere Beziehung für mein Leben gewesen ist:

Ich habe Ihr Interview in *Time* mit einer Mischung aus Melancholie und Erstaunen gelesen.

Melancholie, weil ich Ihnen immer dankbar dafür sein werde, daß Sie mir Gelegenheit gegeben haben, dem von mir erwählten Land zu dienen und mich dafür erkenntlich zu zeigen, daß es meiner Familie und mir eine sichere Zuflucht vor Verfolgung bot. Ich werde es auch immer als eine Auszeichnung betrachten, für einen Präsidenten gearbeitet zu haben, dessen Rolle in der Außenpolitik die Hauptrichtungen entscheidend geprägt hat, die auch in der Folgezeit Bestand hatten. Es ist bedauerlich, daß Sie sich von *Time* in eine typische Journalistenfalle haben locken lassen, die dazu gedacht ist, eine außerordentliche Leistung als umstritten hinzustellen, indem man die Akteure dazu verleitet, darüber zu streiten, wer welchen Beitrag geleistet hat. Suggestivfragen von Journalisten sollten nicht mit der Realität verwechselt werden...

Erstaunen deshalb, weil frühere unkorrekte Anspielungen durch eine ganze Reihe sachlicher Ungenauigkeiten eine weitere Steigerung erfahren haben. Wenn Sie es wünschen, würde ich mich glücklich schätzen, John Taylor (Nixons Sekretär) die verschiedenen Denkschriften, Telefongespräche und andere Dokumente zugänglich zu machen, die keinen Zweifel daran lassen, daß diese Behauptungen falsch sind...

Ich erinnerte Nixon daran, daß Hanoi den Text des Abkommens am Tag der genannten Pressekonferenz in vollem Wortlaut veröffentlicht und gefordert hatte, wir sollten es unterzeichnen. Eine Erwiderung war zwingend notwendig, und meine Erklärung war in allen Einzelheiten im Oval Office bestätigt worden. Nixon, so erklärte ich, war so entschlossen wie ich, den Krieg so bald wie möglich zu beenden. Er hatte sogar den sowjetischen Außenminister Andrei Gromyko Ende September 1972 persönlich gewarnt: Das Treffen mit Le Duc Tho am 8. Oktober, bei dem es zu dem Durchbruch kam, sei die letzte Gelegenheit, vor den Präsidentschaftswahlen noch eine Lösung zu erreichen.

Ich schloß meinen Brief in ruhigem, versöhnlichem, ja sogar herzlichem Ton und schrieb Nixon das berechtigte Verdienst an den Entwicklungen zu, die gerade in der kommunistischen Welt vor sich gegangen waren:

Nach meiner Auffassung wird keine dieser taktischen Fragen an dem Urteil der Geschichte etwas ändern können, daß Sie Amerikas Ehre in schwerer Stunde mit einer Außenpolitik verteidigt haben, die unter Ihrer Führung die Grundrichtung bestimmte, welche in den revolutionären Veränderungen des letzten Jahres ihren Höhepunkt gefunden hat.

Nixon antwortete auf die für ihn typische indirekte Weise. Nachdem er *Time* eine romantische Version der Geschichte präsentiert hatte, tischte er mir nun eine andere auf, in die er meine Frau Nancy mit einbezog. Er habe nicht sagen wollen, meinte er, ich hätte in der Frage, ob man mit Hanoi verhandeln solle, zu den »Weichlingen« gehört. Das hätten die Journalisten von *Time* erfunden. Das Gegenteil treffe zu. Ich sei wohl mehr ein »Falke« gewesen als er. Was den gedämpften Optimismus hinsichtlich der Verhandlungsaussichten mit Hanoi betreffe, so sei dies eine taktische Frage, in der ich recht behalten hätte:

Wie Sie sich sicher erinnern, haben Sie mir oft gesagt, was ich auch in meinen Tagebüchern notierte, daß Nancy glaube, angesichts von McGoverns abwegiger Position sei unser harter Verhandlungskurs politisch eher nützlich als schädlich. Ich teilte diese Auffassung, habe Ihnen aber oft gesagt, wenn wir den richtigen Deal vor den Wahlen perfekt machen könnten, sollten wir das tun, gleichgültig, welche politischen Folgen das haben könnte. Kämen wir nicht zu einem vertretbaren Abschluß, dann sollten wir uns weigern, ein Abkommen zu unterzeichnen, selbst wenn dies unserer Meinung nach negative politische Auswirkungen haben könnte. Ich glaube, der Meinung waren Sie damals auch und sind es heute noch.

Es gab nur einen Bereich, in dem wir ernste Meinungsverschiedenheiten miteinander hatten. Mir schien, daß Sie mehr an den Verhandlungsprozeß glaubten als ich. Ich muß allerdings zugeben, wie ich auch in meinen *Memoiren* geschrieben habe: Da Sie das Pariser Friedensabkommen zustande brachten, haben Sie in dieser Frage recht behalten und ich unrecht.

Nach diesem Briefwechsel kehrten wir zu unserem normalen Verhältnis zurück. Nixon lud mich ein, mit ihm auf einer Reihe von Konferenzen der Nixon-Bibliothek das Podium zu teilen. Das letzte Mal sah ich ihn im Januar 1994, als ich in Yorba Linda bei der Eröffnung des Nixon Centers, eines neuen Think Tank für Außenpolitik, sprach, der sich heute in Washington befindet. Ehemalige Kabinettsmitglieder hielten kurze Reden – Bill Simon als Zeremonienmeister, George Shultz über Nixons innenpolitisches Erbe, Bill Rogers über Nixons politischen Nachlaß und ich über seine Leistungen in der Außenpolitik. Nixon rundete die Veranstaltung mit einer würdigen Rede vor einem großen, freundlich gesinnten Publikum ab. Beim anschließenden Essen brachte ich im Namen seines früheren Kabinetts einen Trinkspruch auf ihn aus.

Einige Monate später, im April 1994, starb Richard Nixon.

Wir haben Zeiten der Hoffnung und der Verzweiflung, flüchtige Augenblicke des Triumphes und lange innenpolitische Durststrecken miteinander erlebt. Nixon konnte eine Belastung sein, einen zum Wahnsinn treiben und sogar verraten. Aber bei seinem Tod überwog das Gefühl der Trauer. Ich wußte von Nixons zwanghafter Unsicherheit; zuweilen war ich selbst die Zielscheibe gewesen. Doch obwohl wie so viele andere gelegentliches Opfer von Nixons Manövern, blieb ich ihm nahe. So paradox es klingt: Die ihm am nächsten standen und deshalb am meisten Schaden nahmen, verziehen ihm seine unablässigen Machenschaften noch am ehesten. Denn sie wußten andererseits auch, welch hohe Ziele er sich gesteckt hatte und daß er die qualvollsten Kämpfe mit sich selbst ausfocht.

Von allen Seiten angegriffen und innerlich zerrissen, hatte Nixon die nationale Ehre hochgehalten und zu beweisen versucht, daß die größte freie Nation der Welt nicht das Recht hatte, sich auf sich selbst zurückzuziehen. Mit einer romantischen, sehr hochgesteckten Vorstellung vom Staatsmann als einem Helden suchte er einen Weg zu weisen, um das Schwanken seiner Nation zwischen Überengagement und Rückzug zu überwinden. Wenn er sein höchstes Ziel am Ende auch nicht erreichte, war es der Mühe wert, selbst wenn die Umsetzung zuweilen Mängel aufwies.

Deshalb wurde sein Begräbnis am 27. April 1994 zu einer nationalen Trauerfeier, an der alle lebenden Präsidenten, darunter Bill Clinton, teilnahmen. Meine Trauerrede kam aus tiefstem Herzen:

Als ich die traurige Nachricht erhielt, die ich erwartet habe und die ich doch so schwer akzeptieren kann, fühlte ich in mir einen tiefen Verlust und eine große Leere. Ich möchte es mit Shakespeares Worten sagen: »Er war ein Mann, nehmt alles nur in allem! Ihr werdet nimmer seinesgleichen sehn.« ...

So laßt uns nun unserem tapferen Freund Lebewohl sagen. Er hat auf Gipfeln gestanden, die zu Abgründen wurden. Er hat Großes erreicht und Schweres erlitten. Aber er hat niemals aufgegeben. In seinen einsamen Stunden sah er vor sich eine neue internationale Ordnung, in der Feindseligkeit schwindet, historische Freundschaften wachsen und die Menschheit neue Hoffnung schöpft – eine Vision, Traum und Chance zugleich.

Richard Nixon beendete einen Krieg und brachte die Friedensvision voran, die ihn seit seiner Jugend unter Quäkern begleitete. Er war seiner Familie tief verbunden, er liebte sein Land, und ihm zu dienen, sah er als Ehre an. Es war ein Privileg, ihm helfen zu dürfen.

III. Streit um die Entspannung

War Harry Truman der Baumeister der Institutionen, die den Kalten Krieg gewannen, war Ronald Reagan die treibende Kraft des Endspiels, so stellte Richard Nixon die Schlüsselfigur des mittleren Zeitabschnitts dar. Während seiner Präsidentschaft wurden die wichtigsten Orientierungspunkte für die amerikanische Politik der letzten beiden Jahrzehnte des Kalten Krieges gesetzt. Zugleich löste sich Amerika aus der Tragödie von Vietnam.

Am Ende der Präsidentschaft Nixons hatten die Vereinigten Staaten ihre Truppen zu ehrenhaften Bedingungen aus Vietnam abgezogen. Die Gefahr einer sowjetischen Blockade, die fünfundzwanzig Jahre über Berlin geschwebt hatte, war durch ein Abkommen mit der Sowjetunion gebannt, das den Zugang zu dieser eingeschlossenen Stadt garantierte. Der Prozeß der

Begrenzung der strategischen Rüstung mit der Sowjetunion hatte begonnen. China war – im wesentlichen auf Amerikas Seite – in die Diplomatie der Großmächte eingebunden. Mit diesem Schritt hatte sich Moskaus geopolitische Lage über Nacht verändert, denn er besiegelte ein stillschweigendes Bündnis aller wichtigen Staaten der Welt gegen die Sowjetunion. Im Nahen Osten hatten wir einen Krieg verhindert, die politische und strategische Position der Sowjetunion in dieser Region wurde von Monat zu Monat schwächer. Unter amerikanischer Schirmherrschaft hatte ein Friedensprozeß zwischen Israel und seinen arabischen Nachbarn eingesetzt. Das bedeutsamste Element von Nixons Erbe aber ist darin zu sehen, daß die meisten Beziehungen und Strategien aus seiner Präsidentschaftszeit die Außenpolitik aller seiner Nachfolger bis zum heutigen Tag überdauert haben.

Ebenso wahr ist aber auch, daß Nixons Außenpolitik im Sommer 1974, als Gerald Ford das Amt übernahm, fast ebenso umstritten war wie seine Persönlichkeit. Die Liberalen geißelten den Präsidenten – und mich –, weil wir angeblich den Menschenrechten zuwenig Aufmerksamkeit schenkten. Die Konservativen bezeichneten die Administration als zu kompromißbereit gegenüber der Sowjetunion und geißelten die »Entspannung« als lediglich »fiktiv«.

Diese verschiedenen kritischen Einwände waren zum Teil auf die Abneigung zurückzuführen, die Nixons zwiespältige Persönlichkeit auslöste. Ihre Hauptursache lag aber darin, daß seine Außenpolitik zwei grundlegende philosophische Herausforderungen beinhaltete. Nixon arbeitete darauf hin, daß die Vereinigten Staaten sich zu Bedingungen aus Vietnam zurückziehen konnten, die er als ehrenhaft ansah. Dies geschah zu einer Zeit, da die Intellektuellen und die meisten Politiker Indochina um jeden Preis verlassen wollten und die radikale Protestbewegung der Demütigung gegenüber der Ehre den Vorzug gab.

Noch wichtiger aber ist, daß sich unter Nixon die Rolle Amerikas in der Welt von der Herrschaft zur Führerschaft wandelte. In der Nachkriegszeit hatten die Vereinigten Staaten vor allem wegen ihrer atomaren Vorherrschaft und ihrer wirtschaftlichen Stärke dominiert. Als Nixon sein Amt antrat, war unser atomarer Vorsprung im Schwinden begriffen, Europa gewann seine Stärke zurück, Asien betrat die internationale Bühne, und über Afrika rollten die Unabhängigkeitsbewegungen hinweg. Vorherrschaft kann sich auf Macht stützen; Führerschaft erfordert Konsens. Aber der Versuch, Lob und Tadel im Gleichgewicht zu halten, zugleich aber Konsens herzustellen, lief dem noch dominierenden Wilsonianismus zuwider, nach dem eine globale moralische Ordnung durch die direkte Verbreitung der politischen Werte Amerikas geschaffen werden sollte, ohne diese durch Zugeständnisse an den »Realismus« zu verwässern.

Über zwanzig Jahre später, da diese Zeilen geschrieben werden, tauchen viele der Themen aus den Debatten der siebziger Jahre im Streit um Amerikas Rolle in der Welt, besonders um seine Chinapolitik, wieder auf. In diesem Sinne war die Kontroverse über die Entspannung mit der Sowjetunion, die die Amtszeit Gerald Fords überschattete, ein Vorläufer der heutigen Debatte darüber, welche Richtung die amerikanische Außenpolitik nach dem Kalten Krieg einschlagen soll.

Was war die Entspannung?

Die Außenpolitik eines Staates ist stets eine Mischung aus den Überzeugungen seiner Führer und dem Druck der sie umgebenden Welt. Wenn man das Vorgehen der Nixon-Administration in den Ost-West-Beziehungen und die Kontroverse verstehen will, der Ford sich gegenübersah, muß man die Situation näher beschreiben, in der Nixon sich befand.

Richard Nixon übernahm das Präsidentenamt mitten in einer der schwersten außenpolitischen Krisen der amerikanischen Geschichte. Über fünfhundertvierzigtausend amerikanische Soldaten kämpften in Vietnam, und zugleich betrieb unser Land Selbstzerfleischung – ein Vorgang, den Professor Walter A. McDougall von der Pennsylvania-Universität brillant als Amerikas ersten »großen Gesellschaftskrieg« beschrieben hat.[1] Damit meinte er, Vietnam sei der erste Krieg, den Amerika nicht um militärischer Ziele willen führte. Das strategische Ziel bestand vielmehr darin, nicht zu verlieren, um Südvietnam die Zeit zu geben, demokratische Institutionen aufzubauen und Sozialprogramme aufzulegen, was es in die Lage versetzen sollte, den Krieg um die Herzen und die Köpfe seiner Bevölkerung zu gewinnen. Ob dieses Ziel in einem seit kaum zehn Jahren unabhängigen, geteilten Land und in einer Gesellschaft, die ein Jahrhundert lang unter kolonialistischen Verhältnissen gelebt hatte, überhaupt erreichbar war, muß stark bezweifelt werden. Sicher ist aber, daß dies eine Zeitspanne aussichtslosen Stellungskrieges erforderte, die über das hinausging, was die amerikanische Öffentlichkeit psychologisch zu ertragen vermochte.

Einen solchen Krieg zu beenden, das wäre auch unter den günstigsten Umständen hart und schwer gewesen. Die amerikanischen Soldaten standen zwischen siebenhundertfünfzigtausend Mann der verbündeten Streitkräfte Südvietnams und einer etwa gleich starken Streitmacht von eingesickerten nordvietnamesischen Divisionen und örtlichen Guerillakämpfern. Ein plötzlicher einseitiger Rückzug, wie ihn unsere Vorgänger, die während ihrer Amtszeit nicht im Traum daran gedacht hatten, und die Antikriegsdemonstranten forderten, konnte dazu führen, daß die abziehenden amerikanischen Truppen in eine Falle zwischen ihren über den Verrat erbosten Verbündeten und ihren zum Sieg entschlossenen Gegnern gerieten.

Amerikas schwerste Herausforderung war aber nicht die technische Abwicklung des Rückzugs; es war eine moralische Frage, wenn sie sich auch als »Realpolitik« gebärdete. Nixon wollte die vielen Millionen Menschen nicht im Stich lassen, die sich, den Worten seiner beiden demokratischen Vorgänger vertrauend, auf Gedeih und Verderb mit uns verbündet hatten. Wir argumentierten auf der Grundlage der nationalen Interessen, daß unsere Glaubwürdigkeit als die Führungsmacht des westlichen Bündnisses bei Freund und Feind auf dem Spiel stehe. Aber bei allen realpolitischen Überlegungen hatte Nixon eine moralische Meßlatte gesetzt, die seinem starken Wunsch nach dem Abzug der Vereinigten Staaten aus Indochina eine Grenze setzte. Er war bereit, in den Verhandlungen mit Hanoi beträchtliche Flexibilität zu zeigen und dabei weiterzugehen, als selbst die »Tauben« während Johnsons Präsidentschaft vorgeschlagen hatten.[2] Ein Zugeständnis wollte er allerdings aus geopolitischen und vor allem aus moralischen Gründen nicht machen: Menschen, die sich im Vertrauen auf Amerikas Wort der antikommunistischen Sache angeschlossen hatten, einem kommunistischen Regime auszuliefern. Das aber war die Forderung, von der Hanoi nicht abzugehen gedachte.

Die sogenannte Friedensbewegung, die im Gewand der Moral daherkam, beharrte darauf, die einzige ethische Lösung sei Frieden um jeden Preis. Sie behauptete, das Schicksal der Bevölkerung habe damit nichts zu tun. (Manche meinten gar, die Völker Indochinas wären besser dran, wenn wir sie sich selbst überließen.) Die Aktivisten dieser Bewegung, die einen bedingungslosen einseitigen Rückzug anstrebten, verliehen ihren Ansichten mit Massendemonstrationen Nachdruck und wollten die Regierung handlungsunfähig machen. Daß sich die Regierung auf Ehre und Glaubwürdigkeit berief, erschien ihnen ungeheuerlich. Für sie waren das hohle Phrasen einer kaputten Gesellschaft, die alte Irrtümer wieder und wieder beging, bis sie die bitteren Früchte von Sinnlosigkeit und Demütigung selbst zu schmecken bekam. Einen »ehrenvollen« Frieden, der unser Land wieder geeint hätte, wollte die Protestbewegung gerade verhindern. In ihren Augen hatten Amerikas Anmaßung und Arroganz zu der Tragödie Indochinas geführt. Die Berufung auf Amerikas Part bei der Aufrechterhaltung des weltweiten Kräftegleichgewichts wies sie als Symptom nationaler Machtbesessenheit zurück und sprach Nixon das moralische Recht ab, von »Ehre« zu reden.

Die Vertreter des Establisments gingen gar nicht soweit. Gelähmt von der Sinnlosigkeit dessen, was sie angerichtet hatten, wollten sie den Vietnamkrieg einfach aus ihrem Gedächtnis streichen, ihre Fehler kollektivem Vergessen anheimfallen lassen. Als praktisches Ergebnis ihrer emotionalen Kapitulation unterstützten sie keine amerikanische Verhandlungsposition, die Hanoi ablehnte, wodurch sie den Unterhändlern den Boden unter den Füßen wegzogen.

Heute ist eine Generation herangewachsen, die sich an die Leidenschaften, die damals die Gemüter erhitzten, nicht mehr erinnert. Manche Überlebende verdrängen ihre Erinnerungen, andere suchen die Geschichte umzuschreiben. Aber die Tatsache, daß viele, wenn nicht die meisten Angehörigen der außenpolitischen Elite Amerikas die Ziele des bis dahin geführten Kalten Krieges aufgeben wollten oder dies zumindest hinnahmen, prägte in bedeutendem Maße die ganze weitere Entwicklung der amerikanischen Außenpolitik.

Zu den inneren Zwängen kam Druck von außen. Die meisten NATO-Verbündeten Amerikas sahen den Indochinakrieg äußerst skeptisch. Als Nixon sein Amt antrat, stellten sie bereits die Frage, ob Amerikas angebliche Kriegslüsternheit ihrer eigenen Sicherheit nicht mehr schadete als nützte. Einige europäische Staatsmänner nahmen sich die Freiheit, in der Öffentlichkeit als Friedensapostel aufzutreten; sie sahen ihre Aufgabe vor allem darin, Amerikas unversöhnliche Haltung im Kalten Krieg zu mäßigen.

All das geschah ein knappes Jahr, nachdem die Sowjetunion die Tschechoslowakei besetzt hatte, um ein *kommunistisches* Regime zu stürzen, das eine gewisse Unabhängigkeit von Moskau anstrebte. Leonid Breschnew hatte eine Doktrin verkündet (die seinen Namen trug), mit der Moskau das Recht für sich beanspruchte, in der kommunistischen Welt ideologische Reinheit durchzusetzen. Mit einem rasch wachsenden Atomwaffenarsenal im Rücken gab sich der Kreml ideologisch militant und militärisch stark.

Dieses Konglomerat von Ausweglosigkeit, Spannungen und Frustrationen hatte Nixon als Erbe übernommen. Hätten wir uns damals großspurig in einen antisowjetischen Kreuzzug gestürzt, dessen Ausbleiben unsere neokonservativen Kritiker uns später (nicht damals) vorwarfen, dann wäre unsere innenpolitische Krise ganz sicher außer Kontrolle geraten. Denn als Nixon sein Amt antrat, war die amerikanische Öffentlichkeit erschöpft von zwanzig Jahren Kaltem Krieg und der wachsenden Frustration über Vietnam. Sie mußte zwei Berlinkrisen, den Koreakrieg, den sowjetischen Einmarsch in Ungarn und in der Tschechoslowakei sowie die Kubakrise über sich ergehen lassen und hatte in Indochina bereits über fünfunddreißigtausend Opfer zu beklagen. Die Amerikaner wurden es allmählich leid, die Grenzen ferner Länder gegen einen anscheinend unversöhnlichen ideologischen Feind in einem Dauerkonflikt zu verteidigen.

Kritiker hatten Nixon in seiner ganzen Laufbahn stets als unverbesserlichen kalten Krieger dargestellt. Als er nun Präsident geworden war, drängten ihn ein von den Liberalen beherrschter Kongreß und die Medien, etwas zu unternehmen, um den Kalten Krieg zu beenden, als ob er einer der Ihren wäre. Eine breite Koalition, die auch viele Anhänger in der Bürokratie hatte, beschwor die neue Administration, unverzüglich Verhandlungen mit Moskau über Handel, kulturellen und wissenschaftlichen Austausch, vor allem aber über Rüstungskontrolle aufzunehmen. In jedem dieser Bereiche, so redeten uns Nixons langjährige Gegner ein, sollte man unabhängig vorgehen. Jede Vereinbarung mit den Sowjets, wie begrenzt auch immer, trage dazu bei, sowjetisches Mißtrauen abzubauen und damit die Kriegsgefahr zu verringern. Ein sowjetisch-amerikanisches Gipfeltreffen »zum persönlichen Kennenlernen« war sicherlich der populärste Vorschlag von allen.

Die Konservativen hüllten sich in düsteres Schweigen. Betäubt vom Trommelfeuer des Vietnamkrieges und der Unruhe im Land, hatten sie dem liberalen Vorstoß nichts entgegenzusetzen. Ein typisches Beispiel war die Reaktion meines engen Freundes William Buckley auf meine Bitte, er möge helfen, die konservative Öffentlichkeit gegen die Vietnamprotestbewegung zu mobilisieren. »Es ist zu spät«, sagte Buckley. »Das Kind ist bereits in den Brunnen gefallen.«

Ein anderes Beispiel war ein Memorandum des stellvertretenden Verteidigungsministers David Packard Anfang 1970. Darin gab er die Grundposition des Pentagons auf, empfahl dringend eine neue Initiative bei der Rüstungskontrolle, um »bis Mitte Oktober oder spätestens bis November« ein Abkommen abschließen zu können. Sonst werde der Druck des Kongresses auf den Haushalt wahrscheinlich »zu großen Abstrichen im Verteidigungsprogramm und bei den strategischen Waffen« führen.[3]

Das Hauptthema der öffentlichen Debatte war Frieden – wie man ihn in Vietnam erreichen, in der ganzen Welt durch unverzügliche Ost-West-Verhandlungen bewahren und im Land vor den Hardlinern der Nixon-Administration schützen konnte. Die Neokonservativen, die uns später Nachgiebigkeit gegenüber den Kommunisten vorwerfen sollten, standen damals noch auf der Seite der Radikalen und unterstützten die lautstarke Forderung nach einem Einlenken.

Nixon sah sich also einer doppelten Herausforderung gegenüber: Er hatte, erstens, den Abzug aus Vietnam so zu bewerkstelligen, daß Amerika seine Führungsrolle wahrte, seine moralischen Verpflichtungen erfüllte, und er hatte, zweitens, eine Rolle der Vereinigten Staaten in der Zeit nach Vietnam zu definieren, die beide Extreme – Rückzug auf sich selbst und heroische Pose – vermied.

Der Wilsonianismus hatte die Vereinigten Staaten nach Indochina geführt, weil sie von der allgemeingültigen Annahme ausgingen, Maximen, die in Europa Erfolg hatten, könnten analog auch in Asien angewandt werden; es sei möglich, Demokratie aufzubauen und zugleich Krieg zu führen; der Krieg müsse nicht unbedingt gewonnen, sondern dürfe nur nicht verloren werden. So gerieten wir in einen Konflikt, für den es keine militärische Lösung gab. Die konservative Spielart des Wilsonianismus bot auch kein philosophisches Gegengewicht. Die Vorstellung von einem apokalyptischen Endkampf mit der Sowjetunion lähmte uns angesichts der tatsächlichen Herausforderungen des Kalten Krieges, die unsere Gegner geschickt unterhalb der Schwelle einer totalen Konfrontation zu halten verstanden.

Der Wilsonianismus lehnt einen Frieden auf der Grundlage des Kräftegleichgewichts ab und fordert statt dessen Frieden durch moralischen Konsens. Für seine Verfechter ist die Außenpolitik eine Art Kampf zwischen Gut und Böse, wobei Amerikas Aufgabe in jeder Phase darin besteht, die Bösen zu besiegen, die die Friedensordnung stören. Haben die Vereinigten Staaten die Oberhand gewonnen, können sie darangehen, (in der internationalistischen Spielart) allgemeine Harmonie zu fördern oder (in der isolationistischen Spielart) ihre eigenen Werte zu kultivieren, bis eine neue Krise am Horizont auftaucht, die nicht als Störung des Gleichgewichts, sondern als Abweichung von der moralischen Ordnung aufgefaßt wird. Außenpolitik erscheint hier als lose Folge einzelner Begebenheiten und nicht als kontinuierlicher Prozeß, der ständig aufmerksam zu beobachten und zu steuern ist, als ein Streben nach absoluten Werten und nicht als Gestaltung der Wirklichkeit in ihren vielfältigen Nuancen.

Die Nixon-Administration sah die Dinge differenzierter. Zwar bewunderte Nixon Woodrow Wilson, nach seinen persönlichen Erfahrungen jedoch teilte er nicht dessen Überzeugung, große Ideen könnten in einem grandiosen ideologischen Sturmlauf durchgesetzt werden. Nixon und ich stellten unsere feste antikommunistische Überzeugung in den Dienst einer komplexen Strategie, mit der wir unser Ziel in Etappen ansteuerten. Jede einzelne mußte, am Endziel gemessen, inadäquat erscheinen und konnte deshalb als unmoralisch angeprangert werden. Wir sahen die Außenpolitik als einen fortlaufenden Prozeß ohne Endpunkt. Damit unterschieden wir uns von der unter Liberalen und Konservativen verbreiteten Auffassung, die eine Serie von Höhepunkten anstrebten, welche die jeweilige Etappe krönten und sie der Notwendigkeit enthoben, weitere Anstrengungen auf sich zu nehmen.

Weder Nixon noch ich bestritten die Schlüsselrolle des demokratischen Ideals für Amerikas inneren Zusammenhalt oder als Triebfeder seiner Außenpolitik. Wir glaubten nur nicht, daß es als eine Art mechanischer Schablone für die tägliche Außenpolitik geeignet war. Wir brauchten unsere Werte, um angesichts der vielfältigen Wahlmöglichkeiten und unsicheren Folgen, denen sich der Politiker bei historischen Entscheidungen gegenübersieht, mit der nötigen moralischen Festigkeit zu handeln. Um sich aber weder zu übernehmen noch auf sich selbst zurückzuziehen, brauchten die Vereinigten Staaten darüber hinaus ein Konzept der nationalen Interessen. In Nixons erstem außenpolitischen Jahresbericht an den Kongreß umrissen wir diese folgendermaßen:

Unser Ziel besteht in erster Linie darin, mit einer soliden Außenpolitik unseren *Interessen* langfristig zu dienen. Je mehr sich diese Politik auf eine realistische Einschätzung unserer Interessen und der Interessen anderer stützt, desto wirksamer werden wir unsere Rolle in der Welt spielen können. Wir sind in die Weltpolitik involviert, nicht weil wir Verpflichtungen haben, sondern wir haben Verpflichtungen, weil wir involviert sind. Unsere Interessen müssen unsere Verpflichtungen bestimmen, nicht umgekehrt.[4]

Diese Grundsatzüberlegungen führten zu einer Strategie, die sich aus folgenden Bestandteilen zusammensetzte: (1) Abzug aus Vietnam zu ehrenhaften Bedingungen; (2) Beschränkung der Auseinandersetzung mit der Protestbewegung auf die Indochinafrage; (3) Berücksichtigung des hohen Stellenwertes der Friedensfrage in einer Strategie, die der amerikanischen Öffentlichkeit demonstriert, daß wir auch bei Fortsetzung des Kalten Krieges unser Bestes taten, um dessen Risiken unter Kontrolle zu halten und ihn Schritt für Schritt zu überwinden; (4) Erweiterung der diplomatischen Konstellation durch Einbindung Chinas in das internationale System; (5) Stärkung unserer Bündnisse; (6) Übergang zu diplomatischen Vorstößen, besonders im Nahen Osten, auf dieser Grundlage.

Détente – Entspannung – war ein Aspekt der Gesamtstrategie. Mit einem unglücklichen französischen Begriff versehen, der Präzedenzfälle in Europa suggerierte, war die Politik der Entspannung dafür gedacht, ein als feindselig aufgefaßtes Verhältnis unter Kontrolle zu halten, nicht etwa ein Reich der Seligen zu beschwören, in dem sich alle Spannungen von selbst lösten, wie spätere Karikaturen andeuteten. Nixon und ich haben die Sowjetunion stets als ideologischen Gegner und militärische Bedrohung angesehen: Sie war die einzige andere Weltmacht, die global intervenieren konnte, die Quelle der meisten internationalen Krisen der Nachkriegszeit, das einzige Land, das in der Lage war, die Vereinigten Staaten anzugreifen.[5]

Jahre später behaupteten Nixons Kritiker aus dem rechten Lager, er sei angesichts der globalen sowjetischen Bedrohung zu nachgiebig gewesen. Sie hatten die Gefahr nicht erkannt, der sich Nixon ausgesetzt sah. In jener Phase war die Nixon-Administration am meisten darüber besorgt, daß das Politbüro der KPdSU die Auseinandersetzungen in Amerika über Vietnam (und später über Watergate) als Gelegenheit wahrnehmen könnte, Europa, Asien und den Nahen Osten zu destabilisieren. Die strategische Herausforderung war weniger die nukleare Bedrohung durch die Sowjetunion (der standzuhalten wir uns auch weiterhin zutrauten), als vielmehr die Möglichkeit, daß die Sowjetunion, gestützt auf ihre Überlegenheit bei den konventionellen Waffen, eine Krise vom Zaun brechen und dann nach der Hanoier Taktik, abwechselnd militärischen Druck auszuüben und Friedensoffensiven zu starten, die bereits mächtigen Friedensbewegungen gegen eine angeblich kriegslüsterne Administration in Washington mobilisieren könnte.

Wir waren entschlossen, nicht tatenlos in der Deckung zu verharren, während die Protestbewegung unser Land spaltete und unsere Bündnisse durch eine von unseren Gegnern inszenierte Diplomatie geschwächt wurden. Statt dessen griffen wir zu einer Strategie der dosierten Belohnung für besonnenes Verhalten und der Bestrafung für rücksichtsloses Verhalten, um die sowjetischen Führer davon abzuhalten, uns in einer Zeit nationalen Unfriedens in dieser Weise herauszufordern. Sollten wir mit diesem maßvollen Vorgehen scheitern, dann hätte es zumindest dem amerikanischen Volk gezeigt, daß die Krise von der Sowjetunion verursacht war, und uns die nötige Rückendeckung für eine entschlossene Reaktion gegeben. Kurz gesagt: Wir betrachteten Amerikas Schwierigkeiten in Vietnam als eine zeitweilige Schwäche, die, einmal überwunden, uns gegenüber dem Sowjetsystem erneut in die Vorhand bringen konnte, wenn geopolitische Isolierung und eine stagnierende Wirtschaft dessen ideologischen Eifer erschlaffen ließen.

Eine Denkschrift, die ich Nixon vor Breschnews Besuch in den Vereinigten Staaten im Jahr 1973 sandte, enthielt diese Analyse:

Mit an Sicherheit grenzender Wahrscheinlichkeit verteidigt Breschnew seine Entspannungspolitik bei den Debatten im Politbüro auch weiterhin mit der Begründung, daß der historische Konflikt mit uns als dem stärksten kapitalistischen Land zwar unausweichlich sei, daß die Sowjetunion in diesem Konflikt jedoch schließlich die größten Vorteile für sich gewinnen wird. Das *Risiko*, auf das sich Breschnew hier einläßt, liegt darin, daß der Erfolg dieser Politik, wenn sie Dynamik entwickelt und über eine lange Zeit verfolgt wird, gerade das System unterminieren muß, dem Breschnew seine Machtvollkommenheit und Legitimität zu verdanken hat. *Unser Ziel ist es andererseits, auf die Dauer genau diese Wirkung zu erzielen…* (Hervorhebungen nachträglich eingefügt; H. K.).[6]

Nach unserer Einschätzung wurde die Sowjetunion, die nach außen so geschlossen wirkte und ihre militärische Stärke so gern zur Schau stellte, in Wirklichkeit von schweren Systemwidersprüchen geplagt. Scharfe Beobachter wie Andrei Amalrik (dessen Artikel ich Nixon zu lesen gab) machten bereits auf die Tatsache aufmerksam, daß das Sowjetimperium an ernsten Geburtsfehlern litt.[7] In über fünfzig Jahren war es der sowjetischen Führung nicht ein einziges Mal gelungen, eine geregelte Nachfolge zustande zu bringen. Ihre Führer waren entweder auf ihrem Posten verstorben (wie Lenin und Stalin) oder in staatsstreichartigen Aktionen abgesetzt worden (wie Chruschtschow). In jedem Fall folgte auf den Wechsel eine Säuberung. Das Anwachsen des Militärpotentials der Sowjetunion zehrte die Wirtschaft aus und trieb sie in die Stagnation. Aus diesem Grund sagte ich in einem Vortrag zum Gedenken an Alastair Buchan im Juni 1976: »Wir haben von einem Wettbewerb nichts zu befürchten: … Wenn es wirtschaftlichen Wettbewerb überhaupt gibt, dann haben wir ihn längst gewonnen… Nirgendwo auf der Welt und in keinem anderen System leben die Menschen so gut und in so großer Freiheit. Wenn Leistung ein Maßstab ist, dann haben die demokratischen Industriestaaten in dem Streit zwischen Freiheit und Kommunismus, der vor dreißig Jahren eine so große Rolle spielte, den Sieg davongetragen.«[8]

Zugleich wurde für die Sowjetunion die internationale Lage zunehmend schwieriger. Die Spannungen zwischen Moskau und Peking wuchsen. Nur wenige Wochen nach Nixons Amtseinführung erfuhren wir von den militärischen Auseinandersetzungen am Ussuri, der die Grenze zwischen

China und den sowjetischen Küstenprovinzen am östlichen Rand Sibiriens bildet. Die Sowjetunion verstärkte ihre Truppen an der gesamten fast siebentausend Kilometer langen Grenze zu China. Lange bevor wir Kontakt mit Peking aufnahmen, hatten wir uns ausgerechnet, daß die Furcht vor einem Zweifrontenkrieg es der Sowjetunion zunehmend erschweren werde, Druck auf Europa auszuüben. Das konnte den Vereinigten Staaten zusätzlich diplomatischen Spielraum verschaffen – und tatsächlich war es auch so.

Die Aufstände in Ungarn und der Tschechoslowakei sowie eine Beinahe-Revolution in Polen im Jahr 1970 demonstrierten auf dramatische Weise, wie wenig die Sowjetunion ihre Verbündeten im Griff hatte. Ein gängiger Witz war, die Sowjetunion sei als einziges Land von feindlichen kommunistischen Staaten umgeben.

Im Nahen Osten hatte die Sowjetunion ihre arabischen Verbündeten für einen Krieg aufgerüstet, bei dem wir durchaus imstande gewesen wären, einen militärischen Erfolg ihrerseits zu verhindern. Deshalb lief unsere Strategie in dieser Region darauf hinaus, die militärischen Pläne der Araber zu durchkreuzen und die Sowjetunion zu bewegen, ihre radikalen arabischen Verbündeten fallenzulassen.

Die Nixon-Administration betrieb ihre Entspannungspolitik durchaus nicht aus einem Gefühl der Schwäche heraus, sondern war überzeugt, daß sie bei einer elastischen Diplomatie, die sich für das starre Sowjetsystem zunehmend nachteilig auswirkte, wenig zu befürchten und viel zu gewinnen hatte. Ihrer ideologischen »Karte« beraubt, mit einer dahinsiechenden Wirtschaft und einer überalterten Führung belastet, ohne treue Verbündete, war die Sowjetunion nur noch einer von mehreren Machtfaktoren, und nicht einmal ein besonders wirksamer.

Diese Sicht legte der Präsident in seinem außenpolitischen Jahresbericht an den Kongreß vom 18. Februar 1970 öffentlich dar:

Die Lehren der letzten beiden Jahrzehnte müssen bei der Kremlführung Spuren hinterlassen haben – sie muß wissen, daß die marxistische Ideologie nicht der sicherste Leitfaden für die Lösung der Probleme einer sich wandelnden Industriegesellschaft ist, daß die Ideologien weltweit an Anziehungskraft verlieren, vor allem aber, daß sie immer wieder in außenpolitische Zwangslagen gerät, weil Staaten, auf die der Kommunismus übergegriffen hat, sich weigern, auf Dauer eine sowjetische Vorherrschaft zu ertragen, wie es das Zerwürfnis mit China anschaulich demonstriert.[9]

Um Wirkung zu zeigen, muß eine strategische Einschätzung in tägliche Politik umgesetzt werden. Hier aber rieben wir uns an der amerikanischen Dauerkontroverse über das Ziel der Demokratie. Die damals meinungsbildende liberale Gruppe sah Verhandlungen als Selbstzweck, der mit dem Inhalt kaum etwas zu tun hatte. Der Dialog an sich, so argumentierte sie, lockere die Atmosphäre; jede Übereinkunft bahne den Weg für weitere Fortschritte, bis der Geist der Versöhnung über das Mißtrauen des Kalten Krieges obsiege und viele der Streitfragen, die bislang im Vordergrund standen, weniger schwerwiegend erscheinen lasse.

Die Nixon-Administration wies diese Auffassung zurück. Wir waren verstärkt zu einer Reihe von Verhandlungen bereit, hatten aber nicht die Absicht, die Bestimmung der Tagesordnung oder die Bedingungen unserem

Gegner zu überlassen. Fortschritte in Fragen, an denen Moskau gelegen war, mußten mit Fortschritten in Bereichen einhergehen, die in unserem Interesse lagen. Deshalb bestanden wir darauf, daß die Verhandlungen über einzelne Fragen wie Handel oder Rüstungskontrolle in einem Klima politischer Zurückhaltung der Sowjetunion stattzufinden hatten, insbesondere was langjährige Unruheherde wie Berlin, den Nahen Osten und Indochina betraf. Zwei Wochen nach seiner Amtseinführung sandte Nixon am 4. Februar 1969 einen entsprechenden Brief an seine wichtigsten Minister, die auch im Nationalen Sicherheitsrat saßen:

Ich bin überzeugt davon, daß alle großen Fragen im Grunde miteinander im Zusammenhang stehen. Das soll nicht bedeuten, daß wir besondere Elemente der ein oder anderen Frage oder die taktischen Schritte, die wir unternehmen wollen, künstlich miteinander verknüpfen sollten. Ich glaube aber, daß Krisen oder Konfrontation einerseits und echte Zusammenarbeit andererseits nicht lange gleichzeitig nebeneinander aufrechterhalten werden können...

Ich glaube, wir müssen den sowjetischen Führern verständlich machen, daß sie die Früchte der Zusammenarbeit auf dem einen Gebiet nicht ernten können, während sie anderswo Spannungen oder Konfrontation auszunutzen suchen. Ein solcher Kurs birgt die Gefahr, daß die Sowjets Abrüstungsgespräche als Sicherheitsventil benutzen, um auf anderen Gebieten unnachgiebig zu bleiben...[10]

Die Verhandlungsstrategie der Nixon-Administration gegenüber dem Kreml wich in zwei wesentlichen Punkten vom Althergebrachten ab. Im Unterschied zu den Liberalen rechtfertigte sie ihre Ost-West-Diplomatie nicht mit angeblich veränderten Motiven der sowjetischen Seite. Im außenpolitischen Jahresbericht des Präsidenten vom 18. Februar 1970 wiesen wir ausdrücklich die Annahme zurück, die kommunistischen Führer hätten »ihre Überzeugungen bereits aufgegeben« oder seien »gerade dabei, dies zu tun...«[11]. Aber im Unterschied zu den Konservativen, die befürchteten, Vereinbarungen könnten Amerikas Wachsamkeit schwächen, argumentierten wir, die Sowjetunion sei bei einer langen Friedensphase viel anfälliger für grundlegende Veränderungen als die freie Welt.

Wir sahen die Sowjetunion nicht als geschlossenen Block, sondern als ein Konglomerat verschiedenster ideologischer, nationalistischer und imperialistischer Tendenzen. Da sich zur Enthüllung der Stalinschen Verbrechen durch Chruschtschow die Unterdrückung von Unruhen in Osteuropa gesellte, sah sich die Sowjetunion derzeit in die Defensive gedrängt. Angesichts seiner kränkelnden Wirtschaft und geopolitischen Isolierung wollten wir den sowjetischen Koloß dazu bewegen, allmählich von seinen ideologischen Zielen abzulassen und zu einem Staat zu werden, der sich von so traditionellen Begriffen wie Belohnung und Bestrafung leiten ließ. Das sollte die Möglichkeit schaffen, den Kalten Krieg zunächst zu entschärfen und schließlich ganz einzustellen.

Am Ende von Nixons erster Amtszeit hatte sich unsere Strategie durchgesetzt, auf breiter Front vorzugehen. Mit der Peitsche unserer Öffnung nach China und dem Zuckerbrot wachsenden Handelsaustausches war es uns gelungen, die Sowjetunion von geopolitischen Abenteuern abzuhalten. 1971 wurde Willy Brandts Ostpolitik mit unserer Hilfe so gesteuert, daß sie den Zusammenhalt des Bündnisses nicht gefährdete. Über Geheimkanäle halfen wir mit, den Deal – Anerkennung des ostdeutschen kommunistischen Regimes durch die Bundesrepublik Deutschland für die Garantie des freien Zugangs nach Berlin – auszuhandeln; das bedeutete, daß für den Rest des Kalten Krieges keine sowjetischen Schikanen auf den Zufahrtsstraßen zu dieser Stadt mehr zu befürchten waren. 1972 konnten wir den militärischen Druck auf Hanoi erhöhen, ohne daß die Sowjetunion eingriff. Die Sowjets unterbrachen die Vorbereitungen für den geplanten Gipfel auch nicht, als wir vietnamesische Häfen verminten und die Bombenangriffe auf Nordvietnam wiederaufnahmen. Offenbar waren ihnen die Vorzüge eines Besuches Präsident Nixons wichtiger als das ideologische Verhältnis zu Hanoi. Ihre Zurückhaltung wuchs, als ihnen bewußt wurde, daß der Deutsche Bundestag bei anhaltender amerikanisch-sowjetischer Konfrontation niemals den Verträgen mit der Sowjetunion zustimmen werde, in denen die Nachkriegsgrenzen festgeschrieben waren. Im Jahr 1972 wurde auch das sowjetische Militär aus Ägypten ausgewiesen, wie wir 1969 vorausgesagt hatten. Ende 1973 dominierten die Vereinigten Staaten die Nahostdiplomatie. Ein Abkommen über die strategischen Waffen war ausgehandelt, das das sowjetische Raketenarsenal zahlenmäßig einfror, ohne daß auch nur eines der laufenden amerikanischen Programme modifiziert werden mußte. Die Verknüpfung verschiedener Fragen hatte funktioniert.[12]

Angriff auf Nixons Außenpolitik: Die Herausforderung der Liberalen

Auf diesem Höhepunkt der Nixonschen, vielleicht sogar der ganzen amerikanischen Außenpolitik der Nachkriegszeit zerbrach der nationale Konsens. 1972 entbrannte ein heftiger Streit über Wesen und Prioritäten der amerikanischen Außenpolitik, der bis zum Ende von Nixons Amtszeit nicht zum Erliegen kam. Von kurzen Unterbrechungen abgesehen, hält er bis heute an.

Bei diesem völlig unerwarteten Vorgang wirkten mehrere Faktoren zusammen. Der wichtigste war vielleicht, daß Nixon und ich unterschätzten, wie sehr der scharfe Kontrast zwischen unserem Vorgehen in der Außenpolitik und dem Wilsonianismus, der das ganze 20. Jahrhundert geprägt hatte, auf die Stimmung der Öffentlichkeit wirkte. Nixon spitzte die sich entzündende Debatte weiter zu, weil er seine Außenpolitik in öffentlichen Reden (nicht in unseren jährlichen Berichten an den Kongreß) eher mit innenpolitischen als mit konzeptionellen Überlegungen zu erklären suchte. Ausgehend von der kühlen Überlegung, seine liberalen Widersacher seien am besten zu isolieren, wenn er ihre Losungen übernahm, konnte Nixon sich allerdings nicht verkneifen, sie daran zu erinnern, daß er, der geschmähte und angeblich so reaktionäre kalte Krieger, es war, der viele der liberalen Ziele in Verhandlungen mit dem Gegner erreicht hatte.

Diese Taktik reizte die Liberalen bis aufs Blut. Sie entfernten sich immer mehr von Nixon und suchten bei so hochmoralischen Themen wie Menschenrechten oder Rüstungskontrolle nach Vorschlägen, bei denen ihnen der Präsident nicht folgen konnte. Der büßte indessen auch die Unterstützung der Konservativen ein, die eine Rechtfertigung unserer Politik als das, was sie war – ein Mittel, den Kalten Krieg unter Kontrolle zu bekommen –, durchaus akzeptiert hätten. Eine Aneignung der Losungen der Liberalen hielten sie jedoch für Opportunismus und sahen sich deshalb nach anderen Helden um. Nixon übertrieb seine Wendigkeit und geriet so ins Kreuzfeuer beider Gruppen, die er zu überlisten trachtete: der Liberalen, die ihn weiterhin als kalten Krieger beschimpften, und der Konservativen, die ihm Opportunismus vorwarfen.

Die Liberalen, die bereits seit zehn Jahren intensive Ost-West-Kontakte, Rüstungskontrolle und die Steigerung des Handels forderten, hätten diese Politik nun, da sie umgesetzt wurde, unter normalen Umständen unterstützt. Bei jedem anderen Präsidenten als Richard Nixon hätten sie schließlich dem Kern unserer Politik zugestimmt, selbst wenn sie die geopolitischen Argumente ablehnten, mit denen wir sie begründeten. Aber Nixon war bei den Liberalen seit mehr als zwei Jahrzehnten verhaßt; die Blutfehde saß zu tief.

Um sich zu verteidigen, bauten die Liberalen zunächst alle ihre herkömmlichen Kritikpunkte auf. Nixons Politik, behaupteten sie, gehe nicht weit genug und sei nichts anderes als ein Vorwand, um den Kalten Krieg fortzusetzen. Da aber Nixon an so breiter Front voranging, verfing dieses Argument höchstens bei eingefleischten Nixon-Hassern.

Im Laufe des Jahres 1972 nahmen die Angriffe der Liberalen eine völlig neue Richtung, was sie in die Lage versetzte, sich weiterhin ihrer traditionellen moralischen Kritik zu bedienen. Als ob sie nie behauptet hätten, Ost-West-Handel, Rüstungskontrolle und Kulturaustausch seien entscheidend für die Verbesserung des Verhältnisses der Supermächte und müßten deshalb als Ziele an sich befördert werden, erklärten die Liberalen nun dem inneren Gefüge des Sowjetsystems den Krieg. Hatten sie bisher das Konzept einer wechselseitigen Verknüpfung verschiedener außenpolitischer Fragen abgelehnt, beharrten sie nun rachsüchtig darauf, jede Vereinbarung von Veränderungen der sowjetischen *innenpolitischen* Praxis abhängig zu machen.

Diese Wandlung war an den Akzentverschiebungen in den Leitartikeln der *New York Times* deutlich zu erkennen. Im Herbst 1972 schlug deren Haltung innerhalb weniger Monate von bedingungsloser Unterstützung des Ost-West-Handels und der Rüstungskontrolle sowie Angriffen auf das Konzept der Verknüpfung in scharfe Kritik an jeglicher Vereinbarung um, die nicht dazu diente, das sowjetische System von innen heraus zu erschüttern. Am 13. September 1972 bekräftigte die *Times* noch ihren traditionellen liberalen Standpunkt, eine Steigerung des Handels sei »ausreichend vorteilhaft für beide Seiten, so daß man ihr unabhängig von zweitrangigen Streitfragen in anderen Bereichen einen eigenen Wert beimessen sollte«[13].

Am 25. November 1972, gut zwei Monate später, warnte die *Times* nun plötzlich ihre Leser, »es wäre ein ernster Fehler, wenn die amerikanische Geschäftswelt, die Nixon-Administration oder, in diesem Fall, sowjetische Beamte in ihrem Drang, den sowjetisch-amerikanischen Handel zu steigern, die anhaltende Empfindlichkeit des amerikanischen Volkes – und des Kongresses – gegenüber dem politischen Verhalten der Sowjetunion innerhalb und außerhalb ihrer Grenzen aus dem Blickfeld verlören«[14].

Die Kritik der Konservativen

Dieser Positionswechsel der Liberalen fand bald darauf Nachahmer bei verschiedenen Gruppen der Konservativen. Überzeugt davon, der Kalte Krieg sei ein ideologischer Kampf auf Leben und Tod, hatten die Konservativen nie etwas von großangelegten Verhandlungen mit der Sowjetunion gehalten. Für sie bedeutete allein diese Tatsache, man würde bis zu einem gewissen Grad mit dem kommunistischen Gegner gemeinsame Sache machen. Solange der Kommunismus herrschte, war in ihren Augen jede Hoffnung auf sowjetische Selbstbeschränkung reine Illusion. Den Konservativen wäre eine Variante der ursprünglichen Eindämmungspolitik von Acheson und Dulles am liebsten gewesen, die darauf hinauslief, von einer Position der Stärke aus darauf zu warten, daß der Kommunismus zusammenbrach – in der Sowjetunion und am besten auch in China.[15]

Daß die Konservativen sich von Nixon abwandten, war bedauerlich, denn in der Analyse des sowjetischen Systems stimmten wir mit ihnen überein. Der Unterschied lag darin, wie wir die Folgen für die amerikanische Außenpolitik einschätzten. Nixon und ich waren der Meinung, wenn wir Verhandlungen mit dem Kreml ausschlügen, könnte die Heftigkeit der Protestbewegung gegen den Vietnamkrieg alle Bereiche der amerikanischen Außenpolitik erfassen und tiefe, vielleicht sogar lebensgefährliche Risse in unseren Bündnissen hervorrufen. Viel besser war es doch, die Initiative zu ergreifen und den diplomatischen Prozeß zu kontrollieren. Dabei hielten wir uns die Möglichkeit offen, daß aus einer Taktik schließlich verläßlichere Strukturen einer Koexistenz erwuchsen.

Nixons Differenzen mit den Konservativen waren im Grunde genommen ein Familienstreit. Sie nahmen ihrem langjährigen Vorkämpfer übel, daß er die Taktik und sogar einiges vom Vokabular seiner früheren liberalen Gegner übernommen hatte. Wäre Watergate nicht gewesen, hätten sie sich nach und nach durchaus mit Nixon versöhnen können, wenn dieser seinen traditionellen Anhängern seine strategischen Absichten genauer erläutert hätte, was in einer ungestörten zweiten Amtszeit sicher geschehen wäre.

Das Auftreten der sogenannten Neokonservativen trug allerdings dazu bei, daß die Besorgnis konservativer Kreise in offene Gegnerschaft umschlug. Als besonders abartig empfanden sie, daß die Neokonservativen konservative Losungen für sich beanspruchten, hatten doch ihre führenden Köpfe ohne Ausnahme einst bei den Liberalen ihre Karriere begonnen, viele von ihnen sogar auf dem radikalen Flügel. Sie hatten Nixon geschmäht, den Vietnamkrieg leidenschaftlich gegeißelt, den Militärhaushalt als zu sehr auf den Kalten Krieg abgestellt zurückgewiesen und auf eine nachgiebigere Haltung gegenüber der Sowjetunion gedrängt.[16]

Seit dem Sommer 1972 wuchs bei dieser Gruppe über ein Jahr lang die Enttäuschung darüber, welche Richtung die amerikanischen Liberalen einschlugen. Sie fühlten sich von dem politischen Radikalismus und der Art und Weise abgestoßen, wie man auf dem Parteitag der Demokraten 1972 George McGovern zum Präsidentschaftskandidaten nominiert hatte. Seit dem sowjetischen Einmarsch in die Tschechoslowakei wuchs auch ihre Ernüchterung über die Sowjetunion. Mit dem Nahostkrieg von 1973 waren sie dann endgültig auf dem Boden der geopolitischen Tatsachen angekommen. Diesen Krieg betrachteten sie als eine sowjetisch-arabische Verschwörung gegen Israel. Sie zogen daraus den Schluß, Israel sei ein potentielles Opfer der Entspannung; deshalb könne es am besten geschützt werden, wenn man sich gegen die Entspannungspolitik wandte.

Als sie einmal die Seite gewechselt hatten, pflegten sie einen entschiedenen, oft eloquenten Antikommunismus. Und sie zeigten eine bemerkenswerte Neigung zu strategischem Denken und Handeln, wonach sie sich in den Jahren der ideologischen Kriegsführung auf der linken Seite der Barrikade so sehr gesehnt hatten.

Viele Neokonservative sind (oder wurden) meine persönlichen Freunde. Ich schätze Norman Podhoretz, Midge Decter und Irving Kristol wegen ihrer bedeutenden geistigen und moralischen Leistungen, und ich mag sie persönlich sehr. Lange Zeit habe ich auch Daniel Patrick (»Pat«) Moynihan bewundert, wenn er sich auch nur zeitweilig als Konservativer entpuppt hat. Als ich Außenminister wurde, bot ich ihm den Posten eines Beraters im Außenministerium an. Ich empfahl ihn Nixon als Botschafter in Indien und Ford als Botschafter bei den Vereinten Nationen. Nach diesem letzten Posten setzte Moynihan seine politische Laufbahn fort, wobei er sich zum Teil als Gegner meiner angeblichen Auffassungen zum Ost-West-Verhältnis profilierte, oder dessen, was er dafür hielt.

Auch wenn die Kritik gelegentlich schmerzte – diese Politiker haben einen großen denkerischen Beitrag zur amerikanischen Außenpolitik geleistet. Sie verliehen der Debatte darüber die notwendige intellektuelle Schärfe und Dynamik, wodurch es gelang, die Vorherrschaft konventionellen liberalen Denkens zu brechen. Als sie in der Reagan-Administration zu Amt und Würden kamen, förderten sie eine entschiedene und erfolgreiche nationale Strategie.

Die Unbeirrbarkeit, mit der sie ihrer neugefundenen Überzeugung folgten, hatte aber auch eine Kehrseite. Als die Neokonservativen die politische Bühne betraten, waren sie von ihrer ideologischen Bekehrung zu den Positionen des Kalten Krieges geprägt. Taktik ödete sie an; für die amerikanische Außenpolitik sahen sie kein erstrebenswertes Ziel außer den sofortigen und totalen Sieg. Ihr historisches Gedächtnis reichte nicht bis zu den Schlachten zurück, denen sie sich entzogen, oder den nationalen Traumata, zu denen sie von der linksextremen Seite des Spektrums so oft beigetragen hatten. Als die Neokonservativen zur radikalen Rechten wechselten, hatten sie die instinktive Abneigung gegen Nixon im Gepäck, obwohl sie, äußerlich gesehen, nun mit ihm auf einer Seite standen. Und sie trugen Verwirrung in die Debatte, weil sie ihre eigene Rolle in den entscheidenden Kämpfen zu vergessen suchten, für die Vietnam ein Symbol, wenn nicht gar die Ursache war.

Vietnam beschleunigte nur eine Erkenntnis, zu der die Vereinigten Staaten sonst eher schrittweise gelangt wären: daß nämlich die Macht in der Welt sich zunehmend verteilt und Selbstisolierung für Amerika immer weniger möglich wird. Da das 21. Jahrhundert näherrückt, müssen die Vereinigten Staaten als einziger Faktor des internationalen Systems von diesem Gewicht und diesem inneren Zusammenhalt weiterhin Einfluß nehmen, aber nicht mehr als die dominierende Macht, die sie zu Beginn des Kalten Krieges waren. Die großen Initiativen der Frühzeit des Kalten Krieges wurden als »Lösungen« für die damaligen Herausforderungen präsentiert, trugen aber oft ein Verfallsdatum. Notwendig war nun eine ständige Präsenz der Vereinigten Staaten, die mehr von der Fähigkeit abhing, kleine Schritte zu akkumulieren, als kurzfristig endgültige Regelungen zu produzieren. Allmählich dämmerte ihnen, daß Idealismus ebenso wie Fehlkalkulation zu einem Überengagement führen konnte. Der traditionelle amerikanische Wilsonianismus wehrte sich aber mit aller Kraft gegen die Einsicht, daß in der Außenpolitik große Ziele grundsätzlich in unvollkommenen Etappen angegangen werden müssen. Der Frust über Vietnam verstärkte die allgemeine Desillusionierung noch. Die radikalen Gegner des Vietnamkrieges schrieben die Niederlage in Indochina einem moralischen Versagen zu und verordneten als Heilmittel den Rückzug, damit die Vereinigten Staaten sich ihrer eigenen Besserung widmen konnten. Die Neokonservativen kehrten diese Schlußfolgerung um und sahen in moralischer Regenerierung den Schlüssel zu erneutem Engagement. Nixon und ich stimmten dieser Prämisse zu, waren aber der Meinung, daß der einfache Wilsonianismus der frühen sechziger Jahre uns zu Abenteuern verleitet hatte, die unsere Möglichkeiten weit überstiegen und uns den Blick dafür nahmen, die wirklich wichtigen Elemente unserer nationalen Ziele zu bestimmen. Diejenigen unter uns, die die Vietnamproteste geprägt hatten, waren fest entschlossen, ja vielleicht sogar besessen davon, zu verhindern, daß sich ein derartiger Lähmungszustand des Landes je wiederholte. Deshalb suchten wir nach einem nüchterneren Vorgehen in der Außenpolitik, das es uns erlaubte, wie wir wiederholt erklärten, das Schwanken zwischen Abstinenz und Überengagement zu vermeiden, das für die Vergangenheit so typisch war.

Die Neokonservativen behaupteten, damit werde man der moralischen Dynamik einer Gesellschaft nicht gerecht, die sich von der kalten Berechnung der Alten Welt losgesagt hatte. Dabei propagierten sie nicht etwa neuen Verzicht – wie sie behaupteten –, sondern die Rückkehr zu einem starken, militanten Wilsonianismus. Das Hauptziel der Außenpolitik, wie sie es sahen, war die Ausrottung des Übels, das die Sowjetunion darstellte; der Weltfrieden konnte nur erreicht werden, wenn man die Demokratie in jeden Winkel des Erdballs trug.

Für Nixon (und mich) ging die größte Bedrohung der amerikanischen Sicherheit von einem schleichenden sowjetischen Expansionismus aus, der sich auf ein überlegenes konventionelles Potential, auf ein gewaltiges inneres Kommunikationsnetz stützte und den Schutzschirm beträchtlicher, weiterwachsender strategischer Atomwaffen nutzen konnte. Der Alptraum der Neokonservativen hingegen war ein apokalyptischer, möglicherweise atomarer Endkampf um die Weltherrschaft. Nixons Team sah den Konflikt mit Moskau als lang andauernde geopolitische Auseinandersetzung, in der wir gemeinsam mit unseren Verbündeten das Sowjetsystem langsam zermürbten. Die Neokonservativen hielten dagegen, es sei möglich, den Kommunismus in einem ideologischen Ansturm zu überwinden.

Da viele Neokonservative selbst das NATO-Bündnis als für die Stärke Amerikas eher hinderlich denn förderlich betrachteten, sahen sie wenig Sinn darin, gegen die geopolitischen Übergriffe der Sowjets auf weit entfernten Schauplätzen wie Angola oder Indochina vorzugehen. Für sie kam es darauf an, der ideologischen oder atomaren sowjetischen Gefahr in einer offenen Konfrontation die Stirn zu bieten. Deshalb versagten die meisten Neokonservativen der Ford-Administration ihre Unterstützung, als der Kongreß die Hilfe für die verzweifelten Völker Südvietnams und Kambodschas sowie für die Kräfte in Afrika strich, die sich der sowjetisch-kubanischen Intervention in Angola widersetzten.

Der Drang der Neokonservativen, sich ihrer Vergangenheit zu entledigen, ließ sie den Zuammenhang vergessen, der für die Umsetzung ihrer Rezepte erforderlich war. Das aber machte es unmöglich, der Nation die wahren Lehren Vietnams zum Bewußtsein zu bringen Was man vom theoretischen Wert der Argumente der Neokonservativen auch halten mag, die Vereinigten Staaten, die sich gerade aus Vietnam zurückgezogen hatten, Watergate bewältigen mußten und danach von einem nichtgewählten Präsidenten geführt wurden, waren zu einem Kreuzzug gar nicht in der Lage. Jeder Versuch, einen solchen trotz allem zu unternehmen, hätte das Land nur noch tiefer gespalten. Die Neokonservativen beschrieben die diplomatische Strategie der Nixon- und der Ford-Administration als eine Form der Beschwichtigung, deren Widerstand gegen die kommunistische Expansion auf verschiedenen Schauplätzen als Ablenkung von der Hauptschlacht. Damit unterbanden sie eine wirkliche Debatte über die Außenpolitik.

Bis weit in die Amtszeit Fords hinein kam der Druck im Kongreß und in den Medien vorwiegend von der liberalen Seite des politischen Spektrums. Der Mehrheitsführer im Senat, Mike Mansfield, regte regelmäßig an, die amerikanischen Truppen aus Europa abzuziehen; der Vorsitzende des Auswärtigen Ausschusses im Senat, J. William Fulbright, griff Nixon wegen der angeblichen Militarisierung der amerikanischen Außenpolitik an; die Senatoren Frank Church und Walter Mondale attackierten die Geheimdienste. Einige liberale Senatoren wie die Republikaner Jacob Javits und John Sherman Cooper sowie der Demokrat Hubert Humphrey unterstützten zwar unsere Rüstungskontrollpolitik, nicht aber die Verteidigungsprogramme, die notwendig waren, um uns in den Verhandlungen das nötige Gewicht zu verschaffen.

In den frühen siebziger Jahren gab es keine Option, wie sie später die Politik Reagans darstellte. Das Hindernis für ein entschlossenes Vorgehen waren weder die Nixon- noch die Ford-Administration, sondern die liberalen Kräfte im Kongreß und in den Medien. Indem sie sich zunächst auf Nixon und dann auf Ford (dabei immer auch auf mich) einschossen, lieferten die Neokonservativen denjenigen Freibrief und Alibi, die durch ihren Druck ein günstigeres Ergebnis in Indochina verhindert und durch ihre Gesetze dessen Zusammenbruch verursacht hatten. Auf die gleiche Weise wollten sie auch ein Ende des sowjetisch-kubanischen Eingreifens in Angola verordnen. Für die Neokonservativen war das entscheidende Moment in der außenpolitischen Debatte der Zeitpunkt, zu dem sie auf der politischen Bühne erschienen. Sie legten sich mit den Konservativen derart in einer weitgehend taktischen Frage an, daß es schwerfiel, die wirklichen Lehren aus der Tragödie Vietnams zu ziehen.

Auch als die Neokonservativen mit Reagans Aufstieg großen Einfluß gewannen, setzten sie ihre Angriffe unbeirrt fort. Sie bestanden auf einer Sicht der Geschichte, die die Vereinigten Staaten davon ablenkt, die Dinge in ihren komplexen Zusammenhängen zu sehen. Danach ist eine Gruppe anpassungsbereiter, europäisch beeinflußter Führer von Rittern ohne Furcht und Tadel beiseite geschoben worden, die wie aus dem Nichts auftauchten und nach kurzer Zeit den Sieg davontrugen, weil sie klar zwischen Gut und Böse unterschieden und auf die revolutionäre Rolle der demokratischen Prinzipien setzten.

Die Realität war allerdings damals bereits wesentlich komplizierter und ist es heute, da diese Zeilen geschrieben werden, noch mehr. Ronald Reagan und seinen Mitarbeitern gebührt ein wichtiger Teil der Verdienste am Ausgang des Kalten Krieges. Aber die Vereinigten Staaten werden aus ihrem Erfolg nichts lernen können, wenn sie den Sieg im Kalten Krieg allein der rhetorischen Pose zuschreiben. Reagans Politik war in Wirklichkeit eine geschickte Fortführung der geopolitischen Strategien der Nixon- und Ford-Administration im rhetorischen Gewand des Wilsonianismus – eine typisch amerikanische Kombination von Idealismus und Pragmatismus.[17] Bezeichnenderweise wurden die Siege der achtziger Jahre nicht durch die Ablehnung der Strategien der siebziger Jahre erfochten, sondern mit einer Reaganschen Variante dieser Strategien.

Die Reagan-Administration verschloß sich praktischen Vereinbarungen durchaus nicht. So unterzeichnete sie zum Beispiel ein Kommuniqué mit China, in dem sie Beschränkungen für den Waffenexport nach Taiwan akzeptierte. In ihrer praktischen Politik im Nahen Osten, in Südafrika und Mittelamerika sowie in der Raketenfrage setzte sie den Kurs fort, der größtenteils von Nixon oder Ford vorgegeben war. Deshalb unterstützten ich und alle früheren Mitglieder des Nationalen Sicherheitsrates unter Nixon und Ford die Schlüsselelemente der Reaganschen Außenpolitik.

Nixon, Ford und Reagan betrieben eine Politik, die darauf hinauslief, den Einfluß der Sowjetunion einzudämmen, zu schwächen und dabei zugleich Beziehungen zu ihr zu unterhalten. Während aber Nixon diese Politik durch praktische Erfolge zu rechtfertigen suchte, bewies Reagan einen besseren Instinkt für die Gefühlslage Amerikas und begründete seinen Kurs mit dem amerikanischen Idealismus. Nixon wollte seiner Gesellschaft die Tugenden der nationalen Interessen beibringen, indem er von einer »Struktur des Friedens« sprach, womit er im Grunde genommen das traditionelle Kräftegleichgewicht im Auge hatte. Reagan erkannte, daß das amerikanische Volk mehr für Ziele als für Strukturen zu interessieren ist, und achtete deshalb darauf, seinen politischen Erklärungen die Tonlage des klassischen Wilsonianismus zu geben, der sich auf die demokratischen Tugenden stützt. So gewann er breitere Unterstützung für den Verteidigungshaushalt und für ein erneutes geopolitisches Engagement, als es Nixon je gelungen war oder mit den gleichen Mitteln hätte gelingen können. (Reagan hatte allerdings den großen Vorteil, eine Nation zu führen, die vom Vietnamtrauma weitgehend genesen und über die Demütigung der Geiselkrise im Iran empört war.)

Tatsache ist, daß sowohl Reagans von Emotionen bestimmtes Vorgehen als auch Nixons geopolitischer Scharfblick notwendig sind, um im 21. Jahrhundert eine langfristig angelegte Außenpolitik zu betreiben. Unter dem Druck der Umstände und vielleicht auch seiner Persönlichkeit legte Nixon möglicherweise zuviel Gewicht auf das taktische Element. Aber Reagans Adepten von heute, die völlig übersehen, daß Reagan ein psychisch genesenes amerikanisches Volk übernahm, das zu einem härteren Kurs bereit war, daß er auf eine Sowjetunion traf, die durch Überbeanspruchung ihrer Kräfte (und das Erbe der Nixonschen Außenpolitik) geschwächt war, wollen nun einen langen geschichtlichen Prozeß in die kurze, dramatische Amtszeit eines einzigen Präsidenten pressen. Damit verzögern sie eine Synthese, ohne die wir unsere Herausforderung niemals ganz begreifen werden, und auch den Konsens, den sie haben könnten, wenn sie in ihrer Selbstgerechtigkeit begriffen, daß die Geschichte nicht erst an dem Tag begann, als sie ihren Sinneswandel erlebten.

Da die Nixon-Administration ihrem Ende entgegenging, erfaßten jedoch weder der Präsident noch ich, welch große Herausforderung die Neokonservativen darstellten. Wir fühlten uns ihnen konzeptionell nahe und sahen vor allem taktische Differenzen. Der Streit betraf unserer Meinung nach die strategische Sicht, nicht den Unterschied zwischen »harten« und »weichen« Optionen, wie die Neokonservativen behaupteten.

Mit der Zeit stellte sich allerdings immer eindeutiger heraus, daß die Unterschiede zu den Neokonservativen nicht allein die Taktik betrafen. In gewisser Weise spielten auch persönliche Rivalitäten eine Rolle, die von der Politik nicht zu trennen sind. Viele Überläufer zum Konservativismus waren bei den Demokraten aktiv gewesen; das bedeutete, daß sie nicht nur Ideen entwickelt, sondern auch bei der Umsetzung in praktische Politik mitgewirkt hatten. Als Neuankömmlinge im konservativen Lager brauchten sie Raum für ihre Ambitionen. Nichts war naheliegender, als taktische Meinungsverschiedenheiten zu Grundsatzfragen hochzustilisieren, um so eine Ablösung der Gruppe zu erreichen, die damals die Außenpolitik der Republikaner bestimmte.

Aber wir hatten in der Tat einen grundsätzlichen Meinungsgegensatz, wenn ich auch über zehn Jahre gebraucht habe, um das zu verstehen. Unser Streit betraf nicht das Wesen des Kommunismus – da waren wir sehr nahe beieinander –, sondern das Wesen der internationalen Politik. Für mich waren moralische Ziele wichtig und sogar entscheidend, um die Kraft zu finden, eine Reihe schwieriger Entscheidungen zu treffen, bei denen sich Für und Wider nahezu die Waage hielten und jedes Ergebnis unvollkommen war. Die Neokonservativen hingegen glaubten, daß Werte direkt in Arbeitsprogramme umgesetzt werden könnten.

Hätte es Watergate nicht gegeben, dann wäre es einem erfolgreichen Nixon sicher gelungen, mit Hilfe der Drahtseilakte seiner ersten Amtszeit eine Verschmelzung der ideologischen Überzeugungen der Konservativen mit den geopolitischen Einsichten seiner eigenen Strategie zu erreichen. Aber in der spannungsgeladenen Atmosphäre der Jahre 1973/74 verbanden sich die Angriffe gegen Nixons Außenpolitik, insbesondere gegen die Entspannung, mit Watergate immer mehr zu einem unentwirrbaren Knäuel. Nixon verlor seinen Einfluß auf den Kongreß und damit Zuckerbrot und Peitsche, ohne die eine glaubwürdige Politik gegenüber der Sowjetunion nicht zu realisieren war. Er gewann niemals genügend Spielraum für einen Dialog, der ihn mit seinen ehemaligen konservativen Anhängern und den neokonservativen Aufsteigern hätte versöhnen können. Da die nachfolgende Debatte im Kongreß ohne die starke Stimme des Präsidenten ablief, hatte ich alle Angriffe allein abzuwehren. Dadurch wurde meine Rolle zu einem Politikum – eine unangenehme und auf lange Sicht unhaltbare Position für einen Außenminister. Von Watergate gehandikapt, war der Präsident nicht in der Lage, der Revolte des traditionellen Wilsonianismus gegen die auf den nationalen Interessen beruhende Politik seiner Administration etwas entgegenzusetzen.

Es ist eine Ironie des Schicksals, daß ausgerechnet der sowjetische Botschafter Anatoli Dobrynin unsere Strategie weit besser verstand als die neokonservativen Kritiker. Er schrieb dazu in seinen Memoiren:

> Ihrer Politik gegenüber der Sowjetunion lag eine Kombination von Abschreckung und Zusammenarbeit, ein ganzes Mosaik kurz- und langfristiger Überlegungen zugrunde. Nixon und Kissinger wollten eine stabilere und berechenbarere strategische Situation schaffen, ohne das hohe Niveau der Rüstungen abzubauen. Dies blieb die Grundlage einer Politik, die vor allem auf militärische Stärke setzte. Nationale Interessen anzupassen, waren sie nur bereit, wenn sie es selbst für wünschenswert hielten. Ihre Schritte zur Rüstungskontrolle waren lediglich dazu angetan, diese Politik der Stärke leicht zu kaschieren. Im Grunde genommen waren weder der Präsident noch sein engster Mitarbeiter willens oder imstande, aus den eingefahrenen Gleisen des Kalten Krieges auszubrechen, obgleich sie pragmatischer und realistischer vorgingen als andere kalte Krieger im Weißen Haus.[18]

Senator Henry Jackson und die Entspannung: Strategie und Rüstungskontrolle

Wäre die Kontroverse im wesentlichen theoretisch geblieben, dann hätte die unfreiwillige Allianz von Liberalen und Konservativen wegen ihrer gegensätzlichen Interpretation der weiteren Entwicklung der internationalen Lage sicher bald ihr Ende gefunden.

Dies geschah aber nicht, weil Henry »Scoop« Jackson als Führungspersönlichkeit mit einer Plattform hervortrat, die sowohl Liberale als auch Konservative mittragen konnten. Seit 1952 demokratischer Senator aus dem Staat Washington, war Jackson Nixons erste Wahl für den Posten des Verteidigungsministers gewesen. Er hatte abgelehnt, weil er sich unter anderem Hoffnungen auf eine Bewerbung für das Präsidentenamt in den siebziger Jahren machte. Jackson war bei den Gewerkschaften beliebt und wurde von den Konservativen geachtet, weil er sich entschieden für eine starke nationale Verteidigung einsetzte. In der Vietnamfrage hatte er die Johnson- und Nixon-Administration couragiert unterstützt. Der knappe Sieg bei der Bestätigung des Raketenprogramms der Nixon-Administration im Senat im Jahr 1969 war ihm zu verdanken.

Das Schicksal dieses Programms war später einer der Gründe für Jacksons Ernüchterung. Er glaubte, man habe ihn getäuscht und sowohl Nixon als auch Verteidigungsminister Melvin Laird kämpften nicht mit der notwendigen Entschlossenheit für das ursprüngliche »Safeguard«-Programm. Die Gegner der Raketenabwehr im Kongreß strichen die anfangs geplanten zwölf Raketenstellungen jedes Jahr zusammen, bis im Verteidigungsbudget von 1972 nur noch ganze zwei übrigblieben. Jackson argumentierte, die Administration habe ihr eigenes Programm nicht mit der erforderlichen Überzeugung verteidigt. Bedenkt man, wie undurchsichtig Laird und Nixon agierten, dann waren Jacksons Vorwürfe möglicherweise begründet; allerdings gaben Nixon und Laird letzten Endes nur dem übermächtigen Druck des Kongresses nach, um ihren Verteidigungshaushalt überhaupt zu retten.

Bei all den Kontroversen habe ich mir meinen Respekt vor »Scoop« Jackson bewahrt. In der ersten Amtszeit Nixons erhielt ich gelegentlich Einladungen zum Essen in seinem Haus, wo ich ihn über unsere Politik informierte. Jackson war ein unverzichtbarer Verbündeter in dem sich hinziehenden qualvollen Ringen, um den Verteidigungshaushalt vor dem Rotstift des Kongresses zu bewahren. Dabei bewies Jackson außerordentlichen Mut, wenn man bedenkt, welcher Trend in der Demokratischen Partei der siebziger Jahre vorherrschte.

Als einem Mann von Grundsätzen war es Jackson unmöglich, Nixons Taktik zu billigen, der anscheinend das Vokabular seiner innenpolitischen Gegner übernahm, insbesondere sofern es die Verhandlungen mit der Sowjetunion betraf. Wenn Jacksons Ziele sich auch mit denen Nixons und Fords deckten, was er zuweilen sogar selbst zugab,[19] war der Senator Politiker genug, um zu verstehen, daß er sich von Richard Nixon distanzieren mußte, wenn er ein glaubhafter Anwärter für die Nominierung zum Präsidentschaftskandidaten der Demokraten im Jahr 1976 sein wollte.

Jackson war hartnäckig und stur. Wenn er einmal eine Richtung eingeschlagen hatte, ließ er sich durch nichts ablenken. Und er wurde beflügelt von dem exzellenten Richard Perle, der zu seinem wichtigsten Mitarbeiter avancierte. Perle, der an den Debatten der sechziger Jahre nicht teilgenommen hatte, war ein leidenschaftlicher Antikommunist und einer der fähigsten geopolitischen Köpfe, die mir je begegnet sind. Nun wurde er zum strategischen Planungschef für die Konfrontation Jacksons mit Nixon. Viel zu intelligent, um nicht zu erkennen, daß einige seiner Vorwürfe eher zynisch als stichhaltig waren, erwies sich Perle als ebenso standfest wie erfindungsreich bei der Verfolgung des höheren Zieles: die Rüstungskontrollpolitik der Administration zu unterlaufen, indem man sie in technische Fragen verwickelte; den Handel mit der Sowjetunion zu blockieren, indem man als Gegenleistung Veränderungen der sowjetischen Auswanderungspolitik forderte; die Administration zu isolieren, indem man ihr Gleichgültigkeit in der Menschenrechtsfrage vorwarf. Mit Begriffen wie »strategische Gleichheit« und »freie Auswanderung« umriß Jackson, mit Perle im Hintergrund, seine Position in zwei Fragen, womit er uns tatsächlich in die Defensive drängte. In jedem Fall deutete er Erfolge der Administration in Belastungen um, wobei er eine außerordentliche Fähigkeit bewies, mit vagen, symbolischen Anspielungen zu jonglieren.

Wer konnte etwas gegen den Grundsatz der »Gleichheit« bei der strategischen Rüstung oder gegen die »freie Auswanderung« aus der Sowjetunion haben? Ohne Watergate wäre kein Beobachter ernsthaft je auf die Idee gekommen, Nixon mit seiner strikt antikommunistischen Vergangenheit könnte sich sehenden Auges auf Ungleichheit einlassen. Das Problem lag in der schwer faßbaren Bedeutung dieses Begriffes. Da sich die strategischen Waffen beider Seiten nach ganz unterschiedlichen Kriterien und Technologien aufbauten, war die Bestimmung dessen, was »Gleichheit« bedeutete (hierzu gleich mehr), Anlaß für endlosen Streit und Verwirrung – ein Umstand, aus dem Jackson und Perle geschickt ein faktisches Vetorecht für die laufenden Verhandlungen konstruierten.

Noch mehr an den Haaren herbeigezogen war das Thema der Auswanderung der Juden aus der Sowjetunion. Die Nixon-Administration hatte dieses Problem ohne viel Aufhebens in die sowjetisch-amerikanische Diplomatie eingebracht und erreicht, daß die Zahl der Emigranten von ganzen vierhundert im Jahr 1968 auf fünfunddreißigtausend im Jahr 1972 anstieg. Als die Sowjets eine Auswanderungssteuer einführten, brachten sie damit Jackson ins Spiel, der an unseren bisherigen Ergebnissen keinerlei Verdienst hatte. Er forderte nicht nur, die Steuer sofort wieder abzuschaffen (was wir unterstützten), sondern auch, die Zahl der Auswanderer auf das Dreifache zu erhöhen. Anderenfalls, so drohte er, werde der Kongreß der Sowjetunion die Meistbegünstigung im Handel verweigern.

Jackson hat niemals erklärt, wie er darauf kam, daß die Sowjetunion, die er beschuldigte, mit ihrem strategischen Atomwaffenprogramm die Weltherrschaft anzustreben, ohne Widerstand eine so öffentlich vorgetragene Forderung akzeptieren könnte, und das in einer Frage, in der sie uns bereits weit entgegengekommen war. Jacksons Drängen löste eine Krise mit Moskau zu einem Zeitpunkt aus, da die amerikanische Präsidentschaft darniederlag wie seit dem Bürgerkrieg nicht mehr und der amerikanische Kongreß den Militärhaushalt systematisch kürzte.

Jackson konnte bei seinem Vorstoß an Boden gewinnen, weil Nixon sich hartnäckig weigerte, der Tatsache ins Auge zu schauen, daß der Senator sich zu einem Gegner gewandelt hatte. Unsere erste Reaktion war, auf Jacksons Kritik einzugehen. Als er 1972 einen Senatsbeschluß initiierte, der »Gleichheit« bei der Begrenzung der strategischen Rüstung forderte, beauftragte ich zwei meiner Mitarbeiter, ihm bei der Ausarbeitung zu helfen. Wir wollten diesen Beschluß in der nächsten Verhandlungsrunde als Hebel gegen die Sowjets benutzen. Ich war für einen Kompromiß zwischen Jacksons Bestreben und unserer wachsenden Besorgnis, mit seiner Taktik könnte er alles zerstören, was bereits erreicht war. Erst allmählich und ganz gegen unseren Willen kamen wir zu der Erkenntnis, daß Jacksons Drängen nicht darauf ausgerichtet war, unsere Ost-West-Politik zu verbessern, sondern sie zu durchkreuzen. Wir teilten Jacksons Mißtrauen in die Motive der Sowjets, wiesen aber die Ansicht zurück, daß wir im diplomatischen Tauziehen mit den starren alten Männern des Kremls unbedingt verlieren mußten, weil das unseren eigenen Erfahrungen zutiefst widersprach.

Jacksons Vorstöße wirkten sich vor allem dahingehend aus, daß die Vereinigten Staaten es nun wesentlich schwerer hatten, sich auf die veränderte militärische Lage einzustellen, die mit den neuen Technologien entstanden war. Jackson und seine neokonservativen Anhänger verbreiteten das Schauermärchen, Nixon opfere Amerikas militärische Sicherheit auf dem Altar seiner Rüstungskontrolltheorie. Die Tatsachen waren aber viel komplizierter. Nixon sah sich drei miteinander zusammenhängenden Herausforderungen gegenüber: erstens, einem veränderten strategischen Umfeld, bedingt durch eine gewachsene sowjetische Raketenstreitmacht und die explosionsartige Entwicklung neuer Technologien; zweitens, dem Widerstand des Kongresses gegen einen hohen Verteidigungshaushalt; drittens, den Rüstungskontrollverhandlungen, die bei Bevölkerung und Medien große Unterstützung fanden und von allen unseren Nachfolgern fortgesetzt wurden.

In Verteidigungsfragen war Nixon immer ein »Falke« gewesen und blieb dies auch während seiner ganzen Amtszeit. Unter diesem Präsidenten kürzte das Weiße Haus kein einziges Verteidigungsbudget des Pentagons; in den Verhandlungen unter seiner Führung wurde kein einziges Waffensystem aufgegeben. Wir stimmten mit Jackson und den Neokonservativen nicht darin überein, Rüstungskontrollverhandlungen an sich könnten die strategische Wirklichkeit verändern. Sie forderten, mit der Rüstungskontrolle solle beseitigt werden, was einseitige amerikanische Beschlüsse in den vergangenen mehr als zehn Jahren erst verursacht hätten, darunter die Weigerung des Kongresses, notwendige strategische Programme wie die Raketenabwehr zu unterstützen. Das waren für jeden Unterhändler unerfüllbare Aufgaben, die die wirklichen strategischen Herausforderungen, vor denen der Präsident stand, nur vernebelten.

Tatsache war, daß die Entwicklung der Nuklearstrategie, lange bevor man überhaupt an Rüstungskontrolle dachte, bereits auf ein totes Gleis geraten war, weil sich der Widerspruch zwischen der in den Atomwaffenarsenalen angesammelten Zerstörungskraft und den politischen Zielen, für die man diese Waffen einsetzen konnte, immer weiter zuspitzte. Als die Nixon-Administration die Verantwortung übernahm, war dieser Umstand unübersehbar geworden.

Seit dem Beginn des Kalten Krieges hatte die Sowjetunion von dem allgemeinen Eindruck profitiert, sie verfüge über eine deutliche Überlegenheit bei den konventionellen Waffen. Ihr hartes Vorgehen gegen den Aufstand in Berlin 1953, den ungarischen Aufstand 1956 und die tschechoslowakische Reformbewegung 1968 verstärkte den Eindruck, man habe es mit einer anscheinend übermächtigen Roten Armee zu tun. Aber seit den frühen siebziger Jahren gab es in Gestalt der weitreichenden amerikanischen Atomwaffen ein Gegengewicht zur konventionellen Stärke der Sowjetunion. Dieser Vorsprung der Vereinigten Staaten schmolz nun aufgrund der Fortschritte der Sowjetunion bei der Nukleartechnologie immer mehr zusammen. Das geschah in drei Etappen.

Die erste war die Zeit des amerikanischen Atommonopols von 1945 bis 1950, als die Vereinigten Staaten in der Lage waren, zum Schutz vitaler amerikanischer Interessen die Sowjetunion zu zerstören, ohne ernste Gegenschläge befürchten zu müssen.

Die zweite Etappe, die von den frühen fünfziger Jahren bis etwa 1970 dauerte, begann, als die Sowjetunion eigene Atomwaffen entwickelte. Solange aber auf der sowjetischen Seite die Fähigkeit, diese Waffen ins Ziel zu bringen, unterentwickelt blieb und die amerikanischen strategischen Kräfte so viel größer und stärker waren, verfügten wir, technisch gesprochen, über die »Erstschlagsfähigkeit«, das heißt, als Reaktion auf einen konventionellen Angriff der Sowjetunion waren wir in der Lage, die sowjetischen strategischen Kräfte und ihre Fähigkeit zur Kriegsführung auszuschalten, wobei sich die Verluste auf unserer Seite in erträglichen Grenzen hielten.

Die dritte Etappe begann, als die sowjetischen Führer, die sich in der Kubakrise 1962 unserer Erstschlagsfähigkeit hatten beugen müssen, als Reaktion darauf ein eigenes starkes Potential strategischer Langstreckenraketen schufen. In kaum zehn Jahren bauten die Sowjets eintausendvierhundert Raketen, die sie in Betonsilos lagerten. Diese traten an die Stelle der bisherigen zweihundertzehn leicht zu treffenden und ziemlich plumpen Geschosse, die frei im Gelände standen. An diesem Punkt wurde klar, daß ein strategischer Atomkrieg für beide Seiten unannehmbare Zerstörungen bedeutete, wie immer das quantitative Verhältnis der beiden Potentiale sich auch gestaltete.

Dieses Dilemma spitzte sich weiter zu, als Verteidigungsminister Robert McNamara 1962 von einer Strategie der »sicheren Zerstörung« ausging, deren abschreckende Wirkung darin lag, ein Ausmaß der Verwüstung in Aussicht zu stellen, das für die Sowjetunion theoretisch unannehmbar war. Dieses weitgehend akademische Konzept setzte den schrankenlosen Willen voraus, mit riesigen Verlusten der Zivilbevölkerung zu drohen – minimale Schätzungen beliefen sich auf Dutzende Millionen Menschen. Diese professorale Strategie berücksichtigte alles außer dem Willen, sie in der Praxis auch anzuwenden. Unausweichlich entstand eine riesige Kluft zwischen unserer furchterregenden militärischen Stärke und den moralischen Anschauungen nahezu jedes vorstellbaren amerikanischen Präsidenten. Ein bewußter großangelegter Angriff auf zivile Ziele mußte auch bei den Abgebrühtesten auf Empörung stoßen. Andererseits löste beim vorhandenen Niveau der strategischen Waffen jeder Versuch, das strategische Potential des Gegners zu vernichten, unweigerlich einen Vergeltungsschlag gegen die eigene Zivilbevölkerung aus.

In dem Maße, wie dieses atomare Dilemma die Skrupel in den Vereinigten Staaten gegen einen Atomkrieg verstärkte, wuchsen die Möglichkeiten der Sowjetunion, Erpressungsmanöver zu versuchen. Dieses Problem wuchs in dem Maße, wie das sowjetische Atomwaffenarsenal anschwoll. Da die atomare Strategie sich so in eine Form der Selbstbeschränkung verkehrte, trat die konventionelle Überlegenheit der Sowjets erneut als Hauptgefahr hervor.

Das war die wahre strategische Krise der Nixon-Administration, als die Zahl der atomaren Sprengköpfe auf beiden Seiten in die Höhe schoß – nicht die Abkommen über Rüstungsbegrenzung, die wir bei den Gesprächen in Genf aushandelten. Sie spiegelten dieses Dilemma lediglich wider und konnten es nicht beseitigen. Auch keine der nachfolgenden Administrationen vermochte dieses Problem zu lösen. Nixon unternahm eine ganze Reihe von Schritten, um die strategische Gleichung zu verbessern: Er befahl eine Verlagerung des Schwerpunktes der militärischen Planung – weg von zivilen, hin zu militärischen Zielen. Er entwickelte unsere strategischen Streitkräfte immer weiter, indem er die Stationierung von Mehrfachsprengköpfen vorantrieb und dem Kongreß ein Verteidigungssystem mit ballistischen Raketen vorschlug – ein Vorläufer der Strategischen Verteidigungsinitiative (SDI) Ronald Reagans von 1983, wenn auch auf niedrigerem technologischen Niveau.

Die Veränderung der militärischen Planung erwies sich als mühsam. Verteidigungsminister Melvin Laird war zu sehr damit beschäftigt, die Kürzungsvorschläge des Kongresses beim Verteidigungshaushalt abzuwenden, um der Anpassung der strategischen Konzepte genügend Aufmerksamkeit schenken zu können. Außerdem führten der Druck des Kongresses auf den Militärhaushalt und die gleichzeitige Entwicklung ständig neuer Waffensysteme dazu, daß die Militärs wesentlich mehr damit beschäftigt waren, ihre Lieblingsprojekte zu verteidigen, als eine neue Gesamtstrategie zu entwickeln.

Das Pentagon, das sich mit einem feindseligen Kongreß einen Kampf auf Leben und Tod lieferte, dachte nicht daran, seine laufenden Programme einer theoretischen Debatte über den Einsatz strategischer Waffen zu opfern. Die Überarbeitung des Integrierten Operationsplanes (SIOP), eines strategischen Kriegsplanes, verschlang den größten Teil von Nixons Amtszeit. Als Verteidigungsminister James Schlesinger sie schließlich abgeschlossen hatte, machten die größere Zahl der Waffensysteme und die Verbesserung der Technologie die von uns angestrebte Reduzierung der Verluste unter der Zivilbevölkerung unmöglich, selbst wenn man die Zahl der Angriffsziele verringerte.

Besonders während der Zeit des Vietnamkrieges stieß der Ausbau der amerikanischen strategischen Kräfte auf den entschiedenen Widerstand des Repräsentantenhauses und des Senats. Der Nixon-Administration gelang es, (von dem liberalen republikanischen Senator Edward Brooke initiierte) Versuche abzuwehren, die Tests von einzeln lenkbaren Mehrfachsprengköpfen (MIRV) zu stoppen. Diese waren notwendig, um das sich inzwischen abzeichnende Übergewicht der Sowjetunion bei den Langstreckenraketen auszugleichen, die damals und noch weitere zehn Jahre mit einem einzigen Sprengkopf bestückt waren. Da die Mittel für dieses Projekt bereits während der Amtszeit der Johnson-Administration bewilligt worden waren, konnte der Kongreß keine Mehrheit zustande bringen, um es zu stoppen. Das hielt jedoch eine beträchtliche Minderheit nicht davon ab, uns mit einem Argument zu drangsalieren, für das es nicht den geringsten Beweis gab – daß nämlich, sollten wir auf die Tests verzichten, die Sowjetunion unserem Beispiel folgen werde.

Mehr Erfolg hatte der Kongreß mit seiner Ablehnung der Raketenabwehrsysteme (ABM), die Nixon im April 1969 aus strategischen und grundsätzlichen Erwägungen beantragt hatte. In einer Zeit wachsender Atomwaffenarsenale hielt es Nixon für unverantwortlich, das amerikanische Volk gegen absehbare Zwischenfälle wie Unfälle, kleinere atomare Angriffe oder die Gefahren, die das wachsende atomare Potential neuer Nuklearmächte mit sich brachte, ungeschützt zu lassen. Außerdem wollte er verhindern, daß die Sowjets in Versuchung gerieten, auch nur einen begrenzten Angriff mit Atomwaffen ins Auge zu fassen.

Aber die Mehrheit der Verteidigungsexperten, die Friedensbewegung und ein Großteil der Medien hingen nun der irrwitzigen, nihilistischen Auffassung an, die totale Angreifbarkeit der Zivilbevölkerung sei die Gewähr für die Sicherheit einer Nation. Wenn beide Nuklearmächte tödlich verletzbar wären, so argumentierten sie, dann würden sie vor dem Abgrund zurückschrecken. Bald sah sich Nixons ABM-System aus verschiedenen, einander widersprechenden Gründen heftiger Kritik ausgesetzt: Es werde nicht funktionieren; es werde zu gut funktionieren und damit die Sowjetunion zu einem Präventivschlag verleiten; es werde die Beziehungen zu Moskau irgendwie beschädigen, obwohl bekannt war, daß die Sowjetunion seit langem ein eigenes Raketenabwehrsystem in Stellung gebracht hatte, wenn auch kein besonders wirksames.

Steter Tropfen höhlt den Stein. Da dieses Dogma immer wieder beschworen wurde, gewann es schließlich im Kongreß die Oberhand und behauptet sich bis heute. 1969 passierte Nixons Programm von zwölf Raketenabwehrstellungen den Senat mit der Mehrheit von nur einer Stimme, der des Vizepräsidenten. Wie bereits erwähnt, stuften die Gegner im Kongreß das Programm in den Folgejahren jährlich um einige Stellungen zurück, so daß schließlich im Haushalt 1972 noch ganze zwei übrigblieben. (Zwanzig Jahre später sollte Reagans SDI-Programm zur Abwehr von Raketen im Weltraum das gleiche Schicksal ereilen.) In einem System gefangen, das keinen strategischen Sinn mehr ergab, behandelte das Pentagon die strategische Verteidigung nun widerwillig als einen unserer wenigen noch verbliebenen Verhandlungstrümpfe, um die Sowjets davon abzuhalten, weitere Offensivwaffen zu stationieren.

Trotz all dieser Hindernisse gelang es den Administrationen von Nixon und Ford, die strategische Verteidigungskraft Amerikas wesentlich zu stärken. Mit den MIRV erhöhten die Vereinigten Staaten die Zahl ihrer Sprengköpfe von eintausendsiebenhundert im Jahr 1972 auf siebentausend im Jahr 1978. Hierzu zählen fünfhundert neue Interkontinentalraketen (ICBM) vom Typ Minuteman III, jede mit drei Sprengköpfen bestückt, und fünfhundert neue U-Boot-Raketen Poseidon, mit jeweils zehn bis vierzehn Sprengköpfen. Die Trident, ein neues U-Boot mit größerer Reichweite und stärkeren Waffen, wurde genehmigt. Der Bau begann 1975. Mit der MX entwickelten wir eine völlig neue Interkontinentalrakete. Die B-52-Bomber wurden völlig überholt und zwei neue Überschallbomber, der B 1 und der Tarnkappenbomber B 2, entwickelt, ebenso eine ganze Reihe weitreichender Marschflugkörper, die Nixon (auf meine Empfehlung) 1973 vor der Streichung aus dem Haushalt des Pentagons bewahren konnte. Der größte Teil der Offensivwaffen, die sich heute, nach zwanzig Jahren, noch im strategischen Arsenal der Vereinigten Staaten befinden, stammt aus der Amtszeit Nixons und Fords.

Die Stärkung unseres Militärpotentials wurde nicht durch die Rüstungskontrolle, sondern durch die Gegnerschaft des Kongresses gebremst, und das nicht nur in den siebziger Jahren, sondern auch unter Präsident Reagan zehn Jahre später. Als der B-1-Bomber in der Amtszeit Nixons bewilligt wurde, plante man zunächst den Bau von zweihundertvierzig Maschinen. Unter dem Druck des Kongresses wurde ihre Zahl in zehn Jahren auf fünfundneunzig reduziert. Als die Ford-Administration den Bau der MX-Rakete genehmigte, sah man ursprünglich zweihundert Stück vor. Nach zwanzig Jahren sind ganze fünfzig in Dienst gestellt. Der Tarnkappenbomber B 2 wurde von einhundertzweiunddreißig auf zwanzig Stück zusammengestrichen, Nixons Programm der Raketenabwehrsysteme von zwölf Stellungen auf zwei. Reagans SDI-Programm ist aus Gründen der Finanzierung nie über die Forschungsphase hinausgekommen.

Die wahre Herausforderung für die Verteidigung Amerikas bestand also in der Haltung des Kongresses und in der sprunghaften Entwicklung der Technologien, nicht in den angeblichen Verhandlungsfehlern der Nixon- und der Ford-Administration.

Bei den Atomwaffen steckten wir in dem Dilemma, daß die strategischen Arsenale nach all den Anstrengungen nur für die Abschreckung eines atomaren Angriffs taugten – und sonst für nichts weiter. Diese Frustration brachte ich zum Ausdruck, als ich auf einer Pressekonferenz am Ende des Moskauer Gipfels 1974 wütend und deshalb unklug, aber völlig zutreffend ausrief: »Was in Gottes Namen ist strategische Überlegenheit? Was hat sie zu bedeuten – bei dieser Zahl von Waffen? Was kann man damit anfangen?«[20]

Rein theoretisch: die Vergeltungskraft des Feindes durch einen Erstschlag zerstören und sich mittels Raketenabwehr vor Vergeltung schützen. Aber diese Fähigkeiten sind in der Praxis nie entwickelt worden. Weder die Nixon-Administration noch eine der späteren Administrationen haben einen Weg gefunden, aus dieser Sackgasse herauszukommen. Das wirkliche Versagen der Neokonservativen liegt darin, daß sie von dieser zentralen Frage mit der Behauptung ablenkten, die Rüstungskontrollpolitik werde die Situation irgendwie verändern.

Die Debatte, die Gerald Ford schließlich am Hals hatte, hat die australische Wissenschaftlerin Coral Bell in ihrem Buch *The Diplomacy of Détente: The Kissinger Era* treffend zusammengefaßt:

Die übertriebenen Erwartungen der Rechten laufen auf die Annahme oder zumindest das Argument hinaus, es könnte und sollte möglich sein, von den Russen als Preis für die Entspannung zu fordern, daß sie ihr gesamtes Verhalten in der Innen- und Außenpolitik ändern, sich nicht mehr in Ländern wie Angola engagieren, deren Zukunft im ungewissen liegt, ihre Herrschaft über die Pufferzone Osteuropa lockern, sich gegenüber ihren Bürgern liberaler verhalten – alles als Gegenleistung für die Entspannung.
Zweifellos sind das wünschenswerte Dinge, nicht nur aus westlicher Sicht. Aber aus der Sicht der politischen Elite der Sowjetunion wäre es weniger gefährlich und unangenehm, einfach den Kalten Krieg in vollem Umfang wiederaufzunehmen. Das könnte ganz logisch ihre bevorzugte Option werden, wenn man ihnen einen Handel allein zu diesen Bedingungen anbietet.
Die übertriebenen Erwartungen der Linken laufen darauf hinaus, daß in einer Entspannungssituation die üblichen Mittel zum Erhalt der Macht des Westens vernachlässigt oder gänzlich aufgegeben werden können – die Rüstungshaushalte sollten reduziert, die Kapazitäten für Geheimdienstoperationen abgebaut und die Sicherheitserfordernisse in der internationalen Politik ignoriert werden
Das sind meiner Meinung nach die gleichen und doch gegensätzliche Irrtümer. Sie verwechseln die Strategie mit dem Ziel, das sie verfolgt. Entspannung bedeutet nicht, daß der Machtkampf beendet ist. Sie bietet lediglich einen Weg, auf dem er an Gefährlichkeit verlieren und in eine kreativere Richtung gelenkt werden kann.[21]

IV. Jackson, die Rüstungskontrolle und die Auswanderung der Juden

Die Rüstungskontrolle

Als Nixon sein Amt antrat, war er alles andere als ein Verfechter der Rüstungskontrolle. Diese war für ihn im besten Fall ein Verhandlungspfand, das er nutzte, um den Rückzug der Vereinigten Staaten aus Vietnam zu bewerkstelligen.[1] Er verzögerte den Beginn der Verhandlungen, um zu sehen, welche politischen Zugeständnisse dadurch von Moskau zu erlangen waren. Drei Erwägungen überzeugten Nixon schließlich, dem Beginn der Verhandlungen am 3. November 1969 zuzustimmen. Erstens meinte er, daß zum Ausgleich für seine generell harte Linie in Vietnam, im Nahen Osten, in Chile, bei Verteidigungs- und anderen Fragen eine handfeste Demonstration des Friedenswillens der Regierung notwendig sei. Aus diesem Grund kündigte Nixon den Verhandlungsbeginn in einer Rede an, in der er um Unterstützung für seine Vietnampolitik warb. Zweitens bewirkte der Druck des Kongresses auf den Verteidigungshaushalt, daß das Pentagon für einen flüchtigen Augenblick beiderseitige Rüstungsbegrenzungen unterstützte. Drittens bereitete die Entwicklung des sowjetischen strategischen Potentials Nixon zunehmend größere Sorgen, denn es wuchs um etwa zweihundert Raketen jedes Jahr, während der Kongreß zugleich jeden Versuch zunichte machte, unsere eigenen strategischen Kräfte aufzustocken.

Bei Verhandlungsbeginn standen wir vor dem Problem, wie Gleichheit zu definieren war. Die Atomwaffen beider Seiten waren nach unterschiedlichen Technologien und Sicherheitskonzepten entwickelt worden. Die Vereinigten Staaten hatten bereits in den sechziger Jahren, lange bevor von SALT die Rede war, den Bau zusätzlicher Interkontinentalraketen auf eigenen Entschluß eingestellt und sich statt dessen auf qualitative Verbesserungen wie Mehrfachsprengköpfe konzentriert. Außerdem operierten wir mit Langstreckenbombern, denen die Sowjets kein modernes Pendant entgegensetzen konnten, sowie mit Flugzeugen, die auf Militärbasen im Ausland und auf Flugzeugträgern stationiert waren.

Die Sowjetunion hatte ihrerseits im Gefolge der Kubakrise ein umfangreiches Programm land- und seegestützter Raketen aufgelegt. Anfang der siebziger Jahre überholte sie die Vereinigten Staaten bei diesen Raketen. Da wir aber bei den Mehrfachsprengköpfen weiterhin in Führung lagen, sollten die Vereinigten Staaten in den siebziger Jahren einen Vorsprung von drei zu eins behaupten und auch bis weit in die achtziger Jahre einen wesentlichen Vorsprung wahren können. Dieser schmolz in dem Maße dahin, wie die Sowjets auch ihre Raketen mit Mehrfachsprengköpfen bestückten. Ende der achtziger Jahre besaß die Sowjetunion mehr MIRV als die Vereinigten Staaten, bis wir mehr und größere Raketen wie die MX bauten, die wir bereits seit längerem in Planung hatten. Damit lag die Entscheidung allein bei uns, eine eventuell auftretende quantitative Lücke zu schließen. Für die absehbare Zukunft besaßen die Vereinigten Staaten weiterhin ein großes Übergewicht bei den schweren Bombern.

Jede Verhandlung über Rüstungskontrolle birgt das konzeptionelle Problem in sich, daß das Ergebnis nur jeweils eine Momentaufnahme in einer sich rasant entwickelnden technologischen und strategischen Gleichung darstellt. Beide Parteien mußten einen Weg finden, nicht nur das augenblickliche Kräftegleichgewicht zu berücksichtigen, sondern auch das vereinbarte Verhältnis für eine Zeitspanne aufrechtzuerhalten, in der sich das Wettrüsten aus dem quantitativen in den qualitativen Bereich verlagerte.

Bis 1970 ging es beim Wettrüsten weitgehend um Quantität. Solange jede Rakete nur einen Sprengkopf trug, brauchte man mindestens einen Vorsprung von drei zu eins, damit ein Überraschungsangriff auch nur eine theoretische Erfolgschance hatte. (Das bedeutete, daß auf jede Beton-Abschußrampe zwei Sprengköpfe zielten und einige Raketen in Reserve gehalten werden mußten, um weitere Schläge führen zu können.) Die Sowjets benötigten also dreitausend *zielgenaue* Raketen, um unsere bodengestützten Kräfte auch nur mit einiger Sicherheit zerstören zu können. Wir brauchten für den gleichen Zweck viertausendfünfhundert Raketen. Ein solches Potential konnte nur über einen langen Zeitraum entwickelt werden, lang genug, daß die Gegenseite entsprechend reagierte. Finanziell war dies ein nahezu aussichtsloses Unterfangen. In den frühen siebziger Jahren besaß die Sowjetunion nicht einmal die Hälfte der erforderlichen Zahl von Raketen mit Einfachsprengköpfen, und ein Großteil davon besaß keineswegs die notwendige Treffsicherheit.

Das Aufkommen der Mehrfachsprengköpfe wirkte geradezu revolutionär auf das strategische Gleichgewicht. Von nun an konnte eine Erstschlagskapazität – zumindest theoretisch – aufgebaut werden, indem man die vorhandenen Raketen mit zusätzlichen Sprengköpfen versah, ohne ihre Zahl erhöhen zu müssen. Einige unserer U-Boot-gestützten Raketen konnten bis zu vierzehn relativ kleine Sprengköpfe tragen (die aber immer noch stärker waren als die Bomben auf Hiroshima und Nagasaki). Nun aber stellte sich das Problem, daß beide Seiten zwar in der Lage waren, die bestehenden Abschußrampen mit über zehntausend Sprengköpfen zu bestücken (wozu auf amerikanischer Seite eine Flotte von über fünfhundert schweren Bombern kam), man nun aber mehr Waffen besaß als denkbare Ziele. General George S. Brown, damals Vorsitzender der Joint Chiefs of Staff, erklärte Ford auf einer Sitzung des Nationalen Sicherheitsrates am 7. Oktober 1974, unsere U-Boot-gestützten Raketen seien nur mit einer begrenzten Zahl von Mehrfachsprengköpfen ausgestattet, weil nicht ausreichend Ziele für sie vorhanden seien. Da man jetzt auf jede Abschußrampe des Gegners mehrere Sprengköpfe richten konnte und trotzdem noch Tausende in Reserve hatte, rückte ein Erstschlag gegen das bodengestützte Potential des Gegners, zumindest theoretisch, wieder in den Bereich des Möglichen.

Es überraschte nicht, daß die Verhandlungen gleich nach Beginn in eine Sackgasse gerieten. Selbst wenn man von den ideologischen und geopolitischen Differenzen absah, war es sachlich schwierig, einen Vorschlag zu präsentieren, der die Situation wirklich verbesserte. Außerdem hatte die Sowjetunion angesichts des Widerstandes des Kongresses gegen die Bewilligung neuer strategischer Waffen wenig Lust, sich auf Einschränkungen bei ihren eigenen Programmen für strategische Offensivwaffen einzulassen.

Daß die Nixon-Administration am Ende doch über einen gewissen Verhandlungsspielraum verfügte, ist der paradoxen Tatsache zu verdanken, daß die sowjetischen Führer offenbar mehr Vertrauen in die amerikanische Technologie hatten als unsere Kritiker im Land. Die Raketenabwehr hatte nämlich durchaus nicht die Wirkung, SALT zu Fall zu bringen, wie unsere Gegner im Kongreß behaupteten, sondern sie erwies sich als der Schlüssel, der die Tür zur Begrenzung der Offensivwaffen öffnete. Diese Rolle spielte sie übrigens fünfzehn Jahre später auch unter Reagan. Selbst wenn die amerikanische Raketenabwehr, so fürchteten die sowjetischen Führer, nicht in der Lage war, einen großangelegten Überraschungsangriff vollständig abzuwehren, konnte sie bei der Abwehr eines unweigerlich desorganisierten Antwortschlages verbliebener sowjetischer Kräfte nach einem amerikanischen Erstschlag durchaus wirksam sein. Bei dieser Sachlage waren auch kleine Erpressungsschläge schwer zu kalkulieren und zu planen. Die Furcht, die die Sowjets bereits vor unserem Verteidigungssystem der ersten Generation empfunden hatten, verstärkte sich, als sie sahen, welche Steigerungsmöglichkeiten es besaß.

In der – damals nicht ganz unberechtigten – Hoffnung, der Kongreß werde in ihrem Sinne arbeiten, bestanden die sowjetischen Unterhändler darauf, Vereinbarungen lediglich über die Begrenzung der Defensivwaffen zu treffen – ein klassischer Trick des Kremls, die Waffen einzufrieren, die ihnen Sorgen bereiteten, aber keinerlei Beschränkungen für den jährlichen Bau von zweihundert neuen sowjetischen Raketen zu akzeptieren, die vor allem uns Kopfzerbrechen bereiteten. Wie bereits erwähnt, kam es schließlich im Mai 1971 zum Durchbruch, als Nixon über einen internen Kanal mitteilen ließ, er werde niemals ein Abkommen akzeptieren, das sich nur auf die Defensivwaffen bezog. Zwar stockten auch danach die Verhandlungen noch häufig, was meist auf sowjetische Versuche zurückzuführen war, Beschränkungen bei den Offensivwaffen zu umgehen, aber schließlich wurden beim Moskauer Gipfel im Mai 1972 zwei Rüstungskontrollabkommen unterzeichnet.

Abgesehen von den komplizierten technischen Bestimmungen war das Gesamtkonzept recht klar. Zum ersten begrenzte ein unbefristetes Abkommen mit gewissen Ausstiegsklauseln Abwehrsysteme gegen ballistische Raketen auf zwei Standorte in jedem Land – die Zahl, auf die uns der Kongreß bereits festgelegt hatte. Das war zuwenig, um den umfassenden Schutz des jeweiligen Landes zu garantieren. Zweitens wurden die Offensivwaffen in einem für fünf Jahre – von 1972 bis 1977 – befristeten Abkommen auf dem damaligen Niveau eingefroren. Für schwere Bomber wurden keine Begrenzungen festgelegt, was uns die Möglichkeit gab, den neuentwickelten B-1-Überschallbomber in Dienst zu stellen. Die Sowjets hatten keinen »echten« Langstreckenbomber und auch kein Programm, einen solchen zu entwickeln. In der Zwischenzeit sollte ein unbefristetes und hoffentlich umfassenderes Abkommen ausgehandelt werden.

Zunächst wurde diese Vereinbarung positiv aufgenommen, aber mit der Zeit kam Kritik auf. Die Enttäuschung der Liberalen über Nixon verband sich mit dem Mißtrauen, das die Konservativen gegen jede Abmachung mit der Sowjetunion hegten. Der Teil des Abkommens, der die Raketenabwehr betraf, war damals kaum umstritten. Ich bedauerte allerdings, daß wir uns unter innenpolitischem Druck hatten drängen lassen, Angreifbarkeit auf Dauer als einen Fixpunkt unserer Strategie zu akzeptieren.

Zu unserer Überraschung stürzten sich die Kritiker vor allem auf die Vereinbarung über das Einfrieren der Offensivwaffen, die der jährlichen Neustationierung von zweihundert sowjetischen Raketen ein Ende setzte, wofür die Vereinigten Staaten im Gegenzug auf kein einziges laufendes oder geplantes Programm verzichten mußten. Kritik wurde an zwei Punkten laut: daß die Vereinbarung den Sowjets einen quantitativen Vorteil zugestand und daß sie unseren strategischen Waffen keinen Schutz vor einem Überraschungsangriff bot.

Beide Vorwürfe spiegelten eher die Tiefe unserer inneren Widersprüche als eine seriöse Analyse wider. Die quantitative Ungleichheit bei den Raketenstellungen war nicht von den SALT-Unterhändlern »zugestanden«, sondern von den Joint Chiefs of Staff und den Verteidigungsministern zweier Administrationen aus beiden politischen Parteien einseitig festgelegt worden, lange bevor an SALT-Verhandlungen überhaupt zu denken war. Um es ganz grob zu sagen: Die Vereinigten Staaten hatten den Bau zusätzlicher Raketen gestoppt, weil die höchsten Beamten im Verteidigungsministerium zu der Überzeugung gelangt waren, sie seien für die Sicherheit des Landes nicht notwendig. Das befristete Abkommen von 1972 (SALT I) hat diese Auffassung weder kreiert noch abgewandelt, und man hält nun schon fast dreißig Jahre lang unverändert daran fest. Nicht einmal die »Falken« der Reagan-Administration haben versucht, unser Raketenarsenal aufzustocken. Jede Ungleichheit bei der Zahl der Abschußrampen ist durch Amerikas Überlegenheit bei den Mehrfachsprengköpfen und den schweren Bombern mehr als ausgeglichen worden.

Das Pentagon hat niemals eine Erhöhung der Gesamtzahl der Raketen gefordert. Weder vor noch nach dem SALT-Abkommen hat das Weiße Haus unter Nixon oder Ford je einen Vorschlag des Verteidigungsministeriums zur Stärkung der strategischen Rüstung Amerikas abgelehnt. Im Gegenteil: Die Nixon- und die Ford-Administration nutzten die SALT-Abkommen, um die Modernisierung unserer strategischen Waffen zu rechtfertigen. Als das Dokument dem Auswärtigen Ausschuß des Senats vorgelegt wurde, sah sich Senator Stuart Symington zu der bissigen Bemerkung veranlaßt, noch ein Rüstungsbegrenzungsabkommen dieser Art könnten wir uns finanziell wohl kaum leisten.

Der Vorwurf, das befristete Abkommen über die Offensivwaffen (SALT I) »gewähre« den Sowjets einen Vorteil, war im wesentlichen Demagogie. Wie wir in Kapitel X sehen werden, handelte Ford im November 1974 in Wladiwostok das Niveau aus, das Henry Jackson und dessen Anhänger so vehement forderten. Zwar waren nach den Obergrenzen von Wladiwostok nun zweitausendfünfhundert Abschußrampen gestattet, aber die Verteidigungsplaner seiner und *aller* folgenden US-Regierungen blieben bei den Begrenzungen, die SALT I festlegte. Nach drei weiteren Administrationen lag die Gesamtzahl sogar etwas niedriger als zu Nixons Zeit, und nicht einmal die »Falken« der Reagan-Administration hielten es für nötig, etwas daran zu ändern. Die nachfolgende Übersicht zeigt, daß das Verhältnis der beiden Raketenpotentiale auch zwanzig Jahre nach der »Ungleichheitsdebatte« noch das gleiche ist wie zur Zeit der Unterzeichnung des befristeten Abkommens. Die »Raketenlücke« ist eher noch etwas größer geworden.

	1972		1991	
	USA	UdSSR	USA	UdSSR
Abschußrampen für interkontinentale ballistische Raketen (ICBM)	1000	1618	1000	1451
Abschußrampen für seegestützte ballistische Raketen (SLBM)	710	740*	608	942
Gesamtzahl der Abschußrampen	1710	2358	1608	2393
Schwere Bomber[2]	525	140	307	177
Gesamtzahl der strategischen Trägermittel	2235	2498	1915	2570
Gesamtzahl der Raketensprengköpfe	1710	2358	8658	10 463

Der zweite Vorwurf gegen die Rüstungskontrollpolitik der Nixon-Administration, sie habe einen sowjetischen Überraschungsangriff herausgefordert, war noch realitätsferner.

Für einen solchen Überraschungsangriff stellte man sich folgendes Szenario vor: Wenn die Sowjetunion ihre dreihundert schweren Raketen mit je zehn Sprengköpfen bestückte, konnte sie damit alle tausend landgestützten Raketen Amerikas und möglicherweise ein Drittel unserer raketentragenden U-Boote zerstören, die jeweils zu einer bestimmten Zeit in verschiedenen Häfen lagen. Den Vereinigten Staaten blieben dann ganze vierhundertfünfzig Sprengköpfe auf U-Booten und die intakt gebliebene Bomberflotte mit einer Gesamtzahl von etwa dreitausend bis viertausend Sprengköpfen, während das sowjetische Restpotential etwa das Vierfache betrüge. Unter diesen Bedingungen, so behauptete man, könnte der amerikanische Präsident dazu gebracht werden, sein verbliebenes Vergeltungspotential zu schonen und sich sowjetischen Bedingungen zu beugen.[3]

Dieses Szenario war zwar außerordentlich genau, aber nicht plausibel. Die verschiedenen Katastrophenpläne gingen davon aus, daß die sowjetischen Führer bereit seien, für das Überleben ihrer Gesellschaft und ihres politischen Systems gleich eine ganze Reihe erheblicher Risiken einzugehen:

– Die Sowjets wären technisch in der Lage, mehrere hundert Raketen gleichzeitig abzufeuern. Dabei hatten sie niemals mehr als drei zur gleichen Zeit abgeschossen, und auch die nur aus Versuchsstellungen, niemals aus operativen Silos. (Einige der noch phantastischeren Szenarios sagten sogar voraus, die Sowjets würden ihre Städte evakuieren, um unserem Gegenschlag die Wirkung zu nehmen, während die Vereinigten Staaten passiv blieben.)

* Insgesamt 950 möglich, wenn 210 ältere ICBM-Abschußrampen abgebaut werden.

– Im Fall einer Warnung würden keine amerikanischen Raketen gestartet werden, auch wenn dreißig bis vierzig Minuten Zeit blieben, um einen großangelegten Angriff festzustellen.

– Operative Raketen der Sowjets träfen mit derselben Genauigkeit wie Versuchsraketen. Das war eine kühne Annahme angesichts der Tatsache, daß man bei einem Überraschungsangriff in Nord-Süd-Richtung feuern mußte, während alle Versuchsraketen (beider Seiten) bisher in Ost-West-Richtung geflogen waren, um nicht versehentlich einen Gegenschlag auszulösen. (Hier zeigt sich sehr deutlich, wie unsicher es generell ist, sich auf den Überraschungseffekt zu verlassen.)

– Die greisen Führer einer morbiden Gesellschaft wären selbstgewiß genug, darauf zu setzen, daß ein amerikanischer Präsident die Tausende Sprengköpfe, die ihm bei einem Überraschungsangriff auch nach den pessimistischsten Einschätzungen verblieben, nicht einsetzen werde.

Am Ende stand bis zu zehn Jahren *nach dem Auslaufen von SALT I* auch dem verrücktesten sowjetischen Führer keines dieser hypothetischen Szenarios zur Verfügung – mehr als genug Zeit, um Gegenmaßnahmen zu treffen. Wir konnten unser verbliebenes Potential stärken, indem wir die vorhandenen Raketen mit mehr Sprengköpfen bestückten; wir konnten eine schwerere Rakete mit mehr Sprengköpfen und stärkerer Explosionskraft entwickeln; wir konnten neue Waffen mit ganz anderen Merkmalen bauen, die nicht unter die SALT-Beschränkungen fielen, zum Beispiel Cruise-Missiles. Und es blieb uns nach wie vor die Option der Raketenabwehr. Mit Ausnahme letzterer, die der Kongreß zerstückelte, wurden alle diese Schritte von der Nixon-Administration in die Tat umgesetzt oder eingeleitet. Ford machte in diesem Sinne weiter, *bevor* SALT I auslief.

Kein Wunder, daß die Berufsmilitärs auch nicht einem dieser überzogenen Szenarios je beipflichteten. Was sie vom strategischen Gleichgewicht hielten, geht aus einem Brief des Vorsitzenden der Joint Chiefs of Staff, General George S. Browns, hervor, den dieser 1977, kurz nachdem Ford aus dem Amt geschieden war, an Senator William Proxmire schrieb:

> Die Joint Chiefs of Staff stimmen nicht der Einschätzung zu, die Sowjetunion habe gegenüber den Vereinigten Staaten militärische Überlegenheit erlangt… (Die strategischen Kräfte der Vereinigten Staaten) werden als ausreichend betrachtet, um die heutigen Ziele der Vereinigten Staaten zu erreichen.[4]

Henry Jackson und seinen neokonservativen Anhängern, die sich auf eine abwegige Einzelgefahr versteiften, gelang es, die innenpolitische Debatte von Amerikas tatsächlichem Sicherheitsproblem der siebziger Jahre abzulenken, das, wie bereits erwähnt, genau das Gegenteil ihrer apokalyptischen Vision beinhaltete: Eine sich abzeichnende strategische Pattsituation konnte die Sowjetunion dazu verleiten, ihre Überlegenheit bei den *konventionellen* Waffen für geopolitische Übergriffe oder Erpressungsmanöver zu nutzen. Die Kontrolle der strategischen Rüstung mußte als Bestandteil der nationalen Gesamtstrategie betrachtet werden. Die Liberalen aber klammerten sich an die Rüstungskontrolle als Allheilmittel, die Konservativen wiederum sahen SALT I als die Ursache, nicht als das Ergebnis unserer eigenen einseitigen Beschlüsse, die für über ein Jahrzehnt galten.

Die tatsächliche strategische Gleichung war das genaue Gegenteil dieser Weltuntergangsszenarios. Selbst nach SALT I mußten die strategischen Kräfte der Sowjetunion als wesentlich angreifbarer für einen amerikanischen Erstschlag gelten als umgekehrt. Der Grund war, daß nur dreißig Prozent des strategischen Potentials der Vereinigten Staaten landgestützte Waffen darstellten – bei der Sowjetunion betrug dieser Anteil neunzig Prozent –, die amerikanischen U-Boot-gestützten Raketen aber wesentlich wirksamer und zielgenauer waren als die sowjetischen. Bei einem richtigen Verhältnis von MX und Minuteman III war das landgestützte Potential der Sowjetunion unseren Raketen so schutzlos ausgeliefert, wie es unsere Kritiker von den strategischen Waffen Amerikas behaupteten. Auch die zerstörerische Wirkung auf das strategische Gesamtpotential der Sowjetunion wäre verheerender gewesen.

Als Nixon zurücktrat, drifteten die Debatten über die Rüstungskontrolle ins geistige Niemandsland ab. Die Entspannungspolitik wurde von den Liberalen angegriffen, weil sie sich zu sehr auf die militärische Sicherheit konzentrierte, von den Konservativen dagegen, weil sie diese nicht ausreichend berücksichtigte, von den Liberalen, weil man dabei zu wenig Wert auf die Rüstungskontrolle legte, von den Konservativen, weil man sich zu viel damit befaßte. Die Verteidigungsprogramme wurden mit Hilfe der Konservativen gegen den Widerstand der Liberalen unter großen Anstrengungen durch den Kongreß gebracht, Maßnahmen zur Rüstungskontrolle konnten mit Unterstützung der Liberalen gegen den Widerstand der Konservativen knapp durchgesetzt werden. Jackson und seine Anhänger verdienen Anerkennung dafür, daß sie mithalfen, den Angriff der Vietnamprotestbewegung auf die nationale Verteidigung abzuwehren. Aber zugleich gelang es ihnen, die amerikanische Außenpolitik zu lähmen.

Die Auswanderung der Juden aus der Sowjetunion

Die Auswanderung aus der Sowjetunion war weder ein außen- noch ein innenpolitisches Thema, bis die Nixon-Administration sie in den sowjetisch-amerikanischen Dialog einbrachte. Über diese Frage sprach ich mit dem sowjetischen Botschafter Anatoli Dobrynin zum ersten Mal im Jahr 1969. Ich tat dies zurückhaltend, denn bislang war dieses Problem nur von einigen jüdischen Vereinen angesprochen worden. Ich verwies auf die geringe Zahl von kaum vierhundert Personen, die im Jahr 1968 ausreisen durften, und erklärte, jede Erhöhung dieser Zahl werde von der Administration zur Kenntnis genommen und könnte unsere Bewertung der Absichten der Sowjetunion positiv beeinflussen. Wir waren ziemlich überrascht, daß die Zahl der Juden, die aus der Sowjetunion ausreisen durften, innerhalb von fünf Jahren fast auf das Hundertfache stieg – von vierhundert Personen 1969 auf fast fünfunddreißigtausend im Jahr 1973.

Um sicherzustellen, daß dieser erfreuliche Trend anhielt, machte die Nixon-Administration in der Öffentlichkeit nie viel Aufhebens davon, auch nicht im Präsidentschaftswahlkampf 1972. So waren wir nahezu hilflos, als Jackson plötzlich unsere Politik für sich in Anspruch nahm.

Jacksons Vorstoß wurde durch die Entscheidung des Kremls vom August

1972 ausgelöst, allen Auswanderern eine »Ausreisesteuer« abzuverlangen, angeblich, um dem Sowjetstaat die Ausgaben für die Ausbildung der Emigranten zu ersetzen. In der Praxis war dadurch ein wesentlicher Rückgang der Auswandererzahlen zu erwarten. Warum es der Sowjetunion gefiel, den guten Willen Amerikas auf diesem Höhepunkt der Ost-West-Beziehungen herauszufordern, ist niemals einleuchtend erklärt worden. Dobrynins Behauptung, die Entscheidung habe ein subalterner Beamter getroffen, ist nicht glaubhaft, wenn man bedenkt, wie hochzentralisiert das kommunistische System funktionierte und welches Interesse die Nixon-Administration an der Frage hatte. Eher ist anzunehmen, daß hohe sowjetische Führer unter dem Eindruck von Anwar Sadats lautstarker Enttäuschung über die Ergebnisse des Gipfels von 1972 und seiner Vergeltung in Form der Ausweisung der sowjetischen Berater aus Ägypten den zusätzlichen Vorwurf vermeiden wollten, mit ihrer Lockerung der Auswanderungsbestimmungen für Juden stärkten sie stillschweigend Israel. (Dorthin siedelte die Mehrheit der Auswanderer damals um.)

Was auch immer der wahre Grund gewesen sein mag – die Ausreisesteuer löste einen Angriff auf eine erfolgreiche Politik aus, die wir vier Jahre lang ohne viel Aufhebens und auf betont unpolitische Weise betrieben hatten. Als Hebel wurde die ausstehende Zustimmung des Senats zu einem Abkommen von 1972 angesetzt, das der Sowjetunion als Gegenleistung für das Begleichen ihrer Schulden aus den Lend-Lease-Abkommen des Zweiten Weltkrieges die Meistbegünstigung im Handel in Aussicht stellte. Dazu hatten uns seit dem Antritt der Nixon-Administration insbesondere liberale Kongreßabgeordnete, Senatoren und die Medien gedrängt.

In der spannungsgeladenen Atmosphäre nach Vietnam und Watergate wirkte der Begriff der Meistbegünstigung wie ein Funke in einem Pulverfaß, denn er implizierte, daß der Sowjetunion eine neue, ganz besondere Begünstigung zuteil werde. (Zwanzig Jahre später kam die gleiche Diskussion im Fall Chinas auf.) In Wirklichkeit ist die Meistbegünstigung ein Fachbegriff, der besagt, daß ein Staat dieselbe Behandlung erfährt wie alle anderen, mit denen die Vereinigten Staaten bereits normale Handelsbeziehungen unterhalten. (Das waren 1974 über hundert und sind heute etwa einhundertsechzig Staaten.)

Die Sowjetunion war zuvor nicht in den Genuß dieses Status gekommen, weil sie sich bislang geweigert hatte, die Lend-Lease-Anleihen zurückzuzahlen. Im September 1972 brachte Handelsminister Peter G. Peterson Verhandlungen zum Abschluß, die beide Fragen regelten. Angesichts der Rückständigkeit der sowjetischen Industrie war nicht zu erwarten, daß die Meistbegünstigung zu einer wesentlichen Steigerung des sowjetisch-amerikanischen Handels führte. Es ging vor allem um eine psychologische Geste der Nichtdiskriminierung für die sowjetischen Führer, die zwar behaupteten, sie seien die Vorreiter der Geschichte, aber stets von der Furcht besessen waren, nicht gleichberechtigt behandelt zu werden.

Das Abkommen über die Meistbegünstigung gab Senator Jackson das gesetzgeberische Mittel in die Hand, die Sache auf den Punkt zu bringen. Am 4. Oktober 1972 schlug er eine Ergänzungsklausel zu einer Maßnahme vor, die die Verhandlungsvollmacht des Präsidenten in Handelsfragen neu regelte. Die Jackson-Gesetzesvorlage verbot die Gewährung der Meistbegünstigung für jedes kommunistische Land, das die Auswanderung einschränkte. Als Nixon am 10. April 1973 dem Kongreß die Lend-Lease-Regelung zusammen mit dem Vorschlag der Meistbegünstigung für die Sowjetunion vorlegte, war dies das Signal zum offenen Kampf.

Wir glaubten zunächst, die Sache sei rasch und einvernehmlich zu regeln, denn wir hielten Jackson immer noch für unseren Verbündeten und sahen unsere Meinungsunterschiede mit ihm als weitgehend taktisch bedingt an. Deshalb hielten wir uns erst einmal zurück und versuchten seinen Vorschlag als Hebel zu benutzen, um die Sowjets zur Rücknahme der Steuer zu bewegen. Nach mehreren Gesprächen mit Dobrynin traf am 30. März 1973 in meinem Büro eine Erklärung des Kremls mit der Aufschrift »Für den Präsidenten« ein. Darin beschrieb man zwar die Auswanderungspraxis als eine gänzlich innere Angelegenheit der Sowjetunion, teilte Nixon aber zugleich mit, von nun an würde die Ausreisesteuer nur in »außergewöhnlichen« Fällen erhoben werden, wenn es um die Sicherheit des Staates gehe; von allen übrigen Auswanderern werde man nur eine »geringfügige« Abgabe verlangen.

Unsere Reaktion zeigte, wie sehr es Jackson bereits gelungen war, die Auswanderung der Juden aus der Sowjetunion zu einem Thema der amerikanischen Innenpolitik zu machen. Wir baten Moskau, uns zu erlauben, seine Erklärung dem Kongreß und auch der israelischen Regierung zur Kenntnis zu geben. Zwar protestierte der Kreml wortreich dagegen, daß Israel mit den sowjetischen Ausreisebestimmungen irgend etwas zu tun hätte, trotzdem gab er nach und überließ es der Diskretion des Präsidenten, »zu entscheiden, wie er unsere Mitteilung nutzen und wen er von ihrem Inhalt in Kenntnis setzen will«. Damit, so glaubten wir, sei das Problem gelöst.

Am 18. April 1973 jedoch zerplatzten unsere Illusionen über Jacksons Ziele wie eine Seifenblase. Dies war der Beginn seiner offenen und immer unversöhnlicheren Angriffe gegen unsere Politik. Nixon hatte die führenden Männer des Kongresses zu einer Besprechung in das Rooseveltzimmer des Weißen Hauses geladen, um sie über die sowjetische Erklärung zu informieren. Wir nahmen an, damit sei die Sache erledigt, und erwarteten sogar eine gewisse Anerkennung, denn wir hielten das Ganze für einen gelungenen diplomatischen Coup.

Jackson hatte jedoch bereits das Interesse am Thema der Ausreisesteuer selbst verloren. Er hatte eine Waffe gegen die Sowjetpolitik Nixons entdeckt, die er nicht so leicht wieder aus der Hand zu geben gedachte. Die sowjetische Reaktion, so erklärte der Senator eisig, sei nicht zufriedenstellend. Um den Status der Meistbegünstigung zu erhalten, müsse die Sowjetunion ein *Minimum* an Ausreisevisa *garantieren* und die Auswanderungsbestimmungen für *alle* Nationalitäten lockern. Jackson präzisierte nicht näher, was er sich unter einem Minimum vorstellte, aber offenbar lag es wesentlich höher als die bereits beispiellose Zahl von fast fünfunddreißigtausend Personen, die im Jahr 1973 ausreisen durften.

Jacksons Forderung, bei einem bereits unterzeichneten Abkommen, in dem die Sowjets unsere festgesetzten Fristen für die Rückzahlung der Lend-Lease-Anleihen akzeptiert hatten, im nachhinein zusätzliche Bedingungen zu stellen, war eine unmißverständliche Kampfansage. Jackson trieb uns in die Auseinandersetzung ausgerechnet zu einer Zeit, da Nixons Ansehen deutlich im Sinken begriffen war. Denn in derselben Woche suchte John Dean den Staatsanwalt auf, und unter Nixons Füßen ging die Watergate-Bombe hoch.

Dem Senator war nicht entgangen, daß er hier ein Thema hatte, das seinen eigenen Ambitionen auf das Präsidentenamt sehr zupaß kam. Unter Insidern war Jackson als kluger Taktiker bekannt und als Mann von Grundsätzen geachtet. Aber wenn er in drei Jahren Präsidentschaftskandidat der Demokratischen Partei werden wollte, mußte er einen Weg finden, um bei den Vorwahlen in den Staaten New York und Kalifornien erfolgreich zu sein. Daher hielt er es für angebracht, sein Image eines »Falken« etwas zu mildern, um bei dem zunehmend mächtiger werdenden liberalen Flügel seiner Partei Anklang zu finden.

Angesichts der Watergate-Hearings, die täglich im Fernsehen übertragen wurden, fühlte sich Nixon zu schwach, um sich auf einen Kampf mit Jackson und dessen Verbündeten einzulassen. Das Handelsgesetz wurde im ersten Halbjahr 1973 auf Eis gelegt und dann auch im Herbst, weil sich die Spannungen zwischen Ost und West aufgrund des Krieges im Nahen Osten wieder verschärften. Deshalb traf ich Jackson erst am 6. März 1974 wieder, um zu erkunden, ob ein Kompromiß möglich war

Damals stand Nixon jedoch bereits kurz vor der Amtsenthebung, und Jackson sah keinerlei Grund, seinen Druck auf den Präsidenten zu lockern, indem er sich mit ihm über die Auswanderung aus der Sowjetunion einigte. Es konnte also nur ein Dialog der Taubstummen werden. Da half auch nicht, daß ich führenden Vertretern der Juden bei mehreren Gelegenheiten erklärt hatte, ich hätte nichts dagegen, wenn Jackson das Verdienst für jegliche Änderungen der sowjetischen Auswanderungspraxis für sich beanspruchte.[5]

Durch Jackson hatte die Auswanderungsfrage jedoch inzwischen symbolische Bedeutung erlangt. Er war entschlossen, mit ihrer Hilfe zu demonstrieren, daß die Nixon-Administration den ganzen Komplex der Ost-West-Beziehungen konzeptionell und methodisch von Anfang an falsch angepackt hatte. In einer öffentlichen Auseinandersetzung mit dem Präsidenten und dem Außenminister wollte er beweisen, daß mit einem Konfrontationskurs mehr Zugeständnisse zu erreichen waren als mit Diplomatie. Seine Position wurde erheblich gestärkt, als der bedeutende sowjetische Wissenschaftler und Menschenrechtler Andrei Sacharow in einem offenen Brief Jacksons Gesetzesvorlage unterstützte.

Mein erstes Treffen mit Jackson hatte reinen Sondierungscharakter. Bei unserer zweiten Begegnung am 15. März 1974 begann er, seine Karten aufzudecken. Der Senator forderte von der Sowjetunion eine schriftliche Garantie dafür, daß jährlich einhunderttausend Personen auswandern durften (etwa dreimal soviel wie bisher). Jackson sorgte dafür, daß die Zahl bekannt wurde. Ich hatte nun die Wahl, entweder als zu weich zu erscheinen, um diese Forderung zu stellen, oder als nicht fähig genug, um sie durchzusetzen. (Jacksons Mitarbeiter lasteten mir die Indiskretion an – als ob ich irgendein Interesse daran haben konnte, mich selbst in eine so ohnmächtige Position zu manövrieren.) Um sich bei seinem verstiegenen Vorschlag immer noch etwas Spielraum zu sichern, lehnte Jackson es ab, die Gewährung der Meistbegünstigung zu versprechen, sollte die Quote erreicht werden. Statt dessen beschränkte er sich auf die verschwommene Erklärung, ein solches Entgegenkommen könne es ihm erlauben, die »Möglichkeit« eines Kompromisses »in Betracht zu ziehen«. Das hieß, er hatte noch weitere Forderungen in der Hinterhand.

Damit hatte er Nixon und mich geschickt in eine nahezu ausweglose Lage manövriert. Da sich der Präsident in größten Schwierigkeiten befand, verblieb ich als einziger Unterhändler in seinem Auftrag. Der Kompromiß ist geradezu das Lebenselixier des Senats, und so konnte ich mir wenig Hoffnung auf Unterstützung durch den Kongreß machen, solange ich mich nicht willens zeigte, Jacksons Vorschläge zu prüfen. Wenn ich mich aber auf seine Zahlen einließ und eine schriftliche Garantie der Sowjets forderte, machte ich jede Aussicht zunichte, mit der Sowjetunion in anderen Fragen zu Übereinkünften zu gelangen.

Um aus diesem Dilemma wieder herauszukommen, versprach ich – was möglicherweise unklug war – den Senatoren Jacob Javits aus New York und Abraham Ribicoff aus Connecticut, die dem von Jackson angeführten Verhandlungsteam des Senats angehörten, ich würde nach einem Weg suchen, dieses innenpolitische Problem der Sowjetunion ungeachtet deren Weigerung dem US-Kongreß zur Prüfung vorzulegen. Ich schlug vor, bei meinem Besuch in Moskau, der für den 24. bis 28. März 1974 anberaumt war, mit dem sowjetischen Außenminister Andrei Gromyko Gespräche aufzunehmen, mit dem Ziel, eine Definition des Auswanderungsverfahrens aus der Sowjetunion zu formulieren, von der Breschnew bereits ein Jahr zuvor in einer Erklärung gesprochen hatte. Diese wollte ich nutzen, um eine Erhöhung der Auswanderungszahlen zu erreichen, und schließlich meine Sicht der sowjetischen Absichten in einem Brief an die Senatoren darlegen. So konnten die Sowjets vermeiden, daß ihr Auswanderungsverfahren offiziell einer Prüfung durch den Kongreß ausgesetzt wurde, während dieser indirekt die Zusicherungen erhielt, die er verlangte.

Das war eine geniale Formel, die zum Erfolg hätte führen können, wäre den Senatoren daran gelegen gewesen, das Gesicht der Sowjetunion zu wahren. Aber um ihre Wähler zu beeindrucken, mußten die Senatoren demonstrieren, daß sie widerborstigen sowjetischen Führern und einer »pflaumenweichen« Administration Garantien abgerungen hatten, die ohne ihren Druck nicht zustande gekommen wären.

Diese Haltung mußte den ganzen Plan zu Fall bringen, denn die Sowjets billigten niemals, daß der Kongreß ein Recht auf Auswanderung aus ihrem Land festlegte. Sie waren uns bisher nur gefolgt, um sich den guten Willen Amerikas in anderen Bereichen zu erhalten. Mein Kompromiß, daß wir die Einschätzung der Administration von den Absichten der Sowjetunion dem Kongreß übermittelten, mußte uns nun in endlose Kontroversen verwickeln. Der Kongreß würde unsere Einschätzung zweifellos als eine Verpflichtung interpretieren, während die sowjetischen Führer weit von sich wiesen, sie hätten sich juristisch zu irgend etwas verpflichtet.

Wenn der Senator darauf bestand, daß die Meistbegünstigung für die Sowjetunion jährlich neu zu bestätigen sei, nahm er damit auch die Administration auf Dauer in Haftung. Bei jeder Erneuerung konnten weitere Forderungen gestellt werden, bis man früher oder später das Maß zum Überlaufen brachte. Dann war der Zeitpunkt gekommen, der Administration entweder Betrug oder Schwäche vorzuwerfen. Hinzu kam, daß die erste Bestätigung 1976 fällig war, in dem Jahr, da Präsidentschaftswahlen und Vorwahlen in New York bevorstanden, die für Jackson entscheidende Bedeutung hatten. Wenn Senatoren und Administration zusammengearbeitet hätten, dann wäre leicht eine beträchtliche Erhöhung der bereits dramatisch gewachsenen Zahl der Auswanderer aus der Sowjetunion zu erreichen gewesen. Der Konfrontationskurs und der fast sichere offene Konflikt (mit der Sowjetunion) überwogen aber jeden denkbaren Vorteil, schadeten nicht nur der Auswanderung, sondern drohten auch alle anderen Ergebnisse von vier Jahren geduldiger und insgesamt erfolgreicher Ost-West-Diplomatie zunichte zu machen.

Einige Wochen lang schien es, als würde mein Plan funktionieren. Bei mehreren Begegnungen in Moskau im März und danach in Genf im April 1974 bestätigte Gromyko – allerdings nicht sonderlich begeistert – Breschnews Zusicherung, man werde den jüdischen Auswanderern keine rechtlichen Hindernisse in den Weg legen, es werde keine Schikanen für Antragsteller geben und die Zahl der Auswanderer werde im wesentlichen der der Anträge entsprechen. Gromyko präzisierte Breschnews Zusage dahingehend, daß man nicht mehr als 1,6 Prozent der Anträge ablehnen werde. Widerwillig stimmte Gromyko zu, das Ziel von fünfundvierzigtausend Personen – eine Steigerung von fünfundzwanzig Prozent gemessen am bisherigen Höchststand – sei eine »vernünftige« Orientierung. Sarkastisch fügte er hinzu, die Sowjetregierung werde ihre Bürger allerdings nicht zur Auswanderung zwingen, nur um dem amerikanischen Kongreß zu gefallen.

Jackson und seine Mitstreiter hatten für diese Zahlen jedoch nur Verachtung übrig. Richard Perle bestand weiterhin auf einer Jahresquote von einhunderttausend Auswanderern. Jackson, der den guten Onkel spielte, bot als »Zugeständnis« die Formulierung an, diese Zahl sei eher ein »Ziel« als eine »Vorbedingung«. Nach einiger Zeit stellte sich heraus, daß er mit dem »Ziel« einen »Kompromiß« bei etwa fünfundsiebzigtausend oder eine Verdoppelung gegenüber der bisherigen Höchstzahl von Ausreisevisas meinte. Während die amerikanische Seite mit sich selbst verhandelte, als läge es in ihrer Macht, die Zahl der jüdischen Auswanderer aus der Sowjetunion zu bestimmen, gingen die tatsächlichen Zahlen zurück. Mit jedem Jahr, das wir über Jacksons Gesetzesvorlage debattierten, sank sie um die Hälfte.

Unbeeindruckt davon schob der unnachgiebige Senator immer neue Forderungen nach. Jackson behauptete, Ausreisevisa gewähre man vorrangig Antragstellern aus Provinzen mit niedrigerem Bildungs- und Kulturniveau, weniger der Moskauer geistigen Elite. Mit dieser »Schikane«, so argumentierte Jackson, müsse Schluß sein, wenn die Sowjetunion auf die Meistbegünstigung Wert lege. Javits faßte die Position des Senators so zusammen: »Er denkt, der Außenminister sollte weitere Gespräche führen.« Dieser Auftrag konnte haarsträubender nicht sein: Um ein Abkommen in Kraft zu setzen, das bereits vom amerikanischen Handelsminister unterschrieben war, sollte ich die Auswanderung von Juden aus der Sowjetunion gegenüber dem höchsten Niveau, das sie je erreicht hatte, verdreifachen und dazu der Sowjetunion auch noch vorschreiben, wie sich die Auswanderer auf ihre Gebiete verteilten. Als Gegenleistung sollte die UdSSR die gleiche Behandlung erfahren, die über hundert Staaten bereits ohne jede Vorbedingung genossen; in ihrem Fall sollte sie aber dem Kongreß zur jährlichen Bestätigung vorgelegt werden.

Um auch jede Hintertür für eine Verbesserung der Handelsbeziehungen mit der Sowjetunion zu verschließen, ging Jackson daran, Hemmnisse für Kredite und Handelsgeschäfte aufzubauen. Am 30. Juni 1974 stand die Vollmacht des Präsidenten, die Möglichkeiten der Export-Import-Bank zu nutzen, zur Verlängerung an, ein Akt, der seit zwei Jahrzehnten im Abstand von zwei Jahren ohne jede Einwände über die Bühne ging. Jackson und sein Verbündeter im Senat, Adlai Stevenson III., ein Demokrat aus Illinois, nutzten diese Gelegenheit, um den Wirtschaftsbeziehungen zwischen Ost und West einen Riegel vorzuschieben, indem sie einen völlig neuen Zusatzantrag einbrachten. Offiziell war der Antragsteller Stevenson, er schrieb die Idee aber öffentlich Jackson zu. In dem Antrag wurde gefordert, alle Export- und Importkredite an die Sowjetunion über fünfzig Millionen Dollar vom Kongreß bestätigen zu lassen und für die Summe *aller* Kredite an die Sowjetunion eine Obergrenze von dreihundert Millionen Dollar festzulegen. Da Jackson und seine Mitstreiter den Spielraum des Präsidenten in der Ost-West-Diplomatie auf diese Weise immer mehr einengten, gingen auch die sowjetisch-amerikanischen Wirtschaftsbeziehungen nach zweijähriger Zusammenarbeit zwischen Washington und Moskau in einigen Bereichen immer mehr zurück und waren schließlich schlechter als in jeder früheren Phase des Kalten Krieges.

Das Thema der Auswanderung der Juden war nun endgültig mit Nixons Schicksal verknüpft. Ende Juni 1974 begab er sich zu seinem letzten Gipfeltreffen mit Breschnew. Dies sollte auch seine letzte Auslandsreise als Präsident sein. Nixons Kritiker argwöhnten, er könnte mit einem spektakulären Trick versuchen, die bevorstehende Amtsenthebung in letzter Minute noch abzuwenden. In Wirklichkeit hatte er überhaupt keine derartigen Vorstellungen. Weder damals noch später hat es auch nur den geringsten Hinweis darauf gegeben, daß Nixon einen »Deal« plante. Dieser hätte lediglich eine außenpolitische Bilanz verdorben, auf die er mit Recht stolz sein konnte. Jackson aber war entschlossen, dem Präsidenten in Moskau keinerlei Handlungsspielraum zu lassen. Zwei Tage vor Nixons Abreise erklärte er, er werde in Kürze weitere Bedingungen für die Auswanderung der Juden auf den Tisch legen. Details nannte er dabei nicht, doch allein die Ankündigung verdammte alle Bemühungen zum Scheitern, das Problem der Auswanderung der Juden zu lösen, bevor Nixon fünf Wochen später von seinem Amt zurücktrat.

Am Ende von Nixons Präsidentschaft war seine Ost-West-Politik einem Trommelfeuer von Angriffen ausgesetzt. Eine großmäulige Konfrontationsstrategie wurde zunächst einem von der Amtsenthebung bedrohten Präsidenten und danach seinem nichtgewählten Nachfolger zu einer Zeit aufgedrängt, da die Vereinigten Staaten tief gespalten waren, da ein feindseliger, pazifistischer Kongreß die Befugnisse des Präsidenten für militärische Aktionen beschnitt und jedes neue Waffensystem verwarf. Es war eine schwere Verantwortung, diese Last einem neuen Präsidenten aufzubürden, dem vor allem daran lag, wieder Vertrauen zu schaffen und eine ganze Reihe von Krisen im In- und Ausland zu entschärfen.

V. China und seine Führer

Tempo und Umfang der modernen Kommunikation werden es künftigen Historikern zunehmend schwerer machen, die heutigen internationalen Beziehungen präzise darzustellen. Bevor es Schreibmaschine und Kopiergerät gab, war das Erstellen von Dokumenten ein mühseliger Prozeß. Offizielle Papiere beschränkten sich daher auf wichtige Angelegenheiten. Und bevor der Telegraph aufkam, war die Kommunikation zu langsam, als daß detaillierte taktische Weisungen hätten gegeben werden können. Diplomaten erhielten daher lediglich Richtlinien, die das Verhandlungskonzept umrissen. Selbst die Außenministerien der Großmächte konnten kaum mehr tun, als die allgemeinen Ziele und die Strategie vorzugeben; die geeignete Taktik mußte an Ort und Stelle gefunden werden. Aus den entsprechenden Gründen beschränkten sich auch die Diplomatenberichte auf Fragen des Konzepts. Sie hatten das Verhältnis zwischen der vorgegebenen Strategie und der tatsächlichen Entwicklung zu erklären. Zuweilen – meist sehr selten – konnte der Diplomat einen Wechsel der Strategie fordern. In jedem Fall aber waren diplomatische Dokumente weitgehend konzeptioneller und analytischer Art.

Die Technologie hat Praxis und Inhalt der Diplomatie revolutioniert. Heute wird ein Dokument ausgearbeitet, kopiert und dann mit einem einzigen Knopfdruck in wenigen Minuten in die ganze Welt gesandt. Die Bürokratien sind so angeschwollen, daß ein großer Teil der Dokumente – wahrscheinlich sogar die meisten – von Verwaltungsdingen oder Streit zwischen einzelnen Institutionen handelt. Sie erhellen nicht so sehr die geopolitischen Ziele oder die Strategie, als vielmehr bürokratische Grabenkämpfe.

Künftige Historiker werden stets Gefahr laufen, sich nicht nur von der Fülle der Dokumente, sondern auch von ihrem Charakter verwirren zu lassen. Detaillierte Instruktionen können heute so leicht und schnell übermittelt werden, daß Präsidenten und Außenminister sich in ihren Weisungen lieber mit den praktischen Einzelheiten des diplomatischen Alltags als mit konzeptionellen Grundlagen der Außenpolitik befassen. Man weist die Diplomaten eher genauestens an, was sie sagen sollen, als daß man ihnen erläutert, warum sie es tun sollen. Taktik und Innenpolitik treten an die Stelle der Strategie. Die existiert fast nur noch in den Köpfen einiger hoher Politiker, die sie aus Furcht vor Indiskretion selten artikulieren oder anderen mitteilen. Geschichtsschreibung wird so zum Bericht über Augenblicksereignisse und Sensationen bar jeder historischen Perspektive oder langfristigen Vision.

Seit die diplomatischen Kontakte mit China im Jahr 1971 wiederaufgenommen worden waren, bildeten die chinesisch-amerikanischen Beziehungen eine bemerkenswerte Ausnahme. Da zwei Jahrzehnte lang so gut wie keine Verbindung bestand, konnten die Vereinigten Staaten und China einen ganz neuen Anfang wagen. Mao Tse-tungs Politik, sich auf die eigene Kraft zu verlassen, und ein amerikanisches Handelsembargo hatten die wirtschaftlichen Beziehungen zwischen beiden Ländern eingefroren. Die Fragen, von denen die Wiederherstellung der Beziehungen abhing, waren in erster Linie geopolitischer und konzeptioneller Natur: die jeweilige Sicht der

Gefahren, die von der Sowjetunion ausgingen, die Zukunft Taiwans, die Bestimmung des Verhältnisses zwischen den Mächten in Asien und in der Welt.

Im Mittelpunkt des chinesisch-amerikanischen Dialogs standen strategische Fragen, weil das Ziel, das jede Seite verfolgte, nur erreicht werden konnte, wenn es gelang, die andere für eine entsprechende Sicht der internationalen Lage zu gewinnen. Von allen diplomatischen Gesprächen, an denen ich teilnahm – ob nun allein oder als Begleiter der beiden Präsidenten, unter denen ich diente –, waren die mit den chinesischen Führern am konsequentesten langfristig und konzeptionell angelegt. Wir hatten, um die Wahrheit zu sagen, in jener frühen Phase gar keine anderen Gesprächsthemen und keine andere Möglichkeit, den Kontakt zu knüpfen. Dazu aber waren wir fest entschlossen.

Zwei Arten von Diplomatie

Der Umfang, den die chinesisch-amerikanischen Beziehungen bald annahmen, war um so bemerkenswerter, wenn man bedenkt, wie tief die Kluft in Geschichte, Kultur, Ideologie und wirtschaftlicher Entwicklung ist, die die beiden Gesellschaften voneinander trennt. Nur wer Maos China kennengelernt hat, kann die damalige Distanz oder die Größe der Veränderungen ermessen, die seitdem vor sich gegangen sind. Das geschäftige Treiben in den Städten von heute, der gewaltige Bauboom, die Verkehrsstaus und eine wirtschaftliche Wachstumsrate, die ständig die Inflation in die Höhe zu treiben droht – all das war unvorstellbar in jenen Tagen, als China noch seiner ideologischen Leidenschaft frönte, die es aus Maos kleinem Roten Buch nährte. Das war eine Welt für sich mit einer stagnierenden Industrie, mit tristen landwirtschaftlichen Kommunen, mit einer riesigen uniform gekleideten Bevölkerung und mit Straßen, auf denen das Fahrrad noch als Hauptverkehrsmittel diente. Das war das China, wie es sich mir in jenen fernen Tagen darstellte, als Richard Nixon mit seiner scharfen antikommunistischen Rhetorik und Mao Tse-tung mit seinen markigen, verächtlichen antikapitalistischen Losungen aufeinandertrafen, um eine geopolitische Revolution auszulösen.

Nixon war von dem Wunsch getrieben, den Rückzug der Vereinigten Staaten aus Vietnam zu erreichen, ein Gegengewicht gegen den Expansionismus der Sowjetunion zu schaffen und der militanten Friedensbewegung im eigenen Land mit einem großen Friedensplan den Wind aus den Segeln zu nehmen. Mao teilte Nixons Sorge über den sowjetischen Expansionismus. Er hatte allen Grund anzunehmen, China könnte das nächste Ziel sein. Denn kein zweiter kommunistischer Führer forderte damals Moskaus Vormachtsanspruch so offen heraus wie Mao. Und wenn die Breschnew-Doktrin von 1968, mit der Moskau sein Recht kundtat, jeden abtrünnigen kommunistischen Staat mit militärischer Gewalt zur Räson zu bringen, irgendeine praktische Bedeutung hatte, dann galt sie für Maos China. Das bewog sowohl China als auch die Vereinigten Staaten, Anfang der siebziger Jahre eine Annäherung zu suchen. Daß dies so rasch und auf so direktem Weg geschah, ist der Fähigkeit ihrer Führer zu verdanken, weltanschauliche Gegensätze dem beiderseitigen Interesse unterzuordnen.

Ein solches Vorgehen verlangte der amerikanischen Seite mehr geistige Beweglichkeit ab als den Chinesen. Mao war viel zu klug, um nicht zu verstehen, daß die Vereinigten Staaten kein Interesse daran hatten, sein Recht auf Abweichung von der »reinen« Lehre des Kommunismus zu verteidigen. Die einzig vorstellbare Grundlage für eine Zusammenarbeit mit den Vereinigten Staaten war die Rückbesinnung auf die klassischen Muster chinesischer Staatskunst.

China, das sogenannte Reich der Mitte, hatte in seiner Geschichte zumeist die Vorherrschaft über die ganze Region ausgeübt. Wenn es seine Sicherheit bedroht fühlte, hatte es die Nachbarländer, die es als Barbaren betrachtete, stets gegeneinander ausgespielt. Dabei galt die Faustregel, daß mit fernen Barbaren leichter umzugehen war als mit nahen. 1969 mußte man kein Hellseher sein, um zu erkennen, daß die größte Bedrohung für Chinas Sicherheit von der Sowjetunion ausging, die Truppen in Millionenstärke an seinen Grenzen zusammengezogen hatte. Die Hauptfrage, die Mao bewegte, war eindeutig die, ob die Vereinigten Staaten, die fernen Barbaren, begriffen, wo ihre eigenen Interessen lagen.

Nixons grundsätzliches Problem war vielschichtiger. Er war der höchste Repräsentant eines Staates, der von Menschen errichtet worden war, die den Institutionen, Gepflogenheiten und Werten der Gesellschaften, aus denen sie stammten, den Rücken gekehrt hatten. Sie pflegten ihren Glauben an die Überlegenheit der politischen Erfahrungen Amerikas geradezu wie eine Nationalreligion, die eine günstige Geographie noch verstärkte. Sicher zwischen zwei riesigen Ozeanen gelegen, waren die Vereinigten Staaten seit zweihundert Jahren das einzig große Land, das keine mächtigen Nachbarn hatte und sich deshalb nie in seiner Sicherheit unmittelbar bedroht fühlen mußte. Das Gleichgewicht der Mächte, wie es Europa betrieb, wurde als irrelevant oder gefährlich abgetan; es erschien als weniger wichtig im Vergleich zum moralischen und rechtlichen Konsens.

Als Mao und Nixon im Shanghaier Kommuniqué 1972 ihre Länder darauf verpflichteten, sich jeglichem Streben nach Vormacht in Asien (ein Jahr später auch in der ganzen Welt) zu widersetzen, war dies ein viel bedeutsameres Abweichen vom bisher in Amerika vorherrschenden Wilsonianismus als von der chinesischen Tradition. Wenn es auch nicht im einzelnen ausgesprochen wurde, bedeutete Widerstand gegen Streben nach Vormacht, eine Politik des Ausgleichs der Kräfte zu betreiben, einen einzelnen Staat daran zu hindern, die materiellen und menschlichen Ressourcen in seine Gewalt zu bringen, die ausreichend waren, um die Welt zu beherrschen. Die unausgesprochene, aber zwingende Schlußfolgerung war, daß China und die Vereinigten Staaten sich gemeinsam anschickten, ein Gegengewicht gegen die Macht der Sowjetunion zu bilden.

Unser strategisches Ziel war sogar noch schwieriger zu erreichen: Wir wollten die bipolare Welt des Kalten Krieges in ein Dreieck umwandeln und dieses so beeinflussen, daß wir zu beiden Rivalen engere Beziehungen unterhielten als sie untereinander – das sollte uns ein Maximum an Spielraum verschaffen. Eine derartige Betonung von Geopolitik und Gleichgewicht war für einen amerikanischen Präsidenten – zumindest seit den Tagen von Theodore Roosevelt – ohne Beispiel.

In dem Maße, wie wir unsere Strategie in die Tat umsetzten, kamen wir unweigerlich mit dem chinesischen Stil der Staatskunst in Berührung. Vor meinem Geheimbesuch in Peking meinten wir unsere Erfahrungen mit den Methoden der Sowjets auch auf China anwenden zu können. Bald jedoch mußten wir erkennen, wie tief die kulturelle Kluft war, die zwischen Moskau und Peking lag. Die sowjetischen Diplomaten vertraten ein gesellschaftliches Gefüge, das sich historisch zumeist mit brutaler Gewalt statt mit Konsens durchgesetzt hatte. Die Sowjetunion herrschte über ein viele Völker umfassendes Reich, das auf militärischer Stärke beruhte. Sie (und vor ihr auch das Russische Reich) hatte keine Verbündeten außerhalb der Reichweite ihrer Armeen. Der russische Verhandlungsstil war ein Spiegelbild dieser Realität: weniger das Bemühen, den Gesprächspartner zu überzeugen, als ihn durch Beharrlichkeit und Einschüchterung zu zermürben.

Die chinesischen Diplomaten vertraten dagegen eine Gesellschaft, die in der ihr bekannten Welt stets kulturell dominiert hatte. Ihre Diplomatie arbeitet eher mit Suggestion als mit Druck. Der Gesprächspartner fühlt sich geschmeichelt, in den chinesischen »Klub« aufgenommen zu werden, wenn auch nur als Gast. In der traditionellen Begrüßungsrede für Besucher Pekings werden »alte Freunde« wie Beinahe-Mitglieder des chinesischen »Klubs« und »neue Freunde« wie Anwärter auf die Mitgliedschaft begrüßt. Wenn einem Freundschaft angeboten wird, ist es viel schwieriger, Dingen zu widersprechen, die die Chinesen – meist in einem frühen Verhandlungsstadium – zu Grundsatzfragen erklären, bei denen es keine Kompromisse gibt. Im chinesisch-amerikanischen Verhältnis waren solche Grundsätze stets die Einheit Chinas und die logische Schlußfolgerung daraus, daß Taiwan ein Teil Chinas ist.

Für sowjetische Unterhändler, die so taten, als wäre Diplomatie ein Stellungskrieg, gab es keine unbedeutenden Fragen. Jedes Problem und jede Formulierung hatte gleiches Gewicht und wurde mit grimmiger Entschlossenheit verteidigt. Oftmals sicherte man sich damit bereits neue Forderungen, wenn es notwendig werden sollte, einmal von den ursprünglichen abzugehen. Die chinesischen Führer machten Zugeständnisse in weniger wichtigen Fragen – zumindest taten sie das in der Anfangsphase der chinesisch-amerikanischen Beziehungen –, um langfristig als verläßlich zu erscheinen.[1] Und sie sind stets bemüht zu demonstrieren, daß die Freundschaft Chinas nichts Vergängliches ist. So behandeln sie Staatsmänner im Ruhestand, die sich, als sie noch in Amt und Würden waren, für engere Beziehungen zu China einsetzten, mit höchster Aufmerksamkeit. (Ein Beispiel war Mao Tsetungs Geste, als er Nixon 1976 mit einer Sondermaschine zu einem Besuch nach China abholen ließ, da Politiker in den Vereinigten Staaten jeden Kontakt mit dem Expräsidenten vermieden.)

Natürlich blieb es bei den kulturellen Unterschieden, die das Verhältnis stets schwierig machen werden. Amerikanische Politiker neigen dazu, zwischen Pragmatismus und Bekehrungseifer, zwischen Praxis und Ideal zu schwanken. Die Chinesen überbrücken diese Kluft mit sorgfältiger geopolitischer Analyse; an ihren strategischen Auffassungen halten sie mit großer Beharrlichkeit fest. Amerikanische Unterhändler neigen zu juristisch fundierten Konzepten und legen großen Wert auf rechtlich bindende Dokumente. Chinesische Staatsmänner dagegen glauben, Vereinbarungen beruhten vor allem auf einem Konsens über gemeinsame Interessen. Ohne diesen können vertragliche Verpflichtungen nach chinesischer Auffassung nicht von langer Dauer sein. Ihr Anliegen kleiden sie häufig in eine Parabel aus ihrer fünftausendjährigen Geschichte.

In beiden Gesellschaften herrschen sehr verschiedene Zeitvorstellungen. Wenn ein Amerikaner gefragt wird, wann ein bestimmtes Ereignis stattfand, wird er ein Datum nennen. Die Chinesen beziehen sich auf eine Dynastie. Von den vierzehn Dynastien Chinas haben sieben länger geherrscht, als die Geschichte der Vereinigten Staaten alt ist, drei herrschten genauso lang. Während die Amerikaner ein genaues Zeitgefühl und eine relativ kurze Vorausschau haben, ist das chinesische Zeitgefühl nur ungefähr, aber die Perspektive meist viel weiter. Historische Bezüge der Chinesen geben auch dem besten amerikanischen Experten Rätsel auf. Wenn wir uns auf unsere Geschichte beziehen, sehen die Chinesen darin meist nur den Beweis für mangelnde nationale Erfahrungen, kaum lohnenswert für nähere Betrachtung.

Bei allen kulturellen Unterschieden erwies sich der chinesisch-amerikanische Dialog als ungewöhnlich dauerhaft und stets auf langfristige Überlegungen ausgerichtet. Das begann unter der Nixon-Administration und setzt sich bis heute fort. Er ist in vieler Hinsicht der kontinuierlichste bilaterale Bereich der amerikanischen Außenpolitik im 20. Jahrhundert.

Mao Tse-tung

Ich führte abwechselnd Gespräche mit dem Großen Vorsitzenden Mao Tsetung, mit Ministerpräsident Tschou En-lai und dem späteren stellvertretenden Ministerpräsidenten Teng Hsiao-ping. Mao überragte alle anderen wegen der quasireligiösen Verehrung, die man ihm entgegenbrachte oder die zur Schau zu stellen man für angebracht hielt. Die anderen chinesischen Führer untermauerten ihre Argumente fortwährend mit ausführlichen Zitaten des Großen Vorsitzenden, womit sie die Berechtigung ihrer Erklärungen unterstreichen und sich möglicherweise persönlich absichern wollten. Folgerichtig verhielten sie sich sehr respektvoll, wenn er zugegen war.

Die Atmosphäre der Abgeschiedenheit, aber auch der umfassenden, zuweilen bedrohlich wirkenden Präsenz wurde noch verstärkt durch die Art und Weise, in der Begegnungen mit Mao Tse-tung abliefen. Der Große Vorsitzende residierte in der Verbotenen Stadt so zurückgezogen und erhaben wie die Kaiser, die er mit beißendem Spott bedacht hatte. Begegnungen mit ihm wurden niemals vorher vereinbart, sie brachen herein wie göttliche Akte. Jedes meiner fünf Gespräche mit Mao kündigte sich durch Unruhe unter meinen chinesischen Gesprächspartnern an, die durch das Erscheinen der stellvertretenden Außenministerin Wang Hairong, angeblich Maos Nichte, ausgelöst wurde. Meine sichtlich aufgeregten chinesischen Partner taten einige Minuten so, als wäre nichts geschehen. Dann legte Tschou En-lai oder Teng Hsiao-ping die Papiere beiseite und sagte: »Der Große Vorsitzende Mao erwartet Sie.« Ob die amerikanische Delegation in diesem Augenblick für die Begegnung bereit war, darauf schien man keinen Gedanken zu verschwenden.

In Begleitung von Tschou (oder Teng bei den letzten beiden Gesprächen) wurde ich dann in einem chinesischen Wagen zu Maos Residenz gefahren. Amerikanische Sicherheitsleute durften mich nicht begleiten, und auch die Presse wurde erst nach dem Gespräch informiert. Die Chinesen waren sehr geübt darin, den von ihnen gewünschten Eindruck in der Öffentlichkeit durch die Bilder zu erzeugen, die sie freigaben, und durch die Adjektive, die sie zur Beschreibung des Ereignisses verwendeten. Wenn Mao auf dem Foto lächelte und es im Kommuniqué hieß, die Begegnung habe weitreichende Bedeutung gehabt, dann lautete die Botschaft, daß die chinesisch-amerikanischen Beziehungen florierten. Nach einem anderen Gespräch drohte ein lächelnder Mao auf dem Foto mir leicht mit dem Finger, so daß der Eindruck entstand, ein wohlwollender, aber ein wenig verstimmter Lehrer gebe zu verstehen, daß für die chinesisch-amerikanischen Beziehungen noch einiges zu tun sei.

In Maos Residenz gelangte man durch ein rotlackiertes Tor an der acht-spurigen Ost-West-Achse Pekings, die an zwei Stellen die alten Stadt-mauern durchbricht, welche dort bis zum Sieg der Kommunisten im Bür-gerkrieg gestanden hatten. Heute steckt der Verkehr auf dieser Prachtstraße ständig im Stau, damals jedoch, in den frühen Tagen der chinesisch-ameri-kanischen Beziehungen, konnte man kaum von Verkehr sprechen. Die we-nigen Dienstwagen und die etwas zahlreicheren Fahrräder wirkten auf der breiten Avenue wie verloren. Innerhalb der Kaiserstadt bog die Straße um einen See, auf dessen gegenüberliegender Seite mehrere Wohnhäuser für hohe Beamte standen. Sie waren alle in der ersten Phase der chinesisch-so-wjetischen Freundschaft erbaut worden und waren von dem klotzigen Stil der Stalin-Zeit geprägt.

Maos Residenz unterschied sich nicht von den anderen Bauten, stand aber etwas abseits. Bei meinen ersten beiden Besuchen nahm eine Tischtennis-platte fast den ganzen kleinen Vorraum ein. Später war sie verschwunden. Jedenfalls führte man mich stets direkt in Maos Arbeitszimmer. Während die meisten Staatsoberhäupter in einem Ambiente empfangen, das die Größe ihrer Gesellschaft demonstrieren soll, erweckte Maos Umgebung eher den entgegengesetzten Eindruck. Der allmächtige Herrscher des be-völkerungsreichsten Staates der Erde wollte als Gelehrter und Staatsmann erscheinen, der es nicht nötig hatte, seine Autorität mit traditionellen Ho-heitssymbolen herauszustaffieren.

Maos Arbeitszimmer war von bescheidener Größe. An drei Wänden stan-den Regale, die von Büchern und zusammengebundenen Papierbündeln, offenbar Manuskripte, überquollen. Auf Tischen und selbst auf dem Fußbo-den befanden sich weitere Bücherstapel. Bei meinen ersten Besuchen stand in der Ecke ein einfaches hölzernes Bett.

Mao erhob sich in einem Halbkreis von Sesseln mitten im Raum; eine Be-dienstete stand in der Nähe (bei meinem letzten Besuch stützte sie ihn), denn als ich mit ihm zusammentraf, hatte er bereits mehrere Schlaganfälle hinter sich, die ihn schließlich handlungsunfähig machten. Er sah mich mit einem leicht spöttischen Lächeln durchdringend an, als wollte er mich vor dem Versuch warnen, ihn, einen Kenner der menschlichen Schwächen und der Doppelzüngigkeit, hinters Licht zu führen. Da man bei »Barbaren« nie wußte, ob sie einen richtig verstanden, flocht Mao gelegentlich eine Anek-dote in das Gespräch ein, um anzudeuten, daß bei ihm keine Tricks zogen – so beispielsweise bei unserer Begegnung am 12. November 1973:

Der Präsident des Südjemen erklärte mir, er wolle die diplomatischen Beziehungen zur Sowjetunion abbrechen. Er bat mich um meine Meinung. Ich fiel darauf nicht herein und sagte, er solle vorsichtig sein. Jetzt bindet er sich eng an die Sowjetunion.

Selbst als Mao körperlich immer mehr verfiel, gingen von ihm so geballte Willenskraft und Entschlossenheit aus wie von kaum einer anderen Führungspersönlichkeit, der ich je begegnet bin. Eine Ausnahme war vielleicht Charles de Gaulle. Mao hielt sich nur noch mit Mühe aufrecht, und sein Sprechvermögen verschlechterte sich zunehmend. Bei unserem letzten Gespräch schrieb ein Helfer zunächst nieder, was die Laute bedeuten mochten, die aus seinem Mund kamen, woraufhin er entweder nickte oder den Kopf schüttelte, bevor die Dolmetscherin fortfahren konnte.

Ungeachtet dieser Handikaps führte Mao seine Gespräche stets in der Form sokratischer Dialoge. Er vermied die Monologe, mit denen Staatschefs häufig das Gespräch einleiten, und begann statt dessen stets mit einer Frage, die er häufig in leicht provozierendem Ton stellte. Mit trügerischer Lässigkeit ließ Mao dann einige kernige Bemerkungen fallen, die philosophisch bis sarkastisch sein konnten und der allmählichen Entfaltung des Gesprächsgegenstands dienten.

Der folgende Dialog aus meinem Gespräch vom November 1973 soll verdeutlichen, was ich meine. Einleitend fragte Mao zunächst nach den Themen, die Tschou En-lai und ich besprochen hatten, ging aber bald zu einer herausfordernden Diskussion über die Ambitionen der Sowjetunion über:

Mao: Worüber haben Sie gesprochen?
Tschou: Über den Expansionismus.
Kissinger: Das ist richtig.
Mao: Wer ist hier der Expansionist, eh? (Dabei wies er auf mich.)
Tschou: Er hat damit begonnen, aber andere haben hn bereits eingeholt.
Kissinger: Der Außenminister kritisiert uns von Zeit zu Zeit des Gleichgewichts wegen, aber ich denke, er kennt die wahre Quelle.
Mao: Aber das ist doch ein jämmerlicher Expansionismus. Vor dem sollten Sie keine Angst haben.
Kissinger: Wir haben keine Angst, Herr Vorsitzender. Von Zeit zu Zeit müssen wir zu entschlossenen Maßnahmen greifen, wie wir es vor zwei Wochen getan haben.
Mao: Die waren nicht schlecht, diese Maßnahmen...
Kissinger: Das Problem im Nahen Osten ist, zu verhindern, daß er jetzt von der Sowjetunion beherrscht wird.
Mao: Sie wird den Nahen Osten nicht beherrschen können, denn sie hat zwar große Ambitionen, aber nur bescheidene Kräfte...

Die sich steigernde Wirkung von Maos scheinbar nebensächlichen Bemerkungen lag darin, daß er mit ihnen eine Atmosphäre schuf und die Marschrichtung festlegte, während er die taktischen Entscheidungen demonstrativ Tschou En-lai überließ. Als Nixon im Februar 1972 versuchte, Mao in eine Diskussion über einzelne Länder zu verwickeln, antwortete der Große Vorsitzende: »Das sollten Sie mit dem Ministerpräsidenten (Tschou En-lai) besprechen. Ich diskutiere die philosophischen Fragen.«

Das traf aber nur zu, wenn Mao sich heraushalten wollte, weil das Ergebnis noch ungewiß war. Nachdem wir mit dem Shanghaier Kommuniqué den

Rahmen für die chinesisch-amerikanischen Beziehungen abgesteckt hatten, wurden seine Bemerkungen zunehmend direkter. Bei meinem Pekingbesuch im Oktober 1975 griff Mao eine banale Bemerkung auf, die ich vor dem Gespräch mit dem Vorsitzenden gegenüber Teng fallenlassen hatte. Ich meinte, die chinesisch-amerikanischen Beziehungen liefen gut, weil keine Seite von der anderen etwas wollte. Das war Mao, der eine koordinierte Vorgehensweise gegenüber der Sowjetunion anstrebte, zuwenig:

Wenn keine Seite von der anderen etwas will, weshalb kommen Sie dann nach Peking? ... (Und) weshalb ... sollten wir Sie und den Präsidenten dann empfangen?

Im Dezember desselben Jahres benutzte Mao einen Vergleich, um zu zeigen, daß ihm nicht gefiel, wie wenig wirksam Amerika dem sowjetischen und kubanischen Vorgehen in Angola entgegentrat (hier waren wir allerdings durch Beschlüsse des Kongresses gebunden):

Auf dieser Welt herrscht keine Ruhe, ein Gewitter – Sturm und Regen – kündigt sich an. Vor dem Gewitter schießen die Schwalben aufgeregt hin und her. Aber mit ihren Flügelschlägen können sie das Gewitter nicht aufhalten.[2]

Mao konnte auch ziemlich brutal sein. Bei demselben Besuch im Dezember 1975 wollte Präsident Ford einen seiner Lieblingssätze an Mao ausprobieren: »I always say it is possible to disagree without being disagreeable.« (»Ich sage immer, man kann Differenzen haben, ohne unangenehm zu werden.«) Diese Bemerkung brachte die Dolmetscherin in arge Nöte, denn offenbar ist es unmöglich, dieses Wortspiel adäquat ins Chinesische zu übersetzen. Mao machte der Sache kurzerhand ein Ende: »Weshalb sagen Sie so etwas?« (Wäre ihm der Sinn der Bemerkung klargeworden, dann hätte er sicher noch schärfer reagiert.)

Maos Gespräche mit uns kreisten stets um zwei Themen: die von ihm zunehmend präziser dargelegte Notwendigkeit, eine gemeinsame internationale Strategie zu entwickeln, und die innere Situation Chinas, auf die er sich immer bruchstückhafter bezog. In den internationalen Fragen war geopolitisches und entschieden ideologiefreies Denken für ihn charakteristisch. Eine der ersten Bemerkungen Maos bei Nixons Besuch in China im Februar 1972 war:

Leute wie ich fahren gern große Geschütze auf und sagen Dinge wie: »Die ganze Welt muß sich zusammenschließen, den Imperialismus, den Revisionismus, alle Reaktionäre bekämpfen und den Sozialismus errichten.«

Er lachte schallend bei dem Gedanken, irgend jemand könnte eine Losung ernst nehmen, die jahrzehntelang auf allen Plakaten und an den Mauern aller öffentlichen Gebäude in China prangte. Mit ähnlichem Sarkasmus bekannte Mao, er habe viel lieber mit konservativen Führern des Westens wie Richard Nixon, Edward Heath oder Georges Pompidou zu tun, weil diese ein tiefes Mißtrauen gegen die Sowjetunion hegten. Ihre linken Gegenspieler dagegen seien sentimental, unrealistisch und für die Friedensoffensive der Kommunisten anfällig:

Ich mag die Rechten. Die Leute sagen, Sie seien ein Rechter, die Republikanische Partei sei rechts, ebenso Premierminister Heath ... Ich freue mich durchaus, wenn solche rechten Leute an die Macht kommen.

Es war ein Glücksfall für die chinesisch-amerikanischen Beziehungen, daß die Nixon-Administration Maos erster amerikanischer Gesprächspartner war. Beinahe jede andere Gruppe, besonders McGoverns Demokraten von Ende der sechziger und Anfang der siebziger Jahre, hätte es nicht über sich gebracht, das Verhältnis so unsentimental auf rein strategischen und geopolitischen Überlegungen aufzubauen. Als Nixon China im Februar 1972 besuchte, erkannten die Vereinigten Staaten noch Taiwan als die rechtmäßige Regierung Chinas an. Wir besuchten also im Grunde genommen die Hauptstadt eines Staates, den wir gar nicht anerkannten. Außerdem befanden wir uns im Krieg mit Nordvietnam, das damals offen mit China verbündet war, von ihm wirtschaftliche Unterstützung und auch einige militärische Hilfe erhielt.

Mao hielt sich bei diesen komplizierten Dingen nicht lange auf. Taiwan sollte der chinesisch-amerikanischen Annäherung nicht im Wege stehen, ebensowenig Indochina. »Das Thema (Taiwan) ist nicht wichtig«, sagte Mao lässig bereits in den ersten Minuten seiner Begegnung mit Nixon, als ob er eine leichte Unterhaltung mit einer selbstsicheren Bemerkung würze. »Das Thema der internationalen Lage ist wichtig.« Und Mao schob mit leichter Hand den Alptraum beiseite, der Amerika seit dem Koreakrieg plagte: die Furcht vor einer Intervention Chinas in Vietnam, die im letzten Jahrzehnt die Indochinapolitik jeder amerikanischen Administration belastet hatte. Er erklärte unumwunden, chinesische Truppen würden niemals die Landesgrenzen überschreiten – offenbar unabhängig davon, was in Indochina geschah (das Mao in diesem ersten Gespräch ganz bewußt nicht erwähnte):

Gegenwärtig stellt sich die Frage einer Aggression der Vereinigten Staaten oder einer Aggression Chinas kaum... Sie wollen einige Ihrer Truppen auf Ihr Territorium zurückziehen; unsere gehen nicht ins Ausland.

In späteren Gesprächen erläuterte Mao die allgemeinen Formulierungen, die er gegenüber Nixon verwendet hatte. Im November 1973 lud er mich zu einer fast dreistündigen Tour d'horizon über die internationale Lage ein. Im Wechselspiel von Fragen und Anspielungen, Jovialität und spöttischer Herausforderung umriß Mao mit kräftigen Strichen seine Vorstellungen, wie der Einfluß der Sowjetunion weltweit einzudämmen sei. Den Gesprächston bestimmte sein einleitender Bericht über zwei Begegnungen mit Kossygin, die im Abstand von zehn Jahren stattgefunden hatten. Hinter den scherzhaften Worten lauerten die Frage nach der amerikanischen Taktik gegenüber der Sowjetunion und zugleich die Warnung, wenn man China herausfordere, könne es ein harter Gegner sein:

Mao: ... Kossygin kam selbst, das war im Jahr 1960. Ich erklärte ihm, wir seien bereit, gegen sie einen Kampf von zehntausend Jahren zu führen. (lacht)

Dolmetscherin: Der Große Vorsitzende sprach von zehntausend Jahren Kampf.

Mao: ... Beim zweiten Mal (1969) kam ich Kossygin entgegen. Ich sagte, ich hätte ursprünglich von zehntausend Jahren Kampf gesprochen. Da ich zu würdigen wisse, daß er mich persönlich aufsuche, wolle ich ihm tausend Jahre schenken. (lacht) Sehen Sie, wie großzügig ich bin. Wenn ich ein Zugeständnis mache, dann gleich um tausend Jahre.

Ein anderes Mal ... suchte mich ein Herr Bordeoloski auf, der ebenfalls für die Sowjetunion sprach. Hier gab ich noch einmal tausend Jahre nach. (lacht) Sie sehen, meine Zeit wird kürzer und kürzer.

Beim fünften Mal kam der rumänische Präsident Ceaușescu, das war vor zwei Jahren, und sprach die Frage wieder an. Ich sagte: Ganz gleich, was Sie sagen, diesmal kann ich nichts mehr nachgeben. (lacht)

Kissinger: Wir sollten Chinas Taktik übernehmen.

Mao: Zwischen Ihnen und mir ist jetzt ein gewisser Unterschied. Ich kann nicht so gut sprechen, weil ich zwei Zähne verloren habe. Ein Unterschied besteht auch zwischen Ihrem und unserem Verhalten: Wir schlagen zurück, wenn uns jemand in die Quere kommt...

Kissinger: Ich habe dem Ministerpräsidenten bereits im Wagen erklärt, daß unsere Taktik komplizierter und vielleicht weniger heroisch ist, aber unsere Strategien stimmen überein. Für uns gibt es keinen Zweifel, wer die Hauptgefahr in der Welt von heute darstellt.

Mao: Was Sie da machen, ist eine Art chinesisches Schattenboxen. (lacht) Unser Schattenboxen ist aber kraftvoller.

Tschou: Mit gezielten Schlägen.

Kissinger: Das stimmt, aber wenn wir wirklich herausgefordert werden, reagieren wir, wie Sie.

Mao: Das glaube ich. Deswegen war Ihre kürzliche Reise in die arabische Welt (mein erster Besuch in Kairo nach dem Nahostkrieg) eine gute Sache.

Nach Maos Ansicht, die die spätere Entwicklung weitgehend bestätigte, war die Sowjetunion keine wirkliche Supermacht, sondern höchstens die Karikatur einer solchen. Sie hatte »zu weit gegriffen«, für ihre globalen Ambitionen war ihr Industriepotential zu gering. Deshalb mußte sie im geopolitischen Kampf verlieren, wenn die Nachbarstaaten Moskaus Pläne gemeinsam durchkreuzten und sich nicht einzeln niederringen ließen. Das war die chinesische Version der Eindämmungspolitik:

Mao: Ihre Ambitionen stimmen nicht mit ihren Möglichkeiten überein.

Kissinger: Das mag zutreffen.

Mao: Wenn man bei ihrer Pazifikküste beginnt, dann liegen da die Vereinigten Staaten, Japan und China, dann kommen Südostasien, weiter nach Westen der Nahe Osten und schließlich Europa. Die sowjetischen Truppen, die längs der Grenze durch ganz Sibirien bis hin zu den Kurilen stationiert sind, stellen nur ein Viertel ihrer Streitkräfte dar.

Tschou: Östlich vom Ural.

Kissinger: Fast die Hälfte, vielleicht zwei Fünftel...

Mao: ...Sie müssen mit so vielen Gegnern fertig werden. Sie haben es mit dem pazifischen Raum zu tun. Sie haben es mit Japan zu tun. Sie haben es mit China zu tun. Sie haben es mit Südostasien zu tun, das eine ganze Reihe Länder zählt. Aber hier haben sie nur eine Million Mann stehen, nicht genug für ihre eigene Verteidigung und noch weniger für einen Angriff. Sie können nicht angreifen, wenn Sie Ihnen nicht vorher nachgeben, ihnen nicht den Nahen Osten und Europa überlassen, so daß sie dann ihre Truppen nach Osten verlegen können. Dafür aber brauchten sie mehr als nur eine Million Mann.

Kissinger: Das wird nicht geschehen. Ich stimme dem Großen Vorsitzenden zu: Wenn Europa, Japan und die Vereinigten Staaten zusammenhalten – und auch im Nahen Osten tun wir, was der Große Vorsitzende mit mir beim letzten Mal besprochen hat –, dann wird die Gefahr eines Angriffs auf China sehr gering sein.

Mao: Auch wir binden einen Teil ihrer Kräfte, was für Sie in Europa und im Nahen Osten günstig ist. Jetzt sind zum Beispiel in der Äußeren Mongolei Truppen stationiert. Zu Chruschtschows Zeiten war das noch nicht so. Damals hatten sie noch keine Truppen in der Äußeren Mongolei, denn zum Zwischenfall von Tschenpao (Insel im Ussuri; Anm. d. Übs.) kam es erst nach Chruschtschow. Das war zu Breschnews Zeit.

Kissinger: Im Jahr 1969. Deshalb ist es wichtig, daß Westeuropa, China und die Vereinigten Staaten in dieser Zeit einen abgestimmten Kurs verfolgen.

Mao: Ja.

Kissinger: Denn dann wird niemand angegriffen werden.

Was die Umsetzung dieses Konzepts betraf, das man vielleicht am besten als aktive Eindämmungspolitik bezeichnen kann, erging sich Mao dann in Betrachtungen über die an die Sowjetunion angrenzenden Staaten, die dazu ihren Beitrag leisten könnten. Er analysierte, was notwendig wäre, um sie zu stärken, als ob eine gemeinsame Politik von nichts anderem bestimmt sei als nur von den nationalen Interessen. David Bruce, damals Chef unseres Verbindungsbüros in Peking, der Churchill, de Gaulle und Adenauer begegnet war, beschrieb Maos Ausführungen als eine Glanzleistung, wie er sie selten erlebt hatte.

Dieses Gespräch fand im November 1973 statt, als Kritiker in den Vereinigten Staaten der Nixon-Administration mangelnde Wachsamkeit gegenüber der sowjetischen Gefahr vorwarfen. Zwar stimmte Maos Analyse der sowjetischen Beweggründe mit der unserer konservativen und neokonservativen Kritiker überein, aber in der Wahl der geeigneten Strategie gab es Unterschiede. Die vorlautesten unter Nixons Kritikern glaubten, die Sowjetunion bereite sich auf das apokalyptische letzte Gefecht vor, und drängten deshalb die Vereinigten Staaten, sich in ihrer Politik auf diese Gefahr einzustellen, statt sich in geopolitischen Scharmützeln an der sowjetischen Peripherie zu verzetteln. Aber sowjetische Vorstöße dort zu vereiteln, wo sie unternommen wurden, war genau das, was Mao als beste Strategie vorschlug, um dem sowjetischen Expansionismus Einhalt zu gebieten. Mao vertrat entschieden die Auffassung, daß eine chinesisch-amerikanische strategische Partnerschaft, die dieses Ziel verfolgte, keiner formalen Übereinkunft bedurfte. Es genüge, wenn jede Seite sich ausreichend darüber klar sei, was ihre eigenen nationalen Interessen verlangten.

Jede Seite hat ihre eigenen Mittel und setzt sie nach ihren jeweiligen Erfordernissen ein. So wirken unsere beiden Staaten Hand in Hand ... Solange unsere Ziele übereinstimmen, werden wir Ihnen und Sie uns keinen Schaden zufügen.

Da ihnen faktisch an der Schaffung eines antisowjetischen Bündnisses lag, sorgten sich Mao und Tschou über die Beziehungen Amerikas zu Europa und Japan. Sie drängten mich, die Wogen zu glätten, die mein Vorschlag ausgelöst hatte, 1973 zum Europajahr zu erklären. Nach Ansicht meiner chinesischen Gesprächspartner waren die absehbaren Vorteile der anvisierten gemeinsamen amerikanisch-europäischen Willenserklärungen nicht die Querelen wert, die sie auslösten.[3] Besondere Sorge bereiteten Mao und

Tschou die amerikanisch-japanischen Beziehungen. Nachdem sie unseren Sicherheitsvertrag mit Japan viele Jahre lang verurteilt hatten, beschrieben sie ihn nun als ein Mittel, die Sowjetunion in die Schranken zu weisen und das Wiederaufleben des japanischen Militarismus zu verhindern.

Die sich anbahnende strategische Partnerschaft schloß Unterschiede in der von beiden Seiten angewandten Taktik nicht aus. China war der unmittelbar gefährdete Teil des strategischen Dreiecks. Ungeachtet all seiner großen Worte, China beuge sich keinem Druck und halte unerschütterlich an seinem Kurs fest, war Mao sich dessen durchaus bewußt. Da er sich direkt bedroht fühlte und wenig Spielraum für diplomatische Manöver hatte, behandelte er die Sowjetunion als unversöhnlichen Feind, der bei jeder Gelegenheit verbal, politisch und militärisch attackiert werden mußte.

Die Nixon- und später auch die Ford-Administration betrieben ihre Politik aus einer Gesellschaft heraus, die von zehn Jahren Krieg und innerer Spaltung traumatisiert war. Oberstes Ziel war für beide Präsidenten, wieder Vertrauen in den Sinn und Zweck unserer Außenpolitik aufzubauen. Im nationalen Interesse Amerikas mußten wir so manövrieren, daß wir zu jedem der kommunistischen Giganten ein engeres Verhältnis unterhielten als sie zueinander. Da wir China für schwächer und gefährdeter hielten, neigten wir eindeutig Peking zu. Wir gaben Mao zu verstehen, Nixons Vorgehen beinhalte, wenn notwendig, jeder Veränderung des globalen Kräftegleichgewichts entgegenzutreten, die einen Angriff auf China bedeutete, welche taktischen Manöver wir auch inzwischen machen mochten. Dazu waren wir entschlossen, nicht weil wir uns rechtlich dazu verpflichtet fühlten, sondern weil unsere eigenen nationalen Interessen es von uns forderten. Wir waren jedoch willens, ansonsten Handlungsfreiheit zu bewahren und uns eine solche Vorgehensweise für wirkliche, nicht mutmaßliche Herausforderungen vorzubehalten.

Wir konnten von Mao, der unsere Absichten weit besser begriff als unsere Kritiker im Land, nicht erwarten, daß er über unsere Anwendung chinesischer Staatskunst auf China begeistert war. Er hätte es sicher vorgezogen, auf der Seite des strategischen Dreiecks zu stehen, die ihm mehr Optionen bot. Und er zögerte nicht, uns wissen zu lassen, daß er unser Konzept durchschaute, von dem ich noch berichten werde (siehe Kapitel XXVIII). Aber er war erfahren genug, um einzusehen, daß wir bei der Verfolgung einer parallelen Strategie unsere eigene Taktik anwenden mußten.

Das Muster der chinesisch-amerikanischen Beziehungen, das Nixon und Mao vereinbarten, überdauerte in bemerkenswerter Weise fünf Administrationen, an denen beide Parteien beteiligt waren. Es war eine parallele Strategie mit China zur Verhinderung von »Hegemonie«. Dabei ging es darum, daß das globale Gleichgewicht der Mächte vor einer Bedrohung durch die Sowjetunion geschützt wurde, daß jede Seite es vermied, vitale Interessen der anderen herauszufordern, daß die Vereinigten Staaten die Existenz nur eines China akzeptierten und jeglicher Zwei-China- oder Ein-China-ein-Taiwan-Politik abschworen und daß China seinerseits die Taiwanfrage nicht forcierte. Mao formulierte diese Prioritäten im November 1973 so:

...Wir können vorläufig ohne Taiwan auskommen und auch noch hundert Jahre warten. Sehen Sie doch die Dinge dieser Welt nicht in so rascher Bewegung. Weshalb sich so übereilen? Das ist doch nur eine Insel mit einer Bevölkerung von einem Dutzend Millionen oder etwas mehr. (Tschou korrigiert auf sechzehn Millionen.) ... Was Ihre Beziehungen zu uns betrifft, so müssen wir, denke ich, nicht hundert Jahre warten.

Maos geopolitische, gänzlich ideologiefreie Orientierung in der Außenpolitik stand in scharfem Gegensatz zu der bedeutenden Rolle, die er der Ideologie im eigenen Land zumaß. Als wir Mao zum ersten Mal begegneten, war er der unumstrittene Führer einer Revolution, die der historischen Wahrheit Dutzende Millionen Menschen zum Opfer gebracht hatte. Und doch wurde er von der Vorstellung geplagt, seine Erfolge könnten nur von kurzer Dauer sein. Zwei widersprüchliche Strömungen schienen seinen revolutionären Elan zu bremsen: das Fortdauern der traditionellen chinesischen Wertvorstellungen und die Eigendynamik des kommunistischen Staates. Mao sprach den ersten Punkt an, als Nixon das Gespräch mit der Bemerkung eröffnete, Mao habe eine uralte Zivilisation umgestaltet:

Ich habe es nicht vermocht, sie zu verändern. Es ist mir höchstens gelungen, einige Orte in der Nähe Pekings umzugestalten.

Nach einem Leben titanischer Kämpfe, um die chinesische Gesellschaft umzukrempeln, erkannte Mao ohne jede Trauer in der Stimme den unerschütterlichen Widerstand der chinesischen Kultur gegen jede Veränderung an. Die Herrscher Chinas haben über die Jahrtausende – häufig mit absoluter Macht – an der Spitze einer Gesellschaft gestanden, die jede andere bevölkerungsmäßig weit übertrifft. Aber die schiere Zahl der Chinesen und ihr unverwüstlicher Individualismus setzten deren Einfluß Grenzen, denn die Herrscher konnten niemals sicher sein, daß die Weisungen, die sie dieser unruhigen Menge unternehmungsfreudiger Menschen mit starkem Familiensinn erteilten, auch tatsächlich ausgeführt wurden. Chinesische Regierungen trieben gelegentlich, ahnend, daß sie letztlich machtlos waren, den Herrschaftsanspruch auf die Spitze, so zum Beispiel, als Mao die ganze Bevölkerung in uniforme Kleidung steckte. Am Ende drang immer wieder eine Art Pluralismus durch – nicht als Ergebnis einer politischen Lehre, die persönliche Freiheit predigte, sondern, wie ein mächtiger Strom alle Hindernisse umfließt und letztlich hinwegspült, als Konsequenz aus Lebensweise und Geist der Chinesen.

Nicht der Staat, sondern die Familie war stets die Zelle chinesischen Lebens; ihre Erhaltung und ihr Wohlergehen sind immer der Daseinszweck der chinesischen Gesellschaft gewesen. Die Familie beugte sich wie der Bambus einem starken Wind, aber sie zerbrach nicht. Die Grenzen ihrer Biegsamkeit setzte der gesunde Menschenverstand, der bestimmte, was für das Überleben der Familie notwendig war. Am Ende rannten selbst die mächtigsten Herrscher Chinas vergeblich gegen diese Masse an, die zugleich gehorsam und eigenwillig, unterwürfig und selbständig war, die ihnen ihre Grenzen aufzeigte, nicht weil sie eigene Ziele verfolgte, sondern weil sie zögerte, Weisungen auszuführen, die sie für unvernünftig hielt.

Als ich zum ersten Mal hohen Beamten des Mao-Regimes begegnete, erfuhr ich zu meinem Erstaunen, daß viele Familien vor der Machtübernahme der Kommunisten ihre Söhne ins Ausland geschickt hatten – jeden in ein anderes Land –, um sich für jedweden Ausgang des Bürgerkrieges abzusichern. Ein Sohn blieb bei den Kommunisten, ein anderer ging in die Vereinigten Staaten, ein dritter fand sich vielleicht in Taiwan ein. So geschah es, daß mehrere hohe chinesische Funktionäre, mit denen ich zusammentraf (darunter ein Botschafter in Washington), Brüder in den Vereinigten Staaten hatten. In der Sowjetunion hätte dies im vorhinein jede Regierungslaufbahn ausgeschlossen; unter Stalin wäre es sogar lebensgefährlich gewesen.

Es ist wie eine Ironie des Schicksals, daß die Familie heute von der Politik der Geburtenkontrolle in China stärker bedroht ist als jemals zuvor durch die kommunistische Ideologie. Familien mit nur einem Kind werden Generationen hervorbringen, in denen es keine Onkel, Tanten, Cousins mehr gibt, wo das weitgespannte Netz von gegenseitiger Verpflichtung und Unterstützung, das bisher die traditionelle chinesische Familie aufrechterhielt, verschwunden sein wird. Dem Einzelkind wird die große Schar von Zeitgenossen fehlen, die ihm helfen, sich zu sozialisieren; ihm wird es schwerer fallen, sich an Wettbewerb und Disziplin zu gewöhnen, und dies sind genau die Formen, in denen der Sinn für Tradition und Erlernen des Neuen in China über die Jahrhunderte weitergegeben wurde. So entstand die Politik der Geburtenkontrolle auch viel mehr aus der Not heraus – die Ressourcen für eine so riesige Bevölkerung sind begrenzt – als aus ideologischen Gründen.

Daß einige historische Grundmerkmale der chinesischen Kultur die kommunistische Praxis bremsten, trug zur Frustration und zum Wüten Maos in seinen letzten Lebensjahren bei. Millionen hatten ihr Leben hingegeben, um die Tugend der Gleichheit durchzusetzen, die ihm vorschwebte. Aber am Ende seines Lebens sah sich der greise Große Vorsitzende mit der Tatsache konfrontiert, daß ein zentral gelenkter Staat die kommunistische Bürokratie erneut zu einer üppig wuchernden Feudalklasse wandelte – wie die, die er ausgerottet hatte. Nur wurden die Privilegien der Bürokraten jetzt mit dem wahren Glauben gerechtfertigt.

Mao bäumte sich auf gegen die schreckliche Vorstellung, ein Ergebnis seines Sieges könnte das Wiedererstehen der chinesischen Tradition einer alles beherrschenden Klasse von Mandarinen sein. Er ergriff noch strengere Maßnahmen, um sein Volk, das er zugleich liebte und verachtete, vor sich selbst zu retten. In jedem Jahrzehnt, das verging, nahm der Große Vorsitzende, dem die Kräfte schwanden, eine weitere Säuberung der riesigen, aufgeblähten Bürokratenapparate vor, die er zerstörte und wieder wachsen sah, weil das Chaos, das er anrichtete, nur noch mehr Bürokraten erforderte, um es wieder unter Kontrolle zu bringen.

Bei seinem Anrennen gegen das eigene System stieß Mao immer wieder auf ein Dilemma, das so alt ist wie China selbst. Modernität und insbesondere Technologie bedrohen das Anrecht jeder Gesellschaft auf Einzigartigkeit. Einzigartigkeit aber hatte die chinesische Gesellschaft stets für sich beansprucht. Um sie zu erhalten, hatte sich China im 19. Jahrhundert geweigert zu »verwestlichen«, hatte dabei Kolonisierung und Demütigung riskiert. Ein Jahrhundert später bestand eines der Ziele der Kulturrevolution Mao Tse-tungs – daher hat sie auch ihren Namen – darin, ebendiese Elemente der Modernisierung auszurotten, die China in die Weltkultur hineinzuziehen drohten. Deshalb verjagte Mao 1966 Teng Hsiao-ping und alle anderen Verfechter der Modernisierung. Seine eigenen Schüler zu vernichten wurde zu einem Ritual in Maos gewaltigem Projekt und kennzeichnet die Art und Weise, wie er der chinesischen Gesellschaft seine Sicht von Werten aufzuzwingen versuchte. Ein Jahrzehnt lang verbannte der alternde Große Vorsitzende alle Instrumente des Fortschritts einschließlich der Bildung, schloß die Universitäten, berief seine Botschafter aus dem Ausland zurück und schickte die Hochschulabsolventen zur Arbeit aufs Land, wo sie den neuen revolutionären Geist erfahren und, wie er hoffte, nach ihrer Rückkehr weitergeben sollten.

Im Februar 1973, ein Jahr nach meiner ersten Begegnung mit Mao, schien der Große Vorsitzende, der körperlich bereits schwach, aber noch im Vollbesitz seiner geistigen Kräfte war, dieses Dilemma erkannt zu haben. In einer seiner bruchstückhaften Abschweifungen warnte mich Mao vor der Radikalität chinesischer Frauen. Mit Bezug auf die Jackson-Vanik-Gesetzesvorlage im amerikanischen Kongreß, die eine verstärkte Auswanderung von Juden aus der Sowjetunion forderte, bot Mao an, den Vereinigten Staaten eine unbegrenzte Zahl chinesischer Frauen zu schicken. Damit wolle er von seinem Land eine drohende Katastrophe abwenden.

Zunächst glaubte ich, er scherze, und er mußte seine Worte mehrfach wiederholen, bis ich begriff, daß er den Radikalismus seiner Frau Tschiang Tsching und ihrer Umgebung meinte. Mao fuhr fort, er werde nun die Kulturrevolution zum Abschluß bringen. Die Chinesen sollten zum Studium ins Ausland gehen, denn schon ihre Sprache sei ein Hindernis für die Modernisierung. Die Chinesen, fügte er hinzu, seien »sehr stur und konservativ«. In seiner radikalen Art fuhr er fort: »Sollte die Sowjetunion ihre Bomben werfen und alle Chinesen über Dreißig töten, dann könnte dies unser Problem lösen.« Das war aber nur seine Art zu sagen, daß das Problem unlösbar sei.

Ein Jahr später handelte Mao entgegen seiner eigenen Ankündigung. Anfang 1974 wurde Tschou En-lai aus der Tagespolitik entfernt, zwei Jahre später Teng Hsiao-ping zum zweiten Mal abgesetzt. An seine Stelle traten Hua Kuo-feng und die Viererbande. Die Reformen mußten erneut maoistischer Orthodoxie weichen. Als ich Mao 1975 zum letzten Mal sah, beendete er unser Treffen mit einer wunderlichen und melancholischen Ironie, die seine ganze Zwiespältigkeit darüber zum Ausdruck brachte, was er angerichtet hatte. Um zu erklären, daß es gleichgültig sei, wenn der Status Taiwans noch für einige Zeit unverändert bleibe, sagte er:
Gott segnet Sie, nicht uns. Gott liebt uns nicht, weil ich ein militanter Kriegsherr und ein Kommunist bin.

Tschou En-lai

Es fiel Tschou En-lai, dem Ministerpräsidenten, zu, im Schatten der hochaufragenden, getriebenen und widersprüchlichen Persönlichkeit Maos, der fortwährend versuchte, das Chaos zu institutionalisieren, Kontinuität und Beständigkeit in die Entwicklung des Landes zu bringen. Verbindlich, weltmännisch und vornehm, war Tschou in den ersten drei Jahren der chinesisch-amerikanischen Beziehungen mein wichtigster Gesprächspartner. Bevor nach meinem Geheimbesuch im Juli 1971 in beiden Hauptstädten 1973

Verbindungsbüros eingerichtet wurden, pflegten wir unseren Austausch zunächst über Pakistan, dann über die chinesische Botschaft in Paris, wo der amerikanische Militärattaché General Vernon Walters unser Verbindungsmann war, und schließlich über Chinas UN-Vertretung in New York. Der Dialog vollzog sich nicht nach den üblichen diplomatischen Gepflogenheiten. Einander Mitteilungen zukommen zu lassen war technisch so kompliziert, persönliche Begegnungen waren so selten, daß wir im Grunde genommen gar keine andere Wahl hatten, als uns auf das Wesentliche zu konzentrieren.

Tschou brachte den Vorrang der Beziehungen zu den Vereinigten Staaten dadurch zum Ausdruck, daß er sich für unsere Gespräche endlos Zeit nahm. Bei einem Routinebesuch in Peking sprachen wir in der Regel täglich acht Stunden von etwa 16 Uhr bis gegen Mitternacht miteinander. Tschou achtete taktvoll darauf, daß der Gesprächsort regelmäßig wechselte – von der Großen Halle des Volkes zu meinem Sitz in einem der klotzigen Staatsgästehäuser. Damit deutete er an, die Delegation der Vereinigten Staaten sei auch auf chinesischem Boden »zu Hause« und die Treffen fänden abwechselnd am Standort jeweils einer Seite statt. Bei diesen langen Sitzungen, in deren Verlauf wir auch die Mahlzeiten gemeinsam einnahmen, ließ Tschou niemals zu, daß man ihn mit anderen Dingen behelligte. Man meldete ihm keine Telefonanrufe und steckte ihm keine Zettel zu. Ein Telefon war nicht einmal in Sicht – dies wäre in Washington undenkbar, ja geradezu verboten gewesen. Deshalb warnte ich Tschou, damit könne er nicht rechnen, wenn er uns einmal einen Gegenbesuch abstatten sollte. Tschou wollte damit demonstrieren, daß es für ihn nichts Wichtigeres gab, als sich um Chinas Verhältnis zu den Vereinigten Staaten zu kümmern.

So, wie Tschou die Verhandlungen zum Kern der Sache führte, förderte er das Klima, das er mit so großer Mühe geschaffen hatte. Obwohl auf Taiwan immer noch amerikanische Truppen standen, war das Thema der Vereinigung Chinas zwar stets grundsätzlich präsent, aber eindeutig in den Hintergrund gerückt. Und obgleich unsere Treffen mit den schwersten Bombenangriffen Amerikas auf Vietnam in vier Jahren zusammenfielen, wurde Indochina nur gelegentlich erwähnt, wobei sich China von den Ereignissen jenseits seiner Grenzen distanzierte. Schon frühzeitig hatte Tschou darauf hingewiesen, daß China Vietnam ein gewisses Mitgefühl schulde, aber nicht aus Sicherheitsgründen oder wegen der gemeinsamen kommunistischen Ideologie. Eher war es eine Art historischer Verpflichtung:

> Was wir ihnen schulden, haben unsere Vorfahren angerichtet. Seit der Befreiung tragen wir keine Verantwortung mehr dafür, denn wir haben das alte System gestürzt. Und doch empfinden wir ein starkes, tiefes Mitgefühl für sie.

Mitgefühl war natürlich nicht dasselbe wie politische oder gar militärische Unterstützung. Mit dem Hinweis, alle Verpflichtungen rührten aus der Geschichte her, gab man uns indirekt zu verstehen, daß in Vietnam gegenwärtig keine nationalen Lebensinteressen Chinas berührt seien. Wie Mao – ja sogar noch deutlicher als er – war Tschou bemüht zu betonen, China werde keine Soldaten ins Ausland schicken, also weder in Indochina intervenieren noch anderswo amerikanische Interessen militärisch gefährden. Während Breschnew gelegentlich (wenn auch nicht sehr nachdrücklich) darauf anspielte, daß Amerikas Kriegsführung in Vietnam die sowjetisch-amerikanischen Beziehungen beeinträchtigen könnte, war von Tschou derartiges nie zu hören. Zu Laos und Kambodscha ging Tschou auf noch größere Distanz, indem er behauptete, von diesen Ländern wisse er nichts. China habe dort auch keine historischen Verpflichtungen:

…Während unserer Revolution wußten wir nichts von diesem Land (Laos), wenn auch in unseren Geschichtsbüchern über Vientiane, was auf Chinesisch »Land der zehntausend Elefanten« heißt, viel geschrieben steht. Gleiches trifft auf Kambodscha zu.

Damit waren die Probleme Südostasiens im wesentlichen erledigt. Tschou und ich konnten uns nun ganz auf die geopolitischen Aspekte der chinesisch-amerikanischen Beziehung konzentrieren. Hier aber kam es vor allem darauf an, unsere Beiträge zum globalen Kräftegleichgewicht, vor allem in Asien, aufeinander abzustimmen. Das war eine äußerst delikate Aufgabe, denn eine gleichlaufende Politik öffentlich zu verkünden hätte einen riesigen Eklat ausgelöst. Die chinesisch-amerikanische strategische Partnerschaft mußte durch stillschweigende Übereinkunft auf der Grundlage gleicher Auffassungen zu den einzelnen Aspekten des Kräftegleichgewichts zustande kommen. Dazu gehörten unter anderem die allgemeinen Formulierungen gegen die Hegemonie, wie sie im Shanghaier Kommuniqué enthalten waren.

In seinem ersten Satz erinnerte mich Tschou daran, daß John Foster Dulles sich 1954 in Genf geweigert hatte, ihm die Hand zu geben – ein Vorfall, der ihn tief verletzte. Der zweite Satz lautete: »Unser Wort zählt.« Wie Nixon wußte auch er, daß unsere im Entstehen begriffene strategische Zusammenarbeit nicht auf festgeschriebenen Verpflichtungen beruhen werde. Tschou vermied die »Salamitaktik«, mit der so viele Diplomaten Eindruck zu erwecken suchen, indem sie zunächst eine extreme Ausgangsposition einnehmen, von der aus sie dann allmählich einem Kompromiß zustreben. Das Problem dabei ist, daß das Ergebnis häufiger von Beharrlichkeit als von Substanz zeugt und daß ein bitterer Nachgeschmack zurückbleibt.

Bei meinem Geheimbesuch in Peking im Juli 1971 beauftragte Tschou En-lai Kuan-hua, der später UN-Botschafter und schließlich Außenminister werden sollte, das Kommuniqué auszuhandeln. Da ich annahm, ich hätte Verhandlungen sowjetischen Stils zu erwarten, schlug ich vor, jede Seite solle zunächst umreißen, was für sie das optimale Ergebnis wäre. Daraus könne man ersehen, welche Kompromisse zu schließen seien. Kuan-hua erwiderte, es wäre doch viel besser, einander die jeweiligen Erfordernisse zu erklären, insbesondere was jede Seite erreichen müsse, um ihr Volk auf die Nachricht vorzubereiten, es habe ein Geheimbesuch stattgefunden und Nixon werde nach China kommen.

Nach einigen Stunden des Zwiegesprächs, in dem jede Seite darlegte, was für sie unabdingbar war, gingen wir mit der Verabredung auseinander, am nächsten Morgen Textentwürfe vorzulegen. Dabei stellte sich heraus, daß Kuan-huas Vorschlag weniger kompliziert und aus unserer Sicht günstiger war als unser eigener, den wir am Ende gar nicht präsentierten. Die Zugeständnisse, die Tschou uns machte, wurden durch das Vertrauen, das er damit gewann, mehr als aufgewogen.

Eine weitere Kostprobe seines Stils gab Tschou im Oktober 1971 bei den Vorverhandlungen, die schließlich im Shanghaier Kommuniqué mündeten. Tschou schlug vor, auf die übliche Diplomatensprache zu verzichten, mit der bestehende Differenzen gewöhnlich überspielt werden. Niemand, der die Geschichte der chinesisch-amerikanischen Beziehungen kannte, würde ein Dokument ernst nehmen, in dem die führenden Repräsentanten beider Seiten behaupteten, nach einer einzigen Begegnung stimmten sie in allen internationalen Fragen überein. Viel besser wäre es doch, schlug Tschou vor, wenn jede Seite ihre gegenwärtigen – wenn notwendig, auch gegensätzlichen – Auffassungen zu einigen Themen unmißverständlich darlege. So könne man Verwirrung im In- und Ausland vermeiden und zugleich mögliche Übereinkünfte stärker herausarbeiten.

Diesem Gedanken stimmte ich zwar grundsätzlich zu, die Darlegung der chinesischen Position schien mir aber dann doch zu ideologisch und konfrontativ angelegt zu sein. Deshalb schlug ich vor, einige besonders herausfordernde Sätze herauszunehmen. Wie es bei derartigen Verhandlungen üblich ist, bot ich an, eine gleiche Anzahl von Sätzen im amerikanischen Entwurf zu streichen. Tschou antwortete: »Ihre Sätze will ich nicht, geben Sie sie Ihrem Präsidenten, wenn Sie wollen… Sie müssen mich nur überzeugen, warum unsere Sätze bei Ihnen Anstoß erregen.«[4] Und in der Tat strich Tschou einige der beanstandeten Formulierungen aus dem Shanghaier Kommuniqué. (Da man in China nichts verschwendet, tauchten sie in der ersten Rede des chinesischen Außenministers vor den Vereinten Nationen wieder auf. In dieser einseitigen Form nahm jedoch kaum jemand Notiz von ihnen.)

Auf diese Weise erreichten China und die Vereinigten Staaten in kaum zwei Jahren ein hohes Maß an Zusammenarbeit. Dies geschah auf der Grundlage der vielleicht umfassendsten und offensten Gespräche über die Gesamtstrategie mit einer ausländischen Regierung in meiner Amtszeit (wenn man von Großbritannien absieht). Ich machte mir keine Illusionen darüber, daß Tschou, ein Teilnehmer des Langen Marsches und jahrzehntelang in Maos Umgebung, ein ebenso unerbittlicher Gegner sein konnte, wenn die chinesischen Interessen dies erforderten, wie er jetzt ein aufmerksamer Partner war. Aber Tschou spielte eine unverzichtbare Rolle in dieser besonderen Situation, da beide Staaten sich einer gemeinsamen Gefahr gegenübersahen und ihre nationalen Interessen von ihnen verlangten, ihre Politik in Einklang zu bringen, ohne sich von zweitrangigen Fragen ablenken zu lassen.

Mao umriß in der Regel die Konturen der chinesischen Position so, wie ein Komponist die Hauptthemen seiner Oper bereits in der Ouvertüre anklingen läßt. Dann war es Tschous Aufgabe, die eigentliche Arbeit zu leisten, Maos Parabeln und Anspielungen in praktikable Politik umzusetzen. Wenn wir in der Diskussion auf Chinas strategische Unabdingbarkeiten zu sprechen kamen, betonte Tschou mit sehr viel weniger Nachdruck als sein visionärer Großer Vorsitzender, daß China auch allein für sich einstehen könne. Mao war viel zu stolz, auch nur die geringste Abhängigkeit von Ausländern zuzugeben, selbst wenn seine Politik auf sie setzte. Tschou kalkulierte das Gewicht der amerikanischen Unterstützung kühl ein, bestand aber darauf, ein Land könne seine Moral nur dann hochhalten, wenn es sich auf sich selbst verlasse. Nur so verdiene es auch Unterstützung von außen:

China ist kein kriegslüsterner oder aggressiver Staat. Trotzdem müssen wir stets auf alle Möglichkeiten vorbereitet sein, uns vor allem gegen einen Überraschungsangriff absichern. Auf Chinesisch heißt das: »Wir müssen uns auf einen Fall unter zehntausend einstellen...« Nur so werden wir unser Selbstvertrauen bewahren und auch die Unterstützung anderer verdienen...

Zu diesem Problem (dem sowjetischen Expansionismus) haben Sie gesagt, es sei das beste, gar nicht erst etwas geschehen zu lassen. Natürlich wäre es gut, wenn man das könnte. Das wird gemeinsame Anstrengungen erfordern, wobei alle Aspekte zu berücksichtigen sind. Aber wenn wir nicht selbst unsere Vorbereitungen träfen, wäre das nicht richtig...

Im Verhältnis zu Mao legte Tschou stets großen Wert darauf zu unterstreichen, daß er der Untergebene sei, ob Mao nun anwesend war oder nicht. Dies war das einzig richtige Verhalten, wenn man das Schicksal seiner Vorgänger bedenkt, die allesamt von Mao entfernt wurden, wenn sie in der chinesischen Hierarchie die Stellung des »Nachfolgers« erreicht hatten. Wann immer es möglich war, selbst wenn es weit hergeholt schien, flocht Tschou Mao-Zitate in seine Bemerkungen ein und erklärte bei jeder neuen Initiative stets, sie stamme von Mao.

Über Chinas innere Probleme sprach Tschou eher aus der Sicht eines passiven Beobachters, obwohl er als Ministerpräsident selbst mit der Tagespolitik befaßt war. Wie Mao pries er die chinesische Sprache, die das Land vereinigt habe, betrachtete sie jedoch wie Mao als Hindernis für die Modernisierung. China müsse von den Vereinigten Staaten viel lernen, bemerkte er gelegentlich, denn Amerika habe »den Mut, junge Menschen mit Regierungsaufgaben zu betrauen«. Niemals jedoch deutete Tschou auch nur an, daß er es als seine Aufgabe betrachtete, die von ihm als so notwendig beschriebenen Reformen auf den Weg zu bringen.

Mit einem gewissen Bedauern sagte Teng später einmal, Tschou habe zwar das Schicksal vieler Menschen zweifellos erleichtert, jedoch nie wirklich dafür gekämpft, eine Politik zu verändern, die zuallererst für ihre Leiden verantwortlich war.

Genauso hatte Tschou selbst bei unserer ersten Begegnung im Juli 1971 die Kulturrevolution beschrieben. Er selbst schnitt das Thema an und meinte, wenn ich mit China zu tun hätte, müßte ich etwas von der Kulturrevolution wissen. Er beschrieb sie als eine Umwälzung, in Gang gesetzt von Maos Entschlossenheit, die Entstehung einer neuen Klasse von Mandarinen zu verhindern, als Teil eines Kreuzzuges, der durch ideologischen Übereifer bis zum Exzeß getrieben wurde. Eine Gesellschaft, die im Glauben an eine einzige historische Wahrheit aufgewachsen war, sah sich plötzlich in Parteien zerrissen, die sich allesamt Rote Garden nannten und darauf bestanden, die einzige Wahrheit zu vertreten, für die sie sich auf den Straßen schlugen. Tschou berichtete, wie er als Ministerpräsident von einer Gruppe der Roten Garden einige Tage lang wie ein Gefangener in seinem Büro festgehalten worden war. Damals schien ihm, fünfzig Jahre Kampf und Aufopferung seien vergeblich gewesen. Schließlich hatte Tschou seine Zweifel überwunden und begriffen, daß »Mao weiser war; er hatte den Mut, in die Zukunft zu blicken«.

Tschou hat niemals erläutert, was für eine Art Zukunft er im Auge hatte oder warum sie so große Opfer forderte. Ob er Maos Vision nun teilte oder nicht – Tschou hatte für sich entschieden, das Schicksal habe ihm als höchste Aufgabe zugedacht zu lindern, was sein furchtgebietender Herr angerichtet hatte.

Ab Mitte 1973 begann Tschous Einfluß zu schwinden. Der Grund dafür bleibt unklar; die Chinesen hüten eifersüchtig die Geheimnisse ihrer internen Auseinandersetzungen. (Ich glaube bis heute, daß das Scheitern von Tschous Vermittlungsmission in Kambodscha eine Rolle spielte.) Was immer der Grund gewesen sein mag, bei einem Essen in der Großen Halle des Volkes im November 1973 wurde mir klar, unter welchem Druck Tschou stand. Bei einer allgemeinen Konversation machte ich die Bemerkung, China scheine mir nach wie vor konfuzianisch geprägt zu sein, da es an eine einzige, umfassende, allgemeingültige Wahrheit glaube, die das Handeln der einzelnen Menschen bestimme und die Gesellschaft zusammenhalte. Ich deutete an, der Kommunismus habe lediglich dem Marxismus als dieser Wahrheit zum Durchbruch verholfen.

Ich kann nicht mehr sagen, was mich damals zu dieser Bemerkung veranlaßte. Sie traf zwar zu, berücksichtigte aber nicht, daß Mao Konfuzius immer wieder angegriffen hatte; er sah ihn als Hindernis für seine Politik an. Tschou wurde zornig – das einzige Mal, daß ich erlebte, wie er die Fassung verlor. Der Konfuzianismus, erklärte er, sei eine Lehre der Klassenunterdrückung, während der Kommunismus eine Lehre der Befreiung sei. Mit für ihn ganz ungewöhnlicher Heftigkeit erging er sich in wütenden Ausfällen gegen den Konfuzianismus. Diese waren zweifellos in bestimmtem Maße für die Ohren der Dolmetscherin Nancy Tang, einer Vertrauten von Maos Ehefrau Tschiang Tsching und von Maos Nichte Wang Hairong, bestimmt.

Anfang 1974 tauchte Tschou bei Kontakten mit Amerikanern nicht mehr auf. Bald danach hieß es, man habe ihn ins Krankenhaus gebracht. Offizielle chinesische Stellen erwähnten ihn uns gegenüber nicht mehr, solange Mao am Leben war. So diente von nun an die ausführliche Tour d'horizon mit Mao vom November 1973 (siehe den Anfang dieses Kapitels) als eine Art Bibel, die die chinesischen Vertreter immer wieder zitierten, um ihre Positionen zu begründen.

Das letzte Mal sah ich Tschou Ende November 1974. Kaum im Gästehaus angekommen, wurde ich gemeinsam mit meiner Frau und meinen Kindern an einen als Krankenhaus beschriebenen Ort gebracht, um Tschou zu besuchen. Ebenfalls im Umkreis des früheren Kaiserpalastes gelegen, wo sich auch Maos Residenz befand, unterschied sich das Gebäude für den Nichtmediziner kaum von jedem anderen chinesischen Gästehaus im sowjetischen Stil. Medizinische Gerätschaften waren nicht zu entdecken, und Tschou, ganz Gentleman, wirkte körperlich unverändert. Er vermied aber ein inhaltliches Gespräch und wehrte Versuche meinerseits mit der Bemerkung ab, die Ärzte hätten ihm jede Aufregung verboten. Er erklärte mir nicht, weshalb eine auf konkrete Inhalte bezogene Unterhaltung anstrengender sein sollte als eine allgemeine Konversation. Aber die Symbolik war eindeutig: Tschou war nicht mehr mein offiziell bestellter Gesprächspartner.

Viele Chinesen nutzten Tschous Tod im Januar 1976 für kurze Zeit als eine Gelegenheit, die menschliche Seite der Revolution hervorzuheben. Große Menschenmengen strömten auf dem Tiananmen-Platz zusammen, um zu trauern. Mao – oder seine Umgebung – deutete diese Demonstrationen als Verstoß gegen die maoistische Lehre oder als Versuch, ein zweites Idol aufzubauen. Gegendemonstrationen wurden organisiert, und Teng, die Symbolfigur der Reformbewegung, wurde ein zweites Mal seiner Ämter enthoben.

Als ich 1979 zu einem Privatbesuch nach China kam, war Teng wieder im Amt und Tschou rehabilitiert. Demonstrativ empfing mich Tschou En-lais Witwe. In einer Ausstellung im Museum der Revolution am Tiananmen-Platz konnte man Tschous Leben nachverfolgen, Originalgegenstände aus seinem Büro (das ich niemals betreten habe) und aus seiner Wohnung betrachten. Die Ausstellung zog riesige Menschenmassen an.

Später verschwand die Figur Tschou En-lai erneut aus der Öffentlichkeit, wenn man ihm auch weiterhin Respekt zollte. Als der taiwanesische Präsident Lee Teng-hui im Sommer 1995 ein Besuchervisum für die Vereinigten Staaten erhielt, nachdem der amerikanische Außenminister nur einen Monat zuvor das Gegenteil versichert hatte, sank das Verhältnis zwischen Washington und Peking auf den Gefrierpunkt. China berief seinen Botschafter ab und weigerte sich, für einen neuen amerikanischen Repräsentanten das Agrément zu erteilen.

Mein seit Monaten geplanter Besuch in China, der am 1. Juli 1995 begann, fiel in diese Zeit höchster Anspannung. Die chinesische Regierung nutzte die Gelegenheit, um an Tschou En-lai zu erinnern und damit ihr unverändertes Interesse an guten Beziehungen zu den Vereinigten Staaten zum Ausdruck zu bringen. Man bot mir die Ehrendoktorwürde der Nankai-Universität in Tianjin an, wo Tschou einst studiert hatte. In den Reden beim Festakt wurde vor allem Tschous Rolle bei der Herstellung der Beziehungen zu den Vereinigten Staaten gerühmt. Später begrüßte mich bei einem Fototermin vor einer Statue des verstorbenen Ministerpräsidenten eine Gruppe freundlicher Studenten. Das war zu jener Zeit ganz sicher die einzige pro-amerikanische Demonstration in China.

Teng Hsiao-ping

Im Jahr 1974, ganz am Ende der Nixon-Ära, wurde Teng Hsiao-ping mein Hauptgesprächspartner. Auf meine Verhandlungen mit ihm unter Präsident Ford werde ich noch eingehen, aber der Bericht über Nixons Chinapolitik wäre nicht vollständig, ohne den ersten Kontakt seiner Administration mit der bemerkenswerten Gestalt Teng Hsiao-pings zu erwähnen.

Als Teng unvermittelt zur Hauptfigur der chinesischen Führung aufstieg, wußten wir sehr wenig über ihn. Die Analytiker unseres Nachrichtendienstes teilten uns mit, er sei Generalsekretär der Kommunistischen Partei bis zur Säuberung 1966 gewesen, als man ihn beschuldigte, ein »kapitalistischer Machthaber« zu sein. Außerdem erfuhren wir, er sei kürzlich auf Maos persönliche Intervention gegen den Widerstand der Radikalen im Politbüro ins Zentralkomitee der Kommunistischen Partei zurückgekehrt. Obwohl ihn Maos Frau Tschiang Tsching kurz nach seinem Wiedererscheinen in Peking öffentlich brüskiert hatte, war er für Mao so wichtig, daß der Große Vorsitzende sich – völlig gegen seine Gewohnheit – bei Teng für dessen Behandlung während der Kulturrevolution entschuldigte. Damals hatte er in einer Fabrik körperliche Arbeit verrichten müssen, wurde in seiner Freizeit in Gewahrsam gehalten und mußte erleben, daß sein Sohn, von den Roten Garden verfolgt, nach einem Sturz aus dem Fenster – ob nun gestoßen oder gefallen – querschnittsgelähmt blieb.

In demselben Bericht hieß es auch, Teng habe in einem Gespräch mit einer australischen Delegation ein Thema angesprochen, das in den kommenden Jahrzehnten sein Hauptanliegen werden sollte: China sei ein armes Entwicklungsland, das Austausch in Wissenschaft und Bildung mit so fortgeschrittenen Ländern wie Australien brauche. Teng hatte seinen australischen Gästen empfohlen, wenn sie durch China reisten, sollten sie auch die rückständige Seite des Landes in Augenschein nehmen und nicht nur seine Erfolge. Unser Geheimdienstbericht kam zu dem Schluß, Teng sei zur Stärkung des von Tschou En-lai verkörperten Reformkurses reaktiviert worden, nicht als Gegengewicht zum Ministerpräsidenten.

Als wir Teng zum ersten Mal begegneten, wurde uns klar, daß letztere Einschätzung ganz sicher falsch gewesen wäre, denn er verlor keine Zeit damit, sich von Tschou zu distanzieren. Teng kam im April 1974 als Mitglied einer chinesischen Delegation zur Sechsten Sondersitzung der UN-Vollversammlung, die sich mit der wirtschaftlichen Entwicklung befaßte, nach New York. Wir nahmen ihn nicht besonders wichtig, da Außenminister Tschiao Kuan-hua der offizielle Delegationsleiter war. Teng bat nicht um ein Treffen mit mir, aber er reiste auch nicht aus New York ab, als Tschiao Kuan-hua die offizielle Rede der chinesischen Delegation gehalten hatte. Da ich annahm, er unterstehe eindeutig Tschou und sei vor allem an der Wirtschaft interessiert, lud ich Teng und seine Begleitung auch nicht zum Essen ein, bis ich eine Woche später selbst nach New York kam, um dort vor der UN-Vollversammlung zu sprechen.

Sofort wurde klar, wer der wahre Chef der chinesischen Delegation war. Weit davon entfernt, Tschou zu entlasten, sollte Teng diesen offenbar ablösen. Einige freundliche Bemerkungen meinerseits über Tschou wurden überhört, Anspielungen auf Aussagen des Ministerpräsidenten sofort mit ähnlichen Zitaten aus dem weit schmaleren Repertoire meiner Gespräche mit Mao beantwortet. Kein einziges Mitglied der chinesischen Delegation nahm Tschous Namen in den Mund.

Um sicherzugehen, daß wir verstanden hatten, kam Teng unvermittelt auf mein letztes Gespräch mit Tschou zurück und fragte mich, ob ich mich mit Konfuzius auskenne. Ich wollte nicht noch einmal einen solchen Eklat wie damals auslösen und gab deshalb eine ausweichende Antwort. Daraufhin übernahm es Teng selbst, mich zu belehren.

Konfuzius war, kurz gesagt, ein Experte für die Riten und sehr konservativ. Seine Lehre hat die Chinesen zweitausend Jahre lang in Fesseln geschlagen. Seine Gedanken haben das Volk stark beeinflußt. Wenn wir das Volk von altem Denken befreien wollen, dann müssen wir Konfuzius überwinden. Das ist ein Schritt, um das Denken der Menschen zu befreien.

Ich fragte, ob diese Debatte in China theoretisch oder praktisch geführt werde, ob sie sich »gegen lebende Menschen oder gegen geschichtliche Personen« richte. Teng bestätigte ohne Umschweife, die Kampagne gegen Konfuzius verfolge ein sehr aktuelles Ziel:

Wenn man eine konservative Ideologie kritisiert, dann betrifft das immer einige Arbeitsstäbe, Personen, die die kritisierte konservative Ideologie vertreten.

Mit der Zeit empfand ich eine starke Sympathie für diesen mutigen kleinen Mann mit den melancholischen Augen, der in schwierigsten Wechselfällen des Lebens sich selbst treu geblieben war und sein Land weit mehr verändern sollte als jeder seiner Vorgänger. Mao hatte das traditionelle China umgekrempelt und einen Einheitsstaat geschaffen, aber zugleich auch ein Vakuum hinterlassen. Das hatte er im Gespräch mit Nixon selbst angedeutet, als er sagte, er habe in Wirklichkeit nur Peking zu verändern vermocht. Auf den Trümmern der Kulturrevolution leitete Teng jedoch eine Modernisierung ein, die China im 21. Jahrhundert zu einer wirtschaftlichen Supermacht entwickeln und ganz sicher auch seine politische Struktur verändern wird. Bei der sozialistischen Marktwirtschaft hält man lediglich noch an einigen Formeln der maoistischen Gebetsmühle fest. Teng gründete seine Reform auf die Marktwirtschaft und enge Beziehungen zu den Vereinigten Staaten.

Bei jener ersten Begegnung im April 1974 hielt niemand von uns Teng für eine wichtige oder gar eine Schlüsselfigur. Er benahm sich, als wäre er gekommen, um den Umgang mit den Amerikanern zu üben, zu denen er bisher keinen Kontakt hatte. Bei seinen kurzen Sätzen wich er, abgesehen von seinem Konfuzius-Exkurs, keinen Zollbreit von dem ab, was Mao in seinem langen Gespräch mit mir fünf Monate zuvor umrissen hatte. Teng, der sich langsam vorzutasten schien, zitierte viel aus diesem Gespräch. Ein Unterschied war nur in Nuancen und im Stil zu spüren. Dabei zeigte sich, daß Teng lieber konkret sprach, als sich in Andeutungen zu ergehen. Nach seiner Auffassung hatte sich Amerika global übernommen; deshalb warnte er uns davor, »mit zehn Fingern zehn Flöhe« fangen zu wollen. Er bekräftigte Maos These, daß die Sowjets »im Osten täuschen, um im Westen zuschlagen zu können«. So hatte der Große Vorsitzende seine günstigere Position beschrieben und angedeutet, die Vereinigten Staaten seien die stärker gefährdete Seite. Als ich darauf hinwies, es sei sinnlos, darüber zu debattieren, ob der Schwerpunkt der sowjetischen Strategie nun in Europa oder in Asien liege, denn »wo immer er liegt, der nächste Schwerpunkt ist klar zu erkennen«, sah Teng keinen Sinn darin, dieses Thema weiterzuverfolgen. Die Erfahrung werde es zeigen:

Wir haben darüber mit den Japanern, mit unseren japanischen Freunden, gesprochen. Sie scheinen das nicht zu erkennen. Sie meinen, die sowjetischen Ambitionen im Osten beträfen sie nicht.

Mit anderen Worten: Teng wollte mit uns ein Bündnis schmieden.

Mao und Tschou waren selten weitergegangen, als von *paralleler* Politik zu sprechen. Teng umriß nun eine *gemeinsame* Strategie, die darauf hinauslief, daß »wir mit Ihnen zusammenarbeiten, um den Bären im Norden festzuhalten«. Tschou hatte sich darauf beschränkt, einseitige Maßnahmen der Amerikaner zur Schaffung einer gemeinsamen antisowjetischen Front zu begrüßen. Teng ging einen Schritt weiter und bot Zusammenarbeit mit

China für dieses Ziel an. In diesem Geist drängte er uns, gegenüber unseren europäischen Verbündeten mehr Feingefühl zu zeigen: »Wären die Ergebnisse nicht besser, wenn Sie mehr Feingefühl für die Europäer zeigten?«

Kurz nach meiner ersten Begegnung mit Teng kam es wegen des Niedergangs der Präsidentschaft Nixons und des Amtsantritts von Präsident Ford zu einer Unterbrechung der hochrangigen Kontakte zwischen Peking und Washington von etwa sechs Monaten. In dieser Zeit demonstrierten wir unser unverbrüchliches Festhalten an Nixons Chinapolitik, indem wir den Chef des chinesischen Verbindungsbüros in Washington, Huang Tschen, in allen Einzelheiten über unsere Sicht der Ereignisse informierten. Unter diesem Vorzeichen empfing Ford Huang Tschen bereits drei Stunden nach seiner Amtseinführung im Oval Office, um zu bestätigen, daß er fortführen wolle, was Nixon begonnen habe. Allerdings entging uns nicht, daß Tschiao Kuan-hua bei der Eröffnung der Jahressitzung der UN-Vollversammlung im September 1974 eine Rede hielt, in der er die Vereinigten Staaten und die Sowjetunion als nahezu gleich große Gefahr für den Frieden hinstellte.

Das war kein Zufall. Die Lebenskraft des chinesisch-amerikanischen Verhältnisses hing davon ab, inwiefern man die gegenseitigen Interessen anerkannte und sich in der Lage zeigte, einander zu unterstützen. Es mußte leiden, wenn die Sicht der jeweiligen nationalen Interessen auseinanderdriftete oder wenn die Fähigkeit nachließ, gemeinsame Überzeugungen in die Tat umzusetzen. Zu viele innere Auseinandersetzungen hatte es in den Vereinigten Staaten gegeben, als daß nicht Auswirkungen auf Chinas Sicht der Wirksamkeit der chinesisch-amerikanischen strategischen Partnerschaft zu erwarten gewesen wären. Chinas Interesse an dieser Partnerschaft setzte voraus, daß die Vereinigten Staaten der Erhaltung des globalen Gleichgewichts verpflichtet blieben und genügend inneren Zusammenhalt besaßen, um dieses strategische Ziel zu erreichen. Zwölf Monate lang hatten die Chinesen dem Zerfall unserer Exekutive im Gefolge von Watergate zugeschaut und mußten sich nun mit einem neuen Präsidenten bekannt machen, dem keiner ihrer höchsten Vertreter je begegnet war. Der Kongreß forderte den Präsidenten in der Indochina-, in der Zypernpolitik, in seinen militärischen Vollmachten und bei der Tätigkeit der Nachrichtendienste heraus. All das untergrub das Vertrauen in Amerikas Stärke, und die Kontroverse über die Entspannungspolitik warf zusätzliche Fragen nach der Grundrichtung der amerikanischen Politik im Kalten Krieg auf.

Als Ford sein Amt übernahm, war das Problem nicht, wie unsere Chinapolitik nun angelegt werden sollte, sondern unsere Fähigkeit, weiterhin an ihr festzuhalten.

ZWEITER TEIL
Ford am Ruder

VI. Die neue Präsidentschaft

Der Übergang

Kein Regierungschef eines demokratischen Industriestaates führt sein Kabinett auf so persönliche Art wie der amerikanische Präsident. Was Ernennungen in der Exekutive betrifft, so sind ihm kaum Beschränkungen auferlegt. Ist er einmal im Amt, dann hat er die Möglichkeit, nahezu dreitausend Stellen zu besetzen – bis hin zu den Abteilungsleitern aller Ministerien und ganzen Heerscharen von Sonderbeauftragten. Das Kabinett arbeitet nach den Weisungen des Präsidenten; das bedeutet, es ist nicht notwendig, daß es seine Entscheidungen billigt oder gar diskutiert. Die wenigsten bedeutsamen außenpolitischen Beschlüsse einer Administration wurden dem Kabinett vorgelegt, es sei denn, zur allgemeinen Information. Dies beruht auf der Annahme, daß Beschlüsse des Kabinetts augenblicklich an die Öffentlichkeit dringen – so heterogen ist es zusammengesetzt, und so stark ist die Versuchung.

Deshalb finden Diskussionen über heikle außenpolitische Fragen im Nationalen Sicherheitsrat (NSC) oder in seinen nachgeordneten Querschnittsgremien statt. Der Nationale Sicherheitsrat setzt sich laut Verfassung aus dem Präsidenten, dem Vizepräsidenten, dem Außen- und dem Verteidigungsminister zusammen. Der Vorsitzende der Joint Chiefs of Staff und der CIA-Direktor sind offizielle Berater. Außerdem nimmt an den Sitzungen teil, wen der Präsident einlädt: stets der Nationale Sicherheitsberater, häufig der Finanzminister, der Generalstaatsanwalt und andere hohe Beamte, die mit der gerade zur Diskussion anstehenden Frage befaßt sind. Aber auch der NSC ist ein beratendes Organ; der Präsident muß dessen Ansichten nicht folgen. Soweit ich mich erinnere, haben weder Nixon noch Ford dort jemals über etwas abstimmen lassen. Nixon verkündete seine Entscheidungen stets demonstrativ aus dem Oval Office, womit er die rein beratende Funktion des Nationalen Sicherheitsrates besonders hervorhob.

Das Interregnum von ganzen drei Monaten, das unser System dem neuen Präsidenten zwischen Wahl und Amtseinführung bietet, reicht gerade aus, um die Administration zusammenzustellen und ihr Arbeitsprogramm vorzubereiten. Dieser Zeitraum ist die letzte Atempause, die letzte Phase der Unschuld, die dem neugewählten Präsidenten in seinem Amt gewährt wird. Mit schmeichlerischer Dienstbeflissenheit überschüttet ihn die Bürokratie mit einer Flut von Informationen, die der gewählte Präsident, von dem noch keine Entscheidungen erwartet werden, aufnehmen kann (oder auch nicht), ohne bereits Kontroversen zwischen den verschiedenen Ministerien und Institutionen schlichten zu müssen. Von den Doppeldeutigkeiten und Feinheiten des Bürokratenstreits noch unbeeindruckt, kann der gewählte Präsident, vielleicht zum letzten Mal, inhaltlichen Fragen vor Führungsentscheidungen den Vorzug geben.

Im Namen der Kontinuität legt die höchste Ebene der scheidenden Administration, deren Zeit bereits abgelaufen ist, Projekte vor. Die Neulinge, noch nicht gezeichnet von den Grabenkämpfen in der Bürokratie, reagieren mit einer Mischung aus Verachtung für ihre Vorgänger und unbegrenztem Vertrauen in die eigene Fähigkeit, die Welt aus den Angeln zu heben. Die Medien halten sich vorerst gnädig zurück. Da kaum Entscheidungen fallen, fühlen sich die Journalisten noch nicht verpflichtet, bereits das Vorrecht auszuüben, Informationen nach ihrem Gutdünken auszuwählen und zu verbreiten. Die Stars unter ihnen verwenden viel Zeit darauf, »Quellen zu erschließen«, wie sie es nennen, oder undichte Stellen zu finden, wie kritischere Geister dazu sagen.

Diese Zeit des Übergangs von einem Präsidenten zum nächsten ist also ein Phase der Hoffnung und der Schwäche zugleich: der Hoffnung, weil man Großreinemachen und Erneuerung erwarten kann, der Schwäche, weil es an Kontinuität fehlt und gelegentlich ganze Wälder gerodet werden, um nachzuschauen, ob die Wurzeln noch intakt sind.

Diese Zeit wird gnadenlos zusammengedrängt, wenn ein Vizepräsident in das höchste Amt nachrückt, weil der Präsident wegen irgendeines Mißgeschicks vorzeitig abtreten mußte. Bei dieser plötzlichen Amtsübergabe muß der neue Präsident eine Zeitlang mit dem Personal und der Verfahrensweise seines Vorgängers zurechtkommen. Auch bei der besten Absicht sind diese nach Kriterien ausgewählt, die der Mentalität oder den Bedürfnissen des neuen Chefs der Administration nur in den seltensten Fällen entsprechen, denn Präsident wird in der Regel der, der die verschiedenen Flügel der siegreichen Partei am besten auszubalancieren vermag. Unweigerlich wechselt aber der Neuling im Amt das übernommene Personal nach und nach aus. Angesichts dieser nicht zu vermeidenden Umwälzung sind die ersten Monate der Administration eines Vizepräsidenten eher eine Phase innerer Spannungen als eine Zeit der Hoffnung, die einen neugewählten Präsidenten in sein Amt trägt.

Der Wechsel von Nixon zu Ford war besonders schwierig. Da Ford bereits ohne Wahl in das Amt des Vizepräsidenten gelangt war, hatte er nicht den Vorteil, im Wahlkampf an der Seite seines Vorgängers gestanden zu haben, wo wenigstens ein Abglanz der Aura des Siegers auf ihn gefallen wäre. Und Ford erbte eine Administration, die von fast zwei Jahren der Auseinandersetzungen um Watergate erschüttert und demoralisiert war. Wie alle Vizepräsidenten, die jemals ins Präsidentenamt gelangten, verfügte Ford weder über den Beraterstab noch den politischen Apparat, der einen gewählten Präsidenten ins Amt hievt.

Nach einigen Wochen hatte Ford bereits nahezu das gesamte von Nixon übernommene Personal der innenpolitischen Stäbe, darunter auch das Pressebüro, ausgetauscht. Der bisherige Stabschef Alexander Haig wurde Oberkommandierender der NATO. An seine Stelle trat Donald Rumsfeld, ein Mitarbeiter Fords aus dem Repräsentantenhaus. Nach achtzehn Monaten hatten alle Minister außer zweien (Bill Simon als Finanzminister und ich als

Außenminister) gewechselt, ebenso der Direktor der CIA. Mit anderen Worten: Ford mußte das Staatsschiff mit einer ständig wechselnden Mannschaft durch eine Zeit schwerster innerer Erschütterungen und der Zwietracht steuern, die zum Teil bis heute nicht überwunden sind.

Fords hohe menschliche Qualitäten linderten den Schmerz für jene, deren Regierungslaufbahn damit beendet war. Ihm gelang es, einen neuen Stil und Ton in die gebeutelte Administration zu bringen. Entscheidungen fällte er auf eine Weise, die im Vergleich zu seinem Vorgänger unterschiedlicher nicht sein konnte. Nixon war von strategischen Optionen fasziniert und verwandte viel Zeit darauf, sich mit ihnen zu beschäftigen und sie zu debattieren. Einzelheiten der praktischen Umsetzung langweilten ihn. Verhandlungen verfolgte er nur in den Grundzügen. Ford dagegen legte Ziele in ein oder zwei kurzen Besprechungen fest, bei denen jeder für deren Durchsetzung Verantwortliche Gelegenheit hatte, seine Meinung zu sagen. Damit war die Sache für ihn erledigt.

Ford ging viel tiefer ins Detail der Umsetzung von Politik, als Nixon es je getan hatte. Dessen raffinierte Manöver widerstrebten Ford zutiefst, der zwar gern Aktionen seinen Stempel aufprägte, aber nicht die Gabe hatte, sich in langfristige Optionen oder gar Mutmaßungen zu versenken. Mündliche Darlegungen zog er schriftlichen vor. Nixons ausgeklügeltes System interministerieller, für einen bestimmten Bereich zuständiger Gruppen auf der Ebene der Abteilungsleiter wurde abgeschafft. Die Zusammenarbeit zwischen den Ministerien gestaltete sich nun auf der Ebene der stellvertretenden Minister in der Senior Review Group oder ihrem Äquivalent für das Krisenmanagement, der Washington Special Actions Group (WSAG), die direkten Zugang zum Nationalen Sicherheitsrat hatte. Diese Gremien traten in der Regel auch nur dann in Erscheinung, wenn konkrete Entscheidungen zu fällen waren.

Ford fürchtete sich vor Kontroversen unter seinen Beratern nicht und hatte auch nichts dagegen, daß man seinen Vorstellungen widersprach. Sitzungen leitete er großzügig und wohlwollend, er verlor nie die Beherrschung, stellte kundige Fragen und traf klare Entscheidungen, meist am Ende einer Besprechung. Wenn Ford mehr Zeit brauchte, stand er, was bei Nixon so gut wie nie geschah, auch für Diskussionen mit den Beamten zur Verfügung, deren Vorstellungen den seinen nicht entsprachen. Ford brütete nicht lange über Entscheidungen. Wenn er einen Entschluß gefaßt hatte, ließ er sich davon nicht abbringen, am wenigsten durch innenpolitische Erwägungen.

Fords Mitarbeiter brauchten niemals zu befürchten, er könnte sich zu Kollegen anders äußern als ihnen selbst gegenüber. Hier war nichts von der kaum vorstellbaren Unsicherheit über die wirklichen Absichten des Präsidenten zu spüren, die den Dienst im Weißen Haus unter Nixon zu einer so starken emotionalen Belastung gemacht hatte. Meinungsverschiedenheiten lösten keine Kämpfe hinter den Kulissen aus. Ford klärte sie in aller Offenheit, und an dem Ergebnis gab es nichts zu deuteln.

Transparenz garantierte aber noch lange keine Harmonie. Ford mußte sich von Anfang an damit auseinandersetzen, daß die Kabinettsmitglieder, wenn auch kaum spürbar, einen Unterschied machten zwischen einem gewählten Präsidenten, dem sie ihre Ernennung verdankten, und seinem nichtgewählten Nachfolger ohne Regierungserfahrung, der sie auf ihren Posten beließ, dem die meisten Experten aber einen künftigen Wahlerfolg nicht zutrauten. Daß er zum Beispiel Nixons Mannschaft für die nationale Sicherheitspolitik aus Gründen der Kontinuität übernommen hatte, machte es ihm schwer, eigene Auffassungen durchzusetzen. So interpretierte CIA-Direktor William Colby Fords Instruktionen zu Angola oder zur Überprüfung der CIA durch den Kongreß auf ganz eigene Weise, ebenso Verteidigungsminister James Schlesinger den »Mayaguez«-Zwischenfall, von dem noch die Rede sein wird – all das in der (möglicherweise unbewußten) Überzeugung, sie verstünden mehr von den Nuancen der nationalen Interessen als Ford.

Wenn Entscheidungen des Präsidenten ihnen nicht paßten, waren widerspenstige Beamte versucht, endlose Rückzugsgefechte zu führen. Ein überstimmtes Ministerium zog sich auf die nächste Verteidigungslinie zurück, das heißt auf Überlegungen, wie die Entscheidung des Präsidenten auszulegen sei. Die Debatten über die Begrenzung der strategischen Rüstung fanden deshalb auch nie ein wirkliches Ende, weil sie zum Teil grundsätzliche Fragen des Konzepts betrafen und der Streit um technische Einzelheiten nur vorgeschoben war oder weil einige der Schlüsselfiguren wie Rumsfeld sich die Möglichkeit offenhalten wollten, in einer künftigen Administration mitzuarbeiten, die stärker vom konservativen Flügel der Partei geprägt war.

Fords Mannschaft

Jeder Präsident umgibt sich mit einem Stab, dessen Personen und Gewohnheiten er meist aus langer Zusammenarbeit kennt. Aber im Unterschied zu den Mitarbeitern der meisten Präsidenten oder selbst langjähriger Vizepräsidenten, die das höchste Amt übernahmen, hatten die Männer in Fords Umgebung – Robert T. Hartmann, Philip Buchen und L. William Seidman – niemals in der Exekutive eine Rolle gespielt oder auch nur an eine solche gedacht. Hartmann war Fords Gesetzesberater im Repräsentantenhaus, Phil Buchen Rechtsanwalt und Bill Seidman geschäftsführender Gesellschafter einer internationalen Rechnungsfirma gewesen. Beide stammten aus Fords Heimatstadt Grand Rapids in Michigan. In dessen Augen waren sie für ihren Job nicht aufgrund von Fachkenntnissen qualifiziert, sondern weil sie ihn kannten, sein Denken verstanden und er ihnen vertraute. In dieser Hinsicht unterschieden sie sich nicht von anderen Mitarbeitern des Weißen Hauses. Ihre hervorstechenden Eigenschaften waren Charakterstärke und Rechtschaffenheit. Ihr Nachteil war, daß nichts in ihrer bisherigen Laufbahn sie auf eine Situation vorbereitet hatte, in der jeder gegen jeden kämpfte. Dies aber war das Klima, das in Washington nach Vietnam und Watergate vorherrschte. Von den Angriffen des Kongresses und der Medien auf die neue Administration wie betäubt, agierten sie zuweilen, als ginge es nicht darum, in einer politischen Auseinandersetzung zu bestehen, sondern ein schreckliches persönliches Mißverständnis aufzuklären. Das wiederum erweckte bei denen, die sie zu besänftigen suchten, den Eindruck, Angriffe auf Fords Präsidentschaft seien politisch nicht so riskant, wie wenn man es mit einem Stab zu tun hatte, der in Jahren des Wahlkampfes gestählt war.

So widerwillig die Neulinge sich auch auf den Kampf mit dem Kongreß oder den Medien einließen, so unbefangen gingen sie mit den eigenen Ministerien um. Den Kabinettsmitgliedern fehlte die lebenslange Erfahrung im Umgang mit Ford und seinen Freunden aus Grand Rapids. Da die Mitarbeiter des Weißen Hauses keinen anderen Chef als den Präsidenten haben, neigen sie dazu, einander in ihrem Diensteifer zu übertreffen. Selbst unter Ford war deshalb im Weißen Haus ein gewisses Reizklima vorprogrammiert.

Vor allem Hartmann tat sich als selbsternannter Bewahrer von Fords besonderen Tugenden gegen sich angeblich verselbständigende Überbleibsel der Nixon-Ära hervor. Als Indochina 1975 endgültig aus den Fugen geriet, strengte sich Hartmann gewaltig an, um für Ford den Ruhm zu sichern, den Vietnamkrieg »beendet« zu haben. Dabei schien er völlig zu vergessen, daß sein Vorschlag auf einen einseitigen, raschen und bedingungslosen Rückzug hinauslief; genau das hatte der radikale Flügel der Friedensbewegung seit über einem Jahrzehnt gefordert. Dessen Aktivisten aber hätten niemals ein derartiges Verdienst mit einem Präsidenten geteilt, den im Grunde genommen Nixon ernannt hatte. Ebenso versuchte Hartmann vor Fords Abreise zur Konferenz für Sicherheit und Zusammenarbeit in Europa (KSZE) Ende Juli 1975 nach Helsinki der Behauptung der Konservativen, wir hätten Osteuropa aufgegeben, den Wind aus den Segeln zu nehmen, indem er mich allein für alles verantwortlich machte. Nun kann ein Präsident seinen Außenminister jederzeit entlassen, aber er kann sich nicht von ihm distanzieren, wenn er ihn weiter im Amt behält, besonders nicht unmittelbar vor einer bedeutenden internationalen Konferenz, die heute allgemein als Wendepunkt des Kalten Krieges betrachtet wird.

Solche Vorfälle waren zwar ärgerlich, verloren aber während der Amtszeit Fords immer mehr an Bedeutung. Hartmann und seinen Mitstreitern fehlten die Durchschlagskraft und sicherlich auch die Heimtücke ihrer Vorgänger, die unter Nixon im Weißen Haus agiert hatten. Nach einigen Monaten beschränkte sich Hartmann – möglicherweise auf Weisung Fords – auf das Redenschreiben und griff nur gelegentlich in die Politik ein, um sicherzustellen, daß sein Chef die angemessene Würdigung erfuhr.

Phil Buchen spielte eine gewichtigere Rolle. Nach meinen Beobachtungen hatte jeder Präsident einen Mitarbeiter in seiner Umgebung, der, weil man ihm keinerlei Hintergedanken zutraute, als das Gewissen des Präsidenten fungieren konnte. So, wie Haldeman Nixons romantisches Image des heroischen Präsidenten verkörperte, war Phil Buchen Fords personifiziertes Streben nach Versöhnung und Heilung.

Der hagere, weißhaarige Buchen, der den Titel eines Präsidentenberaters trug, schien einem Frank-Capra-Film über das kleinstädtische Amerika der dreißiger Jahre entsprungen zu sein. Auseinandersetzungen waren ihm ein Greuel, und mit seinem ganzen Verhalten signalisierte er, daß es für ihn unüberbrückbare Gegensätze nicht gab. Für einige der alten Washingtoner Schlachtrosse schien Buchen die Suche nach Kompromissen zuweilen bis zur Versöhnung um jeden Preis zu treiben. Das forderte Angriffe auf die Autorität der Exekutive, die er eigentlich abwehren sollte, geradezu heraus, weil sie völlig risikolos erschienen. Da Buchen das Weiße Haus aus der unmittelbaren Konfrontation mit dem Kongreß heraushielt und selten energisch auftrat, ließ er einzelne Institutionen, besonders die CIA, allein im Kreuzfeuer stehen, was diese besonders verwundbar machte.

Damals ging mir Buchens Versöhnungsbedürfnis zutiefst gegen den Strich, wenn ich ihn auch persönlich sehr mochte. Heute, aus der Sicht von mehr als zwanzig Jahren, glaube ich allerdings, daß er sich intuitiv von einer tieferen Weisheit leiten ließ. Wenn Fords Erneuerung gelingen sollte, mußte er darauf achten, daß seine Erfolge in der Innenpolitik die vorhandenen Gegensätze nicht weiter vertieften. Buchen spielte hier seine Rolle mit großer Würde. Als Ford aus dem Amt schied und Buchen den Dienst in der Regierung quittierte, entschied er sich, nicht nach Grand Rapids zurückzukehren. Statt dessen blieb er in Washington, einer Stadt, die dafür bekannt ist, wie schwer sie sich mit denen tut, die nicht mehr an der Macht sind. Buchen trug auch dieses Los der Bedeutungslosigkeit mit einer Haltung, für die ihm selbst seine Kritiker stets Respekt zollten.

Der bei weitem beeindruckendste Neuzugang im Weißen Haus unter Ford war Donald Rumsfeld, den Ford von seinem Posten als Botschafter bei der NATO zurückberufen hatte, als Alexander Haig seinen Dienst als Stabschef quittierte. Nach dem sogenannten Halloween-Massaker vom November 1975, als Ford Schlesinger entließ, wurde Rumsfeld zum Verteidigungsminister ernannt. Ford schätzte ihn aus der Zeit der gemeinsamen Tätigkeit im Kongreß. Außerdem war Ford dafür dankbar, daß Rumsfeld 1965 bei dessen Wahl zum Minderheitsführer sich ins Zeug gelegt hatte.

Rumsfeld gab mir Gelegenheit, einen ganz eigenen Washingtoner Menschenschlag aus unmittelbarer Nähe kennenzulernen: den echten Vollblutpolitiker, bei dem Ehrgeiz, Fähigkeiten und Substanz nahtlos ineinander übergehen. Rumsfeld hatte unter Nixon kurze Zeit im innenpolitischen Bereich des Weißen Hauses gearbeitet. Damals vermied er es geschickt, sich in die Kontroversen über die umkämpfte Präsidentenschaft verwickeln zu lassen. Er bezeugte oft ein gewisses Mitgefühl für die Ansichten der jungen Protestierer, selbst wenn er sich abschätzig über ihr politisches Programm äußerte. Anfang 1973 ernannte ihn Nixon zum NATO-Botschafter in Brüssel, wo er sich außenpolitische Sporen verdienen konnte, ohne sich an den Debatten über Vietnam und Watergate beteiligen zu müssen.

Als Rumsfeld im Herbst 1974 nach Washington zurückkehrte, war die Stimmung im Land bereits umgeschlagen. Als Veteran der politischen Kämpfe begriff er weit besser als ich, daß Watergate und Vietnam einen konservativen Rückfall auslösen mußten. Was sich nach der Wahl des McGovern-Kongresses wie eine liberale Flutwelle ausnahm, war in Wirklichkeit das letzte Aufbäumen der Radikalen. Als Fords Stabschef war Rumsfeld vor allem entschlossen, die politischen Kämpfe ohne allzu viele Blessuren zu überstehen. Geschickt lavierte er zwischen dem Übereifer der Liberalen, jeden Aspekt der Außenpolitik zu überprüfen, und der konservativen beziehungsweise neokonservativen Kritik an der Politik Fords gegenüber der Sowjetunion, wie er sie von Nixon übernommen hatte.

Charmant, zäh und durchaus zu Entschlossenheit fähig, unterstützte Rumsfeld die Kritiker der Politik Fords gegenüber der Sowjetunion nicht ausdrücklich, wandte sich aber auch nicht offen gegen sie. Als Verteidigungsminister bestand er rigoros darauf, alle vorgeschriebenen bürokratischen Verfahren müßten strikt eingehalten werden, und hintertrieb auf diese heimtückische Weise neue Initiativen. Davon wird in einem späteren Kapitel noch die Rede sein. Ob Rumsfeld dies tat, weil er mit den offiziellen Positionen, die Ford und ich vertraten, nicht übereinstimmte, oder ob er dabei die politische Landschaft insgesamt im Auge hatte, ist heute schwer zu sagen. Möglicherweise spielte beides eine Rolle. Was immer seine – durchaus ehrenhaften – Motive gewesen sein mögen, Rumsfeld verstand es meisterhaft, jede Streitfrage in einen bürokratischen Sumpf zu lenken, aus dem es kein Entrinnen gab. Als jedoch die Wahlen 1976 herannahten, konnten wir keine längere interne Kontroverse mehr riskieren. Damit war die Ost-West-Diplomatie für den Rest der Amtszeit Fords auf Eis gelegt.

John Osborne, der als einer der scharfsinnigsten Beobachter der Washingtoner Szene gilt, schrieb über Rumsfelds Verhältnis zu seinen älteren Amtskollegen:

Erst in den letzten Wochen des Zwielichts, als Fords Leute lockerer und gesprächiger wurden, begann ich die Tiefe und Härte der Feindseligkeiten zu begreifen. Donald Rumsfeld, den ich als Stabschef des Weißen Hauses achtete und auch heute noch achte, war Mittelpunkt und Ziel dieses Mißtrauens. Nelson Rockefeller ist überzeugt, daß Rumsfeld sein Bemühen, zur Formulierung der Innenpolitik beizutragen, absichtlich hintertrieb, daß er den Druck auf ihn organisierte, jeden Gedanken aufzugeben, sich 1976 als Kandidat für die Vizepräsidentschaft aufstellen zu lassen, daß er es war, der Gerald Ford einredete, Verteidigungsminister James Schlesinger und CIA-Direktor William Colby zu entlassen, sie durch Rumsfeld beziehungsweise George Bush zu ersetzen sowie Henry Kissinger am 2. und 3. November 1975 seine Basis im Weißen Haus und seinen Status als Nationaler Sicherheitsberater zu entziehen. Von den genannten Personen erklärte nur Rockefeller öffentlich, Rumsfeld habe dies alles getan, um sich selbst 1976 eine Ausgangsbasis für die Nominierung als Kandidat für die Vizepräsidentschaft zu schaffen. Kissinger, Schlesinger und Finanzminister William Simon, die den Stab des Weißen Hauses unter Rumsfeld und dessen Nachfolger Richard Cheney ebenso tief verachten wie Rockefeller, teilten dessen Verdacht und hielten ihn für glaubhaft. Aber sie sprachen nicht, wie Rockefeller, von einer erwiesenen Tatsache. Diese Mischung aus Mißtrauen und Haß – das Wort »Haß« scheint hier durchaus angebracht – war in den letzten Wochen der Administration unter den genannten Personen und auch mit Präsident Ford immer wieder Gesprächsthema.[1]

Mit den Jahren, insbesondere seit ich aus der Regierung schied und nicht mehr in Rumsfelds Schußlinie lag, sah ich seine brillante, beharrliche Zielstrebigkeit in etwas milderem Licht. Er war hart, fähig, klug und persönlich anziehend. Mir scheint, hätte er das Präsidentenamt jemals erreicht, wäre er vielleicht ein angenehmerer Chef gewesen, als er ein Ministerkollege war. Er hatte die Gaben, ein starker Präsident zu werden.

Aber irgendwo auf der Strecke ging diesem geschickten Politiker der Drang zur Macht verloren. Gerade als Rumsfeld die beste Ausgangsposition für den Kampf um das Präsidentenamt erreicht zu haben schien, schied er aus dem Rennen. Waren die Bedingungen nicht günstig, oder wurde der Wettlauf um die Präsidentschaft selbst für einen Mann von Rumsfelds Entschlossenheit zu aufreibend? Oder war der Grund für seine ständige

Kampfbereitschaft in der ganzen Zeit eine tiefsitzende Furcht vor dem Mißerfolg gewesen, die ihn vor der letzten Hürde scheuen ließ, weil er den Gedanken an eine Niederlage nicht ertragen konnte? Als sich Don Rumsfeld aus der Politik zurückzog, bedauerte ich das aufrichtig.[2]

Rumsfeld übernahm das gespannte Verhältnis zu Ford und mir von seinem Vorgänger James Schlesinger. Als Stabschef des Weißen Hauses waren seine Beziehungen zu Schlesinger nicht besser als zu mir oder zu anderen Ministern des Kabinetts wie Bill Simon, die, wie Osborne erklärte, glaubten, er wolle ihren Job. Meine Spannungen mit Schlesinger waren allerdings von anderer Art als die mit Rumsfeld. Schlesinger war vor allem ein Akademiker, der zuweilen geistige Auseinandersetzungen mit politischen Mitteln austrug, was niemals sehr angenehm war. Rumsfeld dagegen war ein Politiker, der in der Auseinandersetzung zuweilen auf die Systemanalyse zurückgriff, sich aber vor allem von seinen politischen Ambitionen leiten ließ. Was Schlesinger betraf, so war ich überzeugt, daß wir letzten Endes zu einer Verständigung kommen würden, denn unsere Differenzen waren im Grunde genommen nur für Eingeweihte verständlicher, technischer, zuweilen auch bürokratischer Natur. Schlesinger und ich hatten bereits einen langen gemeinsamen Weg hinter uns. Als ich ihm zum ersten Mal begegnete, waren wir beide »Verteidigungsintellektuelle«: ich Professor in Harvard und er ein brillanter Analytiker der RAND Corporation. Damals stimmten wir in allen wesentlichen Fragen überein, nur war ich mehr an den geopolitischen und er an den technologischen Herausforderungen interessiert. In der Regierung schätzte ich seine Tätigkeit als stellvertretender und später amtierender Direktor des Verteidigungshaushalts, in den er seine ganz eigene Mischung fiskalischer und strategischer Kenntnisse einbrachte. Als Schlesinger 1971 zum Vorsitzenden der Atomenergiekommission befördert wurde, bewunderte ich, wie er mit Protesten gegen die unterirdischen Atomversuche auf den Aleuten umging, die angeblich zu gefährlich waren. Er brachte einfach seine ganze Familie auf das Versuchsgelände, und dort blieb sie, bis die Tests abgeschlossen waren. Als Verteidigungsminister seit dem Sommer 1973 – nach einem kurzen Zwischenspiel als CIA-Direktor – leistete Schlesinger Außerordentliches für die Überarbeitung unserer strategischen Doktrin, verteidigte zäh und erfolgreich ein angemessenes Verteidigungsprogramm gegen die Angriffe der Opposition im Kongreß.

Ich unterstützte Schlesingers Ernennung zum Verteidigungsminister vorbehaltlos, ohne auch nur zu ahnen, daß uns geradezu ein Dauerkonflikt bevorstand. Natürlich hatte auch Schlesinger berechtigten Grund zur Klage. Bei den Rüstungskontrollverhandlungen in Nixons erster Amtszeit hatte man sich rigoros über zu viele angestammte Vorrechte, darunter auch des Pentagons, hinweggesetzt, dessen Interessen und Strategien direkt betroffen waren. So liefen zum Beispiel die Geheimgespräche zur Begrenzung der strategischen Rüstung (SALT) bis zum Ende von Nixons Amtszeit über den Präsidenten; in meinem Verhandlungsteam war kein einziger Vertreter des Verteidigungsministeriums. Solange ich als Nixons persönlicher Berater agierte und er den Geheimkanal zum Kreml nutzte, um bürokratische Hindernisse in Washington zu umgehen, hatte diese Praxis einen Sinn. (Ich stimmte unsere Positionen jeweils mit dem Vorsitzenden der Joint Chiefs of Staff ab. Aber das ist nicht dasselbe, wie an Verhandlungen beteiligt zu sein.)

Als ich jedoch Außenminister wurde, war es nicht nur unsensibel, das Verteidigungsministerium weiterhin auszuschließen, das die Rüstungskontrollgespräche in erster Linie angingen, es war, was die Zuständigkeit der Ressorts betraf, einfach auch rücksichtslos. Man kann es geradezu als die Regel ansehen, daß diejenigen, die nicht am diplomatischen Prozeß des Gebens und Nehmens beteiligt sind, danach zu den Helden der rückblickenden Analyse werden. Ohne die geringste Vorstellung davon, welche Hürden zu überwinden waren, können sie es sich leisten, vor allem die Kompromisse aufzuzeigen, die geschlossen wurden, und nicht die Ergebnisse, die diese erbrachten. Als Unbeteiligte meinen sie, daß in Verhandlungen stets nur die Gegenseite Zugeständnisse machen sollte. In der realen Welt der Diplomatie kommt das nicht vor. Als ich dann in das Team für meine letzten SALT-Verhandlungen mit Breschnew im Januar 1976 einen Vertreter des Verteidigungsministeriums aufnahm, erwies sich James P. Wade als unschätzbare Hilfe, wenn es galt, Vorschläge zu formulieren oder seine Kollegen davon zu überzeugen, daß diese im nationalen Interesse lagen. Aber da war es bereits zu spät.

Wie gerechtfertigt Schlesingers Klagen anfangs auch gewesen sein mögen, er übertrieb und pflegte seine Ressentiments. Er nahm mir mein enges Verhältnis zu Ford übel und sah darin zu Unrecht das Haupthindernis für eine ähnliche Nähe zum Präsidenten. Aus dem anfangs vielleicht berechtigten Groll über einen Mißstand erwuchsen Schritt für Schritt systematische Bemühungen, meinen Einfluß allerorten zu beschränken. Ob es nun um Zypern oder die Rüstungskontrolle, Lieferungen an Israel im Nahostkrieg, die »Mayaguez«-Krise oder die Ost-West-Beziehungen ging, Schlesinger benahm sich, als wäre er der Oppositionsführer in einem parlamentarischen System.

Schlesinger tat sich selbst keinen Gefallen mit dem gelehrten, etwas herablassenden Ton gegenüber den beiden Präsidenten, unter denen er diente. Während einer Beratung des Nationalen Sicherheitsrates im Juni 1974 vor Nixons Abreise zum Moskauer Gipfel schlug Schlesinger ein SALT-Abkommen vor, in dem nur Zugeständnisse von der sowjetischen Seite erwartet wurden. Als Nixon fragte, wie er das bewerkstelligen wolle, antwortete Schlesinger: »Sie können doch sehr überzeugend sein, Sie haben große anwaltliche Fertigkeiten.« Am 7. Oktober, als Ford eine Diskussion zum selben Thema leitete, gab der neue Präsident auf ein Argument Schlesingers zur Antwort: »Darüber würde ich gern einmal im Kongreß mit Ihnen streiten.« Schlesinger schoß sofort zurück: »Besser nicht, wenn wir in die Details gehen!« – womit er andeuten wollte, Ford wisse nicht so genau, wovon er spreche.

Was die Rüstungskontrolle betraf, so erlaubte es Schlesingers intellektuelles Niveau nicht, offen in Jacksons Lager überzulaufen, woran ihn in gewisser Weise auch seine Position im Kabinett hinderte. Aber er begünstigte Jackson, indem er Richard Perles Zahlenspiele nicht widerlegte, die ebenso ausgeklügelt wie trügerisch waren. Gelegentlich pflichtete er sogar öffentlich bestimmten schwerverständlichen technischen Argumenten bei, die Jackson benutzte, so zum Beispiel kurz vor Nixons Abreise zum Moskauer Gipfel im Juni 1974.[3] Eines der Motive, die Schlesinger dazu bewegten, war die Tatsache, daß er bei der alljährlichen Auseinandersetzung um das Verteidigungsbudget im Kongreß auf Jacksons Unterstützung angewiesen war. Und als er sich einmal für einen Konfrontationskurs gegenüber dem Weißen Haus entschieden hatte, konnte er nicht auch noch riskieren, seinen wichtigsten politischen Verbündeten zu verlieren, der zugleich der Hauptkritiker seines Präsidenten war – ein beispielloser und auf lange Sicht unhaltbarer Zustand.

Schlesingers Stellvertreter William P. Clements und der Vorsitzende der Joint Chiefs of Staff General George Brown taten ihr Möglichstes, um die aufkommenden Spannungen zu mildern. Aber das war ein aussichtloses Unterfangen, insbesondere was die Debatte über die Rüstungskontrolle betraf. Wenn es um den Ausgleich von Waffensystemen ging, die jede Supermacht nach verschiedenen, nicht vergleichbaren Kriterien entwickelt hatte, lange bevor man an Rüstungskontrolle dachte, war Schlesinger in seinem Element. Jackson als das zweithöchste Mitglied des Streitkräfteausschusses bestimmte seinerseits die Debatten im Kongreß.

Schlesinger und ich versuchten mehrmals, den Zwist zu beenden. Am 26. Juli 1974, zwei Wochen vor Nixons Rücktritt, bat ich Schlesinger zu mir:

Kissinger: Ich meine wirklich, was wir auch persönlich voneinander halten mögen, in dieser Krise dürfen Sie und ich gegenüber anderen Staaten nicht den Eindruck erwecken, wir gingen uns ständig gegenseitig an die Kehle.

Schlesinger: Wie wahr, wie wahr.

Kissinger: Das ist meine Meinung.

Schlesinger: Das ist gut. Ich habe schon (Generalmajor) Wickham gebeten, mit Scowcroft zu sprechen – so etwas wäre in jedem Fall unproduktiv.

Kissinger: So weit darf es nicht kommen. Warum nicht? Weil ich vor allem ehrlich glaube, daß wir keine wirklich grundsätzlichen Meinungsverschiedenheiten haben.

Schlesinger: Ja, davon habe ich auch noch nichts bemerkt.

Da Nixons Präsidentschaft vor unseren Augen verfiel, wandte ich mich sogar an Senator John Stennis, den ehrwürdigen Vorsitzenden des Streitkräfteausschusses des Senats, mit der Bitte, unseren Streit zu schlichten:

Kissinger: Ich wollte Sie eigentlich nicht damit behelligen, aber es geht um etwas anderes als in der Vergangenheit. Da unser Präsident nun solchen Angriffen ausgesetzt ist, können wir nicht bei ausländischen Regierungen den Eindruck erwecken, daß die beiden wichtigsten Beamten, die die Krise managen sollen, miteinander im Streit liegen.

Stennis: Ich glaube, Sie haben tausendmal recht, und Sie sind schon über die Hälfte des Weges gegangen, um diese Sache beizulegen.

Kissinger: Sie wissen seit fünf Jahren, was ich tue, und ich sage Ihnen von Mann zu Mann, bei meinem Wort, ich werde es nicht zulassen, wenn ich es irgendwie vermeiden kann. Ich denke, wenn die Leute im Verteidigungsministerium nur etwas kooperativ sind, kann es vermieden werden. Könnten Sie nicht als Patriot und als Vorsitzender dieses Ausschusses Schlesinger anrufen und ihm sagen, was Sie von meinen Worten halten? Sie könnten sich darauf beschränken, dann werden Sie nicht selbst in etwas hineingezogen.

Stennis: Das will ich sehr gern tun. Ich bin daran interessiert und mache mir um unser Land große Sorgen. Ich werde mit ihm in diesem Sinne reden. Ich werde ihm sagen, daß Sie und ich an diesem Tisch sehr offen miteinander gesprochen haben, daß Sie mit uns allen sind usw.

Kissinger: Sagen Sie ihm, daß ich für ihn gesprochen habe. Damit er nicht denkt, ich hätte mich hinter seinem Rücken an den Ausschuß gewandt.

Stennis: O nein, das wird er nicht denken. Ich habe das ganze Gespräch ja angefangen.

Kissinger: Das stimmt, und Sie werden sich erinnern, daß ich ihn sehr unterstützt habe.

Stennis: Ja, Sir.

Kissinger: Außerdem wollte ich Ihnen sagen, Herr Vorsitzender, wenn Sie bemerken, daß ich oder das Außenministerium etwas tut, was Ihrer Meinung nach in dieser Sache unnötige Probleme bringt, dann rufen Sie mich an und lassen Sie es mich wissen. Ich werde es sofort in Ordnung bringen.

Es half alles nichts. Als Ford Präsident wurde, begann der Hickhack von neuem. Jedermann hatte den Eindruck, daß es zwischen uns tiefe grundsätzliche Differenzen gab. Unter normalen Umständen wäre ein solcher Konflikt rasch beigelegt worden, indem der Präsident den einen oder den anderen Kontrahenten entließ. Aber da Nixons Präsidentschaft zunehmend verfiel, da Ford anfangs auf Kontinuität achten mußte und außerdem Henry Jackson milde stimmen wollte, zog sich das Drama bis November 1975 hin. Dann gab Ford Schlesinger ganz unerwartet den Abschied.

Ironischerweise beruhte Schlesingers Hauptvorwurf, ich hätte sein Verhältnis zu Ford gestört, auf einem Mißverständnis. Schlesinger war einer der wenigen Menschen, die Ford große Unannehmlichkeiten bereiteten, wie er ausführlich in seinen Memoiren beschrieben hat.[4] Bereits als Vizepräsident hatte Ford Einwände dagegen, wie Schlesinger die Beziehungen zum Kongreß handhabe. Eine Woche nach seiner Amtseinführung wurde Ford von einem Pressebericht überrascht, der Schlesinger zitierte, er habe auf dem Höhepunkt von Nixons Rücktrittsdrama die Joint Chiefs of Staff angewiesen, die Weisungen des Präsidenten mit ihm zu überprüfen, um einen Umsturzversuch Nixons zu vereiteln. Ford betrachtete das als Schlag unter die Gürtellinie und als Angriff auf die Autorität des Oberkommandierenden. Er überprüfte die Angelegenheit bei den Joint Chiefs of Staff, die die Existenz dieser Weisung bestritten, nicht aber die Exaktheit des Presseberichts.

Später gingen Ford nicht nur Schlesingers brüske Bemerkungen bei Beratungen des Nationalen Sicherheitsrates gegen den Strich, sondern auch dessen Art, bei Zusammenkünften im Oval Office mit gelockertem Schlips aufzutauchen, sich in einen Sessel fallen zu lassen und ein Bein über die Armlehne zu schlagen. Wie sehr Ford die Situation durchschaute, wurde mir klar, als er auf meine Entschuldigung dafür, wieviel Zeit wir dem Präsidenten durch unsere Streitereien geraubt hätten, nur kurz und treffend erwiderte:»Jim kämpft nicht gegen Sie, sondern gegen mich. Er denkt, ich bin dumm und Sie steuern mich, was ihm nicht paßt. Dieser Streit wird erst enden, wenn ich Jim entlasse oder ihn glauben mache, daß *er* mich steuert.« Einige Monate später entschied sich Ford für die erste Wahl.

Als Fords Präsidentschaft in ruhigeres Fahrwasser kam, wurde General

Brent Scowcroft zum unverzichtbaren Faktor des Ausgleichs im Apparat des Nationalen Sicherheitsrates. Nicht eigentlich ein Mann Fords, war er in den Stab des Nationalen Sicherheitsrates als mein Stellvertreter gekommen, als Al Haig, der diesen Posten in Nixons erster Amtszeit innehatte, im November 1972 zum stellvertretenden Stabschef der Armee ernannt wurde. Haig hatte ich zum militärischen Berater gewählt, als ich 1969 an Nixons Seite in Washington einzog. Da die Beendigung des Vietnamkrieges sich als eine der Hauptaufgaben von Nixons Präsidentschaft abzeichnete, suchte ich einen Berufsoffizier, der in Vietnam gedient hatte und mir helfen konnte, mich in den komplizierten militärischen Verhältnissen Indochinas zurechtzufinden. Die verschiedenen Dienste, denen allen daran lag, einen hohen Vertreter in Stellung zu bringen, empfahlen mehrere hervorragende Offiziere mit großer akademischer Erfahrung. In dieser Hinsicht fühlte ich mich aber selbst ausreichend sicher und hielt deshalb nach einem Truppenoffizier Ausschau. Mein damaliger Freund Dr. Fritz Kraemer empfahl mir Haig, der zu jener Zeit in West Point lehrte, wodurch er Erfahrungen sowohl im akademischen als auch im Truppenbereich besaß. Energisch, intelligent und engagiert, wie er war, machte sich Haig bald unentbehrlich. Nach einem Jahr ernannte ich ihn zu meinem Stellvertreter.

Im Verlauf seiner ersten Amtszeit betraute mich Nixon mit den Geheimverhandlungen über Rüstungskontrolle, mit Vietnam und mit China. Als 1973 auch noch der Nahe Osten hinzukam, war ich sehr oft von Washington abwesend. Nixon konnte der Versuchung, Mitarbeiter gegeneinander auszuspielen, wie es seine Art war, nicht widerstehen. Dies war eine seiner liebsten Beschäftigungen. Haig sah seine schwierige Aufgabe zweifellos in erster Linie darin, mir zu helfen, meinen Aufgaben so gut wie möglich gerecht zu werden. Für seine diesbezüglichen Bemühungen gegen Ende der ersten Amtszeit Nixons konnte ich ihm nur Bewunderung zollen, ebenso für seine späteren außerordentlichen Leistungen in noch verantwortlicheren Positionen; vor allem seine Leistung für den Zusammenhalt des Landes im Gefolge des Niedergangs der Präsidentschaft Nixons ist hoch zu veranschlagen.[5]

Als Haig ins Pentagon ging, war der stellvertretende Vorsitzende des Nationalen Sicherheitsrates eine der Schlüsselpositionen in Washington. Es überraschte mich deshalb nicht, als das Pentagon mir eine wahrhaft beeindruckende Liste von Kandidaten vorlegte, die allesamt in ihren verschiedenen Diensten bereits hohe Positionen einnahmen. Ich aber wollte als meinen Stellvertreter keinen Mann, der im bürokratischen Dschungel Washingtons bereits einen Part gespielt hatte.

Ich hatte das Glück, einen solchen Mann im Stab des Weißen Hauses ausfindig zu machen. Brent Scowcroft hatte damals den weithin unbekannten, aber sehr verantwortungsvollen Posten des militärischen Assistenten des Präsidenten inne, zu dessen Pflichten es gehört, sicherzustellen, daß die Kriegspläne stets zur Hand sind, wo der Präsident sich auch immer aufhalten mag. Da dieser Mann stets an der Seite des Präsidenten sein muß, hatte ich viel Gelegenheit, mit Scowcroft Meinungen auszutauschen. Sehr präzise in seinen Formulierungen, hartnäckig im Argumentieren und intelligent, beeindruckte mich dieser Mormone aus Utah mit einem Doktortitel der Columbia-Universität durch seine tiefschürfende Kenntnis der Lage in Osteuropa und in der Sowjetunion. Besonders imponierte mir, mit welchem Mut, der schon fast an Tollkühnkeit grenzte, er sich wegen einer technischen Frage, die mir entfallen ist, mit Haldeman anlegte, der damals auf der Höhe seiner Macht stand.

Scowcroft erwies sich als perfekte Wahl. Seine Stärken waren sorgfältige Analyse und nüchternes Urteil. Wenn er irrte, ging es höchstens um eine verpaßte Gelegenheit. Wenn er eine Sache unter Kontrolle hatte, wurden Fehler mit hoher Wahrscheinlichkeit entdeckt. Unsere Stärken ergänzten sich. Ich ging mit weiterem Blick an die strategische Analyse; Scowcroft war genauer in den Einzelheiten der Ausführung Seine Rolle bekam noch mehr Gewicht, als ich am 22. September 1973 als Außenminister vereidigt wurde, ohne den Posten des Nationalen Sicherheitsberaters aufzugeben.

Soviel mir auch daran lag, diese Doppelfunktion auszuüben, war es zweifellos doch eine unnatürliche Konstellation. Als Chef des Außenministeriums hatte ich (oder einer meiner Stellvertreter) den Standpunkt dieses Ressorts auf Beratungen verschiedener Ministerien oder im Nationalen Sicherheitsrat zu vertreten – zuweilen im Widerstreit mit den Auffassungen anderer Institutionen. Aber als Nationaler Sicherheitsberater hatte ich mich um die Bedürfnisse des Präsidenten zu kümmern, dem vor allem daran gelegen war, daß ihm alle Optionen – auch jene, denen ich nicht zustimmte – umfassend und fair präsentiert wurden. Wenn ich als Nationaler Sicherheitsberater Besprechungen zwischen den Ministerien leitete, war das Außenministerium in einer verzwickten Lage. Man ging davon aus, daß der stellvertretende Außenminister meine Position vertrat, die ich dann zusammen mit anderen dem Präsidenten vorzulegen hatte. Daß dies zweiundzwanzig Monate lang überhaupt funktionierte, habe ich vor allem der großen Fairneß Scowcrofts zu verdanken, der zwar nicht formell, aber de facto viele Funktionen des Nationalen Sicherheitsberaters auf sich nahm.

Im November 1975 enthob mich Ford meiner Doppelrolle, als er Scowcroft zum Nationalen Sicherheitsberater ernannte. Das hätte ein schwieriger Übergang werden können, aber Scowcroft gelang es, mit Integrität und Takt alle Spannungen zu vermeiden. Ich konnte absolut sicher sein, daß er meine Ansichten korrekt dem Präsidenten, die des Präsidenten exakt mir und seine eigenen Auffassungen uns beiden übermittelte, ob er persönlich mit ihnen übereinstimmte oder nicht. Er legte Ford sein eigenes Urteil zu außenpolitischen Fragen dar, ohne daß ich je das Gefühl hatte, er rivalisiere mit mir als Außenminister. Scowcroft war das ausgleichende Element der nationalen Sicherheitspolitik, und er ist seitdem eine Stütze für unser Land geblieben.[6]

Ein Bericht über meinen Dienst in der Ford-Administration wäre unvollständig, wenn ich nicht auf Nelson Rockefeller zu sprechen käme, den Ford am 20. August 1974 zu seinem Vizepräsidenten erwählte. Rockefeller hat einen nachhaltigen Einfluß auf mein Leben ausgeübt. Wir begegneten uns zum ersten Mal im Sommer 1955, als er Mitarbeiter von Präsident Eisenhower war und mich, damals im ersten Jahr außerordentlicher Professor an der Harvard-Universität, zu einer Expertenrunde einlud, die sich über die Zukunft unseres Landes Gedanken machen sollte. Colonel William Kintner, ein Mitarbeiter für militärische Fragen in Rockefellers Stab, der einige meiner Artikel über Nuklearstrategie gelesen hatte, machte seinen Chef auf mich aufmerksam. Das war nach dem Genfer Gipfel vom Juli 1955, an dem Präsident Eisenhower, der britische Premierminister Anthony Eden, der französische Ministerpräsident Edgar Faure sowie für die Sowjetunion Nikolai Bulganin und Nikita Chruschtschow teilgenommen hatten. Wir sollten außenpolitische Initiativen für die Zeit nach Stalin empfehlen.

Rockefeller betrat den Raum mit der für ihn typischen Leutseligkeit, schlug uns auf die Schulter und nannte uns so, wie er sich unsere Vornamen gemerkt hatte. Er war kontaktfreudig und unnahbar zugleich, nutzte seine Leutseligkeit als Mittel, Menschen auf Distanz zu halten, ohne herablassend zu erscheinen. Wenn jeder gleichermaßen einer kollektiven Umarmung teilhaftig wird, hat keiner Sonderansprüche zu stellen. Berauscht von der plötzlichen Nähe zur Macht, waren wir Teilnehmer – alle aus dem akademischen Bereich – bestrebt, Rockefeller mit unserem Scharfsinn zu beeindrucken, und gaben taktische Ratschläge, wie man den Gang der Dinge beeinflussen könnte. Als wir fertig waren, schwand das Lächeln aus seinem Gesicht, und Nelson blickte uns mit zusammengekniffenen Augen an – das Zeichen, daß wir nun zu den Fragen kamen, um die es wirklich ging. Er machte uns schnell klar, daß er uns nicht »hierhergeholt« hatte, um zu hören, »wie er manövrieren solle... *Ihr* Job ist es, mir zu sagen, was richtig ist.«

Diese Forderung, die in Diskussionen zwischen Regierungsstellen so naiv wie selten war, stellte sich bald als das politische Credo Nelson Rockefellers heraus. Als Sproß einer berühmten Familie in dritter Generation war er in der Überzeugung erzogen worden, jede Generation der Rockefellers habe den enormen Reichtum der Familie durch den Dienst an der Gesellschaft abzutragen. Rockefeller und seinen Brüdern genügte es nicht, nach wichtigen Ämtern zu streben. Sie hatten ihre Rolle zu rechtfertigen, indem sie nach Amerikas höchsten Werten handelten. Jeder hatte sich ein Spezialgebiet gewählt, dem er all seine Kraft und seine Fähigkeiten widmete: John konzentrierte sich auf die Bevölkerungspolitik, David auf Internationales, die Stadt New York und Kunst, Laurance auf Umwelt und Naturwissenschaften, Nelson zunächst auf Lateinamerika, später auf Innenpolitik und Sozialwissenschaften.

Aber Nelsons politische Absichten waren von vornherein anders als die Ambitionen seiner Brüder. Jene hatten die Möglichkeit, Institutionen aufzubauen, die sie fördern wollten. Um aber in der Politik Einfluß auszuüben, mußte man ein schon vorhandenes Amt erobern, was ohne einen gewissen Hang zum Eigennutz nicht möglich ist. Nelson wurde Gouverneur von New York, weil die Republikaner des Staates ihn zu ihrem Bannerträger gemacht hatten, einen Mann, der die Mittel und das Charisma besaß, den alles beherrschenden Demokraten die Hauptstadt des Staates abzunehmen. Allerdings brauchte er nicht im Stil persönlicher Rivalität um dieses Amt zu kämpfen, wie es die Vorwahlen für die Nominierung zum Präsidentschaftskandidaten später von ihm verlangten.

Diese Art, in ein hohes Amt zu gelangen, kam Nelsons Pflichtgefühl entgegen. Einmal nominiert, konnte er seine außerordentlichen Gaben als Wahlkämpfer in den Dienst eines Programms stellen. Er vertrat die letzte Politikergeneration, bei der Ideen wahltaktische Finessen überwogen. Den Politikern von heute erschiene Rockefeller hoffnungslos naiv, weil er glaubte, ein hohes Amt müsse dem zufallen, der das beste Programm anbietet. Von Zielgruppen hatte er noch nie etwas gehört. Als ich 1957 vorübergehend in Nelsons Stab arbeitete, verbrachten wir drei Abende unter der Woche und viele Sonntage mit etwas, was für moderne Politiker Zeitverschwendung wäre: Wir trafen uns mit führenden Experten, um die Ziele des Landes in vielen Bereichen der Außen- und Innenpolitik zu definieren.

Zehn Jahre zuvor, als Präsidentschaftskandidaten noch aus dem Kreise von Berufspolitikern ausgewählt wurden, hätte ein solches Vorgehen funktioniert. Im Zeitalter der Vorwahlen war es eine Ablenkung und ein Handikap. So waren Rockefellers wiederholte Mißerfolge bei dem Versuch, von seiner Partei als Kandidat für das höchste Amt der Nation nominiert zu werden, in gewisser Weise vorherbestimmt. Bei einem Treffen von Veteranen der Rockefeller-Wahlkampagnen bemerkte ich viele Jahre später einmal, daß man über unsere Genialität im Verfehlen unseres Ziels, Rockefellers Nominierung zu erreichen, ein Lehrbuch schreiben müßte. Wir probierten jedesmal etwas Neues: Wir stiegen aus dem Rennen aus (1960 und 1968), wenn Rockefeller hätte durchhalten müssen, blieben hartnäckig (1964), wenn er hätte den Rückzug antreten sollen.

Rockefeller verpaßte jedesmal die Nominierung seiner Partei – nicht *obwohl* er ein Rockefeller war, sondern *weil* er es war. Nach seiner ganzen Erziehung konnte er nicht handeln, als wäre sein Wunsch nach dem Amt sein persönliches Ziel. Bereits so privilegiert, glaubte er nicht das Recht zu haben, etwas für sich als Person zu verlangen. Deshalb scheute sich dieser hervorragende Wahlkämpfer, der den Menschen wirklich zugetan war, persönlich um die Delegierten zu werben. Statt dessen strebte er nach dem Amt, indem er versuchte, der Nation die attraktivste Version ihrer Zukunft zu präsentieren und die besten Wege dorthin aufzuzeigen, als ob es um einen akademischen Preis gegangen wäre. Während andere die Delegierten umwarben, bewahrte sich Rockefeller einen rührenden Glauben an die Macht der Ideen.

Aber so funktionierte unser von einer lautstarken Geräuschkulisse begleiteter politischer Prozeß nicht, zumindest nicht mehr in der Zeit, in der Rockefeller die nationale Bühne betrat. Bei jeder politischen Kampagne war sein Forschungsstab größer und professioneller zusammengesetzt als sein eigentlicher Wahlkampfstab. Hier dominierten flotte Redenschreiber und nicht hartgesottene Politprofis oder Familienmitglieder Rockefellers, die sich weitgehend von der Öffentlichkeit fernhielten und denen Selbstdarstellung ein Greuel war.

Natürlich scheiterte Nelson auch daran, daß die Republikanische Partei eine immer konservativere Ideologie annahm und ihre Machtbasis vom Nordosten nach dem Süden und Südwesten verschob. Rockefeller, der seinen ersten Regierungsposten von Franklin Delano Roosevelt erhalten hatte, glaubte an den Geist – wenn nicht gar die gesamte Politik – des New Deal: Wer Macht besaß, hatte Mitgefühl für die weniger Glücklichen zu zeigen und ihnen beizustehen. In der Außenpolitik war er stets ein glühender Verfechter der nationalen Interessen, in der Praxis häufig ein größerer Hardliner als seine konservativen Kritiker.

Die neuen Führer der Republikanischen Partei hatten keine Sympathien für dieses Produkt des Establishments des Ostens, das die Partei während der Eisenhower-Administration geformt hatte. Und Rockefeller war nie zu formalen Zugeständnissen bereit, um sie für sich zu gewinnen, obwohl er mit der Zeit selbst zunehmend Vorbehalte gegen den Sozialstaat entwickelte.

Rockefeller bewältigte seine Enttäuschungen mit der Grundhaltung, daß niemand ein Recht auf ein bestimmtes Amt, aber jeder die Verpflichtung habe, dem Land zu helfen, das der Präsident repräsentierte, aus welcher Partei er auch kam. Einmal berichtete ich Nelson, daß ich in einem Gespräch mit Präsident Kennedy auf einige Fehler in der Politik hingewiesen habe. Nelson fragte, ob ich Korrekturen vorgeschlagen hätte. Als ich erwiderte, ich hätte mich lediglich auf die Analyse beschränkt, wurde er ungehalten: »Denken Sie immer daran«, sagte er, »daß Präsidenten mit Problemen überlastet sind. Ihre Pflicht ist es, ihnen Lösungen finden zu helfen.«

Deshalb zeigte er sich auch großmütig, als ich in den Dienst der Administration Richard Nixons trat, seines Erbfeindes, der ihn in der Nominierungskampagne zweimal geschlagen hatte. Ich zögerte zunächst, Nixons Angebot anzunehmen und sein Nationaler Sicherheitsberater zu werden. Ich bat mir eine Woche Bedenkzeit aus, teilweise auch, um Rockefellers Rat einzuholen, der für mich nicht erreichbar in Venezuela weilte. Rockefeller fegte meine Zweifel hinweg und bestand darauf, daß ich sofort zusagte. Für ihn war klar, daß ich in meiner neuen Position Nixons Mann wäre. Er verlangte nie von mir, Nixon seine Probleme oder Ersuchen zu übermitteln. Wenn er das für notwendig hielt, nutzte er andere Kanäle. (Auch Nixon seinerseits bat mich nie, in seinem Auftrag mit Rockefeller zu sprechen.) Wie Nelson meine Tätigkeit in Washington beurteilte, drückte er 1973 in einem schönen Toast auf der Feier zu meinem 50. Geburtstag aus. »Henry und ich haben zehn Jahre lang versucht, bei der Formulierung von Politik in Washington zu helfen. Ich bin so stolz darauf, daß einer von uns nun endlich die Chance hat.«

Vizepräsident wurde Nelson Rockefeller erst, als er bereits alle politischen Ambitionen aufgegeben hatte. Nachdem er viermal Gouverneur von New York gewesen war, trat er 1973 zurück, um seinem Stellvertreter die Möglichkeit zu geben, sich für die Wahl im darauffolgenden Jahr in Position zu bringen. Er schmiedete bereits Pläne für sein Privatleben, als Ford ihm das Amt anbot.

Diese Wahl, den qualifiziertesten Mann zu ernennen, machte Fords Entschlossenheit alle Ehre, ebenso aber auch Rockefellers Credo, die Bitte eines Präsidenten sei eine Einberufung zum Dienst. Diese Ernennung verärgerte die Konservativen und brachte Ford auch keinen Gewinn bei den Liberalen, die befürchteten, daß eine solche Verstärkung des Ford-Teams die Aussichten des Präsidenten bei der Wahl 1976 verbessern werde.

Was Rockefeller als Vizepräsident erleben mußte, hätte einen Mann von geringerem Charakter demoralisiert. Im August 1974 nominiert, wurde er erst am 19. Dezember vereidigt, weil der von den Demokraten beherrschte Kongreß ihn vor den Kongreßwahlen im November kaltstellen wollte. Er mußte langwierige, quälende Anhörungen über sich ergehen lassen, in denen die Finanzlage der Familie Rockefeller auf unerträgliche Weise bis ins letzte Detail vor der Öffentlichkeit ausgebreitet wurde. Endlich bestätigt, mußte Rockefeller bald erfahren, daß das amerikanische System den Vizepräsidenten zwar mit Ansehen, aber mit wenigen Befugnissen ausstattete. Als er versuchte, seine Aufgabe als Vorsitzender des Senats wahrzunehmen, bestand Senator James Allen aus Alabama, das routinierteste Senatsmitglied, darauf, der Vizepräsident habe zwar das Recht, mit seiner Stimme eine Pattsituation aufzulösen, dürfe sich aber nicht an den Debatten im Senat beteiligen. Und im Weißen Haus verstand es Stabschef Rumsfeld meisterhaft, Rockefellers Stellung als stellvertretender Vorsitzender des Innenpolitischen Rates zu untergraben, die er in Fords Auftrag übernommen hatte.

So sah sich Rockefeller auf die Funktionen beschränkt, die Vizepräsidenten üblicherweise zugewiesen werden – Einzelaufträge, mit denen sich keine Hausmacht im Apparat aufbauen ließ, und Auslandsbesuche, die der Präsident nicht unbedingt persönlich wahrnehmen mußte. Seine wichtigste Aufgabe war die Leitung eines Komitees prominenter Außenseiter, das untersuchen sollte, ob die Geheimdienste ihre Befugnisse überschritten hatten – ein Auftrag, der im Juni 1975 erledigt war. Danach war Rockefeller bei vielen Eröffnungen und Begräbnissen zu sehen. Einmal sagte er mir im Scherz, er lese jetzt ständig sehr genau die Todesanzeigen, um herauszufinden, welches Staatsbegräbnis seine Anwesenheit erfordere. Kaum ein Jahr nach seiner Bestätigung veranlaßte man ihn, von einer Nominierung zum Kandidaten als Vizepräsident im Jahr 1976 Abstand zu nehmen. Ford akzeptierte oder befürwortete diese Entscheidung – Akten und Erinnerungen sind hier unklar –, weil sein Stab, darunter Rumsfeld, ihn davon überzeugte, er werde zusammen mit Rockefeller seine Nominierung nicht durchsetzen, weil ihn das die Stimmen aller Delegierten des Südens kosten würde. (Schließlich gingen sie Ford ohnehin verloren.)

Dieser demütigenden Erfahrungen ungeachtet diente Rockefeller auch weiterhin mit Hingabe und ließ niemals ein kritisches Wort über Ford verlauten, weder in der Öffentlichkeit noch im privaten Kreis. Er wurde zu einem unverzichtbaren persönlichen Berater des Präsidenten, den er auch weiterhin achtete und schätzte. Ford vertraute ihm. Nelson leistete auch mir in schweren Zeiten unschätzbaren moralischen Beistand und gab mir praktische Ratschläge, wovon noch die Rede sein wird. Er war eine starke Triebfeder der Ford-Administration und demonstrierte durch sein Verhalten in Notlagen das Ideal einer Dienstauffassung, die das Schicksal ihn niemals in der Öffentlichkeit vollziehen ließ.

Ford und sein Außenminister

Ford hielt sein heterogenes Team mit Methoden zusammen, die genau das Gegenteil von dem waren, was in dramatischen Filmgeschichten normalerweise vorgeführt wird. Er hieb niemals mit der Faust auf den Tisch, ließ sich nicht zu Moralpredigten hinreißen und ermüdete seine Zuhörer auch nicht mit Geschichten aus seinem Leben. Er heizte nicht die Rivalitäten seiner Untergebenen an, um damit seine Macht zu stärken. Bürokratischer Hickhack endete vor der Tür des Oval Office, weil Ford sich einfach taub stellte. Ich habe nie gehört, daß er sich kritisch über Mitarbeiter äußerte, was er auch bei anderen nicht schätzte.

Mein Verhältnis zum Präsidenten war ein Spiegelbild seines Tagesablaufs. Wen wir beide in Washington waren, kamen wir jeden Morgen zusammen; in der Regel war Scowcroft dabei. Die Tagesordnung änderte sich kaum: Wir sprachen über die täglichen Informationen, die der Präsident von den Nachrichtendiensten erhielt. Ich konnte sicher sein, daß er sie zuvor gelesen hatte (anders als Nixon, der sie häufig ignorierte, weil die CIA ihm zutiefst suspekt war). Ich legte das Für und Wider anstehender Entscheidungen zu langfristigen Fragen dar. Ford äußerte entweder seine Meinung oder gab mir Weisungen, beides ohne überflüssige Floskeln. Wenn es die Zeit erlaubte, faßte er die aktuelle politische Lage kurz und nüchtern zusammen.

Die Atmosphäre war herzlich und sachlich. Ford haßte Klatsch und hielt ihn von sich fern. Es gefiel ihm auch nicht, über bürokratische Manöver der unteren Ebenen zu diskutieren. Welche Geschichten in der Washingtoner Gerüchteküche auch immer kursierten, welche »Enthüllungen« die Kolumnisten über das Auf und Ab in der Washingtoner Hierarchie auch aus dem Kaffeesatz lasen, sie hatten niemals ihren Ursprung im Oval Office und konnten dort auch nicht auf geneigte Aufnahme hoffen.

Dieses Klima gegenseitigen Vertrauens war für das Verhältnis des Präsidenten zum Außenminister besonders wichtig, da sich mit Fords Amtsantritt eine unausweichliche Veränderung meines Status ankündigte. In Nixons letztem Amtsjahr hatte im politischen Establishment tiefe Sorge über die potentiell schädlichen internationalen Auswirkungen von Watergate um sich gegriffen. Man versuchte die Außenpolitik von unseren inneren Konflikten stärker abzuschotten. Dabei fiel mir in stillschweigender Übereinstimmung nahezu die Rolle eines Ersatzpräsidenten für Außenpolitik zu. In den letzten Monaten der Präsidentschaft Nixons traf ich auf seine Bitte einmal monatlich mit der Führung des Kongresses im Außenministerium zusammen – eine Aufgabe, die unter normalen Umständen stets dem Präsidenten vorbehalten war.

Das war eine prekäre Übergangsregelung, die sich sofort – und berechtigt – verflüchtigte, als Ford sein Amt antrat. Das amerikanische System der Gewaltenteilung verhindert, daß insbesondere ernannte Beamte zu großen Einfluß gewinnen. Je prominenter ein Kabinettsmitglied ist, desto mehr steht es in der Regel im Kreuzfeuer der Kritik. Die Oppositionspartei konzentriert ihre Angriffe stets auf die bekanntesten Persönlichkeiten, um die amtierende Administration zu schwächen und ein Maximum an öffentlicher Aufmerksamkeit zu erlangen. Das war Dean Acheson und John Foster Dulles zum Verhängnis geworden. Mir blieb dieses Schicksal erspart, solange Nixon als Hauptzielscheibe diente.

Mit seinem Rücktritt wurde ich zu einem »normalen« Außenminister und verlor meine Sonderstellung. In Fords ganzer Amtszeit galt ich sowohl als sein enger Vertrauter als auch als sein »Widerpart« in einigen Fragen der Indochina- bis zur Entspannungspolitik. Manche dieser Differenzen gab es tatsächlich, andere dachte man sich aus. Einige, die sich von mir von verschiedenen Verhandlungen ausgeschlossen fühlten, Gegner bestimmter Ergebnisse und Fundamentalkritiker der Nixonschen Außenpolitik fanden sich zu einer stillschweigenden Allianz zusammen. Ford stand fest zu mir und ließ sich niemals von dem Kurs abbringen, den wir gemeinsam festlegten.

Einige Leute in Fords Umgebung versuchten ihren Chef gelegentlich aufzubauen, indem sie behaupteten, ich sei in dieser oder jener Frage überstimmt worden, mein Einfluß sei im Schwinden begriffen. Sie begriffen nichts vom Wesen unseres Verhältnisses oder von jedwedem funktionierenden Verhältnis zwischen Präsident und Außenminister. Noch im Amt, sagte ich einmal zu John Osborne, der Präsident und sein Außenminister müßten in ihrer grundsätzlichen Haltung zu Schlüsselfragen übereinstimmen. Damit stelle sich die Frage nicht, wer dominiere. Nicht überbrückbare Gegensätze seien von vornherein ausgeschlossen, oder der Außenminister müsse seinen Hut nehmen.[7] Ich bin sicher, Dean Acheson, der Außenminister der Nachkriegsgeneration, den ich am meisten verehre, hätte ähnlich gesprochen.

Nach seiner Wahlniederlage und kurz vor dem Ausscheiden aus dem Amt äußerte sich Ford in ähnlicher Weise gegenüber John Osborne:

Osborne: Das betrifft auch Kissinger und Ihr Verhältnis zu ihm. Haben Sie sich in den zweieinhalb Jahren Ihrer Amtszeit einmal gegen Kissinger durchgesetzt, seinen Empfehlungen, seinen Präferenzen oder Wünschen in einer wichtigen Grundfrage der Außenpolitik zuwidergehandelt?

Ford: Es hat niemals eine Situation gegeben, da ich glaubte, er habe recht und ich unrecht, oder umgekehrt, eine Situation, die wir nicht hätten klären können. Es gab keinen Bruch und kein Mißverständnis. Natürlich gab es Meinungsunterschiede. Aber sie waren nicht solcher Art, daß man sie durch ein Nachgeben hier oder eine Veränderung dort nicht hätte ausräumen können.

Osborne: Ich habe sehr den Eindruck, daß Kissinger diese Frage ebenso beantwortet hätte.

Ford: Ich glaube, so ungefähr hätte Henry es auch gesagt.

Osborne: Ich glaube, Sie haben schon einmal öffentlich geäußert und mir auch im letzten Gespräch bestätigt, Sie hätten, wären Sie gewählt worden, Kissinger ganz sicher als Außenminister behalten, wenn er selbst eingewilligt hätte.

Ford: Wenn ich heute gewählter Präsident wäre, würde ich ihn sehr bitten, als Außenminister im Amt zu bleiben.[8]

So also sah Fords Team aus, als er das Präsidentenamt antrat. Bereits achtundvierzig Stunden nach seinem Amtseid hatte er die Prüfung der Zypernkrise zu bestehen, die sich zu einem Krieg zwischen zwei NATO-Verbündeten, Griechenland und der Türkei, auszuwachsen drohte.

VII. Zypern: Fallstudie eines ethnischen Konflikts

Die Zypernkrise erwies sich als Schlüsselereignis für die Präsidentschaft Fords. Ihre Wurzeln reichen Jahrhunderte zurück. Warum der Konflikt zu diesem Zeitpunkt erneut ausbrach, ist so rätselhaft, daß es kaum jemand begreifen konnte, der nicht einer der beiden Volksgruppen angehörte. Zypern war der Auftakt für ethnische Konflikte, wie sie in den letzten Jahrzehnten an der Tagesordnung sind und die immer bedrohlichere Ausmaße annehmen. Dieses Ereignis stürzte die Ford-Administration völlig unerwartet in eine heftige Auseinandersetzung mit dem Kongreß.

In den ersten vier Monaten der Präsidentschaft Fords sperrte der Kongreß die Militärhilfe für die Türkei, einen strategisch unverzichtbaren Verbündeten, auf dessen Territorium sechsundzwanzig Überwachungsstationen zur Beobachtung sowjetischer Raketen- und Atomwaffentests standen. Nachdem der Kongreß diesen Kurs einmal eingeschlagen hatte, folgten bald weitere ähnliche Schritte: im Dezember 1974 die Gesetzesvorlagen von Jackson/Vanik und Stevenson, die den Handel mit der Sowjetunion und die Kredite für sie stark einschränkten, im März 1975 die Einstellung der Hilfe für Indochina, im Dezember 1975 das Verbot der Unterstützung von Gruppen in Angola, die sich gegen das kubanische Expeditionskorps zur Wehr setzten, und eine ganze Reihe von Beschränkungen für weitere Aktivitäten. Der Trend, die Macht und den Spielraum des Präsidenten in der Außenpolitik zu beschneiden, hat sich seitdem fortgesetzt, wenn nicht gar verstärkt.

Eine harte Fügung des Schicksals stürzte einen nichtgewählten Präsidenten jählings in den Malstrom der Leidenschaften von Griechen und Türken. Das war um so ungerechter, als Ford persönlich vorbehaltlos eine enge Zusammenarbeit zwischen Exekutive und Legislative anstrebte und nicht für die Entscheidungen verantwortlich war, die den Konflikt zwischen beiden ausgelöst hatten.

Die Grundrichtung der Zypernpolitik wurde in den letzten Wochen der Nixon-Administration bestimmt, als zunächst die Griechen auf der Insel putschten und danach die Türken einmarschierten, um die Folgen unwirksam zu machen. Als die Türkei am vierten Tag der Präsidentschaft Fords eine weitere Offensive startete, war man gerade dabei, den Präsidenten in seine neuen Pflichten einzuführen und ihn mit seinen wichtigsten Mitarbeitern bekannt zu machen. Ford war mit den Einzelheiten der Zypern betreffenden Fragen noch nicht genügend vertraut – konnte es gar nicht sein –, um den bisherigen Kurs zu ändern, selbst wenn Spielraum dafür vorhanden gewesen wäre, was ich bezweifle. Deshalb hatte ich als Bindeglied zwischen beiden Administrationen im Guten wie im Bösen die Hauptverantwortung für die getroffenen Entscheidungen zu tragen.

Seither rankt sich ein Mythos um diese Krise, der insbesondere unter den Verfechtern des griechischen Standpunktes verbreitet ist: Nixon und ich hätten die Krise ausgeheckt – aus Rache an dem zypriotischen Präsidenten Erzbischof Makarios oder im Komplott mit der Türkei aus geopolitischen Gründen. Solche Behauptungen zeigen, wie ethnische Leidenschaften nüchternes Denken vernebeln können. Zugegeben: Nixon und ich hatten unsere Vorbehalte gegen bestimmte Züge von Makarios' Politik. Aber das waren geringfügige Ärgernisse, und im Gesamtbild unserer Außenpolitik nahm Zypern einen eher unbedeutenden Platz ein. Besonders in dem quälenden letzten Monat der Präsidentschaft Nixons brauchten wir nichts weniger als einen drohenden Krieg zwischen zwei NATO-Verbündeten und einen ethnischen Streit auf einer fernen Insel.

Die ganze wechselvolle Geschichte zwischen Griechen und Türken auf Zypern muß erst noch geschrieben werden. In diesem Kapitel will ich mich auf einen Bericht darüber beschränken, wie sich die Krise auf der politischen Entscheidungsebene Washingtons darstellte.

Über das Wesen ethnischer Konflikte

Zypern brachte die Vereinigten Staaten mit der für sie bislang nahezu unbekannten Urform des Dramas eines ethnischen Konflikts in Berührung. Seitdem sind solche Konflikte unter anderem in Somalia, Bosnien, Berg-Karabach, Libanon, Ruanda, Tschetschenien und im Kongo ausgebrochen. Die bewegenden Ereignisse während der Präsidentschaft Nixons vor Zypern – der Vietnamkrieg, unsere Öffnung nach China, das Verhältnis zur Sowjetunion, die Konsolidierung der NATO und schließlich der Nahostkrieg – hatten sich vor dem Hintergrund des Kalten Krieges und in stillschweigendem Vertrauen auf ein weitgehend rationales Verhalten der Supermächte abgespielt. Zu Krisen kam es, wenn die Supermächte das Risiko unterschiedlich bewerteten; und sie wurden beigelegt, wenn es mit Drohungen oder Diplomatie gelang, die Einschätzung von Risiko und Gewinn wieder in Übereinstimmung zu bringen.

Während des ganzen Kalten Krieges war es den Supermächten in stillschweigendem Einvernehmen gelungen, ethnische Konflikte einzudämmen oder dem allgemeinen Kräftegleichgewicht unterzuordnen. An den blutigen Auseinandersetzungen im Nahen Osten oder zwischen Indien und Pakistan waren Staaten beteiligt, die in gewisser Weise in den internationalen Konsens einbezogen waren und dank ihrer Abhängigkeit von den Supermächten in militärischer Ausrüstung, wirtschaftlicher Hilfe und diplomatischer Unterstützung gezügelt werden konnten.

Zypern bot einen Vorgeschmack auf Konflikte anderer Art, die immer häufiger ausbrachen, je mehr die Rivalität der Supermächte in den Hintergrund trat. In ethnischen Konflikten ringen die Kontrahenten nicht um Stabilität. Diese ist für sie nichts anderes als der Status quo, die eigentliche Ursache ihrer Unzufriedenheit. Im Banne eines mystischen goldenen Zeitalters, da sich jede der streitenden Gruppen als die herrschende sieht, behandeln sie jeglichen Aufruf zur Versöhnung als unverzeihliches Zugeständnis an den verhaßten Feind. Ressentiments und Kränkungen, die sich über Jahrhunderte angestaut haben, lassen keinen Raum für Kompromisse; diese erscheinen nur als historische Niederlage. Das angestrebte nationale Territorium jeder Gruppe ist mit dem des Gegners unvereinbar. Keine der beteiligten Seiten akzeptiert ein Ergebnis, das auf dem guten Willen der Gegenpartei beruht. Schließlich wird diese den eigenen Kindern seit Generationen als die Verkörperung alles Bösen dargestellt. Unter solchen Umständen ist Machtteilung ein Widerspruch in sich.

Merkwürdigerweise fällt es in einer solchen Situation oft leichter, sich einer stärkeren außenstehenden Macht zu beugen als dem verhaßten ethnischen Widersacher, der auf demselben Territorium lebt. Deshalb gab es in Bosnien weniger Gewalt, solange es von Österreich, der Türkei oder den Kommunisten beherrscht wurde, als heute, da die verschiedenen Volksgruppen gemeinsam einen multiethnischen Staat aufbauen sollen.

Für Gerald Ford bedeutete dies, daß er bereits in den ersten Tagen seiner Präsidentschaft in eine Krise verstrickt wurde, für die es in der Geschichte der Vereinigten Staaten kaum Erfahrungen gab. Was ethnische Konflikte für Amerikaner so schwierig macht, ist die Tatsache, daß geheiligte amerikanische Prinzipien sich hier als fast völlig wirkungslos erweisen.

Minderheitenrechte durchsetzen zu wollen hat nur dann einen Sinn, wenn eine gewisse Möglichkeit besteht, daß die Minderheit zur Mehrheit wird, oder wenn die Rechtstradition so stark ist, daß Klagen vor Gericht Gesetzesakte außer Kraft setzen können. Nichts von alledem gab es in Zypern. Die türkische Minderheit hatte sich bisher schützen können, nicht weil sie mit Verfassungsklagen vor Gericht Erfolg hatte, sondern weil sie in illegal bewaffneten Enklaven lebte. Da ein gemeinsames Wertesystem nicht existierte, lief Selbstbestimmung auf Teilung des Landes, Herrschaft der Mehrheit auf Bevormundung hinaus. Zwanzig Jahre später gilt diese Gleichung für Bosnien.

Zyperns geographische Lage am Schnittpunkt von Europa und dem Nahen Osten bedingt seine strategische Bedeutung, seine ethnische Zusammensetzung, die innere Feindschaft. Nach achthundert Jahren byzantinischer Herrschaft lebte hier eine stabile griechische Mehrheit von etwa achtzig Prozent. In den dreihundert Jahren der osmanischen Herrschaft, die 1571 begann, sickerte aus der benachbarten Türkei eine Minderheit in den nördlichen Teil der Insel ein (siehe Karte). Der Berliner Kongreß von 1878 sprach Zypern Großbritannien als Ausgleich für russische Eroberungen auf dem Balkan zu. Außerdem sollte dadurch Großbritanniens Fähigkeit gestärkt werden, die Straße von Gibraltar und das östliche Mittelmeer gegen das Vordringen Rußlands zu verteidigen.

Solange eine ausländische Macht über Zypern herrschte, schwelten die Feindseligkeiten zwischen den Volksgruppen auf der Insel vor sich hin. Als aber die weltweite Woge der Entkolonialisierung Mitte des 20. Jahrhunderts Zyperns Küsten erreichte, war der Konflikt nicht mehr im Zaum zu halten, und die Prinzipien von Mehrheitsherrschaft einerseits und Selbstbestimmung andererseits erwiesen sich als unvereinbar. Griechen und Türken hatten jahrhundertelang ihren Haß gepflegt, der sich von Zeit zu Zeit in Massakern und anderen Greueltaten Luft machte. Jede der beiden Volksgruppen konnte überzeugende Beweise dafür liefern, weshalb sie nicht auf den guten Willen der anderen bauen konnte.

Das für den Kalten Krieg charakteristische Kalkül von Abschreckung und Entspannung war auf Zypern einfach nicht anwendbar. Keine der beiden Parteien nahm die Rivalität der Supermächte besonders wichtig, es sei denn, als Faustpfand bei Verhandlungen. Um die strategisch wichtige Ostflanke des Atlantischen Bündnisses nicht zu schwächen, waren die Vereinigten Staaten bemüht, beiden Seiten gerecht zu werden, was ihnen häufig Vorwürfe von beiden Seiten einbrachte.

Da die Ziele der beiden Parteien für ethnische Konflikte geradezu klassisch waren, konnten sie im Grunde nicht in Übereinstimmung gebracht werden. Die griechische Mehrheit bestand auf einem Einheitsstaat, der die türkische Bevölkerung auf Dauer zur Minderheit erklärte und damit faktisch entrechtete. Die türkische Minderheit verlangte eine föderale Struktur mit zahlreichen Vetorechten, was angesichts der ethnischen Feindschaft auf eine Teilung des Landes hinauslief.

Großbritannien handelte im Jahr 1959 einen Vertrag aus, der von Anfang an zum Scheitern verurteilt war, weil er den eigentlich unvereinbaren Forderungen aller Seiten gleichzeitig nachzukommen suchte. Nach den sogenannten Londoner und Zürcher Abkommen wurde 1960 ein unabhängiger und souveräner Einheitsstaat gegründet. Er hatte einen griechischen Präsidenten und einen türkischen Vizepräsidenten, die jeweils von der eigenen Volksgruppe gewählt wurden. Der türkische Vizepräsident besaß ein absolutes Vetorecht in Fragen der Landesverteidigung und der Außenpolitik. Hatte er die Unterstützung einer Mehrheit der türkisch-zypriotischen Mitglieder der Legislative, dann konnte er auch in Haushaltsfragen sein Veto einlegen.

Großbritannien, Griechenland und die Türkei traten als Garanten für dieses Konglomerat von Unvereinbarkeiten auf. Sollten die beiden Volksgruppen auf Zypern sich nicht einigen können, hatte jede Garantiemacht das Recht auf Intervention zu »dem alleinigen Zweck, den im Vertrag festgelegten Zustand wiederherzustellen«. Um das Pulverfaß perfekt zu machen, durften Griechenland und die Türkei auch noch kleine Truppenkontingente auf der Insel stationieren. Großbritannien behielt zwei Luftwaffenstützpunkte.

Offenbar hatte man gehofft, ein nicht funktionierender Vertrag könnte durch die vagen Garantien von Staaten geschützt werden, die hinsichtlich der Bedingungen, die sie wiederherstellen sollten, eindeutig nicht übereinstimmten. Der einzige vergleichbare Versuch, eine ähnliche Quadratur des Kreises zu bewältigen, war der Libanon. Wie wir noch sehen werden, erlitt er am Ende der Präsidentschaft Fords, einer Phase der Außenpolitik, die von ethnischen Konflikten umrahmt ist, das gleiche Schicksal wie Zypern.

Makarios, der listige Erzbischof

Die Brisanz des Zypernkonflikts wurde noch verstärkt durch die außergewöhnliche Persönlichkeit des Staatsgründers Erzbischof Makarios. Als Sohn eines Schafhirten geboren, war er zum obersten Priester Zyperns und zu seinem Präsidenten aufgestiegen – ein Erbe des historischen Anspruchs des griechisch-orthodoxen Klerus auf die weltliche und geistliche Führerschaft. Hochintelligent, nicht aus der Ruhe zu bringen, stets wohlpräpariert, so wendig in der Taktik wie beharrlich beim Verfolgen seiner Ziele, stellte Makarios eine Autorität dar. Zu seiner würdevollen priesterlichen Erscheinung paßten nicht ganz die scharfen, wachen Augen, die ständig zu prüfen schienen, wie dem Gegenüber ein Vorteil abzuringen sei. Offen blieb für ihn dabei nur das Ausmaß, niemals das Vorhaben selbst.

Wenn Makarios etwas fehlte, dann war es die Fähigkeit, Vertrauen zu wecken, eine Voraussetzung für jede erfolgreiche Diplomatie. Er zeigte wenig Interesse (ja sogar eine gewisse Geringschätzung) für den Standpunkt der jeweils anderen Seite und schien nicht erkannt zu haben, daß Verläßlichkeit ein ebenso praktisches wie moralisches Gebot ist. Natürlich hat ein Staatsmann vor allem die Pflicht, über die Interessen seines Landes zu wachen. Aber die weisen und langfristig erfolgreichsten wissen, daß nur solche Vereinbarungen von Dauer sind, an deren Einhaltung auch die andere Seite ein Interesse hat. Denn in der Außenpolitik begegnet man denselben Personen immer wieder. Einer, der einmal übers Ohr gehauen oder ausmanövriert wurde, wird nie wieder ein verläßlicher Partner sein. Jedes internationale Abkommen muß von souveränen Staaten erfüllt werden. Souveränität aber schließt schon von der Idee her die Möglichkeit ein, eine Vereinbarung zu brechen, die man für ungerecht hält.

Solches Denken war Makarios fremd. Vielleicht verspürte er wie ein Spitzensportler den Drang, bis an die Grenzen der ihm von Gott gegebenen Fähigkeiten zu gehen. Wahrscheinlicher ist allerdings, daß er seine eigene Situation für zu prekär hielt, um den Standpunkt seiner Verhandlungspartner in Betracht ziehen zu können, die meist seine Gegner waren.

Makarios war in einer außerordentlich schwierigen Lage. Der Führer im Unabhängigkeitskrieg war General George Grivas aus Griechenland gewesen. Grivas galt als glühender Anhänger der Enosis, der Vereinigung Zyperns mit Griechenland. Makarios aber wollte lieber Präsident eines unabhängigen Staates als Gouverneur einer griechischen Provinz sein. Die Führer der demokratischen Parteien in Griechenland bekannten sich zwar verbal zur Enosis, wie ursprünglich auch die Mehrheit der griechischstämmigen Bevölkerung Zyperns, waren aber nicht erpicht darauf, mit einer so starken Persönlichkeit wie Makarios um die Führung Griechenlands wetteifern zu müssen. Als 1967 die Militärjunta in Athen die Macht übernahm, galt Makarios dort als Hindernis für Griechenlands nationales Bestreben.

Mit noch größerem Mißtrauen beäugte man Makarios in der Türkei, wo er als der hartnäckige Verfechter eines zypriotischen Einheitsstaates, als entschiedener und einflußreicher Gegner jeglicher Rechte für die türkische Minderheit galt. Auch bei Großbritannien, der dritten Garantiemacht, genoß der Erzbischof kein besonderes Vertrauen.

Um sich vor griechischer Einmischung und türkischem Druck zu schützen, verbündete sich Makarios nach dem Beispiel des ägyptischen Präsidenten Gamal Abdel Nasser und des libyschen Führers Moamer Gaddaffi mit den radikalen Kräften der Blockfreien-Bewegung. Nach der Machtübernahme der Militärjunta in Athen im Jahr 1967 suchte Makarios zunehmend die Unterstützung der zypriotischen Kommunisten gegen die Machenschaften Griechenlands. Aus ähnlichen Überlegungen importierte er heimlich tschechische Waffen, mit denen er seine Präsidentengarde für den Fall eines von Athen angezettelten Putschversuchs ausrüstete.

Meine Haltung zu Makarios war von der Zweideutigkeit seiner Position bestimmt. Aus der Geschichte der Diplomatie kannte ich die byzantinische Tradition, die er verkörperte und in der auch Meisterdiplomaten Europas wie Richelieu oder Metternich gestanden hatten. Selbst Angehöriger dieser Zunft, beobachtete ich voller Respekt, wie gewandt und kaltblütig Makarios seinen Drahtseilakt vollführte. Als amerikanischer Außenminister sah ich zugleich besorgt, in welche Richtung ihn sein Eigennutz trieb: daß er versuchte, die Supermächte gegeneinander auszuspielen. Aber – ich bitte seine zypriotischen Verehrer, mir das zu vergeben – Makarios erschien mir eher lästig als bedrohlich. Während meiner Amtszeit taten wir nichts, um seine Machtstellung zu schwächen. Unsere Haltung zu ihm blieb distanziert, respektvoll und wachsam.

Am 5. August 1974 – nach dem Putsch gegen Makarios vom 15. Juli –, vier Tage vor dem Amtsantritt Präsident Fords, äußerte ich im Kreis meiner Kollegen im Außenministerium folgende Auffassung über den zypriotischen Präsidenten:

Wir haben in ihm niemals auch nur für einen Augenblick den »Castro von Zypern« gesehen. Wenn es nach uns gegangen wäre, hätte es keinen Putsch gegeben, und wir wären auch weiterhin gut mit ihm ausgekommen. Dabei ging es nicht einmal um Koexistenz, denn wir haben ihn nicht für besonders antiamerikanisch gehalten. Sein größter Nachteil, wenn es überhaupt einen gibt, liegt darin, daß sein Talent für diese Insel zu groß ist und er deshalb versucht sein könnte, auf einer Ebene mitzuspielen, die beunruhigend wirkt – nicht für uns, sondern für die anderen Beteiligten an der Zypernfrage.

Letztlich wäre Makarios, die unmittelbare Ursache vieler Spannungen auf Zypern, sicher auch der beste Garant einer langfristigen friedlichen Lösung gewesen. Denn wenn er seinen Spielraum voll ausgereizt hatte, konnte er viel praktischen Sinn für das Notwendige zeigen.

Zum letzten Mal traf ich Makarios 1975 auf der Schlußsitzung der KSZE in Helsinki. Damals besetzten türkische Truppen über fünfunddreißig Prozent des zypriotischen Territoriums. Um die festgefahrenen Verhandlungen wieder in Gang zu bringen, stimmte Makarios verspätet einem selbstverwalteten türkischen Gebiet auf der Insel zu, was er bisher rundweg abgelehnt hatte. Allerdings, argumentierte er, müsse es in seinen Ausmaßen dem Anteil der türkischen Bevölkerung entsprechen, also etwa zwanzig Prozent des Staatsgebietes ausmachen. Er fügte hinzu, er sei durchaus kompromißbereit und könne sich auch fünfundzwanzig Prozent vorstellen. Die Karte, die er mir zeigte, schien sogar fast dreißig Prozent zu umfassen. Als ich ihn darauf aufmerksam machte, schien sich Makarios zu wundern, wie begriffsstutzig ich war: »Was fünfundzwanzig Prozent sind, bestimme ich«, sagte er.

Der Erzbischof nutzte auch die Konferenz von Helsinki als Schauplatz für eines seiner ausgeklügelten Manöver. Verärgert über einige seiner Erklärungen, hatten Ford und ich beschlossen, Makarios kein Vieraugengespräch mit dem Präsidenten zu gewähren. Als ich ihm dies mitteilte, war der Erzbischof erstaunt. »Wir werden sehen«, sagte er in seiner gelassenen Art. Man kann sich Fords Überraschung vorstellen, als er bei einer Kaffeerunde des finnischen Präsidenten für die Delegationsleiter, die fast eine Stunde dauerte, seinen Platz neben Makarios zugewiesen bekam. Wie der Erzbischof das erreicht hatte, bleibt ein Geheimnis der Geschichte. Als ich diese Zeilen schrieb, fand ich trotz großer Bemühungen keinen finnischen Beamten, der mir dieses Kabinettstückchen hätte erklären können.

Als er 1977 einem Herzanfall erlag, hatte ich das Gefühl, daß mit dem damals bereits etwas bescheideneren Makarios auch die Hoffnung auf eine rasche Verhandlungslösung in Zypern gestorben war. Letzten Endes konnte sich Makarios mehr als alle anderen führenden Politiker Zyperns vorstellen, sich mit den Realitäten abzufinden; zugleich aber hatte er auch das Ansehen, um seine Landsleute zur Einsicht in die Notwendigkeit zu bringen.

Griechisch-türkische Eiertänze

Die Abkommen von London und Zürich hielten nicht länger als drei Jahre. Makarios wollte der türkischen Minderheit keine wirkliche Autonomie zugestehen, weil er eine Abspaltung befürchtete. In den Augen der türkischen

Minderheit bedeutete das Mehrheitsregime weiterhin nur Entrechtung. Ende 1963 zog Makarios einen Schlußstrich und verfügte dreizehn Verfassungsänderungen, durch die ein Einheitsstaat mit Mehrheitsregime eingeführt wurde.

Gewaltausbrüche zwischen den Volksgruppen waren die zwangsläufige Folge. Es kam zu einem Massaker im türkischen Viertel von Nikosia unter der Führung des Gangsters Nikos Sampson, der bei den Ereignissen von 1974 eine Schlüsselrolle spielen sollte. 1964 trafen die streitenden Parteien zu einer Konferenz in Genf zusammen. Sie scheiterte, ebenso eine amerikanische Versöhnungsmission des Unterstaatssekretärs George Ball. Die Türkei drohte mit einer Invasion, um ihre Landsleute zu schützen. Sie nahm erst davon Abstand, als Präsident Lyndon Johnson in einem Brief die Warnung aussprach, wenn die Sowjetunion reagiere, sähen die Verbündeten keine »Verpflichtung, die Türkei vor der Sowjetunion zu schützen...«[1]. Mit anderen Worten: Die Türkei konnte nicht mit dem Beistand des Atlantischen Bündnisses rechnen und wäre der Sowjetunion auf Gedeih und Verderb ausgeliefert gewesen.

So hatte man noch niemals mit einem NATO-Verbündeten gesprochen und sollte es aus gutem Grund auch nicht wieder tun: Nach dem Vertrag schützt die NATO ihre Mitgliedsstaaten nicht, um dem Opfer einer potentiellen Aggression einen Gefallen zu tun, sondern um die nationalen Sicherheitsinteressen aller Mitglieder, auch die der Vereinigten Staaten, zu garantieren. Das gilt besonders für einen Staat, der eine geopolitisch so eminent wichtige Lage hat wie die Türkei. Johnson, der mit seinem Brief diese grundsätzliche Prämisse in Frage stellte, degradierte damit die NATO-Garantien von einer strategischen Notwendigkeit zu einer Laune der amerikanischen Politik. Zwar schreckte die Türkei vor dem Abgrund zurück, es blieben aber Ressentiments, die für spätere Zypernkrisen eine schwere Belastung darstellen sollten.

Als unmittelbare Folge der Krise von 1964 reagierte Griechenland auf die Invasionsdrohung der Türkei mit der Entsendung von zwölftausend griechischen Soldaten nach Zypern. Als die Türkei 1967 nach einem Zusammenstoß beider Volksgruppen, der mit Angriffen griechischer Zyprioten auf türkische Dörfer begonnen hatte, erneut mit dem Einmarsch drohte, sandte Präsident Johnson Cyrus Vance, der damals am Beginn seiner glänzenden diplomatischen Karriere stand, als Sonderbotschafter nach Zypern. Auch seiner Mission war bei der Lösung des ethnischen Konflikts nicht mehr Erfolg beschieden als allen bisherigen; allerdings willigte die griechische Junta ein, siebentausend Soldaten von der Insel abzuziehen. Außerdem kam man überein, daß die beiden Volksgruppen ihre Gespräche wiederaufnahmen. All das bestärkte die Türkei nur in ihrer Entschlossenheit, ihre Ansprüche bei der nächsten Gelegenheit mit Gewalt durchzusetzen.

Als Präsident Nixon sein Amt antrat, war die griechische Militärjunta in der NATO gefährdet, die parlamentarische Regierung in der Türkei noch schwach und das türkische Militär in Unruhe. Makarios drängte die türkische Minderheit Schritt für Schritt immer mehr an den Rand des Geschehens. Daraufhin bildeten sich eine Reihe illegal von der Türkei bewaffneter Enklaven, über die die Zentralregierung Zyperns keine Macht mehr besaß. Wenn der Kessel überkochte, war eine türkische Militärintervention zu erwarten. Mit Indochina, dem Nahen Osten und dem Verhältnis zwischen Indien und Pakistan hatten wir so viele schwer zu handhabende Probleme am Hals, daß wir kaum Ärger in einer Region gebrauchen konnten, wo es zumindest für den Augenblick ruhig war.

Diese Ruhe schien einstweilen auch der bestmögliche Zustand zu sein. Keine der beiden Volksgruppen auf Zypern war bereit, der anderen entgegenzukommen oder auch nur ein Mitspracherecht bei ihren Entscheidungen zuzugestehen. Eine föderale Lösung schied aus, weil die griechische Mehrheit sich weigerte, der türkischen Minderheit substantielle Autonomierechte zu gewähren. Das Mehrheitsregime wurde von der türkischen Minderheit unterlaufen, die es ablehnte, ihre Unterordnung auf Dauer zu akzeptieren. Eine Aufteilung der Insel zwischen Griechenland und der Türkei verhinderten Makarios und die Blockfreien. Die Sowjetunion widersetzte sich jeder größeren Einflußnahme der NATO-Mitglieder Griechenland und Türkei auf Zypern.

Aus den Vereinigten Staaten war von Zeit zu Zeit die salomonische Erklärung zu hören, jede Formel, auf die sich die beiden Seiten Zyperns einigten, sei auch für sie akzeptabel. Für die Beteiligten klangen diese Worte bei allem guten Willen hohl, bisweilen sogar zynisch. Keine der acht amerikanischen Administrationen, die sich seit den Abkommen von London und Zürich mit dem Problem zu befassen hatten, brachte jemals eine derartige Formel zustande. Nach dem klassischen Muster ethnischer Konflikte, wie sie vom Libanon bis Bosnien wüteten, werden Lösungen nicht von Vermittlern ausgehandelt, sondern ergeben sich dann, wenn eine Seite den totalen Sieg erringt oder beide Seiten vor Erschöpfung am Ende ihrer Kräfte sind.

Auf Zypern verschlechterten sich die Beziehungen zwischen den beiden Volksgruppen während der ganzen ersten Amtszeit Nixons; trotzdem blieb es im wesentlichen ruhig. Im Januar 1972 wurde bekannt, daß linke Elemente auf der Insel mit Makarios' Segen Tausende Kisten tschechischer Waffen erhalten hatten. Makarios schien nun denselben Weg zu gehen wie der ägyptische Präsident Nasser zwanzig Jahre zuvor. Anders war nur, daß Makarios' Spiel in einem gefährlichen Spannungsfeld zweier Staaten ablief, die beide die Sowjetunion fürchteten, Makarios mißtrauten, aber Garantiemächte auf Zypern waren und damit legal intervenieren durften.

Als Makarios tschechische Waffen erwarb, provozierte er damit den rabiaten Antikommunismus der griechischen Junta. Am 11. Februar 1972 forderte sie ihn ultimativ auf, die tschechischen Waffen unter UN-Kontrolle zu stellen und die Regierung Zyperns auf breiterer Basis umzubilden. Außerdem erklärte eine Synode von drei griechisch-orthodoxen Bischöfen Zyperns, zweifellos unter dem Einfluß der Junta, man möge geistliche und weltliche Macht trennen, Makarios solle das Präsidentenamt niederlegen – ein sehr ungewöhnlicher Schritt für die orthodoxe Kirche.

Die Nixon-Administration hatte zwar unverändert Vorbehalte gegenüber Makarios, fürchtete aber, sein Rücktritt könnte die Türkei dazu verleiten, eine benachbarte türkische Enklave zu bilden, die sie in den Verhandlungen seit langem forderte, und diese, wenn notwendig, mit türkischen Truppen zu schützen. Das aber hätten jede neue Regierung Zyperns wie auch Griechenland mit Sicherheit abgelehnt, was eine schwere Krise zwischen zwei NATO-Verbündeten heraufbeschwören konnte.

Der amerikanische Botschafter Henry J. Tasca erhielt daher den Auftrag, die griechische Junta vor jeglicher »gewaltsamen Veränderung« zu warnen. Diese antwortete, Griechenland werde keine ausländische Intervention dulden, eine Erklärung, die ausdrücklich »auch an unsere Freunde gerichtet (sei) – an sie vor allen Dingen«. Obwohl die Junta also Einmischung von außen aus Prinzip ablehnte, folgte sie unserer grundsätzlichen Empfehlung und erklärte am 4. März 1972 ihren Verzicht auf Gewaltanwendung.

Makarios seinerseits willigte ein, die tschechischen Waffen unter UN-Aufsicht zu stellen, und »bildete seine Regierung um«, indem er den Außenminister entließ. Keine der beiden Maßnahmen hatte großes Gewicht. Die drei aufsässigen Bischöfe wurden später vor eine Synode der griechisch-orthodoxen Kirche auf Zypern zitiert und ihres Amtes enthoben. Der Hochseilartist hatte seine Partie wieder einmal gewonnen und war aus der Auseinandersetzung sogar gestärkt hervorgegangen.

Von diesem Zeitpunkt an bis zur Krise 1974 stand der Dampfkessel Zypern unter Druck, konnte jeden Augenblick explodieren, erweckte nach außen aber weiterhin den Anschein von Ruhe. Während der Tagung der UN-Vollversammlung im September 1972 schien die Zypernfrage weder den griechischen noch den türkischen Außenminister so weit zu bewegen, daß sie sie bei Begegnungen mit mir angesprochen hätten. Das geschah auch während der UN-Vollversammlung 1973 nicht. Auf einer Sondertagung im April 1974 drohten dann die Vertreter beider Staaten, militärisch gegeneinander vorzugehen. Allerdings ging es dabei nicht um Zypern. Der Streitpunkt war diesmal die Suche nach Öl – das Recht, in der Ägäis mit Versuchsbohrungen zu beginnen. Jedoch ungeachtet dieser Spannungen schlug der türkische Außenminister vor, die beiden Volksgruppen auf Zypern sollten die Gespräche wiederaufnehmen.

Auch Makarios ließ keinerlei Besorgnis erkennen, als ich ihn am 7. Mai 1974 in Nikosia aufsuchte. Er war Gastgeber eines Treffens mit dem sowjetischen Außenminister Andrei Gromyko, das ich im Rahmen einer Vermittlungsmission zwischen Israel und Syrien vereinbart hatte. Zypern galt als »neutraler« Ort, der den Supermächten in absehbarer Zukunft keine besonderen Probleme bereiten würde. Makarios, liebenswürdig wie immer, gab ein Mittagessen, bei dem er wieder einmal zeigte, wie aufmerksam er sein konnte. Es gab Wiener Schnitzel, eines meiner Lieblingsgerichte. Zur Begrüßung sagte er locker:

Bei der Zypernfrage muß man Geduld haben. In der letzten Zeit hat es kaum Zwischenfälle zwischen den beiden Volksgruppen gegeben. Eher kam es zu Auseinandersetzungen unter Griechen oder Türken... Wir hoffen, daß wir die Gespräche bald wiederaufnehmen können... Wenn in Kürze keine Formel gefunden wird, dann gelingt es vielleicht dem UN-Generalsekretär, den wir demnächst erwarten, die beiden Seiten zusammenzubringen.

Nichts deutete auf eine bevorstehende Krise hin, und auch Makarios verlor kein Wort darüber, daß er sich anschickte, den Status Griechenlands auf der Insel in Frage zu stellen.

Einige Wochen später, am 18. Juni 1974, knapp einen Monat vor dem Putsch gegen Makarios, richtete NATO-Generalsekretär Joseph Luns auf der halbjährlichen NATO-Ministertagung in Ottawa an den griechischen und den türkischen Außenminister den dringenden Appell, die Interessen des Bündnisses über ihren Streit um die Erdölsuche in der Ägäis zu stellen. Zypern wurde nicht erwähnt. Der griechische und der türkische Außenminister bekräftigten als Antwort ihren Wunsch nach Frieden. Auch sie berührten die Zypernfrage nicht.

Am 8. und 9. Juli 1974 legte ich in London einen Zwischenaufenthalt ein, um mit dem britischen Außenminister James Callaghan die internationale Lage zu erörtern. Keiner von uns beiden hielt damals die Zypernfrage oder auch die griechisch-türkischen Beziehungen selbst für so bedrohlich, daß er in den Gesprächen auf sie eingegangen wäre. In den Informationen der Nachrichtendienste für das Weiße Haus vom selben Tag, eine Woche vor dem Putsch, kamen lediglich die griechisch-türkischen Spannungen in der Ägäis vor; Zypern wurde nur gestreift.

Nach dem Putsch auf Zypern behaupteten selbsternannte Enthüllungsjournalisten, sie hätten Warnungen der Geheimdienste entdeckt, die die Administration – blind vor Abneigung gegen Makarios und in geopolitischem Denken gefangen – ignoriert habe. Was der Außenstehende kaum versteht, ist die Tatsache, daß man in einem großen Regierungsapparat *jederzeit* das ein oder andere Dokument finden kann, das ein bestimmtes Ereignis voraussagt. So sichert sich die Bürokratie für alle Wechselfälle des Lebens ab. Was allerdings wirklich zählt, sind der Zusammenhang und die Personen, denen die Warnung zur Kenntnis gegeben wird.

In diesem Fall war der Zusammenhang dergestalt, daß beruhigende Treffen mit hohen griechischen und türkischen Beamten stattfanden, daß Makarios besänftigende Bemerkungen fallenließ, daß aber vor allem die höchste Ebene von anderen drängenden Fragen in Anspruch genommen war. Ich hatte gerade vierunddreißig Tage Pendeldiplomatie zwischen Israel und Syrien hinter mir, eine Mission, die am 29. Mai 1974 mit einem Truppenentflechtungsabkommen endete. Vom 10. bis 18. Juni begleitete ich Nixon auf seiner Reise nach Ägypten, Saudi-Arabien, Syrien, Israel und Jordanien. Vom 27. Juni bis zum 3. Juli war ich bei seinem letzten Gipfeltreffen in Moskau an seiner Seite. Danach folgten einige Tage Konsultationen in Brüssel, Paris, Rom, München, London und Madrid. Schließlich sah ich mir am 9. Juli das Endspiel der Fußballweltmeisterschaft an – ein klares Anzeichen dafür, daß ich keine heraufziehende Krise witterte. Zwischen diesen Reisen nahmen Untersuchungen des Kongresses den größten Teil meiner Zeit in Anspruch, insbesondere ein neuer, lächerlicher Vorwurf von Senator Henry Jackson, das Weiße Haus unter Nixon habe außerhalb des SALT-Abkommens mit der Sowjetunion einen »geheimen Deal« über Atomwaffenkontrolle geschlossen.[2] Was Nixon betraf, so war er, von seinen letzten, im wesentlichen formellen Besuchen im Ausland einmal abgesehen, voll und ganz durch Watergate in Anspruch genommen. Das allerletzte, woran er oder ich zu diesem Zeitpunkt denken konnte, war, eine Krise zwischen zwei NATO-Verbündeten im östlichen Mittelmeer zu schüren.

Das Dokument, das in späteren Untersuchungen des Kongresses zur Zypernfrage am häufigsten zitiert wurde, war ein Prognosenpapier, das der Abteilungsleiter Griechenland im Außenministerium, Thomas D. Boyatt, im Mai 1974 verfaßt hatte. Darin hatte er die wahrscheinliche Politik von Dimitrios Ioannides, dem Chef der griechischen Militärpolizei, der die vorherige Junta in Athen gestürzt hatte, richtig vorausgesagt. Ich erhielt das Papier während meiner Pendelmission zwischen Syrien und Israel. Während meiner Abwesenheit von Washington stimmte der amtierende Außenminister Boyatts Empfehlung zu, man müsse bei Ioannides vorstellig werden und ihn vor Gewaltanwendung und jeglichen anderen Schritten warnen, die den Status quo auf Zypern gefährden könnten. Das war ein Vorgehen, wie wir es bereits während der Krise 1972 praktiziert hatten.

Botschafter Tasca wandte sich zunächst gegen die Weisung mit der Begründung, bei dessen hitzigem Temperament könnte ein solches Vorgehen den Juntaführer eher provozieren als besänftigen. Zudem hatte Ioannides, der starke Mann, kein offizielles Amt; er agierte im Schatten des Präsidenten und des Außenministers, die er unter Kontrolle hatte. Von Washington gedrängt, übergab Tasca unsere Botschaft an den Präsidenten und den Außenminister Griechenlands, ebenso an Erzbischof Serafaim, den er für einen guten Freund Ioannides' hielt. Später warf man Tasca vor, er habe seinen Auftrag nicht mit dem nötigen Nachdruck erfüllt. Dafür gab es keinerlei Beweise; zudem hatte derselbe Diplomat einen ähnlichen Auftrag zwei Jahre zuvor äußerst wirksam ausgeführt.

Was die Situation außer Kontrolle geraten ließ, war nicht so sehr das falsche Vorgehen Washingtons, als vielmehr das Verhalten Makarios', der wieder einmal seine Kunst auf dem Hochseil erprobte, diesmal allerdings mit katastrophalem Ergebnis. Am 2. Juli ließ er den griechischen Präsidenten wissen, da er die Stärke der Nationalgarde verringere, fordere er den Abzug der griechischen Offiziere, die sie kontrollierten. Mit diesen beiden Schritten wäre Athens Einfluß auf Zypern stark eingeschränkt, wenn nicht gar beseitigt worden. Makarios hätte sich im Inneren noch mehr auf die kommunistische Partei und nach außen auf die Blockfreien gestützt.

Wie stets bei Makarios war etwas, was wie ein impulsiver Schritt wirkte, in Wirklichkeit eine kühl berechnete Aktion. Ioannides hatte international, insbesondere im Atlantischen Bündnis, einen noch schwereren Stand als sein Vorgänger. Makarios konnte ziemlich sicher sein, daß die westlichen Verbündeten Athen daran hindern würden, sein Recht als Garantiemacht der Abkommen von London und Zürich auszuüben. Die britische Labourregierung, die der Junta äußerst feindselig gegenüberstand, würde von ihrem vertraglichen Recht auf keinen Fall Gebrauch machen. Was die Türkei betraf, so konnte sie wohl kaum etwas gegen eine Schwächung des griechischen Einflusses auf der Insel einzuwenden haben. Außerdem war Ankara, wo die sozialistische Partei des neuen Ministerpräsidenten Bülent Ecevit und die extrem nationalistische rechte Partei der Nationalen Rettung unter dem Anführer der türkischen Fundamentalisten Necmettin Erbakan gerade eine unsichere Koalitionsregierung gebildet hatten, politisch weitgehend handlungsunfähig. Ecevit, der einmal als Dichter begonnen hatte, Ioannides, ein Polizist, und Makarios, ein moderner Machiavelli im Priestergewand, bildeten einen gefährlichen Sprengsatz – Kompromisse waren nicht zu erwarten.

Vierzehn Jahre lang waren die Leidenschaften der Beteiligten durch ihre Hemmungen gezügelt worden, die man von Zeit zu Zeit durch Druck von außen verstärkte. Diese heikle Balance geriet im Sommer 1974 ins Wanken. Die bisherigen mäßigenden Kräfte – die Vereinigten Staaten und Großbritannien – hatten den Eindruck, die Krise gleiche früheren, die sie in den vergangenen zehn Jahren stets gemeinsam unter Kontrolle gebracht hatten. Sie wurden in dieser Einschätzung bestärkt, weil Makarios, für den am meisten auf dem Spiel stand, keinerlei Anzeichen von Unruhe zeigte. Am 12. Juli, drei Tage vor dem Putsch, erklärte er dem neuernannten amerikanischen Botschafter Rodger Davies, der später in Nikosia ums Leben kam, er halte die Lage für »heikel«, aber nicht für »kritisch«. »Er ließ nicht erkennen«, berichtete der Botschafter, »daß er von den Vereinigten Staaten erwarte, in Athen vorstellig zu werden…«. Aber die Einschätzungen aller Seiten erwiesen sich als falsch.

Abschreckung setzt Berechenbarkeit und Vernunft voraus – Eigenschaften, die sich selbst in einem bilateralen Verhältnis als fragwürdig erweisen können. In Zypern aber waren zwei ethnische Gruppen, drei Garantiemächte und die Vereinigten Staaten involviert. Sie alle irrten in der Einschätzung der Situation mehr oder weniger gleichzeitig. Makarios hatte sich einen Drahtseilakt zuviel erlaubt.

Ioannides verstand die Sicht der Türkei in der Zypernfrage nicht, vor allem nicht, daß sie die Forderung nach einer autonomen türkischen Region nie aufgegeben und die Demütigungen von 1964 und 1967 nicht verziehen hatte. Die Vereinigten Staaten, die mit Watergate beschäftigt waren, glaubten nicht, daß die Situation sich dem kritischen Punkt näherte. So platzte die Bombe schließlich am Morgen des 15. Juli 1974, als niemand, nicht einmal Makarios, das erwartete.

Zypern explodiert

In den frühen Morgenstunden jenes Tages wurde ich mit der Nachricht geweckt, daß die zypriotische Nationalgarde in der Nacht geputscht hatte. Unter der Führung griechischer Offiziere war sie Makarios' Plan zuvorgekommen, sie zu entmachten. In ersten Berichten hieß es, Makarios sei getötet worden, der Präsidentenpalast besetzt und ein Mann mit dem (mir) unbekannten Namen Nikos Sampson zum Präsidenten ausgerufen worden. Tom Boyatt erkärte mir, Sampson sei ein Abenteurer, der bei verschiedenen Zwischenfällen in Nikosia angeblich bereits zwölf Menschen getötet hatte. Zwar ließ Sampson verlauten, er werde die bestehende Verfassung respektieren, jedoch war er als glühender Verfechter der Enosis, des Anschlusses Zyperns an Griechenland, bekannt.

An jenem Morgen um 10.15 Uhr trat im Lagezimmer im Keller des Weißen Hauses die Washington Special Actions Group (WSAG), die Gruppe für Sondereinsätze, ein interministerielles Gremium des Krisenmanagements, zusammen, das sich aus dem stellvertretenden Außen- und Verteidigungsminister, dem Nationalen Sicherheitsberater, dem CIA-Direktor und dem Vorsitzenden der Joint Chiefs of Staff zusammensetzte. Das Lagezimmer ist im Widerspruch zu seinem Ruf klein und eng, lediglich mit einem Konferenztisch mittlerer Größe und einer Reihe Stühle längs der Wände ausgestattet, an denen Karten hängen, die für die jeweilige Krise gebraucht werden. Es schließt sich an das Kommunikationszentrum des Weißen Hauses an, von wo aus jeder Teil der Erde buchstäblich in Sekundenschnelle erreicht werden kann. Die Teilnehmer an Besprechungen im Lagezimmer nutzen dessen technische Möglichkeiten häufig, um diesen oder jenen Fakt nachzuprüfen.

Wie es zu Beginn einer Krise fast immer der Fall ist, herrschte auch an jenem Morgen beträchtliche Verwirrung. Keiner der Anwesenden zweifelte allerdings daran, daß der Putsch von der griechischen Junta in Athen, genauer gesagt, von General Ioannides inszeniert worden war und den Beginn einer schweren Krise bedeutete.

Die Türkei würde eine Vereinigung Zyperns mit Griechenland niemals akzeptieren. Galt für sie bereits die Vorherrschaft der griechischen Zyprioten als so unannehmbar, daß sie seit zehn Jahren stets auf dem Sprung war, diese durch eine Invasion zu unterbinden, konnte sie natürlich nicht tatenlos zusehen, wenn Zypern in eine griechische Provinz umgewandelt wurde. Die Tatsache, daß es 1964 und 1967 gelungen war, Ankara von einer Intervention abzuhalten, konnte nur die Entschlossenheit der Türkei stärken, nunmehr unter einem Vorwand die alte Rechnung zu begleichen.

Das oberste Anliegen der Washington Special Actions Group am Tag des Putsches war, einen Krieg zwischen zwei NATO-Verbündeten zu verhindern, der die Ostflanke der Allianz entblößt und der Sowjetunion den Weg ins Mittelmeer geöffnet hätte. Unser erster Schritt war deshalb der Versuch, durch größtmöglichen Erhalt der verfassungsmäßigen Strukturen Zyperns die Vorwände für eine Intervention von außen zu minimieren. Nach Ankara und Athen gingen Botschaften, die klarstellten, daß die Vereinigten Staaten einen Anschluß Zyperns an Griechenland ablehnten. Gegenüber der Türkei fügten wir hinzu, daß wir uns jeder Beschneidung der bestehenden Rechte der türkischen Bevölkerung widersetzen würden. Gegenüber Athen betonten wir, daß die Vereinigten Staaten »jegliche Veränderung des bestehenden politischen Status auf der Insel oder der Rechte der türkischen Zyprioten« ablehnten. Zugleich wiesen wir eine mögliche Vermittlerrolle der Sowjetunion zwischen zwei NATO-Verbündeten zurück:

Eine Rolle der Sowjetunion wird davon abhängen, inwiefern dies ein inneres Problem Zyperns bleibt… Dafür müssen wir sorgen und verhindern, daß es internationalisiert wird.

Schon als wir unsere Telegramme formulierten, war uns klar, daß sie nur erste Schritte einer außerordentlich schwierigen diplomatischen Aktion sein konnten. Makarios hatte zehn Jahre lang die verfassungsmäßigen Übereinkünfte ausgehöhlt, auf denen wir nun bestanden. Die Türkei versuchte seit Jahren, die Abkommen von London und Zürich, deren Garantiemacht sie war, außer Kraft zu setzen. 1964 und 1967 waren die Vereinigten Staaten in hervorragender Form gewesen. 1974 hatte Nixon – zwischen Amtsenthebung und Rücktritt gefangen – eine zu schwache Position, um Zuckerbrot und Peitsche zu gebrauchen. 1964 und 1967 hatte Makarios kraft seines Amtes die Blockfreien und die Vereinten Nationen angerufen. 1974 gab es eine sogenannte Regierung Zyperns unter Nikos Sampson, den *kein einziger* Staat in der Welt als Präsidenten anerkannte. Die griechische Regierung unter Ioannides genoß international keinerlei Ansehen und wurde auch in ihrem innenpolitischen Agieren immer zerfahrener.

Großbritannien sah sich in dieser Krise besonders in die Pflicht genommen. Es unterhielt zwei Militärbasen auf der Insel; die Abkommen von London und Zürich waren unter britischer Schirmherrschaft zustande gekommen. Am 16. Juli, einen Tag nach dem Putsch, forderte der türkische Ministerpräsident Bülent Ecevit von Großbritannien die Konsultationen, die in den Abkommen vorgesehen waren.

Wir hatten allen Grund, Callaghans Eingreifen zu befürworten. Mit keinem ausländischen Politiker habe ich lieber zusammengearbeitet, und nur wenige habe ich so geschätzt wie ihn. Callaghan, der eine onkelhafte Art mit viel gesundem Menschenverstand verband, hatte das britisch-amerikanische Verhältnis aus dem Eiskeller befreit, in den es Premierminister Edward (Ted) Heath gestürzt hatte, als er versuchte, sein Engagement für Europa zumindest mit einer gewissen Lockerung des Sonderverhältnisses zu den Vereinigten Staaten zu demonstieren (siehe Kapitel XX). Sollte Callaghan die führende Rolle übernehmen, lag ein Schwachpunkt allerdings darin, daß er sich zum ersten Mal mit derartiger Krisendiplomatie konfrontiert sah. Zypern aber war ein so vertracktes Problem, daß es jeden Diplomaten zum Wahnsinn treiben konnte, viel mehr noch einen Neuling. Drei Garantiemächte, zwei zypriotische Volksgruppen, eine nichtanerkannte zypriotische Regierung, Makarios im Exil und zwei Supermächte wetteiferten miteinander um die beste Ausgangsposition.

Nun war Callaghan ein erfahrener Politiker, den man bei seinem Aufstieg gelegentlich beschuldigt hatte, er benutze seine Ellenbogen eine Spur zu freizügig.[3] Solche moralischen Grenzen britischer Politik werden allerdings in ethnischen Konflikten kaum beachtet, schon gar nicht in einem zwischen Griechen und Türken. Im persönlichen Umgang war Callaghan lockerer als ich, aber er neigte dazu, außenpolitische Fragen stärker persönlich zu nehmen, insbesondere wenn er starke moralische Vorbehalte hatte, wie zum Beispiel gegenüber der griechischen Junta oder später gegenüber Mehrheitsregimen in Afrika. Sturheit und gelegentliche Doppelzüngigkeit leidenschaftlicher Gesprächspartner brachten ihn schneller in Rage, vielleicht weil er von ihnen mehr erwartete als ich.

Im Fall Zyperns wechselte Callaghans Zorn mit der Situation: In der Woche nach dem Putsch richtete er sich gegen die Athener Junta, später gegen Ecevit, weil dieser alle Waffenstillstandsappelle ignorierte, in der Woche darauf gegen die neue demokratische Regierung Griechenlands, weil diese es nicht eilig hatte, zur zweiten Verhandlungsrunde zu kommen (am 24. Juli drohte Callaghan sogar, diese ohne die Griechen zu beginnen), und schließlich gegen Ankara, als die Türken ihre militärischen Operationen wiederaufnahmen.

Callaghan hatte seine Erfahrungen bisher vor allem in Ministerien gesammelt, die mit innenpolitischen Problemen Großbritanniens befaßt waren. Ein Vermittler hatte es dabei in der Regel mit willigen Parteien zu tun, die davon ausgingen, daß es früher oder später zu einem Kompromiß kommen werde. Im Unterschied dazu begab er sich in einem ethnischen Konflikt auf sehr dünnes Eis, wenn er glaubte, Parteien, die ihren Haß aufeinander über die Jahrhunderte gepflegt hatten, ließen sich von derartigen Kriterien leiten. Im Gegensatz zu Callaghan hatte ich meine Erfahrungen als Vermittler in der Nahostdiplomatie gesammelt, nahm also die Erklärungen der Verhandlungspartner weniger wörtlich und erwartete keine raschen Fortschritte.

Von den Unterschieden in Temperament und Hintergrund einmal abgesehen, ist das Wesen unseres Verhältnisses aus meinen Instruktionen für Botschafter William Buffum, den für internationale Organisationen zuständigen stellvertretenden Außenminister, zu ersehen, der am 24. Juli 1974 zu den von Callaghan geleiteten griechisch-türkischen Verhandlungen reiste:

Seien Sie gegenüber Callaghan kooperativ und hilfsbereit, aber wenn es um unsere Interessen geht, müssen wir die Entscheidungen selbst fällen ... Informieren Sie ihn über alles. Wir haben keine Geheimstrategie ... Es wird nicht zu unserem Schaden sein, wenn die Briten im östlichen Mittelmeer eine Rolle spielen. Wenn Callaghan das Verdienst an einem Ergebnis zufällt, das uns zusagt, dann geht das für mich in Ordnung. Vor allem auf ein günstiges Ergebnis kommt es an.

Callaghan verhielt sich mir gegenüber in ähnlicher Weise, konnte es sich aber zuweilen nicht verkneifen, mich an Großbritanniens angebliche höhere Reife zu erinnern: »Sie liefern die Muskeln«, sagte er zu mir beim Ausbruch der Zypernkrise, »und wir geben das Hirn dazu.« Ich habe keinen Zweifel, daß einige seiner Mitarbeiter im Außenministerium diesen Scherz für bare Münze nahmen.

So vertrauensvoll unser Verhältnis auch war, sahen wir die Krise doch zunächst in sehr unterschiedlichem Licht, und wenn es auch nur an dem Blickwinkel lag. Als Vollblutpolitiker war Callaghan sich bei jedem Schritt der in der Labour Party vorherrschenden Meinung bewußt, die in diesem Fall stark gegen die griechische Junta ausschlug. Ich war in der ersten Woche jedoch vor allem von dem Wunsch geleitet, den Türken nicht noch mehr Anreize für eine Invasion zu liefern. Eine absolute Distanzierung von Athen hätte genau diese Wirkung haben können. Callaghan dagegen wollte die Junta »bestrafen«. Ich war genauso daran interessiert, Sampson loszuwerden und allen Versuchen der Vereinigung Zyperns mit Griechenland ein Ende zu setzen, allerdings ohne dabei Griechenland aus der NATO zu treiben oder eine türkische Invasion auszulösen.

Inzwischen war Makarios wiederaufgetaucht und hatte sich am 16. Juli zu einer britischen Luftwaffenbasis auf Zypern durchgeschlagen. Während Makarios über Malta nach London ausgeflogen wurde, markierte Callaghan drei Standpunkte: Er weigerte sich, Sampson anzuerkennen, er forderte den Abzug der griechischen Offiziere aus der zypriotischen Nationalgarde, und er bestand darauf, daß Makarios zurückkehren konnte. Am Morgen des 17. Juli, achtundvierzig Stunden nach dem Putsch, hatte Callaghan die Europäische Gemeinschaft auf seine Forderungen eingeschworen:

Ich sage Ihnen unsere Position, die im wesentlichen auch die Position Europas, aller Staaten der Neun und der NATO ist. Wir meinen, die ideale Lösung wäre, wenn Makarios zurückkehrte. Ob wir das auf diplomatischem Wege erreichen können, bleibt abzuwarten. Makarios hat darum gebeten, daß wir unsere diplomatischen Bemühungen fortsetzen und das neue Regime auf Zypern nicht anerkennen. Wird die Lage angespannter oder entspannter sein, wenn wir sechs Monate vorausschauen? Unsere Einschätzung ist, daß die Spannungen zunehmen werden, wenn Makarios nicht zurückkehrt. Aber die Frage ist: Werden wir das erreichen?

Damit hatten die Europäer Ziele gesetzt, zu deren Durchsetzung sie weder über eine Strategie noch die notwendigen Mittel verfügten. Die Situation

erinnerte an einen Witz aus dem Zweiten Weltkrieg, als jemand vorgeschlagen hatte, die deutschen U-Boote zu erledigen, indem man die Ozeane
aufheizte und die U-Boote so lange kochte, bis sie von allein an die Ober-
fläche kamen. Wie das zu bewerkstelligen sei? Ganz einfach: »Ich habe die
Idee geliefert, für die technische Ausführung sind Sie zuständig.«

So ungefähr antwortete auch Callaghan, als ich ihn fragte, wie er sich Makarios' Rückkehr vorstelle:

> Was die Offiziere der Nationalgarde betrifft, so werden Sie hoffentlich
> Ihren Einfluß auf die griechische Regierung geltend machen. Die Türken
> könnten uns nach der Vertragsgarantie fragen, was wir zu tun gedenken.
> Wenn wir nicht handeln können, hat jede der drei Mächte das Recht, ak-
> tiv zu werden. Ich denke, wir können es verantworten, eine einseitige
> Aktion anzudeuten, und wenn es dazu kommt, muß amerikanischer
> Druck auf Griechenland ausgeübt werden.

Offenbar hatte er eine türkische Invasion als letztes Mittel zur Wiedereinsetzung Makarios' im Auge, wenn der amerikanische Druck auf Griechenland keine Wirkung zeigen sollte. Callaghan meinte, wir hätten eine
»Außenseiterchance« (höchstens eins zu drei, wahrscheinlicher eins zu
fünf), daß der Druck der Vereinigten Staaten die gewünschte Wirkung
haben werde. Welche Art von Druck er meinte, sagte er allerdings nicht.

Im Kongreß dachte man ähnlich. Am 19. Juli teilte mir Mike Mansfield,
der Mehrheitsführer im Senat, mit, es gebe eine »starke antigriechische
Stimmung, die im Senat schon zu spüren« sei. Wenn sie überhandnehme,
dann käme die Griechen »das teuer zu stehen«. Andererseits war Mansfield gegen die Anwendung von Gewalt: »Wenn es dazu kommen sollte, …
gäbe es riesige Probleme, es wäre schlimmer als Vietnam, denke ich.« Der
Vorsitzende des Auswärtigen Ausschusses Senator William Fulbright wies
auf die Widersprüchlichkeit der Angelegenheit hin: »Auch ich bin gegen Gewalt, aber ich will den Griechen nicht den Rücken stärken.«

Am 17. Juli berichtete ich Nixon, die Europäer befürworteten ein hartes
Vorgehen, wollten aber, daß wir die schweren Brocken übernähmen.
Während die Medien, der Kongreß und unsere Verbündeten ein hartes Vorgehen gegen die griechische Junta forderten, versuchte ich die amerikanische Politik so zu steuern, daß die Ostflanke der NATO nicht entblößt wurde
und sowohl Griechenland als auch die Türkei im Bündnis blieben. Das aber
bedeutete, daß sich die Vereinigten Staaten auf keinen Fall ganz und gar mit
einer der beiden Seiten solidarisieren durften. Bei dieser Meinung blieb ich
auch, als die Stimmung um einhundertachtzig Grad umschlug und sich
gegen die Türkei wandte. Ich schlug Nixon vor, die Vereinigten Staaten sollten nun ihre Zurückhaltung aufgeben und einen Vermittlungsversuch wagen. Zu diesem Zweck wollte ich den Unterstaatssekretär Joseph Sisco
zunächst nach London und danach nach Athen und Ankara schicken, um
unsere Vorschläge zu unterbreiten. Dabei galt es, vier Ziele miteinander in
Einklang zu bringen: den von Athen inspirierten Putsch in Nikosia rückgängig zu machen, eine zunehmend wahrscheinlicher werdende türkische
Intervention zu verhindern oder zumindest ihre Folgen abzuschwächen, im
Gleichschritt mit Großbritannien als einer der Garantiemächte zu bleiben
und die Sowjetunion aus der ganzen Sache herauszuhalten.

Die Kunst bestand darin, diese Vorhaben ausgewogen zu verfolgen. Sobald wir in einem Punkt überzogen, konnte das ganze feine Gespinst zerreißen. Unsere Strategie hatte ferner das Ziel, die unvermeidlichen Nachfolger der Junta vor den griechischen Nationalisten von rechts und links zu schützen. Während wir also bemüht waren, den Anschluß Zyperns an Griechenland zu verhindern und Sampson aus dem Weg zu räumen, widersetzten wir uns dem Druck des Kongresses, der Medien und großer Teile der Bürokratie, die Militärhilfe für Griechenland zu stoppen, denn Militärhilfe für einen NATO-Verbündeten war nach unserer Auffassung ein Ausdruck der langfristigen Interessen des Atlantischen Bündnisses und keine Gunst, mit der man spielen durfte. Griechenland mitten in einer internationalen Krise fallenzulassen hätte die Türkei zum Eingreifen verleitet und die Sowjetunion auf den Plan gerufen, während die griechische Öffentlichkeit uns die Schuld für das abzusehende – wenn auch selbst verursachte – Debakel in Zypern aufgebürdet hätte. Beim Krisenmanagement geht es stets darum, auch Unvollkommenes in Kauf zu nehmen und nicht unbedingt Ideallösungen anzustreben.

Die Kritiker, die uns vorwarfen, wir wollten nur die Athener Junta schützen, irrten sich gründlich. Von Beginn an war ich davon überzeugt, der ganze Coup werde mit einem Debakel für die Akteure vor Ort und auch für die Junta enden. Am 18. Juli, zweiundsiebzig Stunden nach dem Putsch, erklärte ich vor unserem Team für das Krisenmanagement, der WSAG:

Ich mache mir keine Sorgen um Ioannides. Wenn er stürzt, gut... Ich glaube ohnehin nicht, daß Ioannides noch lange überleben kann.

Am 5. August nahm die Führung des Außenministeriums eine Manöverkritik vor. Dabei sagte ich über unseren Kurs:

Wir sind Profis. Unsere Aufgabe ist es, den nationalen Interessen zu dienen..., nicht einen Kreuzzug zu beginnen, bevor wir wissen, was eigentlich vorgeht. Wir sind auch keine Zeitungskommentatoren. Im Frühstadium einer Krise sind wir dafür verantwortlich, das Kräfteverhältnis zu ermitteln, die wahrscheinliche Entwicklung abzuschätzen und vor allem aus all diesen Faktoren eine Politik zu entwickeln, die dem nationalen und dem öffentlichen Wohl dient.[4]

Unsere nationalen Interessen definierte ich so:

Die Vereinigten Staaten müssen weiterhin das Ziel verfolgen, daß sowohl Griechenland als auch die Türkei Mitglieder des Gefüges der NATO bleiben. Wer sich zynische Bemerkungen über Militärstützpunkte im östlichen Mittelmeer erlaubt, sollte sich die Frage stellen, was die Vereinigten Staaten bei einer künftigen Krise im östlichen Mittelmeer tun wollen, wenn uns Griechenland und die Türkei nicht mehr zur Verfügung stehen... Es macht einen beträchtlichen Unterschied, ob sie von Regierungen geführt werden, die sich von den Vereinigten Staaten verraten fühlen und sich von einem Nationalismus leiten lassen, der an Feindschaft grenzt, oder ob sie den Vereinigten Staaten im Grunde freundschaftlich gesinnt sind und mit uns zusammenarbeiten wollen...

Das Problem war jedoch weitaus komplizierter, als daß man es mit Makarios' Rückkehr hätte lösen können. Das zeigte sich, als Ecevit die Vorschläge der Türkei am 17. Juli zunächst unserem Botschafter William Macomber und dann am 18. Juli Callaghan in London übermittelte. Zu unserer großen Überraschung verkündete er die Absicht, die Türkei werde auf Zypern einmarschieren, wenn Makarios nicht binnen vierundzwanzig Stunden wieder im Amt sei. Die Vorstellung, die Türkei könnte militärsche Gewalt anwenden, um ihrem Erbfeind in einem Einheitsstaat wieder zur Macht zu verhelfen, grenzte ans Absurde. Callaghan berichtete mir am Telefon über den Kern der Vorschläge Ecevits:

Ich sage Ihnen, was Ecevit will. Er verlangt eine gemeinsame Erklärung unserer drei Staaten, in der es heißt, daß wir das neue Regime nicht anerkennen, daß das alte Regime wiederhergestellt werden muß und wir nicht abwarten dürfen, bis Makarios abgelöst wird... Die Zeit läuft. Die NATO wird zerbrechen... Er kann mit der NATO oder Griechenland nicht länger zusammenarbeiten. Wir sollten gemeinsam mit den Türken Griechenland ein Ultimatum stellen; die Truppen auf der Insel sollen unter UN-Kontrolle gestellt werden und ... was für die Türken noch wichtiger ist, Großbritannien soll den Türken gestatten, über unseren exterritorialen Stützpunkt auf der Insel Truppen ins Land zu bringen. Eine einseitige Aktion wird früher oder später ohnehin notwendig werden, weil die Türken auf der Insel sich als Geiseln sehen und die Türkei sie schützen muß. Die Truppenstärke ... soll von den Vereinten Nationen bestimmt werden, und sie seien bereit, mit Makarios Kontakt aufzunehmen.

Außerdem forderte Ecevit, die türkischen Enklaven zu vergrößern und ihnen Zugang zum Meer zu sichern.

Jeder Punkt dieses Vorschlags war eine Bombe. Ecevit wußte genau, daß keine griechische Regierung, ob nun in Griechenland oder auf Zypern, solche Forderungen kampflos akzeptieren konnte. Auch konnte es Großbritannien türkischen Truppen nicht erlauben, die britischen Basen auf Zypern für eine Invasion zu nutzen, ohne daß es damit einen dauerhaften Bruch seiner Beziehungen zu Griechenland riskierte. Schon weniger gewichtige Forderungen der Türkei waren zehn Jahre lang zurückgewiesen worden. Geradezu grotesk aber war das listige Angebot, unverzüglich Gespräche mit Makarios aufzunehmen. Der befand sich gerade auf dem Weg nach New York und konnte wohl kaum zum geforderten Termin auf der Bildfläche erscheinen. Außerdem bestand nicht die geringste Aussicht, daß Makarios im Exil Forderungen zustimmen werde, die er, der oberste Führer Zyperns, ein Jahrzehnt lang zurückgewiesen hatte. Zu Sisco sagte ich: »Makarios wird sich nicht zum türkischen Satelliten machen lassen, wenn er es ablehnt, ein griechischer Satellit zu sein.«

Eine Woche später gab es an Ecevits wahrer Haltung zu Makarios keinen Zweifel mehr. Am 28. Juli, eine Woche nach der türkischen Invasion auf Zypern, wies Ecevit, der dabei war, die Früchte seines Tuns zu ernten, Makarios' Rückkehr heftig und bedingungslos zurück. Die Wiederherstellung des Status quo ante war das letzte, was Ecevit sich wünschen konnte, und es war naiv zu glauben, er sei durch ein Angebot in dieser Richtung zu beschwichtigen. Er sah einfach die Chance, mit Gewalt oder Druck die Ziele zu erreichen, die die Türkei seit über einem Jahrzehnt anstrebte. Nixon – damals bereits kurz vor der Amtsenthebung – hatte so gut wie keine Möglichkeit, militärisch einzugreifen. Keiner hatte das Regime auf Zypern anerkannt, und die griechische Junta war in der internationalen Gemeinschaft geächtet. Ecevit konnte der Versuchung nicht widerstehen, dieses einmalige Zusammentreffen günstiger Umstände zu nutzen.

Die türkische Invasion

Während der achtundvierzig Stunden, da Ecevit auf die Durchsetzung seiner Vorschläge drängte, waren wir bestrebt, alle Vorwände für eine Militäraktion eines der Kontrahenten zu beseitigen. Am 16. Juli erhielt der amerikanische Botschafter in Athen die Weisung, Ioannides aufzusuchen. Dieser lehnte es ab, Tasca zu empfangen, was er damit begründete, daß er kein offizielles Amt bekleide. Der Botschafter möge sich an den Ministerpräsidenten wenden. Tasca entsandte daraufhin einen Vertrauensmann zum Führer der Junta, der Ioannides warnte: Die Vereinigten Staaten unterstützten die Unabhängigkeit Zyperns und die gegenwärtigen Verfassungsregelungen, mit anderen Worten, wir seien entschlossen, uns einem Anschluß Zyperns an Griechenland in den Weg zu stellen. Ioannides' Reaktion, wie sie Botschafter Tasca in seinem Telegramm festhielt, soll hier im Wortlaut zitiert werden, um sie in vollem Umfang würdigen zu können:

Als der Beauftragte seine Botschaft übermittelt hatte, explodierte der General buchstäblich, sprang auf, hieb auf den Tisch, zerschmetterte ein leeres Glas und stieß einen obszönen Fluch aus. Dann fuhr er fort: Kissinger erkläre an einem Tag öffentlich, man werde sich nicht in die inneren Angelegenheiten Griechenlands einmischen, einige Wochen später behaupte die US-Regierung, sie halte sich »an die erklärten Grundsätze«. Jetzt aber drohe sie mit ihrem Eingreifen. Was auch immer auf Zypern geschieht: Ich (Ioannides) werde der Schuldige sein. Hätte ich die Truppen abgezogen, dann wäre ich von den früheren Politikern beschuldigt worden, die Insel den Kommunisten zu überlassen. Eines Tages wird die US-Regierung verstehen, daß Zypern am 15. Juli 1974 davor gerettet wurde, den Kommunisten in die Hände zu fallen...

Als sein Zorn abgekühlt war, akzeptierte Ioannides allerdings unseren Standpunkt. Er erklärte, Griechenland befürworte »Nichteinmischung gegenüber einem freien, unabhängigen, souveränen Staat Zypern«. Mit anderen Worten: Der Anschluß Zyperns war ad acta gelegt.

Wir teilten diese Zusicherung unverzüglich der türkischen Regierung mit. Da Ecevit aber Ioannides offenbar noch weniger glaubte als wir, fügten wir hinzu, wir stünden dafür ein, daß er sein Wort halte. Am 17. Juli versprach der griechische Ministerpräsident Botschafter Tasca, die griechischen Truppen auf Zypern nicht zu verstärken und den gestatteten regelmäßigen Truppenaustausch nicht zu diesem Zweck zu nutzen. Auch diese Zusicherung übermittelten wir nach Ankara. Um Moskau aus dem sich entwickelnden diplomatischen Spiel herauszuhalten, suchten wir es dahingehend zu beruhigen, daß die Enosis keine Ausdehnung der NATO auf Zypern bedeutet hätte. Breschnew teilten wir mit, wir wollten alles tun, um die verfassungsmäßige Ordnung wiederherzustellen. Ganz im Gegensatz zu den Gerüchten, die Vereinigten Staaten hätten die Türken zur Invasion ermutigt oder dieser gar Vorschub geleistet, war unsere Strategie in der ersten Woche darauf ausgerichtet, alle Vorwände für eine Militäraktion der Türkei zu beseitigen.

Am 17. Juli sandte ich Joe Sisco nach London, wo er mit Callaghan und Ecevit sprechen sollte, um dann nach Athen und Ankara weiterzufliegen. Sisco, einer der Spitzendiplomaten des Außenministeriums, hatte im Diplomatischen Dienst mittleren Grades als Seiteneinsteiger begonnen. Weniger geschliffen als die Karrierediplomaten, machte es ihm nichts aus, seine Gesprächspartner (wenn notwendig, selbst den Außenminister) auch einmal niederzubrüllen. Sisco war der lebende Beweis dafür, daß in den Vereinigten Staaten Talenten verschiedenster Herkunft alle Wege offenstehen, wenn sich Intelligenz mit Zielstrebigkeit und Charakter paart. Sehr geschickt darin, Lösungen für anscheinend ausweglose Situationen zu finden, zuweilen mit mehr Antworten zur Hand, als man Fragen stellte, wurde der energische Sisco bald zu meinem Krisenmanager par excellence, besonders als man ihn zum Unterstaatssekretär – die dritthöchste Position in der Rangordnung des Außenministeriums – beförderte.

Sisco hatte die Weisung, ein Projekt vorzuschlagen, das wir die »verfassungsmäßige Lösung« nannten, weil es vorsah. Glafkos Klerides, den Präsidenten des zypriotischen Parlaments unter Makarios, für sechs Monate als amtierenden Staatspräsidenten einzusetzen. Danach sollte eine Wahl stattfinden, bei der auch Makarios kandidieren konnte. In der Zwischenzeit sollten zwischen der griechischen und der türkischen Volksgruppe neue Übereinkünfte ausgehandelt werden. Klerides stand in dem Ruf, gemäßigter zu sein als Makarios, und war deshalb vielleicht ein annehmbarer Übergangskandidat, der es sowohl Athen als auch Ankara gestattete, das Gesicht zu wahren. Hinter diesem Vorschlag steckte der Gedanke, durch eine Stärkung der Verfassung den drohenden Anschluß Zyperns abzuwenden. Wenn Klerides die Amtsgeschäfte übernahm, hatte es Athen in den Gesprächen der Volksgruppen nicht mit Makarios zu tun.

Als ich Makarios am 22. Juli, eine Woche nach dem Putsch, traf, schien er mit diesem Vorgehen einverstanden zu sein (»schien« war das Maximum an Zustimmung, das man dem gewitzten Erzbischof entlocken konnte). Er forderte nicht seine unverzügliche Wiedereinsetzung. Statt dessen empfahl er, worauf wir bereits selbst gekommen waren: daß eine in Nikosia eingesetzte Regierung die Amtsgeschäfte weiterführe, um so die Kontinuität der verfassungsmäßigen Ordnung zu gewährleisten.

Sisco verbrachte den 18. Juli in London und sprach sich dort mit Callaghan ab. Dieser stimmte zu, Sisco solle nach Athen und Ankara weiterreisen, um die Möglichkeiten für den Kompromiß mit Klerides als Schlüsselfigur auszuloten. Am 19. Juli traf Sisco in Athen mit den griechischen Ministern zusammen. Deren Bereitschaft zu Konzessionen spiegelte nur die verzweifelte Lage wider, in die die Junta sich hineinmanövriert hatte. Zum ersten Mal deutete die Junta an, sie könnte sich mit einer zusammenhängenden türkischen Enklave auf Zypern einverstanden erklären. Sie bot an, alle griechischen Offiziere auszutauschen, die zur Zeit des Putsches auf Zypern gedient hatten. Allerdings lehnte sie Ecevits Forderung nach Zugang zum Meer für die türkische Enklave, Makarios' unverzügliche Rückkehr und die Unterstellung der griechischen Offiziere auf Zypern unter UN-Befehl weiterhin ab.

Siscos nächste Station war Ankara, wo er mit Ministerpräsident Ecevit zusammentraf. Ich kannte Ecevit seit 1957, als er an einem internationalen Seminar in Harvard teilnahm. Damals hatte er als Beruf Schriftsteller angegeben und war noch kein Berufspolitiker gewesen. Seine politischen Ansichten entsprachen den damaligen linken Standpunkten der meisten europäischen Intellektuellen, die sich aus der Pariser literarischen Zirkeln speisten. Ecevit änderte seine Ansichten nicht wesentlich, als er seine politische Karriere begann. Da die Poesie seine Leidenschaft war, hoffte ich, er könnte etwas flexibler und für Nuancen empfänglicher sein als traditionell geprägte türkische Politiker, die sich in der Diplomatie mit der Eleganz schwerer Kampfpanzer bewegten.

Meine Überzeugung, daß die Türkei für die nationalen Interessen der Vereinigten Staaten wichtig sei, hatte nichts mit einem persönlichen Verhältnis zu tun, das sich seit zehn Jahren entwickelt hatte. Ich war bereit, dieses Verhältnis zu nutzen, wollte mich jedoch nicht allein darauf verlassen und ihm noch weniger die amerikanische Politik unterordnen.

Das beweist die scharfe Warnung, die Sisco in meinem Auftrag sofort bei seiner Ankunft in Ankara auszusprechen hatte. Da uns besorgniserregende Informationen über militärische Vorbereitungen der Türkei für eine Invasion auf Zypern vorlagen, gab ich dem Exekutivsekretär des Außenministeriums folgenden Auftrag:

An Sisco ist zu telegrafieren, daß er Ecevit sofort nach seiner Ankunft erklären soll, wir seien außerordentlich beunruhigt über unbestätigte Berichte, die uns über militärische Schritte der Türkei vorliegen. Er ist anzuweisen, der türkischen Regierung mitzuteilen, daß die Vereinigten Staaten militärische Schritte der Türkei, bevor nicht alle diplomatischen Möglichkeiten ausgeschöpft sind, als außerordentlich schwerwiegend betrachten würden. Das ist Punkt eins. Das muß er sofort tun, denn ich glaube, wir haben bisher zuviel geredet, geklagt und nicht genügend klargestellt, daß wir gegen eine militärische Intervention sind. Zweitens soll er sagen, daß wir das im Interesse der Türkei tun. Eine türkische Intervention wäre nicht der letzte Schritt, sondern nur der erste in einer ganzen Folge von Schritten...

Mit jeder Regierung auf Zypern, die dann zum Zug käme, wäre den türkischen Interessen nicht besser gedient, denn um die türkische Überlegenheit auszugleichen, ... müßte eine solche Regierung unweigerlich innere und äußere Unterstützung beim Kommunismus suchen. Sie sollten Ecevit die Zusicherung geben, daß wir hundertprozentig gegen jeden Anschluß Zyperns sind, ob nun offen oder in schleichender Form...

Schließlich teilen Sie Ecevit mit, daß ich als sein Freund und Bewunderer klarstellen muß: Wenn er einen Kurs der militärischen Intervention einschlägt, wird er damit einen Prozeß in Gang setzen, der auf lange Sicht nicht nur für die Türkei schwere negative Folgen haben wird, sondern auch höchste Gefahren für den ganzen Westen heraufbeschwört.

Ecevit war taub für amerikanische Warnungen und griechische Zugeständnisse. Von Anfang an war er entschlossen, umfangreiche Verhandlungen zu vermeiden, die den territorialen Status quo festschreiben und der Türkei die einmalige Chance verderben konnten, die ihr durch griechischen Leichtsinn, die internationale Situation und die innenpolitische Krise in den Vereinigten Staaten zugefallen war. Am frühen Morgen des 20. Juli, keine achtundvierzig Stunden nachdem Ecevit seine Vorschläge in London unterbreitet hatte, landeten türkische Truppen auf Zypern. Am 21. Juli drängte ich Ecevit zu einer Feuereinstellung, worauf dieser erwiderte:

Wir haben in Zypern zehn Jahre lang die Politik befolgt, die Amerika uns nahelegte – und wohin sind wir damit gekommen? Wir haben dazu eine

andere Meinung... Aber bisher hat man uns keine Chance gegeben...
Die ganze Zeit haben wir versucht, etwas daran zu ändern. Jetzt haben
wir die Initiative ergriffen... Wir werden das Beste daraus machen.

Es waren die letzten Tage der Präsidentschaft Nixons, und ich hatte ihm vom
18. bis zum 20. Juli in San Clemente Gesellschaft geleistet. Es mutet phantastisch an, aber am 19. Juli, als die Krise ihren kritischen Punkt erreichte,
waren die Verbindungen vom Weißen Haus nach San Clemente durch die
Übermittlung der Dokumente von Nixons Berufung vor dem Obersten
Gericht blockiert, wo er Ausnahmebedingungen für sein Abhörsystem
forderte.

Ungeachtet allen Drucks blieb Nixon bei seinem bisherigen Tagesablauf,
ohne sichtbare Veränderungen vorzunehmen. Ein Außenstehender hätte
nicht bemerken können, daß er sich weniger beharrlich mit den unterschiedlichen Optionen in den verschiedenen Bereichen befaßte. Die wenigen Menschen, die ihn täglich sahen, wußten es allerdings besser. Sein glasiger, abwesender Blick sagte uns, daß Nixon sich bereits mit der Leere
abfand, die bald seinen Alltag prägen sollte. Er suchte sich auf dem laufenden zu halten, während er in Wirklichkeit von seinem Lebenswerk Abschied
nahm.

Da die Militäraktion nun einmal im Gang war, waren wir vor allem
bemüht, den Ausbruch eines Krieges zwischen zwei NATO-Verbündeten zu
verhindern, eine Feuereinstellung auf Zypern zu erreichen und schließlich
Verhandlungen zwischen beiden Parteien zustande zu bringen. Sisco erhielt
die Weisung, Ecevit folgendes mitzuteilen:

Ich (Kissinger) betrachte die militärische Intervention der Türkei auf Zypern als eine sehr ernste Angelegenheit, die vor allem schwerste Folgen
für die Sicherheit der freien Welt haben wird. Wir sind tief enttäuscht
darüber, daß die türkische Regierung unseren Aufforderungen, Zurückhaltung an den Tag zu legen, keine Beachtung geschenkt hat.

Nun, da dieser Schritt getan wurde, müssen dringend Mittel und Wege
gefunden werden, um Frieden und Stabilität in der Region wiederherzustellen.

Ein Konflikt ist leicht vom Zaun zu brechen, aber schwer zum Stillstand
zu bringen. Von allen Beteiligten wird jetzt eine staatsmännische Haltung
von höchsten Graden erwartet.

Die Vereinigten Staaten sind bereit, eine verfassungsgemäße Lösung
und eine Truppenstärke zu unterstützen, wie sie vor dem Putsch bestanden haben. Nach unserer Meinung ist die Einsetzung von Klerides
als legitimem Nachfolger der einzige Weg, um die verfassungsmäßige
Ordnung wiederherzustellen. Keine andere Lösung wird möglich und für
die Griechen akzeptabel sein...

Ministerpräsident Ecevit hat zu erkennen gegeben, daß es für ihn keine
besondere Bedeutung hat, wer der Staatschef sein wird. Deswegen ist
Sisco unterwegs nach Athen, um den Griechen die Variante Klerides vorzuschlagen. Wir nehmen an, daß die Regierung der Türkei zustimmen
wird, wenn man davon ausgeht, was der Ministerpräsident Sisco bei der
letzten Begegnung (in London) erklärt hat ..

Wir fordern Großbritannien dringend auf, sofortige Verhandlungen der
Garantiemächte nach London einzuberufen, um die verfassungs-

gemäße Lösung zustande zu bringen, die den Weg für die Herstellung von Stabilität auf Zypern und in der Region bereitet.

Wir appellieren dringend an die türkische Regierung, unsere Vorschläge sorgfältig abzuwägen, denn wir sind überzeugt, alles andere liefe den Interessen der Türkei selbst zuwider.

Um sicherzugehen, daß unsere Stellungnahme Ecevit auch wirklich erreichte, wies ich den stellvertretenden Außenminister Robert Ingersoll an, dem türkischen Botschafter in Washington dieselbe Botschaft zu übermitteln. Sisco erhielt die Weisung, nach Athen zurückzukehren und dort auf die genannte Lösung zu drängen, da die Junta angesichts des Prestigeverlusts wegen ihrer sich abzeichnenden Niederlage auf Zypern bereits ins Wanken geriet.

Die Gleichbehandlung der ethnischen Kontrahenten, die wir zum Schutz der nationalen Interessen der Vereinigten Staaten und der Ostflanke der NATO an den Tag legten, wurde von diesen natürlich zurückgewiesen. Im Bann ihrer Blutfehde waren weder Ankara noch Athen bereit, sich an den Verhandlungstisch zu setzen. Griechenland drohte, aus der militärischen Planung der NATO auszuscheren, und mobilisierte seine Reserveeinheiten. Die Türkei verstärkte weiter ihre Truppen auf Zypern. Um klarzustellen, daß auch unser nahezu sakrosanktes Engagement für die NATO Grenzen hatte, betonte ich auf einer Pressekonferenz am 20. Juli, daß ein Krieg zwischen zwei NATO-Verbündeten unweigerlich zur Einstellung der amerikanischen Hilfe führen werde:

> ...Wir haben klargestellt, und ich wiederhole es hier noch einmal, ein Krieg zwischen Griechenland und der Türkei wird nicht mit amerikanischen Waffen geführt werden. Er könnte mit den Waffen ausgetragen werden, die sie besitzen, aber nicht bei funktionierenden Versorgungslinien...[5]

Hinter den Kulissen in Washington stellte man sich nur langsam auf die neuen Realitäten im östlichen Mittelmeer ein. Zwar wankte die Junta in Athen bereits, zwar brach der Putsch in Nikosia zusammen, aber der Kongreß, die meisten Medien und der größte Teil des Bürokratenapparates forderten weiter, Druck auf Athen auszuüben. Die *Washington Post* erschien am 21. Juli mit der Schlagzeile, das Verteidigungsministerium befürworte die Einstellung jeder Militärhilfe an Griechenland. Die Zeitung war gut informiert, denn Verteidigungsminister James Schlesinger hatte in der Tat auf der Sitzung der WSAG am selben Tag darauf gedrängt und außerdem den Abzug unserer Atomwaffen aus Griechenland vorgeschlagen.

Ich wandte mich dagegen. Da die türkischen Truppen bereits über Zypern ausschwärmten, hätte eine so entschiedene Distanzierung vom griechischen Regime den Appetit der Türkei nur noch verstärkt. Selbst kurz vor einem Krieg zwischen Griechenland und der Türkei wollte ich einer Einstellung der Hilfe nicht zustimmen, eingedenk des Grundsatzes, daß die territoriale Integrität der Ostflanke auch weiterhin für die amerikanischen Interessen lebenswichtig war. Wenn wir einen solchen Schritt erst einmal offiziell erklärt hatten, konnten wir ihn nur unter großen Schwierigkeiten zurücknehmen. Ich stimmte allerdings zu, als Vorsichtsmaßnahme alle nuklearen Sprengköpfe von den Trägermitteln zu entfernen und sicher einzulagern. Vierundzwanzig Stunden später wurde die griechische Militärjunta jedoch gestürzt, und die Einstellung der Militärhilfe war damit gegenstandslos.

Callaghan und ich verbrachten den 21. Juli, einen Sonntag, zum größten Teil am Telefon: Wir versuchten von unseren Hauptstädten aus, Kriegsparteien, die fest entschlossen waren, einander zu vernichten, zur Einstellung der Feindseligkeiten zu bewegen.[6] Der schwächere Partner Griechenland zeigte mehr Bereitschaft dazu, sofern der Status quo ante erhalten blieb. Auch Ecevit zeigte sich entgegenkommend, vorausgesetzt, er erhielt, was er wollte, ohne Krieg. Das aber hätte eine grundlegende Veränderung des Status quo bedeutet. Angesichts dieser Lage entwickelte er seine Verzögerungstaktik zu hoher Kunst. Wir brauchten mehrere Stunden, um Ecevit überhaupt zu bewegen, über eine Feuereinstellung zu sprechen. Aber auch dann brachte er die haarsträubendsten technischen Einwände vor. So behauptete er zum Beispiel, eine Feuereinstellung sei nicht durchsetzbar, weil die hinterhältigen Griechen ihre Schiffe mit Mannschaften besetzt hätten, die im NATO-Hauptquartier Türkisch gelernt hatten, um so jede Verletzung des Waffenstillstandes der Türkei in die Schuhe zu schieben. Erschöpft erklärte ich Ecevit, niemand werde die Türkei an den Pranger stellen, wenn sie ein Schiff versenke, auf dem Türkisch gesprochen werde. Die Mitschrift des Gesprächs gibt etwas von der Atmosphäre wieder, die damals herrschte:

Ecevit: ...Wir haben ein Problem. Wir haben Zweifel, daß auf Griechenland Verlaß ist. Ioannides' Ehrenwort ist ein Witz. Wir haben jetzt herausgefunden, welcher Witz hinter seinen Worten steckt. Er sagt, wir würden auf jedes Schiff schießen, das die griechische Flagge trägt. Seine Schiffe tragen aber die türkische Flagge!

Kissinger: Also, niemand wird Ihnen etwas vorwerfen, wenn Sie Ihre eigenen Schiffe versenken.

Ecevit: Nein, Dr. Kissinger, das sind nicht unsere Schiffe. Es sind griechische Schiffe. Es sind griechische Schiffe, die unter türkischer Flagge fahren.

Kissinger: Ja, Herr Ministerpräsident, aber Sie können sie versenken, wenn sie nicht Ihre Schiffe sind und doch unter türkischer Flagge fahren.

Ecevit: Die benutzen zwei Tricks. Wir sind NATO-Verbündete, und die griechischen Piloten kennen unsere Codes Aber die sprechen Türkisch. Sie sprechen unsere Piloten auf Türkisch an und benutzen unsere Parolen. Wir können uns auf Griechenlands Wort nicht verlassen.

Kissinger: Was wollen Sie genau? Seit den Tagen von Harvard kenne ich Sie als intelligenten Mann. Aber mit allem Respekt – so etwas kann ich nicht akzeptieren. Auf dieser Basis kann das noch sechs Wochen so weitergehen.

Ecevit: Die sagen, sie wollen einen Waffenstillstand. Es ist klar, daß sie die Waffenruhe nutzen wollen, um Truppen auf den Inseln zu konzentrieren. Die Griechen müssen von solchen Methoden ablassen.

Kissinger: Von welchen Methoden sollen sie ablassen?

Ecevit: Die sagen, sie seien zu einem Waffenstillstand bereit. Sie haben uns aber bereits die Tricks sehen lassen, mit denen sie den Waffenstillstand verletzen werden.

Kissinger: Wollen Sie mir damit sagen, daß Sie keinen Waffenstillstand akzeptieren werden?

Ecevit: Wir werden einen Waffenstillstand akzeptieren.

Kissinger: Heute?

Ecevit: Wir sind noch dabei, das Problem zu bereden.

Wie um zu beweisen, daß Amerikas Worte Gewicht hatten, versenkte die türkische Luftwaffe durch einen Fehler des Piloten am selben Nachmittag einen eigenen Zerstörer.

Gemeinsam mit unseren Verbündeten taten wir alles, um die Sowjetunion am Rande des Geschehens zu halten. Die Botschaft Nixons an Leonid Breschnew lautete:»Wir möchten mit Ihnen bei der Wiederherstellung des Friedens und der bisherigen verfassungsmäßigen Ordnung auf Zypern zusammenarbeiten.« In der Botschaft hieß es weiter, Amerika unterstütze die Intervention der Türkei nicht; es sei gegen jegliches militärisches Eingreifen:

Die Vereinigten Staaten unterstützen keinerlei äußere Einmischung in die Angelegenheiten Zyperns und haben dies auch bisher nicht getan. Sie sind gegen jede Einmischung, von welcher Seite auch immer.

Am Nachmittag des 21. Juli beschlossen Callaghan und ich, unterstützt vom französischen Außenminister Jean Sauvagnargues, auf einem Waffenstillstand zu bestehen. Dazu stellten wir im Grunde genommen ein Ultimatum: Wenn der Waffenstillstand innerhalb von zwölf Stunden nicht zustande komme, würden die Vereinigten Staaten ihre Atomwaffen auf beiden Seiten der griechisch-türkischen Grenze in Thrakien abziehen. Außerdem forderten die drei Verbündeten, nach dem Waffenstillstand müsse unverzüglich ein Treffen des griechischen und des türkischen Außenministers unter britischer Schirmherrschaft stattfinden.

Ecevit akzeptierte den Vorschlag widerwillig eine Stunde vor Ablauf der gesetzten Frist. Athen folgte noch widerwilliger zwei Stunden später. Die Feindschaft war so groß, daß keine der beiden Seiten auf einen Waffenstillstand eingehen wollte, den die andere vorschlug, aber auch selbst kein Angebot vorlegte. Als der Waffenstillstand am 22. Juli dann schließlich in Kraft trat, stellte ihn jede Seite nicht als Verpflichtung gegenüber dem Feind, sondern als einseitige Annahme eines amerikanischen Vorschlags dar.

Der Waffenstillstand war die letzte Handlung der Militärjunta. Kaum vierundzwanzig Stunden später gab sie die Macht an eine demokratische Regierung ab. Revolutionen laufen im wirklichen Leben selten so dramatisch ab, wie sie die Geschichtsschreibung im nachhinein darstellt. Von der Wiederherstellung der Demokratie in Griechenland unterrichtete mich Botschafter Tasca am 22. Juli gegen 17 Uhr per Telefon. In Athen war es zu dieser Zeit bereits Mitternacht:

Tasca: Ich bin im Büro von (Phaidon) Gizikis, dem Präsidenten Griechenlands. Alle Chefs der griechischen Teilstreitkräfte sind hier versammelt, ebenso die neue griechische Führung unter (Panajotis) Kannellopoulos. Sie möchten sehr gern mit Ihnen sprechen. Ich habe ihnen dargelegt, was wir unternommen haben und wie wichtig uns die Einhaltung des Friedens in der Region ist. Sie sind sehr, sehr besorgt darüber, was auf Zypern geschieht, und es ist für sie als erste demokratische Regierung Griechenlands seit 1967 fast unmöglich, dies politisch zu akzeptieren. Sie möchten, daß Sie zu ihnen und zu Kannellopoulos sprechen, damit sie in der Lage sind, dieses Problem verständlich zu machen.

Kannellopoulos: Hier ist K.

Kissinger: Ich freue mich, mit Ihnen sprechen zu können.
Kannellopoulos: Wir alle hier sind sehr besorgt und stecken in einem Dilemma. Wir können unmöglich akzeptieren, daß die Dinge auf Zypern so weitergehen. Die Situation ist sehr kritisch.
Kissinger: Ich höre Sie sehr gut.
Kannellopoulos: Ich möchte Ihnen sagen, wie froh ich bin, daß ich zum ersten Mal im Leben mit Ihnen sprechen kann.
Kissinger: Ich möchte Ihnen versichern, daß unsere Freundschaft mit Griechenland unerschütterlich ist. Sie können sich auf unsere Freundschaft und unser Bündnis verlassen. Ich werde mich sofort mit dem türkischen Ministerpräsidenten in Verbindung setzen und ihn drängen, größte Zurückhaltung an den Tag zu legen.

Am nächsten Morgen wurde der letzte demokratisch gewählte Ministerpräsident Griechenlands, Konstantin Karamanlis, aus seinem Pariser Exil zurückgerufen, und der Vorhang schloß sich nach dem ersten Akt der Zypernkrise.

Die zweite türkische Intervention

Unsere erste Reaktion war Euphorie darüber, eine Krise unter Kontrolle gebracht zu haben, die das NATO-Bündnis hätte sprengen können. Unter britischer Schirmherrschaft wurden zwei Verhandlungsrunden angesetzt, um die Lage zu stabilisieren. Die erste – zur Konsolidierung des Waffenstillstandes – begann zwei Tage später, am 24. Juli. Die zweite, die eine politische Lösung zum Ziel hatte, sollte zwei Wochen danach, am 8. August, beginnen. Ein Friedensprozeß ähnlich dem im Nahen Osten schien sich anzubahnen. Wir erwarteten zwar viel Gezerre, auf keinen Fall aber den Ausbruch neuer Kämpfe.

Da wir in ethnischen Konflikten unerfahren waren, begriffen wir nicht, daß unser Einfluß auf die Parteien in Zypern geringer war als im Nahen Osten. Die Kontrahenten im Nahen Osten nutzten die Rivalität der Supermächte für sich aus, wurden aber zugleich von diesen im Zaum gehalten. Die streitenden Seiten auf Zypern unterwarfen sich solchen Zwängen nicht. Die neue demokratische Regierung in Athen schraubte die Bedingungen Griechenlands sogar noch höher. Karamanlis und seine Mitstreiter sahen nicht ein, daß sie für ein Dilemma bezahlen sollten, das ihre Vorgänger in ihrer Verblendung angerichtet hatten. Da sie sich nicht dem Vorwurf aussetzen wollten, die nationalen Interessen Griechenlands zu verraten, beharrten sie im wesentlichen auf den nationalistischen Positionen der Junta. Sie lehnten jegliche föderale Lösung für Zypern ab und erwarteten von der NATO, insbesondere von den Vereinigten Staaten, um der Demokratie in Griechenland willen die Türken von der Insel zu vertreiben. Die Türkei, die militärisch im Vorteil war, forderte ihrerseits, Zypern nach Griechen und Türken politisch zu teilen.

Makarios war die Lichtgestalt des zypriotischen Nationalismus. Wie aber bereits Talleyrand nach der Französischen Revolution über die Bourbonen bemerkte, hatte er weder etwas hinzugelernt noch etwas vergessen. Makarios suchte mich im Außenministerium am 22. Juli, dem Tag der Unterzeichnung des Waffenstillstandes, und danach noch einmal am 29. Juli auf. Zwar akzeptierte er Glafkos Klerides als amtierenden Präsidenten, stellte jedoch zugleich klar, daß er zurückkehren und auf die Präsidentschaft Anspruch erheben werde, sobald die Lage auf Zypern sich beruhigt habe. Er forderte Amerika zur Vermittlung auf, war aber nicht gewillt, dafür auch nur das geringste Entgegenkommen zu zeigen. In seiner charmant-sardonischen Art lehnte Makarios eine Gliederung nach Kantonen oder eine föderale Struktur rundweg ab, aber auch die Wiederinkraftsetzung der Abkommen von London und Zürich von 1960 wollte er nicht. Was er forderte, war ein Einheitsstaat unter griechisch-zypriotischer Kontrolle, den die Vereinigten Staaten mit militärischem Druck auf die Türkei durchsetzen sollten – nach einer griechischen Niederlage, jedoch ohne jegliche griechische Zugeständnisse.

Makarios verspürte Rückenwind, denn die Angriffe gegen die zusammenbrechende Nixon-Administration hatten ihre Stoßrichtung um einhundertachtzig Grad gedreht, seit die Demokratie in Athen wiederhergestellt war. Wochenlang hatte man uns gescholten, daß wir angeblich nicht genügend Druck auf Griechenland zugunsten der Türkei ausübten. Nur wenige Tage später warf man uns vor, wir gingen nicht hart genug mit der Türkei ins Gericht, und forderte mehr Hilfe für das demokratische Griechenland. Die Ostflanke der NATO verkam zum Zankapfel der amerikanischen Innenpolitik.

Ich blieb bei der Meinung, die ich bereits vertreten hatte, als ich übermäßigen Druck auf Griechenland ablehnte. Meinen Mitarbeitern sagte ich: Dieselben Leute, die von uns verlangt haben, Griechenland zu demütigen, wollen nun, daß wir gegen die Türkei vorgehen … Mit der Zeit werden wir gegen sie (die Türken) einschreiten müssen, aber das werden wir dann tun, wenn es um eine Grundsatzfrage geht und damit maximale Wirkung erzielt werden kann, nicht wegen einer Schlagzeile in der *New York Times*. Und wenn es soweit kommt, dann werden sie wissen, daß wir nicht jede taktische Gelegenheit beim Schopf gepackt haben, um ihnen das Leben schwerzumachen.

Ich hatte – bei allen Vorbehalten gegenüber der griechischen Regierung – eine Politik der Isolierung und Demütigung Griechenlands abgelehnt, weil ich dieses Land als einen Eckpfeiler unserer NATO-Strategie betrachtete. Aus geopolitischer Sicht kam der Türkei aber sogar noch größeres Gewicht zu. Mit ihren Grenzen zum Nahen Osten, zu Zentralasien, zur Sowjetunion und zu Europa war sie für die amerikanische Politik in all diesen Regionen unverzichtbar. Die Türkei galt während des Kalten Krieges als unser fester und treuer Verbündeter. Türkische Truppen hatten in Korea bravourös an unserer Seite gekämpft. Sechsundzwanzig Beobachtungsstationen auf türkischem Boden überwachten die sowjetischen Raketen- und Weltraumaktivitäten. Aus all diesen Gründen war ich äußerst zurückhaltend, wenn es um Sanktionen ging.

Eine Bestimmung des Auslandshilfegesetzes verbietet den Einsatz amerikanischer Waffen für andere Zwecke als die nationale Verteidigung. Damit soll ausgeschlossen werden, daß man bei Unterdrückungsmaßnahmen oder Bürgerkriegen in anderen Staaten auf amerikanische Hilfe zurückgreifen kann. Für die Türkei ging es allerdings auf Zypern um Kernfragen ihrer internationalen Sicherheit. Ich war sicher, daß der Kongreß und die Exekutive angesichts dessen, was auf dem Spiel stand, Wege finden würden, um mit den juristischen Zweideutigkeiten fertig zu werden.

Offenbar hatte ich aber aus unserer erfolgreichen Weigerung, Druck auf Griechenland auszuüben, die falschen Schlüsse gezogen. Keine Interessengruppe in den Vereinigten Staaten hatte die »Bestrafung« Griechenlands gefordert. Nachdem die Demokratie in Athen wiederhergestellt war, verfügte Griechenland in den Vereinigten Staaten über eine leidenschaftliche und außerordentlich wirksame Lobby, die nun Sanktionen gegen die Türkei verlangte. Ähnlich wie bei der jüdischen Gemeinde im Fall der Gesetzesvorlage von Jackson und Vanik schlugen auch bei der griechisch-amerikanischen Gemeinde die Wogen der Erregung so hoch, daß ihre Führer jede Flexibilität vermissen ließen. Sie nahmen für sich sogar in Anspruch, selbst den Handlungsspielraum der griechischen Führung zu umschreiben. Sie verlangten die »Bestrafung« der Türkei und beharrten auf Forderungen, die nur durch amerikanische Militäraktionen zu erreichen waren oder durch Sanktionen, die der Türkei das Rückgrat brechen mußten. Nichts von alledem lag im nationalen Interesse der Vereinigten Staaten oder im Interesse des Atlantischen Bündnisses.

Angesichts dieser Entwicklung waren wir von Tag zu Tag weniger in der Lage, der Krise Herr zu werden. Eine Schwierigkeit bestand darin, daß man die politischen Verhandlungen zu früh angesetzt hatte. In Griechenland hatte eine völlig neue Regierungsmannschaft die politischen Geschäfte übernommen, der es nahezu unmöglich war, sich in den bis zum Verhandlungsbeginn verbleibenden achtundvierzig Stunden auf eine bestimmte Position zu einigen. Und die Türkei war natürlich auf einen Konfrontationskurs eingestimmt.

Aus heutiger Sicht hätten wir zunächst einmal Zeit gewinnen sollen, bis die griechische Regierung fest im Sattel saß und sich Nixons Schicksal entschieden hatte. Aber am 24. Juli, dem Tag, an dem die Verhandlungen beginnen sollten, war noch völlig unklar, wie lange die Agonie der Präsidentschaft Nixons dauern konnte. Callaghan, der einen neuen Ausbruch der Feindseligkeiten befürchtete, drängte darauf, mit den Gesprächen zu beginnen.

Die griechischen Unterhändler, die noch mit der Regierungsbildung beschäftigt waren, kamen nur zögernd nach Genf, und Callaghan drohte, ohne sie zu beginnen. Das aber lehnten wir strikt ab. Als die Parteien am 25. Juli mit einer Verspätung von vierundzwanzig Stunden endlich zusammentraten, klammerten sie die politischen Fragen zunächst aus, um zuerst den Waffenstillstand zu stabilisieren. Am 26. Juli drohte Karamanlis, der sich als Verteidiger griechischer Interessen profilieren wollte, wegen angeblicher Verletzungen des Waffenstillstandes durch die Türken die Gespräche abzubrechen. Ecevit stellte daraufhin am 28. Juli seinerseits ein Ultimatum, in dem er gegen das angeblich rücksichtslose Verhalten Callaghans protestierte. Mit einiger Unterstützung von unserer Seite gelang es Callaghan schließlich, die Erregung zu dämpfen und am 30. Juli ein Waffenstillstandsabkommen zu erreichen, das vorsah, alle Angriffshandlungen einzustellen, die ausländischen Truppen schrittweise abzuziehen und zwischen den streitenden Seiten eine Pufferzone zu errichten.

Am 31. Juli wurde die Zypernarbeitsgruppe des amerikanischen Außenministeriums aufgelöst. Einen flüchtigen Augenblick lang gaben wir uns der Illusion hin, die Beilegung der Krise sei auf den Weg gebracht.

Aber es sollte nicht sein. Bevor die politische Phase des Friedensprozesses beginnen konnte, führte Nixons Rücktritt dazu, daß wir unseren Part im Rahmen der Bemühungen Callaghans aufgeben mußten. Die so sorgfältig aufgebaute Chance, einen bedeutsamen Beitrag zu dieser am 8. August beginnenden politischen Vermittlungsmission zu leisten, war dahin.

Unsere Strategie, als ehrlicher Makler zu wirken, kam in den Instruktionen zum Ausdruck, die der stellvertretende Unterstaatssekretär für Europäische Angelegenheiten, Arthur Hartman, erhielt. Er löste Sisco, unseren Vertreter bei den Verhandlungen, ab, da dieser in Washington gebraucht wurde, um den bevorstehenden Besuch der Außenminister aus dem Nahen Osten vorzubereiten. Hartman erhielt den Auftrag, vor Beginn der politischen Gespräche am 8. August Athen und Ankara zu besuchen:

In den ersten Tagen muß alles getan werden, um Gefühlsausbrüche, Ultimaten oder andere Aktionen zu vermeiden, die eine der Parteien isolieren könnten.

Mancher glaubt, diplomatischer Erfolg beruhe auf der Fähigkeit, jeder Partei etwas anderes zu sagen. Ich glaube, das Gegenteil ist richtig, besonders wenn es um Vermittlung geht. Deshalb wies ich Hartman an:

Wir müssen jeder Partei genau sagen, was bei der anderen möglich ist ... Wir dürfen nicht zulassen, daß eine der Parteien isoliert wird. Wir sollten auf keinen Fall den Anschein erwecken, als unterstützten wir eine Partei gegen die andere ...

Aber es blieb keine Zeit für diplomatische Feinarbeit. Weder Callaghan noch ich hatten eine zweite Militäraktion der Türkei erwartet. In den entscheidenden vier Tagen der politischen Verhandlungen waren meine Zeit und mehr noch meine Gefühle darauf ausgerichtet, Nixons Lage zu erleichtern und den Übergang zu Ford vorzubereiten.

Es wäre sicher klüger gewesen, eine Verschiebung der politischen Verhandlungen zu fordern, die genau auf den Tag von Nixons Rücktritt festgesetzt waren. Allerdings wäre eine solche Bitte nicht sehr gnädig aufgenommen worden. Sicherlich hätte Callaghan etwas dagegen einzuwenden gehabt, daß Amerika sich für unentbehrlich hielt. Ecevit hätte ganz sicher auf dem geplanten Ablauf bestanden, da die Türkei international zunehmend gedrängt wurde, Zurückhaltung an den Tag zu legen. Für sie kam die Gelegenheit vielleicht nie wieder, angesichts des Chaos in Washington eine ihr genehme Lösung durchzusetzen. Trotzdem hätte eine Verschiebung sicher die beste Chance geboten, einen Kompromißvorschlag auszuarbeiten und ein erneutes Aufflammen der Kämpfe zu verhindern. Ohne Kompromißvorschlag waren wir nicht in der Lage, die Situation zu beherrschen, wie drei Wochen zuvor, als wir den Waffenstillstand gefordert hatten.

Der amerikanische Präsidentenwechsel engte unseren Spielraum weiter ein, verhinderte beispielsweise einen so dramatischen Schritt wie mein Auftauchen bei den Verhandlungen, das zumindest den Drang nach militärischen Aktionen hätte mäßigen können. In den ersten Tagen eines nichtgewählten Präsidenten waren wir außerdem nicht in der Lage, eigene militärische Schritte ins Auge zu fassen. Deshalb lehnten wir auch Callaghans Bitte ab, einen britischen Luftangriff als Vergeltung für türkische Verletzungen des Waffenstillstandes zu unterstützen (für den die britischen Truppen auf Zypern ohnehin keinesfalls ausgereicht hätten). Ich kabelte an Hartman: Es ist kein Thema, von einem Präsidenten in den ersten achtundvierzig Stunden seiner Amtszeit zu verlangen, die Unterstützung einer militärischen Aktion ins Auge zu fassen... Wir werden nach Kräften mithelfen, die Gespräche am Laufen zu halten, aber wir haben wenig Spielraum, wenn er (Callaghan) weiterhin mit dem Säbel rasselt.

Die Parteien gaben sich von Anfang an zugeknöpft und manövrierten sich mit dem Fortgang der Gespräche immer weiter in eine Sackgasse hinein. Keine wich von ihren Ausgangspositionen ab Der türkische Außenminister bestand von Anfang an auf einer zusammenhängenden türkischen Zone mit Zugang zum Meer. Die neue griechische Regierung sah sich zwischen einer erstarkenden Linken, die das griechische Nationalgefühl schürte, und einem revanchistisch gestimmten Militär gefangen, das seine Demütigung noch nicht verkraftet hatte. Da sie vor den ersten demokratischen Wahlen seit fast zehn Jahren stand, entschied sich die griechische Regierung für eine harte Haltung, wies alle türkischen Vorschläge zurück, weigerte sich aber auch, Gegenvorschläge zu machen, wozu ich sie drängte, um damit vielleicht Zeit zu gewinnen.

Karamanlis, der letzte demokratisch gewählte Ministerpräsident Griechenlands, der gerade aus seinem Pariser Exil zurückgekehrt war, stand vor einer Schicksalsentscheidung. Als ich ihm einige Jahre zuvor im Hause des Kolumnisten der *New York Times* C. L. Sulzberger in Paris begegnet war, fand ich ihn intelligent, eitel und von einer Aura melancholischer Entrücktheit umgeben, wie es für viele Emigranten typisch ist. Sie leben in einer Vergangenheit, die mit jedem Tag weiter entschwindet, und sind von der Zukunft ihres Landes durch geographische Entfernung und Nostalgie getrennt. Wie durch ein Wunder auf seinen Posten zurückgekehrt, was er eher dem leichtsinnigen Agieren der Junta als seinen eigenen Bemühungen zu verdanken hatte, war Karamanlis die Ausstrahlung des Helden verlorengegangen, wenn er sie je besessen hatte. Seine Unentschlossenheit verbarg er nun hinter beißender Rhetorik.

Zurück an der Macht, hatte Karamanlis die Wahl, entweder seine Vorgänger als für die Misere verantwortlich zu erklären und mit unserer Unterstützung rasch das Beste aus der Situation zu machen oder die Kritik der Nationalisten abzulenken, indem er sich hinter der traditionalistischen Position der Junta verschanzte. Mit der ersten Wahl hätte er Zypern hinter sich lassen können, allerdings zunächst politische Unruhen riskiert. Die nationalistische Variante stellte zwar die potentiellen Kritiker für eine Weile ruhig, konnte aber, da sie zum Scheitern verurteilt war, seine Politik letzten Endes nur verunglimpfen und ihn erfolglos erscheinen lassen. Wie es meist geschieht, wenn kurzzeitige Popularität mit staatsmännischer Haltung gleichgesetzt wird, wandten sich wenig später genau die Kritiker gegen Karamanlis, die er hatte beschwichtigen wollen. Sorgen bereitete ihm aber in der Tat nicht nur die griechische Opposition, sondern auch Makarios, der ebenso hartnäckig darauf bestand, daß der Status quo ante ohne Einschränkung wiederhergestellt werde. Das überstieg jedoch jedermanns diplomatische Fähigkeiten und war nur mit militärischer Gewalt zu erreichen.

Mir schwebte als erreichbares Ziel vor, zwei oder drei einzelne türkische Enklaven zu bilden, womit man die Teilung der Insel hätte vermeiden können. Dies erläuterte ich Ford am 10. August, seinem ersten vollen Arbeitstag:

Kissinger: Auf Zypern tut sich einiges. Solange ich Ihre Arbeitsweise noch nicht kenne, dachte ich, wir sollten einige unserer Aktionen gemeinsam durchgehen. Wie Sie wissen, verhandeln Griechen und Türken gegenwärtig unter britischem Vorsitz in Genf; wir haben einen stellvertretenden Unterstaatssekretär dort, der generelle Unterstützung gibt.

Ford: Sisco?

Kissinger: Nein. Art Hartman. Der britische Minister vertritt eine Regierung, die bald Wahlen zu bestehen hat. Deshalb will er einen schnellen Erfolg und bewegt sich ein bißchen wie der Elefant im Porzellanladen. Callaghan ist nicht allzu erfahren. Die Türken wollen ebenfalls ein schnelles Ergebnis, das zur Spaltung der Insel in einen griechischen und einen türkischen Teil führt. Darüber soll eine föderative Regierung stehen, die aber sehr schwach wäre. Sie haben gegenwärtig etwa fünfzehn Prozent der Insel in ihrer Gewalt und wollen dreißig Prozent. Sie könnten versuchen, das zu erreichen. Ich habe mit dem Ministerpräsidenten der Türkei gesprochen. Er war einmal mein Student. Ich habe ihm gesagt, wir könnten in den ersten achtundvierzig Stunden Ihrer Amtszeit eine einseitige Militäraktion wahrlich nicht gerade sehr gelassen nehmen.

Ford: Das können wir wirklich nicht.

Kissinger: In diesem Fall müßten wir uns von der Türkei distanzieren, was wir bisher vermieden haben. Unser Risiko ist jetzt die Türkei, und wir müssen sehr vorsichtig agieren. Sie könnten sich sehr nationalistisch gebärden, und die Russen haben bereits versucht, das auszunutzen. Aber wir können nicht zulassen, daß sie einseitig handeln. Ich werde Ecevit einen Brief schreiben. Er hat mir versprochen, vierundzwanzig Stunden stillzuhalten. Ich werde ihm in einem persönlichen Brief darlegen, wie ich den Stand der Verhandlungen einschätze. Die Türken schlagen vor, zwei Regionen zu bilden, eine türkische und eine griechische. Ich denke, wir können die Griechen dazu bringen, zwei oder drei autonome türkische Gebiete zu akzeptieren, aber kein zusammenhängendes Territorium. Damit könnte man eine Umsiedlung der Bevölkerung vermeiden.

Ford: Richtig.

Kissinger: Wir hätten dann Gelegenheit, militärische Aktionen lange genug hinauszuzögern, um auf der Ebene der Außenminister zu versuchen, einen Kompromiß zustande zu bringen... (Der Kerngedanke) läuft darauf hinaus, eine Position zwischen Briten, Griechen und Türken zu beziehen, der Forderung der Türken etwas nachzuhelfen, damit sie nicht behaupten können, wir hätten ihre Pläne zunichte gemacht. Andererseits müssen wir uns aber auch sehr entschieden gegen einseitige militärische Schritte der Türkei wenden.

Aber Karamanlis' Außenminister George Mavros lehnte jeden Kompromiß rundweg ab. Die praktische Folge war, daß Ecevit erneut Gelegenheit erhielt, seine bereits erprobte Taktik anzuwenden, allgemein Flexibilität anzudeuten, aber keine verhandlungsfähigen Vorschläge auf den Tisch zu legen. Sie funktionierte auch ein zweites Mal, weil es der schwächeren Seite in einem ethnischen Konflikt in der Regel leichter fällt, sich in eine ihr aufgezwungene Lösung zu fügen, als durch ein Zugeständnis ein günstigeres Ergebnis zu erreichen. Zu einem Kompromiß muß man sich selbst entschließen, während eine vollendete Tatsache das Opfer jeder Verantwortung enthebt.

Da es angesichts des Widerstandes der beiden Seiter unmöglich war, auf diplomatischem Wege weiter voranzukommen, veranlaßte ich das Außenministerium am 13. August, eine Erklärung mit den Leitgedanken herauszugeben, die ich Ford dargelegt hatte. Darin war von mehr Autonomie für die zypriotischen Türken die Rede – ein Hinweis darauf, daß die Vereinigten Staaten in diesem Punkt eine Änderung der Abkommen von London und Zürich befürworteten. Aber wir signalisierten auch, daß wir die türkische Forderung nach einem geschlossenen Siedlungsgebiet mit Zugang zum Meer nicht unterstützten, denn in unserer Erklärung war nur von Verhandlungen über ein oder mehrere autonome Gebiete die Rede, und über den Zugang zum Meer schwiegen wir uns aus. Außerdem wiesen wir jeden Versuch zurück, eine militärische Lösung herbeizuführen, indem wir uns klar von den erneuten Militäraktionen der Türkei distanzierten:

Die Möglichkeiten der Diplomatie sind bisher nicht ausgeschöpft, deshalb *halten es die Vereinigten Staaten für ungerechtfertigt, zu militärischer Aktion zu schreiten.*[7]

Diese Erklärung behagte niemandem. Griechenland akzeptierte die Vorstellung autonomer Gebiete nicht. Die Türkei war entschlossen, sich nicht in endlose Verhandlungen verwickeln zu lassen, die sie daran hinderten, die einmalige Gelegenheit zu nutzen, die der Präsidentenwechsel in den Vereinigten Staaten bot. Am 14. August um 7 Uhr Ortszeit hieb die Türkei den gordischen Knoten entzwei, indem sie das Territorium besetzte, das sie bisher gefordert hatte. Ankara, das seine Truppen auf der Insel in all den Tagen unablässig verstärkt hatte, weitete nun das Gebiet unter seiner Kontrolle rasch aus. Nachdem Ecevit alle Gebiete, die zur Diskussion standen, erobert hatte, machte er am 15. August eine weitere seiner hohlen Gesten guten Willens. Er bevollmächtigte mich, der griechischen Regierung und dem UN-Generalsekretär mitzuteilen, daß die Türkei ihre militärischen Aktivitäten am Mittag des nächsten Tages einstellen werde. Bis zu diesem Zeitpunkt hatten türkische Truppen sogar noch mehr Gebiet besetzt, als man ursprünglich gefordert hatte – insgesamt fünfunddreißig Prozent der Insel, darunter die Hafenstadt Famagusta, die nur wenige türkische Bewohner zählte.

Da beide – Griechenland und die Türkei – nicht willens waren, sich irgendwo zwischen totalem Sieg und totaler Niederlage zu einigen, hatten sie sich in eine Sackgasse hineinmanövriert, die für ethnische Konflikte typisch ist. Die Türkei hatte den Sieg davongetragen, konnte aber keine internationale Anerkennung der Rechtmäßigkeit erlangen. Griechenland hatte zwar internationale Unterstützung, aber weder die Mittel, um seine Ziele durchzusetzen, noch den notwendigen Rückhalt im eigenen Land, um einen realistischen Kompromiß anzustreben. Der Versuch der Vereinigten Staaten, durch Zusage amerikanischer Unterstützung und NATO-Anerkennung einen Kompromiß zustande zu bringen, der beiden Seiten Konzessionen abverlangte, war durch die zweite militärische Offensive der Türkei zunichte gemacht.

Wir blieben aber weiterhin bereit, zu einem Ergebnis beizutragen, das für beide Seiten akzeptabel war. Wenn eine Vermittlung überhaupt noch fruchten sollte, war Eile geboten. Fortschritte konnten nur erreicht werden, bevor die Türken das besetzte Gebiet unter fester Kontrolle hatten. Aber die inneren Voraussetzungen in den Hauptstädten, darunter auch in Washington, waren höchst ungünstig für einen solchen Kurs. Athen ließ sich von seinen neuerworbenen Verbündeten im amerikanischen Kongreß und in den Medien in dem Glauben wiegen, mit amerikanischem Druck könne es seine Ziele erreichen, ohne selbst Entgegenkommen zu zeigen. In Ankara zerfiel Ecevits brüchige Koalition. Die neue Administration in den Vereinigten Staaten mußte ihre ganze Kraft aufwenden, um zu verhindern, daß der Kongreß die Führung in der Außenpolitik übernahm, und die Auseinandersetzung um das Ost-West-Verhältnis erfolgreich zu bestehen.

Am Ende eines jener langen Tage, da wir vergeblich gegen die Halsstarrigkeit beider Parteien ankämpften, philosophierten Callaghan und ich trübselig über ethnische Konflikte und darüber, was sie für die Zukunft unserer Welt bereithielten:

Kissinger: Wissen Sie, in einer Hinsicht haben sich alle Humanisten, Liberalen und Sozialisten des letzten Jahrhunderts geirrt. Sie glaubten nämlich, die Menschheit habe nichts für Krieg übrig.

Callaghan: Ja.

Kissinger: Es ist bedauerlich, aber ...

Callaghan: Ich bin bereits vor einigen Jahren zu diesem Schluß gekommen, Henry, als ich mich mit der Lage in Nordirland näher vertraut machte.

Kissinger: Sie mögen den Krieg.

Callaghan: Aber ich sage Ihnen, nur eine Handvoll Menschen wollen ihn für lange Zeit. Die meisten höchstens für einen Tag oder zwei, nur eine Handvoll möchte am liebsten, daß immer Krieg ist.

Kissinger: Das stimmt. Das bedeutet nicht, daß die Humanisten unrecht hatten, aber das Leben ist härter, als wir dachten.

Callaghan: Ja. Und ich glaube, Henry, es wird auch immer schlechter.

Kissinger: Da haben Sie sicher recht.

Callaghan: Ich weiß nicht, was für eine Zeit wir gerade erleben oder bald erleben werden, aber Historiker wie Sie müßten uns wirklich manchmal reinen Wein einschenken und uns sagen, wie sich nach ihrer Meinung das nächste halbe Jahrhundert gestalten wird.

Kissinger: Ich sage Ihnen, ich bin froh, daß ich dann nichts mehr zu bestimmen habe. Es wird sehr brutal werden.

Der Kongreß und Zypern

Bald stellte sich heraus, daß der Druck des Kongresses der Sache Griechenlands viel mehr schadete als nützte. Als Karamanlis wieder fest im Sattel saß, begann die griechisch-amerikanische Gemeinde massiven Druck auf den Kongreß auszuüben, damit er ihre Forderungen unterstützte, die weitgehend von Wunschdenken geprägt waren und das Machbare kaum in Betracht zogen. Dieser Wind blies Ford an seinem ersten Wochenende im Amt scharf ins Gesicht, bevor er überhaupt die Möglichkeit hatte, sich auf eine bestimmte Politik festzulegen oder den Lauf der Ereignisse grundlegend zu verändern. Anfangs hoffte er noch auf seine alten Freunde im Kongreß und versicherte mir, die griechisch-amerikanische Lobbyorganisation AHEPA habe sich seines Wissens bisher noch nie in außenpolitische Fragen eingemischt.

Bald sollten wir es besser wissen. Selbst auf dem Höhepunkt der Vietnamprotestbewegung hatte es der Kongreß vermieden, einen genauen Handlungsrahmen gesetzlich festzulegen. Bindende Resolutionen fielen regelmäßig durch, statt dessen wurden Willenserklärungen angenommen, die den Standpunkt des Kongresses wiedergaben, ohne daß er Verantwortung für die Folgen übernahm. In dem Maße, wie die Watergate-Affäre ruchbar wurde, entledigte sich der Kongreß aller dieser Beschränkungen und begann uns die Taktik der Zypernpolitik vorzuschreiben. Die türkischen Militäraktionen auf Zypern konnten nicht als Akte der Selbstverteidigung nach dem Auslandshilfegesetz gelten. Ende September lagen dem Repräsentantenhaus und dem Senat Gesetzesentwürfe vor, die forderten, die Militärhilfe für die Türkei einzustellen, bis, wie es in dem Entwurf des Repräsentantenhauses hieß, »der Präsident dem Kongreß bestätigt, daß substantielle Fortschritte im Hinblick auf eine Vereinbarung« erreicht seien.

Dieses Gesetz setzte einen Teufelskreis in Gang. Die Ford-Administration hatte sich bereits darauf festgelegt, von der Türkei erhebliche Zugeständnisse zu verlangen. Aber nun schwang sich der Kongreß zum Schiedsrichter darüber auf, was Fortschritt bedeutete, und das konnte die Möglichkeiten der Diplomatie bald übersteigen. Dabei ging es nicht darum, wer die Außenpolitik »kontrollierte«, wie Kongreßführer und selbsternannte Weise immer wieder behaupteten. In unserem System der Gewaltenteilung kann und sollte kein Staatsorgan letztlich die Kontrolle über die Außenpolitik haben. Die amerikanische Art, das Land zu regieren, funktioniert am besten, wenn der Kongreß sich auf die generelle Beaufsichtigung der langfristigen Politik konzentriert, ohne zu versuchen, die tägliche Taktik zu bestimmen – eine Aufgabe, für die ihm Organisation und Einblick fehlen.

Ein Beschluß des Kongresses ist ein stumpfes Werkzeug. Ihn zustande zu bringen bedeutet, ein breites Spektrum von Befürwortern zusammenzubringen, die sehr allgemeine, im Konkreten oft divergierende Ziele einen. Ein Kongreßbeschluß kann nur rückgängig gemacht werden, wenn man einen gegenteiligen Mehrheitskonsens herstellt. Deshalb ist es nahezu unmöglich, ein Mandat des Kongresses auf sich rasch verändernde Verhandlungen abzustimmen, besonders dann, wenn sie zwischen überreizten ethnischen Volksgruppen stattfinden oder Fortschritt nur möglich ist, indem man sich mühselig von einer Nuance zur nächsten hangelt. Die Protagonisten vermeiden es, ihre Karten auf den Tisch zu legen. Die Seite, die die Unterstützung des Kongresses genießt, will sich dessen Druck auf den Gegner auch weiterhin erhalten, die andere Seite dagegen befürchtet, Zugeständnisse könnten neue Forderungen auslösen, weil vielleicht der Eindruck entsteht, die Sanktionen zeigten Wirkung.

Die Unterschiede zwischen der Sicht des Kongresses und der Exekutive wurden offenbar, als ich den drei Kongreßführern, die sich am meisten mit der Sache der Griechen identifizierten, die Telegramme einer Woche von und nach Ankara vorlegte. Ich wollte damit John Brademas, Benjamin Rosenthal und Paul Sarbanes demonstrieren, daß sie ein lebenswichtiges Bündnis aufs Spiel setzten, ohne damit die Aussichten für eine Lösung der Zypernfrage zu verbessern. Und obwohl ich es mit drei unserer fähigsten und verantwortungsbewußtesten Parlamentarier zu tun hatte, war es ein hoffnungsloses Unterfangen. Das Anliegen der Kongreßvertreter war es, einen einzelnen Gesetzesakt zu rechtfertigen, meines dagegen, einen laufenden Prozeß zu steuern. Die Kongreßabgeordneten dachten in absoluten Kategorien, ich verfolgte das gleiche Ziel, indem ich mit Nuancen arbeitete. Meine Gesprächspartner verlangten von mir, jeden Punkt, den die türkische Regierung forderte, in Frage zu stellen. Ich hielt es für klüger, das wenige Vertrauen, das wir in Ankara noch genossen, für den Verhandlungsprozeß zu bewahren, statt es in fruchtlosen Debatten zu verschleißen.

So paradox es klingt: Karamanlis wurde schließlich Gefangener seiner griechisch-amerikanischen Hintermänner sowie der linken und rechten Nationalisten in Griechenland. Die Heimtücke der Amerikaner, die angeblich den Putsch auf Zypern zunächst gefördert und es dann versäumt hatten, Griechenland vor dessen Folgen zu schützen, wurde zu einem Hauptthema in den Reden griechischer Politiker. Deren Leidenschaftlichkeit und Wortgewalt gingen leider nicht mit entsprechendem Realitätssinn einher. Für all die schwerwiegenden Behauptungen gab es nicht den geringsten Beweis. Die griechische Regierung dankte den Vereinigten Staaten in keiner Weise die vielfachen Bemühungen sowohl der Nixon- als auch der Ford-Administration, die türkischen Aktionen zu verzögern, einen Waffenstillstand auszuhandeln, die Absetzung von Sampson in Nikosia und der Junta in Athen zu beschleunigen und schließlich einen besseren Status für Zypern auszuhandeln.

Im Gegensatz dazu rief Anwar Sadat in einer ähnlichen Situation Amerika um Unterstützung an, um von Israel Zugeständnisse zu erlangen. Er lobte die Vereinigten Staaten für ihre Fairneß, zu der er uns damit gleichsam verpflichtete. Und er war bereit, Ägyptens Maximalforderungen herunterzuschrauben. Karamanlis und seine Minister taten das genaue Gegenteil. Wenn sie nicht selbst zu heftiger Kritik an Amerikas vermeintlichen Motiven ermunterten, dann hatten sie nichts dagegen, daß andere Washington verteufelten.

Karamanlis begrüßte im privaten Kreis die Vermittlung der Amerikaner, während seine Minister unsere Unterhändler öffentlich geißelten. Die griechische Regierung ermutigte uns, ohne sich für das Unternehmen zu engagieren oder gar die Ergebnisse zu billigen. Sie forderte von uns, türkische Zugeständnisse zu erlangen, ohne uns zu sagen, wie sie selbst reagieren werde. Im September 1974 erklärte Außenminister Mavros, er ziehe es vor, zu den verschiedenen Verhandlungsoptionen vor den griechischen Wahlen am 17. November nicht mehr Stellung zu nehmen. Dadurch gingen zwei Monate verloren. In der Zwischenzeit wurde Ecevit gestürzt, der als Initiator der Invasion auf Zypern am besten in der Lage gewesen wäre, territoriale Zugeständnisse zu machen.

Ein Jahr später bestimmte die griechische Innenpolitik unverändert die Haltung Griechenlands. Auf der Konferenz für Sicherheit und Zusammenarbeit in Europa in Helsinki bat Ford Karamanlis am 30. Juli 1975, ihm zu sagen, was Griechenland an der gegenwärtigen amerikanischen Politik zu beklagen habe, vor allem aber, was er für die nähere Zukunft empfehle. Karamanlis und sein Außenminister Dimitrios Bitsios hatten keine Vorschläge und wiesen Vorwürfe, die von ihren griechischen Hintermännern im Kongreß erhoben wurden – daß wir mit den Türken heimlich im Einvernehmen seien –, entschieden zurück: »Das ist Unsinn. Das ist einfach nicht wahr.« Als aber Ford Karamanlis bat, das öffentlich zu bestätigen, lehnte er mit der Begründung ab, eine derartige Erklärung wäre »politischer Selbstmord«.

Die griechische Verschleppungspolitik spielte der Türkei in die Hände. Je länger sich nichts bewegte, desto sicherer wurden die Türken, daß sie ihre Beute auf Dauer behalten konnten. Als die griechische Regierung nach der zweiten militärischen Offensive der Türken offizielle Verhandlungen ablehnte, sandte ich im September 1974 Botschafter a.D. William R. Tyler nach Athen und Botschafter Wells Stabler nach Ankara. Sie sollten dort inoffiziell sondieren, ob es für eine Vermittlung der Vereinigten Staaten überhaupt noch Spielraum gab. Beide Emissäre gehörten zu den besten Beamten unseres Diplomatischen Dienstes. Tyler war ein hervorragender Botschafter in Griechenland und stellvertretender Unterstaatssekretär für Europäische Angelegenheiten gewesen. Sie sollten in den beiden Hauptstädten den Plan für eine Zwei-Zonen-Föderation Zypern bei wesentlicher Verkleinerung der türkisch kontrollierten Gebiete und einem etappenweisen Rückzug der türkischen Truppen vorlegen. (Dies vertritt Amerika nach fünfundzwanzig Jahren auch heute noch, lediglich die Forderung nach Verkleinerung des türkisch besetzten Gebietes wurde fallengelassen.)

Karamanlis war nicht bereit, einen amerikanischen Gesandten zu empfangen. Tyler mußte einen Vorwand suchen und besuchte Athen in seiner privaten Funktion als Direktor der Dumbarton Oaks Foundation. Karamanlis weigerte sich, eine griechische Stellungnahme abzugeben, solange die Türken nicht irgendwelche, nicht näher definierte einseitige Gesten machten, was von ihnen kaum zu erwarten war. Trotzdem unternahm ich den Versuch, und Ecevit deutete gewisse Gebietsrückgaben an, darunter die Rückführung der Stadt Famagusta unter griechisch-zypriotische Kontrolle. Um herauszufinden, ob die Türkei einer Formel, mit der sie ihr Gesicht wahren konnte, zustimmen würde, so daß die Verhandlungen wieder in Gang kämen, bot ich an, Anfang Oktober Ankara zu besuchen.

Wir werden niemals erfahren, was ich hätte erreichen können, denn am 17. Oktober 1974 beschloß der Kongreß, die Militärhilfe für die Türken zu stoppen. Der Beschluß betraf selbst Ausrüstungen, die bereits bezahlt waren. (Auf Fords inständige Bitte gewährte man eine Gnadenfrist von vier Monaten bis zum 5. Februar 1975 für den Fall, daß in den Verhandlungen Fortschritte erzielt wurden.)

Nun hatten beide Seiten noch weniger Grund, sich flexibel zu zeigen. Auf die griechische Regierung wirkte der Schritt des Kongresses wie ein Deus ex machina, der sie in die Lage versetzte, jegliche Konzessionen auszuschließen, die nachdenklichere Vertreter bereits als notwendig erwogen. Die Türkei reagierte auf die Einstellung der Hilfe mit einer Mischung aus Empörung und Erleichterung: Empörung darüber, daß ihr Hauptverbündeter das amerikanisch-türkische Sicherheitsbündnis nun für ein Erpressungsmanöver nutzte; Erleichterung, weil sie nun einen Vorwand hatte, um eine Verschiebung meines Besuchs in Ankara zu fordern, bei dem ihr Zugeständnisse entlockt werden sollten.

Für mich war dies ein Déjà-vu-Erlebnis wie aus einem Alptraum. Ich mußte mich der gleichen Argumente gegenüber dem griechischen Außenminister und der griechisch-amerikanischen Gemeinde bedienen, die sich bereits bei der Gesetzesvorlage von Jackson und Vanik gegenüber den Israelis und den Führern der amerikanischen Juden als wirkungslos erwiesen hatten. Damals hatte ich zu Recht, aber vergeblich darauf hingewiesen, daß diese Gesetzesinitiative die Auswanderung der Juden aus der Sowjetunion eher verringern als fördern werde. Nun betonte ich ebenso vergeblich, daß die beabsichtigte Einstellung der Militärhilfe für die Türkei der griechischen Sache nur schaden könne, weil sie Zugeständnisse seitens der Türkei verzögerte, wenn nicht gar völlig unmöglich machte. Bereits damals war es mir nicht gelungen, die israelischen Vertreter davon zu überzeugen, daß es besser wäre, wenn sie sich in ihren Forderungen im eigenen Interesse mäßigten. Gleiches wiederholte sich nun im Fall Griechenlands und Zyperns. Klerides, der mit unserer Hilfe amtierender Präsident geworden war, behauptete gar, er wisse nicht, wie der führende Kopf der griechischen Lobby in Amerika, Eugene T. Rossides, zu erreichen sei, und bat uns, den Kontakt über Großbritannien herzustellen. Am 26. September erklärte ich der Führung des Kongresses, zwar könne die *Drohung* mit einer Einstellung der Hilfe möglicherweise etwas Gutes bewirken, der tatsächliche Vollzug dagegen werde katastrophale Folgen haben:

Die Griechen erwarten dann Zugeständnisse, die niemand für sie erreichen kann. Mit diesen Restriktionen verlieren wir die Türken, ohne den Griechen zu helfen, zerstören wir den soeben beschriebenen (Verhandlungs-)Prozeß.

Nun drohten alle Beteiligten zu Gefangenen des politischen Prozesses in den Vereinigten Staaten zu werden. Die Ford-Administration war bereit, ihr Bestes zu tun, um die griechische Position in der Zypernfrage zu verbessern. Hätten wir im August und September 1974 energisch handeln können, dann wäre es möglich gewesen, das türkisch kontrollierte Gebiet auf etwa fünfundzwanzig Prozent der Insel zu begrenzen, einen Rückzug der Türken aus der Altstadt Famagustas zu erreichen und den Türken, was ihre Truppenstärke auf der Insel betraf, erhebliche Beschränkungen aufzuerlegen. Da wir nicht in der Lage waren, den Spielraum für Zugeständnisse der türkischen Seite genau auszuloten, wurde die türkische Besetzung schließlich in vollem Umfang festgeschrieben und die Herstellung uneingeschränkter Kontrolle durch die Türkei erleichtert. Heute, über zwanzig Jahre später, sind die beiden Teile durch eine Demarkationslinie getrennt, die von den Vereinten Nationen überwacht wird.

Im Herbst 1974 schwanden die Aussichten einer ernsthaften Vermittlung zusehends. Karamanlis trat am 8. Oktober zurück und setzte für den 17. November Wahlen an. Das bedeutete eine Auszeit für die Diplomatie. Ecevit, den die NATO-Verbündeten wegen seiner starren Haltung attackierten, wurde von seinem nationalistischen Koalitionspartner zu großer Nachgiebigkeit bezichtigt. Anfang Oktober trat auch Ecevit zurück, weil er hoffte, die mit dem Erfolg auf Zypern gewonnene Popularität werde ausreichen, um bei den nächsten Wahlen eine eigene Mehrheit zu erringen.

Er hatte sich verrechnet. Im Unterschied zum britischen Premierminister hat der Regierungschef der Türkei nicht die Vollmacht, das Parlament aufzulösen. Diese Entscheidung kann nur eine parlamentarische Mehrheit fällen. Das türkische Parlament aber war blockiert. Unfähig, sich über eine neue Koalitionsregierung zu einigen, fehlte ihm auch die Mehrheit für einen Auflösungsbeschluß, denn diejenigen, die Ecevit zu Fall gebracht hatten, wollten seine Rückkehr an die Macht verhindern. Ecevit tauchte erst 1997 als stellvertretender Ministerpräsident wieder auf der politischen Bühne auf.

Eine Übergangsregierung unter Führung eines nicht parteigebundenen Professors der Universität Istanbul wurde eingesetzt. Er schien kaum die Namen seiner Kabinettskollegen richtig zu kennen, geschweige denn die ausländischer Besucher (mich selbst eingeschlossen). Diese Regierung, die entscheidende sechs Monate im Amt blieb, war nicht in der Lage, ernsthaft über Zypern zu verhandeln. Sie versuchte es erst gar nicht.

Am 7. Dezember 1974 kehrte Makarios nach Zypern zurück; dies schränkte den Spielraum der Parteien weiter ein. Monat für Monat verfiel die Zypernfrage nach einem Muster, das wir aus der jüngsten Zeit gut kennen, da ethnische Konflikte nach dem Ende des Kalten Krieges immer häufiger auftreten. Wenn ein solcher Konflikt einmal ausbricht, ist viel eher ein Massaker an der Minderheit oder eine gewaltsame Trennung der ethnischen Volksgruppen zu erwarten als die Wiederherstellung politischer Einheit.

Am Ende der Amtszeit Fords hatten wir territoriale Verhältnisse auf Zypern, die für die griechische Seite viel ungünstiger waren als alles, was auf dem Verhandlungsweg hätte erreicht werden können. Für die griechische Öffentlichkeit hatten sie allerdings den Vorteil, daß man sie Griechenland als vollendete Tatsache aufgezwungen hatte und sie nicht das Ergebnis eines Kompromisses waren. Allmählich bildete sich ein Gleichgewicht heraus, wobei sich der griechische Teil Zyperns wirtschaftlich stürmisch entwickelte, während das türkisch besetzte nördliche Drittel der Insel teils eine sich selbst versorgende Agrarwirtschaft, teils ein türkischer Militärstützpunkt blieb. Die jeweiligen Mutterländer riskierten wegen ihrer zypriotischen Verwandten keinen Krieg, waren aber auch nicht bereit, zu normalen Beziehungen zurückzukehren.

Das amerikanische Embargo in Sachen Militärhilfe für die Türkei trat am 5. Februar 1975 in Kraft. Als Reaktion darauf schloß die Türkei alle amerikanischen Militäreinrichtungen außer einem einzigen Luftwaffenstützpunkt. Da Zypern so auf Dauer blockiert war, wirkte sich die Einstellung der Hilfe an die Türkei mit der Zeit so negativ auf andere strategische Ziele der Vereinigten Staaten aus, daß sowohl die Ford-Administration als auch die demokratisch beherrschte Führung des Kongresses ein Ende herbeiwünschten. Aber im Gefolge der »Reformzeit« nach Watergate war die Disziplin im Kongreß so zerrüttet, daß das Embargo erst in den Jahren der Carter-Administration aufgehoben werden konnte.

Makarios trieb auf Zypern weiterhin sein bekanntes Verwirrspiel, neigte allerdings allmählich mehr einer Lösung unter Bedingungen zu, die er noch zwei Jahre zuvor empört zurückgewiesen hätte. Sein früher Tod hinderte ihn daran, dem Land, das er geschaffen und geformt hatte, den letzten Dienst zu erweisen.

Schlußbemerkung

Für Ford war Zypern ein holpriger Start und ein Vorgeschmack auf die Kontroversen, die ihm bevorstanden. Der Präsident wurde täglich von Brent Scowcroft oder mir ausführlich informiert und spielte eine aktive Rolle, besonders im Verhältnis zum Kongreß. Aber die Eckpunkte des Problems waren fixiert, bevor Ford ins Amt kam, und die zweite Militäraktion der Türkei sowie die Einstellung der Militärhilfe durch den Kongreß engten den Spielraum der Diplomatie stark ein.

Am Ende erreichte die Ford-Administration ihr wichtigstes Ziel: Die Ostflanke der NATO, obwohl unter Spannung stehend, blieb geschützt. Zwar war Griechenland mit der Exekutive unzufrieden und die Türkei über den Kongreß empört, aber beide Staaten blieben in der NATO und in einem freundschaftlichen Verhältnis zu den Vereinigten Staaten. Die Sowjetunion konnte aus der Krise herausgehalten werden.

Wenn Erfolg daran gemessen wird, daß jedes Problem seine »Lösung« findet, dann gelang es der amerikanischen Zypernpolitik nicht, den Einheitsstaat wiederherzustellen. Aber nicht jedes Problem wird endgültig gelöst, und nicht zu jedem Status quo ante ist eine Rückkehr möglich. Der Konflikt zwischen Griechen und Türken auf Zypern entzieht sich seit Jahrhunderten einer Lösung. Aber die Aufrechterhaltung des allgemeinen Friedens und der Struktur des Atlantischen Bündnisses, von der dieser abhing, waren, für sich genommen, wichtige Ziele, die die Ford-Administration in der Zypernkrise 1974 erreichen konnte.

DRITTER TEIL

Das Ost-West-Verhältnis

VIII. *Ford erbt die Entspannungsdebatte*

Bei einer Anhörung vor dem Kongreß als Außenminister erklärte George Shultz als Antwort auf die Frage eines Kongreßmitarbeiters einmal: »Wie Sie wissen oder vielleicht auch nicht wissen, denn Sie sind kein Washingtoner, wird in dieser Stadt nie etwas endgültig geregelt.«[1] Damit war die Lage in der Hauptstadt im dramatischen Sommer 1974 treffend charakterisiert. Die Tatsache, daß gerade ein neuer Präsident vereidigt wurde, unterbrach den von Vietnam und Watergate bestimmten Rhythmus nicht. Der Streit tobte weiter, als führte er ein Eigenleben.

In den ersten Wochen der Ford-Administration sagte ich vor dem Auswärtigen Ausschuß des Senats über die Entspannungspolitik aus. All die alten Streitpunkte der Nixon-Zeit kamen wieder zur Sprache: Die Liberalen, die den Ausschuß beherrschten, kritisierten die neue Ford-Administration, wie zuvor bereits Nixon, wegen unzureichenden Engagements für Rüstungskontrolle und Menschenrechte; die Konservativen und Neokonservativen, die vor dem Ausschuß aussagten, steuerten den entgegengesetzten Kurs, verurteilten uns wegen angeblich übertriebener Betonung der Ost-West-Diplomatie und riefen nach einem ideologischen Kreuzzug gegen den Kommunismus.

Diese grundsätzlichen Auseinandersetzungen erhielten aufgrund anstehender diplomatischer Termine noch zusätzlich Nahrung. Die Teilnehmer der Rüstungskontrollverhandlungen trafen sich in Genf und warteten auf Instruktionen. Für das Jahresende hatten Nixon und Breschnew im Juni ein weiteres Gipfeltreffen vereinbart. Ford wollte diesen Termin wahrnehmen, um Kontinuität zu demonstrieren und seinen sowjetischen Partner besser kennenzulernen. Sollte der Entwurf des Handelsgesetzes, das für die Sowjetunion die Meistbegünstigung vorsah, nicht sofort behandelt werden, mußte man das Ganze noch einmal von vorn abwickeln, wenn der neue Kongreß im November gewählt war und im Januar die Geschäfte übernommen hatte. Das bedeutete eine Verzögerung von mindestens einem Jahr, vielleicht auch mehr. So war Ford bereits in den ersten Wochen seiner Amtszeit mit den bekannten Themen der Rüstungskontrolle und der jüdischen Auswanderung konfrontiert, als ob mit dem Präsidentenwechsel nichts von Bedeutung geschehen wäre.

Anhörungen über die Entspannung

Symptomatisch für die endlosen innenpolitischen Debatten waren die Anhörungen über die amerikanisch-sowjetischen Beziehungen vor dem Auswärtigen Ausschuß des Senats, der mich für den 8. August vorlud. Da dies der Tag war, an dem Nixon seine Rücktrittsabsicht verkündete, mußte meine Aussage auf Mitte September verschoben werden. Ursprünglich hatte der Vorsitzende J. William Fulbright diese Anhörung anberaumt, um der Ost-West-Politik der Administration die Unterstützung beider Parteien zu sichern. Da der Präsident gewechselt hatte, waren die ersten sechs Wochen der Anhörung nun aber von der Kritik der Konservativen und Neokonservativen an beiden Administrationen beherrscht.

Damals galt der Auswärtige Ausschuß des Senats noch als der angesehenste aller Kongreßausschüsse. Dem Ausschuß gehörten zwei gescheiterte Präsidentschaftskandidaten (Hubert Humphrey und George McGovern), mindestens zwei Anwärter auf das Amt (Edmund Muskie und Frank Church) sowie eine ganze Reihe außenpolitischer Schwergewichte der Republikaner (insbesondere Charles Percy und Jacob Javits) an. An der Spitze stand der achtunggebietende Vorsitzende William Fulbright.

Im Ausschuß war von jeher die liberale und Wilsonsche Linie tonangebend; das betraf selbst die Republikaner. Das Gremium unterstützte Entspannung, Rüstungskontrolle und Auslandshilfe, aber seit Vietnam war es besorgt über jegliches militärische Engagement der Vereinigten Staaten oder deren Machtdemonstrationen in der Welt. In Krisenfällen befürwortete es Verhandlungen; es trat für unsere Gipfeldiplomatie ein und unterstützte auch unsere Chinapolitik nachdrücklich. Aber selbst wenn der Ausschuß unsere Politik billigte, löste unsere Begründung dafür weit weniger Zustimmung aus. Die Ausschußmitglieder hielten in der Regel nicht viel von Geopolitik oder Kräftegleichgewicht, die Berufung auf die nationalen Interessen verwirrte sie. Das Ost-West-Verhältnis sahen sie nicht wie wir als Gestaltung der Beziehungen zu einem Gegner, sondern eher als Gelegenheit, Freundschaft zu schließen. Für sie als echte Wilson-Anhänger war es ein Anliegen, die Welt zu verändern, indem man vor allem die moralischen Grundlagen der Außenpolitik hervorhob. In ruhigen Zeiten war der Ausschuß oft unser Verbündeter; in Phasen der Spannung war sein Verhalten weniger beständig.

Der Ausschußvorsitzende William Fulbright, ein hochgebildeter Gentleman, erfaßte jede Situation sehr rasch und war ein exzellenter Analytiker. Präsident Kennedy hatte ihn einst als Außenminister ins Auge gefaßt – zumindest glaubte das Fulbright –, ihn aber nicht ernannt, weil er ihm zu selbständig war. Ob aus diesem oder einem anderen Grund – seitdem war Streitbarkeit gegenüber der jeweiligen Administration Fulbrights Markenzeichen. Dabei hatte ein demokratisches Kabinett kaum mehr zu lachen als ein republikanisches. Mit seiner etwas belehrenden Art, die zuweilen an Herablassung grenzte, bot Fulbright in seinen Reden stets hohes intellektuelles Niveau. Mein Verhältnis zu ihm war konstruktiv, aber distanziert. Ich hielt ihn gewissenhaft über alles auf dem laufenden, und er beschränkte die üblichen Behelligungen auf das äußerste Minimum, das notwendig war, um seinen liberalen Standpunkt zu wahren – vielleicht, weil er vor der möglicherweise letzten Wahl zum Senator im konservativ geprägten Arkansas stand.

Während meiner Amtszeit waren Ed Muskie und Frank Church die Hauptverfechter der herkömmlichen Linie der Demokraten: Muskie auf etwas schwerfällige, akademische Weise, Church in einem quecksilbrigen, redegewandten Stil, der an so legendäre Senatoren wie William Borah aus dem Staat Idaho erinnerte. Jener hatte allerdings auf der anderen Seite des politischen Spektrums gestanden.

Hubert Humphrey war mein Lieblingssenator im Ausschuß. Seine Eloquenz schien keine natürlichen Grenzen zu kennen. Von ihm hieß es, als er einmal bei einem feierlichen Bäumepflanzen eine Rede hielt, habe er am Ende im Schatten gestanden. In seinem Redefluß äußerte sich ein Übermaß an Warmherzigkeit, und alle Witzeleien darüber änderten nichts an der Tatsache, daß er so intelligent wie mitfühlend war. Was die Analyse betraf, so war Humphrey ein hartgesottener Liberaler, gestählt im Widerstand gegen Stalins Drohungen in den Jahren unmittelbar nach dem Krieg. In der Zwischenzeit war seine Partei allerdings weit nach links gerückt und hatte Humphrey im Wahlkampf 1968 wegen seines Standpunkts in der Vietnamfrage im Stich gelassen. Die Enttäuschung darüber brach ihm das Herz und den Willen, gegen die Weggefährten eines Lebens anzukämpfen. So war Humphrey für mich und für die Politik der Administration eher in Privatgesprächen eine Hilfe (wo unsere Auffassungen einander häufig sehr nahe kamen) als in der Öffentlichkeit.

Humphrey verdanke ich eine Idee, die sich als höchst wirksam herausstellte, wenn es darum ging, die Unterstützung der Öffentlichkeit zu gewinnen. Als ich im Jahr 1974 regelmäßig angegriffen wurde, gab er mir telefonisch folgenden Rat:

Achten Sie nicht auf das Insidergeschwätz Fahren Sie ins Land hinaus, wo man Ihnen vertraut. Halten Sie in jedem Staat eine Rede und suchen Sie die Meinungsführer auf. Die Medien der Ostküste werden nichts darüber bringen, aber die lokalen Medien werden ausführlich berichten, und die jeweiligen Kongreßabgeordneten werden Notiz davon nehmen. Wenn Sie nach Minnesota kommen, werde ich Sie herumführen und überall vorstellen.

Humphrey hielt Wort. Im März 1976, dem Jahr der Präsidentschaftswahl, reiste ich nach Minnesota. Er brachte es tatsächlich fertig, einen Außenminister der Republikaner zu begleiten und überall bekannt zu machen.

Damals gab es im Auswärtigen Ausschuß keine Konservativen, daher waren die Unterschiede zwischen den Senatoren von Demokraten und Republikanern gering. Senator Jacob Javits aus New York, ein hochintelligenter Mann, half mir, solange es ihm gelang, dem Zorn der *New York Times* zu entgehen. Das bedeutete, er konnte die Politik der Administration nicht offen unterstützen. Besonders geschickt lavierte er zwischen seiner liberalen Wählerschaft und der Administration, wenn Fernsehkameras auf ihn gerichtet waren. Mit bellender Stimme und anschwellender Stirnader stellte er mir scharfe Fragen, die den Eindruck erweckten, er zwinge mich gegen meinen Willen zur Aussage, während er mir in Wirklichkeit Gelegenheit gab, etwas zu erklären, woran mir selbst lag. Gesellschaftlich pflegten wir ein freundschaftliches Verhältnis, das sich nur einmal kurz abkühlte, als ich auf einem Dinner von Alfred E. Smith im Oktober 1974 in New York eine Bemerkung über eine Reise fallenließ, die Javits unter Mißachtung der Regierungspolitik nach Kuba unternommen hatte. Ich sagte damals: »Ich habe nichts dagegen, daß er diese Reise unternommen hat. Mich bekümmert mehr, daß er zurückgekommen ist.«

Zurück zur Versammlung, vor der ich am 19. September 1974 erschien, um die Sicht der Administration zur Entspannung darzulegen. Ford war alles andere als ein Liberaler; in seiner ganzen politischen Laufbahn hatte er sich stets für eine starke Landesverteidigung und für Widerstand gegen die sowjetische Expansion eingesetzt. An der Ausarbeitung der Ost-West-Politik Nixons war er zwar nicht beteiligt gewesen, hatte sie aber stets loyal unterstützt und war mit dem festen Vorsatz ins Amt gekommen, sie weiterzuführen. Bei unseren täglichen Morgengesprächen informierte ich Ford über die Fragen, mit denen er sich zu befassen hatte. Um ihm das Wesen des Sowjetsystems nahezubringen, hatte ich ihm schon sehr zeitig ein Exemplar von Alexander Solschenizyns *Archipel Gulag* gegeben – eine etwas weltfremd anmutende Geste angesichts der Kontroverse über den großen Schriftsteller, die Ford noch binnen Jahresfrist beschäftigen sollte (siehe Kapitel XXI).

Ford, der Nixon seit fünfundzwanzig Jahren kannte, konnte der Vorwurf, dieser sei zu nachsichtig gegenüber dem Kommunismus gewesen, nur lächerlich, wenn nicht gar zynisch erscheinen. Ich habe bereits erläutert, weshalb ein nichtgewählter Präsident unmittelbar nach Watergate und Vietnam – angesichts eines Kongresses, der den Verteidigungshaushalt rigoros zusammenstrich – den Forderungen der Konservativen und Neokonservativen, gegenüber der Sowjetunion bewußt einen Konfrontationskurs zu steuern, nicht nachkommen konnte (siehe Kapitel III). Keine Administration, nicht einmal die Ronald Reagans, trat dem sowjetischen Expansionismus so entschieden entgegen.

Am vernünftigsten wäre es eigentlich gewesen, vor dem Auswärtigen Ausschuß des Senats etwa folgendes zu sagen: »Präsident Ford sieht sich als Erbe der von beiden Parteien getragenen konsequenten Außenpolitik der Nachkriegszeit, die nun seit fast drei Jahrzehnten gilt. Wir werden uns dem sowjetischen Expansionismus entgegenstellen, möglicherweise rigoroser, als es manchem von Ihnen paßt. Zugleich werden wir überall dort, wo uns dies ohne Gefahr für die nationale Sicherheit und im Sinne unserer nationalen Interessen möglich ist, nach Entspannung streben, und dies vielleicht konsequenter, als es manchem unserer Kritiker gefällt. Diese beiden Grundlinien im Gleichgewicht zu halten, das ist keine Frage der Parteizugehörigkeit. Wir sollten diesen Kurs gemeinsam auf nationaler Grundlage verfolgen. Unsere Nation hat von ihren inneren Kämpfen zu schwere Wunden davongetragen. Lassen Sie uns die Außenpolitik nutzen, um sie zu heilen.«

Aber ein Außenminister, der bei laufenden Kameras vor einem Senatsausschuß aussagt, kann sich eine derart kurze und prägnante Rede nicht leisten. Von meiner Erklärung am 19. September erwartete man eine Antwort auf die Kritik der Konservativen und Neokonservativen, die sich darin sechs Wochen lang geübt hatten, nachdem ich meine Aussage am 8. August nicht hatte machen können. Obendrein hatte eine Gruppe bekannter amerikanischer und britischer Wissenschaftler in der Zwischenzeit vor einem Unterausschuß des Streitkräfteausschusses des Senats ausgesagt, Entspannung sei eine Illusion; Staatsmänner des Westens könnten sie durchaus ernst meinen, aber die Sowjetunion betrachte sie lediglich als taktisches Mittel, um die Entschlossenheit des Westens zu untergraben:

In der gegenwärtigen sowjetischen Terminologie bedeutet Entspannung oder »friedliche Koexistenz« die strategische Alternative zu einem offen militanten Auftreten gegenüber den sogenannten kapitalistischen Staaten. Sie bedeutet nicht, daß die Sowjetunion und ihre Verbündeten auf die Auseinandersetzung mit den freiheitlichen Staaten des Westens verzichten. Sie bedeutet nicht, daß man von den Losungen des Klassenkampfes und der »ideologischen« Auseinandersetzung abläßt, die das Ziel verfolgt, das kapitalistische (demokratische) System durch das kommunistische System zu ersetzen… Entspannung bedeutet lediglich einen Wechsel der Methoden.[2]

Natürlich mußte die Entspannung sowjetischen Zielen dienen, sonst hätten sich die sowjetischen Führer nicht darauf eingelassen. Von den Absichten der Sowjetunion einmal abgesehen, ging es aber gerade darum, ob sie nicht auch unseren Zielen dienen konnte.

Eine andere Gruppe von Kritikern argumentierte, die Entspannung habe nicht zu freundschaftlichen Beziehungen geführt, die Sowjetunion versuche auch unter deren Bedingungen, strategische Vorteile zu erlangen. Ein Artikel über den Nahen Osten von George Will, der damals am Beginn einer glänzenden Kolumnistenkarriere stand, belegte diesen Standpunkt. Seine Überschrift lautete: »Entspannung sieht dem Kalten Krieg sehr ähnlich.« Der Verfasser ignorierte die Tatsache, daß wir niemals behauptet hatten, Entspannung laufe auf Freundschaft hinaus; auch für uns war die Entspannung eine Methode, den Kalten Krieg zu führen.[3]

Überraschend für mich vertrat Hans Morgenthau, der Vater der Theorie einer an den nationalen Interessen orientierten Außenpolitik der Vereinigten Staaten, die Auffassung, ein Kräftegleichgewicht könne man nur erreichen, wenn der gesamte innere Aufbau der Sowjetunion zerstört werde. Ein Umsturz in der Sowjetunion sei für Amerika von lebenswichtigem Interesse, schrieb Morgenthau, weil er bedeute, daß die Sowjetunion zu einem »System von Kultur, Recht und Moral« zurückkehre. Sollte sich die Sowjetregierung einem solchen System anschließen, »dann brauche man sich in der Tat aus politischen Gründen nicht mehr darum zu kümmern, wie autokratisch und despotisch eine solche Regierung ist«:

Wenn wir uns also für die totalitären Auswüchse der Sowjetregierung interessieren, dann ist das keine unstatthafte Einmischung in die Angelegenheiten eines anderen souveränen Staates im Sinne falschen liberalen Reformgeistes. Noch ist es allein Ausdruck humanitärer Sorge oder dient es der Beschwichtigung der Öffentlichkeit in unserem Land. Vor allem ist es Dienst an einem grundlegenden Interesse, das die Vereinigten Staaten und die Sowjetunion eint: durch ein dauerhaftes Kräftegleichgewicht und wirkliche Entspannung im Atomzeitalter zu überleben.[4]

Im Unterschied zu den Liberalen verkündete Morgenthau nicht, Demokratie in der Sowjetunion werde automatisch zum Frieden führen. Nach seiner Auffassung war *jede* sowjetische Regierung, ob nun despotisch oder nicht, akzeptabel, wenn sie sich auf eine Diplomatie des Kräftegleichgewichts einließ. Dazu aber war das kommunistische System nach Morgenthaus Ansicht von seinem Wesen her nicht in der Lage.

Bemerkenswert an den Auftritten der Kritiker war, wie sehr sie die Erfahrungen der Nixon-Administration ausblendeten. Natürlich führte der Kreml den ideologischen und geopolitischen Wettkampf weiter und versuchte, die Position der Sowjetunion dabei zu stärken. Aber den Vereinigten Staaten war es gelungen, in China, im Nahen Osten, in Cienfuegos (Hafenstadt an der Südküste Kubas; Anm. d. Übs.), in Chile und Berlin ihre Ziele zu erreichen, ohne dabei strategische Positionen preiszugeben.

Der Nahe Osten war dafür vielleicht das eindrucksvollste Beispiel. Die Sowjetunion hatte in der Tat den Krieg 1973 durch ihre Waffenlieferungen ermöglicht. Uns aber war es gelungen, jede diplomatische Initiative, die sich auf sowjetische Waffen stützte, zu durchkreuzen. Israel waren wir während des Krieges mit einer eindrucksvollen Luftbrücke zu Hilfe geeilt. Als der Rauch sich verzogen hatte und Bilanz gezogen wurde, waren die Vereinigten Staaten eindeutig im Vorteil. Unser De-facto-Verbündeter hatte die militärischen Schlachten gewonnen, wir hatten die Sowjetunion aus dem nachfolgenden Friedensprozeß herausgehalten und konnten nun in der Entspannungspolitik Zuckerbrot und Peitsche benutzen, um die Sowjetunion zur Zurückhaltung zu bewegen, während der Kreml in der Nahostdiplomatie an den Rand gedrängt war.

Ich habe bereits die Strategie dargelegt, mit der ein nichtgewählter Präsident, dem ein McGovern-Kongreß im Nacken saß, versuchte, eine in Verruf geratene Präsidentschaft wiederaufzubauen, einen ethnischen Konflikt auf Zypern zu lösen und die Kriegsgefahr im Nahen Osten abzuwenden, indem er gegenüber der anderen atomaren Supermacht einen teils konfrontativen, teils kooperativen Kurs verfolgte. An dieser Stelle will ich mich auf meine Aussage vor dem Senat beschränken.

In meiner Erklärung bekräftigte ich, was unsere Politik seit langem demonstrierte: Wir gründeten unser Verhältnis zur Sowjetunion nicht auf die Annahme einer beginnenden Freundschaft, sondern betrachteten es als ein Mittel, um die Beziehungen zwischen Gegnern unter Kontrolle zu halten:

> Die Vereinigten Staaten können ihre Politik nicht allein auf den guten Absichten Moskaus aufbauen. Aber wir können auch nicht davon ausgehen, daß Schritte nach vorn erst möglich sind, wenn die Ziele Amerikas und der Sowjetunion gänzlich übereinstimmen. Ungeachtet der Absichten der Sowjetunion versuchen wir dem Frieden zu dienen, indem wir uns jeglichem Druck widersetzen und bei maßvollem Verhalten Entgegenkommen zeigen.[5]

Aggressives Verhalten beantworteten wir mit Gegenwehr – so geschehen im Nahen Osten, im Fall des sowjetischen U-Boot-Stützpunktes in Cienfuegos und bei den Zugangswegen nach Berlin. Aber im Atomzeitalter war jede Administration gegenüber dem amerikanischen Volk verpflichtet, in ihrer Außenpolitik umfassend zu berücksichtigen, in welchem Maß sich das atomare Risiko verändert hatte:

> Wir müssen uns gegen aggressive Aktionen und verantwortungsloses Verhalten zur Wehr setzen. Aber wir dürfen nicht leichtfertig die Konfrontation suchen.

Wir müssen eine starke nationale Verteidigung aufrechterhalten, zugleich aber erkennen, daß das Verhältnis zwischen militärischer Stärke und politisch einsetzbarer Macht im Atomzeitalter so kompliziert ist wie nie zuvor in der Geschichte.[6] Schließlich ging ich auf den Standpunkt der Neokonservativen ein, wir sollten als unsere Aufgabe nicht die Koexistenz mit dem Sowjetsystem, sondern dessen Überwindung betrachten und wir sollten diesem Ziel nicht durch Beschleunigung der historischen Erosion des Sowjetsystems näherzukommen suchen, was wir in der Tat anstrebten, sondern durch eine unverhüllte, umfassende Konfrontation:

Wo es um den jahrhundertealten Antagonismus zwischen Freiheit und Tyrannei geht, sind wir nicht neutral. Aber andere Imperative setzen unserer Fähigkeit Grenzen, in anderen Ländern innere Veränderungen herbeizuführen.

Uns dieser Grenzen bewußt zu werden bedeutet, die Notwendigkeit des Friedens anzuerkennen, nicht aber die moralischer Gleichgültigkeit. Auch die Erhaltung des menschlichen Lebens und der menschlichen Gesellschaft sind moralische Werte.[7]

Die Reaktion des Auswärtigen Ausschusses des Senats auf meine Erklärung spiegelte nicht nur dessen liberale Einstellung wider, sondern vermittelte auch einen Eindruck von dem Aufruhr im Stile der Zeit des Vietnamkrieges, den wir ausgelöst hätten, wenn wir dem Konfrontationskurs gefolgt wären, den uns jene aufdrängen wollten, die vor mir ausgesagt hatten. Denn nach Auffassung des Ausschusses war die Ford-Administration nicht zu versöhnlich gestimmt, sondern riskierte den Frieden durch ihre übermäßige Betonung der militärischen Sicherheit:

– Der Vorsitzende J. William Fulbright beklagte, daß die Vereinigten Staaten das Wettrüsten vorantrieben, daß »wir immer wieder neue Waffen präsentieren«[8].

– Senator Edmund Muskie wandte sich gegen die neue Generation von Raketen, die wir als erste entwickelten.

– Senator Frank Church behauptete, eine Entspannung, die – wie es der Fall war – von pragmatischen und geopolitischen Erwägungen ausgehe, laufe Gefahr, »absolut prinzipienlos« zu werden.[9] Church, der sich zugleich gegen höhere Verteidigungsausgaben und gegen eine geopolitische Eindämmungspolitik aussprach, geruhte nicht zu erklären, wie ein »prinzipieller« Kurs gegen den sowjetischen Expansionismus zu bewerkstelligen sei.

– Der republikanische Senator Charles Percy, den die demokratischen Senatoren Stuart Symington und Claiborne Pell unterstützten, brachte seine Sorge darüber zum Ausdruck, ob der Erwerb des Marine- und Luftwaffenstützpunktes auf der Insel Diego Garcia im Indischen Ozean »die Entspannung in irgendeiner Weise gefährden könnte«[10].

Die Debatte über die Rüstungskontrolle beginnt von vorn

Die Ford-Administration wurde damit bereits in ihren ersten Wochen – wie Nixon zuvor – aus zwei entgegengesetzten Richtungen angegriffen: von den noch die Mehrheit stellenden Liberalen, die ihr vorwarfen, zu geopolitisch zu denken und zu sehr im Geist des Kalten Krieges vorzugehen, und von den Konservativen, die sie beschuldigten, sich zu taktisch und zu wenig ideologisch standfest zu verhalten. So mußte Ford sich also unverzüglich zwei Themen zuwenden, die er von Nixon als Erblast übernommen hatte: der Rüstungskontrolle und der Auswanderung der Juden aus der Sowjetunion, und beide hatten bereits eine lange und komplizierte Geschichte hinter sich. Die gegenwärtige Rüstungskontrolldebatte betraf Zahlen, die mit der Zeit immer unklarer und rätselhafter wurden. Das wirkliche Problem dagegen war eine Veränderung der politischen und strategischen Gesamtlage.

Für SALT I hatte es einen gewichtigen geopolitischen Grund gegeben: während unseres schwierigen Rückzuges aus Vietnam das Klima zu entschärfen und der Sowjetunion einen Anreiz zu geben, bei einer ganzen Reihe von Problemfällen – von Berlin bis zum Nahen Osten – Zurückhaltung an den Tag zu legen. Als Ford aber die politische Bühne betrat, war der Rückzug aus Vietnam abgeschlossen, der Zugang nach Berlin geregelt, die Rolle der Sowjetunion im Nahen Osten stark geschwächt, und der Ost-West-Handel lag unter Dauerbeschuß Jacksons und seiner Gefolgsleute. Andere Ost-West-Initiativen waren ebenfalls zum Stillstand gekommen. Wir wiesen Breschnews Angebot, eine Übereinkunft der Supermächte hinsichtlich China zu treffen, entschieden zurück (wovon im nächsten Kapitel die Rede sein wird) und ließen uns viel Zeit, auf seine Initiative für eine baldige Europäische Sicherheitskonferenz der Staatschefs einzugehen.

Unter diesen Umständen wurde zum geopolitischen Hauptmotiv von SALT II der Dialog an sich, die Notwendigkeit, Verhandlungen am Laufen zu halten. Da die Öffentlichkeit SALT nun im Grunde mit Entspannung gleichsetzte, waren diese Gespräche mit der ganzen Kontroverse über das Ost-West-Verhältnis belastet. Aber technisch so schwierige Verhandlungen konnten wohl kaum als Surrogat für eine nationale Grundsatzdebatte über das Ost-West-Verhältnis dienen.

Zugleich veränderte sich der Charakter des Wettrüstens und der Strategie gleichermaßen dramatisch. Während der gesamten Amtszeit Nixons trugen Raketen (wie in Kapitel III beschrieben) nur einen einzigen Sprengsatz. Unter diesen Bedingungen waren strategische Einschätzungen und Rüstungskontrollverhandlungen auf Quantität ausgerichtet. Das strategische Kräfteverhältnis konnte relativ genau nach der Zahl der strategischen Trägermittel auf jeder Seite bestimmt werden. Aber als Ford ins Amt kam, hatten die Vereinigten Staaten bereits damit begonnen, ihre Trägermittel mit mehreren Sprengköpfen auszurüsten. Die Sowjetunion testete ebenfalls Raketen mit mehreren einzeln lenkbaren Sprengköpfen (MIRV). Außerdem war eine ganz neue Generation von Waffen entwickelt worden, die auf der amerikanischen Seite unter anderem die U-Boote vom Typ Trident, jedes mit vierundzwanzig neuen Rakten zu acht bis zehn größeren Sprengköpfen bestückt, die Rakete Minuteman III mit jeweils drei Sprengköpfen, Marschflugkörper, eigentlich ferngesteuerte Flugzeuge, und den Überschallbomber B 1 umfaßte. Technologisch war die Sowjetunion weit weniger erfolgreich. Trotzdem bereitete den Planern des Pentagons Sorge, daß die Mehrfachsprengköpfe auf den schweren sowjetischen Raketen vom Typ SS 18, für die es auf amerikanischer Seite kein Gegenstück gab, unsere landgestützten Kräfte gefährlich angreifbar machen konnten.

Von den hochfliegenden Theorien über die moralische Bedeutung der Rüstungskontrolle einmal abgesehen, war den Unterhändlern beider Seiten in der Praxis hauptsächlich die Aufgabe gestellt, die Waffen zu schützen, die ihre Planer gerade entwickelten und in Dienst zu stellen gedachten. Zugleich versuchte man, diejenigen Waffensysteme des Gegners so stark wie möglich einzuschränken, die der eigenen Seite die größten Sorgen bereiteten. So hatten es die Sowjets vor allem auf die amerikanische Raketenabwehr abgesehen, während wir die schweren Raketen der Sowjetunion zu reduzieren suchten.

In diesem Sinne wurde bei SALT I erreicht, daß jeder Partner die einseitigen Pläne des anderen im wesentlichen akzeptierte. Auf der amerikanischen Seite wurde durch SALT I kein einziges bestehendes oder geplantes Programm gestoppt. Mit dem darin festgeschriebenen quantitativen Ungleichgewicht bei den Raketen wurden die bestehenden Programme für die absehbare Zukunft zementiert. An SALT II gingen wir in gleicher Weise heran.

Der Stand der Dinge schuf eine leicht verzerrte Situation. Die Programme beider Seiten waren nach unterschiedlichen Kriterien aufgebaut, die Waffensysteme jeweils verschieden zusammengesetzt. Die Sowjetunion besaß mehr und größere, zumeist landgestützte Raketen. Die unseren waren kleiner, zielgenauer und auf mehrere Stationierungsarten aufgesplittert. Drei Administrationen hatten den Umfang unserer Programme als ausreichend eingeschätzt. Seit über einem Jahrzehnt liefen die Vorschläge des Pentagons an das Weiße Haus darauf hinaus, die bestehenden Waffen zu verbessern, nicht ihre Zahl zu vergrößern. Als Ford sein Amt antrat, lagen wir bei den Sprengköpfen vorn und waren sicher, diesen Vorsprung noch etwa zehn Jahre lang halten zu können. Die Sowjets besaßen dafür eine größere Zahl von Trägersystemen.

Aber einmal Bestandteil des SALT-Vertrages, wurden Entscheidungen, die jeder Partner bisher einseitig und aus freiem Willen getroffen hatte, plötzlich höchst umstritten. Unvermittelt kam die Losung von der quantitativen Parität auf, obwohl das Wettrüsten in der Realität immer weniger von Zahlen und immer mehr von der Qualität bestimmt wurde. Aus der unterschiedlichen Zusammensetzung der Potentiale beider Seiten erwuchs folgendes Problem: Wenn entsprechend dem amerikanischen Niveau gleiche Obergrenzen hergestellt werden sollten, hätte das im wesentlichen eine einseitige Reduzierung auf seiten der Sowjetunion bedeutet. Wäre die Obergrenze nach dem sowjetischen Niveau festgesetzt worden, hätten wir zwar das Recht für eine weitere Aufrüstung erworben – dafür besaßen wir aber weder ein Programm noch eine strategische Theorie.

Das wurde deutlich, als Ford am 7. Oktober zum ersten Mal mit dem Nationalen Sicherheitsrat über SALT debattierte. Da wir kein Programm hatten, unsere Trägermittel auf über zweitausend zu erhöhen, und ein neues Programm aufzulegen etwa zehn Jahre erfordert hätte, bekräftigte ich noch einmal den Vorschlag, den Nixon bereits zwei Monate zuvor Breschnew erläutert hatte, nachdem er vom Nationalen Sicherheitsrat, einschließlich Schlesinger, gebilligt worden war: Wir boten an, die Zahlen von SALT I für weitere fünf Jahre aufrechtzuerhalten (in denen wir wegen der langen Anlaufzeiten unser Gesamtpotential ohnehin nicht hätten erhöhen können) und im Tausch dafür uns eine Überlegenheit bei der Zahl der Mehrfach-sprengköpfe zuzugestehen. Breschnew hatte einer solchen Abmachung zwar im Prinzip zugestimmt, aber es war noch keine Übereinkunft erreicht worden, weil der Vorsprung bei den Mehrfachsprengköpfen, den Breschnew zugestehen wollte, Nixon und dessen Beratern unzureichend erschien.

Obwohl dieser Plan »ausgleichender Asymmetrien« von Nixon stammte, änderte Schlesinger, unterstützt vom Vorsitzenden der Joint Chiefs of Staff General George S. Brown, seine Haltung, als Ford Präsident wurde. Da Schlesinger wußte, daß Henry Jackson als wichtigstes Mitglied des Streit-kräfteausschusses des Senats durchaus in der Lage war, den Verteidigungs-haushalt, der bereits von den Liberalen aufs Korn genommen worden war, gänzlich zu Fall zu bringen, argumentierte er nun für Gleichgewicht bei allen Waffenkategorien mit Obergrenzen von zweitausendfünfhundert Trägermitteln und eintausenddreihundertzwanzig Raketen mit Mehrfach-sprengköpfen. Er behauptete, der amerikanische Vorsprung von etwa drei-hundert derartigen Raketen oder tausend Sprengköpfen, wie Nixon es vor-geschlagen hatte, bedeute wenig, wenn die Sowjets sechshundert ihrer Raketen mit Mehrfachsprengköpfen bestückten. Sie wären dann in der Lage, jedes vorstellbare amerikanische Ziel zu treffen.

Ford kannte sich aufgrund seiner Tätigkeit im Unterausschuß für Vertei-digung des Haushaltsausschusses des Repräsentantenhauses sehr gut in Si-cherheitsfragen aus. Die Behauptung, ein amerikanischer Vorsprung von dreihundert Raketen mit über tausend Sprengköpfen sei kaum von Belang, während ein sowjetischer Vorsprung von dreihundert Raketen mit Einfach-sprengköpfen nach dem SALT-I-Abkommen als Katastrophe hingestellt wurde, machte ihn wütend. Es kam zu einem scharfen Wortwechsel zwi-schen Ford und seinem Verteidigungsminister. Was Schlesingers Vorschlag einer Obergrenze von zweitausendfünfhundert für beide Seiten betraf, so wies Ford darauf hin, daß die vom Kongreß (vor SALT) gebilligten Moder-nisierungsprogramme lediglich zweitausend amerikanische Trägermittel vorsahen. Schlesinger erwiderte, er könne die Gesamtzahl für etwa ein bis zwei Milliarden Dollar jährlich bis auf zweitausendzweihundertfünfzig Stück aufstocken, wenn er ältere Polaris-U-Boote und B-52-Bomber, die eigentlich ausgemustert werden sollten, noch länger im Einsatz behalte. Ford fiel es schwer, einem Plan zu folgen, nach dem unsere strategischen Streitkräfte zu Zwecken der Rüstungskontrolle an veralteten Waffen fest-halten sollten, die wir eigentlich einseitig ausmustern wollten – wären da nicht die Rüstungskontrollverhandlungen gewesen. Schlesingers Schätzun-gen stellte Ford auch im Blick auf den Haushalt in Frage. Der Kongreß, der den Verteidigungshaushalt bereits um 4,7 Milliarden Dollar gekürzt hatte, würde Schlesingers Plan wohl kaum zustimmen:

> Ich teile nicht Ihren Optimismus, Jim, was den Kongreß betrifft. Ich er-innere mich noch gut an die Auseinandersetzung um die Raketenab-wehr, in der wir den kürzeren zogen. Ebenso die jüngsten Streichungen um fünf Prozent quer über alle Posten. Dabei spreche ich nur vom ge-genwärtigen Kongreß. Nach den nächsten Wahlen wird dieses Gremium wahrscheinlich noch weniger entgegenkommend sein. Ich glaube nicht, daß Sie von einer Steigerung des Verteidigungshaushaltes ausgehen können, es sei denn, wir bekommen eine neue Krise.

Das Seltsame an dieser Debatte war, daß für diese spürbare Spannung im Kabinett gar kein Grund bestand. Denn in der Praxis konnte es gar keine Unterschiede bei den bestehenden strategischen Kräften beider Seiten geben, ob nun Schlesingers oder Nixons Plan angenommen wurde. Wenn sich Schlesinger durchsetzte, dann bekamen wir zwar formell Gleichheit, aber der quantitative Vorsprung der Sowjetunion bei den Trägermitteln blieb erhalten, da wir kein Programm und auch keine Mittel hatten, um weitere zu bauen. Nach Nixons Plan behielten wir formell einen quantitativen Vorsprung bei den Raketen mit Mehrfachsprengköpfen, während die Sowjetunion technisch gar nicht in der Lage war, bis 1982 die ihr gestattete Anzahl zu erreichen. Mit anderen Worten: In der Praxis liefen Schlesingers und Nixons Plan aufs gleiche hinaus: Nixon hatte keinerlei Streichungen in irgendeinem bestehenden amerikanischen Programm vorgeschlagen, und Schlesingers neue Version sah keine Steigerung bei auch nur einem dieser Programme vor.

Ford entschied sich für die leichter verständliche Variante gegenüber der intellektuell anspruchsvolleren. Schlesingers Plan hatte den politischen Vorzug, daß er eine formale Gleichheit festschrieb und damit eine Ausgangsposition für spätere Übereinkünfte schuf. Ohne Nixons Vorschlag zu mißbilligen, drängte mich Ford, Schlesingers von diesem selbst als »rohe und unsaubere Option« bezeichneter Variante den Vorzug zu geben. Nixons Vorschlag sollte als Rückzugsposition in unserem Arsenal verbleiben. Im einzelnen sollte ich gleiche Obergrenzen von zweitausendfünfhundert Trägermitteln (was bedeutete, daß die Sowjetunion einhundertfünfzig Trägermittel abbauen mußte) und von etwa eintausenddreihundertzwanzig Raketen mit Mehrfachsprengköpfen vorschlagen, genau die in unserem eigenen Programm vorgesehene Zahl. Diese Obergrenzen sollten das bestehende strategische Gleichgewicht widerspiegeln. Wenn wir nicht einige Milliarden Dollar dafür ausgeben wollten, um Waffen zu behalten, die eigentlich als veraltet galten, dann blieb ein quantitativer Unterschied zugunsten der Sowjetunion bestehen. Der Vorteil war, daß diese Obergrenzen der Sowjetunion, die damals ihr Arsenal noch aufstockte, wenigstens gewisse Einschränkungen auferlegten, während die Vereinigten Staaten sich auf die qualitative Verbesserung der Waffen konzentrierten. Außerdem konnten wir damit die einzigen noch verbliebenen wichtigen Ost-West-Verhandlungen in Gang halten.

Als ich mich auf meine Abreise nach Moskau Ende Oktober vorbereitete, war ich voller Hoffnung, die von Ford gewählte Option könnte den Weg zu einem Durchbruch bei den vor uns liegenden Fragen weisen. Da aber der SALT-Prozeß mehr und mehr ins Zentrum des Ost-West-Verhältnisses rückte, wurde er auch anfälliger für Störungen. Denn die Rüstungskontrolle konnte nicht die Last eines politischen Verhältnisses tragen, wenn die Spannungen in anderen Problembereichen wuchsen. Einer davon war die Auswanderung der Juden aus der Sowjetunion.

Die Auswanderung der Juden aus der Sowjetunion

Als Ford das Präsidentenamt übernahm, fand er folgenden Sachverhalt vor: Henry Jackson hatte erklärt, ein Minimum von einhunderttausend Auswanderern jährlich sei notwendig, um die Bedingungen der nach ihm und Vanik benannten Gesetzesergänzung zu erfüllen. Die Sowjetregierung bestand darauf, ihr Auswanderungsverfahren sei eine Frage der inneren Rechtsordnung und falle in ihre staatliche Zuständigkeit. In meinem Streben, die beiden gegensätzlichen Positionen in Einklang zu bringen, hatte ich von Gromyko eine Beschreibung des gültigen Auswanderungsverfahrens der Sowjetunion erbeten. Ich wollte dann einen Brief an die Senatoren schreiben, der mein Verständnis der sowjetischen Absichten als Grundlage für eine Aussetzung der Jackson-Vanik-Gesetzesergänzung durch den Präsidenten enthielt. Die Sowjets konnten also davon ausgehen, daß ich ihr gültiges Verfahren darlegte und keine neuen Verpflichtungen von ihnen forderte, Jackson dagegen konnte Fortschritte bei der Auswanderung der Juden feststellen.

Gromyko hatte diesem Vorgehen zähneknirschend zugestimmt und bei Begegnungen in Genf und Moskau angedeutet, eine Zahl von fünfundvierzigtausend Emigranten – oder etwa fünfundzwanzig Prozent mehr als der bisherige Höchststand – könnte erreicht werden. Jackson hatte dieses Angebot zurückgewiesen und weiterhin auf einhunderttausend Auswanderern pro Jahr bestanden, was Ende Juni allen Gesprächen mit der Nixon-Administration ein Ende setzte.

Im Juli präzisierte Dobrynin Gromykos Zahlen, indem er mir mitteilte, die »normale« Quote der abgelehnten Visaanträge habe in der Vergangenheit niemals über 1,6 Prozent gelegen und sollte auch in Zukunft nicht höher sein. Mehr noch, bei der ersten Begegnung mit Ford am 14. August erklärte Dobrynin, hinter allen Zusicherungen der letzten Monate stehe Breschnew persönlich. Sollte es irgendwelche Probleme geben, meinte Dobrynin, dann könne sich Ford direkt an Breschnew wenden.

Daraufhin entschloß sich Ford, die Verhandlungen mit den Senatoren wiederaufzunehmen. Am 15. August, sechs Tage nach seiner Amtseinführung, lud er das Verhandlungsteam der Senatoren, bestehend aus Henry Jackson, Jacob Javits und Abe Ribicoff, ins Oval Office ein. Er informierte die Senatoren über sein Gespräch mit Dobrynin und brachte die Hoffnung zum Ausdruck, daß wir nun, frei von den in der Nixon-Zeit angestauten Ressentiments, alle miteinander eine Lösung finden würden.

Jackson reagierte mit einem – in seinen Augen versöhnlichen – Gegenvorschlag. Zum Zeichen seines guten Willens kündigte er an, er könnte seine Zielvorstellung auf fünfundsiebzigtausend Auswanderer reduzieren, als ob es an Ford läge, die Auswanderungsquote der Sowjetunion zu bestimmen. Auf diese Zahl – das Doppelte des bisher erreichten Höchststandes – sei er gekommen, indem er die ihm angeblich bekannte Gesamtzahl von dreihunderttausend Antragstellern auf vier Jahre verteilt habe. Wenn der Kreml sich an sein Versprechen hielt, nicht mehr als 1,6 Prozent der Antragsteller abzulehnen, und wenn Jacksons Schätzungen zutrafen, dann war die Zahl von fünfundsiebzigtausend vielleicht vorstellbar. Aber gemessen an dem, was uns die Sowjets bisher mitgeteilt hatten, gab es keine Grundlage, eine solche Forderung schriftlich zu stellen. Und außerdem hatte Gromyko das Gegenteil behauptet: daß nämlich im Gefolge des Nahostkrieges die Zahl jüdischer Antragsteller, die nach Israel auswandern wollten, drastisch zurückgegangen sei.

Um aber guten Willen zu zeigen, beauftragte ich Helmut Sonnenfeldt, der damals Berater im Außenministerium war, gemeinsam mit Jackson und dessen Stab einen Brief auszuarbeiten, der die bisherigen Zusicherungen Moskaus zusammenfaßte. Ford sagte ich, der Entwurf sei schärfer, als ich es für klug hielt, könnte aber gerade noch zu tolerieren sein. Nun aber wollte Jackson nachbessern und schlug vor, die drei Senatoren sollten eine »Interpretation« meines Briefes vorbereiten, was darauf hinauslief, daß sie für jede sowjetische Zusicherung genaueste technische Bestimmungen festsetzten. Diese sollten dann vom Kongreß als Maßstab genommen werden, wenn es um die Erneuerung der Meistbegünstigung für die Sowjetunion ging.

Wir verhandelten nun eindeutig mit uns selbst. Bei der nächsten Begegnung am 18. September warnte ich die drei Senatoren:

Ich kann meinen Brief an Scoop (Jackson) über unsere Gespräche mit den Sowjets letzten April in Moskau, der auf dem Moskauer Gipfel im Juni noch einmal bestätigt wurde, voll rechtfertigen. Ich kann auch Ihre Interpretation als mögliche Extrapolationen der Punkte in meinem Brief akzeptieren. Das alles kann ich aber nicht von den Zahlen sagen. Ich meine, wenn sie (die Sowjets) sich an die Abmachungen halten, und die entsprechenden Antragsteller gibt es tatsächlich, dann müßte die Zahl der Ausreisenden gegenüber dem vorherigen Niveau wesentlich ansteigen. Aber ich kann nicht sagen, daß die Sowjets die Zahl (in Jacksons Interpretationsbrief) akzeptieren werden. Und ich kann für diese Zahl auch nicht die Verantwortung übernehmen.

Die ganze Prozedur wurde noch prekärer, als Jackson darauf bestand, daß die Aussetzung der Jackson-Vanik-Gesetzesergänzung durch den Präsidenten bei der ersten Überprüfung nach achtzehn Monaten und danach jeweils jährlich vom Kongreß bestätigt werden müsse. Das hätte bedeutet, die Überprüfung mitten in den Vorwahlkampf um die Nominierung der Präsidentschaftskandidaten 1976 zu legen, in dem Jackson sich zu bewerben gedachte. Man brauchte nicht viel Scharfsinn, um vorauszusehen, daß der Senator zu diesem Zeitpunkt seine Forderungen sicher noch einmal höherschrauben würde.

Schließlich forderte Jacksons Stab ein drittes Dokument, einen Brief meinerseits, der die Interpretation der Senatoren bestätigen sollte. Jackson, so teilten sie mit, bestehe darauf, den ganzen Briefwechsel, einschließlich seiner angestrebten Zahlen von Auswanderern, zu veröffentlichen.

All das machte zweifellos in den Büros der Senatoren großen Eindruck, wo niemand verpflichtet war, auch nur über einen einzigen Buchstaben mit sowjetischen Führern zu verhandeln. Dieselben Leute, die behaupteten, die Sowjets strebten nach der Weltherrschaft, weshalb man einen atomaren Erstschlag ins Auge fassen müsse, benahmen sich nun, als bestünde das Politbüro aus lauter Weicheiern, die amerikanische Forderungen mit schweren Folgen für ihre inneren Strukturen widerstandslos hinnehmen könnten. Noch einmal warnte ich Jackson und seinen Stab: »Der (erste) Brief wäre gerade noch möglich. Mit den Interpretationen überspannen wir jedoch den Bogen.«

Aber Jackson war entschlossen zu beweisen, wie nachgiebig die Sowjets werden konnten, wenn man sie wirklich unter Druck setzte (was implizierte, daß ich mit ihnen bisher überaus sanft umgegangen sei). Er und sein Stab, die einen Rückzug von einer unverschämten zu einer unmöglichen Forderung als großes Zugeständnis ansahen, boten nun den nächsten Kompromiß an: eine Zielmarke von sechzigtausend Auswanderern, die Jackson als Mitte zwischen Gromykos angebotenen fünfundvierzigtausend und den von den Senatoren geforderten fünfundsiebzigtausend betrachtete. Wir feilschten um Zahlen, für die es keinerlei Grundlage gab, und um Zusicherungen, die uns niemand gegeben hatte.

In meinem Frust bat ich den israelischen Ministerpräsidenten Itzhak Rabin, auf die Senatoren Einfluß zu nehmen. Es hatte schon etwas Demütigendes, wenn ein Außenminister einen ausländischen Politiker – und sei es ein guter Freund – um Hilfe in einer Angelegenheit bitten mußte, die eigentlich ein innenpolitisches Problem der Vereinigten Staaten war. Am 11. September 1974 sagte ich zu Rabin:

Wir können Briefe schreiben, bis wir schwarz werden. Wir können ein schönes Dokument verfassen, und sie werden trotzdem verwaltungstechnische Mittel finden, um die Menschen im Land zu halten, wenn sie das wollen. Wir sind bereit, dieses Thema aus der Innenpolitik auszuklammern. Sie (die Senatoren) können gern alle Verdienste daran für sich beanspruchen. Wenn den Sowjets etwas an der Entspannung liegt, insbesondere mit dem neuen Präsidenten, der sechs Jahre lang im Amt sein kann, dann werden sie vielleicht darauf eingehen... Sie (die Senatoren) wollen, daß wir uns auf eine Zahl von sechzigtausend festlegen. Wenn wir nur auf ein demagogisches Spiel aus sind, dann können wir das tun.

Aber Rabin, der die Senatoren möglicherweise für die jährliche Abstimmung über die Hilfe für Israel und als Sicherheitsnetz für den Fall von Differenzen mit der Administration brauchte, war zu vorsichtig, um sich in diese Sache hineinziehen zu lassen.

Als Gromyko am 20. September Ford seinen Besuch im Oval Office abstattete, hatte ich Gelegenheit, für den Präsidenten genau zusammenzufassen, welche Zusicherungen uns die Sowjets bisher gegeben hatten. Ich zog eine Bilanz der Gespräche zu diesem Thema, wie ich sie verstand:

Ich gehe davon aus, daß es auf sowjetischer Seite keine Restriktionen bei den Auswanderungsanträgen geben wird. Es wird zu keinen Schikanen und keinen Restriktionen bei der Visaerteilung kommen, sofern nicht ihre nationale Sicherheit betroffen ist. Sind diese Bedingungen erfüllt, hängt alles von der Zahl der Anträge ab. Die Sowjetunion ist nicht dafür verantwortlich, Antragsteller vorzuweisen. Wenn einhunderttausend einen Antrag stellen, dann werden neunundneunzigtausend auswandern. Wenn neuntausend ein Visum beantragen, werden achttausend ausreisen. All das haben wir den Senatoren erklärt.

Sie, Herr Außenminister, haben mir dies in Moskau und Genf dargelegt. Seitdem hat es Ihrerseits keine neuen Zugeständnisse gegeben. Die Senatoren können über Zahlen denken, was sie wollen, aber das ist mit ihnen nicht besprochen.

Gromyko bestätigte meine Darstellung, insbesondere daß nicht mehr als 1,6 Prozent Ausreisewillige abgelehnt wurden. Das gab mir die Gelegenheit, ihm in Fords Gegenwart die verschiedenen Briefe und Interpretationserklärungen zu erläutern, die vorgesehen waren. Gromykos Miene verdüsterte sich zwar, aber er stimmte widerwillig zu, vorausgesetzt, wir nannten keine Zahlen und erwarteten keine rechtlichen Verpflichtungen der Sowjetunion.

An diesem Punkt wäre es am klügsten gewesen, der Senatoren die Mitschrift unseres Gespräches mit Gromyko zu übergeben und ihnen zu erklären, weiter könnten wir nicht gehen, alle Verhandlungen zwischen den Senatoren und dem Weißen Haus hätten sich in diesem Rahmen zu bewegen und es liege nun an ihnen, die Handelsgesetzvorlage zusammen mit der Auswanderungsthematik zurückzuziehen.

Aber Ford wollte nicht bereits zu Beginn seiner Präsidentschaft einen Konflikt mit so wichtigen Senatoren und einer so bedeutenden innenpolitischen Klientel riskieren. Das bedeutete, ich wurde erneut in die Tretmühle der Verhandlungen mit den Senatoren über Fragen geschickt, die außerhalb meiner Kontrolle lagen. Wieder und wieder erläuterte ich, daß es für ihre Auswanderungszahlen keine Grundlage gab. Zu Jacksons größtem Ärger weigerte ich mich, seine Interpretation in einem dritten Brief zu bestätigen. Schließlich erreichte Ford persönlich am 18. Oktober eine Übereinkunft mit Jackson, die das Wesentliche unserer Gespräche mit den Sowjets beinhaltete, allerdings in einer unnötig aufdringlichen und scharfen Form. Jackson hielt an der Zahl von sechzigtausend als »Maßstab« fest und wies nachdrücklich darauf hin, er könne auch wieder mehr fordern, spätestens wenn die Meistbegünstigung zur Erneuerung anstehe.

Leider erlaubte Ford in einem Anfall von Großmut Jackson, dies öffentlich zu verkünden, und vergrößerte den Schaden noch dadurch, daß er ihm dafür den Presseraum des Weißen Hauses zur Verfügung stellte. Damit entstand nicht nur der Eindruck, Jackson spreche für die Exekutive, sondern vor allem, er habe eine Grundposition durchgesetzt, die Forderungen enthielt, welche die Sowjets nach ihren Erklärungen niemals akzeptieren wollten. Wir hatten uns mit ihnen darauf verständigt, den Briefwechsel als eine Auslegung der geltenden Praxis darzubieten. Jackson aber tat genau das Gegenteil. Der Senator verkündete, den Sowjets sei ein großer Sieg bei den Menschenrechten abgerungen worden. Damit wollte er andeuten, daß er bewiesen habe, wie wirksam seine Methode der Verhandlungen mit den Sowjets sei. Was die Zahl der Auswanderer betraf, so verletzte Jackson ausdrücklich unsere Verfügung, hier nicht konkret zu werden:

Wir haben als Maßstab, nicht als Quote, sechzigtausend Auswanderer pro Jahr definiert... Ich erwarte, daß die Zahl über sechzigtausend hinausgehen wird, denn wir wissen, daß die Zahl der Antragsteller einhundertdreißigtausend übersteigt.[11]

Damit war das Kind in den Brunnen gefallen. Die Sowjets reagierten nicht sofort, vielleicht weil sie mich in einer Woche zu einem Besuch in Moskau erwarteten, wo ich den Gipfel von Wladiwostok vorzubereiten gedachte.

In der Zwischenzeit korrigierte das Weiße Haus Jacksons Erklärung und hob hervor, mein Brief an den Senator habe keine konkrete Zahl enthalten.[12] Die Medien feierten jedoch den großen Sieg von Jacksons knallharter Taktik als Beweis dafür, daß die Sowjets zurücksteckten, wenn sie es mit unnachgiebigen amerikanischen Unterhändlern zu tun hatten.

Der »Sieg« erwies sich als nur von kurzer Dauer. Kaum zwei Monate später verzichteten die Sowjets auf die Meistbegünstigung und verringerten die Zahl der Auswanderer erheblich. Inzwischen aber war eine weitere Gesprächsrunde mit der sowjetischen Führung eröffnet worden.

IX. Ein Besuch bei Breschnew

Breschnew und die führenden Männer im Kreml

Während des Kalten Krieges war ein Besuch in Moskau stets von einer Vielzahl widersprüchlicher Reaktionen und Gefühle begleitet. Wer die Berichte der Geheimdienste kannte, wußte von dem riesigen, ständig anwachsenden Atomwaffenarsenal der Sowjets, das ausreichte, um unser Land, ja die ganze Zivilisation zu zerstören. Er konnte auch nicht darüber hinwegsehen, daß die im Kreml herrschende Ideologie den unausweichlichen historischen Sieg des Kommunismus verkündete oder daß seine tatsächliche Politik die meisten Krisen und Konfrontationen seit Kriegsende ausgelöst hatte.

Ungeachtet dieser unübersehbaren Realitäten nährten Begegnungen hoher Vertreter der beiden Supermächte, besonders ihrer Staatschefs, immer wieder die Hoffnung, die Konflikte eines halben Jahrhunderts könnten in einem Meinungsaustausch von wenigen Tagen beigelegt werden. Von den gegenseitigen Verwünschungen und den Konfrontationen einmal abgesehen, konnte im Atomzeitalter kein hoher Politiker die Sehnsucht der Völker nach Frieden oder seine eigene Verantwortung für das Überleben der Zivilisation auf die leichte Schulter nehmen.

Bei der Ankunft in Moskau war man schockiert angesichts des Gegensatzes, der sich zwischen dem Anspruch des kommunistischen Staates und der Wirklichkeit auftat. Die Geheimdienste malten schaurige Bilder von einem gewaltigen Militärpotential im Dienst unnachgiebiger Entschlossenheit an die Wand. Aber wer jemals zu einem offiziellen Besuch in der Sowjetunion weilte, konnte sich – obwohl man ihn als VIP sorgfältig abschirmte – des Eindrucks nicht erwehren, daß die ganze Inszenierung eher armselig war und jeden Augenblick in sich zusammenstürzen konnte. Hinter der Fassade der Gastlichkeit lauerte geheime Furcht, die Schwierigkeiten und Engpässe, die die Kommunisten plagten, könnten eines Tages das ganze Projekt zum Scheitern bringen.

Die Spannungen in einer Gesellschaft, der jegliche Spontaneität abging, forderten ihren Preis. Ungeachtet Moskaus ostentativen militärischen Muskelspiels, der Härte und zuweilen sogar Brutalität seiner Führer, die für dieses zum Scheitern verurteilte System standen, konnte man instinktiv spüren, daß es seine Existenz unter keinen Umständen auf eine Karte setzen würde. Zur Geschichte der Sowjetunion und ihren Entfaltungsmöglichkeiten paßte viel besser ein schleichender Expansionismus als die in Amerika beschworenen Szenarios von einem Armageddon.

Der direkte Kontakt mit den sowjetischen Führern in den siebziger Jahren bestätigte diesen Eindruck. Das Triumvirat, das zur Nixon-Zeit im

Kreml herrschte, erinnerte an eine Gruppe halberloschener Vulkane: der redselige Generalsekretär Leonid Breschnew, der mit großspuriger Jovialität seine latente Unsicherheit nie ganz überspielen konnte, der intelligente, zurückhaltende und ironische Ministerpräsident Alexei Kossygin, der im Verwaltungsapparat die Fäden zog, und schließlich Staatspräsident Nikolai Podgorny, der Macher hinter den Kulissen, den Außenpolitik wenig interessierte und der zu unseren Besuchen kaum mehr als eine gelegentliche Geste als Zeichen des guten Willens beitrug. So unterschiedlich diese drei Persönlichkeiten auch waren und sosehr sie miteinander rivalisierten, fehlte es ihnen doch gleichsam an einer inneren Dynamik, wirkten sie eher wie Schauspieler, die einen ihnen zugewiesenen Part spielten. Vielleicht war dies die Langzeitwirkung zweier Schlüsselerlebnisse, die sie miteinander teilten: Stalins Säuberungen und den Krieg gegen Nazideutschland.

Zwar war Stalin zu der Zeit, als ich dieser Troika begegnete, fast zwanzig Jahre tot, aber ich konnte mich des Eindrucks nicht erwehren, daß der brutale Diktator ihnen jede Antriebskraft und geistige Energie ausgesaugt hatte. Sie alle hatten den ersten großen Sprung auf der Karriereleiter in Bürokratie und Partei während der Säuberungen der dreißiger Jahre getan, als Stalin nahezu alle bekannten Führer seiner eigenen Generation ums Leben brachte. Breschnew und seine Gefolgsleute, die selbst miterlebt hatten, wie die Väter der Revolution aus einer Laune des selbsternannten Alleinherrschers heraus unter grotesken Beschuldigungen liquidiert wurden, mußten als Brandmal in ihrer Seele tragen, daß ihre eigene Machtstellung ebenso flüchtiger Natur sein konnte. Sie waren rascher aufgestiegen, als sie zu träumen gewagt hatten, aber sie zahlten dafür mit dem tiefsitzenden Zweifel an ihrer eigenen Legitimation und dauerhaften Macht. Solange Stalin am Leben war, fühlten sich die Überlebenden der ersten Säuberungen zwangsläufig als bereits vorbestimmte Opfer seiner unstillbaren Mordlust, zumindest aber als Zielscheibe des unbändigen Drangs, seine Umgebung stets aufs neue zu demütigen. Keiner von ihnen hatte jemals eine reguläre Übergabe der Macht erlebt. Jeder bisherige Führer der Sowjetunion war entweder auf seinem Posten verstorben oder, wie Nikita Chruschtschow, von einer Verschwörung seiner engsten Mitarbeiter gestürzt worden. Letztere waren die Personen, die ich regelmäßig traf.

Ein hoher Posten war in der Sowjetunion nicht nur ein Mittel, um seinen Ehrgeiz zu befriedigen, sondern auch die Voraussetzung, um mit einem gewissen Status zu überleben. Wenn eine führende Persönlichkeit zurücktrat, was sehr selten geschah, oder bei einer inneren Auseinandersetzung den kürzeren zog, dann folgte ein jäher Absturz – zunächst, was ihre Stellung betraf, bald darauf aber auch in ihrem Lebensstandard. In der »klassenlosen« Sowjetgesellschaft hing der Status eines Menschen wie in Feudalgesellschaften davon ab, ob man ein offizielles Amt bekleidete, das einem Zugang zu persönlichem Luxus gewährte, oder nicht. Dieser allerdings kam und ging mit dem Amt. Am schwersten zu ertragen war sicherlich die soziale Ausgrenzung, die auf den Verlust einer offiziellen Position folgte.

Während des Moskauer Gipfels im Mai 1972 wurde ich Augenzeuge einer recht drastischen Demonstration dieses Sachverhalts. Auf einem großen Empfang im Georgensaal des Kremls war ein Teil des riesigen Raumes für das Politbüro und die führenden Mitglieder der amerikanischen Delegation abgesperrt. Einer der Amerikaner bemerkte den betagten Anastas Mikojan – Mitstreiter Stalins und jahrzehntelang Mitglied des Politbüros – in der Menge auf der anderen Seite der Absperrung. Sein Leben gehörte bereits zur Geschichte des Kommunismus, aber seit Chruschtschows Sturz war er in Ungnade gefallen. Mikojan stand allein unter niederen Sowjetfunktionären, die ihn sichtlich mieden, und amerikanischen Journalisten, die ihn entweder nicht erkannten oder erstaunlicherweise zögerten, ihn anzusprechen. Ein Amerikaner, dem dies leid tat, forderte Mikojan auf, sich zu den VIPs zu gesellen. Zwischen Vorsicht und Eitelkeit hin und her gerissen, ließ sich Mikojan schließlich überreden, den abgesperrten Teil des Saales zu betreten, wo er sozusagen einst hingehört hatte. Das erwies sich als ein Fehler. Keines der Mitglieder des Politbüros, die bis vor kurzer Zeit mit oder unter ihm gearbeitet hatten, nahm auch nur geringste Notiz von Mikojan. Nach einigen peinlichen Minuten zog er sich – geächtet, wie er war – wieder in die Menge zurück.

Jeder Amtsträger in der Sowjetunion kennt ähnliche Fälle. Auf welcher Ebene er auch stand, das politische Überleben wurde zur entscheidenden Triebfeder, zur wichtigsten, zuweilen obsessiven Beschäftigung. Es war die am stärksten ausgeprägte Fertigkeit sowjetischer Funktionäre, hier zeigten sie größten Einfallsreichtum. Für diese Besessenheit zahlten sie aber auch mit einem Mangel an Vorstellungskraft in Fragen der globalen Strategie. Die Generation, die die Sowjetunion in den siebziger Jahren führte, baute militärische und geopolitische Macht weniger als Ausdruck langfristiger geopolitischer Ziele, sondern eher als Ersatz für sie auf. Dieses Streben nach Stärke als Selbstzweck schreckte die nichtkommunistische Welt und gebar schließlich eine stillschweigende Koalition aller Industriestaaten und Chinas gegen die Sowjetunion, die unweigerlich zu deren Zusammenbruch führte.

In den vielen Stunden der Gespräche mit Breschnew bemerkte ich eine Fülle taktischer Winkelzüge, aber nichts, was nach einem langfristigen politischen Plan ausgesehen hätte. Breschnew war von der Chinafrage geradezu besessen, machte durchsichtige und ziemlich plumpe Vorschläge, darunter ein globales sowjetisch-amerikanisches Kondominium gegen den riesigen Nachbarn, wovon noch die Rede sein wird. Breschnews Umgebung begriff jedoch bald, daß wir einer derartigen Idee in jeder Spielart auswichen. Wenn das Gespräch längere Zeit auf der Stelle trat, langweilte es Breschnew bald, und er wechselte das Thema, ohne besonders böse darüber zu sein.

Bevor die amerikanische Exekutive unter dem Einfluß von Watergate zerfiel, maß Breschnew der Entspannung zwischen Ost und West hohe Bedeutung zu. Er nahm, wenn auch nicht ohne Grollen, den Rückgang von Moskaus Einfluß im Nahen Osten hin. Während der Watergate-Affäre versuchte er Nixons innenpolitische Schwäche nicht auszunutzen. Abgesehen von der Idee, ein atomares Kondominium gegen China zu schmieden, war Breschnew vor allem daran interessiert, die Zustimmung der Vereinigten Staaten zu einem Abschlußgipfel der Konferenz für Sicherheit und Zusammenarbeit in Europa zu erlangen. Diesem Versuch einer Supermacht mit Tausenden von Atomwaffen, eine formale Bestätigung für Grenzen zu erhalten, die bereits durch eine ganze Reihe bilateraler Friedensverträge abgesichert waren und die kein Nachbar der Sowjetunion militärisch in Frage stellen konnte, haftete etwas Klägliches an. Aber Breschnew war so versessen auf diese Anerkennung, daß er einem Dokument zustimmte, welches letztlich der Grund und der Ausgangspunkt der Erosion der sowjetischen Einflußsphäre war, indem es die rechtliche Grundlage für die Wiedervereinigung Deutschlands lieferte und ein Forum schuf, vor dem die osteuropäischen Patrioten die Menschenrechte einklagen konnten.

Als die Entspannungspolitik scheiterte, begann Breschnew, damals von mehreren Schlaganfällen bereits stark geschwächt, das militärische Gewicht der Sowjetunion nach Afrika, Südjemen und Afghanistan zu verlagern. Das war eine recht opportunistische Expansion, bei der die Sowjetunion Situationen ausnutzte, an deren Entstehung sie keinen Anteil hatte. Dobrynin behauptete, dieser Kurs sei Breschnew vom ideologischen Flügel des Politbüros aufgezwungen worden. Hätte er sich ungebremst durchsetzen können, wäre daraus ein Streben nach Weltherrschaft entstanden.[1] Tatsächlich aber führte dieser neue Expansionismus vor allem dazu, daß die Ressourcen der Sowjetunion sich erschöpften und langfristig ihre Angreifbarkeit wuchs, insbesondere als die Reagan-Administration dieser Politik entschlossenen Widerstand entgegensetzte.

Die Generation sowjetischer Führer, die den Zweiten Weltkrieg überlebt hatten, neigte aus Erfahrung eher zu schrittweisem Vorgehen als zu einer Konfrontation apokalyptischen Ausmaßes. Von außen mag die Sowjetunion wie ein unerschütterlicher Koloß gewirkt haben, ihre Führer konnten jedoch nicht vergessen, wie knapp der Ausgang war. Die Sowjetunion mußte für ihren Sieg mit siebenundzwanzig Millionen Toter.[2] und der vollständigen Zerstörung eines Drittels ihres Territoriums bezahlen. Zwar war man stolz auf den Endsieg, hatte jedoch keinerlei Bedürfnis, ein zweites Mal zu testen, ob das Land in der Lage war, eine Auseinandersetzung dieser Größenordnung zu überleben.

Dem lauten, großspurigen Breschnew gelang es niemals, den Eindruck von Gelassenheit oder emotionaler Ausgeglichenheit zu erzeugen. Seine Haltung zu den Vereinigten Staaten schwankte zwischen Ehrfurcht und Neid. Für die Staatsmänner Großbritanniens, Frankreichs oder Chinas war Ebenbürtigkeit etwas, was ihnen aufgrund ihrer Geschichte und ihrer Leistung zustand. Breschnew dagegen sah Ebenbürtigkeit als etwas, was dem kapitalistischen Erzfeind abgerungen werden mußte, obwohl ihn die kommunistische Ideologie doch bereits auf dem Müllhaufen der Geschichte sah. Deshalb verhielt er sich nicht immer so, wie es der Überlegenheitsanspruch des kommunistischen Systems eigentlich geboten hätte. Im Mai 1973 lud mich Breschnew in das Jagdhaus des Politbüros bei Sawidowo (etwa einhundertfünfzig Kilometer von Moskau entfernt) ein, um seinen Besuch in den Vereinigten Staaten im Juni vorzubereiten. Zu Beginn unser langen Gespräche bestand Breschnew immer wieder sehr formal darauf, daß er in den Vereinigten Staaten als Gleichberechtigter behandelt werden müsse. Nach dem ersten Tag begann auch ich jedes Gespräch gebetsmühlenhaft mit der Versicherung, bei allen Begegnungen in Amerika werde man peinlichst auf Gleichbehandlung achten. Ohne zu begreifen, daß das wiederholte Bestehen auf der Achtung seines Status diesen eigentlich abwertete, erhob sich Breschnew von seinem Platz, kam um den Tisch herum und umarmte mich.

Die Gewährung der Meistbegünstigung für die Sowjetunion war in Breschnews Augen deshalb auch keine Handelsfrage, sondern ein Testfall für Amerikas Grundeinstellung zu seinem Land.

Breschnew war über militärische und wirtschaftliche Fragen relativ gut informiert, riskierte aber selten eine eigene Meinung. Tauchte ein technisches Problem auf, antwortete er meist erst nach kurzer Rücksprache mit seinen Leuten. Handelte Breschnew einmal auf eigene Faust, wie zum Beispiel beim ersten SALT-Gespräch mit Nixon während des Moskauer Gipfels 1972, dann brachte er sich bald in so große Schwierigkeiten, daß die sowjetische Seite den Rückzug antreten mußte, was in dem streng hierarchischen System ein mühseliger Prozeß war.[3] Zu geopolitischen Fragen trug er keine scharfsinnigen Überlegungen bei und fügte der von Gromyko bereits ausführlich dargelegten sowjetischen Position meist nur das Gewicht seines Amtes hinzu, allerdings auf weniger pedantische und wesentlich humorvollere Weise. Als Generalsekretär hatte Breschnew die Möglichkeit, diplomatische Blockaden zu durchbrechen. Das tat er gelegentlich auch, am eindrucksvollsten während des Gipfeltreffens mit Ford in Wladiwostok im November 1974, als er, so Dobrynin, Verteidigungsminister Andrei Gretschko in Moskau telefonisch in die Schranken wies.[4] Mit Breschnew zu sprechen machte wesentlich mehr Vergnügen als mit den typischen sowjetischen Unterhändlern. Eine Frohnatur mit viel Temperament, würzte er die Diskussion mit Anekdoten und Begebenheiten, die wegen ihres unterschiedlichen Grades an Salonfähigkeit hierherpassen mögen – oder auch nicht.

Die meisten offiziellen Verhandlungen fanden im Sitzungssaal des Politbüros statt – in einem dunklen, niedrigen Raum von etwa zwanzig Meter Länge, mit einem langen Tisch, an dessen Ende ein riesiger Schreibtisch stand, wahrscheinlich Breschnews Arbeitsbereich. Vor jedem Platz war ein Mikrofon eingebaut, das offenbar nicht nur dem Zweck diente, die Stimme zu verstärken, sondern auch jedes geflüsterte Wort von Breschnews Gesprächspartnern aufzuzeichnen. Das wurde offensichtlich, als ein sowjetischer Techniker den falschen Knopf drückte und für alle hörbar eine Bemerkung abspielte, die ich Helmut Sonnenfeldt, dem Berater des Außenministeriums zu meiner Seite, gerade zugeflüstert hatte.

Durchaus plausibel, aber nach meiner Erfahrung ungewöhnlich, hielt es Breschnew für Zeitverschwendung, Ausführungen in einer für ihn unverständlichen Sprache zu lauschen. Obwohl ich ihn direkt ansprach, stand er zuweilen vom Tisch auf, während ich redete, ging durch den Raum, unterschrieb Papiere, telefonierte gar oder scherzte in hörbarem Flüsterton mit den Anwesenden. Wenn ich meine Rede an seinen häufig leeren Stuhl beendet hatte, kam Breschnew zum Tisch zurück und hörte sich die Übersetzung an. War er mit seiner Erwiderung zu Ende, nahm er seine Gänge wieder auf, während Viktor Suchodrew, sein brillanter Dolmetscher, seine Worte ins Englische übersetzte.

Wenn es darum ging, den Gesprächspartner zu zermürben, war Breschnew bei weitem nicht so ausdauernd wie Gromyko. Lange Debatten über technische Fragen ließen ihn sichtbar unruhig werden. Wenn er Zugeständnisse machte, versicherte er sich zuvor der Zustimmung des Politbüros. Deshalb war es stets klug, Treffen, bei denen man einen Durchbruch erreichen wollte, in Moskau durchzuführen, die dann regelmäßig von Sitzungen des Politbüros unterbrochen wurden. Wenn allerdings Breschnew einmal seine Autorität in die Waagschale geworfen hatte, wollte er auch mit allen Mitteln ein Ergebnis erreichen. Das war am Ende des Moskauer Gipfels vom Mai 1972, danach in Wladiwostok im November 1974 und schließlich auch bei der Vorbereitung der Europäischen Sicherheitskonferenz von Helsinki im Sommer 1975 der Fall.

Die Entspannung aus der Sicht des Kremls

Mein Besuch in Moskau vom 23. bis 27. Oktober 1974 zeigte, wie tief die Kluft zwischen den Vorstellungen Washingtons und der Sicht Moskaus war. Die amerikanischen Medien, ein großer Teil des Kongresses und einige Mitglieder der Ford-Administration stimmten zunehmend mit den Kritikern der Entspannungspolitik überein, die diese als Einbahnstraße sahen, auf der Amerika unentwegt Zugeständnisse machte, um Moskaus trügerischen und unzuverlässigen guten Willen zu erreichen.

In Moskau hörte man genau das Gegenteil. Es gab kaum einen Bereich der Ost-West-Politik, in dem die sowjetischen Führer einen Vorteil für sich entdecken konnten. Die »Regelung« der Meistbegünstigung beziehungsweise Auswanderung, wie Senator Henry Jackson sie unmittelbar vor meiner Abreise bekanntgab, betrachteten sie als Beleidigung. Die Sowjetunion war aus der Nahostdiplomatie herausgedrängt. Die Europäische Sicherheitskonferenz kam nur im Schneckentempo voran, was teilweise daran lag, daß wir unser Junktim so lange wie möglich aufrechtzuerhalten suchten. Breschnews Vorschlag an Nixon, ein amerikanisch-sowjetisches atomares Kondominium zu schaffen, hatte Ford unbeantwortet gelassen. Allein SALT blieb übrig, und dies entpuppte sich zunehmend als Mittel, um die jeweiligen strategischen Programme beider Seiten zu bewältigen.

Unter meinen vielen Besuchen in der Sowjetunion tritt diese Reise vom Oktober 1974 zur Vorbereitung des Gipfels von Wladiwostok wegen der milden, zuweilen fast melancholischen Atmosphäre besonders hervor. Doch kündigte sie wie ein früher Frost die Kälte des Winters an, und keine der Seiten war auf den herannahenden Klimawechsel vorbereitet. Jeder tat aus eigenen Gründen so – und glaubte in gewisser Weise sogar daran –, daß wir es nur mit einer kurzzeitigen Verstimmung zu tun hätten, die noch zu beheben war. Die amerikanischen Unterhändler wußten nur zu genau, daß die Unterstützung für die Entspannungspolitik im Land schwand. Aber zugleich war uns bewußt, daß der neue Präsident eine Zeit der Ruhe brauchte, um sich selbst zu finden, weshalb wir über die SALT-Verhandlungen – die wichtigsten Gespräche, die immer noch stattfanden – versuchten, zu retten, was zu retten war.

Für die sowjetische Seite lagen die Dinge komplizierter. Nach den traditionellen Regeln des Kalten Krieges bot Watergate eine seltene Gelegenheit, die sowjetische Expansion voranzutreiben. Aber noch hatte es keine wirkliche Herausforderung gegeben. Erst als die Sowjetunion das durch die Ergänzungen von Jackson und Stevenson modifizierte Handelsgesetz ablehnte, Indochina aus den Fugen geriet und der Kongreß die Hilfe für die nichtkommunistischen Kräfte in Angola stoppte, schlug der Kreml einen abenteuerlicheren Kurs ein.

Wir verfolgten das Ziel, Moskau so lange wie möglich ruhigzustellen. Dabei wußten wir nur zu gut, glücklicherweise besser als der Kreml, daß ein umtriebiger liberaler Kongreß, der von unseren Kritikern beherrscht war und einen Präsidenten vor sich hatte, der erst Autorität erwerben mußte, kaum geneigt war, sich auf eine langfristige Konfrontation einzulassen, insbesondere wenn der Kreml seine Herausforderung mit der Enttäuschung eines abgewiesenen Bittstellers rechtfertigte. Moskau hatte natürlich die Möglichkeit, die Spannungen im Nahen Osten anzuheizen; dem Kreml boten sich viele Gelegenheiten, radikale Kräfte und Guerillas in der Dritten Welt zu unterstützen.

Im Oktober 1974 hatte aber noch keine dieser Herausforderungen Gestalt angenommen. Das lag zum Teil daran, daß der Niedergang der amerikanischen Exekutive, der uns solche Kopfzerbrechen bereitete, für die sowjetischen Führer kaum zu verstehen war. Fast zwei Jahre lang scheinen sie erwartet zu haben, daß bald wieder Normalität einkehren werde, was für sie bedeutete, daß das Hauen und Stechen der Nixon-Zeit wieder einsetzte. Die Kritiker der Entspannungspolitik behaupteten, die sowjetische Zurückhaltung sei auf die beträchtlichen Vorteile zurückzuführen, die der Kreml für sich habe verbuchen können – Vorteile, die ich auch heute nach zwanzig Jahren noch nicht erkennen kann. In jener Verhandlungsrunde kämpfte Breschnew noch immer um die Anerkennung seines Status, was an sich schon ein Zeichen von Unsicherheit war, denn wer sich für ebenbürtig hält, muß sich das nicht ständig bestätigen lassen.

Wichtiger aber dürfte gewesen sein, daß Breschnews anscheinend gleichbleibendes Interesse an der Entspannung von einer Vorahnung dessen bestimmt war, was sich später als Todesstoß für den Sowjetstaat herausstellen sollte. Denn die plumpe Einschüchterungspolitik des Kremls gegenüber allen Nachbarn der Sowjetunion hatte, wie bereits beschrieben, die wichtigsten Industriestaaten der Welt und China zu einem Bündnis gegen sie zusammengeschweißt. Wie Breschnews Nachfolger später mit tiefer Bitterkeit feststellten, war diese Politik ein historischer Fehler.[5] In diesem Sinne war ein wichtiges Motiv für Breschnews Festhalten an der Entspannung das Bestreben, die strategische Partnerschaft zwischen Amerika und China aufzubrechen oder zumindest im Schach zu halten.

Die meisten Probleme Amerikas waren vorübergehender Art und Schritt für Schritt zu überwinden. Im Wettstreit der Supermächte hatte die Sowjetunion jedoch grundsätzlich die schlechteren Karten. Mit einer stagnierenden Wirtschaft und einem Bruttosozialprodukt, das höchstens vierzig Prozent des US-amerikanischen erreichte, konnte die Sowjetunion im Wettrüsten nur mithalten, wenn sie ihre Bevölkerung zu einem Lebensstandard verdammte, der früher oder später den Sinn des kommunistischen Systems grundsätzlich in Frage stellen mußte. Und selbst wenn der Zivilbevölkerung solche Opfer abverlangt wurden, ging das Wettrüsten bis an die Grenzen der industriellen Möglichkeiten des Landes. Tief in ihrem Inneren mußten die sowjetischen Führer genau das Gegenteil von dem empfinden, was die Kritiker der Ford-Administration behaupteten: weniger Überlegenheit, als vielmehr ein Gefühl der Verwundbarkeit, sollten die Vereinigten

Staaten einmal ihr gesamtes technologisches und industrielles Potential mobilisieren. Ungeachtet aller sowjetischen Beschwörungen der historischen Gewißheit des Sieges des Kommunismus und auch den Weltuntergangsszenarios unserer Kritiker zum Trotz arbeitete die Zeit für Amerika.

Breschnew glaubte offenbar, er könne sein Hauptproblem durch verstärkte wirtschaftliche Beziehungen zum Westen verringern und so vielleicht ohne strukturelle Reformen auskommen. Aber die Maßnahmen, die man ins Auge faßte, reichten nicht aus, um an den grundsätzlichen Schwächen des Systems etwas Wesentliches zu ändern. Früher oder später mußten die Sowjets sich dem stellen, was Michail Gorbatschows unlösbares Dilemma werden sollte: Das Sowjetsystem konnte ohne Reformen nicht überleben, und zugleich war es bereits zu erstarrt, um den Reformprozeß noch zu überstehen.

Hätte man es der Sowjetunion gestattet, ihr Militärpotential aufzubauen, ohne daß Amerika darauf entschlossen reagierte, oder hätten die Vereinigten Staaten den schleichenden Expansionismus der Sowjetunion hingenommen, dann wäre es den Sowjets vielleicht gelungen, ihre schwächere Position mit brutaler Gewalt in einen strategischen Vorteil zu verwandeln. Aber das gliche einer Spekulation, ob ein Schachspieler, der zwei Figuren weniger hat, die Partie noch gewinnen kann. Das ist zwar theoretisch möglich, aber gegen einen erfahrenen Gegner höchst unwahrscheinlich. Und die Ford-Administration (wie bereits die Nixon-Administration vor ihr) hatte nicht die Absicht, so folgenschwere Fehler zu begehen.

In den Gemächern des Politbüros

Im Oktober 1974 wurde beiden Seiten am Verhandlungstisch in Moskau klar, daß die sowjetisch-amerikanischen Beziehungen am seidenen Faden hingen. Während aber die amerikanische Delegation wußte, was in ihrem Land geschah, ohne etwas daran ändern zu können, schienen die sowjetischen Führer, die mit Gepflogenheiten in einer Demokratie keinerlei Erfahrungen hatten, verblüfft und verwirrt zu sein. Da die meisten Themen, von der Rüstungskontrolle einmal abgesehen, entweder bereits zu Fall gebracht waren oder ein Eigenleben entwickelt hatten, gab es außer SALT nichts Konkretes zu verhandeln. Vielleicht ist das der Grund dafür, weshalb der Dialog diesmal philosophischer ausfiel als bei meinen anderen Begegnungen mit sowjetischen Führern.

Am 24. Oktober, einem Donnerstag, eröffnete Breschnew morgens nach einer überschwenglichen Begrüßung die Gespräche im Sitzungssaal des Politbüros mit einer ausführlichen Darlegung, worüber sich die Sowjetunion Sorgen machte. Den Partner von Anfang an in die Defensive zu drängen, das war immer eine gängige Methode der sowjetischen Verhandlungsführung. Meist folgten der Liste von Klagen bestimmte konkrete Forderungen nach. Diesmal aber präsentierte Breschnew keine Vorschläge, sondern bat mit vorwurfsvoller Stimme um eine Erläuterung des amerikanischen Verhaltens:

Als erstes möchte ich sagen, daß ich glaube, die amerikanische Seite hat von unserer ersten Begegnung an bis heute keinerlei Grund, uns vorzuwerfen, wir hätten nicht den guten Willen, unseren Verpflichtungen nachzukommen. Damit meine ich nicht nur unsere Vereinbarungen, sondern auch die Grundlinie unserer Politik und die offiziellen Erklärungen, die ich selbst und meine Kollegen bisher abgegeben haben. Wir haben niemals etwas geäußert, was in irgendeiner Weise als Einmischung in die inneren Angelegenheiten der Vereinigten Staaten gedeutet werden könnte. Selbst wenn es komplizierte Entwicklungen gab, haben wir sie niemals ausgenutzt.

Breschnew stellte der sowjetischen Zurückhaltung bei der Watergate-Affäre die provozierenden Akte und Erklärungen Amerikas gegenüber. Eine direkte Kritik an Präsident Ford vermied er sorgfältig, wandte sich aber scharf dagegen, wie Jackson den Kompromiß bei der Meistbegünstigung und der jüdischen Auswanderung darstellte. Die Sowjets, so erklärte er, hatten den von Nixon gesetzten Rahmen zur Begleichung ihrer Schulden aus den Lend-Lease-Verträgen als Gegenleistung für den Status der Meistbegünstigung akzeptiert. Als die Bestimmungen des Abkommens bereits vereinbart waren, habe Jackson völlig neue Vorbedingungen in das Ratifikationsverfahren eingebracht, die mit der Sache überhaupt nichts zu tun haben und die Sowjetunion lediglich demütigen sollten:

Das Problem daran ist, daß Jackson einen großen Sieg über das Weiße Haus errungen hat und es ihm gelungen ist, der Sowjetunion bestimmte Zugeständnisse abzuringen.

Jacksons Zahlen über die Auswanderung von Juden aus der Sowjetunion, fuhr Breschnew fort, entbehrten jeder Grundlage. Er werde mir die korrekte Statistik zur Zahl der Ausreiseanträge übergeben. Nun befinde sich die Sowjetunion in der mißlichen Lage, der einzige Staat der Welt zu sein, dem man für die Meistbegünstigung Bedingungen stelle. Statt Ebenbürtigkeit zu demonstrieren, bestätige das neue Handelsabkommen nur die diskriminierende Haltung der Vereinigten Staaten gegenüber der Sowjetunion:

Der Sowjetunion soll also die Meistbegünstigung wie eine besondere Gunst und für ganze achtzehn Monate gewährt werden. Lassen Sie mich unverblümt sagen, daß wir ein solches »Geschenk« nicht annehmen können. (Schlägt mit der Hand auf den Tisch) Für uns ist das eine unannehmbare Diskriminierung. Das will ich hier betonen!

Breschnew beklagte sich nicht nur über den Kongreß. Nixon und ich, so meinte er, hätten seine Warnung in San Clemente im Juni 1973, daß ein Nahostkrieg unmittelbar bevorstehe, nicht genügend beachtet. Er habe geglaubt, man hätte sich in der Nahostfrage über ein gemeinsames Vorgehen geeinigt. Nun aber müsse er feststellen, daß wir einen eigenen Kurs steuerten, indem wir (aus seiner Sicht) die Araber spalteten:

Sie haben Ihre Reisediplomatie begonnen. Sie haben versucht, die Staaten gegeneinander auszuspielen. Ich denke, Sie müßten sich inzwischen davon überzeugt haben, daß bei solchen Versuchen nichts herauskommen wird.

Breschnews nächste Kritik betraf das langsame Vorankommen bei den Verhandlungen über die Europäische Sicherheitskonferenz. Wenn die Vereinigten Staaten die Sache wirklich beschleunigen wollten, »dann würden Ihre Freunde sich bewegen«. Da hatte er recht. Wir bremsten bei der Europäischen Sicherheitskonferenz in der Tat, um die Sowjetunion zur Zurückhaltung auf anderen Gebieten, besonders im Nahen Osten, zu bewegen. Ironischerweise türmten sich auf diesen anderen Gebieten immer mehr Hindernisse auf, und damit wuchs der Anreiz, die Europäische Sicherheitskonferenz als eine der letzten Trumpfkarten unserer regen Junktimpolitik in der Hand zu behalten.

Alle diese Beschwerden Breschnews zeigten, wie heikel unser Verhältnis insgesamt war. Einige der Reizthemen, wie die Gesetzesänderung von Jackson und Vanik, waren Probleme der amerikanischen Innenpolitik, andere, wie zum Beispiel unsere Nahostpolitik, Ergebnis unserer geopolitischen Strategie, wieder andere, wie die Europäische Sicherheitskonferenz, Bestandteil unserer Verhandlungstaktik.

Ich antwortete entsprechend ausführlich. Was die Erklärungen Jacksons betraf, so konnte ich nur wiederholen, was ich bereits in Gromykos Anwesenheit zu Ford gesagt hatte. Unser Ausgangspunkt war die konkrete Ablehnungsquote von maximal 1,6 Prozent, die uns zunächst Gromyko genannt und dann Dobrynin in Breschnews Auftrag bestätigt hatte. Die Zahl sechzigtausend stamme von Jackson, nicht von uns. Die Administration hat ihren Standpunkt nicht geändert. Wenn es keine anderen Beeinträchtigungen als die der normalen Ablehnungsquote gibt, dann hat die Administration kein Recht, weitere Einwände (gegen diese sowjetische Position) vorzubringen.

Was den Nahen Osten betraf, so gab ich die ganze Schuld Gromyko, der rechts neben Breschnew saß. Die sowjetische Politik unterscheide sich nicht von den Forderungen der radikalen arabischen Staaten, argumentierte ich, und uns mutete man die Schmutzarbeit zu, diese Israel aufzuzwingen: Da zwischen diesem Plan (der Sowjets) und dem der Araber kein Unterschied ist, warum dann nicht gleich mit den Arabern verhandeln? Alle verlangen doch das gleiche von uns. Es ist uns immer schwergefallen auszumachen, was die Sowjetunion in dieser Diskussion einbringt. Im Grunde hat sie jede arabische Position unterstützt, und wir sollten taktisch gezwungen werden, diese Israel einseitig aufzuzwingen.

Mit anderen Worten: Wenn die Sowjetunion nicht wenigstens etwas Abstand zu ihren arabischen Verbündeten herstelle, werde die amerikanische Politik der Zurückdrängung des sowjetischen Einflusses im Nahen Osten fortgesetzt werden.

Lediglich in der Frage der Europäischen Sicherheitskonferenz konnte ich Breschnew ein wenig entgegenkommen. Ich bot an, die Verhandlungen zu beschleunigen und in einem Jahr abzuschließen, wenn sich die Sowjetunion in zwei Punkten kooperativer zeige: beim sogenannten Korb III, der die Menschenrechte zu einem offiziellen Bestandteil der europäischen Sicherheit erklärte, und beim Prinzip, daß die Grenzen Europas mit friedlichen Mitteln veränderbar seien – wie heute allgemein anerkannt wird, eine Voraussetzung für die spätere Wiedervereinigung Deutschlands (siehe Kapitel XXI).

Vielleicht lag es daran, daß Breschnew allmählich begriff, wie brüchig das Ost-West-Verhältnis inzwischen geworden war – jedenfalls beendete er die Gespräche vom 24. Oktober in einem versöhnlichen Ton. Vor dem Essen nahm er mich beiseite, um mir zu versichern, die Sowjetunion habe den Nahostkrieg 1973 nicht begünstigt. Da die sowjetischen Berater bereits 1972 aus Ägypten ausgewiesen worden waren, habe die Sowjetunion erst knapp drei Tage vorher erfahren, daß ein Krieg bevorstand. Sie konnten uns nicht informieren, beteuerte Breschnew, weil sie fürchteten, wir könnten unsererseits die Israelis warnen. Ein israelischer Präventivschlag aber hätte die sowjetische Position im Nahen Osten in ihren Grundfesten erschüttert. Allerdings hätten die Sowjets »andere Maßnahmen ergriffen«, um uns aufmerksam zu machen. Offenbar meinte er damit die Abreise der sowjetischen Familien aus Syrien und Ägypten achtundvierzig Stunden vor Kriegsbeginn. Wenn dies als Signal gedacht war, dann hatten wir es damals gründlich mißverstanden – ein Beispiel dafür, wie Vorurteile auf die Politik der Staaten wirken. Wir hatten bei unseren Überlegungen die Möglichkeit eines bevorstehenden arabischen Angriffs auf Israel einfach nicht in Betracht gezogen.[6]

Mit dieser spektakulären Enthüllung wollte Breschnew vor allem den Boden für die Frage nach den langfristigen Absichten Amerikas bereiten, die er stellte, als die Berater sich wieder zu uns gesellten:

Was bedeutet es, und was sollen wir von Aussagen verschiedener offizieller Vertreter der Vereinigten Staaten, darunter auch einiger hoher Regierungsbeamter, halten, daß der Weltfrieden erst dann gesichert ist, wenn die Vereinigten Statten die Stärksten sind? Wie sollen wir solche Äußerungen verstehen?... Das ist eine Frage, die ich bei diesem Treffen mit Ihnen ansprechen wollte.

Meine zweite Frage hängt damit zusammen, daß wir morgen über die strategische Rüstung sprechen wollen: Glauben Sie oder räumen Sie die Möglichkeit ein, daß es zu einem Atomkrieg zwischen unseren beiden Staaten kommt? Oder daß ein Atomkrieg irgendwo in der Welt ausbricht, zum Beispiel in Europa? Wenn ich diese Frage stelle, werden Sie sicher meine Meinung dazu wissen wollen. Was das betrifft, so wünsche ich Ihnen angenehme Träume.

Grundsatzdiskussionen dieser Art mit sowjetischen Führern waren äußerst selten. In der Regel zogen sie vor, einen Fragenkatalog abzuarbeiten, der sich auf konkrete taktische Dokumente bezog. Bei dieser Gelegenheit, die so nicht wiederkehrte, gab mir Breschnew die Möglichkeit, die strategische Doktrin der Vereinigten Staaten fundiert darzulegen.

Ich begann also das Gespräch am nächsten Tag mit langen, im wesentlichen konzeptionellen Ausführungen. Die Debatte über das »stärkste« Militärpotential habe weniger Überlegenheit, als vielmehr Gleichheit zum Ziel. Derartige Äußerungen, fügte ich hinzu, seien aber nicht die Hauptursache dafür, daß die Rüstungskontrollverhandlungen in eine Sackgasse zu münden drohten. Die wirkliche Schwierigkeit bestehe darin, daß über die Jahre zwei strategische Potentiale entstanden seien, die man jeweils für eigene, sehr verschiedene Ziele aufgebaut habe. Die amerikanischen strategischen Waffen seien vor allem für die Vergeltung gedacht, während die sowjetischen eindeutig auf einen Erstschlag ausgerichtet seien:

Der Generalsekretär hat mehrfach die Zahl der Sprengköpfe auf unserer Seite erwähnt. Der Generalsekretär weiß aber auch, daß die große Mehrheit dieser Sprengköpfe – fast zwei Drittel – auf U-Booten stationiert ist. Er weiß, daß Sprengköpfe auf U-Booten relativ klein sind – sehr klein im Vergleich zu den sowjetischen Sprengköpfen. Und schließlich weiß der Generalsekretär ebenfalls, daß die Koordinierung eines Angriffs – eines glaubhaften Angriffs – von U-Booten, die über alle Weltmeere verstreut sind, äußerst schwierig, m Grunde genommen unmöglich ist. Ich denke, der Generalsekretär sollte verstehen, daß selbst die Anzahl der Sprengköpfe auf den U-Booten eine Reaktion auf das Programm der Sowjetunion darstellt. Sie wurden entwickelt, weil wir in der Lage sein wollten, Raketenabwehrsysteme zu durchbrechen; und wir wollten genügend Sprengköpfe auf den U-Booten haben, um diese Systeme zu überleben.

Im Unterschied dazu, argumentierte ich, baue die Sowjetunion ihre Fähigkeit aus, unsere landgestützten Kräfte zu bedrohen. Als Breschnew daraufhin wortreich beteuerte: »Wir haben nicht die Absicht, Sie anzugreifen«, erwiderte ich, es gehe nicht darum, was er beabsichtige:

Ich sage nicht, Sie haben die Absicht, aber Sie verfügen eindeutig über die entsprechende Fähigkeit ...

Wenn wir uns das sowjetische Potential näher ansehen, dann erkennen wir einige beunruhigende Phänomene. Ihre Raketen sind größer als unsere, die Sprengköpfe jeder einzelnen ihrer Raketen sind stärker als unsere ...

Ihre strategischen Kräfte sind so aufgebaut, daß sie eine sehr ernste Bedrohung für unser landgestütztes Potential darstellen, ob Sie sie nun dafür einsetzen wollen oder nicht.

In dieser Generation, sagen wir, bis 1981 oder 1982, werden Sie noch nicht so viele Sprengköpfe haben wie wir. Aber das ist eigentlich unerheblich, denn ab einem bestimmten Punkt gibt es dafür keine vorstellbaren Ziele mehr. Nach 1981 oder 1982 können Sie die Zahl Ihrer Sprengköpfe vervielfachen, weil Sie über dieses große Wurfgewicht verfügen.

Meine Analyse ging nicht von einer parallelen strategischen Sichtweise aus und enthielt auch keine beschwichtigenden Zusicherungen über die Absichten der Vereinigten Staaten, wie sie eine liberale Administration gegeben hätte. Eigentlich kam sie den Auffassungen der Neokonservativen sehr nahe. Vom konservativen und neokonservativen Lager unterschied ich mich in den Schlußfolgerungen. Die Logik von Jacksons Standpunkt lief darauf hinaus, die Rüstungskontrollverhandlungen zu nutzen, um den Sowjets eine Umstellung ihres Potentials nach amerikanischem Vorbild aufzuzwingen. Wir in der Ford- (und Nixon-)Administration hielten das für nicht erreichbar (und keine nachfolgende Administration hat es je erreicht). Ich dagegen wollte die Sowjets zur Zurückhaltung bewegen, indem ich sie warnte: Wenn keine strategische Stabilität erreicht werde, sei eine massive amerikanische Aufrüstung unumgänglich. Ich argumentierte:

Wenn wir in einen zügellosen Wettstreit geraten, dann werden wir uns vor den Gefahren schützen, die ich Ihnen dargelegt habe. Das geschieht nicht, um Überlegenheit zu erreichen, sondern um uns wirksam zu verteidigen. Wir werden dann wesentlich größere Raketen, wahrscheinlich in größerer Zahl, bauen. Erinnern Sie sich, Herr Generalsekretär, an die späten fünfziger Jahre, als Ihr Vorgänger in seiner etwas impulsiven Art gewisse Drohungen ausstieß. Als uns klar wurde, daß ein möglicher Rückstand bei den Raketen zu einer Bedrohung für uns werden könnte, starteten wir ein sehr umfangreiches Raketenprogramm, nach dem jährlich mehrere Tausend Raketen gebaut wurden.

Breschnew stimmte meiner Analyse nicht ausdrücklich zu, widersprach ihr aber auch nicht. Allerdings erklärte er nachdrücklich, die Sowjetunion werde unter keinen Umständen einen Atomkrieg beginnen. Wenn ich ehrlich sein soll, konnte ich in der Tat kaum glauben, daß diese geschundenen Überlebenden des Stalinschen Terrors es jemals fertigbringen könnten, sich auf die Risiken und Unwägbarkeiten eines Großangriffs mit Atomwaffen auf die Vereinigten Staaten einzulassen, die sie so offensichtlich fürchteten. Dieser Eindruck war jedoch nicht geeignet, unsere Sorge darüber zu verringern, wie die Sowjets angesichts technologischer und quantitativer Entwicklungen in zehn Jahren reagierten, wenn ihr Programm der Mehrfachsprengköpfe abgeschlossen war und möglicherweise eine eher abenteuerlich gestimmte Führungsgruppe im Kreml regierte. Breschnew sagte ich soviel:

Ob ich glaube, daß es zu einem Atomkrieg zwischen uns kommen kann? Ich glaube nicht, daß ein Verantwortlicher beim gegenwärtigen Kräfteverhältnis den kühlen Entschluß zu einem Großangriff auf den anderen fassen könnte … Schließlich haben sich in jedem Krieg die militärischen Planungen der ein oder anderen Seite als falsch erwiesen. In einem thermonuklearen Krieg müßte ein militärischer Führer einen politischen Führer überzeugen, daß Raketen, die noch niemals abgeschossen wurden, deren Treffsicherheit noch niemals an realen Zielen getestet wurde, gegen solche realen Ziele abgeschossen werden müßten, deren Schutz unbekannt ist. Dabei müßten sie sicher sein, daß die Ziele nach Vorwarnung nicht selbst zum Angriff gestartet werden. Ich denke, das erfordert ein Maß an Selbstsicherheit, das kaum vorstellbar ist.

Andererseits – wenn lokale Spannungen wachsen, wenn örtlich begrenzte Konflikte zwischen den Vereinigten Staaten und der Sowjetunion sich entwickeln, dann ist es denkbar, daß bei den Arsenalen, über die beide Seiten verfügen, ein solcher Krieg auch ohne vorherige Absicht entstehen könnte. Denn sicherlich wird keine Seite sich der anderen geschlagen geben wollen.

Breschnew wies die Hypothese, daß ein Atomkrieg auch nur im entferntesten möglich sei, vehement zurück.

Wenn Sie mir Ihrerseits die Frage stellten, ob ich an die Möglichkeit eines Atomkrieges zwischen uns glaube, dann wäre meine Antwort nein. Das gilt unabhängig davon, wer an der Spitze der amerikanischen Administration steht, denn es kommt nicht auf die Führung eines Landes, sondern auf sein Volk an. Viele Menschen, darunter Wissenschaftler, wissen, was ein solcher Krieg bedeutet und wie viele sterben müßten. Deshalb schließe ich aus, daß eine Seite die Entscheidung trifft, einen solchen Krieg vom Zaun zu brechen, ihn möglich zu machen.

Interessanterweise zeigte Breschnew mehr Vertrauen in die Vereinigten Staaten als viele unserer heftigen Kritiker, die meinten, ein Atomkrieg *sei* möglich wegen der moralischen und intellektuellen Defekte der amerikanischen Führung. Welch ein paradoxer Rollentausch: Der Vertreter einer von Pragmatismus geprägten Gesellschaft ohne geopolitische Tradition, der sicher war, daß diese Gesellschaft die Geschichte überdauern werde, argumentierte, daß die Dynamik von Technologie und Strategie ungeachtet persönlicher Absichten in eine Katastrophe führen könne, wenn man nicht unverzüglich etwas dagegen unternahm; auf der anderen Seite stützte sich der

Generalsekretär eines kommunistischen Systems, das auf der Lehre beruht, daß historische Zwangsläufigkeit und materielle Faktoren stets über persönliche Absichten obsiegen, auf die Annahme, daß bei allen möglichen Fehlern in Entwicklung und Zweckbestimmung am Ende die Schrecken eines Atomkrieges die Verantwortlichen dazu bringen würden, dem Druck der materiellen Faktoren zu widerstehen.

Ein Schritt zum Durchbruch

Als wir am Abend des 25. Oktober, des dritten Tages meines Besuchs, dann endlich auf SALT zu sprechen kamen, mußte das Philosophieren rasch wieder der üblichen Erbsenzählerei über die Anzahl der Atomwaffen weichen, die für »gleiche Sicherheit« erforderlich waren. Wieder hatten beide Seiten nur eine Sorge: daß ihre laufenden strategischen Programme unangetastet blieben, die allesamt aufgelegt worden waren, bevor die Rüstungskontrollverhandlungen begannen. In diesem Sinn bestand das Hauptziel der SALT-Verhandlungen darin, einen gewissen Rahmen abzustecken, in dem der Wettstreit in übersichtlicherem und damit weniger bedrohlichem Tempo fortgesetzt werden konnte.

Ford hatte mir die Vollmacht erteilt, die Option sogenannter ausgleichender Asymmetrien zu bekräftigen – einen sowjetischen Vorteil bei den Trägermitteln für ein amerikanisches Übergewicht bei den Sprengköpfen auszuhandeln –, wie es Nixon drei Monate zuvor angeboten hatte. Um aber neuem innenpolitischen Streit darüber, was Gleichheit bedeutete, aus dem Weg zu gehen, hatte Ford mich angewiesen, gleiche Obergrenzen von zweitausendfünfhundert Trägermitteln und eintausenddreihundertzwanzig Raketen mit Mehrfachsprengköpfen ins Gespräch zu bringen, wie das Pentagon es wollte.

Breschnew war erstaunt darüber, daß wir nun von der Version wieder abgingen, zu der Nixon und ich ihn vor kaum drei Monaten selbst gedrängt hatten. Als ich diesen Positionswechsel erklärt hatte, waren wir im Nu wieder bei der sowjetischen Standardforderung, die britischen und französischen Atomwaffen müßten in die Gesamtzahl einbezogen werden und die Sowjets einen gewissen »Ausgleich« für unsere ausländischen Militärbasen erhalten, von denen aus Kampfbomber Ziele tief im Territorium der Sowjetunion erreichen konnten. Auf den letzteren Punkt wies Breschnew nachdrücklich hin, indem er einen seiner Generäle auf einer Karte mit riesigen Bogen die wahrscheinlichen Angriffsrouten von unseren Militärbasen aus demonstrieren ließ.

Wir beschlossen, dieses Problem auszuklammern und uns zunächst auf die gemeinsamen Obergrenzen zu konzentrieren. Ich schlug eine Obergrenze von eintausenddreihundertzwanzig Raketen mit Mehrfachsprengköpfen im Rahmen einer Gesamtzahl von zweitausendzweihundert Trägermitteln vor, in die ich die Flugzeuge mit einbezog. Obwohl ich ermächtigt war, bis auf zweitausendfünfhundert zu gehen, wählte ich die Zahl von zweitausendzweihundert, denn sie lag näher an unseren tatsächlich geplanten zweitausend Trägermitteln und verlangte von der Sowjetunion, vierhundertfünfzig ihrer insgesamt zweitausendsechshundertfünfzig abzubauen. Merkwürdigerweise wurde die Zahl der Raketen mit Mehrfachsprengköpfen, die genau unserem geplanten Programm entsprach, in das wir zur Sicherheit noch zwei weitere Trident-U-Boote aufgenommen hatten, sofort und ohne Nachfrage akzeptiert. Konnte es möglich sein, daß die militärischen Pläne der Sowjets mit unseren identisch waren? Oder glaubten die sowjetischen Generäle, sie könnten die Gesamtzahl während der zehnjährigen Laufzeit des Abkommens ohnehin nicht erreichen?

Zu der vorgeschlagenen Obergrenze von zweitausendzweihundert Trägermitteln stellte der sowjetische Vizeaußenminister Georgi Kornijenko, der in der sowjetischen Delegation für die Zahlen verantwortlich war, die Frage, wie wir auf diese Gesamtzahl kämen. Nach SALT I, so argumentierte er, seien uns lediglich eintausendsechshundertvierzig Raketen gestattet. Unsere vorhandenen Bomber reichten nicht aus, um die Zahl von zweitausendzweihundert zu erreichen. Er hatte recht – das war der Punkt, weshalb ich aus rein intellektueller Sicht die »ausgleichenden Asymmetrien« bevorzugte. Wollten wir SALT benutzen, um unsere Aufrüstung zu rechtfertigen? fragte Kornijenko. Es war noch schlimmer. Wir planten keinerlei zahlenmäßige Aufrüstung, ein Kurs, an dem alle nachfolgenden Administrationen festhielten. Unser Ziel bestand vielmehr darin, unsere Widersacher im Land zu besänftigen.

Da ich das nicht zugeben konnte, suchte ich einen Vorwand, wie wir die Gesamtzahl von zweitausendzweihundert zu erreichen gedachten. Ich erläuterte, der strategische Bomber B 1 werde bald in Dienst gestellt werden (in SALT I wurden Flugzeuge nicht mitgezählt), und bot dann großzügig an, als Beitrag zu SALT die Gesamtzahl der Bomber auf zweihundertfünfzig zu »limitieren«. Das war eine der wohlfeilen »Beschränkungen«, die im Niemandsland von SALT hin- und hergeschoben werden konnten, weil ich wußte, daß in unseren Plänen nur zweihundertvierzig Bomber standen. Die Sowjets wußten das allerdings nicht. (Tatsächlich wurden in den über zwanzig Jahren, die seitdem vergangen sind, darunter auch unter der Administration des »Falken« Reagan, wegen vom Kongreß auferlegter technischer und ideologischer Zwänge ganze hundert dieser Flugzeuge gebaut.) Breschnew erklärte, wenn man die Obergrenze mit zweitausendzweihundert ansetze, müßte die Sowjetunion zweihundert moderne Raketen zusätzlich zu den zweihundertzehn veralteten abbauen, wozu sie sich bereits in SALT I verpflichtet habe. In der geheimnisvollen Welt von SALT war das ein ermutigendes Zeichen, denn Breschnew beanstandete nur die Zahl, nicht das Prinzip gleicher Obergrenzen für beide Seiten. Mein Mißtrauen war allerdings sofort wieder geweckt, als das Gespräch mit Breschnew am nächsten Morgen mit der Begründung verschoben wurde, das Politbüro berate über einen neuen Vorschlag.

Den neuen sowjetischen Plan präsentierte Breschnew am 26. Oktober spätabends, etwa zwölf Stunden vor unserem geplanten Abflug aus Moskau – einer der seltenen Fälle, da die sowjetischen Führer die Erläuterungen ihrer Gesprächspartner zur Kenntnis genommen hatten. Breschnew schlug ein Abkommen mit einer Laufzeit von zehn Jahren bis 1985 vor, vorausgesetzt, ihm und Ford gelang es in Wladiwostok, einen Durchbruch zu erzielen. Die Obergrenze bei den Trägermitteln sollte auf zweitausendvierhundert festgesetzt werden. Die Vereinigten Staaten sollten sich verpflichten, bis 1984, das heißt bis ein Jahr vor Auslaufen des Abkommens, nicht mehr als zweitausendzweihundert Trägermittel zu bauen. Die britischen und französischen Atomwaffen sollten in die Gesamtzahl einbezogen werden, wenn die endgültige Obergrenze erreicht war, nicht aber in die zwischenzeitliche Obergrenze von zweitausendzweihundert. Das bedeutete natürlich, daß man die »zwischenzeitliche« Obergrenze als dauerhaft ansah. Die beiden Seiten näherten sich damit einem entscheidenden Durchbruch. Aus Prinzip lehnte ich das Ansinnen ab, die Atomwaffen Frankreichs und Großbritanniens auf unserer Seite in die Gesamtzahl einzubeziehen. Um des Friedens im eigenen Haus willen wies ich auch die stufenweise Annäherung an die endgültige Obergrenze zurück, obwohl sie gut zu unserem laufenden Programm gepaßt hätte.

Aber der Gedanke der Gleichheit hatte sich durchgesetzt, und ich war ziemlich sicher, daß Breschnew mir am Ende zustimmen würde. Da ich in weniger als zwölf Stunden nach Indien weiterreisen mußte und keine Zeit mehr für eine weitere Sitzung des Politbüros blieb, schlug ich vor, die offenen Fragen auf Wladiwostok zu vertagen. Bis dahin wollten Dobrynin und ich versuchen, die unterschiedlichen Standpunkte einander anzunähern. Ich hätte nichts offengelassen, wäre ich nicht überzeugt gewesen, daß Breschnew schließlich einlenken würde.

Daß Breschnew mit einer der unseren nahen Position nach Wladiwostok kommen werde, war daran zu erkennen, wie er sein Eingehen auf meinen Vorschlag formulierte:

Ich stimme Ihnen unter einer Bedingung zu: Was Sie zusätzlich auch vorbringen mögen, es dürfen keine grundsätzlich neuen Vorschläge sein. Denn ich möchte diese bevorstehende erste Begegnung mit dem Präsidenten nicht mit einem Streit beginnen.

Für einen Augenblick schien es, als stünden wir trotz all unserer innenpolitischen Querelen kurz davor, ein Abkommen über SALT zu erreichen, und hätten damit die Marschroute für den Abschluß der Europäischen Sicherheitskonferenz abgesteckt. Aber ich wurde das ungute Gefühl nicht los, daß es Jackson und seine Verbündeten doch noch irgendwie fertigbringen würden, ihr Ja zur Rüstungskontrolle zu verweigern. Auch Breschnew schien weiteren Ärger zu ahnen und gab mir die (für sowjetische Verhältnisse) freundliche Warnung mit auf den Weg, die sowjetische Nachsicht mit unseren inneren Streitigkeiten habe Grenzen:

Vergessen Sie bitte nicht den Kern dieser Diskussion über die Raketen, aber auch nicht, was wir am ersten Tag besprochen haben. Ich weiß, Sie haben es nicht vergessen, und werde nicht wieder davon anfangen. Ich habe mich bemüht, unsere Position dazu so klar wie möglich darzulegen.

Ein atomares Kondominium

Bevor wir Moskau verließen, machten uns zwei Vorkommnisse noch einmal allzu bewußt, wie heikel das beiderseitige Verhältnis trotz allen Wohlwollens und aller Fortschritte bei den SALT-Gesprächen blieb: Das erste war eine amerikanische Abfuhr, die Breschnew sich selber einhandelte, das zweite eine Verlegenheit, in welche die eigene Innenpolitik die amerikanischen Gäste brachte.

Die Abfuhr holte sich Breschnew, als er versuchte, einen Faden aus dem Vieraugengespräch mit Nixon während des Junigipfels 1974 wiederaufzunehmen. Damals hatte Breschnew vorgeschlagen, die beiden Supermächte sollten eine Art atomarer Vormundschaft über die Welt errichten. Einige Tage später rief mich Nixon während eines Essens, das er im Spaso House, dem Sitz des amerikanischen Botschafters, gab, zu sich und erläuterte mir im Beisein Breschnews dessen Vorschlag. Dieser lief darauf hinaus, daß die Vereinigten Staaten und die Sowjetunion den atomaren Ambitionen aller anderen Staaten gemeinsam entgegentreten sollten. Zu diesem Zweck sollten sie vereinbaren, zusammen gegen jeden Staat militärisch vorzugehen, der Atomwaffen einsetzte. Nixon nannte dies einen »interessanten Gedanken«, den ich mit Dobrynin oder Gromyko weiter sondieren sollte.[7] Breschnews Angebot eines solchen sowjetisch-amerikanischen atomaren Kondominiums enthüllte, wie stark die drohende Isolierung Moskaus ihn beunruhigte und wie sehr er bestrebt war, im Verhältnis zu Peking den diplomatischen Spieß umzudrehen.

Wer Nixon kannte, wußte, daß ein solcher während des Essens erteilter Auftrag wenig bedeutete – er konnte ebensogut heißen, ich möge das Projekt fallenlassen oder es weiterverfolgen. Kaum etwas konnten wir weniger brauchen, als durch einen unklugen Deal mit Moskau das zarte, noch in den Kinderschuhen steckende Verhältnis mit China zu beschädigen. Ich unternahm gar nichts und wartete darauf, daß Nixon seine Absichten klarer äußerte. Einige Wochen später trat er zurück, ohne noch einmal auf dieses Thema zurückgekommen zu sein (was er auch in den ganzen zwanzig Jahren, die er noch zu leben hatte, nie mehr tat). Auch Dobrynin fragte nicht nach. Als ich Ford über die Sache informierte, gab ich meiner Hoffnung Ausdruck, Breschnews Vorschlag werde sich wohl mit Nixons Rücktritt erledigt haben.

Aber ich hatte Breschnews Hartnäckigkeit (oder seine Naivität) unterschätzt. Denn nun, an meinem letzten Abend in Moskau, lud er mich zu einem letzten Gespräch im kleinen Kreis vor Beginn der SALT-Verhandlungen in sein Arbeitszimmer im Kreml ein und kam auf diese Sache zurück. Lediglich Außenminister Gromyko auf sowjetischer Seite und der Berater des amerikanischen Außenministeriums Hal Sonnenfeldt waren anwesend, außerdem der allgegenwärtige Viktor Suchodrew als Dolmetscher. Um wiederzugeben, welchen Geist Breschnews Plan atmete, zitiere ich hier ausführlich, was er über das Gespräch mit Nixon sagte:

Könnten wir nicht die Möglichkeit ins Auge fassen, daß unsere beiden Mächte, die in absehbarer Zukunft über eine beachtliche Stärke insbesondere auf militärischem Gebiet verfügen, in irgendeiner Form einen Vertrag oder ein Abkommen darüber schließen, daß angesichts der Gefahr, die die Atomwaffen für alle Völker, für die gesamte Menschheit darstellen, im Fall eines Angriffs einer dritten Macht, die wir sogar nennen könnten, gegen einen von uns der andere ihm im Interesse der Erhaltung des Friedens militärischen Beistand leistet? Das könnte auch die jeweiligen Verbündeten betreffen – bei einem Angriff auf die Bundesrepublik Deutschland oder Italien kämen wir diesen ebenfalls zu Hilfe. Das wäre natürlich eine Warnung für jene, die versucht sein könnten, Atomwaffen gegen uns oder unsere Verbündeten einzusetzen.

Präsident Nixon deutete an, er halte dies für einen sehr interessanten Gedanken und könne die Überlegung grundsätzlich unterstützen. Er fügte hinzu, er werde in einigen Monaten in der Lage sein, auf meinen Vorschlag zu antworten. Wir gingen damals nicht weiter ins Detail, und was ich eben gesagt habe, ist fast wörtlich das gleiche wie damals. Ich gebe Ihnen mein Wort, und Suchodrew haftet mit seinem Kopf dafür, daß ich die Aufzeichnungen von jenem Gespräch niemandem gezeigt habe.

Wenn ich daran denke, wie wichtig die Sowjets bürokratische Verfahren (von ihren Abhörpraktiken gar nicht zu reden) nahmen, dann dürfte Suchodrews Leben wohl an einem seidenen Faden gehangen haben. Aber unabhängig davon, inwieweit dieser Vorschlag in der sowjetischen Hierarchie bereits bekannt war – er lief darauf hinaus, daß die Vereinigten Staaten und die Sowjetunion sich dazu verpflichteten, einander zu Hilfe zu eilen, wenn einer von ihnen in einen Krieg mit einer anderen Atommacht verwickelt wurde. Das bedeutete, wir hätten uns auf die Seite der Sowjetunion nicht nur stellen müssen, wenn sie sich mit China anlegte, sondern auch, wenn einer unserer engen Verbündeten wie Großbritannien oder Frankreich als Reaktion auf einen konventionellen Angriff der Sowjetunion Atomwaffen gegen sie einsetzte.

Das Gespräch nahm eine merkwürdige Wendung, als Breschnew seinen vertraulichen, feierlichen Monolog mehrfach unterbrach, um – erfolglos – zu versuchen, mit einer Spielzeugkanone eine kleine Ladung abzufeuern. Der folgende Wortwechsel ist bezeichnend für die Atmosphäre:

Kissinger: Ich bin noch nie von einem Generalsekretär beschossen worden.

(Breschnew zielt mit der Kanone auf Sonnenfeldt.)

Gromyko: Sie sollten sich an Ihrem eigenen Außenminister versuchen und nicht die Amerikaner erschrecken.

(Breschnew steckt ein Geschoß in die Kanone und zieht an der Schnur. Nichts passiert.)

Breschnew: Ich muß von Sadat Ersatzteile anfordern.[8]

Als es Breschnew endlich gelang, einen lauten Knall zu erzeugen, unterbrach er das Gespräch und stolzierte durch den Raum wie ein Preisboxer, der gerade seinen Gegner k. o. geschlagen hat.

In dieser Atmosphäre, die konspirativ und grotesk zugleich wirkte, mußte ich mir eine Erwiderung auf Breschnews Vorschlag zurechtlegen. Auf ihn einzugehen hätte bedeutet, das Atlantische Bündnis zu zerstören, unsere Öffnung nach China zunichte zu machen und uns selbst gegenüber der ganzen Welt zu isolieren. Wenn man Breschnew ernst nahm, war die einzige Möglichkeit für einen Staat, der sowjetisch-amerikanischen Bevormundung zu entgehen, sein Bündnis mit einer Supermacht aufzukündigen. Das wäre die beste Werbung für die Blockfreien gewesen. Deshalb beschränkte ich mich darauf, genauer nach den Umständen zu fragen, auf die sich eine solche Vereinbarung beziehen könnte. Zugleich begriff ich durchaus, daß es nicht dem üblichen diplomatischen Stil entsprach, dem Chef der Kommunistischen Partei der Sowjetunion im Beratungsraum des Politbüros im Beisein eines hohen Führungsmitglieds eine Abfuhr zu erteilen. Deshalb verlegte ich mich auf ein Ausweichmanöver und erklärte, den Vorschlag müsse ich dem Präsidenten übermitteln (was sogar zutraf, denn ich hatte mit Ford vor meiner Abreise in dieser Angelegenheit noch nicht ausführlich gesprochen):

Das ist ein sehr weitgehendes und umfassendes Vorhaben. Ich habe Präsident Ford nur allgemein darüber informiert, daß Sie und Präsident Nixon darüber gesprochen haben. Ich werde es mit dem Präsidenten erörtern, wenn ich zurückkomme, in jedem Fall aber vor Ihrer Begegnung in Wladiwostok.

Breschnews Angebot war schwer zu begreifen. Gromyko war erfahren genug, um zu verstehen, daß daraus nichts werden konnte. Ganz ungewöhnlich für das Vorgehen der Sowjets – Untergebene warfen sich pausenlos in die Bresche, um Widerstände gegen Vorschläge des Generalsekretärs vom Tisch zu fegen –, hatten weder Gromyko noch Dobrynin jemals dieses Thema angesprochen. Das hatte sich Breschnew ganz allein vorbehalten. Meine kühle Reaktion hieß für den Kenner ohne jeden Zweifel, daß auch in Wladiwostok bei dieser Sache nichts herauskommen konnte. Wie wir aber sehen werden, hielt das Breschnew nicht davon ab, sie dort erneut zur Sprache zu bringen, und zwar nicht ein-, sondern sogar zweimal.

Wer war der wahre Breschnew? Der, der nach Entspannung und normalen Beziehungen strebte, oder der geschickte Täuscher, der eine globale sowjetisch-amerikanische Vormundschaft vorschlug, um Amerikas Bündnisse und sein Verhältnis zu China zu ruinieren? Wahrscheinlich waren beide Breschnews »wahr«, und bei unserem Treffen wußte Breschnew vielleicht selbst noch nicht, welcher von beiden die Oberhand gewinnen würde. Konnte eine Fortsetzung der Entspannungspolitik ihn dazu bewegen, sich stärker mit inneren Reformen zu befassen, die Kraft der Sowjetunion darauf zu konzentrieren – wobei er allerdings wie Michail Gorbatschow hätte erfahren müssen, daß das Sowjetsystem mit einer modernen Weltwirtschaft unvereinbar war? Oder hätte er sich damit Spielraum für eine noch aggressivere Politik verschafft? Wir werden es niemals erfahren, obwohl ich es bedaure, daß wir die Aussichten nicht weiter erkunden konnten. Schließlich fiel die Entspannung den Kontroversen in den Vereinigten Staaten und Breschnews Unfähigkeit zum Opfer, der Versuchung zu widerstehen, unsere inneren Probleme auszunutzen, als das Handelsgesetz durchfiel und SALT ebenfalls scheiterte.

So kam es, daß die Sitzung, in der Breschnew bereits einen Durchbruch bei SALT kommen sah, von Diskussionen umrahmt war, die letzten Endes das Ost-West-Verhältnis untergraben mußten: am Anfang das Angebot einer atomaren Vormundschaft der Supermächte, das den globalen Bestrebungen der Sowjetunion diente, und am Ende ein weiteres Vieraugengespräch auf Initiative des Generalsekretärs, diesmal über die Jackson-Vanik-Gesetzesvorlage, die Ausdruck der inneren Spaltung Amerikas war.

Nach der offiziellen Abschiedsveranstaltung nahm mich Breschnew für ein weiteres Privatgespräch beiseite. Ich solle mir darüber im klaren sein, wie sehr das Politbüro Jacksons Verhalten mißbillige. Von den über hundert Staaten, denen man die Meistbegünstigung gewähre, habe man allein die Sowjetunion einem so diskriminierenden Verfahren ausgesetzt, und das nicht nur durch die Kopplung der Meistbegünstigung an ihre Innenpolitik, sondern auch durch die Bestimmung, die Gewährung jährlich neu zu prüfen. Jackson habe Auswandererzahlen genannt, für die Äußerungen sowjetischer Vertreter uns gegenüber keinerlei Grundlage lieferten. Die Tatsache, daß man nach sowjetischem Recht nicht mehr als 1,6 Prozent der Antragsteller abweisen werde, sei keine Verpflichtung, eine bestimmte Zahl von Auswanderern zu garantieren. Verlange Jackson von der Sowjetunion, sie solle ihre Bürger ausweisen, damit die vom amerikanischen Kongreß vorgegebenen Zahlen erreicht würden? fragte Breschnew. Oder wolle Jackson lediglich demonstrieren, daß er die Sowjets durch Druck dazu gebracht habe, Zugeständnisse in einer Sache zu machen, die auf der ganzen Welt als innere Angelegenheit eines Staates anerkannt sei? Der nächste Schlag folgte am Morgen darauf, dem 27. Oktober. Auf der Fahrt zum Flugplatz übergab mir Gromyko einen Brief, der vom Vortag datiert war. Es war ein merkwürdiges Dokument, nicht auf einem Kopfbogen des Außenministeriums geschrieben, sondern auf einfachem bräunlichen Papier, als wäre es ein persönlicher Brief. Darin wies Gromyko den Inhalt des Briefwechsels mit Jackson, den das Weiße Haus inzwischen veröffentlicht hatte, offiziell zurück. Er erinnerte mich daran, daß die sowjetische Führung lediglich meinem »Wunsch« entsprochen habe, über Verfahren zu informieren, die allein »innere Angelegenheiten des Staates« seien. Gromyko wies jede Interpretation »entschieden« zurück, die den Eindruck einer »Zusicherung oder gar einer Garantie« erweckte, und bedauerte, daß »selbst Zahlen über die erwartete Höhe der Auswanderer... genannt werden«[9].

Wovor ich seit fast zwei Jahren gewarnt hatte, war nun eingetreten. Als Ford das Amt des Präsidenten übernahm, war das Handelsgesetz fertig ausgehandelt, hatte Gromyko eine Zahl von fünfundvierzigtausend jüdischen Auswanderern im Jahr formell versprochen und Breschnew bestätigt. Nun distanzierten sich die Sowjets offiziell und schriftlich von einer Absprache, die nur als stillschweigende Übereinkunft hätte funktionieren können. Auf Druck des Kongresses hatten wir versucht, die Lücke mit einer komplizierten Formel am Rande des Erreichbaren zu schließen. Jacksons Entschlossenheit, diese bereits arg strapazierte Formel zu einer bindenden Verpflichtung zu machen und eine gekonntere Art und Weise des Umgangs mit den Sowjets als die der Administration zu demonstrieren, konnte nur das Handelsgesetz vollends zu Fall bringen und die Auswanderung der Juden in großem Maße erschweren.

Unsere Abreise aus Moskau am Morgen des 27. Oktober mag symbolische Bedeutung gehabt haben – oder auch nicht. Aus Versehen hatte jemand die Schuhe meiner Frau Nancy eingepackt und mit den Koffern zum Flugzeug vorausgeschickt. Mein persönlicher Mitarbeiter L. Paul (»Jerry«) Bremer sprang ihr galant zur Seite und lieh ihr seine Schuhe, bis wir in der Maschine wieder an unser Gepäck kamen. Ich kann nur mutmaßen, was in unseren sowjetischen Gastgebern vorging, als meine gewöhnlich so elegante Frau in Männerschuhen erschien und einer meiner Mitarbeiter in Strümpfen dastand. Unsere Kritiker hatten gewitzelt, wir könnten in Moskau unser letztes Hemd verlieren – aber unsere Schuhe?

X. Wladiwostok und die Krise der amerikanisch-sowjetischen Beziehungen

Ankunft in Wladiwostok

Ford startete am 23. November 1974 von Seoul aus nach Wladiwostok. Da die Sowjetunion damals Südkorea nicht anerkannte, mußte die »Air Force One« noch einmal nach Tokio zurückkehren, wo wir einen sowjetischen Navigator an Bord nahmen. Nach dem steifen Zeremoniell in Japan und dem stürmischen Empfang in Südkorea nahm sich die Ankunft in der Sowjetunion erstaunlich dürftig, ja sogar etwas improvisiert aus. Die Maschine des Präsidenten landete auf einem Militärflugplatz etwa fünfundsiebzig Kilometer von Wladiwostok entfernt. Einen Tag zuvor hatte hier ein schwerer Schneesturm getobt, und es war zweifelhaft, ob wir überhaupt landen konnten. Später erfuhren wir, daß unsere Gastgeber sogar erwogen hatten, das Treffen nach Chabarowsk zu verlegen – sowohl technisch als auch politisch eine famose Aussicht: technisch, weil ein improvisierter Gipfel in einer sibirischen Stadt sieben Zeitzonen von Moskau entfernt sich leicht chaotisch gestalten konnte; politisch, weil die chinesische Grenze am Ussuri buchstäblich vor der Stadt liegt und ein sowjetisch-amerikanischer Gipfel an diesem Ort in Peking unweigerlich als provokatorische Demonstration einer Verschwörung der Supermächte interpretiert worden wäre. Zwar blieb uns diese Peinlichkeit erspart, aber schon wenige Tage später hatte ich in Peking Gelegenheit zu erfahren, daß die Chinesen auch die Wahl von Wladiwostok kaum positiver sahen (siehe Kapitel XXVIII).

Die Gebäude des sowjetischen Luftwaffenstützpunktes verschwanden unter einer hohen Schneedecke. In der weißen Einöde war nichts zu erkennen außer einigen dunklen Schatten am Rand einer hölzernen Tribüne, die sich als das sowjetische Begrüßungskommando entpuppten. Da es bitterkalt war, hatte man ursprünglich die Absicht, eine Empfangszeremonie mit dem Abschreiten der Ehrengarde ausfallen zu lassen. Was an Zeremoniell fehlte, machte Breschnew mit stürmischer Herzlichkeit wett. Er brachte uns zum Zug nach Okeanskaja, einem Kurort, etwa fünfzehn Kilometer von Wladiwostok entfernt.

Nach der üppigen Ausstattung der Wagen konnte der Zug noch aus der Zarenzeit stammen.[1] Man wäre nicht erstaunt gewesen, hätte eine bärtige Gestalt in russischer Tracht den Tee aus einem silbernen Samowar serviert. Wir zuckelten gemütlich durch eine schneebedeckte Ebene, die auf der einen Seite eine Hügelkette säumte. Als unsere sowjetischen Gastgeber uns aufklärten, dort verlaufe die chinesische Grenze, an der es 1969 zu Kämpfen zwischen sowjetischen und chinesischen Truppen gekommen war, beschlich mich wieder das klaustrophobische Gefühl, das ich vor 1967 häufig in Israel empfunden hatte, wo man fast an jedem Ort auf eine umkämpfte Grenze blickte.

Dieses vage Gefühl von Paranoia, das die Nähe der Weiten Chinas auslöst, stellte sich noch einmal ein, als Breschnew uns am Ende der Reise Wladiwostok zeigte. Die Stadt war damals noch für Ausländer geschlossen und wirkte an einem Sonntag eher etwas verschlafen. Äußerlich machte sie den Eindruck einer mitteleuropäischen Stadt, die es an den Rand Asiens verschlagen hat. Fast ausschließlich von Europäern bewohnt, hatte Wladiwostok mit seinen Hügeln und Stränden etwas von dem Charme San Franciscos und erinnerte nur wenig an die vor Geschäftigkeit überschäumenden Metropolen Japans und Koreas, die Ford gerade besucht hatte. Als der Zar die Stadt gründete, wollte er vor allem ein Einfallstor des Russischen Imperiums nach Asien schaffen. Für die Sowjetunion bestand das Problem eher darin, daß solche Außenposten leicht zu belagerten Enklaven werden können.

Ford und ich wurden bald in den Speisewagen gebeten, in dem wir an einem Tisch mit einem schweren weißen Tischtuch Platz nahmen: Breschnew, Außenminister Andrei Gromyko, Botschafter Anatoli Dobrynin und der hervorragende sowjetische Dolmetscher Viktor Suchodrew auf der einen Seite, Ford, Walter Stoessel, unser Botschafter in der Sowjetunion, und ich auf der anderen, außerdem unser offizieller Dolmetscher, der äußerst versierte Alex Akalowski. Daß wir einen eigenen Dolmetscher hatten, war eine grundlegende Neuerung im Vergleich zu Nixon, der überzeugt war, über die Dolmetscher des Außenministeriums werde der Inhalt seiner Gespräche weitergegeben.

Nun endlich saß Gerald Ford Leonid Breschnew, über den er so viel gelesen hatte, von Angesicht zu Angesicht gegenüber. In meinem Informationsmaterial für den Gipfel hatte ich ihn so beschrieben:

Insgesamt ist er nicht sehr kompetent, er wird leicht ungeduldig, wenn es um Einzelheiten geht, und scheint häufig schlecht vorbereitet (um nicht zu sagen, desinformiert) zu sein. Das überspielt er mit abwechslungsreichen Geschichten und Abschweifungen. Im Grunde genommen ist er aber ein harter, schonungsloser Gegner, der einem nichts schenkt. Mit Ihnen wird er vorsichtig umgehen, denn er kennt Sie nicht. Außerdem hat er einen gesunden, instinktiven Respekt vor der Macht der Vereinigten Staaten und vor Ihrem Amt.
Für uns wird es das beste sein, wenn Sie unsere Position klar und offen darlegen, damit er sie unverfälscht zur Kenntnis nehmen kann.
Er könnte versuchen, Sie unter vier Augen zu sprechen, wobei er Ihnen seinen aufrichtigen Wunsch nach guten Beziehungen mitteilen wird. Dabei könnte er das Kondominium antippen, um zu testen, ob Sie Interesse an einem solchen Verhältnis zeigen, das praktisch gegen China gerichtet wäre.

Ford hatte bei der Vorbereitung auf die Reise keinerlei Unsicherheit gezeigt. Er hielt es auch jetzt offenbar nicht für nötig, seine natürliche Art aufzugeben, nur weil er sich am östlichen Rand Sibiriens befand. Breschnew eröffnete das Gespräch in dem lockeren Ton, der ich bereits kannte. Er ließ Bemerkungen über die Schwäche des finnischen Präsidenten Urho Kekkonen für Kaffee fallen, ein Getränk, das er selbst offenbar nicht ausstehen konnte, und über den Hang des verstorbenen ägyptischen Präsidenten Nasser, Diplomatie mit Publicity zu verwechseln. Den Höhepunkt bildete die Mitteilung, Gromyko, häufige Zielscheibe von Breschnews Humor, habe das diplomatische Protokoll auf dem Wiener Kongreß erfunden, an dem er in seiner früheren Inkarnation als Zar teilnahm. Gromyko erwiderte unbeeindruckt, Breschnew habe den Titel verwechselt, er sei beim Wiener Kongreß lediglich Beobachter gewesen. Aber Breschnew behielt das letzte Wort: »...sicher als Beobachter dieser Blockfreien«.

Ford hatte die Angewohnheit, bei Menschen, die er zum ersten Mal sah, das Gespräch auf etwas Praktisches zu lenken. So fragte er, welche Möglichkeiten es für die Landwirtschaft in der Gegend gebe, durch die wir gerade fuhren. Auf diese Frage war Breschnew nicht vorbereitet und kannte sich offenbar mit der Landwirtschaft in der Region Primorje nicht besonders gut aus. Nach etwas oberflächlicher Konversation über die günstigsten Temperaturen für den Feldbau (Sibirien schnitt dabei nicht gut ab) kam Ford sofort zur Sache und fragte Breschnew, wie er sich die Gestaltung der Tagesordnung vorstelle, die man in Moskau vereinbart hatte.

Breschnew, der von Nixon ein eher indirektes Vorgehen gewohnt war, geriet zunächst etwas aus dem Takt, fing sich aber rasch und begann mit Ausführungen, die offensichtlich als sein Statement auf der ersten Plenarsitzung gedacht waren. Es war die übliche sowjetische Abhandlung internationaler Themen wie Rüstungskontrolle, Naher Osten und Europäische Sicherheitskonferenz. Den Mangel an Genauigkeit in der Sache machte Breschnew mit Gefühl wett:

Lassen Sie uns nicht wie Diplomaten, sondern wie Menschen miteinander sprechen. Wir beide, Sie und ich, haben im Zweiten Weltkrieg gekämpft. Das war sicher ein Kinderspiel, wenn man an einen Atomkrieg denkt.

Ford nahm dieses Thema auf, aber nur kurz: Er stimmte seinem Gastgeber zu, ein Atomkrieg hätte ganz sicher »unglaubliche« Folgen, und erklärte dann, er werde im wesentlichen die Außenpolitik Nixons fortsetzen.

Breschnew machte einen weiteren Versuch, um beim Hauptpunkt zu bleiben:

Außerhalb des Protokolls – ich bin der Meinung, daß wir bisher nicht richtig vorgehen, einen falschen Kurs steuern. Wir haben bisher keinerlei wirkliche Rüstungsbegrenzung erreicht, sondern das Wettrüsten nur immer weiter vorangetrieben. Das ist falsch. Die Wissenschaft kann uns schon morgen Erfindungen präsentieren, die wir uns heute kaum vorstellen können. Ich weiß einfach nicht, wie weit wir unsere sogenannte Sicherheit noch erhöhen können. Das heißt nicht, daß ich nicht bereit wäre, über Zahlen oder Obergrenzen zu sprechen, ich will nur sagen, daß dieses Wettrüsten beträchtliche Gefahren in sich birgt... Die Menschen kennen nicht alle Einzelheiten, sonst würden sie uns wahrlich die Hölle heiß machen. Wir geben Milliarden für diese Dinge aus, Summen, die für das Wohl des Volkes viel besser verwendet wären.

Das war ein wichtiger Punkt, der das Dilemma des Kalten Krieges genau traf. Das Wettrüsten konnte ohne ein gewisses Maß an Vertrauen nicht unter Kontrolle gebracht werden. Aber die ideologische Kluft war so tief, daß beide Seiten ihre Sicherheit nur mit technischen Begriffen definierten, was genauso viele Fragen aufwarf wie Lösungen bot. Im Grunde genommen verteidigte jeder die für ihn wichtigsten Rüstungsprogramme. Leider war es uns nicht beschieden herauszufinden, wohin diese Einsicht Breschnew geführt hätte. Denn bald darauf war er bereits zu krank für eine kreative Diplomatie. Im Zug in Sibirien auf dem Weg nach Okeanskaja meinte Ford allerdings, er sei nicht so weit gereist, um nur allgemein über Rüstungs-kontrolle zu philosophieren. Vor weitergehenden Vorhaben mußten kon-krete Vereinbarungen stehen:

Herr Generalsekretär, mich interessiert Ihre staatsmännische Sicht die-ses Problems, und ich denke, wir sollten diese größeren Zusammen-hänge später einmal diskutieren. Für dieses Treffen erscheint mir wich-tig, die Themen konkret zu erörtern und dabei schrittweise vorzugehen. Ich denke, unser Vorschlag und Ihr Gegenvorschlag sind eine gute Grundlage, um an das Abkommen von 1972 anzuknüpfen.

Da es bis zur Plenarsitzung nun nichts Substantielles mehr zu besprechen gab, fielen die Sowjets in die leichtere Tonart zurück. Gromyko bemerkte, Se-nator Walter Mondale habe seine Ambitionen auf das Präsidentenamt 1976 aufgegeben, weil Breschnew sich geweigert habe, ihn in Moskau zu empfan-gen. Breschnew gab zurück, das habe er getan, weil ihm Henry Jackson lieber sei. Ford wußte, wie wenig die Sowjets Jackson mochten, und nutzte das für einen weiteren Versuch, wieder zum eigentlichen Thema zurückzukehren:

In unserem System haben Leute wie Senator Jackson das Recht, eine gegenteilige Meinung zu äußern. Aber ich glaube, das amerikanische Volk will, daß wir unseren bisherigen Kurs fortsetzen. Wenn wir 1975/76 eine Übereinkunft zustande bringen, dann haben wir bessere Chancen, diese Politik bis 1980 weiterzuführen.

Nixon hatte sein enges persönliches Verhältnis zu Breschnew stets hervor-gehoben, nicht weil er sich über die Ziele der Sowjetunion Illusionen machte, sondern weil er mit dem Hinweis darauf, wie sehr man ihn im Aus-land respektierte, seinen Kritikern im Land den Wind aus den Segeln neh-men wollte. Ford, der seiner selbst viel sicherer war, sah keine Notwendig-keit, die führenden Männer anderer Staaten zu umwerben oder Sympathie zu heucheln, die er nicht empfand.

Unser Domizil in Okeanskaja für die nächsten zwei Tage war gewöhnlich ein Urlaubsheim für Arbeiter und Soldaten (einige Spaßvögel in unserer Delegation meinten allerdings, es sei wohl eher eine Verrücktenanstalt). Man muß sich einen Park mit einem großen steinernen Gebäude in der Mitte vorstellen, das von kleinen Holzhäuschen umgeben ist. Eines davon wurde mir zugewiesen. Es war zwar nicht sehr vornehm, schützte aber gut vor der schlimmsten Kälte, die ich je erlebt habe. Ein vorsintflutlicher bau-chiger Ofen sprühte gelegentlich Funken und weckte meine Befürchtung, das ganze Bauwerk könnte in Flammen aufgehen, wenn wir unsere sowje-tischen Gastgeber zu sehr provozierten. Ford, der in dem Steingebäude lo-gierte, blieb zumindest diese Angst erspart.

Die erste Plenarsitzung

Die Plenarsitzung fand im Wintergarten des schmucklosen Steingebäudes statt, dessen düstere Atmosphäre Blumen in einem großen Glasfenster am Ende des Raumes etwas auflockerten. Dobrynin berichtet in seinen Memoi-ren, Breschnew habe in seinem Zugabteil nach dem ersten Gespräch mit Ford einen »Anfall« gehabt, worauf ihn die Ärzte gedrängt hätten, den Be-ginn der Verhandlungen, der auf den Abend angesetzt war, zu verschieben.

Das mag zutreffen, wir jedenfalls bemerkten an ihm kein Anzeichen nachlassender Kraft.[2] Dies war das einzige Mal in Fords Amtszeit, daß er eine einheitliche Position seiner Regierung zu SALT vortrug. Sowohl Schlesinger als auch ich hatten dem Konzept gleicher Zahlen für beide Seiten zugestimmt; der Terminus technicus dafür lautete »gleiche Zahl von Aggregaten«. In einer Denkschrift in meiner Eigenschaft als Nationaler Sicherheitsberater hatte ich Ford allerdings gewarnt: Selbst wenn wir eine Vereinbarung erzielten, könnten die Angriffe auf SALT im Land weitergehen; die Konservativen waren durchaus imstande, den Druck von der gleichen Zahl der Aggregate auf das gleiche Wurfgewicht zu verlagern. Das aber war nur verhandelbar, wenn die Vereinigten Staaten ein gewaltiges Rüstungsprogramm auflegten, das wiederum der eben gewählte, von McGovern beherrschte Kongreß ganz sicher ablehnen würde. Von den Liberalen hatten wir Widerstand gegen das Aufstocken des amerikanischen Potentials zu erwarten, das sich als Konsequenz aus unserem Vorschlag der gleichen Zahl von Aggregaten ergab. Trotz alledem hatte ich aus folgenden Gründen empfohlen, die eingeschlagene Richtung beizubehalten:

(1) Wenn uns ein Durchbruch bei SALT gelingt, wäre das eine politische Absicherung dagegen, daß sich das Verhältnis insgesamt verschlechtert, und dies zu einer Zeit, da wir (a) vor einer möglichen Konfrontation im Nahen Osten stehen und (b) ohne eine massive Aufstockung des Budgets nicht unbedingt mehr Verhandlungsspielraum gewinnen.

(2) Ausgehend davon, daß wir einen neuen Kongreß haben, in einer Vorwahlzeit stehen, uns wegen der Entwicklung auf dem Energiesektor in ökonomischen Schwierigkeiten und unter Inflationsdruck befinden, sind unsere Chancen, für neue Waffensysteme über die bereits geplanten hinaus die notwendigen Mittel zu beschaffen und dauerhaft zu sichern, nicht sehr gut, insbesondere wenn der Vorschlag tatsächlich die Aussicht auf eine Einigung bietet...

(3) Die in Aussicht stehende Übereinkunft hat den Vorteil, daß sie davon ausgeht, daß die Programme für die Trident und den B-1-Bomber umgesetzt werden, was deren Chance verbessern würde, durch den Kongreß zu kommen.

Die Rüstungskontrolle hatte sich weit von ihrem ursprünglichen Ziel entfernt und war nun eher ein Mittel, neue strategische Rüstungsprogramme zu ermöglichen, statt sie zu begrenzen.

Schlesinger hatte nur zähneknirschend und mit Vorbehalten zugestimmt, billigte jedoch den Grundkonsens, der eine Vereinbarung über jeweils zweitausendvierhundert Trägermittel und eintausenddreihundertzwanzig Raketen mit Mehrfachsprengköpfen vorsah. Diese Formel beinhaltete genügend technische Tücken, die Schlesinger später als Hintertürchen nutzen konnte, um sich unseren Kritikern anzuschließen, aber für den Augenblick hatte Ford damit den notwendigen Rückhalt, die Angriffe im Land abzuwehren.

Die offiziellen Gespräche begannen um 18.15 Uhr. Breschnew trug bei Sandwiches, Gebäck und Tee noch einmal eine Kurzfassung seiner grundsätzlichen Ausführungen im Zug vor; danach ging man direkt zu den Fragen der Rüstungskontrolle über.

Das nun folgende Gespräch ähnelte einem Kabuki-Theater – hoch stilisiert, nach einem beinahe traditionellen Text und mit absehbarem Ausgang. Der einzige Unterschied war, daß die Stimmung der Akteure schwer vorauszusagen war und sie die Möglichkeit hatten, den letzten Akt zu verändern. Das Ergebnis war insofern vorprogrammiert, als Breschnew den Grundsatz der gleichen Zahl von Aggregaten bereits in Moskau abgesegnet hatte und dem Präsidenten wohl kaum die lange Reise nach Wladiwostok zugemutet hätte, um hier die ganze Sache an Nebensächlichkeiten scheitern zu lassen, wie zum Beispiel, was die gleiche Zahl von Aggregaten beinhalten sollte. Andererseits gelang es Breschnew vielleicht nicht, seinem Politbüro die notwendigen Zugeständnisse abzuringen, und wir hatten keine Varianten unserer Position im Gepäck. Wie ein mögliches Ergebnis bei einem solchen Gipfel angesteuert wurde, wie man dabei gefährliche Untiefen umschiffte, wie die Diskussion sich hin und her bewegte – das konnte schon interessant werden.

Gerald Ford war für die Sowjets eine neue Erfahrung, weil er einem anderen Drehbuch folgte als sein Vorgänger. Nixon, den Einzelheiten – in diesem Fall die technischen Gesichtspunkte von SALT – langweilten, hätte sich sofort auf Breschnews Grundsatzdebatte eingelassen, selbst einige grundlegende strategische und politische Gedanken geäußert und dann abgewartet, bis Breschnew mit einem konkreten Vorschlag herausrückte. Dann hätte er das Aushandeln der Einzelheiten Gromyko und mir übertragen. Ford dagegen kam sofort auf den Punkt und führte einen großen Teil der Gespräche über technische Fragen selbst. Er habe wichtige Entscheidungen über die Höhe des Verteidigungshaushalts zu treffen, bemerkte er; viel hänge davon ab, ob der Gipfel ein Erfolg werde.

Diese versteckte Drohung war eigentlich ein Bluff, denn die Verhandlungen über den Haushalt für das nächste Jahr waren im Grunde abgeschlossen. Wir mußten vor allem dafür sorgen, daß der neue, von McGovern beherrschte Kongreß unsere Forderungen nicht weiter beschnitt. Eine Aufstockung des Haushalts gehörte wohl eher ins Reich der Phantasie. Ford sprach nun davon, wie wichtig es sei, jedes neue Abkommen auf das Prinzip der »Gleichheit« zu gründen. Damit wies er indirekt Breschnews letzten Vorschlag mir gegenüber in Moskau zurück, daß den Sowjets gestattet werde, bis zu den letzten achtzehn Monaten der Laufzeit des Abkommens einen Vorteil von zweihundert Raketen zu wahren. (Ford benutzte hier ein rein theoretisches Argument, denn die Joint Chiefs of Staff hatten weder die Absicht noch die Mittel, die anvisierte Gesamtzahl von zweitausendvierhundert Trägermitteln jemals zu erreichen.]

Breschnew reagierte mit dem Vorwurf, wir hätten unserer Bedingungen verschärft. Gromyko brachte das Standardargument der Sowjets vor, die amerikanischen Flugzeuge auf den vorgeschobenen Basen müßten als strategische Waffen mitgezählt werden. Beide sowjetischen Führer wiederholten die Forderung, die britischen und französischen Atomwaffen müßten in die vorgeschlagene Zahl von zweitausendvierhundert einbezogen werden. Das war faktisch eine Rückkehr zu dem ursprünglichen sowjetischen Vorschlag, gegenüber den Vereinigten Staaten einen zahlenmäßigen Vorteil bei den Trägermitteln zu behalten. Breschnew erklärte weiter – und durchaus zu Recht –, daß die Sowjets später gestartet seien und die Vereinigten Staaten deshalb bis weit in die achtziger Jahre hinein bei den Raketen mit Mehr-fachsprengköpfen eine zahlenmäßige Überlegenheit behielten, gleichgültig, welche Zahlen man letzten Endes in das Abkommen schreibe. Als nächstes betraten die beiden Staatschefs nun das Niemandsland der Modernisierung der strategischen Waffen. Staatsoberhäupter haben nur in den seltensten Fällen die Zeit oder die erforderlichen technischen Kennt-nisse für ein so schwer verständliches Thema. Dazu sprach Breschnew auch noch ein besonders kompliziertes technisches Problem an: Nach SALT I war es gestattet, die vorhandenen Raketensilos um fünfzehn Prozent zu erwei-tern. Das aber verschaffte den Vereinigten Staaten nach Breschnews Mei-nung einen Vorteil. Die Silos unserer Minuteman waren mit mehr Reser-veraum konstruiert als die der Sowjets. Wenn man diesen zusätzlichen Raum zu den gestatteten fünfzehn Prozent addierte, dann ergab das für die Vereinigten Staaten insofern einen bestimmten »Vorteil«, als wir bei der Größe unserer nächsten Raketengeneration stärker zulegen konnten, als es den Sowjets gestattet war. Breschnew machte keinen konkreten Vorschlag, wie dieser »Ungleichheit« abzuhelfen sei. Offenbar genügte es ihm, bei sei-nem Streben nach Frieden zugleich Professionalität und Großzügigkeit de-monstriert zu haben.

Die Diskussion driftete jedoch bald wieder ab, weil Breschnew zeitweise nicht genau wußte, wovon er eigentlich sprach. Dobrynin und Georgi Kor-nijenko, der Experte des sowjetischen Außenministeriums für Rüstungs-kontrolle, versuchten ihrem etwas verwirrten Boß die Fakten flüsternd zu erklären, was die russischsprechenden Mitglieder unserer Delegation mit-hören konnten. Schließlich demonstrierte General Michail Koslow vom so-wjetischen Generalstab Breschnew mit einer Zeichnung, daß ein Ausbau der Silos um fünfzehn Prozent für die sowjetischen Modernisierungspläne aus-reichte.

Breschnew hatte eigentlich recht, nur nicht so, wie er glaubte. Die Moder-nisierungsbestimmungen von SALT gaben den Vereinigten Staaten in der Tat jede Möglichkeit, den unterstellten Vorteil der Sowjets beim Wurfge-wicht zu verringern. Das Abkommen hinderte uns nicht daran, eine wesent-lich größere Rakete als die Minuteman III in die vorhandenen Silos zu brin-gen. Und wenn wir diese in den Ausmaßen erweitert hätten, wie es SALT I zuließ, dann hätten wir eine wahrhaft schwere Rakete bauen können. In bei-den Fällen wäre es uns möglich gewesen, die Zahl der Sprengköpfe auf jedem Trägermittel zu erhöhen oder die Zerstörungskraft des einzelnen Spreng-kopfes zu verstärken. Im Grunde hätten wir beides gleichzeitig tun können. So waren wir also in der Lage, jede Lücke beim Wurfgewicht«, die wir für stra-tegisch bedeutsam hielten, einseitig zu schließen. Und doch forderte das Pen-tagon niemals eine Rakete, die schwerer war als die MX, das Nachfolgemo-dell von Minuteman, die keine Erweiterung des Silos notwendig machte. Ich habe auch niemals davon gehört, daß das Verteidigungsministerium *irgend-einer* der nachfolgenden Administrationen Pläne für eine schwere Rakete vorgelegt hätte. Bei aller Rhetorik schien das Pentagon in der Praxis mit dem vielgeschmähten SALT-I-Programm durchaus zufrieden zu sein.

Von seinen Beratern korrigiert, zog sich Breschnew nun auf sein Lieb-lingsthema eines atomaren Kondominiums der Vereinigten Staaten und der Sowjetunion zurück:

Ich möchte einen weiteren Vorschlag machen. Sie sollten Dr. Kissinger davon überzeugen, daß wir im Bereich der Atomwaffen Verbündete werden müssen, dann wird sich alles Weitere von selbst ergeben. Wir könnten als Entgegenkommen anbieten, unsere Vereinbarung nicht hier, sondern in Washington zu unterzeichnen. Es gäbe keine Probleme bei den Atomwaffen mehr, denn wir wären Verbündete, und auch unsere jeweiligen Bündnispartner könnten sich sicher fühlen.

Wir waren jedoch fest entschlossen, jeden Eindruck eines sowjetisch-amerikanischen Kondominiums zu vermeiden, selbst wenn es nur um eine utopische Vorstellung ging. Ford wich Breschnews Ansinnen aus: Lassen Sie uns Schritt für Schritt vorgehen. Wir arbeiten bereits in vielen Bereichen zusammen, sogar im Weltraum. Wir wissen doch noch gar nicht, wohin uns das alles führen wird.

Wieder zum Thema der gleichen Zahl von Aggregaten zurückgekehrt, schlug Breschnew eine Obergrenze von zweitausendvierhundert Trägermitteln für zehn Jahre vor. Diese Vereinbarung sollte von einem schriftlichen Versprechen der amerikanischen Seite begleitet sein, bis 1983 nicht über die Zahl von zweitausendzweihundert hinauszugehen. Diesen Vorschlag hatte Breschnew mir bereits in Moskau gemacht, mit dem einzigen Unterschied, daß die amerikanische Zusage intern blieb, nicht an die Öffentlichkeit gelangen sollte. Ford wies darauf hin, daß eine solche Ungleichheit der Öffentlichkeit nicht zu vermitteln wäre und daß ein einfacher Begleitbrief von einem Nachfolger als nicht bindend angesehen werden könnte. Breschnew schlug dafür eine einfache Lösung vor. »Präsident Ford kann doch einfach im Amt bleiben; warum sollte er gehen?« Diese Bemerkung löste auf der sowjetischen Seite wiederum heftiges Geflüster aus. Gromyko mußte seinem Chef erklären, daß für amerikanische Präsidenten nicht mehr als zwei Amtszeiten vorgesehen sind.

Um den Sowjets einen Anreiz zu geben, der gleichen Zahl von Aggregaten zuzustimmen und nicht länger eine »Kompensation« für unsere ausländischen Militärbasen zu fordern, bot Ford an, nach 1983 keine raketenbestückten U-Boote im spanischen Rota mehr zu stationieren. Wie viele SALT-Bestimmungen war dies ein rein formaler Nachvollzug bereits bestehender amerikanischer Pläne. Ab 1983 wollten wir Raketen mit größerer Reichweite auf den neuen U-Booten vom Typ Poseidon und Trident stationieren, was unsere vorgeschobenen Basen ohnehin überflüssig machte.

Als nächstes sprach Breschnew eine Frage an, die mir Kornijenko in Moskau bereits gestellt hatte. Sie betraf das zentrale Problem der Kluft zwischen unserer Verteidigungsplanung und unserer Position bei den SALT-Verhandlungen, die unter starkem Einfluß der Innenpolitik zustande gekommen war. Die Frage lautete: Wie wollten wir die Obergrenze von zweitausendvierhundert Trägermitteln erreichen, ohne neue Silos zu bauen, die nach SALT I doch verboten waren? Ich erläuterte, die neuen Trident-U-Boote seien mit vierundzwanzig Raketen bestückt und nicht, wie die Polaris, nur mit sechzehn Raketen. Das wäre ein Zuwachs von über dreihundert Raketen. Der Rest würde mit weiteren B-1-Bombern ausgeglichen werden. (Das war unsere Verhandlungsposition; das tatsächliche Rüstungsprogramm für die nächsten zwanzig Jahre war weitaus bescheidener.)

Gegen 21.30 Uhr bat Breschnew, sich für eine Weile zurückziehen zu dürfen. Die Unterbrechung zog sich in die Länge. Später erfuhren wir, der Grund sei ein Streit zwischen Breschnew und dem sowjetischen Verteidigungsminister Andrei Gretschko am Telefon gewesen, der sich weigerte, in der Frage der vorgeschobenen Systeme Zugeständnisse zu machen, worüber sich Breschnew aber hinwegsetzte.[3] Ein Durchbruch stand unmittelbar bevor. Breschnew formulierte es so:

Was können wir also tun, Herr Präsident? Ich verstehe durchaus, daß Ihre innere Lage anders ist als unsere, aber auch ich müßte mir Fragen gefallen lassen, zum Beispiel die, warum kein gleiches Maß an Sicherheit erreicht wurde. Lassen Sie uns doch so verbleiben: Wir hatten ein ruhiges Gespräch, und offensichtlich können wir nicht alles in zwei Tagen klären. Wir sollten aber versuchen, in zwei Dingen grundsätzlich übereinzukommen: zweitausendvierhundert Trägermittel für Sie und zweitausendvierhundert für uns; eintausenddreihundertzwanzig Raketen mit Mehrfachsprengköpfen für Sie und eintausenddreihundertzwanzig Raketen mit Mehrfachsprengköpfen für uns.

Ford und ich baten Breschnew zu bestätigen, daß es keine Begleitschreiben und keine internen Vereinbarungen geben werde, daß die Atomwaffen unserer Verbündeten nicht einzurechnen seien. Breschnew erwiderte:

Nach diesem Vorschlag wird kein Schreiben mehr nötig sein, weil die Obergrenze zu jedem Zeitpunkt bis 1985 erreicht werden kann. Sie und wir werden in dieser Zeit das Niveau von zweitausendvierhundert beziehungsweise von eintausenddreihundertzwanzig erreichen. Sie können also zurückkreisen und Ihrem Volk berichten, daß Sie eine Vereinbarung auf der Grundlage voller Gleichheit erzielt haben.

Das vorgesehene offizielle Abendessen war längst abgesetzt. Wir begnügten uns mit Sandwiches, während die Gespräche weitergingen. Von gelegentlichen Unterbrechungen abgesehen, die Breschnew benötigte, um sich mit Moskau zu beraten, dauerte das Treffen sechs Stunden und ging am nächsten Tag um 12.35 Uhr zu Ende.

Ford und die amerikanische Delegation waren in Hochstimmung. Fords erste Entscheidung hatte Nixons letzten Vorschlag vereinfacht und war wesentlich besser auf die allgemeine Stimmung in Washington ausgerichtet. Breschnew hatte schließlich am Verhandlungstisch die Obergrenzen akzeptiert, wie das Pentagon sie forderte und wie Ford sie vorschlug. Wir hatten keine wesentlichen Zugeständnisse machen müssen. Bevor der Präsident seine endgültige Zustimmung gab, sprach er noch einmal mit seinen Beratern. Um den sowjetischen Abhöranlagen zu entgehen (ich witzelte, einige der Baumwipfel schienen sich nach unseren Stimmen zu neigen), zogen wir, sieben an der Zahl – der Präsident, Helmut Sonnenfeldt, Brent Scowcroft, William Hyland, Jan Lodal (unser Systemanalytiker), Botschafter Stoessel und ich –, im Garten unsere Kreise bei einer Kälte, die keiner von uns je erlebt oder auch nur für vorstellbar gehalten hatte. Hyland meinte, da Breschnew relativ leicht nachgegeben habe, sollten wir versuchen, ein weiteres Zugeständnis herauszuschlagen. In Moskau hatte mir Breschnew gesagt, die Sowjetunion beabsichtige, nur einhundertachtzig ihrer zweihundertachtzig schweren Raketen vom Typ SS 18 mit Mehrfachsprengköpfen auszurüsten. Hyland regte an, wir sollten versuchen, diese einseitige Zusicherung im SALT-Abkommen festzuschreiben.

In der Sitzung, die am nächsten Morgen, Sonntag, dem 24. November, kurz nach 10.00 Uhr begann, versuchte Ford dies zu erreichen. Nun ergriff Gromyko, der eindeutig der Meinung war, sein Chef sei in der letzten Nacht bereits weit genug gegangen, das Wort. Er war wohl kaum der geeignete Partner, der einseitig ein Zugeständnis machte. Als Profi, der er war, versuchte Gromyko sogleich, eine amerikanische Gegenleistung herauszuschlagen. Er könne einem Limit von einhundertachtzig Raketen mit Mehrfachsprengköpfen zustimmen, wenn die Vereinigten Staaten sich bis 1983 mit zweitausendzweihundert Trägermitteln begnügten.

Dieses Gespräch zeigt, wie abgehoben die SALT-Verhandlungen inzwischen waren. Gromyko bot eine Obergrenze für die Ausstattung der sowjetischen Raketen mit Mehrfachsprengköpfen auf einem Niveau an, das die Sowjetunion bis 1985 wahrscheinlich gar nicht erreichen konnte. Als Gegenleistung forderte er ein Limit bei den amerikanischen Raketen bis 1983; dabei hatten wir gar keine entsprechenden Pläne. Wir handelten zweihundert Raketen, die wir niemals zu bauen gedachten, gegen tausend Sprengköpfe (vorausgesetzt, jede SS 18 trug zehn Sprengköpfe), die die Sowjets niemals zu positionieren planten. Das wurde uns bestätigt, als unsere hellhörigen Sowjetologen vernahmen, wie Breschnew Gromyko zuflüsterte, unser Vorschlag liege doch letzten Endes im Rahmen der sowjetischen Pläne.

Das Thema Rüstungskontrolle hatte inzwischen so viel Zeit gekostet, daß wenig Raum blieb, andere Themen zu behandeln. Breschnew bekräftigte die bekannte sowjetische Linie im Nahen Osten: Israel müsse sich auf die Grenzen von 1967 zurückziehen, die Vereinigten Staaten und die Sowjetunion sollten diese Grenzen garantieren. Deshalb müsse man die Genfer Konferenz so rasch wie möglich wieder einberufen. Fords Erwiderung war ebenso bekannt: Auch er halte es für wünschenswert, die Genfer Konferenz schließlich wieder einzuberufen. Er regte an, Dobrynin und ich sollten über die Modalitäten sprechen. Breschnew mußte klar sein, daß wir damit für mindestens eine weitere Runde an unserer Verzögerungstaktik festhielten und den Friedensprozeß im Nahen Osten auch weiterhin allein zu steuern gedachten.

Mehr Entgegenkommen zeigte Ford im Hinblick auf die Europäische Sicherheitskonferenz. In seinen bevorstehenden Gesprächen mit dem deutschen Bundeskanzler Helmut Schmidt und dem französischen Präsidenten Valéry Giscard d'Estaing im Dezember, so erklärte er, werde er sich für einen Gipfel noch im Jahr 1975 aussprechen, wenn die Aussicht bestehen bleibe, daß es bei der Klausel, die die Möglichkeit einer Veränderung der Grenzen in Europa mit friedlichen Mitteln zulasse, Fortschritte gebe.

· Die Themen der jüdischen Auswanderung und der Meistbegünstigung für die Sowjetunion tauchten lediglich bei der Aufzählung bereits bestehender Übereinkommen auf. Breschnew erwähnte den Brief, den Gromyko mir im Oktober in Moskau übergeben hatte, mit keinem Wort. Das bestätigte den Eindruck, daß dieser vor allem für die Akten gedacht war. Ford faßte die Sachlage mit folgenden Worten zusammen:

Leider hat ein Mitglied des Senats eine Zahl genannt, die weder Sie noch ich bestätigt haben. Ich möchte Ihnen versichern, daß ich keinerlei Zahlen autorisiert habe, weil in unseren bisherigen Verhandlungen keine

Zahlen vorkamen. Wir legen Wert auf drei Grundsätze: erstens keine Beschränkung der Anträge, zweitens keine Ablehnungen, außer aus Sicherheitsgründen, und drittens keine Verfolgung von Antragstellern. Aber wir gehen von keinen konkreten Zahlen aus…

Breschnew versicherte noch einmal: »Niemand wird bestraft, festgenommen oder schikaniert, und es wird keine Steuer erhoben.« Aber er betonte, wie er es bereits in Moskau getan hatte, daß die Zahl der Anträge auf Auswanderung nach Israel seit dem Nahostkrieg 1973 erheblich zurückgegangen sei.

Bei einem Gespräch im kleinen Kreis, an dem auf sowjetischer Seite Breschnew, Gromyko, Dobrynin und ein persönlicher Mitarbeiter Breschnews, von der amerikanischen Delegation Ford, ich selbst, Brent Scowcroft und Botschafter Stoessel teilnahmen, kam Breschnew noch einmal auf seine Lieblingsidee eines atomaren Kondominiums der Supermächte zurück. Seit meinem letzten Moskaubesuch hatte Breschnew seinen Vorschlag dahingehend präzisiert, daß es sich um eine Garantie der Supermächte handeln sollte, nicht als erste Atomwaffen gegeneinander einzusetzen und ein De-facto-Bündnis gegen jeden Staat zu schließen, der Atomwaffen gegen die Supermächte oder deren Verbündete einsetzte. Ford stellte einige Fragen nach Einzelheiten und delegierte die Sache dann an Dobrynin und mich zur weiteren Behandlung. Keiner von uns beiden ist je wieder darauf zurückgekommen.

In Wladiwostok ging es uns vor allem darum, die Ost-West-Beziehungen in einer Zeit schwerer innenpolitischer Auseinandersetzungen in den Vereinigten Staaten und massiver Kritik an der Entspannungspolitik aufrechtzuerhalten. Keine Seite hegte die Illusion, daß eine Grundsatzvereinbarung mehr sein konnte, als eine Obergrenze für das Wettrüsten festzulegen, das inzwischen vor allem vom Gesichtspunkt der Qualität bestimmt wurde. Aber wir sagten uns, eine Grundsatzvereinbarung könnte ein wichtiger erster Schritt zum Abbau der Rüstung und zu weiterführenden Vereinbarungen sein. Und wir hielten einen Dialog am Laufen, der die Möglichkeit in sich barg, daß eine lange Zeit des Friedens die sowjetischen Fernziele, ja vielleicht sogar das Wesen des Sowjetsystems allmählich verändern könnte. Jeder der beiden Staatschefs hatte seine Gründe, zu einer konstruktiven Atmosphäre beizutragen. Als Ford und Breschnew sich voneinander verabschiedeten, waren beide überzeugt, ihr Ziel erreicht und eine neue Grundlage für das amerikanisch-sowjetische Verhältnis geschaffen zu haben.[4]

Nach Wladiwostok: Die Entspannungspolitik gerät unter Druck

Auf dem Rückflug herrschte in Fords Delegation Jubelstimmung. Der Präsident konnte mit Recht für sich in Anspruch nehmen, eine amerikanische Position entwickelt zu haben, die – zumindest für den Augenblick – die Auseinandersetzung zwischen dem Außen- und dem Verteidigungsministerium einzudämmen schien. Ein Vergleich der Ausgangsposition beider Seiten zeigte, daß fast ausschließlich wir der sowjetischen Seite Zugeständnisse abgerungen hatten. Genau das meinte Breschnew, als er Ford beim Abschied sagte, er habe sein Möglichstes getan, damit der Präsident »mit Ergebnissen nach Hause zurückkehrt, die nicht weniger bedeutsam sind, als Mr. Nixon sie erreichte«.

Die überschwengliche Begeisterung, die an Bord der »Air Force One« herrschte, machte sich in der prahlerischen Bemerkung von Fords Pressesprecher Ron Nessen Luft, sein Präsident habe in drei Monaten ausgehandelt, was Nixon in fünf Jahren nicht erreicht habe. Das war eine jener albernen Äußerungen, die Pressesprecher von sich geben, wenn sie sich ernsthaft in dem Glauben wiegen, der Platz ihres Bosses in der Geschichte werde von ihren Verlautbarungen bestimmt (oder beeinträchtigt). Ich hatte keine Möglichkeit, Nessen in seinem Überschwang zu bremsen, denn ich war bereits auf dem Weg nach Peking, um die chinesischen Führer zu informieren.

Bald zeigte sich jedoch, daß Begeisterung fehl am Platz war. In der Washingtoner Debatte über die Entspannungspolitik standen an vorderster Front Leute, die auch ein erfolgreicher Gipfel nicht in ihrer Überzeugung erschüttern konnte, eine Vereinbarung mit der Sowjetunion sei von vornherein gefährlicher als jede Sackgasse. Entschlossen, der Entspannung ein für allemal den Garaus zu machen, war das, was die Administration als Durchbruch ansah, für diese Leute nur ein noch größerer Ansporn, das Gegenteil zu beweisen. Mehr noch als der Inhalt erregte sie die Tatsache, daß es überhaupt zu einer Übereinkunft gekommen war.

Zurück in Washington, sah sich Ford im Kreuzfeuer derselben Koalition, die bereits vor dem Gipfel die Ost-West-Politik zu stören versucht hatte. Die Liberalen verhöhnten die Ergebnisse von Wladiwostok als Beitrag zur Aufrüstung statt zur Rüstungskontrolle. Sie wandten sich gegen eine Obergrenze, die über die der bereits laufenden Programme hinausging. Die Vereinigung für Rüstungskontrolle kritisierte »ernsthafte Mängel«[5]. George Rathjens, ein führender Verfechter der Rüstungskontrolle in Theorie und Praxis, erklärte zweien meiner Mitarbeiter, ihm wäre die Sackgasse lieber gewesen als die Vereinbarungen, die wir in Wladiwostok erzielt hatten.[6] Die *New York Times* erklärte in ihrem Leitartikel vom 29. November entrüstet, es gebe »wenig Grund zur Freude«, die Vereinbarung von Wladiwostok werfe eine ganze Reihe von Fragen auf, die vom Kongreß streng zu prüfen seien. Reine Zeitverschwendung war die Anregung der Zeitung, der Kongreß solle Ford auffordern, »an den Verhandlungstisch zurückzukehren, um gewichtigere Rüstungskontrollmaßnahmen zu erreichen«[7]. In Wirklichkeit lag der *New York Times* daran, SALT in den nächsten Präsidentschaftswahlkampf hineinzuziehen. Der ehrenwerte James Reston schrieb in der Zeitung eine Woche später, die Einzelheiten der Vereinbarung seien »noch äußerst vage« und »die bisher bekanntgewordenen Tatsachen geben zu einigen besorgten Fragen Anlaß«[8].

Die *Washington Post*, die sich zunächst viel weniger feindselig äußerte, schloß sich nach einigen Tagen der vorherrschenden Skepsis an und wiederholte den Vorwurf der Konservativen, die Vereinbarung »bedrohe« das strategische Potential der Vereinigten Staaten, weil sie den Sowjets eine unangemessen hohe Zahl von Sprengköpfen zugestehe.[9] Über die Analyse, die zu dieser falschen Schlußfolgerung führte, schwieg sich die Zeitung allerdings aus. Wir hatten die Aussicht, zehn Jahre lang mehr Sprengköpfe als die Sowjets zu besitzen. Dabei war nur ein Drittel unserer strategischen Waffen landgestützt, während dieser Anteil auf sowjetischer Seite bei neunzig Prozent lag.

So paradox es erscheinen mag: Fords Erfolg in Wladiwostok verlagerte den Streit um die Rüstungskontrolle auf das Feld der Rüstungsreduzierung, die bisher eine relativ geringe Rolle gespielt hatte. Wie stets setzten sich Jackson und seine Mitstreiter an die Spitze der Gegner. Jetzt, da die so hartnäckig geforderten gleichen Obergrenzen erreicht waren, hieß das neue Schlagwort Rüstungsabbau. Dieses zielte in zwei Richtungen. Einige drängten einfach deshalb auf niedrigere Zahlen, weil jeder Abbau von Atomwaffen die Gefahr für die Menschheit verringerte. Wenn man genauer hinsah, traf das aber nicht unbedingt zu. Denn bei der Anzahl der vorhandenen Sprengköpfe hätte selbst eine Reduzierung um fünfzig Prozent die Fähigkeit beider Seiten, das zivile Leben im Land des Gegners völlig auszulöschen, nicht wesentlich beeinträchtigt. Wenn ein solcher Abbau nicht mit vielen anderen Einschränkungen verknüpft wurde, konnte er die Fähigkeit zum Erstschlag sogar verbessern, weil die Zahl der Ziele sich verringerte und ein Angriff somit kalkulierbarer wurde.

Jackson sprach diese im wesentlichen liberale Gruppe mit dem Vorschlag an, die Obergrenze von Wladiwostok solle auf eintausendsiebenhundert gesenkt werden. Damit forderte er von der Sowjetunion, ein Drittel ihrer strategischen Waffen abzubauen, dafür lediglich eine Reduzierung von zehn Prozent auf der amerikanischen Seite hinzunehmen, und all dies zu einer Zeit, da Jackson und seine Anhänger eifrig am Abbau von Handel und Krediten arbeiteten, die für die Sowjetunion als Anreiz hätten dienen können. Diejenigen Gegner von SALT, die offenbar die geistige Dürftigkeit eines solchen Vorschlages erkannt hatten, brachten deshalb einen ausgeklügelteren Reduzierungsplan aufs Tapet, der gleiche Wurfgewichte auf beiden Seiten forderte.

Das war zwar konzeptionell besser, aber kurzfristig ebensowenig erreichbar. Da die sowjetischen Raketen größer waren als unsere, was auf unsere eigene Entscheidung zurückging, konnten sie auch ein größeres Wurfgewicht tragen. Wenn man »Gleichheit« mit »gleiches Wurfgewicht« definierte, geriet man unweigerlich in eine Sackgasse. Natürlich hätten wir die Lücke schließen können, indem wir die Minuteman III durch die MX-Rakete ersetzten. Das wäre unter der Obergrenze von Wladiwostok erlaubt gewesen und hätte die strategischen Waffen der Sowjets mit der Zeit wesentlich angreifbarer gemacht. Auf einer Sitzung des Nationalen Sicherheitsrates am 7. Oktober umriß ich diese Herausforderung mit den Worten:

Wir können nur dann einen wesentlichen Abbau auf sowjetischer Seite erreichen, wenn wir die Verhandlungen blockieren und ein eigenes Rüstungsprogramm in Gang setzen. Sie müssen sehen, daß wir aufstocken, und nicht nur hören, wie wir davon reden.

Jackson und andere Kritiker wußten natürlich, daß der Kongreß dem nie zustimmen würde, und in der Tat hat keine Administration jemals einen solchen Versuch unternommen.

In der Praxis liefen die Reduzierungsvorschläge also letzten Endes darauf hinaus, die Sowjets vor zwei Optionen zu stellen, die sie beide ablehnen mußten. Weder konnten sie die Zahl ihrer Raketen so reduzieren, daß wir einen großen quantitativen Vorteil erhielten, noch waren sie in der Lage, ihr gesamtes strategisches Potential nach unserem Vorbild umzuschichten. Der Vorschlag der SALT-Gegner lief darauf hinaus, volle Handlungsfreiheit für die amerikanischen Programme zu fordern und die der Sowjets massiv einzuschränken. Selbst wenn man der Reduzierung des Wurfgewichts etwas abgewann, konnten die Kritiker nicht erklären, weshalb das Abkommen von Wladiwostok, das eine gleiche Ausgangsbasis herstellte, nicht ein erster nützlicher Schritt in diese Richtung sein konnte. In dieser Auseinandersetzung drohte uns das schlimmste aller Ergebnisse – keine Beschränkung der sowjetischen Programme und keine wesentliche Aufstockung unserer eigenen. Die Administration stellte die langfristige Bedeutung des Wurfgewichts nicht in Abrede. Hätte Jackson auch nur die geringste Kooperationsbereitschaft gezeigt, dann wäre es ganz sicher möglich gewesen, dieses Problem in die nachfolgenden Verhandlungen einzubringen, wenn die gemeinsame Ausgangsbasis erst einmal erreicht war. Um das zu erreichen, mußte man nicht das Abkommen von Wladiwostok in Grund und Boden stampfen.

Aber die Kritiker verlegten sich nun auf eine Verschleppungstaktik. Eine Möglichkeit, die Umsetzung des Abkommens von Wladiwostok auf Eis zu legen, sahen sie in der Forderung, einen sowjetischen Mittelstrecken-Überschallbomber, den die NATO »Backfire« nannte, bei der festgelegten Obergrenze mitzuzählen. Angeblich sollte er, wenn man ihn unterwegs auftankte, von sowjetischem Gebiet die Vereinigten Staaten erreichen können (was mit jedem Flugzeug möglich war, wenn man es nur oft genug auftankte). Bis zu der Sitzung des Nationalen Sicherheitsrates am 7. Oktober hatten Verteidigungsminister James Schlesinger und das Pentagon den Backfire als strategische Waffe von geringer Bedeutung beschrieben. Wir hatten ihn bisher nur als Faustpfand gegen die sowjetischen Forderungen nach einem Ausgleich für unsere ausländischen Militärbasen nutzen wollen. Als die Sowjets diese Forderung fallenließen, wuchs der Appetit, und man drängte uns, einen Verhandlungstrumpf zu einer Bedingung sine qua non hochzustilisieren.

Von unseren bekannten Kritikern angefeindet, aber auch von jenen angegriffen, die wir bisher wegen ihrer positiven Einstellung zur Rüstungskontrolle für unsere Verbündeten gehalten hatten, mußten Ford und ich entsetzt mit ansehen, wie das Abkommen von Wladiwostok vor unseren Augen zerpflückt wurde. Schlesinger hatte seinerzeit ein herzliches Telegramm zur »Air Force One« geschickt und Ford zu den Verhandlungsergebnissen gratuliert. Als aber Jackson sich in den Kampf stürzte, verstummte Schlesinger. Im Senat brachten Edward Kennedy, Walter Mondale und Charles Mathias eine Resolution ein, die die Ergebnisse von Wladiwostok unterstützte, dies aber zugleich mit dem Vorschlag verknüpfte, so bald wie möglich Verhandlungen über den Rüstungsabbau zu beginnen. Die einzige Möglichkeit, weitere Reduzierungen zu erreichen, war die Drohung, daß wir unsere strategischen Waffen weiter aufstockten – und die hatten Ford in Wladiwostok und ich in Moskau bereits ausgesprochen (Ronald Reagan setzte sie später in die Tat um). Auf die Frage bei einer Pressekonferenz, wie ich auf die Forderung nach weiteren Reduzierungen reagieren würde, antwortete ich: »Die einzige plausible Möglichkeit, niedrigere Zahlen zu erreichen, besteht darin, unsere strategischen Waffen erheblich weiter aufzustocken, um der anderen Seite einen Anreiz zu geben, ihre Potential abzubauen.«[10] Fords innenpolitisches Dilemma bestand darin, daß die Senatoren, die die Ergebnisse von Wladiwostok unterstützten, in der Regel für eine Kürzung des Verteidigungshaushalts eintraten, während jene, die sich für eine verstärkte Verteidigung einsetzten, gegen Wladiwostok eingestellt waren.

Je weiter die Debatte ausuferte, desto mehr verlor Wladiwostok seinen Anreiz, die sowjetisch-amerikanischen Beziehungen zu verbessern, wandelte sich vielmehr zu einem weiteren Hindernis. In Wladiwostok hatte Ford Breschnew eingeladen, die Vereinigten Staaten 1975 zu besuchen, um dort die neue Vereinbarung zu unterzeichnen. Ziemlich rasch zeigte sich, daß dies nicht möglich war, denn der ganze SALT-Prozeß kam ins Trudeln und lief Gefahr, völlig zu versickern.

Diese Erkenntnis mußte für Breschnew besonders schmerzlich sein, hatte er doch so viel Entgegenkommen gezeigt, um die sowjetisch-amerikanischen Beziehungen voranzubringen. Zweifellos erinnerten ihn seine Moskauer Ratgeber, die sich seinen Zugeständnissen in Wladiwostok widersetzt hatten, nun an ihre früheren Bedenken. Erst viel später erfuhren wir, daß Breschnew sich damals gerade von einem weiteren Schlaganfall erholte, der ihn auf der Rückreise von Wladiwostok in der Mongolei heimgesucht hatte, was seine Fähigkeit weiter einschränkte, in den unvermeidlichen Diskussionen in Moskau die Oberhand zu behalten.

Die Auswanderung der Juden und das Scheitern des Handelsgesetzes

Je näher die Gegner unserer Ost-West-Politik ihrem Ziel kamen, SALT jeden Inhalts zu berauben, desto mehr verlegten sie sich auf den Handel als nächstes Ziel. Am 3. Dezember sagte ich vor dem Finanzausschuß des Senats zur Frage der Meistbegünstigung aus. Gromykos Brief zur Gesetzesvorlage von Jackson und Vanik hatten wir noch nicht publik gemacht.

Als ich ihn Ford am 27. Oktober übergab, hatte ich vor der »nicht unbeträchtlichen« Gefahr gewarnt, Gromykos Brief könnte veröffentlicht werden, obwohl der sowjetische Außenminister mir versprochen hatte, ihn nicht zu verwenden, bevor ich um den 9. November herum nach Washington zurückgekehrt sei:

(Deshalb) sollten wir uns vornehmen, die drei Senatoren nach meiner Reise einzubestellen und mit ihnen darüber zu sprechen, wie im Licht des sowjetischen Briefes weiter vorzugehen ist. Wir haben zwei Möglichkeiten: (1) Wir bleiben bei unserem Briefwechsel und warten ab, wie die Sache praktisch läuft. (2) Wir blasen das Ganze ab.

Das Gespräch mit den drei Senatoren kam niemals zustande, was sich im nachhinein als schweres Versäumnis erwies. Später stellte man alle möglichen komplizierten Überlegungen an, wobei dieses Versäumnis als mangelnde Aufrichtigkeit oder gar bewußter Versuch zur Irreführung des Kongresses ausgelegt wurde. Dabei ist es vor allem mit der damals herrschenden Atmosphäre zu erklären.

Als Gromyko mir den Brief aushändigte, war bereits absehbar, daß ich erst in zwei Wochen in Washington zurück sein würde. Eine Reise nach Indien, Bangladesch, Pakistan, Afghanistan, in den Iran, nach Rumänien, Jugoslawien, Italien, Ägypten, Saudi-Arabien, Jordanien, Syrien, Israel und

Tunesien – in dieser Reihenfolge – war fest geplant. Ford stand noch im Wahlkampf für die Kongreßwahlen, bis zu denen kaum eine Woche blieb. Sie ergaben einen von McGovern beherrschten Kongreß, der dem neuen Präsidenten weitere Schwierigkeiten verhieß. Andererseits blieb kaum eine Woche zwischen meiner Rückkehr und Fords Abreise nach Tokio, Seoul und Wladiwostok. Es war seine erste Auslandsreise als Präsident, die er peinlich genau vorbereitete.

In einer langen Denkschrift an Ford über die Beziehungen zur Sowjetunion vom 9. November empfahl ich noch einmal, mit den Senatoren zusammenzukommen. Aber bei meinen täglichen Begegnungen mit dem Präsidenten drängte ich nicht darauf, und es ist durchaus möglich, daß er gerade diese Zeilen überlas.

Gegen die Veröffentlichung des Gromyko-Briefes gab es auch eine unterbewußte Hemmschwelle. Der Kongreß war in den Parlamentsferien, die Senatoren außerhalb Washingtons. Wir hätten zunächst mit Jacksons Mitarbeitern Kontakt aufnehmen müssen – eine Aussicht, die uns so lockte wie ein Besuch bei einem Zahnarzt, der ohne Betäubungsmittel arbeitet. Das Gefühl, alle Zeit der Welt zu haben, verstärkte sich noch, als Breschnew am 5. November Ford schriftlich für meinen Besuch in Moskau dankte, Entgegenkommen bei SALT andeutete und das Gerangel über die Meistbegünstigung oder Gromykos Brief mit keinem Wort erwähnte.

In dieser Stimmung hatten wir Ergebnissen in Wladiwostok entgegengesehen; dort wiederum nahmen weder Breschnew noch Gromyko auf den Brief Bezug. In Washington zurück, hatten wir alle Hände voll zu tun, die Übereinkünfte von Wladiwostok gegen Jacksons neuerliche Attacken zu verteidigen. Ford entschied, da Breschnew Gromykos Brief nicht angesprochen habe, sei es das beste, die wesentlichen Punkte des Briefes in meine Aussage vor dem Finanzausschuß des Senats einfließen zu lassen, ohne ihn ausdrücklich zu erwähnen.

In meiner Erklärung faßte ich Gromykos Brief so zusammen:
Man stellte eindeutig klar, daß die Erläuterungen der sowjetischen Seite eine Definition von Kriterien bedeuteten und keine Verpflichtung auf bestimmte Zahlen darstellten. Wenn im Hirblick auf die Auswanderung aus der Sowjetunion Zahlen ins Spiel gebracht werden sollten, dann eindeutig auf unsere Verantwortung. Das heißt, sie könnten von der Sowjetunion nicht als bindend betrachtet werden. Dieser Punkt ist gegenüber den Kongreßmitgliedern, mit denen wir zu tun hatten, eindeutig klargestellt worden.[11]

Zu meinem Erstaunen lobte Jackson meine Erklärung: Sie gehe über das hinaus, »was bereits publik gemacht wurde«. Ob dies als versöhnliche Geste gedacht war oder ob ihn einfach erschreckte, was er angerichtet hatte, war nicht mehr von Bedeutung. Denn die Akteure um Jackson legten nun endlich den Strohhalm auf, der dem Kamel das Rückgrat brechen mußte. In die Wege geleitet wurde es durch einen Zusatzantrag (eingebracht von Senator Adlai Stevenson III.) zur jährlichen Verlängerung der Vollmacht des Präsidenten, Kredite der Export-Import-Bank zu gewähren. Die Verlängerung dieser Vollmacht hatte bisher noch niemals Kontroversen ausgelöst. Nun sollte die Sowjetunion mittels dieses Zusatzantrags ausgesondert und speziellen Restriktionen unterworfen werden – ganz wie es der Kongreß bereits bei der Meistbegünstigung getan hatte. Kredite der Export-Import-Bank für die Sowjetunion wollte man auf die armselige Summe von fünfundsiebzig Millionen Dollar im Jahr, insgesamt etwas mehr als dreihundert Millionen Dollar für eine Zeit von vier Jahren, begrenzen. Weitere Kredite waren jeweils einzeln vom Kongreß zu genehmigen. Für den Bergbau und die Erschließung von Bodenschätzen sollten sie ganz verboten werden.

Was den Handel betraf, so war die Sowjetunion nun noch schlechter gestellt als vor der Entspannung oder der Annahme des Handelsgesetzes. Die vielbeschworene Gleichstellung mußte gesetzlich beschlossener Diskriminierung weichen. Die Meistbegünstigung konnte nur gewährt werden, wenn der Präsident das Handelsgesetz außer Kraft setzte, das es jährlich zu verlängern galt. Die Sowjetunion war das einzige Land, dem solche Restriktionen auferlegt wurden. Die erste Verlängerung war im April 1976 fällig, zu einem Zeitpunkt, den Jackson sorgfältig gewählt hatte, um daraus maximalen Schwung für das Kandidatenrennen bei den Vorwahlen zu holen.

Für die Sowjets war die Lage ausweglos: Wenn die Auswandererzahlen stiegen, rechnete sich Jackson das Verdienst zu, bewiesen zu haben, daß Erpressung funktionierte. Wurde Jacksons Quote nicht erreicht, beschuldigte man die sowjetische Führung, sie halte Zusagen nicht ein, die sie niemals gegeben und die weder der Präsident noch ich je bestätigt hatten. Da jetzt zum ersten Mal selbst Kredite der Export-Import-Bank nur unter Auflagen gewährt wurden, gab es keinen Aspekt der amerikanisch-sowjetischen Beziehungen mehr, den diese eifernde Gelegenheitskoalition liberaler und konservativer Politiker nicht angriff.

Der Status der Meistbegünstigung, der ursprünglich als Anreiz für ein verantwortungsbewußtes *außenpolitisches* Verhalten der Sowjets gedacht war, dessen Gewährung Nixon gegen unablässige Proteste der Liberalen hinausgezögert hatte, bis Fortschritte bei Berlin, Vietnam, SALT und der Rückzahlung der Schulden aus dem Lend-Lease-Vertrag erreicht waren, dieser Status wurde nun von Veränderungen in der *innenpolitischen* Praxis der Sowjets abhängig gemacht. Der Versuch, zwei strategische Systeme auszubalancieren, die, wie das sowjetische und das amerikanische, auf so unterschiedlichen technischen Prinzipien beruhten, wurde nun auf die einfältige Forderung reduziert, die Sowjets sollten ihr gesamtes Arsenal nach amerikanischem Vorbild umschichten, während alle amerikanischen Waffenprogramme unangetastet blieben. Man drängte uns, Zugeständnisse zu fordern, während man uns zugleich jede Möglichkeit nahm, eine Gegenleistung anzubieten. Eine Vereinbarung mit den Vereinigten Staaten zu haben – das sollte Lohn genug sein.

Am 18. Dezember zeigten die sowjetischen Führer, wo die Grenzen dieser Entwicklung lagen. Sie veröffentlichten Gromykos Brief zur Meistbegünstigung vom 26. Oktober zusammen mit einer Erklärung, in der sie hervorhoben, daß *jede* der neuen Bedingungen dem Handelsabkommen von 1972 widersprach, in dem man die Gewährung der Meistbegünstigung allein davon abhängig gemacht hatte, daß die Sowjets ihre Schulden aus dem Lend-Lease-Vertrag beglichen. Obwohl nun endgültig feststand, daß Jacksons Auswandererzahlen gegenstandslos waren, schickte sich der Kongreß an, das Handelsgesetz zu beschließen. Jackson persönlich gelang es sogar, die Debatte vorzeitig zu beenden, indem er die Zahl weiterer Redner aus den Reihen der Senatoren begrenzte. Vielleicht hoffte er, irgendwie in der Praxis zu erreichen, was die Sowjets offiziell abgelehnt hatten.

Aber es war zu spät, die Meistbegünstigung oder die Auswanderung der Juden noch durch parlamentarische Winkelzüge zu retten. Am 25. Dezember – das erste Mal seit Wladiwostok – sandte Breschnew Ford einen persönlichen Brief. Ärgerlich und betrübt zugleich, wies Breschnew noch einmal zurück, daß in einem Gesetz des Kongresses der Ost-West-Handel mit der Auswanderung der Juden verknüpft wurde. Die Sowjetunion werde weder Aufhebungsbeschlüsse des Präsidenten noch irgendeine andere Form von Bedingungen außer der Begleichung der Schulden aus dem Lend-Lease-Vertrag akzeptieren. Zugleich betonte Breschnew, Differenzen im Handel sollten nicht auf andere Bereiche des Grundverhältnisses zwischen Ost und West übergreifen:

> Wir werden unsererseits alles Notwendige tun, um unsere Beziehungen weiter voranzubringen, denen beide Seiten bisher so große Aufmerksamkeit geschenkt und so viele Bemühungen gewidmet haben. Das betrifft sowohl die sowjetisch-amerikanischen bilateralen Beziehungen als auch die internationalen Probleme, die die Interessen unserer beiden Staaten berühren.

Der Brief schloß mit der eindringlichen Aufforderung an Ford, den sowjetischen Führern »Ihre Auffassung zu übermitteln, wie der gegenwärtigen Situation abgeholfen werden kann«.

Dazu konnte Ford kaum etwas sagen. Das Handelsgesetz mußte in Kürze scheitern. SALT war in einem heillosen Hickhack über technische Einzelheiten festgefahren, und am Ende erwartete uns heftiger Streit über die Ratifizierung im Kongreß. Von unserer Junktimpolitik war nur die Konferenz für Sicherheit und Zusammenarbeit in Europa übriggeblieben, die lediglich deshalb von den Angriffen unserer Kritiker bisher verschont worden war, weil sie sie nicht ernst nahmen. Als allerdings sechs Monate später ihr Abschluß bevorstand, fiel man auch über sie her.

Ford schob eine Antwort an Breschnew auf, bis die Vorlage zum Handelsgesetz ihren Spießrutenlauf durch den Kongreß hinter sich hatte. Am 3. Januar 1975 unterzeichnete er das Handelsgesetz für 1974, das er als einen »wichtigen Teil unserer Handels- und gesamten Beziehungen mit kommunistischen Staaten« pries. Zugleich äußerte er dahingehend »Vorbehalte, ob es weise ist, in Gesetzen eine Sprache zu sprechen, die von anderen souveränen Staaten nur als diskriminierend und unannehmbar betrachtet werden kann«. Ich suchte Dobrynin davon zu überzeugen, daß die Sowjetunion die Debatte über die Bedingungen vertagen solle, bis in achtzehn Monaten die erste jährliche Überprüfung der Meistbegünstigung durch den Kongreß anstand.

Mein Appell war leider vergebens. Am 10. Januar übergab mir Dobrynin eine Note, in der die Sowjetunion sowohl die Kredite als auch die Meistbegünstigung zu den vom Kongreß festgesetzten Bedingungen ablehnte. Damit waren wichtige Bestandteile unserer Junktimstrategie verloren. Da aber zugleich wahrscheinlicher wurde, daß die Spannungen zwischen Ost und West wachsen würden, mußte das Land geeint werden. Deshalb ließ ich die Vergangenheit auf sich beruhen und machte dem Kongreß auf einer Pressekonferenz am 14. Januar ein Friedensangebot. Ich beschwor die Parteien, in den mit Sicherheit zu erwartenden stürmischen Zeiten zusammenzustehen:

Wir wollen hier klarstellen, daß es keine Unstimmigkeiten hinsichtlich der Ziele gab. Wir hatten Meinungsverschiedenheiten mit einigen Mitgliedern des Kongresses über die Methoden, wie diese Ziele zu erreichen wären. Diese Meinungsverschiedenheiten sind nun Parlamentsgeschichte. Was die Administration betrifft, so wird sie die Ziele weiterverfolgen, die ich im Geiste der Zusammenarbeit mit dem Kongreß dargelegt habe.[12]

In diesem Sinne warnte ich die Sowjetunion, die Ablehnung des Handelsgesetzes als Vorwand zu benutzen, um die internationalen Spannungen zu erhöhen:

Die Vereinigten Staaten würden sich dem mit großer Entschiedenheit und geschlossen widersetzen. Wir erwarten allerdings nicht, daß das geschieht. Was die Vereinigten Staaten betrifft, so werden wir auch weiterhin in unserer Politik danach streben, Spannungen abzubauen und Beziehungen zu verbessern oder zu verbessern zu suchen, die zu einem stabilen Frieden führen.[13]

Ich wußte es natürlich besser. Die amerikanisch-sowjetischen Beziehungen wurden unter dem Einfluß eines ideologischen Kreuzzuges, den man ohne die erforderliche Rücksicht auf unsere innenpolitischen Differenzen oder die langfristigen internationalen Folgen derartigen Gebarens vorantrieb, immer brüchiger. Unsere Kritiker hatten recht, wenn sie betonten, unsere Politik müsse sich stärker auf die traditionellen Ideale des amerikanischen Volkes gründen. Wir begrüßten auch ihr Drängen auf Stärkung der Verteidigung Amerikas. Aber zu viele von ihnen äußerten ihre Auffassung in Form einer ideologischen Herausforderung ohne jedes Verständnis oder Mitgefühl für die Probleme eines nichtgewählten Präsidenten, der das Amt im Gefolge von Watergate übernommen hatte und sich einem von McGovern gesteuerten, feindseligen Kongreß gegenübersah. Ihre Herausforderung der Sowjets war deshalb besonders unselig, weil sie am Ende einer Phase vorgetragen wurde, da die Sowjetunion beträchtliche Zurückhaltung an den Tag gelegt und in Verhandlungen das größte Entgegenkommen gezeigt hatte. Darauf wies ich Ford bei einer Begegnung im Oval Office am 6. Januar 1975 noch einmal hin:

Wir haben einen ihrer Verbündeten in Schutt und Asche gebombt, und sie haben nichts unternommen. Wir haben Ruhe in Europa erreicht. Sie haben im Nahen Osten stillgehalten, zeigten sich zwar nicht kooperativ, waren aber ruhig. Wir haben den Sowjets auf dem 1973er Gipfel über den Nahen Osten eine Abfuhr erteilt.

Wir haben die Linke in Europa gezähmt und ihre Behauptung widerlegt, Freundschaft mit den Vereinigten Staaten schade der Entspannung. Gleiches gilt auch für die Vereinigten Staaten. Gegenwärtig gibt sich die Linke militant (gegen Moskau), aber wenn die Entspannung scheitert, wird sie schnell wieder die (alte) Linke sein.

Am 7. Januar, drei Tage vor dem Eintreffen der sowjetischen Note, in der die Bedingungen des Handelsgesetzes abgelehnt wurden, sagte ich Ford voraus:

Die Sowjets müssen die Entspannung aus politischen Gründen aufrechterhalten, aber wir haben sie nicht mehr im Griff. Mit diesen Wirtschaftsprojekten hätten wir sie für die nächsten zehn Jahre am Haken gehabt. Die Chinesen werden jetzt weniger furchtsam sein, und uns stehen mit der Sowjetunion schwere Zeiten bevor.

So geschah es auch. Der Kreml schränkte die Auswanderung der Juden bis auf ein schmales Rinnsal ein. Das Verhältnis zur Sowjetunion geriet in eine Grauzone – es war nicht gerade feindselig, aber auch nicht kooperativ. Ende Dezember besuchte eine hohe sowjetische Delegation Vietnam und vereinbarte eine erhebliche Steigerung der sowjetischen Militärlieferungen (siehe Kapitel XV). Etwa zur gleichen Zeit wurde auch ein umfangreiches sowjetisches Programm zur Ausrüstung der kommunistischen Kräfte in Angola in Gang gesetzt (siehe Kapitel XXVI). Waren diese Aktionen bereits vorher so geplant, oder waren sie zumindest teilweise auf die Auswirkungen unserer Innenpolitik zurückzuführen?

Der Gesetzeszusatz von Jackson und Vanik hatte einen nützlichen Zweck erfüllt, als er erstmals vorgelegt wurde. Die Sowjetunion war gezwungen, ihr Auswanderungsverfahren genauer zu bestimmen als zuvor. Als aber der Kongreß über das Erreichte hinausging, als er inoffizielle Zusicherungen der Sowjets in eine gesetzliche Regelung ummünzte und eine jährliche Überprüfung hinzusetzte, war das Schicksal dieser Initiative besiegelt.

Hätten Jackson und die Administration einen Weg der Zusammenarbeit gefunden, dann wäre es relativ leicht gewesen, die Auswanderung der Juden in einigen Jahren ganz sicher auf die von Gromyko zugesagte Zahl von fünfundvierzigtausend und vielleicht sogar auf fünfzigtausend zu erhöhen, ein Niveau, das Ford Breschnew einmal nennen hören glaubte. Da Jackson und seine Gefolgsleute aber so taten, als könnten amerikanische Parlamentarier eine höhere Zahl per Erlaß durchsetzen, wurden sie Opfer ihrer eigenen ungezügelten Rhetorik. Und sie nahmen der Sowjetunion den Anreiz, sich in anderen Bereichen zurückzuhalten.

Jackson und seine Anhänger im Land fesselten sich nach und nach gegenseitig. Der Senator, der vorhatte, sich am Rennen um die Präsidentschaft im Jahr 1976 zu beteiligen, wagte nicht, von dem Kurs abzugehen, auf den er sich einmal festgelegt hatte. Seine Gefolgsleute in der jüdischen Gemeinde, von denen viele allmählich Zweifel bekamen (und mir das gelegentlich auch sagten), wagten nicht, ihren Champion im Stich zu lassen, der zu ihrem Beschützer werden konnte, sollte der unter amerikanischer Federführung verlaufende Nahostfriedensprozeß außer Kontrolle geraten.

Auch Jackson selbst schien zuweilen ins Grübeln zu kommen. Wenn man Dobrynin glauben darf, dann lud der Senator ihn im Juli 1975 einmal zum Frühstück in sein Haus ein, bei dem er – bemerkenswert – eingestand:

Einige Führer des Kongresses, darunter er selbst, hätten den falschen Eindruck gehabt, Moskau werde in der Frage der Auswanderung aus der Sowjetunion am Ende Zugeständnisse machen, wenn sie ihren Druck nur aufrechterhielten. Schließlich wurde offenkundig, daß sie sich geirrt hatten, aber da war die Angelegenheit bereits so emotionsgeladen, daß es für jeden Kompromiß zu spät zu sein schien. Die ausweglose Lage, in der man sich nun befinde, nütze niemandem.[14]

Wenn Dobrynin Jackson richtig verstanden hat, räumte der Senator sogar ein – was ich stets behauptet habe –, daß er und wir natürliche Verbündete und keine Gegner waren:

Seine Haltung zur Sowjetunion unterscheide sich gar nicht so sehr von jener der Präsidenten Nixon und Ford. Die Präsidenten seien jedoch zum politischen Spiel verpflichtet, während er Dinge offener aussprechen könne, denen beide Administrationen zwar im Grunde zustimmten, dies jedoch eher in Taten als in Worten ausdrückten ... Er erklärte, auch er sei für eine Verbesserung der sowjetisch-amerikanischen Beziehungen, aber als Oppositionspolitiker habe er die Administration zuweilen eher aus taktischen als aus strategischen Gründen zu kritisieren.[15]

Was hätte alles erreicht werden können, wenn Jackson nach dieser Einsicht gehandelt hätte, als noch Zeit dafür war!

Schlußbemerkung

Ich kann dieses Kapitel nicht abschließen, ohne ein persönliches Wort über Scoop Jackson gesagt zu haben. Was die hier beschriebenen Auseinandersetzungen angeht, so war er eine Art ständiger Gegner und auf seine Weise der Schurke des Stücks. Was aber seinen Gesamtbeitrag zur nationalen Sicherheit der Vereinigten Staaten betrifft, so wird mir Jackson immer als ein Mann in Erinnerung bleiben, der in Zeiten der Not die Verteidigungsausgaben Amerikas beizubehalten half. Sieben Jahre nach den Ereignissen, die hier beschrieben wurden, brachte Jeane Kirkpatrick eine Versöhnung zwischen Jackson und mir zustande, wofür ich ihr immer dankbar sein werde. Kurz vor seinem frühen Tod empfahl Jackson Präsident Reagan, mich zum Vorsitzenden der Nationalen Allparteienkommission für Mittelamerika zu ernennen. Vizepräsident George Bush erwies mir eine große Ehre, als er mich im September 1983 in die offizielle Delegation berief, die Senator Jackson bei seiner Trauerfeier den Respekt der Nation erwies.

XI. Die Ermittlungen gegen die Nachrichtendienste

Vorspiel

Am 22. Dezember 1974, drei Tage nach dem Fiasko des Handelsgesetzes, sah sich Washington mit einer neuen Krise konfrontiert. Die *New York Times* brachte auf der ersten Seite einen Bericht ihres Enthüllungsjournalisten Seymour M. Hersh unter der Schlagzeile »Umfangreiche CIA-Operation gegen Antikriegskräfte in den Vereinigten Staaten«. Das Weiße Haus war nicht vorgewarnt. CIA-Direktor William Colby hatte es nicht für nötig gehalten, den Präsidenten oder mich über ein langes Interview zu informieren, das er Hersh zwei Tage zuvor gegeben hatte. Wenn die Schlagzeile auch einen anderen Eindruck erweckte, bezog sie sich doch im wesentlichen auf Ereignisse während der Amtszeit früherer Regierungen, vor allem der Lyndon Johnsons. Die ersten Enthüllungen betrafen Ermittlungen, die Johnson angeordnet hatte, als es Hinweise darauf gab, daß amerikanische Dissidenten, die gegen den Vietnamkrieg zu Felde zogen, aus dem Ausland finanziert und unterstützt worden waren. Wenn dieser Auftrag die Beschaffung von Informationen im Land beinhaltete, stellte er eine eindeutige Verletzung der vom Kongreß beschlossenen CIA-Charta dar.

Erst am 22. Dezember, dem Tag, an dem der Artikel erschien, erhielt Ford ein vollständiges Bild von dem sich abzeichnenden Skandal. Colby rief ihn in der »Air Force One« an, als er sich auf dem Weg nach Vail in Colorado befand, wo der Präsident die Weihnachtsfeiertage zu verbringen gedachte. Ford hatte keine Ahnung, was genau man der CIA vorwarf. Auch ich in Washington war kaum in einer besseren Lage. Wie groß die Verwirrung war, zeigt das folgende Gespräch mit Stabschef Don Rumsfeld, den ich am nächsten Morgen in Vail weckte, wo er sich in Begleitung des Präsidenten aufhielt:

Kissinger: Ich möchte mit Ihnen über die Angelegenheit Helms sprechen. (In Hersh' Artikel wurde Richard Helms für die Aktionen der CIA verantwortlich gemacht.) Ich kenne die Fakten nicht im entferntesten. Ich weiß auch nicht, um welche Art Aktionen es sich handelt. Wenn es sie überhaupt gegeben hat, ist das Büro des Nationalen Sicherheitsrates nie davon in Kenntnis gesetzt worden... Ich denke, wenn ein hoher Beamter allein auf der Grundlage eines solchen Artikels so heruntergemacht wird, ohne daß die Administration sich zur Wehr setzt, dann ist das sehr gefährlich. Wir haben keinerlei Fakten, lediglich Behauptungen. Zunächst sollten wir Colby auffordern, uns einen Bericht darüber zu geben, worauf sich die Vorwürfe überhaupt beziehen, was immer es auch sein mag. Was könnte Hersh meinen? Wenn man Ermittlungen gegen Amerikaner geführt hat, dann zu welchem Zweck? Verstehen Sie, was ich meine? Dann wüßten wir zumindest, wovon wir sprechen. Im Moment weiß ich es nicht.

Rumsfeld: Deshalb habe ich schon Sie oder Brent zu erreichen versucht, schließlich bin ich bei (Dick) Kennedy gelandet...

Kissinger: Mir ist nichts davon bekannt, daß sie (die CIA) bei Ermittlungen gegen ausländische Agenten mit Amerikanern zu tun bekommen hätte. Wenn Akten vorliegen, könnte es so sein. Vielleicht haben sie für Nixon recherchiert. Ich weiß nicht, wem sie Bericht erstattet haben. Uns auf jeden Fall nicht. Wenn sie aber Haldeman oder Ehrlichman informiert haben, warum ist das dann nicht eher ans Tageslicht gekommen?

Nach längerem Hin und Her in dieser Weise schlug ich vor:

Ich werde bei Colby einen schriftlichen Bericht für den Präsidenten anfordern. Ich weiß nicht, worauf sich die Presseinformationen beziehen. Schlesinger werden wir die gleiche Frage stellen. (Pressesprecher) Nessen kann sagen, der Präsident habe einen schriftlichen Bericht angefordert und werde entscheiden, was zu tun ist, wenn er ihn gelesen hat. So können wir wenigstens einen disziplinierten und nachdenklichen Eindruck machen. Die CIA darf natürlich nur im Rahmen des Rechts handeln. Ich denke, wir sollten bei diesem Stand der Ermittlungen keine Meinung äußern. Im Außenministerium werde ich sagen, sofern ein Kongreßausschuß Helms vorlädt, werden wir ihn natürlich zurückrufen. (Nach seiner Abdankung als CIA-Direktor war Richard Helms seit 1973 Botschafter im Iran.)

Ford stimmte diesem Vorgehen zu. Als ich am 23. Dezember in dieser Sache zu sondieren begann, wurde mir klar, daß uns ein Alptraum bevorstand. Da das einzige vorhandene Schriftstück ein ziemlich zusammenhangloser Mitschnitt eines zerhackten Telefongesprächs ist, will ich die Sache hier mit eigenen Worten zusammenfassen (den Kommentar Colbys siehe Anmerkungen).[1] Als James Schlesinger im Mai 1973 kurzzeitig Direktor der CIA war, wurde er von der Nachricht überrascht, daß die CIA E. Howard Hunt, der für Nixon die Pentagon-Papiere überprüfte, gewisse Unterstützung gegeben hatte. Am 9. Mai – zwei Tage bevor er zum Verteidigungsminister ernannt wurde – forderte Schlesinger von sämtlichen Abteilungen der CIA einen Bericht über Aktionen an, die auch nur entfernt mit Watergate zu tun hatten. Als Colby Schlesinger im Amt folgte, erweiterte er diese Forderung auf alle Aktionen, die als von der CIA-Charta nicht gedeckt oder auf andere Weise fragwürdig erscheinen könnten. Im Dunst von Watergate mußte eine solche Untersuchung außer Kontrolle geraten. Es hagelte Beschuldigungen von erschreckten Beamten, die mit dem Finger aufeinander zeigten, um sich selbst zu schützen, oder, besser noch, auf ihre Vorgesetzten, wenn es um Angelegenheiten ging, die im nachhinein als umstritten betrachtet werden konnten.

Insgesamt gingen sechshundertdreiundneunzig angebliche Überschreitungen, die sich über ein Vierteljahrhundert erstreckten, in Colbys Büro ein. Dort faßte man sie zu einem Memorandum von etwa siebzig Seiten zusammen, das jemand bissig den »Familienschmuck« nannte. Die überwiegende Mehrzahl der Fälle bezog sich auf angebliche Verfehlungen, die lange vor der Amtszeit der Nixon-Administration lagen. Ford war noch gar nicht im Amt, als die Liste zusammengestellt wurde. Ein solches Kompendium war natürlich eine Sprengladung. Es konnte gar nicht geheimgehalten werden; die einzige Frage war nur, wann etwas davon durchsickerte. Daß von dem »Familienschmuck« fünfzehn Monate lang niemand etwas erfuhr, muß viel mehr verwundern, als daß er letzten Endes doch ans Licht kam.

Es ist unverständlich, daß Colby weder die amtierenden Präsidenten (Nixon und später Ford) noch mich als Nationalen Sicherheitsberater je von der Existenz des »Familienschmucks« informierte, vom Inhalt des Dossiers gar nicht zu reden. Colbys Schweigen gegenüber den Präsidenten war besonders merkwürdig, da er die Chefs der Aufsichtsgremien des Kongresses ein Jahr zuvor von der Angelegenheit in Kenntnis gesetzt hatte. Nach den geltenden Vorschriften für besonders sensible Informationen hatten sie gegenüber ihren Kollegen Stillschweigen bewahrt. Sie hatten auch gegenüber dem Weißen Haus nie etwas davon erwähnt, wahrscheinlich weil sie zu Recht annahmen, wir seien umfassend informiert. In einem Telefongespräch am 23. Dezember beschrieb Colby sein ungewöhnliches Verhalten, ohne eine Erklärung dafür zu geben:»Ich faßte die Fälle zusammen und informierte meine beiden Ausschußvorsitzenden darüber. Ich ließ aber die Leichen im Keller und hoffte, sie würden dort bleiben.«

Während ich Colbys Bericht folgte, beschlichen mich böse Vorahnungen. Auch zu normalen Zeiten hätte ein Memorandum von der Art des »Familienschmucks« zu einer Untersuchung geführt. Aber dann wäre es möglich gewesen, diese mit entsprechender Rücksicht auf das delikate Thema und mit dem Ziel zu führen, tatsächlichen Mißbrauch von politischen Differenzen zu unterscheiden, die man als Verfehlungen aufputzte. Nun, in den ersten Monaten der Präsidentschaft Fords, fiel gleichsam ein kafkaeskes Leichentuch über Washington. Da die Regierung ihre Glaubwürdigkeit selbst untergraben hatte, gab es bei den Ermittlungen und Recherchen von Medien und Kongreß kein Halten mehr. Jeder Vorwurf wurde rasch zum glaubhaften Beweis, jedes Dementi zum Vertuschungsversuch hochstilisiert. Regierungsbeamte, die sahen, wie Karrieren durch tatsächliche oder unterstellte »Glaubwürdigkeitslücken« ruiniert wurden, unternahmen alles, um diesem Schicksal zu entgehen. Man gab geheimes Material freiwillig preis, um den Inquisitoren zuvorzukommen. Hatte ein »Skandal« die Aufmerksamkeit der Medien gefunden, dann purzelten die Dokumente nur so, viele dem Weißen Haus ebenso unbekannt wie der Öffentlichkeit. Wir mußten nun eigene Untersuchungen anstellen, um auf den sich auswachsenden Skandal reagieren zu können.

Bald wurde klar, daß der Vorwurf, die CIA habe Informationen im Inland gesammelt, nur der Auftakt war. Der »Familienschmuck« enthielt sowohl angebliche Mordkomplotte gegen führende Politiker anderer Staaten während der Amtszeit Kennedys und Johnsons als auch die ganze Bandbreite verdeckter und paramilitärischer Aktionen, die die amerikanischen Regierungen im Verlauf von fünfundzwanzig Jahren unternommen hatten. Bei einer Untersuchung mußte es schwerfallen, verdeckte nachrichtendienstliche Tätigkeiten zur Unterstützung der amerikanischen Außenpolitik von Verfehlungen zu unterscheiden, die es abzustellen galt.

Nach allem, was das Land in der letzten Zeit durchgemacht hatte, versprach eine umfassende öffentliche Untersuchung des gesamten Spektrums der nachrichtendienstlichen Tätigkeiten in der herrschenden morbiden Atmosphäre trübe Aussichten. Die Offenlegung von Dingen, die in allen etablierten Demokratien als höchste Staatsgeheimnisse behandelt werden, mußte Amerikas Stellung in der Welt schweren Schaden zufügen – weniger deswegen, weil dabei Untaten ans Licht kommen konnten, als vielmehr, weil Freund und Feind dies als ein weiteres Beispiel für die Auflösung des inneren Zusammenhalts Amerikas deuten mußten.

Wir hatten bereits gewisse Erfahrungen, wie derartige Untersuchungen abliefen. Denn Hersh' Artikel war nur der Höhepunkt der Angriffe gegen die Nachrichtendienste, die sich bereits seit Monaten aufbauten. Im Jahr 1973 hatten Geheimoperationen der CIA in Chile zu einer von Senator Frank Church initiierten Untersuchung des Kongresses geführt. Drei Administrationen – unter Kennedy, Johnson und Nixon – hatten parteiübergreifend der geheimen Finanzierung demokratischer Parteien Chiles ihre Zustimmung gegeben. Sie waren überzeugt, Salvador Allende Gossens, der in den Wahlen von 1964 und 1970 ein Bündnis aus Sozialisten und Kommunisten geschmiedet hatte, werde im Fall eines Wahlsieges eine kommunistische Diktatur nach dem Vorbild Kubas errichten. Sie nahmen an, daß dies auf die Nachbarländer, die alle unter dem Druck radikaler Kräfte verschiedener Couleur standen, einen für die nationalen Interessen Amerikas äußerst schädlichen Einfluß haben werde.

Der amerikanische Botschafter in Chile Edward Korry, sein Leben lang ein Demokrat, den Johnson ernannt und Nixon im Amt belassen hatte, übermittelte nach Allendes Sieg 1970 folgenden Bericht:

Es ist traurig, daß Chile den Weg zum Kommunismus mit der Zustimmung von wenig mehr als einem Drittel (sechsunddreißig Prozent) der Bevölkerung angetreten hat, aber es ist eine unumstößliche Tatsache. Sie wird in Lateinamerika und darüber hinaus weitreichende Auswirkungen haben; wir haben eine schwerwiegende Niederlage erlitten; die Folgen werden innenpolitisch und außenpolitisch zu spüren sein; in einigen Ländern wird die Wirkung sofort, in anderen später eintreten.[2]

Als man nun die Stimmung der siebziger Jahre im nachhinein auf die Zeit des Kalten Krieges der sechziger übertrug, sah man eine ungerechtfertigte Einmischung in den demokratischen Prozeß Chiles am Werk. Allende hatte in den Wahlen vom September 1970 eine Mehrheit erringen können, weil die breite Opposition durch zwei Kandidaten der Konservativen gespalten war. Die Geheimaktion war ein Versuch der CIA, den chilenischen Kongreß (der nach der Verfassung den Präsidenten zu wählen hatte, wenn keiner der Kandidaten die absolute Mehrheit erreichte) auf Drängen des Weißen Hauses zu ermutigen, eine Stichwahl zwischen den beiden führenden Vertretern anzuordnen.[3] Dabei wäre ein Sieg der demokratischen Parteien möglich gewesen, wenn sie sich auf einen Kandidaten geeinigt hätten. Die Sache schlug fehl, und der chilenische Kongreß wählte Allende zum Präsidenten.

Der Kongreß konzentrierte später seine Aufmerksamkeit vor allem auf die Operation Gleis II, die Präsident Nixon nach den chilenischen Wahlen anordnete. Dieser Plan wurde jedoch nie in die Tat umgesetzt. Nixon war auf den Plan verfallen, weil er sich nicht mit einer widerspenstigen Bürokratie anlegen wollte, gegen die er eine Abneigung hegte (siehe Kapitel II). Im Vorfeld der Wahlen in Chile zeichnete sich ab, daß der Kandidat mit den besten Chancen, Allende zu besiegen, der Konservative Jorge Alessandri war. Radomiro Tomic, der Kandidat der Christdemokraten, lag in den Umfragen lediglich bei zwanzig Prozent. Nixon, dem der Gedanke unerträglich war, in der westlichen Hemisphäre könnte ein weiteres Regime nach dem Vorbild Castros entstehen, wollte Alessandri unterstützen. CIA und Außenministerium, die bisher mit den Christdemokraten zusammengearbeitet hatten und in dem Klima der Vietnamprotestbewegung keinen Konservativen stützen wollten, sprachen sich gegen ein so offenes Engagement aus. Dabei argumentierten sie, Alessandri liege so weit vorn, daß er keine Hilfe von außen benötige. Auf Drängen des Weißen Hauses stimmten die CIA und das Außenministerium schließlich sehr spät zu, eine auf zwei Millionen Dollar reduzierte Finanzspritze zu gewähren – allerdings auf die demokratischen Parteien verteilt, wodurch sie sich in ihrer Wirkung selbst aufhob.

Als Allende dann entgegen allen Voraussagen des Außenministeriums und der CIA siegte, war Nixon außer sich. Noch einmal wollte er sich die Sache nicht von den Bürokraten verderben lassen. Er beorderte Helms zu sich und wies ihn an, einen Weg zu finden, um Allendes Machtantritt zu verhindern. Dabei sollte er sich durch finanzielle Bedenken nicht beirren lassen. Nixon machte allerdings keine konkreten Vorgaben, wie dies erreicht werden könnte.

Zufällig arbeitete die geschmähte Bürokratie bereits auf regulärem Weg über den Vierziger-Ausschuß an der Idee, eine zweite Runde der Präsidentenwahlen, eine Stichwahl, zu arrangieren. Gleis II geriet in der Praxis zu einem Versuch, das chilenische Militär auf das Szenario von Gleis I einzuschwören. Am 15. Oktober setzte ich Gleis II ab, bevor es zur praktischen Durchführung kommen konnte. (Eine Woche später unternahmen einige der Verschwörer, die für Gleis II vorgesehen waren, von denen wir uns aber getrennt hatten, auf eigene Faust den Versuch, den Stabschef der chilenischen Armee zu *kidnappen*. Sie gingen so stümperhaft zu Werke, daß er dabei ums Leben kam.) Nach einer gründlichen Untersuchung sprach ein feindseliger Senatsausschuß die Nixon-Administration davon frei, an einem Mordkomplott beteiligt gewesen zu sein. Gleis I endete, wie wir wissen, mit der Wahl Allendes.

Kaum im Amt, versuchte Allende unverzüglich, die freie Meinungsäußerung zu unterdrücken, wie wir es befürchtet hatten. Er verstaatlichte oder knebelte die Medien, schränkte die Aktionen der freien Gewerkschaften ein und schickte sich an, weitreichende soziale und Verfassungsänderungen einzuleiten. Nach unserem Geheimprogramm wurden nun freie Institutionen mit Finanzmitteln ausgestattet, um die demokratische Opposition am Leben zu erhalten.[4]

Der unmittelbare Vorwurf im Kongreß lautete zwar »Mißbrauch der CIA«, der Angriff galt aber dem Wesen unserer Außenpolitik. Für die Linke war die Kritik an der CIA lediglich ein Vorwand, um Amerikas internationale Rolle zu schwächen. Senator Church sah den Fall Chile lediglich als jüngstes Anzeichen dafür, daß ein außer Kontrolle geratenes Weißes Haus sich in unnötige außenpolitische Abenteuer stürzte. Die Tatsache, daß drei Präsidenten – zwei Demokraten und ein Republikaner – der CIA die Weisung zu diesen Geheimoperationen erteilt hatten, wurde als Verirrung betrachtet, nicht als Ausdruck einer parteiübergreifenden Politik zur Durchsetzung legitimer strategischer Interessen.

Am 8. September 1974, kaum vier Wochen nachdem Ford den Amtseid geleistet hatte, warf die *New York Times* der Nixon-Administration vor, die Allende-Regierung durch Geheimaktionen unterminiert, »die Öffentlichkeit und den Kongreß wiederholt und vorsätzlich über das Ausmaß der Einmischung der Vereinigten Staaten in die inneren Angelegenheiten Chiles getäuscht zu haben ...«[5]. Das traf nicht zu, denn keine einzige Geheimoperation war bislang offengelegt worden, und der Kongreß hatte nach dem damals geltenden Verfahren umfassende Informationen erhalten. Der Vorwurf kam von Senator Frank Church, dessen Gefolgsleute am 16. September 1974 empfahlen, gegen mehrere Zeugen der Administration, darunter den ehemaligen CIA-Direktor Richard Helms, der 1973 vor dem Unterausschuß ausgesagt hatte, Ermittlungen wegen Meineids einzuleiten.[6]

Ford kannte sich in dem Verfahren aus, nach dem Informationen über Geheimoperationen der CIA an den Kongreß gegeben wurden. Einblick erhielten nur der Haushalts- und der Streitkräfteausschuß beider Häuser. Andere Ausschüsse wurden nicht informiert. Mitarbeiter der Nachrichtendienste, die dort zu anderen Angelegenheiten auszusagen hatten, beantworteten Fragen zu Geheimoperationen nicht. Daraus resultierte der Vorwurf des Meineids gegen Helms.

Dieses System beruhte auf einem Konsens zwischen Exekutive und Kongreß, der in der Zeit des Kalten Krieges Bestand hatte und erst am Ende von Nixons Amtszeit zerbrach. Er hatte der Exekutive die Möglichkeit gegeben, die heikelsten Fragen der Staatspolitik mit einer Handvoll wichtiger Senatoren und Kongreßmitglieder zu beraten, dabei die Stimmung im Kongreß zu erkunden und zugleich das Risiko zu verringern, daß etwas davon an die Öffentlichkeit drang. Wenn die Exekutive gelegentlich detailliertere Informationen anbot, wiesen die zuständigen Ausschüsse dies sogar zurück, weil sie der CIA unter den Gegebenheiten des Kalten Krieges maximalen Handlungsspielraum gewähren wollten.

Diesen Konsens beschwor Ford in einer Pressekonferenz am 16. September, in der er die Nachrichtendienste so mutig verteidigte, wie es kein Präsident nach ihm je gewagt hat. Zum ersten Mal bestätigte Ford, daß es beim Nationalen Sicherheitsrat ein Gremium gab, damals der »Vierziger-Ausschuß« genannt, das seit zwei Jahrzehnten Geheimprogramme begutachtete, bevor sie dem Präsidenten zur Bestätigung vorgelegt wurden. Außerdem informierte er darüber, daß die zuständigen Kongreßausschüsse nach Verfahren, die in Zusammenarbeit mit der Kongreßführung festgelegt wurden, von jedem Geheimprogramm Kenntnis erhielten:

Der Vierziger-Ausschuß wurde 1948 eingerichtet. Seitdem hat es ihn unter allen Präsidenten gegeben. Dieser Ausschuß begutachtet jede Geheimoperation unserer Regierung und informiert darüber die zuständigen Ausschüsse des Repräsentantenhauses sowie des Senats.[7]

Ford räumte ein, daß die Vereinigten Staaten demokratischen Parteien und Medien in Chile Unterstützung gewährt hatten:

In einer bestimmten Zeit vor drei oder vier Jahren versuchte die Allende-Regierung, sowohl die gegen sie eingestellten elektronischen und Printmedien als auch die politischen Parteien der Opposition zu zerschlagen. In diesem Fall wurden Anstrengungen unternommen, um zum Erhalt oppositioneller Zeitungen und oppositioneller elektronischer Medien sowie politischer Parteien der Opposition beizutragen.[8]

Keine Regierung von Rang hat jemals zugegeben, daß sie Geheimoperationen durchführte, geschweige denn die dabei angewandten Methoden offengelegt. Aber dieses öffentliche Eingeständnis des Präsidenten hielt die Flut nicht auf, sondern bot nur eine weitere Angriffsfläche für Attacken gegen die Nachrichtendienste.

Die neue Generation von Abgeordneten und Senatoren hegte ein grundsätzliches Mißtrauen gegen die Bestrebungen der Exekutive. Zwar sprachen sie von Verfehlungen der CIA, in Wirklichkeit aber zielten sie gegen den Einsatz von Geheimoperationen überhaupt und attackierten die CIA stellvertretend für die Rolle der Vereinigten Staaten im Kalten Krieg, der sie entschlossen ein Ende setzen wollten.

Bereits in diesem frühen Stadium verhielt sich der CIA-Direktor, milde ausgedrückt, zweideutig. Colby goß zweifellos Öl ins Feuer, weil er nicht fähig oder willens war, undichte Stellen in seiner Behörde zu schließen. Bevor er Direktor wurde, war das für die CIA niemals ein großes Problem gewesen. Nun aber sprudelten die Geheiminformationen munter hervor. Gewöhnlich wurden sie durch einen Anruf Colbys im Weißen Haus angekündigt, die CIA habe wieder einmal auf eine »Anfrage« geantwortet. Zugleich stellte er dem Weißen Haus offenbar nur widerwillig die Informationen zur Verfügung, die es zu seiner Selbstverteidigung brauchte.

Ein gutes Beispiel dafür war ein Artikel von Seymour Hersh in der *New York Times* vom 20. September 1974. Darin wurde behauptet, Ford und ich hätten gelogen, als wir am 16. September erklärten, CIA-Gelder seien nur an politische Parteien gegangen und nicht zur Unterstützung politischer Aktionen wie Streiks verwendet worden.[9] Das folgende Telefongespräch vom selben Tag zwischen Colby und mir vermittelt etwas von der damaligen Stimmung und zeigt, wie schwierig es für das Weiße Haus war, vom Direktor der CIA verläßliche Informationen zu erhalten:

Kissinger: Was ist das für eine Geschichte, die Sy Hersh da heute berichtet? Haben wir das getan?

Colby: Er hat mich schon gestern angerufen.

Kissinger: Ich frage Sie nicht, was Sy Hersh getan hat. Haben wir den Streik der Fernfahrer unterstützt oder nicht?

Colby: Wir haben ihn nicht unterstützt. Er bezieht sich auf 1972.

Kissinger: Der Präsident hat öffentlich erklärt, wir würden nur politische Parteien unterstützen.

Colby: So habe ich es auch im Fernsehen (bei der ABC) gesagt.

Kissinger: Ich habe es langsam satt, wie die Nachrichtendienste… Wenn das so weitergeht, werden wir mit dem Präsidenten darüber reden müssen, wie sie besser zu kontrollieren sind. Der Präsident und ich haben erklärt, daß wir nur politische Parteien unterstützt haben. Nun kommen Sie mit der ABC-Geschichte.

Colby: Nein, ich habe gesagt, wir haben nur den politischen Parteien etwas gegeben. Wir haben es getan, um sie zu unterstützen. Sie haben es nicht auf die Bank gebracht, aber was sie damit gemacht haben, weiß ich nicht.

Kissinger: Wir haben ihnen also kein Geld gegeben?

Colby: Den Fernfahrern? Nein.

Kissinger: Haben wir gewußt, daß sie es bekommen werden?

Colby: Das weiß ich nicht. Das muß ich prüfen.

Kissinger: Haben wir, hat der Vierziger-Ausschuß davon gewußt?

Colby: Nein, denn das Geld ging an die Parteien.

Kissinger: Es ist unglaublich, daß die Nachrichtendienste so geschwätzig sind.

Colby: Ich weiß nicht, wer die Quelle war

Kissinger: Der Vierziger-Ausschuß besteht seit Jahren… Die führenden Leute in diesem Land wissen das, aber jetzt tun alle so, als wäre das ein Skandal.

Colby: Wir haben Unterstützung geleistet … Ich habe gestern darauf hingewiesen, daß ich nicht das Wort »Destabilisierung« benutzt habe. Das ist keine faire Darstellung unserer Politik, und dabei bleibe ich.

Kissinger: Was mich so aufregt: Der Präsident sagt etwas, und ich sage es, und dann wird es so hingestellt, als wäre es eine Lüge.

Colby: Aber es ist keine. Wir haben den politischen Parteien Geld gegeben… Aber das ist keine Destabilisierung.

Kissinger: Haben wir nichts davon gewußt?

Colby: Lassen Sie es mich nachprüfen. Ich weiß, daß wir es 1973 nicht getan haben. Ich weiß, daß es vorgeschlagen und dann wieder verworfen wurde. Jetzt wird behauptet, daß unter denen, die wir im Herbst 1972 unterstützt haben, auch die Organisatoren des Fernfahrerstreiks gewesen seien. Ich bin sicher, daß wir ihnen nichts gegeben haben…

Kissinger: War diese Sache vor dem Vierziger-Ausschuß?

Colby: Nein, der Vierziger-Ausschuß hat gebilligt, den politischen Parteien etwas zu geben.

Kissinger: Danke ...

Dieses Gespräch fand am 20. September 1974 morgens um 8.05 Uhr statt. Gegen 16.40 Uhr steigerte Colby die Verwirrung mit einer weiteren undurchsichtigen Mischung aus verdeckter Drohung und Indiskretion:

Colby: Nur damit Sie es wissen, Sy Hersh hat unseren Mann für Öffentlichkeitsarbeit angerufen und ihm mitgeteilt, er schreibe gerade an einem Artikel darüber, daß Sie nur von finanzieller Unterstützung für die Propaganda und nicht von anderen Dingen gesprochen haben. Wir haben ihm nichts gesagt.

Kissinger: Wovon reden Sie?

Colby: Wahrscheinlich bastelt er gerade an einer Geschichte, in der behauptet wird, Sie hätten den Leuten nur die halbe Wahrheit gesagt.

Kissinger: Über Chile?

Colby: Über Chile. Auf der Sitzung des Kabinetts oder als Sie die Führung informierten.

Kissinger: Und was noch?

Colby: Ich habe Ihnen eine kurze Notiz mit der ganzen Geschichte geschickt. Nur Ihnen.

Kissinger: Was hat er noch in der Hand? Sie müssen es wissen, er hat sich doch an die CIA gewandt.

Colby: Er hat die ...

Kissinger: Das ist sehr merkwürdig.

Colby: Er hat nur die Geschichte, von der schon heute morgen die Rede war und die nicht stimmt, daß wir die Fernfahrer unterstützt hätten.

Kissinger: Was er sagt, ist also nicht die Wahrheit.

Colby: Das ist richtig.

Kissinger: Oder ist da noch etwas?

Colby: Nein, es steht alles in dem Brief, den ich Ihnen geschickt habe.

Kissinger: Okay. Danke.

Ford bestimmt den Kurs

Hersh' Artikel und die Entdeckung des »Familienschmucks« wirkten, als hätte man ein brennendes Streichholz in einen Benzintank geworfen. Seit Nixons Rücktritt zögerten viele Prominente, ehemalige Politiker und andere Anhänger einer starken Verteidigung, die den Nachrichtendiensten normalerweise den Rücken gestärkt hätten, sich zu äußern. Sie befürchteten, neue brisante Enthüllungen könnten folgen und sie dann als Beteiligte an Vertuschungsmanövern erscheinen lassen. Daß auch einige ehemalige Mitarbeiter der CIA in den Watergate-Skandal verwickelt waren, verstärkte noch das Unbehagen vieler traditioneller Anhänger einer starken Außenpolitik aus dem konservativen Lager gegenüber den Nachrichtendiensten.

Das bisherige Kontrollsystem, das bevorstehende Angriffe auf etablierte Institutionen, besonders im Sicherheitsbereich, meldete, brach zusammen. Unter normalen Umständen hatte der CIA-Direktor bei Enthüllungen, die

die nationale Sicherheit betrafen, sofort Alarm zu schlagen. Der Präsident legte dann nach Abstimmung mit ihm, mit dem Außen- und Verteidigungsminister Kriterien fest, wie die Verfehlung zu behandeln war und Ermittlungen in dieser Sache einzugrenzen waren. Mit den führenden Vertretern des Kongresses einigte er sich über das Verfahren, um weitere Vorkommnisse zu unterbinden und zugleich wichtige Geheimdienstaktivitäten zu schützen.

Aber die Umstände waren nicht normal. Nach der Entdeckung des »Familienschmucks« scheiterte das herkömmliche Verfahren bereits beim ersten Test, bei der Diskussion darüber, worauf sich die Ermittlungen erstrecken sollten. Ford hatte meine Empfehlung akzeptiert, Colby solle ein Memorandum vorbereiten, nach dem der Präsident weitere Entscheidungen treffen wollte.

Als ich aber Fords Bitte übermittelte, ließ Colby sofort erkennen, daß er über das weitere Vorgehen ganz anderer Meinung war. Er schien weniger daran interessiert zu sein, das rechtliche Vorgehen festzulegen, als vielmehr alle Informationen über vermutete Untaten der CIA ohne weitere Untersuchungen ans Licht zu bringen. Am 23. Dezember bat ich Colby im Auftrag des Präsidenten um einen umfassenden Bericht über die in Hersh' Artikel behandelten Fragen. Darüber entspann sich folgendes Gespräch:

Colby: Sie werden voll ins Bild gesetzt werden. Das Problem besteht darin, daß in den mehr als zwanzig Jahren, die es diese Geheimdienstbehörde gibt, einige Dinge getan wurden, die nicht hätten getan werden dürfen, so daß man nicht einfach behaupten kann, es hätte nichts Unrechtes gegeben.

Kissinger: Werden Sie das so dem Präsidenten berichten?

Colby: Ja. Sie werden also genau erfahren, worum es geht und wo die Zeitbomben liegen. Ich will versuchen, das in unverschlüsselter Form zu tun.

Kissinger: Es ist wichtiger, daß der Präsident die genauen Tatsachen kennt. Lassen wir die Geheimhaltung jetzt erst einmal beiseite.

Colby: Es wird korrekt und…

Kissinger: Der Bericht soll alles enthalten, was er wissen muß.

Colby: Ja. Die Einzelheiten werde ich später nachliefern können.

Kissinger: Wenn Sie ihn unverschlüsselt herausgeben, wird er an die Öffentlichkeit gelangen.

Ford verwarf Colbys Empfehlung, den Bericht sofort zu veröffentlichen. Er wollte zunächst eigene Ermittlungen durchführen. Ihm schwebte vor, ein gemeinsames Gremium von Exekutive und Legislative nach dem Vorbild der Warren-Kommission ins Leben zu rufen, die den Mord an Präsident Kennedy untersucht hatte und deren Mitglied Ford gewesen war. Aber die Kongreßführung wollte sich nicht in die Sache hineinziehen lassen. Deshalb kündigte Ford am 4. Januar 1975 die Bildung einer überparteilichen Kommission unter Vizepräsident Nelson Rockefeller an, die aus sieben bereits aus dem aktiven politischen Leben ausgeschiedenen bekannten Persönlichkeiten bestand.[10] Sie sollte in drei Monaten (später auf fünf Monate verlängert) ihren Bericht vorlegen, wobei ihr folgende Aufgaben gestellt waren: Sie sollte den »Familienschmuck« überprüfen, feststellen, wo es – wenn überhaupt – zu Amtsmißbrauch gekommen war, Korrekturen vorschlagen und wirkliche Verfehlungen von Vorwürfen trennen, die vor allem auf politische Differenzen zurückgingen. In seiner Aussage vor dem Senatsausschuß zur Finanzierung der Nachrichtendienste, der am 15. Januar 1975 in geschlossener Sitzung tagte, umging Colby die Weisung des Präsidenten, den Bericht an ihn geheimzuhalten. Er gab zu Beginn eine Erklärung ab, die mit dem Memorandum an Ford identisch war, was er allerdings nicht ausdrücklich kundtat. Ohne das Weiße Haus zu informieren oder auch nur zu konsultieren, stimmte Colby ferner zu, daß der Ausschuß seine Erklärung veröffentlichte. Dazu Colby selbst:

Als ich an diesem Nachmittag vom Kapitol zurückkam, fiel mir ein, daß ich das Weiße Haus nicht davon informiert hatte, was am nächsten Tag in den Zeitungen stehen würde. Ich hielt also dort kurz an, um Brent Scowcroft ein Exemplar der Erklärung zu überlassen, die der Ausschuß bereits freigegeben hatte. Den Inhalt kannten sie, aber die Tatsache der Veröffentlichung schlug erneut wie eine Bombe ein.[11]

Das war eine Anstiftung zur Revolte, die die Chancen der Rockefeller-Kommission, die Wogen der Erregung zu glätten, erheblich verminderte. Am 27. Januar 1975 beschloß der Senat mit zweiundachtzig zu vier Stimmen, einen Sonderausschuß mit sechs Demokraten und fünf Republikanern einzusetzen, der die Tätigkeit der amerikanischen Nachrichtendienste untersuchen sollte. Der Ausschuß unter Leitung von Senator Frank Church sollte bis zum 1. September 1975 (nach einem späteren Beschluß bis zum 30. April 1976) einen Bericht vorlegen.

Daraufhin setzte auch das Repräsentantenhaus, das nicht nachstehen wollte, am 19. Februar 1975 mit seiner Resolution Nummer 138 einen Nachrichtendienstausschuß ein. Zehn Mitglieder, die der Präsident des Hauses ernannte, sollten »Organisation, Operationen und Kontrolle der Nachrichtendienste der Regierung der Vereinigten Staaten untersuchen«[12]. Nach einigem Hickhack hinter den Kulissen wurde der demokratische Abgeordnete Otis G. Pike aus New York zum Vorsitzenden bestimmt.

Nun führten drei Gremien gleichzeitig Ermittlungen gegen die Nachrichtendienste: Fords Rockefeller-Kommission, der Church-Ausschuß des Senats und der Pike-Ausschuß des Repräsentantenhauses. Der Auftrag der beiden Ausschüsse des Kongresses war so weit gefaßt, daß jeder Aspekt der nachrichtendienstlichen Tätigkeit Amerikas unter die Lupe genommen werden durfte. Man legte keinerlei Kriterien fest, nach denen zwischen Verfehlungen und regulären Aktivitäten zu unterscheiden sei, ja man machte sich nicht einmal die Mühe zu definieren, worin eine Verfehlung bestand. Eine umfassende Offenlegung der Quellen, Methoden und Verfahren – bisher bestgehütete Geheimnisse – schien unvermeidbar zu sein. Besonders der äußerst bedenkenlose Pike-Ausschuß bemühte sich darum.

Unter normalen Umständen mußte man vom Direktor der CIA erwarten, daß er seine Quellen und Methoden schützte, wie es das Gesetz von ihm verlangte. Wenn man ihn zu sehr drängte, hatte er das Weiße Haus zu ersuchen, mit den Ausschüssen entsprechende Rücksprache zu nehmen. Colby lehnte dies nicht nur ab, sondern er entband auch seine Mitarbeiter offiziell von dem Geheimhaltungseid, den sie beim Eintritt in den Dienst geleistet hatten. Damit hing nun die Enthüllung höchster Staatsgeheimnisse fast ausschließlich vom Urteil des einzelnen CIA-Mitarbeiters ab.[13]

Colby nahm sich einen unabhängigen Anwalt als Berater für die verschiedenen Untersuchungen. Er faßte eigene Entschlüsse ohne Absprache mit dem Weißen Haus, das er in der Regel erst im nachhinein informierte. Auf Anfrage des Kongresses gab er faktisch jedes Dokument heraus, ob die Ermittler nun einfach nur auf den Busch klopfen oder tatsächlich fragwürdigen Aktivitäten der CIA auf der Spur waren. So gelangte eine Flut von Dokumenten an die Öffentlichkeit, die selbst CIA-Operationen betraf, nach denen man gar nicht gefragt hatte.

Colby nahm sich die Freiheit, dem Kongreß Dokumente auszuhändigen, die dieser gar nicht angefordert hatte, »um die von den Ermittlern ausgewählten Papiere in den richtigen Zusammenhang zu stellen und zu erklären, daß sie keine Schuldbekenntnisse darstellten«[14]. Als es zu erheblichen Indiskretionen aus dem Pike-Ausschuß kam, der einseitig darauf bestand, alle Geheimhaltungsstufen aufzuheben, schritt Ford ein und verbot die Übergabe weiteren Materials an den Ausschuß, bis dieser sich einverstanden erklärte, die jeweilige Geheimhaltungsstufe zu beachten. Colby verstand es aber, selbst diese Weisung zu umgehen, indem er dem Ausschuß die umstrittenen Dokumente »lieh«. Das Weiße Haus konnte nur ohnmächtig zusehen, als der Stabschef des Pike-Ausschusses A. Searle Field in einer öffentlichen Sitzung erklärte, seinem Stab seien die *Namen* und Hintergründe von Geheimagenten bekannt – eine Entscheidung, die keinem erkennbaren Ermittlungszweck diente, zu der der Präsident oder sein Nationaler Sicherheitsberater nicht konsultiert worden waren und die das Leben bestimmter Menschen in Gefahr brachte.

Colby rechtfertigte dieses Verhalten in seinen Memoiren als seine verfassungsmäßige Pflicht:

Ich ließ mich in meiner Strategie ganz einfach vor der Verfassung und ihren Grundsätzen leiten. Das bedeutete, ich mußte mit den Ermittlern zusammenarbeiten und den Kongreß, die Presse und die Öffentlichkeit in Kenntnis setzen, so gut ich es vermochte ...[15]

Vor Colby hatte noch kein CIA-Direktor die Meinung geäußert, er sei einseitig berechtigt zu entscheiden, welche nachrichtendienstlichen Informationen zu veröffentlichen seien, oder er sei gar befugt, Verfassungsgrundsätze eigenmächtig zu interpretieren. Die CIA ist keine selbständige Institution, sondern wurde nach dem Nationalen Sicherheitsgesetz 1947 als Beratergremium beim Nationalen Sicherheitsrat gegründet, an dessen Spitze der Präsident steht. Nach dem üblichen Verfahren hätte Colby die Verfassungsfrage dem Präsidenten überlassen und bei einem Konflikt mit dem Kongreß die letzte Entscheidung vor Gericht suchen müssen.

Ford war ein neuer Präsident, der sein Amt kaum fünf Monate ausgeübt hatte. Entschlossen, die bitteren Folgen von Watergate zu überwinden, tat er alles, um den Eindruck zu vermeiden, er wolle sich einer Untersuchung des Kongresses in den Weg stellen. Sein wichtigster Ratgeber in dieser Frage war Phil Buchen, frisch aus Grand Rapids herbeigeholt, von Natur aus gegen jede Konfrontation eingestellt und noch etwas betäubt von den Reaktionen auf Nixons Begnadigung.

Der berühmte Apparat des Nationalen Sicherheitsrates war völlig überfordert, mit einem entfesselten Kongreß und einem undisziplinierten CIA-Direktor zugleich fertig zu werden. Zwar war ich während der genannten

Ermittlungen für längere Zeit noch Nationaler Sicherheitsberater, hatte aber den größten Teil meiner Kraft auf die Pendeldiplomatie im Nahen Osten und die Folgen des Zusammenbruchs in Indochina zu verwenden. Mit den Ermittlungen gegen die Nachrichtendienste war deshalb Brent Scowcroft befaßt. Er hielt mich stets auf dem laufenden und behandelte das Thema mit Geschick und untadeliger Diskretion. Sein Problem und das des ganzen Weißen Hauses bestand darin, daß die Informationen in der Regel bei ihm eintrafen, wenn es bereits zu spät war. Colby handelte stets auf eigene Faust. Scowcroft hatte weder das Personal noch die Zeit einzuschätzen, was Colby bereits freigegeben hatte. Er wurde auch erst im nachhinein davon in Kenntnis gesetzt, daß Mitarbeiter des Kongresses bereits die letzten Akten im Hauptquartier der CIA durchwühlten, die sie noch nicht umgewendet hatten. Don Rumsfeld gelang es gerade noch, die offizielle Bekanntgabe des Versuchs der CIA zu verhindern, ein im Pazifik gesunkenes sowjetisches Atom-U-Boot zu heben (siehe Kapitel I). Trotzdem wurde die Aktion »Glomar Explorer« bekannt. Zweimal trafen Schlesinger und ich uns mit Colby, um unsere Beunruhigung über die offenkundige Demontage unserer Nachrichtendienste zum Ausdruck zu bringen. Colby behauptet in seinen Memoiren, ich hätte meine wachsende Sorge in umständlichen Worten geäußert. Stolz berichtet er, daß er sich nicht beirren ließ.[16]

Es war eine verzwickte Lage, wert, in einem Politologieseminar unter die Lupe genommen zu werden. Nach der Dienstordnung ist der CIA-Direktor klar und eindeutig dem Präsidenten und dem Nationalen Sicherheitsberater unterstellt. Aber in einer Situation, in welcher der Präsident zu der Auffassung kommt, den Direktor nicht entlassen zu können, wird dieses Unterstellungsverhältnis zu einer rein akademischen Frage. Theoretisch hätte Ford anweisen können, jedes freizugebende Dokument müsse vom Weißen Haus bestätigt werden. Aber abgesehen davon, daß damit das Weiße Haus in die Schußlinie geraten wäre – wie hätten wir eine solche Weisung durchsetzen sollen? Der Stab des Weißen Hauses hatte keine Möglichkeit, buchstäblich Tausende von Dokumenten durchzusehen. Die Mitarbeiter des Kongresses wiederum, insbesondere die des Pike-Ausschusses, waren nicht bereit, sich bei der Anforderung von Dokumenten oder in ihrer Entschlossenheit, diese der Öffentlichkeit zugänglich zu machen, irgendwelche Beschränkungen aufzuerlegen. Es war die reine Ironie, daß Ermittlungen, die eigentlich aufgenommen wurden, um eine effektivere Kontrolle über die Nachrichtendienste herzustellen, im Grunde genommen – zumindest solange sie liefen – zur Aufhebung der Kontrolle des Präsidenten über die Nachrichtendienste führten.

Als die rücksichtslosen Vorladungen des Pike-Ausschusses Ford schließlich davon überzeugten, daß die Dinge außer Kontrolle geraten waren, berief er sich auf die Vorrechte seines Amtes. Er bestritt nicht die Notwendigkeit, Dokumente oder andere Informationen über tatsächliche Vergehen herauszugeben. Ford war entschlossen, mit jeglichem festgestellten Mißbrauch aufzuräumen. Was er verhindern wollte, waren Fischzüge, die tonnenweise Dokumente zutage förderten, welche man bedenkenlos an die Medien weitergab. Er bot an, auch weiterhin die geforderten Dokumente zur Verfügung zu stellen, wenn die Untersuchungsausschüsse zusicherten, deren Inhalt zu schützen.

Es war alles vergeblich. Ford glaubte nicht, den Interessen des Landes könnte gedient sein, wenn man sich auf gerichtliche Auseinandersetzungen über die Geheimhaltungsstufe von Dokumenten einließ, da doch das Material, das geschützt werden sollte, vor Gericht offengelegt werden mußte. Da Watergate immer noch in den Hinterköpfen spukte, glaubte Ford, die Ablösung Colbys könnte zu einer weiteren heftigen Auseinandersetzung zwischen Exekutive und Legislative führen. Am Ende blieb ihm jedoch ohnehin keine andere Wahl. So hielt der Aderlaß fast eineinhalb Jahre lang an, bis der Kongreß, der Auswüchse des Pike-Ausschusses müde, dessen Treiben ein Ende setzte. Inzwischen war aber großer, zum Teil nicht wiedergutzumachender Schaden angerichtet.

Ich bekenne, daß ich weder Bill Colbys Motive noch sein Verhalten je verstanden habe, besonders als er sich darauf verlegte, auf eigene Faust zu handeln, ohne seinen Präsidenten und die Verantwortlichen des Nationalen Sicherheitsrates zu konsultieren (oder auch nur zu informieren) – oder warum er seinen Kollegen seine Gründe niemals erklärte, bis er seinen Posten verließ und seine Memoiren veröffentlichte.

Ich begegnete diesem rätselhaftesten aller amerikanischen Beamten zum ersten Mal 1965 in Saigon, wo ich einen Monat lang Berater bei Botschafter Henry Cabot Lodge war. Colbys graue Augen blickten forschend durch eine Hornbrille, ohne etwas von der Persönlichkeit preiszugeben, die sich dahinter verbarg. Er war zwar gut in Form, wirkte aber nicht ausgesprochen athletisch. Wenn man von seiner großen Tapferkeit als Soldat im Zweiten Weltkrieg (er ließ sich als junger Aufklärungsoffizier mit dem Fallschirm in Frankreich und Norwegen absetzen) nichts wußte, hätte man ihn leicht für eine typische Figur aus einem Agentenroman von John le Carré halten können – der Inbegriff der Diskretion und der Anonymität.

Senator Bob Kerrey (ein Demokrat aus Nebraska) sagte in seinem bewegenden Nachruf auf der Trauerfeier für Colby im Mai 1996, dieser habe einer Generation angehört, die die Depression überwand, eine der schlimmsten Diktaturen in der Geschichte besiegte und den Kampf gegen den Kommunismus ohne Krieg gewann. Colby war an den meisten Schlachten der Nachrichtendienste beteiligt, die für die Sache der Freiheit geschlagen wurden. Zu seiner Ehre muß man sagen, daß er sich niemals mit seinen außerordentlichen Verdiensten brüstete.

In Saigon war er für das sogenannte Phoenix-Programm verantwortlich, das dazu dienen sollte, die kommunistischen Guerillas mit ihren eigenen Waffen zu schlagen. Colby war ebenso begeistert von diesem Auftrag wie verschwiegen über das konkrete Vorgehen.

Als ich Nationaler Sicherheitsberater wurde und Colby nach Washington zurückkehrte, kreuzten sich unsere Wege zuweilen bei Besprechungen im Weißen Haus. Colby äußerte sich selten und nie mit besonderer Leidenschaft. Im Juli 1973 ging Schlesinger von der CIA ins Verteidigungsministerium, wo er Elliot Richardson ablöste, der Generalstaatsanwalt wurde. Al Haig, damals Nixons Stabschef, empfahl Colby für den Posten des CIA-Direktors, weil er glaubte, die Geheimdienstbehörde werde von einem Insider am besten und loyalsten geführt. Ich sprach keine offizielle Empfehlung aus, hielt Colby aber für eine gute Wahl.

Für Colbys Verhalten, das mir unverständlich blieb, sind mir zwei Erklärungen zu Ohren gekommen. Die erste stammt von General Vernon Walters, meinem vertrauten Freund und Colbys Stellvertreter in jener Zeit. Walters ist der Meinung, Colby sei zu der Überzeugung gelangt, durch eine grundlegende Verschiebung der Machtverhältnisse in Washington sei der Kongreß überstark geworden, so daß die CIA nur zu erhalten sei, wenn man den Kongreßausschüssen ihre Geheimnisse preisgebe, wie unvernünftig deren Forderungen und wie rücksichtslos die nachfolgende Offenlegung auch sein mochten. Nach Walters' Theorie lieferte Colby die CIA der Gnade des Kongresses aus.

Die zweite Erklärung lautet, Colby habe im Laufe der Zeit einen eigenen Blick für seine Tätigkeit entwickelt. Die Art und Weise, wie der Kalte Krieg geführt wurde, schien ihm die moralischen Grundlagen der amerikanischen Gesellschaft mehr und mehr zu untergraben. Wenn das tatsächlich sein Blickwinkel war, dann kann es sein, daß Colby durch Unterstützung der Strategien der Protestbewegung sein Land zu reinigen suchte. So gesehen war die Schwächung des ihm anvertrauten Dienstes ein notwendiges Opfer, das er mit derselben Konsequenz brachte, die er als Kämpfer im Kalten Krieg bewiesen hatte.

Die Rockefeller-Kommission

Die vom Präsidenten eingesetzte Rockefeller-Kommission konzentrierte sich vor allem auf die Aktivitäten der CIA im Land. In ihrem Bericht, der am 6. Juni 1975 vorgelegt wurde, werden für einen Zeitraum von fünfundzwanzig Jahren sechsundneunzig Fälle aufgezählt, bei denen nicht durch das Recht gedeckte Ermittlungsmethoden angewandt wurden. Die überwiegende Mehrzahl fiel in die Amtszeit von Administrationen vor Nixon, kein einziger in Fords Verantwortung.

Zunächst stellte die Rockefeller-Kommission fest, daß »die große Mehrzahl der Aktionen der CIA im Inland mit ihren Befugnissen in Übereinstimmung steht«. Allerdings habe die CIA in den achtundzwanzig Jahren in ihrer Geschichte

einige Aktionen durchgeführt, die kritisiert werden müssen und nicht wieder zugelassen werden dürfen... Einige wurden von Präsidenten direkt oder indirekt initiiert oder angeordnet... Manche waren eindeutig gesetzwidrig und stellten unzulässige Eingriffe in die Rechte von Amerikanern dar.[17]

Die Presse berichtete vor allem über »einige« und ignorierte geflissentlich, daß man diese aus der »großen Mehrzahl« herausgegriffen hatte.

Hätten die Verfasser der Schlagzeilen sich mehr in die Einzelheiten vertieft, wären sie vielleicht nachsichtiger gewesen. Drei Viertel der Fälle sogenannter Inlandsspionage betrafen die Sicherheitsüberprüfung von Personen, die der CIA angehörten.[18] Von den über einen Zeitraum von fünfundzwanzig Jahren verteilten sechsundzwanzig Ermittlungen, die *nicht* mit der CIA im Zusammenhang stehende Personen betrafen, bezogen sich elf auf solche, die mit derzeitigen oder früheren Angestellten der CIA in Kontakt gestanden hatten. Am Ende fand die Rockefeller-Kommission in einem Zeitraum von fünfundzwanzig Jahren lediglich fünfzehn Fälle, in denen gegen Personen ohne direkten oder indirekten Bezug zur CIA ermittelt wurde. Die überwiegende Mehrheit der Bevölkerung hatte also von einem Mißbrauch der Befugnisse der CIA nichts zu befürchten gehabt.

Die Rockefeller-Kommission gab dreißig konkrete Empfehlungen, wie Gesetze oder Verfahren der Administration und des Kongresses abzuändern seien. Darunter fand sich der Vorschlag, dem Nachrichtendienstlichen Beratungsausschuß des Präsidenten (PFIAB) eine größere Rolle zuzuweisen.[19] Dieser Ausschuß, der sich aus verdienstvollen Bürgern verschiedener Herkunft zusammensetzte, wurde von einem hauptamtlichen Vorsitzenden geleitet und hatte den Auftrag, mit bezahlten Mitarbeitern die Einhaltung der Befugnisse der CIA zu überwachen, die Qualität der im Ausland beschafften Nachrichten und Analysen, ihre Organisation und ihr Management zu bewerten, dem Präsidenten, dem CIA-Direktor und, wenn notwendig, auch dem Generalstaatsanwalt Empfehlungen zu geben. Ford akzeptierte diesen Vorschlag.

Der Church-Ausschuß

Von gelegentlichen Entgleisungen abgesehen – so nannte Senator Walter Mondale die CIA gegenüber den Redakteuren von *Time* einmal »die Bastarde dort in Washington«[20] –, agierte der Church-Ausschuß insgesamt verantwortungsbewußt. Er nahm ein Verfahren für den Umgang mit Geheimdokumenten an, das der ausgebenden Behörde das Recht zugestand, besonders sensible Sätze oder Passagen zu entfernen. Das entschärfte das Problem, löste es aber nicht, denn Analytiker ausländischer Nachrichtendienste waren oft in der Lage, aus dem Kontext oder anderen Dokumenten auf die fehlenden Teile zu schließen, da die Dokumente dem Ausschuß in solcher Eile zur Verfügung gestellt werden mußten, daß eine gründliche Durchsicht gar nicht möglich war.

Was den Ausschuß gelegentlich in die Schlagzeilen brachte, waren nicht so sehr seine Enthüllungen, als vielmehr der natürliche Drang der Senatoren nach Publicity. Ein gutes Beispiel dafür war die Inszenierung des ersten Tages der öffentlichen Anhörungen am 16. September 1975. Senator Church stellte Colby die brisante Frage: »Haben Sie einige der Geräte mitgebracht, die die CIA benutzt, um Menschen mit Gift zu töten?«[21] Offenbar nach vorheriger Absprache holte Colby nun den Gegenstand hervor, der als »Dart-Gun der CIA« bekannt geworden ist, mit der vergiftete Pfeile verschossen werden sollten. Fotos von Senator Church und seinen Kollegen, wie sie mit ernstem Gesicht das Gerät betrachteten, schmückten die Titelseiten der Zeitungen und die Bildschirme. Man hatte den Eindruck, alle CIA-Mitarbeiter liefen ständig mit einer Dart-Gun unter dem Trenchcoat herum.

Erst zwei Tage später enthüllte Charles Senseney, ein Angestellter des Verteidigungsministeriums, die wahre Herkunft dieser furchterregenden Waffe: Die Dart-Gun war *keine* Erfindung der CIA, sondern von der Army entwickelt worden. Um die Kosten für die Entwicklung breiter zu verteilen, hatte sie die Dart-Gun anderen Behörden zum Kauf angeboten. Die Army war offenbar ein guter Waffenproduzent, aber kein guter Händler, denn weder kaufte die CIA das Gerät, noch setzte sie es jemals ein.[22]

Der Church-Ausschuß hielt abwechselnd geschlossene Sitzungen und vom Fernsehen übertragene Anhörungen ab. Die Grenzen zwischen beiden wurden immer fließender, denn beinahe nach jeder geschlossenen Sitzung setzte Senator Church seine gut entwickelte Rhetorik ein, um in einem Briefing die Ergebnisse zusammenzufassen.

Viele der geschlossenen Sitzungen beschäftigten sich mit angeblichen Mordkomplotten gegen ausländische Politiker. Ende Oktober 1975 schloß der Ausschuß seine Ermittlungen zu diesem Thema ab. Präsident Ford, der befürchtete, die öffentliche Debatte über Einzelheiten werde amerikafeindlich gesinnten Radikalen überall in der Welt – besonders in Ländern, in denen die Komplotte stattgefunden haben sollten – in die Hände spielen, forderte, daß der Bericht nicht veröffentlicht werde. Er konnte dies leichten Herzens verlangen, denn alle diese angeblichen Verschwörungen fielen in die Amtszeit von Administrationen der Demokraten. (Um die Parteiensymmetrie zu erhalten, war es dem Ausschuß allerdings gelungen, auch einen gescheiterten Putsch der chilenischen Armee in Nixons Amtszeit als amerikanisches Mordkomplott in die Anhörungen einzubeziehen, was aber im Schlußbericht korrigiert werden mußte.)

Senator Church lehnte Fords Ersuchen mit der Begründung ab: »Der Ausschuß hat entschieden, den Bericht zu veröffentlichen, nachdem er zunächst einer geschlossenen Sitzung des Senats vorgelegen hat.«[23] Um in jedem Fall zu verhindern, daß seine Kollegen die Veröffentlichung verboten, verkündete Church am 20. November, dem Tag vor der Sitzung, diese habe nicht das Ziel, die Veröffentlichung zu bestätigen, sondern lediglich, den anderen Senatoren Gelegenheit für Fragen zu geben. Zu diesem Zeitpunkt war der Bericht bereits gedruckt und jeweils ein Exemplar an sämtliche Senatoren verteilt.

Was Senator Church der Welt unbedingt mitteilen wollte, waren fünf angebliche Mordkomplotte, die mit einer Ausnahme in die Amtszeit John F. Kennedys fielen: 1961 gegen Fidel Castro auf Kuba, gegen Patrice Lumumba in Zaire und gegen Rafael Trujillo in der Dominikanischen Republik; 1963 gegen Ngo Dinh Diem in Südvietnam und 1970 gegen General René Schneider in Chile. Lediglich in zwei Fällen, bei Castro und Lumumba, konstatierte der Bericht, daß amerikanische Beamte tatsächlich praktisch tätig geworden waren. Im Fall von General Schneider stellte sich heraus, daß es sich überhaupt nicht um ein Mordkomplott gehandelt hatte. Zu Lumumba hieß es in dem Bericht, die Vereinigten Staaten seien an seiner Ermordung durch interne Widersacher im Jahr 1961 nicht beteiligt gewesen.[24] Unter den scharfen Augen der Medien wurde die CIA durch die Tatsachen entlastet: In ihrer ganzen Geschichte hatte sie keinen einzigen ausländischen Politiker ermordet, es im Fall Castros auf Weisung des Präsidenten allerdings versucht.

In den öffentlichen Anhörungen behandelte der Church-Ausschuß Geheimoperationen, bei denen er keine Verfehlungen feststellte. Nahezu alle – mit Ausnahme einer Aktion namens »Gleis II« in Chile – waren nach den vorgeschriebenen politischen Verfahren geprüft und den Kontrollausschüssen des Kongresses mitgeteilt worden. Auch Gleis II lief nur einen Monat; danach wurde es mit einem identischen Programm namens »Gleis I« zusammengelegt, das der Vierziger-Ausschuß geprüft hatte.[25] Das Problem bestand darin, daß der Vorsitzende und wichtige Mitglieder der Senatsmehrheit grundsätzlich gegen Geheimoperationen waren und vor ihren Wählern nur mit der vollständigen Offenlegung ihrer Ermittlungsergebnisse bestehen konnten. So beschrieb der Abschlußbericht des Church-Ausschusses zwar die allgemeinen programmatischen Ziele der Geheimoperationen der CIA korrekt, er enthielt aber auch eine ausführliche zeitlich geordnete Darstellung von Methoden und Quellen, nannte im Fall Chiles viele Gruppen und Personen, die die CIA unterstützt hatte. Damit wurden Persönlichkeiten, die sich in gutem Glauben für die amerikanische Politik eingesetzt hatten, schwer kompromittiert und die Möglichkeiten der CIA, Leute für künftige Operationen zu gewinnen, stark eingeschränkt.

Der Church-Ausschuß rehabilitierte sich zum Teil durch einige organisatorische Vorschläge, nach denen die Nachrichtendienste noch heute aufgebaut sind. Davon wird noch die Rede sein. Der Ausschuß hatte den Anstand, im Schlußbericht von seinem Vorsitzenden abzurücken und zu erklären, daß »die Central Intelligence Agency im großen und ganzen gesehen nicht ›außer Kontrolle geraten‹« sei.[26]

Der Pike-Ausschuß

Bis zum Zeitpunkt der hier beschriebenen Untersuchungen bestand zwischen Exekutive und Legislative ein gewisser Grad an Einvernehmen. Es hatte eine zügellose und – in den Augen der Administration – gefährliche Offenlegung sensibler Geheiminformationen stattgefunden. Aber im Senat hatten wir es mit einer Reihe verantwortungsbewußter Persönlichkeiten zu tun, die gewiß versuchen würden, eine schwierige Situation zu entschärfen und, selbst wenn sie nicht mit uns übereinstimmten, das administrative Verständnis von nationalen Interessen in Rechnung zu stellen.

Was die Untersuchungen im Repräsentantenhaus betraf, so war die Lage anders. Sie begannen spät. Unter dem Vorwand einer Überprüfung der Nachrichtendienste versuchte man hier, die Außenpolitik im nachhinein zu kritisieren, indem man vorgab, den Einfluß der Nachrichtendienste auf sie untersuchen zu wollen.

Die erste Handlung des Ausschusses war die Absetzung seines eigenen Vorsitzenden Lucien Nedzi, weil dieser von Colby eine Information über den »Familienschmuck« bekommen und nicht an den Ausschuß weitergegeben hatte. Seinen Platz nahm nun der Republikaner Otis Pike ein.

Der Pike-Ausschuß war bestrebt, seinen verzögerten Start durch eine besonders feindselige Haltung gegenüber den Nachrichtendiensten und dem Präsidenten wettzumachen. Sein Stab von fünfzig Mitarbeitern, der von dem dreißigjährigen Searle Field geleitet wurde, brachte sogar Colby aus der Fassung. Er schrieb über den Ausschuß:

Er (Pike) akzeptierte wahllos die bunt zusammengewürfelte, unreife und publikumsgeile Mitarbeiterschar, die sich für die Untersuchung zusammenfand – ein Haufen Kinder, die nur Sensationen nachjagten und überhaupt nicht daran interessiert waren, ernsthaft zu prüfen, womit sich Nachrichtendienste wirklich befassen...[27]

Der Pike-Ausschuß weigerte sich, nach den sehr flexiblen Regeln zu arbeiten, die der Church-Ausschuß und die Exekutive vereinbart hatten. Mitarbeiter ohne jede Erfahrung im Umgang mit Geheimdokumenten und ohne jedes Wissen über nachrichtendienstliche Tätigkeit sichteten nun fünfundsiebzigtausend Geheimdokumente, die ihnen Colby zur Verfügung stellte.[28] Auf die Spitze getrieben wurde das Ganze schließlich, als der Pike-Ausschuß sensible Abhörmaterialien zu untersuchen begann. Gegen den energischen Widerspruch Colbys und anderer hoher Vertreter der Nachrichtendienste drohte der Ausschuß, fünf Einschätzungen der Nachrichtendienste zu veröffentlichen, in denen die Wahrscheinlichkeit eines arabisch-israelischen Krieges im Oktober 1973 ganz unterschiedlich bewertet wurde. Fachleute wandten ein, damit werde offengelegt, inwiefern die Vereinigten Staaten in der Lage seien, die Gespräche anderer abzuhören und zu analysieren. Noch niemals hatte ein Kongreßausschuß derartiges getan.

Als der Pike-Ausschuß das umstrittene Material am 11. September 1975 trotz allem veröffentlichte, griff Ford schließlich ein. Bei einer Anhörung am nächsten Morgen erschien der stellvertretende Generalstaatsanwalt Rex E. Lee und warf, vom Vorsitzenden mehrfach wütend unterbrochen, dem Ausschuß den Fehdehandschuh hin:

> Die Verantwortung des Präsidenten für die nationale Sicherheit und die internationalen Beziehungen der Vereinigten Staaten läßt ihm keine andere Wahl, als die sofortige Rückgabe allen Geheimmaterials zu fordern, das dem Ausschuß bisher ausgehändigt wurde... Er hat alle Behörden und Institutionen der Exekutive angewiesen, weitere Forderungen des Ausschusses nach Geheimmaterial respektvoll zurückzuweisen.[29]

Die Rücksichtslosigkeit, mit der der Pike-Ausschuß vorging, hatte die Frage auf den Punkt gebracht, ob Kongreßausschüsse das Recht haben, auf eigene Faust geheime Informationen der Exekutive zu veröffentlichen. Wenn sich der Ausschuß mit seiner Einstellung durchsetzte, war es möglich, höchst delikate Geheiminformationen einseitig anzufordern und an die Öffentlichkeit zu bringen.

Entschlossen, diese Auseinandersetzung durchzustehen, beharrte der Pike-Ausschuß darauf, ebendiese Vollmacht zu besitzen. Er weigerte sich, jegliche Geheimdokumente zurückzugeben, und kündigte an, er werde öffentliche Anhörungen über die Tet-Offensive von 1968 abhalten, wofür er von Colby weitere Abhörberichte anforderte. Daraufhin bot das Weiße Haus an, die umstrittenen Dokumente zur Verfügung zu stellen, wenn man ihren Geheimhaltungsgrad beachtete, bis der grundsätzliche Streit geklärt sei. Pike lehnte diesen Kompromiß ab (der nach meiner Auffassung schon zu weit ging, aber Buchen setzte sich durch).[30] Der Pike-Ausschuß eröffnete seine Anhörungen über die Tet-Offensive am 18. September 1975. Er ging sofort daran, auf eigene Faust Geheimhaltungsstufen aufzuheben. Dies betraf auch Informationen aus zwei Telegrammen der Stufe »Secret Eyes Only« und die Namen einiger CIA-Agenten im Ausland.[31]

Bis zu diesem Zeitpunkt war ich nicht mehr als der Zuschauer eines vor meinen Augen ablaufenden Dramas gewesen. Aus außenpolitischen Gründen bereitete mir wie allen anderen im Weißen Haus die Flut von Dokumenten, die an die Öffentlichkeit gelangten, große Sorge. Wir konnten nicht voraussehen, welche Geheiminformationen als nächstes ans Licht kamen, weil der Ausschuß uns ständig vor vollendete Tatsachen stellte. Bald zeichnete sich ab, daß der Vorsitzende Pike mich als besondere Zielscheibe auserwählt hatte und die Zypernpolitik als Waffe benutzen wollte; dabei hatte dieses Thema mit der Sammlung oder Analyse von Nachrichten durch die Nachrichtendienste überhaupt nichts zu tun. Pike wollte mich wegen der Handhabung der Zypernkrise an den Pranger stellen. Er kaprizierte sich darauf, daß ich auf die Warnungen des damaligen Leiters der Griechenlandabteilung im Außenministerium, Thomas D. Boyatts, zögerlich reagiert hätte (siehe Kapitel VII). Pike und seine Mitarbeiter kritisierten im nachhinein auch den Entschluß unseres Botschafters in Athen vom Juni 1974, die Sorge des amerikanischen Außenministeriums über einen bevorstehenden Putsch dem Erzbischof Serafaim und dem Außenminister der Junta mitzuteilen, nicht aber beim starken Mann der Junta, Dimitrios Ioannides, vorstellig zu werden. Das alles waren rein außenpolitische Entscheidungen, die mit den Leistungen unserer Nachrichtendienste überhaupt nichts zu tun hatten.

Im Verlauf ihrer Ermittlungen zur Zypernfrage forderten Pike und seine unsäglichen Mitarbeiter die Herausgabe aller internen Dokumente des Außenministeriums zu diesem Thema, einschließlich jedes Vorschlags auch des letzten kleinen Beamten.

Ich hatte unsere Zypernpolitik viele Male vor Kongreßausschüssen erläutert, darunter auch die Gründe, warum wir auf Boyatts Warnungen so zögernd reagiert hatten. Ich war bereit, ja sogar äußerst interessiert daran, das wieder zu tun, obwohl das Thema mit angemessenem Vorgehen unserer Nachrichtendienste in keinem Zusammenhang stand. Ich war aber auch entschlossen, nicht tatenlos zuzusehen, wenn man das Außenministerium in Stücke riß, wie es mit der CIA bereits geschah.

Ich bot an, unsere Politik im Detail darzulegen und dabei auf alle in Erwägung gezogenen Optionen, einschließlich der von Boyatt vorgeschlagenen, einzugehen. Ich wollte auch die volle Verantwortung für unsere letztlichen Entscheidungen übernehmen. Aber ich weigerte mich, dem Ausschuß mitzuteilen, welcher Beamte das ein oder andere Vorgehen empfohlen hatte. Dies zu tun, ohne daß irgendein Anhaltspunkt für ein Vergehen vorlag, hätte die Integrität, Spontaneität und Vertraulichkeit des internen Entscheidungsfindungsprozesses im Außenministerium zerstört. Wenn jeder subalterne Beamte seine Vorschläge so formulieren sollte, daß sie noch Jahre später vor einem Kongreßausschuß Bestand hatten dann bedeutete dies, daß der Ausschuß in die tägliche praktische Arbeit des Außenministeriums eingriff.

Dabei hatte ich keine personellen, sondern vor allem institutionelle Bedenken. Boyatts Ansichten waren in Washington allgemein bekannt. Ich war sicher, daß der Pike-Ausschuß bereits sein Memorandum besaß, was sich später auch bestätigte. Viele Journalisten hatten es gelesen. Es war offensichtlich, daß es dem Ausschuß vor allem um das Recht ging, Arbeitsdokumente des Außenministeriums anzufordern. Heute war der Außenminister das Ziel, der natürlich viele Möglichkeiten hatte, sich zu verteidigen. Morgen konnte man aber einen jungen Beamten vor einen Kongreßausschuß zerren, weil er Vorschläge eingebracht hatte, die sich später vielleicht als »politisch nicht korrekt« erwiesen.

Am 14. Oktober 1975 bat ich den Ausschuß, »mit mir über alternative Methoden zur Bereitstellung der für seine Ermittlungen erforderlichen Informationen zusammenzuarbeiten«. Ich bot an, »eine Zusammenfassung *aller* unterschiedlichen Ratschläge vorzulegen, die ich zur Zypernkrise erhielt, solange es nicht notwendig ist, die Quellen offenzulegen«. Ich wollte »persönlich vor dem Ausschuß erscheinen, um detailliert alle abweichenden Meinungen und meine Gründe für deren Ablehnung darzulegen«. Ich betonte: »Es geht nicht darum, welche Informationen der Ausschuß erhalten soll, sondern vielmehr darum, von wem die Information angefordert und in welcher Form sie zur Verfügung gestellt wird.«[32]

Ich wies Lawrence Eagleburger, damals stellvertretender Unterstaatssekretär für Innere Verwaltung, an, an die niederen Beamten, die nicht vom Präsidenten ernannt waren, folgende Verhaltensrichtlinien auszugeben:

(a) Auf Weisung des Präsidenten ist abzulehnen, der Geheimhaltung unterliegendes Material zu erörtern (bis die Frage entschieden war, ob der Ausschuß das Recht hatte, eigenmächtig Geheimhaltungsstufen aufzuheben).

(b) Auf Anordnung des Außenministers ist abzulehnen, Informationen zu geben, aus denen hervorgehen könnte, welche Optionen höheren Beamten des Außenministeriums vorgelegt oder von diesen in Betracht gezogen wurden.

Die ausdrückliche Unterscheidung zwischen »Weisung des Präsidenten« und »Anordnung des Außenministers« war bedeutsam und für mich potentiell gefährlich. Ford hielt Geheiminformationen zurück, weil der Ausschuß sich weigerte, die Geheimhaltungsstufen zu respektieren, für die der Präsident weisungsberechtigt war. Diese Berufung auf sein Amt, die der Generalstaatsanwalt unterstützte, würde vor Gericht wahrscheinlich Bestand haben. Ich dagegen verteidigte die Integrität des Entscheidungsfindungsprozesses im Außenministerium und wollte niedere Beamte vor willkürlichem Druck schützen. Der Generalstaatsanwalt, der hervorragende Rechtsexperte der Chicago Law School und Universitätsrektor Edward Levi, hatte seine Zweifel, daß ich kraft meines Amtes dazu berechtigt war, und weigerte sich, meinen Standpunkt zu unterstützen. Ich aber bestand auf meiner Meinung, weil dies für mich eine Grundsatzfrage war, um derentwillen ich selbst Rücktritt und Mißachtungsklage vor Gericht in Kauf nehmen wollte.

Ausnahmsweise spürte ich in dieser Frage die breite Unterstützung der Öffentlichkeit. Mitte Oktober 1975 billigte die American Foreign Service Association, der Diplomatenverband der Vereinigten Staaten, meine Haltung mit einem Abstimmungsergebnis von sieben zu null.[33]

Am 19. Oktober hieß es in einem Leitartikel der *New York Times,* die Haltung des Pike-Ausschusses stehe »eindeutig im Widerspruch zu den nationalen Interessen«[34]. George Kennan, zweifellos der angesehenste Vertreter des Diplomatischen Dienstes der Vereinigten Staaten, schrieb einen Leserbrief an die *Washington Post:*

Außenminister Kissinger steht mit seinem entschlossenen Widerstand gegen derartige Forderungen auf festem Grund: Er hat gar keine andere Wahl. Seine Haltung verdient die nachhaltige Unterstützung der Öffentlichkeit.[35]

An dieser Stelle in allen Einzelheiten zu beschreiben, wie der Ausschuß allmählich von seiner Position abrückte, während er ständig drohte, mich wegen Mißachtung vor Gericht zu bringen, würde den Rahmen dieses Bandes übersteigen. Am Ende verhinderte der demokratische Abgeordnete Les Aspin größere Verwicklungen, als er sich gegen seinen Vorsitzenden stellte und sich weigerte, für eine Mißachtungsklage gegen mich zu stimmen, womit diese scheiterte.

Dieser Rückschlag verstärkte aber nur die Entschlossenheit Pikes und seiner Mitarbeiter, ihre Macht über entscheidende Dokumente in den Akten der Nachrichtendienste zu sichern. Am 6. November forderte der Pike-Ausschuß die Protokolle aller Sitzungen des Nationalen Sicherheitsrates an, in denen es um die Nachrichtendienste ging und zahlreiche weitere sensible Themen behandelt wurden.[36] Von Sicherheitserwägungen abgesehen, wäre es unmöglich gewesen, eine solche Dokumentation in der vom Ausschuß vorgegebenen Zeit zusammenzustellen oder gar in den von dessen Statut vorgegebenen zehn Wochen zu analysieren und zu einem sinnvollen Bericht zusammenzustellen.

Phil Buchen, der jeder Konfrontation möglichst aus dem Weg ging, erarbeitete einen »Kompromiß«, nach dem dem Ausschuß der größte Teil der geforderten Dokumente ausgehändigt werden sollte (ausgenommen die Protokolle des Vierziger-Ausschusses, über die man mündlich informieren wollte). Voraussetzung war, daß der Präsident gegen die Veröffentlichung sein Veto einlegen konnte, das nur ein Gericht aufheben durfte. Aber die bald darauf einsetzende Flut von Indiskretionen zeigte, daß der Ausschuß auch nach dem vermeintlichen Arrangement mit dem Weißen Haus nicht geneigt war, sich irgendwelche Beschränkungen aufzuerlegen.

Die Skrupellosigkeit des Pike-Ausschusses erreichte mit dem Schlußbericht ihren Höhepunkt. Am 20. Januar 1976 druckten die *New York Times* und der *Washington Star* Beiträge, die angeblich auf Teilen des Berichtsentwurfs beruhten, an dessen Fertigstellung der Pike-Ausschuß und seine Mitarbeiter noch arbeiteten. Diese betrafen vor allem die Zypernkrise 1974, Geheimoperationen im Irak, Waffenlieferungen der CIA an politische Parteien in Angola, die Nachrichtenbeschaffung in sowjetischen Gewässern durch U-Boote der US-Marine und die Tatsache, daß der amerikanische Geheimdienst den ersten indischen Atomtest im Jahr 1974 nicht vorausgesagt hatte.[37]

Am nächsten Tag brachte die *Washington Post* unter Berufung auf den Berichtsentwurf des Pike-Ausschusses Artikel (die auch in der *New York Times* erschienen) darüber, daß die CIA angeblich ihre Haushaltsmittel benutzt habe, um »Bettgespielinnen an Könige« zu vermitteln.[38] Als einige Ausschußmitglieder am selben Tag Besorgnis darüber äußerten, daß »der Berichtsentwurf der Mitarbeiter bestimmte Geheiminformationen« einseitig offenlege,[39] reagierte der Vorsitzende Pike darauf mit der Erklärung: »Die Vereinbarung (mit dem Weißen Haus) ist nicht bindend« für den Ausschußbericht, »und die Exekutive hat kein Recht, anzuweisen oder vorzuschreiben, was in den Bericht an den Kongreß aufgenommen wird.«[40]

Das aber ging der *Washington Post*, die der Ford-Administration wahrlich nicht besonders freundlich gesinnt war, nun doch zu weit. In einem Leitartikel hieß es:

Mr. Pikes Position zum Bericht des Untersuchungsausschusses des Repräsentantenhauses ist, kurz gesagt, unhaltbar. Als er im September vergangenen Jahres gewisse Geheiminformationen von der Exekutive entgegennahm, stimmte er zu, daß die letzte Entscheidung darüber, welche Teile davon an die Öffentlichkeit gehen sollten, beim Weißen Haus liege. Wenn er heute behauptet, seine damalige Zusage habe sich nur auf die Entgegennahme der Informationen bezogen und nicht auf den gegenwärtigen Bericht, dann macht er sich selbst lächerlich und zerstört die Grundlage, auf der jeder künftige Untersuchungsausschuß in Sachen Nachrichtendienste Geheiminformationen anfordern könnte... Das ist auch keine akzeptable Begründung dafür, daß Informationen zu einem großen Teil ohnehin bereits durchgesickert sind. Es stellt sich vielmehr die Frage, inwiefern der Pike-Ausschuß seiner Verpflichtung gerecht geworden ist, die Geheimhaltung gewährleistet zu haben, bevor die Veröffentlichung des Abschlußberichtes überhaupt spruchreif war.[41]

Inzwischen waren dem Repräsentantenhaus insgesamt Bedenken gekommen – vielleicht unter dem Eindruck der Ermordung des CIA-Residenten in Athen Richard Welch am 23. Dezember 1975. Sein Name war im Verlauf der Untersuchung enthüllt und in mehreren Medien bekanntgemacht worden. Am 29. Januar 1976 stimmte das Repräsentantenhaus mit zweihundertvierundsechzig zu einhundertvierundzwanzig Stimmen dafür, die Vereinbarung mit Präsident Ford zu bestätigen und die Veröffentlichung des Berichtes des Pike-Ausschusses so lange auszusetzen, bis der Präsident sichergestellt hatte, daß dieser keine Informationen enthielt, die die Tätigkeit der amerikanischen Nachrichtendienste beeinträchtigen konnten.

Zwei Wochen später war dieser Beschluß hinfällig. Am 16. und 23. Februar 1976 druckte die Zeitung *The Village Voice* ein Dokument ab, das sie als den Pike-Bericht bezeichnete. Der CBS-Korrespondent Daniel Schorr, der bereits am 25. Januar mit der Veröffentlichung von Auszügen begonnen hatte, gab später zu, er habe seine Raubkopie des Berichtes an die *Village Voice* weitergegeben.[42]

Das Repräsentantenhaus beauftragte nun seinen eigenen Verhaltensausschuß mit einer Untersuchung. Wie in Washington üblich, wurde die undichte Stelle nicht gefunden, und es kann einem schon zu denken geben, daß Schorrs Quellen besser geschützt wurden als die von offiziellen Mitarbeitern der Nachrichtendienste.

Inmitten dieses Chaos arbeitete der Pike-Ausschuß weiter an immer neuen Versionen seines Berichts. Bald kursierten davon so viele, daß es unmöglich war, darauf noch konkret zu reagieren. Bis heute sehe ich keinen Grund, von meiner damaligen Bewertung der Version der *Village Voice* als »tendenziös, irreführend und total verantwortungslos« auch nur einen Deut abzugehen.[43]

Der Pike-Bericht erlangte am Ende keinen offiziellen Status. Schlampig recherchierte und entstellte Versionen über verschiedene Geheimoperationen waren noch eine Zeitlang im Umlauf, und lediglich eine der Empfehlungen des Pike-Ausschusses überlebte die Kontroverse über die Enthüllung seines Abschlußberichts: die Bildung eines Ständigen Ausschusses des Repräsentantenhauses für die Nachrichtendienste. Das war nicht gerade viel angesichts des unglaublichen Ausmaßes an Verantwortungslosigkeit und Hysterie, die die Tätigkeit der Nachrichtendienste der Vereinigten Staaten wesentlich schwächten und zahlreiche Spitzenpolitiker monatelang von ihren eigentlichen Aufgaben abhielten.

Der »Skandal« der Nachrichtendienste – und sein Ergebnis?

Seit diesen Untersuchungen gegen die Nachrichtendienste wird als gängige Meinung, genauer gesagt, als gängige Meinung der Liberalen das Wort des Senators Church zu Beginn seiner eigenen Ermittlungen zitiert, die CIA sei »ein wildgewordener, außer Kontrolle geratener Elefant«. Zu seiner Ehre ist zu sagen, daß Church diese Worte, im Bericht seines Ausschusses, später wieder zurücknahm. Aber sie haben ein Klischee verfestigt, dem man in Filmen und Fernsehshows immer wieder begegnet. Im Grunde genommen hat die Untersuchung der Nachrichtendienste das Gegenteil dessen ergeben, was man zu beweisen suchte. Das wird deutlich, wenn man sie in ihre einzelnen Teile zerlegt.

Die Tätigkeit der amerikanischen Nachrichtendienste erstreckt sich auf drei Bereiche. Der analytische Zweig der CIA liefert den offiziellen Stellen Berichte und Einschätzungen, die von der Charakterisierung ausländischer Politiker bis zur Bewertung verschiedener Optionen der Politik reichen. Der operative Zweig der CIA befaßt sich mit den Dingen, von denen das einschlägige Filmgeschäft lebt: Spionage, Geheimoperationen und paramilitärischen Aktionen, die alle Regierungen größerer Staaten für ihre nationalen Interessen als wichtig ansehen, was sie aber nicht gern zugeben. Der dritte Zweig umfaßt eine Fülle von Einrichtungen, viele im Bereich des Verteidigungsministeriums, deren Aufgabe die Nachrichtenbeschaffung mit technischen Mitteln ist.

Der analytische Zweig der CIA lieferte nicht allzuviel Stoff für die Untersuchungen des Kongresses. Zwar ärgerte mich zuweilen, daß seine Berichte sehr oft verbreiteten liberalen Anschauungen folgten, aber er war in politisch ruhigen Phasen unermüdlich tätig und in Krisenzeiten geradezu unverzichtbar. Bedenkt man die Bandbreite seiner Aufgaben, so waren gelegentliche Mängel in der Analyse nicht zu vermeiden; aber sie konnten beseitigt werden, ohne einzelne Dokumente aus dem Zusammenhang zu reißen oder selektiv daraus zu zitieren, was entschiedene und clevere Kritiker so gerne tun. Der Pike-Ausschuß gab sich die größte Mühe, die Zypernfrage zu einem Fiasko der Nachrichtendienste hochzustilisieren, zog aber in Wirklichkeit eher politische Entscheidungen als nachrichtendienstliche Einschätzungen in Zweifel.

Die sinnlosesten Enthüllungen mit den schwerwiegendsten Folgen betrafen die technische Nachrichtenbeschaffung. Dabei empörte mich am meisten die Enthüllung, daß amerikanische U-Boote sowjetische Unterseekabel anzapften. Damit war fortan eine unverzichtbare Quelle verschüttet, die es uns ermöglicht hatte, die Ergebnisse der Erprobung sowjetischer Langstreckenraketen zu erfahren. Viele dieser Tests wurden vor der Halbinsel Kamtschatka am Rand Sibiriens durchgeführt und die Daten über Kabel aufs Festland übertragen. Verheerende technische Folgen hatten – wie schon erwähnt – auch die Enthüllungen über den »Glomar Explorer«, ein Schiff, das besonders dafür ausgerüstet war, ein gesunkenes sowjetisches Atom-U-Boot vom Meeresgrund zu bergen. Weitere sinnlose Enthüllungen betrafen den Bereich der Fernmeldeverbindungen, so zum Beispiel, daß es uns gelungen war, gewisse Telefongespräche sowjetischer Führer abzuhören. Dabei ging es um Erfolge, nicht um Mißerfolge der Nachrichtendienste, und es gab dabei auch nicht das geringste Anzeichen für Überschreitung von Befugnissen. Zum wichtigsten Angriffspunkt der Ermittlungen wurden jedoch bald die Geheimoperationen. Der Kalte Krieg hatte eine Grauzone von Konflikten zwischen den Supermächten hervorgebracht, die weder von der offiziellen Diplomatie noch vom Militär ausgetragen wurden. Ein weltweites Netzwerk von Terroristen, Guerillagruppen, radikalen und kommunistischen Parteien, die von Moskau finanziert wurden, bedrohte die Gesellschaft der westlichen Industrienationen und stellte eine beispiellose Herausforderung des globalen Kräftegleichgewichts dar.

Deshalb konnte kein amerikanischer Präsident der Nachkriegszeit auf das Mittel Geheimoperationen verzichten, selbst wenn sie, wie Carter und Clinton, zunächst sehr skeptisch eingestellt waren. Die häufigsten Operationen dieser Art bestanden in der Unterstützung demokratischer Parteien oder Medien in Staaten, in denen aus dem Ausland finanzierte radikale oder kommunistische Gruppen auf dem Vormarsch waren oder die freie Meinungsbildung zu unterdrücken suchten. Seltener waren Geheimoperationen zur Finanzierung paramilitärischen und auch militärischen Widerstandes gegen die Machtübernahme von Kommunisten oder Kräften, die wir als eine Gefahr für unsere nationale Sicherheit ansahen. In der Zeit, da ich der Regierung angehörte, suchten wir mit derartigen Aktionen die Autonomie der Kurden im Irak zu fördern und eine kommunistische Machtübernahme in Angola zu verhindern (siehe Kapitel XXVI). In meiner Aussage vor dem Church-Ausschuß vom 5. Februar 1976 faßte ich zusammen, was Ford dazu bewegt hatte, der Geheimaktion in Angola seine Zustimmung zu geben.

Was haben wir in Angola getan? Wir haben schwarzafrikanischen Staaten auf deren Bitte geholfen, als beträchtliche Mengen sowjetischer Militärausrüstung und kubanische Streitkräfte in einem Nachbarland auftauchten, als diese (sowjetischen) Militärausrüstungen einen Umfang erreichten, der alle früheren Waffenlieferungen nach Schwarzafrika übertraf. Und wir haben es getan, um ähnlichen Aktionen in anderen Teilen der Welt vorzubeugen.[44]

Spätere Administrationen haben sich ebenfalls – oft in beträchtlichem Umfang – der Geheimoperationen bedient. Dies geschieht bis heute in so weit voneinander entfernten Regionen wie Mittelamerika, der Karibik, dem Persischen Golf oder Bosnien, wo die Clinton-Administration, hauptsächlich mit verdeckten Mitteln, eine der Armeen ausbildete und ausrüstete.

Geheimoperationen sind natürlich ebensowenig vor menschlichem Irrtum gefeit wie die herkömmliche transparente Politik. Sie sind es vielleicht noch weniger, weil man häufig in einer unklaren Situation auf sie zurückgreift. Deshalb wurden sie unter allen Administrationen stets von der höchsten Regierungsebene geprüft und kontrolliert.

Wenn es gelegentlich Fehlschläge gab, dann gingen diese meist auf Fehleinschätzungen der Politiker, nicht auf Kompetenzüberschreitungen der Nachrichtendienste zurück. Nachfolgende Untersuchungen waren weniger von dem Drang gespeist, Mißbrauch aufzudecken, als vielmehr von der Überzeugung der Mitglieder und Mitarbeiter der Ausschüsse, daß Geheimoperationen in jeder Form und selbst unter strengster Kontrolle für die amerikanische Demokratie unangebracht seien. Sie attackierten die Methoden, meinten aber die Politik.

Es war schon merkwürdig, daß die Geheimoperationen, die man am ehesten hätte nachprüfen müssen, von den Ausschüssen kaum beachtet wurden. Ich meine die militärischen und paramilitärischen Aktionen, die völlig offen durchgeführt werden und deren »verdeckte« Seite eher die Methode der Finanzierung als die Geheimhaltung der Operation selbst ist. Als Beispiele seien die Aktionen in Laos unter Kennedy, Johnson und Nixon, in Angola unter Ford und das mehrfache Eingreifen in Bosnien unter Clinton genannt. Wenn solche Operationen einmal einen bestimmten Umfang erreicht haben, sollten sie sicher am besten völlig offen ablaufen und Personen anvertraut werden, die eher für Militäraktionen geeignet sind, und nicht Geheimdienstspezialisten.

Die Untersuchungen der siebziger Jahre konzentrierten sich jedoch mehr auf die herkömmlichen Geheimdienstaktionen. Dabei wurden zwei Aspekte weithin übersehen. Der erste ist, daß sie sich in dunklen und von vornherein riskanten Bereichen bewegen, in denen die Fehlerquote hoch ist, sonst könnte man ja völlig offen vorgehen. Vor allem aber wurde bei den Untersuchungen kaum oder gar nicht berücksichtigt, daß wir uns im Kalten Krieg befanden. Angesichts von Berlinblockade, Kubakrise und kommunistischem Druck überall an der Peripherie der Sowjetunion wurde der Verlust von Staaten wie Chile oder Angola an den Kommunismus als unwiderruflich angesehen. Nachträgliche Bewertungen Jahrzehnte später konnten den Kämpfern der stillen Schlachten gar keine Gerechtigkeit widerfahren lassen. Die Front hatten Vorgesetzte für sie ausgewählt, die ihre Truppen im Stich ließen, als die Stimmung in der Öffentlichkeit umschlug und man nach Sündenböcken Ausschau hielt.

Nahezu jeder, der Erfahrungen mit Geheimoperationen gemacht hatte, war über die Folgen der Ermittlungen erschüttert. Der damalige Verteidigungsminister James Schlesinger sagte Anfang August 1975:

Ich meine, wir müssen anerkennen, daß die Informationsquellen der CIA schwer geschädigt worden sind, und zwar sowohl was die Kontaktmöglichkeiten als auch die Bereitschaft von Ausländern betrifft, mit unseren Nachrichtenleuten zusammenzuarbeiten… (Das ist) der unvermeidliche Effekt dieser Art von Enthüllungen.[45]

Sogar Präsident Carter, der in seinem Wahlkampf die CIA und ihren angeblichen Geheimhaltungskult angegriffen hatte, mußte, als er selbst im Amt war, bald feststellen, daß man dabei zu weit gegangen war. Im Juli 1978 beklagte Carter vor den Führern des Kongresses, der Abfluß geheimer Nachrichten lasse Amerikas Informationsquellen versiegen und schade der nationalen Sicherheit. Im März 1979 bestätigte Senator Daniel Patrick Moynihan, ein Mitglied des Senatssonderausschusses für Nachrichtendienste: »Die Regierung der Vereinigten Staaten hat keinen Nachrichtendienst von Bedeutung mehr.«[46] Im November 1979 meinte der frühere britische Premierminister Edward Heath: »Was mit den Nachrichtendiensten der Vereinigten Staaten geschehen ist, wird in der ganzen westlichen Welt mit größter Sorge gesehen.«[47] Schließlich kam James Schlesinger, der als CIA-Direktor im Zusammenhang mit Watergate mit der Sammlung des »Familienschmucks« begonnen hatte, im Februar 1980 zu dem Schluß:

Statt zu stärken, was eine recht effektive Organisation war, hat der politische Prozeß seit 1975 dazu tendiert, die Nachrichtendienste zu schwächen, zu behindern, lahmzulegen und zu zerstören. Dies geschah durch Gesetze und neue Vorschriften, die das notwendige geheime Agieren eines Nachrichtendienstes ausschließen.[48]

Ford nahm den Inhalt aller Beschuldigungen sehr ernst. Er wartete ab, bis der Pike-Ausschuß seine Tätigkeit beendet hatte, und erließ erst dann, am 18. Februar 1976, die Verordnung Nummer 11905 über eine Reorganisation der Nachrichtendienste. Ausgehend von den Empfehlungen der Rockefeller-Kommission und des Church-Ausschusses legte die Verordnung fest: (a) eine neue Kommandostruktur für den Auslandsnachrichtendienst zu schaffen, die eine exakte politische Führung gewährleistete; (b) die Richtlinien für Zuständigkeiten und Pflichten der Nachrichtendienste zu veröffentlichen; (c) neue Verfahren für ihre Beaufsichtigung einzuführen, die auch Rechts- und Eigentumsfragen beinhalteten; (d) neue Beschränkungen, zum Beispiel das Verbot von Mordanschlägen, sowie neue Kontrollen bei elektronischer Überwachung und Postöffnung festzulegen.[49] Die Zuständigkeiten und Pflichten der Nachrichtendienste wurden für jeden einzelnen genau umrissen. In einigen Fällen benannte man unter den offiziellen Funktionen zum ersten Mal Aktivitäten öffentlich, die seit Jahren nach Geheimdirektiven abliefen.

Das waren nützliche Schritte. Es ist eine Ironie, daß – wie die folgenden zwanzig Jahre zeigen sollten – die wahre Gefahr nicht davon ausging, wie die Nachrichtendienste ihre Befugnisse wahrnahmen, sondern davon, wie klug (oder unklug) beraten ihre vorgesetzten Behörden bei ihren Anweisungen waren. Das betraf fast immer das Weiße Haus – so bei der Iran-Contra-Affäre zur Zeit der Reagan-Administration oder der heimlichen Lieferung iranischer Waffen nach Bosnien unter der Clinton-Administration. Bald wurde auch deutlich, daß die neue Festlegung, jede Geheimoperation vorab mit acht Kongreßausschüssen abstimmen zu müssen, weder Harmonie zwischen Exekutive und Legislative noch Sicherheit gewährleistete. Dies zeigte sich zum ersten Mal bei einer Operation, die die Ford-Administration 1975, im Jahr der Untersuchungsausschüsse, in Angola einleitete, um der sowjetischen und kubanischen Vormachtstellung in diesem Teil Afrikas entgegenzuwirken. Nachdem Ford der Operation zugestimmt hatte, wurden die drei Aufsichtsausschüsse von Repräsentantenhaus und Senat sowie die Nachrichtendienstausschüsse beider Häuser peinlich genau und fortlaufend informiert. Jedesmal, wenn im Hinblick auf Angola eine neue Entscheidung fiel, erhielten sie detaillierte Mitteilung. Insgesamt wurden acht Kongreßausschüsse vierundzwanzigmal ins Bild gesetzt. Über zwanzig Senatoren, hundert Kongreßabgeordnete und einhundertfünfzig Mitarbeiter erhielten Informationen über die Geheimoperation in Angola.[50] Bald stellte sich heraus, daß die umfassenden Informationen jene, die grundsätzlich etwas gegen Geheimoperationen hatten, nur zusätzlich anregten, die Sicherheitsvorschriften zu verletzen.

Es bleibt die Frage, ob ein derartiger Aufruhr notwendig war, um die schließlich eingetretenen Verbesserungen zu erzielen. Zwar wurden all die verschiedenen Ermittlungen mit dem Anspruch geführt, die Tätigkeit der Nachrichtendienste zu verbessern, ihre Bemühungen, insbesondere die des

Pike-Ausschusses, mündeten aber schließlich in einem schweren Schlag gegen die offizielle amerikanische Außenpolitik zur Zeit des Kalten Krieges. Man gab hochsensible Geheiminformationer bewußt der Öffentlichkeit preis, nannte die Namen von Geheimdienstoffizieren, zitierte operative Telegramme und interne Denkschriften, enthüllte die Identität von Auslandsagenten, indem man mit Klarnamen arbeitete, legte spezifische Vorgehensweisen in konkret benannten Staaten offen. Nichts davon war für den erklärten Zweck der Ermittlungen oder für die Wahrnehmung der Aufsichtspflicht des Kongresses wirklich notwendig.

Der Schaden, der den Nachrichtendiensten insgesamt zugefügt wurde, wirkte lange nach. Die CIA, die man vor aller Augen förmlich seziert und zuweilen sogar lächerlich gemacht hatte, verlor den Nimbus von Kompetenz, Verläßlichkeit und Selbstvertrauen, der für ihre Mission so wichtig war. Die CIA, wie jeder andere Nachrichtendienst in der Vergangenheit als Instrument der Exekutive geschaffen, sah sich plötzlich, wie Robert M. Gates, ein späterer Direktor, es ausdrückte, in unnatürlich gleicher Distanz zu Präsident und Kongreß.[51] Ihre Mitarbeiter, die von allen Seiten unter Druck kamen und in vielen Fällen ihre Laufbahn zerstört sahen, mußten erkennen, daß man selbst bei gewissenhafter Ausführung von Befehlen nicht vor Schaden gefeit war, wenn die Stimmung in der Öffentlichkeit umschlug. Vorsicht um jeden Preis war die Folge. Jeder Angestellte der CIA brauchte im Grunde genommen seinen eigenen Anwalt, um festzustellen, ob er aufgrund von Befehlen oder seiner Reaktion darauf nicht zum Opfer der nächsten Säuberungswelle werden konnte. Viel leichter und sicherer war es doch, sich hinter bürokratischem Papierkram zu verstecken, als seinen Kopf für einen Job hinzuhalten, der im Hinterland zuweilen mehr Risiken bereithielt als an der Front.

Häufige interne Umstellungen und drastischer Personalabbau trugen zu weiterer Demoralisierung bei. In den Ermittlungen wurden die meisten (vielleicht sogar alle) Geheimoperationen ans Licht gezerrt, was die eigentlichen Gründe für ihre Geheimhaltung ad absurdum führte. Offenkundig war die operative Kontrolle in manchen Fällen in die Hände von Romantikern, nicht von Strategen geraten, so zum Beispiel bei der Iran-Contra-Affäre oder der Zustimmung zur Lieferung iranischer Waffen nach Bosnien.

Die bedauernswertesten Opfer waren die Mitarbeiter der CIA, die man im Kalten Krieg ausgeschickt hatte, um die Fronten der Freiheit in sogenannten Grauzonen im Auftrag einer Gesellschaft zu verteidigen, die es nicht gewohnt war, die Außenpolitik im Zusammenhang mit dem globalen Kräftegleichgewicht und noch viel weniger mit Geheimoperationen zu sehen. Die Männer und Frauen, die diese undankbare Aufgabe unter so geheimen Umständen erfüllten, daß sie weder Dankbarkeit noch – wie sich nun herausstellte – den notwendigen Schutz erwarten konnten, wurden im Angesicht ihrer Gegner völlig allein gelassen. Die bisherigen Schutzmechanismen waren außer Kraft gesetzt, und ihre Vorgesetzten ließen sie entweder im Stich oder warfen sie geradezu den Wölfen zum Fraß vor. Ihre Aufträge wurden verteufelt, und dies häufig nach über einem Jahrzehnt, da nur wenige sich noch an die Erfordernisse erinnerten, die sie initiiert hatten. Sie, die in einer Welt operierten, mit der nur einzelne Amerikaner bisher in Berührung gekommen waren, konnten von Scharfrichtern leicht lächerlich

gemacht oder als inkompetent hingestellt werden, die nur ihre eigene ideologische Sache oder gar ihre Karriere im Auge hatten.

Prominentestes Opfer dieses Prozesses war Richard Helms, einer der her-
vorragendsten Staatsdiener, die ich je kennengelernt habe. Ihm warf man
vor, einen Meineid geschworen zu haben, als er bei Anhörungen vor dem
Auswärtigen Ausschuß des Senats im Jahr 1973 aussagte. Formaljuristisch
war an dieser Anklage nichts zu deuteln; im Grunde genommen war es aber
eine schwere Ungerechtigkeit. Nach dem damals gültigen Verfahren hatte
Helms Geheimoperationen vor einem Ausschuß bestritten, der nicht befugt
war, darüber Informationen zu erhalten. Allerdings hatte er bereits vor den
vier Ausschüssen, die dafür zuständig waren, in allen Einzelheiten ausgesagt. Die Anklage, die Helms' Karriere vernichtete und sein Leben ruinierte,
war auch deshalb so ungeheuerlich, weil der angebliche Meineid dem Generalstaatsanwalt von Helms' Nachfolger William Colby angezeigt wurde,
den seinerseits ein subalterner Beamter der CIA dazu zwang.

Die Untersuchungen gegen die Nachrichtendienste waren nur ein Akt des
Dramas, in dem die Vereinigten Staaten seit Vietnam darum rangen, mit
einer unvollkommenen Welt zurechtzukommen, der sie nicht entsagen, die
sie aber auch nicht beherrschen konnten. Zwischen denen, die auch im Kalten Krieg auf höchsten Maßstäben für das Verhalten Amerikas beharrten,
und jenen, die vor allem jedem Risiko aus dem Weg gehen wollten, wurden
die amerikanischen Nachrichtendienste in ihrer Geschichte verpflichteten
Streben unserer Nation nach moralischer Reinigung förmlich aufgerieben.
Nach dem Ende des Kalten Krieges merkten die Vereinigten Staaten zu ihrer
großen Überraschung, daß die vielgeschmähten Nachrichtendienste in einer
Zeit des Terrorismus, der Verbreitung von Massenvernichtungswaffen und
des ökonomischen Wettbewerbs plötzlich wieder dringend gebraucht werden. In einer Demokratie müssen sie natürlich jederzeit rechenschafts-
pflichtig sein. Aber es gibt Möglichkeiten, dies sicherzustellen, ohne sie
lahmzulegen oder zu ständiger Selbstgeißelung zu zwingen.

VIERTER TEIL

Durchbruch im Nahen Osten

XII. Ford und die Nahostdiplomatie

Es war die Administration Gerald Fords, die Israel und seinen arabischen Nachbarn half, die kritische Schwelle von militärischen Entflechtungsabkommen zum unerforschten Terrain des Friedensprozesses zu überschreiten. Die Truppenentflechtungsabkommen konsolidierten den Waffenstillstand, mit dem der arabisch-israelische Krieg 1973 geendet hatte. Das Sinai-II-Abkommen von 1975 war der erste Schritt auf einem Weg, der schließlich zu dem Friedensvertrag zwischen Israel und Ägypten vom März 1979, zu den Osloer Abkommen mit der Palästinensischen Befreiungsorganisation (PLO) im September 1993 und zu dem Friedensvertrag zwischen Israel und Jordanien vom Oktober 1994 führte.

Wäre Fords Amtsübernahme unter normalen Umständen erfolgt, dann hätte er sich wohl in den ersten Wochen seiner Regierungszeit nicht in ein so kompliziertes und riskantes Unternehmen gestürzt. Aber angesichts der unsicheren Lage im Nahen Osten und der Panik, mit der die Industriestaaten auf die Energiekrise reagierten, hatte er keine andere Wahl. Einladungen, die Nixon an einige führende Vertreter des Nahen Osten ausgesprochen hatte, mußten wahrgenommen werden. Dieser hatte noch in seinem letzten vollen Amtsmonat, dem Juli 1974, den stellvertretenden Ministerpräsidenten und Außenminister Israels, Yigal Allon, sowie Anfang August den jordanischen Ministerpräsidenten Zaid Rifai getroffen. Für den August waren jeweils im Abstand von einer Woche Besuche des Außenministers Syriens und Saudi-Arabiens sowie König Husseins anberaumt. In der von geradezu krankhaftem Mißtrauen geprägten, spannungsgeladenen Atmosphäre des Nahen Osten konnte eine Verschiebung dieser Besuche leicht als Signal verstanden werden, die neue Administration zögere, den Friedensprozeß fortzusetzen, oder, schlimmer noch, es stehe ein Politikwechsel bevor, der die ganze Region in Flammen setzen konnte.

Der Hexenkessel

Im Nahen Osten, wo Luftspiegelungen eine Naturerscheinung sind, ist auch sonst nichts so, wie es erscheint. Als Präsident Nixon aus dem Amt schied, hatte ein »Verhandlungsprozeß« zwischen den arabischen Staaten und Israel gerade begonnen, die Spuren von vier Kriegen in fünfundzwanzig Jahren beiseite zu räumen. Aber bislang hatte kein einziger arabischer Staat Israel anerkannt und kein arabischer Staatsmann mit einem israelischen Spitzenvertreter über politische Fragen verhandelt (mit Ausnahme von König Hussein, der dies intern, aber erfolglos versuchte). Das Äußerste, was die Araber bisher gestattet hatten, waren militärtechnische Gespräche über Feuerpausen – und auch diese nur durch die Vermittlung Dritter, zumeist der Vereinigten Staaten, gelegentlich auch der Vereinten Nationen.

Was schließlich als der Friedensprozeß bekannt wurde, war aus der Sicht der traditionellen Diplomatie ein Niemandsland, und viele der einzigartigen Bestandteile haben bis heute überdauert. Staaten, die sich gegenseitig noch gar nicht anerkannten, sprachen miteinander über Frieden; in den offiziellen Programmen mancher arabischer Führer, die an diesem Prozeß mitwirkten, stand noch die Vernichtung des jüdischen Staates. Die symbolhafte Sprache der Resolution Nummer 242 des UN-Sicherheitsrates, die im November 1967 angenommen wurde und bis zum heutigen Tag eine völkerrechtliche Grundlage der Verhandlungen ist, war Ausdruck dieser Widersprüche. Sie forderte von Israel, sich auf »sichere und anerkannte Grenzen« im Rahmen eines noch zu vereinbarenden »gerechten und dauerhaften« Friedens zurückzuziehen, ohne zu definieren, was diese Adjektive bedeuten sollten. Die arabischen Staaten forderten die Rückgabe aller besetzten Gebiete im – so deuteten sie an – Tausch für die Anerkennung Israels. Jede Seite forderte ihr Endziel als Vorbedingung für Verhandlungen ein – eine Haltung, die jahrzehntelang in verschiedenen Gesprächskreisen für unüberwindliche Hürden sorgen sollte.

Sowohl Israel als auch die arabischen Staaten ließen sich von ihren starren, aus der Geschichte herrührenden Grundüberzeugungen leiten. Für die Israelis, nahezu während ihrer gesamten Geschichte in ein Ghetto verbannt, hatte der Friedensprozeß geradezu metaphysische Bedeutung. Von einem Friedensvertrag erwarteten sie so enge Beziehungen zu ihren Nachbarn wie zum Beispiel zwischen Belgien und den Niederlanden. Ein solches Maß an Koexistenz war aber in dem von Leidenschaften zerrissenen Nahen Osten äußerst selten. Nicht einmal zwischen den arabischen Staaten war es die Regel. Zwischen Israel und seinen Nachbarn konnte ein solcher Frieden nicht aus einem einzigen formalen Dokument erwachsen, sondern nur am Ende einer langen Periode friedlichen Zusammenlebens stehen.

Israels Friedenssehnsucht und seine hohen Ansprüche an einen Frieden bauten Hürden auf und machten es zugleich verwundbar. Während die meisten Israelis von einem offiziellen Abkommen zu viel zu erwarten schienen, versprachen sich andere davon zu wenig. Um formalen Friedens und offizieller Anerkennung willen tendierte ein bedeutender Teil der israelischen Öffentlichkeit dazu, Rhetorik mit konkreten Ergebnissen zu verwechseln und die juristische Seite des Friedens für seine tatsächliche Substanz zu halten. Israel fiel es schwer, seine Forderungen nach absoluter Sicherheit und absolutem Frieden im Gleichgewicht zu halten.

Für die arabischen Staaten summierte sich das Verhältnis zu Israel zu einer Abfolge ständiger Demütigungen. Der syrische Präsident Hafis al-Asad beschrieb es mir 1975 nahezu mit den gleichen Worten, wie sie König Abd al-Asis von Saudi-Arabien Präsident Franklin D. Roosevelt bereits dreißig Jahre zuvor gesagt hatte: »Warum sollen die Araber mit ihrem Gebiet für die Verbrechen bezahlen, die in Europa am jüdischen Volk begangen wurden? Warum sollen die Araber die biblischen Ansprüche einer Religion akzeptieren, die nicht die ihre ist?« Versuche, ihrer Überzeugung mit militärischen Mitteln zum Durchbruch zu verhelfen, hatten den Arabern in vier Kriegen eine ganze Reihe militärischer Niederlagen beschert. In Überschätzung ihrer militärischen Stärke hatten Israels arabische Nachbarn im November 1947 den Teilungsplan der Vereinten Nationen abgelehnt und waren in den Krieg gezogen. Israel siegte, verdoppelte sein Staatsgebiet und errichtete das, was in späteren Verhandlungen die »Grenzen vom Juni 1967« genannt wurde (in Wirklichkeit handelt es sich um die Waffenstillstandslinien von 1949). Mit den Jahren verlegte der jüdische Staat seine Hauptstadt in den modernen Teil Jerusalems, der nach dem UN-Plan zusammen mit den alten Vierteln als internationale Stadt vorgesehen war. Bis 1967 stand die Altstadt unter jordanischer Kontrolle.

Die Waffenstillstandsabkommen von 1949 zwischen Israel und vier arabischen Staaten änderten nichts an der Grundhaltung der arabischen Nationen: Weder erkannten sie Israel an, noch verhandelten sie mit dem jüdischen Staat. Eine vorsichtige Friedensinitiative Großbritanniens scheiterte 1954 an der Forderung des ägyptischen Präsidenten Gamal Abdel Nasser, Israel müsse zu den Grenzen nach dem UN-Teilungsplan zurückkehren, mit anderen Worten, über die Hälfte seines Gebietes wieder abtreten. An dieser Haltung änderte sich auch nichts, als Israel 1956 (im Verein mit Großbritannien und Frankreich) auf Nassers Waffengeschäft mit dem kommunistischen Block und dessen Nationalisierung des Suezkanals mit der Eroberung der Halbinsel Sinai reagierte. Als Israel durch amerikanischen Druck gezwungen wurde, seine Kriegsbeute wieder herzugeben, zogen die arabischen Führer daraus den Schluß, sie hätten nun für ihren Konfrontationskurs ein dauerhaftes Sicherheitsnetz gefunden, denn die Vereinigten Staaten würden keine Veränderung der bestehenden territorialen Situation zu Israels Gunsten dulden.

Die Ereignisse vom Juni 1967 sollten sie eines Besseren belehren. Im Mai dieses Jahres forderte Nasser mit großer Entschiedenheit den Abzug der Truppen der United Nations Emergency Force (UNEF), die nach dem israelischen Rückzug aus dem Sinai im Jahr 1956 längs er ägyptisch-israelischen Grenze stationiert worden waren. Kurz darauf schloß er die Straße von Tiran, womit Eilat, Israels einziger Hafen am Roten Meer, blockiert war. Da weder die Vereinten Nationen noch die Vereinigten Staaten gegen diese Verletzung internationaler Abkommen etwas unternahmen, griff Israel zu den Waffen und errang einen überwältigenden Sieg. Seine Truppen rückten erneut bis zum Suezkanal vor, besetzten die syrischen Golanhöhen und Westjordanien, ebenso die Altstadt von Jerusalem. Israel verdoppelte damit sein Staatsgebiet ein zweites Mal.

Die Grenzen von 1967, die, solange sie bestanden, kein arabischer Staat je anerkannt hatte, wurden nun in den Augen der Araber geradezu sakrosankt und für Verhandlungen mit jenen Staaten, die dazu überhaupt bereit waren, die absolute Voraussetzung. Aber selbst in dieser Situation fiel es einigen arabischen Führern schwer, das Zauberwort »Frieden« über die Lippen zu bringen. Im Jahr 1973 sagte mir ein arabischer Außenminister einmal, keiner wolle der Minister sein, den die Nachwelt dafür verfluchen werde, daß er als erster Frieden mit Israel geschlossen habe.

Ein einziger arabischer Führer hatte vor 1973 seine Absichten klar und unmißverständlich erklärt: der tapfere, hochherzige König Hussein von Jordanien, der bis zum Krieg 1967 über die West-Bank und die Altstadt von Jerusalem geherrscht hatte. Er, ein fester, unerschütterlicher Freund des Westens, hatte sich mehrfach intern mit israelischen Politikern getroffen. Aber da er allein und im verborgenen agierte, war Hussein zu schwach, um mit Krieg zu drohen oder einen Separatfrieden zu schließen. Daß Jordanien der zweite, aber keinesfalls der erste arabische Staat sein werde, der mit Israel Frieden schloß, wurde zu einem Grundsatz der amerikanischen Nahostpolitik. Das allerdings brachte die Dinge nicht voran, weil die Frage unbeantwortet blieb, wer der erste sein werde und auf welchem Weg der Frieden zu erreichen war.

Eine Lösung wurde durch den Streit der Araber darüber erschwert, wer die Palästinenser vertreten sollte, deren Schicksal im Mittelpunkt (oder zumindest am Ursprung) der Krise stand. Die Palästinensische Befreiungsorganisation (PLO) war 1964 gegründet worden, um die Ansprüche des palästinensischen Volkes, insbesondere der über die ganze arabische Welt verstreuten Flüchtlinge, zu vertreten. Diese zählten bei Nixons Amtsantritt 1,5 Millionen Menschen; heute sind es gut fünf Millionen.

Die PLO vertrat damals wesentlich extremere Positionen als die teilweise an die Zügel genommene politische Organisation, die im September 1993 mit Israel die Osloer Abkommen schloß. Damals war die Hauptwaffe der PLO Terror gegen einzelne Personen oder Personengruppen, die man mit Friedensverhandlungen in Zusammenhang brachte. Ihre Politik war radikal und prosowjetisch; in ihrem Gründungsmanifest forderte sie die Vernichtung Israels.[1] In den siebziger Jahren zahlte Israel mit gleicher Münze zurück und weigerte sich, mit der PLO zu verhandeln.

Die Haltung der arabischen Staaten gegenüber der PLO schwankte zwischen Angst und Respekt. Daß die Organisation sich nicht scheute, zu morden und Unruhen zu schüren, flößte Furcht ein. Zugleich sah man ihre Angriffe gegen Israel als Teil des unter den arabischen Massen und in der Blockfreien-Bewegung so populären Kampfes gegen den Kolonialismus. Als Nixon im Jahr 1969 sein Amt antrat, behandelten alle arabischen Regierungen außer der jordanischen die PLO nach und nach als den wahren Interessenvertreter der Palästinenser, obwohl dies jede Hoffnung auf Verhandlungen mit Israel zunichte machte.

Um aus dem Dilemma herauszukommen, willigten einige arabische Führer ein, Jordanien möge mit Israel verhandeln, weil es bis zum Krieg 1967 die West-Bank und die Altstadt von Jerusalem unter seiner Kontrolle hatte[2] – so geschehen auf der Genfer Konferenz vom Dezember 1973. Dabei gingen die Araber davon aus, daß jedes zurückgewonnene Stück Land der PLO übergeben werden sollte – ein Gedanke, gegen den Israel Sturm laufen mußte. Es war eine klassische nahöstliche Fata Morgana: Israel sollte über einen Vermittler Gebiet an eine Organisation abtreten, deren Charta die Zerstörung Israels forderte.

Über diesem Hexenkessel schwebte die Sowjetunion. Als Nixon sein Amt antrat, war sie der wichtigste Waffenlieferant der radikalen arabischen Regierungen, zu denen auch die ägyptische unter Nasser zu zählen war. Moskau unterhielt enge Geheimkontakte zu den verschiedenen Terrorgruppen, die zumeist in Lagern oder von Experten des Sowjetblocks ausgebildet wurden. Die sowjetische Diplomatie unterstützte vorbehaltlos die Maximalforderungen der meisten arabischen Staaten: Israels Rückzug auf die Grenzen von 1967 und die Wiederherstellung nicht näher definierter Rechte der Palästinenser im Austausch für nicht näher bestimmte internationale Garantien von Grenzen, die zwischen den wichtigsten Städten Israels einen Korridor von ganzen fünfzehn Kilometern übrigließen. Von ihren arabischen Verbündeten forderte die Sowjetunion keine vergleichbaren Opfer.

Das war für die Vereinigten Staaten eine aussichtslose Konstellation. Wir sahen keinen Grund, uns an einer Diplomatie oder gar an einer multilateralen Konferenz zu beteiligen, bei der die Sowjetunion als Anwalt der arabischen Seite auftrat, die arabischen Höchstforderungen durchpaukte und uns in eine Zwangslage brachte: Entweder wurden wir an der Seite Israels isoliert, oder wir hatten Israels Zustimmung zu einem Programm zu erzwingen, das ihm langfristig nicht das Überleben sicherte. Sollte Israel unserem Druck nachgeben, dann hätten wir damit einen Verbündeten verraten oder ihm zumindest das Rückgrat gebrochen, während alle Verdienste an den Ergebnissen den Sowjets zugefallen wären. Zwangen wir Israel aber nicht zum Nachgeben, dann brachten wir damit selbst die gemäßigten Araber gegen uns auf. Mehrfach erklärte ich dem sowjetischen Botschafter Anatoli Dobrynin, wir könnten mit der Sowjetunion im Nahen Osten nur dann kooperieren, wenn Moskau sich von seinen radikalen Verbündeten im gleichen Maße distanziere, wie es von uns forderte, eine von Israel abweichende Position einzunehmen. (Dobrynin deutete später an, er habe bedauert, daß das Politbüro einen solchen Kurs stur ablehnte.[3])

Die noch junge Nixon-Administration sah sich in dieser Gemengelage vor allem herausgefordert, den Arabern Anreize zur Mäßigung zu bieten, den Einfluß der Sowjets zurückzudrängen und Verhandlungen zwischen den Arabern und Israel auf dieser Grundlage zu fördern. Zum Teil war dies eine geopolitische Herausforderung: Wir konnten Israel militärisch so stärken, daß es für alle seine Nachbarn unbesiegbar war; wir konnten ein militärisches Eingreifen der Sowjetunion unterbinden und die auf sowjetischen Waffen aufgebaute Sowjetdiplomatie in die Schranken weisen. Solange die Vereinigten Staaten kühlen Kopf bewahrten, war unser entscheidender Vorteil, daß – auch wenn sie die Spannungen mit diplomatischen Mitteln schüren konnte – die Sowjetunion keine Möglichkeit hatte, eine militärische Lösung zu erzwingen oder einen diplomatischen Durchbruch zu ihren Bedingungen zu erreichen. Wann immer der Kreml mit seinem Eingreifen drohte, so zum Beispiel in den Kriegen 1956 und 1973, schreckte er zurück, wenn er riskierte, dadurch in eine militärische Auseinandersetzung mit Amerika zu geraten.[4]

Wenn unsere Analyse zutraf und wir unsere Karten klug ausspielten, dann konnten wir erreichen, daß die Sowjetunion entweder zu einem wirklichen Kompromiß beitrug oder daß früher oder später einer von Moskaus arabischen Verbündeten ausscherte und sich den Vereinigten Staaten zuwandte, weil er nur so zumindest teilweise seine nationalen Ziele erreichen konnte. Bereits zu Beginn von Nixons erster Amtszeit erklärte ich Journalisten in einem Hintergrundgespräch, die neue Administration werde versuchen, die Sowjetunion aus dem Nahen Osten zu »vertreiben«. Das war eine unvorsichtige und undiplomatische Bemerkung, die damals viel Aufregung verursachte. Aber sie beschrieb exakt die Strategie des Weißen Hauses unter Nixon.[5]

Um dieses Ziel zu erreichen, verfolgten wir zwei sich ergänzende politische Linien: Wir blockierten jeden Schritt der Araber, der sich auf sowjetische Militärhilfe stützte oder eine militärische Drohung der Sowjetunion implizierte; wir nahmen den Friedensprozeß in die Hand, als die Enttäuschung über die Erfolglosigkeit ihrer Schritte wichtige arabische Politiker veranlaßte, sich von der Sowjetunion abzuwenden und ihr Glück mit den Vereinigten Staaten zu versuchen.

Daß diese Strategie aufgehen würde, zeichnete sich zum ersten Mal im Juli 1972 ab, nachdem der Nixon-Breschnew-Gipfel im Mai in der Nahostfrage in eine Sackgasse geraten war. Sadat reagierte darauf, indem er seine sowjetischen Militärberater entließ und sowjetische Techniker auswies. Im Februar 1973 nahm Sadat den diplomatischen Dialog mit dem Weißen Haus auf. Er sandte seinen Sicherheitsberater Mohammed Hafis Ismail zu einem offiziellen Besuch bei Nixon nach Washington; dieser Begegnung folgte ein Geheimtreffen mit mir in New York. Wir machten nur langsam Fortschritte, weil die Vereinigten Staaten von dem sich gerade ausweitenden Watergate-Skandal gehandikapt waren und Sadat weder seine arabischen Partner noch Moskau vor den Kopf stoßen wollte, solange er deren Unterstützung für eine militärische Option brauchte.[6] Ismail kam mit Vorschlägen nach Washington, die in unseren Ohren nur allzu arabisch klangen: vollständiger Rückzug Israels auf die Grenzen von 1967 und nur vage Andeutungen von Gegenleistungen.

Wir unterschätzten Sadat jedoch gewaltig. Ausgehend von unseren bisherigen Erfahrungen mit arabisch-israelischen Kriegen und von einer niedrigen Bewertung des ägyptischen Militärpotentials, betrachteten wir Sadats Drohung, zu den Waffen zu greifen, wenn keine diplomatischen Fortschritte erreicht würden, als reinen Theaterdonner. Selbst als Sadat im Juli 1972 seine sowjetischen Berater auswies, sahen wir das ziemlich herablassend nicht als einen Wechsel der Strategie, sondern lediglich als ein weiteres Anzeichen seiner bekannten Ungeduld, denn Sadat hatte nichts unternommen, um eine Gegenleistung von uns dafür erwarten zu können. Es kam uns nicht in den Sinn, daß er das Terrain für eine militärische Aktion vorbereitete und aus dem Weg räumen wollte, was er als das sowjetische Hindernis betrachtete. (Mit seiner Einschätzung lag Sadat zweifellos richtig. Das letzte, was die sowjetischen Führer brauchen konnten, war ein Nahostkrieg, in den sie mit eigenen Streitkräften verwickelt wurden.)

Im Oktober 1973 starteten Ägypten und Syrien einen Überraschungsangriff auf Israel. Die arabischen Armeen kämpften diesmal erfolgreicher als bei allen bisherigen Waffengängen. Trotzdem gelang es den Israelis, den Suezkanal zu überqueren und tief nach Ägypten einzudringen, wobei sie die Dritte Armee der Ägypter einkesselten (wenn auch erst nach Inkrafttreten des Waffenstillstandes). Außerdem besetzte Israel syrisches Gebiet bis an den Stadtrand von Damaskus.

Völlig neu war jedoch, als Sadat als erster arabischer Führer sich entschieden dem Friedensgedanken zuwandte. Nachdem er Ägyptens Militärmacht demonstriert hatte, gab er Nassers diplomatischen Grundsatz »Alles oder nichts« auf und verlagerte seinen diplomatischen Schwerpunkt von Moskau nach Washington. Sadat ist auch der erste arabische Politiker, der begriff, daß der arabisch-israelische Konflikt ebenso psychologischer wie politischer und militärischer Natur war. Die unversöhnliche Feindschaft der Araber hatte Israel keinerlei Anreiz gegeben, den Weg der Diplomatie einzuschlagen. Da die Führer Israels die Existenz ihres Staates ständig bedroht sahen, klammerten sie sich strategisch an eine Position der Stärke. Und in den Vereinigten Staaten wurden die arabischen Führer zunehmend für die Aktionen arabischer Terroristen in Mithaftung genommen.

Sadat ging nun daran, beide Bilder zu verändern. Zwei Wochen nach Kriegsende stimmte er zu, daß ägyptische und israelische Militärvertreter am Kilometerstein 101 der Straße von Kairo nach Suez direkte Gespräche über die Modalitäten des Waffenstillstands aufnahmen. Einige Wochen später übergab mir Sadat eine Botschaft für Golda Meir, in der er seinen Friedenswillen zum Ausdruck brachte: »Als ich mit Krieg drohte, meinte ich es ernst. Wenn ich heute von Frieden spreche, meine ich es ebenfalls ernst.« Am 18. Januar 1974 brachte ich Sadat Golda Meirs Antwort. Darin erklärte sie, sie werde »ihr Bestes tun, um Vertrauen und Verständigung zwischen uns zu erreichen. Unsere beiden Völker brauchen und verdienen Frieden.«

In diesem Sinne sprachen Sadat und ich in seinem Büro in Assuan an einem strahlenden Januartag miteinander, als ein Mitarbeiter den Raum betrat und ihm etwas ins Ohr flüsterte. Mit Tränen in den Augen trat Sadat an mich heran, küßte mich auf beide Wangen und sagte:

Eben haben sie am Kilometer 101 das Abkommen unterschrieben. Heute lege ich die Uniform ab. Ich hoffe, ich muß sie nie mehr anziehen, außer bei feierlichen Anlässen. Sagen Sie ihr (Golda): Das ist die Antwort auf ihren Brief.

Sadat hielt sein Versprechen. Als man ihn am 6. Oktober 1981 ermordete, trug er diese Uniform bei einem Festakt, bei dem des Oktoberkrieges von 1973 gedacht wurde.

Das Ergebnis des Truppenentflechtungsabkommens zwischen Ägypten und Israel vom Januar 1974 waren der israelische Rückzug vom Suezkanal und das Versprechen beider Seiten, die verbliebenen strittigen Fragen mit friedlichen Mitteln zu lösen. Einige Monate später unterzeichnete selbst Syriens Präsident Asad, ein wesentlich traditionsbewußterer arabischer Führer, unter amerikanischer Schirmherrschaft ein ähnliches, allerdings viel schwierigeres Abkommen über die Truppenentflechtung auf den Golanhöhen.

Diese beiden Vereinbarungen über Truppenentflechtung – Ergebnis der ersten erfolgreichen arabisch-israelischen Verhandlungen seit 1949 – beseitigten die unmittelbaren Folgen des Krieges von 1973. Israel zog vom Suezkanal ab und gab Kuneitra, die größte Stadt auf den Golanhöhen, an Syrien zurück.[7] Als Gerald Ford sein Amt übernahm, war von diesem Krieg nichts mehr übrig, was einen Anreiz oder auch nur einen Vorwand für weitere Verhandlungen geboten hätte. Ziel der Nahostdiplomatie konnte nun nur noch der endgültige Friedensschluß sein.

Schmieden an einer neuen Strategie

Zu Beginn von Fords Amtszeit hatten wir bei unseren Bemühungen im Nahen Osten folgendes Problem: Die Führer der arabischen Welt verkündeten unablässig ihre durch nichts zu erschütternde Einheit, aber ihr gegenseitiges Mißtrauen machte die Zusammenarbeit unter ihnen nahezu unmöglich. Israel seinerseits weigerte sich, allein mit Syrien über den Rückzug auf die Grenzen von 1967 auf den Golanhöhen zu sprechen oder mit der PLO über das Westjordanland zu verhandeln. Es strebte eine »umfassende Lösung« an, das heißt Gespräche, die alle Grenzlinien und alle Probleme umfaßten. Ein solches Vorgehen aber konnte nur in einer Sackgasse oder in einem neuen Krieg enden.

Anwar Sadat, der arabische Politiker, der am weitesten vorausschaute, verstand dieses Dilemma und war bereit, sich schrittweise an eine separate Lösung mit Israel heranzuarbeiten. Mißtrauisch gegenüber seinen arabischen Brüdern wegen deren Unberechenbarkeit und in größtem Zweifel über ihr Verhältnis zu Moskau, war er nicht gewillt, die diplomatischen Chancen Ägyptens von der Zustimmung anderer arabischer Staaten abhängig zu machen. Zugleich hatte er noch nicht genug Vertrauen in Amerikas Beständigkeit, um einen Alleingang zu riskieren.

Deshalb verlegte sich Sadat auf eine höchst subtile und mehrgleisige Strategie. Er erfüllte seine arabische Pflicht, indem er sich oft und vehement für die Sache der Palästinenser einsetzte. Zugleich drängte er uns, mit der PLO zu verhandeln, wobei er aus Gesprächen mit mir genau wußte, daß das nicht geschehen würde, solange die PLO dem Terrorismus nicht abschwor und in ihrer Charta weiterhin die Vernichtung des Judenstaates forderte. Sadat sprach leidenschaftlich davon, wie wichtig gleichzeitige Fortschritte an allen Fronten seien, stellte jedoch eine Vorbedingung: Er gab uns eine Frist von drei Monaten, in denen wir den Rückzug Israels von einem weiteren Frontabschnitt erreichen sollten. Dabei wußte er genau, daß dies nur an der ägyptischen Front möglich war.[8] Das war sein Alibi für den Alleingang. Sadat überließ es mir, mich mit seinen orakelhaften Ankündigungen zurechtzufinden. Er pries mein diplomatisches Geschick über die Maßen und in aller Öffentlichkeit. Das war zwar sicher aufrichtig gemeint, stellte aber nichts anderes als ein weiteres Alibi für seinen Alleingang dar, denn damit lud er die ganze Verantwortung für seinen Kurs auf meine Schultern.

Allein der syrische Präsident Asad, mit dem Israel auf keinen Fall ein separates Abkommen schließen wollte, schien ehrlich an einer umfassenden Lösung interessiert zu sein, denn er sah darin seine einzige Chance, syrisches Gebiet zurückzugewinnen. Zumindest wäre ihm bei einer Verknüpfung der Verhandlungen über alle Fronten ein Einspruchsrecht zugewachsen, was die Diplomatie seiner arabischen Brüder betraf, und es wäre ihm vielleicht gelungen, sie zu verpflichten, gemeinsam Druck auf Israel auszuüben.

Zwischen Asads Beharren auf einer umfassenden Lösung und Sadats Alleingang schien König Hussein nun unvermittelt an den Rand gedrängt, was beweist, daß das Leben nicht immer gerecht ist. Er hatte 1970 die PLO in seinem Land niedergerungen, Guerillaangriffe der Palästinenser von seinem Land aus auf das von Israel besetzte Gebiet verhindert und insgeheim mindestens fünfhundert Stunden lang mit israelischen Führern Gespräche geführt. Da er an dem Krieg 1973 nicht beteiligt gewesen war, verfügte Hussein auch nicht über israelische Gefangene, die er hätte austauschen können, und er war zu schwach, um selbst einen Krieg zu beginnen. Israel hatte wenig Grund, mit Hussein zu verhandeln, den die anderen arabischen Staaten auf Distanz hielten, während sie zugleich die PLO hofierten – teils aus Überzeugung, teils aus Furcht.

Die anderen arabischen Staaten hatten durchaus Trümpfe im Ärmel. Einige Führer der arabischen Welt verstanden es geschickt, uns über andere westliche Industriestaaten, die eine neue Energiekrise befürchteten, zu drängen, von den Israelis Flexibilität einzufordern. Manche waren zu dem unheilvollen Schluß gekommen, Israel ertrage keinen Schmerz, wie Asad mir bei mehreren Gelegenheiten erklärte. Er hatte Israels wunden Punkt in der Tat erkannt: Bei seiner geringen Bevölkerung war das Land äußerst besorgt um jedes Menschenleben, so daß man es mit relativ geringen Opfern bereits in einen Schockzustand versetzen konnte.

Die »umfassende« Lösung war verstandesmäßig die verlockendste und hatte in der Tat die Unterstützung der meisten Experten.[9] Bis zum Krieg 1973 gab man ihr auch im amerikanischen Außenministerium den Vorzug. Wenn man aber alle Beteiligten in Genf an einen Tisch gebracht hätte, was die Sowjets und die Hardliner unter den arabischen Staaten forderten, was Sadat aber ablehnte, dann hätte man dort auch alle Sonderforderungen zu einem Paket verschnürt. Da damit die radikalsten Gruppen ein Einspruchsrecht gegenüber den gemäßigten Vertretern erhalten hätten, da die Sowjetunion ganz sicher die Rolle des Anwalts der gesammelten arabischen Forderungen übernommen hätte (und dabei auch noch von unseren Verbündeten Unterstützung bekommen hätte), konnte das Ergebnis nur die Isolierung der Vereinigten Staaten, eine diplomatische Sackgasse oder Krieg sein.

Was Israel betraf, so konnte zwar dieser oder jener Politiker bei inneren Auseinandersetzungen mit tollkühnen Attacken die Oberhand gewinnen, insgesamt war das Land jedoch keinesfalls in der Lage, umfassende Verhandlungen durchzustehen. Kein führender Politiker Israels hatte sich bisher bereit gefunden, für welchen Preis auch immer, die Rückkehr zu den Grenzen von 1967 an allen Fronten oder auch nur an einer einzigen Front zuzugestehen, die Jerusalemer Altstadt wieder unter arabische Kontrolle zu stellen oder die in den besetzten Gebieten inzwischen errichteten Siedlungen aufzugeben. Diese Forderungen waren aber unverzichtbarer Bestandteil jeglichen gemeinsamen arabischen Planes.

Aus den aufgezählten Gründen empfahl ich mit Unterstützung Nixons und später auch Fords ein schrittweises Vorgehen, das ich dem neuen israelischen Ministerpräsidenten Itzhak Rabin während seines Antrittsbesuches bei Präsident Ford im September 1974 mit folgenden Worten beschrieb:

(Es stehen zur Wahl:) Entweder eine Gesamtlösung oder eine Reihe von Teillösungen. Eine Gesamtlösung bedeutete, alle Probleme miteinander zu vermengen; ein Scheitern könnte großen Druck erzeugen. Zweitens wäre damit das Problem der Grenzen von 1967 vorzeitig auf dem Tisch. Drittens würde dies mit der Jerusalemfrage die Palästinenser auf den Plan rufen... Wir sind uns einig, daß ein Palästinenserstaat sich wahrscheinlich die Zerstörung Jordaniens und Israels zum Ziel setzen würde... (Aus all diesen Gründen) brauchen wir einen alternativen Rahmen, um zu verhindern, daß die Palästinafrage aufgeworfen wird... Es kommt also darauf an, daß eine Genfer Konferenz so spät wie möglich zusammentritt und dann nur noch etwas ratifiziert, was bereits fix und fertig vorliegt.

Wenn Außenpolitik so einfach wäre, wie sich das zuweilen in Seminaren an der Universität anhört, dann wäre Jordanien der logische Kandidat für den nächsten Schritt gewesen. Hussein hatte sich bisher stets äußerst kooperativ verhalten. Vor allem waren Verhandlungen mit Jordanien für Israel die beste Taktik, um das Drängen auf Verhandlungen mit der PLO abzuwehren, die sich in ihrer eigenen Charta dazu verpflichtet hatte, den jüdischen Staat zu zerstören. Wenn man erreichen konnte, daß sich Jordanien auf Verhandlungen über die West-Bank einließ und Verantwortung für einen Teil dieses Gebietes übernahm, dann hatte man das brisante Thema der Vertretung der Palästinenser vom Tisch, wenn die Genfer Konferenz wieder zusammentrat. Dazu sagte ich auf einer Sitzung des Auswärtigen Ausschusses des Senats am 31. Mai 1974:

Die Palästinafrage wäre am besten zu behandeln, wenn es gelänge, die Jordanier in die West-Bank zu bringen und damit zu erreichen, daß nun Jordanien und Palästinenser darüber debattieren.

Im Juli, eininhalb Wochen vor Nixons Rücktritt, sagte ich dem israelischen Außenminister Yigal Allon, Israel stehe es nicht mehr frei, den Status quo in der West-Bank festzuschreiben und zu glauben, mit Jordanien könne man auch später noch verhandeln. Wenn Israel nicht sofort mit Hussein in Verhandlungen eintrete, werde Arafat spätestens in einem Jahr der anerkannte Sprecher der West-Bank sein.

Dieses Thema führte ich im Gespräch mit Rabin bei seinem Besuch in Washington im September 1974 weiter aus:

Was Jordanien betrifft, so sind wir uns einig, daß ein Palästinenserstaat sich voraussichtlich die Zerstörung Jordaniens und Israels zum Ziel setzen wird und sehr leicht die ganze Region aus ihrem labilen Gleichgewicht bringen kann. Zweitens sind die Palästinenser heute die Gruppe, die das größte Interesse an Aufruhr hat. Deshalb haben die Vereinigten Staaten keinerlei Anlaß, die Palästinenser in den Vordergrund zu spielen...

Wir halten es für das beste, die Palästinafrage in Verhandlungen zwischen Israel und Jordanien zu behandeln. Das haben wir mehrfach öffentlich erklärt, und das entspricht unserer tatsächlichen Politik. Wir halten also Verhandlungen mit Jordanien für sehr wichtig.

Einer Strategie »Jordanien zuerst« standen aber gewaltige Hindernisse entgegen. Jordanien mochte zwar der Nachbar Israels mit dem größten Verantwortungsgefühl sein, war aber, wie beschrieben, zugleich auch der schwächste. Da Hussein ohne Verbündete keinen Krieg beginnen konnte, hätte Israel von Fortschritten an der Jordanienfront nur profitiert, wenn andere arabische Staaten Jordanien unterstützten. Aber in jenem schicksalhaften Sommer 1974 waren die Führer der arabischen Welt untereinander tief gespalten. Der jordanische Ministerpräsident Zaid Rifai, der König Hussein Mitte August 1974 im Rahmen der Antrittsbesuche arabischer Führer in Washington begleitete, erzählte mir, was geschehen war, als man versuchte, die Haltung der Araber abzustimmen:

Wir wollten, daß Ägypten, Jordanien, Syrien und die PLO sich treffen, um die Strategie für Genf abzustimmen. Die PLO wollte nicht kommen, weil Jordanien teilnahm. Die Syrer lehnten ab, weil (der ägyptische Außenminister) Fahmi anwesend sein sollte; außerdem wollten sie nicht, daß das Treffen in Kairo stattfand. So wäre es also auf Ägypten, die PLO und Jordanien hinausgelaufen. Aber das wollten wir nicht.

Die wenigen arabischen Staaten, die Jordanien in der Rolle des Hauptunterhändlers unterstützten, taten dies, um Israel möglichst große Teile der West-Bank abzunehmen; die meisten hätten eine Übergabe dieses Gebietes an die PLO unterstützt. Israel seinerseits hatte keinerlei Interesse daran, zu Verhandlungen beizutragen, deren Nutznießer letzten Endes die PLO gewesen wäre.

Diese Hindernisse wären zu überwinden gewesen, hätte Hussein Sadats Absichten besser durchschaut. Er begründete eine Strategie »Jordanien zuerst« damit, daß Sadat Jordaniens »Deckung« benötige, weil dieser offenbar einen weiteren Schritt auf dem Sinai vorhatte. Wir selbst setzten damals auf Sadat als die Schlüsselfigur zum Frieden im Nahen Osten. Schließlich war er der gemäßigste aller arabischen Führer und stand an der Spitze des größten Staates der Region. Wir neigten also Husseins Analyse durchaus zu. Es stellte sich aber heraus, daß Sadat die Dinge anders sah. Er hielt nicht viel von Königen und hatte eine instinktive Abneigung gegen Hussein. Außerdem glaubte er nicht, daß Hussein ihm die notwendige Rückendeckung für einen Alleingang bieten konnte. Am Ende machten Israels Zögern und Sadats Widerstand die jordanische Option zunichte.

Die jordanische Option

Der israelische Außenminister Yigal Allon kam am 30. Juli 1974, in den letzten Tagen der Nixon-Administration, nach Washington. Ich war mit ihm seit 1957 persönlich befreundet, als er das Internationale Harvard-Seminar besuchte, einen zweimonatigen Sommerkurs für talentierte junge ausländische Politiker, den ich leitete. Wir hatten damals gemeinsam eine Fahrt durch Neu-England unternommen, bei der er seinen legendären Mut demonstrierte, indem er mich ans Steuer ließ. Allon war der erste Spitzenpolitiker Israels, der mir begegnete. Er erzählte Geschichten, die damals höchst romantisch klangen: zum Beispiel wie während des Krieges 1948 seine kleine, zusammengewürfelte Armee mit Waffen aus allen europäischen Ländern die von den Briten ausgebildeten und ausgerüsteten ägyptischen Truppen besiegt hatte. Allon prahlte nicht damit, sondern berichtete mit der Bescheidenheit eines Menschen, dem fast ein Wunder zuteil geworden war.

1961 besuchte ich Allon im Kibbuz Ginossar am See Genezareth am Fuß der Golanhöhen, wo er ein kleines, spartanisches Appartement bewohnte. Die ganze Umgebung zeugte davon, daß Wunder nicht denen widerfahren, die untätig auf sie warten. Allon und seine Generation hatten jeden Zollbreit Boden einer feindlichen Umgebung mit ihrer Arbeit und oft genug mit ihrem Blut abgerungen. 1961, mitten in einer Zeit des Friedens – so wird es heute dargestellt –, gab es überall in Ginossar noch Bunker, in die sich die Einwohner beim regelmäßigen Beschuß vor den syrisch besetzten Golanhöhen aus flüchteten, die hoch über ihnen aufragten.

Auch als er bereits sein hohes Amt ausübte, konnte Allon wie ein Kind darüber staunen, daß er nun über Themen wie Hochleistungsflugzeuge sprach oder, welch Wunder, über Israels Eroberungen verfügen sollte. Das machte ihn allerdings nicht zu einem bequemen Verhandlungspartner. Auch Allon litt an der besonderen Art von Zwiespältigkeit, die für israelische Unterhändler bis zum heutigen Tag charakteristisch ist. Er hatte zu viele israelische Tote gesehen, um sich vorstellen zu können, daß Sicherheit mit legalen Mitteln erreicht und Vertrauen durch das Abtreten territorialer Pufferzonen aufgebaut werden könnte. Aber eben darum ging es beim Friedensprozeß: Rechtmäßigkeit und Sicherheit, Vertrauen und Territorium gegeneinander abzuwägen. Allon war als Mensch ausgesprochen umgänglich und angenehm – alles andere als ein Hardliner. Theoretisch akzeptierte er die Bedeutung des Friedensprozesses durchaus, vor der praktischen Durchführung schreckte er aber zurück.

Diese Zwiespältigkeit macht auch den grundsätzlichen, bis heute bestehenden Unterschied zwischen Israel und den Vereinigten Staaten in der Sicht des Friedensprozesses im Nahen Osten aus. Für uns bedeutete das schrittweise Vorgehen, die politische Initiative stets in der Hand zu behalten, zu verhindern, daß die radikalen Araber und die kommunistischen Staaten gemeinsam Druck ausübten, sowjetischen Winkelzügen zuvorzukommen sowie die umstrittensten und schmerzhaftesten Fragen auf eine günstigere Zeit zu verschieben. All dies begrüßten die israelischen Führer. Aber sie waren weder emotional noch institutionell auf die Entscheidungen vorbereitet, die der Friedensprozeß ihnen auferlegen sollte. Hätte man ihnen einen Wahrheitstrunk eingeflößt, dann hätten sie im Juli 1974 zweifellos ihre tiefe Sehnsucht nach einer Atempause offenbart, wie wünschenswert das Fernziel des Friedens auch sein mochte.

Itzhak Rabin war gerade Ministerpräsident geworden und hatte das Erbe der legendären Golda Meir angetreten. Zu ihrem Vorsitzenden hatte ihn die Arbeitspartei mit knapper Mehrheit vor Shimon Peres gewählt, der nun in seinem Kabinett das Amt des Verteidigungsministers innehatte. Am Ende des vielleicht traumatischsten Jahres der israelischen Geschichte regierte er mit einer parlamentarischen Mehrheit von nur einer Stimme. Neun Monate zuvor war Israel Opfer eines Überraschungsangriffs geworden, der zweitausendachthundert Opfer gefordert hatte, eine Zahl, die etwa zweihunderttausend gefallenen Amerikanern entspricht. Außerdem hatte Israel sich ständiger Terrorangriffe radikaler Palästinenser zu erwehren. So waren im Abstand von nur einem Monat am 11. April 1974 bei Kiryat Shmona an der Nordgrenze und am 15. Mai (als ich während meiner Pendelmission gerade in Syrien weilte) bei Ma'alot siebenunddreißig Israelis (meist Kinder) brutal ermordet worden, etwa soviel, als wären zweitausendsechshundert Amerikaner ums Leben gekommen. Israel hatte zwei Truppenentflechtungsabkommen ausgehandelt, nach denen es sich jeweils von den vor dem Krieg gültigen Waffenstillstandslinien zurückzog. Nun, kaum drei Monate nach den schleppend verlaufenen Verhandlungen über die Golanhöhen, verlangte man von Israel, einen weiteren Rückzug ins Auge zu fassen. Zugleich kam es im Westjordanland, der geographisch und psychologisch sensibelsten Region, zu einem internen Streit darüber, ob Israels Führer überhaupt das Recht hatten, Gebiete abzutreten, die ihnen nach Auffassung konservativer Juden durch eine göttliche Fügung zugefallen waren.

In den beängstigendsten Augenblicken konnte das israelische Kabinett den Eindruck gewinnen, es werde mit einer Salamitaktik einen verhängnisvollen Schritt nach dem anderen auf die Grenzen von 1967 zurückgedrängt, wobei tiefgreifende Veränderungen sich aus der Häufung scheinbar unbedeutender Schritte ergaben. Und was den Amerikanern kleine Zugeständnisse zu sein schienen, konnte auf einem Gebiet, das nur fünfundsiebzig Kilometer breit war, ungeheure Ausmaße annehmen. Darauf wies Rabin hin, als wir am 11. September 1974 mit ihm über die jordanische Option sprachen:

Kissinger: Zunächst kann ich die Furcht Israels durchaus verstehen, daß die Strategie, die ich hier umrissen habe, w e Salamitaktik erscheint.

Rabin: Sie kann auch in der Praxis wie Salamitaktik wirken.

Kissinger: Beides ist möglich. Ich habe keine andere Antwort darauf als den Hinweis auf unser Vertrauensverhältnis…

Nun aber hatte ich Allon, Rabins Außenminister, vor mir. Kein israelischer Politiker war emotional mehr auf Frieden eingestellt als er. Während meiner vierunddreißigtägigen Pendelmission zwischen Syrien und Israel hatte mich Allon, damals stellvertretender Ministerpräsident und Arbeitsminister, mehrfach auf der einstündigen Autofahrt von Jerusalem zum Flughafen Ben Gurion begleitet. In vielen scheinbar ausweglosen Situationen beteuerte er immer wieder seinen Wunsch nach einer Vereinbarung und sein Vertrauen in meine Fähigkeit, eine Lösung zustande zu bringen. Allerdings gab er mir nie einen Hinweis, wie ich seinen sehnlichen Wunsch erfüllen könnte. Er bezog mich einfach als einen weiteren, fast zufällig erschienenen Deus ex machina in seinen unbändigen Glauben an Israels Zukunft ein. Im Grunde genommen unterschied sich diese Haltung Allons kaum von der des Masseurs im König-David-Hotel in Jerusalem, der mir, während er an mir bewies, daß Massage nicht der Beruf ist, mit dem die Israelis in die Geschichte eingehen werden, mitteilte, er bete jeden Abend für den Erfolg der Verhandlungen. Als ich ihn fragte, welcher Teil des 1973 besetzten Gebietes (um die 1967 eroberten Territorien ging es dabei gar nicht) an Syrien zurückgegeben werden könnte, flippte er aus: ›Gebiet an die Syrer zurückgeben? Sind Sie wahnsinnig geworden?«

Während dieses Washingtonbesuches lud ich Allon zusammen mit dem israelischen Botschafter Simcha Dinitz, mit Brent Scowcroft und Peter Rodman zu einem Abendessen ein, um dort das Gespräch fortzusetzen. Allons Botschaft war so kompliziert wie emotional. Er sagte, Rabin, der gerade erst ins Amt gekommen sei, habe ihn gebeten, an mich zu appellieren, jeden Schritt zu vermeiden, der in Israel sofortige Neuwahlen erforderlich machen könnte. Das hieß, er wollte die jordanische Option nicht weiterverfolgen, weil er das Versprechen gegeben hatte, jede territoriale Veränderung im Westjordanland von den israelischen Wählern bestätigen zu lassen.

Allon persönlich sprach sich dafür aus, daß sich Israel aus Teilen der West-Bank zurückzog. Dafür hatte er sich einen phantasievollen Plan ausgedacht. Da der gesamte Landstreifen zwischen Jordanien und der Küste kaum fünfundsiebzig Kilometer breit ist, hätte ein vollständiger Abzug Israel die strategisch wichtige Tiefe des Hinterlandes geraubt, die es brauchte, um die Küstenebene zu verteidigen, wo der größte Teil seiner Bevölkerung lebte, und um sich vor den arabischen Armeen zu schützen, die nach König Husseins Tod in Jordanien einrücken konnten. Nach Allons Plan sollte Israel eine Kette von Vorposten längs des Jordan behalten und an Jordanien lediglich einen schmalen Korridor um Jericho und von dort ins Zentrum der West-Bank abtreten, wo der größte Teil (etwa achtundneunzig Prozent) der arabischen Bevölkerung angesiedelt war (siehe Karte). In den Gebieten, die unter arabische Kontrolle gestellt werden sollten, wollte Israel Verwaltung und Polizei an Jordanien abtreten, selbst aber die Zuständigkeit für die allgemeine Sicherheit behalten. Zwanzig Jahre später bildete dieses Konzept die Grundlage der Osloer Vereinbarungen.

Schwierig an dem bald sehr berühmten Allon-Plan war, daß seine Kollegen in der für die Gesamtstrategie zuständigen Troika nicht mit ihm einverstanden waren. Rabin glaubte, nur ein Abkommen mit Ägypten werde Israel den Spielraum geben, den es benötigte. Shimon Peres, Verteidigungsminister und später die prominenteste »Taube« der Arbeitspartei, war damals der größte Hardliner, der sich jedem Interimsabkommen widersetzte. Peres stritt für eine umfassende Lösung.

Das israelische Kabinett überspielte seine interne Uneinigkeit, indem es Allon kein offizielles Mandat erteilte. Alle Vorschläge, die er mir unterbreitete, hatten damit lediglich persönlichen Sondierungscharakter; das bedeutete, daß sie jederzeit zurückgenommen werden konnten. Eine Entscheidung hatte das Kabinett allerdings getroffen. An der Jordanienfront, argumentierte Allon, sei kein Raum für einen Teilrückzug, dort könne es nur um eine dauerhafte Lösung gehen. Damit war mein Dialog mit Allon in Camp David von Anfang an zum Scheitern verurteilt, denn Hussein hatte eine jordanische Verwaltung der West-Bank unter israelischer militärischer Besatzung als dauerhafte Lösung bereits abgelehnt. Das war in Geheimgesprächen mit den Israelis geschehen, über die uns beide Seiten informierten – Jordanien etwas vollständiger als Israel.

Daß das israelische Kabinett auch sehr präzise sein konnte, wenn es wollte, wurde deutlich, als Allon auf Israels militärische Erfordernisse zu sprechen kam. Um die Verhandlungen zwischen Arabern und Israelis zu erleichtern, arbeiteten die Vereinigten Staaten für jedes Truppenentflechtungsabkommen ein »Verständigungsmemorandum« mit Israel aus, das die amerikanische Haltung zu verschiedenen möglichen Ergebnissen enthielt. Nach der Truppenentflechtung mit Syrien hatten wir uns bereit erklärt, Israels zusätzliches Sicherheitsbedürfnis, besonders im Hinblick auf die nächste Generation hochentwickelter Flugzeuge, wohlwollend zu prüfen. In früheren Fällen waren derartige Absichtserklärungen stets als Beweis guten Willens gesehen worden, die für die notwendigen technischen Nachfolgeverhandlungen eine günstige Atmosphäre schaffen sollten. Das neue israelische Kabinett interpretierte sie jedoch als rechtsgültige Verpflichtung auf eine gigantische Forderung von vierzig Milliarden US-Dollar, verteilt auf zehn Jahre, die wir dem amerikanischen Kongreß im Namen Israels vorlegen sollten.

Noch niemals hatte eine Administration im Auftrag eines anderen Staates einen so langfristigen Antrag auf Militärhilfe eingebracht. Nixon, der den letzten Monat im Amt war, hatte es abgelehnt, auch nur eine Prüfung der israelischen Forderung zu genehmigen. Als Allon argumentierte, seine umfangreiche Liste berücksichtige bereits geleistete Dienste und sei die Vorbedingung für die Fortsetzung des Friedensprozesses, war Nixon so verärgert, daß er drei Tage vor dem Ende seiner Präsidentschaft das ganze Vorhaben stoppte. Als der neue Präsident sein Amt antrat, war diese Entscheidung allerdings hinfällig.

Wie das israelische Hilfeersuchen zu behandeln sei, wurde so zur ersten Entscheidung in der Nahostfrage, die Ford zu fällen hatte. Zwar mit den Widrigkeiten der Nahostdiplomatie noch wenig vertraut, kannte sich Ford dank seiner früheren Tätigkeit im Kongreß jedoch in allen Feinheiten des Haushaltsbewilligungsprozesses bestens aus. Vierundzwanzig Stunden nach Fords Amtseid nutzte Verteidigungsminister James Schlesinger die erste Sitzung des Nationalen Sicherheitsrates unter dem neuen Präsidenten und bat um eine Entscheidung des Gremiums hinsichtlich des israelischen Hilfeersuchens.

Die Sitzung lief schlecht. Ford wußte nicht, daß die Verheißung des Neuen Testaments, den Sanftmütigen werde die Erde gehören, nicht zu den Verhandlungsmaximen der Israelis gehörte. Noch unruhiger aber wurde er, als er feststellte, daß das israelische Ersuchen die Reserven des amerikanischen Militärs stark in Anspruch nehmen und damit die Kampfbereitschaft unserer Streitkräfte beeinträchtigen konnte:

Schlesinger: Wenn wir ihnen einige der Ausrüstungen liefern, um die sie bitten, dann müssen wir sie den amerikanischen Streitkräften wegnehmen, was bedeutet, daß deren Bereitschaft sinken würde.

Ford: Begreifen die, daß das der Fall wäre?

Schlesinger: Ja, Sir, aber sie meinen, daß ihre Bedürfnisse Vorrang haben.

Ford: Das ist ja eine sehr selbstlose Einstellung.

Trotz dieser für ihn sehr untypischen sarkastischen Bemerkung entschied Ford zwei Tage später, seine Präsidentschaft nicht im Streit mit einem alten Freund zu beginnen. Er genehmigte das Memorandum des Nationalen Sicherheitsrates, das Nixon gestoppt hatte, und leitete damit das bürokratische Verfahren der Bewilligung des israelischen Begehrens nach Militärhilfe ein. Dies war ein geschicktes Manöver, um eine wirkliche Entscheidung auf später zu verschieben. Es zeigte, daß Ford sehr genau wußte, wie die Dinge in Washington liefen:

Ich denke, wir sollten die Sache hinziehen, bis wir ihre Haltung erkennen. Damit kontrollieren wir die Lochkarte Ich bin nicht sicher, daß der Kongreß bei der gegenwärtigen Inflation einer solchen Sache zustimmt.

Die ägyptische Option

Der ägyptische Außenminister Ismail Fahmi kam am Sonntag, dem 11. August 1974, zwei Tage nach Fords Amtsantritt, nach Washington. Zwei Tage später sollte die Türkei ihre militärischen Aktionen auf Zypern wiederaufnehmen. Ich war Fahmi zum ersten Mal am 29. Oktober 1973 begegnet, als er anstelle von Sadats bisherigem Sicherheitsberater Mohammed Hafis Ismail als unser Gesprächspartner nach Washington kam.

»Der Präsident hat mich geschickt, damit ich Ihre Bekanntschaft mache«, erklärte er damals, »ihm über Sie berichte und Ihren Besuch vorbereite.« Das war Fahmis Art, mir zu sagen, er sei unaufgefordert gekommen, nicht um Verhandlungen zu führen, sondern um mich in Augenschein zu nehmen. Er gab mir jede Gelegenheit, mich in bestem Licht zu zeigen, vor allem weil er gewitzt genug war, um einzusehen, daß er gar keine andere Wahl hatte.

Liebenswürdig, clever und scharfsichtig, ein Profi par excellence, verlor Fahmi niemals aus dem Blick, daß seine Hauptaufgabe darin bestand, die psychologische Kluft zwischen Ägypten und dem Westen, insbesondere den Vereinigten Staaten, zu überwinden. Im Anfangsstadium des noch nicht angelaufenen Friedensprozesses hieß dies, mich als Vermittler zu gewinnen.

Die dringendste Frage bei dieser ersten Begegnung war das Schicksal der Dritten Ägyptischen Armee auf dem Sinai, die in der Falle saß, als Ariel Sharons Panzerkolonne ihr die letzte Versorgungslinie abschnitt (nachdem der von den Vereinten Nationen ausgerufene Waffenstillstand formell bereits in Kraft war). Fahmi tat so, als sei meine Hilfe bei der Befreiung dieser Armee aus ihrer Lage, der sie aus eigener Kraft nicht mehr entrinnen konnte, eine besondere Gnade, die mir der ägyptische Präsident erweise, dem ich zu diesem Zeitpunkt noch nicht einmal begegnet war. Fahmi schien es als selbstverständlich anzusehen, daß Ägypten und die Vereinigten Staaten in der Nahostdiplomatie Partner sein würden, obwohl unsere beiden Staaten die von Nasser nach dem Nahostkrieg 1967 abgebrochenen diplomatischen Beziehungen noch gar nicht wiederhergestellt hatten. Liebenswürdig, aber sehr kompliziert, war Fahmi ein Meister der Insinuationen und Anspielungen. Gleich zu Beginn ernannte er mich zum Meisterdiplomaten und schrieb mir Winkelzüge und Pläne von wahrhaft atemberaubender Verwickeltheit zu, um mir damit die Versicherung zu entlocken, wie sehr Amerika an guten Beziehungen zu Ägypten interessiert sei. Ford, der weniger wortreiche und komplizierte Gesprächspartner gewohnt war, hörte Fahmis Darlegungen zunächst voller Staunen zu – unsicher, ob ich bei meinem Briefing nicht etwas übersehen haben könnte –, später aber in der Art, wie man eine besondere Theater- oder Sportvorführung genießt.

Seine arabischen Kollegen warfen Fahmi zuweilen eine prowestliche Neigung vor. Syrische Spitzenpolitiker fragten mich zuweilen sarkastisch, ob ich Fahmi nicht zur nächsten Tagung der NATO-Außenminister einladen wolle. Ganz bewußt nutzten sie seine unverhüllte Vorliebe für die westliche Lebensweise, um bei den Gesprächen zu punkten. Denn Fahmi war vor allem ein leidenschaftlicher ägyptischer Nationalist, der Sadats Auffassung teilte, Amerikas diplomatische Unterstützung sei unverzichtbar, da kein arabischer Staat in der Lage war, Frieden aus eigener Kraft zu erreichen, und Versuche, eine arabische Einheitsfront zustande zu bringen, angesichts des Individualismus, des angeborenen Rivalisierens und der Eigenbrötelei der Araber unweigerlich zum Scheitern verurteilt waren.

Wie seine arabischen Kollegen nutzte Fahmi seine Redegewandtheit, um seine wahren Gedanken zu verbergen. Was ihn jedoch von ihnen unterschied, war seine Gabe, Beredsamkeit als diplomatische Taktik einzusetzen und geschickt abgemessene Portionen praktischer Ideen einzustreuen, die er aus Sadats Schmelztiegel von epischer Poesie und prophetischer Vision bezog. Zwischen den Leidenschaften der Araber, dem Mißtrauen der Israelis, den plumpen Anmaßungen der Sowjets und dem nicht gerade übermächtigen guten Willen der Amerikaner manövrierend, peilte Fahmi geschickt Ergebnisse an, die mit Ägyptens Würde und nationalem Interesse vereinbar waren.

Im Sommer 1974 wurden Fahmis Fähigkeiten auf eine harte Probe gestellt. Während sie an einem separaten Abkommen arbeiteten, mußten Sadat (und Fahmi) den äußeren Schein der arabischen Einheit wahren, bis sie sicher sein konnten, daß auf dem Sinai ein annehmbarer Deal im Bereich des Möglichen lag. Die Vereinigten Staaten meinten, der nächste Schritt müsse in Richtung Jordanien getan werden. Sadat und Fahmi waren jedoch tief überzeugt, daß dies ein Abkommen mit Ägypten viele Monate verzögern werde: zunächst wegen der Vorbereitung der anstehenden israelischen Wahlen und danach wegen einer weiteren nicht absehbaren Zeit, die man benötigte, um zwischen Jordanien und der PLO zu klären, wer die Palästinenser vertreten sollte. Die führenden ägyptischen Politiker hatten nicht die Absicht, ihre Hoffnung, wenigstens einen Teil des Sinai zurückzuerhalten, in den bodenlosen Sümpfen der West-Bank zu begraben. Zwar sah sich Fahmi noch nicht in der Lage, die sowjetische Option aufzugeben, zugleich war er sich der absoluten Notwendigkeit bewußt, Vertrauen und guten Willen der Vereinigten Staaten zu bewahren.

Fahmi bewegte sich gleichsam auf Zehenspitzen durch diesen Irrgarten, verströmte kluge Gedanken und schloß systematisch alle Lösungen außer einem ägyptisch-israelischen Separatabkommen aus. Mit seiner jovialen Art kam er bei Ford sehr gut an, und die indirekten Drohungen, die er weiterhin anklingen ließ – wie ein Arzt eine unangenehme Diagnose mitteilt –, verschleierte er als Ereignisse, die außerhalb seiner Kontrolle lagen. Falls es nicht bald – zum Beispiel bis November – zu Fortschritten auf dem Sinai komme, behauptete er, werde der Nahe Osten wieder in Flammen aufgehen, möglicherweise entzündet von Syrien (dabei erklärte er nicht, wie ein ägyptisch-israelisches Separatabkommen, das Asad leidenschaftlich ablehnte, Syrien zur Zurückhaltung bewegen sollte). Fahmi teilte uns mit, er werde demnächst eine Einladung zu einem Besuch in Moskau annehmen, habe allerdings nicht die Absicht, dort irgendeinen »Deal« zu schließen, was natürlich heißen sollte, daß er dazu durchaus in der Lage war. Er begrüßte unseren Wunsch, in der Palästinafrage voranzukommen, behauptete aber, daß dies direkte Kontakte der Vereinigten Staaten mit der PLO erfordere, was natürlich die jordanische Option ausschloß und ganz sicher von Israel rundweg abgelehnt werde.

Fahmi fand die Behauptung lächerlich, Ägypten brauche Jordaniens Rückendeckung für seine eigene unabhängige Diplomatie. Das Gegenteil sei richtig:

Jordanien kann ohne feste Unterstützung von Präsident Sadat keinen Schritt tun. Kein arabischer Führer kann König Hussein unterstützen. Wie ich Ihnen bereits sagte, ist er ein sehr guter Mann, ein mutiger Mann, aber die Ereignisse des Schwarzen September (als Husseins Armee im September 1970 die PLO in Jordanien zerschlug) ... schließen aus, daß er ohne Unterstützung Ägyptens handeln kann.

Aus Fahmis Redefluß und Spekulationen schälte sich bald eine eindeutige politische Botschaft heraus: Ägypten werde nicht auf Verhandlungsergebnisse mit Jordanien warten. »Keine Truppenentflechtung mit Jordanien kann vorangebracht werden, wenn es keinen weiteren Rückzug in Ägypten gibt« (gemeint war ein Rückzug Israels an der ägyptischen Front). Zuweilen deutete Fahmi an, Sadat könnte in parallele Verhandlungen Israels mit

Ägypten und Jordanien einwilligen, aber das war mehr eine Geste – wegen unserer unerklärlichen Neigung für eine Initiative in Richtung Jordanien – als eine ernsthafte politische Wahlmöglichkeit. Und in der Tat hätten gleichzeitige Verhandlungen über die West-Bank und den Sinai sowohl die Vereinigten Staaten als auch Israel emotional überfordert. Das Ergebnis von Fahmis Besuch war, daß ein Separatabkommen zwischen Israel und Ägypten uns als der wahrscheinlichste nächste Schritt im Friedensprozeß erschien.

Hussein und der Friedensprozeß

Zwei Tage nach Fahmis Abreise, am 16. August 1974, eine Woche nach Fords Amtsantritt, landete König Hussein in Washington, um die jordanische Option voranzubringen, die Israel und Ägypten so einfallsreich zu verhindern suchten. Wie gewöhnlich verbarg der König hinter untadeliger Höflichkeit den eisernen Willen, seine Dynastie zu bewahren und die Würde seines Volkes zu verteidigen.

Hussein kam in Begleitung von Ministerpräsident Zaid Rifai, der bereits am 6. August, achtundvierzig Stunden vor Nixons Rücktritt, zu einer kurzen Stippvisite in Washington gewesen war. In jenen hektischen Stunden galt unsere erste Sorge nicht gerade der Nahostdiplomatie. So war Rifai der einzige Gast aus dem Nahen Osten, den ich nicht auf dem Flugplatz willkommen hieß – ein Lapsus, der, so verständlich er auch war, unser Verhältnis eine Zeitlang belastete.

Rifai verdankte seinen Einfluß nicht seinem Rang in der Ministerriege – der veränderte sich –, sondern seiner engen, dauerhaften Freundschaft mit dem König. Einem kleinen Kreis von Vertrauten zugehörig, in dem Hussein sich wohl fühlte, wechselte Rifai von einem Posten zum anderen, je nachdem, wie Jordaniens schwierige Lage und der Fortbestand der Dynastie es gerade erforderten. Wie geschickt Hussein im Irrgarten der arabischen Politik auch immer zu manövrieren schien – er war kein Zyniker, vertraute fest auf die Vereinigten Staaten und ging niemals so weit, daß er sein amerikanisches Sicherheitsnetz ernsthaft gefährdete.[10]

Rifai war immer dann auf seinem Posten, wenn der König es für ungefährlich hielt, seine prowestliche Position offen zu bekennen, oder wenn es ihm notwendig erschien, seinen arabischen Brüdern die Stirn zu bieten. Wenn dagegen der Wind des Radikalismus zu scharf durch die arabische Welt blies, wurden andere Personen aus Husseins Umgebung auf den Plan gerufen. Rifai verschwand allerdings niemals ganz aus dem engeren Kreis.

Er war für seine Rolle sehr gut geeignet. Ziemlich direkt und hochintelligent, war er ein zäher Unterhändler, dessen vordergründiger Sinn für Humor häufig die Härte und das Geschick etwas milderte, mit denen er die Interessen seines Landes und der haschemitischen Dynastie verteidigte. Von allen unseren arabischen Gesprächspartnern hatte Rifai am wenigsten für jene Romantik übrig, die gelegentlich sogar Sadat dazu brachte, reale Sachverhalte im Versmaß eines Gedichts darzubieten.

Hätte der Plan eines befristeten Abkommens in Israel Gehör gefunden, dann wäre Rifais Ziel ein sehr bescheidener Rückzug der Israelis um zehn

Kilometer vom Jordanufer gewesen, weil die Jordanier bei jedem weiteren Nachrücken bereits die Berge von Judäa erreicht hätten. Er aber war tief überzeugt, daß »Israelis keine Berggipfel hergeben«. Da ein durchgängiger Rückzug längs des gesamten Jordan von Israel bereits abgelehnt worden war, bot Rifai an, den Allon-Plan zu prüfen, vorausgesetzt, er sei Teil eines Interimsabkommens und die israelischen Streitkräfte zögen sich schließlich aus dem an Jordanien zurückgegebenen Gebiet vollständig zurück.

Damit schätzte er jedoch seine Verhandlungsposition völlig falsch ein. Rifai war überzeugt, die jordanische Option sei realistisch, weil Sadat es sich einfach nicht leisten konnte, seine arabischen Brüder mit einem weiteren Separatabkommen vor den Kopf zu stoßen. Deshalb drängte Rifai darauf, Israel möge entweder direkt eine Vereinbarung mit Jordanien treffen oder mit Jordanien und Ägypten gleichzeitig verhandeln.

In diesem Sinne erklärte Hussein gegenüber Ford:

Sir, wir möchten gern wissen, wo wir jetzt stehen. Wenn wir nicht einbezogen werden, dann sind wir bereit, unsere Verantwortung an die PLO abzutreten, damit sie versucht, das Problem anzugehen.

»Wir haben nichts dagegen, benutzt zu werden«, warf Rifai drohend ein, »aber wir wollen ein Stück von dem Kuchen.« Hussein deutete an, nach einer Vereinbarung über die West-Bank werde er der Bevölkerung mittels einer Abstimmung freistellen, ob sie sich Jordanien unter nichtarabischer UN-Aufsicht anschließen oder Autonomie in einer losen Konföderation anstreben wolle.

Wäre es uns möglich gewesen, in der Politik unsere Sympathien sprechen zu lassen, dann hätten sowohl Ford als auch ich begeistert zugestimmt. Leider wußten wir aus den Kontakten mit Husseins arabischen »Brüdern« nur zu gut, daß wir unmöglich jordanische Sonderverhandlungen zustande bringen konnten. Das Äußerste, was wir tun konnten – und auch das ohne wirkliche Überzeugung –, war, zu versprechen, der Andeutung Fahmis nachzugehen, man könnte gleichzeitig an zwei Fronten verhandeln oder Gespräche mit Jordanien könnten zumindest kurz nach denen mit Ägypten beginnen.

Zwei weitere arabische Besucher: Syrien und Saudi-Arabien

Bevor Fords Einführung in die Widersprüchlichkeiten und Leidenschaften der arabischen Welt als beendet angesehen werden konnte, mußten noch zwei weitere arabische Außenminister Gehör finden. Syriens Außenamtschef Abd al-Halim Khaddam traf am Mittwoch, dem 21. August 1974, und Omar Saqqaf von Saudi-Arabien am Mittwoch, dem 28. August 1974, in Washington ein.

Khaddam hatte mich bei meinem ersten Besuch in Syrien im Dezember 1973 auf dem Flugplatz willkommen geheißen und mich ohne Umschweife informiert, daß Syrien an keinerlei Teillösung interessiert sei und eine Gesamtregelung daran messen werde, ob die Rechte der Palästinenser wiederhergestellt würden. Khaddam präzisierte diese Rechte nicht näher und erweckte auch nicht den Eindruck, daß ihm der Fortbestand des jüdischen

Staates besonders viel bedeutete. Die Berichte der syrischen Presse über meinen Besuch entsprachen dieser Haltung. Als ich bei meiner nächsten Visite aus Tel Aviv kommend in Damaskus eintraf, hieß es in der syrischen Presse, der amerikanische Außenminister sei aus den »besetzten Gebieten« angereist.

Ganz anders als Fahmi erklärte Khaddam von Anfang an, in Syrien sei die Zivilbevölkerung noch unversöhnlicher eingestellt als das Militär. Als ich Asad kennenlernte, begriff ich, daß mich Khaddam damit hatte warnen wollen, Konzessionen seien nur möglich, wenn sie der Präsident anordnete.

In den folgenden Monaten sollte ich diesen leidenschaftlichen syrischen Nationalisten näher kennenlernen, dessen heller Teint und blaue Augen darauf hinwiesen, daß er vielleicht einen Kreuzritter unter seinen Vorfahren hatte. Khaddam war ein brillanter Unterhändler und hatte einen boshaften Humor. Während meiner vierunddreißigtägigen Pendelmission fuhren wir täglich zusammen im Wagen vom Flugplatz nach Damaskus und zurück. Wir hatten viele nicht enden wollende Gespräche zu bestreiten, als Syrien und Israel das Abkommen über die Truppenentflechtung auf den Golanhöhen aushandelten, das bis heute die einzige offizielle Vereinbarung zwischen beiden Staaten geblieben ist. Da Khaddam damals dem engeren Kreis um Asad nicht angehörte, wurde er in der Regel erst hinzugezogen, wenn ich bereits ein Vieraugengespräch mit dem Präsidenten und eine Sitzung mit den syrischen Militärbefehlshabern hinter mir hatte. Wenn er aber erschien, dann war jede seiner Äußerungen exakt und professionell, sein Verhandlungsstil beharrlich und zäh.

Trotzdem rang sich Khaddam im Verlauf dieser Pendelmission nach und nach, wenn auch widerstrebend, zur Akzeptanz einer Art Friedensprozeß und einer Diplomatie durch, die von der Anerkennung des Staates Israel ausging – möglicherweise mit dem Hintergedanken, daß, wenn das Kräfteverhältnis sich einmal zugunsten der Araber veränderte, Syrien immer noch die Möglichkeit hatte, alte Rechnungen zu begleichen. Solange ein solcher Umschwung aber eine Illusion blieb, spielte Khaddam seine diplomatische Rolle mit zurückhaltender Würde.

Als Khaddam Washington besuchte, war ihm natürlich bewußt, daß Israel keinem weiteren Teilabzug von den Golanhöhen zustimmen werde und selbst bei einer endgültigen Lösung einen Teil dieses strategisch wichtigen Gebietes behalten wollte. Wenn Israel auf dieser Position beharrte, war Syrien de facto aus dem schrittweisen Vorgehen ausgeschlossen und hatte selbst von einer umfassenden Lösung kaum etwas zu erwarten. Trotzdem kam die syrische Führung wie die Ägyptens – vielleicht etwas widerwilliger – am Ende doch zu dem Schluß, daß Amerikas Rolle für jeden Fortschritt unverzichtbar war. Deshalb lag Khaddam bei seinem Besuch auch vor allem daran zu verhindern, daß Syrien aus der Nahostdiplomatie herausgedrängt wurde. Von dem herausfordernden Auftreten, das unsere früheren Begegnungen in Damaskus geprägt hatte, war bei seinem Besuch in Washington nichts übriggeblieben. Khaddam vermied es, mit einseitigen syrischen Militäraktionen auch nur andeutungsweise zu drohen. Drohungen gehörten zum Repertoire mancher anderer arabischer Führer, die sie als indirekten und sicheren Ersatz für eigene Schritte benutzten.

Khaddams Besuch im August 1974 war in vieler Hinsicht der Höhepunkt der amerikanisch-syrischen Beziehungen. Er scherzte, er werde mich zum nächsten arabischen Gipfel einladen, da seine Kollegen mir ohnehin alles brühwarm erzählten. Um den verhaßten Ägyptern eins auszuwischen, hatte Khaddam nichts gegen Verhandlungen mit Jordanien über einen Teil der West-Bank –»ganz gleich, wieviel, wenn es mit der Selbstbestimmung der Palästinenser vereinbar ist«. Im Unterschied zu anderen arabischen Politikern setzte Khaddam die Selbstbestimmung der Palästinenser nicht mit der PLO gleich. Asad mochte die PLO nicht, da er einen eigenen palästinensischen Staat als Hindernis für das Großsyrien ansah, das er langfristig anstrebte. Er war ständig bemüht, eine neue Führung der Palästinenser unter syrischer Vormundschaft als Gegengewicht zu Arafat zu installieren.

Ganz im Sinne dieser Politik deutete Khaddam an, Syrien wäre bereit, gemeinsam mit Jordanien eine besondere Form der Selbstbestimmung der Palästinenser auszuarbeiten, die nicht an die PLO gebunden sei. Allerdings kannten wir auch Husseins stets wachen Argwohn gegen Syriens langfristige Ziele und erwarteten deshalb nicht, daß bei einer syrisch-jordanischen Zusammenarbeit in der Palästinafrage viel Praktisches herauskommen werde. Das wichtigste Ergebnis von Khaddams Besuch war deshalb zwangsläufig eine weitere Verzögerung: Wir kamen überein, unseren Dialog in Damaskus fortzusetzen, wenn ich in einigen Wochen wieder in den Nahen Osten reiste.

Der nächste Besucher war der saudi-arabische Außenminister Omar Saqqaf. Geprägt von einer traditionsbewußten Gesellschaft, die auf islamisch-fundamentalistischen Prinzipien beruhte (zu einer Zeit, da der Fundamentalismus noch nicht politisiert war), lavierte Saudi-Arabien zwischen dem Druck von arabischen Radikalen, palästinensischem Drang nach Unabhängigkeit sowie seiner eigenen Furcht vor gierigen Nachbarn und kommunistischen Verschwörungen. Seine Führer wußten, daß die Sicherheit, ja sogar das Überleben Saudi-Arabiens letzten Endes von der Unterstützung Amerikas abhingen. Aber sie hatten wenig Vertrauen in unsere Urteilskraft und befürchteten, daß wir mit unserem Ungestüm das fein ausbalancierte Gleichgewicht zerstören könnten, das ihr Überleben sicherte. Saudi-Arabien war zu erfahren, um sich in der Abschottung sicher zu fühlen, und zu schwach, um in der Nahostdiplomatie eine Hauptrolle zu übernehmen. Da das Land seinen inneren Zusammenhalt durch die aktive Beteiligung am Friedensprozeß nicht in Gefahr bringen wollte, gab es sich als wohlwollender Beobachter, der den Friedensprozeß förderte, ohne die Radikalen in seiner unmittelbaren Nachbarschaft, wohin das Schicksal es gestellt hatte, gegen sich aufzubringen.

Das Eintreten der saudischen Diplomaten für die arabische Sache war ohne Fehl und Tadel, zuweilen kompromißlos, aber hinter den Kulissen fast immer hilfreich für die amerikanische Diplomatie. Während des Oktoberkrieges 1973 hatte Saudi-Arabien das Ölembargo gegen die Vereinigten Staaten und die Niederlande initiiert, um Solidarität mit der arabischen Welt zu bekunden. Dieser Schritt war eher symbolisch als ernst gemeint. Öl war austauschbar, und so führte diese Geste lediglich zu Umstellungen in der Ölversorgung: Die Vereinigten Staaten wurden nun von anderen ölproduzierenden Ländern beliefert, deren bisherige Kunden nun Saudi-Arabien versorgte. Aber das Ölembargo hatte die Industrieländer vor allem psychisch erschüttert. Ein Kaufrausch zur Aufstockung der Ölreserven hatte sie erfaßt, der sogar anhielt, als das Embargo bereits wieder aufgehoben war. Er jagte die Preise auf das Fünffache hinauf, löste Inflation und Rezession aus – ein Thema, das ich in einem späteren Kapitel noch behandeln werde (siehe Kapitel XXII).

Omar Saqqaf brachte all diese saudischen Widersprüche und Zweideutigkeiten zum Ausdruck. Der Außenminister führte eine Politik aus, die er nicht selbst konzipiert hatte. Die großen Linien der saudi-arabischen Politik legte die königliche Familie fest – von Mitte der sechziger bis Mitte der siebziger Jahre der feinsinnige, geschickte und äußerst verschlossene König Feisal. Um den Abstand hervorzuheben, war Saqqaf während meiner Audienzen beim König selten zugegen. Wenn er doch einmal geladen wurde, hatte er seinen Platz so weit unten in der Hierarchie anderer Berater, daß er hätte rufen müssen, damit der König auf ihn aufmerksam wurde. (Bei diesen Audienzen war ohnehin nicht an eine Beteiligung der Berater gedacht, gleich, wo sie ihren Platz hatten. Der König und ich saßen nebeneinander mit dem Dolmetscher in der Mitte eines großen Raumes, während die Berater in mehreren Metern Entfernung an den Wänden Platz nahmen.)

Kurz gesagt: Saqqaf war ein hoher Abgesandter, der im Auftrag der königlichen Familie Botschaften übermittelte und entgegennahm. Dieser Aufgabe entledigte er sich mit Gewandtheit und Raffinement. Er wußte bei den Problemen, worum es ging, und trug die Sache Saudi-Arabiens mit Präzision vor, wobei er Auseinandersetzungen oder gar Konfrontationen geschickt zu umgehen verstand.

Bei seinem Besuch in Washington lag Saqqaf vor allem daran, den Zorn des Westens wegen der Energiekrise von Saudi-Arabien abzulenken. Ich warnte ihn, die Geduld des Westens habe Grenzen:

Meiner Meinung nach werden die gegenwärtigen Ölpreise im Westen eine solche Wirtschaftskrise auslösen, daß andere Regierungen, ungeachtet ihrer sonstigen Positionen, zu drastischen Schritten getrieben werden.

In dieser Situation war Saqqaf außerordentlich bestrebt, die angespannten arabisch-amerikanischen Beziehungen nicht durch eine harte Haltung zu den Nahostverhandlungen noch zusätzlich zu belasten. Für das Protokoll warnte er formell vor weiteren Sonderwegen. Zugleich gab er zu verstehen, daß Saudi-Arabien jeden diplomatischen Fortschritt unterstützen werde, solange es keine Verantwortung dafür übernehmen müsse.

Rabin besucht Ford

Viel hing nun von den bevorstehenden Gesprächen mit dem neuen israelischen Ministerpräsidenten Itzhak Rabin ab, der am 10. September 1974 in Washington eintraf.

Leider konnte sich das Verhältnis von Ford und Rabin nie richtig entwickeln. Ihre erste Begegnung kam einem Desaster so nahe, wie es die innenpolitischen Realitäten in beiden Ländern nur zuließen. Das war schade, denn im Grunde genommen hätten beide gut miteinander auskommen müssen. Rabin war ein hervorragender israelischer Botschafter in Washington gewesen, wo er ungewöhnliches Verständnis für die Art von gemäßigtem Konservativismus gezeigt hatte, die Ford repräsentierte. Der Präsident wiederum hatte all die Jahre im Kongreß fest an der Seite Israels gestanden. Jedoch mit ihrer ersten Begegnung begann eine schwierige Phase der amerikanisch-israelischen Beziehungen.

Ein Teil des Problems rührte von dem unterschiedlichen Persönlichkeitsprofil der beiden Männer her. Rabin war Intellektueller und Analytiker, Ford ließ sich eher von seinem Instinkt und gesundem Menschenverstand leiten. Rabin suchte mit distanzierter Integrität zu überzeugen, Ford mit menschlicher Wärme und gutem Willen. Ford hatte eine Karriere im Kongreß hinter sich, wo man mit Kompromissen arbeitete; Rabin verdiente sich seine Sporen als Stabschef der israelischen Verteidigungskräfte, wo es auf Kommandeursqualitäten ankam. Ford war sein ganzes Leben Politiker gewesen; Rabin erlernte die Kunst der Politik erst als Ministerpräsident.

Man konnte sich kaum einen größeren Gegensatz vorstellen als zwischen Rabin und seiner Vorgängerin, der beeindruckenden Golda Meir, die ganz Washington kannte. Golda war in den Kernfragen viel härter als Rabin, verstand es aber, ihre Unbeugsamkeit hinter großer äußerlicher Liebenswürdigkeit zu verbergen. Für sie als Vorkämpferin des Staates Israel war jeder Zollbreit israelischen Bodens, einschließlich der jüngsten Eroberungen, unantastbar. Debatten über politische Langzeitstrategien machten sie nervös. Sie lebte ständig in der Furcht, daß die Sowjetunion und die Vereinigten Staaten zu einer Übereinkunft auf Kosten Israels gelangen könnten, etwas, was jedoch niemals diskutiert oder auch nur in Betracht gezogen wurde.

Golda hatte den Truppenentflechtungsabkommen mit Ägypten und Syrien ohne große Begeisterung zugestimmt, vor allem weil sie damit die Freilassung israelischer Gefangener zu erreichen suchte. Als Nixon im Juni 1974, einige Wochen nach ihrem Rücktritt, Israel besuchte, sagte sie dem Präsidenten, sie werde sich *jedem* weiteren Teilrückzug Israels widersetzen – an welcher Front und aus welchem Grund auch immer. Israel, so argumentierte sie, dürfe sich von nun an nur noch zurückziehen, wenn es dafür ein endgültiges Friedensabkommen erhalte. Dabei schloß sie allerdings aus, daß auch nur eine einzige israelische Siedlung, an welchem Ort auch immer, aufgegeben werde; das bedeutete, die Grenzen von 1967 selbst gegenüber Ägypten, Israels versöhnlichstem Nachbarn, zur Grundlage für das Friedensabkommen zu erklären.

Was Israels Verhältnis zu den Vereinigten Staaten betraf, so konnte Golda in den Verhandlungen zwar sehr hart sein, zeigte dies jedoch nie in der Öffentlichkeit. Stets der Tatsache eingedenk, daß Israels Überleben letzten Endes vom guten Willen Amerikas abhing, pflegte sie dieses Verhältnis mit Charme und Hartnäckigkeit. Im amerikanischen Fernsehen stellte sich Golda als die Urmutter dar: leidenschaftlich, gewitzt, nur gelegentlich kritisch, und auch dann eher bekümmert, aber niemals erzürnt. Mir gegenüber war sie etwas weniger zurückhaltend, vielleicht, weil sie glaubte, daß meine jüdische Herkunft mich verpflichte, Israel rückhaltlos zu unterstützen. Und wenn sie sich über mich zu beklagen hatte, dann stets so, wie eine ältere Tante einen ungebärdigen Neffen ausschilt. Als ein amerikanischer Anhänger Israels sie einmal darauf hinwies, daß für mich die Amtspflichten offenbar vor den Pflichten meiner Religion rangierten, erwiderte sie: »Das stört mich nicht. Schließlich lese ich von rechts nach links.«

Als Itzhak Rabin 1974 Ministerpräsident wurde, hatte er es wesentlich schwerer. Als erster in Israel geborener jüdischer Politiker in diesem Amt hatte er nicht mehr die Aura der Gründergeneration israelischer Politiker, die als Einwanderer den Staat geschaffen und geformt hatten. Ihre höchsten Vertreter waren noch präsent – angeführt von Golda Meir und Rabins früherem Kommandeur Moshe Dayan, der es nicht verwinden konnte, daß sein Versagen am Vorabend des Jom-Kippur-Krieges ihn das Amt gekostet hatte, das ihm bei seiner Begabung und seinen Leistungen eine Zeitlang greifbar nahe schien.

Zugleich mußte Rabin stets die Rivalen in seinem eigenen Kabinett im Auge behalten. Ihm zur Seite standen Yigal Allon und Shimon Peres. Rabin vertraute Allons Charakter weit mehr als seiner Intelligenz. Peres schätzte er in beiderlei Hinsicht weit weniger. Allon hatte bei den israelischen Streitkräften über ihm gestanden, war aber stets mehr an der Sache als an seinem Rang interessiert gewesen; deshalb stellte er weder direkt noch indirekt eine Konkurrenz für Rabin dar. Allerdings hatte Allon Einwände gegen Rabins Strategie. Allon, ein überzeugter Verfechter der jordanischen Option, geriet über Rabins ausgeklügelte strategische Manöver in Rage. Er hätte es vorgezogen, zunächst eine Vereinbarung über die West-Bank zu treffen und danach über den nächsten Schritt zu entscheiden.

Die Rivalität zwischen Verteidigungsminister Shimon Peres und Rabin sollte für beide Männer zum Alptraum der nächsten zwanzig Jahre werden. Peres hatte die »French Connection« zustande gebracht, aus der die Waffen stammten, mit denen Israel den Sechstagekrieg 1967 gewann. Er spielte eine Hauptrolle beim Erwerb oder der Entwicklung vieler Waffen, von denen die Sicherheit des Landes noch heute abhängt. Zugleich war er der Mann mit der vielleicht besten Bildung in dieser Generation israelischer Spitzenpolitiker. Trotzdem gelang es ihm nur von 1984 bis 1986, das Amt des Ministerpräsidenten zu bekleiden. Die Kombination von ehrgeizigen Zielen und einem abstrakten Intellektualismus traf nicht den Nerv der israelischen Öffentlichkeit und bescherte ihm Niederlagen in nicht weniger als fünf Wahlen.

Über die Jahrzehnte ihrer Rivalität verlief Peres' Denken im Hinblick auf Israels Nachbarn in ähnlichen Bahnen wie das Rabins. Von »Falken« wurden beide fast zu »Tauben«, wobei Peres etwas mehr zum Extrem neigte. Er war ein schärferer »Falke« als Rabin gewesen und erschien nun als mildere »Taube«. Sie unterschieden sich dadurch, daß Peres intuitiv reagierte, wo Rabin analytisch vorging, nachgrübelte, wo Rabin praktisch handelte. Peres hatte seine Ausbildung in Frankreich erhalten und die Wesensart französischer Akademiker angenommen, die dazu neigen, die Formulierung einer Idee bereits mit ihrer Realisierung gleichzusetzen.

Nach den Osloer Abkommen mit der PLO 1993 und gegen Rabins Lebensende bildeten die beiden eine nahezu ideale Partnerschaft. Peres hatte die hochfliegenden Ideen, während Rabin jene auswählte, die ihm für ihre Gesamtstrategie am nützlichsten erschienen. Als Rabin im November 1995 ermordet wurde, starb auch Peres' Traum vom Frieden, weil er ihn ohne Rabin nicht der israelischen Öffentlichkeit vermitteln konnte.

Als Rabin und Peres zum ersten Mal im Juni 1974 in einem Kabinett arbeiteten, waren sie bereits scharfe Konkurrenten. Peres griff Rabin mit der Begründung an, der Ministerpräsident verhalte sich zu entgegenkommend gegenüber den Vereinigten Staaten. Aus diesem Grund agierte Rabin sehr vorsichtig und gab stets dem Zusammenhalt seines Kabinetts den Vorrang gegenüber den Erfordernissen seiner Diplomatie. Überhaupt war er kein großer Freund des politischen Spiels. In sich gekehrt und zurückhaltend von Natur aus, war er nicht gerade ein glänzender Unterhalter. Zur Schau getragene Gefühle verwirrten ihn, was um so mehr verwundern mußte, da Rabin, wie alle seine Freunde wußten, im Grunde ein sehr gefühlsbetonter Mensch war. Im engen Freundeskreis erwarb er sich mit seiner kärbeißigen Integrität viel Zuneigung. Seine Tochter meinte, er strahle seine Gefühle eher aus, als daß er sie in Worte fasse. Aber in seiner ersten Amtszeit als Ministerpräsident beeinträchtigte Rabins scheinbare Distanziertheit, sein anfängliches Unvermögen, die menschliche Dimension zur Geltung zu bringen, seine Wirkung und erschwerte zweifellos sein Verhältnis zu Gerald Ford.

Das war einfach jammerschade. Denn Rabin begriff weit besser als Golda, daß diplomatischer Stillstand Israel auf lange Sicht isolieren mußte – in gewisser Hinsicht sogar von den Vereinigten Staaten. In seiner Zeit als Botschafter in Washington während des Vietnamkrieges war ihm klargeworden, daß die amerikanische Bereitschaft Grenzen hatte, für einen geographisch entfernten Verbündeten das Kriegsrisiko und wirtschaftliche Kosten zu tragen. Viele vertrauliche Gespräche haben bei mir keinen Zweifel gelassen, daß Rabin mit unserer Grundstrategie übereinstimmte. Bei seiner Begegnung mit Ford am 11. September 1974 faßte er seine Sicht der Dinge so zusammen:

Die gegenwärtige Situation kann nicht auf Dauer so bleiben. Wir glauben nicht, daß daraus ein neuer Status quo erwachsen kann, denn die arabischen Staaten haben gelernt, daß es durch eine Kombination von Israels internationaler Isolierung, der begrenzten Gewaltanwendung oder, besser gesagt, der Gewaltanwendung für begrenzte Ziele und dem Einsatz von Öl zur Erpressung der Vereinigten Staaten möglich ist, eine Festschreibung dieser Situation zu verhindern.

Daher haben wir zwei Möglichkeiten: entweder Schritte zu einer Regelung oder ein neuer Krieg. Wir haben keinen Grund anzunehmen, daß ein neuer Status quo längere Zeit aufrechterhalten werden kann. Vielleicht ist das drei oder auch sechs Monate lang möglich, aber keinesfalls für längere Zeit.

Als Soldat erarbeitete sich Rabin widerwillig, aber Schritt für Schritt die »Grammatik« des Friedens. In den vielen Jahren des Dienstes beim Militär hatte er die Erkenntnis gewonnen, daß Israels langfristige Sicherheit es erforderte, über die Steigerung militärischer Macht hinauszugehen. Ein Volk, das die Tragödien der jüdischen Geschichte überlebt hat, ist dazu verurteilt, überall ständig Katastrophen zu wittern, und kann sein Überleben nicht dem guten Willen anderer Staaten überlassen. Aber ein Land mit fünf Millionen Einwohnern, umgeben von mehreren Hundert Millionen Menschen, die in ihrer Mehrheit den jüdischen Staat für unrechtmäßig halten, muß sich selbst aufzehren, wenn es keinen Weg findet, die gegenseitige Feindschaft zu überwinden. Rabin kam nach und nach zu der Einsicht, die schließlich zu seiner tiefen Überzeugung wurde, daß sein Volk es sich selbst schuldig war, nicht nur nach einem Frieden in Stärke zu streben, sondern auch einen Frieden in Versöhnung zu wagen.

Um zu dieser Erkenntnis zu kommen, hatte Rabin seine eigenen Instinkte überwinden müssen. Zwei Wochen vor Rabins Ermordung versuchte der damalige australische Außenminister Gareth Evans ihn im Gespräch von einem Argument für den Friedensprozeß zu überzeugen und meinte: »Aber ich predige doch einem Bekehrten.« Rabin erwiderte: »Nicht einem Bekehrten, einem Überzeugten.« Er hätte gern seine Präferenzen durchgesetzt, aber er begriff, daß dies einen Kraftakt erfordert hätte, der Israels langfristige emotionale und physische Möglichkeiten überstieg.

Das war kein leichter Weg. Wie so vielen seiner Landsleute war es Rabin zutiefst zuwider, die greifbaren Vorteile von Territorium für den unbestimmbaren Gewinn an internationaler Anerkennung und Minderung der Feindschaft der Araber herzugeben. Seine Erfahrung als Soldat sagte ihm unmißverständlich, daß die Zugeständnisse, die man Israel abverlangte, unwiderruflich waren, während die Gegenleistung der anderen Seite lediglich in der Erklärung friedlicher Absichten und der Anerkennung bestand, die sie jederzeit zurücknehmen konnte.

Zunächst sprach Rabin von »einem Stück Frieden für ein Stück Land«. Aber er war letzten Endes zu klug, um zu glauben, daß Frieden teilbar sei. So gelangte er zu der Einsicht, daß Frieden für Israel weniger ein juristischer Begriff, als vielmehr eine neue Realität für das jüdische Volk war. Nach fast zweitausend Jahren im Ghetto, so argumentierte Rabin, dürfe es seine nationale Heimstatt nicht wieder als Ghetto errichten, das sich durch geistig-religiöse und politische Entfremdung von der Menschheit isoliere. Zwar müsse es stets für seine Sicherheit Sorge tragen, dürfe seine Zukunft aber nicht ausschließlich militärisch definieren. Wie sehr Rabins Tod überall in der Welt als Verlust empfunden wurde, zeigt, daß er seinem Ziel sehr nahe gekommen war.

Rabin hatte keinerlei Zweifel daran, daß ein schmerzhafter Prozeß vor ihm lag. Deshalb ließ er sich niemals dazu hinreißen, den Frieden als ein Paradies zu malen, in dem sich alle Spannungen wie von Zauberhand selbst gelöst hatten. Zwar rechnete er stets auch mit der Möglichkeit, daß seine Bemühungen scheitern konnten, war jedoch überzeugt, daß Israel in einem solchen Fall besser gerüstet war, wenn es zumindest den Versuch gewagt hatte. Als Sabre, ein in Israel geborener Jude, war sein ganzes Leben immer Kampf in verschiedenen Formen gewesen. Wenn aber Rabin sich jemals erlaubte, Gefühle zu zeigen, dann war es, wenn er von israelischen Soldaten sprach, die im Kampf gefallen waren, oder von Familien, die Israels wiederholte Kriege dezimiert hatten, so zum Beispiel in einer eindringlichen Rede während seiner zweiten Amtszeit als Ministerpräsident:

Als Soldat, als Kommandeur und als Verteidigungsminister habe ich viele militärische Operationen befohlen. Bei aller Freude des Sieges und aller Trauer des Verlustes wird mir stets der Augenblick unmittelbar nach solchen Entscheidungen im Gedächtnis bleiben: das Schweigen, mit dem sich Offiziere und Minister langsam von ihren Plätzen erheben, ihr Anblick von hinten, wenn sie den Raum verlassen, das Klappen der Tür und dann die Stille, mit der ich allein zurückbleibe.

In diesem Augenblick wird einem bewußt: Die eben gefallene Entscheidung bedeutet, daß Menschen in den Tod gehen werden. Menschen meines Volkes, Menschen anderer Völker. Und sie wissen es noch nicht. Zu dieser Stunde lachen oder weinen sie noch, schmieden Pläne, träumen von Liebe, wollen einen Garten anpflanzen oder ein Haus bauen. Sie haben keine Ahnung, daß dies ihre letzten Stunden auf Erden sind. Welchem von ihnen ist es bestimmt zu sterben? Wessen Bild wird schwarz umrandet in der Zeitung von morgen erscheinen? Wessen Mutter wird bald das schwarze Trauergewand tragen? Wessen Welt wird unter dieser Last zusammenbrechen?

Als ehemaliger Soldat werde ich auch das Schweigen im Augenblick davor niemals vergessen: die Stille, wenn die Uhrzeiger rasend zu laufen scheinen, wenn die Zeit verrinnt und bis zum Inferno nur noch Stunden, nur noch Minuten bleiben.

In diesem Augenblick höchster Spannung, bevor der Finger sich am Abzug krümmt, bevor die Lunte Feuer fängt, n der schrecklichen Stille dieses Augenblicks ist immer noch Zeit für die Frage, die einzige Frage: Müssen wir wirklich handeln? Haben wir keine andere Wahl? Keine andere Chance?[11]

Es tut Rabins letztlicher Größe keinen Abbruch, daran zu erinnern, daß er die ersten Schritte am Beginn seiner diplomatischen Karriere stolpernd tat. Seine Beziehung zu Ford hatte einen schlechten Start, als er zögerte, in die Vereinigten Staaten zu kommen und den neuen Präsidenten zu treffen. Er wollte zunächst Zeit gewinnen, um seine Position im eigenen Land zu konsolidieren. Außerdem meinte er, Israel brauche eine Atempause in einem Prozeß, der mit den Überraschungsangriffen Ägyptens und Syriens begonnen hatte und nun drohte, ihm Entscheidungen über Verhandlungen abzuverlangen, deren Ende nicht abzusehen war, in denen er und sein Kabinett sich heillos verstricken konnten.

Das Tauziehen begann, als das amerikanische Außenministerium bekanntgab, Rabin sei für die erste Septemberhälfte zu einem Treffen mit dem Präsidenten eingeladen, und Rabin sich daraufhin beschwerte, es sei eine Verletzung des Protokolls, eine Einladung auszuposaunen, bevor man sie überhaupt mit dem entsprechenden Besucher abgestimmt hatte. Formal war Rabin im Recht. Andererseits war es niemandem in den Sinn gekommen, ein israelischer Ministerpräsident könnte durch die Bekanntgabe einer Einladung zum neuen Präsidenten von Israels engstem Verbündeten in Verlegenheit gebracht werden, da doch die arabischen Außenminister bereits seit über einem Monat der Reihe nach in Washington vorsprachen. Als Rabin dann kam, stimmte er dem schrittweisen Vorgehen zwar zu, feilschte aber mit Ford hart um die konkreten Bedingungen. Zähe Rückzugsgefechte sind bis zum heutigen Tag bei jeder Verhandlung über einen israelischen Truppenabzug die Regel. Das Beispiellose an Rabins Verhalten war, daß er nicht davor zurückschreckte, den Präsidenten frontal anzugehen.

Die umsichtige Golda Meir war stets darauf bedacht, sich nicht auf eine öffentliche Debatte mit dem Präsidenten einzulassen. Sie richtete ihr Feuer stets auf eine untergeordnete Person. Im Unterschied zu ihr suchte Rabin seine Position im eigenen Kabinett zu stärken, indem er die Verhandlungsführung des amerikanischen Präsidenten direkt herausforderte. Vielleicht war das seine Art, seinen zerstrittenen Kollegen die Grenzen der Toleranz Amerikas vor Augen zu führen. Vielleicht glaubte er auch, mit Ford leichteres Spiel zu haben als mit mir. Was immer der Grund war, er brachte damit in den ersten Dialog eine ungewöhnliche Schärfe hinein.

Ebenso verhielt er sich auch in den Gesprächen über Militärhilfe, das Thema, das israelische Ministerpräsidenten gewöhnlich nutzen, um mit gewissen Ergebnissen aus Washington zurückzukehren. (In der Tat war es nahezu ein fester Bestandteil der Besuchsprogramme israelischer Ministerpräsidenten, einige der militärischen Ersuchen positiv zu entscheiden.) Wie Allon es bereits gegenüber Nixon getan hatte, präsentierte auch Rabin die Erfüllung von Israels militärischen Wünschen als Vorbedingung für seine Bereitschaft zu verhandeln. Israels Betrachtungsweise, wenn es auf den Friedensprozeß eingehe, tue es damit den Vereinigten Staaten einen Gefallen, ärgerte Ford gehörig. Seine Stimmung wurde auch nicht besser, als Rabin erklärte, als ehemaliger General habe er das Recht, die Einzelheiten der israelischen Waffenwünsche mit dem Präsidenten direkt auszuhandeln. Ford kannte sich bei diesem Thema zwar besser aus als Nixon, beherrschte aber nicht alle technischen Details und meinte, darüber sollten die Verteidigungsminister miteinander sprechen. Wegen seiner Rivalität mit Peres wollte Rabin jedoch den Erfolg für sich selbst verbuchen. Er bestand auf Israels beispiellosem, gewaltigem Zehnjahresprogramm und hatte für alles, was darunterlag, nur Verachtung übrig. Peinliche Stille setzte ein, als Ford, um in der Sache voranzukommen, Rabin erklärte, er werde eine kürzere Liste vorrangig notwendiger Güter für die nächsten zwei Jahre bestätigen. Dinitz flüsterte Rabin etwas ins Ohr. Rabin bediente sich jedoch des gleichen Arguments, das Allon bereits Nixon vorgetragen hatte: Er betrachte eine allgemeine Formulierung in einer schriftlichen Übereinkunft im Zusammenhang mit dem Truppenentflechtungsabkommen mit Syrien vom Mai als eindeutige Verpflichtung auf ein Zehnjahresprogramm. Rabin war also nicht bereit einzusehen, daß Ford sich mit dieser Prioritätenliste großzügig zeigte: »Mein Botschafter meint, ich sollte Ihnen danken«, sagte er. »Aber wie oft sollen wir noch für dieselbe Sache Dankbarkeit bekunden?«

Als das Gespräch auf Fords Hauptanliegen, die Zukunft des Friedensprozesses, kam, stimmte Rabin unserer Gesamtstrategie zu, ohne sich selbst zur Teilnahme zu verpflichten. Statt dessen legte er eine präzise Analyse der verschiedenen Optionen vor:

Meiner Meinung nach ist es besser, mit Ägypten zu beginnen. Das ist keine Bedingung unsererseits. Unsere Erfahrungen aus sechsundzwanzig Jahren sagen uns, daß es niemals irgendeine Bewegung, ob nun Krieg oder eine politische Lösung, gegeben hat, ohne daß Ägypten die Führung übernahm. Als Ägypten 1949 einem Waffenstillstand zustimmte, zogen alle anderen nach. 1956 war es ein Krieg zwischen Ägypten und Israel. Auch 1967 hatte Ägypten die Führung. Ich glaube nicht, daß man das grundsätzlich ändern kann.
Wir wissen zum Beispiel, daß die Jordanier meinen, sie könnten nicht auf mehr eingehen als die anderen Araber. Deshalb wird es ein Truppenentflechtungsabkommen sein. Wenn wir also bei einer politischen Lösung vorankommen wollen, müssen wir es mit Ägypten versuchen ... Wenn Syrien es dann mit Krieg versucht, wird das viel weniger ernst sein.

Das Problem war, daß Rabin keine der Optionen ausschloß, sich aber auch für keine entscheiden wollte. Seine Darlegungen waren theoretisch und ziemlich akademisch; er hatte nicht vor, bald zu handeln, eher im Gegenteil.

Ford, der auf eine Entscheidung drängte, interpretierte Rabins langatmige Darlegungen als Ausweichmanöver. Immer wieder unterbrach er ihn und fragte nach einem genauen Zeitplan. Man brauche »echtes Engagement«, argumentierte er, denn »wir sind beide stark daran interessiert, daß die Sache am Laufen bleibt«. Rabin versprach lediglich, sein Bestes zu tun, um bei meinem geplanten Besuch im Nahen Osten in einem Monat konkrete Ideen vorzulegen. Das bedeutete, daß der Verhandlungsbeginn zumindest für diese Zeit erst einmal aufgeschoben war.

Bald zeigte sich, daß auch meine Pendelmission vom 9. bis 15. Oktober 1974 nicht zu einer Vereinbarung über den Beginn von Verhandlungen führte. Ich war zweimal in Ägypten und Syrien, ebenso in Israel, Jordanien, Saudi-Arabien, Algerien und Marokko. Überall tischte man mir bekannte Dinge auf. Sadat bestand darauf, Verhandlungen über einen Truppenrückzug an der ägyptischen Front müßten Vorrang haben. Um ihren Beginn zu beschleunigen, willigte er ein, Israel einzelne Zugeständnisse zu machen, die die ägyptische Friedfertigkeit außer Zweifel stellten, ohne allerdings diesen Begriff zu benutzen. Jordanien drängte weiterhin darauf, über die West-Bank zu verhandeln, aber seine Enttäuschung wuchs. Asad, stets dabei, wenn Fortschritte verhindert werden konnten, nahm lieber eine Sackgasse in Kauf, als einer ägyptischen Teillösung zuzustimmen. Alle diese Unvereinbarkeiten hatten allerdings rein akademischen Wert, denn das israelische Kabinett zeigte noch keinerlei Bereitschaft, eine offizielle Verhandlungsposition zu beschließen oder bereits mit Gesprächen zu beginnen. Enttäuscht berichtete ich Ford in einem Memorandum nach der Reise am 15. Oktober:

Rabin und die anderen israelischen Führer schlagen sich mit einem historischen und einem logischen Dilemma herum. Die Geschichte hat ihnen nur Schmerzen, Qualen, Mißtrauen, Leiden und vier kostspielige Kriege gebracht. Die Logik aber sagt, daß jede Starrköpfigkeit ein viel größeres Risiko in sich birgt als eine realistische Einstellung zu den notwendigen Kompromissen, die für das Vorankommen zu einer Lösung unabdingbar sind. Wenn sie weiter untätig zusehen, dann werden sie in einem Jahr viel schwerwiegendere Entscheidungen zu treffen haben als heute ... Wir haben ein bleibendes Interesse daran, Israels Sicherheit zu fördern, aber unsere Interessen in der Region sind nicht auf einen Staat beschränkt ... Unsere Strategie, die Streitfragen, die Israel und seine Nachbarn trennen, in Verhandlungseinheiten aufzuteilen, die politisch handhabbar sind, ... beruht auf dem Glauben, daß eine Reihe begrenzter Vereinbarungen eine neue Situation schaffen kann, die weitere Abkommen möglich macht.

Die Entscheidung von Rabat

Zu diesem Zeitpunkt kamen die arabischen Staatschefs all unseren Optionen zuvor, indem sie demonstrierten, was Abba Eban einmal ihre Neigung nannte, »jede Gelegenheit zu nutzen, um eine Chance zu verpassen«. Am 28. Oktober 1974 traten sie zu einem Gipfeltreffen in der marokkanischen Hauptstadt Rabat zusammen, wo sie der PLO als dem »einzigen legitimen Repräsentanten des palästinensischen Volkes« ihre einmütige Unterstützung zusicherten. Hätten wir zu diesem Zeitpunkt glaubhafte Verhandlungen Israels mit Jordanien vorweisen können, dann wäre dieser Schritt vielleicht zu verhindern gewesen. Nun aber war Hussein aus dem Spiel. Alle Vereinbarungen über das Westjordanland mußten nun mit der PLO ausgehandelt werden, mit der Israel nichts zu tun haben wollte. Hussein verkündete tapfer: »Wenn mein Stamm in die Irre geht, folge ich ihm.« Aber angesichts der Tatsachen, daß die PLO Israel das Existenzrecht entschieden absprach und Terroranschläge aktiv als Mittel der Politik einsetzte, waren durch die Entscheidung von Rabat neunzehn Jahre Stillstand in den Verhandlungen über die West-Bank vorprogrammiert.

Ich habe das Scheitern der jordanischen Option im Jahr 1974 lange Zeit als eine wichtige verpaßte Gelegenheit angesehen. Aber Verhandlungen finden niemals im luftleeren Raum statt. Israel brauchte zwanzig Jahre, einen Palästinenseraufstand und eine realistischere Palästinenserführung, um sich an den Gedanken zu gewöhnen, mit der PLO sei eine Koexistenz möglich. Unser Plan, Hussein in die West-Bank zu bringen, wäre aber auch nicht so leicht umzusetzen gewesen, wie es in der Theorie schien. Hätte Hussein auch nur ein Stückchen der West-Bank erhalten, hätten ihn zwangsläufig die Araber stark unter Druck gesetzt, dieses an die PLO abzutreten. Das hätte unweigerlich eine große Krise ausgelöst. Es war auch der Hauptgrund, weshalb Sadat so sehr darauf bestand, Ägypten müsse die Führung übernehmen.

Zwanzig Jahre später, im Sommer 1994, saß ich neben Jasir Arafat bei einem Diner in Paris, wo die Auszeichnung Rabins, Peres' und Arafats mit dem Félix-Houphouët-Boigny-Friedenspreis gefeiert wurde. In der Art, wie sich die Überlebenden längst vergangener Kriege und halbvergessener Schlachten erinnern, kamen wir im Gespräch auf den Sommer 1974 zurück. Arafat bemerkte treffend, daß die provisorische territoriale Regelung für die West-Bank, die im September 1993 auf dem Rasen des Weißen Hauses gefeiert wurde, in seinen Augen dem sehr nahe zu kommen schien, wozu ich die Beteiligten bereits vor zwanzig Jahren gedrängt hatte. Ich wies den politischen Überlebenskünstler allerdings auf einen wichtigen Unterschied hin: Mein Ziel war damals gewesen, die PLO aus dem Westjordanland herauszuhalten und nicht das Gebiet an sie zu übergeben. Arafat nahm daran keinen Anstoß. Wie ein Professor, der einem etwas begriffsstutzigen Studenten das Abc der Politikwissenschaft beibringt, bemerkte er (und es klang wie Pfeifen im Wald): »Das war nicht von Bedeutung. Hussein hätte das Gebiet nicht halten können. Aber wir wären dort jetzt fest etabliert.«

Die Geschichte geht seltsame Wege. Die Sackgasse vom Herbst 1974 erwies sich als die Voraussetzung für den Durchbruch bei den israelisch-ägyptischen Verhandlungen, die schließlich zu einem Friedensabkommen führten. Es wurde mit leichten Schlängelungen, wobei alle anderen Touren nach und nach ausgeschlossen wurden, von zwei Männern in den sicheren Hafen eingefahren, die das Schicksal für Großes bestimmt hatte: Itzhak Rabin und Anwar Sadat. Jeder hatte eigene Gründe dafür, zunächst eine zeitweilige diplomatische Schranke zu errichten, um dahinter den Weg für den nächsten Schritt zum Frieden zu ebnen – Rabin widerwillig, um seine Position im eigenen Land zu festigen und seinem zerstrittenen Kabinett die Tatsachen des internationalen Lebens beizubringen; Sadat voller Selbstvertrauen, um sich allmählich von seinen arabischen Brüdern in Richtung eines Separatfriedens zu entfernen, während er mit ihnen weiterhin, wie in Rabat, gemeinsame Erklärungen abgab. Nach Monaten der Sondierung kamen wir schließlich an den Schnittpunkt, an dem sich die unmittelbaren Ziele aller Beteiligten trafen. Allerdings zahlten wir dafür einen hohen Preis.

Für neunzehn Jahre Stillstand in der Palästinafrage hatte Rabin die Zeit erkauft, die er brauchte, um sich als Ministerpräsident zu etablieren und Verhandlungen mit Ägypten zustande zu bringen, das in seinen Augen Israels wichtigster Gesprächspartner war.

Um den Preis seiner Isolierung in der arabischen Welt überwand Sadat die Hürde zu ägyptisch-israelischen Separatverhandlungen, die schließlich den Frieden brachten.

Um den Preis ihres Ausschlusses von weiteren Verhandlungen über die West-Bank gelang es den anderen arabischen Führern in unterschiedlichem Maß, innenpolitischen Erfordernissen gerecht zu werden, indem sie die PLO auf den Schild hoben.

In all dieser Zeit hatten die Vereinigten Staaten den Kräften Paroli geboten, die den Friedensprozeß zerstört hätten, wäre es nicht gelungen, ihren Zusammenschluß zu verhindern: den radikalen Arabern, der Sowjetunion und den meisten unserer europäischen Verbündeten, die damals der Energiekrise zu entrinnen suchten, indem sie radikale arabische Positionen unterstützten. Amerikas Erfolg wurde von allen Seiten übereinstimmend darin gesehen, daß wir einen diplomatischen Rahmen errichtet hatten, der unter amerikanischer Schirmherrschaft auch weiterhin Bestand haben sollte.

XIII. Eine Pendelmission zuviel

Blues nach Rabat

Da mit Rabat die jordanische Option hinfällig geworden war und Israel jede Teillösung mit Syrien ablehnte, blieben außer einer Wiederaufnahme der multilateralen Genfer Konferenz, die wir zu vermeiden suchten, Verhandlungen zwischen Ägypten und Israel die einzige Alternative. Aber in der Nahostdiplomatie geht es selten nach der abstrakten Logik. Selbst als sich die Seiten über den nächsten Schritt einig zu sein schienen, verfolgten sie damit sehr unterschiedliche Ziele.

Sadat wollte nur unter einer Voraussetzung aus der arabischen Einheitsfront ausscheren, die er gerade in Rabat hatte schmieden helfen: wenn er ein gewichtiges Ergebnis vorweisen konnte. Als Mindestpreis für ein befristetes Abkommen auf dem Sinai forderte er deshalb den Gidi- und den Mitlapaß, etwa fünfzig Kilometer vom Suezkanal entfernt, und die Ölfelder von Abu Rodeis an der Südwestküste der Halbinsel – markante Punkte in einer nahezu menschenleeren Sandwüste.

Wenn aber der Rückzug der Israelis von diesen Orten für Sadat so bedeutsam war, wie er behauptete, dann mußte Israel dafür auch eine entsprechende politische Gegenleistung erhalten. Eine solche sei, so meinte er, daß der Kriegszustand zwischen Israel und Ägypten offiziell für beendet erklärt werden sollte.

Der nun folgende Eiertanz zwischen Sadat und den Israelis bewegte sich auf hohem Niveau und war auf beiden Seiten von dem Bewußtsein geprägt, daß die jeweiligen Forderungen weitgehend symbolischen Charakter hatten. Die Beendigung des Kriegszustandes war eine leicht zu widerrufende Geste, die noch keinen Frieden brachte. Die Pässe, die eine niedrige Bergkette durchschnitten, bedeuteten wenig für die militärische Lage. Letzteres war einer der wenigen Punkte, in denen die Verhandlungsteams Ägyptens und Israels übereinstimmten, was aus dem folgenden Dialog mit dem israelischen Kabinett in Jerusalem ersichtlich ist, der am 18. März 1975 stattfand:

Kissinger: (Der ägyptische Verteidigungsminister) al-Gamasi hat gesagt, es sei totaler Unsinn, daß sie (die Pässe) für Angriffshandlungen benutzt werden könnten. Sie sind höchstens gut für die Infanterie, aber die entscheidenden Schlachten werden im Norden geschlagen. Sie müssen wissen, ob er recht hat...

Rabin: Er hat im wesentlichen recht.

Da dieses Thema bald zum Kernpunkt der Auseinandersetzung wurde, ist es wichtig zu verstehen, was der israelische Abzug von den Pässen in diesen Verhandlungen bedeutete. Von Israel wurde nicht gefordert, sie an die Ägypter zu übergeben, sondern eine UN-Einheit sollte sie übernehmen, die zwischen den beiden Seiten Stellung bezog. Ägyptische Truppen kamen nur bis auf fünfzehn Kilometer an die Pässe heran und sollten in einer militärisch verdünnten Zone verbleiben, damit jeder Angriff ausgeschlossen war. Die nächsten ägyptischen Streitkräfte, die zu Angriffsoperationen in der Lage waren, standen nach diesem Plan zirka achtzig Kilometer entfernt am anderen Ufer des Suezkanals.

Außerdem galt als sicher, daß die Ölfelder von Abu Rodeis nahezu erschöpft waren. Es ging lediglich noch darum, ob sie weitere vier oder sechs Jahre ausgebeutet werden konnten. Hier lief der Streit letzten Endes darauf hinaus, wie man Israel für den Verlust des Öls von Abu Rodeis auf dem internationalen Markt entschädigen sollte. Beide Seiten hatten jedoch ein innenpolitisches Interesse daran, den Eindruck zu erwecken, ein Abkommen habe nicht nur symbolische Bedeutung, sondern werde substantielle Ergebnisse bringen: Sadat hatte seinen Alleingang zu rechtfertigen; für Rabin ging es darum, die Grenze zu überschreiten, die ein Truppenentflechtungsabkommen von dem entscheidenden Schritt zum Frieden trennte.

Einem raschen Fortschritt standen vor allem psychologische Hindernisse im Wege: Beide Seiten hatten einander noch nie Auge in Auge gegenübergestanden und waren sich deshalb unsicher, wie ihre Forderungen auf das Gegenüber wirkten. Wenn sie mit einem Argument nicht durchkamen, lasteten sie das in der Regel dem Vermittler an. Sadat glaubte, die Vereinigten Staaten könnten Israels Einwilligung in den Plan erzwingen, dem sie selber zustimmten. Den führenden israelischen Vertretern, die erst kürzlich Opfer eines ägyptischen Überraschungsangriffs geworden waren, fiel es schwer, meinen Erzählungen von Sadats Mäßigung Glauben zu schenken. Beinahe in jedem Gespräch warnten die israelischen Unterhändler, Yigal Allon vor allem, davor, Sadat werde sich erneut in das Bündnis mit den Sowjets flüchten (was meiner Meinung nach nur als letzte Möglichkeit in Frage kam) oder jede Vereinbarung brechen (was mir immer weniger wahrscheinlich erschien, je weiter sich Sadat von den Sowjets und der Rabatfront entfernte). Israels Flexibilität war durch die Uneinigkeit im Kabinett stark eingeschränkt. Rabin gab einem Abkommen mit Ägypten den Vorzug, Allon mit Jordanien, und Peres betrieb reine Obstruktionspolitik Auf diese Weise fand sich im israelischen Verhandlungsteam eine Mehrheit gegen jegliche Zwischenschritte zusammen.

Israelische Unterhändler können, milde gesagt, sehr belastend sein. Da israelische Kabinette stets Koalitionen rivalisierender Persönlichkeiten und Parteien sind, ist die Ausgangsposition der Israelis in der Regel die Summe der Sonderwünsche aller wichtigen Minister, und dies um so mehr, wenn der Ministerpräsident nicht den Ton angibt, wie es in Rabins erstem Kabinett der Fall war. Israelische Unterhändler modifizieren ihre Position erst, wenn sie sich selbst, vor allem aber ihren Kollegen demonstriert haben, daß kein Tropfen mehr aus dem Stein zu quetschen ist, oder wenn sie einen Vermittler haben, wie es bei der Pendeldiplomatie der Fall war, den man dafür verantwortlich machen kann, daß die Maximalforderungen nicht durchgesetzt werden.

Wer diesen Prozeß längere Zeit über sich ergehen lassen mußte, konnte darüber lächeln – allerdings nur mit zusammengebissenen Zähnen –, wie nervenaufreibend es war, die Rolle zu spielen, die die Gesprächspartner auf beiden Seiten als den Preis für jeden Kompromiß ansahen. Ihre besondere Würze erhielten die Verhandlungen über ein Zwischenabkommen auf dem Sinai durch den Wechsel des Regierungschefs in Israel. Während Golda Meir den unvermeidlichen Streit mit boshaftem Humor führte, was häufig beinahe in offener Konfrontation endete, neigte Rabin mit seiner intellektuellen, fast belehrenden Art dazu, die Differenzen eher zu kultivieren als zu vermindern.

Sicher werden Freunde beider Persönlichkeiten diesen Vergleich nahezu als Sakrileg empfinden, aber ich sehe in der Tat erstaunliche Ähnlichkeiten im Verhalten Rabins während seiner ersten Amtszeit und dem des unlängst abgewählten Amtsinhabers Benjamin Netanjahu. Beide waren die Nachfolger der ersten Generation ihrer jeweiligen Parteiführer. Beiden fehlten Ansehen und Aura jener Vorkämpfer, beide hatten ständig andere Anwärter auf ihren »Thron« abzuwehren. Zum Teil aus diesem Grund wollten beide eine Pause im Friedensprozeß und führten geschickte Rückzugsgefechte, um ihre innen- und außenpolitischen Erfordernisse miteinander in Einklang zu bringen. Beide gerieten dabei mit Washington in Konflikt.

Aber während Rabin stets bestrebt war, seinem unverzichtbaren amerikanischen Verbündeten die Feinheiten und Unwägbarkeiten der Politik seines Landes verständlich zu machen, wich Netanjahu inhaltlichen Debatten aus und versuchte den Friedensprozeß zu verzögern, indem er ihn in den Sumpf der israelischen Innenpolitik zog. Rabin, der auf inhaltlicher Klarheit bestand, gelang es mit der Zeit, Gegensätze mit Washington zu überbrücken, was schließlich in einer wirklichen, ja geradezu herzlichen Partnerschaft mündete. Netanjahu dagegen setzte bis zuletzt auf ein Kräftemessen, und selbst wenn gelegentlich Übereinstimmung erzielt wurde, änderte das nichts an dem generellen gegenseitigen Unverständnis.

Ford war damals kaum zwei Monate im Amt und hatte noch nicht den nötigen Abstand zu den Dingen. In seinen Augen bedeutete die Hinhaltetaktik der israelischen Troika von Rabin, Peres und Allon, diese wiegten sich in dem Glauben, er, Ford, sei zu schwach, um sich mit Israels Parteigängern im Kongreß anzulegen. Ich hatte den israelischen Botschafter Simcha Dinitz und Rabin mehrfach davor gewarnt, Fords guten Willen als Schwäche auszulegen. Der Präsident werde ihre Auffassungen ganz sicher sorgfältig abwägen, erklärte ich, aber kein verantwortungsbewußter amerikanischer Präsident könne die Nahostdiplomatie einfach aussetzen, bis das israelische Kabinett seine inneren Konflikte geregelt habe.

Meine persönliche Freundschaft mit den führenden israelischen Politikern erwies sich nun eher als hinderlich denn als förderlich für Fortschritte. Da Rabin, Allon und ich seit vielen Jahren befreundet waren, waren wir fest davon überzeugt, ein offener Streit sei gar nicht möglich, weil einer der Partner im letzten Augenblick davor zurückschrecken würde. Besonders Allon hegte einen nahezu mystischen Glauben an meine Fähigkeit, die aussichtslosesten Verhandlungen zu einem guten Ende zu bringen. Bei jedem Hindernis tröstete er sich damit, daß dies lediglich das Vorspiel zu einem letztlichen Durchbruch sei, von dem er allerdings keine klare Vorstellung hatte. Sein Vertrauen in meine Fähigkeiten, behauptete er, sei in den Verhandlungen mit Syrien gerechtfertigt worden, und so werde es wieder sein. Allon stellte sich taub, als ich erwiderte, daß man zwar einmal im Roulette gewinnen könne, aber deshalb seinen Jahreshaushalt noch lange nicht auf dem Glücksrad aufbauen sollte.

Meine Freundschaft mit Rabin und Allon überstand auch die schärfsten Auseinandersetzungen. Allerdings brachte dies einige Parteigänger Israels, insbesondere unter den amerikanischen Intellektuellen, gegen mich auf. Ihre Verteidigung Israels vermischte sich mit der Kritik an unserer Entspannungspolitik. So warfen sie Ford und mir vor, wir betrieben den Ausverkauf Israels, um die Sowjetunion zu beschwichtigen. Dabei entging ihnen völlig, daß ein Hauptziel unserer Diplomatie gerade darin bestand, die Position der Sowjetunion im Nahen Osten zu schwächen oder sie, wenn möglich, völlig an den Rand des Geschehens zu drängen.

Das Gerangel um die Entspannung änderte allerdings nichts an der Tatsache, daß die Ford-Administration nur zwei Möglichkeiten hatte: entweder ein schrittweises Vorgehen (was bedeutete, einen neuen Zwischenschritt mit Ägypten auszuhandeln) oder die erneute Einberufung der multilateralen Genfer Konferenz, um eine Gesamtlösung anzustreben (was hieß, die Sowjetunion wieder ins Spiel zu bringen). Auf einer Genfer Konferenz konnte man erwarten, daß der Kreml wegen der verschlechterten Beziehungen nach dem Scheitern des Handelsabkommens und der sich abzeichnenden Auseinandersetzung um SALT geneigt war, das radikale Programm der Araber zu unterstützen, wofür er aller Wahrscheinlichkeit nach auch die Zustimmung unserer europäischen Verbündeten und Japans erhalten hätte. Zwar widersprachen weder Allon noch Rabin dieser Einschätzung, sie schienen aber nicht willens oder in der Lage zu sein, auf Fords und meine wiederholte Bitte einzugehen, eine Verhandlungsposition auszuarbeiten und nach diplomatischen Alternativen zu suchen.

Allon traf am 8. Dezember 1974 in Washington ein, offenbar um eine gemeinsame Strategie zu entwickeln. Aber er brachte nicht die geringste Befugnis mit, über Rabins weitgehend theoretische Position vom September hinauszugehen. Er hatte sehr genaue Vorstellungen davon, was Israel von Ägypten erwartete, konnte aber keine Regierungsposition vorlegen, was es dafür zu geben bereit war. Da ein offizieller israelischer Vorschlag einen Kabinettsbeschluß vorausgesetzt hätte (den es nicht gab), legte Allon eine Liste von als »Konzepte« beschriebenen Maßnahmen vor, die Ägypten gezielt jede Möglichkeit nehmen sollten, jemals wieder Krieg gegen Israel zu führen. Dazu gehörten die Entmilitarisierung all der Gebiete, aus denen sich die israelischen Truppen zurückziehen sollten, eine Verpflichtung Ägyptens, sich keinem Krieg anderer arabischer Staaten gegen Israel anzuschließen, ein Ende des Wirtschaftskrieges sowie feindseliger Propaganda oder Diplomatie, das Recht für israelische Schiffe und Mannschaften, den Suezkanal zu passieren, und schließlich eine Verständigung darüber, daß Ägypten künftig auf jegliche größere Lieferung militärischer Güter aus der Sowjetunion verzichtete.

Wir wußten, daß Kairo solche Bedingungen nur um den Preis eines israelischen Rückzugs in Betracht ziehen konnte. Aber Allon war nicht befugt, *irgend etwas* Neues anzubieten. Statt dessen kam er mit dem »Konzept« eines Rückzuges, in dem nur vage von dreißig bis fünfzig Kilometern die Rede war. In einem anderen Punkt wurde er allerdings sehr konkret: Er schloß die Gebirgspässe oder die Ölfelder von Abu Rodeis ausdrücklich *nicht* in seine Vorstellungen ein.

So bewegte sich Allons Gespräch mit Ford am 9. Dezember in den nun schon bekannten Bahnen. Als Ford erklärte, er könne die von Allon angebotenen Schritte zur Beendigung des Kriegszustandes im Zusammenhang mit einem konkreten Rückzugsplan unterstützen, lenkte Allon, der keine Vollmacht des Kabinetts dafür hatte, das Gespräch auf die israelische Bitte nach langfristigen Militärlieferungen. Ford, der gerade einer erheblichen Aufstockung der jährlichen Hilfszusagen für Israel zugestimmt hatte, reagierte darauf zunehmend gereizter: »Ich kann gegenüber Israel keine langfristige Verpflichtung eingehen, wenn wir keine Unterstützung für unsere Außenpolitik insgesamt erhalten.«

Trotzdem übermittelten wir Allons »Konzept« eines Rückzuges von dreißig bis fünfzig Kilometern (der die Pässe ausschloß) an Kairo. Wie wir vorausgesehen hatten, brachte dieses Ansinnen Sadat in Rage. Botschafter Eilts berichtete über dessen Reaktion:

Zugeständnisse von der Art, wie sie Allon fordert, könnten nicht für einen Rückzug von fünfzig Kilometern gewährt werden, ohne daß man damit seine Position untergrabe. Die Israelis forderten von ihm, Territorium und Souveränität aufzugeben. Das werde er nicht tun.

Um den toten Punkt zu überwinden und herauszufinden, ob den beiden Seiten überhaupt realistische Positionen abzuringen seien, schlug ich eine Pendelmission zu Sondierungszwecken vor. Israel war sofort einverstanden, denn das verhieß weitere Verzögerung. Sadat ließ sich nur widerwillig darauf ein, um den Verhandlungsprozeß überhaupt in Gang zu bringen. Er hielt es allerdings für sehr unwahrscheinlich, daß das israelische Kabinett sich während einer »Erkundungsmission« zu konkreten Angeboten bereit fand.

Sadat sollte recht behalten. Bei einer »echten« Pendelmission setzt die

Anwesenheit eines hohen amerikanischen Vermittlers einen Zeitrahmen und schafft damit eine Atmosphäre der Dringlichkeit. Die Parteien müssen bedenken, was eine Sackgasse für ihr Verhältnis zu den Vereinigten Staaten bedeutet. Bei einer Sondierungsmission gibt es aber weder einen Zeitrahmen, noch droht eine Strafe. Die Seiten werden eher dazu veranlaßt, sich mit Zugeständnissen bis zu den wirklichen Verhandlungen zurückzuhalten. Dies kann nur in eine neue Sackgasse führen, wovon sich alle nachfolgenden Administrationen überzeugen mußten.

Auch ein weiterer Besuch Allons beim Präsidenten am 16. Januar 1975 brachte die Sache nicht voran. Kurz zuvor hatte ich in einem Memorandum für Ford zusammengefaßt, wie die Partie nun stand:

Sadat hat uns einige allgemeine Vorstellungen von den Zugeständnissen übermittelt, zu denen er bereit ist, einschließlich einiger Aspekte zur Beendigung des Kriegszustandes. Unser Dilemma besteht darin, daß Sadat dabei nicht konkreter werden wird, bis er eine feste Vorstellung davon erhält, wie weit Israel bei seinem Rückzug zu gehen bereit ist...

Israel dagegen hat sowohl intern als auch öffentlich erklärt, es werde keine Bereitschaft zu einem umfangreichen Rückzug signalisieren, solange Ägypten nicht eine große Zahl politischer Zugeständnisse detailliert vorlegt.

Ford appellierte noch einmal an Allon und wies darauf hin, daß Amerika dringend Zeit brauche, um seine wirtschaftliche und politische Krise zu überwinden:

Ich möchte Henry nach Ägypten schicken. Aber er muß etwas Greifbareres mitnehmen, als sich aus unserem letzten Gespräch ergeben hat. Ich denke, wir brauchen eine Regelung bis Ende Februar. In den nächsten eineinhalb bis zwei Jahren benötigen wir dringend Stabilität, um unsere Wirtschaft, unsere Energieversorgung und unsere Stellung in der Welt zu konsolidieren. Wir brauchen Zeit, und eine Nahostregelung wird sie uns geben. Aber Henry muß Sadat mehr anbieten, als Sie bisher vorgelegt haben.

Jedoch war Allon einfach nicht bevollmächtigt, dem Präsidenten eine Antwort zu geben. Meine Sondierungsmission stieß in ein Vakuum.

Die Erkundungsmission

Wir begannen dieses Unternehmen im Februar 1975 in einer Stimmung, die von Entschlossenheit bis zu düsteren Vorahnungen reichte. Am 27. Januar, zwei Wochen vor meiner Abreise, sagte ich zu Botschafter Dinitz:

Ich habe nicht die Absicht, Israel zu etwas zu drängen, was es nicht verkraften kann... Ich versuche zu erreichen, was Rabin mit seinen zwanghaften Waffenkäufen anstrebt: Autorität zurückzugewinnen. Können wir durch einen staatsmännischen Akt etwas zustande bringen, was nicht sehr viel bedeutet, aber uns einen Zeitgewinn verschafft?

Leider lag eine tiefe Kluft zwischen dem Bedürfnis der Vereinigten Staaten nach Wiederherstellung der Autorität ihrer Exekutive und dem, was die beiden streitenden Parteien für ihre eigene innere Konsolidierung als notwendig erachteten. Die große Kraftprobe lief auf die Frage hinaus, ob es den Vereinigten Staaten gelang, in der Nahostdiplomatie den Ton anzugeben, die Krise in der Region zu entschärfen und einen weiteren Ausbruch der Gewalt zu verhindern, damit die Energiekrise nicht völlig außer Kontrolle geriet. Sadat mußte seinen Kabinettskollegen demonstrieren, daß Mäßigung greifbare Vorteile brachte. Für das israelische Verhandlungsteam hing innere Konsolidierung aber genau vom Gegenteil ab: Ägypten Zugeständnisse abzuringen und von den Vereinigten Staaten Waffen zu erhalten, ohne dafür erhebliche Gebietsverluste hinnehmen zu müssen.

Zugleich verschlechterten sich nach dem Scheitern des Handelsgesetzes und der heftigen innenpolitischen Kritik an den Vereinbarungen von Wladiwostok unsere Beziehungen zur Sowjetunion. Am 21. Januar schrieb Ford einen Brief an Breschnew, in dem er ihn über meine Erkundungsmission informierte. Wir hatten uns inzwischen die Methode zu eigen gemacht, die Sowjetunion aus der Nahostdiplomatie herauszuhalten, indem wir Kooperation in der nächsten Phase andeuteten. Ford beschrieb das Ziel meiner Mission in seinem Brief als den Versuch festzustellen, ob »vorbereitende Schritte« möglich seien, um »eine gewisse Entspannung in der Region zu erreichen«. Er forderte Breschnew auf, Gedanken über eine »mögliche gemeinsame Aktion« zu äußern, »sobald die gegenwärtigen Schritte der Vereinigten Staaten ihren Abschluß gefunden haben«.

Breschnew konnte nicht verborgen bleiben, daß Fords Angebot künftiger Zusammenarbeit vage und ohne greifbare Substanz war. Am 27. Januar antwortete er spitz: »Die praktischen Schritte der amerikanischen Seite sind genau das Gegenteil von dem, was wir vereinbart haben.« Nicht zu Unrecht stellte er die Frage, weshalb gemeinsame Maßnahmen beraten werden sollten, »*nachdem* und nicht *bevor* praktische Schritte unternommen« wurden. Trotzdem stimmte Breschnew einem Treffen von Gromyko und mir zu, dessen Zweck es seiner Vorstellung nach sein sollte, der arabischen Forderung Nachdruck zu verleihen, Israel solle zu den Grenzen von 1967 zurückkehren und ein palästinensischer Staat müsse geschaffen werden. Das konnte nur als weiteres Beispiel für die Starrheit der Sowjetunion gelten, denn gerade weil es unmöglich war, über diese notorischen sowjetischen Bedingungen auch nur Verhandlungen zu beginnen, war die Sowjetunion schließlich aus dem Nahostfriedensprozeß hinausgedrängt worden.

Als ich zu meiner Erkundungsmission aufbrach, ließ ich ein höchst angespanntes und gespaltenes Washington hinter mir. Die Angriffe auf die Entspannungspolitik mehrten sich und wurden immer häufiger mit unserer Verhandlungsführung im Nahen Osten in Zusammenhang gebracht. Die Untersuchung der Aktivitäten der Geheimdienste schritt voran, angetrieben durch eine Flut von Indiskretionen und Unterstellungen. Viele der Kontroversen betrafen meine Person. Ford blieb jedoch trotz des heraufziehenden Sturmes ruhig und hielt zu mir. Am Tag vor meiner Abreise rief er mich an:

Ford: Henry, ich habe einen Entschluß gefaßt, zu dem ich Ihre Meinung hören möchte. Ich möchte morgen abend zum Flugplatz kommen. Ich denke, Sie, Nixon und ich haben eine erstklassige Arbeit geleistet... Ich möchte Sie morgen abend auf dem Flugplatz verabschieden.

Kissinger: Lassen Sie mich die Nacht darüber nachdenken, ob es nicht so aussieht, als hätte ich Sie gebeten, mir den Rücken zu stärken. Sie wissen, daß ich mit unserem Verhältnis überhaupt kein Problem habe. Ich fühle mich vollkommen sicher und könnte mir keine bessere Unterstützung wünschen ...

Ford: Richtig. Henry, Sie müssen dort drüben sehr stark sein. Inhaltlich bin ich mit Ihnen auf einer Wellenlänge.

Kissinger: Was Ihre Unterstützung und die Freude betrifft, die die Zusammenarbeit mit Ihnen macht, könnte ich gar nicht zufriedener sein. Was ich also sage, hat nichts mit unserem Verhältnis zu tun.

Ford: Ich stimme Ihnen zu, Henry, und wenn wir einmal verschiedener Meinung sind, können wir es uns offen sagen.

Die Erkundungsmission begann in Israel am Abend des 10. Februar, eines Montags. Wie ich befürchtet hatte, verleitete der Begriff »Erkundung« das israelische Verhandlungsteam dazu, sich auf eine Diskussion über die allgemeine Strategie zu beschränken, bei der wir keine großen Meinungsverschiedenheiten hatten. Wie bisher sprachen sich die israelischen Unterhändler zwar für das schrittweise Vorgehen aus, vermieden es aber, konkrete Termine zu nennen. Am nächsten Tag verließ ich Rabin nach einem Gespräch unter vier Augen mit dem Eindruck, wir stimmten im Endziel überein. Ihm kam es aber vor allem darauf an sicherzustellen, daß er mit amerikanischer Wirtschaftshilfe für die Veränderungen in der militärischen Infrastruktur Israels rechnen konnte, die sich aus dem vorgeschlagenen Rückzug ergaben. Besonders betonte er die Kosten für die Verlegung eines Flugplatzes, der unmittelbar hinter den Pässen lag. All dies führte mich zu der Annahme – die sich später als falsch herausstellte –, da wir uns im Grundsatz einig seien, werde meine Mission sich auszahlen.

Als ich jedoch mit der gesamten Verhandlungsdelegation zusammentraf, zeigte sich, daß auch Rabin seine Kollegen nicht hatte überzeugen können. Entmutigend war für mich vor allem, daß ich die gespannte, ja fast enthusiastische Stimmung nicht mehr wiederfand, die geherrscht hatte, als wir bei den Verhandlungen über das Entflechtungsabkommen praktische Fragen des israelischen Truppenrückzugs erörtert hatten. Statt dessen verlegte sich das israelische Verhandlungsteam auf eine Grundsatzdiskussion über die relativen Vorzüge eines schrittweisen Vorgehens gegenüber einer Gesamtlösung, ohne das Thema auch nur zu berühren, das mich in den Nahen Osten geführt hatte: die konkreten Bedingungen für ein befristetes Abkommen über den Sinai.

Ich tat mein Bestes, um zu verdeutlichen, wie es um unsere innenpolitische Situation bestellt war: daß die Fähigkeit unserer Exekutive, Krisen intern beizulegen, durch Watergate schwer gelitten hatte; daß es ein großer Unterschied war, ob eine Genfer Konferenz stattfand, nachdem die Vereinigten Staaten einen Erfolg in den Nahostverhandlungen erzielt hatten, oder ob man uns wegen des Stagnierens der Verhandlungen nach Genf zerrte, wo wir auf Gedeih und Verderb einer sich abzeichnenden sowjetisch-arabisch-europäischen Allianz ausgeliefert waren; daß schließlich ein Erfolg des schrittweisen Vorgehens selbst einige arabische Staaten dazu bewegen könnte, separate Friedensabkommen ins Auge zu fassen:

In Amerika haben wir heute eine Situation, in der das Ansehen der Exekutive infolge von Attentaten, Vietnam und Watergate auf einen absoluten Tiefpunkt gesunken ist. Das zeigt sich in vielen Dingen, vor allem aber im Verfall der Disziplin innerhalb der Exekutive ...

Der Ministerpräsident erinnert sich daran, wie wir die Krise von 1970 beigelegt haben. Einige von Ihnen werden sich auch an 1973 erinnern. Ein solches Vorgehen kommt (heute) so gut wie nicht in Frage...

Wenn die Verhandlungen (in Genf) erst einmal beginnen, werden Sie absolut in der Defensive sein. Die Position der Araber wird von allen Europäern, den Japanern und natürlich der Sowjetunion unterstützt werden...

Der Vorzug des schrittweisen Vorgehens liegt also, erstens, darin, die internationale Öffentlichkeit an den Gedanken zu gewöhnen, daß es sich um ein äußerst schwieriges Problem handelt, und, zweitens, daß auch die Lösungen entsprechend schwierig sein werden. Schließlich können wir ein Klima schaffen, in dem einige (arabische) Staaten, um es hinter sich zu bringen, eher einer Regelung zuneigen, als noch auf Jahre hinaus im jetzigen Zustand zu verharren.

Das israelische Verhandlungsteam hatte gegen diese Analyse nichts einzuwenden, gab aber zu verstehen, daß es keinen Grund sah, warum es deshalb Gelände abtreten sollte. Rabin brachte diesen ziemlich abstrakten und theoretischen Dialog mit dem hilfreichen Einwurf zum Abschluß:

Wir sind nach wie vor an einem schrittweisen Vorgehen interessiert, nicht weil wir uns vor Genf fürchten, sondern weil diese Politik ihre Vorzüge hat. Sie kann den Vereinigten Staaten und Israel bestimmte Vorteile bringen, wenn es eine Gegenleistung gibt und wir die Zusicherung erhalten, daß wir nicht auf eine Weise nach Genf gezerrt werden, die wir nicht wollen.

Diese abstrakte Erklärung des Wunsches nach einem befristeten Abkommen mit Ägypten verhieß, daß man sich in Jerusalem bewegen werde. Aber das war wenig für Sadat, der entscheiden mußte, ob er es riskieren sollte, sich von seinen arabischen Brüdern zu trennen. Deshalb war ich nicht überrascht, als ich ihn bei meinem Besuch am 12. und 13. Februar in Kairo in Gedanken versunken und in sich gekehrt vorfand. Sadat hielt nicht viel von dieser Erkundungsmission, weil er vermutete, Israel werde seine Trümpfe bis zu den wirklichen Verhandlungen im Ärmel behalten und damit das ganze Unternehmen in eine Sackgasse manövrieren. Mein Bericht, fügte er hinzu, werfe bei ihm die Frage auf, ob das israelische Kabinett zu schwach oder zu zerstritten sei, um auf eine substantielle Vereinbarung einzugehen, gleich, was er auch anbot.

Wie bereits seit Monaten warnte Sadat auch jetzt wieder, eine offizielle Erklärung seinerseits, daß der Kriegszustand beendet sei – bei dauerhaftem Verbleib ägyptischen Gebietes in israelischer Hand –, werde in der arabischen Welt weithin als Verrat angesehen werden. Während er eine solche offizielle Erklärung also ablehnte, willigte Sadat dennoch ein, viele damit in Zusammenhang stehende Punkte in ein Zwischenabkommen aufzunehmen. Aber er weigerte sich, diese Punkte konkret zu nennen. Es werde Indiskretionen geben, meinte er, und Israel werde sie nur zum Anlaß nehmen, um neue Forderungen zu stellen.

Während jede Seite nun auf den ersten Schritt der anderen wartete und dabei die Vereinigten Staaten als einen Deus ex machina benutzen wollte, um Zugeständnisse zu erlangen, ergriff Rabin schließlich bei meinem zweiten Besuch in Israel am 13. und 14. Februar die Initiative. In einem Hintergrundinterview für die Journalisten in meiner Begleitung brachte er am 14. Februar seine Bereitschaft zum Ausdruck, die Bergpässe und die Ölfelder zu übergeben, wenn er dafür eine entsprechende Gegenleistung erhalte. Diese sah er darin, daß Ägypten auf Dauer jede Möglichkeit eines Krieges mit Israel zur Rückgewinnung eigenen Gebietes oder zur Unterstützung der Ansprüche anderer arabischer Staaten ausschloß. Noch nie zuvor war ein Führer Israels öffentlich so weit gegangen. Aber Rabins Vorstoß unterstrich etwas, was auch wir so nicht gutheißen konnten. Obwohl Sadat genau in Rabins Richtung dachte, hing seine Möglichkeit, diesen Kurs einzuschlagen, gerade davon ab, daß in der Schwebe gehalten werden mußte, was »Beendigung des Kriegszustandes« bedeutete. Rabins Erklärung zerriß diesen Schleier.

Da Rabin nun aber den Zielen unserer Diplomatie öffentlich zugestimmt hatte, schöpfte ich wieder Hoffnung, daß eine Vereinbarung erreichbar sei. Sadat konnte Israel hinsichtlich der Beendigung des Kriegszustandes weit entgegenkommen, und Rabin hatte vielleicht noch nicht sein letztes Wort gesprochen. Auf dieser Grundlage kam ich mit Rabin überein, daß die offiziellen Verhandlungen in drei Wochen beginnen sollten.

Golda Meir holte mich wieder auf den Boden der Tatsachen zurück. Bevor ich am 14. Februar Israel verließ – ich war schon auf dem Weg zum Flugplatz –, besuchte ich sie noch in ihrem bescheidenen Haus in einer Vorstadt von Tel Aviv. Sie war im Ruhestand genauso offen, wie sie es im Amt gewesen war: »Das funktioniert nie«, erklärte sie. »Dazu wird das Kabinett niemals seine Zustimmung geben.« Kein israelischer Minister hatte etwas in dieser Richtung verlauten lassen oder auch nur angedeutet. Von Rabin war ich mit dem gegenteiligen Eindruck geschieden. Später im Flugzeug berichtete ich dem stellvertretenden Außenminister Joseph Sisco, was Golda Meir gesagt hatte. »Es ist erstaunlich«, bemerkte ich, »wie schnell Menschen den Kontakt mit der Realität verlieren, wenn sie nicht mehr im Amt sind.«

Leider war es nicht Golda, sondern ich selbst, der den Kontakt zur Realität verloren hatte, zumindest was die israelische Seite betraf. Ich konnte mir einfach nicht vorstellen, daß das israelische Kabinett einer neuen Mission meinerseits zustimmte, wenn es nicht zu einer Lösung in dem allgemeinen Rahmen bereit war, den Ford und ich Rabin so viele Male (wir zählten insgesamt vierundzwanzig Gelegenheiten) dargelegt hatten. Israel, so dachten wir, lag zuviel an einem gemäßigten Verhalten Ägyptens, als daß es die Verhandlungen scheitern lassen würde, besonders nachdem es die jordanische Option zurückgewiesen hatte. Ich hatte allerdings nicht bedacht, daß Israel nicht aus nüchternem Kalkül, sondern wegen der Lähmung des Kabinetts in die Sackgasse geraten konnte.

Um die Einwände gegen ein Separatabkommen möglichst zu zerstreuen, legte ich vor meiner Rückkehr nach Washington noch Zwischenaufenthalte in Damaskus, Akaba und Riad ein. Es zeigte sich, wie stark Amerika in der Nahostdiplomatie den Ton angab, denn der syrische Präsident Hafis al-Asad, der einen Alleingang Ägyptens leidenschaftlich bekämpfte, war trotz allem daran interessiert, den Anschluß an den Friedensprozeß nicht zu verlieren. Er deutete seine Bereitschaft an, auf den Golanhöhen einen weiteren Teilschritt zu vereinbaren, der allerdings klein sein würde, da auch das Gebiet, um das es ging, begrenzt war. Noch wichtiger aber: Er gab zu verstehen, auch er könnte einer offiziellen Beendigung des Kriegszustandes zustimmen, wenn sich Israel aus dem gesamten Golangebiet zurückzog. Zwar war ich sicher, daß Rabin beide Vorschläge ablehnen würde, trotzdem war das erheblich mehr als das, was Asad bei seiner ersten Begegnung mit mir etwa eineinhalb Jahre zuvor angeboten hatte.

In Akaba bedauerte König Hussein, der sich aus Gründen, die außerhalb seiner Kontrolle lagen, bedeckt halten mußte, daß Sadat, der ihn in Rabat im Stich gelassen hatte, nun daraus auch noch einen Vorteil ziehen sollte. Trotzdem war ihm dies lieber als eine Genfer Konferenz, die seine Isolierung vor aller Welt offenbart hätte.

In Riad traf ich mit König Feisal zusammen, dem feinsinnigsten aller Diplomaten, der die Möglichkeiten seines Feudalregimes nutzte, um sein Land durch die stürmischen Zeiten der Region zu steuern. Ich empfand großen Respekt und viel Sympathie für König Feisal. Sein Auftreten mochte antiquiert wirken, aber er war vertrauenswürdig. Klug und erhaben zugleich, nutzte der König seine einzigartige Stellung, um die ihm fremden Kräfte der Moderne zu fördern, auszubalancieren und zu formen. Da er sich bewußt war, daß der Reichtum seines Landes bei vom Schicksal weniger begünstigten Nachbarn Begehrlichkeiten auslösen konnte, verband Feisal Unterstützung der Ziele der Araber geschickt mit der Anerkennung der geopolitischen Realitäten, die er in den vielen Jahren hatte studieren können, als er der Außenminister seines Landes gewesen war. Zwar hatte er erkannt, daß die Araber wegen ihres Hangs zur Romantik häufig zu Übertreibungen neigten, zugleich sah er aber auch, daß offener Widerstand gegen diese Tendenz den heiklen Balanceakt, den sein Königreich vollzog, zum Scheitern bringen konnte. Trotz seiner aufrichtigen Freundschaft mit den Vereinigten Staaten war Feisal überzeugt, daß Amerikas weitgehender Pragmatismus sein Land vor Entscheidungen stellte, die es emotional überforderten. Deshalb manövrierte er ständig zwischen der Rhetorik der Araber und der pragmatischen Politik Washingtons. Er konnte es sich nicht leisten, unsere Politik offen zu unterstützen, fand aber stets Wege, dies auf diskrete Weise zu tun.

Meine erste Begegnung mit Feisal war von dieser Taktik geprägt. Der König sprach sich in einer stundenlangen Eloge formal für eine einheitliche arabische Position aus. Ich nutzte die kurzen Atempausen in seiner Rede, um darzulegen, wie begrenzt die tatsächlichen Möglichkeiten dafür waren. Als der Protokollant sein Notizbuch geschlossen hatte, begleitete mich Feisal zur Tür und sagte auf Englisch: »Wir beten zum Allmächtigen, daß er Ihnen auch weiterhin Erfolg bei all diesen edlen Unternehmungen schenkt. Ich habe sehr offen zu Ihrer Exzellenz gesprochen, weil ich für Ihre erprobten Fähigkeiten und Ihre Weisheit Achtung empfinde.«

Zwar wollte Feisal öffentlich nichts mit unserer Politik zu tun haben, war aber bereit, sie mit feinsinniger saudischer Diplomatie und dem eindeutigeren Anreiz saudischen Geldes zu befördern. Als mir dies klar wurde, suchte ich Feisal regelmäßig auf, um ihn zu informieren und ihm unsere Probleme darzulegen, ohne ihn direkt um Hilfe zu bitten. Oft merkten wir später, daß die Saudis unsere Verhandlungen ohne Aufsehen unterstützt und Hindernisse für unsere Politik aus dem Weg geräumt hatten.

Bei diesem Besuch warnte mich Feisal pflichtschuldig vor einem Separatabkommen und drängte mich zugleich, den Friedensprozeß nach bestem Wissen und Gewissen voranzubringen. Mit anderen Worten: Er nannte das politisch richtige Ziel und unterstützte zugleich die einzig praktikable Diplomatie.

Unsere Bemühungen der ersten Tage der Ford-Administration fanden schließlich ihren Höhepunkt in einer neuen Pendelmission. Nun fehlte es nur noch an der Kooperation der beteiligten Parteien.

Eine mißlungene Pendelmission

Als ich am 7. März 1975 zu dem Unternehmen aufbrach, das unsere Bemühungen krönen sollte, ließ der Zerfall Vietnams die amerikanische Außenpolitik auf einen Tiefpunkt sinken. Das Handelsabkommen mit Rußland war gescheitert, die Vereinbarungen von Wladiwostok standen unter Beschuß, die Ermittlungen gegen die Nachrichtendienste wurden vorangetrieben, Indochina stürzte ins Bodenlose, und die Energiekrise hatte eine weltweite Wirtschaftsrezession ausgelöst.

Jedoch die Parteien im Nahen Osten bewegten ganz andere Sorgen. Rabin, der Botschafter in Washington gewesen war, verstand unsere Nöte sehr gut, vielleicht besser als die Stimmung in seinem Volk, das die Vorstellung, Land für Zusicherungen herzugeben, grundsätzlich ablehnte. Sadat stand zwar weniger unter dem Druck der ägyptischen Öffentlichkeit, mußte aber bei seinen Manövern berücksichtigen, daß er sich auf dem arabischen Gipfel von Rabat vor kaum fünf Monaten zur arabischen Einheit bekannt hatte.

Aus all diesen Gründen fand die Pendelmission in einer außerordentlich angespannten Atmosphäre statt. Wir hatten die israelischen Unterhändler davon zu überzeugen, daß wir auch angesichts der Rückschläge in Indochina verläßliche Partner blieben. Und wir mußten Sadat die Gewißheit geben, daß er zu Recht auf uns gesetzt hatte, obwohl viele Aspekte der amerikanischen Außenpolitik im eigenen Land im Kreuzfeuer der Kritik standen.

Der ständige Wechsel der Verhandlungsorte brachte der amerikanischen Delegation zu Bewußtsein, wie sehr sich die führenden ägyptischen und israelischen Persönlichkeiten in Nationalcharakter und Auffassungen unterschieden. Zuweilen mußten wir dreimal am Tag eine neue Gangart einlegen. Wenn wir in Israel eintrafen, brachte man uns mit dem Wagen oder dem Hubschrauber direkt zu dem Beratungsraum, der neben dem Büro des Ministerpräsidenten lag. Unsere Gastgeber verschwendeten niemals wertvolle Zeit auf so unwichtige Dinge wie allgemeine Konversation oder Festessen. Trafen wir in Ägypten ein, wurde uns auf Sadats strenge Weisung zunächst Ruhe verordnet – je nach Verhandlungsort am Strand oder in Sadats Garten in Alexandria, im Gästehaus des Präsidenten bei den Pyramiden von Kairo oder in einer Wüstenoase bei Assuan. Sitzungen in Jerusalem fanden entweder am Sitz des Ministerpräsidenten statt, der mit dem Domizil eines mittleren Beamten am Rand irgendeiner amerikanischen Metropole vergleichbar ist, oder in seinem nüchternen Beratungsraum. Unsere Gesprächspartner kamen ohne Umschweife sofort zum Thema und blieben meist auch dabei. Selbst die Bemerkungen am Rande bezogen sich streng auf den Gesprächsgegenstand. War von Territorialfragen die Rede, verstanden die israelischen Führer keinen Spaß. Da es uns Überleben ging, wollte das israelische Verhandlungsteam die Gespräche nicht einmal für Mahlzeiten unterbrechen, die ohnehin meist nur aus Sandwiches bestanden, die wir nebenbei zu uns nahmen.

Daß die Vereinigten Staaten Israel nahezu alle Waffen lieferten oder daß unsere Unterstützung für einen Erfolg der israelischen Diplomatie absolut unerläßlich war, schien bei diesen Gesprächen keine Rolle zu spielen. Die amerikanischen Unterhändler, die mit äußerstem Mißtrauen behandelt wurden, mußten bald erkennen, daß jede Übereinkunft gewaltige Anstrengungen erforderte. Von der Tradition des Talmuds tief durchdrungen, durchforsteten die israelischen Partner jedes Dokument mit höchster Sorgfalt und genossen es geradezu, abwegige Bedeutungsnuancen zu entdecken, die uns entgangen sein konnten. Oft trieben sie uns bis an die Grenze unserer Fassung. Vor allem schienen sie von der Furcht besessen zu sein, ihre höchst anspruchsvolle Gefolgschaft könnte ihnen vorwerfen, sie hätten sich von ihrem amerikanischen Verbündeten übers Ohr hauen lassen. Sie ließen nicht nach, bis sie ihre amerikanischen Partner zu so tiefer körperlicher und seelischer Erschöpfung getrieben hatten, daß auch nicht der geringste Vorwurf gegen sie mehr erhoben werden konnte.

Derart ausgewachsene Sturheit war heroisch und herzzerreißend zugleich. Heroisch, weil nur die unablässige Beschäftigung mit sich selbst dazu führen konnte, daß totale Abhängigkeit zu herausfordernder Starrheit geriet. Herzzerreißend, weil der Trotz kaum die unterschwellige Angst verhüllte, diese Generation von Juden könnte durch eigene Fehler oder, was noch wahrscheinlicher war, durch die Torheit und Kurzsichtigkeit ihres Verbündeten dazu verdammt sein, den Weg ins Unheil weiterzugehen, der die jüdische Geschichte prägt. Die israelischen Unterhändler wagten sich nicht einzugestehen, was sie am meisten fürchteten: daß nämlich die Vereinigten Staaten auf einen weitgehend gemäßigten, charismatischen arabischen Führer hereinfielen, wodurch Israel zu einer Trumpfkarte in der amerikanischen Strategie des Kalten Krieges wurde und den traditionellen Rückhalt für seine Sicherheit in den Vereinigten Staaten verlor.

Im Unterschied dazu hatten die ägyptischen Führer offenbar zumindest etwas von dem Rhythmus der Ewigkeit in sich aufgenommen, der die lange Geschichte ihres Landes bestimmte. Ägypten hatte zwar alle Kriege gegen Israel verloren, war sich aber instinktiv sicher, daß sein Überleben niemals auf dem Spiel stand. Sein Staatsgebiet war zu groß, um von Israel erobert werden zu können. Allein in Kairo lebten nahezu doppelt so viele Menschen wie in ganz Israel. Alles, was Ägypten brauchte, war ein einziger Sieg, während Israel mit einer einzigen Niederlage seine Existenz aufs Spiel setzte. Ägypten konnte sich ein gewisses Maß an Großzügigkeit leisten. Israel, das ständig ums Überleben kämpfte, mußte hinter jedem Appell an seine Großmut heraufziehendes Unheil wittern.

Die führenden ägyptischen Vertreter, vor allem Sadat, sorgten sich weniger um Formulierungsfallen oder juristische Winkelzüge. Sie waren eher bereit, sich auf das nicht Faßbare eines persönlichen Verhältnisses oder der historischen Evolution einzulassen. Für sie war Diplomatie das gegenseitige Ausbalancieren emotionaler Verpflichtungen. Die große Schwäche der Araber lag in ihrer Neigung zum Romantisieren. Man konnte nie genau unterscheiden, ob ein Gesprächspartner gerade aus einem Epos rezitierte oder die realistische Einschätzung einer aktuellen Situation vortrug, zuweilen vermengte sich beides bis zur Unkenntlichkeit. Die Israelis waren von juristischen Auslegungen besessen, die sie in einem Maß nach Präzision streben ließen, daß sie zuweilen von der Realität abhoben. Den Arabern ging es um Würde und Ehre, den Israelis um Sicherheit und Überleben.

Während sich die Unterhändler auf ihre Gespräche an den verschiedenen Orten konzentrierten, hatten die technischen Begleitmannschaften ständig schier unlösbare Aufgaben zu bewältigen. Manchmal wechselten wir zweimal am Tag den Verhandlungsort. Der stellvertretende Außenminister Joseph Sisco, der die Hintergrundarbeit leitete, Alfred »Roy« Atherton und Harold »Hal« Saunders, der entweder Atherton vertrat oder im Nationalen Sicherheitsrat das Nahostressort leitete, dazu Peter Rodman, mein unverzichtbarer persönlicher Mitarbeiter, der neben anderem für die Dokumentation verantwortlich war, leisteten während der Mission unschätzbare Dienste.

Gewöhnlich begann der Arbeitstag dieses Teams im König-David-Hotel von Jerusalem, wo man die Checklisten, Verhandlungstexte und Karten zusammenstellte, die an diesem Tag gebraucht werden konnten. In der Regel traf das amerikanische Team mit den israelischen Gesprächspartnern noch zu einer kurzen Verständigung zusammen, bevor es per Wagen oder Hubschrauber zu der Maschine der US Air Force mit Spezialausrüstung gebracht wurde, die es auf dem Flughafen Ben Gurion erwartete. Während der Fahrt zum Flughafen und auf dem Flug zu einem Militärstützpunkt im Nildelta oder bei Assuan wurden Texte geprüft, neu geschrieben und kopiert. Nach dem Weiterflug per Hubschrauber zu Sadats jeweiligem Aufenthaltsort erbrachten mehrere Stunden Gespräche mit Sadat und seiner Delegation am späten Nachmittag Antworten auf die Vorschläge der Israelis und einen ägyptischen Gegenvorschlag. Sofort ging es zurück nach Jerusalem, wo ein weiteres Treffen mit der israelischen Verhandlungsdelegation stattfand, das bis in die frühen Morgenstunden dauerte. Und von neuem hieß es Checklisten prüfen, Texte und Karten zusammenstellen.

Unser fliegendes Büro war eine Boeing 707, die in ihren besseren Tagen Lyndon Johnson als Präsidentenmaschine gedient hatte. Anfang 1970 war sie zum Begleitflugzeug des Präsidenten zurückgestuft worden. Sie hatte drei Kabinen. Die vordere, das »Hauptquartier« für mich und zwei, drei persönliche Mitarbeiter, war mit einem Sofa, einem ovalen Beratungstisch und einem riesigen Sessel ausgestattet, der sicher einmal für und vielleicht auch von Präsident Johnson entworfen worden war. Tisch und Sessel hatten die Besonderheit, daß man sie mit zwei getrennten Schaltern anheben oder senken konnte. Wegen meiner geringen technischen Begabung gerieten meine Beine einmal zwischen einem sich hebenden Sessel und einem sich senkenden Tisch in eine Lage, aus der mich die technisch versierteren Mitglieder der Mannschaft befreien mußten.

Hinter diesem Raum lag eine Kabine mit acht Sitzen, die jeweils paarweise in vier Reihen standen, dazu einige Schreibmaschinen und ein Xeroxkopierer. Hier residierte Joe Sisco mit seinen Helfern. Die dritte Kabine hatte Plätze in Dreiergruppen für etwa vierundzwanzig Personen. Dort waren die technischen Mitarbeiter und die uns begleitenden Journalisten untergebracht.

Wenn wir am Ende einer Verhandlungsrunde starteten, stürzte sich das Hintergrundteam sofort hektisch auf die Analyse und Einordnung der wichtigsten Punkte. Allgemeine Prinzipien wurden in Verhandlungssprache umgesetzt. Da man von Kairo nach Tel Aviv nur eine Stunde flog, gestaltete sich diese Aufgabe regelmäßig als Gewaltakt, bei dem Sisco seine nicht unbeträchtlichen theatralischen Fähigkeiten einsetzen konnte. Als sich einmal ein Kopiergerät aus seiner Verankerung löste, hörte ich ein Mitglied seines Teams rufen: »Räumt es aus dem Weg, bevor Sisco darüber stürzt, denn zwei Siscos würden uns zum Wahnsinn treiben!« Wenn Sadat den ägyptischen Verhandlungsort nach Assuan verlegte, war ihm das Hintergrundteam unendlich dankbar, denn es gewann dadurch eine weitere Flugstunde für seine Arbeit.

Sadat hatte vorgeschlagen, die Pendelmission diesmal in Ägypten zu beginnen. Da er davon überzeugt war, das größte Hindernis für jeglichen Fortschritt sei psychologischer Natur, bot er an, den ersten Schritt zu tun, um Rabins Aufgabe gegenüber dem Kabinett zu erleichtern. Mit seinem sicheren Gespür fürs Dramatische empfing mich Sadat in Assuan am Morgen des 8. März, eines Samstags, in demselben Raum, wo er vierzehn Monate zuvor seinen Entschluß verkündet hatte, niemals mehr eine Uniform zu tragen, außer bei festlichen Anlässen.

Flankiert von Außenminister Ismail Fahmi und Verteidigungsminister General Mohammed Abdel Ghani al-Gamasi, erklärte Sadat herzlich, aber formell: »Sie sind ein guter Freund. Ich hoffe, Ihr Besuch wird fruchtbar sein und Entscheidungen bringen.« Damit entließ er seine Berater. Als wir allein waren, erläuterte er seine früheren Andeutungen hinsichtlich der israelischen Forderung nach Einstellung des Kriegszustandes. Solange israelische Truppen auf ägyptischem Boden stünden, sei er nicht in der Lage, einer offiziellen Beendigung des Kriegszustandes zuzustimmen. Er sei jedoch bereit, viele entsprechende Punkte zu akzeptieren. Er forderte mich auf, ihm darzulegen, was eine solche Liste enthalten könnte.

Ich sagte Sadat, nach meiner Auffassung beinhalte die israelische Forderung nach einer offiziellen Beendigung des Kriegszustandes vier Hauptpunkte: einen längerfristigen Aufschub für Krieg oder Kriegsdrohung; die Zusicherung, daß Ägypten nicht mehr mit Syrien gemeinsam Krieg führen werde; die Einrichtung einer von den Vereinten Nationen kontrollierten entmilitarisierten Zone entlang der neuen Linien für eine vereinbarte Zahl von Jahren, die weder durch ein Veto des UN-Sicherheitsrates noch durch eine einseitige ägyptische Forderung aufgehoben werden könnte, wie es bei den Truppenentflechtungsabkommen der Fall war; schließlich die Aufhebung der arabischen Boykotte und Blockaden gegen israelische Waren. Sadat sagte mir seine Antwort für den nächsten Tag zu.

Als wir uns am Morgen wieder trafen, schilderte Sadat zunächst seine innenpolitische Situation. Im ägyptischen Militär brodle es. Bisher habe er seine Soldaten mit dem Argument ruhigstellen können, daß er mit seiner Strategie ägyptisches Territorium zurückgewinnen werde. Wenn die Diplomatie aber in eine Sackgasse gerate, werde ihn die Armee ganz sicher daran erinnern, daß sein Alleingang zur Einstellung der Militärlieferungen der Sowjetunion geführt und Ägypten in der arabischen Welt isoliert habe.

Um einen raschen Durchbruch zu erreichen, erklärte sich Sadat jedoch bereit, folgende Punkte für die Beendigung des Kriegszustandes anzubieten: die offizielle Verpflichtung, alle künftigen Streitfragen mit friedlichen Mitteln zu lösen; die Zusicherung, auf Gewaltanwendung zu verzichten, selbst wenn Syrien wieder in den Krieg zog; einen erheblichen Abbau der am Ostufer des Suezkanals stehenden ägyptischen Truppen; eine breite Pufferzone zwischen den israelischen und den ägyptischen Streitkräften; die freie Passage von Schiffen mit Waren für Israel durch den Suezkanal; schließlich eine Lockerung des arabischen Boykotts gegen amerikanische Firmen. Die präzisen Formulierungen sollten von Fahmi und Sisco ausgearbeitet werden. Als Gegenleistung erwartete Sadat einen umfangreichen Rückzug der israelischen Truppen, zumindest aber vom Gidi- und vom Mitlapaß sowie von den Ölfeldern von Abu Rodeis.

Sadats Vorschlag war ein großer Schritt nach vorn, wenn die Formulierungen zunächst auch vage blieben. In diesem frühen Stadium der Mission war ich noch sicher, daß sie Erfolg haben werde.

In dieser Stimmung unternahm ich am Sonntag, dem 9. März, einen Abstecher nach Damaskus, um dort Asad zu informieren, ohne einen Streit heraufzubeschwören, den ein unmittelbar bevorstehendes Separatabkommen zwischen Israel und Ägypten auslösen mußte. Dies sei, so sagte ich halb im Scherz zu Sisco, eine gute Probe dafür, was uns in Jerusalem erwartete.

Denn, um die Wahrheit zu sagen, der Verhandlungsstil der Israelis und der der Syrer, die sich als unversöhnliche Gegner betrachteten, ähnelten einander. Zu diesem Zeitpunkt glaubte keiner von beiden wirklich, daß ein dauerhafter Frieden möglich sei. Beide verhandelten miteinander aus purer Not: Israel, um seine Geschäfte mit Ägypten in den Augen der Araber zu legitimieren, und Syrien, um der Isolation zu entgehen. Dabei brachten sie durchaus handfeste Abkommen zustande. Das Truppenentflechtungsabkommen auf den Golanhöhen von 1974 hält nun schon fast fünfundzwanzig Jahre, ohne daß sich die Seiten Verletzungen vorwerfen. Aber beide haben sich niemals bereit erklärt, dem Waffenstillstand eine moralische Grundlage zu geben und damit einen qualitativen Umschwung herbeizuführen, was Sadat versuchte und mehrere führende israelische Politiker zuerst ungläubig, aber mit der Zeit immer überzeugender zu erwidern lernten.

Die Herrscher in Kairo sahen sich als die Erben einer uralten Zivilisation, deren Grenzen in Jahrtausenden entstanden waren. Sie beteiligten sich an der Politik der Araber eher aus Vernunftgründen, als daß sie sich dazu berufen fühlten, denn Ägypten hielt sich selbst nicht für ein rein arabisches Land. Ebenso hatte es Afrika und die Nordküste des Mittelmeeres im Blick.

Andererseits war Syriens Berufung, der eigentliche Sinn seiner Existenz der arabische Nationalismus. Seine Grenzen waren beinahe ebenso willkürlich gezogen wie die Israels. Das Land war aus der Teilung der Beute Großbritanniens und Frankreichs im Nahen Osten am Ende des Ersten Weltkrieges hervorgegangen. So wie viele in Israel ihren Lebenszweck darin sahen, die israelische Kontrolle auf das biblische Palästina auszudehnen, so sahen sich viele Syrer als den Vortrupp einer arabischen Nation, die nach ihrer Vorstellung Libanon, Jordanien und Palästina, in ihren kühnsten Träumen gar Irak und Saudi-Arabien einschloß. Deshalb fühlen sich die syrischen Führer nicht nur für das Gebilde verantwortlich, das heute Syrien darstellt, sondern für die ganze arabische Sache, wie sie sie verstehen. Dieses Verständnis erläuterte mir Asad bei meinem zweiten Zwischenstopp in Damaskus:

> Wir können nicht auf der Stelle treten und abwarten. Die Israelis werfen uns Expansionismus vor, nur weil wir den Golan zurückhaben wollen! Man wirft uns alles Mögliche vor, nur weil wir uns für die arabische Einheit einsetzen. Für uns ist die arabische Einheit eine heilige Sache. Syrien ist die geschichtliche Heimat für alle Völker in dieser Gegend. Der Außenminister sollte also nicht überrascht sein, wenn Syrien die Vereinigung mit seinen Nachbarn auf seine Fahnen geschrieben hat.

Aus diesem Grund hatte Asad während meiner Sondierungsmission auch nur die Beendigung des Kriegszustandes für die Rückgabe der Golanhöhen angeboten. Ein Friedensabkommen mußte warten, bis eine Lösung mit allen Arabern, insbesondere mit den Palästinensern, gefunden war.

Asads Verhalten spiegelte die Konflikte und das Tauziehen im politischen System Syriens wider. Er gehörte der Sekte der Alawiten an, einer Minderheit, die erst im vergangenen Jahrhundert den Islam ganz übernommen hat. Das Bedürfnis nach politischem und selbst ethnischem Überleben hat ihn tief geprägt. Zwar hat Asad seine damaligen israelischen Verhandlungspartner überdauert, aber er konnte innenpolitisch nur überleben, weil ihm in einem heiklen Balanceakt zwischen den verschiedenen Fraktionen immer wieder ein vorübergehender Konsens gelang. Im Unterschied zu den führenden Politikern Israels zögerte er nicht, wenn notwendig, die Streitkräfte mit äußerster Härte einzusetzen, um sich an der Macht zu halten. Deshalb war es ihm stets ein wichtiges Anliegen, die Einheit des Militärs zu wahren.

Wenn ich mit ihm verhandelte, wandte Asad in der Regel ein dreistufiges Verfahren an, das seine Machtbasis symbolisierte. Zunächst empfing er mich allein mit *meinem* Dolmetscher, wodurch er stets unter Kontrolle hatte, was seine Gefolgsleute erfuhren. Dann rief er eine Gruppe von Offizieren hinzu, die eine Kurzfassung des Gesprächs hörten. Schließlich schloß sich ihnen eine bestimmte Zahl von Zivilisten an, die nur noch den allgemeinen Sinn der Gespräche erfuhren.

Asad beherrschte diesen Prozeß mit Selbstbewußtsein und sardonischem Humor. Wie die israelischen Unterhändler hielt er nichts von einseitigen Gesten und konnte sich diese auch gar nicht leisten. Skrupellos, intelligent und charmant, wenn er wollte, war Asad darauf aus, so lange zu verhandeln, bis er selbst überzeugt war, daß er auch das letzte mögliche Zugeständnis erreicht hatte, selbst wenn dies bedeutete, die gesamten Verhandlungen aufs Spiel zu setzen und damit Syriens Position zu schwächen. Frieden hatte für ihn keinen allgemeinen Wert, und er behauptete das auch nie. Er ergab sich nach Asads Auffassung aus einem Gleichgewicht der Kräfte, und er endete, wenn sich dieses Gleichgewicht veränderte. Ein offizielles Abkommen mit Israel konnte also nur ein Gleichgewicht besiegeln, das er sich zuvor errechnet hatte. Mehrere amerikanische Außenminister glaubten, sie hätten durch ihre Gespräche einen Umschwung in seiner Auffassung vom Wesen des Friedens erreicht. Diese Bemühungen mußten scheitern. Asad war niemals bereit, mehr als einen Waffenstillstand abzuschließen, gleichgültig, welchen Titel das jeweilige Dokument trug.

Während meiner Pendelmission 1975 verfolgte Asad zwei Ziele: ein ägyptisch-israelisches Separatabkommen zu verhindern und, wenn dies nicht möglich war, auf gleicher Stufe mit Sadat im Verhandlungsprozeß zu bleiben. Aber Israel wollte nicht über die Golanhöhen verhandeln, und Sadat dachte nicht daran, Syrien das Verhandlungstempo bestimmen zu lassen.

Ich wußte, daß Asad unsere Strategie durchschaute, aber zu klug war, eine offene Auseinandersetzung mit den Vereinigten Staaten zu riskieren. Deshalb hielt ich ihn stets auf dem laufenden, um für ihn eine Rolle in der Zukunft offenzuhalten und zugleich seine Gegnerschaft auf verbale Erklärungen zu beschränken. Asad ließ sich darauf ein, weil er keine andere Wahl hatte. Er wartete auf eine Gelegenheit, den Friedensprozeß entweder zum Scheitern zu bringen oder Nutzen daraus zu ziehen. Seine letzte Entscheidung hing vom konkreten Kräfteverhältnis ab.

Der Dialog mit dem syrischen Präsidenten am 9. März endete so ergebnislos wie erwartet (und sogar beabsichtigt). Ich hatte nichts anzubieten, was für Syrien von Bedeutung gewesen wäre, und Asad glaubte nicht an einseitige Gesten.

An jenem Abend fanden wir in Israel ein Klima vor, das für Verhandlungen ungünstig war. Man betrauerte gerade die Ermordung von israelischen Zivilisten und zwei Soldaten in Tel Aviv durch arabische Terroristen, die in zwei kleinen Booten gelandet waren und ein Strandhotel in ihre Gewalt gebracht hatten. Dieses wurde anschließend von israelischen Soldaten gestürmt. Die Feindschaft der Araber, so argumentierte man sehr plausibel, sei so tief verwurzelt, daß es Wahnsinn wäre, die Sicherheit, die eine Pufferzone bot, für einen illusorischen guten Willen der Araber aufs Spiel zu setzen.

Wie immer wurden wir vom Flugplatz direkt zu einer Sitzung mit dem israelischen Verhandlungsteam gefahren. Aber zum ersten Mal, soweit wir uns erinnern konnten, hatte Rabin ein Empfangsessen organisiert. Zu meiner Überraschung folgten auf meinen Bericht über die Gespräche mit Sadat in Assuan diesmal seitens der israelischen Unterhändler nicht das übliche Kreuzverhör und die skeptische Auslegung der Texte Zeile für Zeile. Statt dessen konzentrierten sie sich auf meinen kurzen und ziemlich bedeutungslosen Aufenthalt in Damaskus. Da aber Rabin und seine Kollegen nicht die Absicht hatten, Verhandlungen mit Syrien aufzunehmen, verlief auch dieser Teil des Gesprächs in relativ lockerem Ton. Es war angenehm, einmal nicht die ermüdende Exegese über sich ergehen lassen zu müssen, mit der israelische Unterhändler ihre Partner zu zermürben pflegen. Die seltsam ungezwungene Atmosphäre hatte zugleich aber auch etwas Unheimliches. Das entspannte Verhalten des israelischen Verhandlungsteams war nur so zu erklären, daß das Kabinett entweder eine Entscheidung gefällt hatte oder zu keiner Entscheidung gekommen war, so daß die israelischen Unterhändler uns nichts zu sagen hatten. Sisco blieb argwöhnisch: »Sie sind zu freundlich«, flüsterte er mir zu. »Wir leiden schon an Verfolgungswahn«, erwiderte ich.

Rabin beendete den Abend, indem er mir ein Memorandum überreichte, das sieben Grundsätze des israelischen Verhandlungsteams enthielt. Es war, als säßen wir in einem Hochschulseminar und befänden uns nicht in der ersten Etappe einer Pendelmission. Die Sprache klang versöhnlich, aber das Dokument enthielt nichts Greifbares. Die sieben Punkte waren eine verallgemeinerte Version dessen, was wir seit Monaten für nicht ausreichend erklärt hatten.

Als wir am Morgen des 10. März, des dritten Tags der Mission, schließlich mit dem israelischen Verhandlungsteam zu Stuhle kamen, stellte sich heraus, daß Rabin im Gegensatz zu allen bisherigen Erfahrungen die Verzögerung, die er uns aufgenötigt hatte, nicht dazu genutzt hatte, sein Kabinett zu einem Kompromiß zu bewegen. Zu meiner Verblüffung bekamen wir zu hören, daß es zur Übermittlung an Sadat weder einen Vorschlag noch eine Karte oder auch nur eine Konkretisierung des Konzepts eines Rückzuges um dreißig bis fünfzig Kilometer gab, den Allon Ford im Dezember beschrieben hatte. Statt dessen hatte man Sadats angebotene Schritte für die Beendigung des Kriegszustandes einer vernichtenden wortklauberischen Kritik unterzogen, die von der Voraussetzung ausging, die Zugeständnisse gingen entweder nicht weit genug oder seien ganz und gar ohne Wert, weil sie jederzeit zurückgenommen werden konnten.

Die Kritik der Israelis war berechtigt und belanglos zugleich. Die gleichen Punkte hätte man auch vorbringen können, wenn Sadat sich auf eine offizielle Beendigung des Kriegszustandes oder gar auf einen formalen Frieden eingelassen hätte. Natürlich wurden von Israel territoriale Zugeständnisse erwartet, während die entsprechenden Gegenleistungen widerrufen werden konnten. Aber die Kritik mußte als belanglos bezeichnet werden, denn von Anfang an war klar, daß die Verhandlungen unter diesem Vorzeichen standen. Welche Bezeichnung ein Abkommen auch haben mag, für welche Zeit formale Festlegungen auch beschlossen werden mögen – Vereinbarungen zwischen souveränen Staaten, auch Friedensabkommen, können immer aufgekündigt werden. Die Strafe dafür, daß ein Friedensabkommen widerrufen oder die Beendigung des Kriegszustandes mißachtet wird, ist ja gerade Krieg – genau das, was das Friedensabkommen oder die garantierte Beendigung des Kriegszustandes verhindern soll.

Letzten Endes hatte das israelische Verhandlungsteam zu entscheiden, ob es riskanter war, Sadat aus dem Konsens von Rabat und aus dem Bündnis mit der Sowjetunion zu lösen, indem man ihm Territorium überließ, wobei die ägyptischen Linien nach wie vor einhundertfünfzig Kilometer von den Grenzen Israels entfernt lagen, oder ob man lieber in die Sackgasse zurückkehren wollte, mit der man Krieg, oder zumindest aber das Scheitern der Friedensdiplomatie, in Kauf nahm. Das legalistische, ja geradezu höhnische Zerpflücken von Sadats Angebot ging an der entscheidenden Tatsache vorbei, daß die einzige Alternative die Rückkehr zu den multilateralen Gesprächen in Genf war, wo auf Israel eine Koalition aller seiner Gegner wartete und es mit viel schwierigeren Fragen konfrontiert werden konnte wie der Zukunft Jerusalems und seinen endgültigen Grenzen. Einige wichtige Mitglieder des israelischen Verhandlungsteams, darunter natürlich Rabin, erfaßten diese Sachlage durchaus. Aber zuweilen erweckten sie den Eindruck, daß sie einander mehr fürchteten als ein Scheitern der Diplomatie.

Bei jeder Verhandlung kommt der Punkt, an dem die Parteien zu dem Schluß gelangen, daß sie entweder schließlich ein Ergebnis erreichen werden oder daß sie hoffnungslos in einer Sackgasse stecken. Im ersten Fall gewinnen die Gespräche an Tempo; Einzelfragen werden im Licht der erwarteten Übereinkunft auf neue Weise gesehen. Im zweiten Fall kann sich der

Prozeß zwar noch eine Weile hinziehen, ist aber zum Scheitern verurteilt, denn von nun an konzentriert sich jede Seite nur noch darauf, der anderen die Schuld für den Mißerfolg in die Schuhe zu schieben.

Zwar dauerte diese Pendelmission noch weitere zehn Tage, aber ihr Ende wurde im Grunde genommen bei der ersten Sitzung mit dem israelischen Verhandlungsteam eingeläutet. Das lag nicht daran, daß Israel überzogene Forderungen stellte. Das waren wir von Eröffnungssitzungen mit israelischen Verhandlungsteams gewöhnt, die zunächst die Forderungen aller ihrer Mitglieder aufeinandertürmten. Aber der Wechsel von Golda Meir zu Rabin brachte zwei Unterschiede im Stil mit sich, die sich als entscheidend erwiesen. Golda trat im kleinen wie im großen Kreis hart auf; folglich wußten wir, woran wir waren. Rabin verhielt sich während seiner ersten Amtszeit als Ministerpräsident anders. Unter vier Augen erweckte er den Eindruck, als stimme er nicht nur unserer Strategie, sondern auch unseren Grundbedingungen zu. Sein Anliegen schien es vor allem zu sein, die Kosten zu verringern, die eine Neugestaltung der militärischen Infrastruktur Israels hinter den neuen Linien verursachte. Aber in den Gesprächen mit der Verhandlungsdelegation beharrte Rabin fest auf seinen sieben Prinzipien und wollte sich auf keinerlei Abweichungen einlassen.

Im nachhinein glaube ich, daß hier viel stärkere analytische Fähigkeiten als die Goldas, aber auch eine größere Furcht vor dem Kabinett zusammenwirkten. Wenn Pendelmissionen Erfolg hatten, dann stets, weil alle Seiten, auch die Israelis, bereit waren, bei jeder Gesprächsrunde mit dem Verhandlungsteam kleine Modifikationen an ihrer Position vorzunehmen. Das lockerte die Atmosphäre und ermutigte die Gegenseite, sich ihrerseits auf die neue Situation einzustellen. Auf diese Weise verringerte sich die Kluft zwischen beiden nach und nach.

Bei dieser Mission wollte das israelische Kabinett – so sein Standpunkt – seine Position nicht ändern, bis ich fast alle seine Maximalforderungen bei Sadat durchgesetzt hatte. Ich bin sicher, Rabin hoffte wie Allon darauf, daß ich eines Tages zurückkehren und das Kaninchen aus dem Hut zaubern würde. Dann hätte Rabin bedeutende Zugeständnisse Israels empfohlen.

Das aber war eine falsche Vorstellung von Pendeldiplomatie. Denn Sadat mußte die Politik des israelischen Kabinetts als einen Angriff auf seine nationale Würde betrachten. Bei jedem meiner Besuche wurde er unfreundlicher. Zwar hielt er sich an die bisherigen Regeln und modifizierte seine Position weiter, tat dies aber nicht mehr mit der Überzeugung, die ihn zuvor alle Hindernisse überwinden ließ.

Rabin begriff das Dilemma. Da er nicht in der Lage war, sein Kabinett zu einem Kompromiß oder wenigstens zu ernsthaften Verhandlungen zu bewegen, versuchte er den Riß mit einem persönlichen Kraftakt zu schließen. Er schrieb einen sehr nachdenklichen Brief an Sadat, in dem er die fehlende Zustimmung des israelischen Kabinetts mit seinem persönlichen guten Willen wettmachen wollte. Zu Beginn des Briefes erkannte Rabin Ägyptens Rolle in der Region und Sadats gemäßigte Haltung an:

Es ist immer meine feste Überzeugung gewesen, daß Ägypten aufgrund seines kulturellen Erbes, seiner Stärke, seiner Größe und seines Einflusses bei allen Bemühungen um den Frieden in unserer Region eine führende Rolle zukommt. Was Dr. Kissinger mir berichtet hat und was

ich Ihren öffentlichen Erklärungen entnehme, gibt mir die Gewißheit, daß Sie entschlossen sind, große Anstrengungen zu unternehmen, um eine Lösung zu erreichen.
Ich meinerseits bin entschlossen, den Frieden zwischen uns mit aller Kraft zu fördern. In diesem Geist gebe ich meinem Streben Ausdruck, eine Vereinbarung zu erzielen, die unseren beiden Völkern zur Ehre gereicht.

Rabin erklärte, er sei zu einem weiteren Rückzug bereit, könne ihn aber nicht vollziehen, ohne ein Zeichen zu erhalten, daß ein solches Opfer tatsächlich eine Wende zum Frieden bewirken werde. Er, Sadat, habe mir oft erklärt, fuhr Rabin fort, das eigentliche Problem zwischen den Arabern und Israel sei psychologischer Natur. Rabin versuchte nun, diese psychologische Herausforderung zu definieren. Er appellierte an Sadat, in eine Vereinbarung eine offizielle Verpflichtung zu friedlichem Verhalten aufzunehmen:

Das schrittweise Vorgehen, wie ich es verstehe, verfolgt das Ziel, unsere Länder dem Frieden näherzubringen und damit auch den Frieden in der ganzen Region zu befördern. Mein Volk muß aber wissen, daß wir mit dem Rückzug auf neue vereinbarte Linien einen Wendepunkt erreicht haben und nun eine Ära beginnen, in der wir uns in der Lage sehen, alle unsere Differenzen ausschließlich mit friedlichen Mitteln zu lösen. Als Ministerpräsident muß ich in der Lage sein, das Volk und die Regierung Israels davon zu überzeugen, daß wir uns mit der Aufgabe realer strategischer Positionen nicht selbst durch längere und schwächere Linien in einem späteren Konflikt in größere Not bringen. Das ist nur dann möglich, wenn deutlich demonstriert wird, daß der Rückzug tatsächlich Fortschritte zum Frieden durch Worte und Taten zeitigt, die friedliche Absichten zum Ausdruck bringen.

Ich übergab Sadat Rabins Brief am 12. März in Assuan unmittelbar vor dem Abendessen. Rabins aufrichtige Darlegung der psychologischen Erfordernisse Israels bewegte Sadat sehr. Hätte der Brief irgendein greifbares israelisches Entgegenkommen enthalten, wäre es fast sicher zu einem Durchbruch gekommen.

Sadat zog einige Minuten lang an seiner Pfeife, bevor er zu sprechen begann: »Es ist sehr wichtig für mich zu wissen, wer sich das ausgedacht hat.« Ich antwortete, dies sei eine israelische Idee. Das war nur die halbe Wahrheit, denn ich hatte Rabin ermutigt, der allerdings die Idee bereitwillig aufgriff. Sadat bohrte nach: »Haben die das geschrieben? Das ist äußerst wichtig.« Ich zögerte keinen Augenblick zu bestätigen, dies sei ganz und gar ein israelischer Entwurf, den ich erst zu sehen bekam, als er fertig war, und an dem ich auch nichts geändert hatte. Sadat faltete den Brief zusammen und steckte ihn in die Tasche.

Am nächsten Tag bat mich Sadat zu einem Gespräch unter vier Augen. Mit dem Brief vor sich auf dem Tisch gab er folgende mündliche Antwort, die ich nach meinen handschriftlichen Notizen rekonstruiert habe:

Ich möchte Itzhak Rabin wissen lassen, welcher Geist hinter den Worten von friedlichen Absichten steckt, um die es geht. Meine Haltung ist, daß Gewalt im Verhältnis zwischen unseren beiden Völkern niemals wieder eine Rolle spielen wird. Ich will versuchen, das beim arabischen Volk durchzusetzen, wenn Rabin dies beim israelischen Volk durchsetzt. Ich bin entschlossen, den letztendlichen Rückzug auf vereinbarte Linien allein mit friedlichen Mitteln zu erreichen. Wenn eine Genfer Konferenz zusammentritt, nachdem ein solches Abkommen unterzeichnet ist, werde ich es nicht antasten oder in Genf irgend etwas zwischen uns ändern. Versichern Sie Rabin von mir, daß ich nicht davon träume, das in Genf zu regeln. Welche Probleme auch immer auftreten mögen, ich werde keine Gewalt anwenden. Ich bin bereit, mich mit Rabin zu treffen, sobald die Besetzung ägyptischen Territoriums durch Israel beendet ist.

Wenn Sadats Worte irgend etwas bedeuteten, dann hatte Rabin sein wichtigstes politisches Ziel erreicht: Sadat hatte der Gewalt bei der Regelung der verbleibenden Streitfragen mit Israel abgeschworen, selbst wenn es um die Rückgewinnung ägyptischen Territoriums ging. Er hatte eingewilligt, die Genfer Konferenz nicht gegen Israel zu nutzen, und er hatte ein für die damalige Zeit sensationelles Treffen in Aussicht gestellt. Wenn man aber Sadats Worten keinen Glauben schenken wollte, dann hatten auch formale Zusicherungen in einem Zwischenabkommen kein größeres Gewicht. Merkwürdigerweise ging es bei den Verhandlungen nun weniger darum, daß die Delegationen auf beiden Seiten die Details abstimmten, sondern daß man die Öffentlichkeit in beiden Ländern dafür gewann, sich die Überzeugung ihrer Führer zu eigen zu machen. Traurig war nur, daß diese Überzeugung in der Grauzone, wo Psychologie zur Politik wird, zunehmend mit den Leidenschaften der Anhänger auf beiden Seiten in Konflikt geriet.

Eine Veränderung in der Verfahrensweise zeigte, daß Sadat nun an die Grenze dessen stieß, was er persönlich erreichen konnte. Bislang hatten er und ich in der Regel in Vieraugengesprächen Grundsätze vereinbart, die unsere Experten – Sisco, Atherton, Saunders und Botschafter Eilts auf unserer sowie al-Gamasi und Fahmi auf der ägyptischen Seite – dann in die Sprache der Verträge umsetzten. Nun nahm Sadat zum ersten Mal an zwei Verhandlungsrunden von jeweils drei Stunden am 12. und 13. März persönlich teil. Dabei wurde seine Geduld auf eine äußerst harte Probe gestellt. Offenbar hatte er begriffen, daß seine Untergebenen sich weitgehenden Zugeständnissen widersetzten, an denen sie nicht beteiligt waren, und ihm die Verantwortung nicht nur für die allgemeine Richtung des Friedensprozesses, sondern auch für die Festlegung der Einzelheiten aufbürden wollten.

Sadat hatte gründlich darüber nachgedacht, wie er einer Vereinbarung das politische Gewicht verleihen konnte, das Rabin forderte. Er bot eine Klausel an, in der das Abkommen als ein Schritt zum Frieden dargestellt wurde, dazu die offizielle Erklärung, daß Ägypten alle verbleibenden Streitfragen (auch den ausdrücklich genannten Disput über ägyptisches Territorium) mit friedlichen Mitteln zu regeln gedachte. Des weiteren schlug er einen Absatz vor, in dem beide Parteien für die Dauer des Abkommens auf die Anwendung von Gewalt verzichteten. Um den Israelis die Furcht vor einer begrenzten Gültigkeitsdauer und einer möglichen Aufkündigung zu nehmen, fügte er die Zusicherung hinzu, das Abkommen werde in Kraft bleiben, bis es von einer weitergehenden Vereinbarung abgelöst werde. Sadat willigte ein, eine gemischte ägyptisch-israelische Kommission zur Untersuchung aller Verletzungen des Abkommens zu bilden und den Suezkanal sowie die Straße von Bab el-Mandeb (den Zugang zum Roten Meer) für Waren mit dem Bestimmungsland Israel zu öffnen. Schließlich wollte er die antiisraelische Propaganda von Radio Kairo »freiwillig« abbauen und den Wirtschaftsboykott gegen amerikanische Unternehmen nach Einzelprüfung lockern. Halb im Scherz erklärte er zum Schluß, falls ich es bei diesen Konzessionen nicht fertigbrächte, von Israel eine Beschreibung der Linie zu erhalten, auf die es sich zurückziehen werde, dann könnte al-Gamasi ihn und Fahmi hinter Schloß und Riegel bringen.

Die Verhandlungen fielen jedoch sofort wieder ins Schneckentempo zurück, als ich am 14. März, dem siebten Tag der Pendelmission, nach Israel zurückkehrte. Die Stimmung dort war alles andere als günstig. Die israelischen Medien trompeteten von angeblicher Erpressung der Amerikaner, obwohl bisher ausschließlich Ägypten Zugeständnisse gemacht hatte. Das Verhandlungsteam zeigte sich von Sadats Antwort auf Rabins Brief unbeeindruckt, und da während meines Aufenthalts in Assuan keine Kabinettssitzung stattgefunden hatte, war auch die Grundposition unverändert. Die nächste Sitzung des Kabinetts war für Sonntag, den 16. März, angesetzt, was jede neue Entscheidung um mindestens zwei Tage hinauszögerte.

Während einer dreistündigen Sitzung am 14. März in gespannter Atmosphäre stellten die israelischen Unterhändler lediglich skeptische Fragen. Damit deuteten sie an, daß Sadats Angebote nicht ausreichten, wenn man sie überhaupt als Zugeständnisse werten konnte. Das hieß, sie bestanden weiterhin auf einer offiziellen Erklärung der Beendigung des Kriegszustandes. Sie versprachen, ihre Antwort an Sadat am Abend des 16. März, des neunten Tages der Pendelmission, zu übermitteln.

Dieses schleppende Tempo des israelischen Entscheidungsfindungsprozesses, der keinerlei Beitrag zur Lösung der Pattsituation leistete, war ohne Beispiel. Ein israelischer Beobachter ließ kaum Zweifel daran, wie sich das Kabinett entscheiden werde, als er die ägyptischen Vorschläge in vielen Punkten »auf den ersten Blick unzureichend und unbefriedigend« nannte.

Während der Zwangspause reiste ich am 15. März nach Damaskus und Amman, um die anderen Nachbarn Israels zu beruhigen, die zunehmend nervöser und mißtrauischer wurden. Weder Asad noch Hussein wollten glauben, daß die Vereinigten Staaten es nicht vermochten, Israel zu überzeugen. Sie deuteten die beispiellose Verzögerungstaktik lediglich als Vorspiel einer weitgehenden Vereinbarung, bei der sie ausgeschlossen bleiben könnten.

Asad mißfiel die Aussicht eines Separatabkommens zwischen Ägypten und Israel, weil es seinen Einfluß unweigerlich zurückdrängen mußte. Ihm war durchaus bewußt, daß wir die Hauptantriebskraft eines Prozesses waren, der die syrische Verhandlungsposition untergrub. Trotzdem wurde ich in Damaskus sehr herzlich empfangen, denn Asad begriff zugleich, daß er nur die Wahl zwischen Stillstand und amerikanischer Vermittlung hatte. Dieser Zustand war für den syrischen Staatschef schwer zu ertragen. Dazu trommelten die israelischen Medien unaufhörlich, ihre Regierung lehne ein neues befristetes Abkommen mit Syrien ab und sei entschlossen, auch bei einem endgültigen Friedensschluß den größten Teil der Golanhöhen einzubehalten.

Wir trafen uns in Asads Arbeitszimmer, wo die Samtvorhänge stets geschlossen waren, was eine weltabgeschiedene Atmosphäre schuf, als wären wir in einen Kokon eingesponnen. Von anderen Verpflichtungen anscheinend unbehelligt, verwandte Asad viel Zeit darauf, von interarabischen Verwicklungen und Personen zu sprechen; das gab ihm manche Gelegenheit, bissige Bemerkungen über Sadats angeblichen Verrat und Fahmis Doppelspiel einzustreuen. Diesmal demonstrierte mir Asad seine – zweifellos aus den israelischen Medien geschöpfte – Überzeugung, ich hätte nichts Neues zu berichten, indem er sofort alle seine Kollegen zum ersten Gespräch einlud. In Umkehr des üblichen Verfahrens folgte unser Vieraugengespräch erst danach.

Asad brachte seinen Wunsch zum Ausdruck, die Beziehungen zu den Vereinigten Staaten zu verbessern. Diese Erklärung interpretierte ich weniger als ein Zeichen guten Willens, als vielmehr als kaltblütige Analyse des Kräfteverhältnisses im Nahen Osten. Asad wäre aber nicht Asad gewesen, hätte er dieses »Friedensangebot« nicht mit einer Drohung verbunden:

Ich empfinde großen Schmerz, wenn ich sehe, wie ein Kind verletzt wird. Wenn aber Krieg der einzige Ausweg aus einer Krise oder die einzige Möglichkeit ist, Ehre und Gebiet zurückzugewinnen, dann zähle ich nicht die Menschenleben oder andere Verluste, denn diese sind dann als Opfer abzubuchen.

Ich erwiderte, nach unserer Einschätzung würde Syrien eine vernichtende Niederlage erleiden. Asad konterte mit der Bemerkung, Syrien habe erkannt, daß Israel »keinen Schmerz erträgt«. Deshalb werde es eine Strategie anwenden, die nicht so sehr auf Sieg, sondern auf hohe Verluste in einem lang andauernden Krieg abziele. Anders als bei meinem Besuch eine Woche zuvor drängte Asad darauf, daß gleichzeitig mit einem Zwischenabkommen zwischen Israel und Ägypten auch ein Teilabkommen über die Golanhöhen geschlossen werde.

Gegen Abend flog ich nach Amman weiter, wo ein Besuch stets eine willkommene Atempause bot. Zwar litt Hussein noch darunter, daß man ihn im Gefolge der Entscheidung von Rabat aus dem Friedensprozeß ausgeschlossen hatte, er verlor aber nie aus den Augen, daß die Vereinigten Staaten der unverzichtbare Garant des Überlebens seiner Dynastie waren. Die Jordanier suchten sich die Gewogenheit Amerikas durch untadeliges Auftreten und eine exquisite, diesmal allerdings verhaltene Gastfreundschaft zu erhalten. Da ich wie sie von einer Gemeinsamkeit der Interessen überzeugt war, fragte ich sie nach ihrer Meinung über die Folgen, die ein Scheitern meiner von ihnen ungeliebten Mission haben könnte. Wie lange sollten wir den Druck noch aufrechterhalten?

Sowohl Hussein als auch Ministerpräsident Zaid Rifai ließen ihre Gefühle beiseite und drängten mich, noch einen weiteren Versuch zu unternehmen. Ein Scheitern der Verhandlungen, meinten sie, könnte Sadat zu einem Kurswechsel veranlassen oder zu seinem Sturz führen, was »die Region zu einem neuen Krieg verurteilt«. Dies aber würde von allen Staaten der Region auch als weiterer Beweis dafür gewertet werden, daß, wie sie behaupteten, »die Vereinigten Staaten ihre Freunde und Verbündeten im Stich lassen – Vietnam, Kambodscha, jetzt auch Sadat und andere Gemäßigte im Nahen Osten«.

Mit dem israelischen Verhandlungsteam traten wir am Abend des 16. März, eines Sonntags, erneut zusammen, um den offiziellen Standpunkt des Kabinetts zu erfahren. Die Stimmung war, milde gesagt, von Argwohn geprägt. In meinen Eingangsbemerkungen sprach ich den feindseligen Ton der israelischen Medien an, der zweifellos auf Regierungsquellen zurückging:

Als erstes möchte ich sagen: Ich bedaure es, daß in Ihrer Öffentlichkeit der Eindruck erweckt wird, die Vereinigten Staaten und Ägypten arbeiteten zusammen, um Israel durch geschickte Manöver Zugeständnisse abzuringen. Das wird die Dinge erschweren, welch kurzfristige Vorteile man sich davon auch versprechen mag.

Rabin ignorierte diese Bemerkung und legte endlich eine Antwort seines Kabinetts auf die ägyptischen Vorschläge dar, die wir ihm zwei Tage zuvor übermittelt hatten. Er beseitigte jeden Zweifel daran, die feindselige Medienkampagne könnte ein Zufall sein. Denn das Kabinett hatte entschieden, sich genau auf die Position festzulegen, vor der Ford und ich seit sechs Monaten warnten. Ein weiterer Rückzug auf dem Sinai sei nur im Tausch für einen »Verzicht auf jeden kriegerischen Akt« möglich. Die israelische Gegenleistung wären entweder die Gebirgspässe oder die Ölfelder, nicht beides. Das Kabinett bezeichnete jedes ägyptische Entgegenkommen, das weniger beinhaltete als eine solche offizielle Erklärung, als unzureichend. Damit war Sadats kühner Versuch gemeint, einen großen Teil dessen, was »Beendigung des Kriegszustandes« bedeutete, in der Praxis zuzugestehen, ohne die Worte selbst zu benutzen. Das Kabinett weigerte sich, eine Rückzugslinie für den Fall festzulegen, daß ihm dafür die offizielle Beendigung des Kriegszustandes angeboten würde. Rabins Brief und Sadats Antwort waren damit Schnee von gestern.

Ein Auszug aus dem Protokoll des Treffens gibt das frostige Klima am besten wieder:

Rabin: Wir haben zusammengesessen. Wir haben gelesen, was uns vorlag. Sie haben Ihr Möglichstes getan, um den Ägyptern unseren Standpunkt zu vermitteln. Daran gibt es überhaupt keiner Zweifel. Mehr noch, wir schätzen es sehr. Aber wenn ich alles zusammennehme, dann sehe ich, daß in den für uns wichtigen drei Punkten – der Frage der Nichtanwendung von Gewalt, der Frage wirklich bedeutsamer Schritte zum Frieden und der Frage der Gültigkeitsdauer eines Abkommens – im Grunde nur sehr wenig erreicht worden ist.

Israel wird etwas Faßbares, Konkretes abgeben müssen, und wir wollen dafür etwas Konkretes erhalten, selbst wenn es in Worten ausgedrückt werden muß ...

Kissinger: Ich verstehe Sie nicht. Die sind bereit, den Ausdruck »keine Anwendung von Gewalt« zu verwenden.

Rabin: Aber immer im Zusammenhang mit dem Friedensprozeß. Wenn der Prozeß zum Stillstand kommt ...

Kissinger: Was also soll ich Sadat sagen?

Rabin: Wenn er sich in diesen drei Schlüsselfragen nicht bewegt, sehe ich nicht, was wir tun können.

Allon: Und der Wirtschaftskrieg.

Rabin: Ich bleibe bei diesen drei Schlüsselfragen.

Kissinger: Ich kann ihm also gar keinen Anhaltspunkt geben, was die Rückzugslinie oder anderes betrifft, wozu Sie bereit wären, wenn er etwas Befriedigendes anbietet? Wissen Sie, er bildet sich ein, daß er sich große Mühe gegeben hat. Das glauben auch die Syrer. Wir haben zwei Möglichkeiten: Ich kann hingehen und ihn bitten, mehr zu tun, oder ich kann zurückfliegen und al-Gamasi etwas zeigen, was er bekommt, wenn sie gewillt sind, mehr zu tun.

Aber das Verhandlungsteam hatte keine Vollmacht, über das hinauszugehen, was Rabin dargelegt hatte – weder in der Frage, welchen zusätzlichen Aspekt der Beendigung des Kriegszustandes es von Sadat noch erwartete, noch hinsichtlich einer israelischen Rückzugslinie, und das, selbst wenn Sadat wie durch ein Wunder die israelische Position akzeptiert hätte. Als ich darauf hinwies, daß der Unterschied zwischen der Beendigung des Kriegszustandes und der Nichtanwendung von Gewalt einem Laien schwer verständlich zu machen sei, kam Rabin zum Kern der Sache, der Blockadehaltung im Kabinett:

Wir sind vom Kabinett nicht bevollmächtigt, etwas anderes als die Beendigung des Kriegszustandes zu erörtern. Deshalb hoffen wir, daß Sie etwas mitbringen, was dem näherkommt. Das werden wir dann auch mit dem Kabinett diskutieren.

Das Kabinett hatte eindeutig entschieden, Sadat müsse zunächst auf Israels Maximalforderungen eingehen, bevor es offenlegte, worin Israels Gegenleistung bestand. Damit stellte es meiner Meinung nach aber Amerikas Glaubwürdigkeit als Vermittler grundsätzlich in Frage:

Ich will Ihnen nichts vormachen. Ich kann durchaus noch einmal hin und her pendeln. Jedesmal erhöht sich jedoch der Preis für die Vereinigten Staaten. Ich habe den Eindruck, daß wir konzeptionell überhaupt nicht auf einer Wellenlänge sind.

Ich denke, die Sache wird scheitern. Es will sehr gut überlegt sein, ob ich bei Sadat noch mehr herausholen soll, wenn ich glaube, daß wir scheitern werden. Stellen Sie sich das Szenario meiner ersten fünfzehn Minuten mit Sadat vor: »Israel wird die Gebirgspässe und die Ölfelder hergeben, oder auch nicht. Bitte bieten Sie mehr.« Und das vor al-Gamasi und Fahmi?«

Als ich am Montag, dem 17. März, schon zum Abflug nach Assuan fertig war, versuchte das israelische Verhandlungsteam angesichts des bevorstehenden Scheiterns der Gespräche die Schuld dafür Sadat zuzuschieben, indem es seine Position leicht veränderte. Da aber inzwischen keine Kabinettssitzung stattgefunden hatte, konnten die Veränderungen nur geringfügig sein. Das Verhandlungsteam bot einen Rückzug bis zum Westrand (der ägyptischen Seite) der Pässe an, wenn Ägypten einwilligte, auf jeden feindseligen Akt, selbst in der Diplomatie, zu verzichten. Aber es weigerte sich weiterhin, uns eine Karte zu übergeben, aus der hervorging, was es unter dem »Westrand« der Pässe verstand. Auch wollte es nicht erläutern, was unter einem »feindseligen Akt« zu verstehen sei, außer daß auch die diplomatische Vorgehensweise eingeschlossen sein sollte. Weder meine Kollegen noch ich nahmen dieses Angebot ernst. Ohne Karte bedeutete das Rückzugsangebot wenig, denn das Gebiet der Pässe war mindestens zwanzig Kilometer tief und hatte keine klare Begrenzung im Westen. Deshalb vermuteten wir, dieses Angebot sei einfach eine Variante des Rückzuges um dreißig bis fünfzig Kilometer, von dem Allon im Dezember bei Ford gesprochen hatte. Wenn gefordert wurde, außer dem bereits unstrittigen Gewaltverzicht sich auch noch diplomatischen Drucks zu enthalten, dann hieß das, Sadat sollte Gebiet, das in seinen Augen Ägypten gehörte, aufgeben und nicht einmal mit diplomatischen Mitteln versuchen, es zurückzugewinnen.

In Ägypten bahnte sich eine Vertrauenskrise an. Das war daran zu erkennen, daß die Gespräche sich immer förmlicher gestalteten. Wenn Sadat glaubte, eine Vereinbarung stehe kurz bevor, dann näherte er sich einem Entschluß in großen Sprüngen. Um aber der Gefahr einer Sackgasse zu begegnen, brauchte er breitere Unterstützung. Zum ersten Mal stellte Sadat mir seinen neuen Vizepräsidenten Hosni Mubarak vor, der in der blauen Uniform der Luftstreitkräfte erschien. Zwar spielte Mubarak keine wichtige Rolle beim Gespräch, er war aber ein notwendiger Garant dafür, daß die Interessen des stehenden Heers gewahrt wurden. Fahmi und al-Gamasi griffen lebhaft in das Gespräch ein. Auf unserer Seite waren Eilts und Sisco anwesend.

Sadats Stimmung verdüsterte sich bei meinem Bericht: »Entweder können oder wollen sie zu keiner Lösung kommen.« Er hatte bereits auf Gewaltanwendung verzichtet, obwohl große Teile ägyptischen Landes noch in israelischer Hand waren. Wie konnte man von ihm verlangen, nun auch noch auf diplomatische Schritte zu verzichten – und all das für einen Rückzug, den Israel nicht konkret benennen wollte?

Trotzdem legten Sadat und Fahmi am nächsten Morgen, dem 18. März, neue Formulierungen vor, um Israels Bedürfnissen entgegenzukommen. Sie ließen die letzten Bedingungen für die ägyptische Verpflichtung auf einen Gewaltverzicht fallen, insbesondere den Zusammenhang mit dem Friedensprozeß, was Rabin beanstandet hatte. Mit anderen Worten: Ägyptens Gewaltverzicht sollte auch dann gelten, wenn der Friedensprozeß scheiterte. Sadat war sogar bereit, diese Verpflichtung nicht nur gegenüber Israel einzugehen, sondern auch in einem Brief an den amerikanischen Präsidenten zu erklären, vorausgesetzt, Israel ging gegenüber Ägypten die gleiche Verpflichtung in der gleichen Form ein. Außerdem sprach er eindeutig aus, was ich bereits vorausgesetzt, Sadat aber bisher offengelassen hatte: daß nämlich die Gebirgspässe nicht an Ägypten zurückgegeben würden, sondern in der von den Vereinten Nationen kontrollierten Zone verbleiben sollten. Mit wachsender Resignation begriff ich, da all das keine offizielle Erklärung der Beendigung des Kriegszustandes war, auf der das israelische Kabinett beharrte, werde es in Jerusalem keine Gnade finden.

Die einzige Möglichkeit, um die Mission noch vor dem endgültigen Scheitern zu bewahren, war eine offizielle Bitte der Vereinigten Staaten an das israelische Kabinett, seine Position zu überdenken. Das bedeutete ein so starkes Abweichen von der ungezwungenen, formlosen Art und Weise, in der der amerikanisch-israelische Dialog bisher verlaufen war, daß ich am selben Tag noch den Präsidenten telegrafisch um seine Zustimmung zu folgender Formulierung bat:

Die Folgen eines Scheiterns wären für Israel und die Vereinigten Staaten von solchem Gewicht, daß Israel seine Position im Licht der jüngsten konkreten Vorschläge, die Ägypten mich Ihnen zu übermitteln bat, noch einmal überdenken sollte. Wenn es nicht gelingt, nach vier Monaten intensiver Vorbereitungsgespräche, in die die Vereinigten Staaten so unmittelbar einbezogen waren, die zweite Etappe eines ägyptisch-israelischen Abkommens zu erreichen, dann berührt dies vitale Interessen der Vereinigten Staaten und Israels.

Ich zögerte sehr, solch offiziellen Druck auszuüben, denn wenn er wirkte, demonstrierten wir damit gegenüber Israels Feinden, wie sehr das Land von den Vereinigten Staaten abhängig war. Das konnte jene veranlassen, sich in Zukunft weniger zu zügeln. Wenn der Versuch mißlang, demonstrierten wir damit unsere Ohnmacht, was besonders in den Monaten des Zusammenbruchs in Indochina kaum in unserem Interesse liegen konnte. Aber wir hatten keine andere Wahl, da das israelische Kabinett unsere innenpolitische Situation offenbar falsch einschätzte. Es schien zu glauben, ein nichtgewählter Präsident, dessen Partei gerade in den Kongreßwahlen Federn gelassen hatte, werde nicht in der Lage sein, auf dem von ihm für seine ganze Präsidentschaft verkündeten Minimalprogramm zu bestehen. Vielleicht hatte das israelische Kabinett auch angenommen – oder von einigen amerikanischen Freunden einen Hinweis bekommen –, ich operierte auf eigene Faust ohne wirkliche Unterstützung des Präsidenten.

Wenn dies zutraf, dann war es ein großer Irrtum, was Fords Charakter und unser Arbeitsverhältnis betraf. Buchstäblich seit seiner ersten Woche im Oval Office war der Präsident mit den wichtigsten politischen Vertretern des Nahen Osten zusammengetroffen. Die Ziele meiner Pendelmission waren auch die seinen. Er hatte gegenüber Rabin und Allon wiederholt auf sie gedrängt. Während meiner Mission sandte ich Ford täglich Berichte, die durch häufige Telefongespräche mit Brent Scowcroft ergänzt wurden, der seinerseits den Präsidenten informierte.

Noch mehr als ich war Ford darüber aufgebracht, daß die Verhandlungen in einer Sackgasse zu münden drohten, weil er einen Brief Sadats erhalten hatte, den dieser ihm ohne mein Wissen schickte, nachdem ich am Nachmittag des 18. März, eines Dienstags, aus Ägypten abgereist war. Sadat brachte darin seine Empörung über Israels Verhalten zum Ausdruck, das alle Vorzüge eines wirklichen und endgültigen Friedens verlangte, dafür aber nur eine »sehr begrenzte Truppenentflechtung« zuzugestehen bereit war. Sadat bat Ford, persönlich einzugreifen. Daß er sich über meinen Kopf hinweg an Ford gewandt hatte, war ohne Beispiel und ein klares Zeichen dafür, daß er mit dem Verhandlungsprozeß und dem Vermittler allmählich die Geduld verlor.

Da Ford Sadats Auffassung im Grunde genommen teilte, war seine Antwort auf meine beabsichtigte Demarche gegenüber der israelischen Regierung unmißverständlich. Scowcroft kabelte im Auftrag des Präsidenten:

Der Präsident hat Ihren jüngsten Bericht gelesen. Er stimmt mit jedem Wort überein und möchte, daß Sie dem Ministerpräsidenten und dem Kabinett eindeutig klarmachen: Sie sprechen mit seiner vollen Autorität und totalen Unterstützung. Der Präsident steht absolut und vollständig hinter Ihren gegenwärtigen Bemühungen und der Strategie, die Sie verfolgen. Er ist tief davon überzeugt, daß diese Bemühungen die überwältigende Unterstützung des amerikanischen Volkes haben.

Der Präsident hat ferner gesagt, daß wir uns nicht in der ganzen Welt isolieren können, nur um die Starrköpfigkeit Israels zu unterstützen. Er erläuterte allerdings nicht, ob diese Bemerkung eine Anleitung zum Handeln sei. Das überlasse ich Ihrem Urteil.

Mein Zielort Jerusalem war inzwischen in Routine erstarrt. Da das Kabinett seine Position nie veränderte, solange wir in Ägypten weilten, mußte ich nach meiner Rückkehr mindestens einen weiteren Tag auf seine Antwort oder neue Vorschläge warten. Bei dieser Arbeitsweise nutzten die Mitglieder des israelischen Verhandlungsteams, die untereinander uneins waren und über keine neuen Instruktionen des Kabinetts verfügten, den ersten Abend unserer Rückkehr nach Jerusalem in der Regel dazu, um, meist in boshaftem Ton, Zusatzfragen zu stellen. Um ihre aufgeputschten Medien nicht informieren zu müssen oder zu riskieren, daß man ihnen Zugeständnisse vorwarf, zu denen sie nicht befugt waren, gaben sie ihre eigene Position mit keinem Wort preis. Nachdem ich am Dienstag abend Sadats Antwort übermittelt hatte, blieb mir in Jerusalem bis zur nächsten Kabinettssitzung nichts mehr zu tun. Deshalb verbrachte ich Mittwoch, den 19. März, in Riad, um König Feisal und Prinz Fahd (den späteren König) zu informieren. Obwohl Saudi-Arabien enge Beziehungen zu Syrien unterhielt und Asads verbale Ablehnung eines Separatabkommens unterstützte, drängte mich Feisal durchzuhalten. Denn im Grunde genommen waren alle Voraussetzungen für eine Separatabmachung zwischen Israel und Ägypten gegeben – nur Israels Zustimmung fehlte noch.

An diesem Punkt kehrte sich die Pendeldiplomatie nun gegen sich selbst. Als ich die Mission begann, hatten beide Parteien ein Abkommen herbeigewünscht. Israel, zermürbt vom Oktoberkrieg 1973, sehnte sich nach einer Atempause und wollte seine Gefangenen wiederhaben. Sadat, der begriffen hatte, wie nahe er an einer Katastrophe vorbeigeschlittert war, wollte seine Dritte Armee aus der Einkesselung befreien und die Erstarrung überwinden, die zum Krieg geführt hatte. Die raschen Ortswechsel und die begrenzte Zeit, die ich von Washington fernbleiben konnte, schufen einen eigenen Rahmen, eine Dramaturgie, die es beiden Parteien verbot, sich in ihren Standpunkten übermäßig zu verhärten.

Nun, nach vierzehn Monaten, war der Druck gewichen oder zumindest auf beiden Seiten nicht mehr gleich stark zu spüren. Eine gescheiterte Pendelmission konnte die Lage nur verschärfen, das Ansehen aller Beteiligten, besonders der Vereinigten Staaten, beschädigen und bewirken, daß das Drama zur Farce geriet. Jedes Zugeständnis, das wir den Parteien entlockten, ohne uns einer Lösung zu nähern, beeinträchtigte Amerikas Fähigkeit, nicht nur die laufenden Ereignisse zu beeinflussen, sondern überhaupt noch den Deckel auf dem brodelnden Kessel des Nahen Osten zu halten.

Die Pendelmission im März 1975 geriet nun rasch an den Rand der Lächerlichkeit. Je länger die Sitzungen des israelischen Kabinetts dauerten, desto weniger kam dabei heraus. Nach zehnstündiger Debatte brachte es am 19. März nur noch symbolische Modifikationen der israelischen Position auf den Tisch. Auf einer Morgensitzung am 20. März bot das Verhandlungsteam einen Rückzug Israels bis zur Mitte der Pässe an, was ohne Karte aber so gut wie gegenstandslos war. Man bat mich, dieses Angebot Sadat in letzter Minute im Gegenzug für eine offizielle Erklärung der Beendigung des Kriegszustandes, einschließlich des Verzichts auf »unfreundliche« Diplomatie, zu unterbreiten. Genau darauf aber konnte Sadat unmöglich eingehen, was er Israel bereits seit sechs Monaten begreiflich zu machen suchte. Das israelische Verhandlungsteam schien nicht verstehen zu können, daß der Prozeß am Ende war. Es blieb unbeeindruckt, als ich die von Ford gebilligte offizielle Bitte vortrug, seine Haltung noch einmal zu überdenken. Es weigerte sich standhaft, eine Karte zu übergeben oder zu definieren, was mit der »Mitte« der Pässe gemeint war.

Mein letzter Besuch in Assuan am späten Abend des 20. März, eines Donnerstags, war eine traurige Angelegenheit. Sadat hatte aufgegeben. Er, der sonst vor Energie sprühte, puzzelte nun lustlos und ohne jede Überzeugung noch ein wenig an einigen seiner Positionen herum. Und wie erwartet, lehnte er das israelische Angebot, sich bis zur Mitte der Pässe zurückzuziehen, ohne Karte als unseriös ab. Wir hatten den Punkt erreicht, da alle Hoffnung dahin war und Sadat mit weiteren Veränderungen nur seine innenpolitische Position schwächen konnte, ohne einer Vereinbarung näherzukommen. Und auch Amerikas Ansehen mußte Schaden nehmen, wenn wir Ägypten zu weiteren Modifikationen drängten, ohne Israel zum Einlenken zu bringen. Botschafter Hermann Eilts beschrieb Sadats Stimmung so:

> Die Ägypter sind deprimiert, frustriert und verbittert. Sie können einfach nicht verstehen, wie Sie diese Mission beginnen konnten, ohne eine klare Vorstellung über das Verhältnis von Forderungen und Angeboten auf der israelischen Seite zu haben.

Als ich bei meiner Rückkehr nach Israel am Mittag des 21. März Rabin erklärte, nun sei das Ende der Fahnenstange erreicht, wandte er ein, er benötige erst noch die Zustimmung des Kabinetts zum Abbruch der Verhandlungen, als ob die beiden Parteien das Recht hätten, von den Vereinigten Staaten eine Fortsetzung ihrer Vermittlungsbemühungen zu verlangen. Im Grunde war das jedoch Rabins resignierter Versuch, seinen Kollegen eine allerletzte Möglichkeit zum Sinneswandel zu geben.

Da der 22. März auf einen Samstag fiel, erlegte uns der jüdische Sabbat eine weitere Zwangspause auf. Ich nutzte die Gelegenheit und flog mit dem Hubschrauber nach Masada, einen Ort, den die Juden einst verzweifelt gegen die Stürmung durch die Römer verteidigt hatten. Unser Führer war der bekannte Archäologe Yigael Yadin, der die Ausgrabungen geleitet hatte. Auf diesem windigen Plateau hoch über der Wüste waren tausend unbeugsame jüdische Rebellen gegen die Herrschaft der Römer von vier Legionen umzingelt worden und hatten daraufhin Massenselbstmord begangen – ein Zeugnis jüdischen Glaubens und römischer Unerbittlichkeit.

Als der Sabbat zu Ende war, traf ich am Abend des 22. März zum letzten Mal mit dem israelischen Verhandlungsteam zusammen. Die Stimmung war düster. Allon und Peres hielten es aber selbst zu diesem Zeitpunkt noch für angebracht, nachträglich darüber zu streiten, wie wir in diese Sackgasse geraten waren. Immer noch beharrten sie darauf, Ägypten habe kein Entgegenkommen gezeigt. Für eine Gesamtschau war es aber noch zu früh. Ich faßte unsere Sicht des bisherigen Verlaufs zusammen:

> Herr Ministerpräsident …, wir hätten uns in den vergangenen sieben Monaten nicht so verhalten, wenn wir gewußt hätten, daß die endgültige israelische Position so ausfällt.
>
> Es trifft nicht zu, daß Ägypten kein Entgegenkommen gezeigt hat. Richtig wäre es zu sagen, beide Seiten haben das Maximum an Zugeständnissen gemacht, zu dem sie sich in der Lage sahen. Aber das war nicht

genug. Es ist für einen arabischen Staat keine Belanglosigkeit, zum ersten Mal zu erklären, daß es keine Anwendung oder Androhung von Gewalt mehr geben wird, daß alle Streitfragen mit Ihnen von nun an mit friedlichen Mitteln beigelegt werden, daß das Abkommen gelten wird, bis es durch ein anderes ersetzt wird, daß man den Vereinigten Staaten versichert, im Fall eines syrischen Angriffs auf Israel werde sich Ägypten nicht anschließen, und daß die UN-Truppen auf unbegrenzte Zeit hier stationiert bleiben sollen. Zudem hat man den Vereinigten Staaten versichert, das Abkommen werde – was in Genf auch geschehe – davon nicht betroffen sein...

Wir gingen davon aus, die Verhandlungen im Interesse einer Gesamtstrategie zu führen, die überwiegend im Interesse Israels ist. Das Geben und Nehmen hätte uns in die Lage versetzt, den diplomatischen Prozeß unter Kontrolle zu behalten. Stellen Sie sich selbst die Frage, wie sich ein amerikanischer Präsident beim besten Willen in Genf ohne einen Plan verhalten soll. Das ist der Alptraum, den ich nun auf Sie zukommen sehe. Im Vergleich dazu sind zehn Kilometer auf dem Sinai eine Belanglosigkeit.[1]

Später am Abend antwortete mir Rabin nach einer weiteren vergeblichen Sitzung des Kabinetts ohne den Versuch, meine Worte zu korrigieren:

Herr Außenminister, ich möchte Ihnen sagen, wie sehr wir Ihre Bemühungen und Ihre Verhandlungsführung bewundern.

Ich glaube, wir alle sind traurig darüber, wie sich die Dinge entwickelt haben. Ich betone, traurig. Wir unsererseits können uns nur lobend darüber äußern, wie Sie diese Verhandlungen unter sehr schwierigen Umständen geführt haben. Es gibt keinerlei Zweifel an Ihren Absichten und Zielen. Wir sind Ihnen sehr dankbar.

Als ich vom Büro des Ministerpräsidenten im ersten Stock zum Ausgang hinunterging, hielt mich Verteidigungsminister Shimon Peres, der führende »Falke« in den Verhandlungen, auf dem Treppenabsatz auf. Mit Tränen in den Augen versicherte er mir, was nun geschehen sei, habe nicht in seiner Absicht gelegen. Ich glaubte ihm. Peres hatte rechts von Rabin Stellung bezogen, um das Verdienst für bessere Konditionen einzuheimsen, nicht um den Friedensprozeß zum Scheitern zu bringen. (Diese Taktik benutzte er hier zum letzten Mal; später wurde Peres zur führenden »Taube« seiner Partei.[2])

Am nächsten Tag begleitete mich Rabin zum Flugplatz Ben Gurion – eine Geste der Höflichkeit und Freundschaft, denn nach dem Protokoll wäre dies Sache des Außenministers gewesen. Wir waren etwa fünfzehn Minuten allein miteinander, und der sonst so schweigsame Rabin nutzte die Gelegenheit, um mir zu sagen:

Sie sollen wissen, daß diese Geschichte heute nicht zu Ende ist. Wenn Sie die nächsten Schritte überlegen, dann bedenken Sie bitte: Ich fühle mich für jeden israelischen Soldaten verantwortlich – fast so, als wäre es mein eigener Sohn. Sie wissen, daß mein Sohn einen Panzerzug an der Front im Sinai kommandiert. Der Mann meiner Tochter befehligt dort ein Panzerbataillon.[3]

Das waren die bewegendsten Worte, die ich je von Rabin gehört habe. Sie berührten mich tief. Als ich aber an unseren gescheiterten Plan dachte, den ich in vieler Hinsicht Seite an Seite mit Rabin entwickelt hatte, wurde mir klar, daß noch ein steiniger Weg vor uns lag. Wir versprachen einander, alles zu tun, um die traditionelle amerikanisch-israelische Freundschaft wiederaufzubauen, denn wir wußten, daß es auf beiden Seiten genügend Leute gab, die dem anderen nur zu gern schlechten Willen unterstellten. Als Rabin und ich uns an der Gangway meiner Maschine umarmten, ahnten wir beide, was uns noch bevorstand.

XIV. Sinai II und der Weg zum Frieden

»Neubewertung«

Der März 1975 war ein bitterer Monat für die amerikanische Außenpolitik: Mit den Beziehungen zur Sowjetunion ging es bergab, die Kurden wurden niedergemacht, Portugal driftete immer weiter nach links, und nun steckte auch die Nahostdiplomatie, bislang eine Erfolgsstory, in der Sackgasse. All das wurde jedoch überschattet vom Zusammenbruch Indochinas: Zwanzig Jahre amerikanischer Opfer waren damit umsonst gewesen. Selbst wenn der Nahe Osten unser Denken beherrschte, fühlten und zitterten wir mit Indochina.

Als ob die Götter uns zeigen wollten, wie sehr sie uns zürnten, wurde König Feisal von Saudi-Arabien am 25. März 1975 ermordet – ich war gerade zwei Tage in Washington zurück. Das war tragisch für die amerikanische Außenpolitik. Feisals Tod zu einem Zeitpunkt, da wir seine zurückhaltende Art und sein Geschick am meisten brauchten, empfanden wir als beträchtlichen Rückschlag.

Das Scheitern der Pendelmission vom März stellte uns vor die größte Herausforderung seit dem Jom-Kippur-Krieg. Die nationalen Grundinteressen der Vereinigten Staaten im Nahen Osten hatten sich nicht verändert. Nach wie vor mußten wir darauf achten, daß der Friedensprozeß nicht unter den gemeinsamen Druck der Sowjetunion, der Europäer und der arabischen Staaten geriet. Ausschlaggebend war deshalb, daß wir gemäßigte arabische Führer, insbesondere Anwar Sadat, weiterhin unterstützten. Sollte sich eine Genfer Konferenz als unumgänglich erweisen, wollten wir unseren Einfluß wahren. Wenn ein Sonderweg noch möglich war, blieben wir dafür offen. Den nationalen Interessen Amerikas war am besten mit einer Diplomatie gedient, die erreichte, daß alle Wege nach Washington führten, daß Israel zu stark war, um besiegt werden zu können, und daß allein die Vereinigten Staaten einen Kompromiß erreichen konnten.

Allerdings war nicht zu übersehen, daß das israelische Kabinett nach Monaten der Verschleppungstaktik und der Zweideutigkeiten nun offenbar aufgegeben hatte, was wir bisher als gemeinsame Strategie betrachteten. Mit dem Verstand begriffen wir, daß die unsägliche israelische Taktik, die die Pendelmission verdorben hatte, Ausdruck von Israels Alptraum war, der Friedensprozeß könnte, gewollt oder ungewollt, ihm ein Zugeständnis nach dem anderen abtrotzen, bis seine Existenz auf dem Spiel stand und es keine

Verhandlungstrümpfe mehr besaß. Nichts lag uns ferner, als die radikalen arabischen Führer (sie hatten die Unterstützung der Sowjetunion), deren es schon genug gab, durch ein öffentliches Zerwürfnis mit Israel noch zu ermuntern. Und in diesem Monat schwindender Hoffnungen verfolgte auch mich das Schreckensbild, ich könnte noch einmal, obgleich in bester Absicht, zur Triebkraft eines Friedensprozesses werden, der einem Verbündeten das Ende bescherte.

Wenn man alles überdachte, hatte Israel allerdings mit seinem Verhalten unsere gesamte Nahoststrategie in größte Gefahr gebracht. Eine Neubewertung war unumgänglich. Es ist eine Ironie, daß dieser Begriff ausgerechnet durch eine der offenbar unbegrenzten israelischen Indiskretionen in die Öffentlichkeit gelangte. Im letzten Stadium meiner Pendelmission hatte Ford Rabin einen vertraulichen Brief mit der Warnung geschickt, wenn die Verhandlungen scheiterten, sähen sich die Vereinigten Staaten gezwungen, eine »Neubewertung« ihres diplomatischen Vorgehens ins Auge zu fassen. Damit meinte er die Rückkehr zur multilateralen Genfer Konferenz. Rabin hatte sein Kabinett über diesen Brief informiert, vielleicht weil er damit seine Kollegen zu einem Abrücken von ihrer harten Linie bewegen wollte. Die Sache wurde publik, als ich mich gerade auf dem Heimflug befand. Bei einem Zwischenstopp in Heathrow, wo ich den britischen Außenminister James Callaghan informieren wollte, erhielt ich einen wütenden Anruf des Präsidenten, der gerade im Fernsehen von einem Brief hören mußte, auf den er noch nicht einmal eine Antwort erhalten hatte.

Als Ford am 24. März, einen Tag nach meiner Rückkehr, die Kongreßführung informierte, sprach er noch einmal ausdrücklich von »Neubewertung« und wies auch seinen Pressesprecher Ron Nessen an, diesen Begriff auf seiner regelmäßigen Konferenz im Weißen Haus zu bestätigen.

Dieses Wort leitete eine angespannte Phase in den amerikanisch-israelischen Beziehungen ein. Eigentlich war es ein Gemeinplatz: Wie man es auch nannte, das Scheitern der Pendelmission zwang uns dazu, unsere Nahostdiplomatie mit anderen Augen zu sehen. Zugleich konnte man diesen Begriff aber auch so verstehen, daß unser Grundverhältnis zu Israel zur Disposition stand. Das lag nicht in unserer Absicht. Daß wir Sadat nicht für das Scheitern der Mission verantwortlich machen wollten, verstärkte noch Israels Argwohn, denn es bedeutete ein Abweichen von der bisherigen Praxis, das heißt, wir hatten uns stets automatisch auf Israels Seite gestellt.

Um zu demonstrieren, wie sehr er meine Verhandlungsführung unterstützte, wollte Ford am Abend des 23. März, eines Sonntags, persönlich zur Andrews Air Force Base kommen, um mich in Washington willkommen zu heißen. Ich redete ihm das aus, denn Präsidenten sollten sich niemals ohne Not öffentlich mit einer Niederlage identifizieren, was immer deren Ursache gewesen sein mag. Allerdings konnte Ford nichts davon abhalten, mich auf dem Rasen des Weißen Hauses zu begrüßen, wo mein Hubschrauber landete. Vor den versammelten Fernsehkameras erklärte der Präsident:

Ich weiß, daß Sie alles gegeben haben. Leider ist es aus Gründen, die außerhalb unserer Kontrolle liegen, nicht so gekommen, wie wir es uns wünschten ...

Es liegt im nationalen und im internationalen Interesse, daß wir auch weiterhin alles nur Mögliche für den Frieden tun. Zwar haben wir – zeitweilig, wie ich hoffe – nicht alles erreicht, was wir erreichen wollten, aber ich bleibe optimistisch, daß das nüchterne Urteil und die Klugheit aller Seiten schließlich zu unserem Ziel – Frieden im Nahen Osten – mit all seinen weltweiten Auswirkungen führen werden.[1]

Einige Tage später sagte Ford zu seinem alten Freund aus Michigan Max Fisher, der unter Nixon und ihm als inoffizieller Verbindungsmann zwischen dem Weißen Haus und der Führung der amerikanischen Juden gute Dienste leistete:

> Ich glaube, ich war noch nie so enttäuscht wie bei der Nachricht, daß Henry ohne eine Vereinbarung zurückkommen werde. Das war bislang mein Tiefpunkt in diesem Amt. Nach den zwei Gesprächen mit Allon, nach meinen Begegnungen mit Rabin und Golda hatte ich den Eindruck, wir arbeiteten so eng zusammen, daß sie letzten Endes einsehen müßten, wie sehr das Ansehen der Vereinigten Staaten von dieser Sache abhing.

Fords Problem war nicht so sehr, daß hier inhaltliche Meinungsunterschiede zutage getreten waren, sondern daß ein Freund das Vertrauen gebrochen hatte. Vor dem Nationalen Sicherheitsrat erklärte er am 28. März:

> Seit ich im Amt bin, haben wir gemeinsam mit Israel an einer Lösung gearbeitet. Wir haben in gutem Glauben gehandelt, und ich nehme an, auch sie. Aber am Ende bewiesen sie nicht die Flexibilität, die notwendig gewesen wäre, um ein Abkommen zu erreichen...
> Ich bewundere und achte sie (die Israelis). Und ich bin so enttäuscht, wenn ich sehe, daß Menschen, die ich achte, einfach nicht einzusehen vermögen, daß wir uns bemühen, etwas für ihre und für unsere Interessen gleichermaßen zu tun. Letzten Endes sind wir natürlich den Vereinigten Staaten verpflichtet.

Verteidigungsminister James Schlesinger, sonst rasch dabei, an meinen diplomatischen Aktivitäten etwas auszusetzen, stimmte Ford auf dieser Sitzung zu:

> Wir können Israel nicht erlauben, jetzt in seinen Beziehungen zu uns so zu tun, als gäbe es keine Probleme. Wir können sie nicht in dem Glauben lassen, daß sie unsere Politik über den Haufen werfen dürfen und die Administration nichts dagegen tun kann. Das militärische Kräfteverhältnis ist aus israelischer Sicht heute viel besser als zu der Zeit, als wir dieses Problem zum letzten Mal (im Nationalen Sicherheitsrat) erörtert haben. Wir haben die Zahl der Waffen, die Ägypten von der Sowjetunion erhielt, stark überschätzt. Die Bilanz ist für Israel also recht günstig, und wir brauchen uns keine Vorwürfe zu machen, wenn wir uns jetzt zurückhalten.

Noch Jahre später erinnerte sich Ford verärgert an die Ereignisse des Frühjahrs 1975. In seinen Memoiren schrieb er:

> Die Israelis bremsten auch weiterhin. Ihre Taktik frustrierte die Ägypter und reizte mich zur Weißglut. Henry und ich hatten von Rabin die feste Zusicherung erhalten, es könnte eine Rückzugslinie gefunden werden, die für Israel akzeptabel sei. Aber Rabin schien nun die Reaktion seines Kabinetts zu fürchten. Er wollte oder konnte sein Versprechen nicht halten.[2]

Der schwelende Ärger des Präsidenten machte sich Luft, als Israel gegen eine Erklärung Fords protestierte, die eigentlich dazu gedacht war, ihm den

Rücken zu stärken. Ford hatte gesagt, die Vereinigten Staaten hätten das Überleben Israels stets gewährleistet und wollten das auch weiterhin tun. Bisher hatte die feierliche Erklärung stets gelautet, wir unterstützten Israels »Sicherheit«. In dem israelischen Protest wurde dem höhere Bedeutung zugeschrieben als dem bloßen »Überleben«. Zwar war der Einwand semantisch durchaus bedenkenswert, aber die israelische Regierung hatte wohl kaum den passenden Moment gewählt, um den Präsidenten frontal anzugehen.

Ford hatte diese Bemerkung aus dem Stegreif gemacht und nicht die Absicht gehabt, eine Veränderung der amerikanischen Politik anzudeuten. Nach dem Scheitern meiner Pendelmission war er weniger denn je in der Stimmung, derartige Haarspaltereien hinzunehmen. Der israelische Protest löste auf der Tagung des Nationalen Sicherheitsrates am 15. Mai beim Präsidenten einen ungewöhnlichen Zornesausbruch aus:

Ich habe »Überleben« und »Sicherheit« als Synonyme gebraucht. Sie haben sich nun dazu entschlossen, zwischen beidem zu unterscheiden, nicht ich. Deshalb werde ich künftig von »Überleben« sprechen und wünsche nicht, daß irgend jemand meine Worte zu variieren oder zu interpretieren versucht.

Der Präsident beharrte auf seinem Standpunkt, selbst als Schlesinger zu Recht darauf hinwies, daß beide Begriffe sich um eine Nuance unterscheiden. Ford erwiderte:

Wir bleiben bei dem Begriff »Überleben«... Sie haben daraus ein Problem gemacht, und wir denken nicht daran zurückzustecken.

Zurück zur Diplomatie der kleinen Schritte

In dieser bösen Zeit, als ich versuchen mußte, mit dem Zerfall Indochinas fertig zu werden und zugleich unsere Nahostdiplomatie zu retten, kristallisierte sich ein Schlüsselproblem der amerikanisch-israelischen Beziehungen heraus: Die Amerikaner hielten die territorialen Veränderungen, gegen die sich Israel zur Wehr setzte, für nebensächlich. Israel, das im Kampf um seine Existenz völlig aufging, hatte Schwierigkeiten zu begreifen, daß der genaue Verlauf einer Waffenstillstandslinie, einhundertfünfzig Kilometer von Israels Grenzen entfernt, für die amerikanische Supermacht nur eine von mehreren Prioritäten war. Die lockere Kameradschaft und die häufigen Freundschaftsbekundungen konnten nicht über die Tatsache hinwegtäuschen, daß beide Seiten sich zuweilen auf die Nerven gingen: Israel störte, wie unbekümmert die Amerikaner Land aufzugeben bereit waren, das man zu Hause als entscheidend für das eigene Überleben ansah. Mit seinen Verhandlungsmethoden wiederum reizte Israel, das von Geben und Nehmen nichts hielt, das jedes Zugeständnis als Erpressung ansah, häufig die Amerikaner zur Weißglut.

Bisher war es uns gelungen, diese Spannungen im Vorwärtsschreiten zu überwinden. Nun aber, da Stillstand drohte, zeigte sich, daß der Druck, den ein Partner auf den anderen auszuüben imstande war, dem eigentlichen Problem in keiner Weise entsprach. Für einige Kilometer Wüstensand drohte Israel, ein amerikanisches Projekt im Nahen Osten zu Fall zu bringen, an dem wir fast fünf Jahre lang schwer gearbeitet hatten. Um das zu verhindern, blieb uns nichts anderes übrig, als zu versuchen, Israel unsere Vorzugslösung aufzuzwingen, indem wir mit wirtschaftlichem Druck und diplomatischer Isolierung drohten.

Zwar hatten bereits mehrere Administrationen eine solche Vorgehensweise ins Auge gefaßt, am Ende waren sie jedoch stets davor zurückgeschreckt. Denn den führenden Politikern Amerikas wurde dabei klar – zuweilen im allerletzten Moment –, daß die Vereinigten Staaten bei einem so umfassenden Engagement leicht in eine Falle tappen konnten. Die arabischen Staaten hätten dann ihre diplomatischen Bemühungen gegenüber Israel aufgegeben und ihren ganzen Druck auf die Vereinigten Staaten konzentriert, um bei ihnen noch bessere Bedingungen zu erwirken. Israel, das sich isoliert sah, hätte sich einigeln oder alles auf eine Karte setzen können. Wir riskierten damit entweder Krieg oder den nervlichen Zusammenbruch eines Verbündeten.

In den Wochen, in denen Indochina zerfiel, gab ich mir nach reiflicher Überlegung ein Versprechen: Sollten wir die Politik der kleinen Schritte aufgeben müssen und die Vereinigten Staaten gezwungen sein, die Bedingungen für eine Lösung zu diktieren, dann wollte ich zurücktreten. Die Kluft zwischen der israelischen und der amerikanischen Sicht des Überlebensspielraums für den jüdischen Staat wäre dann kaum noch zu schließen gewesen: Setzten wir uns durch, brachen wir Israel, psychologisch gesehen, das Rückgrat; scheiterten wir, hatten wir unsere Rolle im Nahen Osten verwirkt. Zwei Jahre zuvor hatten meine Kollegen und ich unserem vietnamesischen Verbündeten eine Lösung mehr oder weniger aufgezwungen, von der wir in gutem Glauben und voller Hoffnung erwarteten, sie werde diesem leidgeprüften Land den Frieden bringen. Diese Lösung erwies sich nun als Trugschluß, und ich hatte mit dem Desaster fertig zu werden. Ich fühlte mich nicht in der Lage, die Verantwortung für eine weitere Tragödie dieser Art auf mich zu nehmen, insbesondere wenn es um einen Verbündeten ging, mit dem mich und meine Familie das gemeinsame Schicksal des Holocaust verband.

Wie bisher in allen entscheidenden Situationen brachte uns Sadat wieder ins Spiel. Da eine Konfrontation mit den Vereinigten Staaten ihn den Sowjets auf Gedeih und Verderb ausgeliefert hätte, da eine offene Auseinandersetzung mit Israel am Ende sein Verhältnis zu den Vereinigten Staaten bedrohen konnte, unternahm Sadat drei Schritte, um Ägyptens sorgfältig aufgebautes Image einer gemäßigten Politik aufzupolieren. Kaum eine Woche nach dem Scheitern der Pendelmission erklärte Sadat bei einer Begegnung mit Vizepräsident Nelson Rockefeller am Rande der Trauerfeier für König Feisal, trotz seiner Enttäuschung hoffe er auch weiterhin darauf, daß die Vereinigten Staaten den Weg zum Frieden bahnten. Kurz darauf, am 29. März, verkündete Sadat in einer Rede vor dem Parlament, die eher traurig als zornig klang, er werde die sterblichen Überreste von neununddreißig vermißten israelischen Soldaten zurückgeben, um die sich Israel seit Kriegsende bemühte. Zugleich erklärte er, ungeachtet der ausgesetzten Verhandlungen werde er den seit 1967 geschlossenen Suezkanal am 5. Juni wieder öffnen. Und um vollends klarzumachen, was für ihn Vorrang hatte, bat Sadat, ein großes amerikanisches Kriegsschiff möge in Ägyptens Konvoi zur

Wiedereröffnung des Kanals mitfahren. Inzwischen war das auf sechs Monate befristete Mandat der UN-Truppen ausgelaufen, die die israelischen und ägyptischen Streitkräfte auf dem Sinai voneinander trennten. Nach dem gültigen Verfahren der Vereinten Nationen war Ägyptens Zustimmung notwendig, um das Mandat zu erneuern. Sadat schlug vor, es um drei Monate zu verlängern, womit er den für ihn endgültigen Punkt für die Wiederaufnahme der Verhandlungen setzte.

Wir beschlossen, es den Streitparteien zu überlassen, den ersten Schritt zur Wiederaufnahme der Gespräche zu tun. Solange sie glaubten, wir seien an einer Vereinbarung stärker interessiert als sie selbst, versuchten Ägypten und Israel immer wieder, den Vereinigten Staaten die Bürde notwendiger Entscheidungen aufzuladen. Wir mußten die Parteien zwingen, in erster Linie selbst aktiv zu werden. Im Zeichen dieser Strategie stand die Neubewertung.

Am 29. März riefen wir die amerikanischen Botschafter in Israel, Ägypten, Syrien und Jordanien nach Washington zurück, um eine politische Bilanz zu ziehen. Jeder der Diplomaten hatte dem Außenminister seines Gastlandes vor der Abreise drei Fragen zu stellen: Wie schätzen Sie den Stand der Dinge ein? Halten Sie ein befristetes Abkommen noch für möglich und, wenn ja, zu welchen Bedingungen? (Angesichts des heftigen Widerstandes Israels gegen ein weiteres Zwischenabkommen über die Golanhöhen wurde Syrien diese Frage nicht gestellt.) Wie soll eine Rückkehr zu den Genfer Gesprächen bewerkstelligt werden, wenn diese Option vorgezogen wird? Ähnliche Fragen übermittelten wir auch unserem Botschafter in Moskau.

Die Antworten zeigten, daß niemand, nicht einmal die Sowjets, es eilig hatte, nach Genf zurückzukehren. Zwar richtete Ismail Fahmi an die Sowjetunion die offizielle Bitte, zu diesem Thema Sondierungsgespräche zu führen, aber auch er schlug weder ein Datum noch ein Verfahren vor. Zugleich gab er die Fragen an uns zurück, indem er vorschlug, wir sollten neue Ideen für die Wiederaufnahme der Verhandlungen präsentieren.

Was die Israelis betraf, so war von ihren vollmundigen Bekenntnissen zur Genfer Konferenz während meiner Pendeldiplomatie kein Wörtchen mehr zu hören, als es um Vorschläge ging, wie diese zu realisieren sei. Statt dessen bekräftigte das Kabinett, es gebe einem befristeten Abkommen mit Ägypten eindeutig den Vorzug, und schlug vor, wir sollten die Verhandlungen an dem Punkt wiederaufnehmen, an dem sie abgebrochen worden waren.

Der syrische Präsident Asad erklärte, er bevorzuge eine Rückkehr nach Genf (wo er bei der einzigen bisherigen Sitzung durch Abwesenheit geglänzt hatte), fügte aber den bekannten Vorbehalt hinzu, dies bedürfe einer sorgfältigen Vorbereitung. Selbst die Sowjets schienen zu zögern. Gromyko betonte, zunächst müßten eingehende Konsultationen stattfinden.

Jede der Parteien hatte ihre Gründe, die Rückkehr nach Genf nicht zu überstürzen. Sadat war zwar vom Ausgang der Pendelmission tief enttäuscht, hielt aber eine Genfer Konferenz letzten Endes nicht für eine wünschenswerte Alternative. Dort traf er auf die Syrer, die ganz sicher auf eine umfassende Lösung drängten, dazu die Palästinenser, die eher für eine neue Sackgasse oder Krieg als für einen Kompromiß gut waren. Auch der unvermeidliche sowjetische Kopräsident der Konferenz war für Ägypten nicht gerade ein Segen. In den letzten Monaten hatte Sadat die sowjetischen Führer zu oft verärgert und in Verlegenheit gebracht, um noch mit spürbarer Unterstützung ihrerseits rechnen zu können. Eher war zu erwarten, daß sie seine eigenständigen Initiativen gegenüber Israel zu blockieren versuchten. Die verwirrendste Reaktion kam aus dem Kreml. Ein rasches Eingehen auf plötzliche, unerwartete Entwicklungen war niemals Gromykos Stärke gewesen; tiefes Mißtrauen paßte eher zu seinem Stil. Als wir uns nach fünfzehn Monaten heftigen Widerstandes plötzlich bereit erklärten, eine Rückkehr zur Genfer Konferenz in Betracht zu ziehen, witterte Gromyko eine Falle. Denn eines war ihm klar: Die verräterischen Ägypter und die hinterhältigen Amerikaner versuchten gemeinsam die Sowjetunion von ihren verbliebenen Gefolgsleuten in der Region zu trennen.

Um ihre Verwirrung zu verbergen, sandten Breschnew und Gromyko am 10. und 11. April Botschaften an Ford und mich, in denen sie vor Einberufung der Genfer Konferenz zunächst einmal Konsultationen vorschlugen. Ihr Ziel sollte sein, eine gemeinsame inhaltliche Position der Sowjetunion und der Vereinigten Staaten für die Konferenz zu finden. Breschnew regte an, als Zeitraum für den erneuten Zusammentritt der Genfer Konferenz den Juni ins Auge zu fassen.

Als wir jedoch zu erkunden suchten, was die Sowjets mit einer gemeinsamen Position meinen könnten, stießen wir sofort wieder auf das traditionelle sowjetische Gebaren. Ich fragte über Dobrynin offiziell nach, welche Vorschläge die Sowjetunion einzubringen wünsche. Moskau hüllte sich in Schweigen. Nach einigen Wochen kam von Gromyko eine Antwort, aber es war das Übliche, das wir bereits kannten, die sowjetische Ausgangsposition, die sich seit sechs Jahren als nicht verhandlungsfähig erwiesen hatte: der Rückzug Israels auf die Grenzen von 1967 und internationale Garantien dafür. Der Kreml wollte sich von seinen radikalen Verbündeten im Nahen Osten nicht trennen. Aber wir konnten keinerlei Interesse an einer gemeinsamen Position in Genf oder auch nur an der Einberufung der Konferenz haben, wenn ihr einziges Ziel darin bestand, Israel einseitig Zugeständnisse abzuringen. Wenn Genf irgendeine Aussicht auf Erfolg haben sollte, dann mußten die beiden Kopräsidenten aus den Vereinigten Staaten und der Sowjetunion ihre jeweiligen Verbündeten dazu bewegen, vergleichbare Opfer zu bringen.

Der wichtigste Grund für die Zurückhaltung der Sowjetunion war das einzige Überbleibsel von unserer Junktimpolitik: Die Sowjets wollten die Europäische Sicherheitskonferenz unbedingt mit einem Gipfel krönen, der Ende Juli in Helsinki zusammentreten sollte. Die sowjetischen Führer fürchteten, wenn sie sich bei einer Neuauflage der Genfer Konferenz an die Spitze der Radikalen setzten, könnte das den Gipfel von Helsinki leicht zunichte machen. Wenn sie aber Syrien und der PLO nicht den Rücken stärkten, würde das ihre Position unter den verbliebenen arabischen Anhängern nur weiter schwächen. So gab uns das sowjetische Zögern in den kritischen Monaten unserer größten innenpolitischen Schwächephase, als Indochina fiel und Washington gespalten war, die Gelegenheit, den Friedensprozeß im Nahen Osten wieder in die Hand zu bekommen.

Zwar hatten auch wir in den jüngsten Entwicklungen Federn lassen müssen, blieben aber die einzige Partei, die in der Lage war, mit allen anderen umzugehen. Wir zeigten also keinerlei Eile, weil wir uns ausrechneten, daß eine Verzögerung nur noch klarer demonstrierte, wie unverzichtbar wir waren, und die anderen Beteiligten zur Mäßigung ihrer Politik veranlaßte. Darauf liefen die Instruktionen hinaus, die wir Botschafter Kenneth Keating in Israel übermittelten:

> Lassen Sie sich auf keine, ich wiederhole, keine nachträgliche Diskussion darüber ein, warum die Verhandlungen in die Sackgasse gerieten. Erörtern Sie auch nicht die Vorzüge einzelner israelischer Ideen. Erwecken Sie den Eindruck, daß Sie nach jeder neuen Idee der Israelis Ausschau halten, von der Sie berichten können, wenn Sie nach Washington kommen. Zwar sollen Sie sagen, daß die US-Regierung, wie öffentlich erklärt, für jede derartige Idee offen ist, aber Sie haben nicht den Auftrag, auf die Israelis Druck auszuüben. Wenn Rabin neue Ideen vorbringt, fragen Sie ihn, ob dies seine persönliche Meinung ist oder ob er von der Unterstützung des Kabinetts ausgeht.

Der letzte Satz bezog sich auf die Kluft zwischen dem, was uns Rabin unter vier Augen dargelegt hatte, und dem, was seinen Reden auf Kabinettssitzungen zu entnehmen war.

Botschafter Eilts in Kairo wurde am 1. April angewiesen, auf Fahmis Erkundigungen nach neuen Ideen der Vereinigten Staaten in gleicher Weise zu antworten:

> Was Fahmis Anregung betrifft, wir sollten ihm und Sadat einige Formulierungen zum Nachdenken übermitteln, so sagen Sie Fahmi, ich ziehe es vor, damit zu warten, bis wir die übergeordnete Frage besser beurteilen können, was unter den gegenwärtigen Umständen das beste Vorgehen ist.

Im Lauf des April bekräftigten die Parteien ihre Positionen und verfeinerten sie zugleich. Sadat erweckte den Anschein, als bereite er sich zumindest auf eine diplomatische Auseinandersetzung vor, war aber vorsichtig genug, keinen Termin zu nennen. Am 23. April traf er in Riad mit Asad zusammen, wo beide die Bildung eines Komitees zur Koordinierung ihrer Strategie gegenüber Israel ankündigten, das aber, soweit ich feststellen konnte, niemals zusammentrat. Fahmi besuchte Moskau und unterzeichnete dort gemeinsam mit Gromyko ein Kommuniqué, in dem »sorgfältige Vorbereitung« vor der Einberufung der Genfer Konferenz angemahnt und gefordert wurde, die PLO »mit den gleichen Rechten wie die anderen Teilnehmer« einzuladen. Fahmi war viel zu clever, um nicht zu wissen, daß Israel nicht teilnehmen würde, wenn die PLO mit am Verhandlungstisch saß. Seine Erklärung zielte somit auf weiteren Stillstand, nicht auf sofortiges Handeln.

Ford seinerseits schien in den täglichen Morgenbesprechungen mit mir zu einer umfassenden Lösung zu tendieren, ohne entsprechende Weisungen zu erteilen. In einem Interview für Reporter der CBS am 21. April faßte er die Optionen der amerikanischen Politik so zusammen:

> Es gibt tatsächlich drei Optionen. Man kann die abgebrochenen Verhandlungen wiederaufnehmen, ohne sich für eine Rückkehr nach Genf stark zu machen. Man kann nach Genf gehen und versuchen, eine umfassende Regelung zu erreichen, was sehr schwierig ist, aber von vielen gefordert wird. Während man jedoch über eine Gesamtlösung spricht, kann man als dritte Option auch eine Zwischenlösung anstreben, die

zwei der Parteien, zum Beispiel Israel und Ägypten, miteinander aushandeln.

Das sind im wesentlichen die drei Optionen. Wir haben noch keine Entscheidung getroffen.[3]

Aus Israel kamen Allon und der ehemalige Außenminister Abba Eban nach Washington, letzterer als Privatmann, weil ihn Allon abgelöst hatte, als Rabin Golda Meir vor einem Jahr im Amt des Ministerpräsidenten gefolgt war. Allon schlug vor, die Verhandlungen dort wiederaufzunehmen, wo sie abgebrochen worden waren, hatte aber natürlich keinerlei Vollmacht, andere Positionen vorzuschlagen als die, die zum Abbruch geführt hatten. Eban umschrieb die Aussichten wie stets mit einem treffenden Spruch: »Ein Erfolg brächte keinen Frieden, ein Scheitern keinen Krieg.«

Mitte Mai sah Ford den Zeitpunkt für eine amerikanische Initiative gekommen. Er schlug vor, am 1. und 2. Juni auf einer Europareise, die er plante, im österreichischen Salzburg mit Präsident Sadat zusammenzutreffen. Für den 11. und 12. Juni lud er Rabin nach Washington ein.

Ford und Sadat

Als Ford den führenden Männern des Nahen Osten die Einladungen schickte, stand sein Entschluß fest. Die Neubewertung hatte uns zu unserer Ausgangsposition zurückgeführt. Ein befristetes Abkommen zwischen Ägypten und Israel war das wünschenswerteste Ergebnis, vorausgesetzt, wir konnten sicherstellen, daß die Vereinigten Staaten nicht von beiden Seiten als Vorwand für Ausflüchte benutzt wurden. Wenn dieses Vorhaben fehlschlug, wollten wir uns für eine erneute Einberufung der Genfer Konferenz einsetzen.

Die Botschafter Eilts in Kairo und Keating in Tel Aviv wurden angewiesen, die Regierung ihres Gastlandes zu informieren, daß die Vereinigten Staaten gewillt seien, ihre Vermittlerrolle wiederaufzunehmen, allerdings unter der Voraussetzung, daß die jeweiligen Staatschefs zu den bevorstehenden Gipfeltreffen mit Ford neue Ideen mitbrachten. Während beide Parteien auf der Stelle traten, berief ich Botschafter Eilts zu mir und bat ihn, Sadat eine persönliche Botschaft zu überbringen: Sadat solle sich an Rabins schroffer Art nicht stoßen, sagte ich ihm. Zwar sei er in der Tat ein schwieriger Gesprächspartner, zugleich aber auch, so paradox das erscheine, der führende Mann Israels, der am meisten nach Frieden strebe.

Da wir die Option der Genfer Konferenz nach wie vor in der Hinterhand behalten wollten, traf ich am 19. und 20. Mai in Wien mit Gromyko zusammen. Wenn überhaupt, dann war dies für ihn die Gelegenheit, die Sowjetunion als einen der Hauptakteure der Nahostdiplomatie wieder ins Spiel zu bringen. Aber Gromyko war nicht der Mann, der wegen einer diplomatischen Chance von seiner Pedanterie in juristischen und Verfahrensfragen abließ. Er schlug vor, die Vereinigten Staaten sollten die Sowjetunion in alle Fragen des Nahostfriedensprozesses einbeziehen, es dürfe also keine Kontakte ohne sowjetische Beteiligung mehr geben. Außerdem drängte er, unsere beiden Staaten sollten die PLO unverzüglich zur Neuauflage der Genfer Konferenz einladen. Gromyko mußte wissen, daß wir auf seinen ersten Vorschlag ausweichend reagieren und seinen zweiten rundweg ablehnen würden. Das einzige, was er nicht voraussehen konnte, war der sarkastische Ton, in dem ich meine Antwort vortrug:

Kissinger: Wollen Sie, daß ich Ihnen ehrlich antworte?

Gromyko: Es gibt durchaus Nuancen, wie wir die Einladung formulieren. Die Palästinenser haben dazu ihre eigenen Ansichten. Natürlich will ich eine ehrliche Antwort.

Kissinger: Meine ehrliche Antwort ist, daß Sie diese Frage nur aufgeworfen haben, damit Ihre Botschafter überall im Nahen Osten verkünden können, die Amerikaner weigerten sich, eine solche Einladung auszusprechen. Diese Gelegenheit können Sie haben.

Genau in diesem Sinn hatten die sowjetischen Botschafter Instruktionen erhalten. Allerdings führten sie sie recht schwerfällig aus. Das gab uns die Möglichkeit, die arabischen Staaten und Israel noch vor ihnen über unsere Haltung zu informieren.

In der Zwischenzeit heizten Israels Parteigänger im Senat die Stimmung im Weißen Haus an. Am 21. Mai, eine Woche bevor Ford zu seinem ersten NATO-Gipfel und dem anschließenden Treffen mit Sadat abreisen sollte, veröffentlichten sechsundzwanzig Senatoren einen Brief, in dem sie Ford drängten, sich in den Verhandlungen auf Israels Seite zu stellen sowie dessen umfangreichen wirtschaftlichen und militärischen Forderungen ohne Einschränkung zuzustimmen:

In den nächsten Wochen erwartet der Kongreß Ihre Anträge auf Auslandshilfe für das Finanzjahr 1976. Wir vertrauen darauf, daß Ihre Empfehlungen den dringenden militärischen und wirtschaftlichen Erfordernissen Israels entsprechen werden. Wir bitten Sie eindringlich, wie wir klarzustellen, daß die Vereinigten Staaten in ihrem eigenen nationalen Interesse in den kommenden Verhandlungen bei der Suche nach Frieden fest an der Seite Israels stehen und daß diese Prämisse die Grundlage der gegenwärtigen Neubewertung der amerikanischen Nahostpolitik darstellt.

So konnte man mit dem neuen Präsidenten natürlich nicht umspringen. Fords Umgänglichkeit für Schwäche zu halten, das war für viele sehr verlockend und eine ständige Herausforderung. »Mit dieser Art von Druck erreicht man bei mir gar nichts«, sagte er. »Vielleicht können sie damit andere einschüchtern, aber bei mir funktioniert das nicht.«

Fords Besuch in Salzburg stand unter einem schlechten Stern, denn beim Aussteigen aus der Maschine strauchelte er und fiel hin. Von diesem Zwischenfall berichtete er in seinem Gespräch mit der Kongreßführung am 6. Juni:

Als nächstes flogen wir nach Salzburg. Bei der Ankunft dort hatte ich etwas Ärger. Ich stieg die Gangway hinunter. Es regnete in Strömen. Ich hatte Betty am Arm und in der anderen Hand den Schirm. Betty brachte mich zum Straucheln. Ich schlug im Regen lang hin und sie ging mit dem Schirm davon.

Die erste Begegnung zwischen Ford und Sadat fand am 1. Juni bei einem Mittagessen in Sadats Hotel am Fuschlsee statt. Dort hatte sich in der Nazizeit Joachim von Ribbentrop ein Haus gebaut, um in Hitlers Nähe zu sein, der jenseits der Grenze in Berchtesgaden residierte.

Sadat begrüßte Ford herzlich. Einige Minuten gingen sie allein am See-ufer entlang, bevor wir zu sechst an einem Tisch Platz nahmen: Ford zu-sammen mit Joe Sisco und mir, Sadat zusammen mit Fahmi und Hosni Mubarak.

Ford, immer noch verärgert über den Brief der Senatoren, eröffnete das Gespräch mit der Feststellung, dieser werde seine Außenpolitik nicht beein-flussen:

Ich möchte besonders zwei Punkte hervorheben. Erstens wird die Be-deutung des Briefes, den sechsundzwanzig Senatoren unterzeichnet haben, stark überschätzt. Die Hälfte von ihnen hat ihn gar nicht gelesen, und ein weiteres Viertel hat ihn nicht verstanden. Das restliche Viertel wußte allerdings genau, was es tat. Der Einfluß des Briefes ist uner-heblich.

Dann kam er auf den Gegenstand des Treffens zu sprechen:

Ich war sehr enttäuscht über die Position, die Israel im März eingenom-men hat. Es hat sich entschlossen, eine andere Richtung einzuschlagen, als wir erwartet haben. Ich möchte Ihnen sagen, für uns ist ein Stillstand unannehmbar. Wie Sie wissen, befinden wir uns in einem Prozeß der Neubewertung. Es wäre hilfreich für mich, wenn Sie mir sagten, wo wir nach Ihrer Ansicht heute stehen und welche Vorschläge Sie hinsichtlich unserer Zusammenarbeit für den Frieden im Nahen Osten haben.

Sadat besaß Weisheit, eine Eigenschaft, die mehr ist als Intelligenz. Er ver-schwendete keine Zeit auf die gescheiterten Verhandlungen und analysierte statt dessen die sich daraus ergebende Lage. Jeder andere Politiker des Na-hen Osten hätte nun versucht, uns mit einem Hinweis auf die sowjetische Option zu erpressen. Sadat entschied sich für das Gegenteil: Er teilte Ford mit, er habe mit der Sowjetunion unwiderruflich gebrochen – was immer in einer laufenden Verhandlungsrunde geschehe. Seit er im Januar 1974 über das erste Truppenentflechtungsabkommen verhandelt habe, berichtete Sa-dat, hätten die Sowjets versucht, seine Position zu schwächen, indem sie die Waffenlieferungen reduzierten und statt dessen die syrische Armee moder-nisierten. Sollte die Genfer Konferenz erneut zusammentreten, fuhr Sadat fort, erwarte er, daß Moskau ihn mit Verfahrensfragen, Bedingungen und der Teilnahme der Palästinenser in Verlegenheit zu bringen suche. Nachdem er seine wohl wichtigste Trumpfkarte für die Verhandlungen abgelegt hatte, demonstrierte er sein Vertrauen in die Vereinigten Staaten, indem er unsere Möglichkeiten umriß:

Ich wäre sehr enttäuscht, wenn wir nichts erreichten. Herr Präsident, wir sind weiter gegangen als jedes arabische Land in der Vergangenheit. Mein Volk wäre sehr enttäuscht, wenn unsere Bemühungen ohne Er-gebnis blieben. Ich will, daß wir Fortschritte machen und einen umfas-senden Frieden erreichen. Und ich möchte, daß die Vereinigten Staaten ihn uns bringen, nicht die Sowjetunion, nicht die Genfer Konferenz, wo die Sowjetunion mit am Tisch sitzt.

Sadats Verhalten entbehrte nicht der Ironie. Sein Vorgänger Nasser hatte sich durchsetzen wollen, indem er dem Westen mit der Sowjetunion drohte. Sadat kehrte nun Nassers Prioritäten um, indem er anbot, Ägypten zum wichtigsten Bollwerk gegen den Einfluß der Sowjetunion in der arabischen Welt auszubauen. Ohne einen Anflug von Erpressung ging es allerdings auch jetzt nicht ab: Bei einem Fehlschlag riskieren wir, die Ohnmacht Amerikas zu demonstrieren und damit unsere gesamte Position im Nahen Osten aufs Spiel zu setzen.

Ford, der keinen Sinn für die Ironien der Geschichte hatte, brachte das Gespräch auf die laufenden Verhandlungen zurück. Er bat Sadat um »einige Schlüsselpunkte…, über die ich mit Rabin sprechen kann… Ich stimme Ihrem Hinweis zu, daß wir bald einen Rahmen für die Verhandlungen finden müssen, oder uns bleibt nur Genf. Israel müßte klug genug sein, um das zu verstehen.«

Ford bat mich, die wichtigsten Hindernisse für ein Abkommen darzulegen. Das erste war der Zeitrahmen für das Mandat der UN-Truppen, die die beiden Kriegsparteien voneinander trennten: Israel forderte mindestens drei Jahre statt der üblichen sechs Monate. Das zweite war die Forderung nach einer Lockerung des Boykotts der arabischen Staaten gegen amerikanische Firmen, die mit Israel Handel trieben. Beim dritten ging es schließlich darum, einen Weg zu finden, wie Israels große Radarstation, die den Suezkanal von den Bergen bei den Sinaipässen überwachte, bestehenbleiben konnte. Israel hatte sie für wesentlich erklärt, um einem Überraschungsangriff vorzubeugen. Sadat versprach, uns am nächsten Tag eine Antwort zu geben.

Das nächste Treffen fand im Amtssitz eines Erzbischofs aus der Zeit statt, als Salzburg noch ein geistliches Fürstentum war. Die sogenannte Residenz, ein riesiger Barockbau inmitten der Stadt, ist alles, was noch auf den politischen Einfluß Salzburgs hinweist, als sich hier die großen Verkehrswege zwischen Süd- und Westeuropa kreuzten. Fürstbischöfe und habsburgische Herzöge verfolgten unser Tun von den Wänden der Staatsgemächer mit düsteren Blicken, die ihre Erfahrungen mit der Vergänglichkeit menschlichen Strebens widerzuspiegeln schienen. In einem riesigen Gemach mit hoher Decke, dessen Fenster auf einen Platz mit einem prächtigen Springbrunnen hinausschauten, debattierten die Staatschefs Ägyptens und der Vereinigten Staaten über das Schicksal zweier niedriger Pässe, die eine unwirtliche Wüste durchschnitten. Sadat kam sofort auf den Punkt:

Ich möchte, daß Sie den Israelis etwas anbieten können, obwohl sie mein Land besetzt halten und sich in einem psychisch verwirrten Zustand befinden. Wir stehen an einem Wendepunkt. Ich habe den Eindruck, daß in Israel niemand imstande ist, Frieden zu vereinbaren. Die Regierung ist zu schwach. Aber die Welt wartet auf Ergebnisse. Ich möchte den Friedensprozeß voranbringen. Ich möchte einer Vereinbarung näherkommen.

Nach dieser Einführung ging Sadat auf jeden der Punkte ein, die ich am Ende der vorhergehenden Sitzung dargelegt hatte. Er wies darauf hin, daß Israels Forderung nach einer Verlängerung des Mandats der UN-Truppen auf drei Jahre den Friedensprozeß zum Scheitern bringen konnte. Wenn Israel drei Jahre lang keinerlei militärischen Druck spüre, werde es sich nicht veranlaßt sehen, das restliche ägyptische Gebiet zurückzugeben. Trotzdem, erklärte Sadat, habe er sich entschlossen, die Forderung zu akzeptieren und bei der Rückgewinnung ägyptischen Territoriums auf den Friedensprozeß sowie auf die Vereinigten Staaten, nicht auf militärischen Druck zu setzen. In diesem Sinne könne er auch zustimmen, daß Israel seine Vorwarnstationen

hinter Ägyptens Linien behalte, falls diese von Amerikanern besetzt werden. Zu Fahmi gewandt, sagte Sadat:
Wir sollten konkrete Formulierungen für das dreijährige Mandat und die Frage des Vetos ausarbeiten. Da ist noch die Frage der Frühwarnstationen. Wir schlagen vor, daß sie von Amerikanern besetzt werden. Das ist ein wichtiges Angebot. Die Amerikaner wären Zeugen. Die Israelis hätten damit eine vollständige Garantie.

Als die Verhandlungen konkreter wurden, zeigte sich Sadat beim Begriff »besetzen« außerordentlich flexibel. Das Bedienungspersonal könnten Israelis sein, solange die Amerikaner ein Mindestmaß an Aufsicht gewährleisteten. Im Verlauf der Gespräche deuteten die Ägypter auch eine gewisse Beweglichkeit in der Frage des Boykotts an.

Sadats wichtigster Beitrag zum Friedensprozeß war seine Erkenntnis, daß es eher darauf ankam, den Teufelskreis von Argwohn und Mißtrauen zu durchbrechen, als ganz bestimmte Bedingungen einer Vereinbarung auszuhandeln. Israels Lage war zu prekär für einen Akt von Großzügigkeit, und die anderen arabischen Staaten waren zu schwach, zu radikal oder zu zerstritten. Allein Ägypten schien in der Lage zu sein, sich über das vorherrschende Mißtrauen und die Verbitterung zu erheben, denn, wie Sadat sagte, »Ägypten ist anders als die übrigen Araber. Wir haben eine Kultur der Geduld, der Höflichkeit und der Verständigung.«

Natürlich war Sadat eine vielschichtigere Persönlichkeit als der Friedensphilosoph, als der er sich in Salzburg darstellte. Schließlich hatte er als Revolutionär, der für Ägyptens Unabhängigkeit und Ehre kämpfte, viele Jahre seines Lebens im Gefängnis verbracht. Und er hatte den arabischen Überraschungsangriff auf Israel vor kaum zwei Jahren organisiert. Sadat war also alles andere als ein Pazifist. Aber die Erfahrung hatte ihn gelehrt, daß Ägypten sein Gebiet mit militärischen Mitteln selbst unter Mithilfe der Sowjetunion niemals zurückgewinnen konnte. Er war bereit, daraus die notwendigen Schlüsse zu ziehen. Eine zentrale Rolle der Vereinigten Staaten eröffnete den einzigen realistischen Weg zu diplomatischem Fortschritt – eine Tatsache, die die meisten seiner arabischen Brüder nicht begriffen.

Als ich Sadat zum ersten Mal begegnete, war ich nicht sicher, ob seine gemäßigte Haltung nicht nur eine Taktik sein konnte, um uns für die Wiederherstellung der alten ägyptischen Grenzen einzuspannen – danach hätte er durchaus die Führung der arabischen Sache wieder übernehmen können. Wahrscheinlich wußte er das damals selbst nicht so genau. In Salzburg trafen wir einen Sadat, der sich auf halbem Weg zu seiner endgültigen Berufung als Prophet des Friedens inmitten seiner von Leidenschaften zerrissenen Region befand. Was als Taktik begonnen haben mag, wurde zu seinem Lebenszweck.

Nach seiner Rückkehr aus Salzburg war Ford entschlossen, den Friedensprozeß voranzubringen, wenn notwendig, auch gegen den Widerstand des Kongresses. Als er am 6. Juni die Kongreßführung informierte, wandte er sich noch einmal scharf gegen den Brief der Senatoren:
Sadat und alle Araber sind über den Brief empört. Ich habe klargestellt, daß er nicht die offizielle Position der Vereinigten Staaten repräsentiert, sondern lediglich die Ansichten von sechsundzwanzig Senatoren. Einige haben sich im nachhinein distanziert oder ihre Auffassung verdeutlicht.

Der Brief hat sich sehr störend auf die Gespräche ausgewirkt. Wie ich die Lage verstehe, können wir uns keinen Stillstand leisten. Wenn wir die Sache nicht wieder zum Laufen bringen, müssen wir nach Genf gehen, und Genf ist nicht das beste Forum – eine schreckliche Situation, wo alles erneut in Frage gestellt wird. Eines will ich ganz eindeutig klarstellen: Wenn sich nichts bewegt, kommen wir genau dorthin.

Ford war sich sicher, daß diese Botschaft Rabin noch vor dessen Besuch in Washington in einigen Tagen erreichte.

Ford und Rabin: Eine weitere Begegnung

Rabin traf mit Ford und mir am 11. und 12. Juni zusammen. Vor und nach jeder Begegnung sprach ich mit Rabin allein. Um jedes Mißverständnis auszuschließen, informierte ich Rabin über die Punkte, die der Präsident ansprechen wollte, und, was noch wichtiger war, faßte anschließend jeweils zusammen, worin man meiner Meinung nach übereingekommen war. Aber trotz all dieser Vorkehrungen vermochte ich es nicht, einen neuen Eklat zu vermeiden. Es war einfach unmöglich, die Art der Entscheidungsfindung der Vereinigten Staaten und Israels miteinander zu synchronisieren. Ford war zu jeder Zeit in der Lage, eine Entscheidung zu treffen. Rabin dagegen ging an der kurzen Leine. Jede Veränderung, wie geringfügig sie auch sein mochte, hatte er mit seinem Kabinett abzustimmen. Fords private Meinung war mit seinem offiziellen Standpunkt identisch. Bei Rabin gähnte zwischen beidem eine tiefe Kluft.

Als Rabin am 10. Juni in Washington eintraf, berichtete Marvin Kalb in der CBS, der Ministerpräsident, der enttäuscht sei, weil ich Israels Position nicht bedingungslos unterstützte, werde »versuchen, einen direkten Draht zu Präsident Ford zu finden«. Rabin mußte jedoch bald feststellen, daß Ford ein wesentlich härterer Verhandlungspartner war als sein Außenminister.

Bei der Begegnung am nächsten Tag im Oval Office kam Ford, nachdem die Fotografen den Raum verlassen hatten, sofort zur Sache. Ohne sich auf das übliche diplomatische Vorgeplänkel einzulassen, setzte er aus dem Stegreif zu einer langen Erklärung an, in der er mit unverblümten Worten nicht sparte. Das sei seine Art, meinte er, er müsse loswerden, »was ihm auf der Seele brannte«:

Ich möchte Ihnen sagen, daß ich ernüchtert, enttäuscht und besorgt bin. Ich bin ernüchtert über die Ergebnisse vom März. Ich glaube, Israel hätte offener sein können, als es darauf ankam. Ich war ernüchtert über Israels mangelnde Flexibilität bei der letzten Entscheidung. Ich verstehe, wie schwer es für Sie politisch ist, mehr Entgegenkommen zu zeigen, aber ich muß Ihnen sagen, daß ich über Ihre Position enttäuscht, besorgt und ernüchtert war.

Einmal in Fahrt, rügte Ford streng, daß Israel seinen Brief während der Pendelmission, in dem er zum ersten Mal den Begriff »Neubewertung« verwendete, öffentlich gemacht hatte. Nachdem die Mission gescheitert war, erklärte er, sei eine Neubewertung seine Pflicht und nicht eine Drohung gegen Israel gewesen. Ihm sei es wichtig, daß Rabin verstehe, wie ernst es ihm mit der Feststellung sei, er werde keinen Stillstand dulden. Nun ging der Präsident sogar über das hinaus, was wir vor der Begegnung besprochen hatten. Er ließ als Amerikas äußerste Drohung anklingen, er könnte einen eigenen umfassenden Friedensplan einschließlich der Grenzregelung ausarbeiten und in einigen Wochen der Öffentlichkeit vorstellen:

> Der Punkt, an dem ich angekommen bin, wenn ich mich auch noch nicht endgültig entschieden habe, der Punkt, an dem ich heute angekommen bin – bitte sagen Sie mir, wenn ich falschliege –, das ist die Option, in Genf eine umfassende Regelung anzustreben, einen garantierten Frieden, einen Frieden mit allen Ihren Nachbarn, der auch eine Vereinbarung über die Grenzen einschließt. An diesem Punkt bin ich gegenwärtig angekommen, und ich wäre Ihnen für Ihre Ansichten und Einschätzungen dankbar, die mir helfen könnten. Ich habe vor, in diesem Sommer oder schon vorher mit einer Ankündigung an die Öffentlichkeit zu treten. Aber ich bin in dieser Frage ganz offen und lege Wert auf Ihre völlig freie Einschätzung und Ihre Empfehlungen. Sie werden keinen unerheblichen Einfluß darauf haben, wie ich mich entscheide.

Diese Bemerkung, die Ford völlig unvorbereitet machte, vernahm ich mit Beklommenheit, denn es gab keinen solchen Plan, nicht einmal im Keim. Ich schauderte vor der Aussicht, ihn kurzfristig aus dem Boden stampfen zu müssen, von dem Aufruhr, den er erregen mußte, einmal ganz abgesehen. Außerdem konnte, wie bereits gesagt, die amerikanische Politik an diesem Punkt auch die Grenze der persönlichen Zumutbarkeit für mich überschreiten, nicht weil Ford unvernünftig war, sondern weil ich mich außerstande sah, dafür die Verantwortung zu übernehmen.

Rabin entschuldigte sich dafür, daß der Brief des Präsidenten in die Öffentlichkeit gelangt war, vermied aber ansonsten jeden Hinweis auf die Vergangenheit. Er gab eine brillante und sehr bewegende Darstellung der Zwangslage, in der Israel steckte. Hätte er dies bei seinem ersten Besuch vor neun Monaten getan, dann wäre dem Verhältnis viel von seiner späteren Schärfe genommen worden. (Den Wortlaut der Ausführungen Rabins siehe in den Anmerkungen.[4]) Die Grundpositionen seiner Erklärung, nach denen geographische Veränderungen der Grenzlinien möglich waren, haben bis heute ihre Gültigkeit behalten. Israel, erklärte Rabin, wünsche den Frieden. In vier Kriegen habe das Land erfahren, daß »Gewalt keine politische Lösung bringen wird... Wir sind nicht daran interessiert, Krieg zu führen, wir sind aber sehr wohl daran interessiert, uns zu verteidigen.«

Israel, fuhr Rabin fort, werde Fortschritte hin zum Frieden an drei Kriterien messen. Dabei liefen die Auffassungen von Arabern und Israelis in allen Punkten einander völlig zuwider. Während die Araber Frieden als Abwesenheit von Krieg definierten, bedeute Frieden für Israel auch Normalisierung der Beziehungen, Austausch in Handel und Verkehr. Die arabischen Führer forderten die Wiederherstellung der Grenzen von 1967. Für Israel seien diese jedoch nicht zu verteidigen. Die arabischen Führer verlangten einen Palästinenserstaat unter Führung der PLO, die sich dem Terrorismus verschrieben habe und Israels Existenz grundsätzlich ablehne. Ein solcher Staat sei mit Israels Sicherheit nicht zu vereinbaren: »Aus unserer Sicht bedeuten also eine Rückkehr zu den Grenzen von 1967 und die Gründung eines palästinensischen Staates, daß Israel nicht überleben kann.« Da es um

Israels Überleben ging, zeigte sich Rabin sogar noch stärker interessiert als Ford, eine Alternative zur Fortsetzung von Kriegen zu finden:

In vielen realistischen Einschätzungen sind wir zu dem Schluß gekommen, daß es einen anderen, einen praktischen Weg gibt. Das ist ein befristetes Abkommen mit Ägypten. Ägypten ist der Schlüssel. Ich erinnere daran, daß Ägypten allein entschieden hat, eine Waffenstillstandsvereinbarung zu unterzeichnen. Erst dann schlossen sich die anderen Araber an. Jeder Krieg begann, wenn Ägypten beteiligt war, und er endete, wenn Ägypten innehielt. Wir hoffen, daß ein befristetes Abkommen ein Schritt zum Frieden ist, nicht nur zu weiterer militärischer Entflechtung.

Nach Rabin stellte ein Zwischenabkommen mit Ägypten Israel vor drei große Probleme: Wenn man die Bergpässe aufgebe, wo solle dann die neue israelische Verteidigungslinie auf dem Sinai verlaufen, und wie lange solle sie gelten? Hätten – zweitens – die Vereinigten Staaten die Absicht, nach einem Abkommen über den Sinai unverzüglich einen weiteren Schritt auf den Golanhöhen zu fordern? Sollte eine vorläufige Lösung auf dem Sinai zustande kommen, welche Auswirkungen habe das dann – drittens – auf den Zeitpunkt der Genfer Konferenz, und welche inhaltlichen Vorschläge wollten die Vereinigten Staaten dort vorlegen? Kurz gesagt: Sei es möglich zu verhindern, daß alle paar Monate wegen des nächsten Schrittes eine neue Krise mit Washington ausbreche? Aus all diesen Gründen benötige Israel Garantien, was die Zeitdauer des Abkommens betreffe:

Israel ist nicht damit gedient, wenn es für eineinhalb seiner drei Trumpfkarten ein befristetes Abkommen erhält und dann eine geschwächte Position hat, wenn es um die endgültige Regelung geht. Weshalb sollten wir die Bergpässe für nichts aus der Hand geben, um dann in einem halben Jahr aus einer schwächeren Position über eine endgültige Regelung zu verhandeln?

Rabin ließ diesen nachdenklichen Ausführungen eine ebenso präzise Analyse der Lage Israels an allen anderen Fronten folgen. Ich schob Sisco, der neben mir saß, einen Zettel zu: »Warum haben sie das alles nicht im vergangenen Jahr vorgebracht?« – woraufhin mir Sisco zur Antwort kritzelte, Rabin habe es wohl vorgezogen, »Zeit zu gewinnen«.

Rabins Darlegung beeindruckte Ford um so mehr, da ihm zum ersten Mal ein Israeli die tiefsitzenden Sorgen seines Landes erklärte, statt über Waffenlieferungen oder rein theoretische Frontlinien in der Wüste zu streiten. Israel steckte in einem wirklichen Dilemma. Lang anhaltender Stillstand konnte zu wachsenden Spannungen oder gar Krieg führen, Amerikas Position in der arabischen Welt und bei den westlichen Industriestaaten untergraben; er konnte schließlich Israel isolieren, während es von eskalierenden Krisen und Konflikten physisch und psychisch zermürbt wurde. Den Stillstand aber durch eine Reihe von Zugeständnissen zu überwinden, die letztlich Israels Sicherheit beeinträchtigten, konnte diese Probleme nicht lösen, sondern höchstens verschleppen und damit verschlimmern. Daß Israel eher stärker auf seine Geschichte bezogene als diplomatische Gründe hatte, beweist die Tatsache, daß ein anderer israelischer Ministerpräsident, Benjamin Netanjahu, dieselben Probleme zwanzig Jahre später Präsident Clinton darlegte – der einzige Unterschied besteht nun darin, daß sich die umstrittene

Frontlinie vom Sinai in das Zentrum Palästinas verlagert hat und die Argumentation weniger philosophisch und mehr auf die israelische Politik konzentriert ist. Es ging hier nicht um die Wahl zwischen zwei Extremen, sondern um einen heiklen Balanceakt zwischen einer Sicherheit, die vor allem auf das militärische Kräftegleichgewicht baute, und einer Sicherheit, die eine politische und psychologische Komponente einschloß. Ford stieß zum Kern des Problems vor, indem er aus amerikanischer Sicht einige praktische Entscheidungen vorschlug:

> Die Frage ist, wie lange der Status quo aufrechterhalten werden kann, ohne daß sich die Politik bewegt. Dies ist doch eine sehr labile Situation. Entweder erreichen wir binnen kurzem – in zwei oder drei Wochen – ohne großes Hin- und Herpendeln eine vorläufige Lösung; wenn wir rasch vorgehen und die Dinge klären, dann gewinnen wir damit Zeit. Entweder gehen wir so vor, oder ich entscheide mich dafür – mit allen Risiken, die Sie aufgezeigt haben –, eine umfassende Regelung anzustreben. Das wäre die einzige Möglichkeit, längerfristig Stabilität im Nahen Osten zu erreichen, alle Seiten einigermaßen zufriedenzustellen und ihnen die Hoffnung auf eine dauerhafte Lösung zu bewahren. Ihre Gedanken waren hilfreich. Wenn wir ein befristetes Abkommen anstreben, dann müssen wir es rasch tun, sonst geht uns diese Option verloren, und ich hätte dann keine andere Möglichkeit, als eine umfassende Lösung anzustreben.

Der Präsident schloß das Gespräch mit der Anregung, Rabin und ich sollten gemeinsam einen konkreten Vorschlag ausarbeiten.

Beim Frühstück am nächsten Morgen kamen Rabin und ich mehr oder weniger überein, wie weiter vorzugehen sei. Rabin faßte dieses Ergebnis unmittelbar danach für Ford erneut brillant zusammen: Israel werde seine Verteidigungslinie an den Ostrand der Pässe verlegen. Es wolle sich um die Garantie bemühen, daß die UN-Truppen, die zwischen den Ägyptern und den Israelis auf dem Sinai standen, möglichst für vier Jahre an Ort und Stelle verblieben (wir wußten bereits, daß Sadat drei Jahren zustimmen werde). Die Ölfelder sollten an Ägypten zurückgegeben werden. Man wolle nur einen schmalen Landstreifen behalten, der ungehinderten Zugang ermögliche.

Rabin wäre aber nicht Rabin gewesen, hätte er diesen in Aussicht gestellten israelischen Zugeständnissen nicht eine umfangreiche Wunschliste nach militärischer und wirtschaftlicher Hilfe der Vereinigten Staaten beigefügt. Er versäumte auch nicht die Gelegenheit, ein Vetorecht bei allen Vorschlägen zu fordern, die die Vereinigten Staaten auf einer eventuellen Genfer Konferenz einbringen könnten. Ford konnte jedoch einem Ansinnen nicht zustimmen, das, sollte es in die Öffentlichkeit gelangen, was beinahe sicher war, uns in den Augen der Araber als Vermittler disqualifizierte. Er schob es kurzerhand beiseite, bewies dabei aber, daß eine einfache, direkte Art durchaus nicht des Feingefühls entbehren muß:

> Die Zeit verrinnt schnell. Ich kann mir durchaus vorstellen, daß wir einmal einen weniger harten Kurs verfolgen, wenn Sie dies zu Hause in Schwierigkeiten bringt. Ich glaube, wir sind in diesen Gesprächen vorangekommen. Ich werde nicht übermäßig drängen, wenn wir ein befristetes Abkommen erreichen können. Es kann sein, daß einige harte

Worte fallen, aber nicht, um Sie zu einer Haltung zu nötigen, mit der Sie sich selbst isolieren.

Mit anderen Worten: Wenn sich Israel gegenüber den Vereinigten Staaten kooperativ zeigte, hatte es zwar keine völlige Handlungsfreiheit, aber doch eine Atmosphäre des Vertrauens zu erwarten, in der wir unseren Druck lockern konnten.

An dieser Stelle ist ein kurzer Exkurs über die Bedeutung des Ausdrucks »Abzug von den Pässen« notwendig, der im Brennpunkt der nachfolgenden Debatte stehen sollte. Für Nichteingeweihte entstand der Eindruck, Israel werde die genannten Pässe an Ägypten zurückgeben. Einige der öffentlichen Erklärungen Sadats und Rabins schienen dies zu bestätigen. Beide wußten es allerdings besser und posierten hier lediglich für ihre Zuhörer im Land. Denn nach allen Verhandlungsplänen lagen die Pässe nach dem Rückzug der Israelis von Anfang an in einer von den Vereinten Nationen kontrollierten Zone, die die beiden Seiten voneinander trennte. Ägyptische Truppen sollten in einer Entfernung von fünfzehn Kilometern vom Westrand der Pässe Stellung beziehen. In einem militärisch verdünnten Gebiet, das rückwärts bis zum Suezkanal reichte, sollten nicht mehr als achttausend Mann stationiert werden. Der Kanal selbst, der für die Schiffahrt zu öffnen war, stellte eine weitere Barriere für einen ägyptischen Überraschungsangriff dar.

Eine neue Initiative wird vorbereitet

Als das israelische Verhandlungsteam jedoch bestätigen sollte, was Rabin und Ford vereinbart hatten, gebärdete es sich wiederum, als wären die Pässe eine Frage von Leben und Tod. Bei der Festlegung der östlichen Begrenzung der Pässe, der Rabin in seinem zweiten Gespräch mit Ford zugestimmt hatte, setzte das Verhandlungsteam den guten Willen aufs Spiel, den der Ministerpräsident im Oval Office vermittelt hatte. Alle Amerikaner, die bei diesem Gespräch anwesend waren, hatten den Begriff »Ostrand« wörtlich genommen. Als das israelische Kabinett die Entscheidung jedoch ratifizieren sollte, definierte es den Ostrand der Pässe als eine Linie, die knapp jenseits des Kamms der Bergkette verlief. Ich stellte Dinitz am 20. Juni die Frage, wie wir Sadat erklären sollten, daß Israel als Gegenleistung für dessen Zugeständnisse in Salzburg – die Verlängerung des UN-Mandats auf drei Jahre und die Frühwarnstationen hinter den ägyptischen Linien – lediglich anbot, sich um einige hundert Meter vom Kamm der Bergkette zurückzuziehen.

Fords Reaktion zeigte, daß den amerikanisch-israelischen Beziehungen schwere Zeiten bevorstanden, wenn man geopolitische Erfordernisse innenpolitischen Überlegungen unterwarf – eine Wahrheit, an die man sich bei der Konfrontation zwischen Clinton und Netanjahu zwanzig Jahre später wieder erinnern sollte. Der einzige Weg zu einem Konsens, der bei diesen gewaltigen Problemen und angesichts der Vergangenheit schwer genug zu erreichen war, bestand für beide Seiten darin, ihre wahren Ansichten so umfassend und klar wie möglich darzulegen und dann daranzugehen, die Differenzen abzubauen. Wortklaubereien und zweideutige Zusicherungen mußten die Sache zum Scheitern bringen. Das betraf besonders Israel, das so sehr auf die materielle, diplomatische und psychologische Unterstützung der Vereinigten Staaten angewiesen war. Ich konnte das grundsätzliche Sicherheitsproblem Israels sehr gut verstehen. Aber die Wortakrobatik, wie der Ostrand der Pässe zu bestimmen sei, hatte mehr mit israelischer Innenpolitik als mit objektiven Gefahren zu tun. Und diese Auseinandersetzung wurde hemmungslos auf Kosten Amerikas ausgetragen.

So konnte man mit Ford nicht umspringen. Als der Präsident am 15. Juni darüber informiert wurde, welche Auslegung der Phrase »Ostrand der Pässe« das israelische Verhandlungsteam anbot, griff er aus eigenem Antrieb zum Telefon und forderte Rabin auf, seine Haltung zu überdenken. Rabin, der sich noch in New York aufhielt, konnte sich mit seinen Kollegen nur auf einer Kabinettssitzung auseinandersetzen, also erst nach seiner Rückkehr nach Israel. Das heizte die Atmosphäre weiter an.

Welche Stimmung im Weißen Haus herrschte, zeigt am besten ein Dialog, den ich mit Ford an diesem Nachmittag führte:

Ford: Wir wollen ihnen sagen, daß ich sehr enttäuscht bin.

Kissinger: Vielleicht sollten wir das noch nicht tun.

Ford: Befassen Sie sich damit, aber wenn ich mich äußern muß, werde ich das sagen.

Kissinger: Wir sollten einen kühlen Kopf bewahren und noch zwei, drei Tage abwarten, was sie anbieten. Wenn wir es vorlegen, wie es jetzt ist, wird Sadat es nicht akzeptieren.

Ford: Befassen Sie sich mit der Diplomatie, aber meine Sicht der Sache ist klar.

Kissinger: Ich finde es empörend, wie sie mit uns umgehen.

Ford: Da muß man ja ausrasten. Aber wenn Sie und Sisco mich besänftigen wollen ...

Kissinger: Das wollen wir nicht. Aber ich möchte empfehlen, daß Sie sich in Ihren Worten noch einige Tage zügeln.

Ford: Ich sage Ihnen ja nur, was ich empfinde.

Sadat antwortete am 25. Juni, wie wir es vorausgesehen hatten. In einer Botschaft an den Präsidenten nannte er das Angebot des israelischen Kabinetts eine »Zumutung« und warf Amerika vor, Israel »in Watte zu packen«:

Ich habe auf Ihre Bemühungen positiv reagiert. Wenn Sie die Position Ägyptens vom März in Assuan und danach in Salzburg betrachten, glaube ich nicht, daß Sie noch mehr von mir verlangen können. Ich habe mich zu dieser Position durchgerungen, weil ich entschlossen bin, alles für den Frieden zu tun ... für einen wirklichen Frieden. Mehr noch, ich wollte Ihnen bei Ihren großen Anstrengungen für dasselbe Ziel hilfreich zur Seite stehen. Wie Sie wissen, habe ich ohne Zögern und ungeachtet jeden Risikos mutige Schritte angeboten.

Es sei nun an der Zeit, beharrte Sadat, daß die Vereinigten Staaten »eine eigene Geländekarte vorlegen, die ihre Vorschläge enthält, um eine drastische Verschlechterung der ganzen Lage abzuwenden«. Falls das nicht möglich sei, solle die Genfer Konferenz einberufen und die PLO dazu eingeladen werden.

Wir hatten es bisher strikt abgelehnt, eine eigene Karte vorzulegen, weil wir dann verpflichtet gewesen wären, Israel diese Variante aufzuzwingen. Das hätte jede Möglichkeit zu weiteren Verhandlungen zunichte gemacht.

Wir hätten dann bei jeder nächsten Hürde des Friedensprozesses erneut eigene Lösungen durchsetzen müssen. Das aber hätte meiner Meinung nach auf die Dauer unsere Möglichkeiten überstiegen und Israels Überleben in Frage gestellt.

Ford war also nicht bereit, eine amerikanische Karte vorzulegen. Am 27. Juni schickte er jedoch Rabin einen deutlichen Brief. Darin faßte er alle bisherigen Mißverständnisse nach den persönlichen Gesprächen mit Rabin und Allon zusammen. Er forderte Israel offiziell auf, seine derzeitige Haltung bis zum 11. Juli, da ich mit Gromyko zusammentreffen sollte, zu überdenken. Von der israelischen Antwort werde es abhängen, erklärte Ford, wie er entscheide: ob wir uns auch weiterhin einer umfassenden Lösung widersetzten oder uns für die erneute Einberufung der Genfer Konferenz aussprachen:

> Nachdem Sie Ihre Position formuliert haben und Präsident Sadats Antwort vorliegt, stehen wir nun vor einer grundsätzlichen Entscheidung. Stillstand halte ich nicht für eine wirklicheitstaugliche Option. Er birgt das für uns unannehmbare Risiko, daß erneut Krieg ausbricht und sich international die gleichen Kräfte wieder zusammenschließen, denen Israel 1973 und Anfang 1974 gegenüberstand. Da eine solche Situation grundlegende amerikanische Interessen beeinträchtigen würde, die zu einem großen Teil auch Israel betreffen, kann von den Vereinigten Staaten nicht erwartet werden, einem solchen Verhalten zuzustimmen.

Sollte Israel sich verweigern, drohte Ford, seine persönliche Ansicht darüber publik zu machen, weshalb die Verhandlungen nicht vorankamen:

> Wir müssen uns die nächsten Schritte offenhalten und unserem Volk erklären, wie die Administration unsere nationalen Interessen in dieser Frage bewertet.

Seit der Zeit Eisenhowers zwanzig Jahre zuvor war ein amerikanischer Präsident mit einer israelischen Regierung nicht mehr so harsch umgegangen.

Dieser Brief lieferte Rabin die Argumente, die er brauchte, um seine Kollegen davon zu überzeugen, daß Ford das, was er Rabin und Allon seit neun Monaten predigte, wirklich ernst meinte. Als ich gerade auf der Insel St. John in der Karibik einige Tage Urlaub machte, erhielt ich die Nachricht, daß Dinitz mich sofort und höchst geheim aufsuchen wolle, um eine Botschaft Rabins zu überbringen. Das war nicht einfach zu organisieren, da Caneel Bay, wo ich mich im Haus eines Freundes aufhielt, keinen Flugplatz hat. Nach einigem Hin und Her kam Dinitz in Begleitung des stellvertretenden Unterstaatssekretärs Lawrence Eagleburger in einem Jetstar der US Air Force ohne Hoheitszeichen nach St. Thomas, wo er mit dem Schiff nach Caneel Bay übersetzte.

Simcha Dinitz war ich zum ersten Mal 1970 begegnet, als er Golda Meirs Bürochef war. Anfang 1973, wenige Monate vor dem Nahostkrieg, hatte er Itzhak Rabin als Botschafter in Washington abgelöst. Wegen Israels großer Abhängigkeit von der Hilfe und der Gewogenheit Amerikas ist die Botschaft in Washington der wichtigste Außenposten der israelischen Diplomatie. Was den Einfluß in den Vereinigten Staaten betrifft, so hätte die Rolle des Botschafters eigentlich recht unbedeutend sein müssen, denn Israel kann normalerweise kaum diplomatischen Druck auf die Vereinigten Staaten ausüben. Der israelische Botschafter verfügt jedoch über eine einzigartige

Waffe: Israels leidenschaftliche und gutorganisierte Anhängerschaft in Amerika. Sie ist in der Lage, erheblichen Druck auszuüben, was sich in der Debatte über die Gesetzesvorlage von Jackson und Vanik zeigte. Dabei riskiert jeder israelische Botschafter jedoch, zwischen den verschiedenen innenpolitischen Strömungen hin und her gerissen zu werden und sich dabei bald mit der Administration, deren guten Willen er für seine diplomatische Aufgabe benötigt, bald mit dem Kongreß, den er für die Bewilligung amerikanischer Hilfe braucht, oder mit den lautstarken Parteigängern Israels anzulegen, deren Urteilsvermögen zuweilen von ihrem Enthusiasmus übertroffen wird.

Dinitz umschiffte all diese gefährlichen Klippen mit charmanter Unverfrorenheit, die er mit einem warmherzigen Humor milderte. Bei der Verfolgung seiner unmittelbaren Ziele kannte er keine Hemmungen, und hinter seinen Worten war die Drohung, seine Bataillone in Marsch zu setzen, immer präsent. Später kritisierte man ihn, er habe der amerikanischen Administration zu nahe gestanden. Israel ist wohl das einzige Land, in dem man an einem Botschafter derartiges aussetzen kann.

Ich mochte Dinitz sehr. Er war aufrichtig und ehrenhaft. Das Hin und Her in der israelischen Innenpolitik gab er ganz ungeschminkt wieder. Ich war mir sicher, daß er auch unsere Ansichten dem israelischen Kabinett ähnlich präzise übermittelte. Mit seinem Humor verstand er es, angespannte Situationen aufzulockern, und mit seinem professionellen Vorgehen, die größten Schwierigkeiten zu beheben. Wenn man die Dienste für sein Land bewerten will, dann müßte man Dinitz in Israel ein Denkmal setzen, denn der Nachschub für die israelischen Streitkräfte im Oktoberkrieg 1973 ist wesentlich ihm zu verdanken.

Als der unverwüstliche Dinitz am 1. Juli in Caneel Bay eintraf, waren seine ersten Worte: »Man muß wohl sehr reich sein, um sich darauf einzulassen, so wenig komfortabel zu leben.« (Sollte mein damaliger Gastgeber diese Zeilen lesen, dann sei erklärt, daß Dinitz damit nicht meine erstklassige Unterkunft, sondern die hochsommerliche Hitze meinte.) Als nächstes teilte er mir mit, Rabin sei entschlossen, ein befristetes Abkommen zu erzielen. Da sich aber keine Seite einen weiteren Rückschlag leisten könne, müsse Rabin Gewißheit haben, was genau der Standpunkt der Administration zu einigen Fragen sei: zu Fords Definition des »Ostrandes der Pässe« und der Zugangswege zu den Ölfeldern, zur Dauer des Mandats der UN-Friedenstruppen, zu den amerikanischen Absichten gegenüber Syrien und zu unseren Zielen bei einer neuen Runde der Genfer Konferenz.

Dinitz hatte eine Landkarte mitgebracht. Zum ersten Mal in den neun Monaten Gesprächen zeigten die Israelis uns, wo die Linie verlaufen sollte, die sie vorschlugen. Die Bestimmung des Ostrandes der Pässe war eigenartig, denn diese Linie verlief in etwa siebenhundertfünfzig Meter Höhe nahe dem Kamm. Ich meinte, Israel müsse sich auf Stellungen zurückziehen, die plausibel als »Ostrand der Pässe« bezeichnet werden könnten; das hieß, daß sie wesentlich niedriger liegen müßten als der Bergkamm. Sollte Rabin eine solche Linie vorschlagen, selbst wenn sie nicht genau auf Meereshöhe verlaufe, »würden wir das mit Sympathie betrachten«.

Keine dieser Fragen hätte allerdings ein persönliches Treffen erfordert, noch dazu unter so strenger Geheimhaltung. Ein plausibler – und in der Tat der wahre – Grund für Dinitz' Besuch bestand darin, daß er eine neue Idee präsentieren wollte, die von Verteidigungsminister Shimon Peres stammte: Auf den Zufahrtsstraßen zu den Pässen sollten vier mit Sensoren ausgestattete Warnstationen eingerichtet werden, die von drei mit Amerikanern bemannten Außenposten überwacht wurden. Man brauchte kein Militärexperte zu sein, um zu erkennen, daß die Posten militärisch kaum ins Gewicht fielen. Das Gebiet war unbesiedelt, hatte einen militärisch verdünnten Status, der von einer israelischen Radarstation auf den Bergen dahinter überwacht wurde, und war von UN-Truppen besetzt, die die Ergebnisse häufiger Aufklärungsflüge nutzen konnten.

Für die israelische Politik signalisierte dieser Vorschlag jedoch, daß Peres, damals der schärfste »Falke« im israelischen Verhandlungsteam, eingeschwenkt war und nun ebenfalls ein befristetes Abkommen unterstützte. Mit seinem Vorschlag wollte er das Gesicht wahren und zugleich erreichen, daß ihm das Verdienst an einem besseren Ergebnis zufiel. Im Augenblick war ich nicht in der Lage, den Plan zu akzeptieren oder abzulehnen. Das mußte bis zu meiner Rückkehr nach Washington warten.

Wie es bei besonders ausgeklügelten Geheimhaltungsmanövern nur allzuoft geschieht, wurde der Schleier über Dinitz' Besuch gelüftet, weil man an das Naheliegendste nicht gedacht hatte: daß man die Maschine neu auftanken mußte. Die Tankwarte im Flughafen von St. Thomas weigerten sich hartnäckig, die Regierungskreditkarte eines Piloten zu akzeptieren, der in Zivil daherkam und eine Maschine ohne Hoheitszeichen flog. Als wir uns an niedere Offiziere der Air Force wandten, reagierten sie ähnlich. Wir mußten erst den Kommandierenden Offizier einer Air-Force-Basis in Puerto Rico einschalten, der die Echtheit der Maschine bestätigte. Damit aber war es mit der Geheimhaltung vorbei. Am Ende erwies sich das als völlig belanglos, denn kein Reporter erkundigte sich nach dem Zweck dieses ungewöhnlichen Fluges.

Ford ließ sich nur widerwillig auf das Projekt der Warnstationen ein, denn er fürchtete zu Recht, dort könnte es eines Tages amerikanische Geiseln geben (was ganz eindeutig einer von Peres' Beweggründen war). In den Verhandlungen erreichten wir dann, daß eine amerikanische Überwachungstruppe – die Sinai Support Mission – eingesetzt wurde und mehrere unbemannte Sensoren in dem Gebiet verteilt wurden.

Um keinen Raum für weitere Mißverständnisse zu lassen, traf ich Rabin am 12. Juli in Schloß Gymnich, dem damaligen Staatsgästehaus der bundesdeutschen Regierung bei Bonn, wo der Ministerpräsident sich gerade zu einem offiziellen Besuch aufhielt. (Ich hatte Gromyko am Tag zuvor in Genf getroffen.) Das Gästehaus einer ausländischen Regierung ist kein idealer Ort für ein vertrauliches Gespräch. Weder Rabin noch ich waren der Meinung, wir seien es dem guten Verhältnis zu unseren deutschen Gastgebern schuldig, auf einer möglichen Abhöranlage ein Wortprotokoll unseres Gesprächs zu hinterlassen (obwohl wir durchaus bereit waren, sie in großen Zügen zu informieren).

Wir sprachen miteinander vor dem Hintergrundgeräusch eines »Babblers«, eines elektronischen Geräts, das zusammenhanglose Satzfetzen ausstößt, die unsere Stimmen übertönen sollten. Ich hatte das Gerät bei früheren Auslandsreisen, meist in Moskau, schon öfter in Anspruch genommen, allerdings noch niemals bei wirklichen Verhandlungen. Wir hatten keine Ahnung, ob der »Babbler« wirklich funktionierte, wie von den Produzenten behauptet, denn die Zielpersonen waren wohl kaum geneigt, uns über das Ergebnis zu informieren oder auch nur zuzugeben, daß sie mithörten.

In dieser etwas merkwürdigen Umgebung, einem deutschen Regierungsgästehaus mit Hintergrundgeräusch, gingen Rabin und ich die verschiedenen Erhebungen im Gebiet der Pässe in Einhundertmeterschritten durch. Wir kamen uns vor wie Bergsteiger, die einen besonders schwierigen Anstieg zu bewältigen haben. Da wir einmal dabei waren, nahmen wir uns auch gleich die Zugangswege zu den Ölfeldern von Abu Rodeis vor.

Am 18. Juli überreichte mir Dinitz schließlich in Washington eine vom israelischen Verhandlungsteam abgesegnete Karte, in der ich die Ergebnisse unserer Diskussion in Gymnich wiederfand. Nachdem das Verhandlungsteam fast ein Jahr lang versucht hatte, das Problem zu umgehen, war es nun bereit, die Pässe zu räumen – auf seine Weise. Die Definition des Zugangs war immer noch sehr exzentrisch und weit davon entfernt, wie ein Laie diesen Begriff verstanden hätte. Aber ich konnte Dinitz nun sagen, daß ich das Konzept Sadat mit der Empfehlung übergeben würde, es sei das Beste, was ich erreichen konnte.

Bei Nahostverhandlungen kann man nichts als endgültig geregelt betrachten. Wir hatten sicherzustellen, daß die Sowjets sich nicht einmischten, die Israelis sich an die Vereinbarungen hielten und die Ägypter es sich nicht noch einmal anders überlegten. Der Nahostfriedensprozeß folgte inzwischen einem Szenarium, das beinahe so stilisiert war wie Kabuki-Theater. Wenn wir unsere diplomatischen Aktivitäten auf ein höheres Niveau anheben wollten oder aus gutem Grund einen Fortschritt erwarten konnten, nahmen wir Kontakt mit den Sowjets auf. Wir taten dies, um jedem Einmischungsversuch ihrerseits zuvorzukommen und uns zugleich die Option eines erneuten Zusammentritts der Genfer Konferenz offenzuhalten, falls wir bei unserem schrittweisen Vorgehen in letzter Minute doch noch ins Stocken gerieten.

Die Reaktion der Sowjets war immer gleich. Wenn sie einen Stillstand in den von den Vereinigten Staaten geforderten Verhandlungen witterten, schraubten sie sofort ihre Bedingungen für die Einberufung der Genfer Konferenz hoch. Das hatte Gromyko zum Beispiel am 20. Mai in Wien getan, als er vorschlug, die PLO einzuladen – bisher das größte Hindernis für eine Wiederaufnahme der Genfer Gespräche. Wenn wir aber in Richtung auf ein befristetes Abkommen vorankamen, schraubte Gromyko seine Bedingungen zurück, wobei auch unser Interesse entsprechend abnahm.

Als ich Gromyko am 11. Juli in Genf traf, stand wieder einmal ein befristetes Abkommen in Aussicht, so daß der sowjetische Außenminister seine Forderungen reduzierte. Er bestand nicht mehr darauf, die PLO einzuladen, und wollte es nun den arabischen Teilnehmern überlassen, diese Frage auf der Konferenz selbst zu entscheiden. Da ein Zwischenabkommen nach wie vor unsicher war, sondierte ich vorsichtig das auf einer Konferenz zu erwartende Verfahren. Um zu verhindern, daß gleich zu Anfang Höchstforderungen gestellt wurden, drängte ich darauf – und Gromyko stimmte dem zu –, daß die Beteiligten zunächst längere Zeit direkt miteinander verhandeln sollten, bevor die Supermächte ihre Ideen – entweder getrennt oder gemeinsam – einbrachten.

Als nächstes versuchte Gromyko eine kleine Erpressung, die als Bekundung des guten Willens der sowjetischen Seite getarnt war. Die Sowjetunion habe beträchtliche Zurückhaltung bewiesen, so erklärte er, indem sie ihre Waffenlieferungen in den Nahen Osten verringerte. Sie hätte durchaus die Möglichkeit gehabt, den Friedensprozeß durch verstärkte Waffenexporte »lahmzulegen«. Ich erwiderte, er selbst habe oft darauf verwiesen, daß wir beide erwachsen seien, und einseitige Schritte hätten noch nie zu den Besonderheiten des sowjetischen Vorgehens gehört:

> Diese Zurückhaltung ist kein Gefallen, den Sie uns erweisen, sondern liegt im gemeinsamen Interesse. Wenn wir uns nicht zurückhielten, könnten wir das Problem nicht lösen und stünden wohl schon bald wieder am selben Fleck, nur hätten wir dann einen weiteren Krieg hinter uns. Ich glaube also, wir sind beide daran interessiert, Zurückhaltung zu üben.

Gerade als alles offenbar einer Lösung zustrebte, gab es eine neue Störung. Bisher schien Rabin auf dem Weg zu sein, die Zustimmung des Kabinetts für einen neuen, ausgewogeneren Vorschlag zu erhalten. Wir schlossen das aus der Tatsache, daß einige seiner Minister Flankenschutz suchten, indem sie den Erfolg für sich beanspruchten. Nun aber sickerte aus Jerusalem die Behauptung durch, die Vereinigten Staaten hätten die Vorschläge Ägyptens abgelehnt und unterstützten Israels Position. Dies entbehrte jeder Grundlage. Offenbar sollte damit Sadat gedemütigt werden. Die Lage spitzte sich zu, als israelische Diplomaten in den Außenministerien europäischer Staaten vorstellig wurden, wo sie zwar einigermaßen zutreffend über den Stand der Verhandlungen informierten, zugleich aber unsere Verbündeten aufforderten, mehr Flexibilität von Sadat zu verlangen, als ob hauptsächlich Ägypten den Fortschritt behindere. (Als Fahmi bei uns protestierte und wir diesen Protest an Allon weitergaben, erklärte man uns, es habe keinerlei derartige Demarchen gegeben. Eagleburger bemerkte dazu nur, die Israelis hätten es wohl mit einer ungeheuerlichen Verschwörung der Europäer zu tun.) Schließlich bestätigte eine ungenannte niedere Quelle in Jerusalem, nach all dem Hin und Her würden die israelischen Streitkräfte nach wie vor im Gebiet der Pässe bleiben.

Das war zuviel für Ford, der sich nach der Konferenz von Helsinki noch auf Reisen befand. Am 4. August wies er mich an, Rabin von der »Air Force One« ein scharfes Telegramm zu schicken:

> Der Präsident hat aufgrund der Zusicherungen Israels den Ägyptern sein Wort gegeben, daß die israelische Linie außerhalb der Pässe verläuft. Er wird sein Wort halten, daran sollte der Ministerpräsident keinerlei Zweifel haben.

Rabin reagierte sehr weise. Das letzte, was er sich wünschen konnte, war eine Auseinandersetzung über einen Kilometer Paßgelände, das ohnehin innerhalb der UN-Zone und wesentlich näher an der israelischen als der ägyptischen Linie lag. Er schlug vor, wir sollten eine Vertrauensperson schicken, die die beiden Pässe mit israelischen Offizieren inspizierte und diese zu einer vernünftigen Definition der Zugänge bewog.

Wir beauftragten Samuel Hoskinson, einen Experten der CIA, ehemaligen Mitarbeiter des Nationalen Sicherheitsrates und Nahostfachmann, zu versuchen, diesem Streit, der mit der Zeit bedrohliche Formen annahm, ein

Ende zu setzen. Unklar war vor allem, wo man das östliche Ende des Gidi-passes ansetzen sollte. Hoskinson berichtete, die israelische Linie verlaufe zwar östlich der Wasserscheide, aber »bei größter Vorstellungsgabe« nicht außerhalb dieses Passes. Vom Mitlapaß hatten sich die Israelis etwas weiter entfernt. Dort, schlug Hoskinson vor, solle das »Parker-Denkmal« zum öst-lichen Ausgang erklärt werden. Allerdings hatte er nicht die Güte, uns mit-zuteilen, wessen an diesem Ort gedacht wurde. Des Streites müde, sinnierte ich: »Wahrscheinlich haben sie dort einen Füllfederhalter in den Sand ge-steckt und nennen es nun das Parker-Denkmal!« Später erfuhren wir, es handle sich um eine verwitterte Steintafel, die an einen britischen Ingenieur erinnerte, der im vergangenen Jahrhundert auf dem Sinai Straßen gebaut hatte. Aber selbst General al-Gamasi, der während seines Militärdienstes lange Zeit auf dem Sinai stationiert war, hatte noch nie vom Parker-Denk-mal gehört. Aber es war ein einprägsamer Punkt, dem beide Seiten zustim-men konnten.

Eine weitere Pendelmission

Die Positionen schienen sich nun so weit angenähert zu haben, daß wir eine neue Pendelmission riskieren konnten. Wir schlugen vor, sie am Donners-tag, dem 21. August, zu beginnen. Die Stimmung in Israel war grauenhaft. Sowohl in Jerusalem als auch in Tel Aviv kam es zu Massendemonstratio-nen gegen die Vereinigten Staaten, Israels Hauptverbündeten.

Kurz vor dem Abflug rief Ford mich zu sich, um mir Glück auf meinem Weg zu wünschen:

Ford: Es ist lächerlich, Henry. Es fällt mir schwer…, Sie in diese Atmo-sphäre dorthin zu schicken.

Kissinger: Ich denke, es wird uns hier ein wenig helfen. In unserem Land stellt es die Dinge klar. Auch in der arabischen Welt wird es zu unseren Gunsten ausschlagen. Es zeigt den Arabern, daß wir bis an die Grenzen unserer Möglichkeiten gegangen sind. Es wird Sadat eine große Hilfe sein.

Ford: … Passen Sie auf sich und Nancy auf… Wir bleiben in Kontakt. Ich habe das feste Vertrauen, daß Sie tun werden, was den Interessen unse-res Landes am besten dient.

Am ersten Abend wurde unsere Fahrzeugkolonne in Jerusalem von einer wütenden Menge umringt, die versuchte, unsere Wagen umzustürzen. Viele Transparente zielten gegen mich persönlich: »Geh nach Hause, Judenben-gel«, stand auf einem der milderen Sorte, das eine angebliche Äußerung Nixons abwandelte. »Hitler hat dich verschont, damit du seine Sache zu Ende führst!« – das schmerzte schon mehr.

Dem israelischen Verhandlungsteam, das aus Rabin, Allon und Peres be-stand, waren diese Auswüchse peinlich. Bei den Gesprächen ging es höflich und absolut sachbezogen zu. Doch obwohl nun bereits viele Grundsätze ge-klärt waren, konnten sie es nicht lassen, an jeder Klausel herumzunörgeln, selbst wenn es nur darum ging, ihren Kabinettskollegen Wachsamkeit zu bezeigen.

Insgesamt pendelte ich siebenmal zwischen Ägypten und Israel hin und her; außerdem besuchte ich Taif in Saudi-Arabien, Jordanien und zweimal Syrien. Da das israelische Verhandlungsteam um jeden Meter Gelände kämpfte, als lägen die Pässe mitten in Tel Aviv und nicht über einhundertfünfzig Kilometer von Israels Grenzen entfernt, baten wir schließlich die CIA, ein dreidimensionales Modell von der Größe eines Tisches herzustellen, an dem wir uns bei den Debatten orientieren konnten. Wir schleppten es im Flugzeug von einem Ort zum anderen, was unsere israelischen und ägyptischen Freunde, wenn nicht beeindruckte, so doch sehr amüsierte.

Die Mission endete mit einem Erfolg, allerdings wollte sich diesmal die Hochstimmung nicht einstellen, die frühere Triumphe begleitet hatte. Ägypten, Israel und die Vereinigten Staaten hatten keinerlei Interesse daran, die Genfer Konferenz erneut einzuberufen. Der Reihe nach versuchten sie, einander damit zu erpressen. Aus dieser stillschweigenden Übereinkunft filterten sie ein Abkommen, das den Weg für Frieden zwischen Israel und Ägypten bahnte. In nicht enden wollenden Sitzungen gelang es uns schließlich, den östlichen Zugang zum Gidipaß festzulegen, ein amerikanisches Frühwarnsystem (die Sinai Support Mission) zu installieren und die Ölfelder von Abu Rodeis an Ägypten zurückzugeben.

Zwar räumte das israelische Verhandlungsteam ein, daß die Pässe strategisch bedeutungslos waren, glich aber Israels Rückzug im Bereich der Pässe dadurch wieder aus, daß es die Linie nördlich und südlich davon wieder nach *Westen* vorschob. Damit waren die Pässe faktisch von der israelischen Armee eingeschlossen, auch wenn sie diese selbst freigab (siehe Karte). Wehe dem ägyptischen Soldaten, der es wagen sollte, die UN-Zone zu durchqueren und die Pässe von Westen zu betreten! Als ich diesen letzten Winkelzug Sadat präsentierte, konnte er nur resigniert die Hände heben.

Das Auf und Ab der letzten Verhandlungsetappe demonstrierte vor allem, wie sehr das Handwerk des Feilschens und der Gang der Geschichte, die Leidenschaften des Augenblicks und das Schicksal der Nationen auseinanderklafften. Israel beharrte auf rechtlich bindenden Zusicherungen. Einige konnte es herausholen, vor allem aber erreichte es, daß Ägypten sich unwiderruflich in Richtung eines Separatfriedens bewegte. Sadat bestand auf einigen deutlichen Geländegewinnen, sein wichtigster Erfolg aber lag darin, daß er die Vereinigten Staaten dazu brachte, Ägypten als ihren Hauptpartner in der Region zu behandeln.

Eine Episode will ich noch berichten, weil sie zeigt, daß im Nahen Osten zuweilen das nahezu Unmögliche den Weg aus dem diplomatischen Labyrinth weist.

Sadat hatte auf ungehindertem Zugang zu den Ölfeldern von Abu Rodeis an der Südwestküste der Halbinsel Sinai bestanden, und Rabin hatte ihn Ford grundsätzlich zugesagt. Das geschah allerdings, bevor einer der Hauptakteure eine Karte der Gegend zu Rate gezogen hatte. Als die Verhandlungen konkreter wurden, entdeckten wir, daß nur eine einzige Straße nach Abu Rodeis führte, die auch Israel für seine Verbindung zur strategischen Basis von Sharm el-Sheikh benötigte, die den Eingang zum Golf von Akaba überwachte. Da zwischen der Küste und der Bergkette nur ein sehr schmaler Landstreifen lag, war es unmöglich, daneben eine weitere Straße zu bauen. Für die wenigen Militärkonvois wäre das auch geradezu absurd gewesen. Die Lösung dieses Problems gestaltete sich während der Mission immer schwieriger, bis ich einen verzweifelten Vorschlag machte, der ganz sicher nicht durchkam, aber uns vielleicht weiterhalf, bis jemand eine bessere Idee hatte: Beide Parteien sollten die Straße an wechselnden Tagen benutzen, ein Tag in der Woche sollte den Vereinten Nationen vorbehalten bleiben. Zu meinem Erstaunen stimmten beide Seiten zu – und das ohne den üblichen Hickhack. Vier Jahre lang wurde die Straße nach diesem Verfahren ohne Zwischenfälle benutzt, bis, 1979 beginnend, der ganze Sinai mit dem Abkommen von Camp David an Ägypten zurückgegeben wurde.

Die Paraphierung des Abkommens erfolgte schließlich am 1. September 1975. Ford war in Hochstimmung. Mit Recht konnte er auf die Rolle stolz sein, die er dabei gespielt hatte. Unter seiner Führung hatten wir das wichtigste Nahostabkommen in der gesamten Zeit der Nixon- und Ford-Administration geschlossen. Fords Beharrlichkeit war der Hauptfaktor bei diesem entscheidenden Schritt zu dem Friedensabkommen Israels zunächst mit Ägypten und später mit Jordanien. Von seinem Erholungsort Camp David in Maryland führte Ford mit Rabin und Sadat im Fernsehen übertragene Telefongespräche und gratulierte ihnen zu dem Erfolg. Beide reagierten auf die für sie typische Weise, stimmten aber darin überein, die Suche nach Frieden fortzusetzen. Rabin forderte in seiner trockenen Art für die Zukunft direkte Verhandlungen, um den Vereinigten Staaten »eine Menge Zeit und Mühe« zu ersparen. Und er ließ die tiefe Sehnsucht der Israelis nach Frieden anklingen:

> Wir hoffen sehr, daß dies der Anfang von etwas ist, was wir in dieser Region noch nicht erlebt haben. Wir hoffen, daß auch die andere Seite, die Ägypter, dies so empfinden.

Der großzügige Sadat kam einer Einwilligung in Israels Forderung nach offizieller Beendigung des Kriegszustandes sehr nahe: »Lassen Sie uns eine neue Atmosphäre schaffen... und die Beendigung des Kriegszustandes mit allen Garantien *offiziell* erreichen« (Hervorhebung von mir).

Wir anderen fühlten uns vor allem erschöpft. Das galt besonders für unsere Helfer im Hintergrund, die die Schlußdokumente bis zur letzten Sekunde des letzten Tages immer wieder hatten abändern müssen. An dieser Stelle will ich Harold Saunders, ein wichtiges Mitglied des amerikanischen Teams, die letzte chaotische Nacht mit seinen Worten beschreiben lassen:

> Es war zur Praxis geworden, daß die Israelis am Ende jeder Etappe Vorschläge zur amerikanischen Hilfe für Israel unterbreiteten, die in einem »Vereinbarungspapier« niedergeschrieben wurden. In dieser Nacht umfaßten die Vorschläge sechzehn Paragraphen. Darunter waren Forderungen wie die Verpflichtung, Israels Bedarf an militärischen Versorgungsgütern wohlwollend zu behandeln, seinen Ölbedarf zu decken, wenn es nicht kaufen konnte, was es brauchte, Konsultationen durchzuführen, wenn Ägypten das Abkommen verletzte, im UN-Sicherheitsrat gegen jegliche Maßnahmen ihr Veto einzulegen, die sich negativ auf das Abkommen auswirken könnten, »die Bedrohung der Sicherheit und der Souveränität Israels seitens einer Weltmacht mit besonderem Ernst zu betrachten«, Pläne für die Versorgung Israels mit militärischen Gütern in einer Notsituation aufzustellen, ja selbst zuzusichern, daß die Vereinigten Staaten bestimmte Meerengen, darunter die Straße von Gibraltar, als internationale Wasserwege betrachteten.

Ab 20.00 Uhr holten die israelischen Unterhändler einzelne Mitglieder unseres Teams in verschiedene Ecken des Beratungsraumes und drängten sie, die einzelnen Punkte in das Papier aufzunehmen. So ging das die ganze Nacht. Bei Sonnenaufgang kehrten wir ins Hotel zurück, um drei Originale des Abkommens für die Paraphierung vorzubereiten, die an diesem Tag stattfinden sollte. In der Zwischenzeit hatten wir die Schlußbestimmungen an Botschafter Hermann Eilts in Ägypten telegraphiert. Dieser überbrachte sie Minister Fahmi, der bei Alexandria am Strand saß. Bald darauf gingen aus Fahmis Strandkabine weitere Veränderungen ein. Das wiederum hieß, daß wir Telefongespräche mit den Israelis zu führen und – in einer Welt ohne Computer – alle Dokumente neu abzuschreiben hatten.

Die Israelis paraphierten die Abkommen schließlich gegen Abend (des 1. September), und wir flogen zu Sadats Residenz zurück. Es war fast Mitternacht, als Sadat in Anwesenheit des ägyptischen und des amerikanischen Teams seine Initialen auf die Dokumente setzte. Im Raum war es drückend heiß. Der einzige Weg nach draußen war eine Glastür zum Strand, wo die feuchte Luft uns wach hielt.

Zu den Dokumenten gehörten mehrere Begleitbriefe beider Unterzeichneten an Ford, wodurch der amerikanische Präsident zum Schirmherrn des Abkommens wurde. Sadat versprach, nicht in den Krieg zu ziehen, wenn Syrien Israel angriff. Um formal die Symmetrie zu wahren, bot Rabin die Zusicherung an, daß Israel Syrien nicht attackieren werde. Ford ließ sich auf die Verpflichtung ein, nicht mit der PLO zu verhandeln, bis diese Israels Existenzrecht und die Sicherheitsratsresolutionen Nummer 242 und 338 anerkannte (die am Ende des Oktoberkrieges 1973 den Waffenstillstand herbeigeführt hatten und Verhandlungen zwischen allen Seiten forderten). In einem Brief an Rabin erklärte Ford, daß er bei endgültigen Friedensverhandlungen Israels Auffassung, seine Sicherheit gestatte es nicht, die Golanhöhen aufzugeben, »großes Gewicht« beimessen werde. Was wir hier zur PLO und zu den Golanhöhen formulierten, war keine neue Verpflichtung, sondern eine offizielle Erklärung der bisher gültigen Politik Amerikas.

Daß der weitere Weg zum Frieden alles andere als leicht zu werden versprach, zeigte sich, als ich auf der Rückreise von dieser Mission in Damaskus und Amman einen Zwischenstopp einlegte. Asad hatte nur eisige Verachtung für Sadat übrig, dem er vorwarf, die arabische Sache zu verraten. Syrien werde keine weitere Initiative unternehmen, erklärte er. Wenn ich einen neuen Vorschlag hätte, werde er ihn eingehend prüfen, aber ich solle von ihm nicht erwarten, daß er so begierig oder willig wie Sadat sei, Grundsätze aufzugeben: »Was hätte ich von einigen Kilometern an Syriens Südfront? Sind wir denn Kinder?« Als ich erwiderte, letzten Endes werde er keine andere Wahl haben als die, für die sich Sadat entschied, antwortete Asad kalt: »Sie verkaufen Vietnam, Sie werden auch Taiwan aufgeben. Aber wir werden noch dasein, wenn Sie Israels überdrüssig werden.«

In Amman war die Reaktion widersprüchlich. Hussein hatte monatelang auf ein weiteres Zwischenabkommen gedrängt – die einzige Hoffnung, um einen Krieg im Nahen Osten zu vermeiden. Nun, da es soweit war, konnte der König nicht umhin festzustellen, daß er, wohl Amerikas beständigster

Freund, als einziger unter den Nachbarn Israels übrigblieb, dem die Vereinigten Staaten bisher zu keinerlei Landrückgewinnung oder einem anderen Vorteil verholfen hatten.

Hussein wählte eine symbolische Geste, um zu zeigen, wie sehr ihm diese Situation mißfiel. Auf dem Flugplatz spielte das Orchester nur die amerikanische, nicht die jordanische Hymne. Wir schritten keine Ehrengarde ab, und es gab auch keinen Empfang im Palast oder in der Residenz des Kronprinzen, wie es bislang bei meiner Ankunft üblich gewesen war. Höflich wie immer, führte der König das Gespräch in seinem Büro, wo er mir an einem Beratungstisch gegenübersaß – das einzige Mal, daß ich bei meinen vielen Besuchen in Amman davor und danach in dieser Weise empfangen wurde. Ich berichte diese Einzelheiten, um die damalige Stimmung zu beschreiben, aber auch, um meine jordanischen Freunde zwanzig Jahre danach wissen zu lassen, daß wir ihre Geste durchaus verstanden, wenn wir es auch damals nicht für angebracht hielten, darauf zu reagieren.

Die Führer und das Ergebnis

Der Rahmen, in dem Politik abläuft, wird von objektiven Faktoren bestimmt, aber es sind die Führer, die die Materie formen. In den Monaten nach dem Zerfall Indochinas demonstrierte Ford, daß Amerika immer noch präsent war, indem er sich dem Friedensprozeß im Nahen Osten widmete und diesen in eine Richtung steuerte, die eine Vereinigung der radikalen Kräfte des Nahen Osten mit der Strategie der Sowjetunion verhinderte. Im Grunde genommen erwuchs die Beendigung des Kriegszustandes aus einem Geflecht von Zusicherungen, wobei die Schlüsselfigur der Präsident war, der das Ganze mit seinem Ansehen und seiner Autorität stützte. Obwohl ihm in fünfzehn Monaten Präsidentschaftswahlen bevorstanden, wich Ford nicht zurück, wenn er impulsiven Nahostpolitikern oder Interessengruppen im eigenen Land gegenübertrat, die ihm seine Haltung bei den kommenden Wahlen heimzahlen konnten. Er war unverzichtbar, wenn es darum ging, die Kluft zwischen den mißtrauischen Parteien zu überwinden, weil er zum Hüter und moralischen Garanten ihrer wechselseitigen Zusicherungen wurde.

Sadats Beitrag ist darin zu sehen, daß er die entscheidende Wende zur Beendigung des Kriegszustandes vollzog. Genau das hatte das israelische Verhandlungsteam monatelang gefordert, aber als es erreicht war, wagte es sich das nicht einzugestehen. Das Abkommen legte jedem offensiven Schritt Ägyptens erhebliche physische und rechtliche Hindernisse in den Weg. Seine größere Bedeutung bestand jedoch darin, daß Ägypten sich sowohl von der in Rabat geschmiedeten arabischen Einheitsfront als auch von der Sowjetunion gelöst hatte. Von nun an mußte Sadat entweder weiter in Richtung Frieden voranschreiten, oder er wurde Opfer der Entwicklung, die er selbst eingeleitet hatte. Am Ende war beides sein Schicksal.

Es ist Anwar Sadat zu verdanken, daß alle seine Gesprächspartner besser dastanden, als sie es zuweilen verdienten. Die führenden israelischen Politiker argwöhnten zuerst, er wolle sich lediglich eine günstigere Ausgangsposition für den nächsten arabisch-israelischen Krieg verschaffen. Nachdem wir einen ähnlichen Verdacht bei uns selbst ausgeräumt hatten, konnten sich diejenigen, die mit ihm in Berührung kamen, davon überzeugen, daß er das genaue Gegenteil wollte.

Sadat war des Krieges müde. Er wußte, daß er am Ende der nächsten Runde wieder vor derselben diplomatischen Herausforderung stehen würde. Überzeugt, daß der Kern des Problems vor allem psychologischer Natur war, ging Sadat sehr weit, um Israels Mißtrauen abzubauen und zu zerstreuen. Mit seiner Großmut gab er den zerstrittenen Mitgliedern des israelischen Verhandlungsteams die Möglichkeit, untereinander und mit ihm Frieden zu schließen, da jeder Unterhändler sein Lieblingsprojekt im Schlußdokument unterbringen konnte. Sadat schluckte ihre unersättlichen Forderungen nach Zusicherungen, Warnstationen und Zeitlimits, weil er sich voll und ganz dem Ziel verschrieben hatte – lange bevor das befristete Abkommen auslief –, einen weiteren, diesmal den entscheidenden Schritt zum Frieden zu gehen.

Die schwierigste Rolle hatte in vieler Hinsicht Itzhak Rabin zu bewältigen. Hier habe ich vor allem die kampfbetonte Seite seiner Taktik beschrieben. Rabins vorsichtige, zuweilen aggressive Art spiegelte jedoch die entscheidende Tatsache wider, daß für ihn viel mehr auf dem Spiel stand als für Ford, daß er die innenpolitische Situation viel weniger unter Kontrolle hatte als Sadat und daß der Überlebensspielraum seines Landes von allen am Friedensprozeß beteiligten Seiten am geringsten war. Von der Opposition im Land bekämpft, von seinen Rivalen um die Führung im Kabinett angegriffen und von seinem amerikanischen Verbündeten zu höherem Tempo gedrängt, hielt Rabin an seinem Entschluß fest, einen Fortschritt zum Frieden zu erzielen und nicht nur ein neues militärisches Abkommen zu erreichen. Wäre er zu schnell vorgegangen, hätte sich sein Kabinett aufgelöst, und Neuwahlen hätten abgehalten werden müssen. Wäre er zu langsam gewesen, hätte er das Bündnis mit Amerika aufs Spiel gesetzt.

Zwar stimmte Rabin mit unserer Strategie im Grunde überein, was er mir auch oft sagte, jedoch mußte er das Tempo darauf abstimmen, was er seiner zerbrechlichen politischen Basis und seinem leidgeprüften Volk zumuten konnte. Als er sein Amt übernahm, hatte Israel gerade in fünf Monaten zwei Truppenentflechtungsabkommen geschlossen und stand unter Druck, mit Jordanien beziehungsweise Ägypten neue Verhandlungen aufzunehmen. Zwar durchkreuzte Rabin die von uns bevorzugte Strategie, aber aus israelischer Sicht tat er recht daran, den Prozeß zu verlangsamen und eine Phase der Konsolidierung einzulegen.

Rabin war ein bedeutender Stratege. Schritt für Schritt steuerte er sein zerstrittenes Kabinett und seine mißtrauische Öffentlichkeit auf den Durchbruch zu, der schließlich 1978 die Abkommen von Camp David ermöglichte. Man muß Rabin zugute halten, daß er seine innenpolitischen Schwierigkeiten uns gegenüber nie erwähnte, daß er die Rivalitäten im Kabinett und den gelegentlichen Zorn seiner amerikanischen Freunde ganz allein auf sich nahm. Da wir persönlich befreundet waren, taten uns beiden die wiederholten Spannungen sehr weh. Es bedeutete mir sehr viel, daß Rabin es nach einem Jahr erbitterter Auseinandersetzungen und den Monaten der Neubewertung über sich brachte, mir in Gymnich, wo wir uns politisch schließlich aussöhnten, zu sagen:

Ich habe nie daran gezweifelt, daß Sie sich an die in den Jahren 1970/71 ausgearbeitete Strategie halten würden, den Arabern die Möglichkeit der militärischen Option zu nehmen und sie zu einer politischen Lösung zu zwingen. Wir mögen verschiedener Meinung gewesen sein, aber ich habe nie daran gezweifelt, daß Sie im Rahmen dieser Strategie handelten.

Der Unterschied zwischen Sadat und Rabin wirft nicht zuletzt ein Licht auf die Umstände, unter denen sie zu handeln hatten. Für Sadat war der gute Wille Amerikas ein strategischer Gewinn, für Rabin war er eine geschichtliche Tatsache. Sadat machte Zugeständnisse, um Amerikas Vertrauen zu gewinnen. Rabin und seine Kollegen glaubten, ihr Volk habe sich den Anspruch auf die Unterstützung Amerikas durch seine Leiden im Holocaust und sein demokratisches System verdient. Sadat veränderte sein strategisches Umfeld, indem er Amerikas Vertrauen gewann. Rabin fürchtete, Sadats Gewinne könnten auf Kosten von Israels traditionellem Verhältnis zu den Vereinigten Staaten gehen. Für Sadat bedeutete ein Verhandlungsfehler einen Rückschlag. Rabin und sein Land riskierten dagegen mit jedem Fehler das eigene Überleben.

Diese beiden Politiker, die sich dem Frieden in den kargen Wüsten und an den einsamen Bergpässen des Sinai mit so großer Mühe genähert hatten, spielten die führende Rolle bei weiteren Durchbrüchen, die schließlich in die beiden wichtigsten Friedensverträge zwischen Israelis und Arabern mündeten. Für ihr Streben bezahlten sie mit dem Leben. Beide wurden von Landsleuten ermordet, die sich an Krieg und Gewalt gewöhnt hatten, die vor der neuen Welt zurückschreckten, die der Frieden ihnen bringen sollte.

FÜNFTER TEIL

Der Zusammenbruch Indochinas
Die Tragödie Kurdistans

XV. Die Tragödie Indochinas:
Der Anfang vom Ende

Die Strangulierung Vietnams

Lawrence Durrell hat einmal geschrieben, jeder Mensch verfüge über ein bestimmtes Maß an Mut oder Hingabe, das, wie groß auch immer, weder unerschöpflich noch erneuerbar sei. Das mußten die Vereinigten Staaten erleben, als sie 1975, zwei Jahre nach dem Pariser Abkommen, versuchten, den Krieg in Indochina zu beenden. Idealismus hatte Amerika nach Indochina getrieben, Erschöpfung erzwang seinen Rückzug.

Zwei Jahrzehnte lang hatten die Vereinigten Staaten Gut und Blut eingesetzt, um einer Gruppe von Staaten, die die ersten Schritte in die Unabhängigkeit gingen, in ihrem Widerstand gegen den Eroberungsfeldzug des erbarmungslosen, militärisch stärkeren kommunistischen Nachbarn Nordvietnam beizustehen. Als der mit dem Pariser Abkommen geschlossene brüchige Frieden jedoch in Gefahr geriet, verweigerten die Vereinigten Staaten, die selbst gerade im Begriff waren, sich physisch und psychologisch aus diesem Unternehmen zu lösen, Menschen militärische und wirtschaftliche Hilfe, denen sie jeden Grund gegeben hatten, auf unseren Schutz zu bauen. Damit lieferten wir jene, zu deren Vormund wir uns aufgeschwungen hatten, einem unerbittlichen kommunistischen Eroberer aus, was im Fall Kambodschas mit einem veritablen Genozid endete.

Die Zeit hat viel von dem Schmerz jener dunklen Monate gelindert. Trotzdem bin ich auch heute noch betroffen über die Art und Weise, wie Indochina 1975 zusammenbrach, empfinde ich Trauer um die Opfer und Scham darüber, wie man sie im Stich ließ. Ich will hier nicht auf die Entscheidungen zurückkommen, die zu diesem Desaster geführt haben. Die Literatur darüber füllt ganze Bibliotheksregale, und ich selbst habe mich ausführlich dazu geäußert.[1] Mit diesem Ende fertig zu werden fällt mir deshalb so schwer, weil ich glaube, daß die Debatten, die in den Jahren von Kennedy, Johnson und Nixon geführt wurden, damals hätten bedeutungslos sein müssen. Wie wir auch immer dazu standen, ob dieser Krieg weise war und klug geführt wurde, nachdem das Abkommen über seine Beendigung im Januar 1973 einmal unterzeichnet war – wir schuldeten den Völkern Vietnams und Kambodschas, die zu uns gestanden hatten, die wirtschaftliche und militärische Hilfe, ohne die sie keine Chance hatten, sich aus eigener Kraft zu schützen.

Statt dessen schienen die Vereinigten Staaten plötzlich von der kollektiven Besessenheit erfaßt zu sein, eine Vergangenheit abzuwerfen, aus der es kein Entrinnen gab, und deshalb ihre Zeugen, unsere früheren Verbündeten, zu beseitigen. Hätten Südvietnam, Laos und Kambodscha langfristig überleben können, wenn sie die ihnen zugesagte Hilfe erhalten hätten? Wir werden es nie erfahren. Ich habe keinen Zweifel, daß sie mit einigermaßen ausreichender amerikanischer Unterstützung 1975 nicht zusammengebrochen wären. Wie es aber dazu kam, wie sich das Fiasko auf der politischen Ebene in Washington letztlich darstellte und wie ein Präsident, der das Problem von seinen Vorgängern geerbt hatte, damit umging, davon soll in diesem Kapitel berichtet werden.

Es ist nahezu unmöglich, die Atmosphäre jener Zeit wiedererstehen zu lassen. Wer sie erlebt hat, muß jeden Bericht darüber fragmentarisch finden. Wem das Chaos jener Zeit erspart geblieben ist, dem können die Leidenschaften von damals durchaus unverständlich erscheinen. Das Ende kam für Indochina wie in einer griechischen Tragödie, wo die Helden von ihrer Natur getrieben werden, ihr Schicksal zu erfüllen – zuweilen im vollen Bewußtsein der Qualen, die sie erwarten. In Indochina prägte das Verhalten der Hauptakteure des verflossenen Jahrzehnts schließlich auch ihr Handeln im Jahr 1975. Die Entschlüsse, die sie am Ende faßten, waren mit denen früherer Jahre austauschbar. Was als nahezu theoretisches Streitgespräch darüber begann, worin die Ehre einer Nation bestehe, endete als technischer Hickhack über die Modalitäten des Abzugs. Selbst der neue amerikanische Präsident, der als einziger frei handeln konnte, mußte bald begreifen, daß es keinen leichten, bisher noch unentdeckten Weg aus diesem Sumpf gab. Angesichts dessen, was bisher geschehen war, schien die Tragödie einfach unabwendbar zu sein.

Im Rückblick wird klar, daß der Vorhang zum letzten Akt sich an jenem Tag hob, als es für einen flüchtigen Augenblick so schien, als wäre in Indochina Frieden eingekehrt. Am 23. Januar 1973 paraphierten Le Duc Tho und ich das Pariser Abkommen. Es wurde in einer öffentlichen Zeremonie am 27. Januar von den Außenministern unterzeichnet. Am 24. Januar beendete ich ein Pressegespräch im Weißen Haus über diese Vereinbarung, indem ich unseren Kritikern den Ölzweig anbot:

Nunmehr müßte eigentlich klar sein, daß in diesem Krieg niemand einen Alleinanspruch auf Leiden, daß in diesen Debatten niemand einen alleinigen Anspruch auf Moral gehabt hat. Heute, da wir endlich ein Abkommen erzielt haben, mit dem die Vereinigten Staaten ihren politischen Verbündeten keine Vorschriften über ihre politische Zukunft machen, ein Abkommen, das die Würde und Selbstachtung aller Beteiligten wahrt und zugleich die Wunden Indochinas heilt, können wir beginnen, die Wunden Amerikas zu heilen.

Als ich diese Worte sprach, ahnte ich nicht, daß Watergate, von dem ich weitgehend noch nichts wußte, die Hoffnungen auf eine Heilung in den Vereinigten Staaten zunichte machen würde, daß in Vietnam Hanois unerbittlicher Siegeswille das Friedensabkommen zu einer kurzen Atempause vor einem neuen Ansturm verkehren sollte.

Wir hatten gehofft – naiv, wie sich herausstellte –, daß das Pariser Abkommen das amerikanische Volk einen werde, weil die Friedensbewegung in der Einstellung der Feindseligkeiten Befriedigung fand und die Verfechter eines »ehrenhaften Friedens« stolz darauf sein konnten, daß die Vereinigten Staaten abzogen, ohne unsere Verbündeten verraten zu haben. Die früheren Gegner, so hofften wir, könnten nach unserem Abzug aus Vietnam darin übereinkommen, daß die leidgeprüften Völker Südvietnams, Laos' und Kambodschas zumindest ein Recht auf weitere wirtschaftliche und militärische Hilfe hatten, die das Abkommen zuließ.

Aber es sollte nicht sein. Nach allem, was geschehen war, konnte es vielleicht auch nicht sein – zu tiefe Wunden hatten beide Seiten einander geschlagen. Watergate lieferte den Vorwand, aber die eigentliche Triebkraft kam aus dem Erbe eines Jahrzehnts tiefer innerer Konflikte. Die sogenannte Friedensbewegung, die einst für die Beendigung des Krieges gestritten hatte, behandelte nun Amerikas Rückschläge in Indochina als Symptome eines moralischen Verfalls, der an der Wurzel bekämpft werden mußte. Das belebende Element der amerikanischen Außenpolitik nach 1945 – daß die Vereinigten Staaten sich verpflichtet fühlten, freie Völker zu schützen und zu unterstützen – hatte die neue Gegenkultur zu einem Symbol für Arroganz und Anmaßung einer korrupten Gesellschaft umgedeutet.[2] Der totale Zusammenbruch des nichtkommunistischen Indochina, den drei amerikanische Administrationen um unserer nationalen Sicherheit und Ehre willen zu verhindern gesucht hatten, galt dieser Gruppe als wünschenswerte nationale Katharsis.

Zum ersten Mal war ich mit Vietnam im Herbst 1965 in Berührung gekommen, als Botschafter Henry Cabot Lodge mir anbot, als sein Berater zu arbeiten. Bereits ein gestandener kalter Krieger, überzeugte ich mich schon nach wenigen Wochen im Land davon, daß dieser Krieg nicht nach Regeln gewonnen werden konnte, die es den Guerillas erlaubten, das Kampffeld und die Intensität des Kampfes zu bestimmen.[3] Da es in Vietnam keinen festen Frontverlauf gab und die Johnson-Administration sich weigerte, die Guerillas bis in ihre Stützpunkte jenseits der Grenzen von Laos und Kambodscha zu verfolgen, plädierte ich für eine Verhandlungslösung.

Ende 1967 beauftragte mich Präsident Johnson mit einer diplomatischen Sondierungsmission. Dabei bedienten wir uns eines französischen Bekannten als Vermittler, in dessen Haus Ho Chi Minh 1946 während der Verhandlungen mit Frankreich gewohnt hatte. Diese Mission endete, wie alle diplomatischen Initiativen der Vereinigten Staaten gegenüber den zielbewußten Kämpfern aus Hanoi enden sollten. Raymond Aubrac fuhr nach Hanoi und wurde dort von Ho Chi Minh empfangen. Dieser tat einige doppelsinnige Äußerungen, die man in Washington als Zeichen der Verhandlungsabsicht interpretierte, die aber, wie wir heute wissen, die Vereinigten Staaten lediglich vor der einige Monate später beginnenden Tet-Offensive einlullen sollten.

Die Strategie, der die Nixon-Administration nun folgte, war bereits aus einem Artikel zu ersehen, den ich noch als Professor in Harvard für *Foreign Affairs* geschrieben hatte, der aber wegen der langen Vorlaufzeit erst kurz nach meiner Ernennung zum Nationalen Sicherheitsberater erschien. Darin drängte ich darauf, daß man die militärischen und politischen Fragen voneinander getrennt behandeln sollte. Die militärischen Streitfragen sollten bis hin zur Feuereinstellung, zum Rückzug der amerikanischen Truppen, zum Gefangenenaustausch und zu einer Begrenzung der Bewaffnung zwischen den Vereinigten Staaten und den vietnamesischen Parteien ausgehandelt werden. Danach sollten sich die vietnamesischen Parteien über einen politischen Prozeß einigen, der die Völker Indochinas in die Lage versetzte, über die Zukunft ihrer Staaten selbst zu entscheiden.[4]

Dieses Vorgehen machte sich Nixon zu eigen. Es wurde zur Grundlage für die endgültige Regelung. Vier qualvolle Jahre lang lehnte Hanoi jedoch jedes Ergebnis rundweg ab, das nicht einen kommunistischen Sieg vorausbestimmte. Bis zum 8. Oktober 1972, als der Durchbruch schließlich erreicht war, änderte Nordvietnam seine Bedingungen nicht, wie sehr wir die unseren auch modifizierten, während Hanoi leichtgläubigen Amerikanern versicherte, nur eine blutrünstige amerikanische Regierung stehe der leicht erreichbaren Lösung noch im Wege. Hanois Vorbedingungen bestanden unverändert zum ersten darin, daß sich die Vereinigten Staaten zu Beginn jeglicher Verhandlungen auf einen Termin für den Abzug ihrer Truppen festlegten. Dieser sollte in Kraft bleiben, gleichgültig, was in den Verhandlungen über andere Fragen oder an der militärischen Front geschah. Nach diesem Plan sollte zugleich die amerikanische »Marionettenregierung« in Saigon unter Führung des Präsidenten Nguyen Van Thieu von einer »Koalitionsregierung« abgelöst werden, die sich aus Kommunisten, Vertretern einer undurchsichtigen, wahrscheinlich neutralen dritten Kraft und Resten der Thieu-Administration zusammensetzte. Diese weitgehend entwaffnete und führungslose, teilweise kommunistische Koalition sollte dann, wenn keine amerikanischen Truppen mehr im Land standen, mit der schwerbewaffneten, ausschließlich aus Kommunisten bestehenden Provisorischen Revolutionsregierung (PRR)[5] die endgültige Regelung aushandeln. Das war das unverhüllte Szenario einer Kapitulation.

In den vier Jahren der Verhandlungen gelang es uns nicht, Le Duc Tho (Mitglied des Politbüros und Hauptunterhändler der Nordvietnamesen) einen einzigen Namen aus dem Kreis der bekannten vietnamesischen Politiker zu entlocken, den Hanoi für die »dritte Kraft« der vorgeschlagenen Koalition akzeptieren konnte. Im wesentlichen liefen Hanois Forderungen auf den bedingungslosen Abzug der amerikanischen Truppen und den Sturz einer mit den Vereinigten Staaten verbündeten Regierung durch uns selbst hinaus, so daß Südvietnam den Kommunisten überantwortet werden konnte. Weder Nixon noch ich waren gewillt, Amerikas Engagement in Vietnam, das wir von unseren Vorgängern übernommen hatten, damit zu beenden, daß wir Millionen Menschen verrieten, die Vertrauen in unser Land gesetzt hatten.

Da wir keinen vereinbarten Rückzug erreichen konnten, setzten wir soviel wie möglich von unserem Programm einseitig durch. Wir stärkten die vietnamesischen Streitkräfte, zogen bis zum Ende der ersten Amtszeit Nixons über eine halbe Million amerikanische Soldaten ab und verringerten unsere bekannten Verluste von eintausendzweihundert pro Monat im Jahr 1968 auf weniger als dreißig im Jahr 1972. Im Herbst dieses Jahres standen noch etwa dreißigtausend Amerikaner in Vietnam. Sie waren aber nicht mehr in Bodenkämpfe verwickelt. Jeder dieser Schritte stieß auf den heftigen und zuweilen auch gewaltsamen Widerstand der Friedensbewegung, deren Alternative zu unserer Politik lediglich der einseitige Rückzug im Austausch für gefangene Amerikaner war.

Unsere innenpolitische Auseinandersetzung lief, wenn man sie der selbstgerechten Rhetorik entkleidet, ziemlich genau auf ein Problem hinaus: Die Nixon-Administration hielt es weder für moralisch noch für klug, wenn die führende Macht des demokratischen Bündnisses sich aus der Affäre zog, indem sie eine verbündete Regierung einfach stürzte. Die Antikriegsbewegung behauptete das glatte Gegenteil: Ein solcher Rückzug reinige die Vereinigten Staaten von ihrem Hochmut und die Administration von ihrer Blutgier. Letztere, nicht Hanois Starrsinn, war in ihren Augen das eigentliche Hindernis für den Frieden.

Im Oktober 1972 gab Hanoi es auf, uns seine Bedingungen mit Gewalt aufzwingen zu wollen, und akzeptierte, was Nixon bereits am 25. Januar 1972 neun Monate vor den Präsidentschaftswahlen öffentlich (intern bereits im Mai 1971) erklärt hatte: Weiterbestehen der Saigoner Regierung, Waffenstillstand, amerikanischer Abzug, Schluß mit dem Einsickern und der Verstärkung nordvietnamesischer Kräfte, Rückgabe der Gefangenen und Fortsetzung des politischen Dialogs der Parteien.

Über die Zukunft machten wir uns keine Illusionen. Weder Nixon noch ich glaubten, daß Hanois hartgesottene, fanatische Führer den Kampf ihres Lebens aufgegeben hatten. In der Schlußphase der Verhandlungen im November 1972 warnte ich Nixon, Hanoi werde jedes Abkommen bis zum Letzten ausreizen und der Frieden könne nur mit ständiger Wachsamkeit bewahrt werden:

Seit Mitte September habe ich Ihnen immer wieder gesagt, daß dies ein äußerst riskantes Unternehmen ist. Der schließliche Ausgang jeder Vereinbarung stellt die Frage nach der Vertrauenswürdigkeit und dem politischen Verhalten beider Seiten. Da wir den unversöhnlichen Haß und das pathologische Mißtrauen zwischen den beiden vietnamesischen Parteien erlebt haben und wissen, daß Hanoi nicht die Absicht hat, seine strategischen Ziele aufzugeben, müssen wir der Realität ins Auge sehen, daß dieser Vereinbarung unter Umständen das Mindeste an einer Vertrauensbasis fehlt, das wir brauchen. Deshalb könnten alle Bemühungen durchaus scheitern. Wir werden in jedem Fall ständig willens und bereit sein müssen, zu intervenieren, um Hanoi und seine südvietnamesischen Verbündeten daran zu hindern, das Abkommen auszuhöhlen.[6]

Anfang 1973 schien es uns, als wären wir in der Lage, diesen Erfordernissen nachzukommen. Hätte Saigon angemessene militärische und wirtschaftliche Unterstützung erhalten, dann hätte Südvietnams militärisches Potential ausgereicht, um dem kommunistischen Druck zu widerstehen – sofern die reguläre Armee Nordvietnams nicht zum Generalangriff überging. Sollte Nordvietnam das Abkommen und das darin enthaltene Infiltrationsverbot brechen und eine Invasion starten, wollten wir mit Luftwaffe und Marine verteidigen, wofür fünfundfünfzigtausend Amerikaner ihr Leben gelassen hatten.

Aber jede Außenpolitik ist nur so stark wie ihr Rückhalt im Land. Für uns war es selbstverständlich, daß der Abschluß der Pariser Vereinbarungen das Recht beinhaltete, diese auch mit Gewalt durchzusetzen, wie es in jedem früheren und nachfolgenden Konflikt der Fall war, in dem Amerikaner ihr Leben geopfert hatten. Aber Watergate untergrub die Autorität des Präsidenten, veränderte das bisherige Gleichgewicht zwischen Exekutive und Legislative. Das Pariser Abkommen setzte der Kontroverse kein Ende, sondern verschob lediglich ihren Schwerpunkt.

In den Jahren 1973 und 1974 war die Durchsetzung des Abkommens genauso umstritten wie der Krieg selbst. Auch die Argumente waren die gleichen. Die Antikriegsbewegung akzeptierte nicht, daß wir einen ehrenhaften Frieden erreicht hatten, denn dann hätte sie ihr Hauptargument aufgeben müssen, daß die Macht Amerikas eine Quelle des Bösen in der Welt sei.[7] Dieselben Gruppen, die sich jeder Maßnahme zur Beendigung des Krieges widersetzt hatten, wiesen jetzt alle Schritte zur Durchsetzung des Abkommens oder zur Unterstützung der Völker zurück, um deren Schicksal willen der Krieg geführt worden war.

Sie suchten diese nachträgliche Kapitulation mit der fadenscheinigen Behauptung zu rechtfertigen, es gebe keine rechtliche »Verpflichtung«, Vietnam beizustehen oder die Einhaltung des Pariser Abkommens zu gewährleisten, lediglich »geheime« Briefe des Präsidenten mit entsprechenden Absichtserklärungen. Diese Vorwürfe klangen besonders hohl aus dem Mund von Mitgliedern früherer Administrationen. Sie mußten Präsidentenbriefe aus ihrer Amtszeit kennen, die weit über das hinausgingen, was Nixon Präsident Thieu zugesagt hatte.[8]

Präsidentenbriefe sind kein rechtlich bindendes Versprechen, sondern Absichtserklärungen des Amtsinhabers im Hinblick auf künftige Entwicklungen. Sie erlegen den Nachfolgern eine moralische, keine juristische Verpflichtung auf (die sich im Lauf der Zeit unweigerlich abschwächt). Und natürlich ist kein Präsident in der Lage, den Kongreß durch eine einseitige Erklärung in die Pflicht zu nehmen.

Im Fall Vietnams waren die Präsidentenbriefe in der Übergangszeit zwischen Wahl und Amtseinführung geschrieben worden. Thieu hatte deshalb allen Grund zu erwarten, daß Nixon vier Jahre vor sich hatte, um diese Absichtserklärungen zu erfüllen, die mit seiner bisherigen Politik völlig übereinstimmten. Außerdem bekräftigten Mitarbeiter des Präsidenten wiederholt in der Öffentlichkeit die Entschlossenheit der Administration, das Abkommen durchzusetzen, wie aus den öffentlichen Erklärungen ersichtlich ist, die sich in den Anmerkungen finden.[9] Diese Verlautbarungen wiederholten inhaltlich das, was die Briefe des Präsidenten an Thieu enthielten.

Wie dem auch sei, der Streit um das Wesen der Verpflichtungen Amerikas ging an der Sache vorbei. Weder die Ford- noch die Nixon-Administration übernahmen jemals eine juristisch bindende Verpflichtung, Vietnam zu Hilfe zu eilen. Worauf wir bestanden, ging tiefer: Es war eine moralische Verpflichtung. Wir schuldeten diese Hilfe den Völkern, die zu uns gehalten hatten, den Opfern, die wir gebracht, und den gemeinsamen Anstrengungen, die wir unternommen hatten, kurz gesagt, uns selbst.

Wenn die Vereinigten Staaten ein Friedensabkommen schließen, muß der anderen Partei von vornherein klar sein, daß wir eine Verletzung seiner Bestimmungen nicht ungestraft hinnehmen werden. Wäre es anders, folgte der Verletzung keine Strafe auf dem Fuße, dann wäre ein Waffenstillstand lediglich eine verschleierte Kapitulation. Dies war und ist die Position aller früheren und nachfolgenden Administrationen. Auch das Ergebnis des

Golfkrieges 1991 hat bis heute weitgehend Bestand, weil die Präsidenten Bush und Clinton gelegentlich Gewalt anwandten, um die Vereinbarungen zu verteidigen, mit denen der Krieg gegen den Irak endete.

Sechs Monate nach dem Pariser Abkommen hatten die traditionellen Gegner des amerikanischen Engagements in Indochina durch bindende Kongreßbeschlüsse legalisiert, was sie zu erreichen gesucht hatten – das war ihnen niemals gelungen, solange der Krieg noch tobte. Als der Kongreß im Juni 1973 die Anwendung militärischer Gewalt »in oder über Indochina« verbot, wurde es den Vereinigten Staaten effektiv untersagt, ein Abkommen durchzusetzen, für das über fünfundfünfzigtausend Amerikaner und Hunderttausende Vietnamesen ihr Leben gelassen hatten. Zugleich wurde die Militärhilfe für Vietnam von 2,1 Milliarden Dollar im Haushaltsjahr 1973 auf eine Milliarde im Jahr 1974 und auf siebenhundert Millionen im Jahr 1975 gekürzt, obwohl die Ölpreise auf das Vierfache stiegen und Saigons knappe Devisenreserven versiegten.

Unter diesen Vorzeichen ließ Hanoi in den eineinhalb Jahren nach dem Abkommen einhundertdreißigtausend Mann mit Panzern und schwerer Artillerie nach Südvietnam einsickern, baute ein Straßennetz, um seine Truppen rasch von einer Region zur anderen verlegen zu können – all das in offenkundiger Verletzung des Abkommens. Die Vereinigten Staaten nahmen Südvietnam die Luft zum Atmen und sich selbst die Möglichkeiten zum Handeln. Es konnte nicht überraschen, daß die Tragödie schließlich damit endete, daß die gesamte nordvietnamesische Armee in Südvietnam einmarschierte, während die Vereinigten Staaten untätig zusahen, gelähmt durch ihre innere Spaltung.

Ford und Vietnam

Als Ford Präsident wurde, ließ die Befürwortung militärischer oder wirtschaftlicher Hilfe für Indochina im Land merklich nach. Seine erste Entscheidung war eine Reaktion darauf, daß sich ein absolut unzureichendes Hilfsbudget mühsam seinen Weg durch den Kongreß bahnte. Seit Unterzeichnung des Pariser Abkommens waren die Zuwendungen für Vietnam von Jahr zu Jahr halbiert worden. Für das Haushaltsjahr 1975 hatte die Nixon-Administration militärische Hilfe in Höhe von 1,4 Milliarden Dollar gefordert. Der Streitkräfteausschuß des Senats unter Leitung des ehrwürdigen konservativen John Stennis aus Mississippi hatte diese Summe auf eine Milliarde gekürzt. Nun strich der Haushaltsausschuß des Senats, dem der nicht weniger konservative John McClellan aus Arkansas vorsaß, weitere dreihundert Millionen. Gleichzeitig wurde die Wirtschaftshilfe von sechshundertfünfzig auf zweihundertfünfzig Millionen Dollar reduziert. Diese Kürzungen waren besonders schwerwiegend, wenn man sie in realen Dollars auswies, denn durch den Anstieg der Erdölpreise und die Inflation sank der effektive Wert des Hilfspakets auf ein Viertel dessen, was wir 1973 zur Verfügung gestellt hatten.

Der Streit um die Haushaltsposten verdeckte aber nur eine grundsätzliche Herausforderung, vor die den neuen Präsidenten zunächst der von Nixon übernommene und in noch schärferer Form der 1974 gewählte und von McGovern dominierte Kongreß stellten. Letzterer drängte darauf, selbst das finanzielle Engagement Amerikas in Indochina zu beenden. Das begründete er damit, dem Töten ein Ende setzen zu wollen, ignorierte jedoch, daß ein Zusammenbruch Indochinas nur zu weiterem Töten führen konnte. Zugleich wurde Ford von Anhängern aus seiner Zeit im Kongreß, die miterlebten, wie Vietnam eine Karriere nach der anderen vernichtete, dazu gedrängt, sich nicht in den Strudel hineinziehen zu lassen, vor allem weil es sich eindeutig um einen aussichtslosen Kampf handelte. In ihren unbekümmerteren Momenten nährten einige von ihnen gar die Illusion, ihr alter Freund könnte sich mit der Beendigung von Amerikas Engagement in Indochina die Gunst der Öffentlichkeit erwerben.

Ford ließ sich nicht täuschen. Er erfaßte instinktiv, daß sein Amtseid ihn verpflichtete zu kämpfen. Man muß ihm zugute halten, daß er die modische Losung von der Beendigung des amerikanischen Engagements als das erkannte, was sie war: ein Euphemismus dafür, Indochina zu verraten und der Gnade unserer Gegner auszuliefern. Da die amerikanischen Truppen das Land längst verlassen hatten, konnten wir uns nur noch mit militärischer und wirtschaftlicher Hilfe engagieren. Wenn wir diese einstellten, wurden wir zu Komplizen bei der Zerschlagung eines Gebildes, das wir hatten aufbauen helfen, beim Verrat an Männern und Frauen, die sich auf unser Wort verlassen hatten. Nichtsdestotrotz kamen unsere Gegner voran, weil sich ihnen niemand mehr entgegenstemmte. Die Konservativen hatten den Mut verloren, als Johnson 1968 die Einstellung der Bombenangriffe befahl. Die Nixon-Anhänger waren von Watergate demoralisiert, und die neue Mannschaft des Weißen Hauses war nicht auf den brutalen Kampf eingestellt, den sie bisher nur als Zuschauer beobachtet hatte. So mühten Brent Scowcroft und ich, stets mit Fords Hilfe, uns ab, unsere Verbündeten zu stützen und schließlich, resigniert, wenigstens so viele Vietnamesen und Kambodschaner wie möglich vor der von Kongreß und Medien mitverschuldeten endgültigen Katastrophe zu retten.

Um seinen Einsatz für die Verteidigung eines freien Südvietnam zu unterstreichen, hatte Ford den südvietnamesischen Botschafter Tran Kim Phuong am Abend seines ersten Tages im Amt demonstrativ zu einem Vieraugengespräch empfangen. Der Präsident versicherte Phuong, er stehe für Saigons Überleben ein und werde sein Bestes tun, um die Hilfe zu erhöhen. Am selben Tag bekräftigte Ford diese Zusicherung in einem Brief an Thieu, indem er dem Entwurf des Nationalen Sicherheitsrates eigenhändig einen Absatz hinzufügte:

> Unser Gesetzgebungsverfahren ist kompliziert und nicht abgeschlossen. Zwar wird es noch einige Zeit dauern, aber ich möchte Ihnen schon jetzt meine Zuversicht übermitteln, daß unsere Unterstützung am Ende in beiden Bereichen angemessen sein wird.

Damals hatten weder Ford noch ich erkannt, welch breite und heftige Formen die Gegnerschaft im Kongreß annehmen werde, sonst wäre dieser Brief nie abgeschickt worden. Für die Vietnamhilfe gab es auf beiden Seiten des politischen Spektrums im Kongreß keine Unterstützung mehr. Im Juni, als Nixon noch im Amt war, erklärte Senator James Allen aus Alabama, ein Konservativer und Meister aller Winkelzüge der Gesetzgebung, er habe die Administration unterstützt, solange die Truppen und die Gefangenen noch nicht zu Hause waren. Nun aber, da diese Aufgabe erfüllt sei,»sollten wir uns da heraushalten«[10]. Senator Hubert Humphrey, der die Annahme des Auslandshilfegesetzes kontrollierte, brachte den gleichen Überdruß mit den Worten der Liberalen zum Ausdruck:»Wir haben die wichtigste Lehre ignoriert, daß politische Schlachten nicht mit Waffengewalt entschieden werden können.«[11] Zu diesem Schluß sind die meisten Historiker nicht gekommen. Selbst unser eigener Bürgerkrieg hätte meinem gutherzigen Freund aus Minnesota, dessen Chance auf die Präsidentschaft von den Vietnamprotesten des Jahres 1968 zunichte gemacht wurde, eine ganz andere Lehre vermitteln können. Und die Neokonservativen, die sich ganz darauf konzentrierten, der Ford-Administration Nachgiebigkeit gegenüber kommunistischem Druck vorzuwerfen, ließen in der Debatte nirgendwo verlauten, wie man sich der militärischen kommunistischen Aggression, der einzigen, die es tatsächlich gab, widersetzen sollte.

In den ersten Wochen seiner Präsidentschaft im August 1974 war Ford ganz damit beschäftigt, mit der Zypernkrise fertig zu werden, seine Regierung personell zu besetzen und über eine Begnadigung Nixons nachzudenken. Erst am 5. September war er in der Lage, sich der Indochinahilfe gründlich zu widmen. In unseren täglichen Gesprächen warnte ich:

Ohne Ihr energisches Eingreifen werden wir bei der Vietnamfrage in Schwierigkeiten geraten. Wenn wir nicht genug tun, ist es gleichgültig, wieviel an unseren Bemühungen fehlt. Nordvietnam scheint noch unentschlossen zu sein. Vielleicht könnten Sie ins Auge fassen, nächste Woche mit den Kongreßführern zusammenzukommen. Wir haben Probleme sowohl bei den Beschränkungen als auch bei den Dollarbeträgen ...

... Andere werden sehen, was mit Menschen passiert, die sich auf die Vereinigten Staaten verlassen. Erst schließen wir ein nicht gewolltes Abkommen und versprechen dabei unbegrenzte Hilfe, dann aber wird die Hilfe binnen zwei Jahren eingestellt.

Der Vollständigkeit halber legte ich auch die Option dar, Vietnam aufzugeben:

Als neuer Präsident haben Sie die Wahl. Sie können die Sache so laufen lassen, ohne daß man Ihnen das vorwerfen wird, zumindest nicht 1976. Ich muß sagen, ich denke, das wäre falsch. Die Liberalen, deren Beifall Ihnen sicher wäre, lassen Sie im Stich, sobald es hart auf hart kommt.

Ford zog diese Option niemals in Betracht. Während des Vietnamkrieges war er der ranghöchste Vertreter der Republikaner im Unterausschuß Verteidigung des Haushaltsausschusses des Repräsentantenhauses gewesen und wußte deshalb sehr gut, was die jeweilige Höhe der Hilfe bedeutete. Er sah auch ohne mich, daß ein ständiger Rückgang große psychologische und militärische Gefahren heraufbeschwor. Am 12. September sandte ich Ford ein Memorandum, in dem ich beschrieb, mit welchen Folgen zu rechnen sei, wenn die Militärhilfe auf siebenhundert Millionen Dollar absank:

– Unzureichende Mittel, um beschädigte oder vernichtete Ausrüstungen zu ersetzen;

– eine weitere Halbierung des Flugzeugeinsatzes, nachdem bereits elf Geschwader nicht mehr aufsteigen;

– eine Reduzierung des Einsatzes von Seeschiffen um dreißig Prozent und von Flußschiffen um zweiundachtzig Prozent;

- ein völliges Aufbrauchen der medizinischen Versorgungsgüter bis Ende Mai 1975;
- ein Versiegen der Treibstoffversorgung der Bodentruppen Ende April 1975;
- am Ende des Haushaltsjahres 1975 ein Bestand von nur noch einem Viertel des minimalen Munitionsbedarfs der Armee, um einer General-offensive standzuhalten;
- eine rasche Verschlechterung des Zustandes der nicht genutzten Flug-zeuge und Technik der Bodentruppen.

Die Verluste der Südvietnamesen stiegen direkt proportional zu diesen De-fiziten und waren seit Unterzeichnung des Pariser Abkommens auf sechs-undzwanzigtausend Gefallene angestiegen. Die Kongreßführer zeigten sich von diesen Zahlen ungerührt. Das Höchste, was Ford ihnen abringen konnte, war ein Versprechen von Senator Stennis, den Antrag auf ein Zu-satzbudget in Höhe von dreihundert Millionen Dollar im Januar 1975 wohl-wollend zu prüfen. Das änderte nicht viel an der Sachlage, denn was Saigon betraf, so wurden die Gelder in den Raten überwiesen, die das Jahresbudget von siebenhundert Millionen Dollar vorsah, bis die Zusatzsumme beschlos-sen war. Das aber konnte sich bis weit ins Jahr 1975 hinziehen, wenn der An-trag überhaupt durchkam.

Dieser Zusatzantrag wurde dann zum Anlaß für eine Torpedierung der Indochinahilfe insgesamt. Immer offener forderte man, sie ganz einzustel-len, und immer beharrlicher benutzte man Alibis wie: Waren wir überhaupt rechtlich verpflichtet, Vietnam Hilfe zu leisten? Sollten wir deren Höhe nicht dem Niveau der sowjetischen und chinesischen Unterstützung für Ha-noi anpassen? Sollten wir nicht eine politische statt einer militärischen Lö-sung suchen? Jedes dieser Argumente bedeutete Tage der Verzögerung, weil skeptische Kongreßausschüsse neue Anhörungen anberaumten. Schließlich beendeten die Gegner der Hilfe, die nun in der Mehrheit waren, ihre Rück-zugsgefechte und stellten sich gemeinsam auf den Standpunkt, Südvietnam müsse lernen, auf eigenen Füßen zu stehen, und könne höchstens noch eine einmalige pauschale Summe, quasi als Abfindung, erwarten.

Auf seiten der Administration war ich der Hauptbefürworter ausrei-chender Hilfeleistungen. Da ich das Pariser Abkommen ausgehandelt hatte, spürte ich eine besondere Verantwortung. Ich hätte diese Vereinbarungen niemals geschlossen, wäre ich nicht überzeugt gewesen, daß wir nach unse-rem Abzug ausreichende Hilfe leisten würden. Es war mir nie in den Sinn gekommen, daß wir ein ganzes Volk einfach im Stich lassen könnten. Während Vietnam zusammenbrach, appellierte ich nach wie vor an so alt-modische Werte wie »Ehre« und »moralische Pflicht«. Ich sprach nicht von Realpolitik wie unsere Kritiker. Am 22. März 1974 sagte ich meinen ver-sammelten Mitarbeitern:

Dies ist meine feste Meinung: Wir haben fünfzigtausend Mann verloren, ein Riß geht durch unser Land, und wir haben eine Vereinbarung er-kämpft, die zumindest nicht unehrenhaft war. Das alles nun für ganze hundert Millionen Dollar wegzuwerfen ist einfach eine Schande. Ich möchte dem Kongreß unbedingt sagen, was unserer Meinung nach nötig ist. Sollen sie dann die Verantwortung für die Streichung über-nehmen.

Kein Land, das die Vereinigten Staaten im Kalten Krieg verteidigten, ist jemals aufgefordert worden, völlig auf eigenen Füßen zu stehen, ohne auch danach gewissen amerikanischen Schutz zu erhalten. Amerikanische Truppen haben Europa am Ende des Zweiten Weltkrieges nicht verlassen und sind selbst nach dem Zerfall der Sowjetunion geblieben. In Korea stehen nach wie vor einige Divisionen, obwohl seit dem Koreakrieg fast ein halbes Jahrhundert vergangen ist. Eine starke amerikanische Präsenz ist auch im Golf zu verzeichnen, seit der Irak aus Kuweit vertrieben wurde. Nur in Vietnam bestanden wir darauf, daß ein Verbündeter sich aus eigener Kraft verteidigen sollte. Schuldeten wir Vietnam nicht zumindest eine reelle Chance, sich *selbst* zu verteidigen, indem wir ihm alles Notwendige dafür lieferten? Was wäre in Europa, in Korea oder am Golf geschehen, hätten die Vereinigten Staaten ihre Truppen abgezogen, ihre Hilfe eingestellt und dann gesetzlich untersagt, im Fall einer Aggression mit der Entsendung amerikanischer Soldaten zu reagieren?

Als wir uns in den Jahren 1971 bis 1973 allmählich aus Vietnam zurückzogen, wurde im Kongreß die Überlegung, nach dem Truppenabzug substantielle Hilfe zu leisten, weitgehend unterstützt. So forderte Senator Jacob Javits, eine führende »Taube«, am 15. Juni 1971 die Zustimmung des Kongresses zu einem Hilfspaket in der Größenordnung von zwei Milliarden Dollar nach einem amerikanischen Abzug und bezeichnete dies als Ausdruck »einer Verpflichtung gegenüber den Millionen Vietnamesen, die in die umfangreichen amerikanischen Operationen in Vietnam hineingezogen wurden«[12]. Am 11. Mai 1972 zitierte der *Christian Science Monitor* Senator Frank Church mit den Worten:

Senator Church und andere »Tauben« befürworten die Absicht der Nixon-Administration, der Saigoner Regierung die notwendigen Mittel zur Verfügung zu stellen. Der Senator wes st darauf hin, daß man sich nach einer Regierungsumbildung, bei der Leute wie General Duong Van Minh (Big Minh) an die Macht kämen, weniger auf die Hilfe der Vereinigten Staaten stützen werde.[13]

Am 21. Februar 1973 unterstützte mit Senator Clifford Case aus New Jersey eine weitere »Taube« die Fortsetzung der Indochinahilfe:

Unser Ziel in Indochina muß sein, die Staaten, soweit wir das überhaupt können, in den Zustand zurückzubringen, in dem sie waren, bevor diese ganze Misere begann. Mit dieser Präzisierung unterstütze ich voll und ganz das Konzept ausländischer Hilfe. Ich glaube nicht, daß diese uns in irgendeiner Weise davon abhalten kann, das zu tun, was wir in unserem Land tun müssen.[14]

Eine Sammlung von Aussagen dieser Art findet sich in den Anmerkungen.[15]

Bald aber setzte kollektives Vergessen ein. Kaum war das Pariser Abkommen unterzeichnet, da bewies der Kongreß ein außerordentliches Talent, früheren Glaubensbekenntnissen abzuschwören. Unter anderem wurde argumentiert, unsere Hilfe für Saigon solle nicht größer sein als die sowjetischen und chinesischen Lieferungen an Hanoi. Dabei verglich man jedoch Dinge, die nicht vergleichbar waren. Saigon mußte eine Dschungelfront von fast tausend Kilometern verteidigen. Die Nordvietnamesen konnten sich auf jeden beliebigen Punkt konzentrieren. In offenkundiger Verletzung des Pariser Abkommens verbesserten sie ihren Nachschub, um ihre Streitkräfte rasch und in überlegener Zahl an entscheidenden Punkten konzentrieren zu können. Bis zum Sommer 1974 konnten die südvietnamesischen Streitkräfte dies mit einer Überlegenheit bei Artillerie und Luftwaffe wettmachen. Aber die Streichungen des Kongresses führten zu der bereits beschriebenen Schwächung ihres Potentials.

Ein weiterer Vorwand, um Vietnam aufzugeben, waren politische Überlegungen. Fortgesetzte amerikanische Hilfe, so hieß es, werde Saigon nur dazu ermutigen, die politischen Festlegungen des Abkommens zu verletzen und eine militärische Lösung zu suchen. Zweifellos zögerte Saigon die Umsetzung einiger politischer Bestimmungen des Abkommens hinaus, aber auch Hanois Verhalten vor und nach seinem Sieg zeugte nicht gerade von dem brennenden Wunsch nach freien Wahlen (die im kommunistisch beherrschten Vietnam bis heute auf sich warten lassen). Aber es war die Verletzung der *militärischen* Bestimmungen durch Hanoi, die das Pariser Abkommen von Anfang an untergrub. Die Gegnerschaft des amerikanischen Kongresses plus Watergate besiegelten dann Saigons Schicksal.

Im Frühjahr 1973 erwogen wir eine Bombardierung des Ho-Chi-Minh-Pfades, um Hanois Truppenaufmarsch aufzuhalten oder zu verlangsamen. Als im April die Watergate-Ermittlungen ausuferten, sah sich Nixon jedoch gezwungen, diesen Plan fallenzulassen. Im Juni 1973 verbot der Kongreß jegliche Militäraktionen »in oder über Vietnam«. Darauf folgten 1974 die bereits genannten Haushaltskürzungen. 1975 war Saigon psychologisch das Rückgrat gebrochen.

Hanois Aufmarsch

Alle Anzeichen, die wir damals hatten, und, mehr noch, die verschiedenen Berichte nordvietnamesischer Kommandeure, die seitdem erschienen sind, lassen keinen Zweifel daran, daß Hanoi sich seit dem Tag der Unterzeichnung des Friedensabkommens auf den militärischen Endkampf vorbereitete, gleichgültig, wie Saigon sich verhalten würde. Die Nordvietnamesen unternahmen sofort gewaltige Anstrengungen, um ihre Streitkräfte im Süden neu auszurüsten und umzugruppieren. Sie legten ein Netz von Straßen mit einer Gesamtlänge von zwanzigtausend Kilometern an, die in alle Himmelsrichtungen führten. Darunter war eine acht Meter breite Allwetterstraße, die auch LKWs befahren konnten. Sie verlegten fünftausend Kilometer Rohrleitungen, um die Zehntausende Fahrzeuge auftanken zu können, die diese Straße benutzten – all das in offensichtlicher Verletzung des Pariser Abkommens. Bereits im Oktober 1973 beschloß das einundzwanzigste Plenum des Zentralkomitees der Kommunistischen Partei Nordvietnams, das Programm der »revolutionären Gewalt« wiederaufzunehmen. Im März 1974 arbeitete ein zentraler Militärausschuß Operationspläne für die »strategische Offensive« aus. In einem Bericht des nordvietnamesischen Generals Van Tien Dung, der die Schlußoffensive kommandierte, heißt es, nordvietnamesische Einheiten hätten zwischen April und Oktober 1974 den Feind »unablässig angegriffen und dabei jeden Tag größere Siege errungen«. Daraus zog der Generalstab den Schluß, daß »die Kampfkraft unserer mobilen Haupteinheiten der des Feindes überlegen« sei.[16]

Dies war nach Aussage des ebengenannten nordvietnamesischen Generals darauf zurückzuführen, daß »Panzer, Panzerwagen, Raketen, weittragende Artillerie und Flak« in großer Zahl nach Süden transportiert wurden (was das Pariser Abkommen natürlich untersagte). Ermöglicht wurde dies durch das hervorragende Netz von Straßen, die Dung in seiner plastischen Ausdrucksweise erscheinen wie »starke Seile, die sich allmählich, Tag für Tag enger, um Hals, Arme und Beine des Dämons legten und nur auf den Befehl zum Zuziehen warteten, um dem Leben des Ungeheuers ein Ende zu setzen«[17].

Während Südvietnam Zug um Zug stranguliert wurde, war Washington mit seinen eigenen Problemen beschäftigt. Die Ford-Administration sah sich von allen Seiten bedrängt: Das Handelsgesetz mit der Sowjetunion war soeben gescheitert, das vom Kongreß verhängte Embargo für Hilfe an die Türkei hatte nach wie vor Gültigkeit, die Ermittlungen gegen die Geheimdienste schritten voran, und der Friedensprozeß im Nahen Osten bewegte sich auf eine Sackgasse zu. Vor allem aber war Washington Vietnams überdrüssig.

Dieses Gefühl erhielt neue Nahrung, als mit dem überwältigenden Sieg der Demokraten bei den Wahlen 1974 eine Gruppe von politischen Neulingen nach Washington und in den Kongreß kam. Wie es im *Almanac of American Politics* heißt, repräsentierten sie eine Welt der Politik, die »ihre stärkste Motivation aus der Gegnerschaft zum Vietnamkrieg bezog«[18]. Kaum zwei Jahre zuvor war George McGovern bei den Präsidentschaftswahlen 1972 mit dem zweitgrößten Abstand in der amerikanischen Geschichte wegen der Vietnamfrage gescheitert. In den Kongreßwahlen 1974 siegten seine damaligen Anhänger wegen Watergate und wurden somit in die Lage versetzt, das frühere Urteil der Wähler über Vietnam in sein Gegenteil zu verkehren.

So geschah es, daß Südvietnam seiner letzten Prüfung entgegenging, während man in Washington darüber debattierte, wie stark die Hilfe zu reduzieren sei und welchen Druck man auf Saigon ausüben könnte, um seine »Demokratisierung« zu beschleunigen. Unsere Nachrichtendienste hegten in dieser Hinsicht keinerlei Illusionen. Bereits am 23. Mai 1974 hieß es in einer Analyse warnend, wenn Nordvietnam einen größeren Teil seiner strategischen Reserven einsetze:

Dann dürften (die südvietnamesischen Truppen) nicht mehr in der Lage sein, die Initiative zurückzugewinnen, und es erscheint fraglich, ob die vietnamesische Regierung (in Saigon) ohne militärisches Eingreifen von Einheiten der US-Luftwaffe und US-Marine überleben kann.
Als Minimum wäre starke logistische Unterstützung der Vereinigten Staaten notwendig, um den kommunistischen Vormarsch zu stoppen.

Ein Bericht der Abteilung Nachrichtendienst und Forschung im amerikanischen Außenministerium vom 1. November 1974 kam zu dem Schluß, wenn die Tendenz der Haushaltsentwicklung nicht umgekehrt werde, dann könnte die Thieu-Regierung zusammenbrechen:

Ihre Vorräte sind bereits so weit aufgebraucht, daß selbst kurzfristige Notlieferungen, um großangelegte Angriffe Nordvietnams und des Vietcongs im Jahr 1975 aufzuhalten, zu spät kommen könnten; ein schwerer Rückschlag wäre dann nicht mehr abzuwenden...

Die Kommunisten sind der Meinung, daß die Vereinigten Staaten durch die weltweite Wirtschafts-, Energie- und Nahrungsmittelkrise in wachsendem Maße abgelenkt sind. Sie sehen Präsident Fords Möglichkeiten, der südvietnamesischen Regierung zu helfen, als äußerst begrenzt an, da er ein gutes Verhältnis zum Kongreß aufrechterhalten will und muß.

Hanois unbarmherzige Analytiker kamen zum gleichen Schluß. Die maßgebliche theoretische Zeitschrift der Kommunistischen Partei Nordvietnams *Hoc Tap*, die die Auswirkungen jeder neuen Kürzung der amerikanischen Hilfe genau beobachtete, schrieb im Januar 1975:

Feuerkraft und verfügbare mobile Ausrüstung der Marionettentruppen (Saigons) haben sich spürbar verringert. Im dritten Quartal 1974 ist die Zahl der Artilleriesalven, die die Marionettentruppen monatlich abfeuerten, im Vergleich zu 1973 etwa um drei Viertel zurückgegangen. Die Zahl der täglichen taktischen Flüge ihrer Luftwaffe betrug nur noch ein Fünftel des Umfangs von 1972. Die Zahl der Flugzeuge im Süden ist im Vergleich zum höchsten Stand während des begrenzten Krieges um siebzig Prozent und die der Hubschrauber um achtzig Prozent gesunken... Die Reserven an Bomben und Munition gehen zur Neige. Die Marionettentruppen haben große Schwierigkeiten bei der Versorgung mit Treibstoff, der Wartung, Reparatur und dem Einsatz verschiedener Typen von Flugzeugen, Panzern, Kriegsschiffen und schweren Waffen.

Vor allem wegen unserer Nachlässigkeit und Gleichgültigkeit war die Zeit für neue Angriffsoperationen der Kommunisten gekommen.

Hanois Entschlossenheit, den Druck zu verstärken, war auch auf ein deutlich verändertes Verhalten der Sowjetunion zurückzuführen. Ende Dezember 1974 besuchte erstmals nach Unterzeichnung des Pariser Abkommens ein hochrangiger sowjetischer Vertreter Hanoi. Das war alles andere als eine Höflichkeitsvisite. Der sowjetische Generalstabschef Viktor Kulikow nahm an den strategischen Diskussionen teil, die damals im Politbüro geführt wurden. (Der letzte ähnliche Besuch hatte 1971 vor der Offensive von 1972 stattgefunden.)

Die Memoiren, in denen der Inhalt der sowjetischen Empfehlungen offengelegt wird, müssen erst noch erscheinen. Aber es dürfte klar sein, daß einige frühere Beschränkungen aufgehoben wurden. In den folgenden Monaten stiegen die sowjetischen Lieferungen von Militärgütern um das Vierfache. Solange die sowjetischen Archive nicht geöffnet werden, wissen wir nichts über die Motive der Sowjetunion: ob sich diese Maßnahmen gegen China richteten, eine Reaktion auf die feindselige Haltung des Kongresses gegenüber dem Handelsgesetz und dem Gipfel von Wladiwostok oder Bestandteil einer langfristigen sowjetischen Strategie waren. Wie die Antwort auch ausfallen mag: Es besteht kaum Zweifel daran, daß Moskau Hanois Kampfeslust anstachelte.

Der einzige Unsicherheitsfaktor für Hanoi war das Verhalten der Vereinigten Staaten. Nach General Dungs Bericht befand der Generalsekretär der Partei Le Duan im Oktober 1974, daß »die Widersprüche in der amerikanischen Administration und zwischen den politischen Parteien Amerikas schärfer geworden sind. Die Watergate-Affäre hat das ganze Land in Aufruhr versetzt... Die amerikanische Hilfe für die Quisling-Administration in

Saigon geht zurück.« Und zwar in einem Maße, daß die Vereinigten Staaten »die Saigoner Administration nicht mehr vor dem endgültigen Zusammenbruch retten können«. Die Offensiven 1975 sollten zeigen, ob diese Einschätzung zutraf. Obwohl es unter den führenden Militärs Nordvietnams, die Memoiren veröffentlicht haben, Meinungsverschiedenheiten gibt (vor allem darüber, wem das Verdienst an der siegreichen Strategie zukommt), sind sie sich alle in einem zentralen Punkt einig: Die Offensiven, die sie für 1975 planten, sollten nur das Vorspiel für den Endsieg im Jahr 1976 oder gar erst 1977 sein. Die amerikanische Reaktion auf diese Offensiven – oder ihr Ausbleiben – sollte über ihr weiteres Vorgehen entscheiden.[19]

Der Ton, in dem mein langjähriger Gesprächspartner Le Duc Tho seine Mitteilungen abfaßte, war stets ein guter Maßstab dafür, wie sicher sich das Hanoier Politbüro fühlte. Als Nixon zurücktrat und der Kongreß die Vietnamhilfe kürzte, waren die Schreiben in einem arroganten Ton abgefaßt, was darauf hinwies, daß Hanoi Rückenwind spürte. Am 19. August 1974 nutzte ich die Gelegenheit von Fords kürzlicher Amtseinführung, um eine Botschaft nach Hanoi zu senden. Darin warnte ich davor, den Amtswechsel als eine Gelegenheit für militärische Aktionen anzusehen. Zugleich brachte ich unseren Wunsch nach verbesserten Beziehungen zum Ausdruck:

Wie Sie wissen, hat Präsident Ford die Indochinapolitik Präsident Nixons fünfeinhalb Jahre lang entschieden unterstützt. Im Geist der gegenseitigen Achtung und Aufrichtigkeit, die unseren Austausch stets kennzeichneten, Herr Sonderberater, muß ich Ihnen mitteilen, daß Präsident Ford ein Mann mit einem starken Gefühl für Amerikas Ehre ist. Er teilt unser aller Auffassung auf der amerikanischen Seite, daß der DRV (Nordvietnam) ein positiver Weg offensteht, ein Weg der Friedensregelung, des Wiederaufbaus, konstruktiver Beziehungen zu den Vereinigten Staaten und der westlichen Welt sowie einer wahrhaft unabhängigen Rolle in der Weltpolitik. Der Präsident ist bereit, mit Ihnen diesen Weg zu beschreiten.

In einer anmaßenden Antwort vom 25. August schrieb sich Le Duc Tho das Verdienst an Nixons Rücktritt zu, ja er drohte Ford ein ähnliches Schicksal an:

Mr. Nixon ist mit seinem Unterfangen gescheitert und mußte das Weiße Haus verlassen. Sollte Mr. Ford ebenso handeln, wird auch er unweigerlich scheitern.

Nachdem er mich beschuldigt hatte, meine »Unterschrift und meine Verpflichtungen« verraten zu haben – ein Vorwurf, den man in der Diplomatie nur äußert, wenn man vom eigenen Sieg ausgeht, der keine weiteren Verhandlungen mehr notwendig macht –, schloß Le Duc Tho mit der Drohung:

Sollten die Vereinigten Staaten die Nixon-Doktrin ohne Nixon fortführen und auch weiterhin die Gruppe um Nguyen Van Thieu benutzen, um den Krieg fortzusetzen und das Pariser Vietnamabkommen zu unterlaufen, dann wird das vietnamesische Volk seinen Kampf zur Verteidigung des Friedens und des Pariser Abkommens entschlossen fortsetzen, bis es den vollständigen Sieg errungen hat.

Während sich also Hanoi auf den militärischen Sieg hin orientierte, schwätzte man in Washington darüber, ob selbst ein Hilfspaket von siebenhundert Millionen Dollar, das, wie bereits erwähnt, gegenüber dem ersten

Friedensjahr eine reale Reduzierung um fünfundsiebzig Prozent bedeutete, zuviel sein könnte. Als Ford an Senator Stennis appellierte, wenigstens die dreihundert Millionen Dollar, die man bei der Militärhilfe gestrichen hatte, doch noch zu gewähren, erwiderte dieser feste Freund des Pentagons, der alles andere war als eine »Taube«:

> Ich habe gesagt, wenn siebenhundert Millionen (für Vietnam) nicht genügen, dann könnte ich mich auch für mehr einsetzen. Aber ich habe von einigen Militärs die Information erhalten, daß wir reduzieren können, und ich habe Sie gebeten, jemanden dorthin zu senden, der erkundet, wie die Lage wirklich ist.

Zum Glück gab es einige wenige Leute, allerdings auf eher unterer Ebene, die über den Tellerrand des Kongresses hinausschauten. Am 20. Dezember 1974 schrieb James R. Bullington, der verantwortliche Beamte in der Vietnamsektion des Außenministeriums, nach einem Besuch in Saigon einen bewegenden und außerordentlich kundigen Bericht. Er wies darauf hin, daß selbst weitere dreihundert Millionen Dollar nur dazu ausreichten, Verbrauchsgüter zu erwerben, aber nicht, um Ausrüstungen zu ersetzen. Im Jahr 1976 seien für den gleichen Zweck mindestens 1,3 Milliarden Dollar nötig. Dann konnte der Ersatz zerstörter und beschädigter Technik nicht länger hinausgeschoben werden, was einen beträchtlichen zusätzlichen finanziellen Aufwand bedeutete. Bullington, der in seinen Bericht kurze Schilderungen der wachsenden Verzweiflung der Südvietnamesen einstreute, kam zu dem Schluß, daß Südvietnams Lage ohne zusätzliche Hilfe hoffnungslos sei. Wir hatten einen Punkt erreicht, an dem wir, wenn wir keine zusätzliche Hilfe zur Verfügung stellten, unsere Schande nur dadurch etwas mildern konnten, daß wir so viele Vietnamesen wie möglich retteten:

> Wenn zusätzliche Hilfe ausbleibt, sollten wir über Mittel und Wege nachdenken, um so viele antikommunistisch eingestellte Südvietnamesen wie möglich zu retten. Haben wir zum Beispiel nicht eine gewisse Verpflichtung gegenüber den vielen Tausenden Vietnamesen und ihren Familien, die heute Angestellte der US-Regierung sind oder es früher waren? Wenn wir diesen Menschen nicht bei der Flucht helfen, dann könnte das die Schande unserer Niederlage in Südvietnam noch beträchtlich vergrößern.

Am 30. Dezember unterzeichnete Ford in Vail, Colorado, widerwillig das Auslandshilfegesetz, wobei er erhebliche Bedenken gegen die tiefen Einschnitte bei der Vietnamhilfe äußerte (die durch zahlreiche gesetzliche Beschränkungen für die Verwendung der Hilfe noch verschlimmert wurden). Das Überleben Vietnams hing nun davon ab, ob wir die Bewilligung der zusätzlichen Mittel erreichen konnten, die die Kongreßführung uns versprochen hatte.

Hanoi wieder in der Offensive

Die Tragödie Vietnams wirkte auf mich auch deshalb wie ein Alptraum, weil die Debatten darüber religiösen Ritualen glichen: Sie genügten sich selbst; sie brauchten keine Verbindung zum realen Leben. So begann in Washington das Schicksalsjahr, als ob in Indochina nichts von Bedeutung geschähe, obwohl Hanoi gerade seine Optionen getestet hatte und die erste der vom Politbüro angeordneten begrenzten Offensiven einleitete. Mitte Dezember hatte es eine Reihe heftiger Angriffe in den Südprovinzen Südvietnams gestartet. Am 7. Januar 1975 überrannten kommunistische Truppen Phuoc Binh, die Hauptstadt der Provinz Phuoc Long, die erste Provinzhauptstadt im ganzen Krieg, die Saigon verlor und nicht wieder zurückeroberte. Während die Offensive lief, trat das Politbüro in Hanoi zusammen, um die Ergebnisse auszuwerten und die weitere Strategie festzulegen. Phuoc Binh galt dabei als Testfall.[20] Wenn die Vereinigten Staaten reagierten, hatte Hanoi noch Gelegenheit, vom Abgrund zurückzuweichen.

Aber Washington war entschlossen, einem Verbündeten die Hilfe zu versagen, dem das Messer schon an der Kehle saß. Das mußte auf andere mit den Vereinigten Staaten verbündete und selbst bedrohte Länder längerfristig katastrophale Auswirkungen haben. Wiederholt wies ich auf Pressekonferenzen, in Reden vor dem Kongreß und vor meinen Mitarbeitern warnend auf die Gefahren für unsere nationalen Interessen hin. So erklärte ich zum Beispiel am 3. Januar vor den führenden Beamten des Außenministeriums:

Wir müssen unsere nationalen Interessen verteidigen. Wir können nichts anderes tun. Wir werden in dieser Sitzungsperiode des Kongresses nicht händeringend umherlaufen. Wir werden sagen, was wir als unsere nationalen Interessen betrachten. Und wenn uns der Kongreß ein wenig Feuer macht, dann werden wir das aushalten. Soll der Kongreß sich dagegen wenden. Wenn wir katzbuckeln und uns auf Kompromisse einlassen, dann haben wir schon verloren.

Der Kongreß war, gelinde ausgedrückt, nicht bereit, rasch zu handeln. Es war also zu überlegen, ob es andere Möglichkeiten gab, dem Vormarsch bei Phuoc Long etwas entgegenzusetzen. Wir drehten uns im Kreis. Da sich kaum jemand für zusätzliche Hilfe hatte erwärmen können, bestand nun erst recht kein Interesse an anderen Formen der Unterstützung. Zum Glück gab es zumindest einen Menschen in der Exekutive, der meine Auffassung grundsätzlich teilte. Das war der Präsident der Vereinigten Staaten. Unter dem Druck der Medien, von seinen nächsten Mitarbeitern gedrängt, sich von Vietnam (und von mir) loszusagen, von vielen seiner früheren Kollegen im Kongreß im Stich gelassen, blieb Ford ruhig und unerschütterlich. Vor jeder interministeriellen Beratung stimmte ich mich mit ihm ab, um sicherzugehen, daß ich seine Ansichten vertrat. Das tat ich auch am 7. Januar vor der Sitzung der WSAG, die sich mit der Offensive bei Phuoc Long zu befassen hatte. Die Reaktion des Präsidenten war kurz und entschlossen:

Kissinger: Wir haben eine Sitzung der WSAG über Vietnam. Ich will dort eine harte Linie fahren. Ich gehe davon aus, daß Sie bereit sind, zusätzliche Hilfe zu fordern.
Ford: Auf jeden Fall.

Als ich Ford am 8. Januar um seine Meinung über die militärischen Schritte bat, die wir auf der WSAG-Sitzung beraten hatten, antwortete er: »Ich denke, wir sollten das tun.«

Leider standen wir mit leeren Händen da, als es um Maßnahmen ging, mit denen wir Hanoi demonstrieren konnten, daß wir sein Vorgehen sehr ernst nahmen. Die Liste, die das Außenministerium vorlegte, war eher eine

Demonstration unserer Ohnmacht als ein Mittel, Hanoi zum Einlenken zu bewegen. Sie enthielt so schreckliche Maßnahmen wie Appelle an Moskau, Peking und den UN-Sicherheitsrat (wo Peking und Moskau ein Vetorecht hatten), Proteste an die elf weiteren Teilnehmer der Internationalen Vietnamkonferenz, die das Pariser Friedensabkommen vom 2. März 1973 als Garanten unterzeichnet hatten.[21]

Keine dieser Maßnahmen versprach die geringste Aussicht darauf, die bevorstehende Offensive Nordvietnams und das Ende Südvietnams abzuwenden. Wir sandten ein Rundschreiben an die nichtvietnamesischen Teilnehmer der Internationalen Vietnamkonferenz sowie die vier Mitglieder der Internationalen Kontroll- und Überwachungskommission (Kanada, Ungarn, Polen und Indonesien). Darauf folgten einige ausweichende Antworten, aber vor allem Schweigen, das ich besser ertragen hätte, wenn es ein betretenes Schweigen gewesen wäre.

Meine Erfahrung hatte mich gelehrt, daß Hanoi nur Maßnahmen ernst nahm, die nach seiner Einschätzung die Lage an den Fronten beeinflussen konnten. Aus den Memoiren wissen wir jetzt, wie gespannt man dort jeden militärischen und politischen Schritt der Vereinigten Staaten beobachtete. Die Administration hatte nicht die Absicht, das Verbot des Kongresses für ein direktes militärisches Eingreifen zu verletzen. Aber bei Hanois krankhaftem Mißtrauen bestand eine geringe Chance, dort etwas zu bewirken, wenn wir einige unserer Kräfte näher an Indochina heranschoben. Das Verteidigungsministerium listete die Möglichkeiten auf, die uns offenstanden:
– Verstärkung unserer Aufklärungsflüge über Nordvietnam;
– eine geringe Abweichung des Flugzeugträgers »Enterprise« in Richtung Golf von Tongking auf seiner Fahrt von Subic Bay auf den Philippinen in den Indischen Ozean;
– eine Verlegung von F-4-Jagdflugzeugen auf die Philippinen und nach Thailand sowie von B-52-Bombern aus den Vereinigten Staaten nach Guam.

Ich stimmte all diesen Vorschlägen zu, wandte aber zugleich ein: »Ich habe die Erfahrung gemacht, daß wir verlieren, wenn wir uns zurückhaltend bewegen. Wenn wir mutiger sind, haben wir eher Erfolg.«

Die WSAG akzeptierte meine Empfehlungen, und Ford bestätigte die ganze Liste. Aber bevor etwas praktisch unternommen werden konnte, schreckte das Verteidigungsministerium bereits wieder vor möglichen Angriffen des Kongresses und der Medien zurück. Dem Pentagon stand der alljährliche Kampf um sein Budget im Kongreß bevor – diesmal unter starkem Einfluß der Gefolgsleute McGoverns. Es hatte nicht die Absicht, mehr für Vietnam zu tun. Entweder zögerte es die Umsetzung der WSAG-Empfehlungen hinaus, oder es bürdete die Verantwortung dafür dem Außenministerium auf. Wie erwartet protestierte Hanoi gegen die Verstärkung der Aufklärungsflüge als eine Verletzung des Pariser Abkommens, das es selbst in jeder einzelnen Bestimmung seit Monaten mit Füßen trat. Medien und Kongreß forderten augenblicklich Rechenschaft. Das Pentagon kündigte an, diese werde aus dem Außenministerium kommen, womit es andeutete, daß es mit dem ganzen Projekt nichts mehr zu tun haben wollte. Schließlich ermannte sich Schlesinger aber doch und verteidigte entschieden am 14. Januar 1975 die Aufklärungsflüge. Nun wußte Hanoi, was es wissen wollte:

Diese unsere Reaktion war das Äußerste, wozu wir in der Lage waren – weit entfernt von einem Auftakt zu entschlossenem Widerstand.

Die Verlegung einiger Flugzeugträger in der Golf von Tongking kam nie zustande. Die »Enterprise« hatte Subic Bay kaum verlassen und sich auf Fahrt in den Indischen Ozean begeben – die Befehle für die Kursabweichung in Richtung Golf von Tongking waren noch gar nicht eingetroffen –, als Hanoi bereits die Propagandatrommel rührte und von einer amerikanischen Provokation sprach. Inzwischen kannten wir die typische Taktik der Nordvietnamesen: Zunächst drängten sie uns, Maßnahmen abzuschwören, die sie selbst fürchteten, und dann benutzten sie unsere Erklärung, um den Südvietnamesen zu demonstrieren, wie ohnmächtig wir waren. Das Pentagon war so darauf bedacht, keinen Unwillen im Kongreß zu erzeugen und mit seinen Schritten keinerlei Aufsehen zu erregen, daß es der »Enterprise« befahl, den ursprünglich festgelegten Kurs zu halten. Erst als sie die Straße von Malakka passiert hatte, erfuhr das Weiße Haus von der Änderung der Befehle (die es nicht autorisiert hatte). Den Flugzeugträger nun doch noch zurückzubeordern hätte das Problem nur verschärft.

Das Verteidigungsministerium bot daraufhin einen anderen Flugzeugträger, die »Coral Sea«, für die Mission im Golf von Tongking an. Aber es hatte sich gezeigt, daß wir nicht mehr imstande waren, ohne lähmende Kontroversen Flugzeugträger in Südostasien zu verlegen. Da uns nun selbst für diplomatische Manöver kein ernstzunehmender militärischer Spielraum mehr zur Verfügung stand, drängte ich Ford am 13. Januar, alle anderen Maßnahmen ebenfalls abzusetzen:

Ich bin immer noch der Meinung, daß die Schritte in Südostasien richtig sind, aber das Verteidigungsministerium ist so sehr dagegen, daß es sie ausplaudern und uns damit erhebliche Probleme mit dem Kongreß bescheren könnte. Sie müßten dann tausendfach erklären, was Sie *nicht* tun werden. Das wäre die schlechteste Art, mit den Nordvietnamesen umzugehen.

Selbst das Weiße Haus wurde von der vorherrschenden Rückzugsstimmung erfaßt. Einige Freunde des neuen Präsidenten hingen zwei phantastischen Vorstellungen an, von denen bereits die Rede war: Sie wollten Ford das Verdienst an der Beendigung des Vietnamkrieges zuschreiben, zumindest aber ihren Präsidenten davor »bewahren«, zu sehr mit dem heraufziehenden Desaster in Zusammenhang gebracht zu werden. Keine der beiden war realistisch. »Verdienste« für die Beendigung des Vietnamkrieges waren nicht zu erwerben, wenn wir diejenigen, die auf uns gebaut hatten, zu einem tragischen Ende verdammten. Zum anderen hatte Ford auch keine Chance, sich einer Aufgabe zu entziehen, die das Schicksal ihm – zugegeben, zu Unrecht – auferlegt hatte. Zur dauerhaften Ehre des Präsidenten – wie die Geschichte und nicht die Zeitgenossen sie bemessen – sei gesagt, daß er sich nie dem Glauben hingab, man werde einen leichten Ausweg aus dieser Krise finden. Er blieb fest in seiner Weigerung, sein Amt dadurch zu entehren, daß er bei der Vernichtung unseres Verbündeten mit Hanoi gemeinsame Sache machte.

Die Haltung der neuen Mitarbeiter des Weißen Hauses verkörperte Ron Nessen, der Pressesprecher wurde, nachdem Fords erste Wahl auf diesem Posten wegen seiner Begnadigung Nixons zurückgetreten war. In seinen

Memoiren schreibt Nessen von seinem »Wunschtraum«, eines Tages das Ende des Vietnamkrieges zu verkünden. Dann berichtet er stolz von seiner Entschlossenheit, das Weiße Haus daran zu *hindern*, den Nordvietnamesen über seine täglichen Pressekonferenzen Botschaften zukommen zu lassen:

> Er (der Mitarbeiter des Nationalen Sicherheitsrates für Pressearbeit) wollte die Nordvietnamesen ein bißchen erschrecken oder zumindest über die amerikanischen Intentionen im unklaren lassen. Ich erklärte darauf, ich glaubte nicht, daß Hanoi sich in seiner Strategie nach meinen Antworten richte...
>
> ... Ich gab mir selbst das Versprechen, mich dagegen zur Wehr zu setzen, daß der Nationale Sicherheitsrat meine Pressekonferenzen benutzte, um Nordvietnam einzuschüchtern, denn solche Drohungen konnten auch das amerikanische Volk unnötig in Unruhe versetzen.[22]

Bei dieser Haltung ist es kein Wunder, daß die offiziellen Washingtoner Pressekonferenzen keine Entschlossenheit ausstrahlten oder auch nur einräumten, daß ein alarmierender kommunistischer Angriff im Gange war. Am 7. Januar, dem Tag, an dem die Hauptstadt der Provinz Phuoc Long fiel, bestritt der Sprecher des Verteidigungsministeriums entschieden, daß die verstärkten militärischen Aktivitäten der Kommunisten »den Beginn einer landesweiten Offensive« bedeuteten. Am selben Tag wies Nessen ausdrücklich zurück, die Administration könnte die Absicht haben, das Verbot eines militärischen Eingreifens der Vereinigten Staaten in Indochina zu umgehen.[23]

Wenn Nessen auch das Gegenteil glaubte – die Nordvietnamesen verfolgten genau, was wir taten. Zwei nordvietnamesischen Militärquellen zufolge bemerkte Ministerpräsident Pham Van Dong auf einer Sitzung des Politbüros Ende 1974 höhnisch, Washington sei so gelähmt, daß »wir ihnen selbst ein Schmiergeld anbieten könnten, und sie würden nicht eingreifen«. Daraus zog er den Schluß, daß man den Kampf im Süden wiederaufnehmen könne.[24] Eine andere nordvietnamesische Quelle berichtet, der Führer der Kommunistischen Partei Le Duan sei zu einer ähnlichen Schlußfolgerung gekommen. Er überzeugte das Politbüro, daß Hanoi angesichts der »schwächer werdenden Position des Feindes« seinen ursprünglichen Zweijahresplan 1975/76 aufgeben und sich für eine andere Option entscheiden sollte, nämlich »den günstigen Augenblick« für einen Sieg zu nutzen und »den Süden bereits 1975 zu befreien«[25].

Das Ende der Straße

Die einzige Trumpfkarte, die wir noch besaßen, um Saigons Zusammenbruch abzuwenden, waren zusätzliche Hilfslieferungen. Ohne diese, darüber herrschte allgemein Einigkeit, war Südvietnams Schicksal besiegelt. Wenn die Hilfe sich allerdings verzögerte, dann war es zu spät, um den Sturz in den Abgrund aufzuhalten.

Natürlich wußte niemand, ob die Summe von dreihundert Millionen Dollar überhaupt ausreichte.

Ein Gesetz über finanzielle Zuwendungen muß in beiden Häusern des Kongresses zwei Hürden nehmen: die Genehmigung und danach die eigentliche Bewilligung. Die entsprechenden Entscheidungen werden jeweils von getrennten Ausschüssen gefällt, erfordern getrennte Anhörungen und unterliegen getrennter Abstimmung. Der Haushaltsausschuß kann die genehmigte Summe nicht über-, wohl aber unterschreiten. Er kann die Reduzierung bis zur ursprünglich genehmigten Summe später aufheben – dies nennt man eine zusätzliche Bewilligung. Wenn die Administration einen größeren Zuwachs wünscht, dann muß sie beim Streitkräfteausschuß um eine neue Genehmigung nachsuchen.

Die Bürokratie legte sich vor allem deshalb auf die Summe von dreihundert Millionen Dollar fest, weil sie damit ein neues Genehmigungsverfahren umgehen konnte. Eine reale Grundlage gab es dafür nicht. Wir hatten ursprünglich 1,4 Milliarden Dollar beantragt (was eine Reduzierung um siebenhundert Millionen gegenüber dem Vorjahr bedeutete). Der Streitkräfteausschuß hatte eine Milliarde Dollar genehmigt und der Haushaltsausschuß schließlich die Summe um weitere dreihundert Millionen reduziert. Diese letzte Streichung versuchten wir nun rückgängig zu machen. Da das Pentagon das ganze Genehmigungsverfahren nicht noch einmal durchlaufen wollte, erklärte es die dreihundert Millionen Dollar für den exakt benötigten Betrag. Ich erklärte dazu auf einer Beratung der Mitarbeiter des Außenministeriums am 20. Januar 1975:

Ich möchte einfach auf die erstaunliche Verknüpfung von Umständen aufmerksam machen, daß eine Zahl, die bisher niemand gefordert hat und die sich rein zufällig aus dem Genehmigungsverfahren in einer ruhigen Zeit ergab, exakt dem entsprechen soll, was in einer Zeit (zunehmender Kriegshandlungen) gebraucht wird.

Thieu, der immer mehr in Verzweiflung geriet, appellierte an Ford in zwei Briefen vom 24. und 25. Januar. Die Eroberung von Phuoc Binh bezeichnete er empört als »sicher die schwerwiegendste und unverhüllteste Verletzung des Pariser Abkommens«. Er beschrieb die Intensität der Angriffe der Nordvietnamesen, die »massiv Artillerie und Panzer« zur Unterstützung einsetzten. Im Unterschied dazu müßten die südvietnamesischen Truppen »jede Granate zählen, um noch für einige Zeit Munition zu haben«. Thieu erinnerte Ford ausdrücklich daran, daß man ihn mit der Zusicherung fortgesetzter amerikanischer Hilfe zur Unterzeichnung des Pariser Abkommens veranlaßt habe.

Diese Briefe bewogen Ford zu dem Entschluß, sich über den Apparat des Weißen Hauses hinwegzusetzen, der gegen die Zusatzlieferungen war. Er kündigte seine Aktion in einem Fernsehinterview mit John Chancellor und Tom Brokaw am 23. Januar an, erläuterte sie bei einer Begegnung mit den Kongreßführern am 28. Januar und erteilte schließlich am 29. Januar dem Kabinett klare Weisungen. Sein Antrag an den Kongreß enthielt alarmierende Einzelheiten über den Aufmarsch der Nordvietnamesen und die Defizite der südvietnamesischen Streitkräfte. Ford rief dem Kongreß ins Gedächtnis:

Wir haben den Südvietnamesen erklärt, daß wir sie zwar nicht mit unseren Streitkräften schützen, ihnen aber im Rahmen des Abkommens die Mittel zur Verfügung stellen werden, die notwendig sind, um sich selbst zu verteidigen. Die Südvietnamesen haben diese Herausforderung eindrucksvoll angenommen.

Er ermahnte das Kabinett, seine Reihen zu schließen:

> Ich habe gestern einen Antrag auf zusätzliche Hilfe für Indochina einge-
> reicht. Ich gehe davon aus, daß diese Administration klar, fest und ein-
> mütig hinter dem Antrag steht. Wir wollen das, wir werden dafür kämp-
> fen, und ich erwarte, daß jeder sich dafür einsetzt. Ich denke, das ist
> wichtig und richtig, niemand sollte mich da mißverstehen.

Am 28. Januar äußerte ich mich in gleicher Weise gegenüber der Kongreßführung:

> Die Presse redet von neuen Verpflichtungen, wir sprechen davon, daß
> wir eine alte Verpflichtung einhalten. Wenn wir nicht genug tun, dann
> müssen wir uns fragen, ob wir überhaupt etwas tun sollten. Es gibt kei-
> nen Grund dafür, weniger als ausreichende Hilfe zu leisten, eine Hilfe,
> die der Kongreß im übrigen bereits genehmigt hat. Wollen wir riskieren,
> daß alles zerstört wird, wofür wir bereits fünfundfünfzigtausend Mann,
> Gut und Blut geopfert haben, nur weil jetzt nicht genügend Geld da ist,
> damit sie sich selbst verteidigen können?
>
> ... Vorrangige Ziele unserer nationalen Debatte waren der Rückzug un-
> serer Streitkräfte und die Rückkehr unserer Gefangenen. Es gab aber
> auch keine Einwände gegen den Grundsatz, daß eine Regierung, die be-
> reit ist, sich aus eigener Kraft zu verteidigen, unterstützt werden muß.
> Nun verteidigt sie sich selbst. Die Südvietnamesen waren einverstan-
> den, allein weiterzukämpfen, vorausgesetzt, wir liefern ihnen dafür alle
> Mittel. Sie haben eine Chance, sich zu verteidigen. Diese Chance be-
> steht. Sie hängt von amerikanischer Unterstützung ab.

Aber es war alles vergeblich. Der Kongreß ließ sich durch derartige Appelle
nicht mehr beeindrucken. Der Mehrheitsführer im Senat Mike Mansfield
erklärte, er werde gegen die zusätzliche Hilfe stimmen, weil »unsere
Freunde hier in diesem Land sind, nicht in Südostasien oder im Nahen
Osten«. Der Präsident des Hauses, Carl Albert, der die Politik der Administration in der Regel vorbehaltlos unterstützte, versuchte gar nicht erst den
Anschein zu erwecken, daß seine Entscheidung von Belang wäre:»Ich will
nicht sagen, was ich tun werde, aber wenn alle anderen dagegen sind, was
soll ich dann machen?« Der Minderheitsführer im Senat Hugh Scott unternahm den tapferen Versuch, den Präsidenten zu unterstützen, erntete damit
aber hauptsächlich feindselige bis gleichgültige Reaktionen.

Das Lieblingsargument derer, die sich gegen die Zusatzlieferungen aussprachen, lautete, die Administration solle eine politische und keine militärische Lösung suchen. Aber die betagten Revolutionäre in Hanoi hatten nur
Verachtung übrig für die Ansicht, Diplomatie sei von Strategie zu trennen.
Mit diplomatischen Taschenspielertricks oder akademischen Konfliktlö-
sungstheorien ließen sie sich den Endsieg nicht nehmen. Wenn wir keinen
Einfluß auf die Lage vor Ort nehmen konnten, hatten wir keine Chance, Hanoi mit diplomatischen Mitteln zu beeindrucken.

Die meisten Angriffe kamen aus gewohnter Richtung. Aber zu unserer
großen Überraschung und schweren Enttäuschung verriet die Sache Vietnams auch Senator Henry Jackson, der erbitterte Entspannungsgegner und
Kritiker der Ford-Administration wegen deren angeblicher Nachgiebigkeit
gegenüber dem Kommunismus. Da er bei den Präsidentschaftswahlen kandidieren wollte, in New York und Kalifornien Vorwahlen vor der Tür stan-

den, beschloß Jackson, das Handtuch zu werfen. Als er sich gegen die Zusatzlieferungen aussprach, erklärte er:

Ich habe vergangenes Jahr dafür gestimmt diese dreihundert Millionen Dollar zu kürzen, und ich werde in diesem Jahr nicht dafür stimmen, daß sie doch bewilligt werden. Es muß eine Grenze geben. Einmal muß Schluß sein. Die Probleme Südostasiens werden nicht mit dreihundert Millionen Dollar mehr für Munition gelöst werden.[26]

Als selbst die traditionellen Verfechter des Antikommunismus Indochina im Stich ließen, wurde die Kluft zwischen Administration und Kongreß zu tief, um sie noch überbrücken zu können. Wenn die zusätzliche Hilfe in Vietnam überhaupt noch etwas ausrichten sollte, mußte sie spätestens im März bewilligt werden, damit das Geld für Verbrauchsgüter sofort zur Verfügung stand. Je länger sich die Sache hinzog, desto mehr wurde die südvietnamesische Armee wegen des Mangels an Treibstoff und Munition sowie wegen der wachsenden Zahl der Opfer demoralisiert.

Unter diesen Umständen stellte sich für Thieu nicht mehr die Frage, wie er sein Land verteidigen sollte, sondern was er aufgeben konnte. Aber jeder Rückzug auf vermeintlich leichter zu verteidigende Stellungen war ein zusätzlicher Anreiz für Hanoi, seine Angriffe zu verstärken und die endgültige Entscheidung zu erzwingen. Im Februar entschied Thieu, der immer noch auf zusätzliche Hilfe hoffte, die Eliteeinheiten seiner Luftlandetruppen vom Zentralen Hochland nach Da Nang an der Küste zu verlegen. Damit waren für Hanoi die Würfel gefallen. Es ging nun zum Generalangriff über. Der Stabschef der Armee, General Van Tien Dung, übernahm das Kommando im Süden. Nach Dungs Memoiren plante man das Zentrale Hochland in der Trockenzeit 1975 zu erobern und im darauffolgenden Jahr in das Gebiet um Saigon einzurücken.[27]

Mit frischem Selbstbewußtsein legte Hanoi nun ein neues politisches Angebot vor. Dieses wurde von der Friedensbewegung sofort als »moderat« gepriesen, klang uns langjährigen Unterhändlern aber nur allzu bekannt in den Ohren. Es war das alte Lied vom »Ende der Einmischung der Vereinigten Staaten und der Bildung einer neuen Regierung in Saigon, die das Pariser Abkommen erfüllen« werde. Ich hatte Le Duc Tho bereits drei Jahre zuvor gefragt, was er mit dieser beschwörenden Formel meine. Er deutete ein sehr einfaches Rezept an: die Ermordung Thieus. Er konnte überhaupt nicht verstehen, warum ich bei diesem Vorschlag zornig wurde.

Da der Kongreß aber keinerlei Eile zeigte, auf Fords Antrag auf zusätzliche Hilfe einzugehen, kam Hanoi zu der Überzeugung, daß es nicht einmal mehr den Anschein einer politischen Lösung zu wahren brauchte. Die Rückschläge, die Südvietnam erlitt, reichten nicht aus, um den Kongreß zum Handeln zu bewegen, setzten aber einen weiteren Teufelskreis in Gang: Je mehr der Kongreß sich von Vietnam löste, desto mehr wich das demoralisierte Saigon zurück; je mehr Saigon Anzeichen der Schwäche zeigte, desto eindringlicher bestand die Opposition im Kongreß darauf, »den Krieg zu beenden«, was bedeutete, unseren Verbündeten die Luft abzuschneiden.

Sir Robert Thompson, ein britischer Experte für Guerillabekämpfung, besuchte Südvietnam im Februar und berichtete Präsident Ford, falls Hanoi sich genügend ermutigt fühle, seine nördlich der Demarkationslinie zwischen Süd- und Nordvietnam stehenden Reservedivisionen einzusetzen:

... dann verliert die südvietnamesische Armee zumindest ihre Luftlandedivision sowie die Erste und die Dritte Marinedivision. Das wäre der Zusammenbruch. Der Krieg wäre zu Ende ... Die ganze Sache hängt davon ab, welche Zurückhaltung Hanoi noch auferlegt wird ... Darüber entscheiden teilweise der Kongreß und das amerikanische Volk ... Es (Saigon) ist bereit weiterzukämpfen. Wenn es die minimale Unterstützung erhält, die ausreicht, um seinem Volk wieder Mut einzuflößen und Hanoi zurückzuhalten, dann kann es erfolgreich bestehen, und das lange amerikanische Engagement kann beendet werden. Wenn aber die Unterstützung nicht kommt, wird Südvietnam zur ewigen Schande der Vereinigten Staaten kämpfend untergehen.

Das Problem bestand darin, daß die lautstärksten Gruppen im Kongreß und in den Medien, die in der Debatte den Ton angaben und jede andere Meinung heftig kritisierten, genau den entgegengesetzten Standpunkt vertraten: Für sie bedeutete Schande, mit unseren Verbündeten in Saigon auch nur die geringsten Verbindungen, selbst finanzieller Art, zu unterhalten. Die Protestbewegung war am Endpunkt ihrer Forderungen angekommen: dem nichtkommunistischen Vietnam (sowie Laos und Kambodscha) die Mittel zum Widerstand zu versagen. Dieser Standpunkt kam in einem Leitartikel der *Los Angeles Times* vom 6. März 1975 zum Ausdruck, der nicht nur darauf drängte, die beantragte zusätzliche Unterstützung abzulehnen, sondern auch die bereits bewilligte Militärhilfe von siebenhundert Millionen Dollar nochmals drastisch zu *kürzen:*

Das Schlüsselelement muß sein, die Höhe der Militärhilfe an Vietnam so zu gestalten, daß sie Nguyen Van Thieu als Anreiz dient, sich politisch zu bewegen, Zugeständnisse zu machen und Kompromisse zu schließen, nicht aber als Ermutigung, seine persönliche Herrschaft zu festigen.[28]

Der Kongreß verlegte sich erneut auf Verschleppungstaktik. Über weiteren Anhörungen verging der größte Teil des Februar, während die nordvietnamesische Offensive rollte. Nun machte Senator Humphrey den Vorschlag, eine überparteiliche Kongreßdelegation zu einer Erkundungsmission nach Vietnam zu entsenden – mit dem Hintergedanken, sie werde dort genug erfahren, um ein verantwortungsvolles Hilfsprogramm in die Wege zu leiten (wodurch aber noch mehr Zeit verlorenging). Ford akzeptierte Humphreys Vorschlag nur widerwillig. Er befürchtete, keiner der älteren Senatoren, die Humphrey vorschlug, werde bereit sein, an einer so umstrittenen Mission teilzunehmen, während die jüngeren Kongreßmitglieder entweder nicht genügend Ansehen hatten oder die zu erwartenden Angriffe der Medien nicht riskieren wollten.

Fords Befürchtungen erwiesen sich als zutreffend. Die Führung des Senats weigerte sich, das Unternehmen zu unterstützen. Ältere Senatoren sagten ab, als das Weiße Haus versuchte, die Mission selbst zu organisieren. Nach wochenlangen Debatten begaben sich lediglich ein Senator – Dewey Bartlett aus Oklahoma, der als Einzelgänger galt –, und sieben Abgeordnete des Repräsentantenhauses auf die Reise, jedoch kein einziges Mitglied der Führungsgremien beider Häuser. Unter den Vertretern des Repräsentantenhauses waren Bella Abzug, eine Aktivistin der Protestbewegung, Paul McCloskey, lange Zeit ein Gegner der Rolle Amerikas in Indochina, und Donald M. Fraser, der ehemalige Anführer der liberalen Gruppe »Americans for Democratic Action«. Es überraschte mich nicht, daß die Kongreßdelegation nichts bewirkte, daß weitere Wochen vergingen, während Vietnam in der Katastrophe versank.

Senator Frank Church aus Idaho, ein langjähriger Gegner der amerikanischen Indochinapolitik, griff einen Kompromißvorschlag Fords auf, den der Präsident in einem Interview mit der *Chicago Tribune* geäußert hatte: eine abschließende Zuwendung für zwei oder drei Jahre – danach sollte Südvietnam endgültig auf eigenen Füßen stehen. Mir gefiel die Idee nicht, denn eine Zuwendung erzeugte den Eindruck, unsere Hilfe für Vietnam sei eher ein Akt der Wohltätigkeit als der Politik. Ich konnte mir auch nicht vorstellen, wie wir von Südvietnam, das von allen Seiten angegriffen wurde, guten Gewissens fordern wollten, was wir von viel weniger gefährdeten Verbündeten noch niemals gefordert hatten. Außerdem befürchtete ich den unvermeidlichen Hickhack über eine angemessene Summe. Und der Kongreß konnte ohnehin keine Beschlüsse fassen, die für den nächsten bindend waren. Aber unser Botschafter in Saigon, Graham Martin, hatte sich für die abschließende Zuwendung ausgesprochen, um Zeit zu gewinnen, und Ford hatte die Idee aufgegriffen. Am Ende unterstützte auch ich sie in einer Pressekonferenz, allerdings als »zweite Wahl«.

Kaum hatten wir uns jedoch im Grundsatz verständigt, wurde auch die abschließende Zuwendung benutzt, um Saigon endgültig jede Hilfe zu verweigern. Wir dachten an einige Milliarden Dollar, Church bot eine einmalige Zahlung von höchstens siebenhundertfünfzig Millionen an, weniger als die Hälfte dessen, was wir für ein Jahr als notwendig erachteten. Aber auch wenigstens das zu bekommen bedeutete, daß das ganze Bewilligungsverfahren noch einmal von vorn beginnen mußte, und das konnte erneut Monate dauern. Inzwischen hatten wir Ende März, und das Land trieb unaufhaltsam der Tragödie entgegen.

XVI. Der Zusammenbruch Kambodschas

Keinem Staat brachte der Indochinakonflikt größere Leiden als dem grünen Land der Khmer. Einst Mittelpunkt einer großen Zivilisation, die auf ganz Südostasien ausstrahlte, sind die Khmer über die Jahrhunderte auf ihre heutigen Grenzen zurückgeworfen worden. Die grandiosen Ruinen ihrer alten Hauptstadt Angkor Vat sind Zeugen ihrer früheren Blüte und der Vergänglichkeit menschlichen Strebens.

Wir wissen nicht genau, wer in Angkor Vat herrschte, wie und weshalb das Reich zusammenbrach. Ist es möglich, daß diese so friedliche, beinahe pazifistisch erscheinende Gesellschaft von Zeit zu Zeit in einen selbstzerstörerischen Blutrausch verfällt? Heute wissen wir, daß die Roten Khmer ihren Sieg im Bürgerkrieg mit der Ermordung von ein bis zwei Millionen ihrer Mitbürger (fünfzehn bis dreißig Prozent der Bevölkerung) feierten.

Die Vereinigten Staaten wurden gegen ihren Willen in die kambodschanischen Ereignisse hineingezogen. Ein Jahrzehnt lang hatten amerikanische Administrationen nicht anerkennen wollen, daß Hanoi ganz Indochina als ein einziges Schlachtfeld ansah. »Indochina ist eine strategische Einheit, ein zusammenhängendes Operationsgebiet«, hatte General Vo Nguyen Giap bereits 1950 erklärt. »Deshalb ist es unsere Aufgabe, bei der Befreiung ganz Indochinas zu helfen.«[1] Nach der Laosregelung 1962 hielten sich die Vietnamesen nicht an ihre Zusicherung, Laos' Neutralität zu achten, und bauten eine Versorgungslinie (den Ho-Chi-Minh-Pfad) durch Laos und Kambodscha, die bis zum Mekongdelta in Südvietnam reichte. Als sie begannen, reguläre Kampftruppen aus Nordvietnam nach Süden zu schleusen, besetzten sie kambodschanisches Gebiet längs der Grenze zu Südvietnam, vertrieben die örtliche Bevölkerung aus der dünnbesiedelten Region und verwandelten sie in ein militärisches Aufmarschgebiet. Vier nordvietnamesische Divisionen steckten von hier aus ihre Fühler nach Südvietnam aus. Monat für Monat töteten sie zahllose Amerikaner, sie verwüsteten und zerstörten; danach zogen sie sich immer wieder auf kambodschanisches Gebiet zurück. Sie nutzten den neutralen Status ihres unfreiwilligen Gastlandes schamlos aus, um ihre Rückzugsgebiete zu legitimieren. Eine offenkundige Verletzung des Völkerrechts wurde so zum Vorwand, um diese Stützpunkte unter Berufung auf das Völkerrecht zu schützen. Die Administrationen Kennedys und Johnsons, die für die Teilnahme Amerikas am Bodenkrieg in Indochina verantwortlich sind, ließen sich erstaunlicherweise auf die Farce ein, daß die Mörder Tausender Amerikaner allein aus dem formalen Grund geschützt sein sollten, weil sie vom souveränen Territorium eines neutralen Staates aus operierten.

Dieser Hintergrund ist wichtig, wenn man das Vorgehen der Nixon-Administration in Kambodscha verstehen will, das mit den »geheimen Bombardements« begann. Die Literatur darüber hat fast schon liturgischen Charakter, geht aber häufig an den Tatsachen, die unseren Entscheidungen zugrunde lagen, weitgehend vorbei. Ich habe dieses Thema bereits an anderer Stelle ausführlich behandelt, will aber hier noch einmal kurz das Wichtigste zusammenfassen.[2]

Die »geheimen Bombardements« waren Nixons Reaktion auf eine nordvietnamesische Offensive (»Mini-Tet«), die zwei Wochen nach seinem Amtsantritt einsetzte. Das Weiße Haus war erst in Anfängen organisiert und hatte in der Vietnampolitik noch keinerlei Initiative ergriffen. Viele der Angriffe, wenn nicht gar die Mehrzahl, wurden von Stützpunkten in Kambodscha aus gestartet. Als die Offensive vier Wochen rollte und bereits über eintausend gefallene amerikanische Soldaten zu beklagen waren, schlug Nixon zurück. Im März 1969 nahm er die Bombardierung eines zehn Kilometer breiten Streifens auf kambodschanischem Gebiet auf, wo die Stützpunkte sich befanden. Der kambodschanische Staatschef Prinz Sihanouk hatte ein Jahr zuvor in der Öffentlichkeit und auch in Bemerkungen gegenüber Gesandten der Johnson-Administration beinahe um diese Angriffe gebeten. Er hatte angedeutet, er werde sie ignorieren, weil die Nordvietnamesen die kambodschanische Bevölkerung aus diesem Gebiet vertrieben hätten.

Wie immer man Nixons Entscheidung bewerten mag, die Mär zu wiederholen, es habe sich um eine nicht provozierte Verletzung der Neutralität Kambodschas gehandelt, wie einige Kritiker es getan haben, ist einfach absurd.[3] Sollte Sihanouk protestieren, wollten wir anfangs eine Untersuchung an Ort und Stelle durch die Vereinten Nationen fordern und dabei die Bombardierungen zugeben. Aber Sihanouk protestierte nicht, sondern lud Nixon sogar nach Phnom Penh ein, während die Bombenangriffe noch anhielten. Wichtige Kongreßmitglieder wurden informiert, darunter die Vorsitzenden des Streitkräfte- und des Haushaltsausschusses, die Präsidenten beider Häuser – sämtlich Demokraten – und weitere prominente Kongreßabgeordnete. Ich kann mich nicht erinnern, daß es Einwände oder die Forderung gegeben hätte, den Kreis der Eingeweihten zu vergrößern.

Schließlich waren die Bombenabwürfe gar nicht so geheim. Journalisten forderten Sihanouk mehrfach auf, die Berichte über amerikanische Angriffe zu kommentieren. Darauf antwortete er in der Regel, er würde amerikanische Aktionen wieder tolerieren, wie er es schon einmal bei von Nordvietnam besetzten Gebieten getan hatte. In diesem Sinne antwortete Sihanouk am 13. Mai 1969, zwei Monate nach Beginn der »geheimen« Bombardierungen, einem Journalisten, wobei er die Angriffe faktisch bestätigte, aber jegliche Opfer unter der Zivilbevölkerung bestritt:

Kambodscha protestiert nur, wenn Leben und Eigentum von Kambodschanern vernichtet werden. Ich kann nur sagen, daß ich keinen Protest vorbringen kann, solange ich keine derartigen Informationen habe. Aber ich werde protestieren, wenn Leben und Eigentum von Khmer (Kambodschanern) vernichtet werden.

Nun gibt es den ersten Pressebericht über mehrere Bombenabwürfe durch B-52-Bomber. Aber ich habe keine Informationen dazu, denn ich habe keine Häuser oder Landsleute verloren, nichts, nichts. Bei diesem Beschuß hat niemand gelitten, niemand, kein Kambodschaner.

Am 22. August 1969 sagte Sihanouk zu Senator Mike Mansfield bei einem Besuch (laut Informationstelegramm):

Es habe keine Proteste Kambodschas gegen die Bombardierung seines Territoriums gegeben, solange diese sich nur gegen den Vietcong, nicht gegen kambodschanische Dörfer oder die Zivilbevölkerung richteten. Er erklärte, seine Informationen über Bombenabwürfe der Vereinigten Staaten auf unbewohnte Gegenden Kambodschas stammten vor allem aus Berichten amerikanischer Zeitungen und Zeitschriften. Er bat eindringlich darum, Aktionen zu unterlassen, die das Leben von Kambodschanern gefährden könnten.

Im März 1970 wurde Sihanouk in einer gemeinsamen Aktion seines eigenen Parlaments und der von ihm ernannten Regierung unter Ministerpräsident Lon Nol abgesetzt. Die Gründe für den Putsch waren vor allem interner Natur. Die Vereinigten Staaten hatten damit nichts zu tun und waren auch nicht vorab informiert. (Zunächst interpretierten wir die Ereignisse in Phnom Penh sogar als ein kompliziertes und nicht ganz durchschaubares Manöver Sihanouks.) Als die neue Regierung darauf bestand, daß alle nordvietnamesischen Truppen von kambodschanischem Gebiet abziehen müßten, reagierte Hanoi mit einer noch offeneren und bedrohlicheren Verletzung der kambodschanischen Neutralität. Seine Truppen verließen die Stützpunkte, stießen tief nach Kambodscha hinein und drohten das gesamte Land in ihre Hand zu bekommen. Um Hanoi daran zu hindern, die gesamte südvietnamesische Grenze zum Einfallstor für die kommunistische Infiltration zu machen und damit den Rückzug Amerikas zu gefährden, der inzwischen einhundertfünfzigtausend Mann im Jahr umfaßte, befahl Nixon den amerikanischen Bodentruppen, die Stützpunkte der Nordvietnamesen zu zerstören. In einer zweimonatigen Operation wurden zwanzigtausend Tonnen Waffen, Fahrzeuge, Munition, Anlagen und anderes Material der Kommunisten vernichtet. Der Hafen Sihanoukville, über den Versorgungsgüter die Lager erreichten, wurde für Nordvietnam geschlossen. Das hatte zur Folge, daß die Intensität der Kämpfe im Südteil Südvietnams erheblich nachließ. Vor allem sanken die amerikanischen Verluste in zwei Monaten um über fünfzig Prozent, eine Tendenz, die bis Kriegsende anhielt.

Nixon begrenzte die amerikanische Operation auf dreißig Kilometer Tiefe und zog die amerikanischen Truppen nach zwei Monaten wieder aus Kambodscha ab – wahrscheinlich das einzige Mal, daß er Protesten der Radikalen nachgab. Hanoi steigerte nun seine Waffenlieferungen an die einheimischen Kommunisten (die Roten Khmer). Anfang 1973 kam es zu einer Pattsituation zwischen den stärkeren Bodentruppen der Kommunisten und der über die größere Feuerkraft verfügenden kambodschanischen Armee, die mit amerikanischen Waffen ausgerüstet war und amerikanische Luftunterstützung erhielt. Im Juni 1973 machte der Kongreß dieses Gleichgewicht kaputt, als er weitere militärische Unterstützung der Vereinigten Staaten verbot. Im März 1975 stoppte er jegliche wirtschaftliche und militärische Hilfe für Kambodscha.

Meine Rolle bei den eben kurz angesprochenen Entscheidungen habe ich bereits anderenorts in allen Einzelheiten beschrieben.[4] Viel später – vielleicht weil Kambodscha das einzige Land Indochinas war, in dem das militärische Eingreifen Amerikas nicht von der Kennedy- und der Johnson-Administration initiiert wurde – machte man die sogenannten geheimen Bombardements eines im Grunde genommen unbewohnten Gebietes mit stillschweigender Billigung durch die Landesregierung und unsere Bemühungen, die Nachfolger Sihanouks offen zu unterstützen, für all die Tragödien verantwortlich, die über Kambodscha hereinbrachen, auch für den von Pol Pot verübten Genozid. Diese bizarre Art amerikanischen Selbsthasses ist so, als führe man Hitlers Holocaust auf die Bombardierung Hamburgs durch die Briten zurück.

Ob man eine bestimmte Politik Amerikas nun für klug hält oder nicht, die Wahrheit ist, daß Kambodscha vor allem deshalb in die Hände einer Mörderbande fiel, weil die Amerikaner ihre eigenen inneren Auseinandersetzungen vor das Überleben dieses Landes stellten. Als der Krieg wegen des Vorgehens Hanois einmal auf Kambodscha übergegriffen hatte, wäre unsere einzige ehrenhafte Wahl entweder ein Sieg oder zumindest eine politische Kompromißlösung gewesen, die der nichtkommunistischen (vielleicht sogar antikommunistischen) Bevölkerung die Gelegenheit gegeben hätte, über ihr politisches Schicksal selbst zu entscheiden. Statt dessen wurde Kambodscha ein weiteres Opfer des ideologischen Bürgerkrieges in den Vereinigten Staaten.

Nixon hatte auf einer Pressekonferenz am 12. November 1971 Kambodscha »die Nixon-Doktrin in ihrer reinsten Form« genannt. Damit hatte er gemeint, dieses Land werde in die Lage versetzt, sich mit amerikanischer Finanzhilfe und Rüstungsgütern, aber ohne amerikanische Truppen selbst zu verteidigen. Nixons Gegner waren entschlossen, ihn daran zu hindern, die

Tauglichkeit seiner Doktrin unter Beweis zu stellen. Sie fürchteten, die Nixon-Doktrin könnte die Vereinigten Staaten zu Abenteuern verleiten, die größere Ausmaße annahmen und letzten Endes doch zum Eingreifen der Vereinigten Staaten führten. Sie begannen also, die Nixon-Doktrin mit gesetzlichen Einschränkungen zu knebeln, die ihren Erfolg unmöglich machten und schließlich dazu führten, daß der Zusammenbruch Kambodschas nicht mehr aufzuhalten war.

– Der von Senator Fulbright eingebrachte Zusatzantrag zum Budget der amerikanischen Streitkräfte für das Haushaltsjahr 1971, der am 7. Oktober 1970 gebilligt wurde, legte fest, daß Südvietnam und andere Verbündete Geldmittel aus diesem Etat nicht als militärische Hilfe oder Unterstützung für Kambodscha verwenden durften. Damit war es Südvietnam und anderen Verbündeten, wie zum Beispiel Thailand, auch untersagt, Rüstungsgüter, die in diesem Zusammenhang geliefert wurden, an Kambodscha weiterzugeben. Mit anderen Worten: Kambodschas Nachbarn wurde verboten, ihre eigene Sicherheit zu verstärken, indem sie Kambodscha mit amerikanischer Ausrüstung halfen, der einzigen, die sie besaßen.
– Der Cooper-Church-Zusatz zum Auslandshilfeergänzungsgesetz von 1970, der am 5. Januar 1971 angenommen wurde, verbot die Verwendung amerikanischer Mittel, um »den Einmarsch amerikanischer Bodentruppen nach Kambodscha oder die Entsendung von amerikanischen Beratern« zu finanzieren. Man lehnte also nicht nur den Einsatz von amerikanischen Kampfeinheiten ab, sondern hinderte auch amerikanische Berater daran, kambodschanische Einheiten im Gebrauch der amerikanischen Waffen zu unterweisen und auszubilden, die wir selbst lieferten.
– Der Symington-Case-Zusatz zum Auslandshilfeergänzungsgesetz und zu damit in Verbindung stehenden Hilfsmaßnahmen, der am 7. Februar 1972 angenommen wurde, enthielt strenge Beschränkungen für die Zahl der Zivilpersonen, die in Kambodscha tätig werden durften. Er begrenzte die Gesamtzahl der »Zivilbeamten und Angestellen von Exekutivbehörden der US-Regierung, die US-Bürger sind«, auf zweihundert und die der von den Vereinigten Staaten eingesetzten Bürger dritter Staaten auf fünfundachtzig.
– Das Zweite Haushaltszusatzgesetz für das Haushaltsjahr 1973, das Nixon am 1. Juli 1973 nur widerwillig unterzeichnete, untersagte die Verwendung von Mitteln, die nach diesem Gesetz zur Verfügung gestellt wurden, für die »direkte oder indirekte Unterstützung von Kampfhandlungen in oder über Kambodscha, Laos, Nordvietnam und Südvietnam oder im Seegebiet vor Kambodscha, Laos, Nordvietnam und Südvietnam«.
– Das Gesetz für die Überführung des Budgets in das Haushaltsjahr 1974, das ebenfalls am 1. Juli 1973 in Kraft gesetzt wurde, verbot den Einsatz von Geldmitteln zur direkten oder indirekten Finanzierung von Kampfhandlungen amerikanischer Streitkräfte »an oder über oder vor den Küsten Nordvietnams, Südvietnams, Laos' oder Kambodschas«.
– Das Auslandshilfegesetz von 1973, das am 17. Dezember dieses Jahres in Kraft trat, sah vor, daß keine durch seine Bestimmungen zur Verfügung gestellten Geldmittel für die Finanzierung militärischer oder paramilitärischer Kampfhandlungen ausländischer Streitkräfte in Laos, Kambodscha, Nordvietnam, Südvietnam oder Thailand verwendet werden durften.

Der Kongreß, der jährlich die Mittel für Vietnam bewilligt hatte, verhielt sich nun, als hätten sich mehrere amerikanische Präsidenten mit einer List in Vietnam eingeschlichen. Und, bei Gott, er wollte verhindern, daß sich dieser imaginäre Ablauf in Kambodscha wiederholte, selbst wenn es sich um Verbündete der Vereinigten Staaten handelte und wenn Kambodscha dabei vernichtet wurde. Das Ziel der Restriktionen des Kongresses bestand darin, sowohl für die amerikanische Hilfe an das verarmte Kambodscha als auch für ihre flexible Verwendung unerträgliche, fast rachsüchtige Beschränkungen aufzuerlegen, die selbst Ausbildung und materielle Hilfe durch Nachbarstaaten verboten.

Im Jahr 1974 wurde eine Obergrenze von dreihundertsiebenundsiebzig Millionen Dollar für die Kambodschahilfe festgesetzt. Jeder Posten wurde in diese Gesamtsumme eingerechnet. So kam es, daß Lebensmittel- oder Wirtschaftshilfe nur geleistet werden konnte, wenn dafür Aufwendungen für militärische Unterstützung gekürzt wurden, und umgekehrt. Diese Restriktionen gaben den Roten Khmer zunächst die Chance zu überleben, als sie sich noch in der Aufbauphase befanden, dann an Stärke zu gewinnen und schließlich das Blatt allmählich zu ihren Gunsten zu wenden. Der Chef des Teams für Militärlieferungen in Kambodscha (MEDTC), Brigadegeneral William W. Palmer, hat in seinem Abschlußbericht beschrieben, wie all das zusammengenommen die Militäraktionen in Kambodscha zum Erliegen brachte: Die Einschränkungen bei den amerikanischen Ausbildungsprogrammen zogen eine große Abhängigkeit von amerikanischer Luftunterstützung nach sich; als der Kongreß diese verbot, gewannen die kambodschanische Artillerie und taktische Luftwaffe entscheidend an Bedeutung, aber es war uns nicht erlaubt, die Kambodschaner im praktischen Gebrauch der Technik zu unterweisen; am Ende brachen auch die eigenen Verteidigungsanstrengungen der Kambodschaner zusammen, weil wegen der Inflation die Munitionspreise in die Höhe schnellten und es generell an Mitteln fehlte.

Trotz all dieser Restriktionen gelang es der kambodschanischen Armee, der Offensive der Roten Khmer in der Trockenzeit 1973 (mit amerikanischer Unterstützung) standzuhalten. Dazu war sie auch 1974 in der Lage – diesmal völlig aus eigener Kraft, teilweise allerdings wegen der zwiespältigen Haltung Hanois zu den Roten Khmer. Einerseits war man in Hanoi durchaus bereit, die Roten Khmer zu benutzen, um die letzten Spuren amerikanischen Einflusses in Indochina zu tilgen. Andererseits mißtraute man dem vehementen Nationalismus der Bewegung und argwöhnte, dieser könnte sich nach einem vollständigen Sieg gegen Vietnam richten.

In den ersten achtzehn Monaten nach dem Waffenstillstand hielt Hanoi daher die Roten Khmer an der kurzen Leine. Im Herbst 1974 änderte Hanoi allerdings seinen Kurs und brachte große Mengen Waffen und Munition nach Kambodscha. Möglicherweise war dies Teil seiner Generaloffensive, vielleicht war man dort aber auch zu dem Schluß gekommen, wegen der Haltung des Kongresses sei die Lon-Nol-Regierung nun dem Untergang geweiht, weshalb man sich die Roten Khmer nicht zum Feind machen wollte.

Im Verlauf einer landesweiten Offensive, die am 1. Januar 1975 einsetzte, schnitten die Roten Khmer zunächst die Versorgungslinien Phnom Penhs über den Mekong ab. Da die Kampfhandlungen sich verstärkten und der

Kongreß zugleich seine Obergrenze verhängte, begann der kambodschanischen Armee die Munition auszugehen. Gemessen am damaligen Verbrauch reichten ihre Vorräte höchstens noch bis März. Am 28. Januar ersuchte Ford deshalb den Kongreß, die Obergrenze der Militärhilfe für Kambodscha von zweihundert Millionen Dollar aufzuheben und zusätzlich zweihundertzweiundzwanzig Millionen zu bewilligen. (Heute kann ich nicht mehr feststellen, wie diese konkrete Zahl zustande kam; vielleicht hatte ein Haushaltsbeamter einen verschrobenen Sinn für Humor.)

Zusätzlich zu seinem offiziellen Antrag schrieb Ford einen Brief an den Präsidenten des Repräsentantenhauses, in dem er die moralische Seite der Angelegenheit eindringlich schilderte:

Wollen wir ein kleines Land in seinem Kampf auf Leben und Tod bewußt im Stich lassen? Werden die Vereinigten Staaten, die bisher ihren Freunden in schwerer Zeit zur Seite gestanden haben, nun ein kleines asiatisches Land, das völlig von uns abhängig ist, zum Untergang verurteilen?[5]

Diesen Gedanken wiederholte ich auf zahlreichen Pressekonferenzen immer wieder. Die umfangreichen Protokolle von Sitzungen im Außenministerium und im Weißen Haus belegen, daß uns Amerikas Ehre, Selbstachtung und Glaubwürdigkeit intern ebensolche Sorgen bereiteten, wie wir es öffentlich erklärten. Es gab keine heimliche »geopolitische« Zielsetzung, um derentwillen wir den Krieg fortsetzen wollten. »Die Staaten überall auf der Welt«, schrieb Ford an Albert, »die von unserer Hilfe abhängig sind, aber auch ihre Gegner werden über unser Verhalten richten.« Kambodscha bewegte uns besonders, weil ich gerade in den Tagen und Wochen seiner Agonie mit einer Pendelmission befaßt war, bei der ich ein anderes kleines befreundetes Land, diesmal Israel, davon überzeugen wollte, daß es einen Teil seiner äußeren Sicherheit durch die Aufgabe von Territorium riskieren und sich dabei zumindest zum Teil auf die Zusicherung fortgesetzter amerikanischer Hilfe verlassen sollte.

Alle Appelle Fords und meinerseits (sowie einiger weiterer Freiwilliger) stießen auf die gleiche Haltung wie bereits im Fall Vietnams, und dies um so mehr, da das Schicksal Kambodschas allein Administrationen der Republikaner angelastet werden konnte. Die Kommentare in den Medien und im Kongreß benutzten dieselben Argumente wie gegen die Vietnamhilfe. Bei Kambodscha kam hinzu, daß dessen fortschreitende Agonie als ein weiterer Grund angeführt wurde, um Hilfe eher zurückzuhalten, als verstärkt zu gewähren. Zustimmend zitierte man »Experten«, die bezweifelten, ob Kambodscha überhaupt zusätzliche Hilfe benötige.[6] Andererseits behauptete man, es sei zu spät, um noch Hilfe zu leisten, da Kambodscha ohnehin nicht mehr zu retten sei.[7] Wieder andere sahen keinen Grund, überhaupt Hilfe zu leisten, weil es dafür keine bindende Verpflichtung gab. In der Tat hatte man bei der Antikriegsgesetzgebung seit Anfang der siebziger Jahre darauf geachtet, keine »Verpflichtungen« einzugehen. Am 13. Februar 1975 tat die *Baltimore Sun* einen höchst ungewöhnlichen Schritt: Sie sprach die Administration von der Mitwirkung beim Sturz Sihanouks frei. Daraus wurde aber sofort der Schluß gezogen, da wir mit seinem Sturz nichts zu tun hatten, seien wir gegenüber Sihanouks Nachfolgern auch zu nichts verpflichtet.[8] Hilfe verlängere nur das Töten und hindere die Kambodschaner daran, ihre Probleme mit friedlichen Mitteln zu lösen.[9] Da wir dort nichts zu verlieren hätten, sei es ein Fehler, wenn die Administration den Eindruck erwecke, die Glaubwürdigkeit Amerikas werde leiden, falls Kambodscha falle.[10] Hilfe sei sinnlos, wenn die Administration nicht garantieren könne, daß bald eine Verhandlungslösung folgen werde.[11]

Die selbstgerechte (und schrecklich falsche) Behauptung, nichts könne für das kambodschanische Volk schlechter sein als weitere amerikanische Militärhilfe, fand rasche Verbreitung. Daß eine Einstellung der Waffenlieferungen das Leiden Kambodschas beenden werde, wurde als selbstverständlich angesehen. Die Warnungen der Administration vor einem möglichen Blutbad wurden als grundlos oder unaufrichtig abgetan, im Blick auf die Schrecken, die im Fall der Fortsetzung der Kämpfe zu erwarten seien, heruntergespielt oder als ein Trick in der Art McCarthys zurückgewiesen, mit dem man den Kongreß für den absehbaren Verlust Indochinas verantwortlich machen wolle. Kurz gesagt: Die Verweigerung der Hilfe für Kambodscha galt als einzig humane und moralische Haltung.

Am einseitigsten berichtete die *New York Times*. In einem Artikel unter der Schlagzeile »Die rätselhaften Aufständischen von Kambodscha« spielte ihr Berichterstatter am 13. März die Warnungen vor einem Blutbad herunter und führte dafür mehrere Gründe an: Die Geschichten über Grausamkeiten der Roten Khmer in den von ihnen eroberten Gebieten seien die üblichen Beispiele für die mangelnde Disziplin des Militärs nach schweren Schlachten, vielleicht stammten sie aber auch von Kriegsgefangenen zu durchsichtigem Zweck und seien als solche möglicherweise »nicht ganz glaubwürdig«. Wenn die Roten Khmer einmal gesiegt hätten, zitierte man »einige Diplomaten und andere langjährige Beobachter«, dann werde es »keine Notwendigkeit für willkürliche Terrorakte« mehr geben. »Die meisten Kambodschaner sprechen nicht von einem möglichen Massaker und erwarten es auch nicht«, schloß der Reporter zuversichtlich. »Da sie alle Kambodschaner sind, werden sie eine Lösung finden.« Auf jeden Fall sei die Führung der Kommunisten »eher nationalistisch als kommunistisch«. Die Bewegung der Aufständischen schließe einige Nichtkommunisten und »mögliche Antikommunisten« ein. Ihr Führer Khieu Samphan wurde als ein »in Frankreich ausgebildeter Intellektueller« beschrieben, der sich den Kommunisten in den sechziger Jahren angeschlossen habe, »um gegen feudale Privilegien und soziale Ungleichheit zu kämpfen«. Es hieß, er werde wegen seiner »Integrität« hoch geachtet. Wenn er an die Macht gelange, werde er möglicherweise »weiter nach rechts rücken«. Das Ergebnis werde wahrscheinlich »ein flexiblerer nationalistischer Sozialismus oder Kommunismus für Kambodscha« sein.[12]

Zweifellos beeinflußte dieser groteske Bericht in der genannten Zeitung die Debatte im Kongreß darüber, ob man Kambodscha weiter Hilfe leisten sollte oder nicht. Aber der Kongreß benötigte keine große Ermunterung mehr, um Kambodscha die Luft abzuschnüren. Er tat dies nicht durch einen ausdrücklichen Beschluß, den man ihm später hätte vorwerfen können, sondern einfach dadurch, daß er auf die verschiedenen Anträge der Administration nicht einging. Am 12. März lehnte die demokratische Fraktion des Repräsentantenhauses mit einhundertneunundachtzig zu neunundvierzig Stimmen jede weitere Militärhilfe für Kambodscha ab. Sie drängte die Administration, einen »Kompromiß« zu akzeptieren, den ein Unterausschuß des Auswärtigen Ausschusses des Repräsentantenhauses unter Leitung des Abgeordneten Lee Hamilton vorgeschlagen hatte. Danach sollte Kambodscha bis zum 30. Juni eine abschließende Zuwendung erhalten. Der Administration blieb die Peinlichkeit erspart, gegen diese Galgenfrist von drei Monaten entweder ihr Veto einzulegen oder sie zu akzeptieren, da der vollzählige Auswärtige Ausschuß des Repräsentantenhauses am 13. März den Hamilton-Kompromiß mit achtzehn zu fünfzehn Stimmen ablehnte, weil er ihm zu weit ging. Einmal in Fahrt, sprach er sich gleich auch noch gegen jeden anderen Kompromiß aus. Der Abgeordnete Donald Fraser erklärte seine Ziele ganz offen. Er sei für Kapitulation, sagte er, »zu kontrollierten Bedingungen, um den Verlust an Menschenleben so gering wie möglich zu halten«[13]. Am selben Tag schloß sich auch die Fraktion der Demokraten im Senat den Parteifreunden im Repräsentantenhaus an, wandte sich mit achtunddreißig zu fünf Stimmen gegen Militärhilfe für Kambodscha und lehnte mit vierunddreißig zu sechs Stimmen zugleich auch die zusätzliche militärische Unterstützung für Vietnam ab.

Nun kam es wieder einmal zu einer jener »Glaubwürdigkeitslücken«, mit denen Washington sich regelmäßig selbst geißelt – ein Gebaren, das in der Atmosphäre jener Zeit nicht ausbleiben konnte, zugleich aber auch eine bequeme Entschuldigung für Unentschlossenheit war. Plötzlich wurde bekannt, daß uns die Mittel für Kambodscha noch gar nicht ausgegangen waren. Am 14. März berichtete Verteidigungsminister Schlesinger, daß man im Haushaltsjahr 1974 21,5 Millionen Dollar als Inflationsausgleich zurückgehalten und nicht verbraucht hatte. Mit anderen Worten: Wir hatten Mittel für Munitionslieferungen in einem Zeitraum von zwei bis drei Wochen mehr zur Verfügung, als dem Kongreß mitgeteilt worden war.

In dem an Hysterie grenzenden Klima jener Zeit wurde dieser unerwartete Glücksfall, der uns die Möglichkeit gab, den Fall des belagerten Phnom Penh noch um einige Wochen hinauszuzögern, nicht etwa mit Erleichterung oder Begeisterung aufgenommen, sondern mit Empörung, weil man eine katastrophale Wirkung in der Öffentlichkeit befürchtete. Hatten wir uns nun selbst eine entsetzliche »Glaubwürdigkeitslücke« zugefügt? Ford verlangte, daß unverzüglich der Kongreß zu informieren sei, als hätten wir eine schreckliche Entdeckung gemacht: »Ehrlichkeit kann nie schaden, selbst in einem schwierigen Fall wie diesem nicht.« Zum Glück verabschiedete sich der Kongreß gerade in die Osterferien, so daß dem Land wenigstens für einige Wochen das entwürdigende Schauspiel einer öffentlichen Debatte darüber erspart blieb, wie man einen von uns gänzlich abhängigen Verbündeten am besten im Stich lassen konnte. Als der Kongreß Anfang April seine Geschäfte wiederaufnahm, war Kambodscha nicht mehr zu helfen, und Vietnam war im unaufhaltsamen Niedergang begriffen.

Die Mär von den verpaßten Verhandlungen über Kambodscha

Die Standardausrede für die Schritte, die die Katastrophe unabwendbar machten, war die Absicht, die Administration zu einer Beendigung des Krieges in Kambodscha auf dem Verhandlungsweg zu zwingen. Die Verweigerung von Hilfe wurde tatsächlich zunehmend als das beste Mittel angepriesen, eine politische Lösung herbeizuführen, indem man Kambodscha kurzerhand der Fähigkeit beraubte, sich selbst zu verteidigen. Nicht alle, die dieses Argument benutzten, waren Zyniker. Heuchelei war dabei allerdings mehr als genug im Spiel. Bei einigen spiegelte die Forderung nach reiner Diplomatie und geschickten Verhandlungen ohne jede Machtdemonstration eine sehr amerikanische Nostalgie wider. Man kann sich kaum einen größeren Irrtum vorstellen, als zu glauben, das erbarmungslose Hanoier Politbüro und die mörderischen Roten Khmer könnten sich von der brillanten Eloquenz eines amerikanischen Unterhändlers überzeugen lassen, auf den totalen militärischen Sieg zu verzichten.

Hanoi wollte in der Tat den totalen Sieg. Es ging nur Kompromisse ein, wenn es nicht hoffen konnte, ein bestehendes Kräftegleichgewicht zu verändern; jede andere Annahme wäre Selbsttäuschung gewesen. In Kambodscha konnte dieses Kräftegleichgewicht nur am Boden hergestellt werden, und ohne amerikanische Luftunterstützung war keine Entscheidung herbeizuführen. Es gab so gut wie keine Möglichkeit, die Lage auf dem Schlachtfeld durch diplomatischen Druck zu beeinflussen.

Unmittelbar nach dem Pariser Abkommen schien eine gewisse militärische Parität in Reichweite zu sein. Die Roten Khmer waren viel schwächer als die Nordvietnamesen und hatten nur wenige Nachschubquellen von außen, von Hanoi einmal abgesehen, das bereits bis an die Grenzen seiner Möglichkeiten in Südvietnam engagiert war. Mit relativ geringem militärischen Einsatz und dem ernsthaften Versuch, die kambodschanische Armee besser auszubilden, hätte man ein militärisches Gleichgewicht und vielleicht sogar eine Überlegenheit erreichen können. Wäre uns gestattet worden, dieses Gleichgewicht herzustellen und – Gott behüte – vielleicht sogar die Oberhand zu gewinnen, dann wären Verhandlungen durchaus im Bereich des Möglichen gewesen.

In Kambodscha stritten viele Kräfte miteinander. Die Sowjetunion erkannte Lon Nol bis zum bitteren Ende als legitimen Regierungschef an. In China mag Ideologie oder Geschichte, wie mir Tschou En-lai einst sagte, das große Maß an Unterstützung für Nordvietnam diktiert haben. (Man hielt das für ungefährlich, weil man sich der Illusion hingab, die Vereinigten Staaten könnten den Krieg nicht verlieren.) Aber aus geopolitischen Überlegungen wollte China keine Lösung, bei der Hanoi in ganz Indochina den Ton angab und sich damit als starke Macht an Chinas Südgrenze etablierte. Daher vertraute mir Tschou En-lai im Februar 1973 an, ein durch und durch »rotes« Kambodscha liege durchaus nicht in Chinas Interesse.[14]

Chinas Mißtrauen gegenüber Hanoi wurde von den Nordvietnamesen erwidert. Als ich im Februar 1973 Hanoi besuchte, führte mich Le Duc Tho in das historische Museum, wobei er besonderen Wert darauf legte, mir die Stücke der Ausstellung zu zeigen, die Vietnams jahrhundertelangen Kampf gegen China darstellten (nachdem Hanoi erst vor wenigen Wochen den Krieg als angeblicher Verbündeter Chinas beendet hatte). Auf Hanois äußerstes Mißtrauen gegenüber den Roten Khmer habe ich bereits hingewiesen.

Prinz Sihanouk, der in Peking in der zweifellos komfortabelsten und vornehmsten Villa der Stadt sein Exil verbrachte, machte sich über die Roten Khmer keine Illusionen. Schließlich hatte er deren Führer wegen Hochverrats zum Tode verurteilt, bevor man ihn stürzte. Sihanouk wußte – und hat das auch mehrfach zugegeben –, daß er keine politische Rolle mehr spielen würde, wenn die Roten Khmer den vollständigen Sieg davontragen sollten.

Die Regierung Lon Nol in Kambodscha war im Grunde genommen Sihanouks Regierung ohne Sihanouk. Wenn nichtkommunistische Kräfte an einer Verhandlungslösung beteiligt sein sollten, dann mußte man sie aus Lon Nols Umgebung gewinnen, andere gab es nicht. Das ist auch der Grund dafür, weshalb Sihanouks Haß sich stets nur gegen die Person Lon Nols, nicht aber gegen dessen Mitstreiter richtete und weshalb er dem Gedanken einer Koalition in Phnom Penh unter seiner Führung auch niemals abgeschworen hat.

Im Februar 1973, kurz nach Unterzeichnung des Pariser Abkommens, bat ich Tschou En-lai bei meinem Besuch in China um Vermittlung bei einer diplomatischen Lösung in Kambodscha.[15] Am 27. Mai schlugen wir Tschou folgenden Rahmen vor: Im militärischen Bereich sollten am Boden unverzüglich die Waffen ruhen. Die amerikanischen Bombardements sollten eingestellt werden. Politisch schlugen wir vor, Lon Nol solle nach einer gewissen Zeit, wenn der Waffenstillstand durchgesetzt war, das Land verlassen. Seine Regierung sollte bis zu politischen Verhandlungen, die ich mit Sihanouk in Peking aufnehmen wollte, im Amt bleiben. Tschou wich diesmal von seiner Standardantwort ab, Kambodscha sei zu weit von Peking entfernt, um darüber ausreichend Bescheid zu wissen, und sagte zu, er werde Sihanouk den Vorschlag Anfang Juli übermitteln, wenn der Prinz von einer Afrikareise nach Peking zurückkehre. Ich vereinbarte für den 6. August Konsultationen in Peking. Dabei sollten Gespräche mit Sihanouk breiten Raum einnehmen.

Dieser Plan scheiterte, als der Kongreß Ende Juni eine Beendigung der amerikanischen Bombardierungen ab 15. August beschloß und jede weitere Militäraktion der Vereinigten Staaten in Indochina untersagte. Das entzog der chinesischen und der amerikanischen Position den Boden. Der heikle Kompromiß, den Peking und Washington anstrebten, war zum Scheitern verurteilt, als der Kongreß die amerikanischen Verhandlungstrümpfe einseitig aus der Hand gab. Drei Wochen nach dieser Abstimmung im Kongreß teilte uns Tschou mit, er sei nicht mehr bereit, unseren Vorschlag Sihanouk zu unterbreiten. Ein zarter Hinweis auf den Grund war darin zu erkennen, daß er das Datum meines Besuchs in Peking vom 6. auf den 16. August verschob – genau auf einen Tag nachdem der vom Kongreß beschlossene Stopp der Bombardements in Kraft treten sollte. Damit war es der Legislative gelungen, nicht nur die Position von Phnom Penh und Sihanouk zu untergraben, sondern auch der amerikanischen und der chinesischen Diplomatie eine Niederlage zuzufügen. Meiner Meinung nach begann damit Tschou En-lais Einfluß zu schwinden.

Niemand mußte uns darüber belehren, wie wünschenswert eine diplomatische Lösung war. Nach dem Stopp der Bombardements waren dafür jedoch keine objektiven Voraussetzungen mehr gegeben. Je mehr der Kongreß die Hilfe beschnitt, desto wahrscheinlicher wurde der Sieg der Roten Khmer. Je sicherer sich diese ihres Erfolges wähnten, desto weniger hielten sie von einer diplomatischen Regelung. Aus dem Dilemma war mit Verhandlungsgeschick allein nicht herauszukommen.

Diese Tatsachen nahmen jedoch die meisten unserer Kritiker im Kongreß und die Medien gar nicht zur Kenntnis. Man drängte uns, statt einer militärischen Lösung eine politische anzustreben, und zerstörte zugleich systematisch die Bestandteile, mittels deren ein politischer Kompromiß hätte gefunden werden können. Da es diese nicht mehr gab, lief die Forderung nach einer politischen Lösung auf eine Debatte über die Bedingungen einer Kapitulation hinaus.

Als sich das Ende in Kambodscha immer deutlicher abzeichnete, ging die gleiche Debatte auch innerhalb der Administration los. Da unsere Botschafter in Saigon und Phnom Penh zunehmend in einem Belagerungszustand lebten, kamen sie nicht umhin, über ihre eigene Verantwortung und ihre persönliche Karriere nachzudenken. Beide waren in einer verzweifelten Situation. Sie fühlten sich verpflichtet, die Auflösung ihrer Botschaften zu überwachen und zugleich für die Rettung aller ihrer Angestellten und möglichst vieler Kambodschaner beziehungsweise Vietnamesen zu sorgen, besonders derer, die auf die Vereinigten Staaten gesetzt hatten. Beide Botschafter hatten einen Zusammenbruch zu bewältigen, der in rasendem Tempo ablief, wodurch ihre Initiative und ihr Improvisationstalent aufs äußerste gefordert waren, denn Washington war zu weit weg und zu wenig vertraut mit der Situation vor Ort, um praktische Hinweise von Gewicht geben zu können. So verhielten sich die Botschafter zunehmend wie Prokonsuln und kümmerten sich oft nicht mehr um ausdrückliche Weisungen aus Washington. Im Verständnis von Dimensionen und Ziel dieser Rolle gab es allerdings zwischen beiden Männern gravierende Unterschiede.

Graham Martin in Saigon handelte wie ein Beamter des Diplomatischen Dienstes alter Schule: Hart und selbstsicher, war er der klassische kalte Krieger. Bereit, seine eigene Karriere zu riskieren, bestand er auf strikter Disziplin in seiner Botschaft, legte diese jedoch durchaus nicht gegenüber Washington an den Tag. Da er eine klare persönliche Vorstellung von seiner Aufgabe hatte, ergriff er Initiativen, die vorsichtigere und weniger engagierte Botschafter nicht ohne Rücksprache mit Washington gewagt hätten. Da er einen eigenen, komplizierten Stil pflegte, konnte Washington nicht immer genau feststellen, wie er die Entscheidungen von dort interpretierte.

Obwohl Martins Eigenheiten bekannt waren, hatte ich ihn für Saigon empfohlen, weil nach dem Pariser Abkommen viel von der Initiative und Entschlossenheit des höchstrangigen Amerikaners im Land abhing. Ein starker Botschafter, der sich auf Improvisation verstand, wurde gebraucht, um die amerikanischen Bemühungen zu konzentrieren und Thieu darin zu bestärken, den schmerzhaften und schwierigen Part zu spielen, den man ihm zugedacht hatte.

Einmal in Saigon, vollbrachte Martin eine heroische Leistung und vertrat bis zum bitteren Ende Amerikas Engagement für ein freies Südvietnam, für das so viele Tausend, darunter auch sein eigener Sohn, ihr Leben hingegeben hatten. Um Washington zu bewegen, seinen Empfehlungen zu folgen, schreckte Martin auch nicht davor zurück, seine Analysen nach seinen Vorstellungen zu retuschieren. Philip Habib, der stellvertretende Unterstaatssekretär für Ostasien, der viele Jahre in Vietnam gearbeitet hatte und mehr den »Tauben« zuneigte, sorgte für die entsprechenden Korrekturen.

Angesichts der drohenden Katastrophe beschloß Martin, zusammen mit seinem Schiff unterzugehen, und kämpfte für seine Überzeugung bis zur letzten Sekunde des letzten Tages. Da er glaubte, daß der Kongreß der Vereinigten Staaten einen schweren Fehler beging, als er Südvietnam aufgab, stemmte er sich gegen die Mehrheitsmeinung im Kongreß und in den Medien. Er war nicht bereit, sich auf die illusorischen »Kompromisse« einzulassen, mit denen jene ihr Gewissen zu beruhigen suchten. Ich wußte genau, daß Martins zahllose mahnende Botschaften teilweise dafür gedacht waren, seine Position aktenkundig zu machen. Möglicherweise dachte er an eine spätere Veröffentlichung, vielleicht sogar zu meinem Nachteil. Denn Martin hielt alles, was weniger als hundertprozentige Unterstützung war, für Verrat. Welches Bild von ihm auch bleiben wird, es wird zeigen, daß Martin dafür kämpfte, Amerikas moralischer Verpflichtung gerecht zu werden. Ich stimmte mit ihm in den Zielen überein, wenn ich sie auch nicht immer für realistisch hielt; er war für mich ein Verbündeter, wenn er auch gelegentlich irrte. Ich fühlte mit ihm, wenn er seinen Schmerz mit betonter Tapferkeit zu überspielen versuchte.

Unser Botschafter in Phnom Penh, John Gunther Dean, vertrat eine andere Generation. Ebenso überzeugt von der Richtigkeit seiner Ansichten wie Martin, achtete er jedoch streng darauf, sich im Rahmen der vorherrschenden Meinung zu bewegen. Er kümmerte sich stets darum, daß die Medien sein Engagement für die »politisch korrekte« Lösung, die da »politischer Kompromiß« hieß, ausreichend darstellten, wenn auch die objektiven Voraussetzungen dafür immer mehr schwanden, falls sie überhaupt je vorhanden waren.

Hochintelligent und gut informiert, wußte Dean genau, daß die Beschränkungen des Kongresses für die amerikanische Hilfe und Beratertätigkeit das Land, in dem er akkreditiert war, zum sicheren Untergang verurteilten. Er stellte von Anfang an klar, daß er nicht mit dem sinkenden Schiff untergehen werde. Wie die »Tauben« im Kongreß forderte Dean einen »politischen« Ausweg aus dem Desaster, das er zu verwalten hatte. Deshalb war er sehr bemüht, Verhandlungen in Gang zu bringen, die er selbst leitete. Eine Flut von Telegrammen überschwemmte Washington – mit einer Hartnäckigkeit, die in mir den vielleicht unberechtigten Verdacht weckte, Dean schreibe wie Martin vor allem für die Akten. Aber wo Martin größten Eifer an den Tag legte, um die beschlossene Strategie durchzusetzen, traute sich Dean zu, die nationale Strategie aus der fragwürdigen Perspektive von Phnom Penh eigenmächtig zu verändern.

Deans Strategie lief darauf hinaus, auf Verhandlungen zu drängen – bald mit den Roten Khmer, bald mit Sihanouk, einmal durch Vermittlung des indonesischen Präsidenten Suharto, dann wieder des Ministerpräsidenten Lee Kuan Yew von Singapur. Von den unzähligen taktischen Vorschlägen, verbunden mit der immer schrilleren Forderung nach raschem Handeln, die aus der Phnom Penher Botschaft eingingen, will ich gar nicht sprechen. Dean verfolgte vor allem das Ziel, die Regierung, bei der er akkreditiert war, durch eine Koalition zu ersetzen, die dann mit den Roten Khmer verhandeln sollte.

Da wir es täglich mit dem Kongreß zu tun hatten, brauchten wir kaum Belehrungen darüber, wie prekär Kambodschas Lage war. Wir teilten Deans starken Wunsch, das Schicksal des Landes zu erleichtern. Welche Chancen für eine Verhandlungslösung auch immer bestehen mochten – angesichts der militärischen Lage und der Einstellung der Hilfe hielten wir sie für minimal –, glaubten wir nicht, daß der Botschafter in Phnom Penh dafür der geeignete Mittelpunkt war. Wir hatten nur sehr wenige Trümpfe in der Hand. Unsere beiden wichtigsten waren das militärische Establishment und der von Lon Nol geführte Regierungsapparat. Der Kongreß zerstörte das Militär, und Deans Empfehlungen liefen darauf hinaus, die Regierung in Phnom Penh zu stürzen, um einen vagen diplomatischen Prozeß in die Wege zu leiten.

Für uns war die Schlüsselfigur für jegliche Verhandlungen Sihanouk, der sich in Peking aufhielt. Wir waren auch bereit, diesen und andere Orte zu prüfen sowie über Deans Vorschlag nachzudenken, Suharto oder Lee Kuan Yew um Vermittlung zu bitten. Dean selbst war jedoch für keinen der in Frage kommenden Verhandlungsorte gut positioniert. Wenn Verhandlungen überhaupt möglich waren, dann sahen wir seine Rolle im Rahmen unserer Strategie darin, Phnom Penh zusammenzuhalten, bis wir einen Gesprächspartner gefunden hatten, der zu Verhandlungen bereit war.

Am 18. Februar 1975, als ich gerade wieder einmal im Nahen Osten pendelte, wies ich das Außenministerium an:

Dean ist jetzt so weit gegangen, militärische und zivile Führungspersönlichkeiten der Khmer in sein Haus einzuladen und dort mit ihnen offen und mit sichtlicher Begeisterung die Absetzung des Staatschefs (von Kambodscha) zu besprechen.

Was mich betrifft, so denke ich, wenn wir Kambodscha verlassen müssen, dann werden wir es mit Würde tun. Ich bin bereit, jede Empfehlung anzuhören, die diesem Ziel dient. Aber der hektische Aktionismus, in den Dean jetzt verfallen zu sein scheint, wird zu nichts führen. Ich verlange, daß er zu einer nüchternen, überlegten Politik zurückkehrt, die weder positive Aktionen unsererseits ausschließt noch uns kopfüber in sie hineinstürzt.

Die weitere Laufbahn der beiden Botschafter beweist, daß es viel gefährlicher ist, die vorherrschende Meinung von Kongreß und Medien herauszufordern, als sich mit dem Außenminister anzulegen. Martin erhielt keinen weiteren Botschafterposten mehr, weil man die Hoffnung aufgegeben hatte, ihn noch einmal durch den Kongreß zu bringen. Dean wurde als Botschafter nach Dänemark und Indien gesandt, bevor er in den Ruhestand ging.

Unsere Strategie lief darauf hinaus, vor allem Kontakt zu Sihanouk zu suchen: entweder direkt oder über so bewährte Botschafter wie David Bruce und später George Bush in Peking beziehungsweise über Hauptstädte, die einen gewissen Einfluß auf die Kriegsparteien in Kambodscha hatten, wie zum Beispiel Algier oder Jakarta. Für uns war Sihanouk der bevorzugte Gesprächspartner, weil wir der Meinung waren, daß die Roten Khmer jeden Kompromiß ablehnten, daß sie das Ziel verfolgten, die Strukturen in Phnom Penh zu zerstören und Sihanouk zur Bedeutungslosigkeit zu verdammen. Wir suchten zu verhindern, worauf Dean drängte: daß die Zerschlagung der Phnom Penher Regierung die Eintrittskarte für die Verhandlungen sein sollte.

Im Jahr 1974 erörterten wir die Grundformel – Waffenstillstand, Koalitionsregierung und Ausreise Lon Nols – bei mehreren Gelegenheiten mit den chinesischen Führern (darunter Teng Hsiao-ping) und dem algerischen Außenminister Abdelasis Bouteflika, der in jenem Jahr die blockfreien Staaten vertrat. Im Herbst 1974 versuchten wir außerdem, eine internationale Kambodschakonferenz zustande zu bringen, stießen aber auf allgemeines Desinteresse. Im Februar und März 1975 wandten wir uns – zum Teil auf Deans Drängen – an Ministerpräsident Lee Kuan Yew und Präsident Suharto, um die Möglichkeiten für Verhandlungen zu erkunden. Sie sahen keine Chance, solange die Phnom Penher Regierung vor dem unmittelbaren Zusammenbruch stand.

Ein weiterer Versuch, Verhandlungen in Gang zu bringen, wurde im Dezember 1974 unternommen. Der französische Präsident Valéry Giscard d'Estaing teilte Ford auf ihrem Gipfeltreffen in Martinique mit, sein Botschafter in Peking, Etienne Manac'h, sei überzeugt, es könne mit Sihanouk eine Vereinbarung ausgehandelt werden, die von China unterstützt werde. Wir hatten unsere Zweifel, ob China sich nach Tschous Rückzieher erneut engagieren würde, noch dazu unter Vermittlung Frankreichs. Ungeachtet dieser Vorbehalte baten wir den französischen Außenminister, aktiv zu werden. Sihanouk als Regierungschef war für uns akzeptabel. Um aber unabhängig zu regieren, argumentierten wir, müßte er starke nichtkommunistische Kräfte in seine Administration aufnehmen. Praktisch meinten wir damit Mitglieder des Lon-Nol-Apparates, wenn auch nicht ihn persönlich. Alles andere bedeutete Kapitulation, und dafür brauchten wir keine französische Vermittlung. Worauf es uns ankam, formulierten wir in einem offiziellen Papier vom 24. Dezember:

Wir sind bereit, Sihanouk als den Führer Kambodschas zu akzeptieren, wenn er als wirklicher nationaler Führer nach Phnom Penh zurückkehrt und nicht nur als Galionsfigur. Um diese Rolle zu spielen, muß er zu seiner Unterstützung starke Kräfte in seiner Regierung haben, die alle wichtigen Tendenzen, auch die der gegenwärtigen Struktur, repräsentieren. Wie will er dies erreichen? Was sind Struktur und Wesen der Regierung, die Sihanouk anstrebt?

Die Gespräche dürfen nicht dazu benutzt werden, die gegenwärtige Regierung in Phnom Penh zu demoralisieren. Wenn es in diesen Punkten grundsätzliche Übereinstimmung gibt, dann sollte rasch gehandelt werden.

Wir sind dafür, daß die neue Regierung in der Außenpolitik dem Prinzip der Neutralität folgt.

Es muß Sicherheiten geben, daß diese Kompromißlösung dauerhaft ist. Wir sind nicht an einer Scheinlösung interessiert, der bald neuer Aufruhr folgt.

Peking, das den Fehlschlag des vergangenen Jahres noch nicht verdaut hatte, weigerte sich, über das Thema auch nur zu sprechen. Andere Staaten sollten sich nicht in Kambodscha einmischen. Damit das auch jeder begriff und fruchtlose Diskussionen gar nicht erst aufkamen, verweigerte Peking dem französischen Emissär, der die Botschaft an Sihanouk überbringen sollte, die Einreise.[16]

Jahre später schrieb ein findiger Journalist das Scheitern der Manac'h-Mission dem Abschlußkommuniqué von Martinique zu, in dem man Verhandlungen zwischen den »streitenden Parteien« empfohlen hatte, was angeblich als Dialog zwischen Lon Nol und Sihanouk interpretiert worden sei.[17] Aber Diplomatie ist kein Kriminalroman, in dem die eine Seite vage Andeutungen macht und von der anderen erwartet, daß sie die richtige Antwort findet. Wirkliche Diplomatie ist zugleich einfacher und komplizierter: Weder operiert sie in einem Vakuum, noch hängt sie gewöhnlich davon ab, wie eine bestimmte Botschaft formuliert ist. Diplomatie ist Ausdruck einer Balance von Chancen und Risiken. Sihanouk spielte keine Rolle mehr, weil Lon Nols militärische Lage sich dramatisch verschlechterte, nicht weil in einem Kommuniqué bestimmte Worte verwendet wurden.

Sihanouk selbst begriff das viel zu spät. Nachdem er unsere Angebote fast zwei Jahre lang zurückgewiesen hatte, nahm er am 25. März 1975 unvermittelt Kontakt auf. Er tat dies auf eine Weise, die zwar viel Geschmack, aber kein gutes Timing bewies. In einem Brief an Ford über den französischen Botschafter bat der Prinz im Exil, wir möchten ihm dabei behilflich sein, seine Sammlung kambodschanischer Musikinstrumente und -aufnahmen in die Hand zu bekommen, die er 1970 bei seiner Absetzung zurückgelassen hatte.

Am 26. März wiesen wir George Bush an, um eine Begegnung mit Sihanouk nachzusuchen, ihm mitzuteilen, daß wir unser Bestes tun wollten, um seine Bitte zu erfüllen. Zugleich sollte der Botschafter ihm ein weiteres Mal unsere Vorstellungen, wie die Tragödie Kambodschas zu beenden sei, vortragen, Vorstellungen, die wir seit zwei Jahren dargelegt hatten:

> Als Richtlinie für diesen Teil Ihres Gesprächs sollten Sie ihm zunächst mitteilen, daß wir weiterhin vitales Interesse daran haben, seine Vorstellungen, wie der Krieg in Kambodscha beendet werden kann, zu erfahren. Wir fordern ihn deshalb auf, diese Gelegenheit zu nutzen, um uns über Sie seine neuesten Gedanken darüber mitzuteilen, wie der Krieg in Kambodscha auf eine Weise beendet werden kann, die die Integrität seines Staates wahrt und ihm die Möglichkeit gibt, persönlich die Führung zu übernehmen und das Volk der Khmer zu einen.

> Sagen Sie ihm auch, wir seien weiterhin der Überzeugung, daß es notwendig ist, ein Kräftegleichgewicht zwischen den gegnerischen Elementen der Khmer aufrechtzuerhalten, wenn eine wirkliche Friedensregelung erreicht werden soll. Dieses Gleichgewicht wäre die unverzichtbare Grundlage dafür, nicht nur eine Regelung zu erreichen, sondern auch sicherzustellen, daß Sihanouk in der Lage ist, die entscheidende Führungsrolle zu spielen, die uns vorschwebt.

Am 28. März traf unser stellvertretender Missionschef in Peking, John Holdridge, in der französischen Botschaft mit Sihanouks Stabschef Phung Peng Chen zusammen und übergab eine Einladung George Bush' an Sihanouk für ein Gespräch an einem zu vereinbarenden Ort. Am 29. März lehnte Sihanouk diesen Vorschlag über dieselbe Person ab, die zur Entschuldigung anführte, der Prinz wolle die »internationale Öffentlichkeit« nicht verwirren, indem er Gerüchten Nahrung gebe, politische Verhandlungen stünden unmittelbar bevor. Nun wiesen wir Bush an, Sihanouk persönlich mitzuteilen, wir hätten seine Kunstschätze sichergestellt, und bei dieser Gelegenheit den politischen Teil unserer Botschaft zu überbringen.

Am 1. April traf Holdridge erneut mit Phung Peng Chen zusammen. Über dessen Reaktion berichtete er:

Es wäre sehr schlecht für Kambodscha, wenn die Roten Khmer die Regierung allein übernähmen, denn sie seien sehr doktrinär. Es wäre viel besser »für die freie Welt«, wenn Prinz Sihanouk, der die Unterstützung der Bauern und der Menschen in Phnom Penh genieße, nach Kambodscha zurückgebracht werden und mit Unterstützung der Supermächte ein gewisses Gleichgewicht der anderen Kräfte herstellen könnte. Phung deutete an, er hoffe, die Vereinigten Staaten könnten behilflich sein, Sihanouk zurückzubringen.

Dieser Analyse stimmten wir zu, und dies seit Jahren. Darauf hätte man eine »politische« Lösung gründen können. Das Problem bestand darin, daß jene, die das militärische Gleichgewicht zerstörten, damit auch eine politische Lösung unmöglich gemacht hatten.

Der endgültige Zusammenbruch

Die Offensive der Roten Khmer begann am 1. Januar 1975. Der Ring um Phnom Penh schloß sich Anfang April, als Neak Luong, die letzte Bastion der Regierung am unteren Mekong, fiel. Damit wurden mindestens sechstausend bis siebentausend Mann der kommunistischen Truppen zusätzlich für den endgültigen Angriff auf Phnom Penh frei, das nun von jeglicher Versorgung abgeschnitten war. Die übriggebliebenen Regierungstruppen kämpften bis zur letzten Patrone und hielten sich auch danach noch fast eine ganze Woche. Daß es auf der kambodschanischen Seite genügend Inkompetenz und auch Korruption gab, ist nicht zu bestreiten. Aber es ist ebenso eine Tatsache, daß man die im wesentlichen symbolischen Einheiten Sihanouks mit amerikanischer Hilfe und trotz einschneidender Beschränkungen durch den Kongreß zu einer Armee aufgebaut hatte, die den fanatischen Roten Khmer zwei Jahre lang Paroli bieten konnte.

Aber Anfang April war es müßig, darüber zu philosophieren, was alles hätte sein können. Denn als das Ende nahte, hatte sich die amerikanische Supermacht bereits zu einem ohnmächtigen Zuschauer gewandelt, der sich auf narzißtische Weise dem Streit im eigenen Land hingab. Mit Sorge und wachsendem Entsetzen mußten wir zusehen, wie die Roten Khmer den Sieg, den Amerika durch sein Verhalten begünstigt hatte, festigten und zum Vorspiel des Genozids an ihrem eigenen Volk gestalteten.

Botschafter Dean, der nun seine letzte Aufgabe zu erfüllen hatte, organisierte den amerikanischen Rückzug in Erwartung der politischen Veränderungen mit großem Geschick und auf professionelle Weise. Lon Nol verließ Phnom Penh am 1. April, angeblich zu einem »Urlaub«. An der Regierungsspitze wurden einige Umstellungen vorgenommen, um den Übergang zu erleichtern und vielleicht einen Rest der alten Ordnung zu bewahren. Es war anrührend (und beschämend zugleich), wie sehr die Kambodschaner den Vereinigten Staaten immer noch vertrauten, denn nach wie vor konsultierten sie uns bei jedem Schritt. Selbst in dieser Situation richtete der neue amtierende Präsident Saukham Khoy am 6. April in letzter Minute einen Appell an Ford:

Das kambodschanische Volk hat einige Jahre lang sein Vertrauen in Amerika gesetzt. Ich kann nicht glauben, daß dieses Vertrauen ein Feh-

ler war und Amerika uns die Mittel verweigert, die uns die Chance geben könnten, eine annehmbare Lösung unseres Konflikts zu finden.
Als bereits alles in Scherben fiel, ließ sich plötzlich Sihanouk hören. Bisher hatte er die Agonie der Lon-Nol-Regierung mit herausfordernden Erklärungen begleitet, in denen er jeden Gedanken an einen Kompromiß in letzter Minute als »politische Verschwörung« zurückwies. Nun bezeichnete Sihanouk alle neuernannten Minister in Phnom Penh als Verräter und bekräftigte:

> Unter keinen Umständen, weder in der nahen noch in der fernen Zukunft, wird der kambodschanische Widerstand sich zu einer Versöhnung mit den Verrätern der Clique von Saukham Khoy, Pan Sothi und Co. bereit finden.[18]

Diese blutrünstigen Worte waren der notwendige Tribut, den Sihanouk seinen neuen angeblichen Verbündeten, den Roten Khmer, zu zollen hatte. Privat dachte er ganz anders, wie er uns in Peking in seiner üblichen indirekten Art wissen ließ. Ein weiteres Treffen zwischen Holdridge und Phung fand statt, diesmal unter dem Vorwand, Sihanouk wolle Ford einige Aufnahmen kambodschanischer Musik schicken, um sich für unser Eingreifen in Phnom Penh und die Rettung seiner Kunstschätze zu bedanken. Holdridge hatte die Weisung, die Grüße des Präsidenten zu übermitteln und sich nach »weiteren Botschaften, die Sihanouk für uns haben könnte«, zu erkundigen. Die Begegnung fand am 10. April, achtundvierzig Stunden vor der Evakuierung der Amerikaner aus Phnom Penh, statt. Nach Holdridge' Bericht teilte Phung folgendes mit:

> Es ist wichtig, daß eine Lösung in Kambodscha vor dem Fall Saigons erreicht wird. Sonst werden Nordvietnamesen und Rote Khmer ganz Kambodscha in der gleichen Weise übernehmen, wie die Sowjets die Tschechoslowakei übernommen haben. Phung erklärte, dies sei Sihanouks persönliche Meinung.
>
> Sihanouk ist in Peking »hilflos«, er kann nichts für die Lage in Kambodscha tun. Aber er will nicht, daß die Roten Khmer das Land vollständig übernehmen.
>
> Es wäre gut, »die Armee« in Kambodscha intakt zu halten, denn Sihanouk habe die Unterstützung der Soldaten und auch der Bauern. Auf Nachfrage stellte Phung unmißverständlich klar, daß er mit »der Armee« die Kräfte im Auge hat, die jetzt Phnom Penh verteidigen, nicht die der Roten Khmer.

Wieder hatte Sihanouk, wenn Phung wirklich in seinem Namen sprach, die Strategie dargelegt, die wir seit nahezu zwei Jahren durchzusetzen suchten. Entweder hatte Sihanouk gehofft, es werde sich ein militärisches Patt herausbilden und man werde ihn als den unverzichtbaren Ausgleichsfaktor zurückrufen, oder er war zu dem Schluß gekommen, daß die Roten Khmer unwiderruflich siegten und deshalb jede diplomatische Initiative seinerseits seinen langfristigen Einfluß nur schwächen konnte. Möglicherweise hatte er beide Varianten nacheinander ins Auge gefaßt. Nun, in letzter Sekunde, da die Gegenkräfte zu den Roten Khmer zerfielen, wurde Sihanouk klar, daß seine Position kaum besser war als die der übriggebliebenen Lon-Nol-Administration. Jetzt setzte er sich endlich für ein Ziel ein, das man hätte erreichen können, wäre er offener und Amerika einiger gewesen.

Wir unternahmen einen letzten krampfhaften Versuch, auf Phungs Botschaft einzugehen. Dean erhielt die Weisung, dem amtierenden Präsidenten Kambodschas zu empfehlen, er möge an Sihanouk appellieren, als Chef einer Regierung der nationalen Einheit zurückzukehren. Zugleich beauftragten wir Holdridge, Sihanouk aufzusuchen, ihm dieses Angebot zu unterbreiten und, wenn er zustimmte, vorzuschlagen, die Chinesen sollten ihn in einer chinesischen Maschine nach Phnom Penh fliegen.

Wenn eine Ära zu Ende geht, dann kann man wie im Labor studieren, wie schwierig es ist, eingefahrene Verhaltensmuster aufzugeben. Wir hatten so lange Zeit in Phnom Penh den Ton angegeben, daß wir auch jetzt, da wir binnen Stunden das Land verlassen mußten, emotional noch nicht bereit waren, die Folgen zu akzeptieren. (Dieselbe Haltung habe ich auch bei abgewählten amerikanischen Administrationen beobachtet, deren Mitglieder es kaum begreifen können, daß ihre Amtszeit zu Ende ist, und die ihren Geschäften bis zur letzten Sekunde nachgehen.) Wir trugen dieses klägliche Angebot vor, als die kambodschanische Armee bereits zusammenbrach und man in der amerikanischen Botschaft in Phnom Penh die Sachen packte. Der grimmige Zufall wollte es, daß die Kambodschaner zu diesem Zeitpunkt bereits ihre letzte Munition verschossen hatten. Die Situation war inzwischen so gefährlich geworden, daß wir Dean anwiesen, mit der Evakuierung fortzufahren, was immer Sihanouk antworten werde. Wäre der Plan noch verwirklicht worden, dann hätte Sihanouk bei seiner Rückkehr keine Amerikaner zu seiner Unterstützung, sondern nur noch kambodschanische Streitkräfte ohne jegliche Munition vorgefunden.

Sihanouk ersparte uns diese Peinlichkeit mit einer Botschaft, die zeigte, daß er entweder äußerst geschickt war oder den Kontakt zur Realität völlig verloren hatte. Als Holdridge Phung am 11. April über unsere Empfehlung an Kambodschas amtierenden Präsidenten informierte, zeigte sich dieser hocherfreut, fügte aber sogleich hinzu, Sihanouk könne nicht auf den Ruf eines Mannes hin zurückkehren, den er gerade erst einen Verräter genannt habe. Phung schlug deshalb vor, die Bitte Saukham Khoys möge von Appellen »der zwei obersten Bonzen, weiterer Angehöriger der Priesterschaft, der Studenten, Armeeangehörigen, Einwohner von Phnom Penh und Bauern begleitet sein«. Wir wußten, selbst wenn es Phung im blinden Glauben an Amerikas Unbesiegbarkeit nicht begriff, daß für derart extravagante Manöver überhaupt keine Zeit mehr war, denn unsere Botschaftsangehörigen mußten Phnom Penh am nächsten Tag, dem 12. April, verlassen.

Als der Vorhang in Kambodscha fiel, zog in Washington, so widersinnig das erscheinen mag, der bürokratische Alltag wieder ein. Eine Evakuierung ist ein Alptraum für die Opfer; für diejenigen, die sie zu organisieren haben, ist es vor allem ein technisches Problem. In Washington flammte sofort der alte Streit zwischen Verteidigungs- und Außenministerium wieder auf. Bald machten Geschichten die Runde, die selbst die Todesqualen Kambodschas ins Licht einer weiteren Folge des Streits zwischen Kissinger und Schlesinger stellten.

Die internen Debatten waren indessen lediglich die Generalprobe für die viel kompliziertere Evakuierung Saigons, die zwei Wochen später folgte. Der Streit betraf nicht die Notwendigkeit der Evakuierung, sondern lediglich Zeit und Umstände. Das Verteidigungsministerium, das die Verantwortung für die Durchführung der Aktion trug, wollte unverzüglich beginnen und dabei Starrflügelmaschinen zum Einsatz bringen. Das Außenministerium, das Dean auf seiner Seite hatte, zog eine Evakuierung vor, die es erlaubte, jeglicher Panik entgegenzuwirken und möglichst vielen Khmer, die mit uns zusammengearbeitet hatten, eine Chance zur Flucht zu geben. Am 3. April fiel die Grundsatzentscheidung, die Evakuierung durchzuführen, das konkrete Timing aber dem Botschafter zu überlassen. Dean beschloß, noch einige Tage abzuwarten, um Panik zu vermeiden und den Abzug besser organisieren zu können. Die Spannungen, die sich daraus ergaben, zeigt der folgende Dialog bei einer Beratung mit Mitarbeitern des Außenministeriums am 11. April um 8.00 Uhr morgens:

Habib: Das Verteidigungsministerium – das Pentagon – gibt uns zu verstehen, wenn wir bestimmte Dinge nicht schnell genug erledigen, dann möge Gott uns helfen. Wenn bei ihnen etwas passiert, werden sie uns die Schuld geben.

Kissinger: Ohne jeden Zweifel. Das Pentagon hat schon gesagt: »Ihr seid schuld.« Das habe ich bereits dreimal gehört…

… Warum eigentlich der Aufschub?

Habib: Weil Dean uns telegrafiert hat: »Ich kann das jetzt noch nicht machen.« Alle seine militärischen Berater haben zugestimmt.

Kissinger: … Wir haben massive Probleme im Nahen Osten; wir haben massive Probleme in Südostasien. Da werden wir mit Taktik allein nicht herauskommen. Ich kenne all die Kerle hier, und ich kenne ihre Haltung. Wenn sich bei der Evakuierung einer das Bein bricht, dann sind wir schuld. Damit müssen wir leben.

Und doch wußten wir, daß der ganze Hickhack nur noch darum ging, wie die Deckstühle auf der »Titanic« aufgestellt werden sollten. Am 10. April informierte uns Dean, der Flughafen und die Zufahrtsstraße dorthin seien nicht mehr sicher, man müsse unverzüglich die Evakuierung per Hubschrauber einleiten. Aus technischen Gründen konnte der Abtransport nicht vor dem 12. April 8.00 Uhr morgens beginnen. In kaum mehr als zwei Stunden wurden zweiundachtzig Amerikaner, einhundertneunundfünfzig Kambodschaner und fünfunddreißig Angehörige anderer Nationen ausgeflogen.

Wir ließen auch die führenden Persönlichkeiten Kambodschas wissen, daß wir sie evakuieren könnten. Zu unserer Verwunderung und Beschämung lehnte die große Mehrheit ab. Dazu gehörten auch Lon Nols Bruder Lon Non und Ministerpräsident Long Boret. Beide standen auf der von den Roten Khmer bereits veröffentlichten Todesliste. Ron Nessen brachte es auf den Punkt: »Mit anderen Worten, die Kambodschaner wollen uns sagen: ›Okay, ihr Hosenscheißer, macht euch davon. Wir bleiben hier und kämpfen weiter.‹«[19]

Sirik Matak, ehemaliger Ministerpräsident und einziger verbliebener Rädelsführer des Umsturzes von 1970, der sich noch in Phnom Penh befand, brachte die Haltung der Khmerführung in gewählteren Worten zum Ausdruck. Als Antwort auf Deans Angebot sandte er uns am 12. April, als die Evakuierung schon in vollem Gange war, eine in elegantem Französisch abgefaßte handschriftliche Note:

Exzellenz und teurer Freund:

Ich danke Ihnen sehr herzlich für Ihren Brief und Ihr Angebot, mich in die

Freiheit zu bringen. Leider kann ich mich nicht so feige davonmachen. Was Sie und vor allem Ihr großes Land betrifft, habe ich keinen Augenblick geglaubt, daß Sie ein Volk, das die Freiheit gewählt hat, auf diese Weise im Stich lassen könnten. Sie verweigern uns Ihren Schutz, und wir können nichts dagegen tun.

Sie verlassen uns, und ich wünsche, daß Sie und Ihr Land unter diesem Himmel glücklich werden. Aber ich sage Ihnen: Wenn ich hier in meinem Land, das ich liebe, sterben muß, dann ist nichts dabei, denn wir alle müssen eines Tages sterben. Ich habe nur den Fehler begangen, Ihnen (den Amerikanern) zu glauben.

Mit aufrichtigen und freundlichen Grüßen

Sirik Matak

Am 13. April berichtete der Korrespondent der *New York Times* über den Abzug der Amerikaner unter der absurden Überschrift »Indochina ohne Amerikaner: Für die meisten – ein besseres Leben«[20].

Die Roten Khmer nahmen Phnom Penh am 17. April ein. Long Boret wurde sofort hingerichtet und mit ihm alle Mitglieder der früheren Regierung, die zurückgeblieben waren. Ihr Schicksal teilten in den folgenden Wochen alle Regierungsbeamten und deren Familien. Den zwei Millionen Einwohnern von Phnom Penh wurde befohlen, aus der Stadt auf das Land umzusiedeln, das vom Krieg verwüstet und nicht in der Lage war, Stadtbewohner aufzunehmen, die nicht für sich selbst sorgen konnten. Die Roten Khmer ermordeten ein bis zwei Millionen ihrer Landsleute, bis Hanoi das Land Ende 1978 besetzte. Aber auch danach tobte dort noch zehn Jahre lang Bürgerkrieg.

Sirik Matak erhielt einen Bauchschuß und blieb ohne medizinische Versorgung liegen. Er brauchte drei Tage, um zu sterben.

XVII. Das Ende Vietnams

Wer geglaubt hatte, die Agonie Kambodschas werde uns für den Zerfall Südvietnams unempfindlich machen, wurde bald eines Besseren belehrt. Das tragische Ende von zwei Jahrzehnten amerikanischer Opfer, Hingabe und nationaler Spaltung erwies sich als ein Vorgang, mit dem man sich nicht abfinden konnte.

Am 10. März starteten die Nordvietnamesen, die nicht einmal mehr so taten, als hielten sie sich an das Pariser Abkommen, im Zentralen Hochland eine Großoffensive. Dabei setzten sie Divisionen ein, die erst kürzlich vom Norden eingesickert waren. In zwei Tagen überrannten sie den strategisch wichtigen Punkt Ban Me Thuot; das bedeutete, daß nun alle Straßen von Saigon ins Zentrale Hochland abgeschnitten waren. Es blieb nur eine einzige schlechte Verbindung, die ständig von den Vietcongguerillas attackiert wurde.

Während das Zentrale Hochland unter den Schlägen der Nordvietnamesen erzitterte, schickte Präsident Thieu seinen Vertrauten Tran Van Lam nach Washington, um für das Zusatzhilfepaket zu werben. Er berichtete nach Saigon, von dem noch tagenden Kongreß sei keine weitere Unterstützung zu erwarten. Die Befürchtungen wurden zur Gewißheit, als die Fraktionen der Demokraten, die damals die Mehrheit im Kongreß stellten, am 12. und 13. März in Repräsentantenhaus und Senat gegen weitere Hilfe für Südvietnam stimmten (siehe Kapitel XVI).

Thieu begriff, daß er mit seinen schwindenden Kräften nicht mehr in der Lage war, das gesamte Territorium seines leidgeprüften Landes zu verteidigen. Er ordnete einen strategischen Rückzug vom Zentralen Hochland an. Zugleich befahl er die Verlegung der Ersten Luftlandedivision von der Nordgrenze in die Gegend von Da Nang. Beide Aktionen sollten in einigen Tagen, am 16. März, beginnen. Damit wollte er sich auf Positionen zurückziehen, die er verteidigen zu können hoffte, bis 1976 vielleicht ein Kongreß mit mehr Verständnis für Vietnam gewählt wurde.

Bei einem Sandkastenspiel in der Militärakademie wäre Thieus Schachzug durchaus sinnvoll gewesen. Wie die Dinge in Vietnam lagen, leitete er jedoch eine Katastrophe ein. Ohne Vorbereitung oder detaillierte Instruktionen des Generalstabs in Saigon mußte der »strategische Rückzug« über eine einzige Trasse – die Straße 7B – abgewickelt werden, die in schlechtem Zustand und schwer vermint war. Um sie ganz nutzen zu können, wäre ein Großeinsatz der Pioniertruppen notwendig gewesen. Unter anderem mußten mehrere zerstörte Brücken wiedererrichtet werden, wofür die südvietnamesischen Divisionen nicht ausreichend gerüstet waren. Außer von den kämpfenden Einheiten wurde die Straße 7B auch von den Massen flüchtender Zivilisten überschwemmt, denn die Familien der Armeeangehörigen der Republik Vietnam waren stets nahe bei den kämpfenden Einheiten stationiert – in diesem Fall in Pleiku, der Hauptstadt des Zentralen Hochlandes. Als die ersten Nachrichten über den bevorstehenden Rückzug durchsickerten, brach Panik aus, und es kam zu einer Massenflucht. Um das Chaos vollkommen zu machen, revoltierten die regionalen Milizen, die sich zumeist aus Angehörigen der örtlichen Bergstämme zusammensetzten, weil sie fürchteten, schutzlos zurückgelassen zu werden.

Der einzige Fluchtweg war bald von etwa sechzigtausend Armeeangehörigen und vierhunderttausend Zivilisten verstopft. Das Versorgungssystem der Armee brach zusammen, und die hungrigen Soldaten begannen die Dörfer längs der Straße zu plündern. Südvietnamesische Flugzeuge bombardierten aus Versehen eine eigene Panzereinheit, wobei viele Soldaten und Zivilisten ums Leben kamen. Die Nordvietnamesen griffen die Menschenlawine an. Nur ein kleiner Teil der fliehenden Soldaten und Zivilisten erreichte die Küste. Die Divisionen, die das Zentrale Hochland verteidigt hatten, lösten sich in nichts auf.

Ursprünglich hatten die Nordvietnamesen geplant, in der Trockenzeit 1975 das Zentrale Hochland zu erobern und die Entscheidungsschlacht um Saigon 1976 zu führen. In wenigen Tagen hatten sie jedoch ihr ursprüngliches Ziel erreicht, ohne dabei wesentliche Verluste an Menschen und Material hinnehmen zu müssen. Die Divisionen, die eigentlich für das Zentrale Hochland vorgesehen waren, konnten nun Da Nang und Hue längs der Küste angreifen, und schon bald zogen sie Belagerungsringe um die beiden Städte. Der Flüchtlingsstrom aus dem Zentralen Hochland überrollte die Elitedivision der Luftlandetruppen auf ihrem Rückzug von der Nordgrenze und machte damit jede ernsthafte Verteidigung der beiden strategisch wichtigen Punkte unmöglich. Der kommandierende General der Nordvietnamesen, Van Tien Dung, berichtete später darüber:

> Die Ereignisse hatten den Rahmen dieses Feldzuges überschritten und nahmen strategische Ausmaße an. Zum ersten Mal im Indochinakrieg mußte ein Armeekorps des Feindes mit moderner Ausrüstung innerhalb eines Feldzuges ein wichtiges strategisches Gebiet räumen und fliehen. Das setzte weitere wichtige Entwicklungen in Gang und führte schließlich zum raschen, siegreichen Abschluß des Krieges.[1]

Der Stillstand bei den Nahostverhandlungen fiel genau mit dem Debakel im Zentralen Hochland von Vietnam zusammen, dessen volles Ausmaß erst offenbar wurde, als ich am 23. März nach Washington zurückkehrte. Beide Krisen mußten nun gleichzeitig bewältigt werden. Zu diesen äußerst widrigen Umständen kam noch hinzu, daß zur selben Zeit ein weiteres befreundetes Volk, die Kurden, die wir bisher verdeckt unterstützt hatten, von der irakischen Armee überrannt wurde, die die Sowjets frisch ausgerüstet hatten.

Zum Glück schließt ein hohes Amt in Krisenzeiten Selbstmitleid oder auch Unentschlossenheit weitgehend aus. Ab 24. März versuchten wir in täglichen Sitzungen der WSAG und meiner engsten Mitarbeiter, die beiden Krisen in Indochina und im Nahen Osten in den Griff zu bekommen. Die Nachrichten aus Vietnam gerieten zu einem nicht abreißenden Strom von Katastrophenmeldungen. Am 25. März, zwei Tage nach meiner Rückkehr von der mißlungenen Pendelmission, fiel die alte Kaiserstadt Hue, am 30. März folgte Da Nang. Da dort eine Million Flüchtlinge festsaßen und die Lebensmittel knapp wurden, ging es im nördlichen Teil des Landes bereits nicht mehr um Verteidigung, sondern vor allem um humanitäre Fragen.

Trotzdem hatten wir es auf den Sitzungen der WSAG zuweilen mit Problemen zu tun, die infolge des Gezerres im Kongreß ans Absurde grenzten. Zum Beispiel äußerten einige die Absicht, amerikanische Landungsschiffe einzusetzen, um bei der Evakuierung von Flüchtlingen zu helfen. Die Experten des Kongresses meldeten jedoch Bedenken an, ob damit nicht Artikel 7 des Pariser Abkommens verletzt werde, der den Einsatz von militärischem Gerät nur für den Ersatz von Verlusten erlaubte – eine Bestimmung, die die Nordvietnamesen nicht einen Tag lang eingehalten hatten. Die nächste Frage lautete, ob wir auch nur einen einzigen der in Panik geratenen Flüchtlinge evakuieren durften, ohne zuvor laut Gesetz über die Vollmachten im Krieg den Kongreß zu informieren. Man hielt das Problem für wichtig genug, um eine Entscheidung des Präsidenten herbeizuführen. Ford entschied: »Ich denke, wir sollten handeln, den Kongreß informieren und eine öffentliche Erklärung abgeben.« Ich interpretierte die Weisung so, daß wir in der genannten Reihenfolge vorzugehen hatten.

Im Film werden Wendepunkte der Geschichte bombastisch aufgeblasen; die Entscheidungsträger zermartern sich die Hirne über die langfristigen Folgen ihrer Entschlüsse. Im realen Leben stellt sich zuweilen selbst der Untergang eines Staates als Produkt einiger weniger, sehr irdischer Entscheidungen dar. Vor der WSAG schätzte ich Vietnams Überlebenschancen auf höchstens drei Monate ein.

Der Zusammenbruch war düster, tragisch und ergreifend. Für uns, die wir die Entscheidungen zu treffen hatten, bestand jedoch die größte Herausforderung darin, wie wir die inzwischen so gut wie unvermeidliche Evakuierung der noch verbliebenen sechstausend Amerikaner und derjenigen Vietnamesen bewerkstelligen sollten, die wegen ihrer engen Bindung an die Vereinigten Staaten nun in höchster Gefahr schwebten. »Ich verlange eine Liste dieser Personengruppen«, erklärte ich auf einer Sitzung des Außenministeriums am 8. April. »Wie werden sie zu einem Ort gebracht, von dem aus sie evakuiert werden können, in welcher Reihenfolge, und welche Absprachen werden mit der Regierung getroffen?« (Das Außenministerium in Gestalt des amerikanischen Botschafters war für die Evakuierung verantwortlich.)

So wahnwitzig es auch anmutet: Die Vorbereitungen für die Evakuierung liefen parallel zu einer internen Debatte, ob wir in diesem späten Stadium noch Militärhilfe für Südvietnam beantragen sollten, und wenn ja, wieviel. Vor allem Ford und ich traten dafür ein, den Antrag auf zusätzliche Hilfe bis zum letzten Augenblick weiterlaufen zu lassen. Zwar gab ich Saigon nur eine geringe Chance, bestand deshalb auf exakten Plänen für die Evakuierung, kämpfte aber nach wie vor um die Bewilligung von Hilfe für Südvietnam. Wie ist dieser scheinbare Widerspruch zu erklären?

Die überwältigende Mehrheit der Medien (mir fällt keine nennenswerte Ausnahme ein) schrie förmlich danach, Saigon fallenzulassen, Thieu abzusetzen und sofort mit dem vollständigen Abzug aus Vietnam zu beginnen. Die vorherrschende Meinung im Kongreß unterschied sich davon kaum. Innerhalb der Administration sprach sich CIA-Direktor William Colby für einen Deal aus, nach dem wir für einen ungehinderten Abzug der Amerikaner Thieu preisgeben sollten. Fords Mitarbeiter im Weißen Haus wollten sich das Thema Vietnam rasch vom Halse schaffen, damit weitere Debatten darüber seine Präsidentschaft nicht länger belasteten.

Aber wir, die wir täglich im Lageraum des Weißen Hauses zusammenkamen, hatten nicht theoretische, sondern reale Entscheidungen zu treffen. Wir mußten sechstausend noch in Vietnam verbliebene Amerikaner herausholen und den Zehntausenden Vietnamesen, die durch die Zusammenarbeit mit uns ihr Leben in Gefahr gebracht hatten, beim Verlassen des Landes behilflich sein. Aber wir waren nicht in der Lage, auch nur einen einzigen unserer vietnamesischen Freunde zu evakuieren, wenn wir nicht den Abzug der Amerikaner in die Länge zogen, denn der Kongreß blies sicher die ganze Aktion ab, sobald der letzte Amerikaner das Land verlassen hatte.

Welchen Kurs wir auch einschlugen, unseren Antrag auf Hilfe für Vietnam mußten wir aufrechterhalten. Sobald wir ihn zurückzogen, mußte in dem zerfallenden Land Panik ausbrechen. Die schwer angeschlagene südvietnamesische Armee konnte sich dann in Verzweiflung und Wut über unseren – in ihren Augen – Verrat gegen die restlichen amerikanischen Truppen wenden. Anfang April sagte ich Colby, Thieu werde wohl bald stürzen, aber wenn wir ihn einer Abmachung mit Hanoi opferten, dann werde man dort sofort den Kopf seines Nachfolgers fordern und dieses Spiel so lange treiben, bis die ganze politische Struktur Südvietnams zerstört sei (was in der Tat auch geschah). Am 3. April bestätigte ein Provinzkomitee der kommunistisch beherrschten Provisorischen Revolutionsregierung Südvietnams diese Voraussage. Die verschiedenen Varianten einer aus drei Parteien gebildeten Regierung, laut amerikanischer Friedensbewegung einziges Ziel des von Hanoi geführten Kampfes, wurden als »Kriegslist zur Abschottung der Regierung Südvietnams« abgetan.

Wir brauchten Zeit, um die Evakuierung der Amerikaner und der Vietnamesen, denen wir uns verpflichtet fühlten, zeitlich aufeinander abzustimmen. Das Festhalten an unserem Antrag auf Hilfe war die einzige Möglichkeit, die Moral der Vietnamesen aufrechtzuerhalten, die noch bereit waren, für einen Abgang in Würde zu kämpfen, und die nun unglücklicherweise als zu rettende Personen eingestuft werden mußten.

Aber welchen Umfang an Hilfe sollten wir fordern? Ich empfahl, eine Zahl zu nennen, die Vietnams tatsächlichen Erfordernissen entsprach. Am 28. Januar hatten wir zusätzlich die dreihundert Millionen Dollar gefordert, die uns von Senator John Stennis zugesagt worden waren. Zwar stand diese Summe in keinem Verhältnis zu dem, was tatsächlich benötigt wurde, aber in Vietnam war es bis dahin relativ ruhig geblieben. Nun reichte sie aber auf keinen Fall mehr aus, um mit der heranrollenden Katastrophe fertig zu werden. Ford stimmte zu, General Fred C. Weyand, den Stabschef der Armee, der die Erste Panzerdivision in Vietnam befehligt hatte, nach Saigon zu schicken, um ein reales Bild der Lage zu erhalten.

In dieser Auseinandersetzung stand Ford von Anfang bis Ende fest und unerschütterlich. Er konnte sich einfach nicht mit dem Gedanken anfreunden, Menschen fallenzulassen, die seit Jahrzehnten ihr Leben für Ziele riskierten, die fünf amerikanische Präsidenten aus beiden Parteien als unverzichtbar für die Sicherheit der freien Welt erklärt hatten. Ich tat alles, damit dieser mutige, hochanständige Mann möglichst viele Wahlmöglichkeiten hatte und einen Ausweg aus dieser Lage fand. Am 27. März, als das Ausmaß der militärischen Katastrophe sichtbar wurde, schloß ich ein Gespräch mit Präsident Ford im Oval Office über die militärischen Erfordernisse Saigons mit folgenden Worten:

Ich sage dies mit blutendem Herzen, aber vielleicht müssen Sie Vietnam hinter sich lassen, damit unser Land nicht wieder in Stücke gerissen wird. Die Vietnamvereinbarungen basierten auf zweierlei: auf unserer Drohung mit militärischer Unterstützung und der Fortsetzung der Hilfe. Im Juli 1973 haben wir die militärische Unterstützung eingestellt und auch die Hilfe unter das notwendige Minimum gesenkt. Jetzt stecken wir in einer verzweifelten Lage.

Ford wollte davon nichts hören, weil dies, wie er sich ausdrückte, seiner Natur zuwiderlief. Ähnlich fiel seine Antwort auch am 3. April aus, als ich ihn daran erinnerte, daß er auch die Möglichkeit habe, nichts zu unternehmen. Am 9. April, einen Tag bevor Ford offiziell zusätzliche Hilfe für Vietnam beantragte, machte ich ihn auf Ron Nessens Ansicht aufmerksam, der Präsident solle Amerika aus Vietnam herausführen und nicht wieder hineinziehen. Ford erwiderte: »Das ist nicht meine Art ... Das könnte ich nicht tun.«

Auf einer Pressekonferenz am 3. April unterstrich Ford seine Forderung nach wirtschaftlicher und militärischer Hilfe für Südvietnam. Er warf den Nordvietnamesen eklatante Verletzungen des Pariser Abkommens vor, kritisierte den Kongreß, der unsere Anträge beschnitten hatte, und befahl, in einer Rettungsaktion zweitausend vietnamesische Waisen auszufliegen.

Ford wies die Journalisten zurück, die ihn bedrängten, er solle Thieu fallen-lassen: »Ich glaube nicht, daß es zu meinen Vorrechten gehört, einem vom Volk gewählten Staatschef zu sagen, er möge sein Amt aufgeben«.[2]

> Wir halten zu unserem Verbündeten, und ich möchte jeden Gegner war-nen, unter irgendwelchen Umständen zu glauben, die Tragödie Viet-nams sei ein Hinweis darauf, daß das amerikanische Volk den Willen oder den Wunsch aufgegeben hätte, überall in der Welt für die Freiheit einzustehen.[3]

Das war ein höchst unpopulärer Standpunkt, aber Ford trug ihn ruhig, fast besänftigend vor, als ob den nationalen Interessen nur in dieser Weise Genüge getan werden könne.

Die Reaktion der Medien war vorauszusehen. Die *New York Times* warf Ford vor, er sei verwirrt,[4] die *Washington Post* meinte, er verhalte sich wie ein Hütchenspieler.[5] Die *Los Angeles Times* forderte, etwas gnädiger ge-stimmt, eine »neue Richtung«, die sie als Einstellung der Militärhilfe für In-dochina definierte.[6] Als ich auf einer Pressekonferenz am 5. April Fords Ar-gumente wiederholte, erntete ich eine ähnliche Reaktion, die in folgenden Fragen zum Ausdruck kam: Wie könnten wir erwarten, daß der Kongreß sich kooperativ zeige, wenn wir ihn dafür verantwortlich machten, was in Vietnam geschah? Wie kämen wir auf den Gedanken, daß mehr Geld etwas bewirken könnte? Sei nicht Thieu an allem schuld? Wie hätten wir bei Un-terzeichnung des Pariser Abkommens etwas anderes erwarten können? Be-sonders hartnäckig fragte man nach der Art unserer Verpflichtungen in Südvietnam. In unserer öffentlichen Debatte gesellte sich zur Katastrophe nun auch noch Selbsthaß.

Ich wiederholte, was ich bereits seit Monaten gesagt hatte. Unser Antrag auf zusätzliche Hilfe beruhe auf einer moralischen, nicht auf einer juristi-schen Verpflichtung:

> Es ist eine sehr wichtige moralische Frage für die Vereinigten Staaten, ob sie es über sich bringen, Menschen, die, von ihnen ermutigt, jahre-lang gekämpft haben, in ihrer schwersten Stunde, da sie gewillt sind weiterzukämpfen, zu sagen, die Vereinigten Staaten könnten ihnen nun nicht mehr helfen.[7]

Ich schloß mit dem Appell:

> Viele von Ihnen besuchen nun seit sechs Jahren meine Pressekonfe-renzen zu diesem Thema. Ich denke, niemand hat je erlebt, daß ich das Ringen und die Sorgen jener, die gegen diesen Krieg waren, in Frage ge-stellt habe. Wir können nur um eines bitten: Diejenigen unter Ihnen, die kritisch waren, mögen bedenken, daß die Administration gegenwärtig vor einer großen menschlichen Tragödie steht und versucht, so mit ihr umzugehen, wie es im Interesse der Vereinigten Staaten und des Welt-friedens liegt.[8]

Es war alles vergeblich. Zu unserem großen Bedauern hieb nun auch noch Senator Henry Jackson auf uns ein. Obwohl wir mit ihm in der Ost-West-Politik unterschiedlicher Meinung waren, sahen wir in ihm immer noch einen Verbündeten in der geopolitischen Auseinandersetzung mit dem Kommunismus. Aber am 8. April bekräftigte er seine bisherige Ablehnung zusätzlicher Hilfe für Vietnam mit der Begründung, der Antrag beruhe auf »geheimen schriftlichen Abkommen, Abmachungen und Vereinbarungen«.

die ich, wie er andeutete, angeblich vor Präsident Ford geheimgehalten hätte.[9] Das war nachweislich eine falsche Behauptung. Über die eigentliche Sachfrage hinaus erhellte sie, wie erbittert unsere nationale Debatte inzwischen geführt wurde. Die Unterstellung, ein Außenminister könne Vereinbarungen vor seinem Präsidenten geheimhalten, war so einmalig wie absurd und markierte einen neuen Tiefpunkt in unserem innenpolitischen Streit.

Weder Ford noch ich hatten unseren Antrag je mit offiziellen Verpflichtungen begründet. Wir beriefen uns lediglich darauf, daß wir uns gegenüber dem bedrängten Vietnam moralisch verpflichtet fühlten. Eine traurige Ironie der Todesqualen Vietnams bestand darin, daß jene, denen man bisher »Realpolitik« vorgeworfen hatte, nun auf Ehre und moralischer Pflicht bestanden, während ihre Kritiker, die sonst mit moralischen Ansprüchen so rasch bei der Hand waren, sich wie Advokaten verhielten, die nach einem Schlupfloch aus einem Vertrag suchen.

General Weyand erstattete Ford am 5. April in Palm Springs Bericht. Die militärische Lage, so erklärte er, verschlechtere sich. Unsere Optionen beschrieb er wie folgt: Die dreihundert Millionen Dollar Zusatzhilfe könnten lediglich Verbrauchsgüter teilweise ersetzen. Damit könne auf keinen Fall Ersatz für die Ausrüstungen beschafft werden, die in den verheerenden Niederlagen der letzten Wochen verlorengegangen seien. Die südvietnamesische Armee hatte in der Tat seit zwei Jahren keine neue Ausrüstung mehr erhalten. Deshalb, so argumentierte Weyand, sei der ursprüngliche Zusatzantrag nicht mehr ausreichend. Statt dessen legte er eine Liste von Gütern vor, die notwendig waren, um einige der in den jüngsten Schlachten aufgeriebenen Einheiten wiederaufzubauen. Wenn Hilfslieferungen noch einen Sinn haben sollten, dann seien mindestens siebenhundertzweiundzwanzig Millionen Dollar bereitzustellen.

Irgendwie war die Situation grotesk. Wahrscheinlich brach Vietnam zusammen, bevor die Hilfslieferungen überhaupt eintrafen. Wenn wir also eine Zahl nannten, dann konnte es durchaus auch eine sein, der ein einigermaßen begründetes Programm zugrunde lag. Es war der Minimalbetrag, der vielleicht noch etwas retten, der die Südvietnamesen noch einmal aufrichten konnte, um für die Evakuierung Zeit zu gewinnen. Und wenn Vietnam zusammenbrach, bevor Hilfe kam, dann hatten wir zumindest unserer moralischen Pflicht Genüge getan. Ford machte sich die von Weyand genannte Zahl zu eigen.

Eine Sitzung des Nationalen Sicherheitsrates am 9. April folgte im wesentlichen den gleichen Gedanken. Der Rat legte Ford drei Optionen vor: keine Forderung nach weiteren Mitteln, Festhalten an dem drei Monate alten Antrag auf dreihundert Millionen Dollar oder Unterstützung der Empfehlung Weyands, siebenhundertzweiundzwanzig Millionen Dollar zu verlangen. Die Diskussion verlief in den bekannten Bahnen. Man war sich einig, daß wir mit dem Stopp der Hilfe jeglichen Einfluß auf den weiteren Gang der Dinge verloren. Schlesinger empfahl, an der Summe von dreihundert Millionen Dollar festzuhalten, denn angesichts des bevorstehenden militärischen Zusammenbruchs Vietnams habe es keinen Sinn, sich auf eine weitergehende Auseinandersetzung mit dem Kongreß einzulassen. Ich unterstützte Weyands Summe, denn die dreihundert Millionen Dollar, die wir vor den Katastrophen der letzten Monate beantragt hatten, waren nun so eindeutig unangemessen, daß sie nichts anderes bedeuteten, als elegant das Handtuch zu werfen. Angesichts des fortschreitenden Niedergangs Südvietnams machte es vielleicht in der Praxis keinen großen Unterschied, für welche Summe wir uns entschieden, wichtig war, wie man unser Verhalten wohl später einmal beurteilte.

Ford teilte dem Nationalen Sicherheitsrat seinen Entschluß am Ende der Sitzung in einer längeren und wortreicheren Erklärung mit, als wir es sonst von ihm gewohnt waren:

Ich werde um die siebenhundertzweiundzwanzig Millionen Dollar bitten, weil wir es rechtfertigen können. Zumindest ist die Lage dann eindeutig. Ich werde beantragen, daß ein bestimmtes Datum festgelegt wird, vielleicht der 1. Mai. Das müssen wir noch entscheiden.

Ich werde humanitäre Hilfe fordern, allerdings nicht über die Vereinten Nationen. Drittens werde ich die Vollmacht beantragen, die, so glaube ich, notwendig ist, um die Amerikaner und die anderen, denen wir verpflichtet sind, zu evakuieren.

Ich schließe nicht aus, den Nordvietnamesen zu einem gewissen Zeitpunkt mitzuteilen, daß jede Störung unserer humanitären Aktionen auf harte Gegenmaßnahmen stoßen wird. Dafür brauche ich Handlungsspielraum.

Das wird eine harte Rede, die ich auf meine Weise halten werde, nicht wie Churchill. Sie soll nicht aufgesetzt wirken.

Ich nehme an, daß Sie, Jim (Schlesinger), Vorbehalte haben. Aber das ist meine Entscheidung. Sie sind die einzigen, die sie kennen. Ich habe viel Zeit dafür gebraucht, jetzt und auch früher schon, eigentlich seit 1952. Ich denke, unsere Politik seit den Präsidenten Truman und Eisenhower war richtig. Wir haben sie nicht immer gut durchgesetzt, und wir haben dabei vielleicht auch viele Fehler gemacht. Aber es war die richtige Politik...

Am 10. April sprach der Präsident vor beiden Häusern des Kongresses. In einer entschlossenen, unerschrockenen Rede bekannte er sich zu den Zielen, die seine Vorgänger zum Engagement der Vereinigten Staaten in Indochina veranlaßt hatten. Er zeichnete die Entstehung des Pariser Abkommens nach und hob hervor, daß die Vereinigten Staaten ihrem Verbündeten weder angemessene Hilfe geleistet noch das Abkommen durchgesetzt hätten. Ford schloß mit einer Warnung an den Kongreß, unsere Außenpolitik weiterhin anzugreifen:

Die nationalen Interessen der Vereinigten Staaten und die Sache der Stabilität in der Welt erfordern es, daß wir den Südvietnamesen auch weiterhin militärische und humanitäre Unterstützung geben... Wir können nicht unsere Freunde im Stich lassen, während unsere Gegner die ihren unterstützen und ermutigen. Wir können nicht unsere Verteidigung, unsere Diplomatie und unsere Nachrichtendienste einschränken, während andere die ihren aufstocken und stärken.[10]

Am nächsten Tag faßte ich in einer aufrüttelnden Rede vor den höheren Beamten des Außenministeriums zusammen, was meiner Meinung nach auf dem Spiel stand:

Wenn der Präsident gestern abend gesagt hätte, was so viele Kongreßabgeordnete von ihm erwarteten – »Wir haben genug getan, wir können

keine militärische Hilfe mehr leisten« –, dann denke ich, Phil Habib (der für Ostasien zuständige stellvertretende Unterstaatssekretär) wird mir zustimmen, daß wir an diesem Morgen mit einem völlig unkontrollierbaren, chaotischen Zusammenbruch in Saigon konfrontiert wären. Da sich der Präsident nun einmal entschieden hat, nicht untätig zu bleiben, kann er auch fordern, was in dieser Situation gerechtfertigt ist, denn dem Kongreß geht es bei seiner Gegnerschaft nicht um eine Zahl, sondern um das Prinzip…
Die Dinge werden nun einen Verlauf nehmen, den man durchaus voraussagen kann. Wir wollen versuchen, ihn mit Würde zu steuern und uns eine Grundlage für unsere weitere Außenpolitik zu erhalten, dafür, daß die Menschen uns noch vertrauen können…
Wir werden niemandem vorwerfen, daß er unrecht hatte. Ich habe nicht die Absicht, wenn alles vorüber ist, als Rächer durch die Lande zu ziehen. Ich denke, wir werden es dann schwer genug haben. Sicher wird es nicht viele Helden geben. Aber dieses Ministerium … wird für das Rechte einstehen. Wir haben in dieser Welt gar keine andere Wahl.

Die Debatte über die Evakuierung

Unsere Position unterschied sich beträchtlich von der im Kongreß und in den Medien vorherrschenden Meinung. Die große Mehrheit forderte von uns, einem Land, mit dem wir über zwei Jahrzehnte verbündet waren, den Gnadenstoß zu geben.

Innerhalb der Administration verlagerte sich nach der Rede des Präsidenten die Kontroverse von der Frage, ob wir noch weitere Hilfe fordern sollten, zu dem Problem, wie mit dem immer wahrscheinlicher werdenden Zusammenbruch Südvietnams umzugehen sei. In der Praxis lief das auf die Entscheidung hinaus, wie rasch die Evakuierung vonstatten gehen und was mit den Vietnamesen geschehen sollte, die mit uns zusammengearbeitet hatten.

Das Pentagon wollte so schnell wie möglich evakuieren. Wie bereits im Fall Kambodschas drängte es täglich darauf, die Abwicklung zu beschleunigen. Es war bereit, einige Vietnamesen mitzunehmen, solange dies die Evakuierung aller Amerikaner im Eiltempo nicht beeinträchtigte. Man sah keine Veranlassung, bei einer Notevakuierung Opfer, Zwischenfälle oder Ermittlungen des Kongresses zu riskieren. Im bürokratischen Hickhack erfahren, suchte das Pentagon anhand von Aufzeichnungen zu beweisen, daß die Amerikaner, wie es meinte, aus rein politischen Gründen nicht in dem Umfang evakuiert wurden, wie die vorhandene Kapazität es zuließ. Täglich erhielt ich deshalb Warnschreiben oder entsprechende Anrufe. In den Transportmaschinen vom Typ C 141, die Saigon jeden Tag verließen, wurden die leeren Plätze genauestens registriert, damit, sollte es Zwischenfälle geben, diese anderen – Botschafter Martin oder mir – angelastet werden konnten.

Graham Martin war das andere Extrem. Die Durchführung einer Evakuierung liegt traditionell in der Verantwortung des Außenministeriums, wobei der Botschafter als Frontkommandeur agiert. Martin war der geborene Generalissimus, sozusagen ein Douglas MacArthur im Diplomatischen

Dienst. Er hatte seine eigenen, sehr festen Vorstellungen über das Optimum der Evakuierten und war über die Direktiven aus dem fernen Washington nicht sehr erbaut. Den Menschen, die wir bald sich selbst überlassen mußten, leidenschaftlich verbunden, hielt es Martin für seine Pflicht, den Abzug der Amerikaner lange hinzuziehen, um mit ihrer Anwesenheit die Rettung so vieler Vietnamesen wie möglich zu rechtfertigen. Da er überzeugt war, daß eine Panik in Saigon kurzfristig viel gefährlicher war als Hanois Schlagkraft, schlug er ein noch viel langsameres Evakuierungstempo an, als selbst Ford, Scowcroft oder ich, die »Falken« in der Administration, für angebracht hielten. Er überschüttete uns mit Telegrammen, die stets von dem Tenor getragen waren, daß ich die Verantwortung zu übernehmen hätte, wenn wir potentielle Flüchtlinge ohne Not zurückließen. Da sich das Außenministerium den Attacken Schlesingers ausgesetzt sah, weil wir zu langsam evakuierten, und andererseits Martin uns bedrängte, weil ihm der Rückzug zu schnell ging, wurde es immer schwieriger, den goldenen Mittelweg zu finden.

Ich selbst war viel eher der Meinung Martins als der Schlesingers. Von dem Botschafter unterschied ich mich nur in der Bewertung der Überlebenschancen Südvietnams und somit der Zeit, die uns für die Evakuierung blieb. Selbst als das Zentrale Hochland in die Hände der Nordvietnamesen gefallen war, behauptete Martin noch, um Nha Trang, Saigon und das Delta könne eine haltbare Rückzugsposition aufgebaut werden, eine Vorstellung, die der unverwüstliche Phil Habib, der auch nicht gerade eine Mimose war, vehement bestritt. Als der bevorstehende Fall Saigons zu offensichtlich wurde, um noch ignoriert zu werden, argumentierte Martin, wir könnten die Übergabe der Macht in Saigon mit Hilfe einer Koalitionsregierung schrittweise gestalten und viel länger Flüchtlinge evakuieren, als ich für möglich hielt. Ich hatte Le Duc Tho so viele Jahre gegenübergesessen und war sicher, daß er niemals einer schrittweisen Machtübergabe oder einer autonomen politischen Struktur in Saigon, auch nicht für kurze Zeit, zustimmen würde, nicht einmal, wenn es sich um Kommunisten handelte. Hanoi riskierte nicht, daß sich so etwas wie ein Titoismus in Südvietnam entwickelte.

Sosehr ich auch für Martins Absichten Verständnis hatte, unsere Politik mußte die immer bedrohlicheren Mitteilungen unserer Nachrichtendienste zur Kenntnis nehmen, die darauf hinausliefen, daß Südvietnam nur noch wenige Wochen blieben.

Mit Zustimmung des Präsidenten faßte ich deshalb den folgenden Plan. Zunächst legten wir unsere tägliche Evakuierungskapazität per Hubschrauber fest, die etwa eintausendzweihundertfünfzig Personen betrug. Auf dieser Grundlage wies ich Martin am 18. April (eine Woche nach der Rede des Präsidenten) an, das amerikanische Personal bis zum 22. April auf diese Zahl zu reduzieren. Diese letzte Gruppe Amerikaner sollte mit so vielen vietnamesischen Angestellten wie möglich vom Gelände der Botschaft evakuiert werden, wenn der Saigoner Flughafen Tan Son Nhut bedroht war. In der verbleibenden Zeit sollten äußerste Anstrengungen unternommen werden, Vietnamesen zu evakuieren, vor allem diejenigen, die sich besonders für uns eingesetzt hatten.

Täglich drängte der Senat stärker auf einen raschen Rückzug aus Vietnam. Am 14. April erschien der gesamte Auswärtige Ausschuß des Senats im Kabinettssaal des Präsidenten – zum ersten Mal seit Woodrow Wilsons Zeiten. Schlesinger und ich gaben eine düstere, nahezu identische Einschätzung der militärischen Lage und der Aussichten Saigons. Die würdigen Senatoren erwiderten, sie seien nicht gekommen, um über die Vietnamstrategie zu diskutieren, sondern um die Evakuierung der Amerikaner zu beschleunigen und sicherzustellen, daß diese nicht verzögert werde, um Vietnamesen zu retten. Falls wir letzterem Priorität beimäßen, meinten sie, drohe die Gefahr, daß wir erneut in die militärische Auseinandersetzung hineingezogen würden. Ford berichtet darüber in seinen Memoiren:

Die Botschaft war eindeutig: Fort von dort, aber schnell. »Ich bewillige Ihnen große Summen für die Evakuierung«, erklärte der New Yorker Senator Jacob Javits, »aber keinen Penny mehr für Militärhilfe.« Frank Church aus Idaho sah schwere Probleme heraufziehen, die »uns in einen sehr großen Krieg verwickeln könnten«, wenn wir versuchten, alle Südvietnamesen zu evakuieren, die loyal zu uns standen. Joseph Biden aus Delaware fiel ein. »Ich stimme für jeden Betrag, um die Amerikaner herauszuholen«, sagte er, »aber ich will nicht daß das damit vermengt wird, die Vietnamesen herauszuholen.«[11]

Die Antwort des Präsidenten war höflich, aber unnachgiebig:

Glauben Sie mir, wir müssen Zeit gewinnen, und wenn es nur einige Tage sind. Ich danke Ihnen, daß Sie gekommen sind. Wir hatten ein gutes Gespräch, aber die Entscheidung verantworte ich, und ich werde auch die Konsequenzen tragen.[12]

Die Suche nach einer politischen Lösung

Pressekommentatoren und Kongreß favorisierten natürlich eine andere Alternative: ihre heißgeliebte »politische Lösung«. Aber die Seite, die vor der totalen Niederlage steht, kann dem Gegner nichts mehr anbieten und ist auch für mögliche Vermittler kaum mehr als ein Risiko. Frankreich zeigte großes Interesse, aktiv zu werden. Aber während wir verschiedene französische Pläne für eine Teilung Südvietnams höflich diskutierten, sahen wir diese Demarchen, wie bereits in Kambodscha, eher als Ausdruck der Nostalgie nach dem verlorenen kolonialen Einfluß und weniger als einen wirklichkeitsnahen Weg, die Tragödie Vietnams zu beenden.

Der einzige »politische« Schritt, den wir in Betracht ziehen konnten, war eine Demarche gegenüber Moskau, das ungeachtet des gescheiterten Handelsgesetzes auch weiterhin an den Beziehungen zu Amerika interessiert war. Breschnew brannte nach wie vor darauf, die Gipfelkonferenz über Europäische Sicherheit abzuhalten, auf die er seit drei Jahren hinarbeitete und die nun für Ende Juli anvisiert wurde. Auf der täglichen Besprechung mit den Spitzenbeamten des Außenministeriums am 18. April kündigte ich an, die Sowjetunion auf jeden Fall anzusprechen, selbst wenn ich die Chancen, daß sie etwas Fruchtbares unternahm, eins zu tausend einschätzte. Wir waren in der prekären Lage, wie sie der britische Historiker Edward Gibbon einmal beschrieben hat: Überzeugung ist das einzige Mittel der Schwachen, aber Schwache können selten überzeugen. Unsere Situation war deshalb noch besonders unerträglich, weil unsere Schwäche auf unsere eigenen Beschlüsse zurückging, also ganz und gar unnötig war.

Am 19. April überreichte ich Dobrynin eine »Verbalnote« Fords an Breschnew. (Eine Verbalnote ist ein geschriebenes Dokument von der Bedeutung eines Gesprächs, das aus Gründen der Präzision und der Akzentuierung schriftlich abgefaßt wird.) In der Note hieß es, in Vietnam sei eine Waffenruhe notwendig, um die »Evakuierung amerikanischer Bürger und der Südvietnamesen« zu Ende zu bringen, »denen wir unmittelbar und in besonderer Weise verpflichtet sind«. Wir wendeten uns an Moskau, schrieben wir mit drohendem Unterton, weil »es langfristig in unserem gegenseitigen Interesse liegt, daß die Situation auf eine Weise zum Abschluß gebracht wird, die die sowjetisch-amerikanischen Beziehungen nicht beschädigt oder die Haltung des amerikanischen Volkes zu anderen internationalen Problemen nicht beeinflußt«.

Um diesen ziemlich fadenscheinigen Appell realistischer erscheinen zu lassen, betonten wir unsere Bereitschaft, »die besonderen politischen Umstände zu diskutieren, die dies (die Waffenruhe) ermöglichen könnten«, mit anderen Worten, die politische Situation in Saigon zu verändern. Wir blufften mit gefährlichen Folgen eines Angriffs auf Flugplätze und Passagiermaschinen. Ein so erfahrener Beobachter der Debatten im amerikanischen Kongreß wie Dobrynin konnte diese Drohung indessen wohl kaum ernst nehmen.

Während wir auf die sowjetische Antwort warteten, gab Martin Thieu am 20. April zu verstehen, der südvietnamesische Präsident möge über seinen Rücktritt nachdenken. Martin gab vor, nur in seinem eigenen Namen zu sprechen; tatsächlich war die Demarche von Ford bestätigt und mit meinem Büro im Weißen Haus abgestimmt. Ich machte mir keine Illusionen darüber, wie die Nordvietnamesen auf einen solchen Schritt reagieren würden, gab aber meine Einwilligung, weil ich noch einen schwachen Hoffnungsschimmer sah, wir könnten vielleicht Verhandlungen zustande bringen, die uns einige Tage mehr Zeit für die Evakuierung unserer Freunde verschafften. Thieu erwiderte Martin eisig, er werde tun, was für sein Land das beste sei. Martin schloß seinen Bericht an Washington mit den ergreifenden Worten: »Ich ging nach Hause, las die Tagesnachrichten aus Washington, stellte mich unter die Dusche und rieb mich mit dem härtesten Stück Seife ab, das ich finden konnte. Es half nicht viel.« Ford, Scowcroft und mir war ähnlich zumute.

Wie dringlich es nun geworden war, eine möglichst große Zahl von Vietnamesen zu evakuieren, hatte das Justizministerium noch nicht begriffen, denn es weigerte sich, die Visabestimmungen auszusetzen. Wer Washington nicht kennt, mag es merkwürdig finden, daß ein Präsident in heftige Auseinandersetzungen mit einer Institution seines Kabinetts über die Veranlassung der Aussetzung der Visabestimmungen verwickelt wird, was in der Zuständigkeit der Exekutive liegt. Erst am 22. April willigte das Justizministerium mit Zustimmung des Rechtsausschusses des Senats schließlich ein, die Beschränkungen für einhundertdreißigtausend Indochinaflüchtlinge aufzuheben, von denen fünfzigtausend aufs höchste gefährdet waren. Eine solche Ausnahme hatte es zum letzten Mal im Jahr 1960 für kubanische Flüchtlinge gegeben.

Während viele ihrer Vorgesetzten in Washington damit beschäftigt waren, die Verantwortung von sich abzuschieben, handelten zwei kleine Beamte des Diplomatischen Dienstes, Lionel Rosenblatt und Craig Johnstone, die zuvor in Vietnam eingesetzt waren, auf eigene Faust, um die Leiden der Menschen dort zu erleichtern. Am 20. April verließen sie ohne Erlaubnis ihren Posten in Washington, reisten auf eigene Kosten mit gewöhnlichen (nicht diplomatischen) Pässen nach Saigon und halfen dort einigen der Vietnamesen, mit denen sie zusammengearbeitet hatten, bei der Flucht. Das war ein ungeheuerlicher Verstoß gegen die Disziplin des Diplomatischen Dienstes und wer weiß wie viele Bestimmungen des Außenministeriums. Die Bürokratie des Außenministeriums war empört und empfahl Sanktionen, die von einem schweren Verweis bis zur Entlassung reichten. Rosenblatts und Johnstones Karriere wäre ruiniert gewesen. Als sie zwei Wochen später nach Washington zurückkamen, wies ich Larry Eagleburger an, der damals als stellvertretender Unterstaatssekretär für Innere Verwaltung zuständig war, ihnen die Leviten zu lesen und sie dann in mein Büro zu bringen. Nach einigen offiziellen mißbilligenden Worten sagte ich: »Es gibt wenig, worauf wir in diesen letzten Monaten stolz sein können. Aber Sie haben sich um Ihr Land und seine Diplomatie verdient gemacht.« Wir verhängten keinerlei disziplinarische Maßnahmen. Ein Jahr später veranlaßte ich, daß beide mit der Superior Honor Award, der höchsten Auszeichnung des Außenministeriums, geehrt wurden. Johnstone blieb im Diplomatischen Dienst und wurde später Botschafter in Algerien. Rosenblatt widmete sein Leben und seine Laufbahn regierungsunabhängigen Organisationen, die sich mit Flüchtlingshilfe befassen.

Am Abend des 21. April trat Nguyen Van Thieu zurück. Er hielt eine verbitterte Rede, in der er den Vereinigten Staaten vorwarf, weder das Pariser Abkommen durchgesetzt noch Südvietnam die versprochene militärische Unterstützung gewährt zu haben. Die Medien feierten seinen Rücktritt. Endlich sei nun eine »Verhandlungslösung« nach dem Pariser Abkommen möglich, meinten die *Washington Post* und die *New York Times*, als ob Thieu das Hindernis für eine solche Lösung gewesen wäre. Thieus Vorwürfe an die Adresse der Vereinigten Staaten wurden als Phrasen eines »diskreditierten und frustrierten vietnamesischen Politikers« abgetan. Endlich waren die liberalen Medien einmal in der glücklichen Lage, die Administration in Schutz nehmen zu können.[13]

Thieu hatte allen Grund, Amerika wegen seines Verhaltens zu grollen. Er haßte mich wie kaum jemand zuvor, weil er mich für die Verhandlungen verantwortlich machte, die den Krieg beendet hatten; ich dagegen achte ihn als einen Patrioten, der seinem Land mit Mut und Ehre gedient hat. Thieu war niemals das Hindernis für den Frieden, wie es unsere Kritiker von der Antikriegsbewegung behaupteten. Er und sein Land hätten ein besseres Schicksal verdient gehabt. Wäre mir in den Sinn gekommen, daß der Kongreß einem bedrängten Verbündeten die Hilfe verweigern könnte, hätte ich in der Schlußphase der Verhandlungen 1972 nicht so auf ein Ergebnis gedrängt.

Die Hoffnung auf eine »politische Lösung« erwies sich als so winzig, wie wir es nach unseren Erfahrungen vorausgesagt hatten. Radio Hanoi attackierte Thieus Nachfolger Tran Van Huong ebenso heftig wie den zurückgetretenen Präsidenten. Kaum hatte Thieu sein Amt niedergelegt, schraubte Hanoi seine Forderungen sogleich höher und bestand auf dem sofortigen Abzug aller Amerikaner, sowohl des zivilen als auch des militärischen Personals.

Zwanzig Jahre der Hoffnung, der Frustration und der Differenzen über Vietnam verengten sich nun auf ein einziges Ziel: eine möglichst große Zahl potentieller vietnamesischer Opfer vor den Folgen von Amerikas Verrat zu retten. Wir im Weißen Haus klammerten uns an jede Flüchtlingsmaschine, als könnte sie die aufgestauten Schmerzen über Amerikas Krieg gegen sich selbst lindern. Am 21. April wurde eine Luftbrücke errichtet, die rund um die Uhr in Betrieb war. Am Tag flogen die C 141, nachts die C 130. In den folgenden zehn Tagen konnten so fast fünfzigtausend Vietnamesen ausgeflogen werden (weitere achtzigtausend entkamen auf anderen Wegen). Die einzige wichtige Debatte in der Regierung kreiste um die Frage, wie lange diese Aktion andauern sollte.

Die Bereitschaft der Kommunisten, uns diese lebenswichtige Zeit zu lassen, schwand, als Mitarbeiter des Weißen Hauses einen typisch bürokratischen Erfolg landeten. Sie brachten in einer Rede des Präsidenten an der Tulane-Universität in New Orleans am 23. April den Satz unter, daß, soweit es Ford betreffe, der Krieg zu Ende sei. Hier der Wortlaut der Passage:

Amerika kann nun das Gefühl des Stolzes zurückgewinnen, das es vor Vietnam empfand. Das kann aber nicht dadurch erreicht werden, daß man einen Krieg, der für Amerika beendet ist, noch einmal führt. Wie ich es sehe, ist jetzt die Zeit gekommen, uns den Problemen der Zukunft zuzuwenden, die Nation zu einen, ihre Wunden zu heilen, ihre Gesundheit, ihren Optimismus und ihr Selbstvertrauen wiederherzustellen.[14]

Erkundigungen unter Mitarbeitern des Weißen Hauses brachten an den Tag, daß man bei diesen Formulierungen weder Scowcroft noch mich zu Rate gezogen hatte. Diese Rede galt von nun an als die »Unabhängigkeitserklärung« des Präsidenten von seinem Außenminister.

Diejenigen, die sich über den fraglichen Absatz hämisch freuten, hatten nicht begriffen, daß der Krieg mit oder ohne diesen Absatz vorüber *war*. Offen blieb allerdings die Frage, wie viele Vietnamesen wir noch retten konnten und wie lange man es uns gestatten werde, diese im wesentlichen humanitäre Aktion fortzusetzen. Dabei mußten wir jedoch in gewisser Weise verdeckt halten, wie weit wir um dieses Zieles willen zu gehen bereit waren. Diese Strategie legte ich dem Haushaltsausschuß des Repräsentantenhauses am 21. April 1975 dar:

Unsere Schwierigkeit, unser Problem bestand in den vergangenen zehn Tagen darin, uns so zu verhalten, daß wir eine möglichst große Zahl von Menschenleben retten können, ohne eine Panik auszulösen, die alle Rettungsversuche zunichte macht. Wenn Sie dies als das Grundprinzip unserer Politik der letzten zehn Tage verstehen, dann ist dies der Schlüssel zu vielem, was in dieser Zeit unternommen wurde.

An der Tagespolitik Fords änderte die Tulane-Rede nichts. Am selben Tag wies er Ron Nessen an, den Medien mitzuteilen, er halte an seinem Antrag auf siebenhundertzweiundzwanzig Millionen Dollar Hilfe für Vietnam fest. In all dem Chaos um uns herum hielt ich es für sinnlos, mit dem Präsidenten darüber zu debattieren, wer seine Reden schrieb. Ich habe diesen Punkt niemals angesprochen, und Ford gab auch keine Erklärung. Offenbar war ihm diese Ansprache nicht so wichtig wie manchen in seiner Umgebung, denn in seinen Memoiren erwähnt er sie mit keinem Wort.

Die Evakuierung

Nach der Tulane-Rede blieb einige Tage alles ruhig, obwohl die Kommunisten inzwischen auf Kanonenschußweite an den Flughafen Tan Son Nhut herangerückt waren. Gruppierten sie sich für den letzten Angriff um, oder ließen sie ein Fenster für die Evakuierung offen?

Im Grunde genommen taten sie beides. Am 24. April um 16.00 Uhr rief mich Dobrynin an und las mir die sowjetische Antwort auf unsere Note vom 19. April vor. Sie gab praktisch grünes Licht für die Evakuierung der Amerikaner und beinhaltete die Behauptung, Hanoi strebe eine politische Lösung auf der Grundlage des Pariser Abkommens an. Die Nordvietnamesen hätten Moskau angeblich erklärt, sie »beabsichtigten nicht, das Prestige der Vereinigten Staaten zu beschädigen«. Das ermutigte Breschnew zu dem Versuch, die – gar nicht vorhandene – Abenteuerlust der Amerikaner zu zügeln, indem er seine Hoffnung zum Ausdruck brachte, wir würden nichts unternehmen, was »zu einer neuen Verschlechterung der Situation in Indochina führen könnte«.

Wenn die sowjetische Note ernst zu nehmen war, dann schien uns noch etwas Spielraum für die Evakuierung zu bleiben. Zwar beschränkte sie sich auf die Evakuierung von Amerikanern, praktisch begünstigte sie aber auch die Vietnamesen, denn wir transportierten beide Gruppen gleichzeitig ab, zumeist in denselben Maschinen. Und wenn Hanoi tatsächlich die Absicht hatte, politische Veränderungen auf die im Pariser Abkommen vorgesehene Weise herbeizuführen, dann war sogar noch etwas mehr Zeit zu gewinnen.

Das Ergebnis lief natürlich auf das gleiche hinaus: die vollständige Machtübernahme durch die Kommunisten, der wir uns zwei Jahrzehnte lang hartnäckig widersetzt hatten. Um aber so vielen Vietnamesen wie möglich das Leben zu retten, waren wir bereit, zähneknirschend mitzuspielen. Breschnews Wunsch, die Europäische Sicherheitskonferenz unter Dach und Fach zu bringen, gab uns ein wenig Einfluß, wenn auch mit jeder Anhörung des Kongresses der letzte Rest von Drohung schwand, wir könnten noch einmal in Vietnam eingreifen.

Auf einer Besprechung im Außenministerium, bei der Breschnews Botschaft erörtert wurde, kamen wir überein, sie zu nutzen, um ein wenig Zeit zu gewinnen. Allerdings schätzte Bill Hyland, der Chef des Büros für Nachrichtendienst und Forschung, »ein wenig« bedeute höchstens eine Woche. Ich wies also Martin an, die Zahl der Amerikaner auf weniger als achthundert zu reduzieren (die nach Einschätzung der Joint Chiefs of Staff in zweieinhalb Stunden ausgeflogen werden konnten). Deren Abzug sollte dann »tröpfchenweise« erfolgen, um die Luftbrücke so lange wie möglich aufrechtzuerhalten und über sie die maximale Zahl von Vietnamesen auszufliegen.

Am Nachmittag des 24. April hielt Ford eine Sitzung des Nationalen Sicherheitsrates ab, um die Pläne für die endgültige Evakuierung durchzugehen. Schlesinger trat weiterhin dafür ein, die verbliebenen Amerikaner sofort zurückzuholen, was natürlich einen Abbruch der Evakuierung der Vietnamesen bedeutet hätte. Wie bereits auf der Sitzung am 9. April setzte Ford dem Streit ein Ende:

Ford: Ich kenne das Risiko. Es ist mein Risiko, und ich übernehme es. Aber ich möchte klarstellen, daß Weisungen auszuführen sind.

Rockefeller: Ohne Risiko kann man die Interessen Amerikas nicht sicherstellen.

Ford: Mit Gottes Hilfe.

Um die Sache so weit wie möglich hinauszuzögern, antworteten wir den Sowjets am 24. April um 20.25 Uhr. In unserer Botschaft stellten wir eine Reihe von Fragen in der Hoffnung, die Luftbrücke werde intakt bleiben, solange die Sowjets ihre Antwort vorbereiteten. Wir stellten fest, daß »die amerikanische Seite ... angesichts der konstruktiven (sowjetischen) Antwort mit der Evakuierung von Amerikanern in der Annahme fortfährt, daß die Bedingungen günstig bleiben«. Wir baten, uns Hanois Vorstellungen zu übermitteln, wie die Bestimmungen des Pariser Abkommens »im Hinblick auf eine politische Lösung« erfüllt werden sollten. Der Präsident versicherte Breschnew, wir würden auf Aktionen verzichten, die der Kongreß ohnehin verbot. Solange es zu keiner Störung der Evakuierung komme, hieß es in unserer Note weiter, wollten die Vereinigten Staaten »nichts unternehmen, was die Situation verschlechtern könnte«.

Wir bewegten uns hier auf sehr dünnem Eis, aber, wie ich auf der Sitzung im Außenministerium sagte, uns blieb nur, starke Nerven zu zeigen. Es gab allerdings Grenzen dafür, was mit diplomatischen Manövern erreicht werden konnte, insbesondere wenn man es mit den kühlen Rechnern in Hanoi zu tun hatte.

Am Abend des 28. April nach Washingtoner Zeit (in Vietnam war es schon der 29. April) wurde das Ende Saigons mit einem Raketenangriff auf den Flughafen Tan Son Nhut eingeläutet. Dort hatten sich achttausend besonders gefährdete Vietnamesen und vierhundert Amerikaner versammelt, die in die Evakuierungsmaschinen einsteigen und unverzüglich abfliegen sollten.

Zwar war der Beschuß bald vorüber, aber nun wurde den Flüchtlingen die eigene Angst zum Verhängnis. In Panik rannten sie auf den Startbahnen hin und her und legten damit selbst den Flugbetrieb lahm. Am 28. April um 22.45 Uhr ordnete Ford mit äußerstem Widerwillen die endgültige Evakuierung an. Kurz zuvor hatten wir noch miteinander gesprochen. Es war keine apokalyptische Szene, wie man sie später vielleicht in den Geschichtsbüchern geschildert finden wird. Eher war sie von einem Gefühl der Trauer um die unglücklichen Opfer, die wir nun zurücklassen mußten, überschattet:

Kissinger: Unsere Leute dort sind befugt, die Notevakuierung jederzeit in dieser Nacht – nach unserer Zeit – anzufordern, sie müssen es aber unbedingt tun, bevor der morgige Tag zu Ende geht.

Ford: Am Ende des Tages nach ihrer oder morgen früh nach unserer Zeit?

Kissinger: Wenn die C 130 sie morgen früh nach unserer Zeit nicht herausgeholt haben, dann werden es die Hubschrauber tun.

Ford: Das ist eine Schande! Haben wir also noch vierundzwanzig Stunden oder nur noch zwölf?

Kissinger: Zwölf Stunden mehr, und wir hätten noch achttausend Menschen retten können.

Ford: Henry, wir haben gehandelt, so gut wir konnten.

Kissinger: Herr Präsident, Sie haben es ganz allein gegen alle Ratschläge durchgesetzt, und wir haben das Spiel gespielt, so ange es ging.

Ford: Ich kann nur hoffen, daß (General) Smith und (Graham) Martin jetzt begreifen, wie es steht, und handeln, ohne zu zögern.

Kissinger: Wir haben das mit Martin geklärt Ich habe vor fünfzehn Minuten mit ihm gesprochen. Ich kann nicht sagen, daß er es gern tut, aber er wird es tun. Er möchte mit zwei Leuten dortbleiben, um sich kümmern zu können, wenn noch Amerikaner aus den Wäldern kommen. Aber ich glaube nicht, daß wir das rechtfertigen können.

Ford: Das sehe ich auch so, Henry.

Kissinger: Wir dürfen ihnen keine Geiseln überlassen.

Um die merkwürdige Mischung aus Banalität und Trauer zu vermitteln, die diese letzten Stunden erfüllte, füge ich den Wortlaut des ganzen Gesprächs sowie weitere betreffende Gespräche in den Anmerkungen bei.[15]

Um 23.00 Uhr rief ich Graham Martin an und befahl ihm, den Schlußstrich zu ziehen: Alle Amerikaner sollten Saigon zusammen mit so vielen Vietnamesen verlassen, wie noch in den Hubschraubern Platz fanden, welche an dem nun unwiderruflich letzten Tag der Luftbrücke aus Saigon starteten. Martin stimmte den Maßnahmen zu, schlug aber vor, mit zwei Freiwilligen zurückzubleiben, um ihre korrekte Ausführung überwachen zu können. Damit bestätigte er meinen Verdacht, daß er die Absicht hatte, wie der berühmte britische Kommandeur General George Gordon, genannt »der Chinese«, unterzugehen, der 1885 in Khartum vom Mahdi getötet wurde, weil er sich ebenfalls geweigert hatte, das Land zu verlassen. Nichts konnten wir aber jetzt weniger brauchen, als daß die Nordvietnamesen unseren Botschafter in Saigon an dem Tag als Geisel nahmen, an dem unsere Bemühungen dort endgültig gescheitert waren. Ich befahl also Martin, ebenfalls auszufliegen: »Wir brauchen unsere Helden hier in Washington. Wir haben nicht allzu viele davon.«

Bis heute ist unklar geblieben, ob Hanoi den Generalangriff auf Saigon im letzten Augenblick beschleunigte oder ob die Nordvietnamesen einem Plan folgten, nach dem die Antwort an die Sowjets nur als letzte Kriegslist diente. Damals glaubte ich, Fords Tulane-Rede habe die Vietnamesen veranlaßt, ihren Zeitplan zu straffen, denn damit war auch die letzte Gefahr eines erneuten amerikanischen Engagements beseitigt. Die Nordvietnamesen mußten allerdings an besonders starker Paranoia leiden, wenn sie überhaupt noch eine derartige Gefahr in Erwägung zogen. In den Memoiren von General Van Tien Dung, dem Kommandeur der Offensive, in denen nahezu jeder Meilenstein in der innenpolitischen Debatte Amerikas nachgezeichnet wird, taucht diese Rede Fords nicht auf.[16] Nach Dung trugen zur Beschleunigung der Entschlüsse Hanois vielmehr die »hinterhältigen diplomatischen Pläne« der »Vereinigten Staaten und ihrer Marionetten« bei:

Die hinterhältigen diplomatischen Pläne der Amerikaner und ihrer Marionetten, die einer auf den anderen folgten, sollten zusammen mit an-

gedeuteten Drohungen den Vormarsch unserer Truppen auf Saigon aufhalten. Sie zeigten uns, daß wir härter kämpfen, rascher angreifen und
jede Stunde, jede Minute so gut wie möglich nutzen mußten, um den
totalen Sieg zu erringen.[17]

Was Hanoi als »hinterhältige diplomatische Pläne« betrachtete, waren die
Schritte, die die amerikanische Protestbewegung seit zehn Jahren forderte
und die Saigon nun machte: Thieus Rücktritt und eine Verbreiterung der
Regierung. Als Thieu das Land verlassen hatte, forderte sein Nachfolger,
Präsident Tran Van Huong, General Duong Van Minh am 24. April auf, das
Amt des Ministerpräsidenten zu übernehmen. »Big Minh«, wie man ihn
nannte, war seit 1967, als er im Machtkampf gegen Thieu unterlag, die große
Hoffnung der Protestbewegung gegen den Vietnamkrieg gewesen. Da er als
neutral galt, hoffte man, er werde für die Kommunisten akzeptabel sein, ob-
wohl ich von Le Duc Tho eher den gegenteiligen Eindruck hatte.

Im Endkampf darum, wer Kapitän auf dem sinkenden Schiff sein sollte,
lehnte Minh das Amt des Ministerpräsidenten ab, weil das Angebot von dem
nun gestürzten alten Machtapparat gekommen sei. Statt dessen forderte er
das Parlament auf, ihn zum Präsidenten zu ernennen. Sein Auftrag sollte
sein, den Krieg zu beenden und eine Übergangsregierung zu schaffen. Über
diesem Manöver vergingen Tage, und am 27. April wurde Big Minh endlich
ins Präsidentenamt eingeführt. Er übte es kaum zweiundsiebzig Stunden
aus, was sich jedoch als ausreichend erwies, um zwei wichtige Handlungen
vorzunehmen: Er forderte Hanoi zu einem Waffenstillstand und zu politischen Verhandlungen auf – was abgelehnt wurde –, und er verlangte am
29. April, daß alle Amerikaner innerhalb vierundzwanzig Stunden das Land
verlassen sollten. Da dies mit unserem Zeitplan genau übereinstimmte, war
es sogar hilfreich, da man uns nun nicht mehr vorwerfen konnte, wir ließen
unsere Freunde im Stich. Zugleich versuchte das französische Außenministerium, zwischen dem Vertreter der Provisorischen Revolutionsregierung
in Paris und amerikanischen Vertretern einen diplomatischen Kontakt herzustellen, den der vietnamesische Vertreter angeblich dringend wünschte.

Aber die Hanoier Führung hatte nicht drei Jahrzehnte lang gekämpft, um
nun in Saigon eine Übergangsregierung zu dulden, und noch viel weniger
einen unabhängigen Staat, selbst wenn er kommunistisch war. So paradox
es erscheinen mag: Die Einsetzung Minhs dürfte die Planung Hanois noch
beschleunigt haben. Man wäre vielleicht eher bereit gewesen, Thieu eine
Schonfrist zu gewähren als seinen immer kläglicher wirkenden Nachfolgern. Thieus Regime zerfiel und war in einigen Tagen auch nicht wiederzu-
beleben. Aber wenn sich eine international anerkannte Regierung in Saigon
gebildet hätte, die einen Waffenstillstand hätte aushandeln und mit den Vereinigten Staaten Kontakt aufnehmen können, hätte das vielleicht zu einer
gewissen Unabhängigkeit Südvietnams geführt, wenn auch unter kommunistischem Vorzeichen. Das aber wollte Hanoi nicht akzeptieren. So entbehrte es nicht einer gewissen Ironie, daß Hanois letzte Schlacht in Saigon
gegen die südvietnamesischen Kommunisten gerichtet war, deren Guerillabewegung viele Jahre zuvor die ganze Tragödie ausgelöst hatte.

Was niemanden überraschte: Der Kontakt zur Provisorischen Revolutionsregierung in Paris kam nicht zustande.

Der letzte Tag

Nachdem das Pentagon das Weiße Haus drei Wochen lang gedrängt hatte, die Evakuierung zu beschleunigen, erwiesen sich seine eigenen Pläne nun alles andere als präzise. Es gab Kommunikationsprobleme zwischen den Hubschraubern auf den Flugzeugträgern und der taktischen Luftunterstützung für sie, die in Thailand stationiert war. Das führte zu Mißverständnissen zwischen den einzelnen Einheiten, ob für den Start der Operation Welt- oder Ortszeit gelten sollte. Es mußte ein neuer Zeitplan aufgestellt werden, so daß die Operation praktisch erst mit einigen Stunden Verspätung anlaufen konnte.

Während die Amerikaner am Morgen des 29. April (Washingtoner Zeit) vom Dach der US-Botschaft in Saigon abhoben, informierten Ford, Schlesinger und ich die Führung des Kongresses. Die Abgeordneten, die immer noch die Schlachten von gestern schlugen, beharrten auf einer politischen Lösung, ohne zu begreifen, daß mit der Evakuierung, von der wir berichteten, Amerika mit seinen Möglichkeiten, die politische Entwicklung noch zu beeinflussen, am Ende war.

Danach herrschte nur noch Schweigen. Ich saß allein im Eckbüro des Nationalen Sicherheitsberaters im Westflügel des Weißen Hauses, einer unheimlichen Einsamkeit ausgesetzt, die Ereignisse großer Tragweite zuweilen begleitet. Das Büro des Nationalen Sicherheitsberaters im Weißen Haus war die Washingtoner Kommandozentrale für die Evakuierung aus Vietnam, wenn auch für die eigentliche Luftbrücke das Pentagon zuständig war. Da dieses so häufig eine rasche Evakuierung gefordert hatte, war sichergestellt, daß Ford und ich nun auch informiert wurden, falls im letzten Augenblick noch etwas schiefgehen sollte. Andererseits hatten weder Ford noch ich wirklich Einfluß auf den Ausgang; bei diesem letzten Akt waren wir nur noch Zuschauer. So saßen wir jeder in seinem Büro, von allen anderen Pflichten befreit und doch unfähig, den Lauf der Tragödie noch zu beeinflussen, mit einer Gelassenheit, die in einem so hohen Amt nur selten zu erleben ist.

Wir standen auf Kommandoposten, wo es im Grunde genommen nichts mehr zu tun gab. Ford und ich wurden regelmäßig über den Fortgang der Evakuierung auf dem laufenden gehalten. Mein Stellvertreter Brent Scowcroft verfolgte die unzähligen Details. Ohne seinen selbstlosen Einsatz und seine Tüchtigkeit wären wir einem ehrenhaften Abzug niemals so nahe gekommen, sofern ein solcher Vorgang unter diesen Bedingungen überhaupt ehrenhaft genannt werden kann. Robert C. »Bud« McFarlane, später Nationaler Sicherheitsberater unter Ronald Reagan, leitete mein Büro. Er hatte in Vietnam gedient und mußte nun mit Tränen in den Augen die Maschinerie des Zusammenbruchs am Laufen halten. Viele seiner Kameraden aus der Marine hatten ihr Leben gelassen, um diese Tragödie zu verhindern. Bud war zutiefst aufgewühlt, wenn er auch tapfer und beinahe erfolgreich versuchte, uns nicht mit seinem Kummer zu belasten.

In dieser fast mystischen Stille rollte Vietnam vor meinem geistigen Auge im Zeitlupentempo noch einmal ab. Ich fühlte mich zu ausgelaugt, um die verschiedenen Entscheidungen noch einmal zu analysieren, die zu dieser Stunde geführt hatten, da alle Hoffnung dahin war. Hätte ich es getan, wäre ich sicher zu dem Schluß gekommen, der noch heute meine Überzeugung ist: daß wir im Grunde keine Alternative hatten, als unserer Strategie zu folgen. Was mich aber in diesen Stunden quälte, war meine eigene Rolle im vorletzten Akt dieser Tragödie: bei der Beschleunigung der Verhandlungen nach Le Duc Thos entscheidendem Angebot vom 8. Oktober 1972. Hätte ich damals gebremst, dann wären die Nordvietnamesen zweifellos noch eher an die Öffentlichkeit gegangen. Thieu hätte die wesentlich ungünstigeren Bedingungen zurückgewiesen. Der Kongreß hätte dann den Geldhahn zugedreht und damit eine Lösung erzwungen.

Seitdem treibt mich der Gedanke um, ob es nicht besser gewesen wäre, die ganze Verantwortung dem Kongreß aufzuladen, indem wir uns von ihm hätten zwingen lassen, diesen Krieg zu beenden. Begann die Demoralisierung Saigons, die schließlich zum Zusammenbruch 1975 führte, mit dem forcierten Verhandlungstempo im Jahr 1972? Hatten Nixon und ich zuviel auf uns genommen, als wir versuchten, das ganze Gewicht unserer Vorstellung von nationaler Ehre selbst zu tragen? Waren meine Hochstimmung und die meines Verhandlungsteams ab Oktober 1972 gerechtfertigt, als Le Duc Tho im Grunde unsere Bedingungen akzeptierte und wir einen ehrenhaften Frieden sowie nationale Versöhnung bereits greifbar nahe vor uns sahen?

Meine Kollegen und ich hielten es für unsere Pflicht, für ein anderes Ergebnis als Rückzug zu kämpfen. Sollten die Protestierer von Vietnam als dem Exzeß einer abgeirrten Gesellschaft sprechen, meine Kollegen und ich dachten bei Vietnam an all die engagierten Männer und Frauen, Soldaten und Beamten des Diplomatischen Dienstes, die dort gekämpft und gelitten hatten, ebenso an die Vietnamesen, die nun zu einem unsicheren, schweren Schicksal verurteilt waren. Sie hatten ehrlich geglaubt, daß sie im tückischen Dschungel und in den fernen Reisfeldern die Sache der Freiheit gegen einen brutalen Feind verteidigten. Von den Medien verteufelt, im Kongreß attackiert und von der Protestbewegung lächerlich gemacht, hielten sie Amerikas idealistische Tradition hoch, riskierten ihr Leben und opferten ihre Jugend einem Kampf, den führende Kreise in den Vereinigten Staaten zunächst angezettelt, dann aufgegeben und schließlich geschmäht hatten. Sie waren es – und nicht die wenigen schwarzen Schafe –, ihre Ziele – und nicht ihr letztliches Scheitern –, die Verantwortung Amerikas für die Sicherheit der freien Welt – und nicht die damit verbundenen Enttäuschungen –, die meine Gedanken beschäftigten, als ich da an meinem Schreibtisch saß und es mit Vietnam zu Ende ging.

Aus diesen Gedanken riß mich ein Anruf, der nichts mit der Hubschrauberaktion zu tun hatte. Es war Lew Wasserman, damals Direktor von MCA, dem Kommunikationsriesen in Hollywood (ich hatte mich mit ihm kürzlich angefreundet): »Ich rufe an, um Ihnen zu sagen, daß Sie neben all diesen Problemen eine Menge Freunde haben, die an Sie denken.« Er legte auf, bevor ich antworten konnte. Lew Wasserman war ein überzeugter Demokrat und Dauerkritiker unserer Vietnampolitik. Ich konnte ihm wohl kaum für seine Geschäfte von Nutzen sein. Es war eine Geste echten Mitgefühls, die ich ihm nicht vergessen habe.

Dann aber zog mich Vietnam in seinem letzten Todeskampf noch einmal in den Strudel von Frustration und Tragik zurück. In Washington war es nun schon früher Nachmittag, in Saigon weit nach Mitternacht. Ford, der die Luftbrücke ursprünglich bei Einbruch der Dunkelheit in Vietnam hatte aufgeben wollen, ordnete an, die Flüge die ganze Nacht fortzusetzen, um die größtmögliche Zahl von Vietnamesen zu retten, insbesondere die, die sich noch auf dem Gelände der Botschaft aufhielten. Um 14.00 Uhr erhielt ich die Nachricht, daß dort immer noch siebenhundertsechzig Personen ausharrten. Aus irgendeinem Grund war in den vergangenen zwei Stunden nur ein einziger Hubschrauber gelandet. Ich rief Schlesinger an, um mit ihm zu beraten, wie wir diese Gruppe noch evakuieren und zugleich einen Schlußstrich ziehen konnten. Denn es war klar, daß die Nordvietnamesen bei Tagesanbruch in Saigon einmarschierten. Diesmal waren Schlesinger und ich uns schnell einig. Wir überschlugen, daß es mit dreizehn Hubschraubern gelingen könnte. Um sicherzugehen, einigten wir uns auf neunzehn Maschinen. Mit der letzten sollte Martin ausfliegen.

Das Gespräch mit Schlesinger, das zu dieser Entscheidung führte, sagt mehr über die Atmosphäre jener Stunden, als jeder Bericht es könnte:

Kissinger: Jim.

Schlesinger: Ja, Henry. Bezüglich der 46er und der 53er (Typen von Hubschraubern) schicken wir ihm (Botschafter Martin) die Nachricht, daß die neunzehn Maschinen, die für die siebenhundertsechzig Leute ausreichen müßten, alles sind, was er bekommt. Wir erwarten, daß er in der letzten Maschine ist und die ganze Sache um 3.30 Uhr abschließt.

Kissinger: Gut. Wenn Sie ihm das sagen, Jim, dann fügen Sie hinzu, daß das ein Befehl des Präsidenten ist, sonst kommt er nicht.

Schlesinger: Richtig. Das machen wir.

Kissinger: Mir liegt daran, daß Sie das hinzufügen.

Schlesinger: Geht in Ordnung. Er ist ein Mann, der dort eine Mission für sich sieht.

Kissinger: Er hat dort einen Sohn verloren.

Schlesinger: Ja, man kann ihn nur bewundern.

Kissinger: Im Grunde genommen hat er ja recht.

Schlesinger: Das stimmt. Er agiert mit Hingabe und Tatkraft.

Kissinger: Ich denke …

Schlesinger: Sie weinen ja.

Kissinger: Ich denke, wir beide werden froh sein, daß wir so gehandelt haben.

Ich erwähne dieses Ereignis am Rande, weil ich zwanzig Jahre später im Kabelfernsehen eine Sendung sah, in der ein sehr beeindruckender Oberst seine Empörung darüber zum Ausdruck brachte, daß vierhundert vietnamesische Freunde der Vereinigten Staaten auf dem Gelände der Botschaft zurückgelassen worden seien, wo er bei der Überwachung der Evakuierungsaktion geholfen hatte. Ich war aufs äußerste erstaunt, machte den Oberst am Army War College ausfindig und ließ mir seine Behauptung bestätigen. Von derartigen Dingen hatte man mir nie berichtet. Auch in den zahlreichen Besprechungen über diese Ereignisse tauchte ein solcher Bericht nicht auf. Ich verstehe bis heute nicht, was dort geschehen ist. Ich weiß, daß neunzehn Hubschrauber von der Botschaft abhoben, denn jeder einzelne Start wurde mir gemeldet, und daß Martin in der letzten Maschine saß. Ich kann mir nicht vorstellen, daß man jemanden zurückließ, es sei denn, man hätte die Tore der Botschaft noch einmal geöffnet und weitere Personen über die ursprünglichen siebenhundertsechzig hinaus eingelassen.

Kurz nach 16.00 Uhr konnte ich dem Präsidenten der Gewerkschaft AFL-CIO George Meany versichern, daß vietnamesische Gewerkschaftsführer unter den Geretteten seien. Er hatte wie viele andere darum gebeten, einige Vietnamesen mit besonderen Verbindungen zu den Vereinigten Staaten auszufliegen. Um 16.58 Uhr Washingtoner Zeit (in Saigon war es schon 4.58 Uhr des nächsten Tages) verließ Martin mit dem neunzehnten und letzten Hubschrauber – zumindest hielten wir ihn für den letzten – das Botschaftsgelände. Er hatte eine hervorragende Leistung vollbracht. Herrisch, zuweilen auch aufsässig, war er aufopferungsvoll, tapfer und streitbar zugleich. Zwei Wochen lang hatte Martin die Evakuierung von über fünfzigtausend Südvietnamesen und sechstausend Amerikanern geleitet, wobei es ganze vier Opfer gab. Es gelang ihm, die Situation so ruhig zu halten, daß weitere achtzigtausend Menschen auf eigene Faust fliehen konnten. Meine Dankesbotschaft, die ich ihm auf das Flüchtlingsschiff übermittelte, kam von Herzen:

Ich bin sicher, Sie wissen, wie tief ich Ihre Leistung unter schwierigsten Umständen bewundere. Von ganzem Herzen Dank. Beste Grüße.

Brent Scowcroft, der die ganze Wucht der täglichen Streitgespräche mit Martin hatte abfangen müssen, fügte sein eigenes Postskriptum an: »Graham, Sie waren großartig. Brent.« Für den zurückhaltenden Brent war dies, als verliehe er Martin seine persönliche Ehrenmedaille.

Als ich dachte, der letzte Hubschrauber sei gestartet, ging ich über den Gang zwischen dem Weißen Haus und dem Executive Office Building, um die Presse zu informieren. Ich faßte die Ereignisse des Tages zusammen und antwortete auf Fragen. Diese zielten vor allem darauf ab, von mir eine Bestätigung für die bei den Journalisten verfestigte Ansicht zu erhalten, alles, was in diesem Zusammenhang je geschah, sei ein unverzeihlicher Fehler gewesen. Unter dem Eindruck der Tragödie, die sich auf der anderen Seite der Erde abspielte, weigerte ich mich, diesen Köder zu schlucken:

Ich denke, jetzt, da der letzte Amerikaner Saigon eben verlassen hat, ist nicht der Zeitpunkt, eineinhalb Jahrzehnte amerikanischer Außenpolitik einzuschätzen. Man könnte durchaus auch so argumentieren: Wenn fünf Administrationen, in denen immerhin ernsthafte und auf das Wohlergehen ihres Landes bedachte Leute gearbeitet haben, zu bestimmten Schlußfolgerungen kamen, dann könnte ja an ihren Einschätzungen auch etwas Richtiges gewesen sein, selbst wenn sie aus einer Reihe von Gründen keinen Erfolg hatten.

Ich habe bereits darauf hingewiesen, daß in den letzten Jahren besondere Faktoren gewirkt haben. Aber ich denke, wir werden es jetzt in diesem Land – zumindest für einige Wochen, hoffentlich einige Monate – nötig haben, die Wunden zu heilen, Vietnam hinter uns zu lassen und uns auf die Probleme der Zukunft zu konzentrieren.[18]

Als ich in mein Büro zurückkam, mußte ich feststellen, daß Vietnam mich noch immer nicht losließ. Während Graham Martin und die restlichen Botschaftsangestellten tatsächlich um 4.58 Uhr Saigoner Zeit abgeflogen waren, hatte man aus unerklärlichen Gründen einige Angehörige der Neunten Landungsbrigade der Marine, die die Evakuierung sicherten, insgesamt einhundertneunundzwanzig Mann, zurückgelassen. Weit geringere Anlässe hatte man in der Vergangenheit zu riesigen Glaubwürdigkeitslücken aufgebauscht, aber wir im Lageraum des Weißen Hauses hatten keine Zeit, uns Gedanken über die Öffentlichkeitswirkung zu machen: Die Hubschrauberflüge wurden noch einmal aufgenommen. Es war 19.53 Uhr in Washington (in Saigon bereits heller Tag), als der Hubschrauber mit den letzten Marines vom Dach der Botschaft abhob.

Zwei Stunden später rollten nordvietnamesische Panzer in Saigon ein. Einer der ersten durchbrach das Tor des Präsidentenpalastes. Es gab keinen Umsturz, denn das hätte die Existenz eines unabhängigen oder zumindest autonomen Südvietnam bedeutet. Statt dessen wurden Big Minh und sein ganzes Kabinett verhaftet und verschwanden von der Bildfläche.

Die Provisorische Revolutionsregierung, eine Wiedergeburt der Nationalen Befreiungsfront, die man im Westen zehn Jahre lang als den vermeintlichen Kern einer demokratischen Koalitionsregierung Südvietnams gepriesen hatte, verschwand zusammen mit Big Minh. Ein Jahr später waren die beiden Vietnams nach herkömmlichem kommunistischen Muster vereint. Dem Süden blieb nicht ein Minimum an Selbständigkeit erhalten. Hunderttausende Südvietnamesen, einschließlich derer, die in der Regierung oder in den Streitkräften gedient hatten, wurden in sogenannte Umerziehungslager – ein Euphemismus für Konzentrationslager – getrieben, wo sie den größten Teil des nächsten Jahrzehnts verbrachten. Zehntausende suchten als Boat people ihr Heil in der Flucht. Die buddhistischen Mönche, deren Ruf nach Unabhängigkeit von den Saigoner Behörden die Kennedy-Administration dazu bewegt hatte, die Regierung des früheren südvietnamesischen Präsidenten Ngo Dinh Diem zu stürzen, wurden auf brutalste Weise gefangengehalten.

In Washington änderte sich nach der Tragödie Vietnams nicht viel. Am 1. Mai 1975, einen Tag nach dem Fall Saigons, lehnte das Repräsentantenhaus Fords Antrag auf dreihundertsiebenundzwanzig Millionen Dollar für die Betreuung und den Transport von Indochinaflüchtlingen ab. Wochenlang hatten die Führer des Kongresses gegen Maßnahmen zur Rettung von Vietnamesen gestritten. Jetzt verweigerte das Haus seine Hilfe auch jenen, die bereits gerettet waren. Nur wenige dachten tiefer darüber nach.[19]

Um auf lange Sicht innerlich zur Ruhe zu kommen, müssen wir uns eines Tages Rechenschaft darüber geben, warum gute Menschen auf allen Seiten keinen Weg fanden, diese Katastrophe zu verhindern, wieso unsere inneren Auseinandersetzungen uns zuerst lähmen und dann überwältigen konnten. An jenem Tag aber, an dem der letzte Hubschrauber vom Dach der Botschaft abhob, blieb nur ein Gefühl großer Leere zurück. Wir, die wir bis zuletzt gegen ein solches Ende gekämpft hatten, waren an der Tragödie zu nahe dran, um die Geschichte von zwanzig Jahren amerikanischen Engagements bewerten zu können. Nun war es zu spät, und wir konnten nichts mehr ändern.

XVIII. Die »Mayaguez« – Anatomie einer Krise

Als wir glaubten, wir seien endlich frei, um die Wunden der Nation zu heilen, griff Indochina unvermittelt noch einmal nach uns und zog uns wie einen Ertrinkenden in den Strudel zurück. Die ganze Episode dauerte nur drei Tage und ging, wie nur wenige unserer Erfahrungen in der Region, gut aus. Da die Fakten relativ klar sind, lassen sich unser Krisenmanagement, die Verwirrung, das bürokratische Rollenspiel und die Unsicherheiten, mit denen ein solcher Prozeß einhergeht, näher in Augenschein nehmen.

Wenn ich während meiner Amtszeit als Außenminister in Washington weilte, beriet ich mich in der Regel zweimal wöchentlich mit meinen leitenden Mitarbeitern. Die Sitzungen fanden in einem langen, kahlen Konferenzraum gegenüber der vornehmeren Zimmerflucht des Außenministeriums statt. Seit damals ist die gesamte siebte Etage des Außenministeriums, die die leitenden Beamten beherbergt, unter der Oberaufsicht des unermüdlichen, brillanten Verwaltungsdirektors Clement Conger neu gestaltet und aufgewertet worden. Zu meiner Zeit hatte Conger gerade mit der Rekonstruktion der Räume meines Stellvertreters begonnen.

An den Sitzungen nahmen in der Regel zwanzig bis fünfundzwanzig Personen teil – alle Unterstaatssekretäre und stellvertretenden Unterstaatssekretäre sowie einige leitende Mitarbeiter. Diese Beratungen dienten nicht dazu, Politik zu entwerfen – dafür war der Kreis viel zu groß –, sondern die wichtigsten Beamten über wichtige Trends auf dem laufenden zu halten. Krisen und die entsprechenden Verhandlungen wurden in wesentlich kleineren, eigens zusammengesetzten Gremien besprochen. Eine unvermittelt hereinbrechende Krise vor einem so großen Mitarbeiterkreis zu erörtern verbot sich von selbst.

Die Sitzung am 12. Mai 1975 begann wie gewöhnlich um 8.00 Uhr morgens. Reihum bat ich jeden Chef einer regionalen oder funktionalen Abteilung, seinen Kollegen die Hauptfragen darzulegen, die ihn gerade beschäftigten. Als J. Owen Zurhellen jr. an der Reihe war, der den für Ostasien zuständigen stellvertretenden Unterstaatssekretär Philip Habib vertrat, berichtete dieser:

> Ein amerikanisches Handelsschiff ist von den Kambodschanern etwa einhundertsechzig Kilometer vor der Küste aufgebracht worden und fährt jetzt unter militärischer Eskorte nach Sihanoukville.

Als ich ungläubig fragte: »Wie kann das sein?«, konnte er mir keine nähere Auskunft geben. Meine Frage betraf sowohl das Ereignis selbst als auch die Tatsache, daß ich so nebenbei davon erfuhr. Der unglückliche Zurhellen, der selbst erst zwei Minuten vor der Sitzung von der Sache erfahren hatte, antwortete wahrheitsgetreu: »Ich begreife das auch nicht.«

Zurhellen mußte nun den Hagel von Fragen eines zunehmend gereizteren Außenministers über sich ergehen lassen. Diese reichten von »Wie lange hat der Bericht über die Kaperung auf den Schreibtischen herumgelegen, bis er die Leitungsebene erreichte?« bis »Was machen wir jetzt?«. Da keiner eine Antwort wußte, ließ ich bei Brent Scowcroft im Weißen Haus anrufen und anfragen, ob ihm eine Information des Pentagons vorliege. Bereits wieder in der Rolle des Nationalen Sicherheitsberaters, forderte ich einen raschen Überblick an, welche amerikanischen Kräfte in der Region das Schiff abfangen könnten, das noch etwa einhundertsechzig Kilometer zu fahren hatte. Ich schloß die Sitzung mit den Worten: »Verdammt noch mal, ihr könnt doch nicht Kambodscha ein Schiff einhundertsechzig Kilometer vor der Küste kapern lassen und nichts dagegen tun!«

Das betreffende Schiff war die »Mayaguez«. 1944 gebaut, wurde sie 1960 zu Amerikas erstem Containerschiff umgerüstet. Sie hatte alles andere als eine ruhmreiche Vergangenheit. Auf ihrer Jungfernfahrt nach Venezuela weigerten sich die Schauerleute verschiedener Häfen, sie zu entladen, weil sie fürchteten, die Container könnten ihre Arbeitsplätze vernichten. Zurück in Baltimore, lag die »Mayaguez« zwei Jahre lang vor Anker, bevor sie wieder Fracht beförderte, zumeist nach Asien.[1] Sie unterschied sich in nichts von Hunderten ähnlicher Schiffe, die auf den Meeren kreuzten, bis sie per Zufall mitten in eine internationale Krise geriet. Nach drei dramatischen Tagen wurde sie gerettet und fiel wieder dem Vergessen anheim.

Wir brauchten einige Stunden, um die Abfolge der Ereignisse zu rekonstruieren, die uns diese Krise beschert hatten. Am frühen Nachmittag Ortszeit jenes Montags, des 12. Mai 1975 (in Washington war früher Morgen), durchquerte die »Mayaguez« den Golf von Thailand in nordwestlicher Richtung mit Kurs auf den thailändischen Hafen Sattahip (siehe Karte). Kurz nach 14.00 Uhr Ortszeit (3.00 Uhr Washingtoner Zeit) wurde das Schiff beschossen. Es stoppte, und Soldaten des mörderischen neuen Regimes von Kambodscha, der Roten Khmer, gingen an Bord. Die »Mayaguez« wurde, so hieß es, mitsamt ihrer Mannschaft von neununddreißig Amerikanern zum kambodschanischen Festland geleitet. Zum Zeitpunkt der Kaperung soll sie etwa hundert Kilometer vom kambodschanischen Hafen Kompong Som (früher Sihanoukville) und zirka zehn Kilometer von der kleinen Insel Poulo Wai, auf die Kambodscha und Vietnam Anspruch erhoben, entfernt gewesen sein.

Die »Mayaguez« benutzte eine international anerkannte Schiffahrtsroute. Wie der amerikanische Botschafter bei den Vereinten Nationen John Scali in einem Brief an den UN-Sicherheitsrat am 14. Mai erklärte, waren die Beschlagnahmung des Schiffes und die Entführung seiner Mannschaft mit keiner bekannten Theorie des Völkerrechts zu rechtfertigen:

> Das Schiff befand sich auf hoher See auf einem internationalen Schifffahrtsweg, der von Schiffen stark befahren wird, die verschiedene Häfen Südostasiens ansteuern. Selbst wenn jemand meinte, das Schiff befinde sich in kambodschanischen Hoheitsgewässern, war es eindeutig auf friedlicher Durchfahrt zum Hafen eines anderen Landes. Seine Kaperung war also rechtswidrig und von eindeutig illegaler Gewaltanwendung begleitet.[2]

Erst als die »Mayaguez« gekapert wurde, erfuhren die höchsten Regierungsstellen, was man auf Arbeitsebene seit Wochen wußte: Die neue Regierung der Roten Khmer behauptete, die Hoheitsgewässer Kambodschas erstreckten sich neunzig Seemeilen weit vor allen Küsten einschließlich der vorgelagerten Inseln. Mit dieser Begründung stoppte und kaperte Kambodscha seit einiger Zeit bereits thailändische und südvietnamesische Schiffe. Erst einige Tage zuvor war ein südkoreanischer Frachter beschossen und ein panamaisches Handelsschiff sechsunddreißig Stunden lang festgehalten worden. Die Beamten unserer Regierung, die davon wußten, hatten die Vorfälle für nicht wichtig genug gehalten, um ihre Vorgesetzten zu informieren, von amerikanischen Schiffen auf See ganz abgesehen.

Von der Besprechung im Außenministerium begab ich mich sofort ins Oval Office. Ford, Scowcroft und ich sorgten uns vor allem um die Sicherheit der Mannschaft. Von den Nachrichtendiensten wußten wir, daß die Roten Khmer befohlen hatten, alle Beamten der Lon-Nol-Regierung samt ihren Familien, selbst den Kindern, zu töten. Diese Weisung wurde gerade auf alle Personen mit »bürgerlicher« Bildung ausgedehnt. Zwar ignorierten unsere Medien Versuche, diese Massaker ans Licht der Öffentlichkeit zu bringen, aber wir kannten die Tatsachen und fürchteten um das Leben der Amerikaner.

Auch außenpolitische Überlegungen hatten in diesem Fall Gewicht. Besonders nach dem Zusammenbruch Indochinas mußten die Vereinigten Staaten demonstrieren, daß ihre Geduld Grenzen hatte. Die Verbündeten in der Region, besonders Japan und die Republik Korea, beobachteten unser Verhalten genau, um festzustellen, ob der Fall Saigon nur eine Abweichung von der Regel bedeutete oder ob Amerika sich auf Dauer von jeglicher internationalen Verantwortung zurückziehen wollte. Selbst China, das freundschaftliche Beziehungen zu den Roten Khmer unterhielt, analysierte unser Verhalten, um herauszufinden, ob wir willens und in der Lage waren, unsere nationalen Interessen zu schützen, was angesichts seiner Besorgnis über die hegemonistischen Ziele der Sowjetunion nicht unerheblich war.

Jeder, der eine Entscheidung treffen muß, sieht die Ereignisse im Licht seiner Erfahrungen. Ford war bereits Kongreßmitglied, als die »Pueblo«, ein Schiff zur elektronischen Überwachung, zur Zeit der Johnson-Administration von Nordkorea gekapert wurde. Ihre Mannschaft wurde elf Monate lang festgehalten und erst nach einer Quasientschuldigung der Vereinigten Staaten für die Verletzung der Hoheitsgewässer Nordkoreas freigelassen. Pjöngjang prahlte damals in ganz Asien mit dem »großen Sieg des koreanischen Volkes, das den Mythos von der Macht des US-Imperialismus in tausend Stücke geschlagen« habe.[3] Deshalb war Ford von Anfang an fest entschlossen, eine solche Entwicklung nicht wieder zuzulassen.

Das Problem war, daß wir überhaupt nicht wußten, wo sich die »Mayaguez« im Augenblick befand, wohin man sie brachte oder welche amerikanischen Einsatzkräfte für Gegenmaßnahmen zur Verfügung standen. Während dies ermittelt wurde, ordnete Ford gründliche Recherchen zur Vorbereitung einer Sondersitzung des Nationalen Sicherheitsrates an, die am Mittag im Kabinettssaal stattfinden sollte.

Krisen bringen den Politiker häufig in die Lage, zumindest am Anfang auf der Grundlage mehr oder weniger begründeter Vermutungen handeln zu müssen. Das traf auf diese erste Sitzung des Nationalen Sicherheitsrates zum Fall der »Mayaguez« ganz eindeutig zu. Außer mir nahmen daran teil: Präsident Ford, Vizepräsident Rockefeller, Verteidigungsminister James Schlesinger und sein Stellvertreter William Clements, der geschäftsführende Vorsitzende der Joint Chiefs of Staff General David Jones (der Vorsitzende General George Brown weilte gerade in Europa), CIA-Direktor William Colby, der stellvertretende Nationale Sicherheitsberater General Brent Scowcroft, der stellvertretende Außenminister Robert Ingersoll, der für Ostasien zuständige Mitarbeiter des Nationalen Sicherheitsrates W. Richard Smyser und der Stabschef des Weißen Hauses Donald Rumsfeld. Wir erhielten eine ausführliche nachrichtendienstliche Mitteilung Colbys, die sich später bis in die Einzelheiten als falsch erwies. Er berichtete, die »Mayaguez« fahre aus eigener Kraft mit einer Geschwindigkeit von zehn Knoten in Richtung des Hafens Kompong Som (Sihanoukville). Zur Zeit der Sitzung des Nationalen Sicherheitsrates mußte sie also bereits in der Nähe des Hafens sein, was Schlesinger bestätigte: »Als ich das Pentagon verließ, hatte das Schiff noch etwa fünfzehn Kilometer vor sich.«

Zwölf Stunden später stellten wir fest, daß die »Mayaguez« sich keinen Meter bewegt hatte und noch genau an der Stelle ankerte, wo sie aufgebracht worden war. Eine gewisse Unsicherheit über den Standort des Schiffes ließ sich nicht vermeiden, da nur wenig Zeit zur Verfügung gestanden hatte und in Südostasien Nacht war; deshalb konnte unsere Aufklärung nur mit Infrarotsensoren arbeiten. Aber von diesen Erschwernissen, für die man durchaus Verständnis haben konnte, erfuhr der Sicherheitsrat kein Wort. Die Mitteilung, die wir erhielten, klang klar und präzise. Mit einigem Durcheinander muß man immer rechnen, völlig unzutreffende und ungenaue Angaben sind schon schwerer zu erklären, und in der Tat verstehe ich bis heute nicht, was der Grund dafür war.

Die bisherigen Informationen lenkten unsere Diskussion von der Überlegung, wie das Schiff abzufangen sei, auf die Frage, welcher Druck die Roten Khmer dazu bewegen könnte, es wieder freizugeben. Denn wenn die »Mayaguez« am Ende der Sitzung des Nationalen Sicherheitsrates bereits in einem Festlandhafen lag, dann hatten wir es mit einer Herausforderung zu tun, die mit dem »Pueblo«-Zwischenfall nahezu identisch war – ein Szenario, das Ford unbedingt vermeiden wollte.

Was die Motive der Kambodschaner betraf, so war Colby etwas genauer. Er argumentierte, mit der Besetzung der Inseln (und der begleitenden Inanspruchnahme neuer Hoheitsgewässer) wollten die Roten Khmer Ansprüchen der Nordvietnamesen auf diese Territorien zuvorkommen. Clements pflichtete Colby bei, indem er auf die konkurrierenden Ansprüche beider kommunistischer Staaten auf Erdölerkundungsrechte im Schelfgebiet hinwies. Ford machte dieser Diskussion rasch ein Ende:

Das ist zwar interessant, löst aber unser Problem nicht. Ich denke, wir müssen eine scharfe öffentliche Erklärung abgeben und eine entschiedene Note senden. Wir sollten auch Befehl geben, daß der Flugzeugträger (die »Coral Sea«, die sich gerade auf dem Weg zu einem Flottenbesuch in Australien befand) umkehrt.

Dann bat der Präsident mich als Nationalen Sicherheitsberater, unsere Optionen zu umreißen. Da ich von der falschen Voraussetzung ausging, die »Mayaguez« sei bereits in einen Hafen eingelaufen, konzentrierte ich mich auf eine Strategie, die die Roten Khmer zwingen könnte, das Schiff freizugeben. Ich sprach mich gegen jegliche Verhandlungen aus, denn das hätte bedeutet, die Entführung und damit eine mögliche Forderung nach Lösegeld für die amerikanischen Geiseln im Grundsatz zu akzeptieren. Um eine bedingungslose Freigabe des Schiffes zu erreichen, empfahl ich, eine scharfe öffentliche Erklärung abzugeben, Kambodscha über Peking (wir unterhielten keine diplomatischen Beziehungen zu Phnom Penh) eine entschiedene

Note zu senden und eine rasche, eindrucksvolle Konzentration militärischer Kräfte vorzunehmen. Ford erinnert sich, daß ich mit den Worten schloß:

An einem Punkt müssen die Vereinigten Staaten einen Strich ziehen. Wir haben uns diese Situation nicht ausgesucht. Dies ist nicht unsere Entscheidung. Aber wir müssen jetzt entschlossen handeln.[4]

Bei unserer Bestandsaufnahme der für eine Rettungsaktion zur Verfügung stehenden Kräfte machten wir die »Coral Sea«, die zwei oder drei Tage vom Ort des Geschehens entfernt war, und einen weiteren Flugzeugträger, die »John Hancock«, die sich gerade zur Reparatur in Subic Bay auf den Philippinen befand und etwa zur gleichen Zeit einsatzbereit war, aus. Der Zerstörer »Harold E. Holt« konnte vierundzwanzig Stunden früher (am Mittwochmorgen nach Washingtoner Zeit) an Ort und Stelle sein. US-Marinesoldaten konnten von Okinawa nach Thailand verlegt werden.

Aber das Debakel in Indochina erschwerte die Umstände: Thailand hatte uns bereits aufgefordert, unsere Stützpunkte zu räumen, und die Philippinen verweigerten uns ganz gewiß die Genehmigung, die dortigen amerikanischen Stützpunkte für eine Rettungsaktion zu nutzen, zumindest was Bodentruppen und die Luftwaffe betraf. Wenn wir ohne Genehmigung handelten, dann mußten wir damit rechnen, daß der bereits starke Druck, uns sofort hinauszuwerfen, weiter wuchs. So kamen die auf Guam stationierten B-52-Bomber ins Blickfeld. Sie standen bereit und konnten ohne Genehmigung eines anderen Landes eingesetzt werden.

Ford legte sich noch nicht fest, welche militärischen Schritte er unternehmen wollte, ließ aber keinen Zweifel daran, daß für ihn ein längeres Festhalten der Geiseln nicht in Frage kam:

In etwa einer Stunde werden wir eine öffentliche Erklärung abgeben. Lassen Sie uns das vorher ankündigen, und zwar mit harten Worten, damit wir in die Vorhand kommen. Wir wollen dem Kongreß noch nichts von einer Militäraktion sagen, solange wir uns nicht entschieden haben. Ich denke, es ist wichtig, mit einer entschiedenen Erklärung an die Öffentlichkeit zu gehen, bevor die Sache auf andere Weise publik wird.

Ford wies das Pentagon an, bis zum Nachmittag eine Liste der militärischen Optionen vorzulegen. Um jeder Verzögerungstaktik zuvorzukommen, fügte er hinzu:»Ich kann Ihnen versichern, daß wir handeln werden, ganz gleich, welche Haltung der Kongreß dazu einnimmt.« Als Oberbefehlshaber, so argumentierte Ford, habe der Präsident das Recht, amerikanische Staatsbürger zu retten, besonders wenn sie von einer so mörderischen Gruppe bedroht wurden, wie es die Roten Khmer bekanntlich seien.

Um 13.50 Uhr verlas Pressesprecher Ron Nessen im Presseraum des Weißen Hauses folgende Erklärung:

Wir haben davon Kenntnis erhalten, daß ein kambodschanisches Kriegsschiff ein amerikanisches Handelsschiff auf hoher See gekapert und zur Fahrt in den Hafen Kompong Som gezwungen hat. Der Präsident ist mit dem Nationalen Sicherheitsrat zusammengekommen. Er betrachtet diesen Vorgang als einen Piratenakt. Er hat das Außenministerium angewiesen, die sofortige Freigabe des Schiffes zu fordern. Geschieht das nicht, wird dies äußerst schwerwiegende Folgen nach sich ziehen.[5]

Der ungewöhnliche Zeitpunkt der Veröffentlichung rührte daher, daß die Reporter am Ende der Sitzung des Nationalen Sicherheitsrates zu dem

Schluß gekommen waren, es sei dabei nichts herausgekommen, was sie daran hindern könnte, ihr Mittagessen pünktlich einzunehmen. Nessen tat den unüblichen Schritt, so viele Lieblingsorte der Journalisten wie möglich anzurufen. Sobald eine ausreichende Zahl von ihnen wiederaufgetaucht war, gab er die Erklärung ab, was den drohenden Ton der Verlautbarung noch verstärkte.[6]

Zu diesem Zeitpunkt saß ich bereits in einem Flugzeug, das mich nach St. Louis brachte, so daß die Krise in ihren Anfängen von Brent Scowcroft gemanagt wurde. Meine Besuche in St. Louis und Kansas City waren im Gefolge der Indochinaereignisse arrangiert worden. Ich wollte versuchen, einen neuen nationalen Konsens über Amerikas internationale Rolle aufzubauen. In jeder Stadt waren für mich eine offizielle Rede, eine Pressekonferenz, eine Begegnung mit den örtlichen Führungspersönlichkeiten und Interviews mit den lokalen Fernsehsendern vorgesehen. Ich sprach vor allem darüber, daß die Führung Amerikas auch weiterhin der Schlüssel für Frieden und Fortschritt in der Welt war. Ich brachte Fords und meine Zuversicht zum Ausdruck, daß wir ungeachtet der Rückschläge in der Lage seien, die vor uns stehenden Aufgaben zu bewältigen.

Hätte ich bereits den ersten dieser Besuche wegen einer neuen Krise in Indochina abgesagt, dann wäre der Eindruck entstanden, der Alptraum in Südostasien werde niemals enden. Da wir eine bestimmte Zeit brauchten, um unsere Einsatzkräfte zu konzentrieren, und eine Antwort aus China abwarten mußten, waren neue Entscheidungen ohnehin erst nach meiner Rückkehr sechsunddreißig Stunden später fällig.

Um 16.30 Uhr übersandte der stellvertretende Außenminister Ingersoll, der inzwischen die Amtsgeschäfte führte, dem Chef des chinesischen Verbindungsbüros (de facto der Botschaft Pekings), Huang Tschen, ein Schreiben, in dem die unverzügliche Freigabe der »Mayaguez« und ihrer Mannschaft gefordert wurde. Huang Tschen weigerte sich, das Dokument anzunehmen. Er beharrte darauf, die neue Regierung der Roten Khmer sei souverän und unabhängig. Die chinesische Diplomatie habe keinen Einfluß auf sie. Es überraschte mich nicht, daß ein chinesischer Diplomat in Washington nicht die Verantwortung für die Entgegennahme einer Botschaft in einer so heiklen Angelegenheit übernehmen wollte, zu der er noch keine Weisungen erhalten haben konnte. Aber er würde über den Versuch der Kontaktaufnahme berichten und damit Peking informieren, daß sich vor seiner Haustür eine Krise zusammenbraute.

Da Huang Tschens Reaktion für mich nicht unerwartet kam, hatte ich bereits George Bush gebeten, dem chinesischen Außenministerium und der Botschaft Kambodschas in Peking ein gleichlautendes Schreiben zu übergeben. Bush hatte Weisung, den Ton noch etwas zu verschärfen, indem er mündlich erklärte:

Die Regierung der Vereinigten Staaten fordert die unverzügliche Freigabe des Schiffes und der gesamten Mannschaft. Wenn dies nicht sofort geschieht, werden die Behörden in Phnom Penh die Folgen zu tragen haben.

In der Diplomatensprache bedeutet dies, daß eine Militäraktion bevorsteht. Der nächste Schritt ist dann bereits ein offizielles Ultimatum.

In St. Louis und Kansas City beschränkte ich mich auf einige allgemeine

Bemerkungen über die »Mayaguez« in dem Sinne, daß wir der Diplomatie eine Chance geben wollten, ein Mißerfolg aber schwerwiegende Folgen nach sich ziehen werde. Washington blieb stumm, wartete auf den Tagesanbruch in Asien in ein paar Stunden und auf Berichte von unseren Aufklärungsflugzeugen.

In diesen Stunden sprach ich am Abend des 12. Mai vor dem World Affairs Council von St. Louis – eines meiner nachhaltigsten Erlebnisse jener Zeit. In der Hauptstadt wurden immer noch die gewohnten Vietnamdebatten geführt, als ob man die Tragödie Indochinas gar nicht zur Kenntnis genommen hätte. Hier im amerikanischen Kernland aber wurde mir klar, daß die Erbitterung über den Bannkreis der Hauptstadt noch nicht hinausgelangt war. An diesem Ort, der oft als das Epizentrum des amerikanischen Isolationismus beschrieben wird, hatten die Zuhörer den Glauben an die Ziele unseres Landes noch nicht verloren. Sie reagierten zustimmend, als ich die Verpflichtungen Amerikas bekräftigte und zur nationalen Einheit aufrief:

> Wir wollen nicht vergessen, daß wir in den vergangenen dreißig Jahren in jeder Hinsicht mehr gegeben haben als irgendeine andere Nation in der Geschichte. Wir haben schwerwiegender Bedrohung der Weltordnung seitens jener die Stirn geboten, die diese mit unannehmbaren Folgen für die Demokratie verändern wollten. Wir haben mehr wirtschaftliche Auslandshilfe geleistet als jeder andere Staat. Wir haben mehr Lebensmittel geliefert, mehr Menschen anderer Länder ausgebildet und mehr Einwanderer aufgenommen. Wir haben das aus Großmut getan, für die wir uns nicht entschuldigen müssen, vor allem aber deshalb, weil das amerikanische Volk nach über einem Jahrhundert der Isolation gelernt hat, daß Unterstützung für andere kein Geschenk ist, sondern ein Dienst an der internationalen Stabilität und unseren eigenen Interessen.
>
> Um unserer selbst und der Menschheit willen lassen Sie uns sicherstellen, daß wir diese Lehre nicht noch einmal ziehen müssen.[7]

Die anwesenden hochrangigen lokalen Vertreter zeigten sich offenherzig gegenüber jemandem, der so öffentlich mit der Tragödie Indochinas identifiziert wurde. Sie gaben den Dingen eine unerwartete Wendung: Ich war gekommen, um eine Botschaft der Hoffnung zu bringen; statt dessen war ich es, der bei ihnen neue Zuversicht schöpfte.

Wie man ein Schiff freikämpft

Inzwischen fiel es in Washington wesentlich schwerer herauszufinden, was mit der »Mayaguez« tatsächlich geschah, als sich auf ein bestimmtes Vorgehen festzulegen. Oder genauer gesagt: Da es an genauen Informationen fehlte, konnte kein wirksames Vorgehen festgelegt werden. Am 12. Mai um 21.16 Uhr Washingtoner Zeit – in Kambodscha war bereits der 13. Mai, 8.16 Uhr – erhielt Scowcroft die Mitteilung, eine Aufklärungsmaschine der Navy vom Typ P 3, die tief genug geflogen war, um Namen zu erkennen, habe die »Mayaguez« geortet. Dabei war sie beschossen und leicht beschädigt worden. Es stellte sich heraus, daß das Schiff gar nicht in Kompong Som lag, wie man Ford neun Stunden zuvor mitgeteilt hatte, sondern vor der Insel Poulo Wai, wo sie aufgebracht worden war. Eine Stunde später erhielt Scowcroft die Nachricht, die »Mayaguez« habe nun den Anker gelichtet. Die Nachrichtendienste, die sich nur ungern von einer einmal verkündeten Version trennen, wiederholten ihre ursprüngliche – falsche – Annahme vom Vortag: Das Schiff habe Kurs auf Kompong Som genommen und werde den Hafen in sechs Stunden erreichen.

Scowcroft hatte um Mitteilung gebeten, sobald das Schiff sich tatsächlich in Bewegung setze. Als er um 2.23 Uhr fast vier Stunden lang nichts gehört hatte, fragte er nach und erhielt die Antwort, das Schiff befinde sich nun eine dreiviertel Stunde von Kompong Som entfernt. Das war genau die gleiche Auskunft, die man ihm zu Beginn der Krise gegeben hatte. Bei dieser Nachricht platzte Scowcroft der Kragen, was ich bei ihm noch nie erlebt hatte. Auch Ford wurde wütend, als er erfuhr, daß man mehrere wertvolle Stunden vergeudet hatte, da in Thailand stationierte Flugzeuge die »Mayaguez« hätten abfangen können. Ford ordnete an, daß man auch zu diesem späten Zeitpunkt noch versuchen sollte, das Schiff mit Jagdmaschinen zu stoppen.

Aber den Kambodschanern war es erneut gelungen, die Analytiker der Nachrichtendienste hinters Licht zu führen. Nach Stunden der Suche fand man die »Mayaguez« schließlich vor Anker nahe bei Koh Tang, einer Insel etwa fünfzig Kilometer südwestlich von Kompong Som. Bei jeder neuen Nachricht hatte Scowcroft den Präsidenten geweckt. Ich erhielt eine Zusammenfassung der Ereignisse der Nacht am nächsten Morgen, dem 13. Mai, in St. Louis.

An diesem zweiten Tag der Krise, einem Dienstag, berief Ford um 10.20 Uhr erneut den Nationalen Sicherheitsrat ein. Die Roten Khmer hielten unser Schiff nun bereits einunddreißig Stunden lang fest. Sie hatten bisher keinerlei Erklärung abgegeben und auch nicht auf unsere Botschaft reagiert. Die Sitzung fand im gleichen Kreis statt. Nur das Außenministerium wurde in meiner Abwesenheit von Joseph Sisco, dem Unterstaatssekretär für Politische Angelegenheiten, vertreten, außerdem nahmen Fords Mitarbeiter Jack Marsh und Bob Hartmann teil. Nachdem Colby einen Bericht gegeben hatte, bemängelte Rockefeller die ungenauen und widersprüchlichen Informationen der Nachrichtendienste. Ford fragte, wieso im bisherigen Verlauf der Krise jedesmal die Informationen verspätet eingetroffen seien. Jeder hatte das Hauptanliegen im Kopf: eine Wiederholung des »Pueblo«-Vorfalls zu vermeiden. Das war aber nur möglich, wenn es den Roten Khmer nicht gelang, die Schiffsmannschaft als Geiseln zu nehmen. Rockefeller drängte darauf, zumindest das Gebiet um Koh Tang abzuriegeln:

Ich denke, wir müssen rasch reagieren. Je länger wir warten, desto mehr Zeit haben sie, um sich einzustellen. Warum beschießen wir nicht ihre Schiffe, bis sie die Flucht ergreifen? Wenn die Geiseln erst einmal in ihrer Gewalt sind, dann können sie uns monatelang erpressen. Wenn wir zu landen versuchen, dann können wir dabei mehr Marines verlieren, als ursprünglich Amerikaner auf dem Schiff waren. Warum also beschießen wir nicht ihre Schiffe, bis sie reagieren?

Schlesinger, der so große Tapferkeit an den Tag legte, wenn es um die Rüstungskontrolle ging, schreckte vor einer militärischen Aktion zurück. Er wollte lieber Gewalt anwenden, um zu verhindern, daß die »Mayaguez« von

445

ihrem derzeitigen Ankerplatz vor der Insel in den Hafen gebracht wurde. Er sprach sich jedoch dagegen aus, kambodschanische Schiffe zu versenken, weil dabei auch amerikanische Seeleute verwundet werden könnten. Außerdem riskierte man, daß die Roten Khmer ihrerseits als Vergeltung die »Mayaguez« fluteten. Ford reagierte entschlossen:

Als erstes setzen wir Flugzeuge ein, um zu verhindern, daß ein Schiff die Insel verläßt. Man muß sie nicht unbedingt versenken, aber man kann doch präventiv handeln?...

Zweitens sollte, denke ich, verhindert werden, daß andere Schiffe die Insel anlaufen.

Drittens, denke ich, sollten wir Vorkehrungen treffen, um morgen früh auf dem Schiff zu sein.

Als nächstes ordnete Ford an, daß ein Bataillon Luftlandetruppen von Okinawa nach Utapao in Thailand verlegt werden und der Flugzeugträger »John Hancock« sich von Subic Bay vor die kambodschanische Küste bewegen sollte.

Ich berichte von diesen Ereignissen so ausführlich, weil sie in meiner Abwesenheit eine neue Vertrauenskrise zwischen dem Präsidenten und seinem Verteidigungsminister auslösten, die fünf Monate später zu Schlesingers Entlassung führte. Denn eine der schmerzlichsten Folgen des Vietnamkriegs war die gesunkene Moral des Pentagons. Der Gedanke, sich kaum zwei Wochen nach der Saigoner Evakuierung wieder in Indochina engagieren zu müssen, stieß dort auf größten Widerwillen. Wenn das Pentagon keinen Enthusiasmus aufbringen kann, dann deutet es Weisungen nicht um, wie man es im Diplomatischen Dienst zu tun pflegt, sondern führt sie wortgetreu aus, ohne die geringste Eigeninitiative zu entfalten. Bei der Kompliziertheit militärischer Aktionen läuft das in der Praxis auf Verschleppung hinaus. Während des ganzen »Mayaguez«-Vorfalls konzentrierte das Pentagon pflichtschuldig die Kräfte, die angefordert wurden. Aber es tat dies mit deutlichem Widerstreben, äußerte keinerlei eigene Ideen, überließ es den Zivilisten, das Militär zum Handeln zu bewegen, und – der Empörung eingedenk, die die Bombardierung Hanois durch B-52-Bomber ausgelöst hatte – weigerte sich vorsichtshalber, strategische Bomber einzusetzen.

Das Durcheinander in der Kommunikation und die nachlässige Berichterstattung der Nachrichtendienste, von denen der »Mayaguez«-Zwischenfall begleitet war, sind zum großen Teil darauf zurückzuführen, daß der Verteidigungsminister das Trauma des Militärs noch verstärkte. Von Clements einmal abgesehen, schien das Pentagon vor allem entschlossen zu sein, sich nicht wieder zum Sündenbock machen zu lassen. Daß der Vorsitzende der Joint Chiefs of Staff sich im fernen Europa auf Reisen befand, spitzte das Problem weiter zu, denn seine Stellvertreter scheuten sich, den direkten Zugang zum Präsidenten – ein Privileg des Vorsitzenden – zu nutzen. Daher lief die einzige Verbindung des Weißen Hauses zum Pentagon über den Verteidigungsminister, der zur Strategie des Präsidenten eine sehr zwiespältige Haltung hatte.

Am zweiten Tag der Krise – ich war noch in Kansas City – wuchs Fords Unruhe, denn es wurde offensichtlich, daß seine Weisung, jeglichen Schiffsverkehr von und nach Koh Tang zu unterbinden, nicht befolgt wurde. Vielleicht weil es in Asien bereits Nacht war, als der Präsident die Blockade verhängte, gab es fast zehn Stunden lang keinerlei Meldung über entsprechende Aktionen. Vielleicht lag es auch daran, daß die schriftlichen Befehle erst über vier Stunden nach der Weisung des Präsidenten vom Pentagon ausgegeben wurden. Dort behauptete man später, mündliche Befehle seien sofort ergangen.

Was die Verzögerung auch verursacht haben mag, Scowcroft erhielt den ersten Aktionsbericht am Dienstag, dem 13. Mai, um 20.10 Uhr, zehn Stunden nach der Sitzung des Nationalen Sicherheitsrates. Drei kleine Schiffe hatten Koh Tang verlassen und Kurs auf das Festland genommen. Eines hatte man versenkt, das zweite war zur Insel zurückgekehrt, und das dritte entfernte sich mit Höchstgeschwindigkeit. Schlesingers persönlicher Mitarbeiter für militärische Fragen, Generalmajor John A. Wickham (später Stabschef der Army), bat um Instruktionen, was man gegenüber dem flüchtigen Schiff unternehmen sollte. Da der Präsident ausdrücklich befohlen hatte, jedes Schiff zu versenken, das die Insel anlaufen oder verlassen wollte, war diese Nachfrage nicht zu erklären – es sei denn, es handelte sich um einen Schachzug, um keine Verantwortung übernehmen zu müssen, sollte etwas schiefgehen. Scowcroft, akkurat wie immer, fragte den Präsidenten, der seine ursprüngliche Weisung bestätigte und scharf hinzufügte: »Wenn wir es nicht tun, dann zeigen wir beträchtliche Schwäche.«

Eineinhalb Stunden später, um 21.48 Uhr Washingtoner Zeit, meldete sich Wickham mit einer neuen Anfrage. Man hatte ein weiteres kleines Schiff gesichtet, das die Insel mit Kurs auf Kompong Som verließ. Als einer unserer Piloten es mit seinen Bordkanonen zu stoppen versuchte, bemerkte er, daß am Bug eine Gruppe Weißer zusammengedrängt kauerte. Der Pilot bat um Instruktionen, weil er annahm – zu Recht, wie sich später herausstellte –, es könnte sich zumindest um einen Teil der »Mayaguez«-Mannschaft handeln. Ford, der die Bedenken des Pentagons verstand, berief für 22.40 Uhr erneut den Nationalen Sicherheitsrat ein, um die Lage zu erörtern.

Während der Ton unserer öffentlichen Erklärungen im Laufe dieses Tages immer drohender wurde, gab es bislang wenig Druck seitens anderer Staaten, wir sollten uns zurückhalten. Unsere Verbündeten verharrten in gequältem Schweigen, da sie die unruhige Öffentlichkeit bei sich zu Hause und ihre Abhängigkeit von amerikanischem Schutz gegeneinander ausbalancieren mußten. Die hilfreichste Äußerung kam merkwürdigerweise von chinesischer Seite. Als man Teng Hsiao-ping, der gerade zu einem Besuch in Paris weilte, darum bat, die amerikanischen Drohungen zu kommentieren, antwortete er lachend: »Wenn sie eingreifen, können wir nichts machen.« Teng ließ sich durch drängende Nachfragen der Journalisten nicht dazu verleiten, auch nur anzudeuten, daß China die Roten Khmer wenigstens diplomatisch unterstützen könnte. »Sie sind Journalisten«, antwortete Teng jovial, »Sie haben aktuellere Informationen als ich.«[8] Mit anderen Worten: China wusch seine Hände in Unschuld. Und Prinz Norodom Sihanouk, der gerade als Staatsoberhaupt Kambodschas wieder eingesetzt worden war, aber noch in Peking residierte, blieb während der ganzen Krise ungewöhnlich schweigsam.

Ich kam gerade noch rechtzeitig aus dem Mittleren Westen zurück, um an dieser dritten Krisensitzung des Nationalen Sicherheitsrates teilzunehmen. Zu dem vorherigen Teilnehmerkreis hatte man nur noch Fords Berater Philip Buchen hinzugezogen. Ford kritisierte als erstes die zögerliche Haltung des Pentagons. Die späte schriftliche Übermittlung seiner Weisung, alle Schiffe zu versenken, die sich Koh Tang näherten oder dort ablegten, bezeichnete er als »unentschuldbar«. Nur tiefe Verärgerung konnte den sonst so ausgeglichenen Ford dazu bewegen, sich gegen das militärische Establishment zu wenden, gegen eine Institution, die er tief verehrte und der er als Marineoffizier mit großem Stolz gedient hatte.

Der erste Tagesordnungspunkt war die Frage, was mit dem Schiff geschehen sollte, auf dem sich die Weißen befanden. Als der Nationale Sicherheitsrat zusammentrat, hieß es, es sei noch knapp eine Stunde von Kompong Som entfernt – die Standardauskunft, die man inzwischen zu allen Schiffsbewegungen in der Nähe dieses Hafens erhielt. Da blieb nicht viel Zeit für Entscheidungen. Ford ordnete an, das Schiff, das möglicherweise die Mannschaft der »Mayaguez« an Bord hatte, durch ein Überfallkommando fahruntüchtig zu machen und die begleitenden Schnellboote zu versenken.

Die Debatte im Nationalen Sicherheitsrat verlief unter dem Eindruck, das Schiff, das Kurs auf Kompong Som hielt, habe, wenn überhaupt, nur einen Teil der Mannschaft an Bord, während der Rest (wahrscheinlich die Mehrzahl) noch vor Koh Tang lag. Wir drohten nun in die Lage zu geraten, daß der Präsident und der Nationale Sicherheitsrat den größten Teil ihrer Zeit auf Entscheidungen über die Bewegungen einzelner kleiner Schiffe verwenden mußten, die sich irgendwo fast fünfzehntausend Kilometer entfernt von uns befanden. Um dies zu vermeiden, befahl Ford die Zerstörung aller Schiffe im Bereich von Koh Tang, so daß er nicht immer wieder Einzelentscheidungen treffen mußte.

So konnte sich der Nationale Sicherheitsrat nun endlich der Frage zuwenden, wie die Roten Khmer durch Druck gezwungen werden könnten, Schiff und Mannschaft freizugeben. General Jones legte eine Karte vor, nach der die Marines und der Zerstörer »Holt« binnen vierzehn Stunden, die Flugzeugträger »Coral Sea« und »John Hancock« in achtundzwanzig Stunden oder am späten Nachmittag des 14. Mai Washingtoner Zeit an Ort und Stelle sein konnten. Jones empfahl deshalb, jede Militäraktion um achtundvierzig Stunden oder bis Donnerstag nachmittag zu verschieben, um alles koordinieren zu können.

Fords erste instinktive Reaktion lief darauf hinaus, die »Mayaguez« und die Insel durch Marines besetzen zu lassen, die mit Hubschraubern von dem amerikanischen Stützpunkt Utapao in Thailand anfliegen sollten. Im Nationalen Sicherheitsrat kam man überein, die thailändische Regierung besser nicht zu konsultieren, da sie uns nach dem Fall Saigons bereits aufgefordert hatte, unsere Stützpunkte noch dieses Jahr zu räumen. Ein offizielles Ersuchen wäre sicher abgelehnt worden, und mit einer einseitigen Aktion konnten wir den Zeitplan für den Abzug höchstens beschleunigen. Wir waren überzeugt, wenn Thailand später auch protestieren oder anderweitig reagieren sollte, seine Führung, insbesondere das Militär, begrüßte eine harte amerikanische Haltung.

Als es jedoch darum ging, eine Strategie für die Rettung der »Mayaguez«-Mannschaft festzulegen, schieden sich die Geister. Übereinstimmend meinten alle, daß wir das Schiff erobern und Koh Tang besetzen sollten, wo wir (irrtümlich) den größeren Teil der Mannschaft vermuteten. Ford befürwortete auch Luftschläge gegen den Hafen Kompong Som; dagegen brachte nur Schlesinger Einwände vor. Der Präsident wollte mit dieser Maßnahme jedes Eingreifen vom Festland aus in die geplante Besetzung der »Mayaguez« und der Insel Koh Tang verhindern. Außerdem sollten die Roten Khmer dafür bestraft werden, daß sie amerikanische Geiseln genommen hatten. Schlesinger dagegen forderte, die militärischen Aktionen auf die Befreiung der »Mayaguez« und ihrer Mannschaft zu beschränken.

Dafür sprach einiges, und Schlesinger trug seine Argumentation überzeugend vor. Leider ließ sein Sprecher Joseph Laitin keine Gelegenheit aus, Meinungsunterschiede in der Sache zu einer Fehde zwischen dem Außen- und dem Verteidigungsministerium hochzuspielen. In den Leitartikeln der Zeitungen schrieb man von »Dr. Strangelove«, der von einem humanen Verteidigungsminister gebremst werde. Man behauptete, ich hätte Großangriffe mit B 52 gefordert, während Schlesinger sich dafür eingesetzt habe, angemessene Vergeltung zu üben.[9]

Darum ist es nie gegangen. Der wirkliche Streit betraf das Timing der amerikanischen Reaktion. Das Pentagon vermittelte den Eindruck, daß die »Coral Sea« erst in achtundvierzig Stunden einsatzbereit sei. Wir alle außer Schlesinger waren der Meinung, daß dieser späte Zeitpunkt ein zu großes Risiko für die Sicherheit der Geiseln barg und die Möglichkeit, sie aus ihrer mißlichen Lage zu befreien, verschlechterte. Wenn also innerhalb von vierundzwanzig Stunden eine koordinierte Attacke erfolgen sollte, mußten für den Angriff auf Kompong Som B-52-Bomber eingesetzt werden. Darum ging es in den Diskussionen im Nationalen Sicherheitsrat. Ich zitiere aus dem Wortprotokoll, um dem Leser die Möglichkeit zu geben, den Unterschied zwischen dem tatsächlichen politischen Gespräch und seiner Darstellung in den Medien zu bewerten:

Kissinger: Ich denke, wenn wir aktiv werden, dann sollten wir Schläge sowohl gegen das Festland als auch gegen die Insel führen. Wir sollten Ziele in Kompong Som und auf dem Flughafen angreifen und dies damit begründen, daß wir jegliche Reaktion auf unsere Operationen zur Besetzung des Schiffes und der Insel verhindern wollen.

Wenn die B 52 bereit sind, dann sollte die Aktion meiner Meinung nach in der nächsten Nacht ablaufen. Achtundvierzig Stunden sind militärisch besser. Aber in dieser Zeit kann im Land und international so viel geschehen. Wir müssen bereit sein, die Insel und das Schiff zu besetzen sowie einen Schlag gegen Kompong Som zu führen.

Ford: Ich denke, wir müssen in vierundzwanzig Stunden bereit sein. Es sei denn, wir wollen noch warten.

Schlesinger: Wir sind bereit, am Morgen des 15. aktiv zu werden. Wir wollen sehen, ob wir die Marines zur »Holt« bringen können. Wir planen, die Insel beim ersten Tageslicht zu nehmen. Zugleich auch das Schiff. Die B 52 stehen in Guam bereit, um nach Kompong Som zu fliegen. Aber ich denke, es wäre politisch vorteilhafter, die Maschinen der »Coral Sea« einzusetzen. Wenn wir die B 52 von Guam benutzen, wird es mehr Probleme mit dem Kongreß geben.

Rockefeller: Wieso?

Schlesinger: Die B 52 sind für den Kongreß ein rotes Tuch. Außerdem werfen sie ihre Bomben auf große Flächen ab und sind nicht so genau.

Sie könnten eine große Zahl von Opfern außerhalb der Zielgebiete verursachen.

Ford: Wir wollen sehen, was die Joint Chiefs of Staff für besser halten: die Maschinen vom Flugzeugträger oder die B 52. Das sollen sie beurteilen.

Kurz gesagt: Kern der Meinungsverschiedenheiten war nicht die Wahl der Technik, sondern die Dringlichkeit, innerhalb von vierundzwanzig Stunden militärisch aktiv zu werden.

Als wir an diesem Punkt angelangt waren, durchschlug Don Rumsfeld (der einmal Marineflieger gewesen war) den gordischen Knoten mit einer Frage, auf die bisher niemand gekommen war: »Ist es nicht möglich, daß die Maschinen der ›Coral Sea‹ Kambodscha angreifen, auch wenn der Flugzeugträger noch Stunden entfernt ist?« Erstaunlicherweise war diese Frage in den Gesprächen des ganzen Tages über das Timing des Angriffs nicht gestellt worden. Schlesinger sagte, er wolle das prüfen. Es stellte sich heraus, daß die »Coral Sea« die notwendige Nähe zum Festland tatsächlich in den nächsten Stunden erreichte. Niemand aus dem Verteidigungsministerium hatte diese Information bisher preisgegeben.

Rumsfelds Frage führte zu einer Entscheidung des Präsidenten, die im Nationalen Sicherheitsrat einmütige Zustimmung fand: Als die Sitzung am Mittwoch, dem 14. Mai, um 12.30 Uhr endete, verschob Ford die Erstürmung der »Mayaguez« um vierundzwanzig Stunden. Auf eine weitere Verzögerung wollte er sich nicht einlassen. Waren diese vierundzwanzig Stunden abgelaufen, mußte das Schiff genommen, Koh Tang besetzt und das Festland bombardiert werden. Der Präsident ließ nur die Art und Weise des Angriffs auf den Hafen Kompong Som bis zum nächsten Morgen offen: ob B-52-Bomber oder Maschinen vom Flugzeugträger »Coral Sea« eingesetzt werden sollten. Nach der Sitzung ließ Ford durchblicken, daß er in den kaum zehn Monaten seiner Amtszeit beträchtlich hinzugelernt hatte, was die Bürokratie betraf. Er sagte mir, er gebe den Maschinen vom Flugzeugträger den Vorzug, habe aber den Einsatz der B 52 offengelassen, um das Pentagon anzuspornen, die »Coral Sea« rechtzeitig heranzuführen.

Ford hatte seine Meinung nicht geändert, als ich ihn am 14. Mai um 11.45 Uhr aufsuchte, um die Sitzung des Nationalen Sicherheitsrates am Nachmittag vorzubereiten, auf der endgültig zwischen den Maschinen der »Coral Sea« und den B-52-Bombern entschieden werden sollte. Er sagte, er werde den Einsatz der »Coral Sea« befehlen, wenn das Pentagon ihn überzeuge, daß von dort aus tatsächlich ein wirksamer Angriff geführt werden könne:

Ford: Mich beunruhigt, daß Befehle nicht ausgeführt werden. Ich kann alles mögliche befehlen, aber wenn es nicht umgesetzt wird… Ich war gestern stocksauer.

Kissinger: Das ist Ihre erste Krise. Sie müssen klarstellen, daß man mit Ihnen nicht so umspringen kann… Es gibt allerdings auch Argumente gegen die B 52.

Ford: Ich denke, ich sollte sagen, daß ich den B 52 den Vorzug gebe, bis sie mir beweisen, daß sie mit den taktischen Fliegerkräften das gleiche erreichen können.

Kissinger: So wird das Problem gut zu packen sein. Der Preis ist der gleiche. Wenn man zu Gewalt greift, dann muß es furchtbar sein.

Jede bevorstehende Militäraktion wird vom Außenministerium von einem diplomatischen Szenario flankiert. Vor der nächsten Sitzung des Nationalen Sicherheitsrates erhielt Botschafter Scali die Weisung, an UN-Generalsekretär Kurt Waldheim einen Brief zu schicken, in dem die Kaperung der »Mayaguez« als illegal und als eine Gefahr für den Weltfrieden bezeichnet wurde – ein klarer Hinweis darauf, daß wir vorhatten, Gewalt anzuwenden. Wir versuchten die Freigabe von Schiff und Mannschaft über diplomatische Kanäle zu erreichen, hieß es in dem Brief, und Waldheims Hilfe sei uns willkommen. Falls die Diplomatie versage, behielten sich die Vereinigten Staaten das Recht vor, geeignete Schritte zu unternehmen, einschließlich der Maßnahmen zur Selbstverteidigung nach Artikel 51 der UN-Charta.

Das diplomatische Umfeld gestaltete sich günstig. Stunde um Stunde wurde deutlicher, daß die Roten Khmer von anderen Ländern keine Unterstützung zu erwarten hatten, am allerwenigsten von China. Am Morgen des 14. Mai erhielten wir die Nachricht, ein chinesischer Diplomat in Teheran habe vorhergesagt, Schiff und Mannschaft würden »bald« freigegeben. China, das über die Kaperung der »Mayaguez« »irritiert« sei, mache nach Aussage des nichtgenannten Diplomaten seinen Einfluß geltend, um die Freigabe des Schiffes zu erreichen. Die angebliche Auffassung Chinas, vielleicht ein subtiler Hinweis darauf, daß ein militärisches Eingreifen nicht notwendig sei, erwies sich als zu heikel. Die Vereinigten Staaten erfuhren davon auch nicht auf direktem Weg, sondern über einen niederen pakistanischen Diplomaten in Teheran, der die Information an einen Beamten der amerikanischen Botschaft weitergab. Der Pakistani nannte seine Quelle nicht. So interessant die Information war, schien sie uns doch zu fragwürdig, um unsere Entscheidungen davon abhängig zu machen. Wären wir auf den Hinweis eingegangen, dann hätte »bald« auch eine sehr lange Zeit bedeuten können.

Später an diesem Tag erhielten wir eine Botschaft aus Peking, die verschwommen, aber gerade deshalb hilfreich war. Am Nachmittag des 14. Mai gab das chinesische Außenministerium unsere Note vom Vortag mit der Erklärung zurück, es sei nicht in der Lage gewesen, sie der kambodschanischen Regierung zu übermitteln. Daß die Chinesen die Botschaft über dreißig Stunden lang in ihrer Hand behalten hatten (im Unterschied zu ihrem Vertreter in Washington, der die Annahme glatt verweigerte), bedeutete, sie hatten sie studiert. Offiziell äußerte sich China zum Inhalt und besonders zu der Androhung von Gewalt nicht. Wenn man jedoch Tengs nonchalante Bemerkung in Paris vom Tag zuvor hinzunahm, dann hieß das, die Roten Khmer waren auf sich allein gestellt.

Die vierte Sitzung des Nationalen Sicherheitsrates innerhalb von zwei Tagen fand am 14. Mai von 15.52 Uhr bis 17.42 Uhr statt. Auf der Tagesordnung standen ausschließlich die endgültigen Entscheidungen über den Militäreinsatz. Colby begann mit einer Information der Nachrichtendienste, die besagte, einige Besatzungsmitglieder seien auf das Festland gebracht worden, die Mehrheit werde allerdings nach wie vor auf Koh Tang vermutet. Die thailändische Regierung, so teilte man uns mit, halte sich offiziell heraus, der Befehlshaber der thailändischen Armee hätte unsere Leute allerdings privat wissen lassen, er sei » hoch erfreut«, daß wir entschlossen handeln wollten.

General Jones übermittelte die Empfehlung der Joint Chiefs of Staff: Ein Prisenkommando solle die »Mayaguez« nehmen, Marinesoldaten sollten auf Koh Tang landen, um die dort angeblich festgehaltenen Besatzungsmitglieder zu retten, und Flugzeuge von der »Coral Sea« Ziele auf dem Festland angreifen, insbesondere Flugplätze und Hafenanlagen in Kompong Som. Um eine planmäßige Landung zu ermöglichen, sei es erforderlich, daß das Kommando »Ausführung« innerhalb von vierundzwanzig Stunden ergehe – ein zarter Hinweis darauf, daß das Pentagon immer noch abwarten wollte.

Von diesen bürokratischen Manövern einmal abgesehen, vollbrachte das Pentagon eine beeindruckende technische Leistung. Innerhalb von achtundvierzig Stunden waren ein Flugzeugträger, zwei Zerstörer und tausend Marinesoldaten zusammengezogen worden. Ein weiterer Flugzeugträger wurde einen Tag später erwartet – in einer Region, in der wir bisher überhaupt nicht militärisch aktiv zu werden gedacht hatten. B-52-Bomber standen in Alarmbereitschaft, und taktische Flugzeuge schirmten die Gegend ab. Kein anderer Staat wäre in der Lage gewesen, so beachtliche Kräfte in so kurzer Zeit aufzubieten.

Ford lehnte Jones' Bitte nach einem weiteren Aufschub ab und ordnete an, daß alle drei Operationen unverzüglich zu beginnen hatten. Vier Luftschläge sollten von der »Coral Sea« aus gegen Ziele auf dem Festland geführt werden. Da Ford an der Entschlossenheit des Pentagons erhebliche Zweifel hegte, fügte er hinzu, die Luftschläge »sollten erst beendet werden, wenn wir es anordnen«. Admiral James L. Holloway III., der Chef der Marineoperationen, verließ immer wieder den Raum, um die Entscheidungen weiterzugeben, sowie sie getroffen waren.

Um 18.30 Uhr informierte Ford in Schlesingers und meiner Begleitung die Kongreßführung. Er legte die Gründe für die Militäraktion detailliert dar. Da wir seit über sechzig Stunden kein Wort von den Roten Khmer oder von anderer Seite in ihrem Auftrag gehört hatten, konnte er nicht riskieren, daß die Männer der »Mayaguez« als Geiseln genommen wurden.

Die Kongreßführer zeigten sich wenig beeindruckt. Senator Mike Mansfield wollte wissen, »warum wir wieder auf das asiatische Festland gehen, da wir doch das Schiff schon fast wieder in unserer Hand haben«. Selbst der sonst so beherzte Senator John McClellan zeigte sich über den geplanten Angriff auf das Festland besorgt. Der Präsident des Repräsentantenhauses Thomas P. »Tip« O'Neill deutete an, es handle sich um ein »Charterschiff des Pentagons«, als ob das etwas an der Tatsache änderte, daß es in internationalen Gewässern gekapert worden war. Er grummelte auch noch, als Schlesinger ihm versicherte, dies sei nicht der Fall. Senator Robert Byrd beklagte, daß man nicht ausreichend konsultiert worden sei. Der folgende Wortwechsel zwischen Ford und Byrd, in dessen Verlauf Ford im Grunde genommen unterstellte, die Kongreßführung sei anfällig für Indiskretionen, zeigt, daß der Präsident trotz seines versöhnlichen Charakters durchaus auch Entschlossenheit beweisen konnte:

Senator Byrd: Lassen Sie mich bei allem Respekt auf folgendem bestehen: Ich weiß, daß Sie tun, was Sie für richtig halten, und ich will auf keinen Fall in Frage stellen, daß Sie dazu berechtigt sind. Aber ich möchte wissen, warum die Kongreßführer nicht im voraus über Ihre Entscheidung in Kenntnis gesetzt wurden.

Ford: Wir haben ein System der Gewaltenteilung. Der Präsident hat die Vollmacht zu handeln. Ich habe die Pflicht zu handeln. Das Gesetz über die Vollmachten im Krieg ist nach wie vor in Kraft. Wir mögen über Einschätzungen und Entschlüsse unterschiedlicher Meinung sein, aber ich könnte es mir nie verzeihen, wenn ich zuließe, daß unsere Marines von zweitausendvierhundert kambodschanischen Soldaten angegriffen werden (geschätzte Truppenstärke der Roten Khmer in Kompong Som).

Die Befreiung der »Mayaguez«

Mit dem Ende dieses Informationsgesprächs begann einer der merkwürdigsten und angespanntesten Abende meiner ganzen Zeit in der Regierung. Seit vielen Wochen war für diesen Abend ein Arbeitsessen mit dem niederländischen Ministerpräsidenten Johannes den Uyl angesetzt. Da Ford seinen Gast nicht in Verlegenheit bringen wollte, entschied er, das Essen nicht abzusagen, obwohl wir auf der anderen Seite des Globus gerade eine Militäraktion einleiteten.

Es zeigte sich bald, daß wir hier die persönliche Rücksichtnahme übertrieben hatten. Das Dinner, für das aus unerfindlichen Gründen Smoking angesagt war, konnte erst mit einer Verspätung von einer halben Stunde beginnen. Von den amerikanischen Teilnehmern zeigten sich Scowcroft und Rumsfeld nur kurz. Ich nahm einen einzigen Gang zu mir. Schlesinger kam später, blieb aber dafür bis zum Dessert. Ford ging immer wieder hinaus, um sich im Büro des Dienstpersonals nebenan über den Fortgang der Militäraktion informieren zu lassen.

Den Uyl war nicht gerade der ideale Gast, mit dem ein amerikanischer Politiker, der eine militärische Operation zu überwachen hatte, diesen Abend hätte teilen mögen. Da er dem pazifistischen Flügel der niederländischen Partei der Arbeit angehörte, konnte er für jegliche militärische Maßnahme, die mit Indochina zusammenhing, nur, gelinde gesagt, gedämpften Enthusiasmus aufbringen. Man hatte ihn offenbar zuvor gebeten, keinen Streit zu provozieren, doch dieses Kunststück gelang ihm nur unvollkommen. Den Uyl konnte sich nicht enthalten, mehrfach in belehrendem Ton zu erklären, er maße sich nicht an, eine konkrete militärische Operation zu beurteilen, halte aber militärische Gewalt grundsätzlich für ungeeignet, politische Probleme zu lösen. Das war ein erstaunlicher Kommentar für den Vertreter eines NATO-Verbündeten, für dessen Land wir eine Schutzgarantie übernommen hatten und der damals durchaus auch bereit war, diese Garantie zu bekräftigen. Außerdem teilte uns den Uyl nicht mit, mit welchen anderen Mitteln wir die Roten Khmer dazu bringen konnten, die Geiseln freizulassen.

Den Uyls Gesprächspartner waren nicht sehr empfänglich für seine erbaulichen Erklärungen, denn die Überwachung militärischer Operationen an drei Fronten – bei der Rückeroberung der »Mayaguez«, der Landung auf Koh Tang und den Luftangriffen gegen das Festland – nahm sie ganz in Anspruch. Die Berichte über jede einzelne Operation erreichten Washington auf getrennten Wegen: Die Marineinfanterie berichtete von Koh Tang, die Air Force über die taktische Unterstützung und die Navy über Kompong Som.

Die Besetzung der »Mayaguez« ging glatt. Der Zerstörer »Holt« legte sich längsseits, und ein Kommando von Marinesoldaten übernahm das Schiff. Mitglieder der Mannschaft waren nicht an Bord.

Auf Koh Tang bekamen die Marines allerdings Schwierigkeiten. Wir hatten erwartet, daß höchstens zwei Dutzend Kambodschaner die Insel besetzt hielten. Unsere Hubschrauber gerieten jedoch in heftiges Feuer von mehreren hundert Mann, die mit Raketen, Granatwerfern und automatischen Waffen ausgerüstet waren. Diese hatte man auf der Insel stationiert, um zu verhindern, daß die Vietnamesen sie eroberten. Da wir die Mannschaft der »Mayaguez« dort vermuteten, hatten wir vorher keine Bomben abgeworfen. Und das Kanonenboot der Air Force, das für die Operation bereitstand, hatte keine Verbindung zu den Bodentruppen. Fünfzehn der einhundertfünfundsiebzig eingesetzten Marinesoldaten wurden getötet. Acht der neun Hubschrauber, die als erste anflogen, wurden abgeschossen oder beschädigt.

Gerade als unsere militärische Operation anlief, deuteten die Roten Khmer in einer Rundfunksendung an, daß die »Mayaguez« freigegeben werden könnte. Washington erfuhr von dieser Erklärung allerdings erst zirka einenviertel Stunden später. Der genaue Ablauf der Ereignisse war folgender:

Am 14. Mai um 19.07 Uhr Washingtoner Zeit begann der Inlandsdienst von Radio Phnom Penh mit der Übertragung einer langen Erklärung Hu Nims, des Informations- und Propagandaministers der Roten Khmer. Erst am Ende der neunzehnminütigen Erklärung kam er auf den entscheidenden Punkt – das Schiff sollte anscheinend »ausgewiesen« werden. Da eine gewisse Zeit für die Übersetzung benötigt wurde, erreichte der Inhalt der Botschaft das Weiße Haus erst etwa eine Stunde später.

Um 19.09 Uhr, bevor Hu Nim zum praktischen Teil seiner Erklärung kam, begann unser Hubschrauberangriff auf Koh Tang.

Um 19.20 Uhr ließen die Verantwortlichen der Roten Khmer auf der Insel Koh Rong Sam Lem in der Nähe von Kompong Som, ohne daß Washington davon wußte, die Mannschaft der »Mayaguez« frei und brachten sie auf ein thailändisches Fischfangschiff.

Um 20.05 Uhr – der Wortlaut der Botschaft Hu Nims hatte das Weiße Haus noch nicht erreicht – starteten die ersten Maschinen von der »Coral Sea« mit Kurs Festland. Sie hatten etwa eine Stunde Flug vor sich, bis sie ihren Zielort erreichten.

Um 20.06 Uhr lief die erste Zusammenfassung der Erklärung Hu Nims über den Fernschreiber des Informationsdienstes für ausländische Rundfunkstationen (FBIS).[10]

Gegen 20.15 Uhr erhielten Scowcroft und ich die Zusammenfassung der Erklärung Hu Nims.

Um 20.25 Uhr legte der Zerstörer »Holt« längsseits der verlassenen »Mayaguez« an, und Marinesoldaten besetzten das Schiff.

Um 20.29 Uhr wurde der Präsident über die Rundfunksendung informiert.

In Hu Nims Erklärung wurde die Kaperung des Schiffes damit gerechtfertigt, daß die Roten Khmer Aktivitäten von »Spionageschiffen« des »US-Imperialismus« befürchteten. Außerdem hieß es, die »Mayaguez« sei in Kambodschas Hoheitsgewässer eingedrungen. Der praktische Teil der

Tirade stand ganz am Schluß: »Wir haben nicht die Absicht, es (das Schiff) ständig festzuhalten ... Da wir niemanden provozieren oder verärgern wollen, da wir uns zu Frieden und Neutralität bekennen, geben wir dieses Schiff frei.« Von der Mannschaft war in der Erklärung nicht die Rede.

Als diese erste – indirekte und zwielichtige, nicht wirklich offizielle – Mitteilung nach zweieinhalb Tagen bedrohlichen Schweigens im Lageraum des Weißen Hauses ankam, waren unsere militärischen Operationen bereits im Gange. Wir konnten den Angriff auf Koh Tang nicht stoppen, ohne zu riskieren, daß die dort eingesetzten mehr als einhundert Marinesoldaten von den Roten Khmer gefangengenommen wurden. Die »Mayaguez« sollte Minuten nach Empfang der Sendung besetzt werden.

Nun mußten wir entscheiden, ob Luftschläge gegen das Festland geführt werden sollten. Die Flugzeuge waren von der »Coral Sea« bereits aufgestiegen, hatten aber noch fünfzehn bis dreißig Minuten Flugzeit vor sich. Wir standen vor der Frage, ob wir die Bombenangriffe abblasen sollten. Das war eine schwierige Entscheidung. Da sich die Mannschaft bereits zweieinhalb Tage in der Hand eines Regimes befand, dessen mörderisches Treiben bereits ausreichend bekannt war, wirkte die Unsicherheit über ihr Schicksal höchst bedrohlich. Den Führern der Roten Khmer hatten viele Möglichkeiten offengestanden, ihre Entscheidung Stunden oder Tage früher bekanntzugeben. Sie hätten uns offiziell über die Chinesen oder die Vereinten Nationen informieren können. Das taten sie nicht.

Wenn die Roten Khmer andererseits die Absicht hatten, die Mannschaft freizulassen, sich nun aber weigerten, weil nach der Rundfunksendung ein Bombenangriff erfolgt war, dann mußten wir mit einer heftigen Reaktion des Kongresses rechnen. Deshalb bat ich Scowcroft, der Nationalen Militärischen Kommandozentrale mitzuteilen, ich wolle eine Entscheidung des Präsidenten einholen und auch Verteidigungsminister Schlesinger konsultieren. Da die Zeit sehr knapp war, schlug ich vor, die Maschinen von der »Coral Sea« sollten Kurs halten, aber keine Bomben abwerfen, bis der Präsident entschieden hatte.

Ford reagierte skeptisch, als ich ihn um 20.30 Uhr aufsuchte. Er war gerade im Begriff, den niederländischen Ministerpräsidenten zu begrüßen. Er werde keine seiner Direktiven ändern, erklärte er, bis er sicher sei, daß sich die Mannschaft in Freiheit befinde.

Schlesinger teilte die Meinung des Präsidenten. Nach allen Erfahrungen, argumentierte er, sei die Erklärung der Roten Khmer reine Propaganda. Als ich Ford um 20.50 Uhr noch einmal aufsuchte, um ihm Schlesingers Meinung mitzuteilen, war die »Mayaguez« bereits genommen; die Maschinen von der »Coral Sea« setzten ihren Flug fort. Ford entschied: »Teilen Sie ihnen mit, daß sie weitermachen sollen.«

Zugleich beschlossen wir, die Luftangriffe sofort einzustellen, wenn wir die Nachricht erhielten, daß die Mannschaft tatsächlich freigelassen worden war. Wie aber sollten wir diese Entscheidung den Roten Khmer mitteilen? Im Zeitalter der sofortigen Verbindung über eine Vielzahl von Kanälen waren wir bemerkenswert hilflos, wie wir diese Zusicherung übermitteln sollten. Außer China und Vietnam hatten keine anderen Staaten Botschaften in Kambodscha. Das Land selbst unterhielt überhaupt keine Vertretungen im Ausland, über die wir mit Phnom Penh hätten in Kontakt treten können.

Nachdem wir kurz mit dem Gedanken gespielt hatten, uns in das Kommunikationsnetz Kambodschas einzuschalten, kamen wir zu dem Schluß, der schnellste Weg sei, den Nachrichtenagenturen eine Erklärung zu übergeben. Scowcroft bat Ron Nessen in mein Büro, um ihm den Entwurf einer Erklärung zu übergeben, die er der Presse verlesen sollte. Nessen lehnte ab. Er pochte darauf, daß ich nicht das Recht hätte, ihn zu mir zu rufen. Was die Mitteilung über die Militäraktion betraf, so argumentierte er einleuchtend, wenn er anbiete, militärische Operationen zu beenden, von denen die amerikanische Öffentlichkeit noch gar nichts wußte, würde das nur Verwirrung auslösen. Er hatte zwar recht, aber das löste unser Problem nicht. Schließlich mußte Scowcroft Nessen fast gewaltsam in mein Büro zerren, damit er half, die folgende Erklärung fertigzustellen, die um 21.15 Uhr an die Medien gegeben wurde:

Wir haben in einer Rundfunksendung gehört, daß Sie bereit sind, das Dampfschiff »Mayaguez« freizulassen. Wir begrüßen dies, wenn es zutrifft.

Wie Sie wissen, haben wir das Schiff bereits besetzt. Sobald Sie die Erklärung abgeben, daß Sie bereit sind, die Mitglieder der Mannschaft, die Sie in Ihrer Gewalt haben, unverzüglich und bedingungslos freizulassen, werden wir die militärischen Operationen sofort einstellen.

Auf diese Erklärung haben wir niemals eine Antwort erhalten. Um 22.49 Uhr nahm der gerade eingetroffene Zerstörer »Wilson« die Mannschaft der »Mayaguez« an Bord. Man hatte sie auf ein thailändisches Fischfangschiff gebracht und ihr weiße Tücher an langen Stangen mitgegeben, um amerikanische Flugzeuge oder Schiffe auf sich aufmerksam zu machen. Der Präsident erfuhr davon Minuten später im Oval Office, wo er und einige enge Mitarbeiter nach dem mißglückten Abend mit den Uyl beisammensaßen.

Selbst wenn eine Krise in Hochstimmung endet, wie in diesem Fall natürlich, folgt nach meiner Erfahrung bald darauf fast immer die unvermeidbare Ernüchterung. Zunächst erinnert uns jeder Triumph daran, daß die Außenpolitik keine Ruhestunde kennt und jeder Erfolg sofort neue Entscheidungen nach sich zieht. Häufig stößt man aber, was noch wichtiger ist, bei der Manöverkritik auf Probleme, die man vorher nicht vermutet hatte. Im Fall der »Mayaguez« beschlich mich bei allem Stolz darauf, was wir erreicht hatten, das ungute Gefühl, daß wir uns eine Krise mit so viel bürokratischer Konfusion wie diese nicht noch einmal leisten konnten.

Selbst als die im Oval Office Versammelten den Erfolg feierten, wurden sie daran erinnert, wie schlecht das Verhältnis zwischen dem Verteidigungsminister und dem Präsidenten war. Schlesingers Sprecher Joseph Laitin gab selbst die Nachricht heraus, daß die Mannschaft in Sicherheit sei, statt die Verkündung dieser guten Botschaft dem Präsidenten zu überlassen. So wurde Ford, der uns mit fester Hand zu diesem Ausgang geführt hatte, gezwungen, das Ende der Krise zähneknirschend fast wie einen Nachtrag bekanntzugeben, nachdem er seinen Smoking rasch gegen einen Straßenanzug ausgetauscht hatte. Danach kam er ins Oval Office zurück und sagte lakonisch: »Ich fahre jetzt nach Hause und gehe ins Bett.« Das war das Ende der »Mayaguez«-Krise.[11]

Sie hatte aber ein Nachspiel. Bei allem Stolz auf das Ergebnis und die Fähigkeit des Verteidigungsministeriums, die Schlagkraft Amerikas so rasch zur Geltung zu bringen, blieben bohrende Fragen. Die Nachrichtendienste hatten, alles in allem, eine schwache Leistung gezeigt. Von der ersten Sitzung des Nationalen Sicherheitsrates an mußten Entscheidungen zu oft auf der Grundlage von Informationen gefällt werden, die sich im nachhinein fast immer als falsch erwiesen. Die Krise endete unter dem Vorzeichen einer ungenauen Einschätzung der Situation auf Koh Tang, wo, so sagte man uns, einige Mannschaftsmitglieder von nur sehr wenigen Bewachern der Roten Khmer festgehalten würden. Um fair zu bleiben: Sicher war es schwierig, Informationen in einer Gegend zu sammeln, die Washington in der Regel nur am Rande interessierte und wo man deshalb ganz von vorn beginnen mußte. Aber dieses Handikap wurde denjenigen, die sich im Kabinettssaal versammelten, niemals verdeutlicht.

Große Sorgen löste das offensichtliche Spannungsverhältnis zwischen dem Weißen Haus und dem Pentagon aus, das von Indiskretionen über die Debatten im Nationalen Sicherheitsrat bis zu der unbefriedigenden Art und Weise gekennzeichnet war, wie die militärischen Operationen geführt wurden. Diesmal ging es aber nicht um Reibungen zwischen Schlesinger und mir. Es war der Oberbefehlshaber Präsident Ford, der nicht ausreichend informiert wurde. Von einigen wichtigen Entscheidungen erfuhr er erst auf den abschließenden Sitzungen des Nationalen Sicherheitsrates und auch dann eher zufällig. Der Präsident hatte dem Einsatz der Flugzeuge von der »Coral Sea« statt der B-52-Bomber nur unter der Voraussetzung zugestimmt, daß maximale Anstrengungen unternommen und mindestens *vier* getrennte Luftschläge geführt werden sollten, die erst zu beenden waren, wenn er es befahl. Auf der Sitzung des Nationalen Sicherheitsrates am Donnerstag, dem 15. Mai 1975, die nach der Militäraktion stattfand, informierte General Jones über die Geschehnisse und kam auf die vier Einsätze zu sprechen, die von der »Coral Sea« geflogen worden waren. Zur ersten Welle sagte er: »Die erste Welle war bewaffnete Aufklärung. Munition wurde nicht eingesetzt.« Ich sah, wie Fords Gesicht rot anlief. Er hielt sich jedoch zurück, bis ihm bei dem folgenden Wortwechsel der Geduldsfaden riß:

Kissinger: Wie viele Flugzeuge waren insgesamt im Einsatz?

Jones: Zweiunddreißig bis vierzig.

Schlesinger: Nicht alle einundachtzig, die auf dem Flugzeugträger stationiert sind.

Als deutlich wurde, daß die »Coral Sea« bei weitem nicht, wie vom Präsidenten befohlen, maximalen Einsatz gezeigt hatte, unterbrach Ford die Sitzung und forderte mich auf, mit ihm den Kabinettssaal für einen Augenblick zu verlassen. Er bat mich, noch einmal zusammenzufassen, wie ich seine Anordnungen verstanden hätte. Nachdem ich das getan hatte, ging er ohne ein weiteres Wort in die Sitzung zurück. Zu Schlesinger gewandt sagte er kalt:

Jim, ich bitte um einen vollständigen Tatsachenbericht mit einer Zusammenfassung und einer Chronologie der Abläufe. Er soll die Befehle, die gesammelten Ergebnisse, Fotos usw. enthalten sowie Angaben darüber, was wir wann unternommen haben.

Damit beendete der Präsident die Debatte über die »Mayaguez« und wandte sich einem anderen Thema zu.

Bei unserer täglichen Besprechung am nächsten Morgen war Ford immer noch verärgert darüber, daß die erste Welle ihre Waffen nicht zum Einsatz gebracht hatte. Er räumte ein, daß die Pause, die angeordnet werden mußte, um die Erklärung der Roten Khmer zu besprechen, eine gewisse Verwirrung ausgelöst haben konnte. Aber es nagte an ihm, daß man ihm von »bewaffneter Aufklärung« – was immer das bedeutete – nichts gesagt hatte. Schlesinger hatte bei ihm den gegenteiligen Eindruck erweckt, als er nach der ersten Welle meldete: »Erster Schlag abgeschlossen.« Vor allem aber fand es Ford unverzeihlich, daß der vierte Schlag einfach abgesetzt worden war:

Ford: Soweit ich mich erinnere, habe ich (dem Befehlshaber der Marineoperationen Admiral James) Holloway befohlen, mit dem Beschuß fortzufahren, bis ich die Einstellung befehle.

Scowcroft: So habe auch ich es im Gedächtnis. Und Schlesinger haben Sie das gleiche gesagt.

Ford: Ich verlange eine detaillierte Auflistung der Befehle, die hinausgegangen sind, und aller Veränderungen, die danach folgten. Ich erwarte eine Einschätzung der Operation einschließlich der zeitlichen Abfolge der Starts und was danach geschah.

Kissinger: Sie sollten alle Befehle anfordern, die seit Beginn der Operation gegeben wurden.

Ford: Das schließt auch die Befehle des Pentagons an das CINCPAC (das US-Kommando Pazifik) und von dort an die Kommandeure vor Ort ein. Ich möchte, daß die Dokumente des Verteidigungsministeriums mit den im Nationalen Sicherheitsrat ergangenen Weisungen verglichen werden... Dazu gehört, was bei der ersten Welle, der zweiten Welle und den nachfolgenden Wellen geschah. Ich habe den Eindruck, daß die im Lageraum gefaßten Beschlüsse im NMCC (der Nationalen Militärischen Kommandozentrale des Pentagons) umgangen werden.

Die Überprüfung klärte nicht alle Ungereimtheiten auf. Unser Durcheinander war teilweise zweifellos auf unser anfängliches Zögern zurückzuführen, ob wir angesichts der kambodschanischen Erklärung die Luftschläge gegen das Festland führen sollten oder nicht. Ford hatte aber seinen ursprünglichen Befehl um 20.51 Uhr ausdrücklich bestätigt, was Schlesinger und dem NMCC um 20.52 Uhr mitgeteilt worden war. Was die vierte Welle betraf, so erfuhren wir während Jones' Informationsgesprächs, daß man sie nie gestartet hatte und daß auch die anderen Wellen nicht mit voller Stärke geflogen wurden, wie Ford angeordnet hatte. Um Schlesinger Gerechtigkeit widerfahren zu lassen, kann man annehmen, er handelte auf der Grundlage der Erklärung Nessens vom frühen Abend, der als Antwort auf die Rundfunksendung der Khmer verkündet hatte, die Militäraktionen würden eingestellt, sobald die Gefangenen freigelassen seien.

Im nachhinein zeigen all diese Ereignisse, wie riskant es ist, eine Militäroperation im Nationalen Sicherheitsrat zu planen, ohne daß eine Arbeitsgruppe Vorbereitungen trifft und ein Beamter, nicht der Präsident selbst, die Verantwortung für die Koordinierung der Einzelheiten trägt. Der Nationale Sicherheitsrat ist besser geeignet, Entscheidungen von großer Tragweite zu fällen, als die Durchführung bis ins Detail zu organisieren. Der

Präsident hatte auf der Sitzung des Nationalen Sicherheitsrates Schläge mit voller Kraft angeordnet. Da der Vorsitzende der Joint Chiefs of Staff nicht anwesend war, stand kein Militär mit ausreichend engem Kontakt zum Präsidenten zur Verfügung, der dessen Befehle unzweideutig über die Kommandokette weitergeben konnte. So erhielt der Verteidigungsminister, der nach unserem System kein unmittelbares Glied der Kommandokette ist, die entscheidende Stimme. Wir, die wir in stündlichem Kontakt mit dem Präsidenten standen, kamen gar nicht auf den Gedanken, er hätte gemeint, die erste Angriffswelle von Flugzeugen solle lediglich bewaffnete Aufklärung durchführen und ihre Waffen nicht einsetzen. Wie verschiedene Mitglieder des Nationalen Sicherheitsrates mit noch weniger Kontakt zu Ford seine Direktiven auffaßten, hätte nicht ihrer subjektiven Interpretation überlassen werden dürfen.

Der Nationale Sicherheitsrat ist zu schwerfällig, um Operationen in den genannten Einzelheiten zu überwachen. Deshalb bildete Präsident Kennedy während der Kubakrise das sogenannte Ex-Comm (Exekutivkomitee des Nationalen Sicherheitsrates), deswegen stellten die Nixon- und die Ford-Administration dem Nationalen Sicherheitsrat in solchen Situationen die Washington Special Actions Group (WSAG) auf der Ebene der stellvertretenden Unterstaatssekretäre zur Seite. Hier aber hatten die auf der Sitzung des Nationalen Sicherheitsrates anwesenden führenden Beamten in taktischen Fragen direkt mit dem Präsidenten zu tun oder erweckten zumindest gegenüber ihren Untergebenen diesen Eindruck. So war es schwierig, im nachhinein festzustellen, wer für die einzelnen Handlungen tatsächlich verantwortlich war.

Auch die Überprüfung der verschiedenen Befehle, die vom Pentagon ausgingen, konnte nicht aufklären, warum die Maschinen der ersten Welle keine Bomben abgeworfen hatten, warum Schlesinger dem Präsidenten berichtet hatte, der erste Schlag sei »vollzogen«, und warum die vierte Angriffswelle gar nicht erst geflogen worden war. In seinen Memoiren schreibt Ford, die Erklärungen des Pentagons seien »unbefriedigend« gewesen, aber er habe »die Angelegenheit fallengelassen«, weil die Operation insgesamt erfolgreich war.[12] Zwar rollten damals keine Köpfe, aber Fords Vertrauen zu seinem Verteidigungsminister war zerstört.

Nun blieb nur noch, mit einigen Nachwehen fertig zu werden, die bei jeder Krise auftreten. Die Reaktion der meisten Staaten außerhalb des kommunistischen Blocks reichte von Erleichterung bis Gleichgültigkeit. China versuchte seine konziliante Haltung während der Krise dadurch wettzumachen, daß der stellvertretende Ministerpräsident Li Hsian-nian das Verhalten Amerikas auf einem Empfang einen »Piratenakt« nannte. Seine Worte waren an exponierter Stelle in der *People's Daily* zu lesen. Zwar waren diese und ähnliche Bemerkungen keine offiziellen Erklärungen, trotzdem wies ich Winston Lord (den Chef des Stabes für Politische Planung) und William Gleysteen (den für Ostasien zuständigen stellvertretenden Unterstaatssekretär) an, am 23. Mai gegenüber dem Leiter des Pekinger Verbindungsbüros in Washington, Han Hsu, folgenden Protest zum Ausdruck zu bringen:

Erklärungen wie die der chinesischen Seite können in unserer Öffentlichkeit folgenschwere Wirkungen auslösen. Wenn weiterhin derartige Äußerungen getan werden, wird das für unsere Beziehungen nicht hilfreich sein.

Eine andere offene Frage, mit der wir uns dringend befassen mußten, war Thailands Reaktion. Wir hatten unsere Stützpunkte in diesem Land benutzt, ohne eine Genehmigung einzuholen, ja ohne die Regierung überhaupt zu informieren. Angesichts des Zusammenbruchs in Indochina hatte Thailand bereits verlangt, daß wir diese Stützpunkte innerhalb eines Jahres räumen sollten. Nun wurden wir zum sofortigen Abzug aufgefordert, allerdings in Form einer rein symbolischen Geste. Am 19. Mai sandten wir eine Note, in der wir zum einen unser Bedauern »über die Mißverständnisse« zum Ausdruck brachten, »die zwischen Thailand und den Vereinigten Staaten entstanden sind«, und andererseits unsere Entschlossenheit erklärten, »in Harmonie und Freundschaft mit der Königlichen Regierung Thailands« zusammenarbeiten zu wollen. Die Beziehungen normalisierten sich bald wieder. Der thailändische Botschafter, den man abberufen hatte, kehrte nach Washington zurück, und das amerikanische Militärpersonal wurde nach dem ursprünglichen Plan innerhalb eines Jahres aus Thailand abgezogen.

Krisen in Washington enden erst, wenn die Medien es beschließen. Zu diesem Ritual gehört die unvermeidliche Abschlußpressekonferenz. Diesmal fand sie am 16. Mai 1975 im Außenministerium statt. Die bohrenden Fragen der Presse hat wohl am besten John Osborne beschrieben, der sie als »eine Schande für den Journalismus und die betreffenden Journalisten«[13] bezeichnete. Den Ton bestimmte bereits die Eingangsfrage, die die ganze Operation »diese Kaperung« nannte. Alle nachfolgenden Fragen enthielten in dieser oder jener Form unausgesprochene Vorwürfe: daß wir die Souveränität Thailands verletzt hätten, daß unsere Flugzeuge die Mannschaft hätten töten können, statt sie zu retten, daß die Regierung der Vereinigten Staaten im Unrecht sei, weil sie alle Schiffe in der Gegend hätte vorwarnen müssen, daß die ganze Aktion unternommen worden sei, um die Moral der amerikanischen Öffentlichkeit zu heben, daß wir der Diplomatie keine Chance gegeben hätten.

Ich, der ich derartige Angriffe bereits gewohnt war, erwiderte darauf:
– Wir konnten keine Wiederholung des »Pueblo«-Vorfalls riskieren, als man eine unschuldige Mannschaft als Geiseln nahm und uns zugleich mit der Aussicht auf Verhandlungen hinhielt.
– »Wir haben keinerlei Mitteilung oder Angebot erhalten, das uns in die Lage versetzt hätte, eine diplomatische Lösung zu prüfen.« Als wir die ohnehin viel zu verschwommene Rundfunkerklärung der Roten Khmer empfingen, hatte die Operation bereits begonnen.
– Wir hatten nicht die Gelegenheit gesucht, unseren Mannesmut zu beweisen. Für Amerikas Rolle in der Welt war es nach dem Fall Saigons allerdings wichtig zu demonstrieren, daß es Grenzen gab, die zu überschreiten die Vereinigten Staaten nicht zuließen.

Am 17. Mai lief die »Mayaguez« in Singapur ein, wo die Pressemeute sie bereits erwartete. Direkt am Kai wurde eine Pressekonferenz abgehalten. Es zeigte sich bald, daß der Kapitän des Schiffes, Charles T. Miller, dem politisch »richtigen« Drehbuch nicht folgen wollte, das die Journalisten bevorzugten. Auf zynische Fragen lobte er Präsident Ford und die Marinesoldaten der Vereinigten Staaten dafür, daß sie sein Schiff und die Mannschaft gerettet hatten. Hätte es nicht diese militärischen Rettungsbemühungen gegeben, erklärte der Kapitän feierlich, dann wäre die Mannschaft »jetzt im Gefängnis oder tot«. Miller war sichtlich bewegt, als er schilderte, wie die Mannschaft auf den Kriegsschiffen, die sie aufgenommen hatten, erfuhr, daß bei der militärischen Rettungsaktion Marines getötet und verwundet worden waren.

Kapitän Miller bestätigte, daß vor allem die amerikanische Militäraktion die Roten Khmer dazu bewogen hatte, das Schiff und die Mannschaft freizugeben. Der Kapitän hatte die amerikanischen Militärmaßnahmen als Verhandlungtrumpf benutzt. Er hatte seinen kambodschanischen Bewachern erklärt, wenn man die Mannschaft gehen lasse, werde er sich bei der amerikanischen Regierung dafür einsetzen, daß sie keine weiteren militärischen Schritte unternehme.

Am 23. Mai faßte Ford den »Mayaguez«-Zwischenfall auf seine nüchterne Art in einem Interview für europäische Journalisten zusammen, das die BBC aufzeichnete:

> Ich bin sicher, sowohl in den Vereinigten Staaten als auch weltweit wird die Behandlung des »Mayaguez«-Zwischenfalls als ein Zeichen der Entschlossenheit der Vereinigten Staaten verstanden werden, daß wir willens und in der Lage sind, in Notsituationen auf Herausforderungen zu reagieren. Ich denke, dies ist ein ganz klarer Hinweis darauf, daß wir nicht nur stark sind, sondern auch den Willen und die Fähigkeit besitzen zu handeln.[14]

Damit verschwand Indochina von der Tagesordnung der Vereinigten Staaten. Was Ford erklärt hatte, traf zu. Es konnte nur nichts an der Tatsache ändern, daß wir nach Indochina gegangen waren, um ein Land zu retten. Was wir am Ende zu retten vermochten, war nicht mehr als ein Schiff.

XIX. Tragödie in Kurdistan

Die Ursprünge des Programms

Die Götter waren den Freunden Amerikas im Jahr 1975 nicht gewogen. In dem Augenblick, als der Kongreß die Menschen Indochinas dem kommunistischen Joch überantwortete, überließ der Schah von Persien die irakischen Kurden schutzlos dem radikalen Regime in Bagdad, das damals zwar noch nicht offiziell von Saddam Hussein geführt, aber bereits von ihm kontrolliert wurde.

Die Vereinigten Staaten hatten den Kurden seit 1972 Beistand geleistet, wenn auch unser Engagement dort im Vergleich zu den Anstrengungen, die wir in Indochina unternommen hatten, kaum ins Gewicht fiel. Indochina hätte zumindest 1975 vor dem Fall bewahrt werden können, wenn wir unseren Verbündeten die Unterstützung hätten zukommen lassen, die sie zu Recht erwarten konnten. Die Kurden zu retten dagegen bedeutete, in unzugänglichen Bergen nahe der sowjetischen Grenze eine völlig neue Front zu eröffnen. Das hieß, ein neues Engagement von beträchtlichem Ausmaß mit unabsehbaren Folgen und offenem Ausgang einzugehen, während Indochina zerfiel, das Ost-West-Verhältnis abkühlte und die Nahostverhandlungen in einer Sackgasse steckten – und das alles, um eine »verdeckte Operation« aufrechtzuerhalten, von der die amerikanische Öffentlichkeit nichts ahnte, während die Kritik an solchen Aktivitäten im Kongreß an Schärfe zunahm.

In nur wenigen Monaten entwickelte sich das Schicksal der Kurden jedoch zu einem weiteren Akt der Selbstgeißelung, mit der man in den narzißtischen siebziger Jahren für den überschäumenden Optimismus der frühen sechziger zu büßen gedachte. Kongreßausschüsse attackierten die Nixon-Administration, weil sie versucht hatte, den Kurden im Ringen um Autonomie zu helfen, die Ford-Administration dagegen, weil sie den Schah nicht daran hinderte, aus diesem gemeinsamen Unternehmen auszusteigen. Das war die Art, wie manche, die die Hauptverantwortung dafür trugen, daß Indochina im Stich gelassen wurde, ihr Gewissen zu beruhigen suchten.

Die kurdische Tragödie hat vor allem historische und geographische Ursachen, wurde aber durch unsere nationale Spaltung weiter verschlimmert. Das kurdische Volk, das heute über fünfundzwanzig Millionen Menschen zählt, ist das Opfer einer Geschichte, die Jahrhunderte zurückreicht. Seit am Ende des Ersten Weltkrieges im Nahen Osten Nationalstaaten entstanden, ist es über den Iran, den Irak, Syrien, die Türkei und die ehemalige Sowjetunion verstreut. Man hatte den Kurden einen unabhängigen Staat versprochen, aber ihre Forderung nach nationaler Selbstbestimmung wurde nicht beachtet, als die europäischen Mächte nach dem Ersten Weltkrieg im Nahen Osten die Grenzen zogen. Seitdem haben die nationalen Bestrebungen der Kurden immer wieder die Einheit ihrer Gastländer herausgefordert, die zu den Vereinigten Staaten in einem ganz unterschiedlichen Verhältnis stehen: Einige, wie die Türkei, sind ihre Verbündeten, andere, wie der Irak, tendieren dazu, ihre Gegner zu sein. Der Iran ist zu verschiedenen Zeiten beides gewesen, während Syrien sich selbst als blockfrei versteht. Staaten, die keine kurdischen Gemeinschaften auf ihrem Gebiet haben, wie zum Beispiel Israel und Jordanien, haben die Kurden aus geopolitischen Gründen und zur Schwächung ihrer Gegner, vor allem des Irak (siehe Karte), von Zeit zu Zeit unterstützt.

Amerikas Engagement hat sowohl ideologische als auch strategische Wurzeln. Die Wilsonsche Tradition drängt uns, für nationale Selbstbestimmung einzutreten. Sie beschwört jedoch auch das ewige politische Dilemma Amerikas herauf: die Grenzen seiner moralischen Verpflichtung in einer Gegend zu bestimmen, die so weit entfernt und unzugänglich ist wie die kurdischen Gebirgsenklaven, die wiederum auf dem Gebiet von Staaten liegen, an denen Amerika ein begründetes nationales Interesse hat. Wo endet die bedingungslose Unterstützung der kurdischen Bestrebungen im Blick auf eine Region, die den strategischen Dreh- und Angelpunkt zwischen dem ölreichen Nahostbogen und dem Persischen Golf darstellt?

Ein Faktor, der die Sache weiter erschwerte, bestand darin, daß die amerikanische Hilfe nur über das Territorium von Verbündeten der Vereinigten Staaten in die Kurdengebiete gelangen konnte: über den Iran während der Amtszeit Fords und über die Türkei seit Clinton. Aber diese Staaten teilten das amerikanische Ziel, zu verhindern, daß entweder ein Regime von Kommunisten oder von Verbrechern die kurdischen Enklaven kontrollierte, nur bis zu einem gewissen Punkt. Weder der Iran der siebziger noch die Türkei der neunziger Jahre hatten das geringste Interesse daran, den kurdischen Nationalismus so weit anzustacheln, daß die kurdische Bevölkerung im eigenen Land davon erfaßt wurde. Keiner war auch bereit, die eigene kurdische Minderheit an einen kurdischen Staat abzutreten. Zugleich spielten beide Länder eine zentrale Rolle in der amerikanischen Gesamtstrategie.

Dieser Zwiespalt begleitete die amerikanischen Bemühungen in den Kurdengebieten des Irak und verursachte letztlich auch ihr Scheitern. Nachbarstaaten wie die Türkei oder der Iran unterstützten die Kurden, um den Druck des Irak von ihrem eigenen Territorium abzulenken. Aber sie waren zu keinem Zeitpunkt bereit, die Gründung eines kurdischen Nationalstaates ins Auge zu fassen. Andererseits befürworteten auch die Administrationen von Nixon, Ford, Bush oder Clinton keineswegs die Unabhängigkeit der irakischen Kurden und noch weniger die der in den Nachbarstaaten ansässigen. Alle versuchten Autonomie für die Kurden mit dem Erhalt der territorialen Integrität des Irak zu verbinden, weil sie fürchteten, daß dessen Zerfall Jahrzehnte heftiger Auseinandersetzungen unter den Nachbarstaaten über die Aufteilung auslösen könnte. Besonders seit der Iran sich unter Ajatollah Khomeini zu einem fundamentalistischen Feindstaat wandelte, galt die territoriale Integrität des Irak als Gegengewicht zu den iranischen Ambitionen.

Die Wechselwirkung dieser widersprüchlichen Ziele mußte den Kurden Enttäuschung und schweres Leid bringen. Das war im März 1975 der Fall, als der Iran und der Irak übereinkamen, ihren jeweiligen nationalen Interessen den Vorzug gegenüber der kurdischen Autonomie zu geben. Die Tragödie wiederholte sich 1996, als es Saddam Hussein gelang, die nach dem Golfkrieg 1991 unter amerikanischer Federführung errichtete kurdische Autonomie wesentlich einzuschränken, weil eine Fraktion der Kurden sich mit ihm verbündete, um ihre von den Amerikanern unterstützten Rivalen zu bekämpfen. Meiner Meinung nach hatte die Ford-Administration bessere Gründe, sich nicht zu engagieren, als Clinton, aber beide Fälle zeigen die Grenzen und die Komplexität unserer Interessen im fernen Land der Kurden.

Die Administrationen Nixons und Fords waren nicht diejenigen, die sich die Unterstützung für die kurdischen Autonomiebestrebungen ausdachten, wie gewöhnlich behauptet wird, aber sie waren die ersten, die dafür unmittelbar amerikanische Mittel einsetzten. Da wir eine ethnische Gruppe gegen ihre rechtmäßige Regierung unterstützten und da andere Staaten, besonders der Iran und Israel, einbezogen waren, mußte die Operation »verdeckt« durchgeführt werden, also in der Grauzone zwischen offener Gewaltanwendung und Diplomatie vonstatten gehen.

Unser direktes Engagement für die Kurden wurde bei Nixons Treffen mit dem Schah von Persien im Mai 1972 eingeleitet, das auf den Gipfel mit Breschnew in Moskau folgte. Eine Woche Gastfreundschaft des Kremls zur Feier der Entspannung hatte Nixons strategische Prioritäten nicht ändern können. Wenn er die Entspannung förderte, tat er das nicht aus purem guten Willen, sondern um für die Vereinigten Staaten im globalen politischen Wettstreit mit der Sowjetunion Spielraum zu gewinnen.

Von diesem Wettstreit war auch der Irak betroffen, unmittelbar vor der Haustür des Schahs gelegen. Es ging um die künftige politische Orientierung eines Landes, dessen Ölreserven nur denen Saudi-Arabiens nachstehen, das also die Möglichkeit hatte, das Gleichgewicht im Nahen Osten, besonders in der Golfregion, zu bedrohen. Im Jahr 1968 war in Bagdad die Baathpartei an die Macht zurückgekehrt; sie vertrat innenpolitisch ein radikales sozialistisches Programm und hatte außenpolitisch dem Westen Kriegsfeindschaft geschworen. Es war deshalb nicht verwunderlich, daß der Irak sich unter Saddam Hussein immer stärker der Sowjetunion annäherte. Dies geschah zu einer Zeit, als die Anwesenheit von fünfzehntausend sowjetischen Soldaten in Ägypten die Gefahr heraufbeschwor, daß der ganze Nahe Osten unter den strategischen Einfluß der Sowjetunion geriet. Welchen Stellenwert wir der Entspannung auch beimaßen, die Verringerung des sowjetischen Einflusses war ein zentrales Ziel unserer Strategie. Die Entspannung diente uns als Mittel, die Risiken dieser Strategie in Grenzen zu halten.

Die Staaten, die sich durch die neue Orientierung des Irak am meisten bedroht fühlten, waren Jordanien und der Iran, die beide eine lange Grenze zum Irak haben, dazu Israel, das jedes mit sowjetischen Waffen gestützte radikale arabische Regime mißtrauisch beäugte. Alle drei waren Freunde der Vereinigten Staaten. Alle drei gewährten auch den Kurden verdeckte Unterstützung. Das kurdische Streben nach Autonomie im unwirtlichen, gebirgigen Norden des Irak war für sie eine Karte, die sie spielten, um die Stoßkraft und die militärischen Mittel des Baathregimes von ihren eigenen Grenzen abzulenken. Zwar beteiligten wir uns nicht unmittelbar an dieser verdeckten Unterstützung, aber unsere Nachrichtendienste wurden von ihren Partnern in allen diesen Ländern auf dem laufenden gehalten. Und natürlich erhielten sie alle amerikanische Militär- und Wirtschaftshilfe.

Einen flüchtigen Augenblick lang schien es, als ob der Irak und die Kurden ihre Differenzen beilegen könnten. Am 11. März 1970 wurde zwischen Bagdad und dem Kurdenführer Mustafa Barsani eine Vereinbarung geschlossen.[1] Die Baathregierung erklärte sich einverstanden, den Irak zu einem multiethnischen Staat umzugestalten, der zwei Nationalitäten, Kurden und Araber, beherbergte. Den Kurden wurden ein Vizepräsident, die Anerkennung des Kurdischen als Amtssprache und eine proportionale Vertretung in dem neu errichteten irakischen Parlament zugestanden.

In den folgenden Monaten erwies sich die Definition von »Autonomie« als ein Stolperstein des Abkommens, wie es immer der Fall ist, wenn versucht wird, die Macht zwischen verfeindeten ethnischen Gruppen zu teilen. Für Barsani bedeutete Autonomie einen Zustand, der einer faktischen Unabhängigkeit nahekam, während Saddam Hussein das Abkommen als taktischen Schritt auf dem Weg zur Durchsetzung des baathistischen Ideals von einem Einheitsstaat sah.

Im Herbst 1971 erreichte das Verhältnis zwischen den Kurden und Bagdad erneut einen kritischen Punkt. Die Kurden warfen Saddam Hussein einen Anschlag auf Barsanis Leben vor. Hussein verstärkte noch ihr Mißtrauen, indem er Kurs auf eine Regierung der nationalen Einheit nahm, an der auch die Kommunistische Partei beteiligt war. Das bedeutete eine Isolierung der Kurden, die sich mit Unterstützung des Iran und Israels wieder dem Guerillakampf zuwandten. Im November 1971 und noch einmal im März 1972 forderte der Schah Nixon auf, mit ihm bei der Unterstützung

Barsanis zusammenzuarbeiten. Am 28. März agierte der jordanische König als Übermittler eines direkten Appells Barsanis an Nixon. Israel forderte zwar niemals direkt materielle Mittel an, teilte uns aber immer wieder seine Sorge über die Entwicklung der irakischen Politik und sein Interesse an einer Autonomie der Kurdengebiete mit.

Wir hatten die Forderungen nach direkter Hilfe bisher abgelehnt, weil wir weder einen noch stärkeren Zustrom sowjetischer Waffen noch den wachsenden Einfluß der Sowjetunion provozieren wollten. Der amerikanische Botschafter im Iran, Joseph Farland, warnte, eine verdeckte Operation zugunsten der Kurden könne sich zu einer Endlosgeschichte auswachsen, und wenn man sie dann stoppte, zu »unglücklichen Fehlinterpretationen« führen.

Ein Besuch des sowjetischen Ministerpräsidenten Alexei Kossygin in Bagdad im April 1972 gab uns Anlaß, unsere bisherige Politik der Nichteinmischung zu überdenken. Am 9. April unterzeichnete er einen Freundschaftsvertrag mit dem Irak, der umfangreiche Lieferungen sowjetischer Waffen vorsah, obwohl sich Amerika bisher nicht für die Kurden engagiert hatte. Der Irak stellte nun eine geopolitische Herausforderung dar und war auf dem besten Weg, zum Hauptverbündeten der Sowjetunion in der Region zu werden. Durch die zusätzlichen Waffenlieferungen ermutigt, verstärkten die irakischen Truppen ihre Angriffe gegen die Kurden in einem Ausmaß, das durch verdeckte iranische und israelische Hilfe nicht mehr aufgefangen werden konnte. Es kam zu Zusammenstößen zwischen irakischen und iranischen Truppen an der gemeinsamen Grenze.

So gestaltete sich das Umfeld, als Nixon den Schah am 30. und 31. Mai 1972 in Teheran besuchte. Wir alle waren noch erschöpft von den körperlichen und psychischen Strapazen des Moskauer Gipfels, den Nixon trotz der Bombardierungen und der Blockade Nordvietnams gut über die Bühne gebracht hatte. Immerhin handelte es sich um einen Verbündeten der Sowjetunion und um Maßnahmen, die er zwei Wochen vor seinem geplanten Besuch und sechs Monate vor der nächsten Präsidentschaftswahl angeordnet hatte, um eine vietnamesische Offensive zu stoppen.

Die überwältigende iranische Gastfreundschaft erschöpfte die Delegation und die sie begleitenden Korrespondenten zusätzlich. Bei seinem Toast auf dem prächtigen Begrüßungsempfang des Schahs unterlief Nixon ein peinlicher Fauxpas. Das Scheinwerferlicht war so grell, daß der Präsident seine Rede nicht ablesen konnte, denn er weigerte sich, vor Fernsehkameras eine Brille zu tragen. Nixon beschloß, frei zu sprechen, was ihm auch mit Erfolg gelang, nur ein passender Schluß schien ihm nicht einzufallen. Er drehte sich mehrmals im Kreis, bis ihm der rettende Gedanke kam. Nixon blickte dem Schah voll ins Gesicht und erinnerte den König der Könige an einen Ausspruch Eisenhowers, daß alle Senatoren, die er kannte, in höhere Verhältnisse eingeheiratet hätten. In diesem Sinne, schloß Nixon triumphierend, bringe er einen Toast auf Seine Majestät und die charmante Kaiserin an seiner Seite aus. Von der iranischen Seite erntete er dafür nur sehr lauen Beifall.

Derart flotte Sprüche waren jedoch bald vergessen, als Nixon und der Schah darangingen, die internationale Lage zu erörtern. Nixon, der gerade im Kreml eine Menge pompöser Toasts ausgetauscht hatte, demonstrierte hier, daß er derjenige unter den amerikanischen Präsidenten war, der sich durch ein persönliches Verhältnis zum Führer der kommunistischen Supermacht am wenigsten beeinflussen ließ. In seinem Eingangsstatement bekräftigte er seine Entschlossenheit, zu Amerikas Freunden zu stehen und sowjetische Abenteuer im Nahen Osten zu unterbinden. Zwar wollten wir darauf achten, daß regionale Probleme sich nicht zu internationalen Konflikten ausweiteten, aber auch eine Veränderung des Kräfteverhältnisses auf der Welt oder im Nahen Osten nicht zulassen. In dieser Region wollten wir die Waage zu unseren Gunsten neigen, indem wir demonstrierten, daß die Ziele der Araber weder mit Radikalismus noch mit sowjetischen Waffen zu erreichen waren. Ich warf ein, wir akzeptierten keine »selektive Entspannung«. Diese definierte ich als »Lösung einiger Fragen mit manchen Gegnern, um andere zu isolieren… Das haben wir den Sowjets klarzumachen versucht.« Als der Schah ein Jahr später, im Juli 1973, Washington einen Gegenbesuch abstattete, faßte ich den Kern unserer Strategie so zusammen:

> Wir versuchen den Einfluß der Sowjetunion zu beseitigen, wo immer wir ihm begegnen, und sie zu zermürben, wenn sie sich auf Abenteuer einläßt. Wir wollen im Politbüro ein Denken befördern, daß man auf kostspielige Aktionen im Nahen Osten verzichtet, die keine Ergebnisse bringen.

Der Schah fand also bei Nixon ein offenes Ohr, als er von seiner Sorge sprach, daß »die Sowjets eine Koalition von Kurden, Baathisten und Kommunisten schmieden könnten. Die Kurdenfrage wäre dann nicht mehr ein Pfahl in ihrem Fleisch, sondern könnte zu einem Trumpf der Kommunisten werden.«

Nach dem Gespräch mit dem Schah traf Nixon zwei Entscheidungen. Als Gegenmaßnahme zu dem Waffengeschäft von Kossygin und Saddam genehmigte er den Verkauf von Hochleistungsflugzeugen, die der Schah bestellt hatte, deren Bewilligung aber bisher wegen eines bürokratischen Streits im Pentagon, ob man die F-15-Maschinen der Luftwaffe oder die F 14 der Marine liefern sollte, aufgehalten worden war. Nixon löste das Problem, indem er beide Möglichkeiten absegnete und es dem Schah überließ, die endgültige Wahl zu treffen. (Daher stammt die falsche Meldung, Nixon habe dem Pentagon befohlen, dem Schah zu geben, was immer er wolle. Diese Weisung betraf lediglich die Wahl zwischen den F 14 und den F 15.)

Gleichzeitig kam Nixon zu dem Schluß, daß die Erhebung der Kurden gegen die Bagdader Regierung ohne amerikanische Hilfe zum Scheitern verurteilt war. Amerikanische Beteiligung in irgendeiner Form war notwendig, um die Moral so wichtiger Verbündeter wie des Iran und Jordaniens aufrechtzuerhalten, so unterschiedlich deren Motive auch sein mochten, und um einen Beitrag zum Kräftegleichgewicht in der Region zu leisten.

Unser Ziel bestand darin, den Irakis die Durchsetzung ihres Regimes zu erschweren, die Verhandlungsposition der Kurden zu stärken und so Bagdad zu einer Politik zu bewegen, die die Sicherheitsbedürfnisse seiner Nachbarn und die Autonomiebestrebungen der kurdischen Minderheit berücksichtigte. Die Beteiligung Amerikas wurde als der Schlüssel angesehen: Amerika konnte die gelegentlich einander widersprechenden Ziele der anderen finanziell Beteiligten zusammenführen, die ihrem Verhältnis zu den Vereinigten Staaten große Bedeutung beimaßen, und Amerika konnte sie daran hindern, die Kurden im Stich zu lassen – eine Auffassung, die sich jedoch, wie wir noch sehen werden, als zu optimistisch erwies.

Interne Streitigkeiten

Seit die Ermittlungen gegen die Nachrichtendienste durch den Church- und den Pike-Ausschuß das Thema in Presse, Film und Fernsehen breitgetreten haben, sind die Angehörigen der amerikanischen Nachrichtendienste als fanatische kalte Krieger hingestellt worden, die sich jeder politischen Kontrolle entziehen und nichts anderes im Sinn haben, als in Verfolgung ihrer manischen Pläne die amerikanischen Werte in Mißkredit zu bringen. Wenn es eine solche CIA je gegeben hat, dann war sie während der Nixon- und der Ford-Administration offenbar in den Untergrund gegangen. Alle wichtigen Geheimoperationen jener Zeit – ob nun in Chile, im Kurdengebiet oder in Angola – wurden vom Weißen Haus angeordnet und deshalb verdeckt geführt, weil es für sie keine geeigneten Kategorien der offenen Diplomatie gab. Die Erhebung der Kurden spielte sich auf dem souveränen Gebiet eines international anerkannten Staates ab, der mit der Sowjetunion verbündet war. Diese Erhebung bekam bereits geheime Unterstützung seitens einer Gruppe von Staaten, die Verbündete Amerikas waren und von uns finanzielle Zuwendung erhielten. Dieser Konflikt drohte zu eskalieren, zugleich aber bestand für Saddam Hussein die Möglichkeit, seine Herrschaft zu festigen und das Kurdengebiet des Irak zu einer Basis für die Unterwanderung der Kurdengebiete in den Nachbarstaaten auszubauen. Mit der Zeit konnte sich diese Unterwanderung, wenn sie von den rasch wachsenden irakischen Streitkräften unterstützt wurde, zu einer mächtigen Waffe gegen die Golfstaaten, gegen Jordanien und den Iran entwickeln.

Aus heutiger Sicht scheint sich das Für und Wider einer Unterstützung der Kurdenaufstände eher die Waage zu halten als damals. Möglicherweise hätten wir die widerstreitenden Motive der Antiirakkoalition sorgfältiger analysieren und dabei auch die Folgen bedenken müssen, falls einer der Partner ausscherte. Vor allem aber hätten wir besser verstehen müssen, daß die Kurden sich als unzuverlässige Partner erweisen konnten, die schlecht in eine Gesamtstrategie einzuordnen waren. Was ihre Führer auch immer beteuerten – ihr Hauptziel blieb die Unabhängigkeit oder zumindest eine vollständige Autonomie. Sie mußten sich allen Versuchen widersetzen, ihre Prioritäten den Vorstellungen anderer Mächte von einem geopolitischen Gleichgewicht unterzuordnen. Wir mußten erfahren, daß es angenehmer ist, von Helden zu lesen, als mit ihnen zu tun zu haben. Ihre Kühnheit und ihre Starrköpfigkeit sind aus demselben Stoff gemacht.

Auch aus heutiger Sicht hätten wir keine andere Wahl gehabt, denn die Lage dort hat sich in dem Vierteljahrhundert, das seitdem vergangen ist, wenig verändert: Blieben wir untätig, hätte das zum Zerfall der bestehenden Antiirakkoalition führen können, die Kurden auf Gedeih und Verderb Saddam Hussein ausgeliefert und die Golfstaaten demoralisiert. Engagierten wir uns in der Region, konnten wir trotz allem nach einiger Zeit wieder vor dem gleichen Dilemma stehen, falls die Sowjets ihre Waffenlieferungen wesentlich aufstockten. Wenn man zwischen einer realen und einer möglichen Gefahr die Wahl hat, dann erscheint das ferne Risiko stets annehmbarer. Auf dieser Überlegung baute unsere Entscheidung von 1972 auf. Am 1. August 1972 unterzeichnete Nixon die Direktive für eine verdeckte Operation.

Eine offizielle Sitzung des Vierziger-Ausschusses darüber fand nicht statt. Aus Sicherheitsgründen wurde die Vorlage seinen wichtigsten Mitgliedern persönlich übergeben: dem Unterstaatssekretär, dem stellvertretenden Verteidigungsminister, dem Vorsitzenden der Joint Chiefs of Staff, dazu dem CIA-Direktor. Jeder hatte die Gelegenheit, Widerspruch einzulegen, aber keiner machte davon Gebrauch. Der Pike-Ausschuß machte später viel Aufhebens davon, daß keine offizielle Sitzung stattgefunden hatte; diese hätte aber sicher kein anderes Ergebnis gebracht.

Die Vereinigten Staaten stellten im Haushaltsjahr 1973 direkte Hilfe in Höhe von zweihundertfünfzigtausend Dollar pro Monat zur Verfügung. Dazu kamen weitere zwei Millionen Dollar für Munition, was insgesamt etwa fünf Millionen im Jahr ausmachte. Der Schah steuerte wesentlich mehr bei. Wenn man die Hilfen Israels, Großbritanniens und des Iran für die Kurden hinzunahm, dann stand ihnen monatlich etwa eine Million Dollar zur Verfügung. Gemessen am Kalten Krieg war das kein besonders starkes Engagement.

Während wir noch darüber nachdachten, ob es klug sei, daß Amerika in die Ereignisse eingriff, wies Ägypten im Juli 1972 die sowjetischen Soldaten und Militärberater aus. Damit wuchs die Bedeutung des Irak für die sowjetische Nahoststrategie. Moskau hatte nun ein weiteres Motiv, seine Beziehungen zum Regime in Bagdad zu verstärken. Ende August drängte das Politbüromitglied Michail Suslow Barsani, Saddam Husseins neues Angebot einer Einheitsregierung anzunehmen. Suslow warnte, nachdem die Sowjetunion aus Ägypten vertrieben worden sei, messe sie ihrem Verhältnis zum Irak noch größere Bedeutung bei und werde ihre Unterstützung für die Bagdader Regierung verstärken. Sie erhöhte ganz eindeutig ihren Einsatz.

Auf unserer Seite waren der Schah und König Hussein vom 31. Juli bis zum 2. August 1972 im Palast des Schahs am Kaspischen Meer zusammengekommen. Sie begrüßten die amerikanische Hilfe und versuchten einige Grundregeln für das gemeinsame Unternehmen festzulegen. Sie forderten Barsani auf, von aufsehenerregenden Schritten wie der Ausrufung eines kurdischen Separatstaates abzusehen, weil diese einen Generalangriff des Irak auslösen konnten. Sie setzten auf eine Stärkung der Verteidigungskraft der Kurden, um ihnen ein Höchstmaß an Autonomie zu sichern.

Während des Jahres 1973 eskalierten die Kämpfe und mit ihnen die finanziellen Forderungen der Kurden. Am 29. März 1973 unterstützte ich einen Antrag der CIA, den Schlesinger während seines kurzen Zwischenspiels als Direktor dieser Behörde unterzeichnet hatte. Darin ging es um zusätzliche Hilfe, die Nixon bald darauf genehmigte. In meiner Denkschrift führte ich als Begründung an, der Irak sei zur wichtigsten Stütze der Sowjetunion im Nahen Osten geworden, die Baathregierung unter Saddam Hussein finanziere weiterhin Terrororganisationen bis nach Pakistan, sie sei auch die treibende Kraft der »Ablehnungsfront«, die sich zum Ziel gesetzt habe, arabisch-israelische Friedensinitiativen zu blockieren. Aus all diesen Gründen empfahl ich eine Aufstockung unserer Hilfe über die jährliche

Summe von fünf Millionen Dollar hinaus. Der Schah zeigte wesentlich stärkeres finanzielles Engagement, das sich etwa auf dreißig Millionen Dollar belief. Außerdem gewährte er weiterhin Unterstützung mit Logistik und Artillerie. Weittragende Geschütze des Iran gaben den Kurden von seinem Territorium aus Feuerschutz. Allerdings warnte ich Nixon vor dem Risiko, daß die Kurden ihre Aktionen über die reine Verteidigung hinaus ausweiten könnten:

> Wir sollten den Eindruck eines langfristigen, sich ständig steigernden Engagements vermeiden, indem wir Barsani erklären, daß wir die zusätzlichen Mittel für dieses Jahr monatlich gewähren, aber in jedem Fall unsere Übereinstimmung mit der Ansicht des Schahs betonen, daß wir Wert auf ausschließlich defensive Aktionen der Kurden legen.

Im ersten Jahr schien die verdeckte Aktion zugunsten der Kurden ihr Ziel zu erreichen. Am 5. Oktober 1972 leitete ich einen Bericht von CIA-Direktor Richard Helms, unserem späteren Botschafter im Iran, an Nixon weiter, in dem es hieß, daß die Kurden zwei Drittel der Armee des Baathregimes banden:

> Mit dem Baathregime steht es nicht in jeder Hinsicht zum besten ... Barsani, der ein sicheres Rückzugsgebiet verteidigt, bindet dadurch auch weiterhin zwei Drittel der irakischen Armee und beraubt die Baathisten einer sicheren Basis, um Sabotage- und Mordkommandos gegen den Iran auszuschicken.

Als 1973 der Nahostkrieg ausbrach, sahen wir uns mit einer ganzen Reihe von Problemen konfrontiert. Wir standen vor der Frage, ob wir die Gelegenheit nutzen sollten, die Kurden zu einem Vordringen in die vom Irak besetzten Gebiete zu ermutigen, um das Regime Saddam Husseins zu stürzen. Einen entsprechenden Vorschlag israelischer Verbindungsoffiziere, die bei den Kurden tätig waren, verwarfen wir – eine Entscheidung, die in den nachfolgenden Jahren umstritten war.[2]

Die Kritik daran war ein klassisches Beispiel nachträglichen Pseudoheroismus. Als der arabisch-israelische Krieg ausbrach, lief das verdeckte Hilfsprogramm für die Kurden kaum länger als ein Jahr. Die Kurden hatten noch sehr wenige schwere Waffen. Ihre Artillerie wurde weitgehend von Iranern bedient, die sich nie weit von der iranischen Grenze entfernten. Die Kurden waren in der Lage, ihr gebirgiges Siedlungsgebiet zu verteidigen, wo irakische Panzer und Flugzeuge nur schwer eingesetzt werden konnten. Aber die leichtbewaffneten kurdischen Kampfgruppen hatten keine Chance in dem flachen Gelände außerhalb ihres Gebietes gegen eine starke irakische Armee, die mit modernen sowjetischen schweren Waffen und Hunderten von Panzern ausgerüstet war. Eine Offensive außerhalb ihres Rückzugsgebietes hätte die sichere Vernichtung der militärischen Kräfte der Kurden bedeutet.

Das war auch deshalb zu erwarten, weil die Irakis – anders, als später dargestellt – keine nennenswerten Kräfte abzogen, um der arabischen Seite im Nahostkrieg zu Hilfe zu eilen. Die Kurden banden auch weiterhin zwei Drittel der irakischen Armee, wie Helms uns bereits ein Jahr zuvor mitgeteilt hatte. Es nahm deshalb nicht wunder, daß angesichts des gespannten Verhältnisses zu Syrien, an dessen Front der Irak aus geographischen Gründen allein aktiv werden konnte, nur eine einzige irakische Brigade abkommandiert wurde, um gegen Israel zu kämpfen. »Kämpfen« ist hier ein sehr höflicher Ausdruck, denn die irakische Brigade stellte auf ihrem Marsch zur Front keine Geschwindigkeitsrekorde auf. Sie brauchte fast zehn Tage, um nur in die Nähe der Kampfzone zu kommen. Aber auch dann hielt sie sich ziemlich weit entfernt von der Frontlinie auf. Die einzigen Opfer waren zu beklagen, als sie in einen zufälligen Feuerwechsel mit einer Brigade Saudi-Arabiens geriet, die wie sie zehn Tage gebraucht hatte, um auch nur in Hörweite der feindlichen Geschütze zu gelangen. Die beiden unfreiwilligen Kombattanten stießen in den letzten Tagen des Nahostkrieges aufeinander. Da sie von der Anwesenheit des jeweils anderen nichts ahnten, glaubten beide arabischen Kontingente, sie seien auf israelische Truppen gestoßen, und eröffneten das Feuer.

Der Gedanke, kurdische Guerillas könnten eine Offensive starten, kam erst in der Spätphase des Krieges auf, als sich an der ägyptisch-israelischen Front das Blatt bereits gewendet hatte. Am 15. Oktober, dem neunten Tag des Krieges, als Israel gerade einen ägyptischen Vorstoß auf dem Sinai entschlossen zurückgeschlagen hatte, erhielten wir eine dringende Botschaft von Barsani, der um unsere Meinung bat, ob er auf Anraten eines israelischen Verbindungsoffiziers einen Vorstoß in die Ebenen des Irak wagen sollte. Das war eine Idee von der Art, wie sie Verbindungsoffiziere gern vorbringen, die sich zu Hause Lorbeeren verdienen wollen. Aus Tel Aviv erreichte uns keine derartige Anfrage.

Die Botschaft war wie gewöhnlich über die Kanäle der CIA gekommen. Ihr neuer Direktor William Colby wandte sich unverzüglich gegen jede Ausweitung des Krieges. Als wir den Schah konsultierten, der den Kurden den größten Teil des Materials und der Berater stellte, pflichtete dieser Colbys Ansicht bei. Die Kurden, so argumentierte er, seien für offensive Operationen, insbesondere in ebenem Gelände, nicht gerüstet. Der israelische Vorschlag konnte den Totalverlust der »kurdischen Karte« bedeuten.

Ich stimmte zu. Außerdem hielt ich es für unklug, die Kurden zu deutlich an die taktischen Präferenzen Israels zu binden und gegen sie, die bereits genügend Schwierigkeiten hatten, auch noch den Zorn anderer arabischer Staaten heraufzubeschwören. Mit Nixons Zustimmung sandte ich Barsani daher am 16. Oktober folgende Botschaft:

> Wir halten es für nicht – ich wiederhole, nicht – ratsam, die militärische Angriffshandlung zu unternehmen, zu der die Israelis Ihnen geraten haben.

Jede andere Entscheidung hätte die Vernichtung der Kurden riskiert, ohne daß Israel geholfen war. Barsani erhielt meine Botschaft an dem Tag, als General Ariel Sharon mit seinen Panzerkräften den Suezkanal überquerte. Sechs Tage später endete der Nahostkrieg mit einem Waffenstillstand.

Das Ende der Kurdenautonomie

Als Anwar Sadat sich im Gefolge des Nahostkrieges immer deutlicher den Vereinigten Staaten annäherte, wandte sich die Sowjetunion entsprechend verstärkt dem Irak zu. Zum ersten Mal begann Moskau, Saddam Hussein schwere Artillerie zu liefern, was die Strategie des Irak gegen die Kurden erheblich veränderte. Bis 1973 hatte die irakische Armee jeden Sommer einen Feldzug gegen das Kurdengebiet geführt und sich mit Wintereinbruch wieder ins Flachland zurückgezogen. Im Winter 1973/74 blieben die irakischen Truppen zum ersten Mal in den Stellungen, die sie während der Sommeroffensive erkämpft hatten, und gruben sich dort ein. Das bedeutete, daß der nächste Sommerfeldzug von einer Linie aus beginnen konnte, die viel weiter als bisher im Kurdengebiet lag. Der Irak versuchte eindeutig, die Kurden mit einer Zermürbungsstrategie niederzuringen. Dies war auch deshalb so besorgniserregend, weil die sowjetische schwere Artillerie die irakische Armee nun in die Lage versetzte, kurdische Stellungen zu belagern, die bisher als uneinnehmbar galten.

Am 11. März 1974, genau vier Jahre nach seinem ursprünglichen Autonomieangebot, verkündete Saddam Hussein einen neuen Plan für die Verwaltung des Kurdengebietes. Zwar blieb es bei den Lippenbekenntnissen zur Autonomie der Kurden, tatsächlich aber bedeutete der Vorschlag eine Verstärkung der politischen Kontrolle seitens des Irak. Da Barsanis Ablehnung abzusehen war, lief Saddams Vorschlag auf ein Ultimatum hinaus. Als wieder Kämpfe einsetzten, entbrannten die früheren Washingtoner Debatten über die Kurdenpolitik von neuem:

– Der Schah warnte, eine Niederlage der Kurden würde einen ausgleichenden Faktor im Irak beseitigen, den Einfluß der Radikalen und der Sowjets in der Region stärken und damit die Golfstaaten sowie den Iran stärker gefährden.
– Israel forderte seinerseits zusätzliche Hilfe für die Kurden. Insbesondere Golda Meir sprach das Thema in mehreren Diskussionen mit mir während der Pendelmission an, die im Mai 1974 zu dem Truppenentflechtungsabkommen auf den Golanhöhen führte.
– Barsani nahm den Fehdehandschuh nur allzu gern auf. Das Scheitern der Gespräche mit Bagdad sah er als Gelegenheit, die von seinen Verbündeten auferlegten Beschränkungen abzuschütteln und sein Regime zu errichten, das er zwar als autonom bezeichnete, das aber von einem Separatstaat so gut wie nicht zu unterscheiden war. Am 16. März 1974 stellte uns Barsani vor zwei Wahlmöglichkeiten seiner künftigen Strategie: einhundertachtzig Millionen Dollar für die vollständige Autonomie oder dreihundertsechzig Millionen Dollar, um, wie er sich ausdrückte, eine »geeignete« Infrastruktur für die Unabhängigkeit zu schaffen.

Barsani war von der Zielstrebigkeit besessen, ohne die es viele Unabhängigkeitskämpfe wohl niemals gegeben hätte. Da sie anfangs stets gegen überlegene Kräfte geführt werden müssen, sind solche Kämpfe nur zu bestehen, wenn man besonders stark an eine Sache glaubt und eine zahlenmäßige Berechnung des Kräfteverhältnisses bewußt außer acht läßt. Zwar kann Inspiration durchaus materielle Mittel ersetzen, aber es gibt eine objektive Grenze, die man auch mit der größten Opferbereitschaft nicht zu überwinden vermag. Barsanis Vorstellung einer Autonomie für die Kurden wäre vom Schah (oder auch von der Türkei) niemals unterstützt worden. Und die Vereinigten Staaten waren nicht in der Lage, allein die Mittel aufzubringen, die er verlangte. Selbst Barsanis Mindestforderung hätte das gesamte Budget für Geheimoperationen der Vereinigten Staaten überstiegen. Und der Kongreß von 1974, der auf dem Höhepunkt von Watergate die Mittel für Indochina ständig kürzte, hätte ganz sicher den Antrag auf offene Zuwendungen für einen großangelegten Guerillakrieg in den Bergen des Irak nahe der sowjetischen Grenze abgelehnt. Es wäre auch unredlich gewesen, hätten wir versucht, den Schah, dessen Land mit der Sowjetunion eine lange Grenze hatte, dazu zu verleiten, auf dem Boden eines De-facto-Verbündeten der Sowjetunion offen zu intervenieren.

Barsanis Ersuchen veranlaßte Colby zu zahlreichen Schreiben, in denen er vor *jeglicher* Verstärkung der amerikanischen Hilfe warnte. Colbys Widerwille wurde den Tatsachen ebensowenig gerecht wie Barsanis Enthusiasmus. Alle Beobachter waren sich darin einig, daß das derzeitige Programm angesichts der neuen irakischen Strategie selbst für die Verteidigung der Kurden nicht ausreichte. In meiner Eigenschaft als Nationaler Sicherheitsberater drängte ich auf verstärkte Hilfe für die Kurden. Zu diesem Zweck bat ich Dick Helms und Brent Scowcroft, einen Antrag auszuarbeiten.

Anfang April 1974 legten Helms und Scowcroft ihre Schlußfolgerungen vor. Diese liefen nahezu auf eine Verdopplung der gegenwärtigen Mittel hinaus: Der Beitrag Amerikas für verdeckte Operationen wurde von fünf auf acht Millionen Dollar erhöht. Aus offenen Quellen kam eine weitere Million für Flüchtlingshilfe. Der Schah erklärte sich einverstanden, seinen Anteil von dreißig auf fünfundsiebzig Millionen Dollar jährlich zu steigern. Großbritannien, Israel und Jordanien steuerten Beiträge in der bisherigen Höhe bei.

Um eine gemeinsame Strategie zustande zu bringen, wenn schon eine gemeinsame Zielstellung nicht möglich war, beauftragte ich Helms, dem Schah und Barsani folgendes mitzuteilen:

Aus unserer Sicht bestehen US-Interessen darin, (a) Kurden Fähigkeit zu verleihen, notwendige Grundlage für Verhandlungen über Anerkennung ihrer Rechte durch Bagdader Regierung zu erhalten; (b) gegenwärtige irakische Regierung weiter zu binden, aber (c) Irak nicht auf Dauer zu teilen, denn unabhängiges Kurdengebiet wäre wirtschaftlich nicht lebensfähig; Vereinigte Staaten und Iran haben kein Interesse daran, Tür für gute Beziehungen zu Irak unter gemäßigter Führung zuzuschlagen.

Ähnliche Instruktionen erhielt auch Colby.

Alle erklärten, sie würden diesen Punkten zustimmen, jedoch gingen die Interpretationen der verschiedenen Beteiligten im Jahr 1974 weit auseinander. Die CIA, die auf der amerikanischen Seite mit der Umsetzung beauftragt war, zögerte die Durchführung des neuen Programms hinaus. Der Schah strebte eine Verfestigung der beiderseitigen Verteidigungspositionen an. Barsani wollte mit Mitteln, die kaum zur Verteidigung seines Gebietes ausreichten, einen Sieg erringen.

Problematisch an Colbys Strategie war, daß sie eher darauf abzielte, Ärger mit den Kongreßausschüssen zu vermeiden, als die Lage an Ort und Stelle zu verändern. Barsanis Strategie krankte daran, daß sie nicht mit Guerillas, sondern nur im Rahmen einer regulären Kriegsführung durchgesetzt werden konnte. Das Kernproblem der Strategie des Weißen Hauses und des Iran wiederum bestand darin, daß Autonomie für die Kurden eine dauerhafte militärische Pattsituation erforderte, die gegen einen entschlossenen Gegner auf lange Sicht schwer aufrechtzuerhalten ist.

Insgesamt fiel es angesichts des Verhaltens der Kurden schwer, ihre wirklichen Bedürfnisse einzuschätzen. Zuweilen klangen ihre Erklärungen verzweifelt, dann wieder überschwenglich. So übermittelte zum Beispiel der Schah am 27. Juli 1974 einen dringenden Hilferuf Barsanis und fügte von sich aus die Warnung vor den schwerwiegenden Folgen für den Iran und die ganze Golfregion hinzu, sollte der kurdische Widerstand zusammenbrechen.

Aber wenige Wochen später, Anfang September, schlug Barsani Angriffshandlungen der Kurden gegen die Ölfelder von Kirkuk vor. Wir lehnten diese Initiative am 18. September ab, weil wir nicht wollten, daß die bereits ernste Energiekrise durch das Provozieren einer ganzen Reihe von Anschlägen gegen Ölförderanlagen im Nahen Osten weiter verschärft wurde. Aber Barsanis wiederholtes Drängen auf kurdische Angriffe gab den Gegnern zusätzlicher Hilfe ein wichtiges Argument in die Hand: Sie konnten nun ins Feld führen, daß die Kurden über genügend Mittel verfügten, um ihr Gebiet zu verteidigen, und nur zusätzliche Waffen verlangten, um in die Offensive zu gehen.

Abstrakt gesehen war der Sommer 1974 eine ideale Zeit, um die Situation zu überdenken. Dem standen jedoch zwei Dinge entgegen. Nur Außenstehende haben die Möglichkeit, frei von den Zwängen der Zeit über Ereignisse nachzudenken. Im Sommer 1974 jagte eine kritische Situation die andere, und alle nahmen uns in Anspruch: im Mai die Pendelmission zwischen Israel und Syrien, im Juni Reisen des Präsidenten in den Nahen Osten und die Sowjetunion, im Juli die Zypernkrise, im August der Niedergang von Nixons Präsidentschaft, danach der Präsidentenwechsel, Zypern, die Entspannung, das Scheitern des Handelsgesetzes, eine sich anbahnende diplomatische Sackgasse im Nahen Osten und schließlich der Höhepunkt der Tragödie in Indochina. Da blieb wenig Zeit für ein gründliches Überdenken unserer Optionen im fernen Kurdistan.

Aber auch wenn die Politiker keine anderen Sorgen gehabt hätten, bezweifle ich, daß sie eine bessere Lösung gefunden hätten, als das laufende Programm fortzusetzen. Hätten wir dieses im Jahr 1972 nicht eingeleitet, dann wären die Kurden sehr rasch niedergerungen worden. In den vergangenen zwei Jahrzehnten hatten wir genügend Gelegenheit, Saddam Husseins Methoden besser kennenzulernen – zweifellos hätte die Kurden bei freiwilliger Unterwerfung kein leichteres Schicksal erwartet. Im Sommer 1974 standen unsere Chancen nicht besser. Wären wir dem Rat der CIA gefolgt und hätten keine zusätzliche Hilfe gewährt, dann wären die Kurden ganz sicher besiegt worden, ohne ihre Situation ändern zu können. Wir hatten aber auch keine Möglichkeit, einen Krieg, der für die amerikanische Öffentlichkeit so schwer zu verstehen war, in einer logistisch so schwierigen und so abgelegenen Region offen zu unterstützen. Der Sieg, den Barsani wollte, erforderte ein offenes Eingreifen des Iran mit amerikanischer Rückendeckung. Aber eine weitere Front zu eröffnen, da Vietnam in Agonie verfiel, die Lage im Nahen Osten sich schwierig gestaltete und die Entspannung heftig kritisiert wurde, hätte lediglich das Schicksal eines weiteren Verbündeten aufs Spiel gesetzt und wäre vom Kongreß ganz sicher abgelehnt worden.

Als ich den neuen Präsidenten am 26. August 1974 über die Operation im Kurdengebiet informierte, teilte ich ihm mit, daß der Schah erwog, reguläre

Truppen zu schicken. (Iranische Hilfskräfte in kurdischer Kleidung waren bereits im Einsatz.) Aber ich warnte: Eine solche Aktion sei zwar sehr verlockend, ihr Ausgang aber offen und deshalb zu gefährlich. Wenn Ford nicht das Gegenteil anwies, wollte ich die Sache fallenlassen. Der Präsident kam nicht wieder darauf zurück.

In all diesen Widersprüchlichkeiten gefangen, verfiel ich auf zwei Notlösungen. Wir gewährten den Kurden offene Wirtschaftshilfe für die Unterstützung von Flüchtlingen. Zugleich genehmigte Ford am 26. August einen Plan, an dem der israelische Botschafter Simcha Dinitz und ich mehrere Wochen lang gearbeitet hatten. Er sah vor, sowjetische Waffen und Ausrüstungen, die Israel 1973 erbeutet hatte, den Kurden zu übergeben. Wir wollten Israel dafür entsprechende amerikanische Waffen liefern. (Das löste allerdings einen weiteren bürokratischen Alptraum aus, der erst nach Monaten interministerieller Verhandlungen endete.) Schließlich wurden den Kurden sowjetische Ausrüstungen im Wert von etwa achtundzwanzig Millionen Dollar übergeben, bis die Israelis keine für den Krieg im Kurdengebiet geeigneten sowjetischen Waffen mehr besaßen.

Als die irakische Offensive gegen die Kurden im Herbst 1974 rollte, erhielten wir immer dringlichere Rufe der Kurden nach zusätzlicher Hilfe, die der Schah unterstützte. Alle diese Bitten wurden von der CIA abgelehnt. So berichtete zum Beispiel Colby am 22. Oktober 1974, Barsanis wichtigste Versorgungslinie in den Iran und sein Hauptquartier seien bedroht. Trotzdem empfahl er, »die Höhe unserer Hilfe nicht zu überschreiten«, weil das die Geheimhaltung in Gefahr brachte, als ob die Geheimhaltung wichtiger war als das Schicksal der Kurden:

Unsere Unterstützung für Barsani in den Haushaltsjahren 1973, 1974 und 1975 beläuft sich insgesamt auf fast zwanzig Millionen Dollar. Dazu gehören unter anderem eintausendzweihundertfünfzig Tonnen Munition ... Die Iraner sind in der Lage, den Kurden alle notwendige Unterstützung zu geben. Die Behörde empfiehlt, daß eine weitere Steigerung der Hilfe für die Kurden den Iranern überlassen werden sollte.

Wenn aber der Schah weit über die fünfundsiebzig Millionen Dollar hinausging, die er bereits zur Verfügung stellte, hatte er bald das gleiche Problem wie Israel. Sollten wir ihn nicht mit Waffenlieferungen unterstützen, mußte er seine eigenen Streitkräfte schwächen. Wollten wir ihn aber unterstützen, stand uns ein neuer hoffnungsloser Kampf mit dem Kongreß bevor.

Der Zusammenbruch des kurdischen Widerstandes

Da die Irakis langsam, aber stetig vorrückten, entschloß sich der Schah unvermittelt und ohne Vorwarnung, auf eigene Faust zu handeln. Er hatte zwei Jahre ständigen Verfalls der Autorität der Exekutive in den Vereinigten Staaten erlebt. Er hatte niemals etwas gegen unsere wechselhaften Entscheidungen zur Kurdenhilfe eingewandt. Vielleicht fürchtete er, Zweifel an unserer Standhaftigkeit könnten ein Verhältnis untergraben, auf dem er die Sicherheit seines Landes aufgebaut hatte. Aber die Verweigerung der Hilfe für Indochina in genau diesem Augenblick konnte den Schah wohl kaum ermutigen, einen offenen Krieg gegen den Irak zu riskieren, der die einzige Alternative war, oder seine lange Grenze zur Sowjetunion außer acht zu lassen, ohne feste Zusicherungen von den Vereinigten Staaten zu erhalten, und die konnten wir ihm nicht geben. Der Schah entschloß sich daher, seinen Rückzug als staatsmännische Haltung darzubieten. Bei einer Begegnung mit mir in Zürich am 18. Februar 1975 am Ende meiner Sondierungsmission im Nahen Osten informierte er mich ohne Vorankündigung, daß er dabei sei, Verhandlungen mit Saddam Hussein ins Auge zu fassen. Ich berichtete an Ford:

> Er hat ein Angebot des Irak erhalten und plant eine Begegnung mit dessen starkem Mann, Saddam Hussein. Der Schah sagte, er könne keinen autonomen kurdischen Staat unter der Herrschaft einer kommunistischen Zentralregierung des Irak akzeptieren. Er befürchtet, daß die Irakis Zwischenfälle längs der irakisch-iranischen Grenze provozieren, die zu einer Internationalisierung der Kurdenfrage und zu deren Behandlung vor dem Sicherheitsrat der Vereinten Nationen führen könnten, was er als absolut nicht hilfreich ansieht. Kurz gesagt: Er scheint zu überlegen, ob er eine bestimmte Verständigung mit dem Irak über die Kurden ins Auge fassen soll, ist aber verständlicherweise skeptisch, ob viel dabei herauskommt. Er beabsichtigt, seine Unterstützung für die Kurden in der Zwischenzeit fortzusetzen.

Ich erinnerte den Schah an seine eigenen wiederholten Warnungen, eine Niederlage der Kurden könnte die ganze Region destabilisieren. Zusicherungen Saddams über die Verwaltung des Kurdengebietes, warnte ich, seien wertlos. Und da die Sowjets den Rückzug des Iran als ein Zeichen der zunehmenden Schwäche des Westens deuteten, wäre von ihnen auch an dieser Front eine noch abenteuerlichere Politik zu erwarten.

Meine Einwände erwiesen sich als fruchtlos. Da die Kurden mit verdeckten Maßnahmen nicht länger gestützt werden konnten, erforderte die Fortsetzung des Kampfes ein offenes iranisches Eingreifen mit Unterstützung der Vereinigten Staaten. Der geschätzte Bedarf für eine solche Aktion waren zwei Divisionen des Iran und ein jährlicher finanzieller Aufwand von dreihundert Millionen Dollar. Die Iraner brauchten sich nur unsere Medienberichterstattung über Indochina anzusehen, um zu wissen, daß für eine solche Politik in unserem Land keine Unterstützung zu bekommen war.

Am 22. Februar, kurz nach meiner Begegnung mit dem Schah, informierte ich Dinitz:

> Er (der Schah) fürchtet, daß die Kurden erledigt sind. Er könnte mit den Irakis Verhandlungen aufnehmen, wenn s e bei der OPEC zusammentreffen. Als Gegenleistung könnte er ein Vetorecht gegen die Person fordern, die sie einsetzen, wenn Barsani vertrieben wird. Ich habe ihn eindringlich davor gewarnt.

Am 9. März erläuterte ich Rabin die Situation, nachdem die Vereinbarung zwischen dem Schah und Saddam Hussein bekanntgegeben worden war:

> In Zürich legte er (der Schah) mir diese Absicht noch als hypothetische Möglichkeit dar. Er sagte: »Wenn ich Saddam in Algier (beim OPEC-Gipfel) treffe...« Er äußerte damals als Gedanken, was jetzt in der Vereinbarung steht. Ich sagte ihm damals sehr ernst, das sei eine schlechte Idee, besonders daß er der Zusicherung (Iraks) glaube, sie brächten keine Kommunisten dorthin (nach Kurdistan).

Der Schah hatte nicht erwähnt, daß eine Vereinbarung vor dem Abschluß stand oder daß er sich mit der vollständigen Kontrolle des Irak über das Kurdengebiet abfinden werde. Deshalb machte ich Barsani weiterhin Mut. Am 20. Februar reagierte ich auf einen Brief von ihm mit dem Vorschlag, den Kontakt über eine Vertrauensperson herzustellen:

> Ich habe mich über Ihr Schreiben vom 22. Januar sehr gefreut. Ich möchte Ihnen sagen, wie sehr wir Sie und Ihr Volk sowie Ihre tapferen Bemühungen bewundern. Sie haben gewaltige Schwierigkeiten auf sich genommen. Ich messe Ihrer Einschätzung der militärischen und politischen Situation hohen Wert bei. Seien Sie versichert, daß Ihre Botschaften auf der höchsten Ebene der Regierung der Vereinigten Staaten sehr ernste Beachtung finden, weil wir ihnen großes Gewicht beimessen.
>
> Wenn Sie einen Abgesandten Ihres Vertrauens nach Washington schicken möchten, der der US-Regierung weitere Informationen über die Lage gibt, dann wäre es uns eine Freude und Ehre, ihn zu empfangen.

Etwas mehr als zwei Wochen später, am 6. März – ich bereitete mich gerade auf einen weiteren Einsatz bei den festgefahrenen Nahostverhandlungen vor –, überraschte uns der Schah mit der Mitteilung, er habe eine Übereinkunft mit Saddam Hussein erzielt; damit ließ er die Kurden faktisch im Stich. Der Schah schloß seine Grenze und stellte jede Unterstützung für die Kurden ein. Als Gegenleistung machte der Irak Zugeständnisse am Schatt el-Arab, dem Wasserweg, der die iranisch-irakische Grenze markiert.

Menschlich gesehen war das Vorgehen des Schahs brutal und nicht zu rechtfertigen. Aber wenn man die Sicherheitslage des Iran kühl analysierte, dann war die Entscheidung des Schahs ebenso verständlich wie schmerzlich. Nur ein offenes Eingreifen des Iran hätte die Kurden noch retten können. Die Kosten dafür hätten sicher mehr betragen als die dreihundertsechzig Millionen Dollar, die Barsani 1974 gefordert hatte. Die Vereinigten Staaten, die sich mit der Liquidierung Indochinas auseinandersetzen mußten, konnten gar nicht daran denken, eine weitere Kriegsfront zu eröffnen. Angesichts der Haltung des Kongresses war selbst politische Unterstützung zweifelhaft.

Das Vorgehen des Schahs und erst recht sein Täuschungsmanöver brachten mich nicht aus dem Gleichgewicht. Am 10. März sandte ich ihm ein frostiges Telegramm, in dem ich mich davor hütete, seine Handlungsweise zu unterstützen. Ich deutete meine Zweifel an, ob er selbst daraus Nutzen ziehen werde:

> Was die Kurdenfrage betrifft, so habe ich dem, was ich Ihnen bereits bei unserer letzten Begegnung persönlich sagte, wenig hinzuzufügen. Ihre Majestät müssen eindeutig selbst entscheiden, was im besten Interesse Ihres Staates liegt. Unsere Politik bleibt unverändert die Unterstützung des Iran als enger und fester Freund der Vereinigten Staaten. Natürlich werde ich die Entwicklung der irakisch-iranischen Beziehungen und der Politik des Irak in Ihrer Region im allgemeinen und gegenüber der Sowjetunion im besonderen mit großem Interesse verfolgen.

Als alles vorüber war, griffen diejenigen, die Auseinandersetzungen im nachhinein so lieben, die Ford-Administration und besonders mich scharf an, weil wir die Kurden »im Stich gelassen« hätten. Aber die Entscheidung hatte der Schah getroffen, und wir verfügten weder über plausible Argumente noch über eine entsprechende Politik, um ihn umzustimmen. Dem Schah mit der Einstellung unserer Hilfe zu drohen, wie einige Kritiker vorschlugen, ergab keinen Sinn: Wie konnten wir einen wichtigen Verbündeten dazu drängen, sich im Alleingang in eine Militäraktion zu stürzen, wenn der Kongreß Verbündeten die Hilfe versagte, denen das Messer schon an der Kehle saß?

Was seit dem Sturz des Schahs geschehen ist, hat unsere Auffassung nur bestätigt: daß ein befreundeter Iran für das regionale und globale Gleichgewicht nahezu unverzichtbar war. Es wäre leichtfertig und verantwortungslos gewesen, einen weiteren Verbündeten zu destabilisieren, indem man den Schah politisch angriff oder dem Iran die Hilfe sperrte. Unser Eintreten für die Verteidigung des Iran war keine Gunst, die wir verweigern konnten, wenn uns etwas nicht paßte, sondern Ausdruck unserer eigenen geopolitischen Interessen. Ich mußte also der Versklavung eines weiteren befreundeten Volkes zusehen. Dabei war mir bewußt, daß das Verhalten des Schahs zwar als Alibi ins Feld geführt werden konnte. daß aber unsere eigene lähmende Krise wesentlich zu dieser Entwicklung beitrug.

Als der Widerstand der Kurden zusammenbrach, setzte in Washington der übliche Hickhack darüber ein, wem die Schuld daran zu geben sei. Colby meldete sich als erster zu Wort. Am 13. März nutzte er die Gelegenheit eines verzweifelten Hilfeschreis Barsanis nach *direkter* amerikanischer Unterstützung, um vorzuschlagen, daß die CIA sich aus dem ganzen Unternehmen zurückziehen sollte. Da die amerikanische Politik stets darin bestanden habe, die Hilfe über den Iran in die Wege zu leiten, schrieb Colby, wäre jede *direkte* Unterstützung für die Kurden jetzt, da der Widerstand sich auflöse, noch weniger zu rechtfertigen als in der Vergangenheit. Er bezweifelte, daß der Schah, der seine eigene Hilfe für Barsani eingestellt habe, auch weiterhin gewillt sein werde, die amerikanischen Mittel weiterzuleiten. Um Zeit zu gewinnen, bestand Colby darauf, daß die kurdische Bitte nach meiner Rückkehr von der Pendelmission im Nahen Osten eingehend geprüft werden müsse. Aus den Berichten seiner Dienste wußte er natürlich, daß es dann zu spät war. Da die Kurden so emotional und indiskret seien, empfahl Colby für die Zwischenzeit, daß die CIA die Summe für den März auszahle – ein erbärmliches Trostpflaster, wenn man bedenkt, welche Tragödie über Kurdistan hereinzubrechen drohte.

Colbys Vertreter an Ort und Stelle konnten sich allerdings nicht zu einer so lässigen Haltung durchringen. Bis zu diesem Zeitpunkt hatten sie sich stets ausnahmslos gegen zusätzliche Hilfe für die Kurden ausgesprochen – zumindest hatte Colby das Weiße Haus in diesem Sinne informiert.

Als aber Saddam Hussein eine Großoffensive startete, waren die CIA-Vertreter plötzlich überwältigt von der Tragödie, die sich um sie herum abspielte. Noch während meiner Pendelmission im Nahen Osten übermittelten sie verzweifelte Hilferufe der kurdischen Führer und schickten selbst manche kritische Bemerkung hinterher, wenn diese unbeantwortet blieben. Aber wie bereits im Fall Indochinas war nun das alte Spiel angesagt, den Schwarzen Peter herumzureichen. Mein Büro wurde als der Platz ausgewählt, wo er schließlich liegen bleiben sollte. Ein Jahr lang war jede Aufstockung der amerikanischen Hilfe für die Kurden nur dadurch zustande gekommen, daß ich die Gegenwehr der CIA mit großem Druck überwunden hatte. Wenn ich jetzt nicht auf die verzweifelten Hilferufe antwortete, so lag das daran, daß ich nichts dazu sagen konnte. Wo diese Rufe auch herkamen – man wußte genau, daß bei geschlossenen iranischen Grenzen auch uns die Hände gebunden waren.

Die Kurdenkrise endete tragisch, wie zwanzig Jahre später aus weniger triftigen Gründen erneut: ungünstige geographische Lage, zwiespältige Motive der Nachbarstaaten und nicht miteinander zu vereinbarende Ziele unter den Kurden selbst. Jene, die im nachhinein so selbstgerecht von »Zynismus« oder »Verrat« sprachen, hatten angesichts der viel größeren Tragödie Indochinas geschwiegen und auch in diesem Fall keinen alternativen Kurs angeboten, den wir hätten realisieren können.

Als Fallstudie bietet die kurdische Tragödie Stoff für viele Schlußfolgerungen: die Notwendigkeit, Ziele von Anfang an klarzustellen, Ziele und Mittel aufeinander abzustimmen, eine Operation regelmäßig zu überprüfen und Einmütigkeit unter den Verbündeten herzustellen. All diese Grundsätze wurden von Zeit zu Zeit beachtet, vielleicht nicht mit der notwendigen Konsequenz. Sie in diesem Fall erfolgreich anzuwenden gelang uns jedoch nicht.

Aus mehreren Gründen waren wir nicht in der Lage, die für einen Erfolg notwendigen Mittel zu beschaffen. Zugleich waren wir nicht bereit, die Folgen zu akzeptieren, wenn wir uns heraushielten. Daher strebten wir eine militärische Pattsituation und die schrittweise Zermürbung unseres Gegners an. Als das Programm zur Unterstützung der Kurden gestartet wurde, konnten wir allerdings nicht wissen, daß die Auseinandersetzungen in unserem Land unser Stehvermögen so untergraben würden. Selbst nach zwanzig Jahren kann ich den Alternativen zu unserer damaligen Politik nur wenig abgewinnen. Hätten wir 1972 eine Beteiligung am kurdischen Vorgehen abgelehnt und es den Irakis damit ermöglicht, sich ganz auf den Golf zu konzentrieren, dann wäre die gesamte Nahostdiplomatie der Folgezeit, insbesondere während und nach dem Nahostkrieg vom Oktober 1973, sicher ganz anders verlaufen. Für das kurdische Volk, dieses ewige Opfer der Geschichte, ist dies natürlich kein Trost. Wo die Elefanten ziehen, wird das Gras zertreten.

SECHSTER TEIL

Das atlantische Verhältnis

XX. Die Wiederherstellung der Einheit des Westens

Gerald Ford gehört der Generation von Republikanern an, die in den vierziger Jahren an der Spitze der Partei standen, als diese den Übergang vom Isolationismus zur Unterstützung des Marshall-Plans und zum Nordatlantischen Bündnis vollzog. Ford fühlte sich der atlantischen Partnerschaft tief verbunden. Ein enges Verhältnis zu Westeuropa war ihm zur zweiten Natur geworden. Aus dem Mittleren Westen stammend, stand er in dieser Hinsicht Harry Truman nahe, der einst auf meine Frage, was ihn mit größtem Stolz erfülle, geantwortet hatte: »Wir haben unsere Gegner besiegt und zur Kapitulation gezwungen. Dann haben wir ihnen geholfen, wieder auf die Beine zu kommen, demokratisch zu werden und in die Gemeinschaft der Staaten zurückzukehren.«

Als Ford ins Weiße Haus kam, steckten Amerikas Beziehungen zu Europa jedoch in einer unerwarteten Krise. Einerseits waren die Ziele des Marshall-Plans von vor zwanzig Jahren im wesentlichen erreicht. Die Staaten Westeuropas hatten ihre Wirtschaft wiederaufgebaut. Obwohl die Sowjetunion wesentlich mächtiger geworden war, hatten sie nun viel weniger Furcht vor einer sowjetischen Invasion. Das war besonders zu spüren, seit unter unserer Führung das letzte große Problem, das einen Krieg in Europa auslösen konnte, geregelt war: 1971 schlossen die vier Siegermächte ein Abkommen, das den Zugang zu Westberlin garantierte. Zugleich ging Europa von der wirtschaftlichen zur politischen Integration über.

Andererseits hatte es seit der Ermordung Präsident Kennedys keine neue Initiative zur Entwicklung der atlantischen Beziehungen mehr gegeben. Die Haltung der europäischen Staaten zum Vietnamkrieg reichte von Verlegenheit bis zu offener Gegnerschaft. Europa fürchtete einerseits, daß die Vereinigten Staaten das Interesse an ihrer Führungsrolle in der Welt verlieren könnten, war andererseits aber besorgt darüber, wie wir diese Rolle verstanden.

Mit dem Ende des Vietnamkrieges hielten Nixon (und ich) die Zeit für gekommen, das Atlantische Bündnis neu zu beleben. Im Auftrag des Präsidenten ergriff ich die Initiative. Ich nannte sie »Europajahr«[1], was vielleicht etwas bombastisch klang. Aber auch im Rückblick möchte ich in keinem Punkt von der Analyse abweichen, mit der ich in einer Rede am 23. April 1973 in New York ihre Ziele umriß. Viele davon sind bis heute nicht erreicht:

In Europa ist Stabilität für eine neue Generation, die den Krieg und seine Erschütterungen nicht aus eigenem Erleben kennt, eine Selbstverständlichkeit. Allerdings fühlt sie sich der Einigkeit, die diesen Frieden ermöglicht hat, und den Anstrengungen, die seine Erhaltung erfordert, weniger verpflichtet. In den Vereinigten Staaten haben die globalen Belastungen von Jahrzehnten dazu geführt, daß wir heute geringere Bereitschaft zeigen, uns für die übernommene Verantwortung auch weiterhin global zu engagieren. Die bösen Erfahrungen des Krieges in Südostasien haben diese Tendenz nur noch verstärkt.

Ich hatte ein Gipfeltreffen des Atlantischen Bündnisses gefordert, um dessen Ziele im letzten Viertel des Jahrhunderts sowie das politische Verhältnis zwischen den Vereinigten Staaten und der Europäischen Gemeinschaft zu definieren, die mit dem 1. Januar 1973 von sechs auf neun Mitglieder angewachsen war und erste Schritte zur Koordinierung ihrer Außenpolitik unternahm.

Meine Initiative erwies sich als äußerst unangebracht. Da Washington fast täglich von neuen Watergate-Enthüllungen erschüttert wurde, war kein europäischer Spitzenpolitiker erpicht darauf, seine Stellung im eigenen Land durch einen Gipfel mit einem umstrittenen amerikanischen Präsidenten zu gefährden, dessen Fähigkeit, langfristige Verpflichtungen einzugehen, vor aller Augen zunehmend schwand.

Meine Europainitiative litt von Anfang an darunter, daß unsere europäischen Verbündeten Anfang der siebziger Jahre die europäische Integration viel stärker beschäftigte als der atlantische Zusammenhalt. Für Europa, insbesondere so alte, etablierte Staaten wie Großbritannien und Frankreich, war der Übergang zur Supranationalität eine traumatische Vorstellung. Je schwieriger sich der Prozeß der europäischen Integration gestaltete, desto weniger waren seine Verfechter geneigt, eine Störung oder Ablenkung durch amerikanische Pläne hinzunehmen, die, mit welch guter Absicht auch immer, auf eine breitere atlantische Zusammenarbeit hinausliefen.

Vor diesem Hintergrund sah man unsere Initiative für mehr Konsultationen zwischen der Europäischen Gemeinschaft und den Vereinigten Staaten vor allem in Frankreich – aber nicht nur dort – als einen Winkelzug der Amerikaner, um das Wiedererstehen einer europäischen Identität und europäischer Institutionen zu hintertreiben. Wenn die Vereinigten Staaten selbst organischer Bestandteil jedes europäischen Beratungsgremiums werden wollten, so wandte man ein, wozu brauchte man dann eine Europäische Gemeinschaft? Darauf entgegneten die Amerikaner, wenn die Vereinigten Staaten erst den Dialog aufnehmen konnten, wenn die schwerfällige Maschinerie der Europäer eine Entscheidung hervorgebracht hatte, wozu brauchte man dann eine atlantische Partnerschaft? Diese Debatte führen wir noch heute, ein Vierteljahrhundert später, da Europa auf eine gemeinsame Währung zusteuert.

Als Ford ins Präsidentenamt kam, waren die persönlichen Beziehungen zwischen den führenden Vertretern des Bündnisses von diesen Kontroversen schwer belastet. Nixons Partner hatten dessen intellektuelles Potential und Entschlossenheit bewundert. Aber er hatte nur wenig Gelegenheit, sein tiefes Bekenntnis zu den atlantischen Beziehungen in die Praxis umzusetzen. Von der Beendigung des Vietnamkrieges, der Öffnung nach China und der Sowjetunion in Anspruch genommen, trat Nixon in den nordatlantischen Beziehungen auf der Stelle. Aber er nahm sich vor, sobald der Vietnamkrieg zu Ende sei, werde er zu dem zurückkehren, was ihn emotional viel mehr bewegte.

Aber im ersten Jahr nach Vietnam verstärkten sich eher die Gegensätze, als daß man sich erneut aufeinander einließ. Die Europäer hatten Bedenken wegen unserer Strategie im Nahostkrieg, fürchteten um unsere innere Stabilität wegen der Energiekrise und wegen Watergate. Sie fanden sich in ihrem Mißtrauen bestätigt, als man darum zu feilschen begann, wie die Bündnispartner ihre gemeinsamen Ziele im Rahmen der Europajahrinitiative formulieren sollten.

Das führte dazu, daß Nixon zu den Spitzenpolitikern Europas kein engeres persönliches Verhältnis entwickeln konnte. Als er sein Amt antrat, hielt er nicht viel vom britischen Premierminister Harold Wilson und noch weniger von der regierenden Labour Party. Als einziger sagte Nixon lautstark einen Sieg der Tories bei den Parlamentswahlen im Juni 1970 voraus. Als Heath dann tatsächlich gewann, geriet Nixon in so überschwengliche Begeisterung, daß er mich vier- oder fünfmal über den offenen Draht in Mexiko-Stadt anrief, um seine Freude loszuwerden und sich seinen Weitblick bestätigen zu lassen.

Aber das Verhältnis, das sich dann entwickelte, war für beide Seiten enttäuschend. Der hochintelligente und gebildete Heath war Nixon von der Persönlichkeit her viel zu ähnlich, als daß diese beiden typischen Einzelgänger je engere private Bande hätten knüpfen können. Wie Nixon scheute Heath den persönlichen Kontakt und fühlte sich in sorgfältig geplanten und zusammengestellten intellektuellen Gesprächsrunden wesentlich wohler. Weniger argwöhnisch als Nixon, brachte Heath anderen Menschen aber durchaus nicht mehr Vertrauen entgegen. Charme wechselte mit eisiger Distanz, und diese Stimmungswechsel waren auf gefährliche Weise unvorhersehbar. Nach Gesprächen mit Heath fühlte sich Nixon regelmäßig zurückgestoßen und kam zu dem Schluß, das Verhalten des Premierministers ihm gegenüber grenze an Herablassung (wobei Nixon, zugegeben, sehr leicht auf derartige Gedanken kam).

Von den Charakteren einmal abgesehen, mußte Heath' leidenschaftlicher Eurozentrismus bei jemandem wie Nixon, dessen politische Reifezeit mit dem Wachsen des Atlantischen Bündnisses zusammenfiel, eine gewisse Distanz auslösen. Heath hatte 1962 an führender Stelle den Beitritt Großbritanniens zur Europäischen Gemeinschaft ausgehandelt. Inzwischen hatte er die Überzeugung gewonnen, daß das Veto des französischen Präsidenten Charles de Gaulle gegen die Aufnahme Großbritanniens im Jahr 1963 darauf zurückzuführen war, daß man Frankreich aus dem Nassauer Abkommen zwischen Präsident Kennedy und Premierminister Harold Macmillan über atomare Zusammenarbeit ausgeschlossen hatte. Heath nahm sich vor, Frankreich nie mehr Anlaß zu geben, Großbritannien der Unterwürfigkeit gegenüber den Vereinigten Staaten zu bezichtigen. Er war unter den führenden britischen Politikern, denen ich begegnete, der einzige, der das Sonderverhältnis zu den Vereinigten Staaten nicht pflegte, ja es sogar zu schwächen suchte und Europa in der britischen Politik den Vorrang gab. All das zog eine Phase beispielloser Spannungen in den britisch-amerikanischen Beziehungen nach sich.

Nixons Verhältnis zu Willy Brandt, dem deutschen Bundeskanzler von

1969 bis 1974, war ebenfalls nicht ungetrübt. Brandt, eine der Schlüsselfiguren der Nachkriegszeit, veränderte nahezu im Alleingang die Politik der Bundesrepublik Deutschland gegenüber Osteuropa und der Sowjetunion. Als er 1969 sein Amt antrat, verfuhr die Bundesrepublik noch nach der sogenannten Hallstein-Doktrin, nach der sie jedem Land diplomatische Beziehungen verweigerte, das den ostdeutschen Satellitenstaat anerkannte. Als dieser sich immer mehr festigte, führte die Hallstein-Doktrin zur Selbstisolierung der Bundesrepublik von immer mehr Staaten, vor allem von Entwicklungsländern.

Brandt war entschlossen, die diplomatischen Optionen Deutschlands wieder zu erweitern. Mehr nach Intuition als nach gründlicher Analyse handelnd, eher ein emotionaler als ein berechnender Charakter, hatte er sich während Stalins Berlinblockade 1948/49 mutig für die Freiheit der Stadt eingesetzt. Brandt war damals ein leidenschaftlicher Verfechter der Vereinigung Deutschlands, denn nur diese konnte die Bedrohung Berlins aufheben, das mitten im kommunistischen Ostdeutschland lag. Als Regierender Bürgermeister suchte er dieses Ziel während der fünfziger Jahre in Abstimmung mit den Verbündeten Deutschlands zu erreichen. Der Bau der Berliner Mauer im Jahr 1961, gegen den die Alliierten im Grunde genommen nichts unternahmen, erschütterte seine Überzeugung, daß der Zusammenhalt der Verbündeten von selbst zur Vereinigung Deutschlands führen werde. Von dieser Zeit an setzte sich Brandt unermüdlich für ein zumindest teilweise eigenständiges deutsches Vorgehen gegenüber der Sowjetunion ein. Als er 1969 Bundeskanzler wurde, ging er daran, dieses in die Praxis umzusetzen. Er schloß mit den Sowjets einen bilateralen Vertrag, mit dem er die Teilung Deutschlands im Grunde genommen anerkannte, um damit eine gewisse faktische Durchlässigkeit der Mauer zwischen den beiden deutschen Staaten zu erreichen.

Politiker wie Nixon, der mit dem Kalten Krieg aufgewachsen war, aber auch Wilson und der französische Präsident Georges Pompidou, die ein Wiedererstehen des deutschen Nationalismus befürchteten, beobachteten den diplomatischen Alleingang der Bundesrepublik Deutschland mit Argwohn. Sie fürchteten, Brandts sogenannte Ostpolitik könnte sich zu einem deutschen Nationalismus wandeln, die Bundesrepublik vom Atlantischen Bündnis trennen und die Sowjetunion in Mitteleuropa Fuß fassen lassen. Ich mochte Brandt, und Nixon respektierte ihn. Zwar beunruhigte uns das nationalistische Potential der Ostpolitik, aber wir versuchten, ihr den Stachel zu nehmen, indem wir uns an ihrer Umsetzung beteiligten. So machte der geheime Kanal zwischen dem Weißen Haus, Bonn und dem Kreml den Abschluß der Viermächteverhandlungen über den Zugang nach Berlin erst möglich.[2]

Brandt war zwar dankbar für unsere Bemühungen, seine Ostpolitik zu erleichtern, aber zwischen ihm und dem Weißen Haus unter Nixon entwickelte sich niemals ein herzliches Verhältnis. Brandts Beredsamkeit entfaltete sich nur bei öffentlichen Anlässen. Im persönlichen Gespräch konnte er in brütendes Schweigen verfallen – zumindest mit Nixon. Ihn bewegten fast ausschließlich deutsche Probleme. Da seine Gedanken ständig um Deutschland, die Nixons dagegen um Asien kreisten, gab es nur wenig Gelegenheit für einen fruchtbaren Dialog zwischen ihnen über die neu entstandene internationale Ordnung.

Das Verhältnis des amerikanischen Präsidenten zu Georges Pompidou ließ sich sehr gut an. Nixon hatte Charles de Gaulle bewundert, und Pompidou war ihm dankbar dafür, daß er als erstes Staatsoberhaupt seine Teilnahme an den Trauerfeierlichkeiten für de Gaulle am 12. November 1970 in Notre-Dame angekündigt hatte, was eine Lawine von Zusagen anderer Staatschefs auslöste.

Nixon und ich hatten de Gaulles Streben nach einer eigenen französischen Stimme in Verteidigung und Außenpolitik stets mit Sympathie begleitet. Unsere ersten Begegnungen mit seinem Nachfolger Pompidou waren deshalb herzlich und fruchtbar. Weise, gebildet und ausgeglichen, setzte Pompidou de Gaulles Politik ohne dessen distanziert-herablassende Haltung fort. Mehr noch: Pompidous grundsätzliche Analyse der internationalen Lage kam der Nixons sehr nahe. Mit großer Bereitschaft half er beim Zustandekommen meiner Geheimbesuche in Paris zu den Vietnamfriedensverhandlungen, ohne jemals eine Gegenleistung zu fordern oder dies auch nur anzudeuten. Pompidou hatte immer einen geistreichen Spruch parat. Als ich ihm einmal mitteilte, daß die Vietnamverhandlungen in einer Sackgasse steckten, antwortete er, meine Herausforderung sei nicht die Sackgasse, sondern ihre Überwindung: »Vous êtes condamné à réussir« (»Sie sind zum Erfolg verurteilt«). Und als Nixon ihn bei einer Begegnung in Reykjavik im Jahr 1973 drängte, seine Zweifel hinsichtlich der Europajahrinitiative abzulegen, stimmte Pompidou mit den Worten zu: »Die Empfängnis ist eine größere Lust als die Geburt.«

Die französisch-amerikanischen Beziehungen hatten eine Reihe von Zwischenfällen, zuweilen auch Zufällen zu überstehen. Während Pompidous Staatsbesuch in den Vereinigten Staaten im Februar 1970 wurde Madame Pompidou in Chicago von jüdischen Aktivisten, die gegen den Verkauf französischer Militärflugzeuge an Libyen protestierten, übel mitgespielt. Zwar tat Nixon sein Bestes, um den Schaden zu lindern, indem er bei einem Essen der Stadt New York zu Ehren des französischen Präsidenten erschien, aber Pompidou konnte seitdem gewisse antiamerikanische Ressentiments nicht mehr überwinden.

Im Jahr 1972 erkrankte Pompidou an Krebs. Das Zusammenwirken von Schmerzen, Medikamenten und vielleicht auch zornigem Widerstand dagegen, in so frühem Alter bereits das Ende vor sich zu sehen, führte dazu, daß an die Stelle der bisher für ihn so charakteristischen Ausgeglichenheit eine vorher nicht gekannte Reizbarkeit trat.

Das fiel mit einer strategischen Meinungsverschiedenheit über die Nahostpolitik im Krieg von 1973 zusammen, in dessen Verlauf Pompidou als der Verteidiger der europäischen Interessen gegen eine angeblich einseitig proisraelische Politik und provokatorische Behandlung der Energiekrise seitens der Vereinigten Staaten auftrat. Ein weiterer Reibungspunkt war die Europajahrinitiative, die der französische Präsident gedanklich angeregt hatte, aber, sobald es an die Umsetzung ging, als eine Bedrohung für die Führungsrolle Frankreichs auf dem Kontinent interpretierte. Der neue französische Außenminister Michel Jobert, der von einem unbedeutenden Verwaltungsposten direkt ins Scheinwerferlicht der Öffentlichkeit trat, schürte die Ressentiments der Gaullisten, so daß die französisch-amerikanischen Beziehungen, als Pompidou starb, in einem nie dagewesenen Tief steckten.

Als die Demokratien gerade die düstere Seite einer Geschichte voller Bruderzwist neu zu erleben schienen, brachten zwei Ereignisse den Umschwung. Das erste war der merkwürdige Zufall, daß noch vor Nixons Rücktritt in Großbritannien, Frankreich und Deutschland die Regierungschefs wechselten. Im März 1974 wurde die Regierung von Premierminister Edward Heath in einer Wahl, die durch einen Bergarbeiterstreik erzwungen worden war, von Harold Wilson abgelöst. In Frankreich starb am 2. April Georges Pompidou, und im Mai zog nach zwei Wahlgängen Valéry Giscard d'Estaing in das Elysee ein. In Deutschland trat Bundeskanzler Willy Brandt am 6. Mai zurück. Er übernahm damit die Verantwortung für einen Skandal, den die Verhaftung eines seiner engsten Mitarbeiter als ostdeutscher Spion ausgelöst hatte. Am 16. Mai folgte ihm Helmut Schmidt im Amt nach.

Diese neue und wesentlich verträglichere Gruppe von Spitzenpolitikern mußte unverzüglich auf die Energiekrise reagieren, was ein gemeinsames Vorgehen dringend erforderlich machte. Denn als das Kartell der Förderländer den Ölpreis im Herbst 1973 auf das Vierfache in die Höhe trieb, waren soziale und politische Stabilität der westlichen Demokratien bedroht.

Im Unterschied zur sowjetischen Herausforderung gefährdete die Energiekrise nicht das physische Überleben, sondern den inneren Zusammenhalt der demokratischen Staaten, der auf der allgemeinen Überzeugung beruhte, sie könnten stetigen sozialen und wirtschaftlichen Fortschritt garantieren. Nun aber griffen kommunistische Parteien in mehreren westeuropäischen Ländern, besonders in Italien und Portugal, in allem Ernst nach der Macht. Keines der westlichen Industrieländer konnte die Krise aus eigener Kraft bewältigen, keines hatte die Energiereserven oder das Finanzsystem, um dem Angriff des Erdölkartells allein die Stirn zu bieten.

Eine Strategie war nötig, um die westlichen Industriestaaten dazu zu bringen, gemeinsam Energie zu sparen, ein System gegenseitiger Unterstützung zu entwickeln, um ein neues Ölembargo abzuwehren (oder zu verhindern) und das globale Finanzsystem vor den Folgen eines massiven Transfers von Reichtum zu schützen, der durch die Explosion der Ölpreise entstand. Die Ford-Administration reagierte darauf gemeinsam mit ihren Verbündeten, wovon noch die Rede sein wird (siehe Kapitel XXII). Dieser Geist der Zusammenarbeit hat die Internationale Energieagentur, das Weltnahrungsmittelprogramm und die Gruppe der Sieben (G 7) hervorgebracht, deren Gipfeltreffen die Einheit und häufig auch den Erfolg der westlichen Industriestaaten symbolisieren.

Dieser Fortschritt ist zu einem großen Teil auf die Rolle der Politiker zurückzuführen, die 1974 an die Macht kamen. Deshalb soll hier ihre Persönlichkeit im einzelnen beschrieben werden.

Harold Wilson und James Callaghan: Die Behandlung des Sonderverhältnisses

Die Rückkehr zu einer neuen Ära der atlantischen Kooperation fiel den führenden Politikern Großbritanniens am leichtesten. Daß Großbritannien die Weltherrschaft Nazideutschlands abgewendet hatte, war eine der letzten großen Leistungen, die es in seiner traditionellen Rolle als Garant des globalen Kräftegleichgewichts erbrachte. Zwar hatte dies die materielle Substanz der historischen globalen Führungsposition Großbritanniens aufgebraucht, aber seine Staatslenker wehrten sich mit außerordentlicher moralischer Standhaftigkeit dagegen, einer entscheidenden Rolle bei der Herstellung des Gleichgewichts in der Welt zu entsagen. Was Großbritannien nun aus eigener Kraft nicht mehr erreichen konnte, versuchte es durch die Gestaltung eines Sonderverhältnisses zur stärksten Demokratie der Welt zu gewinnen.

Bereits zweimal in diesem Jahrhundert waren die Vereinigten Staaten die entscheidende Macht gewesen, die an Großbritanniens Seite einen Krieg gewann, welcher in Europa seinen Ausgang nahm. Als Großbritannien in einem Augenblick des Sieges, aber auch des relativen Abstieges entschied, in seiner Politik auf Amerika – und nicht auf Europa – zu setzen, spielten emotionale Bindungen ebenso eine Rolle wie nüchterne Überlegungen. Um zum Ausdruck zu bringen, daß es mehr als ein Bündnis anstrebte, gebrauchte Großbritannien den Begriff »special relationship« (»Sonderverhältnis«).

Nur eine moralisch starke und in sich geschlossene Gesellschaft konnte den Kraftakt auf sich nehmen, durch demonstrative Unterordnung die eigene Identität zu wahren. Mit Geschick und Zähigkeit woben die führenden Politiker Großbritanniens ein Netzwerk der transatlantischen Zusammenarbeit und der Konsultationen in Diplomatie, Strategie, geheimdienstlicher Tätigkeit und (in geringerem Maße) Wirtschaft, das Einfluß an die Stelle von Macht setzte. Traditionelle Diplomatie erreicht ihre Ziele durch Belohnung und Bestrafung. In dem Sonderverhältnis gab es beide Instrumente nicht. Statt dessen gründete Großbritannien seinen Anspruch, besondere Berücksichtigung zu finden, auf Leistung und eine subtile, allgegenwärtige Disziplin, die sich bei wachsender gegenseitiger Vertrautheit ganz unmerklich einstellte.

Dieses Sonderverhältnis konnte nur deshalb so lange – bis in die heutige Zeit (wenn auch in etwas abgeschwächter Form) – Bestand haben, weil man gemeinsam bemüht war, die britischen und amerikanischen Interessen miteinander zu verschmelzen. Hätte Großbritannien den Präferenzen Amerikas einfach nur teilnahmslos zugestimmt, dann wäre das Sonderverhältnis bald zu demoralisierender Abhängigkeit entartet und in Verfall geraten. Eine Reihe britischer Regierungen beider Parteien pflegte die engen Beziehungen. Auch die führenden Männer Amerikas, ebenfalls aus beiden Parteien, lernten es immer mehr zu schätzen, wie Großbritannien mit Würde und Kompetenz zur gemeinsamen Politik beitrug, indem es sowohl die ausgefeilte britische Diplomatie als auch solide militärische Leistungen einbrachte. Fast zwanzig Jahre nach den Ereignissen, die hier beschrieben werden, war das britische Kontingent im Golfkrieg 1991 das größte und schlagkräftigste aller Verbündeten. Großbritannien war auch das erste NATO-Land, das 1993 Bodentruppen nach Bosnien entsandte.

Als Ford sein Amt antrat, war das Sonderverhältnis allerdings aus den bereits beschriebenen Gründen ernsthaft belastet. Es ist eine Ironie der Geschichte, daß ausgerechnet die Rückkehr einer Labourregierung, die einer Administration der Republikaner eigentlich politisch recht fern steht, im März 1974 den beiderseitigen Frustrationen ein Ende setzte.

Als Harold Wilson Heath ablöste, normalisierte er das Sonderverhältnis, ohne Zeit zu verlieren. Nach den Einschätzungen, die uns vorlagen, stand er unter starkem Einfluß des linken Flügels der Labour Party und galt als Opportunist. Mit welcher Konsequenz sich Wilson dem Sonderverhältnis zuwandte, zeigt die Tatsache, daß diese Züge, die ihm viele seriöse Beobachter nachsagten, im Umgang mit den beiden Administrationen, in denen ich diente, niemals zu spüren waren. Er erwies sich als konsequenter Verfechter des Atlantischen Bündnisses und der Freundschaft Großbritanniens mit den Vereinigten Staaten. Wir hatten keinerlei Grund, uns über einen Mangel an Offenheit zu beklagen. Wilson verhehlte nicht, daß er an Amerikas Engagement in Vietnam Zweifel hegte, aber zu jener Zeit wurden wir auch von anderen führenden Politikern Europas nicht gerade mit Beifallsbekundungen überhäuft.

Wilson war stolz auf sein außerordentliches Gedächtnis, das ihn befähigte, genau zu sagen, wo ein Satz auf einer Seite stand. Zwar könnte man meinen, diese Gabe habe in einem lockeren Gespräch kaum einen Wert, aber Wilson verstand es meisterhaft, Gelegenheiten zu schaffen, um sie zu demonstrieren. Zuweilen sind die Götter leider geneigt, derartigen Stolz zu bestrafen: In seinen letzten Lebensjahren litt Wilson an fast vollständigem Gedächtnisverlust.

Als Wilson 1974 so unerwartet ins Amt zurückkehrte, wie er 1970 abgewählt worden war, schien es, als wäre sein Ehrgeiz allein dadurch befriedigt, daß er seine einstige Niederlage wettgemacht hatte. Von dem Enthusiasmus und Elan seiner ersten Amtszeit war nichts mehr zu spüren. Intelligent und exakt, wenn er sich selbst einschaltete, überließ Wilson die Tagesarbeit in den Beziehungen zu den Vereinigten Staaten seinem Außenminister (und baldigen Nachfolger) James Callaghan.

Als ich Anfang 1974 nach London kam, um mit der neuen britischen Regierung ein Arbeitsverhältnis aufzubauen, war Callaghan mein wichtigster Gesprächspartner. Wir trafen uns im Büro des Außenministers, einem riesigen Raum mit hoher Decke in Whitehall, der mit der zurückhaltenden Eleganz einer Zeit eingerichtet war, da Großbritanniens Vorrangstellung keinerlei Hervorhebung bedurfte.

Der britische Staatsdienst ist eine bemerkenswerte Einrichtung. Wenn eine neue Partei die Regierung übernimmt, werden nur die Minister ausgewechselt, alle anderen Beamten dagegen bleiben auf ihrem Posten. Um der Versuchung der Parteilichkeit zu entgehen, werden die Akten des Vorgängerkabinetts sogar versiegelt, so daß der Kabinettssekretär, der höchste Beamte, als Nachlaßverwalter und Datenbank des neuen Kabinetts fungiert. Wenn der neue Premierminister unabsichtlich irgendeine geheime internationale Übereinkunft verletzt, dann liegt es in der Verantwortung des Kabinettssekretärs, ihn darauf aufmerksam zu machen und mit dessen Vorgänger im Amt darüber zu verhandeln, wie die entsprechenden Akten zugänglich gemacht werden können.

Wenn ich nach meinen persönlichen Erfahrungen urteile, dann bewältigt das britische System Regierungswechsel mit großer Gelassenheit. Als Callaghan Außenminister wurde, behielt er das gesamte Personal seines konservativen Vorgängers bei. Bei unserer ersten Begegnung hatten meine Mitarbeiter und ich deshalb zunächst dieselben überaus höflichen Nadelstiche der Heath-Zeit zu ertragen, mit denen man die neue Priorität Europas in der britischen Politik hervorheben wollte. Callaghan machte dem rasch ein Ende: »Henry und ich werden zusammenarbeiten. Wenn es irgendwelche Mißhelligkeiten gibt, wenden Sie sich an mich. Henry und ich werden sie ausräumen.«

Bei Callaghan verband sich eine onkelhafte Persönlichkeit mit reichlich gesundem Menschenverstand. Er und Ford waren einander in vieler Hinsicht ähnlich, allerdings hatte Callaghan als Mitglied des vorherigen Labourkabinetts wesentlich länger ein Regierungsamt innegehabt. Beiden war eine ruhige, freundliche Art eigen, beide waren selbstbewußt, nicht geltungssüchtig. Es ist kein Zufall, daß sie auch in den zwanzig Jahren nach ihrer Regierungstätigkeit gute Freunde geblieben sind.

Callaghan, der das Außenministerium in relativ hohem Alter übernahm, kannte seine Fähigkeiten genau. Er wußte, daß er weder ein Stratege noch ein Geopolitiker war. Das mußte er auch nicht sein, denn in seinen Augen standen die Grundlinien der britischen Außenpolitik fest. So begnügte sich Callaghan damit, uns die großen strategischen Pläne zu überlassen, denen er, wenn notwendig, einen Schuß gesunden Menschenverstand beigab. Wenn es um die praktische Ausführung ging, konnte Callaghan sehr hartnäckig sein. Er lullte uns mit seiner Freundlichkeit ein, während seine geschickten Experten uns mit Informationen bombardierten, um uns in die Richtung zu steuern, die Großbritannien bevorzugte.

Ich fasse nicht spontan zu einem Menschen Vertrauen. Aber Callaghan gelang es, mich mit seiner ernsten Sicht der Dinge, seiner Ruhe in Krisenzeiten und seinem praktischen Sinn für sich zu gewinnen. Er sprach unser Sonderverhältnis nie ausdrücklich an, er praktizierte es durch sein Verhalten. Mit der Zeit verließ ich mich, besonders was taktische Fragen betraf, stark auf Callaghans Urteil – nicht wegen eines abstrakt-theoretischen anglo-amerikanischen Verhältnisses, sondern weil es häufig mit der amerikanischen Politik übereinstimmte.

Auch persönlich profitierte ich von seiner Weisheit. Nach dem sogenannten Halloween-Massaker am 31. Oktober und Anfang November 1975, als Ford in kurzer Zeit James Schlesinger als Verteidigungsminister entließ, William Colby als CIA-Direktor seines Postens enthob und meine Doppelstellung als Nationaler Sicherheitsberater und Außenminister beendete, rief mich Callaghan an (siehe Kapitel XXVII). Er wußte, daß Fords Entscheidung angebracht war, aber in Washington kann aus dem Anschein von Machtverlust rasch eine vollendete Tatsache werden. Ich würde wohl an Rücktritt denken, meinte er, aber »man tritt nicht wegen einer Statusfrage zurück. Wenn Sie es tun, dann machen Sie zunichte, wofür Sie stehen. Man tritt nur zurück, wenn es sich um eine Grundsatzfrage handelt.« Nach reiflicher Überlegung mußte ich ihm zustimmen.

Dieser Geist unseres Verhältnisses prägte meine Instruktionen vom 24. Juli 1974 an den für Internationale Organisationen zuständigen stellvertretenden Unterstaatssekretär William Buffum bezüglich der Teilnahme an den griechisch-türkischen Verhandlungen über die Zypernkrise, bei denen Callaghan den Vorsitz führte. Wie bereits zitiert, wies ich Buffum an, alle uns bekannten Informationen Callaghan zur Verfügung zu stellen und ihn bedingungslos zu unterstützen: »Es wird für uns nicht zum Schaden sein, wenn die Briten im östlichen Mittelmeer eine Rolle spielen.«

Helmut Schmidt und Hans-Dietrich Genscher:
Das Bündnis und die deutsche Wiedervereinigung

Die Geschichte hat Helmut Schmidt übel mitgespielt. Mit seinem Interesse für Architektur, Musik und politische Ökonomie war Schmidt unter den deutschen Politikern der Nachkriegszeit derjenige mit der höchsten Bildung. Dazu hatte er die besondere Gabe großer Persönlichkeiten, mit den Anforderungen zu wachsen. Aber um Größe zu erlangen, muß ein Staatsmann nicht nur über Wissen und Charakter verfügen, er muß vom Schicksal auch die Gelegenheit für heroische Taten erhalten. Schmidt verfügte über alles Nötige, aber die Geschichte gab ihm nicht die Chance, Großtaten zu vollbringen. Unter seinen Vorgängern ist Konrad Adenauer in die Geschichte eingegangen, weil er das geschlagene Deutschland von der bedingungslosen Kapitulation zur vollen Mitgliedschaft im westlichen Bündnis führte, Willy Brandt dafür, daß er Deutschland mit Polen und anderen Staaten des Ostens versöhnte, Helmut Kohl, weil er die deutsche Vereinigung vollbrachte. Schmidt waren solche Gelegenheiten nicht beschieden. Er führte sein Land mit Intelligenz und Geschick, ja sogar mit Eleganz. Aber es war ihm nicht gegeben, so dramatisch zu agieren wie Brandt oder etwas zu vollbringen wie Kohl.

Schmidt fiel in mehrerlei Hinsicht die Rolle einer Übergangsfigur zu: zwischen Deutschlands Vergangenheit als besetztem, gespaltenem Land und seiner Zukunft als stärkster Macht Europas, zwischen seinem übersteigerten Sicherheitsbedürfnis und der Notwendigkeit, sich an der Errichtung einer umfassenden Weltwirtschaftsordnung zu beteiligen, zwischen dem verspäteten Engagement seiner Sozialdemokratischen Partei für das Atlantische Bündnis und dem Wiedererstehen einiger ihrer früheren nationalistischen, ja sogar neutralistischen Tendenzen. Schmidt bewältigte alle diese Klippen mit Weisheit und Können. Er war der Politiker in Europa (und vielleicht sogar in der Welt), der die politischen und sozialen Implikationen der Energiekrise am besten durchschaute. Da er bereits Verteidigungsminister gewesen war, wußte er sehr genau um die politischen Gefahren, die die atomare Vorherrschaft der Sowjetunion in Europa heraufbeschwor.

Aber Energie ist ein Thema, bei dem man eher Kompetenz als Größe beweisen kann, und im Gefolge von Vietnam war auch die Verteidigung kein besonders populäres Thema mehr. Schmidt betrieb in all diesen Bereichen eine weise Politik. Aber er wurde 1982 gestürzt – paradoxerweise kaum ein Jahr nachdem er eine Wahl gewonnen hatte –, weil seine eigene Partei nicht mehr bereit war, die amerikanische Raketenstationierung in Europa zu unterstützen, und weil sein Koalitionspartner, die liberale Freie Demokratische Partei, die spürte, wie Schmidt die Basis abhanden kam, aus der gemeinsamen Regierung ausschied.

Helmut Schmidt war erst spät zur Politik gekommen. Seine erste Liebe hatte der Architektur und der Städteplanung gegolten. Hätte er am Ende des Zweiten Weltkrieges über die Mittel verfügt, sich zeitraubenden Studien zu widmen, dann wären seine außerordentliche Tatkraft und Intelligenz sicher dem Wiederaufbau der vom Krieg zerstörten deutschen Städte zugute gekommen. So wandte sich Schmidt dem kostensparendsten Studium, der politischen Ökonomie, zu, was seine Gesprächspartner späterer Jahre gelegentlich zu bedauern hatten, wenn sie seine kategorischen, vor allem aber weitschweifigen Ausführungen zu solchen Themen über sich ergehen lassen mußten.

Daß Schmidt in der Sozialdemokratischen Partei Karriere machte, hatte vor allem mit seinem Geburtsort zu tun. Da Hamburg seit fast einem Jahrhundert eine Hochburg der Sozialdemokratie war, hätte die Mitgliedschaft in einer anderen Partei ihn zum Kommentator oder Beobachter verdammt, einer Rolle, die mit seinem Tatendrang unvereinbar war. Später hieß es oft, Schmidt wäre als Mitglied der konservativeren Christlich-Demokratischen Union glücklicher (und vielleicht auch länger im Amt) gewesen. Diese Auffassung hat durchaus etwas für sich, wenn man seine Orientierung auf den freien Markt, seinen Einsatz für eine starke Verteidigung und seine Treue zum Atlantischen Bündnis (zumindest während seiner Amtszeit) in Betracht zieht.

Immer auf der Suche nach der Wahrheit bei dem weiten Kreis von Problemen, die ihn interessierten, verteidigte Schmidt seine Auffassungen gegen alle Einwände, auch in seiner eigenen Partei. Das machte ihn nicht immer zu einem willkommenen Gesprächspartner und trug am Ende auch zu seinem Sturz bei. Aber es war auch beruhigend, denn man konnte sicher sein, daß Schmidts Meinungen nie etwas mit persönlichem Vorteil oder engstirnigen nationalen Interessen zu tun hatten.

Im Gespräch schwankte Schmidt zwischen Wortkargheit und Beredsamkeit. Er war wortkarg, wenn es um persönliche Dinge ging, aber sehr beredsam, wenn politische oder geistige Themen besprochen wurden. Belanglose Konversation mochte er überhaupt nicht, sie ärgerte ihn sogar. Selbst auf die sorgfältig vorbereitete Darlegung eines Konzepts konnte er mit brütendem Schweigen reagieren. Aber ebensogut konnte er beim nächsten Gespräch auf das Thema zurückkommen, wobei er demonstrierte, daß er es sorgfältig durchdacht hatte. Obwohl er abweisend und sogar schroff sein konnte, war er gegenüber seinen Freunden sehr gefühlsbetont und oft rührend loyal. Zwar wußte Schmidt genau, daß die Nachwelt Staatsmänner nach ihren Ergebnissen beurteilt, aber er bestand darauf, daß moralische Haltung die Voraussetzung für eine bedeutsame politische Leistung ist: »Politik ohne Gewissen tendiert zum Verbrechen«, sagte er einmal »Nach meinem Verständnis ist Politik pragmatisches Handeln zu sittlichen Zwecken.«[3]

Alles in allem blieb die Bundesrepublik Deutschland im westlichen Bündnis stets ein Sonderfall. Im Bewußtsein der Teilung Deutschlands, des latenten Mißtrauens der Nachbarn, der Macht der Sowjetunion und der prekären Lage Berlins achtete die Bundesrepublik in den siebziger Jahren genauestens darauf, ihre Risiken in Grenzen zu halten und die Horizonte ihrer Politik sorgfältig abzustecken. Die westliche, freie Hälfte Berlins, der alten deutschen Hauptstadt, lag inmitten des Gebietes eines sowjetischen Satellitenstaates, der Deutschen Demokratischen Republik. An der Grenze zwischen beiden deutschen Staaten standen sich NATO und Warschauer Pakt gegenüber. Ein Krieg zwischen ihnen hätte Deutschland verwüstet und seine Bevölkerung dezimiert.

Jeder deutsche Bundeskanzler mußte daher mit großer Umsicht handeln. Die Bundesrepublik benötigte besondere Zusicherungen: von den Vereinigten Staaten gegen die Gefahr einer sowjetischen Invasion, von Frankreich gegen die politische Isolierung in Europa. Jeder Kanzler wurde von der Öffentlichkeit gedrängt, sich zum Ziel der deutschen Vereinigung zu bekennen. Dabei teilte keiner seiner Verbündeten dieses Anliegen, von den Staaten des Ostens ganz zu schweigen. Im Gegenteil: Die meisten befürworteten, daß Deutschland geteilt blieb. Der deutsche Bundeskanzler mußte daher alle seine Schritte sorgfältig abwägen, um sich einerseits die Unterstützung der Öffentlichkeit zu erhalten und sein Land andererseits nicht in die internationale Selbstisolierung zu steuern, die für so viele Tragödien Deutschlands im 20. Jahrhundert verantwortlich war.

Schmidt meisterte diesen Balanceakt mit großem Geschick, mit Menschlichkeit und dem notwendigen Blick für die Belange der atlantischen Verbündeten. Zwar wirkt die deutsche Vereinigung wie jede vollendete Tatsache im Rückblick, als wäre sie unausweichlich gewesen, für die Staatsmänner der siebziger Jahre war sie jedoch auch nicht im entferntesten eine Selbstverständlichkeit (übrigens auch nicht für die der achtziger Jahre, bis sie unmittelbar bevorstand). Sosehr Brandt heute auch bewundert wird, die meisten führenden Politiker Europas fanden damals Schmidts nüchternen Stil beruhigender, besonders seine Weigerung, die Bindungen Deutschlands an die NATO und an Europa nationalen Zielen zu opfern, die von einer Entwicklung in der Sowjetunion abhingen, welche die Bundesrepublik, wenn überhaupt, nur marginal beeinflussen konnte. Schmidt knüpfte enge Beziehungen zu Giscard d'Estaing und war ein leidenschaftlicher Verfechter der europäischen Einigung. Für sie trat er in späteren Jahren, als ihn die Vereinigten Staaten zunehmend enttäuschten, noch prononcierter ein. Zur Zeit der Ford-Administration hielten sich seine Sympathien für Europa und Amerika die Waage.

Da Schmidt Verteidigungsminister gewesen war, verlor er die Anhäufung von Atomwaffen auf beiden Seiten des Eisernen Vorhangs niemals aus dem Auge. Er verabscheute diese Waffen, stellte aber nicht in Frage, daß Deutschlands Verteidigung von ihnen abhing. Diese ambivalente Haltung sollte Schmidt in seiner ganzen restlichen Amtszeit innere Qualen bereiten.

Im Jahr 1977 rettete eine deutsche Kommandoeinheit in einer kühnen Aktion deutsche Geiseln, die arabische Terroristen in einem entführten Flugzeug in Mogadischu, der Hauptstadt Somalias, gefangenhielten. Einige Wochen später berichtete mir Schmidt, wie er in den Stunden gebangt habe, bevor er wußte, daß die Aktion erfolgreich verlaufen und niemand getötet worden war. Wenn ihm das Überleben von sechsundachtzig Geiseln und der Angehörigen einer Kommandoeinheit so nahe gehe, grübelte er, wie könne er sich dann dazu bringen, eine NATO-Strategie zu realisieren, zu der auch der Einsatz von Atomwaffen gehöre? Als später über die Stationierung atomarer Mittelstreckenraketen in Deutschland entschieden werden mußte, überwand Schmidt seine Bedenken und setzte durch, was er rational als seine Pflicht gegenüber dem Westen ansah. Damit stellte er sich gegen die Mehrheit in seiner Partei. Dies wurde später zur unmittelbaren Ursache seines Sturzes.

Zur Zeit der Ford-Administration galt Schmidts Hauptsorge aber nicht der atomaren Strategie, sondern den Auswirkungen der Ölkrise auf das soziale und politische Wohlbefinden des Westens. Überzeugt, daß nur gemeinsames Handeln der westlichen Industriestaaten den Zusammenbruch der in der Nachkriegszeit entstandenen gesellschaftlichen Ordnung abwenden konnte, hatte Schmidt bereits als Finanzminister beim Zustandekommen der Washingtoner Energiekonferenz bis hin zu ihrem erfolgreichen Abschluß im Jahr 1974 eine Schlüsselrolle gespielt. Dies war der erste Schritt zur Errichtung der Internationalen Energieagentur als Koordinierungsorgan für die Reaktion der westlichen Industriestaaten auf die Ölkrise. Der französische Außenminister Michel Jobert warf Schmidt deswegen vor, er untergrabe die europäische Einheit – ein harter Schlag für einen Mann wie Schmidt, der sich so leidenschaftlich für dieses Ziel einsetzte. Wie wir noch sehen werden, unterstützte er in der Amtszeit der Ford-Administration mit noch größerem Nachdruck die Bemühungen der Vereinigten Staaten, die wichtigsten Verbrauchernationen zu gemeinsamen Maßnahmen gegenüber dem Erdölkartell zu bewegen.

Für Schmidt war die Zusammenarbeit mit den Vereinigten Staaten damals aus politischen und moralischen Gründen unverzichtbar. Bei seinem ersten Besuch in Washington als Bundeskanzler hielt er Ford einen langen Vortrag – aber nicht über ein Thema der amerikanisch-europäischen Beziehungen, sondern über die Finanzkrise, in der die Stadt New York damals steckte. Schmidt argumentierte, man dürfe nicht zulassen, daß New York, das Finanzzentrum der Welt, zu einem Zeitpunkt, da man sich generell über die Entwicklungsrichtung Amerikas sorge, in den Bankrott abgleite. Das werde die Tendenz zu Panik und schwindendem Vertrauen in die Vereinigten Staaten noch verstärken. Ford nahm Schmidts Rat an, oder, was wahrscheinlicher ist, er kam selbst zu ähnlichen Schlüssen. Dies war der Anfang einer lang andauernden Freundschaft.

Solange Ford im Amt war, ließ Schmidt keine Gelegenheit aus, um sein Vertrauen zu den Vereinigten Staaten zu demonstrieren. Als der Präsident und ich ihn über das Abkommen von Wladiwostok informierten, stellte Schmidt kundige, tiefgründige Fragen. Als wir den Vorwurf Senator Jacksons, wir hätten die Interessen Amerikas und seiner Verbündeten mißachtet, zurückweisen wollten, unterbrach uns Schmidt: »Sie brauchen uns in dieser Hinsicht nicht zu beruhigen. Wir haben daran keine Zweifel.«

Für Schmidt war die zentrale Stellung der Vereinigten Staaten damals eine moralische Frage. Als er und ich einmal als Freunde und ehemalige Wissenschaftler melancholisch über die Regierbarkeit der westlichen Demokratien reflektierten, warf Schmidt ein: »Was wir uns hier sagen, dürfen wir nicht öffentlich wiederholen, es sei denn, unter unseren engsten Freunden. Zuviel hängt von Amerika ab, als daß man seine Fähigkeit, seine Probleme zu lösen, in Frage stellen dürfte.«

Später verärgerten Konflikte mit Fords Nachfolger Schmidt in einem Maße, daß er gegen seinen eigenen Grundsatz verstieß, niemals Amerikas Fähigkeit zur Lösung seiner Probleme in Frage zu stellen. Er entwickelte ein zunehmend kritisches Verhältnis zur amerikanischen Politik und zu den Institutionen des Landes. Als mit dem Zerfall der Sowjetunion die militärische Bedrohung Deutschlands verschwand, maß Schmidt – nun als Privatmann – der Freundschaft mit Frankreich höhere Priorität bei als dem Verhältnis zu Amerika. Während seiner Amtszeit war Schmidt jedoch ein Hauptverfechter enger atlantischer Beziehungen, und die freien Völker haben seinem inhaltlichen und moralischen Beitrag zu diesem Verhältnis viel zu verdanken.

Die Qualitäten von Schmidts Außenminister, dem achtunggebietenden Hans-Dietrich Genscher, ergänzten die seinen vortrefflich. Schmidt dachte eher konzeptionell, Genscher eher taktisch. Schmidt war mehr ein nachdenklicher, Genscher dagegen ein eminent praktischer Charakter. Schmidt ordnete die spezifisch deutschen Themen den globalen und europäischen Herausforderungen unter. Genscher setzte die Prioritäten eher in umgekehrter Reihenfolge.

Ich begegnete Genscher zum ersten Mal im Juni 1974. Erst einen Monat zuvor war er aus dem Amt des Innenministers in das des Außenministers gewechselt. Wir trafen uns in Bad Reichenhall an der Südspitze Bayerns, weil Nixon auf dem Weg in den Nahen Osten einen Tag Zwischenaufenthalt in Schloß Klesheim bei Salzburg einlegte. Obwohl man Genschers Kenntnisse der Außenpolitik in jenen frühen Tagen seiner langen Amtszeit auch bei größter Nachsicht nur als unvollkommen bezeichnen konnte, trat er selbst sehr sicher auf. Bei einer Pressekonferenz am Morgen jenes Tages, des 11. Juni, hatte ich Anschuldigungen im Zusammenhang mit dem Anzapfen von Telefonleitungen in der Watergate-Affäre zurückweisen müssen. Ich hatte eine Untersuchung im Auswärtigen Ausschuß des Senats gefordert und meinen Rücktritt angeboten, falls ich dort nicht von allen Anschuldigungen entlastet würde.[4] Genscher erwähnte die Pressekonferenz oder Watergate mit keinem Wort. Wie die meisten Europäer behandelte er diese Dinge, als wären sie eine unverständliche, rein amerikanische Krankheit. Sein Anliegen war, die Reste der Spannungen, die von der Europajahrinitiative herrührten, beseitigen zu helfen.[5]

In den folgenden drei Jahren wirkten Genscher und ich eng zusammen. Er arbeitete sich mit erstaunlichem Tempo in die Probleme der Außenpolitik ein. Nachdem ich bereits aus dem Amt geschieden war, wurde er zum tonangebenden Außenpolitiker in Europa. Das lag zum Teil an der Stärke Deutschlands, sehr wesentlich aber auch an seinen eigenen Fähigkeiten. In mir wuchs großer Respekt vor diesem klugen, engagierten und zugleich verletzlichen Mann, der leidenschaftlich für seine Überzeugungen stritt, jedoch frontale Auseinandersetzungen mied, der darunter litt, wenn man ihm unlautere Motive unterstellte, was er aber zuweilen durch seine Manöver selbst herausforderte. Mit Genschers Taktik war ich nicht immer einverstanden, aber ich achtete seine Ziele und schätzte sehr, wie loyal, ja sogar sentimental er persönliche Freundschaft pflegte.

Genscher verfolgte seine Ziele häufig so verdeckt, daß seine komplizierten Winkelzüge zuweilen die Motive überschatteten, die ihnen zugrunde lagen. Das kann durchaus Absicht gewesen sein. Es barg allerdings die Gefahr, daß Genschers Stil in weniger sorgsamen Händen leicht zum Lavieren zwischen beiden Seiten geraten konnte, hätte der Zerfall der Sowjetunion diese Möglichkeit nicht ein für allemal aus der Welt geschafft. Daß ein Mann, der nur eine kleine Koalitionspartei vertrat (und zeitweise nicht einmal ihr Vorsitzender war), solchen Einfluß ausüben kann, sagt etwas über Genschers starke Persönlichkeit aus.

Genscher wurde Außenminister, weil seine kleine Freie Demokratische Partei (die selten mehr als acht Prozent der Stimmen erhielt) für beide großen Parteien (die Christdemokraten und die Sozialdemokraten) zur Bildung einer Regierung unverzichtbar war. Deshalb diente Genscher als

Außenminister sowohl unter Helmut Schmidt als auch unter Helmut Kohl. Kohl hätte gar nicht Kanzler werden können, wäre Genscher nicht mitten in einer Legislaturperiode, in der seine Partei als Schmidts Koalitionspartner gewählt worden war, zu ihm übergelaufen.

Wie er das tat, sagt viel über Genschers taktisches Geschick aus. Etwa ein Jahr nach der Wahl, in der er an Schmidts Seite gestanden hatte, erklärte mir Genscher, würden die Freien Demokraten nicht wechseln, dann entstünde in der Öffentlichkeit der Eindruck, seine Partei, die bereits in drei Wahlen an der Seite der Sozialdemokraten gestanden hatte, sei im Grunde genommen bereits eine Fraktion der SPD, die gar nicht mehr selbst anzutreten brauche. Um nicht in der Bedeutungslosigkeit zu versinken, sei es notwendig geworden, eine Koalition mit den Christdemokraten einzugehen. Ein solcher Wechsel stellte die Partei jedoch vor eine Zerreißprobe: Wenn er zu kurz nach den letzten Wahlen erfolgte, konnte er zynisch erscheinen, kam er zu kurz vor dem nächsten Urnengang, konnte das Geschrei um den Seitenwechsel das Ende der Freien Demokraten bedeuten. Genscher wählte genau den richtigen Zeitpunkt – oder gab dem Druck seines Parteifreundes Otto Graf Lambsdorff nach – und bewahrte seine Partei davor, daß sie von der Bildfläche verschwand und jede Bedeutung verlor.

Für seine relativ späte Formierung als Nationalstaat hatte Deutschland einen Preis zu zahlen: Es fehlte ihm an Traditionen bei der Bestimmung der nationalen Interessen. In der neueren deutschen Geschichte vermochten nur zweimal Männer dieses Problem zu lösen: Otto von Bismarck, der von 1871 bis 1890 ein einheitliches Deutschland schmiedete, sowie Konrad Adenauer und seine Nachfolger, die im Gefolge des Zweiten Weltkrieges agierten. Deutschland, das mehr Nachbarn hat als jeder andere europäische Staat, kann sich viel weniger Fehler leisten. Es war stets stärker als jeder einzelne seiner Nachbarn, aber schwächer als sie alle zusammengenommen. Die Gefahr, feindseligen Bündnissen gegenüberzustehen, war Deutschland deshalb in die Wiege gelegt und wurde zu einem Alptraum für die Praktiker seiner Außenpolitik. Es ist eine Ironie der Geschichte, daß Deutschlands Bemühungen, derartige Bündnisse durch Drohungen, Erpressung und Schlimmeres bereits in den Anfängen zu vereiteln, vor dem Ersten Weltkrieg zu einer sich selbst erfüllenden Prophezeiung wurden, die das Entstehen derartiger Allianzen gleichsam unumgänglich machte.

Bismarck suchte diesem Dilemma mit großer Beweglichkeit zu entkommen. Um der Entstehung feindlicher Koalitionen vorzubeugen, schloß er selbst eine Reihe von Bündnissen und Verträgen, damit Deutschland stets mehr Optionen habe als jeder seiner potentiellen Rivalen. Adenauer und seine Nachfolger dagegen entschieden sich für Verläßlichkeit. Adenauer ging davon aus, daß Deutschland mit seinem Verhalten in der Nazizeit zuviel Mißtrauen erzeugt hatte, als daß Bismarcks Stil der amoralischen Flexibilität noch toleriert würde, daß der Hang der deutschen Seele zum Romantisieren gegen das Gefühl für das richtige Maß wirke, das für Bismarcks ungebundenes Agieren so wesentlich war. Adenauers Lösung lief darauf hinaus, durch eine feste Einbindung Deutschlands in den atlantischen und später europäischen Zusammenhang jegliche Bismarcksche Versuchungen zu unterdrücken.

Als Genscher die politische Bühne betrat, versuchte er die Bundesrepublik aus den engen Fesseln der Adenauerschen Politik, wie er sie sah, zu befreien. Die Vorsicht hätte Deutschland eigentlich gebieten müssen, in der entscheidenden Zeit vor der Vereinigung des Landes an der Seite seiner Verbündeten den endgültigen Zerfall des Sowjetimperiums abzuwarten. Ein derartiger Kurs hätte aber bedeutet, daß die deutsche Vereinigung von der internationalen Tagesordnung verschwunden wäre, denn keiner der Verbündeten Deutschlands hatte daran ein besonderes nationales Interesse. Eine passive Politik konnte kein deutscher Außenpolitiker betreiben, schon gar nicht ein gebürtiger Ostdeutscher wie Genscher, dessen emotionale Bindung an seine Heimatstadt Halle sich kaum gelockert hat.

Hinter Genschers taktischem Geschick verbarg sich ein leidenschaftliches Engagement für die schließliche Befreiung seiner ostdeutschen Heimat. Seine Außenministerkollegen mögen sich zuweilen gewundert haben, wie ein anscheinend so praktisch veranlagter Mann einem solchen Ziel anhängen konnte, das für viele von uns nur in einer fernen Zukunft vorstellbar war. Genscher nahm uns jedoch das Versprechen ab, mit ihm in seine Heimatstadt zu kommen, wenn Deutschland erst einmal vereint war. Diesem Versprechen verdanke ich einen bewegenden Besuch in Halle, den ich der Stadt gemeinsam mit Michail Gorbatschow und Genscher ein Jahr nach der Vereinigung abstattete. Ich hatte diese Zusage gegeben, ohne je damit zu rechnen, daß ich sie bald erfüllen müßte. Gorbatschow hatte das Versprechen sicher gegeben, weil er überzeugt war, daß er es in der Hand hatte, dessen Einlösung zu verhindern. Und nun waren wir gemeinsam in Halle, weil Genschers Glauben am Ende eine tiefere Realität zugrunde gelegen hatte als unseren praktischen Einschätzungen.[6]

Die Geschichte wird dem Kraftakt der Vereinigung Deutschlands bei bleibender Verankerung im atlantischen Gefüge sicher einmal Bestnoten geben. Das Ergebnis ist in vielem auf Kohls konsequente Strategie zurückzuführen. Aber Genschers Beitrag dazu war unverzichtbar. Er hatte den Drahtseilakt zwischen den Supermächten und den mißtrauischen Nachbarn zu meistern. Dabei verlor er nie die Tatsache aus dem Auge, daß die deutsche Politik, wenn sie zu zurückhaltend blieb, leicht von den Stürmen fortgerissen werden konnte, die über der Mitte des Kontinents tobten. Wenn die deutsche Politik dagegen zu forsch wurde, konnte sie diese Stürme noch verstärken. Drängte die Bundesrepublik zu sehr auf die Vereinigung, drohte sie neuen Befürchtungen vor deutschem Nationalismus Nahrung zu geben. Schaltete sie aber ihre Politik vollständig mit der ihrer Verbündeten gleich, dann kam die Vereinigung vielleicht nie zustande. Genscher meisterte die verschiedenen Strömungen mit außerordentlichem Geschick und erreichte damit Einfluß und Ansehen für sein Land, die über dessen tatsächliches Gewicht hinausgingen.

Valéry Giscard d'Estaing und Frankreich: Verbündeter oder Stechfliege?

Als Valéry Giscard d'Estaing im Mai 1974 französischer Staatspräsident wurde, übernahm er eine lange Liste französisch-amerikanischer Differenzen. Beide Seiten hatten Grund zur Klage. Uns mißfielen die taktischen Alleingänge Frankreichs in Europa, im Nahen Osten und in der Energiepolitik. Die Franzosen warfen uns mangelndes Verständnis für ihre nationalen Belange, Einmischung in den störanfälligen Prozeß der Einigung Europas und einen generellen Hang zur Bevormundung vor.

Der Streit drehte sich weniger um die Politik, als vielmehr um die tiefergehende wichtige Grundsatzfrage, wie Staaten miteinander kooperieren sollen. Amerikanische Staatsmänner, die sich in der Tradition Woodrow Wilsons sehen, sind in der Regel der Meinung, da die Interessen von Demokratien grundsätzlich harmonieren, seien Bündnisse im wesentlichen als Mechanismen für die Lastenverteilung zu sehen. Jedem Partner wird ein Teil der Gesamtaufgabe zugewiesen, und Konsultationen im Bündnis sind eine Art Aktionärsversammlung in einem öffentlichen Unternehmen, wo der Einfluß dem Anteil am investierten Kapital entspricht. Die Führer Amerikas neigen zu Erklärungen, daß die transatlantischen Spannungen vor allem aus der ungleichen Machtverteilung resultieren und verschwinden werden, wenn Europa an Stärke und Zusammenhalt gewinnt: daher die amerikanische Neigung, die europäische Einheit als Zugpferd für bessere Zusammenarbeit unter den Staaten des Nordatlantischen Bündnisses zu sehen.

In der jahrhundertealten Geschichte der französischen Diplomatie findet sich nichts, was eine solche Meinung stützen könnte. Zumindest seit Richelieu im 17. Jahrhundert gründet sie sich auf einer kalkulierten Abwägung von Lohn und Strafe. Frankreichs Interesse gilt traditionell weniger dem Konsultationsmechanismus als eher den Optionen aller Seiten in jedem Stadium des diplomatischen Prozesses. Wenn man sich aus französischer Sicht in der politischen Welt ständig in einer Minderheitsposition befindet, bedeutet dies Unterordnung. Der Einfluß eines Landes wird demzufolge durch die Fähigkeit bestimmt, Kooperation auch zu verweigern. Deshalb reagiert die französische Diplomatie nahezu nach dem Pawlowschen Reflex, wenn man von ihr verlangt, mit einem stärkeren Partner zusammenzuarbeiten. Dem stärksten Verbündeten wird dabei keine Führungsrolle zugestanden, sondern man versucht ständig, dessen Vormachtstellung und damit dessen Fähigkeit, den anderen seine Lösung aufzuzwingen, zu schwächen. Diese Haltung hat de Gaulle einmal in markante Worte gefaßt:

Der Mensch hat zwar »natürliche Grenzen«, ist aber »maßlos in seinen Wünschen«. Die Welt ist also voller widerstreitender Kräfte. Natürlich ist es menschlicher Weisheit häufig gelungen zu verhindern, daß derartige Rivalitäten zu mörderischen Konflikten ausarten. Aber der Wettstreit der Bemühungen ist die Voraussetzung des Lebens... Letzten Endes ist es stets nur das Gleichgewicht, in dem die Welt Frieden findet.[7]

Nach französischer Auffassung bringen Staaten keine gemeinsamen Opfer, um Lasten zu teilen (besonders solche, die andere bereits auf sich genommen haben). Eher teilen sie Lasten, um ein bestimmtes gemeinsames politisches Ziel zu erreichen. Ein geeintes Europa betrachtet Frankreich als Werkzeug, um eigene politische Ziele zu erreichen und den internationalen Einfluß Amerikas zu verringern.

Die Nixon-Administration, die für eine Politik auf der Grundlage nationaler Interessen offen war, zeigte Bereitschaft, mit einem Frankreich zusammenzuarbeiten, das darauf bestand, seine eigenen nationalen Entscheidungen zu treffen. Als jedoch Ford die politische Bühne betrat, setzte ein kränkelnder Pompidou, angespornt von Jobert und verärgert über manche taktische Schritte Amerikas, Selbständigkeit immer mehr mit Konfrontation gleich. Frankreich distanzierte sich im Nahostkrieg demonstrativ von den Vereinigten Staaten, es weigerte sich, gemeinsam mit anderen Industriestaaten bei der Energiefrage zusammenzuarbeiten, es versuchte Europa zu einer gemeinsamen Nahostdiplomatie zu mobilisieren, die wir als abträglich für den sich anbahnenden Friedensprozeß betrachteten, und es blockierte unsere verschiedenen Initiativen im Zusammenhang mit dem Europajahr.

Die französische Diplomatie schwankte zwischen den beiden Polen, einerseits von Amerika als gleichberechtigter Partner in einer Art Großmachtdirektorat anerkannt zu werden, was de Gaulle zum ersten Mal gefordert hatte, und andererseits ein vereintes Europa als Gegengewicht zu Amerika auf die Beine zu stellen. Dazu sagte mir der deutsche Außenminister Walter Scheel im März 1974: »Er (Jobert) denkt, Sie wollen erreichen, daß die Vereinigten Staaten Europa in eine Gesamtstruktur einbinden, die Sie dominieren.« Nach Scheel lief die französische Politik deshalb darauf hinaus, angebliche amerikanische Vorherrschaftspläne zu durchkreuzen. Als wir zum Beispiel vorschlugen, in eine gemeinsame Energiepolitik auch Japan einzubeziehen, interpretierte der französische Außenminister dies als Ausdruck ebendieses amerikanischen Planes. »Sie meinen«, berichtete mir Scheel, »ein Dreierbündnis mit Japan und den Vereinigten Staaten könnte die ganze Welt umfassen und die Vorherrschaft der Vereinigten Staaten durchsetzen.«

Selbst wenn sie für Europa zu sprechen vorgaben, äußerten sich französische Spitzenpolitiker häufig abschätzig über ihre europäischen Partner: Deutschland war für sie ein »Protektorat der Vereinigten Staaten«, Großbritannien hatte mit Edward Heath nur »einen einzigen Europäer« und schaute sowieso »aufs Meer hinaus«, Italien war »desorganisiert und schwach«[8]. Um Deutschland einen Anreiz für engere Beziehungen zu Frankreich zu geben, ließen französische Diplomaten im letzten Jahr der Präsidentschaft Pompidous keine Gelegenheit aus, um von der angeblichen oder angeblich bevorstehenden Gefahr eines sowjetisch-amerikanischen Kondominiums zu sprechen. Zugleich pflegten sie ihre Beziehungen zu Moskau und versuchten den Eindruck zu erwecken, Paris sei für Moskau aus bestimmten Gründen eine bessere Option als Washington.

Das Dilemma der französischen Außenpolitik bestand darin, daß das Land nicht mehr über die Ressourcen verfügte, um, auf sich allein gestellt, die Tradition einer sehr rationalen Politik fortzusetzen, der es sich jahrhundertelang verschrieben hatte. Im 18. und überwiegend auch im 19. Jahrhundert war Frankreich der mächtigste Staat auf dem europäischen Kontinent. Im 20. Jahrhundert fehlte ihm aber die notwendige Machtbasis, um die Vereinigten Staaten herauszufordern. Vor die Wahl gestellt, sich im Atlantischen Bündnis zwischen Frankreich und den Vereinigten Staaten zu entscheiden, bevorzugten die meisten europäischen Staatsmänner, besonders in der Zeit des Kalten Krieges, Amerika. Das betraf vor allem Deutschland, an dem Frankreich sehr gelegen war. Diese Sicht der internationalen Beziehungen machte die französischen Politiker überempfindlich für jegliche potentiellen Verschiebungen im europäischen Gleichgewicht oder im Verhältnis zwischen den Supermächten. Diese Empfindsamkeit mündete oft in Enttäuschung, weil Frankreich einfach nicht wahrhaben wollte, daß es nicht mehr in der Lage war, das Ergebnis entscheidend mitzubestimmen. Wenn Moskau einen Partner in Europa wählte, dann war das eher Deutschland als Frankreich.

Dessenungeachtet fochten die führenden Männer Frankreichs einen harten und nicht erfolglosen Kampf, um dem unabhängigen Kurs, den sie für ihr Land bestimmt hatten, Anerkennung zu verschaffen. Die wichtigsten Bestandteile dieses Kraftaktes waren das Beharren auf einer starken nationalen Verteidigung einschließlich einer unabhängigen nuklearen Abschreckung und die Anerkennung der militärischen Stärke Amerikas als Gegengewicht zur sowjetischen Gefahr ungeachtet des Anspruchs auf französische Eigenständigkeit. (Da aber die Verteidigung Europas als im amerikanischen Interesse liegend verstanden wurde, sah sich Frankreich kaum verpflichtet, eine Gegenleistung zu erbringen.) Dazu kamen Furcht und Sorge vor einem erneuten Aufstieg Deutschlands, Empfindlichkeit gegenüber jeglicher Veränderung im globalen Kräfteverhältnis, einschließlich der Rückkehr Chinas auf die Weltbühne, schließlich die Notwendigkeit einer Entspannung mit der Sowjetunion, wenn auch nur zur Beruhigung der eigenen Öffentlichkeit sowie als Gegengewicht zu den Vereinigten Staaten und Deutschland.

Vielen Bestandteilen der gaullistischen Außenpolitik konnten wir zustimmen. Abgesehen davon, daß die französische Politik herausfordernde und zuweilen auch kränkende Töne anschlug, sahen wir sie als gesunden Ausdruck eines Verantwortungsbewußtseins, das als ernsthafter Beitrag zur Errichtung eines neuen internationalen Systems notwendig war.

Die Spannungen im französisch-amerikanischen Verhältnis konnte man in vieler Hinsicht eher als Ergebnis kultureller Unterschiede denn politischer Differenzen sehen. Britische Diplomaten legten Wert auf Partnerschaft und praktische Lösungen. Französische Spitzenpolitiker betonten dagegen die Theorie und hatten häufig ein belehrendes, überlegenes, zuweilen geradezu herrisches Auftreten. Großbritannien strebte nach Zusammenarbeit. Frankreich war bemüht, den Eindruck zu erwecken, es habe sich selbst etwas genommen, was wir in Wirklichkeit durchaus anzubieten bereit waren. Diesen unangenehmen Eindruck, den der Stil der französischen Diplomatie zuweilen hinterließ, hat der britische Diplomat Sir Harold Nicolson bereits in den dreißiger Jahren treffend beschrieben:

Der Diplomatische Dienst Frankreichs ... besteht aus Männern von bemerkenswerter Intelligenz, umfangreichen Erfahrungen und großem gesellschaftlichen Charme. Franzosen kombinieren scharfe Beobachtungsgabe mit einem besonderen Talent, glänzend überzeugen zu können. Sie sind ehrenhaft und genau. Aber es fehlt ihnen an Toleranz. Der Durchschnittsfranzose ist von seiner intellektuellen Überlegenheit so überzeugt, sich der Vorrangstellung seiner Kultur so bewußt, daß es ihm zuweilen schwerfällt, seinen Ärger über die Barbaren zu verbergen, die andere Länder bevölkern... Seine hervorragende geistige Integrität verleitet ihn dazu, das konfuse Gestammel nicht so erleuchteter Geister für unaufrichtig zu halten und ärgerlich nackte Verachtung zu empfinden, wo doch nur ein wenig verständnisvolle Nachsicht nötig wäre.[9]

Es kam aber auch vor, daß französische Politiker Entgegenkommen zeigten, amerikanische Beamte dagegen für Frankreichs emotionale Bedürfnisse sehr wenig Verständnis aufbrachten. Großbritannien hatte den Krieg an unserer Seite gewonnen. Frankreich war besiegt und besetzt gewesen. Großbritannien konnte sein Sonderverhältnis auf einer gemeinsamen Kultur und gemeinsamen Kriegserlebnissen aufbauen. Frankreich dagegen war versucht, seine Demütigung im Zweiten Weltkrieg und in den Jahrzehnten der Kolonialkriege durch ein gelegentlich sehr anmaßendes Auftreten wettzumachen. Großbritannien, dessen Politik von Beständigkeit gekennzeichnet war, konnte den Inhalt über den Status stellen. Für Frankreich, das seine nationale Rolle neu zu bestimmen suchte, war Status stets eine Form des Inhalts.

Eine kluge Politik Amerikas hätte sich weniger über die Bezeigungen französischen Eigensinns erregen und diese als unumgängliche Stufe zu einer nationalen Wiedergeburt behandeln können. Aber während viele amerikanische Politiker, ich selbst eingeschlossen, dies im Prinzip anerkannten, überreagierten wir zuweilen auf den gönnerhaften Stil der französischen Politik, ohne die ihm zugrundeliegenden Erfordernisse genügend in Betracht zu ziehen.

Als Valéry Giscard d'Estaing knapp drei Monate vor Gerald Ford sein Amt übernahm, waren die französisch-amerikanischen Beziehungen von einem Zustand der Irritation an den Rand der Konfrontation geraten. Giscard gelang es, sie während seiner Präsidentschaft wieder in die Nähe wahrer Partnerschaft zu bringen. Es ist sein Verdienst, die Symbolik vom Inhalt getrennt und die Beziehungen zwischen beiden Staaten auf die Zusammenarbeit gelenkt zu haben, die ihre wahren Interessen erfordern.

Da er von den Katastrophen der dreißiger und vierziger Jahre sowie den Frustrationen des Algerienkrieges persönlich nicht betroffen war, fühlte sich Giscard weniger als seine Vorgänger verpflichtet, für sein Prestige Punkte zu sammeln. Er war auch der erste französische Präsident, der fließend Englisch sprach und offenbar Gefallen daran fand. Giscard verfolgte die öffentlichen Debatten in den angelsächsischen Ländern aufmerksam und war gelegentlich auch bereit, sich persönlich an ihnen zu beteiligen. Nachdem er die Kandidaten der orthodoxen Gaullisten und der Sozialisten bei der Wahl geschlagen hatte (er selbst war einer der Begründer und Mitglied der Partei der Unabhängigen Republikaner), ging er daran, die französische Präsidentschaft von marxistischen Lehren und heroischer Pose zu befreien.

Als Absolvent der École Polytechnique, einer der Eliteschulen Frankreichs, hatte Giscard die höchste Allgemeinbildung aller westlichen Politiker. Er konnte so charmant sein, wie er intelligent war. Wenn es jemandem gelang, die zur Schau getragene Distanz zu durchbrechen, dann begegnete man einer warmherzigen und sehr ausgeprägten Persönlichkeit. Die hervorstechendste Eigenschaft vieler Staatschefs ist Rücksichtslosigkeit. Bei Giscard war es seine analytische Gabe. Als der am meisten kosmopolitisch eingestellte unter allen Präsidenten der Fünften Republik verfolgte Giscard die weltweiten Trends mit größter Aufmerksamkeit. Die Herausforderungen, denen sich der Westen gegenübersah, beurteilte er ähnlich wie wir, wenn auch von Zeit zu Zeit taktische Meinungsverschiedenheiten auftraten.

498

Giscard erreichte mit einem überlegenen Intellekt und geschickter Diplomatie etwas, was man zu Unrecht zurückgewiesen hatte, als es de Gaulle 1958 erstmals vorschlug, und was er auch mit Druck nicht erreichen konnte: ein faktisches Direktorat der Vereinigten Staaten, Großbritanniens, Frankreichs und der Bundesrepublik Deutschland, in dem Frankreich sich gegenüber keinem anderen Staat, auch nicht Großbritannien, zurückgesetzt zu fühlen brauchte. In der Amtszeit der Ford-Administration vereinbarten die führenden Männer dieser Staaten eine gemeinsame Strategie. Das Spektrum ihrer gemeinsamen Politik erweiterte sich proportional zum wachsenden gegenseitigen Vertrauen und reichte bald von den herkömmlichen Themen des Kalten Krieges und der atlantischen Beziehungen bis zu Energiefragen, der Herausforderung des Eurokommunismus – der Gefahr einer Beteiligung der Kommunisten an der Regierung in Portugal und Italien – sowie der Franco-Nachfolge in Spanien. Giscard leistete einen besonderen Beitrag zu unserem Verständnis der Entwicklung in Afrika, der sich als überaus wertvoll erwies, als das kubanische Expeditionskorps in Angola auftauchte (siehe Kapitel XXVI).

Valéry Giscard d'Estaing war ein bedeutender Präsident. Als einziger unter den Präsidenten der Fünften Republik mußte er in Wahlen geschlagen werden (alle anderen traten zurück oder verstarben im Amt). Eloquent und elegant, war Giscard eine Spur zu distanziert und zu aristokratisch, um die besondere Balance zu finden, die die Franzosen so schätzen: die Präsidentschaft bürgerlich im Inhalt und monarchisch im Stil zu führen. Relativ unbekannte Ergebnisse waren keine ausreichende Nahrung für eine französische Öffentlichkeit, die besonders in der Außenpolitik ruhmreiche Taten erwartete. Auf die aufsehenerregenden und relativ ungefährlichen Scharmützel mit Amerika, die dem Sinn der Franzosen fürs Dramatische entgegenkamen, verzichtete Giscard, weil er bemüht war, Frankreichs Einfluß in der Sache zu stärken.

Eigenartigerweise spiegelt der snobistische Aspekt der Persönlichkeit Giscards, der die Franzosen abstößt, eher eine gewisse gesellschaftliche Unsicherheit wider und ist genau das Gegenteil von Arroganz, die ihm oft zugeschrieben wird. Schwerwiegender auf sein politisches Schicksal wirkte sich jedoch die Beschaffenheit seiner politischen Basis aus. Er war gefangen zwischen der gaullistischen Rechten, die seinem Internationalismus mißtraute, und der marxistischen Linken, der seine Neigung zur Marktwirtschaft mißfiel. So verschieden Giscard und Ford in ihrer Persönlichkeit auch waren, sie hatten ein ähnliches innenpolitisches Problem: Beide repräsentierten ein gemäßigtes Zentrum, das von unversöhnlichen Extremisten der konservativen Rechten und der doktrinären Linken zu Fall gebracht wurde.

Pompidou sagte mir einmal, Giscards Schwäche als Politiker bestehe darin, daß er mehr Wert darauf lege, seine Gegner zu versöhnen, als seine eigene Machtbasis zu stärken: »Dieser Typ Politiker wird gewöhnlich zum Verlierer.« Dabei maß Pompidou Giscards besonderer Situation zuwenig Gewicht bei. Denn als Führer der nichtgaullistischen Rechten hatte Giscard in den Augen der strengen Gaullisten bereits die unverzeihliche Sünde begangen, außerhalb der gaullistischen Parteistruktur zu bleiben. Aufgebrachte Konservative sind besonders schwer zu besänftigen. Giscards einzige Chance, sie für sich zu gewinnen, hätte darin bestanden, seine Partei zu verlassen und sich den Gaullisten anzuschließen. Aber selbst dann hätten sie ganz sicher einen der ihren vorgezogen.

Giscard sagte mir einmal, wenn er für eine zweite Amtszeit gewählt werde, könnte es ihm gelingen, den gemäßigten Flügel der Sozialisten in eine Regierung der Mitte zu locken. Diese Strategie mißlang nur knapp, da die Wahlen in eine Zeit von Problemen fielen, die sich Giscards Kontrolle entzogen. Eine zweite Energiekrise, diesmal im Gefolge des Sturzes des Schahs von Persien im Jahr 1979, löste in ganz Westeuropa Inflation, Rezession und finanzielle Instabilität aus. Das untergrub die politische Basis der demokratischen Staatschefs aller westeuropäischen Länder. In sämtlichen Wahlen von 1979 bis 1982 stürzten die jeweiligen Amtsinhaber, unabhängig von ihrer politischen Ausrichtung. In Deutschland und Großbritannien traten konservative Führungskräfte an die Stelle der Sozialdemokraten. In Frankreich dagegen besiegte der Sozialistenführer François Mitterrand den gemäßigten Konservativen Giscard d'Estaing.

Ungeachtet seiner wackeligen innenpolitischen Basis ging Giscard energisch an die Wiederherstellung der französisch-amerikanischen Beziehungen, eine Politik, mit der weder die Sozialisten noch die Konservativen sich wirklich anfreunden konnten. Auf einer NATO-Tagung im Juni 1974 in Ottawa legte sein neuer Außenminister Jean Sauvagnargues die durch die Europajahrinitiative entstandenen und noch nicht ausgeräumten Kontroversen mit Hilfe einer gemeinsamen Erklärung bei, in der die langfristigen Ziele der NATO bestätigt wurden. Zwar hatte die genannte Initiative längst ihr Ziel verfehlt, dem atlantischen Verhältnis einen neuen moralischen und psychologischen Anstoß zu geben, aber da das Unternehmen nun im Geist der Zusammenarbeit beendet wurde, gelang es wenigstens, die Mißtöne zu beseitigen und den Ausblick auf eine neue Ära zu öffnen.

In den ersten Monaten der Amtszeit Fords und Giscards gab es etwas Geplänkel über die Energiepolitik, wovon noch die Rede sein wird. Aber das neue Verhältnis wurde gefestigt, als die beiden einander im Dezember 1974 persönlich begegneten. Festzulegen, wo der Gipfel stattfinden sollte, war eine der nebensächlichen Prestigefragen, die die französisch-amerikanischen Beziehungen ein Jahrzehnt lang so belastet hatten. Giscard konnte nicht nach Washington kommen, bevor Ford nicht Paris besucht hatte, denn der letzte Staatsbesuch in der Reihe war Pompidous Amerikareise im Jahr 1970 gewesen. Ein Gegenbesuch war nicht früher zustande gekommen, weil Pompidou keine Staatsvisite akzeptieren wollte, die Teil einer größeren Europareise war, während Nixon fürchtete, wenn er nur Paris besuche, könnte dies andere europäische Verbündete verstimmen.

So waren Nixon und Pompidou schließlich zweimal auf Inseln im Atlantik zusammengekommen, die zu keinem der beiden Staaten gehörten: 1971 auf den Azoren und 1973 in Island. Die Begegnung von Giscard und Ford wurde für den Dezember 1974 auf Martinique angesetzt, formell ein Département Frankreichs; das bedeutete, daß Ford damit quasi Frankreich einen Besuch abstattete.

Giscard nutzte die Gelegenheit geschickt, um eine neue Haltung anzudeuten. Das Treffen fand an einem angenehmen, aber bewußt unauffälligen und etwas abseits gelegenen Ort statt. Die Präsidenten und die Außenminister trugen bei den Gesprächen Freizeitkleidung. Giscard organisierte eine

Runde am Swimmingpool, wo er, Ford, Sauvagnargues und ich im Wasser planschten und über die Europäische Sicherheitskonferenz plauderten. Offizielle Punkte der Tagesordnung waren die bekannten atlantischen Themen: die NATO-Strategie, das Ost-West-Verhältnis und vor allem die Energiefrage. Giscard sprach ein Problem an, das den Franzosen sehr nahe ging: die Zukunft Kambodschas. Sein Botschafter in China, Etienne Manac'h, hatte ihn überzeugt, daß Frankreich in dem Konflikt vermitteln könne und er der dafür geeignete Mann sei. Ford und ich willigten, wie bereits erwähnt, ein, ihn einen Versuch wagen zu lassen. Aber es war viel zu spät. Die Roten Khmer, die kurz vor dem Sieg standen, hatten kein Interesse an Verhandlungen, schon gar nicht, als der Kongreß unseren kambodschanischen Verbündeten die Mittel strich und ihnen damit den Gnadenstoß versetzte.

Die Themen waren bekannt, aber die Atmosphäre war völlig anders. Ford kam sofort zur Sache, wie es seine Art war. Bei einer seiner ersten Abstimmungen im Kongreß habe er für den Nordatlantikpakt gestimmt, erklärte er. Deshalb könne er nur schwer verstehen, warum »Frankreich Aktionen unternimmt und Erklärungen abgibt, die die Positionen der Vereinigten Staaten zu untergraben und die Vereinigten Staaten verächtlich zu machen scheinen. Wir denken, das ist nicht gesund.« Es sei wohl unvermeidlich, daß von Zeit zu Zeit Meinungsverschiedenheiten aufträten, aber »wir möchten auf mehr Verständnis hoffen«.

Giscard holte zu einer wortreichen Erwiderung aus. Er zählte nicht die Fehler oder Provokationen Amerikas auf, wie es französische Diplomaten zu tun pflegten. Statt dessen versuchte er zu erklären, vor welcher psychologischen Herausforderung Frankreich stand:

Wenn wir unser Verhältnis verstehen wollen, müssen wir uns die unterschiedliche Größe beider Staaten vor Augen führen. Frankreich ist durch die Erschütterungen seines politischen Systems nach dem Zweiten Weltkrieg gedemütigt worden. Als de Gaulle an die Macht kam, versuchte er die Würde Frankreichs wiederherzustellen. Zu diesem Zweck mußte er sich mit den Großmächten auseinandersetzen. Zum Beispiel benötigten unsere Minister in den sechziger Jahren Visa, wenn sie die Vereinigten Staaten besuchen wollten, während hochrangige amerikanische Vertreter mit amerikanischen Flugzeugen nach Paris kamen, hier mit großem Gepränge empfangen wurden usw. Als Kennedy Präsident war, kündigte die Presse der Vereinigten Staaten einen neuen Oberkommandierenden der NATO an, ohne daß es zuvor Konsultationen gegeben hätte. De facto war dies eine Situation der Ungleichheit. Die französische Öffentlichkeit ist besonders empfindlich, wenn es um das Verhältnis zu den Vereinigten Staaten geht. Die Kommunisten nutzen das... Daher unser zwanghaftes Streben nach Unabhängigkeit und Selbstachtung.

Ford reagierte darauf, indem er regelmäßige Konsultationen auf allen Ebenen anbot, um in den wichtigsten Fragen eine gemeinsame Position zu finden.

Hätte ein Berufsdiplomat eine solche Zusicherung abgegeben, dann wäre sie als eine der üblichen diplomatischen Banalitäten abgetan worden. Aber Ford meinte stets, was er sagte, und Giscard vergalt es ihm mit gleichem guten Willen. In der restlichen Amtszeit Fords gehörten Grundsatzgespräche über das Verhältnis Amerikas zum sich vereinigenden Europa der Vergangenheit an. Die beiden Präsidenten kamen überein, daß die Vereinigten Staaten auch weiterhin Beziehungen zu den einzelnen europäischen Staaten pflegten – wozu es gar keine Alternative gab – und Frankreich seinen europäischen Partnern in dieser Hinsicht nicht länger Vorhaltungen machte. Frankreich wollte sich weiter für die europäische Integration einsetzen, und die Vereinigten Staaten versprachen, dem keine Hindernisse in den Weg zu legen. Frankreich und die Vereinigten Staaten wollten nicht mehr gegeneinander arbeiten und sich wechselseitig über geplante Initiativen auf dem laufenden halten.

Das Treffen von Martinique legte den Grundstein dafür, daß sich eine innere Führungsgruppe im Bündnis entwickelte, die dem von de Gaulle vorgeschlagenen Direktorat sehr nahe kam. Ford, Wilson/Callaghan, Schmidt und Giscard vertrauten einander, sie fühlten sich in diesem Kreis wohl und litten nicht an Komplexen. Ford spielte in vieler Hinsicht die Hauptrolle. Er war klug genug, instinktiv zu erkennen, daß Amerikas Macht keiner besonderen Bestätigung bedurfte und daß wir mehr erreichten, wenn man sich gegenseitig respektierte, als wenn wir ständig auf unserer Gewichtigkeit beharrten. Er lieferte die menschliche Wärme, die das System am Laufen hielt.

Gemeinsam gestalteten sie in einem Jahr vier bewegte Gipfelkonferenzen, die den westlichen Industriestaaten eine neue Entwicklungsrichtung verliehen, den Anstoß, den wir mit unserer Europajahrinitiative erfolglos zu geben versucht hatten: einen NATO-Gipfel im Mai 1975, die Europäische Sicherheitskonferenz im Juli, den Gipfel der demokratischen Industriestaaten von Rambouillet im November und neun Monate später die Folgekonferenz in Puerto Rico. Die Wirtschaftsgipfel sind seitdem jährliche Fixpunkte im internationalen Kalender.

Der Eurokommunismus und das Atlantische Bündnis

Der Zusammenhalt im Bündnis wurde nicht nur durch die Energiekrise in Frage gestellt, sondern auch durch innenpolitische Veränderungen in drei wichtigen Staaten: In Italien und Portugal schien es, daß die kommunistischen Parteien an der Regierung beteiligt werden könnten; in Spanien mußten sich die Verbündeten mit dem bevorstehenden Ende der Herrschaft Francisco Francos befassen.

Die Herausforderung des Eurokommunismus zeichnete sich zunächst in Italien ab. Dort schien wegen einer Pattsituation im Parlament der Eintritt der Kommunistischen Partei in eine reguläre Regierungskoalition unausweichlich zu sein. Zur gleichen Zeit drohte in Portugal der Eurokommunismus in der noch dramatischeren Form eines potentiellen kommunistischen Umsturzes an die Macht zu gelangen.

Mit der Situation in Italien war schwierig fertig zu werden, weil die Kommunistische Partei offenbar den Marsch durch das reguläre Wahlsystem angetreten hatte. In den Regionalwahlen 1975 steigerte sie ihren Stimmenanteil auf 33,5 Prozent. Das waren nur zwei Prozent weniger, als die regierenden Christdemokraten erhalten hatten. Bei den Parlamentswahlen

1976 schnitten die Kommunisten noch besser ab: Sie erreichten 34,4 Prozent der Stimmen, die Christdemokraten 38,7 Prozent. Die Kommunisten verstärkten damit ihre Vertretung im Parlament. Sie stellten nun die Präsidentin der Abgeordnetenkammer, die Vorsitzenden von vier Ausschüssen und von drei weiteren Ausschüssen im Senat. Gemeinsam mit den Faschisten kontrollierten sie nun über vierzig Prozent der Parlamentssitze.

Das war eine Situation, die sehr an die Weimarer Republik Anfang der dreißiger Jahre erinnerte und zum Zusammenbruch der Demokratie in Deutschland geführt hatte. Wenn der Anteil der demokratischen Parteien nur noch knapp die Mehrheit ausmacht, dann kann der normale demokratische Prozeß unmöglich funktionieren. Entweder finden sich alle demokratischen Parteien zu einer Koalition bereit, was das Ende jeglicher demokratischen Opposition bedeutet, oder sie bleiben uneins – das gibt dann den nichtdemokratischen Parteien die Möglichkeit, gemeinsam mit der demokratischen Opposition jede Regierung zu Fall zu bringen.

Nicht überraschend kamen deshalb einige führende Politiker Italiens mit untadeliger antikommunistischer Reputation zu dem Schluß, daß der Stabilität auf lange Sicht am besten gedient sei, wenn man die schweigende Tolerierung seitens der Kommunisten zu aktiver Mitarbeit umwandelte. Die Verfechter einer solchen »Öffnung nach links« meinten, auf diese Weise werde man die italienischen Kommunisten in den demokratischen Prozeß einbeziehen und langfristig als Partner gewinnen. Diese Denkschule fand in den Vereinigten Staaten, insbesondere in liberalen Kreisen, viele Anhänger. Wenn wir imstande waren, mit den Kommunisten in Moskau zusammenzuarbeiten, so argumentierten sie, warum dann nicht mit der anscheinend viel flexibleren Kommunistischen Partei in Rom?

Ich war strikt dagegen, daß Amerika zu einer Beteiligung von Kommunisten an der Regierung eines NATO-Staates in irgendeiner Weise ermunterte. Ich wies den Vergleich mit unserer Entspannungspolitik zurück. Ich sah einen grundsätzlichen Unterschied darin, ob man einen Konflikt mit Gegnern regelte oder Vertreter des Gegners in die Führung eines Bündnisses von Demokratien aufnahm. Die entscheidende Frage war nicht der Grad der Unabhängigkeit europäischer kommunistischer Parteien von Moskau, sondern deren kommunistische Ideologie und Organisation. Weder die innere Entwicklung noch die Wahlprogramme der kommunistischen Parteien schienen mir mit Demokratie oder den erklärten Zielen des Atlantischen Bündnisses vereinbar zu sein. Keine europäische kommunistische Partei, auch nicht die italienische, hatte die Existenz des Atlantischen Bündnisses je bejaht. Welche Schwierigkeiten ihre angebliche Unabhängigkeit Moskau auch bereitete – eine gemeinsame Strategie zur Verteidigung der westlichen Demokratien stand für sie nicht auf der Tagesordnung. Das System enger Konsultationen der Verbündeten auf der Grundlage gemeinsamer Ziele und aufeinander abgestimmter Strategien drohte geschwächt zu werden, wenn nicht vollständig zu zerfallen. Der Austausch hochgeheimer Informationen und eine integrierte militärische Planung schienen in Frage gestellt zu sein. Viele dieser Faktoren bedeuteten auch eine Verzögerung der europäischen Integration.[10]

Natürlich konnten wir nur wenig tun, um die Entscheidungen der Politiker eines Landes wie Italien, das für das Atlantische Bündnis so zentrale Bedeutung hatte und eine so lange geschichtliche Freundschaft mit den Vereinigten Staaten pflegte, direkt zu beeinflussen. Aber die Haltung Amerikas war für viele führende Politiker Italiens von Gewicht – also auch, wenn wir eine Regierungsbeteiligung der Kommunisten hinnahmen.

Hier ging es um einen wichtigen Grundsatz. Als Führungsmacht der demokratischen Nationen trugen die Vereinigten Staaten eine besondere Verantwortung für den moralischen Zusammenhalt des Bündnisses. Wenn wir in dieser Frage Schwäche zeigten, würde der Trend zur Zweckmäßigkeit bald überhandnehmen. Meine Meinung dazu legte ich auf einer geschlossenen Tagung der amerikanischen Botschafter in Europa am 13. Dezember 1975 in London mit folgenden Worten dar:

> Intellektuelle Kreise in den Vereinigten Staaten versuchen ein Paradox zu lösen. Man wirft uns vor, wir seien nachgiebig gegenüber dem Kommunismus und hart gegenüber kommunistischen Parteien. Man fordert von uns, hart gegen Moskau zu sein, aber einen Dialog mit den kommunistischen Parteien des Westens zu führen.
>
> Eins ist jedoch klar: Daß kommunistische Parteien im Westen den Ton angeben, ist unannehmbar. Das hat nichts damit zu tun, wie vernünftig oder wie unabhängig von Rußland diese Parteien sind. Es ist schwer vorstellbar, daß die ein oder andere dieser Parteien, wenn sie die Kontrolle über eine Regierung des Westens erlangt, ein weiteres Funktionieren des demokratischen Prozesses zulassen und damit auch die Möglichkeit ins Auge fassen wird, selbst wieder abgewählt zu werden... Wir müssen unser möglichstes tun, um das Überleben des demokratischen Prozesses zu sichern und die politische Ausrichtung der westeuropäischen Staaten auf den Westen zu erhalten...
>
> ... Es ist schwer vorstellbar, wie wir weiter Beratungen der NATO abhalten sollen, wenn verschiedene kommunistische Parteien westeuropäische Regierungen unter ihre Kontrolle bekommen. Wie im Fall Chinas können wir durchaus eine parallele Politik betreiben. Aber das Bündnis, wie es heute besteht, könnte nicht überleben. Das westliche Bündnis hat stets eine Bedeutung über die militärische Sicherheit hinaus besessen. Die Vereinigten Staaten blieben allein und isoliert in einer Welt, in der wir keine Beziehungen zu anderen Ländern auf der Grundlage gemeinsamer Werte mehr hätten.[11]

In diesem Sinne sprach Ford in Helsinki auch mit dem italienischen Ministerpräsidenten Aldo Moro. Mit eindringlichen Worten warnte er vor dem »historischen Kompromiß«, den man in Italien ins Auge faßte. Das tat er unter dem Vorzeichen seiner ablehnenden Äußerung, er werde eine marxistische Regierung in Portugal nicht »tolerieren« oder ausführliche Konsultationen der NATO mit ihr zulassen:

> Wir können uns nicht vorstellen, wie man eine marxistische Regierung in der NATO tolerieren könnte... Bei den liberalen, linken Tendenzen dieser Leute mündet dies schließlich in einer kommunistischen Regierung. Für uns wäre völlig unannehmbar, daß sie Mitglied der NATO sind.

Die Gefahr, daß in Portugal Kommunisten an der Regierung beteiligt wurden, war in der Tat sehr ernst. Am 25. April 1974 wurde die konservative, autoritäre Regierung Portugals von General António de Spínola und einer Gruppe Offiziere gestürzt, die über Portugals Kriege zur Erhaltung seiner afrikanischen Kolonien ernüchtert waren. Wir wußten so gut wie nichts über die beteiligten Personen, außer daß sie ursprünglich für die Entkolonialisierung von Portugals afrikanischen Besitzungen eingetreten waren. Von September 1974 bis November 1976 erhielten Guinea-Bissau, Mosambik, die Kapverdischen Inseln, São Tomé und Príncipe sowie Angola unter linken Regierungen die Unabhängigkeit. Wir stellten zu all diesen Staaten rasch normale diplomatische Beziehungen her. Die einzige Ausnahme bildete Angola, weil dort sowjetisches und kubanisches Militär stationiert war (siehe Kapitel XXVI).

In den folgenden Monaten wuchs jedoch der Einfluß der Kommunisten in Portugal selbst. Viele Führer der sogenannten Bewegung der Streitkräfte hatten in Afrika gedient, wo sie der Befreiungsideologie radikaler Guerillas verfallen waren, die der kommunistischen Ideologie sehr nahe steht. Mehr noch: Die Kommunistische Partei Portugals hatte in fünf Jahrzehnten Illegalität unter dem autoritären Regime, als alle Parteien verboten waren, ihre stalinistischen Strukturen erhalten und sich zum Kampf gerüstet. Sie trat nun als die bestorganisierte politische Kraft des Landes aus dem Untergrund hervor. Vom Mai 1974 bis zum Juli 1976 übten sechs provisorische Regierungen eine Art Macht in Lissabon aus, wobei sie nach und nach immer weiter nach links drifteten. Den portugiesischen Staatspräsidenten Francisco da Costa Gomes beschrieb unser äußerst fähiger Botschafter Frank Carlucci später als »sehr weit links stehend«:

Der Präsident, die Führung der Armee, der Gewerkschaften und eine Reihe Minister waren sämtlich entweder selbst Kommunisten oder standen der Kommunistischen Partei sehr nahe …

… Die PKP hatte einen ausgeprägten Führungssinn. Sie betrieb die klassische Politik, die Ministerien für Arbeit, für Bildung und den Propagandaapparat des Militärs in die Hand zu bekommen, so daß sie mit relativ wenigen Leuten überall präsent war.[12]

Als die Staatschefs des Westens im Mai 1975 zum NATO-Gipfel in Brüssel zusammentraten und sich im Juli noch einmal auf der Europäischen Sicherheitskonferenz in Helsinki trafen, schienen die Bewegung der Streitkräfte, die radikale Linke und die Kommunistische Partei auf dem besten Weg zu sein, Portugal zu einer »Volksdemokratie« kommunistischen Stils zu machen.

Die Einstellung vieler der neuen portugiesischen Politiker verkörperte beispielhaft Oberst Vasco dos Santos Conçalves, der von Mitte 1974 bis August 1975 Ministerpräsident war. Wenn er nicht direkt als Kommunist bezeichnet werden konnte, dann nur deshalb, weil er offenbar wegen der Vermeidung von Beitragszahlungen nicht in die Partei eingetreten war. Auf dem NATO-Gipfel im Mai 1975 sagte er zu Ford, die nichtkommunistischen demokratischen Parteien seien nicht wirklich demokratisch, weil jede nur die Ansichten eines Teils der Wähler repräsentiere. Conçalves nahm für sich in Anspruch, er vertrete ein überparteiliches Politikverständnis, eine Vorstellung, die direkt von Lenin stamme. Allerdings wäre Lenin sicherlich nicht so naiv gewesen, in dieser Weise mit einem amerikanischen Präsidenten zu sprechen.

Diese leninistische Tendenz verleitete mich bei einem Essen für den Chef der Sozialistischen Partei Mario Soares im amerikanischen Außenministerium im Oktober 1974 zu der nicht sehr taktvollen Bemerkung, die demokratischen Führer riskierten, daß sie endeten wie Alexander Kerenski, der letzte demokratische Führer Rußlands vor Lenins Umsturz. Damit wurde ich den guten Absichten Soares' nicht gerecht. Nach der Wahlniederlage der Kommunisten spielte er als Ministerpräsident und später als Staatspräsident eine wichtige Rolle. Aber in den Jahren 1975/76 war ich aufs höchste beunruhigt darüber, daß die demokratischen Politiker über keinerlei Strategie verfügten, wie der kommunistische Trend aufgehalten werden konnte. Schließlich waren es gemäßigte Offiziere in der Bewegung der Streitkräfte, nicht die Politiker, die das Blatt wendeten und die Macht an demokratische Politiker zurückgaben.

Seit den Tagen des Kalten Krieges hatte kein NATO-Staat vor einer kommunistischen Machtübernahme gestanden. Die Gefahr in Portugal wurde noch durch die Tatsache verstärkt, daß die italienischen Christdemokraten unter Aldo Moro zur gleichen Zeit mit dem Gedanken spielten, unter der bereits erwähnten Losung des »historischen Kompromisses« eine Koalition mit der Kommunistischen Partei Italiens einzugehen. Wenn es den Kommunisten gelang, in einem der beiden Staaten Einfluß auf die Regierung zu gewinnen, dann konnte dies einen Dominoeffekt auslösen, der auch den Eintritt von Kommunisten in die Regierung anderer NATO-Staaten ermöglichte. Zu einer Zeit, in der die westliche Welt von der Energiekrise erschüttert wurde, in der die Führungsrolle Amerikas wegen Watergate und der Vietnamproteste geschwächt war, in der die sowjetischen Führer eine Veränderung des »Kräfteverhältnisses in der Welt«[13] konstatierten, erschien das Phänomen des Eurokommunismus in Westeuropa als eine gefährliche Tendenz.

Die NATO-Verbündeten hatten sich mit der Frage auseinanderzusetzen, wie sie auf die Bitte der zunehmend nach links driftenden Lissaboner Regierung um Wirtschaftshilfe reagieren sollten. Als die konservative, autoritäre Regierung im April 1974 gestürzt wurde, empfahl ich sofort ein Hilfsprogramm in Form von Kreditgarantien für zwanzig Millionen Dollar als Geste der Hoffnung auf Demokratie. Da jedoch auch jede nachfolgende Regierung links stand, stellte sich die Frage, ob wir diese Hilfe weiterhin gewähren oder sie gar erhöhen sollten. Botschafter Carlucci setzte sich dafür ein, der radikalen Regierung auch künftig zu helfen. Er vertrat die Ansicht, die Bezeigung unseres guten Willens werde den gemäßigten Kräften auf jeden Fall nutzen.

Ich hatte Carluccis Ernennung befürwortet und nahm seine Meinung sehr ernst. Trotzdem war ich anfangs nicht mit ihm einverstanden. Ich konnte nicht erkennen, wie gemäßigte Kräfte durch Hilfe für Radikale gestärkt werden sollten. Ich sprach mich dafür aus, die Hilfe auf bescheidenem Niveau zu halten, bis die Radikalen aus der Regierung gedrängt waren, so daß führende demokratische Politiker das Verdienst, mehr Hilfe erwirkt zu haben, für sich beanspruchen konnten.

Ähnliche Meinungsverschiedenheiten gab es auch unter den Verbündeten. Schmidt sprach sich für verstärkte Hilfe aus. Giscard unterstützte Fords härtere Linie. Callaghan drängte auf einen Kompromiß: Hilfe plus verstärkte geheime Unterstützung für die Gegner des Regimes. Zwar gingen unsere Meinungen in der Taktik auseinander, aber es bestand Übereinstimmung in dem Ziel, die Kommunisten aus der portugiesischen Regierung zu drängen. Schließlich entschieden wir, daß jeder Partner nach eigenem Gutdünken vorgehen, aber die anderen ständig auf dem laufenden halten sollte. Ford und Giscard übernahmen die Rolle des »Bösen«, Schmidt war der »Gute« und Callaghan die vermittelnde Vaterfigur, die beide Richtungen der Politik miteinander zu vereinbaren suchte.

Die Lösung der Streitfrage in der Regierung der Vereinigten Staaten hat Carlucci genau beschrieben:

Sicher hatten wir Meinungsverschiedenheiten, aber sie traten bald in den Hintergrund. Er (Kissinger) sah die Dinge aus globaler Sicht; ich dagegen hatte ein konkretes Problem zu lösen. Nach einigen erregten Wortwechseln kamen wir schließlich überein, daß die Politik, die ich empfahl, eine Chance erhalten sollte. Als wir uns darüber einig waren, konnte er nicht hilfreicher sein. So waren wir in der Lage, eine wirksame Politik in Fragen wie der Unabhängigkeitsbewegung auf den Azoren (ein Schlüsselproblem, das der rechte Flügel forcierte), der Gestaltung unserer Hilfsprogramme und unserem Vorgehen in der für die NATO sehr prekären Sicherheitsfrage zu entwickeln. Ich hatte keine Probleme, den Portugiesen zu sagen, daß man sie in der NATO nicht willkommen heißen werde, wenn sie ein Sicherheitsrisiko darstellten. Zugleich konnten wir ihre Hoffnung auf künftige Unterstützung wachhalten und mit den rechten Elementen in der portugiesischen Gesellschaft umgehen.[14]

Wenig später sah sich das westliche Bündnis mit einem weiteren unmittelbar bevorstehenden politischen Umschwung konfrontiert – diesmal auf der anderen Seite des politischen Spektrums: Wie sollten wir mit der Zeit nach Franco in Spanien umgehen? Auch dieses Problem erforderte Feingefühl und Einigkeit zugleich. Als Ford sein Amt übernahm, zeigte sich bereits, daß er es allem Anschein nach in seiner Amtszeit mit den Folgen von Francos Tod zu tun haben werde. Wir hofften auf eine demokratische Entwicklung, denn Franco hatte ungewöhnlich gut durchdachte Vorbereitungen für seine Nachfolge getroffen, indem er die Monarchie wiedererrichtete und erste demokratische Prozesse einleitete. Wir stellten uns vor allem die bange Frage, ob eine durch die Erinnerung an den Bürgerkrieg noch immer gespaltene Gesellschaft ihre von Haß durchzogene Vergangenheit überwinden und lernen konnte, mit politischen Gegnern in einem pluralistischen System zusammenzuleben, wofür es in der bisherigen spanischen Geschichte kein Beispiel gab.

Als Franco noch an der Macht war, aber seine Kräfte bereits schwanden, unternahmen wir die ersten Schritte, um Spanien den Demokratien näherzubringen. Die Gelegenheit dafür bot das Auslaufen des bilateralen Abkommens über die amerikanischen Militärstützpunkte in Spanien, das von der Eisenhower-Administration im Jahr 1955 ausgehandelt worden war. Unsere Bündnispartner mit Mitte-links-Regierung – das waren faktisch alle außer Frankreich – räumten ein, daß es gewichtige militärische Gründe gab, das Abkommen über die Stützpunkte zu erneuern. Sie konnten es aber nicht über sich bringen, das Bild einer Kooperation mit Spanien zu bieten, solange Franco an der Macht war. Die Ford-Administration hatte also die heikle Aufgabe, Spanien im Auftrag des Bündnisses bei der Annäherung an den Westen zu helfen, ohne dabei unverzichtbare Verbündete vor den Kopf zu stoßen.

In einer Rede auf dem NATO-Gipfel am 29. Mai 1975 legte Ford die amerikanische Position dar:

> (Wir) sollten nun darüber nachzudenken beginnen, wie Spanien in die Verteidigung des Westens einbezogen werden kann. Durch das bilaterale Verhältnis zu den Vereinigten Staaten leistete und leistet Spanien bereits einen wichtigen Beitrag zur militärischen Sicherheit des Westens.[15]

Der Vorschlag wurde, gelinde gesagt, als verfrüht aufgenommen. Der niederländische Ministerpräsident Johannes den Uyl, der erst kürzlich Gelegenheit gehabt hatte, uns über die »Mayaguez«-Krise zu belehren (siehe Kapitel XVIII), konnte sich nicht enthalten, uns eine neue Lektion zu erteilen. Jeder militärische Gewinn, den eine Geste gegenüber dem spanischen Regime bringen könnte, erklärte er Ford, »würde durch den Verlust an politischer Glaubwürdigkeit des Bündnisses zunichte gemacht«[16].

Selbst der getreue Helmut Schmidt warnte, ein zu rasches Vorgehen im Verhältnis zu Spanien könnte Auswirkungen auf die deutsche Öffentlichkeit haben:

> *Schmidt:* Die Ära Franco geht offenkundig zu Ende (Francisco Franco starb am 24. November 1975). Es ist noch unklar, wer danach das Steuer in die Hand bekommt. Wir sollten diejenigen ermutigen, von denen wir hoffen, daß sie nach Franco regieren werden. Das heißt: Wir dürfen nicht bloß mit denen reden, die gegenwärtig die Macht ausüben.
>
> *Ford:* Wir stehen in Vertragsverhandlungen über einen Stützpunkt, dem wir hohe Priorität beimessen. Wenn diese Verhandlungen scheitern sollten, so würde das auch für das Bündnis erhebliche Nachteile mit sich bringen. Also muß man einen Balanceakt vollbringen.
>
> *Schmidt:* Ja, sicher. Damit Sie aber auch morgen Ihrer Stützpunkte sicher sein können, sollten Sie auch mit den Mächtigen von morgen darüber sprechen. Es geht dabei auch um das »standing« der Vereinigten Staaten in Europa; denn man sollte den Vereinigten Staaten nicht nachsagen dürfen, sie setzten auf das falsche Regime.[17]

Am Ende erreichte das Bündnis alle seine Ziele. Nach Francos Tod im November 1975 wurde Spanien eine lebensfähige Demokratie und trat 1982 der NATO bei. Die Beteiligung der Kommunisten an der Regierung in Italien wurde um über zwanzig Jahre, bis weit nach dem Zusammenbruch des Kommunismus in der Sowjetunion, vertagt. 1976 gewannen im portugiesischen Militär die gemäßigten Kräfte die Oberhand, eine Revolte der Linken in den Streitkräften wurde unterdrückt, und eine demokratische Zivilregierung kam in Lissabon ans Ruder.

Das erneuerte Zusammengehörigkeitsgefühl trug vor allem dazu bei, das politische und psychologische Gleichgewicht zwischen Ost und West neu zu finden. Von nun an befand sich die Sowjetunion mit wenigen Ausnahmen ideologisch in der Defensive. Der Gipfel der fünfunddreißig europäischen Staaten in Helsinki, die die Schlußakte der Europäischen Sicherheitskonferenz unterzeichnen sollten, war der nächste Meilenstein auf diesem Weg.

XXI. Die Europäische Sicherheitskonferenz

Wendepunkte gehen an den Zeitgenossen oft unbemerkt vorüber. Viele Ereignisse, die zu ihrer Zeit als epochal gelten, schrumpfen aus geschichtlicher Sicht zu wenig mehr als sensationellen Zwischenfällen zusammen. Wieder andere, die zum Zeitpunkt des Geschehens umstritten sind oder ganz und gar unbeachtet bleiben, werden von der Nachwelt zu Wendepunkten erhoben.

Letzteres trifft auf die Europäische Sicherheitskonferenz zu, die im Juli 1975 in Helsinki bei einem Gipfeltreffen von fünfunddreißig Staats- und Regierungschefs ihren Höhepunkt fand. Von den Sowjets bereits 1954 vorgeschlagen und als Manöver zur Zersetzung des Atlantischen Bündnisses gedacht, wurde sie von den Demokratien nur zögernd angenommen und endete in erbittertem Streit. Im Laufe der Zeit erlangte sie jedoch den Ruf eines politischen und moralischen Meilensteins, der in den folgenden eineinhalb Jahrzehnten wesentlich zum Niedergang und endgültigen Zerfall des Sowjetsystems beitrug.

Selten sind an einem diplomatischen Prozeß die Grenzen menschlicher Voraussicht so deutlich geworden. Die Sowjets wollten die Konferenz, um eine Anerkennung ihrer Herrschaft über Mittel- und Osteuropa seit dem Krieg zu erlangen. Sie hofften auch, das Atlantische Bündnis durch ein gesamteuropäisches Sicherheitssystem ersetzen und damit den Zusammenhalt des Westens untergraben zu können. Denn während ein Bündnis das zu schützende Territorium umreißt und eine Trennlinie zwischen dem Verbündeten und dem potentiellen Aggressor zieht, stellt ein System kollektiver Sicherheit ein juristisches Konzept ohne potentielle Bedrohung des Friedens dar, denn alle Staaten des betreffenden Raumes, auch der potentielle Aggressor, sind daran beteiligt.

Wann ein Bündnis herausgefordert wird, ist unstrittig – dann nämlich, wenn eine Verletzung der Trennlinie vorliegt. Ein System kollektiver Sicherheit setzt dagegen quasi einen juristischen Akt voraus: die Feststellung, ob eine Aggression tatsächlich stattgefunden hat. Ein Bündnis verfügt in der Regel über Streitkräfte, um sein Territorium zu verteidigen. Ein kollektives Sicherheitssystem muß diese von Fall zu Fall bereitstellen. Da die Beurteilung dessen, was eine Bedrohung ist, in der Regel hinausgeschoben wird, bis der betreffende Fall eintritt, haben kollektive Sicherheitssysteme wie der Völkerbund, die Vereinten Nationen oder der Vertrag von Locarno in der Praxis kaum funktioniert. An der Europäischen Sicherheitskonferenz war die Sowjetunion, die die NATO als potentielle Bedrohung des Friedens ansah, als Gründungsmitglied beteiligt. Damit lief die NATO Gefahr, in einem kollektiven Sicherheitssystem aufzugehen, was das Ende des Atlantischen Bündnisses, wie die Nachkriegswelt es kannte, bedeutet hätte.

In den Verhandlungen, die nach Helsinki führten, sahen sich die demokratischen Staaten meist in der Defensive und waren bestrebt, die Gefahren für ihren Zusammenhalt abzuwehren, ohne die Spannungen mit der Sowjetunion zu verschärfen. Daß das wirkliche Kräfteverhältnis ganz anders aussah, daß die demokratischen Staaten psychologisch und materiell überlegen waren, kam erst im Laufe des Prozesses allmählich zum Vorschein.

Anfangs erkannten nur wenige die günstige Gelegenheit. Am Ende zeigte sich, daß die Ford-Administration einen strategischen Sieg errungen hatte. Dessen Glanz wurde allerdings durch verbreitete Vorwürfe in den Vereinigten Staaten getrübt, man habe einen Ausverkauf an die Sowjets zugelassen.

Eine gesamteuropäische Sicherheitskonferenz hatte der sowjetische Außenminister Wjatscheslaw Molotow als erster 1954 vorgeschlagen. Da die Vereinigten Staaten von ihr ausgeschlossen sein sollten, wurde diese Initiative sofort als durchsichtiges Manöver, die Festigung der NATO zu verhindern, abgelehnt, die damals noch in den Kinderschuhen steckte. Aber sowjetische (und in dieser Hinsicht auch russische) Politik erreicht oft durch Beharrlichkeit, was ihr an Phantasie fehlt. Weder gestern (noch heute) haben seriöse Moskauer Publikationen die Kremlführer jemals dafür kritisiert, daß sie denselben Vorschlag immer wieder aufs Tapet brachten. Wenn sowjetische (und russische) Diplomaten es mit demokratischen Staaten zu tun haben, die erpicht darauf sind, ihrer Öffentlichkeit Flexibilität zu demonstrieren, können sie eine Unerbittlichkeit an den Tag legen, die nur mit dem Spruch »Steter Tropfen höhlt den Stein« treffend zu beschreiben ist und auch so funktioniert. Mit der »Deklaration zur Festigung von Frieden und Sicherheit in Europa« des Warschauer Paktes holten die Sowjets die Idee der Konferenz im Juli 1966 wieder aus der Versenkung hervor. Im April 1967 folgte dann eine Beratung kommunistischer Parteien Europas.

Die NATO reagierte im Dezember desselben Jahres. In einem Bericht über die Zukunft des Bündnisses, den der belgische Außenminister Pierre Harmel vorlegte, wurde die Suche nach dauerhafter »Entspannung« mit dem kommunistischen Osten zu einer Priorität erklärt, die nur hinter der Abwehr einer Aggression zurückstand. Als Teil einer Kampagne, um die Empörung über die sowjetische Besetzung der Tschechoslowakei zu dämpfen und vielleicht auch den Spielraum des neuen amerikanischen Präsidenten einzuengen, in dem Moskau einen Hardliner vermutete, wurde dieses Projekt auf einer Tagung des Warschauer Paktes am 17. März 1969 erneut vorgeschlagen, diesmal als offizielles diplomatisches Angebot, das eine Antwort erforderte. Die wichtigsten Punkte waren die Einberufung einer Europäischen Sicherheitskonferenz, deren erklärtes Ziel eine Verbesserung des Ost-West-Verhältnisses sein sollte, die Erklärung der Unverletzlichkeit der Grenzen in Europa und die gegenseitige Anerkennung der innerdeutschen Grenze durch Ost- und Westdeutschland. (Diese Vorschläge kamen, bevor Brandt Kanzler wurde und die Grenze als deutsche Entscheidung anerkannte.)

Botschafter Anatoli Dobrynin unterstrich die Bedeutung, die die sowjetische Führung ihrem Vorschlag beimaß, indem er ihn am 3. April 1969 persönlich im Weißen Haus überbrachte. Dabei war er mit zwei sogenannten Zugeständnissen versüßt: Die Sowjetunion wolle ihre Einwände gegen die Teilnahme der Vereinigten Staaten aufgeben und fordere nicht mehr, die Auflösung der NATO auf die Tagesordnung zu setzen.

Dobrynins Note offenbarte ein wachsendes – oder gerade entstehendes – Dilemma der sowjetischen Außenpolitik. Einerseits handelte es sich um ein klassisches sowjetisches Manöver, welches das Fallenlassen zweier grotesker und einseitiger Bedingungen als Zugeständnis deklarierte, das eine Gegenleistung des Westens erforderte. Andererseits spiegelten diese »Zugeständnisse«, wie bedeutungslos sie auch sein mochten, die neuen Realitäten wider, die den Spielraum der Sowjetunion einschränkter. Wenn die Sowjetunion die Europäische Sicherheitskonferenz nicht mehr als Ersatz für das Atlantische Bündnis definierte und die Vereinigten Staaten als Macht in Europa akzeptierte, dann geriet sie damit in die Defensive. Das Ziel, das Verhältnis zwischen den beiden Blöcken zu stabilisieren – wie frei der eine und wie unfrei der andere auch sein mochte –, wies darauf hin, daß man das Ziel der Weltrevolution in der Praxis aufgegeben hatte und daß Moskau – zumindest in Europa – bald alle Hände voll zu tun haben würde, um das festzuhalten, was es noch besaß.

Weder Nixon noch ich sahen ein, daß wir die Sowjetunion für etwas belohnen sollten, was die Realität erzwungen hatte. In einer Denkschrift an den Präsidenten schrieb ich: »Wir sollten die Sowjets nicht auf den Gedanken bringen, sie handelten uns zu Gefallen, wenn sie eine so offensichtliche Tatsache akzeptieren.«

Unsere NATO-Verbündeten waren eher bereit, dem sowjetischen Vorschlag zu folgen. Da sie Wählerschichten zu gewinnen suchten, die zum Teil durch die aus den Vereinigten Staaten übergeschwappten Proteste gegen den Vietnamkrieg radikalisiert waren, drängten sie uns, eine Europäische Sicherheitskonferenz zumindest im Prinzip zu akzeptieren. Das ist stets der bekannte erste Schritt, dem unweigerlich umfangreichere Verhandlungen folgen. Willy Brandt befürwortete sie, weil er die Zustimmung der Verbündeten für seine Ostpolitik brauchte, mit der er sich anschickte, die innerdeutsche Grenze anzuerkennen. Georges Pompidou drängte darauf, um zu verhindern, daß die Ostpolitik eine rein deutsche Angelegenheit blieb. Harold Wilson, der eine Wahl vor sich hatte, sah die Gelegenheit zu demonstrieren, daß er einen mäßigenden Einfluß auf Nixon hatte.

Da wir uns nicht auf endlose multilaterale Verhandlungen ohne einsehbares Anliegen, die letzten Endes nur auf die Schwächung des Zusammenhalts der Verbündeten abzielten, einlassen wollten, reagierte die Nixon-Administration auf den Vorschlag, indem sie ihn mit anderen Problemen verknüpfte. Die Konferenz, so argumentierten wir, konnte nicht zum Erfolg führen, wenn konkrete Probleme, die die Spannungen auslösten, nicht zuerst geregelt wurden, vor allem die ständige Bedrohung des freien Zugangs zum eingeschlossenen Westberlin. Außerdem bestanden wir darauf, Verhandlungen über die Begrenzung der konventionellen Streitkräfte in Europa aufzunehmen (bei denen die Sowjets eine bedeutende Überlegenheit besaßen). Da ohne uns keine Europäische Sicherheitskonferenz möglich war, gelang es uns vier Jahre lang bis zum Juli 1973, dieses Projekt als Hebel zu benutzen, um in anderen Bereichen Fortschritte zu erzielen und der Sowjetunion Mäßigung aufzuerlegen. Im Januar 1973 wurden Verhandlungen über beiderseitige und ausgewogene Truppenreduzierungen (MBFR) aufgenommen. Bereits 1972 war es gelungen, mit einem Abkommen den Zugang zu Berlin so wirksam zu sichern, daß dieses Problem nicht wieder akut wurde, bis das ostdeutsche Regime 1989 zusammenbrach.

Als sich das Gremium im Juli 1973 versammelte, erhielt es den offiziellen Namen Konferenz für Sicherheit und Zusammenarbeit in Europa (KSZE). 1995 wurde die Konferenz, die auch nach dem Gipfel von Helsinki weiterbestand, in Organisation für Sicherheit und Zusammenarbeit in Europa (OSZE) umbenannt. Nach dem Auftakt vergingen Monate mit Sondierungsgesprächen, bis im Januar 1974 das Stadium erreicht war, daß ein Dokument konzipiert werden konnte. Bald stellte sich jedoch heraus, daß die Debatten über die Ziele der Konferenz nur leichte Geplänkel im Vergleich zu den Streitigkeiten über inhaltliche Fragen des Dokumentes waren, das später als die Schlußakte von Helsinki bekannt worden ist.

Eines der Hauptziele der Sowjetunion bestand darin, eine Prinzipienerklärung auszuarbeiten, die die grundsätzliche Akzeptanz des territorialen Status quo in Europa enthielt. Um diesem Unternehmen das notwendige Gewicht zu verleihen, schlugen die Sowjets vor, daß die Abschlußsitzung und die Unterzeichnung des Dokuments auf höchster Ebene stattfinden sollten.

Die Verhandlungen entwickelten sich jedoch nicht zu einer Einbahnstraße, wie der Kreml es sich vorgestellt hatte. Die demokratischen Staaten begriffen bald, daß sie mehr erreichen konnten, als nur einen Rückschlag zu verhindern – das war ihr ursprüngliches Ziel gewesen. Zunehmend gestalteten sie die Konferenz zu einer strategischen Chance für den Westen. Es zeugte nicht gerade von Selbstsicherheit, daß die Supermacht mit den größten konventionellen Streitkräften in der Welt und einem atomaren Arsenal, das dem der Vereinigten Staaten gleichkam, Sicherheiten für die Unverletzlichkeit ihrer Grenzen von Staaten einforderte, die sie entweder besetzt hielt oder von denen allein die Vereinigten Staaten eine militärische Herausforderung darstellten. Wenn eine solche Zusicherung überhaupt praktische Bedeutung haben sollte, dann stellte sie zumindest eine Dopplung von Klauseln in den Friedensabkommen dar, die die Alliierten des Zweiten Weltkrieges von 1945 bis 1948 mit allen Staaten Osteuropas abgeschlossen hatten. Auch eine Reihe bilateraler Vereinbarungen zwischen den Staaten West- und Osteuropas enthielt solche Bestimmungen. Die jüngsten dieser Art waren die Verträge, in denen die Bundesrepublik Deutschland unter Willy Brandt den territorialen Status quo einschließlich der innerdeutschen Grenze anerkannt hatte.

Neu an der Europäischen Sicherheitskonferenz war allerdings, daß sie der Bundesrepublik die Möglichkeit gab, von einer friedlichen Veränderung der Grenzen zu sprechen, was später zur rechtlichen und politischen Voraussetzung für die deutsche Einheit wurde. In dem bilateralen Vertrag, den Brandt und Breschnew 1970 bis 1971 aushandelten, hatte die Bundesrepublik die bestehenden Grenzen in Europa bedingungslos als »unverletzlich« anerkannt. Aber auf der Europäischen Sicherheitskonferenz, wo sie die Unterstützung ihrer Verbündeten, besonders der Vereinigten Staaten, hatte, konnte sie die Festlegung erreichen, daß »Grenzen, in Übereinstimmung mit dem Völkerrecht, durch friedliche Mittel und durch Vereinbarung verändert werden können«[1]. Deutsche Spitzenpolitiker haben das Hauptverdienst an dieser Klausel den Vereinigten Staaten zugesprochen.[2]

Ebenso wichtig waren die Festlegungen über Bewegungsfreiheit und Gedankenfreiheit sowie den Schutz von Menschenrechten und Grundfreiheiten, auf deren Verankerung in der Schlußakte die demokratischen Staaten bestanden. Wir verfolgten damit das Ziel, über internationale Verträge zu verhindern, daß die Sowjetunion künftig Unruhen und lang andauernde

Proteste in der Weise unterdrückte, wie es 1955 in Ungarn und 1968 in der Tschechoslowakei geschehen war. Vordenker und kühne Vorkämpfer wie Václav Havel und Lech Walesa benutzten diese Klauseln der Schlußakte, um zum Widerstand gegen den Totalitarismus in der kommunistischen Welt aufzurufen, was letzten Endes die Befreiung Osteuropas herbeiführte.

Außerdem beharrten die Westmächte darauf, daß bestimmte Fortschritte in der Frage der militärischen Sicherheit erzielt wurden, wenngleich das Hauptforum für dieses Thema die Verhandlungen über Truppenreduzierungen (MBFR) waren, die gerade in Wien begonnen hatten. Die demokratischen Staaten und auch einige osteuropäische Satellitenstaaten der Sowjetunion wollten jedoch zusätzliche Pflöcke gegen weitere Truppenstationierungen in Europa einschlagen. Diese sogenannten vertrauensbildenden Maßnahmen umfaßten Verfahren wie die vorherige Ankündigung von Manövern einer gewissen Größenordnung und in einer bestimmten Entfernung von den Grenzen des jeweiligen Vertragspartners. Das bedeutete vor allem Einschränkungen für sowjetische Truppenbewegungen im europäischen Teil Rußlands.

Zunächst lief die amerikanische Strategie darauf hinaus, Fortschritten bei den Verhandlungen keine Hindernisse in den Weg zu legen, aber auch wenig für ihre Beschleunigung zu tun. Mit der Zeit diente das ganze Unternehmen immer stärker den Interessen des Westens, denn es wurde seines ursprünglichen Sinns, die Macht der Sowjetunion zu stärken, beraubt und ins Gegenteil verkehrt. Nun griffen wir aktiv in die Gespräche über Schlüsselfragen wie die vertrauensbildenden Maßnahmen, die Festlegungen zu den Menschenrechten und die deutsche Forderung nach einer Klausel über die friedliche Veränderung der Grenzen ein. So entwickelten sich die Verhandlungen immer mehr zum Vorteil für die demokratischen Staaten. Anfang 1974 wurde offensichtlich, daß die Sowjets nicht in der Lage waren, das symbolische Ergebnis zu erreichen, das sie anstrebten. Die Erarbeitung der Dokumente geriet nun zu einem langen, zermürbenden, oft nur Eingeweihten verständlichen Prozeß. Die Sowjets versuchten den Bestimmungen über die Menschenrechte den Stachel zu ziehen, indem sie eine Präambel einfügten, daß keine der Festlegungen in der Schlußakte benutzt werden dürfe, um in innere Angelegenheiten der Unterzeichnerstaaten einzugreifen. Das hätte allerdings den ganzen Zweck dieser Bestimmungen zunichte gemacht, weshalb die Sowjets mit ihrem Manöver schließlich scheiterten.

Um die Klausel, nach der friedliche Veränderungen von Grenzen gestattet sein sollten, entbrannte ein ähnlicher Streit. Die Sowjets willigten ein, diesen Gedanken in Erwägung zu ziehen, wenn er in einer Präambel vom Grundsatz der »Unverletzlichkeit der Grenzen« abgekoppelt wurde. Sie schienen zu glauben, daß die Anerkennung der bestehenden Grenzen damit einen höheren Status erhalte als der Gedanke, diese mit friedlichen Mitteln zu verändern. Die Deutschen durchschauten dieses Manöver natürlich und baten die Vereinigten Staaten um Hilfe. Der »Kompromiß«, der schließlich erreicht wurde, war ein besonderer Artikel, der nicht nur den Grundsatz der friedlichen Veränderung von Grenzen, sondern auch das Recht jedes Unterzeichnerstaates bekräftigte, Bündnissen beizutreten oder sie zu verlassen.

Als sich die eigentlichen Verhandlungen zunehmend in die Expertengruppen verlagerten, wurde die Wortwahl immer verschrobener: Niederländische »Kompromisse«, finnische »Pläne« und deutsche »Vorschläge« schwebten im Raum. Die Briten füllten dieses diplomatische Hexengebräu schließlich in genialer Weise in »Körbe« ab. Korb I behandelte die Sicherheitsfragen, Korb II die Wirtschaft und Korb III Menschenrechte, Bewegungsfreiheit und damit zusammenhängende Themen.

Hochgestellte Unterhändler, die genügend Mut besaßen, sich an der Ausarbeitung von Formulierungen zu beteiligen, sahen sich bald jeder Menge Rätselhaftigkeiten gegenüber. Gromyko schien über die Fragen gut informiert zu sein, die die Sowjetunion betrafen. Aber auch dieser ausgesprochene Profi zog sich auf Allgemeinplätze zurück, wenn es um ausgefallene Vorschläge ging. Ich war immer stolz darauf gewesen, alle Details von Verhandlungen zu beherrschen, die unter meiner Leitung geführt wurden. Aber die KSZE bezwang auch mich. Mir war klar, was wir erreichen wollten, und so überwachte ich vor allem die Hauptrichtung, in die wir drängten. Aber bei den konkreten Formulierungen mußte ich häufig passen. Ich habe niemals ganz begriffen, worin der Unterschied zwischen »gleicher Anwendbarkeit« und »gleichem Wert« von Prinzipien besteht – eine Frage, um die erbittert gerungen wurde –, weshalb Kommas, die eine Formulierung einschlossen, deren praktische Bedeutung beeinflußten oder warum eine Formulierung ihren Sinn veränderte, wenn sie aus einem Paragraphen in einen anderen versetzt wurde. Gromyko, der in der gleichen Zwangslage zu stecken schien, neigte dazu, den Widerstand der Sowjets gegen Korb III mit dem Schutz der puritanischen Moral der Sowjetunion zu begründen. Er behauptete, die Klausel über die freie Bewegung von Menschen sei ein trojanisches Pferd, um spärlich bekleidete holländische Revuetänzerinnen ins Heimatland des Proletariats zu bringen und dessen Sitten zu verderben.

Um die vertrauensbildenden Maßnahmen auf militärischem Gebiet wurde ähnlich hart gefeilscht. Die Westmächte wollten durchsetzen, daß jede Bewegung einer Brigade sechzig Tage im voraus anzukündigen sei. Die Sowjets hielten mit einer Ankündigungsfrist von fünf Tagen für die Bewegung von Armeekorps dagegen. Schließlich einigte man sich auf den Kompromiß, die Bewegung von Divisionen dreißig Tage im voraus anzukündigen. Die Staatschefs reichten derartige Themen rasch an ihre Außenminister weiter, die sie ebenso schnell ihren Experten überließen. Zum Glück gelang es unserem wichtigsten Unterhändler auf Arbeitsebene, dem stellvertretenden Unterstaatssekretär Arthur Hartman, den Überblick über alle Einzelheiten zu behalten und die Verhandlungen mit viel Geschick zu einem erfolgreichen Abschluß zu bringen.

Im Grunde genommen endeten die verschiedenen Kontroversen stets damit, daß die Sowjets in den Fragen der friedlichen Veränderung von Grenzen, der vertrauensbildenden Maßnahmen und der Menschenrechte den Rückzug antraten. Im Mai 1974 schienen Vereinbarungen so greifbar nahe zu sein, daß man über den Abschluß der Konferenz auf einem Gipfeltreffen zu sprechen begann. Aber nun kam es durch die Regierungswechsel in rascher Folge – Heath, Pompidou, Brandt und Nixon schieden aus dem Amt – zu einer neuen Unterbrechung. Bald klaffte zwischen den neuen Staatschefs und ihren Experten eine große Wissenslücke. Allmählich entstand der Eindruck, daß die Arbeit an den Dokumenten zum Selbstzweck verkam, nur noch durchschaut von einer auserwählten Gruppe von Diplomaten, die sich abmühten wie einstmals die Mönche des Mittelalters, die in Stille und Abgeschiedenheit über heiligen Texten brüteten. Fast konnte man den Eindruck gewinnen, als liefe die multilaterale Diplomatie Amok. Da eines der Motive der Konferenz gewesen war, den kleineren Staaten Europas mehr Spielraum zu verschaffen, mußten sich die Großmächte sehr umsichtig bewegen, um deren besondere Wünsche oder auch nur Eigensinn nicht einfach zu übergehen. Besonders tat sich in dieser Hinsicht der Ministerpräsident von Malta Dom Mintoff hervor. Als sich die Konferenz ihrem Ende zuneigte und nur noch das Datum für das Gipfeltreffen zu bestimmen war, hielt Mintoff die Sache mindestens noch einmal drei Tage auf. Unsere finnischen Gastgeber verloren allmählich die Geduld, denn sie konnten den Gipfel nicht vorbereiten, solange keine endgültige Entscheidung erreicht war. Einen ganzen Tag lang war Mintoff unauffindbar. Der Botschafter Maltas behauptete, er sei ausgeritten. Ihn auf einer so kleinen Insel ausfindig zu machen konnte eigentlich keine unlösbare Aufgabe sein. Aber Mintoff zog die Sache noch zwei Tage hin, um weitere Vorteile zu gewinnen. Die Finnen, stets Muster an Integrität und diplomatischer Kompetenz, bereinigten diese Situation schließlich, deren genaue Hintergründe ich vergessen habe. Die Formel, die sie fanden, ist mir erst recht entfallen, und ich besitze nicht einmal mehr Aufzeichnungen darüber.

Selbst Ford zeigte sich eigenwillig, was bei ihm sehr selten vorkam, als er als Vergeltung für eine kleinliche Pfennigfuchserei Gromykos darauf bestand, die Eröffnung der Konferenz um eine Woche zu verschieben.

Als die Schlußakte nahezu fertiggestellt war und der Gipfel näherrückte, rügten Kritiker in unserem Land die Konferenz von Helsinki als eine gefährliche Idee, die den Hirnen zweier entspannungsbesessener Politiker, Fords und Kissingers (dazu Nixons), entsprungen sei. Ihnen hätten die Sowjets einseitige Zugeständnisse abgepreßt, wie zum Beispiel Osteuropa der ewigen Herrschaft der Sowjetunion auszuliefern.

In ihrem Leitartikel vom 21. Juli 1975 schrieb die *New York Times*:
Die Konferenz der fünfunddreißig Staaten für Sicherheit und Zusammenarbeit in Europa, die jetzt nach zweiunddreißig Monaten semantischer Haarspaltereien ihrem Höhepunkt entgegensieht, hätte am besten gar nicht stattfinden sollen. Noch nie haben so viele Menschen so lange Zeit um so wenig gerungen wie um die einhundert Seiten lange Erklärung guter Absichten zu den Ost-West-Beziehungen. So wenig und doch so viel. So wenig, weil Hunderte von Diplomaten zwar ein Dokument erarbeiteten, zugleich aber festlegten, daß es für niemanden juristisch bindend sein soll. So viel, weil es die Vereinigten Staaten, Kanada und die dreiunddreißig Staaten Europas auf die »Unverletzlichkeit der Grenzen« festlegt, womit sie den territorialen Status quo, das heißt die Teilung Deutschlands und Europas sowie die Annexion riesiger Territorien Osteuropas durch die Sowjetunion – aller drei unabhängigen baltischen Staaten plus großer Teile Polens, der Tschechoslowakei und Rumäniens –, symbolisch ratifizieren.[3]
Das *Wall Street Journal* befand am 23. Juli, die Konferenz sei »rein symbolischer Natur, und das Symbol ist das der sowjetischen Hegemonie über Osteuropa … Die Vereinbarung, die dort unterzeichnet werden soll, wird eine förmliche Version von Jalta ohne dessen ausgleichende Momente sein.«[4]

Und der Vizepräsident der Latvian Press Society Osvalds Akmentins meinte dazu:

Präsident Ford wird seinen Namen unter einen erbärmlichen, unamerikanischen Vertrag setzen, einen Vertrag, der die Hoffnung von Millionen osteuropäischer Menschen, irgendwann Freiheit und Unabhängigkeit zu erlangen, zu Grabe trägt, einen Vertrag, der die Prinzipien der Atlantischen Charta aufgibt, die Ideale, die in den Herzen der Letten, Litauer, Esten, Ukrainer, Polen und anderer Völker die Hoffnung wachhielten.[5]

All das war eine groteske Entstellung der Wirklichkeit. Als Ford das Präsidentenamt antrat, lief die Konferenz bereits seit einem Jahr. Fünfunddreißig Staaten beteiligten sich an ihr, darunter auch der Vatikan als ein europäischer Stadtstaat. Alle unsere NATO-Verbündeten brannten darauf, die Konferenz zu einem Abschluß zu bringen und mit einem Gipfeltreffen zu krönen. Wichtige Teile der Schlußerklärung lagen bereits vor. Und von Woche zu Woche wurde deutlicher, daß die demokratischen Staaten in den Verhandlungen im Vorteil waren. Hätten sich die Vereinigten Staaten zu diesem Zeitpunkt zurückgezogen, dann hätten sie sich damit ohne ersichtlichen Gewinn gegen alle Staaten Europas und die Sowjetunion gestellt, mehr noch, sie hätten die beträchtlichen Vorteile geopfert, die bereits errungen waren.

Wäre die Debatte in der Öffentlichkeit nicht von realitätsfernen Leidenschaften bestimmt gewesen, dann hätte man erkennen können, daß eine Garantie der Unverletzlichkeit der Grenzen jener Macht, die die größten Landstreitkräfte besaß und die jeder Nachbar fürchtete, viel festere Zügel anlegte als den Demokratien, die für einen Angriffskrieg weder die Waffen noch die Unterstützung der Öffentlichkeit hatten. Die einzigen Grenzen, die im Kalten Krieg verletzt wurden, waren die der Nachbarn der Sowjetunion, und die Rote Armee hatte sie überschritten. Die unfreien Völker Osteuropas verstanden dies viel besser als manche in den Demokratien des Westens, die von Zeit zu Zeit zur Selbstgeißelung neigten. Es war Callaghan, der uns bei einem Frühstück mit Ford, Wilson und mir am 30. Juli in Helsinki die Realitäten Osteuropas ins Gedächtnis rief:

Callaghan: Kádár (der führende Mann Ungarns) hat uns gestern gesagt, sie betrachteten die Schlußakte als eine politische und moralische Verpflichtung.

Kissinger: Selbst die Unverletzbarkeit der Grenzen hat sich als günstiger für andere erwiesen, nicht für die Sowjetunion.

Callaghan: Keine Sowjetregierung kann jemals wieder eine Invasion rechtfertigen.

Kissinger: Die KSZE wird sie nicht verhindern, aber es wird keine Erklärung dafür mehr geben.

Die Staaten, die unsere Kritiker als die Hauptopfer der Schlußakte bezeichneten, waren deren eifrigste Verfechter. Wie bereits gesagt, betrachtete die Bundesrepublik Deutschland die Klausel über die friedliche Veränderung der Grenzen als großen Erfolg und lobte wiederholt die Vereinigten Staaten, die allein fähig gewesen waren, sie durchzusetzen. Fünfzehn Jahre später wurde diese Klausel zur Rechtsgrundlage für die Vereinigung Deutschlands. Der Paragraph über die friedliche Veränderung der Grenzen enthielt eine Formulierung, die die Begründung der Sowjetunion für ihre Invasion in

Ungarn und der Tschechoslowakei ausdrücklich verwarf. In der Endfassung hieß es dort:

Sie (die Unterzeichner) sind der Auffassung, daß ihre Grenzen in Übereinstimmung mit dem Völkerrecht, durch friedliche Mittel und durch Vereinbarung verändert werden können. *Sie haben ebenfalls das Recht, internationalen Organisationen anzugehören oder nicht anzugehören, Vertragspartei bilateraler oder multilateraler Verträge zu sein oder nicht zu sein, einschließlich des Rechtes, Vertragspartei eines Bündnisses zu sein oder nicht zu sein; desgleichen haben sie das Recht auf Neutralität* (kursiv von mir; H.K.).[6]

Wenn diese Klausel überhaupt eine praktische Bedeutung hatte, dann setzte sie die Breschnew-Doktrin von 1968 außer Kraft, mit der Moskau die Anwendung von Gewalt gegen die Tschechoslowakei als ein Mittel gerechtfertigt hatte, die Einheit des sozialistischen Lagers zu wahren, ebenso Chruschtschows Vorwand für die Niederschlagung des ungarischen Aufstands im Jahr 1956, weil das Land versucht hatte, aus dem Warschauer Pakt auszutreten.

Vertreter der osteuropäischen Satellitenstaaten sagten uns unter vier Augen, daß die Schlußakte die Hemmschwelle gegen ein militärisches Eingreifen der Sowjetunion erhöhen und damit ihre eigenen Chancen verbessern werde, eine nationale Außenpolitik zu betreiben. Einige unserer Kritiker behaupteten dagegen, die Erklärungen osteuropäischer Spitzenpolitiker seien von deren heimtückischen und verschlagenen Herren im Kreml diktiert. Diejenigen unter uns, die seit Jahrzehnten auf den Barrikaden des Antikommunismus standen und täglich mit der Satelliten zu tun hatten, wußten es besser. Natürlich gingen die Osteuropäer in einigen untergeordneten Fragen mit der Macht konform, die ihr Territorium besetzt hielt. Aber das Hauptziel, das Staaten wie Polen, Ungarn und Rumänien verfolgten, war – wie sie uns wissen ließen – mehr Spielraum gegenüber der Sowjetunion. In unterschiedlichem Maße waren sie inzwischen zu der Überzeugung gelangt, daß die kommunistische Ideologie ihre Anziehungskraft eingebüßt hatte. Schließlich waren die einzigen Volksaufstände in industrialisierten Staaten auf ihrem Boden ausgebrochen, nicht in den Bastionen des Kapitalismus, wie Marx es vorhergesagt hatte. Im Bewußtsein, daß ihre Zukunft davon abhing, inwieweit sie es verstanden, den traditionellen Nationalismus ihrer Länder ins Spiel zu bringen, waren den führenden Politikern Polens, Ungarns, der Tschechoslowakei und Rumäniens die Prinzipien der Europäischen Sicherheitskonferenz vor allem wichtig, weil sie gegen eine Invasion oder das Eingreifen der Sowjetunion wirkten. Titos blockfreies Jugoslawien ließ dies noch deutlicher erkennen.

Aus all diesen Gründen lag ein Abschlußgipfel der KSZE für Ford durchaus in unserem nationalen Interesse, vorausgesetzt, wir erreichten unsere Ziele in den Schlüsselfragen friedliche Veränderung der Grenzen, Menschenrechte und vertrauensbildende Maßnahmen. Wie bei allen kritischen Entscheidungen blieb der Präsident ruhig und gelassen. Als der Abschluß der Konferenz und der Gipfel mit Riesenschritten nahten, warnte ich ihn bei einem Gespräch im Oval Office am 5. Mai noch einmal:

Kissinger: Jackson und die anderen werden wegen des KSZE-Gipfels auf Sie einschlagen und behaupten, dieser Betrug sei keinen Gipfel wert.

Sie werden die Balten und die osteuropäischen Emigranten mobilisieren. Sie werden uns vorwerfen, die Konferenz ändere nichts an der Lage der baltischen Staaten...

Ford: Ich denke, wenn wir nicht teilnehmen, sieht es so aus, als wären wir beleidigt und wollten zurück zum Kalten Krieg. Ich glaube nicht, daß das amerikanische Volk dies verstehen würde.

Aber Ford wollte sich nicht bewegen, bis die amerikanischen Ziele erreicht waren. Am 26. Mai 1975 informierte ich ihn über die sowjetischen Formulierungen zu den vertrauensbildenden Maßnahmen und den Menschenrechtsbestimmungen in Korb III:

Ich denke, Sie sollten dazu eine harte Position einnehmen... Wenn sie (die Sowjets) eine Konferenz wollen, dann sollen sie nachgeben... Ich würde zuhören und mich auf nichts einlassen. Wenn wir eine ordentliche Regelung hinbekommen, gut; wenn nicht, dann warten wir eben noch einige Monate.

Ford stimmte zu: »Ich denke, wir sollten etwas kürzertreten.«

Die außergewöhnliche Solidarität, die sich unter den führenden Männern des Atlantischen Bündnisses entwickelt hatte, seit Ford die politische Bühne betreten hatte, trug sehr zu einem günstigen Ergebnis bei. Während die Konferenz ihrem Ende entgegenschlingerte, trafen sie sich regelmäßig, um die gemeinsame Strategie abzustimmen. Damit man den Weg durch diesen Irrgarten besser fand, übernahm in den Einzelfragen jeweils einer der Verbündeten die Führung, während die anderen ihn unterstützten. So führte Frankreich die meisten Verhandlungen zu Korb III (Menschenrechte), Großbritannien zu Korb II (vertrauensbildende Maßnahmen im militärischen Bereich) und die Vereinigten Staaten zu Korb I, der die Klausel über friedliche Veränderungen enthielt. Dieses ungewöhnliche Einvernehmen spricht aus einem Brief, den der französische Außenminister Jean Sauvagnargues mir Mitte Juni 1975 schrieb:

Lieber Henry,

vielen Dank für Ihre Information vom 8. Juni (1975) über die neuen Absichten der Sowjetunion zur Vorankündigung großer Militärmanöver, die im Rahmen der KSZE vorgesehen ist, genauer gesagt, zu den Ausmaßen des geographischen Gebietes, das die Sowjetunion betrifft.

Wie Sie wissen, sind vertrauensbildende Maßnahmen für Frankreich kein wesentlicher Punkt der Konferenz...

Trotzdem teile ich Ihren Standpunkt, daß ein Gebiet von zweihundertfünfzig Kilometer Tiefe für die Sowjetunion ein beträchtliches Zugeständnis darstellt, das die Grundlage für einen befriedigenden Kompromiß bilden kann, den wir hoffentlich bald erreichen.

Ich werde unserer Delegation in Genf die notwendigen Anweisungen erteilen, damit sie in diesem Geist mit Ihrer Delegation und mit den Abordnungen der Europäischen Gemeinschaft zusammenwirkt.

Herzliche Grüße

Sonderbar an der Entscheidungsfindung der Sowjets, die dem öffentlichen Eindruck unerschütterlicher Entschlossenheit, den die sowjetischen Unterhändler zu erwecken suchten, so sehr widersprach, war unter anderem der plötzliche Wechsel von sturem Beharren während der Verhandlungen zu fast hektischer Eile, ein Ergebnis zu erreichen, wenn ein (häufig von ihnen

selbst gesetzter) Termin herannahte. Es war, als ob die Mitglieder des Politbüros nur dann Einigkeit erzielen konnten, wenn sie sich zuvor in den Verhandlungen gegenseitig Härte bewiesen hatten. War aber von den führenden Männern einmal ein Termin angesetzt, dann schienen die sowjetischen
Unterhändler plötzlich von der Kehrseite ihres bisherigen Eigensinns überwältigt und von der Furcht erfaßt zu werden, all die Monate disziplinierten
Verhandelns könnten vergeblich gewesen sein, ein Scheitern könnte potentiellen Rivalen Argumente liefern.

Nach meinen Erfahrungen waren in den Schlußtagen von Verhandlungen mit den Sowjets mehr Zugeständnisse zu erreichen als in den Monaten
oder gar Jahren zuvor. So war es am Ende der SALT-I-Verhandlungen 1972
und noch einmal in Wladiwostok 1974. Das gleiche wiederholte sich, als der
Stichtag für den Gipfel der Europäischen Sicherheitskonferenz näherrückte.
Mitte Juni 1975 standen die wichtigsten Fragen kurz vor einer Lösung. Die
Sowjetunion hatte sich dem Standpunkt der demokratischen Staaten in allen Streitfragen – friedliche Veränderungen, Menschenrechte und vertrauensbildende Maßnahmen – stark angenähert. Der Weg zur Gipfelkonferenz
von Helsinki war frei.

Als diese unmittelbar bevorstand, ging der politische Glaubenskrieg in
den Vereinigten Staaten richtig los. Die Konservativen fürchteten, jeder
Gipfel mit sowjetischen Führern werde in den Demokratien zu Verwirrung
führen. Den Neokonservativen, Neulingen auf dem Schlachtfeld des Antikommunismus, stand der Sinn nach ideologischer Auseinandersetzung,
nicht nach diplomatischen Winkelzügen. Bekannte Persönlichkeiten wie
Ronald Reagan und Henry Jackson schickten sich an, die Entspannung im
Präsidentschaftswahlkampf 1976 zum Thema zu machen. Bis zu den Vorwahlen blieb kaum noch ein Jahr. Reagan erklärte in seiner ersten öffentlichen Kritik an Ford: »Ich bin dagegen, und ich denke, alle Amerikaner sollten dagegen sein.«[7] Senator Jackson steuerte ähnliche Kommentare bei. Die
Liberalen lehnten die Behandlung der Menschenrechte in der Schlußakte als
nicht ausreichend ab. Wie wir noch sehen werden, sollten alle diese unterschiedlichen Strömungen einen Monat vor dem Gipfel von Helsinki nach
einem aufsehenerregenden Besuch Alexander Solschenizyns in Washington
zusammenfinden.

Unter den Mitarbeitern des Weißen Hauses wiederholte sich, was bereits
beim Zusammenbruch Indochinas geschehen war. Einige der Neulinge
glaubten, sie könnten die Wucht der Angriffe mildern, indem sie Fords Person von der Politik trennten, die er vertrat. Andere versuchten das Ergebnis
herunterzuspielen, indem sie behaupteten, es habe keinerlei Rechtskraft –
eine merkwürdige Ansicht über ein Dokument, das der Präsident in Kürze
unterzeichnen wollte. Aber das teilweise Auf-Distanz-Gehen oder auch der
Vorwurf, ich sei an allem schuld – ebenfalls eine beliebte Taktik –, erreichte
den Zweck nicht, sondern schwächte lediglich Fords Position im Land. Man
konnte den ganzen Prozeß entweder stoppen oder zum Abschluß bringen.
Einen Mittelweg gab es nicht.

Wenn man eine Bilanz der Schlußakte ziehen will, dann bestätigten die
Formulierungen zur »Unverletzlichkeit der Grenzen« lediglich Klauseln,
die bereits in den Friedensverträgen der Alliierten, darunter der Vereinigten
Staaten, von 1946 bis 1949 enthalten waren, ebenso in den Vereinbarungen

von Willy Brandts Ostpolitik der letzten Jahre. Der Westen hatte niemals mit Gewalt gedroht, um Grenzen in Europa zu verändern. Tatsächlich war keiner der demokratischen Staaten außer den Vereinigten Staaten in der Lage, eine solche Drohung auszusprechen. Schließlich hatte Osteuropas Hauptproblem nichts mit dem Verlauf der Grenzen zu tun, jedoch alles mit der kommunistischen Diktatur, die die Sowjetunion ihm aufgezwungen hatte und die sie nach wie vor mit Gewalt aufrechterhielt.

Der Preis, den die Sowjetunion für ihr besessenes Streben nach Legitimation zahlen mußte, war die Zustimmung zu der Klausel über die Möglichkeit der friedlichen Veränderung von Grenzen, die in den Verhandlungen über die Vereinigung Deutschlands eine wichtige Rolle spielte, ebenso zu den weitgehenden Formulierungen über die Menschenrechte in Korb III, die bald ein bedeutsames Eigenleben führen sollten. »Helsinki-Überwachungsgruppen« schossen bald in einigen Ostblockstaaten wie Pilze aus dem Boden. Zur bekanntesten wurde die Charta 77 in der Tschechoslowakei. Sie interpretierten die Schlußakte von Helsinki als ein Dokument, das die Menschenrechte in das Völkerrecht eingebracht hatte – eine Auffassung, die wir mit ihnen teilten.

Eine bedeutende Vereinbarung zwischen Gegnern ist immer ein Wechsel auf die Zukunft. Die sowjetischen Führer wollten die KSZE zweifellos, weil sie hofften, die demokratischen Staaten durch das Einfrieren des Status quo in Europa demoralisieren zu können. Die westlichen Demokratien setzten Korb III und die friedlichen Veränderungen durch, um aus den von ihnen erkannten latenten Schwächen des Sowjetimperiums ihren Vorteil zu ziehen.

Alexander Solschenizyn

Alexander Solschenizyn ist ein bemerkenswerter Schriftsteller und eine bleibende moralische Instanz unserer Zeit. Seine politischen Überzeugungen, die ihn wohl kaum als leidenschaftlichen Anhänger der pluralistischen Demokratie oder der westlichen Kultur ausweisen, haben dem Kampf gegen die kommunistische Tyrannei einen starken Impuls verliehen. Ich bin seit langem ein Bewunderer seiner Romane. Sein *Archipel Gulag*, eine Geschichte der sowjetischen Arbeitslager in drei Bänden, hat mich aufgewühlt wie nur wenige politische Bücher. Als Ford Präsident wurde, gab ich ihm den ersten Band und drängte ihn, diesen zu lesen, um das Wesen der sowjetischen Herausforderung besser zu verstehen.

Ich hatte Angst um diesen unerschrockenen Kämpfer, den die Sowjets zunehmend unter Druck setzten, und appellierte deshalb mehrfach an Dobrynin, Solschenizyn aus der Sowjetunion ausreisen zu lassen. Dabei betonte ich, wir ließen uns von humanitären Motiven leiten; die amerikanische Administration habe nicht die Absicht, Solschenizyn im Exil für politische Zwecke zu benutzen. Meine Bewunderung für den historischen Beitrag dieses Schriftstellers zur Sache des Kampfes gegen den kommunistischen Totalitarismus und zum letztendlichen Sieg des menschlichen Geistes ist in den vergangenen Jahrzehnten nicht geringer geworden, was man von vielen, die ihm 1975 zu Füßen lagen, nicht behaupten kann.

Solschenizyn wurde am 13. Februar 1974 aus der Sowjetunion ausgewiesen und kam einige Monate später in die Vereinigten Staaten. Der Gewerkschaftsbund AFL-CIO, dem damals der überzeugte Antikommunist George Meany vorstand, lud ihn ein, am 30. Juni 1975 auf einem Abendempfang in Washington zu sprechen, kurz bevor Ford sich auf den Weg machte, um die Schlußakte der Europäischen Sicherheitskonferenz zu unterzeichnen. Der Zeitpunkt war sorgfältig gewählt. Wenn Solschenizyn dort nur einige seiner bekannten Ansichten äußerte, dann lieferte er damit den Gegnern der KSZE eine Menge Munition.

Solschenizyn enttäuschte seine Gastgeber nicht. In seiner Rede geißelte er leidenschaftlich das politische Regime der Sowjetunion und rief die demokratischen Staaten auf, einen politischen Kurs der Konfrontation gegen sie einzuschlagen. Er drängte darauf, dem, was er als einseitige Zugeständnisse beschrieb, ein Ende zu setzen. Das waren für ihn alle Verhandlungen des Westens mit der Sowjetunion, angefangen mit ihrer Anerkennung durch Roosevelt und selbst der Lend-Lease-Vertrag aus dem Zweiten Weltkrieg. Solschenizyn forderte die Vereinigten Staaten auf, den Kreuzzug gegen den Kommunismus auch innerhalb der Sowjetunion zu führen. Den Einwand, dies sei eine Einmischung in die inneren Angelegenheiten des Landes, wischte er mit den Worten vom Tisch: »Mischen Sie sich mehr und mehr ein. Mischen Sie sich ein, soviel Sie können. Wir flehen Sie an, kommen Sie und mischen Sie sich ein.«[8]

Ein exklusives Publikum hatte sich versammelt, um die Rede zu hören. Auf dem Podium saß auch Verteidigungsminister James Schlesinger, dem klar sein mußte, daß die Veranstaltung darauf abzielte, die Politik der Administration zu untergraben, in der er selbst tätig war

Am 2. Juli wurden die Senatoren Jesse Helms und Strom Thurmond bei Fords Berater Jack Marsh vorstellig und ersuchten für Solschenizyn um einen Termin beim Präsidenten vor dem 5. Juli, da jener Washington wieder verlassen wollte. Ford beabsichtigte, am nächsten Tag, dem 3. Juli, nach Cincinnati und Cleveland zu reisen. Die Senatoren kamen also mit dem Ansinnen, ohne jede Vorankündigung am 4. Juli, dem Nationalfeiertag, eine Audienz zu erwirken. Ford, der diese Unhöflichkeit als einen Versuch ansah, ihn gegenüber dem rechten Flügel der Republikaner in Verlegenheit zu bringen, entschied, Solschenizyn nicht zu empfangen. Er wies Marsh an, Terminschwierigkeiten als Grund anzugeben. Zu diesem Zeitpunkt hatte die Entscheidung mit dem Ost-West-Verhältnis nicht unmittelbar zu tun. Sie wurde vor allem von der Innenpolitik des Weißen Hauses bestimmt. (Die Mitarbeiter des Nationalen Sicherheitsrates hätten sie sicher ändern können, wären sie beim Präsidenten vorstellig geworden.[9])

Ich war zu dieser Zeit im Urlaub in St. John auf den Jungferninseln. Scowcroft kannte meine Meinung und informierte mich erst im nachhinein. Ich hieß die Entscheidung gut. Das hinderte die Medien und Fords entspannungsfeindliche Kritiker nicht daran, mich zum Sündenbock zu stempeln. Wäre ich in Washington gewesen, hätte ich vielleicht die Klugheit besessen, eine kurze Begegnung mit dem Präsidenten oder mir selbst vorzuschlagen. Beides wurde angeboten, als der Sturm der Entrüstung losbrach. Solschenizyn wies jedoch die Angebote zurück – Helden sind im persönlichen Umgang selten eine Freude. Wäre ich gefragt worden, dann hätte ich wahrscheinlich von einer offiziellen Begegnung vor Fernsehkameras abgeraten. Immerhin stand Ford kurz davor, nach Helsinki zu reisen, wo er mit Leonid Breschnew zusammentreffen sollte, der Solschenizyn aus humanitären Gründen erst vor wenigen Monaten freigegeben hatte – zum Teil als Reaktion auf persönliche Appelle des Weißen Hauses.

Nun hatten die Senatoren ihren Eklat. Und für die Kritiker, die gegen die Entspannung eiferten, war ich der Bösewicht.

Auf einer Pressekonferenz am 16. Juli erklärte ich, die ursprüngliche Entscheidung sei wegen Terminschwierigkeiten, nicht aus außenpolitischen Gründen getroffen worden. Dabei betonte ich, daß ich Fords Entschluß aus außenpolitischen Gründen unterstützte. Ich unterschied zwischen dem Inhalt von Solschenizyns Rede, den ich befürwortete, und einem Empfang durch den Präsidenten:

Ich halte Solschenizyn für einen der größten Schriftsteller unserer Zeit. In meiner gegenwärtigen Position komme ich in der Regel nur mit Geheimpapieren in Berührung. Solschenizyns Arbeiten gehören zu den wenigen öffentlichen Schriften, die ich in der letzten Zeit gelesen habe. Ich empfinde hohe Achtung und Bewunderung für den Schriftsteller Solschenizyn.

Zweitens glaube ich, daß dieses Land es sich durchaus leisten kann, einem Mann von seinem Rang zuzuhören, ohne sich darum zu kümmern, wie sich das auf die außenpolitischen Interessen der Vereinigten Staaten auswirken könnte.

Begegnungen mit hohen Beamten können unter außenpolitischem Blickwinkel erwogen werden. Aus der Sicht der Außenpolitik kann die symbolische Wirkung ungünstig sein, was nichts mit der Achtung vor dem Mann und seiner Botschaft zu tun hat.[10]

Nun brach die Hölle los. Jackson ließ erklären, es sei ein trauriger Tag für das Land, wenn der Hauptvertreter der amerikanischen Außenpolitik sich für die Sowjets statt für die Redefreiheit engagiere. Das *Wall Street Journal* holte gegen mich zum Schlag aus:

Präsident Ford hat bei der unwürdigsten Entscheidung seiner Amtszeit gewissen Beratern Gehör geschenkt, die ihn warnten, daß eine Einladung Mr. Solschenizyns ins Weiße Haus beim Kreml Anstoß erregen könnte.[11]

Die *New York Times* warf Ford vor, er habe die Grenze von einer Entspannungs- zu einer Beschwichtigungspolitik überschritten. Dabei schien die Zeitung nicht zu stören, daß sie selbst kaum drei Monate zuvor auf die Einstellung der Hilfe für Indochina gedrängt hatte, wo ganz handfest gegen den Kommunismus gekämpft wurde. Renommierte Wissenschaftler wie Adam Ulam von der Harvard-Universität schrieben Protestbriefe an führende Zeitungen.[12]

Es entbehrte nicht einer gewissen Ironie, daß man ausgerechnet Ford und mich der Nachgiebigkeit gegenüber dem Kommunismus beschuldigte, das heißt eine Administration, die gerade bemüht war, in Angola Widerstand gegen einen kommunistischen militärischen Aufmarsch zu organisieren. Viele der Kritiker warfen uns andererseits aber auch vor, daß wir so entschieden gegen jede Form der Beteiligung kommunistischer Parteien an der Regierung von NATO-Staaten waren.

Wie ich öffentlich erklärt hatte, teilte ich Solschenizyns Analyse des Sowjetsystems nahezu ohne Einschränkungen und ging dabei viel weiter als viele, die uns wegen Helsinki kritisierten. So stimmte ich zum Beispiel mit ihm darin überein, daß unser Rückzug aus Indochina nicht gerechtfertigt gewesen war. Die überwiegende Mehrheit der Medien zog es vor, die diesbezügliche umfangreiche Passage in Solschenizyns Rede vor der AFL-CIO schweigend zu übergehen.[13]

Aus heutiger Sicht meine ich, wir wären klug beraten gewesen, die grobe Unhöflichkeit der Senatoren zu ignorieren und am 4 Juli eine Begegnung Solschenizyns mit dem Präsidenten so unauffällig und würdig wie möglich zu organisieren, obwohl Solschenizyn und seine Förderer Himmel und Hölle in Bewegung setzten, um diesem Treffen so viel Aufmerksamkeitswert wie möglich zu verschaffen. So aber hatten wir unsere Chancen für eine ausgewogene Politik gegenüber den Sowjets viel stärker beeinträchtigt, als wenn wir einen Weg gefunden hätten, diesen großen und mutigen Freiheitskämpfer zu empfangen.

Solschenizyns Gönner aber benutzten seinen Besuch als politische Waffe und drängten damit im Grunde genommen einen nichtgewählten Präsidenten, im elften Monat seiner Amtszeit einen Kreuzzug gegen eine nukleare Supermacht zu verkünden – und dies zu einer Zeit, als Indochina vor kaum zwei Monaten zusammengebrochen war, als wir schwierige Verhandlungen im nach wie vor explosiven Nahen Osten zu führen hatten, als Angola in Flammen stand, als unsere Nachrichtendienste durch Ermittlungsverfahren lahmgelegt waren, der Kongreß eine Reduzierung unserer Truppen im Ausland forderte und ein Embargo für militärische Lieferungen an die Türkei, einen unverzichtbaren NATO-Verbündeten, beschloß. Darüber hinaus sollte Ford in wenigen Wochen mit Breschnew zusammentreffen. Unsere Kritiker aber schienen in erster Linie daran interessiert zu sein, die KSZE ebenso ihrer Trophäensammlung einzuverleiben wie bereits zuvor das gescheiterte Handelsgesetz und die stagnierenden Rüstungskontrollverhandlungen.

Die Ford-Administration hingegen sah ihre vornehmste Pflicht darin, eine Politik zu konzipieren, die die Vereinigten Staaten in die Lage versetzte, sich vom Vietnam- und Watergate-Trauma zu erholen, die Werte und die Sicherheit der Demokratien langfristig zu befördern. Diese Gedanken legte ich in einem Interview dar, das später im Nachrichtenmagazin *Time* erschien:

Wir müssen bedenken, was dieses Land mit Vietnam, Watergate und den nachfolgenden Beschränkungen des Kongresses erlebt hat. Wenn wir das Risiko einer Konfrontation auf uns nehmen, die unser Volk als unnötig betrachtet, dann fordern wir massive Rückschläge in der Außenpolitik geradezu heraus.
Ich meine, daß die Politik, die wir jetzt gegenüber der Sowjetunion betreiben, uns am besten in die Lage versetzt, sowjetischem Druck zu widerstehen und die Möglichkeiten positiver Entwicklungen in der sowjetischen Politik optimal zu nutzen.[14]

Wir könnten diese Politik voller Zuversicht fortsetzen, betonte ich, weil wir überzeugt seien, daß die Europäische Sicherheitskonferenz einen wichtigen Meilenstein auf dem Vormarsch der Freiheit darstelle. Ford formulierte diesen Gedanken einen Tag vor seiner Abreise in seiner bescheidenen Art:

Selbst wenn alles scheitert, wird Europa deshalb nicht schlechter da-stehen als vorher. Soviel Erfolg wir haben, um soviel besser wird es den Menschen in Osteuropa gehen, und um soviel wird die Sache der Frei-heit vorankommen.[15]

Die Vereinbarungen waren weit mehr als ein Teilerfolg, und am Ende zogen die Völker Osteuropas in der Tat wichtige Vorteile aus ihnen.

Vorspiel zu Helsinki

Als Ford am 26. Juli 1975 seine Reise nach Helsinki antrat, ließ er ein freud-loses Land zurück. Alexander Solschenizyn hatte seinen Teil zu den Angrif-fen beigetragen, als er in seiner Rede vor der AFL-CIO die Zugeständnisse der Sowjetunion bei den Menschenrechten als ein Tausendstel dessen zurückwies, »was den Menschen nach dem Naturrecht zusteht, was ihnen gestattet sein müßte, bevor derartige Verhandlungen überhaupt beginnen«. Er ging sogar noch einen Schritt weiter und prangerte den gesamten Ver-lauf von Helsinki an:

Was für ein Abkommen wird das sein? Die vorgesehene Vereinbarung bedeutet, daß Osteuropa zu Grabe getragen wird. Es bedeutet, daß Westeuropa sich ein für allemal von Osteuropa lossagt. Es erklärt damit, Osteuropa könne ruhig weiter unterdrückt bleiben, Hauptsache, man läßt Westeuropa damit in Ruhe.[16]

Solschenizyn fand eifrige Befürworter. Reagan und Jackson, die *New York Times* und das *Wall Street Journal* setzten in seltener Einmütigkeit das Trommelfeuer fort. Der ehemalige Unterstaatssekretär George Ball nannte die Schlußakte eine »Kapitulation«. Amerikaner osteuropäischer Herkunft organisierten eine Mahnwache vor dem Weißen Haus. Das *Wall Street Jour-nal* überschrieb am 23. Juli seinen Leitartikel »Jerry, fahr nicht dorthin«.

Solche Demonstrationen nationaler Zwietracht blieben nicht auf die Po-litik gegenüber der Sowjetunion beschränkt. Zwei Tage vor Fords Abreise zur Konferenz, auf der er auch den türkischen Ministerpräsidenten Süley-man Demirel treffen sollte, demütigte ihn das Repräsentantenhaus mit seiner Weigerung, das Waffenembargo gegen die Türkei aufzuheben. Als Retourkutsche forderte Ankara uns auf, unsere Militärstützpunkte zu schließen, die unverzichtbar waren, um die Raketenversuche der Sowjet-union auch weiterhin beobachten und militärische Operationen im Nahen Osten durchführen zu können.

Um die Prioritäten der amerikanischen Außenpolitik deutlich zu machen, hatten wir geplant, daß Ford auf seiner Reise nach Helsinki in Deutschland und Polen sowie auf dem Rückweg in Rumänien und Jugoslawien Zwi-schenstopps einlegte. Bonn hatte man ausgewählt, weil es großes Interesse am erfolgreichen Abschluß der Konferenz zeigte. Für kein anderes Land gab es so gewichtige Gründe, eine Hinnahme des Status quo abzulehnen, aber die unterstellten uns unsere Kritiker. Die führenden Männer in Deutschland hingegen betrachteten die Schlußakte von Helsinki als wichtigen Erfolg. Für Schmidt und Genscher war die Klausel, die eine friedliche Veränderung der Grenzen gestattete, die internationale Bestätigung des einzigen Weges, der Deutschland offenstand, um seine nationalen Ziele zu erreichen.

Warschau, Bukarest und Belgrad hatten wir für Besuche des Präsidenten ausgewählt, weil in diesen Hauptstädten kommunistischer Staaten das Streben nach von der Sowjetunion unabhängigem Handeln am stärksten war. Warschau erkaufte sich innenpolitischen Spielraum damit, daß es der sowjetischen Außenpolitik dem Anschein nach Folge leistete (dabei aber jede Konfrontation mit den Vereinigten Staaten vermied). Rumänien war das genaue Gegenteil: Hier paarte sich eine stalinistische Wirtschafts- und Regierungsform mit einer nationalistischen, fast neutralen Außenpolitik. Tito war es gelungen, seinem Land bereits seit mehr als einem Vierteljahrhundert sowjetische Bevormundung in der Innen- und Außenpolitik zu ersparen. Mit dem Besuchsprogramm des amerikanischen Präsidenten sollte der Sowjetunion signalisiert werden, daß Ford sich dem Atlantischen Bündnis und der Vereinigung Deutschlands verpflichtet sah, daß er entschlossen war, jeden Riß im anscheinend so geschlossenen kommunistischen Block zu nutzen.

In diesem Klima der Hoffnung und des Fortschritts begrüßte Helmut Schmidt Ford so überschwenglich, wie es sein zurückhaltender hanseatischer Charakter nur zuließ. Überzeugt, daß die Schlußakte den nationalen Anliegen Deutschlands gerecht wurde und die Unterstützung der Vereinigten Staaten dafür entscheidend war, sah Schmidt keinen Grund, sich im Gespräch lange beim Ost-West-Verhältnis aufzuhalten. Er hatte eine Schiffahrt auf dem Rhein und ein kleines Essen organisiert, bei dem nur ein kleiner Kreis der engsten Berater beider Seiten anwesend war.

Schmidts Sorge galt auch weiterhin vor allem der Energiekrise. Die Industrieproduktion Deutschlands und Frankreichs, so führte er aus, war bereits auf fünfundsechzig Prozent der vorhandenen Kapazitäten gesunken, die britische setzte er eher noch niedriger an. Die größte Gefahr für die Demokratien sei nicht der militärische Druck der Sowjetunion oder der Eurokommunismus, meinte er, sondern die schwindende wirtschaftliche Leistungskraft:

Wenn wir es mit einer politischen oder militärischen Krise zu tun hätten, dann könnten die führenden Männer zusammenkommen und etwas unternehmen. Da es sich um die Wirtschaft handelt, überlassen wir das unseren Finanzministern. Wenn das fünf Jahre so weitergeht, wird es ein politisches Desaster geben.

In einer »privaten« Denkschrift, die Schmidt Ford einige Tage später in Helsinki überreichte (das bedeutete, daß sie nicht dem Kabinett vorgelegen hatte), unterstützte er den Vorschlag Giscards, noch vor Ende des Jahres eine Gipfelkonferenz der führenden demokratischen Industriestaaten der Welt einzuberufen, auf der man die Perspektiven des Weltwirtschafts- und -währungssystems erörtern solle. Als Teilnehmer waren die Vereinigten Staaten, Großbritannien, Frankreich, Japan, die Bundesrepublik und möglicherweise Italien vorgesehen. Dieser sollte der erste der jährlich stattfindenden Wirtschaftsgipfel sein, die seit 1975 zu einem Fixpunkt im diplomatischen Kalender geworden sind.

Auch in Polen fand der Präsident herzliche Aufnahme. Man konnte dieses tapfere Land selbst unter kommunistischer Herrschaft nicht besuchen, ohne von der Hingabe und dem Glauben berührt zu sein, die es geprägt und erhalten haben. Jahrhundertelang ein großer Staat am Rande der westlichen

Christenheit, sah sich Polen nach Rußlands Aufstieg im 18. Jahrhundert zwischen dem Koloß im Osten und der zunehmend selbstbewußteren deutschen Nation im Westen eingezwängt. Der ungezügelte, individualistische Stil der herrschenden Klasse Polens war nicht geeignet, das Überleben des Landes in einer so mißlichen Situation zu sichern. Einhundertfünfzig Jahre lang war Polen unter Preußen, Rußland und Österreich aufgeteilt. Es sehnte sich nach nationaler Wiedergeburt und erstrebte seine Freiheit in der außergewöhnlichen, etwas verzückten Vorstellung, daß die Patrioten sich im Unabhängigkeitskampf mit anderen versklavten Völkern vereinigen müßten. So wurde in allen Unabhängigkeitskämpfen des 19. Jahrhunderts, auch in denen Amerikas, edles polnisches Blut vergossen.

Kein Volk hat mehr für seine Überzeugung gelitten und wurde häufiger von seinen Nachbarn angegriffen. Im Zweiten Weltkrieg wurden seine Führer zuerst von den Nazis und dann von den Kommunisten umgebracht. Seine Hauptstadt wurde von den Nazis dem Erdboden gleichgemacht, während die Rote Armee nur wenige hundert Meter entfernt am anderen Weichselufer tatenlos zusah. Kein Pole kann auch das Massaker der Roten Armee an gefangenen polnischen Offizieren im Wald von Katyn vergessen.

Am Ende des Zweiten Weltkrieges wurden Polens Grenzen um etwa dreihundert Kilometer nach Westen verschoben, wie man einen Stuhl in einem Raum bewegt. Die Sowjetunion annektierte Ostpolen und entschädigte das Land dafür mit einem Stück deutschen Territoriums, das bis zur Oder reichte. Dieser Schritt schuf ein dauerhaftes Konfliktpotential für beiderseitige Gebietsansprüche Deutschlands und Polens. In Moskaus Augen war es eine Sicherung gegen jegliche Annäherung zwischen beiden Ländern.

Ein Volk mit einer solchen Geschichte konnte kein begeisterter Satellit der Sowjetunion sein. Das Gefühl der nationalen Identität war so stark, daß selbst die kommunistischen Herrscher des Landes sich verpflichtet sahen, die Warschauer Altstadt aus dem Mittelalter nach den ursprünglichen Plänen wieder aufzubauen und die schwerfällige stalinistische Architektur aus Moskau auf ein einziges Gebäude zu beschränken. Die Polen erhoben sich 1956 und dann Ende der siebziger Jahre erneut mit der Solidarność-Bewegung. Der Aufstand 1956 hatte die kommunistischen Führer Polens gelehrt, vor allem in den internationalen Beziehungen eine nationale Politik zu verfolgen. Deshalb begrüßten sie die Europäische Sicherheitskonferenz als einen Schritt, um den Griff der Sowjetunion zu lockern.

Vor diesem Hintergrund war ein Besuch des amerikanischen Präsidenten in Warschau für die Polen eine gute Gelegenheit, ihren Drang nach Freiheit zu bekräftigen. Das taten sie so nachdrücklich, daß sie mit ihrer Begeisterung die amerikanischen Präsidentschaftswahlen im darauffolgenden Jahr beeinflußten, möglicherweise sogar entscheidend. Ford verstand den Jubel der polnischen Bevölkerung richtig als ein Zeichen der Ablehnung des Kommunismus und der sowjetischen Vorherrschaft. Er verleitete ihn aber auch dazu, in seiner Fernsehdebatte mit Jimmy Carter am 6. Oktober 1976 zu erklären, für ihn stehe Polen nicht unter sowjetischer Herrschaft. Damit beschrieb Ford zutreffend die Gefühle der Polen, nicht aber die tatsächliche Lage des Landes, in dem immer noch sowjetische Truppen stationiert waren. Die meisten Beobachter sind sich darin einig, daß die nachfolgende Kontroverse Ford knapp den Wahlsieg kostete.

Man brachte Ford in Warschau in dem einzigen Barockpalais unter, das die Verwüstungen der Deutschen und der Sowjets wie durch ein Wunder überstanden hatte. Dort fand eine Begegnung mit Edward Gierek, dem Ersten Sekretär der kommunistischen Partei des Landes, statt, eine zweite in dem düsteren, klotzigen Regierungsgebäude, das vor dem Ersten Weltkrieg der russischen Garnison als Hauptquartier gedient hatte.

Gierek gehörte der zweiten Generation von Parteiführern an. Zwar hatte er eine reine Parteikarriere hinter sich, behandelte aber die Probleme eher aus der Sicht eines Managers und Technokraten als eines Ideologen. Die Marktwirtschaft lag weit außerhalb seiner Vorstellungskraft, aber er begriff durchaus, daß Polen größtmöglichen Spielraum gewann, wenn das Klima zwischen Ost und West entspannt war. Sorgfältig darauf bedacht, daß seine Worte in Moskau Zustimmung fanden, hob er das »unverbrüchliche« Bündnis seines Landes mit der Sowjetunion hervor. Sein Lob des Bündnisses war allerdings zweideutig, denn er pries es nicht wegen eigener Vorzüge, sondern weil es die *polnisch-amerikanischen* Beziehungen »weniger anfällig für nicht ratsame Momente in der internationalen Arena« machte. Das war eine komplizierte Art zu sagen, daß Polen mit allen Mitteln die Beschränkungen zu lockern gedachte, die sein übermächtiger Nachbar ihm für das Verhältnis zu den Vereinigten Staaten auferlegte.

Ferner lobte Gierek Amerika für seine »Rolle… in der Welt, in Europa und in den Beziehungen zwischen unseren beiden Staaten«. Das war ein merkwürdiges Kompliment, wenn man bedachte, daß es das dauerhafte Ziel der sowjetischen Politik war, unsere Rolle in der Welt so gering wie möglich zu halten, daß die Europäische Sicherheitskonferenz vor allem dazu gedacht war, die Vereinigten Staaten aus Europa zu verdrängen, und daß die amerikanische Politik eindeutig darauf abzielte, Polens Abhängigkeit von der Sowjetunion zu verringern. Gierek sprach in den höchsten Tönen von Amerikas Beitrag zur KSZE, wobei er vor allem »die Haltung der Vereinigten Staaten… zum kulturellen und Personenaustausch« hervorhob, die er als »Beitrag zur Annäherung der Nationen« wertete. Mit anderen Worten: Polen sah wie wir in Korb III Möglichkeiten zur Erweiterung seines politischen Spielraums. Gierek schloß seine Begrüßungsrede mit Dankesworten an Ford: »So sehen wir die Dinge. Es ist Ihr Beitrag und der Beitrag Ihrer engsten Mitarbeiter, den wir sehr hoch schätzen.« Es kam deutlich zum Ausdruck, daß die führenden Politiker Polens sich durch die Schlußakte, die Ford in Kürze unterzeichnen wollte, in gewisser Weise befreit und nicht gefangen fühlten.

Helsinki

Ford hatte Washington in die Defensive gedrängt verlassen, aber in Helsinki, wo er am 29. Juli eintraf, war er die Hauptperson. Einem unvoreingenommenen Beobachter wäre es schwergefallen, die Mehrheitsmeinung in unserer innenpolitischen Debatte, die Vereinigten Staaten befänden sich auf dem Rückzug und seien von den superschlauen sowjetischen Strategen hinters Licht geführt worden, mit der großen Aufmerksamkeit in Übereinstimmung zu bringen, die Ford als dem Staatsoberhaupt der wichtigsten Supermacht zuteil wurde. Ost- und westeuropäische Spitzenpolitiker wollten ihn für ihre Sache in Anspruch nehmen. Alle führenden Männer Osteuropas baten um ein Gespräch mit ihm, viel mehr, als er bewältigen konnte. Fords Zeitplan wurde besonders eng, weil er, wie von ihm nicht anders zu erwarten, die Verpflichtung spürte, bei der Rede jedes einzelnen, besonders der Vertreter kleinerer Staaten, persönlich anwesend zu sein. Das bedeutete, in den drei Konferenztagen vierunddreißig Reden über sich ergehen zu lassen, die obligatorischen Toasts und Ansprachen bei offiziellen Essen gar nicht mitgerechnet. Fords Anwesenheit im Saal hielt auch mich an meinem Platz fest. Es gelang mir nur, mich für zwei bilaterale Gespräche kurz zu entfernen.

Da die Schlußakte bereits im Wortlaut vorlag, fanden die einzigen diplomatischen Aktivitäten von Gewicht bei bilateralen Zusammenkünften statt, für die die Zeit sehr knapp bemessen war. Fords wichtigste Begegnungen waren die mit Breschnew und ein Mittagessen mit seinen Amtskollegen aus Frankreich, Deutschland und Großbritannien.

Die Plenartagungen fanden in der riesigen, supermodernen Finlandiahalle statt. Unsere finnischen Gastgeber hatten sich eine merkwürdige Sitzordnung ausgedacht. Da man den Ländern nach ihren englischen Namen in alphabetischer Reihenfolge ihren Platz zuwies, saß die Delegation der Vereinigten Staaten von Amerika in der ersten Reihe, während sich die Union der Sozialistischen Sowjetrepubliken im hinteren Teil des Raumes wiederfand. Ob dies nun ein »Racheakt« des finnischen Protokolls für Jahrzehnte sowjetischen Drucks war (dem sich die Finnen stets mit Mut und Geschick widersetzt hatten) oder ob ein noch listigerer Gedanke dahintersteckte – das Ergebnis war, daß die dominierende Rolle der Vereinigten Staaten auf der Konferenz klar zum Ausdruck kam.

Ford führte etwa ein Dutzend bilateraler Gespräche und hielt am 1. August eine starke Rede. In einer der wichtigsten Passagen bekräftigte er nachdrücklich, daß die Vereinigten Staaten alle Klauseln der Schlußakte ernst nahmen und verwirklicht sehen wollten, insbesondere die Festlegungen von Korb III zu den Menschenrechten:

> Die Vereinigten Staaten sind der Meinung, daß die Grundsätze, die diese Konferenz vereinbart hat, Teil des großen Erbes der europäischen Zivilisation sind, die wir für die ganze Menschheit bewahren. Für mein Land sind dies keine Schlagworte oder hohle Phrasen. Wir nehmen diese Arbeit und diese Worte sehr ernst… Es ist mir wichtig, daß Sie erkennen, wie tief das amerikanische Volk und seine Regierung den Menschenrechten und Grundfreiheiten verpflichtet sind.[17]

Besonderen Nachdruck verlieh er seinem Schlußsatz:

> Die Geschichte wird diese Konferenz nicht danach beurteilen, was wir heute sagen, sondern danach, was wir morgen tun, nicht nach den Versprechen, die wir abgeben, sondern nach den Versprechen, die wir halten.[18]

In seinen Memoiren berichtet Ford, er habe Leonid Breschnew bei diesen Worten unverwandt angesehen – sicher mit voller Absicht.[19] Wenn man bedenkt, wie weit entfernt vom Rednerpult Breschnew saß, dann waren zweifellos viele andere Personen in diesem Saal, die Grund zu der Annahme hatten, der Präsident habe ihnen bei diesen Worten in die Augen geschaut.

Der Führer der anderen Supermacht, Leonid Breschnew, wirkte und verhielt sich nicht wie einer, der die Zukunft auf seiner Seite hat. Der Schlaganfall, der ihn auf der Rückreise von Wladiwostok vor acht Monaten ereilt hatte, forderte seinen Tribut. Im Konferenzsaal wirkte er gelangweilt und abwesend. Zu keiner Zeit zog er eine Aufmerksamkeit auf sich, wie sie Ford zuteil wurde, nicht einmal seitens der Staatsmänner Osteuropas. Ihm schien auch nichts daran zu liegen.

Breschnew wirkte müde und konnte sich nur für kurze Zeit konzentrieren. Bei den zwei Begegnungen mit Ford waren die Grenzen seiner Belastbarkeit für einen intensiven Dialog fast an der Uhr abzulesen. Zwei Stunden schienen das Äußerste zu sein. Gegen Ende begann seine Konzentration zu schwinden, er artikulierte schwer, und Gromyko sprang in die Bresche. Dieser hatte jedoch nicht zwanzig Jahre als Außenminister überlebt, weil er besonders risikofreudig war. Deshalb schien seine Aufgabe bei den Verhandlungen zu sein, alles offenzuhalten, bis Breschnew beim nächsten Gespräch wieder das Heft in die Hand nehmen konnte.

Breschnews körperlicher Verfall führte zu einigen kuriosen Wortwechseln. Als gegen Ende der bewußten zwei Stunden der Nahe Osten aufs Tapet kam, war förmlich zu spüren, daß Breschnew das Thema rasch abhaken wollte. Einmal hatte es fast den Anschein, als unterstütze er unsere Strategie, die Sowjetunion aus der Nahostdiplomatie herauszuhalten, wenn nur das Gespräch damit zu Ende war. Zu Gromyko meinte er in hörbarem Flüsterton, er verstehe nicht, weshalb diese Frage noch nicht geregelt sei. Hier seien wohl politische Spielchen im Gange? Worauf ich einwarf:

Kissinger: Ist das ein Privatgespräch, oder sind wir gemeint?

Suchodrew (Dolmetscher): Es ist privat.

Gromyko: Privat, aber nicht geheim. (Gelächter)

Kissinger: Wenn es ein privater Kampf ist, darf jemand mitmachen? (Gelächter)

Breschnew: Das Problem ist sehr kompliziert. Es ist sehr kompliziert für Sie, für uns und für die Araber.

Ford: Es ist nahezu unglaublich, daß einige dieser Staaten nicht so miteinander sprechen können wie Sie und ich, Herr Generalsekretär. Ich bin sicher, hätten sie dasselbe Verständnis dafür, wie notwendig Gespräche sind, und denselben Wunsch, sie zu führen, dann kämen sie selbst bei einer Lösung der Probleme in dieser Region voran.

Breschnew: Wenn es schwierig wird, dann ist es immer am besten, Kissinger ins Rennen zu schicken.

Gromyko: Aber nur mit uns zusammen!

Wie anders war dieser resignierte Beinahe-Rückzug im Vergleich zu Breschnews Haltung in Wladiwostok, wo er darauf bestanden hatte, daß die Sowjetunion an jedem Schritt der Nahostdiplomatie beteiligt sein müsse. Und welch ein Kontrast zwischen der müden Gestalt, die da vor uns saß, und dem bei unseren Kritikern so gängigen Bild eines Breschnew, der alle Hebel in Bewegung setzte, um den schwachen und unfähigen Vereinigten Staaten die Führungsrolle in der Welt zu entreißen.

Am Ende der ersten Zusammenkunft schlug Ford einen Deal vor: amerikanische Landwirtschaftsprodukte zu Vorzugspreisen gegen sowjetisches Öl. Wir wollten damit mehr Erdöl auf den Markt bringen und dem Ölkartell einen Schreck einjagen. Der Vorschlag (siehe nächstes Kapitel) interessierte Breschnew, aber das darauffolgende Tauziehen zwischen Gromyko und mir um die Preise ermüdete ihn bald. Er wurde erst wieder munter, als Gromyko sarkastisch fallenließ: »Kissinger, der Farmer.« Das kam ihm wohl sehr lustig vor, denn kichernd wiederholte er mehrmals für sich selbst »Kissinger, der Farmer«, während Gromyko und ich weiter miteinander feilschten.

Alle Spitzenpolitiker des Atlantischen Bündnisses hatten Erwartungen an Ford: zum Nahen Osten, zur Zypernfrage und zur Zukunft der wirtschaftlichen Zusammenarbeit des Westens. Das »Viermächteessen« mit Giscard, Wilson, Schmidt und deren Außenministern war ein Symbol für die Einheit des Westens. Die herzliche Atmosphäre zeigte an, daß sich die Symbolik nun endlich der Realität näherte. Und in der Tat waren die demokratischen Staaten sich so einig wie seit den frühen Tagen des Kalten Krieges nicht mehr.

Was zwanzig Jahre zuvor als eine Initiative der Sowjetunion begonnen hatte, um die Vereinigten Staaten aus Europa zu vertreiben, hatte in Helsinki seinen Höhepunkt gefunden: als Zementierung der amerikanischen Präsenz in Europa und als Bestätigung der westlichen Werte selbst für das vom Kommunismus beherrschte Osteuropa. Die Legalisierung einer ständigen Rolle Amerikas in Europa, die Verankerung der Menschenrechte von Korb III in einer von der Sowjetunion unterzeichneten wichtigen internationalen Vereinbarung, die Möglichkeit, daß Grenzen rechtmäßig verändert werden konnten, und schließlich die sowjetische Zustimmung zu diesen Bedingungen – all das war von wesentlich größerem Gewicht als die bedingte (und zweischneidige) Bestätigung der Unverletzlichkeit der Grenzen. In Helsinki erweiterten alle osteuropäischen Staaten ihren Spielraum und fühlten sich durch Fords demonstrativen Besuch bei den unabhängigsten von ihnen ermutigt. (Diese Staaten hatten den Präsidenten natürlich genau zu diesem Zweck eingeladen.)

Nachspiel

Die Rückreise über Bukarest und Belgrad vom 2. bis 4. August 1975 brachte eine weitere Bestätigung dieser Ergebnisse. Ein Besuch in der rumänischen Hauptstadt unter Nicolaie Ceauşescu war ein außergewöhnliches Erlebnis. Nirgendwo sonst in Osteuropa sprang die Kluft zwischen der von der kommunistischen Ideologie verkündeten Gleichheit und dem imperialen Gehabe der Regierenden so scharf ins Auge. Staatsgäste wurden in einer riesigen Residenz untergebracht, wo jede Suite als Teil des Badezimmers einen eigenen Swimmingpool hatte. Welchen Rang der Gast in den Augen der Rumänen einnahm, war an der Größe des Pools abzulesen.

Nirgendwo sonst zeigte sich aber auch so unverhüllt, wie unsicher die politische Herrschaft des Kommunismus über Osteuropa inzwischen geworden war. Einerseits kam der Herrscher über Rumänien im ganzen Machtbereich der Sowjetunion dem Bild des stalinistischen Diktators am nächsten. Zugleich sah er sich genötigt, durch eine streng nationalistische, von der Sowjetunion unabhängige Außenpolitik um Unterstützung im Land zu werben. (1969 hatte er einen geplanten Besuch Breschnews nur eine Woche zuvor aufgeschoben, um statt dessen Nixon empfangen zu können. Selbst die auf dem Flugplatz bereits angebrachten Begrüßungslosungen für Breschnew wurden damals übermalt.) Wie Ceauşescu mir bei einem Vorbereitungstreffen bereits im November 1974 erklärt hatte, war sein Land vor allem bemüht, die Möglichkeiten der Sowjetunion, in die inneren Angelegenheiten Rumäniens einzugreifen, zu verringern.

Für Ceauşescu hatte die Einengung des Spielraums der Supermächte besondere Bedeutung. Die Staaten Osteuropas, so argumentierte er, fühlten sich bedroht angesichts ihrer Ohnmacht, angesichts des provisorischen Charakters der Nachkriegsregelung in Europa, die im Grunde genommen auf einen vor über dreißig Jahren in Potsdam unterzeichneten Waffenstillstand hinauslief. Mit besonderer Sorge erfüllte sie das Recht der Siegermächte des Zweiten Weltkrieges, gegen ehemalige Feindstaaten vorzugehen. Daraus ergab sich folgender Wortwechsel:

Kissinger: Sagen Sie mir, sind Sie ein Feindstaat der Sowjetunion?...
Ceauşescu: Juristisch nicht, aber der Artikel 53 (der UN-Charta) läßt das Eingreifen in die Angelegenheiten ehemaliger Feindstaaten zu, und dieser Artikel kann auf jede mögliche Art ausgelegt werden.

Hinsichtlich der Klausel über die Unverletzlichkeit der Grenzen bestand für Ceauşescu das einzige Problem darin, daß seine Grenzen danach nicht ausreichend unverletzlich waren.

Was Gierek in Warschau nur angedeutet hatte, sprach Ceauşescu offen aus. Wie Gierek war auch er darauf bedacht, sein Ansehen in der Öffentlichkeit zu erhöhen, indem er sich mit dem amerikanischen Präsidenten so vielen Rumänen wie möglich zeigte. Zu diesem Zweck hatte er sich eine Zugfahrt zu einem ehemaligen Königsschloß ausgedacht, auf der die beiden Präsidenten einen Gedankenaustausch pflegten, wenn sie nicht gerade die Menschenmengen begrüßten, die an jedem Haltepunkt zusammenströmten. Ceauşescu begrüßte Fords Erklärung, er habe in Helsinki mehr führende Männer aus Osteuropa als aus Westeuropa getroffen:

Sie sind also jetzt im Osten im Vorteil. Auf jeden Fall sollten nicht *Sie* verärgert sein, wenn man von Antiimperialismus redet, denn diese Fragen haben einen weiteren Bezug.

Mit anderen Worten: Die üblichen antiimperialistischen Phrasen osteuropäischer Staatsmänner sollten als Sklavensprache verstanden werden, die an Moskaus Adresse gerichtet war.

Ceauşescu bereitete vor allem Sorge, daß die KSZE nicht weit genug gegangen. Was Staaten wie Jugoslawien betraf, so war er sicher, daß »die in Helsinki unterzeichneten Dokumente jede Art von Intervention ausschließen«. Aber, wiederholte er, man müsse bezweifeln, ob sie Staaten ausreichend schützen könnten, die im Zweiten Weltkrieg Feindstaaten der Supermächte gewesen seien. Diese hätten nur den Schutz des Potsdamer Abkommens und blieben damit rechtlich sehr angreifbar. Ceauşescu schien offenbar andeuten zu wollen, daß die Wiedervereinigung Deutschlands den Kriegszustand beenden und damit einem Eingreifen der Sowjetunion in Osteuropa die Rechtsgrundlage entziehen könnte.

Aus Gründen, die ich heute nicht mehr nachvollziehen kann, erwiderte ich, nach meiner Erwartung werde Deutschland in fünfzehn Jahren wiedervereinigt sein. Was mich zu dieser genauen Voraussage veranlaßt hat, weiß ich heute nicht mehr. Ich *war* überzeugt, daß die Wiedervereinigung Deutschlands kommen mußte, aber ich hatte keinen konkreten Zeitpunkt im Sinn. Wenn ich dies hier erwähne, dann vor allem, um künftige Forscher, die mit diesen Dokumenten arbeiten, davon abzuhalten, mir eine unverdiente Voraussicht zuzuschreiben.

Auf jeden Fall beinhaltete Ceauşescus Kernaussage das genaue Gegenteil dessen, was die Kritiker der KSZE behaupteten: Die Sowjetunion hatte mit der Schlußakte keinerlei zusätzliche Rechte erworben, im Gegenteil, es waren neue Hindernisse für ihr Eingreifen errichtet worden. Rumänien sorgte sich lediglich darum, ob diese ausreichten, um die osteuropäischen Staaten zu schützen, die als ehemalige Feindstaaten der Sowjetunion betrachtet werden konnten.

Aber in den Vereinigten Staaten sah man die Konferenz nicht mit diesen Augen. Die *New York Times* tat sie, wie bereits erwähnt, in einem Leitartikel als – höchstens – Zeitverschwendung ab. Das Nachrichtenmagazin *Newsweek* verhöhnte sie als »viel Zeremonie und wenig Substanz«[20]. Ronald Reagan eiferte bereits ganz im Wahlkampfstil: »Mr. Ford ist um die halbe Welt geflogen, um in Helsinki ein Abkommen zu unterzeichnen, mit dem das sowjetische Imperium in Osteuropa den Segen Amerikas erhalten hat.« Und ein Jahr später mußte Ford, der Reagan bei der Nominierung knapp besiegte, in der Wahlplattform der Republikaner folgenden demütigenden Punkt hinnehmen: »Ausgehandelte Vereinbarungen wie die in Helsinki unterzeichneten dürfen denjenigen, die keine Freiheit haben, nicht die Hoffnung nehmen, sie eines Tages zu erlangen.«

Aus heutiger Sicht sollte man den Vorwurf eines »Super-Jalta« oder eines »Ausverkaufs« – damals in unseren Medien und in der öffentlichen Debatte vorgebracht – besser in der hintersten Schublade der Geschichte belassen. Denn die spätere Entwicklung hat die Auffassung der Ford-Administration bestätigt, wie ich es in einer Rede in Birmingham, Alabama, am 14. August 1975 voraussagte:

> Nicht wir waren in Helsinki in der Defensive. Nicht wir wurden von allen Delegationen aufgefordert, die unterzeichneten Prinzipien auch in die Praxis umzusetzen. In Helsinki sind Menschenrechte und Grundfreiheiten zum ersten Mal in der Nachkriegszeit anerkannte Themen von Gesprächen und Verhandlungen zwischen Ost und West gewesen. Die Konferenz hat *unsere* Grundsätze humanen Verhaltens bestätigt, die für Millionen ein Zeichen der Hoffnung waren und sind.[21]

Die Demokratien haben ihr Ziel erreicht. Fünfzehn Jahre später wurde Deutschland wiedervereinigt, das Bündnis der Satellitenstaaten zerbrach, die baltischen Staaten erhielten ihre Unabhängigkeit zurück, und die Sowjetunion löste sich friedlich auf. Das genaue Gegenteil dessen, was die Kritiker von Helsinki vorhergesagt hatten, trat ein.

Die Ford-Administration konnte nicht in die Zukunft schauen. Staatsmänner handeln auf der Grundlage von Tendenzen, nicht Gewißheiten. Wir vermochten nicht alle Folgen unserer Politik vorauszusehen. Ich war zum Beispiel zunächst skeptisch, was die Möglichkeiten von Korb III betraf. Wir erwarteten keinen so raschen Zerfall des Sowjetimperiums. Uns genügte es damals, seine Fesseln zu lockern, das Recht auf friedliche Veränderung festzuschreiben und die Bedingungen abzuwarten, die den demokratischen Staaten ermöglichten, es durchzusetzen. Wir hatten die Menschenrechte in Korb III unterstützt, um das kommunistische Joch etwas zu erleichtern zu suchen und internationale Kriterien einzuführen, die die Sowjetunion daran hinderten, Erhebungen zu unterdrücken, wie es in Ungarn und der Tschechoslowakei geschehen war. Wenn wir uns zugute halten, was in Helsinki erreicht wurde, schmälern wir in keiner Weise die Verdienste so großer Männer wie Havel, Walesa und deren Zeitgenossen, die ein diplomatisches Unternehmen in den Triumph des menschlichen Geistes ummünzten.

XXII. Die Energiekrise

Keine Krise in der zweiten Hälfte des 20. Jahrhunderts hat die Welt so unvorbereitet getroffen wie jene, die dadurch ausgelöst wurde, daß die Ölpreise im Herbst 1973 auf das Vierfache in die Höhe schossen.[1] Innerhalb von drei Monaten sah sich das weltweite politische und wirtschaftliche System mit einer Reihe schwerwiegender Herausforderungen konfrontiert, die es in seinen Grundfesten erschütterten.

Der Abfluß von Kapital aus den Industriestaaten in die ölproduzierenden Länder führte bei den OECD-Staaten zu einem beispiellosen zusätzlichen jährlichen Handelsdefizit von vierzig Milliarden US-Dollar (was einer Summe von nahezu einhundertfünfundzwanzig Milliarden Dollar nach dem Kurs von 1997 entspricht). Der Ölpreisschock bewirkte die tödliche Kombination von schwerer Rezession und Inflation, die in den Vereinigten Staaten auf ihrem Höhepunkt vierzehn Prozent im Jahr erreichte. Noch katastrophaler wirkte sich die Energiekrise auf die Entwicklungsländer aus, die selbst kein Öl produzierten. Plötzlich mußten sie mit einem zusätzlichen Jahresdefizit fertig werden, das das Doppelte der gesamten jährlichen Auslandshilfe betrug.

Sechs Monate zuvor wäre eine derartige Krise für die demokratischen Industrieländer, die sich in der trügerischen Sicherheit wiegten, billiges Öl sei im Überfluß vorhanden, noch unvorstellbar gewesen. Nun aber sahen sie die Erwartung eines stetig wachsenden Wohlstandes, auf der ihre politische Stabilität beruhte, plötzlich ernsthaft in Frage gestellt. Für Präsident Ford und die führenden Vertreter der demokratischen Industriestaaten, die fassungslos einer sich immer rascher drehenden Spirale von Inflation und Rezession zusehen mußten, gab es keine wichtigere Aufgabe, als den Zusammenhalt ihrer Gesellschaft und dabei natürlich auch ihr eigenes politisches Überleben vor diesem plötzlichen Ansturm zu schützen.

Heute, da Öl wieder im Überfluß vorhanden und relativ billig ist, scheinen die hier beschriebenen Ereignisse in weiter Ferne zu liegen. Man möchte hoffen, daß es so bleibt. Aber das ist unwahrscheinlich. Neue Technologien haben die Verfahren zur Erdölerkundung und -förderung verbessert und den Verbrauch von Energie effektiver gemacht. Dadurch werden die Preise niedrig gehalten. Aber die Ölversorgung hängt nach wie vor von den vielleicht unsichersten Regionen der Welt ab. Eine weitere Krise liegt zweifellos im Bereich des Möglichen. Sollte es dazu kommen, dann werden die Erfahrungen von damals wieder brandaktuell sein.

Die führenden Politiker der demokratischen Staaten der siebziger Jahre waren mit der Geopolitik des Kalten Krieges vertraut, weil sie inzwischen viele Herausforderungen gemeinsam bewältigt hatten. Sie setzten zunehmend auf ihre Fähigkeit, die vom Kommunismus ausgehenden politischen und militärischen Gefahren abzuwenden, und waren sich im wesentlichen einig, mit welchen Mitteln das zu erreichen war. Konsultationen zu diesen Fragen fanden in vielen erprobten Institutionen regelmäßig statt. Was jedoch die Ursachen der Energiekrise oder die Mittel zu ihrer Überwindung betraf, so bestand damals kein vergleichbarer Konsens. Viele erdölverbrauchende Staaten waren nicht daran interessiert, gemeinsam Gegenmaßnahmen zu ergreifen. Sie befürchteten, diese könnten noch härtere Forderungen der Ölproduzenten auslösen. Diese ließen sich von ihrer neu empfundenen Stärke dazu verleiten, von unseren Verbündeten zu verlangen, sie sollten zur amerikanischen Nahostpolitik auf Distanz gehen. Dies zeigte Wirkung.

Die demokratischen Industriestaaten schlitterten in dieses Dilemma hinein, weil zu wenige Politiker begriffen, daß die Voraussetzungen, die über zwei Generationen Öl im Überfluß zu billigen Preisen garantiert hatten, nun im Schwinden begriffen waren.

Bis 1972 waren die Vereinigten Staaten in der Lage gewesen, den Ölpreis auf der Welt zu kontrollieren, weil sie ihre eigenen Produktionskapazitäten bei weitem nicht auslasteten. Amerika konnte also den Preis beeinflussen, indem es seine eigene Produktion steigerte oder senkte. Um 1950 deckte unser Land nahezu seinen gesamten Energiebedarf noch aus eigener Produktion. 1960 importierten wir sechzehn Prozent unseres Bedarfs, verfügten aber nach wie vor über bedeutende ungenutzte Kapazitäten. 1970 näherten wir uns der vollen Auslastung unserer eigenen Produktion und importierten dazu fünfunddreißig Prozent unseres Verbrauchs.

Die Texas Railroad Commission, die Institution, die die Obergrenzen der amerikanischen Produktion festsetzte, sah sich Anfang 1972 gezwungen, eine schicksalhafte Entscheidung zu treffen, die damals kaum jemand zur Kenntnis nahm. Da der Bedarf inzwischen so stark gestiegen war, daß eine Preisexplosion befürchtet werden mußte, stimmte die Kommission der vollen Auslastung der Produktionskapazitäten zu. Diese anscheinend technische Entscheidung signalisierte jedoch das Ende der Fähigkeit Amerikas, den Erdölpreis in der Welt zu bestimmen.

Inzwischen hatten die Regierungen der ölproduzierenden Länder in den siebziger Jahren begonnen, ihre Produktionsstätten zu verstaatlichen. Damit ging die jahrzehntelange Vorherrschaft der großen im Westen beheimateten internationalen Ölgesellschaften zu Ende. Über ein Jahrzehnt lang waren die Regierungen der ölproduzierenden Staaten nun in der Lage, den Ölpreis festzusetzen, wenn sie sich über die Obergrenze der Produktion einigten. Der Ölpreis kam nicht mehr von der Texas Railroad Commission, sondern vom jeweiligen Tagungsort der Organisation Erdöl exportierender Länder (OPEC).

Um welch revolutionären Umschwung es sich hierbei handelte, wurde nicht sofort offenkundig. Energiefragen lagen zu dieser Zeit in der Zuständigkeit der Innenpolitiker der Nixon-Administration. Der Nationale Sicherheitsrat hatte damit nichts zu tun. Zwar stiegen die Preise bereits 1972 um vierzig Prozent, da die Ausgangsbasis aber sehr niedrig war, beeinträchtigte das die finanzielle und wirtschaftliche Stabilität der demokratischen Industriestaaten nur unwesentlich.

Erst der Nahostkrieg 1973 gab den ölproduzierenden Ländern Anlaß, ihre neue Verhandlungsstärke voll zum Tragen zu bringen. Am 16. Oktober 1973 erhöhte die OPEC den Erdölpreis um siebzig Prozent – von 3,01 auf 5,12 Dollar pro Barrel. Am 17. Oktober trafen sich die Erdölminister der arabischen OPEC-Staaten in Kuwait und kamen überein, die Produktion der OPEC insgesamt um fünf Prozent zu senken, um den höheren Ölpreis zu halten. Am 18. Oktober kündigte Saudi-Arabien an, es werde zum Zeichen seiner Solidarität mit der Sache der Araber seine Produktion um zehn Prozent senken. Am 20. Oktober verhängte es aus Protest gegen die amerikanische Luftbrücke nach Israel ein vollständiges Embargo über alle Erdölexporte in die Vereinigten Staaten und die Niederlande, die als zu proisraelisch angeprangert wurden.

Die geballte Wirkung dieser Entscheidungen löste eine Energiekrise aus, die weit über ein Jahrzehnt anhielt. Da die wichtigsten Politiker des Westens zuwenig vom Ölmarkt verstanden, trugen sie mit ihren ersten Reaktionen noch zur Verschlimmerung der Lage bei. Falsche Regulierungsversuche in einzelnen Ländern verschärften kurzfristige Engpässe. Zudem bestärkten die häufigen Dringlichkeitsappelle der Nixon-Administration, die Embargos aufzuheben, die Ölproduzenten offenbar in ihrer Überzeugung, daß sie hier ein hervorragendes Mittel gefunden hatten, um Zugeständnisse zu erpressen.

Da aber Öl ersetzbar ist und aus einem gemeinsamen Pool verteilt wurde, konnten nichtarabische Produzenten wie Venezuela, Nigeria und der Iran (der damals dem Westen noch freundschaftlich gesinnt war) liefern, was Saudi-Arabien verweigerte. Deren Kunden erhielten dafür arabisches Öl. Die Preissteigerungen wurden nicht durch die Embargos und auch nicht in erster Linie durch die Produktionssenkungen ausgelöst. Die Ursache war schlicht und einfach Panik. Die Ölverbraucher legten Vorräte an, die alles bisher als ausreichend Empfundene weit überstiegen. Das führte dazu, daß der Mangel, den sie zu beheben hofften, sich verschärfte und noch stärker destabilisierend wirkte.

Am 22. und 23. Dezember 1973, zwei Monate nach dem Ende des Nahostkrieges, taten die OPEC-Staaten vom Golf in Teheran den nächsten Schritt und verdoppelten den Ölpreis noch einmal auf 11,65 Dollar pro Barrel. Das war eine Steigerung von dreihundertsiebenundachtzig Prozent in gut acht Wochen. Einige Monate lang schienen die Ölproduzenten in der Lage zu sein, den demokratischen Industriestaaten im Gegenzug für sinkende Ölpreise, Zugang zu den ins Kraut schießenden OPEC-Fonds oder für besondere Exportvereinbarungen erpresserische Forderungen stellen zu können.

Weitere Gefahren ließen nicht lange auf sich warten. Vom Erfolg der OPEC angestachelt, sondierten die Produzenten anderer Güter die Möglichkeit, eigene Kartelle zu bilden und diese mit der OPEC zu verknüpfen. Einige Jahre lang bedrohten die Ölproduzenten sogar die Stabilität des weltweiten Finanzsystems, denn sie hatten enorme Überschüsse angehäuft, die sie von den Finanzinstituten der demokratischen Industrieländer abziehen und in Staaten deponieren konnten, die mehr Entgegenkommen zeigten. Nie zuvor hatten militärisch und in einigen Fällen auch politisch so schwache Staaten das internationale System derartig unter Druck setzen können. Vor hundert Jahren hätten die Verbraucherländer als Reaktion einfach die Ölfelder besetzt. Wie wir noch sehen werden, drohten die Vereinigten Staaten von Zeit zu Zeit mit diesem Schritt, erhielten aber keinerlei Unterstützung seitens der anderen demokratischen Industriestaaten.

Eine Strategie zeichnet sich ab

Für die tatsächlichen und potentiellen Opfer des Ölschocks kam es vor allem darauf an, ihr eigenes Schicksal wieder unter Kontrolle zu bekommen. Ein langfristiges Programm war nötig, um eine starke Verhandlungsposition aufzubauen. Auf einer Beratung der amerikanischen Botschafter im Nahen Osten, die am 15. Februar 1975 in Riad während meiner in Kapitel XIII beschriebenen Pendelmission hinter geschlossenen Türen stattfand, umriß ich das Ziel mit den Worten:

Wir versuchen, die Macht der OPEC zu schwächen. Wir versuchen, unsere Abhängigkeit von der OPEC zu verringern und für den Westen wieder Handlungsfreiheit zu gewinnen. Wenn dies nicht gelingt, wird sich in Westeuropa und Japan das Gefühl der Ohnmacht ausbreiten, angesichts dessen bereits vage Befürchtungen, was die Ölproduzenten als nächstes tun könnten, zu unkontrollierbaren Fehlern führen.

Wir hatten immer noch einige Trümpfe in der Hand. Zwei der wichtigsten Länder, die das Produktionsniveau der OPEC mitbestimmten – der Iran und Saudi-Arabien –, benötigten amerikanische Unterstützung für ihre innere Stabilität und amerikanischen Schutz für ihre äußere Sicherheit. Sie konnten es sich nicht leisten, die Konfrontation mit den Vereinigten Staaten zu weit zu treiben, weil sie dann befürchten mußten, mit inneren oder äußeren Feinden allein gelassen zu werden.

Außerdem manövrierten sich die Ölproduzenten mit ihrer Gier selbst in eine tiefe latente Krise, auch wenn sie davon bislang noch nichts ahnten. Dort, wo die Herrscherfamilien die Einnahmen für sich behielten, sprossen aus der tiefen Kluft zwischen märchenhaftem Reichtum und bitterster Armut die Keime der Revolution. Wo man das Geld für die Entwicklung einsetzte, entstand eine technokratische Mittelschicht, die den traditionellen Herrschern nicht wohlgesinnt war. Wenn die Produzenten ihre Erlöse allzu großzügig verschwendeten, beschworen sie Erschütterungen im eigenen Land herauf. Wenn sie in ihren Forderungen an die ölverbrauchenden Länder zu weit gingen, riskierten sie, das ganze internationale Finanzsystem und damit die Institutionen zu zerstören, wo sie ihre Schätze horteten.

Für die Administrationen von Nixon und Ford gab es keine wichtigere Aufgabe, als die Macht der OPEC zu brechen und dadurch die Ölpreise zu senken. Ihre Strategie beruhte nicht nur auf wirtschaftlicher Analyse, sondern vor allem auf politischer und moralischer Überzeugung. Die demokratischen Industriestaaten konnten nicht vor Schreck gelähmt tatenlos zusehen, wie die Ölproduzenten den inneren Zusammenhalt ihrer Gesellschaft bedenkenlos aufs Spiel setzten.

Um die Macht der OPEC zu brechen, mußte auf breiter Front politische und wirtschaftliche Solidarität unter den demokratischen Industriestaaten hergestellt werden. Dafür war die Führung Amerikas so unverzichtbar wie in der Anfangszeit des Kalten Krieges. Hätten wir damals der sowjetischen Gefahr nicht die Stirn geboten, wären die Folgen sofort zu spüren gewesen. Versagten wir dagegen in der Energiefrage, konnte noch einige Zeit vergehen, bis die Auswirkungen sich zeigten.

Da wir überzeugt waren, daß ohne die Solidarität der Verbraucherländer eine Finanzkrise und eine schwere Rezession nicht zu vermeiden waren, machten wir uns entschlossen an die Aufgabe, den demokratischen Staaten wieder das Gefühl zu geben, daß sie ihre Zukunft immer noch selbst bestimmten. Dabei hatten die Vereinigten Staaten eine bessere Ausgangsposition als die meisten Verbündeten. Zwar konnten wir uns nicht mehr vollständig aus eigener Kraft versorgen, blieben aber immerhin ein bedeutender Ölproduzent, während die meisten anderen Industriestaaten fast ihre gesamte Energie importieren mußten. Wir waren also in der Lage, dem Druck der Produzenten zu widerstehen, auch wenn sie uns mit einem neuen Embargo drohten. Im Notfall konnten wir sogar einen Teil unserer eigenen, immer knapper werdenden Ressourcen anderen als Hilfe anbieten.

Das Instrument zur Ausarbeitung einer einheitlichen Strategie war auf der von Nixon einige Monate zuvor – im Februar 1974 – nach Washington einberufenen Energiekonferenz geschaffen worden. Gegen den französischen Widerstand war auf ihr die sogenannte Energiekoordinierungsgruppe (ECG) ins Leben gerufen worden, der zwölf Staaten angehörten. Als in der zweiten Jahreshälfte Valéry Giscard d'Estaing Präsident wurde, schloß sich auch Frankreich über die Europäische Gemeinschaft dem ECG-Programm an.

Wir arbeiteten den ganzen Sommer 1974 daran, die Energiekoordinierungsgruppe zu einer ständigen Einrichtung auszubauen und ein detailliertes Programm für ihre Tätigkeit auszuarbeiten. Als Ford sein Amt antrat, waren die diplomatischen Bemühungen zum Aufbau der Internationalen Energieagentur nahezu abgeschlossen, und dem Präsidenten lag ein genauer Aktionsplan zur Bestätigung vor.

Am 17. August 1974, kaum eine Woche nach seinem Amtseid, informierte ich Ford über den Sachstand:

Wir müssen einen Weg finden, um das Kartell aufzubrechen. Das können wir nicht ohne die Mitwirkung der anderen Verbraucher tun. Es ist nicht mehr hinzunehmen, daß Länder, in denen vierzig Millionen Menschen leben, achthundert Millionen Menschen in den Industriestaaten erpressen können.

Wir müssen umsichtig vorgehen. Es darf nicht geschehen, daß wir vorpreschen, unsere Verbündeten uns aber nicht folgen und daraus später wirtschaftliche Vorteile ziehen. Das war der eigentliche Sinn der Washingtoner Energiekonferenz...

Wir werden aber nicht vor Mitte 1975 in der Lage sein, uns den Produzenten zum Kampf zu stellen.

Ich umriß unser Programm: Solidarität der Verbraucherstaaten bis hin zu einem Programm der Verteilung von Energie, Energieeinsparung, zügige Entwicklung alternativer Energiequellen und Aufbau eines finanziellen Sicherheitsnetzes. Ford war vom Umfang des Programms etwas überrascht, unterstützte es aber sofort. Als ich bei einem Thema erklärte, wir könnten damit diplomatisch Punkte machen, selbst wenn wir dafür keine Zustimmung erhielten, reagierte er in seiner typischen Art: »Mich interessieren nicht Punkte, sondern Ergebnisse.«

Das großangelegte Energiesparprogramm, das der Präsident bestätigte, bildete die Grundlage, um die Energiekrise zu überwinden, aber auch die Verhandlungspositionen zwischen erdölverbrauchenden und -produzierenden Ländern wieder ins Gleichgewicht zu bringen. Die vielen amerikanischen Stellen, die für die unterschiedlichen Bereiche des Problemkomplexes zuständig waren, zogen diesmal an einem Strang. Im Weißen Haus wurde ein Energiekoordinator für alle im Inland laufenden Programme eingesetzt und mit der Aufgabe betraut, unsere Erdölimporte zu reduzieren. Diese Aufgabe übernahm zuerst John Sawhill und nach ihm Frank Zarb. Das Finanzministerium war für die internationale finanzielle Seite zuständig. Das Außenministerium hatte die Aufgabe, den politischen Rahmen zu schaffen. Als Nationaler Sicherheitsberater koordinierte ich die verschiedenen Politikfelder.

Ein Energieprogramm so gewaltigen Ausmaßes wäre ohne das enge, kameradschaftliche Verhältnis zwischen Finanzminister William Simon und mir niemals zustande gekommen. Das ist um so bemerkenswerter, als wir über die Strategie ernste Meinungsverschiedenheiten hatten und beide erfahren genug waren, um unser bürokratisches Terrain zu verteidigen.

Simon kam ursprünglich aus dem Anlagegeschäft. Er glaubte, die Ölkrise sei durch das Eingreifen der Politik in den Markt ausgelöst worden. Deshalb setzte er sich für massiven amerikanischen Druck auf den Iran ein, das Land, das er – meiner Meinung nach zu Unrecht – für den Hauptverantwortlichen hielt. Simon drängte darauf, die Waffenlieferungen an Teheran einzustellen und mit dem Entzug des militärischen Schutzes zu drohen, bis der Schah einer Senkung des Erdölpreises zustimmte. Der lebhafte, drahtige und über beträchtlichen Charme verfügende Simon vertrat diese Meinung bei einem Besuch in den Golfstaaten im Juli 1974. Er rang dem saudi-arabischen Ölminister, Scheich Ahmed Zaki Yamani, das Versprechen ab – zumindest glaubte er dies –, Saudi-Arabien werde über die von der OPEC verhängte Obergrenze hinaus Erdöl zur Versteigerung bringen, um so das Verhältnis zwischen Angebot und Nachfrage zu kippen und niedrigere Preise zu erzwingen.

Simon, der sich in den subtilen Umwegen der Golfdiplomatie nicht auskannte, glaubte, die Ölpreise würden um dreißig Prozent unter die von der OPEC festgesetzte Marke sinken und die anderen OPEC-Staaten wären dann gezwungen, bei ihrem nächsten Treffen in einigen Monaten nachzuziehen.

Von diesen glänzenden Aussichten überwältigt, drängte Simon nun, auf den Schah ganz offen Druck auszuüben. Um das entsprechende Klima zu schaffen, bezeichnete er ihn sogar öffentlich als »Narr« – nicht gerade ein diplomatischer Ausdruck für das unumschränkte Oberhaupt eines unverzichtbaren Verbündeten, der sechs Millionen Barrel Öl am Tag produzierte.

Simon versuchte später, seine Bemerkung zurechtzurücken, indem er erklärte, man habe das Wort aus dem Zusammenhang gerissen. Der Schah gab sich besänftigt; allerdings konnte Simon niemals erklären, in welchem Zusammenhang man den König der Könige einen »Narren« nennen konnte, ohne ihn damit aufs schwerste zu beleidigen.

Bevor wir die Idee, auf ein wichtiges Glied in unserer politischen Kette zur Eindämmung der Sowjetunion Druck auszuüben, überhaupt dem Präsidenten zur Entscheidung vorlegen konnten, informierten uns die Saudis, daß – wie ich erwartet hatte – die Simon versprochene Erdölversteigerung nicht durchführbar sei, weil radikale arabische Staaten sich dem vehement widersetzten. Simon blieb jedoch unbeirrt bei seinem Bemühen, auf den Iran Druck auszuüben. Aus mehreren Gründen vertrat ich einen anderen Standpunkt.

Vor allem tat ich dies aus der tiefen Überzeugung, daß der Schah die falsche Adresse für amerikanischen Druck war. Er und seine Minister hatten sich in der Tat in den Debatten um den Ölpreis auf mehreren OPEC-Konferenzen als »Falken« betätigt. Aber der Ölpreis war nicht das Ergebnis rhetorischer Floskeln. Die Märkte waren durch bestimmte Maßnahmen, vor allem die Produktionskürzungen, außer Kontrolle geraten, auf denen in erster Linie die arabischen Produzenten bestanden. Als das Embargo Saudi-Arabiens gegen die Vereinigten Staaten und die Niederlande hinzukam und man mit weiteren derartigen Maßnahmen drohte, war unter den Verbrauchern Panik ausgebrochen. Der Schah, der über ein nichtarabisches Land herrschte, hatte seine Produktion nur um die Hälfte der Quote der Golfstaaten gesenkt, hatte abgelehnt, sich dem Embargo der Araber anzuschließen, und klargestellt, daß auch neue Embargos mit ihm nicht zu machen waren. Sein Einfluß auf die Marktkräfte war also ziemlich begrenzt gewesen, wenn man von der harten Rhetorik einmal absieht, die einigen Ölproduzenten den Rücken stärkte.

Zweifellos hatte der Schah die Preissteigerungen begrüßt, denn im Unterschied zu den meisten seiner Nachbarn verfolgte er ehrgeizige Pläne der inneren Entwicklung und brauchte dringend Geld. Seine harten Reden waren sowohl von Gier und Eitelkeit als auch von dem Wunsch bestimmt, nach seiner Weigerung, die arabischen Nachbarn im Nahostkrieg 1973 zu unterstützen, das Verhältnis zu ihnen wieder ins Lot zu bringen. Aber in der Praxis hätte der Schah die Preise allein durch eine Senkung seiner Produktion in die Höhe treiben können, und dazu zeigte er keinerlei Neigung.

Simons Strategie lehnte ich vor allem aus geopolitischen Erwägungen ab. Die Entwicklung seit dem Sturz des Schahs hat anschaulich demonstriert, welch grundsätzliche Bedeutung der Iran für Frieden und Stabilität in der Region hat. Als ein Eckpfeiler unserer Golfstrategie hatte das Land im Nahostkrieg 1973 fest an unserer Seite gestanden und als *einziger* Nachbarstaat der Sowjetunion deren Maschinen den Überflug über sein Gebiet verweigert. Im Iran wurde unsere Flotte neu aufgetankt. (Wir waren uns der Unterstützung des Schahs so sicher, daß wir die Siebte Flotte aus Asien in den Indischen Ozean verlegten, bevor wir überhaupt seine offizielle Zustimmung hatten.) Als während der Pariser Verhandlungen über das Vietnamabkommen viel davon abhing, inwieweit wir Saigons Bestand an Kampfflugzeugen aufstocken konnten, *bevor* das Dokument unterzeichnet war (denn danach durfte nur noch Ersatz geleistet werden), stellte der Schah eine beträchtliche Zahl seiner eigenen Maschinen kurzfristig zur Verfügung. Dazu sagte ich Simon auf einer Sitzung der Senior Review Group am 3. August 1974, in der Woche, als Nixon zurücktrat:

> Ich möchte aus drei Gründen keine Konfrontation mit dem Iran: (1) In einer Notsituation werden wir sein Öl brauchen. (2) Ich möchte ihn nicht in ein antiisraelisches Bündnis treiben. (3) Ich glaube nicht, daß sie (die Konfrontation) zum Erfolg führt, wenn wir nicht bis zum Äußersten gehen.

»Zum Äußersten gehen« hieß in der Praxis, unserem stärksten Verbündeten in der Region, dem einzigen, der in der Lage war, sich sowjetischem Druck ernsthaft zu widersetzen, das Rückgrat zu brechen. Das machte strategisch überhaupt keinen Sinn und hätte die Ölkrise wahrscheinlich nur weiter zugespitzt. Als der Schah fünf Jahre später stürzte, verdoppelten sich die Ölpreise erneut, weil der Markt verständlicherweise um die langfristige Stabilität der ganzen Region fürchtete.

In noch stärkerem Maße galten diese Überlegungen für Saudi-Arabien. Wenn wir uns auf Simons Empfehlung einließen, das Land unter Druck zu setzen, das am meisten zu einer Senkung des Ölpreises beitragen konnte, dann wäre logischerweise Saudi-Arabien die Zielscheibe gewesen. Denn es war technisch in der Lage, seine Ölproduktion mindestens um fünfzig Prozent zu steigern, und das hätte den Ölpreis entscheidend beeinflußt.

Ich war jedoch überzeugt, daß es Saudi-Arabien nicht wagen würde, so demonstrativ von seinen Brüdern in der OPEC abzurücken oder auch nur auf die Versteigerung einzugehen, die Simon im Auge hatte. Das saudische Herrscherhaus hatte schließlich alle Klippen der Nahost- und Golfkrisen nur umschiffen können, weil es stets mit großem Geschick verstanden hatte, nicht in die Schußlinie der Konfrontation zu geraten. Von der militärischen und diplomatischen Unterstützung des Westens abhängig und zugleich die Gefahr fürchtend, die radikalen arabischen Regime könnten die innere Stabilität Saudi-Arabiens erschüttern, bewegte sich die königliche Familie mit äußerster Vorsicht. Sie verband eine konservative Außen- und Innenpolitik gelegentlich mit radikaler Rhetorik, zeigte aber insgesamt Verständnis für Amerikas Sorgen wegen des Ölpreises. Wenn Amerika allerdings auf praktische Schritte drängte, wurde es so höflich wie nur möglich an eine andere Adresse verwiesen, zumeist an Teheran.

Simons Dialog mit Scheich Yamani ist ein gutes Beispiel für die Taktik der Saudis. Stets nach der neuesten westlichen Mode gekleidet, wenn er außerhalb Saudi-Arabiens reiste, hochintelligent und eloquent, konnte man Yamani ohne weiteres für den Spitzenmanager einer westlichen Ölgesellschaft halten. Da er allen Tücken des Ölmarktes spielend gewachsen war, konnte man leicht glauben, daß er die Strategie in vergleichbarem Maße beeinflußte. Das war aber nicht der Fall. In der königlichen Familie galt Yamani als wichtiger technischer Fachmann, nicht als hochrangiger Politiker. Im Grunde war er eine Übergangsgestalt zwischen der feudalen Vergangenheit Saudi-Arabiens und seiner unausweichlichen technokratischen Zukunft. Ich sagte einmal zu Yamani, ein Minister von seiner Bildung und seinen Fähigkeiten sei eine starke Stütze für den derzeitigen saudischen Staat, aber Zehntausend von seiner Art würden ihn sicher zerstören.

Wenn ich mit König Feisal zusammentraf, saß Yamani, wenn man ihn überhaupt hinzuzog, so weit am Ende der langen Reihe der königlichen Berater, daß er sich kaum hörbar machen konnte, selbst wenn man ihn gefragt hätte, was niemals geschah. Sein niederer Rang bei Hofe ließ – zumindest bei mir – keinen Zweifel aufkommen, daß er in der so zukunftsträchtigen Frage, ob Saudi-Arabien offen mit dem Ölkartell brechen sollte, kaum Einfluß hatte.

Auch Yamanis persönliche Einstellung war nicht mit der eines westlichen Ölmanagers vergleichbar. Ohne zu sehr in die Tiefe zu gehen, kann man sagen, daß er sich in seinem Denken niemals aus den komplizierten Strukturen des Nahen Osten löste. Jahre später, bei einem Frühstück im Staatsgästehaus 1991 in Bonn, eröffnete mir Yamani, in seinen Augen sei ich verantwortlich für den Ausbruch des Golfkrieges. Dabei sei es gar nicht um Kuwait gegangen, erklärte er, sondern darum, den Ölpreis hochzuhalten, indem man die Produktion des Irak vom Markt nahm. Die trickreichen Amerikaner hätten Saddam Hussein in eine Falle gelockt, aus der er sich in seiner Unbeholfenheit nicht habe befreien können. Da niemand in der Bush-Administration clever genug gewesen sei, einen solchen Plan auszuhecken oder gar in die Tat umzusetzen, sei der Verdacht auf mich gefallen. Es war zwecklos, ihm zu erwidern, ich sei durchaus nicht raffiniert genug, um eine solche Intrige auszuhecken oder in die Tat umzusetzen, außerdem sei ich seit vierzehn Jahren nicht mehr in der Regierung. Besonders letzteres hätte Yamani nur noch mehr davon überzeugt, daß ich meine Hand im Spiel hatte.

Simons Versteigerungsplan hatte ich von Anfang an keine Chance eingeräumt. Auf der bereits erwähnten Sitzung der Senior Review Group am 3. August 1974 sagte ich zu ihm:

Wenn es zu einer Konfrontation wegen der Ölversorgung kommt, dann wird sich uns Algerien politisch heftig widersetzen Syrien wird ihm folgen. Die Saudis wären dann das einzige arabische Land, das in einer Konfrontation mit den Imperialisten die Solidarität aufkündigte. Eine solche Politik funktioniert nicht. Ich will damit nicht andeuten, daß die Saudis Sie bei Ihrer Reise bewußt hinters Licht geführt haben. Aber ganz gleich, was sie sagen oder meinen, es wäre falsch, bei einer Konfrontation auf sie zu setzen.

Das gleiche sagte ich zu Ford, als ich ihn am 17. August 1974 über die Ölkrise informierte:

Simon will eine Konfrontation mit dem Schah. Er glaubt, die Saudis werden die Ölpreise senken, wenn der Schah mitmacht. Ich zweifle daran, daß sich die Saudis so weit vorwagen ... S e haben immer sehr geschickt laviert. Zwar haben sie von einer Versteigerung gesprochen, aber ich denke, sie wollen uns sagen, daß daraus nichts wird. Sie wollen uns sagen, daß sie mit niedrigeren Preisen leben können, aber nicht darum kämpfen werden. Wenn sie die Führung übernähmen, hätten sie es sofort mit den Radikalen zu tun.

In einem Interview mit der *Business Week,* das ich am 23. Dezember 1974 gab und das in der Ausgabe vom 13. Januar 1975 erschien, wiederholte ich noch einmal öffentlich, was ich bereits intern empfohlen hatte:

Die einzige Möglichkeit, die Ölpreise sofort zu senken, wäre eine massive politische Auseinandersetzung mit Staaten wie Saudi-Arabien und dem Iran, bei der man ihre politische Stabilität und vielleicht auch ihre Sicherheit bedrohen müßte, wenn sie sich nicht kooperativ zeigen. Das wäre ein zu hohes Risiko – auch für eine sofortige Senkung der Erdölpreise.

Wenn wir den Sturz des gegenwärtigen Systems in Saudi-Arabien herbeiführen, und ein Gaddaffi übernimmt das Ruder, oder wenn wir den Ruf des Iran zerstören, sich Druck von außen widersetzen zu können, dann treten wir damit politische Entwicklungen los, die unsere wirtschaftlichen Ziele durchkreuzen können. Druck oder Anreize auf wirtschaftlichem Gebiet andererseits brauchen Zeit und sind ohne die Solidarität der Verbraucher wirkungslos. Mehr noch: Hätten wir eine politische Krise ausgelöst, wie ich sie beschrieben habe, dann hätten wir dies ganz sicher gegen den Widerstand Europas, Japans und der Sowjetunion tun müssen.[2]

Eine Strategie auf lange Sicht

Nach den Debatten von Juli und August 1974 einigten Simon und ich uns auf eine langfristige Strategie; danach gestaltete sich unser Arbeitsverhältnis sehr freundschaftlich. Dabei genoß er es, bei der Umsetzung unserer abgestimmten Pläne den »Bösen« zu spielen, während ich die Rolle des »Guten« wahrnahm. Der Vorsitzende des Bundesfinanzausschusses Arthur Burns übernahm den Part des Vermittlers. Als Chef einer unabhängigen Institution mußte er nicht gefragt werden und konnte auch nicht darauf bestehen, daß man seinen Ansichten Gehör schenkte. Andererseits war ein Finanz- (oder Außen-)Minister immer gut beraten, mit dem Ausschußvorsitzenden Maßnahmen abzustimmen, für die sein Eingreifen notwendig werden konnte. Was Burns betraf, so gesellte sich Bewunderung hinzu, die Simon und ich für seine intellektuellen und menschlichen Qualitäten empfanden. Als Nationaler Sicherheitsberater berief ich daher eine Lenkungsgruppe unter meinem Vorsitz ein, der Simon, Burns und Frank Zarb angehörten. George Shultz (früher Finanzminister, damals Vorstandsvorsitzender der Bechtel-Gruppe) diente uns als inoffizieller, aber unschätzbarer externer Berater. Eine interministerielle Arbeitsgruppe unter Leitung des stellvertretenden Unterstaatssekretärs für Wirtschaftsfragen, Thomas O. Enders, erhielt die Aufgabe, Empfehlungen auszuarbeiten.

Das war eine glückliche Wahl. Tom Enders war mir im Oktober 1972 aufgefallen, als ich vor dem Ende des Vietnamkrieges Phnom Penh besuchte, um über die Zukunft Kambodschas zu sprechen. Zwischen Hoffen und Bangen hin und her gerissen, gab Enders, damals stellvertretender Leiter unserer Vertretung, eine brillante, engagierte Darstellung ohne das für jene Zeit typische Gejammer. Ich beschloß auf der Stelle, ihn bei erster Gelegenheit nach Washington zu holen. Diese bot sich, als ich im September 1973 Außenminister wurde.

Für das Energiesparprogramm, das ich aus strategischen und geopolitischen Überlegungen anstrebte, brauchte ich starke Unterstützung bei der Analyse der wirtschaftlichen Vorgänge. Ich ernannte Enders zum stellvertretenden Unterstaatssekretär für Wirtschaftsfragen, eine Stellung, die er bei einem normalen Verlauf seiner diplomatischen Karriere nicht so rasch bekommen hätte.

Daß er jünger war als seine Kollegen, machte Enders nichts aus, denn Bescheidenheit gehörte nicht zu seinen hervorstechenden Eigenschaften. Larry Eagleburger pflegte zu sagen, Tom sei der einzige Zweimetermann mit einem Napoleon-Komplex. Enders wurde diesem Ruf gerecht, indem er zuweilen Bemerkungen von sich gab wie, er habe mehr gute Arbeit aus mir herausgeholt als aus jedem anderen Außenminister, unter dem er diente. Nach der Washingtoner Hackordnung ist der stellvertretende Unterstaatssekretär eine mittlere Position und die niedrigste, die der Präsident vergibt. Was jedoch die Energiefrage betraf, so gelang es Enders, echte Schwergewichte wie Bill Simon und Arthur Burns, die dem Rang nach weit über ihm standen, auf ein großangelegtes, zukunftsweisendes Programm einzuschwören.

Enders stürzte sich mutig in Auseinandersetzungen mit anderen Ministerien. Ich kann gar nicht mehr zählen, wie oft sich Kabinettsmitglieder bei mir beschwerten – nicht so sehr über Enders' Ideen, als vielmehr über seine Mißachtung aller angestammten bürokratischen Vorrechte. Ich versprach regelmäßig, Tom in die Schranken zu weisen. Anschließend rief ich ihn in mein Büro und gratulierte ihm, daß er so hervorragende Arbeit leistete. Bill Simon, der seine Rechte souverän verteidigte, mußte am Ende derartiger Auseinandersetzungen oft lächeln, wenn auch mit zusammengebissenen Zähnen. Denn so unkonventionell Toms Methoden auch sein mochten, das Ergebnis war ein Programm, das die demokratischen Industriestaaten strategisch wieder in die Offensive brachte.

Ganz oben auf der Tagesordnung der Lenkungsgruppe stand ein Programm zur Energieeinsparung. Die Produzenten hielten die Preise hoch, indem sie die Produktion um über sieben Millionen Barrel pro Tag reduzierten. Die Produktionssenkungen quotierten sie untereinander. Wenn wir ein wirksames Energiesparprogramm durchsetzten, mußte dies nach unserer Einschätzung die ärmeren Ölproduzenten dazu zwingen, aus der geschlossenen Front auszuscheren. Der Unterstaatssekretär im Finanzministerium Jack F. Bennett, der aus der Erdölindustrie in die Regierung gekommen war, erläuterte diesen Fall auf einer Sitzung der Senior Review Group am 21. September 1974 wie folgt:

Ein wirksames Sparprogramm müßte sie (die Produzenten) zu einer Senkung (der Produktion) um dreißig Prozent zwingen. Das hieße, daß einige nur noch sechzig Prozent der ursprünglichen Menge fördern. An diesem Punkt müßten Libyen, Algerien und einige andere umkippen.

(Die Produktionsquoten der OPEC hatten bereits zu einem Rückgang von zehn Prozent geführt.)

Um die Fähigkeit der Verbraucher zu stärken, Erpressungsversuchen des Kartells zu widerstehen, schlugen wir als zweites vor, daß jeder Verbraucherstaat einen Ölvorrat für neunzig Tage anlegen sollte. In einer Notlage konnten die Verbraucher dann die Vorräte nach festgelegten Kriterien miteinander teilen.

Drittens waren wir bestrebt, der neuentstandenen Finanzkraft der Produzenten die Spitze zu nehmen, indem wir finanzielle Vorkehrungen trafen, um den Strom der Überschüsse der Produzenten einzudämmen und zugleich Verbraucherstaaten in Krisensituationen Hilfe zu gewähren.

Schließlich drängten wir auf ein gemeinsames Programm zur beschleunigten Entwicklung alternativer Energien. Durch diese Verbindung von Einsparung und neuer Produktion hofften wir in den Verhandlungen mit den Produzenten die Waage wieder zugunsten der Verbraucher neigen zu können.

Die Energiekoordinierungsgruppe, die die Washingtoner Energiekonferenz eingesetzt hatte, billigte alle diese Vorschläge offiziell bei einer Zusammenkunft im September 1974 in Brüssel und wandelte sich selbst zu einer ständigen Einrichtung, der Internationalen Energieagentur (IEA), um, die den demokratischen Industriestaaten seitdem wertvolle Dienste geleistet hat. Die Koordinierungsgruppe bestand aus Beamten, die nicht Kabinettsmitglieder waren. Ihre Vereinbarung wurde nur ad referendum (zur Berichterstattung) gefaßt, mußte also noch von den Regierungen bestätigt werden.

Die Verbraucher in ein Boot zu bringen war aber nicht unser einziges Ziel. Unser Bemühen um Solidarität der Verbraucher mußte irgendwann zu einer Konfrontation mit den Produzenten führen. Diese sahen wir allerdings nur als letztes Mittel an. Vor allem waren wir bestrebt, Anreize für die Förderländer zu schaffen, in der Weltwirtschaft verantwortungsvoll zu agieren. Um dies zu erreichen, versuchten wir zwischen gemäßigten und radikaleren Mitgliedern der OPEC klar zu unterscheiden. Ein Jahr später, im November 1975, sagte ich auf dem Gipfel von Rambouillet:

Wir stimmen zu, daß man mit den Produzenten zusammenarbeiten muß. Dadurch wird es möglich, die Gemäßigten von den Radikalen in der OPEC, die LDCs (weniger entwickelten Länder) von den OPEC-Staaten zu trennen und weitere Kartelle zu verhindern.

In diesem Sinne hatte Ford bereits am 29. August 1974 in einer persönlichen Note an König Feisal geschrieben:

Ich habe die Hoffnung, daß die wichtigsten ölproduzierenden Länder sich an Ihrer Majestät ein Beispiel nehmen und eine staatsmännische Haltung an den Tag legen, die zu einer Preisstruktur führt, welche den Möglichkeiten der Weltwirtschaft besser gerecht wird.

Die Ölproduzenten klagten zu Recht darüber, daß die Preise für Öl seit nahezu zwanzig Jahren langsamer gestiegen waren als die der Fertigerzeugnisse, die sie von den Industriestaaten kaufen mußten. Der neue Ölpreis konnte aber nicht akzeptiert werden, denn er war innerhalb von drei Monaten um vierhundert Prozent gestiegen, während sich die Preise der Industriegüter in den vergangenen fünfzehn Jahren lediglich um fünfzig Prozent erhöht hatten.

Um Lösungen im Geist der Zusammenarbeit zu befördern, bildeten wir auf Kabinettsebene bilaterale Kommissionen für wirtschaftliche Entwicklung, zunächst mit dem Iran und Saudi-Arabien, aber auch die anderen Ölproduzenten waren davon nicht ausgeschlossen. Diese Kommissionen sollten die Solidarität der OPEC-Staaten aufbrechen, die Verwendung der Dollarüberschüsse für Entwicklungsprojekte fördern, freie Mittel in den Händen der Produzenten reduzieren, damit sie diese nicht für Wirtschaftskrieg oder Erpressungsmanöver gegen die demokratischen Industriestaaten einsetzen konnten, und Teile dieses Wucherkapitals in unsere Wirtschaft zurückführen.

Ähnlich vielschichtig waren auch unsere Motive gegenüber den ärmeren Entwicklungsländern, die kein Öl produzierten. Um sie davon abzuhalten, sich in ihrer Not mit der OPEC zu verbünden, waren wir bestrebt, ihnen Alternativen zu deren Erpressungspolitik aufzuzeigen. Wir unterbreiteten weitreichende Vorschläge, die darauf abzielten, die Rohstoffpreise zu stabilisieren und die Nahrungsmittelsicherheit der ärmsten Länder der Welt zu verbessern. Unsere Strategie lief darauf hinaus, den Warenproduzenten ohne eigene Erdölförderung einen Vorteil zu bieten, den sie aufs Spiel setzten, wenn sie der OPEC Gefolgschaft leisteten oder sie unterstützten.

Auf Fords Bitte legte ich vor den Staatschefs in Rambouillet unsere Strategie dar:

> Wir müssen aufzubrechen versuchen, was der Kanzler (Helmut Schmidt) zutreffend die unheilige Allianz von LDC und OPEC genannt hat. Das ist möglich, und wir können unser Ziel erreichen, wenn sie wissen, daß sie mit Störaktionen die Handelsgespräche zum Erliegen bringen oder bei der Zusammenarbeit und dem Export militärischer Güter einen Preis zu zahlen haben. Auf diese Weise können wir unsere Abhängigkeit mit einer gemeinsamen Strategie bekämpfen

Die Durchsetzung des Energieprogramms

Am 18. September 1974 hielt Ford seine erste Rede vor der Vollversammlung der Vereinten Nationen. Er wandte sich vor allem an die Dritte Welt und war bestrebt, die am wenigsten entwickelten Länder von ihren ölproduzierenden Brüdern zu trennen. Zu diesem Zweck beschrieb Ford Nahrungsmittel und Öl als Waren von globaler Bedeutung. Er wies auf die beispiellosen Spannungen hin, die der Mangel an beiden Gütern in der Weltwirtschaft auslöste.[3] Er versprach, daß ich auf der in sechs Wochen stattfindenden Welternährungskonferenz in Rom offiziell eine großzügige amerikanische Initiative dazu vorlegen würde. Im Augenblick begnügten wir uns damit, den Unterschied im Verhalten der Beinahe-Monopolisten bei Erdöl und bei Nahrungsgütern herauszuarbeiten. Wenn Ford den Gedanken, Nahrungsmittel als politische Waffe zu benutzen, auch offiziell weit von sich wies, konnten viele Politiker doch nicht übersehen, daß diese Option bestand, wenn man uns zu sehr in die Enge trieb.

Damit Fords Rede vor den Vereinten Nationen nicht als einmalige rhetorische Übung erschien, wies er kaum eine Woche später am 23. September vor der Neunten Weltenergiekonferenz in Detroit erneut auf den Zusammenhang zwischen Nahrungsgütern und Energie hin. Diesmal wurde er deutlicher:

> Souveräne Staaten können nicht zulassen, daß ihnen durch künstliche Manipulation und Manöver auf den Weltwarenmärkten die Politik diktiert oder über ihr Schicksal entschieden wird. Niemand kann den Schaden oder die katastrophalen Folgen absehen, wenn sich Staaten weigern, die Gaben der Natur zum Wohl der gesamten Menschheit zu teilen.[4]

Ford ließ dabei bewußt offen, ob er diese verheerenden Folgen vor allem als Ergebnis von der OPEC verursachter wirtschaftlicher Zusammenbrüche oder wütender Reaktionen von OPEC-Opfern sah.

In der jährlichen Rede des Außenministers vor der UN-Vollversammlung beschrieb ich am selben Tag in noch drastischeren Worten als Ford die Auswirkungen der Energiekrise auf alle Verbraucherstaaten. Die Notlagen, die sie auslöste, führte ich auf beabsichtigte, also vermeidbare politische Entscheidungen zurück:

> Die frühen Warnsignale einer Wirtschaftskrise sind eindeutig... Im Unterschied zu den Lebensmittelpreisen ist der hohe Ölpreis kein Ergebnis ökonomischer Faktoren, das heißt mangelnder Kapazitäten oder des freien Spiels von Angebot und Nachfrage. Vielmehr ist er auf die bewußte Entscheidung zurückzuführen, die Produktion einzuschränken, um das Preisniveau künstlich hochzuhalten.[5]

Wie Ford bot auch ich Zusammenarbeit als Alternative an. Ich führte die Aussagen des Präsidenten weiter, indem ich eine Steigerung der Nahrungsmittelproduktion in der Welt und Möglichkeiten der Teilhabe für die ärmsten Staaten forderte. Ich ließ allerdings auch keinen Zweifel daran, was wir verlangten: »Was durch eine politische Entscheidung erhöht wurde, kann durch eine politische Entscheidung auch wieder gesenkt werden.«[6]

Die Ölproduzenten reagierten auf diese Reden, als hätten die demokratischen Industriestaaten kein Recht, Angriffe auf ihre Wirtschaft und ihre Lebensweise abzuwehren. Einige OPEC-Mitglieder warfen den Vereinigten Staaten vor – und dies durchaus zu Recht –, sie führten einen Nervenkrieg. Der Schah, der durchaus begriff, was wir wollten, warnte: Wenn die Industriestaaten sich auf eine Kraftprobe mit den Ölproduzenten einließen, könnten sie dabei nur verlieren. So reagieren in der Regel verärgerte Staatsmänner, wenn sie ihr Gegenüber durch Bluff von einem Vorgehen abbringen wollen, das sie selbst fürchten. Der als radikal bekannte algerische Staatschef Houari Boumedienne sandte Anfang Oktober eine in gleichem Ton gehaltene Botschaft an UN-Generalsekretär Kurt Waldheim, in der er »gewissen großen Industriestaaten« vorwarf, eine wirtschaftliche und politische Offensive gegen die Ölexporteure zu führen. Seien sie wirklich bereit, so fragte er, die Menschheit »an den Rand des Abgrunds« zu treiben, um eine Senkung des Ölpreises zu erreichen?[7] Bereits am 25. September hatte der venezolanische Präsident Carlos Andrés Pérez in einem offenen Brief an Präsident Ford (der als Anzeige in der *New York Times* erschien) auf dessen Kritik geantwortet, indem er einen »gerechten« Preis für das Öl seines Landes forderte. Es konnte nicht überraschen, daß er den derzeit gültigen als gerecht ansah.[8]

Leider reagierten die Verbraucherländer auf den wachsenden Übermut der Ölproduzenten mit zunehmender Zurückhaltung. Einen Tag nach meiner Rede vor der UN-Vollversammlung vertrat der französische Außenminister Jean Sauvagnargues auf einem Essen der Vereinigung der UN-Korrespondenten jene Auffassung, die unter unseren Verbündeten vorherrschend war. Er stimmte meiner Einschätzung der Energiesituation zu, warnte aber vor einer Konfrontation mit den Produzenten, weil er keine praktische Politik zu erkennen vermochte, mit der die Verbraucherländer eine Senkung der Ölpreise erreichen konnten. Mit anderen Worten: Den Opfern blieb nur, abzuwarten, was das Kartell diktierte. Einen solchen Standpunkt mußten wir kategorisch zurückweisen, wenn aus Erpressung nicht Strangulierung werden sollte.

Alle diese Reden und Warnungen zeigten aber eine gewisse Wirkung. Zwar weigerte sich die OPEC, die Ölpreise zu senken, kündigte aber auf ihrer Tagung im September 1974 an, daß diese in den nächsten sechs Monaten nicht weiter steigen sollten. Wenn man die in den Industriestaaten herrschende Inflation berücksichtigte, kam das einer verdeckten Preissenkung gleich. Während der restlichen Amtszeit der Ford-Administration blieben die Energiepreiserhöhungen stets hinter der Inflationsrate zurück, was dazu führte, daß sie von 1974 bis 1978 faktisch, das heißt bereinigt, um etwa fünfzehn Prozent zurückgingen. Unser Ziel war aber, den Teufelskreis nahezu regelmäßiger Preissteigerungen zu durchbrechen, den Manipulationen ein Ende zu setzen und eine Senkung der offiziellen Preise zu erreichen. Dafür war eine fortgesetzte und sichtbar bessere Zusammenarbeit unter den Verbrauchern unabdingbar.

Die Finanzminister und Zentralbankchefs aller Staaten der Welt werden jedes Jahr Ende September von der Weltbank und dem Internationalen Währungsfonds zusammengerufen. In jeweils zwei von drei Jahren finden diese Sitzungen in Washington statt. Etwa zur gleichen Zeit kommen die Außenminister auf der Eröffnungssitzung der UN-Vollversammlung in New York zusammen. Ich nutzte die Gelegenheit und lud die Außen- und Finanzminister Großbritanniens, der Bundesrepublik Deutschland, Frankreichs und Japans zu einem »privaten« Treffen mit Finanzminister Simon und mir für den 28. und 29. September 1974 nach Camp David ein. Ich wollte damit die Solidarität der Verbraucherländer demonstrieren und stärken. Daß wir das Treffen als »privat« bezeichneten, war ein Zugeständnis an die »Hasenfüße« in der Gruppe, zugleich aber auch ein Feigenblatt und ein Signal an das Ölkartell, daß keine offiziellen Beschlüsse vorgesehen waren.

Die meisten unserer Verbündeten hätten keine Träne vergossen, wenn diese Einladung ausgeblieben wäre. Die demokratischen Industriestaaten waren zwischen ihrem Wunsch nach finanzieller und diplomatischer Unterstützung Amerikas einerseits und dem Alptraum einer Dauerkrise mit dem Ölkartell, die die Solidarität der Verbraucherländer auslösen könnte, hin und her gerissen. In geradezu beispielhafter Zwiespältigkeit stellten sie unsere Analyse zu keinem Zeitpunkt in Frage, verspürten aber auch nicht die geringste Neigung, die daraus folgenden Konsequenzen zu tragen.

Es hat sicher symbolische Bedeutung, daß die sogenannte Gruppe von Camp David ihren Zielort nie erreichte. Schwere Regenfälle verhinderten, mit dem Hubschrauber zum Erholungsort des amerikanischen Präsidenten zu gelangen. Das ganze Unternehmen mußte ins Außenministerium verlegt werden. Bereits die ersten Reaktionen unserer Gäste paßten zu diesem Wetter. Einige zeigten sich äußerst beunruhigt, daß jeder Anschein von koordiniertem Vorgehen eine Konfrontation auslösen könnte. »Allein, daß dieses Treffen stattfindet, ist ein großes Risiko«, warnte der britische Schatzkanzler Denis Healey. »Wir sollten in unserem Vorgehen zurückhaltend sein.«

Davon unbeeindruckt legte ich die Gründe für ein Programm der Zusammenarbeit auf dem Energiesektor dar:

Das Energieproblem kann nur durch Kooperation gelöst werden. Dabei stehen nicht nur die Ölpreise und die Wirtschaft auf dem Spiel, sondern betroffen ist der ganze Rahmen unserer künftigen politischen Beziehungen. Wenn die Produzenten weiterhin die Preise manipulieren und die Verbraucher zu keiner wirksamen Reaktion finden, dann ist eine grundsätzliche Machtverschiebung unvermeidlich. Die Produzenten werden in der Lage sein, das weltweite Bankensystem zu erschüttern, weil sie mit ihren Vermögen manipulieren können. Die Öleinnahmen werden zu einer endlosen Spirale von Rüstungswettläufen führen, die den Weltfrieden bedrohen. Die Einheit des Westens wird zerfallen, wenn die demokratischen Industriestaaten nicht begreifen, wie dringend notwendig es ist, daß sie die Kontrolle über ihr Schicksal in der Hand behalten.

Bill Simon schob Empfehlungen für die drei Bereiche Energieeinsparung, finanzielle Solidarität und Koordinierung der Wirtschaftspolitik nach.

Die Reaktion war alles andere als begeistert. Zwar taten unsere Gäste so, als stimmten sie unserer Analyse zu, und erklärten sich bereit, unser Programm zu »studieren« (das in großen Teilen bereits von der gemeinsamen Arbeitsgruppe unterhalb der Kabinettsebene gebilligt war). Aber sie wehrten sich gegen unseren Vorschlag, daß die Verbraucherstaaten ein eigenes Forum, sozusagen ein Gegenstück zur OPEC, ankündigen sollten. Aus Furcht vor der Reaktion der OPEC bestanden die Minister unserer Verbündeten außerdem darauf, im Schlußkommuniqué lediglich zu erklären, sie seien zusammengekommen, um die Situation zu »erörtern«.

Das war nicht die mutigste Stunde unserer Verbündeten. Denn mit cleveren Formulierungen kann man eine Situation höchstens verschleiern, nicht verändern. Tatsache war aber, daß selbst die ängstlichsten Gemüter am Ende mehr die Isolierung fürchteten als den bösen Willen der Produzenten. Unter amerikanischem Vorsitz wurde deshalb eine »Arbeitsgruppe« eingesetzt, die unsere Vorschläge prüfen sollte. Das war die Art und Weise, wie unsere Verbündeten die Stunde der Entscheidung hinauszuschieben trachteten. Wer allerdings die Tagesordnung einer internationalen Aktion kontrolliert, hat auch gute Möglichkeiten, das Ergebnis zu bestimmen. Das trifft besonders dann zu, wenn die Analyse nicht umstritten ist und ein Mann wie Tom Enders den Vorsitz hat. Es dauerte nicht lange, da schuf die sich verschärfende Wirtschaftskrise in allen demokratischen Industriestaaten ein Klima der Dringlichkeit, das die Furcht vor Konfrontation bald überwog. Im Spätherbst standen wir kurz davor, die verschiedenen Programme, die wir bei dem Treffen im Außenministerium vorgeschlagen hatten, in die Tat umzusetzen.

Gerade als das Solidaritätsprogramm der Verbraucherländer auf den besten Weg gebracht zu sein schien, trat einer der Hauptakteure mit einem Gegenvorschlag hervor. Einige Monate zuvor hatte Simon die umfassende Konfrontation gefordert, nun befürwortete der französische Präsident Giscard d'Estaing plötzlich eine Strategie der umfassenden Versöhnung. Am 24. Oktober 1974 schlug er öffentlich vor, eine Konferenz einzuberufen, an der die Energieproduzenten, die Industriestaaten als Verbraucher und die Entwicklungsländer ohne Ölvorkommen teilnehmen sollten. Europa sollte auf ihr geschlossen auftreten. Um diese Initiative dem Kartell schmackhaft zu machen, kündigte Giscard außerdem an, Frankreich werde die zur Zeit erörterte Vereinbarung der zwölf Verbraucherstaaten über eine Teilung der Ölvorräte nicht unterzeichnen. Dabei handelte es sich um ein rein defensives Notarrangement, das nur im Fall eines arabischen Embargos in Kraft treten sollte. Nach Giscards Auffassung war das Risiko zu groß, daß es eine

Konfrontation nach sich ziehen konnte. Einen Seitenhieb führte er gegen Staaten, die nach »Vorherrschaft« strebten (was offenbar auf die Vereinigten Staaten gemünzt war), und ließ eine Hintertür für künftige Preissteigerungen der OPEC offen, indem er sich willens zeigte, eine Indexierung, das heißt die Bindung des Ölpreises an die Inflationsrate, in Kauf zu nehmen.

Nach einem Jahr ständiger Auseinandersetzungen mit Frankreich schon etwas von Paranoia befallen, interpretierten wir Giscards Vorschlag als eine weitere Herausforderung, die seinem bisher versöhnlichen Ton zu widersprechen schien. Wir waren nicht gegen eine Konferenz mit den Produzenten. Aber wir wollten unsere Zustimmung davon abhängig machen, daß die Verbraucher zuvor Solidarität miteinander herstellten. Andernfalls gingen sie uneins und angreifbar in die Gespräche. Außerdem war die französische Initiative ausgesprochen willfährig, denn die Produzenten hatten gar nicht um ein Treffen mit den Verbrauchern gebeten.

Von meiner Pendelmission im Nahen Osten schickte ich ein scharf formuliertes Telegramm an Ford, in dem ich meine Reaktion zusammenfaßte: Giscard hat ausgewählte Produzenten, Verbraucher und unterentwickelte Länder eingeladen, um das Energieproblem zu erörtern. Außerdem schlägt er ein System der Indexierung vor, das wegen der Inflation in den Verbraucherstaaten natürlich zu höheren Ölpreisen führen wird. Das genannte Treffen widerspricht unserer Strategie, der auch die meisten Partner Frankreichs zugestimmt haben, daß die Verbraucher zunächst ein gemeinsames Programm ausarbeiten müssen, bevor sie den Produzenten überhaupt etwas zu sagen haben. Das lehnt Frankreich ab und weigert sich, in der Energiekoordinierungsgruppe mitzuarbeiten.
Diese Initiative kann einige Verwirrung stiften, wird aber zu nichts führen. Ein Treffen mit den Produzenten ohne eine gemeinsame Position der Verbraucher ist eine Aufforderung zu Konfrontation beziehungsweise Kapitulation. Giscard will, daß die neun EG-Staaten als eine Einheit auftreten. Das könnte die Europäer in die Zwickmühle bringen, das heißt, daß die Bundesrepublik Deutschland, Großbritannien und Italien uns gegenüber nur noch leeres Stroh dreschen, aber auch nicht mit Frankreich zusammenarbeiten können, denn letzten Endes müssen sie sich auf uns besinnen, weil das die einzige Möglichkeit ist, mit der Finanzkrise fertig zu werden.
Daß wir die Wahl zwischen Dialog und Konfrontation hatten – wie es Giscard sah –, akzeptierten wir nicht. Die wirkliche Entscheidung betraf die Art des Dialogs. Mit unserem Druck hatten wir bereits erreicht, daß die Ölpreise seit neun Monaten nicht mehr angestiegen waren. Unsere Drohung mit militärischen Maßnahmen war der wichtigste Bremsklotz für ein weiteres Embargo. Wir hatten nicht die Absicht, uns diese Vorteile in einem multilateralen Gremium aus der Hand nehmen zu lassen, in dem die Produzenten die unentschlossensten und furchtsamsten unter den Verbraucherländern gegen die Vereinigten Staaten ausspielen konnten.

Statt dessen beschlossen wir, Giscards Vorschlag als eine Art Hebel zu benutzen. Wir stimmten einer Konferenz von Produzenten und Verbrauchern grundsätzlich zu, machten diese aber von der vorherigen Einigung über ein konkretes Programm der Zusammenarbeit der Verbraucher abhängig. Auf der NATO-Tagung am 12. Dezember 1974 erklärte ich dem französischen

Außenminister Sauvagnargues, wir seien auch nicht zu einem Vorbereitungstreffen mit den Produzenten bereit, solange das Programm der Verbrauchersolidarität nicht fest vereinbart sei.

Das war ein Anreiz für Frankreich einzulenken. Zwar schloß es sich den verschiedenen Kooperationsprogrammen der Verbraucher offiziell nicht an, suchte sie aber auch nicht mehr zu hintertreiben. Das Notverteilungsprogramm für Energie, das wir im September vorgeschlagen hatten, wurde im November von der Internationalen Energieagentur gebilligt: In einer Notsituation wollten alle wichtigen Verbraucherländer außer Frankreich ihre Ölvorräte nach einem vereinbarten Verfahren miteinander teilen. Sie legten unverzüglich Programme zur Energieeinsparung auf, die allerdings mit unterschiedlichem Tempo vorangetrieben wurden.

Nun war es an der Zeit, den nächsten Schritt in unserer Energiestrategie in Angriff zu nehmen. Dabei ging es uns um die Möglichkeit, die riesigen Geldmengen wieder zurückfließen zu lassen, die sich infolge der hohen Ölpreise angesammelt hatten. Die Produzenten häuften inzwischen jährliche Überschüsse von etwa fünfundsiebzig Milliarden Dollar (etwa zweihundertfünfunddreißig Milliarden nach den Kursen von 1997) an. Diese stellten eine Bedrohung für die Industriestaaten dar, denn das Ölkartell tendierte zu kurzfristigen Anlagen, während die Banken langfristige Kredite auszugeben pflegten. Die Ölproduzenten waren nun in der Lage, mit kurzfristigem Abzug von Kapital das Bankensystem selbst im normalen Geschäftsverkehr in Gefahr zu bringen. Wenn sie ihren Kapitalbewegungen gar eine politische Strategie zugrunde legten, dann konnten diese zu einer furchtbaren politischen Waffe werden.

Um zu demonstrieren, welche Bedeutung wir Schritten beimaßen, die geeignet waren, dieser Gefahr entgegenzutreten, hielt ich in den zehn Tagen zwischen meiner Pendelmission im Nahen Osten und dem Gipfeltreffen von Wladiwostok eine wichtige Rede. Am 14. November 1974 erklärte ich in Chicago:

> Die Einnahmen der Produzenten werden unweigerlich wieder in den Industriestaaten angelegt werden, eine andere Möglichkeit gibt es nicht. Aber sie werden nicht unbedingt in die Staaten zurückfließen, die die größten Probleme mit der Zahlungsbilanz haben. So werden viele Staaten nicht in der Lage sein, ihre Defizite zu decken. Zugleich kann der massive, unvermittelte Abzug von Kapital uns alle treffen.
> Die Industriestaaten sind in der Lage, diese Schieflage zu korrigieren und ihre Angreifbarkeit zu verringern, wenn sie gemeinsam handeln. So, wie die Produzenten frei entscheiden können, wo sie ihr Kapital anlegen, müssen auch die Verbraucher frei entscheiden können, dieses Kapital umzuverteilen, um ihren eigenen Bedürfnissen und denen der Entwicklungsländer gerecht zu werden.[9]

Wir schlugen vor, eine Möglichkeit zu schaffen, im Jahr 1975 fünfundzwanzig Milliarden Dollar des Kapitals, das die Ölproduzenten in den Verbraucherstaaten investierten, und im Jahr darauf noch einmal die gleiche Summe wieder in Umlauf zu bringen. Damit sollte der Spielraum der Produzenten, durch die Art und Weise der Anlage ihrer riesigen Finanzmittel politischen Druck auszuüben, verringert werden. Schwächere Konsumenten wollten wir davon abhalten, für Importe – außer Erdöl – Handelsbeschränkungen zu verhängen, um ihre aus den Ölpreisen resultierenden Defizite zu tilgen. Dieses Programm trat Ende Januar 1975 in Kraft.

Anfang Februar stellten wir den letzten Teil unserer Initiative für Verbrauchersolidarität vor. Dieser Vorschlag, einen sogenannten Mindestpreis für Öl einzuführen, erwies sich als die umstrittenste unserer Maßnahmen. Damit sollte ein Anreiz für die Entwicklung alternativer Energien geschaffen werden, die notwendig waren, selbst wenn wir alle Ziele unserer Einsparungspolitik erreichen sollten. Denn wenn diese wie beabsichtigt funktionierte, dann mußte die davon ausgehende Belebung der Wirtschaft die Ölnachfrage erneut ansteigen lassen, so daß das Kartell in gewisser Weise wieder in die Lage versetzt wurde, die Preise zu bestimmen.

Andererseits war die Entwicklung alternativer Energien ein kostspieliges Unternehmen. Wir schätzten den Aufwand auf etwa fünfhundert Milliarden Dollar in einem Zeitraum von zehn Jahren. Das Erdölkartell konnte aber unsere Strategie durchkreuzen, indem es seine Preise aus taktischen Gründen senkte, was zur Folge hatte, daß die neuen Energien nicht konkurrenzfähig waren.

In einer Rede vor dem Nationalen Presseklub am 3. Februar 1975 zeigte ich diese Gefahren auf und schlug vor, innerhalb der Internationalen Energieagentur zwei Konsortien zu schaffen. Das eine sollte sich mit der Entwicklung synthetischer Treibstoffe und das andere mit der Erforschung und Entwicklung neuer Energiequellen insgesamt befassen. Willkürliche Preissenkungen der OPEC sollten durch Importaufschläge abgefangen werden, um einen geschützten Preis für synthetische Treibstoffe zu ermöglichen, der »beträchtlich unter dem derzeitigen Ölpreis« lag, aber immer noch hoch genug war, um zur Entwicklung alternativer Energien anzuregen. Wir schätzten, daß ein angemessener Mindestpreis für Erdöl etwa bei sieben Dollar pro Barrel nach dem Stand von 1974 liegen mußte. Das waren etwa sechzig Prozent des Preises, der damals gefordert wurde. Wir wollten die Produzenten damit vor die Wahl stellen:

> Sie haben die Möglichkeit, jetzt eine erhebliche Preissenkung zu akzeptieren und dafür über eine längere Zeit Stabilität zu gewinnen. Oder sie gehen das Risiko eines dramatischen Preissturzes ein, wenn das Programm der Entwicklung alternativer Energien zu greifen beginnt. Je länger die OPEC abwartet, desto stärker wird unsere Verhandlungsposition.[10]

Am 5. Februar legten die Vereinigten Staaten das Konzept eines Mindestpreises der Internationalen Energieagentur vor.

So genial er war, erwies sich der Plan zur Einführung eines Mindestpreises als der einzige Bestandteil unserer Strategie, der niemals zur Anwendung kam. Helmut Schmidt hatte recht, als er im November 1975 in Rambouillet darauf hinwies, daß an der Theorie zwar nichts auszusetzen sei, wir aber niemals die notwendige politische Unterstützung erhalten würden, weil der Plan zu langfristig angelegt sei. Die Politiker, die den Preis dafür zu zahlen hätten, wären aller Voraussicht nach nicht mehr im Amt, wenn die Früchte geerntet werden könnten. Als hinderlich erwies sich auch, daß die demokratischen Industriestaaten nicht davon begeistert waren, alternative Energiequellen zu fördern, die sich weitgehend unter amerikanischer Kontrolle befanden. Am Ende billigte die Internationale Energieagentur das

Konzept eines Mindestpreises, aber keiner der Mitgliedsstaaten (auch nicht der amerikanische Kongreß) schuf die notwendigen gesetzgeberischen Grundlagen. Die Idee an sich war vor allem von Nutzen, um Amerikas Entschlossenheit zu demonstrieren, die bestehenden Praktiken im Erdölhandel grundsätzlich in Frage zu stellen.

Solidarität der Verbraucherstaaten: Das Treffen mit Giscard auf Martinique

Fords erste Begegnungen mit den Staatschefs von Deutschland, Großbritannien und Frankreich galten vor allem der Frage, wie die wirtschaftliche Lebenskraft der demokratischen Industriestaaten wiederhergestellt und ihre Wirtschaftspolitik koordiniert werden konnte, wenn auch die bisherigen Themen des Ost-West-Verhältnisses und des Nahen Osten die Schlagzeilen beherrschten.

Aus der Entfernung von zweieinhalb Jahrzehnten zeigen die Ergebnisse dieser Gipfelgespräche, wie vergänglich wirtschaftliche Lehrmeinungen sein können. In den Jahren 1974/75 drängten alle europäischen Staatslenker Ford, genau das Gegenteil von dem zu tun, was zehn Jahre später zur vorherrschenden Meinung wurde. Da sie die Inflation viel weniger fürchteten als die Rezession, argumentierten sie – häufig sehr leidenschaftlich – gegen das, was heute auf lange Sicht als der einzige Weg zu dauerhaftem Wachstum betrachtet wird. Keiner von ihnen setzte damals großes Vertrauen in den Markt. Alle drängten Amerika, über eine Erhöhung seines Defizits den Ausweg aus der Rezession zu suchen.

Schmidt war der erste deutsche Kanzler, der in den Gesprächen mit dem amerikanischen Präsidenten mehr Wert auf wirtschaftliche als auf Sicherheitsfragen legte. Vor allem darauf bedacht, eine Inflation zu vermeiden – Deutschlands ständiger Alptraum, seit sein Mittelstand durch die Inflation der zwanziger Jahre ruiniert worden war –, wollte er sicherstellen, daß die Vereinigten Staaten nicht allein und vielleicht sogar auf Kosten ihrer Verbündeten darangingen, die Krise zu bewältigen.

Ford erfaßte instinktiv, daß es sich hier vor allem um eine psychologische Herausforderung handelte. Mit großem Feingefühl entwaffnete er Schmidt bereits bei dessen erstem Besuch in Washington am 5. und 6. Dezember 1974, als er ihn aufforderte, sich mit seinem Team von Wirtschaftsexperten gesondert zu treffen und sich mit deren Ansichten danach auseinanderzusetzen. Das traf genau Schmidts Gemütslage, denn es demonstrierte Vertrauen und deutete darauf hin, daß Ford von einem gemeinsamen wirtschaftlichen Schicksal der Demokratien ausging und die Energiekrise als Herausforderung für alle betrachtete. Schmidt antwortete mit umfangreichen Ausführungen zur weltwirtschaftlichen Situation. Dabei hob er besonders hervor, daß ein erhebliches amerikanisches Defizit notwendig sei, wenn die Weltwirtschaft gesunden sollte.

Ford erläuterte seine gegenteilige Meinung zum Defizit und rückte dann vor allem die Solidarität der Verbraucherländer in den Mittelpunkt. Er werde sich so lange weigern, an der von Giscard vorgeschlagenen Konferenz der Verbraucher- und Produzentenstaaten teilzunehmen, bis ein gemeinsames Programm der Verbraucherländer vorliege. Ohne solidarische Haltung konnten die demokratischen Industriestaaten ihre Probleme noch verschärfen, wenn sie ihre Differenzen vor den Produzenten austrugen, die die Hauptverursacher der Krise waren. Schmidt stimmte Fords Auffassung zu und bot an, auch Giscard davon zu überzeugen. Diese Zustimmung war von der Tatsache bestimmt, daß Schmidt Fords Hilfe bei der Wiederbelebung der deutschen Wirtschaft dringender brauchte als Frankreichs politische Unterstützung in Europa.

Dank des engen Verhältnisses zwischen Ford und Schmidt konnte die Begegnung Fords mit Giscard in Martinique eine Woche später vom 14. bis 16. Dezember in einer überaus versöhnlichen Atmosphäre stattfinden. Da die wirtschaftliche Erholung das Hauptthema war, gab es für Frankreich keinen Grund, die legalistischen und bürokratischen Streitigkeiten fortzusetzen, die die Initiative zum Europajahr so belastet hatten.

In einem Vieraugengespräch mit Ford gab Giscard die beispiellose Erklärung ab, die amerikanischen und französischen Interessen in der Energiefrage seien nicht mehr voneinander zu trennen:

Wir können keine Vereinbarung erzielen ohne die Unterstützung – nicht bloß die Zustimmung – der Vereinigten Staaten. Mehr noch: Wir meinen, am Ende könnte sich herausstellen, daß eine Konfrontation unausweichlich ist. Wenn das Kartell der Ölproduzenten nicht nachgibt, werden wir das nicht hinnehmen. Aber zunächst müssen Gespräch und Kooperation versucht werden. Wichtig ist, unseren Wunsch nach einer Vereinbarung zu demonstrieren. Wenn das mißlingt, sollten wir Härte zeigen.

Aus dieser Sicht nahm der Streit über die Konferenz von Verbrauchern und Produzenten weitgehend taktischen Charakter an: ob nämlich dem Druck auf die Produzenten Gespräche mit ihnen vorausgehen sollten, deren Scheitern dann einen Konfrontationskurs rechtfertigte, oder ob es besser wäre, zunächst Einigkeit unter den Verbrauchern herzustellen und auf dieser Grundlage in Gespräche mit den Produzenten zu gehen. Wenn es sich auch wie eine Kontroverse zwischen pedantischen Politologen anhören mag, der Disput über diese Nuance barg aus amerikanischer Sicht den Schlüssel zu einer erfolgreichen Energiepolitik.

Ford drückte es in seiner Erwiderung an Giscard so aus:

Wir haben nicht die Absicht, uns mit den Produzenten nur um des Streites willen zu treffen, sondern wir müssen in dieses Treffen mit einer Position und einem Programm der Verbraucher gehen. Solidarität der Verbraucher in inhaltlichen Punkten ist dafür unerläßlich. Wir brauchen ein hohes Maß an Geschlossenheit, bevor wir uns mit den Produzenten an einen Tisch setzen. Sonst picken diese sich einige unserer Freunde einzeln heraus. Die sind schwächer und könnten für Ansinnen der Produzenten empfänglicher sein, was die Position der Vereinigten Staaten und Frankreichs untergräbt und unsere Bemühungen zunichte macht, das Problem zu lösen. Wir brauchen kein Dokument, aber ein Verbraucherbewußtsein, das uns im Angesicht der gutorganisierten Produzenten Stärke verleiht. Worüber beklagen sie sich eigentlich, da sie sich doch selbst alle drei Monate oder gar noch häufiger treffen? Sie zwingen uns ständig höhere Preise auf und bieten keinerlei Lösung der Probleme an.

Kaum ein Jahr zuvor hatte sich Georges Pompidou auf der Washingtoner Energiekonferenz geweigert, dem Konzept der Internationalen Energieagentur zuzustimmen. Giscard, der auf die Unterstützung der gaullistischen Partei als Koalitionspartner angewiesen war, konnte nicht riskieren, diese Entscheidung offiziell zu widerrufen. Aber er willigte ein, sich den Bemühungen der Internationalen Energieagentur zum Abschluß eines Programms der Energieeinsparung und der Energieverteilung im Notfall nicht zu widersetzen. Er versprach, diese Politik durch parallele Schritte Frankreichs zu unterstützen.

Giscard hielt Wort. In der Praxis unternahm Frankreich weit größere Anstrengungen zur Energieeinsparung und zur Entwicklung alternativer Energiequellen (insbesondere der Atomenergie) als andere demokratische Industriestaaten. Giscard ließ uns auch wissen, daß Frankreich die Schaffung finanzieller Möglichkeiten unterstützen werde, um das im Westen deponierte Kapital der Produzenten einer Wiederverwendung zuzuführen. Als Termin für alle diese Schritte vereinbarte man Ende Januar 1975.

Die Solidarität der Verbraucherstaaten wurde Wirklichkeit. Beide Seiten zogen ihren Vorteil daraus, weshalb sich ihre Zusammenarbeit dauerhaft gestaltete. Giscard erreichte Amerikas grundsätzliche Zustimmung zu Gesprächen zwischen Verbrauchern und Produzenten. Ford gewann die Mithilfe Frankreichs, um vor diesen Gesprächen in den drei entscheidenden Bereichen der amerikanischen Strategie – Energieeinsparung, Energieverteilung im Notfall und finanzielle Solidarität – zu Ergebnissen zu kommen.

Das vielleicht wichtigste Resultat des Treffens auf Martinique war die Entscheidung, eine inoffizielle Gruppe vertrauenswürdiger Berater der wichtigsten demokratischen Industriestaaten zu bilden. Diese persönlichen Vertreter der Regierungschefs wurden angehalten, sich regelmäßig zu treffen und eine gemeinsame Politik für die Bereiche Ölkrise und wirtschaftliche Erholung zu konzipieren. Wir griffen wieder auf George Shultz zurück. Er war damals noch Privatmann, ließ aber seine spätere hervorragende Leistung als Außenminister bereits erahnen. Schmidt nominierte Wilfried Guth, den Vorsitzenden der Deutschen Bank, des einflußreichsten Finanzinstituts Deutschlands. Giscard beauftragte Raymond Barre, der später französischer Ministerpräsident wurde. Wilson entsandte den Bankier Eric Roll und Japan Nobuhiko Ushiba, ehemals Botschafter in Washington.

Diese inoffizielle Gruppe, die während der gesamten Amtszeit Fords tätig war, erleichterte intensive Konsultationen unter den wichtigsten Industriestaaten – frei von bürokratischen oder politischen Zwängen und mit direktem Zugang zu den Regierungschefs. Daraus erwuchs ein Jahr später der erste jährliche Wirtschaftsgipfel der demokratischen Industriestaaten.

Auf der Rückreise von Martinique schrieb Ford an Schmidt und ich an Jim Callaghan. Wir berichteten ihnen, was wir vereinbart hatten und daß es nun das Programm der Verbraucherstaaten zu vereinbaren galt, bevor die Gespräche zwischen Verbrauchern und Produzenten begannen. Callaghan erwiderte, er werde den britischen Vertreter, der die IEA-Gruppe für Beziehungen zwischen Verbrauchern und Produzenten leitete, anweisen, nach den genannten Prioritäten zu verfahren. Schmidt stimmte dem Plan, eine Gruppe vertrauenswürdiger Berater unterhalb der Regierungsebene zu bilden, begeistert zu.

554

Sosehr die Ford-Administration von den Rüstungskontrollverhandlungen, der Gesetzesvorlage von Jackson und Vanik, der Zypernkrise, den Ermittlungen gegen die Nachrichtendienste und den Pendelmissionen im Nahen Osten in Anspruch genommen war, so spielte sie Ende 1974 doch die Rolle des Katalysators einer umfassenden internationalen Energiepolitik. Die Zusammenarbeit der Verbraucherstaaten, die am Anfang des Jahres ein so umstrittenes Thema gewesen war, hatte nun in vereinbarten Sonderprogrammen und neuen Institutionen Gestalt angenommen.

Am 13. Januar 1975 legte Ford in Form des Programms zu Energieeinsparung das innenpolitische Gegenstück zu unseren internationalen Bemühungen vor. Am Ende war er mit seiner Energiepolitik auf internationalem Gebiet erfolgreicher als im Land selbst. Aus Furcht vor unerwartet hohen Profiten für inländische Produzenten hielt der Kongreß an einem Zweidrittelpreissystem fest, das in der Praxis den Verbrauch importierten Erdöls subventionierte und die Erschließung neuer inländischer Quellen erschwerte.

Zu diesem Zeitpunkt waren wir uns des Zusammenhalts der Verbraucherstaaten so sicher, daß wir das Erdölkartell warnten: Bei einem weiteren Embargo würden wir Gewalt anwenden. Schlesinger deutete im September 1974 einen möglichen Einsatz von Gewalt an. Ich legte in dem bereits zitierten Interview mit der *Business Week* im Dezember nach:

Ich kann nicht sagen, daß wir unter keinen Umständen Gewalt anwenden werden. Aber es ist eine Sache, sie bei Verhandlungen über den Preis einzusetzen, und es ist eine andere, wenn wir es tatsächlich mit dem Versuch zu tun haben, die Industriestaaten zu strangulieren.[11]

Aber selbst eine so stark eingeschränkte Gewaltandrohung – in Form einer doppelten Verneinung formuliert – veranlaßte Verbündete und Blockfreie, eine »Klarstellung« zu verlangen, die auf einen Rückzieher hinausgelaufen wäre. Aber wir ließen uns nicht beirren. Am 5. Januar 1975 erklärte Pressesprecher Ron Nessen als Reaktion auf zweifellos zutreffende Presseberichte darüber, daß ungenannte Mitarbeiter des Weißen Hauses über meine Worte bestürzt seien, ich hätte die Auffassungen des Präsidenten wiedergegeben. Ich selbst bekräftigte dies in einem Fernsehinterview mit Bill Moyers am 15. Januar:

Ich habe hypothetisch von einem Extremfall gesprochen. Er müßte von anderen Staaten provoziert worden sein. Ich denke, es versteht sich von selbst, daß die Vereinigten Staaten sich nicht strangulieren lassen können. Aber ich glaube auch nicht, daß man dies in der Praxis versuchen wird.[12]

Selbst unsere kritischen Verbündeten zogen am Ende Nutzen aus der Vorsicht, zu der unsere starken Worte die Ölproduzenten veranlaßten. Das sagte ich auch unmißverständlich auf dem Gipfel von Rambouillet im November 1975:

Nach der anfänglichen Empörung und nach dem alle unsere Freunde sich von uns distanziert hatten, kamen die ölproduzierenden Länder zu uns und fragten, was getan werden müsse, um eine solche Entwicklung (ein militärisches Eingreifen) zu vermeiden...

... Die Ölpreise werden von gemäßigten OPEC-Staaten aufrechterhalten, von denen, die psychologisch am meisten von den Vereinigten Staaten abhängig sind. Wir können eine Menge tun, wenn sich unsere Freunde nicht von uns distanzieren.

Solange die Ford-Aministration im Amt war, drohten die Produzenten nicht wieder mit einem Embargo.

Separate Ölgeschäfte

Die Schritte zur Zusammenarbeit der Verbraucherländer zwangen die Produzenten dazu, einen wachsenden Anteil ihrer Produktion zurückzuhalten, um den hohen Ölpreis zu sichern. Aber früher oder später mußte jemand aus der einheitlichen Front ausbrechen.

Die ersten Anzeichen waren im Sommer 1975 zu bemerken, als der Schah anbot, uns für einen geheimen Preisnachlaß Öl über die OPEC-Quote hinaus zu verkaufen. Die Menge sollte in unsere strategische Reserve eingehen und mit Staatsanleihen bezahlt werden. Der Preisnachlaß sollte in der Form gewährt werden, daß die Zinszahlungen erst mit einer Nachfrist von sechs Monaten einsetzten. Der Preisnachlaß war weniger wichtig, als daß zusätzliches Öl auf den Markt kam, wodurch der Druck auf die Preise sich automatisch erhöhte.

Das Geschäft kam niemals zustande, weil Simon den Gedanken nicht ertrug, der Schah, den er immer noch für die Ölkrise verantwortlich machte, könnte zusätzlichen Gewinn machen, und weil die wichtigsten Ölgesellschaften, denen der hohe Ölpreis der OPEC durchaus behagte, nicht mitspielten. Aber für uns war das Angebot des Iran ein Vorzeichen künftiger Entwicklungen. Die OPEC-Front zeigte Risse – ein Prozeß, der sich beschleunigt hätte, wäre nicht durch den Sturz des Schahs im Jahr 1978 ein unerwarteter Ausfall in der Ölversorgung eingetreten, der erneut verbreitete Panik auslöste.

Wir versuchten weiterhin, einige nicht der OPEC angehörende Staaten dazu zu bewegen, mehr Öl auf den Markt zu bringen, um auf diese Weise die Wirkung der Marktkräfte umzukehren. Als die Sowjetunion 1975 unter Lebensmittelknappheit litt, bot sich uns eine solche Chance. Als Bedingung für den Verkauf von zusätzlichen fünfzehn Millionen Tonnen Getreide verlangten wir von der Sowjetunion Öllieferungen. Ford sprach das Thema gegenüber Breschnew in Helsinki an, und der führende Mann der Sowjetunion stimmte grundsätzlich zu. Um aber dem Vorwurf zu entgehen, gegenüber der Sowjetunion zuviel »Entgegenkommen« zu zeigen, glaubte Ford den Ölkauf nur bei einem wesentlichen Preisnachlaß tätigen zu können. Das aber lehnte Breschnew ab.

Wieder einmal zeigte sich, daß ein zum Greifen naher wichtiger politischer und wirtschaftlicher Erfolg aufgrund unserer festgefahrenen innenpolitischen Debatte nicht zustande kam. Denn eigentlich konnten die Vereinigten Staaten nur gewinnen, wenn sie Öl von der Sowjetunion kauften und damit die OPEC-Staaten bestraften – gleich, welchen Preis sie dafür zahlten. Zusätzliches Öl auf dem Markt zwang das Kartell, die Produktion entsprechend zu drosseln und wachsende innere Spannungen hinzunehmen. Außerdem entbehrte es nicht einer gewissen Ironie, wenn wir unsere strategischen Reserven teilweise durch Lieferungen aus der Sowjetunion auffüllten.

Da die Solidarität der Verbraucherstaaten Anfang 1975 im wesentlichen hergestellt war, stimmten wir einer Vorbereitungstagung von Verbrauchern und Produzenten zu, die am 7. April in Paris unterhalb der Kabinettsebene begann. Die Vereinigten Staaten vertrat Unterstaatssekretär Charles Robinson. Die Konferenz kam schon bei der Debatte über die Tagesordnung ins Stocken. Die Produzenten bestanden darauf, über *alle* Rohstoffe zu sprechen; das bedeutete, daß die Methoden des OPEC-Kartells auf andere Güter angewendet werden sollten. Das lehnten wir strikt ab. Das letzte, was wir uns wünschen konnten, war ein Superkartell, in dem sich alle Rohstoffproduzenten zusammenfanden. Das Stocken der Gespräche bewies, daß unsere Strategie zur Isolierung der OPEC Früchte trug. Denn sowohl die demokratischen Industriestaaten als auch die wichtigsten Rohstoffproduzenten lehnten den Vorschlag einer erweiterten Tagesordnung ab.

Der Gipfel von Rambouillet

Was im Streit darüber, ob man mit dem Ölkartell das Gespräch oder die Konfrontation suchen sollte, begonnen hatte, entwickelte sich nun Schritt für Schritt zu dem vereinten Bemühen, eine gemeinsame wirtschaftliche Zukunft der demokratischen Industriestaaten abzustecken. Die inoffizielle Beratergruppe, die Giscard in Martinique angeregt und Ford gebilligt hatte, machte beachtliche Fortschritte. So konnte Giscard am 1. August 1975 in Helsinki vorschlagen, die Regierungschefs sollten ähnliche Gespräche mit nur wenigen Beratern und einem Minimum an Publizität aufnehmen.

In unserer Regierung sahen einige darin den Versuch Frankreichs (und Deutschlands), die Vereinigten Staaten für das langsame Tempo der wirtschaftlichen Gesundung verantwortlich zu machen. Das Finanzministerium fürchtete, Giscard werde auf dem Gipfel Ford zu überzeugen versuchen, zu dem System fester Wechselkurse zurückzukehren, das man 1971 aufgegeben hatte.

Ford sah das anders. Schließlich hatten wir, so argumentierte er, in unserer Diplomatie und in unseren öffentlichen Erklärungen darauf bestanden, eine gemeinsame Perspektive der demokratischen Industriestaaten zu umreißen. Da sich nun die Gelegenheit biete, dem Projekt zusätzliches Gewicht zu verleihen, werde er diese nicht ungenutzt vorübergehen lassen. Anfang September trafen Ford und ich George Shultz, unseren unverzichtbaren Friedensstifter, und baten ihn, einen Rahmenplan auszuarbeiten. Shultz suchte zunächst Schmidt, Giscard und Wilson einzeln auf. Als Ergebnis dieser Gespräche wurde eine Vorbereitungsgruppe gebildet, der Shultz, Raymond Barre, Karl-Otto Pöhl, ein enger Gefolgsmann Schmidts, und der britische Kabinettssekretär Sir John Hunt angehörten.[13]

Es zeigte sich, daß der umstrittenste Punkt nicht die Tagesordnung einer künftigen Gipfelkonferenz war – über die einigte man sich relativ rasch –, sondern deren Zusammensetzung. Giscard und Schmidt waren dafür, den Teilnehmerkreis auf die fünf Staaten zu beschränken, die an dem Treffen der Außen- und Finanzminister im September 1974 in Washington teilgenommen hatten: die Vereinigten Staaten, Großbritannien, Frankreich, Deutschland und Japan. Ford setzte sich, von Wilson unterstützt, dafür ein, Italien und – woran ihm noch mehr lag – Kanada hinzuzubitten. Schließlich ließ sich Giscard, der nach dem diplomatischen Protokoll als Gastgeber die offiziellen Einladungen verschicken mußte, herbei, Italiens Teilnahme zuzustimmen.

Die Einladung Kanadas lehnte er jedoch weiterhin hartnäckig ab. Hauptsächlich ging es ihm darum, europäische Staaten mittlerer Größe wie die Beneluxländer fernzuhalten, was dem öffentlichen Anspruch Frankreichs, Europa zu vertreten, in gewisser Weise zuwiderlief (oder offenbarte, wie Frankreich diese Rolle begriff). Ford war wütend, denn seiner Meinung nach mißbrauchte Giscard den äußeren Vorteil des Gastgebers; außerdem war Kanada unser wichtigster Handelspartner. Zunächst wollte Ford gar nicht an dem Gipfel teilnehmen, schließlich gab er aber nach. Dabei schwor er, Giscard kalt gegenüberzutreten – eine Drohung, die die erste halbe Stunde des nächsten Vieraugengesprächs der beiden Präsidenten nicht überstand. (Ford revanchierte sich, indem er Kanada zum nächsten Wirtschaftsgipfel zehn Monate später nach Puerto Rico einlud, wo er der Gastgeber war.)

Zwar wurde die Zusammenkunft von Rambouillet nur als Gipfel der führenden Wirtschaftsnationen apostrophiert, um Einwänden derer zuvorzukommen, die nicht eingeladen waren, trotzdem brachte die Konferenz eine Art politisches Direktorium der demokratischen Industriestaaten hervor. Das war ihr wichtigstes Ergebnis. In einer Rede am 11. November, wenige Tage vor dem Gipfel, hob ich hervor, daß die Geschlossenheit der Demokratien (und nicht die Entspannung mit der Sowjetunion) im Mittelpunkt der Außenpolitik der Ford-Administration stand:

Unmittelbare Aufgabe des Gipfels ist es, sich mit Wirtschaftsfragen zu befassen. Aber grundsätzlicher betrachtet, ist er ein Schritt, um zu einem entscheidenden Zeitpunkt der Geschichte die Zusammenarbeit der Verbündeten auf allen Gebieten zu bekräftigen und zu stärken. Er wird nicht alle Probleme lösen, aber er kann für eine gemeinsame Politik Ziele setzen und für gemeinsames Handeln die Richtung weisen.[14]

Die größte Herausforderung, so legte ich dar, sei nicht die Wirtschaft, sondern »der Schwund des Vertrauens der Menschen in die Zukunft ihrer Gesellschaft und als Ergebnis ein nachlassender Glaube an die Mittel der Demokratie«. Das Ziel der Gipfelteilnehmer bestehe darin, »den Völkern das Gefühl zu geben, daß sie Herr über ihr Schicksal sind, nicht blinden Kräften jenseits ihrer Kontrolle ausgeliefert«.

Rambouillet ist für französische Verhältnisse ein kleines Schloß mit feinen Gobelins, die viele Wände schmücken. Wir tagten hier vom 15. bis zum 17. November 1975 in einem langen, relativ schmalen Sitzungssaal, in dem eine intime Atmosphäre herrschte. An dem rechteckigen Tisch nahmen nur die Regierungschefs und jeweils zwei ihrer Kabinettsmitglieder Platz. Jeder Regierungschef durfte einen Berater hinzuziehen, der (zugleich als Protokollant) hinter ihm saß. Bill Simon und ich hatten unsere Plätze am Tisch zu beiden Seiten des Präsidenten. Hinter uns saß Robert Hormats, den gelegentlich William Seidman oder ein anderer Mitarbeiter des Weißen Hauses ablöste, wenn Spezialkenntnisse gefragt waren.

So saßen stets nur etwa zwanzig Personen in diesem Raum; dadurch gestalteten sich die Gespräche so persönlich, wie es unter Regierungschefs nur möglich ist. Die Äußerungen waren viel spontaner als sonst bei Spitzenbegegnungen üblich. Da die Reden nicht veröffentlicht wurden, konnte man sich tatsächlich an die Gesprächspartner wenden und mußte nicht für die Wähler daheim sprechen. All das änderte sich einige Jahre später, als die Treffen zu einer festen Einrichtung wurden und damit in die bekannten Bahnen der Public Relations zurückkehrten.

Die Tagesordnung von Rambouillet bestand aus vier Punkten: internationale Wirtschaftslage, Handel, Währungsfragen und Energie. Jedes dieser Themen wurde von einem anderen Regierungschef eingeleitet. Schmidt sprach zur Weltwirtschaft, der japanische Ministerpräsident Takeo Miki zum Handel, Giscard zu den Währungsfragen und Ford zur Energie. Bei unserer mißglückten Europajahrinitiative hatte Frankreich den Vorschlag, regelmäßige Treffen der Wirtschafts- und Finanzminister durchzuführen, als außerhalb der atlantischen Beziehungen liegend zurückgewiesen. Da Ford nun die Bedeutung einer engen Zusammenarbeit der demokratischen Gesellschaften für die übrige Welt hervorhob, ließ sich Giscard zu einer beispiellosen Erwiderung hinreißen: »Es ist wichtig, daß bekannt wird: Wenn kein bescheidenes Wachstum eintritt, dann werden wir uns dem gemeinsam stellen... Es ist sehr wichtig, daß diese Botschaft von Rambouillet aus in die Welt geht.«

Als Ford in seiner Eröffnungsrede zum Thema Energie das nationale Energieprogramm Amerikas darlegte und ich unsere internationale Strategie erläuterte, zeigten die Stellungnahmen der anderen Politiker, wie weit wir bei der Herstellung von Übereinstimmung unter den Verbündeten inzwischen vorangekommen waren. Wie bereits erwähnt, sprach Schmidt von der unheiligen Allianz der OPEC mit anderen Entwicklungsländern und lobte unser Bemühen, diese Verbindung zu lockern. Wilson stimmte ihm zu:

Wir haben eine Atempause gewonnen. Die Initiative ist in diesen Fragen zumindest teilweise auf Menschen von der Art übergegangen, die an diesem Tisch sitzen. Aber wir dürfen uns nicht auf unseren Lorbeeren ausruhen. Die Lage der Entwicklungsländer hat sich verschlechtert, ihre Erwartungen dagegen sind gestiegen.

Es mußte viel Wasser die Seine hinunterfließen, bis ein französischer Präsident wie Giscard beklagte, daß »wir bei unseren Energieprogrammen nicht mehr Koordinierung erreicht haben«:

Wir müssen deshalb die Summen beschränken, die wir für Ölimporte ausgeben. Wir müssen entscheiden, welche Schritte möglich sind, um bei weiteren Ölpreissteigerungen neue Probleme für die Zahlungsbilanzen zu vermeiden.

Der einzige, der sich nicht von der allgemeinen Euphorie anstecken ließ, war der japanische Ministerpräsident Miki. Von seiner Einführungsrede zum Thema Handel abgesehen, in der er sich im wesentlichen auf Japans nationale Probleme konzentrierte und zum globalen Wirtschaftssystem kaum etwas sagte, war von Miki nichts zu hören. Wenn andere sprachen, schien er zumeist vor sich hinzudösen. So vermied er auf höfliche Art, sich am Gespräch zu beteiligen, das allerdings von einem Protokollanten sorgfältig mitgeschrieben wurde. Das veranlaßte Simon, mir die respektlose Notiz »Ich glaube, Miki ist schon tot« zuzuschieben. Den Zettel habe ich mir einrahmen lassen, um mich daran zu erinnern, daß Gipfeltreffen nicht nur aus erhabenen Momenten bestehen.

Mikis Verhalten hatte sowohl einen kulturellen als auch einen politischen Hintergrund. In Japan bedeuten Entscheidungen stets, daß ein Konsens erreicht, nicht daß – wie im Westen – ein Willensakt vollzogen wird. Ein japanischer Ministerpräsident ist deshalb nicht befugt, in einen Dialog einzutreten und dabei seine Ansichten eventuell den Ausführungen seiner Gesprächspartner anzupassen. Er ist nur ermächtigt, die japanische Position zu erläutern, nicht aber, sie mit den Ansichten anderer in Einklang zu bringen, ohne daß der Kreis zustimmt, von dem die Position festgelegt wurde.

Außerdem fällt es japanischen Politikern, insbesondere denen der Generation Mikis, die von Erfahrungen vor dem Zweiten Weltkrieg geprägt wurde, schwer, in den Bahnen einer globalen Weltordnung oder internationalen Strukturen zu denken. Ihre Gesellschaft hat bisher dadurch überlebt, daß sie auf rohstoffarmen Inseln ihre Einzigartigkeit kultivierte. Sie hat dabei außerordentliche Selbstdisziplin bewiesen, die Japan befähigte, das Wesen seiner Kultur zu bewahren, auch wenn es die Technik und sogar einige Institutionen des Westens übernahm. Dabei waren seine Motive stets das Gegenteil dessen, was heute Globalisierung genannt wird. Japan hat sich dem Welthandelssystem angeschlossen, um seine Einzigartigkeit zu bewahren, nicht um diese in einer Weltkultur oder -wirtschaft aufgehen zu lassen. Ungeachtet ihrer überströmenden Höflichkeit war die japanische Delegation stets darauf bedacht, die nationalen Interessen Japans zu wahren und nicht etwa der allgemeinen Theorie einer Weltordnung zu folgen. Das bedeutete nicht, daß Miki einzelne Vereinbarungen blockiert oder gezögert hätte, die Abschlußerklärungen zu unterzeichnen. Sein Handeln war aber von den Erfordernissen seines eigenen Landes, nicht von einem globalen Konsens bestimmt – allerdings nicht das Schlechteste, was man von einem Ministerpräsidenten sagen kann.

Die erschöpfte Pressemeute, die den amerikanischen Präsidenten nach Rambouillet begleitete, übermittelte die gleiche Art skeptischer Berichte wie bereits von Helsinki drei Monate zuvor. Es sei nicht viel dabei herausgekommen, hieß es. Einige vor der Konferenz angekündigte Ziele seien nicht erreicht worden, zum Beispiel die Vereinbarung regelmäßiger Treffen der für Wirtschaftsfragen verantwortlichen Minister. Genau das aber war eines der Ergebnisse.

Wie in Helsinki lagen auch hier die Skeptiker weit daneben. Helsinki war in der Tat ein Wendepunkt im Ost-West-Verhältnis. Rambouillet leitete einige Monate später eine neue Ära institutionalisierter wirtschaftlicher und politischer Zusammenarbeit unter den Demokratien ein. All das beweist nur, daß Schlagzeilen nicht immer das Schrittmaß der Geschichte erfassen.

Die Energiekrise war mitten im Kalten Krieg völlig unerwartet über die Welt hereingebrochen. Die Sowjetunion hatte sie nicht ausgelöst, und unser Hauptgegner war auch nicht in der Lage, die Folgen wesentlich zu beeinflussen, was bereits seine künftige Bedeutungslosigkeit in allen Bereichen außer dem militärischen anzeigte. (Die Sowjetunion als wichtiger Energieproduzent profitierte zunächst von den Preissteigerungen, hatte aber in den achtziger Jahren das Nachsehen, als die Preise wieder fielen.) Im Verlauf der Überwindung der Energiekrise traten viele Merkmale zutage, die später auch den Sieg des Westens im Kalten Krieg begleiteten. In beiden Fällen gab es zwei Denkschulen, wie die Oberhand zu gewinnen sei: Die eine hielt Widerstand für zu gefährlich oder vergeblich, die andere dagegen wollte der Krise durch Konfrontation mit einem Schlag ein Ende setzen. Wie zu Beginn des Kalten Krieges ließ die Realität zunächst nichts Dramatischeres zu als Eindämmung – eine Politik, die der Herausforderung die Schärfe nahm und eine innere Aufweichung ermöglichte. Damit wurden die demokratischen Industriestaaten allmählich in die Lage versetzt, den Spieß umzudrehen, vorausgesetzt, sie hatten den Willen, ihren wachsenden Vorteil konsequent zu nutzen.

Ich äußerte unsere Befriedigung über diese Aussichten am 24. November im Nachgang zu Rambouillet vor dem Wirtschaftsklub von Detroit:

Wir werden niemals vergessen, daß wir die wichtigsten Beziehungen zu den Staaten pflegen, die unsere Prinzipien, unsere Lebensweise und unsere Zukunft teilen.

Wir unterstützen mit allem Nachdruck die Worte der Erklärung von Rambouillet, die Präsident Ford gemeinsam mit den führenden Repräsentanten Großbritanniens, Frankreichs, Italiens, Japans und Deutschlands unterzeichnet hat: »Wir sind zusammengekommen, weil wir Überzeugung und Verantwortung miteinander teilen. Wir alle sind verantwortlich für die Regierung einer offenen, demokratischen Gesellschaft, die der Freiheit des Individuums und dem Fortschritt der Gesellschaft verpflichtet ist. Unser Erfolg wird für die Stärkung der demokratischen Gesellschaften überall auf der Welt entscheidend sein.«[15]

Der Dialog zwischen Verbrauchern und Produzenten

Da der wichtigste Teil unserer Strategie, die Solidarität der demokratischen Staaten, in Rambouillet vor aller Welt demonstriert worden war, waren wir nun bereit, die von Giscard anvisierte Konferenz der Verbraucher und Produzenten in Angriff zu nehmen. Als sie im Dezember 1975 in Paris zusammentrat, nutzten wir sie für unsere Strategie, die Entwicklungsländer ohne Ölvorkommen von ihren OPEC-Brüdern zu trennen. Den Rahmen dafür hatten wir in den vergangenen zwölf Monaten mit einer Reihe von Initiativen geschaffen, die den Entwicklungsländern Gelegenheit geben sollten, auf die demokratischen Industriestaaten und nicht mehr auf die OPEC zu setzen.

Die wichtigste war die Nahrungsmittelinitiative, die Ford im Herbst 1974 vor der UN-Vollversammlung angekündigt hatte. Wie berichtet stellte der Präsident den Unterschied heraus, wie sich Amerika einerseits bei den von ihm dominierten Nahrungsmittelexporten verhielt und wie die OPEC andererseits ihr Monopol beim Erdöl nutzte. Ich selbst schlug in einer Rede als konkreten Schritt vor, eine Welternährungskonferenz einzuberufen, um dort die von Ford verkündeten Prinzipien in die Tat umzusetzen. Bald darauf hob der Präsident die im Land geltenden Beschränkungen für die Nahrungsgüterproduktion auf.

Die Welternährungskonferenz trat im November 1974 in Rom zusammen. Zwar war eine solche Konferenz ein ungewöhnliches Forum für einen Außenminister, aber ich unterbrach eine Nahostmission, um dort zu sprechen und einen Fünfpunkteplan vorzustellen, der sich von der OPEC-Politik der gedrosselten Produktion und der hohen Preise deutlich unterschied. In diesem Plan appellierten wir an die Überschußproduzenten, ihre Nahrungsmittelexporte zu erhöhen, boten amerikanische Hilfe für eine beschleunigte Nahrungsgüterproduktion in den Entwicklungsländern an, schlugen eine verbesserte Finanzierung von Nahrungsmittelimporten vor und bestanden auf einem besseren Schutz vor Lebensmittelknappheit mit Hilfe eines international koordinierten, aber national organisierten Systems von Lebensmittelreserven.

Ein weiterer Punkt beinhaltete die Unterstützung der am wenigsten entwickelten Länder angesichts der finanziellen Forderungen der OPEC. Zu diesem Zweck schlugen wir vor, beim Internationalen Währungsfonds Sondererleichterungen (SOF) einzuführen. Diese wurden in der Folgezeit fast ausschließlich von Entwicklungsländern genutzt; sonst nahm sie nur Italien einmal in Anspruch. Um den ärmsten Entwicklungsländern, die nicht einmal diese günstigen Zinssätze aufbringen konnten, zu helfen, schlug ich am 14. November 1974 vor, eine weitere Sondermöglichkeit zu schaffen. Hierzu sollten Ölproduzenten, andere Staaten mit hohen Devisenreserven und Goldverkäufe des IWF beitragen.

Schließlich legten wir am 1. September 1975 unsere Pläne für die Entwicklungsländer mit ihren verschiedenen Bestandteilen den Vereinten Nationen vor, die eine Sondertagung der Vollversammlung zu Fragen der wirtschaftlichen Entwicklung einberufen hatten. Eigentlich wollte ich dieses Projekt selbst vorstellen. Da ich aber bei der Pendelmission, die schließlich zum Sinai-II-Abkommen führte, nach wie vor unabkömmlich war, bat ich in letzter Minute unseren Botschafter bei den Vereinten Nationen Pat Moynihan, in meinem Namen zu sprechen. Meine Mitarbeiter und ich hatten an diesen Vorschlägen monatelang gearbeitet und dabei Unterstützung von Bill Simon und Arthur Burns sowie wertvolle Ratschläge von George Shultz erhalten. Bob Hormats, Peter Rodman und Win Lord feilten daran bei jedem Zwischenstopp auf unserer Nahostmission, was die ohnehin knappen Stunden des Schlafs noch mehr verkürzte.

Die Rede Moynihans mit vielen eigenen Ausschmückungen, die unsere Politik darlegte, dauerte zwei Stunden. Am Schluß faßte er das Wesentliche noch einmal zusammen:

– Wir haben Schritte für eine grundlegende Verbesserung der wirtschaftlichen Sicherheit vorgeschlagen, um die Weltwirtschaft und insbesondere die Entwicklungsländer vor einer erbarmungslosen Politik zu schützen, die ihre Exporterlöse stets von neuem schmälert.

– Wir haben Maßnahmen vorgelegt, um den Zugang der Entwicklungsländer zu Kapital, neuen Technologien und Managementerfahrungen zu verbessern, damit sie sich selbst vom Hunger befreien und einen Weg beschleunigten Wachstums einschlagen können.

– Wir haben strukturelle Verbesserungen des Welthandelssystems angeregt, die in die laufenden multilateralen Handelsgespräche eingebracht werden, damit die Entwicklungsländer bessere Möglichkeiten erhalten, ihre Einkünfte aus dem Handel zu erhöhen.

– Wir haben neue Wege zur Verbesserung der Marktbedingungen bei Nahrungsgütern und anderen wichtigen Waren empfohlen, von denen die Wirtschaft und das Leben Hunderter Millionen von Menschen abhängen.

– Wir haben Sonderlösungen aufgezeigt, um die Entwicklung der ärmsten Länder vorrangig zu unterstützen.

Meine Regierung versteht diese Angebote nicht als Gnadenakt, möchte sie aber auch nicht als Selbstverständlichkeit betrachten. Wir wissen, daß die Weltwirtschaft uns alle ernährt. Wir wissen, daß wir auf einem Planeten leben, dessen Ressourcen begrenzt sind. Unsere Geschicke sind materiell und moralisch miteinander verflochten.[16]

Als diese Vorschläge Gestalt annahmen, wurden sie gelegentlich heftig kritisiert, als handle es sich um ein abstraktes, akademisches Reformprogramm. Zweifellos ließen wir uns von der Überzeugung leiten, daß das weltweite Wirtschaftssystem den neuen Realitäten angepaßt werden mußte. Wir hatten aber auch ein sehr aktuelles Motiv: Wir mußten die OPEC isolieren, wenn die Verzweiflung der ärmsten Länder und die Panik der Verbraucher nicht in eine globale Katastrophe münden sollten. Als die von Giscard angeregte Konferenz von Verbrauchern und Produzenten – offiziell Konferenz für internationale wirtschaftliche Zusammenarbeit zwischen Industrie- und Entwicklungsländern genannt – drei Monate später am 16. Dezember 1975 in Paris eröffnet wurde, war es uns gelungen, ihren Inhalt zu bestimmen und ihren Rahmen abzustecken. Wir fühlten uns inzwischen so sicher, daß ich in meiner Eröffnungsrede die Auswirkungen der OPEC-Politik auf die ärmsten Länder der Welt herausstellen und damit in die Offensive gehen konnte:

In unseren Debatten auf dieser Konferenz müssen wir uns der Notlage des Viertels der Menschheit widmen, das in Armut und Hunger leben muß, das von Unsicherheit und Verzweiflung heimgesucht wird. Diese Gruppe von Ländern hat unter den hohen Preisen von Nahrungsgütern und Brennstoffen unmäßig gelitten. Die globale Rezession hat ihre Exporterlöse schwer beeinträchtigt.

In diesen Regionen kann nur jeder fünfte lesen und schreiben, stirbt jedes zehnte Kind, in manchen Gegenden gar jedes zweite, liegt die Lebenserwartung unter fünfzig Jahren, ist die Geburtenrate unerträglich hoch… Neben der Dritten Welt, deren Stärke und Selbstbewußtsein wachsen, müssen wir von einer Vierten Welt sprechen, wo Menschen immer noch ums nackte Überleben kämpfen.

Bei unzähligen internationalen Konferenzen haben wir auf diese Vierte Welt in der ehrlichen Absicht aufmerksam gemacht, Soforthilfe zu leisten, langfristige Unterstützung zu geben und Sonderregelungen zu treffen. Wir waren uns einig, daß eine gerechte internationale Struktur daran zu messen ist. Nun wird es Zeit für uns alle, den Worten Taten folgen zu lassen.[17]

Diese Rede zeigte deutlich, wie weit wir uns im Dialog mit den Entwicklungsländern von dem Konfrontationskurs der OPEC entfernt und dem Konzept einer Weltordnung der wechselseitigen Abhängigkeit angenähert hatten.

Der Begriff der »Weltordnung« ist später zunehmend zu einer Banalität verkommen. Er umfaßt jedoch weniger ein Ziel, als vielmehr einen Prozeß, den jede Generation neu zu meistern hat. Entweder bringen die an einem internationalen System Beteiligten Regelungen zustande, die die Mehrzahl als ausreichend gerecht ansieht, um Streitfragen in friedlicher und konstruktiver Weise zu lösen und sich unvermeidlichen Veränderungen anzupassen, oder es kommt zu einer Reihe von Umwälzungen, bis solche Regelungen erreicht sind. Glückliche Generationen leben in einer Weltordnung, die sie für so selbstverständlich halten, daß sie diesen Begriff gar nicht verwenden, um die Regeln zu benennen, nach denen sie leben und die sie für ewig gültig halten. In weniger gesegneten Zeiten toben um diese Spielregeln Kämpfe, die unweigerlich zu immer heftigeren Auseinandersetzungen führen, bis sich schließlich erneut die Chance für größere Kreativität und Erfüllung auftut. Keine Generation kann sich ihre Herausforderungen aussuchen, aber sie kann versuchen, die Möglichkeiten, die ihr gegeben sind, umfassend zu nutzen. Das war die Prüfung, vor die die Ölkrise die demokratischen Industriestaaten stellte. In meiner Rede vor der Pariser Konferenz faßte ich sie mit folgenden Worten zusammen:

Es ist die Herausforderung unserer Zeit, eine stabile und gerechte internationale Ordnung zu errichten. Diese Aufgabe hat zwei grundsätzliche Dimensionen. Zum einen den Imperativ des Friedens, der so traditionelle Aufgaben umfaßt wie Sicherheit schaffen, Konflikte lösen und Spannungen mildern. Diese Themen beherrschen das Ost-West-Verhältnis. Nicht weniger dringlich ist aber auch der Imperativ der Gerechtigkeit: das zwingende Erfordernis weltweiten wirtschaftlichen Fortschritts und sozialer Entwicklung. Dies sind heute die wichtigsten Themen des Nord-Süd-Verhältnisses. Auch sie tragen die Möglichkeit von Konflikt oder Ordnung in sich. Weder das Ziel des Friedens noch das der sozialen Gerechtigkeit ist für sich allein zu erreichen. Wir müssen in beidem Erfolg haben, oder wir werden bei keinem erfolgreich sein.[18]

SIEBTER TEIL
Lateinamerika

XXIII. *Panama, Mexiko und der »neue Dialog«*

Vor dem Kalten Krieg betrieben die Vereinigten Staaten am ehesten noch gegenüber den Staaten der westlichen Hemisphäre eine stabile Außenpolitik. In der Monroe-Doktrin von 1823 verkündeten wir unsere Entschlossenheit, die westliche Halbkugel aus dem Streit um das Gleichgewicht der Mächte in Europa herauszuhalten, wenn nötig, mit Gewalt. Nahezu ein ganzes Jahrhundert lagen die Gründe für Kriege, die Amerika führte – gegen Mexiko und Spanien –, stets in dieser Region. Auch die Drohung, den Bemühungen Napoleons III., der in Mexiko eine europäische Dynastie inthronisieren wollte, mit Gewalt ein Ende zu setzen, gehört in diesen Zusammenhang.

Immer wurde die westliche Hemisphäre als etwas Besonderes angesehen – im 19. Jahrhundert weniger als Feld der Außenpolitik im traditionellen Sinne, sondern vielmehr als Ausdruck unserer »offenkundigen Bestimmung«. Am Ende liegt aber jeder langfristigen Außenpolitik das Prinzip der Gegenseitigkeit zugrunde. Dem war nicht leicht nachzukommen, solange das Agieren der Vereinigten Staaten südlich ihrer Grenzen häufig als unerwünschte Bevormundung angesehen wurde.

Das Verhältnis war also stets ambivalent, auch als die Vereinigten Staaten die Region unter Franklin Delano Roosevelt mehr als eine Einheit und weniger als eine Anzahl von Staaten behandelten. Die Politik der »guten Nachbarschaft« war der einzige Fall in der Zeit vor dem Kalten Krieg, in dem eine geographische Region in Friedenszeiten eine Sonderbehandlung erfuhr. Dieser Kurs hatte jedoch – vom Abzug der letzten Besatzungstruppen von Haiti abgesehen – kaum praktische Folgen. Nach dem Zweiten Weltkrieg versuchten die Vereinigten Staaten, ihrem Verhältnis zur westlichen Hemisphäre ein moderneres Gepräge zu geben. Die neue Organisation Amerikanischer Staaten (OAS), die nach Kapitel VIII der UN-Charta gegründet wurde, sollte ein System der Konfliktlösung und der kollektiven Sicherheit für beide Teile des amerikanischen Kontinents sein.

Diese Maßnahmen konnten nichts daran ändern, daß man in Lateinamerika die Vereinigten Staaten auch weiterhin als den Koloß im Norden betrachtete, weil dies der wirtschaftlichen und militärischen Realität entsprach. Unsere Nachbarn fühlten sich durch unser Interesse geschmeichelt und zugleich beunruhigt: Sie begrüßten unsere Hilfe, fürchteten aber unsere Einmischung; sie waren gewillt, für ihre Sicherheit engere Bindungen innerhalb der westlichen Hemisphäre einzugehen, sahen darin aber zugleich auch ein Mittel, uns die Hände zu binden. Für die in der OAS-Charta von 1948 enthaltenen neuen Verpflichtungen der kollektiven Sicherheit hatten die lateinamerikanischen Staaten den Vereinigten Staaten abverlangt, daß diese sich »weder direkt noch indirekt, aus welchem Grund auch immer, in die inneren oder äußeren Angelegenheiten eines anderen Staates« einmischen, daß sie weder »Zwangsmaßnahmen wirtschaftlicher oder politischer Art anwenden noch androhen, um auf den souveränen Willen eines anderen Staates Einfluß zu nehmen«. Es erwies sich als einfacher, einseitige Schritte der Vereinigten Staaten festzulegen, um Lateinamerika zu helfen oder dessen Besorgnisse zu zerstreuen, als von allen akzeptierte Bereiche für gemeinsames Handeln zu finden.

Das wichtigste Programm für Lateinamerika in der Zeit des Kalten Krieges war die »Allianz für den Fortschritt«, die die Kennedy-Administration im Jahr 1961 verkündete. Dies war das erste Mal, daß in der Politik der Vereinigten Staaten gegenüber der westlichen Hemisphäre die wirtschaftliche und soziale Entwicklung den gleichen Stellenwert wie die Sicherheit besaß. Und doch litt auch die »Allianz« bald unter den Spannungen, wie sie für die Beziehungen innerhalb der Hemisphäre typisch waren. Die Programme für sozialen und wirtschaftlichen Fortschritt stießen auf Zustimmung und Ablehnung zugleich. Die starke amerikanische Beteiligung an Versuchen, die sozialen und politischen Strukturen dieser Länder zu reformieren, wurde begrüßt, solange sie ausländische Hilfe und wirtschaftliche Entwicklung ins Land brachte, zugleich aber als eine Form des »Gringo-Imperialismus« angegriffen, wenn sie auf sozialen und politischen Wandel abzielte. Derartige Programme wurden als ein Zeichen des gewachsenen Interesses der Vereinigten Staaten gelobt und zugleich als »made in USA« kritisiert.

Als sich in den sechziger Jahren Nationalismus, Radikalismus und soziale Unruhen überall in Lateinamerika ausbreiteten, wuchsen die Hindernisse für eine effektive Zusammenarbeit. 1968 waren in Argentinien, Brasilien, Paraguay, Bolivien, Peru und Panama Militärregierungen an der Macht, wurden Haiti, Nicaragua und Kuba von zivilen Diktatoren regiert. In vielen Ländern wurden Investitionen eingeschränkt, ausländische Unternehmen verstaatlicht, Märkte geschlossen und Zölle erhöht. Die Doktrin der Importablösung, die der chilenische Ökonom Raúl Prebisch als erster verkündete, gewann die Oberhand. Sie propagierte Feindschaft gegenüber ausländischen Privatinvestoren und die Notwendigkeit, die Entwicklung von einheimischer Industrie und Binnenhandel mit staatlichen Mitteln zu unterstützen. Alle wirtschaftlichen Mißstände der Region wurden nun auf die übermäßige »Abhängigkeit« von den Vereinigten Staaten zurückgeführt. Die Reaktion auf den von Präsident Johnson befohlenen Einmarsch in der Dominikanischen Republik im Jahr 1965 zeigte, wie stark die Furcht vor dem Eingreifen der Vereinigten Staaten in Lateinamerika gewachsen war.

Den nationalistischen Tendenzen in Lateinamerika entsprach ein zunehmender Neoisolationismus in den Vereinigten Staaten. Die Johnson-Administration konnte 1968 nur nach harten Auseinandersetzungen die Mittel der »Allianz für den Fortschritt« sichern. Doch was der Kongreß mit der einen Hand widerwillig gab, holte er sich mit der anderen Hand wieder zurück. Gegen Ende der Amtszeit Johnsons beschloß der Kongreß eine Reihe Vergeltungsmaßnahmen für Verstaatlichungen und die Beschlagnahme von Fischfangschiffen der Vereinigten Staaten in Lateinamerika.

Nixon und die »reife Partnerschaft«

Als ich 1968 Nationaler Sicherheitsberater wurde, hatte ich bislang nur wenig unmittelbar mit Lateinamerika zu tun gehabt. Mein wissenschaftliches Interesse galt dem Kalten Krieg, dessen Schlachtfelder vor allem in Europa und Asien lagen. Wie viele meiner Zeitgenossen litt ich an einer verzerrten geographischen Wahrnehmung: London, Paris, Rom und Bonn schienen näher zu sein als Mexiko-Stadt. Rio de Janeiro und Buenos Aires lagen weit hinter dem Horizont. Es machte mir gar nichts aus, zu einer Wochenendtagung nach Europa zu reisen. Ein Besuch in Mexiko-Stadt, das geographisch näher lag, schien mir ein wesentlich schwierigeres Unternehmen zu sein.

Bevor ich in die Regierung eintrat, hatte ich als einziges lateinamerikanisches Land Brasilien besucht. Das war während der Präsidentschaft von João Belchoir Marques Goulart, dem Chef der linksextremen Arbeiterpartei. Er folgte Janio da Silva Quadros im Amt nach, der unter merkwürdigen Umständen zurückgetreten war. Goularts Machtantritt beschleunigte die Tendenz der Radikalisierung in Brasilien. Linke Studenten hatten sich mitten in Rio de Janeiro festgesetzt, was dem Trend zu linksgerichtetem Marxismus und Etatismus sichtbaren Ausdruck verlieh. Aber dieser aufkeimende Radikalismus konnte dem Reiz des Landes und der Spontaneität der Menschen nichts anhaben. Als ich Brasilien besuchte, hatte es gerade die Fußballweltmeisterschaft 1962 gewonnen. Das löste eine Karnevalsstimmung aus, die mir viel über den Nationalstolz und noch mehr über die Begeisterungsfähigkeit der Menschen sagte.

Mein Bild von Lateinamerika war damals stark geprägt von der Zusammenarbeit mit Nelson Rockefeller. Er hatte unter Präsident Franklin D. Roosevelt als Koordinator für Lateinamerika und als der verantwortliche stellvertretende Unterstaatssekretär gearbeitet. Ausgehend von seiner Überzeugung, daß die Vereinigten Staaten eine größere Rolle in der Welt zu spielen hatten, war Rockefeller der Meinung, daß die Grundlage dafür eine enge Zusammenarbeit der Staaten der westlichen Hemisphäre sein müsse – Gesellschaften, die, wie wir vom Pioniergeist durchdrungen, eine schwierige Umwelt gemeistert und dabei stets den Wert der menschlichen Würde bewahrt hatten. Wie wollten die Vereinigten Staaten den Entwicklungsländern eine Botschaft verkünden, fragte Rockefeller, wenn sie es nicht vermochten, diese in Staaten mit vergleichbarer Geschichte und ähnlichen Werten zum Tragen zu bringen?

Ich war noch nicht bereit, Europas Sonderstellung preiszugeben, sympathisierte aber mit seinen Auffassungen. Man tut Rockefellers Weitblick keinen Abbruch, wenn man auf die Schwierigkeit verweist, seine Vorstellungen in ein Aktionsprogramm umzusetzen. Rockefeller schlug selbst niemals vor, den Posten des stellvertretenden Unterstaatssekretärs für Lateinamerika zu dem eines Unterstaatssekretärs aufzuwerten, betonte aber stets die Bedeutung des Gegenstandes. Als er allerdings Gegenseitigkeit herstellen wollte, stieß er auf dieselben Schwierigkeiten, die das Verhältnis von Anfang an belastet hatten.

Bevor ich zum Nationalen Sicherheitsberater ernannt wurde, hatte Nixon bereits nahezu alle Staaten Süd- und Mittelamerikas sowie der Karibik bereist. Den wachsenden Nationalismus und Radikalismus hatte er bereits als

Vizepräsident im Jahr 1958 ganz persönlich zu spüren bekommen, als seine Wagenkolonne in Venezuela in so heftige Tumulte geriet, daß Präsident Eisenhower Luftlandetruppen mobilisierte, um Nixon herauszuholen. In seinem Präsidentschaftswahlkampf 1968 hatte Nixon eine neue Politik für Lateinamerika vorgeschlagen, die auf Handel statt auf Wirtschaftshilfe setzte und Privatinvestitionen anregte. An seinem ersten vollen Arbeitstag im Amt lud Nixon den Generalsekretär der Organisation Amerikanischer Staaten Galo Plaza Lasso ins Oval Office ein und bat ihn, bei den führenden Politikern Lateinamerikas Empfehlungen für eine neue Politik einzuholen. Galo Plaza schlug vor, Nelson Rockefeller mit dieser Mission zu betrauen. Noch am selben Tag wies Nixon mich an, Rockefeller diesen Auftrag zu übermitteln (und ihm damit möglicherweise auch zu demonstrieren, daß ich einen neuen Dienstherrn hatte).

Rockefeller stellte eine Delegation zusammen, die drei Informationsreisen durch Lateinamerika unternahm. Daß er sich seit langem mit dieser Region befaßte, war allerdings keine Garantie für eine freundliche Aufnahme. Antiamerikanische Demonstrationen in mehreren Staaten vereitelten Rockefellers Mission. Unruhen in Chile und der Streit um den Fischfang mit Peru zwangen ihn, Besuche in beiden Ländern abzusagen. Am Ende schlug Rockefeller eine Reihe von Maßnahmen vor, die darauf abzielten, zwischen den Staaten der westlichen Hemisphäre ein »Sonderverhältnis« aufzubauen, gipfelnd in einer Absichtserklärung, die wirkliche Partnerschaft in einer Gemeinschaft unabhängiger, selbständiger Staaten verkündete.[1]

Was die unstrittigen Ziele für die konkrete Politik bedeuten sollten, blieb allerdings ungeklärt. Als Reaktion auf Nixons Aufforderung, ihre Ansichten mitzuteilen, schlossen sich die lateinamerikanischen Staaten zu einem Lateinamerikanischen Sonderkoordinierungsausschuß (CECLA) zusammen, einer Gruppe, von der die Vereinigten Staaten von Anfang an ausgeschlossen waren. Im Mai 1969 verabschiedete der CECLA auf einer Tagung im chilenischen Viña del Mar ein Dokument, das exemplarisch aufzeigte, wie sich der zwischenamerikanische Dialog inzwischen entwickelt hatte: Es forderte eine Veränderung der Politik der Vereinigten Staaten und mehr Aufmerksamkeit für den Handel. Das Dokument sagte allerdings nichts darüber aus, zu welchen Veränderungen die Lateinamerikaner bereit waren, um zu erreichen, daß ihre Wünsche in Erfüllung gingen.

Die Erklärung von Viña del Mar deutete bereits die Schwierigkeiten an, in die wir unweigerlich gerieten, wenn wir Lateinamerika als eine Einheit behandelten. Da die nationalen Ziele der Staaten sehr unterschiedlich waren, konnten sie nur mit einer Stimme sprechen, wenn es um Forderungen an die Vereinigten Staaten ging, nicht aber, wenn von einer Strategie der Zusammenarbeit die Rede war.

Solche Ambivalenzen gab es aber auch auf der Seite der Vereinigten Staaten. Viel ist über den maßgeblichen Einfluß des Weißen Hauses auf die Außenpolitik der Nixon-Ära geschrieben worden. Für das Ost-West-Verhältnis, die Vietnam- und die Chinapolitik traf dies durchaus zu, nicht aber für die Lateinamerikapolitik, bei der Nixon die Initiative zunächst weitgehend dem Außenministerium überließ. Wenn es aber an Anstößen von einem entschlossenen Außenminister oder vom Weißen Haus fehlt, ist das Außenministerium besser geeignet, Tagesprobleme zu lösen, als langfristige

Pläne zu entwickeln. Mit Hunderten von Telegrammen beschäftigt, die täglich von allen Außenposten auf der Welt eingehen, neigt die Bürokratie dieses Ministeriums dazu, sich vor allem den unmittelbaren Sorgen oder kurzfristigen Zielen zu widmen, wenn sie nicht aus ihrer Routine wachgerüttelt wird.

Wenn das Außenministerium keine Politik empfiehlt, versuchen Präsidenten das Vakuum zunächst mit einer Grundsatzrede zu füllen, die als Signal für die Absichten des Weißen Hauses dienen soll. Das tat Nixon am 31. Oktober 1969, als er vor der Jahrestagung der Inter American Press Association eine Rede hielt, die die Lateinamerikaexperten des Nationalen Sicherheitsrates, Viron P. »Pete« Vaky, ein Angehöriger des Diplomatischen Dienstes, und Arnold Nachmanoff, in weiten Teilen ausgearbeitet hatten. In der ersten Rede, die über Satellit in der ganzen westlichen Hemisphäre ausgestrahlt wurde, forderte Nixon eine neue, ausgewogenere und »reifere Partnerschaft, in der alle Stimmen zu hören sind und keine den Ton angibt«[2]. Er deutete größere Bereitschaft an, eine unabhängige Politik der lateinamerikanischen Staaten zu akzeptieren. Vor allem versprach er ihnen, sie stärker in die Bestimmung der gemeinsamen Interessen einzubeziehen. Nixon zeigte sich willens, ein System besonderer Handelsbegünstigungen für Lateinamerika ins Auge zu fassen, multilaterale Organisationen bei der Verteilung von Hilfe aufzuwerten und damit die Möglichkeit einzuschränken, daß Druck auf einzelne Staaten ausgeübt wurde, sowie die Entwicklung einer lateinamerikanischen regionalen Identität zu fördern.

Mit diesen Gedanken war Nixon seiner Zeit voraus. Statt die Bürokratie zusammenzuführen, enthüllte seine Rede nur deren Spaltung. Zwischen den geistigen Vätern dieser Linie Nixons und den Verfechtern eines globalen multilateralen Handelssystems in den verschiedenen Ministerien, die jede Sonderbehandlung Lateinamerikas ablehnten, entbrannte ein Glaubenskrieg. Als John Connally 1971 Finanzminister wurde, steigerte sich die bisherige Verschleppungstaktik dieses Ministeriums zu offenem Widerstand. Er wandte sich entschlossen dagegen, Amerika in *irgendeiner* Weise auf Unterstützung der Entwicklungsbemühungen Lateinamerikas zu verpflichten, und tat alles, um Gesetze über Vorzugszölle für Lateinamerika zu verzögern. Fast zwei Jahre nach Nixons Rede waren die Gesetzesvorlagen für ein solches System noch nicht einmal im Kongreß eingereicht. Auch dieser zeigte keine Bereitschaft, seine Zuwendungen über multilaterale Organisationen zu verteilen. Im Jahr 1970 ging seine Unterstützung für die Interamerikanische Entwicklungsbank sogar noch zurück.

Die Weltwirtschaftskrise im August 1971 setzte weiteren multilateralen Bemühungen in der westlichen Hemisphäre für den Rest der ersten Amtszeit Nixons ein Ende. Als der Präsident eine neue Wirtschaftspolitik ankündigte, die eine zehnprozentige Reduzierung der Auslandshilfe und um zehn Prozent höhere Zölle auf Importe vorsah, waren unsere Nachbarn tief gekränkt. Sie machten auf den großen Überschuß der Vereinigten Staaten im Handel mit der westlichen Hemisphäre aufmerksam. Die Ankündigung der neuen Wirtschaftspolitik betrachteten sie als einen Bruch des Versprechens, politische Fragen, die sie betrafen, mit ihnen zuvor zu beraten. Ihre Erregung war so stark, daß sie sogar die Geste des Präsidenten übersahen, Lateinamerika von der zehnprozentigen Senkung der Auslandshilfe auszunehmen. Auch die Entsendung des Präsidentenberaters Robert Finch nach Lateinamerika konnte die erhitzten Gemüter nur wenig besänftigen. Für den Rest der ersten Amtszeit Nixons waren wir in Lateinamerika damit beschäftigt, die Folgen von Salvador Allendes Wahlsieg in Chile im Januar 1970 einzudämmen und die Verhandlungen über einen neuen Status des Panamakanals zu führen.

Zu Beginn der zweiten Amtszeit Nixons führten uns allerdings zwei Umstände deutlich vor Augen, wie sehr wir engere Beziehungen in der westlichen Hemisphäre brauchten. Der eine war das zunehmende Drängen der Entwicklungsländer auf Umverteilung des Reichtums in der Welt durch Abstimmung in internationalen Gremien. Die Charta der Wirtschaftlichen Rechte und Pflichten der Staaten, die der mexikanische Präsident Luis Echeverría Alvarez vorlegte, brachte beispielhaft eine ganze Reihe einseitiger Forderungen an die Industrieländer zum Ausdruck und war zugleich ein Verzeichnis ihrer Sünden. Das Problem spitzte sich weiter zu, als kaum einen Monat nach meinem Amtsantritt als Außenminister der Ausbruch des Nahostkrieges und der Energiekrise den Beziehungen zwischen Industrie- und Entwicklungsländern besondere Dringlichkeit verlieh. Wir hatten nicht die Absicht, uns auf einseitige Sichtweisen einzulassen. Und wir waren, wie in Kapitel XXII beschrieben, entschlossen, die Produzenten anderer Güter, die den Erfolg der OPEC bei der Vervierfachung des Ölpreises zu wiederholen gedachten, daran zu hindern, ähnliche Monopole zu bilden. Die Ölproduzenten durch eine Reihe von Maßnahmen zu isolieren stellte in der westlichen Hemisphäre, in der viele Staaten vom Warenexport abhängen, eine besondere Herausforderung dar. Einige waren Mitglieder der OPEC, andere – wie Mexiko – sympathisierten mit deren Vorgehen.

Zugleich zogen wir es vor, unsere Strategien auf dem Wege wirklicher Kooperation und nicht der Konfrontation mit den Entwicklungsländern durchzusetzen. Wir waren bereit, unseren südlichen Nachbarn einen Sonderstatus zu gewähren. Die Suche nach kooperativen Lösungen erhielt mit dem Ende des Vietnamkrieges neuen Schwung. Nach dem Pariser Abkommen 1973 legten wir zunehmend Wert darauf, unsere Beziehungen zu denjenigen Staaten in Europa und Amerika zu stärken, die unsere Geschichte und unsere Werte teilten.

So hielt ich zwei Tage nach meinem Amtseid als Außenminister am 24. September 1973 vor der UN-Vollversammlung eine von hohen Idealen und praktischem Sinn getragene Rede, mit der ich der Politik der Partnerschaft in der westlichen Hemisphäre neue Dynamik verleihen wollte.[3] Am 5. Oktober 1973, unmittelbar vor Ausbruch des Nahostkrieges, forderte ich bei einem Essen für die Leiter der UN-Delegationen der Staaten der westlichen Hemisphäre (zumeist die Außenminister) einen »neuen Dialog, um eine Freundschaft zu vertiefen, die auf Gleichheit und gegenseitiger Wertschätzung beruht«. Ich forderte meine Gäste auf, ihre Ansichten und Vorschläge zu äußern:

> Wir, die wir in diesem Raum versammelt sind, teilen bei allem Auf und Ab in unseren Beziehungen eine gemeinsame Geschichte, ähnliche Werte und viele vergleichbare Erfahrungen... Wenn also technisch fortgeschrittene Staaten jemals in der Lage sein sollen, mit Entwicklungsländern zusammenzuarbeiten, wenn Menschen mit ähnlichem Streben

jemals gemeinsame Ziele erreichen können, dann hier in der westlichen
Hemisphäre.[4]

Die angesprochenen Staaten reagierten positiv, zumindest was die Verfahrensweise betraf. Der kolumbianische Außenminister Alfredo Vásquez Car-
rizosa lud zu einem Treffen von sechzehn lateinamerikanischen Außenministern und sieben Sondergesandten der Hemisphäre nach Bogotá ein, um
dort Themen für den »neuen Dialog« mit den Vereinigten Staaten zu vereinbaren. Wie bereits bei früheren Gelegenheiten teilten sich die Anwesenden auch hier in diejenigen Länder, die nach Möglichkeiten der Zusammenarbeit suchten (Brasilien, Kolumbien, die meisten Staaten Mittelamerikas,
Chile, Bolivien, Uruguay und Paraguay), und jene, die die Gelegenheit nutzen wollten, um die Vereinigten Staaten in die Schranken zu weisen (Venezuela, Argentinien, Peru und in gewisser Weise auch Panama). Mexiko und
Jamaika wollten am liebsten beides tun. Die Teilnehmer verabschiedeten
schließlich einen Kompromiß in Form einer Grundsatzerklärung, die die
umstrittene Kubafrage ausklammerte, sich aber mit Panamas Forderung
nach Souveränität über die Kanalzone solidarisch zeigte. Zu den Wirtschaftsfragen nahm das Dokument mit der bereits bekannten lateinamerikanischen Zwiespältigkeit Stellung. Tenor war der Appell an die Vereinigten Staaten, ihrer Einmischung in die Angelegenheiten Lateinamerikas zu
entsagen, zugleich aber auch die Forderung, im Handel mit Lateinamerika
ein System von Begünstigungen zu schaffen. Es war, wie Talleyrand einmal
gesagt haben soll:»Einmischung ist ein merkwürdiges Wort, das etwa das
gleiche bedeutet wie Nichteinmischung.«

Ende November 1973 überbrachte mir der kolumbianische Außenminister die Erklärung von Bogotá. Ich willigte ein, bei einem Treffen der Außenminister der westlichen Hemisphäre im Februar 1974 in Mexiko-Stadt darüber zu diskutieren.

Die erste Phase der Verhandlungen über den Panamakanal

Die Verhandlungen über den Panamakanal waren eine weitere Zeitbombe,
die die Johnson-Administration Nixon hinterlassen hatte. Im Jahr 1964 forderten gewaltsame Auseinandersetzungen in Panama neunundzwanzig
Menschenleben und vernichteten amerikanisches Vermögen im Wert von
zwei Millionen Dollar. Das veranlaßte Präsident Johnson, Verhandlungen
über eine Veränderung der bestehenden Vereinbarungen zu beginnen. Der
Staat Panama war durch eine sechzehn Kilometer breite Zone zu beiden Seiten des Kanals geteilt. Diese stand unter Kontrolle und Verwaltung der Vereinigten Staaten, was in dem bisherigen Vertrag als Äquivalent für Souveränität definiert wurde.

Im Jahr 1967 vereinbarte man drei neue Verträge. Als die *Chicago Tribune*
diese jedoch vor der Unterzeichnungszeremonie im Rosengarten an die Öffentlichkeit brachte, veranlaßte der heftige Widerstand im Kongreß Johnson
dazu, ihre Ratifizierung auf die Zeit nach den Wahlen zu verschieben. Die
neue Nixon-Administration sah sich nun vor die Situation gestellt, daß ihre
Vorgänger eine Veränderung des Status quo zwar bereits zugestanden hatten, die konkreten Bedingungen aber höchst umstritten waren.

Es ist nicht einfach, einen Vertrag zu schließen, der sich für beide Seiten als unannehmbar erweist. Genau das war im Jahr 1967 der Fall. Der Widerstand in Panama äußerte sich noch leidenschaftlicher und lautstärker als in den Vereinigten Staaten. Arnulfo Arias, der 1968 zum Präsidenten gewählt werden wollte, stachelte zu nationalistischen Demonstrationen an. Präsident Marco Robles wagte es nicht, die Entwürfe dem Parlament vorzulegen. Als der siebenundsechzigjährige Arias die Wahlen gewann und am 1. Oktober 1968 sein Amt antrat, forderte er die unverzügliche Rückgabe der Zone unter die Hoheit Panamas. Sein Begehren war nicht frei von Ironie, denn bereits einen Monat später zwang ihn ein Putsch der Nationalgarde, in der Kanalzone um amerikanischen Schutz nachzusuchen. Von dort floh Arias nach Florida, von wo aus er während der ganzen Amtszeit Nixons und Fords die Rückkehr in sein Amt in Panama forderte und sich den Verhandlungen, wie wir sie führten, widersetzte. Mitte 1969 ließen die neuen Machthaber Panamas unter General Omar Torrijos Herrera erkennen, daß sie um neue Verhandlungen nachzusuchen gedachten.

Wie bereits im Fall Vietnams hatten uns unsere Vorgänger eine schwere Entscheidung überantwortet. In einer Zeit des weltweiten Antikolonialismus wäre es riskant gewesen, auf dem Status quo einer exterritorialen Zone zu beharren, die einen souveränen Staat entzweischnitt, vor allem deshalb, weil eine Veränderung des Status bereits grundsätzlich versprochen war. Demonstrationen, Druck, Terrorismus und sogar Guerillakriege hätten mit der Zeit ganz Lateinamerika gegen uns aufgebracht und uns in allen internationalen Gremien isoliert.

Zwar waren wir vor allem aus geopolitischen Gründen bereit, über den Status der Kanalzone zu verhandeln, zugleich aber auch entschlossen, unsere Fähigkeit und unser Recht zur Verteidigung des Kanals nicht aufzugeben. Am 3. September 1969 gab Nixon eine Studie über die vorhandenen diplomatischen Optionen in Auftrag, was als erster Schritt zur Wiederaufnahme der Verhandlungen verstanden werden konnte. Zugleich entschied er aber auch, diese mit Untersuchungen des Verteidigungsministeriums, was notwendig sei, um den Schutz des Kanals sicherzustellen, zu verknüpfen. Nixon war entschlossen, nur mit Zustimmung des Kongresses und der gesamten Regierung zu handeln. Wären die Gespräche erneut an innenpolitischem Widerstand gescheitert, hätte dies einen schweren Rückschlag für unsere Position in der westlichen Hemisphäre bedeutet.

Eine Personalfrage hielt die ganze Sache auf. Robert Anderson, der US-Unterhändler und Sonderbotschafter des Präsidenten für Panama, hatte bereits in der Johnson-Administration gedient. Nixon behielt ihn im Amt, weil er die Kontinuität wahren wollte, zum Teil aber auch, weil er es nicht fertigbrachte, einen Kollegen aus den Tagen der Eisenhower-Administration zu entlassen, als Anderson stellvertretender Verteidigungsminister und Finanzminister gewesen war. Andererseits hegte Nixon einen verborgenen Groll gegen Anderson, den er, wie es für ihn typisch war, nur einigen wenigen engen Vertrauten offenbarte. Im Jahr 1956 hatte Eisenhower kurzzeitig erwogen, Anderson anstelle von Nixon als Kandidaten für das Amt des Vizepräsidenten aufzustellen. Jetzt im Jahr 1969 wechselte Nixon Anderson zwar nicht aus, förderte aber auch nicht den Kontakt zu ihm; das hatte zur Folge, daß die Verhandlungen nur sehr schleppend vorangingen. Sondierungsgespräche begannen erst im Juli 1970 und die offiziellen Verhandlungen gar erst im Juli 1971. Nun aber waren die nächsten Präsidentschaftswahlen in den Vereinigten Staaten zu nahe herangerückt, um noch einen Vertrag vorzulegen. Außerdem strebte der Vietnamkrieg seinem Höhepunkt zu.

Anfang 1973 versuchte Torrijos unter schwerem innenpolitischen Druck, die Verhandlungen zu beschleunigen. Mit der Unterstützung anderer lateinamerikanischer Staaten konnte er den UN-Sicherheitsrat überzeugen, unter dem Vorwand, über Frieden und Sicherheit in Lateinamerika zu diskutieren, eine Sondersitzung in Panama abzuhalten.

Diese Sitzung, die vom 15. bis 21. März 1973 stattfand, entfachte die Leidenschaften um den Kanal in beiden Staaten und erwies sich aus diesem Grund als, gelinde gesagt, wenig hilfreich. Torrijos eröffnete die Sitzung mit einer polemischen Breitseite gegen die Vereinigten Staaten, denen er vorwarf, mitten in seinem Land eine »Kolonie« geschaffen zu haben. Die Atmosphäre wurde auch nicht besser davon, daß der kubanische Außenminister Raúl Roa die Forderungen Panamas wärmstens unterstützte. Er durfte vor dem Sicherheitsrat sprechen, obwohl Kuba dem Rat damals gar nicht angehörte. Eine von Panama und Peru eingebrachte Resolution stützte die Position Panamas, ohne auf die Interessen oder die bleibenden Verteidigungsrechte der Vereinigten Staaten einzugehen. Großbritannien enthielt sich der Stimme. Die Vereinigten Staaten legten ihr Veto ein. Unser UN-Botschafter John Scali war angewiesen, warnend darauf hinzuweisen, daß dieses Verfahren die Integrität des UN-Sicherheitsrates bedrohe:

Schließlich möchte ich mit allem Respekt darauf hinweisen, daß wir alle die Art und die Ergebnisse dieser Sitzung mit größter Sorgfalt bewerten sollten, um die Wiederholung einer Handlungsweise zu vermeiden, die sich für Rolle und Ansehen des Sicherheitsrates als schädlich erweisen könnte. Es wäre höchst bedauerlich, wenn sich der Sicherheitsrat zu einer Vollversammlung im kleinen wandelte, was seine Fähigkeit beeinträchtigen würde, spezifische Fragen von Frieden und Sicherheit wirksam zu lösen.[5]

Später stellte sich heraus, daß die Langzeitwirkung dieser Sitzung besser war, als die dort gehaltenen Reden es vermuten ließen. In den Vereinigten Staaten förderte sie die Einsicht, daß ein Beharren auf dem Status quo uns zunehmend isolieren konnte, und das nicht nur in der westlichen Hemisphäre. Zugleich machten die Folgen der Sitzung Torrijos klar, daß eine UN-Resolution und konkrete Fortschritte in diplomatischen Verhandlungen zweierlei sind. Der panamaische Präsident bewies mehr praktischen Sinn, als aufgrund seiner Rede zu erwarten war, legte einen Plan vor, um die Spannungen abzubauen und ein gewisses Entgegenkommen zu zeigen, ohne die Grenzen des Möglichen zu überschreiten. Er schlug vor, in zwei Etappen vorzugehen: zunächst eine Grundsatzerklärung zu vereinbaren und danach Verhandlungen über einen Vertragstext aufzunehmen.

Nixon, der in seiner ersten Amtszeit, was Panama betraf, nur im Schneckentempo vorgegangen war, zeigte sich in seiner zweiten entschlossen, hier entscheidend voranzukommen, denn das Problem wurde nicht einfacher, und der Druck war immer schwerer unter Kontrolle zu halten. Da die Verhandlungen nun Priorität erhielten, ersetzte Nixon schließlich Anderson auf dem Posten des Chefunterhändlers durch Ellsworth Bunker. Es gab nur wenige Beamte, die wir mehr schätzten als diesen hochgewachsenen, kantigen Mann aus Neu-England. Er war Botschafter in Saigon und unser Vertreter bei der »totgeborenen« Nahostkonferenz in Genf gewesen und hatte mich im Alter von neunundsiebzig Jahren noch auf mehreren strapaziösen Reisen durch den Nahen Osten begleitet. Ellsworth Bunker war ein Muster an Integrität. Stets genau, ohne jeglichen persönlichen Ehrgeiz, sah er im Dienst an der Nation seine wahre Berufung, gleichgültig, was man von ihm forderte oder welche Partei gerade regierte. Er war eine Wohltat für jeden Außenminister und eine sichere Bank für den Präsidenten, genoß ebenso hohes Ansehen im Kongreß wie unter den Militärs, deren Unterstützung entscheidend war.

Als Bunker Ende November 1973 zum ersten Mal nach Panama reiste, war ich bereits Außenminister, und Nixon hatte dem von Torrijos angeregten Vorgehen zugestimmt. Am Ende dieses Besuches berichtete Bunker, man sei sich über eine Grundsatzerklärung im wesentlichen einig. In acht Punkten verpflichteten sich beide Seiten, einen befristeten Vertrag abzuschließen, der die Hoheit über die Kanalzone an Panama zurückgeben und dem Land einen gerechten Teil an den Kanaleinnahmen sichern sollte. Panama wollte sich am Betrieb und am Schutz des Kanals beteiligen sowie den Vereinigten Staaten das Recht zugestehen, die für die Verteidigung des Kanals notwendigen Räume zu Land, zu Wasser und in der Luft zu nutzen. Aus Sicht der Vereinigten Staaten trug die Gemeinsame Grundsatzerklärung dazu bei, Zorn und Unruhe in Panama zu dämpfen. Zugleich konnten wir diesen Schritt als beispielhaft für Beziehungen in der westlichen Hemisphäre nutzen: Sie waren mehr von Kooperation und weniger von Konfrontation geprägt.

Da wir den Rubikon nun einmal überschritten hatten, meinten Nixon und ich, es wäre – als symbolische Geste – sinnvoll, wenn ich selbst im Februar 1974 nach Panama reiste und die Gemeinsame Grundsatzerklärung für die Vereinigten Staaten unterzeichnete. Um die notwendige innenpolitische Zustimmung zu erwirken, lud ich die Vorsitzenden der vier im Kongreß mit Panama befaßten Unterausschüsse ein, mich zu begleiten.

Wir wurden von einem lärmenden, aber freundlichen Demonstrationszug begrüßt. Dabei machten wir uns keine Illusionen darüber, daß Torrijos ebensolche Leidenschaften in gegensätzlicher Richtung hätte schüren können. In meinen ersten Worten bei der Ankunft war ich bestrebt, die Panamaverhandlungen von der formalen auf eine symbolische Ebene zu heben und als Beispiel für unser neues Vorgehen im Verhältnis zur westlichen Hemisphäre zu präsentieren:

Ich bin heute hierhergekommen, um Ihnen im Auftrag unseres Präsidenten zu sagen, daß wir die feste Absicht haben, für den Aufbau einer lebensfähigen Gemeinschaft der westlichen Hemisphäre zu wirken...
Kurz gesagt: Die Staaten Lateinamerikas, der Karibik und die Vereinigten Staaten sind, jeder im Bewußtsein seiner Identität, in der Lage, eine gemeinsame Sicht der Welt und ihrer Hemisphäre zu gewinnen.[6]

Danach traf ich mit Torrijos zusammen: hart, zynisch und leidenschaftlich, ein Nationalist, der gern mit dem Feuer spielte, aber bei jedem Schritt genau wußte, wo die Feuerwehr zu finden war. Zum Thema Wahrheit in Verhandlungen präsentierte er seine eigene Relativitätstheorie: »Ich sage immer die Wahrheit. Aber es ist wichtig zu erkennen: Was heute wahr ist, muß morgen nicht mehr wahr sein, denn Situationen können sich ändern.« Torrijos behauptete, durch seine nationalistischen Reden und die Verhandlungen mit gewalttätigen Studenten während der Amtszeit der Nixon-Administration habe er fünf Jahre Frieden erwirkt. Als praktisch veranlagte Menschen legten wir uns gegenseitig die innenpolitischen Grenzen für unser gemeinsames Unternehmen dar:

Torrijos: Ihr Besuch wird eine Friedensdividende bringen. Meine Minister und ich sind der Überzeugung, daß Ihr Besuch die Hitzköpfe für zwei bis vier Wochen abkühlen wird. Allerdings haben wir eine große Gruppe von Menschen, die es als ihre Aufgabe betrachten, jede Vereinbarung zu verhindern. Sie leben von diesem Problem.

Kissinger: Viele Amerikaner wollen ebenfalls keine Übereinkunft. Das Hauptproblem besteht darin, daß diese Sache die meisten völlig kalt läßt. Eine kleine Minderheit widersetzt sich entschieden einem Abkommen, aber keine Gruppe ist wirklich dafür.

Beide Seiten verfolgten gegensätzliche Ziele: Torrijos mußte seinem Volk mitteilen, daß er mehr forderte, als er nach bestem Wissen und Gewissen erreichen konnte. Die Unterhändler der Vereinigten Staaten mußten den Verhandlungsprozeß an den Wahlturnus anpassen. Jedem war klar, daß die endgültige Debatte in den Vereinigten Staaten in einem Jahr ohne Wahlen stattfinden mußte. Wenn also die Verhandlungen nicht bis Herbst 1975 beendet wurden – und das war abzusehen –, dann konnte ein Abschluß erst für die Zeit nach den Präsidentschaftswahlen 1976 ins Auge gefaßt werden – eine Herausforderung an diplomatisches Geschick und panamaische Geduld.

Mexiko und der »neue Dialog«

Wir waren dem Vorschlag des mexikanischen Außenministers Emilio Rabasa gefolgt, daß die erste Runde des »neuen Dialogs« in Mexiko-Stadt stattfinden sollte. Vielleicht wegen seiner geographischen Nähe nahm Mexiko bei unzähligen Gelegenheiten eine noch zwiespältigere Haltung gegenüber den Vereinigten Staaten ein als andere Länder Lateinamerikas. Es konnte sich das enge Verhältnis zu den Vereinigten Staaten nicht aussuchen – Geographie, Wirtschaft und Geschichte hatten diese Frage bereits entschieden. Aus der Vergangenheit hatte Mexiko kaum gute Erinnerungen an das wechselseitige Verhältnis. Die Mexikaner konnten nicht vergessen, daß ihr Land im 19. Jahrhundert dazu gezwungen wurde, über ein Drittel seines ursprünglichen Territoriums an die Vereinigten Staaten abzutreten, und daß amerikanische Truppen noch 1916 in Mexiko einmarschiert waren. Ursache für Mexikos gelegentliche Empfindlichkeit sind auch die Ressentiments wegen früherer Ungerechtigkeiten, die die Vereinigten Staaten dem Land zufügten. Daran erinnert in Chapultepec, im Zentrum der Hauptstadt, das Denkmal für die »Heldenjungen«, die bei der Verteidigung von Mexiko-Stadt gegen amerikanische Truppen unter Winfield Scott im Jahre 1847 ihr Leben ließen.

Obwohl Mexikos Wohlstand von der amerikanischen Wirtschaft stark abhängig ist, war sein Einfluß auf wirtschaftspolitische Entscheidungen der Vereinigten Staaten bisher kaum spürbar. Und die – meist illegalen – mexikanischen Einwanderer sind seit jeher eine Ursache der Spannungen auf beiden Seiten der Grenze.

Die allgemeine Feststellung, die Vereinigten Staaten und Mexiko teilten eine vergleichbare Geschichte und ähnliche Ziele, war in der Praxis der Beziehungen jahrelang eher eine Höflichkeitsfloskel denn eine Tatsache. Die Vereinigten Staaten entstanden in einem weitgehend leeren Raum, und im Verlauf ihrer Geschichte spielte die Urbevölkerung lediglich eine beiläufige Rolle. Mexikos Geschichte begann mit der Eroberung eines intakten Reiches, das, von der Militärtechnik einmal abgesehen, in seinen Strukturen mit den damaligen europäischen Gesellschaften durchaus vergleichbar war. Zwar wurde die indianische Bevölkerung dezimiert, blieb aber stets ein wichtiger Faktor, während die europäischen Siedler und ihre Nachkommen die herrschende Klasse bildeten. Die mexikanische Gesellschaft blieb weit mehr geschichtet als die amerikanische. Die Bevölkerung sah in ihrer Geschichte weniger die Eroberung eines Territoriums als die Unterwerfung eines Volkes.

Zwar beruft sich die mexikanische Politik stets auf die Grundsätze der Französischen Revolution, aber sie war niemals demokratisch im nordamerikanischen Sinne. Über die Jahrhunderte wechselten in Mexiko Zeiten politischer Ruhe mit äußerst gewalttätigen Konflikten. Als das 20. Jahrhundert heraufzog, forderte die heldische Triebkraft des mexikanischen Volkes – die Kehrseite seiner außerordentlichen Leidensfähigkeit – in einem Bürgerkrieg Opfer, die über zehn Prozent der Bevölkerung betrugen.

In dem nachfolgenden Dreivierteljahrhundert mündete die Erinnerung an diesen Aderlaß in dem sehnlichen Wunsch, die Risiken solcher chaotischen Zustände im Land zu vermeiden. Formaler Ausdruck dafür ist die Partido Revolucionario Institucional (PRI), die die nationale und lokale Politik Mexikos seit vier Generationen beherrscht.

Die PRI ist der Versuch, zwischen Diktatur und Chaos zu lavieren, indem man an gewissen Elementen der Demokratie festhält, ohne den Praktiken des nordamerikanischen Pluralismus zu verfallen. Zwar hielt die PRI das Land stets unter absoluter Kontrolle, unterschied sich aber von den totalitären Parteien dadurch, daß sie immer bestrebt war, einen nationalen Konsens in ihren eigenen Reihen herzustellen und nach außen zu tragen. Regelmäßige Wahlen gaben dem Volk eine gewisse Möglichkeit, seinen Willen zum Ausdruck zu bringen, wenn die Ergebnisse auch in der Regel vorbestimmt waren. Jeder mexikanische Präsident ist aus einem Auswahlverfahren hervorgegangen, das so rätselhaft anmutet wie die Prozeduren, nach denen die alten Azteken ihre Könige wählten. Zwar wird der neue Führer öffentlich als ausdrückliche Wahl seines Vorgängers präsentiert, doch ist es unwahrscheinlich, daß dieser allein die Entscheidung trifft. Die verschiedensten Kreise haben zweifellos beträchtlichen Einfluß und legen in manchen Fällen sogar ihr Veto ein. (Dieses System wird gegenwärtig verändert.)

Obwohl sie auf diese Weise ausgewählt werden, haben die mexikanischen Präsidenten stets auf den Konsens der wichtigsten Gruppen gestützt regiert, die die PRI trugen. Die Macht des mexikanischen Präsidenten wird dadurch eingeschränktt, daß er seine nahezu unangefochtene Stellung während der sechsjährigen Amtszeit danach mit völligem Vergessen bezahlen muß. Dadurch soll verhindert werden, daß eine an seine Person gebundene Diktatur entsteht.

In der Praxis hat dieses Bemühen um Ausgleich der Kräfte dazu geführt, daß neben einer konservativen Innenpolitik eine Außenpolitik verfolgt wird, die auf nationalistische und linksorientierte Elemente zurückgreift. Angesichts der Geschichte der amerikanischen Interventionen kann es sich kein mexikanischer Präsident leisten, zu USA-freundlich zu erscheinen. Während der Amtszeit Nixons gab sich Mexiko betont freundschaftlich gegenüber Kuba, tendierte zur Unterstützung radikaler Standpunkte der Dritte-Welt-Länder in internationalen Gremien und zu gelegentlicher Konfrontation mit den Vereinigten Staaten in der Organisation Amerikanischer Staaten.

Auf einer Beratung mit meinen Mitarbeitern am 10. Januar 1975 gab ich der Verärgerung Ausdruck, die einige der von der Echeverría-Administration öffentlich vertretenen Standpunkte zuweilen bei uns auslösten:

Mexiko – Echeverría findet jedes Jahr Anlässe, um an die Linke im Land zu appellieren. Wenn es nicht Kuba ist, dann ist es die Charta (der Wirtschaftlichen Rechte und Pflichten der Staaten). Und immer ist ein antiamerikanischer Drall dabei. Selbst wenn wir Castro morgen anerkennen und ich ihn auf Cozumel treffen sollte, dann brächte uns das höchstens drei Wochen Vorsprung vor Echeverría ein. Er fände sofort eine andere linke Sache. Er braucht das. Zumindest glaubt er, daß er es braucht.

Wenn aber die mexikanischen Präsidenten, Echeverría eingeschlossen, der Linken ihren Tribut gezollt hatten, bestanden sie nur selten auf ihren starken Worten. In bilateralen Fragen bewiesen sie in der Regel praktischen Sinn und Entgegenkommen. Die vielen Begegnungen mexikanischer Staatsoberhäupter mit hochrangigen Vertretern der Vereinigten Staaten zur Zeit der Nixon- und der Ford-Administration verliefen stets in einer freundlichen Atmosphäre.

Ich erlebte in meiner Amtszeit vor allem Luis Echeverría auf diesem Posten. Als Innenminister hatte er im Jahr 1968 eine Studentenerhebung blutig unterdrückt und galt deshalb als Vertreter des rechten Flügels der PRI. Wie bei mexikanischen Präsidenten häufig strafte Echeverría diese Einschätzung Lügen. Um nun frühere Härten zu kompensieren – oder weil er seit langem davon überzeugt war –, orientierte er sich wesentlich stärker als viele seiner Vorgänger an den Dritte-Welt-Ländern und war bei zwischenamerikanischen Streitigkeiten meist unter den Radikalen zu finden.

Von gelegentlichen Verärgerungen auf beiden Seiten abgesehen, gestalteten sich die Beziehungen zwischen den Vereinigten Staaten und Mexiko in der Amtszeit der Nixon- und der Ford-Administration bemerkenswert konstruktiv. Im kleinen Kreis gaben sich Präsident Echeverría und sein Außenminister Emilio Rabasa mir und den Präsidenten gegenüber, denen ich diente, völlig anders als in der Öffentlichkeit. Vielleicht weil einige aufsehenerregende Durchbrüche Nixon und mir zugeschrieben wurden, nährten unsere mexikanischen Partner die Hoffnung, wir könnten im Hinblick auf Mexikos Probleme einige Kaninchen aus dem Hut zaubern. Allerdings konnten auch sie nicht genau sagen, wie diese aussehen sollten.

Das herzliche persönliche Verhältnis, das die führenden Männer Mexikos zu uns pflegten, zeugte von Echeverrías Instinkt dafür, was die langfristigen Interessen und der Fortschritt Mexikos von ihm verlangten. Wie wild sie sich auch rhetorisch gebärdeten, so wußten die Führer Mexikos genau, daß die Geschicke unserer beiden Länder miteinander verflochten sind. Natürlich standen sie unter dem Einfluß der Geschichte und waren sich der Unterschiede in Reichtum und Macht Amerikas und Mexikos wohl bewußt. So entfuhr mir gegenüber meinen Mitarbeitern einmal der Satz: »Jedesmal wenn Rabasa sich zu einem Besuch anmeldet, kann man sicher sein, daß er oder sein Präsident gerade wieder etwas Schlimmes angerichtet hat!« Aber die Nadelstiche wurden selten, wenn überhaupt, bis zur offenen Konfrontation getrieben. Zwar verboten Stolz und Umstände, das zuzugeben, aber meine mexikanischen Gesprächspartner kannten genau die Grenze zwischen Rhetorik und Erfordernissen der Praxis.

Ganz anders reagierten sie, wenn wir uns in zwischenamerikanischen Gremien oder vor den Vereinten Nationen befanden. Mexikos Entscheidung 1975, vor den Vereinten Nationen die Resolution zu unterstützen, die den Zionismus zu einer Form des Rassismus erklärte, war weniger von Überzeugung, als vielmehr von dem Wunsch getragen, zu demonstrieren, daß Washington die Regierung Echeverría nicht in der Hand hatte. Der mexikanische Präsident verwandte einen beträchtlichen Teil seiner Energie darauf, eine weitere bösartige Initiative der Vereinten Nationen zu befördern, die sogenannte Charta der Wirtschaftlichen Rechte und Pflichten der Staaten. Darin hieß es, daß eine massive Umverteilung der Ressourcen in der Welt nur gerecht sei. Obwohl er unsere Einwände kannte, erzwang Echeverría eine Abstimmung und veranlaßte uns damit, auf der Tagung der UN-Vollversammlung Ende 1974 dagegen zu votieren. Damit bewies er erneut, daß für ihn die Bezeugung der politischen Unabhängigkeit Mexikos höheren Stellenwert besaß als die praktische Seite wirtschaftlicher Zusammenarbeit.

Über die Wirkung seines Verhaltens in diesen Institutionen auf uns schien sich Echeverría merkwürdigerweise keine Gedanken zu machen. Am Ende seiner sechsjährigen Amtszeit setzte er mich in Erstaunen, als er um die Unterstützung der Vereinigten Staaten für seine Bewerbung als Generalsekretär der Vereinten Nationen bat. Dabei argumentierte er, er wäre sicher ein guter Fürsprecher für die Dritte Welt. Daß er von uns erwartete, die ausgiebige Kritik Mexikos an den Vereinigten Staaten vor den Vereinten Nationen und anderen multilateralen Gremien aus dem Gedächtnis zu streichen, sagt viel darüber aus, welche Bedeutung derartiges Gebaren in den Augen der Mexikaner wirklich hat. Da die Bitte vom Präsidenten eines Nachbarlandes vorgetragen wurde, das für unser Verhältnis zur westlichen Hemisphäre zentrale Bedeutung hatte, war die Entscheidung für uns nicht leicht. Wir zögerten sie hinaus, bis Echeverría aus dem Amt schied. Danach klärten die Kräfteverhältnisse in den Vereinten Nationen und die politische Lage in Mexiko, wo gerade eine Finanzkrise wütete, die Angelegenheit, ohne daß die Vereinigten Staaten aktiv werden mußten.

Auch unsere Haltung war von vielfältigen Impulsen bestimmt. Wer sich mit internationaler Politik und Wirtschaft ernsthaft befaßt, weiß, daß Mexiko für die Vereinigten Staaten niemals nur Ausland gewesen ist. In einem Nachbarstaat mit einer Bevölkerung von hundert Millionen, von denen viele bereits einen beträchtlichen Teil unserer eigenen Bevölkerung bildeten, Chaos oder Ressentiments zu schüren, das hätte unseren eigenen nationalen Interessen geschadet. Jeder Präsident der Vereinigten Staaten mußte sich verpflichtet fühlen, möglichst enge Beziehungen zu Mexiko zu unterhalten und unnötige Konfrontationen zu vermeiden.

Als Mexiko im Sommer 1976 von einer Finanzkrise erschüttert wurde und sich der Unterstaatssekretär im Finanzministerium Ed Yeo auf eine Sondierungsmission zu Echeverría begab, verabschiedete ich ihn mit der Empfehlung:»Denken Sie daran, ihn als Freund zu behandeln.« Die innenpolitischen Erfordernisse beider Staaten änderten nichts daran, daß beide voneinander abhängig und dazu verpflichtet waren, ein herzliches bilaterales Verhältnis zu pflegen. Aber die beiderseitige Abhängigkeit war schwer in Aktionsprogramme umzusetzen. Beratungsgremien auf den verschiedensten Ebenen beschäftigten sich mit einem weiten Kreis von Problemen, die vom Salzgehalt der Flüsse bis zur Emigration reichten. Aber erst in der Amtszeit von George Bush in den Vereinigten Staaten und Carlos Salinas de Gortari in Mexiko gelang mit dem Nordamerikanischen Freihandelsabkommen (NAFTA) ein Projekt, das für beide Seiten realisierbar und verbindlich war. Die Idee einer Freihandelszone in der westlichen Hemisphäre hatte Ronald Reagan bereits 1979 geäußert.

Echeverrías Außenminister Emilio Rabasa, Rechtsanwalt und Professor, ein hochintelligenter, etwas schroffer Mann, der die Vereinigten Staaten gut kannte, versuchte die Kluft zwischen der Rhetorik seines Chefs und den ihm durchaus bekannten Grenzen der amerikanischen Toleranz zu überbrücken. Zu diesem Zweck entwickelte Rabasa ein herzliches Verhältnis zu mir, das zwar anfangs von taktischen Überlegungen bestimmt war, mit der Zeit jedoch zu gegenseitiger Zuneigung führte.

Wir begegneten uns zum ersten Mal 1972, als Rabasa mich im Urlaub in Acapulco aufsuchte, um mir die Besorgnis Mexikos über den hohen Salzgehalt des Colorado mitzuteilen, der aus den Vereinigten Staaten kommt und in Nordmexiko zur Bewässerung genutzt wird. Laut Rabasa lag hier die Verletzung eines Vertrages vor, den die Roosevelt-Administration 1944 unterzeichnet hatte. Ich wußte nichts von dieser Sache, versprach aber, mich darum zu kümmern und zu einer Lösung beizutragen, sollten Rabasas Analysen von unseren Experten bestätigt werden. Nach meiner Rückkehr empfahl ich, daß Herbert Brownell, Generalstaatsanwalt während der Regierungszeit Eisenhowers, mit Mexiko ein Abkommen ausarbeiten sollte, das auch unseren Interessen entsprach. Brownell löste das Problem im Jahr 1974 mit viel Geschick.

Rabasa war sehr darauf bedacht, den »neuen Dialog« in Mexiko-Stadt aufzunehmen, um auf diese Weise die Stellung seines Präsidenten unter den lateinamerikanischen Staaten aufzuwerten. Da ich mir ausrechnete, daß Rabasa als Gastgeber zurückhaltender auftreten werde denn als einfacher Teilnehmer, stimmte ich zu. Der »neue Dialog« hatte das Ziel, festzustellen, ob es möglich sei, über abgedroschene rhetorische Floskeln hinauszukommen und eine Grundlage für ein gemeinsames Vorgehen in der westlichen Hemisphäre zu finden. Mexiko hatte für diese Herausforderung geradezu symbolischen Wert und galt als interessanter Testfall dafür, ob eine Lösung des Problems möglich war.

Die Konferenz von Tlatelolco

Mexikos Außenministerium liegt in einem Bezirk von Mexiko-Stadt, der noch heute den aztekischen Namen Tlatelolco trägt. Von der Veranda des Speisesaals sind die Ruinen der großen Vergangenheit zu sehen – eine deutliche Ermahnung an Diplomaten, wie vergänglich ihr Streben sein kann. Um hervorzuheben, welche Bedeutung wir dieser Begegnung beimaßen, und ein neues Vorgehen abzustecken, lud ich einige Wochen zuvor eine Gruppe hochrangiger Politiker des Kongresses ein: den Präsidenten des Repräsentantenhauses Carl Albert; den Vorsitzenden des Unterausschusses für Lateinamerika Dante Fascell; das prominente Mitglied dieses Ausschusses William Mailliard, später amerikanischer Botschafter bei der OAS; den Mehrheitsführer im Senat Mike Mansfield; den Minderheitsführer Hugh Scott; den Vorsitzenden des Unterausschusses Lateinamerika im Auswärtigen Ausschuß Gale McGee.

Unsere mexikanischen Gastgeber vertraten nicht gerade die von den Vereinigten Staaten favorisierte Idee einer Gemeinschaft. Alles war so arrangiert, daß man den Eindruck haben mußte, die Konferenz sei kein Dialog, sondern eher eine Art Konfrontation ganz Lateinamerikas mit den Vereinigten Staaten. Bei der Eröffnungssitzung ließ sich Echeverría von zwei Außenministern Lateinamerikas in den Saal begleiten. Nach der Eröffnungsrede des Präsidenten legte der kolumbianische Außenminister seine Schlußfolgerungen des Treffens von Bogotá dar. Der versöhnliche Ton konnte nicht darüber hinwegtäuschen, daß es sich um eine Reihe einseitiger Forderungen an die Vereinigten Staaten handelte. Ich antwortete, indem ich wie bereits zuvor in Panama unsere Vorstellung von einer Gemeinschaft der westlichen Hemisphäre hervorhob:

Im 19. und frühen 20. Jahrhundert haben die Vereinigten Staaten erklärt, was außerhalb dieser Hemisphäre gelegene Länder hier nicht tun sollten. In den dreißiger Jahren haben wir verkündet, was die Vereinigten Staaten nicht tun werden…

Die Hauptaufgabe dieser Konferenz, die noch wichtiger ist als die einzelnen Punkte unserer Tagesordnung, sehe ich darin, eine gemeinsame Orientierung zu finden und unseren Bemühungen ein neues Ziel zu geben. Lassen Sie uns deshalb Arroganz und Konfrontation vermeiden. So, wie man von den Vereinigten Staaten nicht alle Antworten erwartet, sollte man von ihnen auch nicht fordern, alle Verantwortung zu tragen. Lassen Sie uns gemeinsam an den Aufbau einer interamerikanischen Gemeinschaft gehen.[7]

Dann legte ich das Programm der Vereinigten Staaten dar, das das Ergebnis einer quasistrategischen Debatte in unserer Regierung war. Ich hatte den »neuen Dialog« vorgeschlagen, um ein neues Sonderverhältnis zu schaffen und ihm zugleich symbolischen Ausdruck zu verleihen. Das Motiv dafür war sowohl defensiver als auch offensiver Natur: defensiv, weil wir damit ein Bündnis der Warenproduzenten verhindern wollten, das eine allgemeine Preissteigerung anstrebte; offensiv, weil mit dem Sonderverhältnis in der westlichen Hemisphäre eine Alternative zu der in den Gremien der Dritte-Welt-Länder propagierten Konfrontationspolitik geschaffen werden sollte. Auf einer Beratung von Beamten des Außen- und des Finanzministeriums, bei der das Programm für die Konferenz von Tlatelolco abgesteckt wurde, hatte ich folgende Strategie vorgeschlagen:

Was ich fürchte, ist die Tendenz, daß die Lateinamerikaner sich mehr und mehr mit den blockfreien Staaten verbünden. Das hätte weitreichende politische Folgen... Ich möchte in Mexiko etwas sagen, was unser besonderes Interesse an den Lateinamerikanern zum Ausdruck bringt... Ich möchte den Lateinamerikanern das Gefühl geben, daß uns ein Sonderverhältnis mit ihnen verbindet.

Weder die Lateinamerikaabteilung des Außenministeriums noch das Finanzministerium hatten dieses Vorgehen als zwingend erachtet.

Im Unterschied zur Afrikaabteilung des Außenministeriums, die erst am Ende der Kolonialzeit selbständig wurde, hatte die Abteilung Interamerikanische Angelegenheiten eine lange Tradition und feste politische Anschauungen. Das ARA (eine Abkürzung, die noch aus der Zeit stammt, als der Gegenstand »American Republic Affairs« genannt wurde) war mit ausgeprägten Persönlichkeiten besetzt, die sich als Erben einer paternalistischen Tradition verstanden, als die Vereinigten Staaten sich noch aktiv an der Regierungsbildung lateinamerikanischer Staaten beteiligt hatten. Gewohnheiten sind schwer zu ändern, auch wenn nun bei der Politik der guten Nachbarschaft vor allem Beratung im Vordergrund stand. Die Lateinamerikaabteilung war durchaus gewillt, den Staaten der Region unsere Absichten im Grundsatz mitzuteilen, ohne aber unsere eigene Handlungsfreiheit einzuschränken. Die Wirtschaftsabteilung und der politische Planungsstab lehnten es gar ab, irgendeiner Region eine Sonderbehandlung zukommen zu lassen.

Das eigentliche Problem bestand darin, wie man die internationalen Gremien lenken konnte, die durch die Energiekrise und die Veränderungen in der Welt unumgänglich geworden waren. War es besser, bei jedem einzelnen Thema Unterstützung zu organisieren, oder sollte man lieber eigens eine Gruppe zusammenstellen? Die Antwort hing zum Teil davon ab, wie man die entstehende internationale Ordnung betrachtete. Das Finanzministerium, das in diesen Fragen von Unterstaatssekretär Paul Volcker vertreten wurde, der sich später vor allem als Vorsitzender des Bundesfinanzausschusses einen Namen machte, zog globale multilaterale Vereinbarungen vor. Dabei werden Staaten als wirtschaftliche, nicht als politische Einheit gesehen. Man erwartet, daß ein Ausgleich der wirtschaftlichen Interessen mehr oder weniger von selbst auch zu einer Harmonisierung der politischen führt. Ich war der Meinung, daß wir um den Aufbau regionaler Gruppen nicht herumkamen, wenn wir keine Isolierung riskieren wollten:

Ich weiß, daß eine Politik der Blockbildung dem zuwiderläuft, was wir bisher getan haben. Die Europäer bilden Blöcke. Sie haben Sonderbeziehungen zu zahlreichen Staaten. Wir fordern Entschädigung, wenn unsere Handelsinteressen verletzt werden. Aber das sind defensive Rückzugsgefechte. Wir sind die einzigen Verfechter multilateraler Lösungen, was den Staaten in die Hände spielt, die Blöcke bilden.

Volcker hatte durchaus recht, als er erklärte: »Neue Substanz ist nicht leicht zu gewinnen. Wir befassen uns mit diesen Problemen seit vielen Jahren, und es ist schwierig, substantiell neue Ideen zu entwickeln.« Trotzdem wurden auf mein Drängen spezifische Vorschläge in vier Bereichen erarbeitet: Handelspolitik, Energie, Methoden für die Lösung von Investitionsstreitigkeiten und Bemühungen zur Definition der Grundsätze wechselseitiger Abhängigkeit. Das war mehr, als man unter normalen Verhältnissen ohne ein konkretes Ziel für das Treffen der Außenminister erreichen konnte, wenn es auch nicht der konzeptionelle Durchbruch war, den ich anstrebte.

Nachdem Echeverría die Delegation in seinem offiziellen Amtssitz, dem Palast von Chapultepec, mit einem Lunch bewirtet und mit düster dreinschauenden Volksmusikanten unterhalten hatte, versammelten sich die Teilnehmer um einen quadratischen Tisch im Außenministerium. Auf der Tagesordnung standen Nachfragen meiner Ministerkollegen zum Inhalt meiner Rede.

Man kann nicht sagen, daß meine lateinamerikanischen Kollegen besonders begeistert reagierten. Zwar quittierten sie die meisten konkreten Vorschläge durchaus mit Wohlwollen, einige schreckten jedoch vor dem Gedanken zurück, es könnten Verfahren für die Regelung von Investitionsstreitigkeiten eingeführt werden, die sie als potentielle Einmischung in ihre innerstaatliche Rechtsprechung betrachteten. Vor allem irritierte sie die Vorstellung einer »Gemeinschaft«. So fragte der venezolanische Außenminister, ob damit die Schaffung neuer Institutionen gemeint sei oder nur bereits bestehende Vereinbarungen anders benannt würden. Man befürchtete offensichtlich, die Vereinigten Staaten hätten eine neue Formel für ihr traditionelles Hegemoniestreben gefunden. Und man wandte sich gegen meine Feststellung, daß das Prinzip der Gegenseitigkeit gelten müsse.

Vielleicht hatte ich zu große Worte gewählt, um etwas zu beschreiben, was im Grunde genommen auf ein System engerer Konsultationen in der westlichen Hemisphäre hinauslief, vor allem was die internationalen Gremien zu Themen wie Handel und Energie betraf. Aber an meiner Vorstellung der Gegenseitigkeit hielt ich fest:

Seit ich für die Regierung arbeite, beklagen sich meine Freunde aus Lateinamerika darüber, daß die Vereinigten Staaten sie vernachlässigen. Seit ich in der Regierung bin, sagen mir meine Freunde aus Lateinamerika, daß die Vereinigten Staaten besondere Verpflichtungen gegenüber ihrer Region haben ... (Aber) man kann nicht eine besondere Behandlung fordern und ein Sonderverhältnis ablehnen ...

... Wenn wir in der Delegation der Vereinigten Staaten von Gegenseitigkeit sprechen, dann meinen wir nicht, daß wir für alles, was wir tun, eine adäquate Gegenleistung erwarten. Wir meinen aber, daß gesunde Beziehungen auch der anderen Seite gewisse Verpflichtungen auferlegen. Ich denke, das ist die einzige Grundlage für ein würdiges Verhältnis.

Am nächsten Morgen präsentierten mir meine lateinamerikanischen Kollegen ihre Antwort, die sie, falls sie akzeptiert würde, als das offizielle Kommuniqué veröffentlichen wollten. Sie definierten kein neues Verhältnis, sondern umrissen eher den kleinsten gemeinsamen Nenner. Im Grunde genommen war es die althergebrachte lateinamerikanische »Wunschliste«, aus einer Reihe einseitiger Forderungen nach Veränderung der US-Politik bestand.

Meine Reaktion war allerdings alles andere als althergebracht. Ich ging den beispiellosen Schritt, den Entwurf gar nicht erst zu diskutieren. Ich bestand darauf, entweder eine Vereinbarung zu treffen, die ein gewisses Maß an Solidarität innerhalb der westlichen Hemisphäre zum Ausdruck brachte, oder in einem kurzen Kommuniqué lediglich festzustellen, wir seien zusammengetroffen und übereingekommen, den Dialog im April in Washington fortzusetzen. So drohte der »neue Dialog« bereits beim ersten Anlauf in die Sackgasse zu geraten. Außenminister Mario Gibson Barbosa half, einen Ausweg zu finden. Als Vertreter Brasiliens, das sich selbst als angehende Supermacht betrachtete, hielt er es für wenig nützlich, den außenpolitischen Einfluß seines Landes wegen einer Reihe bornierter Positionen zu beeinträchtigen. Brasiliens Außenminister wollte am »neuen Dialog« teilnehmen, verfolgte aber dabei das Ziel, sowohl wortgewaltige Erklärungen als auch eine Konfrontation mit den Vereinigten Staaten zu vermeiden. Während der Konferenz hatte Gibson Barbosa auf meine Bemerkung, daß bei den arabischen Ölproduzenten nur die Sprache der Stärke fruchte, mit den skeptischen Worten reagiert: »Ja, besonders bei den Starken.«

Nun machte der brasilianische Außenminister einen salomonischen Vorschlag. Meine Einwände gegen den Entwurf der Lateinamerikaner hätten wohl damit zu tun, daß er in Spanisch abgefaßt sei – eine zum Heldischen neigende Sprache, die sich eher für Konfrontation als für Einmütigkeit eigne. Gibson Barbosa schlug vor, die englischsprechenden Teilnehmer der Konferenz sollten sich an einem Gegenentwurf versuchen, Außenminister »Sonny« Ramphal von Guyana und ich sollten dies übernehmen.

Das war ein merkwürdiger Vorschlag. Guyana war in Dritte-Welt-Gremien stets unter den Radikalen zu finden. Wie alle Nachfolgestaaten europäischer Kolonien in der Karibik gehörte es historisch nicht zum interamerikanischen System und war nicht einmal Mitglied der OAS. Tlatelolco war das erste Außenministertreffen der westlichen Hemisphäre, zu dem man Ramphal eingeladen hatte. Andererseits hatte Guyana Grenzstreitigkeiten mit Venezuela, bei denen die Gunst der Vereinigten Staaten von Nutzen sein konnte. Vor allem aber fand Ramphal, der hervorragend Englisch sprach, ebenso charmant wie eloquent war, großen Gefallen an dieser Schlüsselrolle. Am Ende brachten er und ich einen Entwurf zustande, der dem ursprünglichen Anliegen des »neuen Dialogs« wesentlich näher kam.

Ramphal und ich waren noch mitten im Formulieren, als es bereits Zeit für die Schlußsitzung der Konferenz war. Dieselbe illustre Gesellschaft wie bei der Eröffnungssitzung war eingeladen worden, Zeit für die Satellitenübertragung anberaumt. Für unsere mexikanischen Gastgeber und die Kollegen aus Lateinamerika ging es nicht an, daß ein fehlendes Kommuniqué der festlichen Würdigung des noch unentschiedenen Inhalts der Konferenz im Wege stand. Der venezolanische Außenminister feierte die Ergebnisse der Tagung mit einer Beredsamkeit, die Gibson Barbosas Behauptung Lügen strafte, Spanisch sei nicht die Sprache der Versöhnung.

Danach kamen alle Außenminister zusammen, um die verschiedenen Entwürfe zu einem Schlußdokument zusammenzufügen, das der bereits erklungenen Lobpreisung wert war. Luigi Einaudi aus unserem politischen Planungsstab nannte das Endprodukt ein »amerikanisches Programm nach peruanischen Grundsätzen in einem mexikanischen Rahmen«. Im Kommuniqué wurde der Begriff »Gemeinschaft der westlichen Hemisphäre« durch »interamerikanische Solidarität« ersetzt, insgesamt aber spiegelte es durchaus unsere Sicht der Dinge wider:

Die Konferenz fand in herzlicher Atmosphäre, frei von den alten Verkrustungen statt, die unsere Gespräche in den eher herkömmlichen Gremien so oft belasteten. Die Teilnehmer begegneten sich als ebenbürtige Partner, die sich bewußt sind, daß die hier in Angriff genommene Politik weitreichende historische Bedeutung haben kann. Damit dies Wirklichkeit wird, müssen wir aber erkennen, daß wir an einem Wendepunkt stehen, müssen wir bereit sein, nach neuen Horizonten der Verständigung und Zusammenarbeit zu streben.

Die Außenminister kamen überein, … daß gegenseitige Abhängigkeit zu einem physischen und moralischen Pflichtgebot geworden ist, das einen neuen, starken Geist interamerikanischer Solidarität erforderlich macht.[8]

In dem Kommuniqué wurde der größte Teil unseres Programms gebilligt, wenn auch manches in Form nicht bindender Vorschläge, die weiter zu prüfen waren. Die verschiedenen Entwürfe eines Konzepts globaler wirtschaftlicher Sicherheit wurden positiv bewertet. Das Thema Sanktionen gegen Kuba, das heiß umstritten war, wurde ausgeklammert und im Kommuniqué nicht erwähnt. All das wäre nicht möglich gewesen ohne eine kooperative Haltung der radikalen Staatengruppe, vor allem des gastgebenden Außenministers Emilio Rabasa – der Dank für die konziliante Haltung, die wir in bilateralen Fragen, einschließlich der Versalzung der Flüsse, an den Tag gelegt hatten.

Der Mehrheitsführer im Senat Mansfield berichtete seinen Kollegen:

Der Geist der Gemeinsamkeit, der sich auf der Konferenz zeigte, war nach meiner Auffassung echt und substantiell, wenn auch nicht immer umfassend. Aus Sicht der Vereinigten Staaten erwies sich die Konferenz als äußerst nützlich, um wachsendem Unmut gegen bestimmte Aspekte der Politik und der Praxis unseres Landes entgegenzuwirken. Wie lange dieser neue Geist anhält, ist natürlich eine andere Frage.

Das Ende des »neuen Dialogs«

Kaum zwei Monate später, am 17. und 18. April, wurde der »neue Dialog« in Washington fortgesetzt. Bei einem Treffen der Außenminister wurde die Bildung von Arbeitsgruppen für Investitionen und Technologietransfer vereinbart. Nixon bat die Minister zum Essen ins Weiße Haus und brachte in einer Rede entschieden seine Unterstützung für das Konzept und das Programm zum Ausdruck, das ich in Tlatelolco vorgelegt hatte.

Allerdings gelang es uns nicht, wie in Tlatelolco, eine Diskussion über die Kubafrage zu umgehen. Eine große Mehrheit der Lateinamerikaner machte kein Geheimnis daraus, daß sie über das von der OAS über den ganzen Kontinent verhängte Handelsverbot mit der Insel beunruhigt waren. Insbesondere wandten sie sich dagegen, daß amerikanischen Unternehmen, die in lateinamerikanischen Staaten und Kanada ihren Sitz hatten, Handel mit Kuba verboten war. Zwar konnten wir eine offizielle Abstimmung vermeiden, aber es war klar, daß die OAS-Politik gemeinsamer Sanktionen gegen Kuba nicht mehr viele multilaterale Treffen – im Rahmen der OAS oder des »neuen Dialogs« – überstehen werde. Eine überwältigende Mehrheit der

Delegierten (wenn auch vielleicht noch nicht eine Zweidrittelmehrheit, die nach der OAS-Charta erforderlich war) verlangte, daß jedes Land frei sein müsse, seine Politik in dieser Frage selbständig zu bestimmen. Wie verbreitet diese Meinung in Lateinamerika war, zeigte sich, als der argentinische Außenminister Alberto J. Vignes als Gastgeber des nächsten Treffens im März 1975 in Buenos Aires ankündigte, er werde Kuba zum »neuen Dialog« einladen. Ich warnte ihn: Wir würden nicht teilnehmen, wenn der »neue Dialog« ein Forum zur Ausübung von Druck in der Kubafrage werde, und wieder abreisen, wenn man uns dem in Buenos Aires aussetze.

Um zu verhindern, daß die OAS-Sanktionen einfach ignoriert wurden, stimmten wir zu, es beim nächsten OAS-Treffen jedem Mitgliedsland freizustellen, nach seinen Interessen zu handeln. Aber wir stellten klar, selbst wenn die Sanktionen der OAS aufgehoben seien, würden die Vereinigten Staaten ihre nationalen Sanktionen aufrechterhalten, bis Kubas Politik der Unterstützung subversiver Aktivitäten in anderen Ländern und der militärischen Bindung an die Sowjetunion sich grundlegend gewandelt habe. Auf der nächsten OAS-Konferenz im November 1974 in Quito, der Hauptstadt Ecuadors, verfehlte der Antrag, die Sanktionen der OAS gegen Kuba aufzuheben, die notwendige Zweidrittelmehrheit nur um eine Stimme. Viele lateinamerikanische Staaten warfen uns daraufhin vor, wir hätten ihnen nicht gestattet, den Sanktionen ein Ende zu setzen, weil wir selbst daran festhalten wollten.

So blieb die Kubafrage auf der Tagesordnung der zwischenamerikanischen Beziehungen und band weiterhin übermäßig viel Kraft. Schließlich wurde beim nächsten OAS-Treffen im Mai 1975 beschlossen, eine Sondertagung der Organisation einzuberufen, auf der Abänderungen ihrer Charta erörtert werden sollten. Eine davon sollte es gestatten, Sanktionen der OAS – nicht unbedingt die gegen Kuba – mit einfacher Mehrheit aufzuheben. Wenn diese Bestimmung, ohne Kuba zu erwähnen, mit Zweidrittelmehrheit angenommen wurde, dann konnten die Kubasanktionen danach mit einfacher Mehrheit aufgehoben werden – und die war zweifellos vorhanden. Auf diese Weise verschwand das Streitthema Sanktionen gegen Kuba schließlich von der zwischenamerikanischen Tagesordnung (siehe Kapitel XXV). Inzwischen waren mir aber beträchtliche Zweifel gekommen, ob multilaterale Gremien der geeignete Ort waren, um ein Sonderverhältnis unter den Staaten der westlichen Hemisphäre aufzubauen.

Der politische Planungsstab des Außenministeriums legte unter Leitung von Winston Lord einige gedankenreiche Memoranden zu diesem Thema vor. Luigi Einaudi wies darauf hin, daß von den lateinamerikanischen Ländern nach wie vor widersprüchliche Anstöße ausgingen. Staaten wie Mexiko, Peru und Argentinien verstanden den »neuen Dialog« als Gesprächsrunde, die die Wiedereingliederung Kubas in die westliche Hemisphäre erleichtern sollte. Brasilien dagegen meinte mit Beziehungen in der westlichen Hemisphäre vor allem die zu den Vereinigten Staaten. Es wollte sich nicht auf Bindungen einlassen, die seine Handlungsfreiheit einschränken konnten. Die kleineren lateinamerikanischen Staaten wiederum gaben dem bestehenden System der OAS als Schutz vor ihren größeren Nachbarn und den Vereinigten Staaten den Vorzug. In einem Bericht des Außenministeriums aus Guatemala hieß es dazu kurz und bündig:

Es ist eine entscheidende politische Tatsache, daß die Vereinigten Staaten das einzige Land des Kontinents bleiben, das in der Lage ist, die Einheit der Region herzustellen – gegen sich selbst. Entwicklungen in der amerikanischen Innenpolitik ersparten uns die Peinlichkeit, unseren eigenen wachsenden Zweifeln nachzugeben. Einige Überprüfungen von Ausgleichszöllen, die das Finanzministerium, wie vom Gesetz gefordert, in Auftrag gab, machten die positive Wirkung unserer Garantien, neue Handelsbeschränkungen zu vermeiden, weitgehend zunichte. Besonders Brasilien war wegen der Behinderung seiner Schuhexporte erzürnt. Es sah im Verhalten der Vereinigten Staaten zu Recht einen Bruch meines Versprechens gegenüber Gibson Barbosa, wir würden uns mit Vergeltungsmaßnahmen zurückhalten, bis die neue Regierung unter General Ernesto Geisel im Amt sei. George Shultz vertrat in einem der wenigen Fälle, in denen wir nicht übereinstimmten, die Auffassung, das höhere Interesse der Exekutive an den Handelsgesetzen erfordere die strikte Einhaltung der Bestimmungen. Das erklärte allerdings nicht, warum unsere Wirtschaftsbehörden die betroffenen Regierungen zuvor kaum oder gar nicht in Kenntnis gesetzt hatten.

Die Verärgerung griff von einzelnen Ländern bald auf den ganzen Kontinent über, als der Kongreß im Handelsgesetz 1974 entschied, *alle* OPEC-Mitglieder (ob sie nun am Ölboykott beteiligt waren oder nicht) vom System der Handelsbegünstigung auszuschließen, dazu die Beteiligten an jeglichen kartellähnlichen Absprachen, die lebenswichtige Lieferungen zurückhielten oder die Preise unangemessen in die Höhe trieben, ebenso Staaten, die amerikanische Bürger ohne entsprechende Entschädigung enteigneten.

Während das Handelsgesetz der Exekutive die Vollmacht gab, über einen weiteren Abbau von Handelsschranken zu verhandeln und auf eine Verbesserung des Welthandelssystems hinzuwirken, wurden die Vergeltungsmaßnahmen in der ganzen westlichen Hemisphäre als ein Abgehen vom freien Handel verstanden, der einzigen bedeutenden wirtschaftlichen Verpflichtung der Vereinigten Staaten gegenüber Lateinamerika. Die uralte Furcht vor »Intervention« war wieder geweckt, verstärkt noch durch die fortlaufenden Enthüllungen über frühere CIA-Aktivitäten in Lateinamerika. Der Handel, den wir als Herzstück der amerikanischen Initiative in der Region verkündet hatten, war nun zu ihrer größten Belastung geworden. (Das erwähnte Handelsgesetz führte auch zu schweren Spannungen in unserem Verhältnis zur Sowjetunion. Es geschieht nicht oft, daß es dem Kongreß gelingt, durch seine Beschlüsse Krisen im Verhältnis zu zwei wichtigen Partnern der Vereinigten Staaten in so verschiedenen Teilen der Welt gleichzeitig auszulösen.)

Der Aufschrei in Lateinamerika, von Anfang an sehr schrill, verstärkte sich noch in den ersten Monaten des Jahres 1975. Am lautesten ließen sich die OPEC-Mitglieder Venezuela und Ecuador vernehmen. Präsident Pérez von Venezuela nannte das Gesetz eine »Beleidigung«, einen Akt »wirtschaftlicher Aggression und politischen Drucks«. Er behauptete, das Gesetz verletze Grundprinzipien der OAS-Charta. Ecuador drohte, das Außenministertreffen zu boykottieren, das für Anfang März in Buenos Aires vorgesehen war. Der in Peru herrschende linkslastige General Juan Velasco Alva-

rado schlug vor, die Vereinigten Staaten vom »neuen Dialog« auszuschließen, um damit seine Ablehnung des Gesetzes zu demonstrieren. Da er schon
einmal dabei war, beschuldigte Velasco auch noch – fälschlicherweise – die
CIA, sie sei an Unruhen in seinem Land beteiligt gewesen, die sich gegen
seine Wirtschaftspolitik richteten. Brasilien drohte Vergeltungsmaßnahmen wegen der protektionistischen Seite des Gesetzes im Zusammenhang
mit seinen Schuhexporten an. Auch Mexiko und Panama äußerten sich sehr
kritisch. Venezuela und Ecuador forderten eine Sondertagung des Ständigen
Rates der OAS, um das Handelsgesetz der Vereinigten Staaten zu erörtern.
Ironischerweise gelang es uns so mit dem Handelsgesetz, Lateinamerika
weit stärker zu einen als mit dem »neuen Dialog«.

Die Empörung der lateinamerikanischen Staaten machte sich Luft, indem
das Handelsgesetz im Ständigen Rat der OAS mit zwanzig zu null Stimmen
(die Vereinigten Staaten enthielten sich) als »diskriminierender Zwangsakt,
der den Grundsätzen der OAS zuwiderläuft«, bewertet wurde. Fast gleichzeitig kündigten Ecuador und Venezuela an, das Außenministertreffen des
»neuen Dialogs« in Buenos Aires zu boykottieren. Der mexikanische Präsident ließ uns – aus Havanna, nicht mehr und nicht weniger – wissen, sein
Außenminister werde ebenfalls nicht teilnehmen, weil Kuba ausgeschlossen
bleibe. Chile wiederum stellte klar, es werde nicht anreisen, wenn man Kuba
einlade.

Da die Konferenz zu scheitern drohte, setzte die argentinische Regierung
sie Ende Januar 1975 kurzerhand ab. Um wenigstens gegenüber den Linken
im Land etwas Vorteil daraus zu ziehen, behauptete sie, dies sei als Protest
gegen das Handelsgesetz zu verstehen. Um ihr besonders zu unterstreichen,
kündigte Argentinien an, der Dialog könnte wiederaufgenommen werden,
sofern die Vereinigten Staaten die diskriminierenden Bestimmungen aufhoben, die den Interessen und der Einheit Lateinamerikas Schaden zufügten.

Ein ganzes Jahr lang hatte Lateinamerika im Mittelpunkt der außenpolitischen Aktivitäten unseres Landes gestanden, die nicht von akuten Krisen
bestimmt waren. Ich war mit meinen Kollegen der westlichen Hemisphäre
fünfmal im großen Kreis und mit vielen zu Einzelgesprächen zusammengetroffen. Im März 1974 hatte Mrs. Nixon die amerikanische Delegation zur
Amtseinführung der Präsidenten Carlos Andrés Pérez in Venezuela und Ernesto Geisel in Brasilien geleitet. Finanzminister George Shultz hatte ebenfalls diese beiden Länder und Chile besucht, um über eine Reihe von Wirt-
schafts- und Handelsinitiativen zu sprechen. Der Handelsrepräsentant der
Vereinigten Staaten, Botschafter William Eberle, reiste in elf lateinamerikanische Staaten, um unserer Verpflichtung nachzukommen, die Ansichten
Lateinamerikas zu den multilateralen Handelsgesprächen zu erkunden.
(Dabei handelte es sich um globale Verhandlungen, die zur sogenannten
Uruguay-Runde der multilateralen Handelsliberalisierung führten.)

Nach all diesen Initiativen der Vereinigten Staaten war die einzige gemeinsame Position, auf die sich unsere Nachbarn in der westlichen Hemisphäre verständigen konnten, ihre Gegnerschaft gegen das Handelsgesetz
der Vereinigten Staaten und Solidarität mit dem auf eine Regelung der Ka-
nalfrage drängenden Panama.

Am Ende dieser Etappe faßte der stellvertretende Unterstaatssekretär
William Rogers zusammen, was geschehen war:

Sie haben uns gedrängt, mehr anzustreben, etwas, was über eine konkrete Antwort der Vereinigten Staaten auf die Vorschläge Lateinamerikas hinausgehen und den Kontinent auf neue, gemeinsame Ziele einschwören sollte. Wir haben uns sehr bemüht. Aber wir konnten keinen Vorschlag finden, von dem wir ehrlich hätten sagen können, er sei reif dafür, dem Kontinent präsentiert zu werden, und der Kontinent sei reif dafür, ihn von den Vereinigten Staaten entgegenzunehmen.

Heute ist offensichtlich, daß unsere Suche nach Gemeinsamkeiten und einem Aktionsplan, den die Staaten Lateinamerikas und der Karibik hätten akzeptieren können und der über rhetorische Übungen und eine Herausforderung unserer Politik hinausging, verfrüht war. Aufgrund mehrerer Faktoren – daß die Wirtschaft vieler lateinamerikanischer Länder etatistisch geprägt war und die meisten Regierungen autokratisch waren, daß marxistische Parteien in wichtigen Ländern Einfluß besaßen – war es unmöglich, den Plan einer Gemeinschaft der westlichen Hemisphäre zu realisieren. Die Verteidigung der Demokratie in der gesamten Region mit vereinten Kräften sowie das Abkommen über die Einrichtung einer Freihandelszone in der ganzen Hemisphäre im Jahr 2005 mußten warten, bis zwei wichtige Schritte getan waren: bis die Organisation Amerikanischer Staaten in der Amtszeit von Präsident Bush ein neues Programm der kollektiven Sicherheit erarbeitete und bis Präsident Clinton im Dezember 1994 ein Gipfeltreffen mit den führenden Vertretern der Region abhielt. Der »neue Dialog« erwies sich als eine Idee, deren Zeit noch nicht gekommen war.

XXIV. Brasilien, Chile und die Einheit der westlichen Hemisphäre

In den letzten zwei Jahren der Ford-Administration war die Kluft zwischen Schein und Sein in unseren Beziehungen zur westlichen Hemisphäre ungewöhnlich groß. Im öffentlichen Dialog hagelte es gegenseitige Beschuldigungen: Die Lateinamerikaner warfen den Vereinigten Staaten das Handelsgesetz von 1974 und die ans Licht der Öffentlichkeit gebrachten Geheimaktionen der CIA in Lateinamerika vor; außerdem hatte jedes Land seine eigenen bilateralen Probleme mit den Vereinigten Staaten. Auf unserer Seite war man aufgebracht über die Mitgliedschaft Venezuelas und Ecuadors in der OPEC, gab es Vorbehalte gegen die lateinamerikanischen Staaten, die 1975 der Resolution der UN-Vollversammlung über den »Zionismus als einer Form des Rassismus« zugestimmt hatten.

Zugleich waren die offiziellen Gespräche, die zwischen den Vereinigten Staaten und den übrigen Ländern der westlichen Hemisphäre stattfanden, herzlicher und inhaltsreicher als mit jeder anderen Gruppe von Entwicklungsländern, ja selbst mit vielen unserer NATO-Verbündeten. Nach meiner ersten Südamerikareise wies ich eine Gruppe von Senatoren am 2. April 1976 auf diese Anomalie hin:

> Innenpolitisch nützt es ihnen, wenn sie sich gegen die Vereinigten Staaten in Pose werfen. Zugleich sehe ich jede Menge guten Willen gegen-

über den Vereinigten Staaten, Herzlichkeit und Zuneigung, die ich nirgendwo sonst finde, auch nicht in Europa. Das ist paradox. Wir bringen nicht die Aktionen zustande, die wir anstreben, aber wir haben eine Gemeinschaft. Und die ist interessant. Die Staaten der Karibik kommen zu den OAS-Tagungen und verhalten sich dort wie Fremde, aber mit den Lateinamerikanern ... fühlen wir uns wie in einer großen Familie, selbst mit Peru (das damals von einer radikalen Militärjunta regiert wurde).

Während der Amtszeit Präsident Fords widmete ich der westlichen Hemisphäre ein enormes Maß an Zeit und Kraft, obwohl die lateinamerikanischen Staaten uns bei den unmittelbaren Herausforderungen nur sehr wenig helfen konnten. Zuweilen waren sie bei den Konferenzen der Industrie- und Entwicklungsländer anwesend, die sich mit der sogenannten neuen Wirtschaftsordnung befaßten. Aber dort spielten sie kaum eine entscheidende Rolle, denn wenn man die Rhetorik einmal beiseite läßt, nahmen sie unter den Blockfreien keine Schlüsselstellung ein. Der »neue Dialog« hatte gezeigt, daß ein einziges umfassendes Konzept für die Beziehungen in der westlichen Hemisphäre noch in weiter Ferne lag. Wenn wir aber darüber nachdachten, welche Rolle die Vereinigten Staaten langfristig in der Welt spielen sollten, dann gewannen die Beziehungen in der westlichen Hemisphäre eine andere Bedeutung. Ich hatte es häufig abgelehnt, einen umfassenden Wilsonianismus auf alle Aspekte der Außenpolitik anzuwenden. Ich hatte darauf hingewiesen, daß man konsequent von den nationalen Interessen ausgehen und die Wichtigkeit der Kräfteverhältnisse auf der Welt erkennen müsse. Zugleich war der Wilsonianismus durchaus keine Schrulle einiger amerikanischer Intellektueller. Er war der spontane Ausdruck einer von Einwanderern gegründeten und geformten Gesellschaft, die sich den allgemeingültigen Grundsätzen von Freiheit und Gerechtigkeit verschrieben hatte, um sich von den Werten und Gepflogenheiten der Alten Welt abzugrenzen. Eine internationale Ordnung, die allein auf nationalem Eigennutz beruhte, konnte nicht von einem Volk akzeptiert werden, das sein Land als die »strahlende Stadt auf dem Berge« ansah.

In vielen Teilen der Welt hatten wir gar keine andere Wahl, als die herkömmliche Diplomatie mit ihrer sorgfältigen Abwägung von Lohn und Strafe anzuwenden. Aber gegenüber Westeuropa und der westlichen Hemisphäre war eine verfeinerte Version des Wilsonschen Idealismus in vieler Hinsicht das beste Bindemittel für ein dauerhaftes Verhältnis. In beiden Regionen war Krieg nahezu unvorstellbar. Selbst wenn diese Verbündeten beziehungsweise Nachbarn nicht mit uns übereinstimmten, kam eine Lösung grundsätzlich durch Überzeugung und Konsens und nicht durch die herkömmliche Androhung roher Gewalt zustande. Natürlich läßt sich beides nicht fein säuberlich trennen, und die Übermacht der Vereinigten Staaten ist nicht zu übersehen. Aber unser Verhältnis zu Westeuropa und der westlichen Hemisphäre ist wesentlich mehr von Konsens bestimmt als das gegenüber anderen Regionen der Welt.

Nach der Tragödie von Indochina suchten wir – vielleicht zu ungeduldig – nach einem symbolischen Ausdruck für den moralischen Konsens mit Westeuropa und Lateinamerika. Da der Versuch, beide Regionen als eine Einheit zu behandeln, sich als verfrüht erwies, mußten Initiativen wie das Europajahr und der »neue Dialog« scheitern. In Europa versuchten wir danach durch eine gemeinsame Energiestrategie und jährliche Wirtschafts-gipfel wieder Vertrauen aufzubauen. In der westlichen Hemisphäre strebten wir nach dem Scheitern des »neuen Dialogs« über bilaterale Gespräche einen neuen Konsens an.

Wie sehr sie die Vereinigten Staaten auch kritisierten, so bestritt letzten Endes kein lateinamerikanisches Land – außer Kuba –, daß in der westlichen Hemisphäre eine Art Sonderverhältnis *bestand*. Wir waren bereit, gewisse Sonderverpflichtungen als unseren Beitrag zu dieser Gemeinsamkeit zu übernehmen.

Ein globales Forum, auf dem wir mit unseren südlichen Nachbarn regel-mäßig zusammentrafen, war der sogenannte Nord-Süd-Dialog zwischen Industrie- und Entwicklungsländern, der erstmals im April 1975 in Paris ab-gehalten wurde. Von den französischen Gastgebern wohlwollend aufge-nommen, brachte der »Süden« eine Reihe dringender Forderungen an den »Norden« vor, die die Funktionsweise des internationalen Marktes zu seinen Gunsten verändert hätten. Sie beruhten auf der Vorstellung eines staatlichen Eingreifens im globalen Maßstab. Die vom mexikanischen Prä-sidenten Luis Echeverría vorgelegte Charta der Wirtschaftlichen Rechte und Pflichten der Staaten lieferte die theoretische und Gesprächsgrundlage, während die geschickte venezolanische Delegation die entsprechenden di-plomatischen Initiativen vortrug.

Wir waren entschlossen, diesen Versuch zur Umorganisierung des Welt-marktes zurückzuweisen, wollten jedoch zugleich ein alternatives Konzept für die internationale Zusammenarbeit vorlegen. Wir hatten das über den im vorigen Kapitel beschriebenen »neuen Dialog« bereits versucht. Nun trugen wir das gleiche Ziel einem Land nach dem anderen in bilateralen Ge-sprächen vor. Diese Strategie stand im Gegensatz zu den Auffassungen mei-nes guten Freundes Bill Simon, des Finanzministers, der entschlossen war, die Regeln des freien Marktes unnachgiebig zu verteidigen. Da wir Freunde waren, fanden unsere Gespräche hinter den geschlossenen Türen des Weißen Hauses statt. Wenn wir nichts anderes taten, als die neue Wirt-schaftsordnung frontal anzugreifen, konnten wir uns meiner Meinung nach schließlich einer Einheitsfront *aller* Entwicklungsländer gegenüberse-hen. Es war sehr wahrscheinlich, daß sich die lateinamerikanischen Staaten ihnen anschlossen und am Ende gar die Regierungen vieler demokratischer Industriestaaten, die sich einer linkslastigen Öffentlichkeit in ihrem Land empfehlen wollten. Um dieser Aussicht etwas entgegenzusetzen, drängte ich darauf, daß die Vereinigten Staaten sich kooperativ zeigen und den wichtigsten Entwicklungsländern bilaterale Kommissionen für die Zusam-menarbeit in Wissenschaft, Technologie und Handel anbieten sollten. Meine Strategie lief darauf hinaus, so sagte ich dem Präsidenten am 24. Mai 1975, »ein Bild der Vereinigten Staaten zu vermitteln, das progressiv ist ... Ich will die neue Wirtschaftsordnung nicht akzeptieren, ... ich will sie zer-fasern.«

Der zupackendere Simon argumentierte, Losungen stünden letzten Endes für die Wirklichkeit. Er wollte das Konzept der neuen Wirtschaftsordnung mit Stumpf und Stiel ausrotten. Die Kommissionen für einzelne Länder ließen ihn ziemlich kalt, und er war auch skeptisch, was meine Worte über die Kooperation betraf. Seine Haltung führte dazu, daß der Präsident sich mit diesem Thema befassen mußte. Am 26. Mai 1975 erläuterte ich ihm meine Strategie:

Unsere Aufgabe wird es sein, die einzelnen Themen zu erörtern und dabei die am wenigsten entwickelten Länder (LDC) abzuspalten. Das können wir nicht mit bloßen Worten erreichen. Die LDC werden sich zusammenschließen, und es wird eine Spaltung der Entwicklungsländer geben. Das wird uns viel besser gelingen, wenn wir konkrete Vorschläge machen, bei denen einige etwas zu gewinnen haben. Dabei müssen wir aktiv vorgehen, um nicht an den Rand gedrängt zu werden. Wir sollten sie nicht in die Lage bringen, daß sie sich zur Verteidigung einiger Plattheiten zusammenschließen.

Simon verteidigte wortgewaltig seine Alternative, das multilaterale Forum für die theoretische Verteidigung der Marktprinzipien zu nutzen: »Viele erwarten von uns, daß wir das System verteidigen. Sie werden überrascht sein, wenn wir es nicht tun.«

Für mich war das wichtigste nicht die Verteidigung unserer Prinzipien, sondern die Bestimmung des Kampffeldes. Uns gegen alle Entwicklungsländer zugleich zu stellen lief unseren Wertvorstellungen zuwider. Außerdem war es keine kluge Strategie. Viel besser sei es doch, so argumentierte ich, die Themen der neuen Wirtschaftsordnung so aufzudröseln, daß wir die gemäßigten Entwicklungsländer mit Vorschlägen ansprechen konnten, deren mögliche Vorteile für ihr Land sie sich entgehen ließen, wenn sie sich in die Einheitsfront gegen die demokratischen Industriestaaten einreihten.

In einem Gespräch mit dem venezolanischen Außenminister Ramón Escovar Salóm am 10. Mai 1975 erläuterte ich, was ich dabei im Sinn hatte. Ich warnte ihn vor den Folgen einer Konfrontationspolitik und verknüpfte dies mit dem Angebot, in bilateralen Kommissionen der Vereinigten Staaten und Venezuelas zusammenzuarbeiten:

In Paris (auf der Nord-Süd-Konferenz) stand Venezuela Algerien näher als uns. Wenn das Verhältnis zwischen den entwickelten Ländern und den Entwicklungsländern zu einer Blockkonfrontation ausartet, dann wird früher oder später die Gewalt regieren. Das wäre eine Katastrophe für die Entwicklungsländer. Man sollte nicht annehmen, daß die entwickelten Staaten auf ewig in einem Lähmungszustand verharren...

... Mir ist der Gedanke gekommen, daß wir wissenschaftliche, technologische und gelegentlich auch politische Themen besprechen sollten. Das könnte in einer bilateralen gemeinsamen Kommission geschehen, wie wir sie bereits im Nahen Osten haben. Das wäre ein neutraler, inoffizieller Kontakt. Wir können das nicht mit jedem Land tun, aber sicher mit Venezuela, das eine Schlüsselstellung zwischen den entwickelten Ländern und der Dritten Welt einnimmt.

Ford entschied über die beim Nord-Süd-Dialog zu verfolgende Strategie auf seine gewohnte praktische Art:

Ich glaube fest an das System des freien Unternehmertums. Ich bin immer dafür gewesen, und ich sehe keinen Grund, das zu ändern. Andererseits bin ich ein überzeugter Pragmatiker. Ich denke, manchmal ist es wichtiger, Probleme zu lösen, als zuviel über die Formulierungen nachzudenken... Vielleicht muß man zuweilen bei den Worten etwas nachgeben, um etwas zu erreichen, was die Probleme löst. Ich glaube nicht, daß man eine praktische Lösung erzielt, wenn man sich zu sehr an Worte klammert. Trotzdem haben wir nicht die Absicht, bei unserer Grundeinstellung Kompromisse zu machen.

Anders als bei den typischen internen Washingtoner Debatten, die selten in einer Lösung münden, trug Simon diesen bürokratischen Rückschlag mit Anstand und wurde ein hilfreicher Partner bei der Durchsetzung der gemeinsamen Strategie. Zusammen arbeiteten wir bis zur Siebten Sondertagung der UN-Vollversammlung am 1. September 1975 eine umfangreiche Liste konkreter Vorschläge aus (siehe Kapitel XXII). Zu jedem Thema boten wir die Bildung separater bilateraler Kommissionen mit Schlüsselstaaten an. Besonders hoben wir dabei Saudi-Arabien, den Iran, Brasilien und Venezuela hervor, aber die Liste war nach unten offen. Solange unsere Partner aus diesen Kommissionen Nutzen zogen, war es unwahrscheinlich, daß sie sich auf eine generelle Konfrontation in der westlichen Hemisphäre oder in größeren internationalen Gremien einließen. (In einem Papier, das das amerikanische Außenministerium Ende 1976 für die Amtsübergabe an die Carter-Administration vorbereitete, listete ich fünfunddreißig Initiativen auf, die wir in Realisierung des vor der Siebten Sondertagung der UN-Vollversammlung dargelegten Programms bis zu diesem Zeitpunkt unternommen hatten.)

Der Umschwung vom multilateralen zum bilateralen Vorgehen fiel, grob gesehen, mit dem Amtswechsel von Nixon zu Ford zusammen. Der neue Präsident empfing die lateinamerikanischen Botschafter in Washington bereits an seinem ersten Tag im Amt. In den folgenden Monaten jedoch nahmen ihn die bereits beschriebenen Krisen ganz in Anspruch. Ford war nicht damit einverstanden, daß das Handelsgesetz gegen die lateinamerikanischen OPEC-Mitglieder unterschiedslos Strafen verhängte. Aber er legte kein Veto ein, weil es andere wichtige Maßnahmen wie die Ermächtigung zu beschleunigten Handelsgesprächen enthielt.

Ich nutzte den Amtswechsel, um die Zusammensetzung der Lateinamerikaabteilung des Außenministeriums zu verändern. Der bisherige Leiter Jack Kubisch war ein verdienter Beamter des Diplomatischen Dienstes, der als stellvertretender Unterstaatssekretär gute Arbeit geleistet hatte. Aber sein Nachfolger William D. Rogers, ein für Feingefühl und Scharfsinn bekannter Washingtoner Anwalt, sah die Lateinamerikapolitik als Berufung an. (Er ist nicht zu verwechseln mit William P. Rogers, der während Eisenhowers Regierungszeit Generalstaatsanwalt und unter Nixon mein Vorgänger im Amt des Außenministers war.) Politisch galt Rogers als Liberaler. Im Wahlkampf 1972 hatte er für McGovern eine Lateinamerikagruppe geleitet. Ich war durch eine Reihe ungewöhnlich tiefgründiger Artikel aus seiner Feder auf ihn aufmerksam geworden. Ich hielt ihn für einen attraktiven Kandidaten, weil er einen wichtigen Beitrag zu leisten versprach und die Politik in der westlichen Hemisphäre überparteilich geführt werden mußte. Aus diesen Gründen stimmte auch Ford meiner Empfehlung zu. Als einziger Leiter einer Regionalabteilung des Außenministeriums, der nicht aus dem Auswärtigen Dienst kam, rechtfertigte Rogers meine Erwartungen, indem er eine zielstrebige, einfallsreiche Politik in der westlichen Hemisphäre betrieb. Wir sind seitdem Freunde geblieben.

Erster Besuch in Lateinamerika: Venezuela, Peru, Kolumbien und Brasilien

Als Rogers ins Außenministerium kam, bereiteten wir für Februar 1975 eine Reise durch Lateinamerika vor. Die geplante Route Venezuela – Argentinien – Chile – Brasilien – Peru – Kolumbien – Costa Rica sollte unser verändertes Vorgehen in den bilateralen Beziehungen deutlich machen. Im letzten Augenblick mußte die Reise verschoben werden, damit ich die (in Kapitel XIII beschriebene) »Sondierungsmission« durchführen konnte, die ein Scheitern der Verhandlungen zwischen Israel und Ägypten über den Sinai verhinderte. Die Reise wurde auf April verschoben, aber das Schicksal wollte es erneut anders. Der Zusammenbruch Indochinas hielt mich in Washington fest, und die diplomatische Sackgasse im Nahen Osten verlängerte mein Bleiben. Im Juli erforderte die Europäische Sicherheitskonferenz meine Anwesenheit, im August lenkte mich der Abschluß der Nahostverhandlungen ab, und ab September kamen die Angolakrise, die SALT-Verhandlungen, die Reisen des Präsidenten nach China, Indonesien und auf die Philippinen, schließlich der Gipfel von Rambouillet dazwischen. Die Reise wurde noch zweimal verschoben, schließlich für ein Jahr später angesetzt und konnte auch dann nur in zwei Etappen durchgeführt werden. Für jede Verschiebung gab es zwingende Gründe, aber aus der Summe ergab sich die berechtigte Frage, welchen Stellenwert Lateinamerika in unserer Politik überhaupt besaß. Es war ein typischer Fall, da das Vordringliche das Wichtige verdrängte.

Zum Ausgleich hatte ich häufige Begegnungen mit Außenministern aus lateinamerikanischen Staaten, besonders aus Venezuela, Argentinien, Mexiko, Brasilien und Peru. Außerdem hielt ich zahlreiche Reden zum Thema Lateinamerika.

Auf meiner ersten Lateinamerikareise als Außenminister besuchte ich schließlich Caracas in Venezuela, Lima in Peru, Brasilia in Brasilien, Bogotá in Kolumbien und San José in Costa Rica. Für unsere langfristige Politik war Brasilien die wichtigste Station. Denn hier wollte ich beispielhaft die Beziehungen der Vereinigten Staaten zu den anderen Staaten Lateinamerikas aufbauen. Zwar Teil Lateinamerikas, unterschied sich Brasilien von seinen spanischsprechenden Nachbarn durch das Portugiesische als Landessprache und eine friedlichere, eher evolutionär verlaufene Geschichte. Das Land hat kontinentale Ausmaße und als zeitweiliges Zentrum des portugiesischen Weltreiches (als Napoleons Armeen Portugal besetzt hielten) zum Teil eine globale Geschichte. Deshalb verfügt Brasilien über eine Selbstsicherheit, die anderen südamerikanischen Staaten fehlt. Eine Ausnahme ist vielleicht Argentinien, dessen Ansprüche allerdings bis vor kurzem bei seinen Nachbarn nur wenig Beachtung fanden. Brasilien leidet viel weniger an dem Komplex, von den Vereinigten Staaten bevormundet zu werden, da es bisher die Macht Amerikas nie direkt zu spüren bekam.

Brasilien hat die Ressourcen, die Bevölkerung und die Größe, um eine der führenden Weltmächte werden zu können. Wenn es auf diesem Weg auch nicht nur Fortschritte gibt, sieht sich Brasilien – nicht ganz ohne Grund – bereits heute als Weltmacht. Der Staatsdienst des Landes, insbesondere das Außenministerium, hat Weltklasse, verfügt über Scharfsinn, Intelligenz und Beharrlichkeit. Brasilianische Diplomaten verfolgen ihre Ziele so hartnäckig, liebenswürdig und beinahe unbemerkt, daß ihre Gesprächspartner stets Gefahr laufen, völlig zu vergessen, daß sie es mit einer langfristigen, zähen Durchsetzung nationaler Interessen zu tun haben.

Das nationale Interesse Brasiliens besteht unter anderem darin, vor allem von den Vereinigten Staaten als das wichtigste Land Lateinamerikas anerkannt zu werden. Lange Zeit verstanden die Brasilianer das Verhältnis zu den Vereinigten Staaten als eine Art Arbeitsteilung. Nach dieser Vorstellung wirkten beide zusammen, um die westliche Hemisphäre zu organisieren – die Vereinigten Staaten im Norden und Brasilien im Süden. Bis in die sechziger Jahre hinein war Brasilien deshalb bemüht, sich als der treueste Verbündete Amerikas in der westlichen Hemisphäre zu erweisen – ähnlich wie Großbritannien nach dem Zweiten Weltkrieg in Europa. Nachdem Präsident Getulio Vargas kurze Zeit mit der Neutralität geliebäugelt hatte, stand Brasilien im Zweiten Weltkrieg an der Seite der Vereinigten Staaten. Eine brasilianische Division kämpfte in Italien. Das Land unterstützte auch die Aktion der Vereinigten Staaten zur Verhinderung einer linksradikalen Regierung in der Dominikanischen Republik im Jahr 1965. Brasilianische Einheiten standen an der Seite unserer Truppen in Santo Domingo, und die zweite Kommandeursposition in der OAS besetzte ein brasilianischer General. Wie im Fall Großbritanniens war die Gegenleistung ein Sonderstatus in Washington, der noch an Bedeutung gewann, weil er niemals besonders betont wurde.

Als ich ein Jahrzehnt später zum ersten Mal brasilianischen Diplomaten begegnete, hatte sich der Schwerpunkt der Außenpolitik des Landes etwas verschoben. Die Machtübernahme durch das Militär im Jahr 1964 hatte die Johnson-Administration veranlaßt, das Verhältnis zu Brasilien etwas zu lockern. Selbst Nixon gelang es nicht, unsere Bürokratie davon zu überzeugen, daß es besser wäre, zu den früheren herzlichen Beziehungen zurückzukehren.

Auch von brasilianischer Seite hatte sich das Verhältnis abgekühlt. Nach den inneren Krisen Amerikas wegen Vietnam, Watergate, den Ermittlungen gegen die Nachrichtendienste und Angola sondierte Brasilien, das immer viel praktischen Sinn bewies, ob sich sein Spielraum inzwischen erweitert haben könnte. Das Land war vom »neuen Dialog« nicht begeistert, denn es befürchtete, daß die Multilateralisierung der Beziehungen Brasiliens Status beeinträchtigen könnte. Aber auf typisch brasilianische Weise hielten seine Diplomaten mit und taten, was sie konnten, um den Schaden in Grenzen zu halten. Zugleich unternahmen sie nichts, um der Sache zum Erfolg zu verhelfen. Als der »neue Dialog« scheiterte, war für Brasilien der Zeitpunkt gekommen, von den Vereinigten Staaten offiziell ein Sonderverhältnis einzufordern. Darum ging es in meinen Gesprächen mit Außenminister Antonio Azeredo da Silveira und Präsident Ernesto Geisel.

In den siebziger Jahren hatte Brasilien eine Militärregierung. Die Machtübernahme war bereits zehn Jahre zuvor in einem typisch brasilianischen unblutigen Putsch erfolgt, bei dem der damalige Präsident João Goulart gestürzt wurde. Dieser war selbst auf merkwürdige Weise an die Macht gelangt, als sein Vorgänger Janio Quadros bei einer Auseinandersetzung mit dem Parlament zurücktrat. Nach Quadros' Einschätzung fürchtete das Parlament die radikalen Ansichten des damaligen Vizepräsidenten Goulart so sehr, daß es ihn, Quadros, zurückrufen und ihm erweiterte Handlungsvollmachten übertragen werde. Quadros hatte recht, was Goularts linke Positionen betraf, erkannte aber nicht, daß dem Parlament seine eigene Unberechenbarkeit noch suspekter war als Goularts Radikalismus. Quadros verlor das Spiel und die Macht. Goulart steuerte das Land ständig weiter nach links, bis die Militärs ihn 1964 stürzten.

Nach damaligen lateinamerikanischen Maßstäben war das Militärregime in Brasilien bemerkenswert milde. Gestützt auf ein marktwirtschaftliches Programm raschen Wirtschaftswachstums, das der brillante Planungsminister Roberto Campos umsetzte, benötigten die brasilianischen Generäle keine Gewalt. Die Opposition ging eher ins Exil als ins Gefängnis oder gar in den Tod.

In den Vereinigten Staaten wurde die brasilianische Militärregierung nach dem Muster verurteilt, das die Medien und der von McGovern beherrschte Kongreß für Regime, die sie als rechtsgerichtet ansahen, üblicherweise bereithielten. Die Angriffe betrafen weniger Menschenrechtsverletzungen, als vielmehr die zu langsame Rückkehr des Landes zur Demokratie. Gegenüber dem viel brutaleren und autoritären, aber linksgerichteten Militärregime in Peru verhielt man sich wesentlich zurückhaltender.

Das Militärregime in Brasilien richtete sich nicht für die Ewigkeit ein. Darüber informierte ich Ford:»Hier besteht nicht der Eindruck, daß die Militärs die Jesuiten einer neuen Ordnung sind. Eher werden sie als Teil der Anstrengungen der ganzen Nation verstanden.« In den Amtsstuben wurden keine Uniformen getragen. Abgesehen vom Präsidenten und seinem Stabschef General Golbery, wurde die Regierung von zivilen Ministern und Beamten geführt. Das betraf vor allem das Außenministerium. Golbery wirkte – so beschrieb ich es Ford – wie ein Mathematiklehrer, sprach wie ein nachdenklicher Philosoph und war verantwortlich für die politische Erneuerung sowie für den konzeptionellen Rahmen der brasilianischen Außenpolitik. Er sagte mir, Brasilien habe den Übergang von der Diktatur zur Autokratie erfolgreich bewältigt und arbeite nun an einer»politischen Dekompression«, um zur Demokratie zu gelangen. Nach seinen Worten ging es nicht mehr um das»ob«, sondern um das»wie schnell«.

Ich faßte meine Einschätzung Brasiliens in einem Bericht an Ford folgendermaßen zusammen:

Sie haben die Welt im Blick. Mehr noch: Das Interesse Brasiliens an der Weltpolitik – an SALT, der Öffnung nach China, an der Entspannung und dem Nahen Osten – ist das Interesse ernsthafter Männer, nicht das von Dilettanten, denn sie glauben, daß sie eine globale Rolle zu spielen haben.

Der brasilianische Außenminister Silveira tat alles, um diese Einschätzung zu rechtfertigen. Er hatte im brasilianischen Diplomatischen Dienst Karriere gemacht, als Botschafter in Deutschland und Argentinien gedient. Später sollte er die brasilianische Vertretung in Washington leiten. Er war eloquent, klug und sprach wie die meisten brasilianischen Diplomaten ein perfektes Englisch. Sein Stil unterschied sich beträchtlich von dem seiner lateinamerikanischen Kollegen, die meinten, jede Vereinbarung mit den Vereinigten Staaten durch herausfordernde Gesten begleiten zu müssen, um zu demonstrieren, daß sie sich deren Streben nach Vorherrschaft nicht unterwarfen. Silveira verspürte derartigen Druck nicht. Allerdings bestand er darauf, daß man ihm zuhörte, denn Brasilien betrieb als einziger Staat Lateinamerikas eine globale Politik. Das Land hatte es nicht nötig, herausfordernd aufzutreten, legte aber Wert darauf, eine eigene Stimme zu haben. »Brasilien ist nicht Honduras«, sagte Silveira bei einer Begegnung im September 1975. »Wir werden nach und nach zu einem Staat, mit dem man rechnen muß.«

Seine Aufgabe sah Silveira darin, diesen Prozeß zu beschleunigen. Als ich ihm auf der OAS-Tagung in Santiago sagte, er habe es nicht nötig, so zu drängen, denn Brasilien sei es vorherbestimmt, ein bedeutender Staat zu werden, erwiderte er: »Die Außenpolitik sorgt dafür, daß ein Land seiner Zeit voraus ist.« Seiner Ansicht nach war Selbstsicherheit für Brasilien besonders wichtig, weil die Risse, die sich in den Vereinigten Staaten zeigten, unser Verhalten so unberechenbar machten:

Wir müssen uns auf uns selbst verlassen. Wenn ein neuer Präsident gewählt ist, wird Ihre Regierung mehr Ansehen genießen. Heute ist es schwierig. Ihre Freunde werden zu Feinden gestempelt. Sie kennen die Sowjets; die bieten zuerst Waffen an. Die Vereinigten Staaten tun das Gegenteil. Wir brauchen Gelassenheit. Sonst bleiben wir allein.

Gelassenheit hieß, Brasilien wollte sein Schrittmaß selbst bestimmen und sich nicht von modischen Losungen verführen lassen. Dazu gehörte aber auch die Strategie einer Großmacht. Brasilien benutzte seine Verbindungen zur Dritten Welt nicht, um die Vereinigten Staaten zu schwächen, sondern um sich selbst als Großmacht aufzubauen:

Silveira: Brasilien muß seine Rolle als Entwicklungsland betonen, damit es in der Lage ist, etwas zur allgemeinen Entwicklung beizutragen, sonst wird es die Möglichkeit verlieren, Druck auszuüben.

Kissinger: Auf wen wollen Sie denn Druck ausüben? Auf die Vereinigten Staaten?

Silveira: Nein. Aber ich möchte, daß Brasilien seinen Platz in der Welt einnimmt. Ich bin kein Träumer.

Die meisten Staaten der westlichen Hemisphäre versuchten in der Dritten Welt Fuß zu fassen, indem sie Unabhängigkeit als Vermeidung jeglicher gemeinsamen Positionen mit den Vereinigten Staaten darstellten. Brasilien steuerte den entgegengesetzten Kurs: Es nutzte seine Verbindungen zur Dritten Welt, um auf einer *gemeinsamen* Politik mit den Vereinigten Staaten zu bestehen. Silveira sagte es so: »In Ihrem Verhältnis zu Brasilien brauchen Sie eine neue Dimension. Wir können den Vereinigten Staaten helfen, konstruktivere Beziehungen zu anderen Ländern aufzubauen.« Als ich fragte, an welche Länder er denke, nannte Silveira Paraguay, Bolivien und Uruguay. Im 19. Jahrhundert hätte man das eine Einflußsphäre genannt. Bis heute bilden diese Staaten den Kern eines Gebildes, das sich Mercosur nennt: ein sich entwickelnder südamerikanischer Block unter brasilianischer Führung.

Silveiras Vorstellungen gingen aber wesentlich weiter, als die westliche Halbkugel lediglich in Einflußsphären aufzuteilen. Er strebte eine Beteiligung an der globalen Rolle der Vereinigten Staaten an. Als ich auf dem

Höhepunkt der Angolakrise beklagte, daß Brasilien die MPLA (die von den Kommunisten unterstützte Partei in Angola) anerkannt hatte, erinnerte mich Silveira daran, daß Brasilien ein nationales Interesse an allen ehemals portugiesischen Besitzungen in Afrika habe. Keine andere ehemalige Kolonie beanspruchte eine derartige Kontinuität. Brasilien fühlte sich frei, aufgrund seiner Geschichte eigenen Interessen nachzugehen, denn wir hatten weder seinen Rat gesucht noch über unsere Absichten informiert:
Die Vereinigten Staaten und Brasilien können keine halben Verbündeten sein. Die Vereinigten Staaten dürfen Brasilien bestimmte Informationen nicht vorenthalten. Wir wußten nicht, daß Sie in Angola eingreifen werden. Wir hätten dies berücksichtigt. Sie haben mir nichts davon gesagt. Wir tragen in Angola eine besondere Verantwortung. Wir verstehen Ihr Bemühen, die Sowjets zu stoppen. Sie werden glauben, wir hätten sie aus anderen Gründen anerkannt – um uns in der Dritten Welt zu etablieren. Nein! Wir haben es getan, weil wir in diesem Teil Afrikas Interessen haben.

Silveiras Vorstellung, das Verhältnis zu Brasilien müsse rechtzeitige Konsultationen einschließen, entsprach unserem Verständnis von Zusammenarbeit in der westlichen Hemisphäre. Was jedoch in der Region als ganzer nicht funktioniert hatte, konnte im Verhältnis zu dem bevölkerungsreichsten und am höchsten entwickelten Staat Lateinamerikas Erfolg haben. Deshalb unterzeichneten Silveira und ich am Ende meines Besuchs in Brasilien am 21. Februar ein Verständigungspapier. Darin vereinbarten wir halbjährliche Konsultationen der Außenminister, die die Vollmacht und die Aufgabe erhielten, Arbeitsgruppen zu einem weiten Kreis politischer, wirtschaftlicher und wissenschaftlicher Themen zu bilden. Das sollte der Versuchung Brasiliens entgegenwirken, in der Dritten Welt oder in Lateinamerika einen gegen die Vereinigten Staaten gerichteten Block anzuführen. Zugleich verpflichteten wir *uns* damit, in internationalen Gremien und in Schlüsselbereichen unserer Außenpolitik Brasiliens Interessen ins Kalkül zu ziehen. Dies konnte der Anfang einer neuen Partnerschaft in der gesamten westlichen Hemisphäre sein.

Natürlich dachte Silveira, auch als er mein persönlicher Freund geworden war, gar nicht daran, Brasiliens nationale Interessen, wie er sie verstand, preiszugeben, nur um mich regelmäßig treffen zu können. Früher oder später würde Brasilien die Führungsrolle in Südamerika spielen, die ihm aufgrund seiner Ressourcen, seiner Bevölkerung und seines geistigen Potentials zuwuchs. Ich hoffte damals, daß die in unserem Verständigungspapier umrissene Zusammenarbeit den institutionellen Rahmen abgeben könnte, in dem die beiden größten Staaten der westlichen Hemisphäre ihre bilaterale Kooperation zu einem kontinentalen Projekt ausbauten. Es ist immer noch offen, ob dieses Ziel, das heute größeres Gewicht hat als je zuvor, einmal erreicht werden wird.

Die unmittelbare Reaktion der anderen Staaten des Kontinents war teilweise negativ, aber insgesamt ermutigend: negativ, weil diese Staaten etwas gegen den Sonderstatus Brasiliens einzuwenden hatten, ermutigend, weil sie für sich ein ähnlich enges Verhältnis einforderten. Es war eine angenehme Lage für einen Außenminister der Vereinigten Staaten, daß lateinamerikanische Länder um *engere* Beziehungen nachsuchten, statt gegen die

Vorherrschaft der Vereinigten Staaten zu Felde zu ziehen. Besondere Genugtuung empfand ich, als der argentinische Außenminister Vignes, der ein Jahr zuvor den »neuen Dialog« in Buenos Aires unter so starkem antiamerikanischen Vorzeichen abgesetzt hatte, den stellvertretenden Unterstaatssekretär Rogers anrief und sich beklagte, daß wir mit Argentiniens Rivalen um die Führungsrolle auf dem Kontinent ein Sonderverhältnis hergestellt hätten. Er deutete an, es wäre alles in Ordnung, wenn die Vereinigten Staaten sich gegenüber Argentinien in gleicher Weise verhielten. Die Bitte einzelner Staaten nach engeren regulären Beziehungen war leicht zu erfüllen. Schließlich hatten wir kaum ein Jahr zuvor Gleiches auf multilateraler Basis vorgeschlagen. An meinen beiden nächsten Besuchsorten – in Bogotá und San José – nutzte ich den Präzedenzfall Brasilien, um unsere Bereitschaft hervorzuheben, sowohl die bilateralen als auch die multilateralen Beziehungen auf dem Kontinent zu stärken. Auf einer Pressekonferenz am 24. Februar 1976 in San José sagte ich als Antwort auf eine Frage:

Die Vereinigten Staaten wollen und können kein Land zur Führungsmacht Lateinamerikas ernennen. Die Vereinigten Staaten sind bereit, Vereinbarungen über besondere Konsultationen mit jedem Staat der westlichen Hemisphäre zu treffen, mit dem unsere Beziehungen einen Umfang und eine Intensität erreicht haben, die dies erforderlich machen. Aber selbst wenn wir derartige Sondervereinbarungen haben, bedeutet das nicht, daß damit multilaterale Beziehungen in der westlichen Hemisphäre ausgeschlossen sind.[1]

Der Vorsitzende des Auswärtigen Ausschusses des Abgeordnetenhauses Thomas »Doc« Morgan deutete an, Brasilien benutze die Vereinigten Staaten, um sich selbst in den Rang einer Weltmacht zu erheben. Ich antwortete darauf:

Herr Vorsitzender, diese Vereinbarung macht Brasilien nicht zu einer Weltmacht. Brasilien hat eine Bevölkerung von einhundert Millionen, große wirtschaftliche Ressourcen und sehr hohe wirtschaftliche Wachstumsraten. Brasilien ist dabei, sich zu einer Weltmacht zu entwickeln, dafür braucht es nicht unsere Erlaubnis. Wir sind aber verpflichtet, in der Außenpolitik von den bestehenden Realitäten auszugehen.

Am Ende hatte das genannte Verständigungspapier nicht die langfristige Wirkung, die wir erwarteten. In der Amtszeit der Ford-Administration erschwerten uns die Bestimmungen des Handelsgesetzes und die Orientierung unserer wirtschaftlichen Institutionen auf bestimmte Interessengruppen im Land die Einhaltung unseres Teils der Konsultationsvereinbarung. Ich war noch nicht einmal von meiner Lateinamerikareise zurück, da wurden bereits ohne Vorwarnung Ausgleichszölle auf brasilianische Schuhimporte verhängt. Ähnliche Reibungspunkte in anderen Bereichen belasteten auch weiterhin die Beziehungen zwischen den Vereinigten Staaten und Brasilien während des ganzen Jahres 1976.

Diese Probleme wären sicher zu überwinden gewesen, wenn Ford die Präsidentschaftswahlen 1976 gewonnen hätte. Die Carter-Administration, die Brasilien drängte, zu einer gewählten Regierung zurückzukehren, maß der Demokratisierung Vorrang gegenüber dem Konsultationsprozeß bei, der – nicht ohne Bedauern der brasilianischen Seite – immer mehr verkümmerte.

Es folgte eine Unterbrechung des engen Verhältnisses von fast zehn Jahren: Partnerschaft und Konsultationen kamen fast zum Erliegen. Wieder aufwärts ging es unter völlig veränderten Bedingungen. Zwischen Brasilien und den Vereinigten Staaten besteht heute ein enges Verhältnis. Angesichts der tatsächlichen Rolle des Landes in der Welt kann es auch kaum anders sein. Aber auf der brasilianischen Seite ist eine gewisse Vorsicht zu beobachten. Wir wiederum sind zu sehr von unseren inneren Angelegenheiten in Anspruch genommen. Aus dieser Kombination kann eine Rivalität zwischen der von den Vereinigten Staaten beherrschten NAFTA und dem von Brasilien geführten Mercosur entstehen – eine Aussicht, die um so wahrscheinlicher ist, als sie stets lautstark bestritten wird. Für unsere beiden Länder und für die Entwicklung der westlichen Hemisphäre wäre das ein Verhängnis.

Als eine Station meiner Reise hatte ich Caracas gewählt, vor allem wegen der Energieressourcen Venezuelas und seinem Schwanken zwischen dem internationalen Radikalismus und engeren Beziehungen zu den Vereinigten Staaten. Lima war ins Reiseprogramm aufgenommen worden, weil wir es für notwendig hielten, die merkwürdige Mischung von militärischer Autokratie und nasseristischen halbsozialistischen Bestrebungen einzudämmen, die sowohl sowjetische als auch kubanische Avancen geradezu herausforderte. Mit dem Besuch in Bogotá sollten die Beziehungen zu einem Land gestärkt werden, das stellvertretend die wichtigsten Herausforderungen Lateinamerikas darstellte: eine gewählte, gemäßigte Regierung, die von Guerillas bekämpft wurde, eine Drogenmafia und eine nationale Stimmung, die zwischen Verantwortung und Panik wechselte. San José wurde als Hauptstadt der ältesten funktionierenden Demokratie in Lateinamerika ausgewählt, eines Landes, das – so hofften wir – ein Vorbild für Mittelamerika werden könnte.

Venezuela galt in der Öffentlichkeit nicht zu Unrecht als einer der Wortführer der radikalen Gruppe unter den blockfreien Staaten. Seine maßgeblichen Männer waren allerdings weniger an einer tragenden Rolle in der Dritten Welt, als vielmehr an einer Stärkung ihrer Position im wechselhaften, turbulenten Leben des Landes interessiert. Alle führenden Politiker Venezuelas, die ich traf, begriffen sehr gut, daß sie aufgrund der geographischen Lage und der Beschaffenheit der Ressourcen des Landes einfach dazu verpflichtet waren, enge Beziehungen zu uns anzustreben.

Der venezolanische Präsident Carlos Andrés Pérez war eine charismatische Gestalt. Von seiner Person ging eine Autorität aus, die eher an einen spanischen Caudillo als an einen typischen Politiker der Dritten Welt erinnerte. Zwar prangerte er das Handelsgesetz und den Wirtschaftsimperialismus Amerikas an, schlug vor, einen Teil der Öleinnahmen Venezuelas in einen Fonds zum Kampf gegen die amerikanische Vorherrschaft in der Weltwirtschaft einzuzahlen, aber als ich in Caracas eintraf, empfing mich Pérez mit großer Höflichkeit und wollte vor allem über Zusammenarbeit sprechen.

Dafür gab es zwei Gründe. Selbst als Pérez die Erdölindustrie Venezuelas verstaatlichte, war er an unserer technischen Hilfe und an der Mitwirkung amerikanischer Ölgesellschaften bei der Erschließung und Ausbeutung der riesigen Schwerölvorkommen im Inneren Venezuelas sowie bei deren Vermarktung interessiert. Außerdem hatte Pérez einen wichtigen politischen Grund, hinter dem Schwall seiner überschäumenden Dritte-Welt-Rhetorik eine freundliche Haltung zu den Vereinigten Staaten zu bewahren. Als er früher in seiner politischen Karriere einmal Innenminister gewesen war, hatte er einen gewaltsamen Machtübernahmeversuch der Kommunistischen Partei niedergeschlagen, ohne sich dabei sonderlich um Recht und Gesetz zu kümmern. Pérez hegte, was Castro betraf, keine Illusionen. Wie in vielen anderen lateinamerikanischen Staaten, die uns drängten, die Sanktionen der OAS gegen Kuba aufzuheben, erinnerte der Fall Indochinas und Angolas Pérez daran, in welchem Maße er von den Vereinigten Staaten abhängig war, um Venezuela vor kubanischen Übergriffen zu schützen. Bill Rogers faßte nach seiner Rückkehr aus Caracas, das er vor mir bereist hatte, Pérez' Reaktion mit folgenden Worten zusammen:

Wenn in Lateinamerika Verallgemeinerungen überhaupt möglich sind, dann wurde die allgemeine Haltung am besten vom venezolanischen Präsidenten Pérez zum Ausdruck gebracht, als ich ihn aufsuchte. Wie Sie wissen, kann es in der Umverteilungsfrage kaum ein anderer militanter Vertreter der Dritten Welt mit ihm aufnehmen. Zugleich brachte er jedoch seine ernste Besorgnis über die Auswirkungen einer schwindenden Macht der Vereinigten Staaten auf der Welt und über die Folgen zum Ausdruck, die dies in Washington haben könnte.

So geschah es, daß Pérez bei meinem Besuch in Caracas dem wichtigsten Bestandteil unserer Gesamtstrategie, bilaterale Kommissionen zu bilden, die sich mit wissenschaftlicher Zusammenarbeit, Technologietransfer und Energieforschung befassen sollten, zustimmte. Deren Existenz bedeutete, daß Venezuela und die Vereinigten Staaten in den genannten Bereichen auf ihre bilateralen Beziehungen bauen und sich nicht an den multilateralen Gremien ausrichten wollten.

In seiner zweiten Amtszeit zehn Jahre später war aus Carlos Andrés Pérez ein konsequenter Verfechter freier Marktreformen, der Privatisierung staatlicher Unternehmen und einer umsichtigen Finanzpolitik geworden. Dieser bemerkenswerte Wandel, bei dem ihm andere lateinamerikanische Politiker der damaligen Zeit folgten, konnte sich nicht völlig unabhängig davon vollzogen haben, daß wir den Wirtschaftsradikalismus Lateinamerikas in den siebziger Jahren auf konstruktive Weise gebremst hatten.

Im Unterschied dazu war ich bei meinem Besuch in Lima vor allem auf Schadensbegrenzung bedacht. Perus militärische Führung sah sich als Avantgarde eines neuen Typs der lateinamerikanischen Revolution. Bisher mit der finanziellen und wirtschaftlichen Oligarchie eng verbunden, hatten sich Perus Militärmachthaber inzwischen zu entschiedenen Nasseristen gemausert. Sie hatten sich den sozialen und wirtschaftlichen Zielen radikaler Vertreter der Dritten Welt verschrieben, nahmen sowjetische Waffen an, hießen kubanische Berater willkommen und übten sich gelegentlich im Säbelrasseln gegen Chile. Im Land selbst waren sie allerdings kompromißlose Antikommunisten. Daß Peru eine Militärdiktatur war, beeinträchtigte seine Beziehungen zum demokratischen Venezuela. Aber was das Wesen des Nord-Süd-Dialogs betraf, benutzte es eine ähnliche Rhetorik und ging sogar noch weiter als Pérez. Als zum Beispiel Vietnam fiel, waren Peru und Mexiko die einzigen Staaten, die Genugtuung darüber äußerten, was Präsident Velasco den Triumph der »gegen den Imperialismus angetretenen Kräfte« nannte.

Die Beziehungen der Vereinigten Staaten zu Peru wurden weiter belastet durch eine Reihe von Verstaatlichungen amerikanischer Unternehmen, insbesondere von Marcona Mining und der International Petroleum Company, und durch die Beschlagnahme amerikanischer Fischfangschiffe im Streit über die Ausdehnung der peruanischen Hoheitsgewässer. Statt uns auf eine Prinzipienreiterei einzulassen, konzentrierten wir uns darauf, daß rasche und gerechte Entschädigungen gezahlt wurden, wodurch wir eine auf den ganzen Kontinent übergreifende Debatte über das Recht auf Verstaatlichung umgingen.[2]

Ich unterhielt ein Arbeitsverhältnis zu Perus Außenminister Miguel Angel de la Flor Valle (über den es in einem unserer internen Papiere einmal hieß, in seiner unvermeidlichen Uniform sehe er aus wie eine Pat-Oliphant-Karikatur). Ich war sicher, daß Politiker mittleren Alters, die ihr ganzes Leben beim Militär verbracht hatten, letzten Endes die nationalistischen über die sozialistischen Aspekte der peruanischen Politik stellen mußten. Das zeigte sich zum Beispiel darin, daß Peru ungeachtet seiner ideologischen Rhetorik in regionalen Gremien in der Regel eine konstruktive Rolle spielte, es sei denn, es handelte sich um Kuba. Als einige Teilnehmer der Konferenz von Tlatelolco auf dem ursprünglichen, im Geist der Konfrontation abgefaßten Entwurf des Kommuniqués bestehen wollten, unterstützte de la Flor die versöhnliche Erklärung, die der Außenminister Guyanas und ich formuliert hatten. Auch auf mehreren OAS-Konferenzen war er nicht mit radikalen Forderungen hervorgetreten.

Bogotá, wo ich am 22. Februar eintraf, war ein Musterbeispiel der Gespaltenheit. Kolumbien hatte eine funktionierende Demokratie und eine in der Regel gemäßigte Regierung, die den Vereinigten Staaten freundlich gesinnt war. Zugleich loderte im Land ein heftiger Bürgerkrieg, der anscheinend kaum zu löschen war, weil die Guerillas mit der Drogenmafia zusammenarbeiteten, die über größere Mittel verfügte als die Regierung. All das gab radikalen Gruppen einen größeren Einfluß auf die Innenpolitik, als ihr Umfang hätte erwarten lassen.

Der Unterschied zwischen Caracas und Bogotá war etwa so wie der zwischen Houston und Boston. Das venezolanische Establishment war weitgehend aus eigener Kraft nach oben gekommen und hatte in seinem Auftreten etwas von der rauhbeinigen Selbstsicherheit der Grenzer. Bogotá dagegen wirkte gesetzter; der Teil des Landes, den die Regierung kontrollierte, wurde von eingesessenen Familien beherrscht, die sich nach erprobten Verfahren an der Macht abwechselten. Aber sie waren nicht imstande, mit den Guerillas fertig zu werden, noch konnten sie den Drogenhandel unterbinden.

So gab es nur wenige Orte in der westlichen Hemisphäre, wo zwischen der Überzeugung der Politiker und ihren Äußerungen ein größerer Widerspruch klaffte. Kolumbiens damaligen Präsidenten Alfonso López Michelson hätte man für einen englischen Gentleman halten können. Er bewegte sich wie ein Mitglied des Landadels, was er tatsächlich auch war. Außenminister Indalécio Lievano wirkte wie ein nachdenklicher, etwas pedantischer Professor. Beide hofften – und ich bin sicher, aus wirklicher Überzeugung –

auf eine Struktur der westlichen Hemisphäre, wie ich sie seit dem Beginn von Nixons zweiter Amtszeit anstrebte. Lievano drängte darauf, in der westlichen Hemisphäre ein System von Handelsbegünstigungen einzuführen; dem widersetzte sich vehement die Bürokratie des Finanz- und des Außenministeriums in Washington. (Hätte es die bürokratischen Hürden genommen, dann wäre es wahrscheinlich im Kongreß gescheitert.)

Aber dieser zur Schau getragenen Solidität widersprach die Weigerung meiner Gastgeber, mich in Bogotá übernachten zu lassen, weil sie befürchteten, dies könnte außer Kontrolle geratende Demonstrationen auslösen. Präsident López Michelson lud mich auf seinen Landsitz dreißig Kilometer außerhalb der Stadt ein, wo er in einer grünen, friedlichen Umgebung über seine Sorgen bezüglich der langfristigen Auswirkungen von Kubas Sieg in Angola sprach. Da die meisten ins Ausland entsandten kubanischen Soldaten schwarzer Hautfarbe waren, fürchtete er, wenn sie nach Hause zurückkehrten, könnten sie als kubanische Eingreiftruppen in Regionen Südamerikas mit vergleichbarer ethnischer Zusammensetzung dienen. López Michelson meinte, die Küstengebiete Kolumbiens unterschieden sich nach ihrer rassischen Zusammensetzung von dem überwiegend von Weißen besiedelten inneren Hochland und deshalb sei deren Bevölkerung für kubanischen Einfluß besonders empfänglich.

Aber auf einer Pressekonferenz am nächsten Morgen kam die Ernüchterung: López Michelson war offenbar über Castros Einfluß in Kolumbien bereits so besorgt, daß er nicht öffentlich wiederholen mochte, was er mir nur Stunden zuvor privat eingestanden hatte. Er weigerte sich, die kubanische Intervention in Angola zu verurteilen. Er verglich sie sogar mit Amerikas Vorgehen in Vietnam:»Das ist nicht das erste Mal, daß ein Staat dieser Hemisphäre außerhalb ihrer Grenzen interveniert hat.«

In diesem Kapitel ist nur wenig von Argentinien die Rede, einem der atemberaubendsten und potentiell reichsten Länder der Welt. Dies hat nicht mit mangelnder Wertschätzung dieser sehr besonderen Nation zu tun, die sich kulturell häufig Europa näher fühlt als Amerika, während sie politisch und wirtschaftlich Teil einer Region bleibt, von der sie sich stark zu unterscheiden meint. In der hier beschriebenen Zeit war Argentinien aus innenpolitischen Gründen außer Gefecht gesetzt. Expräsident Juan Perón war aus dem Exil zurückgekehrt und errang 1973 einen überragenden Wahlsieg. Ein Jahr später starb er, und an seine Stelle trat seine dritte Frau María Estela (Isabel) Perón. Sie wurde nach einem Jahr durch einen Militärputsch gestürzt. In einem Zeitraum von achtzehn Monaten, in denen das Land immer mehr in einer Art Bürgerkrieg versank, hatte Argentinien drei Außenminister. Erst nach der für das Land katastrophalen Invasion auf den Falklandinseln im Jahr 1982 kehrte es zu einer Zivilregierung und zu demokratischen Wahlen zurück. Zwar hatte ich mehrere Begegnungen mit argentinischen Außenministern, aber erst nachdem ich aus der Regierung ausgeschieden war und Argentinien die Zeit Peróns sowie der Militärherrschaft hinter sich gelassen hatte, lernte ich das Land persönlich kennen und diese aufregende, interessante Nation lieben.

Chile, die Menschenrechte und die Organisation Amerikanischer Staaten

Dieser Abschnitt wurde geschrieben, um die Haltung der Ford-Administration zu den Menschenrechten und zu Chile aus dem Abstand von fünfundzwanzig Jahren zu erläutern. Das geschah allerdings, bevor die Verhaftung General Augusto Pinochets viele der Themen wieder brandaktuell gemacht hat. Ich habe meinen Text im Licht der jüngeren Ereignisse jedoch nicht verändert.

Welche Priorität wir bilateralen Beziehungen auch immer einräumen mögen, sie müssen zu den multilateralen Verbindungen in der westlichen Hemisphäre ins Verhältnis gesetzt werden. Denn die Länder der Region kommen regelmäßig als Gruppe zusammen – entweder zu Tagungen der Organisation Amerikanischer Staaten oder bei besonderen Gelegenheiten, um Probleme, die alle betreffen, zu besprechen. Im Gegensatz zu den regelmäßigen NATO-Tagungen gehen sie nicht auf eine gemeinsame Bedrohung zurück. Sehr häufig werden die Vereinigten Staaten Zielscheibe lateinamerikanischer Kritik. Der unterschiedliche kulturelle Hintergrund hat allerdings bewirkt, daß man hier mehr zu Theorie und Rhetorik neigt als bei vergleichbaren Zusammenkünften des Atlantischen Bündnisses.

Insgesamt hatten diese Begegnungen jedoch den Charakter von Familientreffen. Ob sie sich nun widerspenstig oder freundlich gaben, unsere Partner achteten darauf, daß die Beziehungen in der westlichen Hemisphäre kollegial blieben. Sie konnten das bindende Konzept einer Gemeinschaft der Hemisphäre ablehnen, wie es auf der Konferenz von Tlatelolco geschah, aber sie verhielten sich so, als teilten wir in der Tat ein gemeinsames Schicksal. Dieses Gefühl war so stark, daß die schwächeren Mitglieder sich das Recht herausnahmen, die Vereinigten Staaten ohne Furcht vor Strafe öffentlich anzuprangern, selbst wenn sie von uns Sicherheit und wirtschaftlichen Fortschritt erwarteten.

Da wir Lateinamerika nun höheren Stellenwert beimaßen, erwartete ich mit Ungeduld das nächste Treffen der Organisation Amerikanischer Staaten im Juni 1976. Das Schicksal wollte es, daß dieses in Santiago, der Hauptstadt Chiles, stattfinden sollte. Im Gefolge der Ermittlungen des Church- und des Pike-Ausschusses gegen die Nachrichtendienste war die Stimmung im Kongreß heftig gegen das Pinochet-Regime umgeschlagen. Wenn wir teilnahmen, konnte das in den Vereinigten Staaten und einigen weiteren Ländern der westlichen Hemisphäre großes Aufsehen erregen. Mexiko hatte bereits abgesagt. Aber die übrigen lateinamerikanischen Staaten sahen die Sache anders. Unsere Anwesenheit war besonders heikel, denn ein Hauptpunkt der Tagesordnung sollte der Bericht der Interamerikanischen Menschenrechtskommission (IAHRC) sein. Von dieser war Kritik an den Menschenrechtspraktiken in Chile zu erwarten, und dies ungeachtet der Tatsache, daß in vielen anderen lateinamerikanischen Staaten damals ebenfalls autoritäre Regime herrschten.

Weder Ford noch ich hielten es für zweckmäßig, der Herausforderung auszuweichen. Im Gegenteil: Da die Präsidentschaftswahlen näherrückten, war es mir wichtig, gerade in der sensiblen Menschenrechtsfrage eine klare Position zu beziehen. Dem Generalsekretär der OAS Alejandro Orfila kündigte ich an:

Ich will erreichen, daß das amerikanische Volk in diesem Sommer und Herbst auf seine Außenpolitik weiterhin stolz sein kann. Deshalb nehme ich an all diesen Konferenzen teil und halte überall Reden. Ich möchte sicherstellen, daß wir immer noch eine Außenpolitik haben, wer immer im nächsten Jahr unser Präsident sein mag.

Mir war durchaus bewußt, daß Chile in unseren innenpolitischen Debatten und auch andernorts als wunder Punkt galt. Salvador Allende erschien zunehmend als Märtyrer der Demokratie, den eine quasifaschistische Militärjunta im Komplott mit einer vom Kalten Krieg besessenen Nixon-Administration willkürlich gestürzt hatte. Der linke Flügel der Demokratischen Partei und die Protestbewegung der europäischen Linken hatten Nixons (oder mein) tiefes Mißtrauen gegenüber Allende niemals geteilt. Ihnen war das Gefühl der Bedrohung fremd, die für uns von einem kommunistischen Staat auf dem amerikanischen Festland ausging, seit wir auf dem Höhepunkt des Kalten Krieges die Raketenkrise mit Castros Kuba so schmerzhaft erlebt hatten.

Sie waren auch nicht bereit zuzugeben, daß Allende ebenfalls in diese Richtung ging. Alle zugänglichen Informationen wiesen aber darauf hin, daß er entschlossen war, eine Regierung ähnlich der Castros aufzubauen und die Revolution auf dem lateinamerikanischen Kontinent voranzutreiben. »Kuba in der Karibik und ein sozialistisches Chile auf dem Südkegel«, hatte Allende während seiner Wahlkampagne im Jahr 1970 verkündet, »werden die Revolution in Lateinamerika herbeiführen.« Nach seinem Amtseid als Präsident wurde Allende von dem radikalen französischen Journalisten Régis Debray, einem Bewunderer und Mitstreiter Che Guevaras, gefragt, wer wen benutze: Allende die demokratischen Strukturen oder umgekehrt. Allende erwiderte: »Das Proletariat. Wenn das nicht so wäre, dann stünde ich nicht hier.« An anderer Stelle in diesem Gespräch erklärte er: »Was nun den heutigen bürgerlichen Staat angeht, so wollen wir ihn überwinden. Wir wollen ihn stürzen!«[3]

Nach Allendes Sturz verbreitete man den Mythos, die Vereinigten Staaten hätten den Putsch organisiert oder durch ein Programm der »Destabilisierung« zumindest möglich gemacht. Tatsächlich aber wurden nach Allendes Amtsantritt am 3. November 1970 die Geheimpläne, die seine Amtseinführung vereiteln sollten, gestoppt (siehe Kapitel XI). Aus Haushaltsgründen hatte Präsident Johnson bereits während der Präsidentschaft von Eduardo Frei Montalva die offizielle Hilfe allmählich auslaufen lassen. Aber eine ganze Reihe von Programmen wurde auch unter Allende weitergeführt. Sie reichten von Kreditgarantien bis zu humanitären Projekten oder der Unterstützung für Chiles Universitäten. Die Allende-Regierung erhielt insgesamt siebzehn Millionen Dollar humanitäre Hilfe aus den Vereinigten Staaten, 82,5 Millionen Dollar vom IWF, ebenfalls mit Zustimmung der Vereinigten Staaten, zweiundvierzig Millionen Dollar Militärhilfe und zweihundertfünfzig Millionen Dollar in Form von Umschuldungen. Das waren insgesamt über dreihundertfünfzig Millionen Dollar (1,2 Milliarden Dollar nach dem heutigen Kurs). Im Gegensatz dazu stellte der Kongreß später schrittweise *alle* Zuwendungen der Vereinigten Staaten an die von General Augusto Pinochet geführte Regierung ein.

Was unsere Gegner »Destabilisierung« nannten, waren in Wirklichkeit

Bemühungen, den Institutionen einer demokratischen Zivilgesellschaft überleben zu helfen. Allende drängte darauf, sie zu zerschlagen. Geheime Finanzhilfe erhielten demokratische Parteien, Gewerkschaften und Zeitungen, denen man systematisch das Wasser abgrub. In dieser Phase hatten wir nicht das Ziel, Allende zu stürzen, sondern eine demokratische Opposition und demokratische Organisationen bis zu den Wahlen 1976 am Leben zu erhalten und sicherzustellen, daß diese überhaupt stattfanden.[4] Daß die Vereinigten Staaten bei dem Putsch die Hand nicht im Spiel hatten, bestätigten der Church-Ausschuß des Senats (siehe Kapitel XI) und Pinochet selbst in einem Interview mit dem Leitartikler der *New York Times* C. L. Sulzberger: »Ich schwöre Ihnen als Christ, daß ich niemals irgendeinen Kontakt zu jemandem von der CIA oder zu einem Botschafter hatte, weder zu dem der Vereinigten Staaten noch zu einem anderen. Ich wollte niemandem verpflichtet sein.«[5]

Im September 1973 wurden die Dinge nicht von den Vereinigten Staaten, sondern durch den Widerstand der demokratischen Institutionen Chiles auf die Spitze getrieben. Sie sahen, daß Allende, der lediglich mit sechsunddreißig Prozent der abgegebenen Stimmen gewählt worden war, das Land zielbewußt in eine Diktatur führte.[6] Eine außerhalb von Recht und Gesetz stehende Miliz von fünfzehntausend Mann war inzwischen mit kubanischen Waffen ausgerüstet worden. Streiks weiteten sich aus. Am 15. Mai warf die Landeskonferenz der Christlich-Demokratischen Partei Allende vor, er strebe »die totale Macht an, die eine kommunistische Tyrannei in der Maske der Diktatur des Proletariats bedeutet«. Einige der Erlasse Allendes im totalitären Stil wurden für verfassungs- und rechtswidrig erklärt – so am 22. Mai 1973 von der Abgeordnetenkammer, am 26. Mai 1973 vom Obersten Gericht Chiles und am 2. Juli 1973 vom Präsidenten des Obersten Rechnungshofes. Das Parlament ging so weit, die Aufnahme von Militärs in die Regierung zu fordern. Und das nachfolgende Eingreifen der Armee wurde von den demokratischen Parteien Chiles gebilligt. Ein so unumstrittener Demokrat wie Expräsident Frei begrüßte den Militärputsch mit Worten, die viele der Anhänger Allendes durchaus nicht als die friedlichen Demokraten erscheinen lassen, als die man sie später darstellte:

Das Militär hat Chile und uns alle gerettet, deren Überleben sicher nicht so wichtig ist wie das unseres Landes. Aber es handelt sich um viele Menschenleben, und sie sind noch längst nicht alle sicher, denn die Streitkräfte entdecken nach wie vor Verstecke und Waffenarsenale. Die Marxisten haben einen Bürgerkrieg vorbereitet. Aber die Welt weiß das nicht und will es nicht wissen.[7]

Und der Führer der Christlich-Demokratischen Partei vor dem Putsch, Patricio Aylwin, der von 1990 bis 1994 Pinochet im Amt des chilenischen Präsidenten nachfolgte, sagte in einem Interview am 19. Oktober 1973:

Die Wahrheit ist, daß die Aktion der Streitkräfte und der Polizei nichts anderes war als eine Präventivmaßnahme, die einem offiziellen Staatsstreich zuvorkam. Diesen plante die Regierung mit Unterstützung einer bewaffneten Miliz von enormer Schlagkraft, die ihr zur Verfügung stand, und mit Hilfe der mindestens zehntausend Ausländer, die sich im Land befanden, um eine kommunistische Diktatur zu errichten.[8]

Jedoch nur wenige Wochen nach Allendes Sturz wurden die Inkompetenz, die Korruption und die Verletzung der demokratischen Rechte, die sein Regime kennzeichneten und zu seinen Lebzeiten allgemein bekannt waren, regelrecht aus der öffentlichen Diskussion getilgt. Allende galt nur noch als ein »demokratisch gewählter Führer«, und sein totalitäres Vorgehen gegen die institutionelle Ordnung Chiles oder seine schwere Bedrohung der Sicherheit Lateinamerikas fand keinerlei Erwähnung mehr.

Niemals ist die Frage gestellt worden, was die chilenische Armee, die für ihre strikte Einhaltung der Verfassungsnormen bekannt war, zu einem Putsch bewogen hat. Es wurde auch nie zugegeben, daß die Brutalitäten in Chile die Folge des anhaltenden Bürgerkriegs waren, den vor allem die radikale Linke entfesselt hatte, wie Freis Erklärung deutlich macht. Zweifellos haben Pinochet und seine Anhänger die anerkannten moralischen Grundsätze überschritten, als sie an der Macht waren. Auch das »Verschwinden« angeblicher Oppositioneller kann nicht mit dem Terror entschuldigt werden, den die Gegner der Junta verbreiteten. Aber eine ehrliche Bewertung der damals aktiven Kräfte ist nötig, wenn man die fraglichen Ereignisse je wirklich verstehen will.

In den Vereinigten Staaten spiegelten die Medien die Stimmung im Kongreß wider und beeinflußten sie gleichzeitig. Die Senatoren Edward Kennedy und Frank Church, die Abgeordneten Donald Fraser und Michael Harrington zeigten sich immer feindseliger gegenüber der Militärjunta und ihrem Vorgehen. Als sich abzeichnete, daß das vorherige demokratische System nicht sofort wiederhergestellt werden würde, schlossen sich ihnen die politischen Parteien Chiles an. Als ich mich auf die OAS-Konferenz vorbereitete, schickte sich der Kongreß gerade an, Chile völlig von amerikanischer Hilfe abzuschneiden, selbst Programme sollten ausgesetzt werden, die man Allende gewährt hatte.

Angesichts des allgemeinen Gedächtnisschwundes will ich zu beschreiben versuchen, wie die Situation sich denen darstellte, die in jener kritischen Zeit am Ruder waren. Ich erinnere daran, daß diese Ereignisse sich auf dem Höhepunkt des Kalten Krieges abspielten.

Damals sah sich der sogenannte Südkegel Südamerikas heftigen Angriffen radikaler, demokratie- und marktfeindlicher Kräfte ausgesetzt. In Argentinien brachte der Zusammenbruch der Demokratie Juan Perón, der als eingeschworener Feind der Vereinigten Staaten und der Marktwirtschaft bekannt war, nach zwanzig Jahren im Exil an die Macht zurück. Er wiederum sah sich noch radikaleren, gewaltbereiten Kräften gegenüber, die mit Attentaten und Entführungen Argentinien unregierbar machen wollten, um selbst die Macht zu ergreifen. Ähnliche Zustände herrschten in Uruguay. Peru befand sich, wie beschrieben, bereits in der Hand linker, autoritärer und marktfeindlicher Militärs.

Von all den Führern der Region war Allende für uns derjenige, der unsere Interessen am meisten gefährden konnte. Er war ein erklärter Castro-Anhänger. Er äußerte sich offen gegen die Vereinigten Staaten. Seine Innenpolitik war eine Gefahr für die demokratischen Freiheiten und die Menschenrechte in Chile, was der chilenische Kongreß und andere demokratische Institutionen ihm über ein Jahr lang bescheinigten. Zwar hatten wir mit dem Militärputsch nichts zu tun, waren jedoch der Meinung, daß er Chile vor dem Totalitarismus und den Südkegel vor dem Abgleiten in den Radikalismus gerettet hatte. Wir billigten Pinochets Methoden nicht. Bereits einige Wochen nach dem Putsch warnte ich Chiles Außenminister Huerta: Zwar wünschten wir seiner Regierung Erfolg, ich müsse sie aber auf Aktionen hinweisen, die ihrem internationalen Ansehen schaden könnten. Ich sagte Huerta, daß »wir uns die Freiheit nehmen, unsere Ansichten von Zeit zu Zeit kundzutun«.

Allerdings unterschied sich unsere Haltung zur Regierung Pinochet beträchtlich von der ihrer Kritiker im Kongreß und in den Medien. Sie waren entschlossen, Pinochet zu Fall zu bringen. Wir wollten sein Verhalten mäßigen und in demokratische Bahnen lenken. Wir waren bereit, Druck auf die Junta auszuüben, damit sie Chiles demokratische Institutionen aufrechterhielt und sich stärker um die Einhaltung der Menschenrechte bemühte. Aber in unseren Augen waren die Kräfte, die Allende repräsentiert hatte, und der Radikalismus in den Nachbarländern die größere Gefahr.

Außerdem war uns bewußt, wie sehr man an das Chile nach dem Putsch zweierlei Maßstäbe anlegte. Keine der radikalen antiamerikanischen Revolutionen wurde je so beschimpft wie die unbeholfener autoritären Militärs von Santiago. Den wütenden Haß der europäischen Linken gegen Pinochet suchte man vergeblich gegenüber Castro oder dem wahrlich mörderischen Regime in Vietnam. Die sozialistische Regierung Schwedens stoppte die Hilfe für Chile bereits achtundvierzig Stunden nach dem Putsch, bevor Menschenrechtsverletzungen überhaupt bekannt wurden. An das Unterdrückungsregime in Hanoi legte sie niemals ähnlich hohe Maßstäbe an. Vietnam wurde von Schweden fast ein Jahrzehnt lang politisch und wirtschaftlich unterstützt.

Man kommt nicht umhin zu fragen, welches Vergehen der chilenischen Regierung nach dem Putsch das größere war: die Einschränkung der Bürgerrechte oder der Schlag, den sie der Sache der Radikalen zugefügt hatte. Warum drängte man uns, linke Machthaber mittels großzügiger Wirtschaftshilfe zu mäßigen, während als Mittel gegen die rechten Verfehlungen Chiles allein die totale Isolation galt?

Wie immer wir auch zur Heuchelei einiger Kritiker Chiles standen, die Förderung demokratischer Institutionen war ein wichtiger Bestandteil unserer Lateinamerikapolitik. Die Gegebenheiten des Kalten Krieges zwangen uns, konstruktive Beziehungen zu autoritären Regimen in Südamerika aufrechtzuerhalten. Aber stets nutzten wir unseren Einfluß, um die Sache der demokratischen Institutionen voranzubringen, solange wir damit nicht die radikale, gewaltbereite Linke auf den Plan riefen. Zu diesem Zweck setzten wir mit Regimen, die unsere nationale Sicherheit nicht gefährdeten oder ihr förderlich waren, auf Zusammenarbeit, statt auf Konfrontationskurs zu gehen, zu dem man uns drängte.

Der Streit darüber, ob Engagement oder Druck die bessere Methode gewesen wäre, hat sich inzwischen erübrigt. Zwischen beiden gibt es keine klare Trennlinie; im Idealfall sollten beide Mittel einander ergänzen. Fortschritte werden dann erreicht, wenn der Kongreß und die Exekutive gemeinsam vorgehen, aber zugleich die Rolle spielen, für die sie jeweils am besten geeignet sind. Der Kongreß ist das angemessene Forum, um die Besorgnis Amerikas zum Ausdruck zu bringen. Die Exekutive ist dann in der Lage, Drohungen seitens des Parlaments dem anzupassen, was unsere nationale Sicherheit zur gegebenen Zeit erfordert (wobei es immer Menschenrechtsverletzungen geben wird, bei denen sich taktische Anpassung von selbst verbietet).

Eine solche Rollenverteilung verlangt ein ausgewogenes Zusammenwirken von Kongreß und Exekutive. Das dazu erforderliche Maß an gegenseitigem Vertrauen bestand Mitte der siebziger Jahre im Hinblick auf Chile (oder die Menschenrechte im allgemeinen) nicht. Die Verfechter der Menschenrechte im Kongreß warfen der Administration vor, sie engagiere sich für Menschenrechte nur, wenn man sie unter Druck setze. Wir unsererseits waren der Meinung, daß der Kongreß sich auf einzelne ideologische und politische Themen in einem Maße einließ, das die Administration im Blick auf übergreifende strategische oder geopolitische Interessen der Vereinigten Staaten für schädlich hielt. Zuweilen wurden diese einfach außer acht gelassen. In beiden Ansichten steckt ein Körnchen Wahrheit. Natürlich fühlte ich mich verpflichtet, abstrakte demokratische Ideen in die konkreten Ziele der Diplomatie umzusetzen. Schließlich war ich als Außenminister von Amts wegen dafür verantwortlich, jedes einzelne Interesse der Vereinigten Staaten in den größeren Zusammenhang der Gesamtstrategie zu stellen. Aber zugleich war ich überzeugt, daß das Prinzip der Menschenwürde uns letztlich mit der westlichen Hemisphäre und mit Europa verband. Deshalb hatte ich auch stets ein von Respekt getragenes Verhältnis zu Senator Edward Kennedy und dem Abgeordneten Fraser, den führenden Verfechtern einer Sanktionspolitik im Kongreß.

Meine Reise zu der OAS-Tagung in Santiago stellte einen Balanceakt zwischen diesen Überlegungen dar. Anfang des Jahres war einer Delegation der Interamerikanischen Menschenrechtskommission die Einreise nach Chile verweigert worden. Sie legte der Tagung in Santiago einen äußerst kritischen Bericht über den Umgang mit Menschenrechten in Chile vor. Allerdings war darin von den üblichen Menschenrechtsverletzungen und nicht, wie später behauptet, von Völkermord die Rede. Vor meiner Abreise hatte ich dem chilenischen Botschafter mitgeteilt, die Vereinigten Staaten befürworteten eine ausführliche Diskussion des Berichtes in Santiago; dort wollte ich den bekannten Standpunkt Amerikas zu diesem Thema darlegen. Außerdem drängten wir auf Fortschritte bei den Menschenrechten vor meinem Eintreffen in Chile.

Die chilenische Regierung reagierte mit der Ankündigung, sie werde dreihundert politische Gefangene freilassen. Die ersten neunundvierzig waren im Mai vor der Ankunft von Finanzminister Bill Simon entlassen worden, der für zwei Tage zu Wirtschaftsgesprächen mit chilenischen Vertretern anreiste. Weitere neunundvierzig kamen frei, bevor er Chile verließ.

Ich nutzte einen Zwischenaufenthalt in Santo Domingo, der Hauptstadt der Dominikanischen Republik, um unsere Prioritäten klarzustellen. Bei einem Essen, das Präsident Joaquín Balaguer am 6. Juni zu meinen Ehren gab, sprach ich darüber, wie wichtig die Menschenrechtsfrage auf der Tagung von Santiago für uns sein werde:

Nach den Traditionen unserer Hemisphäre und den Werten unserer Zivilisation reicht materieller Fortschritt für die Entwicklung der menschlichen Persönlichkeit nicht aus. Wir auf dem amerikanischen Kontinent haben eine besondere Verpflichtung vor uns selbst und der Welt, die internationalen Maßstäbe von Gerechtigke t und Freiheit zu erhalten und voranzubringen ...

Auf dieser Reise will ich betonen, daß der Kampf für die Würde des Menschen ein zentrales Anliegen sowohl der nationalen Entwicklung als auch der internationalen Zusammenarbeit ist. Ich werde vorschlagen, die Rolle der Interamerikanischen Menschenrechtskommission zu stärken.[9]

In seiner Eröffnungsrede vor der OAS-Vollversammlung am 4. Juni, die vor meiner Ankunft gehalten wurde, verteidigte Pinochet die Lage der Menschenrechte in Chile. Er erklärte, Chile sei einem kommunistischen Umsturz zuvorgekommen und habe begonnen, »durch die Schaffung eines neuen Rechtswesens« eine neue Demokratie aufzubauen. Er kündigte an, zu den Menschenrechten werde die chilenische Regierung bald einige Bestimmungen vorlegen, welche die Verfassung des Landes zu »einem der fortschrittlichsten und vollendetsten Dokumente der Welt« machten. Eindeutig gegen die IAHRC gerichtet, schlug Pinochet vor, die OAS möge ein neues Menschenrechtsgremium mit »klar umrissenen« Aufgaben und begrenzter Handlungsfreiheit bilden. (Diesen Vorschlag lehnte die Vollversammlung später ab, wobei wir mit der Mehrheit stimmten.)

Um Chiles Image aufzubessern, forderte Pinochet OAS-Generalsekretär Orfila auf, das berüchtigte Lager von Tres Alamos zu besuchen. Außerdem kündigte er die Freilassung von weiteren neunundsechzig Gefangenen an. Er gestattete, daß während der Vollversammlung der Organisation der gesamte IAHRC-Bericht veröffentlicht wurde, der die Lage der Menschenrechte in Chile verurteilte. Die wichtigste chilenische Tageszeitung, *El Mercurio*, druckte den Bericht ab – zusammen mit der Zurückweisung durch die chilenische Regierung.

Ich will nicht alle diese Maßnahmen als Erfolg unserer Politik des Engagements in Chile hinstellen. Zweifellos war der Druck des amerikanischen Kongresses ein wichtiger Grund für Chile, sein Verhalten in der Frage der Menschenrechte zu verbessern. Unsere Strategie gab uns die Möglichkeit, die Menschenrechtsfrage gegenüber den chilenischen Behörden auf bilateraler Ebene als Test für gute Beziehungen zu den Vereinigten Staaten aufzuwerfen. Die grundsätzliche Differenz zwischen der Ford-Administration und ihren Kritikern in der Politik gegenüber Chile bestand darin, daß diese, wenn sie hätten wählen müssen, dem radikalen Allende gegenüber Pinochet den Vorzug gegeben hätten, was immer die langfristigen Folgen für die geopolitischen oder demokratischen Interessen Amerikas gewesen wären. Viele von ihnen betrachteten gar die Gewalt der Radikalen als notwendige Voraussetzung für die Entstehung ihrer idealen Welt. Die Ford-Administration aber war nicht bereit, eine für die nationalen Interessen so eindeutig schädliche Politik zu betreiben.

Ohne Pinochet stürzen zu wollen, stellten wir klar, wo wir in der Menschenrechtsfrage standen. In meiner Rede vor der OAS am 8. Juni in Santiago erklärte ich mit Nachdruck:

Die grundlegenden Menschenrechte müssen erhalten, gepflegt und geschützt werden, wenn Frieden und Wohlstand mehr sein sollen als rein technische Errungenschaften. Denn technologischer Fortschritt ohne soziale Gerechtigkeit ist ein Hohn auf die Menschheit.

Nationale Einheit ohne Freiheit ist blutleer, Nationalismus ohne ein Gefühl für die menschliche Gemeinschaft, das zugleich auch Sorge um die Menschenrechte beinhaltet, verfeinert nur die Werkzeuge der Unterdrückung. Auf Chile gemünzt, erkannte ich an, daß es Fortschritte gab. Nichtsdestotrotz erklärte ich:

Die Kommission hat bestätigt, daß es weiterhin zu Verletzungen kommt, was bilateral und international Aufmerksamkeit erregt hat. In den Vereinigten Staaten besteht verbreitete Sorge in der Exekutive, in der Presse und im Kongreß, der den ungewöhnlichen Schritt gegangen ist, für die militärische und wirtschaftliche Hilfe der Vereinigten Staaten an Chile besondere gesetzliche Beschränkungen aufzuerlegen.

Der Zustand der Menschenrechte, wie ihn der Menschenrechtsausschuß der OAS bewertet hat, hat unseren Beziehungen zu Chile geschadet und belastet sie auch weiterhin. Wir wünschen uns ein enges Verhältnis, und alle Freunde Chiles hoffen, daß die Hemmnisse, die durch die in dem Bericht genannten Umstände entstanden sind, bald beseitigt werden.

Aber ich wäre unseren Überzeugungen untreu geworden, hätte ich nicht auch darauf hingewiesen, daß viele Kritiker Chile mit zweierlei Maß maßen:

Der Sache der Menschenwürde erweisen jene keinen Dienst, die die Sorge um die Menschenrechte heuchlerisch benutzen, um ihren politischen Vorlieben zu frönen, und auch jene nicht, die nur solche Staaten wegen der Menschenrechte verurteilen, mit deren politischen Anschauungen sie nicht übereinstimmen.[10]

Bevor ich diese Rede hielt, empfing mich Pinochet in dem Haus im spanischen Stil, wo sich sein Büro befand. Kein Beobachter hätte daran das intime Verhältnis abgelesen, das uns jene Kritiker unterstellten, die Pinochet als Werkzeug der Amerikaner sahen. Kurz angebunden, distanziert, höflich und sachlich, ließ Pinochet keinerlei Herzlichkeit, weder gegenüber den Vereinigten Staaten noch ihrem Vertreter, aufkommen. Er spulte sein Programm ab und erwähnte nur nebenbei den widersinnigen Zustand, daß er, ein erklärter Freund der Vereinigten Staaten, wesentlich stärkerem amerikanischen Druck ausgesetzt sei als Allende, der bei jeder Gelegenheit betont hatte, er wolle die Interessen und die Position der Vereinigten Staaten in der westlichen Hemisphäre untergraben.

Am Ende war offenkundig, daß Pinochet und ich unter sehr verschiedenen objektiven Bedingungen kämpften: Für mich belastete Chiles Menschenrechtspolitik unsere Lateinamerikastrategie und beeinträchtigte insgesamt die innenpolitische Unterstützung unserer Außenpolitik. Pinochet dagegen hatte es mit gewalttätigen Radikalen im Land und der drohenden Haltung Perus zu tun, dessen Armee von den Sowjets bewaffnet und von den Kubanern ausgebildet war.

Ein beträchtlicher Teil meines Dialoges mit Pinochet galt zwangsläufig den Menschenrechten, deren Mißachtung in der Tat das Haupthindernis für enge Beziehungen zwischen den Vereinigten Staaten und Chile darstellte. Ich legte die Hauptpunkte der Rede dar, die ich am nächsten Tag vor der OAS halten wollte. Pinochet sagte dazu nichts. Außerdem betonte ich, wir »sympathisierten« mit Chiles Zielen wie Stabilität, Marktwirtschaft und Widerstand gegen den Kommunismus. Wenn wir auf Verbesserungen bei der Einhaltung der Menschenrechte drängten, dann nicht, um Chiles Regierung zu untergraben. Aber Pinochet möge verstehen:

Dies (die Menschenrechte) ist ein Problem, das unsere Beziehungen und die Bemühungen derer schwieriger gestaltet, die Freunde Chiles sind. Ich sollte heute nachmittag vor der Vollversammlung über die Menschenrechte reden. Ich habe meine Rede aufgeschoben, um zunächst mit Ihnen zu sprechen. Ich möchte, daß Sie meinen Standpunkt verstehen. Wir wollen mit moralischer Überzeugung, nicht mit rechtlichen Sanktionen arbeiten.

Ich räumte ein, daß viele Kritiker Pinochet angriffen, weil er eine Regierung gestürzt hatte, die kommunistisch zu werden drohte. Trotzdem:

Wir haben ein praktisches Problem, das wir berücksichtigen müssen, ohne Druck auszuüben, der mit Ihrer Würde unvereinbar wäre. Zugleich müssen wir vermeiden, daß die Vereinigten Staaten Gesetze beschließen, die unsere Beziehungen untergraben könnten. Es wäre wirklich hilfreich, wenn Sie uns die Maßnahmen wissen ließen, die Sie auf dem Gebiet der Menschenrechte zu unternehmen gedenken.

Verfechter der Menschenrechte mit dem ihrer Berufung entsprechenden Standpunkt hätten unsere Ziele sicher unumwundener formuliert. Als Außenminister fühlte ich mich verantwortlich dafür, die chilenische Regierung durch Verständnis für Pinochets Sorgen zu mehr Demokratie zu ermutigen, ohne die Kräfte auf den Plan zu rufen, die Allendes Revolution getragen hatten.

Allerdings war Verständnis auch alles, was ich anzubieten hatte. Chiles Sorgen wegen der inneren Subversion und des Drucks Perus, das nun, ausgerüstet mit weittragender Artillerie und Panzern aus der Sowjetunion, kampfbereit an einer umstrittenen Grenze stand, waren wohlbegründet. Pinochet erinnerte mich daran, daß »Rußland seine Verbündeten hundertprozentig unterstützt. Wir stehen hinter Ihnen. Sie sind die Führungsmacht. Aber Sie verhängen Strafmaßnahmen gegen Ihre Freunde.« Ich lenkte auf meinen Grundgedanken zurück, daß jede umfangreichere Hilfe unsererseits von Fortschritten bei der Einhaltung der Menschenrechte abhänge.

Am 18. Juni nahm die OAS-Vollversammlung mit unserer aktiven Unterstützung eine Resolution an, die Chile drängte, »weiterhin Maßnahmen zu ergreifen, die die Einhaltung der Menschenrechte sicherstellen«, und »dem Interamerikanischen Menschenrechtsausschuß die Kooperation zuteil werden zu lassen, die er braucht, um seiner Tätigkeit nachzugehen«. Die Resolution wurde mit neunzehn zu eins Stimmen angenommen. Jamaika stimmte als einziges Land dagegen; Chile und Brasilien enthielten sich der Stimme.

In Chile gingen die Menschenrechtsverletzungen zurück, insbesondere nachdem Pinochet im Jahr 1978 die Geheimpolizei zur Bekämpfung des Terrorismus auflöste, die für die meisten Vorkommnisse verantwortlich war. Als Pinochet bei einer Volksbefragung im Jahr 1988 eine knappe Niederlage erlitt, übergab er einer demokratischen Regierung eine funktionierende Marktwirtschaft.

Meine Teilnahme an dieser Tagung der OAS diente auch dem langfristigen strategischen Ziel, im Rahmen der OAS ein Gremium für multilaterale

Gespräche über wirtschaftliche Themen der westlichen Hemisphäre zu schaffen. In einer weiteren Rede am 9. Juni sagte ich folgende Schritte der Ford-Administration zu, und zwar ab »sofort«:

– »den wirtschaftlichen Problemen Lateinamerikas auf *allen* Gebieten, auf denen unsere Exekutive Entscheidungsfreiheit hat, besondere Aufmerksamkeit zu schenken«;
– »unsere Positionen in *allen* wirtschaftlichen Fragen, die die westliche Hemisphäre betreffen, abzustimmen, bevor diese in großen internationalen Gremien erörtert werden«;
– »Sondervereinbarungen in der westlichen Hemisphäre für wirtschaftliche Bereiche wie den Transfer und die Entwicklung von Technologie vorzusehen«;
– »alle Anstrengungen zu unternehmen, um eine Ergänzung des US-Handelsgesetzes zu erreichen«[11].

Ich schlug eine Sondertagung der OAS-Vollversammlung im März 1977 vor, auf der die Probleme der Entwicklungsländer mit mittleren Einkünften, die für Lateinamerika so typisch sind, behandelt werden sollten. In diesem Sinne sagte ich zum Außenminister Uruguays Juan Carlos Blanco:
Ich habe nichts dagegen, den ärmsten Ländern Geld zu geben, aber wir sollten zwischen Unterstützung und Hilfe unterscheiden. Wir müssen Wege finden, um die Entfremdung eines ganzen Blocks von Ländern mit mittleren Einkünften zu verhindern, die keinen Zugang zu ausländischem Kapital haben... Es wäre ein Fehler, wenn wir lateinamerikanische Länder wie das Ihre in eine Lage drängten, daß sie sich der Dritten Welt anschließen müssen, um zu bekommen, was sie brauchen.
Ich wußte, daß die Realisierung dieser Schritte in Washington einen erbitterten Kampf um die Frage eines Sonderstatus für Lateinamerika auslösen mußte. Aber ich war überzeugt, daß ein neugewählter Präsident die Chance hatte, die Vorhaben durchzusetzen.
Nach Abschluß der OAS-Tagung berichtete ich Ford:
Der Erfolg dieser Tagung zeigt, wie weit wir in vier Jahren in unserer Lateinamerikapolitik vorangekommen sind... Wir haben zu allen wichtigen Fragen Lateinamerikas eine klare Position bezogen, die sich die Lateinamerikaner angehört und respektiert haben. Wir haben eine führende Rolle dabei gespielt, daß das Problem der Menschenrechte ausgewogen und mit Respekt behandelt, die Diskussion über eine Reform der OAS praktisch angegangen, in den Fragen des Handels und der Entwicklung Hoffnung verbreitet und Fairneß angeboten wurde.

Panama

Ein Grund dafür, daß die Tagung von Santiago für die Beziehungen in der westlichen Hemisphäre so erfolgreich verlief, war die wachsende Zuversicht, daß die Verhandlungen über den Panamakanalvertrag sich einem erfolgreichen Abschluß näherten. Die lateinamerikanischen Staaten setzten sich ausnahmslos für eine Veränderung der Bedingungen ein, die sie als den letzten Rest des Kolonialismus in der westlichen Hemisphäre betrachteten. Ein erneuerter Vertrag diente auch unseren Interessen, weil er dazu beitrug, eine Dauerkrise in unserem Verhältnis zu Lateinamerika abzuwenden.

Am Ende der Tagung von Santiago wußten die Staaten Lateinamerikas, daß die Lösung folgende wichtige Punkte beinhaltete: Der Vertrag von 1903 wurde aufgehoben. Für die Beendigung unserer Präsenz wurde ein fester Zeitpunkt vereinbart. Wir übergaben die Kanalzone und den Betrieb des Kanals an Panama und erkannten dessen volle Souveränität an. Zugleich behielten wir die letztendliche Verantwortung für den Schutz des Kanals.

Die noch offenen Fragen konnten einen erfolgreichen Abschluß der Verhandlungen nicht mehr verhindern, aber es blieb das Problem, wann und wie der Vertrag abgeschlossen werden sollte. Zugleich mußten wir die anderen Außenminister davon überzeugen, daß beide Seiten aufrichtig waren und zugleich nichts übereilen durften. Als Ausdruck ihres Vertrauens gaben sie sich zufrieden, als wir ihnen versicherten, der Abschluß müsse auf die Zeit nach unseren Wahlen verschoben werden, bis eine neue Administration im Amt sei. Am 11. Juni traf ich in Santiago mit dem Außenminister Panamas Aquilino Boyd zusammen und sagte ihm:

> Sie müssen bedenken, daß es für uns schon sehr viel bedeutet, die offiziellen Verhandlungen weiterzuführen, während der Wahlkampf im Gange ist. Bei uns gibt es jetzt keinerlei Disziplin. Es kümmert die Leute nicht, wenn sie entlassen werden. Wenn die Demokraten siegen, werden sie unsere Politik fortsetzen. Wenn Ford gewinnt, wissen Sie, was wir tun werden. Jetzt kommt es darauf an, die nächsten Monate zu überstehen, ohne daß diese Frage zu einem Wahlkampfthema wird.

Boyd und ich gaben eine höfliche gemeinsame Erklärung ab, in der wir unseren Wunsch zum Ausdruck brachten, die Verhandlungen fortzusetzen und uns weiterhin um Fortschritte zu bemühen. Dies fand die einmütige Unterstützung der OAS-Vollversammlung.

Die Reaktion in den Vereinigten Staaten war nicht annähernd so wohlwollend. Ford hatte in seiner Amtszeit viele mutige Entschlüsse gefaßt, von denen einige – wie die Unterstützung von Mehrheitsregierungen in Afrika – ihm keinen sichtbaren politischen Vorteil brachten. Keine Entscheidung war jedoch mutiger oder barg mehr Gefahren in sich als seine Bereitschaft, über einen neuen Panamakanalvertrag zu verhandeln. Dafür gab es in den Vereinigten Staaten kaum Wählerunterstützung, während sich die Gegner leidenschaftlich ins Zeug warfen, gut organisiert und mit Geldmitteln ausgestattet waren.

In den ersten Monaten seiner Amtszeit war Ford zu sehr von der Erblast der Krisen in Anspruch genommen, um sich detailliert mit den Panamakanalverhandlungen befassen zu können. Aber er billigte im Grundsatz, einen neuen befristeten Vertrag abzuschließen, und erteilte Ellsworth Bunker die Vollmacht, auf dieses Ziel hinzuarbeiten. Bunkers Charakter gewährleistete das Vertrauen aller Parteien. Er war besonders hilfreich, als es darum ging, aufkommende Streitigkeiten zwischen Verteidigungs- und Außenministerium zu schlichten. Anfangs war das Verteidigungsministerium der Meinung, es sei einfacher, mit den Schwierigkeiten des Status quo fertig zu werden, als das Risiko einer neuen Vereinbarung auf sich zu nehmen. Das Außenministerium argumentierte (vor, während und nach meiner Amtszeit als Minister) unbeirrt, wenn wir auf dem Status quo beharrten, könnte uns das letzten Endes in der westlichen Hemisphäre politisch isolieren, unsere Strategie gegenüber der Dritten Welt zunichte machen und uns schließlich daran hindern, den Kanal weiterhin erfolgreich zu betreiben und zu schützen.

Bunker bahnte sich mit der für ihn charakteristischen Geschicklichkeit und Gelassenheit den Weg durch den Wust technischer Probleme. Die Kernfrage in Fords Amtszeit war die »Dauer« — wie lange die Vereinigten Staaten den Kanal noch betreiben und für welchen Zeitraum sie befugt sein sollten, ihn allein zu verteidigen. Schritt für Schritt gelangten wir in unseren internen Gesprächen zu dem gemeinsamen Standpunkt, daß der erste Zeitraum zwanzig und der zweite vierzig Jahre betragen sollte. Man glaubte, daß der Kanal nach vierzig Jahren überholt und durch einen neuen Wasserweg ersetzt werden müsse, für den dann ganz neue Bedingungen galten.

Eine so umstrittene Angelegenheit wie die Veränderung des Status des Panamakanals konnte nur von einer wirklich einigen und entschlossenen Regierung durch den Kongreß gebracht werden. Als Nationaler Sicherheitsberater war es meine Aufgabe, alle betroffenen Institutionen auf den vereinbarten Konsens einzuschwören.

Am 15. Mai kam die Angelegenheit zum ersten Mal in Fords Amtszeit vor den Nationalen Sicherheitsrat. Für den Präsidenten umriß ich die Probleme mit folgenden Worten:

Erstens geht es darum, ob Sie gewillt sind, sich das Konzept der Trennung von Betrieb und Verteidigung des Kanals zu eigen zu machen. Alle zuständigen Stellen haben dem zugestimmt. Allerdings nicht den Zeiträumen — was in vierzig Jahren geschieht, ist so schwer vorherzusagen. Wenn Sie diesen Weg gehen wollen, was ist dann, zweitens, das Minimum, das wir akzeptieren können? Wenn Sie, drittens, heute noch keinen Vertrag wünschen, dann müssen Sie entscheiden, ob wir einseitige Schritte gehen können, um die Situation für Panama zu erleichtern, zum Beispiel einen Teil des Geländes zurückgeben, was an der Situation insgesamt nichts ändert. Auf den jüngsten OAS-Tagungen, auf denen ich mit den meisten Ministern aus Lateinamerika gesprochen habe, erhielt ich den starken Eindruck, daß wir von ihnen keine Hilfe zu erwarten haben. Im Gegenteil: Sie werden nicht zögern, uns das Leben noch schwerer zu machen. Andererseits haben (Senator Strom) Thurmond und (Senator James) Buckley mich in dieser Frage bereits hart bearbeitet, und mir ist völlig klar, welche Probleme von dieser Seite zu erwarten sind.

Schlesinger plädierte wortreich dafür, standhaft zu bleiben: »Wenn die Vereinigten Staaten Stärke und Entschlossenheit zeigen, dann werden sie respektiert. Wenn sie von ihrer Position abweichen, dann wecken sie nur Gelüste.« In der Theorie hatte er durchaus recht, aber alle, die mit der Sache näher vertraut waren (einschließlich Schlesingers engste Mitarbeiter im Pentagon), kamen zu dem Schluß, daß der Preis für eine starre Haltung zu hoch war, besonders da wir mit den Vereinbarungen, die gerade ausgehandelt wurden, wichtige Interessen durchaus wahren konnten.

Der Präsident bat darum, in einer weiteren Studie alle innenpolitischen und internationalen Vor- und Nachteile zu prüfen, die zu erwarten waren,

wenn ein Vertrag zum gegenwärtigen Zeitpunkt abgeschlossen beziehungsweise hinausgeschoben wurde. Dabei solle man von den nationalen Interessen ausgehen, sagte er, und nicht in erster Linie von den Interessen der kleinen, aber lautstarken Gruppe von Kanalbeamten, die seiner Meinung nach
übermäßigen Einfluß auf den Kongreß nahmen. Am 23. Juli hielt Ford eine weitere Sitzung des Nationalen Sicherheitsrates ab, auf der ich dem Präsidenten die sich abzeichnende Übereinkunft vor-
trug. Diese beinhaltete den Zeitraum von zwanzig Jahren für den Betrieb des
Kanals und von vierzig Jahren für seine ausschließliche Verteidigung durch
die Vereinigten Staaten. Danach behielten sie eine Restverantwortung auf
unbestimmte Zeit. Eine weitere wichtige Entscheidung, die der Präsident zu
fällen hatte, betraf die Taktik: Die Verhandlungen mit Panama waren so zu
führen, daß in der Zeit des Wahlkampfes durchaus ein Fortschritt erreicht,
der Vertrag selbst aber erst nach den Wahlen geschlossen werden sollte:

Das wird nicht leicht zu erreichen sein, aber ich denke, es ist möglich.
Wenn Sie diesen Weg gehen wollen, wäre es e n Fehler, Zugeständnisse zu machen, nur um die Kontrolle zu behalten. Die Richtlinie muß
geändert werden. Gegenwärtig hat Bunker den Auftrag, einen Zeitraum
von fünfzig Jahren für Betrieb und Verteidigung des Kanals auszuhandeln. Wir empfehlen, bei der Betriebszeit auf fünfundzwanzig Jahre und
bei der Verteidigung auf fünfundvierzig Jahre zurückzugehen. Die endgültige Rückzugslinie muß dann bei vierzig Jahren für die Verteidigung
und zwanzig Jahren für den Betrieb des Kanals liegen. Wir wollen uns
hier nicht mit den Einzelheiten aufhalten. Die Frage ist erstens: Wollen
Sie den Vertrag? Und wollen Sie, daß die Verhandlungen vorankommen?
Zweitens: Stimmen Sie zu, die Richtlinie zu ändern? Und drittens: Wo
liegt unser absolutes Minimum?

Schlesinger wandte sich, wie bereits in der ersten Sitzung, erneut gegen
diese Vorschläge, allerdings weniger nachdrücklich. Er beschränkte sich auf
das Argument, wenn wir die Hoheit über den Kanal einmal aufgäben, wäre
der Zeitraum, in dem wir noch verschiedene Rechte wahrnehmen könnten,
sehr angreifbar. Aber der stellvertretende Verteidigungsminister Bill Clements, der sich als Texaner für einen Lateinamerikaexperten hielt, widersprach seinem Minister – ein nahezu beispielloses Vorkommnis auf einer
Sitzung des Nationalen Sicherheitsrates und ein Zeichen dafür, wie gespannt das Verhältnis zwischen beiden war:

Wenn wir unsere Beziehungen zu Südamerika – sofern sie wichtig sind
– aufrechterhalten wollen, dann sollten wir uns einen tieferen Einblick in
die Dinge verschaffen und nicht versuchen, unsere Hoheit über den
Panamakanal aufrechtzuerhalten. Wenn wir daran arbeiten, und die
Armee wird das tun, wenn wir die entsprechenden Rahmenbedingungen schaffen, dann werden wir das richtige Verhältnis aufrechterhalten
können.

Der Vorsitzende der Joint Chiefs of Staff George Brown demonstrierte, daß
man nicht ohne politisches Geschick in Spitzenränge der Generalität auf-
steigt. Denn ihm gelang es, gleichen Abstand zu seinen beiden zivilen Vorgesetzten zu halten. Er stimmte sowohl Schlesingers Gedankengang als
auch Clements' praktischen Vorschlägen zu. Im Grunde genommen ziehe er
Schlesingers Sicht vor, behauptete Brown, aber da Präsident Johnson bereits

vor zehn Jahren unseren Hoheitsanspruch aufgegeben habe, unterstütze er nun die vorgeschlagene Vorgehensweise Bunkers, Clements' und meiner Person.

Auf dieser Grundlage billigte Ford die Empfehlungen für die verschiedenen Zeiträume und für den Aufschub des Vertragsabschlusses bis nach den Wahlen. Er entließ Bunker mit der Maßgabe, guten Willen zu zeigen, aber mit größter Umsicht vorzugehen. Beides war nötig für eine Diplomatie, die Fortschritte und Verzögerungstaktik zugleich beinhaltete, ohne daß eines von beiden allzu offensichtlich wurde.

Bevor Bunker die Verhandlungen wiederaufnahm, begab er sich im September 1975 auf eine »Orientierungsreise« nach Panama, auf der ihn der stellvertretende Verteidigungsminister Clements, General Brown und der stellvertretende Unterstaatssekretär Bill Rogers begleiteten. Der Hauptzweck des Besuchs bestand darin, mit General Torrijos Einvernehmen zu erzielen. Sie trafen mit dem General im kleinen Kreis zusammen. Es war eine verzwickte Mission, und Bill Clements beschloß, Klartext zu sprechen: Wir seien nicht in der Lage, die Verhandlungen vor den Wahlen abzuschließen, alle offenen Fragen könnten aber danach rasch geklärt werden. Torrijos willigte ein und versicherte der amerikanischen Delegation, Panama werde wegen der Verzögerung keine Schwierigkeiten machen.

General Brown leistete den vielleicht entscheidenden Beitrag, als er nach der Begegnung vor der Presse eine Erklärung verlas, in der er kundtat, daß das Militär einen neuen Vertrag unterstütze:»Ich habe General Torrijos versichert, daß die Joint Chiefs of Staff und das Verteidigungsministerium die Ausarbeitung eines neuen Vertrages unterstützen und ohne Einschränkung hinter Botschafter Bunkers Bemühungen stehen.«[12]

Die letzten Gespräche in der Sache fanden schließlich im Februar 1976 statt. Nun galt es vor allem, die Öffentlichkeit in Panama und in den Vereinigten Staaten vorzubereiten. Während meiner Reise durch Lateinamerika in diesem Monat drängte ich die Präsidenten Venezuelas und Kolumbiens, Pérez und López Michelson, sich in Panama und ganz Lateinamerika für Zurückhaltung in der Zeit der amerikanischen Präsidentschaftswahlen einzusetzen. Als ich am 24. Februar 1976 zum Abschluß meiner Reise in San José mit den Außenministern der mittelamerikanischen Staaten zusammentraf, faßte ich unsere Absichten noch einmal zusammen:

Solange die Dinge nicht an die Öffentlichkeit gelangen, können wir unsere Arbeit fortsetzen. Wir sind in der Lage, die Vereinbarungen in großen Zügen bis Jahresende fertigzustellen. Danach muß noch etwas an den Formulierungen gefeilt werden, aber wir können bereits mit der Kampagne für die Ratifizierung beginnen. Im Januar oder Februar nächsten Jahres wird der Vertrag ein innenpolitisches Problem für Amerika werden, nicht für Sie. Das ist der Zeitplan, nach dem wir vorgehen.

Das war kein zynischer Standpunkt. Wir waren überzeugt, daß die führenden Kandidaten der Demokraten unsere Grundposition teilten, gleichgültig, wie es ihnen gelang, ihre Auffassung während des Wahlkampfes abzuschirmen.

Die Hoffnung, wir könnten verhindern, daß die Verhandlungen zu einem politischen Spielball wurden, erwies sich jedoch als falsch. Im Herbst 1975 steckten die aussichtsreichsten Präsidentschaftskandidaten ihre Position zur

Panamafrage ab. Ronald Reagan stellte das Konzept der Verhandlungen grundsätzlich in Frage. Im Dezember 1975 traf er in Miami mit dem früheren Präsidenten Panamas Arnulfo Arias zusammen, der immer noch an die Macht zurückzugelangen versuchte. Die Tatsache, daß Arias aus genau dem entgegengesetzten Grund gegen die Verhandlungen war – weil sie nämlich nicht zur sofortigen Rückgabe des Kanals an Panama führten –, schien die Eintracht zwischen beiden nicht zu stören. John Connally kündigte an, er werde dafür kämpfen, daß Amerika den Kanal in seinem Besitz behalte.

Fast auf jeder Wahlveranstaltung begrüßte man Ford nun mit Fragen nach dem Panamakanalvertrag. Um den Erwartungen seiner Zuhörer zu entsprechen, äußerte er sich zunehmend härter. Als ich mich im Februar 1976 in Lateinamerika aufhielt, warf Reagan der Administration vor, sie beabsichtige, »den Kanal aufzugeben«. Er behauptete, der Präsident werde vom Außenministerium nicht umfassend informiert, man wolle das amerikanische Volk hinters Licht führen. Als nächstes verlangte Reagan den Abbruch der Verhandlungen: »Wir haben ihn gekauft, wir haben dafür bezahlt, er ist unser, und wir sollten Torrijos & Co. sagen, daß wir ihn behalten werden.«[13]

Während der Vorwahlen in Texas spitzte sich die Sache zu. Am 10. April erklärte Ford unter dem Einfluß der vorherrschenden Stimmung, »die Vereinigten Staaten werden *niemals* ihr Recht auf die Verteidigung des Panamakanals und – was Panama betrifft – *niemals* ihr Recht auf den Betrieb des Kanals aufgeben«[14].

Da diese Aussage erheblich von dem abwich, was wir gerade verhandelten, blieb dem Weißen Haus nun nichts weiter übrig, als am 14. und 15. April »Klarstellungen« zu veröffentlichen, die mehr oder weniger offenlegten, wie das Spiel zur Zeit stand. Schließlich ging Ford in die Offensive und warf Reagan vor, er versuche auf verantwortungslose Weise den Abbruch der Verhandlungen zu erreichen. Der Präsident begann nun davon zu sprechen, daß der Kanal eine »wirtschaftliche Nutzungsdauer« habe, während deren die Vereinigten Staaten die unbestrittene Kontrolle behielten. Damit glättete er jedoch weder in den Vereinigten Staaten noch in Panama die Wogen der Erregung. Außenminister Boyd beschrieb Torrijos' Reaktion auf die Worte des Präsidenten so: »Er war sehr erregt. Er sagte ›Was wollen Sie uns dann zurückgeben – etwa Schrott?‹«

Senator Barry Goldwater entspannte die Situation etwas, als er nach einem Besuch in Panama eine Vereinbarung zu veränderten Bedingungen unterstützte. Ford »akzeptierte« bereitwillig die »Unterstützung« dieser Kultfigur der Konservativen, fiel aber trotzdem bei den Vorwahlen in Texas mit Pauken und Trompeten durch. Einige führende Republikaner schrieben diese Niederlage der Panamafrage zu. Besonders wiesen sie darauf hin, daß Bunker im Mai zur Fortsetzung der Verhandlungen nach Panama zurückgekehrt war. Mich kritisierte man, weil ich Ford in diese Lage gebracht hätte, allerdings fiel die Kritik milder aus als im Zusammenhang mit Afrika (siehe Kapitel XXXII).

Auch nachdem Ford von den Republikanern mit knapper Mehrheit nominiert worden war, hielt die Debatte an. Jimmy Carter, der Kandidat der Demokraten, tat sich unerwartet mit einer quasikonservativen Position hervor. In einer Rede im Juni versprach er, die Kontrolle der Vereinigten Staaten über den Kanal aufrechtzuerhalten, bot aber zugleich die Fortsetzung der Verhandlungen und eine »Teilung« der Hoheit über den Kanal an. Carter erklärte nicht, wie er dieses Kunststück vollbringen wollte oder inwiefern er vom Standpunkt der Administration abwich. In seiner außenpolitischen Debatte mit Ford behauptete Carter erneut, er befürworte weitere Verhandlungen mit Panama, wolle jedoch die »praktische Kontrolle« über den Kanal nicht aufgeben. In seiner Erwiderung hob Ford die Notwendigkeit hervor, »vollständigen Zugang« zum Kanal und unsere Verteidigungsfähigkeit zu erhalten. Er fügte hinzu, wir müßten »unsere nationalen Sicherheitsinteressen am Kanal wahren«. Sowohl Carter, den wir über den Verhandlungsstand informiert hatten, als auch Ford waren jedoch so vorsichtig, nicht näher zu definieren, was sie unter »Kontrolle«, »Zugang« und »Verteidigung« verstanden.[15]

Als Carter am 2. November gewählt war, drängte Panama auf ein Signal, das Aufschluß über die Absichten der neuen Administration geben sollte. Dabei brachte man die Hoffnung zum Ausdruck, daß die Gespräche unverzüglich wiederaufgenommen würden. Bunker unterstützte die Bitte, die Verhandlungen in der Übergangszeit inoffiziell weiterzuführen. Ich war der Meinung, die neue Administration sollte die Gelegenheit erhalten, sich zunächst über ihre Politik klarzuwerden. Ich versuchte Boyd mit allgemeinen Worten zu beruhigen und sagte ihm, ich hätte den »Eindruck«, Carter habe eine »realistische« Einstellung zu Panama, es bestehe »kein Bruch zwischen seinen Ansichten und denen unserer Administration«. Nachdem ich mit meinem Nachfolger Cyrus Vance gesprochen hatte, willigte ich ein, die Unterhändler als symbolische Geste für Amerikas weiterbestehende Verhandlungsbereitschaft nach Panama zurückzuschicken.

Im Februar 1977 wurden die Verhandlungen offiziell wiederaufgenommen. Neben Bunker ernannte man Sol Linowitz zum Kounterhändler. Linowitz war ein bekannter Anwalt und Geschäftsmann, der später Botschafter bei der OAS wurde. Im August verkündete man eine »grundsätzliche« Übereinkunft in den wichtigsten Fragen des neuen Vertrages. Danach sollten der Kanal und die Kanalzone im Jahr 2000 unter panamaische Kontrolle gestellt werden. Der Vertragsentwurf enthielt im wesentlichen die Bestandteile, die Ford gebilligt hatte: zwanzig weitere Jahre für den Betrieb des Kanals durch die Vereinigten Staaten und vierzig Jahre für seine Verteidigung. Ein wichtiger Sondervertrag enthielt das Recht der Vereinigten Staaten, die »ständige Neutralität« des Kanals zu schützen. Alle diese Bedingungen waren im Grunde genommen bereits von der Ford-Administration ausgehandelt worden. Damit soll der Mut der Carter-Administration, die es wagte, ein so umstrittenes Thema bereits zu Beginn ihrer Amtszeit anzupacken, beziehungsweise die Entschlossenheit, mit der Carter das Vertragswerk zu Ende brachte, nicht in Frage gestellt werden.

Am 7. September 1977 kam General Torrijos nach Washington, um die Dokumente zu paraphieren. Nun verlagerte sich das Kampffeld in den Senat, wo die Senatoren Thurmond und Helms mit Unterstützung von Orrin Hatch und anderen den Vertrag als »Ausverkauf« lebenswichtiger Interessen Amerikas hinzustellen versuchten.

Im Jahr 1978 sagten Gerald Ford und ich vor dem Auswärtigen Ausschuß des Senats zugunsten des Vertrages aus. Der schwierigste Teil der Anhörungen war die Debatte über die Auslegung des parallelen Vertrages, der den Vereinigten Staaten das Recht zugesteht, die »ständige Neutralität« des Kanals zu schützen.

Nach einem weiteren Treffen im Weißen Haus Mitte Oktober gaben die Präsidenten Carter und Torrijos ein erläuterndes Statement ab, in dem es hieß, die Vereinigten Staaten hätten das Recht, gegen *jeglichen* Angriff auf den Kanal oder seine Bedrohung einzuschreiten, wenn notwendig, auch gegen den Einspruch Panamas. In dem Statement hieß es weiter, dies bedeute nicht, daß die Vereinigten Staaten das Recht hätten, sich in die inneren Angelegenheiten Panamas einzumischen.

Obwohl heftig gestritten wurde, waren die Anhörungen und Debatten über den Vertrag ein Musterbeispiel für die gewissenhafte parlamentarische Erörterung einer außenpolitischen Frage von historischer Tragweite. Panama trug seinen Teil dazu bei. Am 23. Oktober 1977 stimmte das panamaische Volk in einem landesweiten Referendum mit Zweidrittelmehrheit für die Verträge. Im November bot Torrijos seinen Rücktritt an, sollten die US-Senatoren in ihm ein Hindernis für die Ratifizierung der Verträge sehen. Torrijos war zwar in seinem Land als Nationalist sehr beliebt, wegen seiner fragwürdigen Menschenrechtspraktiken lieferte er jedoch der Opposition nur weiteren Zündstoff gegen die Verträge.

Am 16. März und am 18. April 1978 billigte der Senat schließlich die beiden Verträge mit achtundsechzig gegen zweiunddreißig Stimmen.[16] Das positive Ergebnis, an dem auch sechzehn Republikaner beteiligt waren, lag genau eine Stimme über der Zweidrittelmehrheit, die für die Ratifizierung notwendig war. Eine wichtige Veränderung in den vitalen amerikanischen Interessen war von einer geschlossenen republikanischen Administration ausgehandelt, von der nachfolgenden demokratischen Administration zu Ende geführt und schließlich vom Senat mit einer Mehrheit aus beiden Parteien ratifiziert worden. Howard Baker, der Führer der Republikaner im Senat, hatte sich der Mehrheit mutig angeschlossen, damit allerdings seinen Ambitionen auf das Präsidentenamt schwer und – wie sich herausstellte – auf Dauer geschadet.

So schmerzlich diese Entscheidung war, die Überarbeitung der Kanalverträge erwies sich als der richtige Schritt. Er entschärfte ein brisantes Problem und hinderte beide Seiten bis zum Jahr 2000 nicht daran, in einem wesentlich günstigeren Klima die Möglichkeit zu prüfen, ob den Vereinigten Staaten durch weitere Veränderungen wieder eine gewisse Rolle beim Betreiben des Kanals zugestanden werden könnte.

Schlußbemerkung

Im Jahr 1958 hatte die Reise des damaligen Vizepräsidenten Nixon durch Lateinamerika massive feindselige Demonstrationen ausgelöst. In Caracas war sogar sein Leben bedroht. Im Jahr 1969 hatte der Gesandte des Präsidenten, Nelson Rockefeller, wegen des starken Antiamerikanismus Chile und Peru nicht besuchen können. Fast überall hatte man ihn mit Demonstrationen empfangen. Am Ende der Amtszeit der Ford-Administration wurde ich bei Besuchen in wichtigen lateinamerikanischen Staaten überall herzlich aufgenommen, obwohl ich eine konservative Administration vertrat. Zunehmend kooperativere Beziehungen hatten sich entwickelt. Lange schwelende Probleme in den Beziehungen mit Peru und Mexiko waren ausgeräumt. Die Panamakanalfrage war für zwischenamerikanische und internationale Begegnungen kein Thema mehr. Für die OAS-Sanktionen gegen Kuba war eine einvernehmliche Lösung gefunden worden. Mit Brasilien hatten wir ein Sonderverhältnis aufgebaut, das auch alle anderen großen Staaten Lateinamerikas anstrebten.

Noch immer aber hatte die westliche Hemisphäre keine Struktur, die eine gemeinsame Position zu Fragen der internationalen Ordnung ermöglichte. Aber ich stelle mit Zufriedenheit fest, daß wir zu einer Entwicklung beigetragen haben, aus der schließlich die Zielvorstellung der NAFTA und einer Freihandelszone der westlichen Hemisphäre erwuchs.

XXV. Kubanisches Zwischenspiel

Seit Fidel Castro im Jahr 1959 die Macht übernahm, sind die kubanisch-amerikanischen Beziehungen in Feindschaft erstarrt. Im Jahr 1975 unternahm die Ford-Administration im Rahmen ihrer Bemühungen in der westlichen Hemisphäre den Versuch, sie zu normalisieren. Wir boten an, die Isolierung Kubas zu beenden, wenn Castro die Unterstützung für Revolutionen in anderen Ländern einstellte, Kubas Beziehungen zur Sowjetunion abbaute und besondere Maßnahmen im humanitären Bereich einleitete. Castro wies dieses Angebot zurück und schickte statt dessen ein großes Expeditionskorps, das schließlich über vierzigtausend Mann zählte, nach Angola, um dort bei der Errichtung einer von Kommunisten beherrschten Regierung zu helfen und diese zu stützen.

Nachdem Kuba unabhängig geworden war, standen ihm die Vereinigten Staaten fast sechzig Jahre lang gleichgültig gegenüber, mal mehr, mal weniger zugeneigt. Als aber Castro auf der Bildfläche erschien, wurde es zum Brennpunkt nahezu besessener Aufmerksamkeit. Aus einer Insel in der Karibik, die die amerikanische Öffentlichkeit mit Stränden, Casinos und korrupter Tyrannei in Verbindung brachte, wurde in wenigen Jahren ein schwerwiegendes Problem, das amerikanische Strategen, Diplomaten und Journalisten beschäftigte. Das Auftauchen eines Verbündeten der Sowjetunion rund einhundertfünfzig Kilometer vor der amerikanischen Küste wurde als Herausforderung für die historische Führungsrolle unseres Landes in der westlichen Hemisphäre, aber auch für unsere eigene nationale Sicherheit empfunden.

Castros Herrschaft löste eine Flutwelle von Flüchtlingen nach den Vereinigten Staaten aus, deren wachsende Zahl und unversöhnliche Feindschaft mit dem Castro-Regime besonders in Florida zu einem Faktor der Innenpolitik wurden. In der westlichen Hemisphäre löste die Tatsache, daß Castro sich gegen die übermächtigen Vereinigten Staaten behauptete, daß er die Aktion in der Schweinebucht 1961 (ein von den Vereinigten Staaten unterstützter Invasionsplan zu seinem Sturz) und die Raketenkrise 1962 überstand, daß er das militärische Bündnis mit der Sowjetunion aufrechterhalten konnte, zugleich Furcht und Bewunderung aus: Furcht, weil er das Potential besaß, innere Unruhen oder gar Revolutionen zu schüren; Bewunderung, weil er es wagte, dem Adler Federn auszurupfen.

Im Jahr 1962 verhängten die Vereinigten Staaten ein vollständiges Wirtschaftsembargo gegen Kuba, das selbst amerikanische Firmen mit Sitz in anderen Staaten und Schiffe betraf, die amerikanische Häfen anliefen, nachdem sie in Kuba gewesen waren. 1964 verhängte die Organisation Amerikanischer Staaten, die Kuba zwei Jahre zuvor ausgeschlossen hatte, nach dem Vertrag von Rio Sanktionen, die für alle ihre Mitglieder galten.

Die Nixon-Administration beschäftigte sich wenig mit Kuba. Die gegenseitige Feindschaft nahm sie als gegeben hin. Castro war Nixon zutiefst zuwider. Er machte den kubanischen Führer für seine Niederlage im Präsidentschaftswahlkampf 1960 verantwortlich. Damals hatte Nixon, der von dem streng geheimen Vorhaben in der Schweinebucht wußte, bestritten, daß es Pläne zum Sturz Castros gab. Kennedy dagegen, der als Präsidentschaftskandidat ebenfalls über den Plan informiert war, drängte auf eine Invasion in Kuba, was ihm viele Punkte einbrachte.[1] Nach Nixons Überzeugung war die kubanische Raketenkrise 1962 auch daran schuld, daß er die Gouverneurswahlen in Kalifornien verlor, weil sie die Aufmerksamkeit der Wähler von den inneren Problemen dieses Bundesstaates ablenkte.[2] Ungeachtet dieser Gefühlslage unternahm Nixon, einmal im Amt, aber keine schwerwiegenden diplomatischen oder anderen Schritte gegen Castro.

Im September 1970 wurde uns plötzlich bekannt, daß die Sowjets im kubanischen Hafen Cienfuegos einen Stützpunkt errichteten, auf dem mit Atomraketen bestückte U-Boote aufgetankt werden konnten. Nixon bat mich, den Sowjets mitzuteilen, dies laufe der Vereinbarung zwischen Chruschtschow und Kennedy von 1962 zuwider, mit der die kubanische Raketenkrise beendet wurde. Danach hatte die Sowjetunion zugestimmt, ihre Raketen von Kuba abzuziehen und keine neuen dort zu stationieren. Auf einer Pressekonferenz erklärte ich, diese Vereinbarung gelte nach unserer Auffassung auch für Raketen auf U-Booten.[3] Nachdem Nixon mehrere Kriegsschiffe vor der kubanischen Küste zusammengezogen hatte und wir einige Botschaften ausgetauscht hatten, bestätigte die Sowjetunion, die Übereinkunft zwischen Chruschtschow und Kennedy gelte auch für raketenbestückte U-Boote. Der Kreml versprach, derartige U-Boote würden Kuba künftig weder zum Auftanken noch aus operativen Gründen anlaufen.

Nach diesem Vorfall verfielen die kubanisch-amerikanischen Beziehungen wieder in die bekannte Lethargie. Unter den Staaten Lateinamerikas schwand allmählich die Furcht vor der kubanischen Bedrohung. Zugleich wuchs der Unmut über den ihnen auferlegten Handelsboykott. Mit jedem Jahr schwoll der Chor derer an, die forderten, die OAS-Sanktionen aufzuheben. Die Staaten der westlichen Hemisphäre bestanden auf ihrem Recht, über ihre Beziehungen zu Kuba selbst zu entscheiden. Wie bereits erwähnt, fehlte den von Costa Rica und Mexiko angeführten OAS-Mitgliedern auf der Tagung in der ecuadorianischen Hauptstadt Quito im November 1974 nur eine Stimme zur Zweidrittelmehrheit, die notwendig war, um die Sanktionen aufzuheben.

Noch umstrittener war ein Erlaß der Kennedy-Administration, der gegen

Tochtergesellschaften amerikanischer Firmen mit Sitz in anderen Ländern Strafen verhängte, wenn sie mit Kuba Handel trieben. Kanada und Argentinien drohten mit Vergeltungsmaßnahmen, wenn man versuchen würde, die amerikanische Rechtsprechung auf Unternehmen auszudehnen, die nach ihren Gesetzen rechtmäßig handelten. Unsere Sanktionspolitik beeinträchtigte zunehmend die Beziehungen zu langjährigen Freunden. Wir beschlossen, einen in sich logischen Kurs zu entwickeln, der es jedem Staat der westlichen Hemisphäre ermöglichte, seine nationalen Interessen zu verfolgen. Zugleich wollten wir die amerikanische Strategie gegenüber Kuba neu bestimmen. Ford sagte ich dazu am 25. Februar 1975: »Es besteht jetzt die Gefahr, daß wir sie (unsere Sanktionspolitik) unter Druck Stück für Stück aufgeben.«

Die Überprüfung unseres Kurses hatte bereits gegen Ende der Nixon-Administration im Januar 1974 als Teil des Plans begonnen, Lateinamerika über den »neuen Dialog« größeres Gewicht zu verleihen. Am 10. Januar erklärte ich auf einer Pressekonferenz:

Dies ist unsere Position: Unsere Gegnerschaft gegen die Politik Kubas betrifft dessen Versuch, seine Revolution zu exportieren und bestehende Regierungen in der westlichen Hemisphäre zu stürzen. Unsere Haltung könnte sich ändern, wenn Kuba einen Kurs größerer außenpolitischer Zurückhaltung einschlägt.[4]

Als Zeichen dafür, daß wir für einen Dialog offen waren, statteten wir den Paß des höchsten für Lateinamerika zuständigen Mitarbeiters des Auswärtigen Ausschusses des Senats mit einem Visum für Kuba aus, wo er Castro treffen sollte.

Aber wir hatten zu Castro keinen direkten Kontakt. Kuba hatte keine Diplomaten in Washington, der Status seiner Vertreter bei den Vereinten Nationen war für uns unklar. Außerdem wollten wir nicht, daß Castro unser Angebot zurückwies und daraus politisches Kapital schlug. Wir sahen uns also nach einem neutralen Mittelsmann um, von dem wir uns, wenn notwendig, distanzieren konnten. An solchen Leuten besteht meist kein Mangel. Hohe Beamte werden von selbsternannten Vermittlern bestürmt, die ihre Hilfe anbieten, weil sie entweder einen besonderen Zugang haben oder weil sie glauben, über eine originelle Idee zu verfügen. In der Regel überschätzen solche Freiwillige, was ein Außenstehender leisten kann, und sind in ihrem Übereifer schwer zu kontrollieren.

Aber es gibt die seltene Gelegenheit, daß Vermittler ein neues Vorgehen signalisieren und dem Gegenüber eine Antwort entlocken können, besonders wenn es sich um anscheinend äußerst hartnäckige Probleme handelt. Wir hatten dies im Fall Chinas versucht, mit Verbindungen und Gesten gearbeitet, die, für sich genommen, unbedeutend erschienen, aber den Wunsch nach einem ernsthaften Dialog andeuteten.

Im Juni 1974 bot sich ein möglicher Vermittler an, der auf den ersten Blick ungeeignet wirkte. Frank Mankiewicz, damals freier Journalist, stand der Nixon-Administration politisch genügend fern, daß man ihn leicht verleugnen konnte. »Fern« ist eine gewaltige Untertreibung, denn Mankiewicz war ein ausgesprochener Nixon-Gegner. Als Sprecher Robert Kennedys und scharfer liberaler Kritiker gehörte er zu der Kategorie, die Nixon als die »Kennedy-Meute« abtat. Ich hatte ihn kennengelernt, als ich kurze Zeit als

Berater im Weißen Haus unter Kennedy tätig war. Seitdem standen wir in freundlichem, wenn auch oberflächlichem Kontakt. Sein Schmerz bei Robert Kennedys Ermordung hatte mich tief berührt.

Mankiewicz teilte mir mit, er werde Castro für ein Buch interviewen und sei bereit, dem kubanischen Ministerpräsidenten jede Botschaft der Administration zu übermitteln. Daß er dieser fernstand, machte ihn zum idealen Mittelsmann. Er konnte eine Botschaft überbringen, aber uns nicht in etwas Unwiderrufliches hineinziehen. Ich vertraute ihm als Mensch, und er enttäuschte mich nicht.

Nixon mochte diesen Sendboten nicht und wäre nicht böse gewesen, wenn es diese Initiative überhaupt nicht gegeben hätte. Aber er billigte die folgende indirekte Erklärung, die Mankiewicz für seine Interpretation unserer Position ausgeben sollte: Amerika sei im Prinzip bereit, das Verhältnis zu verbessern, wenn in vertraulichen Gesprächen Schritte nach dem Prinzip der Gegenseitigkeit ausgehandelt würden. Durch symbolische erste Gesten könnten wir guten Willen zeigen. Jeder substantielle Fortschritt hänge jedoch von der Gegenleistung Kubas ab.

Ende August kehrte Mankiewicz aus Kuba zurück und übergab mir als angebliches Geschenk Castros eine Kiste Zigarren (von der ich wenig hatte, weil ich Nichtraucher bin). Außerdem überbrachte er als geheime mündliche Botschaft, Castro sei bereit, einen Abbau der Spannungen zu prüfen. Die Botschaft hatte keinerlei Substanz und war auch keine direkte Antwort auf unser Angebot. Larry Eagleburger nahm sie entgegen und kam mit Mankiewicz überein, daß er als Kontaktmann dienen werde, falls eine der Seiten weitere Schritte zu gehen wünsche.

Monatelang geschah nichts. Die neue Ford-Administration war mit dem Regierungswechsel und dem Übermaß an innenpolitischen und internationalen Krisen beschäftigt, die sie geerbt hatte. Castro ließ sich Zeit.

Ford informierte ich über unsere Initiative am 15. August, kaum eine Woche nach seinem Amtseid. Der neue Präsident, der von dieser Initiative nicht begeistert war, weil er vor den Kongreßwahlen innenpolitische Auswirkungen befürchtete, bat mich, unsere Ziele genauer darzulegen. Ich zählte auf: die Entlassung von Gefangenen, legale Auswanderung, die Regelung einiger amerikanischer Ansprüche, Nichteinmischung Kubas in der westlichen Hemisphäre, Abbau der sowjetischen Militärpräsenz. Ford wies darauf hin, daß man mit freier Auswanderung Einwänden im Land am besten begegnen könne.

Am 13. September 1974 kamen Ford und ich erneut auf das Thema Kuba zurück:

Ford: Reden wir von Rogers und Kuba. Wie steht es damit?

Kissinger: Darüber wollte ich in der nächsten Zeit mit Ihnen sprechen. Die Sache hat zwei Aspekte: den bilateralen und die OAS. Das Außenministerium bereitet ein Papier mit den notwendigen Richtlinien vor. Man drängt uns, Beziehungen zu Kuba aufzunehmen, aber für das amerikanische Volk darf es nicht so aussehen, als würden sie uns aufgezwungen. Deshalb möchte ich in der OAS hart dagegenhalten und dafür die Brasilianer einspannen. Aber wir sollten auf unterer Ebene Gespräche mit den Kubanern beginnen, um zu sehen, was für uns dabei herauskommen kann. Wenn wir das nicht tun, könnten wir durch Mehrheitsbeschlüsse zu einem Positionswechsel gezwungen werden.

Ford: Lassen Sie mich das Papier sehen. Welchen Preis fordern wir?
Kissinger: Eine gewisse Garantie gegen Subversion. Gewisse Grundsätze, was die Enteignung von Vermögen betrifft; bestimmte außenpolitische Schritte.
Ford: Wie werden die Sowjets sich verhalten?
Kissinger: Es wird sie einiges kosten. Wir haben in Kuba wenig zu gewinnen. Castro kann nichts für uns tun. Vielleicht st ftet er etwas Verwirrung bei Treffen in der Dritten Welt. Wir sollten langsam vorgehen.

Ende September 1974 besuchten die Senatoren Javits und Pell Kuba und trafen dort mit Castro zusammen. Die Begegnung werteten sie als versöhnlich, was für sie allerdings schon feststand, bevor sie Amerika verließen. Als Senator Barry Goldwater beim Präsidenten schriftlich anfragte, was dieser Besuch zu bedeuten habe, antwortete Ford am 15. November:

Was die Haltung dieser Administration zu Kuba betrifft, so habe ich, wie Sie wissen, bei mehreren Gelegenheiten, zum Beispiel auf meiner kürzlichen Pressekonferenz am 21. Oktober in Tubac (Arizona), erklärt, daß unsere Politik gegenüber Kuba zum Teil auf den Sanktionen beruht, die die Organisation Amerikanischer Staaten verhängt hat. Ich habe auch gesagt, daß wir in dem Maße, wie Kuba seine Politik gegenüber den Vereinigten Staaten und unseren Partnern in Lateinamerika ändert, und in Abhängigkeit davon, um welche Veränderungen es sich handelt, natürlich auch die Option ins Auge fassen, unsere eigene Politik zu verändern. Bisher sehen wir allerdings keine Anzeichen für eine wesentliche Veränderung der Politik oder der Haltung Kubas zu uns.

Im Januar 1975 wandte sich Ramón Sánchez-Parodi, ein hoher Funktionär der Kommunistischen Partei Kubas, an Mankiewicz mit der Bitte, für ihn eine Begegnung mit einem hohen amerikanischen Diplomaten zu arrangieren. Ich betraute Eagleburger damit. Das Treffen fand am 11. Januar 1975 in einem überfüllten Café auf dem New Yorker Flughafen La Guardia statt. Uns wäre ein ruhigeres Flughafenrestaurant lieber gewesen, aber man hätte zu lange auf einen freien Tisch warten müssen. Öffentliche Orte sind jedoch oft am sichersten, vor allem wenn sie besonders unwahrscheinlich anmuten. Mankiewicz, der sich bei dieser Begegnung und auch danach untadelig verhielt, stellte die Gesprächsteilnehmer einander vor. Auf der kubanischen Seite waren es Sánchez-Parodi und der Erste Sekretär der kubanischen UN-Vertretung Nestor García. Eagleburger übergab den Kubanern schriftlich »Gesprächspunkte«, ein Papier, das nicht das Gewicht einer offiziellen Note hat, aber gewisse Aussagen der Genauigkeit halber schriftlich festhält. Das Papier beinhaltete ein Konzept für das weitere Vorgehen in den amerikanisch-kubanischen Beziehungen und die Methode, wie sie verbessert werden könnten:

Zwischen uns bestehen schwerwiegende ideologische Differenzen. Aber die Tatsache, daß solche Gespräche die ideologischen Meinungsverschiedenheiten nicht überbrücken werden, bedeutet nicht, daß sie nicht nützlich sein könnten, um bestimmte Fragen zu klären, deren Lösung im Interesse beider Staaten liegt. Die Vereinigten Staaten sind bereit und in der Lage, auch mit sozialistischen Staaten, von denen wir uns ideologisch fundamental unterscheiden, bei solchen Fragen Fortschritte zu erzielen...

Wir schlugen vor, bei dieser ersten Begegnung die Themen zu erarbeiten, die besprochen werden sollten, und die Reihenfolge festzulegen, in der sie zu behandeln seien.

Aber es war zu spüren, daß die kubanische Delegation von Hanoi gelernt hatte. Sánchez-Parodi und García waren, so erklärten sie, gekommen, »um zuzuhören und ihren Vorgesetzten in Havanna zu berichten«. Sie hatten keine bestimmten Fragen im Gepäck, nur ihre »persönliche« Meinung, daß Castro auf keine offiziellen Verhandlungen eingehen werde, bevor die Vereinigten Staaten nicht das Embargo aufhoben. Dieser Schritt könnte »günstige« Bedingungen für die Klärung anderer Fragen schaffen. Sie könnten geneigt sein, diese in Sondierungsgesprächen zu benennen, aber nicht darüber zu verhandeln. Die Sprachregelung »persönliche« Meinung sollte Castro wahrscheinlich die Möglichkeit geben, unter Umständen selbst dieses schmale Angebot zu dementieren.

Für uns klang dies alles wie eine Wiederholung der Verhandlungen mit Hanoi. Castro forderte ein weitgehendes einseitiges Zugeständnis der Vereinigten Staaten als Eintrittspreis für weitere Verhandlungen. Wir sollten unsere wirksamste Waffe aus der Hand geben, um nicht näher beschriebene Verhandlungen über weitere ungenannte Fragen zu »erleichtern«. Welchen Anreiz für eine Veränderung seiner Politik Castro nach einem so einseitigen Zugeständnis noch haben sollte, erklärte man uns nicht.

Eagleburger lehnte den kubanischen Vorschlag rundweg ab. Fortschritt war nur möglich, wenn beide Seiten zu entsprechenden Schritten bereit waren. Eine Aufhebung des Embargos mußte am Ende des Prozesses stehen, nicht an seinem Anfang, wenngleich eine schrittweise Annäherung möglich war. Beide Seiten einigten sich schließlich auf die Standardformel bei einer solchen diplomatischen Pattsituation: Wenn man einander mehr zu sagen habe, wolle man erneut in Kontakt treten.

Einen Monat später, Mitte Februar 1975, ergriffen wir eine technische Maßnahme, um den Dialog mit Kuba zu erleichtern: Wir gestatteten es den Diplomaten der kubanischen UN-Vertretung in New York, sich bis auf vierhundert Kilometer von der Stadt zu entfernen, statt sich nur in einem Umkreis von vierzig Kilometern zu bewegen, auf den sie bisher beschränkt waren. So konnte ein kubanischer Diplomat nach Washington kommen, um den Dialog fortzusetzen. Das geschah allerdings nur ein einziges Mal, danach kam der Dialog zum Erliegen. Ford stimmte diesem Schritt lustlos zu: »Die Leute (im Kongreß), die ihn begrüßen werden, nützen uns nichts. Diejenigen, die uns nützlich sind, wird er brüskieren.«

Während wir auf eine Reaktion aus Kuba warteten, machten Ford und ich eine der symbolischen Gesten, die wir den Kubanern angedeutet hatten. Beide wiesen wir darauf hin, daß Amerika für einen Dialog mit Kuba offen sei, teilten uns dabei allerdings die Rolle als »Guter« und als »Böser«. Ford als der »Böse« demonstrierte auf einer Pressekonferenz am 26. Februar 1975 widerwillig die Bereitschaft, unsere Kubapolitik zu überprüfen:

In den täglichen Gesprächen mit Außenminister Kissinger diskutieren wir sehr häufig die Lateinamerikapolitik, darunter auch unser Vorgehen gegenüber Kuba. Dieses ist bisher unverändert. Wenn Kuba erkennen läßt, daß es seine Politik gegenüber den Vereinigten Staaten neu bewertet und verändert, dann würden wir dies natürlich prüfen.

Aber bislang gibt es kein Anzeichen für einen Sinneswandel bei Mr. Castro. Deshalb glauben wir, daß es unseren Interessen am besten dient, die gegenwärtige Politik fortzusetzen.[5] Als der »Gute« bekräftigte ich Fords Worte in einer Rede in Houston am 1. März, setzte allerdings einen etwas positiveren Akzent. In einer umfassenden außenpolitischen Rede sprach ich unter anderem auch über die Haltung der Administration zu Kuba. Dabei erklärte ich, wir seien bereit, ein schrittweises Vorgehen ins Auge zu fassen, beständen aber zugleich auf Gegenseitigkeit:

Wir sehen keinen Sinn in einem ewigen Antagonismus zwischen den Vereinigten Staaten und Kuba. Sorgen bereiten uns vor allem Kubas Außenpolitik und seine militärischen Beziehungen zu Staaten außerhalb der westlichen Hemisphäre. Wir haben einige symbolische Schritte unternommen, um zu zeigen, daß wir bereit sind, eine neue Richtung einzuschlagen, wenn auch Kuba dies tut. Es wird aber keine grundsätzliche Veränderung geben, bevor Kuba nicht akzeptiert, daß neue Beziehungen nur auf gegenseitigen Verpflichtungen beruhen können.[6]

Im Kongreß mehrten sich die Forderungen, an der amerikanischen Sanktionspolitik etwas zu verändern. Senator Edward Kennedy hob in einem Interview mit dem mexikanischen Fernsehen am 9. Februar hervor, das Handelsembargo habe sich als ein Fehler erwiesen. Er forderte die Vereinigten Staaten auf, das Verhältnis zu Kuba zu normalisieren. Der Vorsitzende des Auswärtigen Ausschusses Senator John Sparkman brandmarkte die Anstrengungen der Vereinigten Staaten zur Isolierung Kubas als »Fehlschlag« und drängte uns, eine Änderung der Politik zu prüfen.[7] Am 4. März brachte Kennedy einen Gesetzentwurf ein, der darauf abzielte, das Handels- und das Reiseverbot aufzuheben und die Strafmaßnahmen gegen andere Staaten einzustellen, die zu Kuba Geschäftsbeziehungen unterhielten. Im Auswärtigen Ausschuß brachten mit den Senatoren Jacob Javits und Claiborne Pell zwei prominente Senatsmitglieder aus den Reihen der Republikaner und Demokraten eine Resolution ein, in der Präsident Ford gedrängt wurde, die Beziehungen mit Kuba zu verbessern. Und außerhalb des Kongresses sprach sich der Baseballveranstalter Bowie Kuhn für eine »Baseballdiplomatie« aus. Mit beträchtlicher Unterstützung der Öffentlichkeit warb er dafür, eine erstklassige Mannschaft solle auf Kuba spielen. Da es keinerlei Hoffnung auf eine Gegenleistung Castros gab, lehnten wir Kuhns Vorschlag als verfrüht ab.

Im Mai 1975 reagierte Castro auf all diese Avancen mit einem weiteren Rückgriff auf Hanois Leitfaden. Vor die Wahl gestellt, entweder auf die Administration oder den Kongreß einzugehen, demonstrierte er die Gegenseitigkeit, die wir forderten, auf eine Weise, daß Kubas Freunde im Kongreß den Vorteil davon hatten. Senator George McGovern und die Fernsehjournalistin Barbara Walters erhielten eine Einladung nach Kuba, wo man ihnen mitteilte, daß Kuba das Lösegeld von zwei Millionen Dollar zurückgebe, das wir drei Entführern einer Maschine der Fluggesellschaft Southern Airways gezahlt hatten, die in Havanna gelandet war. Diese Geste verschaffte Castro die Gelegenheit, im amerikanischen Fernsehen seine Forderung zu wiederholen, das Embargo müsse aufgehoben werden.

Castro spürte offenbar Rückenwind, denn hinzu kam, daß die Annullie-

rung der ungeliebten OAS-Sanktionen nur nicht mehr zu umgehen war.
Die nächste Tagung der Organisation Amerikanischer Staaten sollte im Mai
in Washington stattfinden. Wären die Sanktionen in der amerikanischen
Hauptstadt außer Kraft gesetzt worden, dann hätte man das zweifellos als
einen großen Sieg Castros gewertet. Wir mußten lavieren, um zu verhindern, daß dieser Beschluß in Washington gefaßt wurde.

Wie in Kapitel XXIII beschrieben, berief die OAS im Juli eine Sondertagung in San José, der Hauptstadt Costa Ricas, ein, um den Vertrag von Rio
abzuändern. In zwei Schritten empfahl diese Tagung mit Zweidrittelmehrheit, daß Sanktionen der OAS nunmehr mit einfacher Mehrheit aufgehoben werden konnten. Danach war es jedem Staat freigestellt, im eigenen Interesse darüber zu entscheiden, ob er die Sanktionen auf eigene Faust
fortsetzen und damit die bisherige Politik bestätigen wollte. Amerikas Sanktionen blieben in Kraft.

Der Dialog

In dieser Zeit stellten wir die direkte Verbindung nach Havanna her, allerdings nicht ohne eine Panne, was noch einmal bewies, daß Amerikaner für
Geheimaktionen nicht geschaffen sind. Für den Fall, daß die Kubaner Ge-
sprächsbedarf hatten, war vereinbart, daß sie Larry Eagleburgers privaten
Telefonanschluß wählen und nach »Mr. Henderson« fragen sollten. Larry
hatte seine Frau Marlene entsprechend instruiert, dieser aber war die Sache
entfallen. Eines Abends fragten Anrufer aus Kuba mehrfach nach »Mr. Henderson«, erhielten jedoch von der verärgerten Mrs. Eagleburger immer wieder zur Antwort, sie hätten die falsche Nummer gewählt. Schließlich verzweifelten sie an unserer Fähigkeit, mit Codeworten umzugehen, und
fragten offen nach Larry; dadurch kam das Gespräch zustande.

Man verabredete sich für den 9. Juli im Pierre-Hotel in New York. Eagle-
burger und William D. Rogers, der stellvertretende Unterstaatssekretär für
Lateinamerika, trafen dort dieselbe kubanische Abordnung an wie bereits im
Januar in der Flughafencafeteria. Ich hatte unsere Abgesandten so instruiert:
Bewegt euch selbstbewußt wie starke Kerle, nicht wie kleine Gauner.
Gebt ihnen zu verstehen, daß wir eine neue Richtung einschlagen
wollen.
Beide hielten sich strikt an diese Weisung und brachten sogar ein Mittag-
essen zustande, von dem Rogers Jahre später berichtete:
Wir gaben uns Mühe, diplomatisch vorzugehen und eine freundliche Atmosphäre zu schaffen. Das Hotel – ziemlich düster und für ein solches
Treffen wie geschaffen – hatte uns ein luxuriöses Bankettzimmer reser-
viert und verwöhnte uns vier Diplomaten mit einem Essen, das beim kubanischen Team Zweifel an den materiellen Vorzügen des Kommunismus geweckt haben müßte. Aber es war nicht zu verführen.
Rogers machte den Anfang mit einer ausführlichen Darlegung. Er hob hervor, wir hätten bereits einseitige Maßnahmen ergriffen, um den Dialog
zu fördern, so zum Beispiel die Reiseerleichterungen für die bei den Vereinten Nationen akkreditierten Diplomaten. Er wiederholte, was wir bereits
öffentlich erklärt hatten: Wir seien bereit, das Embargo schrittweise zu

lockern und weitere Maßnahmen für eine Normalisierung der Beziehungen in einem auf Gegenseitigkeit beruhenden Prozeß zu treffen. Wir wollten auch einem Beschluß der OAS, die für alle amerikanischen Staaten bindenden Sanktionen aufzuheben, keine Steine in den Weg legen. Was die Zukunft betreffe, so seien wir bereit, das US-Embargo nach und nach außer Kraft zu setzen, wenn Kuba folgende Maßnahmen ergreife:

(1) Entlassung von acht US-Bürgern aus kubanischen Gefängnissen;
(2) Erteilung einer Ausreiseerlaubnis für etwa achthundert amerikanische Bürger mit doppelter Staatsbürgerschaft;
(3) Erleichterungen für getrennte Familien durch die Genehmigung von gegenseitigen Familienbesuchen (etwa hundert pro Woche);
(4) Einschränkung der militärischen Beziehungen Kubas zur Sowjetunion (wäre es an diesem Punkt zu Verhandlungen gekommen, hätten wir konkretisiert, daß es uns dabei um die Einstellung der Aufklärungsflüge sowjetischer Maschinen an unserer Ostküste ging, die in der Sowjetunion starteten und kubanische Stützpunkte benutzten, ebenso um eine Einschränkung sowjetischer Flottenbesuche auf Kuba);
(5) Zurückhaltung Kubas bei der Unterstützung von Unabhängigkeitsbestrebungen in Puerto Rico;
(6) Nichteinmischung in der westlichen Hemisphäre, vor allem keine Weitergabe sowjetischer Waffen und keine Ausbildung von Guerillas weltweit, besonders aber in der westlichen Hemisphäre;
(7) Fortschritte bei der Klärung von Ansprüchen amerikanischer Bürger auf in Kuba enteignetes Vermögen.

Wir verlangten von Kuba nicht, all das gleichzeitig zu tun. Es war denkbar, einzelne Maßnahmen mit unseren Schritten zur Lockerung des Embargos zu verknüpfen. Uns ging es allein darum, daß die Normalisierung der Beziehungen zwischen Kuba und den Vereinigten Staaten keine Einbahnstraße blieb, daß sie das Ende eines Prozesses und nicht seine Vorbedingung war.

In ihrer Antwort stellten die kubanischen Abgesandten klar, daß das chinesische Beispiel, wechselseitig Zugeständnisse zu gewähren, hier keine Wiederholung finden solle. China hatte ein starkes Interesse an der Normalisierung der Beziehungen zu den Vereinigten Staaten und verfügte über eine eigene Strategie. Castro hatte keines von beidem. Die Schritte, zu denen er bereit war, konnten zu keiner Normalisierung führen. Sie waren eher dafür gedacht, die Spannungen unter Kontrolle zu halten, die Kubas provozierendes Verhalten in den Entwicklungsländern auslösen mußte.

Rogers' Darlegungen fanden also bei den kubanischen Gesprächspartnern keine Gnade. Zwar traten sie persönlich wesentlich konzilianter auf als die Vietnamesen, wiesen aber unser schrittweises Vorgehen zurück und erklärten, Verhandlungen seien ausgeschlossen, solange das amerikanische Embargo nicht vollständig aufgehoben werde. Die Kontakte begrüßten sie zwar, wirkliche Verhandlungen lehnten sie aber rundweg ab:

Wir können nicht verhandeln, solange die Blockade besteht. Wir sind durchaus gewillt, über Probleme zu sprechen, die mit der Lockerung der Blockade zusammenhängen, aber bevor das Embargo nicht aufgehoben ist, können Kuba und die Vereinigten Staaten einander nicht von gleich zu gleich gegenübertreten und damit auch nicht verhandeln.

Nach Sánchez-Parodi gab es tatsächlich wenig zu besprechen: Kuba werde keinen Punkt auf unserer Liste akzeptieren, höchstens einige Familienbesuche. Kuba, so betonte er, erkenne das Prinzip der doppelten Staatsbürgerschaft nicht an. Was die militärischen Beziehungen Kubas zur Sowjetunion betreffe, so wies Sánchez-Parodi jede aggressive Absicht von sich, bestand aber darauf, daß Kuba »sich das Recht vorbehält, die Maßnahmen zu treffen, die es als zweckmäßig erachtet«. Er deutete an, die Intensität der Beziehungen Kubas zur Sowjetunion hänge von der Stärke der amerikanischen Bedrohung ab, der Kuba bei dem vorhandenen Ungleichgewicht der Kräfte ohne sowjetische Hilfe nicht wirksam begegnen könne.

Ähnlich ablehnend reagierte Sánchez-Parodi auch auf unsere Forderung, Kuba möge garantieren, sich nicht länger in die inneren Angelegenheiten von Staaten der westlichen Hemisphäre einzumischen. Kuba, so sagte er, sei durchaus gewillt, seine Achtung des Prinzips der Nichteinmischung zu erklären. Er wandte jedoch ein:

In diesem Zusammenhang müssen wir die Haltung der Vereinigten Staaten gegenüber anderen Staaten der westlichen Hemisphäre diskutieren, zum Beispiel gegenüber Chile und der Dominikanischen Republik. Wir müssen Zusicherungen erhalten, daß das, was in der Vergangenheit geschehen ist, sich nicht wiederholen wird.

Mit anderen Worten: Die Vereinigten Staaten sollten schuldhaftes Verhalten in Chile und in der Dominikanischen Republik zugeben und garantieren, daß sich solches nicht wiederholen werde. Als Preis für die Normalisierung der Beziehungen forderte Kuba im Grunde genommen, von Washington als Sprecher Lateinamerikas gegen die Machenschaften des »Gringo-Imperialismus« anerkannt zu werden. Es bedeutete auch, daß die in den geltenden OAS-Dokumenten festgeschriebene Verpflichtung der Vereinigten Staaten auf Schutz vor Interventionen von Havanna gegengezeichnet werden sollte. Kubas Verlangen, die Vereinigten Staaten sollten seine revolutionäre Berufung bestätigen, kam bei Ford nicht gut an, als man ihm von dem Gespräch, insbesondere von der Ablehnung unserer Forderung, Kuba möge sich in der Puerto-Rico-Frage zurückhalten, berichtete:

Die Geschichte und der Kampf Kubas und Puerto Ricos sind sehr eng miteinander verflochten. Der Hauptunterschied besteht darin, daß wir unseren Unabhängigkeitskampf gewonnen haben, die Puertorikaner aber nicht. Es muß anerkannt werden, daß die Puertorikaner für uns eine eigenständige, unabhängige Nationalität sind. Bei Puerto Rico geht es eigentlich um eine Kolonialfrage. Das erklärt unsere Haltung in den Vereinten Nationen. Wir sind der Meinung, daß Puerto Rico Unabhängigkeit und Selbstbestimmung braucht... Wir glauben nicht, daß die gegenwärtige Situation in Puerto Rico dem Willen des Volkes von Puerto Rico entspricht.

Zu allem Überfluß bestand Sánchez-Parodi auch noch darauf, die Aktivitäten der CIA gegen Kuba und den Status der amerikanischen Militärbasis Guantánamo auf die Tagesordnung künftiger Gespräche zu setzen.

Lediglich bei den Familienbesuchen zeigte sich Sánchez-Parodi flexibel, aber auch nur »im Prinzip«. Einen konkreten Vorschlag schob man für eine spätere Begegnung auf. In der kubanischen Antwort blieb ein vager Unterschied zwischen Verhandlungen, für die die Aufhebung des Embargos die Voraussetzung war, und »Diskussionen«, die sofort beginnen konnten. Von noch möglichen Hintertürchen einmal abgesehen, bot Sánchez-Parodi ein Glanzstück klassisch kommunistischen Verhandlungsstils: keine Konzessionen, unzählige Versuche, Vorschläge gegen den Urheber zu wenden und als Anklagepunkt für dessen Verhalten zu verwenden, ständige Gegenvorwürfe, um selbst Punkte zu machen.

Rogers war befugt, eine weitere Runde von Geheimgesprächen auf der Ebene der Außenminister anzubieten, wenn Kuba etwas Konstruktives auf unsere verschiedenen Vorschläge vorbringen sollte. In diesem Fall wäre ich bereit gewesen, den kubanischen Außenminister auf seine Bitte hin während der UN-Vollversammlung im September zu treffen. Als das Beratungsgremium der OAS die neu beschlossene Mehrheitsregel für die Aufhebung von Sanktionen anwandte, wiederholte der Sprecher des amerikanischen Außenministeriums am 30. Juli unsere Grundsatzposition:

Die Kubaner wissen, daß es funktionierende Kanäle gibt, um mit uns in Kontakt zu treten. Wir haben öffentlich erklärt – sowohl der Präsident als auch der Außenminister haben das getan –, daß wir bereit sind, in einen ernsthaften Meinungsaustausch einzutreten. Ich habe das heute noch einmal wiederholt.[8]

Am 21. August 1975 verkündete das Außenministerium die Aufhebung der Strafbestimmungen gegen Tochtergesellschaften amerikanischer Unternehmen mit Sitz im Ausland. Das sollte die letzte versöhnliche Geste in diesem Dialog sein. Das Timing war allerdings unglücklich. Im August war der UN-Ausschuß für Kolonialfragen zu einer Sondertagung zusammengetreten. Kuba bestand darauf, die Frage der Unabhängigkeit Puerto Ricos auf die Tagesordnung zu setzen, obwohl wir bei der Begegnung im Pierre-Hotel erklärt hatten, daß wir gegen diesbezügliche Initiativen Kubas seien. Um noch mehr Salz in die Wunde zu streuen, berief Castro seine eigene internationale Konferenz über die Unabhängigkeit Puerto Ricos für Anfang September nach Kuba ein.

Aufgrund einer bürokratischen Panne verkündete das amerikanische Außenministerium die Aufhebung der Strafmaßnahmen gegen amerikanische Tochtergesellschaften im Ausland an dem Tag, an dem Kuba die Vereinten Nationen in der Puerto-Rico-Frage gegen uns aufhetzte. Unser UN-Botschafter Daniel »Pat« Moynihan, der in der Auseinandersetzung mit kubanischen Vorwürfen als geschickt und beredt galt, war zu Recht empört. Dummerweise hatte man im Außenministerium den Beschluß über die Aufhebung der Strafmaßnahmen im Juli gefaßt, bevor die Kontroverse über Puerto Rico einsetzte. Der Beschluß ging dann zur Bestätigung ans Weiße Haus, kam Mitte August zurück und wurde routinemäßig bekanntgegeben. Welche Stimmung damals in Washington herrschte, zeigt ein Telefongespräch, das ich am 14. August mit Moynihan führte. Es beweist, daß wir uns damals persönlich wesentlich näher standen, als mancher (einschließlich Moynihan selbst) sich erinnern mag:

Moynihan: Der Vierundzwanziger-Ausschuß (für Kolonialfragen) tritt jetzt zusammen und wird in den nächsten Tagen die kubanische Resolution zu Puerto Rico erörtern, die schrecklich ist.

Kissinger: Treten Sie ganz brutal auf.

Moynihan: Wir sind nicht im Ausschuß vertreter. Das Außenministerium bereitet gerade ein Telegramm an verschiedene Hauptstädte vor. In Ihrem persönlichen Interesse und im Interesse der Vereinigten Staaten möchte ich sagen, man sollte den entsprechenden Ländern in diesem Telegramm mitteilen, daß wir die Sache als unfreundlichen Akt betrachten.

Kissinger: O ja.

Moynihan: Kann ich das sagen?

Kissinger: Natürlich.

Moynihan: Und daß wir über Konsequenzen nachdenken.

Kissinger: Sagen Sie einfach, das ist ein unfreundlicher Akt und wir werden entsprechend handeln.

Moynihan: Gut. Ich habe die IO (die UN-Abteilung des Außenministeriums) mit der Bitte, sie sollten eine Liste der betreffenden Länder zusammenstellen, in Angst und Schrecken versetzt, weil wir sie wahrscheinlich bombardieren wollen.

Kissinger: Rufen Sie (den stellvertretender Unterstaatssekretär William) Buffum an und sagen Sie ihm, die Liste soll morgen früh auf meinem Tisch liegen.

Moynihan sprach hier von einer seiner originellen Ideen: ein Verzeichnis der Staaten aufzustellen, die in prekären Situationen in den Vereinten Nationen gegen uns stimmten. Es sollte dem Zweck dienen, an besonders aufsässigen Staaten Vergeltung zu üben. Die Bürokratie des Außenministeriums war strikt gegen ein derartiges Vorgehen, weil es unsere Beziehungen zu Entwicklungsländern nur unnötig stören könne. Ich war damals dafür und bin es heute noch. Ich ordnete an, eine solche Liste aufzustellen. Die Bürokraten brachen bei der Ausführung dieser Weisung allerdings keine Geschwindigkeitsrekorde. Wenn wir tatsächlich Vergeltungsmaßnahmen ergriffen, war das auf den Druck von Moynihans und in selteneren Fällen auch von meiner Seite zurückzuführen.

Ford teilte die allgemeine Empörung. Anfang September sagte er zu Scowcroft, wenn Castro sich weiterhin so verhalte, »kann Kuba eine Verbesserung der bilateralen Beziehungen vergessen«. Der letzte Rest von Versöhnungsbereitschaft schwand, als der kubanische Außenminister im September 1975 während seines Aufenthaltes in New York anläßlich der UN-Vollversammlung keinerlei Anstalten machte, mit uns in Kontakt zu treten. Statt dessen trafen kubanische Kampfeinheiten in Angola ein.

Am 24. November warnte ich in einer Rede in Detroit, die Vereinigten Staaten würden Militäraktionen Kubas in Angola nicht hinnehmen.[9] Mit noch schärferen Worten sagte ich auf einer Pressekonferenz: »Die Vereinigten Staaten ... werden nicht hinnehmen, daß Kuba sich in Puerto Rico oder in die Angelegenheiten anderer Staaten einmischt.«[10] Am 20. Dezember legte Ford schließlich die Beziehungen zu Kuba auf einer Pressekonferenz erneut auf Eis:

Die Maßnahmen, die die kubanische Regierung ergriffen hat, um Puerto Rico von den Vereinigten Staaten zu trennen, und ihre Schritte zum massiven Eingreifen mit Kampfeinheiten in Angola setzen, was mich betrifft, allen Bemühungen ein Ende, freundlichere Beziehungen zur Regierung Kubas herzustellen.[11]

Bei zwei weiteren Treffen wurde die gescheiterte Initiative zu Grabe getragen. Am 12. Januar 1976 wurde Nestor García gebeten, sich mit Bill Rogers auf dem Nationalen Flughafen von Washington zu treffen und die Cafétour fortzusetzen, die auf dem Flughafen La Guardia begonnen hatte. Rogers setzte García davon in Kenntnis, daß Kubas »Entsendung von Kampftruppen zur Beteiligung an einem inneren Konflikt zwischen Afrikanern in Angola ein grundsätzliches Hindernis für jegliche weitergehenden Bemühungen zur Lösung grundlegender Probleme zwischen uns zu diesem Zeitpunkt darstellt«. García erwiderte, er habe Castros Äußerungen zu Angola nichts hinzuzufügen. Da er nicht ohne Instruktionen zu diesem Thema nach Washington gekommen sein konnte, war dies eindeutig eine gezielte Zurückweisung.

Anfang Februar baten die Kubaner um ein weiteres Treffen. Eagleburger kam mit Nestor García am 7. Februar in New York zusammen. Statt auf unsere Note zu Angola zu antworten, griff García die Bitte nach Familienbesuchen wieder auf, die Rogers vor sieben Monaten am 9. Juli 1975 im Pierre-Hotel geäußert hatte. Die kubanische Antwort war der reine Hohn. Wir hatten hundert wechselseitige Besuche in der Woche vorgeschlagen. Castro bot die einmalige Zahl von zehn Besuchen an, und dies auch nur aus den Vereinigten Staaten nach Kuba, nicht umgekehrt. Garcías Kommentar zu diesem Angebot klang noch unverschämter, da er unsere Formulierungen vom vergangenen Jahr verwendet hatte:

> Sie (die Familienbesuche) sind eine Geste, die zeigt, daß Kuba keine Haltung fortgesetzter Feindseligkeit gegenüber den Vereinigten Staaten einnimmt.

Damit fiel für die restliche Amtszeit der Ford-Administration der Vorhang für weitere Treffen zwischen offiziellen Vertretern Kubas und der Vereinigten Staaten.

Die Gründe für Kubas Verhalten

Wie ist es zu erklären, daß Kuba eine ernstzunehmende Chance ausschlug, in seinem Verhältnis zu den Vereinigten Staaten eine grundlegende Wende herbeizuführen? Die Ford-Administration hatte eindeutig ein schrittweises Vorgehen zur völligen Normalisierung der Beziehungen vorgezeichnet. Der liberale Kongreß zeigte sich aufgeschlossen. Die Bedingungen, die wir stellten, sollten vor allem die menschlichen Probleme, die die kubanisch-amerikanischen Beziehungen belasteten, erleichtern helfen. Von Kuba forderten wir, seine Rolle als Vorreiter der Revolution in der westlichen Hemisphäre und als Brückenkopf für die Ausbreitung sowjetischen Einflusses dort oder anderswo aufzugeben.

Castro wies diese Vorschläge zurück, weil er ein normales Verhältnis zu den Vereinigten Staaten als unvereinbar mit seiner selbstgewählten Rolle als Führer des revolutionären Kampfes ansah. Er konnte wahrscheinlich als der originärste revolutionäre Führer gelten, der damals an der Macht war. Mao war mit der sowjetischen Gefahr, dem Beharrungsvermögen einer mehrtausendjährigen Gesellschaft und seiner schwindenden Gesundheit beschäftigt. Die Sowjetunion erlebte bereits ihre dritte Führergeneration.

Als Überlebende der Stalinschen Säuberungen waren diese Männer nicht mehr an weitgespannten ideologischen Kreuzzügen interessiert. Castro dagegen, der aus dem Exil und dem Guerillakrieg gekommen war, hatte mit ideologischem Eifer und kommunistischer Überzeugung die Schweinebucht überwunden und die Raketenkrise überlebt.

Castro war zum Führer der blockfreien Staaten aufgestiegen und hatte die Radikalen in ganz Lateinamerika (und einige in den Vereinigten Staaten) in seinen Bann geschlagen, ja selbst die Supermächte blickten auf ihn. In den zehn Jahren nach dem Ende der Raketenkrise war es um Castro allerdings merklich ruhiger geworden. Die Unterstützung für subversive Tätigkeiten der Radikalen war spürbar zurückgegangen. Aber in Angola mußten wir erfahren, daß die Ursache dafür nur ein Mangel an Gelegenheit, nicht das Erlöschen des revolutionären Feuers war. Castros oberstes Ziel blieb der Sturz der bestehenden Ordnung, war nicht ihre Stabilisierung. Er hatte kein Interesse daran, seine internationale Rolle für eine schrittweise Aufhebung unseres Embargos aufzugeben, worauf unser Vorschlag letzten Endes hinauslief. Er zögerte nicht, eine Verbesserung der Beziehungen zu den Vereinigten Staaten seinen Aufrufen zur Unabhängigkeit Puerto Ricos und dem militärischen Eingreifen in Afrika zu opfern.

Castro verachtete die Entspannungspolitiker im Kreml, die in seinen Augen Ideologie durch Zweckmäßigkeitsdenken ersetzt hatten. Er begann auch, die Führer in Peking zu kritisieren, weil sie Ideologie zugunsten von Geopolitik aufgaben. Er hatte nicht nur ein ideologisches, sondern auch ein strategisches Motiv: Wenn die Entspannung Wirklichkeit wurde, konnten die Supermächte ihr Castro zum Opfer bringen. Diese Vorstellung setzte Castros Umgang mit den Vereinigten Staaten Grenzen. Wenn er sich auf die Art von Verhandlungen einließ, die wir anboten, dann konnte er damit Moskaus Anpassungsbereitschaft verstärken und dessen Motive zunichte machen, ihn weiterhin zu unterstützen. Dann war er jedoch Kursänderungen der Vereinigten Staaten schutzlos ausgeliefert. Castro hätte dann seine Unverwechselbarkeit, den Sinn seines Lebens für das Privileg aufgegeben, sich einer Kategorie von bürgerlichen Staatsmännern anzuschließen, die er in seinem Inneren tief verachtete.

Zu diesem Zeitpunkt brauchte er die Vereinigten Staaten als Gegner, um seine totalitäre Herrschaft über das Land zu rechtfertigen und sich die militärische Unterstützung der Sowjetunion zu erhalten. Solange er behaupten konnte, Kuba werde bedroht, war er in der Lage, darauf zu bestehen, daß sich seine Insel den Luxus eines politisch oder wirtschaftlich offeneren Systems nicht leisten konnte. Die Normalisierung der Beziehungen zu den Vereinigten Staaten wäre mit anhaltender kommunistischer Herrschaft unvereinbar gewesen.

Als sich im Sommer 1975 die Gelegenheit bot, die Marxisten in Angola zu unterstützen, zögerte Castro nicht, seinen Dialog mit den Vereinigten Staaten zu opfern. Für ihn war das möglicherweise nicht einmal ein schwerer Entschluß. Damals glaubte man in Washington allgemein, Castro sei für die Sowjetunion eingesprungen und vergelte ihr damit die wirtschaftliche und militärische Unterstützung. Moynihan nannte die Kubaner in Angola nur Moskaus »Gurkhas« (die aus Nepal stammenden Hilfstruppen der britischen Kolonialmacht). Dokumente von damals beweisen, daß dies ein Trugschluß war.

Moskaus Vorgehen in Angola gestaltete sich zunächst nach dem Vorbild des Kongo fünfzehn Jahre zuvor. Man schickte einer einheimischen Bewegung Waffen und Berater – vielleicht in größerem Umfang. Dagegen reichte, so glaubten wir, das bereits beschriebene Geheimprogramm der Vereinigten Staaten aus. Aber ab August 1975 verlieh Castro der Angolakrise eine neue Dimension. Aus eigenem Antrieb sandte er im Mai zunächst einige Hundert Ausbilder nach Angola. Im Herbst folgten mehrere Tausend Mann Kampftruppen (im Februar 1976 waren es bereits elftausend, und die Zahl stieg weiter), darunter viele mit sowjetischen Flugzeugen, die in Kuba stationiert waren. Als die kubanischen Truppen in Angola Erfolg hatten, baute auch Moskau opportunistisch seine eigene Luftbrücke und seine militärische Unterstützung aus. Es war Castro, der nicht nur seinen eigenen Dialog mit den Vereinigten Staaten scheitern ließ, sondern auch die letzten Reste der Entspannung zunichte machte, indem er Breschnew immer tiefer in die Angolakrise hineinzog (siehe nächstes Kapitel).

Zweifellos ist Castros Kompromißlosigkeit im Jahr 1975 auch auf die konkreten Umstände zurückzuführen. Das Jahr, in dem Indochina zusammenbrach und der Kongreß die Nachrichtendienste zerschlug, war nicht die geeignete Zeit, um Castro zu bewegen, die ideologische Konfrontation aufzugeben und Gelegenheiten zur Revolution ungenutzt zu lassen. Da Amerika so offensichtlich gespalten war, mußte es doch verlockend sein, einerseits versöhnliche Erklärungen ohne praktischen Wert abzugeben und andererseits in Verhandlungen einseitige Vorleistungen zu fordern. Zu dieser Taktik paßte es, Kongreßführer und prominente Journalisten einzuladen, die in aller Öffentlichkeit auf einseitige Zugeständnisse der Vereinigten Staaten drängten.

Am 15. Januar 1976 legte Castro seine Sicht dar, warum die Gespräche mit den Vereinigten Staaten gescheitert waren:

Es liegt nicht daran, daß Kuba die Vorstellung verbesserter Beziehungen zu den Vereinigten Staaten verwirft. Wir sind für Frieden, für eine Entspannungspolitik, für Koexistenz zwischen Staaten unterschiedlicher Gesellschaftssysteme. Was wir nicht akzeptieren, sind demütigende Bedingungen, der abwegige Preis, den die Vereinigten Staaten offenbar für eine Verbesserung der Beziehungen von uns fordern.[12]

Die unüberbrückbare Kluft bestand in Wirklichkeit darin, daß Castro ein Angebot als abwegig ansah, welches darauf hinauslief, daß die Vereinigten Staaten sich nicht in Kubas innere Angelegenheiten einmischten und dafür Kubas Nichteinmischung im Ausland einforderten. Als dieses Angebot unterbreitet wurde, schickte sich Castro jedoch gerade an, in Angola einzugreifen.

ACHTER TEIL

Beziehungen zur kommunistischen Welt

XXVI. *Bürgerkrieg in Angola*

Ein Gewitter zieht auf

Nur in den seltensten Fällen kann ein einziger Staatsbesuch die Politik der Vereinigten Staaten verändern. Der sambische Präsident Kenneth Kaunda jedoch erreichte genau das, als er am 19. April 1975 nach Washington kam. Bei dieser Gelegenheit überzeugte er Präsident Ford und mich, daß die Sowjetunion gerade dabei war, mit Militärberatern und Waffen in Angola einzugreifen. Um der Nachbarn Angolas willen sollten wir dagegen einschreiten.

Wir brauchten und wünschten uns nichts weniger als eine weitere Krise auf einem fernen Kontinent, den der Kalte Krieg bisher kaum berührt hatte. Die Folge konnte nur eine neue innenpolitische Kontroverse sein. In jenem Monat brach Indochina zusammen, war die Autonomie der Kurden soeben zerschlagen worden, driftete die portugiesische Revolution immer weiter nach links, steckte unsere Nahostdiplomatie in einer Sackgasse.

Kaundas Besuch war Monate zuvor zum Zeichen des Respekts für einen Vorkämpfer der Unabhängigkeit Afrikas vereinbart worden. Wichtige Initiativen sollten sich daraus nicht ergeben. Ganz unerwartet aber führte diese Begegnung zu einer neuen Politik. Kaunda überzeugte Ford, daß die sowjetischen Waffenlieferungen der marxistischen MPLA (Volksbewegung für die Befreiung Angolas) helfen konnten, die Macht zu ergreifen. Amerikanische Unterstützung sei unabdingbar, um diesen Plan der Sowjets zu durchkreuzen. Seine Argumente gewannen an Gewicht, da wir gerade erfahren hatten, daß radikale Offiziere der abziehenden Kolonialmacht Portugal ihre Waffenlager in Angola der MPLA übergaben.

Wäre die Außenpolitik stets nur reines Machtkalkül, dann hätte uns hier eine relativ einfache Aufgabe erwartet. Angola lag weit von der Sowjetunion entfernt, und Nachbarstaaten wie Zaire waren enge Verbündete des Westens. Ebendiese Konstellation hatte die sowjetische Intervention im ehemaligen Belgisch-Kongo fünfzehn Jahre zuvor zum Scheitern gebracht.

Aber wir schrieben das Jahr 1975, und die Vereinigten Staaten waren auch nicht mehr das, was sie einmal waren. Vietnam hatte bei vielen Amerikanern Widerwillen erzeugt, auf fernen Schlachtfeldern gegen den Kommunismus zu kämpfen oder die internationalen Beziehungen überhaupt nach solchen Kriterien zu bestimmen. Die Ermittlungen gegen die Nachrichtendienste brachten Geheimoperationen in Mißkredit – das einzige Mittel, gegen eine kommunistisch inspirierte Machtübernahme in Angola vorzugehen. Die Liberalen wollten Afrika aus dem Kalten Krieg heraushalten, selbst als der sowjetische und bald auch der kubanische Aufmarsch dieses Ziel zunehmend in das Reich der Träume verbannte. Die Konservativen, die sich mit ihrem neuen Bannerträger Ronald Reagan für die kommenden Vorwahlen gegen Ford rüsteten, wollten sich nicht von ihrem Kreuzzug gegen die angebliche Weichheit der Ford-Administration ablenken lassen, indem sie sich gemeinsam mit ihr auf einen geopolitischen Kampf einließen, um die Sowjetunion von Afrika fernzuhalten. Und der weitgehend von McGovern beeinflußte Kongreß lehnte jedes Abenteuer im Ausland ab, insbesondere wenn die Nachrichtendienste dabei ihre Hand im Spiel hatten. Aber die Herausforderung, auf die Kaunda unsere Aufmerksamkeit gelenkt hatte, war sehr real. Einige Monate später, am 16. Oktober 1975, brachte ich das einem in der zairischen Hauptstadt Kinshasa akkreditierten Diplomaten gegenüber zum Ausdruck, der ein Telegramm über den sogenannten Dissidentenkanal gesandt hatte. Dieser gibt Mitarbeitern des Diplomatischen Dienstes die Möglichkeit, in Umgehung des regulären Dienstweges abweichende Meinungen zu äußern. Ich beorderte ihn nach Washington, um ihm in einem persönlichen Gespräch unsere Politik zu erläutern:

Ich meine, wenn die Sowjetunion dreizehntausend Kilometer von ihren Grenzen entfernt eingreifen, den Zugang Zaires und Sambias zum Meer kontrollieren kann, ohne daß etwas geschieht, dann müssen die Länder im Süden Afrikas den Eindruck bekommen, daß die Vereinigten Staaten diese Region aufgegeben haben – vielleicht aus den besten Gründen der Welt. Sie haben dann die Wahl, sich entweder an China oder an die Sowjetunion zu wenden. Zwar reise ich morgen nach China, aber ich glaube nicht, daß es in Afrika auf unserer Seite steht. Die genannte Tendenz wird sich verstärken. Tansania und andere werden weiter nach links abdriften, was für Afrika schwerwiegende Folgen haben wird. Deshalb glaube ich, daß wir hier eindeutig in der Pflicht stehen. Wir können die Situation sicher nicht mehr umkehren, dafür ist es zu spät. Aber wir sollten zumindest ein Gegengewicht schaffen, damit wir, wenn es zur Unabhängigkeit kommt, nicht mit einem unbestrittenen Machtanspruch der Kommunisten in Luanda (Angola) konfrontiert sind.

Ich bin auch heute noch der Meinung, daß diese Analyse im wesentlichen richtig war.

Der Beginn der Verwicklung

Eloquent, Würde und innere Kraft ausstrahlend, verkörperte Sambias Präsident Kenneth Kaunda die Generation afrikanischer Führer, die den Kolonialmächten die Unabhängigkeit abgerungen hatten. Von den antikolonialen Ideen des Westens und im Fall Kaundas auch der Gründungsväter Amerikas angeregt, wurden sie von westlichen Intellektuellen häufig als Vertreter liberalen Fortschrittsdenkens angesehen. Tatsächlich aber hatten sie eine viel härtere Schule hinter sich. Widerstand gegen die Kolonialmacht zu leisten war schmerzhaft und oft gefährlich. Eine solche Laufbahn ist nichts für Männer und Frauen, denen der Sinn nach einem geregelten oder gar beschaulichen Leben steht. Hier sind Härte und Beweglichkeit gefragt.

Die Vorkämpfer der Unabhängigkeit Afrikas hatten viel schwierigere Herausforderungen zu bewältigen als die Staatsgründer Europas und Amerikas. Die europäischen Staaten stellten im großen und ganzen jeweils eine kulturelle, ethnische und vor allem sprachliche Einheit dar. Die afrikanischen Länder dagegen waren die befreiten Reste von Kolonien, die europäische Kolonialherren in ihrem Kampf gegeneinander aus dem afrikanischen Kontinent herausgeschnitten hatten. Sie hatten die Grenzen gezogen, wie es für die Kolonialverwaltung günstig war oder wie es ihnen gelang, das europäische Kräfteverhältnis auf den afrikanischen Kontinent zu übertragen. Um geschlossenen Widerstand zu verhindern und sicherzustellen, daß die Sprache der Kolonialmacht zur allgemeinen Verkehrssprache wurde, zog man Grenzen oft mit voller Absicht mitten durch einheitliche Stammesgebiete.

Trotzdem gingen die Führer Afrikas an die fast übermenschliche Aufgabe, aus dieser Mischung von Stämmen und gelegentlich auch Sprachen Staatsgebilde zu schaffen, statt eine Auseinandersetzung jeder gegen jeden zu riskieren, die die unausweichliche Folge gewesen wäre, hätte man die Grenzen nach ethnischen oder sprachlichen Kriterien neu gezogen. Diejenigen, die aus diesem Prozeß als Sieger hervorgingen, verloren bei aller hochtrabenden Rhetorik niemals die praktischen Erfordernisse eines Zweifrontenkampfes aus dem Auge, den sie sowohl gegen die Kolonialisten als auch gegen andere Anwärter auf die Macht in ihren eigenen Territorien oder Bewegungen zu führen hatten.

Vor diesem Hintergrund war Kaundas Lage außerordentlich prekär. Als er Ford am 19. April 1975 seine Aufwartung machte, besaß sein Land seit über zehn Jahren die Unabhängigkeit (genauer gesagt, seit dem 24. Oktober 1964). Aber in seiner unmittelbaren Nachbarschaft herrschte noch der Kolonialismus, der sich von Unabhängigkeitskämpfen verschiedener Ausprägung herausgefordert sah. An den Grenzen Sambias gab es europäischen Kolonialismus jeglicher Art: Im Osten hatte Mosambik unter Führung der marxistischen Befreiungsbewegung FRELIMO (Front für die Befreiung Mosambiks) gerade die Unabhängigkeit von Portugal erkämpft. Das südlich gelegene Rhodesien, einst unter britischer Herrschaft, wurde nun von einer weißen Minderheit regiert, die sich heftiger Angriffe der eigenen afrikanischen Mehrheit und aller unabhängigen afrikanischen Staaten zu erwehren hatte. Namibia stand unter südafrikanischer Kontrolle. Zaire, ein belgisches Erbe, wurde von dem autokratischen und zugleich unberechenbaren Mobutu Sese-Seko regiert. Im Westen hatte das Portugal gehörende Angola für November die Unabhängigkeit ausgerufen und drohte in einen Bürgerkrieg zu schlittern.

Als Kaunda Washington besuchte, bereitete ihm Angola das größte Kopfzerbrechen. Sein Problem war nicht so sehr der Marxismus, als vielmehr das Eindringen der sowjetischen Militärmacht in Afrika. Als die sich lautstark marxistisch gebärdende FRELIMO Mosambik von Portugal übernommen hatte, erkannten wir sie unverzüglich an und leiteten ungeachtet ihrer ideologischen Ausrichtung einen Prozeß der Herstellung diplomatischer Beziehungen ein. Ebenso hatten wir reagiert, als die im ehemaligen portugiesischen Guinea-Bissau seit der Unabhängigkeit regierende Bewegung scharf nach links einschwenkte.

Als sich Angola jedoch dem magischen Tag seiner Unabhängigkeit, dem

11. November 1975, näherte, kämpften drei rivalisierende Befreiungsorganisationen miteinander um die Herrschaft über das Land. Die FNLA (Nationale Front für die Befreiung Angolas) war im Norden stark, weil ihr Führer Holden Roberto dem Bakongo-Stamm angehörte und von Zaires Präsident Mobutu, seinem Schwager, Unterstützung erhielt. Im Süden herrschte der Ovimbundu-Stamm, dessen Befreiungsbewegung, die UNITA (Nationale Union für die totale Unabhängigkeit Angolas), von Jonas Savimbi angeführt wurde. Wie viele afrikanische Führer hatte er sich Unterstützung geholt, wo er sie bekommen konnte: lange Zeit von den Chinesen, in geringerem Umfang auch von Bewunderern aus Skandinavien, vor allem aus Schweden. Die marxistische MPLA, die der Arzt Agostinho Neto anführte, rekrutierte sich nicht allein aus einem Stamm. Sie hatte ihre Hochburgen vor allem in der Hauptstadt Luanda und deren Umgebung. Da die Kontrolle über die Hauptstadt mit den diplomatischen Vertretungen von symbolischer Bedeutung für das Rennen um die Anerkennung des Auslands war, besaß die MPLA hier einen Vorteil.

Offizielle Vertreter der Vereinigten Staaten gab es in Angola nicht, weshalb sie über die Manöver der einzelnen Gruppierungen nur sporadisch informiert wurden. Die CIA hatte Holden Roberto bisher mit einer Zuwendung von einhunderttausend Dollar im Jahr unterstützt; damit sicherte sie sich vor allem einen Anspruch auf Information und Zugang zu der Gruppe, der unsere Nachrichtendienste noch am ehesten den Sieg zutrauten – und sei es nur wegen Robertos Familienbanden zu Mobutu, dem Chef des mächtigsten Staates in der Region. Als sich die Atmosphäre in Angola aufheizte, mußte ich bei einer Informationsbesprechung im Außenministerium am 6. Januar 1975 die Frage stellen, welche der rivalisierenden Gruppen den nationalen Interessen Amerikas am nächsten stehe. Daran zeigte sich, wie weit wir dort von der Realität entfernt waren.

Am 10. Januar 1975 trafen die drei Organisationen Angolas in Alvor im Süden Portugals mit der dortigen Führung zusammen. Man erzielte eine Vereinbarung über den Abzug der portugiesischen Truppen bis zum 30. April. An ihre Stelle sollten gemeinsame Streitkräfte aller drei Gruppierungen treten, die gemeinsam auch eine Übergangsregierung bilden wollten. Die *New York Times* pries das Abkommen von Alvor in einem Leitartikel als einen Präzedenzfall, »der sicher tiefen Einfluß auf die Entwicklung in Rhodesien und Südafrika ausüben wird«[1]. Ihr Korrespondent vor Ort kam aber offenbar der Realität näher, als er einen Beobachter zitierte, der Roberto, Neto und Savimbi gemeinsam gesehen hatte: »Ich habe mich gefragt, wer von ihnen in einem Jahr noch am Leben sein wird.«[2]

Nach dem Abkommen von Alvor beantragte die CIA am 22. Januar 1975 beim Vierziger-Ausschuß, die Unterstützung für Roberto auf dreihunderttausend Dollar im Jahr aufzustocken. Auf derselben Sitzung lehnte der Vierziger-Ausschuß es ab, Unterstützung für Savimbi zu genehmigen. Später wurde ihm vorgeworfen, die bescheidene Aufstockung der politischen Unterstützung für Roberto habe die nachfolgende Eskalation der Ereignisse ausgelöst. Das ist absurd. Aus sowjetischen Dokumenten wissen wir heute, daß man in Moskau bereits im Dezember 1974, also zwei Monate zuvor, entschieden hatte, die MPLA in großem Stil zu bewaffnen, und daß die Kubaner deren Kämpfer bereits seit Jahren ausbildeten.[3] Im Vorfrühling des Jahres 1975 wurde ein Transportweg über den Hafen Brazzaville in Kongo eingerichtet, über den sowjetische Waffen und militärisches Gerät eintrafen. Kuba verstärkte die Ausbildung von Kämpfern der MPLA.

Zwar war die Ford-Administration ideologisch ein entschiedener Gegner des militanten Marxismus, hatte aber bisher keine marxistischen oder quasimarxistischen Regierungen an der Machtergreifung in Afrika gehindert, solange sie einheimische Wurzeln hatten. Wir unterhielten Arbeitskontakte zu linksorientierten Staaten in Afrika wie Algerien und Tansania. Auch die marxistischen Nachfolgeregime in den anderen portugiesischen Kolonien erkannten wir an. Die Grenze war für uns jedoch erreicht, wenn Einmischung von außen und Steuerung aus Moskau zugrunde lagen.

Kaundas Botschaft vom 19. April 1975 lautete, daß diese Grenze in Angola überschritten sei. Im Überschwang, wie sich später herausstellte, behauptete Kaunda, im Auftrag der Präsidenten aller Nachbarstaaten Sambias zu sprechen (er erwähnte besonders Julius Nyerere von Tansania, Mobutu von Zaire und Samora Machel von Mosambik). Er behauptete, der sich in Angola abzeichnende Konflikt habe nicht allein innere Wurzeln. Die MPLA sei keine marxistische Gruppe wie die FRELIMO in Mosambik, sondern ein Werkzeug Moskaus:

Ford: Gibt es in der Region grundsätzliche ideologische Differenzen?
Kaunda: Die MPLA und ihr Führer Neto folgen der Linie Moskaus.
Kissinger: Werden sie von Moskau finanziert?
Kaunda: Die MPLA wird von Moskau finanziert.

Aus all diesen Gründen drängte Kaunda Ford – angeblich im Namen der anderen Präsidenten –, Savimbi als Oberhaupt des künftigen angolanischen Staates zu unterstützen (ich sage »angeblich«, weil die Einmütigkeit der vier Präsidenten schwand oder von Kaunda von Anfang an übertrieben wurde):

Seine Kollegen hatten Savimbi früher ignoriert, aber jetzt erscheint er als der Mann, der die Situation retten könnte. Mobutu sagte, Neto von der MPLA werde Roberto als Präsidenten eines freien Angola nicht akzeptieren. Holden Roberto von der FNLA werde Neto nicht dulden. Die einzige Chance, der OAU (Organisation für die Afrikanische Einheit) einen Kandidaten schmackhaft zu machen, bestehe darin, daß Neto und Roberto weiter ihre eigenen Organisationen führen und Savimbi der Kompromißkandidat sein solle.

Bei der Erläuterung seines Vorschlages wies Kaunda darauf hin, daß Savimbi auch von Samora Machel, dem neuen Präsidenten des unabhängigen Mosambik, unterstützt werden könnte:

Wir haben Savimbi ignoriert, solange er noch im Busch kämpfte, obwohl er Sambia um Anerkennung gebeten hatte. Er meinte, wenn Sambia ihn nicht anerkenne, dann werde es auch die OAU nicht tun. Als er im vergangenen Jahr aus Angola anreiste, änderten wir unsere Meinung. Wir glaubten, wenn wir ihn nicht ins Spiel brächten, könnte er Probleme bereiten. Deshalb setzte sich Sambia dafür ein, ihn als Mitglied in die OAU aufzunehmen. Wir luden ihn zu Gesprächen ein. Wir alle in der UNIP (der Vereinigten Nationalen Unabhängigkeitspartei) waren von Savimbis Ehrlichkeit und seinen aufrichtigen Zielen beeindruckt. Über Nacht schwenkten wir um. Wir baten Präsident Nyerere und auch Mobutu, ihn zu empfangen. Beide waren beeindruckt...

... Savimbi ist ein bescheidener Mann mit guten Eigenschaften. Wir alle im südlichen Afrika, auch Machel, sind beeindruckt von ihm. Das ist unsere Erkenntnis.

Schließlich behauptete Kaunda, auch der neue, gemäßigte portugiesische Außenminister Colonel Ernesto Augusto de Melo Antunes sei seiner Meinung:

Ich begegnete Melo Antunes zum ersten Mal, als er noch Minister ohne Geschäftsbereich war. Als ich kürzlich mit ihm als dem neuen Außenminister zusammentraf, fragte ich ihn, was er von Savimbi halte. Melo Antunes antwortete, er habe Sorgen mit Neto, der in Portugal von der Kommunistischen Partei unterstützt werde. Deshalb könne er ihn nicht unterstützen. Melo Antunes erklärte weiter, die Portugiesen könnten sich auch deshalb nicht auf Neto einlassen, weil er sie mehrfach in Schwierigkeiten gebracht habe. Er habe bestimmte Abmachungen getroffen, dann aber seinen Entschluß geändert und die kommunistische Linie eingeschlagen. Deshalb, so Melo Antunes, wolle er lieber Savimbi unterstützen. Ich sagte ihm, daß wir Sambier die gleichen Probleme mit Neto hätten.

Ich fragte, ob die Unterstützung der OAU für Savimbi bedeute, daß damit »die anderen beiden Gruppen bei den Wahlen eliminiert werden könnten«. Kaunda, der sich bei einer so offenen Demonstration von Naivität äußerst zurückhalten mußte, erwiderte:»Gleichgültig, wie die Wahlen ausgehen, Savimbi wird Präsident.« Er teilte uns nicht mit, wie dieses Manöver ablaufen sollte, ließ aber nicht den geringsten Zweifel erkennen, daß er es für realisierbar hielt.

Debatten in der Afrikaabteilung über die Angolastrategie

Kaundas Bericht überzeugte Ford und mich, daß es in Angola nicht um den Machtantritt einer marxistischen Regierung ging, sondern darum, daß der Sieg mit einem beträchtlichen Einsatz sowjetischer Waffen errungen werden sollte. Wir erhielten Informationen der Nachrichtendienste über eine sowjetische Luftbrücke nach Brazzaville, über die Waffen eingeflogen und dann nach Luanda verschifft wurden. Zwei Dutzend sowjetische Schiffe hatten inzwischen Waffen gebracht und auch jugoslawische Frachter sechzehn Lastwagenladungen militärischer Güter in Luanda gelöscht. Zu dem Zeitpunkt, als Kaunda uns aufsuchte, schätzte man, daß Sowjets und Kubaner inzwischen siebentausend bis zehntausend MPLA-Kämpfer ausbildeten – für Afrika eine große Zahl. Das veränderte das Kräfteverhältnis, besonders in Luanda. Bald folgten Angriffe der MPLA gegen die anderen Beteiligten an der Regierung. Robertos und Savimbis Truppen wurden aus der Hauptstadt und ihrer Umgebung vertrieben. Der Sieger im Kampf um Luanda hatte die besten Voraussetzungen, internationale Anerkennung einzufordern.

Als ich mich in das Labyrinth der afrikanischen Politik vertiefte, wurde mir klar, daß Kaundas Motive vielschichtiger waren, als er uns glauben machen wollte. Auch an der Einmütigkeit der Präsidenten der Region war durchaus zu zweifeln. Kaunda hatte in die inneren Auseinandersetzungen der MPLA eingegriffen und eine Splittergruppe unter Daniel Chipenda unterstützt, die von Neto besiegt worden war. Bald stellte sich heraus, daß Nyerere Savimbi weit weniger entschlossen unterstützte, als Kaunda glaubte. (In der Schlußphase der Auseinandersetzungen schlug er sich dann auf die Seite der MPLA.) Machel scheint niemals etwas von Savimbi gehalten zu haben.

All das änderte allerdings nichts an der grundsätzlichen Herausforderung, die darin bestand, daß die Sowjetunion sich nun in einem Maße in Afrika einmischte wie seit fünfzehn Jahren nicht mehr. Wenn man sich dem nicht widersetzte, konnte eine ganze Reihe schwacher Regierungen veranlaßt werden, auf diesen vorherrschenden Trend einzuschwenken. Nach Kaundas Besuch beauftragte ich daher die Afrikaabteilung des Außenministeriums, politische Optionen der Vereinigten Staaten vorzulegen, falls sich herausstellen sollte, daß der sambische Präsident mit seinen Einschätzungen recht hatte. Die CIA forderte ich auf, ein Programm der Unterstützung für Savimbi auszuarbeiten. Beides sollte dem Präsidenten vorgelegt werden.

Dies stand in klarem Widerspruch zu der in der Afrikaabteilung in den siebziger Jahren vorherrschenden Einstellung und löste eine heftige Kontroverse aus. Um die nachfolgenden Ereignisse zu verstehen, ist hier ein kurzes Wort zum Aufbau des Außenministeriums angebracht.

Unverzichtbare Berater des Außenministers sind die stellvertretenden Unterstaatssekretäre, besonders diejenigen, die für die verschiedenen Regionen der Welt Verantwortung tragen und im sechsten Stockwerk des Ministeriums untergebracht sind. Sie beobachten die Ereignisse in ihrer Region, entwickeln Ideen für die amerikanische Politik, vertreten das Außenministerium bei interministeriellen Beratungen und entwerfen die meisten telegrafischen Weisungen, die an die Botschafter in den einzelnen Ländern ergehen. Ihnen obliegt es, aus der Flut eingehender Telegramme auszuwählen, was dem Außenminister vorgelegt wird, der sein Büro im siebten Stock hat. Da selbst der fleißigste und bestinformierte Minister nicht alle Einzelheiten aufnehmen kann, haben die stellvertretenden Unterstaatssekretäre und ihre Mitarbeiter beträchtlichen Ermessensspielraum bei der Bestimmung der amerikanischen Politik.

In einem großen bürokratischen Apparat besteht immer die Gefahr, daß man sich in Einzelheiten verliert, sich dem Vordringlichen zuwendet und Wichtiges dabei vernachlässigt. Es ist die Aufgabe des stellvertretenden Unterstaatssekretärs, den Präsidenten und den Außenminister zu informieren und sicherzustellen, daß die amerikanische Politik in seiner oder ihrer Region konsequent, zweckmäßig und entsprechend dem festgelegten Kurs geführt wird. Wenn er mit seinem Außenminister nicht übereinstimmt, ist er verpflichtet, dies klar auszusprechen. Wird er überstimmt, muß er trotz allem dafür sorgen, daß eine einheitliche nationale Politik durchgesetzt wird. Wenn er meint, dies sei mit seiner Überzeugung nicht zu vereinbaren, dann sollte er zurücktreten.

Weil die Position des stellvertretenden Unterstaatssekretärs für die Ausarbeitung der Politik so wichtig und für deren Umsetzung so entscheidend ist, besetzte ich diese Stellen stets mit den fachlich fähigsten Beamten des Diplomatischen Dienstes, die ich finden konnte (die einzige Ausnahme war William Rogers, der stellvertretende Unterstaatssekretär für Interamerikanische Angelegenheiten). Es hat niemals eine sachkundigere, einsatzfreudigere und zugleich unabhängigere Gruppe stellvertretender Unterstaatssekretäre gegeben als Philip Habib für Asien, Walter Stoessel und nach ihm Arthur Hartman für Europa, Joseph Sisco und danach Roy Atherton für den Nahen Osten, William Buffum für Internationale Organisationen und Thomas Enders für Wirtschaftsfragen. Sie bestanden konsequent auf ihrer Meinung, wenn sie glaubten, ich sei derjenige, den man auf Kurs bringen müsse. Zugleich garantierten sie eine wirksame Ausführung, wenn eine Entscheidung gefallen war.

Die einzige Abteilung, die ihre eigenen Wege ging, war die für Afrika. Bevor ich Außenminister wurde, vollzog sich die Laufbahn der meisten Beamten des Auswärtigen Dienstes in der Abteilung, in der sie von Anfang an tätig waren. Daher neigten sie dazu, den Standpunkt der Region zu reflektieren, mit der sie in ihrem Berufsleben am längsten verbunden waren, ebenso die vorherrschende Meinung von Wissenschaftlern und anderen Kennern ihres Verantwortungsbereiches. Wer mit Europa, Asien oder dem Nahen Osten zu tun hatte, mußte seine regionale Sicht unweigerlich mit der übergreifenden Strategie der Vereinigten Staaten im Kalten Krieg in Zusammenhang bringen. In allen diesen Regionen gab es Großmächte, und überall war der Einfluß der sowjetischen Politik spürbar; deshalb mußten sie ihre Probleme global sehen. Die Hinterhöfe der Politik dagegen – in gewissem Maße Lateinamerika und ganz besonders Afrika – regten nicht zu einer geopolitischen Sicht an. (Ich versuchte diese Enge zu überwinden, indem ich anordnete, daß jährlich zwanzig Prozent des Personals der Regionalabteilungen zu rotieren hatten. Das funktionierte leider nicht, denn jede Abteilung suchte zunächst ihre unfähigsten Mitarbeiter loszuwerden. Bevor sich der Kreis schließen konnte, setzten meine Nachfolger das Programm wieder ab.)

Bis weit in die siebziger Jahre hinein fühlte sich eine bestimmte Art von Beamten in der Afrikaabteilung ausgesprochen heimisch. Da sie vom Kalten Krieg weitgehend abgeschottet war, bot sie ein nahezu ideales Milieu für die Pflege einer recht unflexiblen Version des Wilsonianismus. Danach beruhte Stabilität in erster Linie auf wirtschaftlichem Fortschritt, Frieden auf demokratischen Institutionen, und internationale Beziehungen fußten auf multilateraler Diplomatie und dem Völkerrecht. Da sie nicht in den Mainstream der Politik einbezogen waren, entwickelten viele Beamte der Afrikaabteilung eine Art Festungsmentalität. In dieser Atmosphäre erwuchs aus ihrer Abschottung ein Anspruch auf moralische Überlegenheit, sahen sie sich selbst zunehmend als Verteidiger der amerikanischen Ideale. Entschlossen, den Kalten Krieg aus ihrer Region herauszuhalten und Afrika vor den Verwüstungen der Machtpolitik zu schützen, entwickelten sie sich zu leidenschaftlichen Anhängern der Vorstellung, die Probleme Afrikas seien von besonderer Art und erforderten ganz eigene »afrikanische« Lösungen – keine Waffen, sondern Wirtschaftshilfe, keine Bündnisse, sondern eine mystische afrikanische Fähigkeit, zwischen streitenden Kräften zu manövrieren, ohne die Sache durch Rückgriffe auf historische Machtkonzepte zu ruinieren.

Bis zur Angolakrise hatte ich diesen Standpunkt der Abteilung nicht in Frage gestellt, da er durchaus seine Vorzüge hatte, solange alle Großmächte sich von Afrika fernhielten. Aber im Jahr 1975 bestand das Problem in Angola gerade darin, daß der Kalte Krieg nach Afrika kam. Es war schön und gut, sich afrikanische Lösungen zu wünschen. Aber die nichtkommunistische Mehrheit in Angola – oder auch in ganz Afrika – hatte keine Chance, sich gegen eine MPLA zu behaupten, die von der Sowjetunion schwer bewaffnet und von den Kubanern ausgebildet wurde. Es ging also darum, ob das Interesse Amerikas an Angola oder Afrika groß genug war, Gegenmaßnahmen gegen eine von Moskau inszenierte gewaltsame Machtübernahme zu ergreifen. Daraus resultierte mein Standpunkt, mit dem ich die Afrikaabteilung konfrontierte: »Vergessen Sie einen Augenblick, wie wichtig Angola selbst sein mag. Ich sorge mich um die Auswirkungen auf Nyerere, Kaunda und Mobutu, wenn sie sehen, daß wir nichts unternehmen.«

Im Idealfall hätte der stellvertretende Unterstaatssekretär nun ein Optionspapier ausarbeiten müssen, in dem er darlegte, was notwendig war, um Gegenmaßnahmen einzuleiten, wie hoch Kosten und Risiko zu veranschlagen seien und – falls er dieser Ansicht war – weshalb wir uns besser heraushalten sollten. Aber der Beamte, den ich für die Leitung der Abteilung ausgewählt hatte, war nicht bereit, mehr zu tun, als die herkömmlichen Weisheiten der Abteilung ohne Bezug zur aktuellen Situation zu verkünden. Nathaniel Davis hatte mit Sachkenntnis und Mut von 1971 bis 1973, auch während des Militärputsches gegen Salvador Allende, als Botschafter in Chile gearbeitet. Er hatte mit all diesen Ereignissen nichts zu tun, denn die Vereinigten Staaten hatten bei Allendes Sturz keine unmittelbare Rolle gespielt.[4] Trotzdem mußte Davis heftige Angriffe vor dem Church-Ausschuß und in den Medien über sich ergehen lassen.

Ich hatte Davis als stellvertretenden Unterstaatssekretär für Afrika vorgeschlagen. Ich achtete seinen Charakter und seine Fähigkeiten. Er war ungerecht behandelt worden und fürchtete nun um seine Karriere, wenn er keinen wichtigen Posten erhielt. Man darf einen Karrierediplomaten nicht aus dem Dienst jagen, wenn er sich auf einem undankbaren und schwierigen Posten achtbar geschlagen hat. Solche Opfer können diesen Berufsstand zerstören.

Angeführt vom Vorsitzenden William Fulbright, erhoben die liberalen Senatoren im Auswärtigen Ausschuß schwere Einwände gegen Davis' Ernennung. Die Organisation für die Afrikanische Einheit sandte eine offizielle Protestnote. Aber Ford und ich hielten zu Davis. Wir ließen wissen, daß wir keinen Ersatzmann hätten. Wenn Davis abgelehnt wurde, gab es keine andere Ernennung zum stellvertretenden Unterstaatssekretär für Afrikanische Angelegenheiten in Fords verbleibender Amtszeit. Ein amtierender Leiter sollte dann die Verantwortung für diesen Bereich übernehmen. Nach Auseinandersetzungen, die drei Monate lang anhielten, wurde Davis schließlich bestätigt. Dazu trugen in nicht geringem Maße Fulbrights Niederlage bei den Wahlen 1974 und seine Ablösung als Ausschußvorsitzender durch John Sparkman aus Alabama bei. Davis legte am 2. April 1975 seinen Amtseid ab – zwei Wochen vor dem Besuch Kaundas und gerade früh genug, um sofort in den Strudel von Angola zu geraten.[5]

Davis war gewillt, ja sogar sehr bedacht darauf, den bisherigen Kurs fortzusetzen, der Nichteinmischung hieß. Er hatte keine Lust auf Geheimaktionen oder – angesichts seiner Erfahrungen vor dem Church-Ausschuß – auf eine neue Konfrontation mit dem Kongreß. Wie er selbst in der Öffentlichkeit bekundete, entsetzte ihn sogar die geringe Höhe der geheimen finanziellen Unterstützung für Holden Roberto, die im Januar beschlossen wurde: »Ich hatte keine Ahnung, daß nach den Ermittlungen des Kongresses und dessen Interesse für Geheimaktionen der Vereinigten Staaten im Ausland noch derartige Programme bestätigt wurden.«[6] Mit anderen Worten: Davis hatte grundsätzlich schwere Bedenken gegen Geheimaktionen. Leider gab es keine erkennbare Möglichkeit, wie wir uns in die postkolonialen Bürgerkriege in Afrika anders einschalten sollten als durch Geheimoperationen. Hätten wir offiziell in den Bürgerkrieg in Angola eingegriffen, dann wäre das bei allen afrikanischen Staaten auf Widerstand gestoßen, auch bei denen, die unsere Hilfe suchten. Sie flehten um unsere Hilfe, waren aber nicht bereit, dies offen zuzugeben, weil sie fürchteten, dadurch könnten sich auch andere zum Eingreifen ermutigt fühlen. Unsere Aktion war aber gar nicht so geheim. Acht Kongreßausschüsse mußten informiert werden. Das geschah auch in der Tat – insgesamt vierzigmal in sechs Monaten. Davis' generelle Ablehnung von Geheimaktionen bedeutete im Grunde genommen: Der Präsident hätte das Problem, das ihm am stärksten auf den Nägeln brannte, nicht anpacken dürfen, nämlich daß die Vereinigten Staaten um ihrer nationalen Interessen willen verpflichtet waren, sich der Ausdehnung der Macht der Sowjetunion nach dem Süden Afrikas auf die einzig mögliche praktische Weise zu widersetzen: durch eine Geheimaktion.

Wie in Guatemala, in der Schweinebucht, im Krieg in Laos und in Kurdistan gehörte Angola zu der Art von militärischen Geheimoperationen, die sich von klassischen Geheimaktionen unterschieden, weil sie nicht wirklich geheim waren. Da es überall um militärischen Einsatz ging, konnte man nicht einfach behaupten, sie fänden nicht statt. Geheim waren sie in zweierlei Hinsicht. Da die Ausgaben dafür nicht dem normalen Bewilligungsverfahren des Kongresses unterlagen, hatte dieser die Möglichkeit, etwas stillschweigend hinzunehmen, wonach er nicht gefragt wurde. Zum zweiten gab die amerikanische Regierung derartige Operationen nicht offiziell zu. Das wiederum stellte anderen Regierungen frei, sie ebenfalls mit Schweigen zu übergehen. (Die U-2-Flüge über der Sowjetunion, die unter der Eisenhower-Administration einsetzten, sind ein gutes Beispiel. Die führenden Männer der Sowjetunion wußten eindeutig davon. Sie reagierten aber erst lautstark, als eine Maschine abgeschossen wurde und Eisenhower öffentlich eingestand, daß diese Flüge stattgefunden hatten.) Die Hauptbeteiligten auf allen Seiten wußten natürlich, was in Angola vorging. Ein offenes Bekenntnis der Vereinigten Staaten zu derartigen Operationen hätte aber nur andere Regierungen gezwungen, darauf zu reagieren, wodurch eine diplomatische Lösung erschwert worden wäre.

Ein weiterer Grund für das zögerliche Verhalten der Afrikaabteilung bestand darin, daß jedes Geheimprogramm für Angola von Zaire ausgehen mußte und die Unterstützung Präsident Mobutus erforderte, dessen Benehmen bereits damals ans Skandalöse grenzte. Mit Mobutu werde ich mich in Kapitel XXX ausführlich befassen. Hier sei nur vermerkt, daß mehrere amerikanische und europäische Regierungen ihm Hilfe leisteten, weil sie ein Chaos in Zaire mehr fürchteten als Mobutus Verhalten. Fast vierzig Jahre lang hat jede amerikanische Administration Zaires Unabhängigkeit und Mobutus Herrschaft gestützt. Die Präsidenten Kennedy, Ford, Carter und Reagan taten alles, um die territoriale Integrität des Landes vor Angriffen radikaler Nachbarn zu schützen. Und die Clinton-Administration, die an Mobutus Sturz beteiligt war, setzt nahezu die gleiche Politik gegenüber seinem stalinistischen Nachfolger Laurent Kabila fort, der ebenso uneingeschränkt herrscht wie Mobutu, dessen Menschenrechtsbilanz aber eher noch kläglicher ist.

Zaire hat die längste Grenze mit Angola. Da diese Grenze durch das Gebiet von Stämmen verläuft, die in beiden Ländern leben, war das eine stets auch an Bürgerkriegen im anderen beteiligt. 1975 griff Mobutu in den Bürgerkrieg in Angola ein, und 1997 revanchierte sich Angola, indem es mithalf, Mobutus Herrschaft ein Ende zu setzen.

Im Jahr 1975 jedenfalls mußte jedes amerikanische Eingreifen in Angola logistisch von Zaire ausgehen. Auf einer Beratung von Mitarbeitern sagte ich nur, mir wären andere Dinnerpartner auch lieber als Mobutu, aber er sei der einzige, auf den man setzen könne. Die Alternative war, tatenlos zuzuschauen, wie die Sowjets das Gleichgewicht in Afrika zu ihren Gunsten verschoben. Mit Mobutu hofften wir viel leichter fertig zu werden als mit einer von Moskau dominierten Regierung in Luanda.

Wenn die Bürokratie des amerikanischen Außenministeriums eine Politik, die ihr Unbehagen bereitet, nicht offen bekämpfen will, dann beweist sie große Meisterschaft darin, sie zu umgehen. Das Optionspapier, um das ich gebeten hatte, wurde einfach nicht geschrieben. Statt dessen bekam ich Moralpredigten zu hören, die mit unserem Problem gar nichts zu tun hatten. So fand ich in einer von Davis unterzeichneten Denkschrift der Afrikaabteilung vom 7. Mai die Empfehlung, uns »jeglichen direkten Überengagements in der politischen Auseinandersetzung Angolas vor der Unabhängigkeit zu enthalten… Der Einfluß der Vereinigten Staaten in Angola kann am wirksamsten verstärkt werden, wenn nach Erringung der Unabhängigkeit Hilfe geleistet wird.« Wenn nun aber am Unabhängigkeitstag ein Bürgerkrieg tobte? Wenn die MPLA bis dahin bereits mit sowjetischer Hilfe die Macht übernommen hatte? Was hieß überhaupt »Überengagement«? Sollte die Empfehlung bedeuten, die Afrikaabteilung erkenne aus Sicht der amerikanischen Interessen keinen Unterschied zwischen den verschiedenen Gruppen? Hieß das, die Vereinigten Staaten sollten jeder angolanischen Regierung Wirtschaftshilfe leisten, auch wenn es sich um eine kommunistische Diktatur handelte, die dank einer sowjetischen Luftbrücke, dank sowjetischer und kubanischer Berater an die Macht gekommen war?

Davis beantwortete alle diese Fragen nicht. Statt dessen reiste er nach Afrika, um sich dort als der neue zuständige stellvertretende Unterstaatssekretär vorzustellen. Am 24. Mai kehrte er zurück und gab folgende Empfehlung:

Wir glauben nicht, daß das Interesse der Vereinigten Staaten an Angola stark genug ist, um ein Eingreifen in großem Umfang oder den Einsatz erheblicher amerikanischer Mittel, insbesondere die Lieferung von Waffen, zu rechtfertigen.

Auch hier fehlte der Bezug auf den größeren Zusammenhang, daß die sowjetischen Waffen bei einer Auseinandersetzung in Afrika das Kräfteverhältnis veränderten. Das war die traditionelle Haltung der Abteilung zu rein afrikanischen Konflikten. Und es forderte die Frage heraus, wo hier die Interessen Amerikas lagen oder warum es so umstritten war, angesichts der Lieferung sowjetischer Waffen an die marxistische Seite den nichtkommunistischen Gruppen mit amerikanischen Waffen zu Hilfe zu eilen. Die unterschiedliche Sicht, die sich hinter dieser Auseinandersetzung verbarg, wurde in einem lapidaren Wortwechsel zwischen Davis und mir am 16. Juli 1975 deutlich:

Davis: Wenn wir uns entschließen, nichts zu unternehmen, dann können wir damit in der afrikanischen Gemeinschaft sehr viel bewirken.

Kissinger: Wo? In Zaire? In Sambia?

Davis: Am 28. findet die OAU-Tagung statt.

Kissinger: Welche Länder werden wir dort beeindrucken? Wird Zaire beeindruckt sein, wenn wir uns heraushalten?

Davis: Nein…

Kissinger: … Und Sambia?

Davis: Ich glaube, schon.

Kissinger: Ich habe da meine Zweifel. Und was ist mit Nyerere (von Tansania)?

Davis: Ja.

Kissinger: Und wenn wir sie beeindrucken, welche Schlüsse ziehen sie daraus?

Davis: Die Afrikaner müssen begreifen, daß sie für ihr Schicksal selbst verantwortlich sind.

Kissinger: Und wenn sie zu dem Schluß kommen, ihr Schicksal in die Hände der Osteuropäer zu legen und dann die Chinesen als Gegengewicht zu benutzen?

Davis: Sie waren im letzten Jahrzehnt erstaunlich erfolgreich.

Kissinger: Das war, bevor die Sowjets einem von ihnen zum Sieg verhalfen.

Die Afrikaabteilung hatte mir über den Schwarzen Kontinent viel zu sagen. Ich kannte mich in den Verhältnissen zwischen den wichtigsten Politikern nicht aus. Eine detaillierte Analyse der Risiken oder der Frage, warum die Abteilung den Machtantritt einer kommunistischen Regierung in Angola mit Hilfe sowjetischer Waffen und Ausbilder so gelassen sah, wäre mir schon von Nutzen gewesen. Statt dessen las ich ständig dieselbe Litanei, in der kein Wort über die konkrete Krise zu finden war, die wir zu bewältigen hatten.

Nachdem er sein Memorandum vom 24. Mai abgeliefert hatte, reiste Davis erneut nach Afrika, um seine Antrittsbesuche fortzusetzen. Da die Ereignisse in Angola drängten und verschiedene Termine anstanden, hatte seine Reise praktisch zur Folge, daß der Leiter der Afrikaabteilung aus dem Washingtoner Entscheidungsprozeß ausschied. Da Davis sich um die entscheidenden Fragen drückte, versuchten der Präsident und ich, sie zu regeln. Um uns einen Überblick über die Lage vor Ort zu verschaffen, schickten wir am 18. Juni zwei leitende Beamte des Außenministeriums nach Zaire: Sheldon Vance, den ehemaligen Botschafter in Zaire, und Walter Cutler, den Länderverantwortlichen (und späteren Botschafter). Sie hatten den Auftrag, Empfehlungen von Mobutu einzuholen und über die möglichen Konsequenzen mit ihm einen »ungeschminkten Dialog« zu führen. Mit Mobutu hatte ich die Erfahrung gemacht, daß er sich in der Öffentlichkeit zwar zuweilen grotesk benahm, aber ein scharfer Analytiker war, wenn es um sein eigenes Überleben ging.

Am 27. Juni erstatteten mir Vance und Cutler Bericht. Sie wurden von Davis' Stellvertreter Edward Mulcahy begleitet (da Davis wieder einmal auf einer Vorstellungsreise war). Sie teilten mit, daß Mobutu, der keine kommunistisch beherrschte Regierung jenseits seiner Grenze wünsche, um amerikanische Unterstützung zur Bekämpfung der MPLA bitte. Er sei bereit, eine amerikanische Aktion mit eigenen Streitkräften zu unterstützen. Hier ein Auszug aus meinem Gespräch mit Vance und Mulcahy:

Kissinger: Wenn wir es tun, dann nicht halbherzig. Können wir gewinnen?

Vance: Sie glauben, daß es klappen kann.

Kissinger: Was meinen Sie?

Vance: Es wäre viel direkte Beratung notwendig. Unser Minimalziel sollte sein zu verhindern, daß Neto die Macht übernimmt.

Kissinger: Meine Einstellung ist: Wenn wir uns darauf einlassen, dann müssen wir auch versuchen zu gewinnen. Können die Sowjets die Lage verschärfen?

Vance: Nicht so rasch wie wir. Wir haben ein benachbartes Territorium, über das wir Nachschub heranführen können. Das haben sie nicht.

Kissinger: Sollten wir versuchen, Kaunda einzubeziehen?

Vance: Ich weiß nicht genug über das Verhältnis zwischen Kaunda und Mobutu. Kaunda und Nyerere unterstützen Savimbi.

Mulcahy: Sie haben auch uns gedrängt Savimbi zu unterstützen. Ich denke, wir sollten ihnen sagen, daß wir helfen werden, aber keine Einzelheiten mitteilen.

Während Washington zauderte, trafen immer mehr sowjetische Waffen in Angola ein. Die MPLA griff weiterhin Robertos Streitkräfte an und konnte sie aus dem größten Teil Luandas vertreiben. Laut einem Presseinterview des stellvertretenden kubanischen Ministerpräsidenten Carlos Rafael Rodríguez am 10. Januar 1976 waren im späten Frühjahr 1975 zweihundertdreißig kubanische Militärberater in Angola eingetroffen.

Auf unserer Seite brach auch die CIA keine Geschwindigkeitsrekorde bei der Beantwortung meiner Bitte nach einem Hilfsprogramm für Kaunda und Savimbi. Schließlich empfahl die Behörde, dafür sechs Millionen Dollar bereitzustellen – eine armselige Summe im Vergleich zu dem, was die Sowjets einsetzten.

Am 16. Juli brachte ich die Dinge auf den Punkt, nachdem mir Davis berichtet hatte, zum Handeln sei es nun zu spät, da Neto bereits die Vormachtstellung errungen habe. Das war kaum drei Monate nachdem die Afrikaabteilung und die CIA berichtet hatten, Holden Roberto sei der stärkste unter den Rivalen und deshalb brauche er so gut wie keine Hilfe:

Im vergangenen Jahr habe ich mehrfach um eine Analyse der Lage gebeten. Die AA (Afrikaabteilung) antwortete stets, keiner werde den Sieg davontragen, so daß wir nicht einzugreifen brauchten. Dann behauptete sie, wenn einer gewinnen könne, dann sei es Roberto...

...Es ist schwer, einen solchen Meinungsumschwung zu verstehen. Das ist dieselbe Gruppe, die meine Bitten um Antworten sabotierte, indem sie keine Antworten gab, ebenso meine Bitten nach Papieren, indem sie mir Nonpapers schickte. Wie können sie mir jetzt sagen, es sei alles vorbei, ohne eine Einschätzung zu treffen? Man kann recht oder unrecht haben, aber eine Gruppe von Fachleuten ist es ihrer Führung einfach schuldig, Flagge zu zeigen, Warnsignale zu geben. Wenn wir etwas unternehmen, dann werde doch ich auf dem heißen Stuhl sitzen.

Ich setzte Davis davon in Kenntnis, daß ich verdeckte Unterstützung für die nichtkommunistischen Kräfte in Angola empfehlen würde. Ich sei bereit, dem Präsidenten auch eine Denkschrift aus seiner Feder mit einer Gegenposition vorzulegen:

Wenn Angola kommunistisch wird, dann hat das Auswirkungen auf Angola, Zaire, Sambia usw. Diese Länder können daraus nur den Schluß ziehen, daß die Vereinigten Staaten im südlichen Afrika kein Faktor mehr sind. Dafür werden wir noch Jahrzehnte später bezahlen. Es wird ihre Orientierung beeinflussen. Sie werden denken: Wenn die Sowjets massive Hilfe bringen können, und nicht die Amerikaner, dann sind es die Sowjets die Macht, mit der wir uns arrangieren müssen. Aber ich kann nicht verstehen, warum Fachleute ihre Führung nicht auf das Problem aufmerksam gemacht haben. Das war viele Monate vor Ihrer Zeit, Nat, aber wenn man es im Zusammenhang mit Indochina sieht, sind es nicht gerade triviale Dinge, die im südlichen Afrika vor sich gehen …
… Das Papier zu Angola werden wir morgen dem Präsidenten vorlegen. Ich bin fast sicher, daß er die sechs Millionen Dollar bestätigen wird. Der Standpunkt des Außenministeriums wird unverändert und ohne Abstriche zu ihm gelangen. Dazu wird er Ihre Papiere erhalten. Er wird die Ansichten des Ministeriums und der einzelnen Mitarbeiter erhalten. Ich sage voraus, daß er sich zum Handeln entschließen wird.

Im Juli 1975 herrschte in Washington eine eigenartige Stimmung. Alexander Solschenizyn und die Konservativen schlugen auf uns ein, weil wir ihnen nicht hart genug gegenüber den Kommunisten waren. Die Liberalen (und die Afrikaabteilung des Außenministeriums) kritisierten uns, weil wir angeblich wie besessen gegen den Kommunismus vorgingen. Ärger im Kongreß war programmiert, wenn wir uns für das Eingreifen in Angola entschieden. Eine Neuauflage der Vietnamdebatte, die wir erst einige Monate zuvor hinter uns gebracht hatten, war zu erwarten.

Und doch kamen wir um die Herausforderung nicht herum. Das sagte ich Ford am 17. Juli und empfahl ihm zugleich, der von der CIA vorgeschlagenen Geheimaktion zuzustimmen:

Kissinger: Ich bin dafür, daß wir jetzt handeln. Wenn die Vereinigten Staaten nichts tun, während die von der Sowjetunion unterstützte Gruppe sich durchsetzt, werden alle Bewegungen daraus den Schluß ziehen, daß sie sich mit der Sowjetunion und China arrangieren müssen. Ich bin – fast gegen meinen Willen – zu der Überzeugung gekommen, daß wir etwas tun müssen. Aber Sie sollen wissen, daß wir im Außenministerium massive Probleme haben. Dort ist man leidenschaftlich dagegen, und davon wird auch die Öffentlichkeit erfahren.
Ford: Was ist mit Davis?
Kissinger: Er will zurücktreten und einige Leute mitnehmen.
Ford: Nach all dem, was Sie und ich für ihn getan haben.

Ich übergab Ford Davis' Denkschrift mit allen Gegenargumenten und bat ihn nachdrücklich, sie zu prüfen, bevor er sich endgültig entschied.

Der Plan der CIA sah sechs Millionen Dollar vor, die vor allem an die Truppen Holden Robertos gehen sollten. Ausgangspunkt war Zaire. Die Strategie, der ich den Vorzug gab, lief darauf hinaus, auf Sieg zu setzen, wie ich zwei Gesandten am 27. Juni erklärte. Aber die acht Ausschüsse des von McGovern beherrschten Kongresses, die noch konsultiert werden mußten, hätten niemals gebilligt, was sie als ein militärisches Vorgehen brandmarkten. So ließen wir uns – unklug, wie sich später herausstellte – auf die Strategie ein, zunächst durch die Aufrüstung von Savimbi und Roberto eine Pattsituation anzustreben und dann öffentlichen Druck auf die Sowjetunion auszuüben, damit sie ihre Waffenlieferungen stoppte Wenn zwischen den einzelnen Gruppen ein Gleichgewicht hergestellt war und die nichtkommunistische Seite gar Erfolge erzielte, wollten wir einen Aufruf der OAU unterstützen, mit dem der militärischen Unterstützung von außen ein Ende gesetzt und der Streit in die afrikanische Dimension zurückgeführt werden sollte. Ich sage »unklug«, weil ein Gleichgewicht immer schwer abzuschätzen ist. Und während ich dazu tendierte, vom Gleichgewicht zum Sieg zu kommen, benutzte CIA-Direktor William Colby diese Strategie als Vorwand, um unser Engagement so zu beschränken, daß er im Land möglichst wenig Ärger hatte. Damit aber riskierte er eine Niederlage.

Am nächsten Morgen, dem 18. Juli, gab Ford bei unserer regelmäßigen Besprechung im Oval Office seinen Entschluß bekannt:

Ford: Ich habe mich zu Angola entschieden. Ich denke, wir sollten handeln.

Kissinger: Das werden Sie schriftlich bestätigen müssen.

Ford: Das will ich tun.

Kissinger: Wir schicken (Sheldon) Vance mit einer Million Dollar zu Mobutu und geben ihm einen Mann von der CIA mit. Wir sagen ihm, daß wir sechs Millionen Dollar oder auch mehr haben. Er soll uns ein Programm vorlegen. Es kann zu spät sein, denn Luanda ist bereits gefallen. Wenn wir es nicht zurückerobern, sieht die Sache ziemlich hoffnungslos aus. Wir können mit Davis' Rücktritt rechnen, und dann räume ich in der Afrikaabteilung auf.

Ford: Wenn wir aber untätig bleiben, werden wir das südliche Afrika verlieren. Ich denke, wir haben eine akzeptable Position. Ich denke, wir können sie vor der Öffentlichkeit verteidigen. Ich werde mich nicht von irgendwelchen Leuten in Foggy Bottom [Sitz des Außenministeriums) aufhalten lassen.

Danach sprachen der Präsident und ich kurz darüber, wie sich unser Vorgehen auf die Entspannungspolitik auswirken könnte. Ich argumentierte, die Entspannung gestatte uns ein hartes Vorgehen bei Fragen, die wichtige nationale Interessen betreffen, denn die Sowjetunion werde dadurch bei bestimmten Herausforderungen zum Stillhalten veranlaßt. Wie man die theoretische Seite der Angelegenheit auch immer sehen mochte – die Würfel waren gefallen, und wir gingen an die Umsetzung unseres Programms.

Erneut wurden Sheldon Vance und Walter Cutler in Marsch gesetzt, um Mobutu zu informieren. Einige andere afrikanische Spitzenpolitiker, vor allem Kaunda, erhielten Informationen von Vertretern der CIA. Wir spielten ausgewählten afrikanischen Zeitungen Einzelheiten über die sowjetischen Waffenlieferungen nach Afrika zu, um für die nach Nairobi einberufene OAU-Konferenz am 28. Juli die entsprechende Begleitmusik vorzubereiten. Vergeblich wurden wir bei der linksorientierten portugiesischen Regierung vorstellig. Wir wollten erreichen, daß sie ihr Personal in Angola, insbesondere die Armeeoffiziere, anwies, sich neutraler zu verhalten und die Übergabe von Waffen an die MPLA einzustellen. Inzwischen wurden die Mittel für das Angolaprogramm auf zwanzig Millionen Dollar aufgestockt. Als der Präsident den Geheimplan billigte, trat Davis zurück. Er war kaum mehr als drei Monate im Amt gewesen und hatte die meiste Zeit für Antrittsbesuche in Afrika verwendet. Um eine öffentliche Kontroverse zu vermeiden und weil wir seine früheren Verdienste schätzten, ernannten wir ihn zum Botschafter in der Schweiz. Die ersten Reaktionen aus Afrika klangen ermutigend. Mobutu war begeistert. Kaunda äußerte sich trotz der Warnungen aus der Afrikaabteilung überaus positiv. Er nannte unsere Informationen »sehr beruhigend« und willigte ein, bei der Unterstützung Savimbis über Sambia mitzuwirken. Über seinen engen Berater Mark Chona, den Kaunda bereits früher für heikle diplomatische Missionen eingesetzt hatte, wurde eine nachrichtendienstliche Verbindung hergestellt.

Die Angolastrategie

Angesichts dessen, wie das Unternehmen endete, habe ich mich oft gefragt, besonders als ich diese Seiten schrieb, ob wir uns darauf überhaupt hätten einlassen sollen. Wir haben es natürlich nicht leichten Herzens getan. Es war sehr untypisch für uns, drei Monate lang über einer Entscheidung zu brüten. Da wir ziemlich sicher hartnäckigen Widerstand im Kongreß zu erwarten hatten, stand uns absolut nicht der Sinn danach, uns unter irgendeinem Vorwand in ein Afrikaabenteuer zu stürzen.

Wir brachten es einfach nicht fertig, eine so unverfrorene Herausforderung hinzunehmen. Wir hofften, wenn wir zunächst allein die Verantwortung trugen, werde der Kongreß die Dinge am Ende sehen wie wir. Seit Belgisch-Kongo vor fünfzehn Jahren unabhängig geworden war, hatten es die Sowjets nicht wieder ernsthaft versucht, das politische Gleichgewicht in Afrika mit Waffenlieferungen und Beratern zu ihren Gunsten zu verändern. Wenn sich die Sowjetunion so fern von ihren Grenzen, bei so großen logistischen Schwierigkeiten und unserer Überlegenheit zur See durchsetzen konnte, wozu war sie dann erst in Regionen fähig, die den historischen nationalen Interessen Rußlands wesentlich näher lagen, zum Beispiel im Nahen Osten? Welche Schlüsse hätten die anderen afrikanischen Staaten gezogen, wären wir dem Rat der Afrikaabteilung gefolgt, den Kalten Krieg nicht nach Afrika zu tragen, ja uns nicht einmal Abenteuern der Sowjetunion im Stil des Kalten Krieges zu widersetzen? Hätten wir den Sowjets das Feld für ihre Militäroperationen überlassen, dann wären wir bei den im Süden Afrikas und vielleicht auch in anderen Regionen heraufziehenden Umwälzungen zur Bedeutungslosigkeit herabgesunken. Kurz gesagt: Das Problem war nicht allein das Gewicht Angolas, sondern es waren auch die

Folgen für die sowjetische Außenpolitik und, langfristig gesehen, für das Ost-West-Verhältnis zu bedenken. Ford und ich hatten kaum Zweifel daran, was das Unternehmen Angola innenpolitisch für uns bedeutete. Zu dem Zeitpunkt, da wir die CIA aufforderten, Widerstand gegen eine sowjetische Übernahme Angolas zu organisieren, war der von McGovern beherrschte Kongreß gerade dabei, unsere Nachrichtendienste zu zerschlagen, befand sich der CIA-Direktor in einem Schockzustand. Die Konservativen griffen die Ford-Administration wegen der Schlußakte von Helsinki an, und die Neokonservativen befleißigten sich der kritischen Auslegung von SALT. Jahrzehnte später schrieben die Helden nachgestellter Kämpfe in ihren Abhandlungen, der Ford-Administration habe es beim Widerstand gegen die kommunistische Expansion an ideologischer Entschlossenheit gefehlt. Auf Schlachtfeldern wie in Angola, wo die Konfrontation tatsächlich stattfand, konnte man diese Leute allerdings lange suchen.

Ford und ich waren uns der Isolation wohl bewußt, ebenso aber auch der Pflicht vor unserem Land, wie wir sie sahen. Hier stellt sich eine philosophische Frage, die noch zu beantworten bleibt: Welche Verantwortung tragen jene, die mit der Politik des Staates beauftragt sind, wenn in Widerstreit gerät, was nationale Interessen einerseits und Innenpolitik andererseits gebieten? Ford und ich waren der Meinung, daß ein so starkes und vitales Land wie die Vereinigten Staaten, von dem so viel abhängt, nicht das Recht hat, erkannte nationale Interessen innenpolitischen Erwägungen unterzuordnen. Wenn seine führenden Männer für das Notwendige kämpfen, dann werden sie, selbst wenn sie scheitern, ihre Abmachung mit dem Volk erfüllt haben, für eine bessere und sicherere Zukunft zu sorgen. Wenn sie sich weigern, den nationalen Interessen zu dienen, wie sie sie wahrnehmen, dann wird dem Volk jeder Maßstab fehlen, wenn es das unvermeidliche Debakel zu bewerten hat. Und es verzeiht ihnen kein Debakel, selbst wenn sie nach den angeblichen Wünschen des Volkes handelten.

Unser Fehler war nicht, daß wir innenpolitischen Bedenken zu wenig, sondern daß wir ihnen zu viel Aufmerksamkeit schenkten. Bei der Bestimmung unserer Strategie hatten wir so viele Einwände des Kongresses und anderer Institutionen zu berücksichtigen, daß kaum Raum für Unvorhergesehenes blieb. Hätte Davis sich stärker in die Diskussion eingebracht, dann wäre dem weitsichtigen Kommentar in seiner Streitschrift, die ich dem Präsidenten übergab, vielleicht größere Aufmerksamkeit zuteil geworden: »Was den Entwurf des Aktionsplanes der CIA betrifft, so meine ich – und ich habe dies auch bereits zum Ausdruck gebracht –, daß die vorgesehenen Schritte nicht geeignet sind, das angestrebte Ziel zu erreichen.« Dabei war nicht klar, ob Davis sagen wollte, daß militärisches Eingreifen generell zum Scheitern verurteilt sei (so der traditionelle Standpunkt der Afrikaabteilung) oder daß die konkret vorgeschlagenen Mittel nicht ausreichten, um ein ansonsten realisierbares Ziel zu erreichen. Wenn Davis meinte, die vorgesehenen Mittel würden dem Ziel nicht entsprechen, dann hatte er genau ins Schwarze getroffen. Politiker haben immer einen Preis zu zahlen, wenn sie ihre Zweifel äußern, indem sie auf die Ausführung verweisen.

Der Grundfehler war nicht die Entscheidung, gegen eine kommunistische Machtübernahme in Angola einzuschreiten, sondern die Art und Weise, wie wir an diese Aufgabe herangingen. Ein Problem bestand darin, daß Ford, Scowcroft und ich als Hauptverfechter dieses Unternehmens einfach zu wenige waren. Nur ein paar Tage nach der Entscheidung in der Angolafrage reisten Ford und seine wichtigsten Berater nach Helsinki und in weitere Hauptstädte Europas. Ich war im August größtenteils mit der Pendelmission beschäftigt, die zu dem Zwischenabkommen zwischen Ägypten und Israel führte. Am 1. Oktober reiste ich nach China, um Fords Besuch vorzubereiten. Im November schließlich nahmen der Präsident und seine Mitarbeiter zunächst am Gipfel vom Rambouillet teil; danach reisten sie nach China, Indonesien und auf die Philippinen. Die Afrikaabteilung, die eine solche Operation normalerweise hätte steuern müssen, war lahmgelegt, weil der zuständige stellvertretende Unterstaatssekretär zurückgetreten war und sein Nachfolger erst vom Senat bestätigt werden mußte.

Das wäre nicht so sehr von Belang gewesen, wenn die Leitungskette unterhalb der obersten Ebene besser und mit stärkerer Motivation funktioniert hätte. Präsident und Außenminister beaufsichtigen in der Regel keine tagespolitischen Aktivitäten und schon gar nicht Geheimaktionen. In der Einstellung zu unserem Vorgehen in Angola klaffte allerdings zwischen der höchsten Ebene und jenen, die die Operation auszuführen hatten, eine tiefe Kluft. In der Vergangenheit wurden Geheimoperationen nach der Bestätigung durch den Vierziger-Ausschuß von der CIA umgesetzt. Das war sinnvoll, solange sie auf politische Aktionen der Nachrichtendienste hinausliefen, jedoch nicht, wenn es um eine militärische Operation in dem hier vorliegenden Umfang ging.

Daß die finanziellen Mittel aus dem CIA-Haushalt stammten, bedeutete nicht unbedingt, daß auch Mitarbeiter der CIA zum Einsatz kommen mußten. Sie waren nicht dafür ausgebildet, militärische Einheiten zu kommandieren, und griffen deshalb häufig auf Söldner zurück, die ihrerseits unsere Gesamtstrategie nicht kannten. Wenn Angehörige der CIA militärische Operationen führten, dann fehlte ihnen oft das Gespür für das taktisch Mögliche, neigten sie eher zu dramatischen Husarenstücken als zu langfristiger Strategie. Es fehlte ein Kommandeur an Ort und Stelle mit einem professionell ausgestatteten Hauptquartier, der alle verfügbaren Informationen sammeln und die verschiedenen von uns unterstützten angolanischen Gruppen zu einheitlichem strategischen Handeln zusammenschweißen konnte.

Da es einen solchen Kommandeur nicht gab, fiel die Rolle des Befehlshabers der Operation in Angola de facto William Colby zu. Über ihn liefen alle notwendigen Verbindungen. Eine Arbeitsgruppe aller beteiligten Institutionen war ihm technisch unterstellt. Aber in der Praxis tendieren solche Gruppen eher dazu, Hindernisse zu schaffen, als Gelegenheiten zu nutzen. Da Karrieren in der Regel nicht vom Mangel an Voraussicht ruiniert werden, ist der Konsens meistens eher die Summe der Befürchtungen als der strategischen Ideen.

So wurde Colbys Auslegung des Beschlusses des Vierziger-Ausschusses zum Leitfaden Washingtons für die Ausführung der Operation. Im nachhinein wurde klar, daß ein Beamter des Weißen Hauses, jemand, der von unserem Vorhaben wirklich überzeugt war, die Koordinierung der Operation hätte übernehmen müssen. Colby war größtenteils damit beschäftigt, die

CIA vor den Untersuchungsausschüssen des Kongresses zu verteidigen. Seine Abneigung gegen Geheimaktionen wuchs, so daß er sich wenig bemüßigt fühlte, die Operation Angola voranzutreiben und damit dem Kongreß einen weiteren Anlaß für die bereits endlos scheinenden Vorwürfe gegen sich selbst zu liefern. So stimmte er jede einzelne taktische Direktive mit den zuständigen Ausschüssen ab und bog somit die allgemeine Aufsichtsfunktion des Parlaments zur Kontrolle über die tägliche Umsetzung um. Zwar lautete die offizielle Entscheidung des Vierziger-Ausschusses, in Angola ein Kräftegleichgewicht als Voraussetzung für Verhandlungen herzustellen, aber keiner, der an der Sitzung des Ausschusses teilnahm, konnte daran zweifeln, daß ich mich in Fords Auftrag für eine möglichst freie Auslegung dieses Beschlusses einsetzte. Vor allem warnte ich vor einer Wiederholung der Erfahrungen mit Indochina und betonte, daß es »uns niemand danken wird, wenn wir mit Anstand verlieren«. Colbys Weisungen an Ort und Stelle lag jedoch eine Interpretation des Gleichgewichts zugrunde, die höchstens eine Pattsituation auf sehr niedrigem Niveau anvisierte, was umfangreichere Initiativen von vornherein verhinderte. Die beste Strategie wäre gewesen, den größten Teil der bewilligten Mittel so früh wie möglich einzusetzen, um eine rasche, grundlegende Veränderung der Lage vor Ort herbeizuführen und so die Sowjets von einer weiteren Eskalation abzuhalten. Aber Colby streckte die vom Vierziger-Ausschuß bewilligten Mittel über ein Jahr hin und gab sie nur in Monatsraten aus. So ließen wir die entscheidenden zwei Monate, bevor kubanische Truppen in großer Zahl einrückten, ungenutzt verstreichen.

Ein flexibleres Vorgehen wurde mit allen möglichen anderen Restriktionen verhindert. So war es CIA-Mitarbeitern zum Beispiel nicht gestattet, angolanisches Territorium zu betreten. Eine Ausnahme bildeten lediglich die in Luanda stationierten Mitarbeiter, deren Zahl jedoch nicht erhöht wurde. So warb man in Brasilien, Portugal und afrikanischen Staaten Söldner an und setzte sie als die so dringend benötigten Berater der angolanischen Streitkräfte ein. Die CIA drängte Roberto und Savimbi, ihre Waffen mit unserem Geld auf dem offenen Markt zu kaufen, wo immer sich die Gelegenheit dazu bot. Daß wir sie ihnen nicht direkt lieferten, veranlaßte mich zu der Bemerkung: »Dieser Hang zur Unschuld geht über meinen Horizont.«

Angesichts der genannten Einschränkungen kamen wir mit unserem Programm nur sehr langsam voran, während die sowjetische Luft- und Seebrücke funktionierte. Mittlerweile trafen auch kubanische Kampfeinheiten ein. Am 15. September sagte ich aufgebracht meinen Mitarbeitern:

Es mutet absurd an, daß die Sowjets in der Lage sind, in größter Entfernung von der Sowjetunion ihre Stärke zu entfalten, während die Vereinigten Staaten mit ihrer gewaltigen Marine und Luftwaffe nicht aktiv werden. Das ist einfach unfaßbar.

Dieses Verhalten verhinderte nicht nur ein zielstrebiges Handeln; dem Weißen Haus wurden auch wichtige Informationen vorenthalten, die für ein härteres Vorgehen sprachen. Ein Beispiel dafür sind die Eindrücke John Stockwells, eines in Zaire stationierten CIA-Mitarbeiters, der entgegen der Weisung die Kampfgebiete in Angola aufsuchte und zu dem Schluß kam, daß der Krieg zu gewinnen sei. Seine Einschätzung faßte er in einem Buch mit dem Titel *In Search of Enemies* zusammen:

In Angola hatten wir zwei reale Möglichkeiten. Die eine: die FNLA und die UNITA so weit zu unterstützen, daß sie den Sieg errangen. Bei einem raschen Eingreifen mit taktischer Luftunterstützung und Beratern hätten wir Luanda erobern und die MPLA vertreiben können, bevor die Sowjets in der Lage waren, etwas zu unternehmen. Wenn wir allerdings dazu nicht bereit waren, hätte es im amerikanischen Interesse gelegen, uns völlig aus dem Konflikt herauszuhalten. Der Mittelweg, uns mit geringer Hilfe langsam voranzutasten, mußte zur Eskalation des Krieges führen und die Vereinigten Staaten in eine gefährliche Isolation bringen.[7]

Von der Luftunterstützung einmal abgesehen, war dies genau meine Meinung (obwohl ich Stockwell nie persönlich begegnet bin). Ein solches Vorgehen hätte gewiß auch Unterstützung gefunden, wäre es dem Weißen Haus oder dem Vierziger-Ausschuß vorgeschlagen worden.

Wenn man Colby allerdings gerecht werden will, muß man bedenken, daß sein Verhalten im wesentlichen die Stimmung im Kongreß widerspiegelte. Für das Weiße Haus war das sowjetische Eingreifen in Angola eine schwerwiegende geopolitische Herausforderung. Colby dagegen mußte fast täglich vor feindseligen Gremien des Kongresses aussagen. Das Weiße Haus wollte so rasch wie möglich, am besten vor dem 11. November, dem angolanischen Unabhängigkeitstag, eine grundlegende Veränderung der Lage vor Ort erreichen. Colbys Ziel war genau das Gegenteil. Da er acht Kongreßausschüsse über jede Eskalation zu informieren hatte, hielt er es für klug – vielleicht auch, um die Operation zu schützen –, daß jeder neue Schritt so klein und unscheinbar wie möglich ausfiel. Aber selbst angesichts all dieser Beschränkungen kamen wir einem Erfolg sehr nahe.

Als der Unabhängigkeitstag herannahte, schätzte die CIA, daß UNITA und FNLA zwei Drittel der Bevölkerung Angolas (von insgesamt sechs Millionen) unter ihrer Kontrolle hatten. Ein Bericht der CIA an den Vierziger-Ausschuß vom 5. November zeigt, daß der Sieg zum Greifen nah war:

Im Vorfeld des 11. November 1975 können wir eine deutliche Verbesserung der militärischen Situation in Angola zugunsten von FNLA und UNITA berichten. Trotz massiven Einsatzes von sowjetischen Waffen, Panzern, Ausbildern, Beratern und seit kurzem auch kubanischen Kampfeinheiten hat die FNLA den Druck auf Luanda aufrechterhalten. UNITA und FNLA haben vier Provinzhauptstädte erobert, darunter die wichtigen Häfen Lobito und Benguela.

Dabei waren die nach unserem Programm gelieferten Waffen ein Schlüsselfaktor, ebenso die Beteiligung kleiner Kampfeinheiten der Armeen von Zaire und später Südafrika. Die MPLA hält die Hauptstadt, aber nur sechs der fünfzehn Provinzzentren. Ein rascher Sieg ist ihr bisher verwehrt geblieben. FNLA und UNITA erhalten ihren Anspruch aufrecht, an einer angolanischen Regierung, die nach der Herrschaft der Portugiesen folgt, beteiligt zu werden. Das unmittelbare Ziel der Geheimaktion der Vereinigten Staaten ist erreicht.

Das diplomatische Umfeld

Da Robertos Truppen von Norden auf Luanda vorrückten und Savimbi im Süden Boden gewann, war die Zeit gekommen, den Konflikt durch eine politische Initiative wieder in die afrikanische Dimension zurückzuführen. Fünf Faktoren verhinderten zu diesem Zeitpunkt allerdings, daß unsere Strategie von Erfolg gekrönt war: erstens, eine massive Verstärkung der sowjetischen Luftbrücke; zweitens, das direkte Eingreifen kubanischer Truppen in die Kampfhandlungen; drittens, das Auftauchen südafrikanischer Einheiten in Angola; viertens, das Durchsickern von Einzelheiten unserer Geheimoperation in den Medien, wodurch Angola zu einer politischen Frage wurde; fünftens, ein darauffolgender Beschluß des Kongresses, der alle weiteren Mittel für Angola sperrte.

Am 18. November berichtete die CIA, daß seit dem 31. Oktober dreizehn AN 22, ein Schwertransporter und sieben mittlere Transportmaschinen vom Typ AN 12 Militärgüter über Brazzaville oder direkt nach Luanda befördert hatten. Man schätzte, daß die Sowjetunion zweihundert gepanzerte Fahrzeuge, darunter bis zu fünfzig Panzer, Luftabwehrwaffen, Raketenwerfer, schwere Artillerie, darunter 122-mm-Feldgeschütze, und über zwanzigtausend Schußwaffen der verschiedensten Art geliefert hatte. Die amerikanischen Lieferungen, zumeist leichte Waffen, waren dagegen einfach lächerlich zu nennen. Zugleich hatte man kubanische Kampfeinheiten in Stärke von achthundert Mann nach Angola eingeflogen.

Ein sowjetisches Engagement dieser Größenordnung kam unerwartet, und der Einsatz kubanischer Kampftruppen war eine handfeste Überraschung. Da die Sowjetunion so fern von ihren Grenzen und ihrer historischen Interessensphäre noch nie so massiv eingegriffen hatte, deuteten wir dies zunächst eher als ein Störmanöver denn als strategische Entscheidung. Deshalb glaubten wir auch, Moskau werde einen Rückzieher machen, wenn die Vereinigten Staaten durch den Einsatz von Waffen und geschultem Personal ein wichtiges nationales Interesse demonstrierten. Aber selbst wenn sie dies nicht taten, reichten unsere logistischen Vorteile aus, um die Oberhand zu gewinnen, wie Botschafter Vance und ich in dem bereits erwähnten Gespräch betonten.

Diese Einschätzung erwies sich in der Anfangsphase unseres Eingreifens als zutreffend. Hätten wir rascher gehandelt, dann wäre ein entscheidender Sieg durchaus möglich gewesen. Da uns aber Widerspruch und Vorbehalte im eigenen Land allzusehr beschäftigten, wurden wir bei unserem gemächlichen Vorgehen von einer Eskalation überrollt, die niemand vorausgesehen hatte: dem Eintreffen gutausgebildeter kubanischer Kampfeinheiten mit einer Ausrüstung, die allem überlegen war, was den Guerillatruppen, die wir unterstützten, je zur Verfügung stand.

Daß die Sowjetunion sich in einem so wenig versprechenden Land wie Angola so stark engagieren werde, hatte keiner unserer Nachrichtendienste vorausgesagt. Das konnte man von ihnen, wenn man fair war, auch nicht erwarten, denn es ergab keinen strategischen Sinn. Wären die Vereinigten Staaten innerlich weniger zerrissen gewesen, dann hätten sie diese Herausforderung bewältigen können – was ihnen selbst nach dem Eintreffen der Kubaner beinahe gelang –, wenn der Kongreß kein Stoppsignal gesetzt hätte.

Der sowjetische Botschafter Anatoli Dobrynin deutet in seinen Memoiren an, Breschnew sei von Ideologen im Politbüro, denen die Unterstützung der Befreiungsbewegungen wichtiger war als die Entspannung, zu diesem Afrikaabenteuer gedrängt worden.[8] Georgi Arbatow führt es auf Versuchung und Opportunismus zurück.[9] Diese wichtigen Faktoren wurden in ihrer Wirkung noch verstärkt, da das amerikanisch-sowjetische Verhältnis abkühlte. Das Scheitern des Handelsgesetzes, die Gesetzesergänzungen von Jackson und Stevenson, die Tatsache, daß wir bei Fragen der Rüstungskontrolle, die in Wladiwostok schon geklärt schienen, zunehmend in eine Sackgasse gerieten, und schließlich das Getöse um die Schlußakte der Europäischen Sicherheitskonferenz – all das trug dazu bei, daß die Sowjetunion ihre Zurückhaltung schrittweise aufgab. Aber auch unsere Nahostdiplomatie, die kurz vor einem neuen Zwischenabkommen zwischen Ägypten und Israel stand, war Moskau ganz sicher ein Dorn im Auge und brachte es auf den Gedanken, uns zumindest in einer geographischen Region auszumanövrieren, und sei es eine so fern liegende wie das südliche Afrika.

Die sowjetischen Befürchtungen gegenüber China mögen ebenfalls zu dieser Entscheidung beigetragen haben. Die ideologische Fraktion des Politbüros war über den wachsenden chinesischen Einfluß auf die afrikanischen Befreiungsbewegungen beunruhigt und meinte, man dürfe eine Gelegenheit nicht verpassen, diesen zurückzudrängen.[10] Zu alledem bot Angola die Chance, den chinesischen Führern die Grenzen amerikanischer Möglichkeiten und Entschlossenheit vorzuführen und so unserer Dreieckspolitik den Boden zu entziehen.

Schließlich war da noch der Joker Fidel Castro. Damals glaubten wir, er agiere lediglich als Stellvertreter der Sowjets. Wir konnten uns nicht vorstellen, daß er so weit entfernt von seinem Land derart provokatorisch auftrat, es sei denn, Moskau drängte ihn, der Sowjetunion auf diese Weise die militärische und wirtschaftliche Unterstützung zu vergelten. Heute vorliegende Informationen geben zu der Vermutung Anlaß, daß es sich genau umgekehrt verhielt. Im Jahr 1975 hatte Castro ideologisch Oberwasser. Für ihn war der Zusammenbruch Indochinas offenbar ein Zeichen für die vielleicht entscheidende Schwächung Amerikas und die Gelegenheit, sich selbst als ideologischer Führer der Kräfte der Zukunft zu etablieren. In seinem Hochmut wies er die amerikanischen Versuche zurück, eine Normalisierung der Beziehungen auszuloten, und schickte – anfangs offenbar auf eigene Faust – ein Expeditionskorps nach Angola. Georgi Kornijenko, der damalige stellvertretende Außenminister der Sowjetunion, erinnerte sich später in einem Interview:

> Ich las ein Telegramm unseres Botschafters in Guinea, in dem es unter vielen anderen Dingen hieß, der kubanische Botschafter habe ihn informiert, daß am nächsten Tag einige Flugzeuge mit kubanischen Truppen zum Auftanken nach Conakry kämen, die auf dem Wege nach Angola seien. Ich fragte Gromyko, ob er davon etwas wisse. Er rief (KGB-Chef Juri) Andropow und (den sowjetischen Verteidigungsminister Andrei) Gretschko an. Keiner wußte etwas. Sie waren alle dagegen, informierten unverzüglich das Politbüro und schlugen vor, Castro zu stoppen. Es dauerte einige Stunden, bis die Information geschrieben, der Beschluß gefaßt und die Botschaft an Castro übermittelt war. Zu diesem Zeitpunkt

waren die Flugzeuge bereits unterwegs. Man kann zu Recht die Frage stellen: Wie konnte das geschehen? Man benutzte sowjetische Flugzeuge, die auf Kuba stationiert waren?... Aber es waren in der Tat sowjetische Maschinen, und wir hatten viele Militärs dort... Ich prüfte die Sache nach. Technisch waren unsere Leute einbezogen, denn unsere Maschinen standen den Kubanern zur Verfügung. Unsere Berater wußten Bescheid, aber sie waren felsenfest davon überzeugt, daß dem eine politische Entscheidung (Moskau) zugrunde lag.[11]

Eine ähnliche Version berichtete der kubanische Vertreter Carlos Rafael Rodríguez Außenminister Alexander Haig bei einem Geheimtreffen im Herbst 1981 in Mexiko-Stadt. Rodríguez nutzte die Gelegenheit, um zu dementieren, Moskau hätte damals die Fäden gezogen. Castro, nicht Breschnew habe darauf gedrängt, den revolutionären Führern Afrikas Soldaten zu Hilfe zu schicken.[12]

Selbst zu diesem relativ späten Zeitpunkt hätte die kubanische Intervention – vor allem in ihrer Anfangsphase – noch gestoppt werden können, wenn wir unser Angolaprogramm mit dem Nachdruck und der Konsequenz durchgesetzt hätten, die die Lage erforderte, und wenn der Kongreß das ganze Unternehmen nicht abgeblasen hätte, als eine politische Lösung sich abzeichnete.

Mitte November war klar, daß sich das Kräfteverhältnis bald zu Ungunsten von Roberto und Savimbi verschieben werde. Deshalb ergriffen wir vier Gegenmaßnahmen: Erstens forderte am 14. November die CIA – und die Arbeitsgruppe billigte dies – zusätzliche Mittel, um dem kommunistischen Aufmarsch etwas entgegenzusetzen; zweitens prangerten wir das sowjetische Vorgehen in Angola über diplomatische Kanäle und in der Öffentlichkeit an; drittens starteten wir eine Kampagne, um die OAU dazu zu bewegen, eine Anerkennung der MPLA abzulehnen und den Abzug aller ausländischen Truppen aus Angola zu fordern; viertens nahmen wir mit Frankreich Gespräche auf, mit dem Ziel, von ihm für unsere diplomatischen Initiativen und die Veränderung der Lage auf dem Schlachtfeld in den frankophonen afrikanischen Staaten Unterstützung zu erhalten.

Gegenüber Moskau wurden wir am 20. November diplomatisch aktiv. Bisher hatten die beiden Supermächte über Stellvertreter drei Monate lang gegeneinander gearbeitet, ohne daß eine Seite das Thema offiziell ansprach. Ford hatte Angola gegenüber Breschnew nicht erwähnt, als sie im Juli in Helsinki zusammentrafen, denn er hatte gerade das Geheimprogramm gebilligt, und wir wollten zunächst das Kräftegleichgewicht wiederherstellen, bevor wir uns der Diplomatie zuwandten. Breschnew hatte offenbar nichts dazu gesagt, weil er glaubte, die MPLA schreite siegreich voran. Nun aber überreichten wir Dobrynin im Außenministerium eine Note ohne Unterschrift – offiziell mehr als ein Gespräch, aber weniger als ein Brief –, in der wir warnend darauf hinwiesen, daß das sowjetische Vorgehen in Angola alle »vernünftigen Grenzen« überschreite. Wir wandten uns dagegen, daß die Sowjetunion die MPLA anerkannte, die nur »eine Minderheit der Bevölkerung vertritt und weniger als ein Drittel des angolanischen Territoriums kontrolliert«, und dies nur aufgrund massiver sowjetischer Militärlieferungen. Wir drängten die Sowjetunion, die Luftbrücke einzustellen, die nur zur Eskalation der Kämpfe beitragen konnte (eine verdeckte Drohung, daß wir entschlossen waren, das Kräftegleichgewicht in Afrika aufrechtzuerhalten). Wir brachten unsere Unterstützung der Bemühungen der OAU zum Ausdruck, eine Verhandlungslösung zu erreichen, und forderten die Sowjetunion auf, sich dem Appell der OAU an alle Staaten anzuschließen, jegliche Einmischung von außen in die inneren Angelegenheiten Angolas einzustellen. Die Note endete mit den Worten, wir strebten keinen einseitigen Vorteil an und seien gewillt, diplomatisch eine »hilfreiche« Rolle zu spielen. Bereits am 22. November antworteten die Sowjets mit ungewohnter Schnelligkeit. Die umfangreiche polemische Botschaft zeigte, wie stark der Einfluß der ideologischen Fraktion im Politbüro gewachsen war. Die Note führte die angespannte Lage in Angola auf das Wirken »ausländischer Monopole« zurück, nannte unsere Vorwürfe der militärischen Einmischung »grundlos« und wies auch unsere Feststellung zurück, daß dies bestehenden Absprachen zwischen der Sowjetunion und den Vereinigten Staaten zuwiderlaufe. Nach diesem obligatorischen Imponiergehabe wurde der Ton der sowjetischen Note jedoch etwas entgegenkommender. Moskau befürwortete, daß alle patriotischen Kräfte Angolas sich ohne Einmischung von außen festigen könnten. Es sei bereit, dies öffentlich zu erklären, und forderte uns auf, eine ähnliche Erklärung abzugeben. Was man unter »patriotischen Kräften« zu verstehen hatte, wurde nicht näher erklärt. Auch wurden die massiven Militärlieferungen mit keinem Wort erwähnt. Deshalb beschlossen wir, den Druck zu erhöhen.

In einer Rede am 24. November in Detroit wiederholte ich die in unserer Note enthaltenen Vorwürfe – eine klare Warnung an die Sowjets, daß die Grenze unserer Zurückhaltung erreicht war:

Die Vereinigten Staaten können nicht gleichgültig bleiben, wenn eine ausländische Macht so weit von ihren eigenen Grenzen und von der traditionellen russischen Interessensphäre entfernt zu einer Einmischungspolitik übergeht. Die Sowjetunion hat noch die Möglichkeit, einen Kurs der politischen Zurückhaltung einzuschlagen, der es den Angolanern ermöglicht, ihre Differenzen ohne Einmischung von außen zu regeln. Wir möchten bei einem solchen Kurs gern mitwirken. Aber die Zeit verstreicht. Eine Fortsetzung der Einmischungspolitik wird unser Verhältnis unweigerlich in Gefahr bringen.[13]

Ford unterstützte mich auf einer Pressekonferenz in noch schärferem Ton:

Ich stimme mit der Rede von Außenminister Kissinger in Detroit überein… Mit dem, was die Sowjetunion jetzt tut, trägt sie nicht zur Entspannung bei. Ich hoffe, daß unsere Botschaft dort verstanden wird.[14]

Der Präsident und ich gingen damit auf die sowjetische Note vom 22. November ein und bekräftigten den Willen Amerikas, zu einer afrikanischen Lösung durch die OAU und zu Verhandlungen zwischen den drei angolanischen Parteien beizutragen.

Die Reise des Präsidenten nach China, Indonesien und auf die Philippinen vom 1. bis zum 7. Dezember 1975 brachte eine Unterbrechung des amerikanisch-sowjetischen Dialogs. In China betonte Ford – vor allem gegenüber Mao – unsere Entschlossenheit, uns einer von den Sowjets unterstützten Machtergreifung in Angola zu widersetzen. Er drängte China, seinen Einfluß in der gleichen Richtung geltend zu machen. Mao deutete auf seine verschwommene Art an, er wolle Chinas Möglichkeiten prüfen, vor allem über

Zaire einzuwirken. Dieser Dialog war nicht sehr ergiebig für das chinesisch-amerikanische Verhältnis, das aus chinesischer Sicht vor allem auf der Fähigkeit Amerikas beruhte, das globale Kräftegleichgewicht aufrechtzuerhalten und damit zur Sicherheit der langen chinesischen Grenze zur Sowjetunion beizutragen. Wenn wir China um Unterstützung gegen einen sowjetischen Raubzug so weit entfernt von der Machtbasis Chinas und der Sowjetunion baten, dann war das nicht gerade eine Demonstration amerikanischer Stärke oder Entschlossenheit.

Inzwischen gab sich die Sowjetunion etwas versöhnlicher. Am 7. Dezember sprach der Leiter der Afrikaabteilung des sowjetischen Außenministeriums mit dem Botschafter Zaires in Moskau auf eine Weise, die Mobutu als Zeichen dafür verstand, die Sowjetunion wolle die umfassende Unterstützung der MPLA »aufgeben«. Wir verstärkten unsererseits die diplomatischen Bemühungen gegenüber den afrikanischen Staaten. Für Mitte Januar 1976 war ein OAU-Gipfel in Addis Abeba anberaumt. Unsere Strategie lief darauf hinaus, durch eine Verknüpfung militärischer und politischer Mittel auf Verhandlungen hinzuwirken, die einen Abzug der ausländischen Truppen und eine Vereinbarung der angolanischen Parteien zu Folge hatten.

Die Forderung, daß alle ausländischen Truppen sich zurückzogen, mußte natürlich auch für Südafrika gelten, das von Namibia aus (damals noch ein südafrikanisches Treuhandgebiet) in Angola einmarschiert war. Im August 1975 waren südafrikanische Truppen über die Grenze gekommen, um das Wasserkraftwerk am Kunene zu schützen, das Portugal und Südafrika gemeinsam finanziert hatten. Am 31. Oktober berichtete die CIA, in Savimbis Hinterland seien hundert bis hundertfünfzig südafrikanische Berater tätig. Da wir kein eigenes Personal vor Ort hatten, war es schwierig, solche Schätzungen zu überprüfen. Nach heutigem Informationsstand war die Zahl sicher größer und ihre Rolle auch weniger anonym, als der CIA-Bericht damals behauptete.

Südafrika hatte sich für ein Eingreifen entschieden, ohne sich vorher mit den Vereinigten Staaten zu beraten. Wir erfuhren davon erst durch den genannten Bericht der CIA vom 31. Oktober. Es ist aber durchaus möglich, daß CIA-Mitarbeiter vor Ort früher davon Kenntnis hatten. Da immer mehr kubanische Truppen eintrafen, beschlossen wir, die südafrikanischen Streitkräfte als eines der Elemente von außen zu behandeln, die bei einer Lösung abgezogen werden sollten. Vor einem Kongreßausschuß erklärte ich am 29. Januar 1976, es werde sicher leichter sein, die südafrikanischen als die kubanischen Truppen wieder loszuwerden.

Damals wurde vielfach behauptet, die kubanische Intervention sei erst durch die Schritte Südafrikas ausgelöst worden. Was wir heute über die Abfolge der Ereignisse wissen, widerspricht dieser Behauptung. Das kubanische Eingreifen begann im Mai, beschleunigte sich im Juli, als die MPLA auf dem Vormarsch war, und nahm im September/Oktober ein erhebliches Ausmaß an. Das erste kubanische Kontingent – über zweihundert Berater – traf im späten Frühjahr oder im Frühsommer (vor dem Einschreiten der Südafrikaner) ein und hatte die Aufgabe, die Verbände der MPLA in sowjetischer Taktik sowie dem Gebrauch sowjetischer Waffen zu schulen.[15] Mitte August schlug Castro Breschnew ein wesentlich stärkeres Eingreifen vor. Als der sowjetische Führer sich unwillig zeigte, handelte Castro auf eigene

Faust. Reguläre kubanische Kampfeinheiten trafen Ende September/Anfang Oktober ein und erreichten schließlich das Zwanzigfache dessen, was Südafrika je einsetzte.

Das Eingreifen Südafrikas brachte uns einerseits in politische Verlegenheit, erwies sich aber andererseits auch als Faustpfand. Südafrika war kein wichtiger Bestandteil unserer Strategie, die, wie man sehen wird, vor allem auf den Bemühungen fußte, mit französischer Hilfe Kräfte in Afrika zu mobilisieren. Und wir hatten dabei trotz des südafrikanischen Vorgehens auf dem Kontinent Erfolg. Wir beschworen die afrikanischen Staaten, die MPLA nicht anzuerkennen. Am 21. November schrieb ich an OAU-Generalsekretär William Eteki und unterstützte den Aufruf der OAU zu einem Waffenstillstand, zu Verhandlungen zwischen den streitenden Parteien und gegen die Anerkennung einer der angolanischen Gruppen:

Die Vereinigten Staaten verfolgen in Angola keine einseitigen Interessen. Wie ich bereits öffentlich erklärte, haben die Vereinigten Staaten kein anderes Interesse als die territoriale Integrität und Unabhängigkeit Angolas. Wir glauben, daß das Volk Angolas das Recht auf eine Regierung seiner Wahl, auf ein Leben in Frieden, Unabhängigkeit und Wohlstand hat.

Ende November hatten erst zwölf von neunundzwanzig afrikanischen Regierungen das Regime der MPLA in Luanda anerkannt. Auch außerhalb Afrikas hatten nur wenige Staaten diesen Schritt getan.

Vor diesem Hintergrund hielten wir die Zeit für reif, eine Klärung mit den Sowjets herbeizuführen. Am 9. Dezember bestellte Ford den sowjetischen Botschafter Dobrynin ins Oval Office. Ich war ebenfalls anwesend. Der Präsident kam ohne Umschweife zur Sache: Die Lage in Angola sei »nicht gesund«. Da er der Entspannung verpflichtet sei, könne er nur schwer verstehen, weshalb die Sowjetunion so fern von allen bisherigen sowjetischen oder russischen Sicherheitsinteressen aktiv werde. Als Profi, der er war, stellte Dobrynin die Frage, ob der Präsident einen konkreten Vorschlag zu machen wünsche. Ich regte den Rückzug aller ausländischen Truppen und ein Ende der Lieferung militärischer Güter an. Dobrynin erwiderte, zunächst müsse es eine politische Lösung geben – die übliche Haltung derer, die ihre militärische Überlegenheit nutzen wollen, um das politische Ergebnis zu beeinflussen. Ford erklärte mit Nachdruck, die Anwesenheit kubanischer Truppen werfe unweigerlich ernste Fragen im gesamten amerikanisch-sowjetischen Verhältnis auf. Beim Abschied erkundigte sich Dobrynin noch einmal nach einem amerikanischen Vorschlag:

Angola ist weit weg. Ich werde das meiner Regierung mitteilen. Wenn Sie einen Vorschlag hätten, außer nur zu sagen:»Das dürft ihr nicht tun...«

Am nächsten Tag bewies Dobrynin wieder einmal, daß er zumindest bei Begegnungen mit dem Präsidenten niemals etwas ohne Weisung sagte. Er rief mich an, um unsere»Vorschläge« noch einmal mit mir durchzugehen: den Inhalt eines gemeinsamen amerikanisch-sowjetischen Appells an die OAU, alle ausländischen Truppen abzuziehen, sowie die Form, wie ein Verbot der Lieferung militärischer Güter verfaßt und durchgesetzt werden könnte.

Am 10. Dezember stellten die Sowjets ihre Luftbrücke nach Angola ein und nahmen sie bis zur Beendigung des amerikanischen Angolaprogramms durch den Kongreß auch nicht wieder auf. Am 16. Dezember bemerkte das sowjetische Staatsoberhaupt Nikolai Podgorny bei einem Abschiedsbesuch des britischen Botschafters, eine um die MPLA zu bildende Koalitionsregierung könnte die Angolakrise einer Lösung zuführen. Wir hatten zwar nicht die Absicht, die MPLA als stärkste Kraft einer Koalition zu akzeptieren, werteten Podgornys Bemerkungen aber als einen ersten Schritt in unsere Richtung.

Während wir auf eine offizielle sowjetische Antwort warteten, suchten wir nach neuen Elementen, mit deren Hilfe nach der kubanischen Intervention das Gleichgewicht wiederherzustellen war. Am 16. Dezember sprach ich während der Konferenz der Industrie- und Entwicklungsländer in Paris (siehe Kapitel XXII) bei einem Essen mit dem französischen Präsidenten Giscard d'Estaing über die Lage in Angola. Frankreich hatte Sonderinteressen in den Staaten des frankophonen Afrika, mit dessen Regierungen es engere Beziehungen unterhält und deren innere Sicherheit es beherzter schützt, als jede andere ehemalige Kolonialmacht dies gegenüber ihren ehemaligen Schutzbefohlenen tut. Zaire war zwar eine ehemalige belgische Kolonie, aber ebenfalls frankophon.

Die Erben der Staatskunst Richelieus hielten nichts davon, fromme Erklärungen des guten Willens abzugeben oder »Afrika aus dem Kalten Krieg herauszuhalten«. Giscard teilte unsere Auffassung, daß mit sowjetischen Waffen und kubanischen Truppen die Stabilität in allen frankophonen Staaten, nicht nur in Zaire, untergraben werden könne. Während des ganzen Angolaunternehmens bekundete die französische Regierung wohlwollendes Interesse. Ihr mutiger und ideenreicher Geheimdienstchef Comte Alexandre de Marenches stand uns mit unschätzbarem Rat und zuweilen auch mit technischer Hilfe zur Seite. Am 19. November schrieb Giscard einen nachdenklichen Brief an Ford, in dem er ihn auf die neue Lage aufmerksam machte, daß »die Sowjetunion der MPLA vor Herrn Neto in den letzten Tagen ganz offen umfangreiche Hilfe leistet«. Das strategische Problem formulierte er so:

Versuchen die Sowjets ihren Protégés die Mittel in die Hand zu geben, die Initiative zurückzugewinnen und ihre Gegner militärisch auszuschalten, oder wollen sie einfach nur die Vernichtung der MPLA verhindern und ihr eine Verhandlungsposition sichern?

Wird dieses massive sowjetische Eingreifen das Verhältnis der Vereinigten Staaten zu den beiden anderen Bewegungen in Angola hinsichtlich der Höhe der gewährten Hilfe und des öffentlichen Bekenntnisses dazu beeinflussen? Oder ziehen es die Vereinigten Staaten vor, auf einen Waffenstillstand und die Einsetzung einer dreiseitigen Koalitionsregierung hinzuwirken?

Zu diesen Fragen möchte ich gern Ihre Meinung erfahren. Sie werden mir auch von einigen sehr besorgten afrikanischen Staatschefs gestellt, weshalb ich mir erlaube, Ihnen diese Botschaft zu senden.

Ich wünschte, wir hätten bei unseren Beratungen in Washington die Fragen ebenso scharf und prägnant formuliert. In seiner Erwiderung vom 25. November faßte Ford unsere Politik zusammen. Die Sowjets, so argumentierte er, versuchten die MPLA in eine beherrschende Position zu bringen. Mit der Anerkennung dieser Gruppierung als der einzigen legitimen Regierung

Angolas »haben die Sowjets das Ergebnis öffentlich zu einer Prestigefrage für sich selbst erklärt«. Außerdem sei in dem sowjetischen Vorgehen durchaus auch ein antichinesisches Element zu erkennen. Man wolle militanten Führern der Dritten Welt demonstrieren, daß sie ihre revolutionären Ziele nur mit sowjetischer Hilfe erreichen könnten. Den Chinesen solle gezeigt werden, daß die Vereinigten Staaten nicht einmal im fernen Afrika in der Lage seien, der Aggressivität der Sowjets Schranken zu setzen, viel weniger noch an der sowjetisch-chinesischen Grenze in Sibirien. Ford kam zu dem Schluß, daß die Vereinigten Staaten bei einer so gewaltigen Machtbezeugung der Sowjetunion nicht tatenlos zuschauen könnten. Trotzdem seien wir bereit, auf die dringenden Forderungen der OAU einzugehen: Abzug der ausländischen Truppen, Einstellung der Waffenlieferungen von außen und provisorische Koalitionsregierung unter Aufsicht der OAU.

Bei dem Essen in Paris kam Giscard auf diesen Briefwechsel zurück. In solcher Umgebung zeigte er sich in Hochform: charmant, herzlich und brillant. Zu seinem Brief äußerte er sich unmißverständlich. Das sowjetische Vorgehen in Angola zu vereiteln lag im Interesse Frankreichs und seiner Freunde in Afrika; deshalb war Giscard bereit, entsprechend zu handeln. Er wollte mit Hilfstruppen (aus frankophonen afrikanischen Staaten oder Marokko) und einigen mit S-11-Raketen ausgerüsteten Alouette-Hubschraubern Unterstützung leisten, die gegen die sowjetischen 122-mm-Raketen eingesetzt werden konnten, welche auf die Truppen Robertos und Savimbis so demoralisierend wirkten. Er versprach, Mirage-Jäger in Zaire zu stationieren und um den Beistand frankophoner afrikanischer Staaten zu werben. Comte de Marenches wollte mit dem stellvertretenden CIA-Direktor Vernon Walters über die entsprechenden Einzelheiten sprechen.

Am 18. Dezember ging die sowjetische Antwort auf Fords Gespräch mit Dobrynin ein. In versöhnlichem Ton räumte die sowjetische Seite ein, es sei eine gemeinsame Aufgabe, dafür zu sorgen, daß Angola dem amerikanisch-sowjetischen Verhältnis keinen Schaden zufüge:

Der Präsident muß natürlich besorgt darüber sein, daß gewisse Kreise innerhalb und außerhalb der Vereinigten Staaten die Entwicklung in diesem afrikanischen Land zu nutzen versuchen, um das sowjetisch-amerikanische Verhältnis zu belasten. Da es dafür nach unserer Überzeugung keine reale Grundlage gibt, ist es folglich die Aufgabe, dafür zu sorgen, daß derartige Versuche nicht zum Erfolg führen.

Was die einzelnen Vorschläge des Präsidenten betraf, so bestritt Moskau vehement, es könnte jemals die Absicht gehabt haben, »einen Bürgerkrieg in diesem Land vom Zaun zu brechen«. Moskau umging Fords Vorschlag, gemeinsam zu einem Waffenstillstand aufzurufen, willigte jedoch ein, den Abzug der ausländischen Truppen zu fordern:

Was nun in Angriff genommen werden sollte, ist ein Ende des militärischen Eingreifens von außen, so daß das Volk dieses Landes tatsächlich das Recht erhält, über den Aufbau eines neuen Lebens in Unabhängigkeit und Freiheit ohne Einmischung von außen selbst zu entscheiden.

Die sowjetische Note ging noch weiter und regte eine gemeinsame amerikanisch-sowjetische Erklärung zu dieser Frage an:

Wir würden es begrüßen, wenn auch die Vereinigten Staaten dies erklärten und sich in ihrem praktischen Handeln für dieses Ziel einsetzten.

Wenn die Sowjetunion bereit war, gemeinsam mit uns zum Abzug aller ausländischen Truppen aufzurufen, dann konnte dies der Weg zu einer diplomatischen Lösung sein, vorausgesetzt, sie wurde von einem Waffenstillstand begleitet. Wir waren sicher, erreichen zu können, daß eine OAU-Tagung mit unserer Unterstützung einen Waffenstillstand der streitenden afrikanischen Seiten forderte. Natürlich blieben viele Fragen offen: Die Sowjetunion konnte einige der dunkelhäutigen kubanischen Truppen zu Einheimischen erklären oder die praktische Umsetzung diese Aufrufs so lange hinziehen, bis diese vollständig ausgerüstet waren und dann das gesamte Terrain eroberten. Andererseits deutete der letzte Absatz der sowjetischen Note an, daß Moskau eine Konfrontation mit den Vereinigten Staaten wegen Angola um jeden Preis vermeiden wollte:

Zum Abschluß möchten wir noch einmal hervorheben: Die sowjetische Seite hat – da kann der Präsident sicher sein – keinerlei Interesse daran, daß die Ereignisse in Angola als »Konfrontation zwischen Moskau und Washington«, als »Test der Entspannungspolitik« gesehen werden.

Unsere Strategie schien aufzugehen. Eine bescheidene Steigerung unseres eigenen militärischen Engagements, gepaart mit französischer Unterstützung, konnte zumindest einen sowjetisch-kubanischer Sieg verhindern und die Grundlage für diplomatische Bemühungen schaffen, um den Abzug der ausländischen Truppen zu erreichen. Französische Rückenstärkung für die frankophonen Staaten, allen voran für Senegal mit seinem Präsidenten Leopold Senghor, und unsere eigene Diplomatie sollten in der Lage sein, eine Resolution der OAU zu erreichen, die das von uns gewünschte politische Ergebnis unterstützte. Der OAU-Gipfel wurde für Mitte Januar 1976 nach Addis Abeba einberufen. Kam es zu der ins Auge gefaßten Lösung, dann konnten die Westmächte ihre Vorteile in Afrikaerfahrung und Logistik voll ausspielen.

An diesem Punkt machte uns jedoch der Kongreß einen Strich durch die Rechnung.

Die Gesetzesänderungen von Tunney und Clark

Giscard hatte um Transportmaschinen vom Typ C 130 gebeten, die französische Hubschrauber und deren Mannschaften nach Angola fliegen sollten, um sie dort gegen die 122-mm-Raketen der Kubaner einzusetzen. Zwar hatten die kubanischen Truppen mit sowjetischen Waffen bisher außer in der Umgebung von Luanda nicht massiv in die Kämpfe eingegriffen, aber zusätzliches Material war notwendig, um einen entscheidenden Sieg der kommunistischen Seite zu verhindern. Dazu reichten die bisher vom Vierziger-Ausschuß bewilligten Mittel nicht aus.

Die Arbeitsgruppe prüfte daher zusätzliche Hilfe, und zwar in drei Varianten: entweder in Höhe von achtundzwanzig Millionen, sechzig Millionen oder hundert Millionen Dollar. Von den jahrelangen Angriffen eingeschüchtert, entschied sich die CIA für die niedrigste Summe. Colby war zwar bereits entlassen, blieb aber gnädig auf seinem Posten, bis der Senat seinen Nachfolger George Bush bestätigt hatte. Er war natürlich weniger denn je daran interessiert, das Programm aufzustocken. Ich empfahl die Variante von sechzig Millionen. Keine Institution entschied sich für die höchste Summe.

Auf Drängen seiner Berater im Kongreß genehmigte Ford die kleinste Option: achtundzwanzig Millionen Dollar. Dieser Betrag konnte dem Geheimprogramm für Angola durch »Umschichtung« zugeschlagen werden, eine Haushaltsmethode, die heute nicht mehr gestattet ist. Danach durften Beträge unter fünfzig Millionen Dollar mit Zustimmung der Vorsitzenden der Haushaltsausschüsse von Repräsentantenhaus und Senat innerhalb des Verteidigungsbudgets von einem Posten auf einen anderen verschoben werden. (Alle anderen Optionen hätten den gesamten Bewilligungsprozeß noch einmal durchlaufen müssen.) Da die betreffenden Vorsitzenden – der Abgeordnete George Mahon aus Texas und Senator John McClellan aus Arkansas – dem konservativen Flügel der Demokratischen Partei angehörten und als gute Freunde Fords galten, war sich der Präsident ziemlich sicher, die Zustimmung zu dieser bescheidenen Bitte ohne weiteres zu erhalten.

Aber seit Ford zwei Jahre zuvor aus dem Kongreß ausgeschieden war, hatte sich dieser dramatisch verändert. Das im Gefolge von McGoverns Erdrutschsieg im vergangenen Jahr gewählte Parlament repräsentierte ein sehr hohes Protestpotential. Es widersetzte sich heftig jedem Eingreifen im Ausland, insbesondere in den Entwicklungsländern, hegte einen ständigen Argwohn gegen die CIA, war Geheimaktionen zutiefst feindlich gesinnt und mißtraute dem Wort der Exekutive. Im Rausch des Sieges hatte der neue Kongreß die Tradition aufgeweicht, daß die prominentesten Mitglieder der Mehrheitspartei die Ausschußvorsitzenden stellten. Zwar blieb dieses System in der Praxis weitgehend noch in Kraft, aber die Vorsitzenden wagten nicht mehr so eigenständig zu handeln wie bisher.

Das zeigte sich besonders im Fall Angolas: Plötzlich war das Geheimprogramm heftig umstritten. Die Ablehnung bezog sich nicht auf dessen geheimen Charakter – der war dem Kongreß seit langem bekannt. Von Juli bis Dezember hatten Beamte des Außenministeriums und der CIA Kongreßausschüsse, Unterausschüsse sowie einzelne Abgeordnete und Mitarbeiter ständig darüber informiert. In diesen sechs Monaten hatte es nahezu vierzig Informationsgespräche darüber gegeben. Zu diesen hatten einige Ausschüsse lediglich zwei Mitglieder (je eines von jeder Partei) entsandt, andere bis zu dreizehn Personen. Hierüber zu befinden oblag den Ausschüssen selbst. Insgesamt waren über zwei Dutzend Senatoren, einhundertfünfzig Kongreßabgeordnete und über hundert Mitarbeiter beider Häuser über die Sachlage informiert (eine Aufstellung ist in den Anmerkungen enthalten).[16] Über jede Verschärfung der Lage wurde pflichtgemäß berichtet.

Was den Schutz dieser Informationen betraf, so zeigte sich der Kongreß verantwortungsbewußt und wachsam. Nur sehr wenige Indiskretionen gingen auf Quellen im Kongreß zurück. In dem Jahr, als Indochina zusammenbrach, wollte der Kongreß nicht die Verantwortung dafür übernehmen, daß ein weiteres Land dem Kommunismus in die Hände fiel, insbesondere da es erdrückende Beweise gab, daß die Sowjetunion und Kuba ihre Finger im Spiel hatten.

Ich hatte bereits eher Enthüllungen erwartet, aber um Davis' Nominierung als Botschafter in der Schweiz nicht zu gefährden, hatten die Abweichler im Außenministerium und in der CIA bisher Disziplin gewahrt.

Davis' Bestätigung im Auswärtigen Ausschuß des Senats am 19. November war jedoch kaum vorüber, als die Schleusen sich öffneten. Zu dieser Zeit leitete bereits Ed Mulcahy die Afrikaabteilung auf professionelle und disziplinierte Weise. Die Indiskretionen kamen also wahrscheinlich vom Kongreß oder von einigen Parteigängern Davis' in der CIA. Wie üblich war es unmöglich, die Quelle ausfindig zu machen. Wie dem auch sei – Davis' Gegnerschaft und die Zweifel seiner Freunde wurden von den Medien verbreitet und in Leitartikeln massiv unterstützt.[17]

Der öffentliche Aufschrei bereitete der stillschweigenden Duldung der Geheimaktion durch den Kongreß ein Ende. Aber nur wenige derer, die Bescheid wußten, waren bereit, den Angriffen entgegenzutreten, indem sie auch öffentlich bestätigten, was sie insgeheim gebilligt hatten. Ungeachtet der zahlreichen Informationen flüchteten sie sich in das erprobte Alibi, die Konsultationen seien nicht ausreichend gewesen. So nahm sich Senator Dick Clark aus Iowa, der als Vorsitzender des Unterausschusses für Afrikanische Angelegenheiten des Auswärtigen Ausschusses des Senats von allen Senatoren am eingehendsten informiert war, die Freiheit, am 5. Dezember über Angola zu sprechen, als hätte er vom Bürgerkrieg in diesem Land gerade erst aus den Nachrichten erfahren:

In Presseberichten der letzten Wochen ist von einer offenkundigen Welle sowjetischer Aktivitäten zur Unterstützung der angolanischen MPLA die Rede. Aus anderen Meldungen geht hervor, daß Einheiten der Armeen Zaires und Südafrikas sowie weiße Söldner auf der Seite der beiden angolanischen Gruppen kämpfen, die der MPLA gegenüberstehen.

Vor zwei Tagen hat *Newsday* über umfangreiche amerikanische Waffenlieferungen nach Angola berichtet. Dabei handelt es sich eindeutig um unbestätigte Meldungen.[18]

Da diese Position nicht zu halten war, entwickelte Senator Clark einige Wochen später, am 29. Januar 1976, eine erstaunliche Theorie: Wenn der Kongreß informiert werde, sei das nicht unbedingt als Konsultation zu betrachten:

Meine Frage ist, ob man den Leuten, die informiert wurden, gesagt hat, daß sie damit konsultiert werden. Mir scheint, man bringt Personen, die informiert werden, in eine sehr schwierige Lage, wenn man von ihnen erwartet, zu jeder ihnen vorgelegten geheimen Aktivität ja oder nein zu sagen, oder wenn man, sofern sie dies nicht tun, später behauptet, sie wären zumindest nicht dagegen gewesen. Das bringt sie in Schwierigkeiten, wenn man ihnen nicht vorher sagt, daß ihre Ablehnung durchaus Folgen haben kann.[19]

Welch anderem Zweck diese Besprechungen nach Meinung des Senators wohl gedient haben mögen, als die Zustimmung des Kongresses zu erhalten, erklärte er nicht.

Diese Flucht aus der Verantwortung war bei allen Parteien zu beobachten. Der republikanische Senator Clifford Case behauptete, wenn der Kongreß schweige, dürfe das nicht als stillschweigende Zustimmung gewertet werden, und wenn doch, dann müsse diese nicht von Dauer sein:

Wenn wir dem, was uns im Juli vorgelegt wurde, nicht offen widersprochen haben, besonders weil wir unter dem Gebot der Geheimhaltung standen, dann hieß und heißt das für mich nicht, daß wir im Dezember nicht dagegen sein können.[20] Er fügte hinzu, jedes Vorgehen gegen ein anderes Land,»wo Geld im Spiel ist, sollte meiner Meinung nach offen erfolgen« – ein Grundsatz, der, wenn ihm die Vereinigten Staaten folgen würden, ihnen jegliche geheimdienstliche Aktivität benähme.

Senator Joseph Biden, ein Demokrat aus Delaware, bot mit entwaffnender Offenheit eine Erklärung dafür an, weshalb die Senatoren im Dezember etwas ablehnten, was sie im Juli gebilligt hatten:

Aus der Sicht eines Senatsmitglieds sah es so aus, ... daß es nicht herauskommen wird und es deshalb auch keinen Ärger im Land gibt. Oder man rechnete nicht mit dieser Möglichkeit wegen der Summen und der Art und Weise, wie man einbezogen wurde.[21]

Mit anderen Worten: Die Senatoren billigten das Programm, solange die Öffentlichkeit nichts davon erfuhr. Wenn es aber ans Licht kam und sie für ihre Haltung geradestehen mußten, gingen sie in Deckung. Welchen Sinn hatte dann das neueingeführte Verfahren zur Prüfung von Geheimaktionen, das wir peinlich genau befolgt hatten?

In dem nun entstandenen Klima war das Ergebnis der Debatte abzusehen. Wie Akteure in einem gutgeprobten Klassiker beteten Abgeordnete und Senatoren die Litanei vom Heraushalten Amerikas herunter, die sie seit der Vietnamdebatte vor neun Monaten perfekt beherrschten. Am 29. Januar behauptete Senator Clark, die Vereinigten Staaten hätten keine bedeutenden strategischen, militärischen oder wirtschaftlichen Ziele in Angola zu verteidigen. Das warf die Frage auf, ob wir (und ganz Afrika) tatsächlich nicht interessiert waren, die Sowjets daran zu hindern, sich mit ihrer Militärmacht zum Schiedsrichter über Auseinandersetzungen in Afrika aufzuschwingen. Der republikanische Senator Charles Percy aus Illinois ging auf diese Frage bei den Anhörungen über Angola einige Tage später ein, indem er an Vietnam erinnerte:

Müssen wir eingreifen, nur weil die Sowjets dort sind? Das war unser Problem in Vietnam. Lebenswichtige Interessen stehen dort wirklich nicht auf dem Spiel. Es ist sehr weit weg, es ist logistisch außerordentlich schwer zu beherrschen, und wir haben eine Seite unterstützt, die weder die moralische Stärke noch die notwendige Entschlossenheit oder Einmütigkeit bewiesen hat.[22]

Percy teilte uns nicht mit, wie man mit Entschlossenheit, aber ohne amerikanische Hilfe der massiven sowjetischen Unterstützung und dem großen kubanischen Truppenkontingent die Stirn bieten sollte.

Senator Jacob Javits forderte, flankiert von Senator Biden, die Vereinigten Staaten sollten der Rolle des Weltpolizisten abschwören. Das war etwa von der gleichen Qualität wie das Argument, der Nationalismus der Afrikaner, nicht die geheime Unterstützung Amerikas sei das wirksamste Mittel gegen einen sowjetischen Brückenkopf im südlichen Afrika. Wie aber sollte sich der Nationalismus der Afrikaner durchsetzen, wenn die kämpfenden Soldaten auf seiten der MPLA im wesentlichen Kubaner waren, wenn die Sowjets über eine Luftbrücke in drei Monaten mehr Waffen nach Angola gebracht hatten, als es im ganzen schwarzen südlich der Sahara gelegenen Afrika überhaupt gab?

Zwar wurde der Dialog höflich geführt, aber die Kluft zwischen Präsident und Kongreß erwies sich als unüberbrückbar. Unsere Gegner suchten eine Theorie der internationalen Politik zu verteidigen, die auf Geopolitik und Gleichgewicht verzichtete, eine verwässerte Version des Wilsonianismus, nach der das Gute sich mit der Kraft der ihm innewohnenden Tugenden durchsetzt, nicht mit Strategie und vor allem nicht mit Gewalt. Die Attacken gegen die Geheimoperationen waren deshalb im Grunde genommen als grundsätzlicher Angriff gegen die Art und Weise zu verstehen, wie die amerikanische Außenpolitik der Nachkriegszeit seit über einer Generation geführt wurde. Alle gängigen Argumente der Vietnamdebatte wurden wieder laut. Während es aber beim Streit um Vietnam vor neun Monaten um die Folgen der absehbaren Niederlage für die Ehre der Nation gegangen war, führte unsere Spaltung im Fall Angolas zu einem vollkommen unnötigen strategischen Rückschlag, wo ein Erfolg durchaus erreichbar gewesen wäre.

Am 18. Dezember, dem Abend vor der entscheidenden Abstimmung, kam ich im Büro des Mehrheitsführers Mike Mansfield mit den Spitzen des Senats zusammen. Ich legte noch einmal unsere Strategie dar, dazu die hoffnungsvoll stimmende Antwort der Sowjetunion vom selben Tag und die französische Haltung (die ich in vorsichtigen Worten andeutete). Wie auch in meiner Aussage vor dem Auswärtigen Ausschuß des Senats gut einen Monat später erläuterte ich hier die Gründe, weshalb wir ein Geheimprogramm durchführten:

Wir haben verdeckte Mittel gewählt, weil wir nur minimal in Erscheinung zu treten gedachten. Wir wollten einer afrikanischen Lösung die größtmögliche Chance geben. Wir waren der Ansicht, mit offener Unterstützung wäre es zu einer offiziellen Doktrin gekommen, daß das Eingreifen der Großmächte gerechtfertigt sei.[23]

Ich wiederholte die Gründe, warum wir uns dem Eingreifen der Sowjets in Angola widersetzten:

Wollen wir wirklich, daß die Welt zu dem Schluß kommt, wenn die Sowjetunion es für geboten hält, massiv einzugreifen, wenn kubanische oder andere Truppen als Expeditionskorps eingesetzt werden, dann können die Vereinigten Staaten nicht einmal die Geschlossenheit oder die Entschlußkraft aufbringen, finanzielle Hilfe zu leisten? Kann man von denen, die sich einer solchen Bedrohung gegenübersehen, erwarten, daß sie ohne Hoffnung auf Hilfe von unserer Seite Widerstand leisten? Wollen wir, daß unsere potentiellen Gegner glauben, bei künftigen Herausforderungen würde Amerikas innere Zerrissenheit uns die Möglichkeit nehmen, auch nur den geringsten Einfluß auf Entwicklungen von globaler Bedeutung auszuüben?... Und wie wird sich eine Supermacht, der nichts mehr im Wege steht, entscheiden, wenn die nächste Gelegenheit für ihr Eingreifen winkt?[24]

Ich erklärte unsere Ziele: ein Waffenstillstand, der dem tragischen Blutvergießen im Land ein Ende setzt; der Rückzug der ausländischen Truppen, das heißt der sowjetischen, kubanischen und südafrikanischen Einheiten; die Einstellung des militärischen Eingreifens von außen und Verhandlungen zwischen den streitenden Parteien in Angola.[25]

Die Senatoren schienen ins Grübeln zu kommen. Senator Hubert Humphrey, mein hochgeachteter Freund, sagte: »Ich denke, wir sollten dem Außenminister eine Chance geben.« Aber am nächsten Morgen erwies sich die allgemeine Stimmung im Senat als übermächtig. Humphrey rief mich an und meinte, er bringe es nicht fertig, sich zum zweiten Mal mit seinen liberalen Freunden und Wählern zu überwerfen: »Ich will nicht, daß sie mir noch einmal das Herz brechen.«

So wiederholten sich nicht nur die Argumente der Indochinadebatte, die vor neun Monaten stattgefunden hatte, sondern auch die bereits bekannte Tortur. Auch die Beweggründe waren ähnlich. Die traditionelle Gegnerschaft der Liberalen hatte man erwarten können. Was fehlte, war ein konservatives Gegengewicht. Nur sehr wenige der Gladiatoren der Kämpfe um Solschenizyn, Helsinki und das SALT-Abkommen folgten uns aufs Schlachtfeld, als es um eine wirkliche geopolitische Herausforderung der Sowjetunion ging. Und diejenigen, die es taten, agierten sehr zurückhaltend. Während uns die Konservativen und besonders die Neokonservativen mit vertraulichen Fragen wie der genauen Reichweite eines sowjetischen Mittelstreckenbombers oder verschiedener Typen von Marschflugkörpern überschütteten, kämpften wir darum, das Debakel zu vermeiden, daß die Vereinigten Staaten zum ersten Mal im Kalten Krieg bei einem von den Sowjets unterstützten militärischen Abenteuer kapitulierten. Zeugte die Rückzugsforderung der Liberalen zumindest von einer konsequenten Haltung, war die Gegnerschaft der Konservativen einfach ärgerlich und schwer zu ertragen. Nicht einmal eine geopolitische Herausforderung der Sowjetunion bewegte die neokonservativen Kritiker dazu, mit der Administration zusammenzugehen. Sie hatten nun einmal den ideologischen Streit mit dem Kommunismus und die kompromißlose Ablehnung des gegenwärtigen Stands der Rüstungskontrolle zu den einzigen Fragen von Gewicht auserkoren und ließen davon auch nicht ab, als das Vordringen sowjetischer und kubanischer Militärmacht in Afrika auf der Tagesordnung stand.

Es gab aber noch einen anderen, weniger weltanschaulichen Grund dafür, warum die Neokonservativen dazu schwiegen. Bei den Vorwahlen hatten sie Ford und dessen Administration vor allem der angeblichen Weichheit gegenüber der kommunistischen Herausforderung bezichtigt. Wenn sie nun die Administration unterstützten, mußten sie zugeben, wie es sich in Wirklichkeit verhielt: daß nämlich der Unterschied zwischen ihrer und unserer Position taktischer, nicht grundsätzlicher Natur war. Sie konnten sich keinem Kampf anschließen, der der ihre hätte sein müssen, weil sie es psychologisch nicht vermochten, sich mit denen zu verbünden, die bereits in vorderster Linie eine Auseinandersetzung führten, welche sie selbst so schrill gefordert hatten. So schlugen sie ihre Schlachten lieber innerhalb des konservativen Lagers und überließen damit der liberalen Opposition das Feld.

Diese Kräftekonstellation führte dazu, daß Amerika sich aus Angola zurückzog. Am 19. Dezember 1975 beschloß der Senat den Zusatzantrag von Tunney zum Gesetz über den Verteidigungshaushalt, der den Einsatz *jeglicher* Mittel für Angola außerhalb des bestätigten Budgets verbot. Das bedeutete das Ende für unsere Geheimaktion, denn offene Hilfe konnte erst nach Ablauf des Verfahrens in der nächsten Sitzungsperiode des Kongresses genehmigt werden, die sich über Monate hinzog. Bis dahin war die

Sache, um die es ging, längst entschieden. Außerdem brauchten wir uns über die Ergebnisse eines solchen öffentlichen Verfahrens keine Illusionen zu machen. Die Befürworter des Zusatzantrages von Tunney stimmten ganz sicher auch jede offene Unterstützung der Kämpfe in Angola nieder. Im Juni 1976 wurde durch einen weiteren Zusatzantrag von Clark der Zusatzantrag von Tunney zur auf Dauer gültigen Bestimmung erhoben.

Von so bekannten Konservativen wie Paul Laxalt, Barry Goldwater, James Eastland oder Herman Talmadge war in dieser Debatte nichts zu hören. Jesse Helms stimmte den Zusatzanträgen zu. Henry Jackson war gespalten: Er votierte bei einer Gelegenheit gegen den Präsidenten und schloß sich bei einer anderen dessen Anhängern an.

Nach der Abstimmung im Senat am 19. Dezember schlug der Präsident zurück:

> Die Tatsache, daß eine Mehrheit des Senats sich der Verantwortung entzieht, wird für die langfristigen Positionen der Vereinigten Staaten und die internationale Ordnung insgesamt schwerste Folgen haben. Eine große Nation kann sich ihrer Verantwortung nicht entziehen. Heute versäumte Verantwortung wird morgen als schwere Krise auf uns zurückfallen.
>
> Ich fordere deshalb den Senat auf, seine Position zu überprüfen, bevor es zu spät ist. Wenn er es nicht tut, wird das nach meiner Einschätzung den nationalen Interessen der Vereinigten Staaten schweren Schaden zufügen.[26]

Aber die Würfel waren gefallen. Am 24. Dezember nahm die Sowjetunion ihre Flüge in verstärktem Umfang wieder auf. Im folgenden Monat wurden die kubanischen Truppen in Angola verdoppelt. Selbst unter diesen Umständen weigerten sich auf dem OAU-Gipfel in Addis Abeba im Januar zweiundzwanzig afrikanische Staaten, die MPLA-Regierung anzuerkennen. Man stelle sich vor, welche diplomatische Unterstützung uns zuteil geworden wäre, hätten wir das militärische Gleichgewicht aufrechterhalten! Die Sowjetunion lehnte jedes weitere Gespräch über Angola ab. Die kubanischen Truppen blieben fünfzehn Jahre lang dort und waren während der Regierungszeit Präsident Carters auch in Äthiopien, Somalia und Südjemen zu finden. Sie konnten erst vertrieben werden, als die Reagan-Administration die Aufhebung der Clark-Gesetzesergänzung erreichte und das Geheimprogramm wiederaufnahm, das Gerald Ford kurz vor dem Erfolg hatte aufgeben müssen.[27]

XXVII. Der letzte Besuch in Moskau

Das Halloween-Massaker

Der Winter 1975/76 war für Gerald Ford eine schwere, bittere Zeit. Bereits im Herbst 1975 begannen die Aussichten zu schwinden, daß er im folgenden Jahr offiziell ins Präsidentenamt gewählt werden könnte. Anfang Januar 1976 sank seine Zustimmungsrate in den Umfragen unter fünfzig Prozent.

Als Ronald Reagan sich anschickte, im Kampf um die Nominierung zum Kandidaten der Republikaner gegen ihn anzutreten, stand Ford an der Spitze einer zunehmend gespaltenen Partei. So sah sich eine Administration, die vom konziliantesten aller Präsidenten geführt wurde, in eine zweifache Auseinandersetzung verstrickt: mit dem demokratisch beherrschten Kongreß zur Linken und den republikanischen Rivalen des Präsidenten zur Rechten. Spannungen zwischen Exekutive und Legislative werden häufig auf ungenügende gegenseitige Konsultation zurückgeführt. Für die Ford-Administration galt dieses Klischee eindeutig nicht. Der Kongreß wurde so häufig und eingehend konsultiert, wie man es von einem Präsidenten nur erwarten konnte, der seine ganze bisherige politische Laufbahn im Repräsentantenhaus verbracht hatte. Aber Ford mußte die bittere Erfahrung machen, daß guter Wille Grenzen hat, wenn es darum geht, den Kongreß zur Zurückhaltung zu bewegen. Auch der Einfluß des Präsidenten auf die Wahlchancen der Abgeordneten spielt eine wichtige Rolle. Ein nicht gewählter Präsident, dem man nicht zutraut, entsprechende Hilfe zu leisten, hat im Kongreß eine schwache Position. In ruhigeren Zeiten oder in größerer zeitlicher Entfernung zur nächsten Präsidentschaftswahl hätte die persönliche Beliebtheit Fords bei den meisten Kongreßmitgliedern, auch denen der demokratischen Mehrheit, diese Handikaps vielleicht zu überwinden geholfen.

Aber Vietnam und Watergate hatten die persönlichen Beziehungen in jeder Hinsicht verändert. Drei Monate nach Fords Amtseid wurde im Gefolge des Watergate-Skandals ein neuer, extrem liberaler Kongreß gewählt. Seine Zusammensetzung stellte die Ergebnisse der Präsidentschaftswahlen von vor zwei Jahren, bei denen Nixon im wesentlichen mit außenpolitischen Themen das zweithöchste Ergebnis in der amerikanischen Geschichte erzielt hatte, regelrecht auf den Kopf. Wegen innerer Auseinandersetzungen in der Demokratischen Partei nahm dieser Kongreß zur Politik von Nixon und Ford eine militant feindselige Haltung ein und wandte sich der von George McGovern zu, dem die Wähler kaum zwei Jahre zuvor eine vernichtende Niederlage bereitet hatten. Zwar waren außenpolitische Fragen bei den Kongreßwahlen 1974 nicht ausschlaggebend gewesen, aber der neue, von McGovern dominierte Kongreß stoppte die Militärhilfe für die Türkei, Vietnam und Kambodscha, setzte dem Versuch ein Ende, die kubanische und sowjetische Einmischung in Angola zu stoppen, verdammte die Nachrichtendienste zur Bedeutungslosigkeit und behinderte die Ost-West-Politik mit Zusatzanträgen und Anhörungen, die dem Präsidenten jeden politischen Spielraum nehmen sollten.

Zugleich war die Republikanische Partei tief gespalten. Ihr rechter Flügel, der sich durch dieselben innenpolitischen Krisen gestärkt fühlte, witterte die Chance, daß ihr Bannerträger Ronald Reagan die Nominierung für die Präsidentschaftswahl 1976 gewinnen könnte. Viele im Land, die die Kritik der Liberalen an den Vereinigten Staaten als der Quelle allen Übels in der Welt ablehnten, reagierten auf die Demütigung in Indochina mit neu auflebendem Patriotismus. Ihr Zorn, den die erst kürzlich aus dem liberalen Lager rekrutierten Neokonservativen kräftig schürten, richtete sich – Ironie der Geschichte – weniger gegen die Liberalen, als vielmehr gegen den konservativen Gerald Ford, der sich nun zu seinem Erstaunen dem Vorwurf ausgesetzt sah, nicht genügend wachsam gegenüber dem Kommunismus zu sein.

All das erzeugte in seiner Gesamtwirkung das völlig falsche Bild einer angeblichen Schwäche des Präsidenten. Die Disziplin in der Administration begann zu zerfallen. Unvermeidliche Auseinandersetzungen im Beamtenapparat waren nicht mehr zu steuern, da sich das Gefühl breitmachte, die Autorität des Präsidenten schwinde dahin. So begannen einige hohe Beamte, sich bereits im ersten Jahr der Präsidentschaft Fords für die Zeit *nach Ford* in Stellung zu bringen. Bei dieser Art politischer Manöver, die in der Regel erst am Ende der zweiten Amtszeit eines Präsidenten einsetzen, waren sie nicht mehr bereit, zusätzliche Kritik von dem immer stärker anwachsenden konservativen und neokonservativen Flügel auf sich zu nehmen.

Eine Zeitlang schaute Ford den Streitigkeiten zwischen Schlesinger und mir sowie zwischen Rumsfeld, Nelson Rockefeller und Bill Simon ohne sichtbare Reaktion zu. Weder heizte er die Auseinandersetzungen an, wie Nixon es getan hätte, noch ließ er sich auf Diskussionen darüber ein. Überzeugt, daß das Land vor allem Stabilität brauche, versuchte Ford, dem Streit um sich herum die Spannung zu nehmen, indem er sich von jeglichen Cliquen fernhielt, niemals schlecht über seine Mitarbeiter sprach und sich unerschütterlich auf die Sachthemen konzentrierte, die in der Tat seine ganze Kraft verschlangen. Allein im Jahr 1975 hatte der Präsident die sowjetische Ablehnung der Bedingungen des Kongresses für ein Handelsabkommen, den Stillstand bei den Rüstungskontrollverhandlungen, den Zusammenbruch Indochinas, den »Mayaguez«-Zwischenfall, die Erregung um Alexander Solschenizyn, die turbulenten Verhandlungen über die zweite Stufe des ägyptisch-israelischen Abkommens, die Europäische Sicherheitskonferenz mit all ihren Kontroversen, die Ermittlungen gegen die Geheimdienste und Angola zu bewältigen. Nur wenige Präsidenten einer Friedenszeit sahen sich im ersten vollen Jahr ihrer Amtszeit mit einer solchen Palette von Herausforderungen konfrontiert.

Im Oktober 1975, vierzehn Monate nach seinem Amtseid, mußte sich Ford, ob er wollte oder nicht, der Politik zuwenden. Bis zu den Wahlen blieb kaum ein Jahr, und er kam zu dem Schluß, daß er ein geschlosseneres Team brauchte. Er bat Rockefeller, sich bei den Wahlen 1976 nicht mehr als Kandidat für das Amt des Vizepräsidenten zu bewerben. Und er bildete sein Kabinett um: Schlesinger wurde durch den Stabschef des Weißen Hauses, Donald Rumsfeld, ersetzt, Bill Colby durch George Bush (bis dahin Leiter des US-Verbindungsbüros in Peking). Unser Botschafter in London, Elliot Richardson, wurde in das Amt des Handelsministers eingesetzt, von dem Roger Morton einige Wochen zuvor aus persönlichen Gründen zurückgetreten war. In diesem Zusammenhang bat Ford mich, den Posten des Nationalen Sicherheitsberaters aufzugeben, den ich weiter bekleidete, seit mich Nixon im Herbst 1973 zum Außenminister ernannt hatte. Bei dieser einschneidenden Umbildung wurden insgesamt fünf Ministerposten neu besetzt.

Ford faßte diesen Entschluß, als ich vom 17. bis 24. Oktober in Asien unterwegs war, um das Gipfeltreffen des Präsidenten mit den chinesischen Führern vorzubereiten, das vier Wochen später stattfinden sollte. Er hatte mich nicht konsultiert und auch vor oder während meiner Reise mit keinem Wort erwähnt, daß er an Umstellungen in seiner Regierung dachte. Am

Nachmittag des 25. Oktober, eines Samstags, als ich gerade aus Asien zurückgekehrt war, rief Ford Rumsfeld und mich ins Oval Office und teilte uns seinen Entschluß mit kargen Worten mit.

Es folgte eine klassische Washingtoner Szene. Rumsfeld und ich saßen auf den beiden Sofas links und rechts vom Sessel des Präsidenten vor dem Kamin. Ich weiß nicht, ob man Rumsfeld vorgewarnt hatte. Ich war zu überrascht, um auf das zu reagieren, was Ford da eben ausgesprochen hatte. Es gab auch nicht viel zu sagen, da der Präsident nicht zur Diskussion aufforderte. Rumsfeld und ich waren lange genug in Washington, um zu wissen, daß diese Ernennungen nicht das Ende, sondern der Anfang einer ganzen Reihe von Veränderungen waren. Da es sich bei allen Neuernannten um politische Schwergewichte und (zumindest aus ihrer Sicht) potentielle Präsidentschaftskandidaten handelte und ich der bekannteste und auch umstrittenste langgediente Amtsinhaber unter ihnen war, konnte es ohne neues Kompetenzgerangel nicht abgehen. Wir versprachen, gut zusammenzuarbeiten, was wir zweifellos auch ehrlich meinten, aber die Bewährung sollte erst kommen, wenn neue politische Entscheidungen zu treffen waren.

Es gab einen kurzen Wortwechsel darüber, wer mir als Nationaler Sicherheitsberater im Amt nachfolgen sollte. Rumsfeld empfahl Arthur Hartman, damals stellvertretender Unterstaatssekretär für Europa, mit dem er seit seiner Zeit als NATO-Botschafter befreundet war. Ich schätzte Hartman sehr. Aber mir behagte der Gedanke überhaupt nicht, ein bisheriger Untergebener könnte in eine Position aufrücken, die für mein Verhältnis zum Präsidenten so entscheidend war. Ich empfahl also Brent Scowcroft, den ich für am besten qualifiziert und angesichts der gegebenen Konstellation auch für am geeignetsten hielt. Ford entschied sich bei dieser Begegnung nicht, ernannte aber Scowcroft kurze Zeit später.

Der Präsident mußte einen hohen Preis dafür zahlen, daß er versuchte, diese politische Herausforderung mit einem Schlag zu bewältigen. Politische Berater, die sich offenbar seit vierzehn Monaten darum bemühten, hatten sich mit Empfehlungen durchgesetzt, die in der Theorie besser anmuteten, als sie in der Praxis waren. So fragte ich mich zum Beispiel verwundert, wer Ford auf die Idee gebracht hatte, einen so schwerwiegenden Schritt zu gehen und Rockefeller von der Liste zu nehmen, obwohl bis zu den Vorwahlen kaum noch sechs Monate blieben. Einige Mitarbeiter Fords äußerten die Hoffnung, wenn man Rockefeller, der auf die Konservativen wie ein rotes Tuch wirkte, opfere, dann könnte dies die herausfordernden Rechten mäßigen und vielleicht sogar Reagan dazu bewegen, von selbst aus dem Rennen zu scheiden. Zwar war ich kein Fachmann in diesen Dingen, hielt aber eher das Gegenteil für wahrscheinlich. Reagan und seine Berater mußten Fords Entschluß als ein Zeichen der Panik verstehen. Sie wollten keine Opfer, sondern die Präsidentschaft. Wenn ihr alter Gegner Nelson Rockefeller ausgeschaltet wurde, konnte das ihre Gelüste nur anstacheln, während Ford die Unterstützung durch einen bekannten und erfahrenen Wahlkämpfer verlor. Zweifellos war meine Reaktion von meiner Zuneigung zu Rockefeller beeinflußt, den ich seit zwanzig Jahren als meinen Freund und Mentor ansah. Obwohl nun weitere zwanzig Jahre vergangen sind, bin ich auch heute noch der Meinung, daß die Entlassung Rockefellers die falscheste Entscheidung in Fords ganzer Präsidentschaft war.

Sie brachte ihm keinerlei Vorteil. Dieser Schritt war der Öffentlichkeit nicht zu vermitteln, obwohl Rockefeller tapfer behauptete, er habe sich aus eigenem Entschluß zurückgezogen. Er war im August 1974 für das Amt des Vizepräsidenten nominiert worden. Der von den Demokraten beherrschte Kongreß, der nichts davon hielt, daß diese dynamische Persönlichkeit an den Wahlen im Herbst des nächsten Jahres teilnehm, zog seine Bestätigung bis Anfang Dezember hin, wobei er Rockefeller in unerträglicher Weise dazu zwang, seine Finanzen in allen Einzelheiten offenzulegen. Am 19. Dezember 1974 legte er seinen Amtseid als Vizepräsident ab. Und nun, nach zehn Monaten im Amt, sollte er sich aus eigenem Entschluß »zurückgezogen« haben. Das war nicht glaubhaft, und niemand glaubte es ihm

Rockefeller tat sein Bestes, um den Schaden zu begrenzen. Selbst ich als sein enger Freund hörte von ihm niemals ein Wort der Klage darüber, wie schäbig man ihn behandelt hatte. Er weigerte sich einfach, über seinen Rücktritt zu sprechen. Rockefeller verhielt sich gegenüber Ford absolut korrekt und unterstützte den Präsidenten in Regierung und Öffentlichkeit, wo er nur konnte. Auf dem Parteitag der Republikaner im darauffolgenden Sommer führte er die Delegation des Staates New York an, die Fords Nominierung mit knapper Mehrheit sicherte. Und er blieb ein guter Freund Fords, auch nachdem beide nicht mehr im Amt waren. Im menschlichen Sinne war dies eine der besten Stunden Rockefellers.

Die anderen Gesichtspunkte dessen, was die Medien nur noch das »Halloween-Massaker« nannten, waren besser begründet. Da Ford seine Regierung umbilden wollte, war es das beste, dies auf einen Schlag zu tun, solange noch genug Zeit bis zu den Vorwahlen blieb. Seit Monaten war ihm klar, daß die Nachrichtendienste einen neuen Chef brauchten. Er wartete lediglich auf den Abschluß der Ermittlungen des Kongresses. Ford war von Colbys Verhalten während der Untersuchungen genauso enttäuscht wie ich, aber er hielt es offenbar nicht für fair, daß ein neuer Direktor in dieses Chaos hineingeworfen werden sollte.

Der eigentliche Anlaß für das »Massaker« aber war Fords Entschluß, Schlesinger zu entlassen. Da ich nicht gefragt wurde, weiß ich nicht, was den Präsidenten veranlaßte, gerade zu diesem Zeitpunkt zu handeln. Bryce Harlow, der ehrwürdige politische Berater der Republikaner, teilte mir später mit, er habe Ford seit Monaten gesagt, es sei zu gefährlich, mit einem Verteidigungsminister ins Wahljahr zu gehen, der Seitenhiebe gegen die Außenpolitik des Präsidenten austeilte. Ich hatte meine eigenen Spannungen mit Schlesinger, aber unser Verhältnis hatte sich in den Wochen vor seiner Entlassung so gebessert, daß ich glaubte, wir könnten in der Schlußphase der SALT-Verhandlungen an einem Strang ziehen.

Später wurde behauptet, ich hätte in meinen täglichen Gesprächen mit dem Präsidenten gegen Schlesinger gearbeitet. Die Mitschriften werden zeigen, daß meine Kontroversen mit Schlesinger nur sehr selten zur Sprache kamen. Ich mußte Ford nicht über Spannungen informieren, von denen er in den Zeitungen lesen und von seinen Mitarbeitern hören konnte. Ford hat in seinen Memoiren ausführlich beschrieben, warum er mit seinem Verteidigungsminister nicht zurechtkam, einem der wenigen Menschen, dessen Gegenwart ihm Unbehagen bereitete.[1] Für Ford war das Maß offenbar voll, als Schlesinger den Vorsitzenden des Haushaltsausschusses des Repräsentantenhauses, Fords alten Freund George Mahon, wegen Streichungen im Verteidigungshaushalt scharf kritisierte. Ford stimmte zwar mit Schlesingers Bemühungen überein, unser Verteidigungsprogramm zu schützen, hielt aber die persönliche Art der Kritik für unangebracht. Der Vorfall erinnerte ihn erneut daran, daß Schlesinger seine wiederholten Mahnungen, sich im Umgang mit dem Kongreß zu mäßigen, immer wieder ignorierte.

Die Entscheidung, mich um den Rücktritt vom Amt des Nationalen Sicherheitsberaters zu bitten, war gerechtfertigt, was immer ich damals empfand. Die Aufgaben des Außenministers und des Beraters des Präsidenten in Fragen der nationalen Sicherheit sind für sich genommen schon kaum zu bewältigen. In Personalunion muß man den einen oder den anderen Posten in bestimmter Weise vernachlässigen. Außerdem sind die beiden Ämter mit einem Interessenkonflikt behaftet. Der Außenminister ist verpflichtet, seine Sicht der Ziele und Konsequenzen der Außenpolitik nach bestem Wissen und Gewissen vorzubringen. Der Nationale Sicherheitsberater, der dem Präsidenten die verschiedenen Optionen vorlegt, muß als ehrlicher Makler agieren, der gewährleistet, daß der Präsident die Möglichkeit hat, die Standpunkte aller Institutionen unbeeinflußt zur Kenntnis zu nehmen. Ob eine Person so objektiv sein kann, um sowohl der Position seines Ministeriums als auch dem Bedürfnis des Präsidenten nach objektiver Präsentation aller Optionen gerecht zu werden, wäre ein interessantes Thema für einen akademischen Disput. Wie dieser auch ausgehen mag, in einer Stadt wie Washington, wo der Schein dem Sein sehr nahe kommt, sprach der Schein eindeutig dagegen.

Aus rein bürokratischer Sicht mußte ich Erleichterung über das Ende der anomalen Situation empfinden, wenn ich als Nationaler Sicherheitsberater Besprechungen im Lageraum leitete, an denen der stellvertretende Außenminister als Vertreter seiner Dienststelle teilnahm, mit dem ich gerade eine Sitzung im siebten Stock des Ministeriums hinter mir hatte. Aber die Fähigkeit, in Washington Politik zu machen und im Ausland Wirkung zu erzielen, hängt nicht allein und nicht einmal in erster Linie von organisatorischen Strukturen ab, eher davon, wer in den Augen der Außenwelt das Vertrauen des Präsidenten hat. Zwar änderte die Umbildung an diesem kaum greifbaren Verhältnis nichts, mußte aber sowohl in Washington als auch in vielen ausländischen Hauptstädten eine Welle von Spekulationen darüber auslösen, ob sie eine Schwächung meiner Position beim Präsidenten bedeutete oder nicht. Kostbare Zeit mußte nun verschwendet werden, um auf Fragen der Medien zu reagieren und Versicherungen abzugeben, deren Notwendigkeit bereits ihren Zweck Lügen strafte. All das vollzog sich in einer gespannten Atmosphäre, denn ich war überzeugt, daß die Angriffe aus dem Reagan-Lager sich mit der Kabinettsumbildung nun auf mich konzentrierten.

Aber all diese Probleme verblaßten angesichts der wirklichen Herausforderung, die von dem Wechsel an der Spitze des Verteidigungsministeriums ausging. Als ich über die Hintergründe der Umbildung und ihr politisches Ergebnis nachdachte, gelangte ich zu der Überzeugung, daß Rumsfeld ein viel schwierigerer Kollege sein werde als Schlesinger. Dieser hatte keine erkennbaren weiteren politischen Ambitionen gehabt als seine Stellung in der Administration. Zwar benutzten er und der rechte Flügel der Republikanischen Partei wie auch Henry Jackson einander, aber Schlesinger selbst hatte keine reale politische Basis oder wirkliche politische Interessen. Als die SALT-Verhandlungen näherrückten, befiel mich die Furcht, Rumsfeld werde nicht den Wunsch verspüren, sich für unsere Ost-West-Politik einzusetzen und damit Fords (und sein eigenes) Ansehen beim erstarkenden rechten Flügel der Republikaner zu riskieren. Rumsfeld war mir gegenüber nicht unfreundlich, aber ich sah voraus, daß er nichts wagen und versuchen werde, alle Entscheidungen bis nach den Wahlen zu verschieben. So kam es dann im wesentlichen auch.

Ursprünglich war vorgesehen, daß Nelson Rockefeller seinen Verzicht auf die Nominierung am 3. November 1975, einem Montag, bekanntgeben sollte. Eine Woche später, am 10. November, wollte man die Umstellungen im Kabinett und weitere Veränderungen ankündigen. Aber das ging schief. Da der Washingtoner Kalender stets voller Termine ist, welche internen Probleme die jeweilige Administration auch haben mag, traf Ford diese Entscheidungen unmittelbar vor der Ankunft Anwar Sadats zu seinem ersten Staatsbesuch in den Vereinigten Staaten. Dabei sollte er unter anderem auch in Jacksonville im Staat Florida Station machen, wo er zusammen mit Ford auf dem Landgut eines Freundes des Präsidenten in entspannter Atmosphäre die nächste Etappe der Nahoststrategie besprechen wollte.

Am Samstag, dem 1. November, als Ford und ich uns gerade nach Jacksonville begeben wollten, erhielt ich einen Anruf von Bruce Van Voorst, damals Korrespondent der *Newsweek*. Er habe gehört, behauptete er, ich würde in Kürze als Nationaler Sicherheitsberater entlassen werden. Der Präsident sei unzufrieden mit den Ergebnissen meiner Vorbereitungsreise nach China, mit dem Gang der SALT-Verhandlungen und wegen der Streitigkeiten zwischen Schlesinger und mir. So, wie diese journalistische Anfrage formuliert war, brachte sie mich in ein typisches Washingtoner Dilemma. Wenn ich lediglich bestritt, das Vertrauen des Präsidenten verloren zu haben, gab ich damit zu, daß ich als Nationaler Sicherheitsberater der Hut nehmen würde. Dementierte ich beides, verspielte ich auf Dauer meine Glaubwürdigkeit. So umging ich die Frage nach der Entlassung aus dem Amt und dementierte die Unzufriedenheit des Weißen Hauses mit meiner Leistung als »einen Haufen Lügen«. Van Voorst war aber viel zu erfahren, um sich damit abspeisen zu lassen, und fragte geradeheraus, ob ich als Nationaler Sicherheitsberater gehen würde. Damit brachte er mich aus dem Gleichgewicht.

Ich rief auf der Stelle Ford an und erklärte ihm, was geschehen war. Wenn Van Voorst davon wußte, war es nur eine Frage von Stunden, und die Sache hatte sich herumgesprochen. Ford beschloß, die Veränderungen sofort zu verkünden. Er mußte es am Wochenende tun, bevor Newsweek am Montag, dem 3. November, herauskam.

Am Morgen des 2. November, eines Sonntags, rief Ford Schlesinger und Colby ins Oval Office und teilte ihnen ihre Entlassung mit. Rockefellers Verzicht wurde, wie geplant, am nächsten Tag bekanntgegeben. Diese Improvisation hinderte Ford allerdings daran, die jeweiligen Nachfolger zu nennen, was einige Medienvertreter dazu verleitete, seinen Entschluß mit der Begnadigung Nixons in einen Zusammenhang zu bringen, die ebenfalls an einem Sonntag erfolgt war.

Die Reaktion fiel heftig und gehässig aus. Ford warf man vor, er begehe einen schweren Fehler, mich stellte man als die treibende Kraft einer Affäre hin, die bald nur noch das »Massaker« genannt wurde. »Der letzte Rest von Andersdenken wird damit beseitigt«, erklärte Senator Henry Jackson. »Anders denken als Dr. Kissinger, meine ich.« Senator John McClellan pflichtete ihm bei: »Ich denke, man gibt Kissinger zuviel Macht im Weißen Haus.« Das sagte der Vorsitzende des Haushaltsausschusses des Senats an dem Tag, an dem ich meinen Posten im Weißen Haus verlor.[2] Markig wie immer äußerte sich George Will: »Es gibt allen Grund anzunehmen, daß Kissinger Schlesinger weghaben wollte, und es gibt keinen Grund zu glauben, daß Mr. Ford in Fragen, die die Außenpolitik betreffen, von Kissinger unabhängige Ansichten vertritt.«[3] Ein Leitartikel der *Washington Post* vom 5. November zielte gegen Ford: »Mit seiner derben Behandlung dieses Problems ist es dem Präsidenten gelungen, sowohl das Maß an Unordnung zu bestätigen, das er zugelassen hat, als auch sein eigenes Unvermögen, dem anders als auf schlagartige und äußerst plumpe Weise beizukommen.«[4] Ronald Reagan nannte die Behandlung Rockefellers schäbig und griff die Entspannung als »Einbahnstraße« an.[5]

Was die Ablösung Schlesingers betraf, so fühlte ich mich hin und her gerissen. Aber der Präsident war sich dieser Entscheidung ganz sicher. Als Ford davon erfuhr, daß ich für diesen Band ein Kapitel zu dem Thema vorbereitete, schrieb er mir am 14. Oktober 1997: »Ich bin überzeugt, daß die damaligen Veränderungen im Weißen Haus, insbesondere die Entlassung Schlesingers und Colbys, richtig waren. Man konnte nicht länger dulden, daß sie im Amt blieben.« Beide hatten sein Vertrauen verloren.

Ford mußte jedoch einen hohen Preis zahlen. Die Entspannungspolitik war nun noch heftiger umstritten. Vielleicht war es eine Illusion, aber ich hatte stets geglaubt, Schlesinger und ich könnten am Ende unsere bürokratischen Rangeleien überwinden und uns über die Ost-West-Politik sowie über die Rüstungskontrolle einigen. Wir wären ein ideales Paar von »Gut und Böse« gewesen. In einem schmerzlichen, aber aufrichtigen Gespräch kurz nach seiner Entlassung stimmte Schlesinger meiner Auffassung zu und verzichtete großmütig auf Angriffe gegen mich:

Kissinger: Es ist jammerschade, daß sich unser Verhältnis so entwickelt hat, denn ich denke, Sie und ich hätten die Sache zusammenhalten können... Vielleicht nur Sie und ich.

Schlesinger: Ich fürchte, da ist etwas dran, Henry. Einige haben heute gesagt, Henry habe das längste Gedächtnis, aber damit sollten wir vorsichtig sein. Ich selbst will vorsichtig sein und Sie schützen, denn über Sie ist viel unfaires Gerede im Umlauf.

Ford stand zunächst vor der Aufgabe, die Folgen der Entlassungen zu bewältigen. Schlesinger trat sofort zurück, und Rumsfeld wurde vom Senat rasch bestätigt. Colby blieb auf seinem Posten, bis sein Nachfolger George Bush vom Senat bestätigt war, was sich aber bis ins neue Jahr hinzog. Bush brachte ein wenig Klasse in eine ansonsten trübe Zeit der verschiedensten Manöver. Ford hatte mich gebeten zu sondieren, ob Bush den Posten des CIA-Direktors akzeptieren würde. Ich will ihn selbst zu Wort kommen lassen, indem ich aus einem Telegramm zitiere, das er mir aus Peking sandte:

Das ist meine aufrichtige Meinung:
Erstens brauche ich ein wenig Zeit, um mit ein, zwei guten Freunden über diese Angelegenheit zu sprechen.

Zweitens möchte ich mich nicht vollständig aus der Politik verabschieden, aber dies wäre aus meiner Sicht das Ende meiner politischen Zukunft.

Drittens kann ich aus der Distanz um die halbe Welt nicht ermessen, wie meine Berufung auf diesen neuen Posten im Kapitol aufgenommen wird.

Viertens wünschte ich mir Zeit, um nachzudenken und zu einem Entschluß zu kommen. Henry, Sie haben meinen Vater nicht gekannt. Anders der Präsident. Mein Vater hat seinen Söhnen einige Werte mitgegeben, die mir in meinem kurzen Politiker-Leben gute Dienste geleistet haben. Einer dieser Werte ist ganz einfach, daß man seinem Land und seinem Präsidenten zu dienen hat.

Wenn der Präsident also das von mir erwartet, dann ist die Antwort ein klares Ja.

In aller Offenheit: Ich hätte mir diesen umstrittenen Posten nicht ausgesucht, wenn die Entscheidung bei mir gelegen hätte. Aber ich erfülle hier einen Wunsch unseres Präsidenten, und ich denke, ich sollte ihm seine so enorm schwierige Aufgabe nicht noch komplizierter machen...

Ich werde mich mit Leib und Seele für diese Sache einsetzen.

Das tat er. Er arbeitete hervorragend und ohne Schaden für seine Aussichten auf das Präsidentenamt.

Die vorzeitige Bekanntgabe dieser Entscheidungen machte es unmöglich, daß Sadat und Ford sich in aller Ruhe über die nächste Etappe des Nahostfriedensprozesses aussprechen konnten. Statt dessen folgte ein hektischer Gedankenaustausch, der von den innenpolitischen Sorgen überschattet war. Während Ford über seine Schritte informierte, zeigte Sadat keinerlei Reaktion und äußerte sich auch nicht dazu. Aber als ich den ägyptischen Präsidenten am Abend zum Flugplatz begleitete, war er noch nachdenklicher als gewöhnlich. Wir sprachen kaum ein Wort. Erst auf der Rollbahn sagte er: »Ich weiß, daß Sie über Rücktritt nachdenken. Tun Sie es nicht. Ford ist ein guter Mann. Und Sie brauchen wir noch im Nahen Osten.«

Ich dachte tatsächlich an Rücktritt. Ich wußte, daß sich die Opposition gegen Ford nun vor allem auf mich konzentrieren würde. Rumsfeld hatte noch viel zu lernen und würde ganz sicher versuchen, künftigem Streit aus dem Weg zu gehen. Und den Präsidenten, mein Sicherheitsnetz, nahm der Vorwahlkampf gewiß bald ganz in Anspruch.

Da ich unmittelbar nach diesen Ereignissen mit Ford nach China, Indonesien und auf die Philippinen reiste, konnte ich zunächst gar nicht reagieren. Als wir einen Monat später wieder in Washington waren, traf ich mich drei- oder viermal mit guten Freunden und Ratgebern, darunter Larry Eagleburger, Winston Lord und David Bruce. Ich bat auch Dean Rusk, sich uns einen Tag lang anzuschließen. Am Ende folgte ich Jim Callaghans Rat, nicht wegen einer Statusfrage das Handtuch zu werfen. Einziges Kriterium, so meinte Callaghan, sollte für mich sein, ob nur meine Möglichkeiten eingeschränkt seien, die Politik zu beeinflussen. Es gab nur einen Weg, um das herauszufinden. Ich verfaßte ein Rücktrittsgesuch und legte es Ford ohne Unterschrift vor. Dabei sagte ich: »Wenn es Ihnen hilft oder die Kritik ablenkt, dann unterschreibe ich.« Fords Antwort war »Gehen Sie nicht. Ich brauche Sie. Ich glaube an das, was wir gemeinsam tun.«[6] Damit war die Sache geklärt.

Für Schlesingers Entlassung hatte ich allerdings in ganz anderer Hinsicht einen sehr hohen Preis zu zahlen. Niemand hat meine geistige und menschliche Entwicklung mehr beeinflußt als Dr. Fritz G. A. Kraemer, ebenfalls ein Flüchtling aus Deutschland, aber im Unterschied zu mir ein Flüchtling aus eigenem Entschluß. Als Sohn eines preußischen Beamten war Kraemer gebildet und zugleich von etwas theatralischem Auftreten, engagiert und sehr beredt. Mit seinem Monokel und seinen streng konservativen Werten schien er überhaupt nicht in die amerikanische Armee zu passen. Aber genau dort begegnete ich ihm im Zweiten Weltkrieg, als ich als Soldat in der Kompanie G der Vierundachtzigsten Infanteriedivision diente. Der kommandierende General hatte Kraemer entdeckt und ihm den Halbzug G 2 (Aufklärung) zugeteilt: Chauffiert von einem Leutnant, hielt er nun dramatische Vorträge über Deutschland und Europa vor künftigen Infanteristen, die er mit seiner maßgeschneiderten Uniform und seinem Monokel in Erstaunen versetzte. Als feuriger Redner und Mann von hohen Grundsätzen begeisterte er mich so sehr, daß ich ihm in einem Brief schrieb, wie sehr mich einer seiner Vorträge beeindruckt hatte. Kraemer interessierte sich für mich. Als unsere Division nach Europa verlegt wurde, richtete er es so ein, daß ich in seine Einheit kam. Unsere Division war fast die ganze Zeit im Kampfeinsatz. Zuweilen an völlig unerwarteten Orten, wenige Kilometer hinter der Front, hielt Kraemer mir, der ich damals kaum einundzwanzig Jahre alt war, an langen Abenden in verschiedenen Gefechtsstäben oder bei Spaziergängen durch die Ruinen eroberter Städte lange Vorträge über seine Sicht der Geschichte und aktueller Ereignisse. Er war eine Vaterfigur für mich – damals und dann weitere dreißig Jahre lang.

Mein Dienst in Washington setzte dieser Freundschaft ein Ende. Als mein Mentor hatte Kraemer mich stets absolute Wahrheiten gelehrt. Aber als Politiker mußte ich von dem ausgehen, was möglich war – ein Verhalten, das Kraemer zwangsläufig als zu kompromißlerisch ansah. Wir sahen uns immer seltener, vor allem weil ich die Kluft zwischen seinen Erwartungen und meiner Leistung zunehmend als schmerzlich empfand. Ich stimmte Kraemers Analyse der Gefahren des Kommunismus durchaus zu. Wenn ich aber die oft gewaltsamen Demonstrationen für Frieden in Vietnam sah, glaubte ich nicht daran, daß unser Land zu einem weiteren Kreuzzug imstande war. Die Gründe für unsere Politik – die Strategie, uns des Kommunismus mit einer Plattform des Friedens zu erwehren – habe ich bereits in Kapitel III und IV dargelegt. Aber Kraemer war mit unserer Art, die Vietnamfrage zu lösen, nicht einverstanden und lehnte Verhandlungen mit der Sowjetunion ab. Er war damals als Analytiker im Pentagon tätig. Schlesinger wurde auf Kraemer aufmerksam und überzeugte ihn davon, daß er mit seinen Ansichten sympathisiere. Schlesingers Entlassung betrachtete Kraemer als persönliche Kränkung, an der ich in seinen Augen schuld war. Er beschloß, nie wieder mit mir zu sprechen. Daran hat er sich bis heute gehalten und wird es wohl auch bis an unser Ende tun. Der Verlust dieser Freundschaft ist die tiefste Wunde, die der Dienst in hohen Ämtern mir geschlagen hat.

Das neue Team in Aktion

Im Rahmen des Halloween-Massakers spiegelten die sowjetisch-amerikanischen Beziehungen die ganze Breite der Unsicherheiten wider, die zwei ideologische Gegner zu bewältigen haben, wenn sie sich in einer globalen Auseinandersetzung befinden, aber wegen ihrer Fähigkeit, die Menschheit zu vernichten, zur Koexistenz verurteilt sind. Wir waren gerade dabei, einen sowjetischen Vormarsch in Afrika, den wir seit dem Eingreifen im Kongo vor fünfzehn Jahren nicht mehr erlebt hatten, zurückzuschlagen oder zumindest zum Stillstand zu bringen. Zugleich wollten wir die Verhandlungen über die strategische Rüstungskontrolle zum Abschluß bringen, die wir ein Jahr zuvor in Wladiwostok vereinbart hatten. Zwar waren wir entschlossen, jede Ausdehnung der sowjetischen Einflußsphäre zu verhindern, hielten es aber in einer Welt, die mit Zehntausenden Atomwaffen gespickt war, zugleich auch für eine Pflicht, gegenüber unserem Volk und unseren Verbündeten zu demonstrieren, daß eine militärische Konfrontation nur das letzte Mittel und nicht unsere bevorzugte Strategie war – eine besonders schwere Bürde in dem Jahr, als Indochina zusammenbrach und die Wunden, die uns Watergate geschlagen hatte, noch frisch waren.

Eine solche Politik der Konfrontation und Kooperation mit einem Erzfeind zugleich stellte eine große Herausforderung für eine demokratische Gesellschaft dar, die diese anscheinende Inkonsequenz mit ihrer historischen Sicht der internationalen Beziehungen als einer moralischen Auseinandersetzung nur schwer in Einklang bringen konnte.

Die Kompliziertheit und die Bandbreite dieser Diplomatie zeigten sich im Monat des Halloween-Massakers mit aller Deutlichkeit. Am 8. November 1975 überbrachte Dobrynin eine »mündliche Botschaft« Breschnews an Ford. Darin hieß es, Breschnew sei bereit, den Knoten der SALT-Verhandlungen zu durchschlagen, wenn beide Seiten sich zu Zugeständnissen entschließen könnten. Er schlug vor, daß ich ihn zu diesem Zweck im Dezember in Moskau aufsuchen sollte. Ford antwortete bereits am 10. November, ich könnte am 18. und 19. Dezember nach Moskau kommen. Breschnew akzeptierte den Vorschlag am 13. November.

Während die Noten hin- und hergingen, trafen kubanische und sowjetische Truppen in Angola ein. War Breschnews SALT-Angebot ehrlich gemeint, oder wollte er uns nur ruhigstellen, weil eine politische und militärische Offensive in Afrika bevorstand? Ziemlich sicher hatte er beides im Sinn. Staatsmänner neigen wie Schachspieler dazu, Optionen zu entwickeln und die Reaktion des Gegners abzuwarten, bevor sie die letzte Entscheidung treffen.

Während wir am 9. Dezember mit Giscard d'Estaing den Einsatz auswärtiger Kräfte prüften, um den Kubanern etwas entgegenzusetzen, warnten wir zugleich Dobrynin, das sowjetische Vorgehen in Angola sei mit dem derzeitigen amerikanisch-sowjetischen Verhältnis nicht zu vereinbaren. Wir schlugen gemeinsame Maßnahmen zur Beendigung der Angolakrise vor. Zwei Tage später wurde die sowjetische Luftbrücke nach Angola eingestellt und erst wiederaufgenommen, nachdem der Zusatzantrag von Tunney den Senat passiert hatte, womit wir den Kubanern das Feld überließen.

Hätten sich die Sowjets auf das Angolaabenteuer eingelassen, wenn die

Verhandlungen zum Abschluß des Abkommens von Wladiwostok planmäßig vorangegangen wären und die Zusatzanträge von Jackson und Stevenson das Handelsabkommen nicht zu Fall gebracht hätten? Hätten sie auf ihrem Vorhaben bestanden, wenn wir nicht durch unsere innere Spaltung daran gehindert worden wären, wie beabsichtigt, Widerstand zu leisten? Wären die Sowjets auch nach dem Eintreffen der Kubaner zu einer gemeinsamen Lösung bereit gewesen, wenn wir, wie es eine Politik des Kräftegleichgewichts nun einmal erfordert, unsere Seite des Gegengewichts entschlossen verteidigt hätten?

Man kann die Geschichte nicht im nachhinein neu schreiben. Ich war der Meinung, daß unsere Fähigkeit, in Angola ein akzeptables Ergebnis zustande zu bringen, mit der gesamten Diplomatie des Ost-West-Verhältnisses in Zusammenhang stand. Unsere Kritiker von links, die den Kongreß kontrollierten, waren entschlossen, unsere Bemühungen in Angola zu durchkreuzen, unsere Verteidigung zu schwächen und zugleich SALT, losgelöst von allen anderen Fragen, voranzutreiben. Unsere Gegner von rechts lehnten sowohl die Konfrontation in Afrika als auch Verhandlungen über Rüstungskontrolle ab. Sie wollten einen antisowjetischen Kreuzzug, ohne zu bedenken, daß dieser der Unterstützung durch den von McGovern beherrschten Kongreß bedurfte. Sie blieben bei ihrer Forderung, die Entspannung müsse die Sowjetunion zur Zurückhaltung zwingen. Aber da sie uns Zuckerbrot und Peitsche aus der Hand nahmen, entleerten sie unsere Politik jeglichen Inhalts. Was blieb, waren ein paar rhetorischen Phrasen.

Sentimental aber waren die sowjetischen Führer nicht. Die Situation in Angola geriet außer Kontrolle, und wir hatten uns auf SALT-Verhandlungen vorzubereiten, die für den Rest der Amtszeit Fords die schwierigsten zu werden versprachen. Vielleicht hätten wir diesen Versuch nach der Doktrin der Verknüpfung verschiedener Entwicklungen aufgeben sollen, als das Debakel in Angola nicht mehr zu verhindern war. Aber es wäre ein verhängnisvolles Eingeständnis unserer Handlungsunfähigkeit gewesen, hätten wir Verhandlungen abgebrochen, die der Durchsetzung einer Gipfelvereinbarung von vor kaum einem Jahr dienten, bei der Breschnew unserem Rahmenvorschlag für SALT im wesentlichen gefolgt war.

Unmittelbar nach den Personalveränderungen schien sich die Administration auf eine gemeinsame Position zu einigen. Am 6. November erschienen der stellvertretende Verteidigungsminister William Clements und der Vorsitzende der Joint Chiefs of Staff George Brown bei mir mit einem Vorschlag, wie die Pattsituation in der Regierung überwunden werden könnte. Da sie die Entlassung Schlesingers als Zeichen dafür deuteten, daß der Präsident entschlossen war, bei SALT Fortschritte zu erreichen, schlugen sie vor, die Vereinbarung von Wladiwostok über ein Zehnjahresabkommen mit einer Obergrenze von zweitausendvierhundert Trägermitteln und eintausenddreihundertzwanzig Raketen mit Mehrfachsprengköpfen zum Abschluß zu bringen. Für die Systeme, über die es noch Meinungsunterschiede gab, sollte ein getrenntes Abkommen mit fünfjähriger Laufzeit vereinbart werden.

Um meine Entschlossenheit zu demonstrieren, einen von Schlesingers berechtigten Kritikpunkten zu berücksichtigen, forderte ich James Wade, den Vertreter des Verteidigungsministeriums in der interministeriellen Arbeitsgruppe, auf, mich nach Moskau zu begleiten. Außerdem schlug ich vor, Wade solle mit Hal Sonnenfeldt und Bill Hyland von meinem Stab ab sofort eng zusammenarbeiten, damit die offiziellen Sitzungen des Nationalen Sicherheitsrates ihren Konfrontationscharakter verlören.

Die wichtigsten Punkte dieser Auseinandersetzung sind bereits in einem früheren Kapitel erläutert worden, soweit das möglich ist, wenn es sich um einen nur Spezialisten verständlichen und mit der Zeit ziemlich irrationalen Streit handelt. Ich will versuchen, sie hier noch einmal zusammenzufassen. Der Leser tut sich indes gewiß einen Gefallen, wenn er diese Stelle überblättert und dort weiterliest, wo ich mit meinem Bericht fortfahre.

Ein Streitpunkt war ein sowjetischer Bomber, den die NATO »Backfire« nennt, ein Überschallflugzeug mit einer normalen Reichweite von dreitausendsiebenhundert Kilometern, etwas über ein Drittel des Aktionsradius unseres eigenen interkontinentalen Bombers, des B 52. Vor dem Abkommen von Wladiwostok hatte das Pentagon dieses Thema weder intern angesprochen noch die Sowjets jemals damit konfrontiert. Außerdem war der Backfire bislang niemals so stationiert worden, daß ein Einsatz für interkontinentale Missionen zu erkennen war.

Kurz nach Wladiwostok wurde jedoch im Land die Forderung laut, der Backfire müsse in die Gesamtzahl der strategischen (das heißt weitreichenden) Bomber der Sowjetunion einbezogen werden. Man behauptete, wenn die Maschine in der Luft aufgetankt werde, könne sie die Vereinigten Staaten erreichen (was mit jedem Flugzeug möglich ist, das oft genug aufgetankt wird). Andere argwöhnten, der Backfire könnte auf einem Flug nach Kuba unterwegs die Vereinigten Staaten angreifen. Da man erwartete, daß die Sowjets etwa vierhundert Backfire bauen würden, bedeutete die Forderung, sie in die Gesamtzahl einzubeziehen, daß der Rest der in Wladiwostok diskutierten strategischen Kräfte der Sowjets praktisch um sechzehn Prozent reduziert werden mußte. Die sowjetische Seite interpretierte diesen neuen Vorschlag als einen Vorwand, um das ganze Abkommen zu Fall zu bringen. Sie argumentierte – durchaus zu Recht –, daß sie in Wladiwostok ihre früheren Forderungen aufgegeben habe, die strategischen Kräfte Frankreichs und Großbritanniens sowie die amerikanischen vorgeschobenen Systeme (Raketen und Bomber) in die Gesamtzahl einzubeziehen, die allesamt für strategische Missionen viel besser geeignet waren als der Backfire.

Für mich war klar, daß man sich auf den Backfire versteifte, um die Verhandlungen aus anderen, bislang verdeckten Motiven zu durchkreuzen. Aber es ging dabei auch um reale Probleme. Die Vereinbarung von Wladiwostok begrenzte die »schweren« Raketen der Sowjetunion auf dreihundert. Wir brauchten eine Definition, was eine schwere ballistische Rakete darstellte, um die Sowjets daran zu hindern, ihre Mittelstreckenraketen aufzurüsten, die mit jeder neuen Version größer wurden.

Außerdem brachte die Technik neue Waffen mit einer Geschwindigkeit hervor, die jene der Rüstungskontrollverhandlungen überstieg. Eine dieser neuen Erfindungen war die Cruise-Missile, im Grunde genommen ein unbemanntes Flugzeug. 1973 hatte das Pentagon diese Marschflugkörper aus dem Verteidigungshaushalt streichen wollen, weil sie dem damals bevorzugten Projekt der Air Force, dem B-1-Bomber, und den Trident-U-Booten der Navy die ohnehin knappen Mittel raubten. Ich hatte Nixon empfohlen, sich über das Pentagon hinwegzusetzen, um somit sowohl eine strategische Option als auch eine Trumpfkarte für die Verhandlungen in der Hand zu behalten. Aber die Marschflugkörper warfen für die Rüstungskontrollverhandlungen eine ganze Reihe neuer Probleme auf. Ihre Reichweite war nicht klar zu bestimmen, denn um sie zu vergrößern, brauchte das Geschoß lediglich einen zusätzlichen Treibstofftank oder einen leichteren Sprengkopf. Außerdem konnten sie sowohl von Schiffen als auch von Flugzeugen oder vom Boden abgeschossen werden.

Schließlich mußten für jede einzelne Bestimmung der Grundvereinbarung noch detaillierte Verifikationsverfahren ausgearbeitet werden.

Alle diese Fragen sollten von einem Unterausschuß des Nationalen Sicherheitsrates, Verifizierungsgruppe genannt, behandelt werden. In ihr waren die zuständigen Behörden jeweils auf der Ebene stellvertretender Minister vertreten. Bei wichtigen Fragen nahmen die Minister persönlich teil.

Bald zeigte sich jedoch, daß das kleinliche Gezänk nach dem Halloween-Massaker zwar weitgehend verstummt war, die Standpunkte sich inhaltlich jedoch verhärtet hatten. Das rührte daher, daß die Einwände gegen SALT im Grunde genommen nicht technischer Natur waren. Die technischen Fragen benutzte man meist nur als Vorwand für viel weiter reichende Ziele. Diesen lag die Überzeugung zugrunde, der SALT-Prozeß könnte die Demokratien in Sicherheit wiegen und dazu führen, daß die Sowjetunion schrittweise eine entscheidende strategische Überlegenheit, wenn nicht gar eine Erstschlagsfähigkeit aufbaute.

Die Kritiker, die diese Auffassung vertraten, hatten ein beträchtliches Interesse daran, die Glaubhaftigkeit der Verhandlungen zu untergraben. Jacksons Mitarbeiter Richard Perle war besonders findig, wenn es darum ging, den Sowjets die Verletzung von Vereinbarungen zu unterstellen oder Fragen aufzuwerfen, die so kompliziert und abstrus waren, daß man, auch wenn man sie beantwortete, damit das allgemeine Unbehagen nur noch steigern konnte.

Eine Methode, die Rüstungskontrolle zu bekämpfen, bestand darin, die Meßlatte für den Erfolg so hoch zu legen, daß sie unmöglich erreicht werden konnte. So forderte man zum Beispiel, SALT müsse danach beurteilt werden, inwieweit es jedes strategische Problem der Vereinigten Staaten löse, einschließlich jener, die wir mit einseitigen Entscheidungen selbst verursacht hatten. In diese Kategorie fielen zum Beispiel die verschiedenen Vorschläge, ein »gleiches Wurfgewicht« zu vereinbaren. Da aufgrund von Entscheidungen, die jede Seite in eigener Verantwortung getroffen hatte, die sowjetischen Raketen groß und unsere klein waren, gab es nur drei Möglichkeiten, um dieses Ziel zu erreichen: Erstens, wir verdreifachten unsere Zahl, während die der Sowjets unverändert blieb; zweitens, die Sowjets reduzierten ihr Potential auf ein Drittel, während das unsere unverändert blieb; drittens, die Sowjets bauten ihre Waffen nach unserem Vorbild um.

Wichtige Beamte des Pentagons, die der Auseinandersetzungen im Kongreß müde waren und zugleich wußten, daß jedes Abkommen peinlich genau geprüft wurde, versuchten sich aus der Schußlinie zu bringen. Dabei blieb der Grundsatz ausgewogener beiderseitiger Zugeständnisse auf der Strecke. Immer lauter forderten der Kongreß und die Medien, daß unsere

Rüstungsprogramme sämtlich unberührt blieben, während die der Sowjets stark gekürzt werden sollten. Diese Schwierigkeiten wurden noch dadurch verstärkt, daß Nixon bei der Zusammenstellung seiner zweiten Regierungsmannschaft einen großen Fehler begangen hatte. Am Ende seiner ersten Amtszeit ließ er sich auf den Vorschlag Henry Jacksons, der damals noch als unser Verbündeter galt, ein, an die Spitze des Amtes für Rüstungskontrolle und Abrüstung der Vereinigten Staaten bekannte »Falken« zu stellen. So wurde Fred C. Iklé Direktor dieser Behörde. Er zog später John F. Lehman als stellvertretenden Direktor und General Ed Rowny als Hauptunterhändler nach.

Ich kannte und respektierte die Neulinge seit langer Zeit. John Lehman war mehrere Jahre mein Mitarbeiter im Nationalen Sicherheitsrat gewesen. Sie sahen die sowjetische Gefahr ähnlich wie ich, waren aber wesentlich besser für das Pentagon geeignet, wo sie später unter der Reagan-Administration mit großem Erfolg arbeiteten. Sie sympathisierten stark mit den Neokonservativen. Ihre Position lief darauf hinaus, von den Sowjets eine Umstellung ihrer Kräfte sowie den Verzicht oder die Einberechnung des Backfire zu fordern, ohne daß wir eine erkennbare Gegenleistung anboten.

Der bürokratische Prozeß in Washington lebt von der Auseinandersetzung; der Präsident kann am besten handeln, wenn er zwischen widerstreitenden Standpunkten eine Mittelposition einnimmt. Ansonsten muß er einen entstandenen Konsens billigen. Wenn er sich diesem allerdings nicht anschließt, kann er ohne Sicherheitsnetz in die öffentliche Isolierung geraten.

Das geschah am Ende der Amtszeit der Nixon-Administration und während der Präsidentschaft Fords im Hinblick auf die Rüstungskontrolle. In allen internen Diskussionen nahm das Amt für Rüstungskontrolle und Abrüstung eine Position rechts vom Pentagon ein. Das Außenministerium und der Apparat des Nationalen Sicherheitsrates waren die einzigen, die sich noch für die Rüstungskontrolle einsetzten. Sie konnten sie mit geopolitischen Motiven rechtfertigen, galten aber in der Öffentlichkeit nicht als zuständig für die Militärstrategie. Unter diesen Umständen hielten die Militärs an der laufenden Planung fest. So erwiesen sich Beratungen des Nationalen Sicherheitsrates jedesmal als bürokratisches Wagnis für den Präsidenten.

Diese Situation konnte nur überwunden werden, wenn der Präsident entschlossen war, ein Abkommen zu erzielen, und dabei vom Verteidigungsminister fest und unerschrocken unterstützt wurde. Dazu aber war Rumsfeld nicht bereit. Ob ihm nun die ganze Richtung der Verhandlungen nicht paßte oder ob er es für unklug hielt, in einem Wahljahr einen so umstrittenen Schritt zu gehen (was ein durchaus ehrenhafter Standpunkt war), im Endeffekt ließ er zu und trug sogar selbst dazu bei, daß die Sache auf bürokratischem Weg zum Scheitern gebracht wurde.

Die Verifizierungsgruppe kam bei ihren Zusammenkünften zu keiner Entscheidung. Man überhäufte sie mit Optionen, denen eines gemeinsam war: Keine einzige Forderung außer der, den Backfire ohne Gegenleistung auf unserer Seite mitzuzählen, fand die Zustimmung des Verteidigungsministeriums. Man verlangte vom Präsidenten, ein Verfahren zu leiten, das eher an ein Seminar über Rüstungskontrolle an einer wissenschaftlichen

Einrichtung erinnerte. Man schlug Unmengen von Ideen vor, aber keine Politik. Wenn Ford eine andere Option wollte, als den Backfire mitzuzählen, dann mußte er sie selbst durchsetzen.

Um endlich den toten Punkt zu überwinden, schlug ich am 26. November vor, die Verifizierungsgruppe solle alle Optionen bis zum 9. Dezember prüfen und danach eine Empfehlung vorlegen. Rumsfeld stimmte diesem Verfahren zu, wies aber darauf hin, daß er zu diesem Zeitpunkt auf einer Tagung der Gruppe Verteidigungspolitik der NATO in Europa sein werde. Ich regte daraufhin an, die Sitzung der Verifizierungsgruppe am 11. Dezember in Europa abzuhalten, da alle betroffenen Beamten ohnehin zur halbjährlichen NATO-Tagung dorthin fuhren. Rumsfeld stimmte zunächst zu, bestand dann aber doch darauf, daß alle Sitzungen in Washington stattfinden sollten, wo er erst am 14. Dezember wieder eintreffen werde. Da nach der Sitzung der Verifizierungsgruppe noch eine Beratung des Nationalen Sicherheitsrates stattfinden mußte, bedeutete dies, daß die Verhandlungen in Moskau nicht vor dem 21. Dezember beginnen konnten, vorausgesetzt, wir brachten die Sache mit einer Sitzung jedes Gremiums zu Ende. Ich hielt es für unklug, uns selbst in einen so engen Zeitplan zu zwängen oder in Moskau kurz vor Weihnachten noch mit Verhandlungen zu beginnen. So kam es, daß Ford bei der Begegnung mit Dobrynin am 9. Dezember, bei der er die sowjetische Führung warnte, ihr Verhalten in Angola gefährde die Entspannung, zugleich auch für meinen Besuch in Moskau um einen Aufschub von einem Monat bitten mußte.

Das erwies sich als verhängnisvolle Entscheidung. Hätte ich meine Reise nach Plan absolviert, dann wären wir der Abstimmung über den Zusatzantrag von Tunney zuvorgekommen. Ich hatte die Absicht, Breschnew darum zu bitten, die sowjetische Luftbrücke nach Angola auf Dauer einzustellen (was bei Fords Begegnung mit Dobrynin noch in der Schwebe war) und gemeinsam an die OAU zu appellieren, sie möge sich für den Abzug aller ausländischen Gruppen, einschließlich – und besonders – der kubanischen Streitkräfte, einsetzen. Moskau hätte sich überlegen müssen, was eine unnachgiebige Haltung für die gleichzeitig laufenden SALT-Verhandlungen bedeutete. Angesichts der versöhnlichen sowjetischen Note zu Angola vom 18. Dezember gab es zumindest die Chance, ein solches Ergebnis zustande zu bringen.

Die Geschichte läßt sich jedoch leider nicht wiederholen. Die Frage »Was wäre gewesen, wenn ...?« verführt zu interessanten Spekulationen; ein alternatives Szenario läßt sich aber nicht sehr weit ausspinnen. So sah die Praxis aus: Während ich noch plante, nach Moskau zu reisen, wurde der Zusatzantrag Tunneys, der einen Sieg der Kubaner in Angola vorprogrammierte, vom Kongreß gebilligt. (Ich glaube immer noch, daß auch der von McGovern beherrschte Kongreß seine Zustimmung nicht gegeben hätte, wäre der Außenminister zu diesem Zeitpunkt in Moskau gewesen.) Nun hatten wir mit den Sowjets zu diesem Thema nichts mehr zu besprechen. Mit dem Sieg der kubanischen und sowjetischen Truppen in Angola war auch der geopolitische Zusammenhang für SALT dahin. Die Gesetzesergänzung durch Tunney schlug nicht nur gegen Angola aus, sondern war auch ein Sieg für jene, die unsere gesamte Ost-West-Politik zu Fall bringen wollten. Sie erzeugten einen Augenblick geopolitischer Schwäche der Vereinigten Staaten und zerstörten damit das psychologische Klima für die Verhandlungen mit dem Kreml.

Die Verzögerung brachte auch unsere interne Debatte über SALT keinen Schritt voran. Zwei Tagungen des Nationalen Sicherheitsrates im Januar ließen die bestehenden Optionen nur noch komplizierter erscheinen. An dem Morgen, als ich nach Moskau abreisen sollte, mußte auf einer zweistündigen Sitzung des Nationalen Sicherheitsrates eine offizielle Position beschlossen werden. Ford ließ kaum Zweifel an seinen Prioritäten, als er zu mir vor den versammelten Kollegen sagte:

Sie fahren dorthin, nicht um ein neues Patt, sondern um eine Vereinbarung zu erreichen … Diese Reise ist notwendig und wünschenswert. Sie steht außer Frage. Kein Abkommen zu erreichen wäre das schlechteste Ergebnis.

Diese Prioritäten des Präsidenten hatten jedoch in den Diskussionen auf der Sitzung des Nationalen Sicherheitsrates keine Rolle gespielt, in der Bekanntes wiedergekäut wurde. Das Pentagon legte als Option IV die bekannte Position vor, den Backfire als strategischen Bomber mitzuzählen. Um Flexibilität zu demonstrieren, schlug es auch eine modifizierte Option IV vor (die aus unerfindlichen Gründen im Nebel der Zeiten verschwunden ist), nach der es den Sowjets gestattet sein sollte, die bis zum Ablauf des befristeten SALT-Abkommens im Jahr 1977 produzierten Backfire, vielleicht einhundert bis einhundertzwanzig Maschinen, nicht mitzuzählen. Schließlich tauchte eine Option III über ein Fünfjahresabkommen bis 1982 auf, nach der dreihundert Backfire gegen das Recht aufgewogen wurden, daß die amerikanische Seite auf fünfundzwanzig Schiffen jeweils fünfzehn Cruise-Missiles, also insgesamt dreihundertfünfundsiebzig Marschflugkörper mit einer Reichweite von bis zu zweitausendfünfhundert Kilometern, stationieren durfte.

Ford entschied, daß jede Option ihm vorzulegen sei. Ich erhielt die Weisung, bei den Verhandlungen zunächst Option IV zu testen, danach die modifizierte Option IV. Wenn diese abgelehnt wurden, was ich für sicher hielt, sollte ich Option III vorschlagen, aber erst, *nachdem* ich Washington konsultiert hatte. Ford erläuterte seine Entscheidung folgendermaßen:

Henry verhandelt am Mittwoch zunächst auf der Grundlage der modifizierten Variante IV und der Variante IV. Das wird ihm ein Gefühl für Haltung und Reaktion der Gegenseite geben. Nach unserem vereinbarten Verfahren wird er mit mir am Mittwoch abend unserer Zeit Verbindung aufnehmen. Danach werde ich Bill Clements, Admiral Holloway, Fred Iklé und Bill Colby zusammenrufen und Henrys Bericht mit ihnen diskutieren. Dann werden wir, so nehme ich an, zu Option III übergehen.

Er fügte hinzu, es wäre »besonders hilfreich«, wenn wir Breschnew überzeugen könnten, die Obergrenze für die strategischen Waffen auf zweitausenddreihundert zu senken. Wie er sagte, habe General Brown, der anwesend war und keine Einwände vorbrachte, zugestimmt. daß ein Junktim von dreihundert bis vierhundert Backfire einerseits und der gleichen Zahl Cruise-Missiles auf Schiffen andererseits »ein guter Handel« wäre.

Dieses Prozedere war für mich eine klare Demütigung. Seit sieben Jahren führte ich für die Vereinigten Staaten Verhandlungen. Stets war ich befugt, in dem vom Präsidenten gesetzten Rahmen und nach Beratung im Nationalen Sicherheitsrat die Lage selbständig zu beurteilen. Von einer Position auf die andere zurückzuweichen verstieß nach meiner Überzeugung gegen alle Verhandlungsgrundsätze. Eine derartige Salamitaktik beschwört den Mißerfolg geradezu herauf, denn der Gesprächspartner ist bei jeder Scheibe versucht, hart zu bleiben, um zu sehen, was die nächste Scheibe bringt. Noch nie hatte jemand von mir verlangt, erst Bericht zu erstatten, bevor ich eine Option einbrachte, die bereits vom Präsidenten und vom Nationalen Sicherheitsrat abgesegnet war. So mußte ich in Washington einen isolierten und in Moskau einen schwachen Eindruck machen. In Washington wirkte ich isoliert, denn so unrealistisch, wie Option IV sich seit fünfzehn Monaten auch erwiesen hatte – wenn ich sie nicht durchsetzte, konnte man mir mangelnde Entschlossenheit vorwerfen. In Moskau dagegen mußte ich schwach erscheinen, denn das Politbüro hatte mich nie an einer so kurzen Leine erlebt, die mich faktisch zum Botengänger herabwürdigte.

Die ganze Sache war ein Schulbeispiel für unseren internen Hickhack. Statt den Verhandlungen einen neuen Impuls zu verleihen, hatte sich der Diskussionsprozeß im Nationalen Sicherheitsrat zwangsjackengleich verengt. Ich hatte nur die Wahl, zurückzutreten oder mich zu fügen.

Da ich Ford erst wenige Tage zuvor versprochen hatte, bis zum Ende seiner Amtszeit zu bleiben, begab ich mich am Abend des 19. Januar 1976 mit schweren Bedenken auf die Reise nach Moskau. Die internationalen und die innenpolitischen Umstände konnten nicht schlechter sein.

Das Ende der Ost-West-Verhandlungen

Zu dieser Zeit liefen Besuche in Moskau nach einem festgelegten Protokoll ab. Andrei Gromyko, der Veteran der Verhandlungen, begrüßte unsere Delegation auf dem Flugplatz und begleitete uns zum Gästehaus im Westen der Stadt nahe der Moskauer Universität. Unterwegs tauschten wir neueste Gedanken aus, die für die kommenden Verhandlungen wichtig waren. Bei dieser Gelegenheit berichtete mir Gromyko, der Backfire sei im Politbüro zu einem großen Problem geworden, da Breschnew in Wladiwostok der Ausklammerung unserer vorgeschobenen Systeme ohne vergleichbare Gegenleistung zugestimmt habe. Er versprach aber, daß Breschnew etwas Neues zu sagen habe und daß man sich ernsthaft bemühen werde, in diesem Streitpunkt Einvernehmen zu erzielen.

Am Morgen des 21. Januar begrüßte uns Breschnew in seinem düsteren Büro im Kreml. Zuerst wurden die Reporter eingelassen, danach erschien Breschnew mit seinem Verhandlungsteam, dem auch der stellvertretende Generalstabschef General Michail Koslow angehörte. Breschnew trug einen eleganten blauen Anzug, ein blaues Hemd, einen rotgemusterten Schlips und vier Orden: den eines Helden der Sowjetunion, den eines Helden der sozialistischen Arbeit, den Lenin-Friedenspreis und den Joliot-Curie-Preis, wie er uns später erklärte.

Als die amerikanische Delegation eintrat, suchte Breschnew Fröhlichkeit zu verbreiten: »Wir haben hier eine Kopplung von sowjetischen und amerikanischen Berichterstattern wie bei Sojus und Apollo.« Dabei hätte man es auch bewenden lassen können, wenn nicht ein Korrespondent der Grundregel für einen Fototermin untreu geworden wäre und eine Frage gestellt hätte. Der darauffolgende Wortwechsel sollte die sowjetisch-amerikanischen Beziehungen während der ganzen restlichen Amtszeit Fords belasten:

Reporter: Wird Angola ein Thema sein?

Breschnew: Ich habe keine Fragen zu Angola. Angola ist nicht mein Land.

Kissinger: Es wird sicher diskutiert werden.

Gromyko: Die Tagesordnung steht nach gegenseitiger Vereinbarung bereits fest.

Kissinger: Dann werde ich es ansprechen.

Breschnew: Das können Sie mit Sonnenfeldt erörtern. Das garantiert volle Übereinstimmung. Ich habe noch niemals gesehen, daß er eine Meinungsverschiedenheit mit Sonnenfeldt hatte.

Daß Breschnew uns in dieser Weise unsere Niederlage in Angola öffentlich unter die Nase rieb, sosehr wir sie auch selbst verschuldet hatten, zerstörte, was in den Vereinigten Staaten noch an Neigung zu Vereinbarungen mit dem Kreml übrig war. Es war auch ganz unnötig, denn Breschnew hätte sich, wenn er überhaupt antwortete, auf die übliche Erwiderung beschränken können, es sei jeder Seite freigestellt, die von ihr gewünschten Themen anzusprechen.

Als die Kameraleute gegangen waren, eröffnete Breschnew, dem offenbar gar nicht bewußt war, was er da gerade angerichtet hatte, das Gespräch mit einer Klage über »die Schwierigkeiten«, die sich in den amerikanisch-sowjetischen Beziehungen entwickelt hatten:

Ich gehe sicher nicht fehl in meiner Annahme: Sie, Dr. Kissinger, wissen sehr gut, daß die Sowjetunion – die sowjetische Regierung, die ganze Partei und ich selbst – sich für wirklich sachliche Beziehungen mit den Vereinigten Staaten bei einem weiten Kreis von Fragen einsetzt. Ich weiß nicht, aus welchen Gründen Einwände erhoben und Vorschläge gemacht werden, die die Sache übermäßig erschweren.

Nun wich er von dem ab, was er dem Reporter gesagt hatte:

Dr. Kissinger, das ist nicht unsere erste Begegnung. Es hat frühere gegeben. Wir haben in der Vergangenheit die gute Sitte eingeführt, über alle auftauchenden Fragen offen unsere Meinung auszutauschen. Deshalb möchte ich vorschlagen, daß wir auch heute jede Frage, die uns bewegt, in diesem Geist besprechen.

Es wäre für die Stimmung in Washington viel besser gewesen, hätte Breschnew sich dazu durchgerungen, dies vor den Medien zu sagen. Ich antwortete mit dem Hinweis, wie wichtig es Präsident Ford sei, das SALT-Abkommen abzuschließen. Bevor ich aber auf die strategischen Waffen zu sprechen kam, warnte ich nachdrücklich im Zusammenhang mit Angola:

Es ist für uns unannehmbar, daß ein Staat der westlichen Hemisphäre faktisch in Afrika einmarschiert. Mehr noch: Daß die Sowjetunion diese kubanischen Kräfte unterstützt, schafft einen Präzedenzfall, gegen den sich die Vereinigten Staaten zur Wehr setzen müssen. Ein Grundprinzip unserer Beziehungen besteht darin, daß eine Großmacht Zurückhaltung an den Tag legen muß und nicht nach einseitigem Vorteil streben darf. Wenn dieser Grundsatz jetzt aufgegeben wird, dann sehen wir einer Kette von Aktionen und Reaktionen entgegen, die zu verheerenden Folgen führen kann.

Breschnew protestierte wortreich, die Sowjetunion habe nichts anderes getan, als einer befreundeten Befreiungsbewegung Waffen zu liefern. Das sei kein Grund, das Abkommen von Wladiwostok wie einen Fetzen Papier zu behandeln. Ich beendete diese Diskussion mit einer weiteren Warnung vor Abenteuerlust:

> Ich sage Ihnen ganz offen: Der Einmarsch eines kubanischen Expeditionskorps in Angola mit Unterstützung sowjetischer Waffen ist ein Vorgang, den wir äußerst ernst nehmen müssen. Ich stimme zu, daß wir weiterhin bereit sein sollten, bei den strategischen Waffen zusammenzuarbeiten. Wir tun dies jetzt seit fast fünf Jahren. Wenn wir die Sache nicht zum Abschluß bringen, werden es unsere Nachfolger tun müssen. Wir werden sehr gewissenhaft daran arbeiten, die Vereinbarung, die wir in Wladiwostok erzielt haben, zu vollenden. Für uns ist sie kein Fetzen Papier.

Damit kamen wir zu den Verhandlungen, die mich nach Moskau geführt hatten. Gemäß meiner Weisung legte ich Option IV vor, und wie erwartet lehnte Breschnew sie ab. Da es um zahlreiche Bestimmungen ging, die umfangreiche Erläuterungen erforderten, nahm dies fast drei Stunden in Anspruch – von 11.00 bis gegen 14.00 Uhr. Was den Backfire betraf, so räumte Breschnew ein, er habe eine Reichweite von zweitausendzweihundert Kilometern. Er bot an, die Parameter der Maschine und ihre Reichweite für die Geltungsdauer des Abkommens nicht zu verändern (die von ihm genannte Zahl war später in Washington heftig umstritten). Gute Fortschritte erreichten wir bei den Waffensystemen, über die wir in Wladiwostok im einzelnen gesprochen hatten. Wir einigten uns auf eine Definition, was eine schwere Rakete sei, und regelten eine Reihe von Verifizierungsfragen.

Am Ende des ersten Tages waren wir an dem Punkt angelangt, an dem wir eigentlich hätten beginnen sollen, denn wir hätten die sowjetische Reaktion auf Option IV und ihre Varianten leicht testen können, wenn wir, wie ich in der Tat auch vorgeschlagen hatte, sie bei den offiziellen Verhandlungen in Genf eingebracht oder Dobrynin vorab übergeben hätten.

Nun war es an der Zeit, den nächsten Schritt zu gehen und, wie auf der Sitzung des Nationalen Sicherheitsrates festgelegt, um die Vollmacht zu bitten, Option III vorlegen zu dürfen, das heißt, ein Gleichgewicht von dreihundert Backfire gegen dreihundertfünfundsiebzig Cruise-Missiles vorzuschlagen. Noch nie war es bei einem Besuch in Moskau vorgekommen, daß ich den Sowjets gesagt hatte, ich müsse mich mit Washington beraten, bevor ich fortfahren könne. Dabei war Option III völlig eindeutig, und wir hatten kaum sechs Stunden miteinander gesprochen.

Die Antwort aus Washington sagte mir, daß es in den achtundvierzig Stunden, seit ich die Hauptstadt verlassen hatte, dort zu einer neuen Konstellation in der Bürokratie gekommen sein mußte. Ich erhielt keine Instruktion, sondern eine »Bombe«. Statt der formalen Auflassung für Option III, die Ford erwartet hatte, bekam er eine Kehrtwendung der Joint Chiefs of Staff um hundertachtzig Grad bei Positionen, die sie kaum achtundvierzig Stunden zuvor in seiner Anwesenheit akzeptiert hatten. Option III lief im wesentlichen darauf hinaus, dreihundert Backfire gegen dreihundertfünfundsiebzig Marschflugkörper auf fünfundzwanzig Überwasserschiffen aufzuwiegen. Diese Vereinbarung sollte 1977 in Kraft treten und für fünf Jahre gelten. Das hätte uns kaum in Verlegenheit gebracht, denn wir hatten nicht die Absicht, vor 1980 Cruise-Missiles in Dienst zu stellen.

Das Telegramm aus Washington deutete allerdings darauf hin, daß das Pentagon sein bisher leidenschaftlich bekundetes Interesse an seegestützten Marschflugkörpern (SLCM) aufgegeben hatte. Während einer Beratung am 19. Januar hatte der Vorsitzende der Joint Chiefs of Staff General Brown auf eine direkte Frage Fords geantwortet:

> *Ford:* Um es praktisch zu sagen: Auf wie vielen Schiffen planen wir gegenwärtig, Cruise-Missiles zu stationieren?
> *Brown:* Wir haben gegenwärtig nicht mehr als zweihundert Schiffe, die solche Marschflugkörper aufnehmen können.

Aber jetzt, kaum achtundvierzig Stunden später, war das alles nicht mehr wahr. Der Chef für Marineoperationen, Admiral James Holloway, der anstelle von General Brown (welcher gemeinsam mit Rumsfeld auf Reisen war) als Vorsitzender der Joint Chiefs of Staff fungierte, bestritt jedes amerikanische Interesse an Cruise-Missiles, die auf Schiffen stationiert waren. Offenbar meinte Holloway, die Navy sei gegen jede Vereinbarung, die sie auf dreihundertfünfundsiebzig seegestützte Cruise-Missiles beschränke, weil sie nicht die Absicht habe, so viele zu bauen, wenn sie dies überhaupt ins Auge fasse. Das bedeutete, daß die Sowjets nach Option III dreihundert Backfire ohne Gegenleistung erhielten. Scowcroft berichtete:

> Ich komme gerade von einer zweistündigen Sitzung des Nationalen Sicherheitsrates, die ich nur als unwirklich beschreiben kann. Der Präsident eröffnete sie mit einer guten Zusammenfassung des gegenwärtigen Standes. Er legte die Zugeständnisse der Sowjets und die Vorteile unseres Vorschlages dar, das Problem der Backfire und der Cruise-Missiles in einem getrennten Abkommen mit fünfjähriger Laufzeit zu lösen. Dann fragte er Admiral Holloway, welche Zahl von SLCM-Rampen per Schiff die Navy plane.
>
> Holloway antwortete darauf mit einer unglaublichen Tirade: Der vorgeschlagene Handel Backfire gegen seegestützte Marschflugkörper sei unannehmbar. Er erklärte, die Vereinigten Staaten besäßen gar kein solches SLCM-Programm, die Navy habe stets auf U-Boote als Träger von Cruise-Missiles gesetzt. Die ersten Finanzmittel, um die Fähigkeit zu entwickeln, Cruise-Missiles auch von Überwasserschiffen abzuschießen, seien erst für 1978 vorgesehen. Die maximale Stationierung im Jahr 1982 sei bisher auf sechs Schiffe (Atomschlagkreuzer) beschränkt. Von (dem stellvertretenden Verteidigungsminister William) Clements schwer bedrängt, räumte er später ein, man könnte auf fünfzehn Schiffe kommen, wenn man Fregatten der Spruance-Klasse umbaute. Über ein derartiges Vorhaben äußerte er sich aber sehr abfällig, da es die Verwendung der Spruance-Klasse für andere Zwecke schwer beeinträchtige. Fast genauso lange verbreitete er sich darüber, daß er nicht sicher sei, ob das Konzept, Cruise-Missiles auf Überwasserschiffen zu stationieren, überhaupt zweckmäßig sei...
>
> ...Nach dieser Sitzung war der Präsident so wütend, wie ich ihn noch nie erlebt habe. Er tobte über dieses vollständige Abgehen von früheren Positionen des Verteidigungsministeriums. Rumsfeld und Brown sollten, verdammt noch mal, selber sehen, wo sie das nötige Geld her-

bekämen, wenn wir kein SALT-Abkommen erreichten. Dann stürmte er hinaus und fuhr zum Kennedy-Center. Es war ein absolutes Desaster, und ich weiß überhaupt nicht mehr, woran wir jetzt sind.

Ich aber wußte, woran *ich* war. Ich mußte in einigen Stunden Breschnew gegenübertreten, ohne Instruktionen zu Option III zu haben. Selbst Option IV war nun außer Kraft gesetzt, denn sie beinhaltete ein Verbot der Stationierung von Cruise-Missiles mit über sechshundert Kilometer Reichweite auf U-Booten, und genau die verlangten die Joint Chiefs of Staff.

Mein Antworttelegramm klang ruhiger, als ich in Wirklichkeit war:
Ich habe eben Ihren Bericht über die Sitzung des Nationalen Sicherheitsrates gelesen. Ich möchte dem Präsidenten einige Punkte sehr deutlich vor Augen führen. Erstens hatten wir zwei Sitzungen der Verifizierungsgruppe und vier Beratungen des Nationalen Sicherheitsrates, auf denen die vereinbarten Optionen ausgearbeitet wurden.
Zweitens hat der Präsident auf Drängen des Verteidigungsministeriums Option IV bestätigt, die ein Verbot U-Boot-gestützter SLCM mit über sechshundert Kilometer Reichweite beinhaltet. Sie ist den Sowjets schriftlich übergeben worden. Das können wir nicht einfach zurücknehmen.
Drittens hat der Präsident als Rückzugsposition Option III bestätigt, die die Zahlen für das Geschäft Backfire gegen Cruise-Missiles auf Überwasserschiffen beinhaltet.
Sonnenfeldt und Hyland, letzterer damals Scowcrofts Stellvertreter, schickten ohne mein Wissen eine schärfer formulierte Antwort nach Washington, die ich in die Anmerkungen aufnehme, um zu vermitteln, wie die Stimmung der amerikanischen Delegation in Moskau damals war.[7]

Unter diesen Umständen wurde meine Begegnung mit Breschnew am 22. Januar 1976, die von 18.00 bis 21.30 Uhr dauerte, eine der schwierigsten, die ich während meiner Regierungstätigkeit zu bestehen hatte. Da ich nichts anbieten konnte, mußte ich mich darauf konzentrieren, die Eckdaten der Vereinbarung von Wladiwostok zu vervollständigen. Dabei ließ ich lediglich das Thema Backfire beiseite. Schließlich erreichten wir, was zu normaleren Zeiten als bedeutsamer Durchbruch gefeiert worden wäre:

– Das Problem der Cruise-Missiles auf schweren Bombern wurde dadurch gelöst, daß wir jedes mit Marschflugkörpern ausgerüstete Flugzeug in die Gesamtsumme von eintausenddreihundertzwanzig Raketen mit Mehrfachsprengköpfen einbezogen, gleichgültig, wie viele Cruise-Missiles von über sechshundert Kilometer Reichweite es trug.
– Cruise-Missiles von über sechshundert Kilometer Reichweite waren zur Bestückung von Flugzeugen außer schweren Bombern verboten. Dadurch sperrten wir sie für den Backfire.
– In der Definition »schwere Raketen« wurde eine Übereinkunft erzielt.
– Ebenso wurde eine Definition über die zulässige Vergrößerung von Raketensilos zu Modernisierungszwecken vereinbart.
– Die Sowjets stimmten der Zählweise zu, daß jede Interkontinentalrakete, die einmal mit einem Mehrfachsprengkopf getestet worden war, als Rakete mit Mehrfachsprengköpfen verrechnet wurde, selbst wenn sie nur einen einfachen Sprengkopf trug.

- Breschnew gab weitere Einzelheiten zu den Parametern des Backfire preis.

Vor allem aber stimmte Breschnew zu, die Gesamtzahl von Wladiwostok auf »zweitausenddreihundert oder weniger« zu reduzieren, womit er, da war ich mir sicher, zweitausendzweihundert meinte. Ich übermittelte all diese Ergebnisse an Ford und fügte die Schlußfolgerung hinzu:

> Unter normalen Bedingungen hätte ich das Abkommen vielleicht unterschriftsreif machen können. In Anbetracht der Diskussionen in Washington, von denen Brent mir berichtet hat, konnte ich nicht weitergehen, als zu erklären, dies sei eine konstruktive Initiative Breschnews, über die ich in Washington Bericht erstatten müsse. Unsere Antwort sei in zwei oder drei Wochen zu erwarten. Angesichts der großen Verwirrung, die auf der Sitzung des Nationalen Sicherheitsrates zum Ausdruck kam, hatte ich keine andere Wahl, als die Gelegenheit zu einer vollen Nutzung des Durchbruchs vorübergehen zu lassen.

Eigentlich blieb nur noch offen, ob die Sowjets einer zahlenmäßigen Begrenzung der Backfire zustimmten, wenn wir ihnen dafür eine gewisse Begrenzung der auf Schiffen stationierten Cruise-Missiles anboten (Option III). Für die Verfahren der Verifizierung aller dieser Übereinkünfte waren außerdem noch einige technische Diskussionen notwendig.

Mit Gromyko hatte ich außerdem ein ausführliches Gespräch über politische Themen, in dem ich unsere Sicht der Angolafrage noch einmal zusammenfaßte:

> Wenn in einer Woche zwanzig Flüge mit sowjetischen Maschinen von Kuba nach Angola stattfinden, wenn täglich zweihundert Mann von Kuba nach Angola verlegt werden, dann kann die Sowjetregierung nicht einfach sagen, das gehe die Sowjetunion nichts an ...
> ... Es wäre nicht das erste Mal in der Geschichte, daß Ereignisse, die später niemand erklären kann, Folgen haben, die in keinem Verhältnis zu ihrer ursprünglichen Bedeutung stehen.

Mein lange erwarteter Moskaubesuch endete mit einem widersprüchlichen Ergebnis: Erfolg beim Aushandeln eines möglichen Abkommens, aber Stillstand bei seiner Vollendung. In ideologischer Verblendung gefangen, ließen sich die sowjetischen Führer dazu hinreißen, eine sich bietende Gelegenheit in Angola zu nutzen, wie fern von jeder historischen Definition der nationalen Interessen Rußlands diese auch liegen mochte und wie sehr sie auch das langfristige amerikanisch-sowjetische Verhältnis in Gefahr brachte.

Als ich am 23. Januar aus Moskau abreiste, versprach ich Breschnew, in zwei oder drei Wochen zu antworten. Dabei wußte ich, daß das Kräfteverhältnis in Washington ein SALT-Abkommen vor den Wahlen nicht mehr zulassen werde. Die Joint Chiefs of Staff, das Verteidigungsministerium sowie das Amt für Rüstungskontrolle und Abrüstung hatten sich auf Bedingungen festgelegt, die die Sowjets niemals akzeptieren würden. Nach meiner Rückkehr begann das Spiel mit den Optionen von neuem. Wenn wir uns auf ein Konzept geeinigt hatten, fand man ein neues Schlupfloch. So hieß es zum Beispiel plötzlich, die mit Breschnew vereinbarten Obergrenzen für Cruise-Missiles auf Flugzeugen beträfen nur Marschflugkörper mit atomaren Sprengköpfen. Der einzige Grund, weshalb dieser Vorschlag überhaupt einen Sinn hatte, bestand darin, daß die Sowjets noch gar keine Cruise-Missiles besaßen. Da man nicht verifizieren konnte, welche Art Sprengkopf ein Marschflugkörper trug, und da ein konventioneller Sprengkopf viel leichter ist als ein atomarer, hieß das, Flugzeuge waren in der Lage, Cruise-Missiles mit mindestens doppelter Reichweite der vereinbarten zu tragen. Das Pentagon wäre aber mit dieser Obergrenze in ernsthaften Verhandlungen nie durchgekommen, wenn die Sowjets begannen, eigene Cruise-Missiles zu entwickeln.

Bei einer Besprechung am 15. Februar 1976, an der Rumsfeld, Ford und ich teilnahmen, erklärte Rumsfeld, er werde für ein SALT-Abkommen aussagen, wenn Ford entscheide, diesem Option III zugrunde zu legen. Dabei vermied er sorgfältig das Wort »unterstützen«. Nach der Sitzung empfahl ich dem Präsidenten, das Thema SALT-Abkommen vor der Wahl auf Eis zu legen, da es problematisch sei, zeitgleich mit Vorwahlen und Präsidentschaftswahlkampf ein Abkommen abzuschließen, während der Verteidigungsminister sich heraushalte und ein Flügel seiner eigenen Partei sich vehement widersetze. Widerwillig stimmte Ford meiner Anregung zu, den jüngsten Vorschlag des Pentagons als einzige Option zu akzeptieren, das heißt, das Abkommen so zu nehmen, wie es war, und den Backfire sowie die weitreichenden Cruise-Missiles (außer denen auf Flugzeugen) späterer Verhandlungen zu überlassen. Produktion und Funktionstests waren in dieser Zeit ohnehin erlaubt. Dieser Vorschlag war bei den laufenden Verhandlungen bereits zweimal abgelehnt worden. Es war sicher, daß er auch diesmal nicht durchkam. Das Pentagon gab mit dieser Position indirekt zu, daß der Backfire kaum von Bedeutung war. Denn sein Vorschlag lief darauf hinaus, für dieses System keinerlei Beschränkungen zu vereinbaren, wenn man nur das Recht erhielt, seegestützte Marschflugkörper in unbegrenzter Zahl in Dienst zu stellen.

Am 16. Februar schrieb Ford an Breschnew und schlug ihm diesen Kompromiß vor. Breschnew lehnte ihn am 17. März ab. Das war das Ende der Rüstungskontrollverhandlungen in der Amtszeit der Ford-Administration.

Es klingt paradox, aber diese Pattsituation wirkte sich auf die Verteidigungsprogramme und die Rüstungskontrolle nur minimal aus. Zwar endete SALT I formell im Jahr 1977, aber unsere Nachfolger erhöhten die Gesamtzahl der strategischen Trägermittel nicht, die sie so heftig beklagt hatten. Auch der Stopp der SALT-II-Verhandlungen führte nicht zu einer Beschleunigung der Programme der Ford-Administration zur Entwicklung von Cruise-Missiles. Die Carter-Administration experimentierte mit verschiedenen Varianten, bis sie schließlich ein SALT-II-Abkommen abschloß, das kaum von dem Sachstand am Ende meines letzten Moskaubesuches zu unterscheiden ist. Aufgrund einiger Kürzungen, die die Carter-Administration an Fords Programm der strategischen Waffen vornahm, war das strategische Gleichgewicht nun allerdings noch etwas ungünstiger für uns.[8] Die sowjetische Invasion in Afghanistan verhinderte, daß das Abkommen dem Senat zur Beratung und Abstimmung vorgelegt wurde. Die Reagan-Administration verkündete später, sie werde sich an das Abkommen halten, solange die Sowjetunion dies tue. Das wirft ein grelles Schlaglicht darauf, wie zweideutig sich die wortgewaltigen Hardliner in den Fragen der Rüstungskontrolle verhielten. Seit SALT I haben die Kritiker Vereinbarungen faktisch akzeptiert, denen sie sich vehement widersetzten, als noch über sie verhandelt wurde. Damit mögen sie ihr Gewissen beruhigt haben, die strategische Situation Amerikas veränderte es jedoch nicht. Nach fünfzehn Jahren der Schimpfkanonaden gegen SALT war die Zusammensetzung unserer strategischen Kräfte nach dem START-Abkommen (dem neuen Namen für die strategische Rüstungskontrolle) im Jahr 1987 im wesentlichen die gleiche wie 1976. Die Fachleute für dieses Thema ließen kein Wort von »strategischer Unterlegenheit« mehr hören. (Zwar hatte Reagan das Potential wesentlich aufgestockt, aber stets innerhalb der Grenzen von SALT, für die Ford und ich konsequent eingetreten waren.]

Eine Doktrin, die es niemals gab: Sonnenfeldt und Osteuropa

Mit dem Scheitern von SALT waren die Kontroversen über das Ost-West-Verhältnis nicht ausgestanden. Beide Parteien hatten sich inzwischen in einen radikalen und einen gemäßigten Flügel gespalten. Da die Extremisten beider Parteien im Grunde genommen zusammenarbeiteten, war das Ost-West-Verhältnis zum Beschuß aus beiden Richtungen freigegeben. Die Administration, die sich bemüht hatte, Hilfe für Indochina zu mobilisieren, sich einem kommunistischen Sieg in Angola zu widersetzen, die den Eurokommunismus bekämpft, die Sowjetunion aus der Nahostdiplomatie herausgedrängt, die mit Gewaltanwendung gegen ein neues Ölembargo gedroht und bei den Vereinbarungen von Helsinki – die die sowjetische Hegemonie in Osteuropa herausforderten – eine wichtige Rolle gespielt hatte, sah sich Vorwürfen wie »zu weich«, »defätistisch« und »pessimistisch« ausgesetzt.

Dabei ging es im Grunde nicht um Politik, sondern um eine Haltung: Unsere Kritiker wollten einen ideologischen Kreuzzug gegen die Sowjetunion, wie ihn Solschenizyn forderte. Das Streben nach ideologischer Reinheit ist sicher eine Stärke des amerikanischen Charakters. Aber als Vietnam zusammenbrach und die Wunden von Watergate noch frisch waren, ging es vor allem darum, Vertrauen und innere Festigkeit wiederzuerlangen, nicht zuzulassen, daß man uns wegen unserer ideologischen Streitigkeiten von den geopolitischen Schlachtfeldern vertrieb, auf denen tatsächlich um die Sache der Freiheit gekämpft wurde. In einer Rede vor dem World Affairs Council am 11. März 1976 in Boston warnte ich davor, daß wir uns selbst blockierten:

Wenn eine Gruppe Kritiker die Rüstungskontrollverhandlungen untergräbt und die Aussicht auf konstruktivere Beziehungen zur Sowjetunion zunichte macht, während eine andere Gruppe unsere Verteidigungshaushalte beschneidet, die Nachrichtendienste einschränkt und damit unseren Widerstand gegen sowjetische Abenteuerlust vereitelt, wird beides – ob man das will oder nicht – damit enden, daß die Nation nicht mehr zu einer starken, kreativen, moderaten und klugen Außenpolitik in der Lage ist.[9]

Diese Diskussion wurde bald überschattet von einer heftigen Kontroverse über Ausführungen eines meiner engen Mitarbeiter, Hal Sonnenfeldts, der

Berater des Außenministeriums war, vor amerikanischen Botschaftern im Dezember 1975. Ich mußte mich über diese Debatte maßlos ärgern, als ich zum ersten Mal erfuhr, was er wirklich gesagt hatte, nachdem eine stark entstellte Version in den Medien erschienen war.[10] Hal Sonnenfeldt ist mein Freund. Außerdem ist er einer der fähigsten Staatsdiener, die ich kenne. Ein Sowjetkenner von hohen Graden, weisen ihn sowohl seine Publikationen als auch sein Dienst an unserem Land in über dreißig Jahren als unsentimentalen Hardliner aus. Damals war Sonnenfeldt für die Beziehungen zur Sowjetunion und für die Europapolitik zuständig. Trotz unserer Freundschaft gestaltete sich unser Verhältnis durchaus nicht unkompliziert. Sonnenfeldt und ich haben die gleiche Entwicklung genommen: Wir sind beide in Deutschland geboren, wurden in den Vereinigten Staaten ausgebildet und haben in der amerikanischen Armee gedient. In Fritz Kraemer hatten wir sogar denselben Mentor, allerdings zog sich Hal trotz der sogenannten Sonnenfeldt-Doktrin (siehe gleich) im Unterschied zu mir nicht dessen vernichtendes Urteil zu. Hal verstand seine Zuständigkeit für Angelegenheiten der Sowjetunion so weitreichend, daß er erwartete, bei jeder Frage konsultiert zu werden, die auch nur entfernt die Sowjetunion berührte. Da die Sowjetunion eine Supermacht ist, deckte das im Grunde genommen mein eigenes Arbeitsfeld fast völlig ab. Hal beobachtete mich unablässig, um sicherzustellen, daß ich ihn in seiner Zuständigkeit, wie er sie verstand, nicht überging. »Hal hat den besten Nachrichtendienst am Ort«, sagte ein aufgebrachter Mitarbeiter einmal über ihn. »Leider sind Sie das Ziel seiner Erkundigungen.«

Ich war nachsichtig mit Hal, weil ich ihn sehr mochte und weil seine Verdienste den Ärger, den er gelegentlich verursachte, bei weitem überwogen. Die Botschafterkonferenz, auf der Hal im Dezember 1975 sprach, war eine der regelmäßigen Gelegenheiten für die amerikanischen Spitzendiplomaten einer geographischen Region, untereinander, mit dem Außenminister und seinen Mitarbeitern Gedanken und Erfahrungen auszutauschen. Sie geben auch dem Minister die Möglichkeit, seine Auffassungen zusammenhängend darzulegen und so seiner Führungspflicht gerecht zu werden.

All das geschah auf einer Zusammenkunft amerikanischer Botschafter in London im Dezember 1975, die ich mit einer Rede über Europa, das Ost-West-Verhältnis und vor allem den Eurokommunismus abschloß. (Aus dieser Rede habe ich in Kapitel XX zitiert.) Nachdem die Botschafterkonferenz offiziell beendet war, fand Hal wie so oft eine Lücke in meinen Darlegungen. Da er der Meinung war, ich hätte Osteuropa vernachlässigt, bot er an, am nächsten Morgen, einem Sonntag, noch eine inoffizielle Sitzung mit den Botschaftern anzuhängen.

Ich bewertete Hals Vorschlag durchaus positiv, erwartete allerdings nichts Aufsehenerregendes und schon gar nicht die Geburtsstunde einer neuen »Doktrin«. Ich selbst nahm nicht teil, was allein schon auf den inoffiziellen Charakter der Sitzung hinwies. Auch keiner meiner unmittelbaren Mitarbeiter war anwesend. Hätte Hal allerdings etwas gesagt, was die versammelten Botschafter als neu oder unerhört empfanden, dann wäre es mir sicher zu Ohren gekommen.

Wahrscheinlich wäre gar nichts passiert, hätte Hal zwei Monate später nicht beschlossen, seine Bemerkungen aus dem Stegreif zum Nutzen nicht nur der anwesenden Botschafter, sondern auch ihrer Mitarbeiter zu Papier zu bringen. Zu diesem Zweck ließ er keine Mitschrift, sondern eine Zusammenfassung anfertigen.[11] Nun entdeckte irgendein Neunmalkluger einen Absatz in diesem Dokument, der als stillschweigendes Einverständnis Amerikas mit der sowjetischen Vorherrschaft über Osteuropa ausgelegt werden konnte, und machte sich ans Werk. Der beanstandete Absatz lautete:

Was Osteuropa betrifft, so muß es unser langfristiges Interesse sein, die Entwicklung in dieser Region – wegen des gegenwärtigen unnatürlichen Verhältnisses zur Sowjetunion – so zu beeinflussen, daß es nicht früher oder später zu einer Explosion kommt, die den Dritten Weltkrieg auslösen kann. Dieses unorganische, unnatürliche Verhältnis ist eine viel größere Gefahr für den Weltfrieden als der Ost-West-Konflikt…
… Unsere Politik muß also darin bestehen, eine Evolution anzustreben, die das Verhältnis zwischen den Osteuropäern und der Sowjetunion organisch gestaltet. Jeder Übereifer unsererseits kann sich dahingehend auswirken, daß der gewünschte Prozeß sich für eine gewisse Zeit umkehrt, wenn er auch für die nächsten hundert Jahre unvermeidlich ist. Aber so lange können wir natürlich nicht warten.[12]

Hätte Hal mich um meine Meinung gefragt, dann hätte ich ihn vielleicht auf unglückliche Formulierungen aufmerksam gemacht. Da ich aber wußte, wie er dachte, hätte ich verstanden, was er meinte: daß wir die »unnatürliche« militärische Vorherrschaft der Sowjetunion über Osteuropa so weit wie möglich abzubauen versuchen und darauf bestehen sollten, daß dieses Verhältnis normaler werde (was Hal mit einem unglücklichen Wort als »organisch« bezeichnete). Ohne ihre militärische Übermacht wäre die Sowjetunion nicht in der Lage, den sichtbar wachsenden Drang der osteuropäischen Staaten nach Selbständigkeit weiter unter Kontrolle zu halten. Sonnenfeldt führte besonders Polen und Ungarn als Beispiele dafür an, was er für die osteuropäischen Staaten erreichen wollte. Dabei schwebte ihm mindestens ein Status ähnlich dem Finnlands vor, das durch die Nähe der Sowjetunion beeinträchtigt war, sich aber ein hohes Maß an innerer Freiheit ertrotzt hatte, dazu eine relativ unabhängige Außenpolitik, die dem Westen nicht feindlich gesinnt war. In jener Phase der Geschichte wäre das als politischer und moralischer Durchbruch angesehen worden.

Von der benutzten Phraseologie einmal abgesehen, war es das, was ich von einem meiner Hauptberater bei Reisen der Präsidenten Nixon und Ford nach Polen, Rumänien und Jugoslawien erwartete, wo wir in Osteuropa Flagge zeigten. Diese Reisen waren dazu gedacht, diejenigen Staaten zu belohnen, die ihre Unabhängigkeit von der Sowjetunion demonstrierten, und andere wie die Tschechoslowakei und Bulgarien auszuklammern, die sich in unseren Augen gegenüber der Sowjetunion zu unterwürfig verhielten. Diese Aktivitäten führten geradewegs zu Reagans Differenzierungspolitik der achtziger Jahre in den Beziehungen der Vereinigten Staaten zu den Staaten des Warschauer Paktes.

Unsere Politik gegenüber Osteuropa war niemals umstritten, bis man 1976 die Sonnenfeldt-Doktrin als Skandal des Monats erfand. Da in der gesamten Region sowjetische Truppen stationiert waren, ermutigten wir nicht zu revolutionären Aktivitäten. Zwei Aufstände – in Ungarn 1956 und in der Tschechoslowakei 1968 – waren blutig niedergeschlagen worden, während die Demokratien tatenlos zuschauten. Die Politik der Nixon- und der Ford-Administration zielte darauf ab, den osteuropäischen Satelliten möglichst großen Spielraum zu verschaffen, ohne sie zu Gewaltaktionen aufzurufen.

Im September 1975 legte ich dem chinesischen Außenminister Tschiao Kuan-hua bei einer Begegnung am Rande der UN-Vollversammlung unsere Haltung zu Osteuropa mit den folgenden Worten dar: »Wir sind bestrebt, den sowjetischen Einfluß in Mitteleuropa durch Besuche des Präsidenten und durch die Entwicklung militärischer Beziehungen zu Jugoslawien zu schwächen... Unsere Strategie ist die Schwächung der Sowjetunion.« Ein japanischer Beobachter meinte, unsere Politik laufe darauf hinaus, den Anschein einer »Hinnahme des Status quo« zu erwecken, »um den Status quo zu verändern«[13]. Vor dem Hintergrund unserer damaligen Politik beschrieb Sonnenfeldt treffend ein Zwischenziel, das gegenüber der tatsächlichen Lage eine wesentliche Verbesserung bedeutet hätte.

All das hätten die Kritiker selber feststellen können, wenn sie eine sorgfältig vorbereitete Rede über die Beziehungen zur Sowjetunion gelesen hätten, die ich zwei Monate nach der Londoner Konferenz und vor dem Ausbruch dieser Kontroverse in San Francisco gehalten hatte.[14] Die *New York Times* lehnte es jedoch ab, über meine Rede zu berichten, und widmete sich statt dessen viel lieber der »Sonnenfeldt-Doktrin«. Immerhin befanden wir uns in einem Wahljahr, und die Gelegenheit war zu verlockend, um sie ungenutzt vorübergehen zu lassen. Man behauptete, mit der »Sonnenfeldt-Doktrin« werde der Sowjetunion eine Einflußsphäre in Osteuropa zugestanden. Sie wurde zum Symbol für die der Entspannungspolitik organisch innewohnende Laschheit, ein angeblicher Ausdruck dessen, wie ich insgeheim die Welt sähe. »Bei dem Gedanken läuft einem ein Schauer über den Rücken«, schrieb C. L. Sulzberger in der *New York Times*.[15] Es macht »aktenkundig, daß die Vereinigten Staaten sich für eine Stabilisierung des Sowjetreiches einsetzen«, schrieben die Kolumnisten Rowland Evans und Robert Novak.[16] Ronald Reagan beutete die »Sonnenfeldt-Doktrin« gnadenlos aus und behauptete, sie bedeute, daß »die Sklaven sich mit ihrem Schicksal abfinden sollen«[17].

Eine solche Politik hat es nie gegeben. Aber die Angriffe flauten auch nicht ab, als ich das Offensichtliche feststellte: »Wenn diese Administration tatsächlich eine neue Doktrin hätte, dann trüge sie nicht den Namen von Hal Sonnenfeldt.«

Am 25. Juni 1976 legte ich unsere offizielle Position in meinem Vortrag auf der Gedenkveranstaltung für Alastair Buchan in London noch einmal dar:

Die Vorteile der Entspannung müssen sowohl Ost- als auch Westeuropa zugute kommen. Es darf aber keinen Raum für Mißverständnisse über die Politik der Vereinigten Staaten geben:

– Wir sind entschlossen, mit Osteuropa auf der Grundlage der Souveränität und Unabhängigkeit jedes einzelnen Staates Beziehungen zu pflegen. Wir erkennen keine Einflußsphären und keine Hegemonieansprüche an...

– Aus diesem Grund werden wir in unseren Bemühungen fortfahren, die Kontakte mit den Staaten Osteuropas zu verbessern, die konkreten bilateralen Beziehungen in der Wirtschaft und auf anderen Gebieten weiterzuentwickeln...

– Wir werden weiterhin Maßnahmen ins Auge fassen, um das Leben der Völker Osteuropas, die Befriedigung grundlegender menschlicher Bedürfnisse zu verbessern. Dazu gehören die freie Auswanderung, Familienzusammenführung, ein stärkerer Fluß von Informationen, mehr wirtschaftlicher Austausch und bessere Reisemöglichkeiten...
– Starke Worte können geduldiges und realistisches Handeln nicht ersetzen. Wir wollen keine Erwartungen wecken, die wir nicht erfüllen können. Aber wir werden stets unverändert auf unseren traditionellen Grundsätzen der Freiheit des Menschen und der Selbstbestimmung der Nationen bestehen...[18]

Aber nun stand bald die Nominierung der Präsidentschaftskandidaten an, und dies setzte allen nüchternen Debatten ein Ende. Im Wahlkampf übernahmen liberale Demokraten die Argumente der konservativen Republikaner nahezu unverändert. Die »Sonnenfeldt-Doktrin« wurde zu einem Schlagwort der Wahlredner und nahm mythologische Züge an. Wirklicher Schaden entstand, als Ford, den man vor der Fernsehdebatte mit Carter am 6. Oktober in allen Einzelheiten über die »Sonnenfeldt-Doktrin« informiert hatte, sich darauf einstellte, vehement zu bestreiten, daß etwas Derartiges je existiert habe. Unglücklicherweise fragte man ihn nach etwas anderem: der sowjetischen Vorherrschaft über Osteuropa. Wie im Reflex bestritt er diese, was dazu beitrug, daß er schließlich die Wahl verlor.

Der Bürgerkrieg zwischen Gruppen der Konservativen, die im Grunde genommen Gleichgesinnte waren, erzeugte einen Lähmungszustand, dessen Folgen kaum zu ermessen sind.

Zwar sehen einige der früheren Mitarbeiter Fords dies anders, aber ich glaube heute noch, daß Ford richtig handelte, als er den möglichen Abschluß des SALT-Abkommens im Jahr 1976 nicht forcierte. Die politische Kontroverse, die daraus entstanden wäre, hätte das Land zu tief gespalten.

Die praktischen Folgen dieser Pattsituation fielen dann, so merkwürdig dies klingt, viel geringer aus als die Leidenschaften, die sie ausgelöst hatte. Wie bereits erwähnt, akzeptierten die Kritiker von SALT während der meisten Jahre der Reagan-Administration die Beschränkungen, die sie so heftig bekämpft und deren Ratifizierung sie abgelehnt hatten. Hätte es eine zweite Amtszeit Fords gegeben, dann wäre er mit seinen Anhängern im Verlauf des Prozesses, den wir begonnen hatten und der zu weiteren Reduzierungen führte, wahrscheinlich in die gleiche Richtung gegangen wie der START-Vertrag, den die Reagan-Administration später aushandelte.

Ich bin überzeugt, daß Breschnew in den frühen siebziger Jahren eine Verbesserung der Beziehungen zu den Vereinigten Staaten ernsthaft *wollte*. Stellte er uns eine Falle, wie unsere Kritiker behaupteten, um uns ins Verderben zu führen? Oder war es ein erstes instinktives Gefühl, daß das Sowjetsystem eine Stabilisierung brauchte? Wenn Breschnew aus Sorge um die Wirtschaftsprobleme seines Landes einer Atempause auf internationalem Gebiet zugestimmt und sich stärker der inneren Entwicklung zugewandt hätte, wären dann die Kräfte früher hervorgetreten, die schließlich Michail Gorbatschow hervorbrachten? Wir werden es nie erfahren. Das Scheitern der Entspannungspolitik bedeutete eine weitere Runde amerikanisch-sowjetischer Konfrontation vor den entscheidenden Ereignissen der Reagan- und Gorbatschow-Zeit. Wer damals in den frühen siebziger Jahren auch die besseren Argumente auf seiner Seite gehabt haben mag – es nahm ein gutes Ende, als die Sowjetunion zerfiel. Ob der Weg zum Sieg unnötig gewunden war, wird keine Frage sein, über die die Historiker sich unversöhnlich entzweien.

XXVIII. Das chinesisch-amerikanische Verhältnis bewahren

Im Frühjahr 1974 wurde Teng Hsiao-ping anstelle von Tschou En-lai unser wichtigster Gesprächspartner in China. An Mao Tse-tungs philosophische Bemerkungen und rätselhafte Anspielungen, an Tschou En-lais sanfte, aber professionelle Art hatte ich mich inzwischen gewöhnt. Nun aber brauchte ich einige Zeit, um mich auf Tengs trockenen, humorlosen Stil, seine sarkastischen Einwürfe, seine Mißachtung des Philosophischen und seinen ausgeprägten Hang zum Praktischen einzustellen. Untersetzt und drahtig, kam er sofort zur Sache, wenn er einen Raum betrat. Stets einen Spucknapf an seiner Seite, den er häufig benutzte, als wollte er seinen Bemerkungen Nachdruck verleihen, verschwendete Teng kaum Zeit für Scherze. Er hielt es auch nicht für nötig, seine Bemerkungen abzuschwächen, indem er sie in Parabeln kleidete. Weder umhegte er mich fürsorglich, wie Tschou es getan hatte, noch behandelte er mich, wie Mao, als Philosophen, der seiner persönlichen Aufmerksamkeit würdig war. Teng meinte offenbar, wir hätten beide Staatsgeschäfte zu erledigen und seien erwachsen genug, mit schwierigen Problemen umzugehen, ohne sie persönlich zu nehmen.

Teng sah das chinesisch-amerikanische Verhältnis in engem Zusammenhang mit der inneren Entwicklung Chinas. Mao und Tschou hatten die Annäherung an die Vereinigten Staaten vor allem aus außenpolitischen und Sicherheitsgründen gesucht. Teng behandelte ein enges Verhältnis zu Amerika stets als notwendige Komponente der Modernisierung Chinas. Wie seine Vorgänger war auch er der Meinung, daß in einer Welt mit einem drohenden Rußland, einem aufsteigenden Japan, einem zunehmend selbstbewußteren Indien und einem Nordvietnam, das gerade seine Vorherrschaft über Indochina errichtete, Chinas beste strategische Option die Verbesserung der Beziehungen zu den Vereinigten Staaten sei.

Aber Teng war auch der Überzeugung, daß ein freundschaftliches Verhältnis zu Amerika für Chinas innere Entwicklung notwendig sei. Zu der Zeit, als ich ihm begegnete, war er des politischen Chaos überdrüssig. Wirtschaftlicher Fortschritt hatte für Teng der Verbesserung der Lebensverhältnisse des chinesischen Volkes zu dienen. Amerikanische Technologie und wirtschaftliche Zusammenarbeit waren für die wirtschaftlichen und sozialen Reformen, denen er sich verschrieben hatte, unerläßlich.

Besuch in Peking

Erste offizielle Verhandlungen führte ich mit Teng, als ich vom 25. bis 29. November 1974 Peking besuchte, um die chinesische Führung unmittelbar nach Fords Gipfel mit Breschnew in Wladiwostok zu informieren. Das war nicht gerade der günstigste Augenblick für ein erstes Treffen. Die sowjetischen Pazifikgebiete, als deren Hauptstadt Wladiwostok galt, waren China im 19. Jahrhundert abgerungen worden. Wladiwostok hatte man als Flottenstützpunkt für Expeditionen nach Korea und in den Pazifik gegründet. In den Augen einer Führung wie der Chinas, für die jede Handlung einem Zweck dient und jedes Ereignis symbolische Bedeutung hat, bestätigte die Wahl des Tagungsortes Maos Verdacht (den er mir gegenüber bereits im Februar 1973 geäußert hatte), daß die amerikanische Strategie darauf hinauslaufen werde, »das Wasser des Unheils nach China zu leiten«. Dieser Eindruck wurde zweifellos dadurch verstärkt, daß Breschnew Wladiwostok oder den Fernen Osten noch nie zuvor besucht hatte – eine Tatsache, die wir zu spät erfuhren, um den Tagungsort noch verlegen zu können.

Wladiwostok war aus einer ganzen Reihe technischer Gründe gewählt worden, die damals allesamt einleuchtend klangen. Keiner hatte etwas damit zu tun, die Aufmerksamkeit der Sowjetunion auf den Pazifik zu lenken, wie einige chinesische Führer, möglicherweise auch Mao, eindeutig glaubten. Ford lag nach seinem Amtseid viel daran, Breschnew bald zu treffen. Einen Ort in Europa lehnten wir ab, weil der Präsident, der die Beziehungen im Atlantischen Bündnis wiederbeleben wollte, der Meinung war, ein Treffen mit seinen europäischen Amtskollegen im Schatten eines Gipfels mit Breschnew hätte Europa abwerten können. Und als Dobrynin darauf hinwies, daß Wladiwostok sich gut in eine geplante Reise des Präsidenten nach Japan und Korea im November einfügen würde, gingen wir auf diese günstige Gelegenheit ein. Ein Gipfel mit Breschnew in Asien war logistisch leicht zu organisieren und noch nie dagewesen – deshalb auch spannend und ein gutes Medienthema. Kein Fachmann einer Dienststelle warnte uns vor Empfindlichkeiten in China. Allerdings hätte ich es selber besser wissen müssen.

Ohne Umschweife brachte Teng Chinas Unbehagen klar zum Ausdruck. Bei unserem ersten Begrüßungsgespräch in der Großen Halle des Volkes am Montag, dem 25. November 1974, fragte er, wie ich Wladiwostok fände. Ich antwortete, mir sei noch nie im Leben so kalt gewesen wie an diesem Ort. Und noch etwas durcheinander von einer langen Woche der Staatsbesuche mit dem Präsidenten und der Gipfelgespräche, fügte ich hinzu: »Jetzt weiß ich, warum die Chinesen niemals in dieser Gegend gesiedelt haben.« Mit dieser Andeutung, Wladiwostok sei stets russisch gewesen, hatte ich natürlich Öl in das bereits lodernde Feuer der Verärgerung gegossen. Teng berichtigte mich sofort: »Es hat viele Chinesen in dieser Region gegeben. In der Vergangenheit waren die Bewohner hauptsächlich Chinesen.« Nach Teng zeigten sich die Absichten von Chinesen und Russen in den verschiedenen Namen, die beide dieser Stadt gegeben hatten. Der chinesische Name bedeutet in der Übersetzung »Seegurkenküste«, der russische dagegen »Beherrsche den Osten«. »Ich denke, diese Bedeutung ist wörtlich zu nehmen«, fügte Teng hinzu. Wir sollten uns keinerlei Illusionen machen, daß Rußlands Drang nach Osten sich nur auf China beschränke. »Osten bedeutet immer auch den Teil des Pazifik, an dem Ihr Land liegt«, warnte Teng.

Um seine Fähigkeit zu demonstrieren, mit zwei Partnern unserer Regierung Dreiecksspiele betreiben zu können, übergab Teng im Auftrag Maos eine Einladung an Verteidigungsminister James Schlesinger zu einem Besuch nach China. Das Besuchsprogramm, regte Teng unschuldig an, könnte Sinkiang und die Innere Mongolei einschließen, beides militärisch wichtige Gebiete längs der sowjetischen Grenze. Da man nie sicher sein konnte, ob Westler alles richtig verstanden, hob Teng hervor, die Bedeutung des Besuches liege in der Tatsache, daß er überhaupt stattfinde. Mao und Teng konnte der Hickhack zwischen Schlesinger und mir nicht entgangen sein. Er füllte ständig die Leitartikelspalten der Washingtoner Zeitungen. Daß sich Peking nun auf die Seite der unverblümt entspannungsfeindlichen Kräfte in den Vereinigten Staaten schlug, war zweifellos als Vergeltung für unseren Fauxpas gedacht, nach Wladiwostok gegangen zu sein.

Die Einladung diente jedoch zugleich einem strategischen Zweck. Der Besuch eines amerikanischen Verteidigungsministers in China, noch dazu mit wichtigen Zwischenaufenthalten in den Grenzregionen zur Sowjetunion, mußte in Moskau als offene Herausforderung aufgefaßt werden, schließlich hatte kein amerikanischer Verteidigungsminister je Moskau besucht. Zu einer Zeit, als das Handelsgesetz dem Scheitern nahe war und die Vereinbarungen von Wladiwostok ständig attackiert wurden, brauchten und wünschten wir nichts weniger als eine solche Herausforderung.

Ich antwortete, wir befürworteten, daß Kabinettsmitglieder China besuchten, eine Visite des Verteidigungsministers sei allerdings verfrüht. Ich milderte diese Ablehnung ein wenig mit dem Hinweis, daß eine Einladung an Präsident Ford zu einem Chinabesuch im Jahr 1975 sicher angenommen werde. Teng sagte sofort zu, ohne auch nur den Anschein zu erwecken, er müsse zuerst mit Mao Rücksprache nehmen. Wie ich die Chinesen kenne – allerdings bleiben immer noch einige Zweifel –, bestand der einzige Zweck der Einladung an Schlesinger vielleicht gerade darin, mir das Angebot eines Besuchs des Präsidenten zu entlocken.

Die chinesische Seite hatte auch andere Möglichkeiten, ihr Mißvergnügen zu zeigen. Mein Besuch in Peking im Gefolge des Gipfels von Wladiwostok war das einzige Mal seit meinem Geheimbesuch, daß Mao mich nicht empfing. Unsere Dreiecksdiplomatie war für diese Experten der Realpolitik zu durchsichtig geworden. Hochrangigen amerikanischen Politikern die Möglichkeit zu geben, im Abstand von wenigen Tagen mit Breschnew und Mao zu konferieren, war offenbar doch zuviel verlangt.

Trotzdem wollten unsere Gastgeber den Besuch nicht völlig von den Persönlichkeiten abkoppeln, die das chinesisch-amerikanische Verhältnis wiederaufgebaut hatten. Gleich nach der Ankunft, noch vor der Begegnung mit Teng, brachte man meine Kinder, Nancy und mich auf eine Stippvisite zu Tschou En-lai. Diese sollte in einem Krankenhaus stattfinden, das sich als normales Staatsgästehaus erwies. Tschou war liebenswürdig wie immer, behauptete jedoch, seine Ärzte hätten ihm untersagt, über politische Themen zu sprechen, weil ihn das zu sehr anstrenge (siehe Kapitel V).

Nachdem die chinesische Position zum strategischen Dreieck klargestellt war, tat Teng alles, um für die eigentlichen Gespräche eine überaus herzliche

Atmosphäre zu schaffen. Vor den Augen und Ohren der Medien stimmte er den Ton an, als er mich in der Großen Halle des Volkes begrüßte:

In der Welt heißt es, das Verhältnis zwischen unseren beiden Staaten sei gegenwärtig etwas abgekühlt. Dies ist der s ebte Besuch Dr. Kissingers, der dritte Meinungsaustausch zwischen unseren Staaten in diesem Jahr. Die Auffassung, die mancherorts die Runde macht, kann also nicht als zutreffend angesehen werden.

Ich bestätigte, daß es um die Beziehungen gut bestellt sei. Teng hob hervor, welch große Bedeutung China seinen Verbindungen zu Washington beimesse: »Ich glaube nicht, daß die Unterzeichnung des Shanghaier Kommuniqués auf beiden Seiten nur als Notbehelf gesehen wurde.« Um die freundliche Atmosphäre zu unterstreichen, nahm Teng als Gast am Begrüßungsessen für meine Delegation teil, das aus protokollarischen Gründen vom Außenminister gegeben wurde. Einige hundert Beamte und Diplomaten waren dazu geladen, eine Militärkapelle spielte im Wechsel chinesische Stücke und populäre amerikanische Melodien. Am nächsten Abend lud Teng unsere Delegation zu einem mongolischen Feuertopf ins Séparée eines öffentlichen Restaurants ein – eine weitere ungewöhnliche Aufmerksamkeit.

Bei allen Begegnungen nannte mich Teng stets nur »Doktor« – eine Würdigung meines akademischen Hintergrundes und eine Anrede, die auch Mao benutzt hatte. Die Gespräche mit Teng waren bei weitem nicht so gemächlich und weitschweifig wie die mit Tschou. Feste Zeiten wurden vorgesehen, und die Tagesordnung stimmte man vorher ab. In der Regel gab es täglich drei Gespräche von je eineinhalb Stunden, die abwechselnd im Staatsgästehaus und in der Großen Halle des Volkes stattfanden.

Zunächst verliefen die Diskussionen in den bekannten Bahnen. Teng, der sich eher noch antisowjetischer gab als Tschou, sprach über das chinesischamerikanische Verhältnis, als wäre die Eindämmung der Sowjetunion ein gemeinsames Unternehmen, als gehörten wir bereits ein und demselben Bündnis an. Er versprach chinesische Unterstützung bei der Festigung der Beziehungen Amerikas zu Europa als einem wesentlichen Bestandteil einer Strategie zur Vereitelung des sowjetischen Expansionismus. Teng erklärte, zu diesem Zweck befürworte er auch enge Beziehungen Amerikas zu Japan, worüber sich China bisher stets sehr besorgt gezeigt hatte:

Es ist unser Wunsch, daß die Vereinigten Staaten ihre guten Beziehungen zu Europa und Japan aufrechterhalten... Denn die Sowjetunion ist gegenwärtig entschlossen, ihre Vorherrschaft in der Welt durchzusetzen. Wenn sie einen Weltkrieg entfesseln will und nicht zuerst Europa in die Hand bekommt, dann wird sie auch in anderen Teilen der Welt ihre Vorherrschaft nicht durchsetzen können, denn Europa ist politisch, wirtschaftlich und militärisch für sie äußerst wichtig... Wir blicken mit Respekt auf die Vereinigten Staaten, aber wenn die Vereinigten Staaten es mit dem *Eisbären* aufnehmen wollen, dann müssen sie in Europa und Japan starke Verbündete haben.

Weiter sagte Teng, er hoffe, daß zwischen den Vereinigten Staaten, Europa und Japan »eine auf Gleichheit begründete Partnerschaft« herrsche: »Denn nur auf der Basis der Gleichheit kann man wirkliche Partnerschaft entwickeln.« Darauf konnte ich Teng nur entgegnen, China sei auf dem Weg, einer unserer besten NATO-Verbündeten zu werden.

Während wir also in der Strategie übereinstimmten, gab es in der Taktik durchaus erhebliche Meinungsverschiedenheiten. Teng und seine Mitarbeiter lehnten die Entspannung mit einer Vehemenz ab, die unseren Neokonservativen das Herz erwärmt hätte. Teng behauptete, die Ziele der Sowjets seien unwandelbar:

> Ob in Vergangenheit, Gegenwart oder Zukunft – sie werden ihr Ziel nie aufgeben, die Vereinigten Staaten von ihren Verbündeten zu trennen. Außerdem wollen sie die Monopolstellung Ihrer beiden Länder auf dem Gebiet der Atomwaffen aufrechterhalten (und so) Staaten mit wenigen Atomwaffen einschüchtern, um ihr Ziel der Vorherrschaft zu erreichen.

Verträge, die die Sowjets unterzeichneten, seien lediglich Zwischenstadien dieser Strategie:

> (Deshalb) glauben wir nicht daran, daß es möglich ist, Entspannung zu erreichen oder gar zehn Jahre lang aufrechtzuerhalten. Wir glauben auch nicht, daß sich Rußland durch irgendein Abkommen die Hände binden läßt.

Ich stimmte mit Teng in der Analyse der sowjetischen Ziele und der Notwendigkeit, diese zu durchkreuzen, überein. Aber Amerika hatte andere taktische Erfordernisse zu berücksichtigen. Nachdem wir gerade Watergate hinter uns gebracht hatten, brauchten wir eine mehrgleisige Strategie. Solange man die Vereinigten Staaten einer unnötig militanten Politik beschuldigen konnte, sammelten sich immer wieder verschiedenste Friedensbewegungen mit dem Ziel, ein kriegslüsternes Amerika zu zügeln. Damit blieb auch der Druck auf die Regierungen in Europa erhalten, sich von uns zu distanzieren. Nach unserer Einschätzung konnten wir nur dann eine angemessene Verteidigungspolitik betreiben und das Bündnis stärken, wenn man uns mit einer Friedenspolitik identifizierte.

Ich kann nicht gerade behaupten, daß ich unsere chinesischen Gesprächspartner mit meinen Argumenten überwältigte. Sie stritten darüber nicht mit mir. Und wenn die Entspannung uns auch mehr Optionen in die Hand gab, als sie besaßen, waren sie Politiker genug, um darüber nicht in Begeisterung auszubrechen. Außenminister Tschiao Kuan-hua erklärte, warum die Taktik der Strategie unterzuordnen sei: »Das Entscheidende ist nicht irgendein Vertrag, sondern sind Politik, Prinzipien und die Linie.« Am Ende erklärte Teng einen »Waffenstillstand«. Er hoffe, die Vereinigten Staaten könnten ihre militärische Überlegenheit behaupten:

> Was die strategische Orientierung der Sowjetunion betrifft, so sehen wir »ein Täuschungsmanöver nach Osten, um im Westen anzugreifen«, das heißt, Europa zu attackieren. Es tut nichts zur Sache, daß wir verschiedene Meinungen vertreten, wir werden ja sehen, was geschieht.

Was als nächstes geschah, war aber, daß Amerikas Fähigkeit, international zu handeln, durch seinen inneren Lähmungszustand noch weiter abnahm. Das Frühjahr und der Sommer 1975 waren geprägt vom Stillstand bei SALT, dem Scheitern des amerikanisch-sowjetischen Handelsabkommens, dem Zusammenbruch Indochinas und dem Höhepunkt der Ermittlungen gegen die Nachrichtendienste. Peking begrüßte durchaus die Abkühlung der amerikanisch-sowjetischen Beziehungen, nicht aber, daß die innere Schwäche Amerikas die Ursache war. Die zunehmende gegenseitige Blockade von Präsident und Kongreß wertete die Vereinigten Staaten in den Augen der Chinesen als strategischen Partner eindeutig ab. All das kam in einem Leitartikel der *People's Daily* vom 9. Mai zum Ausdruck, in dem die Vereinigten Staaten als »zunehmend angreifbar und strategisch passiv« beschrieben wurden.

In dem Maße, wie der schleichende Lähmungsprozeß in Washington voranschritt, nahm in Peking der Alptraum, China könnte in eine gefürchtete internationale Isolierung geraten, wieder Gestalt an. Das hatte auch große innenpolitische Bedeutung. Denn wenn die Vereinigten Staaten nicht mehr in der Lage waren, das Gleichgewicht aufrechtzuerhalten, blieb China nichts anderes übrig, als sein Volk auf eine neue Etappe des Nationalismus und der Opfer vorzubereiten. Das aber mußte zu einer Zuspitzung der Taiwanfrage führen, was die Beziehungen zu Amerika nur noch mehr belasten konnte. Da Chinas Vertrauen schwand, Amerika könnte noch in der Lage sein, ein Gegengewicht zum sowjetischen Expansionismus zu bieten, zog sich Peking immer mehr auf die für die Dritte Welt so typische Haltung der Vorwürfe gegen beide Supermächte zurück, wobei die Speerspitze der Kritik nach wie vor auf die Sowjetunion zielte.

Zugleich spitzte sich auch die innere Situation Chinas zu. Mao verfiel zusehends, Tschou war (körperlich, wahrscheinlich aber auch politisch) krank, Teng noch mit der Konsolidierung seiner Position beschäftigt. Inzwischen entwickelte sich gegen Tengs Reformpolitik eine zunehmend selbstbewußte Opposition, die später als die Viererbande unter Führung von Maos Ehefrau Tschiang Tsching bekannt wurde. So fehlte der chinesischen Außenpolitik in dieser Zeit ein klarer Kurs, der sonst für sie so charakteristisch war. Einige der führenden Politiker Chinas und die Medien mischten sich 1975 und zum Teil auch 1976 in unsere Innenpolitik ein, indem sie ebenfalls die Entspannungspolitik attackierten.

Dialog mit Teng

Es war ein merkwürdiger Zustand. Keiner unserer Verbündeten wurde so umfassend über unsere Strategie und unsere Absichten informiert wie die Chinesen. Da es bisher kaum Wirtschaftsbeziehungen und nur einige wenige gemeinsame politische Vorhaben gab, war der beste Weg, die Politik zu koordinieren, eine möglichst genaue Vorstellung von der Strategie des Partners zu erhalten. Die chinesischen Führer, die sich ebenfalls von diesem Grundsatz leiten ließen, erläuterten uns ihr Vorgehen in bemerkenswerter Ausführlichkeit.

Das hatte zwei Konsequenzen. Im Rahmen der Diplomatie diskutieren hohe Beamte gewöhnlich Schritte, die ihre Staaten gemeinsam gehen können, oder versuchen den Partner zu Handlungen zu veranlassen, für die sie eine Gegenleistung bieten. Nichts dergleichen geschah in den ersten Jahren der chinesisch-amerikanischen Beziehungen. Meine Gespräche mit Mao, Tschou oder Teng hatten konzeptionellen, ja geradezu theoretischen Charakter. Der Versuch, taktisch zusammenzuwirken – Chinas Vermittlung in Kambodscha im Juni 1973 –, wurde nicht wiederholt. Tschou und später auch Teng wollten wegen der Kapriolen der amerikanischen Innenpolitik nicht ihre Position aufs Spiel setzen.[1]

Was die langfristige Strategie betraf, so agierten wir zwar parallel, koordinierten unsere Politik aber niemals offiziell und blieben auch weiterhin auf die konzeptionellen Gespräche angewiesen. Dabei hatten wir in den Jahren 1975/76 zunehmend chinesische Befürchtungen über Amerikas schwindenden Einfluß auf die Entwicklung und über unsere Strategie zu zerstreuen. Die chinesischen Vertreter argumentierten, die Entspannung werde die Wachsamkeit potentieller Opfer des sowjetischen Expansionismus schwächen, die amerikanische Öffentlichkeit aber nicht einen. Tatsächlich aber beunruhigte sie, wir könnten mit unserer Einschätzung recht haben und uns vor allem auf einen wirksameren Widerstand gegen Schritte der Sowjetunion im Westen konzentrieren. Für sie war die praktische Folge, daß »das Wasser des Unheils nach China geleitet« wurde, um Maos plastischen Satz zu zitieren, das heißt, daß der Druck der Sowjetunion auf China weiter wuchs. Es wäre unmöglich gewesen, diese Praktiker der Realpolitik davon zu überzeugen, daß eine solche Strategie über den Horizont amerikanischer Politiker ging, denn das hätte chinesischen Erfahrungen aus über fünftausend Jahren wechselnder Bündnisse völlig widersprochen.

Im Grunde genommen ging es nicht darum, welche Argumente im einzelnen angeführt wurden, sondern darum, wie beide Seiten Flexibilität begriffen. Für die chinesischen Vertreter war es ganz natürlich, daß sie versuchten, unsere Optionen möglichst einzuschränken und uns auf die eine festzulegen, die Chinas langfristiger Sicherheit am besten entsprach. Das war ein eindeutiger Kurs der Konfrontation mit der Sowjetunion, der ihre Unsicherheit abgebaut, zugleich aber auch unsere Verhandlungsmöglichkeiten eingeschränkt hätte. Wir dagegen mußten daran interessiert sein, die Optionen offenzuhalten, die uns die Möglichkeit gaben, unsere Politik so zu gestalten, daß sie unseren strategischen Erfordernissen entsprach und außerdem die Unterstützung der Öffentlichkeit erhielt.

Dies wurde besonders deutlich, als die chinesische Politik wieder stärker unter ideologischen Einfluß geriet. Die sogenannte Viererbande, der neben Maos Ehefrau Tschang Tschun-tschiao, Yao Wen-yuan und Wang Hung-wen angehörten, gab in den letzten sechs Monaten, die Mao noch zu leben hatte, zunehmend den Ton an. Viel stärker ideologisch geprägt und radikaler als Teng, griffen sie seine Reformpolitik als eine Rückkehr zum »kapitalistischen Weg« an und gaben sich auch hinsichtlich der Beziehungen der Vereinigten Staaten zu Taiwan immer militanter. Uneingeschränkt beriefen sie sich wieder auf Maos ideologische Lehren, die der greise Große Vorsitzende selbst nur wegen der großen Gefahr seitens der Sowjetunion etwas abgeschwächt hatte.

So wurde mein nächster Besuch in Peking, der am 19. Oktober 1975 begann, die schwierigste aller Begegnungen mit chinesischen Spitzenpolitikern. Ich hatte das Gipfeltreffen Fords mit Mao und Teng vorzubereiten, das für Anfang Dezember vorgesehen war. Während des Besuches wurde offenkundig, daß der chinesische Außenminister Tschiao Kuan-hua eine härtere Linie verfolgte als Teng, ohne daß dieser die Möglichkeit hatte, seinen Untergebenen zur Ordnung zu rufen. Jahre später erfuhren wir, daß Tschiao sich bereits damals auf die Viererbande hin orientiert hatte, der es sechs Monate später gelang, Teng zu stürzen.

Tschiao Kuan-hua konnte nicht als natürlicher Verbündeter dieses Quartetts gelten. Der Schüler Tschou En-lais war 1972 bei der Ausarbeitung des Shanghaier Kommuniqués mein Partner gewesen. Er hatte mich beeindruckt, denn er war feinsinnig, hoch gebildet und sehr charmant, wenn es ihm gefiel. Tschiao kam aus bürgerlichen Verhältnissen, hatte in Deutschland studiert und brillierte als Kenner Hegels. Warum er sich der Viererbande anschloß, kann nur vermutet werden, denn er hat sich in den Jahren, die ihm noch blieben, nachdem Teng zum zweiten Mal aus der Verbannung zurückgekehrt und er selbst entlassen worden war, nie darüber geäußert. War es Überzeugung, war es Opportunismus oder der Einfluß seiner jungen Frau, einer engen Freundin Tschiang Tschings? Was immer der Grund gewesen sein mag, Tschiao legte den Eifer des Bekehrten an den Tag – das aus gutem Grund. Denn er war der klassische Typ eines chinesischen Politbürokraten, in dem die Ideologen einen »Konfuzianer« vermuteten und den Mao zuweilen sarkastisch »Lord Tschiao« nannte.

Einige Wochen zuvor hatte Tschiao vor den Vereinten Nationen unsere Politik gegenüber der Sowjetunion scharf angegriffen. Nun weigerte er sich, ein gemeinsames Kommuniqué zu entwerfen, ohne ein solches konnte der Besuch Fords als ergebnislos erscheinen. Das lag zum Teil an der Entwicklung unseres Verhältnisses. Richard Nixons historische Reise 1972 hatte im Shanghaier Kommuniqué gemündet, der Charta der wiederhergestellten chinesisch-amerikanischen Beziehungen. Es gab keine Notwendigkeit, ihre Grundsätze zu wiederholen. Der nächste Schritt wäre gewesen, Peking als die Regierung Chinas anzuerkennen, wozu wir noch nicht bereit waren. Die chinesischen Führer dagegen konnten aus innenpolitischen Gründen kein Kommuniqué akzeptieren, in dem Taiwan nicht erwähnt war. Andererseits maßen die führenden Männer Chinas, besonders Teng, Fords Besuch große Bedeutung bei. Er sollte demonstrieren, daß zwischen China und den Vereinigten Staaten nach wie vor enge Beziehungen bestanden, denn das war einer der wichtigsten Trümpfe ihrer Außenpolitik.

So kam es, daß ich im Oktober 1975 gespaltene Vereinigte Staaten in einer chinesischen Hauptstadt vertrat, die mit ihrer eigenen Spaltung zu kämpfen hatte. Als Teng mich in der Großen Halle des Volkes willkommen hieß, versuchte er sogleich die Spannungen zu lockern, die die Rede des Außenministers vor den Vereinten Nationen verursacht hatte. Selbst wenn wir unterschiedlicher Meinung waren, streute er ein, daß »wir uns als enge Freunde begegnen«. Ich bemerkte halb im Scherz, der Außenminister habe mich einzuschüchtern versucht: »Er hat so viele Granaten abgeschossen.« »Das waren doch nur Attrappen«, erwiderte Teng. Aber Tschiaos Position im Land schien stark genug zu sein, um die Zurechtweisung zu ignorieren. Auf dem Empfangsbankett, das diesem Gespräch folgte und auf dem Teng anwesend war, attackierte Tschiao in seinem Trinkspruch die Entspannung mit wörtlichen Auszügen aus seiner UN-Rede, über die ich meinen Unmut bereits geäußert hatte:

Nackte Tatsache ist: Nicht die Entspannung hat ein neues Stadium erreicht, sondern die Gefahr eines neuen Weltkrieges steigt weiter an. Wir glauben nicht an einen dauerhaften Frieden. Die Entwicklung vollzieht sich nach objektiven Gesetzen, die nicht vom Willen der Menschen abhängig sind. Die einzige Möglichkeit, dem Streben nach Vorherrschaft zu begegnen, ist ein entschiedener Kampf dagegen. Sich in Illusionen zu wiegen, die eigenen Hoffnungen oder Wünsche für die Realität zu nehmen und entsprechend zu handeln, das wird die Ambitionen des Expansionismus nur steigern und schwere Folgen nach sich ziehen.[2] Ich entgegnete scharf und aus dem Stegreif. Meine vorbereitete Rede legte ich beiseite. Unser Land verfolge die Politik, die seiner besonderen Lage am besten entspreche, erklärte ich. Wir widersetzten uns dem Streben nach Vorherrschaft, wo immer es auftrete. Aber wir suchten nicht bewußt die Konfrontation, und wir allein bestimmten, wann wir uns darauf einließen. Auf jeden Fall habe unser entschiedenes Vorgehen mehr dazu beigetragen, sowjetischen Expansionismus zu vereiteln, als die tönenden Phrasen »anderer« (ein Seitenhieb gegen Tschiao). Noch während ich sprach, gingen die Scheinwerfer des Fernsehens plötzlich aus; deshalb erfuhren die amerikanischen Zuschauer von diesem harten Schlagabtausch nichts.

Am nächsten Morgen versuchte Teng dem Vorkommnis vom vergangenen Abend den Stachel zu ziehen. Er freue sich auf den Besuch des Präsidenten, sagte er. Dieser sei viel wichtiger als alle Meinungsverschiedenheiten: »Der Besuch wird gut, ob wir in unserem Denken nun übereinstimmen oder nicht. Wir heißen den Präsidenten willkommen.«

Nach einem Wortwechsel über technische Fragen der Reise des Präsidenten legte ich unsere internationale Strategie im einzelnen dar:

Das strategische Problem, mit dem wir beide konfrontiert sind, ist die sowjetische Gefahr. Ich meine, es ist wichtig zu verstehen, daß wir drei Punkte klären müssen: erstens die Gesamtstrategie, zweitens die einzuschlagende Taktik und drittens unser Verhältnis im Hinblick auf die gesamte internationale Lage.

Die Sowjetunion, fuhr ich fort, werde militärisch stärker. Dies sei jedoch ein Ergebnis der technischen Entwicklung, nicht unserer Entspannungspolitik. Ich könne nicht erkennen, ob die Speerspitze der sowjetischen Strategie sich gegen den Westen oder den Osten richte:

Da die Sowjetunion ein Staat in Europa und Asien ist, kommt es darauf an zu erreichen, daß sie in keiner der beiden Regionen ihre Vorherrschaft errichtet. Und da vor allem wir den Widerstand gegen die Sowjetunion tragen, müssen wir in beiden Regionen stark sein. Ich habe es bereits Ihrem Außenminister gesagt: Ich weiß nicht, welche Theorie die richtige ist – ob die Sowjets im Osten täuschen, um im Westen anzugreifen, oder umgekehrt. Ich glaube auch nicht, daß dies einen Unterschied macht. Denn wenn sie im Westen angreifen und Erfolg haben, dann wird der Osten danach mit viel massiveren Attacken zu rechnen haben. Wenn sie im Osten erfolgreich angreifen, dann wird dies danach im Westen passieren. Für die Vereinigten Staaten ist das kein bedeutender Unterschied.

Wirkliche Unterschiede beständen in unserer Taktik, argumentierte ich. Hier stießen wir jedoch auf eine paradoxe Situation: China trete in der Öffentlichkeit ausgesprochen unversöhnlich auf, verhalte sich aber in seiner praktischen Politik im größten Teil der Welt recht passiv. Die amerikanische Seite äußere sich in der Öffentlichkeit flexibler. Das liege zum Teil daran, daß wir an allen Fronten zu finden seien, wohin »die Sowjetunion ihre Hände ausstreckt«. Wir könnten in diesen Kämpfen aber nur bestehen, wenn wir unsere Öffentlichkeit davon überzeugten, daß wir im Grunde friedliche Ziele verfolgen:

Deshalb sind wir im Nahen Osten, in Angola, in Portugal und anderswo sehr aktiv gewesen, um die sowjetische Expansion einzudämmen, selbst wenn wir das allein tun mußten und dafür kritisiert wurden. Um diese Politik auch nach den innenpolitischen Erschütterungen in Amerika als Folge von Vietnam und Watergate fortsetzen zu können, ist es für uns absolut notwendig, im Land den Eindruck zu erwecken, daß wir provoziert werden und nicht etwa selbst die Spannungen forcieren. Wie wir aber für eine Eindämmungspolitik die notwendige Unterstützung im Land erhielten, war nicht Chinas Problem. Dies um so weniger, als die Fähigkeit des Chefs der amerikanischen Administration, mit seiner Öffentlichkeit fertig zu werden, durch eine Reihe von Ereignissen in Frage gestellt wurde, die für Chinesen völlig unerklärlich waren. Als bestes Beispiel galt Watergate. Teng leitete seine Erwiderung deshalb mit einigen eher praktischen Gesprächsthemen ein: Wieviel Getreide verkauften die Vereinigten Staaten der Sowjetunion? Wieviel Technologie transferierten wir dorthin? Bedeutete die Schlußakte von Helsinki die Anerkennung einer sowjetischen Einflußsphäre? Diese sehr sensiblen Fragen gipfelten schließlich in einer allgemeinen Feststellung:

Wir verstehen nicht, weshalb die Vereinigten Staaten und der Westen ihre Stärken nutzen, um der Sowjetunion ihre Schwächen zu überwinden zu helfen. Hätten die Vereinigten Staaten und Europa die Schwächen der Sowjetunion besser ausgenutzt, dann wären sie heute in einer stärkeren Verhandlungsposition.

In der nächsten Gesprächsrunde wies Teng meine Darlegungen zurück. Man müsse sich mit der Sowjetunion konfrontieren. Ihre Arsenale von Atomwaffen füllten sie weiterhin, selbst wenn man immer mehr Abkommen über ihre Begrenzung unterzeichne. Ihr wirkliches Ziel sei der Westen. Der Aufmarsch im Osten sei im wesentlichen ein Täuschungsmanöver. Das Problem war, daß Teng Einfluß auf die Strategie des Westens forderte, ohne als Gegenleistung mehr anzubieten, als daß China an seiner Unabhängigkeit festhielt. Das tat es aber aus eigenem Interesse, so erklärte ich Teng, und nicht uns zu Gefallen. Die strategische Partnerschaft zwischen China und den Vereinigten Staaten resultiere aus gleichgerichteten Interessen, die auf geopolitische Erfordernisse zurückgingen: Selbst wenn wir in der Taktik nicht zu einer Übereinstimmung gelangten, werde die chinesisch-amerikanische Zusammenarbeit dem sowjetischen Expansionismus in der Praxis Schranken setzen.

Damit waren wir bei dem Thema angelangt, von dem abhing, ob bei Fords Besuch ein Kommuniqué zustande kam: Konnten in der Taiwanfrage Fortschritte erzielt werden? Ich hatte vorgeschlagen, daß das amerikanische Verbindungsbüro in Peking und unsere Botschaft in Taipeh ihren offiziellen Status tauschen sollten. Die amerikanische Mission in Peking sollte in eine Botschaft umgewandelt, die Vertretung in Taiwan dagegen zu einem Verbindungsbüro herabgestuft werden.

Teng lehnte diesen Vorschlag ab, da ein amerikanisches Verbindungsbüro in Taipeh und ein entsprechendes taiwanesisches Büro in Washington Taiwan einen zu hohen politischen Status verliehen. Aus der Sicht Pekings war Taiwan eine Provinz Chinas, die keinerlei diplomatische Vertretung zu beanspruchen hatte. Teng formulierte drei Prinzipien für die Zukunft Taiwans:

Das erste Prinzip lautet, daß wir auf dem Shanghaier Kommuniqué bestehen und bestehen sollten. Das heißt, wir lehnen alles ab, was zu Lösungen wie »zwei Chinas«, »ein China, ein Taiwan« oder ähnlichem führen könnte.

Der Gedanke, hier in Peking eine Botschaft und in Taiwan ein Verbindungsbüro einzurichten, ist eine Variante des Konzepts »ein China, ein Taiwan«, und das können wir nicht akzeptieren.

Das zweite Prinzip lautet, daß die Lösung der Taiwanfrage eine innere Angelegenheit des chinesischen Volkes ist, die allein dem chinesischen Volk vorbehalten bleiben muß. Welche Mittel wir letzten Endes benutzen, um die Taiwanfrage zu lösen – ob es friedliche oder nichtfriedliche Mittel sind –, ist eine innere Angelegenheit, die ebenfalls allein das chinesische Volk zu entscheiden hat.

Das dritte, für uns ebenfalls unabdingbare Prinzip lautet: Wir akzeptieren nicht, daß irgendein anderes Land in die Lösung der Taiwanfrage eingreift, auch nicht die Vereinigten Staaten.

Tengs drei Prinzipien sind von zentraler Bedeutung, wenn man Pekings Grundhaltung zur Zukunft Taiwans verstehen will. Für Chinesen aller politischen Lager ist Taiwan ein Teil Chinas und als solcher seit Jahrhunderten international anerkannt sowie auf der Kairoer Konferenz vom November 1943 und in allen Nachkriegsregelungen bestätigt. In Chinas Augen begann die Abtrennung seiner Gebiete, als Japan die Insel 1895 annektierte. Für Peking ist Taiwan kein Ausland. Sein Streben nach Unabhängigkeit wird als Herausforderung für die nationale Einheit aufgefaßt, weil dadurch Bestrebungen anderer Nationalitäten in geographisch entlegenen Provinzen in der Nachbarschaft räuberischer Mächte legitimiert werden könnten. China ist eher zum Krieg bereit, als dieses Prinzip aufzugeben.

Andererseits bestehen die Vereinigten Staaten erklärtermaßen seit sechs Administrationen auf einer friedlichen Lösung. Welche rechtliche Grundlage ihre Verpflichtung auch haben mag – Teng stellte diese mit seiner Erwiderung eindeutig in Frage –, ginge jede chinesische Regierung doch ein großes Risiko ein, wenn sie es wagte, ihre praktische Anwendbarkeit auf die Probe zu stellen. Solange die Taiwanfrage noch nicht auf dem Verhandlungsweg gelöst ist, müssen beide Seiten mit größter Zurückhaltung zwischen ihren jeweiligen Erfordernissen lavieren. Wenn China eine gewaltsame Lösung herbeizuführen sucht, fordert es die Reaktion Amerikas heraus. Wenn die Vereinigten Staaten sich in den chinesischen Bürgerkrieg hineinziehen lassen, indem sie ein souveränes Taiwan anerkennen oder insgeheim mit einer Anerkennung einverstanden sind, dann riskieren sie einen Konflikt, in dem sie in China einen zähen, rücksichtslosen Gegner finden werden.

Teng, der die beiden Extreme durchaus sah, schwächte seine Bemerkungen sofort wieder ab, indem er mich an Maos Erklärung gegenüber Nixon erinnerte, China sei bereit, hundert Jahre auf die Vereinigung mit Taiwan zu warten. Die Verbesserung der chinesisch-amerikanischen Beziehungen könne jedoch nicht warten, meinte er, daran sollten wir sofort gehen.

Um hervorzuheben, wie wichtig der chinesischen Führung die Beziehungen zu den Vereinigten Staaten seien, änderte Teng das Programm für den nächsten Tag und arrangierte für die amerikanische Delegation ein üppiges

Picknick in den Duftbergen bei Peking, einem Erholungsgebiet der kommunistischen Elite. Auf das angesprochene Thema aber kam Mao zurück, als er mich am Nachmittag empfing.

Das Gespräch mit Mao

Dieses kam auf die mir nun schon bekannte Weise zustande. Am 21. Oktober sprachen Teng und ich gerade über die Südflanke der NATO – ein Beispiel dafür, welch weiten Fragenkreis die praktischen Diskussionen umfaßten –, als gegen 18.00 Uhr die stellvertretende Außenministerin Wang Hairong (die wir für Maos Nichte hielten) eintrat und Teng einen Zettel übergab. »Der Große Vorsitzende erwartet Sie um 18.30 Uhr«, teilte mir Teng mit. Die Chinesen deuteten an, Mao sähe gern auch meine Frau, die leider gerade einkaufen gegangen war. Das Kommunikationsnetz der Chinesen erwies sich als besser, als man bei den noch primitiven Telefonen hätte vermuten können. Binnen fünfzehn Minuten wurde Nancy beinahe mit körperlicher Gewalt aus einem Geschäft geholt und zur Residenz des Großen Vorsitzenden gebracht.

Maos Erscheinung erschreckte mich. Er stand, wie gewöhnlich, vor dem Halbkreis von Sesseln mitten in seinem Arbeitszimmer. Aber er war seit unserer letzten Begegnung vor zwei Jahren so verfallen, daß zwei Pflegerinnen ihn stützen mußten. Speichel tropfte ihm vom Kinn. Er hatte mehrere Schlaganfälle hinter sich und konnte kaum noch Worte artikulieren. Chinesisch ist eine Sprache mit mehreren Tönen, und so hatte die Dolmetscherin große Mühe, Mao zu verstehen. Zunächst mußte sie wiederholen, was der Große Vorsitzende ihrer Meinung nach gesagt hatte. Wenn sie ihn nach mehreren Versuchen nicht verstand, schrieb er es ihr auf.

Der Große Vorsitzende erschien so hinfällig, daß ich befürchtete, ich könnte die Ursache seines Ablebens sein, wenn das Gespräch länger als fünfzehn Minuten dauerte. Seine ersten Bemerkungen galten Nancy. »Sie überragt Sie wie ein Turm«, krächzte er.

Nachdem Nancy gegangen war und wir uns dem Sachgespräch zuwandten, schien Mao Kraft zu gewinnen. Die Begegnung dauerte mehr als eineinhalb Stunden. Sie erwies sich als das interessanteste, aber auch gespannteste meiner fünf Gespräche mit ihm.

Mao eröffnete die Unterhaltung im gewohnten Plauderton:

Mao: Wie Sie wissen, habe ich alle möglichen Leiden. Ich werde bald im Himmel sein.

Kissinger: Nicht so bald.

Mao: Bald. Ich habe schon eine Einladung von Gott.

Kissinger: Ich hoffe, Sie werden ihr noch lange nicht folgen.

Mao: Der Wunsch des Doktors (Kissinger) sei mir Befehl.

Kissinger: Vielen Dank. Der Präsident freut sich sehr auf seinen Besuch in China und auf die Gelegenheit, den Großen Vorsitzenden zu treffen.

Mao: Er ist uns sehr willkommen.

Mao bewies mir bald, daß sein scharfer analytischer Verstand noch funktionierte. Die abstrakte, beinahe akademische Debatte vom Tag zuvor über die gegenüber der Sowjetunion einzuschlagende Taktik war nichts für Mao:

Gestern haben Sie in Ihrem Streit mit dem stellvertretenden Ministerpräsidenten (Teng Hsiao-ping) gesagt, die Vereinigten Staaten verlangten
nichts von China und China verlange nichts von den Vereinigten
Staaten. Aus meiner Sicht ist das zum einen Teil richtig und zum anderen falsch.
Das kleine Problem ist Taiwan, das große die Welt. (Er begann zu husten,
und eine Pflegerin mußte ihm Erleichterung verschaffen.) Wenn keine
Seite von der anderen etwas verlangt, weshalb kommen Sie dann nach
Peking? Wenn niemand etwas will, warum sollten Sie dann nach Peking
reisen, und warum sollten wir Sie und den Präsidenten empfangen?

Als ich erwiderte, der Grund meines Besuches sei, daß »wir einige gemeinsame Gegner haben«, sagte Mao auf Englisch »Yes«. Um das hervorzuheben, schrieb er das Wort noch einmal auf ein Blatt Papier und reichte es mir.
So bin ich sicherlich der einzige Mensch auf der Welt, der ein handschrift-
liches Wort auf Englisch von Mao besitzt. Meine folgende Bemerkung, ein
weiterer Zweck meines Besuches in Peking bestehe darin, von Chinas klarer
Weltsicht zu profitieren, wurde weniger gnädig aufgenommen: »Das klingt
nicht sehr plausibel, denn Ihre oberste Priorität ist die Sowjetunion, die
zweite Europa und die dritte Japan.« Mao erläuterte, wie er zu diesem
Schluß gekommen war:

Es gibt auf der Welt nur zwei Supermächte. (Er zählte sie an den Fingern
her.) Wir sind noch rückständig. (Wieder zählte er an den Fingern ab:)
Amerika, die Sowjetunion, Europa, Japan, China. Wir kommen an letzter
Stelle. Amerika, die Sowjetunion, Europa, Japan, China ...
Wir sehen, daß Sie über unsere Schultern nach Moskau klettern. Diese
Schultern sind jetzt nutzlos. Wie Sie sehen, stehen wir an fünfter Stelle.
Wir sind der kleine Finger.

Nun war es heraus. Der wirkliche Streit betraf nicht die Taktik gegenüber
einem gemeinsamen Gegner oder die Gestaltung der Entspannungspolitik,
sondern die Frage, ob die Vereinigten Staaten die Sowjetunion noch als ihren
Hauptgegner betrachteten. War die Öffnung nach China lediglich ein taktisches Manöver gewesen, um die Tür nach Moskau für einen Handel zur
Aufteilung der Welt unter den Supermächten zu öffnen? Hatte man China
an der Nase herumgeführt, um die Bestimmung der Einflußsphären Amerikas und der Sowjetunion zu erleichtern, in die schließlich auch China ein-
gegliedert werden sollte?

Auf mein Argument, ein solcher Kurs wäre selbstmörderisch, beschrieb
Mao eine Strategie, in deren Rahmen er durchaus sinnvoll erscheinen
konnte. Vielleicht wollten wir den Kommunismus ein für allemal loswerden, indem wir zunächst die beiden kommunistischen Giganten in eine Auseinandersetzung miteinander verstrickten und uns danach den Sieger vor-
nahmen? Zunächst hetzten wir die Sowjetunion zum Angriff auf China auf,
erläuterte Mao, und dann könnten wir mit der erschöpften Sowjetunion
leicht fertig werden. Diese Strategie beschrieb er so:

Sollen die sich an China festbeißen... Danr können Sie die Sowjetunion von hinten packen. Und Ihre Losung wird Frieder sein, das heißt, Sie müssen den Sozialimperialismus niederringen, damit Frieden einzieht.

Der greise Revolutionär, der keine Zeit ohne Kampf erlebt hatte, der emotional inzwischen so darauf eingestellt war, daß er selbst nach einem Sieg noch Aufruhr vermutete, hätte nicht geglaubt (oder jede Achtung vor uns verloren, wenn er es hätte glauben müssen), daß Amer_ka nach Vietnam und Watergate alle Hände voll zu tun hatte, um das eigene Volk zur Aufrechterhaltung des globalen Gleichgewichts zu mobilisieren. Die Sowjetunion zu einem Angriff auf China zu treiben, mit dem wir so offenkundig die Beziehungen zu verbessern suchten, um ihr danach von hirten den Todesstoß zu versetzen, war für die Vereinigten Staaten der siebziger Jahre und sicher auch zu jeder anderen Zeit eine zu machiavellistische Vorstellung. Als ich darauf empört reagierte, ließ Mao das Thema fallen.

Die wachsende Paranoia Maos in seinen späten Jahren mag zur Entstehung dieser Theorie beigetragen haben, die so brillant wie für ihren Erfinder frustrierend war. Denn wenn Mao glaubte, was er sagte, dann verlor jedes Gespräch seinen Sinn. Wenn Washington und Moskau tatsächlich insgeheim miteinander kollaborierten, dann war, was ich auch immer sagte, ohne jede Bedeutung. Und so kehrte Mao zu dem einzigen realistischen Thema zurück, das diese Kombination von Herausforderung und Klage rechtfertigte: dem Versuch, die Politik Chinas und Amerikas für das gemeinsame Ziel zu koordinieren, eine sowjetische Aggression zu verhindern oder sie zurückzuschlagen, sollte es dazu kommen.

Wenn man sich gegen eine potentielle Aggression zur Wehr setzt, hat man stets mindestens zwei Optionen: Man kann versuchen, eine Entscheidung zu erzwingen, oder man kann auf Zeit spielen. Ersteres ist angesagt, wenn der Gegner unversöhnlich erscheint und die Position des potentiellen Opfers sich mit der Zeit nur verschlechtern kann. In dieser Lage befand sich Großbritannien in den dreißiger Jahren. Adolf Hitler war unversöhnlich, und die Position Großbritanniens mußte sich verschlechtern, je stärker Deutschland aufrüstete.

Eine andere Strategie ist erforderlich, wenn man meint, die Zeit arbeite für das Land (oder die Länder), das sich bedroht fühlt, aber auch, wenn es eine Zeit der Schwäche erlebt, von der es sich erst erholen muß. Wie bereits in früheren Kapiteln dargelegt, sahen wir die Sowjetunion strategisch im Niedergang begriffen, besonders seit die Vereinigten Staaten sich von Vietnam und Watergate erholten. Ich erinnerte Mao an unser Gespräch von vor fast zwei Jahren, in dem wir übereingekommen waren, jegliche Schritte der Sowjetunion gegen das Kräftegleichgewicht zu verhindern oder zu durchkreuzen. Dieses strategische Ziel hatte sich nicht verändert, aber es »wir hatten eine schwere Zeit wegen des Rücktritts von Präsident Nixon, und wir mußten mehr manövrieren, als uns lieb war«. Dieses Argument verstand der Große Vorsitzende, denn er selbst hatte in seinem Leben häufig manövrieren müssen. »Ich denke, das darf man tun«, sagte er. »Manövrieren ist erlaubt.«

Da wir nun zum Thema einer gemeinsamen Strategie zurückgefunden hatten, wartete Mao mit einer weiteren Herausforderung auf. Wenn wir ein gemeinsames Ziel hatten, wie sollte dieses erreicht werden? Wir setzten offenbar wenig Vertrauen in unsere Armee, meinte er, weshalb sei sie sonst so klein und den Sowjets so weit unterlegen? Offenbar zweifelten auch viele Amerikaner daran, daß man zur Verteidigung Europas jemals Atomwaffen einsetzen werde. Dazu zitierte Mao aus einer Rede von Senator Barry Goldwater und einem Buch des für den militärischen Bereich zuständigen Korrespondenten der New York Times (offenbar meinte er Drew Middleton). Er sprach es zwar nicht direkt aus, aber die Anspielung war klar: Wie wollten wir mit einer kleinen Armee und mit Verboten für den Einsatz von Atomwaffen China schützen? Verfolgten wir selbst für Europa, was Mao eine »Dünkirchen-Strategie« nannte? Mit anderen Worten: Bereiteten wir uns darauf vor, die eurasische Landmasse zu verlassen und die Sowjetunion mit einer Langzeitstrategie niederzuringen?

Damit hatte Mao das zentrale moralische und strategische Dilemma des Kalten Krieges angesprochen, dem wir letzten Endes nur durch den Zerfall der Sowjetunion entgangen sind: Einerseits waren wir nicht in der Lage, in einem konventionellen Krieg die Oberhand zu gewinnen, worüber potentielle Opfer wie China am meisten besorgt waren; andererseits hätte die Zivilisation einen Atomkrieg nicht überlebt. Ich antwortete deshalb auch mehr nach meiner inneren Überzeugung als nach dem tatsächlichen Sachstand:

Wenn Westeuropa im Ernst angegriffen wird, dann werden wir natürlich Atomwaffen einsetzen. Wir haben siebentausend solcher Waffen in Europa, und wir werden nicht zulassen, daß sie der Gegenseite in die Hände fallen. Soviel zu Europa. In den Vereinigten Staaten haben wir wesentlich mehr...

... Herr Vorsitzender, am Ende müssen wir gegenseitig zu unseren Erklärungen ein Minimum an Vertrauen haben. Es wird keine Dünkirchen-Strategie geben, weder im Westen noch im Osten. Und wenn es zu einem Angriff kommt, wenn wir ihn gestoppt und unsere Kräfte mobilisiert haben, dann sind wir sicher, daß wir einen Krieg gegen die Sowjetunion gewinnen.

Diese Entgegnung veranlaßte den Großen Vorsitzenden, sich über die »Weichheit« Europas zu verbreiten, wobei er einen letzten boshaften Seitenhieb austeilte. Mao wies darauf hin, daß Frankreich die Vereinigung Deutschlands fürchte. Ich antwortete, wir befürworteten sie, allerdings müsse »die Macht der Sowjets in Europa geschwächt werden, bevor dies geschehen kann«. Mao schoß zurück: »Ohne Kampf kann die Sowjetunion nicht geschwächt werden.« (Hier irrte Mao.) Nach Meinung des Großen Vorsitzenden wurden wir daran vor allem durch Watergate gehindert. »Mir scheint, es war nicht nötig, die Watergate-Affäre so zu handhaben«, sagte er, und man konnte spüren, daß ihm das Ende der Präsidentschaft Nixons nach wie vor ein Rätsel war.

Zum Abschluß des Gesprächs erinnerte Mao an die Einladung für Schlesinger, die Teng im Jahr zuvor ausgesprochen hatte. Der Verteidigungsminister sei in China willkommen – entweder in einer Delegation des Präsidenten oder zu einem eigenen Besuch. Man verfolge damit das Ziel, die Sowjetunion zu beeindrucken. Mit Schlesingers Reise verbanden Mao wie Teng die Hoffnung, daß er Sinkiang und die Innere Mongolei besuchen werde, die an die Sowjetunion grenzten.

Das Gespräch war in körperlicher und geistiger Hinsicht eine Glanzleistung: umfassend, scharfsinnig und leidenschaftlich. Die Mitschrift vermittelt nicht, welch enormen Kraftakt es für den dahinsiechenden Großen Vorsitzenden bedeutete. Die Worte kamen quälend, als ob er nach Luft schnappte. Danach mußte er Kräfte sammeln, bis er seinem Körper mit neuer Energie einen weiteren Wortschwall abrang.

Um sicherzustellen, daß nichts die Vereinigten Staaten und China von der wichtigsten Herausforderung ablenkte, legte Mao im Grunde genommen die Prinzipien ad acta, die Teng am Tag zuvor zur Taiwanfrage erläutert hatte. Mit merkwürdiger Ironie wiederholte er seine Bemerkung gegenüber Nixon, die Taiwanfrage könne auch noch hundert Jahre warten:

Noch in hundert Jahren werden wir danach streben und dafür kämpfen... Aber wenn ich in den Himmel komme und Gott sehe, werde ich ihm sagen, daß es im Moment besser ist, wenn die Vereinigten Staaten sich um Taiwan kümmern.

Später veröffentlichten die Chinesen eine Meldung, in der es hieß, Mao habe »mit Dr. Kissinger« ein Gespräch in freundlicher Atmosphäre geführt – eine sehr positive Wertung, wenn man die Diplomatensprache versteht. Dieser Eindruck wurde etwas gedämpft durch ein Foto, auf dem Mao neben meiner Frau und mir steht, dabei lächelt, aber mit dem Finger droht, was bedeutete (da wir inzwischen wußten, daß die Bevölkerung derartigen Fotos bestimmte Signale entnahm), daß ich (oder die Vereinigten Staaten) einen freundlichen Hinweis brauchte.

Ford und Mao: Der Gipfel von 1975

Obwohl das Gespräch mit Mao so optimistisch endete, beschlichen mich, was den Besuch des Präsidenten betraf, zunehmend Zweifel. Zwar wirkten Maos Worte weniger streitbar als die Tengs oder gar Tschiaos, aber sie waren von einem einschüchternden Unterton begleitet, der sich bei einem Präsidentenbesuch auch leicht in eine Drohung wandeln konnte. Die chinesischen Führer hatten kein Interesse daran, eine Abkühlung der Beziehungen zu den Vereinigten Staaten zu demonstrieren. Aber wenn sie zu dem Schluß kamen, daß wir wegen unserer innenpolitischen Probleme bedeutungslos wurden, oder wenn in China selbst größere Unruhen ausbrachen, konnte die Neigung zur Ideologie sich leicht wieder verstärken. Wie man den offensichtlichen Widerwillen der Chinesen gegen ein Kommuniqué auch erklären mochte, er deutete zumindest an, daß die Spitzenpolitiker entweder keine wesentlichen neuen Entwicklungen in den amerikanisch-chinesischen Beziehungen erwarteten oder der Meinung waren, jeder Versuch, über das Shanghaier Kommuniqué hinauszugehen, könnte in Washington, Peking oder beiden Hauptstädten auf unüberwindliche Hindernisse stoßen.

Aus all diesen Gründen unternahmen wir drei Schritte: Wir teilten Peking mit, man solle am besten die Arbeit am Kommuniqué einstellen, eine Presseerklärung zum Abschluß des Besuches sei ausreichend. Wir kürzten das Programm, indem wir die Besuche in den Provinzen strichen und Fords Reise auf Arbeitsgespräche in Peking beschränkten. Und wir beschlossen, anstelle der Besichtigungsreise durch chinesische Provinzen kurze Besuche in Indonesien und auf den Philippinen anzuschließen. Damit verringerten wir das Gewicht des Chinabesuches in den Augen der amerikanischen Öffentlichkeit, eine Geste, die Peking ganz sicher verstand: Die Vereinigten Staaten wollten ihre Asienpolitik nicht von einem Staat abhängig machen, wie bedeutend er auch war.

Als Ford Schlesinger eine Woche nach meiner Rückkehr aus Peking entließ, wurde das in China zweifellos in diesem Zusammenhang gesehen. Dabei hatten beide Ereignisse (wie bereits beschrieben) nicht das geringste miteinander zu tun. Während ich auf Reisen war, hatte Ford diese Entscheidung aus Gründen gefällt, die mit meinem Besuch in Peking oder der chinesischen Einladung für Schlesinger in keinerlei Verbindung standen. In China wurde sie aber zweifellos, zumindest anfangs, als Reaktion auf den Versuch verstanden, die Spannungen unter Mitgliedern der Ford-Administration sowie zwischen Administration und Kongreß zu instrumentalisieren.

Die Chinesen reagierten scharf. Am 4. November, kaum achtundvierzig Stunden nach Schlesingers Entlassung, bestellte Tschiao den damaligen Chef unseres Verbindungsbüros, George Bush, ins Außenministerium und forderte, die Ankündigung des Präsidentenbesuches aufzuschieben. Er erklärte Bush, China stütze sich in seiner Politik auf die eigene Kraft: »Es fürchtet keine Einschüchterung und sucht auch keinen Schutz.« Zugleich wiederholte Tschiao vielsagend, China habe hinsichtlich Taiwans keine Eile; dadurch nahm er die umstrittenste Frage von der Tagesordnung. Die Vereinigten Staaten seien China etwas schuldig, erklärte er, aber wenn die Aufnahme umfassender amerikanisch-chinesischer Beziehungen weiter auf sich warten lasse, dann werde »der Himmel nicht einstürzen«. Am 13. November wurde die Reise schließlich angekündigt.

Die Stimmung in Washington ist in meinem letzten Informationspapier unmittelbar vor Fords Abreise eingefangen. Wenn man uns wegen der Entspannungspolitik angreife, schrieb ich, solle er »die Frage stellen, wer immer nur rede und wer etwas tue... Ich würde keinerlei Kritik akzeptieren. Wenn sie die Entspannungspolitik angreifen, dann sagen Sie ihnen, daß sei unsere Sache. Versuchen Sie nicht, sie zu beruhigen, aber seien Sie dabei äußerst höflich.«

Aber Ford wurde am 1. Dezember 1975 mit ausgesuchter Liebenswürdigkeit empfangen. Am Flughafen erwartete uns Teng mit einer beeindruckenden Suite hoher Persönlichkeiten (unter denen vor allem Madame Mao fehlte) und begleitete uns ins Gästehaus. Dort erwartete uns – eine feinsinnige chinesische Geste – Tschou En-lais Ehefrau Teng Ying-Tschao, um den Willkommensgruß ihres Gatten zu überbringen (der, obwohl ans Bett gefesselt, immer noch den Titel des Ministerpräsidenten trug). Der stellvertretende Ministerpräsident Teng Hsiao-ping stimmte den Ton mit den Begrüßungsworten an: »Ihr Besuch soll eine Widerspiegelung der Beziehungen zwischen unseren Staaten und unserer Freundschaft sein.«

In diesem Geist lief auch das Begrüßungsessen ab. Madame Mao tauchte bei einem Fototermin kurz auf, wechselte mit dem Präsidenten einige unvermeidliche Worte und entschwand wieder, was offenbar Distanz signalisieren sollte. Die festliche Stimmung an diesem Abend wurde lediglich dadurch beeinträchtigt, daß die hervorragende Militärkapelle die falschen Songs spielte, weil man die Universität verwechselt hatte, an der Ford einst studierte; dies zeigt, daß auch dem ansonsten untadeligen chinesischen Protokoll zuweilen ein Lapsus unterläuft. In Tengs Begrüßungstoast war nichts von dem Feuer und Schwefel zu spüren, mit dem Außenminister Tschiao Kuan-hua mich empfangen hatte. Den Besuch des Präsidenten nannte er ein wichtiges Ereignis und die Amerikaner ein großes Volk. Er pries das Shanghaier Kommuniqué als »einzigartig«, bekräftigte das gemeinsame Ziel, das Streben nach Vorherrschaft zu bekämpfen, und stellte fest, daß »die Kontakte und die Freundschaft zwischen unseren beiden Staaten insgesamt vorankommen«. Teng schloß mit einigen hochtrabenden maoistischen Phrasen wie »Es herrscht Chaos unter dem Himmel«, griff noch einmal das »Streben nach Vorherrschaft« an und wies auf die Aufgabe Chinas hin, Friedensillusionen zu zerstreuen – der bereits obligatorische Seitenhieb gegen die Entspannung.

Fords Erwiderung strahlte Würde aus. Er bekräftigte, wie wichtig uns die Freundschaft mit China sei, hielt aber zugleich an den Grundlinien unserer Politik fest:

Die Vereinigten Staaten wollen Gefahren abbauen und zugleich ohne Illusionen neue Möglichkeiten für den Frieden erkunden. Die gegenwärtige Lage erfordert Stärke, Wachsamkeit und Festigkeit. Wir werden weiter bemüht sein, eine friedlichere Welt zu schaffen. Zugleich sind wir entschlossen, uns allem zu widersetzen, was die Unabhängigkeit und das Wohlergehen anderer bedroht.[3]

Am nächsten Tag sprachen Ford und Teng im einzelnen über die Themen, die bereits auf dem Bankett angeklungen waren. Teng setzte den Rahmen, indem er den Präsidenten noch einmal willkommen hieß und die Bedeutung des Treffens hervorhob:

Wir hoffen auf einen tiefgehenden Meinungsaustausch über Sachfragen. Dabei spielt es keine Rolle, wenn wir unterschiedlicher Meinung sind oder zuweilen auch streiten. Sicher ich erinnert sich der Außenminister daran, daß der Große Vorsitzende Mao ihm einmal gesagt hat: »Kleiner Streit kann zu großer Einigkeit führen.«

An eine derartige Bemerkung Maos erinnere ich mich nicht. Aber ich unterstützte freudig Tengs Absicht, seinen Bemühungen um die Verbesserung der amerikanisch-chinesischen Beziehungen Maos Segen zu verleihen. Teng nutzte die Gelegenheit, sich von seinem Außenminister abzusetzen, als er Fords Vorschlag zustimmte, Tschiao und ich sollten die Möglichkeit einer gemeinsamen öffentlichen Erklärung prüfen: »Ja, das können wir denen überlassen, die sich regelmäßig mit solchen Dingen befassen und darüber auch streiten.«

Dann ergriff Ford das Wort zu einer ausführlicheren Darlegung der Gesamtlage. Lange offizielle Reden waren eigentlich nicht seine bevorzugte Form der Mitteilung. Aber er war sehr gut vorbereitet. Die umfangreichen Informationsmaterialien hatte er zu Notizen verdichtet, die er nun für seine Darlegungen benutzte. Er bewies Nachdenklichkeit und Fingerspitzengefühl. Ford setzte sich mit einigen Argumenten auseinander, die Mao im Gespräch mit mir verwendet hatte. Er wies die Auffassung des Großen Vorsitzenden zurück, China sei für uns das fünfte Rad am Wagen und wir würden zur Verteidigung des Kräftegleichgewichts in Eurasien niemals Atomwaffen einsetzen:

Natürlich sind die Beziehungen zu anderen Staaten für uns wichtig, aber wir messen dem Verhältnis, das wir zur Volksrepublik China haben, eine besondere Bedeutung bei...

...Wir verhehlen nicht, daß wir mit der Sowjetunion verhandeln, um das internationale System zu stabilisieren und unsere bilateralen Beziehungen zu verbessern. Das liegt in unserem Interesse, da es bei einem Konflikt sehr, sehr schwierig wäre, den Einsatz von Atomwaffen zu verhindern. Wenn es uns gelingt, die Spannungen abzubauen, dann sind wir in den Vereinigten Staaten in der Lage, die notwendige Unterstützung zu mobilisieren, um eine starke Kraft zu sein, die sich dem sowjetischen Expansionismus widersetzt.

Obwohl wir also bemüht sind, die Spannungen mit der Sowjetunion zu vermindern, obwohl wir die internationale Lage zu stabilisieren suchen, möchte ich Ihnen versichern, daß wir uns der Expansion im Osten oder Westen, jeglicher militärischen Expansion der Sowjetunion, widersetzen werden – auch unter Einsatz unseres atomaren Potentials.

Als Teng seinen historischen Vergleich mit der Schwäche des Westens gegenüber dem Faschismus in den dreißiger Jahren wiederholte, entgegnete Ford:

Wir stimmen Ihnen zu, daß die Sowjetunion in vieler Hinsicht mit Hitler in den dreißiger Jahren zu vergleichen ist. Aber ich denke, die heutige Situation ist trotzdem etwas anders. Es wird auf keinen Fall geschehen, daß die Vereinigten Staaten in den siebziger Jahren, heute oder in der Zukunft, eine ähnliche Position (wie Großbritannien in den dreißiger Jahren) einnehmen...

...Unser Militärhaushalt wird weiter wachsen, und wir werden auch weiterhin stark genug sein, Aggressoren in den Arm zu fallen...

Um dem »Geschichtsunterricht« ein Ende zu setzen, erinnerte Ford Teng schließlich daran, daß das kommunistische Rußland zum Krieg mit Nazideutschland beigetragen hatte, weil es selbst eine Beschwichtigungspolitik gegenüber Hitler betrieb, die viel weitreichendere Folgen hatte als die Großbritanniens:

Wir haben nun ausführlich über die Geschichte gesprochen, Herr stellvertretender Ministerpräsident. Es trifft zu, daß der Westen gegenüber Hitler einige Fehler gemacht hat. Aber die Gerechtigkeit gebietet zu sagen, daß der Westen beim Überfall auf Polen reagierte. Die Geschichte lehrt allerdings auch, daß der Osten erst reagierte, als der Einmarsch (in die Sowjetunion) begann. Wir haben alle Fehler begangen.

Wir alle, auch Teng Hsiao-ping, wußten, daß Chinas offizielle Linie erst beim Gespräch des Präsidenten mit Mao zum Vorschein kam. Wie gewöhnlich wurde dieses erst kurz vorher angekündigt. Wie bereits vor vier Wochen mußten einige meiner Mitarbeiter dort eingesammelt werden, wo sie sich gerade befanden. (Joe Sisco zum Beispiel, dem ich die Gelegenheit verschaffen wollte, Mao die Hand zu geben, wurde von den Ming-Gräbern fünfzig Kilometer außerhalb Pekings geholt.)

Mao schien körperlich in etwas besserer Verfassung zu sein als vier Wochen zuvor. Er stand fester auf den Beinen, seine Sprechfähigkeit hatte sich allerdings nicht verändert. Vielleicht aus Rücksicht auf seinen Besucher gab Mao diesmal keine glühenden revolutionären Erklärungen von sich, aber seinen ironischen Stil hatte er noch nicht abgelegt. Den sachlichen Teil des Gesprächs begann er mit der Frage, worüber Ford mit Teng am Morgen gesprochen habe. Der Präsident antwortete:

Ford: Wir haben über die Probleme mit der Sowjetunion und über die Notwendigkeit gesprochen, angesichts der internationalen Gesamtlage parallel vorzugehen, um so zu erreichen, was gut für Ihr und unser Land ist.

Mao: Unser Spielraum ist begrenzt. Wir können nur mit Platzpatronen schießen.

Ford: Das glaube ich nicht, Herr Vorsitzender.

Mao: Was Schimpfkanonaden betrifft, da sind wir besser.

Zwar hatte sich Maos körperlicher Zustand etwas gebessert, aber in seiner selbstironischen Art sprach er über die Sorgen, die ihm dieser bereitete:

Mao: Ihr Außenminister hat sich in meine internen Angelegenheiten eingemischt.

Ford: Erzählen Sie mir davon.

Mao: Er erlaubt mir nicht, bald vor Gott zu erscheinen. Er will sogar, daß ich Gottes Weisung mißachte. Gott hat mir eine Einladung geschickt, aber er (Außenminister Kissinger) sagt, ich soll nicht gehen.

Kissinger: Das wäre eine zu starke Koalition, wenn er dorthin käme.

Mao: Er (Außenminister Kissinger) ist ein Atheist. Er hat etwas gegen Gott. Und er stört auch mein Verhältnis zu Gott. Er ist ein furchtgebietender Mann, und ich habe keine andere Wahl, als ihm zu gehorchen.

Kissinger: Das freut uns sehr.

Mao: Ja, wirklich. Ich habe keine andere Wahl. Er (Außenminister Kissinger) hat Weisung gegeben.

Ford: Wem? Gott?

Mao: Nein, mir.

Mao bereiteten allerdings mögliche Zerwürfnisse in seinem Land wesentlich mehr Sorgen. Darauf spielte er an, als er Ford darüber informierte, daß der Leiter des Verbindungsbüros der Volksrepublik in Washington, Huang Tschen (der anwesend war), zwei weitere Jahre auf seinem Posten bleiben sollte. Das war aber nicht der wirkliche Anlaß für Maos Bemerkung, deren volle Tragweite – auf Spannungen in China hinzuweisen – uns erst Monate später aufging:

Einige junge Leute äußern Kritik an ihm (Botschafter Huang). Und diese beiden (seine Nichte, die stellvertretende Außenministerin Wang Hairong, und die Dolmetscherin Nancy Tang) kritisieren Lord Tschiao (Außenminister Tschiao Kuan-hua). Diese Leute sollte man nicht unterschätzen. Sonst wird man es zu spüren bekommen – bis hin zu einem Bürgerkrieg. Gegenwärtig hängen viele Großwandzeitungen aus. Gehen Sie doch mal in die Tsinghua- oder Peking-Universität und schauen Sie sie sich an.

Fürchtete der über achtzigjährige Revolutionär, der sein Ende nahen fühlte, daß seine eigenen Schüler eine Revolution vom Zaun brachen? Oder heckte er schon wieder einen seiner regelmäßig wiederkehrenden Anschläge gegen jegliches Establishment aus? Fürchtete Mao, daß Chinas eigentliche Gefährdung seine innere Labilität war? Oder fachte er die Auseinandersetzung an, um das Feuer der Revolution am Brennen zu halten? Wollte er die ältere

Generation warnen, daß seine ideologischen Schüler, die Wang und Tang zweifellos waren, sie bald hinwegfegen könnten? Oder ließ uns Mao bereits etwas von dem Plan sehen, der vier Monate später zum Sturz Tengs führte? Wußte er bereits, welches Ziel er anstrebte? Oder hatte er endlich begriffen, daß die Spannung zwischen dem Hang einer uralten Zivilisation zur Stabilität und seinen Träumen von permanenter Revolution einfach nicht zu kontrollieren war, und wollte es dem Lauf der Dinge überlassen, wohin die Wellen trieben, die der von ihm erzeugte Sturm aufwühlte?

Diese Sorgen könnten auch erklären, weshalb Mao zu Ford über die chinesisch-amerikanischen Beziehungen mit einer gewissen Resignation und ohne klare Orientierung sprach:

> Mir scheint, daß gegenwärtig zwischen Ihrem und unserem Land nicht sehr viel los ist. Wahrscheinlich wird in diesem, im nächsten und im übernächsten Jahr zwischen unseren beiden Ländern nicht viel passieren. Vielleicht wird es später wieder besser.

Aber selbst in diesem Augenblick relativer Passivität verbarg sich hinter Maos Erklärung mehr als der Stillstand, den er vorauszusehen schien. Da zur Zeit keine Seite in der Lage war, in der Taiwanfrage etwas von Bedeutung zu unternehmen, wiederholte Mao im praktischen Sinne seine frühere grundsätzliche Feststellung, daß China auf die Lösung der Taiwanfrage durchaus einhundert Jahre warten könne. Es war eine Art Zusicherung, daß China Geduld üben und bei diesem Problem in der nächsten Zukunft nicht auf eine Lösung drängen werde.

Als Ford eine Reihe konkreter Fragen in verschiedenen Regionen der Welt ansprach, ließ Mao die für ihn typischen rätselhaften Bemerkungen zu Fords Darlegung der amerikanischen Politik fallen. Zu Jugoslawien meinte Mao – sehr weitsichtig, wie die späteren Ereignisse zeigen sollten –, er habe seine Zweifel, ob dieser Staat nach Tito Bestand haben werde, da »er sich aus so vielen einstmals selbständigen Ländern zusammensetzt«. Mao sprach sich für Spaniens Beitritt zur Europäischen Gemeinschaft aus, da Europa gegenwärtig ziemlich zerrissen sei. Das Gespräch blieb jedoch frei von den Anspielungen, mit denen er mich vier Wochen zuvor traktiert hatte.

Das Thema Angola nahm beträchtlichen Raum ein. Es sollte das amerikanisch-chinesische Verhältnis für längere Zeit belasten. Ebenso wie vor zwei Jahren der Versuch, die Chinesen zur Vermittlung in Kambodscha zu gewinnen, mit dem Verbot des Kongresses für militärische Aktionen in diesem Land fehlgeschlagen war, so scheiterten auch die chinesischen Bemühungen, in Angola mit uns zusammenzuarbeiten, als die Gesetzesergänzungen Tunneys und Clarks Amerika die Möglichkeit nahmen, die gegen die MPLA kämpfenden Kräfte zu unterstützen. Als Ford unsere Anstrengungen darlegte, den sowjetisch-kubanischen Vormarsch zu stoppen, meinte Mao etwas abfällig: »Sie scheinen da nicht viele Möglichkeiten zu haben.«

Der Präsident erläuterte, er habe gerade weitere fünfunddreißig Millionen Dollar Unterstützung genehmigt – eine kleine Summe, die Maos verdeckte Kritik eher zu bestätigen als zu widerlegen schien. Ford bat den Großen Vorsitzenden um seine Hilfe. Für Mao, dessen Verhältnis zu den Vereinigten Staaten im wesentlichen auf der Erwartung beruhte, Amerika könnte ihn an der Grenze gegen die Sowjetunion unterstützen, muß es nicht gerade sehr vertrauenerweckend gewesen sein, wenn man ihn bat, gegen die

Sowjetunion in Afrika zusammenzuarbeiten, das Tausende Kilometer von sowjetischem Gebiet entfernt und für Amerika viel besser zugänglich war.

Mao versprach, Fords Bitte zu erfüllen. Das führte zu einer etwas ziellosen Diskussion darüber, welches afrikanische Land den Transit chinesischer Güter gestatten könnte. Da Chinas traditioneller Freund in Afrika, Julius Nyerere von Tansania, sich auf die Seite der MPLA geschlagen hatte, schlug Mao Zaire vor. (Als ich drei Monate später durch Afrika pendelte, erfuhr ich, daß Mao sein Versprechen gehalten und tatsächlich dreißig Panzer geliefert hatte.) Ford drängte Mao, seinen Einfluß geltend zu machen, damit Mosambik in der Angolafrage neutral bleibe. Mao war zwar skeptisch, meinte aber: »Einen Versuch können wir ja wagen.«

Zwei Wochen später stoppte der Kongreß die Überweisung der Gelder, die Ford gegenüber Mao erwähnt hatte. Damit endete unser Engagement in Angola. Aber bei dem Gespräch im Arbeitszimmer des Großen Vorsitzenden gab man sich noch optimistisch: »Mit der Sowjetunion«, sagte Mao und gab damit Fords Besuch seinen Segen, »hatten wir niemals solche Gespräche wie mit Ihnen. Ich war zweimal in Moskau, und Chruschtschow hat dreimal Peking besucht. Bei keiner dieser Gelegenheiten gab es ein wirklich gutes Gespräch.«

Um sein Wohlwollen zu demonstrieren, begleitete Mao Ford bis zur Haustür seiner Residenz – eine einmalige Geste, die Nixon nicht gewährt worden war. Angesichts seines Zustandes hatte sie besondere Bedeutung, denn Mao konnte kaum auf den Beinen stehen, und das Gehen muß ihm – selbst mit Unterstützung zweier Pflegerinnen – ungeheuer schwer gefallen sein. Diese wohlwollende Atmosphäre regte Ford dazu an, am Ende noch ein kleines Glanzlicht zu setzen, indem er auf den Anfang des Gesprächs zurückkam: »Ich werde Henry sagen, er soll sich nicht mehr in Ihre internen Angelegenheiten einmischen.« Als dem Präsidenten klar wurde, daß er damit Mao geraten hatte, auf der Stelle tot umzufallen, verbesserte er sich rasch mit den Worten, er hoffe, Mao werde auch ohne meine Weisung der Einladung Gottes noch nicht Folge leisten. Um ganz sicher zu gehen, fügte ich hinzu, ich erhielte meine Weisung aufrecht, worauf Mao meinte, er werde ihr weiter Folge leisten.

Mit Fords Besuch in China im Dezember 1975 ging der Honigmond in den chinesisch-amerikanischen Beziehungen langsam zu Ende. Die Klippen, die dieses Verhältnis barg, das der sowjetische Botschafter Anatoli Dobrynin einmal humorvoll als den Versuch beschrieb, »mit Stäbchen Kaviar zu essen«, traten deutlicher hervor. Aber wie in einer dauerhaften Ehe bedeutete das, daß beide Seiten lernten, mit den zuweilen unterschiedlichen Bedürfnissen des anderen zu leben. Die Chinesen begriffen allmählich, daß wir taten, was wir tun konnten, um sowjetischen Expansionismus zu verhindern, wenn sie auch zuweilen unsere Methoden in Frage stellten. Wir wiederum erkannten an, daß Chinas Außenpolitik von seinen nationalen Interessen bestimmt war, wie die Chinesen sie sahen, das heißt von ihrer Einschätzung, inwieweit wir imstande waren, das globale Kräftegleichgewicht aufrechtzuerhalten.

Bevor das amerikanisch-chinesische Verhältnis sich wieder festigen konnte, erzeugten innere Auseinandersetzungen in beiden Ländern eine Phase der Unsicherheit, die über zwei Jahre lang anhielt. Am 19. Dezember, siebzehn Tage nach Fords Gespräch mit Mao, beschloß der Kongreß die Tunney-Gesetzesergänzung, die jede weitere Hilfe für Angola verbot. Damit war zum zweiten Mal in zwei Jahren ein Versuch gescheitert, mit China zusammenzuarbeiten. In chinesischen Zeitungen begann man Amerikas strategische Unfähigkeit zu kritisieren, und für den Leiter des chinesischen Verbindungsbüros in Washington war die amerikanische Politik an allem schuld: »Die Politik der Vereinigten Staaten leistet den Aktionen der Sowjetunion Vorschub.« Wenn wir nicht willens oder in der Lage seien, die sowjetische Vorherrschaft in der Dritten Welt zu verhindern, so argumentierte er, dann werde China sein Verhältnis zu den Vereinigten Staaten und zur Sowjetunion überprüfen müssen.

Ende Dezember 1975 schickten die Chinesen demonstrativ einen sowjetischen Hubschrauber samt Mannschaft, die sie seit März 1974 unter dem Verdacht der Spionage festgehalten hatten, in die Sowjetunion zurück. Für die sowjetischen Flieger wurde vor der Abreise sogar noch ein offizielles Essen gegeben. Die CIA wertete dies als Zeichen des Unmuts über unseren Rückzug und beschrieb die chinesische Geste als den versöhnlichsten Schritt, den Peking seit 1969 gegenüber Moskau unternommen hatte. Damals war Ministerpräsident Alexei Kossygin auf dem Rückflug von der Trauerfeier für Ho Chi Minh zu einem kurzen Zwischenaufenthalt in China eingeladen worden.

China erwog offenbar, die sowjetische Karte zu spielen. Aber dafür gab es keine objektiven Voraussetzungen. Der Unmut über die amerikanische Politik änderte nichts daran, daß China nach wie vor dem sowjetischen Expansionismus ausgesetzt war. Eine Annäherung an Moskau wurde davon auch nicht weniger riskant. Deshalb kehrte Peking im Laufe des Jahres 1976 zu seiner harten antisowjetischen Linie zurück. Erneut prangerte es den Imperialismus der Sowjetunion und deren Vormachtstreben an, die wegen Amerikas geschwächter Position Moskau (in den Worten der chinesischen Nachrichtenagentur Xinhua) zur »Hauptquelle der Kriegsgefahr« werden ließen.

Am 6. Februar 1976 wurde verkündet, daß Richard Nixon China in Kürze als Privatmann besuchen werde. Menschlich gesehen war dies eine aufmerksame Geste: einen Freund zu ehren, der isoliert und in großen persönlichen Schwierigkeiten war. Politisch gesehen war die Sache wesentlich zweideutiger. Sollte dies ein Signal an die Ford-Administration sein, sie möge zur Politik der Nixon-Zeit zurückkehren? Bei meinen Besuchen im Herbst hatte es Anspielungen auf Unterschiede zwischen Nixon und Ford gegeben, die ich vehement zurückwies. Oder sollte dies eine versuchte Einflußnahme auf unsere Innenpolitik sein, da die Vorwahlen in New Hampshire, bei denen Reagan Ford gegenüberstand, in derselben Woche stattfanden, als Nixon nach China reiste? Wie man den Zeitpunkt der Einladung auch immer erklären mag, er löste vor allem in politischen Kreisen des Weißen Hauses Ärger aus.

Für den Rest des Jahres 1976 war es wegen des Wahlkampfes mit wichtigen außenpolitischen Initiativen Amerikas gegenüber der kommunistischen Welt vorbei. Das war kaum von Belang, denn China hatte in dieser Zeit ein wesentlich schwereres Trauma zu bewältigen. Am 8. Januar 1976 starb Tschou En-lai. Sein Begräbnis wurde zum Anlaß für spontane Trauerbekundungen auf dem Tiananmen-Platz für den Mann genommen, der in China als der menschlichste der kommunistischen Führer galt.

Man hatte allgemein erwartet, daß Teng Hsiao-ping Tschou En-lai als Ministerpräsident nachfolgen werde. Statt dessen wurde am 7. Februar verkündet, Hua Kuo-feng, ein bisher völlig unbekannter Mann aus der Provinz Hunan, sei zum amtierenden Ministerpräsidenten ernannt worden. Anfang April fanden – offenbar spontan – auf dem Tiananmen-Platz Massendemonstrationen statt. Hintergrund war ein Streit darüber, ob es erlaubt sei, Kränze zu Ehren Tschou En-lais an dem Denkmal niederzulegen, das nahezu fünfzehn Jahre später zum Brennpunkt noch weit massiverer Demonstrationen gegen die Regierung werden sollte. Auf die Aktionen im April 1976 folgten bestens durchorganisierte Gegendemonstrationen von Ministerien und anderen offiziellen Institutionen. Außenminister Tschiao Kuanhua führte den Zug seines Ministeriums über den Tiananmen-Platz an – sicherlich eine schmerzliche und ganz gewiß unfreiwillige Aufgabe für diesen Schüler Tschou En-lais, der in Stil und Auftreten dem verstorbenen Ministerpräsidenten entschieden näher gestanden hatte als jedem anderen chinesischen Politiker.

Kurz darauf, am 6. April 1976, wurde Teng aus allen seinen Ämtern entlassen. Er durfte allerdings weiterhin Mitglied der Partei bleiben, »um zu sehen, wie er sich in Zukunft verhält«. Hua Kuo-feng wurde erster stellvertretender Vorsitzender der Partei, das heißt designierter Nachfolger Maos, und Ministerpräsident. Über Nacht erschienen Losungen gegen Teng auf den Straßen, wurden entsprechende Demonstrationen organisiert.

Im Mai beschrieb Richard Solomon, der erfahrene Chinaexperte im Apparat des Nationalen Sicherheitsrates, die Situation folgendermaßen:

Einen Monat nach der Absetzung des stellvertretenden Ministerpräsidenten Teng Hsiao-Ping … sind keine Anzeichen dafür zu erkennen, daß die politische Lage in Peking zur »Normalität« zurückkehrt. Abweichungen im öffentlichen Auftreten der höchsten Führungskräfte weisen auf anhaltende Spannungen und Unsicherheiten darüber hin, welche Rolle sie in der zentralen Elite spielen. Hohe Funktionäre äußern in Privatgesprächen gegenüber Ausländern ihren Unmut über die willkürliche Entlassung Teng Hsiao-pings durch den Großen Vorsitzenden Mao. Die Armee ist in Erwartung »konterrevolutionärer« Aktionen in Alarmbereitschaft versetzt. Chinas Innenpolitik weist insgesamt alle Anzeichen dafür auf, daß die Zentralmacht zerfällt, im Politbüro Spannungen zwischen einzelnen Gruppen herrschen und weitere Unruhen zu erwarten sind.

Der neue Ministerpräsident empfing Tom Gates, den neuen Chef unseres Verbindungsbüros, vier Monate lang nicht. Als er es dann im Juni nachholte, blieb er im wesentlichen auf der Linie, die wir bereits von Teng und Mao kannten. Abgesehen davon, daß er Gates genauestens über die »Sonnenfeldt-Doktrin« ausfragte, waren alle anderen Ausführungen Hua Kuo-fengs bekannt: Internationale Fragen seien wichtiger als bilaterale Probleme (wie zum Beispiel Taiwan); die Vereinigung südostasiatischer Staaten sei von Nutzen, um »den Tiger (Vietnam) daran zu hindern, durch die Hintertür einzudringen, wenn man den Wolf zur Vordertür hinausgejagt« habe; Japan müsse vor allem auf gute Beziehungen zu den Vereinigten Staaten achten.

Aber als der Minderheitsführer im Senat Hugh Scott kaum einen Monat später, Mitte Juli, China besuchte, nutzte der stellvertretende Ministerpräsident Tschang Tschun-tschiao, ein wichtiges Mitglied der Viererbande, der allgemein als der stärkste Mann in der chinesischen Führung galt, die Gelegenheit, um eine äußerst militante Haltung in der Taiwanfrage zu demonstrieren:

> Unser Standpunkt zu Taiwan ist glasklar. Seit es dieses Problem gibt, hat es sich wie eine Schlinge um den Hals der Vereinigten Staaten gelegt. Es liegt im Interesse des amerikanischen Volkes, diese Schlinge loszuwerden. Wenn Sie es nicht tun, dann wird die VBA (Volksbefreiungsarmee) sie abschneiden. Das wird gut für das amerikanische und für das chinesische Volk sein. In unserer Großzügigkeit sind wir bereit, den Vereinigten Staaten zu helfen, dieses Problem mit unseren Bajonetten zu lösen. Das klingt vielleicht nicht sehr angenehm, aber so ist die Lage.

Am 9. September 1976 erfuhr die Welt von Maos Tod, und vier Wochen später war die Viererbande entmachtet. Nur wenige Monate danach kehrte Teng aus dem inneren Exil zurück und bestimmte Chinas Entwicklung in den folgenden zwei Jahrzehnten. In dieser Zeit vollzog sich die tiefgreifendste Reform in der modernen Geschichte des Landes.

Mit Tengs Rückkehr lösten sich die Spannungen im Verhältnis zu China. Die Reform war seine Priorität. Seine Außenpolitik beruhte auf einem Verhältnis der Zusammenarbeit mit den Vereinigten Staaten. Die Belehrungen, wie man mit der Sowjetunion umzugehen habe, fanden ein Ende. Statt dessen konzentrierte sich Teng auf konkrete Politik und ging dem Streit über das Wesen des Ost-West-Verhältnisses aus dem Weg. Das blieb auch so, als Carter an die Regierung kam, dessen Politik gegenüber Moskau in China sicher scharfe Kritik ausgelöst hätte, wäre Mao noch am Ruder gewesen. Natürlich war Tengs Vorstellung von Freundschaft durch und durch chinesisch, das heißt ohne einen Anflug von Sentimentalität. Dem lagen seine Sicht des Sicherheitsbedürfnisses Chinas und die Überzeugung zugrunde, daß das Land nur in einer entspannten internationalen Atmosphäre wirtschaftlich gedeihen konnte, wofür gute Beziehungen zu den Vereinigten Staaten eine wesentliche Voraussetzung waren.

Im Jahr 1979 nahm Präsident Carter die Normalisierung der Beziehungen zu China im wesentlichen auf der Grundlage der drei Prinzipien vor, die Teng im November 1975 dargelegt hatte. 1982 willigte die Reagan-Administration in einem Kommuniqué ein, die amerikanischen Militärlieferungen an Taiwan zu beschränken. Danach verschwand Taiwan für über ein Jahrzehnt von der Tagesordnung der chinesisch-amerikanischen Gespräche – bis es zur Demokratie zu finden begann und eine Unabhängigkeitsbewegung entstand.

Zu Taiwan ergab sich eine stillschweigende Übereinkunft, die sich bereits bei Nixons Besuch abgezeichnet hatte, später konsolidiert und von allen nachfolgenden Administrationen beibehalten wurde. Sie ging über das offizielle Kommuniqué hinaus und hatte folgende Bestandteile: Erstens, die Vereinigten Staaten betreiben eine Ein-China-Politik, lehnen also die Vorstellung von zwei Chinas oder einem China und einem Taiwan ab. Zweitens, Maos – von Teng bestätigte – Bemerkung gegenüber Ford, man könne »noch hundert Jahre warten«, bedeutet – zumindest in unserer Auslegung –, daß Peking es in der Taiwanfrage nicht darauf anlegt, Gewalt anzuwenden. Drittens, Taiwan entwickelt seine Autonomie, ohne die Einheit Chinas in Frage zu stellen.[4]

Die in diesem Kapitel erwähnten Dialoge geben einen Einblick in das chinesische Verständnis von Staatskunst: die exakte Berechnung von Lohn und Strafe, das Denken in Kategorien des Gleichgewichts, das Fehlen jeglicher Ideologie bei der Analyse oder den Zielen der Außenpolitik – eine Tendenz, die sich mit dem Fortgang der Reformen Teng Hsiao-pings sogar noch verstärkte –, das Streben nach konstruktiven Beziehungen zu den Vereinigten Staaten.

All das unterscheidet sich beträchtlich vom sowjetischen Vorgehen. Auch den sowjetischen Führern war die Berücksichtigung des Kräftegleichgewichts nicht fremd, und sie konnten Lohn und Strafe oft recht gut unterscheiden. Aber zugleich sahen sie sich als die Bannerträger der kommunistischen Ideologie in der Welt. Eine Breschnew-Doktrin – das Recht einzugreifen, um eine von innerem Aufruhr bedrohte kommunistische Regierung an der Macht zu halten – wäre unter Mao unwahrscheinlich und unter Teng (oder dessen Nachfolgern) undenkbar gewesen. Chinesische Führer hätten es einem von ihnen abhängigen kommunistischen Regime oder ideologischen Gruppierungen im eigenen Land auch nicht gestattet, sie in Abenteuer à la Angola hineinzuziehen.

Hat sich das chinesisch-amerikanische Verhältnis nach dem Zerfall der Sowjetunion verändert? Ist China zur Hauptgefahr für die Sicherheit Amerikas geworden? Die Vereinigten Staaten müssen klarstellen, daß sie das Gleichgewicht im asiatisch-pazifischen Raum sowie ihre Bündnisse und ihre militärische Stärke in der Region aufrechterhalten werden. Das kann die amerikanisch-chinesischen Beziehungen längerfristig nur stabilisieren. Was allerdings das Kräfteverhältnis betrifft, so unterscheidet sich Chinas Lage erheblich von der der Sowjetunion im Kalten Krieg. Das Arsenal der sowjetischen Atomwaffen stellte potentiell eine tödliche Bedrohung der Vereinigten Staaten dar. China wird zumindest für eine weitere Generation noch nicht über eine vergleichbare Fähigkeit verfügen. Die Sowjetunion grenzte an schwache Staaten, die sie mit ihrem übermächtigen konventionellen Potential erpressen konnte. Chinas Nachbarn sind alles andere als schwach, und wenn sie sich zusammenschließen, können sie eine beträchtliche Gefahr darstellen. Ein derartiges Bündnis zu verhindern wird ganz sicher in der nächsten Generation Fundament chinesischer Außenpolitik sein, ebenso enge wirtschaftliche Beziehungen zum Westen – die objektive Grundlage, weshalb China das Verhältnis zu den Vereinigten Staaten weiterhin braucht.

Was die Vereinigten Staaten betrifft, so müssen sie den Weg zwischen ideologischer Feindseligkeit, die alle anderen Beziehungen in Asien überstrapazieren würde, und rückwärtsgewandter Sentimentalität finden, die ihrerseits eine realistische Analyse der sich verändernden Kräfteverhältnisse in Asien verhindert. Sich auf diese neue Realität des chinesisch-amerikanischen Verhältnisses in einer Welt einzustellen, der die sowjetische Bedrohung fehlt – das ist die Herausforderung, vor der die Nachfolger Fords (und Tengs) standen und immer noch stehen.

NEUNTER TEIL

Das südliche Afrika

XXIX. Eine Strategie für Afrika

Die Herausforderung

Bevor es wirklich geschah, hätte kein Beobachter der amerikanischen Politik vorausgesagt, daß eine Administration der Republikaner bei der Durchsetzung der Herrschaft der Mehrheit im südlichen Afrika die Führung übernehmen würde. Bis zur Ford-Administration waren Mehrheitsregime in Südafrika eine Zielvorstellung der Liberalen, die diese jedoch niemals in praktische Politik umsetzten. Zu Beginn von Nixons erster Amtszeit hatte das Dokument NSDM 38 (die Denkschrift Nr. 38 zu Entscheidungen über die Nationale Sicherheit) Afrika aus mehreren Gründen nur geringen Stellenwert beigemessen: Die Administration war mit Südostasien und dem Dreiecksverhältnis mit China und der Sowjetunion beschäftigt; der Nahe Osten bereitete große Sorgen; man wollte die weißen Minderheiten in Afrika nicht einer unsicheren Zukunft aussetzen und den Zugang zu den strategisch wichtigen Rohstoffen im südlichen Afrika nicht gefährden.[1] Es entbehrt deshalb nicht der Ironie, daß in der Amtszeit Gerald Fords der Durchbruch zur Mehrheitsregierung in Rhodesien erreicht, daß eine Diplomatie beschleunigt wurde, die Namibia die Unabhängigkeit brachte – und all das im Namen der nationalen Interessen Amerikas.

Die Ford-Administration hatte sich jedoch den Grundsatz der Mehrheitsherrschaft bereits zu eigen gemacht, bevor wir entschieden, Macht und Diplomatie Amerikas in vollem Umfang dafür einzusetzen. Im nachhinein ist schwer zu sagen, wann unsere moralische Haltung bei einem normalen Lauf der Dinge in aktive Politik umgeschlagen wäre. Daß etwas unternommen werden mußte, ergab sich aus dem Zusammenbruch des portugiesischen Weltreiches. Dringend wurde dies, als 1975 die Angolakrise ausbrach. Sie überzeugte uns endgültig: Wenn wir künftig das Eingreifen äußerer Mächte verhindern wollten, mußten wir uns mit den Bestrebungen der Afrikaner identifizieren und Südafrika dazu bewegen, seine jahrzehntelange Unterstützung für die Herrschaft der weißen Minderheiten in den Nachbarstaaten aufzugeben.

Wie sehr dabei auch geopolitische Überlegungen eine Rolle gespielt haben mögen, orientierten wir uns doch mit Überzeugung und Entschiedenheit auf die Durchsetzung der Mehrheitsherrschaft. Eine Politik, die von nationalen Interessen ausgeht, kann nicht erfolgreich sein, wenn sie nicht die Auffassungen derer berücksichtigt, die sie gewinnen will. Wer eine solche Politik praktiziert, wirkt nur dann überzeugend, wenn er an das glaubt, was er tut. Für uns war es natürlich ein erstrangiges Ziel, die Möglichkeiten der Sowjetunion und Kubas einzuschränken, Afrika zu einer Front des Kalten Krieges zu machen. Aber das konnten wir nur erreichen, wenn wir es in eine größere politische Konzeption einordneten, die die Unterstützung der Staaten der Region gewann, welche nach ihren eigenen Prioritäten und Werten handelten.

Der Beitrag der Ford-Administration zur Politik Afrikas bestand also weniger darin, daß sie den Grundsatz der Mehrheitsherrschaft befürwortete, als vielmehr darin, daß sie die für deren Erfolg notwendigen Voraussetzungen schuf. Mit unserer Strategie erreichten wir die Unterstützung des Apartheidregimes in Südafrika für den Übergang zu Mehrheitsregierungen in Rhodesien und Namibia. Zugleich gewannen wir die Zustimmung der afrikanischen Frontstaaten (die an Rhodesien und Namibia grenzten) zu einer evolutionären und nicht konfrontativen Politik. Wir sicherten ihnen die Unterstützung gemäßigter englisch- und französischsprachiger Länder Afrikas. Auf diese Weise gelang es uns, starke Zustimmung innerhalb der Organisation für die Afrikanische Einheit (OAU) zu finden, Großbritanniens Rolle bei der Erarbeitung des politischen Rahmens für den Übergang zur Mehrheitsregierung in Rhodesien zu bestimmen und schließlich die Führung der Afroamerikaner in den Vereinigten Staaten zum ersten Mal in einen wirklichen Dialog mit amerikanischen Spitzenpolitikern über die Probleme Afrikas zu bringen. Damit schufen wir im Kongreß die Voraussetzungen dafür, daß dieser die Politik der Administration auf dem afrikanischen Kontinent unterstützte.

Es stellte sich heraus, daß unser praktisches, vor allem aber unser strategisch angelegtes Vorgehen im Umgang mit den führenden Männern Afrikas ein Vorteil war. Anders als ihre intellektuellen Freunde in den Vereinigten Staaten forderten sie von einer Großmacht wie Amerika nicht, seine Außenpolitik allein auf altruistischen Grundsätzen aufzubauen. Moralische Überzeugungen mögen sie dazu inspiriert haben, den Kampf für die Unabhängigkeit aufzunehmen, waren ihnen ein Halt in Gefahr und opferreichen Momenten. Aber sie hatten überlebt und die Oberhand gewonnen, weil sie gelernt hatten, sich sehr genau auf die Nuancen von Kräfteverhältnissen zumindest auf drei Ebenen einzustellen: gegenüber den ehemaligen Kolonialherren, im Hinblick auf die rivalisierenden Großmächte Amerika und Sowjetunion und schließlich im Kampf um die Führung in der eigenen Bewegung. Dabei mußten sie Realisten sein, und sie waren es auch.

Nur wenige Politiker auf anderen Kontinenten hatten solche Herausforderungen zu bewältigen wie die in Afrika. Führungskräfte bringen hier nicht in erster Linie einen nationalen Konsens zum Ausdruck, sondern sind vielmehr verpflichtet, ihn Tag für Tag neu herzustellen. In Europa und Amerika wird die Legitimation der Regierenden vom Rahmen des Rechts und der Verfassung bestimmt. In Afrika erwerben sie Legitimation durch die Machtausübung selbst und haben sie in einigen Staaten durch ganz offene Willensakte selbst zu schaffen versucht.

In keinem afrikanischen Staat, gleich, welcher politischen oder ideologischen Ausrichtung, wurde eine pluralistische Demokratie westlichen Stils praktiziert. Das konnte in diesem Stadium auch nicht anders sein. Denn im Unterschied zum Westen wurde hier jede Herausforderung an die Regierung nicht als alternatives politisches Programm, sondern als Gefahr für den nationalen Zusammenhalt verstanden. Wenn afrikanische Führer sich auf die Demokratie beriefen, dann nur, um die Rechte der schwarzen Mehrheit gegenüber den Kolonialherren einzufordern. Wie sie ihre eigenen Angelegenheiten regelten, stand damit in keinem Zusammenhang. Die eigene Autorität wurde gegen jede Herausforderung im Land eifersüchtig, zuweilen auch brutal verteidigt. Der Präsident Senegals Leopold Senghor, ein Dichter und herausragender Staatsmann, erläuterte mir die afrikanische Sicht dieser Fragen, als ich am 1. Mai 1976 Dakar besuchte:

Senghor: Hier in Afrika ist der Staat eine große Familie...

Kissinger: ... Aber wenn ein Präsident das Familienoberhaupt ist, dann kann man ihn nicht auswechseln, es sei denn, er stirbt oder wird körperlich hinfällig.

Senghor: In der Vergangenheit gab es das Ritual, den König zu töten. Wenn es eine Dürre gab oder eine Epidemie ausbrach, mußte ein anderer an die Spitze treten. Der König akzeptierte dann den Opfertod. Das senegalesische Volk glaubt und vertraut mir, da ich stets bemüht bin, die afrikanischen Traditionen zu wahren und den Dialog zu führen.

Kissinger: Reicht es denn aus, mit jedem zu diskutieren und dann die Entscheidungen allein zu treffen?

Senghor: Ja, so funktioniert es. Wenn man einem Mann zuhört, ist er schon halb zufriedengestellt.

Kissinger: In unserem System funktioniert das aber nicht so...

Senghor: ... Es ist das Drama Afrikas, daß wir die Nachfolge nicht regeln. Der Staatschef ist der Vater, und wenn er stirbt, ist das ein Unglück für die Familie. Ich habe stets gesagt, daß wir in Afrika zwei traurige Erscheinungen haben: die Staatsstreiche, unter denen wir leiden, und die Nachfolger, die wir nicht heranbilden.

All dies erklärt, weshalb marxistisch-leninistische Modelle auf viele afrikanische Herrscher anfangs so große Faszination ausübten. Es war nicht die Wirtschaftstheorie, die sie anzog, denn diese entsprach nicht den afrikanischen Bedingungen. Der Marxismus war aber gut geeignet, die Macht zu zentralisieren und politische Kontinuität zu sichern. Außerdem diente er dem Zweck, den Westen recht unmißverständlich zu drängen, den Geldbeutel zu öffnen.

Aufgrund ihres Lebenslaufs und ihrer Erfahrungen erwarteten die führenden Männer Afrikas von einer Großmacht nicht, daß sie aus altruistischen Motiven handelte. Als ich darauf bestand, mein Verhältnis zu ihnen auf der Gegenseitigkeit der Interessen aufzubauen, schadete das nicht, im Gegenteil, ich glaube, es nützte sogar. Dazu erklärte ich in meiner Tischrede bei einem Essen für die afrikanischen Außenminister, die an der UN-Vollversammlung teilnahmen, am 23. September 1975:

Wir erwarten nicht, daß Sie mit uns in allen internationalen Fragen übereinstimmen. Wir bitten Sie lediglich darum, so wie wir Ihre Interessen respektieren, Ihre Rechte achten und mit Ihren Anliegen sympathisieren, uns Gleiches zuteil werden zu lassen [2]

Am 21. April 1976, zwei Tage bevor ich nach Afrika reiste, um dort eine diplomatische Initiative zu starten, die zu einer Mehrheitsregelung in Rhodesien führen sollte, traf ich mich mit den in Washington akkreditierten Botschaftern afrikanischer Staaten und sagte ihnen:

Wir meinen, daß die Zukunft Afrikas am besten von den Afrikanern selbst gestaltet werden kann. Deshalb ist für uns die afrikanische Einheit entscheidend. Wir wollen in Afrika keine amerikanischen Sonderinteressen durchsetzen, das heißt, wir sind nicht daran interessiert, dort die Vorherrschaft der Vereinigten Staaten zu errichten. Allerdings glauben wir, daß Entwicklung und Fortschritt in Afrika auch in unserem Interesse liegen. Sie gehen sicher davon aus, daß kein Staat etwas tut, was nicht auch seinen Interessen dient.

Auf dieser Basis stellten meine afrikanischen Partner und ich herzliche persönliche Beziehungen her. Sie bewiesen viel gesunden Menschenverstand, einen offenen Charakter und häufig einen hintergründigen Humor. Sie machten sich keine Illusionen darüber, worauf es ankam, wenn man sich an der Macht halten wollte. Politik war in ihren Augen nichts für Weichlinge. Im persönlichen Gespräch benutzten sie nur selten die antiwestliche Rhetorik, mit der sie sich in der Bewegung der Blockfreien profilierten. Was sie von den Vereinigten Staaten erwarteten, waren Verständnis für ihre besonderen Probleme, Wirtschaftshilfe und Zusammenarbeit mit ihren Befreiungsbewegungen. Um der Kolonialherrschaft ein Ende zu setzen, waren sie bereit, von jeder Seite Unterstützung anzunehmen. Das machte sie nicht zu Satelliten ihrer Gönner, bei denen sie zu Recht davon ausgingen, daß sie eigene Interessen verfolgten. Falls es eine besondere Art afrikanischer Politik gab, die die neuen afrikanischen Staaten vom Kalten Krieg abschottete, wie so viele Intellektuelle, Medienvertreter und Beamte des Außenministeriums behaupteten, dann war sie von einer heroischen Selbstbezogenheit und der Überzeugung getragen, daß Dankbarkeit in die persönlichen Beziehungen gehörte, in der Politik aber nichts zu suchen hatte.

Lange Zeit brachte es den Sowjets nur wenig, daß sie die afrikanischen Befreiungsbewegungen offen unterstützten. Wir hingegen verloren nur wenig dadurch, daß wir anderweitig beschäftigt waren. Mit Angola wurde alles anders. Hier gewann zum ersten Mal eine afrikanische Befreiungsbewegung die Oberhand, weil sie zunächst (zumindest für afrikanische Begriffe) über eine effektive sowjetische Luftbrücke umfangreiche Lieferungen militärischer Güter erhielt und weil danach von der Sowjetunion ausgerüstete kubanische Kampftruppen in das Geschehen eingriffen. Lange Zeit konnte von einer Armee der MPLA nicht die Rede sein. Die entscheidenden Kämpfe wurden fast ausschließlich von Kubanern geführt, die von sowjetischen Gefechtsberatern Unterstützung erhielten.

Unter diesen Bedingungen war es gar nicht mehr möglich, noch von besonderen afrikanischen »Lösungen« zu sprechen. Wenn man die Sowjetunion und ihre Helfershelfer nicht stoppte, dann waren sie möglicherweise der entscheidende Faktor auf dem Kontinent. Selbst ein zutiefst praktischer und überhaupt nicht ideologisch eingestellter afrikanischer Politiker wurde dann durch das entstehende Kräfteverhältnis gezwungen, auf Moskau zu setzen. Wenn er sich nicht in Moskaus (oder Kubas) Abhängigkeit begeben wollte, dann hatte er – wenn sich die Vereinigten Staaten heraushielten – vielleicht noch die Möglichkeit, sich an China zu wenden. China war durchaus gewillt, mit Moskau zu wetteifern, besaß aber nicht die Infrastruktur oder die Mittel, um mit dem sowjetisch-kubanischen Ansturm fertig zu werden. War eine sowjetisch-kubanische Machtbasis erst einmal etabliert, dann konnte sie nur noch mit erheblichen Anstrengungen beseitigt werden. (In der Tat blieben kubanische Truppen über fünfzehn Jahre lang in Angola und wurden erst zum Rückzug gezwungen, als die Reagan-Administration – viel zu spät – spürbaren militärischen Gegendruck ausübte.)

Das wahrscheinlichste Ziel der nächsten Krise schien das ehemalige Südrhodesien (heute Simbabwe) zu sein, wo eine europäische Minderheit von zweihundertsiebzigtausend Menschen über etwa sechs Millionen Afrikaner herrschte. Seit die britische Kolonie im Jahr 1965 einseitig ihre Unabhängigkeit erklärt hatte, war ihr völkerrechtlicher Status ungeklärt. Anfangs hatte Großbritannien Amerika um Hilfe gebeten, um das neue Regime unter Ian Smith zum Einlenken zu bewegen. Die Johnson-Administration hatte sich geziert, und so konnte sich Smith ein Jahrzehnt lang als Ministerpräsident halten. Da bisher kein anderer Staat Rhodesien anerkannt hatte, war es, formal gesehen, immer noch eine britische Kolonie. Nach verbreiteter Meinung konnte es nur eine Lösung geben, wenn Rhodesien seinen Anspruch auf Unabhängigkeit zurücknahm und Großbritannien dann als letzten Akt seiner Kolonialherrschaft die Ausarbeitung einer neuen Verfassung überwachte, in der das Mehrheitsprinzip festgeschrieben wurde.

Das Problem bestand darin, daß Großbritannien allein nicht mehr die Kraft hatte, eine solche Lösung durchzusetzen. Bei mehreren Treffen Ian Smith' mit dem britischen Premierminister Harold Wilson Anfang der siebziger Jahre war kein Durchbruch erreicht worden. Und internationale Sanktionen zeigten keine Wirkung, solange Südafrika und die portugiesische Kolonie Mosambik dem rhodesischen Handel Transitwege boten.

Jedoch im Jahr 1974 versetzte die Entkolonialisierungspolitik Portugals das ganze geopolitische Umfeld in Aufruhr. Die neue marxistische Regierung Mosambiks schloß die Grenzen nach Rhodesien und wurde zu einer Ausgangsbasis für Guerillagruppen. Von allen Nachbarn Rhodesiens war Mosambik ideologisch am besten geeignet, ein kubanisches Eingreifen geradezu herauszufordern. Angesichts zu erwartenden Drucks begann man in Südafrika, wo Ian Smith bisher stets Unterstützung erfahren hatte, darüber nachzudenken, ob man Rhodesien weiter am Leben erhalten sollte. Schließlich wurden die südafrikanischen Polizeieinheiten abgezogen, die bisher an der Grenze Rhodesiens zu Sambia gestanden hatten. Der südafrikanische Außenminister traf in Lusaka mit seinen Amtskollegen aus Tansania, Botswana und Sambia zusammen. Dort arrangierten sie eine Begegnung Smith' mit den Führern des Afrikanischen Nationalrats (der Dachorganisation der afrikanischen Unabhängigkeitsbewegung Rhodesiens). Das Treffen fand in einem Eisenbahnwaggon in Victoria Falls an der malerischen Grenze zwischen Sambia und Rhodesien unter den wachsamen Augen des sambischen Präsidenten Kenneth Kaunda und des südafrikanischen Ministerpräsidenten Johannes Vorster statt, die als Garanten auftraten. Aber auch dieses hochrangige Treffen endete ergebnislos.

Die Situation machte Einmischung von außen immer wahrscheinlicher. Wenn der Guerillakrieg eskalierte, dann konnten die Widerstandskämpfer die Staaten destabilisieren, in denen sie Fuß gefaßt hatten. Das betraf besonders Sambia. Auf diese Weise hatte bereits die PLO die rechtmäßige Regierung Libanons ins Wanken gebracht (siehe Kapitel XXXIII). Auch kubanische Truppen konnten auftauchen. Dann aber war ein Eingreifen Südafrikas sehr wahrscheinlich.

Vor diesem geopolitischen Problem stand die Ford-Administration, als sie daranging, ein Programm zu entwickeln, mit dem sich afrikanische Führer identifizieren konnten, eine Plattform zu schaffen, die es uns ermöglichte, weitere Raubzüge von Kubanern und Sowjets zu vereiteln.

Die Welt blickt auf Angola

Am 5. September 1975, viereinhalb Monate nach Kenneth Kaundas Besuch in Washington, traf ich mit seinem Außenminister Rupiah Banda am Rande der Siebten Sondersitzung der UN-Vollversammlung in New York zusammen. Keiner von uns erwähnte Angola. Wir hatten kein Interesse daran, weil unsere Geheimoperation gerade begonnen hatte und wir damit rechneten, daß sie trotz aller Zweifel und Verzögerungen Erfolg haben werde. Banda sprach das Thema vielleicht deshalb nicht an, weil uns sein Präsident einen so heiklen Ratschlag gegeben hatte, vielleicht aber auch, weil es kein afrikanischer Politiker für möglich hielt, daß wir scheitern oder gar von unserem eigenen Kongreß zum Rückzug gezwungen werden könnten.

Statt dessen diskutierten Banda und ich über Rhodesien. Ohne besondere Dringlichkeit äußerte er den praktischen Vorschlag, die Vereinigten Staaten und Sambia sollten den südafrikanischen Ministerpräsidenten Vorster bitten, gegenüber Ian Smith gute Dienste zu leisten: »So kommen Sie und wir ins Spiel. Wir sollten mit Vorster sprechen und ihn drängen, seinen Einfluß auf Smith geltend zu machen.« Hier erlebte ich zum ersten Mal, daß der Haß gegen die Apartheid für viele afrikanische Politiker kein unüberwindliches Hindernis war, wenn es galt, mit Südafrika zu kooperieren, um praktische Probleme des Kontinents zu lösen. Banda lud mich nach Sambia ein, und ich sagte grundsätzlich für das kommende Frühjahr zu.

In der Zwischenzeit war ich bemüht, für ein größeres Engagement in Afrika den entsprechenden öffentlichen Rahmen zu schaffen. Sowohl in der jährlichen Rede des Außenministers vor der UN-Vollversammlung am 22. September als auch bei dem Essen, das ich am 23. September für die Außenminister und ständigen Vertreter der Staaten Afrikas gab, betonte ich, daß Amerika die Ziele Afrikas unterstütze, sich wirtschaftlich zu entwickeln, Rassengerechtigkeit zu gewährleisten und von den Rivalitäten der Großmächte unbehelligt zu bleiben.[3]

Auf der Pariser Konferenz der Industrie- und Entwicklungsländer begegnete ich Banda am 17. Dezember 1975 erneut. Angola war inzwischen zu einer öffentlichen Angelegenheit geworden, für die die OAU sich zu engagieren begann. Banda billigte unsere Haltung, der von Sowjets und Kubanern unterstützten MPLA die Anerkennung zu verweigern. Ich war noch optimistisch, daß es mit französischer Unterstützung, den neugeordneten Fonds des Verteidigungsministeriums und amerikanisch-sowjetischer Diplomatie gelingen werde, unsere Ziele – einen Waffenstillstand, den Abzug der ausländischen Truppen und eine Koalitionsregierung – zu erreichen. Wiederum war Rhodesien das Hauptgesprächsthema, und erneut drängte Banda auf eine gemeinsame Initiative gegenüber Südafrika.

Tage später war unsere Angolastrategie von den Gesetzesänderungen von Tunney und später Clark durchkreuzt. Die MPLA gewann die Oberhand, und es war dringend notwendig geworden, das von der Sowjetunion ausgerüstete kubanische Expeditionskorps daran zu hindern, sich zum Schiedsrichter im ganzen Süden Afrikas aufzuschwingen. Als unsere Bemühungen in Angola scheiterten, appellierten vier afrikanische Staaten an uns, eine solche Entwicklung abzuwenden.

Am 5. Februar 1976 kam Kaundas politischer Berater Mark Chona nach Washington und übergab einen Brief seines Präsidenten an Ford. Darin hieß es, der einzige Weg, um die Pattsituation in Rhodesien aufzubrechen, sei eine Botschaft meinerseits an Ian Smith, in der ich auf Verhandlungen drängen sollte. Wenn diese nicht zustande kämen, weiteten die in Sambia und Mosambik agierenden Guerillas zweifellos die Kriegshandlungen aus. War der bewaffnete Kampf erst einmal richtig im Gange, akzeptierten die Guerillas ganz sicher Hilfe von jeder Seite, auch von Kuba. Ich antwortete scharf, diese Drohung sei unangebracht; wir duldeten keinen weiteren Vormarsch der Kubaner im südlichen Afrika. Chona betonte, er drohe nicht, sondern appelliere an die Vereinigten Staaten, Maßnahmen zu ergreifen, um weiteren Aktionen von Kubanern und Sowjets im Süden Afrikas zuvorzukommen. Er und Kaunda seien der Meinung, daß der gegenwärtige Trend auf eine ernste Bedrohung der Sicherheit und Unabhängigkeit der gesamten Region hinauslaufe.

Am 11. Februar suchten der Außenminister Zaires Nguza Karl-I-Bond und Botschafter André Coulbary von Senegal Ford auf, um ihm die Ansichten der frankophonen Staaten vorzutragen. Geographisch in größerer Entfernung gelegen, machten sie sich weniger über die Herrschaft der Mehrheit in Rhodesien Gedanken, als vielmehr über die sowjetischen Erfolge und die offenkundige Entscheidung Amerikas, sich zurückzuziehen. Ford antwortete: »Wir werden alles in unserer Macht Stehende tun, um dafür zu sorgen, daß etwas Derartiges sich nicht wiederholt. Wir sind dazu entschlossen, und ich glaube, die Stimmung ändert sich.« Das war ein Eindruck vom Denken im Kongreß, der mir bei meinen häufigen Auftritten vor vier Parlamentsausschüssen bisher offenbar entgangen war.

Als nächstes ließ sich Ägypten vernehmen. Mitte Februar besuchte Außenminister Mahmud Riad einige afrikanische Staaten. Danach teilte er dem amerikanischen Botschafter Hermann Eilts seine tiefe Besorgnis über die wachsende Rolle der Sowjetunion auf dem Kontinent und den schwindenden Einfluß Amerikas mit. Unter dem Eindruck des Debakels in Angola, berichtete er, sähen sich Staaten wie Marokko, Äthiopien und Kenia ernsthaft gefährdet. Selbst linksorientierte Politiker wie Julius Nyerere von Tansania, der die MPLA unterstützt hatte, zeigten sich über die starke sowjetische Präsenz und den Umfang des amerikanischen Rückzuges verstört. Als Freund der Vereinigten Staaten erklärte Riad leidenschaftlich, daß eine »aktivere und verantwortungsvollere« amerikanische Afrikapolitik dringend notwendig sei. Er schloß mit der Bemerkung, die meisten afrikanischen Politiker, denen er bei seinen Besuchen begegnet sei, stellten die Frage, ob die Vereinigten Staaten überhaupt eine Afrikapolitik hätten.

Auf einer Reise durch Lateinamerika in der zweiten Februarhälfte trugen mir die Spitzenpolitiker der westlichen Hemisphäre die gleiche Analyse vor.

Ich berichtete Ford über die Haltung des venezolanischen Präsidenten Carlos Andrés Pérez, dessen Sympathien für die Administration der Republikaner seitdem sichtbar geschwunden waren:

> Es kann Präsident Pérez von Venezuela kaum entgangen sein, daß die neue Regierung in Luanda mit den Bajonetten eines lateinamerikanischen Staates an die Macht gekommen ist (genauer gesagt, eines karibischen Staates, denn Venezuela fürchtet vor allem, daß Kuba einen schwarzen karibischen Block zusammenzimmern könnte)...
>
> ...In diesem Sinne ist Angola für Lateinamerika wichtiger als Vietnam. Heute wie früher interessiert dort vor allem, was in Washington, weniger, was in Saigon oder Luanda vor sich geht. Man weiß, daß zum ersten Mal in der Geschichte ein lateinamerikanischer Staat mit einer Militärmacht von beträchtlicher Feuerkraft in den inneren Konflikt eines anderen Staates eingegriffen und dabei entscheidende Ergebnisse erzielt hat. Wir haben zwar etwas unternehmen wollen, sind aber wegen unserer inneren Spaltung gescheitert, Kuba zu stoppen.
>
> Die Venezolaner äußerten sich über unseren Mißerfolg so offen, wie es ihre Höflichkeit nur zuließ. Die Peruaner zeigten sich etwas weniger besorgt, vielleicht weil Peru auf seine Rolle als blockfreier Staat großen Wert legt. Aber weder in Caracas noch in Lima konnte Zweifel daran bestehen, daß unsere Reaktion auf die Kubaner in Angola die Ansichten der Lateinamerikaner über die Vereinigten Staaten verändert hat – und das nicht zu unseren Gunsten.

Am 23. Februar berichtete ich Ford aus Kolumbien über die Ansichten Präsident Alfonso López Michelsons:

> Kuba bereitet ihm ebenso große Sorgen wie Präsident Pérez von Venezuela... Er sieht die Gefahr jedoch vor allem in einer neuen kubanischen Strategie, die Rassenfrage in der komplizierten Geopolitik der Region (Lateinamerika) auszunutzen. Er meint, Castro wird nicht in die Grube fahren, bevor er nicht außerhalb Kubas eine Rolle in der Welt gespielt hat.

Ich nutzte meine Lateinamerikareise, um überall zu betonen, daß wir nicht die Absicht hatten, weitere militärische Aktionen Kubas in Afrika zu dulden. Meine Zuhörer waren jedoch weitgehend skeptisch. Der brasilianische Außenminister Antonio da Silveira sagte ganz offen, was seine Kollegen in Peru, Venezuela und Kolumbien mir vorsichtiger zu verstehen gegeben hatten. Als er besorgt äußerte, kubanische Truppen könnten Guyana in seinem Grenzstreit mit Brasilien unterstützen, erklärte ich, ein solches kubanisches Abenteuer würden wir natürlich nicht dulden. Darauf gab da Silveira zurück: »Wir sind nicht sicher, ob wir uns noch auf die Vereinigten Staaten verlassen können.«

Entstehung einer Strategie für Angola

Am 4. März 1976 trug mir der Botschafter Großbritanniens Peter Ramsbotham die Erkenntnisse einer Gruppe hoher britischer Beamter vor, die im Auftrag von Premierminister James Callaghan Rhodesien besucht hatten:

> Die Lage hat sich weiter verschlechtert. Sie ist für den Westen sehr ernst. Wie David Ennals (der Chef der Rhodesienabteilung des britischen

Außenministeriums) gestern erklärte, ist eine massive kommunistische Infiltration im Gange. Auch die Möglichkeit eines Rassenkrieges bereitet uns Sorge. Im Fall Rhodesiens befindet sich Großbritannien in einer besonderen Situation: Es steht vor dem Verfassungsproblem. Jim Callaghan will keine Verantwortung übernehmen, wenn er keine Macht hat. Ich sagte Ramsbotham, für uns sei »alles akzeptabel, was Callaghan entscheidet«. Aber ich warnte ihn: Sollte der Versuch fehlschlagen, in Rhodesien ein Mehrheitsregime zu errichten, dann sei das für uns kein Alibi, bei einem weiteren militärischen Vormarsch Kubas in Afrika untätig zu bleiben:

Ich kann Ihnen sagen, wenn es auch hier vielleicht einen Aufschrei gibt: Wir werden keine weitere kubanische Intervention hinnehmen. Sollte eine kubanische Armee dort einen Sieg davontragen, dann wären die Folgen für Afrika – und nach meiner Lateinamerikareise kann ich sagen, auch für Südamerika und die Karibik, einschließlich der dortigen von Schwarzen besiedelten Besitzungen Großbritanniens – sehr ernst. Wir können nicht dulden, daß eine kubanische Armee quer durch Afrika marschiert.

Ramsbotham war zu diszipliniert und zu höflich, um mir zu widersprechen. Aber er war ganz eindeutig mehr daran interessiert, amerikanische Unterstützung für Callaghans Streben nach dem Mehrheitsregime in Rhodesien zu erhalten, als sich mit uns gemeinsam weiteren kubanischen Abenteuern in den Weg zu stellen. Diese unterschiedlichen Prioritäten zeigten sich, als Mosambik am 3. März 1976 seine Grenzen zu Rhodesien schloß. Unsere europäischen Verbündeten ermutigten Mosambik zu diesem Schritt, indem sie ein Hilfsprogramm für dieses Land auflegten, ohne Bedingungen zu stellen, was das kubanische Eingreifen betraf. Die Vereinigten Staaten lehnten es ab, sich diesem fluchtartigen Rückzug anzuschließen. Wir stellten klar, daß unser kleiner Beitrag ausbleiben werde, falls es Mosambik militärischen Kräften von außen gestatte, sich an dem Kampf in Rhodesien zu beteiligen.

Am 12. Februar teilte ich unsere Entschlossenheit, uns einem weiteren kubanisch-sowjetischen Vorgehen zu widersetzen, dem Außenminister Guyanas Fred Wills mit, der Washington besuchte. Da er bekanntermaßen ein Freund und Bewunderer Castros war, konnten wir von ihm erwarten, daß er unsere Warnung weitergab: Castro spiele mit dem Feuer, »früher oder später werden wir ihn stoppen«, wir selbst würden entscheiden, wo wir uns mit ihm anlegten:

Wenn Kuba sich nicht vorsieht, dann kann es zu einer militärischen Konfrontation kommen, aber eher in Kuba, nicht in Angola. Wir haben getan, was wir tun konnten, um die Beziehungen zu verbessern. Es darf Castro aber nicht länger gestattet werden, daß er seine Truppen über den ganzen Erdball schickt.

Am 12. März wiederholte Ford diesen Gedanken noch einmal in aller Öffentlichkeit: Die Vereinigten Staaten wollten sich jeder künftigen Aktion sowjetischer oder kubanischer Truppen »heftig widersetzen«, weil sie solches Treiben als »reines internationales Abenteurertum« betrachteten.[4]

Dabei hatten wir nicht die Absicht, in unserer Politik allein von strategischen Überlegungen auszugehen. Am 13. März verpflichtete Ford die Vereinigten Staaten zum ersten Mal auf die bedingungslose Unterstützung der Herrschaft der Mehrheit im südlichen Afrika: »Die Vereinigten Staaten sind entschlossen, dazu beizutragen, daß in Rhodesien die Mehrheit an die Macht gelangt.«[5]

In der besten Tradition des britisch-amerikanischen Sonderverhältnisses wandte sich Callaghan nicht ausdrücklich gegen meine Bemerkung zu Ramsbotham, daß wir uns weiteren Abenteuern Kubas widersetzen wollten, ob nun in Rhodesien ein Mehrheitsregime errichtet werde oder nicht. Er erweckte eher den Eindruck, als betrachte er den Widerstand gegen weitere Aktivitäten Kubas vor allem als politisches Problem, und enthüllte am 22. März einen neuen britischen Vorschlag, den Sowjets »zuvorzukommen«. Dieser beinhaltete hauptsächlich einen neuen Zeitplan für die Errichtung des Mehrheitsregimes in den nächsten achtzehn bis vierundzwanzig Monaten.

In einer Rede, die ich in Dallas hielt, unterstützte ich Callaghans Vorschlag noch am selben Tag als »höchst konstruktiv«. Zugleich schloß ich eine Warnung an Castro an:

Wir arbeiten nicht mit jenen zusammen, die sich auf kubanische Truppen stützen. Die Vereinigten Staaten können sich nicht auf immer damit abfinden, daß ein kubanisches Expeditionskorps sich in entfernten Regionen aufhält, um dort Druck auszuüben und die politische Entwicklung mit Waffengewalt zu bestimmen.[6]

Kaum vierundzwanzig Stunden später wies Ian Smith Callaghans Vorstoß zurück. Diplomatische Vorschläge allein konnten den Komplex von Faktoren natürlich nicht verändern, die es Smith ermöglichten, sich bereits seit zehn Jahren nach außen abzuschotten. Großbritannien hatte nicht die Macht, ihn zur Vernunft zu bringen, und konnte nur wenig mehr tun, als die Frontstaaten ohne sichtbaren Erfolg selbst unternahmen. Wenn Großbritannien einen aussichtslosen Plan nach dem anderen vorlegte, dann riskierte es damit, die afrikanischen Partner zu frustrieren und selbst einen Vorwand für das Eingreifen der Sowjetunion und Kubas zu liefern. Als einzige Macht, die die Absichten der streitenden Parteien beeinflussen konnte, mußten die Vereinigten Staaten es auf sich nehmen, eine Strategie für das südliche Afrika zu entwickeln.

»Auf sich nehmen« ist eine gleichermaßen nichtssagende wie eindrucksvolle Formulierung, solange keine Aktionen folgen, die die Umstände verändern, welche die Krise vor allem verursacht haben. Ein fester Zeitpunkt ist nötig, um die Sache in Gang zu bringen. Er kann von außen aufgezwungen oder durch eine mehr oder weniger willkürliche Entscheidung festgelegt werden.

Ford entschied, der beste Weg, einen solchen Zeitpunkt zu setzen, sei es, mich auf eine Reise durch Afrika zu schicken, um unser Interesse zu demonstrieren und in einer Grundsatzrede vor afrikanischen Zuhörern eine in sich geschlossene amerikanische Position vorzustellen. Wenn wir zu einer politischen Lösung kommen wollten, bevor die Lage ganz außer Kontrolle geriet und Ford völlig vom Wahlkampf in Anspruch genommen war, mußten wir unverzüglich handeln.

Als Anfang Februar die Entscheidung getroffen wurde, daß ich nach Afrika reisen sollte, fiel gerade der Startschuß zum Vorwahlkampf. Es ist nach heutigen politischen Maßstäben kaum vorstellbar, daß wir überhaupt nicht von den Vorwahlen sprachen, als wir die Reise für Ende April anberaumten. Das mag zum Teil daran gelegen haben, daß wir praktisch gar keine Möglichkeit hatten, diesen Umstand zu berücksichtigen. Von Ende Februar bis Ende Juni gab es alle zwei oder drei Wochen in einem oder mehreren Staaten eine Vorwahl. Darauf folgten die Nominierungskongresse der Parteien und schließlich die Wahl des Präsidenten.

Ford hatte bereits während der Zypernkrise, in der Debatte über den Jackson-Zusatzantrag und über die »Neubewertung« der Nahostpolitik bewiesen, daß er nicht im geringsten daran dachte, der Außenpolitik eine Pause zu verordnen, um seine Wahlaussichten zu verbessern. Als ich bei der Rückkehr von meiner ersten Afrikareise mit lautstarker Kritik empfangen wurde, erklärte er auf einer Tagung des Nationalen Sicherheitsrates am 11. Mai:

Henry ist nach Afrika gereist, wo er eine gute, verantwortungsbewußte Politik umgesetzt hat. Wir haben uns dabei ein bißchen politische Kritik eingehandelt, aber die ist völlig unbegründet. Wenn wir unsere Stellung in der Welt halten wollen, dann können wir uns in einem Wahljahr nicht aus der Außenpolitik verabschieden. Ungeachtet der Vorwahlen werden wir auch weiterhin das tun, was notwendig ist. Das wird manchmal sehr hart für uns sein, aber es ist richtig.

Um unser Programm für die Durchsetzung der Mehrheitsherrschaft zu verkünden, wählten wir Lusaka aus, weil Sambia unter allen Frontstaaten von der Rhodesienfrage am unmittelbarsten betroffen war. Im Jahr 1969 hatten die Frontstaaten das sogenannte Manifest von Lusaka herausgegeben, das in einprägsamen Worten das Recht und die Pflicht »aller Menschen« verkündete, »als gleichberechtigte Mitglieder der Gesellschaft an ihrer Regierung teilzuhaben«. Dies war ein Aufruf zur Errichtung eines Mehrheitsregimes, konnte aber zugleich als Zusicherung an die europäischen Minderheiten gelesen werden, ein Leben in Würde führen zu dürfen, wenn sie die Macht abgaben. Wir wählten die zweite Aprilhälfte als den Zeitpunkt, zu dem ich auf dieser Reise in einer Rede vor der UN-Konferenz für Handel und Entwicklung (UNCTAD) in Nairobi ein Programm für Afrika darlegen sollte. Der Zufall wollte es, daß die Reise mit den Vorwahlen im Bundesstaat Texas zusammenfiel. Nun wurde meine Rede weithin dafür verantwortlich gemacht, daß Ford dort eine vernichtende Niederlage erlitten hatte. Ford hielt an seinem Grundsatz fest, das Notwendige zu tun, um die nationalen Interessen zu verteidigen, auch wenn dies seine politischen Zukunftsaussichten schmälerte.

Bestandteile einer Strategie

Bevor wir uns in die Afrikapolitik stürzten, mußten wir aus den zum Teil übereinstimmenden, zum Teil völlig miteinander unvereinbaren Zielen der verschiedenen Seiten eine Strategie herausfiltern. Unser wichtigster Vorteil war, daß die afrikanischen Staaten selbst uns zum Eingreifen drängten und auch die weißen Minderheitsregierungen uns mehr vertrauten als jedem anderen Land beziehungsweise jeder anderen Führungsgruppe in den Vereinigten Staaten. Tatsächlich oder potentiell beteiligt waren die folgenden Seiten.

– Die Frontstaaten Mosambik, Sambia, Tansania und Botswana, auf deren Gebiet die Guerillas ihre Stützpunkte hatten, waren gleichsam der Kanal für Waffen von außerhalb des Kontinents, für ausländische Berater oder kubanische Truppen. Aber ihre führenden Politiker wußten auch, daß die rhodesischen Streitkräfte stark und gut bewaffnet waren. Ein Krieg konnte teuer werden und damit enden, daß die Guerillas nicht mehr nur Gäste waren, sondern statt dessen das Gastland beherrschten.

– Die anderen afrikanischen Staaten, die nur mittelbar betroffen waren, befürworteten grundsätzlich die Herrschaft der Mehrheit, waren aber zugleich bereit, daran mitzuwirken, daß der Kontinent nicht zu einem Schlachtfeld des Kalten Krieges wurde.

– Südafrika befürchtete, ein bewaffneter Kampf in Rhodesien könnte zum Vorspiel des Angriffs gegen Südafrika selbst werden. Zugleich erkannten alle Frontstaaten an, daß die Mitwirkung Südafrikas an einer Lösung der Rhodesienfrage unabdingbar war, denn sonst wäre der Übergang blutig, das Ergebnis unsicher und eine Radikalisierung der gesamten Region unvermeidlich gewesen.

– Großbritannien wurde durch Rhodesien stets schmerzhaft daran erinnert, wie sehr es international an Gewicht eingebüßt hatte. Daß es nicht in der Lage war, Rhodesien zum Einlenken zu zwingen, beeinträchtigte seine Anstrengungen, durch Zusammenarbeit mit den ehemaligen Kolonien eine neue Rolle in Afrika zu finden. Das erklärt unter anderem auch den persönlichen Haß, den viele britische Politiker gegen Ian Smith empfanden, was ihr Verhältnis zu ihm häufig so kompliziert und frustrierend gestaltete.

– Was die rhodesischen Behörden betraf, so hatten sie von dem Prozeß, der sich nun um ihr Land entfaltete, am allerwenigsten zu gewinnen. Welche Garantien für Minderheitenrechte das Mehrheitsregime auch immer bringen konnte, der Einfluß der europäischen Bevölkerung war unvermeidlich im Schwinden begriffen. Als ich Sir Anthony Duff, der im britischen Außenministerium eigens für Afrika und den Nahen Osten verantwortlich war, am 24. April fragte, was die Europäer unter einer Mehrheitsregierung zu erwarten hätten, antwortete er: »Sie könnten ihre Geschäfte behalten, aber ihre Kinder haben dort sicher keine Zukunft.« Die Regierung Ian Smith' konnte nur zum Einlenken bewogen werden, wenn man ihr klarmachte, daß die Politik, die wir anstrebten, noch die erträglichste der schmerzhaften Alternativen war, zwischen denen sie zu wählen hatte.

Dieses Gemisch nicht miteinander vergleichbarer Größen – die Tatsache, daß diejenigen, die an der Macht waren, keine Legitimation hatten und die Legitimierten ohne Macht waren, daß die Leidenschaften der Parteien sich nur an ihrem gegenseitigen Argwohn ermessen ließen – bestimmte die Grenzen unserer Afrikastrategie und ihre Aussichten auf Erfolg.

Unsere erste und zugleich grundsätzlichste Entscheidung bestand darin, daß wir die Vereinigten Staaten unverzüglich bedingungslos auf das Prinzip der Mehrheitsherrschaft einschworen. Dieser Entschluß war heftig umkämpft und wurde auch zum Thema des Präsidentschaftswahlkampfes gemacht. Aber das war noch die einfachste Wahl, die wir treffen mußten. Hätten wir nur Lektionen über Geopolitik abgehalten oder uns auf Minderheitsregierungen gestützt, dann hätten wir in Afrika keinen Fuß auf den

Boden bekommen. Wenn wir uns künftigen sowjetischen und kubanischen Abenteuern im südlichen Afrika widersetzen, den sowjetisch-kubanischen Einfluß dort verringern und schließlich beseitigen wollten, wie es uns im Nahen Osten gelungen war, dann mußte unsere Politik mit den Bestrebungen der großen Mehrheit des Kontinents übereinstimmen. Die Parteigänger der weißen Minderheiten begriffen nicht, daß unser Kurs die einzige Möglichkeit war, den Siedlern eine gewisse Chance auf ein anständiges Leben zu bewahren, wenn auch unter bescheideneren Umständen.

Frühere Bemühungen waren gescheitert, weil sie die Balance von Lohn und Strafe nicht gefunden hatten, denn nur diese kann die widerstreitenden Beweggründe im Hexenkessel des südlichen Afrika miteinander versöhnen. Wir schlugen vor, eine in sich schlüssige Strategie zu entwickeln, um diese Pattsituation ein für allemal zu überwinden:

– Wir stellten den Frontstaaten die Mehrheitsherrschaft in kurzer Zeit in Aussicht, indem wir das Gewicht der amerikanischen Diplomatie für ihre Ziele in die Waagschale warfen. So blieben ihnen die Zerstörungen eines langanhaltenden Kampfes und die Risiken für ihre innenpolitische Stabilität durch die Stationierung großer Guerillaeinheiten auf ihrem Territorium erspart. Wir bestanden darauf, daß sie als Gegenleistung ausländische Kräfte aus dem Konflikt heraushielten, die Verantwortung für die Verhandlungspositionen der rhodesischen Befreiungsbewegungen übernahmen und Minderheitenrechte garantierten.

– In enger Zusammenarbeit mit gemäßigten afrikanischen Politikern, insbesondere in Kenia, Zaire, Senegal und der Elfenbeinküste, trugen wir dazu bei, in der OAU einen für unsere Politik günstigen Konsens zustande zu bringen und die Präsidenten der Frontstaaten vor dem Druck radikaler afrikanischer Regierungen und ausländischer Staaten zu schützen. (Insbesondere Nigeria verfolgte einen radikalen Kurs.)

– Wir zählten darauf, daß Großbritannien in die Diplomatie des südlichen Afrika zurückkehrte und bei der verfassunggebenden Konferenz, die der Höhepunkt des Durchbruchs sein sollte, den wir zu erreichen hofften, eine wichtige Rolle spielte. In der Zwischenzeit wollten wir von britischen Erfahrungen und Ratschlägen kräftig profitieren.

– Die führenden Männer Südafrikas ließen wir wissen, daß ihnen eine verantwortungsvolle Rolle bei der Formung eines Afrika des Friedens, der Stabilität und der Rassengerechtigkeit zugedacht war. Südafrika sollte als wertvoller Gesprächspartner behandelt werden und eine Atempause für die Lösung seiner eigenen Probleme erhalten, vorausgesetzt, es trug dazu bei, daß das südliche Afrika zu einer neuen politischen Struktur fand. Aber wir stellten unmißverständlich klar, daß unsere Unterstützung für die Herrschaft der Mehrheit an den Grenzen Südafrikas nicht haltmachte.

– Als fünftes Rad am Wagen erwies sich Ian Smith. Alle bisherigen Anläufe waren gerade deswegen fehlgeschlagen, weil am Anfang stets Verhandlungen mit diesem Vertreter der weißen Minderheit standen, für die es keinen ersichtlichen Grund gab, ihre Vorherrschaft aufzugeben. Deshalb schlugen wir vor, Smith erst einzubeziehen, wenn die Ziele der anderen Beteiligten in Einklang gebracht waren. Wir konnten nichts daran ändern, daß Smith und seine weiße Minderheit von unserer Diplomatie wenig zu gewinnen hatten. Aber wir boten an, den Übergang zu erleichtern, indem wir ihn mit Respekt behandelten. Ich hatte bisher mit ihm weder gute noch schlechte Erfahrungen gemacht und sah ihn als Problem, das zu lösen war, nicht als einen Feind, den es zu besiegen galt. Zwar suchte ich die Lebensweise der rhodesischen Minderheit zu verändern, aber als ehemaliger Flüchtling konnte ich die Furcht durchaus verstehen, mit der sie dem bevorstehenden Zusammenbruch ihres ganzen bisherigen Lebens entgegensah.

Die Afrikapolitik und der innenpolitische Konsens

Bei unseren täglichen Gesprächen interessierte sich Ford lebhaft für die Ausarbeitung der Afrikapolitik. Er drängte uns, diese großzügig anzulegen und auch militärische Optionen zur Unterstützung unserer politischen Ziele vorzusehen. Denn es war klar, daß der Widerstand gegen den sowjetisch-kubanischen Drang, Kuba zur militärischen Avantgarde des Kommunismus aufzubauen, mehr erforderte als nur ein politisches Programm.

Am 24. März 1976 rief ich die Gruppe für Krisenmanagement der WSAG im Lageraum im Keller des Weißen Hauses zusammen. Angesichts der Bedeutung und der Kompliziertheit des Themas war es im Grunde genommen eine Sitzung des Nationalen Sicherheitsrates ohne den Präsidenten. Da ich in Vorbereitung meiner Reise die Afrikapolitik bereits koordinierte, hatte mich Ford gebeten, die Sitzung zu leiten, obwohl die Verantwortung für den Apparat des Nationalen Sicherheitsrates seit dem bereits beschriebenen sogenannten Halloween-Massaker an Scowcroft übergegangen war. Ich umriß die Aufgabe, vor der wir standen:

> Wir wollen mit der Planung auf politischem, wirtschaftlichem und militärischem Gebiet beginnen, damit wir Klarheit darüber gewinnen, was wir tun können, wenn wir gegen Kuba vorgehen. Wir brauchen mehrere Optionen. Später werden wir unsere Ziele auf einer Sitzung des Nationalen Sicherheitsrates erörtern. Jetzt aber müssen wir erst einmal prüfen, wozu wir in der Lage sind, damit der Präsident politisch entscheiden kann, was zu tun ist und wie die Planung erfolgen muß...

Dann definierte ich das strategische Ziel:

> ...Wir müssen den Führern afrikanischer Staaten klarmachen, daß sie nicht beides haben können: die Kubaner in Afrika und unsere Unterstützung... Wir müssen wissen, was wir wollen. Wir sollten zwei oder drei mögliche Handlungsvarianten in Betracht ziehen, sie detailliert untersuchen und sehen, welche Probleme sich daraus ergeben.

Der stellvertretende CIA-Direktor Vernon Walters hatte für die Sitzung folgende Einschätzung vorbereitet:

> Die Aufstände werden zunehmen, aber die Guerillas sind zu schwach, um einen militärischen Sieg zu erringen, solange sie nur in *bescheidenem* Umfang mit Material sowie kubanischen und sowjetischen *Beratern* unterstützt werden.
> In dieser Lage werden sie zunehmend unter Druck geraten, sowjetische und kubanische Hilfe in größerem Umfang plus kubanische *Kampfeinheiten* anzunehmen. Es wird den afrikanischen Führern, die jetzt das so-

wjetische und kubanische Engagement *eingrenzen* wollen, zunehmend schwerer fallen, sich diesem Druck zu widersetzen.

Einer Gruppe Senatoren sagte Ford am selben Tag, er sei bereit, in einem solchen Fall entschlossen zu handeln.

Der Eindruck der Dringlichkeit, den die CIA vermittelte, wurde nicht von allen geteilt. Der neue Verteidigungsminister Donald Rumsfeld legte die traditionelle Vorsicht des Pentagons an den Tag. Anders als man weithin glaubt, erwirbt das Militär zwar gern Waffen, setzt sie aber nur widerwillig ein, es sei denn, die Sicherheit Amerikas steht unmittelbar auf dem Spiel. Begrenzte politische Ziele machen die Militärs nervös, insbesondere seit dem Vietnamkrieg.

Wenn das Pentagon nicht will, dann verschanzt es sich hinter der Forderung, man möge umfangreiche und komplizierte Optionen vollständig in Betracht ziehen, so daß der Präsident faktisch in eine fachliche Diskussion verstrickt wird, die seine Verwirrung nur noch verstärkt. Rumsfeld äußerte sich zustimmend zu unserer Strategie. Ihm bereite jedoch Sorge, so erklärte er, wie sie im einzelnen durchzusetzen sei. Wenn er von mehreren politischen Annahmen ausgehe, dann fielen ihm mindestens einhundertfünfzig militärische Optionen ein, behauptete Rumsfeld. Bevor man die Planung militärischer Aktionen in Angriff nehmen könne, müsse jede militärische und politische Kombination bedacht sein – einzeln und im Verhältnis zu allen anderen.

Über dieser Aufgabe hätte man leicht den Rest der Amtszeit Fords verbringen können, vielleicht auch ein ganzes Jahrzehnt. Auf alle Fälle war sie nicht in einem Zeitrahmen zu erfüllen, der den Gefahren entsprach, die wir gerade bannen wollten.

Ford, der die wahren Gedanken seiner Mitarbeiter viel besser durchschaute, als man ihm ansah, blieb ruhig. Das Pentagon, so entschied er am 29. März, brauchte vor meiner Afrikareise Ende April keine endgültigen Empfehlungen vorzulegen, lediglich einige vorläufige Schlußfolgerungen, um dem Präsidenten aus einer Notlage zu helfen:

Ich glaube nicht, daß wir unbedingt sagen müssen, was wir tun wollen. Aber ich denke, wir sollten bereit sein, etwas zu unternehmen. Ich will nicht, daß die Kommunisten meinen, wir seien zu kraftvollem Handeln nicht in der Lage.

In der Zwischenzeit leisteten uns die Indiskretionen der Presse endlich einmal einen guten Dienst, denn sie signalisierten Castro, daß es ernst wurde. Am 26. März erschien die *Washington Post* mit der Schlagzeile »Weißes Haus und Pentagon erwägen Militäraktion gegen Kuba«[7]. Eine Meldung wie diese konnte im allgemeinen Trubel Washingtons durchaus untergehen, erregte aber ganz sicher Havannas Aufmerksamkeit.

Bevor ich am 22. April meine Reise nach Afrika antrat, ließen wir in der WSAG die Planung für mögliche Fälle in den vergangenen vier Wochen noch einmal Revue passieren. Wieder waren alle Chefs anwesend. Den größten Teil der Sitzung beanspruchte eine umfangreiche geheimdienstliche Information George Bush'. Seine Darlegungen, die von vielen Fakten gestützt wurden, gipfelten in dem prägnanten Satz: »Die Nachrichtendienste sagen voraus, daß kubanische Truppen vor Ende 1976 in Rhodesien aktiv werden.«

Zwar gelang es Ford nicht, dem Pentagon eine konkrete Empfehlung zu entlocken, aber Rumsfeld lieferte der WSAG eine Reihe qualifizierter, inhaltsreicher Optionen in sechs abgestuften Schritten. Für jede Stufe waren die erforderlichen Kräfte und die zu erwartenden Risiken aufgeführt. Für eine Krisensituation war dies ein nützliches Kompendium möglicher Varianten, allerdings hatte der Präsident ganz sicher heftigen Streit zu erwarten, bevor eine endgültige Entscheidung gefällt war.

Da wir auf völliges Neuland vorstießen, verwandten wir viel Kraft darauf, Unterstützung im Land zu mobilisieren. Von März bis September 1976 kam ich viermal mit Gruppen führender Persönlichkeiten der Afroamerikaner zusammen. Es waren jedesmal etwa dreißig an der Zahl. Verkehrsminister William T. Coleman, ein bekannter afroamerikanischer Rechtsanwalt, half mir bei der Aufstellung der Teilnehmerlisten, um sicherzustellen, daß alle wichtigen Teile der Öffentlichkeit vertreten waren. Er nahm auch selbst an den Begegnungen teil. Dr. Leon Sullivan, ein Vorkämpfer bei der Erarbeitung von Regeln für amerikanische Firmen, die der Überwindung der Apartheid in Südafrika dienen sollten, gab viele nützliche Ratschläge, um die Kluft zu den Afroamerikanern zu überbrücken.

Die Treffen selbst waren sehr emotionsgeladen, denn es war das erste Mal, daß ein Außenminister führende Persönlichkeiten der Afroamerikaner ernsthaft konsultierte. Selbst ein so langjähriger Kritiker der Administrationen, denen ich angehörte, wie Reverend Jesse Jackson sagte seine Unterstützung zu:

Wir schätzen es sehr, daß Sie uns Respekt entgegenbringen. Kein anderer Außenminister ist den schwarzen Amerikanern bisher mit solcher Achtung begegnet…

…Wir unterstützen die Afrikapolitik, die Sie angesprochen haben. Dafür haben Sie unsere Zustimmung. Andere Außenminister wären nicht wie Sie mit uns zusammengekommen.

Zwar gab es unterschiedliche Meinungen in taktischen Fragen, aber unsere allgemeine Strategie fand bei den führenden Vertretern der Afroamerikaner große Zustimmung.

Der Kongreß zeigte sich weniger beeindruckt. Am 18. März traf ich sechs Mitglieder des Auswärtigen Ausschusses des Senats – zumeist aus dem liberalen Lager, das uns, wie wir erwarteten, die meisten Schwierigkeiten machen würde, wenn wir einem neuen militärischen Schritt der Kubaner entgegentreten wollten: Hubert Humphrey, Gale McGee, Dick Clark, Clifford Case, Jacob Javits und Charles Percy. Ich hielt mit unseren Absichten nicht hinter dem Berg. Nach unseren Plänen sollten sich die Vereinigten Staaten rückhaltlos für Mehrheitsregime im südlichen Afrika einsetzen. Wir wollten alles dafür tun, um noch in diesem Sommer in Rhodesien und vielleicht auch in Namibia einen Durchbruch zu erzielen. Sollten allerdings kubanische Truppen eingreifen, erklärte ich, dann »werden wir nicht in Rhodesien reagieren, sondern etwas anderes tun, möglicherweise auch militärischen Druck auf Kuba ausüben müssen«.

Senator Clark, der Urheber der Gesetzesänderung, die weitere Gegenmaßnahmen gegen das kubanische Vorgehen in Angola verbot, gab vor, unserer Strategie grundsätzlich zuzustimmen. Er wandte jedoch ein, Rhodesien sei nicht der richtige Ort dafür, weil wir damit an die Seite der weißen Minderheitsregierung unter Ian Smith gerieten.

Um diesem Dilemma zu entgehen, wollte Amerika ja gerade die Errichtung von Mehrheitsregimen unterstützen. Wenn es uns verwehrt wurde, militärischen Schritten Kubas und der Sowjetunion entgegenzutreten, während wir unser politisches Programm realisierten, so erläuterte ich, dann werde das »zu einer Dauerpräsenz der Kubaner im südlichen Afrika« führen, denn sie agierten stets gerade dort, wo Gegenmaßnahmen politisch schwierig waren.

Humphrey faßte die Schlußfolgerung der Senatoren folgendermaßen zusammen:

Das amerikanische Volk ist über Kuba sehr besorgt. Es interessiert sich jedoch weit mehr für unsere Hemisphäre. Es gibt Ärger im Land darüber, was die Kubaner in Afrika tun. Ich denke, was Sie in unserer Hemisphäre unternehmen, wird Unterstützung finden, auch im Kongreß. Aber wir meinen, daß das Eingreifen in Afrika ein sinnloses Unterfangen ist.

Bei Informationsgesprächen mit mehreren Kongreßausschüssen in den folgenden Wochen stieß ich überall auf die gleiche Reaktion: Man wünschte sich eine aktive Politik, äußerte Besorgnis über das Eingreifen Kubas, scheute sich aber davor, dem mit militärischer Gewalt entgegenzutreten. So ließ das südliche Afrika unsere nationale Spaltung erneut sehr plastisch hervortreten, sobald wir versuchten, Politik mit Stärke zu verbinden. Die Liberalen waren auf der Suche nach einem Nirwana, in dem feste Grundsätze und geringes Risiko miteinander verschmolzen. Ich sagte Senator Humphrey, da die Sowjets und die Kubaner das Heft in der Hand hätten, sei leider nicht zu erwarten, daß sie gerade dort angriffen, wo es uns genehm war. Zur gleichen Zeit predigten die Konservativen, wie ich in der Rede in Dallas am 22. März feststellte, »Überlegenheit in der Strategie und regionalen Rückzug in der Praxis«. Den Neokonservativen wiederum ging es darum, ihre ideologischen Angriffe gegen Ford und seine Mitarbeiter vorzutragen, statt sich dem Kampf gegen den Kommunismus dort anzuschließen, wo er tatsächlich geführt wurde.

Die Zeit drängte. Über Mosambik und Sambia wurde die bewaffnete Auseinandersetzung nach Rhodesien getragen, und die CIA sagte voraus, daß ein Eingreifen der Kubaner unmittelbar bevorstehe. Das südliche Afrika stand am Rande eines Rassenkrieges, der außer Kontrolle zu geraten drohte. Wenn es der Sowjetunion und Kuba gelang, bei den Befreiungskämpfen in Afrika die tonangebende Rolle zu spielen, dann konnte die Instabilität rasch den ganzen Kontinent erfassen (was auch geschah, nachdem Ford aus dem Amt geschieden war). Und wenn die kubanischen Truppen in ihre Heimat zurückkehrten, konnten sie zu einem destabilisierenden Element der Rassenpolitik in ganz Lateinamerika werden, wie die Präsidenten Venezuelas und Kolumbiens erklärt hatten.

Auf meiner Afrikareise sollte ich herausfinden, ob wir eine allmählich fortschreitende Entwicklung in Gang zu setzen vermochten, die sowohl unseren Werten entsprach als auch unserer Sicherheit diente. Später warf man dem Präsidenten deswegen politische Beschränktheit vor. Er habe nicht genau begriffen, worauf wir uns da einließen. Natürlich kam auch wieder das übliche Alibi des Kongresses, wenn er sich heraushalten wollte: Er sei nicht ausreichend konsultiert worden.

Unsere Afrikapolitik konnte indessen für niemanden eine Überraschung sein. Monatelang hatten wir uns in der Regierung, im Kongreß und in Gesprächen mit ausländischen Politikern für die Herrschaft der Mehrheit im südlichen Afrika eingesetzt. Wir hatten auch unsere Absicht klargestellt, bei jeder Verfassungslösung, die sich aus unserer Afrikainitiative ergab, die Rechte der weißen Minderheiten zu gewährleisten.

Über die Vorwahlkampagne sprach der Präsident nicht mit mir. Ich selbst wies bei einer Begegnung am 12. April im Oval Office darauf hin, welche politischen Folgen meine bevorstehende Initiative haben könnte. Ford drängte mich jedoch, an unseren Grundsätzen festzuhalten und nicht zuviel zu taktieren:

Kissinger: Ich reise nach Afrika. Gegenüber Südafrika will ich mich für die Schwarzen besonders stark machen.

Ford: Was mich betrifft, so ist das okay.

Kissinger: Sie werden dazu einige Kritik aus dem Süden zu hören bekommen. Ich will mich dafür einsetzen, daß die Byrd-Gesetzesänderung (die rhodesisches Chrom von UN-Sanktionen ausnahm) annulliert wird.

Ford: Das ist unsere Position – aber es sollte direkt geschehen, nicht als Zusatzantrag zu einem anderen Gesetz.

Daß Ford auch in einem Wahljahr an der Einstellung zu seinem Amt keine Abstriche machte, wirkte schockierend. Da ihn das Schicksal nun einmal in das Präsidentenamt gestoßen hatte, wollte sich Ford seiner Verantwortung würdig erweisen. Er war zu bescheiden, um sich das Recht zu nehmen, die nationalen Interessen seinen persönlichen Wahlaussichten unterzuordnen. Moderne Politik straft solche Haltung mit Verachtung. Die Geschichte, das ist gewiß, wird viel großmütiger damit umgehen.

XXX. Erster Besuch in Afrika

Der Hauptzweck meines ersten Besuches in Afrika war eine Rede in der sambischen Hauptstadt Lusaka, mit der sich die Vereinigten Staaten eindeutig für die Herrschaft der Mehrheit im südlichen Afrika auszusprechen gedachten. Ich wollte nicht nur eine Prinzipienerklärung abgeben, sondern auch ein Programm vorlegen, wie dieses Ziel erreicht werden sollte. Die Mitwirkung der Frontstaaten, besonders Tansanias und Sambias, war die Voraussetzung für eine endgültige Unabhängigkeit, bei der die Rechte der Minderheiten von Europäern geschützt blieben. Außerdem mußte die Organisation für die Afrikanische Einheit zustimmen, um diesen Prozeß vor Druck oder Erpressungsversuchen nichtafrikanischer Kräfte zu schützen. Aus diesem Grunde umfaßte meine Reiseroute eine Reihe englisch- und französischsprachiger Staaten: Kenia, Tansania, Sambia, Zaire, Liberia und Senegal.

Anthony Crosland und die Rolle Großbritanniens

Die Reise begann am 24. April 1976 in Großbritannien, auf dessen Erfahrungen wir setzten und dessen Mitwirkung notwendig war, um einen reibungslosen Übergang zu einer Mehrheitsregierung in Rhodesien zu erreichen. Da bisher kein Staat der Welt die rhodesische Regierung unter Ian Smith anerkannt hatte, lag die staatliche Hoheit rechtlich weiterhin bei Großbritannien, das den Übergang zu einer Mehrheitsregierung zumindest zeitweilig beaufsichtigen mußte.

Harold Wilson war unerwartet als Premierminister zurückgetreten, ohne dies damals oder später je zu erklären. So erwartete uns ein neuer Außenminister. James Callaghan war inzwischen an Wilsons Stelle in Downing Street Nr. 10 eingezogen, und Anthony Crosland hatte das Außenministerium übernommen. Callaghan kannten wir, und wir vertrauten ihm, Crosland dagegen war uns ziemlich fremd.

Tony Crosland war einer der führenden Intellektuellen der Labour Party. Bisher hatte er sich vor allem mit innenpolitischen oder wirtschaftlichen Fragen befaßt. Im Kampf um die Parteiführung war er gegen Callaghan und Denis Healey angetreten, der Finanzminister blieb. Croslands Haltung zu Callaghan ähnelte der Adlai Stevensons zu John F. Kennedy – im Grunde genommen konnte er nicht verstehen, weshalb die Partei den Politiker dem Intellektuellen vorzog. Er war auch nicht erbaut darüber, daß Callaghan ihm den einzigen Posten, der ihm neben dem des Premierministers etwas bedeutete – den des Finanzministers –, verweigert hatte. Ich vermute, Callaghan, der zwei begabte, brillante Intellektuelle, jeder mit seinem eigenen Kopf, vor sich hatte, stellte Crosland in die ihm fremde Umgebung des Außenministeriums und behielt statt dessen Healey, dessen wahre Leidenschaft die Außenpolitik war, als Finanzminister, um so beide vor der Versuchung zu bewahren, die Grenzen der Disziplin zu überschreiten.

Das erwies sich als durchaus wirksamer Schachzug, um zwei potentielle Rivalen unter Kontrolle zu halten. Ohne die vorherrschende Meinung herauszufordern, was durchaus zu seinem Stil in der Außenpolitik gehörte, leistete Healey weiterhin solide Arbeit im Finanzministerium. Crosland, der bei seiner Ernennung zunächst verdrossen und ärgerlich war, entdeckte an sich bald bemerkenswerte Fähigkeiten für die ihm übertragene Aufgabe. Nach einigen Wochen im Amt überwog das Vergnügen daran, in ein bisher unbekanntes Gebiet vorzudringen, seine Enttäuschung darüber, daß er den Parteivorsitz verfehlt hatte.

Zunächst galt Crosland allerdings wegen seiner zur Schau getragenen Verdrießlichkeit, verbunden mit einem trägen, lustlosen Auftreten, als das Enfant terrible der Außenpolitik. Er machte kein Geheimnis daraus, daß die Alltagsroutine der internationalen Diplomatie ihn anödete. Als eine ihrer sakrosankten Regeln gilt zum Beispiel, daß jedes internationale Treffen, besonders im kleinen Kreis, die dafür vorgesehene Zeit voll auszuschöpfen hat. Anderenfalls behaupten die Medien, es sei ein Fehlschlag gewesen. Die Teilnehmer müssen dann erklären, warum es angeblich vorzeitig abgebrochen wurde. Crosland sah das nicht ein und beendete ein Treffen, sobald die Tagesordnung erschöpft war. Damit schloß er aber auch die ungezwungenen Gespräche am Rande aus, die dem offiziellen Meinungsaustausch gewöhnlich folgen. In solchen inoffiziellen Unterhaltungen wird Vertrauen aufgebaut, um die Differenzen zu überwinden, die in den Beziehungen zwischen souveränen Staaten unweigerlich auftreten. Davon kann man profitieren, wenn der Fall eintritt, daß Entscheidungen unter dem Druck der Ereignisse herbeigeführt werden müssen.

Diese herablassende Art behielt Crosland bei, bis er einmal für seinen brillanten Bericht über einen Besuch in Peking den verdienten Beifall seiner Kollegen im Nordatlantikrat erhielt. Damit war das Eis gebrochen, wie die Zusammenarbeit in den Beziehungen zu Afrika bewies. Crosland und ich arbeiteten eng zusammen, und unsere Mitarbeiter kooperierten in der Rhodesienfrage, als wären sie ein einziges Team.

Ich profitierte viel von Croslands außerordentlicher analytischer Fähigkeit, dank deren er zu unseren gemeinsamen Initiativen zahlreiche bedenkenswerte Beiträge leistete. Außerdem bewies er einen ganz eigenen Sinn für Humor. Um uns vor einer gewissen Wichtigtuerei zu bewahren, die der Diplomatie zuweilen eigen ist, erfand Crosland ein Spiel, bei dem jede Seite Minuspunkte erhielt, wenn sie etwas Absurdes tat. Da er sowohl die Regeln bestimmte als auch das Punktekonto führte, war meine Niederlage vorprogrammiert. So stellte ich zum Beispiel fest, daß ich mir achthundert Punkte einhandelte, als der Tischpartner von Prinz Philip (dessen Name nicht genannt werden soll) beim Diner für Königin Elisabeth am 7. Juli 1976 im Weißen Haus diesen fragte, aus welchem Teil Deutschlands er stamme. Als Crosland jedoch bei einem Abendessen, für das Frack vorgeschrieben war, im Smoking erschien, wurde er dafür mit nur zweihundert Punkten bestraft.

Im Vorgriff auf meinen Abschied von der politischen Bühne nach den bevorstehenden amerikanischen Wahlen beschrieb Crosland das Jahr 1976 als sein Lehrjahr in der internationalen Politik. Wenn ich aus dem Amt schied, wollte er der atlantischen Außenpolitik seinen Stempel aufdrücken. In dieser hintergründigen Schmeichelei steckte sowohl eine Verbeugung vor meiner angeblichen Vorrangstellung als auch der Hinweis auf meine Entbehrlichkeit. Leider ereilte ihn nur wenige Wochen nach meinem Ausscheiden aus dem Amt ein schwerer Schlaganfall. Das war eine sehr persönliche Tragödie. England verlor einen fähigen Politiker und ich einen geschätzten Freund.

All das lag aber noch in der Ferne, als Crosland und ich uns am Morgen des 24. April 1976 auf der königlichen Luftwaffenbasis Waddington in Nordengland nahe seinem Wahlkreis Grimsby trafen. Er hatte diesen Ort gewählt, um der Kritik aus dem Weg zu gehen, die sein Vorgänger hatte erdulden müssen – daß ich ihn nämlich regelmäßig zum Flughafen Heathrow beorderte, um ihn während des Auftankens meiner Maschine zu informieren. In Begleitung des ständigen Chefs des Außenministeriums und des für Afrika verantwortlichen Unterstaatssekretärs absolvierte Crosland die für ihn zweifellos schmerzliche Pflicht, Großbritanniens traditionelle Führungsrolle im südlichen Afrika zumindest zeitweilig an die Vereinigten Staaten abzutreten.

Die Briten rieten mir, den Aspekt des Kalten Krieges bei meiner Mission nicht hervorzuheben, da die Führer Afrikas fast ausschließlich mit Problemen ihres Kontinents befaßt seien. Der Kalte Krieg, so argumentierte Crosland, könnte für unsere afrikanischen Partner, wenn überhaupt, lediglich als Gelegenheit interessant werden, uns zu erpressen und gegen die Sowjets auszuspielen.

Laut Crosland hatte Ian Smith Callaghans Initiative für eine Mehrheitsregierung in Rhodesien vom 22. März deshalb abgelehnt, weil sie zu sehr von den Forderungen Schwarzafrikas geprägt gewesen sei und die Sorgen der weißen Minderheit nicht genügend in Betracht gezogen habe. Meiner Meinung nach bestand das Problem vor allem darin, daß Großbritannien nicht mehr über die Machtmittel verfügte, um in der notwendigen Weise Lohn und Strafe zu verteilen. Wenn ich Smith auf meiner Reise erfolgreich dazu bewegen wollte, die Herrschaft der Mehrheit zu akzeptieren, dann mußten einige Garantien für die Europäer in die endgültige Regelung aufgenommen werden. Ich teilte Crosland mit, wir hofften, daß Großbritannien die notwendigen Verfassungsdokumente ausarbeiten und einer verfassunggebenden Versammlung vorsitzen werde.

Jomo Kenyatta: Der erloschene Vulkan

Kenia wählten wir als erste Station unserer Reise, weil wir den Eindruck hatten, daß es als Modell für die Verbindung von Mehrheitsregierung und garantierten Rechten für die weißen Minderheiten gelten könnte. (Seitdem hat in Kenias Innenpolitik die Unterdrückung stark zugenommen, allerdings waren vor allem afrikanische Gegner des jeweiligen Präsidenten ihre Opfer.) Außerdem hofften wir, Kenias legendärer Präsident Jomo Kenyatta werde unsere Politik in der OAU unterstützen.

Meine Begegnung mit Kenyatta fand auf seinem Landsitz in Nakuru statt (nach Nairobi kam er nur noch selten). Wir mußten in einer kleinen zweimotorigen Maschine dorthin fliegen – ein Transportmittel, für das ich nicht gerade Begeisterung empfand, um so weniger, als der Pilot einen scharfen Haken schlagen mußte, um einem Vogelschwarm auszuweichen.

Mit seinen wie aus Ebenholz geschnittenen Gesichtszügen und seinem grauen Bart wirkte Kenyatta ungemein imposant, als er uns vor seiner rosafarbenen, stuckverzierten Villa begrüßte. Einen großen Teil seines früheren Lebens hatte er im Ausland verbracht. In den dreißiger Jahren war er Student in England gewesen, hatte danach zwei Jahre an der Moskauer Universität studiert und schließlich einen postgraduellen Abschluß in Anthropologie an der London School of Economics erworben. 1946 nach Kenia zurückgekehrt, schloß sich Kenyatta der Befreiungsbewegung an und baute die Guerillagruppe Mau-Mau auf. Von 1953 bis 1961 saß er in britischen Gefängnissen, um dann wie viele andere Guerillaführer aus der Gefängniszelle direkt in die Führung seines Landes zu wechseln.

Den Kenyatta, der uns im Zweireiher mit fast königlicher Würde entgegentrat, konnte man sich nur schwer als den Befehlshaber einer schlagkräftigen Guerillabewegung vorstellen, die Großbritannien dazu gezwungen hatte, seine Herrschaft über Kenia aufzugeben. Aber das Bild des Londoner Bankers verflüchtigte sich augenblicklich, wenn Kenyatta seinen Wedel aus Giraffenhaar schwenkte und den kenianischen Nationalruf »Harambee!« ausstieß, der bedeutet: »Laßt uns zusammenarbeiten!«

Eines der besonderen Merkmale des afrikanischen Unabhängigkeits-kampfes besteht darin, daß den schweren Leiden des Kampfes häufig eine um so größere Bereitschaft zur Versöhnung folgt. Kenyatta war sichtlich mit sich selbst im reinen. Er hatte sich entschieden, mit denen in Harmonie zu leben, die er als Guerilla hart bekämpft hatte. Damit ähnelte er dem noch bedeu-tenderen Nelson Mandela, der heute, zwanzig Jahre später, diese Rolle spielt. Kenyattas Haltung spiegelt der folgende Dialog wider:

Kissinger: Sie haben mit großer menschlicher Würde gezeigt, daß Sie Versöhnung wollen.

Kenyatta: Ich haßte die Sklaverei. Ich wollte frei sein, aber wir haßten nicht Großbritannien.

Kissinger: Nun werden Sie in Großbritannien bewundert.

Kenyatta: Einige behaupten, Kenyatta werde ihnen die Kehle durch-schneiden. Ich aber wollte nur frei sein.

Als wir zur Sache kamen, zeigte sich, daß Kenyatta in diesem Lebensab-schnitt erreicht hatte, wonach er strebte. Die Konflikte im südlichen Afrika interessierten ihn nur noch symbolisch. Als ich ihm die Grundgedanken meiner für Lusaka vorgesehenen Rede zur Herrschaft der Mehrheit dar-legte, reagierte er ziemlich lau. Ein Gespräch darüber kam nicht zustande. Dazu heißt es in unserem Gesprächsvermerk: »Es war deutlich, daß Ken-yatta es Außenminister (Munyua) Waiyaki nicht erlauben wollte (über Themen des südlichen Afrika) zu sprechen.«

Kenyatta verhielt sich so, als erfordere sein Beitrag zur afrikanischen So-lidarität lediglich moralische Unterstützung für die Befreiungskämpfe, die überall auf dem Kontinent im Gange waren. Da er seinen Kampf ohne aus-ländische Hilfe geführt hatte, schien er zu glauben, die Kraft seines Beispiels genüge. Er selbst wollte sich darauf konzentrieren, das zu erhalten, was er aufgebaut hatte. Deshalb waren ihm die Kämpfe im fernen südlichen Afrika nicht besonders wichtig. Die größte Gefahr für sein Land sah er in Nach-barstaaten, die die Sowjets bewaffnet hatten, zum Beispiel in Somalia.

Vor allem interessierte ihn die wirtschaftliche und militärische Hilfe aus den Vereinigten Staaten. »Früher habe ich Amerika einfach schrecklich ge-funden«, sagte Kenyatta. Aber als er das Land näher kennenlernte, habe er sehr, sehr schätzengelernt, »was Sie für unser Volk getan haben. Viele Ke-nianer haben amerikanische Schulen besucht. Sie berichten viel Gutes, wenn sie nach Hause zurückkehren. Leider tun das einige gar nicht erst.« Es stand außer Frage, daß Kenyatta in afrikanischen Gremien unsere Politik für das südliche Afrika unterstützen würde – wegen der strategischen Erfor-dernisse Kenias, wie er sie interpretierte.

Beim Gespräch über Einzelheiten der wirtschaftlichen und militärischen Unterstützung ließ Kenyatta deutliche Zeichen von Ungeduld erkennen, be-sonders als unweit unseres Konferenzraumes Trommeln erklangen. Mit der Bemerkung »Zu viele Worte bringen keinen Nutzen« beendete er die De-batte. Da nach diesem Kommando ihres Häuptlings kein Kenianer noch ein Wort zu sagen wagte, versiegte die Unterhaltung. Kenyatta meinte offen-bar, er müsse jetzt ein Versprechen erfüllen, das er bei der Begrüßung gege-ben hatte. »Einige Leute haben mich gefragt, ob ich ihnen erlaube, für Sie zu tanzen«, hatte er gesagt. »Wenn wir hier fertig sind, werde ich Ihnen ihre Tänze zeigen.«

Kenyatta brachte mich zu einer halbkreisförmigen Arena, die auf drei Seiten von Tribünen umgeben war. Dann führte er mich zu zwei thronartigen Sesseln, die an der offenen Seite unter einem Baldachin standen. Hier war er – auch im westlichen Zweireiher – jeden Zoll ein Stammeshäuptling, der seinen Wedel schwenkte und »Harambee!« rief. Mehrere Gruppen von Tänzern und einige Tausend Zuschauer hatten sich versammelt. Kenyatta hielt eine flammende Rede und bat mich, seinem Beispiel zu folgen. »Man wird mich nicht verstehen«, wandte ich ein. »Manche Stämme verstehen mich auch nicht«, erwiderte Kenyatta, »aber sie erwarten von einem Häuptling, daß er mit starker Stimme zu ihnen spricht.« Heute weiß ich nicht mehr, was ich damals gesagt habe. Sicherlich war es kein fundamentaler Beitrag zur Politikwissenschaft.

Dann sahen wir Tänze von Frauen mit kahlgeschorenen Köpfen und wunderbarem Schmuck. Massai-Krieger, die ihre Speere schwangen, ließen meine Sicherheitsbegleiter nervös werden. Schließlich sangen Gruppen von Kindern, die die kenianischen Nationalfarben trugen, das Lied »Red River Valley« auf Suaheli. Dann bestand Kenyatta darauf, daß wir uns beide den Tänzern zugesellten. Er fühlte sich dabei sichtlich wohl, bewegte sich mit Anmut und doch voller Würde. Ich zweifle keinen Augenblick daran, daß ich herumtrampelte wie ein Elefant unter Gazellen.

Julius Nyerere und Tansania: Der ambivalente Intellektuelle

In Daressalam, der Hauptstadt Tansanias, der nächsten Station unserer Reise, waren Erheiterungen dieser Art nicht angebracht. Das marktorientierte Nairobi, eintausendfünfhundert Meter über dem Meeresspiegel gelegen, war eine kühle, pulsierende, beinahe moderne Stadt. Das sozialistische Daressalam auf Meereshöhe dagegen war heiß, schmutzig und arm. In Kenia, das seinen Fortschritt auf die Freundschaft mit den Vereinigten Staaten zu gründen suchte, waren der Vizepräsident und drei Kabinettsmitglieder zu meiner Begrüßung am Flughafen erschienen. In Daressalam, der Hauptstadt eines Landes, das sich zur Blockfreiheit bekannte, begrüßten ein stellvertretender Außenminister und eine ziemlich heruntergekommene Schar von Demonstranten, die die in der Dritten Welt üblichen antiamerikanischen Parolen riefen, die amerikanische Delegation.

Nachdem der tansanische Präsident Julius Nyerere seinen sozialistischen Überzeugungen und seinen radikalen Freunden in der Dritten Welt Genüge getan hatte, arrangierte er einen offiziellen Empfang. der nicht herzlicher sein konnte. Dafür hatte er allerdings ganz andere Motive als Kenyatta. Nyerere, der unerschütterlich an den Sozialismus glaubte, hegte ein tiefes Mißtrauen gegenüber der amerikanischen Gesellschaft und den Absichten Amerikas.

In internationalen Gremien geißelten uns tansanische Minister häufig mit scharfer Kritik. Niemals hätte Nyerere Freundschaft mit den Vereinigten Staaten eine nationale Priorität genannt. Beziehungen zu uns hielt er für ein notwendiges Übel. Kenyatta suchte unsere Unterstützung, um sein Land zu schützen und seinen Wohlstand zu mehren. Nyerere wollte sich von uns »Stärke leihen«, wie er Monate später bekannte, um die Herrschaft der

Mehrheit im südlichen Afrika durchzusetzen und danach den Einfluß der weißen Minderheit auszuschalten. Kenyatta, weit über achtzig Jahre alt, wollte die Früchte seines Kampfes bewahren. Nyerere, in der Blüte seiner Kraft, sah sich mitten im Kampf. »Wir haben keinen Guerillakrieg geführt«, sagte er in seiner selbstironischen Art. »Wir haben nur ein bißchen agitiert – sehr britisch.« Für Nyerere waren die Vereinigten Staaten ein Mittel, das man zur Beschleunigung des Befreiungskampfes einsetzen konnte. Er war bereit, dafür einen Preis zu zahlen, indem er seine Kollegen zur Mäßigung aufrief. Etwas widerwilliger stimmte er zu, den weißen Minderheiten gewisse Rechte zu gewähren, und noch widerwilliger, eine kubanische Beteiligung an diesem Kampf auszuschließen. All das änderte allerdings nichts an Nyereres grundsätzlichen Vorbehalten gegenüber den Vereinigten Staaten und dem Gedanken, in seinem Land eine Marktwirtschaft einzuführen.

Brillant und charmant, besaß Nyerere in Afrika einen Einfluß, der weit über die Stärke seines Landes hinausging. Das beweist, daß Macht nicht allein nach materiellen Maßstäben beurteilt werden kann. Tansania war ein Frontstaat im Kampf gegen Rhodesien – gemeinsam mit Sambia, Botswana und Mosambik, das erst kürzlich die Unabhängigkeit errungen hatte. Da Tansania an dem bewaffneten Kampf in Rhodesien beteiligt war und da Nyerere eine so offensichtliche geistige Vorrangstellung besaß, war er die Schlüsselfigur für jede Lösung.

Aber Nyereres Vorstellung vom erwünschten Ausgang des Kampfes stimmte mit unserer nur teilweise überein. Wir wollten ein Mehrheitsregime, das die Sowjetunion und Kuba ausschloß und zugleich den weißen Minderheiten gewisse Garantien sicherte. Nyerere war unser Druck zur Beseitigung des Regimes der Weißen willkommen, zugleich wollte er unsere Rolle bei der nachfolgenden Entwicklung jedoch auf ein Minimum beschränken. Nach unserer Strategie sollten auf einen erfolgreichen Besuch in den Frontstaaten Verhandlungen mit den weißen Regimen folgen. Wenn wir einen Kampf bis zum bitteren Ende vermeiden wollten, dann mußten die Gespräche auch einige Garantien für die Minderheiten der Europäer erbringen. Nyerere war durchaus bereit, über diesen Grundsatz zu diskutieren, allerdings interpretierte er ihn als einen Anreiz für den schließlichen Abzug der Europäer. Da der Schutz politischer Minderheiten kaum ein besonderer Wesenszug der tansanischen Politik genannt werden konnte, waren wir nicht überrascht, daß er weder besonders einfallsreich noch begeistert an das Thema des Schutzes weißer Minderheiten heranging, die im Land bleiben wollten.

Viele Bewunderer Nyereres in Amerika glaubten, er und seine Mitkämpfer verkörperten die amerikanischen Werte und liberalen Traditionen. Im Gegensatz dazu sahen Nyereres amerikanische Kritiker in ihm einen Verkünder der kommunistischen Ideologie. Beide Auffassungen trafen nicht den Kern. Nyerere war ein Mann ganz eigener Art. Seine Mischung aus westlich-liberaler Rhetorik, sozialistischer Praxis, blockfreier Selbstgerechtigkeit und afrikanischem Stammesbewußtsein war vor allem von dem leidenschaftlichen Wunsch geprägt, seinen Kontinent von westlichen Denkschablonen zu befreien, zu denen für ihn auch der Marxismus gehörte. Er vertrat in der Tat ganz eigene Ideen. Ich kam mit den Präsidenten der Frontstaaten, darunter auch Nyerere, gut zurecht, weil ich sie ernst nahm. Ich behandelte sie als eigenständige Persönlichkeiten und sah sie nicht wie so viele ihrer Bewunderer im Westen lediglich als Träger westlicher Vorurteile.

Bei unserer ersten Begegnung lud mich Nyerere, ein feingliedriger, drahtiger Mann, in sein bescheidenes Haus ein. Das war eine große Ehre. Er stellte mich seiner Mutter und mehreren Mitgliedern seiner Familie vor. Er wirkte würdevoll und vornehm, hatte sprühende Augen und fließende Gesten. Dank seines hervorragenden Englisch (er hatte *Julius Cäsar* ins Suaheli übersetzt) konnte Nyerere ein fesselnder Gesprächspartner sein. Zugleich war er zu äußerster Feindseligkeit fähig. Während meiner drei Besuche in Daressalam hatte ich Gelegenheit, beide Seiten an ihm kennenzulernen. Voller Stolz sah er sich als »Mwalimu« (Lehrer) seines Volkes. Für einen Lehrer gilt vor allem, daß er mehr weiß als seine Schüler. Als solche betrachtete Nyerere zuweilen auch uns Amerikaner. Er fühlte, daß er eine Mission zu erfüllen hatte, und das mehrte seine typisch afrikanischen Gründe für die Einparteienherrschaft. Er sah auch keinen Anlaß, sich dafür zu entschuldigen:

In jener Hemisphäre (Lateinamerika) gibt man sich sehr demokratisch. Man spricht öffentlich und privat mit verschiedenen Zungen. Wir sind hier nicht so demokratisch. Wir sagen öffentlich, was wir auch privat sagen.

Die Demokratie, für die er sich einsetzte, bedeutete, daß Afrika frei von der Herrschaft der weißen Minderheit sein sollte. Es war nicht die Demokratie einer pluralistischen Mehrparteienherrschaft.

Unsere erste Begegnung fand in einem kleinen stickigen Raum statt, in dem wir beide mit jeweils nur einem Begleiter (auf meiner Seite Peter Rodman) fünfundzwanzig Minuten miteinander sprachen. Nyerere nutzte die Gelegenheit, um seine Position konzentriert darzulegen:

Nyerere: Herr Minister, wir sind sehr, sehr dankbar für diese Gelegenheit, mit Ihnen zusammenzutreffen. Wir werden uns heute abend noch einmal sehen, wobei ich Gelegenheit habe, das auch vor meinen Freunden offiziell zu sagen. Wir begrüßen es sehr, daß wir unsere Probleme mit Ihnen vertraulich erörtern können.

Wir haben Probleme. Die Befreiung des Kontinents schreitet voran. Sie feiern bereits den zweihundertsten Gründungstag Ihres Staates; wir sind noch mittendrin. Tansania und Sansibar sind jetzt vierzehn Jahre alt. Im Oktober werden es fünfzehn sein. Unser Kontinent erlebt in der Tat seinen Befreiungsprozeß.

Unser Problem ist der klassische Kolonialismus, wie zum Beispiel in Rhodesien, oder Rassismus, wie bei unserem Freund (dem südafrikanischen Ministerpräsidenten) Vorster. Der bereitet uns große Kopfschmerzen. Wir leben mit ihm. Wir versuchen das Problem zu lösen. Das können wir allerdings nicht ohne die Hilfe oder zumindest das Verständnis der Großmächte. Für einen Kontinent wie Afrika ist es aber mit der Befreiung nicht getan. Wir brauchen auch wirtschaftliche Entwicklung. Wenn wir in diesen Kategorien sprechen wollen, dann gehört Tansania eigentlich zu einer Vierten Welt! …

Kissinger: Welche Art Hilfe meinen Sie?

Nyerere: Im Süden Afrikas. Wir werden unsere Position erläutern. Die

Dinge ändern sich. Was 1975 nötig war, wird heute vielleicht nicht mehr gebraucht. Wir wollen Druck auf das Regime in Rhodesien, wir wollen Druck auf Vorster, was Namibia betrifft, und letzten Endes natürlich auch, um Veränderungen in Südafrika herbeizuführen. Wir können nicht mit einem Südafrika leben, wie es heute ist.

Was Sie tun können? Manchmal scheint es, als bäten wir Sie um ausgefallene Dinge. Aber nur, wenn man in Kategorien des alten Systems denkt. Vielleicht können Sie uns keine Waffen geben, aber was dann? Wir hoffen, Sie werden uns diese Frage nicht im Rahmen Ihrer Macht, sondern Ihres Systems beantworten.

Wie feinfühlig Nyerere war, zeigte sich darin, daß er die Grenzen unserer Politik nicht mit fehlender Stärke, sondern mit innenpolitischen Zwängen begründete.

In meiner Antwort legte ich die Strategie dar, die wir vorschlugen, so wie sie im Kapitel XXIX beschrieben ist. Wir brauchten, so hob ich hervor, die Unterstützung Südafrikas, weshalb wir die Apartheid zwar öffentlich scharf verurteilten, die Lösung der Probleme Südafrikas aber von Namibia und Rhodesien abkoppeln wollten. Nyerere antwortete nachdenklich:

Südafrika ist komplizierter. Ich persönlich bin nicht sicher, daß man in Afrika darüber schon viel nachgedacht hat. Afrika versteht die Kolonialfrage, aber noch nicht in vollem Umfang die Probleme Südafrikas. Es hat sich noch keine Gedanken darüber gemacht, wie diese zu lösen sind.

Wenn die Bedingungen in Südafrika auch andere waren und eine Verzögerung notwendig machten, das Ziel war auch hier die Herrschaft der Mehrheit:

Manche sagen, Südafrika sei nicht mit Rhodesien zu vergleichen, aber eigentlich doch. Smith könnte zu Vorster sagen: Ihr habt eure Unabhängigkeit glücklicherweise bereits im Jahre 1905 (1910) erklärt, wir erst 1965. Es ist eher ein Zufall, daß eure Unabhängigkeit anerkannt wurde und unsere nicht. Wahrscheinlich hat er das nicht so gesagt. Aber ich bin sicher, Smith möchte das zumindest Vorster sagen.

Zwar erkennen wir an, daß Südafrika eine härtere Nuß ist, aber wir bleiben dabei: Auch dort ist das Ziel wie in Rhodesien das Mehrheitsregime.

Ich teilte Nyerere mit, daß ich in Lusaka eine Rede halten wolle, in der ich die Herrschaft der Mehrheit nicht nur grundsätzlich zu unterstützen, sondern auch ein Programm vorzulegen gedachte, wie man sie erreichen könnte. Unsere Mitwirkung sei aber strikt an die Bedingung geknüpft, daß keine kubanischen Truppen und sowjetischen Berater zum bewaffneten Kampf gegen Rhodesien zugelassen werden. Eine zweite Bedingung war, daß die Frontstaaten keine Guerillaeinheiten außerhalb ihrer Kontrolle auf ihrem Gebiet zuließen, die sich später einmal gegen die Zentralmacht wenden könnten wie die PLO im Libanon oder die Nordvietnamesen in den Grenzgebieten Kambodschas. Nyerere antwortete, er wolle nicht, daß eine der Großmächte sich in Afrika festsetze, unter welchem Vorwand auch immer: »Wenn die eine das tut, dann kommt auch die andere.« Damit vertagte er die Diskussion auf den nächsten Tag, an dem sich seine wichtigsten Minister uns anschließen sollten.

Jener Tag, der 26. April, begann mit einer Parade im Sportstadion aus Anlaß des zwölften Jahrestages des Ereignisses, das Tansania, die Union Tanganjikas mit Sansibar, hervorgebracht hatte. Letzteres ist eine Insel vor der Küste, wo einst arabische Händler und Seeräuber ihre Schlupfwinkel hatten und wo nach wie vor eine starke arabische Bevölkerung lebt. Afrikakenner haben bezweifelt, daß diese Union spontan entstand und daß es dort jemals eine Herrschaft der Mehrheit geben könnte. Aber an jenem schwülen Morgen war Einheit die Losung des Tages.

Ich nahm neben Nyerere in der Präsidentenloge Platz. In seinem hellgrauen Tropenanzug wirkte er kühl und vornehm. Ich dagegen fühlte mich in den dunkelblauen Nadelstreifen des Diplomaten plump und unbehaglich. An der Parade konnte man etwas von der Ausbildung erahnen, die die tansanische Armee im kommunistischen Ostdeutschland erhalten hatte. Die Exaktheit ließ allerdings etwas zu wünschen übrig. Den Stechschritt hatten die Soldaten offenbar in preußischen Stiefeln geprobt. Nun aber trugen sie afrikanische Sandalen. Immer wieder löste sich eine, flog hoch in die Luft, und der unglückliche Soldat mußte den Rest der Parade barfuß zurücklegen.

Nach der Vorführung lud Nyerere einen größeren Kreis zum Essen ein. In seinem wohlklingenden Englisch wiederholte er vor seinen Anhängern, was er mir bereits am vergangenen Abend in seinem Haus gesagt hatte. Besonders hob er meine Sorge über ein weiteres Eingreifen Kubas und der Sowjetunion hervor. Nyerere erklärte, er werde alles tun, um zu verhindern, daß kubanische Truppen nach Mosambik kämen, das einzige Land im südlichen Afrika, das aus seiner Sicht bereit wäre, sie aufzunehmen. Er wolle sich auch für ihren Abzug aus Angola einsetzen. Die Präsenz jeglicher Großmacht, von welcher Seite auch immer, sei im südlichen Afrika nicht willkommen.

In Wirklichkeit aber fürchtete Nyerere eine Zusammenarbeit der Großmächte fast ebenso wie einen Konflikt zwischen ihnen. Dies hatte der OAU-Gipfel im Januar 1976 anschaulich gezeigt. Formal ging es darum, ob die Organisation die von Kuba und der Sowjetunion gestützte MPLA-Regierung in Luanda anerkenne – einen Monat nachdem die Gesetzesergänzung von Tunney ihren Gegnern amerikanische Hilfe versagt hatte. Das Ergebnis fiel dreiundzwanzig zu dreiundzwanzig aus. »Das waren keine Stimmen für Afrika«, sagte Nyerere, »sondern dreiundzwanzig für die Vereinigten Staaten und dreiundzwanzig für die Sowjetunion… Nicht ein einziges Land votierte für Afrika.«

Nyerere erklärte, er werde Verfassungsgarantien für die Europäer unterstützen, die bleiben wollten, und Hilfe für jene, die Afrika zu verlassen wünschten. Er stellte klar, daß er für einen Auszug der Europäer sei. Wenn Smith das Prinzip der Mehrheitsregierung akzeptiere, werde er, Nyerere, einen Waffenstillstand unterstützen und die »Befreiungsbewegung« an den Verhandlungstisch bringen. Er wolle dafür sorgen, daß die Lieferungen an die Befreiungsbewegungen über die Behörden der Frontstaaten und nicht direkt an die verschiedenen Guerillatruppen gingen; dadurch könne man die Einmischung von außen verringern. Zum Zeichen seines guten Willens bot Nyerere an, er wolle die Außenminister der Frontstaaten, einschließlich Mosambiks, dazu bewegen, mich zu sprechen. Das konnte am Ende meiner Afrikareise in zehn Tagen geschehen, wenn ich nach Nairobi zurückkehrte, um dort vor der UN-Konferenz für Handel und Entwicklung (UNCTAD) zu sprechen.

Nyerere war der Schlüssel zu den Frontstaaten. Er war die Brücke zwischen Gemäßigten wie den Präsidenten von Sambia, Kenneth Kaunda, und von Botswana, Seretse Khama, einerseits und den Radikalen Samora Machel und Agostinho Neto in den ehemaligen portugiesischen Kolonien Mosambik und Angola andererseits. An Ford berichtete ich:

> Ich mache mir keine Illusionen: Er wird unser ideologischer Gegner bleiben und unser künftiges Vorgehen sehr genau beobachten. Andererseits versteht er jetzt unsere Motive und Absichten besser. Er sieht Möglichkeiten für ein paralleles Vorgehen. Er ist klug genug, um zu verstehen, was ich ihm über die öffentliche Meinung in Amerika gesagt habe. Er begreift, daß es in seinem Interesse liegt, uns die Dinge zu erleichtern. Er wird seinen beträchtlichen Einfluß auf andere in den Fragen des südlichen Afrika zur Geltung bringen.

Kenneth Kaunda: Der heimliche Gemäßigte

Sambia hat eine lange Grenze mit Rhodesien. Die Wirtschaft beider Länder war stets miteinander verflochten. Vor der Unabhängigkeit hatte man Sambia Nordrhodesien genannt. Der Kupferbergbau, Sambias wichtigster Industriezweig, war dem Nachbarland auf Gedeih und Verderb ausgeliefert, denn der wichtigste Transportweg zur Außenwelt verlief über Rhodesien. Wenn der bewaffnete Kampf sich verstärkte, mußte Sambia mit wachsenden Guerillaeinheiten auf seinem Gebiet rechnen. Welche Erklärungen guten Willens Nyerere auch abgab, weder er noch Kaunda waren in der Lage, diese Gäste zu kontrollieren, deren Stärke in der Zukunft die der Armeen Sambias und Tansanias leicht übersteigen konnte.

Außerdem wollte Kaunda nicht, daß die sogenannten äußeren Kräfte (die am Ende von Robert Mugabe angeführt wurden) in Rhodesien die Oberhand gewannen. Er fürchtete das Übergreifen ihres Radikalismus auf Sambia und ihre mögliche Bindung an die kommunistischen Staaten. 1975 war er erst nach beträchtlichem Druck seiner Nachbarn bereit, einer Verstärkung der bewaffneten Gegenwehr zuzustimmen. Zwar verstand auch Kaunda es meisterhaft, die Supermächte gegeneinander auszuspielen, aber im Unterschied zu Nyerere war ihm der Westen eindeutig lieber. Wenn er sich als getreuer Verfechter der Interessen der Dritten Welt präsentieren wollte, dann konnte sich Kaunda auch zu einer überzogenen verbalen Konfrontation mit den Vereinigten Staaten hinreißen lassen. Aber wir wußten, daß seine gelegentlichen Ausbrüche eher dem Streben nach einer Führungsrolle als wirklich innerer Überzeugung geschuldet waren.

Groß und kräftig gebaut, war Kenneth Kaunda eine bemerkenswerte Erscheinung. Mit seinem weißen Haar, seinen blitzenden Augen und seiner lächelnden Miene strahlte er Autorität aus. Kaunda war zwar hochintelligent, hatte aber nur eine Art Oberschulbildung genossen, weshalb er mit den rhetorischen Höhenflügen eines Julius Nyerere nicht mithalten konnte. Seine Stärken waren gesunder Menschenverstand und ein ausgeprägter Sinn fürs Praktische. Er war der erste hohe afrikanische Politiker, der mit Ian Smith und später auch mit dem südafrikanischen Ministerpräsidenten Vorster verhandelte.

Kaunda zählte darauf, daß die Vereinigten Staaten in der Krise im Süden Afrikas den Ton angeben und insbesondere seinen Freund Joshua Nkomo in Rhodesien an die Spitze eines gemäßigten schwarzen Regimes bringen würden. Das Problem war aber, daß Mugabes »äußerer Widerstand« die meisten Waffen zur Verfügung hatte. Außerdem war Nkomo wegen seiner Stammesherkunft im Nachteil. Als Angehöriger der Ndebele, die mit den Zulu verwandt sind, umfaßte Nkomos Gefolgschaft höchstens ein Drittel der Bevölkerung Rhodesiens. Der »äußere Widerstand« stützte sich dagegen vor allem auf den im Land dominierenden Stamm der Shona.

Diese Verwicklungen trieben Kaunda in komplizierte Manöver, bei denen den Vereinigten Staaten die Rolle eines Deus ex machina zugedacht war. Kaunda wollte, daß wir das von ihm gewünschte Ergebnis zustande brachten, ohne daß er sich exponieren mußte. Gelegentlich distanzierte er sich sogar von Dingen, die er selbst empfohlen hatte. Er hielt über mehrere Mittelsmänner Kontakt zu uns, vor allem über Mark Chona, den ich bereits erwähnt habe. Die Sache hatte nur einen Haken: Wenn ein von ihm vorgeschlagener Plan am Ende die Präsidenten der Frontstaaten nicht zu überzeugen vermochte, schloß sich Kaunda ziemlich rasch dem Konsens der Afrikaner an und ließ uns im Regen stehen. Das war ein Preis, den wir für Kaundas gemäßigte Haltung, seinen gesunden Menschenverstand und anhaltenden guten Willen in der Regel gern zahlten.

Kaunda hatte so viele praktische Probleme zu lösen, daß er bei unserer Begegnung sofort auf die genannten Themen zu sprechen kam, vor allem die Frage, wie man auf Rhodesien Druck ausüben und die Unterstützung Vorsters gewinnen könnte. Viele von Kaundas Vorschlägen hatte ich bereits in meine geplante Tischrede aufgenommen. Was die Rechte der europäischen Minderheiten betraf, so zeigte er sich wesentlich großzügiger als Nyerere:

Die Führer Afrikas haben niemals gesagt, daß sie irgend jemanden vertreiben wollen. Wir sind alle Afrikaner, und die Weißen in Südafrika haben das Recht, in ihrem eigenen Land zu leben. Aber im südlichen Afrika geht es um Leben und Tod. Für Sie, Herr Minister, gilt es zu entscheiden, was Sie zu tun gedenken, um das Leben für alle lebenswerter zu machen. Ihr Entschluß hierherzukommen zeigt uns, daß Sie Lösungen für die Probleme des südlichen Afrika finden wollen.

Besonders lag Kaunda am Herzen, daß ich Joshua Nkomo zu einem Gespräch empfing und damit die Unterstützung Amerikas für denjenigen Politiker demonstrierte, den Kaunda an der Spitze einer rhodesischen Regierung zu sehen wünschte. Aber er wollte nicht, daß der Eindruck entstand, er habe das Treffen arrangiert. Deshalb lud ich Nkomo zu einem Gespräch in mein Hotel ein und forderte zugleich auch die anderen Führer des rhodesischen Widerstands auf, mich dort zu besuchen. Da diese aber wiederum vermeiden wollten, daß Kaunda als Schirmherr der gesamten rhodesischen Befreiungsbewegung erschien, lehnten sie ab, nach Lusaka zu kommen, und boten statt dessen an, mich in Washington aufzusuchen.

Ein Baum von einem Mann, groß und schwergewichtig, schien Nkomos füllige Figur noch anzuschwellen, wenn er politisch frustriert war. Bei dieser Begegnung hatte er seinen beträchtlichen Umfang aber offenbar einigermaßen unter Kontrolle. Vielleicht lag es auch daran, daß sein Stern gerade besonders günstig stand. Da die Vereinigten Staaten sich für ihn einzusetzen schien, Kaunda ihm wohlgesinnt war und der »äußere Widerstand« sich noch nicht vollständig organisiert hatte, konnte Nkomo hoffen, die Macht zu übernehmen, wenn sich der Übergang zum Mehrheitsregime möglichst rasch vollzog. Brach erst ein regelrechter Partisanenkrieg aus, dann war abzusehen, daß die »Jungs mit den Gewehren«, wie Nyerere sie zu nennen pflegte, die Oberhand gewannen. Ich teilte Nkomo mit, was ich in meiner Rede sagen wollte. Er versicherte mir, bei einer Verhandlungslösung werde es für die Weißen in Simbabwe einen sicheren Platz geben.

Wenn man lange auf einen Event hinarbeitet, insbesondere wenn es sich um einen einzelnen Akt wie eine Rede handelt, dann gerät er zuweilen nicht zu dem Höhepunkt, den man sich erhofft hatte. Das konnte man von meiner Ansprache in Lusaka nicht sagen. Es machte schon Eindruck, daß die Vereinigten Staaten in Gestalt ihres Außenministers ihr ganzes diplomatisches Gewicht für ein Programm in die Waagschale warfen, das im südlichen Afrika den Übergang zur Herrschaft der Mehrheit herbeiführen sollte.

Dabei entsprach der Rahmen, in dem diese Rede gehalten wurde, eigentlich nicht ihrer angestrebten Bedeutung. Es war ein von Kaunda organisiertes fast privates Essen, an dem nicht mehr als fünfzig Personen teilnahmen, die um einen sehr langen Tisch saßen. Kaunda hatte es offenbar so arrangiert, daß der Gesichtsverlust nicht zu stark ausfiel, sollte die Rede nicht halten, was sie versprach. An einem Ende des Raumes hatte man ein kleines Podium errichtet. Die Medienvertreter – amerikanische und afrikanische – waren in wesentlich größerer Zahl erschienen als die geladenen Gäste. Kaunda stellte mich höflich vor, benutzte dabei aber die in der Dritten Welt übliche, von Kritik an den Großmächten durchsetzte Wortwahl. Als ich dann zu sprechen begann, veränderte sich sein Verhalten dramatisch. Er lauschte aufmerksam jedem meiner Worte, bis ihm schließlich sogar Tränen über die Wangen rollten. Als ich mit meiner Rede zu Ende war, trat Kaunda auf mich zu und umarmte mich: »Einige von uns«, sagte er, »wurden von ihren Gefühlen überwältigt, als Sie sprachen. Wir konnten nicht glauben, daß hier ein Außenminister aus Washington, D. C., vor uns steht.«

Ich legte unser Engagement für ein Mehrheitsregime in Rhodesien in zehn Punkten dar. Ich drängte Südafrika, möglichst bald einen festen Termin für die Selbstbestimmung seines früheren Treuhandgebietes Namibia zu verkünden. Ich verurteilte die Apartheid in Südafrika und rief dazu auf, eine »eindeutige« Entwicklung in Gang zu setzen, die in »angemessener« Zeit zu Gleichheit und der Gewährleistung grundlegender Menschenrechte führe. Zugleich deutete ich an, Amerika sei bereit, Südafrika für diese gewaltigen Veränderungen Zeit zu geben, wenn es »seine Treue zu Afrika« dadurch unter Beweis stelle, daß es helfe, in Rhodesien die Herrschaft der Mehrheit herbeizuführen, im Klartext: Druck auf das Regime Ian Smith' auszuüben. »Wir sind sicher«, fügte ich hinzu, »daß dies in der Staatengemeinschaft und im übrigen Afrika positiv aufgenommen würde.« Schließlich bot ich Garantien für den Schutz der Minderheitenrechte nach der Unabhängigkeit an und erklärte, daß auch ein Teil der versprochenen Wirtschaftshilfe der Vereinigten Staaten für das südliche Afrika diesem Zweck dienen könnte.[1]

In meinen abschließenden Sätzen kam die neue Haltung Amerikas noch einmal gebündelt zum Ausdruck:

Was Afrika heute von den Vereinigten Staaten braucht, sind keine übertriebenen Versprechungen oder gefühlsbetonten Bekundungen guten
Willens. Was es braucht, ist ein konkretes Programm, das ich heute darzulegen versuchte. Lassen Sie uns also zur Sache kommen. Richten wir
unseren Blick auf die großen Ziele – nationale Unabhängigkeit, wirtschaftliche Entwicklung und Rassengerechtigkeit –, Ziele, die durch gemeinsames Handeln erreicht werden können…
…Möge es einmal heißen, daß Schwarze und Weiße auf diesem Kontinent, der so viel Ungerechtigkeit gesehen und erl tten hat, gemeinsam
eine neue Ära des Friedens, des Wohlstandes und der Menschenwürde
eingeleitet haben.[2]

Die Rede von Lusaka hatte unmittelbare drastische Auswirkungen in den
Vereinigten Staaten. Ich war am 23. April aus Washington abgereist. Die
Rede hielt ich am 27. April. Am 1. Mai mußte Ford im harten Vorwahlkampf
gegen Ronald Reagan bei den Republikanern von Texas eine katastrophale
Niederlage hinnehmen. Einige Politikexperten behaupteten später, unsere
Unterstützung für das Mehrheitsregime, interpretiert als Verrat an der
weißen Bevölkerung des südlichen Afrika, habe einen möglichen Rück-
schlag Fords zu einer vernichtenden Niederlage auswachsen lassen. Die Kritiker waren uneins, ob man das meiner angeblichen Rücksichtslosigkeit oder
Fords politischer Beschränktheit zuschreiben sollte.
Bei einer Begegnung mit dem Präsidenten erwähnte der stellvertretende
Fraktionsführer der Republikaner Senator Robert P. Griffin aus Michigan,
ein führender Republikaner habe »angeregt. daß Außenminister Kissinger
gehen sollte«. John Rhodes aus Arizona, der Führer der Republikaner im
Abgeordnetenhaus, meinte, die Afrikareise sei zeitlich schlecht geplant gewesen, und fügte hinzu:»Meiner Meinung nach war und ist Henry Kissinger ein sehr guter Außenminister. Ein wirkliches Zeichen seiner Größe wäre
es allerdings, wenn er weiß, wann er sich genügend Beulen und Schrammen
geholt hat, so daß er kein wirksamer Außenminister mehr sein kann.« (Ein
Sprecher erklärte später, Rhodes habe mit letzterer Bemerkung keine Empfehlung aussprechen wollen, womit er die Anspielung nur ein zweites Mal
wiederholte.) Weniger gewunden drückte sich Robert H. Michel aus Illinois,
der stellvertretende Fraktionschef der Republikaner im Repräsentantenhaus, aus, der forderte, mir sollte »das Maul gestopft werden«[3].
Unsere Afrikapolitik durfte indessen für unsere Kritiker im Land keine
Überraschung sein. Wie bereits in früheren Kapiteln beschrieben, hatten wir
in der Regierung, mit dem Kongreß, mit ausländischen Politikern und zumindest seit dem Zusammenbruch Angolas im Dezember auf zahlreichen
Pressekonferenzen darüber gesprochen. Dabei hatten wir klargestellt, daß
wir die Rechte der weißen Minderheiten in jeder Verfassungslösung garantieren wollten, die sich aus unserer Afrikainitiative ergab. Die Entschlossenheit und die Konsequenz, mit der wir diese Politik in die Praxis umsetzten, lösten vor allem die Überraschung aus.
In einem Bericht an Scowcroft faßte ich unsere Strategie für aufmüpfige
Konservative noch einmal zusammen:
Wir bieten diplomatische Unterstützung für die Zusicherung an, daß Kubaner und Sowjets aus dem südlichen Afrika herausgehalten werden
(siehe meinen Bericht aus Sambia an den Präsidenten). Wenn wir die

afrikanische Einheit betonen, können wir verhindern, daß Sowjets und Kubaner eingreifen oder einzelne Gruppen unterstützen. Das in der Rede umrissene Vorgehen bietet uns, kurz gesagt, eine Plattform, um weitere Angolas zu verhindern, unter den gegebenen Bedingungen die einzig mögliche.

Am nächsten Tag hätte sich der Wunsch meiner Kritiker beinahe erfüllt, als ich mit meiner Begleitung nach Livingston fuhr, um die Pracht der Victoriafälle, die zu den höchsten der Welt zählen, zu bestaunen. Daran schloß sich eine Bootsfahrt auf dem Sambesi an, die ins Programm aufgenommen worden war, weil unser UN-Botschafter William Scranton berichtet hatte, er habe dort bei einem kürzlichen Besuch neunzehn Flußpferde gesehen. Als wir an der Anlegestelle eintrafen, war das ursprünglich vorgesehene und sicher recht geräumige Ausflugsschiff defekt. Das Ersatzboot war nur für siebzehn Personen gedacht, viel zuwenig für das Gefolge eines Außenministers auf einer Auslandsreise. Als sambische Beamte, Botschaftsangehörige, Sicherheitsleute und andere Personen, die sich für unentbehrlich hielten, endlich ihren Platz gefunden hatten, saßen auf dem Schifflein fünfundzwanzig Personen.

Wir hatten kaum abgelegt, als unser Schiff zu lecken begann. Das Wasser stieg besorgniserregend schnell, denn die kleine Flottille von Sicherheits- und Pressebooten, die uns umschwärmte, erzeugte hohe Wellen. Schließlich begann auch noch der Motor zu stottern. Nun boten sich uns zwei Aussichten: Entweder trieben wir auf den malerischen Wasserfall zu, den wir gerade vom sicheren Ufer aus bestaunt hatten, oder wir stürzten uns unerschrocken in den von Krokodilen wimmelnden Sambesi. Glücklicherweise kam es zu keinem von beiden, aber Flußpferde bekamen wir auch nicht zu Gesicht. Ein Journalist bot mir als positive Wendung der Geschichte an, er wolle schreiben, ich hätte neunzehn Flußpferde weniger gesehen als Botschafter Scranton.

Moskaus Reaktion auf meine Afrikareise bewies, daß die Sowjets unsere Strategie wesentlich besser verstanden als unsere Kritiker zu Hause. Laut *Prawda* war der Hauptzweck meiner Reise »der Versuch, eine Stärkung des Ansehens der Sowjetunion und Kubas in Afrika zu verhindern«. Ein Kommentator von Radio Moskau verurteilte meinen Vorschlag, die Befreiungsbewegungen sollten sich »auf ihre eigene Kraft stützen und nicht bei anderen Ländern Hilfe suchen«. Dies stehe »in eklatantem Widerspruch zu dem Grundsatz, die Freiheit und Unabhängigkeit aller Staaten zu unterstützen«.

Mit der Rede in Lusaka nahm unsere Afrikastrategie Gestalt an: erstens, Abstimmung der Gesamtstrategie für das südliche Afrika mit den Frontstaaten; zweitens, ein Besuch in mehreren Ländern Zentral- und Westafrikas, um sie der anhaltenden Präsenz Amerikas zu versichern und ihre Unterstützung in gesamtafrikanischen Foren zu gewinnen; drittens, Teilnahme an der UNCTAD-Konferenz in Nairobi, um das Wirtschaftswachstum Afrikas in den globalen Zusammenhang zu stellen und ein Programm für die Entwicklung ganz Afrikas anzubieten, das über den Rahmen der aktuellen Krise hinausging.

Zwar war jede weitere Station meiner Reise äußerst wichtig, aber nach Lusaka befielen mich Skrupel, ob ich nicht besser zurückfliegen und dem gebeutelten Präsidenten in seinem verzweifelten Kampf beispringen sollte, den ich mit meiner Rede in Lusaka so erschwert hatte. Fords politische Berater dagegen waren froh, daß ich eine weitere Woche in Afrika blieb, denn inzwischen war ich zur außenpolitischen Zielscheibe in Reagans Wahlkampf geworden. Dabei spielte es keine Rolle, daß ich vor allem nach Afrika gereist war, um eine Plattform des Widerstandes gegen die Ausbreitung des Kommunismus auf dem Schwarzen Kontinent zu schaffen.

Als ich am Abend des 28. April 1976 auf dem Flugplatz von Kinshasa landete, war ich mit meinen Gedanken ganz in Washington. Umringt von Scharen zu meinen Ehren erschienener Tänzer, lauschte ich riesigen Trommeln, deren dröhnender Rhythmus noch in der dreißig Kilometer entfernten Hauptstadt zu hören sein mußte. Willkommen hieß mich Außenminister Nguza Karl-I-Bond, dem ich bereits vor zwei Monaten in Washington begegnet war, als er Präsident Ford einen Besuch abgestattet hatte, um Zaires Besorgnis über die Angolakrise zum Ausdruck zu bringen.

In Nguzas Laufbahn fanden sich alle Absonderlichkeiten wieder, die die zairische Politik bestimmten. Hochintelligent und stahlhart, beschrieb er sich selbst beim Frühstück am 29. April als Abkömmling eines Stammes, der in Zaire, Sambia und Angola zu Hause war. Der Stammeshäuptling war sein Onkel. Ob ein Außenminister mit einer so großen Machtbasis für Mobutu nun zu gefährlich war oder ob es einen anderen Grund gab – jedenfalls wurde Nguza zwei Jahre nach den hier beschriebenen Ereignissen des Hochverrats angeklagt. Man verurteilte ihn zum Tod und warf ihn ins Gefängnis – nichts weiter als ein Erdloch –, wo er auf seine Hinrichtung wartete. Als Schmidt, Giscard, Callaghan, ich selbst und andere, die mit Nguza zusammengearbeitet hatten, sich für ihn einsetzten, sah sich Mobutu veranlaßt, seinen Außenminister zu begnadigen. Es ist auch möglich, daß die ganze Affäre nur dem Zweck diente, Nguza klarzumachen, wer in Zaire der Herr im Haus war.

Nach zwei weiteren Jahren ernannte Mobutu Nguza erneut zum Außenminister. Das frischversöhnte Paar besuchte New York, und ich traf beide zum Frühstück, bei dem sie auffällige Zuneigung füreinander zeigten. Drei Jahre später wurde Nguza erneut aus dem Amt gejagt und zum Tode verurteilt. Diesmal war er aber umsichtiger und floh nach Brüssel, wo er sich an die Spitze einer Oppositionsgruppe gegen Mobutu stellte.

An jenem Apriltag im Jahr 1976 begleitete mich Nguza zu einem Gästehaus, das eigentlich nur Staatschefs vorbehalten war. Daß ich mit meiner Delegation dort wohnen durfte, sollte als besondere Geste Mobutus zu verstehen sein. Es war ein riesiges Gebäude ganz aus Marmor, mit farbenprächtigen Wandmalereien geschmückt, das jedoch nirgendwo die Grenze vom Protzigen zum Vornehmen überschritt. Mir wies man eine weitläufige Suite zu, deren Hauptattraktion ein achteckiger Raum war, in dem sich lediglich ein Drehsessel und eine riesige Konsole mit mehreren Schaltern befanden. »Von hier aus können Sie durch Einwegspiegel in die Zimmer Ihrer Mitarbeiter schauen«, erklärte mir der Protokollbeamte. Da ich die Anlage nicht ausprobiert habe, weiß ich bis heute nicht, ob er es ernst meinte oder mich verulken wollte und mir in Wirklichkeit den Fernsehraum zeigte.

Wenn amerikanische Wissenschaftler und Medien die Afrikapolitik der Vereinigten Staaten diskutieren, dann gilt eines als sicher: Amerikas »Unterstützung« für Mobutu während seiner siebenunddreißigjährigen Herrschaft sei ein Beweis dafür, daß es autoritäre Befürworter der Politik des Kalten Krieges wahrhaft demokratischen Politikern stets vorgezogen habe. Dieses Argumentes bediente sich auch Präsident Clinton öffentlich während seiner Afrikareise 1998. Es sagt viel mehr über die Geisteshaltung der Generation aus, die in den siebziger Jahren erwachsen wurde, als über die tatsächliche Lage in Afrika. Die große Mehrheit der Spitzenpolitiker des Kontinents in den ersten Jahrzehnten der Selbständigkeit waren die Führer des Unabhängigkeitskampfes ihres Landes gewesen. Alternativen – in demokratischer oder anderer Richtung – gab es damals kaum. Von Zaire einmal abgesehen, fällt mir kein afrikanischer Staatschef ein, der seine Herrschaft der geheimen oder gar offenen Unterstützung der Vereinigten Staaten verdankte. Und in Zaire war die Alternative kein Demokrat, sondern ein autokratischer Verfechter radikaler Positionen.

Das Thema der Unterstützung durch Amerika kam ausschließlich in Ländern wie Zaire und später Angola auf, wo die abziehende Kolonialmacht ein politisches Vakuum hinterlassen hatte, das verschiedene autoritäre und totalitäre Bewegungen zu füllen suchten. In dieser Situation neigten amerikanische Präsidenten beider Parteien dazu, Bewegungen zu helfen, die sich von der Sowjetunion gesteuerten oder gestützten Führern widersetzten. Politische Entscheidungen fallen nicht so schwer, wenn man keine wirkliche Wahl hat.

Zaire ist ein riesiges Land – so groß wie Westeuropa. Zu einem Nationalstaat wurde es nur, weil es Belgien gefallen hatte, es als einheitliches Territorium zu regieren. Das wiederum rührte daher, daß Zaire bis zum Jahr 1908 persönliches Eigentum des belgischen Königs war. Als die europäischen Mächte Afrika untereinander aufteilten, blieb für das Territorium, aus dem später Zaire entstand, nur ein schmaler Küstenstreifen als Zugang zum Meer übrig. So kam die Einheit der Gebiete dieses Landes teilweise auch aus logistischen Gründen zustande.

Die verschiedenen Stämme, die auch verschiedene Sprachen sprechen, entwickelten hier noch weniger ein Nationalgefühl als in anderen Teilen Afrikas. Die belgische Kolonialmacht unternahm nichts, um eine Schicht gebildeter einheimischer Führer entstehen zu lassen oder gar heranzuziehen. Es kam zu einem teils ideologisch, vor allem aber durch Stammesfehden motivierten Bürgerkrieg, in dem sich die westlichen Verbündeten – diesmal einhellig – gegen Führer und Bewegungen stellten, die Unterstützung aus der Sowjetunion erhielten. Die Vereinigten Staaten, Frankreich, Belgien und in gewisser Hinsicht auch Großbritannien sahen in der Unterstützung Mobutus das kleinste der möglichen Übel. Mobutu besiegte die Radikalen, machte dem Stammeskrieg ein Ende und regierte nicht viel anders als seine Nachbarn, wenn man von den letzten zehn Jahren seiner Herrschaft einmal absieht. Ein Sturz Mobutus hätte keines der Probleme verkleinert, mit denen sich die Demokratien in den Jahren 1975 und 1976 im südlichen Afrika konfrontiert sahen. Im Gegenteil: Eine Destabilisierung Zaires hätte vieles noch verschärft.

So verschiedene Präsidenten wie Kennedy, Johnson, Nixon, Ford, Carter, Reagan und Bush kamen stets zu dem gleichen Schluß: Das Risiko, das ein Sturz Mobutus in sich barg, überwog den zu erwartenden Nutzen. Erst lange nach dem Ende des Kalten Krieges entschied sich die Clinton-Administration gegen ihn. Zunächst zog sie ihre Unterstützung zurück, und schließlich trug sie zu seinem Sturz bei. Aber selbst damals wurde Mobutu nicht von innenpolitischen Gegnern und schon gar nicht von Demokraten zu Fall gebracht. Seinen Sturz führten Kräfte aus den Nachbarstaaten Uganda, Ruanda und Angola herbei, die sich nach der Beendigung ihrer eigenen Bürgerkriege gegen ihn wandten. Ihr Anführer war kein Demokrat, sondern Laurent Kabila, ein Schüler Patrice Lumumbas und Che Guevaras, die alle westlichen Staaten eine Generation zuvor als zu radikal eingeschätzt hatten. Heute, da diese Zeilen geschrieben werden, bleibt völlig offen, ob Mobutus Sturz die Menschenrechtslage im Kongo verbessern, die politische Stabilität der Region festigen oder der Position Amerikas auf dem Kontinent nützen wird. Bekannt *ist* allerdings, daß Kabilas Weg zur Macht von Massenmorden in einem Ausmaß begleitet war, das Mobutus Exzesse weit in den Schatten stellt. Dessen Laster war ohnehin eher die Gier nach materiellen Werten als Blutrünstigkeit.

Mehrere amerikanische Administrationen nacheinander erhielten die Arbeitsbeziehungen zu Mobutu aufrecht, weil keine von ihnen sich auf der langen Liste internationaler Krisen auch noch Unruhen in Zentralafrika wünschte. Mobutus afrikanische Amtskollegen teilten diese Haltung. Diejenigen, die selbst den Unabhängigkeitskampf angeführt hatten, verachteten ihn als einen Emporkömmling. Andere belächelten ihn wegen seines imperialen Gehabes. Aber sie behandelten ihn als respektables Mitglied ihres Klubs, das vielleicht einen übertriebenen Prunk entfaltete. Einige hätten es ihm sicher gern gleichgetan, wären sie im Besitz der Mittel Zaires gewesen. Und sie begriffen instinktiv, daß Mobutu, gerade weil ihn *nicht* die Aura eines eigenen nationalen Unabhängigkeitskampfes umgab, den Prunk, den er so sichtlich genoß, brauchte, um sich den Anschein von imposanter Macht und Majestät zu geben.

Zaire, das an dreizehn Staaten grenzt, hatte ein beängstigendes Unruhepotential: entweder wenn es eine radikale Politik verfolgte oder wenn es zusammenbrach, was ein riesiges Vakuum hinterlassen hätte. Das hatte die Kennedy-Administration bewogen, Mobutu in den sechziger Jahren gegen Lumumba zu unterstützen. Im Jahr 1978 half der menschenrechtsorientierte Jimmy Carter dabei, durch den Einsatz französischer Hilfstruppen einen Überfall auf die zairische Provinz Katanga von Angola aus zu verhindern. Wahrscheinlich benutzte er dabei den Plan für Angola, den Giscard mir bereits 1975 vorgeschlagen hatte, den die Gesetzesergänzungen von Tunney und Clark jedoch durchkreuzt hatten. Wie bereits beschrieben, betrachtete die Ford-Administration 1975 und 1976 Zaire als wichtigen Ausgleichsfaktor gegen Angola. Das Land galt auch als Sicherheitsnetz für Sambia, das ohne den gemäßigten Nachbarn völlig von radikalen Staaten eingekreist gewesen wäre. Zudem war Zaire eine wichtige Brücke zu den frankophonen Staaten Westafrikas.

Mein Gespräch mit Mobutu fand vor und nach dem Mittagessen während einer vierstündigen Fahrt auf dem Kongo mit seinem extravaganten Flußschiff statt, das drei Decks und einen Hubschrauberlandeplatz hatte. Mobutu, der seine afrikanischen Amtskollegen scharf beobachtete, verwendete einige Zeit darauf, mir seine Ansichten über deren Innenpolitik zu erläutern. Er behauptete, die Präsidenten des südlichen Afrika hätte sich vor Kaundas Washingtonreise auf folgende Arbeitsteilung geeinigt: Mobutu sollte gegenüber Angola, Kaunda gegenüber Rhodesien und Nyerere gegenüber Mosambik die führende Rolle übernehmen. Er und Kaunda seien sich über die Gefahren eines Sieges der MPLA in Angola einig gewesen. Nyerere schien ihnen zuzustimmen, wenn auch mit gewissen Vorbehalten. Als aber die Herrschaft der Portugiesen in Mosambik schneller als erwartet zusammenbrach und der radikale Samora Machel an die Macht kam, seien, so Mobutu, Nyereres Ambitionen gewachsen. Er habe sich auf seine radikalen Positionen zurückbesonnen und begonnen, Neto, die MPLA und die Kubaner zu unterstützen. Was immer er auch erkläre, warnte Mobutu, Nyerere werde sich letzten Endes in Rhodesien auf die Seite der Radikalen schlagen, allerdings gegen das Eingreifen ausländischer Kräfte einschreiten. Diese Analyse paßte zu meinen Beobachtungen und erwies sich, was die weitere Diplomatie in der Rhodesienfrage betraf, als sehr weitblickend.

Da die angolanischen Streitkräfte inzwischen über dreihundert Panzer und sechzig Kampfhubschrauber verfügten, machte sich Mobutu vor allem über die Sicherheit seines Landes Sorgen. Mit gewisser Berechtigung klagte er darüber, daß das Pentagon sich dem Kauf moderner Waffen durch Zaire widersetze. Wegen des Drucks, den der Kongreß ausübte, war die amerikanische Hilfe für Zaire angesichts der Probleme, denen sich das Land gegenübersah, tatsächlich verschwindend gering zu nennen. Mobutu fügte hinzu, er habe von China dreißig leichte und vierundzwanzig mittelschwere Panzer erhalten. »Sie haben ein besonderes Gespür für die sowjetische Gefahr« – eine Folge des bereits beschriebenen Gesprächs zwischen Ford und Mao. Mobutu drängte auf ein gemeinsames Programm mit so wohlgesinnten europäischen Staaten wie Frankreich, um Zaire zu einem wirtschaftlichen Musterland aufzubauen, das die Vorteile der Zusammenarbeit mit dem Westen vorführen könne.

Dieser Plan gefiel mir, und er fand auch Giscards Zustimmung, als ich ihn auf der Rückreise von Afrika in Paris informierte. Aber er sollte nicht zustande kommen. Mobutu war nicht bereit, mit der Disziplin zu regieren, die notwendig gewesen wäre, um die verschiedenen Stämme seines Landes zu einer modernen Nation heranzuziehen, was bei den vorhandenen Ressourcen durchaus möglich gewesen wäre. Vielleicht wegen der Art und Weise, wie er an die Macht gelangt war, fühlte er sich innenpolitisch zu unsicher, um von der Anhäufung persönlichen Reichtums für sein späteres Exil abzulassen, wobei er die Staatskasse seines Landes gnadenlos plünderte. Die demokratischen Staaten ihrerseits, die mit Wirtschaftskrisen und vielfältigen Anforderungen an ihre Ressourcen konfrontiert waren, schoben, wie gewohnt, die Probleme vor sich her. Sie gewährten stets gerade genug Hilfe, um unmittelbare Katastrophen abzuwenden. Diese reichte aber niemals aus, um grundlegende Veränderungen herbeizuführen. Über die Jahrzehnte der Herrschaft Mobutus wurde Zaire zunehmend zu einer Karikatur auf alle Übel Afrikas. Mobutu stürzte schließlich unter der Last seines eigenen extravaganten Verhaltens und der imperialistischen Pläne seiner Nachbarstaaten.

Liberia: Geschichte ohne Sinn

Unsere nächste Station war Liberia, ebenfalls Brennpunkt einer afrikanischen Tragödie, für die wir aber als Staat eine noch direktere Verantwortung trugen. Im Jahr 1822 als Zufluchtsort für Afroamerikaner gegründet, die in die Heimat ihrer Vorfahren zurückkehren wollten, ist Liberia der älteste unabhängige Staat auf dem Kontinent; er erhält ein Fünftel aller amerikanischen Investitionen in Afrika. Liberia müßte eigentlich ein Musterbeispiel für Demokratie und Marktwirtschaft sein – doch weit gefehlt. Die Hauptstadt Monrovia bot sich mir als armselige Ansammlung von Elendshütten dar, zwischen denen einige monumentale Regierungsbauten eingestreut waren. Das Land wurde von einer sich immer wieder selbst reproduzierenden Oligarchie regiert, die die Masse der Auslandsinvestitionen mit großem Geschick in die eigenen Taschen lenkte.

Ich nahm den Aufenthalt in Liberia zum Anlaß, um eine weitere wichtige Rede zu halten, diesmal über die wirtschaftliche Entwicklung Afrikas und Amerikas Rolle dabei. Vor allem sollte das historische Erbe gewürdigt werden. Es wirkte allerdings etwas unpassend, ausgerechnet dieses heruntergekommene Beispiel für Amerikas frühe Versuche, dem Fluch der Sklaverei zu entrinnen, für eine Rede auszuwählen, die der Bedeutung der Vereinigten Staaten für das wirtschaftliche Vorankommen des afrikanischen Kontinents gewidmet sein sollte.

In Liberia schloß sich mir Botschafter Beverly Carter an, einer der ersten Afroamerikaner, der bis in diesen Rang aufgestiegen war. Carter, ein hochgewachsener, beeindruckender Mann von hoher Intelligenz und einnehmendem Wesen, war ein Jahr zuvor während seiner letzten Dienstmonate als Botschafter in Tansania mit mir in Streit geraten. Der östliche Teil Zaires, der an Tansania grenzt, war damals in der Hand einer kleinen, radikal gegen Mobutu eingestellten Splittergruppe, die derselbe Kabila anführte, der später das ganze Land erobern sollte. Die Gruppe kontrollierte ihr Territorium und finanzierte ihre Aktionen mit dem Gewinn aus einer kleinen Goldmine und dem Lösegeld aus gelegentlichen Entführungen. Bei einer solchen »Geldbeschaffungsaktion« war eine umherziehende Bande dieser Leute in Tansania eingedrungen, hatte fünf amerikanische Studenten gekidnappt und forderte Lösegeld für sie.

Die verständlicherweise höchst erregten Eltern fielen in unserer Botschaft in Daressalam ein und forderten Unterstützung bei der Befreiung ihrer Kinder. Sie waren bereit, Lösegeld zu zahlen, was der Politik, die ich sehr nachdrücklich vertrat, zuwiderlief. Nach meiner festen Überzeugung war der beste Weg, dem Terrorismus ein Ende zu setzen – von militärischen Angriffen auf die drei Stützpunkte der Terroristen einmal abgesehen –, wenn derartige Aktionen keinerlei materiellen Gewinn erbrachten. Das bedeutete, ich schloß Verhandlungen rundweg aus und war dagegen, in irgendeiner Form Lösegeld zu zahlen.

Natürlich stand nicht ich unter dem Druck der verzweifelten Verwandten, sondern Botschafter Carter, der die letzten Monate seines Einsatzes absolvierte. Er gab dem Flehen der Eltern nach, fuhr in die zairische Enklave und verhandelte mit den Geiselnehmern. Später war er auch an der Übergabe des Lösegeldes beteiligt. Ich war überzeugt, daß unsere Politik mich verpflichtete, einen harten, ja sogar erbarmungslosen Standpunkt zu beziehen, wenn wir nicht durch einen »Sonderfall« nach dem anderen in eine tödliche Spirale geraten wollten. Um zu demonstrieren, daß ich es ernst meinte, zog ich meine Empfehlung an den Präsidenten zurück, Carter danach zum Botschafter in Dänemark zu ernennen.

Nun brach die Hölle los. Die schwarze Fraktion im Kongreß und ein Teil der Medien fanden sich zu Carters Verteidigung zusammen. Ich bestand auf meiner Position. Einige Monate später, an Heiligabend 1975, als ich sicher war, daß ich meinen Zweck erreicht hatte, sprach ich Carter auf einem Empfang an und stellte ihm den Botschafterposten in Liberia in Aussicht. Äußerlich waren die Unterschiede zwischen Monrovia und Kopenhagen gewaltig, um es milde zu sagen. Nach den Maßstäben des Außenministeriums war dies allerdings eine Beförderung: Dort gilt Monrovia als Posten der Klasse zwei, Kopenhagen dagegen als Klasse vier. Das beinhaltet Unterschiede in der personellen und materiellen Ausstattung der Botschaft sowie im Einkommen. Monrovia war damals aus unerfindlichen Gründen unsere größte Botschaft in Afrika.

Carter nahm an und bewies damit, daß er nicht nur körperlich ein großer Mann war. Um zu demonstrieren, daß ich persönlich nichts gegen ihn hatte, führte ich ihn selbst in sein Amt ein. Den Zuhörern sagte ich, ich hätte Carter überzeugt, noch einmal nach Afrika zu gehen, indem ich ihm als Alternative eine Tätigkeit in meinem Apparat androhte. Carter gab mir mit gleicher Münze zurück. Er bedankte sich zunächst, daß ich die Zeremonie persönlich geleitet hatte, und fügte dann hinzu: »Wie Sie wissen, hat der Minister nicht immer die Zeit, Botschaftern persönlich den Amtseid abzunehmen. In der Regel setzt er sie ab, aber nicht ein.«

Als wir Liberia erreichten, waren unsere Nerven von den Auseinandersetzungen im Kongreß und in den Medien bereits stark angegriffen. Außerdem hatte uns eine Woche unablässiger Verhandlungen zermürbt. In dieser Atmosphäre steigerte ein Telegramm Scowcrofts, in dem er verlangte, unsere täglichen Berichte an den Präsidenten sollten sachlicher und weniger »blumig« sein, noch die bereits vorhandene Empfindlichkeit, besonders bei Winston Lord, der die beanstandeten Berichte in der Regel verfaßte. Lord rächte sich, indem er seinem umfangreichen und sehr ausführlichen Opus noch eine kurze Zusammenfassung anfügte. Ich sandte Scowcroft beides mit der Bemerkung, er möge das an den Präsidenten weiterleiten, was seinem literarischen Geschmack am besten entspreche. Die Zusammenfassung begann mit dem Satz: »Heute sind wir in Liberia. Es ist heiß.« Der Bericht über die Begegnung mit Präsident William Tolbert jr. begann mit den folgenden sarkastischen Worten:

> Er sagte, Liberia hätte gern mehr Geld. Ich sagte, ich wolle sehen, was wir tun können, aber er müsse verstehen, daß das OMB (Amt für Management und Haushalt) das letzte Wort spreche, denn bei uns müsse alles seine Ordnung haben.

Auf Scowcrofts Kritik, wir sollten den Präsidenten mit zuviel Lokalkolorit verschonen, berichtete Lord über ein Kulturprogramm zu unseren Ehren:

> Als nächstes sahen wir ein Kulturprogramm. Es war interessant. Da dies ein armes Land ist, trugen einige Mädchen nur ein halbes Kostüm, aber

ich möchte Sie nicht damit langweilen, welche Hälfte fehlte, denn das würde Sie nur unnötig erregen. Zum Glück besaß Scowcroft, der im Grunde recht hatte, genügend Humor und gab die verkürzte Version nicht weiter.

Leopold Senghor: Der Philosophenkönig

Unsere letzte Station in Westafrika war Dakar, die Hauptstadt Senegals, eine vornehme und moderne Stadt. Zumindest betrifft das den Teil, den ich gesehen habe. Seit 1960 unabhängig, wurde Senegal von Leopold Senghor regiert, einer der bemerkenswertesten Persönlichkeiten Afrikas. Als Dichter und Staatsmann gehörte er mehreren Kulturen zugleich an. Einerseits fühlte sich Senghor der europäischen Kultur verpflichtet, andererseits verkündete er die Philosophie der Negritude. Mit dieser etwas verschwommenen Vorstellung suchte Senghor die schwarze Kultur aus ihrer ethnischen Exklusivität zu lösen und mit der Kultur der Mittelmeerländer im Süden Europas zu verbinden, die nach seiner Auffassung in einem engen Verhältnis zu Afrika standen.

Nyerere und Senghor, die beiden beeindruckendsten Persönlichkeiten, denen ich auf dieser Reise begegnete, repräsentierten die beiden Extreme des afrikanischen Spektrums. In gewissem Sinne waren sie die Verkörperung der gegensätzlichen Vorstellungen von afrikanischer Identität. Nyerere war ein Kämpfer, der die Ideologie als Waffe benutzte, Senghor dagegen ein Intellektueller, der den Umgang mit Macht erst gelernt hatte. Nyerere sah sich als den Führer eines Afrika, das seinen eigenen Weg ging – abseits von den Tendenzen in der übrigen Welt, die Afrika nutzen wollte, ohne sich dadurch in seinem Wesen zu verändern. Senghor sah sich als Teil einer internationalen Ordnung, in der Afrika und die Negritude eine bedeutende, aber keine isolierte Stellung einnahmen. Kurz gesagt: Nyerere strebte einen Sieg des schwarzen Afrika an, während Senghor eine Versöhnung der Kulturen auf der Grundlage der Selbstbestimmung wünschte.

Den Gegensatz der beiden demonstrierte auch die unterschiedliche Reaktion Afrikas auf den britischen und den französischen Kolonialismus. Großbritannien hatte seine Kolonien mit Furcht und Schrecken regiert, Frankreich dagegen hatte die seinen verführt. Die Untertanen Großbritanniens kopierten dessen konstitutionelle Formen und juristische Verfahren, waren sich aber zutiefst bewußt, daß sie niemals Briten werden konnten. Sie nahmen die britischen Institutionen als Mittel an, um sich von der Vorherrschaft Großbritanniens zu befreien und eine politische Identität zu entwickeln, die sich so stark wie möglich von der ihrer Kolonialherren unterschied.

Frankreich dagegen beeindruckte seine Kolonien vor allem mit seiner Kultur und Sprache, weniger mit seinen Institutionen Selbst als sie bereits politisch unabhängig waren, erhielten viele ehemalige französische Kolonien die geistige Verbindung zu Frankreich aufrecht und stützten sich auf seine Hilfe bei der Gewährleistung ihrer inneren und äußeren Sicherheit. Der Präsident der Elfenbeinküste Félix Houphouet-Boigny war französischer Senator gewesen. Leopold Senghor hatte im Kabinett des französischen Ministerpräsidenten Edgar Faure gedient. Beide waren Afrikaner nach Geburt und Überzeugung, fühlten sich aber zugleich auch dem geistigen und politischen Leben der Kolonialmacht zugehörig.

Viele frankophone Staaten wie Senegal und Elfenbeinküste sahen die Kämpfe im südlichen Afrika ähnlich wie wir. Sie unterstützten den Übergang zur Herrschaft der Mehrheit und billigten meine Rede von Lusaka. Zugleich stellten sie die fortschreitende Entwicklung des südlichen Afrika in einen geopolitischen Zusammenhang. Wenn der Kampf gegen den afrikanischen Radikalismus nicht gewonnen werden konnte, wenn es vor allem der Sowjetunion und Kuba gestattet wurde, in Afrika eine wichtige Rolle zu spielen, dann lag die Welt der Zusammenarbeit, die sie sich vorstellten, in weiter Ferne. So interpretierte Senghor zum Beispiel die Vorgänge in Angola als einen Rückschlag für das gesamte gemäßigte Afrika:

Die Vereinigten Staaten haben Afrika nicht genügend Aufmerksamkeit geschenkt. Angola war ein Desaster für den ganzen Westen, nicht nur für die Vereinigten Staaten. Ich sage sogar, es war nicht nur ein Desaster für den kapitalistischen Westen, sondern auch für die Sozialdemokratie...

...Die Afrikaner schauen mit Furcht und Schrecken auf diese Entwicklung. Ein französischer Minister sagte mir: »Alle Afrikaner wollen jetzt Waffen.« Das heißt nicht Truppen, sondern Ausrüstungen – Panzer, Raketen und Flugzeuge. Kann Mali oder Guinea den Sowjets und den Kubanern mit Waffengewalt entgegentreten? Das ist keine Frage des Eingreifens, sondern der Hilfe des Westens...

...Sie haben etwas Wichtiges gesagt: Ein zweites Angola wird es nicht geben.

Für die Militärregime in Westafrika, insbesondere in den ehemaligen britischen Kolonien, hatte Senghor nur Verachtung übrig:

Nigeria leidet jetzt an den Schwächen des Westens. Das Militärregime ist ein Regime der Instabilität. Um an der Macht zu bleiben, nimmt es linke Positionen ein... Nigeria und Algerien wollen Araber nach Afrika bringen, um die Negritude zu zerstören, um uns einen arabischen Imperialismus aufzuzwingen. Senegal wird sich dagegen zur Wehr setzen.

Für diesen Kenner der französischen Staatskunst war die naheliegende Reaktion auf diese Störung des Kräftegleichgewichts die Errichtung eines prowestlichen Blocks in Afrika. Daran aber hinderte uns unsere innenpolitische Situation, davor warnten in Amerika alle Kenner der afrikanischen Verhältnisse: Außer in einigen frankophonen Ländern würde eine solche Politik niemand verstehen; viele könnten sie sogar leidenschaftlich bekämpfen, insbesondere in den ehemaligen britischen Kolonien. Die beste Strategie für uns lief darauf hinaus, die Einheit und Blockfreiheit Afrikas zu stärken. Sollten die Sowjets versuchen, einen eigenen Block zu bilden oder weiterhin Waffen auf den Kontinent zu schaffen, konnten wir dem im Namen dieser Grundsätze entgegentreten.

Welche Strategie zur Verhinderung stärkeren kommunistischen Einflusses mit militärischen Mitteln man auch verfolgen mochte, ein Hauptziel meiner Reise betraf eine Frage, die in den Vereinigten Staaten bald in den Vordergrund treten sollte und die ich auch Senghor stellte:

Kissinger: Wenn wir uns den Kubanern in den Weg stellen, werden wir dann genügend Unterstützung seitens der Afrikaner erhalten, damit es nicht wie imperialistische Politik wirkt?...

Senghor: Ich denke, wenn Sie sich (den Kubanern) widersetzen, werden die Gemäßigten Ihnen zustimmen. Wir werden nicht den Kopf einziehen. Was Angola betrifft, so haben wir klar gesagt, daß wir uns gegen das Eingreifen der Sowjetunion wenden. Ich denke, die Mehrheit der afrikanischen Staaten wird dem zustimmen... Denn Stärke zählt. Wenn Sie Stärke zeigen, wird die Mehrheit der Afrikaner Sie unterstützen.

»Stärke zählt« – wer afrikanische Führer jemals in Aktion erlebt hat, kann diesen Ausspruch nur bestätigen. Trotzdem behaupteten viele Fürsprecher Afrikas in den Vereinigten Staaten, dieser Kontinent sei gegen die Lehren der Geschichte immun und habe dafür sogar ein besonderes Rezept. Senghor erlag solchen nostalgischen Vorstellungen nicht. Er gewährte mir ein langes Gespräch darüber, wie der genannte Satz auf die internationale Situation anzuwenden sei. Dabei ging es um Tendenzen in der Sowjetunion, die Politik Chinas, den Nahen Osten, den Eurokommunismus und auch so regionale Fragen wie die Zukunft des Maghreb. Tief beeindruckt sagte ich zu Senghor:

Wenn Sie den sicheren Eindruck haben, wenn Sie der Meinung sind, wir begehen einen Fehler oder könnten etwas besser machen, dann wenden Sie sich an mich oder direkt an Präsident Ford. Es wird mich immer erreichen. Wählen Sie aber Kommunikationswege, bei denen wir sicher sein können, daß nichts an die Öffentlichkeit gelangt.

In Dakar hielt ich auch eine Rede, in der ich unsere Bereitschaft erklärte, zu den internationalen Bemühungen zur Abwendung der Dürre in der Sahelzone beizutragen, zu der ein großer Teil des senegalesischen Territoriums gehört. Ich war entschlossen zu zeigen, daß Amerika mit seiner Afrikapolitik eigene positive Ziele verfolgte und sich nicht nur von der Furcht vor Kuba oder der Sowjetunion leiten ließ. Aber in der aufgeheizten Atmosphäre des Washingtoner Wahlkampfes wurde auch dieses weitgehend symbolische Programm als ein weiteres Beispiel dafür verunglimpft, daß wir hoffnungslos der Vorstellung verfallen seien, Afrika »Gutes tun« zu müssen.

Kurz vor meiner Rückreise besuchte ich die Insel Gorée, wo einst gerade erst gefangene Sklaven festgehalten wurden, bevor man sie nach Nordamerika brachte, manche monatelang in schmutzigen Zellen angekettet. Ich war tief bewegt von den Zeugnissen seelischen Leidens der Menschen, die man von ihrem Heimatboden losgerissen hatte. Im Fall der Afrikaner kamen noch unaussprechliche körperliche Qualen hinzu. In meiner Abschiedsrede am 2. Mai nahm ich darauf Bezug:

Heute morgen hatte ich Gelegenheit, die Insel Gorée zu besuchen, ein Symbol für die Grausamkeit, die Menschen in der Geschichte einander angetan haben. Sie sollten uns alle an die Pflicht erinnern, auf diesem Kontinent eine Zeit einzuläuten, da alle Menschen, schwarze und weiße, zusammenarbeiten, da alle Afrikaner menschliche Würde und Fortschritt erreichen, da ausländische Einmischung, jahrhundertelang die Tragödie Afrikas, endlich für immer von diesem Kontinent verbannt wird.[4]

Am späten Abend des 2. Mai traf ich wieder in Nairobi ein. Ich war acht Stunden über den Kontinent geflogen, um auf der UNCTAD, einer alle vier Jahre stattfindenden Konferenz der Wirtschafts- und Entwicklungsminister, die dort Programme für die Dritte Welt erörtern, die amerikanische Position vorzutragen. Bei früheren Konferenzen dieser Art waren wir durch ein Kabinettsmitglied vertreten gewesen, das sich mit wirtschaftlicher Entwicklung befaßte. Die fortgeschrittenen Industriestaaten, die überhaupt Minister entsandten, waren in der Regel auf dieser Ebene anwesend. Am Ende meiner Afrikareise, die strategischen und politischen Themen gewidmet war, entschied ich mich, im Namen der Vereinigten Staaten zu sprechen, um die politische Bedeutung zu betonen, die wir neuen kooperativen internationalen Wirtschaftsvereinbarungen beimaßen (zum Inhalt der Rede siehe Kapitel XXII).

Seit meinem ersten Aufenthalt in Nairobi waren acht Tage vergangen. Ich hatte fünf afrikanische Staaten besucht, ein Programm für die Herrschaft der Mehrheit im südlichen Afrika vorgelegt und in einer langen Tischrede in Monrovia Amerikas Engagement für die wirtschaftliche Entwicklung des Kontinents demonstriert. In Dakar hatte ich Ideen zur Lösung der Probleme der Sahelzone eingebracht, und nun trug ich als Höhepunkt auf der UNCTAD einen Vorschlag vor, wie der Einfluß starker Marktfluktuationen auf Entwicklungsländer, deren Wirtschaft von einer einzigen Ware abhängig war, gemildert werden könnte.

Nyerere hatte versprochen, die wichtigsten Minister der Frontstaaten zu bewegen, vor meiner Rückreise die Situation noch einmal mit mir gemeinsam zu erörtern. Er hielt Wort. Bei dieser Begegnung waren die Außenminister von Sambia und Mosambik anwesend, ebenso der Wirtschafts- und Industrieminister von Botswana (der Außenminister begleitete seinen Präsidenten bei einem Besuch in den Vereinigten Staaten). Nyerere selbst schickte den Staatsminister im Präsidialamt, den er beauftragt hatte, Kontakt zu uns zu halten. Das war die erste Begegnung eines hochrangigen Mitglieds der amerikanischen Administration mit einem hohen Beamten aus Mosambik, dem radikalsten und am stärksten marxistisch geprägten Frontstaat, der für sowjetische Angebote am empfänglichsten war und am ehesten mit kubanischen Hilfstruppen zusammenarbeiten konnte.

Außenminister Joaquim Chissano (heute der Präsident Mosambiks) bewies tadellose Umgangsformen. Später lernte ich ihn als scharfsinnigen, eigenständigen Denker kennen. Chissano drängte mich, bei meiner nächsten Afrikareise Präsident Samora Machel aufzusuchen. Er stimmte zu, daß die Frontstaaten gemeinsam handeln sollten; das untermauerte Nyereres Versprechen, Waffenlieferungen von außen an die Befreiungskräfte über eine zentrale Stelle und nicht an jede Guerillagruppe einzeln zu verteilen, um so die Möglichkeiten für das Eingreifen der Kubaner zu verringern.

Ich nutzte die Gelegenheit dieser Begegnung mit Ministern aus dem südlichen Afrika, um noch einmal die Warnung auszusprechen, mit unserer Kooperation sei es vorbei, sobald kubanische oder sowjetische Truppen in den bewaffneten Kampf eingriffen. Als Antwort auf eine Bemerkung von Nyereres Vertreter Peter Siyovelwa umriß ich zudem, wo die Grenzen unserer Unterstützung lagen:

Ich will Ihnen nichts vormachen. Wir können uns nicht mit einem bewaffneten Kampf identifizieren. Wir können uns für diplomatische und wirtschaftliche Schritte einsetzen. Ihr Präsident (Nyerere) hat unserer Presse gesagt, er brauche keine Hilfe für den bewaffneten Kampf, er brauche Verständnis...
... Ich bitte nicht um Ihre Hilfe, aber es wäre in der Tat hilfreich, wenn Sie uns zumindest nicht die unlautersten Motive unterstellten, wenn das amerikanische Volk erkennen könnte, daß die Afrikaner uns wenigstens Zweifel zubilligen. Wir müssen beide lernen, die Erfordernisse des anderen zu verstehen.

Da unsere Strategie darauf beruhte, die Unterstützung Südafrikas zu gewinnen, gab ich meine Absicht bekannt, dort hochrangige Gespräche zu führen. Genauer gesagt: Ich fragte die Vertreter der Frontstaaten, wie sie auf einen solchen Schritt zu reagieren gedächten. Siyovelwa antwortete:

Wir haben bisher geglaubt, es sei unmöglich, mit Südafrika zu arbeiten. Aber wenn es jemanden wie die Vereinigten Staaten gibt, der genügend Druck auf sie ausüben könnte, damit sie wirklich (gegen Rhodesien) Sanktionen verhängen...

Wir kamen überein, am Rande der UN-Vollversammlung im September erneut zusammenzutreffen, um den Stand der Dinge zu erörtern.

Rückkehr nach Washington

Meine Afrikareise hatte mit Konsultationen in Großbritannien begonnen, einem NATO-Mitglied, das in Afrika einst eine wichtige Rolle gespielt hatte. Sie endete mit Konsultationen in Frankreich, dem europäischen Land, das sich damals vielleicht am stärksten in Afrika engagierte. Dies war Ausdruck der engen Zusammenarbeit, die sich zwischen Giscard und der Ford-Administration entwickelt hatte. Der französische Präsident war ein entschiedener Befürworter unserer Politik; davon hatte man in unseren bisherigen Beziehungen mit dem gaullistischen Frankreich nicht gerade häufig sprechen können. Giscard zufolge war die Aufgabe, Afrika an den Westen zu binden, zu gewaltig für die Vereinigten Staaten allein, man müsse arbeitsteilig vorgehen.

Die Vereinigten Staaten sollten die diplomatische Offensive zur Errichtung von Mehrheitsregimen im südlichen Afrika vorantreiben, Großbritannien sollte für die Verhandlungen im engeren Sinne zuständig sein, und er, Giscard, sei bereit, ein gemeinsames Programm des Westens für die wirtschaftliche Entwicklung vorzulegen, mit dem er dessen wichtigste Nutznießer, die gemäßigten Staaten, gewinnen wolle.

Aber in Washington herrschte kein Klima für globale Stategien. Wir hatten ein Wahljahr, und die Politik regierte. Die Vorstellung, ein Präsident könnte von einem Herausforderer aus den eigenen Reihen zu Fall gebracht werden, peitschte die Leidenschaften in der Hauptstadt hoch und steigerte die Vorwahlkampagne zwischen Ford und Reagan zu einer nationalen Psychose. Konservative, die den Versuch, die kubanische Flut in Afrika aufzuhalten, durchaus hätten unterstützen können, stellten sich taub gegenüber einer Politik, die den anscheinenden Vorteil ihres Helden Ronald Reagan in seinem Feldzug gegen die angebliche Weichheit Fords und seiner Administration hätte beeinträchtigen können. Ihre Kritik hatte aber auch noch eine unangenehmere Seite: Die Welle des Unmuts darüber, die Vereinigten Staaten könnten sich gegen die weißen Minderheiten stellen, offenbarte ein reflexartiges Vorurteil. Diese Leute waren einfach nicht in der Lage zu verstehen, daß angesichts eines wachsenden Radikalismus im südlichen Afrika unsere Strategie die einzige war, um den weißen Minderheiten die Hoffnung auf ein gewisses Maß an Zusammenleben mit den schwarzen Mehrheiten zu erhalten.

Unsere Kritiker wandten nun bei Afrika dieselbe Methode an, mit der sie bereits die Entspannungspolitik mit der Sowjetunion zu Fall gebracht hatten. Sie pickten sich für ihre Attacken einzelne Punkte heraus, die ihnen geeignet schienen, unser angeblich knieweiches Vorgehen zu demonstrieren. Bei der Entspannungspolitik waren dies SALT und die Auswanderung der Juden aus der Sowjetunion gewesen. Im Blick auf Afrika verlegte man sich auf die Hilfe für Mosambik. Da es dabei um ganze 12,5 Millionen Dollar ging, konnte wohl kaum die Summe das Problem sein, die wir vor allem einsetzen wollten, um ein gewisses Verhältnis zu Machel aufzubauen, dem afrikanischen Führer, der nach allgemeiner Auffassung am ehesten geneigt war, kubanische Truppen zu Hilfe zu rufen. Nein, Zweck der Angriffe war es vor allem, die Politik der Administration Schritt für Schritt zu demontieren und damit zu beweisen, daß wir unfähig waren, auch nur die geringsten Ziele zu erreichen. Welche Stimmung unter vielen Republikanern herrschte, brachte James A. Baker III. zum Ausdruck, damals einer der Verantwortlichen in Fords Wahlkampfteam, später Außenminister unter George Bush, als er mich öffentlich drängte, um des Präsidenten willen meinen Rücktritt einzureichen.

Diesmal ließ sich die Administration durch die Attacken allerdings nicht beirren. Senator Hubert Humphrey und acht weitere gemäßigte Republikaner legten eine Resolution vor, in der sie sich für unsere »moralischere Außenpolitik« einsetzten, die »einen neuen Realismus der Vereinigten Staaten gegenüber Afrika« versprach.[5] Vor allem aber hatte der Präsident sich entschieden zu kämpfen.

Dies war einer von Fords großherzigen Augenblicken. Wenn ein Mitglied des Kabinetts scharf angegriffen wird, gibt das Weiße Haus nur allzuoft eine symbolische Unterstützungserklärung ab, zieht sich dann aber zurück und wartet ab, bis die Sache sich klärt, um so Schaden vom Präsidenten fernzuhalten.

Nicht so Ford. Noch während ich in Afrika weilte, wies er Ron Nessen an, in seinem Namen zu erklären: »Der Präsident bestimmt die Außenpolitik, Dr. Kissinger legt sie dar und führt sie aus. Das hat er auf seiner Afrikareise getan.«[6] Als ich nach Washington zurückkehrte, stellte sich Ford demonstrativ hinter unsere Afrikapolitik. Er organisierte bei voller Medienberichterstattung zwei Treffen (eines davon am Sonntag) mit mir, bei denen er meinen Bericht entgegennahm. Am 11. Mai hielt er eine Sitzung des Nationalen Sicherheitsrates ab (die ebenfalls der Presse angekündigt wurde), um mir die Möglichkeit zu geben, vor dem wichtigsten Gremium der Administration, das die politischen Entscheidungen fällte, über meine Reise zu sprechen. Deren Ergebnisse faßte er folgendermaßen zusammen:

Daraus, was Henry mir bereits berichtet hat und h er noch im einzelnen darlegen wird, ziehe ich den Schluß, daß wir die Radikalisierung in Afrika aufgehalten und für positive Entwicklungen eine Tür geöffnet haben. Am nächsten Morgen lud Ford die Führungen beider Parteien ins Weiße Haus ein. Er eröffnete die Zusammenkunft mit den Worten:

Im Gefolge der Tragödie Angolas entwickelte sich die Lage im südlichen Afrika immer rascher in eine für die gemäßigten afrikanischen Staaten katastrophale Richtung. Ihre Besorgnis wuchs, während die radikalen Staaten die Gewalt in der Region schürten. Wir meinten, es müßte etwas unternommen werden, wir sollten Vorschläge unterbreiten, um die Situation zu stabilisieren. Zunächst konzentrierten wir uns darauf, die Sowjets und die Kubaner in die Schranken zu weisen, denn wir waren der festen Überzeugung, die ganze Region werde bald in der Hand der Sowjets sein, wenn wir untätig blieben.

Ich weiß, daß der Zeitpunkt der Reise des Außenministers kritisiert worden ist. Aber ich bin der Meinung, daß wir die Außenpolitik nicht alle vier Jahre aussetzen können. Die Vereinigten Staaten können der Welt nicht zumuten, bei Wahlen die Entwicklung sechs Monate lang sich selbst zu überlassen. Ich bin gewillt, auch weiterhin zu tur, was getan werden muß, und dafür, wenn nötig, geradezustehen.

Als bekannt wurde, daß John Osborne von der *New Republic* einen Artikel über meine Afrikareise schrieb, rief ein Mitarbeiter des Präsidenten bei ihm an. Osborne meinte dazu: »Eine der wenigen ermutigenden Aussagen war die Versicherung, der Präsident sei entschlossen, zu Kissinger zu halten.« In einer späteren Version fügte Osborne hinzu: ›Die am Ende dieses Berichts erwähnte ›Versicherung‹ wurde mir von einem Mitarbeiter des Weißen Hauses im Auftrag von Mr. Ford übermittelt.‹[7]

Fords Rückenstärkung verpflichtete und ermutigte mich, an meinem Kurs festzuhalten. In dem Wutgeschrei war die Tatsache, daß wir lediglich einen ersten Schritt getan hatten, völlig untergegangen. Es war uns gelungen, diejenigen, die von unserer neuen Politik profitierten, einzuspannen und dazu zu bewegen, das politische Risiko von Verhandlungen einzugehen. Diejenigen dagegen, von denen Opfer erwartet wurden – die Europäer im südlichen Afrika und natürlich Südafrika selbst –, mußten noch ihr Wort sprechen.

XXXI. Zur Herrschaft der Mehrheit im südlichen Afrika

Südafrika und die Vereinigten Staaten

Die weißen Minderheiten im südlichen Afrika davon zu überzeugen, daß sie sich, wie Harold Macmillan es einmal formulierte, dem Wind der Veränderung anpassen mußten, war eher eine psychologische als eine diplomatische Herausforderung. Denn am Ende des Weges, den wir absteckten, erwartete die Bevölkerungsgruppen der Europäer in Rhodesien und Namibia im besten Fall ein begrenztes Vetorecht. Ihre politische und möglicherweise auch ihre wirtschaftliche Zukunft konnten sie auf längere Sicht nicht mehr bestimmen. Bei diesem Unternehmen hatten wir zwei Trümpfe in der Hand: die Unterstützung Südafrikas für Veränderungen in Rhodesien und Namibia, wenn wir sie denn erreichten, und – abhängig von der Kooperation Südafrikas und der Unterstützung in den Vereinigten Staaten – das Eintreten der Ford-Administration für die Rechte der weißen Minderheiten.

Rhodesien und Namibia waren zu einer internationalen Belastung für Südafrika geworden; zudem beanspruchten sie stark seine Mittel. Die Südafrikaner hatten nicht die Absicht, ihre internationale Isolierung noch zu verschlimmern, indem sie ein weißes Regime in Rhodesien stützten, das kein einziger Staat der Welt anerkannte. Aus ähnlichen Gründen waren sie auch bereit, Namibia freizugeben, wenn auch über einen längeren Zeitraum. Um jeden Preis aber wollten die führenden Männer Südafrikas vermeiden, untätig zuschauen zu müssen, wie die weiße Minderheit in Rhodesien von schwarzen Guerillas militärisch überrannt wurde. Und sie hofften zweifellos, in Rhodesien und Namibia schwarze Regierungen installieren zu können, die den Ansturm der Radikalen aufhielten, bevor er Südafrikas Grenzen erreichte.

Südafrikaner, die tiefer über ihr Schicksal nachdachten, mußten sich natürlich eingestehen, daß die Veränderungen an ihren Grenzen nicht haltmachten. Zwar spürten sie instinktiv, daß eine Umwälzung unvermeidlich war, aber sie hatten keine klare Vorstellung, wie sie damit umgehen und welche Richtung sie einschlagen sollten. Durch ihre einzigartige Geschichte und ihr mangelndes Vorstellungsvermögen waren sie seit Jahrzehnten isoliert, saßen wie gelähmt in einer Falle.

Daran, daß die Südafrikaner die einzige Gegenleistung so bereitwillig akzeptierten, die ich für ihre Mitwirkung im Fall Rhodesiens und Namibias anzubieten hatte – Zeit, um ihre Probleme zu lösen –, konnte man das Ausmaß ihrer Isolierung und bösen Vorahnungen erkennen. In jedem Gespräch mit südafrikanischen Vertretern bis hin zu Ministerpräsident Vorster hob ich hervor, daß die Grundsätze, die ich in Lusaka öffentlich verkündet hatte, auch für Südafrika galten. »Ich denke, die Geschichte arbeitet gegen Sie«, sagte ich dem südafrikanischen Botschafter Roelof »Pik« Botha am 14. Mai 1976, kurz nach meiner Rückkehr aus Afrika. »Aber wir wollen zumindest Zeit gewinnen ... Wenn es uns gelingt, die Südafrikafrage von Rhodesien zu trennen, dann wird mehr Zeit bleiben, sich mit Südafrika zu befassen, es sei denn, die Ereignisse in Rhodesien überstürzen sich.«

Das war nicht viel, aber es reichte aus, um einen Dialog in Gang zu setzen. Denn die südafrikanischen Politiker – und auch die rhodesischen, als wir mit ihnen in Kontakt kamen – erkannten, daß die Ford-Administration keinen Kreuzzug gegen sie persönlich führte, daß wir, im Gegenteil, die Zwangslage durchaus verstanden, in die sie frühere Generationen gebracht hatten. Die Punkte, die unsere Kritiker zu Hause an unserer Außenpolitik als Interessenausgleich und nicht als Kreuzzug bemängelten, erwiesen sich nun als sehr geeignet, unseren Gesprächspartnern unter den weißen Minderheiten etwas Ruhe und Sicherheit zu geben. Wir hatten nicht vor – wie so viele ihrer Kritiker im Westen –, sie für die Sünden zu bestrafen, die ihre Väter oder sie selbst begangen hatten. Uns ging es eher darum, ihnen die Realitäten vor Augen zu führen und sie so sanft wie möglich zur Einsicht zu bewegen, daß diese aus moralischen und politischen Gründen Veränderungen erforderten. Ohne eine politische Lösung konnten sie sich vielleicht noch einige Jahre halten, setzten damit aber jede Möglichkeit aufs Spiel, auf längere Sicht in Afrika zu bleiben. Wenn sie aber weiter auf dem Kontinent leben wollten, mußten sie erkennen, daß eine Verständigung mit der schwarzen Mehrheit unvermeidlich war. Wenn Ford und ich davon sprachen, bestimmte Rechte der Minderheiten zu garantieren, dann hatten wir eher einen politischen als einen juristischen Prozeß im Auge, und zwar nicht in erster Linie infolge des Drucks der Konservativen im eigenen Land, sondern aus unserer tiefen Überzeugung. Trotz ernster Zweifel daran, daß verfassungsmäßige Garantien von Dauer sein könnten, wollten wir alles tun, um ihnen größtmögliches Gewicht zu verleihen.

Als wir uns mit dem südlichen Afrika eingehender befaßten, kam zu Rhodesien bald auch Namibia als Schlüsselproblem hinzu. Das frühere Deutsch-Südwestafrika liegt auf einer trockenen Hochebene zwischen zwei Wüsten. Obwohl dünn besiedelt – damals etwa achthundertfünfzigtausend, heute knapp zwei Millionen Menschen –, ist die Bevölkerung das übliche Gemisch, das die willkürliche Grenzziehung der Kolonialmächte hinterließ: Etwa fünfundvierzig Prozent gehören dem Stamm der Ovambo an, der auf beiden Seiten der Grenze zu Angola siedelt; der Rest sind Angehörige von neun weiteren Stämmen, die über das ganze Land verstreut leben. Das Territorium war Südafrika am Ende des Ersten Weltkrieges vom Völkerbund als Treuhandgebiet übergeben worden.

Nach dem Ende des Zweiten Weltkrieges teilte Südafrika im Jahr 1946 den Vereinten Nationen mit, daß es das Gebiet zu annektieren wünsche. Als dieser Antrag abgelehnt wurde, begann ein Tauziehen zwischen Südafrika und den Vereinten Nationen, das nahezu vierzig Jahre anhielt. Zwischen 1966 und 1968 nahmen die Vereinten Nationen eine Reihe von Resolutionen an, mit denen Südafrikas Mandat beendet und ein Rat von elf Staaten als rechtmäßige Behörde für Namibia eingesetzt wurde. Daraufhin annektierte Südafrika das Gebiet und erklärte es zu seiner Provinz.

1971 hob der Internationale Gerichtshof das Mandat Südafrikas auf, und 1972 lag dem UN-Sicherheitsrat ein Antrag vor, Sanktionen gegen Südafrika zu verhängen. Die Vereinigten Staaten, Großbritannien und Frankreich legten ihr Veto ein. Ende der sechziger Jahre war eine Guerillabewegung entstanden, die sich vor allem auf die Ovambo im Norden stützte. Die SWAPO (Organisation des Volkes von Südwestafrika) nahm den bewaffneten Widerstand auf, der zwar die Kontrolle durch Südafrika militärisch nicht in Gefahr brachte, es aber politisch unterminierte, weil die Organisation von Staaten der Dritten Welt sowie zunehmend auch von demokratischen Industriestaaten Unterstützung erhielt.

Der darauffolgende diplomatische Prozeß entsprach dem Drehbuch, nach dem auch alle anderen Unabhängigkeitskämpfe abliefen: Die Kolonialmacht verwässerte ihre Herrschaft Schritt für Schritt in der vergeblichen Hoffnung, auf diese Weise letztlich die Übergabe der Macht umgehen zu können. Verhandlungen wurden vorgeschlagen, die die Guerillabewegung ausklammerten; das führte dazu, daß die Kolonialmacht sich schließlich im bewaffneten Kampf geschlagen geben mußte. Südafrika hatte Anfang der siebziger Jahre dem Prinzip der Selbstbestimmung für Namibia zugestimmt, sich aber geweigert, mit der SWAPO wegen deren angeblicher terroristischer Tätigkeit zu verhandeln oder irgendeine juristische Zuständigkeit der Vereinten Nationen anzuerkennen. Es berief in der namibischen Hauptstadt Windhoek eine Konferenz zur Ausarbeitung einer Verfassung ein und forderte die verschiedenen Stämme auf, ihre Vertreter zu entsenden. Weder die SWAPO noch die Vereinten Nationen wurden dorthin eingeladen.

Als ich mich im Frühjahr 1976 zum ersten Mal mit der Namibiafrage näher befaßte, hatten kubanische Truppen jenseits der Grenze zu Angola feste Stellungen bezogen. Die Frontstaaten, insbesondere Sambia, Mosambik und Tansania, ließen der SWAPO zwar starke politische Unterstützung zuteil werden, waren geographisch aber weiter entfernt als von Rhodesien und bekamen deshalb seitens unerwünschter Guerillakräfte auf ihrem Boden kaum Druck zu spüren. Der UN-Sicherheitsrat hatte Südafrika eine letzte Frist zur Beendigung seiner Verwaltung Namibias gesetzt; sie lief am 31. August 1976 aus. Wenn Südafrika dieser Aufforderung nicht nachkam, drohten Sanktionen. Wenn wir gegen sie unser Veto einlegten, gefährdeten wir die Unterstützung der schwarzafrikanischen Staaten für unsere Politik im südlichen Afrika. Taten wir es nicht, verdarben wir uns die Mitwirkung Südafrikas bei einer Lösung der Probleme der Region. Während meiner Afrikareise maß ich deshalb Namibia großes Gewicht bei und rief Südafrika in Lusaka auf, ein baldiges Datum für die Unabhängigkeit festzusetzen.

Es war geradezu widersinnig, daß das geächtete Südafrika, die Hochburg der Apartheid, nun zum Schlüssel für Fortschritte auf dem Weg zur Herrschaft der Mehrheit im südlichen Afrika avancierte. Alle führenden Politiker Schwarzafrikas geißelten es, aber alle drängten uns auch, mit den Führern Südafrikas in Gespräche einzutreten. Trotz seines Rufs als Erzfeind der Freiheit Afrikas war Südafrika der Hoffnungsträger für einen raschen Durchbruch zur Herrschaft der Mehrheit, an dessen Ende es ganz allein und ohne jede Pufferzone einem Afrika gegenüberstehen sollte, das sich in seiner Forderung einig war, der Apartheid ein Ende zu setzen. Zwar war diese Forderung früher oder später ohnehin nicht zu umgehen, aber die führenden Männer Südafrikas ließen sich von uns auf einen Kurs geleiten, der, was immer sie auch beharrlich erklären mochten, schließlich in die Überwindung der Barrieren mündete, die sie so sorgfältig errichtet hatten.

Daß sie dazu bereit waren, zeigt, wie afrikanisch die Bevölkerung dieses Landes, zumindest die weißen Afrikander, in den drei Jahrhunderten geworden war, seit holländische Calvinisten als erste in der fast menschenleeren Gegend am Kap der Guten Hoffnung landeten, um dort ein Leben ohne die Religionskriege und Verfolgungen im Europa des 17. Jahrhunderts zu führen. Sie brachten einen strengen Fundamentalismus mit, der alle nachfolgenden geistigen Veränderungen in Europa ignorierte. Die Buren oder Afrikander, wie sie sich selbst nannten, entwickelten eine Identität, die in der Geschichte des europäischen Kolonialismus nicht ihresgleichen hat. Abgeschnitten vom Mutterland, blieben sie vom rationalistischen Erbe der Aufklärung oder den demokratischen Errungenschaften der Französischen Revolution unberührt.

So ausgeprägt war die Identität der Afrikander, daß sie, als die Briten die Kapprovinz in den Napoleonischen Kriegen annektierten, kurzerhand ihre

Sachen packten und etwa eintausendsechshundert Kilometer nach Norden zogen. Das taten sie nicht als einzelne Siedler, sondern als ganzes Volk, das seine Regierungsorgane, Kirchen, Schulen und seine Vorurteile mit sich nahm. In ihrer neuen Heimat stießen sie auf eine zahlreiche schwarze Bevölkerung, die sie mit der Herablassung von Menschen behandelten, welche eine besondere religiöse Mission zu erfüllen glauben. Ihre Sünde war weniger der Kolonialismus, als vielmehr eine Art von spirituellem Stolz, der mit der Zeit aus dem harten Boden dieses schönen und fruchtbaren Landes eine ganz eigene, fast mystische Verbundenheit mit Afrika entstehen ließ.

Die Afrikander blieben nicht lange unter sich. Als Gold gefunden wurde, lockte dieses britische Schürfer und Händler in ihr neues Land. Aber die Buren, die ihre Landsleute aus Europa kaum weniger ablehnten als die Afrikaner, wehrten sich gegen diesen Zustrom. Die Auseinandersetzungen gipfelten im Burenkrieg, in dem die winzigen Burenrepubliken das britische Weltreich, das damals auf der Höhe seiner Macht stand, um ein Haar zum Aufgeben gezwungen hätten. Ihre Niederlage setzte der räumlichen Abgrenzung der Afrikander ein Ende. Ihre geistige Isolierung überwanden sie jedoch nicht. Die beiden weißen Gemeinschaften, die inmitten einer wachsenden schwarzen Mehrheit koexistierten, lebten im wesentlichen getrennt voneinander. Die Engländer, die paradoxerweise liberaler eingestellt waren, zugleich aber auch eine größere Distanz zu Afrika wahrten, blieben die ewigen Kolonialherren, die sich den Werten und Sitten des Mutterlandes verbunden fühlten. Die Afrikander, eingeschlossen in dem Gebiet, das sie sich im Guten wie im Bösen als Heimat aufgebaut hatten, waren inzwischen von der Alten Welt so weit entfernt, daß sie buchstäblich an keinen anderen Ort der Erde mehr hätten gehen können.

1948 waren die Afrikander innerhalb der weißen Bevölkerung, die allein das Wahlrecht genoß, demographisch im Vorteil. Zwar hatte es immer eine Rassentrennung im amerikanischen Sinne gegeben, aber nun setzten die tonangebenden Buren diese mit einem entwürdigenden Legalismus durch. Den drei Millionen Farbigen der Kapprovinz, Nachkommen der Urbevölkerung der Khoi-Khoin (Hottentotten), sprach man das Wahlrecht grundsätzlich ab, ebenso der einen Million Inder. Der schwarze Bevölkerungsanteil hatte es ohnehin nie besessen. Strenge Gesetze wurden erlassen, die Mischehen verboten, getrenntes Wohnen und Arbeiten festlegten und die Bewegungsfreiheit der nichtweißen Bevölkerung einschränkten. Apartheid bedeutete Ausgrenzung. Schwarze hatten in streng abgesonderten Gemeinschaften in den unwirtlichsten Gegenden zu leben, erhielten gesundheitliche und soziale Fürsorge sowie Bildung auf niedrigstem Niveau. Zwar war dieses in der Praxis immer noch höher als im übrigen Afrika, aber die Verletzung der Menschenwürde, die die Apartheid beinhaltete, überwog alle materiellen Vorteile.

Die Apartheid stellte eine Verletzung nahezu aller Prinzipien der westlichen Demokratie dar. Da sie die weiße Bevölkerung dazu verpflichtete, die wachsende Mehrheit aller anderen Rassen mit brutaler Gewalt zu unterdrücken, erwies sie sich als unvereinbar mit elementarem menschlichen Anstand, aber auch mit den Prozessen der Industrialisierung und wachsenden Bildung.

Als ich im Jahr 1962 als Professor zum ersten Mal Südafrika besuchte, um in Workshops zu sprechen, die die europäischen lutherischen Kirchen organisierten, war ich dennoch überzeugt, daß dieses schöne, melancholische Land nicht in der Katastrophe enden würde, die Vernunft und Geschichte vorausahnen ließen. Merkwürdigerweise glaubte ich sogar, am Ende könnten die Afrikander, eindeutig der repressive Teil der weißen Bevölkerung, und nicht die anscheinend liberaleren Briten die Richtung weisen. Ein innerer Instinkt, den ich nicht näher beschreiben konnte und dem die Afrikander heftig widersprachen, sagte mir, daß sie dazu bestimmt waren, vielleicht nach vielen Auseinandersetzungen einen Weg zu finden, wenn sich aus der Größe der gemeinsamen Leiden – der Furcht, die zur Unterdrückung führte, und der Stärke, die notwendig war, um sie zu überleben – schließlich eine neue Form südafrikanischer Identität herausfilterte, und dies nicht mit Hilfe des westlichen Liberalismus, sondern durch ein Abkommen, das die Weißen und die schwarzen Stämme Südafrikas miteinander aushandelten.

In der Frage der Apartheid habe ich mich nie beirren lassen. In keinem Stadium meiner Verhandlungen mit südafrikanischen Politikern habe ich auch nur den geringsten Zweifel daran gelassen, daß Amerika sie ablehnte. Ich bin auch nie weiter gegangen, als ihnen eine begrenzte Zeitspanne zu gewähren, damit sie ihre eigene Lösung finden konnten. Am 2. August 1976, auf dem Höhepunkt unserer Südafrikadiplomatie, als das Ergebnis entscheidend von der Mitwirkung Südafrikas abhing, brachte ich in einer Rede vor der National Urban League zum Ausdruck, was ich den führenden Männern Südafrikas auch in internen Gesprächen sagte:

Niemand, auch nicht die verantwortungsbewußten Führer Schwarzafrikas, stellt das Recht der weißen Südafrikaner in Frage, in ihrem Land zu leben. Sie sind keine Kolonialisten; historisch gesehen sind sie ein afrikanisches Volk, sie leben seit über dreihundert Jahren auf afrikanischem Boden. Aber Südafrikas innere Strukturen bergen einen Sprengsatz und sind mit jeglicher Vorstellung von Menschenwürde unvereinbar.

Rassendiskriminierung ist ein Übel, an dem viele Staaten der Welt leiden. Aber Südafrika ist einzigartig, weil es die Diskriminierung als alles durchdringende, erzwungene Rassentrennung institutionalisiert hat, die jedem Begriff von Gleichheit der Menschen hohnspricht...

...Die Vereinigten Staaten, die ihren eigenen Überzeugungen treu bleiben, werden all ihren Einfluß geltend machen, um friedliche Veränderungen, ein Ende der institutionalisierten Ungleichheit, gleiche Chancen und grundlegende Menschenrechte für alle in Südafrika zu erreichen.[1]

Dieses Thema sprach ich am 14. Mai 1976 auch gegenüber dem südafrikanischen Botschafter Pik Botha an, als ich die zweite Phase unserer Afrikastrategie einleitete. Kaum eine Woche nach meiner Rückkehr aus Afrika schlug ich vor, entweder den Ministerpräsidenten oder den Außenminister Südafrikas zu treffen – am besten in Europa. Die Möglichkeit, danach auch Südafrika zu besuchen, ließ ich offen. Seit über dreißig Jahren hatte sich kein amerikanischer Außenminister bereit gefunden, mit südafrikanischen Spitzenpolitikern zusammenzutreffen oder gar mit ihnen zu verhandeln. Selbst in Weltforen wie den Vereinten Nationen hatte es keinen Kontakt gegeben. Im Grunde genommen bot ich Südafrika die Beteiligung an der Gestaltung der Zukunft des südlichen Afrika an. Dafür forderte ich als Gegenleistung einen Beitrag zur Errichtung der Mehrheitsherrschaft in den

Nachbarstaaten und letzten Endes auch in Südafrika selbst. Allein diese Aussicht erwies sich als starker Anreiz, die Möglichkeit einer Lösung für Rhodesien und Namibia zumindest zu prüfen. In ähnlicher Richtung äußerte sich auch Präsident Ford in einem Fernsehinterview, das den Vorwahlen in Michigan am 18. Mai vorausging:

Ich sehe dies als eine Möglichkeit unseres jetzigen Vorgehens... Wenn ich es zu einem gewissen Zeitpunkt für klug hielte, die beiden Staatschefs von Rhodesien und Südafrika zu treffen, dann würde ich es ganz sicher tun.[2]

Ian Smith, den Führer des von niemandem anerkannten Rhodesien, als Staatschef zu bezeichnen war eine Unachtsamkeit – zumindest sah das die Mehrheit so –, die uns in Schwarzafrika keine Punkte brachte. Aber wie häufig bei Ford zeigte sich darin auch eine bestimmte psychologische Empfindsamkeit. Denn es brauchte noch lange Zeit, bis derartige Beweise menschlichen Respekts den Starrsinn Ian Smith' und seiner Kollegen ins Wanken zu bringen vermochten, der nichts anderes war als die Kehrseite ihrer Furcht vor einer feindseligen Umwelt und einer unsicheren Zukunft in Rhodesien. Ford setzte eine Bekräftigung der Rechte der weißen Minderheit hinzu:

Alles, was wir tun können, um Gewalt zu vermeiden, um bei der Selbstbestimmung mit voller Garantie der Rechte der Minderheit, auch der weißen Minderheit, voranzukommen, liegt, so glaube ich, im Interesse der ganzen Welt.[3]

Botschafter Pik Botha hatte mir bereits am 14. Mai angekündigt, die Antwort Südafrikas werde voraussichtlich in einer öffentlichen Rede des Außenministers oder des Ministerpräsidenten gegeben werden. Ich erwiderte, halb im Scherz: »Wenn er doch nur etwas sagte, was beweist, daß Sie kein total reaktionärer, rassistischer Staat sind.«

Ministerpräsident Vorster beschloß, seine Antwort in einer versöhnlichen Rede am 18. Mai vor dem Presseklub von Kapstadt zu erteilen. Er würdigte Fords Dialogbereitschaft und sagte zu, Lösungen in Rhodesien und Namibia auf der Basis der Selbstbestimmung zu unterstützen. Damit konnten wir den nächsten Schritt tun und für Ende Juni ein Treffen in Deutschland vereinbaren.

Begegnung mit dem Ministerpräsidenten Südafrikas

In der Zwischenzeit waren wir bestrebt, unsere Politik mit den europäischen Verbündeten, besonders mit Großbritannien, abzustimmen. Bei einem Treffen mit meinem britischen, französischen und deutschen Amtskollegen am Rande einer NATO-Außenministertagung unterstützte ich Giscard d'Estaings Vorschlag, einen Entwicklungsfonds für Afrika zu schaffen: »Der Vorzug des französischen Vorschlages besteht darin, daß er einen politischen Rahmen schafft. Wir brauchen etwas, um diese Staaten zusammenzuführen, ohne daß es sofort für jeden sichtbar wird.« Aber die Verbündeten blieben zurückhaltend. Für den erfahrenen Beobachter der NATO bedeutete die Einsetzung einer Arbeitsgruppe auf der Ebene der Unterstaatssekretäre zur »Prüfung« des französischen Vorschlages, daß die meisten Verbündeten es, zumindest zum gegenwärtigen Zeitpunkt, vorzogen, keine gemeinsame politische Position des Westens gegenüber Afrika zu demonstrieren. Sie wollten sich für die Verfolgung eigener nationaler Interessen nicht die Hände binden lassen. Nach dem Regierungswechsel in den Vereinigten Staaten verschwand Giscards Vorschlag eines gemeinsamen Programms des Westens von der Tagesordnung der NATO.

Am 26. Mai kam ich mit Callaghan und Crosland in Downing Street Nr. 10 zusammen, um darüber zu beraten, wie wir unsere Südafrikadiplomatie bei der Begegnung mit Vorster und danach gestalten wollten. Die britischen Minister, denen es immer noch schwerfiel zu akzeptieren, daß die Vereinigten Staaten Erfolg haben könnten, wo Großbritannien gescheitert war, zeigten sich skeptisch, daß es uns gelingen werde, Vorsters Mitwirkung zu erreichen; ein Mißerfolg schien ihnen tröstlicher zu sein. Deshalb konnten sie sich auch nicht dafür erwärmen, an Verhandlungen mit Smith teilzunehmen oder die Übergangsrolle zu spielen, die wir ihnen zugedacht hatten, falls die Rhodesier das Mehrheitsregime akzeptierten. Aber nur Großbritannien verfügte über die Erfahrungen und die rechtliche Grundlage, um Garantien für die Minderheiten auszuarbeiten oder die Übergangsregierung zu stellen, bis das Mehrheitsprinzip in Kraft trat. Daher drängte ich Callaghan, die Rolle zu übernehmen, die er selbst in seinem Vorschlag vom 22. März dargelegt hatte. Ich bot an, ihm zusätzlich den Rücken zu stärken. Aber Callaghan antwortete zurückhaltend: »Ich will mich nicht drücken, aber Sie sind neu in dieser Sache, und wer neu ist, hat mehr Einfluß.«

Callaghans Zweifel waren in nicht geringem Maße darauf zurückzuführen, daß er weder Großbritanniens verbliebenen Kredit bei seinen früheren Kolonien noch den Zusammenhalt der Labour Party aufs Spiel setzen wollte, bevor ein Durchbruch erreicht war. Die Parteilinke, die Michael Foot anführte, war aus moralischen Gründen leidenschaftlich gegen Ian Smith und Südafrika eingestellt. Sie würde das Geben und Nehmen in Verhandlungen darüber, was für sie eine Frage der Moral darstellte, nicht dulden, vor allem nicht, wenn Smith und Südafrika beteiligt waren. Sicher weigerte sie sich deshalb auch, ihre afrikanischen Freunde zur Mäßigung zu drängen. Unter dieser Voraussetzung aber war jeder Verhandlungsversuch zum Scheitern verurteilt. Zwischen Michael Foot und Ian Smith gefangen, entschloß sich Callaghan, mich zu bitten, ich möge zumindest noch eine Pendelmission als rein amerikanische Aktion unternehmen. Zumindest stimmten er und Crosland aber zu, eine Arbeitsgruppe aus hochrangigen britischen und amerikanischen Beamten zu bilden, die bei regelmäßigen Treffen in Washington und London über die Afrikapolitik beraten sollte.

Am Vorabend meiner Zusammenkunft mit Vorster, die für den 23. Juni anberaumt war, drohten die Ereignisse in Südafrika jegliche diplomatische Rolle dieses Landes zunichte zu machen. Am 16. Juni 1976 brachen in der schwarzen Vorstadt Soweto bei Johannesburg Unruhen aus. Seit Monaten hatten sich dort Spannungen aufgebaut, weil die Regierung darauf bestand, daß die Kinder der Schwarzen Afrikaans lernen und Unterricht in dieser Sprache erhalten sollten. Die Auseinandersetzungen erwiesen sich bald als der Anfang monatelanger bürgerkriegsähnlicher Zustände, die am Ende vierhundert Menschen das Leben kosteten, darunter viele Schulkinder. Ford, standhaft wie immer, beschwor mich, an unseren Plänen festzuhalten: »Ich denke, jetzt ist es noch wichtiger, daß Sie fahren. Unser Ziel ist es doch,

Entwicklungen wie diese zu überwinden.« Wir stimmten für eine scharfe Resolution des UN-Sicherheitsrates, in der die Praktiken Südafrikas verurteilt wurden. Zugleich kritisierten wir aber auch, daß die Vereinten Nationen Menschenrechtsverletzungen in Staaten geflissentlich übersahen, die wegen ihrer linken Orientierung von internationaler Überwachung abgeschirmt waren. Der amerikanische UN-Delegierte Albert W. Sherer erklärte vor dem Rat am 19. Juni:

Die Apartheidpolitik Südafrikas stellt eine flagrante Verletzung der Menschenrechte dar. Aber es wäre falsch und heuchlerisch, vor diesem Rat zu verschweigen, daß Südafrika nicht die einzige Regierung ist, die bewußt eine Politik verfolgt, welche zu flagranten Menschenrechtsverletzungen führt.[4]

Bevor ich zu Gesprächen mit den führenden Vertretern Südafrikas aufbrach, traf ich mit den Botschaftern aller afrikanischen Staaten in Washington und mit dem Auswärtigen Ausschuß des Repräsentantenhauses zusammen. Beide Gruppen unterstützten mein Treffen mit Vorster. Am 22. Juni, einen Tag vor der Begegnung, informierte ich in Paris den Außenminister Großbritanniens, Frankreichs und der Bundesrepublik Deutschland. Gerade hatte Sambia zum ersten Mal gestattet, daß auf seinem Gebiet Guerillastützpunkte errichtet wurden; damit waren weitere tausend Kilometer rhodesischer Grenze für das Einsickern von Guerillas freigegeben. Schwerer wog aber die Tatsache, daß allein die Existenz der Guerillalager bei anhaltendem Krieg die gemäßigte Orientierung Kaundas und mit der Zeit vielleicht sogar seine Herrschaft untergraben konnte. Rivalisierende Guerillagruppen suchten dann vielleicht Hilfe im Ausland, wie es in Angola geschehen war. Unsere Verbündeten brachten guten Willen zum Ausdruck und bekundeten ihre Bereitschaft, finanzielle Beiträge für den Wiederaufbau und die Umstellungskosten der europäischen Minderheiten zu leisten, sollte ein Durchbruch zur Mehrheitsherrschaft tatsächlich erreicht werden.

Als Vorster vorschlug, in Deutschland zusammenzukommen, stimmten sowohl Bundeskanzler Schmidt als auch Außenminister Genscher sofort begeistert zu. Sie schlugen sogar Schmidts Heimatstadt Hamburg als Ort des Treffens vor, weil sie dies offenbar für einen politischen Vorteil hielten. Bald sollte man sie jedoch eines Besseren belehren. Als in dieser Hochburg der Sozialdemokratie bekannt wurde, daß massive Demonstrationen geplant waren, verfielen die deutschen Politiker in Panik und verlegten das Treffen, ohne uns zu fragen, in einen Kurort im konservativen Bayern unweit der tschechischen Grenze am Rande des Böhmerwaldes – eine Region, wo man offenbar keinerlei Demonstranten erwartete. Dies zu tun, ohne die Beteiligten vorher zu fragen, war ein klarer Bruch des Protokolls, aber schließlich akzeptierten wir unsere Verbannung. In keinem Städtchen der abgelegenen Region konnten jedoch zwei Hotels mit entsprechenden Voraussetzungen gefunden werden. So wurden Vorster und ich schließlich etwa fünfzig Kilometer voneinander entfernt untergebracht. Beide Hotels waren von Gruppen grünuniformierter Polizisten umstellt, um die Protestierenden, die trotz geographischer Abgeschiedenheit in Massen anrückten, außer Rufweite zu halten.

Die amerikanische Delegation wurde zur ersten Begegnung am 23. Juni mit dem Hubschrauber in das Hotel der Südafrikaner in Bodenmais eingeflogen. Schließlich bekleidete Vorster als Ministerpräsident einen höheren Rang als ich, und wir hielten es für richtig, die südafrikanische Delegation in dieser Hinsicht zu beruhigen.

Vorster galt in Südafrika aufgrund seines bisherigen Verhaltens als Hardliner. Zehn Jahre lang war er als Justizminister für das harte Vorgehen gegen »Umstürzler« verantwortlich, eine Personengruppe, die er sehr weit faßte. Trotz (oder vielleicht gerade wegen) dieses Rufes zeigte sich Vorster im Amt des Ministerpräsidenten flexibler als seine Vorgänger, lockerte die Apartheid in einigen Bestimmungen und begann einen Dialog mit den afrikanischen Nachbarstaaten.

Der rauhe, aber herzliche Vorster begrüßte mich mit seinen Beratern, darunter der Außenminister, der Generalsekretär des Außenministeriums, sein Sicherheitsberater und die Botschafter Südafrikas in den Vereinigten Staaten und Deutschland. Beide Seiten, die beweisen wollten, daß sie einander ebenbürtig waren, tauschten die üblichen Floskeln aus, von denen Fototermine freundlich gesinnter Delegationen begleitet sind.

Ich lud Vorster zu einem Gespräch im kleinen Kreis ein, während unsere Delegationen mit der Erörterung technischer Fragen begannen, besonders der Arbeit an einer Definition, was unter wirtschaftlicher Sicherheit für die Minderheit der Europäer in Rhodesien zu verstehen sei. Bei Tee und Kuchen in einem kleinen Salon eröffnete ich, wie es bei Verhandlungen meine Gewohnheit ist, eine Grundsatzdiskussion darüber, was wir erreichen wollten. Ich spräche mit Vorster, so erklärte ich, als dem Politiker, der für die Zukunft seiner Gesellschaft, die nun vor einer grundlegenden Entscheidung stehe, Verantwortung trage. Wenn Vorster die Zukunft seines Landes mit dem Schicksal Rhodesiens und Namibias identifiziere, dann werde ein Ergebnis nur schwer und sicher erst mit beträchtlicher Verzögerung zu erreichen sein. Aber letzten Endes führe an einem Mehrheitsregime in Rhodesien kein Weg vorbei. Im Fall Namibias habe Südafrika einem Mehrheitsregime bereits grundsätzlich zugestimmt. Wenn die Dinge aber weiterliefen wie bisher, werde es noch mehr Gewalt geben, Radikale könnten im bewaffneten Kampf die Oberhand gewinnen und möglicherweise Unterstützung von ausländischen Mächten erhalten. Südafrika stünde dann vor dem Dilemma, zusehen zu müssen, wie die europäische Bevölkerung aus Rhodesien und Namibia vertrieben werde, oder selbst in den Konflikt einzugreifen. Mit der Internationalisierung dieses Kampfes aber werde sich die Welt gegen Südafrika zusammenschließen, und die Vereinigten Staaten wären nach ihrer Tradition verpflichtet, demokratische Lösungen und Selbstbestimmung zu unterstützen.

Andererseits, so argumentierte ich, könnte Vorster zwischen seinen nördlichen Nachbarn und Südafrika einen Unterschied machen, denn Südafrika werde selbst in Afrika als afrikanischer Staat, nicht als Kolonie gesehen, wie sehr man seine innere Struktur auch ablehne. Diesen Punkt hatten alle afrikanischen Spitzenpolitiker hervorgehoben, denen ich begegnet war. Wenn Südafrika mit uns und den Frontstaaten bei der Lösung der Probleme Rhodesiens und Namibias zusammenarbeite, dann werde dies seine Stellung als afrikanische Gesellschaft stärken. Was ich Vorster anbot, versprach ihm eine gewisse Atempause, in der das Land seine Probleme friedlich lösen konnte, keinen Weg, um ihnen zu entkommen.

Ich legte meine Ansichten eher in traurigem denn in zornigem Ton dar, präsentierte sie nicht so sehr als einen Streit über Südafrikas Vergangenheit, sondern eher als eine Option für seine Zukunft. Dem hochintelligenten Vorster konnte nicht entgehen, daß ich einen Prozeß beschrieb, der an den Grenzen Südafrikas nicht haltmachte. Zweifellos hoffte er, daß ein möglicher Zeitgewinn es ihm erlauben könnte, für Südafrika einen anderen Ausweg als die uneingeschränkte Herrschaft der Mehrheit zu finden oder an seiner Nordgrenze eine Art Cordon sanitaire zu errichten. Dies war – sofern er es hegte – reines Wunschdenken.

Vorster legte in seiner Antwort zunächst dar, was er und seine Kollegen unter Selbstbestimmung für Südafrika verstanden: eine Reihe selbstverwalteter schwarzer Homelands, die mit ein oder zwei eindeutig dominierenden weißen Homelands verbunden waren. Ich erklärte, in den Vereinigten Staaten werde man die Apartheid nie akzeptieren und auch die sogenannten schwarzen Homelands nicht anerkennen. Ein Zeitgewinn – und zwar jetzt – könnte aber durchaus einen längeren Dialog in Gang setzen, um einen für alle Beteiligten akzeptablen Ausweg zu finden.

Vorsters ganzes Verhalten zeigte, daß sich die Afrikander angesichts einer Supermacht, die ihnen einen gewissen Respekt entgegenbrachte, nicht in ihre Wagenburg zurückzogen, wie sie das in ihrer schwierigen Geschichte so oft hatten tun müssen. Vorausgesetzt, man verlangte nicht von ihm, die europäische Bevölkerung Rhodesiens ohne alle Rechte im Stich zu lassen, könnte er unsere Bemühungen um ein Mehrheitsregime in Rhodesien unterstützen. Er stimmte mir zu, daß ein ausgewogenes Ergebnis in Rhodesien nur möglich sei, wenn man den bewaffneten Kampf bald zum Stillstand bringe. In seinen Augen war Joshua Nkomo der geeignetste Führer für eine gemäßigte Entwicklung, da er einen Minderheitsstamm vertrat, der Interesse an garantierten Rechten für alle Minderheiten, darunter auch für die Europäer, haben mußte. Solche Garantien, so argumentierte Vorster, seien aber notwendig, um die Öffentlichkeit Südafrikas zu überzeugen. Vorster schätzte, man habe eine Frist von höchstens einem Jahr, um ein solches Ergebnis zustande zu bringen. Ich sagte ihm, wir unterstützten Garantien für die Minderheiten, aber es sei verfrüht, das Ergebnis von einer einzelnen Person abhängig zu machen, von der wir in den Vereinigten Staaten so wenig wußten.

Nun schlossen Vorster und ich uns den Delegationen zum Abendessen an. Er bat um die Erlaubnis, ein Tischgebet zu sprechen und schweigend für den Erfolg dessen zu beten, was wir, jeder auf seine Weise, zu erreichen suchten. Danach gab Vorster etwas unpassend seinem Militärberater das Wort.

General Hendrik Johannes Van den Berg legte die militärische Lage dar. Wenn Rhodesien eine militärische Lösung suche, könnte es sich eine bestimmte Zeit halten. Rhodesiens Verluste seien bisher niedrig und fast ausschließlich auf die schwarzen Milizen beschränkt. Die rhodesischen Streitkräfte seien in der Lage, das Land zu verteidigen, solange keine Truppen aus Übersee eingriffen. Nach Aussage der südafrikanischen Delegation büßten die Guerillas an Unterstützung ein, weil sie ihre Angriffe auf die Zivilbevölkerung konzentrierten. Das traf zum Teil zu, war aber auch ein Verhandlungstrick, um das amerikanische Argument abzuschwächen, eine Lösung der Krise sei dringend vonnöten. Ich antwortete, diese Analyse sei eigentlich nicht von Bedeutung:

Wenn wir die moralische Frage einmal beiseite lassen, dann sehen wir am Beispiel Algeriens, wo sie (die französische Bevölkerung) viel länger lebte, daß die Guerillas ebenfalls anfingen, die einheimische Bevölkerung anzugreifen. Diese ist zunächst empört, dann aber eingeschüchtert. Die Regierung muß verstärkt eingreifen. Wenn sie Vergeltungsaktionen einleitet, verliert sie ihre internationale Stellung, wenn sie es nicht tut, verliert sie den Krieg.

General Van den Berg ließ sich mit mir auf keinen Streit darüber ein.

Am nächsten Tag kamen die Delegationen in unserem Hotel in Grafenau zusammen. Das Gespräch konzentrierte sich nun auf Namibia. Wiederum saßen Vorster und ich allein in meiner Suite beisammen, während unsere Kollegen an einem Plan von Garantien für Rhodesien arbeiteten. Ich bediente mich im Grunde derselben Argumente, die ich Vorster bereits im Hinblick auf Rhodesien dargelegt hatte. Die internationale Gemeinschaft werde eine Regierung, die aus der Konferenz von Windhoek in der jetzigen Zusammensetzung entstehe, niemals anerkennen. Das bedeute, Südafrika werde nicht in der Lage sein, auf diesem Weg sein Ziel zu erreichen und die direkte Kontrolle über Namibia abzugeben. Wie Südafrika auch immer zu den Methoden der SWAPO stehe, die Geschichte der Unabhängigkeitskämpfe sei übervoll von Beispielen, daß die Terroristen von heute die nationalen Führer von morgen seien. Und da der ganze Prozeß von mehreren UN-Resolutionen ausgelöst worden sei, müßten die Vereinten Nationen beteiligt werden.

Um das Eis zu brechen, schlug ich drei Schritte vor: Die Konferenz von Windhoek sollte nach Genf verlegt, ein Vertreter des UN-Generalsekretärs als Beobachter eingeladen (und damit die unverzichtbare Verbindung zur Weltorganisation hergestellt) sowie die SWAPO als Teilnehmer zugelassen werden.

Vorster mußte aus diesen Worten klarwerden, daß ich Südafrika anbot, in einem Prozeß sein Gesicht zu wahren, an dessen Ende die SWAPO zum wichtigsten Gesprächspartner über die Unabhängigkeit Namibias wurde. Das ergab sich aus dem grundsätzlichen Unterschied zwischen einem bewaffneten antikolonialen Kampf und den Maximen des westlichen Liberalismus. Wäre es vor allem um den Willen der Mehrheit gegangen, dann hätte man sich um Wahlverfahren gestritten, die Streitkräfte wären neutral geblieben, und das Wesen der Wahlen wäre in der Verfassung festgeschrieben worden. Statt dessen bestimmten in fast allen afrikanischen Staaten, die aus dem bewaffneten Kampf hervorgingen, die Streitkräfte durch ihre Kontrolle das Ergebnis der Wahlen. Nkomo mochte durchaus der bekannteste und gemäßigste Führer in Rhodesien sein, wie Kaunda und Vorster in seltener Übereinstimmung feststellten, aber er besaß keine Streitkräfte, die es mit den in den Nachbarstaaten zusammengezogenen Guerillas hätten aufnehmen können. Seine Stärke mußte sich in den Wahlen zeigen, deren Ergebnis weitgehend vom Ausgang des militärischen Kampfes bestimmt wurde.

Das traf auch auf Namibia zu. Es konnte durchaus sein, daß die Unterstützung der SWAPO, wie die Südafrikaner behaupteten, außerhalb des Gebietes der Ovambo gering war. Aber wenn mit der Losung von der Mehrheitsherrschaft vor allem der bewaffnete Kampf beendet werden sollte, dann waren die »Jungs mit den Gewehren« entscheidend, und wenn es nur von ihnen abhing, den Krieg zu beenden. Sie bildeten die Übergangsregierung, legten die Regeln für die Wahlen fest, die sie dann auch gewannen. Deshalb ist das Mehrheitsregime in der Regel lediglich ein Euphemismus für die Machtergreifung der Gruppe, die im bewaffneten Kampf führend war. Schließlich hatte sie gelitten und Opfer gebracht, um die Macht zu erringen, nicht um sich selbst überflüssig zu machen.

Hochrangige Gespräche dieser Art sind nicht der Ort für Reflexionen über politische Theorie. Und diese erste Begegnung zwischen Politikern Südafrikas und der Vereinigten Staaten war völlauf damit beschäftigt, einen praktischen Ausweg aus der schwierigen Situation Rhodesiens und Namibias zu finden. Am 24. Juni resümierte ich die sich anbahnende Zusammenarbeit in der Rhodesienfrage mit folgenden Worten:

Kissinger: Wenn ich unsere Gespräche einmal zusammenfassen darf, so haben der Ministerpräsident und ich die Erörterung der Lage in Rhodesien am heutigen Tag und auch beim Abendessen im Sinne unserer gestrigen Diskussion fortgesetzt. Dabei ging es darum, ob wir im Hinblick auf die wirtschaftlichen Aussichten der weißen Gemeinschaft in Rhodesien ein Paket schnüren können, das vernünftige Menschen als gerecht und ehrenhaft ansehen. Wenn wir das zustande bringen, könnte der Ministerpräsident bereit sein, seinen Einfluß bei der rhodesischen Regierung geltend zu machen, um zu erkunden, was möglich ist. Wir werden mit den schwarzafrikanischen Regierungen arbeiten. Wir werden auch prüfen, ob ein internationales Treffen unter Teilnahme der südafrikanischen Regierung – zumindest im Anfangsstadium – möglich ist, auf dem die Frage der Garantien erörtert wird.

Hier stehen wir heute, was Rhodesien betrfft.

Vorster: Das ist richtig.

Zu Namibia drückte ich mich vorsichtiger aus. Ich schlug vor, die Konferenz aus Windhoek zu verlegen, ließ aber die Frage der Teilnehmer offen, was der erste Schritt für eine Beteiligung der SWAPO war:

Kissinger: Zu Südwestafrika (wie Namibia in Südafrika genannt wurde) habe ich dem Ministerpräsidenten vorgeschlagen, die Verfassunggebende Versammlung von Windhoek an einen anderen Ort zu verlegen. Über die Teilnahme wird später entschieden, aber der Ort sollte gewechselt werden. Ich hatte den Eindruck, daß der Ministerpräsident diese Vorstellung nicht ablehnt.

Vorster: Ja.

Vorster fügte hinzu, er stimme der Anwesenheit eines persönlichen Vertreters des UN-Generalsekretärs zu. Die Konferenz werde ihre Zusammensetzung selbst festlegen, was die Möglichkeit eröffne, auch die SWAPO einzuladen. Zwar war ich überzeugt davon, daß die Guerillas wie in allen vergleichbaren Situationen auch hier darauf bestehen würden, als der einzige rechtmäßige Gesprächspartner anerkannt zu werden, aber immerhin hatten wir damit bereits ein gutes Stück Weges zurückgelegt.

Von allen Verhandlungen, die ich zu führen hatte, waren diejenigen, die der Errichtung von Mehrheitsregimen im südlichen Afrika dienten, die kompliziertesten. Beteiligt waren fünf Frontstaaten, jeder mit eigenen Prioritäten, Gruppen, die innerhalb Rhodesiens und Namibias miteinander rivalisierten, die Regierung Südafrikas, die rhodesischen Behörden und schließlich Großbritannien mit seiner Sonderstellung. Die Ziele der Beteiligten überschnitten sich teilweise, waren andererseits aber auch völlig gegensätzlich. Wechselte eine Seite ihren Standpunkt, konnte das Schockwellen im ganzen System auslösen und zu zerstören drohen, was man gerade mit Mühe aufgebaut hatte. Bevor man offizielle Positionen vertreten konnte, mußte zunächst mit allen Beteiligten das Terrain erkundigt werden. Aber selbst dann mußte man sich hüten, die Position einer Seite zur Diskussion zu stellen, bevor man nicht die anderen zumindest in gewissem Maße überzeugt hatte, damit es nicht zu einseitigen Zugeständnissen kam, was jeweils eine Reihe neuer Forderungen ausgelöst hätte.

Wir waren zwei Schritte vorangekommen: Die Frontstaaten begrüßten unsere Initiative und boten in unterschiedlichem Maße ihre Unterstützung an; zugleich war Südafrika bereit, sowohl in der Rhodesienfrage mitzuarbeiten, wenn es uns gelang, ein Paket von Garantien für die weiße Minderheit zu schnüren, als auch in der Namibiafrage, wenn wir einen Weg fanden, daß Südafrika sein Gesicht wahren konnte. Um alle diese gemeinsamen Zusagen jedoch in praktische Fortschritte umzusetzen, waren die Mitwirkung und die politische Unterstützung Großbritanniens unerläßlich.

Falls Ian Smith zustimmte, seine einseitige Unabhängigkeitserklärung von 1965 zurückzunehmen und das Mehrheitsregime zu akzeptieren, dann gab es in Rhodesien keine reguläre Staatsmacht mehr, sofern nicht Großbritannien zusagte, wenn auch gegen seinen Willen, für eine Übergangszeit die Rolle der Regierung zu übernehmen, bis eine neue Verfassung ausgearbeitet war. Aber Großbritannien wollte sich darauf nicht einlassen, wenn nicht die schwarzen Frontstaaten darum baten – falls überhaupt. Uns fiel nun die zweifelhafte Aufgabe zu, einerseits das widerstrebende Großbritannien zu überreden, für kurze Zeit den Mantel der Macht wieder umzulegen, dem es seit drei Jahrzehnten nachtrauerte, und andererseits seine früheren Kolonien dazu zu bewegen, ihre einstmaligen Herren zurückzurufen, damit deren Herrschaft nach Recht und Gesetz beendet werden konnte.

Am 25. Juni kehrte ich nach meinem Treffen mit Vorster nach London zurück, um mich dort mit Callaghan zu beraten. Downing Street Nr. 10 mit seinen engen Korridoren und Wendeltreppen demonstriert seinen Einfluß durch Understatement. Auf dem Weg zu den Räumen des Premierministers im zweiten Stock begegnete ich Kabinettssekretär John Hunt. Wir plauderten noch über die »inoffizielle« Gruppe zu Weltwirtschaftsfragen, in der die Vereinigten Staaten durch George Shultz vertreten waren (siehe Kapitel XXII), und über den Wirtschaftsgipfel der G 7 in Puerto Rico, der in Kürze stattfinden sollte, als der Premierminister bereits einladend rief: »Ich höre doch schon diese Stimme!«

In dem altmodischen Empfangszimmer von Downing Street Nr. 10 legte ich die drei Ziele dar, für deren Erfolg die Beteiligung Großbritanniens wichtig war: erstens die rasche Entwicklung zu einem Mehrheitsregime; zweitens Hilfe bei der Ausarbeitung von Garantien für die weiße Minderheit; drittens Wiedereinsetzung der Kolonialverwaltung, um das Nachfolgeregime zu bewegen, sich eher in Richtung des gemäßigten Kenia als des radikalen Mosambik zu entwickeln (eine makabre Bitte im Licht der Entwicklung, die sich seitdem vollzogen hat).

Callaghan reagierte professionell und mit Verständnis. Großbritannien sei gewillt, für eine Übergangszeit Verantwortung zu übernehmen, versicherte er. Es sei aber »nicht gewillt, sich in die militärische Auseinandersetzung hineinziehen zu lassen und dann Recht und Gesetz aufrechtzuerhalten... Müssen wir dann britische Truppen einsetzen? Und wenn, wie kommen sie da wieder heraus?« Mit seinem praktischen Sinn hatte er, wie immer, den wunden Punkt sofort erkannt: das Wesen der künftigen rhodesischen Regierung. Nkomo war der beste Garant für eine gemäßigte Entwicklung, aber er hatte keine militärische Macht:

Das Problem besteht darin, wie wir mit den anderen Afrikanern im Hinblick auf Nkomo umgehen. Er ist eine Vaterfigur, ein zweiter Kenyatta, aber er hat in der letzten Zeit an Boden verloren...

...Was machen wir mit den Guerillas an der Grenze, wenn sie Nkomo nicht akzeptieren? Wer wird Nkomo dann an der Macht halten? Das ist hier die Frage.

Wir waren uns einig, daß die Aussichten für Nkomo oder jeden anderen gemäßigten Führer innerhalb Rhodesiens sich verbesserten, wenn der Krieg rasch zu Ende kam und die Guerillas in Sambia keine Basis mehr hatten.

Um die genannten Aussichten zu sondieren, bot ich an, den für Afrika zuständigen stellvertretenden Unterstaatssekretär William Schaufele zu beauftragen, unsere Pläne mit Kaunda und Nyerere zu besprechen. In der Zwischenzeit sollte eine gemeinsame britisch-amerikanische Arbeitsgruppe einen offiziellen Vorschlag zur Rhodesienfrage erarbeiten, den wir den Frontstaaten und Vorster vorlegen wollten. Das Gespräch endete in herzlicher, mit etwas Vorsicht gemischter Atmosphäre, die sich bald als Vorahnung herausstellen sollte:

Callaghan: Ich denke, Sie sollten Nyerere und Kaunda sagen: »Ist es nicht Zeit, daß Sie die Briten drängen, etwas in dieser Richtung zu unternehmen?«

Kissinger: Wir würden es schätzen, wenn Sie uns sagten, was Sie denen sagen. Und wir werden das gleiche tun.

Callaghan: Es ist doch ganz natürlich, wenn Sie überall verkünden: »Die Situation ist kritisch. Ihr müßt die Briten zum Laufen bringen.«

Kissinger: Ich denke, das ist eine gute Idee.

Callaghan: Sagen Sie uns nur, wie Sie unsere Namen schwärzen, damit wir später alles bestreiten können... (Gelächter)

Kissinger: Und am Ende behaupten Sie dann, die unfähigen Amerikaner hätten die Sache verpfuscht und mußten von den Briten gerettet werden. (Gelächter)

Nach diesem Geplänkel wurde in einer offiziellen Erklärung die Bereitschaft Großbritanniens verkündet, sich an der Rhodesiendiplomatie zu beteiligen: Der Außenminister hat den Regierungschef über seine Gespräche mit Ministerpräsident Vorster informiert.

Der Außenminister brachte zum Ausdruck, daß dem Vereinigten Königreich im südlichen Afrika, insbesondere beim Zustandekommen einer Lösung für Rhodesien, eine zentrale Rolle zufällt. Der Premierminister teilte dem Außenminister mit, daß das Vereinigte Königreich seine Verantwortung in dieser Hinsicht vollständig akzeptiert.[5]

Ein weiterer Anlauf in Afrika

Schaufele nahm seine Mission am 5. Juli 1976 auf. Um Nyerere und Kaunda einen Anreiz für größtmögliche Flexibilität zu bieten, wies ich Schaufele an, die Mitwirkung Südafrikas als weniger gesichert darzustellen, als sie nach meinem Dafürhalten war. Am 13. Juli erklärte ich dem südafrikanischen Botschafter Pik Botha in diesem Zusammenhang:

Ich sage niemandem, daß ich die Zustimmung Südafrikas für irgend etwas habe. Ich sage: »Wenn ich von Ihnen Unterstützung erhalte, kann ich es versuchen. Wenn ich die Zustimmung Südafrikas gewinne, ist mir dann Ihre Unterstützung sicher?«

Wenn die Präsidenten der Frontstaaten unserer Strategie zustimmten und auch eine Übergangsrolle Großbritanniens akzeptierten, dann sollte Schaufele unsere Absicht zusagen, intensiv dafür zu werben, daß Südafrika sich an der Einführung des Mehrheitsregimes in Rhodesien beteiligte und Namibia die Unabhängigkeit gewährte (nach dem Treffen mit Vorster eine ziemlich sichere Aussicht).

Inzwischen aber wurde klar, daß dieses Ziel wieder in die Ferne rückte, weil nun die britischen Spitzenpolitiker es sich anders überlegten. Ein Gespräch mit Tony Crosland am 8. Juli in Washington zeigte mir, daß Zustimmung zu einem wünschenswerten Ergebnis noch keine Übereinstimmung in der Taktik bedeutet. Die Briten trauten Vorster nicht und waren weniger als wir davon überzeugt, daß er seine Versprechen halten werde. Außerdem verachteten sie Ian Smith, der sie betrogen und in Verlegenheit gebracht hatte: zuerst durch die Erklärung der Unabhängigkeit und dann bei einer Reihe gescheiterter Verhandlungen. Da Crosland mit Smith weder als Chef noch als Mitglied einer Übergangsregierung zu tun haben wollte, verwandte er zuweilen mehr Zeit darauf, Pläne zum Sturz Smith' zu erörtern, als über die komplizierte Diplomatie zu sprechen, die wir gerade gemeinsam betrieben.

Damit war ich nicht einverstanden. Ich war Smith und anderen rhodesischen Politikern noch nie begegnet und hatte deshalb keine Vorurteile gegen sie. Sollte unsere Politik Erfolg haben, dann wurden Smith und seine Kollegen von einer Mehrheitsregierung abgelöst. Deshalb ergab es für mich keinen Sinn, Energie auf seinen Sturz oder seine Demütigung zu verschwenden und damit ein politisches Vakuum mit unvorhersehbaren Folgen zu riskieren oder gar die ganze Initiative zum Scheitern zu bringen. Zu Crosland sagte ich:

Smith ist ein Hindernis, zugleich aber auch ein Faustpfand für die Verhandlungen. Wenn sie (die Führer der Frontstaaten) glauben, er sei nur schwer zu beseitigen, dann haben sie einen zusätzlichen Anreiz, uns zuzustimmen. Wenn er durch jemanden ersetzt werden sollte, der nicht kämpfen kann, dann werden sie sich vielleicht entschließen, den Krieg fortzusetzen.

Mit der Zeit wuchs in der amerikanischen Gruppe der vielleicht unbegründete Verdacht, London könnte es so einzurichten versuchen, daß die Vereinigten Staaten mit den weißen Regimen identifiziert wurden, während Großbritannien sich als der Sprecher des schwarzen Afrika hervortat – eine Arbeitsteilung, die wir nicht akzeptieren konnten, wie ich Crosland erklärte. Auch Croslands boshaften Humor vertrugen meine Kollegen bei weitem nicht so gut wie ich. So fand es der Vertreter des Finanzministeriums in unserer Arbeitsgruppe gar nicht lustig, als Crosland auf meine Frage, was Großbritannien zu einem Garantiefonds beisteuern könnte, mit der witzigen Bemerkung parierte: »Das, was wir Ihnen und den Deutschen nicht aufhalsen können.«

Gelegentlich waren Differenzen auch auf unterschiedliche innenpolitische Umstände zurückzuführen: Callaghan stand vor allem unter Druck von links, Ford und ich dagegen von rechts. Das zeigte der folgende Wortwechsel:

Kissinger: Innenpolitisch hätten wir es leichter mit Smith.

Crosland: Bei uns ist es genau umgekehrt.

Als ich Crosland warnte, ein Putsch gegen Smith könnte für die laufenden Verhandlungen – insbesondere in Rhodesien – alles ändern, erwiderte dieser: »Käme es zu einem Putsch, hätte das in Großbritannien beträchtliche Vorteile, denn es würde das ganze politische Klima verändern.«

Eine grundsätzliche Frage war, wer die Verantwortung für die Verhandlungen übernehmen sollte. Wir zogen es vor, daß Großbritannien von Anfang an beteiligt war. Um den Verhandlungen ein Ziel zu setzen, drängten wir London, ein Angebot für eine Übergangsregierung vorzulegen. Aber Callaghan und Crosland hatten es nicht eilig. Es ist immer schwer zu akzeptieren, daß ein anderes Land Erfolg haben könnte, wo man selbst scheiterte, selbst wenn dieser Mißerfolg auf eine historische Entwicklung zurückzuführen ist, die lange vor der Amtszeit der derzeitigen britischen Regierung lag. Das aber war genau die Haltung Großbritanniens in der Rhodesienfrage. Da die Vereinigten Staaten die Strategie entworfen hatten und ihr Gewicht gebraucht wurde, um die Verhandlungen voranzubringen, wollte Callaghan nicht den politischen Preis im Land oder in Afrika für etwas zahlen, was Großbritannien nicht mehr aus eigener Kraft durchzusetzen vermochte. Was die Übergangsregierung betraf, so befürchtete Callaghan, Großbritannien könnte, einmal wieder in seine koloniale Rolle gedrängt, allein dastehen, wenn die Guerillas sich weigerten, die Kämpfe einzustellen. Da Callaghan und Crosland nicht überzeugt waren, daß wir Vorster und Smith zum Einlenken zwingen konnten, drehten und wendeten sie jeden Buchstaben, bevor sie einen Schritt vorangingen – ein zeitraubendes Verfahren. Ich dagegen glaubte, daß schnelles Handeln notwendig sei, wenn der sich ausweitende Guerillakrieg nicht bald jede Chance für Verhandlungen zunichte machen sollte.

Abgesehen von diesen unterschiedlichen Akzenten, erlebte die amerikanisch-britische Zusammenarbeit hier vielleicht eine letzte Blütezeit des Sonderverhältnisses zwischen beiden Staaten. Unsere Meinungsverschiedenheiten glichen häufig eher Debatten zwischen ausgeprägten Persönlichkeiten, die an einem gemeinsamen Unternehmen arbeiten, als Streitigkeiten zwischen souveränen Größen mit eigenen Zwängen und Initiativen.

Die Vielschichtigkeit Afrikas

Während meiner ersten Afrikareise im April waren die Präsidenten aller Frontstaaten so darauf bedacht gewesen, amerikanischen Druck für ihre Zwecke einzusetzen, daß sie die potentiellen Hindernisse nach Kräften heruntergespielt hatten. Nun aber bekamen sie die praktischen Folgen zu spüren: Ob unsere Strategie nun Erfolg hatte oder scheiterte, sie mußten in jedem Fall Risiken übernehmen, die Stellung und die Interessen ihres Landes schützen. Damit aber traten die Unterschiede in ihren Standpunkten hervor.

Nyerere trug nicht umsonst den Beinamen »der Lehrer«. Er sah sich als den Theoretiker der afrikanischen Unabhängigkeitsbewegung, besonders im südlichen Afrika. Da Tansania keine gemeinsame Grenze mit Rhodesien oder Namibia hatte, interessierte Nyerere weniger die praktische Durchsetzung des Mehrheitsregimes in diesen Staaten, als vielmehr, wie sich dieses auf das übrige Afrika auswirkte. Solange er versuchte, die Vereinigten Staaten zum Eingreifen in die Diplomatie des südlichen Afrika zu bewegen, hatte er es klug gefunden, amerikanischen Anliegen wie dem Schutz der Rechte der weißen Minderheiten beizupflichten. Aber nun, da die Diplomatie konkret wurde, fühlte sich Nyerere verpflichtet, die Auswirkungen des Ganzen für seinen Einfluß auf die »Jungs mit den Gewehren« und sein Verhältnis zu seinem radikaleren Nachbarn Samora Machel in Mosambik zu bedenken. Als über das Mehrheitsregime Einigkeit erzielt war, hatte Nyerere keine Eile, es in die Praxis umzusetzen, denn er erkannte, daß jede Verzögerung die Chancen der radikalen Kämpfer erhöhte, die er als seine natürlichen Verbündeten ansah.

Auf Kaunda traf das Gegenteil zu. Sambia hatte eine lange gemeinsame Grenze mit Rhodesien. Der größte Teil seines Exports lief über dieses Land, und Rhodesien war ein wichtiger Abnehmer sambischer Waren. Kaunda wollte eine rasche Einführung des Mehrheitsregimes in Rhodesien, um Sambias Stabilität zu sichern. Er befürchtete, daß ein langandauernder Bürgerkrieg in Rhodesien den Guerillas ermöglichen würde, sich in Sambia festzusetzen, seine Macht und in gewissem Maße auch Sambias Unabhängigkeit zu untergraben. Er gab Nkomo und einer weitgehend zivilen Herrschaft in Rhodesien (das nach der Unabhängigkeit Simbabwe heißen sollte) den Vorzug. Kaunda wollte auch, daß die Europäer blieben, da eine starke rhodesische Wirtschaft günstig für Sambias Export war und die weißen Minderheiten am ehesten Nkomo oder andere gemäßigte Kräfte unterstützten.

In gewisser Hinsicht hatten Kaunda und Nyerere jeweils ein Vetorecht gegenüber dem anderen, denn keiner von beiden konnte sich einen offenen Bruch leisten. Kaunda war zwar weniger ideologisch geprägt, wollte sich aber ein gutes Verhältnis zum Lager der Radikalen bewahren. Und Nyerere, der eindeutig mit dem radikalen Lager sympathisierte, war viel zu klug, um sich selbst vom Westen zu isolieren. Gegenüber Crosland gab ich am 4. September folgende Einschätzung der Präsidenten der Frontstaaten:

> Ich habe den Eindruck, der falsch sein kann, daß sie von Furcht erfüllt sind, ob wir nun Smith zum Einlenken bringen werden oder nicht. Zum zweiten sind sich diese Staatsoberhäupter – vielleicht mit Ausnahme Machels – unsicher darüber, welche Versprechen sie einlösen können. Nyerere und Kaunda könnten, für sich genommen, unseren Plan durchaus akzeptieren und wären auch gewillt, die beiden Risiken einzugehen: daß Smith nicht akzeptiert oder daß Smith akzeptiert und Machel ihnen vorwirft, die anderen verkauft zu haben. So sind sie zwischen der Furcht vor dem Scheitern und dem Erfolg hin und her gerissen.

Da Kaunda und Nyerere nach verschiedenen Richtungen neigten, gerieten die Verhandlungen zuweilen zu einer nervenaufreibenden Angelegenheit. Amerikanische und britische Abgesandte tourten im Wechsel durch Afrika, um die Aussichten für eine Lösung zu erkunden. Als ersten traf dies den stellvertretenden Unterstaatssekretär Schaufele, der die Präsidenten der Frontstaaten über das Treffen mit Vorster informieren sollte. Er wurde von Kaunda am 8. und noch einmal am 10. Juli empfangen. Am 11. Juli war er bei Nyerere. Kaunda akzeptierte unser Programm (Mehrheitsregime, Übergangsregierung für maximal zwei Jahre, Garantien für die Minderheiten) grundsätzlich und deutete an, er sei bereit, »sich dafür aus dem Fenster zu hängen«, wenn Vorster und Smith zustimmten. Besorgt über die Guerillas und die Aussichten Nkomos, hielt Kaunda eine Übergangszeit von zwei Jahren für zu lang.

Nyerere äußerte sich zwar anerkennend über die Begegnung mit Vorster, nutzte aber die Gelegenheit, um einen praktischen Einwand vorzubringen, der zeigte, was der Kampf für die Afrikaner bedeutete. Wenn die Übergangsregierung von den »Freiheitskämpfern« gestützt werde, könnten sich die Dinge günstig entwickeln. Wenn man aber versuche, eine alternative Regierung einzusetzen – offenbar war damit Nkomo gemeint –, dann könnten die »Jungs mit den Gewehren« sich dazu entschließen, den Kampf fortzusetzen. Trotzdem drängte uns Nyerere, »nicht nachzulassen«. Zu Namibia äußerte er sich positiv:

> Wenn es möglich ist, die Ziele zu vernünftigen Konditionen zu erreichen, dann sollte die SWAPO keine Bedingungen stellen, die mehr auf ihre eigene Stärkung als auf die Unabhängigkeit Namibias ausgerichtet sind.

Aber zehn Tage später, am 22. Juli, hatte es sich Nyerere wieder anders überlegt. In einem Gespräch mit dem amerikanischen Botschafter James Spain wies er eine Übergangsrolle für Großbritannien in Rhodesien zurück, weil es, wie er sagte, nicht die Macht habe, sich gegenüber Widerspenstigen durchzusetzen. Vielleicht hatte er die Gegnerschaft Machels und der Guerillas im Sinn, als er erklärte, es wäre das beste, die Rhodesienfrage ruhenzulassen, bis der militärische Druck wieder stärker geworden sei.

Nyerere meinte abschließend, er werde mit uns in Kontakt bleiben und beobachten, wie sich die Lage entwickle. Wollte er damit die Verantwortung für das Ergebnis von sich weisen, zumindest bis die Lage geklärt war? Oder sollte das eine Warnung sein? Wollte er die Verhandlungsposition der Afrikaner verbessern, indem er so offensichtlich auf ein militärisches Ergebnis setzte, oder hielt er die amerikanische Vermittlung bereits für gescheitert?

Die Versuchung, die Verhandlungen an diesem Punkt abzubrechen, war sehr groß. In den Vereinigten Staaten galten unsere Bemühungen ohnehin als sehr umstritten. Hätten wir jetzt aufgegeben, wäre ein Aufatmen durch die Reihen der Republikaner gegangen. Die Frontstaaten drängten uns zwar weiterzumachen, konnten sich aber nicht zu einer gemeinsamen Haltung entschließen. Alibis, die ganze Sache hinzuwerfen, gab es genug.

Zugleich waren wir überzeugt, wenn wir jetzt innehielten, dann konnten Entwicklungen einsetzen, die die Lage völlig außer Kontrolle geraten ließen. Vor allem aber glaubte ich, daß allem äußeren Anschein zum Trotz der Erfolg zum Greifen nahe war. Unsere ursprüngliche Strategie hatte darin bestanden, zunächst eine gemeinsame Position mit den Frontstaaten auszuarbeiten, diese mit Vorster abzustimmen und dann Smith aufzuzwingen. Nyereres Ausflüchte (zu denen er auch den ganzen August griff) überzeugten mich, daß mit den Frontstaaten kein realisierbares Programm zu erreichen war. Ihre Rivalitäten, ihre Zweifel an Großbritanniens verfassunggebender Rolle und die psychologische Barriere, Kolonialherren eine Entschädigung für die Beendigung des Kolonialregimes anzubieten, machten es unwahrscheinlich, daß ihren Beratungen ein umfassender Vorschlag entspringen würde. Deshalb beschloß ich, die Vorgehensweise umzukehren. Ich wollte nun zunächst mit Callaghan einen detaillierten Vorschlag ausarbeiten, dafür Vorsters Zustimmung gewinnen, die Grundsätze mit den Präsidenten der Frontstaaten klären, mit Vorsters Hilfe Smith überzeugen und die Lösung schließlich den Präsidenten der Frontstaaten zur endgültigen Bestätigung vorlegen.

Das war ein kompliziertes Szenario. Sein Erfolg hing entscheidend davon ab, daß es uns gelang, den Durchbruch so erscheinen zu lassen, als ob Smith von Großbritannien und den Vereinigten Staaten ausgearbeitete Vorschläge akzeptiert habe. Danach wurden die Frontstaaten um ihre Zustimmung, nicht etwa um Konzessionen an Smith gebeten. Dieses Szenario konnte aber erst in Gang gesetzt werden, wenn die britisch-amerikanischen Gespräche abgeschlossen waren. Am 5. August gab ich bei einem langen Frühstück mit Callaghan und Crosland in Downing Street Nr. 10 dem gemeinsamen Wirtschaftsprogramm für Rhodesien den letzten Schliff. Wenn es in seine endgültige Form gebracht war, sollten eine amerikanische Delegation unter Leitung des Unterstaatssekretärs für Wirtschaftliche Angelegenheiten William Rogers und separat eine britische Abordnung unter Edward »Ted« Rowlands und Sir Anthony Duff nach Afrika reisen und das Programm den Präsidenten der Frontstaaten vorstellen. Zwar hatte jede Delegation ihre eigenen Gesprächsdirektiven – inoffizielle Hinweise, was besonders anzusprechen sei –, diese waren aber vorher von der jeweils anderen Seite gebilligt worden. Beide kamen außerdem überein, nicht über den Rahmen dieser Instruktionen hinauszugehen.

Bei diesem Frühstück erfuhr ich zum ersten Mal, daß Callaghan entschieden hatte, Großbritannien werde das Kolonialregime nicht wiedererrichten, auch nicht zeitweilig. Das würde die Uhren um zehn Jahre zurückdrehen, argumentierte er. Nach der Verfassung wäre der britische Gouverneur für die Sicherheit verantwortlich; damit würden britische Streitkräfte das Risiko eingehen, in einen Guerillakrieg verwickelt zu werden. Statt dessen wollte Großbritannien einen Plan für die Übergangsregierung ausarbeiten, der auch Institutionen für die Ausübung der Funktionen eines Kolonialgouverneurs enthielt, jedoch ohne diesen Titel. Außerdem war Callaghan bereit, einen hohen britischen Staatsbeamten als Berater zu entsenden. Ich hielt den amerikanischen Plan für einfacher (und er wurde in der Tat später von Premierministerin Margaret Thatcher auch realisiert).

Der Start der Mission wurde durch den Kongreß der Republikaner verzögert, der am 16. August eröffnet werden sollte. Für denselben Tag hatte man auch eine Konferenz der blockfreien Staaten nach Sri Lanka einberufen, die die Anwesenheit der Präsidenten der Frontstaaten erforderte. Unter dem Einfluß der Dritte-Welt-Rhetorik würden sie sicher nicht in versöhnlicher Stimmung von dort zurückkehren. Inzwischen war Ford damit beschäftigt, seinen knappen Vorsprung gegenüber dem Herausforderer Ronald Reagan bis zum Nominierungskongreß zu halten. Reagan verdoppelte indessen seine Anstrengungen, den amtierenden Präsidenten beim Parteitag der Republikaner zu stürzen.

Ich hielt Ford täglich auf dem laufenden – entweder persönlich oder, wenn einer von uns auf Reisen war, mit Hilfe ausführlicher Berichte. Am 13. August, kurz vor Beginn des Parteikongresses, warnte ich den Präsidenten: Wenn die Briten nur eine geringe Chance sähen, entschieden sie sich dafür, Smith zu stürzen und die ganze Sache laufen zu lassen. Das würde eine nahezu analoge Situation wie in Angola heraufbeschwören, wo verschiedene afrikanische Gruppen miteinander um die Kontrolle rangen, während Kräfte von außen jeweils einseitig Partei ergriffen. Ford fragte nach den Garantien für die weißen Minderheiten. Als ich ihm versicherte, diese seien Teil unseres Planes, erklärte er standhaft: »Das war bisher unser Plan, und ich denke, wir sollten an ihm festhalten.«

Unterstaatssekretär Rogers, der den Frontstaaten Ende August das Wirtschaftsprogramm für Rhodesien vorstellte, stieß auf die gleichen Differenzen wie Schaufele bereits wenige Wochen vor ihm. Kaunda und Nyerere drängten auf das Mehrheitsregime, mißtrauten der Rolle Südafrikas, wußten aber keinen besseren Weg, Fortschritte zu erreichen, und ermutigten uns, in unseren Bemühungen fortzufahren, während sie zugleich Zweifel äußerten, ob wir in der Lage seien, uns durchzusetzen. Es gab immer Äußerungen, die wir als Hinweis für ihre Unterstützung werten konnten, zugleich aber fehlte es nicht an Bemerkungen, die es eigentlich tollkühn erscheinen ließen, daß wir mit unseren Bemühungen fortfuhren.

Kaunda äußerte sich zu Rhodesien positiv, vertrat aber zu Namibia eine harte Linie. Er steuerte Rogers und Schaufele in ein Treffen mit dem SWAPO-Präsidenten Sam Nujoma, indem er einfach die Tür zum Nachbarraum öffnete, wo Nujoma sie erwartete. Diese Geste mußte Ärger mit Südafrika bringen, denn Pretoria konnte kaum glauben, daß dies für uns eine Überraschung war. Nujoma riskierte nicht, den guten Willen meiner Abgesandten auf die Probe zu stellen, indem er ihre Bedeutung unterschätzte. Rogers sprach er als »Eure Exzellenz« an. Ähnlich extravagant waren auch seine politischen Vorschläge. Nujoma forderte, daß die ins Auge gefaßte Konferenz über die Zukunft Namibias der SWAPO die Amtsgewalt im Land übertragen sollte, die später durch ein Referendum legitimiert werden könne. Die Teilnahme anderer namibischer Gruppen an den Verhandlungen lehnte er ab, es sei denn, als Teil der SWAPO-Delegation. Kaunda, der durch das Arrangement des Treffens seine Pflicht gegenüber den Radikalen erfüllt hatte, drängte uns, den bisherigen Kurs fortzusetzen, obwohl er doch wissen mußte, daß Nujomas Forderungen unannehmbar waren: »Wir geben Ihnen unseren Segen, während wir kämpfen. Wir werden auch weiterhin so hilfreich wie nur möglich sein.« Kein einziger Sambier kämpfte in Namibia.

Nyerere war, wie immer, schlau und schwer zu fassen. Am 26. August, zwei Tage bevor er Rogers und Schaufele empfing, schickte er mir eine brillante Analyse der Lage im südlichen Afrika. Darin bekräftigte er seine Ansicht, daß weitere Bemühungen um Rhodesien vergeblich seien. Er umriß die Bedingungen für Fortschritte in Namibia, die sich der harten Linie Nujomas immer mehr annäherten. Als ihm aber unsere Abgesandten am 28. August Auge in Auge gegenübersaßen, modifizierte Nyerere seine Position erneut. Er befürwortete einen weiteren Besuch meinerseits in Afrika. Der ergab aber nur einen Sinn, wenn ihm daran gelegen war, daß wir unsere Initiative weiterführten. Nach wie vor glaubte er allerdings, in Namibia seien Fortschritte leichter zu erreichen. Was Rhodesien betraf, so blieb er pessimistisch. Der Hauptgrund für Nyereres Skepsis war allerdings nicht, daß er unserem Programm ablehnend gegenüberstand, sondern die Spaltung unter den rhodesischen Nationalisten. Er behauptete, die politische Führung im Land liege noch nicht mit den Guerillas auf einer Wellenlänge. Mit anderen Worten: Nyerere, der den Radikalen näherstand, lag nichts an raschen Fortschritten in Rhodesien, wenn diese zugunsten von Kaundas Günstling Nkomo ausschlugen. Damit die »einmalige Gelegenheit« für die amerikanische Initiative aber nicht verlorengingen, bot er an, er wolle versuchen, die Führer der Nationalisten zu einen. Bei einer zweiten Zusammenkunft am selben Tag informierte Nyerere Schaufele darüber, daß er für den 5. und 6. September ein Treffen der Präsidenten der Frontstaaten und der Nationalistenführer nach Daressalam einberufen habe. Dort wolle er versuchen, Einmütigkeit herzustellen, besonders was die Freiheitskämpfer betreffe. Schaufele berichtete: »Er (Nyerere) schloß mit den Worten, er stimme Ihrer Strategie zu und seine Aufgabe sei es, sie auf der Grundlage unserer Konsultationen zu überzeugen.«

Da Nyerere Schaufele nicht mitgeteilt hatte, was er unter unserer Strategie verstand, sandte ich ihm einen Brief, in dem ich warnend darauf hinwies, die Chance sei begrenzt und werde nicht wiederkommen:

Ich bin sicher, Sie kennen die Situation in Südafrika gut genug, um zu verstehen, daß es Vorster, sollten wir nicht rasch handeln, immer schwerer fallen wird, mit uns zusammenzuarbeiten. Ich sage Ihnen ganz offen: Wenn die gegenwärtigen bescheidenen Hoffnungen auf eine Lösung weiter schwinden und die Gewalt in Rhodesien zunimmt, dann werden sich auch unsere Möglichkeiten verschlechtern, einen positiven Beitrag zu leisten. So sind die politischen Realitäten in unserem Land, insbesondere in einem Wahljahr. Die Entwicklung in Amerika kann nach dem Oktober durchaus eine Unterbrechung bis weit ins neue Jahr nach sich ziehen, wodurch eine friedliche Lösung immer schwieriger wird.

Ein politisches Programm für Rhodesien

Die Öffentlichkeit in den Vereinigten Staaten schien sich in dieser Zeit jeglicher Lösung heftig zu widersetzen, die auf Kosten der weißen Bevölkerung gehen konnte. Nach meiner Rede in Lusaka erhielt das amerikanische Außenministerium eintausendsiebenhundert ablehnende Briefe und nur dreiundzwanzig, die die Herrschaft der Mehrheit unterstützten. Ford hatte inzwischen den Kongreß der Republikaner knapp hinter sich gebracht, aber nur um den demütigenden Preis seiner Zustimmung, daß in die Wahlplattform der Republikaner ein Absatz aufgenommen wurde, der unsere Politik gegenüber der Sowjetunion im Grunde genommen desavouierte und eine Reihe nicht gerade schmeichelhafter Seitenhiebe gegen mich persönlich enthielt. Bei unserem Morgengespräch am 30. August gab ich Ford eine weitere Gelegenheit, sich von unserer Afrikapolitik zu distanzieren: »Wir müssen über … Ihre politische Lage nachdenken … Ich möchte nicht noch eine Situation wie in Texas erleben.« Die Chancen für eine Lösung in Rhodesien setzte ich bei etwas über fünfzig Prozent an, in Namibia ein wenig höher. »Ich kann nicht sagen, daß wir nicht bis nach dem 15. November warten könnten, aber wenn es bis in den Januar hinein dauert, dann werden wir wohl kaum noch eine Chance haben«, erklärte ich. Ford indessen wich und wankte nicht:

Ich denke, wenn Südafrika an der Lösung beteiligt ist, wird es hier etwas anders wahrgenommen werden. Ich glaube, wenn es richtig ist, sollten wir es tun, und auch die politischen Folgen werden positiv sein.

Das war mein Ziel, als ich in London einen Zwischenaufenthalt einlegte, um ein politisches Programm fertigzustellen, das wir Vorster vorlegen konnten. Die Briten hatten das Konzept einer Übergangsregierung für maximal zwei Jahre vorbereitet – den berühmten Anhang C. Statt eines britischen Gouverneurs figurierte dort ein Staatsrat, in dem die rhodesischen Weißen die Mehrheit und die Schwarzen ein Vetorecht besitzen sollten. Außerdem war ein Ministerrat mit einem schwarzen Chefminister und einer weißen Sperrminorität vorgesehen. (Die weiße Mehrheit im Staatsrat wurde später auf Callaghans Bitte aufgehoben, so daß beide Gemeinschaften nun die gleiche Zahl von Sitzen hatten, der Vorsitzende dafür aber kein Stimmrecht besaß.) Der Staatsrat sollte für die Durchsetzung des Mehrheitsregimes, für Verteidigung und innere Sicherheit zuständig sein, Großbritannien die Außenpolitik übernehmen. Das Kabinett war für die tägliche Verwaltungsarbeit zuständig. Das Ziel bestand darin, in einer Zeit von höchstens zwei Jahren einen schrittweisen Übergang zur umfassenden Mehrheitsregierung zu vollziehen, ohne die weiße Bevölkerung in Panik zu versetzen oder die Spannungen unter den Schwarzen zu verschärfen.

Anhang C war ein gut durchdachtes Dokument, das ganz auf der britischen Verfassungspraxis beruhte. Meine Mitarbeiter und ich fanden es einleuchtend. Um die Wahrheit zu sagen: Wir hatten keinen Grund, dagegen im einzelnen etwas einzuwenden, aber auch nicht genügend Erfahrung, es gänzlich zu durchschauen. Nach der Übergangsperiode sollte die neue Verfassung Rhodesiens, die eine verfassunggebende Konferenz auszuarbeiten hatte, die Zukunft des Landes bestimmen. Wir akzeptierten den britischen Entwurf und benutzten ihn als Grundlagendokument für alle unsere politischen Verhandlungen in Afrika.

Da die Hauptakteure auf beiden Seiten einträchtig zusammenarbeiteten, ergab sich eine wirkliche Arbeitsteilung. Die Amerikaner führten die Verhandlungen, die den Durchbruch anbahnten, aber auf der Grundlage von Programmen, auf denen zu Recht »Made in Britain« stand. Die wirtschaftlichen Garantien für die weißen Minderheiten hatte in der Hauptsache das amerikanische Außenministerium – mit einigen britischen Zugaben – entworfen. Die für die Übergangszeit vorgeschlagenen politischen Garantien und Institutionen, die der umstrittene Anhang C enthielt (in der Hauptsache eine Erweiterung des Vorschlages Callaghans vom 22. März), waren so eindeutig britischer Herkunft, daß selbst die Sprache es verriet. Später gab es ein wenig Aufregung über den offiziellen Status von Anhang C – ob er ein Arbeitsdokument oder offiziell vom Kabinett bestätigt sei. Callaghan löste das Problem, indem er mich zu einer Kabinettssitzung einlud, auf der das Dokument die offizielle Bestätigung erhielt (siehe folgendes Kapitel). Von welchen zeitweiligen und zufälligen Wirrungen dieser beispiellose diplomatische Kraftakt auch begleitet war, er brachte den Durchbruch auf der Grundlage amerikanischer Strategie, Stärke und Willenskraft im Verein mit britischen Ideen – was man von einem Bündnis nur erwarten kann, das wesentlich mehr erreichte als viele vor ihm.

XXXII. Durchbruch zum Mehrheitsregime

Zweite Begegnung mit Vorster

Als die Entscheidung näherrückte, hing der Erfolg zunehmend davon ab, ob es uns gelingen werde, Vorster davon zu überzeugen, daß er Druck auf Smith ausüben müsse, ob Smith Anhang C grundsätzlich zustimmte und ob wir in der Lage waren, die Präsidenten der Frontstaaten zu bewegen, eine wirkliche Vereinbarung und nicht nur eine verbale Erklärung über das Mehrheitsregime zu akzeptieren.

Am 4. September 1976, einem Samstag, traf ich zum zweiten Mal binnen zwei Monaten mit dem südafrikanischen Ministerpräsidenten Johannes Vorster zusammen. Schon das allein war für die Südafrikaner ein bedeutsames Ereignis, denn es symbolisierte das Ende ihrer Isolation. Das Treffen fand im Dolder Grand-Hotel statt, das in einem großen Park auf einem Berg hoch über Zürich liegt. Die Schweizer hatten anstelle eines weniger exklusiven Treffpunktes in der Stadt auf diesem Ort bestanden, weil hier Demonstranten leichter auf Distanz zu halten waren.

Ich blieb bei dem Ablauf unserer ersten Begegnung und stattete Vorster zunächst einen kurzen Höflichkeitsbesuch in seinem Hotel, dem etwas weniger vornehmen Dolder Waldhaus, ab, das einen knappen Kilometer entfernt an der Straße lag. Dabei setzte ich mich über meine Mitarbeiter hinweg, die ein Pressefoto vermeiden wollten, weil sie negative Auswirkungen in Afrika und bei den Afroamerikanern befürchteten. Ich aber war sicher, daß die afroamerikanischen Gruppen uns nach dem Ergebnis des Treffens beurteilten. Die afrikanischen Führer hatten selbst auf den Dialog mit Vorster gedrängt, weil davon Fortschritte mit Smith entscheidend abhingen.

Der südafrikanische Ministerpräsident verschwendete nicht viel Zeit auf die Einzelheiten von Anhang C. Er stimmte dem Mehrheitsregime für Rhodesien grundsätzlich zu und versprach, er werde Smith fallenlassen, sollte dieser Anhang C ablehnen. Er modifizierte auch seine Position zu Namibia im Vergleich zu dem, was er bei unserem Treffen in Deutschland erklärt hatte. Das waren verheißungsvolle Entschlüsse. Denn ob Vorster und seine Delegation nun die Folgen ihrer Entscheidungen umfassend durchdacht hatten oder nicht, sie setzten damit einen Prozeß in Gang, der unweigerlich auch zur Herrschaft der Mehrheit in ihrem Land führen mußte.

Als die Entscheidung einmal gefallen war, das Mehrheitsregime in Rhodesien zu akzeptieren, waren die Spannungen, die unsere erste Zusammenkunft bestimmt hatten, wie weggeblasen. Wir trafen uns zu drei Gesprächsrunden: ein abendliches Arbeitsessen Vorsters am Samstag im Dolder Grand-Hotel, das vier Stunden dauerte; ein von mir gegebenes Mittagessen am nächsten Tag, bei dem wir uns in der Hauptsache mit Namibia befaßten, von den Südafrikanern mit Hinweis auf das Verbot der Holländisch-Reformierten, am Sonntag zu arbeiten, als gesellschaftliche Zusammenkunft deklariert; und ein drittes Treffen am Montag, dem 6. September, das auch ohne Mahlzeit vier Stunden in Anspruch nahm.

Was Rhodesien betraf, so konzentrierte sich die Diskussion auf Maßnahmen zur praktischen Umsetzung der Dokumente, die ich aus London mitgebracht hatte. Es handelte sich um Anhang C, der die Übergangsregierung behandelte, und den gemeinsamen anglo-amerikanischen Plan mit den Verfassungsgarantien und wirtschaftlichen Anreizen für die weiße Minderheit. Wir fanden recht schnell eine gemeinsame Sprache. Die einzige Veränderung, die die Südafrikaner anbrachten, zeigte das Mißtrauen, das sie gegenüber den Briten empfanden: Die Mitglieder des Staatsrates sollten von den einzelnen rhodesischen Gemeinschaften und nicht von der britischen Regierung ausgewählt werden. Callaghan und Crosland erklärten sich damit einverstanden, als ich nach London zurückkehrte.

Was Namibia betraf, so rückte Vorster auf dem Züricher Treffen vollständig von Südafrikas vorheriger Position ab. In Deutschland hatte er vorgeschlagen, daß die Verfassung für ein unabhängiges Namibia von den verschiedenen Stämmen des Landes unter südafrikanischer Vormundschaft ausgearbeitet werden sollte, ohne daß Südafrika an der Konferenz in der namibischen Hauptstadt Windhoek offiziell teilnahm. Die SWAPO sollte von dem ganzen Prozeß ausgeschlossen bleiben.

Der Plan, der auf dem Züricher Treffen angenommen wurde, enthielt den Vorschlag, die Konferenz von Windhoek nach Genf zu verlegen, sah eine Mitwirkung der Vereinten Nationen und eine südafrikanische »Präsenz« vor, beinhaltete einen Mechanismus zur Einbeziehung der SWAPO und setzte den 31. Dezember 1978 als Datum für die Verkündung der Unabhängigkeit fest. (Der entsprechende Diskussionsverlauf ist aus den in den Anmerkungen enthaltenen Entwürfen zu ersehen, die die Delegationen austauschten.[1])

Als ich Ford am 6. September Bericht erstattete, beschrieb ich die nächsten Schritte:

Ich habe nicht – ich wiederhole, nicht – die Absicht, diese Papiere zum jetzigen Zeitpunkt jemandem zu zeigen, denn es ist entscheidend, daß wir Südafrikas künftige Position nicht enthüllen, solange die Schwarzafrikaner sich noch nicht konkret festgelegt haben. Auf meiner Pressekonferenz am Ende der Gespräche habe ich mich optimistisch geäußert, aber keine Einzelheiten mitgeteilt.

Wenn ich nächste Woche nach Afrika reise, werde ich in Tansania und Sambia die Führer der Schwarzen auf diese Positionen festnageln und dann nach Südafrika fliegen, um die endgültige Zustimmung Vorsters zu erreichen. (In der Zwischenzeit schicke ich Bill Schaufele am Dienstag nach Afrika, um einen Eindruck von der Klausurtagung der Führer der Schwarzen in Daressalam zu erhalten und ihnen eine erste Information über die Gespräche mit Vorster zukommen zu lassen.)

Auf dem Rückflug nach Washington legte ich für einige Stunden einen Zwischenaufenthalt in London ein, um die Feinabstimmung der vereinbarten Dokumente mit Callaghan und Crosland vorzunehmen. Auf Callaghans Bitte beauftragte ich Bill Rogers, die neue Parteiführerin der Konservativen Margaret Thatcher über unsere Pläne und die vereinbarten Dokumente in Kenntnis zu setzen. Callaghan befürchtete, sie könnte sich den Angriffen unserer amerikanischen Kritiker gegen das Mehrheitsregime anschließen. Das tat Margaret Thatcher nicht. Sie billigte unser Programm, wenn sie es innerlich auch nicht bejahte. Als sie drei Jahre später ins Amt kam, setzten sie und ihr Außenminister Peter Carrington den britischen Zweifeln über eine Wiedererrichtung der kolonialen Rechtsordnung ein Ende und akzeptierten das Verfahren, das wir von Anfang an empfohlen hatten, nämlich einen britischen Gouverneur einzusetzen, der Rhodesien zur Mehrheitsregierung führte.

Am Vorabend meiner zweiten Reise nach Afrika fühlte ich mich nicht nur durch die Ergebnisse des Züricher Treffens ermutigt, sondern mehr noch durch die Haltung Julius Nyereres, der faktisch als Sprecher der radikalen Seite auftrat. Wenn man von seiner komplizierten Taktik einmal absah, bewegte sich Nyerere eindeutig in Richtung der sich abzeichnenden Lösung. Am 7. September teilte Bernard Muganda vom tansanischen Außenministerium unserem Botschafter mit, Nyerere dränge darauf, daß ich käme, »je eher …, desto besser«. Am 8. September äußerte sich Nyerere im gleichen Sinne gegenüber dem stellvertretenden Unterstaatssekretär William Schaufele, der ihn über das Treffen mit Vorster informierte. Über die geschlossene Sitzung der Präsidenten der Frontstaaten und der Führer des bewaffneten Widerstandes berichtete Nyerere, man habe dort leider keine Einigkeit erzielen können. Da die Führer des Widerstandes in unüberbrückbare Gegensätze miteinander verstrickt waren, äußerte er sich vorsichtig, wie sie auf einen Durchbruch zum Mehrheitsregime reagieren könnten. Es war durchaus möglich, daß sie sich nicht einigen konnten, wie die Macht übernommen werden sollte – eine wahrhaft »beschämende Aussicht«. Nyerere sagte Schaufele, die Konferenz habe ihn allerdings davon überzeugt, daß angloamerikanischer Druck zum Erfolg führen könnte. Er habe seine Gedanken einigen führenden Männern Rhodesiens, denen er traue, mitgeteilt, darunter auch den »Jungs mit den Gewehren«, habe aber nicht zu vielen zuviel gesagt, um die Initiative nicht zu gefährden.

In Washington informierten Ford und ich Senatoren und Abgeordnete sehr ausführlich. Insgesamt sprachen wir mit siebenundvierzig Mitgliedern des Kongresses, von denen die meisten ihre Meinung zunächst für sich behielten, bis eine Übereinkunft erreicht war.

Inzwischen hatten die Demokraten Jimmy Carter zu ihrem Präsidentschaftskandidaten gewählt. Ford suchte im Zusammenhang mit den laufenden Verhandlungen Kontakt zu ihm. Da sich der Präsident über einige abfällige Bemerkungen Carters an seine Adresse geärgert hatte und seinem Gegner keine Breitseite bieten wollte, lud er den früheren Außenminister Dean Rusk ein, der gelegentlich für Carter als Berater tätig war, um ihn über unsere Afrikapolitik zu informieren. Rusk war einer der herausragenden Staatsdiener Amerikas. Als Stabsoffizier unter General George Marshall hatte er einiges vom Pflichtbewußtsein dieses bemerkenswerten Mannes verinnerlicht. In den acht Jahren seiner Amtszeit als Außenminister war die Nation nach und nach in den Vietnamkrieg hineingeschlittert. Weniger Urheber als Vollstrecker dieser Tragödie, empfand Rusk tiefen Respekt für Präsidenten, die Kurs hielten, auch als einige, denen wir dieses Abenteuer verdankten, sich längst dagegen wandten.

Rusk versah sein Amt ohne große Höhenflüge, aber mit einem starken Ehrgefühl. Im aufgeheizten Klima jener Zeit wurde ihm die Treue zu seinen Präsidenten damit gelohnt, daß man ihn wie einen Aussätzigen behandelte, als er aus dem Amt schied. Zur Schande des sogenannten Establishments erwarteten ihn keine hohen Direktorposten oder gutbezahlten Vorträge. Er hätte sie auch gar nicht angenommen. Schließlich rettete ihn sein Heimatbundesstaat Georgia, der ihm eine Professur an der Staatlichen Universität von Athens anbot. Hier verbrachte Dean Rusk die restlichen fünfundzwanzig Jahre seines Lebens völlig unbeachtet, ohne zu klagen, ohne sich an öffentlichen Debatten zu beteiligen, stets bereit, Präsidenten und Außenminister zu beraten, ohne sich dabei aufzudrängen. Beide Präsidenten, unter denen ich diente, boten ihm wichtige Botschafterposten an. Er lehnte alle Ehren ab, denn er hielt seinen Staatsdienst für beendet.

Als man mich zum Außenminister ernannte, rief Rusk als erster an, und sein Glückwunsch sprach für ihn. Er war an das Amt, nicht an die Person gerichtet: »Glückwunsch, Nummer 56«, sagte er und erinnerte mich daran, daß ich als sechsundfünfzigster Außenminister die Pflicht hatte, Kontinuität zu wahren und mich an den Maßstäben meiner großen Vorgänger zu messen. Ich telefonierte häufig mit ihm, besonders wenn ich schwierige Entscheidungen zu treffen hatte. Rusk war immer verfügbar, und auf seine absolute Diskretion konnte ich mich verlassen.

Rusk reagierte auf Fords Bitte, dabei zu helfen, daß die Afrikapolitik aus dem Parteiengezänk herausgehalten wurde, mit der für ihn typischen Selbstlosigkeit: »Ich bin hier nichts anderes als ein ehemaliger Außenminister. Als solcher stehe ich jedem Präsidenten zur Verfügung.« Er sagte, er werde mit Carter darüber sprechen, aber der Ruf nach überparteilicher Behandlung der Frage wäre am wirksamsten, wenn Ford es über sich brächte, sich persönlich an seinen Rivalen zu wenden.

Rusk rief zwei Tage später zurück und übermittelte eine höchst vorsichtige Antwort Carters:

Ich bin nicht der Sprecher Jimmy Carters. Ich habe mit ihm geredet und kann Ihnen sagen: Es gibt eine gute Chance, die Sache ins Lot zu bringen, wenn sich die Dinge in Afrika günstig entwickeln. Das wichtigste ist meiner Ansicht nach, einige repräsentative Spitzenpolitiker Afrikas im Boot zu haben und engen Kontakt zu einigen führenden Vertretern des Kongresses zu halten. Zwar stellte man Bedingungen, aber der Gedanke der Überparteilichkeit war noch nicht ganz tot.

Eine weitere Gesprächsrunde mit Nyerere

Am späten Abend des 14. September, eines Dienstags, begrüßte mich in Daressalam eine lärmende Menge von etwa zweihundert demonstrierenden Studenten, unter denen mir einige Gesichter von meinem ersten Besuch bekannt vorkamen. Wahrscheinlich hatte man in dieser Hauptstadt der Blockfreien ein ständiges Empfangskomitee für westliche Politiker. Dem französischen Außenminister wurde bei einem späteren Besuch ein ähnlicher Willkommensgruß zuteil. Nyerere schien es nicht zu stören, daß dem Hauptunterhändler für Mehrheitsregime im südlichen Afrika ein unfreundlicher Empfang bereitet wurde. Das war für ihn eine geeignete Möglichkeit, seinen Ruf als Radikaler zu pflegen, während er in Wirklichkeit eine gemäßigte Politik beförderte. Um seine Flanken zu schützen, mußte Nyerere den Eindruck erwecken, jeder Erfolg sei den Kolonialherren abgerungen worden und jede Unzulänglichkeit sei den westlichen Demokratien zuzuschreiben.

Mir gelang es, die Demonstranten am Flughafen nicht zu beachten. Aber sie wurden zu einem Ärgernis, als sie mir zum Hotel folgten, wo ihr Geschrei mir die ganze Nacht den Schlaf zu rauben drohte. Zu allem Überfluß rief mich Nyerere an, um mich in Daressalam willkommen zu heißen, als die Demonstration gerade ihren Höhepunkt erreichte. Er brachte sein Bedauern wegen eventueller Unannehmlichkeiten zum Ausdruck und erklärte, in einer Demokratie könne man Demonstrationen leider nicht kontrollieren. Ich hätte diese Erklärung überzeugender gefunden, wären mir nicht die Regierungsfahrzeuge aufgefallen, die die Gruppe vom Flughafen zum Hotel beförderten. Ich erwiderte, wenn die Demonstration nicht bald vorbei sei, würde ich die Nacht in Nairobi verbringen und am nächsten Morgen zurückkehren. Fünfzehn Minuten später verschwand die Menge wie durch ein Wunder in denselben klapprigen Bussen, mit denen sie gekommen war.

Der Begegnung mit Nyerere und seinen Mitarbeitern am nächsten Tag fehlte die Wärme, die ich bei meinem ersten Besuch empfunden hatte. Da Nyerere sein Ziel, die Vereinigten Staaten auf die Herrschaft der Mehrheit zu verpflichten, nun erreicht hatte, vertiefte er sich in die Modalitäten. Diese betrafen natürlich die innerafrikanischen Beziehungen und damit auch seine eigene Position. In sechs Stunden absolvierten wir zwei Vieraugengespräche, eine Plenarsitzung mit unseren Mitarbeitern und ein offizielles Essen. Nyerere folgte seiner Taktik, die er hervorragend beherrschte und die ich gegenüber Ford einmal mit den Worten beschrieb: »Er gibt grünes Licht für die meisten unserer Vorschläge zu Rhodesien und Namibia, zugleich aber schlägt er uns öffentlich aufs Haupt.«

Das erste Vieraugengespräch fand in Nyereres chaotischem Büro statt, dessen Wände große Karten der Bezirke zierten, in die Tansania eingeteilt war. Nyerere eröffnete die Unterredung mit einem Versprechen:

Ich will Ihnen etwas versichern, damit Sie sich keine Sorgen mehr machen. Wir werden nicht zulassen, daß ausländische Truppen in Simbabwe oder in Namibia eingreifen. Ich kann das mit größerer Zuversicht für Simbabwe als für Namibia sagen, weil Präsident Samora (Machel) und ich einander näherstehen. Der bewaffnete Kampf ist hier auch weiter vorangeschritten. Wir haben keinesfalls die Absicht, ausländische Truppen anzufordern.

Einerseits behob das die unmittelbare Sorge, die unsere diplomatische Aktion überhaupt ausgelöst hatte. Aber mit Ausnahme des Präsidenten von Mosambik Samora Machel hatten wir niemals geglaubt, daß die Präsidenten der Frontstaaten ausländische Truppen herbeirufen könnten. Vielmehr bereitete uns Kopfzerbrechen, daß sie die Kontrolle über ihr eigenes Territorium an die Guerillas verlieren konnten. Außerdem teilten die Präsidenten der Frontstaaten noch ein etwas komplizierteres kleines Geheimnis, das sie auf keinen Fall öffentlich machen wollten: Wenn Rhodesien zusammenbrach, wie es in den portugiesischen Kolonien geschehen war, dann konnten die verschiedenen internen Fraktionen, die sich bereits jetzt in Daressalam an die Gurgel gingen, durchaus beschließen, ihren wechselseitigen verbalen Beschuldigungen Gewalt folgen zu lassen. Dann galten die alten Wetten nichts mehr. Alle Beschränkungen, die bestanden hatten, solange die Präsidenten der Frontstaaten den bewaffneten Kampf überwachten, waren aufgehoben. Die verschiedenen Fraktionen konnten dann durchaus auf ausländische Truppen zurückgreifen, wie es in Angola geschehen war. Da Nyerere das besser wußte als wir, hatte er alle Präsidenten der Frontstaaten und die Führer der Widerstandsgruppen nach Daressalam gerufen, um sie auf Einigkeit einzuschwören. Deswegen unterstützte er auch weiterhin die amerikanischen Initiativen, welche formalen Bedenken er im Namen seiner afrikanischen Kollegen gegen sie auch immer vorbringen mochte.

In der Plenarsitzung, die im Hauptsaal des Staatsgästehauses, einem düsteren Raum mit hoher Decke, stattfand, verband Nyerere deshalb seine pessimistischen Erklärungen zu den Aussichten unserer Rhodesieninitiative mit einer ausführlichen Diskussion der Vorschläge im Anhang C und im Wirtschaftsprogramm. Er meinte, die Bestimmungen für eine Übergangsregierung (Gegenstand von Anhang C) seien weniger wichtig als die für die Ausarbeitung einer endgültigen Verfassung:

Nehmen wir an, ein Wunder geschieht – ich halte das wirklich für ein Wunder –, und Vorster erreicht, daß Smith sagt: »Das Mehrheitsregime kommt ohnehin, also ist es besser, wenn es friedlich kommt, deshalb akzeptiere ich Mr. Callaghans Position.« Vielleicht sagt er nicht »Callaghans Position«. Dann wäre es das beste, die Briten berufen eine verfassunggebende Konferenz ein und alle betroffenen Rhodesier fahren nach London. Daraus könnten sich zwei Dinge ergeben: die sofortige Einsetzung einer provisorischen Regierung ... und dann die Ausarbeitung einer Verfassung. Ich wäre glücklich, wenn es Smith oder jemand anderer wäre und wenn die Briten eine verfassunggebende Konferenz einberiefen.

Von Crosland wußte ich bereits, daß Großbritannien einem solchen Vorschlag zustimmen würde. Und ich wußte von Vorster, was Nyerere nicht wissen konnte: daß das »Wunder« – Smith' Zustimmung zur Herrschaft der Mehrheit – in Pretoria auf mich wartete.

Nun zeigte sich, daß Nyerere seinen Standpunkt zu Namibia verändert hatte, seit Rogers und Schaufele vier Wochen zuvor mit ihm sprachen. Damals hatte er argumentiert, man dürfe es der SWAPO nicht gestatten, Bedingungen zu stellen, wenn ihre Teilnahme an der modifizierten Konferenz von Windhoek grundsätzlich vereinbart sei. Da Nyerere nun in die komplizierten Diskussionen über Rhodesien persönlich einbezogen war, wollte er sich nicht auch noch mit einem anderen Radikalen, dem SWAPO-Chef Sam Nujoma, anlegen. Außerdem bedrohte Namibia die Stabilität der Frontstaaten weniger als Rhodesien. Deshalb war es politisch sicherer, Maximalforderungen zu stellen.

Aus Zürich hatte ich das vereinbarte Programm stufenweiser Verhandlungen mitgebracht, an denen die SWAPO und Südafrika gemeinsam mit den ursprünglichen Beteiligten an der Konferenz von Windhoek teilnehmen sollten. Nach den Erfahrungen ähnlicher Verhandlungen gab es nur geringe Zweifel, daß sich Südafrika und die SWAPO dort letzten Endes als die wichtigsten Gesprächspartner gegenübersitzen würden. Möglicherweise aus diesem Grund bestanden Nyerere und Kaunda auch darauf, das Verfahren abzukürzen und die Verhandlungen von Anfang an auf Gespräche zwischen Südafrika und der SWAPO zu beschränken. Kaunda und Nyerere bewegte vor allem Rhodesien, das ihnen bestimmte Entscheidungen hinsichtlich ihrer eigenen Position abverlangte. Da sie keine gemeinsame Grenze mit Namibia hatten (im Fall Sambias war es ein winziger Geländestreifen) und auch keine Möglichkeit, das Ergebnis zu beeinflussen, konnten sie sich zu Namibia eine uneingeschränkt radikale Position leisten, während sie bei Rhodesien nach Kompromissen suchten. (Nyereres durchdachte Analyse der Namibiafrage auf der Plenarsitzung ist in den Anmerkungen enthalten.[2])

Ich verließ Daressalam am 16. September ermutigt und gewarnt zugleich: ermutigt, weil wir im Grunde genommen erreicht hatten, was wir wollten, nämlich grünes Licht für eine Regelung der Rhodesienfrage zu den Bedingungen von Anhang C und für unseren Fahrplan zu Namibia, der allerdings längere Zeit in Anspruch nehmen würde, als wir erhofft hatten; gewarnt, weil Nyerere sich auf einer Pressekonferenz unmittelbar vor meiner Abreise »weniger hoffnungsvoll« gab als vor meinem ersten Besuch und weil er einen Seitenhieb gegen mein bevorstehendes Treffen mit Vorster in Pretoria austeilte. Als man nachhakte, bekannte er allerdings, daß er nicht versucht habe, mich davon abzuhalten. Nyereres Erwartungen an diese Mission waren bescheiden und etwas herablassend; es werde wohl kaum mehr dabei herauskommen als eine weitere »Klärung« des Problems und mehr Einsicht der Vereinigten Staaten in die Realitäten des Kampfes in Afrika. Es wäre ein »Wunder«, sagte Nyerere, wenn Smith dem Mehrheitsregime zustimme. Da er schon einmal dabei war, mokierte sich Nyerere über die amerikanische »Besessenheit« hinsichtlich Kubas und wiederholte seine Auffassung, das Ziel eines Wirtschaftspakets sollte es sein, die Weißen zum Verlassen Rhodesiens zu bewegen, und nicht, ihnen Anreize zum Bleiben zu geben.

Inzwischen kannte ich Nyereres Methoden so gut, daß mir klar war: Hier wohnte ich einer virtuosen Vorstellung bei, die im Grunde genommen auf eine Unterstützung unserer Diplomatie hinauslief, zugleich aber auch eine

Absicherung für den Fall einbaute, daß sie scheitern sollte. Die Möglichkeit, daß ein »Wunder« geschah, war ausdrücklich offengelassen, und dieses war ähnlich definiert, wie wir es Nyerere bereits dargelegt hatten und wozu Vorster sein grundsätzliches Einverständnis gegeben hatte. Allerdings wollte ich nicht, daß Nyerere mit seinen Erklärungen Kaunda in Panik versetzte. Deshalb hielt ich auf meiner eigenen Pressekonferenz dagegen, indem ich die Journalisten daran erinnerte, daß ich auf Nyereres dringende Einladung nach Afrika gekommen war: »Nichts hat sich verändert, was nicht schon vor einer Woche bekannt gewesen wäre. Deshalb kann ich nicht nach ständig wechselnden Stimmungen urteilen.«[3]

Ein zweiter Besuch in Lusaka

Kaundas Willkommen in Sambia am 16. September war frei von Nyereres subtiler Zweideutigkeit. Er befand sich in einer noch prekäreren Situation, denn wenn die Kämpfe in Rhodesien sich ausweiteten, dann griffen sie ganz sicher auch auf Sambia über. Meine Mission war für ihn keine Gelegenheit zu tiefschürfenden theoretischen Betrachtungen über die geeignetsten konstitutionellen Formen der Machtübergabe, sondern ein Mittel, um einen bewaffneten Kampf zu verhindern, den er im Unterschied zu Nyerere als letzten Ausweg, nahezu einen Akt der Verzweiflung sah, wenn alles andere fehlschlug. Anders als Nyerere setzte Kaunda meine Mission öffentlich auch nicht herab, sondern behandelte sie – fast in flehendem Ton – als letzte Chance, um das südliche Afrika vor einer Katastrophe zu bewahren. Er spürte, daß antiamerikanische Demonstrationen und zur Schau getragener Sarkasmus (selbst wenn zugleich intern konstruktive Gespräche geführt wurden) die Unterstützung durch die Öffentlichkeit in den Vereinigten Staaten untergraben konnten. Möglicherweise war Kaundas Verhalten auch einfach seinem großzügigen Charakter zu verdanken. Was immer der Grund sein mochte, er begrüßte mich im Staatsgästehaus mit einer bewegenden, zeitweilig verzweifelten Rede, in der er meinen Besuch in Pretoria befürwortete. Er erinnerte seine Zuhörer daran, daß selbst er, ein Führer Afrikas, die Herrschaft der Mehrheit für einen Preis hielt, der Verhandlungen mit Vorster wert war. So wünschte er mir für meine Reise nach Pretoria vor aller Augen Glück:

> Herr Außenminister, zunächst möchte ich Sie erneut in Sambia willkommen heißen. Wir begrüßen Sie im Namen der Partei, der Regierung und des Volkes von Sambia, weil wir gern glauben, Herr Außenminister, daß Ihr Präsident, Sie selbst und Ihre Administration daran interessiert sind, den Völkern des südlichen Afrika zu helfen, eine friedliche Lösung für ihre Probleme zu finden. Wir beten inständig für Ihren Erfolg, denn wenn er sich nicht einstellt, kann ich nur mit den Worten Mr. Vorsters sagen: »Die Alternative wäre zu gräßlich, um sie sich vorzustellen.« ...
> ... Dieses Dokument (das Manifest von Lusaka aus dem Jahr 1969) stellt eindeutig fest, daß Afrika, Schwarzafrika, Männer und Frauen aller Rassen akzeptiert. Wir wollen, daß sie hier ihre Heimstatt finden, nicht so sehr wegen ihrer Fertigkeiten, sondern weil sie Menschen sind wie wir, die alle ein und denselben Schöpfer haben. In diesem Dokument heißt

es eindeutig, daß wir Südafrika als unabhängigen Staat anerkennen, aber die Apartheid in jeglicher Form verabscheuen und bekämpfen. Ich möchte denken, Herr Außenminister, daß Mr. Vorster uns allen helfen könnte, wenn er die Aufrichtigkeit und die ehrlichen Absichten dieses Dokuments akzeptierte und Ihnen behilflich wäre. Durch den Zufall der Geburt sind Sie weiß, und wo wir gescheitert sind, weil wir die falsche Hautfarbe haben, besitzen Sie den richtigen Paß; deshalb hoffe ich, daß er das große Gewicht Ihrer Mission erkennt und billigt...

...Wer hätte gedacht, daß ich jemals Mr. Vorster treffen und seine Hand schütteln könnte. Im Zusammenhang mit dem Manifest (von Lusaka) über das südliche Afrika mußte ich es tun. Buchstäblich begab ich mich also nach Kapstadt, aber nicht physisch, sondern ich traf Mr. Vorster hier auf sambischem Boden. Das hätte ich mir nicht träumen lassen. Aber ich wußte, wenn ich nicht mit ihm verhandelte... Ich kann für das sambische Volk nicht mehr tun, als Ihnen, Herr Außenminister, mit Nachdruck zu sagen, wie wichtig Ihre Mission ist. Sie haben nur wenige Tage, nicht Wochen, um zum Erfolg zu kommen. Wenn Sie scheitern, dann erreichen wir den Punkt, an dem es kein Zurück mehr gibt. Möge Gott Ihnen bei Ihrer Mission helfen.

Das war einer jener Augenblicke, der einen für Frustration, Rivalität und Egoismus entschädigt, die das öffentliche Leben so sehr bestimmen.

Der Ton, den Kaunda in seiner Begrüßungsrede anstimmte, zog sich auch durch die Sachgespräche. Er war noch weniger als Nyerere daran interessiert, die einzelnen Bestimmungen im Anhang C oder die Verfassungsgarantien zu erörtern. Da die konkreten Bedingungen der Übergangsherrschaft die politischen Interessen vieler Parteien berührten, war kein afrikanischer Führer bereit, sich in dieser Hinsicht bereits zu sehr die Hände binden zu lassen. Kaunda wandte nichts gegen die Grundzüge ein und stimmte zu, daß diese Dokumente mit Vorster und Smith besprochen wurden; das hieß, daß er sie im wesentlichen billigte. Da er die Wirrnisse der afrikanischen Politik überlebt hatte, wußte er nur allzu gut, daß das Wesen einer unabhängigen Regierung Rhodesiens davon bestimmt wurde, wer die Zügel der Macht in der Hand hielt, und nicht von irgendwelchen Verfassungsartikeln. Daher war Kaunda vor allem daran gelegen, daß eine Übergangsregierung rasch eingesetzt wurde, weil die Aussichten seines Favoriten Nkomo davon abhingen. Zwar behauptete er, Nkomo werde auch von Nyerere unterstützt; die Afrikaexperten des amerikanischen Außenministeriums hatten da allerdings ernsthafte Zweifel. Sie meinten, Nyerere könnte Nkomo akzeptieren, wenn er keine andere Wahl habe, aber ideologisch gebe er Mugabe den Vorzug und werde tun, was in seiner Macht stehe, um dessen Chancen zu verbessern.

Kaunda und Chona äußerten sich abfällig über Mugabe, der in Rhodesien keinerlei Unterstützung genieße. Das mochte zutreffen. Aber Mugabe war militärisch stark, denn er bekam die »Jungs mit den Gewehren« immer fester in den Griff.

Kaunda und Nyerere waren sich einig in dem Wunsch, daß die Amerikaner den Durchbruch zum Mehrheitsregime bewerkstelligten. Aber sie hatten unterschiedliche Vorstellungen vom Tempo der Durchsetzung, als das Prinzip einmal beschlossen war. Kaunda wollte die rasche Einsetzung einer

Übergangsregierung unter Nkomo. Nyerere dagegen zog es vor, die Dinge im Fluß zu halten, denn jeder Monat, der verstrich, stärkte die Guerillas und damit Mugabe.

Als ich am 17. September, einem Freitag, mit Joshua Nkomo zusammentraf, schien er sich dieser Tendenzen überhaupt nicht bewußt zu sein. Wahrscheinlich hatte er aber nur für sich entschieden, daß er seiner Sache am besten diente, wenn er von seinen Wünschen sprach, als wären sie bereits Wirklichkeit. Er gab eine Einschätzung der Lage, die in keinem Punkt mit dem übereinstimmte, was ich auf meinen Reisen durch Afrika gesehen oder gehört hatte. Er beschrieb sich selbst als »den Führer von Simbabwe«, eine Ansicht, die bisher kein anderer afrikanischer Politiker, nicht einmal Kaunda, geäußert hatte. Nkomo lehnte Nyereres Idee einer verfassunggebenden Konferenz ab, die Großbritannien und die Vereinigten Staaten bereits akzeptiert hatten. Er begründete dies damit, daß allein die Übergangsregierung über das geeignete Verfahren zur Ausarbeitung einer Verfassung entscheiden sollte. Wenn er sich damit durchsetzte, dann stärkte das natürlich seine persönliche Rolle erheblich. Weder die Präsidenten der Frontstaaten noch die »Jungs mit den Gewehren« schienen in den Überlegungen dieses massigen, eigentlich gemäßigten Mannes vorzukommen, dessen Prahlerei ich als eine verzweifelte Reaktion darauf deutete, daß ihm allmählich dämmerte, die Entwicklung könnte an ihm vorbeigehen.

Durchbruch mit Vorster und Smith

Am Abend des 17. September trafen wir in Pretoria zu Verhandlungen mit Vorster und Smith ein. Sie sollten über das Schicksal unserer Initiative entscheiden. Da wir uns des innenpolitischen Drucks bewußt waren, hatten wir die Begegnung mit Smith vorher nicht angekündigt. Er kam nach Pretoria unter dem Vorwand, sich ein Rugbyspiel anzusehen. Auch ich bat darum, auf das übliche Begrüßungszeremoniell zu verzichten.

Kurz zuvor hatte sich Botschafter John E. Reinhardt, ein Afroamerikaner, der als stellvertretender Unterstaatssekretär für Öffentliche Angelegenheiten tätig war, meinem Verhandlungsteam angeschlossen. Ich hatte seine analytischen Fähigkeiten stets bewundert und genoß seinen Humor, der sich in zahllosen Epigrammen äußerte. Als ich Außenminister wurde, hatte Reinhardt das Angebot abgelehnt, bei mir stellvertretender Unterstaatssekretär für Afrika zu werden. Später äußerte er dazu einmal taktvoll: »Sie sind nie in Afrika gewesen.« Damit meinte er, daß ich seiner Ansicht nach noch nicht genügend engagiert sei, um ihm eine effektive Arbeit zu ermöglichen. Da diese Lücke nun mehr als geschlossen war, wurde Reinhardt zu einem der wichtigsten Mitglieder meines Teams für die Afrikadiplomatie. Er nahm an Besprechungen meiner Mitarbeiter teil und war auch bei den Abschlußverhandlungen über unsere Initiativen für Rhodesien und Namibia zugegen. Von Zeit zu Zeit bat ich ihn, Delegationen zu leiten, die andere afrikanische Staaten über unsere verschiedenen Gespräche informierten.

In Pretoria achtete ich darauf, daß Reinhardt bei allen Treffen mit Spitzenpolitikern Südafrikas zugegen war, um meinen Gesprächspartnern zu demonstrieren, wie konsequent wir die Apartheid ablehnten. Unsere Gastgeber behandelten Reinhardt mit tadelloser, wenn auch distanzierter Korrektheit, die nur einmal durchbrochen wurde, als Vorster sich dazu hinreißen ließ, der amerikanischen Delegation die Psyche der Schwarzafrikaner zu erklären. Das geschah bei einem Essen in der Residenz des Ministerpräsidenten in Libertas, wo der imperiale britische Stil und die Einfachheit der Lebensweise der Afrikaner miteinander verschmelzen. Vorster traf bei dieser Gelegenheit zwei grundsätzliche Aussagen. Die erste lautete, Schwarzafrikaner seien mehr an Rhetorik interessiert als an Inhalt. Deshalb wollten Angeklagte in Gerichtsprozessen zum Beispiel auch nicht wegen Formfehlern freigesprochen werden; sie dürsteten nach flammender Rhetorik. Vorsters zweite Behauptung war, Schwarzafrikaner seien schlechte Bauern. Bevor die Buren ankamen, seien sie vor allem Nomaden gewesen, unfähig, Reservoire zu bauen und das Wasser der sporadischen Regenfälle aufzufangen oder die Regeln der Bewässerung zu erlernen. Laut Vorster fühlten sie sich als Bauern auch nicht wohl. Reinhardt zuckte während dieses Vortrages mit keiner Wimper, erinnerte mich aber später gelegentlich daran, daß er bei der Bewässerung seines Gartens gute Fortschritte mache.

Der Grund, weshalb wir in Pretoria so gemächlich vorgingen, war, daß ich Smith nicht treffen konnte, bevor er nicht bei seinem Rugbyspiel gewesen war, das als Vorwand für seinen Aufenthalt in Pretoria diente. Um zu verhindern, daß man in Daressalam oder Lusaka noch einmal die Forderungen hochschraubte, hatte ich den Eindruck erweckt, ich müsse Vorster erst abringen, was er mir in Zürich bereits zugesagt hatte. Am nächsten Morgen, dem 18. September, kamen wir in der amerikanischen Botschaft mit Vorster und seinen Kollegen zusammen, wobei wir eigentlich nur die bereits vereinbarten Dokumente noch einmal durchgingen.

Vorster gab sich im Hinblick auf das bevorstehende Treffen mit Smith am Sonntag, dem 19. September, optimistisch. Bei einer Begegnung am 13. September habe er Smith im Grunde genommen das Ultimatum gestellt, die in den anglo-amerikanischen Papieren enthaltenen Grundsätze zu akzeptieren. Nach dem Frühstück wolle er dies gegenüber Smith noch einmal in aller Deutlichkeit betonen.

Den Rest des Tages verbrachte ich in der amerikanischen Botschaft mit zwei Gruppen von Südafrikanern: mit führenden Vertretern der Gemeinschaften der Schwarzen sowie der Asiaten und danach mit weißen Gegnern der südafrikanischen Regierung. (Der Afrikanische Nationalkongreß war verboten, und sein Führer Nelson Mandela saß noch im Gefängnis.)

In meinem Bericht an Ford faßte ich ihre Reaktion zusammen:

Meine erste Zusammenkunft hatte ich mit zehn Vertretern der Gemeinschaften der Schwarzen und der Asiaten in Südafrika: Stammeshäuptlinge, Gewerkschaftsführer bis hin zu Universitätsprofessoren. Alle waren leidenschaftliche Apartheidgegner. Sie sprachen eine deutliche Sprache, waren intelligent und beeindruckend. Dabei äußerten sich alle sehr gemäßigt. Sie wünschten sich eine humane multirassische Gesellschaft, in der keine Rasse die andere bevormundet. Sie übermittelten die beängstigende Botschaft, daß sie die letzte Generation seien, die an ausgewogenen Lösungen Interesse habe. Ihre junge Generation gebe bereits jede Mäßigung auf und rede der Politik der Gewalt das Wort...

...Die zweite Gruppe, mit der ich zusammentraf, bestand in der Hauptsache aus weißen Gemäßigten: liberale Oppositionsführer, Herausgeber von Zeitungen, Universitätsrektoren und Geschäftsleute. Sie alle hofften darauf, daß ihre Regierung sich bald bereit findet, ein Programm für die Beendigung der Apartheid zu verkünden. Dabei sind ihnen verschiedene Dinge wichtig: ein föderales System, wirtschaftliche Chancengleichheit usw. Es gab keine Übereinstimmung in den Methoden, und keiner hatte ein zusammenhängendes Programm. Die Uneinigkeit der gemäßigten Weißen ist eines der tragischsten Momente der Situation in Südafrika.

Der beeindruckendste meiner Gesprächspartner war der Zulu-Führer Mangosuthu Gatsha Buthelezi. Er setzte sich entschieden für Mandela ein und warnte vor Lösungen für Rhodesien und Namibia zu Bedingungen, die die Apartheid verfestigen könnten. Ich nahm mir seine Worte sehr zu Herzen. Ford berichtete ich:

> Jede Regelung der politischen Probleme Simbabwes und Namibias, die das Apartheidregime von Mr. Vorster stärkt, wird ganz sicher eine neue Welle der Verzweiflung auslösen, die auch für politische Realisten Gewalt zur einzigen Option macht.

Diplomatische Höhepunkte sind selten dramatisch; oft bestehen sie aus technischen Dokumenten oder offiziellen Erklärungen, deren Tragweite der Laie gar nicht erfaßt. Meine Begegnung mit Ian Smith und sieben seiner Berater am Sonntag, dem 19. September 1976, war in keine dieser Kategorien einzuordnen. Kein hoher amerikanischer Beamter hatte Smith je getroffen. Britische Politiker verachteten ihn, und die Präsidenten der afrikanischen Frontstaaten zürnten ihm. Die acht führenden Männer Rhodesiens, die in der amerikanischen Botschaft erschienen, wirkten jedoch eher wie mittelständische Unternehmer oder Farmer aus der britischen Provinz, nicht gerade wie praktizierende Nachfahren Machiavellis. Aus den Rhodesiern unverständlichen Gründen hatte das Schicksal sie mit dem Vertreter einer Supermacht zusammengebracht, die entschlossen war, der politischen Struktur ein Ende zu bereiten, auf der ihre Lebensweise beruhte. Smith war als Jagdflieger der Royal Air Force im Zweiten Weltkrieg berühmt geworden. Die Kriegsverletzungen hatten zu einer teilweisen Gesichtslähmung geführt, die ihn teilnahmslos oder gar gefühllos erscheinen ließ. Smith und seine Gefährten traten weder feindselig noch unterwürfig auf. Sie waren entschlossen, ihre Pflicht gegenüber dem Volk zu erfüllen, wie sie sie sahen, ohne dem Sprecher einer Weltordnung, die sie ausstieß, deswegen persönliche Vorwürfe zu machen.

Ich sah diesem Treffen, für das ich die Hauptverantwortung trug, nicht gerade freudig entgegen. Die Dinge wären sicher nicht so rasch vorangeschritten, hätte die amerikanische Regierung nicht so beharrlich in Richtung Mehrheitsherrschaft gedrängt oder die südafrikanischen Führer nicht davon überzeugen können, uns dabei zu unterstützen. Da ich von der moralischen und politischen Notwendigkeit unseres Kurses überzeugt war, hatte ich ihn in einem Washington durchgesetzt, das nur zu glücklich gewesen wäre, sich die daraus ergebende Kontroverse zu ersparen. Zwar war es meine Diplomatie, die Smith jeden Rückzug abgeschnitten hatte, trotzdem fand ich absolut kein Vergnügen daran, meinen Gesprächspartnern sagen zu müssen, daß ihr bisheriges Leben seinem Ende entgegenging.

Ich sah keinen Sinn darin, Ian Smith und dessen Kollegen zu ihrem

Schmerz auch noch zu demütigen, und sprach ihn deshalb als »Ministerpräsident« an. Es war eine Ironie des Schicksals, daß Smith diese Anrede von einem amerikanischen (oder britischen) Beamten erst zuteil wurde, als es um die Zustimmung zu einem Dokument ging, das sein Amt abschaffen sollte. Ich behandelte ihn als Staatsmann, nicht als Ausgestoßenen, was ihm die Möglichkeit gab, sich ohne blinden Zorn in sein Schicksal zu fügen.

Ich begann das Gespräch, das in der Residenz des amerikanischen Botschafters William Bowdler stattfand, mit einer Analyse der internationalen Lage. Damit wollte ich klarstellen, daß mein Vorschlag auch im langfristigen Interesse der europäischstämmigen Bevölkerung Rhodesiens lag:

Der Zusammenbruch Angolas, den uns der amerikanische Kongreß verordnet hat, und die Anwesenheit von siebzehntausend Mann kubanischer Truppen haben eine Situation geschaffen, in der die Weiterentwicklung durch Intervention von außen bestimmt werden kann, ohne daß amerikanische Unterstützung zu erwarten ist...

...Unsere Nachrichtendienste sagen uns, daß Sie sich in einem Zermürbungsprozeß befinden, der, wenn keine Hilfe von außen kommt, die Situation immer unkontrollierbarer werden läßt. Ich kann aber nicht erkennen, woher Hilfe von außen kommen sollte. In Amerika ist dafür keine Zustimmung zu erhalten.

Es gibt in Amerika aber viele Konservative, die so lange heroische Reden schwingen, bis es zu einer Abstimmung über Militärhilfe kommt. So hat Jesse Helms, der mir vorwirft, ich sei ein kommunistischer Agent, zum Beispiel gegen die Hilfe für Angola gestimmt, während ich dafür gekämpft habe.

Smith erwiderte, er sei bereit, Dinge zu tun, die »niemand von uns erwartet hätte«. Aber er sei verpflichtet, mir zu sagen, was möglich sei. Eine Verfassungsänderung erfordere eine Zweidrittelmehrheit seines (von Weißen geführten) Parlaments. Damit begannen wir ein ausführliches Gespräch über den Inhalt der verschiedenen anglo-amerikanischen Denkschriften. Smith analysierte ruhig die praktischen Folgen jeder Bestimmung, wies auf Schwierigkeiten hin oder bat um Interpretationen. Ich warnte ihn: Wenn er über das hinausgehen wolle, was bereits mit Großbritannien vereinbart sei, setze er das bisher Erreichte aufs Spiel, denn die Präsidenten der Frontstaaten hätten dann die Möglichkeit, ihrerseits neue Forderungen zu stellen:

Wenn die Briten zu erkennen geben – und sei es nur durch eine passive Haltung gegenüber den schwarzen Präsidenten –, daß unsere heutige Übereinkunft nur der Ausgangspunkt für weitere Verhandlungen ist, dann erweisen wir uns selbst keinen guten Dienst. Deshalb waren wir in den vergangenen Wochen streng darauf bedacht, die Briten stets an unserer Seite zu wissen.

Nachdem wir die Vorschläge drei Stunden lang erörtert hatten, brachte ich die Sache auf den Punkt. Smith habe, so erklärte ich, nur drei realistische Möglichkeiten: die Schlüsselbestimmungen im Anhang C zu akzeptieren, eine ausweichende Antwort zu geben oder unsere Bedingungen abzulehnen. »Wenn Sie sich aber für den Kampf entscheiden, dann werden Sie in einem Jahr in der gleichen Situation sein, nur unter wesentlich tragischeren Umständen... Wenn Sie sich uns verweigern, dann können wir nichts anderes tun, als den Dingen ihren Lauf zu lassen.« Mit diesen Worten übergab ich ihm ein Memorandum, das einem Ultimatum gleichkam. In fünf Punkten waren darin die Hauptbestimmungen von Anhang C zusammengefaßt. Meiner Meinung nach konnten diese von Großbritannien unterstützt und letzten Endes auch von den afrikanischen Präsidenten akzeptiert werden (siehe Anmerkungen).[4] Smith bat um die Gelegenheit, das Memorandum mit seinen Kollegen beraten zu können. Wir vereinbarten, uns nach drei Stunden, um 17.00 Uhr, in Vorsters offizieller Residenz erneut zu treffen. Wir gingen auseinander, ohne zu erwähnen, daß die Herrschaft der Weißen in Rhodesien sich dem Ende zuneigte. Unser Gespräch erweckte eher den Eindruck, als wären wir dabei, ein schwieriges Geschäft abzuschließen:

Smith: Ich werde Ihnen ewig dankbar dafür sein, daß Sie diesem kleinen Punkt auf der Landkarte so viel Zeit gewidmet haben.

Kissinger: Ich möchte meine Wertschätzung dafür zum Ausdruck bringen, wie Sie und Ihre Kollegen sich in dieser bedrückenden Situation verhalten.

Ich hatte getan, was ich tun mußte, aber mein Herz war bei diesen verzweifelten Menschen, denen es mit ungeheurer Anstrengung beinahe gelungen war, ihre Niedergeschlagenheit und ihre Tränen zu verbergen.

An der Begegnung mit der rhodesischen Delegation in Libertas nahmen Vorster und sein Außenminister teil. Sie sollten unsere inoffiziellen Garanten dafür sein, daß Smith seinen Teil der Vereinbarung einhielt. Smith persönlich akzeptierte den Fünfpunkteplan:

Als ich meinen Kollegen diese Vorschläge präsentierte, waren sie entsetzt. Sie erwarteten von mir, daß ich hierherkommen würde, um Sie davon zu überzeugen, daß sie unannehmbar sind. Aber nachdem wir die Begründung hörten, haben ich und meine Kollegen beschlossen, daß wir zurückgehen und unsere Leute überzeugen müssen. Wir müssen sicherstellen, daß wir sie überzeugen.

Damit war das Gespräch über die Zukunft Rhodesiens in eine Phase eingetreten, in der es um die Machtverteilung in der Übergangsregierung im einzelnen ging. Um einen Exodus der weißen Bevölkerung zu verhindern, bat Smith darum, das Verteidigungs- und das Innenressort während der zweijährigen Übergangszeit weißen Ministern anzuvertrauen, die unter einem schwarzen Ministerpräsidenten tätig wurden. Ich versprach, den Vorschlag weiterzugeben, wies aber warnend darauf hin, Großbritannien werde das nicht gefallen und auch die afrikanischen Präsidenten könnten es ablehnen, obwohl ein weißer Minister für eines der Sicherheitsressorts akzeptabel sei. Smith drängte auch darauf, daß mit der Einsetzung der Übergangsregierung die Sanktionen aufgehoben und die Guerillakämpfe eingestellt werden müßten. Als er sich der amerikanischen Hilfe versichern wollte, falls die Guerillas auch nach Amtsantritt der Übergangsregierung ihre Angriffe fortsetzen sollten, mußte ich ihm meine ehrliche Einschätzung der innenpolitischen Realitäten Amerikas mitteilen:

Wenn eine Regierung der Republikaner im Amt ist und es zu einem Angriff der Guerillas (nach Amtsantritt einer Übergangsregierung) kommt, dann werden wir Ihnen zumindest diplomatische Unterstützung gewähren und es wohlwollend sehen, wenn andere Sie militärisch unterstützen. Wenn es sich um eine kommunistische Intervention handelt, dann könnten wir sogar zu militärischer Hilfe in der Lage sein.

Wenn die Demokraten die Regierung übernehmen und dieser Fall in einer frühen Phase eintritt, dann muß ich sagen, es wird wohl nicht...
...Ob es überhaupt möglich ist, unseren Kongreß zum Handeln zu bewegen, weiß ich nicht.

Wir einigten uns, daß Smith in seinem Land Bericht erstattete und ich Nyerere und Kaunda konsultierte. Binnen zweiundsiebzig Stunden wollte ich Smith wissen lassen, ob die Präsidenten der Frontstaaten die fünf Punkte akzeptierten. Er sollte mir in derselben Zeit mitteilen, ob er seine Zustimmung bekanntgeben werde.

An diesem Punkt erlaubte sich Smith das einzige Mal einige persönliche Bemerkungen. Ich hatte hervorgehoben, wie wichtig es sei, daß er seine Kollegen überzeuge, denn falls unsere Bemühungen scheiterten, nachdem ich Kaunda und Nyerere informiert hatte, wäre das »von Schaden für das Ansehen der Vereinigten Staaten«. Darauf antwortete Smith:

Ich bin hier das erste Mal mit Ihnen in Berührung gekommen. Ich weiß, wie die Welt über mich denkt. Ich bin ein Gauner – dank der Rachsucht der britischen Presse. Meine Freunde sagen, ich sei zu ehrlich.

Wie sich Ian Smith in anderen Verhandlungen auch immer verhalten haben mag, gegenüber den Vereinigten Staaten hielt er sein Wort, handelte korrekt und ehrenhaft.

Nach dreistündigen Gesprächen trat ich vor die Presse mit einer Formulierung, deren sorgfältige Wortwahl verbarg, mit wieviel Emotionen dieser Tag belastet war:

Ich habe Mr. Smith die Vorschläge mitgeteilt, die die Vereinigten Staaten und das Vereinigte Königreich in engem Kontakt mit den Präsidenten Schwarzafrikas ausgearbeitet haben. Mr. Smith und seine Kollegen haben diese Vorschläge geprüft und sind jetzt nach Salisbury zurückgekehrt. Ich bin befriedigt darüber, daß Mr. Smith und seine drei engen Mitarbeiter ihren Kollegen positiv berichten werden. Nach Beratung mit ihren Kollegen werden sie diese Vorschläge der Parlamentsfraktion ihrer Partei vorlegen. Während die institutionellen Verfahren in Rhodesien ihren Lauf nehmen, werden wir bei den Präsidenten Schwarzafrikas, insbesondere bei Präsident Kaunda und Präsident Nyerere, einige Klarstellungen einholen. Wir erwarten, daß dieser Prozeß der Klärung und Beratung gegen Ende dieser Woche abgeschlossen ist.[5]

Jeder Schritt nach vorn in der Rhodesienfrage machte einen analogen Schritt beim Namibiaproblem notwendig. Nach meiner Ankündigung zu Rhodesien traf ich deshalb erneut mit Vorster zusammen, um über Nyereres Einwände gegen unsere Vereinbarungen von Zürich zu sprechen. Wir modifizierten einige Bestimmungen. So wurde zum Beispiel die vorgeschlagene Namibiakonferenz nicht als Fortsetzung der Konferenz von Windhoek, sondern als neuer, gesonderter Schritt bezeichnet. Der südafrikanische Vertreter avancierte von einer »Kontaktperson« zum Teilnehmer mit der Vollmacht, alle »Südafrika betreffenden Fragen« zu verhandeln. Die Zusammensetzung der Konferenz wurde offengelassen; das bedeutete, daß die SWAPO nicht mehr eigens eingeladen werden mußte. Wir bekräftigten, daß die Unabhängigkeit Namibias spätestens am 31. Dezember 1978 ausgerufen werden sollte.

Inzwischen ging es auf Mitternacht zu. Nach elf Stunden Verhandlungen waren die Ziele erreicht, die wir uns selbst gesetzt hatten. Von der Rede in Lusaka bis zum Durchbruch bei der Errichtung des Mehrheitsregimes in Rhodesien waren fünf Monate vergangen. Nach dem, was ich gesehen hatte, teilte ich nicht den Argwohn vieler, besonders der Briten, Smith könnte sich im letzten Augenblick noch aus seiner Zusage herauswinden. Es war eine Sache, Initiativen Großbritanniens zurückzuweisen, das dafür kaum Vergeltung üben konnte. Es war aber etwas ganz anderes, sich dem gemeinsamen Druck der Vereinigten Staaten und Südafrikas zu widersetzen, besonders nachdem man einen amerikanischen Vorschlag akzeptiert hatte. Für Namibia hatten wir einen Verhandlungsrahmen geschaffen, der sicher zu einem ähnlichen Durchbruch führte, sobald die Frontstaaten dazu bereit waren.

Die Reaktion Kaundas und Nyereres

Die treueste Begleiterin diplomatischer Erfolge ist die Erschöpfung, seltener die Begeisterung, denn man weiß, daß diplomatische Durchbrüche in der Regel eine Reihe neuer Probleme aufwerfen, deren erstes die praktische Umsetzung dessen ist, was man vereinbaren konnte.

Das war eindeutig der Fall, als unsere Afrikadiplomatie ihrem Höhepunkt zustrebte. Ich mußte nun nach Lusaka und Daressalam zurückkehren, um den Staatschefs Sambias und Tansanias mitzuteilen, daß die Vorschläge, die sie drei Tage zuvor mit allgemeinen Worten abgesegnet hatten, nun in allen Einzelheiten akzeptiert waren. Wie würden sie darauf reagieren, daß nun erreicht war, was sie seit über zehn Jahren gefordert hatten? Konnte ich Smith am Mittwoch (drei Tage später) mitteilen, die afrikanischen Präsidenten seien mit dem Fünfpunkteplan einverstanden? Oder wichen sie einer eindeutigen Zusage aus? Kein afrikanischer Politiker konnte sich wünschen, einer Lösung zugestimmt zu haben, die Smith vielleicht im letzten Augenblick verwarf. Keiner wollte aber auch die Verantwortung übernehmen, einen Durchbruch vereitelt zu haben, und keiner wollte sich der Kritik aussetzen, zuwenig erreicht zu haben.

Auf dem Flug von Pretoria nach Lusaka warnte John Reinhardt: Es sei unwahrscheinlich, daß die Präsidenten der Frontstaaten Smith' Zusage einfach hinnahmen. Um ihre Anhängerschaft zufriedenzustellen, müßten sie einen Weg finden, sich so weit davon zu distanzieren, daß zusätzliche Konzessionen möglich wurden. Reinhardts Weisheit bestätigte sich.

Die Reaktion der sambischen Führung war typisch für diese Zwiespältigkeit. In einem Dreistundengespräch beim Mittagessen am 20. September bewies Kaunda, der sonst mehr zu weitschweifigen Mahnungen als zur Präzision neigte, daß man nicht Führer einer siegreichen Unabhängigkeitsbewegung wird, wenn man nicht ein feines Gespür für die Realitäten der Macht besitzt. Er stellte bohrende Fragen zu dem Fünfpunkteplan und erklärte vorsichtig, er müsse zunächst seine sambischen Kollegen, aber auch Nyerere und Vertreter des äußeren Widerstandes konsultieren. Trotzdem strahlte Kaunda Befriedigung aus. Die Ergebnisse zu Namibia unterstützte er ohne Einschränkung. Gegen Ende des Essens ließ er seine anfängliche Zurückhaltung hinsichtlich Rhodesiens fallen: »Wir möchten Befriedigung darüber zum Ausdruck bringen, was Sie erreicht haben. Wir sehen jetzt einen Lichtschimmer. Es gibt eine Chance für den Erfolg.« Mark Chona fügte hinzu, es seien »enorme Fortschritte« erreicht worden, die niemand für möglich gehalten hätte.

Bis zum Abendessen hatte sich Kaunda davon überzeugt, daß der Plan im Grundsatz und auch in den Einzelheiten solide war; deshalb sprach er sich nun dafür aus, ihn rasch umzusetzen. Er wolle Nyerere drängen, die Einsetzung einer Übergangsregierung zu fördern, bevor ich am Mittag des nächsten Tages überhaupt Daressalam erreicht hätte. Daß es jetzt rasch vorwärtsging, war wichtig, wenn Kaundas Freund Nkomo je eine Chance haben sollte, an die Macht zu gelangen. Gegen Ende des Essens erschien Nkomo, und Kaunda zog sich taktvoll zurück, während Chona blieb. Der realistischere Nkomo warnte: Nyerere werde alles tun, um ihn an der Machtergreifung zu hindern. Vor meiner Abreise am nächsten Tag faßten meine sambischen Gastgeber ihre Ziele noch einmal zusammen. Nkomo erklärte: »Ihre Aufgabe war es zu erreichen, daß Smith sich bewegt, und die haben Sie erledigt.« Kaunda verabschiedete mich mit den Worten: »Am wichtigsten ist jetzt, die Übergangsregierung zu bilden. Das wichtigste ist jetzt die Unterstützung der Vereinigten Staaten und des Vereinigten Königreiches.«

Je länger Kaunda über die Ergebnisse von Pretoria nachdachte, desto mehr begeisterten sie ihn. Zwei Tage später, am 23. September, dem Tag, bevor Smith seine Rede halten sollte, brachte Kaunda in einem Gespräch mit Schaufele »Freude und Befriedigung« über das Papier zum Ausdruck, das wir zu Namibia vereinbart hatten. Er versicherte Schaufele, er habe damit »kein Problem«. Zu Rhodesien äußerte sich Kaunda gleichermaßen positiv. Für den Fall, daß Smith den amerikanischen Vorschlag akzeptierte, sagte uns Kaunda seine Unterstützung zu und versprach, »alles voranzubringen«.

Wie ich erwartet hatte, teilte der achtunggebietende Julius Nyerere Kaundas Eile nicht. Da der Durchbruch geschafft war, wollte er unsere Rolle eher einschränken als verstärken. Für Nyerere begann nun erst der eigentliche Kampf. Kaunda betrachtete das Erreichte als eine Möglichkeit, die Region zu stabilisieren, sein Land abzusichern und in seinem Nachbarstaat eine Mehrheitsregierung unter gemäßigter Führung ans Ruder zu bringen. Nyerere, der sich als der ideologische Führer der blockfreien Staaten und des antikolonialen Kampfes im südlichen Afrika sah, betrachtete Rhodesien lediglich als Teil einer anhaltenden Auseinandersetzung. Er wollte nicht, daß das Ergebnis als ein Handel mit den Imperialisten (besonders den Vereinigten Staaten) erschien, sondern als moralischer Sieg des radikalen Afrika. Nyerere drängte weiterhin auf eine verfassunggebende Konferenz unter britischem Vorsitz (was man in London durchaus wohlwollend zur Kenntnis nahm). Hatte er damit Erfolg, dann verzögerte sich die Bildung einer Übergangsregierung um viele Monate.

So verwandte Nyerere bei unserer Zusammenkunft am 21. September nur sehr wenig Zeit auf die Prüfung des Fünfpunkteplans für Rhodesien. Als ich ihn über das vorgeschlagene Verfahren informierte und von Vorsters Drohung berichtete, Rhodesien den Ölhahn zuzudrehen, falls Smith seine Zusicherungen nicht einhalte, sagte Nyerere: »Ich bin glücklich. Dieses Ergebnis macht mich vollkommen glücklich.« Nach einigen Erläuterungen fügte er hinzu: »Das sieht gut aus. Ehrlich gesagt, ich glaube, Sie haben es geschafft... Ich zumindest werde dem eine Chance geben.«

Aber Nyereres Zustimmung war nur die sorgfältige Vorbereitung auf die nächste Schlacht. Er drängte auf eine verfassunggebende Konferenz unter britischem Vorsitz und verlangte, daß diese die Übergangsregierung erst einsetze, *nachdem* die wichtigsten Grundsätze der Verfassung vereinbart seien. Das bedeutete zweierlei Verzögerungen: erstens, um die Konferenz zustande zu bringen, und zweitens, um die Grundsätze zu vereinbaren. Während der sicher langwierigen Verhandlungen blieb die Frage offen, wer Rhodesien regierte. Die Guerillas hielten ihre Stellungen, die Sanktionen blieben in Kraft, die »Jungs mit den Gewehren« gewannen an Einfluß, und Nkomos Aussichten schwanden.

Auch Nyereres Reaktion auf die modifizierten Vorschläge zu Namibia war vor allem von dem Wunsch bestimmt, seinen Ruf als Radikaler zu wahren. Er räumte ein, in Pretoria habe es »viel Bewegung« gegeben. Aber in scharfem Gegensatz zu Kaunda erklärte er, er werde keiner Formel zustimmen, die es Südafrika gestattete, seinen Rückzug über zwei Jahre hinzuziehen. Pretoria habe die SWAPO von Beginn an als einzigen legitimen Gesprächspartner anzuerkennen. Wenn Südafrika wolle, daß Namibier, die nicht der SWAPO angehörten, an der Konferenz teilnähmen, dann sollten diese in die südafrikanische Delegation aufgenommen werden – was ihren sicheren politischen Tod bedeutete. In Namibia reiche ein schrittweises Vorgehen nicht aus. Nyerere bestand auf der Kapitulation Südafrikas als Eintrittspreis für die Verhandlungen.

Kurz bevor ich Daressalam verließ, hielt Nyerere eine zweite Pressekonferenz ab, die etwas optimistischer klang als die erste. Er räumte ein, daß Fortschritte erzielt wurden, und richtete seinen Sarkasmus eher gegen die Presse als gegen die Vereinigten Staaten. Wenn Smith den amerikanischen Plan akzeptiere, erklärte Nyerere, dann habe man eine Verhandlungsgrundlage. Er werde die verschiedenen rhodesischen Gruppen, auch die Guerillas, drängen, sich dieser Position anzuschließen. Nyerere unterstützte also öffentlich den Beginn der Verhandlungen statt der Einzelheiten des Fünfpunkteplans, wie er es im internen Gespräch getan hatte. In seiner komplizierten Taktik kam andererseits die Besorgnis zum Ausdruck, daß die Guerillas eine provisorische Regierung nicht akzeptieren könnten, die ihnen von einer Konferenz der Präsidenten der Frontstaaten aufgezwungen wurde (wie es Kaunda offenbar vorschwebte). Das konnte eine Situation wie in Angola herbeiführen, wo verschiedene schwarze Gruppen mit ausländischer Unterstützung einander bekämpften. Deshalb war es aus Nyereres Sicht zweifellos das klügste, die Sache hinzuziehen.

Krach mit London

Während ich noch mit den Differenzen zwischen Lusaka und Daressalam beschäftigt war, schlug die Stimmung zwischen London und unserer Delegation um, wie ich es während der ganzen Pendelmission befürchtet hatte. Ganz am Anfang hatten wir vorgeschlagen, Crosland möge einen hohen Beamten in unsere Delegation entsenden, der an allen Gesprächen teilnehmen und bei Änderungen an den vereinbarten Texten behilflich sein sollte, falls dies nötig wurde. Crosland hatte diese Bitte überhört und uns statt dessen einen Diplomaten mittleren Ranges aus der Washingtoner Botschaft zugeteilt. Daß die Briten darauf bestanden, allein London dürfe Änderungen am vereinbarten Text absegnen, bestärkte mich in der Überzeugung, daß wir auf der Grundlage eines Dokuments verhandelten, das von der britischen Regierung gebilligt war. Der junge britische Diplomat Richard Samuel war liebenswürdig, intelligent und hilfreich. Er wurde bald ein vollwertiges Mitglied unseres Verhandlungsteams. Schaufele und Rogers informierten ihn gründlich, er nahm an unseren internen Besprechungen teil, bei denen er mehrfach nützliche Beiträge einbrachte. Allerdings schien er über Londons Vorbehalte auch nicht besser informiert zu sein als wir, zumindest waren während der Reise keinerlei Einwände von seiner Seite zu hören.

Um hundertprozentig sicherzugehen, daß wir in voller Übereinstimmung mit London handelten, informierte ich die britischen Botschafter oder Hochkommissare bei jeder Zwischenstation und schickte jede vorgeschlagene Änderung an unserem gemeinsamen Papier nach London. Da wir vor meiner Mission alles aufs genaueste abgestimmt hatten und Anhang C bis in die Formulierungen ein britisches Papier war, fand ich die Reaktion der hohen britischen Vertreter merkwürdig. Die Botschafter (oder Hochkommissare) erklärten, sie hätten keinerlei Instruktionen, und stellten Fragen, als sähen sie die betreffenden Dokumente zum ersten Mal.

Als ich wieder in Lusaka eintraf, erhielt ich ein Schreiben aus London, das meiner öffentlichen Erklärung widersprach, Smith prüfe Vorschläge, die von der britischen und amerikanischen Regierung formuliert worden seien. Was immer Smith am Ende erkläre, es müsse als ein »Angebot« Rhodesiens erscheinen, nicht als Zustimmung zu einem anglo-amerikanischen Dokument. Dabei war uns allen klar, daß die Präsidenten der Frontstaaten niemals einem Programm zustimmen konnten, das direkt von Smith kam, denn das hätte bedeutet, daß sie sich den weißen Rhodesiern unterwarfen. Ebenso war höchst zweifelhaft, daß Smith bereit sein könnte, den Fünfpunkteplan als seinem freien Willen entsprungen zu präsentieren, weil er niemals die Unterstützung seiner Parlamentsfraktion dafür erhalten hätte.

Die britischen Medien schienen die offizielle Zurückhaltung widerzuspiegeln. Anne Armstrong, die glänzende amerikanische Botschafterin in London, berichtete am 21. September:

Die britische Presse hat mit Skepsis Berichte aufgenommen, bei der amerikanischen Pendeldiplomatie im südlichen Afrika seien wesentliche Fortschritte erreicht worden. In den Berichten und Kommentaren der führenden Londoner Zeitungen vom 21. September werden drei Themen behandelt: (1) Smith greift wieder zu seinen alten Tricks; er treibt mit Kissinger dasselbe Spiel wie mit Wilson. Ein baldiges Mehrheitsregime wäre zu schön, um wahr zu sein. (2) Selbst wenn man sich auf die groben Umrisse einer Lösung geeinigt hat, gibt es zu viele Hindernisse, und jeder Optimismus ist verfrüht… (3) Der Pessimismus und die Vorsicht der Presse geben die Stimmung in Whitehall und die internen Erwartungen der Beamten des Außenministeriums wieder.

Etwas aus der Fassung gebracht, rief ich den britischen Hochkommissar in Lusaka und den uns beigeordneten unglücklichen britischen Diplomaten zu mir. Ohne die Zustimmung der schwarzen Präsidenten gehe es nicht voran, sagte ich, und die seien bereits dem Druck der extremsten Vertreter unter ihnen ausgesetzt:

Wenn Sie erklären, daß alle Seiten bei dieser Vereinbarung freie Hand haben, dann werden die fünf Präsidenten und Smith die unmöglichsten Bedingungen stellen...

...Ich brauche keine abstrakte Zustimmung. Was ich brauche, ist taktische und strategische Unterstützung. Entweder unterstützen Sie mich, oder halten Sie sich heraus.

Crosland antwortete noch am selben Tag mit einem Telegramm, in dem er die britische Position bekräftigte, allerdings in sehr versöhnlichen Worten. Er behauptete, es gebe einen Unterschied zwischen einem »Diskussionspapier« und Vorschlägen, die mit Zustimmung des Kabinetts gemacht würden – ein Standpunkt, der mir bei einem britischen Kabinett vor oder nach meiner Rhodesienmission nie wieder begegnet ist. Was unsere Vorschläge betraf, so hieß es im Telegramm: »Wir unterstützen sie entschieden, haben aber keine Vollmacht, sie irgendwo durchzusetzen, sondern billigen sie lediglich als konstruktive Vorschläge.« Um eine Durchsetzung hatte niemand gebeten. An einer weniger akademischen, direkteren Unterstützung war uns allerdings gelegen. Crosland schloß mit einem großzügigen Satz, der zugleich erkennen ließ, weshalb die Briten unsere Vermittlung im Herzland ihrer früheren afrikanischen Besitzungen, das noch dazu den Namen eines britischen Pioniers in der Region trug, als so schmerzlich empfanden: »Wenn Sie Erfolg haben, wo wir so oft gescheitert sind, dann wäre das eine große Sache.«

Am 22. September antwortete ich Crosland aus Kinshasa. Ich erklärte, weshalb es so wichtig sei, auf Anhang C soweit wie möglich zu bestehen. Dabei gehe es nicht irgendwie um Stolz bezüglich der Urheberschaft, denn Anhang C sei ein rein britischer Entwurf. Wenn aber kein Rahmen für die Verhandlungen zur Übergangsregierung gesetzt werde, könne jede Seite ihre Höchstforderungen ins Spiel bringen, und »der Streit über die Machtbalance zwischen den Rassen fände kein Ende«. Das dabei entstehende Chaos könnte die Chance zunichte machen, die afrikanischen Radikalen zurückzudrängen und ein sowjetisch-kubanisches Eingreifen zu verhindern, was das Hauptziel des ganzen Unternehmens sei.

Ich will hier kurz abschweifen, um den Ursprung des Mißverständnisses zu erklären, wenn es ein solches überhaupt gab. Anhang C war durch und durch britisch bis hin zu dem offiziellen Papier, auf dem man ihn geschrieben hatte. Für diese Verfahrensweise gab es auf amerikanischer Seite keinen Präzedenzfall, und in der Tat hatten die Amerikaner die Briten gedrängt, statt des komplizierten Verfahrens von Anhang C einen Gouverneur einzusetzen. Während die Briten Anhang C später als Diskussionspapier betrachteten, reichte unsere Phantasie nicht aus, um ein schriftliches Dokument, das uns der Premierminister und der Außenminister im Kabinettssaal überreicht hatten, als nicht offiziell zu betrachten. Dabei wußten diese britischen Politiker genau, daß wir es Vorster vorlegen wollten, wie der folgende Wortwechsel vom 4. September zeigt:

Crosland: Sie werden also am Montag zurück sein und mit dem Premierminister sprechen. Natürlich können wir uns als Regierung nicht zu irgend etwas offiziell verpflichten. Aber wenn die Zeichen am Montag gut stehen ...

Kissinger: Ich gehe natürlich davon aus, daß Sie bereit sind, auf der Grundlage eines gemeinsam ausgearbeiteten Papiers zu verfahren.

Crosland: Das ist eigentlich sicher. Aber ich kann nicht sagen, was der Premierminister tun wird.

Kissinger: Aber das Papier ist doch dasselbe.

Duff: Der neue Anhang C behandelt die Übergangsregierung.

Kissinger: Können Sie uns Anhang C aushändigen? Wenn wir ihm zustimmen, werden wir ihn den Südafrikanern überreichen.

Duff: Ja.

Bei einer Besprechung im Beisein von Beratern in Downing Street Nr. 10 am 6. September, in der ich Callaghan über das Treffen mit Vorster informierte, fand der folgende Wortwechsel über Anhang C statt, der wiederum zeigt, daß die Briten von der Übergabe des Dokuments an Südafrika wußten:

Kissinger: Sind Sie zufrieden mit den Informationen, die wir ausgetauscht haben?

Crosland: Absolut. Die letzte Woche ist geradezu musterhaft verlaufen.

Kissinger: Zu Rhodesien: Wie wir wissen, ist es für Großbritannien ein wichtiges Zeichen guten Willens, daß Ian Smith abtritt. Wir haben ihm (Vorster) das Papier überreicht.

Crosland: Unser Papier. Den revidierten Anhang C.

Kissinger: Wir haben ihnen (den südafrikanischen Vertretern) den revidierten Anhang C übergeben. Sie haben einige Fragen dazu gestellt, glauben aber, daß er eine vernünftige Diskussionsgrundlage darstellt.

Nach dem Gespräch führten mich Callaghan und Crosland in den Kabinettssaal und wünschten mir Glück, wobei sie betonten, sie stünden hinter mir. Für mich war dies die Zustimmung des Premierministers, die Crosland zwei Tage zuvor als fast sicher bezeichnet hatte.

Ich zitiere diese Dialoge hier so ausführlich, weil in einigen Berichten jener Zeit, darunter auch von Croslands Witwe, die in die Gespräche nicht eingeweiht war, groteske Phantasiegeschichten auftauchten: Die Amerikaner hätten in ihrer naiven Begeisterung ein riesiges Chaos angerichtet, seien aber im letzten Augenblick von ihren seriöseren britischen Verbündeten gerettet worden.[6]

Nichts konnte weniger zutreffen. Wir gingen in Schritten voran, die mit der britischen Regierung abgestimmt waren: Unmittelbar vor und nach jeder Reise sprach ich mit Callaghan und Crosland. Von April bis September traf ich außerdem achtmal allein mit Crosland zusammen. Auf der Arbeitsebene gab es noch häufigere Treffen. Rogers und Schaufele legten den Wirtschaftsplan der Briten den Präsidenten der Frontstaaten vor. Ich besprach die Grundsätze von Anhang C mit den Präsidenten der Frontstaaten vor meinem Besuch in Pretoria – alles mit ausdrücklicher Billigung der Briten. Während der Mission informierte ich britische Botschafter insgesamt zehnmal.

Als die Bombe platzte, schrieb mir Crosland, ich benötigte wohl mehr Einblick, wie ein Kabinett funktioniere. Als ehemaligem Professor der Politischen Wissenschaften war mir das durchaus geläufig. Nicht verstehen konnte ich allerdings, warum ein Dokument, das man mir in Downing Street Nr. 10 ausgehändigt hatte, mit dem ich durch ganz Afrika gereist war und das ich mit Wissen der Briten anderen Regierungen übergeben hatte, plötzlich nicht mehr die Unterstützung der Behörde besaß, die sein Urheber war.

Des Rätsels Lösung kam am 23. September, als ich um 9.00 Uhr, aus Kinshasa kommend, in London landete. Es blieb spannend, wie bei allen Zwischenstationen in Afrika. Crosland und Botschafterin Armstrong begrüßten mich am Flughafen. Nach dem Protokoll hätte Crosland sich verabschieden und die Botschafterin mich ins Hotel begleiten müssen. Aber Crosland hatte etwas anderes vor. Er erklärte mir, die wichtigsten Kabinettsmitglieder erwarteten mich in Downing Street Nr. 10. Er wolle mich dorthin begleiten, müsse aber zuerst mit mir unter vier Augen sprechen.

Die äußerst kompetente Botschafterin Armstrong hatte vor Zorn Tränen in den Augen und beruhigte sich erst ein wenig, als Crosland sie zu der Kabinettssitzung einlud. Im Wagen eröffnete mir Crosland, weshalb er bei unserem Gespräch keine Zeugen haben wollte. Anhang C, so erklärte er, sei niemals vom Kabinett bestätigt worden, ja habe ihm nicht einmal vorgelegen. Es wäre eine schwere Demütigung für den Premierminister, wenn ich vor dem Kabinett meine Überzeugung bekräftigte, ich hätte die ganze Zeit mit einem gemeinsamen anglo-amerikanischen Vorschlag gearbeitet. Ich könnte diesen als ein gemeinsames Konzept bezeichnen und selbst bis zu einem »gemeinsamen Plan« gehen, möge aber für die Führung und den Inhalt der Verhandlungen allein die Verantwortung übernehmen.

Crosland erklärte mir nicht, warum Callaghan einen so gewundenen Weg gewählt hatte. Vielleicht glaubte er wegen der bösen britischen Erfahrungen, ich würde scheitern, und wollte keinen Streit in der Labour Party über ein Debakel riskieren, an dem Vorster und Smith beteiligt waren. Vielleicht wollte er sich auch für nachfolgende Verhandlungen größtmöglichen Spielraum sichern, falls meine Mission Erfolg hatte. Was auch immer der Grund gewesen sein mag, ich hatte die feste Unterstützung Callaghans und seine Freundschaft zu mir in all den Jahren nicht vergessen. Deshalb ging ich auf den sehr merkwürdigen Vorschlag ein, ich möge das britische Kabinett überreden, einem Verhandlungsergebnis zuzustimmen, das auf einem Dokument beruhte, welches in Wahrheit vom britischen Premier und seinem Außenminister stammte.

Callaghan erleichterte mir diese Mission, so gut er konnte, indem er mich bereits vor der Tür von Downing Street Nr. 10 begrüßte. Der wartenden Presse sagte er, ich hätte »im persönlichen Rahmen eines gemeinsamen Planes« agiert, der auf seinem Vorschlag vom 22. März beruhe. Das war eine Formulierung, auf die ihre Urheber stolz sein konnten. Sie enthüllte wenig, betonte aber das Zauberwort »gemeinsam« und schränkte es mit dem gleichermaßen symbolischen »persönlich« sogleich wieder ein. Callaghan überließ es den Medien, diesen delphischen Spruch von einem »gemeinsamen« Plan, der als »persönliche« Initiative verhandelt wurde, zu enträtseln. Er begleitete mich in den Sitzungssaal, wo ich sein Kabinett über die Verhandlungen informierte, ohne Anhang C auch nur zu erwähnen. Am Ende brachte Callaghan Schein und Sein wieder in Einklang, als er mir vor seinem versammelten Kabinett erklärte:

Ich will Ihnen, Henry, in aller Offenheit folgendes sagen: In unserem Kabinett herrscht eine starke Zurückhaltung, uns dort hineinziehen zu lassen, weil wir gebrannte Kinder sind. Für uns ist die Rhodesienfrage eine Pflicht der Ehre. Wir sind an nichts anderem interessiert, als das Problem zu lösen.

Bei unserer gegenwärtigen Wirtschaftslage und vielen anderen Problemen können Sie sich vorstellen, daß das Kabinett nicht begeistert ist, wenn wir wieder in diesen Prozeß einsteigen. Der große Unterschied besteht heute darin, daß Smith eine Erklärung abgeben wird und Sie Ihre Hilfe angeboten haben. Angesichts dessen bin ich froh, dem Kabinett Zustimmung empfehlen zu können.

Dieser Empfehlung folgte das Kabinett dann auch. Dabei leistete Michael Foot unschätzbare Hilfe, dessen mögliche Gegnerschaft Callaghan von Anfang an am meisten gefürchtet hatte.

Am nächsten Tag gaben Crosland und ich eine gemeinsame Pressekonferenz, auf der wir bestätigten, daß wir nach einem gemeinsamen Plan vorgegangen waren und das auch weiterhin tun wollten.

Am Abend des 24. September, eines Freitags, akzeptierte Ian Smith die fünf Punkte in einer ruhigen und würdigen Fernsehrede. Er stellte klar, daß er äußerem Druck nachgegeben habe:

Wie Sie alle wissen, hatte ich kürzlich eine Reihe Begegnungen in Pretoria, zuerst mit dem südafrikanischen Ministerpräsidenten, danach mit Dr. Kissinger und schließlich mit Dr. Kissinger und Mr. Vorster gemeinsam.

Bei diesen Begegnungen wurde die Position Rhodesiens im südlichen Afrika und im Verhältnis zu den Staaten des Westens in großer Ausführlichkeit erörtert. Mir und meinen Kollegen, die mich begleiteten, wurde klar vor Augen geführt, daß wir keine Hilfe oder Unterstützung jeglicher Art von der freien Welt erwarten können, solange die gegenwärtigen Umstände in Rhodesien anhalten. Im Gegenteil: Der Druck der freien Welt auf uns werde steigen. Dr. Kissinger handelte in enger Abstimmung mit der britischen Regierung und hat die volle Unterstützung der anderen westlichen Mächte.

Die britische Regierung gab eine Erklärung ab, in der sie ihre Befriedigung zum Ausdruck brachte, daß Smith Vorschläge akzeptiert habe, die auf Ideen britischer und amerikanischer Politiker sowie der Präsidenten der Frontstaaten beruhten. Die Spannungen am Ende meiner Mission wurden durch eine großzügige Anerkennung meiner Rolle wieder wettgemacht:

Die Regierung Ihrer Majestät übermittelt dem Außenminister der Vereinigten Staaten, Dr. Henry Kissinger, ihre herzlichsten Glückwünsche dafür, daß er die Dinge so weit vorangebracht hat. Alle Menschen guten Willens schulden ihm und anderen, die zu seinem Erfolg beigetragen haben, tiefe Dankbarkeit. Ohne sein Geschick und sein Engagement hätte er nicht erreicht werden können.

Die Reaktion meiner eigenen Regierung war weniger überschwenglich. Präsident Ford verlas am 24. September im Pressesaal des Weißen Hauses eine kurze Erklärung. Darin rief er die beteiligten Parteien auf, rasch die Voraussetzungen für den Übergang zu einer Mehrheitsregierung zu schaffen, unter der alle Völker Rhodesiens in Harmonie leben könnten. In der Erklärung wurde an Callaghan, Vorster, die Präsidenten der afrikanischen Frontstaaten und (indirekt) selbst an Ian Smith Lob verteilt. Nur der amerikanische Außenminister fehlte. Offenbar lag dies daran, daß eine Erklärung, die meine Mitarbeiter verfaßt hatten und in der meine Rolle kurz erwähnt war, von den politischen Beratern fertiggestellt und Ford als vom Nationalen Sicherheitsrat bestätigt übergeben wurde. Da man sich mitten im Präsidentschaftswahlkampf befand, meinten Fords Berater, die Erwähnung meines Namens könnte einige Wähler verärgern, die Ford zu umwerben hatte. So wurde ich zur politischen Belastung. Da ich diesen Gedanken durchaus nachvollziehen konnte, entschied ich für mich, daß dies meine letzte Mission gewesen war. Sollte Ford die Wahl gewinnen, war für mich die Zeit gekommen, aus dem Amt zu scheiden.

Am 26. September antworteten die Präsidenten der fünf Frontstaaten auf Smith' Rede mit einer kämpferischen Erklärung. Darin begrüßten sie den »Zusammenbruch« des illegalen rassistischen Minderheitsregimes in Südrhodesien als einen Erfolg, den sie in vollem Umfang den Freiheitskämpfern zuschrieben. In der Erklärung wurden die sofortige Bildung einer Übergangsregierung und die Einberufung einer verfassunggebenden Konferenz gefordert. Smith' Vorschläge brandmarkte man als »gleichbedeutend mit einer Legalisierung der kolonialistischen und rassistischen Machtstrukturen«. Einzelheiten der Übergangsregierung auszuarbeiten sollte der Konferenz überlassen bleiben. Die Rolle der Vereinigten Staaten und Großbritanniens wurde nicht erwähnt. Die Präsidenten der Frontstaaten wollten einen Sieg und keinen Erfolg der Diplomatie verkünden; das Mehrheitsregime mußte so erscheinen, als hätte man es den Kolonialherren aufgezwungen und nicht einen Handel abgeschlossen, den sie mit ihrer kooperativen Haltung erleichtert hatten.

Die kämpferische Rhetorik verhüllte die Tatsache, daß die Präsidenten der Frontstaaten unseren Vorschlag in den Grundzügen akzeptiert hatten: eine Übergangsregierung, auf die eine verfassunggebende Versammlung folgte, die auf einem von Großbritannien ernannten Staatsrat beruhte. Das einzige, was sie ausdrücklich zurückwiesen, war der Anspruch auf zwei Minister für die Sicherheitsressorts aus den Reihen der Europäer. Ich hatte Smith warnend darauf hingewiesen, daß dieses Anliegen weder von Großbritannien noch von den Präsidenten der Frontstaaten unterstützt werde.

Inzwischen kannten wir aber die lokalen Bräuche gut genug, um zu wissen, daß auf die militante Rhetorik der Präsidenten der Frontstaaten bald besänftigende Erläuterungen folgen mußten. Und tatsächlich rief Nyerere am 27. September den amerikanischen und den britischen Botschafter in Daressalam zu sich und brachte seinen Dank für die positive Reaktion der Vereinigten Staaten und Großbritanniens auf die Erklärung von Lusaka zum Ausdruck. Er meinte, wir hätten die Erklärung der Präsidenten richtig verstanden – sie sei nicht als Ablehnung gedacht gewesen. Um Flexibilität zu demonstrieren, hob er hervor, die Afrikaner gingen ohne Vorbedingungen ihrerseits zur verfassunggebenden Konferenz. Nyerere fügte hinzu, er lehne auch die beiden weißen Sicherheitsminister nicht rundweg ab, wenn alle Parteien in Rhodesien damit einverstanden seien, obwohl er persönlich diesem Gedanken nichts abgewinnen könne.

Noch positiver äußerten sich die führenden Männer Sambias. Laut Mark Chona befand sich Kaunda in »Hochstimmung«. Alle Präsidenten der Frontstaaten betrachteten die Ankündigung Smith' als »echten Durchbruch«. Kaunda fügte seinen eigenen Kommentar hinzu. Die Präsidenten der Frontstaaten hätten den Gesamtrahmen akzeptiert und sogar das Problem der Bildung einer Übergangsregierung von der Ausarbeitung der Verfassung getrennt.

Nyerere, der an dem Durchbruch mitgewirkt hatte, sich aber bei der praktischen Umsetzung noch oft querlegen sollte, wies mich in einem Brief vom 5. Oktober ausführlich auf die unterschiedlichen Sichtweisen hin:

Sie, Dr. Kissinger, und ich haben eine unterschiedliche politische Anhängerschaft, der wir Rechnung tragen müssen. Dabei besteht die Gefahr, daß es zuweilen so scheint, als hätten wir kein Verständnis für die Probleme des anderen. Auf diese Weise können wir uns die Dinge gegenseitig schwermachen, wenngleich ich hoffe, daß es uns durch einen offenen und freundschaftlichen Kontakt möglich ist, Mißverständnisse auf ein Minimum zu reduzieren.

Nichts soll aber den Respekt für Sie als Person schmälern, den ich bei unseren Begegnungen gewonnen habe, oder auch das Vergnügen, das Sie mir bereitet haben. Ich hoffe, daß wir irgendwann die Möglichkeit haben, uns unter weniger angespannten Umständen zu treffen und auch über andere Themen Gedanken auszutauschen als nur über Simbabwe und Namibia!

Am 28. Oktober begannen in Genf die Rhodesienverhandlungen. Am 2. November verlor Gerald Ford die Wahl gegen Jimmy Carter.

Wir waren immer davon ausgegangen, daß Großbritannien bei den nachfolgenden Verhandlungen die Hauptlast tragen mußte. Aber nach Fords Niederlage kamen die Differenzen zwischen der britischen und der amerikanischen Sichtweise, die hinter der Aufregung um Anhang C standen, wieder zum Vorschein. Die Amerikaner fühlten sich gegenüber Rhodesien und Südafrika moralisch verpflichtet, die Bedingungen einzuhalten, unter denen wir Ian Smith dazu gedrängt hatten, das Mehrheitsregime zu akzeptieren. Großbritannien hegte nach wie vor äußerstes Mißtrauen gegen Ian Smith; seinen Politikern war es zutiefst zuwider, ihm bei den nachfolgenden Verhandlungen in irgendeiner Frage, und seien es die Minderheitenrechte, Unterstützung zu geben. Amerikaner und Briten schätzten Nyereres Fähigkeiten hoch ein. Aber London brachte es nicht fertig, sich gegen seine häufigen Versuche zu wenden, seine radikalen Freunde unter den rhodesischen Guerillas ins Spiel zu bringen. Ich dagegen war der Meinung – gerade weil Nyerere so engagiert die Hauptrolle im Lager der Radikalen spielte –, es sei notwendig, ihm von Zeit zu Zeit durch demonstrative politische Festigkeit ein Alibi für seine Zugeständnisse zu verschaffen. Anderenfalls konnte er leicht Gefangener von Kräften werden, die sich am Ende auch über ihn hinwegsetzten.

Bei den nachfolgenden Verhandlungen begann das Gleichgewicht der Kräfte, die den Durchbruch herbeigeführt hatten, zunehmend zu verfallen. Crosland weigerte sich, die nach Genf einberufene verfassunggebende Konferenz zu leiten. Ivor Richards, der den Auftrag dazu erhielt, kannte sich in Afrika nicht aus und hatte auch nicht den politischen Rückhalt, um die Leidenschaften der Parteien zu zügeln. Ich war zur lahmen Ente geworden. Einige Wochen lang betrieben wir unsere Diplomatie weiter, als ob das Wahlergebnis lediglich ein weiteres überwindbares Hindernis wäre. Aber die Staatslenker warteten zu Recht auf den Amtsantritt der neuen Regierung und traten einfach auf der Stelle.

Als die Carter-Administration das Heft übernahm, suchte sie sich durch eine stärkere Betonung der Menschenrechte gegenüber Südafrika von Ford abzusetzen. Damit nahm sie Vorster jeden Anreiz, sich in Rhodesien und Namibia kooperativ zu zeigen. Die Genfer Konferenz scheiterte bald, nachdem die neue Administration im Amt war.

Aber Rhodesien befand sich bereits unwiderruflich auf dem Weg zur Mehrheitsherrschaft. Smith versuchte mit den verschiedenen Führern des »inneren Widerstands« direkt zu verhandeln, fand aber keinen Zugang zu den »Jungs mit den Gewehren«. Schließlich rief Margaret Thatcher, als sie Premierministerin wurde, eine Konferenz über das Mehrheitsregime in Rhodesien nach Lancaster House ein. Sie packte den Stier bei den Hörnern, ernannte einen britischen Gouverneur und einen Staatsrat; damit setzte sie die Grundidee von Anhang C durch. Der Preis für die Verzögerung bestand darin, daß die radikalen Guerillagruppen unter Führung Robert Mugabes bei der Errichtung des Mehrheitsregimes an die Macht gelangten. Die Verzögerung bewirkte, was Nyerere erhofft und Kaunda befürchtet hatte. Nyerere sollte allerdings wenig Freude am Aufstieg Mugabes haben, der sich als unlenkbarer Partner erwies. In Namibia dauerte es noch wesentlich länger, bis im Jahr 1990 die Unabhängigkeit auf der Grundlage der Verfahren zustande kam, die wir bereits während unserer Mission 1976 ausgearbeitet hatten.

Aus geopolitischer Sicht hatten wir das Ziel unserer Afrikadiplomatie erreicht. Sechs Monate nach dem Debakel von Angola demonstrierten die Vereinigten Staaten erneut ihre Fähigkeit, die Ereignisse in Afrika zu beeinflussen. Der Schwund des Vertrauens in die Macht des Westens war gebremst. Die Unabhängigkeit Rhodesiens und Namibias vollzog sich nach den Grundsätzen und Verfahren, die wir auf unseren Afrikareisen vereinbart hatten, wenn auch langsamer und mit radikaleren Regierungen, besonders in Rhodesien, als uns lieb war. Ein internationaler Krieg im südlichen Afrika konnte verhindert werden. Der bewaffnete Kampf in der Region wurde ohne Kräfte von außen geführt. Im Unabhängigkeitskampf des südlichen Afrika kam es zu keinen weiteren kubanischen Abenteuern. (Allerdings tauchten die Kubaner zur Amtszeit unserer Nachfolger am Horn von Afrika auf, ein Vorgehen, dem wir uns ganz sicher widersetzt hätten.) Die weiße Minderheit in Rhodesien, für deren Status unter der Mehrheitsherrschaft wir uns so tatkräftig eingesetzt hatten, lebt auch heute, zwanzig Jahre nach den hier beschriebenen Ereignissen, noch in dem neuen Staat Simbabwe. Selbst Ian Smith und die meisten seiner Kabinettsmitglieder blieben unter der schwarzen Regierung im Land. (Nur ein Viertel der weißen Bevölkerung – meist Beamte des alten Regimes – wanderte aus.) Smith zog sich auf seine Farm zurück.

In der traurigen Übergangszeit zwischen den beiden Administrationen sorgte Nyerere für einen der positiveren Momente. In der ganzen hektischen Zeit war unser Verhältnis herzlich und doch ambivalent gewesen. Ich achtete und mochte ihn sehr. Offenbar erwiderte er dieses Gefühl, obwohl wir beide versuchten, den Einfluß des anderen zu nutzen und zugleich zu beschränken.

Nun, da meine Amtszeit zu Ende ging, lagen diese Scharmützel, in denen wir sowohl Verbündete als auch Gegner gewesen waren, hinter uns. Am 9. Dezember 1976 schrieb mir Nyerere einen Brief, der mir sehr viel bedeutete, da er bewies, daß wir beide letztlich nichts als Sympathie füreinander empfanden:

Dr. Kissinger,

unsere Briefe handelten stets nur von Schwierigkeiten und Differenzen, denn diese haben unser Denken und zuweilen auch unser Handeln erfordert. Aber es ist mir ein Bedürfnis, meine hohe Wertschätzung für die Bemühungen hervorzuheben, die Sie in diesem Jahr unternommen haben, um auf der Grundlage des Mehrheitsregimes eine Lösung für Simbabwe und Namibia zu erreichen. Daß es an der nichtmilitärischen Front im südlichen Afrika 1976 Bewegung gegeben hat, ist zu einem sehr großen Teil auf Ihre Initiativen zurückzuführen, die ein gerüttelt Maß an Zeit, Reisen und Verhandlungen Ihrerseits erforderten (welche sicher nicht immer leicht oder angenehm waren). Wir wissen heute noch nicht, ob das Ziel erreicht ist, wenn die Welle der Verhandlungen ausrollt, denn wir haben es mit Problemen zu tun, die seit langem bestehen und mit der Zeit immer schwieriger geworden sind. Aber was auch immer geschieht, ich möchte betonen, daß ich für Ihre Bemühungen den höchsten Respekt empfinde. Ich hoffe sehr, daß keinerlei (zeitweilige oder andere) Enttäuschungen Sie an dem Wert dieses Versuchs oder an der Sache der Mehrheitsherrschaft im südlichen Afrika zweifeln lassen, für die wir uns gemeinsam eingesetzt haben.

Mit diesem Brief sende ich Ihnen daher noch einmal meine sehr herzlichen persönlichen guten Wünsche. Ich bin sicher, wir werden uns auch künftig begegnen – nach dem Januar, aber möglicherweise auch vor dem Wechsel der amerikanischen Regierung.

ZEHNTER TEIL

Das Ende der Präsidentschaft Fords

XXXIII. Der Bürgerkrieg im Libanon und der Frieden im Nahen Osten

Während der Verhandlungen über das Zwischenabkommen vom September 1975 hatte Präsident Ford dem israelischen Ministerpräsidenten Itzhak Rabin versprochen, die Vereinigten Staaten würden von Israel bis zum Amtsantritt des neuen Präsidenten im Januar 1977 keine weiteren Grundsatzentscheidungen fordern. Der ägyptische Präsident Anwar Sadat hatte dieser Unterbrechung bereits einige Monate zuvor zugestimmt, als er im Juni 1975 mit Ford in Salzburg zusammengetroffen war. Nach zwei Jahren Krieg und den Spannungen, die die Verhandlungen über drei wichtige Abkommen mit sich gebracht hatten, benötigten die Parteien im Nahen Osten und auch die Vereinigten Staaten eine Atempause, um die nächsten Schritte zu überdenken. Wie schnell, wie weit und in welchen Etappen man vorgehen sollte, wenn der Friedensprozeß wiederaufgenommen wurde, waren Fragen, die man in dieser Zeit zu prüfen hatte.

Aber im Strudel der Leidenschaften des Nahen Osten sind Pausen kaum vorstellbar. Ford, Rabin und Sadat allein konnten sie nicht einhalten. Syrien und die PLO, die beim befristeten Sinai-II-Abkommen ausgeschlossen blieben, hatten kein Interesse an einer solchen Unterbrechung vor der nächsten Runde der Diplomatie, bei der man sie wahrscheinlich erneut ausgrenzte. Alle anderen Beteiligten agierten nach ihren eigenen Prioritäten, unter denen Verzögerung nicht hoch im Kurs stand. Es war schon merkwürdig: Die Diplomatie, die nötig war, um eine solche Pause herbeizuführen, erwies sich als fast ebenso kompliziert wie der Friedensprozeß selbst.

Unvermittelt ereignete sich eine Explosion. Sie hatte sich lange angekündigt, aber wie es so oft im Nahen Osten geschieht, kam sie nach Ausmaß und Stärke völlig unerwartet. Sie verringerte den Druck, der bisher in Richtung Wiederaufnahme des Friedensprozesses gewirkt hatte. Seit dem Frühjahr 1975 wurde der Libanon von ethnischer und religiöser Gewalt erschüttert. Es ging um die Machtverteilung zwischen den historischen Gemeinschaften der Christen und Muslime, eine Auseinandersetzung, die rasch in einen mörderischen Bürgerkrieg ausartete. Alle Akteure des Nahen Osten, ja der größte Teil der arabischen Welt fanden sich bald an der Seite einer der zahlreichen Gruppen im Libanon wieder. Einzig die Vereinigten Staaten standen mit allen streitenden Parteien in Kontakt.

Die Ford-Administration war bereits in ihren ersten Tagen in den Strudel einer ethnischen Krise auf Zypern gerissen worden (siehe Kapitel VII). Jetzt, fast an ihrem Ende angekommen, geriet sie in eine neue, diesmal im Libanon. Jede Krise erforderte eine schwierige Diplomatie, um die nationalen Interessen der Vereinigten Staaten inmitten der fundamentalen Leidenschaften zu wahren. Da diese ihre Wurzeln in jahrhundertealten Streitigkeiten und religiösen Konflikten hatten, spielte der arabisch-israelische Frieden in den Überlegungen der Beteiligten kaum eine Rolle. Auch das Gebot globaler Stabilität bedeutete ihnen nichts.

An seiner Kompliziertheit gemessen, verhielt sich der ethnische und religiöse Konflikt im Libanon zum Zypernkonflikt etwa so wie höhere Mathematik zu elementarer Algebra. In Zypern waren zwei ethnische Gruppen und drei ausländische Mächte beteiligt. Der Libanon zog auf jeder Seite der beiden Hauptgemeinschaften ein ganzes Spektrum von Gruppen in den Konflikt hinein – mindestens vier auf der muslimischen und drei auf der christlichen Seite. Jede hatte die Unterstützung eines arabischen oder eines anderen ausländischen Staates. Israel und Syrien unternahmen regelmäßig Vorstöße in den Libanon. Frankreich betrachtete sich als Erbe von Interessen, die auf das Mandat des Völkerbundes zurückgingen, das es zwischen den beiden Weltkriegen ausgeübt hatte. Selbst auf frühere Interventionen im 19. Jahrhundert berief man sich. Die Sowjetunion beanspruchte eine Rolle für sich als Supermacht. Die Vereinigten Staaten wurden aktiv, um den Friedensprozeß zu schützen und einen Sieg radikaler Kräfte zu verhindern.

Das Chaos brach herein in dem Augenblick, als die am Nahostkrieg 1973 Beteiligten gerade begannen, den Weg zu einem Frieden zwischen sich zu ertasten. Der Konflikt erfaßte einen kleinen Staat, der bisher als Oase der Vernunft betrachtet und voller Ehrfurcht als Modell eines möglichen Pluralismus inmitten des von Emotionen geschüttelten Nahen Osten gesehen wurde.

Die Libanonkrise entfaltet sich

Im zweiten Band meiner Memoiren habe ich eine Schilderung meines Besuches im Libanon am 16. Dezember 1973, wo ich mit Präsident Suleiman Frangie zusammentraf, mit folgenden Gedanken abgeschlossen:

> Ich denke heute mit großem Bedauern an diese kultivierten Männer, die in einem von Unruhen heimgesuchten Teil der Welt eine demokratische Gesellschaft aufgebaut haben, in der sich verschiedene Religionen gegenseitig achteten. Ihren Leistungen war kein dauernder Erfolg beschieden. Die Leidenschaften, die hier wüteten, waren zu stark, um von subtilen Verfassungsgrundsätzen im Zaum gehalten zu werden. Wie sie es in Jordanien versucht hatten, zerstörten die Palästinenser jetzt das delikate Gleichgewicht der Stabilität im Libanon. Noch bevor der Friedensprozeß zu Ende geführt werden konnte, wurde der Libanon in Stücke gerissen. Während ich diese Zeilen schreibe, jagen in dem zur Ohnmacht verurteilten Land alle Gruppen und Kräfte des Nahen Osten ihren unerfüllbaren Träumen nach und schaffen damit einen alptraumhaften Zustand.[1]

Weniger als eineinhalb Jahre nach diesem Besuch stand der Libanon am Rande eines Bürgerkrieges. Die Geplänkel zwischen den Palästinensern (Jasir Arafat erreichte damals den Höhepunkt seiner radikalen Phase) und den christlichen Maroniten artete am 13. April 1975 in einen offenen Krieg aus. Die Feindseligkeiten steigerten sich in den darauffolgenden achtzehn Monaten immer mehr. Über sechzigmal wurde versucht, eine Feuerpause herbeizuführen. Als die Zentralregierung des Libanon und die Militärbehörden zusammenbrachen, wurde das Nachbarland Syrien, das sich als Erbe historischer Ansprüche verstand, der Hauptvermittler zwischen den streitenden Parteien. Ende Mai 1976 griff es mit eigenen Streitkräften in die Auseinandersetzung ein, was in Israel große Aufregung und 1982 eine direkte Intervention auslöste.

Die Ursachen, die der Krise zugrunde lagen, waren mannigfaltig: Das komplizierte Gleichgewicht, auf dem die Stabilität des Libanon über ein halbes Jahrhundert lang beruht hatte, war verlorengegangen, weil sich die Anteile der christlichen und der muslimischen Bevölkerung seit dem Abkommen von 1943, das die Macht zwischen der christlichen und der muslimischen Gemeinschaft aufteilte, verschoben hatten. Dieser Prozeß wurde gefährlich verschärft, als die PLO nach ihrer Vertreibung aus Jordanien im Jahr 1970 den Libanon zu ihrer Hauptaufmarschbasis machte und ihn damit in den arabisch-israelischen Konflikt hineinzog. Jeder der einzelnen Gruppen gelang es, eine ausländische Macht hinter sich zu bringen. Der Libanon war nun ein Modell des Nahostkonflikts im kleinen, kein Symbol der Lösung dieses Konflikts mehr wie in der bisherigen Geschichte.

Im Libanongebirge und längs der zerklüfteten Küste, wo die alten Phönizier Handel trieben, hatten die Abkömmlinge der Kreuzritter und andere vom Heiligen Land angezogene Christen eine Art Autonomie unter türkischer Herrschaft errichtet. Über die Jahrhunderte gesellten sich den Maroniten, einer Abspaltung von der katholischen Religion, andere Gemeinschaften hinzu: griechisch-orthodoxe Christen und Randgruppen der muslimischen Welt wie Drusen und Schiiten. Dieses autonome libanesische Emirat, in dem eine christliche Mehrheit die politische Macht mit muslimischen Minderheiten teilte, galt im Osmanischen Reich als Ausnahme.

In einer Revolution von 1860 konnte nur ein französisches Expeditionskorps den Sieg der Muslime verhindern. Es rettete die maronitischen Christen und die autonome Provinz Libanon mit kleinerem Territorium, aber einer eindeutigen christlichen Mehrheit. Viele in der Führung der Maroniten forderten jedoch die Wiederherstellung des ursprünglichen Emirats, das doppelt so groß gewesen war wie das nach der Revolution entstandene Gebilde (siehe Karte). Die Maroniten erreichten ihr Ziel im Jahr 1920. Als Frankreich ein Mandat des Völkerbundes erhielt, schlug es die bisher syrischen Städte Tripolis, Sidon, Baalbek und Tyrus mit weitgehend muslimischer Bevölkerung dem Libanon zu. Obwohl sie eigentlich ihre Rolle stärken wollten, hatten die Maroniten damit den Keim für eine wachsende Bedrohung ihrer eigenen Identität gelegt. Die französische Kolonialmacht stimmte zu, weil sie glaubte, daß ein ausgewogeneres ethnisches Gleichgewicht den Forderungen der Christen nach Unabhängigkeit entgegenwirken und Frankreichs Rolle als Schutzmacht der Maroniten erhalten könne. Die französische Entscheidung löste in Syrien permanente Bemühungen aus, entweder die verlorenen Gebiete zurückzugewinnen oder zumindest ständigen Einfluß über sie zu erlangen und damit die Gründung eines christlichen Staates zu verhindern, der zum Brückenkopf für einen künftigen Kolonialismus des Westens werden konnte. Kurz gesagt: In den siebziger Jahren war die Existenz des Libanon von Entscheidungen belastet, die fünfzig Jahre zuvor unter völlig anderen Umständen gefallen waren, als kaum jemand einen so raschen Aufschwung des arabischen Nationalismus erwartet hatte. Die innerlibanesischen Regelungen waren tolerant und weise. Ungeachtet des Wachstums der muslimischen Bevölkerung wurde mit dem Nationalvertrag 1943 eine Machtverteilung hergestellt, die den Christen die Vorherrschaft sicherte, aber auch den Muslimen eine tragende Rolle zugestand. Das Präsidentenamt, das die meiste Macht auf sich vereinigte, wurde mit einem Christen besetzt. Den Ministerpräsidenten, den der Präsident ernannte, stellten die muslimischen Sunniten, den Parlamentspräsidenten die Schiiten. Die übrigen Staatsämter wurden im Verhältnis von sechs zu fünf zugunsten der Christen verteilt. Die kleine Armee von vierzehntausend Mann kommandierten hauptsächlich christliche Offiziere.

Diese Regelungen konnten dem Wachstum der muslimischen Bevölkerung, das sich wesentlich rascher vollzog als das der Christen, nicht standhalten. Dazu kam der Einzug der PLO nach ihrer Ausweisung aus Jordanien im Jahr 1970. Die Macht der Zentralregierung reichte nicht bis in die Lager der PLO. Libanesische Sicherheitskräfte oder Polizei durften sie nicht betreten. Die Milizen der verschiedenen Gruppierungen (die PLO nicht mitgerechnet), die man auf mindestens vierzigtausend Mann schätzte, waren wesentlich stärker als die Armee der Zentralregierung.

Im April 1975 brachen Kämpfe aus. Die Vereinigten Staaten waren zu dieser Zeit mit dem Fall Saigons und dem Stillstand bei den israelisch-ägyptischen Verhandlungen beschäftigt. In die Kämpfe, die ursprünglich zwischen radikalen Palästinensern und christlichen Milizen (der Falange) tobten, griffen bald eine Vielzahl von Gruppen und Anführern auf beiden Seiten ein. Neben der PLO und anderen, noch radikaleren Palästinensergruppen, die Libanon zur Guerillabasis gegen Israel ausbauen wollten, agierten der linke Drusenführer Kamal Dschumblatt, der einen rein muslimischen Staat errichten wollte, und gemäßigte Muslime, denen es lediglich darum ging, die Machtverteilung mit den Christen zu verändern. Auch die Maroniten waren in drei Gruppen gespalten: eine, die die Teilung des Libanon in einen christlichen und einen muslimischen Staat favorisierte; eine zweite, die die Vorherrschaft der Christen in einem einheitlichen Libanon aufrechterhalten wollte; und schließlich die Gemäßigten, die gewillt waren, der Tatsache Rechnung zu tragen, daß die muslimische Bevölkerung die christliche nun überwog und deshalb Regelungen getroffen werden mußten, um dem gerecht zu werden.

Alle Gruppen erhielten Unterstützung von außen. Die radikalen Muslime erwarteten diese vor allem von Libyen, dem Irak und Algerien. Die PLO konnte mit finanzieller Hilfe von Saudi-Arabien und politischer Unterstützung von Ägypten rechnen, die beide die PLO benutzten, um bei geringem Risiko ihre Treue zur arabischen Sache zu demonstrieren. Besonders Sadat war wegen des innerarabischen Gleichgewichts gegen eine Stärkung des Ansehens und Einflusses Syriens, was unweigerlich der Fall war, wenn Präsident Hafis al-Asad sich zur tonangebenden Figur im Libanon aufschwang. Zwischen diesen Kräften wurden die gemäßigten Vertreter des Libanon zerrieben.

Die maronitischen Christen hatten in der muslimischen Welt keinen ideologischen oder politischen Rückhalt. Frankreich unterstützte sie mehr mit Worten als mit Taten; die Vereinigten Staaten traten Angriffen auf ihre Autonomie mit diplomatischen Mitteln entgegen, im Jahr des Zusammenbruchs Vietnams und des Rückzugs in Angola stand jedoch militärische Unterstützung überhaupt nicht zur Debatte. Zwei ungewöhnlich schweigsame Partner tauchten auf, die bereit waren, den Christen zu helfen: Israel und in verschiedenen Etappen auch Syrien.

Israel war dagegen, daß an seiner Nordgrenze ein radikaler islamischer Staat entstehen sollte, insbesondere wenn die PLO dort den entscheidenden Einfluß gewann. Aber das wollte auch Syrien nicht. Wie sehr dies auch dem allgemeinen Bild von Asad zuwiderlief – er konnte der Vorstellung absolut nichts abgewinnen, zwischen einem radikalen Libanon und einem militanten Irak eingeklemmt zu werden, die gemeinsam die arabische Sache im nördlichen Teil der arabischen Welt bestimmten. Außerdem sah er in Arafat und der PLO ein Hindernis für die Schaffung eines Großsyrien, das Libanon, Jordanien und Palästina umfassen sollte. Selbst wenn ihm das zu seinen Lebzeiten nicht mehr beschieden war, hoffte er, diesen Auftrag an seine Nachfolger weitergeben zu können. Zwar war Asad gewillt, die territoriale Integrität des Libanon zu schützen, wünschte aber keine starke Zentralregierung in Beirut, nicht einmal eine prosyrische, denn mit der Zeit konnte diese versuchen, den Einfluß Syriens zurückzudrängen. Um alle diese Ziele zu erreichen, war Asad bereit, der Gemeinschaft der Maroniten und ihren Institutionen gegen die muslimische Mehrheit den Rücken zu stärken. Dabei fand er sich unerwartet in einem unangenehmen, punktuellen Zusammenwirken mit den Israelis wieder.

Zwischen all diesen komplizierten Faktoren zu lavieren stellte eine große Herausforderung dar. Wir wollten nicht, daß die PLO den Libanon beherrschte, eine neue Front gegen Israel eröffnete und entweder den Friedensprozeß zum Scheitern brachte oder sich verfrüht hineindrängte. Unsere traditionelle Politik war es, die christliche Gemeinschaft zu unterstützen. Wir waren gegen eine Hegemonie Syriens im Libanon, verstanden vielmehr Syriens Part als Gegengewicht zu den radikalen muslimischen Gruppen, solange dies nicht Israel zu Präventivschlägen verleitete, die leicht zu einem neuen Nahostkrieg führen konnten. Wir bewunderten Sadat, aber Ägyptens Unterstützung für die PLO im Libanon lief unseren dortigen Prioritäten zuwider. Vor allem versuchten wir, in diesem Strudel vor Mißtrauen und Haß den arabisch-israelischen Friedensprozeß am Leben zu erhalten. Wir wandten uns gegen eine Einmischung von außen und versuchten zugleich, die verschiedenen Kräfte gegeneinander auszubalancieren, so daß keine einen entscheidenden Vorteil gewann. Auf einer Pressekonferenz am 14. Januar 1976 erklärte ich:

Wir unterstützen die Unabhängigkeit und Souveränität des Libanon... Jedes militärische Eingreifen von außen, woher es auch kommen mag, wäre eine äußerst ernste Bedrohung des Friedens und der Stabilität im Nahen Osten. Wir haben die beteiligten Parteien nicht im Zweifel darüber gelassen, daß die Vereinigten Staaten sich gegen jegliche militärische Intervention, von welcher Seite auch immer, zur Wehr setzen werden.[2]

In diesem Klima erwogen einige Maronitengruppen, den Libanon in einen muslimischen und einen christlichen Staat zu teilen. Am 16. November

1975 warnte der syrische Außenminister Abd al-Halim Khaddam, Syrien sähe eine Teilung des Libanon als »äußerst ernste Verschwörung« an; das lief auf eine Drohung Syriens hinaus, mit Waffengewalt dagegen einzuschreiten.[3] Zwölf Tage später warnte der saudi-arabische Kronprinz Fahd, eine Teilung hätte »äußerst ernste Konsequenzen« für die Beziehungen seines Landes zum Libanon.[4] Kaum aber tat eine der arabischen Gruppen ihre Ansichten kund, fühlten sich auch alle anderen sofort verpflichtet, Gegenerklärungen abzugeben, was in ein allgemeines Getöse ausartete. Als die Kämpfe Beirut und seine Vororte erfaßten, schickte die französische Regierung am 19. November den ehemaligen Ministerpräsidenten Maurice Couve de Murville auf Erkundungstour in den Libanon.[5]

Ende Dezember kündigte König Khalid von Saudi-Arabien an, er werde die syrischen Vermittlungsbemühungen unterstützen. Darauf reagierte Rabin mit der Erklärung, Israel werde eine Einmischung von außen im Libanon nicht dulden.[6] Am 12. Januar konterte Kairo, Ägypten werde »nicht die Hände in den Schoß legen«, wenn Israel im Libanon einmarschiere.[7] Und der Generalsekretär der Arabischen Liga Mahmud Riad forderte eine arabische Gipfelkonferenz über die Krise im Libanon.[8] Am 20. Januar 1976 wiederholte ich auf einer Pressekonferenz frühere Warnungen vor jeglicher Intervention von außen:

Ich will hier noch einmal wiederholen, daß die Vereinigten Staaten alle interessierten Parteien vor einseitigen Handlungen gewarnt haben, die zu einem Übergreifen des Konfliktes im Libanon auf größere Gebiete führen können. Die Vereinigten Staaten werden einseitigen Handlungen jeden Landes entgegentreten, das Kurs auf die Ausweitung der Feindseligkeiten nimmt... Die internationale Gemeinschaft hat die Pflicht, dem Morden, das dort vor sich geht, einen Riegel vorzuschieben, Vermittlungsbemühungen zu unternehmen, die es beiden Gemeinschaften ermöglichen, in Frieden zusammenzuleben, wie sie es so viele Jahrzehnte lang getan haben, und dem Bürgerzwist, wie er jetzt im Gange ist, ein Ende zu setzen.[9]

Die Absichten Syriens gaben uns Anlaß zur Sorge. Einheiten der Palästinensischen Befreiungsarmee (PLA) – formal eine bewaffnete Einheit der PLO, aber in Wirklichkeit ein palästinensischer Zweig der syrischen Armee – begannen in den Libanon einzusickern. Das veranlaßte Rabin, bei einer Begegnung im Oval Office am 28. Januar Ford warnend mitzuteilen, falls reguläre Einheiten der syrischen Armee nachfolgen sollten, würden israelische Truppen in den Libanon einmarschieren und bis zum Litani, einem etwa dreißig Kilometer nördlich der Grenze verlaufenden Fluß, vorrücken.

Ich wies unseren Botschafter in Damaskus Richard Murphy an, dem Stabschef der syrischen Armee, Brigadegeneral Hikmat al-Shihabi, zu übermitteln, wir hofften, daß die Syrer »tun, was sie können, um eine Feuerpause zu erreichen und damit die Grundlage für eine politische Kompromißlösung zu schaffen«. Ich stellte fest, daß die palästinensischen Guerillas ständig Verstärkung erhielten und daß »einige dieser Verstärkungen syrisch unterstützte Einheiten der PLA sein könnten«, wogegen sich die Israelis ganz sicher zur Wehr setzten. Um eine unparteiische Haltung zu demonstrieren, fügte ich hinzu, Shihabi solle verstehen, wenn wir uns gegen ein

Eingreifen von jeglicher Seite aussprächen, dann sei das »sowohl an die Israelis als auch an die Syrer gerichtet«.

Aber die Ereignisse kamen diesen Warnungen zuvor. Denn am 22. Januar vermittelte Syrien eine Feuerpause, legte einen Vorschlag für politische Reformen vor und brachte während eines Besuches des libanesischen Präsidenten Suleiman Frangie in Damaskus eine Lösung zustande, die dieser am 14. Februar verkündete. Wie alle bisherigen »Regelungen« schränkte sie die Vormachtstellung der Christen zwar ein, beseitigte sie aber nicht. Der Präsident blieb ein Christ, nur seine Vollmachten gegenüber dem sunnitischen Ministerpräsidenten wurden beschnitten, und die Zahl der christlichen und muslimischen Abgeordneten im Parlament wurde auf den gleichen Stand gebracht. (In späteren internen Diskussionen nannten wir dies die »syrische Lösung«.)

Damit war die erste Phase der Libanonkrise beendet. Die stillschweigende Kooperation Israels, Syriens und der Vereinigten Staaten hatte die libanesischen Parteien dazu gebracht, ein neues Gleichgewicht herzustellen. Aber dieses blieb unsicher, denn das Ergebnis konnte durch Aktionen jeder einzelnen der zahlreichen Gruppen, die um die Vorherrschaft kämpften, erneut in Frage gestellt werden. Und wir hatten zwei Jahre zuvor in Zypern erfahren, daß ein Kräftegleichgewicht nur dann Stabilität erzeugt, wenn die verschiedenen Seiten wirklich Frieden wollen oder zu erschöpft sind, um den Kampf fortzusetzen. Keine dieser Voraussetzungen war im Libanon gegeben.

Unter diesen Umständen nahmen wir es fast mit Erleichterung auf, daß wir uns wieder den Aufgaben des arabisch-israelischen Friedensprozesses zuwenden konnten.

Ein neuer Anlauf im Friedensprozeß

Der Bürgerkrieg im Libanon schuf eine neue Dimension in den diplomatischen Verhandlungen zwischen Arabern und Israelis. Da dieser Konflikt den Zündstoff für einen großen Nahostkrieg barg, war es nun noch dringender, Fortschritte in Richtung einer Gesamtlösung zu erreichen. Zugleich vertauschten sich jedoch die Fronten auf merkwürdige Weise. Sadat war für unsere Gesamtstrategie unverzichtbar, aber im Libanon stärkte die ägyptische Unterstützung für die PLO die Radikalen. Asad war in den allgemeinen Verhandlungen der schwierigste Gesprächspartner, aber im Libanon fiel seine Ablehnung eines Ausgangs zugunsten der Radikalen mit unseren Interessen zusammen. Wir mußten an unserer regen Diplomatie zwischen Arabern und Israelis festhalten, obwohl wir uns mit Rabin und Sadat einig waren, daß sie noch nicht in ein Ergebnis münden sollte. Zugleich hatten wir uns mit den Leidenschaften und Verwicklungen im Libanon auseinanderzusetzen.

Das Problem war, daß keine der beteiligten Parteien tatenlos abwarten wollte, andererseits aber alle vor den Aussichten zurückschreckten, die eine diplomatische Option eröffnete. Israel war nicht bereit, sich auf die Grenzen von 1967 zurückzuziehen oder mit der PLO zu verhandeln – das waren die beiden Hauptforderungen der Araber. Rabin wußte jedoch, daß Israel einen gewissen diplomatischen Deckmantel brauchte, um zu verhindern, daß feindlicher Druck von allen Seiten ausgeübt wurde. Sadat, der besonders von Syrien angegriffen wurde, weil er zwei Separatabkommen mit Israel geschlossen hatte, wollte zeigen, daß andere Araber von dieser Art Diplomatie ebenfalls profitieren konnten, sich zugleich aber auch die Möglichkeit weiterer Alleingänge offenhalten.

Asad manövrierte, um eine Möglichkeit zu finden, ein eigenes Zwischenabkommen zu schließen, oder – wenn das fehlschlug – Sonderinitiativen aller anderen zu blockieren. Zugleich beeinflußte er geschickt die Ereignisse im Libanon. König Hussein verfolgte argwöhnisch die Manöver der Palästinenser und die Akrobatik Sadats. Da über die Hälfte der Bevölkerung Jordaniens Palästinenser waren, befürchtete er, die Herrschaft seiner haschemitischen Dynastie würde gefährdet, wenn sich die PLO im Westjordanland einnistete. Aber der arabische Gipfel von Rabat im Oktober 1974 hinderte ihn daran, eine eigene Diplomatie zu betreiben. Die zerstrittenen arabischen Führer, die einander mißtrauten und zugleich die arabische Einheit beschworen, forderten einen Beweis dafür, daß der Friedensprozeß nicht eingefroren war.

Deshalb beschlossen wir, das Jahr 1976 zu nutzen, um eine Strategie auszuarbeiten, die nach den Präsidentschaftswahlen umgesetzt werden sollte. Um zu verhindern, daß sich die Spannungen in der Zwischenzeit wieder verschärften, mußten wir gegenüber allen Parteien gleichzeitig tätig werden. Verhandlungen an einer Front konnten mit Schwung in Gang gesetzt werden und durch den Erfolg Bestätigung gewinnen. Aber wenn mindestens ein Jahr lang überhaupt keine Verhandlungen stattfanden, war das vielleicht für alle jene, die nichts zu gewinnen hatten, ein Anreiz, sich gegen den Führer zusammenzuschließen, der noch am ehesten zu einem Alleingang imstande zu sein schien. Das war Sadat.

Wir hatten 1975 erfahren müssen, daß die Emotionen, die den Friedensprozeß so bedeutsam machten, gegen »Sondierungsgespräche« sprachen. War es schon schwer genug, einem parteiischen Publikum bei einer handfesten Vereinbarung Zugeständnisse zu vermitteln, so wurde dies zu einem nahezu sinnlosen Unterfangen, wenn ein hypothetisches Abkommen noch in der Ferne eines guten Jahres lag. Dieses Problem hatte insbesondere das demokratische Israel. Die arabischen Unterhändler mußten sich zwar nicht einer vergleichbar kritischen Anhängerschaft stellen, hatten aber in der Regel Rivalen im Land, die abstrakte Zugeständnisse oder selbst die Verzögerung eines Abkommens gegen sie benutzen konnten. Außerdem mißtrauten sie ihren Amtskollegen in anderen arabischen Ländern so sehr, daß sie ihre langfristigen Pläne nicht mit ihnen teilen wollten, ja häufig gar nicht als erste langfristige Vorstellungen entwickelten.

Sadats Politik war da am aussichtsreichsten, aber nur dann, wenn er in die Lage kam, plötzliche dramatische Schritte zu unternehmen. Daher versuchte der ägyptische Präsident, die Unterbrechung 1976 mit wortgewandter Selbstsicherheit zu überspielen. Da er wußte, daß ein weiterer Alleingang ihn isolieren und von den Subventionen der ölproduzierenden arabischen Staaten abschneiden konnte, setzte sich Sadat für die arabische Sache ein, indem er die Amerikaner drängte, sich stärker der PLO zuzuwenden. Einige unserer »Arabisten« nahmen dies für bare Münze. Ich sah die Dinge anders. Meiner Meinung nach konnte Sadat kaum etwas weniger wünschen als Verhandlungen mit den Palästinensern, bevor Ägypten seine Staatsgebiete zurückgewonnen hatte. Wenn er die PLO in die Verhandlungen einbrachte, konnte das nur zu lang anhaltendem Stillstand führen, denn sofort wären für Israel lebenswichtige Fragen auf der Tagesordnung gestanden, die alle anderen Initiativen in den Hintergrund drängten. Diese Einschätzung äußerte ich bei einer Begegnung mit den amerikanischen Botschaftern in den arabischen Ländern in Paris am 22. Juni:

> Er (Sadat) benutzt jetzt Arafat, um seine eigene Isolierung zu überwinden. Jetzt macht ihm das Spaß. In einem Jahr, wenn wir wieder mitten im Friedensprozeß sind ... und die PLO schreit: »Was geschieht mit den Palästinensern?«, dann wird Sadat alle PLO-Büros schließen und sie aus dem Land werfen.

Wenn Sadat auf Fortschritt an allen Fronten drängte, dann sah ich das stets als einen Deckmantel für diplomatische Sonderinitiativen Ägyptens und als Rechtfertigung dafür an, was er bereits in der Vergangenheit auf eigene Faust unternommen hatte. Die Herausforderungen, denen sich Sadat zwangsläufig gegenübersah, faßte ich in einem Memorandum an Ford Ende Januar 1976 zusammen:

> Sadat muß seine grundsätzliche Treue zur arabischen Sache beweisen, während er zugleich die Verpflichtungen einhält, die er gegenüber Israel im Sinai-II-Abkommen eingegangen ist. Zum Prüfstein seiner Treue zur arabischen Sache ist die Unterstützung der Palästinenser geworden; deshalb hat Sadat getan, was er tun konnte, um hier seinen Ruf zu wahren und das Feld nicht gänzlich den Syrern zu überlassen. Hier stößt er jedoch auf ein weiteres Dilemma, denn wenn er die Sache der PLO so fördert, wie Asad es tut, dann blockiert er damit die Verhandlungen. Für Sadat besteht also der einzige befriedigende Ausweg aus seiner Isolation darin, die Verhandlungen voranzubringen und die anderen arabischen Partner hineinzuziehen ...

Asad verfolgte eine ähnlich komplizierte Strategie. Da er aber selbst wenig zu gewinnen hatte, ging es ihm vor allem darum, Sadat zu blockieren. Während der Verhandlungen über das Zwischenabkommen und unmittelbar danach war Asad durchaus gewillt, eine ähnliche Vereinbarung für Syrien auf den Golanhöhen ins Auge zu fassen. Diese zu erreichen war jedoch weitaus schwieriger, da das fragliche Gebiet insgesamt kaum fünfzig Kilometer tief ist. Ein israelischer Teilrückzug war in zweifacher Hinsicht ungünstig, weil er sich zum einen in den Augen der syrischen Öffentlichkeit wesentlich weniger dramatisch ausnahm als Ägyptens Vorrücken auf dem großen Sinai, andererseits aber auf Israel strategisch viel bedrohlicher wirkte, da die Gegend so nahe an den dichtbesiedelten Zentren des Landes lag. Zudem konnte Asad in jeder israelischen Zeitung lesen, daß das Kabinett jegliches Zwischenabkommen für den Golan ablehnte und die Golanhöhen unter keinen Umständen vollständig zurückgeben wollte, nicht einmal für einen endgültigen Frieden.

So steigerte sich Asad immer mehr in die Rolle des Fürsprechers für die gesamtarabische Sache hinein. In einem Brief vom 30. Oktober 1975 an den französischen Präsidenten Giscard d'Estaing faßte er seine Gegnerschaft zu Sadats Politik zusammen. Sadat biege mit seinem Vorgehen den gesamtarabischen Konflikt mit Israel in einen Streit zwischen einzelnen arabischen Staaten und Israel um, und das laufe den Beschlüssen mehrerer arabischer Gipfelkonferenzen zuwider. Die Bestimmung im Sinai-II-Abkommen, es bleibe in Kraft, »bis es durch ein anderes Abkommen aufgehoben« werde, beraube sogar Ägypten jeder Möglichkeit, die restlichen von Israel im Jahr 1967 besetzten Gebiete zurückzuerhalten, von anderen arabischen Staaten ganz zu schweigen. Die umfangreichen Waffenlieferungen der Vereinigten Staaten an Israel, um dieses zu dem Abkommen zu bewegen, stünden »im Widerspruch« zu dem von Amerika geförderten Friedensprozeß. All das habe Ägypten fester in das amerikanische Lager eingebunden, als es Asad klug erschien:

Wir waren immer überzeugt – und werden es immer sein –, daß es notwendig ist, mit den beiden Großmächten Umgang zu pflegen, ohne ins politische Fahrwasser einer von ihnen zu geraten. Getreu dieser Konzeption haben wir ernsthafte Anstrengungen unternommen, um eine Polarisierung der beiden Großmächte in der Region zu verhindern. Das Sinaiabkommen widerspricht diesen Bemühungen.

Trotzdem schloß Asad einen Zwischenschritt nicht aus, wenn auch nicht für Syrien allein. Er schlug vor, der UN-Sicherheitsrat möge sich der Sache annehmen; in diesem Rahmen könnte Syrien ein Zwischenabkommen in Betracht ziehen, wenn es auch die Palästinenser einschließe. Das lehnten wir aus demselben Grund ab wie die Einberufung der Genfer Konferenz: Es waren Foren, die sich gegen uns richteten.

Die Spannungen zwischen Ägypten und Syrien stärkten die Rolle der PLO im Friedensprozeß und im Libanon. Da aber keine direkten Verhandlungen zwischen Israel und der PLO möglich waren, fiel König Hussein die potentielle Rolle eines Sprechers für die Palästinenser zu. Hussein war jedoch, durch seine Erfahrungen in den Verhandlungen 1974 gewitzt, vorsichtig geworden. Er deutete an, daß er sich im Prinzip über den Beschluß des arabischen Gipfels von Rabat hinwegsetzen könnte, wenn Israel ein »lohnendes« territoriales Angebot mache, das er als eine gerade Linie acht bis zehn Kilometer jenseits des Jordan definierte. In diesem Fall wollte Hussein von Syrien, Saudi-Arabien und Ägypten die Zustimmung einholen, als Unterhändler aufzutreten. Wie fast jeder Einzelvorschlag im Nahostfriedensprozeß hatte auch dieser weniger Gewicht, als es zunächst den Anschein hatte, denn den Rückzug vom Jordan hinter eine gerade Linie hatte Israel in der Vergangenheit stets abgelehnt. Israels einziges Lösungskonzept für das Westjordanland war der sogenannte Allon-Plan, der in Kapitel XII beschrieben ist.

Von allen Parteien stand Israel vor der schwierigsten psychologischen Herausforderung. Schon zwei Jahre lang – seit dem Überraschungsangriff der Araber im Oktober 1973 – hatte es pausenlos schmerzhafte Entscheidungen zu treffen: zuerst der Krieg und nun scheinbar endlose Verhandlungen, in denen von ihm verlangt wurde, jedesmal ein Stück greifbarer Sicherheit gegen nicht greifbare Ergebnisse des Friedensprozesses herzugeben. Jede Einzelverhandlung schien eine der arabischen Parteien unbefriedigt zu lassen; das bedeutete, daß Kämpfe jederzeit neu aufflammen konnten. Das schrittweise Vorgehen bewahrte Israel zwar davor, alle schwierigen Entscheidungen auf einmal treffen zu müssen, bot aber auch kein eindrucksvolles Ergebnis. Rabin hatte durchaus recht, als er zu Ford sagte: »Das ist es, worum sich manche in Israel sorgen: Ehe die Araber Erschöpfung zeigen, wird Amerika erschöpft sein.«

Sadat und Rabin besuchen Washington

Sadat war der erste ägyptische Staatschef, der die Vereinigten Staaten besuchte. In meinem Informationsmaterial für diese Visite, die vom 26. Oktober bis zum 5. November 1975 stattfand, führte ich Ford vor Augen:

(Dieser Besuch) ist der Höhepunkt einer außergewöhnlichen Veränderung, die in den letzten zwei Jahren vor sich gegangen ist... Wir haben ein taktisches Interesse daran, Sadat in der Überzeugung zu bestärken, daß die Vereinigten Staaten die einzige Weltmacht sind, die in der Lage ist, eine Lösung des Nahostkonflikts zu Bedingungen zu erreichen, die Ägypten und die Araber zufriedenstellen.

Längerfristig sah ich die Lage folgendermaßen:

(Die Vereinigten Staaten) haben ein strategisches Interesse daran, daß Ägypten an seinem gegenwärtigen Kurs in der Weltpolitik und im Nahen Osten festhält. Wir müssen ein Verhältnis zu Ägypten entwickeln, das Sadat überdauert... Um unsere Strategie von Salzburg am Leben zu erhalten, um die Sowjetunion und die Radikalen in der arabischen Welt daran zu hindern, daß sie ihre Positionen zu unserem und Sadats Nachteil erneut stärken, müssen wir gemeinsam mit Sadat eigene Ideen für weitere Fortschritte entwickeln, die auch Syrien einen Vorteil bringen – selbst wenn er sehr begrenzt ist. Und wir müssen andeuten, daß unsere Haltung zu den Palästinensern flexibler werden könnte.

Wir mußten nicht mehr beim Stande Null beginnen. Am Ende der Pendelmission, die zum Zwischenabkommen vom September geführt hatte, war ich mit Sadat und dem ägyptischen Verteidigungsminister Mohammed Abdel Ghani al-Gamasi in Assuan zusammengetroffen, um die nächsten Schritte zu besprechen. Wir standen, so argumentierte ich, immer noch vor derselben Wahl: entweder eine große Gesprächsrunde nach Genf einzuberufen oder einen nächsten Zwischenschritt zu entwickeln. In Genf war die Sackgasse abzusehen. Die Sowjetunion und Syrien bestanden auf der uneingeschränkten Teilnahme der PLO, was Israel unter keinen Umständen akzeptierte. Sollte die Konferenz nach Monaten des Streits zusammentreten, käme als nächstes die gemeinsame arabisch-sowjetische Forderung nach den Grenzen von 1967 auf den Tisch. War ein entsprechendes Ergebnis bereits an der ägyptischen Front kaum vorstellbar, so bestand nicht die geringste Aussicht, daß Israel diese Grenzen auf den Golanhöhen oder im Westjordanland anerkannte.

Deshalb sollte man Debatten über Verfahrensfragen vermeiden und direkt zur Sache kommen. Wenn allerdings ein Zwischenabkommen funktionieren sollte, mußte es sich um einen wirklich bedeutsamen Schritt handeln. Um dem Vorwurf zu entgehen, man wolle nur die Araber spalten, war es zweckmäßig, das gleiche Konzept für alle Fronten anzubieten. Notwendig war ein ausreichend großer Rückzug Israels, der eine Beendigung des Kriegszustandes rechtfertigte. Wenn jede Seite das gleiche grundsätzliche Angebot erhielt, dann war das weitere Vorankommen des Friedensprozesses jeweils ihre Sache. Mit anderen Worten: Hatten wir erst einmal das Konzept, dann stand es jeder Seite frei, dieses nach ihren Interessen weiterzuentwickeln.

Sadat schien nachdenklich, lehnte aber ein solches Vorgehen nicht generell ab. Er versprach mir eine Antwort, wenn er in zwei Monaten nach Washington kam. Aber wenn man bei den komplizierten Verhältnissen des Nahen Osten einen weiteren Teilschritt nicht rundweg ablehnte, kam dies einer Zustimmung schon sehr nahe.

In Washington führte Sadat seine Gespräche mit amerikanischen Politikern in zwei Teilen. Die Grundkonzeption diskutierte er mit Ford, die Implikationen unseres Gesprächs von Assuan dagegen mit mir.

Der ägyptische Präsident machte es Ford leicht. Da er seine Politik und in vieler Hinsicht auch die Sache der Araber nun einmal darauf ausgerichtet hatte, das Vertrauen der Vereinigten Staaten zu gewinnen, war er weise genug, uns nicht zu drohen oder uns zu erpressen. Statt dessen dankte Sadat dem Präsidenten bei der ersten Begegnung im Oval Office am 27. Oktober überschwenglich für dessen Bemühungen um das Sinai-II-Abkommen, womit er sich sogleich einen Anspruch auf weitere Unterstützung sicherte:

Ohne diese Bemühungen hätten wir das Sinaiabkommen nicht erreicht. Dazu muß ich Ihnen gratulieren. Zum ersten Mal erleben die Israelis Logik und Festigkeit. Das ist zum Segen für die Israelis und auch für meine arabischen Kollegen, selbst wenn keine von beiden Seiten das heute begreift.

Sadat hatte genau den richtigen Ton gewählt, um den Präsidenten aus Grand Rapids für sich zu gewinnen. Ford war stets viel zugänglicher, wenn man ihm gegenüber guten Willen zeigte und ihn nicht drängte, wenn man vom allgemeinen Interesse und nicht von eigensüchtigen Plänen ausging. In seiner Erwiderung sagte Ford deshalb Unterstützung für einen Friedensprozeß zu, den Sadat und ich noch zu besprechen hatten. Lediglich die Frage des Timings ließ er offen:

Sie müssen mit uns am Timing arbeiten. Aber ich kann Ihnen versichern, daß ich auch in der Zukunft so entschlossen sein werde, wie ich es in der Vergangenheit war. Es hat keinen Sinn, viele kleine Schritte zu gehen, wenn wir einen großen Schritt tun können.

Sadat bekräftigte, daß er keinerlei Druck ausüben wolle: Wir haben »noch einen langen Weg vor uns… Für diesen Besuch habe ich keine besonderen Wünsche.« Auf diese Weise erreichte er sein Ziel: von Ford die Zusicherung zu erhalten, Amerika werde in der nächsten Phase der Nahoststrategie eine aktive Rolle spielen. Ford versprach Sadat:

Ich möchte das Vakuum füllen. Die Frage ist, wie schnell wir das tun können. Aber wir werden es tun. Die nächste Frage ist, wie wir gemeinsam an einer Strategie für den Nahen Osten arbeiten können.

Nun sprach Sadat wie ein Verbündeter, nicht wie ein Bittsteller. Wie gewohnt forderte er die Vereinigten Staaten auf, Gespräche mit der PLO aufzunehmen, allerdings weniger als Beitrag zum Friedensprozeß, sondern vor allem als ein Mittel, den sowjetischen Einfluß unter den Arabern zurückzudrängen. Im Unterschied zu seinen arabischen Brüdern sah Sadat keine ernste Gefahr, daß Syrien, wenn man seine Interessen nicht befriedigte, einen neuen Nahostkrieg vom Zaun brechen könnte:

Ich glaube nicht, daß die Syrer einen Krieg beginnen. In der Regel wollen sie aus innenpolitischen Gründen zeigen. wie stark sie sind. Vielleicht ist auch der Libanon die Ursache.

Schon damals, im Oktober 1975, war Sadat besorgt über die Auswirkungen der Lage im Libanon auf die allgemeinen Friedensaussichten:

Sorgen Sie bitte dafür, Herr Präsident, daß die Israelis nicht eingreifen. Niemand in der arabischen Welt wird glauben, daß es da keine Abstimmung (mit den Vereinigten Staaten) gibt.

Als nächstes folgte der obligatorische Seitenhieb Sadats gegen König Hussein, ein Markenzeichen des ägyptischen Präsidenten von der Art, wie der Regisseur Alfred Hitchcock sich selbst in allen seinen Filmen einen kurzen Auftritt gönnt. Sadat nannte den König »einen netten Mann«, der sich von einem »unzuverlässigen Ministerpräsidenten« (Zaid Rifai) beraten lasse und einen »selbstmörderischen Kurs« der Konfrontation mit der PLO und Syrien eingeschlagen habe; davon sollten ihm die Vereinigten Staaten abraten. Sadat drängte auf Gespräche mit der PLO, mit der Israel zu Verhandlungen nicht bereit war, und wollte Jordanien heraushalten, mit dem Israel zu Gesprächen bereit war. Damit war Stillstand an der Palästinenserfront vorprogrammiert und der Grundstein für einen weiteren separaten Schritt Ägyptens gelegt, wenn der Friedensprozeß vorankam.

Wie Ford vorgeschlagen hatte, führten Sadat und ich mehrere Gespräche in Washington und ein abschließendes in Jacksonville, Florida, wo wir eine gemeinsame Strategie für die Jahre 1976 und 1977 absteckten. Meine Mitarbeiter (Hal Saunders, Roy Atherton, Peter Rodman) und ich hatten das Vorgehen, das ich Sadat in Assuan dargelegt hatte, mit Einzelheiten untersetzt. Da in den Weiten der Wüste Sinai Entfernungen wenig bedeuten, suchen Unterhändler stets nach einem Fixpunkt, an dem künftige Verhandlungen festgemacht werden können. Wir schlugen eine Linie zur Prüfung vor, die von der Küstenstadt El-Arisch am Mittelmeer etwa fünfunddreißig Kilometer von der israelischen Grenze entfernt nach Süden verlief. Damit wurde von Israel ein Rückzug um etwa hundert Kilometer erwartet. Es sollte vier Fünftel des Sinai an Ägypten zurückgeben; dafür beendete Ägypten den Kriegszustand mit Israel.

Sadat zeigte, daß er über unsere Vorstellungen gründlich nachgedacht hatte. Er fragte, ob sich das amerikanische Außenministerium einmal mit dem Unterschied zwischen Beendigung des Kriegszustandes und endgültigem Frieden beschäftigt habe. Ich hatte keine Ahnung, versprach aber, eine entsprechende Studie, so sie vorlag, Außenminister Ismail Fahmi zu übergeben. Daraufhin bat Sadat Fahmi, eine Arbeitsgruppe zu bilden, die dieses Problem analysieren sollte. Und dann kam er plötzlich, wie es seine Art war, einem Durchbruch sehr nahe. Sadat erklärte, er könne das Konzept »Land für Frieden« nur dann »in Betracht ziehen«, wenn die Israelis sich auf eine Linie zurückzögen, die nicht mehr als fünfundzwanzig Kilometer von ihrer Grenze entfernt lag. (Das waren zehn Kilometer mehr, als ich vorgeschlagen hatte – eine Distanz, die durchaus im Verhandlungsspielraum lag.)

Wir hatten erreicht, was wir erreichen konnten. Ich sagte Sadat, wir wollten diesen Punkt mit Rabin sowie mit Asad und Hussein erörtern und ihm dann darüber berichten.

Während der übrigen Zeit seines Besuches in Amerika tat Sadat viel, um der amerikanischen Öffentlichkeit ein humanes und versöhnliches Bild der Araber zu präsentieren. In New York protestierten einige Gruppen dagegen, daß Sadat bisher nur unzureichend Engagement für die Sache des Friedens gezeigt habe. Aber er wurde von den Bürgern in Chicago und Houston herzlich begrüßt und gab Journalisten, die ihn insgesamt freundlich behandelten, eine Reihe liebenswürdiger Interviews.

Selbst bei Besuchen, die von so langer Hand vorbereitet werden, geht es niemals ohne kleinere Zwischenfälle ab. Auf dem Gegenempfang, den Sadat gab, war Ford so in Hochstimmung, daß er schließlich einen Trinkspruch auf das große Volk Israels ausbrachte, dessen Vertreter natürlich viel häufiger zu Gast im Weißen Haus waren als die Ägypter, die ihren ersten Staatsbesuch absolvierten. Der Präsident korrigierte den Lapsus sofort, und er wäre gar nicht aufgefallen, hätte nicht sein Pressesprecher Ron Nessen befunden, er könnte Fords Glaubwürdigkeit beschädigen, wenn er das stenographische Protokoll nicht veröffentlichte. Aber selbst diese Pedanterie vermochte keinen großen Schaden anzurichten. (Der einzige Mißton war eine inneramerikanische Angelegenheit, das sogenannte Halloween-Massaker am vorletzten Tag vor Sadats Ankunft in den Vereinigten Staaten; siehe hierzu Kapitel XXVII.)

Die Nahostpolitik nahm sich inzwischen aus wie eine Opernaufführung, bei der man sich freut, nicht weil man etwas Neues entdeckt, sondern weil bekannte Nuancen weiter verfeinert werden. Sadat gab den Grandseigneur ab, während Rabin, der die Vereinigten Staaten vom 26. Januar bis zum 5. Februar besuchte, wie ein vorsichtiger kleiner Landbesitzer auftrat, der um sein Überleben kämpft. Das hatte weniger damit zu tun, daß sie so verschiedene Charaktere waren, als vielmehr damit, daß sich ihre Staaten in einer so unterschiedlichen Lage befanden. Wenn man, wie Sadat, ein Land regiert, das sich vom Mittelmeer bis in das Herz Afrikas erstreckt, dann besitzt man die Geographie für große Gesten. Wenn aber das Staatsgebiet in nur einer Autostunde durchquert werden kann, dann ist der Spielraum für aufsehenerregende Initiativen minimal. Wenn Sadat etwas zugestand, dann bedeutete dies, er bekam etwas weniger, als er sich wünschte. Für Rabin aber lief selbst der großzügigste Deal, der Gebietsverlust bedeutete, auf ein kompliziertes Rechenexempel zwischen Sicherheit und Legitimation hinaus. Dieses wurde noch erschwert durch eine sehr knappe parlamentarische Mehrheit, ein gespaltenes Kabinett und den nach wie vor abstrakten und theoretischen Charakter einer Diplomatie der »Unterbrechungen«.

Rabin hatte aus seinen Erfahrungen des vergangenen Jahres viel gelernt. Er hatte begriffen, daß es Washington schwerfiel zu unterscheiden, was er als persönliche Meinung darlegte und was sein Kabinett unterstützen werde. Diesmal legte Rabin Wert darauf, vor jedem seiner drei Gespräche im Oval Office mit mir durchzugehen, was er dem Präsidenten sagen wollte, und zu erklären, wie es in dem Kampf jeder gegen jeden interpretiert würde – denn darauf lief israelische Kabinettspolitik hinaus, besonders in Rabins erster Amtszeit. Da ich Rabin sehr mochte, seinen Absichten traute und genauso wie er daran interessiert war, die Mißverständnisse des Vorjahres zu vermeiden, faßte ich nach jedem dieser Gespräche – wieder unter vier Augen – noch einmal für ihn zusammen, wie Ford und ich das verstanden, was besprochen oder vereinbart worden war.

Bei ihrer ersten Begegnung im Oval Office am 28. Januar 1976 hob Ford hervor, daß Verzögerungstaktik für ihn nicht in Frage kam:

Was immer wir entscheiden, es muß positiv sein und in irgendeiner Form Bewegung vermitteln. Sie, Herr Ministerpräsident, und der Außenminister sollten für 1976 und 1977 eine Strategie ausarbeiten, die auf dieses Ziel gerichtet ist. Das kann harte Entscheidungen für unsere beiden Länder erfordern, Entscheidungen, die schwierige innenpolitische Folgen und Auswirkungen auf unsere Beziehungen – zum Beispiel zur Sowjetunion – haben können. Wir müssen die Welt davon überzeugen, daß unsere Strategie vorwärtsgerichtet ist. Wir müssen die Sache am Laufen halten. Dabei müssen Israel und die Vereinigten Staaten zusammenbleiben.

Ich informierte Rabin darüber, daß Sadat gewillt sein könnte, die Beendigung des Kriegszustandes ins Auge zu fassen, wenn sich Israel bis auf eine Entfernung von fünfundzwanzig Kilometern von seiner Grenze zurückzog. Als erfahrener Stratege erkannte Rabin sofort, daß es sich um die Linie handelte, die von der Gegend um El-Arisch nach Süden verlief.

Als das Gespräch auf das Westjordanland kam, faßte ich in Rabins Gegenwart den bisherigen Diskussionsstand zusammen:

Ich war immer der Meinung, daß wir ein Programm brauchen, mit dem wir die Diskussion und die Verhandlungen bestimmen. Dazu gehört Übereinstimmung in möglichen Ergebnissen im Vorfeld von Genf, damit die andere Seite einen Anreiz erhält, auch ohne die PLO an der Konferenz teilzunehmen. Ich hatte in unserem Gespräch beim Frühstück den Eindruck, daß der Ministerpräsident dieses Konzept für bedenkenswert hält. Er meint, daß es bei Ägypten und Syrien funktionieren könnte. Im letzteren Fall wäre die Beseitigung einiger Siedlungen im Austausch für die Beendigung des Kriegszustandes vorstellbar. Was Jordanien angeht, so könnte dieses Vorgehen allerdings in Israel ernste innenpolitische Probleme schaffen. Diese Frage bleibt also ungelöst, aber wir haben uns darauf verständigt, während des Aufenthalts des Ministerpräsidenten in den Vereinigten Staaten noch einmal zusammenzukommen und das Thema weiterzuverfolgen.

Mit anderen Worten: Rabin stimmte zu, daß das Angebot eines umfangreichen Rückzuges an allen Fronten (noch nicht bis auf die Grenzen von 1967) im Tausch für eine Vereinbarung über die Beendigung des Kriegszustandes mit Israel die beste Strategie für 1976 und 1977 wäre Jedes arabische Land könnte seine Entscheidung mit einem bedeutsamen Geländegewinn rechtfertigen, und wenn das Gesamtangebot scheiterte, war Sadat berechtigt, auf eigene Faust vorzugehen. Zu den Verhandlungen mit Jordanien behielt sich Rabin seine Position vor.

Der israelische Ministerpräsident und ich trafen erneut am 3. Februar in Los Angeles zusammen, um unsere strategische Diskussion fortzusetzen. Das geschah nach einem Essen im Beverly-Hills-Hotel unter dem Motto »Gruß an Israel«, wo führende Vertreter der Filmindustrie ihre Unterstützung bekundeten. Im Unterhaltungsteil forderte Diana Ross Rabin auf, das Publikum zum Mitsingen zu animieren, was dem sonst schweigsamen Ministerpräsidenten derartiges Mißvergnügen bereitete, wie ich es bei ihm noch nie erlebt hatte, nicht einmal bei Gesprächen über das Westjordanland.

Als wir uns schließlich zurückziehen konnten, um weiter über unsere gemeinsame Strategie zu sprechen, teilte er mir mit, daß er seinem Kabinett Verhandlungen mit Jordanien empfehlen werde. Alles – nur nicht noch einmal den Vorsänger spielen.

Am 25. Februar informierte mich Botschafter Simcha Dinitz, Rabin habe für einen umfangreichen Rückzug im Tausch für die Beendigung des Kriegszustandes – auch mit Jordanien – die Zustimmung des Kabinetts erhalten. Das Kabinett habe die Rückzugslinie gegenüber Ägypten zwischen El-Arisch und Ras Mohammed festgelegt, womit noch ein Drittel des Sinai in israelischer Hand blieb. Sadat lehnte diese Variante sicherlich ab, aber in diesem Stadium war Zustimmung zu dem Gesamtkonzept wichtiger als seine konkrete Ausgestaltung. Israelische Vorschläge sind anfangs niemals bescheiden, können aber nach zähen Verhandlungen durchaus modifiziert werden.

Anfang März fühlten wir uns sicher genug, Israels Reaktion Sadat zu übermitteln und ihn um Zustimmung zu bitten, Asad und Hussein offizielle Vorschläge zu unterbreiten. In der Instruktion für unseren Botschafter in Kairo Hermann Eilts nahmen wir die Gelegenheit wahr, die Vorteile dieser Strategie noch einmal zusammenzufassen und Sadat die Alternativen vor Augen zu führen:

> Wenn Präsident Sadat es als nützlich erachtet, würden wir gern seine Meinung über das weitere Vorgehen erfahren. Wie soll die Initiative organisiert und wie sollen die anderen arabischen Regierungen einbezogen werden? Wir warten auf Sadats Antwort, bevor wir den nächsten Schritt tun.

> Wenn Präsident Sadat nicht zustimmt, hat es keinen Sinn, diesen Vorschlag weiter mit den Israelis zu besprechen. Dann sollten wir besser über das Verfahren zur erneuten Einberufung der Genfer Konferenz nachdenken – mit allen Schwierigkeiten, die uns dort erwarten.

Am 11. März legte Eilts unseren neuen offiziellen Vorschlag Sadat vor, der eine offizielle Antwort seinerseits aufschob, bis er sich mit seinen Beratern konsultiert hatte. Wie ich erwartet hatte, wies Sadat auf die Nachteile der Linie zwischen El-Arisch und Ras Mohammed hin, lehnte aber deswegen nicht das ganze Konzept ab. Auch daß die PLO keine Rolle spielte, bezeichnete er als »ernstes Problem«, was in der Diplomatensprache hieß, Arafat auszuschließen sei kein unüberwindbares Hindernis. Ungeachtet dieser Vorbehalte betonte Sadat – laut Eilts – mehrfach, »es sei immer sein Standpunkt gewesen, man solle jede Möglichkeit ernst nehmen, um auch nur einen Zollbreit ägyptischen Gebietes zurückzubekommen, was er auch Arafat und seinen arabischen Kollegen mehrfach dringend geraten« habe. Seiner Meinung nach sei bereits die Tatsache, daß sich Israel auf Drängen der Vereinigten Staaten überhaupt bereit finde, über das Westjordanland zu sprechen, umwerfend – »Bravo!«. Nach seinem Dafürhalten wäre es nützlich, das Konzept (allerdings nicht die Details auf dem Sinai) an Asad zu erproben: »Wenn Asad positiv reagiert, kann man weitere Modalitäten sondieren.«

Fahmi wiederholte am 18. März Sadats Kritik, stimmte aber (nach Eilts' Worten) »am Ende doch zu, daß wir das Konzept mit den Syrern und den Jordaniern besprechen, vorausgesetzt, wir reden nicht – ich wiederhole, nicht – von der ägyptischen Front«. Sadat wollte also nicht – so verstanden wir dies –, daß Vermutungen über einen Deal in Umlauf kamen, den er ganz eindeutig ins Auge faßte.

Nun war der Weg frei, unser Grundkonzept Asad und Hussein vorzutragen. Das taten wir, aber bevor wir mit unserer Sondierung weit kamen, zog der Libanon die Aufmerksamkeit aller Seiten auf sich. Denn genau in diesem Augenblick brach der schwelende Vulkan aus.

Syrien greift im Libanon ein

Am 8. März 1976 desertierten muslimische Soldaten der libanesischen Armee und schlossen sich der sogenannten Libanesisch-Arabischen Armee an. Am 11. März erklärte sich der sunnitische Kommandeur der Region um Beirut zum Gouverneur von Libanon und forderte Präsident Suleiman Frangie zum Rücktritt auf. Sofort brachen schwere Kämpfe aus – meist zwischen Muslimen und Christen, aber auch zwischen verschiedenen muslimischen Gruppen. Wie konfus die Lage war, zeigte sich, als Einheiten der rebellierenden muslimischen Kräfte, die gegen den Palast des christlichen Präsidenten vorrückten, von palästinensischer Guerillas der PLA aufgehalten wurden (die, wie bereits erwähnt, formell der PLO angehörte, tatsächlich aber eine Hilfstruppe der syrischen Armee war).

Als die PLA allein dem Ansturm nicht standhalten konnte, begann Syrien ein offenes Eingreifen zu erwägen. Das hatten wir seit dem Ausbruch der Krise befürchtet. Am 14. März erklärte Shihabi, der Generalstabschef der syrischen Armee, unserem Botschafter Richard Murphy, er habe die Hoffnung aufgegeben, die Lage im Libanon lasse sich ohne den Einsatz regulärer syrischer Truppen klären. Er sprach davon, daß die syrische Armee »einrückt und in Stellung geht, um sicherzustellen, daß es an Libanons Grenzen ruhig bleibt«. Murphy wies warnend darauf hin, die Israelis würden das niemals akzeptieren. »Vielleicht nicht«, antwortete Shihabi. »Die Israelis werden ›mit oder ohne formale Vereinbarung‹ verstehen, daß es lediglich Friedenstruppen sind« – mit anderen Worten, daß sie keine strategische Bedrohung Israels darstellten. Als Murphy bei dem heiklen Thema des Einsatzes regulärer syrischer Truppen nachfragte, wich Shihabi aus. »Er hat das nicht ›vorgeschlagen‹«, berichtete Murphy, »und auch nicht angedeutet, daß ich seine Überlegungen nach Washington weitergeben soll, aber wenn man sich die libanesische Szene anschaut, welche Alternative bleibt dann noch?«

Es war ein merkwürdiges Gespräch. Shihabi mußte wissen, daß Washington über seine Ansichten informiert wurde, warum sonst hatte er Murphy aufgesucht? Wollte Shihabi, den wir für relativ gemäßigt hielten, uns nur Mitteilung machen, oder wollte er unsere Meinung wissen? Regte er an, über amerikanische Vermittlung eine Abgrenzung der Interessensphären mit Israel im Libanon vorzunehmen? Da wir es für ausgeschlossen hielten, daß Shihabi auf eigene Faust handelte, blieb nur die Annahme, daß Asad über einen seiner Vertrauten unsere Reaktion testen wollte. Das Gespräch bestätigte eindeutig, daß wir eine zentrale Rolle in der Region spielten. Wir allein standen im Kontakt zu allen Parteien.

Shihabis Initiative brachte uns in eine schwierige Lage. Auf einer Besprechung mit meinen Mitarbeitern erklärte ich am 28. März, für uns wäre die »syrische Lösung« vom 22. Januar ohne die Präsenz syrischer Truppen am günstigsten. Diese Vereinbarung hatte das Gleichgewicht zwischen den religiösen Gruppen sowie den traditionellen politischen und sozialen Rahmen des Libanon gewahrt, wenn die Christen dabei auch leichte Vorteile hatten. Wir unterstützten die Vereinbarung, weil es so noch am ehesten möglich schien zu verhindern, daß der Libanon zum Ausgangspunkt eines Flächenbrandes wurde, der den ganzen Nahen Osten erfaßte. Syrien kam sie zupaß, weil damit eine Aufteilung des Libanon zwischen Christen und Muslimen verhindert wurde, die für Asad drei Nachteile hatte: Es wäre ein weiterer Staat in der Region entstanden, der sich dem Westen verbunden fühlte; für andere ethnische oder religiöse Gruppen wäre ein Präzedenzfall geschaffen worden, daß nämlich die Abspaltung von einem bestehenden Staat möglich war; und der muslimische Teil wäre wahrscheinlich unter die Herrschaft von Gruppen gefallen, die mit radikalen arabischen Staaten in Verbindung standen. Wir hielten nichts von einer solchen Teilung, weil sie die arabische Welt gegen uns geeint hätte und ohne massives militärisches Eingreifen nicht aufrechtzuerhalten gewesen wäre.

Leider stand der Kompromiß vom 22. Januar von vornherein auf schwachen Beinen, wenn er nicht von außen militärisch gestützt wurde. Übernahmen die Syrer diese Aufgabe, stärkte das deren Vorherrschaft in der Region und erhöhte das Risiko, daß Israel eingriff. Übernahm diese Aufgabe eine arabische Streitmacht, wie Ägypten es vorschlug, dann tendierte das Ganze zur PLO, wogegen sich Syrien (und möglicherweise auch Israel) ganz sicher zur Wehr gesetzt hätte. Gegenüber der Führung des Kongresses erklärte ich dazu am 7. April:

In dieser Krise sind wir nun mit einem merkwürdigen Rollentausch konfrontiert: Syrien unterstützt die Christen und wendet sich gegen die PLO. Die Syrer helfen außerdem dem gemäßigten Flügel der PLO, schneiden die Linken um Dschumblatt vom Nachschub ab und schützen die Gebiete der Christen. Die Ägypter dagegen stärken die Radikalen wegen deren Haß auf die Syrer. Die Vereinigten Staaten wünschen das gleiche politische Ergebnis wie die Syrer und die Israelis. Aber wir und Israel wollen nicht, daß Syrien militärisch eingreift. Das Paradoxe an der Sache ist, daß ohne das Eingreifen Syriens die PLO den Sieg erringen kann. Unsere Politik ist also darauf gerichtet, das Eingreifen Syriens zu verhindern, aber seine politischen Vermittlungsbemühungen im Sinne der Vereinbarung vom 22. Januar zu unterstützen.

Die Vereinigten Staaten hatten keine Möglichkeit, militärisch aktiv zu werden, obwohl Senator Henry Jackson uns Anfang April vorwarf, daß wir nicht die Marineinfanterie in Marsch setzten, wie Präsident Eisenhower es 1958 getan hatte. Kaum ein Jahr nach unserem Rückzug aus Saigon und drei Monate nach der Abstimmung im Kongreß, die unserem Engagement in Angola ein Ende gesetzt hatte, wäre die amerikanische Öffentlichkeit nicht für eine umfangreiche, lang andauernde Aktion zu gewinnen gewesen, wie sie hier notwendig war. Von Jacksons Aufschrei einmal abgesehen, spielte dieser Gedanke sowohl in den Vorwahlen als auch im direkten Wahlkampf kaum eine Rolle. Auch kein Mitglied des Nationalen Sicherheitsrates setzte sich dafür ein, denn ein sinnvolles militärisches Engagement war kaum vorstellbar. Hätten wir uns zwischen die streitenden Parteien gestellt, dann wären größere Verluste unvermeidlich gewesen. Als die WSAG am 22. April zusammentrat, erklärte ich:

Wenn amerikanische Truppen als Puffer eingesetzt werden, um die streitenden Parteien zu trennen, dann legen wir uns mit den Syrern an. Sie könnten daraufhin in großer Zahl im Libanon einmarschieren. Wir müßten plötzlich die PLO vor den Syrern schützen. Wenn wir eingreifen, dann gibt es keinen einfachen Weg zurück... Wir müssen uns fragen, welche nationalen Interessen uns bewegen könnten, dort unsere Streitkräfte einzusetzen.

Unsere Ziele im Libanon waren weitaus vielfältiger, als lediglich die Konfliktparteien voneinander fernzuhalten. Dafür sollte die Reagan-Administration 1983/84 schwer Lehrgeld bezahlen, als sie davor zurückschreckte, in einer wesentlich günstigeren Situation in Amerika die Opfer für eine viel kleinere Streitmacht bei begrenzteren Zielen auf sich zu nehmen.

Am 30. März berief Ford Dean Brown, einen hervorragenden Beamten des Diplomatischen Dienstes, auf meine Empfehlung zu seinem Sonderbotschafter im Libanon. Brown, der erst kurz zuvor in den Ruhestand getreten war, hatte seine Aufgaben als Botschafter in Jordanien in den kritischen Septembertagen des Jahres 1970 mit Bravour und Geschick erfüllt, als ein Aufstand der PLO und eine Invasion Syriens die haschemitische Dynastie in ihrer Existenz bedrohten.[10]

Bei einer Besprechung mit meinen Mitarbeitern am 30. März gab ich Brown folgende Instruktionen:

Als erstes brauchen wir eine genaue Einschätzung der Lage. Zweitens wollen wir zu einem Waffenstillstand beitragen. Drittens wäre uns ein Ergebnis wie die syrische Lösung von Ende Januar am liebsten. Viertens möchten wir Kontakt zur PLO aufnehmen ... Wir müssen versuchen, Dschumblatt von der PLO abzuspalten. Diese muß erkennen, daß sie das erste Opfer ist, wenn Israel eingreift. Fünftens dürfen wir nicht den Christen das Rückgrat brechen. Sie dürfen nicht unseretwegen in die Knie gehen. Sechstens müssen wir die Syrer heraushalten. Siebtens müssen die Syrer den Eindruck gewinnen daß wir alles tun, um eine Lösung zu finden, die ihren Vorstellungen entspricht... Ich bin dafür, die Christen zu unterstützen. Sie wissen, daß ich nichts tue, um die Israelis daran zu hindern. Je stärker die Christen sind, desto besser.

Der Bezug auf die PLO muß genauer erklärt werden. Wir hatten mit Israel vereinbart, nicht mit der PLO zu verhandeln, bis diese Israels Existenzrecht anerkannte und sich vom Terrorismus lossagte. Der Libanon war für uns allerdings ein Sonderfall. Nach der mit Israel abgestimmten Strategie wollten wir die radikale libanesische Gruppe um Dschumblatt isolieren, um zu verhindern, daß an Israels Nordgrenze ein weiterer radikaler Staat entstand, der sich unter Umständen mit dem Irak und Libyen, ganz sicher aber mit der Sowjetunion verbündete. Kurzzeitig erwogen wir den Gedanken, mit der PLO über den Libanon zu sprechen. Brown hatte aber die strikte Weisung, einen solchen Dialog nur mit Washingtons Zustimmung aufzunehmen.

Auf einer Sitzung des Nationalen Sicherheitsrates am 7. April sagte ich zu Ford:

Um eine Lösung zu erreichen, werden wir Sie um Ihre Zustimmung bitten müssen, Herr Präsident, mit der PLO in Kontakt zu treten. Das würde keine Änderung unserer Haltung zur PLO in der Nahostfrage bedeuten. Aber wir haben uns gegenüber Israel nicht verpflichtet, jedes Gespräch mit der PLO – auch ausschließlich über die Lage im Libanon – zu unterlassen.

Am Ende holten wir diese Zustimmung nicht einmal ein, als wir amerikanische Bürger über die von der PLO kontrollierten Stadtteile Beiruts evakuierten. Hier schaltete sich Ägypten als unser Vermittler zur PLO in politischen Fragen ein. Untere Sicherheitsbeamte mögen mit Funktionären der PLO Kontakt aufgenommen haben, um technische Fragen der Evakuierung zu besprechen. Zu inhaltlichen Gesprächen kam es nicht.

Das Verhältnis zur christlichen Gemeinschaft war ähnlich kompliziert. Wir wollten sie eindeutig stärken. Direkte Waffenlieferungen hätten allerdings unverzüglich alle islamischen Staaten der Region gegen uns aufgebracht – einer der wenigen Punkte, in dem sich Syrien, Ägypten und Saudi-Arabien völlig einig waren. Ohne die Mitwirkung dieser Staaten hätte aber der ganze Friedensprozeß scheitern können. So ermutigten wir Israel, die Christen mit Waffen zu versorgen, obwohl Syrien – zumindest zeitweilig – als deren Beschützer auftrat.

Die bereits sehr verworrene Lage im Nahen Osten hatte nun einen Punkt erreicht, an dem die Zahl der Akteure kaum noch auszumachen war, viel weniger noch die trickreichen Spiele durchschaut werden konnten, in die sie verwickelt waren. Israel hatte gewisse gleichgerichtete Interessen mit Syrien, was die Verhinderung einer Vorherrschaft der Radikalen, das heißt Dschumblatts und der PLO, betraf. Beide schützten die Maroniten als Gegengewicht. Wenn aber die eine Seite zu diesem Zweck militärische Mittel einsetzte, konnte man von der anderen entsprechende Gegenmaßnahmen erwarten. Weder Syrien noch Israel waren zu einem Krieg bereit: Syrien, weil es sich zu schwach fühlte, und Israel, weil es sich von dem Schock des letzten Krieges kaum zwei Jahre zuvor noch nicht erholt hatte. Aber sie konnten durch Mißverständnisse leicht aneinandergeraten. Ägypten unterstützte die Radikalen vor allem als Gegengewicht gegen Syrien in der arabischen Politik; ganz sicher wünschte es keine allgemeine Zunahme der Spannungen. Saudi-Arabien gab Syrien generelle Rückenstärkung, wollte aber nicht, daß es die PLO vernichtete. Die Sowjetunion, deren Nahostpolitik in Scherben lag, da zwei ihrer Verbündeten – Syrien und die PLO – einander an die Kehle gingen, manövrierte verworren gegen eine Einmischung von außen, schlug sich allerdings am Ende auf die Seite der Radikalen und stellte sich somit gegen Syrien. Frankreich wollte etwas von seiner historischen Rolle im Libanon retten, war jedoch zwischen seiner traditionellen Parteinahme für die Maroniten und dem Wunsch, auch weiterhin in der arabischen Welt eine Rolle zu spielen, hin und her gerissen.

Unsere Stärke inmitten dieses Malstroms beruhte darauf, daß keine Seite ihre Ziele ohne unsere Hilfe durchsetzen konnte. Israel wollte, daß wir Syrien zurückhielten. Syrien erwartete, daß wir Israel daran hinderten, im Libanon einzumarschieren. Ägypten wußte, daß nur mit uns ein rascher Fortschritt zu erreichen war, wenn der Friedensprozeß wieder in Gang kam. Die Sowjetunion war in dieser verwickelten Situation kaltgestellt. Uns fiel der Part des unverzichtbaren diplomatischer. Ausgleichsfaktors im Libanon zu, weil alle Beteiligten an einem guten Verhältnis zu uns interessiert waren.

Das war kein einmal gegebenes Konzept mit einem absehbaren Ziel; im Verlauf dieses Jahres mußten wir uns immer wieder neu einstellen, während wir zugleich mit unseren diplomatischen Aktionen in Lateinamerika und im südlichen Afrika beschäftigt waren, die in den vorhergehenden Kapiteln beschrieben sind. Es war beinahe eine Karikatur der klassischen Diplomatie des Kräftegleichgewichts, und doch gab es dazu keine Alternative.

Unsere zentrale Rolle zeigte sich in der ersten Botschaft an Asad nach Shihabis Schritt vom 14. März. Am 15. März erteilte ich Murphy die Weisung, Asad aufzusuchen:

Fragen Sie ihn, was er im Sinn hat. Wenn wir damit übereinstimmen, werden wir alles tun, um ihm zu helfen. Aber warnen Sie ihn: Alles muß ohne den Einsatz regulärer syrischer Truppen geschehen. Dann können wir garantieren, daß die Israelis nicht eingreifen.

Am selben Tag beauftragte ich den stellvertretenden Unterstaatssekretär Atherton, dem israelischen Botschafter mitzuteilen, wir hätten keinerlei Bestätigung für den Einmarsch syrischer Truppen im Libanon und warnten davor, aufgrund lückenhafter Informationen zu handeln: »Wir müssen zuvor in Kenntnis gesetzt werden.« Dinitz drängte ich, »ihm (Rabin) mitzuteilen, er möge größte Umsicht walten lassen«.

Am 18. März empfing Asad Murphy und wies darauf hin, daß der christliche Präsident Frangie um syrisches Eingreifen gebeten habe: »Wir wären keine Araber, wenn wir unseren Brüdern nicht die helfende Hand reichten.« Asad betonte, Syriens einziges Ziel sei die Erhaltung des Friedens. Er dränge alle Seiten, »die Kämpfe einzustellen, miteinander zu sprechen und einen gemeinsamen politischen Nenner zu finden… Gewalt wird das Problem nicht lösen.« Syrien werde seine Vermittlungsbemühungen auf der Grundlage der Vereinbarung vom Januar fortsetzen. Zwar äußerte Asad Verständnis für das Sicherheitsbedürfnis Israels an dessen nördlicher Grenze, fügte aber hinzu: »Ich kann für nichts garantieren.« Das hieß, er wollte sich nicht vorwerfen lassen, einem Staat Zusicherungen zu geben, den er bisher nicht einmal anerkannt hatte, obwohl er genau das tat. Asad äußerte die Hoffnung, die Vereinigten Staaten könnten nachhaltig bei Israel um Verständnis dafür werben, daß »sie mit dieser innerarabischen Angelegenheit nichts zu tun haben«. Nach dem Gespräch rief Asad Murphy noch einmal an und erklärte in einem für ihn völlig untypischen versöhnlichen Ton, er hoffe, die Vereinigten Staaten ließen ihn wissen, wenn sie neue Vorschläge zur Lösung der Libanonfrage hätten.

Am selben Tag teilte Atherton mir in Washington mit, Arafat verhandle mit Ägypten, um dessen Unterstützung für sich und die revoltierenden muslimischen Truppen gegen Syrien zu erhalten, und Ägypten sei bereit, diesem Anliegen nachzukommen.

Während all dieser diplomatischen Manöver brachen zwischen den libanesischen Gruppen immer wieder schwere Kämpfe aus. Welches Chaos herrschte, zeigt ein Zwischenfall am 19. März: Eine Maschine der syrischen Luftwaffe mit dem libanesischen Ministerpräsidenten Raschid Karami und anderen Spitzenpolitikern an Bord geriet auf dem Flughafen von Beirut in Brand, bevor sie nach Damaskus starten konnte. Anhänger von Präsident

Frangie beschossen Stellungen der Drusen in einem Gebiet nördlich der Residenz des libanesischen Präsidenten.[11] Die amerikanische Universität in Beirut hatte am 17. März schließen müssen.[12] Am 21. März wurden die Büros der Nachrichtenagenturen Reuters und al-Nahar evakuiert.[13] Falangisten und Muslime lieferten sich erbitterte Kämpfe um das Holiday Inn von Beirut.[14] Am 22. März traf Karami mit Frangie zusammen, der sich weigerte zurückzutreten. Daraufhin trat das libanesische Kabinett zu einer außerordentlichen Sitzung zusammen, um eine Verfassungsänderung zu beraten, die die sofortige Wahl eines neuen Präsidenten ermöglichen sollte.[15] (Wie bereits erwähnt, wurde dieses Problem im April gelöst. Am 8. Mai wählte man schließlich nach vielen Manövern Frangies Elias Sarkis zum Präsidenten Libanons. Er hatte die Unterstützung Syriens, konnte aber erst am 23. September sein Amt antreten.)

Der Nervenkrieg um ein mögliches Eingreifen Syriens führte zu einem klassischen Fall von Kriegspsychose. Am 25. März rief mich der stellvertretende Verteidigungsminister William Clements an und teilte mit, eine syrische Panzerdivision sei unterwegs, wahrscheinlich rücke sie im Libanon ein. Fünfzehn Minuten später bestätigte er diese Nachricht. Ich informierte Dinitz und den britischen Botschafter Peter Ramsbotham. Letzterer teilte mir mit, der britische Nachrichtendienst habe über derartige Aktivitäten noch nichts berichtet. Einige Stunden später mußte ich Ramsbotham erneut anrufen: »Unsere Nachrichtendienstleute können offenbar nicht zwischen Damaskus und Kairo unterscheiden. Die Panzerbrigade ist aus Kairo, nicht aus Damaskus ausgerückt« (und rollte damit nicht in Richtung Libanon).

Rabin reagierte auf meine Mitteilungen am 23. März. Falls es zu einer syrischen Intervention komme, würden israelische Truppen »so unauffällig wie möglich« strategisch wichtige Positionen im Südlibanon besetzen. Am nächsten Tag erläuterte eine israelische Denkschrift im einzelnen die Waffentypen und Truppenteile, deren Einsatz das israelische Kabinett als unannehmbares syrisches Eingreifen betrachtete. Darin waren Infanterieeinheiten von Brigadestärke aufwärts genannt (einschließlich der bereits im Libanon befindlichen Truppen); das bedeutete, daß man ein gewisses Maß an syrischer Infiltration ohnehin bereits tolerierte. Dieser Eindruck wurde verstärkt, wenn man las, was in dem Memorandum als Höchstmaß an annehmbarem syrischen Eingreifen beschrieben war. Danach wollte Israel kein Vorrücken syrischer Truppen über ein Gebiet hinaus dulden, das zehn Kilometer südlich der Achse Damaskus – Beirut lag. Das war die berühmte »rote Linie«, die im Grunde genommen die israelisch-syrische Übereinkunft über die Teilung der Einflußsphären markierte und bis heute stillschweigend respektiert wird.

Nun entspannen sich komplizierte Manöver, in denen Israel und Syrien, zwei Staaten, die sich formal noch im Kriegszustand miteinander befanden, einander ihre Risiken und Verpflichtungen in dem Vakuum andeuteten, das sich so plötzlich im Libanon aufgetan hatte. Da es um Verabredungen in stillschweigendem Einvernehmen ging, die jede Seite stets bestreiten konnte, trugen Dinitz und ich einander formale Erklärungen vor, die von dem inoffiziellen, zuweilen recht lockeren Ton unserer üblichen Gespräche weit entfernt waren. Sie sollten vermeiden, daß stillschweigende Übereinkünfte als bindende Verpflichtungen mißverstanden oder interpretiert werden konnten, aus denen sich dann unter Umständen innenpolitische Probleme ergaben. Jede Seite nutzte die Gelegenheit, ihre Grundpositionen immer wieder zu bekräftigen. So erklärte Dinitz, der ein Eingreifen Syriens im Prinzip ablehnte, zugleich jedoch die praktischen Modalitäten dafür umriß, unter anderem:

Ich möchte hervorheben, daß alle Informationen Antworten auf Fragen sind und keinesfalls so aufgefaßt werden dürfen, als ob Israel einem syrischen Vordringen zustimmt. Unseren Standpunkt dazu (prinzipielle Ablehnung eines Eingreifens) haben wir in der Vergangenheit eindeutig kundgetan, und wir beharren auch heute auf ihm.

In meiner Erwiderung drehte ich das Verfahren um. Ich deutete an, wir könnten eine israelische Reaktion unter gewissen Umständen hinnehmen, bestand jedoch darauf, daß vorher Konsultationen stattfinden müßten, auch wenn eine Intervention Syriens vorliege. Die Antworten Israels entgegenzunehmen bedeute auf keinen Fall, »Zustimmung zu einem israelischen Schritt zu geben oder daß keine Gespräche mit uns notwendig sind, bevor Israel etwas unternimmt, selbst als Reaktion auf einen Schritt Syriens«.

Wir benutzten so stilisierte Formeln, weil Hindernisse und Ziele mit den Methoden der traditionellen Diplomatie definiert wurden, nicht mit denen von Rechtsanwälten, die einen formalen Vertrag entwerfen. Dazu erläuterte ich am 7. April vor dem Nationalen Sicherheitsrat:

Wir wissen, daß die Syrer die Israelis fürchten, so daß man einen Angriff Syriens ziemlich sicher ausschließen kann. Wir übertreiben Israels Drang, im Libanon einzumarschieren, aber Syrien wird keinen Krieg beginnen, wenn es ihn vermeiden kann – es sei denn, es muß in den Libanon einmarschieren und Israel tut dies auch. Außerdem haben wir erfahren, daß die Sowjets nicht auf einen Krieg aus sind. Sie unterstützen die Kommunistische Partei Libanons und andere Elemente vor Ort, darunter die PLO, aber insgesamt sind sie ein mäßigender Faktor. Die Kommunistische Partei Libanons ist sehr hilfreich, und auch die Sowjets scheinen den Syrern von einem Eingreifen abzuraten. Auch sie verlangen ihren Anteil an dem Kuchen. Die Sowjets wünschen keinen Ärger, sollte es aber zu einem neuen Krieg kommen, dann sind sie zum Handeln gezwungen, wenn sie nicht alle ihre Positionen im Nahen Osten verlieren wollen.

Diese Konstellation blieb das ganze Frühjahr unverändert. Syrische Truppen rückten vor – meist auf Bitte christlicher Politiker lokaler Behörden oder der Zentralregierung. Israel grollte über jeden Schritt, duldete ihn aber, solange Syrien keine starke militärische Präsenz aufbaute und sich von der »roten Linie« fernhielt.

So entstand ein kompliziertes Gleichgewicht. Syrien kontrollierte das Bekaatal, während die Städte ein Niemandsland darstellten, das Dschumblatt, die PLO, die Christen und die Syrer sich teilten. Das galt besonders für Beirut, wo ein Gebiet vom anderen hermetisch abgeriegelt war. Syrien erlebte im Libanon im umgekehrten Sinne das, was uns in Vietnam widerfahren war. Dort hatten wir die Städte kontrolliert, während die ländlichen Gebiete umkämpft waren. Im Libanon kontrollierte Syrien große Teile der ländlichen Gebiete, während in den Städten der Bürgerkrieg tobte. Zwar war Syrien militärisch überlegen, konnte aber ebensowenig wie wir in Vietnam die Kontrolle über das ganze Land gewinnen – allerdings erwiesen sich die Syrer als hartnäckiger. Ihr Handlungsspielraum wurde auch eingeschränkt, als die Arabische Liga eine aus sudanesischen, saudi-arabischen und libyschen Abteilungen zusammengesetzte Truppe entsandte, die in Beirut Polizeifunktionen übernahm. Sie war nicht gerade ein furchteinflößender militärischer Machtfaktor, aber sie symbolisierte die Zwänge, die der syrischen Politik nicht nur von seiten Israels, sondern auch seiner arabischen Brüder auferlegt wurden.

Indessen schritt der politische Prozeß mit Unterbrechungen, aber unerbittlich weiter voran. Am 10. April beschloß das libanesische Parlament eine Verfassungsänderung, die einen vorzeitigen Wechsel des Präsidenten ermöglichte. Am 8. Mai wurde Elias Sarkis, ein Kandidat der Syrer, zum Präsidenten gewählt. Da aber Präsident Frangie sich weigerte zurückzutreten, konnte Sarkis erst am 23. September in sein Amt eingeführt werden.

Danach flauten die Kämpfe allmählich ab. Vorübergehend kam es zu Waffenstillständen, die aber immer wieder durch aufflackernde Scharmützel unterbrochen wurden. Beirut war nach wie vor in militärisch befestigte Zonen eingeteilt.

Einer der schmerzlichsten Augenblicke für die Vereinigten Staaten war die Ermordung von Botschafter Francis E. Meloy jr. und dessen Wirtschaftsrat Robert O. Waring am 16. Juni 1976. Meloy, der nur wenige Wochen zuvor in Beirut eingetroffen war, um Dean Brown abzulösen, wurde getötet, als er sich zu seinem ersten offiziellen Termin begab. Ich hatte ihn gebeten, mit Flagge zu fahren, wenn er sich zum neugewählten Präsidenten Sarkis begab. Dessen Büro lag im christlichen Teil Beiruts, die Botschaft im muslimischen Sektor. Nach dem üblichen Verfahren blieb unser Sicherungswagen am Kontrollpunkt des muslimischen Sektors zurück. Auf der anderen Seite übernahmen die Christen die Absicherung. Meloy wurde von einer terroristischen Splittergruppe der Palästinenser im Niemandsland entführt, bevor er in den christlichen Sektor einfuhr. Wenig später wurde er exekutiert.

Meloys Tod traf mich schwer. Nicht nur deshalb, weil ich ihm eine Aufgabe übertragen hatte, die ihn das Leben kostete. Ich fühlte mich auch in erster Linie persönlich verantwortlich dafür, daß er in den Libanon gegangen war. Nur wenige Monate zuvor war ich auf ihn aufmerksam geworden, als ich im Februar 1976 Guatemala nach einem schrecklichen Erdbeben besuchte. Meloy, der damals dort unser Botschafter war, hatte außerordentlichen Mut bewiesen, als er auf eigene Faust das gesamte Programm absagte, das meine Mitarbeiter vorbereitet hatten, weil er es in der konkreten Situation für unangemessen hielt. Als Dean Browns Familie wenige Wochen später forderte, er möge eine Frist für seine Mission im Libanon setzen (er hatte diesen Posten aus dem Ruhestand heraus übernommen), hatte ich sofort Meloy im Auge. Später sagte ich dem libanesischen Botschafter Ghassan Tueini zu diesem Vorfall:

> Er (Meloy) hatte sich in Guatemala bei der Lösung ähnlicher Probleme sehr bewährt... Er war ein guter Mann. Ich hielt nicht viel von ihm, bis ich ihn in Guatemala nach einem großen Erdbeben erlebte. Das war eine Krise. Er mißachtete fast alle Weisungen, die ich ihm sandte. Aber er bewies mir, daß er recht und ich unrecht hatte... Gott weiß, es gibt nicht

viele Botschafter, die mich so beeindruckt haben. Ich fühle mich tief verantwortlich dafür, daß er in den Libanon gegangen ist.

Die Ermordung Meloys löste eine Krise wegen der noch in Beirut verbliebenen Amerikaner aus. Wir boten ihnen an, sie zu evakuieren. Damit lösten wir jedoch eine Debatte darüber aus, wie das am besten zu bewerkstelligen sei. Am einfachsten konnte man den Libanon auf dem Luftweg verlassen, aber Syrien warnte uns: Der Flugplatz, der von palästinensischen Flüchtlingslagern umgeben war, sei nicht sicher, mit einer einzigen Rakete könne man eine vollbesetzte Maschine in die Luft jagen. Am raschesten war die Sache per Schiff abzuwickeln, aber das Hafengebiet befand sich unter Kontrolle der PLO, die wir nicht durch eine solche Aktion aufwerten wollten. Der Landweg nach Damaskus schließlich wurde von so vielen verschiedenen Milizen kontrolliert, daß man die Sicherheit der Amerikaner nur mit massiver US-Militärpräsenz hätte garantieren können. Am Ende entschieden wir uns für die Evakuierung per Schiff in zwei Etappen.

Zu dieser Zeit war der erstaunliche Frontenwechsel nahezu abgeschlossen. Syrien, das sich am konsequentesten für eine Beteiligung der PLO am Friedensprozeß eingesetzt hatte, war nun im Libanon entweder in Bodenkämpfe mit ihr verwickelt oder sah untätig zu, wie christliche Milizen Stützpunkte der PLO belagerten. Um Syriens Aufstieg zum Rivalen in der arabischen Welt zu vereiteln, unterstützte Ägypten, unser engster Freund unter den Arabern, die radikalen Kräfte im Libanon, die in Konflikt mit Ägypten geraten mußten, wenn unsere gemeinsame Nahoststrategie weiter vorankam. Die Sowjetunion, bisher Syriens zuverlässigster Verbündeter, wandte sich wegen des militärischen und politischen Drucks der Syrer auf die Palästinenser gegen sie. Am 20. Juli veröffentlichte die französische Zeitung *Le Monde* einen Brief Breschnews an Asad, den angeblich auch Dschumblatt und die PLO erhielten (was Moskau in der Tat niemals bestritt). Darin mahnte Breschnew Asad, das Vorgehen »gegen den Widerstand und die nationale Bewegung im Libanon« einzustellen. Seinen Rat verband er mit einer Drohung: »Die Freundschaft unseres Landes mit Ihnen ist sicher und stabil, solange Syrien sich so verhält, daß keine Risse in den Beziehungen zwischen unseren Staaten entstehen.« König Hussein bestätigte diesen Brief der Sowjetunion an Asad und fügte hinzu, die Sowjets hätten gedroht, die Lieferung von Ersatzteilen an die syrischen Streitkräfte einzustellen.

Daß es mit den sowjetisch-syrischen Beziehungen nicht zum besten stand, zeigte eine lange Rede Asads am 20. Juli. Er schwor, Syrien werde sich keinem Ultimatum beugen, pries Botschafter Browns Mission und deutete an, alle Bemühungen von außen, den Kämpfen ein Ende zu setzen, würden begrüßt, »selbst wenn sie von Amerika kommen«. In dieser dreistündigen Rede erwähnte Asad die Sowjetunion nicht ein einziges Mal. Und er ließ keinen Zweifel an seiner Haltung, was die Palästinenser im Libanon betraf: Syrien werde »sich keiner palästinensischen Forderung beugen, aus dem Libanon abzuziehen«. Das könnten nur die Libanesen fordern. (Dieses Angebot konnte er leicht machen, denn der christliche Präsident selbst hatte die Syrer ins Land geholt.)

Wie sehr die Verhältnisse im Libanon die internationale Landschaft verändert hatten, wurde in meinen Instruktionen an Murphy zu dieser Rede deutlich, die der Botschafter Asad vortragen sollte: »Unsere Botschaft ist, daß wir eine unabhängige Außenpolitik unterstützen und ihn aus diesem Grund nicht in Verlegenheit bringen wollen.« Murphy sollte »die Hoffnung zum Ausdruck bringen, wenn Asad zu irgendeiner Zeit den Eindruck habe, diese (die unabhängige Außenpolitik) sei bedroht, dann möge er die Vereinigten Staaten dies wissen lassen, damit wir gemeinsam prüfen könnten, welche Schritte zu unternehmen seien, um die Gefahr zu beseitigen ... Dabei sind wir bereit, ihm entgegenzukommen.«

Um zu beweisen, wie ernst wir Syriens Auffassungen nahmen, erteilte ich Murphy die Vollmacht, Asad darüber zu informieren, was wir über die sowjetischen Lieferungen an die PLO wußten: »Teilen Sie ihm mit, welche Mengen direkt an die PLO gehen und was sie nach unserer Einschätzung über Libyen erhält sowie über weitere Kontakte. Erwähnen Sie Ägypten nicht.« Es war geradezu eine diplomatische Revolution, daß der amerikanische Außenminister Syrien diplomatische Unterstützung gegen Rußland sowie nachrichtendienstliche Informationen über den Libanon anbieten konnte.

Am 7. August übermittelte uns Asad seinen Dank und bekundete, daß er mit den Vereinigten Staaten parallele Interessen verfolge, was die Bekämpfung der radikalen Kräfte nicht nur im Libanon, sondern im ganzen Nahen Osten betreffe. Murphy berichtete über Asads Ausführungen:

Libanon sei zum Ziel von (nicht näher genannten) Elementen in der arabischen Welt geworden, die den ganzen Gesellschaftsaufbau zerstören und eine totale Revolution herbeiführen wollten. Die libanesischen Kommunisten nutzten gegenwärtig die Strömung in der Öffentlichkeit wirksam aus, die den alten Libanon verändern wolle. Die US-Regierung und andere Staaten, die an einer friedlichen Entwicklung der Region interessiert seien, sollten in der Libanonkrise auf diese Gefahr achten. Dabei gelte es nicht nur zu verhindern, daß der Libanon zu dem Funken werde, der einen Brand in der ganzen Region (das heißt im arabisch-israelischen Kontext) auslösen könnte; auch handle es sich gar nicht um einen gewöhnlichen Bürgerkrieg, denn er werde, falls man keine Lösung finde, weitere Friedensbemühungen zunichte machen. Das Problem sei grundsätzlicher Natur. Es betreffe die gesamte künftige Entwicklung der arabischen Welt ganz unmittelbar. Saudi-Arabien und die Golfstaaten, um nur zwei zu nennen, seien vital daran interessiert, daß Elemente, die auf die Revolution setzten, nicht die Oberhand gewinnen.

Als theoretische Erklärung betrachtet, konnten wir Asad in vielen Punkten zustimmen, obwohl unsere Interpretation im Zusammenhang mit der Entwicklung der Libanonkrise und natürlich im Hinblick auf unsere Nahostdiplomatie nach den Präsidentschaftswahlen davon abwich. Aber solange Asad mit der Sowjetunion Streit hatte und im Libanon gebunden war, konnte er unseren geplanten Initiativen nur sehr wenig entgegensetzen.

Im Sommer 1976 hatten wir die schlimmsten Gefahren der Eruption im Libanon umschifft und waren bei der Schaffung von Voraussetzungen für eine neue Friedensinitiative im Nahen Osten gut vorangekommen. Unsere anfängliche Sorge eines Flächenbrandes im Nahen Osten war verflogen. Das Bündnis der Radikalen gegen den Friedensprozeß war zerborsten. Syrien war mit dem Libanon beschäftigt, die PLO mit Syrien. Die radikalen Gruppierungen im Libanon standen unter dem Druck der Syrer und Christen. Syrien seinerseits fühlte sich nicht stark genug oder fürchtete zu sehr Israels Reaktion, um den Libanon vollkommen seiner Kontrolle zu unterwerfen und dem eigenen strategischen Gebiet anzugliedern. Infolge der veränderten Bevölkerungsstruktur und der Aktionen ihrer Gegner hatten die Christen ihre traditionelle Vormachtstellung verloren. Von den Israelis bewaffnet und von Washington ermutigt, blieben sie allerdings ein wichtiges Hindernis gegen einen Sieg der Radikalen oder die totale Vorherrschaft Syriens.

Nicht alle diese Ergebnisse gingen auf unsere Politik zurück, wären aber ohne sie nicht möglich gewesen. Hätten wir uns herausgehalten, wäre das anfällige Gleichgewicht zwischen Syrien und Israel ganz sicher gekippt, und ein Krieg wäre die Folge gewesen. Hätten wir Asad zeitweilig verschreckt, wie Fahmi forderte, was, wenn überhaupt, den Aufbau einer israelischen Drohung erfordert hätte, wäre möglicherweise ein Sieg der radikalen Kräfte in der PLO die Folge gewesen, und das wiederum hätte ein späteres Eingreifen Syriens oder Israels unter wesentlich gefährlicheren Umständen nach sich gezogen. Syrien und Israel blieben die Hauptakteure im Libanon, denn Diplomatie kann Geographie und geopolitische Realitäten nicht außer Kraft setzen.

Das heikle Gleichgewicht, das sich 1976 herausbildete, bewahrte die Aussicht auf einen allgemeinen Frieden in der Region. Allerdings fiel die herkömmliche Form der Koexistenz, wie sie im Libanon zwischen den Religionen gewachsen war und nahezu während des ganzen Jahrhunderts bestanden hatte, diesen Entwicklungen zum Opfer. Das war nicht so sehr auf Machenschaften ausländischer Mächte zurückzuführen, als vielmehr auf die veränderte Zusammensetzung der Bevölkerung, vor allem aber auf die explosive Mischung, die sich auf libanesischem Boden zusammengebraut hatte und deren wichtigstes neues Element die PLO war. Äußere Mächte griffen vor allem ein, um zu verhindern, daß die Unruhen im Libanon ihre eigene Situation verschlechterten und ihre Ziele durchkreuzten, die mit der Krise im Libanon nichts zu tun hatten. Gegen Ende des Sommers ging es den Menschen im Libanon sogar besser als zu Beginn des Jahres, denn der mörderische Bürgerkrieg war etwas abgeflaut und eine Art Zivilregierung wieder im Amt. Sie sollte fast vier Jahre lang Bestand haben, bis Israel Ende 1980 den Versuch startete, eine maronitenfreundliche Lösung durchzusetzen.

Rückkehr zum Friedensprozeß

Als Sadat im März, wie bereits beschrieben, dem Kurs auf eine generelle Beendigung des Kriegszustandes hin zugestimmt hatte, wurden Instruktionen für die Botschafter Richard Murphy in Damaskus und Thomas Pickering in Amman vorbereitet, die Regierung ihres Gastlandes von diesem Konzept in Kenntnis zu setzen. Da zu dieser Zeit die Kontroverse über Syriens Rolle im Libanon aber gerade ihrem Höhepunkt zustrebte, forderten wir Murphy am 9. April auf, Asad nicht zu drängen: »Wichtig ist, den Zeitpunkt zu finden, zu dem er dafür am aufgeschlossensten ist.« Diese Gelegenheit bot sich am

9. Mai, als Asad, der demonstrieren wollte, welch geringe Priorität er dem Friedensprozeß beimaß, Murphy aufforderte, die Gesprächspunkte seinem wichtigsten persönlichen Mitarbeiter, Adib Daoudi, mitzuteilen. Murphy suchte Daoudi am 15. Mai auf und gab dort Rabins Angebot wieder: Israel sei bereit, einige Siedlungen auf dem Golan aufzugeben, wenn im Gegenzug der Kriegszustand beendet werde – ein in seiner Großzügigkeit beispielloses Angebot. Murphys Direktive enthielt den Grundgedanken des Konzepts:

Sie (die Israelis) haben uns jetzt ermächtigt, die Möglichkeiten für eine Beendigung des Kriegszustandes zwischen Israel und Ägypten, Syrien und Jordanien zu sondieren... Die Beendigung des Kriegszustandes wäre ein Zwischenschritt auf dem Weg zum Friedensschluß, der einer endgültigen Lösung vorbehalten bliebe. Die Linien (auf die sich Israel nach einer Vereinbarung über die »Beendigung des Kriegszustandes« zurückziehen könnte) wären deshalb noch nicht die endgültigen Grenzen Israels.

Asad gab nie eine offizielle Antwort auf diesen Vorschlag, hielt jedoch zwei Reden, in denen er vor nicht näher bezeichneten Versuchen warnte, einen Keil zwischen die Araber zu treiben. Das allerdings konnte in dem Klima, das im Zusammenhang mit den Ereignissen im Libanon entstanden war, alles mögliche bedeuten.

In der gespannten Atmosphäre des Nahen Osten muß man zuweilen in Ermangelung einer Analyse im Kaffeesatz lesen. Wir nahmen Asads offizielles Schweigen als ein Zeichen dafür, daß er sich alle Möglichkeiten offenhalten wollte. Seine Reden kümmerten uns nicht allzusehr, denn wir erwarteten nicht, daß er unserem Angebot öffentlich zustimmte, vor allem nicht zu einer Zeit, da er jede Unterstützung der Araber für sein Vorgehen im Libanon dringend brauchte. Asad rührte ganz sicher keinen Finger, bis er nicht genauer wußte, zu welchen territorialen Veränderungen Israel tatsächlich bereit war. Und selbst wenn er sich in der Praxis verhielt, wie seine Reden andeuteten, schwanden Asads Möglichkeiten, amerikanische Initiativen zu durchkreuzen, wegen Syriens wachsender Isolierung. Wenn ein gemeinsames Vorgehen nicht zustande kam, dann gewann Sadat Spielraum für eine ägyptische Separatlösung, die für mich ohnehin die wahrscheinlichste Variante war.

König Hussein hielt sich ähnlich bedeckt, als Ford ihm unser Konzept am 25. März vorstellte. Wie alle seine Amtskollegen beschäftigte ihn vor allem der Libanon. Was das Westjordanland betraf, so sagte er Ford, er sei bereit, bei einem seriösen territorialen Angebot Israels an seine arabischen Brüder heranzutreten und die Vollmacht zu fordern, trotz des Gipfelbeschlusses von Rabat Verhandlungen aufnehmen zu dürfen. Aber ebensowenig wie Asad war er bereit, sich für ein Konzept ins Zeug zu legen, das auch in einem Jahr noch nicht umgesetzt war. Was wir dem syrischen Präsidenten von Hussein übermitteln sollten, waren nur ausweichende Floskeln:

König Hussein äußerte sich skeptisch darüber, daß Israel zu ausreichenden territorialen Zugeständnissen bereit sein könnte. Unsere Gespräche mit ihm führten zu keinem greifbaren Ergebnis... Wir hatten den Eindruck, daß König Hussein erst ein Urteil abgeben möchte, wenn wir diese Idee mit Präsident Asad besprochen haben und dessen Reaktion kennen.

Am 22. Juni rief ich unsere Botschafter in den arabischen Staaten in der amerikanischen Botschaft in Paris zusammen, um mit ihnen über den Stand im Libanon und den Friedensprozeß im Nahen Osten zu sprechen. Wir versammelten uns im »Tank«, einem schalldichten Raum, der gegen mögliche Abhöranlagen gesichert ist. Mit seinen durchscheinenden Wänden frei in einem großen Raum stehend, atmete der »Tank« eine klaustrophobische Atmosphäre, in der sich jede Geschwätzigkeit von selbst verbot. Obwohl damit Eloquenz auf ein Minimum reduziert war, benötigten wir für das Thema drei ganze Stunden. Teilnehmer waren der stellvertretende Staatssekretär Roy Atherton, die Botschafter Hermann Eilts (Ägypten), Richard Murphy (Syrien), Thomas Pickering (Jordanien), William Porter (Saudi-Arabien) und Talcott Seelye (der kurz zuvor zum Nachfolger Meloys im Libanon ernannt worden war). Die Vereinigten Staaten hatten niemals ein besseres Team im Nahen Osten. Sein hohes professionelles Niveau beweist die Tatsache, daß die meisten dieser Botschafter auch unter späteren Administrationen beider politischen Parteien in wichtigen Funktionen dienten.

Ich wies warnend darauf hin, im Libanon bestehe die Gefahr, »daß jeder uns zum Sündenbock stempelt. Aber wenn wir es richtig anstellen, können wir auch weiterhin eine wichtige Rolle spielen.« Ich fügte hinzu, ich hätte es satt, von jedem arabischen Staat der Kollaboration mit den anderen beschuldigt zu werden:

Die Ägypter werfen uns vor, wir würden mit den Syrern unter einer Decke stecken, die Jordanier machen uns für Rückschläge der Syrer verantwortlich, weil wir diese nicht zum Eingreifen ermutigt hätten.

Die Gruppe der Botschafter kam einstimmig zu dem Schluß, diese Vorwürfe zeigten, daß unsere Strategie, kein Übergewicht einer der im Libanon rivalisierenden ausländischen Mächte zuzulassen, in der Tat funktionierte.

Dann diskutierte ich mit den Botschaftern den arabisch-israelischen Friedensprozeß. Ich erläuterte, warum ich es vorzog, in der nächsten Etappe mit den bestehenden arabischen Staaten weiterzuarbeiten und nicht die PLO einzubeziehen (worauf vor allem Seelye drängte, den die anderen Botschafter, wenn auch weniger begeistert, unterstützen):

Wenn sie (die PLO) einmal in den Friedensprozeß eingreift, dann wird sie alle anderen radikalisieren. Sie wird alle Fragen aufwerfen, auf die die Israelis nicht eingehen können, und kein anderer arabischer Staat kann andere Themen ansprechen. Deshalb bin ich der Meinung, daß die Palästinenserfrage nicht an die erste Stelle treten darf, nicht, weil ich die PLO nicht mag, sondern aus diesem Grund. Denn die Ägypter und Syrer sind flexibler als die PLO. Was die PLO selbst betrifft, so wird sicher eines Tages ein staatliches Gebilde der Palästinenser entstehen, möglicherweise in einer Konföderation mit Jordanien.

Wäre die PLO also Ende März geschwächt worden, dann hätte ich ihr keine Träne nachgeweint.

Wir alle stimmten darin überein, daß vor den Wahlen im November nicht viel getan werden konnte. Inzwischen übergab ich den Botschaftern gesonderte Mitteilungen für Sadat und Asad. Eilts erhielt folgende Instruktion:

Sagen Sie Sadat, daß die Möglichkeit, wir könnten uns auf Syrien orientieren, überhaupt nicht zur Debatte steht. Wir setzen weiterhin auf Ägypten. Alle Andeutungen Fahmis in dieser Richtung sind absurd. Andererseits möchten wir von ihm wissen, wie man vermeiden kann, daß Asad gestürzt wird oder sich mit den Irakis verbündet. Das wäre viel prekärer für das, was wir tun können. Wir wollen uns zwar nicht auf Syrien umorientieren, glauben aber, daß wir Asad in der nächsten Etappe für unsere gemeinsame Strategie brauchen.

Murphys Instruktionen für Asad lauteten ganz ähnlich:

Sagen Sie ihm, daß wir Syrien in der nächsten Phase brauchen. Er wird nach den Palästinensern fragen. Sagen Sie ihm, wir benötigen seine Hilfe, um die Palästinenser irgendwie einzubinden. Wenn er genug Staatsmann ist, um die Palästinenser und die Jordanier zusammenzubringen, dann wird es vorangehen. Der Libanon blockiert alles andere. Es macht nichts, wenn Sadat ihm sagt, wir hätten ihm erklärt, Ägypten sei der Schlüssel. Wir haben Sadat auch gesagt, daß Syrien eine Rolle spielen muß.

Soviel zu der Vorstellung, unsere Diplomatie sei darauf hinausgelaufen, jeder Seite etwas anderes zu sagen.

Am 7. August rief ich unsere Botschafter im Nahen Osten (außer Murphy, der sich gerade mit Asad traf) noch einmal zusammen, und zwar in Teheran, wo ich an einer Tagung der gemeinsamen Kommission der Vereinigten Staaten und des Iran teilnahm. Ich wußte, daß meine Haltung zur PLO Unruhe ausgelöst hatte. Ich wußte auch, daß die meisten Botschafter es vorgezogen hätten, die PLO in den Friedensprozeß einzubeziehen und Verhandlungen mit ihr aufzunehmen. Deshalb empfing ich zunächst unter vier Augen Talcott Seelye, den wichtigsten Verfechter der Strategie, zuerst auf die PLO zu setzen. Ihm erklärte ich, weshalb ich das anders sah:

Sie und ich haben eine grundsätzliche Meinungsverschiedenheit, die wir kannten, bevor Sie in den Libanon gegangen sind. Sie haben Ihre Ansichten dargelegt, und wir waren darüber mehrfach unterschiedlicher Meinung, was in unserer Arbeit durchaus vorkommen kann…
Ich bin der Auffassung – sie kann falsch sein –, daß die PLO am Ende des Prozesses stehen sollte. Wenn wir die PLO anerkennen, dann verlieren wir jeglichen Einfluß auf sie und haben ihr nichts mehr zu geben. Natürlich ist es auch möglich, daß sie nach der Anerkennung ein seriöserer Verhandlungspartner ist, aber ich denke, sie wird wahrscheinlich noch anmaßender und arroganter auftreten.

Vor der Gruppe der Botschafter legte ich noch einmal die Strategie dar, die ich für 1977 vorschlug:

Unsere Strategie läuft darauf hinaus, die PLO am Ende in den Verhandlungsprozeß einzubeziehen, so daß sie stets einen Schritt hinter Ägypten, Syrien und Jordanien zurück ist und damit kontrollierbar bleibt. Andernfalls könnte die PLO die Verhandlungen sprengen, indem sie mehr fordert, als die arabischen Regierungen wollen oder zu akzeptieren bereit sind. Die Sowjets werden sie darin unterstützen. Die Israelis werden diese Forderungen zurückweisen, womit die Verhandlungen gescheitert wären. Wir machen uns keine Illusionen über Asad, aber wir wollen, daß Syrien von Libyen, dem Irak und der Sowjetunion getrennt bleibt. Wenn nach seinem Sturz ein radikaler Halbkreis aus dem Irak, Syrien und einem von der PLO kontrollierten Libanon entsteht, wenn Libyen sich dem anschließt, dann wäre das sehr schlecht für Ägypten.

Gegenüber Eilts hob ich noch einmal die entscheidende Rolle Ägyptens für unsere Strategie hervor:

Kissinger: Sie sollten mit Sadat unter vier Augen sprechen – ist das möglich?

Eilts: Ja, vor allem weil Fahmi unterwegs sein wird, wenn ich zurückkomme.

Kissinger: Übermitteln Sie ihm meine Analyse der Lage. Ich möchte, daß er als ein alter, vertrauter Freund weiß, was ich denke. Ich möchte, daß er mir sagt, wo ich falschliege. Ägypten ist immer noch das Schlüsselelement in unserer Politik, und ich möchte, daß er seine Meinung zu meiner Analyse sagt.

Am 11. August traf Eilts mit Sadat zu einem Gespräch unter vier Augen zusammen – ein Höhepunkt in unserer Strategie. Sadat betonte, die Lage im Nahen Osten sei »chaotisch«. Er traue weder Asad noch Hussein zu, eine mit uns abgestimmte Strategie umzusetzen. Dessenungeachtet meinte Sadat, wenn die Vereinigten Staaten für 1977 einen umfassenden Plan vorlegten, der Bewegung an allen drei Fronten vorsehe, dann bestehe die Möglichkeit, daß die arabischen Führer ihre Interessen im Libanon der Chance eines allgemeinen Friedens unterordneten. Die Libanonfrage wäre dann immer noch ungelöst, aber besser in den Griff zu bekommen.

Für den Fall, daß die Lage im Nahen Osten sich jedoch 1977 nicht stabilisieren sollte, möge ich, so die Bitte Sadats, eine Idee prüfen, die ihm schon länger im Kopf herumgehe. Zwar habe er noch nicht alle Einzelheiten durchdacht, grundsätzlich laufe sie jedoch darauf hinaus, die Israelis zu drängen, »alle Karten auf den Tisch zu legen« und eine neue Verhandlungsrunde mit Ägypten einzuleiten. Solche Verhandlungen sollten »offen« geführt werden. Wenn »eine gewisse Lösung« erreicht sei, wäre Ägypten dann in der Lage, entweder auf einer arabischen Gipfelkonferenz oder auf andere Weise zu fordern, daß die anderen Staaten der arabischen Welt ebenfalls ihrer Verantwortung gerecht würden. Sadat bat mich, gemeinsam mit ihm darüber nachzudenken, was 1977 unternommen werden könnte, um die Palästinenser, die Syrer oder auch Hussein daran zu hindern, sich weiteren Friedensbemühungen in den Weg zu stellen. Sie hätten keine Strategie, aber wir müßten an die Zukunft denken. Wir sollten uns auf die nächste Runde vorbereiten. Im Jahr 1977, so betonte er mehrfach, müsse es Fortschritte geben.

Damit hatten wir erreicht, was wir uns vorgenommen hatten. Wir wollten mit dem Versuch beginnen, alle Fronten in Bewegung zu bringen, und, wenn das nicht gelang, einen wichtigen Schritt bei ägyptisch-israelischen Separatverhandlungen unterstützen. Dabei war ich nicht darauf gekommen, daß Sadat in seine Devise »Alle Karten auf den Tisch legen« sogar eine Reise nach Jerusalem einschließen könnte. All das entwickelte sich erst, als wir bereits nicht mehr im Amt waren, aber diese Gespräche bereiteten eindeutig den Boden für die nächste Phase des Friedensprozesses.

Nach diesen Treffen verfiel die gesamte Nahostpolitik bis zu den Wahlen in eine Art Lähmungszustand. Was den Libanon betraf, so beschloß der arabische Gipfel in Riad am 17. und 18. Oktober die Entsendung einer arabischen Abschreckungsstreitmacht, die vor allem von Syrien gestellt wurde und die die unmittelbaren Kämpfe allmählich zum Stillstand brachte. Das Ende des Blutvergießens führte jedoch nicht dazu, daß die alte Ordnung wieder-hergestellt wurde, ebensowenig wie der Waffenstillstand in Bosnien zwanzig Jahre später die verschiedenen ethnischen Gruppen dazu bewegte, eine gemeinsame Regierung zu bilden. Ein nachdenklicher israelischer Beobachter beschrieb die politische Lage im Libanon 1976 mit folgenden Worten:

> Die Amtsgewalt von Präsident, Regierung, Parlament und der zentralen Beamtenschaft des Libanon war auf einen kleinen Teil Beiruts beschränkt. Das Territorium des Landes hatten äußere Kräfte und lokale Größen unter sich aufgeteilt. Syrien kontrollierte und verwaltete unmittelbar große Teile des Ost- und Nordlibanon. Eine autonome christliche Enklave mit der Hauptstadt Jounié entwickelte sich nördlich von Beirut. Im Süden der Hauptstadt bestand ein vergleichbarer Protostaat, in dem die Palästinenser und ihre libanesischen Verbündeten herrschten. Im südlichsten Teil des Landes längs der israelischen Grenze rangen Major Saad Haddad und seine proisraelische Miliz mit der PLO und linken Milizen um die Kontrolle. Im äußersten Norden behaupteten die Frangie-Familie, die politischen Chefs der Sunniten und die Milizenführer das Terrain.[16]

Das Schicksal der großen Mehrheit der libanesischen Bevölkerung, die nicht an den Kämpfen beteiligt war, erinnerte mich an eine Geschichte, die mir der tansanische Präsident Julius Nyerere erzählt hatte. Auf einem Treffen der Blockfreien hatte er sein Mißtrauen gegenüber den Großmächten dem prowestlichen Ministerpräsidenten von Singapur Lee Kuan Yew mit den Worten erklärt: »Wenn Elefanten kämpfen, wird das Gras zertrampelt.« Lee hatte geantwortet: »Auch wenn Elefanten sich lieben, wird das Gras zertrampelt.«

Die Strategie für den Friedensprozeß stand nun fest. Wir hatten Sadats Zusicherung, daß Ägypten sie akzeptierte. Jordanien würde sich anschließen, wenn Israel Gebietsrückgaben in Aussicht stellte, womit der König gegenüber seinen arabischen Brüdern gerechtfertigt war. Asad wartete sicher ab, wie die anderen arabischen Staaten sich verhielten und was die Israelis für den Golan vorschlugen. So weit war er bisher noch nie gegangen. Trotzdem blieb vom Konzept bis zum Abschluß von Verhandlungen auch nur an einer Front noch ein mühsamer Weg. Und der Gedanke, an allen drei Fronten gleichzeitig vorzugehen, war ein solcher Alptraum, daß ich mir fast ein Wahlergebnis wünschte, welches die Realisierung dieser Politik in andere Hände legte.

Die Carter-Administration übernahm unser Grundkonzept, an allen Fronten vorzugehen. Sie wollte jedoch einen ganz neuen Anlauf nehmen und strebte deshalb nicht die Beendigung des Kriegszustandes, sondern sofort eine endgültige Friedenslösung an. Sadat, für den unser Konzept der Beendigung des Kriegszustandes das Maximum des Vorstellbaren war, wußte, daß man damit unweigerlich in eine Sackgasse geriet. Wenn die Wiedereinberufung der Genfer Konferenz ins Auge gefaßt wurde, wie die Carter-Administration vorschlug, dann mußte Sadat klar sein, daß die Syrer und die Sowjets nun alle seine Schritte blockieren konnten. Deshalb setzte er die einseitige Alternative in Gang, die er im August 1976 gegenüber Eilts dargelegt hatte. Als einziger Staatsmann seiner Zeit begriff Sadat, daß der Nahostfriedensprozeß den Mut erforderte, über den eigenen Schatten zu springen. Wir halfen ihm, indem wir ein neues Vorgehen demonstrierten. Der letzte Schritt war jedoch seine Reise nach Jerusalem im Jahr 1977, die kein Beteiligter oder Beobachter, ich eingeschlossen, für möglich gehalten hätte. So brachte er die Diplomatie zu den bilateralen ägyptisch-israelischen Verhandlungen zurück, aber auf einem Niveau, das den Durchbruch garantierte, den wir stets angestrebt hatten.

In Vorbereitung unserer Strategie zur »Beendigung des Kriegszustandes« erarbeiteten meine Mitarbeiter, insbesondere Hal Saunders und Roy Atherton, umfangreiche Studien über verschiedene territoriale Optionen und Friedenslösungen, die, so glaube ich, für unsere Nachfolger von gewissem Nutzen waren, als Sadat die Tür für den letzten Schritt öffnete. In zwei Jahrzehnten haben vier Administrationen beider Parteien zwei Friedensverträge zustande gebracht. Die derzeit amtierende ist bemüht, den eigentlichen Streit zwischen Israel und den Palästinensern zu regeln. Das ist eine ehrenvolle Aufgabe, eines der viel zu wenigen Beispiele für Überparteilichkeit und Kontinuität amerikanischer Grundsätze und außenpolitischer Ziele. Wir, die wir in der Nixon- und der Ford-Administration tätig waren und die Ehre hatten, die ersten Schritte zu unternehmen, halten uns zugute, einige Pflöcke auf dem Weg eingeschlagen zu haben, der auch heute noch beschritten wird.

XXXIV. Nachbetrachtung

Das Ende der Ford-Administration

So unvermittelt, wie man mich in den öffentlichen Dienst katapultiert hatte, war dann auf einmal alles zu Ende. Den größten Teil des Jahres 1976 hatten mich die großen Themen – das Verhältnis zur Sowjetunion, die Chinadiplomatie und das Atlantische Bündnis – beschäftigt. Im Februar hatte Ford entschieden, die Verhandlungen über die Kontrolle der strategischen Rüstung bis zur Wahl auszusetzen. Der Tod Tschou En-lais und Mao Tse-tungs neun Monate später sowie der Sturz der radikalen Viererbande verursachten eine Pause im Dialog mit Peking. Das atlantische Verhältnis hatte einen so hohen Grad an Vertrautheit erreicht, daß es ohne besondere Maßnahmen durch regelmäßige Treffen der Regierungschefs und der Außenminister aufrechterhalten werden konnte.

Dies gab uns die Gelegenheit, unsere diplomatischen Aktivitäten zu verbreitern und uns Bereichen zuzuwenden, die die akuten Krisen bisher überlagert hatten: der Initiative für die Herrschaft der Mehrheit im südlichen Afrika und der Neugestaltung unserer Beziehungen in der westlichen Hemisphäre. Daneben sorgte der Bürgerkrieg im Libanon dafür, daß die Leidenschaften des Nahen Osten in der amerikanischen Politik stets ein Thema blieben.

Im Verlauf dieses langen Wahljahres geriet meine Stellung in der Außenpolitik zunehmend ins Kreuzfeuer der Kritik aus den beiden einander entgegengesetzten Lagern des amerikanischen Idealismus. In den Vorwahlen der Republikaner kritisierte Ronald Reagan unsere Außenpolitik, weil sie gegenüber der Sowjetunion zu versöhnlich sei. Bei der Präsidentschaftswahl warf Jimmy Carter ihr dann vor, sie sei zu machtorientiert und nehme zuwenig Rücksicht auf die Menschenrechte.

Beiden Lagern diente ich inzwischen als Blitzableiter. Das war – Ironie des Schicksals – weitgehend eine Folge von Watergate, denn damals hatte ich in stillschweigendem Einvernehmen Quasivollmachten des Präsidenten übernommen, um die nationale Sicherheit aus den innenpolitischen Auseinandersetzungen herauszuhalten. Gerald Ford hatte daran nichts geändert – teils aus denselben Gründen, teils der engen Bande gegenseitiger Achtung und Freundschaft wegen, die sich zwischen uns geknüpft hatten. Zwar war mit dem Beginn der regulären Präsidentschaft meine Rolle etwas gestutzt worden, aber im politischen Prozeß Amerikas folgt auf übermäßige Machtkonzentration fast immer Vergeltung. So wurde ich zur Ersatzzielscheibe im Kampf der Parteien, der sich normalerweise gegen den Präsidenten richtet.

Dieser Platz mitten im Strudel der Ereignisse ging weit über meine Ambitionen und Träume hinaus, die ich im Hinblick auf den Dienst in der Regierung je hatte. Als Universitätsprofessor reizte mich natürlich die Aussicht, in Washington tätig werden zu können, insbesondere während und nach der Präsidentschaft Kennedys. Aber die höchste Position, die ich mir vorstellen konnte, war Chef des Politischen Planungsstabes im Außenministerium oder stellvertretender Verteidigungsminister für Fragen der internationalen Sicherheit. Als der gewählte Präsident Nixon mir in der für ihn typischen verschwommenen Art den Posten des Nationalen Sicherheitsberaters im Weißen Haus anbot, waren meine Vorstellungen immer noch so bescheiden, daß ich glaubte, er spreche vom Direktor des Politischen Planungsstabes im Außenministerium.

Nixon war ich zuvor nur einmal im Jahr 1967 begegnet, als ich ihm in der New Yorker Wohnung von Clare Boothe Luce kurz die Hand schüttelte. Über zehn Jahre lang war ich an einer Harvard-Fakultät tätig gewesen, in der Gegnerschaft zu Nixon beinahe zum Lehrplan gehörte. Mitte der fünfziger Jahre wurde ich politischer Berater Nelson Rockefellers – einer von Nixons politischen Gegnern, der noch dazu eine tiefe persönliche Abneigung gegen ihn empfand. Nixon hatte ihn bereits zweimal bei der Nominierung zum Präsidentschaftskandidaten geschlagen. 1961 arbeitete ich ein Jahr lang als Berater im Weißen Haus unter John F. Kennedy.

Ich hatte also bereits gezeigt, daß ich nicht von dem heißen Wunsch getrieben war, in der neuen Administration zu dienen, als Nixon mir drei Tage nach unserem ersten Gespräch ganz direkt den Posten im Weißen Haus anbot. Statt die Gelegenheit sofort beim Schopf zu fassen, demonstrierte ich meinen akademischen Provinzialismus mit der unverschämten Bitte um eine Woche Zeit, in der ich nachdenken und mich mit Freunden beraten wollte, ob ich es mir zumuten sollte, mein Verhältnis zu ihnen durch den Dienst in einer Administration unter Nixon zu verderben. Statt mir die Tür zu weisen, gewährte mir Nixon nicht nur diese Woche Bedenkzeit, sondern gab mir sogar in einer rührenden Geste eine Referenz mit. Er riet mir, ich möge mit Professor Lon Fuller an der Harvard Law School über ihn sprechen, der in Duke sein Lehrer gewesen war.

Nelson Rockefeller, der sich zu dieser Zeit auf seiner Ranch in Venezuela aufhielt und telefonisch nicht erreichbar war, setzte der Farce, daß ein Präsident der Vereinigten Staaten Referenzen benötigte, um einen künftigen Mitarbeiter zu gewinnen, ein Ende. Als Rockefeller nach achtundvierzig Stunden wiederauftauchte, war er von meinem Benehmen gar nicht begeistert. »Nixon geht ein viel größeres Risiko ein als Sie«, erklärte er und fügte hinzu, was für ihn das Selbstverständlichste von der Welt war: »Greifen Sie zum Telefon und sagen Sie bedingungslos zu.« Das tat ich dann auch.

Daß ich nach diesem ziemlich mißglückten Start schließlich solchen Einfluß gewann, war nicht vorauszusehen, als Nixon sein Amt antrat. Zunächst gehörte ich nicht zum inneren Kreis des Weißen Hauses. Meine Rolle entwickelte sich allmählich dank mehrerer Faktoren. Dazu gehörten Nixons Persönlichkeit, die ich bereits beschrieben habe; die Verachtung, die das Establishment gegen ihn hegte; die bürgerkriegsähnlichen Zustände, die sich aus den Vietnamprotesten entwickelten; der Widerwille der Bürokratie, Nixons außenpolitische Vorstellungen für bare Münze zu nehmen; und schließlich die Art und Weise, wie Nixon sein Kabinett zusammenstellte. Alle diese Umstände verstärkten sein bereits hochentwickeltes Gefühl, isoliert zu sein, und förderten die Tendenz, über eine sehr kleine Zahl persönlicher Mitarbeiter vom Weißen Haus aus zu regieren.

Die Mitglieder des Nixonschen Kabinetts, die an der Außenpolitik teilhatten, waren entweder langjährige Weggefährten oder kamen aus der Welt der Politik. Keiner von ihnen hatte sich je besonders für Außenpolitik interessiert. Weder besaßen sie Nixons strategischen Blick, noch konnten sie diesen Problemen viel abgewinnen. Die meisten waren vom Trauma der Vietnamproteste geprägt. Sie nahmen Nixons nüchterne Weltsicht hin, ohne sich mit ihr wirklich anzufreunden. So wurde ich, zum Teil in Ermangelung anderer, zum wichtigsten Unterhändler und Vollstrecker der Nixonschen Außenpolitik. Ich avancierte zum Sprecher für diesen Bereich, obwohl ich keinerlei Erfahrungen mit Pressekonferenzen hatte. Bis zum Oktober 1972 führte ich lediglich Hintergrundgespräche, das heißt, ich durfte nicht zitiert und auch nicht live gesendet werden, weil Nixon befürchtete, wie er selbst einmal sagte, die Durchschnittsamerikaner könnten an meinem Akzent Anstoß nehmen. (Diese Festlegung wurde erst in den letzten Monaten von Nixons erster Amtszeit aufgehoben.)

Am Ende der Ford-Administration war mir der Schock, zu einem politischen Thema geworden zu sein, längst vergangen. Angriffe gehörten für mich inzwischen zum politischen Alltag. Der Streit um meine Person hatte viele Ursachen, von denen einige zweifellos auf meinen Charakter und den Stil zurückzuführen sind, in dem ich die Außenpolitik führte. Aber die eigentliche Quelle war, daß Amerika sich auf eine Welt ohne fertige Antworten einstellen mußte, in der jede Lösung eine neue Herausforderung nach sich zog. Mit anderen Worten: Amerika mußte akzeptieren, daß sein bisher einzigartiges Verhältnis zur Geschichte nun der Vergangenheit angehörte. In diesem Kapitel wird noch davon die Rede sein, daß das Land sich gegen diese ewig komplizierte Welt auflehnte, daß es immer noch nach dem Allheilmittel suchte, das die amerikanische Geschichte seit jeher beherrschte: einem dauerhaften Frieden, der daraus erwuchs, daß entweder die amerikanischen Werte triumphierten oder die überlegene Stärke Amerikas sich durchsetzte.

Als Jimmy Carter am 2. November 1976 Gerald Ford bezwang, verlagerten sich diese Debatten von der politischen auf die philosophische Ebene. Soweit es mich betraf, war damit meine Rolle bei der direkten Gestaltung der amerikanischen Außenpolitik beendet. Das kam allerdings nicht über Nacht. Noch einen Monat nach den Wahlen lief die Tagespolitik weiter, wie von einem Autopiloten gesteuert. Der wichtigste Unterschied war, daß jetzt die langfristige Planung mehr oder weniger zum Erliegen kam. Als aber Cyrus Vance am 10. Dezember zum neuen Außenminister ernannt wurde, verlagerte sich die Macht spürbar, was ich nach Kräften förderte. Mit jeder Woche wurde ich mehr zu einem Verwalter. Unser Einfluß auf die Verhandlungen über das Mehrheitsregime in Rhodesien ging rasch zurück. Die wichtigsten Bereiche der Diplomatie – die Rüstungskontrolle, der Nahe Osten, China und das Atlantische Bündnis – harrten der neuen Administration. Zum Glück hatten die Reste unserer Libanondiplomatie Bestand: Der Bürgerkrieg flaute während der Übergangszeit weiter ab. Das war allerdings mehr auf die Dynamik zurückzuführen, die wir zuvor in Gang gesetzt hatten, als auf unsere gelegentlichen, nun fast beschwörenden Appelle, den Waffenstillstand einzuhalten.

Der Wechsel von einem Präsidenten zum anderen hat stets zwei Aspekte: die Übergabe der Macht und den neuen Anlauf in der Politik. Neue Administrationen überschätzen am Anfang fast immer die Handlungsspielräume, die ihnen zur Verfügung stehen. Von Ideen erfüllt, die sie, unbelastet von Entscheidungsdruck, zuvor entwickeln konnten, gehen die Neulinge in der Regel daran, die bisherige Politik grundsätzlich in Frage zu stellen; damit erschüttern sie den gewohnten Gang der Dinge und bringen zugleich frische Luft in die muffigen Korridore der Bürokratie.

Die Übergangszeit demonstriert zugleich Glanz und Elend des amerikanischen Regierungssystems. Denn zum einen gibt es keine Aufgabe, die wichtiger ist und mehr persönliche Erfüllung bringt, als die im öffentlichen Dienst, besonders in hohen Funktionen. Jede Handlung, wie sehr sie auch in Bürokratie und Medien umstritten sein mag, birgt das Potential, etwas zu bewegen. Keine andere Aufgabe kann von größerem Gewicht sein. Jemand sagte mir einmal, Dean Acheson habe das Scheiden aus dem Amt des Außenministers mit dem Ende einer großen Liebesbeziehung verglichen. Das bewegendste Erlebnis für mich war der letzte Tag im Amt, an dem ich die Türen meines Büros für jeden öffnete, der mir Lebewohl sagen wollte. Hunderte Menschen von allen Ebenen meines Ministeriums reihten sich unter die Wartenden ein, und der Abschied dauerte Stunden. Ein Teil von mir ist für immer bei diesen engagierten Männern und Frauen geblieben, die mir in so vielen Krisen und Hoffnungen eine Stütze waren.

Die offizielle Übergabe der Macht war dann wesentlich leichter zu ertragen als die Erkenntnis, daß ihr unweigerlich ein Politikwechsel folgen werde. Ich brauchte mehrere Wochen, um das zu begreifen. Vance war viel zu sehr Gentleman, um daraus ein Problem zu machen. Und als ich in Plains im Bundesstaat Georgia für einen Tag mit Jimmy Carter und dem gewählten Vizepräsidenten Walter Mondale zusammentraf, waren sie sehr geduldig und höflich mit mir, als ich die Außenpolitik als direkte Fortsetzung dessen darstellte, was wir bisher unternommen hatten. Schließlich war unser Kurs zur offiziellen Politik geworden, weil wir ihn für die beste aller Möglichkeiten hielten. Die Lage änderte sich, als ich Andrew Young, Zbigniew Brzezinski und einige ihrer Mitarbeiter kurz vor der Amtseinführung in meinem Büro im Außenministerium über die Afrikapolitik informierte. Zwar von ausgesuchter Höflichkeit, gaben mir Young und Brzezinski mit ihrem Verhalten und ihren knappen Bemerkungen doch zu verstehen, daß sie gekommen waren, um einen formalen Akt zu vollziehen, nicht um sich Anleitung zu holen, nicht um etwas fortzusetzen, was sie vorfanden, sondern um es zu modifizieren. Nach all den Anstrengungen, die wir unternommen hatten, war dies schmerzlich und unvermeidlich zugleich. Schließlich hatte die neue Administration versprochen, Dinge anders zu machen.

Von den persönlichen Folgen für die scheidenden Regierungsmitglieder einmal abgesehen, demonstriert der Präsidentenwechsel die Lebenskraft des amerikanischen Systems. Keine andere Demokratie wagt es, ihre Stabilität in regelmäßigen Abständen durch den vollständigen Austausch ihrer gesamten Führungsspitze aufs Spiel zu setzen. Dabei vollzieht sich ein Wechsel an mehreren tausend Stellen, gehen Ämter an Personen, die keinerlei Erfahrung in ihrem neuen Tätigkeitsfeld oder in einem hohen Amt haben. Zwar bringt der Übergang jedesmal einen tiefen Einschnitt in der Kontinuität mit sich, zugleich verhindert er, daß sich in der Politik Erschöpfung und Routine breitmachen. Vor allem aber ist er ein Triumph des inneren Zusammenhalts unserer Gesellschaft. Die Präsidentenwechsel, denen ich beiwohnen durfte, wurden stets von außerordentlichen Bekundungen guten Willens begleitet, selbst wenn ihnen erbitterte Wahlschlachten vorausgegangen waren. Weder 1968/69 noch 1976/77 war die Zusammenarbeit zwischen alter und neuer Administration von kleinlichem Gezänk zwischen Parteien oder Personen geprägt.

Kein Wechsel konnte sich reibungsloser vollziehen als der von Gerald Ford zu Jimmy Carter. Das war kein Zufall. Ford war stolz darauf, daß er unserer Regierung und unserer Gesellschaft nach Watergate ein hohes Maß an Ruhe und Gleichgewicht zurückgegeben hatte. Höhepunkt dieses Prozesses mußte eine Machtübergabe sein, in der nationale Versöhnung zum Ausdruck kam.

Ford gab allen seinen Kabinettsmitgliedern zu verstehen, daß es ihre Pflicht sei, den Nachfolgern die Aufgabe zu erleichtern. Ich hatte damit keine Schwierigkeiten. Cyrus Vance war ein langjähriger Freund, den ich häufig um seine Meinung gebeten hatte. Von Beruf Anwalt, solide, ehrenhaft und gut informiert, vertrat Vance liberalere Auffassungen als ich, aber er kannte das Außenministerium und war ein Garant wohldurchdachter Politik. Ich ernannte Philip Habib, meinen Unterstaatssekretär für Politische Angelegenheiten, einen hervorragenden Karrierediplomaten, zum Verbindungsmann. Er hatte den Auftrag, dafür zu sorgen, daß Vance alle vorhandenen Dokumente zu laufenden Fragen (einschließlich der Geheimverhandlungen) sowie alle abgesandten Telegramme erhielt, die über Verwaltungsfragen hinausgingen. Vance und ich trafen mindestens zweimal wöchentlich zusammen, um die Lage zu erörtern und sicherzustellen, daß ich bis zum 20. Januar im Tagesgeschäft nicht versehentlich gegen die Absichten der neuen Administration handelte.

Bei Gerald Ford war von Verbitterung oder Bedauern, wie sie bei Wahlniederlagen häufig vorkommen, nichts zu spüren. Ich habe es niemals erlebt – und andere sicher auch nicht –, daß er sich über Ronald Reagans rücksichtslose Attacken während der Vorwahlen oder über dessen Weigerung beklagt hätte, ihm im Wahlkampf mehr als nur symbolische Unterstützung zuteil werden zu lassen – beides entscheidende Faktoren für Fords Niederlage. Kein Wort verlor Ford auch über den Widersinn, daß der Kongreß, den er aufrichtig liebte und respektierte, seine Präsidentschaft von Anfang an gnadenlos behindert und durch beispiellose Restriktionen eingeengt hatte, an denen viele seiner außenpolitischen Initiativen scheiterten. Ford hegte keinen Groll gegen jene, die seine Politik durchkreuzt hatten, er schrieb Erfolge nicht allein seiner Person zu und suchte nicht die Schuld für Rückschläge auf seine Mitarbeiter abzuwälzen. Seit mehr als zwanzig Jahren, da Ford aus dem Amt geschieden ist, treffen sich seine Kabinettsmitglieder und hohe Beamte mit ihren Frauen – insgesamt über zweihundert Personen – regelmäßig jedes Jahr im Juni, um ihre Zusammenarbeit zu feiern, vor allem aber, um Dank dafür zu sagen, daß es ihnen vergönnt war, unter einem starken, ehrenhaften, in jeder Hinsicht tadelfreien Mann zu arbeiten.

Sie können mit Stolz auf eine lange Reihe außenpolitischer Erfolge zurückblicken. Die Ford-Administration hat den Zusammenbruch Indochinas mit Anstand und Ehre hinter sich gebracht, sie hat die Vereinigten Staaten durch zwei erbitterte ethnische Konflikte – auf Zypern und im Libanon – gesteuert und einen Flächenbrand in der Region verhindert; im arabisch-israelischen Konflikt ist es ihr gelungen, die zentrale diplomatische Rolle Amerikas zu wahren, die Überreste des Krieges zu beseitigen und erste entscheidende Schritte zum Frieden einzuleiten. Was das Ost-West-Verhältnis betrifft, so ist sie den Feldzügen des Kongresses gegen den Verteidigungshaushalt und die Nachrichtendienste entschlossen entgegengetreten. Sie hat sich Versuchen des Kremls widersetzt, die Einflußsphäre der Sowjetunion auszudehnen, zugleich aber die Möglichkeit offengehalten, die Beziehungen zum sowjetischen Gegner zu verbessern, sollte er sich in seiner Ideologie mäßigen und die Außenpolitik als Angelegenheit des Staates und nicht als Strafverfahren betreiben.

Gegen starken Widerstand hat Ford die Schlußakte der Europäischen Sicherheitskonferenz in Helsinki unterzeichnet, die heute als ein Grundstein für den Sieg des Westens über den Kommunismus gilt. Angesichts der Energiekrise hat er ein beispielloses Niveau der Zusammenarbeit zwischen den demokratischen Industriestaaten erreicht und diese in einer Einrichtung verankert, aus der die Wirtschaftsgipfel der G7 hervorgegangen sind. All die Jahre danach verbrachten Helmut Schmidt, Valéry Giscard d'Estaing und James Callaghan regelmäßig ein Wochenende in Vail im Bundesstaat Colorado mit ihrem früheren amerikanischen Partner. Schließlich erzielte Ford selbst unter den Zwängen des Wahljahres den Durchbruch zur Mehrheitsregierung in Rhodesien und zu einem neuen Panamakanalvertrag. All das vollbrachte er in kaum dreißig Monaten.

Vor allem aber gelang es Ford zu einer Zeit, in der noch die Leidenschaften tobten, aus dem Hauen und Stechen von Vietnam und Watergate eine in sich geschlossene amerikanische Außenpolitik zu retten. Er tat dies ungeachtet des Handikaps, daß sich Kongreß und Medien gegenüber unserem einzigen nichtgewählten Präsidenten aller Skrupel ledig fühlten, die sonst ihrem überschäumenden Eigensinn Grenzen setzen.

Ford erreichte all das ohne Theatralik und sichtbaren emotionalen Streß, vor allem weil er so anders war als die Spitzenpolitiker, die heute Wahlen zu gewinnen pflegen. Führungskraft wurde vielleicht niemals so stark gefordert wie damals. Aber kaum jemals war es auch so schwer, Ziel und Leistung miteinander in Einklang zu bringen. Jede Führungspersönlichkeit steht vor der Aufgabe, die Gesellschaft aus bekanntem in unbekanntes Terrain zu führen. Das aber setzt den Willen voraus, den schweren Weg von den Erfahrungen einer Nation zu ihrer Bestimmung zu beschreiten. Dabei geht ein Bahnbrecher stets einen Teil des Weges allein, bis die Gesellschaft aus ihren Erfahrungen heraus ihre Chancen erkennt. Einer, der diesen Weg zu lange allein beschreitet, verliert den Kontakt zu seinem Volk und den Einfluß auf die Entwicklung. Das ist Woodrow Wilson widerfahren. Wer andererseits nicht bereit ist, einsame Entscheidungen zu treffen, verurteilt sich selbst und seine Gesellschaft zum Stillstand. Man denke nur an die führenden Politiker der demokratischen Staaten Europas zwischen den beiden Weltkriegen. Deshalb ist Mut vielleicht die wichtigste Eigenschaft eines erfolgreichen Führers.

Die Spitzenpolitiker unserer Zeit möchten als stark gelten, sind aber nicht bereit, den Preis dafür zu zahlen. Voller Furcht, etwas allein ausfechten zu müssen, aber stets bestrebt, sich vom Moderator der Abendnachrichten Mut bescheinigen zu lassen, schwanken sie zwischen Untätigkeit und hektischer Betriebsamkeit, um bei Meinungsforschern und Zielgruppen gut anzukommen. Zungenfertigkeit statt Tiefe, Wendigkeit statt analytischer Fähigkeiten sind ihre prägenden Züge.

Die positive Wirkung von Watergate war, daß die Vereinigten Staaten einen Präsidenten von ganz anderem Schlag bekamen. Während im Medienzeitalter herausragende Persönlichkeiten vor allem über hochentwickelte rednerische Fertigkeiten verfügen müssen, standen in Fords Wahlkreis im kleinstädtisch geprägten Mittleren Westen Lauterkeit und innere Werte viel höher im Kurs als gewandtes Auftreten. Da Ford niemals die Fähigkeit, schlagfertig zu antworten und Sentenzen zu zitieren, entwickelt hatte, taten ihn viele Medienleute als ungeeignet ab. Als Absolvent der Yale Law School verfügte er jedoch über einen hochentwickelten analytischen Geist. Da im Fernsehen Zungenfertigkeit mehr gilt als Substanz, genossen es die Medien geradezu, wenn Ford sich winden mußte, um ungeschickte Formulierungen zu korrigieren. Dabei wußten die Journalisten genau, daß dies nichts über seine wirkliche Kompetenz aussagte.

Mit der Zeit wandelte sich Fords relativer Mangel an Redegewandtheit jedoch zu einem Vorzug. Anders als medienkonforme Politiker ließ er sich nicht dazu verleiten, komplizierte Sachverhalte in einfache Schlagworte zu pressen. Stets war er bemüht, das Wesen der Dinge darzustellen. Strategien zu entwerfen lag ihm nicht, aber Ford besaß viel praktischen Sinn und war stets offen für Ideen, die eine Lösung versprachen. Wenn er sich einmal auf einen Kurs festgelegt hatte, verfolgte er diesen ohne Rücksicht auf politische Konsequenzen oder persönliche Beliebtheit, etwa bei der Schlußakte der Europäischen Sicherheitskonferenz in Helsinki, beim Zwischenabkommen über den Sinai, bei den Panamakanalverhandlungen und der Politik, die schließlich den Durchbruch zur Herrschaft der Mehrheit im südlichen Afrika herbeiführte.

Trotz seiner Hochschätzung des Kongresses setzte sich Ford konsequent für die Autorität der Exekutive ein. Er legte gegen eine unerhört große Zahl von Kongreßbeschlüssen sein Veto ein und setzte seine Außenpolitik gegen beträchtlichen Widerstand des Kongresses durch. Im Laufe seiner Amtszeit wurde selbst Fords Arglosigkeit zu einem Teil des Genesungsprozesses. Auf die von vielen Schlachten gezeichneten Überlebenden von Vietnam und Watergate in der Regierung wirkte Ford mit seiner Zurückhaltung und seiner Gelassenheit sehr beruhigend. Dabei bewältigte er eine der schwierigsten Machtübernahmen anscheinend mit solcher Leichtigkeit und setzte seinen Führungsstil im In- und Ausland so bemerkenswert rasch durch, daß man bald vergaß, wie nahe an den Abgrund uns Watergate gebracht hatte.

Ford wußte: Wenn er die Nation versöhnen wollte, mußte er damit beginnen, den ganz eigenen Stil der Nixon-Zeit durch eine transparentere, weniger persönlich geprägte Art des Regierens zu ersetzen. Entscheidungen mußten, deutlich erkennbar, Ergebnis eines klar definierten Prozesses sein, nicht nur Erlasse der Exekutive. Fords kollegialere Art der Entscheidungsfindung garantierte keine Einmütigkeit in der Sache, trug aber dazu bei, den politischen Debatten die Schärfe zu nehmen, und schuf einen Rahmen, der es möglich machte, daß die Politik der Ford-Administration in den Grundzügen von ihren Nachfolgern fortgeführt wurde.

Da unsere Verfassung dem Präsidenten außerordentliche Vollmachten verleiht, kann es keine absoluten Regeln dafür geben, wie Politik formuliert oder realisiert wird. Es muß Raum bleiben für Persönlichkeit und psychische Veranlagung des Chefs der Exekutive. Trotzdem möchte ich aus dem, was ich beobachten und studieren konnte, einige allgemeine Grundsätze ableiten.

Erstens darf in einem effektiven Entscheidungsprozeß die Zeit des Präsidenten nicht für Nebensächlichkeiten verschwendet werden. Er muß seine Aufmerksamkeit den Fragen widmen, die allein er entscheiden kann. Diese *müssen* ihm aber vorgelegt und dürfen nicht in der Hoffnung von ihm ferngehalten werden, daß die Zeit sie irgendwie lösen wird und keine Auseinandersetzungen darum entbrennen werden.

Zweitens müssen dem Präsidenten alle Voraussetzungen für die Überwindung eines grundsätzlichen Dilemmas seines hohen Amtes geschaffen werden: daß er nämlich Entscheidungen fällen muß, wenn noch keine umfassenden Informationen vorliegen und die Folgen seines Handelns fast immer im dunkeln liegen. Wenn aber ein Präsident zu lange abwartet, verliert er die Fähigkeit, auf den Gang der Ereignisse Einfluß zu nehmen. Deshalb müssen Probleme nicht nur exakt definiert, sondern auch in Angriff genommen werden, solange noch die Möglichkeit zu kreativem Handeln besteht.

Drittens müssen Entscheidungen stets klare Richtlinien für das konkrete Vorgehen beinhalten, nicht eine allgemeine Theorie oder den kleinsten gemeinsamen Nenner, der im Bürokratenapparat erzielt werden konnte.

Viertens sollten in den Entscheidungsfindungsprozeß so viele Menschen wie möglich einbezogen werden, die an der Ausführung beteiligt sind, um ihr Interesse an der praktischen Umsetzung und der Präsentation in der Öffentlichkeit zu gewinnen. Einsame Aktionen bringen häufig Vorteile, was Tempo, Entschlossenheit, Konsequenz und Flexibilität betrifft, wie die ersten Jahre der Amtszeit Nixons beweisen. Werden sie aber zum ständigen Wesenszug der Außenpolitik, stehen ihre Konsequenz und ihre Kontinuität insgesamt auf dem Spiel.[1]

Fünftens müssen Beschlüsse gut durchdachte politische Entscheidungen widerspiegeln, das heißt, sie müssen auf folgende Fragen eine Antwort geben: Was wollen wir erreichen? Oder was wollen wir verhindern? Welche Folgen erwarten wir von diesem Beschluß, und welche Schritte haben wir vor, um mit ihnen fertig zu werden? Wie hoch sind die Kosten der vorgeschlagenen Aktion? Sind wir gewillt, diesen Preis zu zahlen, und wenn ja, für welchen Zeitraum?

Schließlich muß es ein Verfahren geben, das sicherstellt, daß die Entscheidungen des Präsidenten in allen Nuancen genau umgesetzt werden.

Politik funktioniert nur, wenn der Präsident ein klares Ziel hat, wenn dieses Ziel mit den nationalen und globalen Interessen übereinstimmt, wenn er den Mut findet, seine Überzeugung auch gegen Widerstände durchzusetzen, und wenn er über das politische Geschick verfügt, genügend Unterstützung in der Öffentlichkeit zu mobilisieren, um seinen Kurs halten zu können. Das ist etwas ganz anderes, als die Außenpolitik nach Umfrageergebnissen auszurichten. Denn die Öffentlichkeit verzeiht ihren Führern keinen Mißerfolg, selbst wenn diese taten, was sie selbst von ihnen verlangte – siehe Neville Chamberlains Schicksal nach München.

Ford hielt sich in bemerkenswerter Weise an die meisten dieser Grundsätze, nicht weil er Lehrbücher der Politikwissenschaft studiert hatte, sondern weil sie seinem Naturell entsprachen.[2] So gelang es ihm, sein Land durch gefährliche Klippen sicher in stilleres Wasser zu steuern. Dies ist auch der Hauptgrund dafür, weshalb seine Präsidentschaft eine Zeit der Erneuerung darstellt.

Moral und Pragmatismus

Gerald Ford wurde zu einer Zeit Präsident, als die amerikanische Außenpolitik sich darauf einstellen mußte, daß ihr Grenzen gesetzt waren. In seine Amtszeit fiel der endgültige Zusammenbruch Indochinas, das Ergebnis von Entscheidungen, die lange vor seiner Präsidentschaft getroffen wurden. Aber Vietnam war nur ein Symbol, nicht die Ursache des nationalen Traumas der siebziger Jahre. Dieses erwuchs aus der Kluft, die sich zwischen der historisch geprägten Vorstellung von Amerikas Mission und den praktischen Herausforderungen einer neuen internationalen Umwelt auftat. Bisher waren die Vereinigten Staaten in der Geschichte stets ausreichend stark und vom Rest der Welt genügend weit entfernt gewesen, um sich in der Annahme zu wiegen, unter allen großen Staaten hätten sie allein die Wahl, eine internationale Rolle zu übernehmen oder nicht, und wenn sie sich dazu entschlossen, jede Herausforderung, die dieses Eingreifen auslöste, in einem bestimmten Zeitraum bewältigen zu können.

Im weiteren Verlauf des Kalten Krieges erwiesen sich beide Annahmen als weitgehend falsch. Wir gerieten in Konflikte in Teilen der Welt, die die meisten Amerikaner nicht einmal in ihrem Atlas finden konnten, für Anliegen, die entweder zweideutig waren oder Mühsal ohne Ende verhießen.

In diesem Sinne markierten die stürmischen Ereignisse Ende der sechziger und Anfang der siebziger Jahre eine Rebellion, in der der Vietnamkrieg zum Symbol für eine Welt wurde, die keine endgültigen Antworten mehr bereithält und deren Erfordernissen man nicht entrinnen kann.

Diese Rebellion vollzog sich auf klassisch amerikanische Weise – nicht als Versuch, die entstehende neue Welt besser zu verstehen, sondern sie dazu zu bewegen, sich entweder nach unseren Maximen zu richten oder sich unserer Macht zu unterwerfen. Beide äußersten Flügel im inneramerikanischen Streit bestritten jegliche Beschränkungen und beriefen sich auf einen zunehmend anmaßenderen und militanteren Wilsonianismus. Die eine Seite behauptete, unser angeblich inkonsequentes Auftreten in der internationalen Politik sei darauf zurückzuführen, daß wir die Wilsonschen Ideale aufgegeben hätten. Nach ihrer Meinung konnte unserer Frustration ein Ende gesetzt werden, wenn wir uns wieder der Verbreitung der Demokratie auf der ganzen Welt verschrieben – wenn möglich, durch Wandel, wenn nötig, mit Druck. Wir seien in Vietnam gescheitert, so argumentierte diese Gruppe, und steckten überall in Schwierigkeiten, weil wir zu Mitteln gegriffen hätten, die unseren moralischen Werten nicht entsprachen, und weil wir Politiker unterstützten, die nicht willens oder in der Lage seien, nach unseren Grundsätzen zu handeln. Dem entsprach die Forderung nach moralischer Reinigung, wenn notwendig, auch durch einen zeitweiligen Rückzug aus der Weltpolitik. Das sahen sie als das Vorspiel für den Aufbau einer neuen Weltordnung an, die den Ordnungsbegriffen Amerikas entsprach.

Die Gegenseite behauptete, unsere Frustration sei nicht auf moralische Mängel, sondern auf unsere Hemmungen vor dem vollen Einsatz unserer Stärke für die Durchsetzung unserer bekannten Werte zurückzuführen. Der Kalte Krieg sei zu gewinnen und umfassender Frieden zu erreichen, so argumentierten sie, aber nicht allein durch eine Zermürbungsstrategie, wie die offizielle Politik behauptete, sondern durch ideologische Mobilisierung und bewußt herbeigeführte Konfrontation.

So konzentrierte sich der eine Flügel in der nationalen Außenpolitikdebatte darauf, den Faktor Stärke abzubauen, indem er den Verteidigungshaushalt beschnitt und viele Instrumente des Kalten Krieges, wie zum Beispiel die Nachrichtendienste, demontierte. Zugleich drängte der Gegenflügel auf eine Politik, die den Kalten Krieg verschärfen sollte, was dieselben traditionellen Instrumente unverzichtbar machte.

Als Ford das Amt übernahm, sah er sich zwischen diesen teilweise einander ergänzenden, teilweise völlig widersprechenden Triebkräften und den entsprechenden Zwängen gefangen. Der Kongreß und die Medien unterstützten generell die Ansicht der liberalen Kräfte, daß die amerikanische Politik zu sehr auf den Kalten Krieg fixiert sei, den Menschenrechten zuwenig Aufmerksamkeit schenke und die Entwicklungsländer vernachlässige. Aber auf den Zusammenbruch Vietnams reagierte die Öffentlichkeit genau entgegengesetzt. Die neokonservative Philosophie einer scharfen ideologischen Konfrontation und einer aggressiven Verfechtung der Menschenrechte gewann an Boden. Reagans Aufstieg zur Macht war schließlich die verspätete Reaktion des amerikanischen Volkes auf die weitgehend selbstverursachte Demütigung in Vietnam.

Diese Grundsatzdebatte, die im Gewande einer politischen Auseinandersetzung daherkam, hielt während der ganzen Amtszeit der Ford-Administration an. Die tatsächlichen Probleme waren selten jene, die die Schlagzeilen beherrschten, sondern sie entstanden immer wieder aus den widersprüchlichen Ansichten über das Wesen der amerikanischen Außenpolitik. Mit der Verbesserung des Verhältnisses zu unseren Verbündeten, mit unserer Dreiecksdiplomatie zwischen Moskau und Peking, die wir im wesentlichen steuerten, mit unserer führenden Rolle in der Nahostdiplomatie und der Zurückdrängung des Radikalismus in der Dritten Welt glaubten wir demonstriert zu haben, daß eine kluge Außenpolitik Moral und Stärke miteinander verbinden mußte, ohne mit der einseitigen Ausrichtung auf das eine oder das andere alles aufs Spiel zu setzen. Unsere Vorstellung von Gleichgewicht lief der Wilsonschen Vorstellung von der Mission Amerikas zuwider; wir plädierten für ein schrittweises Vorgehen, unsere Kritiker aber drängten auf den endgültigen Sieg.

Die Schwierigkeit, das rechte Maß zu finden, wurde noch dadurch verstärkt, daß die Intelligenz, die Weitsicht liefern und ein Gegengewicht hätte darstellen können, sich in dieser Zeit selbst zu einer weiteren politischen Interessengruppe formierte. Als ich Anfang der fünfziger Jahre meine akademische Laufbahn begann, verstanden sich Professoren nicht als Akteure im politischen Prozeß. Um Einfluß auf die Politik zu bekommen, hatten sie den Blick für die mittel- oder langfristige Perspektive zu öffnen. Das erwies sich als sehr hilfreich für die Politiker, die stets Gefahr laufen, dem Vordringlichen gegenüber dem Wichtigen, dem Zweckmäßigen gegenüber dem Langfristigen den Vorzug zu geben.

Während John F. Kennedys Präsidentschaft veränderte sich dies. Noch nie waren so viele Intellektuelle in politische Ämter aufgestiegen, was automatisch bei den noch nicht Berufenen die Erwartung weckte, auch sie seien potentielle Politikanwärter. (Auch in der Zeit des New Deal waren einige Intellektuelle als Berater berufen worden, aber niemals, wie unter Kennedy, in politische Entscheidungsfunktionen.) Das war nicht nur ein Segen. Denn es verengte den Blickwinkel der Intellektuellen, die noch abseits standen, aber selbst Ambitionen hatten und sich deshalb zunehmend auf Tagesprobleme und taktische Fragen konzentrierten. Eifersüchteleien und Verleumdungen, wie sie an Universitätsfakultäten so häufig vorkommen, waren an der Tagesordnung.

Der Schock und die Enttäuschung nach der Ermordung Kennedys verbanden sich mit den Frustrationen über den Vietnamkrieg zu Schuldgefühlen. Der politisch interessierte Teil der Intellektuellen spaltete sich in zwei einander hart bekämpfende Lager: die Anwärter auf Ämter in Washington, die gewöhnlich in den Dienst politischer Kandidaten traten und deren Grundsatzpapiere schrieben, und die ewigen Radikalen, die die Institutionen und die »Philosophie« Amerikas in Frage stellten. Auch die Radikalen strebten nach Ämtern, sollten sich ihre Ansichten eines Tages durchsetzen, wie es teilweise unter der Clinton-Administration geschah. Beide Gruppen gaben den historischen und den intellektuellen Aspekt ihrer Berufung auf, um sich in den Dienst der aktuellen politischen Auseinandersetzungen zu stellen.

Ich habe lange gebraucht, um zu verstehen, wie tief diese Kluft geworden war. Zu Beginn der Nixon-Administration glaubte ich mit heute kaum noch vorstellbarer Naivität, die nationale Spaltung wegen Vietnam sei zu überwinden, wenn die neue Administration eindeutig den Wunsch demonstriere, den Krieg zu ehrenhaften Bedingungen zu beenden. Bald jedoch wurde mir klar, daß der Streit in Wahrheit nicht um die praktische Frage ging, welche die geeigneten Bedingungen für die Beendigung des Krieges seien, sondern darum, was man unter nationaler Ehre verstand.

Ähnlich hielt ich auch während der Amtszeit Fords und sogar Reagans die Kritik der Konservativen, besonders aber der Neokonservativen, für ein Mißverständnis. Denn ich teilte mit ihnen das Mißtrauen gegenüber dem Kommunismus und ihre offenkundige Entschlossenheit, dessen Absichten zu durchkreuzen. Ich glaubte, wenn sie erkannten, daß wir die Sowjetunion nicht besänftigen, sondern ausmanövrieren wollten, dann könnten wir für die gemeinsame Sache zusammenwirken. Aber es war kein Mißverständnis. Unsere neokonservativen Kritiker wollten im Namen einer Ideologie, nicht mit einer überlegenen Taktik den Sieg davontragen. Sie sahen tatsächlich für Amerika keinen anderen Weg, die Oberhand zu gewinnen.

Merkwürdigerweise konnte ich einigen Zielen beider Seiten in der Debatte zustimmen. Ich teilte den Wunsch der Liberalen, dem Krieg in Vietnam ein Ende zu setzen, aber ich gewann zunehmend die Überzeugung, daß die Einseitigkeit ihres Engagements die Vereinigten Staaten in eine Richtung drängte, die mit deren Ehre nicht zu vereinbaren war. Ich stimmte mit fast allen langfristigen Zielen der Konservativen überein. Aber ich denke, sie schätzten die Umstände nicht richtig ein, unter denen sie realisiert werden mußten.

Was Vietnam betrifft, so hatte mich bereits ein Besuch im Jahr 1965 davon überzeugt, daß der Krieg mit den damaligen Methoden nicht zu gewinnen war und wir nach einem ehrenhaften Rückzug suchen mußten. Aber der Protest der Radikalen, der schließlich auch die Grundhaltung der Liberalen prägte, prangerte Amerikas Engagement als das zwangsläufige Ergebnis einer latenten Neigung unserer Gesellschaft zu Gewalt und Imperialismus an; ihre Vorstellung von Ehre war ein demütigender Rückzug, der solchen Ambitionen ein für allemal ein Ende setzen sollte.

Das war der wirkliche Streitpunkt zwischen mir und Teilen der akademischen Welt jener Zeit. Da ich selber vor der Nazityrannei in den Vereinigten Staaten Zuflucht gefunden hatte, wußte ich aus persönlichem Erleben, was unser Staat für die übrige Welt, besonders für die Verfolgten und Benachteiligten, bedeutete. Deshalb verstand ich unser Engagement in Vietnam als die Konsequenz eines amerikanischen Idealismus, der in seinem überschwenglichen Streben nach Veränderung der Welt in Regionen geraten war, wo das Verhältnis zwischen Zielen und Mitteln verlorenging.[3] Die Radikalen zogen über die angeblichen Fehler »Amerikas« her, die sie als Symptome eines tiefsitzenden Totalitarismus interpretierten. In dem ehrenhaften Rückzug aus Vietnam sah ich eine Herausforderung, die unserem Land vermitteln konnte, wie kompliziert eine Welt war, in der unser Wunsch nach Frieden von der Verpflichtung auf die Ehre der Nation eingeschränkt wurde. Aber das wollten die liberalen Kritiker nicht akzeptieren. Für sie gab es nur einen Weg der Wiedergutmachung: Frieden um jeden Preis, wenn notwendig, auch indem wir alles über Bord warfen, wofür wir gekämpft hatten. Es war also nicht ein Streit um die Politik, sondern darum, ob Amerika überhaupt würdig war, eine eigene Außenpolitik zu betreiben.

Als die herausfordernden Neokonservativen die Bühne betraten, vertauschten sich die Rollen. Für die Radikalen der Vietnamprotestbewegung war unsere Politik viel zu sehr die von Hardlinern; den konservativen und besonders den neokonservativen Kritikern erschien sie dagegen viel zu »weich«. Sie beharrten auf zwei Vorstellungen: Gefahren für den Frieden gingen ausschließlich von nichtdemokratischen Regierungen aus – deshalb hatten die Vereinigten Staaten die Pflicht, die Sache der Demokratie in allen Ländern zugleich voranzubringen und dafür zumindest Sanktionen einzusetzen –, und die Menschenrechte seien unsere wirksamste Waffe, um unseren kommunistischen Gegner zu unterlaufen und schließlich zu besiegen.

Dem Ziel stimmte ich zu, aber die Schlußfolgerungen erschienen mir viel zu einfach. Die Demokratie des Westens war nicht das Ergebnis einer einzelnen Entscheidung, sondern eines jahrhundertelangen Prozesses. Die prägenden Charakterzüge der Entwicklung des Westens hin zum Pluralismus begannen mit der katholischen Kirche, die zwar nach ihrem inneren Aufbau kaum demokratisch zu nennen ist, aber die Basis für Demokratie schuf, weil sie auf ihrer Selbstverwaltung bestand und eine moralische Ordnung definierte, in der höhere Ansprüche existieren als die des Staates.

Diese Trennung der Autorität von Gott und Kaiser war der erste Schritt zum politischen Pluralismus und zur Einschränkung der Macht des Staates. Jahrhunderte später wurde der Pluralismus institutionalisiert, als die Reformation die Kirche aufbrach und die Rolle des Gewissens des einzelnen in den Vordergrund rückte. Diese Tendenzen wurden von der Aufklärung vorangetrieben, die den Vorrang der Vernunft betonte, vom Zeitalter der großen Entdeckungen, das den geistigen Horizont stark erweiterte, und schließlich vom Kapitalismus, der Selbständigkeit und Initiative belohnte und den Mittelstand stärkte.

Keine andere Kultur hat eine ähnliche Evolution durchlaufen. In islamischen Gesellschaften ist die Trennung von Moschee und Staat schwierig, weil das Wort des Korans für den wahren Gläubigen auch jeden Aspekt des weltlichen Lebens durchdringen muß. Säkularisierung führt daher unweigerlich zu Spannungen mit der Religion. In den meisten konfuzianisch geprägten Gesellschaften besaßen weder die Religion noch nichtstaatliche Gruppen die Organisation, die Autonomie oder die Theorie, um alternative Zentren politischer Macht hervorzubringen.

Aus diesen Gründen war ich generell unsicher, ob man den Übergang zu Verfassungsgrundsätzen, die sich im Westen über die Jahrhunderte entwickelt haben, zum vorrangigen Ziel der amerikanischen Außenpolitik erklären sollte, das mit offenem Druck, ungeachtet der Geschichte und der sozialen Bedingungen anderer Gesellschaften verfolgt wurde. Natürlich können systematische Menschenrechtsverletzungen nicht verziehen werden, nur weil man sich auf bestimmte Etappen der historischen Entwicklung beruft. Und wenn die Vereinigten Staaten sich selbst treu bleiben wollen, dann sind sie verpflichtet, sich für Menschenrechte und Demokratie einzusetzen.

Aktivisten erweisen uns einen Dienst, indem sie uns auf Grundprinzipien aufmerksam machen. Aber Politiker müssen mit einer gewissen Zurückhaltung an die Umsetzung ihrer Forderungen in die Alltagspraxis gehen. In vielen Ländern wird sich eine pluralistische Demokratie nur allmählich entwickeln; das bedeutet, daß wir in der Zwischenzeit mit Regierungen umgehen müssen, die unseren Menschenrechtsnormen gelegentlich nicht entsprechen, weil andere wichtige Interessen eine Rolle spielen. Wenn wir der Meinung sind, daß alle diese Fragen gelöst werden können, wenn die jeweilige Regierung gestürzt wird oder sich öffentlich amerikanischem Druck unterwirft, dann wird um jedes Problem ein Kampf auf Leben und Tod entbrennen, der Fortschritte bei den Menschenrechten letztlich verhindert. Unsere Außenpolitik muß Raum für Maßnahmen schaffen, die auf die Praxis anderer Gesellschaften Einfluß nehmen, ohne sofort in den Verdacht zu geraten, sie unterminieren zu wollen.

Viele schwerwiegende außenpolitische Probleme sind darauf zurückzuführen, daß angesichts miteinander konkurrierender oder gar einander ausschließender Erfordernisse Prioritäten gesetzt werden müssen. Das heißt, amerikanischer Idealismus ist zu dem in der jeweiligen Situation pragmatisch Gebotenen ins Verhältnis zu setzen. Wenn man diesen Dualismus nicht akzeptieren will, dann vermischt man Außen- und Innenpolitik, dann versuchen rivalisierende Gruppen ihnen ihre leidenschaftlichen Vorstellungen von Gerechtigkeit aufzuzwingen. Diese Vereinfachung verleitet die Vereinigten Staaten zu Überengagement und Rückzug zugleich: Sie versuchen zunächst ihre Vorstellung von den richtigen inneren Strukturen anderer durch Sanktionen und Druck aufzuzwingen, danach benutzen sie die angeblichen moralischen Mängel potentieller Partner als Alibi für amerikanischen Isolationismus.

Der konzeptionelle Streit, der die Vereinigten Staaten während meiner Tätigkeit in der Regierung zersplitterte, wäre überwindbar gewesen, hätte es eine starke moralische Führung des Präsidenten wie unter Franklin Delano Roosevelt gegeben, der sein auf Isolationismus eingeschworenes Land in den Zweiten Weltkrieg führte. Aber die beiden Präsidenten, unter denen ich tätig war, spielten diese Rolle nicht. Richard Nixon verfügte über den notwendigen Hintergrund und die Erfahrungen in der Außenpolitik. Oft hielt er gedankentiefe Reden, aber wie ich bereits erklärte, lag es ihm mehr, seine Kritiker auszumanövrieren, als zu überzeugen. Als Gerald Ford ohne Wahlen ins Amt kam, hatte er weder die Erfahrungen noch den Hintergrund, um den konzeptionellen Streit zu führen. Allerdings glaube ich, wäre ihm eine zweite Amtszeit vergönnt gewesen, dann hätte es ihm mit Integrität, gesundem Menschenverstand und Mut gelingen können, den notwendigen Konsens herzustellen.

Wie sich die Dinge jedoch entwickelten, hatte ich nach dem Bekanntwerden der Watergate-Affäre die Rolle des Präsidenten bei der Formulierung der Außenpolitik zu übernehmen. Das war eine Aufgabe, die kein Außenminister bewältigen kann. Meine Stärken waren strategische Analyse und Diplomatie, nicht die vor allem politische Aufgabe, die Wählerschaft im Land für eine langfristige, ausgereifte und differenzierte Außenpolitik zu gewinnen.

Der amerikanische Idealismus, der unserem nationalen Streit auf beiden Seiten zugrunde lag, ist natürlich ein Symptom für Amerikas Stärke, Ausdruck der Überzeugung, daß unsere Gesellschaft stets imstande sein wird, sich zu erneuern, in der Geschichte zu überdauern und die Realität neu zu gestalten. Aber wir müssen uns vorsehen, daß das Anrennen gegen jegliche

Grenzen nicht zu einem ständigen Wesenszug der Reaktion Amerikas auf die internationale Politik wird. Denn die Anerkennung gewisser Beschränkungen ist ein Kennzeichen, vielleicht sogar der Preis für das Reifen von Gesellschaften wie Menschen. Eine Gesellschaft wird nicht daran gemessen, wie sie ihre Zwänge ignoriert, sondern wie sie sie zu begreifen lernt. Mittelmäßige Gesellschaften und Staatsmänner beschränken sich auf das, was leicht erreichbar ist. Große Gesellschaften und Staatsmänner suchen ihre Möglichkeiten voll auszuschreiten. Wenn man aber jegliche Grenzen negiert, dann endet dies in Erschöpfung oder in einer Katastrophe.

Von Vietnam hieß es einmal, es habe uns unsere Grenzen aufgezeigt – meiner Meinung nach deutlich genug. Es ist eine Ironie: Der Heilungsprozeß, den Ford in Gang setzte und der unter Reagan seinen Höhepunkt erreichte, hat offenbar so gute Fortschritte gemacht, daß die Vereinigten Staaten heute erneut versucht sind, sich in eine missionarische Spielart des Wilsonschen Enthusiasmus zu steigern, der uns wiederum im Namen einer globalen Berufung in alle Unruheherde der Welt hineinzuziehen droht. Diesmal ist die Rechtfertigung unsere Position als einzige verbliebene Supermacht. Nachdem wir unseren ideologischen Gegner in den verschiedenen Schlachten des Kalten Krieges niedergerungen haben, scheinen zu viele darauf versessen zu sein, die Außenpolitik als permanenten Kreuzzug für apokalyptische Siege gegen alle Regime zu führen, die unsere Empfindsamkeit verletzen. Aber wenn die Vereinigten Staaten die Hauptkraft für Freiheit und Fortschritt bleiben wollen, dann müssen sie sich in ihrem missionarischen Eifer zügeln, indem sie ihm eine klare Vorstellung von ihren nationalen Interessen entgegensetzen. Sie müssen auf ihren Kopf und auf ihr Herz hören, wenn sie ihre Pflichten vor der Welt bestimmen.

Der Versuch, die Außenpolitik auf eine einzige Formel zu reduzieren, steht auch im Widerspruch zu den Realitäten der heutigen Welt. Im Verhältnis der Vereinigten Staaten zu Europa und Lateinamerika, zu Regionen also, wo demokratische Institutionen gedeihen und Kriege zwischen den wichtigsten Staaten kaum noch denkbar sind, sollten die Wilsonschen Prinzipien in der Tat bestimmend sein. Aber in Asien sehen sich die Staaten gegenseitig als strategische Rivalen; Politik dort läßt sich nicht begreifen, wenn man die Prinzipien des Gleichgewichts nicht versteht. Und in anderen Teilen der Welt, dort, wo zum Beispiel der islamische Fundamentalismus herrscht, wirken noch niedere, im Grunde genommen revolutionäre Motive.

Die wichtigste Lehre meiner Tätigkeit im Dienst der Regierung besteht darin, daß man diese verschiedenen Tendenzen verstehen und einen Ausgleich finden muß. Das bleibt die wichtigste Aufgabe unserer Nation.

Für jeden Studenten der Geschichte ist Veränderung das Gesetz des Lebens. Jeder Versuch, es einzuschränken, garantiert eine spätere Explosion. Je beharrlicher man am Status quo festhält, desto heftiger wird der spätere Ausbruch sein. Aber eine andere Lehre der Geschichte lautet auch: Je abrupter eine Veränderung, desto größere Gewalt ist notwendig, um sie herbeizuführen. Glücklich die Gesellschaft oder die internationale Ordnung, die sich organisch, ohne Gewalt, zumindest ohne übermäßige Gewalt, aber auch ohne künstlich gebremstes Wachstum entwickeln kann! Unter solchen Umständen tritt an die Stelle der Gewalt das Gefühl gemeinsamer Verpflichtung, und Fortschritt wird im Konsens erreicht. Dazu waren die Vereinigten Staaten – mit der einzigen Ausnahme des Bürgerkrieges – stets in der Lage, ebenso die internationale Ordnung in den langen Zeiten ohne große Kriege.

Je abrupter aber die Veränderungen sind, desto weniger sind sie im Konsens zu erreichen. Gewalt tritt an die Stelle von Pflichtgefühl. Der Sieg gilt mehr als Kontinuität, Gegner werden vernichtet, nicht überzeugt. Diese Haltung wird durch den Eroberer und den Propheten symbolisiert. Der Eroberer macht kein Hehl aus seiner Absicht; seine Berufung ist es, seinen Willen durchzusetzen. Wenn aber seine Eroberung von Dauer sein soll, muß an die Stelle von Herrschaft früher oder später Pflichtgefühl treten. So gewinnen Imperien ihre Legitimation.

Die Rolle des Propheten ist subtiler. Zwar beruht seine Sache auf verkündeten Werten, aber sein Anspruch ist deswegen nur um so umfassender und beharrlicher. Rechthaberei gebiert stets Fanatismus und Intoleranz. Gegner werden ausgerottet, oft mit der Behauptung, es geschehe nur zu ihrem Guten. Schreckensherrschaft gebärdet sich als Notwendigkeit, nicht als Abirrung. Das Symbol dieser Zeit ist der Kommissar, der Millionen ohne Liebe und Haß in Ausübung einer abstrakten Pflicht ums Leben bringt. Deswegen haben Kreuzzüge häufig ebensoviel Zerstörung und Leiden wie Eroberungen gebracht.

Die Schrecken des Totalitarismus des 20. Jahrhunderts sollten uns davon überzeugt haben, wie brüchig die Beschränkungen sind, die die Zivilisation ausmachen. Die eigenen Erfahrungen der Vereinigten Staaten, einer friedlichen, stabilen und zufriedenen Gesellschaft, hindern uns daran, die Verletzbarkeit anderer Gesellschaften oder internationaler Ordnungen zu verstehen. Von der Geschichte und einer günstigen Umgebung gesegnet, neigen wir dazu, unsere Stärke als ein Gottesgeschenk zu sehen und zu benutzen, um durchzusetzen, was uns wichtig ist. Eine solche Haltung läuft Gefahr, von der übrigen Welt als bevormundend empfunden und immer häufiger bekämpft zu werden. Der schrankenlose Einsatz unserer Stärke und das übertriebene Beharren auf unseren Tugenden können damit enden, daß die Werte verfallen, deren Verbreitung sich unsere Politik zum Ziel gesetzt hat.

Deshalb beunruhigt es mich, wenn die Außenpolitik weitgehend von Ideologen bestimmt wird. Denn Ideologen ist die Tendenz eigen, Gesellschaften und internationale Systeme über deren Möglichkeiten hinauszutreiben. Der angebliche Gegensatz von Pragmatismus und Moral scheint mir irreführend zu sein. Pragmatismus ohne jede Moral führt zu willkürlichem Aktivismus, zu Brutalität oder Stagnation; eine moralische Überzeugung, die nicht durch Realitätssinn gemäßigt wird, neigt zu Selbstgerechtigkeit, Fanatismus und dem Abbau aller Schranken. Unsere nationale Sicherheit sollten wir stets pragmatisch betrachten. Wir dürfen sie nicht aufs Spiel setzen, wenn wir nach Tugend streben. Aber jenseits dieses Fundaments aller Politik sind wir gefordert, unsere Prinzipien auf eine Weise voranzubringen, die uns langfristig nicht in die Isolierung treibt.

Jede Generation muß das rechte Maß für sich finden. In diesem Sinne stehen die gegenwärtige Generation und mehr noch die nachfolgenden vor einer besonderen Herausforderung. Denn wir erleben gegenwärtig nicht nur eine Zeit, in der alle internationalen Beziehungen im Fluß sind, sondern eine noch tiefer gehende Umwälzung dessen, wie die Öffentlichkeit und die Politiker die sie umgebende Welt wahrnehmen. Diese geistige Veränderung ist nach ihren Dimensionen und ihren schließlichen Auswirkungen mit den Folgen der Erfindung der Druckerpresse vor fünfhundert Jahren vergleichbar, ja geht vielleicht sogar darüber hinaus.

Bevor das gedruckte Wort in Gebrauch kam, basierte Wissen im wesentlichen auf dem Gedächtnis. Um einen einheitlichen Wissensstand zu erreichen, mußte man sich auf Texte konzentrieren, die allgemeine Zustimmung fanden – im wesentlichen religiöse Werke und epische Gedichte. Deshalb war das Mittelalter vor allem eine Zeit der Religion.

Die Druckerpresse erweiterte das Spektrum zugänglichen Wissens in dramatischer Weise. Das menschliche Bewußtsein, das nun nicht länger auf religiöses oder episches Gedankengut begrenzt war, explodierte förmlich und eroberte sich den säkularen Raum. Die Wissenschaft drang in bisher unvorstellbare Bereiche vor; politische Legitimation berief sich zunehmend auf weltliche Kriterien, eher auf die Grundsätze der Vernunft als auf göttliches Recht. Das Wissen der Menschen wuchs in großen Sprüngen.

Dabei hatte aus Büchern geschöpftes Wissen seine Grenzen. Lesen ist relativ schwierig und zeitraubend. Um es zu erleichtern, ist der Stil wichtig. Damit gewinnt die Ästhetik an Bedeutung. Da es nicht möglich ist, alle Bücher zu einem Thema zu lesen oder gar den gesamten Bestand der Bücher zu erfassen beziehungsweise leicht zu ordnen, was man gelesen hat, gipfelte das Lernen aus Büchern im konzeptioneller Denken – der Fähigkeit, vergleichbare Daten und Ereignisse wiederzuerkennen sowie in die Zukunft zu projizieren. Mit dem heutigen Stand der Technologie verlagert sich das Schwergewicht auf das Lernen für die Perspektive – in Politik und internationalen Beziehungen, mit einem Sinn für Geschichte.

Der Computer hat in beträchtlichem Maße das Problem gelöst, Wissen zu erwerben, aufzubewahren und wiederzufinden. Daten können in unbegrenzter Menge und handhabbarer Form gespeichert werden. Mit einem Knopfdruck sind sie wieder präsent; es ist nicht erforderlich, sie im Gedächtnis zu behalten oder für ihre Zusammenstellung komplizierte Forschungen anzustellen. Das Denken kann nun auf andere Ziele gerichtet werden. Der Computer macht einen Umfang von Daten zugänglich, der im Zeitalter des Buches undenkbar war. Er stellt sie sehr wirkungsvoll zusammen, Stil ist nicht mehr relevant, um sie zugänglich zu machen. Ein Element der Ästhetik wird damit zerstört. Der Nutzer des Computers hat in Sekundenschnelle eine riesige Menge von Fakten zur Hand. Bei der Erarbeitung einer einzelnen Entscheidung, die aus ihrem Zusammenhang herausgelöst ist, liefert der Computer Hilfsmittel, die vor kaum zehn Jahren noch unvorstellbar waren.

Aber er engt auch das Blickfeld ein. Da Wissen so leicht zugänglich und die Kommunikation sekundenschnell ist, fehlt es an Übung, die Bedeutung des Wissens noch zu erkennen. Politiker sind versucht, ein Ereignis erst geschehen zu lassen, bevor sie sich damit befassen; Manipulation ersetzt Reflexion als wichtigstes Instrument der Politik. Aber die Dilemmas der Außenpolitik sind nicht nur – oder nicht in erster Linie – ein Nebenprodukt heutiger Ereignisse, viel mehr sind sie das Endergebnis des historischen Prozesses, der sie geformt hat. Die moderne Entscheidungsfindung steht nicht nur unter enormem Druck der aktuellen Tatsachen, sondern auch des sofortigen Echos, das die Perspektive überlagert. Die Weisheit des Augenblicks und die nivellierende Vorstellung, daß eine Ansicht soviel wert ist wie die andere, verbinden sich mit einem Schwall aktueller Symptome und zerstören jeden Weitblick.

Wie verschieden die großen Staatsmänner der Geschichte auch waren, gemeinsam war ihnen der Sinn für die Vergangenheit und eine Vision von der Zukunft. Der Staatsmann der Gegenwart wird ständig von Taktik verführt. Das Paradoxe an der Sache ist, daß die Beherrschung der Fakten zu einem Verlust an Verständnis für den Gegenstand und schließlich an Kontrolle über ihn führt. Die Außenpolitik läuft Gefahr, zu einem Ableger der Innenpolitik zu verkommen, statt das Wagnis der Gestaltung von Zukunft zu sein.

Das Problem der meisten Perioden der Vergangenheit bestand darin, daß das Ziel über das Wissen hinausging. Die Herausforderung unserer Zeit ist das genaue Gegenteil: Das Wissen geht weit über alle Ziele hinaus. Die Vereinigten Staaten stehen daher vor der Aufgabe, nicht nur ihre Stärke und ihre Moral miteinander zu versöhnen, sondern auch ihren Glauben durch Weisheit auszubalancieren.

Eine persönliche Bemerkung

Als Politiker fiel mir die Aufgabe zu, zur Bestimmung des Verhältnisses zwischen dem Pragmatischen und dem Moralischen in der amerikanischen Außenpolitik einen Beitrag zu leisten. Und wie es in stürmischen Zeiten unvermeidlich ist, gab es darüber häufig gegensätzliche Auffassungen. Manche Kommentatoren haben behauptet, mein ausgeprägter Sinn für das rechte Maß in der Außenpolitik sei darauf zurückzuführen, daß bei mir Ordnung vor Gerechtigkeit gehe. Das wiederum erklärten sie damit, daß ich in Nazideutschland aufgewachsen bin. Aber das Deutschland meiner Jugend hatte viel Ordnung und sehr wenig Gerechtigkeit; es war nicht der Ort, um einem Menschen Liebe zu abstrakter Ordnung einzupflanzen.

Durch das Prisma von Rassentrennung, Entrechtung und Emigration bin ich in meiner Kindheit viel mehr von meiner Familie als von abstrakten Gedanken über Politik geprägt worden. Wenn ich heute zurückblicke, dann verkörpern meine Eltern die beiden Aspekte menschlichen Verhaltens: den praktischen und den ethischen. Fehlt einer von ihnen, wird das Leben fragwürdig, und die Politik verliert ihre Bedeutung. Meine Mutter, eine praktisch veranlagte, vitale und mutige Frau, sorgte für das Notwendige; mein Vater, ein nachdenklicher, sensibler, freundlicher Mann, bestimmte die moralische Orientierung der Familie.

Als ich im Jahr 1946 bei der US-Armee in Europa diente, kam mein Vater in New York ins Krankenhaus, weil er sich einer Operation unterziehen mußte, die er vielleicht nicht überlebte. Er schrieb einen Brief an meinen Bruder Walter (der damals bei der US-Armee in Korea diente) und mich. Es war die einzige so demonstrative Geste unseres Vaters gegenüber seinen Söhnen. Andere sollen urteilen, in welchem Maße ich in meinem Leben den persönlichen Geboten meines Vaters gerecht geworden bin. Ich zitiere diesen Brief hier, weil er hilft, die Dankbarkeit zu erklären, die ich stets dafür empfunden habe, daß ich dem Land dienen durfte, das meiner Familie Zuflucht gewährte – ein Ausdruck von Amerikas traditionellem Streben nach einer Welt, in der die Schwachen Sicherheit und die Gerechten Freiheit finden.

Nach einigen persönlichen Bemerkungen heißt es in dem (auf Englisch geschriebenen) Brief:

Euer Großvater Falk, dieser gute und ehrliche Mann, pflegte zu sagen: »Der Mensch muß seine Schuldigkeit tun.« Diese einfachen Worte sollen Eure Lebensmaxime sein. Tut stets Eure Pflicht, vor allem gegenüber Eurer Mutter, aber auch Euren Verwandten, gegenüber der jüdischen Gemeinschaft, gegenüber diesem großen Land und Euch selbst.

Ich weiß, daß verschiedene Umstände in d esem Land, die einem Mann meines Alters so wenig Hoffnung für ein künftiges Leben ließen, es mir unmöglich gemacht haben, Euch beide so zu geleiten, wie ich es in normalen Zeiten hätte tun wollen. Aber ich habe alle meine persönlichen Entscheidungen Eurer Zukunft untergeordnet.

In den harten Kriegszeiten habe ich darauf vertraut, daß Gott Euch schützen wird. Ich bin Ihm dankbar, daß Er mt Euch war. Ich bin sicher, Ihr werdet beide stets den rechten Weg gehen. Ich b n stolz auf Euch und davon überzeugt, daß Ihr mit Eurem Leben meinen Stolz rechtfertigen werdet.

Denkt immer daran, daß wir nur darin wahre Befriedigung finden, was wir für andere tun. Seid stets bemüht, gut, aufrichtig, hilfreich, zuverlässig und selbstlos zu sein.

Mir hätte viel daran gelegen, Euch aufwachsen zu sehen, Eure Erfolge und Euer Glück zu erleben. Gott segne Euch.

Mein Vater wurde wieder gesund und lebte bis 1982. Er wurde Zeuge aller Ereignisse, die in diesen Memoiren beschrieben sind.

ANHANG

Anmerkungen

I. Kapitel

1 Siehe Henry Kissinger, *Memoiren, Bd. 2, 1973–1974*, München 1982, S. 1392–1418.
2 Gerald R. Ford, *A Time to Heal*, New York 1979, S. 21.
3 Anatoli Dobrynin behauptet in seinen Memoiren, ich hätte ihn dem neuen Präsidenten bereits Stunden nach dessen Amtseinführung vorgestellt. Wahrscheinlich hätte ich es getan, wenn er zur Stelle gewesen wäre. Dobrynin befand sich jedoch zu dieser Zeit gerade im Urlaub in der Sowjetunion. Siehe *In Confidence: Moscow's Ambassador to America's Six Cold War Presidents*, New York 1995, S. 319.
4 Siehe Henry Kissinger, *Memoiren, Bd. 2, 1973–1974*, a. a. O., S. 141 f. Die Abschiedsrede Richard Nixons im Weißen Haus vom 9. 8. 1974 siehe in: Richard Nixon, *Public Papers of the Presidents of the United States, 1974*, Washington, D.C., 1975, S. 630–633.
5 Die Rede Gerald Fords bei der Vereidigung am 9. 8. 1974 siehe in: Gerald R. Ford, *Public Papers of the Presidents of the United States, 1974*, Washington, D.C., 1975, S. 2.
6 Siehe Richard Reeves, »I'm Sorry, Mr. President«, in: *American Heritage*, Dezember 1996, S. 52–55.
7 Siehe Henry Kissinger, *Die Vernunft der Nationen. Über das Wesen der Außenpolitik*, Berlin 1994, Kapitel 25, 26 und 27.
8 Siehe Gerald R. Ford, *A Time to Heal*, a. a. O.

II. Kapitel

1 Henry Kissinger, *Memoiren, Bd. 1., 1968–1973*, München 1979, S. 1151.
2 Ebenda, S. 1566.
3 Siehe u. a. ebenda, S. 329–337.
4 Siehe Richard Nixon, *Six Crises*, New York 1962.
5 Siehe H. R. Haldeman, *The Haldeman Diaries: Inside the Nixon White House*, New York 1994.
6 Wenn man einigen Journalisten glauben darf, lag Nixon bei den Vorbildern, denen er folgte, gar nicht so falsch. Siehe u. a. Victor Lasky, *It Didn't Start with Watergate*, New York 1977, und Seymour M. Hersh, *The Dark Side of Camelot*, Boston 1997.
7 Die zweite Denkschrift vom 14. 3. 1972 hatte folgenden Wortlaut:
FÜR: DR. KISSINGER
VON: H. R. HALDEMAN
Ich denke, es wäre hilfreich, wenn wir versuchten, die Chinareise betreffend einige Punkte zusammenzufassen, über die wir in den letzten Wochen diskutiert haben, denn bisher sind sie der Öffentlichkeit noch nicht so klar und eindeutig vermittelt worden.
Die Fernsehberichterstattung über die Reise hat sicher eine Grundlage dafür geschaffen, zu zeigen, mit welcher Würde und in welcher Art der Präsident den öffentlichen Teil des Programms absolvierte. Das wird langfristig von großem Wert sein.

Andererseits liegt noch weitgehend im dunkeln, wie sich der Präsident, Tschou En-lai und Mao Tse-tung in den internen Gesprächen verhielten, besonders wie der Präsident diese Begegnungen vorbereitete und führte.

Das Kommuniqué ist inzwischen so lang und breit diskutiert worden, daß der Durchschnittsbürger zweifellos genug davon hat. In den Situationsberichten und natürlich auch in Ihren Fernsehauftritten werden deshalb Hintergrundinformationen für den Zuschauer viel interessanter sein als der Inhalt des Dokuments im einzelnen.

Mir scheint, es wäre gut, unter den Punkten, die wir besprochen haben, folgende besonders hervorzuheben.

1. RN geht in derartige Gespräche besser vorbereitet als jeder andere, der jemals das Präsidentenamt innehatte. Zu diesem Zweck liest er sorgfältig das umfangreiche Informationsmaterial, das der Nationale Sicherheitsrat und das Außenministerium vorbereiten, dazu eine Menge anderer Dokumente. Dann spricht er mit vielen Leuten über verschiedene Gesichtspunkte dieser Informationen, die ihn besonders interessieren.

2. Danach setzt er sich hin und überlegt bis ins kleinste Detail, wie er vorgehen sollte. Seine Reden usw. lernt er nicht auswendig. Er folgt auch nicht einem durchschaubaren Plan. Das erlaubt ihm, mit jeder Frage umzugehen, die sich aus dem Gespräch ergibt, ohne auf eine Position festgelegt zu sein, die sich dann als unhaltbar erweisen könnte. Das ist natürlich bei allen Gesprächen ein enormer Vorteil, besonders bei Gipfelbegegnungen mit so geschickten Politikern wie Tschou En-lai.

3. RN hat den enormen Vorzug einer außergewöhnlichen Kenntnis der Weltprobleme, die er sich in den acht Jahren als Vizepräsident, den acht Jahren seiner Reisen, als er kein Amt bekleidete, und den drei Jahren als Präsident angeeignet hat. Das heißt, er spielt längere Zeit in der obersten Liga der Außenpolitik als jeder andere Politiker von Weltgeltung. Mit den großen Führungspersönlichkeiten unserer Zeit – de Gaulle, De Gasperi, Adenauer, Chruschtschow, Nehru, Yoshida, Sukarno oder Churchill – hat er ausführliche Gespräche geführt, von den gegenwärtigen Spitzenpolitikern großer und kleiner Staaten, denen er als Präsident begegnet ist, gar nicht zu sprechen.

4. Eine interessante Besonderheit seines Stils besteht darin, daß er alle diese Repräsentanten, ob nun von großen oder kleinen Staaten, gleichermaßen mit Würde und Respekt behandelt.

5. Was seine Taktik betrifft, so weicht er keinen Zollbreit von seinen Grundsätzen ab. In dieser Hinsicht zeigt er möglicherweise mehr Härte, als vielen seiner Berater lieb ist.

6. In der Diskussion läßt er sich nie auf Haarspaltereien ein. Im Gegenteil, er behält das Hauptziel stets im Auge und versteht es immer wieder, zu diesem Ziel zurückzuführen, statt sich in Streitgespräche einzulassen, die damit nichts zu tun haben.

7. Er besitzt viel Scharfsinn und Humor, ist niemals militant, aber sehr hart. Er hat die Eigenschaft entwickelt, am ruhigsten zu sprechen, wenn er seine Position am entschiedensten vertritt – etwas, was man auch Tschou En-lai nachsagt.

8. Er durchschaut das Gegenüber mit all seinen Positionen wie sich selbst. Auch in diesem Charakterzug stimmt er mit Tschou En-lai überein, weshalb sich die Begegnungen und Gespräche der beiden so faszinierend gestalteten.

Ihn zeichnet absolute Disziplin aus, die eindeutig auf die Zeit zurückgeht, als er sieben Stunden lang mit Chruschtschow speisen mußte, ebenso auf die vielen Gipfelgespräche, die er als Präsident zu absolvieren hatte, darunter die Begegnungen mit den Chinesen.

Während solcher Treffen oder auch vor einem wichtigen Gespräch nimmt er niemals einen Drink. Er widersteht selbst der Versuchung, mit der ihn besonders die Chinesen so eindeutig lockten, Nüsse oder Süßigkeiten zu essen, die man ihm ständig vorsetzte. Er hat dafür seine eigene Theorie, daß nämlich Essen oder Trinken seine Reaktionsfähigkeit beeinträchtigt. Das bezieht er natürlich nicht auf andere, deren Reaktionen durch Essen oder Trinken vielleicht sogar stimuliert werden, wie es offenbar bei Churchill und einigen anderen der Fall war.

9. Er ist bemerkenswert freimütig, und das nicht, um seinen Gesprächspartner in Verlegenheit zu bringen, sondern um das Maß an gegenseitigem Vertrauen und Verläßlichkeit herzustellen, das für jedes bedeutungsvolle Gespräch unerläßlich ist.

10. Der Vorzug der Ausdauer. Wie lang eine Verhandlung sich auch hinziehen mag, er ist stets auf der Höhe seiner Leistungsfähigkeit. Das war eine sehr wichtige Eigenschaft beim Umgang mit den Chinesen und wird es auch im Fall der Sowjets sein.

Alle diese Punkte haben Sie und der Präsident in Gesprächen über die Gipfeltreffen oft berührt, und es wäre außerordentlich wertvoll, wenn einige derartige Informationen auch in die Öffentlichkeit gelangten.

Vielleicht könnten Sie Ihre Aufzeichnungen durchsehen und feststellen, wie viele persönliche Häppchen für die Öffentlichkeit nutzbar sind, ohne daß der Inhalt der Gespräche preisgegeben wird.

Ich denke, Sie sollten das nicht auf die Diskussionen mit Tschou En-lai beschränken. Die genannten Punkte könnten auch mit einzelnen Begebenheiten aus Begegnungen mit de Gaulle, Wilson, Pompidou, Ceaușescu, Tito und anderen illustriert werden.

Außerdem sind gerade Sie in der einzigartigen Lage, berichten zu können, welch große Achtung sich RN durch seine Gesprächsführung ohne alle Aufzeichnungen oder die Hilfe von Mitarbeitern bei Politikern von Weltbedeutung erworben hat.

Vielleicht ist es etwas anmaßend von mir, dies anzusprechen, aber ich denke, es könnte hilfreich sein. Ich bin fest davon überzeugt, daß das Beste, was Sie in Gesprächen im kleinen Kreis und natürlich bei Ihren Auftritten im Fernsehen tun können, darauf hinausläuft, in der Öffentlichkeit um Vertrauen für den Präsidenten als Mensch und als Präsident zu werben, und nicht so sehr, die Rahmenbedingungen, den Inhalt der Kommuniqués oder die Substanz der Vorgespräche noch detaillierter zu erläutern.

8 Siehe Jonathan Aitken, *Nixon: A Life*, London 1993, S. 453, 463; William Safire, *Before the Fall*, New York 1975, S. 164.

9 Siehe Henry Kissinger, *Memoiren, Bd. 1, 1968–1973*, a. a. O., S. 1256.
10 Siehe William Bundy, *A Tangled Web: The Making of Foreign Policy in the Nixon Presidency*, New York 1998.
11 Siehe Henry Kissinger, *Memoiren, Bd. 1, 1968–1973*, a. a. O., S. 50–53.
12 Seymour M. Hersh, *The Price of Power: Kissinger in the Nixon White House*, New York 1983, S. 381. Zitiert nach William Bundy, a. a. O., S. 143.
13 Siehe Henry Kissinger, *Memoiren, Bd. 1, 1968–1973*, a. a. O., S. 204–208.
14 Siehe ebenda, Kapitel XX.
15 Siehe ebenda, S. 1222 ff.
16 Als Beispiel soll das folgende Gespräch vom 11. 4. 1975 dienen, das stattfand, nachdem Ford in einer Rede auf Hilfe für Vietnam gedrängt hatte.
Kissinger: Herr Präsident.
Nixon: Wie geht es Ihnen? Die Rede von gestern abend haben Sie ja nun überstanden.
Kissinger: Ja, aber es war nicht so schlimm, wie ich erwartet hatte.
Nixon: Sagen Sie mir kurz Ihre Reaktion, wenn Sie soviel Zeit haben.
Kissinger: Die *Washington Post* hat einen ganz guten Leitartikel geschrieben, und die anderen nörgeln herum, aber wir tun, was Sie angeregt haben. Wir sind auf dem Kapitol zum Angriff übergegangen.
Nixon: Man sollte nicht nur das Kapitol attackieren, sondern öffentliche Reden und Erklärungen nachschieben. Ich würde mich freuen, wenn Sie sprechen, und ich empfehle dringend, daß auch Rockefeller spricht.
Kissinger: Richtig. Darüber haben wir uns bereits unterhalten.
Nixon: Treten Sie entschieden in der Öffentlichkeit auf. Denken Sie daran: Es ist viel besser, für die richtige Sache zu kämpfen und zu verlieren, als für die falsche Sache nicht zu kämpfen und zu verlieren.
Kissinger: Genau. Im nächsten Jahr werden die Dinge ganz anders aussehen.
Nixon: Ja, das hoffe ich auch. Sie werden anders aussehen im Hinblick darauf, was wir getan und was wir nicht getan haben.
Kissinger: Genau.
Nixon: Ich rufe nur wegen der Rede von gestern abend an.
Kissinger: Das bedeutet mir sehr viel.
Nixon: Außerdem sollen Sie wissen: Sie müssen standhaft bleiben. Hören Sie nicht auf die vielen wohlmeinenden Ratgeber, die Ihnen empfehlen, nichts zu tun, was nicht die Zustimmung des Kongresses findet, keinen unpopulären Standpunkt einzunehmen. Die anderen müssen begreifen, daß die Konfrontation unvermeidlich ist. Nehmen Sie sie an, genießen Sie sie und kämpfen Sie wie ein Löwe.
Kissinger: Ich bin nicht sicher, daß Freude an der Konfrontation zu meinen Pflichten hier gehört.
Nixon: Ich spreche von Ihnen und von dem Mann im Oval Office. Sie sind es, die jetzt zählen. Sie dürfen nicht zurückweichen, weil der Kongreß und die Senatoren an diesem und jenem herumnörgeln. Der Ball ist jetzt in ihrem Feld. Schlagen Sie ihn weiter. Ich könnte noch etwas mehr darüber sagen, ob es ein Blutbad gibt und wer dafür verantwortlich sein wird.

Kissinger: Wir bleiben auf jeden Fall in der Offensive.

Nixon: Das ist gut, und ich wünsche Ihnen dabei alles Gute. Ich hoffe – reden Sie nicht so verdrießlich, daß man es auf Sie abgesehen hat. Natürlich ist es so. Weil Sie etwas darstellen. Aber die werden Sie nicht kriegen. Halten Sie durch.

17 Siehe Richard Nixon und Henry Kissinger, »An Arms Agreement – On Two Conditions«, in: *Washington Post,* 26. 4. 1987.

18 Siehe »Paying the Price«, Interview von John Stacks und Strobe Talbott mit Präsident Nixon, in: *Time* magazine, 2. 4. 1990, S. 46–49. Nixon und seine Freunde berichteten eine ähnliche Version auch einem britischen Biographen. Siehe Jonathan Aitken, a. a. O., S. 463.

19 Der Brief Henry Kissingers an Richard Nixon vom 2. 4. 1990 hatte folgenden Wortlaut:

Lieber Herr Präsident,

ich habe Ihr Interview in *Time* mit einer Mischung aus Melancholie und Erstaunen gelesen.

Melancholie, weil ich Ihnen immer dankbar dafür sein werde, daß Sie mir Gelegenheit gegeben haben, dem von mir erwählten Land zu dienen und mich dafür erkenntlich zu zeigen, daß es meiner Familie und mir eine sichere Zuflucht vor Verfolgung bot. Ich werde es auch immer als eine Auszeichnung betrachten, für einen Präsidenten gearbeitet zu haben, dessen Rolle in der Außenpolitik die Hauptrichtungen entscheidend geprägt hat, die auch in der Folgezeit Bestand hatten. Es ist bedauerlich, daß Sie sich von *Time* in eine typische Journalistenfalle haben locken lassen, die dazu gedacht ist, eine außerordentliche Leistung als umstritten hinzustellen, indem man die Akteure dazu verleitet, darüber zu streiten, wer welchen Beitrag geleistet hat. Suggestivfragen von Journalisten sollten nicht mit der Realität verwechselt werden. Sie scheinen den Andeutungen Ihrer Interviewpartner zu folgen. Tatsache ist aber, daß ich niemals, weder in meinen Memoiren noch bei anderer Gelegenheit, in Frage gestellt habe, wer bei dieser Sache die Führung hatte. Ich habe auch niemals angedeutet, Ihre politischen oder strategischen Einschätzungen durch meine eigenen ersetzt zu haben.

Erstaunen deshalb, weil frühere unkorrekte Anspielungen durch eine ganze Reihe sachlicher Ungenauigkeiten eine weitere Steigerung erfahren haben. Wenn Sie es wünschen, würde ich mich glücklich schätzen, John Taylor die verschiedenen Denkschriften, Telefongespräche und andere Dokumente zugänglich zu machen, die keinen Zweifel daran lassen, daß diese Behauptungen falsch sind. Lassen Sie mich dafür einige besonders drastische Beispiele anführen.

Zur Pressekonferenz »Der Frieden ist zum Greifen nah«. Sie erklären, Sie hätten »kein Wort von Verhandlungen« sagen wollen, ich dagegen sei mit dieser Pressekonferenz in die Öffentlichkeit gegangen, um Ihnen politisch zu helfen. Aber die Akten bestätigen das nicht: Mir lag ebensoviel wie Ihnen daran, die Verhandlungen geheimzuhalten. Am Morgen des 26. Oktober (1972) jedoch meldete Hanoi, daß Verhandlungen im Gange seien, und veröffentlichte den Wortlaut des Abkommens nach dem damaligen Stand. Sie wurden aufgefordert, einen

Vertreter nach Paris zu entsenden, um diesen Text zu unterzeichnen. Bald ging auch Saigon mit seiner Darstellung der Dinge an die Öffentlichkeit. Unter diesen Umständen war es unmöglich, noch länger zu schweigen. Deshalb erteilten Sie mir – völlig richtig – im Oval Office die Weisung, die Medien über den Standpunkt der Administration zu informieren. Ohne daß ich auch nur etwas davon ahnte – ich erfuhr es erst nach dem Ende der Pressekonferenz –, wiesen Sie Ziegler an, im Fernsehen meinen Originalton zu senden. Bis zu diesem Zeitpunkt war es dem Fernsehen nicht erlaubt, meine Stimme zu übertragen, weil man fürchtete – wie Sie selbst sinngemäß bemerkten –, Wähler im Mittleren Westen könnten an meinem Akzent Anstoß nehmen. Wir können nur darüber spekulieren, ob ich andere Worte gewählt hätte, wäre mir bewußt gewesen, daß ich »live« zu hören war.

Zu der Vorstellung, ich hätte aus innenpolitischen Gründen eine Lösung vor den Wahlen angestrebt. Wenn man die Dokumente heranzieht, die ich wiederum John Taylor gern zur Verfügung stelle, dann bleibt kein Zweifel daran, daß ich niemals aus innenpolitischen Gründen auf *irgendeine* Aktion gedrängt habe. Das Schrittmaß der Verhandlungen wurde weitgehend von Hanoi bestimmt. Nachdem es dreieinhalb Jahre lang nur blockiert hatte, änderte es im September seine Taktik und bewegte sich auf unsere Position zu. Am 8. Oktober akzeptierten seine Vertreter die Geheimvorschläge vom Mai 1971, die Sie gebilligt hatten, sowie Ihre öffentlichen Friedensangebote vom 25. Januar und vom 8. Mai (1972). Vor der Verhandlungsrunde vom 8. Oktober, genauer gesagt, am 28. September akzeptierten Sie Hanois Vorschlag, daß wir ab 8. Oktober drei Tage lang verhandeln sollten, um bis Ende Oktober fertig zu werden. Das war eine richtige Entscheidung. Hätten wir uns geweigert, auf dieser Basis zu verhandeln, dann hätte Hanoi seine Vorschläge unverzüglich veröffentlicht, und unsere Position wäre unhaltbar geworden. Wie konnten wir ablehnen, daß Hanoi Ihre Vorschläge als Verhandlungsgrundlage akzeptierte? Wie hätten wir Gespräche abbrechen können, in denen wir mehr Zugeständnisse erhielten, als wir öffentlich gefordert hatten? Sie billigten alle Verhandlungsvorschläge, die Ihnen *sämtlich* vor jeder Verhandlungsrunde vorgelegt wurden. In keinem von ihnen und auch in keinem anderen Dokument werden Sie einen Bezug darauf finden, wie diese sich auf die bevorstehenden Wahlen auswirken könnten. Ebenso werden Sie *keinerlei* Ablehnung der verschiedenen Verhandlungspositionen Ihrerseits finden können.

Zu der Andeutung, ich hätte den Nordvietnamesen mehr vertraut als der Präsident. Auch diese Behauptung, die frühere Anspielungen wiederholt, läßt sich so wenig durch die Akten belegen wie die anderen Vorwürfe. Wir hatten tatsächlich unterschiedliche Auffassungen – nicht was Hanois Motive, wohl aber was seine Absichten betraf. Ende August ließen Sie mir über Haig eine Notiz zukommen, in der Sie Ihre Auffassung darlegten, man werde vielleicht keinen Ausweg aus der Sackgasse finden, und das könnte Ihrem Wahlkampfgegner Munition liefern. Ich war der Meinung, Hanoi werde Zugeständnisse machen, nicht weil ich unseren Gegnern vertraute, sondern weil ich sie für Realisten hielt. Als Hanoi Ihre Vorschläge akzeptiert hatte, war der Streit zwischen uns eigentlich nur noch akademischer Natur. Sie wußten, daß die Verhandlungen mit Le Duc Tho, die am 8. Oktober begannen, die Entscheidung bringen mußten. Sie hatten Hanois Bitte um ein dreitägiges Treffen zugestimmt. Am 2. Oktober sagten Sie Gromyko, das Treffen am 8. Oktober sei der letzte Schritt, um das Abkommen Ende Oktober abzuschließen. In den drei Tagen ab 8. Oktober machte Hanoi dann Zugeständnisse, die über Ihre öffentlichen Forderungen hinausgingen. Unter diesen Umständen war es nicht mehr möglich zu argumentieren, unsere Verhandlungsposition werde sich nach der Wahl verbessern, und Sie haben das auch nie getan. Uns wurden die Mittel knapp, weil wir einen so großen Teil des Jahreshaushalts ausgegeben hatten, um Hanois Frühjahrsoffensive zurückzuschlagen. Laird hatte bereits empfohlen, die Flugzeugstarts um vierzig Prozent zu reduzieren und alle nach Asien beorderten Kräfte (zumeist B 52), die im Rahmen der Frühjahrsoffensive eingesetzt waren, zurückzuziehen. Harlow wies darauf hin, sollten wir weiterhin entschlossen sein, die Fonds aufzufüllen, könnte das einen erbitterten Kampf mit unsicherem Ausgang geben und vielleicht dazu führen, daß der Kongreß einen Schlußstrich zog, was eine Niederlage für uns bedeutet hätte. Es war nicht klar, wofür wir noch kämpfen sollten, nachdem Hanoi unsere Vorschläge akzeptiert hatte und sogar über sie hinausgegangen war.

Ein öffentlicher Streit zwischen uns wäre eine Katastrophe. Ich kann mir vorstellen, daß es für unsere langjährigen Kritiker keine größere Freude geben kann als die Gelegenheit, unsere Erinnerungen gegeneinander auszuspielen. Das wäre sehr traurig angesichts der Bewunderung, die ich für Ihre Führung in einer tragischen Zeit empfinde. Nach meiner Auffassung wird keine dieser taktischen Fragen an dem Urteil der Geschichte etwas ändern können, daß Sie Amerikas Ehre in schwerer Stunde mit einer Außenpolitik verteidigt haben, die unter Ihrer Führung die Grundrichtung bestimmte, welche in den revolutionären Veränderungen des letzten Jahres ihren Höhepunkt gefunden hat.

Hochachtungsvoll
Henry

III. Kapitel

1 Walter A. McDougall, »Vietnam – Legacy and Lessons«, Beitrag in einem Arbeitskreis der Konferenz »The Paris Agreement on Vietnam: 25 Years Later«, The Nixon Center, Washington, D.C., 24. 4. 1998.
2 Henry Kissinger, *Memoiren, Bd. 1, 1968–1973*, a. a. O., S. 276 ff.
3 Ebenda, Kapitel XIII, Anmerkung 4, S. 1586.
4 Erster außenpolitischer Jahresbericht an den Kongreß am 18. 2. 1979, in: Richard Nixon, *Public Papers of the Presidents of the United States, 1970*, Washington, D.C., 1971, S. 119.
5 Siehe u. a. Henry Kissinger, »Central Issues of American Foreign Policy«, in: Kermit Gordon (Hrsg.), *Agenda for the Nation*, Washington,

D. C., 1968, S. 607–610; Richard Nixon, *Nixon on the Issues*, New York 1968, S. 28–32.

6 Henry Kissinger, *Memoiren, Bd. 2, 1973–1974*, a. a. O., S. 288.

7 Siehe Andrei Amalrik, »Will the USSR Survive until 1984?«, in: *Survey*, No. 73, Herbst 1969.

8 »The Western Alliance: Peace and Moral Purpose«, Rede Henry Kissingers in London zur Eröffnung einer Vortragsreihe zum Gedenken an Alastair Buchan am 25. 6. 1976, in: *Department of State Bulletin*, Bd. 75, No. 1935, 26. 7. 1976, S. 105–115.

9 Richard Nixon, *Public Papers of the Presidents of the United States, 1970*, a. a. O., S. 178 ff.

10 Henry Kissinger, *Memoiren, Bd. 1, 1968–1973*, a. a. O., S. 150.

11 Richard Nixon, *Public Papers of the Presidents of the United States, 1970*, a. a. O., S. 178.

12 Henry Kissinger, *Memoiren, Bd. 1, 1968–1973*, a. a. O., S. 140–152.

13 »Trade with the East«, in: *New York Times*, 13. 9. 1972, S. 46.

14 »Trade with Moscow«, in: *New York Times*, 25. 11. 1972, S. 30; siehe dazu auch »Alliance Against Dissent«, in: *New York Times*, 3. 9. 1973, S. 14.

15 Siehe Coral Bell, *Negotiation from Strength: A Study in the Politics of Power*, New York 1963.

16 Siehe u. a. Maurice J. Goldbloom, »Nixon So Far«, in: *Commentary*, März 1970, S. 30 f.; Norman Podhoretz, »A Note on Vietnamization«, in: *Commentary*, Mai 1971, S. 9.

17 Siehe Henry Kissinger, *Die Vernunft der Nationen. Über das Wesen der Außenpolitik*, a. a. O., S. 846–871.

18 Anatoli Dobrynin, a. a. O., S. 195.

19 Siehe ebenda, S. 337 f.

20 Henry Kissingers Pressekonferenz in Moskau am 3. 7. 1974. Siehe dazu auch meine Schilderung dieser Begebenheit in: Henry Kissinger, *Memoiren, Bd. 2, 1973–1974*, a. a. O., S. 1372, und meine Ausführungen über den SALT-II-Vertrag vor dem Auswärtigen Ausschuß des Senats am 31. 7. 1979.

21 Coral Bell, *The Diplomacy of Détente: The Kissinger Era*, London 1977, S. 222.

IV. Kapitel

1 Siehe Henry Kissinger, *Memoiren, Bd. 1, 1968–1973*, a. a. O., S. 288–292.

2 Die Zahlen für 1991 siehe International Institute for Strategic Studies, *The Military Balance 1991–1992*, London 1991, S. 219 f.

3 Siehe Phyllis Schlafly und Chester Ward, *Ambush at Vladivostok*, Alton, Ill., 1976.

4 Zitiert nach William G. Hyland, *Mortal Rivals: Superpower Relations from Nixon to Reagan*, New York 1987, S. 200.

5 Siehe Henry Kissinger, *Memoiren, Bd. 2, 1973–1974*, a. a. O., S. 1156.

V. Kapitel

1 Siehe z. B. unsere Diskussionen im Juli 1971 über das Kommuniqué meines Besuches in: Henry Kissinger, *Memoiren, Bd. 1, 1968–1973*,

a. a. O., S. 800, die Verhandlungen über das Shanghaier Kommuniqué im Oktober 1971, ebenda, S. 831 f., und die Gespräche während des Besuchs Richard Nixons im Februar 1972, ebenda. S. 1134–1153.

2 Ebenda, S. 1122. Dort wurde eine etwas abweichende Übersetzung derselben Ausführungen Maos benutzt.

3 Siehe »Das Europa-Jahr«, in: Henry Kissinger, *Memoiren*, Bd. 2, *1973–1974*, a. a. O., S. 153–231.

4 Henry Kissinger, *Memoiren*, Bd. 1, *1968–1973*, a. a. O., S. 794. Dort wurde eine etwas abweichende Übersetzung derselben Äußerung Tschous benutzt.

VI. Kapitel

1 John Osborne, *White House Watch: The Ford Years*, Washington, D.C., 1977, S. XXIV–XXV.

2 Im Präsidentschaftswahlkampf 1996 wurde Donald Rumsfeld Chefberater des republikanischen Präsidentschaftskandidaten Robert Dole. Es ist schwer zu sagen, was ihn erwartet hätte, wäre Dole erfolgreich gewesen.

3 Siehe Henry Kissinger, *Memoiren*, Bd. 2, *1973–1974*, a. a. O., S. 1347.

4 Siehe Gerald R. Ford, *A Time to Heal*, a. a. O., S. 319–324.

5 Haigs Bericht über sein schwieriges Verhältnis zu Nixon und mir siehe Alexander M. Haig jr. und Charles McCarry, *Inner Circles: How America Changed the World*, New York 1992.

6 Präsident Reagan ernannte Brent Scowcroft zum Leiter von Ad-hoc-Gruppen für die Modernisierung der strategischen Rüstung und betraute ihn später mit der Untersuchung der Fehler in der Iran-Contra-Affäre. Unter Präsident George Bush übte Scowcroft in bewährter Weise das Amt des Nationalen Sicherheitsberaters aus.

7 Siehe John Osborne, a. a. O., S. XXIX.

8 Ebenda, S. XXVIII.

VII. Kapitel

1 Brief des Präsidenten Lyndon B. Johnson an den türkischen Ministerpräsidenten Ismet Inönü vom 5. 6. 1964 (veröffentlicht vom Weißen Haus am 15. 1. 1966) in: *The Middle East Journal*, Sommer 1966, S. 386–393.

2 Siehe Henry Kissinger, *Memoiren*, Bd. 2, *1973–1974*, a. a. O., Kapitel XXIV.

3 Siehe Roy Jenkins, *A Life at the Centre*, London 1991, S. 441.

4 Die nachfolgende Analyse ist im wesentlichen diesen Ausführungen entnommen.

5 Hintergrundgespräch für Journalisten in San Clemente am 20. 7. 1974 (Pressemitteilung des Weißen Hauses).

6 Eine ausgezeichnete Zusammenfassung unserer verschiedenen Telefongespräche findet sich in: James Callaghan, *Time and Chance*, London 1987, S. 342, 344 ff.

7 Die Erklärung des amerikanischen Außenministeriums zur Zypernfrage vom 13. 8. 1974 hatte folgenden Wortlaut:
Die Vereinigten Staaten spielen in den Verhandlungen eine aktive Rolle. Der Präsident und der Außenminister werden täglich darüber

informiert. Der Außenminister steht in ständigem Kontakt mit Ministerpräsident Ecevit – er führte mit ihm in den vergangenen vierundzwanzig Stunden vier Telefongespräche –, per Telefon mit Außenminister Callaghan, per Post mit Ministerpräsident Karamanlis sowie mit den führenden Vertretern Zyperns.

Die Position der Vereinigten Staaten ist folgende:

(A) Wir erkennen an, daß die Lage der türkischen Bevölkerung auf Zypern wesentlich verbessert und sie geschützt werden muß.

(B) Wir unterstützen ein höheres Maß an Autonomie für sie.

(C) Die Parteien verhandeln über ein oder mehrere türkische autonome Gebiete. Die Möglichkeiten der Diplomatie sind bisher nicht ausgeschöpft, deshalb *halten es die Vereinigten Staaten für ungerechtfertigt, zu militärischer Aktion zu schreiten. Das haben wir allen Seiten eindeutig erklärt.*

VIII. Kapitel

1 Ausführungen des ehemaligen Außenministers George P. Shultz vor dem Iran-Contra-Untersuchungsausschuß von Repräsentantenhaus und Senat am 23. 7. 1987, in: George P. Shultz, *Turmoil and Triumph, My Years as Secretary of State*, New York 1993, S. 915.

2 *Détente: An Evaluation.* Gedruckt für den Unterausschuß Rüstungskontrolle des Streitkräfteausschusses des Senats, 93. Kongreß, 2. Sitzung, Washington, D.C., 1974.

3 George F. Will, »Détente Looks a Lot Like the Cold War«, in: *Washington Post*, 30. 10. 1973.

4 Hans J. Morgenthau, »Missing a Moral Consensus, The Danger of Détente«, in: *The New Leader*, Bd. 56, No. 19, 1. 10. 1973, S. 5 ff.

5 Erklärung von Außenminister Kissinger bei den Anhörungen über die Entspannungspolitik vor dem Auswärtigen Ausschuß des Senats, 93. Kongreß, 2. Sitzung, 19. 9. 1974, in: *Department of State Bulletin*, 14. 10. 1974, S. 506.

6 Ebenda.

7 Ebenda.

8 *Détente: An Evaluation,* a. a. O., Anhörungen zur Entspannungspolitik vor dem Auswärtigen Ausschuß des Senats am 15., 20., 21. 8.; 10., 12., 18., 19., 24., 25. 9.; 1., 8. 10. 1974, Washington, D.C., 1975, S. 260–264.

9 Ebenda, S. 268–272, 279–282.

10 Ebenda, S. 273 ff.

11 Erklärung des Senators Henry M. Jackson auf einer Pressekonferenz im Presseraum des Weißen Hauses am 18. 10. 1974.

12 Die Erklärung des Pressesprechers zur Vereinbarung über Auswanderung aus der Sowjetunion und Handelsgesetzvorlage, Büro des Pressesprechers des Weißen Hauses, Pressemitteilung vom 21. 10. 1974 (verbreitet aus Tucson, Arizona), hatte folgenden Wortlaut:

Der Präsident möchte hinsichtlich der Zusicherungen über die Auswanderung in dem von Senator Jackson am 18. Oktober veröffentlichten Briefwechsel einen Punkt klarstellen, der offenbar weithin mißverstanden wird.

Alle Zusicherungen, die wir von der Sowjetunion erhalten haben, sind in dem Brief des Außenministers an Senator Jackson enthalten. Wie Sie sicher bereits festgestellt haben, enthält dieser Brief keine konkreten Zahlen. Er legt vielmehr die Grundsätze dar, die bei der Bearbeitung der Anträge und Visa von Personen angewandt werden, die auszuwandern wünschen.

Der Senator hat in seiner Antwort auf den Brief des Außenministers bestimmte Richtlinien oder Auffassungen dargelegt, die er anzuwenden vorschlägt, wenn die Vollmacht des Präsidenten, gewisse Bestimmungen des Gesetzes auszusetzen, vom Kongreß behandelt wird. Was diese Richtlinien oder Auffassungen im Brief des Senators betrifft, so hat die Administration lediglich zugestimmt, wie es im Brief des Außenministers heißt, »daß der Präsident sie unter anderem in Betracht ziehen wird«, wenn er seine im Handelsgesetz enthaltenen Vollmachten wahrnimmt.

Der Brief von Außenminister Henry Kissinger zur Vereinbarung über Auswanderung aus der Sowjetunion und Handelsgesetzvorlage an Senator Henry M. Jackson vom 18. 10. 1974 hatte folgenden Wortlaut:

Sehr geehrter Senator Jackson,
ich schreibe Ihnen als Beförderer der Jackson-Ergänzung zum Handelsgesetz (H.R. 10710), das gegenwärtig dem Senat vorliegt und an dessen rascher Verabschiedung die Administration zutiefst interessiert ist. Wie Sie wissen, ist Abschnitt IV dieser Vorlage, wie das Repräsentantenhaus sie beschlossen hat, für die Administration nicht akzeptabel. Zugleich respektiert die Administration die Ziele hinsichtlich der Auswanderung aus der Sowjetunion, die mit den Bestimmungen in Abschnitt IV erreicht werden sollen, selbst wenn sie die dafür verwendeten Mittel nicht billigen kann. Sie respektiert insbesondere Ihre führende Rolle auf diesem Gebiet.

Um die Verabschiedung des Handelsgesetzes und die Auswanderung aus der Sowjetunion voranzubringen – Ziele, die wir alle teilen –, möchte ich Ihnen auf der Grundlage von Gesprächen, die wir mit den sowjetischen Vertretern geführt haben, im Namen der Administration mitteilen, daß die Auswanderung aus der Sowjetunion laut Zusicherung der sowjetischen Seite künftig nach folgenden Kriterien und Verfahren ablaufen wird:

Erstens werden Strafmaßnahmen gegen Personen, die beabsichtigen, aus der Sowjetunion auszuwandern, als Verletzung des sowjetischen Rechts und des gültigen Verfahrens angesehen und deshalb von der Regierung der Sowjetunion nicht zugelassen werden. Das betrifft insbesondere verschiedene Arten von Einschüchterung oder Vergeltung wie beispielsweise die Entlassung von der Arbeitsstelle, die Beschäftigung mit Aufgaben, die der beruflichen Qualifikation unwürdig sind, öffentliche oder andere Arten von Beschuldigungen.

Zweitens werden Personen, die einen Antrag auf Auswanderung stellen wollen, keine unvernünftigen oder rechtswidrigen Hindernisse in den Weg gelegt werden, wie Behinderungen bei Reisen oder der Kommunikation für die Antragstellung, Verweigerung notwendiger Dokumente, oder andere Hindernisse, die in der Vergangenheit häufig vorkamen.

Drittens werden Auswanderungsanträge in der Reihenfolge des Eingangs, einschließlich früher gestellter, ohne Diskriminierung hinsichtlich Wohnort, Rasse, Religion, nationaler Herkunft und Beschäftigung des Antragstellers bearbeitet werden. Was die Beschäftigung betrifft, so hat man uns informiert, daß es nach sowjetischem Recht Beschränkungen für die Auswanderung gibt, wenn eine Person gewissen Sicherheitsfristen unterliegt. Wenn derartige Personen auszuwandern wünschen, wird ihnen der Zeitpunkt mitgeteilt, zu dem sie antragsberechtigt sein werden.

Viertens werden Härtefälle wohlwollend und rasch bearbeitet werden. Fälle von Personen, die eine Freiheitsstrafe verbüßen und zuvor ihr Interesse an Auswanderung bekundet haben, werden nach deren Entlassung kurzfristig geprüft; eine vorzeitige Entlassung solcher Personen wird wohlwollend in Betracht gezogen.

Fünftens wird die Erhebung der sogenannten Auswanderungssteuer, die im vergangenen Jahr ausgesetzt wurde, weiterhin ausgesetzt bleiben.

Sechstens werden wir zu den genannten Punkten die Möglichkeit haben, der sowjetischen Führung Mitteilung zu machen, falls uns Anzeichen vorliegen, daß diese Kriterien und Verfahren nicht eingehalten werden. Unsere Einlassungen, die sich auf die genannten Punkte beziehen, aber nicht unbedingt auf die dort genannten Sachverhalte begrenzt bleiben müssen, werden wohlwollend geprüft und beantwortet werden.

Schließlich gehen wir davon aus, daß die Zahl der Auswanderer aus der Sowjetunion mit Anwendung der in diesem Brief dargelegten Kriterien und Verfahren im Vergleich zum Niveau von 1973 ansteigen und sich der Zahl der Antragsteller immer mehr annähern wird.

Ich nehme zur Kenntnis, daß Sie und Ihre Anhänger in einem Brief vom heutigen Tage einige zusätzliche Überlegungen zu den genannten Kriterien und Verfahren dargelegt haben, nach denen die Auswanderung aus der Sowjetunion künftig ablaufen wird. Sie wünschen, daß der Präsident diese als geeignete Richtlinien akzeptiert, wenn geprüft wird, ob die Ziele, die mit Abschnitt IV des Handelsgesetzes angestrebt werden und in unserem Briefwechsel über die Auswanderungsverfahren von Staaten ohne Marktwirtschaft weiter spezifiziert sind, in der Praxis eingehalten werden. Sie haben mir diesen Brief übersandt, und ich teile Ihnen im Auftrag des Präsidenten mit, daß der Präsident sie unter anderem in Betracht ziehen wird, wenn er die ihm nach Abschnitt IV Paragraph * zustehenden Vollmachten wahrnimmt.

Ich glaube, daß der Inhalt dieses Briefes unseren gemeinsamen Zielen entspricht und eine gute Grundlage darstellt, zu einer akzeptablen Formulierung von Abschnitt IV des Handelsgesetzes zu kommen, einschließlich der Verfahren für eine regelmäßige Prüfung, so daß normale Handelsbeziehungen zum beiderseitigen Nutzen der Vereinigten Staaten und der Sowjetunion realisiert werden können.

Mit besten Grüßen
Henry A. Kissinger

* Eine Formulierung, die dem Präsidenten die Vollmacht gibt, die Beschränkungen in Abschnitt IV des Handelsgesetzes unter bestimmten Bedingungen außer Kraft zu setzen, wird als weiterer Paragraph (der noch auszuarbeiten ist) hinzugefügt werden.

Der Antwortbrief von Senator Henry M. Jackson an Außenminister Henry Kissinger vom 18. 10. 1974 hatte folgenden Wortlaut:

Sehr geehrter Herr Außenminister,

ich danke Ihnen für Ihren Brief vom 18. Oktober, den ich eben zur Kenntnis nehmen konnte. Ausgehend von den Verständigungen und Interpretationen, die in diesem Brief dargelegt sind, stimme ich zu, daß wir eine geeignete Grundlage geschaffen haben, um Abschnitt IV dadurch zu modifizieren, daß wir eine Festlegung aufnehmen, die es dem Präsidenten gestattet, die Bestimmungen nach Abschnitt IV Paragraph 402 Absätze a und b, wie sie vom Repräsentantenhaus zur wesentlichen Förderung der Ziele des Abschnittes IV verabschiedet wurden, auszusetzen.

Wir sind der Auffassung, daß die Straf-, Einschüchterungs- oder Vergeltungsmaßnahmen, die die Regierung der Sowjetunion nicht zulassen wird, auch betreffen: die strafähnliche Einberufung von Personen, die auszuwandern wünschen, oder deren Familienangehörigen zum Wehrdienst, die Strafverfolgung von Personen unter Umständen, die einen Zusammenhang zu ihrem Auswanderungswunsch vermuten lassen.

Zweitens sind wir der Auffassung, daß sich die unvernünftigen Hindernisse, die auswanderungswilligen Personen nicht mehr in den Weg gelegt werden sollen, auch auf die Festlegung beziehen, daß volljährige Antragsteller die Zustimmung ihrer Eltern und anderer Verwandter beibringen müssen.

Drittens sind wir der Auffassung, daß die Sonderregelungen, die auf Personen mit Zugang zu wirklich sensiblen Geheiminformationen angewandt werden, kein unvernünftiges Hindernis für die Auswanderung darstellen. In diesem Zusammenhang erwarten wir, daß solchen Personen innerhalb von drei Jahren nach der Zeit, da sie letztmalig mit sensiblen Geheiminformationen in Berührung kamen, die Auswanderung gestattet wird.

Viertens sind wir der Auffassung, daß die Zahl der Emigranten gegenüber dem Niveau von 1973 rasch ansteigt, sich der Zahl der Antragsteller immer mehr annähert und sechzigtausend Personen jährlich überschreiten kann. Als Maßstab und Minimalzahl für die Erfüllung der Zusagen setzen wir die Ausgabe von sechzigtausend Visa pro Jahr fest. Wir gehen davon aus, daß der Präsident die Absicht hat, diesen Maßstab als Minimum für die Erfüllung der Bedingungen (durch die Sowjetunion) anzulegen. Bis zu dem Zeitpunkt, da die Zahl der tatsächlichen Auswanderer der Zahl der Antragsteller entspricht, wird dieser Maßstab nicht die Kategorien von Personen einschließen, über deren Auswanderung zwischen sowjetischen Vertretern und anderen europäischen Regierungen verhandelt wird.

Der unbeschränkten Vollmacht zustimmend, die Bestimmungen nach Abschnitt IV Paragraph 402 Absätze a und b in der Fassung des Repräsentantenhauses aussetzen zu können, gehen wir wie Sie davon aus, daß die Versicherungen in Ihrem Brief vom 18. Oktober und die in meinem Brief mitgeteilten Auffassungen nach Treu und Glauben implementiert werden. Insbesondere die Punkte 3 und 4 Ihres Briefes wollen wir so verstanden wissen, daß die Aufzählung der verschiedenen Arten von Strafmaßnahmen und unvernünftigen Hindernissen nicht als umfassend und vollständig betrachtet wird und werden kann, daß nichts in diesem Briefwechsel so ausgelegt werden darf, daß andere Strafmaßnahmen oder unvernünftige Hindernisse, die dort nicht genannt sind, gestattet wären.

Schließlich gehen wir davon aus, daß zur ordnungsgemäßen Prüfung der Einhaltung der in diesen Briefen niedergelegten Standards die Benutzung von Telefon, Telegraph und Post gestattet ist.

Hochachtungsvoll
Henry M. Jackson, US-Senator

IX. Kapitel

1 Siehe Anatoli Dobrynin, a. a. O., S. 362, 441.
2 Die Zahl stammt aus dem Buch des bekannten Generals Dmitri A. Wolkogonow, *Stalin. Triumph und Tragödie*, Düsseldorf 1989.
3 Siehe Henry Kissinger, *Memoiren, Bd. 1, 1968–1973*, a. a. O., Kapitel XXVIII.
4 Siehe Anatoli Dobrynin, a. a. O., S. 330.
5 Eduard Schewardnadse, »The 19th All-Union CPSU Conference: Foreign Policy and Diplomacy«, in: *International Affairs*, No. 10, Moskau, Oktober 1988, S. 8–12, 19 ff. Weitere Beispiele siehe in: Peter W. Rodman, *More Precious Than Peace: The Cold War and the Struggle for the Third World*, New York 1994, S. 309 ff.
6 Siehe Henry Kissinger, *Memoiren, Bd. 2, 1973–1974*, a. a. O., S. 544–547.
7 Siehe ebenda, S. 1370 f.
8 Die Sowjets, die von dem Verlust ihrer Machtbasis in Ägypten schwer getroffen waren, ließen häufig sarkastische Bemerkungen über Anwar Sadat fallen. Gromyko nannte ihn einmal ein »Papierkamel«.
9 Siehe den Wortlaut des Briefes Andrei Gromykos an Henry Kissinger zur Auswanderung aus der Sowjetunion und zum Handel mit den Vereinigten Staaten vom 26. 10. 1974, den Moskau am 18. 12. 1974 über den Inlandsdienst von TASS in Russisch und den Auslandsdienst in Englisch verbreitete; die Übersetzungen wichen geringfügig voneinander ab. Der hier zitierten Version liegt die Moskauer Englischfassung zugrunde.
Sehr geehrter Herr Außenminister,
ich halte es für notwendig, Sie auf die Veröffentlichung eines Ihnen bekannten Materials in den Vereinigten Staaten aufmerksam zu machen, in dem es um die Ausreise einer bestimmten Kategorie von Bürgern aus der Sowjetunion geht.
Ich möchte unmißverständlich klarstellen, daß das genannte Material, dazu der Briefwechsel zwischen Ihnen und Senator Jackson, einen entstellten Eindruck von unserer Position und dem wiedergibt, was wir der amerikanischen Seite zu dieser Frage erklärt haben.
Wir haben Ihnen auf Ihren Wunsch die tatsächliche Lage in diesem

Bereich erläutert und betont, daß es sich dabei um eine Angelegenheit handelt, die in die alleinige Zuständigkeit unseres Staates fällt. Wir haben darauf aufmerksam gemacht, daß wir in dieser Angelegenheit strikt nach den rechtlichen Bestimmungen unseres Landes gehandelt haben und weiter handeln werden.

Davon ist gegenwärtig nicht die Rede. Zugleich wird versucht, die Erläuterung, die wir zum Verfahren bei der Ausreise von Bürgern aus der Sowjetunion gegeben haben, als eine Art Zusicherung oder gar Verpflichtung erscheinen zu lassen. Was die vermutete Anzahl solcher Bürger betrifft, so werden sogar Zahlen genannt. Man spricht davon, daß man ein Ansteigen dieser Zahlen im Vergleich zu früheren Jahren erwartet.

Wir weisen eine solche Auslegung entschieden zurück. Was wir gesagt haben, bezog sich, wie Sie, Herr Außenminister, sehr gut wissen, lediglich auf die tatsächliche Situation in diesem Bereich.

Wenn bei dieser Information über die reale Lage Zahlen genannt wurden, dann hat man Sie, im Gegenteil, auf die Tendenz hingewiesen, daß die Zahl der Personen zurückgeht, die die Sowjetunion zu verlassen wünschen, um sich dauerhaft in anderen Ländern niederzulassen.

Wir halten es für wichtig, daß es wegen der grundlegenden Bedeutung dieser Frage keinerlei Unklarheiten über die Position der Sowjetunion geben sollte.

Gromyko, Außenminister der UdSSR

X. Kapitel

1 Ich bin William Hyland, meinem langjährigen Mitarbeiter für sowjetische Fragen im Nationalen Sicherheitsrat und im Außenministerium, für seine Erinnerungen an diese und andere Reisen, bei denen er mich begleitete, dankbar. Siehe William G. Hyland, a. a. O., S. 76.

2 Siehe Anatoli Dobrynin, a. a. O., S. 329.

3 Siehe ebenda, S. 330.

4 Gemeinsames Kommuniqué nach Gesprächen mit dem sowjetischen Generalsekretär Breschnew vom 24. 11. 1974, in: Gerald R. Ford, *Public Papers of the Presidents of the United States, 1974,* a. a. O., S. 658–662.

5 Öffentliche Erklärung der Vereinigung für Rüstungskontrolle, Washington, D.C., 11. 12. 1974.

6 Siehe William G. Hyland, a. a. O., S. 100.

7 »Vladivostok Arms Pact«, in: *New York Times,* 29. 11. 1974, S. 38.

8 James Reston, »Ceiling but no Floor«, in: *New York Times,* 6. 12. 1974, S. 39.

9 Siehe »The Vladivostok Accord«, in: *Washington Post,* 6. 12. 1974, S. A30.

10 Zur Pressekonferenz Außenminister Kissingers am 3. 12. 1974 siehe in: *Department of State Bulletin,* Bd. 71, No. 1853, 30. 12. 1974, S. 913.

11 Zur Aussage Außenminister Kissingers vor dem Finanzausschuß am 3. 12. 1974 siehe ebenda, S. 937.

12 Zur Pressekonferenz Außenminister Kissingers am 14. 1. 1975 siehe in: *Department of State Bulletin,* Bd. 72, No. 1858, 3. 2. 1975, S. 139 ff.

13 Ebenda.
14 Anatoli Dobrynin, a. a. O., S. 338.
15 Ebenda, S. 338 f.

XI. Kapitel

1 Kommentar von CIA-Direktor William Colby:
Wir sprechen hier von einem Programm, das wir vor vielen Jahren gestartet haben, um herauszufinden, ob viele Verbindungen zu amerikanischen Geschäftsleuten bestehen. Das ist Jahre her. Es ist eigentlich kein Problem Nixons. Es hat irgendwann 1967 oder 1968 angefangen. Sie wissen, als wir es mit der Antikriegsbewegung, den Black Panthers und solchen Dingen zu tun hatten. Sie erinnern sich an den Bericht, vielleicht aber auch nicht. Wir haben verschiedene Berichte geschrieben, meist für das FBI. Dann kam der Huston-Plan, können Sie sich daran erinnern? Er kam nicht durch, aber ein Bewertungsausschuß wurde eingesetzt. Ich glaube, da ging es vor allem um (Robert) Mardian. Dieses Gremium setzte die Arbeit fort, aber die CIA war nur in die außenpolitischen Aspekte der Sache einbezogen. Wenn man die Überwachung eines Amerikaners im Ausland aufbaut, dann hat man natürlich ein Blatt Papier mit seinem Namen drauf, das auch dem FBI ausgehändigt wird. Das haben wir ihm gesagt. Zweifellos hat es dabei Verfehlungen von einzelnen gegeben. Man kann keine große Operation durchführen, ohne daß jemand das ein oder andere Mal einen Schritt ab vom Wege tut. Einiges in der Art hat es zweifellos gegeben. Das ist die eine Spur. Die zweite ist allerdings, daß viele Jahre lang unter dem Schutz der Geheimhaltung unserer Operationen bestimmte Schritte gegangen wurden wie – daran erinnern Sie sich sicher – bei dem Fall in Georgetown, wo einige Personen an gewisse Geheiminformationen herangekommen waren. Unsere Sicherheitsleute drangen in das Haus ein und holten die betreffenden Dokumente zurück. Das geschah um 1966. Ich habe vergessen, wer daran beteiligt war. Es gab eine ganze Reihe solcher Fälle. Vor etwa einem Jahr haben wir in der Behörde allen Mitarbeitern gesagt, wenn sie von fragwürdigen Dingen wissen, die die CIA getan hat, dann sollen sie jetzt darüber Meldung machen. Wir haben eine Zusammenstellung solcher Fälle angefertigt. Dinge, die wir wirklich nicht tun dürfen. Ich faßte sie zusammen und informierte meine beiden Ausschußvorsitzenden darüber. Ich ließ aber die Leichen im Keller und hoffte, sie würden dort bleiben. Offenbar hat jemand davon Wind bekommen. Ich denke dabei besonders an einige ehemalige Mitarbeiter. Hersh hat dann die beiden Spuren zu einer zusammengefaßt.
2 Siehe Henry Kissinger, *Memoiren, Bd. 1, 1968–1973,* a. a. O., S. 694 f.
3 Nixon wurde in die Affäre verwickelt, weil er sich darüber empörte, daß das Außenministerium und die CIA unsere geheimen Fonds nicht für einen bestimmten Kandidaten einsetzen wollten. Da der wahrscheinliche Sieger ihnen zu konservativ erschien, verteilten sie das Geld auf zwei demokratische Parteien, von denen jede für sich allein chancenlos war, was Allende zu seinem knappen Sieg verhalf.
4 Einzelheiten siehe Henry Kissinger, *Memoiren, Bd. 1, 1968–1973,*

a. a. O., Kapitel XVII, und *Memoiren, Bd. 2, 1973–1974,* a. a. O., Kapitel IX.

5 Seymour M. Hersh, »CIA Chief Tells House of $ 8 Million Campaign Against Allende in 70–73«, in: *New York Times,* 8. 9. 1974, S. 1.

6 Siehe Seymour M. Hersh, »Senate Staff Report on Chile Accuses Helms and 3 of Contempt«, in: *New York Times,* 17. 9. 1974.

7 Fords Pressekonferenz vom 16. 9. 1974 siehe in: Gerald R. Ford, *Public Papers of the Presidents of the United States, 1974,* a. a. O., S. 151.

8 Ebenda, S. 150f.

9 Siehe Seymour M. Hersh, »CIA Is Linked to Strikes in Chile that Beset Allende«, in: *New York Times,* 20. 9. 1974, S. 1.

10 Die Mitglieder der Kommission waren John T. Connor, Handelsminister unter Präsident Johnson; C. Douglas Dillon, Finanzminister unter den Präsidenten Kennedy und Johnson sowie stellvertretender Unterstaatssekretär unter Präsident Eisenhower; Erwin N. Griswold, ehemaliger Dekan der Harvard Law School und stellvertretender Generalstaatsanwalt unter den Präsidenten Johnson und Nixon; Lane Kirkland, Schatzmeister des Gewerkschaftsverbandes AFL-CIO; Lyman L. Lemnitzer, ehemaliger Vorsitzender der Joint Chiefs of Staff; Ronald Reagan, kurz zuvor zurückgetretener Gouverneur von Kalifornien; und Dr. Edgar F. Shannon jr., ehemaliger Rektor der Virginia-Universität. Zum Exekutivdirektor der Kommission ernannte der Präsident David W. Belin, der 1964 Berater in der vom Präsidenten eingesetzten Warren-Kommission zur Untersuchung der Ermordung Präsident Kennedys gewesen war.

11 William Colby und Peter Forbath, *Honorable Men: My Life in the CIA,* New York 1978, S. 402.

12 Resolution 138 des Repräsentantenhauses, 94. Kongreß, 1. Sitzung, 19. 2. 1975.

13 Siehe Brief William Colbys an den Vorsitzenden des Senatssonderausschusses Frank Church vom 11. 3. 1975, Anlage zum CIA Employee Bulletin No. 442, 12. 3. 1975.

14 William Colby und Peter Forbath, a. a. O., S. 407.

15 Ebenda, S. 14f.

16 Siehe ebenda, S. 436f.

17 *Report to the President by the Commission on CIA Activities Within the United States,* Washington, D.C., 1975, S. 10 (fortan: Bericht der Rockefeller-Kommission).

18 Siehe ebenda, S. 161–168.

19 Siehe ebenda, S. 81f.

20 Senator Walter Mondale, Kommentar zu »CIA and FBI Revelations«, in: *Time* magazine, 26. 7. 1976, S. 22.

21 US-Senat, *Hearings before the Select Committee to Study Governmental Operations with Respect to Intelligence Activities,* 94. Kongreß, 1. Sitzung, Bd. 1, Washington, D.C., S. 17 (fortan: Bericht des Church-Ausschusses).

22 Siehe ebenda, S. 161f., S. 166ff.

23 Siehe Spencer Rich, »Goldwater Urges an End to Intelligence Probes«, in: *Washington Post,* 5. 11. 1975.

24 US-Senat, *Alleged Assassination Plots Involving Foreign Leaders: An Interim Report of the Select Committee to Study Governmental Operations with Respect to Intelligence Activities*, 94. Kongreß, 1. Sitzung, Bericht No. 94–465, Washington, D.C., 20. 11. 1975, S. 4 f.

25 Siehe Henry Kissinger, *Memoiren, Bd. 1, 1968–1973*, a. a. O., S. 716 f.

26 US-Senat, *Final Report of the Select Committee to Study Governmental Operations with Respect to Intelligence Activities*, 94. Kongreß, 2. Sitzung, Bericht No. 94–755, Washington, D.C., 26. 4. 1976, S. 427.

27 William Colby und Peter Forbath, a. a. O., S. 431 f.

28 Siehe Verhaltensausschuß des Repräsentantenhauses, *Report on Investigation Pursuant to H. Res. 1042, Concerning Unauthorized Publication of the Report of the Select Committee on Intelligence*, 94. Kongreß, 2. Sitzung, Bericht No. 94–1754, Washington, D.C., 1. 10. 1976, S. 31.

29 US-Repräsentantenhaus, *Hearings before the Select Committee on Intelligence, US Intelligence Agencies and Activities: The Performance of the Intelligence Community*, 94. Kongreß, 1. Sitzung, Teil 2, Washington, D.C., 1975, S. 673.

30 Siehe Lawrence L. Knutson und George Lardner jr., »Pike Unit Shuns CIA Data Given with Restriction«, in: *Washington Post*, 18. 9. 1975, S. 1; John M. Crewdson, »Ford Is Rebuffed by a House Panel on Offer of Data«, in: *New York Times*, 18. 9. 1975, S. 1.

31 US-Repräsentantenhaus, *Hearings before the Select Committee on Intelligence, US Intelligence Agencies and Activities: The Performance of the Intelligence Community*, a. a. O., S. 683 ff.

32 Ebenda, S. 913–919.

33 Siehe »Pike Urged to Drop Bid for Reports«, in: *Washington Post*, 18. 10. 1975, S. A24.

34 »Neo-McCarthyism?«, Leitartikel der *New York Times*, 19. 10. 1975.

35 Leserbrief von George Kennan, in: *Washington Post*, 14. 10. 1975.

36 Der Pike-Ausschuß forderte u. a. an:
   (1) Alle Beschlüsse des Vierziger-Ausschusses seit dem 20. Januar 1965, mit denen Geheimoperationen bestätigt wurden;
   (2) Die Protokolle aller Sitzungen des dem Nationalen Sicherheitsrat unterstellten Ausschusses für die Nachrichtendienste, seiner Arbeitsgruppe und seines Unterausschusses für Wirtschaftsspionage, die seit der Einrichtung dieser Gremien abgehalten wurden;
   (3) Die Protokolle aller Sitzungen der WSAG im Zusammenhang mit dem Nahostkrieg vom Oktober 1973, der Zypernkrise 1974 und dem Putsch in Portugal vom 24. April 1974;
   (4) Alle Geheimberichte, die der Nationale Sicherheitsrat von der CIA, der Defense Intelligence Agency (DIA) und der National Security Agency (NSA) vom 15. bis 28. Oktober 1973 über den Nahostkrieg und die Militäraktionen der Sowjetunion erhielt;
   (5) Alle Dokumente des Ständigen Konsultativausschusses der Behörde für Rüstungskontrolle und Abrüstung, der CIA, der DIA und der NSA an den Nationalen Sicherheitsrat seit Mai 1972, die die Einhaltung des SALT-Abkommens von 1972 betrafen.

37 Siehe John M. Crewdson, »House Committee Report Finds CIA Under-

stated Prices of Angolan Arms«, in: *New York Times*, 20. 1. 1976, S. 1; siehe auch *Washington Star*, 20. 1. 1976.

38 George Lardner jr., »Pike Draft Critical of Kissinger«, in: *Washington Post*, 21. 1. 1976, S. 1.

39 US-Repräsentantenhaus, *Proceedings of the Select Committee on Intelligence, US Intelligence Agencies and Activities: Committee Proceedings-II*, 94. Kongreß, 2. Sitzung, Teil 6, Washington, D.C., 1976, S. 2041.

40 Ebenda, S. 2042.

41 »The Basis of CIA Oversight«, in: *Washington Post*, 30. 1. 1976, S. A22.

42 Warum Schorr wegen dieses Berichtes von der CBS entlassen wurde, ist mir unverständlich. Schließlich hatte er sich nur an die Regel gehalten, die zumindest seit den Pentagon-Papieren galt: Die Medien sahen keine Veranlassung, die Regierung in Geheimhaltungsfragen zu unterstützen, und veröffentlichten jedes Dokument, das in ihre Hände gelangte, gleichgültig, auf welchem Wege.

43 Siehe meine Pressekonferenz vom 12. 2. 1976 in: *Department of State Bulletin*, Bd. 74, No. 1915, 8. 3. 1976, S. 291.

44 US-Senat, *Oversight of US Gouvernment Intelligence Functions, Hearings before the Committee on Government Operations on S. 317, S. 189, S. Con. Res. 4, S. 2893, S. 2865*, 94. Kongreß, 2. Sitzung, Aussage von Henry A. Kissinger am 5. 2. 1976, Washington, D.C., 1976, S. 439.

45 Stan Crock, »Schlesinger Says Leaks Curb CIA«, in: *Washington Post*, 3. 8. 1975, S. 1.

46 Daniel Southerland, »What's Left in CIA Bag of Tricks«, in: *The Christian Science Monitor*, 23. 3. 1979, S. 3.

47 Leonard Downie jr., »4 British Leaders Knew of Spy Deal«, in: *Washington Post*, 22. 11. 1979, S. A30.

48 »America Must Show ›Steadfastness and Strength‹«, Interview mit James Schlesinger, in: *Washington Post*, 3. 2. 1980, S. C1.

49 United States Intelligence Activities, Verordnung 11905 vom 18. 2. 1976, in: *Federal Register*, Bd. 41, No. 34, 19. 2. 1976, Teil III, S. 7703–7738. Diese Weisung wurde von Präsident Ford auf einer Pressekonferenz am 17. 2. 1976 angekündigt und erläutert sowie danach in der Sonderbotschaft des Präsidenten an den Kongreß mit einem Gesetzentwurf zur Reform der Nachrichtendienste der Vereinigten Staaten vom 18. 2. 1976 ausführlich dargelegt. Siehe Gerald R. Ford, *Public Papers of the Presidents of the United States, 1976*, Washington, D.C., 1976, S. 348–368.

50 Siehe US-Senat, *Oversight of US Gouvernment Intelligence Functions, Hearings before the Committee on Government Operations on S. 317, S. 189, S. Con. Res. 4, S. 2893, S. 2865*, a. a. O., S. 221.

51 Siehe Robert M. Gates, »CIA and the Making of American Foreign Policy«, Rede vor der Woodrow Wilson School of Public and International Affairs an der Princeton-Universität am 29. 9. 1987. Als Gates diese Rede als Artikel veröffentlichte, fügte er das Adverb »unfreiwillig« ein. Siehe Robert M. Gates, »The CIA and American Foreign Policy«, in: *Foreign Affairs*, Bd. 66, No. 2, Winter 1987/88, S. 225.

XII. Kapitel

1 Zur PLO-Charta siehe Yehoshafat Harkabi, *Das palästinensische Manifest und seine Bedeutung*, Stuttgart 1980. Harkabi, ehemaliger Chef des israelischen Geheimdienstes, wurde nach seinem Sinneswandel ein glühender Verfechter der Osloer Abkommen.

2 Siehe Henry Kissinger, *Memoiren, Bd. 2, 1973–1974*, a. a. O., Kapitel XXVII.

3 Siehe Anatoli Dobrynin, a. a. O., S. 222, 306, 325.

4 Siehe Henry Kissinger, *Memoiren, Bd. 1, 1968–1973*, a. a. O., Kapitel X, und *Memoiren, Bd. 2, 1973–1974*, a. a. O., S. 232–243.

5 Siehe Henry Kissinger, *Memoiren, Bd. 1, 1968–1973*, a. a. O., S. 619.

6 Siehe ebenda, Kapitel XXX, und *Memoiren, Bd. 2, 1973–1974*, a. a. O., Kapitel VI.

7 Eine ausführliche Darstellung dieser Verhandlungen siehe Henry Kissinger, *Memoiren, Bd. 2, 1973–1974*, a. a. O., Kapitel XIII, XVII, XVIII, XXI und XXIII.

8 Das wurde z. B. in meinem Gespräch mit dem ägyptischen Außenminister Ismail Fahmi am 12. 8. 1974 sowie bei der Begegnung Anwar Sadats mit dem amerikanischen Botschafter Hermann Eilts am 11. 8. 1974 klargestellt.

9 Siehe dazu den Bericht einer Studiengruppe zum Nahen Osten der Brookings Institution, *Toward Peace in the Middle East*, Washington, D.C., 1975; Zbigniew Brzezinski, »Francois Duchene und Kiichi Saeki, Beyond Step by Step – Peace in an International Framework«, in: *Foreign Policy*, No. 19, Sommer 1975; Stanley Hoffmann, »A New Policy for Israel«, in: *Foreign Affairs*, Bd. 53, No. 3, April 1975.

10 Ein einziges Mal kam König Hussein dem sehr nahe, als er sich im Golfkrieg 1991 weigerte, dem Bündnis gegen Saddam beizutreten. In diesem Fall möchte ich allerdings einräumen, daß das Überleben seiner Dynastie möglicherweise der wichtigste Beitrag war, den König Hussein in dieser Krise zur Stabilität im Nahen Osten leisten konnte.

11 Itzhak Rabin, *The Rabin Memoirs*, Berkeley 1979, S. 421 f.

XIII. Kapitel

1 Harold H. Saunders und Cecilia Albin, *Sinai II: The Politics of International Mediation, 1974–1975*, FPI Case Studies No. 17, Washington 1993, S. 60 f.

2 Siehe u. a. Shimon Peres und Robert Littell, *For the Future of Israel*, Baltimore 1998.

3 Siehe dazu auch Lea Rabin, *Ich gehe weiter auf seinem Weg. Erinnerungen an Jitzhak Rabin*, München 1997, S. 220.

XIV. Kapitel

1 Gerald R. Ford, *Public Papers of the Presidents of the United States, 1975*, Washington, D.C., 1975, Bd. 1, S. 396 f.

2 Gerald R. Ford, *A Time to Heal*, a. a. O., S. 247.

3 Gerald R. Ford, *Public Papers of the Presidents of the United States, 1975*, a. a. O., S. 552.

4 Die Ausführungen von Ministerpräsident Itzhak Rabin gegenüber Prä-

sident Gerald Ford am 11. 6. 1975 im Weißen Haus hatten folgenden Wortlaut:

Herr Präsident, ich möchte die Probleme darlegen, wie ich sie sehe. Dies soll mein Ausgangspunkt sein: Wenn es in der Region ein Land gibt, das sich nach Frieden sehnt, dann ist es Israel. Israel hat viele Kriege geführt und zahlreiche Menschen verloren. Wir wissen, daß wir keinen Frieden mit militärischen Mitteln erreichen können, die Bedingungen lassen das nicht zu. Wir haben es 1949, 1956, 1967 und 1973 erlebt. Wir wissen, daß Gewalt keine politische Lösung bringen wird. Clausewitz sagte, Krieg sei die Fortsetzung der Politik mit anderen Mitteln. Aber im Krieg verfolgt man das Ziel, die Kräfte der Gegenseite zu vernichten, ihr den eigenen Willen aufzuzwingen. Wir können niemandem unseren Willen aufzwingen. Mit militärischen Mitteln ist das Problem nicht zu lösen. Wir sind nicht daran interessiert, Krieg zu führen, wir sind aber sehr wohl daran interessiert, uns zu verteidigen. Wenn wir uns nicht selbst verteidigen können, werden wir nicht überleben. Wenn ich von Frieden spreche, meine ich damit unsere Existenz als jüdischer Staat mit Grenzen, die wir mit eigenen Mitteln verteidigen können, nicht mit den Truppen, die andere uns schicken. Das wäre unser Ende.

Internationale Garantien haben für uns keinerlei Bedeutung. Wir haben sie viele Jahre lang erprobt. Wir haben gemischte Waffenstillstandskommissionen wie UNTSO und UNEF ausprobiert. Wir haben nicht das Vertrauen, unsere Verteidigung in die Hände anderer zu legen. Eine Großmacht in einen lokalen Konflikt zu ziehen wäre ein ernster Fehler. Wir haben nie auch nur um einen einzigen amerikanischen Soldaten gebeten, um unsere Landesverteidigung zu stärken.

Von 1949 bis 1967 haben wir nach Frieden gestrebt – ohne Ergebnis. Es hat sich viel Mißtrauen angehäuft, das auf dem Weg zum Frieden beiseite geräumt werden muß.

Wir gehen auf zweierlei Weise vor. Die eine haben Sie bereits genannt: Wir möchten alle Probleme mit allen Staaten zur gleichen Zeit lösen und einen endgültigen Friedensschluß erreichen. Aber selbst wenn es zu diesem Frieden käme, wäre dies zunächst ein Frieden der Diplomaten und der Regierungen, nicht der Völker. Wenn sich die Haltung der Menschen in der Region ändern soll, wird sehr viel Zeit vergehen müssen. Selbst Sadat erwartet keinen wirklichen Frieden. Er macht einen Unterschied zwischen der Beendigung des Kriegszustandes und der Normalisierung der Beziehungen.

Israel hat seine eigene Vorstellung von Frieden. Es gibt drei Schlüsselfragen, bei denen, wie ich fürchte, die Kluft, was eine Gesamtlösung betrifft, noch sehr tief ist und bisher von der Diplomatie nicht überbrückt werden konnte. Dazu zählt, erstens, das Wesen des Friedens. Die Araber sprechen von der Beendigung des Krieges, des Kriegszustandes. Für uns ist das viel mehr. Wir meinen damit die Normalisierung der Beziehungen.

Zweitens, die Grenzen dieses Friedens. Die Araber betonen den vollständigen Rückzug Israels auf die Grenzen vom Juni 1967. Für uns sind diese Grenzen praktisch nicht zu verteidigen. Wenn sie in der

Vergangenheit ihre Truppen in Marsch setzten, mußten wir entweder abwarten oder ihnen zuvorkommen. Nehmen Sie Ägypten. Es hat ohne Mobilisierung ständig eineinviertel Millionen Mann unter Waffen. Auf unserer Seite würde das die totale Mobilisierung erfordern. Damit bekommen wir aber höchstens eine halbe Million zusammen. Wir haben die höchste Mobilisierungsrate der Welt. Im Krieg 1973 haben wir über vierzigtausend mobilisiert. Wir haben unser System verändert, um das letzte herauszuholen. Bei einer Gesamtlösung muß Israel also darauf achten, daß es in einigen Jahren nicht wieder in die Lage kommt, jedesmal, wenn sie sich in Marsch setzen, einen Präventivkrieg beginnen zu müssen. Die unumstößliche Tatsache, daß sie bis an unsere Grenzen heranrücken können, bedeutet, daß wir mobil machen müssen und daß sie unsere Wirtschaft durch diese ständige totale Mobilisierung zerstören können.

Das dritte Problem ist die Palästinafrage.

Wir können uns auf dem Sinai nicht auf die Grenzen von 1967 zurückziehen. Wir können nicht von den Golanhöhen abziehen, auch nicht für einen Frieden. Zum Beispiel könnten Truppen in Sharm el-Sheikh stationiert bleiben; sie müssen allerdings eine Landverbindung haben. Das wäre auch auf dem Golan für einen Zeitraum von etwa zehn bis zwanzig Jahren möglich, bis sich die Haltung der Araber verändert hat. Das Konzept der Truppenstationierung bis zur Veränderung des generellen Verhältnisses wäre auch auf Ägypten anwendbar.

Im Westjordanland liegen die Dinge komplizierter. Hier spielen sowohl die Verteidigung als auch die Palästinafrage eine Rolle. Was die Araber dazu sagen, ist nicht neu und hat sich seit Nasser nicht verändert. Sie sagen, die Lösung sei quasi die Gründung eines Arafat-Staates. Wenn Arafat gefragt wird, was er damit meint, sagt er, er träume von einem säkularen Staat, der den jüdischen Staat Israel beseitige. Das aber würde die Beseitigung aller Juden bedeuten, die seit 1923 oder sogar seit 1948 hierhergekommen sind. Ein Palästinenserstaat würde bedeuten, daß sie mit Strela-Raketen Flugzeuge über dem Flughafen von Tel Aviv abschießen könnten. Aus unserer Sicht bedeuteten also eine Rückkehr zu den Grenzen von 1967 und die Gründung eines palästinensischen Staates, daß Israel nicht überleben könnte.

Ich habe mich im vergangenen Jahr fünfmal mit Hussein getroffen. Ich sagte ihm: »Sie haben als Lösung eine Föderation vorgeschlagen. Vielleicht könnten wir ein Abkommen über eine Konföderation erzielen, der Israel für etwa dreißig Jahre mit offenen Grenzen und minimalen Veränderungen angehören würde – trotz der äußerst schwierigen Jerusalemfrage –, und wir könnten auch den größten Teil des Gazastreifens einbeziehen.« Wir wären bereit, mit Hussein auf dieser Grundlage eine Vereinbarung zu treffen. Hussein hat das abgelehnt. Wir haben ihm auch den Allon-Plan als Verhandlungsgrundlage angeboten, aber auch den hat er zurückgewiesen.

Was also Israels Bereitschaft zu einem endgültigen Frieden und Israels Sicherheitsbedürfnis betrifft, so gestatten die Grenzen von 1967 mit Ägypten und Syrien keine Sicherheitsvereinbarungen, wie sie ein kleines Land mit drei Millionen Menschen braucht, das sich einem Zusammenschluß von Staaten mit einer Gesamtbevölkerung von sechzig bis fünfundsechzig Millionen gegenübersieht. Wir wollen versuchen, Frieden zu erreichen, aber die Meinungsunterschiede in diesen drei Fragen sind groß. Wir haben bisher keine Bereitschaft der Araber gespürt, uns bei den entscheidenden Voraussetzungen des Friedens, wie wir sie sehen, entgegenzukommen.

Ich erinnere daran, daß Dr. Kissinger 1973 gewillt war, das Konzept der Sicherheit und Souveränität zu prüfen. Aber Sadat hatte sich offenbar bereits für den Krieg entschieden. Ich wünsche, daß wir einen umfassenden Frieden erreichen. Das muß aber ein wirklicher Frieden sein. Ich möchte nicht, daß die Israelis in eine Lage kommen wie die Christen im Libanon. In arabischen Ländern haben Minderheiten – Christen, Kurden oder Juden – ein schweres Schicksal. Die Franzosen haben den Staat Libanon deshalb gegründet, weil sie die christliche Minderheit in Syrien retten wollten. Ben Gurion sagte, Israel kann zwanzig Kriege gewinnen und wird das Problem trotzdem nicht lösen. Die Araber brauchen nur einmal zu siegen, und das wäre das Ende Israels.

Was ich hier gesagt habe, hört man in Israel nicht gern. Dort leben Menschen, die bereits dreimal auf dem Sinai gekämpft haben. Eisenhower hat unter dem Druck der Sowjetunion einen Rückzug vom Sinai erreicht. Er sagte damals, er hoffe, das werde die Voraussetzungen für den Frieden schaffen.

Wir können einen umfassenden Frieden ins Auge fassen, aber wir können in den Positionen, die ich beschrieben habe, nicht nachgeben. Wenn es eine Genfer Konferenz gibt, werden wir unsere Positionen dort darlegen und für sie kämpfen, denn wir glauben an sie.

XV. Kapitel

1 Siehe Henry Kissinger, *Memoiren, Bd. 1, 1968–1973*, a. a. O., Kapitel VIII, XII, XXIII, XXV, XXVII, XXXI, XXXII, XXXIII und XXXIV. Siehe auch Henry Kissinger, *Memoiren, Bd. 2, 1973–1974*, a. a. O., Kapitel II und VIII.

2 Siehe dazu u. a. die aufschlußreichen Memoiren von David Horowitz, *Radical Son: A Generational Odyssey*, New York 1997, Teil 3 und 4, sowie James Webb, »Peace? Or Defeat? What Did the Vietnam War Protesters Want?«, in: *The American Enterprise*, Bd. 8, No. 3, Mai/Juni 1997, S. 46–49.

3 Meine erste Begegnung mit Vietnam siehe in: Henry Kissinger, *Memoiren, Bd. 1, 1968–1973*, a. a. O., S. 251–257.

4 Siehe Henry Kissinger, »The Viet Nam Negotiations«, in: *Foreign Affairs*, Bd. 47, No. 2, Januar 1969, S. 211–234.

5 Die Provisorische Revolutionsregierung der Republik Südvietnam (PRR) war die Wiedergeburt der Nationalen Befreiungsfront (FLN) oder des Vietcongs, d. h. der südvietnamesischen Kommunisten.

6 Henry Kissinger, *Memoiren, Bd. 1, 1968–1973*, a. a. O., S. 1519.

7 Siehe u. a. David Horowitz, a. a. O., S. 202.

8 Siehe u. a. Präsident John F. Kennedys Beitrag dazu in: Henry Kissinger,

Memoiren, Bd. 1, 1968–1973, a. a. O., S. 950, und Anmerkung 7 in
Kapitel XXI, S. 1590, sowie Henry Kissinger, *Memoiren, Bd. 2,
1973–1974,* a. a. O., Anmerkung 5 in Kapitel VIII, S. 1447 f.

9 Die Vereinigten Staaten gaben die folgenden Erklärungen ab, mit denen
sie sich zur Durchsetzung des Pariser Abkommens verpflichteten.

Rede Präsident Nixons an die Nation, 23. 1. 1973
Die Bestimmungen des Abkommens müssen strikt eingehalten werden. Wir werden alles tun, was das Abkommen von uns fordert, und
wir erwarten von den anderen Parteien, daß sie alles tun, was es von
ihnen fordert. Wir erwarten auch von anderen interessierten Staaten,
daß sie mithelfen, daß das Abkommen realisiert wird und der Frieden
erhalten bleibt.

Pressekonferenz Henry Kissingers, 24. 1. 1973
Frage: Wenn der Friedensvertrag verletzt wird und die Internationale
Kontrollkommission sich als wirkungslos erweist, werden die Verei-
nigten Staaten dann jemals wieder Truppen nach Vietnam entsenden?
Kissinger: Ich möchte nicht über hypothetische Situationen spekulie-
ren, die wir nicht erwarten.

*Stellungnahme des stellvertretenden Unterstaatssekretärs William
Sullivan in der NBC-Sendung »Meet the Press«, 28. 1. 1973*
Frage: Herr Botschafter, uns liegen Berichte aus Saigon vom heutigen
Tag vor, die Vereinigten Staaten hätten Saigon die offizielle, aber interne Zusicherung gegeben, daß wir militärisch eingreifen werden,
wenn Hanoi das Abkommen ernsthaft verletzt. Worin bestehen denn
unsere Verpflichtungen? Was werden wir tun, wenn der Waffenstillstand zusammenbricht?
Sullivan: Ich möchte darüber nicht spekulieren, Mr. Rosenfeld. Sie
kennen sicher Dr. Kissingers Erklärung über die Art und Weise, wie
im Abkommen die Anforderungen an seine Realisierung formuliert
sind. Dort sind uns keinerlei Beschränkungen auferlegt, aber wir sind
nicht bereit, zu diesem Zeitpunkt die hypothetische Frage zu diskutieren, was die Zukunft uns bringen mag.

*Interview Henry Kissingers mit Marvin Kalb in der Nachrichtensen-
dung »CBS News«, 1. 2. 1973*
Kalb: Dr. Kissinger, ich möchte herausbekommen, was geschehen
wird, und ich denke, diese Frage muß gestellt werden. Im besten Fall
wird der Waffenstillstand halten. In der Welt, in der wir leben, vielleicht auch nicht. Präsident Thieu hat in einem CBS-Interview heute
abend gesagt, daß er niemals wieder amerikanische Flugzeuge ins
Land rufen wird. Aber Botschafter Sullivan sagte erst letzten Sonntag, daß es für den Einsatz dieser Flugzeuge keine Beschränkungen
gebe – ich glaube, das waren seine Worte. Ist das korrekt?
Kissinger: Das ist juristisch korrekt.
Kalb: Und politisch oder diplomatisch?
Kissinger: Wir haben das Recht, das zu tun. Die Frage ist so abstrakt
sehr schwer zu beantworten. Es hängt von der Größe der Herausforderung, von der Art der Bedrohung, von den Umständen ab, unter
denen sie sich stellt. Es wäre aber äußerst unklug von einem amerikanischen Verantwortlichen, für diesen Zeitraum, in dem der Frieden

gerade erst hergestellt wird, eine Checkliste darüber herauszugeben, was die Vereinigten Staaten unter Umständen, die eventuell eintreten können, tun oder lassen werden.

In absehbarer Zukunft sind die Nordvietnamesen nicht in der Lage, einen umfassenden Angriff gegen den Süden zu starten, selbst wenn sie das Abkommen verletzen. Was in ein oder zwei Jahren geschieht, muß unter den Umständen gesehen werden, die dann bestehen.

Die meisten Verletzungen, die man heute absehen kann, müssen von den Südvietnamesen bewältigt werden.

Kalb: Wenn ich Sie richtig verstehe, wird also in den nächsten ein, zwei Jahren ein erneuter Einsatz amerikanischer Militärmacht nicht notwendig sein?

Kissinger: Marvin, wir haben diesen Krieg nicht beendet, um nach einem Vorwand zu suchen, wieder einzusteigen Aber es wäre verantwortungslos von uns, einem potentiellen Aggressor zu diesem Zeitpunkt eine genaue Checkliste darüber vorzulegen, was er gefahrlos tun kann und was nicht.

Pressekonferenz Präsident Nixons, 15. 3. 1973

Ich will nur soviel sagen: Wir haben den Nordvietnamesen mitgeteilt, daß uns diese Infiltration Sorgen bereitet und daß wir sie für eine Verletzung des Waffenstillstands und des Friedensabkommens halten. Darüber haben wir auch andere interessierte Seiten informiert. Ich möchte damit nur andeuten, daß die Nordvietnamesen, die wissen, wie ich in den vergangenen vier Jahren gehandelt habe, diese Sorge, die wir über eine Verletzung geäußert haben, nicht auf die leichte Schulter nehmen sollten. Das ist alles, was ich dazu sagen will.

Rede des Unterstaatssekretärs für Politische Angelegenheiten William Porter in Grand Rapids, 21. 3. 1973

Präsident Nixon hat unsere Sorge darüber zum Ausdruck gebracht, daß die Nordvietnamesen große Mengen von Ausrüstungen nach Südvietnam bringen. Wenn diese Infiltration anhält, kann sie ernste Konsequenzen haben. Die Nordvietnamesen sollten unsere Sorge nicht auf die leichte Schulter nehmen.

Rede Präsident Nixons an die Nation, 29. 3. 1973

Da sind noch einige Problemfelder. Die Bestimmungen des Abkommens, die Rechenschaft über alle Vermißten in Indochina verlangen, die Bestimmungen über Laos und Kambodscha, die Bestimmungen, die eine Infiltration von Nordvietnam nach Südvietnam verbieten, werden gegenwärtig nicht erfüllt. Wir haben uns bisher an das Abkommen gehalten und werden dies auch weiter tun. Wir bestehen darauf, daß auch Nordvietnam so handelt. Und die Führer Nordvietnams sollten sich keinem Zweifel hingeben, welche Folgen es hat, wenn sie das Abkommen nicht einhalten.

Stellungnahme des Verteidigungsministers Elliot Richardson in der NBC-Sendung »Meet the Press«, 1. 4. 1973

Nessen: Herr Minister, können Sie sagen, daß die Vereinigten Staaten unter keinen Umständen mehr wieder Streitkräfte nach Indochina entsenden werden?

Richardson: Nein. Eine so kategorische Zusicherung kann ich nicht geben, Mr. Nessen. Die Zukunft kann durchaus Entwicklungen bereithalten, die heute nicht absehbar sind. Aber natürlich hoffen wir sehr, daß das nicht notwendig wird.

Nessen: Wenn ich Sie in diesem Sinne frage, ob die Vereinigten Staaten jemals wieder Bomben auf Nord- oder Südvietnam abwerfen werden, wäre Ihre Antwort dann die gleiche?

Richardson: Ja, aber natürlich hoffen und erwarten wir, daß das Waffenstillstandsabkommen eingehalten wird.

Nessen: Präsident Nixon hat Nordvietnam mehrfach gewarnt, es solle sich keinem Zweifel hingeben, welche Folgen es hat, wenn es den Waffenstillstand verletzt. Was meint er damit, welche Folgen wären das?

Richardson: Das ist sicher etwas, was man vorher nicht so genau sagen kann, Mr. Nessen...

Ich denke, wenn sie (die Vietnamesen) in die Vergangenheit zurückblicken, dann müßten sie eigentlich wissen, daß der Präsident gewillt ist, das Nötige zu tun, um eine Verhandlungslösung auch durchzusetzen und ein Ende des Krieges herbeizuführen.

Stellungnahme des Verteidigungsministers Elliot Richardson vor dem Streitkräfteausschuß des Senats, 2. 4. 1973

Frage: Es gibt Berichte aus Südvietnam vom heutigen Tag, denen zufolge Präsident Thieu erklärt hat, die Vereinigten Staaten und die südvietnamesische Regierung hätten eine Vereinbarung darüber, daß die Vereinigten Staaten, falls es zu einer Offensive käme, das heißt, falls die Nordvietnamesen eindringen, dann mit Flugzeugen und Luftunterstützung zurückkehren würden. Haben wir eine solche Verpflichtung?

Richardson: Das ist einfach eine Frage bestimmter Eventualitäten. Ich möchte hier nicht versuchen, das, was er gesagt hat, zu verstärken oder abzuschwächen...

Wir bleiben natürlich dabei, daß das Waffenstillstandsabkommen nicht nur unterzeichnet wurde, sondern im Interesse aller Beteiligten liegt. Unser Ziel besteht darin, soweit wie möglich sicherzustellen, daß es eingehalten wird...

Unsere Aufgabe ist es, Überlegungen Nachdruck zu verleihen, die sie, so glauben wir, dazu veranlassen werden, das Abkommen zu realisieren...

Wenn er (der Präsident) nach der Verfassung das Recht hatte, den Krieg zu führen und ihn zugleich zurückzufahren, dann kann man, so denke ich, in ganz natürlicher Fortführung dieses Grundsatzes sagen, er hat nach der Verfassung auch das Recht, jeden nur möglichen Schritt zu tun, der notwendig ist, um sicherzustellen, daß die Vereinbarungen über den Waffenstillstand eingehalten werden.

Gemeinsames Kommuniqué der Regierungen der Vereinigten Staaten und Südvietnams (San Clemente), 3. 4. 1973

Beide Präsidenten haben einerseits anerkannt, daß Fortschritte in Richtung militärischer und politischer Lösungen in Südvietnam zu verzeichnen sind. Zugleich sehen sie mit großer Sorge, daß in Verletzung des Abkommens über die Beendigung des Krieges Truppen und Waffen in beträchtlicher Zahl von Nordvietnam nach Südvietnam gebracht werden. Sie sind der Meinung, daß Aktionen, die die Grundlage des Abkommens gefährden, ein energisches Reagieren erfordern. Sie haben ihre Überzeugung zum Ausdruck gebracht, daß alle Bestimmungen des Abkommens, insbesondere die über Streitkräfte und militärische Güter, strikt durchgesetzt werden müssen, wenn der Waffenstillstand Bestand haben und die Aussicht auf eine friedliche Lösung erhalten bleiben soll. Präsident Nixon erklärte in diesem Zusammenhang, daß die Vereinigten Staaten die Verletzung jedweder Bestimmungen des Abkommens weiterhin mit großer Sorge betrachten.

Stellungnahme des Verteidigungsministers Elliot Richardson gegenüber Reportern vor seinem Auftritt im Unterausschuß Verteidigung des Haushaltsausschusses des Repräsentantenhauses, 3. 4. 1973
Frage: Herr Minister, unter welchen Bedingungen werden wir zur Unterstützung der Südvietnamesen mit Bombenangriffen beginnen müssen?
Richardson: Das ist eine der Fragen, die man so allgemein unmöglich beantworten kann. Wir können nur beobachten, was sich entwickelt, und hoffentlich ist das die vollständige und umfassende Realisierung der Waffenstillstandsvereinbarungen.
Frage: Aber ist es möglich, daß wir entweder auf Nordvietnam oder zur Unterstützung der südvietnamesischen Armee wieder Bomben abwerfen müssen?
Richardson: Das können wir gegenwärtig sicher nicht ausschließen.

Pressekonferenz Henry Kissingers, 2. 5. 1973
Frage: Sie sagen, wenn Nordvietnam dem Ruf nach einem ehrenhaften Waffenstillstand nicht folgt, dann riskiert es eine erneute Konfrontation mit uns. Könnten Sie etwas genauer ausführen, was Sie (in Ihrem außenpolitischen Bericht) damit meinen?
Kissinger: ... Zur Konfrontation. Wir haben eines klargestellt: Wir wollen, daß das Abkommen eingehalten wird. Wir sind jetzt dabei, mit den Nordvietnamesen darüber zu diskutieren, was erforderlich ist, um das Abkommen strikt durchzusetzen. Wir haben jede Absicht und jedes Interesse, sicherzustellen, daß das Abkommen von unserer Seite erfüllt wird. Wir werden unseren Einfluß geltend machen, wo immer das möglich ist, um für die strikte Verwirklichung des Abkommens zu sorgen.
Aber die Vereinigten Staaten können nicht ein Abkommen feierlich unterzeichnen und, wenn Wochen später wichtige Bestimmungen verletzt werden, keinen Versuch unternehmen, das zur Sprache zu bringen. Nun zu den einzelnen Maßnahmen. Einige liegen auf der Hand. In dem Bericht erklären wir, wie wir es bereits viele Male öffentlich getan haben, daß wir es begrüßen würden, wenn sich unser Verhältnis zu den Nordvietnamesen normalisiert, wenn wir einen (solchen) Prozeß in Gang setzen könnten, der sich beschleunigt, wie das solche Prozesse so an sich haben.
Mit diesem Absatz wollen wir vor allem sagen, daß die Spannungen, die zwischen uns bestehen, nicht so rasch abgebaut werden können, wie wir es wünschen, wenn das Abkommen nicht eingehalten wird.

Wir hoffen, daß die streitenden Parteien es nun vorziehen, ihre Ziele
mit friedlichen Mitteln und im politischen Wettbewerb zu erreichen,
nicht mehr mit den brutalen und kostspieligen Methoden der Vergangenheit. Die Entscheidung liegt bei ihnen. Wir werden darauf achten, daß das Abkommen nicht verletzt wird...
Hanoi hat zwei grundsätzliche Optionen. Die erste läuft darauf hinaus, das Vietnamabkommen auszunutzen, um die eigenen Ziele in Indochina weiterzuverfolgen. Das würde bedeuten, weiterhin Truppen
und Material nach Südvietnam zu bringen, die Streitkräfte in Laos
und Kambodscha nicht abzuziehen und die Aggression gegen unsere
Freunde mit Druck oder offenen Attacken wiederaufzunehmen. Ein
solcher Kurs würde die schwer erkämpften Fortschritte im Hinblick
auf Frieden in Indochina in Gefahr bringen. Er würde eine erneute
Konfrontation mit uns riskieren.
... Die zweite Option besteht darin, daß Nordvietnam seine Ziele mit
friedlichen Mitteln verfolgt und zuläßt, daß die historischen Tendenzen in der Region sich durchsetzen...
Die Republik Vietnam wird in uns einen beständigen Freund haben.
Wir werden ihre Regierung weiterhin als den legitimen Vertreter des
südvietnamesischen Volkes behandeln und zugleich die Bemühungen
der südvietnamesischen Parteien unterstützen, zu einer Aussöhnung
zu kommen und ihre politische Zukunft zu gestalten. Wir werden im
Rahmen des Abkommens militärische Wiederbeschaffungshilfe leisten. Wir erwarten von unseren Freunden, daß sie das Abkommen
einhalten, wie wir auch Verletzungen seitens der Nordvietnamesen
oder ihrer Verbündeten nicht dulden werden...
Wir haben Hanoi intern und öffentlich mitgeteilt, daß wir Verletzungen des Abkommens nicht dulden werden.

Pressekonferenz Henry Kissingers, 13. 6. 1973
Frage: Haben Sie jetzt den Eindruck, daß Ihre Arbeit in der Region Indochina mit der Unterzeichnung dieses Dokuments mehr oder weniger beendet ist, oder erwarten Sie noch zahlreiche Schwierigkeiten,
besonders was Kambodscha betrifft?
Kissinger: Die verbleibenden Probleme in Indochina werden noch erhebliche diplomatische Anstrengungen erfordern, die wir fortsetzen
wollen. Natürlich sind wir auf die strikte Einhaltung des Abkommens
ausgerichtet und bleiben daran auch weiterhin interessiert.

*Botschaft Präsident Nixons an das Repräsentantenhaus gegen die Ein-
stellung der Bombardierung Indochinas, 27. 6. 1973*
Ein totaler Stopp würde den Kommunisten jeden Anreiz zu Verhandlungen nehmen und damit die laufenden diplomatischen Bemühungen um einen Waffenstillstand in Kambodscha schwer beeinträchtigen. Das würde bedeuten, die Bewegung hin zu einem dauerhaften
Frieden in Indochina, die im Januar vergangenen Jahres in Gang gesetzt wurde und die durch das von den vier Parteien am 13. Juni in
Paris unterzeichnete Abkommen neuen Schwung erhalten hat, im
Grunde umzukehren...
Ein Sieg der Kommunisten in Kambodscha würde andererseits das

heikle Gleichgewicht von ausgehandelten Vereinbarungen, politischen Bündnissen und Militärpotentialen in Gefahr bringen, von dem der Frieden in ganz Südostasien abhängt und das meiner Einschätzung zugrunde lag, daß die Vietnamvereinbarungen für uns akzeptabel sind.

Schließlich würde – mit noch viel ernsteren globalen Folgen – eine den Vereinigten Staaten vom Parlament verordnete Hinnahme der Verletzungen der Pariser Vereinbarungen durch die Kommunisten und der Eroberung Kambodschas durch kommunistische Truppen nicht nur unsere nationalen Verpflichtungen bei der Vietnamregelung in Frage stellen, sondern auch bei Regelungen, die wir mit anderen Staaten erzielt haben oder noch erreichen wollen. Das wäre ein schwerer Schlag gegen die internationale Glaubwürdigkeit Amerikas, ein Schlag, dessen Wirkung weit über Indochina hinausginge.

Brief Henry Kissingers an Senator Edward Kennedy, 25. 3. 1974
Als Unterzeichner des Pariser Abkommens haben sich die Vereinigten Staaten verpflichtet, den Voraussetzungen Nachdruck zu verleihen, die den Waffenstillstand möglich gemacht haben, und das südvietnamesische Volk dem Ziel der Selbstbestimmung näherzubringen. Ausgehend von diesen Verpflichtungen, stellen wir der Republik Vietnam auch weiterhin die notwendigen Mittel für ihre Selbstverteidigung und ihr wirtschaftliches Überleben zur Verfügung...
Wir sind ... sowohl politisch als auch moralisch sehr schwerwiegende Verpflichtungen eingegangen.

Aus einem Interview mit dem ehemaligen südvietnamesischen Außenminister Tran Van Lam, Saigon, 14. 4. 1975 (Pressebericht)
Außenminister Lam erklärte, Präsident Nixon habe versprochen, auf jede nordvietnamesische Großoffensive »unverzüglich und energisch zu reagieren«. Aber, fügte er hinzu, »wir haben kein Geheimabkommen unterzeichnet«.

10 Bemerkungen Senator Allens gegenüber einem Beamten des amerikanischen Außenministeriums am 25. 6. 1974.
11 Zitiert nach Allan E. Goodman, *The Lost Peace, America's Search for a Negotiated Settlement of the Vietnam War*, Stanford 1978, S. 177.
12 Rede von Jacob Javits im Senat am 15. 6. 1971, in: *Congressional Record*, S. 19, 905.
13 Courtney R. Sheldon, »Beneath Viet-blockade Cloud«, in: *Christian Science Monitor*, 11. 5. 1972.
14 Senator Clifford Case, *Briefing on Major Foreign Policy Questions*, Anhörung vor dem Außenpolitischen Ausschuß des Senats (US-Senat, 93. Kongreß, 1. Sitzung) mit Außenminister William P. Rogers, 21. 2. 1973, Washington, D.C., 1973, S. 19.
15 Hier einige weitere Stimmen zur Unterstützung der Vietnamhilfe im Kongreß nach dem Abzug der amerikanischen Truppen.
Senator Hubert Humphrey sprach sich am 10. 2. 1972 für eine Fortsetzung der Hilfe aus. Seinen Standpunkt vertrat er in der *New York Times* am 12. 2. 1972 (im Rahmen eines Artikels von Robert B. Semple jr., »Democrats to Get Briefings on War«) mit folgenden Worten:

Mr. Humphrey … sagte, er würde nach dem Abzug der Vereinigten Staaten amerikanische Militär- und Wirtschaftshilfe in Form von Ausrüstungen, allerdings nicht Truppen, gewähren. Dies jedoch nur, wenn Südvietnam erneut angegriffen wird und man zu dem Schluß kommt, daß diese Hilfe im Interesse der Vereinigten Staaten liegt.

Senator Mike Mansfield befürwortete Anfang 1973 »Hilfe wirtschaftlicher Art« und »logistische Unterstützung« für unsere Verbündeten in Übereinstimmung mit der Nixon-Doktrin. Nach seiner Einschätzung wurde mit dem Pariser Abkommen erreicht, was er wollte, nämlich der Rückzug der Vereinigten Staaten. Er bejahte ausdrücklich, daß dafür ein Preis in Form anderer Verpflichtungen gezahlt werden müsse:

Und ich darf sagen: Ich erwarte, daß die Nixon-Doktrin, die vor fast drei Jahren verkündet wurde, nun zur Wirkung kommt. Das bedeutet, wie ich es interpretiere, daß wir uns militärisch aus verschiedenen Ländern in Asien und der Welt zurückziehen, daß diese Länder sich nunmehr vor allem auf die eigenen Kräfte stützen müssen. Was unsere Verbündeten betrifft, so sind wir bereit, ihnen Unterstützung wirtschaftlicher Art zu gewähren, werden uns aber in keiner Weise in die inneren Angelegenheiten irgendeines Staates einmischen (*Congressional Record*, 26. 1. 1973, S. 2202).

Die Nixon-Doktrin, wie ich sie verstehe, fordert den schrittweisen Rückzug unserer Streitkräfte überall in der Welt und eine stärkere Bindung an die Staaten, mit denen wir Beziehungen haben. Die Vereinigten Staaten werden nur noch in besonderen Situationen logistische Unterstützung gewähren…

Wenn ich die Lage betrachte, so sind die Dinge, für die ich mich eingesetzt habe, im wesentlichen erreicht. Mir ist klar, daß ein solches Abkommen seinen Preis hat. Wenn ich die Details kenne und im Kongreß Vorschläge eingegangen sind, habe ich die Absicht, Vorschläge dieser Art, soweit mir das möglich ist, zu unterstützen, denn ich wollte, daß der Krieg beendet wird. Ich wollte, daß unsere Männer abgezogen werden. Ich wollte, daß unsere Kriegsgefangenen und die auffindbaren Vermißten nach Hause kommen. Das sind die Faktoren, die mich am meisten interessiert haben. Deshalb war ich auch höchst interessiert und habe Verhandlungen stets nach Kräften unterstützt, die zu Verpflichtungen geführt haben, welche noch nicht endgültig realisiert sind. Ich denke, man muß das eine gegen das andere abwägen (Anhörung im Auswärtigen Ausschuß des Senats, 21. 2. 1973, S. 16f.).

Andere Kongreßführer, nicht nur Liberale, drückten sich in ähnlicher Weise aus. Senator Robert Byrd, Demokrat aus West Virginia, sagte am 26. 1. 1973 im Senat:

Es gereicht Amerika zur Ehre, … daß es trotz Kritik aus dem In- und Ausland einen Verbündeten nicht im Stich gelassen hat… Wir sind in diesen Krieg nach und nach hineingezogen worden, ohne zu wissen, wohin die Entwicklung der Tage und Wochen uns führen wird. Aber wir haben uns im Interesse eines Verbündeten dort engagiert, und unser Land hat das Versprechen seiner führenden Staatsmänner, der Präsidenten Eisenhower, Kennedy, Johnson und Nixon, gehalten, daß wir Südvietnam nicht im Stich lassen werden. Ich hoffe, ich muß niemals den Tag erleben, da diese Nation, die im Schmelztiegel der Tapferkeit entstanden ist, es aufgibt, ihre nationale Ehre hochzuhalten. Denn die Ehre einer Nation ist die Summe der Ehre ihrer Söhne und Töchter. Wenn eines Tages die Ehre nicht mehr zum amerikanischen Charakter gehören sollte, dann hat unser Land keine Zukunft (*Congressional Record*, 26. 1. 1973, S. 2309).

Der Vorsitzende des Haushaltsausschusses des Repräsentantenhauses George Mahon wurde in der *Washington Post* vom 28. 1. 1973 mit den Worten zitiert:

Nach der Pressekonferenz des Präsidenten über das Pariser Abkommen sagte Vorsitzender Mahon, » ... in den Waffenstillstand ist eingeschlossen, daß wir Südvietnam auch weiterhin Unterstützung und Nordvietnam Wiederaufbauhilfe gewähren werden«. Er sagte, man müsse das als Tatsache akzeptieren, denn »es ist eine bessere Alternative als die Fortsetzung des Krieges«.

Bei den Anhörungen im Senat vom Februar 1973 meinte Senator Hugh Scott zur Aussage von Außenminister William Rogers:

Zur Frage der Hilfe für Vietnam stimme ich Ihnen (Rogers) zu, daß es besser ist, sich auf keine bestimmte Position festlegen zu lassen, denn wir können nicht wissen, welche Vorschläge zur Frage einer möglichen bilateralen oder amerikanischen Hilfe vorgelegt werden (Anhörung im Außenpolitischen Ausschuß des Senats, 21. 2. 1973, S. 27).

Der Abgeordnete des Repräsentantenhauses Samuel Stratton aus New York drückte es allgemeiner aus:

Wir können Asien nicht einfach fallenlassen, weil wir einen Waffenstillstand erreicht haben. Stabilität in Asien wird davon abhängen, wie wir uns auch weiterhin in dieser Region engagieren, um das neue Dreieck Rußland – China – Amerika aufrechtzuerhalten. Wenn wir uns wieder auf uns selbst zurückziehen, dann wird es in Asien erneut zu einer Polarisierung kommen, und mit dem Frieden ist es vorbei (*Congressional Record*, 29. 1. 1973, S. 2519).

Senator Jesse Helms aus North Carolina erklärte:

Wir müssen tun, was wir können, damit die Waffenruhe funktioniert. Wir müssen unsere materielle Stärke mit den Südvietnamesen, unseren Verbündeten, teilen, damit sie sich selbst verteidigen können, wenn die Waffenruhe nicht funktioniert (*Congressional Record*, 31. 1. 1973, S. 2732).

16 General Van Tien Dung, *Our Great Spring Victory: An Account of the Liberation of South Vietnam*, New York 1977, S. 10 ff. Siehe auch Generaloberst Tran Van Tra, *Vietnam: History of the Bulwark B2 Theatre, Vol. 5: Concluding the 30-Years War*, Ho-Chi-Minh-Stadt 1982.

17 Van Tien Dung, a. a. O., S. 15.

18 Michael Barone, Grant Ujifusa und Douglas Matthews, *The Almanac of American Politics, 1978*, New York 1978, S. VIII.

19 Van Tien Dung, a. a. O., S. 19 f.; Tran Van Tra, a. a. O., S. 125.

20 Tran Van Tra, a. a. O., S. 22 f. Siehe auch »How North Vietnam Won the War«, Interview von Stephen Young mit dem nordvietnamesischen

Oberst Bui Tin, in: *Wall Street Journal*, 3. 8. 1995; außerdem Bui Tin, *Following Ho Chi Minh: Memoirs of a North Vietnamese Colonel*, Honolulu 1995, S. 81 f.

21 Die zwölf Garantiemächte der Internationalen Vietnamkonferenz waren: die Vereinigten Staaten von Amerika, Frankreich, China, Großbritannien, Kanada, die Sowjetunion, Ungarn, Polen, Indonesien, die Demokratische Republik Vietnam (DRV, d. h. Nordvietnam), die Republik Vietnam (RVN, d. h. Südvietnam) und die Provisorische Revolutionsregierung von Südvietnam (PRR, d. h. die südvietnamesischen Kommunisten).

22 Ron Nessen, *It Sure Looks Different from the Inside*, Chicago 1978, S. 92.

23 Siehe Murrey Marder, »U.S. Says It Plans No Reinvolvement in Indochina War«, in: *Washington Post*, 8. 1. 1975.

24 Siehe Bui Tin, a. a. O., S. 79.

25 Siehe Van Tien Dung, a. a. O., S. 24 f.; Tran Van Tra, a. a. O., S. 125.

26 Kenneth Reich, »Jackson Opposes Increase in Aid to South Vietnam«, in: *Los Angeles Times*, 27. 1. 1975.

27 Siehe Van Tien Dung, a. a. O., S. 24.

28 »The Appalling Options«, Leitartikel der *Los Angeles Times*, 6. 3. 1975.

XVI. Kapitel

1 Vo Nguyen Giap, *Immediate Military Tasks for Switching Over to the General Counter-Offensive*, Ha Dong 1950, S. 14. Zitiert nach Gareth Porter, »Vietnamese Policy and the Indochina Crisis«, in: David W. P. Elliot (Hrsg.), *The Third Indochina Conflict*, Boulder, Colo., 1981, S. 88.

2 Eine ausführlichere Darstellung der amerikanischen Kambodschapolitik siehe in: Henry Kissinger, *Memoiren, Bd. 1, 1968–1973*, a. a. O., S. 261–276.

3 Siehe William Bundy, a. a. O., S. 74.

4 Siehe dazu Henry Kissinger, *Memoiren, Bd. 2, 1973–1974*, a. a. O., S. 16–26, 44–47, 398–439; Henry Kissinger, *Die Vernunft der Nationen. Über das Wesen der Außenpolitik*, a. a. O., S. 768–774; Peter W. Rodmans Diskussion mit William Shawcross in: *The American Spectator*, März und Juli 1981.

5 Brief Präsident Fords an den Präsidenten des Repräsentantenhauses Carl Albert vom 25. 2. 1975, in: Gerald R. Ford, *Public Papers of the Presidents of the United States, 1975*, a. a. O., S. 279 f.

6 Siehe u. a. Sydney H. Schanberg, »Aid Request for Cambodia Said to Exceed Needs Now«, in: *New York Times*, 7. 2. 1975.

7 Siehe u. a. den Kommentar von Eric Sevareid in den Abendnachrichten des Fernsehsenders CBS vom 26. 2. 1975.

8 Siehe »Congress and the Mekong«, Leitartikel der *Baltimore Sun*, 13. 2. 1975.

9 Siehe u. a. Jim Adams, »House Leaders See Aid Losing«, in: *Washington Star-News*, 26. 2. 1975; »Cambodian Climax«, Leitartikel der *New York Times*, 28. 2. 1975.

10 Siehe u. a. »Aid for Cambodia«, Leitartikel der *Washington Post*, 5. 2.

1975; »U.S. Word Isn't at Stake in the Cambodian Civil War«, Leit-artikel des *Philadelphia Inquirer*, 27. 2. 1975.
11 Siehe u. a. »Despair of Cambodia«, Leitartikel der *New York Times*, 26. 2. 1975; »The Sputtering Firepower«, Leitartikel der *Los Angeles Times*, 27. 2. 1975.
12 Sydney H. Schanberg, »The Enigmatic Cambodian Insurgents: Reds Appear to Dominate Diverse Bloc«, in: *New York Times*, 13. 3. 1975.
13 »Ford Bid for More Arms Aid to Cambodia Is Dealt Two Severe Setbacks in Congress«, in: *Wall Street Journal*, 12. 3. 1975.
14 Siehe Henry Kissinger, *Memoiren*, Bd. 2, 1973–1974, a. a. O., S. 73.
15 Eine ausführlichere Darstellung siehe ebenda, S. 405–439.
16 Eine bis zur Unkenntlichkeit entstellte Beschreibung einiger dieser Ereignisse findet sich bei William Shawcross, *Sideshow: Kissinger, Nixon and the Destruction of Cambodia*, New York 1979, Kapitel 22.
17 Siehe ebenda, S. 341.
18 Zur Erklärung von Prinz Norodom Sihanouk in Peking vom 2. 4. 1975 siehe »Compromise Is Ruled Out by Sihanouk«, in: *Baltimore Sun*, 3. 4. 1975.
19 Ron Nessen, a. a. O., S. 103.
20 Sydney H. Schanberg, »Indochina Without Americans: For Most, a Better Life«, in: *New York Times*, 13. 4. 1975.

XVII. Kapitel
1 Van Tien Dung, a. a. O., S. 95.
2 Gerald R. Ford, *Public Papers of the Presidents of the United States, 1975*, a. a. O., S. 416.
3 Ebenda, S. 413.
4 Siehe »Mr. Ford's Confusion«, Leitartikel der *New York Times*, 4. 4. 1975.
5 Siehe »Vietnam: The Shell Game Goes On, and On«, Leitartikel der *Washington Post*, 4. 4. 1975.
6 Siehe »A New Direction in Vietnam«, Leitartikel der *Los Angeles Times*, 4. 4. 1975.
7 Pressekonferenz Henry Kissingers vom 5. 4. 1975, in: *Department of State Bulletin*, Bd. 72, No. 1870, 28. 4. 1975, S. 551.
8 Ebenda, S. 555.
9 Bemerkungen Senator Jacksons, berichtet von Ted Koppel in den Abendnachrichten des Fernsehsenders ABC, 8. 4. 1975; siehe auch Murrey Marder, »Jackson Cites ›Secret‹ U.S., Vietnam Pact«, in: *Washington Post*, 9. 4. 1975.
10 Gerald Fords Rede auf einer gemeinsamen Sitzung beider Häuser des Kongresses am 10. 4. 1975 siehe in: Gerald R. Ford, *Public Papers of the Presidents of the United States, 1975*, a. a. O., S. 459–473.
11 Gerald R. Ford, *A Time to Heal*, a. a. O., S. 255.
12 Ebenda.
13 »Next Steps in Vietnam After President Thieu«, Leitartikel der *New York Times*, 22. 4. 1975; »The Departure of Nguyen Van Thieu«, Leitartikel der *Washington Post*, 22. 4. 1975; »Mr. Thieu Steps Down«, Leitartikel der *Baltimore Sun*, 22. 4. 1975; »After the Fall«, Leitartikel

der *New York News,* 22. 4. 1975; »After Vietnam«, Leitartikel des *Christian Science Monitor,* 22. 4. 1975; »Exit President Thieu«, Leitartikel der *Chicago Tribune,* 22. 4. 1975; »It Was Thieu Who Betrayed the People of Vietnam«, Leitartikel des *Philadelphia Inquirer,* 22. 4. 1975; »Saigon's Denouement and Washington's Role«, Leitartikel der *New York Times,* 23. 4. 1975.

14 Gerald R. Ford, *Public Papers of the Presidents of the United States, 1975,* a. a. O., S. 569.

15 Gespräch mit Präsident Ford am 28. 4. 1975 um 22.25 Uhr
Ford: Ja, Henry.
Kissinger: Herr Präsident, der Beschuß ist wohl im wesentlichen beendet. Aber jetzt scheint die Ordnung auf dem Flugfeld zusammengebrochen zu sein. Alle Start- und Landebahnen sind voller Menschen. Es scheint so zu laufen wie in Da Nang, was die wahrscheinlich auch erreichen wollten.
Ford: Richtig.
Kissinger: Man versucht, die Ordnung wiederherzustellen. Wir haben mit Graham Martin gesprochen. Wir haben ihm gesagt, wenn der Flugplatz nicht mehr benutzt werden kann, soll er die Notevakuierung einleiten.
Ford: Ich stimme beidem zu.
Kissinger: Gut. Also, Herr Präsident, wenn die Ordnung in Tan Son Nhut wirklich zusammengebrochen ist, dann ist jetzt unser Hauptproblem, wie wir die Amerikaner von dort zur Residenz des Militärattachés bringen.
Ford: Wie weit ist das?
Kissinger: Die Entfernung ist nicht groß. Man braucht nur etwa fünf Minuten mit dem Auto, wenn wir sie dort herausbekommen – wir wissen einfach nicht, wie verstreut sie dort sind...
Ford: Richtig.
Kissinger: Wie weit sie sich unter die Vietnamesen gemischt haben. Das müssen wir jetzt abwarten.
Ford: Können die C 130 noch landen?
Kissinger: Nein, weil das Flugfeld jetzt voller Zivilisten ist.
Ford: Aha.
Kissinger: Eine Maschine wurde auf den Anflug vorbereitet, aber als sie sich näherte, brach helle Panik aus, so hat man sie nicht landen lassen. Dieser Beschuß hat...
Ford: Verzweiflung und Panik ausgelöst.
Kissinger: Wir werden also in einigen Stunden die Notevakuierung beginnen müssen. Die Weisungen sind absolut klar. Wenn die Starrflügler nicht benutzt werden können, müssen wir die Hubschrauber einsetzen.
Ford: Und erst einmal unsere Leute herausholen. Hoffen wir das Beste.
Kissinger: Das ist richtig. Ich glaube nicht, daß sie sie beschießen werden. Und offen gesagt, glaube ich auch nicht, daß die Russen uns hinters Licht geführt haben. Ich denke, die Nordvietnamesen haben es sich am Wochenende anders überlegt und beschlossen, nun aufs Ganze zu gehen.

Ford: Wollen wir mal sehen, dort ist jetzt 10.30 Uhr morgens, oder?
Kissinger: ... Uns bleiben nur noch sechs Stunden.
Ford: Die südvietnamesischen Truppen können offensichtlich überhaupt nichts mehr tun.
Kissinger: Also – General Smith ist an Ort und Stelle. Er befindet sich jetzt in Tan Son Nhut. Sie halten engen Kontakt und müssen jetzt nach eigenem Ermessen handeln. Wir können das nicht von hier entscheiden.
Ford: Nein, da haben Sie recht.
Kissinger: Jim (Schlesinger) und ich haben über unsere Kanäle in Ihrem Namen gleichlautende Botschaften geschickt.
Ford: Gut.
Kissinger: Ich habe mit Graham Martin gesprochen, und ich weiß, daß das Verteidigungsministerium mit Smith gesprochen hat.
Ford: Gut.
Kissinger: Jeder weiß also, was er zu tun hat.
Ford: Nun sieht es so aus...
Kissinger: Für mich sieht es so aus, daß jetzt die Notevakuierung kommt.
Ford: Mit Hubschraubern von den beiden Orten.
Kissinger: So sehe ich es im Moment. Wir halten Sie auf dem laufenden.
Ford: In Ordnung. So tragisch es ist, Henry, ich glaube, wir werden die fünftausend dort sich selbst überlassen und unsere Leute herausholen müssen.
Kissinger: Ja. Es ist wirklich tragisch, denn die Nordvietnamesen haben sie alle bereits im Visier. Das sind durchweg Menschen in höchster Gefahr, aber wir können nichts tun.
Ford: (Schweigen) Gut, halten Sie mich auf dem laufenden und...
Kissinger: Wir haben keine Wahl, Herr Präsident.
Ford: Nein... Es liegt jetzt in der Hand der Leute dort.
Kissinger: Das stimmt. Sie haben es so lange hingezogen, wie es nur ging. Jetzt müssen wir sehen, was weiter geschieht.
Ford: Wie ich es verstehe, sind Smith und Martin jetzt befugt, die Hubschraueraktion zu befehlen.
Kissinger: Sobald sie entscheiden, daß der Flugplatz nicht mehr benutzt werden kann.
Ford: Nach dem, was Sie mir berichtet haben, ist das bereits der Fall. Wir haben also mit dieser Aktion zu rechnen.
Kissinger: Ja. Es wäre besser für uns, wenn sie die Startbahn so lange offenhalten könnten, bis die Amerikaner mit den Starrflüglern abgeflogen sind.
Ford: Richtig.
Kissinger: Denn dort herrscht das größte Chaos. Aber sie sind an Ort und Stelle, und sie müssen es beurteilen.
Ford: Aber sie haben die Vollmacht zu entscheiden.
Kissinger: Sie haben die Vollmacht und den Befehl, die Hubschraueraktion einzuleiten, wenn sie von dort bis zum Ende des Tages nicht wegkommen.

Ford: Gut.

Kissinger: Sie haben keine Erlaubnis, noch eine weitere Nacht zu bleiben.

Ford: Gut.

Kissinger: Unsere Leute dort sind befugt, die Notevakuierung jederzeit in dieser Nacht – nach unserer Zeit – anzufordern, sie müssen es aber unbedingt tun, bevor der morgige Tag dort zu Ende geht.

Ford: Am Ende des Tages nach ihrer oder morgen früh nach unserer Zeit?

Kissinger: Wenn die C 130 sie morgen früh nach unserer Zeit nicht herausgeholt haben, dann werden es die Hubschrauber tun.

Ford: Das ist eine Schande! Haben wir also noch vierundzwanzig Stunden oder nur noch zwölf?

Kissinger: Zwölf Stunden mehr, und wir hätten noch achttausend Menschen retten können.

Ford: Henry, wir haben gehandelt, so gut wir konnten.

Kissinger: Herr Präsident, Sie haben es ganz allein gegen alle Ratschläge durchgesetzt, und wir haben das Spiel gespielt, solange es ging.

Ford: Ich kann nur hoffen, daß (General) Smith und (Graham) Martin jetzt begreifen, wie es steht, und handeln, ohne zu zögern.

Kissinger: Wir haben das mit Martin geklärt. Ich habe vor fünfzehn Minuten mit ihm gesprochen. Ich kann nicht sagen, daß er es gern tut, aber er wird es tun. Er möchte mit zwei Leuten dortbleiben, um sich kümmern zu können, wenn noch Amerikaner aus den Wäldern kommen. Aber ich glaube nicht, daß wir das rechtfertigen können.

Ford: Das sehe ich auch so, Henry.

Kissinger: Wir dürfen ihnen keine Geiseln überlassen.

Ford: Nein, nein, nein. Also…

Kissinger: Übrigens, Herr Präsident, vielleicht freut Sie das – ich sagte es Ihnen schon, die Franzosen sind auch aus Kambodscha herausgeflogen.

Ford: Also, wenn das kein Trost ist. Henry, wir haben getan, was wir konnten. Jetzt werden Sie und ich es mit Fassung tragen. Hoffen wir, daß Gott mit uns ist.

Kissinger: Ja, wir wollen es noch einige Tage mit Fassung tragen. Einen Moment, mir wird gerade etwas gebracht. Ja – gut. Sie sind schon dabei, die Amerikaner zum Gelände des Militärattachés zu bringen.

Ford: Gut so.

Kissinger: In den nächsten dreißig Minuten wird wahrscheinlich die Evakuierung per Hubschrauber beginnen.

Ford: Gut, ich bin hier. Rufen Sie mich unbedingt an und berichten Sie mir, wie es läuft.

Kissinger: Ja, Herr Präsident.

Gespräch mit Präsident Ford am 28. 4. 1975 um 22.45 Uhr

Ford: Ja, Henry.

Kissinger: Herr Präsident, ich habe gerade mit Graham Martin gesprochen. Er ist einverstanden, daß wir die Order für die Evakuierung herausgeben.

Ford: Von beiden Orten?

Kissinger: Ja.

Ford: Also, auch ich denke, wir sollten es tun. Kurz nach Ihrem Anruf meldete sich Jim Schlesinger. Ich hatte den Eindruck, daß er mit Ihnen übereinstimmt, aber ich habe ihn gebeten, Sie noch einmal anzurufen, um das sicherzustellen.

Kissinger: Ja.

Ford: Und ich ... Ich denke, wenn Martin es sagt, sollten wir handeln.

Kissinger: Richtig. Außerdem glaube ich, solange diese Sache im Gange ist, sollte alles über Brent oder mich laufen. Wir informieren Sie, wenn etwas passiert – dann machen wenigstens nicht so viele Angsthasen das Treiben verrückt.

Ford: In Ordnung. Soll ich vielleicht zu Ihnen in den Lageraum kommen?

Kissinger: Nein, ich glaube, das ist nicht nötig. Wir informieren Sie, sobald etwas geschieht. Nach der Vollmacht ist keine weitere Entscheidung des Präsidenten mehr erforderlich.

Ford: Ich bin hier. Rufen Sie mich bitte an, ob Sie nun gute oder schlechte Nachrichten haben.

Kissinger: Wir rufen Sie an, wenn es etwas zu berichten gibt. Erst einmal müssen die Amerikaner auf dem Gelände des Militärattachés sein. Nach dem bißchen, was ich gehört habe, scheint das machbar zu sein. Dann aber müssen wir sicherstellen, daß Graham alle Amerikaner in der Botschaft versammelt. Dafür wird er einige Stunden brauchen. Ich habe ihm bereits gesagt, daß er das noch bei Tageslicht schaffen muß.

Ford: Dafür hat er sechs Stunden.

Kissinger: Sechseinhalb oder sieben. Ich denke, es ist möglich. Wir haben einfach keine andere Wahl.

Ford: So tragisch es ist, ich denke, das müssen wir tun. Sagen Sie ihm das.

Kissinger: Er hat klare Anweisungen. Ich werde General Brown und ihn anrufen und ihnen sagen, daß Sie es angeordnet haben. Sie werden sich nicht sehr zur Wehr setzen.

Ford: Das ist ein Understatement.

Kissinger: Das einzige Problem ist, sie werden es so eilig haben herauszukommen, daß sie die Maschinen anfordern, bevor die Leute versammelt sind.

Ford: Sagen Sie ihnen, sie sollen, verdammt noch mal, alles menschenmögliche tun, um jeden bis auf den letzten herauszubringen.

Kissinger: Das werde ich tun.

Ford: Das kommt also nicht in Frage.

Kissinger: Richtig. Unter diesen Bedingungen können wir keine Vietnamesen mehr mitnehmen.

Ford: Nein. Stellen Sie klar, daß damit gemeint ist ...

Kissinger: Das ist physisch nicht mehr möglich, Herr Präsident. Aber ich werde dafür sorgen, daß auch das klar ist.

Ford: Gut. Übermitteln Sie die Weisung, bei der ich mich sehr schlecht fühle.

Kissinger: Herr Präsident, wir haben es so lange hingezogen, wie es nur ging, vielleicht sogar einige Stunden zuviel. Sie wissen, daß wir nichts zu bedauern haben. Es ist alles unternommen worden.

Ford: Gut, halten Sie mich auf dem laufenden, aber sagen Sie Graham, er soll so rasch wie möglich handeln.

Kissinger: Gut, Herr Präsident.

Ford: Danke, Henry.

Gespräch mit Präsident Ford am 29. 4. 1975 um 12.22 Uhr

Kissinger: Herr Präsident, ich möchte Sie davon informieren, daß Big Minh (General Duong Van Minh) eben angeordnet hat, alle Amerikaner haben das Land innerhalb von vierundzwanzig Stunden zu verlassen.

Ford: Das hilft uns, nicht wahr?

Kissinger: Also, er muß wissen, daß wir abziehen, denn die Aufrufe an die Zivilisten, sich zu versammeln, sind alle über den offenen Rundfunk gegangen. Ich denke, er will bei den Kommunisten Punkte sammeln.

Ford: Das nehme ich auch an.

Kissinger: Es kann auch eine Art Schutz für die Amerikaner sein. Zumindest bedeutet es, daß sie sich unter diesen Bedingungen nicht einfach davonmachen. Sie werden ausgewiesen.

Ford: Wir ausgewiesen …

Kissinger: Nach allem, was wir dort gelitten haben, ist das eine elende Art zu gehen.

Ford: Ja, das ist mir ein guter Freund.

Kissinger: Ich denke, insgesamt wird es vielleicht Leben retten helfen.

Ford: Das könnte ich mir auch vorstellen. Abgesehen davon, daß Sie das sicher nicht in den Geschichtsbüchern haben wollen, könnte es, praktisch gesehen, jetzt hilfreich sein.

Kissinger: Okay. Ich rufe Sie jetzt nicht wieder an, bis die Operation begonnen hat.

Ford: Gut, danke, Henry, daß Sie mir dies mitgeteilt haben.

Kissinger: Später werde ich Ihnen dann die Erklärung vorlesen, die wir für Sie vorbereiten.

Ford: Das wäre gut.

Kissinger: Also, Herr Präsident, auf Wiederhören.

Ford: Vielen Dank, Henry.

16 Siehe Van Tien Dung, a. a. O., S. 201 f.
17 Ebenda, S. 234.
18 Pressekonferenz Henry Kissingers am 29. 4. 1975, in: *Department of State Bulletin*, Bd. 72, No. 1873, 19. 5. 1975, S. 631.
19 William Shawcross, der mich in vielen Veröffentlichungen angegriffen hatte, schien etwas tiefer nachzudenken. 1994 schrieb er folgendes (»Shrugging Off Genocide«, in: *The Times*, 16. 12. 1994):
    Diejenigen von uns, die gegen den amerikanischen Indochinakrieg waren, sollten angesichts der schrecklichen Folgen – des Völkermordes in Kambodscha und der schrecklichen Tyrannei in Vietnam und Laos – sehr zurückhaltend sein. Wenn ich mir meine eigene Berichterstattung über die Kriegsführung in Vietnam in der *Sunday Times*

von 1970 bis 1975 ansehe, denke ich, daß ich mich zu leichtfertig auf die Korruption und Inkompetenz der Südvietnamesen und ihrer amerikanischen Verbündeten fixierte, daß ich das inhumane Hanoier Regime zu sehr ignorierte und zu bereitwillig glaubte, ein Sieg der Kommunisten könnte eine bessere Zukunft bringen. Aber nach diesem Sieg kamen die Flüchtlinge nach Thailand, die Scharen der Boat people, die verzweifelt versuchten, den Todesfeldern von Kambodscha und den Gulags von Vietnam zu entkommen. Ihr beredtes Zeugnis sollte alle Illusionen zunichte machen.

Siehe auch David Horowitz, der noch grundsätzlicher widerruft.

XVIII. Kapitel

1 Siehe Richard G. Head, Frisco W. Short und Robert C. McFarlane, *Crisis Resolution: Presidential Decision-Making in the »Mayaguez« and Korean Confrontations*, Boulder, Colo., 1978, Kapitel 5.

2 *Department of State Bulletin*, Bd. 72, No. 1875, 2. 6. 1975, S. 720. (Nach dem Völkerrecht durfte Kambodscha das Schiff stoppen, wenn es sich tatsächlich in seinen Hoheitsgewässern befand, um zu prüfen, ob es sich um eine friedliche Durchfahrt handelte. Es durfte aber weder Schiff noch Mannschaft festhalten.)

3 Peter Grose, »82 in ›Pueblo‹ Crew Freed; U.S. Gives North Koreans ›Confession‹, Disavows It«, in: *New York Times*, 23. 12. 1968.

4 Gerald R. Ford, *A Time to Heal*, a. a. O., S. 276.

5 Erklärung des Weißen Hauses vom 12. 5. 1975, in: *Department of State Bulletin*, Bd. 72, No. 1875, 2. 6. 1975, S. 719.

6 Siehe Ronald Nessen, a. a. O., S. 118 f.

7 »The Challenge of Peace«, Rede Henry Kissingers vor dem World Affairs Council in St. Louis am 12. 5. 1975, in: *Department of State Bulletin*, Bd. 72, No. 1875, 2. 6. 1975, S. 711 f.

8 Bericht der Nachrichtenagentur Associated Press aus Paris, 13. 5. 1975, 15.48 Uhr MEZ.

9 Siehe u. a. Joseph Kraft, »Lessons of the ›Mayaguez‹«, in: *Washington Post*, 18. 5. 1975.

10 Die erste Zusammenfassung des FBIS von Hu Nims Erklärung, die am 14. 5. 1975 um 20.06 Uhr in Washington einging, hatte folgenden Wortlaut:

BULLETIN
Kambodscha kündigt die Absicht an, die Mayaguez freizugeben
BK 142340 zu Ihrer Information
Der Inlandsdienst von Radio Phnom Penh sendete am 14. Mai um 23.07 Uhr Weltzeit ein neunzehnminütiges Kommuniqué über den Mayaguez-Zwischenfall, das vom Minister für Information und Propaganda, Hu Nim, verlesen wurde.
In dem Kommuniqué heißt es: Seit wir Phnom Penh und das ganze Land befreit haben, hat der US-Imperialismus wiederholt geheimdienstliche und Spionageaktivitäten sowie subversive, provokatorische Handlungen gegen das befreite neue Kambodscha in der eindeutigen Absicht verübt, dem kambodschanischen Staat und Volk kein friedliches Leben zu gestalten.

Das ist die Erklärung dafür, weshalb die Revolutionsregierung der Nationalen Einheit Kambodschas Schiffe des US-Imperialismus, darunter die Mayaguez, vor der kambodschanischen Küste mit der Begründung festgehalten hat, daß es sich um Spionageschiffe handelt. Sie beschuldigt die Vereinigten Staaten außerdem, kambodschanische Kriegsschiffe mit Flugzeugen anzugreifen. Weiter heißt es: »Unsere Revolutionsregierung wird der Mayaguez befehlen, die kambodschanischen Hoheitsgewässer zu verlassen, und sie vor weiteren Spionageakten oder Provokationen warnen. Das gilt für die Mayaguez und jedes andere Schiff, z. B. jenes unter panamaischer Flagge, das wir am 9. Mai 1975 freigegeben haben.«
Den vollständigen Wortlaut der kambodschanischen Erklärung siehe in: *New York Times*, 16. 5. 1975.

11 Ronald Nessen, a. a. O., S. 129.
12 Gerald R. Ford, *A Time to Heal*, a. a. O., S. 284.
13 John Osborne, a. a. O., S. 139.
14 Gerald R. Ford, *Public Papers of the Presidents of the United States, 1975*, a. a. O., S. 706.

XIX. Kapitel

1 Zum Hintergrund dieser Ereignisse siehe Edmund Ghareeb, *The Kurdish Question in Iraq*, Syracuse 1981, S. 87–103.
2 Siehe »The CIA Report the President Doesn't Want You to Read« (über die Anhörungen des Pike-Ausschusses), in: *The Village Voice*, 16. 2. 1976, S. 85–88.

XX. Kapitel

1 Zur Europajahrinitiative siehe Henry Kissinger, *Memoiren, Bd. 2, 1973–1974*, a. a. O., Kapitel V und XVI, besonders S. 182.
2 Zu den Berlinverhandlungen siehe Henry Kissinger, *Memoiren, Bd. 1, 1968–1973*, a. a. O., S. 437–445, 875–886.
3 Zitiert nach Marion Gräfin Dönhoff, *Von Gestern nach Übermorgen*, München 1981, S. 184.
4 Siehe Henry Kissinger, *Memoiren, Bd. 2, 1973–1974*, a. a. O., S. 1296–1311.
5 Siehe Hans-Dietrich Genscher, *Erinnerungen*, Berlin 1995, S. 217 ff.
6 Genschers bewegenden Bericht siehe ebenda, S. 1024–1028.
7 Rede von Präsident Charles de Gaulle über die Grundsätze der französischen Außenpolitik nach dem Scheitern der Gipfelkonferenz am 31. 5. 1960, in: *Major Adresses, Statements and Press Conferences of General Charles de Gaulle, May 19, 1958 – January 31, 1964*, New York 1964, S. 75.
8 Aus verschiedenen Gesprächen, die ich mit den Präsidenten de Gaulle und Pompidou führte.
9 Sir Harold Nicolson, *Diplomacy*, Washington, D.C., 1988, S. 81.
10 Weitere Ausführungen zu diesen Punkten siehe in meiner Rede »Communist Parties in Western Europe: Challenges to the West« auf der Konferenz über Italien und den Eurokommunismus an der Hoover Institution on War, Revolution, and Peace sowie dem American Enter-

prise Institute for Public Policy Research in Washington, D.C., am 9. 6. 1977 in: Henry Kissinger, *For the Record: Selected Statements, 1977–1980*, Boston 1981, S. 1–22.

11 Diese Bemerkungen kamen später an die Öffentlichkeit und erschienen in der *New York Times* vom 7. 4. 1976. Sie finden sich auch in: Richard P. Stebbins und Elaine P. Adam (Hrsg.), *American Foreign Relations, 1975: A Documentary Record*, New York 1977, S. 561–565.

12 Frank C. Carlucci, »The View from the U.S. Embassy«, in: Hans Binnendijk, Peggy Nalle und Diane Bendahmane (Hrsg.), *Authoritarian Regimes in Transition*, Washington, D.C., 1987, S. 209.

13 Siehe u. a. XXV. Parteitag der KPdSU, *Rechenschaftsbericht des ZK der KPdSU*, Berichterstatter: L. I. Breschnew, 24. 2. 1976, Berlin 1976, S. 21.

14 Frank Carlucci, a. a. O., S. 210 f.

15 Gerald R. Ford, *Public Papers of the Presidents of the United States, 1975*, a. a. O., S. 741.

16 Richard P. Stebbins und Elaine P. Adam, a. a. O., S. 230.

17 Helmut Schmidt, *Menschen und Mächte*, Berlin 1987, S. 204–207.

XXI. Kapitel

1 Schlußakte der Konferenz über Sicherheit und Zusammenarbeit in Europa, unterzeichnet in Helsinki am 1. 8. 1975, *Dokumente des KSZE-Prozesses 1973–1989*, Berlin 1990, S. 18.

2 Siehe Hans-Dietrich Genscher, a. a. O., S. 301.

3 »European ›Security‹«, Leitartikel der *New York Times*, 21. 7. 1975.

4 »Jerry, Don't Go«, Leitartikel des *Wall Street Journal*, 23. 7. 1975.

5 »A ›Miserable‹ Treaty«, Leserbrief von Osvalds Akmentins, *New York Times*, 25. 7. 1975.

6 Schlußakte der Konferenz über Sicherheit und Zusammenarbeit in Europa, unterzeichnet in Helsinki am 1. 8. 1975, a. a. O., S. 18.

7 Gerald R. Ford, *A Time to Heal*, a. a. O., S. 300.

8 Alexander Solschenizyns Rede auf dem Empfang der AFL-CIO am 30. 6. 1975 siehe in: Alexander Solschenizyn, *Warning to the West*, New York 1976, S. 48.

9 Siehe Gerald R. Ford, *A Time to Heal*, a. a. O., S. 297 f. Siehe auch Robert T. Hartmann, *Palace Politics: An Inside Account of the Ford Years*, New York 1980, S. 337 ff.

10 Zur Pressekonferenz Henry Kissingers in Milwaukee am 16. 7. 1975 siehe in: *Department of State Bulletin*, Bd. 73, No. 1884, 4. 8. 1975, S. 181.

11 »The Meaning of Solzhenitsyn«, Leitartikel des *Wall Street Journal*, 18. 7. 1975.

12 Siehe z. B. Adam B. Ulam, Leserbrief an die *New York Times*, 17. 7. 1975.

13 Siehe Alexander Solschenizyn, *Warning to the West*, a. a. O., S. 24–30.

14 Interview Henry Kissingers in *Time* magazine, 27. 10. 1975.

15 Die Erklärung Gerald Fords bei einer Begegnung mit sieben Kongreßmitgliedern und Vertretern osteuropäischer Volksgruppen am 25. 7. 1975 im Weißen Haus siehe in: Gerald R. Ford, *Public Papers of the Presidents of the United States, 1975*, a. a. O, S. 1033.

16 Alexander Solschenizyn, *Warning to the West*, a. a. O., S. 40 f.

17 Rede Präsident Fords am 1. 8. 1975 in Helsinki, in: Gerald R. Ford, *Public Papers of the Presidents of the United States, 1975*, a. a. O., S. 1079.

18 Ebenda, S. 1081.

19 Siehe Gerald R. Ford, *A Time to Heal*, a. a. O., S. 305.

20 »Summit in Helsinki«, in: *Newsweek*, 11. 8. 1975, S. 16.

21 »American Unity and the National Interest«, Rede Henry Kissingers auf der Southern Commodity Producers Conference in Birmingham, Alabama, am 14. 8. 1975, in: *Department of State Bulletin*, Bd. 73, No. 1890, 15. 9. 1975, S. 392.

XXII. Kapitel

1 Der Hintergrund dieser Ereignisse ist detailliert beschrieben in: Henry Kissinger, *Memoiren, Bd. 2, 1973–1974*, a. a. O., Kapitel XIX und XX.

2 »Kissinger on Oil, Food, and Trade«, Interview Henry Kissingers am 23. 12. 1974, in: *Business Week*, 13. 1. 1975.

3 Siehe Gerald R. Ford, *Public Papers of the Presidents of the United States, 1974*, a. a. O., S. 156–161.

4 Rede des amerikanischen Präsidenten vor der 9. Weltenergiekonferenz in Detroit am 23. 9. 1974, in: Gerald R. Ford, *Public Papers of the Presidents of the United States, 1974*, a. a. O., S. 180.

5 »The Age of Interdependence: Common Disaster or Community«, Rede Henry Kissingers vor der 29. UN-Vollversammlung am 23. 9. 1974, in: *Department of State Bulletin*, Bd. 71, No. 1842, 14. 10. 1974, S. 502 f.

6 Ebenda, S. 503.

7 Paul Hoffmann, »Algerian Assails West Oil Stand«, in: *New York Times*, 6. 10. 1974.

8 Siehe »The President of Venezuela Responds to the President of the United States«, Anzeige in der *New York Times*, 25. 9. 1974.

9 »The Energy Crisis: Strategy for Cooperative Action«, Rede Henry Kissingers am 14. 11. 1974, in: *Department of State Bulletin*, Bd. 71, No. 1849, S. 753.

10 »Energy: The Necessity of Decision«, Rede Henry Kissingers am 3. 2. 1975, in: *Department of State Bulletin*, Bd. 72, No. 1861, 24. 2. 1975, S. 242.

11 Interview Henry Kissingers mit *Business Week*, 13. 1. 1975.

12 Interview Henry Kissingers mit Bill Moyers am 15. 1. 1975 für die Sendereihe des PBS-Fernsehens »Bill Moyers' Journal: International Report«, in: *Department of State Bulletin*, Bd. 72, No. 1859, 10. 2. 1975, S. 172.

13 Siehe George P. Shultz und Kenneth W. Dam, *Economic Policy Beyond the Headlines*, New York 1978, S. 11–14.

14 »The Industrial Democracies and the Future«, Rede Henry Kissingers in Pittsburgh, Pennsylvania, am 11. 11. 1975, in: *Department of State Bulletin*, Bd. 73, No. 1901, 1. 12. 1975, S. 758.

15 »Building an Enduring Foreign Policy«, Rede Henry Kissingers in Detroit am 24. 11. 1975, in: *Department of State Bulletin*, Bd. 73, No. 1903, S. 843.

16 »Global Consensus and Economic Development«, Rede des amerikanischen UN-Botschafters Daniel P. Moynihan vor der 7. Sondertagung
der UN-Vollversammlung am 1. 9. 1975, in: *Department of State
Bulletin*, Bd. 73, No. 1891, 22. 9. 1975, S. 441.
17 »Energy, Raw Materials, and Development: The Search for Common
Ground«, Rede Henry Kissingers in Paris am 16. 12. 1975, in:
Department of State Bulletin, Bd. 74, No. 1907, 12. 1. 1976, S. 46 f.
18 Ebenda, S. 37.

XXIII. Kapitel

1 Nelson A. Rockefeller, *The Rockefeller Report on the Americas: The
Official Report of a United States Presidential Mission for the Western
Hemisphere*, Chicago 1969. Siehe dazu auch die Rede Richard Nixons
»The Western Hemisphere« vom 18. 2. 1970 in: *U.S. Foreign Policy for
the 1970s: A New Strategy for Peace*, Teil II, S. 41–53. (Der Begriff
»Sonderverhältnis« wird heute vor allem für die britisch-amerikani-
schen Beziehungen seit dem Zweiten Weltkrieg verwendet. In der west-
lichen Hemisphäre hat er eine längere Geschichte und reicht bis zum
Ende des 19. Jahrhunderts zurück.)
2 Präsident Nixons Rede vor der Jahrestagung der Inter American Press
Association am 31. 10. 1969 im Washingtoner Hilton-Hotel siehe in:
Richard Nixon, *Public Papers of the Presidents of the United States,
1969*, Washington, D. C., 1971, S. 893–901.
3 »A Just Consensus: A Stable Order, A Durable Peace«, Rede Henry
Kissingers vor der 28. Tagung der UN-Vollversammlung am 24. 9.
1973, in: *Department of State Bulletin*, Bd. 69, No. 1790, 15. 10. 1973,
S. 469–473.
4 »A Western Hemisphere Relationship of Cooperation«, Trinkspruch
Henry Kissingers auf einem Essen des Center for Inter-American
Relations in New York zu Ehren der Delegationen lateinamerikanischer
Staaten bei der UN-Vollversammlung am 5. 10. 1973, in: *Department
of State Bulletin*, Bd. 69, No. 1792, 29. 10. 1973, S. 543.
5 Erklärung des amerikanischen UN-Botschafters John Scali vom 20. 3.
1973, in: *Department of State Bulletin*, Bd. 68, No. 1765, 23. 4. 1973,
S. 497.
6 »U.S. and Panama Agree on Principles for Negotiation of New Panama
Canal Treaty«, Ausführungen Henry Kissingers bei der Paraphierung
der Gemeinsamen Grundsatzerklärung für einer neuen Panamakanalvertrag mit dem Außenminister Panamas Juan Antonio Tack am 7. 2.
1974, in: *Department of State Bulletin*, Bd. 70, No. 1809, S. 183.
7 An der Konferenz von Tlatelolco vom 18. bis 23. 2. 1974 in Mexiko-
Stadt nahmen die Außenminister von fünfundzwanzig Staaten der
westlichen Hemisphäre teil. Die Ausführungen Henry Kissingers siehe
in: *Department of State Bulletin*, Bd. 70, No. 1812, 18. 3. 1974, S. 258.
8 Aus der Erklärung von Tlatelolco vom 24. 2. 1974, in: *Department of
State Bulletin*, Bd. 70, No. 1812, 18. 3. 1974, S. 262 f.

XXIV. Kapitel

1 Pressekonferenz in San José am 24. 2. 1976, in: *Department of State Bulletin*, Bd. 74, No. 1916, 16. 3. 1976, S. 351.
2 Siehe Henry Kissinger, *Memoiren, Bd. 1, 1968–1973*, a. a. O., S. 698.
3 Régis Debray, *The Chilean Revolution: Conversations with Allende*, New York 1971, S. 82, 122 f.
4 Siehe Henry Kissinger, *Memoiren, Bd. 1, 1968–1973*, a. a. O., Kapitel XVII.
5 C. L. Sulzberger, »The Unmaking of a President«, in: *New York Times*, 30. 11. 1975.
6 Siehe Henry Kissinger, *Memoiren, Bd. 2, 1973–1974*, a. a. O., Kapitel IX.
7 Interview mit der Madrider Zeitung *ABC*, 10. 10. 1973, zitiert nach *Facts on File Yearbook 1973*, Bd. 33, S. 872.
8 *La Prensa*, Santiago, Chile, 19. 10. 1973.
9 Trinkspruch Henry Kissingers in Santo Domingo am 6. 6. 1976, in: *Department of State Bulletin*, Bd. 75, No. 1932, 5. 7. 1976, S. 17 f.
10 »Statement on Human Rights«, Erklärung Henry Kissingers auf der 6. Vollversammlung der Organisation Amerikanischer Staaten in Santiago, Chile, am 8. 6. 1976, in: *Department of State Bulletin*, Bd. 75, No. 1932, 5. 7. 1976, S. 1–5.
11 »Statement on Cooperation for Development«, Rede Henry Kissingers in Santiago, Chile, am 9. 6. 1976, in: *Department of State Bulletin*, Bd. 75, No. 1932, 5. 7. 1976, S. 5–10.
12 »A New Panama Canal Treaty Is Now Supported by Pentagon«, in: *New York Times*, 5. 9. 1975.
13 Jon Nordheimer, »Reagan Sharpens His Criticism of Ford, Citing Canal Talks and Two in Cabinet«, in: *New York Times*, 29. 2. 1976.
14 Pressekonferenz Präsident Fords im Fairmont-Hotel in Dallas am 10. 4. 1976, in: Gerald R. Ford, *Public Papers of the Presidents of the United States, 1976*, a. a. O., S. 1066.
15 Fernsehdebatte zwischen Präsident Ford und Jimmy Carter am 6. 10. 1976, in: Gerald R. Ford, *Public Papers of the Presidents of the United States, 1976*, a. a. O., S. 2430 f.
16 Siehe »Senate Roll-Call Vote Approving Canal Pact«, in: *New York Times*, 17. 3. 1978; »How Senators Voted on 2d Canal Treaty«, in: *New York Times*, 19. 4. 1978.

XXV. Kapitel

1 Siehe Richard M. Nixon, *RN: The Memoirs of Richard Nixon*, New York 1978, S. 220 f.
2 Siehe ebenda, S. 244.
3 Siehe Henry Kissinger, *Memoiren, Bd. 1, 1968–1973*, a. a. O., Kapitel XVI.
4 Pressekonferenz Henry Kissingers am 10. 1. 1974, in: *Department of State Bulletin*, Bd. 70, No. 1806, 4. 2. 1974, S. 122.
5 Gerald R. Ford, *Public Papers of the Presidents of the United States, 1975*, a. a. O., S. 294.
6 »The United States and Latin America: The New Opportunity«, Rede Henry Kissingers in Houston, Texas, am 1. 3. 1975, in: *Department of State Bulletin*, Bd. 72, No. 1865, 24. 3. 1975, S. 364.

7 Siehe »Sparkman on Foreign Policy«, in: *Wall Street Journal*, 13. 2. 1975.

8 Informationsgespräch des Pressesprechers des Außenministeriums vom 30. 7. 1975.

9 »Building an Enduring Foreign Policy«, Rede Henry Kissingers vor dem Detroit Economic Club am 24. 11. 1975, in: *Department of State Bulletin*, Bd. 73, No. 1903, 15. 12. 1975, S 844.

10 Ebenda, S. 854.

11 Gerald R. Ford, *Public Papers of the Presidents of the United States, 1975*, a. a. O., S. 1988.

12 Peter Kornbluh und James G. Blight, »Dialogue with Castro: A Hidden History«, in: *New York Review of Books*, Bd. 41, No. 16, 6. 10. 1994, S. 45–49.

XXVI. Kapitel

1 »Sunrise for Angola?«, Leitartikel der *New York Times*, 17. 1. 1975.

2 Henry Giniger, »For Independent Angola, A Great Threat of Strife«, in: *New York Times*, 16. 1. 1975.

3 Siehe Odd Arne Westad, »Moscow and the Angolan Crisis, 1974–1976: A New Pattern of Intervention«, in: *Cold War International History Project Bulletin*, Issues 8–9, Washington, D.C., Winter 1996/97, S. 24.

4 Siehe Henry Kissinger, *Memoiren, Bd. 2, 1973–1974*, a. a. O., Kapitel IX.

5 Angesichts dessen, daß ich später mit Davis viel Streit hatte, wird den Leser interessieren, weshalb ich ihn in einem Telefongespräch mit Meg Greenfield am 22. Februar 1975 so leidenschaftlich verteidigte. Sie hatte einen feindseligen Leitartikel gegen ihn in der *Washington Post* geschrieben. Ich fragte sie: »Was hat Nat Davis denn getan?... Wenn Sie von Qualifikation reden, dann nennen Sie mir fünf Beamte des Auswärtigen Dienstes, die besser qualifiziert sind. Das ist ein Mann, der mit dem Friedenskorps überall in Afrika herumgekommen ist. Er hat an der Howard-Universität gelehrt, war Pfarrer in einer Kirche der Schwarzen. Das ist ein Mann, der tiefes Mitgefühl für die Schwarzen empfindet. Warum soll er das Opfer sein?« Greenfield fragte, ob ich meinte, er sei die richtige Wahl. Ich forderte sie auf, sich meine Ernennungen anzusehen »und mir einen Fall zu nennen, in dem ich nicht alles getan hätte, um den besten Mann für den jeweiligen Job zu finden. Ich halte so viel von ihm, daß ich mich zwischen ihm und (Joseph) Sisco für den Posten des Unterstaatssekretärs für Politische Angelegenheiten zu entscheiden hatte.« Ich fuhr fort, wenn Sisco das Angebot, Rektor einer Universität zu werden, angenommen hätte, »dann hätte Davis ihn bekommen. Statt dessen setzte ich ihn als Generaldirektor des Auswärtigen Dienstes ein... Ich sage Ihnen, das ist McCarthyismus. Als John Service (der Chinaexperte zur McCarthy-Zeit) ausgeschaltet wurde, geschah das wegen seiner Ansichten. Aber er (Nat Davis) wird attackiert, weil er Botschafter in Chile war. Wenn das so ist, kann kein Botschafter auf einen anderen Posten versetzt werden... So tragen wir unsere Krankheit nach außen.«

6 Nathaniel Davis, »The Angola Decision of 1975: A Personal Memoir«, in: *Foreign Affairs*, Herbst 1978, S. 110.

7 John Stockwell, *In Search of Enemies: A CIA Story*, New York 1978, S. 158.
8 Siehe Anatoli Dobrynin, a. a. O., S. 362.
9 Siehe Georgi Arbatow, *The System: An Insider's Life in Soviet Politics*, New York 1992, S. 193 ff.
10 Siehe Arkadi N. Schewtschenko, *Breaking with Moscow*, New York 1985, S. 271 f.; siehe auch Odd Arne Westad, a. a. O., S. 22.
11 Odd Arne Westad, a. a. O., S. 31.
12 Siehe Jim Hershberg, »New East Bloc Evidence on the Cold War in the Third World and the Collapse of Détente in the 1970s«, in: *Cold War International History Project Bulletin*, Issues 8–9, a. a. O., S. 1.
13 *Department of State Bulletin*, Bd. 73, No. 1903, 15. 12. 1975, S. 843.
14 Bemerkungen Gerald Fords auf einer Pressekonferenz im Weißen Haus am 26. 11. 1975, in: Gerald R. Ford, *Public Papers of the Presidents of the United States, 1975*, a. a. O., S. 1914.
15 Siehe Piero Gleijeses, »Havana's Policy in Africa, 1959–1976: New Evidence from Cuban Archives«, in: *Cold War International History Project Bulletin*, Issues 8–9, a. a. O., S. 9; siehe auch Odd Arne Westad, a. a. O., S. 26.
16 Im folgenden eine Aufstellung der Informationsgespräche, die die Exekutive von Juli bis Ende 1975 mit Ausschüssen, Mitgliedern und Mitarbeitern des Kongresses führte.
   Senat
   25. Juli: Die CIA informiert zwei Mitglieder und einen Mitarbeiter des Auswärtigen Ausschusses.
   30. Juli: Die CIA informiert drei Mitglieder und zwei Mitarbeiter des Unterausschusses für Nachrichtendienstliche Operationen des Haushaltsausschusses.
   4. August: Die CIA informiert Senator Dick Clark (Vorsitzender des Unterausschusses für Afrikanische Angelegenheiten).
   5. September: Die CIA informiert drei Mitglieder und zwei Mitarbeiter des Unterausschusses für Nachrichtendienstliche Operationen des Haushaltsausschusses.
   23. September: Die CIA informiert vier Mitglieder und zwei Mitarbeiter des Unterausschusses CIA des Streitkräfteausschusses.
   31. Oktober: Die CIA informiert sechs Mitglieder und zwanzig Mitarbeiter des Sonderausschusses für Nachrichtendienstliche Operationen.
   6. November: Die CIA informiert neun Mitglieder und drei Mitarbeiter des Auswärtigen Ausschusses.
   1. Dezember: Der stellvertretende Außenminister Robert S. Ingersoll, der stellvertretende Unterstaatssekretär für Afrikanische Angelegenheiten William E. Schaufele jr. und der Abteilungsleiter für Afrikanische Angelegenheiten Edward W. Mulcahy informieren Senator Clark.
   4. Dezember: Die Herren Haverkamp, Andrew und Fugit von der Afrikaabteilung des Außenministeriums informieren zehn Mitarbeiter verschiedener Ausschüsse.
   8. Dezember: Schaufele setzt das Informationsgespräch mit Senator Clark vom 1. Dezember fort.

8. Dezember: Die CIA informiert zwei Mitglieder und einen Mitarbeiter des Auswärtigen Ausschusses.

12. Dezember: Die CIA informiert vier Mitglieder und zwei Mitarbeiter des Unterausschusses CIA des Streitkräfteausschusses.

16. Dezember: Die CIA informiert zwei Mitglieder und zwei Mitarbeiter des Unterausschusses für Nachrichtendienstliche Operationen des Haushaltsausschusses.

16. Dezember: Die CIA informiert zehn Mitglieder und mehrere Mitarbeiter des Unterausschusses für Auslandshilfe und Wirtschaftspolitik des Auswärtigen Ausschusses.

16. Dezember: Die CIA informiert Senator Strom Thurmond, Mitglied des Unterausschusses CIA des Streitkräfteausschusses.

Repräsentantenhaus

25. Juli: Die CIA informiert drei Mitglieder und einen Mitarbeiter des Sonderunterausschusses Nachrichtendienste des Streitkräfteausschusses.

29. Juli: Die CIA informiert dreizehn Mitglieder und zwei Mitarbeiter des Unterausschusses Verteidigung des Haushaltsausschusses.

31. Juli: Die CIA informiert sechs Mitglieder und einen Mitarbeiter des Unterausschusses Aufsicht des Auswärtigen Ausschusses.

4. September: Die CIA informiert fünf Mitglieder und einen Mitarbeiter des Unterausschusses Aufsicht des Auswärtigen Ausschusses.

8. September: Die CIA informiert vier Mitglieder und einen Mitarbeiter des Sonderunterausschusses Nachrichtendienste des Streitkräfteausschusses.

6. Oktober: Die CIA informiert dreizehn Mitglieder und zwei Mitarbeiter des Unterausschusses Verteidigung des Haushaltsausschusses.

23. Oktober: Die CIA informiert acht Mitglieder und einen Mitarbeiter des Sonderausschusses Nachrichtendienste.

5. November: Aussage Mulcahys vor dem Unterausschuß für Internationale Ressourcen, Nahrungsmittel und Energie des Auswärtigen Ausschusses.

13. November: Mulcahy informiert inoffiziell das Kongreßmitglied Charles Diggs und neun weitere Abgeordnete sowie mehrere Mitarbeiter.

9. Dezember: Die CIA informiert dreizehn Mitglieder und drei Mitarbeiter des Unterausschusses Verteidigung des Haushaltsausschusses.

9. Dezember: Die CIA informiert sieben Mitglieder und einen Mitarbeiter des Unterausschusses Aufsicht des Auswärtigen Ausschusses.

11. Dezember: Mulcahy informiert sechs Mitglieder des Unterausschusses für Militärische Angelegenheiten ([Dante-]Fascell-Unterausschuß).

12. Dezember: Mulcahy informiert den Abgeordneten (Donald) Riegle.

12. Dezember: Die CIA informiert fünf Mitglieder und zwei Mitarbeiter des Sonderunterausschusses Nachrichtendienste des Streitkräfteausschusses.

15. Dezember: Fugit von der Afrikaabteilung des Außenministeriums informiert den Mitarbeiter des Abgeordneten (Michael) Harrington, J. Daniel O'Flaherty.

16. Dezember: Die CIA informiert den Abgeordneten Dale Milford (Mitglied des Sonderausschusses des Repräsentantenhauses).

17. Dezember: CIA-Direktor William Colby und Unterstaatssekretär Joseph J. Sisco informieren den (George-)Mahon-Unterausschuß.

17. Dezember: Mulcahy informiert den Abgeordneten John Burton und weitere (ungenannte) Abgeordnete.

17. Dezember: Mulcahy spricht vor einer inoffiziellen Gruppe von zwölf Abgeordneten und fünfunddreißig Mitarbeitern.

17. Dezember: Colby informiert den Abgeordneten (Robert) Leggett.

18. Dezember: Sisco und Mulcahy informieren über hundert Abgeordnete in einer geschlossenen Sitzung.

19. Dezember: Sisco und Mulcahy informieren Mitglieder der schwarzen Fraktion.

16.–31. Dezember: Tom Doubleday von der Afrikaabteilung des Außenministeriums informiert in dieser Zeit acht Mitarbeiter des Kongresses (US-Senat, *Angola. Hearings before the Subcommittee on African Affairs, Committee on Foreign Relations*, 94. Kongreß, 2. Sitzung, »On U.S. Involvement in Civil War in Angola«, 29. 1.; 2., 3., 6. 2. 1976, Washington, D.C., 1976).

17 Siehe Seymour Hersh, »Angola-Aid Issue Opening Rifts in State Department«, in: *New York Times*, 14. 12. 1975.

18 US-Senat, *Hearings on Foreign Assistance Authorization before the Senate Foreign Relations Subcommittee on Foreign Assistance*, 5. 12. 1975, S. 538.

19 US-Senat, *Hearings on Angola before the Senate Foreign Relations Subcommittee on African Affairs*, 29. 1. 1976, S. 24.

20 Ebenda, S. 38.

21 Ebenda, S. 31.

22 US-Senat, *Hearings on Angola before the Senate Foreign Relations Subcommittee on African Affairs*, 3. 2. 1976, S. 85.

23 US-Senat, *Hearings on Angola before the Senate Foreign Relations Subcommittee on African Affairs*, 29. 1. 1976, S. 13.

24 Ebenda, S. 12, 16.

25 Siehe ebenda, S. 16.

26 Gerald R. Ford, *Public Papers of the Presidents of the United States*, 1975, a. a. O., S. 1981.

27 Zur späteren Wiederbelebung der amerikanischen Politik siehe Peter W. Rodman, *More Precious than Peace: The Cold War and the Struggle for the Third World*, New York 1994, Kapitel 14; Chester A. Crocker, *High Noon in Southern Africa: Making Peace in a Rough Neighborhood*, New York 1992.

XXVII. Kapitel

1 Siehe Gerald R. Ford, *A Time to Heal*, a. a. O., S. 323 f.

2 George Lardner jr., »Jackson Blasts Kissinger Role in the Shake-up«, in: *Washington Post*, 3. 11. 1975.

3 George F. Will, »Dampening Dissent«, in *Washington Post*, 5. 11. 1975.

4 »The Shake-up«, Leitartikel der *Washington Post*, 5. 11. 1975.

5 »I Am Not Appeased«, Interview Ronald Reagans mit Robert Ajemian, in: *Time*, 17. 11. 1975, S. 22.

6 Gerald R. Ford, *A Time to Heal*, a. a. O., S. 354.

7 Die Antwort Helmut Sonnenfeldts und William Hylands an Brent Scowcroft vom 22. 1. 1976 hatte folgenden Wortlaut:

> AN: GENERAL SCOWCROFT
> VON: SONNENFELDT UND HYLAND
> Der Minister schickt seine Antwort zu der Information über die Sitzung des Nationalen Sicherheitsrates. Aber wir möchten Ihnen mitteilen, daß er sich angesichts der empörenden Vorkommnisse beim Nationalen Sicherheitsrat zu sehr zurückhält. Es ist einfach unglaublich, daß mitten in diesen Verhandlungen nach gewissen Fortschritten, da Breschnew jetzt unser Angebot in Betracht zieht, der gesamte vereinbarte Rahmen durch neue Positionen oder Wendungen um hundertachtzig Grad, von denen noch nie etwas zu hören war, völlig über den Haufen geworfen wird. Wie kann Clements behaupten, es hätte niemals eine Grauzone gegeben, nachdem Rumsfeld sich wiederholt dafür eingesetzt hat? Wie kann Holloway sagen, sie wollten nur ein Programm mit einigen Schiffen und acht Abschußrampen, nachdem sie es doch glühend verteidigt und den Minister auf unverschämteste Weise angegriffen haben, daß er es angeblich preisgeben wolle? Wo sind sie denn da gewesen? Wir wissen nicht, wie wir in dieser Tollhausatmosphäre weiterarbeiten sollen. Das ist um so ärgerlicher, wenn man bedenkt, daß die Sowjets ernsthaftes Interesse zeigen und offenbar bestrebt sind, einen Mittelweg zu finden, ohne kapitulieren zu müssen. Wenn wir an der Stelle des Ministers wären, dann würden wir die Sache einfach hinwerfen oder abreisen, aber wir werden ihm natürlich raten durchzuhalten. Wir könnten heute durchaus Fortschritte machen, aber nicht ohne die absolute, uneingeschränkte Unterstützung aus Washington. Wir werden durch diese Dinge jetzt in die Lage gebracht, daß wir, sogar wenn die Sowjets heute etwas nachgeben, selbst eine Vertagung des Themas Backfire/SLCM vorschlagen müssen, was für unsere Interessen, wie Sie wissen, schlechter ist als alle Optionen, die wir bisher verhandelt haben. Wir machen natürlich Ihnen keinen Vorwurf, bringen aber zum ersten Mal in unserer Laufbahn unsere höchste Empörung darüber zum Ausdruck, was hier mit möglicherweise schwerwiegenden Folgen für unser Land angerichtet wird.

8 Siehe meine Aussage am 31. 7. 1979 vor dem Auswärtigen Ausschuß des Senats zum SALT-II-Vertrag in: Henry Kissinger, *For the Record: Selected Statements, 1977–1980*, a. a. O., S. 189–230.

9 »America's Permanent Interests«, Rede Henry Kissingers vor dem World Affairs Council in Boston am 11. 3. 1976, in: *Department of State Bulletin*, Bd. 74, No. 1919, 5. 4. 1976, S. 431 f.

10 Siehe u. a. Rowland Evans und Robert Novak, »A Soviet-East Europe ›Organic‹ Union«, in: *Washington Post*, 22. 3. 1976, und »The Sonnenfeldt Doctrine: Deflecting the Ruckus«, in: *Washington Post*, 30. 3. 1976.

11 Zu Sonnenfeldts Version dieser Ereignisse siehe sein Interview in: *The Washington Quarterly* (damals noch unter dem Namen *The Washington Review of Strategic and International Studies* erschienen), Bd. 1, No. 2, April 1978, S. 41–51, und seine Aussage vor dem Auswärtigen Ausschuß des Repräsentantenhauses, in: *United States National Security Policy vis-à-vis Eastern Europe* (»Sonnenfeldt Doctrine«), *Hearings before the Subcommittee on International Security and Scientific Affairs*, 94. Kongreß, 2. Sitzung, 12. 4. 1976, S. 1–28.

12 »State Department Summary of Remarks by Sonnenfeldt«, Nachdruck der offiziellen Zusammenfassung des amerikanischen Außenministeriums, in: *New York Times*, 6. 4. 1976.

13 Zitiert nach Coral Bell, *The Diplomacy of Détente: The Kissinger Era*, a. a. O., S. 242.

14 »The Permanent Challenge to Peace: U.S. Policy toward the Soviet Union«, Rede Henry Kissingers vor dem Commonwealth Club und dem World Affairs Council of Northern California in San Francisco am 3. 2. 1976, in: *Department of State Bulletin*, Bd. 74, No. 1913, 23. 2. 1976, S. 202–212.

15 C. L. Sulzberger, »Mini-Metternich in a Fog«, in: *New York Times*, 27. 3. 1976.

16 Siehe Rowland Evans und Robert Novak, »A Soviet-East Europe ›Organic‹ Union«, in: *Washington Post*, 22. 3. 1976.

17 Zitiert nach Walter Isaacson, *Kissinger, A Biography*, New York 1992, S. 664.

18 »The Western Alliance: Peace and Moral Purpose«, Vortrag Henry Kissingers zum Gedenken an Alastair Buchan in London am 25. 6. 1976, in: *Department of State Bulletin*, Bd. 75, No. 1935, 26. 7. 1976, S. 105–115.

XXVIII. Kapitel

1 Siehe Henry Kissinger, *Memoiren, Bd. 2, 1973–1974*, a. a. O., S. 414–421.

2 Trinkspruch von Außenminister Tschiao Kuan-hua am 19. 10. 1975, in: *Department of State Bulletin*, Bd. 73, No. 1899, 17. 11. 1975, S. 681.

3 Trinkspruch Präsident Fords, in: Gerald R. Ford, *Public Papers of the Presidents of the United States, 1975*, a. a. O., S. 1934.

4 Siehe Henry Kissinger, *Memoiren, Bd. 1, 1968–1973*, a. a. O., S. 1124, und *Memoiren, Bd. 2, 1973–1974*, a. a. O., S. 811.

XXIX. Kapitel

1 Siehe dazu Mohamed A. El-Khawas und Barry Cohen (Hrsg.), *The Kissinger Study of Southern Africa: National Security Study Memorandum 39 (Secret)*, Westport, Conn., 1976; Anthony Lake, *The »Tar Baby« Option: American Policy Toward Southern Rhodesia*, New York 1976. NSSM 39 war die Denkschrift des Weißen Hauses, mit der eine interministerielle Studie angefordert wurde; NSDM 38 war die Denkschrift des Präsidenten, in der er seine auf dieser Studie beruhende Entscheidung ankündigte.

2 »The United States and Africa: Strengthening the Relationship«, Tischrede Henry Kissingers vor den bei der UN-Vollversammlung anwesen-

den Außenministern der Mitgliedsstaaten der Organisation für die Afrikanische Einheit am 23. 9. 1975, in: *Department of State Bulletin*, Bd. 73, No. 1894, 13. 10. 1975, S. 574.

3 »Building International Order«, Rede Henry Kissingers vor der UN-Vollversammlung am 22. 9. 1975, in: *Department of State Bulletin*, Bd. 73, No. 1894, 13. 10. 1975, S. 545–553; Tischrede Henry Kissingers vom 23. 9. 1975, in: *Department of State Bulletin*, Bd. 73, No. 1894, 13. 10. 1975, S. 571–575.

4 Gerald R. Ford, *Public Papers of the Presidents of the United States*, 1976, a. a. O., 12. 3. 1976, S. 641.

5 Interview Gerald Fords mit der *Chicago Sun-Times* vom 13. 3. 1976; Auszüge siehe in: *Department of State Bulletin*, Bd. 74, No. 1920, 12. 4. 1976, S. 497.

6 »Foreign Policy and National Security«, Rede Henry Kissingers vor dem World Affairs Council in Dallas am 22. 3. 1976, in: *Department of State Bulletin*, Bd. 74, No. 1920, 12. 4. 1976, S. 463 f.

7 Murray Marder, »White House, Pentagon Weigh Military Action Against Cuba«, in: *Washington Post*, 26. 3. 1976.

XXX. Kapitel

1 »United States Policy on Southern Africa«, Rede Henry Kissingers in Lusaka, Sambia, am 27. 4. 1976, in: *Department of State Bulletin*, Bd. 74, No. 1927, 31. 5. 1976, S. 672–679.

2 Ebenda, S. 678 f.

3 Zitiert nach John Osborne, a. a. O., S. 326.

4 Die Erklärung Henry Kissingers in Dakar, Senegal, am 2. 5. 1976 siehe in: *Department of State Bulletin*, Bd. 74, No. 1927, 31. 5. 1976, S. 705.

5 Zitiert nach John Osborne, a. a. O., S. 330

6 Zitiert ebenda, S. 326.

7 Ebenda, S. 330.

XXXI. Kapitel

1 »The United States and Africa: Strengthened Ties for an Era of Challenge«, Rede Henry Kissingers vor der National Urban League (rassenübergreifende US-Wohlfahrtsorganisation) in Boston, Massachusetts am 2. 8. 1976, in: *Department of State Bulletin*, Bd. 75, No. 1939, 23. 8. 1976, S. 261 f.

2 Interview Präsident Fords mit *Panax United Press International Television News* im Eisenbahnzug des Präsidenten in Michigan am 15. 5. 1976.

3 Ebenda.

4 Erklärung von Botschafter Albert W. Sherer jr. vor dem UN-Sicherheitsrat am 19. 6. 1976, in: *Department of State Bulletin*, Bd. 75, No. 1933, 12. 7. 1976, S. 59 f.

5 Information von Robert Funseth, dem Sprecher des amerikanischen Außenministeriums, über das Treffen von Außenminister Kissinger mit dem britischen Premierminister Callaghan am Mittag des 25. 6. 1976 in Downing Street Nr. 10.

XXXII. Kapitel

1 Hier die von den verschiedenen Seiten ausgetauschten Dokumente.
Die »Grundlage für einen Vorschlag« wurde den Südafrikanern am
5. 9. 1976 um 20.00 Uhr übergeben. Sie hatte folgenden Wortlaut:

GRUNDLAGE FÜR EINEN VORSCHLAG

1. Die Verfassunggebende Versammlung wird von Windhoek nach
Genf verlegt, wo weitere Gespräche über die Unabhängigkeit stattfinden.

2. Auf der Genfer Tagung werden alle Gruppen vertreten sein.

3. Die Vereinten Nationen ernennen Beobachter, die an der Genfer Tagung teilnehmen.

4. Südafrika ernennt einen Vertreter, der für die Verbindung zu den
Teilnehmern der Genfer Gespräche zur Verfügung steht.

5. Die Unabhängigkeit Namibias wird auf der Grundlage freier
Wahlen unter UN-Aufsicht errichtet.

6. Die Unabhängigkeit Namibias wird spätestens am ... verkündet.

7. Die Tagesordnung der Genfer Gespräche kann alle Aspekte des Unabhängigkeitsprozesses von Namibia umfassen, die einer der Teilnehmer anzusprechen wünscht.

Mündliche Verständigung
Die Vereinigten Staaten werden eine Liste politischer Gefangener anfordern, die der südafrikanischen Regierung zur Prüfung vorgelegt
wird. Es ist Sache der südafrikanischen Regierung zu entscheiden, wer
freigelassen wird.

Der südafrikanische Entwurf vom 6. 9. 1976, 10.00 Uhr, hatte folgenden Wortlaut:

DIE POSITION SÜDAFRIKAS

1. Die Verfassunggebende Konferenz hat angekündigt, daß die Unabhängigkeit mit bestimmter Gewißheit bis zum 31. Dezember 1978 erreicht sein soll.
Die südafrikanische Regierung hat erkennen lassen, daß sie die von
der Konferenz gebilligten Vorschläge akzeptiert.
Die Punkte 2, 3 und 4 der »Grundlage für einen Vorschlag« werden
unmittelbar nach der Rückkehr des Ministerpräsidenten nach Südafrika beraten werden.

5. Die südafrikanische Regierung wird einen Vertreter zu den Genfer
Gesprächen entsenden, der für Kontakte mit den Teilnehmern zur
Verfügung steht.

6. Dieser Punkt ist für Südafrika nicht akzeptabel. Südafrika übernimmt dazu keine Verpflichtung, es sei denn, es wird von der Konferenz so beschlossen.

7. Annehmbar.

Die gebilligte Version vom 6. 9. 1976 – die Anmerkungen in Klammern
sind meine handschriftlich verzeichneten Abänderungen – hatte folgenden Wortlaut:

GRUNDLAGE FÜR EINEN VORSCHLAG

1. Die Verfassunggebende Konferenz wird in Genf abgehalten, wo
weitere Gespräche über die Unabhängigkeit stattfinden.

2. Auf der Genfer (Konferenz) können alle Gruppen vertreten sein.

3. Die Vereinten Nationen ernennen einen Beobachter für die Genfer (Konferenz).

4. Südafrika ernennt einen Vertreter, der für Kontakte mit den Teilnehmern der Genfer (Konferenz) zur Verfügung steht.

5. Die (Genfer) Konferenz entscheidet über die Modalitäten der Wahlen und deren Beaufsichtigung vor der endgültigen Unabhängigkeit.

6. Die Tagesordnung der Genfer (Konferenz) kann alle Aspekte des Unabhängigkeitsprozesses umfassen, die einer der Teilnehmer anzusprechen wünscht.

7. Die südafrikanische Regierung erklärt, daß sie Vorschläge akzeptieren wird, die bei ~~der Konferenz~~ (der. Genfer Gesprächen) beschlossen werden.

8. Die südafrikanische Regierung akzeptiert den Vorschlag der (Verfassunggebenden) Konferenz, als Datum der Unabhängigkeit den 31. Dezember 1978 festzusetzen.

Zürich,

6. September 1976

2 Präsident Nyereres Analyse zur Namibiafrage vom 15. 9. 1976 hatte folgenden Wortlaut:

Kommen wir zu Namibia. Ich habe immer gesagt, in Namibia liegen die Dinge einfacher. Beide Fragen sind schwierig, aber Namibia vielleicht etwas weniger als Rhodesien. Ich habe dies auch wegen der Probleme gesagt, mit denen wir in Rhodesien konfrontiert sind. In Namibia haben wir die SWAPO und keine Zwietracht. Außerdem erklären die Südafrikaner, daß sie jetzt zur Entkolonialisierung bereit sind. Aus diesen beiden Gründen glaube ich, daß es leichter sein wird. Es geht also jetzt darum, daß die Hauptakteure sich zusammensetzen und die Sache regeln. Ich glaube, daß ich den Außenminister irregeleitet habe. Aber er war nicht der einzige. Auch die Briten haben mich mißverstanden. Das ist verwunderlich, denn eigentlich sind sie Experten für verfassunggebende Konferenzen.

Die Hauptakteure sind die Südafrikaner, denn de facto stellen sie die Kolonialmacht dar. Nujoma mag sie ablehnen, aber de facto sind sie die Kolonialmacht. Dann haben wir da die SWAPO. Sie wird von den Vereinten Nationen und der Organisation für die Einheit Afrikas anerkannt. Das dritte Element, das dazukommen muß, sind die Vereinten Nationen selbst. Die Südafrikaner mögen weder die SWAPO noch die Vereinten Nationen. Wir dürfen nicht den Eindruck erwecken, als akzeptierten wir die südafrikanische Position, daß die SWAPO und die Vereinten Nationen mit der Sache nichts zu tun haben.

3 Zur Pressekonferenz Henry Kissingers in Daressalam am 15. 9. 1976 siehe in: *Department of State Bulletin*, Ed. 75, No. 1948, 25. 10. 1976, S. 512.

4 Das Memorandum, das ich Ian Smith am Sonntag, dem 19. 9. 1976, übergab, hatte folgenden Wortlaut:

1. Rhodesien stimmt der Errichtung des Mehrheitsregimes binnen zwei Jahren zu.

2. Rhodesische Vertreter treffen sich unverzüglich an einem zu vereinbarenden Ort mit den Führern der Schwarzen, um eine Übergangsregierung zu bilden, die im Amt bleiben soll, bis das Mehrheitsregime errichtet ist.

3. Die Übergangsregierung sollte aus einem Staatsrat bestehen, dessen Mitglieder zur Hälfte Schwarze und Weiße sind; der Vorsitzende sollte weiß sein und kein besonderes Stimmrecht besitzen. Europäer und Afrikaner benennen ihre Vertreter. Sie sollen folgende Funktionen ausüben:
– Gesetzgebung
– Allgemeine Aufsicht
– Überwachung des Prozesses der Erarbeitung einer Verfassung
Die Übergangsregierung soll auch einen Ministerrat haben, in dem die Schwarzen mit einer Mehrheit vertreten sind. Der Erste Minister soll ebenfalls schwarz sein. Beschlüsse des Ministerrats werden mit Zweidrittelmehrheit gefaßt. Er soll folgende Funktionen ausüben:
– Abgeleitete legislative Befugnisse
– Exekutive Verantwortung

4. Alle Mitglieder der Übergangsregierung schwören, auf einen raschen und geordneten Übergang zum Mehrheitsregime hinzuwirken.

5. Das Vereinigte Königreich erläßt die notwendigen Gesetze für den Übergang zum Mehrheitsregime.
Nach Erlaß der entsprechenden Gesetze setzt Rhodesien seine Verfassung außer Kraft und erläßt ebenfalls Gesetze, die für den Prozeß erforderlich sind.

5 Erklärung Henry Kissingers in Pretoria, Südafrika, am 19. 9. 1976, in: *Department of State Bulletin*, Bd. 75, No. 1948, 25. 10. 1976, S. 519.
6 Siehe Susan Crosland, *Tony Crosland*, London 1982.

XXXIII. Kapitel

1 Henry Kissinger, *Memoiren, Bd. 2, 1973–1974*, a. a. O., S. 925.
2 Pressekonferenz Henry Kissingers am 14. 1. 1976, in: *Department of State Bulletin*, Bd. 74, No. 1910, 2. 2. 1976, S. 132.
3 »Syria Hints It Might Act to Bar Lebanon Partition«, in: *New York Times*, 17. 11. 1975.
4 »Beirut Is Warned Against Partition«, in: *New York Times*, 29. 11. 1975.
5 »Israeli Reconnaissance Jets Fly over Beirut, Stir Fear of Attack«, in: *New York Times*, 20. 11. 1975.
6 Siehe *Jerusalem Post*, die über die Ereignisse vom 9. 1. 1976 berichtete. Zitiert nach *The Middle East Journal*, Bd. 30, No. 2, S. 213.
7 »Egypt Warns Israel to Stay out of Lebanon«, in: *New York Times*, 13. 1. 1976.
8 Siehe »Fall of Camp Sharpens Lebanese Crisis; Arab Meeting Is Urged«, in: *New York Times*, 15. 1. 1976.
9 Pressekonferenz Henry Kissingers in Kopenhagen am 20. 1. 1976, in: *Department of State Bulletin*, Bd. 74, No. 1912, 16. 2. 1976, S. 162.
10 Siehe Henry Kissinger, *Memoiren, Bd. 1, 1968–1973*, a. a. O., Kapitel XV.
11 Siehe James M. Markham, »Rival Lebanese Deploy for Showdown;

Syrians Seek a Solution Over Franjieh«, in: *New York Times*, 18. 3. 1976.

12 Siehe ebenda.
13 Siehe James M. Markham, »Beirut Leftists Seize Holiday Inn in Heavy Assault«, in: *New York Times*, 22. 3. 1976.
14 Siehe ebenda.
15 Siehe James M. Markham, »Beirut Rightists in Counterattack«, in: *New York Times*, 23. 3. 1976.
16 Itamar Rabinovich, *The War for Lebanon. 1970–1985*, Ithaca 1985, S. 57.

XXXIV. Kapitel

1 Meine Lehren und Erfahrungen in dieser Hinsicht siehe *Memoiren*, Bd. 2, *1973–1974*, a. a. O., S. 511 ff.
2 In den letzten Etappen der SALT-Verhandlungen im Jahr 1976 wurde die Administration den Erwartungen nicht mehr gerecht. Ford erkannte das und beugte sich dieses eine Mal den Erfordernissen der Innenpolitik.
3 Die Analyse meiner Vietnamerfahrungen findet sich in: Henry Kissinger, *Die Vernunft der Nationen. Über das Wesen der Außenpolitik*, a. a. O., Kapitel 25, 26 und 27.

Register für die
Bände 1 bis 3

Laird, Melvin 14, 128, 240, 317 f., 423, 425 f., 440, 497, 624, 630, 657
Lake, Anthony 1300
Landrey, Wilbur 960, 1269
Laraki, Ahmed 1408
Le Duc Tho 16 f., 28, 31 ff., 35 ff., 39, 42–47, 49 ff., 73, 155, 194, 213, 384 f., 387 ff., 391–398, 400, 413, 416 f., 420, 422 f., 435, 439–442, 929
Lee Kuan Yew 21, 149, 435
Lehman, John F. 422
Lenin, Wladimir Iljitsch 289, 358
Lennep, Jonkheer Emile van 1052
Lin Piao 82
Lincoln, Abraham 373
Lionaes, Aase 439 f., 442
Lon Nol 17, 24 ff., 45 ff., 73 f., 395, 405–408, 410 f., 415, 417, 419, 427–430, 435, 438
Long, Russell 390
Longworth, Alice Roosevelt 1073 f.
Lord, Bette 84, 521
Lord, Winston 80, 189, 435, 520 f., 653, 808, 960, 1017, 1058
Love, John A. 1017 f.
Luns, Joseph 216 ff., 226, 832, 846, 1085

MacLean, John 960
Macmillan, Harold 162, 169
Maginnes, Nancy 15, 1206
Magnuson, Warren 431 f.
Magruder, Jeb Stuart 382
Mahon, George 423
Makarios (zypr. Erzbischof) 1242, 1244, 1388 ff.
Makhluf, Abd al-Hadi 253
Malik, Jakow 681, 700
Malinowsky, Rodion 276
Mansfield, Mike 427 f., 573, 1167, 1244, 1308, 1393
Mao Tse-tung 57, 62, 70, 78–87, 211, 352, 415, 419, 437, 446, 795, 798, 808–819
Marcy, Carl 504
Marder, Murrey 429, 960
Mardian, Robert 1132

Marshall, George C. 230
Marwan, Ashraf 987, 1239 f.
Masuud, Ibrahim 621
Maw, Carlyle E. 972, 978, 982
McClellan, John 312
McCloskey, Robert 619, 837, 1226, 1281
McCone, John 461
McCord, James 419
McGovern, George 364 ff., 509 f., 1411
McNamara, Robert 129, 307, 501
Meany, George 1154, 1203
Meiji (jap. Kaiser) 863
Meir, Golda 251, 256, 261 ff., 269, 531, 533, 559 f., 568, 578 f., 581, 586, 597, 604, 632, 652 f., 656, 658 f., 661 ff., 666 f., 669–673, 678, 701, 710, 715 ff., 720, 725–732, 735, 744, 752 f., 755 f., 765–769, 881 f., 889 f., 901, 909, 921, 926 f., 938, 954 f., 966, 971 ff., 978 ff., 982 f., 987, 991, 994, 1093, 1095, 1104 f., 1110, 1115, 1117, 1120–1123, 1125, 1131, 1140, 1203, 1214, 1216 f., 1219–1224, 1230 ff., 1234, 1241, 1245, 1247, 1249, 1254 f., 1257 f., 1261–1264, 1268, 1278 f., 1282, 1286–1289, 1291–1294, 1313, 1329
Merriam, William R. 461
Millaz, Orlando 464
Mitchell, John 96 f., 127, 144 f., 382, 386, 496, 507, 688, 1132
Mobutu Sese-Seko 586
Mohammed Reza Schah Pahlavi 371, 373, 600 f., 615 f., 619, 639, 652, 734, 739, 763, 774, 783–795, 806, 928, 1001 f., 1010, 1013, 1015 f., 1035, 1038 ff.
Mollenhoff, Clark 1302
Monnet, Jean 164–167, 194, 859
Moore, George Curtis 264
Moorer, Thomas 319, 537, 604, 617 f., 638, 687, 701, 879, 945, 947 f.
Moro, Guo 816
Mubarak, Hosni 950

KARTEN

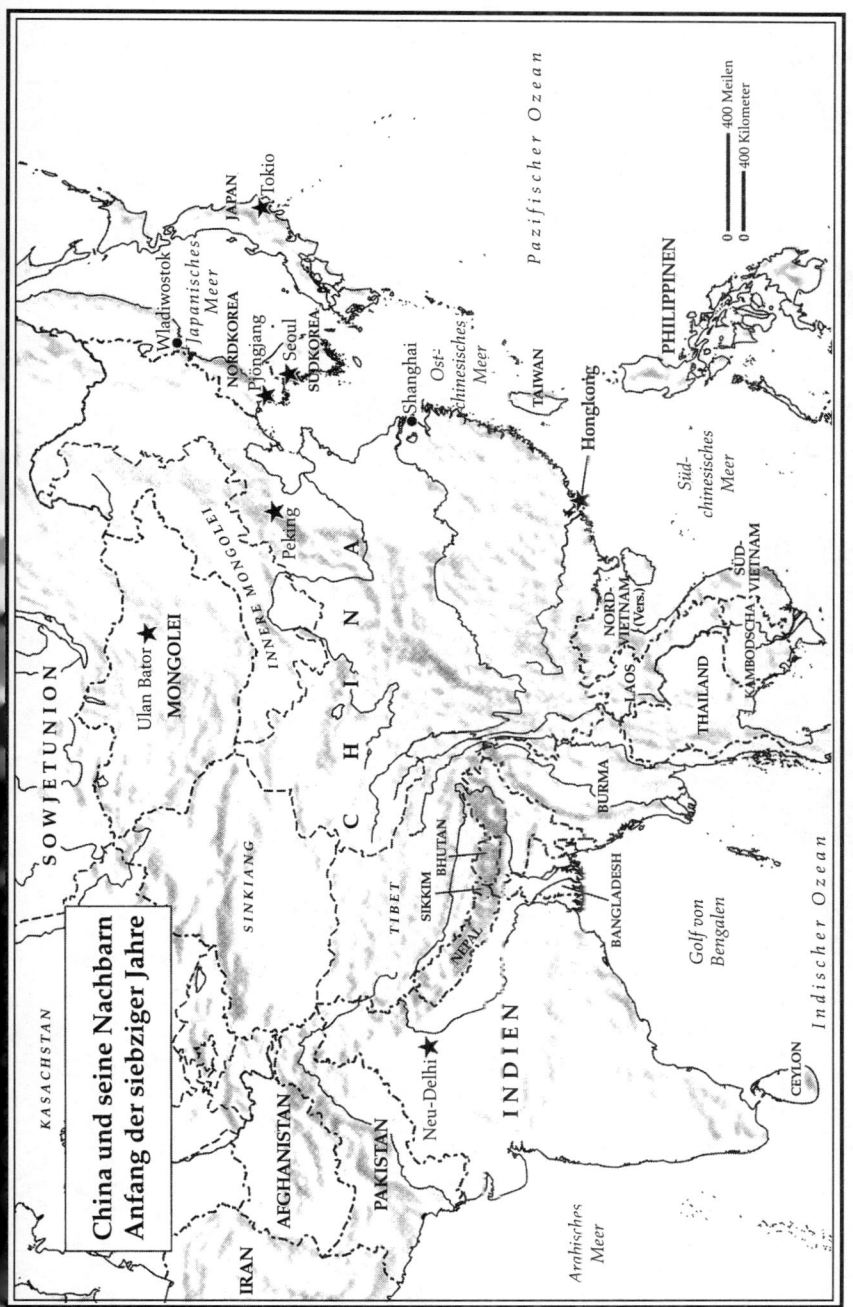

China und seine Nachbarn
Anfang der siebziger Jahre

SOWJETUNION

KASACHSTAN

IRAN

AFGHANISTAN

PAKISTAN

Neu-Delhi

INDIEN

Arabisches
Meer

CEYLON

SINKIANG

TIBET

SIKKIM

NEPAL

BHUTAN

BANGLADESH

Golf von
Bengalen

Indischer Ozean

MONGOLEI

Ulan Bator

INNERE MONGOLEI

C H I N A

Peking

BURMA

THAILAND

LAOS

NORD-
VIETNAM

SÜD-
VIETNAM
(Vers.)

KAMBODSCHA

Süd-
chinesisches
Meer

Wladiwostok

Japanisches
Meer

NORDKOREA

Pjöngjang

Seoul

SÜDKOREA

JAPAN

Tokio

Shanghai

Ost-
chinesisches
Meer

TAIWAN

Hongkong

Pazifischer Ozean

PHILIPPINEN

400 Meilen
400 Kilometer
0
0

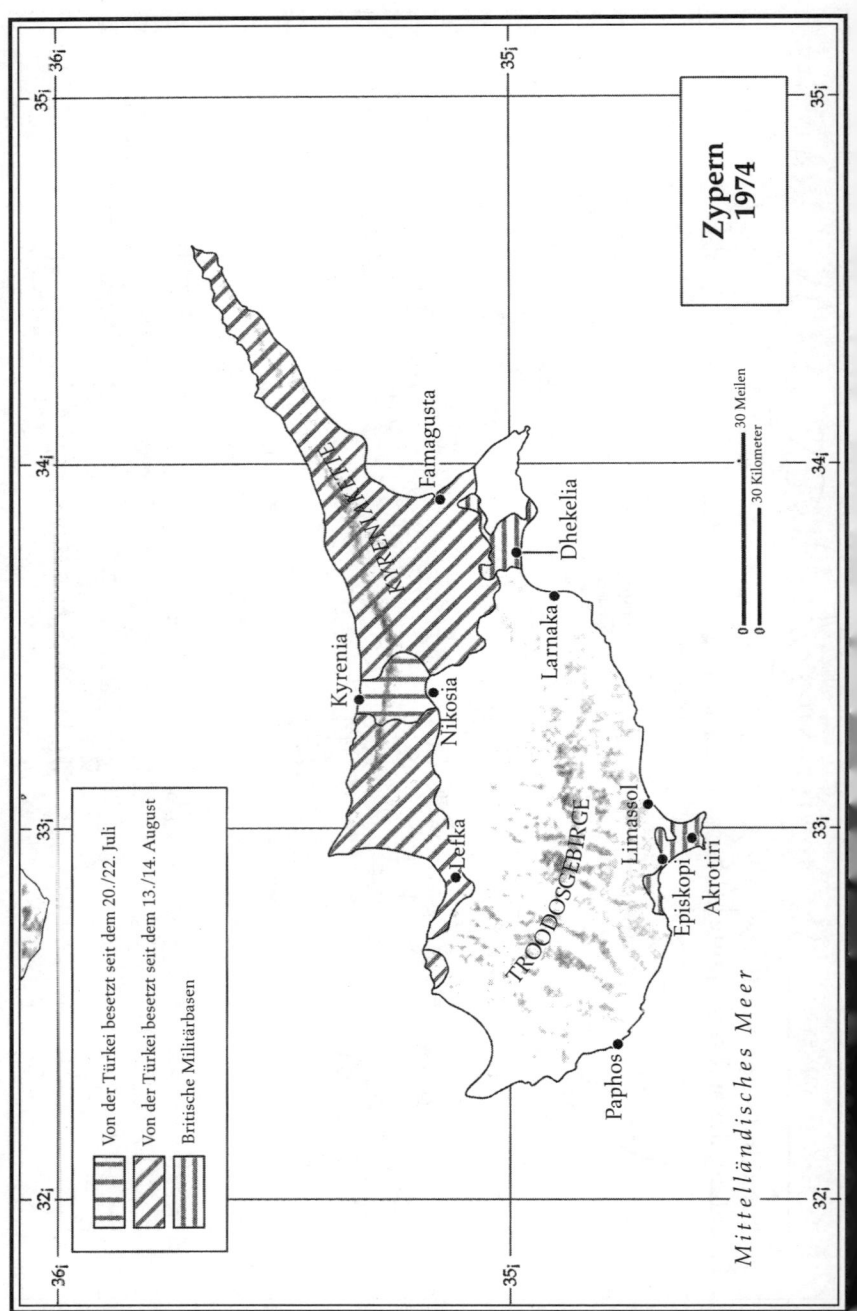

Zypern 1974

Von der Türkei besetzt seit dem 20./22. Juli

Von der Türkei besetzt seit dem 13./14. August

Britische Militärbasen

KIRENIAKETTE

Famagusta

Dhekelia

Larnaka

Kyrenia

Nikosia

Lefka

TROODOSGEBIRGE

Limassol

Episkopi

Akrotiri

Paphos

Mittelländisches Meer

30 Meilen

30 Kilometer

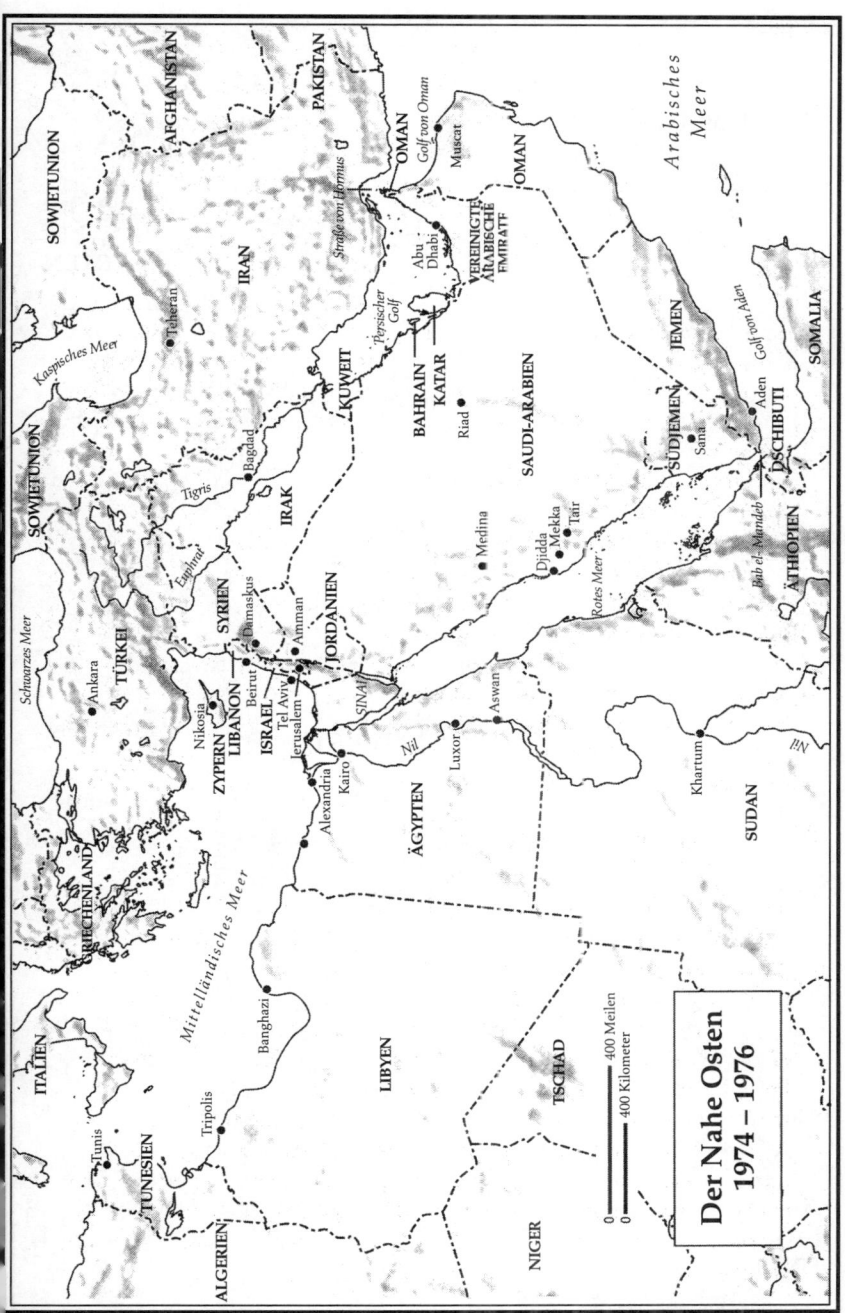

Der Nahe Osten
1974 – 1976

Das Westjordanland
1974 – 1976

LIBANON

Demarkationsgebiet

Kuneitra

SYRIEN

GOLAN-
HÖHEN

Mittelländisches
Mees

Haifa

See
Genezareth

ISRAEL

Nablus

Tel Aviv

WEST-
JORDAN-
LAND

JORDANIEN

Amman

Jericho

Jerusalem

Bethlehem

Totes
Meer

GAZA-
STREIFEN

Gaza

0 ————————— 20 Meilen
0 ————————— 20 Kilometer

ÄGYPTEN
(SINAI)

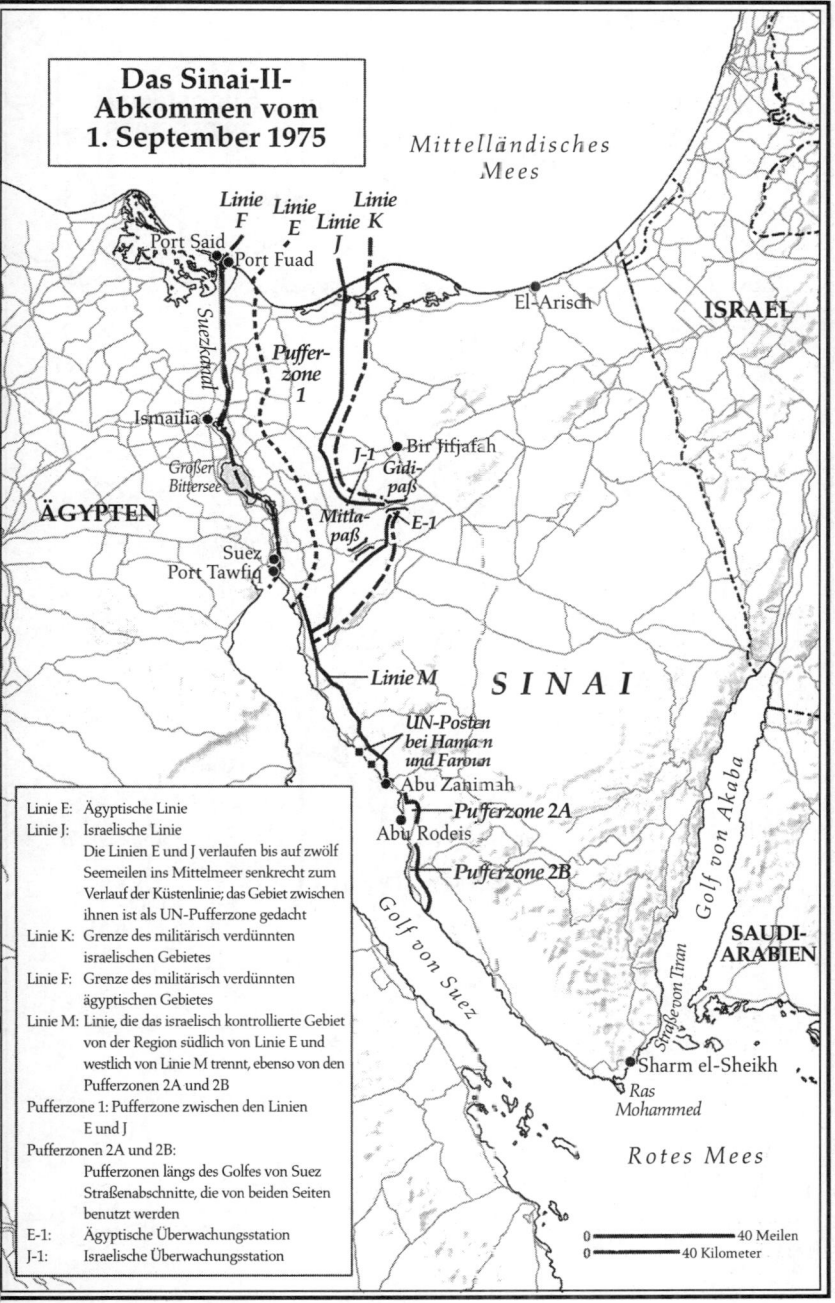

Das Sinai-II-Abkommen vom 1. September 1975

Mittelländisches Mees

Linie F
Linie E
Linie K
Linie J

Port Said
Port Fuad
El-Arisch

ISRAEL

Suezkanal

Puffer-zone 1

Ismailia

Großer Bittersee

ÄGYPTEN

J-1
Bir Jifjafah
Gidi-paß

Mitla-paß
E-1

Suez
Port Tawfiq

Linie M

SINAI

UN-Posten bei Hamain und Farun

Abu Zanimah

Pufferzone 2A

Abu Rodeis

Pufferzone 2B

Golf von Suez

Golf von Akaba

SAUDI-ARABIEN

Straße von Tiran

Sharm el-Sheikh

Ras Mohammed

Rotes Mees

Linie E: Ägyptische Linie
Linie J: Israelische Linie
Die Linien E und J verlaufen bis auf zwölf Seemeilen ins Mittelmeer senkrecht zum Verlauf der Küstenlinie; das Gebiet zwischen ihnen ist als UN-Pufferzone gedacht
Linie K: Grenze des militärisch verdünnten israelischen Gebietes
Linie F: Grenze des militärisch verdünnten ägyptischen Gebietes
Linie M: Linie, die das israelisch kontrollierte Gebiet von der Region südlich von Linie E und westlich von Linie M trennt, ebenso von den Pufferzonen 2A und 2B
Pufferzone 1: Pufferzone zwischen den Linien E und J
Pufferzonen 2A und 2B:
Pufferzonen längs des Golfes von Suez Straßenabschnitte, die von beiden Seiten benutzt werden
E-1: Ägyptische Überwachungsstation
J-1: Israelische Überwachungsstation

0 ———— 40 Meilen
0 ———— 40 Kilometer

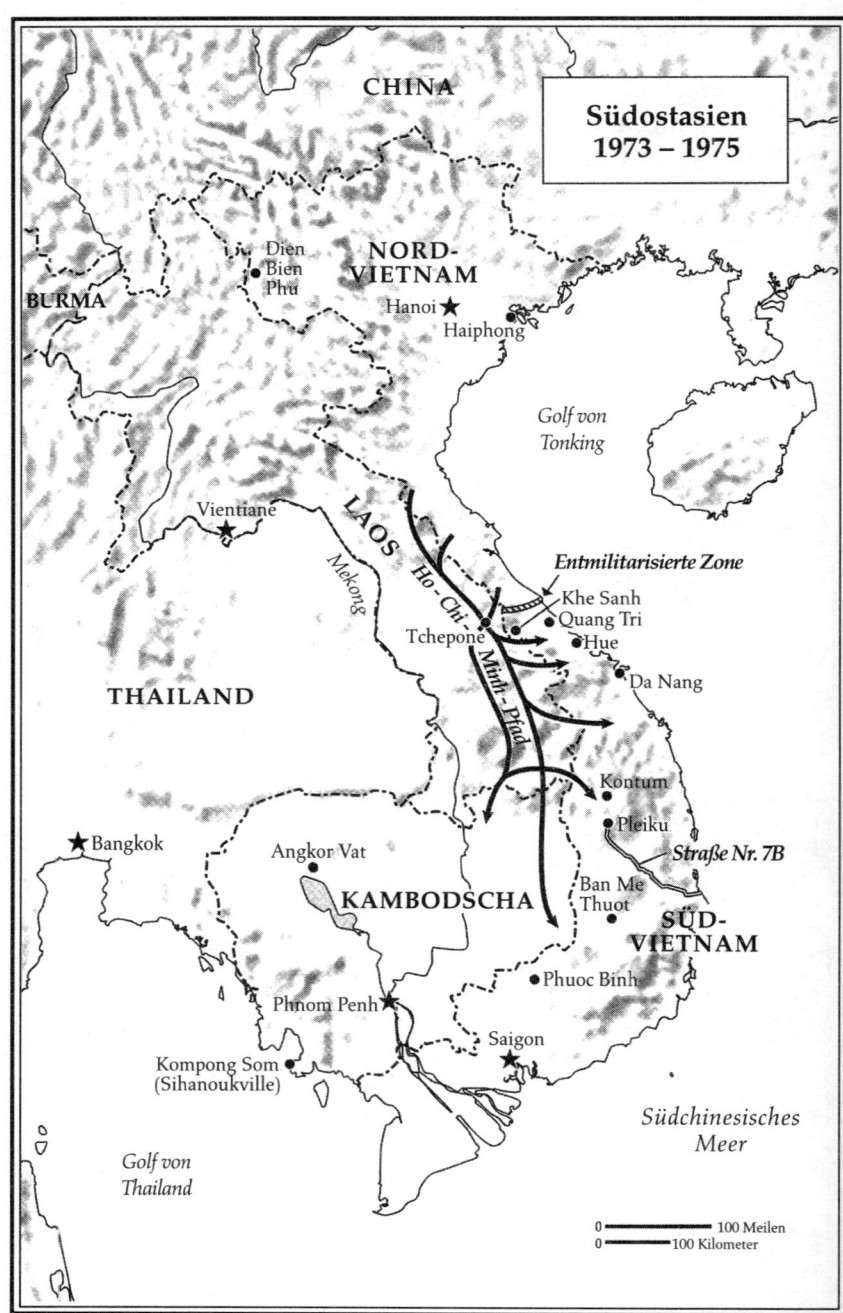

CHINA

NORD-
VIETNAM

Dien
Bien
Phú

BURMA

Hanoi ★
Haiphong

Golf von
Tonking

Vientiane ★

LAOS

Mekong

Entmilitarisierte Zone

Khe Sanh
Quang Tri
Tchepone
Hue

Da Nang

THAILAND

Kontum

Pleiku

★ Bangkok

Angkor Vat

Straße Nr. 7B

KAMBODSCHA

Ban Me
Thuot

SÜD-
VIETNAM

Phuoc Binh

Phnom Penh ★

Saigon ★

Kompong Som
(Sihanoukville)

Südchinesisches
Meer

Golf von
Thailand

0 ――――― 100 Meilen
0 ――― 100 Kilometer

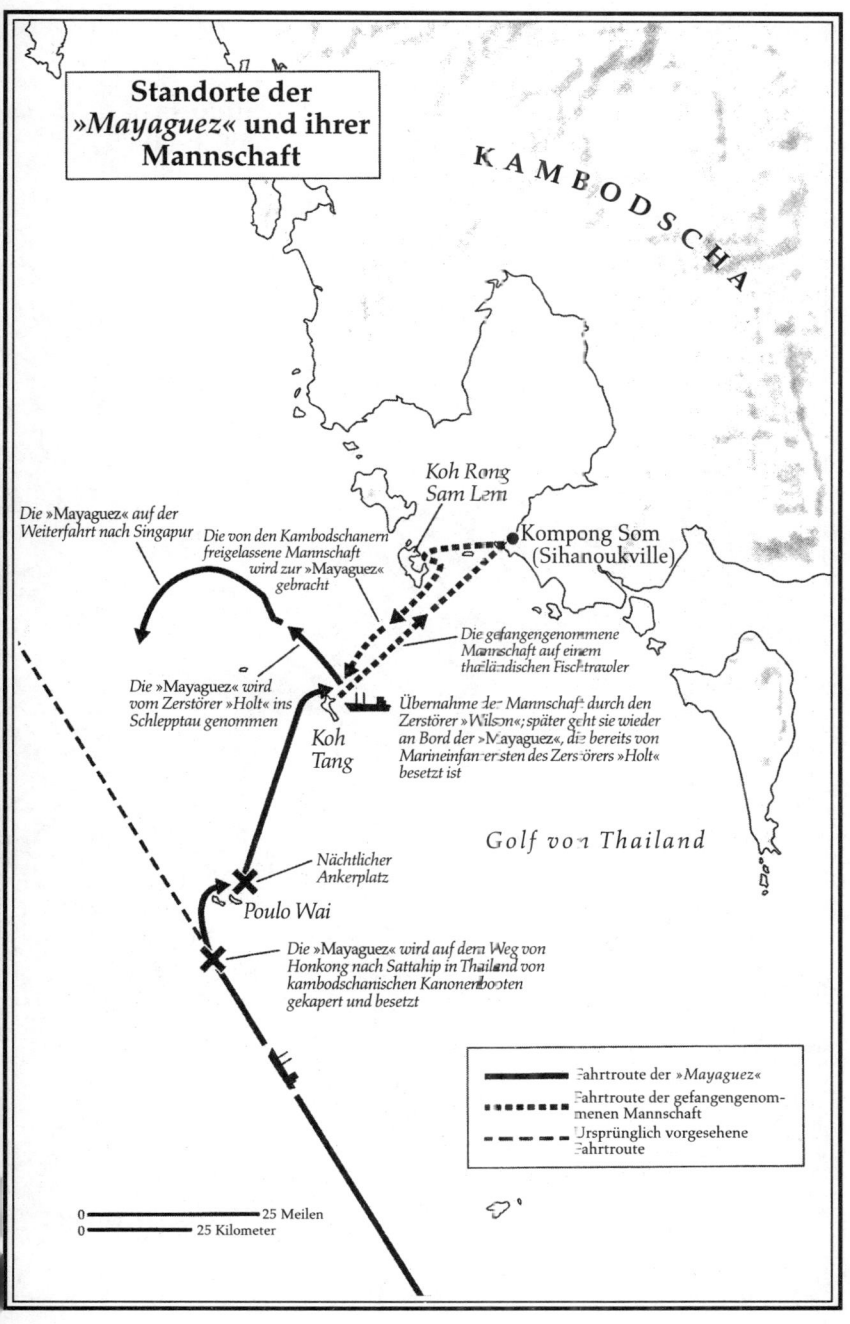

Standorte der »*Mayaguez*« und ihrer Mannschaft

K A M B O D S C H A

Koh Rong Sam Lem

Kompong Som (Sihanoukville)

Die »Mayaguez« auf der Weiterfahrt nach Singapur

Die von den Kambodschanern freigelassene Mannschaft wird zur »Mayaguez« gebracht

Die gefangengenommene Mannschaft auf einem thailändischen Fischtrawler

Die »Mayaguez« wird vom Zerstörer »Holt« ins Schlepptau genommen

Koh Tang

Übernahme der Mannschaft durch den Zerstörer »Wilson«; später geht sie wieder an Bord der »Mayaguez«, die bereits von Marineinfanteristen des Zerstörers »Holt« besetzt ist

Golf von Thailand

Nächtlicher Ankerplatz

Poulo Wai

Die »Mayaguez« wird auf dem Weg von Honkong nach Sattahip in Thailand von kambodschanischen Kanonenbooten gekapert und besetzt

Fahrtroute der »*Mayaguez*«
Fahrtroute der gefangengenommenen Mannschaft
Ursprünglich vorgesehene Fahrtroute

0 — 25 Meilen
0 — 25 Kilometer

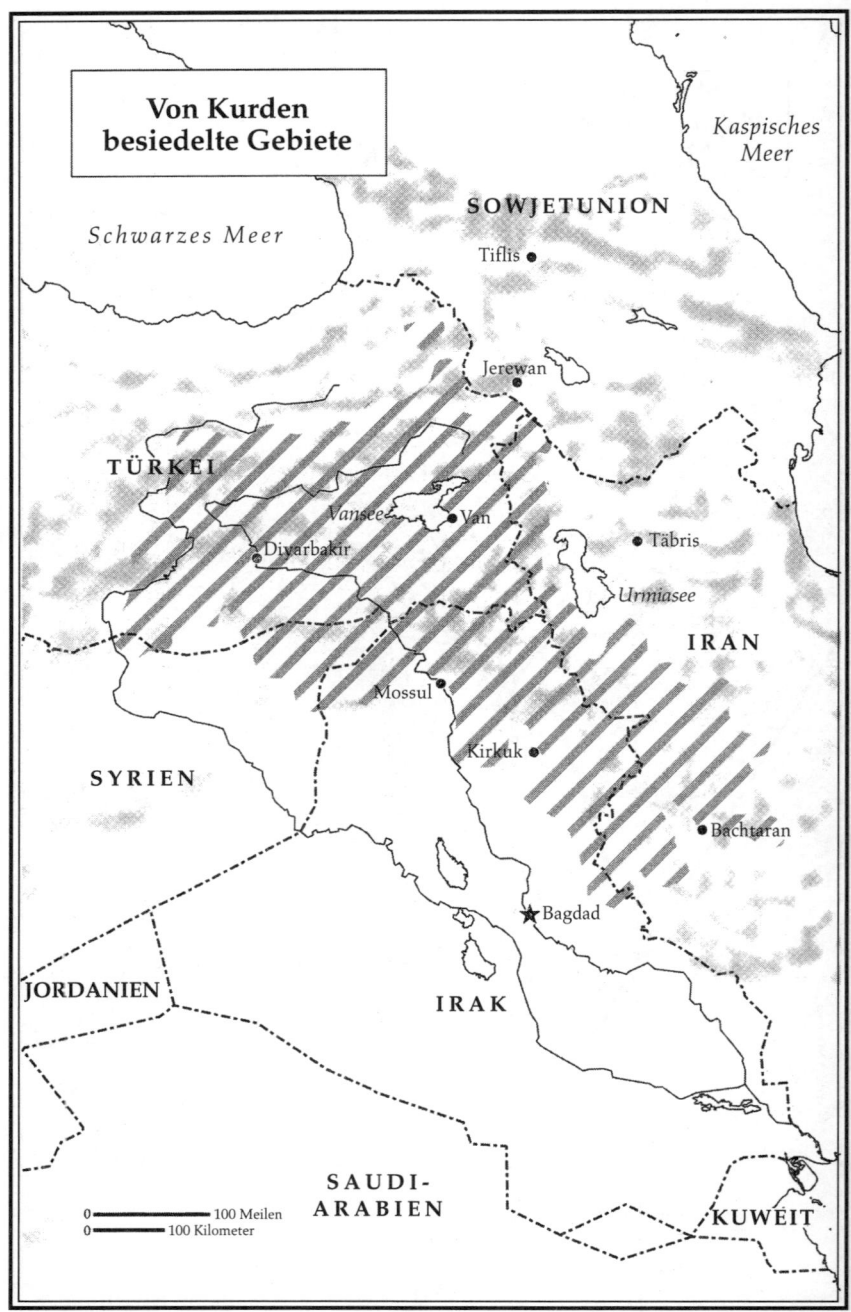

Von Kurden besiedelte Gebiete

Schwarzes Meer

Kaspisches Meer

SOWJETUNION

Tiflis

Jerewan

TÜRKEI

Vansee

Van

Diyarbakir

Tabris

Urmiasee

IRAN

Mossul

Kirkuk

Bachtaran

SYRIEN

Bagdad

JORDANIEN

IRAK

0 ——— 100 Meilen
0 ——— 100 Kilometer

SAUDI-
ARABIEN

KUWEIT

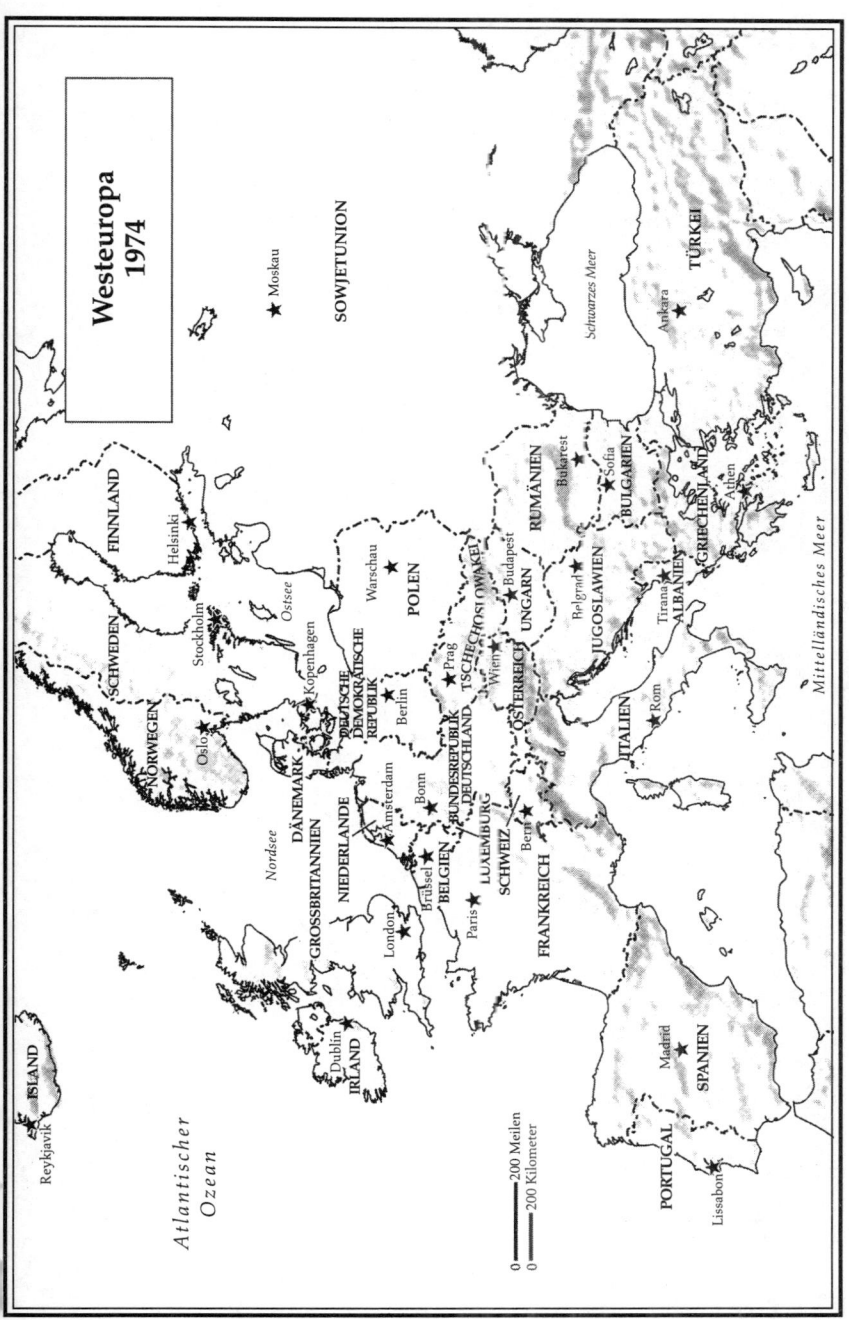

Westeuropa 1974

★ Moskau

ISLAND

Reykjavik

Atlantischer
Ozean

NORWEGEN
SCHWEDEN
FINNLAND

Oslo
Stockholm
Helsinki

Ostsee

Nordsee

GROSSBRITANNIEN

London

IRLAND
Dublin

DÄNEMARK
Kopenhagen

DEUTSCHE
DEMOKRATISCHE
REPUBLIK
Berlin

NIEDERLANDE
Amsterdam

BELGIEN
Brüssel
LUXEMBURG

BUNDESREPUBLIK
DEUTSCHLAND
Bonn

SCHWEIZ
Bern

FRANKREICH
Paris

POLEN
Warschau

TSCHECHOSLOWAKEI
Prag

ÖSTERREICH
Wien

UNGARN
Budapest

SOWJETUNION

RUMÄNIEN
Bukarest

JUGOSLAWIEN
Belgrad

BULGARIEN
Sofia

ALBANIEN
Tirana

GRIECHENLAND
Athen

ITALIEN
Rom

SPANIEN
Madrid

PORTUGAL
Lissabon

Mittelländisches Meer

TÜRKEI
Ankara

Schwarzes Meer

0 ▬▬ 200 Meilen
0 ▬▬ 200 Kilometer

**Lateinamerika
1976**

VEREINIGTE
STAATEN
VON AMERIKA

Golf von
Mexiko

BAHAMAS

MEXIKO

★Mexiko-Stadt

KUBA

HAITI

DOMINIKANISCHE
REPUBLIK

PUERTO RICO

*Atlantischer
Ozean*

BELIZE

Guatemala-
Stadt

HONDURAS

JAMAIKA

Santo
Domingo

GUATEMALA

NICARAGUA

Karibisches Meer

EL SALVADOR

COSTA RICA

Panama-
Stadt

San
José

PANAMA

Caracas

VENEZUELA

GUYANA

SURINAME

FRANZÖSISCH-GUYANA

★Bogotá

KOLUMBIEN

ECUADOR

BRASILIEN

PERU

★Lima

Brasilia ★

BOLIVIEN

PARAGUAY

CHILE

*Pazifischer
Ozean*

Santiago★

Buenos
Aires

URUGUAY

ARGENTINIEN

🏝 *Falklandinseln*

0 ▬▬▬ 400 Meilen
0 ▬▬▬ 400 Kilometer

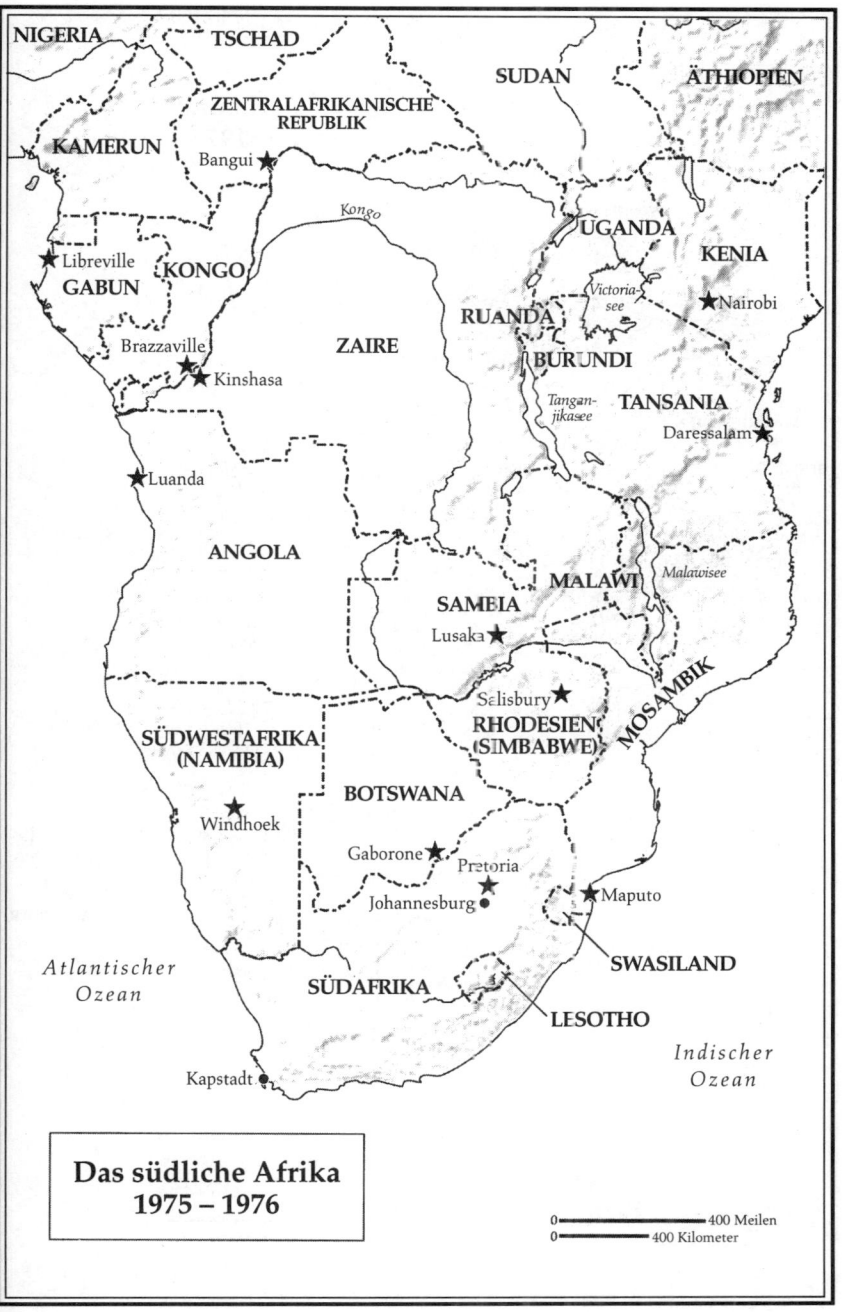

NIGERIA   TSCHAD

SUDAN   ÄTHIOPIEN

ZENTRALAFRIKANISCHE
REPUBLIK

KAMERUN

Bangui ★

Kongo

★ Libreville
GABUN   KONGO

UGANDA

KENIA

ZAIRE

★ Nairobi

RUANDA

*Victoria-
see*

Brazzaville
★ Kinshasa

BURUNDI

Tanganjikasee

TANSANIA

Daressalam ★

★ Luanda

ANGOLA

MALAWI   *Malawisee*

SAMBIA

Lusaka ★

MOSAMBIK

SÜDWESTAFRIKA
(NAMIBIA)

Salisbury ★

RHODESIEN
(SIMBABWE)

BOTSWANA

★ Windhoek

Gaborone ★

Pretoria ★
Johannesburg ●

Maputo ●★

*Atlantischer
Ozean*

SWASILAND

SÜDAFRIKA

LESOTHO

*Indischer
Ozean*

Kapstadt ●

**Das südliche Afrika
1975 – 1976**

0 ━━━━━━ 400 Meilen
0 ━━━━━━ 400 Kilometer

EUROPA

Mittelländisches Meer

MAROKKO

TUNESIEN

Tunis

Algier

Rabat

Tripolis

Kairo

Kanarische Inseln

ALGERIEN

LIBYEN

ÄGYPTEN

Nil

Rotes Meer

MAURETANIEN

Nouakchott

MALI

NIGER

TSCHAD

Khartum

SUDAN

Blauer Nil

Golf von Aden

Dschibuti

SENEGAL

GAMBIA

Dakar

Bamako

Niger

Niamey

Tschadsee

N'Djamena

Weißer Nil

Addis Abeba

ÄTHIOPIEN

GUINEA-BISSAU

GUINEA

OBER-VOLTA

BENIN

NIGERIA

ZENTRAL-AFRIKANISCHE REPUBLIK

SIERRA LEONE

ELFENBEIN-KÜSTE

Monrovia

Abidjan

Lagos

SOMALIA

Mogadischu

LIBERIA

GHANA

TOGO

Accra

Porto Novo

KAMERUN

Bangui

Yaoundé

Kongo

UGANDA

KENIA

Nairobi

ÄQUATORIAL-AFRIKA

Libreville

GABUN

RUANDA

Victoriasee

SÃO TOMÉ & PRÍNCIPE

Golf von Guinea

KONGO

Brazzaville

Kinshasa

ZAIRE

BURUNDI

Tangan-jikasee

SANSIBAR

TANSANIA

Daressalam

KOMOREN

Luanda

Malawisee

ANGOLA

SAMBIA

Lusaka

MALAWI

MOSAMBIK

Tanarivo

Atlantischer Ozean

Salisbury

RHODESIEN (SIMBABWE)

Straße von Mosambik

MADAGASKAR

Windhoek

BOTSWANA

Gaborone

SÜDWEST-AFRIKA (Namibia)

Pretoria

Maputo

SWASILAND

Indischer Ozean

SÜDAFRIKA

LESOTHO

**Afrika
1976**

0 ——— 600 Meilen
0 ——— 600 Kilometer

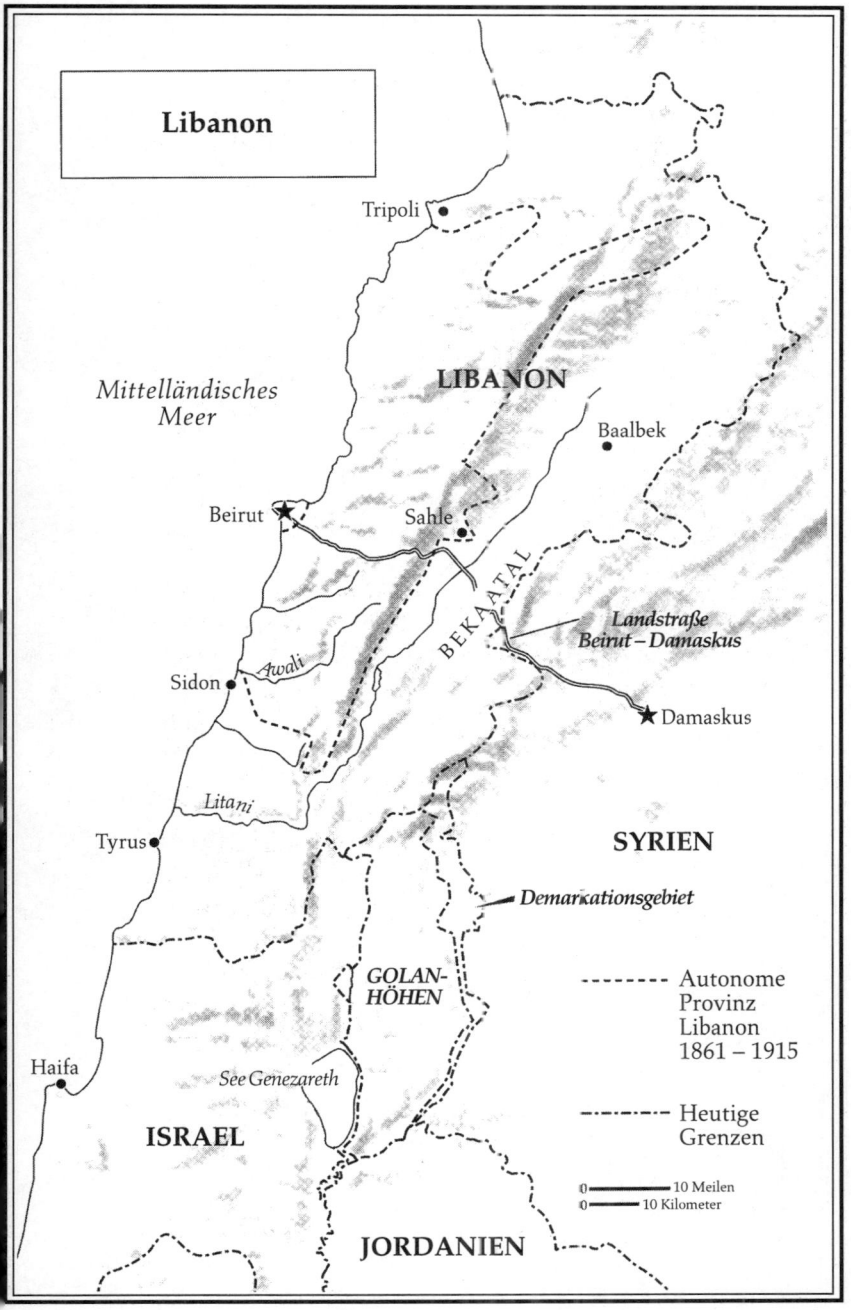

Libanon

Mittelländisches
Meer

Tripoli

LIBANON

Baalbek

Beirut

Sahle

BEKAATAL

Landstraße
Beirut – Damaskus

Damaskus

Sidon

Awali

Litani

SYRIEN

Tyrus

Demarkationsgebiet

GOLAN-
HÖHEN

Haifa

See Genezareth

- - - - - - - Autonome
Provinz
Libanon
1861 – 1915

- · - · - · - Heutige
Grenzen

ISRAEL

10 Meilen
10 Kilometer

JORDANIEN

INHALTSVERZEICHNIS